W0384890

LES CODES

Le Code IFRS

Normes et interprétations applicables dans l'UE

Textes de l'ANC relatifs au contenu et au format des états de synthèse

Textes consolidés à jour au 30 juin 2025

— 19e édition —

Réalisé sous la direction
d'Yves de La Villeguérin

Groupe Revue Fiduciaire
100, rue La Fayette - 75485 Paris Cedex 10
www.revue-fiduciaire.com

Attention

la photocopie tue le livre

Nous alertons nos lecteurs sur la menace que représente pour l'avenir de l'écrit, tout particulièrement dans les domaines du droit et de la gestion, le developpement massif du « photocopillage ».

Le code de la propriété intellectuelle interdit en effet, expressément, la photocopie à usage collectif sans autorisation des ayants droit. Or, cette pratique s'est développée dans de nombreux cabinets, entreprises, administrations, organisations professionnelles et établissements d'enseignement, provoquant une baisse notable des achats de livres et de revues au point que la possibilité même de créer des œuvres nouvelles et de les faire éditer est aujourd'hui menacée.

Le code de la propriété intellectuelle n'autorisant, aux termes de l'article L. 122-5, 2° et 3° al., d'une part, que les « copies ou reproductions strictement réservées à l'usage privé du copiste et non destinées à une utilisation collective » et, d'autre part, que les analyses et courtes citations dans un but d'exemple et d'illustration, « toute représentation ou reproduction intégrale ou partielle faite sans le consentement de l'auteur ou de ses ayants droit ou ayants cause est illicite » (art. L. 122-4).

Cette représentation ou reproduction, par quelque procédé que ce soit, constituerait donc une contrefaçon sanctionnée par les articles L. 335-2 et suivants du code de la propriété intellectuelle.

© Groupe Revue Fiduciaire - 2025
100 rue La Fayette - 75485 Paris Cedex 10
Dépôt légal août 2025 - ISBN 978-2-7579-1020-7

Achevé d'imprimer sur les presses de l'imprimerie MAQPRINT - 43 rue Ettore Bugatti - 87280 Limoges - Août 202

Avant-propos

Les sociétés dont les titres sont admis aux négociations sur un marché réglementé sont tenues de préparer leurs comptes consolidés conformément au référentiel IFRS, tel qu'adopté par la Commission européenne (CE, règlt 1606/2002 du 19 juillet 2002). Les autres sociétés (non cotées) peuvent opter pour l'établissement et la publication de leurs comptes consolidés en référentiel IFRS. Elles sont alors dispensées d'établir et de publier un jeu de comptes conforme aux règles françaises (c. com. art. L. 233-24).

Le référentiel applicable de manière obligatoire, ou sur option, pour l'établissement et la publication des comptes consolidés des sociétés européennes comprend les normes International Accounting Standards (IAS) et International Financial Reporting Standards (IFRS), ainsi que les interprétations SIC et IFRIC s'y rapportant, adoptées par un règlement de la Commission européenne publié dans chacune des langues officielles de l'Union européenne au JOUE.

C'est ce référentiel, qui intègre la refonte complète des règlements de l'Union européenne relative aux normes comptables internationales, abrogeant ainsi les règlements publiés depuis 2008, tel qu'il a été adopté et traduit au niveau européen (UE, règlt 1803/2023 du 13 août 2023), modifié depuis par sept règlements, que nous publions, consolidé, en langue française. Afin d'en faciliter la lecture, pour chaque norme et chaque interprétation, nous avons intégré au texte initial publié au JOUE l'ensemble des amendements adoptés par des règlements européens ultérieurs.

Ce code IFRS correspond ainsi au référentiel européen consolidé, à jour au 30 juin 2025, tel qu'applicable dans l'UE, selon un calendrier éventuellement différent de celui prévu par l'IASB. Nous fournissons, en outre, le texte des règlements de la Commission européenne parus au JOUE.

Enfin, les textes du normalisateur français, l'Autorité des normes comptables, relatifs au contenu et au format des états de synthèse en IFRS (hors établissements du secteur bancaire et organismes d'assurance) complètent ce code.

Cette édition comporte, par ailleurs, les observations de l'ANC relatives à la prise en compte des conséquences de l'événement Covid-19 pour l'application des normes comptables internationales car les entreprises peuvent s'y référer, selon nous, pour tenir compte d'un certain nombre des impacts directs et indirects liés aux tensions géopolitiques actuelles dans leurs comptes.

L'équipe rédactionnelle de RF Comptable

Avertissement

Les règlements parus au JOUE ne reprennent que les documents faisant partie intégrante des normes (normes elles-mêmes, annexes et commentaires relatifs à l'application). En revanche, les règlements n'ont pas repris les documents qui n'en font pas partie : certaines annexes, les « illustrative examples », les « implementation guidance » et les bases de conclusions. Certaines références à ces documents annexes peuvent néanmoins figurer dans le corps de certaines normes.

Le code reflète directement le style de caractère (gras ou maigre) résultant de la publication au JOUE, ce qui explique que, pour certaines normes, ne soient pas repris en gras certains paragraphes qui apparaissent pourtant comme tels dans la norme adoptée et publiée par l'IASB.

Par ailleurs, les notes de la rédaction sont portées entre crochet [ ] afin de les distinguer des textes publiés au JOUE.

Sommaire

pages

Normes

IAS

IFRS

Interprétations

IFRIC

Règlements UE

Règlement, recommandations et position de l'ANC

Normes

Groupe Revue Fiduciaire

IAS 1

Présentation des états financiers

[règlt UE 2023/1803 modifié par le règlt UE 2023/2822]

Objectif

1 La présente norme prescrit la base de présentation des états financiers à usage général, afin qu'ils soient comparables tant aux états financiers de l'entité pour les périodes antérieures qu'aux états financiers d'autres entités. Elle énonce les dispositions générales relatives à la présentation des états financiers, des lignes directrices concernant leur structure et les dispositions minimales en matière de contenu.

Champ d'application

2 **L'entité doit appliquer la présente norme pour établir et présenter les états financiers à usage général selon les normes internationales d'information financière (IFRS).**

3 D'autres IFRS énoncent les dispositions applicables en matière de comptabilisation, d'évaluation et d'information à fournir concernant des transactions spécifiques et autres événements.

4 La présente norme ne s'applique pas à la structure et au contenu des états financiers intermédiaires résumés préparés selon IAS 34 *Information financière intermédiaire*. Cependant, les paragraphes 15 à 35 s'appliquent à de tels états financiers. La présente norme s'applique de manière égale à toutes les entités, y compris celles qui présentent des états financiers consolidés conformément à IFRS 10 *États financiers consolidés* et celles qui présentent des états financiers individuels conformément à IAS 27 *États financiers individuels*.

5 La présente norme utilise une terminologie adaptée à des entités à but lucratif, y compris les entités commerciales du secteur public. Lorsque des entités à but non lucratif du secteur privé ou du secteur public appliquent la présente norme, elles peuvent avoir à modifier les descriptions utilisées pour certains postes des états financiers et pour les états financiers eux-mêmes.

6 De même, les entités qui ne disposent pas de capitaux propres au sens d'IAS 32 *Instruments financiers : Présentation* (par exemple certains fonds communs) et les entités dont le capital social n'est pas constitué de capitaux propres (par exemple certaines entités coopératives) peuvent être amenées à adapter la présentation dans les états financiers des parts d'intérêt des membres ou des détenteurs de parts.

Présentation des états financiers

Définitions

7 **Dans la présente norme, les termes suivants ont la signification indiquée ci-après :**

Le terme « *méthodes comptables* » est défini au paragraphe 5 d'IAS 8 *Méthodes comptables, changements d'estimations comptables et erreurs*, et est employé au même sens dans la présente norme.

Les *états financiers à usage général* (appelés « états financiers ») sont les états destinés à répondre aux besoins des utilisateurs qui ne sont pas en mesure d'exiger que l'entité prépare des rapports financiers adaptés à leurs besoins particuliers d'informations.

Impraticable L'application d'une disposition est impraticable lorsque l'entité ne peut pas l'appliquer après avoir déployé tous les efforts raisonnables pour y arriver.

Les *normes internationales d'information financière (IFRS)* sont des normes et interprétations publiées par l'International Accounting Standards Board (IASB). Elles comprennent :

a) les normes internationales d'information financière ;

b) les normes comptables internationales ;

c) les interprétations IFRIC ; et

d) les interprétations SIC (*).

(*) Définitions d'IFRS modifiées après les changements d'intitulé introduits par la constitution révisée de l'IFRS Foundation en 2010.

Significatif :

Une information présente un caractère significatif (c'est-à-dire qu'elle revêt relativement de l'importance) si on peut raisonnablement s'attendre à ce que son omission, son inexactitude ou son obscurcissement influence les décisions que les principaux utilisateurs des états financiers à usage général prennent en se fondant sur l'information financière que fournissent ces états financiers au sujet d'une entité présentant des états financiers.

Le caractère significatif (ou importance relative) dépend de la nature ou de l'ampleur de l'information, ou des deux. C'est dans le contexte de ses états financiers pris dans leur ensemble que l'entité apprécie s l'information est significative, prise individuellement ou conjointement avec d'autres informations.

On qualifie d'obscurcie l'information communiquée d'une manière qui aurait, pour les principaux utilisateurs des états financiers, un effet similaire à celui qu'aurait l'omission ou l'inexactitude de cette information. Les circonstances suivantes, par exemple, peuvent conduire à ce que des informations à caractère significatif soient obscurcies :

a) des informations concernant un élément, une transaction ou un autre événement à caractère significatif sont formulées en termes vagues ou peu clairs ;

b) des informations concernant un élément, une transaction ou un autre événement à caractère significatif sont disséminées dans l'ensemble des états financiers ;

c) des éléments, transactions ou autres événements dissemblables entre eux sont indûment regroupés ;

d) des éléments, transactions ou autres événements semblables entre eux sont indûment dissociés les uns des autres ; et

e) les informations significatives sont masquées par des informations non significatives, au point que les principaux utilisateurs sont dans l'incapacité de déterminer lesquelles sont significatives, la compréhensibilité des états financiers s'en trouvant ainsi diminuée.

Pour évaluer si l'on peut raisonnablement s'attendre à ce qu'une information influence les décisions des principaux utilisateurs de ses états financiers à usage général, l'entité présentant ces états financiers doit considérer les caractéristiques de ces utilisateurs tout en tenant compte de sa propre situation.

De nombreux investisseurs, prêteurs et autres créanciers existants ou potentiels ne peuvent exiger des entités présentant des états financiers qu'elles leur fournissent directement des informations, ce qui les oblige à se fier aux états financiers à usage général pour obtenir une bonne partie des informations financières dont ils ont besoin. Ils sont donc les principaux utilisateurs à l'intention desquels sont établis les états financiers à usage général. Les états financiers sont préparés à l'intention d'utilisateurs qui ont une connaissance raisonnable des affaires et des activités économiques et qui examinent et analysent les informations avec diligence. Cela dit, il peut parfois arriver que même des utilisateurs bien informés et diligents aient besoin de l'aide d'un conseiller pour comprendre des informations qui portent sur des phénomènes économiques complexes.

Les *notes* contiennent des informations complémentaires à celles qui sont présentées dans l'état de la situation financière, le ou les états du résultat net et des autres éléments du résultat global, l'état des variations des capitaux propres et l'état des flux de trésorerie. Les notes fournissent des descriptions narratives ou des décompositions d'éléments présentés dans ces états, ainsi que des informations relatives aux éléments qui ne répondent pas aux critères de comptabilisation dans ces états.

Les *autres éléments du résultat global* comprennent les éléments de produits et de charges (y compris les ajustements de reclassement) qui ne sont pas comptabilisés en résultat net comme l'imposent ou l'autorisent d'autres IFRS.

Les autres éléments du résultat global incluent les composantes suivantes :

a) les variations de l'excédent de réévaluation (voir IAS 16 *Immobilisations corporelles* et IAS 38 *Immobilisations incorporelles*) ;

b) les réévaluations au titre des régimes à prestations définies (voir IAS 19 *Avantages du personnel*) ;

c) les profits et les pertes résultant de la conversion des états financiers d'un établissement à l'étranger (voir IAS 21 *Effets des variations des cours des monnaies étrangères*) ;

d) les profits et les pertes résultant de placements dans des instruments de capitaux propres désignés comme étant à la juste valeur par le biais des autres éléments du résultat global selon le paragraphe 5.7.5 d'IFRS 9 *Instruments financiers* ;

da) les profits et les pertes sur les actifs financiers évalués à la juste valeur par le biais des autres éléments du résultat global selon le paragraphe 4.1.2A d'IFRS 9 ;

e) la partie efficace des profits et des pertes sur les instruments de couverture dans une couverture de flux de trésorerie et les profits ou les pertes sur les instruments de couverture qui couvrent des placements dans des instruments de capitaux propres évalués à la juste valeur par le biais des autres éléments du résultat global selon le paragraphe 5.7.5 d'IFRS 9 (voir le chapitre 6 d'IFRS 9) ;

f) pour certains passifs désignés comme étant évalués à la juste valeur par le biais du résultat net, le montant de la variation de juste valeur qui est attribuable aux variations du risque de crédit du passif en question (voir paragraphe 5.7.7 d'IFRS 9) ;

g) les variations de valeur de la valeur temps des options lorsque la valeur intrinsèque et la valeur temps d'un contrat d'option sont séparées et que seules les variations de la valeur intrinsèque sont désignées comme instrument de couverture (voir le chapitre 6 d'IFRS 9) ;

h) les variations de valeur de la composante à terme des contrats à terme de gré à gré lorsque la composante à terme et la composante prix au comptant sont séparées et que seules les variations de la composante prix au comptant sont désignées comme instrument de couverture, et les variations de valeur du spread relatif au risque de base des opérations en monnaie étrangère d'un instrument financier lorsqu'il est exclu de la désignation de cet instrument financier comme instrument de couverture (voir le chapitre 6 d'IFRS 9) ;

i) les produits financiers et charges financières d'assurance afférents à des contrats émis entrant dans le champ d'application d'IFRS 17 *Contrats d'assurance*, qui sont exclus du résultat net lorsque leur total est ventilé de façon que soit comptabilisé en résultat net un montant déterminé par une répartition systématique par application du paragraphe 88 b) d'IFRS 17 ou un montant qui, par application du paragraphe 89 b) d'IFRS 17, élimine les non-concordances comptables avec les produits financiers ou les charges financières afférents aux éléments sous-jacents détenus ; et

j) les produits financiers et charges financières afférents à des traités de réassurance détenus, qui sont exclus du résultat net lorsque leur total est ventilé de façon que soit comptabilisé en résultat net un montant déterminé par une répartition systématique par application du paragraphe 88 b) d'IFRS 17.

Les *propriétaires* sont les porteurs d'instruments classés comme des capitaux propres.

Le *résultat* est le total des produits diminués des charges, à l'exclusion des composantes des autres éléments du résultat global.

Les *ajustements de reclassement* sont les montants reclassés dans le résultat de la période qui étaient comptabilisés en autres éléments du résultat global au cours de la période considérée ou de périodes antérieures.

Le *résultat global total* est la variation des capitaux propres, au cours d'une période, qui résulte de transactions et d'autres événements autres que les variations résultant de transactions avec les propriétaires agissant en cette qualité.

Le résultat global total comprend toutes les composantes du « résultat » et des « autres éléments du résultat global ».

8 Bien que la présente norme utilise les expressions « autres éléments du résultat global », « résultat » et « résultat global total », l'entité peut utiliser d'autres termes pour décrire ces totaux tant que leur signification est claire.

Par exemple, l'entité peut utiliser l'expression « résultat net » pour décrire le résultat.

8A Les termes suivants sont définis dans IAS 32 *Instruments financiers : présentation* et sont utilisés dans la présente norme avec la signification précisée dans IAS 32 :

a) instrument financier remboursable au gré du porteur classé comme instrument de capitaux propres (visé aux paragraphes 16A et 16B d'IAS 32) ;

b) instrument qui impose à l'entité une obligation de remettre à une autre partie une quote-part des actifs nets de l'entité uniquement lors de la liquidation et classé comme instrument de capitaux propres (visé aux paragraphes 16C et 16D d'IAS 32).

États financiers

OBJET DES ÉTATS FINANCIERS

9 Les états financiers sont une représentation structurée de la situation financière et de la performance financière de l'entité. L'objectif des états financiers est de fournir des informations sur la situation financière, la performance financière et les flux de trésorerie de l'entité qui soient utiles à un large éventail d'utilisateurs pour la prise de décisions économiques. Les états financiers montrent également les résultats de la gestion par la direction des ressources qui lui sont confiées. Pour remplir cet objectif, les états financiers de l'entité fournissent des informations sur :

a) ses actifs ;

b) ses passifs ;

c) ses capitaux propres ;

d) ses produits et charges, y compris les profits et pertes ;

e) les apports des propriétaires et les distributions aux propriétaires agissant en cette qualité ; et

f) ses flux de trésorerie.

Ces informations, accompagnées des autres informations fournies dans les notes, aident les utilisateurs des états financiers à prévoir les flux de trésorerie futurs de l'entité, en particulier leurs échéances et leur degré de certitude.

JEU COMPLET D'ÉTATS FINANCIERS

10 Un jeu complet d'états financiers comprend :

a) un état de la situation financière à la fin de la période ;

b) un état du résultat net et des autres éléments du résultat global de la période ;

c) un état des variations des capitaux propres de la période ;

d) un état des flux de trésorerie pour la période ;

e) des notes, contenant des informations significatives sur les méthodes comptables et d'autres informations explicatives ;

ea) des informations comparatives au titre de la période précédente, selon ce qui est précisé aux paragraphes 38 et 38A ; et

f) un état de la situation financière au début de la période précédente lorsque l'entité applique une méthode comptable de façon rétrospective ou effectue un retraitement rétrospectif d'éléments de ses états financiers, ou lorsqu'elle procède à un reclassement d'éléments dans ses états financiers, conformément aux paragraphes 40A à 40D.

L'entité peut utiliser pour ces états des titres différents de ceux qui sont utilisés dans la présente norme. Par exemple, elle peut utiliser le titre « état du résultat global » plutôt que « état du résultat net et des autres éléments du résultat global ».

10A **L'entité peut présenter dans un seul état, mais dans deux sections séparées, le résultat net et les autres éléments du résultat global. Ces sections doivent se suivre, la section résultat net précédant immédiatement la section autres éléments du résultat global. L'entité peut aussi présenter la section résultat net dans un état du résultat net séparé. Dans ce cas, l'état du résultat net doit précéder immédiatement l'état présentant le résultat global, lequel doit commencer par le résultat net.**

11 **L'entité doit présenter tous les états financiers dans un jeu complet d'états financiers en donnant à chacun la même importance.**

12 [Supprimé]

13 De nombreuses entités présentent, en dehors des états financiers, un rapport de gestion décrivant et expliquant les principales caractéristiques de la performance financière et de la situation financière de l'entité ainsi que les principales incertitudes auxquelles elle est confrontée. Ce rapport peut comporter une analyse :

a) des principaux facteurs et influences déterminant la performance financière, y compris les changements de l'environnement dans lequel opère l'entité, la réaction de l'entité face à ces changements et leurs effets ainsi que la politique d'investissement de l'entité en vue de maintenir et d'améliorer sa performance financière, y compris sa politique en matière de dividendes ;

b) des sources de financement de l'entité et de ses objectifs de ratio de dettes sur capitaux propres ; et

c) des ressources de l'entité qui ne sont pas comptabilisées dans l'état de la situation financière selon les IFRS.

14 De nombreuses entités, en particulier dans des secteurs d'activité où les facteurs environnementaux sont significatifs et où les membres du personnel sont considérés comme un groupe d'utilisateurs important, présentent, en dehors des états financiers, des rapports et des états tels que des rapports sur l'environnement et des états de valeur ajoutée. Les rapports et états présentés en dehors des états financiers n'entrent pas dans le champ d'application des IFRS.

CARACTÉRISTIQUES GÉNÉRALES

Image fidèle et conformité aux IFRS

15 Les états financiers doivent présenter une image fidèle de la situation financière, de la performance financière et des flux de trésorerie de l'entité. La présentation d'une image fidèle nécessite une représentation fidèle des effets des transactions, autres événements et conditions selon les définitions et les

critères de comptabilisation des actifs, des passifs, des produits et des charges exposés dans le *Cadre conceptuel de l'information financière* (le « *Cadre conceptuel* »). L'application des IFRS, accompagnée de la présentation d'informations supplémentaires lorsque nécessaire, est présumée conduire à des états financiers qui donnent une image fidèle.

16 L'entité dont les états financiers sont conformes aux IFRS doit procéder à une déclaration explicite et sans réserve de cette conformité dans les notes. L'entité ne doit décrire des états financiers comme étant conformes aux IFRS que s'ils sont conformes à toutes les dispositions des IFRS.

17 Dans quasiment toutes les circonstances, l'entité présente une image fidèle par le seul fait de se conformer aux IFRS. Une image fidèle impose aussi à l'entité :

a) de choisir et d'appliquer des méthodes comptables selon IAS 8 *Méthodes comptables, changements dans les estimations comptables et erreurs*. IAS 8 établit une hiérarchie d'indications faisant autorité que la direction peut prendre en considération en l'absence de toute IFRS applicable spécifiquement à un élément.

b) de présenter des informations, y compris les méthodes comptables, de manière à fournir une information pertinente, fiable, comparable et compréhensible.

c) de fournir des informations supplémentaires lorsque le respect des dispositions spécifiques des IFRS est insuffisant pour permettre aux utilisateurs de comprendre l'incidence de transactions particulières, d'autres événements ou conditions sur la situation financière de l'entité et sur sa performance financière.

18 L'entité ne peut pas corriger des méthodes comptables inappropriées, ni par l'indication des méthodes comptables utilisées, ni par des notes ou d'autres textes explicatifs.

19 Dans les circonstances extrêmement rares où la direction estime que le respect d'une disposition d'une IFRS serait trompeur au point d'être contraire à l'objectif des états financiers décrit dans le *Cadre conceptuel*, l'entité doit s'écarter de cette disposition de la manière décrite au paragraphe 20, si le cadre réglementaire pertinent impose ou n'interdit pas un tel écart.

20 Lorsque l'entité s'écarte d'une disposition d'une IFRS selon le paragraphe 19, elle doit indiquer :

a) que la direction estime que les états financiers donnent une image fidèle de la situation financière de l'entité, de sa performance financière et de ses flux de trésorerie ;

b) qu'elle s'est conformée aux IFRS applicables, à l'exception d'une disposition particulière dont elle s'est écartée afin de parvenir à la présentation d'une image fidèle ;

c) le titre de l'IFRS dont l'entité s'est écartée, la nature de l'écart, y compris le traitement imposé par l'IFRS, la raison pour laquelle ce traitement serait trompeur en la circonstance, au point d'être contraire à l'objectif des états financiers défini dans le *Cadre conceptuel*, et le traitement appliqué ; et

d) pour chaque période présentée, l'effet financier de l'écart sur chaque élément des états financiers qui aurait été présenté si la disposition avait été respectée.

21 Lorsque l'entité s'est écartée d'une disposition d'une IFRS au cours d'une période précédente et que cet écart affecte les montants comptabilisés dans les états financiers de la période considérée, elle doit fournir les informations définies aux paragraphes 20 c) et d).

22 Le paragraphe 21 s'applique par exemple lorsque l'entité s'est écartée au cours d'une période précédente d'une disposition d'une IFRS lors de l'évaluation d'actifs ou de passifs et que cet écart affecte l'évaluation des variations des actifs et des passifs comptabilisés dans les états financiers de la période considérée.

23 Dans les circonstances extrêmement rares où la direction estime que le respect d'une disposition d'une IFRS serait trompeur au point d'être contraire à l'objectif des états financiers défini dans le *Cadre conceptuel*, mais où le cadre réglementaire pertinent interdit un tel écart, l'entité doit réduire, autant que possible, le caractère trompeur du respect de cette disposition, tel qu'il peut être perçu, en fournissant les informations suivantes :

a) le titre de l'IFRS en question, la nature de la disposition, la raison pour laquelle la direction a conclu que le respect de cette disposition était trompeur, en la circonstance, au point d'être contraire à l'objectif des états financiers énoncé dans le *Cadre conceptuel* ; et

b) pour chaque période présentée, les ajustements qu'il serait nécessaire d'apporter à chaque élément des états financiers, selon la direction, pour donner une image fidèle.

24 Pour les besoins des paragraphes 19 à 23, un élément d'information est contraire à l'objectif des états financiers s'il ne donne pas une image fidèle des transactions, autres événements et conditions qu'il est censé représenter, ou que l'on pourrait raisonnablement s'attendre à le voir représenter, de sorte qu'il pourrait influencer les décisions économiques prises par les utilisateurs des états financiers. Pour apprécier si le respect d'une disposition spécifique d'une IFRS serait trompeur au point d'être contraire à l'objectif des états financiers énoncé dans le *Cadre conceptuel*, la direction examine :

a) pourquoi l'objectif des états financiers n'est pas atteint dans ces circonstances particulières ; et

b) en quoi les circonstances propres à l'entité diffèrent de celles d'autres entités qui se conforment à cette disposition. Si, dans des circonstances similaires, d'autres entités se conforment à la disposition, il existe une présomption réfutable que le respect de la disposition par l'entité ne serait pas trompeur au point d'être contraire à l'objectif des états financiers défini dans le *Cadre conceptuel*.

➡ Continuité d'exploitation

25 Lors de l'établissement des états financiers, la direction doit évaluer la capacité de l'entité à poursuivre son exploitation. L'entité doit préparer les états financiers sur une base de continuité d'exploitation sauf si la direction a l'intention, ou n'a pas d'autre solution réaliste, que de liquider l'entité ou de cesser son activité. Lorsque la direction prend

conscience, à l'occasion de cette appréciation, d'incertitudes significatives liées à des événements ou à des conditions susceptibles de jeter un doute important sur la capacité de l'entité à poursuivre son activité, l'entité doit indiquer ces incertitudes. Lorsque l'entité ne prépare pas les états financiers sur une base de continuité d'exploitation, elle doit indiquer ce fait ainsi que la base sur laquelle ils sont établis et la raison pour laquelle l'entité n'est pas considérée en situation de continuité d'exploitation.

26 Pour évaluer si l'hypothèse de continuité d'exploitation est appropriée, la direction prend en compte toutes les informations dont elle dispose pour l'avenir, qui s'étale au minimum, sans toutefois s'y limiter, sur douze mois à compter de la fin de la période de reporting. Le degré de prise en compte dépend des faits dans chacun des cas. Lorsque l'entité a un passé d'activités bénéficiaires et d'accès sans difficulté au financement, elle peut en conclure qu'une base de continuité d'exploitation est appropriée sans procéder à une analyse détaillée. Dans d'autres cas, la direction devra peut-être considérer toute une série de facteurs relatifs à la rentabilité actuelle et attendue, aux calendriers de remboursement de ses dettes et aux sources potentielles de remplacement de son financement avant de se convaincre du caractère approprié de la base de continuité d'exploitation.

➠ Méthode de la comptabilité d'engagement

27 L'entité doit établir ses états financiers selon la méthode de la comptabilité d'engagement, sauf pour les informations relatives aux flux de trésorerie.

28 Lorsque la méthode de la comptabilité d'engagement est utilisée, l'entité comptabilise les éléments en tant qu'actifs, passifs, capitaux propres, produits et charges (les éléments des états financiers) lorsqu'ils satisfont aux définitions et aux critères de comptabilisation pour ces éléments définis dans le *Cadre conceptuel*.

➠ Importance relative et regroupement

29 L'entité doit présenter séparément chaque catégorie significative d'éléments similaires. L'entité doit présenter séparément les éléments de nature ou de fonction dissemblables, sauf s'ils sont non significatifs.

30 Les états financiers résultent du traitement d'un nombre important de transactions ou autres événements qui sont regroupés en catégories selon leur nature ou leur fonction. Le stade final du processus de regroupement et de classification est la présentation de données condensées et ordonnées formant des postes se retrouvant dans les états financiers. Un poste qui, pris individuellement, n'est pas d'une importance significative, est regroupé avec d'autres postes soit dans le corps des états financiers soit dans les notes. Un élément dont le montant n'est pas suffisamment significatif pour justifier une présentation séparée dans ces états peut justifier une présentation séparée dans les notes.

30A Lorsqu'elle applique cette norme ou d'autres IFRS, l'entité doit décider, en prenant en considération tous les faits et circonstances pertinents, de la manière dont elle regroupe les informations dans les états financiers, qui comprennent les notes. L'entité ne doit pas réduire l'intelligibilité de ses états financiers en masquant des informations significatives par des informations non significatives ou en regroupant des éléments significatifs qui ont une nature ou une fonction différentes.

31 Certaines IFRS précisent les informations devant être incluses dans les états financiers, qui comprennent les notes. L'entité n'est pas tenue de fournir une information spécifique imposée par une IFRS si l'information en question est non significative. C'est le cas même si cette IFRS contient une liste de dispositions spécifiques ou les décrit comme étant des dispositions minimales. L'entité doit aussi envisager de fournir des informations supplémentaires lorsque le respect des dispositions spécifiques des IFRS est insuffisant pour permettre aux utilisateurs des états financiers de comprendre l'incidence de transactions particulières, d'autres événements ou conditions sur la situation financière de l'entité et sur sa performance financière.

➠ Compensation

32 L'entité ne doit pas compenser les actifs et les passifs ou les produits et les charges, sauf si cette compensation est imposée ou autorisée par une IFRS.

33 L'entité présente séparément aussi bien les actifs et les passifs que les produits et les charges. Sauf lorsqu'elle correspond à la substance de la transaction ou autre événement, la compensation dans le ou les états du résultat net et des autres éléments du résultat global ou dans l'état de la situation financière réduit la capacité des utilisateurs de comprendre les transactions ou autres événements et conditions qui se sont produits et d'évaluer les flux de trésorerie futurs de l'entité. L'évaluation d'actifs nets de réductions de valeur (par exemple des réductions de valeur au titre de l'obsolescence des stocks et de créances douteuses) n'est pas une compensation.

34 IFRS 15 *Produits des activités ordinaires tirés de contrats conclus avec des clients* impose à l'entité d'évaluer les produits des activités ordinaires tirés de contrats conclus avec des clients au montant de contrepartie auquel l'entité s'attend à avoir droit en échange de la fourniture des biens ou des services promis. Par exemple, le montant des produits des activités ordinaires comptabilisés reflète les remises de prix et de quantités que l'entité accorde. Dans le cadre de ses activités ordinaires, l'entité effectue d'autres transactions qui ne génèrent pas de produits, mais qui sont subsidiaires par rapport aux principales activités génératrices de produits. L'entité présente les résultats de ces transactions, lorsque cette présentation traduit la nature de la transaction ou d'un autre événement, en compensant tout produit avec les charges liées générées par la même transaction. Par exemple :

a) l'entité présente les profits et pertes dégagés sur la sortie d'actifs non courants, y compris des titres de participation et des actifs d'exploitation, le montant de contrepartie reçu lors de la sortie, minoré de la valeur comptable de l'actif et des frais de vente liés ; et

b) l'entité peut enregistrer pour le montant net les dépenses liées à une provision comptabilisée selon IAS 37 *Provisions, passifs éventuels et actifs éventuels* et qui sont remboursées selon un accord contractuel passé avec un tiers (par exemple un contrat de garantie d'un fournisseur), après déduction du remboursement correspondant.

35 De plus, l'entité présente pour leur montant net les profits et pertes dégagés sur un ensemble de transactions similaires ; c'est le cas, par exemple, des profits et des pertes de change ou des profits et des pertes sur instruments financiers détenus à des fins de transaction. Cependant, l'entité présente de telles pertes et profits séparément lorsqu'ils sont significatifs.

Fréquence de l'information financière

36 L'entité doit présenter un jeu complet d'états financiers (comprenant des informations comparatives) au minimum une fois par an. Lorsque l'entité modifie sa date de fin d'exercice et présente ses états financiers pour une période plus longue ou plus courte qu'une année, elle doit indiquer, outre la durée de la période couverte par les états financiers :

a) la raison pour laquelle elle a utilisé une période plus longue ou plus courte ; et

b) le fait que les montants présentés dans les états financiers ne sont pas totalement comparables.

37 Normalement, l'entité prépare de manière permanente ses états financiers pour un exercice d'un an. Toutefois, certaines entités préfèrent, pour des raisons d'ordre pratique, couvrir des exercices de 52 semaines par exemple. La présente norme n'interdit pas cette pratique.

Informations comparatives

Informations comparatives minimales

38 Sauf autorisation ou disposition contraire des IFRS, l'entité doit présenter des informations comparatives au titre de la période précédente pour tous les montants figurant dans les états financiers de la période considérée. L'entité doit inclure des informations comparatives pour les informations de nature explicative et descriptive si cela est utile à la bonne compréhension des états financiers de la période considérée.

38A L'entité doit présenter au minimum deux états de la situation financière, deux états du résultat net et des autres éléments du résultat global, deux états du résultat net séparés (si elle en présente), deux tableaux des flux de trésorerie et deux états des variations des capitaux propres, ainsi que les notes.

38B Dans certains cas, des informations explicatives fournies dans les états financiers pour la ou les périodes précédentes continuent d'être pertinentes pour la période considérée. Par exemple, dans le cas d'une entité qui présente pour la période considérée les détails d'un litige dont le résultat était incertain à la fin de la période précédente et qui n'est pas encore réglé, les utilisateurs peuvent trouver utile que de l'information soit fournie sur l'existence de l'incertitude à la fin de la période précédente et sur les mesures prises au cours de la période considérée pour lever cette incertitude.

Informations comparatives supplémentaires

38C L'entité peut présenter d'autres informations comparatives en plus des états financiers comparatifs exigés au minimum par les IFRS, à la condition que ces informations aient été préparées selon les IFRS. Ces informations comparatives supplémentaires peuvent prendre la forme d'un ou de plusieurs des états mentionnés au paragraphe 10, mais il n'est pas nécessaire qu'elles constituent un jeu complet d'états financiers. En pareil cas, l'entité doit présenter l'information pertinente dans les notes annexes pour les états supplémentaires fournis.

38D Par exemple, l'entité peut présenter un troisième état du résultat net et des autres éléments du résultat global (de façon à présenter la période considérée, la période précédente et une période correspondante supplémentaire). L'entité n'est toutefois pas tenue alors de présenter un troisième état de la situation financière, un troisième état des flux de trésorerie ou un troisième état des variations des capitaux propres (autrement dit, d'ajouter un autre état financier pour la période correspondante supplémentaire). En revanche, l'entité est tenue de présenter, dans les notes annexes, les informations comparatives pertinentes pour cet état du résultat net et des autres éléments du résultat global de la période correspondante supplémentaire.

39–40 [Supprimé]

Changement de méthode comptable, retraitement rétrospectif ou reclassement

40A L'entité doit présenter un troisième état de la situation financière arrêté au début de la période précédente, en plus des états financiers comparatifs exigés au minimum selon le paragraphe 38A, si :

a) elle applique une méthode comptable de façon rétrospective, effectue un retraitement rétrospectif d'éléments de ses états financiers ou procède à un reclassement d'éléments dans ses états financiers ; et

b) l'application rétrospective, le retraitement rétrospectif ou le reclassement a une incidence significative sur l'information contenue dans l'état de la situation financière arrêté au début de la période précédente.

40B Dans les circonstances décrites au paragraphe 40A, l'entité doit présenter trois états de la situation financière arrêtés respectivement :

a) à la fin de la période considérée ;

b) à la fin de la période précédente ; et

c) au début de la période précédente.

40C Lorsque l'entité est tenue de présenter un état de la situation financière supplémentaire conformément au paragraphe 40A, elle doit fournir les informations requises par les paragraphes 41 à 44 et par IAS 8. Toutefois, elle n'est pas tenue de présenter des notes pour l'état de la situation financière d'ouverture arrêté au début de la période précédente.

40D Cet état de la situation financière d'ouverture doit être arrêté au début de la période précédente, même si les états financiers de l'entité présentent des informations comparatives au titre de périodes antérieures à la période précédente (comme le permet le paragraphe 38C).

41 Si l'entité modifie la présentation ou le classement d'éléments dans ses états financiers, elle doit reclasser les montants comparatifs sauf si ce reclassement est impraticable. Lorsque l'entité reclasse des montants comparatifs, elle doit fournir des informations (y compris pour l'état de la situation financière arrêté au début de la période précédente) sur :

a) la nature du reclassement ;

b) le montant de chaque élément ou catégorie d'éléments reclassé ; et

c) la raison du reclassement.

42 Lorsqu'il est impraticable de reclasser les montants comparatifs, l'entité doit donner des informations sur :

a) la raison de l'impossibilité de reclassement des montants ; et

b) la nature des ajustements qui auraient été apportés si les montants avaient fait l'objet d'un reclassement.

43 L'amélioration de la comparabilité des informations entre périodes peut aider les utilisateurs à prendre des décisions économiques, particulièrement en leur permettant d'apprécier les tendances qui se manifestent dans l'information financière à des fins prédictives. Dans certaines circonstances, il est impraticable de reclasser des informations comparatives d'une période antérieure déterminée pour aboutir à la comparabilité avec la période considérée. Il est possible, par exemple, que l'entité n'ait pas collecté les données, au cours de la (des) période(s) antérieure(s), d'une manière permettant leur reclassement et il peut s'avérer impraticable de reconstituer l'information.

44 En cas de changement de méthode comptable ou de correction d'une erreur, IAS 8 énonce les ajustements imposés au titre de l'information comparative.

➡ Permanence de la présentation

45 L'entité doit conserver la présentation et le classement des postes dans les états financiers d'une période à l'autre, à moins :

a) qu'il soit apparent, suite à un changement important de la nature des activités de l'entité ou à un examen de la présentation de ses états financiers, qu'une autre présentation ou classification serait plus adéquate eu égard aux critères de sélection et d'application des méthodes comptables selon IAS 8 ; ou

b) qu'une IFRS impose une modification de la présentation.

46 Par exemple, une acquisition ou une cession importante, ou encore un examen de la présentation des états financiers, peuvent donner à penser qu'il faille présenter les états financiers de manière différente. L'entité ne modifie la présentation de ses états financiers que si la présentation modifiée fournit des informations fiables et plus pertinentes pour les utilisateurs des états financiers et si la structure modifiée est susceptible de perdurer, de manière à ne pas affecter la comparabilité. Lorsque de tels changements de présentation sont réalisés, l'entité reclasse ses informations comparatives selon les paragraphes 41 et 42.

Structure et contenu

INTRODUCTION

47 La présente norme impose de fournir des informations particulières dans l'état de la situation financière ou dans le ou les états du résultat net et des autres éléments du résultat global, ou dans l'état des variations des capitaux propres. Elle impose de mentionner d'autres éléments dans ces états ou dans les notes. IAS 7 *État des flux de trésorerie* énonce les dispositions relatives à la présentation des informations relatives aux flux de trésorerie.

48 La présente norme utilise parfois le terme « informations à fournir » dans une acception large, comprenant des éléments présentés dans les états financiers. D'autres informations à fournir sont également requises par d'autres IFRS. Sauf spécification contraire dans la présente norme ou dans une autre IFRS, ces informations peuvent être fournies dans les états financiers.

IDENTIFICATION DES ÉTATS FINANCIERS

49 L'entité doit clairement identifier les états financiers et les distinguer des autres informations figurant dans le même document publié.

50 Les IFRS s'appliquent uniquement aux états financiers ; elles ne s'appliquent pas nécessairement aux autres informations présentées dans un rapport annuel, un dépôt réglementaire ou dans un autre document. Il est donc important que les utilisateurs soient en mesure de distinguer les informations établies à l'aide des IFRS des autres informations pouvant être utiles aux utilisateurs mais ne faisant pas l'objet de ces dispositions.

51 L'entité doit clairement identifier chaque état financier et les notes. En outre, l'entité doit présenter les informations énumérées ci-après de façon bien évidente et les répéter si cela est nécessaire à une bonne compréhension des informations présentées :

a) le nom ou tout autre mode d'identification de l'entité présentant les états financiers, et toute modification de cette information intervenue depuis la fin de la période de reporting précédente ;

b) le fait que les états financiers concernent l'entité individuelle ou un groupe d'entités ;

c) la date de fin de la période de reporting ou de la période couverte par le jeu d'états financiers ou par les notes ;

d) la monnaie de présentation, telle que définie dans IAS 21 ; et

e) le niveau d'arrondi retenu pour la présentation des montants dans les états financiers.

52 L'entité satisfait aux dispositions du paragraphe 51 en présentant des titres appropriés pour les pages, les états, les notes, les colonnes, etc. C'est une question de jugement que de déterminer le mode le plus approprié de présentation de ces informations. Par exemple, l'entité qui présente ses états financiers sous forme électronique n'utilise pas toujours un système de pages séparées ; l'entité présente alors les éléments énoncés ci-dessus de manière à permettre une bonne compréhension des informations contenues dans les états financiers.

53 L'entité rend souvent ses états financiers plus compréhensibles en présentant l'information en milliers ou en millions d'unités de la monnaie de présentation. Cela est acceptable dans la mesure où l'entité indique le niveau d'arrondi et n'omet pas d'informations significatives.

ÉTAT DE LA SITUATION FINANCIÈRE

➡ Informations à présenter dans l'état de situation financière

54 L'état de situation financière doit comporter les postes suivants au titre de la période :

a) immobilisations corporelles ;

b) immeubles de placement ;

c) immobilisations incorporelles ;

d) actifs financiers [à l'exclusion des montants indiqués selon e), h) et i)] ;

da) portefeuilles de contrats entrant dans le champ d'application d'IFRS 17 qui sont des actifs, ventilés comme l'exige le paragraphe 78 d'IFRS 17 ;

e) participations comptabilisées selon la méthode de la mise en équivalence ;

f) actifs biologiques qui entrent dans le champ d'application d'IAS 41 *Agriculture* ;

g) stocks ;

h) clients et autres débiteurs ;

i) trésorerie et équivalents de trésorerie ;

j) le total des actifs classés comme étant détenus en vue de la vente et les actifs inclus dans des groupes destinés à être cédés qui sont classés comme détenus en vue de la vente selon IFRS 5 *Actifs non courants détenus en vue de la vente et activités abandonnées* ;

k) fournisseurs et autres créditeurs ;

l) provisions ;

m) passifs financiers [à l'exclusion des montants indiqués selon k) et l)] ;

ma) portefeuilles de contrats entrant dans le champ d'application d'IFRS 17 qui sont des passifs, ventilés comme l'exige le paragraphe 78 d'IFRS 17 ;

n) passifs et actifs d'impôt exigible, tels que définis dans IAS 12 *Impôts sur le résultat* ;

o) passifs et actifs d'impôt différé, tels que définis dans IAS 12 ;

p) passifs inclus dans des groupes destinés à être cédés classés comme détenus en vue de la vente selon IFRS 5 ;

q) participations ne donnant pas le contrôle, présentées au sein des capitaux propres ; et

r) capital émis et réserves attribuables aux propriétaires de la société mère.

55 L'entité doit présenter des postes (y compris en décomposant les postes énumérés au paragraphe 54), rubriques et sous-totaux supplémentaires dans l'état de situation financière lorsqu'une telle présentation est utile à la bonne compréhension de la situation financière de l'entité.

55A Lorsque l'entité présente des sous-totaux selon le paragraphe 55, ces sous-totaux :

a) doivent se composer de postes constitués de montants comptabilisés et évalués conformément aux IFRS ;

b) doivent être présentés et désignés d'une manière rendant les postes qui les constituent clairs et compréhensibles ;

c) doivent être cohérents et permanents d'une période à l'autre, conformément au paragraphe 45 ; et

d) ne doivent pas être mis davantage en évidence que les sous-totaux et totaux requis par les IFRS pour l'état de la situation financière.

56 Lorsque l'entité présente séparément les actifs courants et non courants et les passifs courants et non courants dans son état de situation financière, elle ne doit pas classer les actifs (passifs) d'impôts différés comme actifs (passifs) courants.

57 La présente norme ne prescrit aucun ordre ou format de présentation des éléments des états financiers. Le paragraphe 54 enonce simplement les éléments qui sont suffisamment différents de par leur nature ou leur fonction pour justifier d'être présentés séparément dans l'état de situation financière. De plus :

a) des postes sont rajoutés lorsque la taille, la nature ou la fonction d'un élément ou du regroupement d'éléments similaires justifient une présentation séparée pour aider à comprendre la situation financière de l'entité ; et

b) les descriptions des postes utilisées et la classification ou le regroupement d'éléments similaires peuvent être modifiés selon la nature de l'entité et de ses transactions afin de fournir les informations nécessaires à la compréhension de la situation financière de l'entité. Par exemple, une institution financière peut modifier les descriptions mentionnées ci-dessus pour fournir des informations adaptées aux activités d'une institution financière.

58 L'entité juge s'il y a lieu de présenter des postes supplémentaires séparément après appréciation :

a) de la nature et de la liquidité des actifs ;

b) de la fonction des actifs au sein de l'entité ; et

c) des montants, de la nature et de l'échéance des passifs ;

59 L'utilisation de bases d'évaluation différentes pour différentes catégories d'actifs donne à penser que leur nature ou leur fonction diffère et par conséquent, l'entité les présente dans des postes distincts. À titre d'exemple, différentes catégories d'immobilisations corporelles peuvent être comptabilisées à leur coût ou à leur montant réévalué selon IAS 16.

➡ Distinction entre les éléments courants et non courants

60 L'entité doit présenter séparément dans l'état de situation financière les actifs courants et non courants et les passifs courants et non courants, selon les paragraphes 66 à 76B, sauf lorsqu'une présentation selon le critère de liquidité apporte des informations fiables et plus pertinentes. Lorsque cette exception s'applique, l'entité doit présenter tous les actifs et passifs par ordre de liquidité.

61 Quelle que soit la méthode de présentation adoptée, l'entité doit présenter le montant qu'elle s'attend à recouvrer ou à régler au plus tard dans les douze mois pour chaque poste d'actif et de passif regroupant des montants qu'elle s'attend à recouvrer ou à régler :

a) au plus tard douze mois après la fin de la période de reporting, et

b) plus de douze mois après la fin de la période de reporting.

62 Lorsque l'entité fournit des biens ou des services dans le cadre d'un cycle d'exploitation clairement identifiable, le fait de distinguer dans l'état de situation financière les actifs et passifs courants des actifs et passifs non courants fournit une information utile en distinguant les actifs nets circulants composant le besoin en fonds de roulement des actifs nets utilisés par l'entité pour

ses activités à long terme. Cela met également en évidence les actifs qu'elle s'attend à réaliser durant le cycle d'exploitation en cours et les passifs qu'elle doit régler au cours de la même période.

63 Pour certaines entités, telles que des institutions financières, une présentation des actifs et des passifs par ordre croissant ou décroissant de liquidité apporte une information fiable et plus pertinente qu'une présentation distinguant les éléments courants des éléments non courants, parce que l'entité ne fournit pas des biens ou services au cours d'un cycle d'exploitation clairement identifiable.

64 L'application du paragraphe 60 permet à l'entité de présenter certains de ses actifs et de ses passifs en distinguant les éléments courants des éléments non courants, et d'autres par ordre de liquidité lorsque cette présentation apporte des informations fiables et plus pertinentes. La nécessité d'un mode de présentation mixte pourrait se faire sentir lorsque l'entité exerce des activités diverses.

65 Les informations relatives aux dates attendues de réalisation des actifs et des passifs sont utiles pour évaluer la liquidité et la solvabilité de l'entité. IFRS 7 *Instruments financiers : Informations à fournir* impose d'indiquer la date d'échéance des actifs et des passifs financiers. Les actifs financiers comprennent les clients et autres débiteurs, et les passifs financiers comprennent les fournisseurs et autres créditeurs. Il est également utile d'avoir des informations sur les dates attendues de recouvrement d'actifs non monétaires tels que les stocks et les dates attendues de règlement de passifs tels que les provisions, que les actifs et passifs soient classés (ou non) en éléments courants ou non courants. À titre d'exemple, l'entité indique le montant de stocks qu'elle s'attend à réaliser plus de douze mois après la fin de la période de reporting.

➡ Actifs courants

66 L'entité doit classer un actif en tant qu'actif courant lorsque :

a) elle s'attend à réaliser l'actif ou qu'elle entend le vendre ou le consommer dans son cycle d'exploitation normal ;

b) elle détient l'actif principalement aux fins d'être négocié ;

c) elle s'attend à réaliser cet actif dans les douze mois qui suivent la fin de la période de reporting ; ou

d) l'actif se compose de trésorerie ou d'équivalents de trésorerie (tels que définis dans IAS 7), sauf s'il ne peut être échangé ou utilisé pour régler un passif pendant au moins douze mois après la fin de la période de reporting.

L'entité doit classer tous les autres actifs en actifs non courants.

67 La présente norme regroupe sous le terme d'actifs « non courants » les immobilisations corporelles, les immobilisations incorporelles et les actifs financiers destinés à être détenus pour une longue durée. Elle n'interdit pas l'utilisation d'autres descriptions dans la mesure où leur sens est clair.

68 Le cycle d'exploitation d'une entité désigne la période s'écoulant entre l'acquisition d'actifs en vue de leur transformation et leur réalisation sous forme de trésorerie ou d'équivalents de trésorerie. Lorsque le cycle normal d'exploitation de l'entité n'est pas clairement identifiable, sa durée présumée est fixée à douze mois. Les actifs courants comprennent les actifs (tels que les stocks et les créances clients) qui sont vendus, consommés ou réalisés dans le cadre du cycle d'exploitation normal, même lorsqu'on ne compte pas les réaliser dans les douze mois qui suivent la fin de la période de reporting. Les actifs courants comprennent aussi les actifs détenus essentiellement à des fins de transaction (par exemple certains actifs financiers qui répondent à la définition de « détenu à des fins de transaction » selon IFRS 9), ainsi que la partie courante des actifs financiers non courants.

➡ Passifs courants

69 L'entité doit classer un passif en tant que passif courant lorsque :

a) elle s'attend à régler le passif au cours de son cycle d'exploitation normal ;

b) elle détient le passif principalement à des fins de transaction ;

c) le passif doit être réglé dans les douze mois qui suivent la fin de la période de reporting ; ou

d) elle n'a pas le droit, à la fin de la période de reporting, de différer le règlement du passif pour au moins douze mois après la fin de la période de reporting.

L'entité doit classer tous les autres passifs en passifs non courants.

Cycle d'exploitation normal [paragraphe 69 a)]

70 Certains passifs courants tels que les dettes fournisseurs, certaines dettes liées au personnel et d'autres coûts opérationnels font partie du fonds de roulement utilisé dans le cadre du cycle d'exploitation normal de l'entité. L'entité classe ces éléments opérationnels en tant que passifs courants même s'ils doivent être réglés plus de douze mois après la fin de la période de reporting. Le même cycle opérationnel s'applique au classement des actifs et des passifs de l'entité. Lorsque le cycle d'exploitation normal de l'entité n'est pas clairement identifiable, il est présumé s'étendre sur douze mois.

Passifs détenus principalement à des fins de transaction [paragraphe 69 b)] ou devant être réglés dans les douze mois [paragraphe 69 c)]

71 D'autres passifs courants ne sont pas réglés dans le cadre du cycle d'exploitation normal, mais doivent être réglés dans les douze mois qui suivent la fin de la période de reporting ou sont détenus essentiellement à des fins de transaction. C'est le cas, par exemple, de certains passifs financiers qui répondent à la définition de « détenu à des fins de transaction » selon IFRS 9, des découverts bancaires, et de la partie courante des passifs financiers non courants, des dividendes à payer, des impôts sur le résultat et des autres créditeurs qui ne sont pas des dettes fournisseurs. Les passifs financiers qui assurent un financement à long terme (c'est-à-dire qui ne font pas partie du fonds de roulement utilisé dans le cycle d'exploitation normal de l'entité) et qui ne doivent pas être réglés dans les douze mois qui suivent la fin de la période de reporting sont des passifs non courants, sous réserve des paragraphes 72A à 75.

72 L'entité classe ses passifs financiers en passifs courants lorsqu'ils doivent être réglés dans les douze mois qui suivent la fin de la période de reporting, même si :

a) l'échéance d'origine était fixée à plus de douze mois ; et

b) un accord de refinancement ou de rééchelonnement des paiements à long terme est conclu après la fin de la période de reporting et avant la date d'autorisation de publication des états financiers.

Droit de différer le règlement pour au moins douze mois [paragraphe 69 d)]

72A Le droit de l'entité de différer le règlement d'un passif pour au moins douze mois après la fin de la période de reporting doit être substantiel et, comme l'illustrent les paragraphes 72B à 75, doit exister à la fin de la période de reporting.

72B Le droit de l'entité de différer le règlement d'un passif découlant d'un contrat d'emprunt pour au moins douze mois après la fin de la période de reporting peut dépendre du respect par l'entité de conditions spécifiées dans ce contrat d'emprunt (ci-après appelées « clauses restrictives ») (covenants). Aux fins de l'application du paragraphe 69 d), une clause restrictive :

a) a une incidence sur l'existence ou non de ce droit à la fin de la période de reporting – comme l'illustrent les paragraphes 74 et 75 –, si l'entité est tenue de respecter la clause restrictive au plus tard à la fin de la période de reporting. Une telle clause restrictive a une incidence sur l'existence ou non du droit à la fin de la période de reporting même si le respect de la cause restrictive est évalué seulement après la fin de la période de reporting (par exemple, une clause restrictive basée sur la situation financière de l'entité à la fin de la période de reporting, mais dont le respect est évalué seulement après la fin de la période de reporting) ;

b) n'a pas d'incidence sur l'existence ou non de ce droit à la fin de la période de reporting si l'entité est tenue de respecter la clause restrictive seulement après la fin de la période de reporting (par exemple, une clause restrictive basée sur la situation financière de l'entité six mois après la fin de la période de reporting).

73 Si l'entité a le droit, à la fin de la période de reporting, de renouveler une obligation pour au moins douze mois après la fin de la période de reporting en vertu d'une facilité de prêt existante, elle classe l'obligation comme non courante, même si celle-ci doit normalement arriver à échéance dans un délai plus court. Si l'entité n'a pas ce droit, elle ne prend pas en compte le potentiel de refinancement de l'obligation et classe celle-ci en élément courant.

74 Lorsque l'entité ne respecte pas une clause restrictive d'un accord d'emprunt à long terme, au plus tard à la fin de la période de reporting, avec pour effet de rendre le passif remboursable à vue, elle classe celui-ci en tant que passif courant, même si le prêteur a accepté, après la fin de la période de reporting mais avant la date d'autorisation de publication des états financiers, de ne pas exiger le paiement à la suite de ce manquement. L'entité classe le passif en tant que passif courant parce qu'à la fin de la période de reporting, elle n'a pas le droit de différer le règlement de ce passif pour au moins douze mois à compter de cette date.

75 Toutefois, l'entité classe ce passif comme non courant si le prêteur a accepté, à la fin de la période de reporting, d'octroyer un délai de grâce prenant fin au plus tôt douze mois après la fin de la période de reporting, délai durant lequel l'entité peut remédier à ses manquements et durant lequel le prêteur ne peut exiger le remboursement immédiat de l'emprunt.

75A La probabilité que l'entité exerce son droit de différer le règlement d'un passif pour au moins douze mois après la fin de la période de reporting n'a pas d'incidence sur le classement du passif. Un passif qui répond aux critères de classement en tant que passif non courant selon le paragraphe 69 est classé comme non courant même si la direction entend le régler, ou s'attend à ce que l'entité le règle, dans les douze mois suivant la fin de la période de reporting, ou même si l'entité règle le passif entre la fin de la période de reporting et la date d'autorisation de publication des états financiers. Toutefois, dans l'une ou l'autre de ces circonstances, il se peut que l'entité doive fournir des informations concernant le moment du règlement pour permettre aux utilisateurs de ses états financiers de comprendre l'incidence du passif sur sa situation financière [voir paragraphes 17 c) et 76 d)].

76 Si les événements suivants se produisent entre la fin de la période de reporting et la date d'autorisation de publication des états financiers, ces événements sont présentés comme ne donnant pas lieu à un ajustement des états financiers, selon IAS 10 *Événements postérieurs à la période de reporting* :

a) refinancement à long terme d'un passif classé comme courant (voir paragraphe 72) ;

b) régularisation d'un manquement relatif à un contrat d'emprunt à long terme classé comme courant (voir paragraphe 74) ;

c) octroi par le prêteur d'un délai de grâce afin de régulariser un manquement relatif à un contrat d'emprunt à long terme classé comme courant (voir paragraphe 75) ; et

d) règlement d'un passif classé comme non courant (voir paragraphe 75A).

76ZA Aux fins de l'application des paragraphes 69 à 75, l'entité pourrait classer les passifs découlant de contrats d'emprunt en tant que passifs non courants si son droit de différer le règlement de ces passifs dépend de son respect de clauses restrictives dans les douze mois suivant la fin de la période de reporting (voir paragraphe 72B b)]. Dans de telles situations, l'entité doit fournir dans les notes des informations qui permettent aux utilisateurs des états financiers de comprendre le risque que les passifs deviennent remboursables dans les douze mois suivant la fin de la période de reporting, notamment :

a) des informations sur les clauses restrictives (y compris la nature de ces clauses restrictives et le moment auquel l'entité est tenue de les respecter) et sur la valeur comptable des passifs correspondants ;

b) les faits et circonstances, le cas échéant, qui indiquent que l'entité peut avoir des difficultés à respecter les clauses restrictives (par exemple, si l'entité a pris des mesures pendant la période de reporting ou après la fin de la période de reporting afin d'éviter ou d'atténuer un manquement potentiel). Ces faits et circonstances pourraient aussi inclure le fait que l'entité n'aurait pas respecté les clauses restrictives si leur respect avait été évalué en fonction de la situation de l'entité à la fin de la période de reporting.

Règlement [paragraphes 69 a), 69 c) et 69 d)]

76A Aux fins du classement d'un passif en tant que passif courant ou non courant, on entend par « règlement » un transfert à l'autre partie qui entraîne l'extinction du passif. Il peut s'agir :

a) soit d'un transfert de trésorerie ou d'autres ressources économiques, par exemple des biens ou des services ;

b) soit d'un transfert d'instruments de capitaux propres de l'entité, sauf si le paragraphe 76B s'applique.

76B Les modalités d'un passif qui pourraient, sur option de l'autre partie, entraîner son règlement par le transfert d'instruments de capitaux propres de l'entité n'ont pas d'incidence sur son classement en tant que passif courant ou non courant si, en application d'IAS 32 *Instruments financiers : Présentation*, l'entité classe l'option comme un instrument de capitaux propres et la comptabilise séparément du passif à titre de composante capitaux propres d'un instrument financier composé.

➟ Informations à présenter soit dans l'état de situation financière soit dans les notes

77 L'entité doit indiquer, soit dans l'état de situation financière soit dans les notes, des subdivisions complémentaires aux postes présentés, classées d'une manière adaptée à l'activité de l'entité.

78 Le niveau de détail de ces subdivisions dépend des dispositions des IFRS et de la taille, de la nature et de la fonction des montants concernés. L'entité utilise également les facteurs énoncés au paragraphe 58 pour établir la base de la subdivision. Les informations à fournir varient pour chaque élément, à titre d'exemple :

a) les immobilisations corporelles sont ventilées par catégorie selon IAS 16 ;

b) les créances sont ventilées en clients, créances à recevoir des parties liées, paiements d'avance et autres montants ;

c) les stocks sont décomposés, selon IAS 2 *Stocks*, en catégories telles que marchandises, fournitures de production, matières premières, travaux en cours et produits finis ;

d) les provisions sont ventilées en provisions relatives aux avantages du personnel et autres éléments ; et

e) le capital social et les réserves sont ventilés en différentes catégories, telles que capital émis, primes d'émissions et réserves.

79 L'entité doit fournir, soit dans l'état de situation financière, soit dans l'état des variations de capitaux propres, soit dans les notes, les informations suivantes :

a) pour chaque catégorie de capital :
- **i) le nombre d'actions autorisées ;**
- **ii) le nombre d'actions émises et entièrement libérées et le nombre d'actions émises et non entièrement libérées ;**
- **iii) la valeur nominale des actions ou le fait que les actions n'ont pas de valeur nominale ;**
- **iv) un rapprochement entre le nombre d'actions en circulation au début et en fin de période ;**
- **v) les droits, privilèges et restrictions attachés à cette catégorie d'actions, y compris les restrictions relatives à la distribution de dividendes et au remboursement du capital ;**
- **vi) les actions de l'entité détenues par elle-même ou par ses filiales ou entreprises associées ; et**
- **vii) les actions réservées pour une émission dans le cadre d'options et de contrats de vente d'actions, y compris les modalités et les montants ; et**

b) une description de la nature et de l'objet de chacune des réserves figurant dans les capitaux propres.

80 Une entité sans capital social, telle qu'une société de personnes ou un trust, doit fournir des informations équivalentes à celles imposées par le paragraphe 79 a), indiquant les variations au cours de la période dans chaque catégorie de capitaux propres ainsi que les droits, privilèges et restrictions attachés à chaque catégorie de capitaux propres.

80A Si une entité a reclassé

a) un instrument financier remboursable au gré du porteur classé comme instrument de capitaux propres, ou

b) un instrument qui impose à l'entité une obligation de remettre à une autre partie une quote-part des actifs nets de l'entité uniquement lors de la liquidation et classé comme instrument de capitaux propres,

entre passifs financiers et capitaux propres, elle doit indiquer le montant ainsi reclassé d'une catégorie à l'autre (passifs financiers ou capitaux propres), ainsi que la date et les motifs du reclassement.

ÉTAT DU RÉSULTAT NET ET DES AUTRES ÉLÉMENTS DU RÉSULTAT GLOBAL

81A L'état du résultat net et des autres éléments du résultat global (l'état du résultat global) doit présenter, en plus de la section résultat net et de la section autres éléments du résultat global :

a) le résultat net ;

b) le total des autres éléments du résultat global ;

c) le résultat global de la période, c'est-à-dire le total du résultat net et des autres éléments du résultat global.

Si l'entité présente un état du résultat net séparé, elle n'a pas à présenter une section résultat net dans l'état présentant le résultat global.

81B L'entité doit présenter, en plus de la section résultat net et de la section autres éléments du résultat global, les postes suivants en tant qu'affectations du résultat net et des autres éléments du résultat global de la période :

a) résultat net de la période attribuable :
i) aux participations ne donnant pas le contrôle, et
ii) aux propriétaires de la société mère.

b) résultat global pour la période attribuable :
i) aux participations ne donnant pas le contrôle, et
ii) aux propriétaires de la société mère.

Si l'entité présente le résultat net dans un état séparé, cet état doit présenter les postes visés en a).

➡ Informations à présenter dans la section résultat net ou dans l'état du résultat net

81 [Supprimé]

82 En plus des éléments exigés par d'autres IFRS, la section résultat net ou l'état du résultat net doit comporter les postes suivants au titre de la période :

a) les produits des activités ordinaires, avec présentation séparée :

i) des produits d'intérêts calculés selon la méthode du taux d'intérêt effectif ; et

ii) des produits des activités d'assurance (voir IFRS 17) ;

aa) les profits et pertes résultant de la décomptabilisation d'actifs financiers évalués au coût amorti ;

ab) les charges afférentes aux activités d'assurance découlant de contrats émis qui entrent dans le champ d'application d'IFRS 17 (voir IFRS 17) ;

ac) les produits ou les charges afférents aux traités de réassurance détenus (voir IFRS 17) ;

b) les charges financières ;

ba) les pertes de valeur (y compris les reprises de pertes de valeur ou gains de valeur) établies selon la section 5.5 d'IFRS 9 ;

bb) les produits financiers ou charges financières d'assurance afférents aux contrats émis qui entrent dans le champ d'application d'IFRS 17 (voir IFRS 17) ;

bc) les produits financiers ou les charges financières afférents aux traités de réassurance détenus (voir IFRS 17) ;

c) la quote-part dans le résultat net des entreprises associées et des coentreprises comptabilisées selon la méthode de la mise en équivalence ;

ca) lorsqu'un actif financier jusqu'alors classé comme étant évalué au coût amorti est reclassé de façon à être évalué à la juste valeur par le biais du résultat net, tout profit ou perte résultant d'un écart entre son coût amorti antérieur et sa juste valeur à la date du reclassement (au sens d'IFRS 9) ;

cb) lorsqu'un actif financier jusqu'alors classé comme étant évalué à la juste valeur par le biais des autres éléments du résultat global est reclassé de façon à être évalué à la juste valeur par le biais du résultat net, tout profit ou perte cumulé comptabilisé antérieurement dans les autres éléments du résultat global qui est reclassé en résultat net ;

d) la charge d'impôt sur le résultat ;

e) [Supprimé]

ea) un montant unique représentant le total des activités abandonnées (voir IFRS 5).

f)-i) [Supprimé]

➟ Informations à présenter dans la section autres éléments du résultat global

82A La section autres éléments du résultat global doit présenter les postes pour les montants, au titre de la période :

a) des autres éléments du résultat global [à l'exclusion des montants au paragraphe b)], classés en fonction de leur nature et répartis, conformément aux autres normes IFRS, entre :

i) ceux qui ne seront pas reclassés ultérieurement en résultat net ; et

ii) ceux qui seront reclassés ultérieurement en résultat net lorsque certaines conditions seront remplies.

b) de la quote-part des autres éléments de résultat global des entreprises associées et des coentreprises comptabilisées selon la méthode de la mise en équivalence, subdivisée en quote-part des éléments qui, conformément aux autres normes IFRS :

i) ceux qui ne seront pas reclassés ultérieurement en résultat net ; et

ii) ceux qui seront reclassés ultérieurement en résultat net lorsque certaines conditions seront remplies.

83-84 [Supprimé]

85 L'entité doit présenter des postes (y compris en décomposant les postes énumérés au paragraphe 82), rubriques et sous-totaux supplémentaires dans le ou les états du résultat net et des autres éléments du résultat global lorsqu'une telle présentation est utile à la bonne compréhension de la performance financière de l'entité.

85A Lorsque l'entité présente des sous-totaux selon le paragraphe 85, ces sous-totaux :

a) doivent se composer de postes constitués de montants comptabilisés et évalués conformément aux IFRS ;

b) doivent être présentés et désignés d'une manière rendant les postes qui les constituent clairs et compréhensibles ;

c) doivent être cohérents et permanents d'une période à l'autre, conformément au paragraphe 45 ; et

d) ne doivent pas être mis davantage en évidence que les sous-totaux et totaux requis par les IFRS pour le ou les états du résultat net et des autres éléments du résultat global.

85B L'entité doit présenter les postes dans le ou les états du résultat net et des autres éléments du résultat global qui rapprochent les éventuels sous-totaux présentés conformément au paragraphe 85 des sous-totaux et totaux requis par les IFRS pour ce ou ces états.

86 Puisque les effets des différentes activités, transactions et autres événements de l'entité diffèrent dans leur fréquence, leur potentiel de profit ou de perte et leur prévisibilité, la communication des composantes de la performance financière aide les utilisateurs à comprendre la performance financière réalisée et à effectuer des projections de la performance financière future. L'entité inclut des postes supplémentaires dans le ou les états du résultat net et des autres éléments du résultat global et modifie les descriptions utilisées ainsi que l'ordre des postes lorsque c'est nécessaire pour expliquer les éléments de sa performance financière. L'entité prend en considération des

facteurs tels que l'importance relative, la nature et la fonction des postes de produits et de charges. Par exemple, une institution financière peut modifier les descriptions mentionnées ci-dessus pour fournir des informations adaptées aux activités des institutions financières. L'entité ne compense pas les éléments de produits et de charges à moins que les critères énoncés au paragraphe 32 ne soient réunis.

87 L'entité ne doit pas présenter des éléments de produits ou de charges en tant qu'éléments extraordinaires, que ce soit dans le ou les états présentant le résultat net et les autres éléments du résultat global ou dans les notes.

Résultat de la période

88 L'entité doit comptabiliser tous les éléments de produits et de charges d'une période dans le résultat, sauf si une IFRS impose ou autorise un autre traitement.

89 Certaines IFRS précisent les circonstances dans lesquelles l'entité comptabilise des éléments particuliers hors résultat de la période considérée. IAS 8 prévoit deux circonstances de ce type : la correction d'erreurs et l'effet des changements de méthodes comptables. D'autres IFRS imposent ou autorisent l'exclusion du résultat de composantes des autres éléments du résultat global qui satisfont à la définition d'un produit ou d'une charge dans le *Cadre conceptuel* (voir paragraphe 7).

Autres éléments de résultat global pour la période

90 L'entité doit présenter le montant d'impôt relatif à chaque autre élément du résultat global, y compris les ajustements de reclassement, soit dans l'état du résultat net et des autres éléments du résultat global, soit dans les notes.

91 L'entité peut présenter les autres éléments du résultat global :

a) soit après effets d'impôt liés,

b) soit avant effets d'impôt liés, en présentant par ailleurs le montant total d'impôt relatif à ces éléments.

Si l'entité choisit la solution décrite en (b), elle doit répartir l'impôt entre les éléments susceptibles d'être reclassés ultérieurement dans la section résultat net et ceux qui ne seront pas reclassés dans cette section.

92 L'entité doit présenter les ajustements de reclassement relatifs aux autres éléments du résultat global.

93 D'autres IFRS précisent dans quelles conditions des montants antérieurement comptabilisés dans les autres éléments du résultat global sont ultérieurement reclassés en résultat net. Dans la présente norme, ces reclassements sont appelés « ajustements de reclassement ». Un ajustement de reclassement est inclus dans la composante des autres éléments du résultat global à laquelle il se rapporte, dans la période au cours de laquelle l'ajustement est reclassé en résultat net. Ces montants peuvent avoir été comptabilisés dans les autres éléments du résultat global en tant que profits latents au cours de la période considérée ou de périodes antérieures. Ces profits latents doivent être déduits des autres éléments du résultat global de la période au cours de laquelle les profits réalisés sont reclassés en résultat net pour éviter tout doublon dans le total du résultat global.

94 L'entité peut présenter les ajustements de reclassement dans le ou les états du résultat net et des autres éléments du résultat global ou dans les notes. L'entité qui présente ces ajustements dans les notes présente les autres éléments du résultat global nets des ajustements de reclassement.

95 Les ajustements de reclassement ont lieu, par exemple, lors de la sortie d'un établissement à l'étranger (voir IAS 21) ou lorsque certains flux de trésorerie prévus couverts influent sur le résultat net (voir paragraphe 6.5.11 d) d'IFRS 9 en ce qui concerne les couvertures de flux de trésorerie).

96 Les variations des écarts de réévaluation comptabilisés selon IAS 16 ou IAS 38 ou les réévaluations au titre des régimes à prestations définies comptabilisées selon IAS 19 ne donnent pas lieu à des ajustements de reclassement. Il s'agit de composantes des autres éléments du résultat global qui ne sont pas reclassées en résultat net au cours des périodes ultérieures. Les variations des écarts de réévaluation peuvent être transférées aux résultats non distribués au cours de périodes ultérieures au fur et à mesure de l'utilisation de l'actif ou lors de sa décomptabilisation (voir IAS 16 et IAS 38). Selon IFRS 9, il n'y a pas d'ajustements de reclassement lorsqu'une couverture de flux de trésorerie ou le traitement de la valeur temps d'une option (ou encore de l'élément à terme d'un contrat à terme de gré à gré ou du spread relatif au risque de base des opérations en monnaie étrangère d'un instrument financier) fait que des montants sont respectivement sortis de la réserve de couverture de flux de trésorerie ou de la composante des capitaux propres distincte, et directement incorporés au coût initial ou à toute autre valeur comptable d'un actif ou d'un passif. Ces montants sont directement alloués aux actifs ou aux passifs.

➡ Informations à présenter soit dans le ou les états du résultat net et des autres éléments du résultat global, soit dans les notes

97 Lorsque des éléments de produits et de charges sont significatifs, l'entité doit en indiquer séparément la nature et le montant.

98 Les circonstances pouvant donner lieu à une information distincte relative à des éléments de produits et de charges comprennent :

a) les dépréciations des stocks pour les ramener à la valeur de réalisation nette ou des immobilisations corporelles pour les ramener à la valeur recouvrable, ainsi que la reprise de telles dépréciations ;

b) les restructurations des activités de l'entité et les reprises de provisions comptabilisées pour faire face aux coûts de restructuration ;

c) les sorties d'immobilisations corporelles ;

d) les sorties de placements ;

e) les activités abandonnées ;

f) les règlements de litiges ; et

g) les autres reprises de provisions.

99 L'entité doit présenter une analyse des charges comptabilisées dans le résultat en utilisant une classification reposant soit sur leur nature, soit sur leur fonction au sein de l'entité, en choisissant l'option qui fournit les informations fiables les plus pertinentes.

100 Les entités sont encouragées à présenter l'analyse évoquée au paragraphe 99 dans le ou les états présentant le résultat net et les autres éléments du résultat global.

101 Les charges font l'objet d'une subdivision afin de mettre en évidence les composantes de la performance financière pouvant différer en termes de fréquence, de potentiel de profit ou de perte et de prévisibilité. Cette analyse est fournie selon l'une des deux formes suivantes.

102 La première forme d'analyse est appelée méthode des charges par nature. L'entité regroupe les charges dans le résultat selon leur nature (par exemple, dotation aux amortissements, achats de matières premières, frais de transport, avantages du personnel, dépenses de publicité), et ne les réaffecte pas aux différentes fonctions de l'entité. Cette méthode peut être simple à appliquer car elle ne nécessite aucune affectation des charges aux différentes fonctions. Voici un exemple de classification selon la méthode des charges par nature :

Produit des activités ordinaires		X
Autres produits		X
Variations des stocks de produits finis et des travaux en cours	X	
Matières premières et consommables utilisés	X	
Charges au titre des avantages du personnel	X	
Dotations aux amortissements	X	
Autres charges	X	
Total des charges		(X)
Résultat avant impôt		X

103 La deuxième forme d'analyse est appelée méthode des « charges par fonction » ou du « coût des ventes ». Elle consiste à classer les charges selon leur fonction dans le coût des ventes ou, par exemple, dans le coût des activités commerciales ou administratives. Selon cette méthode, l'entité présente au moins son coût des ventes séparément des autres dépenses. Cette méthode peut fournir des informations plus pertinentes pour les utilisateurs que la classification des charges par nature mais l'affectation des coûts aux différentes fonctions peut nécessiter des affectations arbitraires et implique une part de jugement considérable. Voici un exemple de classification selon la méthode des charges par fonction :

Produit des activités ordinaires	X
Coût des ventes	(X)
Marge brute	X
Autres produits	X
Coûts commerciaux	(X)
Charges administratives	(X)
Autres charges	(X)
Résultat avant impôt	X

104 L'entité qui classe les charges par fonction doit fournir des informations supplémentaires sur la nature des charges, y compris les dotations aux amortissements et les charges liées aux avantages du personnel.

105 Le choix entre la méthode des charges par fonction et la méthode des charges par nature dépend de facteurs à la fois historiques et liés au secteur d'activité ainsi qu'à la nature de l'entité. Ces deux méthodes fournissent une indication des coûts pouvant être soumis à des variations directes ou indirectes en fonction du niveau des ventes ou de la production de l'entité. Comme chacune des deux méthodes de présentation comporte des avantages selon les types d'entités, la présente norme impose à la direction de sélectionner la présentation la plus pertinente et la plus fiable. Toutefois, puisqu'il est utile d'avoir des informations sur la nature des charges pour prédire les flux de trésorerie futurs, la présentation d'informations supplémentaires est imposée lorsque la méthode des charges par fonction est utilisée. Au paragraphe 104, les « avantages du personnel » ont la même signification que dans IAS 19.

ÉTAT DES VARIATIONS DES CAPITAUX PROPRES

➡ Informations à présenter dans l'état des variations des capitaux propres

106 L'entité doit présenter un état des variations des capitaux propres comme l'impose le paragraphe 10. L'état des variations des capitaux propres comprend les informations suivantes :

a) le résultat global total de la période, présentant séparément les montants totaux attribuables aux propriétaires de la société mère et aux participations ne donnant pas le contrôle ;

b) pour chaque composante des capitaux propres, les effets d'une application rétrospective ou d'un retraitement rétrospectif comptabilisés selon IAS 8 ; et

c) [Supprimé]

d) pour chaque composante des capitaux propres, un rapprochement entre la valeur comptable au début et à la fin de la période, indiquant séparément (au minimum) chaque élément de variation trouvant son origine dans :
- **i) le résultat net ;**
- **ii) les autres éléments du résultat global ; et**
- **iii) des transactions avec des propriétaires agissant en cette capacité, en présentant séparément les apports des propriétaires et les distributions aux propriétaires ainsi que les changements dans les participations dans des filiales qui ne donnent pas lieu à une perte de contrôle.**

➡ Informations à présenter dans l'état des variations des capitaux propres ou dans les notes

106A Pour chaque composante des capitaux propres, l'entité doit présenter, soit dans l'état des variations des capitaux propres, soit dans les notes, une analyse des autres éléments du résultat global, élément par élément (voir paragraphe 106 d) ii)).

107 L'entité doit indiquer, soit dans l'état des variations des capitaux propres, soit dans les notes, le montant des dividendes comptabilisés au titre des distributions aux propriétaires au cours de la période, ainsi que le montant correspondant des dividendes par action.

108 Au paragraphe 106, les composantes de capitaux propres comprennent par exemple chaque catégorie de capital apporté, le solde cumulé de chaque catégorie d'autres éléments du résultat global et les résultats non distribués.

109 Les variations des capitaux propres de l'entité entre le début et la fin de la période de reporting reflètent l'augmentation ou la diminution de son actif net au cours de la période. À l'exception des variations des capitaux propres résultant de transactions avec des propriétaires agissant en cette qualité (telles que apports de capitaux, rachats par l'entité de ses instruments de capitaux propres et distribution de dividendes) et les coûts de transaction directement liés à ces transactions, la variation globale des capitaux propres au cours d'une période représente le montant total des produits et des charges, y compris les profits et les pertes, générés par les activités de l'entité pendant cette période.

110 IAS 8 impose, dans la mesure du possible, des ajustements rétrospectifs pour refléter les changements de méthodes comptables, sauf lorsque les dispositions transitoires d'une autre IFRS imposent un autre traitement. IAS 8 impose également d'effectuer de manière rétrospective, dans la mesure du possible, des retraitements destinés à corriger les erreurs. Des ajustements et retraitements rétrospectifs ne sont pas des variations de capitaux propres, mais des ajustements du solde à l'ouverture des résultats non distribués, sauf si une IFRS impose l'ajustement rétrospectif d'une autre composante des capitaux propres. Le paragraphe 106 b) impose de présenter dans l'état de variation des capitaux propres l'ajustement total apporté à chaque composante des capitaux propres résultant, d'une part, des changements de méthodes comptables et, d'autre part, des corrections d'erreurs. Ces ajustements sont présentés pour chaque période antérieure et pour le début de la période courante.

ÉTAT DES FLUX DE TRÉSORERIE

111 Les informations relatives aux flux de trésorerie donnent aux utilisateurs des états financiers une base permettant d'apprécier la capacité de l'entité à générer de la trésorerie et des équivalents de trésorerie et de déterminer les besoins qu'a l'entité d'utiliser ces flux de trésorerie. IAS 7 énonce les dispositions relatives à la présentation et aux informations à fournir relatives aux flux de trésorerie.

NOTES

➠ Structure

112 Les notes doivent :

a) présenter des informations sur la base d'établissement des états financiers et sur les méthodes comptables spécifiques utilisées selon les paragraphes 117 à 124 ;

b) fournir l'information requise par les IFRS qui n'est pas présentée ailleurs dans les états financiers ; et

c) fournir des informations qui ne sont pas présentées ailleurs dans les états financiers, mais qui sont pertinentes pour les comprendre.

113 Dans la mesure du possible, l'entité doit présenter les notes de manière organisée. Lorsqu'elle définit cette manière organisée, l'entité doit en examiner l'effet sur l'intelligibilité et la comparabilité de ses états financiers. L'entité doit insérer, pour chaque élément des états de situation financière et du ou des états du résultat net et des autres éléments

du résultat global, ainsi que de l'état des variations des capitaux propres et de l'état des variations des flux de trésorerie, une référence croisée vers l'information liée figurant dans les notes.

114 Classer ou regrouper les notes de manière organisée inclut par exemple :

a) mettre en évidence les domaines de ses activités que l'entité considère les plus pertinents pour comprendre sa performance financière et sa situation financière, par exemple regrouper les informations sur des activités opérationnelles particulières ;

b) regrouper les informations sur les éléments évalués de manière similaire, tels que les actifs évalués à la juste valeur ; ou

c) suivre l'ordre des postes de l'état ou des états du résultat net et des autres éléments du résultat global et de l'état de la situation financière, soit le suivant :

i) déclaration de conformité aux IFRS (voir paragraphe 16) ;
ii) informations significatives sur les méthodes comptables (voir paragraphe 117) ;
iii) informations supplémentaires pour les éléments présentés dans les états de situation financière et dans le ou les états du résultat net et des autres éléments du résultat global, ainsi que dans l'état des variations des capitaux propres et dans l'état des variations des flux de trésorerie, dans l'ordre dans lequel apparaissent chacun des états financiers et chacun des postes ; et
iv) autres informations dont
(1) les passifs éventuels (voir IAS 37) et les engagements contractuels non comptabilisés ; et
(2) des informations non financières, par exemple les objectifs et les méthodes de l'entité en matière de gestion des risques financiers (voir IFRS 7).

115 [Supprimé]

116 L'entité peut présenter les notes fournissant des informations relatives à la base d'établissement des états financiers et aux méthodes comptables spécifiques comme une section séparée des états financiers.

➡ Information à fournir sur les méthodes comptables

117 L'entité doit fournir des informations significatives sur ses méthodes comptables (voir paragraphe 7). Les informations sur les méthodes comptables sont significatives si, lorsqu'on les prend en considération conjointement avec d'autres informations contenues dans les états financiers de l'entité, on peut raisonnablement s'attendre à ce qu'elles influencent les décisions que les principaux utilisateurs des états financiers à usage général prennent en se fondant sur ces états financiers.

117A Les informations sur les méthodes comptables se rapportant à des transactions, à d'autres événements ou à des conditions qui sont non significatifs sont, de ce fait, non significatives, et il n'est pas nécessaire de les fournir. Les informations sur les méthodes comptables peuvent néanmoins être significatives en raison de la nature même des transactions, des autres événements ou des conditions connexes, et ce, même si les montants sont non significatifs.

Par ailleurs, les informations sur les méthodes comptables se rapportant à des transactions, à d'autres événements ou à des conditions qui sont significatifs ne sont pas forcément elles-mêmes significatives.

117B Les informations sur les méthodes comptables sont censées être significatives si ces informations sont nécessaires aux utilisateurs des états financiers de l'entité pour comprendre d'autres informations significatives contenues dans ces derniers. Par exemple, il est probable que l'entité considère que des informations sur les méthodes comptables sont significatives par rapport à ses états financiers si ces informations se rapportent à des transactions, à d'autres événements ou à des conditions qui sont significatifs, et si l'une des situations suivantes se produit :

a) l'entité a changé de méthode comptable au cours de la période de reporting et ce changement a entraîné une variation significative des informations contenues dans les états financiers ;

b) l'entité a choisi la méthode comptable parmi plusieurs possibilités permises dans les normes IFRS (par exemple, elle a choisi d'évaluer les immeubles de placement au coût historique plutôt qu'à la juste valeur) ;

c) la méthode comptable a été élaborée conformément à IAS 8, en l'absence d'une norme IFRS qui s'applique spécifiquement ;

d) la méthode comptable concerne un aspect pour lequel l'entité doit porter des jugements importants ou formuler des hypothèses importantes lors de l'application de la méthode comptable et l'entité fournit des informations sur ces jugements ou hypothèses conformément aux paragraphes 122 et 125 ; ou

e) le traitement comptable de ces transactions, de ces autres événements ou de ces conditions significatifs est complexe, et les utilisateurs des états financiers de l'entité n'en auraient pas, autrement, une bonne compréhension – une telle situation pourrait se produire si l'entité applique plus d'une norme IFRS à une catégorie de transactions significatives.

117C Lorsqu'elles sont axées sur la manière dont l'entité a appliqué les dispositions des normes IFRS en fonction de ses circonstances particulières, les informations fournies sur les méthodes comptables sont propres à l'entité et donc plus utiles pour les utilisateurs des états financiers que des formules toutes faites ou des informations qui ne font que reproduire ou résumer les dispositions des normes IFRS.

117D Si l'entité fournit des informations non significatives sur les méthodes comptables, ces informations ne doivent pas obscurcir les informations qui sont significatives.

117E Même si l'entité conclut que des informations sur les méthodes comptables ne sont pas significatives, elle doit néanmoins se conformer aux obligations d'information connexes énoncées dans les autres normes IFRS.

118 [Supprimé]

119 [Supprimé]

120 [Supprimé]

121 [Supprimé]

122 L'entité doit fournir, en plus des informations significatives sur les méthodes comptables ou autres notes, et séparément des jugements qui

impliquent des estimations (voir paragraphe 125), les jugements portés par la direction lors de l'application des méthodes comptables de l'entité et ayant le plus d'incidence sur les montants comptabilisés dans les états financiers.

123 Dans le processus d'application des méthodes comptables de l'entité, la direction procède à divers jugements, outre ceux impliquant des estimations, qui peuvent avoir un effet important sur les montants qu'elle comptabilise dans les états financiers. La direction exerce par exemple son jugement lorsqu'elle détermine :

a) [Supprimé]

b) les circonstances où, en substance, tous les risques et avantages significatifs inhérents à la propriété d'actifs financiers et, pour les bailleurs, d'actifs faisant l'objet de contrats de location sont transférés à d'autres entités ;

c) si, en substance, des ventes particulières de marchandises sont des modes de financement et, en conséquence, ne génèrent pas de produit des activités ordinaires ; et

d) si les conditions contractuelles de l'actif financier donnent lieu, à des dates spécifiées, à des flux de trésorerie qui correspondent uniquement à des remboursements de principal et à des versements d'intérêts sur le principal restant dû.

124 Certaines informations fournies selon le paragraphe 122 sont imposées par d'autres normes IFRS. IFRS 12 *Informations à fournir sur les intérêts détenus dans d'autres entités*, par exemple, impose à l'entité de fournir des informations sur les jugements sur lesquels elle s'est basée pour déterminer si elle contrôle une autre entité. IAS 40 *Immeubles de placement* impose la fourniture d'une information sur les critères développés par l'entité pour distinguer un immeuble de placement d'un bien immobilier occupé par son propriétaire et d'un bien immobilier détenu en vue de sa vente dans le cadre de l'activité ordinaire, lorsque la classification du bien immobilier est difficile.

Sources d'incertitude relative aux estimations

125 L'entité doit fournir des informations sur les hypothèses qu'elle formule pour l'avenir et sur les autres sources majeures d'incertitude relatives aux estimations à la fin de la période de reporting, qui présentent un risque important d'entraîner un ajustement significatif des montants des actifs et des passifs au cours de l'exercice suivant. Pour ces actifs et passifs, les notes doivent comprendre des détails relatifs à :

a) leur nature ; et

b) leur valeur comptable à la fin de la période de reporting.

126 La détermination de la valeur comptable de certains actifs et passifs nécessite l'estimation des effets d'événements futurs incertains sur ces actifs et passifs à la fin de la période de reporting. Par exemple, en l'absence de prix du marché récemment observés, des estimations orientées vers l'avenir sont nécessaires pour évaluer la valeur recouvrable de catégories d'immobilisations corporelles, l'incidence de l'obsolescence technologique sur les stocks, les provisions subordonnées au dénouement futur de litiges en cours et les passifs liés aux avantages du personnel à long terme tels que les obligations en matière de retraite. Ces estimations impliquent des hypothèses relatives à des éléments tels que l'ajustement des risques en fonction des flux de trésorerie

ou les taux d'actualisation, des modifications salariales futures et des modifications de prix futures influençant d'autres coûts.

127 Les hypothèses et les autres sources d'incertitude relatives aux estimations qui sont présentées selon le paragraphe 125 portent sur les estimations qui nécessitent de la part de la direction les jugements les plus difficiles, subjectifs ou complexes. Plus le nombre de variables et d'hypothèses affectant l'éventuelle résolution future des incertitudes augmente, plus ces jugements deviennent subjectifs et complexes, et l'éventualité d'un ajustement significatif des valeurs comptables des actifs et des passifs augmente normalement en conséquence.

128 Les informations à fournir visées au paragraphe 125 ne sont pas imposées pour les actifs et passifs qui présentent un risque important de variation significative de leur valeur comptable au cours de l'exercice suivant si, à la fin de la période de reporting, ces actifs sont évalués à la juste valeur sur la base des prix cotés sur un marché actif pour un actif ou un passif identique. Ces justes valeurs pourraient varier de manière significative au cours de l'exercice suivant, mais ces variations ne découleraient pas des hypothèses ou autres sources d'incertitude relative aux estimations à la fin de la période de reporting.

129 L'entité présente les informations à fournir visées au paragraphe 125 de manière à aider les utilisateurs des états financiers à comprendre les jugements de la direction au sujet de l'avenir et des autres sources d'incertitude relatives aux estimations. La nature et l'étendue des informations fournies varient en fonction de la nature des hypothèses et autres circonstances. Les types d'informations que fournit l'entité sont par exemple :

a) la nature de l'hypothèse ou d'une autre incertitude relative aux estimations ;

b) la sensibilité des valeurs comptables aux méthodes, hypothèses et estimations qui forment la base de leur calcul, y compris les raisons de cette sensibilité ;

c) la résolution prévue d'une incertitude et la fourchette des issues raisonnablement possibles au cours de l'exercice suivant pour ce qui concerne les valeurs comptables des actifs et passifs affectés ; et

d) une explication des modifications apportées aux anciennes hypothèses relatives à ces actifs et passifs, si l'incertitude perdure.

130 La présente norme n'impose pas à l'entité de donner des informations budgétaires ou des prévisions lors de la communication des informations requises au paragraphe 125.

131 Il est parfois impraticable de fournir des informations sur l'ampleur de la fourchette des effets possibles d'une hypothèse ou d'une autre source d'incertitude relative aux estimations à la fin de la période de reporting. Dans de telles circonstances, l'entité indique qu'il est raisonnablement possible, compte tenu des connaissances actuelles, qu'au cours de l'exercice suivant, des écarts de la réalité par rapport à l'hypothèse requièrent un ajustement significatif de la valeur comptable de l'actif ou du passif concerné. Dans tous les cas, l'entité fournit des informations sur la nature et sur la valeur comptable de l'actif ou du passif spécifique (ou de la catégorie d'actifs ou de passifs) affectés par l'hypothèse.

132 Les informations fournies en vertu du paragraphe 122 sur les jugements particuliers posés par la direction dans le processus d'application des méthodes comptables de l'entité ne sont pas liées aux informations fournies à propos des sources d'incertitude relative aux estimations visées au paragraphe 125.

133 D'autres IFRS imposent de fournir des informations sur certaines hypothèses qui sinon seraient couvertes par le paragraphe 125. IAS 37, par exemple, impose, dans des circonstances spécifiques, de fournir des informations sur les principales hypothèses relatives aux événements futurs affectant les catégories de provisions. IFRS 13 *Évaluation de la juste valeur* impose de fournir des informations sur les hypothèses importantes (y compris la ou les techniques d'évaluation et les données) que l'entité utilise pour évaluer les justes valeurs des actifs et passifs qui sont comptabilisés à la juste valeur.

➡ Capital

134 L'entité doit fournir aux utilisateurs de ses états financiers les informations nécessaires pour leur permettre d'évaluer les objectifs, procédures et processus de l'entité mis en œuvre pour la gestion du capital.

135 Afin de se conformer au paragraphe 134, l'entité fournit les informations suivantes :

a) des informations qualitatives sur les objectifs, procédures et processus de l'entité pour gérer le capital incluant :
   i) une description de ce qu'elle gère comme capital ;
   ii) lorsque l'entité est soumise à des exigences en matière de capital imposées de l'extérieur, la nature de ces exigences et comment ces exigences sont intégrées à la gestion du capital ; et
   iii) comment elle atteint ses objectifs de gestion du capital.

b) elle fournit un résumé des données quantitatives sur ce qu'elle gère comme capital. Certaines entités considèrent certains passifs financiers (par exemple certaines formes de dette subordonnée) comme faisant partie du capital. D'autres entités excluent du capital certaines composantes de capitaux propres (par exemple, les composantes issues des couvertures contre les risques de variation des flux de trésorerie).

c) elle indique toute variation de a) ou de b) par rapport à la période précédente.

d) elle précise si durant la période elle s'est conformée à une quelconque exigence de capital imposée de l'extérieur et à laquelle elle est soumise.

e) si elle n'a pas respecté les exigences en matière de capital imposées de l'extérieur, elle précise les conséquences de ce non-respect.

L'entité base ces informations sur les informations fournies en interne aux principaux dirigeants de l'entité.

136 L'entité peut gérer le capital de nombreuses façons et être soumise à différentes exigences en matière de capital. Par exemple, un conglomérat peut inclure des entités qui entreprennent des activités d'assurance et bancaires et ces entités peuvent opérer dans plusieurs pays. Si l'information agrégée sur les exigences en matière de capital et sur la façon avec laquelle le capital est géré ne fournit aucune information utile ou altère la compréhension de l'utilisateur des états financiers relative aux ressources en capital de l'entité, celle-ci devra fournir des informations séparées pour chaque exigence à laquelle l'entité est soumise en matière de capital.

➟ Instruments financiers remboursables au gré du porteur classés en capitaux propres

136A Pour les instruments financiers remboursables au gré du porteur classés comme instruments de capitaux propres, l'entité doit fournir les informations suivantes (dans la mesure où elles ne sont pas fournies ailleurs) :

a) un résumé des données quantitatives sur le montant classé en capitaux propres ;

b) ses objectifs, politique et procédures de gestion de son obligation de racheter ou de rembourser les instruments lorsque cela lui est demandé par les porteurs des instruments, y compris tout changement provenant de la période précédente ;

c) la sortie de trésorerie attendue lors du remboursement ou du rachat de cette catégorie d'instruments financiers ; et

d) des informations concernant la manière dont la sortie de trésorerie attendue lors du remboursement ou du rachat a été déterminée.

➟ Autres informations à fournir

137 L'entité fournit les informations suivantes dans les notes :

a) le montant des dividendes proposés ou décidés avant l'autorisation de publication des états financiers, mais qui ne sont pas comptabilisés en tant que distribution aux propriétaires pendant la période, ainsi que le montant correspondant par action ; et

b) le montant des dividendes préférentiels cumulatifs non comptabilisés.

138 L'entité doit fournir l'information suivante, sauf si cette information est déjà communiquée par ailleurs :

a) l'adresse et la forme juridique de l'entité, le pays dans lequel elle a été enregistrée et l'adresse de son siège social (ou de son établissement principal s'il est différent) ;

b) une description de la nature des opérations de l'entité et de ses principales activités ;

c) le nom de la société mère et celui de la société tête de groupe ; et

d) s'il s'agit d'une entité à durée de vie limitée, les informations concernant sa durée de vie.

Dispositions transitoires et date d'entrée en vigueur

139 L'entité doit appliquer la présente norme pour les exercices ouverts à compter du 1er janvier 2009. Une application anticipée est autorisée. Si l'entité adopte la présente norme pour une période antérieure à cette date, elle doit l'indiquer.

139A La publication d'IAS 27 (telle que modifiée en 2008) a donné lieu à la modification du paragraphe 106. L'entité doit appliquer cette modification pour les exercices ouverts à compter du 1er juillet 2009. Si l'entité applique IAS 27 (révisée en 2008) pour une période antérieure, les modifications doivent être appliquées à cette période antérieure. La modification doit être appliquée de manière rétrospective.

139B Le document *Instruments financiers remboursables au gré du porteur et obligations à la suite d'une liquidation* (Modifications d'IAS 32 et d'IAS 1), publié en février 2008, a donné lieu à la modification du paragraphe 138 et à l'ajout des paragraphes 8A, 80A et 136A. L'entité doit appliquer ces modifications pour les exercices ouverts à compter du 1er janvier 2009. Une application anticipée est autorisée. Si l'entité applique les modifications pour une période antérieure, elle doit l'indiquer et appliquer en même temps les modifications d'IAS 32, IAS 39, IFRS 7 et IFRIC 2 *Parts sociales des entités coopératives et instruments similaires* qui y sont liés.

139C Les paragraphes 68 et 71 ont été modifiés par les *Améliorations des IFRS* publiées en mai 2008. L'entité doit appliquer ces modifications pour les exercices ouverts à compter du 1er janvier 2009. Une application anticipée est autorisée. Si l'entité applique les modifications pour une période antérieure à cette date, elle doit l'indiquer.

139D [Supprimé]

139E [Supprimé]

139F Les paragraphes 106 et 107 ont été modifiés et le paragraphe 106A a été ajouté par les *Améliorations des IFRS* publiées en mai 2010. L'entité doit appliquer ces modifications pour les exercices ouverts à compter du 1er janvier 2011. Une application anticipée est autorisée.

139G [Supprimé]

139H La publication d'IFRS 10 et d'IFRS 12, en mai 2011, a donné lieu à la modification des paragraphes 4, 119, 123 et 124. L'entité qui applique IFRS 10 et IFRS 12 doit appliquer ces modifications.

139I La publication d'IFRS 13, en mai 2011, a donné lieu à la modification des paragraphes 128 et 133. L'entité qui applique IFRS 13 doit appliquer ces modifications.

139J *Présentation des autres éléments du résultat global* (Modification d'IAS 1), publié en juin 2011, a donné lieu à la modification des paragraphes 7, 10, 82, 85-87, 90, 91, 94, 100 et 115, à l'ajout des paragraphes 10A, 81A, 81B et 82A, et à la suppression des paragraphes 12, 81, 83 et 84. L'entité doit appliquer ces modifications pour les exercices ouverts à compter du 1er juillet 2012. Une application anticipée est autorisée. Si l'entité applique les modifications pour une période antérieure à cette date, elle doit l'indiquer.

139K La publication d'IAS 19 *Avantages du personnel* (telle que modifiée en juin 2011) a donné lieu à la modification de la définition de « autres éléments du résultat global » au paragraphe 7, ainsi qu'à la modification du paragraphe 96. L'entité qui applique IAS 19 (telle que modifiée en juin 2011) doit appliquer ces modifications.

139L La publication des *Améliorations annuelles – Cycle 2009-2011*, en mai 2012, a donné lieu à la modification des paragraphes 10, 38 et 41, à la suppression des paragraphes 39 et 40 et à l'ajout des paragraphes 38A à 38D et 40A à 40D. L'entité doit appliquer ces modifications de façon rétrospective selon IAS 8 *Méthodes comptables, changements d'estimations comptables et erreurs* pour les exercices ouverts à compter du 1er janvier 2013. Une application anticipée est autorisée. Si l'entité applique la modification pour une période antérieure, elle doit l'indiquer.

139M [Supprimé]

139N La publication d'IFRS 15 *Produits des activités ordinaires tirés de contrats conclus avec des clients*, en mai 2014, a donné lieu à la modification du paragraphe 34. L'entité qui applique IFRS 15 doit appliquer cette modification.

139O La publication d'IFRS 9, en juillet 2014, a donné lieu à la modification des paragraphes 7, 68, 71, 82, 93, 95, 96, 106 et 123 et à la suppression des paragraphes 139E, 139G et 139M. L'entité qui applique IFRS 9 doit appliquer ces modifications.

139P L'*initiative concernant les informations à fournir* (modifications d'IAS 1), publiée en décembre 2014, a donné lieu à la modification des paragraphes 10, 31, 54, 55, 82A, 85, 113, 114, 117, 119 et 122, à l'ajout des paragraphes 30A, 55A, 85A et 85B et à la suppression des paragraphes 115 et 120. L'entité doit appliquer ces modifications pour les exercices ouverts à compter du 1er janvier 2016. Une application anticipée est autorisée. Les entités ne sont pas tenues de fournir les informations requises par les paragraphes 28-30 d'IAS 8 en ce qui concerne ces modifications.

139Q La publication d'IFRS 16 *Contrats de location*, en janvier 2016, a donné lieu à la modification du paragraphe 123. L'entité qui applique IFRS 16 doit appliquer cette modification.

139R La publication d'IFRS 17, en mai 2017, a donné lieu à la modification des paragraphes 7, 54 et 82. La publication de *Modifications d'IFRS 17*, en juin 2020, a donné lieu à une autre modification du paragraphe 54. L'entité qui applique IFRS 17 doit appliquer ces modifications.

139S La publication en 2018 des *Modifications des références au Cadre conceptuel dans les normes IFRS* a donné lieu à la modification des paragraphes 7, 15, 19, 20, 23, 24, 28 et 89. L'entité doit appliquer ces modifications pour les exercices ouverts à compter du 1er janvier 2020. Une application anticipée est autorisée si l'entité applique aussi, en même temps, toutes les autres modifications introduites par les *Modifications des références au Cadre conceptuel dans les normes IFRS*. L'entité doit appliquer les modifications d'IAS 1 de façon rétrospective selon IAS 8 *Méthodes comptables, changements d'estimations comptables et erreurs*. Toutefois, si l'entité constate qu'une application rétrospective serait impraticable ou impliquerait un coût ou un effort excessif, elle doit appliquer les modifications d'IAS 1 en se reportant aux paragraphes 23 à 28, 50 à 53 et 54F d'IAS 8.

139T La publication de *Définition du terme significatif* (modifications d'IAS 1 et d'IAS 8), en octobre 2018, a donné lieu à la modification du paragraphe 7 d'IAS 1 et du paragraphe 5 d'IAS 8, ainsi qu'à la suppression du paragraphe 6 d'IAS 8. L'entité doit appliquer ces modifications de manière prospective pour les exercices ouverts à compter du 1er janvier 2020. Une application anticipée est autorisée. Si l'entité applique les modifications pour une période antérieure, elle doit l'indiquer.

139U La publication de *Classement des passifs en tant que passifs courants ou non courants*, en janvier 2020, a donné lieu à la modification des paragraphes 69, 73, 74 et 76 et à l'ajout des paragraphes 72A, 75A, 76A et 76B. L'entité doit appliquer ces modifications rétrospectivement selon IAS 8 pour les exercices ouverts à compter du 1er janvier 2024. Une application anticipée est permise. Si l'entité applique ces modifications pour une période antérieure suivant la publication de *Passifs non courants assortis de clauses restrictives* (voir paragraphe 139 W), elle doit aussi appliquer *Passifs non courants assortis de clauses restrictives* pour cette période. Si l'entité applique *Classement des passifs en tant que passifs courants ou non courants* pour une période antérieure, elle doit l'indiquer.

139V La publication d'*Informations à fournir sur les méthodes comptables*, en février 2021, a donné lieu à la modification des paragraphes 7, 10, 114, 117 et 122, à l'ajout des paragraphes 117A à 117E et à la suppression des paragraphes 118, 119 et 121. Elle a également donné lieu à la modification de l'énoncé de pratiques en IFRS 2 *Porter des jugements sur l'importance relative*. L'entité doit appliquer les modifications apportées à IAS 1 pour les exercices ouverts à compter du 1er janvier 2023. Une application anticipée est autorisée. Si l'entité applique les modifications pour une période antérieure, elle doit l'indiquer.

139W La publication de *Passifs non courants assortis de clauses restrictives*, en octobre 2022, a donné lieu à la modification des paragraphes 60, 71, 72A, 74 et 139U et à l'ajout des paragraphes 72B et 76ZA. L'entité doit appliquer :

a) la modification du paragraphe 139U dès la publication de *Passifs non courants assortis de clauses restrictives* ;

b) toutes les autres modifications rétrospectivement selon IAS 8 pour les exercices ouverts à compter du 1er janvier 2024. Une application anticipée est permise. Si l'entité applique ces modifications pour une période antérieure, elle doit aussi appliquer *Classement des passifs en tant que passifs courants ou non courants* pour cette période. Si l'entité applique *Passifs non courants assortis de clauses restrictives* pour une période antérieure, elle doit l'indiquer.

Retrait d'IAS 1 (révisée en 2003)

140 La présente norme annule et remplace IAS 1 *Présentation des états financiers* révisée en 2003, telle que modifiée en 2005.

IAS 2
Stocks

[règlt UE 2023/1803]

Objectif

1 L'objectif de la présente norme est de prescrire le traitement comptable des stocks. Une des questions fondamentales de la comptabilisation des stocks est celle du montant des coûts à comptabiliser en tant qu'actif et à différer jusqu'à la comptabilisation des produits correspondants. La présente norme donne des indications sur la détermination du coût et sa comptabilisation ultérieure en charges, y compris toute dépréciation jusqu'à la valeur nette de réalisation. Elle donne également des indications sur les méthodes de détermination du coût qui sont utilisées pour imputer les coûts aux stocks.

Champ d'application

2 La présente norme s'applique à tous les stocks, sauf :

a) [Supprimé]

b) aux instruments financiers (voir IAS 32 *Instruments financiers : Présentation* et IFRS 9 *Instruments financiers*) ; et

c) aux actifs biologiques relatifs à l'activité agricole et à la production agricole au moment de la récolte (voir IAS 41 *Agriculture*).

3 La présente norme ne s'applique pas à l'évaluation des stocks détenus par :

a) les producteurs de produits agricoles et forestiers, de production agricole après récolte et de minéraux et de produits d'origine minérale, dans la mesure où ils sont évalués à la valeur nette de réalisation selon des pratiques bien établies dans ces secteurs d'activités. Lorsque ces stocks sont évalués à la valeur nette de réalisation, les variations de cette valeur sont comptabilisées dans le résultat de la période au cours de laquelle la variation est intervenue ;

b) les courtiers arbitragistes de marchandises, qui évaluent leurs stocks à la juste valeur, diminuée des coûts de vente. Lorsque ces stocks sont évalués à la juste valeur diminuée des coûts de vente, les variations de juste valeur diminuée des coûts de vente sont comptabilisées dans le résultat de la période au cours de laquelle est intervenue la variation.

4 À certains stades de la production, les stocks visés au paragraphe 3a) sont évalués à la valeur nette de réalisation. C'est le cas, par exemple, au moment de la récolte des produits agricoles ou de l'extraction de minéraux, lorsque la vente est assurée en vertu d'un contrat à terme ou d'une garantie de l'État ou lorsqu'un marché actif existe et que le risque de mévente est négligeable. Ces stocks ne sont exclus que des obligations d'évaluation de la présente norme.

5 Les courtiers arbitragistes sont ceux qui achètent ou vendent des marchandises pour le compte de tiers ou pour leur propre compte. Les stocks désignés au paragraphe 3b) sont essentiellement acquis en vue de leur vente dans un avenir proche et de dégager un bénéfice des fluctuations de prix ou de la marge du courtier arbitragiste. Lorsque ces stocks sont évalués à la juste valeur diminuée des coûts de vente, ils ne sont exclus que des obligations d'évaluation de la présente norme.

Définitions

6 Dans la présente norme, les termes suivants ont la signification indiquée ci-après :

Les stocks sont des actifs :

a) détenus en vue de la vente dans le cours normal de l'activité ;

b) en cours de production pour une telle vente ; ou

c) sous forme de matières premières ou de fournitures devant être consommées dans le processus de production ou de prestation de services.

***La valeur nette de réalisation* est le prix de vente estimé dans le cours normal de l'activité, diminué des coûts estimés pour l'achèvement et des coûts estimés nécessaires pour réaliser la vente.**

***La juste valeur* est le prix qui serait reçu pour la vente d'un actif ou payé pour le transfert d'un passif lors d'une transaction normale entre des participants de marché à la date d'évaluation (voir IFRS 13 *Évaluation de la juste valeur*).**

7 La valeur nette de réalisation désigne le montant net que l'entité s'attend à réaliser sur la vente de stocks dans le cours normal de l'activité. La juste valeur reflète le prix auquel une transaction normale de vente des mêmes stocks sur le marché principal (ou le marché le plus avantageux) pour ces stocks serait conclue entre des participants de marché à la date d'évaluation. La première est une valeur spécifique à l'entité, contrairement à la seconde. La valeur nette de réalisation des stocks peut ne pas être égale à la juste valeur diminuée des coûts de vente.

8 Les stocks englobent les biens achetés et détenus pour la revente y compris, par exemple, les marchandises achetées par un détaillant et détenues pour la revente, ou des terrains ou d'autres biens immobiliers détenus pour la revente. Les stocks englobent également les biens finis produits, ou en cours de production, par l'entité et comprennent les matières premières et fournitures en attente d'utilisation dans le processus de production. Les coûts engagés pour l'exécution d'un contrat conclu avec un client qui ne génèrent pas de stocks (ou d'actifs entrant dans le champ d'application d'une autre norme) sont comptabilisés conformément à IFRS 15 *Produits des activités ordinaires tirés de contrats conclus avec des clients*.

Évaluation des stocks

9 Les stocks doivent être évalués au plus faible du coût et de la valeur nette de réalisation.

COÛT DES STOCKS

10 Le coût des stocks doit comprendre tous les coûts d'acquisition, coûts de transformation et autres coûts engagés pour amener les stocks à l'endroit et dans l'état où ils se trouvent.

➡ Coûts d'acquisition

11 Les coûts d'acquisition des stocks comprennent le prix d'achat, les droits de douane et autres taxes (autres que les taxes ultérieurement récupérables par l'entité auprès des administrations fiscales), ainsi que les frais de transport, de manutention et autres coûts directement attribuables à l'acquisition des produits finis, des matières premières et des services. Les rabais commerciaux, remises et autres éléments similaires sont déduits pour déterminer les coûts d'acquisition.

➡ Coûts de transformation

12 Les coûts de transformation des stocks comprennent les coûts directement liés aux unités produites, tels que la main-d'œuvre directe. Ils comprennent également l'affectation systématique des frais généraux de production fixes et variables qui sont engagés pour transformer les matières premières en produits finis. Les frais généraux de production fixes sont les coûts indirects de production qui demeurent relativement constants indépendamment du volume de production, tels que l'amortissement et l'entretien des bâtiments et de l'équipement industriels et des actifs comptabilisés au titre du droit d'utilisation utilisés dans le processus de production, et les frais de gestion et d'administration de l'usine. Les frais généraux de production variables sont les coûts indirects de production qui varient directement, ou presque directement, en fonction du volume de production, tels que les matières premières indirectes et la main-d'œuvre indirecte.

13 L'affectation des frais généraux fixes de production aux coûts de transformation est fondée sur la capacité normale des installations de production. La capacité normale est la production moyenne que l'on s'attend à réaliser sur un certain nombre de périodes ou de saisons dans des circonstances normales, en tenant compte de la perte de capacité résultant d'un entretien planifié. Il est possible de retenir le niveau réel de production s'il est proche de la capacité de production normale. Le montant des frais généraux fixes affecté à chaque unité produite n'est pas augmenté par suite d'une baisse de production ou d'un outil de production inutilisé. Les frais généraux non affectés sont comptabilisés comme une charge de la période au cours de laquelle ils sont engagés. Dans des périodes de production anormalement élevée, le montant des frais généraux fixes affectés à chaque unité produite est diminué de telle sorte que les stocks ne soient pas évalués au-dessus du coût. Les frais généraux variables de production sont affectés à chaque unité produite sur la base de l'utilisation effective des installations de production.

14 Un processus de production peut donner lieu à la production simultanée de plus d'un produit. C'est le cas, par exemple, en cas de production de produits liés ou lorsqu'il y a un produit principal et un sous-produit. Lorsque les coûts de transformation de chaque produit ne sont pas identifiables séparément, ils sont répartis entre les produits sur une base rationnelle et cohérente. Cette répartition peut être opérée, par exemple, sur la base de la valeur de vente relative de chaque produit, soit au stade du processus de production où les produits deviennent identifiables séparément, soit à l'achèvement de la production. La plupart des sous-produits sont non significatifs par nature. Lorsque tel est le cas, ils sont souvent évalués à la valeur nette de réalisation et cette valeur est déduite du coût du produit principal. De ce fait, la valeur comptable du produit principal n'est pas différente de façon significative de son coût.

➡ Autres coûts

15 Les autres coûts ne sont inclus dans le coût des stocks que dans la mesure où ils sont engagés pour amener les stocks à l'endroit et dans l'état où ils se trouvent. Par exemple, il peut être approprié d'inclure dans le coût des stocks des frais généraux autres que ceux de production ou les coûts de conception de produits à l'usage de clients spécifiques.

16 Exemples de coûts exclus du coût des stocks et comptabilisés en charges de la période au cours de laquelle ils sont engagés :

a) montants anormaux de déchets de fabrication, de main-d'œuvre ou d'autres coûts de production ;

b) coûts de stockage, à moins que ces coûts ne soient nécessaires au processus de production préalablement à une nouvelle étape de la production ;

c) frais généraux administratifs qui ne contribuent pas à mettre les stocks à l'endroit et dans l'état où ils se trouvent ; et

d) frais de commercialisation.

17 IAS 23 *Coûts d'emprunt* identifie les circonstances limitées dans lesquelles des coûts d'emprunt sont inclus dans le coût des stocks.

18 L'entité peut acheter des stocks selon des conditions de règlement différé. Lorsque l'accord contient effectivement un élément de financement, celui-ci, par exemple une différence entre le prix d'achat pour des conditions normales de crédit et le montant payé, est comptabilisé comme une charge d'intérêt sur la période du financement.

19 [Supprimé]

➡ Coût de produits agricoles récoltés à partir d'actifs biologiques

20 Selon IAS 41 *Agriculture*, les stocks comprenant la production agricole, récoltés par l'entité à partir de ses actifs biologiques sont évalués lors de la comptabilisation initiale à leur juste valeur, moins les coûts de la vente au moment de la récolte. Il s'agit du coût des stocks à cette date pour l'application de la présente norme.

➡ Techniques d'évaluation du coût

21 Les techniques d'évaluation du coût des stocks, telles que la méthode du coût standard ou la méthode du prix de détail, peuvent être utilisées pour des raisons pratiques si ces méthodes donnent des résultats proches du coût.

Les coûts standard retiennent les niveaux normaux d'utilisation de matières premières et de fournitures, de main-d'œuvre, d'efficience et de capacité. Ils sont régulièrement réexaminés et, le cas échéant, révisés à la lumière des conditions actuelles.

22 La méthode du prix de détail est souvent utilisée dans l'activité de la distribution au détail pour évaluer les stocks de grandes quantités d'articles à rotation rapide, qui ont des marges similaires et pour lesquels il n'est pas possible d'utiliser d'autres méthodes de coûts. Le coût des stocks est déterminé en déduisant de la valeur de vente des stocks le pourcentage de marge brute approprié. Le pourcentage utilisé prend en considération les stocks qui ont été démarqués au-dessous de leur prix de vente initial. Un pourcentage moyen pour chaque rayon est souvent utilisé.

MÉTHODES DE DÉTERMINATION DU COÛT

23 Le coût des stocks d'éléments qui ne sont pas habituellement fongibles et des biens ou services produits et affectés à des projets spécifiques doit être déterminé en utilisant une identification spécifique de leurs coûts individuels.

24 L'identification spécifique du coût signifie que des coûts spécifiques sont attribués à des éléments identifiés des stocks. C'est le traitement approprié pour les éléments qui sont affectés à un projet spécifique, qu'ils aient été achetés ou produits. Toutefois, l'identification spécifique des coûts n'est pas appropriée lorsqu'il existe un grand nombre d'éléments de stocks qui sont ordinairement fongibles. En de telles circonstances, le mode de sélection des éléments qui restent dans les stocks pourrait être utilisé pour obtenir des effets prédéterminés sur le résultat net.

25 Le coût des stocks, autres que ceux traités au paragraphe 23, doit être déterminé en utilisant la méthode du premier entré – premier sorti (PEPS) ou celle du coût moyen pondéré. L'entité doit utiliser la même méthode de détermination du coût pour tous les stocks ayant une nature et un usage similaires dans l'entité. Pour les stocks ayant une nature ou un usage différent, l'application d'autres méthodes de détermination du coût peut être justifiée.

26 Par exemple, des stocks utilisés dans un secteur opérationnel peuvent avoir un usage différent pour l'entité du même type de stocks utilisés dans un autre secteur opérationnel. Toutefois, une différence dans la situation géographique des stocks (ou dans les règles fiscales applicables) n'est pas suffisante en soi pour justifier l'utilisation de méthodes différentes de détermination du coût.

27 La méthode PEPS suppose que les éléments du stock qui ont été acquis ou produits les premiers sont vendus les premiers, et qu'en conséquence, les éléments restant en stock à la fin de la période sont ceux qui ont été achetés ou produits le plus récemment. Selon la méthode du coût moyen pondéré, le coût de chaque élément est déterminé à partir de la moyenne pondérée du coût d'éléments similaires au début d'une période et du coût d'éléments similaires achetés ou produits au cours de la période. Cette moyenne peut être calculée périodiquement ou lors de la réception de chaque nouvelle livraison, selon la situation particulière de l'entité.

VALEUR NETTE DE RÉALISATION

28 Le coût des stocks peut ne pas être recouvrable si ces stocks ont été endommagés, s'ils sont devenus complètement ou partiellement obsolètes ou si leur prix de vente a subi une baisse. Le coût des stocks peut également ne pas être recouvrable si les coûts estimés d'achèvement ou les coûts estimés nécessaires pour réaliser la vente ont augmenté. La pratique consistant à déprécier les stocks au-dessous du coût pour les ramener à leur valeur nette de réalisation est cohérente avec le principe suivant lequel les actifs ne doivent pas être comptabilisés à un montant supérieur au montant que l'on s'attend à obtenir de leur vente ou de leur utilisation.

29 Les stocks sont habituellement dépréciés à la valeur nette de réalisation élément par élément. Dans certains cas, toutefois, il peut être approprié de regrouper des éléments similaires ou ayant un rapport entre eux. Ce peut être le cas d'éléments de stocks ayant trait à la même ligne de produits qui ont des finalités ou usages finaux similaires, qui sont produits et commercialisés dans la même zone géographique, et qui pratiquement ne peuvent pas être évalués séparément des autres éléments de cette ligne de produits. Il n'est pas approprié de pratiquer une dépréciation des stocks sur la base d'une grande catégorie de stocks, par exemple les produits finis, ou pour la totalité des stocks d'un secteur opérationnel.

30 Les estimations de la valeur nette de réalisation sont fondées sur les éléments probants les plus fiables disponibles à la date à laquelle elles sont faites, du montant que l'on s'attend à réaliser des stocks. Ces estimations tiennent compte des fluctuations de prix ou de coût directement liées aux événements survenant après la fin de la période, dans la mesure où de tels événements confirment les conditions existant à la fin de la période.

31 Les estimations de la valeur nette de réalisation prennent également en considération le but dans lequel les stocks sont détenus. Par exemple, la valeur nette de réalisation de quantités détenues en stocks pour satisfaire à des contrats de vente ou de services fermes est fondée sur le prix spécifié dans le contrat. Si les quantités spécifiées dans le contrat sont inférieures aux quantités détenues en stock, la valeur nette de réalisation des quantités en excédent est fondée sur les prix de vente généraux. Des provisions peuvent survenir au titre de contrats de vente fermes supérieurs aux quantités de stocks détenues ou de contrats d'achat fermes. Ces provisions sont traitées selon IAS 37 *Provisions, passifs éventuels et actifs éventuels*.

32 Les matières premières et autres fournitures détenues pour être utilisées dans la production des stocks ne sont pas dépréciées en dessous du coût s'il est attendu que les produits finis dans lesquels elles seront incorporées seront vendus au coût ou au-dessus de celui-ci. Cependant, lorsqu'une baisse du prix des matières premières indique que le coût des produits finis est supérieur à la valeur nette de réalisation, les matières premières sont dépréciées à leur valeur nette de réalisation. Dans de telles circonstances, le coût de remplacement des matières premières peut se révéler être la meilleure mesure disponible de leur valeur nette de réalisation.

33 Une nouvelle évaluation de la valeur nette de réalisation est effectuée lors de chaque période suivante. Lorsque les circonstances qui justifiaient précédemment de déprécier les stocks en dessous du coût n'existent plus ou lorsqu'il y a des indications claires d'une augmentation de la valeur nette de réalisation en raison d'un changement de la situation économique, le montant de la dépréciation fait l'objet d'une reprise (c'est-à-dire que la reprise est limitée au montant de la dépréciation initiale), de sorte que la nouvelle valeur comptable est le plus faible du coût et de la valeur nette de réalisation révisée. Tel est le cas, par exemple, lorsqu'un élément des stocks qui est comptabilisé à la valeur nette de réalisation parce que son prix de vente a baissé est encore disponible lors d'une période ultérieure et que son prix de vente a augmenté.

Comptabilisation en charges

34 Lorsque les stocks sont vendus, la valeur comptable de ces stocks doit être comptabilisée en charges de la période au cours de laquelle les produits correspondants sont comptabilisés. Le montant de toute dépréciation des stocks pour les ramener à leur valeur nette de réalisation et toutes les pertes de stocks doivent être comptabilisés en charges de la période au cours de laquelle la dépréciation ou la perte se produit. Le montant de toute reprise d'une dépréciation des stocks résultant d'une augmentation de la valeur nette de réalisation doit être comptabilisé comme une réduction du montant des stocks comptabilisé en charges dans la période au cours de laquelle la reprise intervient.

35 Certains éléments de stocks peuvent être affectés à d'autres comptes d'actifs, par exemple, les stocks utilisés comme éléments des immobilisations corporelles produites par l'entité pour elle-même. Les stocks affectés à un autre élément d'actif suivant cette modalité sont comptabilisés en charges pendant la durée d'utilité de cet actif.

Informations à fournir

36 Les états financiers doivent indiquer :

a) les méthodes comptables adoptées pour évaluer les stocks, y compris la méthode de détermination du coût utilisée ;

b) la valeur comptable totale des stocks et la valeur comptable par catégories appropriées à l'entité ;

c) la valeur comptable des stocks comptabilisés à la juste valeur, diminuée des coûts de vente ;

d) le montant des stocks comptabilisés en charges dans la période ;

e) le montant de toute dépréciation des stocks comptabilisée en charges de la période selon le paragraphe 34 ;

f) le montant de toute reprise de dépréciation comptabilisée en réduction de la valeur des stocks comptabilisés en charges de la période selon le paragraphe 34 ;

g) les circonstances ou événements ayant conduit à la reprise de la dépréciation des stocks selon le paragraphe 34 ; et

h) la valeur comptable des stocks donnés en nantissement de passifs.

37 Les informations concernant les valeurs comptables des différentes catégories de stocks ainsi que l'étendue des variations de ces actifs sont utiles

aux utilisateurs des états financiers. Les classements usuels des stocks sont les marchandises, les fournitures de production, les matières premières, les travaux en cours et les produits finis.

38 Le montant des stocks comptabilisé en charges de la période, souvent appelé coût des ventes, se compose des coûts précédemment compris dans l'évaluation de stocks qui ont maintenant été vendus et des frais généraux de production non attribués et des montants anormaux de coûts de production des stocks. Les particularités de l'entité peuvent également justifier l'inclusion d'autres montants, tels que les coûts de distribution.

39 Certaines entités adoptent pour le résultat net un format qui conduit à présenter des chiffres, autres que le coût des stocks, comptabilisés en charges au cours de la période. Selon ce format, l'entité présente une analyse des charges utilisant une classification établie par nature des charges. Dans ce cas, l'entité mentionne les coûts comptabilisés en charges pour les matières premières et consommables, les coûts de main-d'œuvre et autres coûts ainsi que le montant de la variation nette des stocks dans la période.

Date d'entrée en vigueur

40 L'entité doit appliquer la présente norme pour les exercices ouverts à compter du 1er janvier 2005. Une application anticipée est encouragée. Si l'entité applique la présente norme pour une période ouverte avant le 1er janvier 2005, elle doit l'indiquer.

40A [Supprimé]

40B [Supprimé]

40C La publication d'IFRS 13, en mai 2011, a donné lieu à la modification de la définition de la juste valeur au paragraphe 6, ainsi que du paragraphe 7. L'entité qui applique IFRS 13 doit appliquer ces modifications.

40D [Supprimé]

40E La publication d'IFRS 15 *Produits des activités ordinaires tirés de contrats conclus avec des clients*, en mai 2014, a donné lieu à la modification des paragraphes 2, 8, 29 et 37, et à la suppression du paragraphe 19. L'entité qui applique IFRS 15 doit appliquer ces modifications.

40F La publication d'IFRS 9, en juillet 2014, a donné lieu à la modification du paragraphe 2 et à la suppression des paragraphes 40A 40B et 40D. L'entité qui applique IFRS 9 doit appliquer ces modifications.

40G La publication d'IFRS 16 *Contrats de location*, en janvier 2016, a donné lieu à la modification du paragraphe 12. L'entité qui applique IFRS 16 doit appliquer cette modification.

Retrait d'autres positions officielles

41 La présente norme annule et remplace IAS 2 *Stocks* (révisée en 1993).

42 La présente norme annule et remplace SIC-1 *Cohérence des méthodes – différentes méthodes de détermination du coût des stocks*.

IAS 7

État des flux de trésorerie

[règlt UE 2023/1803 modifié par le règlt UE 2024/1317]

En septembre 2007, l'IASB a changé l'intitulé d'IAS 7 en ***État des flux de trésorerie*** (***Tableau des flux de trésorerie*** auparavant) à la suite de la révision d'IAS 1 ***Présentation des états financiers*** en 2007.

Objectif

Les informations concernant les flux de trésorerie d'une entité sont utiles aux utilisateurs des états financiers car elles leur apportent une base d'évaluation de la capacité de l'entité à générer de la trésorerie et des équivalents de trésorerie ainsi que des besoins d'utilisation de cette trésorerie par l'entité. Les décisions économiques que prennent les utilisateurs imposent d'évaluer la capacité d'une entité à dégager de la trésorerie ou des équivalents de trésorerie ainsi que l'échéance et le caractère certain de leur concrétisation.

L'objectif de la présente norme est d'imposer la fourniture d'une information sur l'historique des évolutions de la trésorerie et des équivalents de trésorerie d'une entité au moyen d'un état des flux de trésorerie classant les flux de trésorerie de la période en activités opérationnelles, d'investissement et de financement.

Champ d'application

1 **L'entité doit établir un état des flux de trésorerie selon les dispositions définies par la présente norme et doit le présenter comme partie intégrante de ses états financiers pour chaque période donnant lieu à la présentation d'états financiers.**

2 La présente norme annule et remplace IAS 7 *Tableau de financement* approuvée en juillet 1977.

3 Les utilisateurs des états financiers d'une entité sont intéressés par la façon dont l'entité génère et utilise sa trésorerie ou ses équivalents de trésorerie. Ceci est le cas quelle que soit la nature des activités de l'entité, même si la trésorerie peut être considérée comme la base de l'activité même de l'entité, comme cela peut être le cas pour une institution financière. Les entités ont besoin de trésorerie essentiellement pour les mêmes raisons, quelle que soit l'activité principale génératrice de produits. Elles ont besoin de trésorerie pour conduire leurs activités, s'acquitter de leurs obligations et assurer une rentabilité à leurs investisseurs. En conséquence, la présente norme impose que toutes les entités présentent un état des flux de trésorerie.

État des flux de trésorerie

Avantages que procurent les informations sur les flux de trésorerie

4 Un état des flux de trésorerie, lorsqu'il est utilisé de concert avec le reste des états financiers, fournit des informations qui permettent aux utilisateurs d'évaluer les changements de l'actif net d'une entité, sa structure financière (y compris sa liquidité et sa solvabilité) et sa capacité à modifier les montants et l'échéancier des flux de trésorerie pour s'adapter aux changements de circonstances et opportunités. Les informations relatives aux flux de trésorerie sont utiles pour apprécier la capacité de l'entité à dégager de la trésorerie et des équivalents de trésorerie et permettent aux utilisateurs d'élaborer des modèles pour apprécier et comparer la valeur actuelle des flux de trésorerie futurs de différentes entités. Elles renforcent également la comparabilité des informations sur la performance opérationnelle de différentes entités car elles éliminent les effets de l'utilisation de traitements comptables différents pour les mêmes opérations et événements.

5 L'information sur l'historique des flux de trésorerie est souvent utilisée comme un indicateur utile des montants, des échéances et du caractère certain des flux futurs de trésorerie. Elle est également utile pour vérifier l'exactitude des anciennes estimations de flux futurs de trésorerie et pour examiner la relation entre la rentabilité et les flux de trésorerie nets ainsi que l'effet des changements de prix.

Définitions

6 Dans la présente norme, les termes suivants ont la signification indiquée ci-après :

La *trésorerie* comprend les fonds en caisse et les dépôts à vue.

Les *équivalents de trésorerie* sont les placements à court terme, très liquides qui sont facilement convertibles en un montant connu de trésorerie et qui sont soumis à un risque négligeable de changement de valeur.

Les *flux de trésorerie* sont les entrées et sorties de trésorerie et d'équivalents de trésorerie.

Les *activités opérationnelles* sont les principales activités génératrices de produits de l'entité et toutes les autres activités qui ne sont pas des activités d'investissement ou de financement.

Les *activités d'investissement* sont l'acquisition et la sortie d'actifs à long terme et les autres placements qui ne sont pas inclus dans les équivalents de trésorerie.

Les *activités de financement* sont les activités qui résultent des changements dans l'importance et la composition du capital apporté et des emprunts de l'entité.

TRÉSORERIE ET ÉQUIVALENTS DE TRÉSORERIE

7 Les équivalents de trésorerie sont détenus dans le but de faire face aux engagements de trésorerie à court terme plutôt que pour un placement ou d'autres finalités. Pour qu'un placement puisse être considéré comme un équivalent de trésorerie, il doit être facilement convertible en un montant de trésorerie connu et être soumis à un risque négligeable de changement de valeur. En conséquence, un placement ne sera normalement qualifié d'équivalent de trésorerie que s'il a une échéance rapprochée, par exemple inférieure ou égale à trois mois à partir de la date d'acquisition. Les participations dans des capitaux propres sont exclues des équivalents de trésorerie, à moins qu'elles ne soient, en substance, des équivalents de trésorerie, par exemple dans le cas d'actions de préférence acquises peu avant leur date d'échéance et ayant une date de remboursement déterminée.

8 Les emprunts bancaires sont en général considérés comme des activités de financement. Toutefois, dans certains pays, les découverts bancaires remboursables à vue font partie intégrante de la gestion de la trésorerie de l'entité. Dans ces circonstances, les découverts bancaires constituent une composante de la trésorerie et des équivalents de trésorerie. Une caractéristique de telles conventions bancaires est que le solde bancaire fluctue souvent entre le disponible et le découvert.

9 Les flux de trésorerie excluent les mouvements entre éléments qui constituent la trésorerie ou les équivalents de trésorerie parce que ces composantes font partie de la gestion de trésorerie d'une entité plutôt que de ses activités opérationnelles, d'investissement et de financement. La gestion de trésorerie comprend le placement d'excédents de trésorerie en équivalents de trésorerie.

Présentation de l'état des flux de trésorerie

10 L'état des flux de trésorerie présente les flux de trésorerie de la période classés en activités opérationnelles, d'investissement et de financement.

11 Une entité présente ses flux de trésorerie liés aux activités opérationnelles, d'investissement et de financement de la façon la plus appropriée à son activité. Le classement par activité fournit une information qui permet aux utilisateurs d'évaluer l'effet de ces activités sur la situation financière de l'entité et le montant de sa trésorerie et de ses équivalents de trésorerie. Cette information peut également être utilisée pour évaluer des relations entre ces activités.

12 Une transaction unique peut inclure des flux de trésorerie qui sont classés différemment. Par exemple, lorsque le remboursement en trésorerie d'un emprunt porte à la fois sur les intérêts et le capital, la partie correspondant aux intérêts peut être classée dans les activités opérationnelles, tandis que la partie correspondant au capital est classée dans les activités de financement.

ACTIVITÉS OPÉRATIONNELLES

13 Le montant des flux de trésorerie provenant des activités opérationnelles est un indicateur-clé de la mesure dans laquelle les opérations de l'entité ont généré des flux de trésorerie suffisants pour rembourser ses emprunts, maintenir la capacité opérationnelle de l'entité, verser des dividendes et faire de nouveaux investissements sans recourir à des sources externes de financement. Utilisées avec d'autres informations, les informations sur les différentes catégories de flux historiques de trésorerie opérationnels sont utiles à la prévision des flux futurs de trésorerie opérationnels.

14 Les flux de trésorerie opérationnels sont essentiellement issus des principales activités génératrices de produits de l'entité. En conséquence, ils résultent en général des transactions et autres événements qui entrent dans la détermination du résultat. Exemples de flux de trésorerie provenant des activités opérationnelles :

a) les entrées de trésorerie provenant de la vente de biens et de la prestation de services ;

b) les entrées de trésorerie provenant de redevances, d'honoraires, de commissions et d'autres produits ;

c) les sorties de trésorerie à des fournisseurs de biens et services ;

d) les sorties de trésorerie aux membres du personnel ou pour leur compte ;

e) [Supprimé]

f) les sorties de trésorerie ou remboursements d'impôts sur le résultat, à moins qu'ils ne puissent être spécifiquement associés aux activités de financement et d'investissement ; et

g) les entrées et sorties de trésorerie provenant de contrats détenus à des fins de négoce ou de transaction.

Certaines transactions, telles que la cession d'un élément d'une installation de production, peuvent donner lieu à une plus ou moins-value, incluse dans le résultat comptabilisé. Les flux de trésorerie liés à ces transactions sont des flux de trésorerie provenant des activités d'investissement. Cependant, les versements de trésorerie pour fabriquer ou acquérir des actifs détenus en vue de la location à d'autres puis détenus par la suite en vue de la vente, tel que décrit au paragraphe 68A d'IAS 16 *Immobilisations corporelles*, sont des flux de trésorerie provenant des activités opérationnelles. Les encaissements en numéraire issus des locations et des ventes ultérieures de tels actifs sont également des flux de trésorerie provenant des activités opérationnelles.

15 Une entité peut détenir des titres et des prêts à des fins de négoce ou de transaction ; dans ce cas, ils sont similaires à des stocks acquis spécifiquement en vue de leur revente. En conséquence, les flux de trésorerie provenant de l'acquisition et de la cession des titres détenus à des fins de négoce ou de transaction sont classés parmi les activités opérationnelles. De même, les avances de trésorerie et les prêts consentis par les institutions financières sont généralement classés en activités opérationnelles, étant donné qu'ils se rapportent à la principale activité génératrice de produits de ces entités.

ACTIVITÉS D'INVESTISSEMENT

16 La présentation séparée des flux de trésorerie provenant des activités d'investissement est importante car les flux de trésorerie indiquent dans quelle mesure des dépenses ont été effectuées pour l'accroissement de ressources destinées à générer des produits et flux de trésorerie futurs. Seules les dépenses qui résultent en un actif comptabilisé dans l'état de la situation financière peuvent faire l'objet d'une classification en tant qu'activité d'investissement. Exemples de flux de trésorerie provenant des activités d'investissement :

a) sorties de trésorerie effectuées pour l'acquisition d'immobilisations corporelles, incorporelles et d'autres actifs à long terme. Ces sorties comprennent les frais de développement inscrits à l'actif et les dépenses liées aux immobilisations corporelles produites par l'entité pour elle-même ;

b) entrées de trésorerie découlant de la vente d'immobilisations corporelles, incorporelles et d'autres actifs à long terme ;

c) sorties de trésorerie effectuées pour l'acquisition d'instruments de capitaux propres ou d'emprunt d'autres entités et de participations dans des coentreprises (autres que les sorties effectuées pour les instruments considérés comme des équivalents de trésorerie ou détenus à des fins de négoce ou de transaction) ;

d) entrées de trésorerie relatives à la vente d'instruments de capitaux propres ou d'emprunt d'autres entités, et de participations dans des coentreprises (autres que les entrées relatives aux instruments considérés comme équivalents de trésorerie et à ceux détenus à des fins de négoce ou de transaction) ;

e) avances de trésorerie et prêts faits à des tiers (autres que les avances et les prêts consentis par une institution financière) ;

f) entrées de trésorerie découlant du remboursement d'avances et de prêts consentis à d'autres parties (autres que les avances et les prêts consentis par une institution financière) ;

g) sorties de trésorerie au titre de contrats à terme, de contrats d'option ou de contrats de swap, sauf lorsque ces contrats sont détenus à des fins de négoce ou de transaction ou que ces sorties sont classées parmi les activités de financement ; et

h) entrées de trésorerie au titre des contrats à terme sur des marchés organisés et de gré à gré, de contrats d'options ou de contrats de swap, sauf lorsque ces contrats sont détenus à des fins de négociation ou de transaction ou que ces entrées sont classées parmi les activités de financement.

Lorsqu'un contrat est comptabilisé en tant que couverture d'une position identifiable, les flux de trésorerie relatifs à ce contrat sont classés de la même façon que les flux de trésorerie de la position ainsi couverte.

ACTIVITÉS DE FINANCEMENT

17 La présentation séparée des flux de trésorerie liés aux activités de financement est importante, car elle est utile à la prévision des flux de trésorerie futurs de l'entité auxquels les apporteurs de capitaux auront droit. Voici des exemples de flux de trésorerie liés aux activités de financement :

a) entrées de trésorerie de l'émission d'actions ou d'autres instruments de capitaux propres ;

b) sorties de trésorerie faites aux actionnaires pour acquérir ou racheter les actions de l'entité ;

c) produits de l'émission d'emprunts obligataires, ordinaires, de billets de trésorerie, d'emprunt hypothécaire et autres emprunts à court terme ou à long terme ;

d) sorties de trésorerie des montants empruntés ; et

e) sorties de trésorerie effectuées par un preneur dans le cadre de la réduction du solde de la dette relative à un contrat de location.

État des flux de trésorerie

Présentation des flux de trésorerie liés aux activités opérationnelles

18 L'entité doit présenter les flux de trésorerie liés aux activités opérationnelles, en utilisant :

a) la méthode directe, suivant laquelle les principales catégories d'entrées et de sorties de trésorerie brutes sont présentées ; ou

b) la méthode indirecte, suivant laquelle le résultat est ajusté des effets des transactions sans effet de trésorerie, des décalages ou régularisations d'entrées ou de sorties de trésorerie opérationnelle passées ou futures liés à l'exploitation et des éléments de produits ou de charges liés aux flux de trésorerie concernant les investissements ou le financement.

19 Les entités sont encouragées à présenter les informations des flux de trésorerie des activités opérationnelles en utilisant la méthode directe. La méthode directe apporte des informations qui peuvent être utiles pour l'estimation des flux futurs de trésorerie et qui ne sont pas disponibles à partir de la méthode indirecte. Selon la méthode directe, les informations sur les principales catégories d'entrées et sorties de trésorerie brutes peuvent être obtenues :

a) à partir des enregistrements comptables de l'entité ; ou

b) en ajustant les ventes, le coût des ventes (intérêts et produits assimilés et charges intérêts et charges assimilées pour une institution financière) et les autres éléments de l'état du résultat global, en fonction :

- i) des variations durant la période dans les stocks et dans les créances et dettes opérationnelles ;
- ii) des autres éléments sans effet de trésorerie ; et
- iii) des autres éléments pour lesquels l'effet de trésorerie consiste en flux d'investissement ou de financement.

20 Selon la méthode indirecte, le flux de trésorerie net provenant des activités opérationnelles se détermine en ajustant le résultat pour tenir compte de l'effet :

a) des variations durant la période dans les stocks et dans les créances et dettes opérationnelles ;

b) des éléments sans effet de trésorerie, tels que les amortissements, les provisions, les impôts différés, les gains ou pertes de change latents, et les bénéfices non distribués des entreprises associées ; et

c) des autres éléments pour lesquels l'effet de la trésorerie consiste en flux de trésorerie d'investissement ou de financement.

A contrario, le flux de trésorerie net provenant des activités opérationnelles peut être présenté selon la méthode indirecte en indiquant les produits et les charges figurant dans l'état du résultat global et les variations de la période dans les stocks et dans les créances et dettes opérationnelles.

Présentation des flux de trésorerie liés aux activités d'investissement et de financement

21 L'entité doit présenter séparément les principales catégories d'entrées et de sorties de trésorerie brutes provenant des activités d'investissement et de financement, sauf si les flux de trésorerie décrits aux paragraphes 22 et 24 sont présentés pour leur montant net.

Présentation des flux de trésorerie pour leur montant net

22 Les flux de trésorerie provenant des activités opérationnelles, d'investissement ou de financement suivantes peuvent être présentés pour leur montant net :

a) entrées et sorties de trésorerie pour le compte de clients lorsque les flux de trésorerie découlent des activités du client et non de celles de l'entité ; et

b) entrées et sorties de trésorerie concernant des éléments ayant un rythme de rotation rapide, des montants élevés et des échéances courtes.

23 Exemples d'entrées et de sorties de trésorerie visées au paragraphe 22 a) :

a) l'acceptation et le remboursement de dépôts à vue par une banque ;

b) la trésorerie détenue pour le compte de clients par une entité spécialisée dans les placements ; et

c) les loyers reversés aux propriétaires de biens, après avoir été collectés pour leur compte.

23A Des exemples d'entrées et sorties de trésorerie visées au paragraphe 22 b) sont les avances et le remboursement des éléments suivants :

a) montants en principal relatif aux cartes de crédit des clients ;

b) acquisition ou cession de placements ; et

c) autres emprunts à court terme, par exemple ceux ayant une échéance inférieure ou égale à trois mois.

24 Les flux de trésorerie provenant de chacune des activités d'une institution financière suivante peuvent être présentés pour leur montant net :

a) entrées et sorties de trésorerie liées à l'acceptation et au remboursement de dépôts à échéance déterminée ;

b) placement de dépôts auprès d'autres institutions financières et retrait de ces dépôts ; et

c) prêts et avances consentis à des clients et remboursement de ces prêts et avances.

Flux de trésorerie en monnaies étrangères

25 Les flux de trésorerie provenant de transactions en monnaie étrangère doivent être enregistrés dans la monnaie fonctionnelle de l'entité par

application au montant en monnaie étrangère du cours de change entre la monnaie fonctionnelle et la monnaie étrangère à la date des flux de trésorerie.

26 **Les flux de trésorerie d'une filiale étrangère doivent être convertis au cours de change entre la monnaie fonctionnelle et la monnaie étrangère aux dates des flux de trésorerie.**

27 Les flux de trésorerie libellés en monnaie étrangère sont présentés en conformité avec IAS 21 *Effets des variations des cours des monnaies étrangères*. Celle-ci permet d'utiliser un cours de change qui se rapproche du cours réel. À titre d'exemple, un cours de change moyen pondéré pour la période peut être utilisé pour l'enregistrement des transactions en monnaie étrangère et pour la conversion des flux de trésorerie d'une filiale étrangère. Toutefois, IAS 21 n'autorise pas l'utilisation du cours de change à la fin de la période de reporting pour la conversion des flux de trésorerie d'une filiale étrangère.

28 Les gains et pertes latents provenant des variations des cours de change ne sont pas des flux de trésorerie. Toutefois, l'effet des variations des cours de change sur la trésorerie ou les équivalents de trésorerie détenus ou dus en monnaies étrangères est présenté dans l'état des flux de trésorerie de façon à permettre le rapprochement de la trésorerie et des équivalents de trésorerie à l'ouverture et à la clôture de la période. Ce montant est présenté séparément des flux de trésorerie liés aux activités opérationnelles, d'investissement et de financement et tient compte, le cas échéant, des écarts qui auraient été constatés si les flux de trésorerie avaient été inscrits au cours de change de clôture.

29 [Supprimé]

30 [Supprimé]

Intérêts et dividendes

31 **Les flux de trésorerie provenant des intérêts et des dividendes perçus ou versés doivent être tous présentés séparément. Chacun doit être classé de façon permanente d'une période à l'autre dans les activités opérationnelles, d'investissement ou de financement.**

32 Le montant total des intérêts versés au cours d'une période est indiqué dans l'état des flux de trésorerie, qu'ils aient été comptabilisés en charges au résultat ou incorporés au coût d'un actif selon IAS 23 *Coûts d'emprunt*.

33 Les intérêts versés et les intérêts et dividendes reçus sont habituellement classés en flux de trésorerie opérationnelle par une institution financière. Toutefois, il n'y a aucun consensus pour le classement de ces flux de trésorerie pour les autres entités. Les intérêts payés et les intérêts et dividendes reçus peuvent être classés dans les flux de trésorerie opérationnelle parce qu'ils entrent dans le calcul du résultat. Alternativement, les intérêts versés et les intérêts et dividendes reçus peuvent être classés respectivement en flux de trésorerie financiers et flux de trésorerie d'investissement, car ils représentent des ressources financières ou des retours sur investissements.

34 Les dividendes versés peuvent être classés en flux financier de trésorerie, car ils sont le coût d'obtention de ressources financières. Simultanément,

les dividendes versés peuvent être classés parmi les flux de trésorerie des activités opérationnelles dans le but d'aider les utilisateurs à déterminer la capacité d'une entité à dégager des dividendes à partir des flux de trésorerie opérationnels.

Impôts sur le résultat

35 Les flux de trésorerie provenant des impôts sur le résultat doivent être présentés séparément et classés comme des flux opérationnels de trésorerie, à moins qu'ils ne puissent être spécifiquement rattachés aux activités de financement et d'investissement.

36 Les impôts sur le résultat résultent de transactions qui donnent lieu à des flux de trésorerie classés en activité opérationnelle, d'investissement ou de financement dans l'état des flux de trésorerie. Alors que la charge d'impôt peut être facilement identifiable pour les activités d'investissement et de financement, les flux de trésorerie relatifs à l'impôt sont souvent impossibles à identifier et peuvent survenir lors d'une période différente de celle de la transaction génératrice de flux de trésorerie. Par conséquent, les impôts payés sont habituellement classés en flux de trésorerie d'activités opérationnelles. Toutefois, lorsqu'il est possible de relier le flux de trésorerie d'impôt à une transaction individuelle qui procure des flux de trésorerie classés en activité d'investissement ou de financement, le flux de trésorerie d'impôt est classé, suivant le cas, en activité d'investissement ou de financement. Lorsque les flux de trésorerie d'impôt sont répartis sur plus d'une catégorie d'activité, le montant total d'impôts payés est une information à fournir.

Participations dans des filiales, des entreprises associées et des coentreprises

37 Lors de la comptabilisation d'une participation dans une opération associée, une coentreprise ou une filiale selon la méthode de la mise en équivalence ou la méthode du coût, l'investisseur limite ses informations dans l'état des flux de trésorerie aux flux de trésorerie intervenus entre lui-même et l'entité faisant l'objet de l'investissement, par exemple les dividendes et les avances.

38 Une entité qui présente ses intérêts dans une opération associée ou une coentreprise selon la méthode de la mise en équivalence inscrit dans son état des flux de trésorerie les flux liés à sa participation dans l'opération associée ou la coentreprise, ainsi que les distributions et autres entrées ou sorties de trésorerie entre elle et l'opération associée ou la coentreprise.

Changements dans les parts d'intérêt dans des filiales et dans d'autres unités opérationnelles

39 L'ensemble des flux de trésorerie provenant de l'obtention ou de la perte du contrôle sur des filiales et autres unités opérationnelles doivent être présentés séparément et classés dans les activités d'investissement.

État des flux de trésorerie

40 En matière d'obtention et de perte de contrôle de filiales ou d'autres unités opérationnelles au cours de la période, l'entité doit indiquer, de façon globale, chacun des éléments suivants :

a) la contrepartie totale payée ou reçue ;

b) la fraction de la contrepartie qui se compose de trésorerie et d'équivalents de trésorerie ;

c) le montant de trésorerie et d'équivalents de trésorerie dont dispose la filiale ou l'unité opérationnelle acquise ou cédée ; et

d) le montant des actifs et passifs, autres que la trésorerie et les équivalents de trésorerie, de la filiale ou de l'unité opérationnelle dont le contrôle a été obtenu ou perdu, regroupés par grandes catégories.

40A Une entité d'investissement, au sens d'IFRS 10 *États financiers consolidés*, n'est pas tenue d'appliquer les paragraphes 40 c) ou 40 d) à une participation dans une filiale qui doit être évaluée à la juste valeur par le biais du résultat net.

41 La présentation séparée sous des rubriques spécifiques des effets sur les flux de trésorerie de l'obtention ou de la perte du contrôle de filiales et autres unités opérationnelles en même temps que la présentation séparée des montants des actifs et passifs acquis ou cédés permet de distinguer ces flux de trésorerie des flux de trésorerie provenant des autres activités opérationnelles, d'investissement et de financement. Les flux de trésorerie liés à la perte de contrôle ne sont pas portés en déduction de ceux qui sont liés à l'obtention de contrôle.

42 Le montant global de trésorerie versé ou reçu en contrepartie de l'obtention ou de la perte de contrôle de filiales ou d'autres unités opérationnelles est inscrit dans l'état des flux de trésorerie après déduction du montant de trésorerie et d'équivalents de trésorerie acquise ou cédée à l'occasion de tels événements, transactions ou changements de circonstances.

42A Les flux de trésorerie découlant de modifications dans les participations dans une filiale qui n'entraînent pas la perte du contrôle doivent être classés en flux de trésorerie liés aux activités de financement, à moins que la filiale soit détenue par une entité d'investissement, au sens d'IFRS 10, et qu'elle doive être évaluée à la juste valeur par le biais du résultat net.

42B Les modifications de la participation dans une filiale qui n'entraînent pas la perte du contrôle, telles que l'acquisition ou la cession ultérieure par la société mère d'instruments de capitaux propres de la filiale, sont comptabilisées comme des transactions portant sur des capitaux propres (voir IFRS 10), à moins que la filiale soit détenue par une entité d'investissement et qu'elle doive être évaluée à la juste valeur par le biais du résultat net. En conséquence, les flux de trésorerie qui en résultent sont classés de la même manière que d'autres transactions avec les propriétaires décrites au paragraphe 17.

Transactions sans effet de trésorerie

43 Les transactions d'investissement et de financement qui ne requièrent pas de trésorerie ou d'équivalents de trésorerie doivent être exclues de l'état des flux de trésorerie. De telles transactions doivent être indiquées dans les états financiers de façon à fournir toute information pertinente à propos de ces activités d'investissement et de financement.

44 De nombreuses activités d'investissement et de financement n'ont pas d'effet direct sur les flux de trésorerie courants bien qu'elles influent sur la structure du capital et de l'actif de l'entité. L'exclusion des transactions sans effet sur la trésorerie de l'état des flux de trésorerie est cohérente avec l'objectif d'un état des flux de trésorerie car ces éléments n'entraînent pas de flux de trésorerie pendant la période considérée. Voici des exemples de transactions sans effet sur la trésorerie :

a) l'acquisition d'actifs par la prise en charge de passifs directement liés ou par un contrat de location ;

b) l'acquisition d'une entité au moyen d'une émission d'actions ; et

c) la conversion de dettes en capitaux propres.

Variations des passifs issus des activités de financement

44A L'entité doit fournir des informations permettant aux utilisateurs des états financiers d'évaluer les variations des passifs issus des activités de financement, ce qui comprend les changements résultant des flux de trésorerie, mais aussi les changements sans contrepartie de trésorerie.

44B Dans la mesure nécessaire pour satisfaire à l'exigence du paragraphe 44A, l'entité doit fournir des informations sur les variations suivantes des passifs issus des activités de financement :

a) les changements issus des flux de trésorerie de financement ;

b) les changements découlant de l'obtention ou de la perte du contrôle de filiales ou d'autres entreprises ;

c) l'effet des variations des cours des monnaies étrangères ;

d) les variations des justes valeurs ; et

e) les autres changements.

44C Les passifs issus des activités de financement sont des passifs pour lesquels des flux de trésorerie ont été classés, ou pour lesquels des flux de trésorerie futurs seront classés, dans l'état des flux de trésorerie en tant que flux de trésorerie liés aux activités de financement. De plus, l'obligation d'information énoncée au paragraphe 44A s'applique également aux variations d'actifs financiers (par exemple, des actifs qui couvrent les passifs issus des activités de financement) si les flux de trésorerie liés à ces actifs financiers ont été, ou si les flux de trésorerie futurs seront, inclus dans les flux de trésorerie liés aux activités de financement.

44D Un moyen de satisfaire à l'obligation d'information énoncée au paragraphe 44A consiste à fournir un rapprochement entre les soldes d'ouverture et de clôture dans l'état de la situation financière des actifs issus des activités de financement qui comprend les variations mentionnées au paragraphe 44B. Lorsque l'entité présente un tel rapprochement, elle doit fournir suffisamment d'informations pour permettre aux utilisateurs des états financiers de rattacher les éléments de rapprochement à l'état de la situation financière et à l'état des flux de trésorerie.

44E Si l'entité fournit les informations exigées par le paragraphe 44A en combinaison avec des informations concernant les variations d'autres actifs et passifs, elle doit présenter les variations des passifs issus des activités de financement séparément des variations des autres actifs et passifs.

État des flux de trésorerie

Accords de financement de fournisseurs

44F L'entité doit fournir des informations sur ses accords de financement de fournisseurs (décrits au paragraphe 44G) permettant aux utilisateurs des états financiers d'évaluer l'incidence de ces accords sur ses passifs et ses flux de trésorerie ainsi que sur son exposition au risque de liquidité.

44G Les accords de financement de fournisseurs se caractérisent par l'offre, de la part d'un ou de plusieurs apporteurs de solutions de financement, de payer des sommes que l'entité doit à ses fournisseurs et par l'acceptation par l'entité de l'obligation de rembourser ces sommes, selon les termes et conditions des accords, à la même date ou à une date ultérieure à celle à laquelle les fournisseurs sont payés. Ce type d'accord offre à l'entité une prolongation du délai de paiement – ou aux fournisseurs de l'entité, un raccourcissement du délai de paiement – par rapport à la date d'échéance de la facture correspondante. Les accords de financement de fournisseurs sont souvent appelés accords de financement de la chaîne d'approvisionnement, de financement des dettes fournisseurs ou d'affacturage inversé. Les accords qui consistent uniquement en des rehaussements de crédit pour l'entité (par exemple, les garanties financières, y compris les lettres de crédit utilisées à titre de garanties) ou les instruments utilisés par l'entité pour régler directement à un fournisseur les sommes dues (par exemple, les cartes de crédit) ne sont pas des accords de financement de fournisseurs.

44H Pour satisfaire aux objectifs du paragraphe 44F, l'entité doit fournir sous une forme regroupée les informations suivantes concernant ses accords de financement de fournisseurs :

a) les termes et conditions des accords (y compris, par exemple, la prolongation des délais de paiement et les sûretés ou garanties fournies). Toutefois, s'agissant d'accords qui ont des termes et conditions dissemblables, l'entité doit présenter ces termes et conditions séparément ;

b) à l'ouverture et à la clôture de la période de reporting :
 i) les valeurs comptables des passifs financiers qui font partie d'accords de financement de fournisseurs ainsi que les postes présentés dans l'état de la situation financière de l'entité qui sont associés à ces passifs,
 ii) les valeurs comptables des passifs financiers présentés en i) pour lesquels les fournisseurs ont déjà reçu le paiement des apporteurs de solutions de financement ainsi que les postes qui sont associés à ces passifs,
 iii) la plage des dates d'exigibilité des paiements (par exemple, de 30 à 40 jours après la date de la facture), à la fois pour les passifs financiers présentés en i) et pour les dettes fournisseurs comparables qui ne font pas partie d'un accord de financement de fournisseurs. Les dettes fournisseurs comparables sont, par exemple, des dettes fournisseurs de l'entité se rapportant à la même branche d'activité ou contractées dans le même pays que les passifs financiers présentés en i). Si la plage des dates d'exigibilité des paiements est large, l'entité doit fournir des informations explicatives à son sujet ou indiquer des plages additionnelles (par exemple, des plages stratifiées) ;

c) le type et l'incidence des changements sans contrepartie de trésorerie dans les valeurs comptables des passifs financiers présentées en b) i). Les changements sans contrepartie de trésorerie peuvent inclure, par exemple, les effets des regroupements d'entreprises, les écarts de change ou d'autres transactions qui ne requièrent pas de trésorerie ou d'équivalents de trésorerie (voir le paragraphe 43).

Composantes de la trésorerie et des équivalents de trésorerie

45 L'entité doit indiquer les éléments qui composent sa trésorerie et ses équivalents de trésorerie et doit présenter un rapprochement entre les montants de son état des flux de trésorerie et les éléments équivalents présentés dans l'état de la situation financière.

46 Compte tenu de la diversité des méthodes de gestion de la trésorerie et des pratiques bancaires dans le monde, et pour se conformer à IAS 1 *Présentation des états financiers*, une entité indique la méthode qu'elle adopte pour déterminer la composition de la trésorerie et des équivalents de trésorerie.

47 L'effet de tout changement de méthode de détermination des composantes de trésorerie et des équivalents de trésorerie, par exemple, un changement dans la classification des instruments financiers considérés antérieurement comme faisant partie du portefeuille de placement de l'entreprise, est présenté selon IAS 8 *Méthodes comptables, changements dans les estimations comptables et erreurs*.

Autres informations à fournir

48 L'entité doit indiquer le montant des soldes importants de trésorerie et d'équivalents de trésorerie qu'elle détient et qui ne sont pas disponibles pour le groupe et l'accompagner d'un commentaire de la direction.

49 Il existe différentes circonstances où les soldes de la trésorerie et les équivalents de trésorerie détenus par une entité ne sont pas disponibles pour une utilisation par le groupe. C'est le cas, par exemple, des soldes de trésorerie et d'équivalents de trésorerie détenus par une filiale opérant dans un pays où des contrôles de change ou d'autres restrictions juridiques existent, lorsque ces soldes ne sont pas disponibles pour une utilisation générale par la mère ou les autres filiales.

50 Des informations complémentaires peuvent être pertinentes pour les utilisateurs pour comprendre la situation financière et la liquidité d'une entité. La mention de ces informations, accompagnées d'un commentaire de la direction, est encouragée et peut inclure :

a) le montant des facilités de crédit non utilisées qui pourraient être disponibles pour les activités opérationnelles futures et pour le règlement d'engagements relatifs à des dépenses en capital, en indiquant toutes limitations à l'utilisation de ces facilités ;

b) le montant global des flux de trésorerie qui représentent des augmentations de la capacité de production, séparément des flux de trésorerie qui sont nécessaires pour maintenir la capacité de production ; et

c) le montant des flux de trésorerie provenant des activités opérationnelles, d'investissement et de financement pour chaque secteur à présenter (voir IFRS 8 *Secteurs opérationnels*).

État des flux de trésorerie

51 La présentation séparée des flux de trésorerie qui représentent des augmentations de la capacité de production et des flux de trésorerie qui sont nécessaires au maintien de la capacité de production est utile pour permettre à l'utilisateur de déterminer si l'entité investit suffisamment pour maintenir sa capacité de production. Une entité qui n'investit pas suffisamment pour maintenir sa capacité de production pourrait porter préjudice à sa rentabilité future en privilégiant la liquidité et les distributions à court terme aux propriétaires.

52 La présentation de flux de trésorerie sectoriels permet aux utilisateurs d'avoir une meilleure compréhension de la relation entre les flux de trésorerie de l'ensemble de l'entité et ceux de ses composantes et de la disponibilité et la variabilité des flux de trésorerie sectoriels.

Date d'entrée en vigueur et dispositions transitoires

53 La présente norme comptable internationale entre en vigueur pour les états financiers des périodes ouvertes à compter du 1er janvier 1994.

54 IAS 27 (modifiée en 2008) a donné lieu à la modification des paragraphes 39 à 42 et à l'ajout des paragraphes 42A et 42B. L'entité doit appliquer ces modifications pour les exercices ouverts à compter du 1er juillet 2009. Si l'entité applique IAS 27 (révisée en 2008) pour une période antérieure, les modifications doivent être appliquées à cette période antérieure. Les modifications doivent être appliquées de manière rétrospective.

55 Le paragraphe 14 a été modifié par les *Améliorations des IFRS* publiées en mai 2008. L'entité doit appliquer cette modification pour les exercices ouverts à compter du 1er janvier 2009. Une application anticipée est autorisée. Si l'entité applique la modification pour une période antérieure à cette date, elle doit l'indiquer et appliquer le paragraphe 68A d'IAS 16.

56 Le paragraphe 16 a été modifié par *Améliorations des IFRS* publié en avril 2009. L'entité doit appliquer cette modification pour les exercices ouverts à compter du 1er janvier 2010. Une application anticipée est autorisée. Si l'entité applique la modification pour une période antérieure à cette date, elle doit l'indiquer.

57 La publication d'IFRS 10 et d'IFRS 11 *Partenariats*, en mai 2011, a donné lieu à la modification des paragraphes 37, 38 et 42B et à la suppression du paragraphe 50 b). L'entité qui applique IFRS 10 et IFRS 11 doit appliquer ces modifications.

58 La publication d'*Entités d'investissement* (modifications d'IFRS 10, d'IFRS 12 et d'IAS 27), en octobre 2012, a donné lieu à la modification des paragraphes 42A et 42B et à l'ajout du paragraphe 40A. L'entité doit appliquer ces modifications pour les exercices ouverts à compter du 1er janvier 2014. Une application anticipée des dispositions d'*Entités d'investissement* est autorisée. Si l'entité applique ces modifications à une période antérieure, elle doit appliquer en même temps toutes les modifications introduites par *Entités d'investissement*.

59 La publication d'IFRS 16 *Contrats de location*, en janvier 2016, a donné lieu à la modification des paragraphes 17 et 44. L'entité qui applique IFRS 16 doit appliquer ces modifications.

60 La publication d'*Initiative concernant les informations à fournir* (modification d'IAS 7), en janvier 2016, a donné lieu à l'ajout des paragraphes 44A à 44E. L'entité doit appliquer ces modifications pour les exercices ouverts à compter du 1er janvier 2017. Une application anticipée est autorisée. Lorsque l'entité applique ces modifications pour la première fois, elle n'est pas tenue de fournir des informations comparatives pour les périodes précédentes.

61 La publication d'IFRS 17 *Contrats d'assurance*, en mai 2017, a donné lieu à la modification du paragraphe 14. L'entité qui applique IFRS 17 doit appliquer cette modification.

62 La publication, en mai 2023, d'*Accords de financement de fournisseurs* a donné lieu à l'ajout des paragraphes 44F à 44H. L'entité doit appliquer ces modifications pour les exercices ouverts à compter du 1er janvier 2024. Une application anticipée est autorisée. Si l'entité applique les modifications pour une période antérieure, elle doit l'indiquer.

63 L'entité qui applique *Accords de financement de fournisseurs* n'est pas tenue de fournir :

a) des informations comparatives pour toute période présentée avant l'ouverture de l'exercice pour lequel elle applique les modifications pour la première fois ;

b) des informations qui seraient autrement exigées par les paragraphes 44H b) ii) et iii) à l'ouverture de l'exercice pour lequel elle applique les modifications pour la première fois ;

c) des informations qui seraient autrement exigées par les paragraphes 44F à 44H pour toute période intermédiaire de l'exercice pour lequel elle applique les modifications pour la première fois.

IAS 8

Méthodes comptables, changements d'estimations comptables et erreurs

[règlt UE 2023/1803]

Objectif

1 L'objectif de la présente norme est d'établir les critères de sélection et de changement de méthodes comptables, ainsi que le traitement comptable et l'information à fournir relative aux changements de méthodes comptables, aux changements d'estimations comptables et aux corrections d'erreurs. La présente norme est destinée à renforcer la pertinence et la fiabilité des états financiers d'une entité ainsi que la comparabilité de ces états financiers tant dans le temps qu'avec les états financiers d'autres entités.

2 Les informations à fournir sur les méthodes comptables, sauf celles qui se rapportent aux changements de méthodes comptables, sont énoncées dans IAS 1 *Présentation des états financiers*.

Champ d'application

3 La présente norme s'applique à la sélection et à l'application de méthodes comptables ainsi qu'à la comptabilisation des changements de méthodes comptables, des changements d'estimations comptables et des corrections d'erreurs d'une période antérieure.

4 L'incidence fiscale des corrections d'erreurs d'une période antérieure et des ajustements rétrospectifs réalisés pour appliquer des changements de méthodes comptables est comptabilisée et décrite selon IAS 12 *Impôts sur le résultat*.

Définitions

5 Dans la présente norme, les termes suivants ont la signification indiquée ci-après :

Les *méthodes comptables* sont les principes, bases, conventions, règles et pratiques spécifiques appliqués par une entité lors de l'établissement et de la présentation de ses états financiers.

Les *estimations comptables* sont des montants des états financiers qui comportent une incertitude d'évaluation.

Les *normes internationales d'information financière (IFRS)* sont des normes et interprétations élaborées par l'International Accounting Standards Board (IASB). Elles comprennent :

a) les normes internationales d'information financière ;

b) les normes comptables internationales ;

c) les interprétations IFRIC ; et

d) les interprétations SIC (*).

(*) Définition des IFRS modifiée par suite des changements d'appellations ayant découlé de la révision des *statuts de l'IFRS Foundation* en 2010.

***Significatif* : le terme « significatif » est défini au paragraphe 7 d'IAS 1 et employé avec le même sens dans la présente norme.**

Une *erreur d'une période antérieure* est une omission ou une inexactitude des états financiers de l'entité portant sur une ou plusieurs périodes antérieures et qui résulte de la non-utilisation ou de l'utilisation abusive d'informations fiables :

a) qui étaient disponibles lorsque la publication des états financiers de ces périodes a été autorisée ; et

b) dont on pouvait raisonnablement s'attendre à ce qu'elles aient été obtenues et prises en considération pour la préparation et la présentation de ces états financiers.

Parmi ces erreurs figurent les effets d'erreurs de calcul, d'erreurs dans l'application des méthodes comptables, des négligences, des mauvaises interprétations des faits, et des fraudes.

L'*application rétrospective* consiste à appliquer une nouvelle méthode comptable à des transactions, d'autres événements et conditions comme si cette méthode avait toujours été appliquée.

Le *retraitement rétrospectif* consiste à corriger la comptabilisation, l'évaluation et la fourniture d'informations sur le montant d'éléments des états financiers comme si une erreur d'une période antérieure n'était jamais survenue.

***Impraticable* : l'application d'une disposition est impraticable lorsque l'entité ne peut pas l'appliquer après avoir mis en œuvre tous les efforts raisonnables pour y arriver. Pour une période antérieure donnée, appliquer un changement de méthode comptable de façon rétrospective ou effectuer un retraitement rétrospectif afin de corriger une erreur est impraticable si :**

a) les effets de l'application rétrospective ou du retraitement rétrospectif ne peuvent être déterminés ;

b) l'application rétrospective ou le retraitement rétrospectif impose d'énoncer des hypothèses sur ce qu'aurait été l'intention de la direction au cours de cette période ; ou

c) l'application rétrospective ou le retraitement rétrospectif impose de faire des estimations significatives des montants et qu'il est impossible de distinguer objectivement des autres informations celles relatives aux estimations qui :

i) révèlent des circonstances existant à la ou aux dates auxquelles ces montants doivent être comptabilisés, évalués ou présentés ; et

ii) auraient été disponibles lors de l'autorisation de publication des états financiers de cette période antérieure [à partir] des autres informations.

L'*application prospective* d'un changement de méthode comptable et de la comptabilisation de l'effet d'un changement d'estimation comptable consiste, respectivement :

a) à appliquer la nouvelle méthode comptable aux transactions, aux autres événements et aux situations intervenant après la date du changement de méthode ; et

b) à comptabiliser l'effet du changement d'estimation comptable dans la période considérée et les périodes futures affectées par le changement.

6 [Supprimé]

Méthodes comptables

SÉLECTION ET APPLICATION DES MÉTHODES COMPTABLES

7 **Lorsqu'une IFRS s'applique spécifiquement à une transaction, un autre événement ou une condition, la ou les méthodes comptables appliquées à cet élément seront déterminées en appliquant l'IFRS en question.**

8 Les IFRS énoncent des méthodes comptables dont l'IASB a conclu qu'elles aboutissaient à des états financiers contenant des informations pertinentes et fiables sur les transactions, les autres événements et les conditions auxquels elles s'appliquent. Il n'est pas nécessaire que ces méthodes soient appliquées lorsque l'effet de leur application n'est pas significatif. Toutefois, il est inapproprié de faire, ou de ne pas corriger, des écarts non significatifs par rapport aux normes IFRS en vue de parvenir à une présentation particulière de la situation financière, de la performance financière ou des flux de trésorerie d'une entité.

9 Les normes IFRS sont accompagnées d'un guide d'application destiné à aider les entités à en appliquer les dispositions. Tous ces guides stipulent s'ils font partie intégrante ou non des IFRS. Les guides faisant partie intégrante des IFRS sont obligatoires. Les guides ne faisant pas partie intégrante des IFRS ne contiennent pas de dispositions obligatoires applicables aux états financiers.

10 **En l'absence d'une IFRS spécifiquement applicable à une transaction, un autre événement ou condition, la direction devra faire usage de jugement pour développer et appliquer une méthode comptable permettant d'obtenir des informations :**

a) pertinentes pour les utilisateurs ayant des décisions économiques à prendre ; et

b) fiables, en ce sens que les états financiers :

i) présentent une image fidèle de la situation financière, de la performance financière et des flux de trésorerie de l'entité ;

ii) traduisent la réalité économique des transactions, des autres événements et des conditions et non pas simplement leur forme juridique ;

iii) sont neutres, c'est-à-dire sans parti pris ;

iv) sont prudents ; et

v) sont complets dans tous leurs aspects significatifs.

11 Pour exercer le jugement décrit au paragraphe 10, la direction doit se référer aux sources suivantes, par ordre décroissant, et considérer leur possibilité d'application :

a) les dispositions figurant dans les IFRS traitant de questions similaires et liées ; et

b) les définitions, les critères de comptabilisation et les concepts d'évaluation des actifs, des passifs, des produits et des charges énoncés dans le *Cadre conceptuel de l'information financière* (le « *Cadre conceptuel* ») (*).

(*) Le paragraphe 54G fournit des explications sur la manière dont cette exigence est modifiée dans le cas des soldes de comptes de report réglementaires.

12 Pour exercer le jugement décrit au paragraphe 10, la direction peut également considérer les positions officielles les plus récentes d'autres organismes de normalisation comptable qui utilisent un cadre conceptuel similaire pour développer leurs normes comptables, la littérature comptable et les pratiques admises du secteur d'activité, dans la mesure où celles-ci ne sont pas contraires aux sources listées au paragraphe 11.

COHÉRENCE DES MÉTHODES COMPTABLES

13 Une entité doit sélectionner et appliquer ses méthodes comptables avec cohérence pour des transactions, autres événements et conditions similaires, sauf dans le cas où une IFRS impose ou permet spécifiquement de classer par catégories des éléments auxquels l'application de méthodes comptables différentes peut être appropriée. Si une IFRS impose ou permet un tel classement par catégories, il faut choisir la méthode comptable la plus appropriée et l'appliquer de manière cohérente et permanente à chaque catégorie.

CHANGEMENTS DE MÉTHODES COMPTABLES

14 Une entité ne doit changer une méthode comptable que si le changement :

a) est imposé par une IFRS ; ou

b) a pour résultat que les états financiers fournissent des informations fiables et plus pertinentes sur les effets des transactions, autres événements ou conditions sur la situation financière, la performance financière ou les flux de trésorerie de l'entité.

15 Les utilisateurs d'états financiers doivent être en mesure de comparer les états financiers d'une entité dans le temps afin d'identifier les tendances de sa situation financière, de sa performance financière et de ses flux de trésorerie.

Par conséquent, les mêmes méthodes comptables sont appliquées au sein de chaque période et d'une période à l'autre, à moins qu'un changement de méthode comptable ne réponde à l'un des critères énoncés au paragraphe 14.

16 **Ne constituent pas des changements de méthodes comptables :**

a) l'application d'une méthode comptable à des transactions, autres événements ou conditions différant en substance de ceux survenus précédemment ; et

b) l'application d'une nouvelle méthode comptable à des transactions, autres événements ou conditions qui ne se produisaient pas auparavant ou qui n'étaient pas significatifs.

17 **La première application d'une méthode visant à réévaluer des actifs selon IAS 16 *Immobilisations corporelles*, ou IAS 38 *Immobilisations incorporelles* constitue un changement de méthode comptable à traiter comme une réévaluation selon IAS 16 ou IAS 38 plutôt que selon la présente norme.**

18 Les paragraphes 19 à 31 ne s'appliquent pas au changement de méthode comptable décrit au paragraphe 17.

Application des changements de méthodes comptables

19 **Sous réserve du paragraphe 23 :**

a) une entité doit comptabiliser un changement de méthode comptable résultant de la première application d'une IFRS selon les dispositions transitoires spécifiques formulées, le cas échéant, dans cette IFRS ; et

b) lorsqu'une entité change une méthode comptable lors de la première application d'une IFRS qui ne prévoit pas de dispositions transitoires spécifiques applicables à ce changement, ou change volontairement une méthode comptable, elle doit appliquer ce changement de manière rétrospective.

20 Pour les besoins de la présente norme, l'application anticipée d'une IFRS ne constitue pas un changement volontaire de méthodes comptables.

21 En l'absence d'une IFRS spécifiquement applicable à une transaction, un autre événement ou une condition, la direction peut, selon le paragraphe 12, appliquer une méthode comptable issue des positions officielles les plus récentes d'autres organismes de normalisation comptable qui utilisent un cadre conceptuel similaire pour développer leurs normes comptables. Si, à la suite d'une modification d'une telle position officielle, l'entité choisit de changer une méthode comptable, ce changement est comptabilisé et présenté comme un changement volontaire de méthode comptable.

Application rétrospective

22 **Sous réserve du paragraphe 23, lorsqu'un changement de méthodes comptables est appliqué de manière rétrospective selon le paragraphe 19 a) ou b), l'entité doit ajuster le solde d'ouverture de chaque élément affecté des capitaux propres pour la première période antérieure présentée, ainsi que les autres montants comparatifs fournis pour chaque période antérieure présentée comme si la nouvelle méthode comptable avait toujours été appliquée.**

Limites à l'application rétrospective

23 **Lorsque le paragraphe 19 a) ou b) impose une application rétrospective, un changement de méthode comptable doit être appliqué de manière rétrospective, sauf s'il est impraticable de déterminer les effets spécifiques à chaque période ou l'effet cumulé du changement.**

24 **Lorsqu'il est impraticable de déterminer les effets spécifiques à chaque période d'un changement de méthode comptable sur l'information comparative relative à une ou plusieurs périodes antérieures présentées, l'entité doit appliquer la nouvelle méthode comptable aux valeurs comptables des actifs et passifs au début de la première période pour laquelle l'application rétrospective est praticable, qui peut être la période considérée ; elle doit également effectuer un ajustement correspondant du solde d'ouverture de chaque composante affectée des capitaux propres pour cette période.**

25 **Lorsqu'il est impraticable de déterminer l'effet cumulé, au début de la période considérée, de l'application d'une nouvelle méthode comptable à toutes les périodes antérieures, l'entité doit ajuster l'information comparative de manière à appliquer la nouvelle méthode comptable de manière prospective à partir de la première date praticable.**

26 Lorsqu'une entité applique une nouvelle méthode comptable de manière rétrospective, elle l'applique à l'information comparative pour les périodes antérieures en remontant aussi loin que possible. L'application rétrospective à une période antérieure est impraticable s'il n'est pas possible d'en déterminer l'effet cumulé sur les montants de l'état de la situation financière d'ouverture et de clôture de cette période. Le montant de l'ajustement en résultant, afférent aux périodes antérieures à celles qui sont présentées dans les états financiers, est inclus dans le solde d'ouverture de chaque composante affectée des capitaux propres de la première période présentée. L'ajustement est généralement comptabilisé dans les résultats non distribués. Cependant, l'ajustement peut être imputé à une autre composante des capitaux propres (pour se conformer à une IFRS, par exemple). Toute autre information fournie concernant les périodes antérieures, telles que les synthèses historiques de données financières, est également retraitée en remontant aussi loin que possible.

27 Lorsqu'il est impraticable pour une entité d'appliquer une nouvelle méthode comptable de manière rétrospective, parce qu'elle ne peut pas déterminer l'effet cumulé de l'application de la méthode à toutes les périodes antérieures, l'entité, selon le paragraphe 25, applique la nouvelle méthode de manière prospective à partir du début de la période la plus ancienne praticable. Elle ne tient donc pas compte de la fraction de l'ajustement cumulé des actifs, passifs et capitaux propres découlant d'opérations antérieures à cette date. Un changement de méthode comptable est autorisé même s'il est impraticable d'appliquer la méthode de manière prospective à toute période antérieure présentée. Les paragraphes 50 à 53 fournissent des indications pour les cas où il est impraticable d'appliquer une nouvelle méthode comptable à une ou plusieurs périodes antérieures.

Informations à fournir

28 **Lorsque la première application d'une IFRS a une incidence sur la période considérée ou sur toute période antérieure ou devrait avoir une telle incidence sauf qu'il est impraticable de déterminer le montant de**

l'ajustement ou encore pourrait avoir une incidence sur des périodes futures, l'entité doit fournir les informations suivantes :

a) le titre de l'IFRS ;

b) le cas échéant, le fait que le changement de méthode comptable est mis en œuvre selon ses dispositions transitoires ;

c) la nature du changement de méthode comptable ;

d) le cas échéant, une description des dispositions transitoires ;

e) le cas échéant, les dispositions transitoires susceptibles d'avoir une incidence sur des périodes ultérieures ;

f) pour la période considérée et pour chaque période antérieure présentée, dans la mesure du possible, le montant de l'ajustement :

i) pour chaque poste affecté des états financiers ; et

ii) si IAS 33 *Résultat par action* s'applique à l'entité, pour le résultat de base et le résultat dilué par action ;

g) le montant de l'ajustement relatif aux périodes antérieures aux périodes présentées, dans la mesure du possible ; et

h) si l'application rétrospective imposée par le paragraphe 19 a) ou b) est impraticable pour une période antérieure spécifique ou pour des périodes antérieures aux périodes présentées, les circonstances qui ont mené à cette situation et une description indiquant de quelle manière et depuis quand le changement de méthode comptable a été appliqué.

Il n'est pas nécessaire que ces informations soient répétées dans les états financiers des périodes ultérieures.

29 **Lorsqu'un changement volontaire de méthode comptable a une incidence sur la période considérée ou sur une période antérieure, ou devrait avoir une incidence sur cette période sauf qu'il est impraticable de déterminer le montant de l'ajustement, ou encore pourrait avoir une incidence sur des périodes ultérieures, l'entité doit fournir les informations suivantes :**

a) la nature du changement de méthode comptable ;

b) les raisons pour lesquelles l'application de la nouvelle méthode comptable fournit des informations fiables et plus pertinentes ;

c) pour la période considérée et pour chaque période antérieure présentée, dans la mesure du possible, le montant de l'ajustement :

i) pour chaque poste affecté des états financiers ; et

ii) si IAS 33 s'applique à l'entité, pour le résultat de base et le résultat dilué par action ;

d) le montant de l'ajustement relatif aux périodes antérieures aux périodes présentées, dans la mesure du possible ; et

e) si l'application rétrospective est impraticable pour une période antérieure spécifique, ou pour des périodes antérieures aux périodes présentées, les circonstances qui ont mené à cette situation et une description indiquant de quelle manière et depuis quand le changement de méthode comptable a été appliqué.

Il n'est pas nécessaire que ces informations soient répétées dans les états financiers des périodes ultérieures.

30 Lorsqu'une entité n'a pas appliqué une nouvelle IFRS publiée mais non encore entrée en vigueur, elle doit fournir les informations suivantes :

a) ce fait ; et

b) des informations connues ou pouvant raisonnablement être estimées concernant l'évaluation de l'impact possible de l'application de la nouvelle IFRS sur les états financiers de l'entité au cours de sa première période d'application.

31 Lorsqu'elle applique le paragraphe 30, l'entité considère la présentation des informations suivantes :

a) le titre de la nouvelle IFRS ;

b) la nature du ou des changements imminents de méthode comptable ;

c) la date à laquelle l'IFRS s'applique ;

d) la date à partir de laquelle elle prévoit d'appliquer l'IFRS pour la première fois ; et

e) soit :
- i) une description de l'impact prévu de la première application de l'IFRS sur les états financiers de l'entité ; soit
- ii) si cet impact n'est pas connu ou ne peut être raisonnablement estimé, une déclaration dans ce sens.

Estimations comptables

32 Le mode d'évaluation des éléments des états financiers exigé selon une méthode comptable peut entraîner une incertitude d'évaluation, c'est-à-dire que la méthode comptable peut requérir l'évaluation de ces éléments à des montants qui, n'étant pas directement observables, doivent faire l'objet d'une estimation. En pareil cas, l'entité établit une estimation comptable aux fins de la réalisation de l'objectif de la méthode comptable. L'établissement d'estimations comptables nécessite le recours à des jugements ou à des hypothèses fondés sur les dernières informations fiables disponibles. Voici des exemples d'estimations comptables :

a) une correction de valeur pour pertes au titre des pertes de crédit attendues, en application d'IFRS 9 *Instruments financiers* ;

b) la valeur nette de réalisation d'un élément des stocks, en application d'IAS 2 *Stocks* ;

c) la juste valeur d'un actif ou d'un passif, en application d'IFRS 13 *Évaluation de la juste valeur* ;

d) la charge d'amortissement d'une immobilisation corporelle, en application d'IAS 16 ; et

e) une provision pour obligations de garantie, en application d'IAS 37 *Provisions, passifs éventuels et actifs éventuels.*

32A Pour établir une estimation comptable, l'entité utilise des techniques d'évaluation et des données d'entrée. Ces techniques comprennent des techniques d'estimation (par exemple, des techniques utilisées pour déterminer une correction de valeur pour pertes au titre des pertes de crédit attendues, en application d'IFRS 9), et des techniques d'évaluation (par exemple, des techniques utilisées pour déterminer la juste valeur d'un actif ou d'un passif, en application d'IFRS 13).

32B Dans les normes IFRS, le terme « estimation » fait parfois référence à une estimation qui n'est pas une estimation comptable au sens de la présente norme comme, par exemple, des données d'entrée utilisées aux fins de l'établissement d'estimations comptables.

33 Le recours à des estimations raisonnables est une part essentielle de la préparation des états financiers et ne met pas en cause leur fiabilité.

CHANGEMENTS D'ESTIMATIONS COMPTABLES

34 Il se peut que l'entité doive changer d'estimation comptable en cas de changements dans les circonstances sur lesquelles celle-ci était fondée ou par suite de nouvelles informations, de nouveaux développements ou d'un surcroît d'expérience. De par sa nature, un changement d'estimation comptable ne concerne pas les périodes antérieures et ne constitue pas une correction d'erreur.

34A Les effets, sur une estimation comptable, d'un changement de données d'entrée ou d'un changement de technique d'évaluation constituent des changements d'estimations comptables, à moins qu'ils ne résultent de la correction d'erreurs d'une période antérieure.

35 Un changement de la base d'évaluation appliquée est un changement de méthode comptable et non un changement d'estimation comptable. Lorsqu'il est difficile d'opérer la distinction entre changement de méthode comptable et changement d'estimation comptable, le changement est traité comme un changement d'estimation comptable.

➡ Application des changements d'estimations comptables

36 L'effet d'un changement d'estimation comptable autre qu'un changement auquel s'applique le paragraphe 37 doit être comptabilisé de manière prospective et inclus dans la détermination du résultat :

a) de la période du changement, si le changement n'affecte que cette période ; ou

b) de la période du changement et des périodes ultérieures, si celles-ci sont également concernées par ce changement.

37 Dans la mesure où un changement d'estimation comptable donne lieu à des variations d'actifs et de passifs ou porte sur un élément des capitaux propres, il doit être comptabilisé par ajustement de la valeur comptable de l'élément d'actif, de passif ou de capitaux propres correspondant dans la période du changement.

38 La comptabilisation prospective de l'effet d'un changement d'estimation comptable signifie que le changement est appliqué aux transactions, aux autres événements et conditions à compter de la date de ce changement. Un changement d'estimation comptable peut affecter soit le résultat de la période considérée seulement, soit le résultat de la période considérée et de périodes ultérieures. À titre d'exemple, un changement dans la correction de valeur pour pertes au titre des pertes de crédit attendues n'affecte que le résultat net de la période considérée et en conséquence est comptabilisé au cours de la période considérée. Toutefois, un changement de la durée d'utilité estimée ou du rythme attendu de consommation des avantages économiques futurs procurés par les actifs amortissables affecte la charge d'amortissement de la période considérée et de chaque période ultérieure pendant la durée d'utilité résiduelle de l'actif. Dans les deux cas, l'effet du changement concernant la période considérée est comptabilisé en produit ou en charge de la période considérée. L'éventuel effet sur les périodes ultérieures est comptabilisé en produit ou en charge dans ces périodes ultérieures.

➡ Informations à fournir

39 Une entité doit fournir des informations sur la nature et le montant de tout changement d'estimation comptable ayant une incidence sur la période considérée ou dont il est prévu qu'il aura une incidence sur des périodes ultérieures, à l'exception de l'incidence sur des périodes futures lorsqu'il est impraticable d'estimer cette incidence.

40 Si le montant de l'incidence sur les périodes ultérieures n'est pas indiqué parce que l'estimation est impraticable, l'entité doit le mentionner.

Erreurs

41 Des erreurs peuvent survenir à l'occasion de la comptabilisation, de l'évaluation, de la présentation ou de la fourniture d'informations sur des éléments des états financiers. Les états financiers ne sont pas conformes aux IFRS s'ils contiennent soit des erreurs significatives, soit des erreurs non significatives commises intentionnellement pour parvenir à une présentation particulière de la situation financière, de la performance financière ou des flux de trésorerie d'une entité. Les erreurs potentielles de la période considérée découvertes dans cette période sont corrigées avant l'autorisation de publication des états financiers. Cependant, des erreurs significatives peuvent ne pas être découvertes avant une période ultérieure. Ces erreurs d'une période antérieure sont corrigées dans l'information comparative présentée dans les états financiers de cette période ultérieure (voir paragraphes 42 à 47).

42 Sous réserve du paragraphe 43, l'entité doit corriger de manière rétrospective les erreurs significatives d'une période antérieure dans le premier jeu d'états financiers dont la publication est autorisée après leur découverte, comme suit :

a) par retraitement des montants comparatifs de la ou des périodes antérieures présentées dans lesquelles l'erreur s'est produite ; ou

b) si l'erreur s'est produite avant la première période antérieure présentée, par retraitement des soldes d'ouverture des actifs, passifs et capitaux propres de la première période antérieure présentée.

LIMITES AU RETRAITEMENT RÉTROSPECTIF

43 Une erreur d'une période antérieure doit être corrigée par retraitement rétrospectif, sauf dans la mesure où il est impraticable de déterminer les effets spécifiques à chaque période ou l'effet cumulé de l'erreur.

44 Lorsqu'il est impraticable de déterminer les effets spécifiques à chaque période d'une erreur sur l'information comparative relative à une ou plusieurs

périodes antérieures présentées, l'entité doit retraiter les soldes d'ouverture des actifs, passifs et capitaux propres de la première période présentée pour laquelle un retraitement rétrospectif est praticable (cette période peut être la période considérée).

45 Lorsqu'il est impraticable de déterminer l'effet cumulé, au début de la période considérée, d'une erreur sur toutes les périodes antérieures, l'entité doit retraiter l'information comparative pour corriger l'erreur de manière prospective à partir de la première date praticable.

46 La correction d'une erreur d'une période antérieure est exclue du résultat de la période dans laquelle l'erreur a été découverte. Toute information présentée au titre de périodes antérieures, y compris toute synthèse historique de données financières, est retraitée en remontant aussi loin que possible.

47 Lorsqu'il est impraticable de déterminer le montant d'une erreur (par exemple, une erreur dans l'application d'une méthode comptable) pour toutes les périodes antérieures, l'entité, selon le paragraphe 45, retraite l'information comparative de manière prospective à partir de la première date praticable. Elle ne tient donc pas compte de la fraction du retraitement cumulé des actifs, passifs et capitaux propres découlant d'opérations antérieures à cette date. Les paragraphes 50 à 53 fournissent des indications pour les cas où il est impraticable de corriger une erreur pour une ou plusieurs périodes antérieures.

48 Les corrections d'erreurs se différencient des changements d'estimations comptables. Par leur nature, les estimations comptables sont des approximations qui peuvent devoir être modifiées à mesure qu'apparaissent des informations complémentaires. Par exemple, le profit ou la perte comptabilisé(e) lors de la survenance d'une éventualité ne constitue pas une correction d'erreur.

INFORMATIONS À FOURNIR SUR LES ERREURS D'UNE PÉRIODE ANTÉRIEURE

49 Lorsqu'elle applique le paragraphe 42, l'entité doit fournir les informations suivantes :

a) la nature de l'erreur d'une période antérieure ;

b) pour chaque période antérieure présentée, dans la mesure du possible, le montant de la correction :
- **i) pour chaque poste affecté des états financiers ; et**
- **ii) si IAS 33 s'applique à l'entité, pour le résultat de base et le résultat dilué par action ;**

c) le montant de la correction au début de la première période présentée ; et

d) si le retraitement rétrospectif est impraticable pour une période antérieure spécifique, les circonstances qui ont mené à cette situation et une description indiquant de quelle manière et depuis quand l'erreur a été corrigée.

Il n'est pas nécessaire que ces informations soient répétées dans les états financiers des périodes ultérieures.

Caractère impraticable de l'application rétrospective et du retraitement rétrospectif

50 Dans certaines circonstances, il est impraticable d'ajuster des informations comparatives relatives à une ou plusieurs périodes antérieures afin de les rendre comparables avec celles de la période considérée. Par exemple, certaines données peuvent ne pas avoir été collectées au cours de la ou des périodes antérieures d'une manière permettant soit l'application rétrospective d'une nouvelle méthode comptable (y compris, pour les besoins des paragraphes 51 à 53, son application prospective à des périodes antérieures), soit un retraitement rétrospectif destiné à corriger une erreur d'une période antérieure ; il peut également être impraticable de reconstituer ces informations.

51 Il est souvent nécessaire de procéder à des estimations pour appliquer une méthode comptable aux éléments des états financiers comptabilisés ou pour lesquels une information est fournie dans le cadre de transactions, d'autres événements ou conditions. Les estimations sont subjectives par nature, et certaines estimations peuvent être effectuées après la fin de la période de reporting. Le calcul d'estimations est potentiellement plus difficile lorsqu'il s'agit d'appliquer de manière rétrospective une méthode comptable ou d'effectuer un retraitement rétrospectif pour corriger une erreur d'une période antérieure, en raison du délai plus long qui peut s'être écoulé depuis la transaction, l'autre événement ou la condition en question. Toutefois, l'objectif des estimations relatives à des périodes antérieures reste le même que pour les estimations effectuées dans la période considérée, à savoir que l'estimation reflète les circonstances qui prévalaient lorsque est intervenu(e) la transaction, l'autre événement ou la condition.

52 Par conséquent, l'application rétrospective d'une nouvelle méthode comptable ou la correction d'une erreur d'une période antérieure implique de distinguer des autres informations celles qui :

a) révèlent des circonstances existant à la ou aux dates de survenance de la transaction, de l'autre événement ou de la condition ; et

b) auraient été disponibles lors de l'autorisation de publication des états financiers de cette période antérieure.

Pour certains types d'estimations (par exemple une évaluation de la juste valeur qui fait appel à des données non observables importantes), il est impraticable de distinguer ces types d'informations. Lorsque l'application rétrospective ou le retraitement rétrospectif impose de procéder à une estimation significative pour laquelle il est impossible de distinguer ces deux types d'informations, il est impraticable d'appliquer la nouvelle méthode comptable ou de corriger l'erreur d'une période antérieure de manière rétrospective.

53 Les connaissances a posteriori ne doivent pas être utilisées pour appliquer une nouvelle méthode comptable à une période antérieure ou pour corriger des montants relatifs à une période antérieure, que ce soit en posant des hypothèses sur ce qu'auraient été les intentions de la direction au cours d'une période antérieure, ou en estimant les montants comptabilisés, évalués ou pour lesquels une information est fournie au cours d'une période antérieure. Par exemple, lorsqu'une entité corrige une erreur relative à une période antérieure portant sur le calcul de la provision pour congés maladie des salariés selon IAS 19 *Avantages du personnel*, elle ne tient pas compte des informations relatives à une épidémie de grippe d'une gravité inhabituelle survenue au cours de la période suivante qui sont devenues disponibles après l'autorisation de publication des états financiers de la période antérieure. Le fait qu'il soit souvent nécessaire de recourir à des estimations importantes au moment de modifier les informations de périodes antérieures présentées à des fins de comparaison n'empêche pas un ajustement ou une correction fiable de ces informations.

Date d'entrée en vigueur et dispositions transitoires

54 L'entité doit appliquer la présente norme pour les exercices ouverts à compter du 1er janvier 2005. Une application anticipée est encouragée. Si l'entité applique la présente norme pour une période ouverte avant le 1er janvier 2005, elle doit l'indiquer.

54A [Supprimé]

54B [Supprimé]

54C La publication d'IFRS 13 *Évaluation de la juste valeur*, en mai 2011, a donné lieu à la modification du paragraphe 52. L'entité qui applique IFRS 13 doit appliquer cette modification.

54D [Supprimé]

54E La publication d'IFRS 9 *Instruments financiers*, en juillet 2014, a donné lieu à la modification du paragraphe 53 et à la suppression des paragraphes 54A, 54B et 54D. L'entité qui applique IFRS 9 doit appliquer ces modifications.

54F La publication des *Modifications des références au Cadre conceptuel dans les normes IFRS*, en 2018, a donné lieu à la modification des paragraphes 6 et 11 b). L'entité doit appliquer ces modifications pour les exercices ouverts à compter du 1er janvier 2020. Une application anticipée est autorisée si l'entité applique aussi, en même temps, toutes les autres modifications introduites par les *Modifications des références au Cadre conceptuel dans les normes IFRS*. L'entité doit appliquer les modifications des paragraphes 6 et 11 b) de façon rétrospective selon la présente norme. Toutefois, si l'entité constate que l'application rétrospective serait impraticable ou impliquerait un coût ou un effort excessif, elle doit appliquer les modifications des paragraphes 6 et 11 b) en se reportant aux paragraphes 23 à 28 de la présente norme. Si l'application rétrospective de l'une ou l'autre des modifications introduites par *Modifications des références au Cadre conceptuel dans les normes IFRS* est de nature à impliquer un coût ou un effort excessif, l'entité doit, lorsqu'elle applique les paragraphes 23 à 28 de la présente norme, interpréter toute référence au fait qu'il « est impraticable » de faire telle ou telle chose comme une référence au fait que cela « impliquerait un coût ou un effort excessif », sauf dans la dernière phrase du paragraphe 27, et toute référence à « praticable » comme une référence à « possible, sans coût ou effort excessif ».

54G Si l'entité n'applique pas IFRS 14 *Comptes de report réglementaires*, les définitions, les critères de comptabilisation et les concepts d'évaluation auxquels l'entité doit continuer de se référer et dont elle doit continuer de considérer l'applicabilité lorsqu'elle applique le paragraphe 11 b) à un solde de compte de report réglementaire sont ceux énoncés dans le *Cadre de préparation et de présentation des états financiers* (*) et non ceux énoncés dans le *Cadre conceptuel*. On entend par « solde de compte de report réglementaire » le solde d'un compte de charge ou de produit qui n'est pas comptabilisé en tant qu'actif ou en tant que passif conformément à d'autres normes IFRS applicables, mais dont l'autorité de réglementation des tarifs tient compte ou dont il est prévu que l'autorité de réglementation des tarifs tienne compte dans l'établissement des tarifs pouvant être appliqués aux clients. Une autorité de réglementation des tarifs est un organisme habilité par un texte de loi ou un règlement à établir des tarifs ou un éventail de tarifs que l'entité doit respecter. L'autorité de réglementation des tarifs peut être un organisme tiers ou une partie liée à l'entité, y compris le propre conseil d'administration de l'entité, si ce conseil est tenu par un texte de loi ou un règlement d'établir les tarifs à la fois dans l'intérêt des clients et pour assurer la viabilité financière générale de l'entité.

(*) Il s'agit du *Cadre de préparation et de présentation des états financiers* de l'IASC, adopté par l'IASB en 2001. [Note de l'éditeur : un extrait du *Cadre de préparation et de présentation des états financiers* de l'IASC, adopté par l'IASB en 2001, peut être consulté sur la page IAS 8 du domaine « Supporting Implementation » du site web de la Fondation, sous « Supporting Implementation by IFRS Standard ».]

54H La publication de *Définition du terme « significatif »* (modifications d'IAS 1 et d'IAS 8), en octobre 2018, a donné lieu à la modification du paragraphe 7 d'IAS 1 et du paragraphe 5 d'IAS 8, ainsi qu'à la suppression du paragraphe 6 d'IAS 8. L'entité doit appliquer ces modifications de manière prospective pour les exercices ouverts à compter du 1er janvier 2020. Une application anticipée est autorisée. Si l'entité applique les modifications pour une période antérieure, elle doit l'indiquer.

54I La publication, en février 2021, de *Définition d'estimations comptables* a donné lieu à la modification des paragraphes 5, 32, 34, 38 et 48 et à l'ajout des paragraphes 32A, 32B et 34A. L'entité doit appliquer ces modifications pour les exercices ouverts à compter du 1er janvier 2023. Une application anticipée est autorisée. L'entité doit appliquer ces modifications aux changements d'estimations comptables et aux changements de méthodes comptables qui ont lieu à l'ouverture ou après l'ouverture du premier exercice pour lequel l'entité applique les modifications en question.

Retrait d'autres positions officielles

55 La présente norme annule et remplace IAS 8 *Résultat net de l'exercice, erreurs fondamentales et changements de méthodes comptables*, révisée en 1993.

56 La présente norme annule et remplace les interprétations suivantes :

a) SIC-2 *Cohérence des méthodes – incorporation des coûts d'emprunt dans le coût des actifs* ; et

b) SIC-18 *Cohérence et permanence des méthodes – méthodes alternatives.*

IAS 10
Événements postérieurs à la période de reporting

[règlt UE 2023/1803]

Objectif

1 L'objectif de la présente norme est de prescrire :

a) quand une entité doit ajuster ses états financiers en fonction d'événements postérieurs à la fin de la période de reporting ; et

b) les informations qu'une entité doit fournir concernant la date de l'autorisation de publication des états financiers et les événements postérieurs à la fin de la période de reporting.

La norme impose également à une entité de ne pas établir ses états financiers sur la base de la continuité d'exploitation si des événements postérieurs à la fin de la période de reporting indiquent que l'hypothèse de la continuité de l'exploitation n'est pas appropriée.

Champ d'application

2 La présente norme s'applique à la comptabilisation des événements postérieurs à la fin de la période de reporting et aux informations à fournir y afférentes.

Définitions

3 Dans la présente norme, les termes suivants ont la signification indiquée ci-après :

Les *événements postérieurs à la fin de la période de reporting* sont les événements, favorables et défavorables, qui se produisent entre la fin de la période de reporting et la date de l'autorisation de publication des états financiers. On peut distinguer deux types d'événements :

a) ceux qui contribuent à confirmer des situations qui existaient à la fin de la période de reporting (*événements postérieurs à la fin de la période de reporting donnant lieu à des ajustements*) ; et

b) ceux qui indiquent des situations apparues après la fin de la période de reporting (*événements postérieurs à la fin de la période de reporting ne donnant pas lieu à des ajustements*).

4 Le processus d'autorisation de la publication des états financiers variera en fonction de la structure de gestion, des exigences réglementaires et des procédures suivies pour la préparation et la finalisation des états financiers.

5 Dans certains cas, une entité a l'obligation de soumettre ses états financiers à l'approbation de ses actionnaires après que les états financiers ont déjà été publiés. Dans de tels cas, la date de l'autorisation de publication des états financiers est la date de leur publication et non la date de leur approbation par les actionnaires.

Exemple

Le 28 février 20X2, la direction d'une entité achève le projet d'états financiers de l'année qui se termine le 31 décembre 20X1. Le 18 mars 20X2, le conseil d'administration examine les états financiers et autorise leur publication. L'entité annonce son résultat ainsi que d'autres informations financières le 19 mars 20X2. Les états financiers sont mis à la disposition des actionnaires et des tiers le 1er avril 20X2. L'assemblée générale annuelle des actionnaires approuve les états financiers le 15 mai 20X2, et les états financiers approuvés sont déposés auprès d'une autorité de réglementation le 17 mai 20X2.

La date de l'autorisation de publication des états financiers est le 18 mars 20X2 (date à laquelle le conseil d'administration autorise leur publication).

6 Dans certains cas, la direction d'une entité a l'obligation de soumettre ses états financiers à l'approbation d'un conseil de surveillance (composé uniquement de membres n'ayant pas de fonctions décisionnelles). Dans de tels cas, l'autorisation de publication des états financiers intervient lorsque la direction autorise leur communication au conseil de surveillance.

Exemple

Le 18 mars 20X2, la direction d'une entité autorise la communication des états financiers à son conseil de surveillance. Ce conseil, composé uniquement de membres n'ayant pas de fonctions décisionnelles, peut inclure des représentants du personnel et d'autres intérêts extérieurs. Le conseil de surveillance approuve les états financiers le 26 mars 20X2. Les états financiers sont mis à la disposition des actionnaires et des tiers le 1er avril 20X2. L'assemblée générale annuelle des actionnaires approuve les états financiers le 15 mai 20X2, et les états financiers sont déposés auprès d'une autorité de réglementation le 17 mai 20X2.

La date de l'autorisation de publication des états financiers est le 18 mars 20X2 (date à laquelle la direction autorise leur communication au conseil de surveillance).

7 Les événements postérieurs à la fin de la période de reporting incluent tous les événements survenant jusqu'à la date de l'autorisation de publication des états financiers, même si ces événements se produisent après l'annonce publique du résultat ou d'autres informations financières choisies.

Comptabilisation et évaluation

ÉVÉNEMENTS POSTÉRIEURS À LA FIN DE LA PÉRIODE DE REPORTING DONNANT LIEU À DES AJUSTEMENTS

8 Une entité doit ajuster les montants comptabilisés dans ses états financiers pour refléter des événements postérieurs à la fin de la période de reporting donnant lieu à des ajustements.

9 Sont présentés ci-après des exemples d'événements postérieurs à la fin de la période de reporting imposant à l'entité d'ajuster les montants comptabilisés dans ses états financiers ou de comptabiliser des éléments qui auparavant ne l'étaient pas :

a) le règlement, postérieur à la fin de la période de reporting, d'une action en justice qui confirme que l'entité avait une obligation actuelle à la fin de la période de reporting. L'entité ajuste toute provision comptabilisée antérieurement liée à cette action en justice selon IAS 37 *Provisions, passifs éventuels et actifs éventuels* ou comptabilise une nouvelle provision. L'entité ne se contente pas d'indiquer dans ses notes un passif éventuel, parce que le règlement de l'affaire fournit des indications complémentaires qui doivent être traitées selon le paragraphe 16 d'IAS 37 ;

b) la réception, postérieure à la fin de la période de reporting, d'informations indiquant qu'un actif était déprécié à la fin de la période de reporting ou que le montant d'une perte de valeur précédemment comptabilisé au titre de cet actif doit être ajusté. Par exemple :

i) la faillite d'un client survenant après la fin de la période de reporting confirme généralement que le client présentait une détérioration de son crédit à la fin de la période de reporting ; et

ii) la vente de stocks après la fin de la période de reporting peut donner des indications sur leur valeur nette de réalisation à la fin de la période de reporting ;

c) la détermination, après la fin de la période de reporting, du coût d'actifs achetés ou des produits des actifs vendus avant la fin de la période de reporting ;

d) la détermination, après la fin de la période de reporting, du montant des paiements à effectuer au titre de l'intéressement ou de primes si, à la fin de la période de reporting, l'entité avait une obligation actuelle juridique ou implicite d'effectuer ces paiements du fait d'événements antérieurs à cette date (voir IAS 19 *Avantages du personnel*) ;

e) la découverte de fraude ou d'erreurs montrant que les états financiers sont incorrects.

ÉVÉNEMENTS POSTÉRIEURS À LA FIN DE LA PÉRIODE DE REPORTING NE DONNANT PAS LIEU À DES AJUSTEMENTS

10 Une entité ne doit pas ajuster les montants comptabilisés dans ses états financiers pour refléter des événements postérieurs à la fin de la période de reporting ne donnant pas lieu à des ajustements.

11 Comme exemple d'événement postérieur à la fin de la période de reporting ne donnant pas lieu à ajustement, on peut citer une baisse de la juste valeur de placements entre la fin de la période de reporting et la date de l'autorisation de publication des états financiers. La baisse de la juste valeur n'est normalement pas liée à la situation des placements à la fin de la période de reporting, mais reflète des événements qui se sont produits ultérieurement. En conséquence, l'entité n'ajuste pas les montants comptabilisés dans ses états financiers au titre des placements. De même, l'entité ne met pas à jour les montants indiqués pour les placements en date de la fin de la période de reporting bien qu'elle puisse avoir à fournir des informations complémentaires selon le paragraphe 21.

DIVIDENDES

12 Si l'entité décide d'attribuer des dividendes aux détenteurs d'instruments de capitaux propres (tels que définis dans IAS 32 *Instruments financiers : présentation*) après la fin de la période de reporting, l'entité ne doit pas comptabiliser ces dividendes en tant que passifs à la fin de la période de reporting.

13 Si des dividendes sont déclarés après la fin de la période de reporting mais avant la date d'autorisation de publication des états financiers, les dividendes ne sont pas comptabilisés comme des passifs à la fin de la période de reporting, car aucune obligation n'existe à ce moment. Ces dividendes sont mentionnés dans les notes selon IAS 1 *Présentation des états financiers*.

Continuité d'exploitation

14 Une entité ne doit pas établir ses états financiers sur la base de la continuité de l'exploitation si la direction détermine, après la fin de la période de reporting, qu'elle a l'intention, ou qu'elle n'a pas d'autre solution réaliste que de liquider l'entité ou de cesser son activité.

15 Une dégradation du résultat opérationnel et de la situation financière après la fin de la période de reporting peut indiquer la nécessité d'examiner si l'hypothèse de la continuité de l'exploitation est toujours appropriée. Si cette hypothèse de la continuité de l'exploitation n'est plus appropriée, les conséquences sont si étendues que la présente norme impose une modification fondamentale de la convention comptable plutôt qu'un ajustement des montants comptabilisés selon la convention comptable d'origine.

16 IAS 1 précise les informations à fournir si :

a) les états financiers ne sont pas établis sur la base de la continuité de l'exploitation ; ou si

b) la direction a conscience d'incertitudes significatives liées à des événements ou à des circonstances qui peuvent jeter un doute important sur la capacité de l'entité à poursuivre son exploitation. Les événements ou circonstances imposant la fourniture d'informations peuvent se produire après la fin de la période de reporting.

Informations à fournir

DATE DE L'AUTORISATION DE PUBLICATION

17 Une entité doit indiquer la date de l'autorisation de publication des états financiers et mentionner qui a donné cette autorisation. Si les propriétaires de l'entité ou d'autres ont le pouvoir de modifier les états financiers après leur publication, l'entité doit l'indiquer.

18 Pour les utilisateurs des états financiers, il est important de connaître la date de l'autorisation de publication des états financiers, parce que les états financiers ne reflètent pas les événements postérieurs à cette date.

Événements postérieurs à la période de reporting

MISE À JOUR DES INFORMATIONS FOURNIES SUR LES SITUATIONS QUI EXISTAIENT À LA FIN DE LA PÉRIODE DE REPORTING

19 Si une entité reçoit, après la fin de la période de reporting, des informations sur des situations qui existaient à la fin de la période de reporting, elle doit mettre à jour les informations fournies relativement à ces situations au vu de ces nouvelles informations.

20 Dans certains cas, une entité doit mettre à jour les informations fournies dans ses états financiers pour refléter des informations reçues après la période de reporting, même lorsque ces informations n'ont aucun effet sur les montants que l'entité a comptabilisés dans ses états financiers. Un exemple de la nécessité de mettre à jour les informations fournies est le cas où un élément probant devient disponible après la fin de la période de reporting mais concerne un passif éventuel qui existait à la fin de la période de reporting. Outre le fait qu'elle doit examiner si elle doit comptabiliser ou modifier une provision selon IAS 37, l'entité doit mettre à jour les informations fournies sur le passif éventuel au vu de cet élément probant.

ÉVÉNEMENTS POSTÉRIEURS À LA FIN DE LA PÉRIODE DE REPORTING NE DONNANT PAS LIEU À DES AJUSTEMENTS

21 Si des événements postérieurs à la fin de la période de reporting ne donnant pas lieu à des ajustements sont significatifs, on peut raisonnablement s'attendre à ce que le fait de ne pas les indiquer influence les décisions que les principaux utilisateurs d'états financiers à usage général prennent en se fondant sur l'information financière que fournissent ces états financiers au sujet de l'entité qui les présente. Dès lors, l'entité fournira les informations suivantes pour chaque catégorie significative d'événements postérieurs à la fin de la période de reporting ne donnant pas lieu à des ajustements :

a) la nature de l'événement ; et

b) une estimation de son effet financier, ou l'indication que cette estimation ne peut être faite.

22 Sont par exemple des événements postérieurs à la fin de la période de reporting ne donnant pas lieu à un ajustement, qui aboutiront généralement à une information à fournir :

a) un regroupement d'entreprises important postérieur à la fin de la période de reporting (IFRS 3 *Regroupements d'entreprises* impose dans ce cas de fournir des informations spécifiques) ou la sortie d'une filiale importante ;

b) l'annonce d'un plan pour abandonner une activité ;

c) des acquisitions importantes d'actifs, le classement d'actifs comme détenus en vue de la vente selon IFRS 5 *Actifs non courants détenus en vue de la vente et activités abandonnées*, d'autres sorties d'actifs ou expropriation par les pouvoirs publics d'actifs importants ;

d) la destruction d'une unité de production importante par un incendie après la fin de la période de reporting ;

e) l'annonce, ou le début de la mise en œuvre, d'une restructuration importante (voir IAS 37) ;

f) des transactions importantes postérieures à la fin de la période de reporting portant sur des actions ordinaires ou des actions ordinaires potentielles

(IAS 33 *Résultat par action* impose aux entités de décrire ces transactions, sauf si elles portent sur des émissions par capitalisation des bénéfices ou émission d'actions gratuites, des fractionnements d'actions ou des fractionnements inversés d'actions, qui doivent toutes faire l'objet d'un ajustement selon IAS 33) ;

g) des modifications anormalement importantes du prix des actifs ou des taux de change après la fin de la période de reporting ;

h) des modifications des taux d'impôt ou des lois fiscales votées ou annoncées après la fin de la période de reporting, qui ont un impact important sur les actifs et passifs d'impôt exigible et d'impôt différé (voir IAS 12 *Impôts sur le résultat*) ;

i) le fait de prendre des engagements importants ou d'être soumis à des passifs éventuels, par exemple par l'émission de garanties importantes ; et

j) le début d'un litige important résultant uniquement d'événements survenus après la fin de la période de reporting.

Date d'entrée en vigueur

23 L'entité doit appliquer la présente norme pour les exercices ouverts à compter du 1er janvier 2005. Une application anticipée est encouragée. Si l'entité applique la présente norme pour une période ouverte avant le 1er janvier 2005, elle doit l'indiquer.

23A La publication d'IFRS 13 *Évaluation de la juste valeur*, en mai 2011, a donné lieu à la modification du paragraphe 11. L'entité qui applique IFRS 13 doit appliquer cette modification.

23B La publication d'IFRS 9 *Instruments financiers*, en juillet 2014, a donné lieu à la modification du paragraphe 9. L'entité qui applique IFRS 9 doit appliquer cette modification.

23C La publication de *Définition du terme « significatif »* (modifications d'IAS 1 et d'IAS 8), en octobre 2018, a donné lieu à la modification du paragraphe 21. L'entité doit appliquer ces modifications de manière prospective pour les exercices ouverts à compter du 1er janvier 2020. Une application anticipée est autorisée. Si l'entité applique ces modifications pour une période antérieure, elle doit l'indiquer. L'entité doit appliquer ces modifications si elle applique celles apportées à la définition du terme « significatif » dans le paragraphe 7 d'IAS 1 et les paragraphes 5 et 6 d'IAS 8.

Retrait d'IAS 10 (révisée en 1999)

24 La présente norme annule et remplace IAS 10 *Événements postérieurs à la date de clôture* (révisée en 1999).

IAS 12

Impôts sur le résultat

[règlt UE 2023/1803 modifié par le règlt UE 2023/2468]

Objectif

L'objectif de la présente norme est de prescrire le traitement comptable des impôts sur le résultat. La question principale en matière de comptabilisation des impôts sur le résultat est de déterminer comment comptabiliser les conséquences fiscales actuelles et futures :

a) du recouvrement (ou du règlement) futur de la valeur comptable des actifs (ou des passifs) qui sont comptabilisés dans l'état de la situation financière de l'entité ; et

b) des transactions et autres événements de la période considérée qui sont comptabilisés dans les états financiers de l'entité.

Le fait que l'entité présentant les états financiers s'attende à recouvrer ou à régler la valeur comptable d'un actif ou d'un passif est inhérent à la comptabilisation d'un actif ou d'un passif. S'il est probable que le recouvrement ou le règlement de cette valeur comptable augmentera (diminuera) les paiements futurs d'impôt par rapport à ce qu'ils auraient été si le recouvrement ou le règlement n'avait pas eu de conséquence fiscale, la présente norme impose à l'entité de comptabiliser un passif (actif) d'impôt différé, avec certaines exceptions limitées.

La présente norme impose à l'entité de comptabiliser les conséquences fiscales des transactions et autres événements de la même façon qu'elle comptabilise les transactions et autres événements eux-mêmes. Ainsi, pour des transactions et autres événements comptabilisés en résultat, toutes les incidences fiscales y afférentes sont également comptabilisées en résultat. Ainsi pour des transactions et autres événements comptabilisés hors résultat (soit en autres éléments du résultat global ou directement en capitaux propres), toutes les incidences fiscales y afférentes sont également comptabilisées hors résultat (soit en autres éléments du résultat global soit directement en capitaux propres, respectivement). De même, la comptabilisation d'actifs et de passifs d'impôt différé dans un regroupement d'entreprises affecte le montant du goodwill provenant de ce regroupement d'entreprises ou du montant du profit résultant d'une acquisition à des conditions avantageuses.

La présente norme traite également de la comptabilisation d'actifs d'impôt différé générés par des pertes fiscales ou des crédits d'impôt non utilisés, de la présentation des impôts sur le résultat dans les états financiers et de l'information à fournir relative aux impôts sur le résultat.

Champ d'application

1 La présente norme doit être appliquée à la comptabilisation des impôts sur le résultat.

2 Pour les besoins de la présente norme, les impôts sur le résultat incluent tous les impôts nationaux et étrangers dus sur la base des bénéfices imposables. Les impôts sur le résultat incluent aussi les impôts, tels que les retenues à la source, qui sont payables par une filiale, une entreprise associée ou un partenariat sur ses distributions de dividendes à l'entité présentant les états financiers.

3 [Supprimé]

4 La présente norme ne traite ni des méthodes de comptabilisation des subventions publiques (voir IAS 20 *Comptabilisation des subventions publiques et informations à fournir sur l'aide publique*) ni des crédits d'impôt à l'investissement. Toutefois, la présente norme indique comment doivent être comptabilisées les différences temporelles résultant de telles subventions ou crédits d'impôt à l'investissement.

4A La présente norme s'applique aux impôts sur le résultat qui découlent d'une loi fiscale adoptée ou quasi adoptée dans le but de mettre en œuvre le modèle de règles du Pilier 2, publié par l'Organisation de coopération et de développement économiques (OCDE), notamment d'une loi fiscale instaurant un impôt national complémentaire qualifié décrit dans ces règles. Une telle loi fiscale est dénommée ci-après « loi Pilier 2 ». À titre d'exception aux dispositions de la présente norme, l'entité ne doit pas comptabiliser les actifs et passifs d'impôt différé rattachés aux impôts sur le résultat découlant des règles du Pilier 2 ni fournir d'informations à leur sujet.

Définitions

5 Dans la présente norme, les termes suivants ont la signification indiquée ci-après :

Le *bénéfice comptable* est le résultat d'une période avant déduction de la charge d'impôt.

Le *bénéfice imposable (perte fiscale)* est le bénéfice (la perte) d'une période, déterminé(e) selon les règles établies par les administrations fiscales et sur la base desquelles l'impôt sur le résultat doit être payé (recouvré).

La *charge* (le *produit*) *d'impôt* est égale (égal) au montant total de l'impôt exigible et de l'impôt différé inclus dans la détermination du résultat de la période.

L'*impôt exigible* est le montant des impôts sur le résultat payables (recouvrables) au titre du bénéfice imposable (de la perte fiscale) d'une période.

Les *passifs d'impôt différé* sont les montants d'impôts sur le résultat payables au cours de périodes futures au titre de différences temporelles imposables.

Les *actifs d'impôt différé* sont les montants d'impôts sur le résultat recouvrables au cours de périodes futures au titre :

a) de différences temporelles déductibles ;

b) du report en avant de pertes fiscales non utilisées ; et

c) du report en avant de crédits d'impôt non utilisés.

Les *différences temporelles* sont les différences entre la valeur comptable d'un actif ou d'un passif de l'état de la situation financière et sa base fiscale. Les différences temporelles peuvent être :

a) des *différences temporelles imposables*, c'est-à-dire des différences temporelles qui généreront des montants imposables dans la détermination du bénéfice imposable (de la perte fiscale) de périodes futures lorsque la valeur comptable de l'actif ou du passif sera recouvrée ou réglée ; ou

b) des *différences temporelles déductibles*, c'est-à-dire des différences temporelles qui généreront des montants déductibles dans la détermination du bénéfice imposable (perte fiscale) de périodes futures lorsque la valeur comptable de l'actif ou du passif sera recouvrée ou réglée.

La *base fiscale* d'un actif ou d'un passif est le montant attribué à cet actif ou passif à des fins fiscales.

6 La charge (le produit) d'impôt comprend la charge (le produit) d'impôt exigible et la charge (le produit) d'impôt différé.

BASE FISCALE

7 La base fiscale d'un actif représente le montant qui sera fiscalement déductible de tout avantage économique imposable qui ira à l'entité lorsqu'elle recouvrera la valeur comptable de cet actif. Si ces avantages économiques ne sont pas imposables, la base fiscale de l'actif est égale à sa valeur comptable.

Exemples

1. Une machine a coûté 100. À des fins fiscales, un amortissement de 30 a déjà été déduit au titre de la période et des périodes antérieures et le solde sera déductible au titre des périodes futures, soit par le biais d'un amortissement, soit par une déduction au moment de la sortie. Les profits génères par l'utilisation de la machine sont imposables et les profits (pertes) générés par la sortie de la machine sont imposables (déductibles). ***La base fiscale de la machine est de 70.***

2. Des intérêts à recevoir ont une valeur comptable de 100. Ces produits d'intérêt seront imposés lors de leur encaissement. ***La base fiscale des intérêts à recevoir est nulle.***

3. Des créances clients ont une valeur comptable de 100. Les produits liés ont déjà été incorporés dans le bénéfice imposable (perte fiscale). ***La base fiscale des créances clients est de 100.***

4. Les dividendes à recevoir d'une filiale ont une valeur comptable de 100. Ces dividendes ne sont pas imposables. En substance, la totalité de la valeur comptable de cet actif est déductible des avantages économiques. En conséquence, la base fiscale des dividendes à recevoir est de 100 (*).

5. Un prêt a une valeur comptable de 100. Le remboursement de cet emprunt n'aura aucune conséquence fiscale. ***La base fiscale de ce prêt est de 100.***

(*) Selon cette analyse, il n'y a pas de différence temporelle imposable. Il aurait également été possible d'analyser comme suit cette opération : les dividendes à recevoir comptabilisés ont une base fiscale nulle, et un taux d'impôt nul est appliqué à la différence temporelle imposable résultante de 100. Selon les deux analyses, il n'y a pas d'actif d'impôt différé.

8 La base fiscale d'un passif représente sa valeur comptable, moins tout montant qui sera fiscalement déductible au titre de ce passif au cours des périodes futures. Dans le cas de produits perçus d'avance, la base fiscale du

passif qui en résulte est la valeur comptable moins tout élément de produits qui ne sera pas imposable au cours des périodes futures.

Exemples

1. Des passifs courants comprennent des charges à payer d'une valeur comptable de 100. La charge concernée sera déduite fiscalement lors de son règlement. ***La base fiscale des charges à payer est nulle.***

2. Des passifs courants incluent des produits d'intérêt perçus d'avance d'une valeur comptable de 100. Ces produits d'intérêt ont été imposés lors de leur encaissement. ***La base fiscale des intérêts perçus d'avance est nulle.***

3. Des passifs courants comprennent des charges à payer d'une valeur comptable de 100. La charge concernée a déjà été déduite fiscalement. ***La base fiscale des charges à payer est de 100.***

4. Des passifs courants incluent des amendes et des pénalités à payer d'une valeur comptable de 100. Les amendes et les pénalités ne sont pas déductibles fiscalement. ***La base fiscale des amendes et des pénalités à payer est de 100*** (*).

5. Un emprunt a une valeur comptable de 100. Le remboursement de cet emprunt n'aura aucune conséquence fiscale. ***La base fiscale de ce prêt est de 100.***

(*) Selon cette analyse, il n'y a pas de différence temporelle déductible. Il aurait également été possible d'analyser comme suit cette opération : les amendes et les pénalités comptabilisées ont une base fiscale nulle, et un taux d'impôt nul est appliqué à la différence temporelle déductible résultante de 100. Selon les deux analyses, il n'y a pas d'actif d'impôt différé.

9 Certains éléments ont une base fiscale mais ne sont pas comptabilisés en tant qu'actifs ou en tant que passifs dans l'état de la situation financière. Par exemple, les frais de recherche sont comptabilisés en charges pour la détermination du bénéfice comptable de la période de leur survenance, mais leur déduction du bénéfice imposable (perte fiscale) peut ne pas être autorisée avant une période ultérieure. La différence entre la base fiscale des frais de recherche, qui est le montant admis en déduction par les administrations fiscales au titre des périodes futures, et la valeur comptable nulle est une différence temporelle déductible dont résulte un actif d'impôt différé.

10 Lorsque la base fiscale d'un actif ou d'un passif ne peut être déterminée facilement, il peut être utile de revenir au principe fondamental sur lequel repose la présente norme : l'entité doit (sauf quelques exceptions) comptabiliser un passif (actif) d'impôt différé chaque fois que le recouvrement ou le règlement de la valeur comptable d'un actif ou d'un passif augmentera (ou diminuera) les paiements futurs d'impôt par rapport à ce qu'ils auraient été si un tel recouvrement (règlement) n'avait pas eu de conséquence fiscale. L'exemple C qui fait suite au paragraphe 51A illustre les circonstances dans lesquelles se référer à ce principe fondamental peut être utile, par exemple lorsque la base fiscale d'un actif ou d'un passif dépend du mode attendu de recouvrement ou de règlement.

11 Dans les états financiers consolidés, les différences temporelles sont déterminées par comparaison entre les valeurs comptables des actifs et des passifs dans les états financiers consolidés et la base fiscale qui leur est attachée. Pour les pays où une déclaration fiscale consolidée est établie, la base fiscale est déterminée à partir de cette déclaration fiscale. Dans les autres pays, la base fiscale est déterminée à partir des déclarations fiscales individuelles de chaque entité comprise dans le périmètre de consolidation.

Comptabilisation d'actifs et de passifs d'impôt exigible

12 L'impôt exigible de la période et des périodes précédentes doit être comptabilisé en tant que passif dans la mesure où il n'est pas payé. Si le montant déjà payé au titre de la période et des périodes précédentes excède le montant dû pour ces périodes, l'excédent doit être comptabilisé en tant qu'actif.

13 L'avantage lié à une perte fiscale pouvant être reportée en arrière pour recouvrer l'impôt exigible d'une période antérieure doit être comptabilisé en tant qu'actif.

14 Lorsqu'elle utilise une perte fiscale pour recouvrer l'impôt exigible d'une période antérieure, l'entité comptabilise l'avantage à l'actif dans la période au cours de laquelle se produit la perte fiscale car l'avantage pour l'entité est probable et peut être évalué de manière fiable.

Comptabilisation d'actifs et de passifs d'impôt différé

DIFFÉRENCES TEMPORELLES IMPOSABLES

15 Un passif d'impôt différé doit être comptabilisé pour toutes les différences temporelles imposables, sauf dans la mesure où le passif d'impôt différé est généré par :

a) la comptabilisation initiale du goodwill ; ou

b) la comptabilisation initiale d'un actif ou d'un passif dans une transaction qui :
- **i) n'est pas un regroupement d'entreprises ;**
- **ii) au moment de la transaction, n'affecte ni le bénéfice comptable ni le bénéfice imposable (perte fiscale) ; et**
- **iii) ne donne pas lieu, au moment de la transaction, à une différence temporelle imposable et à une différence temporelle déductible d'un montant égal.**

Toutefois, pour les différences temporelles imposables liées à des participations dans des filiales ou des entreprises associées, des investissements dans des succursales ou des intérêts dans des partenariats, un passif d'impôt différé doit être comptabilisé selon le paragraphe 39.

16 Le fait que sa valeur comptable sera recouvrée sous la forme d'avantages économiques futurs pour l'entité au cours de périodes futures est inhérent à la comptabilisation d'un actif. Lorsque la valeur comptable d'un actif est supérieure à sa base fiscale, le montant des avantages économiques futurs sera supérieur au montant déductible autorisé fiscalement. La différence est une différence temporelle imposable, et l'obligation de payer les impôts sur le résultat qui en résultent au cours des périodes futures est un passif d'impôt différé. Lorsque l'entité recouvre la valeur comptable de l'actif, la différence temporelle imposable se résorbe et l'entité a un bénéfice imposable. Ceci rend probable la sortie de l'entité d'avantages économiques sous la forme de paiements d'impôt. Par conséquent, la présente norme impose la comptabilisation de tous les passifs d'impôt différé, sauf dans certains cas décrits aux paragraphes 15 et 39.

Exemple

Un actif qui a coûté 150 a une valeur comptable de 100. L'amortissement fiscal cumulé est de 90 et le taux d'impôt est de 25 %.

La base fiscale de l'actif est de 60 (coût de 150 moins un amortissement cumulé de 90). Pour recouvrer la valeur comptable de 100, l'entité doit gagner un résultat fiscal de 100 alors qu'elle ne pourra fiscalement déduire qu'un amortissement de 60. L'entité paiera donc des impôts sur le résultat de 10 (25 % de 40) lorsqu'elle recouvrera la valeur comptable de l'actif. La différence entre la valeur comptable de 100 et la base fiscale de 60 constitue une différence temporelle imposable de 40. C'est pourquoi l'entité comptabilise un passif d'impôt différé de 10 (25 % de 40) représentant les impôts sur le résultat qu'elle paiera lorsqu'elle recouvrera la valeur comptable de l'actif.

17 Certaines différences temporelles se produisent lorsque le produit (ou la charge) est compris dans le bénéfice comptable d'une période mais dans le bénéfice imposable d'une autre période. De telles différences temporelles sont souvent appelées différences temporaires. Des exemples de différences temporelles de cette nature, qui sont des différences temporelles imposables et génèrent par conséquent des passifs d'impôt différé, sont les suivants :

a) les produits d'intérêts sont inclus dans le bénéfice comptable au fur et à mesure qu'ils sont courus mais peuvent, dans certains pays, n'être inclus dans le bénéfice imposable que lorsqu'ils sont reçus en trésorerie. La base fiscale de toute créance comptabilisée dans l'état de la situation financière du fait de tels produits est nulle parce que ces produits n'affectent pas le bénéfice imposable tant qu'ils ne sont pas encaissés ;

b) l'amortissement pris en compte dans la détermination du bénéfice imposable (perte fiscale) peut différer de celui pris en compte dans le calcul du bénéfice comptable. La différence temporelle est la différence entre la valeur comptable de l'actif et sa base fiscale, qui est le coût initial de l'actif moins toutes les déductions effectuées au titre de l'actif et autorisées par les administrations fiscales dans le cadre de la détermination du bénéfice imposable de la période et des périodes antérieures. Cette différence temporelle imposable donne lieu à un passif d'impôt différé lorsque l'amortissement fiscal est accéléré (si l'amortissement fiscal est moins rapide que l'amortissement comptable, une différence temporelle déductible apparaît, générant un actif d'impôt différé) ; et

c) les frais de développement peuvent être inscrits à l'actif et amortis sur des périodes futures pour la détermination du bénéfice comptable mais déduits du bénéfice imposable de la période au cours de laquelle ils sont engagés. De tels frais de développement ont une base fiscale nulle car ils ont été déjà déduits du bénéfice imposable. La différence temporelle est la différence entre la valeur comptable des frais de développement et leur base fiscale de zéro.

18 Des différences temporelles sont générées également lorsque :

a) les actifs acquis et passifs repris identifiables dans un regroupement d'entreprises sont comptabilisés à leurs justes valeurs respectives selon IFRS 3 *Regroupements d'entreprises*, mais aucun ajustement équivalent n'est effectué à des fins fiscales (voir le paragraphe 19) ;

b) des actifs sont réévalués sans qu'un ajustement équivalent soit effectué à des fins fiscales (voir paragraphe 20) ;

c) du goodwill est généré lors d'un regroupement d'entreprises (voir paragraphe 21) ;

d) la base fiscale d'un actif ou d'un passif lors de sa comptabilisation initiale diffère de sa valeur comptable initiale, par exemple lorsque l'entité bénéficie de subventions publiques non imposables liées à des actifs (voir paragraphes 22 et 33) ; ou

e) la valeur comptable des participations dans des filiales ou des entreprises associées, des investissements dans des succursales ou des intérêts dans des partenariats, devient différente de la base fiscale de ces participations, investissements ou intérêts (voir paragraphes 38 à 45).

➡ Regroupements d'entreprises

19 Sauf quelques exceptions limitées, les actifs acquis et passifs repris identifiables lors d'un regroupement d'entreprises sont comptabilisés à leur juste valeur à la date d'acquisition. Des différences temporelles sont générées lorsque la base fiscale des actifs acquis et des passifs repris identifiables n'est pas affectée par le regroupement d'entreprises ou est affectée de manière différente. Par exemple, lorsque la valeur comptable d'un actif est majorée pour atteindre sa juste valeur mais que la base fiscale de cet actif demeure égale au coût pour le détenteur précédent, il en résulte une différence temporelle imposable qui donne lieu à un passif d'impôt différé. Le passif d'impôt différé correspondant affecte le goodwill (voir paragraphe 66).

➡ Actifs comptabilisés à la juste valeur

20 Les IFRS autorisent ou imposent que certains actifs soient comptabilisés à leur juste valeur ou soient réévalués (voir par exemple IAS 16 *Immobilisations corporelles*, IAS 38 *Immobilisations incorporelles*, IAS 40 *Immeubles de placement*, IFRS 9 *Instruments financiers* et IFRS 16 *Contrats de location*). Dans certains pays, la réévaluation ou l'ajustement d'un actif à la juste valeur affecte le bénéfice imposable (perte fiscale) de la période considérée. La base fiscale de l'actif est, en conséquence, ajustée et il n'y a pas de différence temporelle. Dans d'autres pays, la réévaluation ou l'ajustement d'un actif n'affecte pas le bénéfice imposable de la période où a lieu la réévaluation ou l'ajustement et, en conséquence, la base fiscale de l'actif n'est pas ajustée. Toutefois, le recouvrement futur de la valeur comptable générera un flux d'avantages économiques imposables pour l'entité dont le montant différera de celui qui sera déductible fiscalement. La différence entre la valeur comptable d'un actif réévalué et sa base fiscale est une différence temporelle qui donne lieu à un actif ou à un passif d'impôt différé. Ceci est vrai même si :

a) l'entité n'a pas l'intention de sortir l'actif. Dans ce cas, la valeur nette comptable réévaluée de l'actif sera recouvrée par son utilisation. Ceci générera un résultat fiscal excédant l'amortissement qui sera fiscalement disponible au cours de périodes futures ; ou

b) l'imposition sur les plus-values est différée dans la mesure où les produits procurés par la sortie de l'actif sont investis dans des actifs similaires. Dans ce cas, l'impôt devra finalement être payé lors de la vente ou de l'utilisation des actifs similaires.

➡ Goodwill

21 Le goodwill généré lors d'un regroupement d'entreprises est évalué comme l'excédent de a) par rapport à b) ci-dessous :

a) le total de :

- i) la contrepartie transférée, évaluée conformément à IFRS 3, qui impose généralement le recours à la juste valeur à la date d'acquisition ;
- ii) le montant d'une participation ne donnant pas le contrôle dans l'entreprise acquise comptabilisé selon IFRS 3 ; et

iii) dans un regroupement d'entreprises réalisé par étapes, la juste valeur à la date d'acquisition de la participation précédemment détenue par l'acquéreur dans l'entreprise acquise.

b) le solde net des montants, à la date d'acquisition, des actifs acquis et passifs repris identifiables, évalués selon IFRS 3.

De nombreuses administrations fiscales n'autorisent pas la comptabilisation de réductions de la valeur comptable du goodwill en tant que charge déductible pour la détermination du bénéfice imposable. De plus, dans de tels pays, le coût du goodwill n'est, bien souvent, pas déductible lorsqu'une filiale cède son activité sous-jacente. Dans ces pays, le goodwill a une base fiscale de zéro. Toute différence entre la valeur comptable du goodwill et sa base fiscale nulle est une différence temporelle imposable. Toutefois, la présente norme n'autorise pas la comptabilisation du passif d'impôt différé correspondant car le goodwill est évalué en tant que montant résiduel et la comptabilisation du passif d'impôt différé augmenterait sa valeur comptable.

21A Les réductions ultérieures d'un passif d'impôt différé qui n'est pas comptabilisé car il découle d'une comptabilisation initiale de goodwill sont aussi considérées comme résultant de la comptabilisation initiale du goodwill et ne sont pas, par conséquent, comptabilisées selon le paragraphe 15 a). Par exemple, si une entité, lors d'un regroupement d'entreprises, comptabilise un coût de 100 UM dont la base fiscale est zéro, le paragraphe 15 a) interdit à l'entité de comptabiliser le passif d'impôt différé correspondant. Si, ultérieurement, l'entité comptabilise au titre de ce goodwill une perte de valeur de 20 UM, le montant de la différence temporelle imposable correspondant au goodwill est réduit de 100 UM à 80 UM, et il en résulte une diminution de la valeur du passif d'impôt différé non comptabilisé. Cette diminution de la valeur du passif d'impôt différé non comptabilisé est également considérée comme correspondant à la comptabilisation initiale du goodwill et il est par conséquent interdit de la comptabiliser selon le paragraphe 15 a).

21B Les passifs d'impôt différé relatifs aux différences temporelles imposables se rapportant au goodwill sont toutefois comptabilisés dans la mesure où ils ne découlent pas de la comptabilisation initiale du goodwill. Par exemple, si une entité, lors d'un regroupement d'entreprises, comptabilise un goodwill de 100 UM qui est déductible à des fins fiscales au taux de 20 pour cent par an, à partir de l'année de l'acquisition, la base fiscale du goodwill est de 100 UM lors de la comptabilisation initiale, et de 80 UM à la fin de l'année d'acquisition. Si la valeur comptable du goodwill à la fin de l'année d'acquisition reste inchangée à 100 UM, une différence temporelle imposable de 20 UM est générée à la fin de cette année. Du fait que la différence temporelle imposable n'est pas liée à la comptabilisation initiale du goodwill, le passif d'impôt différé qui en résulte est comptabilisé.

Comptabilisation initiale d'un actif ou d'un passif

22 Une différence temporelle peut survenir lors de la comptabilisation initiale d'un actif ou d'un passif, par exemple si le coût d'un actif n'est pas, partiellement ou en totalité, déductible fiscalement. La méthode de comptabilisation pour une telle différence temporelle dépendra de la nature de la transaction ayant conduit à la comptabilisation initiale de l'actif ou du passif :

a) lors d'un regroupement d'entreprises, l'entité comptabilise tout passif ou actif d'impôt différé et ceci affecte le montant du goodwill ou le profit résultant d'une acquisition à des conditions avantageuses qu'elle comptabilise (voir paragraphe 19) ;

b) si la transaction affecte soit le bénéfice comptable, soit le bénéfice imposable, ou donne lieu à une différence temporelle imposable et à une différence temporelle déductible d'un montant égal, une entité comptabilise tout passif ou actif d'impôt différé, et comptabilise en résultat net la charge ou le produit d'impôt différé qui en résulte (voir paragraphe 59) ;

c) si la transaction n'est pas un regroupement d'entreprises, n'affecte ni le bénéfice comptable ni le bénéfice imposable et ne donne pas lieu à une différence temporelle imposable et à une différence temporelle déductible d'un montant égal, en l'absence de l'exemption prévue aux paragraphes 15 et 24, une entité comptabiliserait l'actif ou le passif d'impôt différé qui en résulte et ajusterait la valeur comptable de l'actif ou du passif pour le même montant. De tels ajustements rendraient moins transparents les états financiers. Aussi, la présente norme n'autorise pas la comptabilisation par l'entité de l'actif ou passif d'impôt différé résultant, ni lors de la comptabilisation initiale, ni ultérieurement (voir exemple ci-après). Par ailleurs l'entité ne comptabilise pas les changements ultérieurs d'un actif ou passif d'impôt différé non comptabilisé lorsque l'actif est amorti.

Exemple illustrant le paragraphe 22 c)

Une entité envisage d'utiliser un actif dont le coût est de 1 000 pendant sa durée d'utilité de cinq ans et ensuite de s'en séparer pour une valeur résiduelle de zéro. Le taux d'impôt est de 40 %. L'amortissement de cet actif n'est pas fiscalement déductible. Les plus-values ne sont pas imposables et les moins values ne sont pas déductibles lors de la sortie.

Lorsqu'elle recouvre la valeur comptable de l'actif, l'entité réalise un résultat fiscal de 1 000 et paie un impôt de 400. L'entité ne comptabilise pas le passif d'impôt différé de 400 qui en résulte, car il découle de la comptabilisation initiale de l'actif.

L'année suivante, la valeur comptable de l'actif est de 800. En réalisant un résultat fiscal de 800, l'entité paye un impôt de 320. L'entité ne comptabilise pas le passif d'impôt différé de 320 car il résulte de la comptabilisation initiale de l'actif.

22A Une transaction qui n'est pas un regroupement d'entreprises peut conduire à la comptabilisation initiale d'un actif et d'un passif et, au moment de la transaction, n'affecter ni le bénéfice comptable ni le bénéfice imposable. Par exemple, à la date de début d'un contrat de location, le preneur comptabilise habituellement un passif locatif et le montant correspondant dans le coût de l'actif au titre du droit d'utilisation. Selon les lois fiscales applicables, une telle transaction peut, au moment de la comptabilisation initiale du passif et de l'actif qui en sont issus, donner lieu à une différence temporelle imposable et à une différence temporelle déductible d'un montant égal. L'exemption prévue aux paragraphes 15 et 24 ne s'applique pas à ces différences temporelles, et une entité comptabilise tout passif et actif d'impôt différé qui en résultent.

23 Selon IAS 32 *Instruments financiers : présentation*, l'émetteur d'un instrument financier composé, par exemple une obligation convertible, classe la composante passif dans les passifs et la composante capitaux propres dans les capitaux propres. Dans certains pays, la base fiscale de la composante passif lors de la comptabilisation initiale est égale à la valeur comptable initiale de la somme des composantes passif et capitaux propres de l'instrument. La différence temporelle imposable résultante se produit lors de la comptabilisation initiale de la composante capitaux propres, distincte de celle de la composante passif. L'exception définie au paragraphe 15 b) ne trouve alors pas à s'appliquer. Par conséquent, l'entité comptabilise le passif d'impôt différé qui en résulte. Selon le paragraphe 61A, l'impôt différé est imputé directement à la valeur comptable de la composante capitaux propres. Selon le paragraphe 58, les changements ultérieurs du passif d'impôt différé sont comptabilisés dans le résultat en charge (produit) d'impôt différé.

DIFFÉRENCES TEMPORELLES DÉDUCTIBLES

24 **Un actif d'impôt différé doit être comptabilisé pour toutes les différences temporelles déductibles dans la mesure où il est probable qu'un bénéfice imposable, sur lequel ces différences temporelles déductibles pourront être imputées, sera disponible, à moins que l'actif d'impôt différé ne soit généré par la comptabilisation initiale d'un actif ou d'un passif dans une transaction qui :**

a) n'est pas un regroupement d'entreprises ;

b) au moment de la transaction, n'affecte ni le bénéfice comptable, ni le bénéfice imposable (perte fiscale) ; et

c) ne donne pas lieu, au moment de la transaction, à une différence temporelle imposable et à une différence temporelle déductible d'un montant égal.

Toutefois, pour les différences temporelles déductibles liées à des participations dans des filiales ou entreprises associées, des intérêts dans des partenariats ou des investissements dans des succursales, un actif d'impôt différé doit être comptabilisé selon le paragraphe 44.

25 Le fait que sa valeur comptable sera réglée au cours de périodes futures par une sortie de l'entité de ressources représentatives d'avantages économiques est inhérent à la comptabilisation d'un passif. Lorsque ces ressources sortent de l'entité, leur montant, partiellement ou en totalité, peut être déductible lors de la détermination du bénéfice imposable d'une période ultérieure à celle au cours de laquelle le passif est comptabilisé. Il en résulte alors une différence temporelle entre la valeur comptable du passif et sa base fiscale. En conséquence, un actif d'impôt différé est généré au titre des impôts sur le résultat qui seront recouvrables au cours de périodes futures lorsque cette partie de passif sera admise en déduction du bénéfice imposable. De la même façon, si la valeur comptable d'un actif est inférieure à sa base fiscale, la différence donne lieu à un actif d'impôt différé qui sera recouvrable sur les périodes futures au titre des impôts sur le résultat.

Exemple

Une entité comptabilise une provision pour garantie de 100. Fiscalement, les coûts de garantie ne sont déductibles que lorsque l'entité paye les réclamations. Le taux d'impôt est de 25 %.

La base fiscale du passif est nulle (valeur comptable de 100 moins le montant qui sera fiscalement déductible sur les périodes suivantes au titre de ce passif). En réglant le passif pour sa valeur comptable, l'entité va réduire son bénéfice imposable futur de 100, et par conséquent réduire ses paiements futurs d'impôt de 25 (25 % de 100). La différence entre la valeur comptable de 100 et la base fiscale de zéro est une différence temporelle déductible de 100. L'entité comptabilise donc un actif d'impôt différé de 25 (25 % de 100), s'il est probable que l'entité dégagera au cours des périodes futures un bénéfice imposable suffisant pour pouvoir profiter de cette réduction de paiement d'impôt.

26 Des exemples de différences temporelles déductibles qui génèrent des actifs d'impôt différé sont présentés ci-après :

a) les coûts relatifs aux prestations de retraite peuvent être déduits du bénéfice comptable des années de service de l'employé mais déduits du bénéfice imposable soit lorsque l'entité verse ses cotisations à un fonds, soit lorsqu'elle paye les retraites. Il en résulte alors une différence temporelle entre la valeur comptable du passif et sa base fiscale ; la base fiscale du passif est généralement nulle. Cette différence temporelle déductible donne lieu à un actif d'impôt différé lorsque l'entité en retire des avantages économiques par le biais d'une réduction de son bénéfice imposable lors du versement des cotisations ou du paiement des retraites ;

b) les frais de recherche sont comptabilisés en charges dans le bénéfice comptable de la période au cours de laquelle ils sont engagés, mais peuvent ne pas être fiscalement déductibles avant un certain temps. La différence entre la base fiscale des frais de recherche, qui est le montant dont la déduction sera autorisée par l'administration fiscale au cours de périodes futures, et sa valeur comptable de zéro est une différence temporelle déductible qui donne lieu à un actif d'impôt différé ;

c) sauf quelques exceptions limitées, l'entité comptabilise les actifs acquis et passifs repris identifiables lors d'un regroupement d'entreprises à leur juste valeur à la date d'acquisition. Lorsqu'un passif repris est comptabilisé à la date d'acquisition, mais que les coûts liés ne sont déduits dans la détermination des bénéfices imposables qu'au cours d'une période ultérieure, une différence temporelle déductible apparaît, donnant lieu à un actif d'impôt différé. De même, un actif d'impôt différé est généré lorsque la juste valeur d'un actif identifiable acquis est inférieure à sa base fiscale. Dans les deux cas, l'actif d'impôt différé qui en résulte affecte le goodwill (voir le paragraphe 66) ; et

d) certains actifs peuvent être comptabilisés à leur juste valeur, ou peuvent être réévalués, sans que leur base fiscale soit ajustée en conséquence (voir paragraphe 20). Une différence temporelle déductible se produit si la base fiscale de l'actif est supérieure à sa valeur comptable.

Exemple illustrant le paragraphe 26 d)

Différence temporelle déductible établie à la clôture de l'exercice 2 :

À l'ouverture de l'exercice 1, l'entité A achète au coût de 1 000 UM un instrument d'emprunt dont le nominal de 1 000 UM est payable à l'échéance, dans 5 ans, et l'intérêt, au taux de 2 %, est payable à la fin de chaque année. Le taux d'intérêt effectif est de 2 %. L'instrument est évalué à la juste valeur.

À la clôture de l'exercice 2, la juste valeur de l'instrument d'emprunt est descendue à 918 UM du fait que le taux d'intérêt du marché est monté à 5 %. Il est probable que l'entité A perçoive tous les flux de trésorerie contractuels si elle conserve l'instrument d'emprunt.

Les profits (pertes) sur l'instrument d'emprunt ne sont imposables (déductibles) que lorsqu'ils sont réalisés. Les profits (pertes) qui ont lieu à la vente ou à l'échéance de l'instrument d'emprunt sont calculés à des fins fiscales comme la différence entre la somme perçue et le coût d'origine de l'instrument d'emprunt.

La base fiscale de l'instrument d'emprunt est donc son coût d'origine.

La différence entre la valeur comptable de l'instrument d'emprunt dans l'état de la situation financière de l'entité A (918 UM) et sa base fiscale (1 000 UM) constitue une différence temporelle déductible de 82 UM à la clôture de l'exercice 2 [voir paragraphes 20 et 26 d)], indépendamment de la question de savoir si l'entité A prévoit de recouvrer la valeur comptable de l'instrument d'emprunt par sa vente ou son utilisation (c'est-à-dire en le conservant et en percevant les flux de trésorerie contractuels) ou encore une combinaison des deux.

Cela s'explique par le fait que les différences temporelles déductibles sont des différences entre la valeur comptable d'un actif ou d'un passif dans l'état de la situation financière et sa base fiscale qui donneront lieu à des montants déductibles dans la détermination du bénéfice imposable (de la perte fiscale) de périodes futures, lorsque la valeur comptable de l'actif ou du passif sera recouvrée ou réglée (voir paragraphe 5). L'entité A obtient une déduction équivalente à la base fiscale de 1 000 UM de l'actif dans la détermination du bénéfice imposable (de la perte fiscale) à la vente ou à l'échéance de l'instrument d'emprunt.

27 **La résorption des différences temporelles déductibles conduit à réduire les bénéfices imposables des périodes futures. Néanmoins, des avantages économiques prenant la forme de réduction de paiement d'impôt ne bénéficieront à l'entité que si elle dégage des bénéfices imposables suffisants pour compenser ces déductions. Par conséquent, l'entité ne comptabilise des actifs d'impôt différé que s'il est probable qu'elle disposera de bénéfices imposables sur lesquels les différences temporelles déductibles pourront être imputées.**

27A **Lorsqu'elle apprécie la disponibilité de bénéfices imposables auxquels elle pourrait imputer une différence temporelle déductible, l'entité examine si la législation fiscale limite les sources du bénéfice imposable auquel l'entité peut imputer une déduction lors de la résorption de la différence temporelle déductible. Si la législation fiscale n'impose pas de limite à cet égard, l'entité évalue la différence temporelle déductible collectivement avec toutes ses autres différences temporelles déductibles. Si en revanche la législation fiscale limite l'utilisation des pertes de telle sorte qu'elles ne peuvent être imputées qu'à un type spécifié de résultat, la différence temporelle déductible n'est collectivement évaluée qu'avec les autres différences temporelles déductibles du type approprié.**

28 **Il est probable que l'entité disposera d'un bénéfice imposable sur lequel elle pourra imputer une différence temporelle déductible lorsqu'il y a suffisamment de différences temporelles imposables, relevant de la même administration fiscale et relatives à la même entité imposable, et dont on s'attend à ce qu'elles se résorbent :**

a) au cours de la période pendant laquelle on s'attend à ce que les différences temporelles déductibles se résorbent ; ou

b) au cours des périodes sur lesquelles la perte fiscale résultant de l'actif d'impôt différé pourra être reportée en arrière ou en avant.

Dans ces cas, l'actif d'impôt différé est comptabilisé dans la période au cours de laquelle les différences temporelles déductibles se produisent.

29 **Lorsque les différences temporelles imposables relevant de la même administration fiscale et relatives à la même entité imposable sont insuffisantes, l'actif d'impôt différé est comptabilisé pour autant :**

a) qu'il est probable que l'entité dégagera un bénéfice imposable suffisant, relevant de la même administration fiscale et pour la même entité imposable, dans la période au cours de laquelle les différences temporelles déductibles se résorberont (ou lors des périodes sur lesquelles la perte fiscale résultant de l'actif d'impôt différé pourra être reportée en arrière ou en avant). Pour apprécier si elle dégagera des bénéfices imposables suffisants au cours des périodes futures, l'entité :

i) compare les différences temporelles déductibles avec les bénéfices imposables futurs qui excluent les déductions fiscales résultant de la résorption de ces différences temporelles déductibles (cette comparaison montre dans quelle mesure les bénéfices imposables futurs de

l'entité seront suffisants pour que celle-ci puisse déduire les montants résultant de la résorption des différences temporelles déductibles), et

ii) ne tient pas compte des montants imposables résultant des différences temporelles déductibles dont on s'attend à ce qu'elles naissent au cours de périodes futures parce que l'actif d'impôt différé résultant de ces différences temporelles nécessitera lui-même l'existence de bénéfices imposables futurs pour pouvoir être utilisé ; ou

b) que l'entité a des opportunités de planification fiscale grâce auxquelles elle générera un bénéfice imposable au cours des périodes appropriées.

29A L'estimation du bénéfice imposable futur probable peut tenir compte du recouvrement d'actifs de l'entité pour une somme supérieure à leur valeur comptable si des éléments probants suffisants indiquent que la chose est probable. Par exemple, lorsqu'un actif est évalué à la juste valeur, l'entité doit se demander si elle dispose d'éléments probants suffisants pour conclure qu'elle recouvrera plus que la valeur comptable de l'actif. Ce peut être le cas, par exemple, lorsque l'entité s'attend à conserver un instrument d'emprunt à taux fixe pour percevoir les flux de trésorerie contractuels.

30 Les opportunités de planification fiscale sont des mesures que l'entité peut prendre pour créer ou augmenter un bénéfice imposable au cours d'une période donnée, avant la date d'expiration du droit d'utiliser la perte fiscale ou le crédit d'impôt. Ainsi, il est possible, dans certains pays, de générer ou accroître le bénéfice imposable :

a) en choisissant de rendre imposables les produits d'intérêts selon qu'ils sont encaissés ou qu'ils sont dus ;

b) en différant la demande de certaines déductions à opérer sur le bénéfice imposable ;

c) en vendant et éventuellement reprenant à bail les actifs qui se sont appréciés mais dont la base fiscale n'a pas été ajustée pour refléter cette appréciation ; et

d) en vendant un actif générant un produit non imposable (par exemple, dans certains pays, une obligation d'État) pour acheter un autre actif générant un résultat fiscal.

Lorsque des opportunités de planification fiscale ont pour effet de transférer des bénéfices imposables d'une période future à une période antérieure à celle-ci, l'utilisation du report en avant d'une perte fiscale ou d'un crédit d'impôt suppose toujours l'existence d'un bénéfice imposable futur provenant de sources autres que des différences temporelles qui seront créées dans l'avenir.

31 Lorsque l'entité a un historique de pertes récentes, elle se réfère aux indications des paragraphes 35 et 36.

32 [Supprimé]

➡ Goodwill

32A Si la valeur comptable du goodwill généré lors d'un regroupement d'entreprises est inférieure à sa base fiscale, l'écart engendre un actif d'impôt différé. L'actif d'impôt différé résultant de la comptabilisation initiale du goodwill doit être comptabilisé dans le cadre de la comptabilisation d'un regroupement d'entreprises, dans la mesure où il est probable qu'un bénéfice imposable sera disponible sur lequel pourra être imputée la différence temporelle déductible.

Comptabilisation initiale d'un actif ou d'un passif

33 Le cas d'une subvention publique non imposable liée à un actif déduite pour arriver à la valeur comptable d'un actif mais qui, pour des raisons fiscales, n'est pas déduite du montant amortissable de l'actif (autrement dit de sa base fiscale), illustre le cas d'un actif d'impôt différé généré lors de la comptabilisation initiale d'un actif. La valeur comptable de l'actif est inférieure à sa base fiscale, d'où une différence temporelle déductible. Les subventions publiques peuvent également être comptabilisées en produits différés, auquel cas la différence entre le produit différé et sa base fiscale égale à zéro est une différence temporelle déductible. Quelle que soit la méthode de présentation retenue, l'entité ne comptabilise pas l'actif d'impôt différé qui en résulte, pour les motifs donnés au paragraphe 22.

PERTES FISCALES ET CRÉDITS D'IMPÔT NON UTILISÉS

34 Un actif d'impôt différé doit être comptabilisé pour le report en avant de pertes fiscales et de crédits d'impôt non utilisés, dans la mesure où il est probable que l'on disposera de bénéfices imposables futurs sur lesquels ces pertes fiscales et crédits d'impôt non utilisés pourront être imputés.

35 Les critères de comptabilisation des actifs d'impôt différé résultant du report en avant de pertes fiscales et de crédits d'impôt non utilisés sont les mêmes que ceux retenus pour la comptabilisation des actifs d'impôt différé résultant de différences temporelles déductibles. Toutefois, l'existence de pertes fiscales non utilisées constitue une indication forte que des bénéfices imposables futurs risquent de ne pas être disponibles. Par conséquent, lorsque l'entité a un historique de pertes récentes, elle ne comptabilise un actif d'impôt différé au titre de ces pertes fiscales ou crédits d'impôt non utilisés que dans la mesure où elle dispose de différences temporelles imposables suffisantes ou d'autres indications convaincantes montrant qu'elle disposera de bénéfices imposables suffisants sur lesquels pourront être imputés les pertes fiscales et crédits d'impôt non utilisés. Lorsque tel est le cas, le paragraphe 82 impose d'indiquer le montant de l'actif d'impôt différé et la nature des éléments probants justifiant sa comptabilisation.

36 L'entité considère les critères suivants pour évaluer la probabilité qu'elle dégagera un bénéfice imposable sur lequel imputer les pertes fiscales ou les crédits d'impôt non utilisés :

a) l'entité dispose de différences temporelles imposables suffisantes auprès de la même administration fiscale et pour la même entité imposable, qui engendreront des montants imposables sur lesquels les pertes fiscales et crédits d'impôt non utilisés pourront être imputés avant qu'ils n'expirent ;

b) il est probable que l'entité dégagera des bénéfices imposables avant que les pertes fiscales ou les crédits d'impôt non utilisés n'expirent ;

c) les pertes fiscales non utilisées résultent de causes identifiables qui ne se reproduiront vraisemblablement pas ; et

d) l'entité dispose d'opportunités de planification fiscale (voir paragraphe 30) qui généreront un bénéfice imposable pendant la période au cours de laquelle les pertes fiscales ou les crédits d'impôt non utilisés pourront être imputés.

Dans la mesure où il n'est pas probable que l'entité disposera d'un bénéfice imposable sur lequel elle pourra imputer les pertes fiscales ou les crédits d'impôt non utilisés, l'actif d'impôt différé n'est pas comptabilisé.

RÉESTIMATION DES ACTIFS D'IMPÔT DIFFÉRÉ NON COMPTABILISÉS

37 À la fin de chaque période de reporting, l'entité réestime les actifs d'impôt différé non comptabilisés. L'entité comptabilise un actif d'impôt différé qui ne l'avait pas été jusque-là dans la mesure où il est devenu probable qu'un bénéfice imposable futur permettra de recouvrer l'actif d'impôt différé. Par exemple, une amélioration de l'environnement commercial peut accroître la probabilité que l'entreprise pourra dégager un bénéfice imposable futur suffisant pour que l'actif d'impôt différé réponde aux critères de comptabilisation énoncés au paragraphe 24 ou 34. Un autre exemple est le cas où une entreprise réestime des actifs d'impôt différé à la date d'un regroupement d'entreprises ou ultérieurement (voir paragraphes 67 et 68).

PARTICIPATIONS DANS DES FILIALES OU DANS DES ENTREPRISES ASSOCIÉES, INTÉRÊTS DANS DES PARTENARIATS ET INVESTISSEMENTS DANS DES SUCCURSALES

38 Des différences temporelles apparaissent lorsque la valeur comptable de participations dans des filiales ou dans des entreprises associées, d'intérêts dans des partenariats ou d'investissements dans des succursales (c'est-à-dire la part détenue par une société mère ou l'investisseur dans l'actif net d'une filiale, entreprise associée, partenariat ou succursale, y compris la valeur comptable du goodwill) devient différente de la base fiscale (qui est souvent son coût) des participations, des investissements ou des intérêts. De telles différences peuvent survenir dans diverses circonstances, telles que :

a) l'existence de bénéfices non distribués par les filiales, succursales, entreprises associées et partenariats ;

b) des variations de cours de change lorsque la société mère et sa filiale sont implantées dans des pays différents ; et

c) une réduction de la valeur comptable d'une participation dans une entreprise associée à sa valeur recouvrable.

Dans des états financiers consolidés, la différence temporelle peut être différente de la différence temporelle associée à cette participation dans les états financiers individuels de la société mère si la société mère comptabilise la participation dans ses états financiers individuels au coût ou à des montants réévalués.

39 L'entité doit comptabiliser un passif d'impôt différé pour toutes les différences temporelles imposables liées à des participations dans des filiales et entreprises associées, à des investissements dans des succursales et à des intérêts dans des partenariats, sauf dans la mesure où les deux conditions suivantes sont satisfaites :

a) la société-mère, l'investisseur, le coentrepreneur ou le coparticipant est capable de contrôler la date à laquelle la différence temporelle se résorbera ; et

b) il est probable que la différence temporelle ne se résorbera pas dans un avenir prévisible.

40 Comme la mère contrôle la politique de sa filiale en matière de dividendes, elle est en mesure de contrôler l'échéance de résorption des différences temporelles liées à cette participation (non seulement celles générées par les bénéfices non distribués, mais aussi celles générées par les écarts de conversion). De plus, il serait souvent impossible de déterminer le montant des impôts sur le résultat qui seraient à payer lorsque la différence temporelle se résorbera. Donc, lorsque la mère a décidé de ne pas distribuer ces bénéfices dans un avenir prévisible, la mère ne comptabilise pas de passif d'impôt différé. Le même raisonnement s'applique aux investissements dans des succursales.

41 Les actifs et passifs non monétaires de l'entité sont évalués dans la monnaie fonctionnelle de celle-ci (voir IAS 21 *Effets des variations des cours des monnaies étrangères*). Si le bénéfice imposable ou la perte fiscale de l'entité (et donc la base fiscale de ses actifs et passifs non monétaires) est déterminé(e) dans une autre monnaie, les variations des cours de change génèrent des différences temporelles qui entraînent la comptabilisation d'un passif d'impôt différé ou (sous réserve du paragraphe 24) d'un actif d'impôt différé. L'impôt différé qui en résulte est passé en charges ou en produits dans le résultat (voir paragraphe 58).

42 Un investisseur dans une entreprise associée ne contrôle pas celle-ci et n'est donc normalement pas dans une position qui lui permet de déterminer sa politique en matière de dividendes. C'est pourquoi, en l'absence d'un accord prévoyant que les bénéfices de l'entreprise associée ne seront pas distribués dans un futur prévisible, l'investisseur comptabilise un passif d'impôt différé généré par les différences temporelles imposables liées à sa participation dans l'entreprise associée. Dans certains cas, un investisseur peut ne pas être en mesure de déterminer le montant de l'impôt qui devra être payé s'il recouvre le coût de son investissement dans une entreprise associée, mais il peut déterminer s'il sera égal ou supérieur à un montant plancher. Dans ce cas, le passif d'impôt différé est évalué à ce montant.

43 L'accord entre les parties à un partenariat régit normalement la distribution des bénéfices et précise si les décisions sur ce sujet requièrent le consentement de toutes les parties ou d'un groupe d'entre elles. Lorsque le coentrepreneur ou le coparticipant peut contrôler le moment de la distribution de sa quote-part des bénéfices du partenariat et qu'il est probable que sa quote-part des bénéfices ne sera pas distribuée dans un avenir prévisible, il n'y a pas lieu de comptabiliser un passif d'impôt différé.

44 L'entité doit comptabiliser un actif d'impôt différé pour toutes les différences temporelles déductibles générées par des participations dans des filiales ou dans des entreprises associées, par des intérêts dans des partenariats ou par des investissements dans des succursales seulement dans la mesure où il est probable que :

a) la différence temporelle se résorbera dans un avenir prévisible ; et

b) il existera un bénéfice imposable sur lequel pourra être imputée la différence temporelle.

45 Pour déterminer si un actif d'impôt différé est comptabilisé au titre des différences temporelles déductibles résultant de sa participation dans des filiales ou dans des entreprises associées, de ses intérêts dans des partenariats ou de ses investissements dans des succursales, l'entité prend en considération les indications données aux paragraphes 28 à 31.

Évaluation

46 Les passifs (actifs) d'impôt exigible de la période et des périodes précédentes doivent être évalués au montant que l'on s'attend à payer aux (recouvrer auprès des) administrations fiscales en utilisant les taux d'impôt (et les réglementations fiscales) qui ont été adoptés ou quasi adoptés à la fin de la période de reporting.

47 Les actifs et passifs d'impôt différé doivent être évalués aux taux d'impôt dont l'application est attendue sur la période au cours de laquelle l'actif sera réalisé ou le passif réglé, sur la base des taux d'impôt (et des réglementations fiscales) qui ont été adoptés ou quasi adoptés à la fin de la période de reporting.

48 Les actifs et passifs d'impôt exigible et différé sont généralement évalués en utilisant les taux d'impôt (et les réglementations fiscales) qui ont été adoptés. Toutefois, dans certains pays, l'annonce des taux d'impôt (et des réglementations fiscales) par l'État a pratiquement l'effet d'une adoption effective, qui peut être ultérieure de plusieurs mois à l'annonce. Dans ces conditions, les actifs et passifs d'impôt sont évalués en utilisant le taux d'impôt (et les réglementations fiscales) annoncé.

49 Lorsque des taux d'impôt différents s'appliquent à des niveaux différents de résultat imposable, les actifs et passifs d'impôt différé sont évalués en utilisant les taux moyens dont on attend l'application au bénéfice imposable (perte fiscale) des périodes au cours desquelles on s'attend à ce que les différences temporelles se résorbent.

50 [Supprimé]

51 L'évaluation des actifs et passifs d'impôt différé doit refléter les conséquences fiscales qui résulteraient de la façon dont l'entité s'attend, à la fin de la période de reporting, à recouvrer ou régler la valeur comptable de ses actifs et passifs.

51A Dans certains pays, la façon dont l'entité recouvre (règle) la valeur comptable de ses actifs (passifs) peut avoir une incidence sur l'un ou l'autre des deux éléments suivants ou sur les deux :

a) le taux d'impôt applicable lors du recouvrement (règlement) de la valeur comptable de l'actif (passif) ; et

b) la base fiscale de l'actif (passif).

Dans de tels cas, l'entité évalue ses actifs et passifs d'impôt différé en utilisant le taux d'impôt et la base fiscale qui sont cohérents avec le mode attendu de recouvrement ou de règlement.

Exemple A

Une immobilisation corporelle a une valeur comptable de 100 et une base fiscale de 60. Un taux d'impôt de 20 % est applicable en cas de vente de l'immobilisation corporelle ; il est de 30 % pour les autres produits.

L'entité comptabilise un passif d'impôt différé de 8 (20 % de 40) si elle s'attend à vendre l'actif sans plus l'utiliser, et un passif d'impôt différé de 12 (30 % de 40) si elle s'attend à conserver l'actif et à recouvrer sa valeur comptable par son utilisation.

Exemple B

Une immobilisation corporelle ayant coûté 100 et ayant une valeur comptable de 80 est réévaluée à 150. Fiscalement, il n'a pas été pratiqué d'ajustement équivalent. L'amortissement fiscal cumulé est de 30 et le taux d'impôt est de 30 %. Si l'immobilisation corporelle est vendue pour une valeur supérieure à son coût, l'amortissement fiscal cumulé de 30 sera pris en compte dans le résultat fiscal, mais l'excédent du produit de cession sur le coût ne sera pas imposable.

La base fiscale de l'actif est 70 et il y a une différence temporelle imposable de 80. Si l'entité s'attend à recouvrer la valeur comptable de l'actif par son utilisation, elle doit générer un résultat fiscal de 150, mais ne pourra déduire qu'un amortissement de 70. Sur cette base, il y a un passif d'impôt différé de 24 (30 % de 80). Si l'entité s'attend à recouvrer la valeur comptable de l'actif en le cédant immédiatement pour un produit de cession de 150, le passif d'impôt différé est calculé comme suit :

	Différence temporelle imposable	Taux d'impôt	Passif d'impôt différé
Amortissement fiscal cumulé	30	30 %	9
Excédent du produit de cession sur le coût	50	zéro	-
Total	80		9

(Note : selon le paragraphe 61A, l'impôt différé supplémentaire généré par la réévaluation est comptabilisé en autres éléments du résultat global.)

Exemple C

Les données sont les mêmes que dans l'exemple B, sauf que si l'actif est vendu pour une valeur supérieure à son coût, l'amortissement fiscal cumulé sera pris en compte dans le résultat fiscal (à 30 %), tandis que le produit de cession sera imposé à 40 % après déduction d'un coût ajusté de l'inflation de 110.

Si l'entité s'attend à recouvrer la valeur comptable de l'actif par son utilisation, elle doit générer un résultat fiscal de 150, mais ne pourra déduire qu'un amortissement de 70. Sur cette base, la base fiscale est de 70, il y a une différence temporelle imposable de 80 et il y a un passif d'impôt différé de 24 (30 % de 80), comme dans l'exemple B.

Si l'entité s'attend à recouvrer la valeur comptable de l'actif en le cédant immédiatement pour un produit de cession de 150, elle pourra déduire le coût indexé de 110. La plus-value de 40 sera imposée à 40 %. De plus, l'amortissement fiscal cumulé de 30 sera pris en compte dans le résultat fiscal et imposé à 30 %. Sur cette base, la base fiscale est de 80 (110 moins 30), il y a une différence temporelle imposable de 70 et un passif d'impôt différé de 25 (40 % de 40 plus 30 % de 30). Si la base fiscale ne peut être déterminée facilement dans cet exemple, il peut être utile de revenir au principe fondamental présenté au paragraphe 10.

(Note : selon le paragraphe 61A, l'impôt différé supplémentaire généré par la réévaluation est comptabilisé en autres éléments du résultat global.)

51B **Si un passif d'impôt différé ou un actif d'impôt différé est généré par un actif non amortissable évalué selon le modèle de réévaluation d'IAS 16, l'évaluation du passif d'impôt différé ou de l'actif d'impôt différé doit refléter les conséquences fiscales du recouvrement de la valeur comptable de l'actif non amortissable par sa vente, quelle que soit la base de l'évaluation de la valeur comptable de cet actif. En conséquence, si la réglementation fiscale spécifie un taux d'impôt applicable au montant imposable résultant de la vente d'un actif qui diffère du taux d'impôt applicable au montant imposable résultant de l'utilisation d'un actif, c'est le premier taux qui est appliqué pour évaluer l'actif ou le passif d'impôt différé relatif à un actif non amortissable.**

51C **Si un passif ou un actif d'impôt différé est généré par un immeuble de placement qui est évalué selon le modèle de la juste valeur d'IAS 40, il existe une présomption réfutable selon laquelle la valeur comptable de l'immeuble de placement sera recouvrée par sa vente. En conséquence, à moins que cette**

présomption ne soit réfutée, l'évaluation du passif d'impôt différé ou de l'actif d'impôt différé doit refléter les conséquences fiscales du recouvrement de la totalité de la valeur comptable de l'immeuble de placement par sa vente. La présomption est réfutée si l'immeuble de placement est amortissable et détenu selon un modèle économique dont l'objectif est la consommation de la quasi-totalité des avantages économiques inhérents à l'immeuble de placement au fil du temps et non la vente. Si la présomption est réfutée, les dispositions des paragraphes 51 et 51A doivent être appliquées.

Exemple illustrant le paragraphe 51C

Un immeuble de placement a un coût de 100 et une juste valeur de 150. Il est évalué selon le modèle de la juste valeur d'IAS 40. Il comprend un terrain ayant coûté 40 et dont la juste valeur est de 60, et un bâtiment ayant coûté 60 et dont la juste valeur est de 90. La durée d'utilité du terrain est illimitée.

L'amortissement cumulé du bâtiment, à des fins fiscales, est de 30. Les variations latentes de la juste valeur de l'immeuble de placement sont sans effet sur le bénéfice imposable. Si l'immeuble de placement est vendu pour une valeur supérieure à son coût, la reprise de l'amortissement fiscal cumulé de 30 sera prise en compte dans le bénéfice imposable et imposée à un taux ordinaire de 30 %. En ce qui concerne l'excédent du produit de cession sur le coût, la réglementation fiscale prévoit un taux d'impôt de 25 % pour les actifs détenus pendant moins de deux ans et de 20 % pour des actifs détenus pendant deux ans ou plus.

L'immeuble de placement étant évalué selon le modèle de la juste valeur d'IAS 40, il existe une présomption réfutable selon laquelle l'entité recouvrera entièrement la valeur comptable de l'immeuble de placement par sa vente. Si cette présomption n'est pas réfutée, l'impôt différé reflète les conséquences fiscales du recouvrement de la totalité de la valeur comptable par la vente, même si l'entité s'attend à tirer un revenu locatif de l'immeuble avant sa vente.

La base fiscale du terrain, en cas de vente, est de 40, et il existe une différence temporelle imposable de 20 (60 – 40). La base fiscale du bâtiment, en cas de vente, est de 30 (60 – 30), et il existe une différence temporelle imposable de 60 (90 – 30). Il en découle que la différence temporelle imposable relative à l'immeuble de placement est de 80 (20 + 60).

Selon le paragraphe 47, le taux d'impôt est le taux dont l'application est attendue pour la période au cours de laquelle l'immeuble de placement sera réalisé. Par conséquent, le passif d'impôt différé est calculé comme suit si l'entité s'attend à vendre l'immeuble après l'avoir détenu pendant plus de deux ans :

	Différence temporelle imposable	Taux d'impôt	Passif d'impôt différé
Amortissement fiscal cumulé	30	30 %	9
Excédent du produit de cession sur le coût	50	20 %	10
Total	80		19

Si l'entité s'attend à vendre l'immeuble après l'avoir détenu pendant moins de deux ans, le calcul ci-dessus est modifié pour appliquer un taux d'impôt de 25 %, plutôt que de 20 %, à l'excédent du produit de cession sur le coût.

En revanche, si l'entité détient le bâtiment selon un modèle économique dont l'objectif est de consommer la quasi-totalité des avantages économiques inhérents à ce bâtiment au fil du temps, et non la vente, la présomption serait réfutée pour le bâtiment. Le terrain, quant à lui, n'est pas amortissable. Par conséquent, la présomption du recouvrement par la vente ne serait pas réfutée pour le terrain. Il s'ensuit que le passif d'impôt différé devrait refléter les conséquences fiscales du recouvrement de la valeur comptable du bâtiment par son utilisation, et de la valeur comptable du terrain par sa vente.

La base fiscale du bâtiment, en cas d'utilisation, est de 30 (60 – 30), et il existe une différence temporelle imposable de 60 (90 – 30), ce qui donne lieu à un passif d'impôt différé de 18 (30 % de 60).

La base fiscale du terrain, en cas de cession, est de 40, et il existe une différence temporelle imposable de 20 (60 – 40), ce qui donne lieu à un passif d'impôt différé de 4 (20 % de 20).

Par conséquent, si la présomption du recouvrement par la vente est réfutée pour le bâtiment, le passif d'impôt différé relatif à l'immeuble de placement est de 22 (18 + 4).

51D **La présomption réfutable évoquée au paragraphe 51C s'applique aussi lorsqu'un passif d'impôt différé ou un actif d'impôt différé est généré par l'évaluation d'un immeuble de placement dans un regroupement d'entreprises si l'entité entend utiliser le modèle de la juste valeur lorsqu'elle évaluera ultérieurement cet immeuble de placement.**

51E **Les paragraphes 51B à 51D sont sans effet sur l'obligation de respecter les principes des paragraphes 24 à 33 (différences temporelles déductibles) et des paragraphes 34 à 36 (pertes fiscales et crédits d'impôt non utilisés) de la présente norme lors de la comptabilisation et de l'évaluation des passifs d'impôt différé.**

52 **[déplacé et renuméroté pour devenir 51A]**

52A **Dans certains pays, les impôts sur le résultat sont payables à un taux plus élevé ou plus faible si une partie ou la totalité du résultat net ou du résultat non distribué est payée sous forme de dividendes aux actionnaires de l'entité. Dans certains autres pays, les impôts sur le résultat peuvent être remboursés ou payés dans le cas où le résultat net ou le résultat non distribué est payé sous forme de dividendes aux actionnaires de l'entité. Dans de telles circonstances, actifs et passifs d'impôt différé se mesurent selon le taux d'impôt applicable aux résultats non distribués.**

52B **[Supprimé]**

Exemple illustrant les paragraphes 52A et 57A

L'exemple suivant se rapporte à la détermination des actifs et passifs d'impôt exigible et d'impôt différé pour une entité d'un pays où l'impôt sur le résultat est payable à un taux plus élevé sur les résultats non distribués (50 %) et avec une somme remboursable au moment de la distribution des résultats. Le taux d'imposition appliqué aux résultats distribués est de 35 %. À la fin de la période de reporting, au 31 décembre 20X1, l'entreprise ne comptabilise pas de passif pour les dividendes proposés ou déclarés après la période de reporting. En conséquence, aucun dividende n'est comptabilisé pour l'année 20X1. Le résultat fiscal pour l'année 20X1 est de 100 000. La différence temporelle imposable pour l'année 20X1 est de 40 000.

L'entreprise comptabilise un passif d'impôt exigible ainsi qu'une charge d'impôt exigible de 50 000. Aucun actif n'est comptabilisé à sa valeur potentiellement recouvrable sur la base de dividendes futurs. L'entité comptabilise également un passif et une charge d'impôt différé de 20 000 (40 000 au taux de 50 %), ce qui représente l'impôt sur le résultat que l'entité doit payer au moment où elle recouvre ou règle la valeur comptable de ses actifs et passifs sur la base du taux d'impôt applicable aux résultats non distribués.

Par la suite, le 15 mars 20X2, l'entité comptabilise en tant que passifs des dividendes pour un montant de 10 000 résultant de résultats d'exploitation passés.

Le 15 mars 20X2, l'entité comptabilise un recouvrement d'impôt sur le résultat de 1 500 (15 % des dividendes comptabilisés en tant que passifs) sous forme d'actif d'impôt exigible et de réduction de charge d'impôt exigible pour 20X2.

53 **Les actifs et passifs d'impôt différé ne doivent pas être actualisés.**

54 **La détermination fiable des actifs et passifs d'impôt différé sur une base actualisée impose d'établir avec précision la date à laquelle chaque différence temporelle se résorbera. Dans bon nombre de cas, ceci est impossible ou extrêmement complexe à établir. En conséquence, il n'est pas approprié d'imposer l'actualisation des actifs et passifs d'impôt différé. Le fait d'autoriser l'actualisation sans toutefois l'exiger aboutirait à des actifs et passifs d'impôt différé qui ne seraient pas comparables d'une entité à l'autre. En conséquence, la présente norme n'impose ni n'autorise l'actualisation des actifs et passifs d'impôt différé.**

55 Les différences temporelles sont déterminées par référence à la valeur comptable d'un actif ou d'un passif. Ceci s'applique même lorsque la valeur comptable est elle-même déterminée sur une base actualisée, par exemple dans le cas des obligations en matière de prestations de retraite (voir IAS 19 *Avantages du personnel*).

56 La valeur comptable d'un actif d'impôt différé doit être revue à la fin de chaque période de reporting. L'entité doit réduire la valeur comptable d'un actif d'impôt différé dans la mesure où il n'est plus probable qu'un bénéfice imposable suffisant sera disponible pour permettre d'utiliser l'avantage de tout ou partie de cet actif d'impôt différé. Une telle réduction doit être reprise dans la mesure où il devient probable que des bénéfices imposables suffisants seront disponibles.

Comptabilisation de l'impôt exigible et de l'impôt différé

57 La comptabilisation des effets sur l'impôt exigible et sur l'impôt différé d'une transaction ou d'un autre événement est cohérente avec la comptabilisation de la transaction ou de l'événement lui-même. Les paragraphes 58 à 68C mettent en œuvre ce principe.

57A L'entité doit comptabiliser les conséquences fiscales des dividendes, au sens d'IFRS 9, dès lors qu'elle comptabilise un passif au titre des dividendes à payer. Les conséquences fiscales des dividendes sont plus directement liées aux événements ou transactions passés qui ont généré des bénéfices distribuables qu'aux distributions aux propriétaires. Par conséquent, l'entité doit comptabiliser les conséquences fiscales des dividendes en résultat, en autres éléments du résultat global ou en capitaux propres, selon le poste dans lequel ces événements ou transactions passés ont été comptabilisés à l'origine.

MONTANTS COMPTABILISÉS EN RÉSULTAT

58 L'impôt exigible et l'impôt différé doivent être comptabilisés en produits ou en charges et compris dans le résultat de la période sauf dans la mesure où l'impôt est généré :

a) par une transaction ou un événement comptabilisé hors résultat, soit en autres éléments du résultat global soit directement en capitaux propres, dans la même période ou une période différente (voir paragraphes 61A à 65) ; ou

b) par un regroupement d'entreprises (autre que l'acquisition, par une entité d'investissement, au sens d'IFRS 10 *États financiers consolidés*, d'une filiale qui doit être évaluée à la juste valeur par le biais du résultat net) (voir paragraphes 66 à 68).

59 La plupart des passifs et actifs d'impôt différé sont générés lorsque le produit ou la charge est pris en compte dans le bénéfice comptable d'une période, mais dans le bénéfice imposable (perte fiscale) d'une autre période. L'impôt différé qui en résulte est comptabilisé en résultat. C'est le cas dans les exemples suivants :

a) les produits d'intérêts, de redevances, de dividendes sont perçus à terme échu et sont pris en compte dans le bénéfice comptable selon IFRS 15 *Produits des activités ordinaires tirés de contrats conclus avec des clients*, IAS 39 *Instruments financiers : comptabilisation et évaluation* ou IFRS 9 *Instruments financiers*, selon le cas, mais ils sont pris en compte dans le bénéfice imposable (perte fiscale) en fonction des encaissements ; et

b) des coûts d'immobilisations incorporelles ont été inscrits à l'actif selon IAS 38 et sont amortis dans le résultat, mais ils ont été déduits fiscalement lorsqu'ils ont été engagés.

60 La valeur comptable des actifs et passifs d'impôt différé peut varier même s'il n'y a pas de changement dans le montant des différences temporelles correspondantes. Ceci peut se produire, par exemple, lors :

a) d'un changement dans le taux de l'impôt ou dans la réglementation fiscale ;

b) d'une nouvelle appréciation de la recouvrabilité d'actifs d'impôt différé ; ou

c) d'un changement dans la manière attendue de recouvrer un actif.

L'impôt différé qui en résulte est comptabilisé en résultat, sauf dans la mesure où il se rapporte à des éléments précédemment comptabilisés hors résultat (voir paragraphe 63).

ÉLÉMENTS COMPTABILISÉS HORS RÉSULTAT

61 [Supprimé]

61A L'impôt exigible et différé doit être comptabilisé hors résultat si l'impôt concerne des éléments qui ont été comptabilisés hors résultat au cours de la même période ou d'une période différente. En conséquence, l'impôt exigible et l'impôt différé qui concernent des éléments qui, au cours de la même période ou d'une période différente, sont comptabilisés :

a) en autres éléments du résultat global, seront comptabilisés en autres éléments du résultat global (voir paragraphe 62).

b) directement en capitaux propres, seront comptabilisés directement en capitaux propres (voir paragraphe 62A).

62 Les Normes internationales d'information financière imposent ou permettent de comptabiliser certains éléments en autres éléments du résultat global. On peut citer à titre d'exemple :

a) un changement de leur valeur comptable généré par la réévaluation d'immobilisations corporelles (voir IAS 16) ; et

b) [supprimé]

c) les écarts de change résultant de la conversion des états financiers d'un établissement à l'étranger (voir IAS 21).

d) [supprimé]

62A Les Normes internationales d'information financière imposent ou permettent de comptabiliser certains éléments directement au crédit ou au débit des capitaux propres. On peut citer à titre d'exemple :

a) un ajustement du solde d'ouverture des résultats non distribués résultant soit d'un changement de méthodes comptables appliqué de façon rétrospective, soit de la correction d'une erreur (voir IAS 8 *Méthodes comptables, changements d'estimations comptables et erreurs*) ; et

b) les montants générés par la comptabilisation initiale de la composante capitaux propres d'un instrument financier composé (voir paragraphe 23).

63 Dans certaines circonstances exceptionnelles, il peut être difficile de déterminer le montant de l'impôt exigible et différé qui est relatif aux éléments comptabilisés hors résultat (soit en autres éléments du résultat global, soit directement en capitaux propres). Ceci peut être le cas par exemple lorsque :

a) les taux d'impôt sur le résultat sont progressifs et qu'il est impossible de déterminer à quel taux une composante spécifique du bénéfice imposable (perte fiscale) a été imposée ;

b) un changement dans le taux d'impôt ou d'une autre règle fiscale affecte un actif ou un passif d'impôt différé relatif (en totalité ou partiellement) à un élément qui a été précédemment comptabilisé hors résultat ; ou

c) l'entité détermine qu'un actif d'impôt différé doit être comptabilisé, ou ne doit plus l'être en totalité, et l'actif d'impôt différé est relatif (en totalité ou partiellement) à un élément précédemment comptabilisé hors résultat.

Dans de tels cas, l'impôt exigible et différé relatif aux éléments comptabilisés hors résultat est établi sur la base d'une affectation proportionnelle raisonnable de l'impôt exigible et différé de l'entité dans le pays concerné ou d'une autre méthode qui aboutit à une affectation plus appropriée en la circonstance.

64 IAS 16 ne précise pas si l'entité doit transférer, chaque année, de l'écart de réévaluation aux résultats non distribués, un montant égal à la différence entre l'amortissement de l'actif réévalué et l'amortissement fondé sur le coût de cet actif. Si l'entité pratique un tel transfert, le montant transféré doit être net de tout impôt différé correspondant. Des considérations similaires s'appliquent aux transferts pratiqués à l'occasion de la sortie d'une immobilisation corporelle.

65 Lorsqu'un actif est réévalué fiscalement et que cette réévaluation est relative à une réévaluation comptable d'une période antérieure ou que l'on s'attend à comptabiliser lors d'une période ultérieure, les effets fiscaux résultant à la fois de la réévaluation de l'actif et de l'ajustement de la base fiscale sont comptabilisés dans les autres éléments du résultat global des périodes au cours desquelles ils surviennent. Toutefois, si la réévaluation à des fins fiscales ne concerne pas une réévaluation comptable d'une période précédente ou qu'il est prévu de réaliser au cours d'une période ultérieure, les effets fiscaux de l'ajustement de la base fiscale sont comptabilisés en résultat.

65A Lorsque l'entité verse des dividendes à ses actionnaires, il est possible qu'elle doive payer une partie des dividendes aux administrations fiscales pour le compte des actionnaires. Dans beaucoup de pays, ce montant est appelé retenue à la source. Un tel montant payé ou à payer aux administrations fiscales est imputé dans les capitaux propres comme faisant partie des dividendes.

IMPÔT DIFFÉRÉ GÉNÉRÉ PAR UN REGROUPEMENT D'ENTREPRISES

66 Comme expliqué aux paragraphes 19 et 26 c), des différences temporelles peuvent être générées lors d'un regroupement d'entreprises. Selon IFRS 3, l'entité comptabilise des actifs d'impôt différé (dans la mesure où ils satisfont aux critères de comptabilisation du paragraphe 24) ou des passifs d'impôt différé correspondants en tant qu'actifs et passifs identifiables à la date d'acquisition. En conséquence, ces actifs et passifs d'impôt différé affectent le montant du goodwill ou du profit résultant d'une acquisition à des conditions avantageuses comptabilisés par l'entité. Toutefois, selon le paragraphe 15 a), l'entité ne comptabilise pas les passifs d'impôt différé générés par la comptabilisation initiale du goodwill.

67 À la suite d'un regroupement d'entreprises, la probabilité pour l'acquéreur de réaliser un actif d'impôt différé antérieur à l'acquisition pourrait changer. Un acquéreur peut considérer comme probable qu'il recouvrera son propre actif d'impôt différé qui n'était pas comptabilisé avant le regroupement d'entreprises. Par exemple, l'acquéreur peut être en mesure d'utiliser l'avantage que représentent ses pertes fiscales non utilisées en les imputant sur les bénéfices imposables futurs de l'entreprise acquise. À l'inverse, à la suite d'un regroupement d'entreprises, il pourrait s'avérer qu'il n'est plus probable qu'un bénéfice imposable futur permette de recouvrer l'actif d'impôt différé. Dans de tels cas, l'acquéreur comptabilise un changement de l'actif d'impôt différé au cours de la période du regroupement d'entreprises, mais ne l'inclut pas dans la comptabilisation du regroupement d'entreprises. Dès lors, l'acquéreur ne le prend pas en compte pour évaluer le goodwill ou le profit résultant d'une acquisition à des conditions avantageuses.

68 L'avantage potentiel des reports de perte fiscale de l'entreprise acquise ou d'autres actifs d'impôt différé pourrait ne pas satisfaire aux critères de comptabilisation lors de la comptabilisation initiale d'un regroupement d'entreprises, mais pourrait être réalisé par la suite.

L'entité doit comptabiliser les avantages d'impôt différé acquis qu'elle réalise après le regroupement d'entreprises, comme suit :

a) les avantages d'impôt différé comptabilisés au cours de la période d'évaluation qui résultent de nouvelles informations relatives à des faits et des circonstances qui existaient à la date d'acquisition doivent être utilisés pour réduire la valeur comptable de l'éventuel goodwill lié à cette acquisition. Si la valeur comptable de ce goodwill est nulle, tout avantage d'impôt différé résiduel doit être comptabilisé en résultat ;

b) tous les autres avantages d'impôt différé acquis et réalisés doivent être comptabilisés en résultat (ou bien, si la présente norme l'impose, en dehors du résultat).

IMPÔT EXIGIBLE ET IMPÔT DIFFÉRÉ RÉSULTANT DE TRANSACTIONS DONT LE PAIEMENT EST FONDÉ SUR DES ACTIONS

68A Dans certains pays, les entités bénéficient d'une déduction fiscale (c'est-à-dire un montant qui est déductible lors de l'établissement du bénéfice imposable) liée à une rémunération payée en actions, en options sur action ou en autres instruments de capitaux propres de l'entité. Le montant de cette déduction fiscale peut différer de la charge salariale cumulée liée, et peut être généré pendant une période comptable ultérieure. Par exemple, dans certains pays, l'entité peut comptabiliser une charge pour la consommation des services de membres du personnel reçus en contrepartie de l'attribution d'options sur action, selon IFRS 2 *Paiement fondé sur des actions* et ne pas bénéficier de la déduction fiscale avant que les options soient exercées, la déduction fiscale étant évaluée sur la base du prix de l'action de l'entité à la date d'exercice des options.

68B Comme pour les frais de recherche abordés aux paragraphes 9 et 26 b) de la présente norme, la différence entre la base fiscale des services des membres du personnel reçus jusqu'au jour considéré (montant admis en déduction par les administrations fiscales au titre des périodes ultérieures), et leur valeur comptable, égale à zéro, est une différence temporelle déductible dont résulte un actif d'impôt différé. Si le montant autorisé par les administrations fiscales en déduction dans les périodes futures n'est pas connu à la fin de la période, il sera estimé d'après les informations disponibles à la fin de la période. Par exemple, si le montant autorisé par les administrations fiscales au titre de déduction pour les périodes ultérieures dépend du prix de l'action de l'entité à une date ultérieure, l'évaluation de la différence temporelle déductible doit être fondée sur le prix des actions de l'entité à la fin de la période.

68C Comme indiqué au paragraphe 68A, le montant de la déduction fiscale (ou de la déduction fiscale future estimée, évaluée selon le paragraphe 68B) peut différer de la charge salariale cumulée correspondante. Le paragraphe 58 de la norme impose de comptabiliser l'impôt exigible et différé en produits ou en charges et de l'inclure dans le résultat de la période, sauf dans la mesure où l'impôt résulte a) d'une transaction ou d'un événement comptabilisé hors résultat, au cours de la même période ou d'une période différente, ou b) d'un regroupement d'entreprises (autre que l'acquisition, par une entité d'investissement, d'une filiale qui doit être évaluée à la juste valeur par le biais du résultat net). Si le montant de la déduction fiscale (ou de la déduction fiscale future estimée) dépasse le montant de la charge salariale cumulée liée, cela indique que la déduction fiscale est liée non seulement à une charge salariale, mais également à un élément de capitaux propres. Dans cette situation, l'excédent de l'impôt exigible ou différé associé doit être directement comptabilisé en capitaux propres.

Présentation

ACTIFS ET PASSIFS D'IMPÔT

69 [Supprimé]

70 [Supprimé]

Compensation

71 L'entité doit compenser les actifs et passifs d'impôt exigible si, et seulement si, l'entité :

a) a un droit juridiquement exécutoire de compenser les montants comptabilisés ; et

b) a l'intention soit de régler le montant net, soit de réaliser l'actif et de régler le passif simultanément.

72 Bien que les actifs et passifs d'impôt exigible soient comptabilisés et évalués séparément, ils sont compensés dans l'état de la situation financière sous réserve de respecter des critères similaires à ceux établis pour les instruments financiers dans IAS 32. L'entité aura normalement un droit juridiquement exécutoire de compenser un actif et un passif d'impôt exigible lorsqu'ils concernent des impôts sur le résultat prélevés par la même administration fiscale et si cette administration fiscale permet à l'entité de faire ou de recevoir un seul paiement net.

73 Dans les états financiers consolidés, un actif d'impôt exigible d'une entité d'un groupe est compensé avec le passif d'impôt exigible d'une autre entité du groupe si, et seulement si, les entités concernées ont un droit juridiquement exécutoire de faire ou de recevoir un seul paiement net et que les entités ont l'intention de faire ou de recevoir un tel paiement net ou de recouvrer l'actif et de régler le passif simultanément.

74 L'entité doit compenser les actifs et passifs d'impôt différé si, et seulement si :

a) l'entité a un droit juridiquement exécutoire de compenser les actifs et passifs d'impôt exigible ; et

b) les actifs et passifs d'impôt différé concernent des impôts sur le résultat prélevés par la même administration fiscale sur :

i) la même entité imposable ; ou

ii) des entités imposables différentes qui ont l'intention, soit de régler les passifs et actifs d'impôt exigible sur la base de leur montant net, soit de réaliser les actifs et de régler les passifs simultanément, lors de chaque période future au cours de laquelle on s'attend à ce que des montants importants d'actifs ou de passifs d'impôt différé soient réglés ou recouvrés.

75 De façon à éviter le besoin d'un échéancier détaillé des dates de résorption de chaque différence temporelle, la présente norme impose à l'entité de compenser un actif et un passif d'impôt différé de la même entité imposable si, et seulement si, ils sont liés à des impôts sur le résultat prélevés par la même administration fiscale et que l'entité a un droit juridiquement exécutoire de compenser les actifs et les passifs d'impôt exigible.

76 Dans de rares cas, l'entité peut avoir un droit juridiquement exécutoire de compenser et l'intention de régler le montant net pour certaines périodes et pas pour d'autres. Un échéancier détaillé peut alors être nécessaire pour établir de façon fiable si le passif d'impôt différé d'une entité imposable se traduira par des paiements d'impôt augmentés dans la même période que celle au cours de laquelle un actif d'impôt différé d'une autre entité imposable conduira à des paiements d'impôt diminués chez cette seconde entité imposable.

CHARGE D'IMPÔT

➡ Charge (produit) d'impôt lié(e) au résultat des activités ordinaires

77 La charge (produit) d'impôt liée au résultat des activités ordinaires doit être présentée (présenté) dans le ou les états du résultat net et des autres éléments du résultat global.

77A [Supprimé]

➡ Écarts de change relatifs aux actifs et passifs d'impôt différé étranger

78 Bien qu'elle impose de comptabiliser en produits ou en charges certains écarts de change, IAS 21 ne spécifie pas dans quel poste de l'état du résultat global ces écarts doivent être présentés. En conséquence, lorsque des écarts de change résultant de la conversion de passifs ou d'actifs d'impôt différé étranger sont comptabilisés dans l'état du résultat global, ces écarts peuvent être classés en charge (produit) d'impôt différé si cette présentation est considérée comme la plus pertinente pour les utilisateurs des états financiers.

Informations à fournir

79 Les principales composantes de la charge (produit) d'impôt doivent être présentées distinctement.

80 Les composantes de la charge (du produit) d'impôt peuvent comprendre :

a) la charge (du produit) d'impôt exigible ;

b) tout ajustement comptabilisé au cours de la période au titre de l'impôt exigible des périodes antérieures ;

c) le montant de la charge (du produit) d'impôt différé afférente à la naissance et à la résorption des différences temporelles ;

d) le montant de la charge (du produit) d'impôt différé afférente aux variations des taux d'impôt ou à l'assujettissement à des impôts nouveaux ;

e) le montant de l'avantage résultant d'une perte fiscale, d'un crédit d'impôt ou d'une différence temporelle au titre d'une période antérieure, non comptabilisé précédemment, qui est utilisé pour réduire la charge d'impôt exigible ;

f) le montant de l'avantage provenant d'une perte fiscale, d'un crédit d'impôt ou d'une différence temporelle au titre d'une période antérieure, non comptabilisé précédemment, qui est utilisé pour réduire la charge d'impôt différé ;

g) la charge d'impôt différé générée par la réduction de valeur d'un actif d'impôt différé ou la reprise d'une réduction de valeur précédente, selon le paragraphe 56 ; et

h) le montant de la charge (du produit) d'impôt afférent(e) aux changements de méthodes comptables et erreurs inclus dans le résultat selon IAS 8, car ils ne peuvent pas être comptabilisés de manière rétrospective.

81 Les éléments suivants doivent également être présentés distinctement :

a) le total de l'impôt exigible et de l'impôt différé relatif aux éléments directement débités ou crédités dans les capitaux propres (voir paragraphe 62A) ;

ab) le montant de l'impôt relatif à chaque composante des autres éléments du résultat global [voir le paragraphe 62 et IAS 1 (telle que révisée en 2007)] ;

b) [Supprimé] ;

c) une explication de la relation entre la charge (produit) d'impôt et le bénéfice comptable selon l'une des formes suivantes ou les deux :

i) un rapprochement chiffré entre la charge (produit) d'impôt et le produit du bénéfice comptable multiplié par le(s) taux d'impôt applicable(s), en indiquant également la base de calcul du (des) taux d'impôt applicable(s) ; ou

ii) un rapprochement chiffré entre le taux d'impôt effectif moyen et le taux d'impôt applicable, en indiquant également la base de calcul du taux d'impôt applicable ;

d) une explication des changements dans le(s) taux d'impôt applicable(s) par rapport à la période précédente ;

e) le montant (et, le cas échéant, la date d'expiration) des différences temporelles déductibles, pertes fiscales et crédits d'impôt non utilisés

pour lesquels aucun actif d'impôt différé n'a été comptabilisé dans l'état de la situation financière ;

f) le montant total des différences temporelles liées à des participations dans des filiales ou dans des entreprises associées, des intérêts dans des partenariats ou des investissements dans des succursales, pour lesquelles des passifs d'impôt différé n'ont pas été comptabilisés (voir paragraphe 39) ;

g) pour chaque catégorie de différences temporelles et pour chaque catégorie de pertes fiscales et de crédits d'impôt non utilisés :
- **i) le montant des actifs et passifs d'impôt différé comptabilisés dans l'état de la situation financière pour chaque période présentée ;**
- **ii)** le montant du produit ou de la charge d'impôt différé comptabilisé en résultat, s'il ne ressort pas des changements apportés aux montants comptabilisés dans l'état de la situation financière ;

h) en ce qui concerne les activités abandonnées, la charge d'impôt relative :
- **i) au profit ou à la perte lié(e) à l'abandon ; et**
- **ii) le résultat courant des activités abandonnées pour la période ainsi que les montants correspondants pour toutes les périodes antérieures présentées ;**

i) l'incidence sur l'impôt sur le résultat des dividendes pour les actionnaires de l'entité qui ont été proposés ou déclarés avant l'autorisation de publier les états financiers, mais qui ne sont pas comptabilisés en tant que passif dans les états financiers ;

j) si un regroupement d'entreprises dans lequel l'entité est l'acquéreur entraîne un changement du montant comptabilisé pour son actif d'impôt différé antérieur à l'acquisition (voir paragraphe 67), le montant de ce changement ; et

k) si les avantages d'impôt différé acquis lors d'un regroupement d'entreprises ne sont pas comptabilisés à la date d'acquisition mais sont comptabilisés après la date d'acquisition (voir paragraphe 68), une description de l'événement ou du changement de circonstances ayant causé la comptabilisation des avantages d'impôt différé.

82 L'entité doit indiquer le montant d'un actif d'impôt différé et la nature des éléments probants justifiant sa comptabilisation lorsque :

a) l'utilisation de l'actif d'impôt différé dépend de bénéfices imposables futurs excédant les bénéfices générés par la résorption des différences temporelles imposables existantes ; et

b) l'entité a subi une perte au cours de la période ou de la période précédente dans le pays dont l'actif d'impôt différé relève.

82A Dans les circonstances décrites dans le paragraphe 52A, l'entité doit fournir des indications sur la nature des conséquences potentielles sur l'impôt sur le résultat découlant du paiement de dividendes aux actionnaires. De plus, l'entité doit fournir des informations sur le montant des conséquences potentielles sur l'impôt sur le résultat qui sont pratiquement déterminables, ainsi que sur l'existence de potentielles conséquences sur l'impôt sur le résultat qui ne sont pas pratiquement déterminables.

83 [Supprimé]

84 Les informations imposées par le paragraphe 81 c) aident les utilisateurs des états financiers à comprendre dans quelle mesure la relation entre la charge (produit) d'impôt et le bénéfice comptable est inhabituelle et à comprendre les facteurs importants qui pourraient affecter cette relation dans le futur. La relation entre la charge (produit) d'impôt et le bénéfice comptable peut être affectée par des facteurs tels que les produits exonérés d'impôt, les charges non déductibles du bénéfice imposable (perte fiscale), l'effet des pertes fiscales et celui des taux d'impôt étrangers.

85 Pour expliquer la relation entre la charge (produit) d'impôt et le bénéfice comptable, l'entité utilise un taux d'impôt applicable qui fournit aux utilisateurs de ses états financiers les informations qui sont le plus utile. Bien souvent, le taux le plus logique est le taux national d'imposition dans le pays où est situé le siège social de l'entité, qui résulte de l'addition des taux d'impôt appliqués au niveau national et ceux appliqués au niveau local et qui sont calculés en fonction d'un niveau de bénéfice imposable (perte fiscale) quasi similaire. Toutefois lorsque l'entité exerce des activités dans plusieurs pays, un regroupement des différents rapprochements préparés en appliquant le taux national d'imposition pour chaque pays peut être plus utile. L'exemple suivant montre comment le choix du taux d'impôt applicable influe sur la présentation du rapprochement chiffré.

Exemple illustrant le paragraphe 85

En 19X2, une entité a un bénéfice comptable dans son propre pays (pays A) de 1 500 (19X1 : 2 000) et de 1 500 dans le pays B (19X1 : 500). Le taux de l'impôt est de 30 % dans le pays A et de 20 % dans le pays B. Dans le pays A, des dépenses de 100 (19X1 : 200) ne sont pas fiscalement déductibles.

Exemple de rapprochement avec le taux national d'imposition.

	19X1	19X2
Bénéfice comptable	2 500	3 000
Impôt au taux national de 30 %	750	900
Effet fiscal des dépenses fiscalement non déductibles	60	30
Effet du taux d'impôt inférieur dans le pays B	(50)	(150)
Charge d'impôt	760	780

Exemple de rapprochement préparé par regroupement des rapprochements qui ont été effectués en appliquant les taux nationaux d'imposition pour chaque pays. Selon cette méthode, l'effet des différences entre le propre taux national d'imposition de l'entité présentant les états financiers et les taux nationaux d'imposition dans d'autres pays n'apparaît pas comme un élément séparé du rapprochement. Il peut être nécessaire que l'entité commente l'effet de changements significatifs soit des taux d'imposition, soit du « mix » des bénéfices réalisés dans différents pays afin d'expliquer les changements de taux d'imposition applicable(s), comme l'exige le paragraphe 81 d).

Bénéfice comptable	2 500	3 000
Impôt aux taux nationaux d'imposition applicables aux bénéfices réalisés dans le pays concerné	700	750
Effet fiscal des dépenses fiscalement non déductibles	60	30
Charge d'impôt	760	780

86 Le taux d'impôt effectif moyen est égal à la charge (produit) d'impôt divisé(e) par le bénéfice comptable.

87 Il est souvent impossible de calculer le montant des passifs d'impôt différé non comptabilisés générés par des participations dans des filiales ou dans des entreprises associées, des intérêts dans des partenariats ou des investissements dans des succursales (voir paragraphe 39). C'est pourquoi la présente norme impose à l'entité d'indiquer le montant total des différences temporelles sous-jacentes mais n'impose pas de fournir des informations sur les passifs d'impôt différé. Il n'en demeure pas moins que les entités sont encouragées à fournir, lorsque cela est possible, des informations sur les montants des passifs d'impôt différé non comptabilisés car ces informations peuvent être jugées utiles par les utilisateurs des états financiers.

87A Le paragraphe 82A impose à l'entité de fournir des informations sur la nature des conséquences potentielles sur l'impôt sur le résultat du paiement de dividendes aux actionnaires de l'entreprise. L'entité indique les éléments essentiels des systèmes d'impôt sur le résultat ainsi que les facteurs affectant le montant des conséquences fiscales potentielles des dividendes.

87B Il est souvent impossible de calculer le montant total des conséquences potentielles, sur l'impôt sur le résultat, du paiement de dividendes aux actionnaires. Cela peut être le cas, par exemple, si l'entité possède un grand nombre de filiales à l'étranger. Cependant, même en de telles circonstances, il est possible que certaines parts du montant total soient facilement déterminables. Par exemple, dans un groupe consolidé, il est possible qu'une mère et certaines de ses filiales aient payé des impôts sur le résultat à un taux plus élevé sur des résultats non distribués et qu'elles aient connaissance du montant qui serait remboursé lors du paiement aux actionnaires de dividendes futurs imputés aux résultats non distribués consolidés. Dans ce cas, ce montant remboursable est indiqué. Si possible, l'entité indique également qu'il y a d'autres conséquences potentielles sur l'impôt sur le résultat qui ne sont pas pratiquement déterminables. Dans les éventuels états financiers individuels de la société mère, les indications relatives aux conséquences potentielles sur l'impôt sur le résultat font référence aux résultats non distribués de la société mère.

87C Une entité devant fournir les informations demandées selon le paragraphe 82A peut aussi avoir l'obligation de fournir des informations sur les différences temporelles liées aux participations dans des filiales ou dans des entreprises associées, aux intérêts dans des partenariats ou aux investissements dans des succursales. Dans de tels cas, l'entité détermine l'information à fournir selon le paragraphe 82A. Par exemple, l'entité peut avoir l'obligation d'indiquer le montant total des différences temporelles liées à des participations dans des filiales pour lesquelles aucun passif d'impôt différé n'a été comptabilisé [voir paragraphe 81 f)]. S'il n'est pas possible de calculer le montant des passifs d'impôt différé non comptabilisés (voir paragraphe 87), il se peut que certains montants représentant des conséquences potentielles du paiement de dividendes sur l'impôt sur le résultat ne soient pas pratiquement déterminables en ce qui concerne ces filiales.

88 L'entité indique tous passifs et actifs d'impôt éventuels selon IAS 37 *Provisions, passifs éventuels et actifs éventuels*. Des passifs éventuels et actifs éventuels peuvent survenir, par exemple, du fait de litiges en cours avec l'administration fiscale. De même, lorsque des modifications de taux de l'impôt ou de réglementation fiscale sont adoptées ou annoncées après la fin de la période de reporting, l'entité fournit des informations sur tout effet significatif de ces changements sur ses actifs et passifs d'impôt exigible et différé (voir IAS 10 *Événements postérieurs à la fin de la période de reporting*).

RÉFORME FISCALE INTERNATIONALE – MODÈLE DE RÈGLES DU PILIER 2

88A L'entité doit indiquer qu'elle a appliqué l'exception concernant la comptabilisation des actifs et passifs d'impôt différé rattachés aux impôts sur le résultat découlant des règles du Pilier 2 ainsi que la communication d'informations à leur sujet (voir paragraphe 4A).

88B L'entité doit fournir séparément les informations concernant la charge (le produit) d'impôt exigible découlant des règles du Pilier 2.

88C Si une loi Pilier 2 a été adoptée ou quasi adoptée, mais qu'elle n'est pas encore entrée en vigueur, l'entité doit fournir les informations connues ou pouvant raisonnablement être estimées qui aideraient les utilisateurs des états financiers à comprendre l'exposition de l'entité à l'impôt sur le résultat découlant de cette loi.

88D Pour satisfaire à l'objectif énoncé au paragraphe 88C, l'entité doit fournir des informations qualitatives et quantitatives sur son exposition à l'impôt sur le résultat découlant d'une loi Pilier 2 à la fin de la pér ode de reporting. Ces informations n'ont pas à refléter toutes les dispositions particulières de la loi Pilier 2 et elles peuvent être présentées sous la forme d'une fourchette indicative. Dans la mesure où les informations ne sont pas connues ou ne peuvent raisonnablement être estimées, l'entité doit indiquer ce fait et fournir des informations sur l'état d'avancement de l'évaluation de son exposition.

Exemples illustrant les paragraphes 88C et 88D

Voici des exemples d'informations que l'entité pourrait fournir pour satisfaire aux dispositions des paragraphes 88C et 88D :

a) des informations qualitatives, notamment sur la façon dont elle est touchée par une loi Pilier 2 et les principaux pays où l'entité pourrait être exposée à l'impôt sur le résultat découlant d'une telle loi ; et

b) des informations quantitatives, telles que :
- i) une indication de la fraction de ses bénéfices qui risque d'être assujettie à des impôts sur le résultat découlant des règles du Pilier 2 et le taux d'impôt effectif moyen applicable à ces bénéfices ; ou
- ii) une indication de la façon dont la loi Pilier 2, si elle était en vigueur, aurait modifié son taux d'impôt effectif global.

Date d'entrée en vigueur

89 La présente norme entre en vigueur pour les états financiers des périodes ouvertes à compter du 1er janvier 1998, sauf pour les exceptions décrites au paragraphe 91. Si l'entité applique la présente norme à des états financiers de périodes ouvertes avant le 1er janvier 1998, elle doit indiquer le fait qu'elle a appliqué la présente norme au lieu d'IAS 12 *Comptabilisation des impôts sur les bénéfices* approuvée en 1979.

90 La présente norme annule et remplace IAS 12 *Comptabilisation des impôts sur les bénéfices* approuvée en 1979.

91 Les paragraphes 52A, 52B, 65A, 81 i), 82A, 87A, 87B, 87C, ainsi que la suppression des paragraphes 3 et 50 entrent en vigueur pour les états financiers annuels (*) des périodes ouvertes à compter du 1er janvier 2001. Une adoption anticipée est encouragée. Si une adoption anticipée affecte les états financiers, l'entité doit l'indiquer.

(*) Le paragraphe 91 fait référence aux « états financiers annuels » pour s'aligner avec un langage plus explicite pour l'écriture des dates d'entrée en vigueur adopté en 1998. Le paragraphe 89 fait référence aux « états financiers ».

92 La publication d'IAS 1 (telle que révisée en 2007) a donné lieu à la modification de la terminologie utilisée dans les IFRS. Elle a également donné lieu à la modification des paragraphes 23, 52, 58, 60, 62, 63, 65, 68C, 77 et 81, à la suppression du paragraphe 61 et à l'ajout des paragraphes 61A, 62A et 77A. L'entité doit appliquer ces modifications pour les exercices ouverts à compter du 1er janvier 2009. Si l'entité applique IAS 1 (telle que révisée en 2007) pour une période antérieure, les modifications doivent être appliquées pour cette période antérieure.

93 Le paragraphe 68 doit être appliqué à titre prospectif à compter de la date d'entrée en vigueur d'IFRS 3 (telle que révisée en 2008) à la comptabilisation d'actifs d'impôt différé acquis lors de regroupements d'entreprises.

94 En conséquence, les entités ne doivent pas ajuster la comptabilisation des regroupements d'entreprises antérieurs si les avantages fiscaux n'ont pas satisfait aux critères de comptabilisation distincte à la date d'acquisition et sont comptabilisés après la date d'acquisition, sauf si les avantages sont comptabilisés au cours de la période d'évaluation et résultent d'informations nouvelles relatives aux faits et circonstances qui existaient à la date d'acquisition. Les autres avantages d'impôt comptabilisés doivent être comptabilisés en résultat (ou bien, si la présente norme l'impose, en dehors du résultat).

95 La publication d'IFRS 3 (telle que révisée en 2008) a donné lieu à la modification des paragraphes 21 et 67 ainsi qu'à l'ajout des paragraphes 32A ainsi que 81 j) et k). L'entité doit appliquer ces modifications pour les exercices ouverts à compter du 1er juillet 2009. Si l'entité applique IFRS 3 (telle que révisée en 2008) pour une période antérieure, les modifications doivent être également appliquées pour cette période antérieure.

96 [Supprimé]

97 [Supprimé]

98 La publication d'*Impôt différé : recouvrement des actifs sous-jacents*, en décembre 2010, a donné lieu à la renumérotation du paragraphe 52, devenu paragraphe 51A, à la modification du paragraphe 10 et des exemples qui font suite au paragraphe 51A, ainsi qu'à l'ajout du paragraphe 51B, du paragraphe 51C, de l'exemple qui lui fait suite, et des paragraphes 51D, 51E et 99. L'entité doit appliquer ces modifications pour les exercices ouverts à compter du 1er janvier 2012. Une application anticipée est autorisée. Si l'entité applique les modifications pour une période antérieure, elle doit l'indiquer.

98A La publication d'IFRS 11 *Partenariats*, en mai 2011, a donné lieu à la modification des paragraphes 2, 15, 18 e), 24, 38, 39, 43 à 45, 81 f), 87 et 87C. L'entité qui applique IFRS 11 doit appliquer ces modifications.

98B La publication de *Présentation des autres éléments du résultat global* (Modifications d'IAS 1), en juin 2011, a donné lieu à la modification du paragraphe 77 et à la suppression du paragraphe 77A. L'entité qui applique IAS 1 telle que modifiée en juin 2011 doit appliquer ces modifications.

98C La publication d'*Entités d'investissement* (modifications d'IFRS 10, d'IFRS 12 et d'IAS 27), en octobre 2012, a donné lieu à la modification des paragraphes 58 et 68C. L'entité doit appliquer ces modifications pour les exercices ouverts à compter du 1er janvier 2014. Une application anticipée des dispositions d'*Entités d'investissement* est autorisée. Si l'entité applique lesdites modifications à une période antérieure, elle doit aussi appliquer en même temps toutes les modifications introduites par *Entités d'investissement*.

98D [Supprimé]

98E La publication d'IFRS 15 *Produits des activités ordinaires tirés de contrats conclus avec des clients*, en mai 2014, a donné lieu à la modification du paragraphe 59. L'entité qui applique IFRS 15 doit appliquer cette modification.

98F La publication d'IFRS 9, en juillet 2014, a donné lieu à la modification du paragraphe 20 et à la suppression des paragraphes 96, 97 et 98D. L'entité qui applique IFRS 9 doit appliquer ces modifications.

98G La publication d'IFRS 16, en janvier 2016, a donné lieu à la modification du paragraphe 20. L'entité qui applique IFRS 16 doit appliquer cette modification.

98H La publication de *Comptabilisation d'actifs d'impôt différé au titre de pertes latentes* (modification d'IAS 12), en janvier 2016, a donné lieu à la modification du paragraphe 29 et à l'ajout des paragraphes 27A et 29A ainsi que de l'exemple qui suit le paragraphe 26. L'entité doit appliquer ces modifications pour les exercices ouverts à compter du 1er janvier 2017. Une application anticipée est autorisée. Si l'entité applique ces modifications pour une période antérieure, elle doit l'indiquer. L'entité doit appliquer ces modifications de façon rétrospective selon IAS 8 *Méthodes comptables, changements d'estimations comptables et erreurs*. Toutefois, lors de la première application de la modification, il est possible de comptabiliser la variation du solde d'ouverture des capitaux propres de la première période de comparaison dans le solde d'ouverture des résultats non distribués (ou, s'il y a lieu, d'une autre composante des capitaux propres), sans répartir cette variation entre le solde d'ouverture des résultats non distribués et le solde d'ouverture des autres composantes des capitaux propres. Si l'entité applique cet allégement, elle doit l'indiquer.

98I La publication des *Améliorations annuelles des normes IFRS – Cycle 2015-2017*, en décembre 2017, a donné lieu à l'ajout du paragraphe 57A et à la suppression du paragraphe 52B. L'entité doit appliquer ces modifications pour les exercices ouverts à compter du 1er janvier 2019. Une application anticipée est autorisée. Si l'entité applique lesdites modifications de manière anticipée, elle doit l'indiquer. Lorsque l'entité applique ces modifications pour la première fois, elle doit les appliquer aux conséquences fiscales des dividendes comptabilisés à compter de l'ouverture de la première période comparative.

98J La publication d'*Impôt différé rattaché à des actifs et des passifs issus d'une même transaction*, en mai 2021, a donné lieu à la modification des paragraphes 15, 22 et 24 ainsi qu'à l'ajout du paragraphe 22A. L'entité doit appliquer ces modifications, conformément aux paragraphes 98K et 98L, pour les exercices ouverts à compter du 1er janvier 2023. Une application anticipée est autorisée. Si l'entité applique les modifications pour une période antérieure, elle doit l'indiquer.

98K L'entité doit appliquer les modifications découlant d'*Impôt différé rattaché à des actifs et des passifs issus d'une même transaction* aux transactions qui ont lieu à compter de l'ouverture de la première période comparative présentée.

98L L'entité qui applique les modifications découlant d'*Impôt différé rattaché à des actifs et des passifs issus d'une même transaction* doit également, à l'ouverture de la première période comparative présentée :

a) comptabiliser un actif d'impôt différé, dans la mesure où il est probable qu'un bénéfice imposable, auquel les différences temporelles déductibles pourront être imputées, sera disponible, et un passif d'impôt différé pour toutes les différences temporelles déductibles et les différences temporelles imposables liées :

i) aux actifs au titre de droits d'utilisation et aux passifs locatifs ; et

ii) aux passifs relatifs au démantèlement ou à la remise en état et aux autres passifs similaires ainsi qu'aux montants correspondants comptabilisés dans le coût de l'actif en cause ; et

b) comptabiliser l'effet cumulatif de l'application initiale des modifications comme un ajustement du solde d'ouverture des résultats non distribués (ou, s'il y a lieu, d'une autre composante des capitaux propres) à cette date.

98M La publication de *Réforme fiscale internationale – Modèle de règles du Pilier 2*, en mai 2023, a donné lieu à l'ajout des paragraphes 4A et 88A à 88D. L'entité doit appliquer :

a) les paragraphes 4A et 88A dès la publication de ces modifications et de manière rétrospective selon IAS 8 ; et

b) les paragraphes 88B à 88D pour les exercices ouverts à compter du 1er janvier 2023. L'entité n'est pas tenue de fournir les informations requises par ces paragraphes pour les périodes intermédiaires closes au plus tard le 31 décembre 2023.

Retrait de SIC-21

99 Les modifications apportées par *Impôt différé : recouvrement des actifs sous-jacents*, publié en décembre 2010, annulent et remplacent l'interprétation SIC-21 *Impôt sur le résultat – recouvrement des actifs non amortissables réévalués*.

IAS 16 Immobilisations corporelles

[règlt UE 2023/1803]

Objectif

1 L'objectif de la présente norme consiste à prescrire le traitement comptable pour les immobilisations corporelles de sorte que les utilisateurs des états financiers puissent distinguer les informations relatives aux investissements d'une entité dans ses immobilisations corporelles et celles relatives aux variations de ces investissements. Les questions fondamentales concernant la comptabilisation des immobilisations corporelles portent sur la comptabilisation des actifs, la détermination de leur valeur comptable ainsi que des dotations aux amortissements et des pertes de valeur correspondantes.

Champ d'application

2 La présente norme s'applique à la comptabilisation des immobilisations corporelles, sauf lorsqu'une autre norme impose ou autorise un traitement comptable différent.

3 La présente norme ne s'applique pas :

a) aux immobilisations corporelles classées comme étant détenues en vue de la vente selon IFRS 5 *Actifs non courants détenus en vue de la vente et activités abandonnées* ;

b) aux actifs biologiques liés à une activité agricole qui ne sont pas des plantes productrices (voir IAS 41 *Agriculture*). La présente norme s'applique aux plantes productrices, mais pas aux produits de ces plantes ;

c) à la comptabilisation et l'évaluation des actifs de prospection et d'évaluation (voir IFRS 6 *Prospection et évaluation de ressources minérales*) ;

d) aux droits miniers et aux réserves minérales telles que le pétrole, le gaz naturel et autres ressources similaires non renouvelables.

Toutefois, la présente norme s'applique aux immobilisations corporelles utilisées pour développer ou maintenir les actifs décrits de b) à d).

4 [Supprimé]

5 Une entité qui recourt au modèle du coût pour les immeubles de placement conformément à IAS 40 *Immeubles de placement* utilisera le modèle du coût énoncé dans la présente norme pour les immeubles de placement détenus en propre.

Définitions

6 **Dans la présente norme, les termes suivants ont la signification indiquée ci-après :**

Une *plante productrice* est une plante vivante qui :

a) est utilisée dans la production ou la fourniture de produits agricoles ;

b) est susceptible de produire sur plus d'une période ; et

c) n'a qu'une faible probabilité d'être vendue comme produit agricole, sauf à titre accessoire en tant que rebut.

(Les paragraphes 5A et 5B d'IAS 41 fournissent des précisions sur la définition de « plante productrice ».)

La *valeur comptable* est le montant pour lequel un actif est comptabilisé après déduction du cumul des amortissements et du cumul des pertes de valeur.

Le *coût* est le montant de trésorerie ou d'équivalents de trésorerie payé, ou la juste valeur de toute autre contrepartie donnée pour acquérir un actif au moment de son acquisition ou de sa construction, ou bien, éventuellement, le montant attribué à cet actif lors de sa comptabilisation initiale selon les dispositions spécifiques d'autres normes, par exemple IFRS 2 *Paiement fondé sur des actions.*

Le *montant amortissable* est le coût d'un actif, ou tout autre montant substitué au coût, diminué de sa valeur résiduelle.

L'*amortissement* est la répartition systématique du montant amortissable d'un actif sur sa durée d'utilité.

La *valeur spécifique à l'entité* est la valeur actualisée des flux de trésorerie qu'une entité attend de l'utilisation continue d'un actif et de sa sortie à la fin de sa durée d'utilité ou qu'elle prévoit d'engager lors du règlement d'une obligation.

La *juste valeur* est le prix qui serait reçu pour la vente d'un actif ou payé pour le transfert d'un passif lors d'une transaction normale entre des participants de marché à la date d'évaluation (voir IFRS 13 *Évaluation de la juste valeur*).

Une *perte de valeur* est le montant de l'excédent de la valeur comptable d'un actif sur sa valeur recouvrable.

Les *immobilisations corporelles* sont des actifs corporels :

a) qui sont détenus par une entité soit pour être utilisés dans la production ou la fourniture de biens ou de services, soit pour être loués à des tiers, soit à des fins administratives ; et

b) dont on s'attend à ce qu'ils soient utilisés sur plus d'une période.

La *valeur recouvrable* est la valeur la plus élevée entre la juste valeur d'un actif diminuée des coûts de sortie et sa valeur d'utilité.

La *valeur résiduelle* d'un actif est le montant estimé qu'une entité obtiendrait actuellement de la sortie de l'actif, après déduction des coûts de sortie estimés, si l'actif avait déjà l'âge et se trouvait déjà dans l'état prévu à la fin de sa durée d'utilité.

La *durée d'utilité* est :

a) la période pendant laquelle l'entité s'attend à pouvoir utiliser un actif ; ou

b) le nombre d'unités de production ou d'unités similaires que l'entité s'attend à obtenir de l'actif.

Comptabilisation

7 Le coût d'une immobilisation corporelle doit être comptabilisé en tant qu'actif si, et seulement si :

a) il est probable que les avantages économiques futurs associés à cet élément iront à l'entité ; et

b) le coût de cet élément peut être évalué de façon fiable.

8 Les éléments tels que les pièces de rechange, le stock de pièces de sécurité et le matériel d'entretien sont comptabilisés selon la présente norme s'ils répondent à la définition des immobilisations corporelles. Sinon, ils sont classés en stocks.

9 La présente norme ne prescrit pas l'unité d'évaluation pour la comptabilisation, c'est-à-dire ce qui compose une immobilisation corporelle. Ainsi, il est nécessaire de faire preuve de jugement pour appliquer les critères de comptabilisation aux circonstances particulières à l'entité. Il peut être approprié de regrouper des éléments de faible valeur individuelle, tels que les moules, outils et matrices et d'appliquer les critères à la valeur globale.

10 L'entité apprécie, selon ce principe général de comptabilisation, tous les coûts de ses immobilisations corporelles au moment où ils sont engagés. Ces coûts incluent les coûts engagés initialement pour acquérir ou construire une immobilisation corporelle et les coûts engagés ultérieurement pour l'accroître, la remplacer partiellement, ou assurer son entretien. Le coût d'une immobilisation corporelle peut inclure les coûts engagés pour la location d'actifs utilisés pour construire, accroître ou remplacer partiellement une immobilisation corporelle ou pour assurer son entretien, tels que la dotation aux amortissements pour les actifs comptabilisés au titre du droit d'utilisation.

COÛTS INITIAUX

11 Des immobilisations corporelles peuvent être acquises pour des raisons de sécurité ou pour des raisons liées à l'environnement. L'acquisition de telles immobilisations corporelles, tout en n'augmentant pas directement les avantages économiques futurs se rattachant à une immobilisation corporelle donnée, peut se révéler nécessaire pour que l'entité puisse obtenir les avantages économiques futurs de ses autres actifs. Ces immobilisations corporelles remplissent les conditions de comptabilisation en tant qu'actifs parce qu'elles permettent à l'entité d'obtenir des avantages économiques futurs des actifs liés supérieurs à ceux que l'entité aurait pu obtenir si elles n'avaient pas été acquises. À titre d'exemple, un fabricant de produits chimiques peut installer de nouveaux processus de manipulation de produits chimiques afin de se conformer à des dispositions environnementales sur la production et le stockage de produits chimiques dangereux ; les améliorations d'installations

correspondantes sont comptabilisées en tant qu'actifs car, sans elles, l'entité n'est pas en mesure de fabriquer et de vendre des produits chimiques. Toutefois, la valeur comptable d'un tel actif et d'actifs liés est examinée pour dépréciation selon IAS 36 *Dépréciation d'actifs*.

COÛTS ULTÉRIEURS

12 Selon le principe de comptabilisation énoncé au paragraphe 7, l'entité ne comptabilise pas, dans la valeur comptable d'une immobilisation corporelle, les coûts d'entretien courant de l'immobilisation. Ces coûts sont, au contraire, comptabilisés en résultat lorsqu'ils sont engagés. Les coûts d'entretien courant sont essentiellement les coûts de main-d'œuvre et des consommables, et peuvent inclure le coût de petites pièces. L'objet de ces dépenses est souvent décrit comme la fonction de « réparations et maintenance » de l'immobilisation corporelle.

13 Des parties de certaines immobilisations corporelles peuvent exiger un remplacement à intervalles réguliers. Il peut être nécessaire, par exemple, de renouveler le revêtement intérieur d'un four après un certain nombre d'heures d'utilisation, ou bien de renouveler plusieurs fois les intérieurs d'avions, tels que les sièges et les cuisines, au cours de la vie de la cellule de l'aéronef. Des immobilisations corporelles peuvent également être acquises pour effectuer un remplacement se reproduisant moins fréquemment, comme le remplacement des murs intérieurs d'un immeuble ou pour effectuer un remplacement non récurrent. Selon le principe de comptabilisation énoncé au paragraphe 7, l'entité comptabilise dans la valeur comptable d'une immobilisation corporelle le coût d'un remplacement partiel au moment où ce coût est engagé, si les critères de comptabilisation sont satisfaits. La valeur comptable des parties remplacées est décomptabilisée selon les dispositions de décomptabilisation énoncées dans la présente norme (voir paragraphes 67 à 72).

14 La poursuite de l'exploitation d'une immobilisation corporelle (un avion, par exemple) peut être soumise à la condition de la réalisation régulière d'inspections majeures destinées à identifier d'éventuelles défaillances, avec ou sans remplacement de pièces. Lorsqu'une inspection majeure est réalisée, son coût est comptabilisé dans la valeur comptable de l'immobilisation corporelle à titre de remplacement, si les critères de comptabilisation sont satisfaits. Toute valeur comptable résiduelle du coût de la précédente inspection (distincte des pièces physiques) est décomptabilisée. C'est le cas, que le coût de l'inspection précédente ait ou non été identifié dans l'opération au cours de laquelle l'immobilisation a été acquise ou construite. Si nécessaire, le coût estimé d'une inspection similaire future peut être utilisé comme indication de ce qu'était le coût du composant existant de l'inspection au moment de l'acquisition ou de la construction de l'élément.

Évaluation lors de la comptabilisation

15 Une immobilisation corporelle qui remplit les conditions de comptabilisation en tant qu'actif doit être évaluée à son coût.

ÉLÉMENTS DU COÛT

16 Le coût d'une immobilisation corporelle comprend :

a) son prix d'achat, y compris les droits de douane et les taxes non remboursables, après déduction des remises et rabais commerciaux ;

b) tout coût directement attribuable au transfert de l'actif jusqu'à son lieu d'exploitation et à sa mise en état pour permettre son exploitation de la manière prévue par la direction ;

c) l'estimation initiale des coûts relatifs au démantèlement et à l'enlèvement de l'immobilisation et à la remise en état du site sur lequel elle est située, dont l'entité contracte l'obligation soit du fait de l'acquisition de l'immobilisation corporelle, soit du fait de son utilisation pendant une durée spécifique à des fins autres que la production de stocks au cours de cette période.

17 Exemples de coûts directement attribuables :

a) les coûts des avantages du personnel (tels que définis dans IAS 19 *Avantages du personnel*) résultant directement de la construction ou de l'acquisition de l'immobilisation corporelle ;

b) les frais de préparation du site ;

c) les frais de livraison et de manutention initiaux ;

d) les frais d'installation et de montage ;

e) les coûts des tests de bon fonctionnement de l'immobilisation corporelle (c'est-à-dire ce qui permet d'apprécier si le rendement technique et physique de l'immobilisation est tel que celle-ci peut être utilisée dans la production ou la fourniture de biens ou de services, ou en vue d'être donnée en location à des tiers, ou à des fins administratives) ; et

f) les honoraires de professionnels.

18 L'entité applique IAS 2 *Stocks* aux coûts liés aux obligations de démantèlement, d'enlèvement et de remise en état du site sur lequel un élément est situé, obligations que l'entité contracte pendant une durée spécifique du fait de l'utilisation de cet élément pour produire des stocks au cours de cette période. Les obligations afférentes aux coûts comptabilisés selon IAS 2 ou IAS 16 sont comptabilisées et évaluées selon IAS 37 *Provisions, passifs éventuels et actifs éventuels*.

19 Exemples de coûts qui ne sont pas des coûts d'une immobilisation corporelle :

a) les coûts d'ouverture d'une nouvelle installation ;

b) les coûts de lancement d'un nouveau produit ou service (y compris les coûts des activités de publicité et de promotion) ;

c) les coûts de l'exploitation d'une activité dans un nouveau lieu ou avec une nouvelle catégorie de clients (y compris les coûts de formation du personnel) ; et

d) les frais administratifs et autres frais généraux.

20 L'intégration de coûts dans la valeur comptable d'une immobilisation corporelle cesse lorsque l'élément se trouve à l'endroit et dans l'état nécessaires pour être exploité de la manière prévue par la direction. En conséquence, les coûts engagés dans le cadre de l'utilisation ou du redéploiement d'un élément ne sont pas inclus dans sa valeur comptable. Par exemple, les coûts suivants ne sont pas inclus dans la valeur comptable d'une immobilisation corporelle :

a) les coûts engagés alors qu'un élément capable de fonctionner de la manière prévue par la direction reste à mettre en service, ou est exploité en deçà de sa pleine capacité ;

b) les pertes opérationnelles initiales, telles que celles qui sont subies pendant que se développe la demande pour la production de cet élément ; et

c) les coûts de relocalisation ou de restructuration de tout ou partie des activités de l'entité.

20A Des éléments peuvent être produits pendant qu'une immobilisation corporelle est amenée à l'endroit et dans l'état nécessaires pour permettre son exploitation de la manière prévue par la direction (par exemple les échantillons produits pendant les tests de fonctionnement de l'immobilisation). L'entité comptabilise en résultat net le produit de la vente et le coût de ces éléments conformément aux normes applicables. Elle évalue le coût de ces éléments par application des dispositions en matière d'évaluation énoncées dans IAS 2.

21 Certaines opérations interviennent dans le cadre de la construction ou du développement d'une immobilisation corporelle mais ne sont pas nécessaires pour l'amener à l'endroit et la mettre dans l'état nécessaire pour permettre une exploitation de la manière prévue par la direction. Ces opérations accessoires peuvent intervenir avant ou pendant les activités de construction ou de développement. Par exemple, l'entité peut enregistrer un produit par l'utilisation d'un site de construction comme parking jusqu'au début de la construction. Comme les opérations accessoires ne sont pas nécessaires pour amener un élément à l'endroit et le mettre dans l'état nécessaire pour permettre une exploitation de la manière prévue par la direction, les produits et charges liés aux opérations accessoires sont comptabilisés dans le résultat et inclus dans leurs classifications de produits et de charges respectifs.

22 Le coût d'un actif produit par l'entité pour elle-même est déterminé en utilisant les mêmes principes que pour un actif acquis. Si l'entité produit des actifs similaires en vue de les vendre dans le cadre de son activité normale, le coût de cet actif est en général le même que le coût de construction d'un actif destiné à la vente (voir IAS 2). En conséquence, tous les profits internes sont éliminés pour arriver à ces coûts. De même, les coûts anormaux de gaspillage de matières premières, de main-d'œuvre ou d'autres ressources engagés pour la construction d'un actif par l'entité pour elle-même ne sont pas inclus dans le coût de cet actif. IAS 23 *Coûts d'emprunt* établit les critères de comptabilisation de la charge financière comme composante de la valeur comptable d'une immobilisation corporelle produite par l'entité pour elle-même.

22A Les plantes productrices sont comptabilisées de la même façon que des immobilisations corporelles construites par l'entité pour elle-même avant qu'elles se trouvent à l'endroit et dans l'état nécessaires pour être exploitées de la manière prévue par la direction. Par conséquent, l'emploi du terme « construction » dans la présente norme englobe les activités nécessaires à la culture des plantes productrices avant que celles-ci ne se trouvent à l'endroit et dans l'état nécessaires pour être exploitées de la manière prévue par la direction.

ÉVALUATION DU COÛT

23 Le coût d'une immobilisation corporelle est le prix comptant équivalent à la date de comptabilisation. Si le règlement est différé au-delà des conditions habituelles de crédit, la différence entre le prix comptant équivalent et le total des paiements est comptabilisée en charges financières sur la période de crédit, à moins que ces charges ne soient incorporées dans le coût de l'actif selon IAS 23.

24 Une ou plusieurs immobilisations corporelles peuvent être acquises par voie d'échange contre un ou plusieurs actifs non monétaires ou contre un ensemble d'actifs monétaires et non monétaires. L'analyse qui suit fait simplement référence à l'échange d'un actif non monétaire contre un autre, mais elle s'applique aussi à tous les échanges décrits dans la phrase précédente. Le coût d'une telle immobilisation corporelle est évalué à la juste valeur, sauf : a) si l'opération d'échange manque de substance commerciale ; ou b) s'il n'est pas possible d'évaluer de manière fiable ni la juste valeur de l'actif reçu ni celle de l'actif cédé. L'élément acquis est évalué de cette manière, même si l'entité ne peut pas immédiatement décomptabiliser l'actif cédé. Si l'élément acquis n'est pas évalué à la juste valeur, son coût est évalué à a valeur comptable de l'actif cédé.

25 L'entité détermine si une opération d'échange présente une substance commerciale en considérant dans quelle mesure il faut s'attendre à un changement de ses flux de trésorerie futurs du fait de cette opération. Une opération d'échange a une substance commerciale si :

a) la configuration (risque, calendrier et montant) des flux de trésorerie de l'actif reçu diffère de la configuration des flux de trésorerie de l'actif transféré ; ou

b) la valeur spécifique à l'entité de la partie des activités de l'entité affectée par l'opération change du fait de l'échange ; et

c) la différence en a) ou en b) est significative par rapport à la juste valeur des actifs échangés.

Pour déterminer si une opération d'échange a une substance commerciale, la valeur spécifique à l'entité de la partie des activités de l'entité affectée par l'opération doit refléter les flux de trésorerie après impôt. Le résultat de ces analyses peut être évident sans que l'entité ait à effectuer des calculs détaillés.

26 La juste valeur d'un actif peut être évaluée de façon fiable si a) la variabilité de l'intervalle des justes valeurs raisonnables n'est pas importante pour cet actif ou b) si les probabilités des différentes estimations dans l'intervalle peuvent être raisonnablement appréciées et utilisées pour évaluer la juste valeur. Si l'entité est en mesure d'évaluer de manière fiable la juste valeur de l'actif reçu ou de l'actif cédé, la juste valeur de l'actif cédé est alors utilisée pour évaluer le coût de l'actif reçu, sauf si la juste valeur de l'actif reçu est plus clairement évidente.

27 [Supprimé]

28 La valeur comptable des immobilisations corporelles peut être diminuée du montant des subventions publiques selon IAS 20 *Comptabilisation des subventions publiques et informations à fournir sur l'aide publique*.

Évaluation après comptabilisation

29 **L'entité doit choisir pour méthode comptable soit le modèle du coût décrit au paragraphe 30, soit le modèle de la réévaluation décrit au paragraphe 31 ; elle doit appliquer cette méthode à l'ensemble d'une catégorie d'immobilisations corporelles.**

29A Certaines entités utilisent un fonds d'investissement interne ou externe pour procurer aux investisseurs des avantages déterminés en fonction des parts du fonds. De même, certaines entités émettent des groupes de contrats d'assurance avec éléments de participation directe dont elles détiennent les éléments sous-jacents. Certains de ces fonds ou éléments sous-jacents englobent un bien immobilier occupé par son propriétaire. L'entité applique IAS 16 aux biens immobiliers occupés par leur propriétaire qui sont inclus dans un tel fonds ou qui constituent des éléments sous-jacents. Nonobstant le paragraphe 29, l'entité peut choisir d'évaluer ces biens selon le modèle de la juste valeur décrit dans IAS 40. En ce qui concerne ce choix, les contrats d'assurance incluent les contrats d'investissement avec éléments de participation discrétionnaire (voir IFRS 17 *Contrats d'assurance* pour la définition de certains termes employés dans le présent paragraphe).

29B L'entité doit traiter comme une catégorie d'immobilisations corporelles distincte les biens immobiliers occupés par leur propriétaire qui sont évalués selon le modèle de la juste valeur applicable aux immeubles de placement par application du paragraphe 29A.

MODÈLE DU COÛT

30 Après sa comptabilisation en tant qu'actif, une immobilisation corporelle doit être comptabilisée à son coût diminué du cumul des amortissements et du cumul des pertes de valeur.

MODÈLE DE LA RÉÉVALUATION

31 Après sa comptabilisation en tant qu'actif, une immobilisation corporelle dont la juste valeur peut être évaluée de manière fiable doit être comptabilisée à son montant réévalué, à savoir sa juste valeur à la date de la réévaluation, diminuée du cumul des amortissements ultérieurs et du cumul de pertes de valeur ultérieures. Les réévaluations doivent être effectuées avec une régularité suffisante pour que la valeur comptable ne diffère pas de façon significative de celle qui aurait été déterminée en utilisant la juste valeur à la fin de la période de reporting.

32 [Supprimé]

33 [Supprimé]

34 La fréquence des réévaluations dépend des fluctuations de la juste valeur des immobilisations corporelles à réévaluer. Lorsque la juste valeur d'un actif réévalué diffère significativement de sa valeur comptable, une nouvelle réévaluation est nécessaire. Certaines immobilisations corporelles peuvent connaître des variations importantes et volatiles de leur juste valeur, nécessitant une réévaluation annuelle. Des réévaluations aussi fréquentes ne sont pas nécessaires pour les immobilisations corporelles qui enregistrent des variations négligeables de leur juste valeur. Il peut alors n'être nécessaire de réévaluer l'immobilisation corporelle que tous les trois ou cinq ans.

35 Lorsqu'une immobilisation corporelle est réévaluée, sa valeur comptable est ajustée au montant réévalué. À la date de réévaluation, l'actif est traité de l'une des manières suivantes :

a) la valeur comptable brute est ajustée d'une manière qui concorde avec la réévaluation de la valeur comptable de l'actif. Par exemple, la valeur comptable brute peut être retraitée par référence à des données de marché observables ou au prorata de la variation de la valeur comptable. Le cumul des amortissements à la date de réévaluation est ajusté pour qu'il corresponde à la différence entre la valeur comptable brute de l'actif et sa valeur comptable déduction faite du cumul des pertes de valeur ; ou

b) le cumul des amortissements est déduit de la valeur comptable brute de l'actif.

Le montant de l'ajustement du cumul des amortissements fait partie de l'accroissement ou de la diminution de la valeur comptable qui est traité selon les paragraphes 39 et 40.

36 Lorsqu'une immobilisation corporelle est réévaluée, toute la catégorie des immobilisations corporelles dont fait partie cet actif doit être réévaluée.

37 Une catégorie d'immobilisations corporelles est un regroupement d'actifs de nature similaire utilisés de manière similaire dans les activités de l'entité. On citera à titre d'exemples de catégories distinctes :

a) terrains ;

b) terrains et constructions ;

c) machines ;

d) navires ;

e) avions ;

f) véhicules à moteur ;

g) mobilier et agencements ;

h) matériel de bureau ; et

i) plantes productrices.

38 Les éléments au sein d'une catégorie d'immobilisations corporelles sont réévalués simultanément afin d'éviter une réévaluation sélective des actifs et la présentation dans les états financiers de montants qui représentent un mélange de coûts et de valeurs à des dates différentes. Toutefois, une catégorie d'actifs peut être réévaluée par inventaires tournants, à condition que la réévaluation de cette catégorie d'actifs soit achevée dans un court délai et à condition que ces réévaluations soient tenues à jour.

39 Lorsque la valeur comptable d'un actif est augmentée à la suite d'une réévaluation, l'augmentation doit être comptabilisée en autres éléments du résultat global et cumulée avec les capitaux propres sous la rubrique écarts de réévaluation. Toutefois, l'augmentation doit être comptabilisée en résultat dans la mesure où elle compense une diminution de réévaluation du même actif, précédemment comptabilisée en résultat.

40 Lorsque, à la suite d'une réévaluation, la valeur comptable d'un actif diminue, cette diminution doit être comptabilisée en résultat. Toutefois, la diminution de valeur doit être comptabilisée en autres éléments du résultat global dans la limite de l'écart de réévaluation créditeur pour ce même actif. La diminution de valeur comptabilisée en autres éléments du résultat global réduit le montant accumulé en capitaux propres sous la rubrique écarts de réévaluation.

41 L'écart de réévaluation relatif à une immobilisation corporelle et compris dans les capitaux propres peut être transféré directement dans les résultats non distribués lors de la décomptabilisation de l'actif. Cela peut signifier le transfert intégral de l'écart de réévaluation lorsque l'actif est mis hors service ou sorti. Toutefois, une partie de cet écart peut être transférée au fur et à mesure de l'utilisation de l'actif par l'entité. Dans ce cas, le montant de l'écart transféré serait la différence entre l'amortissement fondé sur la valeur comptable réévaluée de l'actif et l'amortissement fondé sur le coût initial de l'actif. Les transferts de la rubrique « écart de réévaluation » à la rubrique « résultats non distribués » ne se font pas par le biais du résultat net.

42 Les effets sur l'impôt sur le résultat qui pourraient éventuellement résulter de la réévaluation des immobilisations corporelles sont comptabilisés et présentés selon IAS 12 *Impôts sur le résultat.*

AMORTISSEMENTS

43 Chaque partie d'une immobilisation corporelle ayant un coût significatif par rapport au coût total de l'élément doit être amortie séparément.

44 L'entité ventile le montant initialement comptabilisé pour une immobilisation corporelle en ses parties significatives et amortit séparément chacune de ces parties. Par exemple, il peut être approprié d'amortir séparément la cellule et les réacteurs d'un avion. De même, si l'entité acquiert des immobilisations corporelles faisant l'objet d'un contrat de location simple dans laquelle elle apparaît en tant que bailleur, il peut être indiqué d'amortir séparément les montants reflétés dans le coût de ce poste qui sont attribuables au caractère favorable ou défavorable des termes du contrat de location par rapport aux conditions du marché.

45 Une partie significative d'une immobilisation corporelle peut avoir une durée d'utilité et un mode d'amortissement identiques à la durée d'utilité et au mode d'amortissement d'une autre partie significative de la même immobilisation. Ces parties peuvent être regroupées pour déterminer la dotation aux amortissements.

46 Dans la mesure où l'entité amortit séparément certaines parties d'une immobilisation corporelle, elle amortit aussi séparément le reste de l'immobilisation. Le reliquat se compose des parties de l'immobilisation qui ne sont pas significatives individuellement. Si l'entité a des attentes diverses pour ces parties, des techniques d'approximation peuvent s'avérer nécessaires pour amortir le reliquat de manière à représenter fidèlement le rythme de consommation et/ou la durée d'utilité de ces parties.

47 L'entité peut choisir d'amortir séparément les parties d'un élément dont le coût n'est pas significatif par rapport au coût total de l'élément.

48 La dotation aux amortissements de chaque période doit être comptabilisée dans le résultat, sauf si elle est incorporée dans la valeur comptable d'un autre actif.

49 La dotation aux amortissements d'une période est en général comptabilisée dans le résultat. Il arrive toutefois que les avantages économiques futurs représentatifs d'un actif soient absorbés dans la production d'autres actifs. Dans ce cas, la dotation aux amortissements fait partie du coût de l'autre actif et est incluse dans sa valeur comptable. À titre d'exemple, l'amortissement des installations de production est inclus dans les coûts de fabrication des stocks (voir IAS 2). De même, l'amortissement des immobilisations corporelles utilisées pour les activités de développement peut être inclus dans le coût d'une immobilisation incorporelle comptabilisée selon IAS 38 *Immobilisations incorporelles.*

➟ Montant amortissable et durée d'amortissement

50 Le montant amortissable d'un actif doit être réparti systématiquement sur sa durée d'utilité.

51 La valeur résiduelle et la durée d'utilité d'un actif doivent être révisées au moins à la fin de chaque exercice et, si les attentes diffèrent par rapport aux estimations précédentes, les changements doivent être comptabilisés comme un changement d'estimation comptable selon IAS 8 *Méthodes comptables, changements d'estimations comptables et erreurs*.

52 Un amortissement est comptabilisé même si la juste valeur de l'actif est supérieure à sa valeur comptable, pour autant que la valeur résiduelle de l'actif n'excède pas sa valeur comptable. Les réparations et la maintenance d'un actif ne remettent pas en cause la nécessité de l'amortir.

53 Le montant amortissable d'un actif est déterminé après déduction de sa valeur résiduelle. Dans la pratique, la valeur résiduelle d'un actif est souvent négligeable et donc non significative dans le calcul du montant amortissable.

54 La valeur résiduelle d'un actif peut augmenter jusqu'à atteindre ou excéder la valeur comptable de l'actif. Dans ce cas, la dotation à l'amortissement de l'actif est nulle, à moins et jusqu'à ce que sa valeur résiduelle baisse ensuite jusqu'à un montant inférieur à la valeur comptable de l actif.

55 L'amortissement d'un actif commence dès que celui-ci est prêt à être mis en service, c'est-à-dire dès que l'actif se trouve à l'endroit et dans l'état nécessaires pour pouvoir l'exploiter de la manière prévue par la direction. L'amortissement d'un actif doit cesser à la date la plus précoce entre celle à laquelle cet actif est classé comme détenu en vue de la vente (ou inclus dans un groupe destiné à être cédé qui est classé comme détenu en vue de la vente) selon IFRS 5 et la date à laquelle cet actif est décomptabilisé. Par conséquent, l'amortissement ne cesse pas lorsque l'actif est laissé inutilisé ou mis hors service, sauf si l'actif est entièrement amorti. Toutefois, selon le mode d'amortissement fondé sur l'utilisation, la dotation aux amortissements peut être nulle lorsqu'il n'y a aucune production.

56 Les avantages économiques futurs représentatifs d'un actif sont principalement consommés par l'entité du fait de son utilisation. Toutefois, d'autres facteurs, tels que l'obsolescence technique ou commerciale ou encore l'usure d'un actif alors qu'il reste inutilisé, conduisent souvent à la diminution des avantages économiques qui auraient pu être réalisés grâce à cet actif. En conséquence, tous les facteurs suivants sont pris en considération pour déterminer la durée d'utilité d'un actif :

a) l'usage attendu de l'actif. Cet usage est évalué par référence à la capacité ou à la production physique attendue de cet actif ;

b) l'usure physique attendue, qui dépend de facteurs opérationnels comme les cadences auxquelles l'actif est utilisé ou le programme de maintenance, ou les soins apportés et la maintenance de l'actif en dehors de sa période d'utilisation ;

c) l'obsolescence technique ou commerciale découlant de changements ou d'améliorations dans la production, ou d'une évolution de la demande du marché pour le produit ou le service fourni par l'actif. La réduction future attendue du prix de vente d'un article produit au moyen d'un actif pourrait être une indication de l'obsolescence technique ou commerciale attendue de cet actif, ce qui pourrait refléter une diminution des avantages économiques futurs qui en sont représentatifs ;

d) les limites juridiques ou similaires sur l'usage de l'actif, telles que les dates d'expiration des contrats de location.

57 La durée d'utilité d'un actif est définie en fonction de l'utilité attendue de cet actif pour l'entité. La politique de gestion des actifs de l'entité peut faire intervenir la sortie d'actifs au bout d'un délai spécifié ou après consommation d'une certaine quantité d'avantages économiques futurs représentatifs de cet actif. En conséquence, la durée d'utilité d'un actif peut être plus courte que sa vie économique. L'estimation de la durée d'utilité de l'actif est affaire de jugement, fondé sur l'expérience de l'entité pour des actifs similaires.

58 Les terrains et constructions sont des actifs distincts, traités séparément en comptabilité même lorsqu'ils sont acquis ensemble. Sauf quelques exceptions, telles que des carrières et des sites de décharge, les terrains ont une durée d'utilité illimitée et ne sont donc pas amortis. Les constructions ont une durée d'utilité limitée et sont, en conséquence, des actifs amortissables. Une augmentation de la valeur du terrain sur lequel est édifiée une construction n'affecte pas la détermination du montant amortissable de la construction.

59 Si le coût du terrain inclut le coût du démantèlement, de l'enlèvement et de la remise en état du site, cette partie de l'actif représentant le terrain est amortie sur la durée des avantages obtenus en engageant ces coûts. Dans certains cas, le terrain lui-même peut avoir une durée d'utilité limitée, auquel cas il est amorti d'une manière reflétant les avantages qui doivent en être retirés.

➡ Mode d'amortissement

60 Le mode d'amortissement utilisé doit refléter le rythme selon lequel l'entité s'attend à consommer les avantages économiques futurs liés à l'actif.

61 Le mode d'amortissement appliqué à un actif doit être examiné au moins à la fin de chaque exercice et, si le rythme attendu de consommation des avantages économiques futurs de l'actif a connu un changement important, le mode d'amortissement doit être modifié pour refléter le nouveau rythme. Ce changement doit être comptabilisé comme un changement d'estimation comptable selon IAS 8.

62 Différents modes d'amortissement peuvent être utilisés pour répartir de façon systématique le montant amortissable d'un actif sur sa durée d'utilité. Ces modes incluent le mode linéaire, le mode dégressif et le mode des unités de production. L'amortissement linéaire conduit à une charge constante sur la durée d'utilité de l'actif si la valeur résiduelle de l'actif ne change pas. Le mode dégressif conduit à une charge décroissante sur la durée d'utilité de l'actif. Le mode des unités de production donne lieu à une charge fondée sur l'utilisation ou la production prévue de l'actif. L'entité sélectionne le mode qui reflète le plus étroitement le rythme attendu de consommation des avantages économiques futurs représentatifs de l'actif. Ce mode d'amortissement est appliqué de la même manière d'une période à l'autre, sauf en cas de changement du rythme attendu de consommation de ces avantages économiques futurs.

62A Il n'est pas approprié d'avoir recours, pour un actif utilisé dans une activité donnée, à un mode d'amortissement qui est fonction des produits tirés de cette activité. Ces produits tirés d'une activité incluant l'utilisation d'un actif reflètent habituellement des facteurs autres que la consommation des avantages économiques liés à l'actif. Par exemple, les produits subissent aussi l'effet d'autres intrants et processus, d'activités liées à la vente ou de changements concernant les volumes et les prix de vente. Ces derniers peuvent d'ailleurs varier en raison de l'inflation, laquelle n'est aucunement liée à la façon dont un actif est consommé.

DÉPRÉCIATION

63 Pour déterminer si une immobilisation corporelle est dépréciée, l'entité applique IAS 36 *Dépréciation d'actifs*. Cette norme explique comment l'entité revoit la valeur comptable de ses actifs, comment elle détermine la valeur recouvrable d'un actif et dans quels cas elle comptabilise ou reprend une perte de valeur.

64 [Supprimé]

INDEMNISATIONS LIÉES À LA DÉPRÉCIATION

65 Les indemnisations reçues de tiers relatives à des immobilisations corporelles dépréciées, perdues ou cédées doivent être incluses dans le résultat lorsqu'elles deviennent exigibles.

66 Les dépréciations ou pertes d'immobilisations corporelles, les demandes de règlement ou le paiement d'indemnités liées provenant de tiers, et tout achat ou construction ultérieurs d'actifs de remplacement sont des événements économiques indépendants et doivent être comptabilisés séparément de la façon suivante :

a) les dépréciations d'immobilisations corporelles sont comptabilisées selon IAS 36 ;

b) la décomptabilisation d'immobilisations corporelles mises hors service ou sorties est déterminée selon la présente norme ;

c) les indemnisations reçues de tiers relativement à des immobilisations corporelles dépréciées, perdues ou cédées sont incluses dans le résultat lorsqu'elles deviennent exigibles ; et

d) le coût des immobilisations corporelles restaurées, acquises ou construites au titre de remplacement est déterminé selon la présente norme.

Décomptabilisation

67 La valeur comptable d'une immobilisation corporelle doit être décomptabilisée :

a) lors de sa sortie ; ou

b) lorsque aucun avantage économique futur n'est attendu de son utilisation ou de sa sortie.

68 Le profit ou la perte résultant de la décomptabilisation d'une immobilisation corporelle doit être inclus dans le résultat lors de la décomptabilisation de l'élément (sauf si IFRS 16 *Contrats de location* impose un traitement différent en cas de cession-bail). Les profits ne doivent pas être classés en produits des activités ordinaires.

68A Cependant, une entité qui, dans le cadre de ses activités ordinaires, vend habituellement des immobilisations corporelles détenues en vue de la location à d'autres doit transférer ces actifs vers les stocks à leur valeur comptable lorsqu'ils cessent d'être loués et deviennent détenus en vue de la vente. Les produits de la vente de ces actifs doivent être comptabilisés en produits des activités ordinaires, conformément à IFRS 15 *Produits des activités ordinaires tirés de contrats conclus avec des clients.* IFRS 5 ne s'applique pas lorsque les actifs détenus en vue de la vente dans le cadre des activités ordinaires sont transférés vers les stocks.

69 La sortie d'une immobilisation corporelle peut intervenir de différentes manières (par exemple par voie de vente, de conclusion d'un contrat de location-financement ou de donation). La date de sortie d'une immobilisation corporelle est la date à laquelle celui qui l'obtient en acquiert le contrôle selon les dispositions visant à déterminer quand une obligation de prestation est remplie contenues dans IFRS 15. IFRS 16 s'applique aux sorties résultant d'une cession-bail.

70 Si, selon le principe de comptabilisation énoncé au paragraphe 7, l'entité comptabilise dans la valeur comptable d'une immobilisation corporelle le coût de remplacement d'une partie de celle-ci, elle décomptabilise la valeur comptable de la partie remplacée, que cette dernière ait ou non été amortie séparément. S'il n'est pas praticable pour l'entité de déterminer la valeur comptable de la partie remplacée, elle peut utiliser le coût de remplacement comme indication de ce que le coût de la partie remplacée était au moment de son acquisition ou de sa construction.

71 Le profit ou la perte résultant de la décomptabilisation d'une immobilisation corporelle doit être déterminé comme la différence entre le produit net de la sortie, le cas échéant, et la valeur comptable de l'immobilisation corporelle.

72 Le montant de contrepartie à inclure dans le profit ou la perte résultant de la décomptabilisation d'une immobilisation corporelle est déterminé conformément aux dispositions relatives à la détermination du prix de transaction contenues dans les paragraphes 47 à 72 d'IFRS 15. Les variations ultérieures du montant estimé de contrepartie qui est inclus dans le profit ou la perte doivent être comptabilisées selon les dispositions relatives à la modification du prix de transaction contenues dans IFRS 15.

Informations à fournir

73 Les états financiers doivent indiquer, pour chaque catégorie d'immobilisations corporelles :

a) les conventions d'évaluation utilisées pour déterminer la valeur comptable brute ;

b) les modes d'amortissement utilisés ;

c) les durées d'utilité ou les taux d'amortissement utilisés ;

d) la valeur comptable brute et le cumul des amortissements (ajouté aux cumuls des pertes de valeur) en début et en fin de période ; et

e) un rapprochement entre les valeurs comptables à l'ouverture et à la clôture de la période, faisant apparaître :

i) les entrées ;

ii) les actifs classés comme détenus en vue de la vente ou inclus dans un groupe destiné à être cédé classé comme détenu en vue de la vente selon IFRS 5 et autres sorties ;

iii) les acquisitions par voie de regroupements d'entreprises ;

iv) les augmentations ou les diminutions résultant des réévaluations décrites aux paragraphes 31, 39, et 40 et des pertes de valeur comptabilisées ou reprises en autres éléments du résultat global selon IAS 36 ;

v) les pertes de valeur comptabilisées dans le résultat selon IAS 36 ;

vi) les pertes de valeur faisant l'objet d'une reprise dans le résultat selon IAS 36 ;

vii) les amortissements ;

viii) les écarts de change nets provenant de la conversion des états financiers de la monnaie fonctionnelle en une monnaie de présentation différente, incluant la conversion d'un établissement à l'étranger dans la monnaie de présentation de l'entité présentant les états financiers ; et

ix) les autres variations.

74 Les états financiers doivent également indiquer :

a) l'existence et les montants des restrictions sur les immobilisations corporelles données en nantissement de dettes ;

b) le montant des dépenses comptabilisées dans la valeur comptable d'une immobilisation corporelle en cours de construction ; et

c) le montant des engagements contractuels pour l'acquisition d'immobilisations corporelles.

74A Les états financiers doivent aussi indiquer les éléments suivants, si ceux-ci ne sont pas présentés séparément dans l'état du résultat global :

a) le montant des indemnisations accordées par des tiers relativement à des immobilisations corporelles dépréciées, perdues ou cédées qui sont incluses dans le résultat net ; et

b) les montants du produit et du coût comptabilisés en résultat net conformément au paragraphe 20A qui se rapportent aux éléments produits ne constituant pas des extrants des activités ordinaires de l'entité, et les postes de l'état du résultat global qui incluent ce produit et ce coût.

75 Le choix du mode d'amortissement et l'estimation de la durée d'utilité des actifs sont affaire de jugement. En conséquence, l'indication des modes adoptés, des durées d'utilité estimées ou des taux d'amortissement apporte aux utilisateurs des états financiers des informations leur permettant d'examiner les politiques retenues par les dirigeants et permettant la comparaison avec d'autres entités. Pour les mêmes motifs, il est nécessaire d'indiquer :

a) l'amortissement, qu'il soit comptabilisé dans le résultat ou dans le coût d'autres actifs, au cours d'une période ; et

b) l'amortissement cumulé en fin de période.

76 Selon IAS 8, l'entité indique la nature et l'effet d'un changement d'estimation comptable qui a une incidence sur la période considérée ou dont il est prévu qu'il aura une incidence sur des périodes ultérieures. Pour les immobilisations corporelles, l'obligation de fournir ces informations peut résulter de changements dans les estimations concernant :

a) les valeurs résiduelles ;

b) les coûts estimés de démantèlement, d'enlèvement ou de remise en état d'immobilisations corporelles ;

c) les durées d'utilité ; et

d) les modes d'amortissement.

77 Lorsque les immobilisations corporelles sont inscrites à leur montant réévalué, les informations suivantes doivent être fournies en plus des informations exigées par IFRS 13 :

a) la date d'entée en vigueur de la réévaluation ;

b) le recours ou non à un évaluateur indépendant ;

c) [Supprimé]

d) [Supprimé]

e) pour chaque catégorie d'immobilisations corporelles réévaluées, la valeur comptable qui aurait été comptabilisée si les actifs avaient été comptabilisés selon le modèle du coût ; et

f) l'écart de réévaluation, en indiquant les variations de la période ainsi que toute restriction sur la distribution de cet écart aux actionnaires.

78 Selon IAS 36, l'entité fournit des informations sur ses immobilisations corporelles dépréciées en plus des informations imposées par le paragraphe 73 e) iv) à vi).

79 Les informations suivantes peuvent également correspondre aux besoins des utilisateurs des états financiers :

a) la valeur comptable des immobilisations corporelles temporairement inutilisées ;

b) la valeur comptable brute de toute immobilisation corporelle entièrement amortie qui est encore en usage ;

c) la valeur comptable des immobilisations corporelles mises hors service et non classées comme détenues en vue de la vente selon IFRS 5 ; et

d) lorsque le modèle du coût est utilisé, la juste valeur des immobilisations corporelles lorsque celle-ci diffère de façon significative de la valeur comptable.

Les entités sont en conséquence encouragées à fournir ces montants.

Dispositions transitoires

80 Les dispositions des paragraphes 24 à 26 relatifs à l'évaluation initiale d'une immobilisation corporelle acquise dans le cadre d'une transaction d'échange d'actifs ne s'appliquent de manière prospective qu'aux transactions futures.

80A La publication des Améliorations annuelles des *IFRS – Cycle 2010-2012* a donné lieu à la modification du paragraphe 35. L'entité doit appliquer cette modification à toutes les réévaluations comptabilisées dans les exercices ouverts à compter de la date de première application de la modification et dans l'exercice qui précède immédiatement. L'entité peut également présenter des informations comparatives ajustées pour toute autre période antérieure présentée, mais elle n'est pas tenue de le faire. Si l'entité présente des informations comparatives non ajustées pour une période antérieure, elle doit identifier clairement les informations qui n'ont pas été ajustées, faire mention du fait qu'elles ont été établies selon des règles comptables différentes, et expliquer ces règles.

80B Dans la période de reporting durant laquelle *Agriculture : plantes productrices* (modifications d'IAS 16 et d'IAS 41) est appliquée pour la première fois, l'entité n'est pas tenue de présenter les informations quantitatives requises par le paragraphe 28 f) d'IAS 8 pour la période considérée. L'entité doit toutefois présenter les informations quantitatives requises par le paragraphe 28 f) d'IAS 8 pour chaque période antérieure présentée.

80C L'entité peut décider d'évaluer une plante productrice à sa juste valeur au début de la première période présentée dans les états financiers de la période de reporting au cours de laquelle elle applique *Agriculture : plantes productrices* (modifications d'IAS 16 et d'IAS 41) pour la première fois et d'utiliser cette juste valeur en tant que coût présumé à cette date. Toute différence entre la valeur comptable précédente et la juste valeur doit être comptabilisée dans le solde d'ouverture des résultats non distribués au début de la première période présentée.

80D La publication d'*Immobilisations corporelles – Produit antérieur à l'utilisation prévue*, en mai 2020, a donné lieu à la modification des paragraphes 17 et 74 ainsi qu'à l'ajout des paragraphes 20A et 74A. L'entité doit appliquer ces modifications rétrospectivement uniquement aux immobilisations corporelles amenées à l'endroit et dans l'état nécessaires pour permettre leur exploitation de la manière prévue par la direction à compter de l'ouverture de la première période présentée dans les états financiers dans lesquels l'entité applique les modifications pour la première fois. L'entité doit comptabiliser l'effet cumulé de l'application initiale des modifications comme un ajustement du solde d'ouverture des résultats non distribués (ou, s'il y a lieu, d'une autre composante des capitaux propres) au début de la première période présentée.

Date d'entrée en vigueur

81 L'entité doit appliquer la présente norme pour les exercices ouverts à compter du 1er janvier 2005. Une application anticipée est encouragée. Si l'entité applique la présente norme pour une période ouverte avant le 1er janvier 2005, elle doit l'indiquer.

81A L'entité doit appliquer les modifications énoncées au paragraphe 3 pour les exercices ouverts à compter du 1er janvier 2006. Si l'entité applique IFRS 6 pour une période antérieure, ces modifications doivent être appliquées pour cette période antérieure.

81B La publication d'IAS 1 *Présentation des états financiers* (telle que révisée en 2007) a donné lieu à la modification de la terminologie utilisée dans les IFRS. En outre, elle a donné lieu à la modification des paragraphes 39, 40 et 73 e) iv). L'entité doit appliquer ces modifications pour les exercices ouverts à compter du 1er janvier 2009. Si l'entité applique IAS 1 (révisée en 2007) pour une période antérieure, les modifications doivent être appliquées pour cette période antérieure.

81C La publication d'IFRS 3 *Regroupement d'entreprises* (telle que révisée en 2008) a donné lieu à la modification du paragraphe 44. L'entité doit appliquer cette modification pour les exercices ouverts à compter du 1er juillet 2009. Si l'entité applique IFRS 3 (révisée en 2008) pour une période antérieure, la modification doit être également appliquée pour cette période antérieure.

81D La publication des *Améliorations des IFRS*, en mai 2008, a donné lieu à la modification des paragraphes 6 et 69 ainsi qu'à l'ajout du paragraphe 68A. L'entité doit appliquer ces modifications pour les exercices ouverts à compter du 1er janvier 2009. Une application anticipée est autorisée. Si l'entité applique les modifications pour une période antérieure, elle doit l'indiquer et appliquer en même temps les modifications d'IAS 7 *État des flux de trésorerie* qui y sont liés.

81E La publication des *Améliorations des IFRS*, en mai 2008, a donné lieu à la modification du paragraphe 5. L'entité doit appliquer cette modification à titre prospectif pour les exercices ouverts à compter du 1er janvier 2009. Une application anticipée est autorisée si l'entité applique également les modifications des paragraphes 8, 9, 22, 48, 53, 53A, 53B, 54, 57 et 85B d'IAS 40 en même temps. Si l'entité applique la modification pour une période antérieure, elle doit l'indiquer.

81F La publication d'IFRS 13, en mai 2011, a donné lieu à la modification de la définition de la juste valeur et de la définition de la valeur recouvrable au paragraphe 6, ainsi que des paragraphes 26, 35 et 77, et à la suppression des paragraphes 32 et 33. L'entité qui applique IFRS 13 doit appliquer ces modifications.

81G La publication des *Améliorations annuelles – Cycle 2009-2011*, en mai 2012, a donné lieu à la modification du paragraphe 8. L'entité doit appliquer ces modifications de façon rétrospective selon IAS 8 *Méthodes comptables, changements d'estimations comptables et erreurs* pour les exercices ouverts à compter du 1er janvier 2013. Une application anticipée est autorisée. Si l'entité applique la modification pour une période antérieure, elle doit l'indiquer.

81H La publication des *Améliorations annuelles des IFRS – Cycle 2010-2012*, en décembre 2013, a donné lieu à la modification du paragraphe 35 et à l'ajout du paragraphe 80A. L'entité doit appliquer cette modification pour les exercices ouverts à compter du 1er juillet 2014. Une application anticipée est autorisée. Si l'entité applique la modification pour une période antérieure, elle doit l'indiquer.

81I La publication des *Éclaircissements sur les modes d'amortissement acceptables* (modifications des normes IAS 16 et IAS 38), en mai 2014, a donné lieu à la modification du paragraphe 56 et à l'ajout du paragraphe 62A. L'entité doit appliquer ces modifications de manière prospective pour les exercices ouverts à compter du 1er janvier 2016. Une application anticipée est autorisée. Si l'entité applique ces modifications pour une période antérieure, elle doit l'indiquer.

81J La publication d'IFRS 15 *Produits des activités ordinaires tirés de contrats conclus avec des clients*, en mai 2014, a donné lieu à la modification des paragraphes 68A, 69 et 72. L'entité qui applique IFRS 15 doit appliquer ces modifications.

81K La publication d'*Agriculture : plantes productrices* (modifications d'IAS 16 et d'IAS 41) en juin 2014 a donné lieu à la modification des paragraphes 3, 6 et 37 et à l'ajout des paragraphes 22A et 80B-80C. L'entité doit appliquer ces modifications pour les exercices ouverts à compter du 1er janvier 2016. Une application anticipée est autorisée. Si l'entité applique ces modifications pour une période antérieure, elle doit l'indiquer. L'entité doit appliquer ces modifications de façon rétrospective selon IAS 8, sauf exception spécifiée au paragraphe 80C.

81L La publication d'IFRS 16, en janvier 2016, a donné lieu à la suppression des paragraphes 4 et 27, et à la modification des paragraphes 5, 10, 44, 68 et 69. L'entité qui applique IFRS 16 doit appliquer ces modifications.

81M La publication d'IFRS 17, en mai 2017, a donné lieu à l'ajout des paragraphes 29A et 29B. L'entité qui applique IFRS 17 doit appliquer ces modifications.

81N La publication d'*Immobilisations corporelles – Produit antérieur à l'utilisation prévue*, en mai 2020, a donné lieu à la modification des paragraphes 17 et 74 ainsi qu'à l'ajout des paragraphes 20A, 74A et 80D. L'entité doit appliquer ces modifications pour les exercices ouverts à compter du 1er janvier 2022. Une application anticipée est autorisée. Si l'entité applique ces modifications pour une période antérieure, elle doit l'indiquer.

Retrait d'autres positions officielles

82 La présente norme annule et remplace IAS 16 *Immobilisations corporelles* (révisée en 1998).

83 La présente norme annule et remplace les interprétations suivantes :

a) SIC-6 *Coûts de modification de logiciels existants* ;

b) SIC-14 *Immobilisations corporelles – indemnisation liée à la dépréciation ou à la perte de biens* ; et

c) SIC-23 *Immobilisations corporelles – coûts des inspections ou des révisions majeures*.

IAS 19

Avantages du personnel

[règlt UE 2023/1803]

Objectif

1 L'objectif de la présente norme est de prescrire le traitement comptable des avantages du personnel et les informations à fournir à leur sujet. La norme impose à l'entité de comptabiliser :

a) un passif, lorsqu'un membre du personnel a rendu des services en échange d'avantages du personnel qui lui seront versés dans l'avenir ; et

b) une charge, lorsque l'entité consomme l'avantage économique résultant des services rendus par un membre du personnel en échange d'avantages du personnel.

Champ d'application

2 La présente norme doit être appliquée à la comptabilisation, par l'employeur, de tous les avantages du personnel, sauf ceux auxquels s'applique IFRS 2 *Paiement fondé sur des actions*.

3 La présente norme ne vise pas l'information présentée par les régimes d'avantages du personnel (voir IAS 26 *Comptabilité et rapports financiers des régimes de retraite*).

4 Les avantages du personnel auxquels s'applique la présente norme comprennent notamment ceux accordés en vertu :

a) de régimes ou autres accords formels établis entre une entité et des membres du personnel, pris individuellement ou collectivement, ou leurs représentants ;

b) de dispositions légales ou d'accords sectoriels aux termes desquels les entités sont tenues de cotiser à un régime national, régional ou sectoriel, ou à un autre régime multi-employeurs ; ou

c) d'usages qui donnent lieu à une obligation implicite. Les usages donnent lieu à une obligation implicite lorsque l'entité n'a pas d'autre solution réaliste que de payer les avantages du personnel. Il y a par exemple obligation implicite lorsqu'un changement dans les usages de l'entité entraînerait une dégradation inacceptable de ses relations avec le personnel.

5 Les avantages du personnel comprennent :

a) les avantages à court terme, tels que les suivants (si leur règlement intégral est attendu dans les douze mois qui suivent la clôture de l'exercice au cours duquel les membres du personnel ont rendu les services correspondants) :

i) les salaires et les cotisations de sécurité sociale,

ii) les congés annuels payés et les congés de maladie payés,
iii) l'intéressement et les primes, et
iv) les avantages non pécuniaires (couverture médicale, logement, voiture et autres biens ou services gratuits ou subventionnés) dont bénéficient les membres du personnel en activité ;

b) les avantages postérieurs à l'emploi, tels que :
i) les prestations de retraite (par exemple, les pensions et les sommes forfaitaires versées à la retraite) ; et
ii) les autres avantages postérieurs à l'emploi, comme l'assurance-vie postérieure à l'emploi et la couverture médicale postérieure à l'emploi ;

c) les autres avantages à long terme, tels que :
i) les absences de longue durée rémunérées, comme les congés liés à l'ancienneté ou les congés sabbatiques,
ii) les primes d'ancienneté et autres avantages liés à l'ancienneté ; et
iii) les prestations pour invalidité de longue durée ; et

d) les indemnités de cessation d'emploi.

6 Les avantages du personnel englobent les prestations servies aux membres du personnel, aux personnes à leur charge ou à leurs bénéficiaires ; ils peuvent être réglés par des paiements (ou par la fourniture de biens ou de services) effectués directement aux membres du personnel, ou à leurs conjoints, enfants ou autres personnes à charge ou encore à des tiers comme des compagnies d'assurance.

7 Un membre du personnel peut travailler pour une entité à plein temps ou à temps partiel, et à titre permanent, occasionnel ou temporaire. Aux fins de la présente norme, sont aussi des membres du personnel les administrateurs et autres dirigeants.

Définitions

8 Dans la présente norme, les termes suivants ont la signification indiquée ci-après :

DÉFINITIONS DES AVANTAGES DU PERSONNEL

Les *avantages du personnel* sont les contreparties de toute forme accordées par une entité pour les services rendus par les membres de son personnel ou pour la cessation de leur emploi.

Les *avantages à court terme* sont les avantages du personnel (autres que les indemnités de cessation d'emploi) dont le règlement intégral est attendu dans les douze mois qui suivent la clôture de l'exercice au cours duquel les membres du personnel ont rendu les services correspondants.

Les *avantages postérieurs à l'emploi* sont les avantages du personnel (autres que les indemnités de cessation d'emploi et les avantages à court terme) qui sont payables après la fin de l'emploi.

Les *autres avantages à long terme* sont tous les avantages du personnel autres que les avantages à court terme, les avantages postérieurs à l'emploi et les indemnités de cessation d'emploi.

Les *indemnités de cessation d'emploi* sont les avantages du personnel fournis en contrepartie de la cessation d'emploi d'un membre du personnel par suite :

a) soit de la décision de l'entité de mettre fin à l'emploi du membre du personnel avant l'âge normal de départ en retraite ; ou

b) soit de la décision du membre du personnel d'accepter une offre d'indemnités en échange de la cessation de son emploi.

DÉFINITIONS LIÉES AU CLASSEMENT DES RÉGIMES

Un *régime d'avantages postérieurs à l'emploi* est un accord formel ou informel selon lequel une entité fournit des avantages postérieurs à l'emploi à un ou plusieurs membres de son personnel.

Un *régime à cotisations définies* est un régime d'avantages postérieurs à l'emploi selon lequel une entité verse des cotisations définies à une entité distincte (un fonds) et n'aura aucune obligation juridique ou implicite de payer des cotisations supplémentaires si le fonds n'a pas suffisamment d'actifs pour servir toutes les prestations correspondant aux services rendus par le personnel pendant la période considérée et les périodes antérieures.

Un *régime à prestations définies* est un régime d'avantages postérieurs à l'emploi autre qu'un régime à cotisations définies.

Un *régime multi-employeurs* est un régime à cotisations définies (autre qu'un régime général et obligatoire) ou un régime à prestations définies (autre qu'un régime général et obligatoire) qui :

a) met en commun les actifs apportés par différentes entités qui ne sont pas sous contrôle commun ; et

b) utilise ces actifs pour servir des prestations à des membres du personnel de plus d'une entité en fixant le niveau des cotisations et des prestations sans tenir compte de l'identité de l'entité qui emploie ces membres du personnel.

DÉFINITIONS LIÉES AU PASSIF (À L'ACTIF) NET AU TITRE DES PRESTATIONS DÉFINIES

Le *passif (l'actif) net au titre des prestations définies* est le déficit ou l'excédent, ajusté pour tenir compte de l'effet limitatif du plafond d'actif sur le montant de l'actif net au titre des prestations définies.

Le *déficit ou l'excédent* est la différence entre :

a) la valeur actuelle de l'obligation au titre des prestations définies ; et

b) la juste valeur des actifs du régime (s'il en existe).

Le *plafond d'actif* est la valeur actuelle des avantages économiques disponibles sous forme de remboursements par le régime ou sous forme de diminutions des cotisations futures dues au régime.

La *valeur actuelle de l'obligation au titre de prestations définies* est la valeur actuelle, sans déduction des actifs du régime, des paiements futurs qui devraient être nécessaires pour régler l'obligation résultant des services rendus par les membres du personnel pendant la période considérée et les périodes antérieures.

Les *actifs du régime* comprennent :

a) les actifs détenus par un fonds d'avantages du personnel à long terme ; et

b) les contrats d'assurance éligibles.

Les *actifs détenus par un fonds d'avantages du personnel à long terme* sont des actifs (autres que des instruments financiers non transférables émis par l'entité présentant l'information financière) qui :

a) sont détenus par une entité (un fonds) juridiquement distincte de l'entité présentant l'information financière et ayant pour seul but le paiement ou le financement d'avantages du personnel ; et

b) sont réservés au paiement ou au financement des avantages du personnel, demeurent hors de portée des créanciers de l'entité présentant l'information financière (même en cas de faillite) et ne peuvent être restitués à l'entité présentant l'information financière que dans l'un ou l'autre des cas suivants :

i) les actifs restants du fonds suffisent à remplir toutes les obligations du régime, ou de l'entité présentant l'information financière, au titre des avantages du personnel ; ou

ii) les actifs sont restitués à l'entité présentant l'information financière pour lui rembourser des avantages du personnel déjà payés.

Un *contrat d'assurance éligible* est un contrat (*) conclu avec un assureur qui n'est pas une partie liée (au sens de ce terme dans IAS 24 *Information relative aux parties liées*) à l'entité présentant l'information financière, et dont le produit :

a) ne peut servir qu'à payer ou à financer les avantages du personnel accordés dans le cadre d'un régime à prestations définies ; et

b) demeure hors de portée des créanciers de l'entité présentant l'information financière (même en cas de faillite) et ne peut être remis à cette entité que dans l'un ou l'autre des cas suivants :

i) ce produit constitue un excédent d'actifs qui n'est pas nécessaire au respect contractuel de l'ensemble des obligations relatives à des avantages du personnel ; ou

ii) ce produit est remis à l'entité présentant l'information financière pour lui rembourser des avantages du personnel déjà payés.

La juste valeur est le prix qui serait reçu pour la vente d'un actif ou payé pour le transfert d'un passif lors d'une transaction normale entre des participants de marché à la date d'évaluation (voir IFRS 13 *Évaluation de la juste valeur*).

(*) Un contrat d'assurance éligible n'est pas nécessairement un contrat d'assurance tel que défini dans IFRS 17 *Contrats d'assurance*.

DÉFINITIONS LIÉES AU COÛT DES PRESTATIONS DÉFINIES

Le *coût des services* comprend :

a) le *coût des services rendus au cours de la période*, soit l'accroissement de la valeur actuelle de l'obligation au titre des prestations définies résultant des services rendus par les membres du personnel pendant la période considérée ;

b) le *coût des services passés*, soit la variation de la valeur actuelle de l'obligation au titre des prestations définies pour les services rendus par les membres du personnel au cours de périodes antérieures qui résulte de la modification d'un régime (instauration ou cessation d'un régime à prestations définies ou encore changements apportés au régime) ou de la réduction d'un régime (diminution importante, décidée par l'entité, du nombre de membres du personnel couverts par le régime) ; et

c) le profit ou la perte résultant de la liquidation, le cas échéant.

Les *intérêts nets sur le passif (l'actif) net au titre des prestations définies* correspondent à la variation pour la période du passif (de l'actif) net au titre des prestations définies attribuable au passage du temps.

Les *réévaluations du passif (de l'actif) net au titre des prestations définies* comprennent :

a) les écarts actuariels ;

b) le rendement des actifs du régime, à l'exclusion des montants pris en compte dans le calcul des intérêts nets sur le passif (l'actif) net au titre des prestations définies ; et

c) toute variation de l'effet du plafond d'actif, à l'exclusion des montants pris en compte dans le calcul des intérêts nets sur le passif (l'actif) net au titre des prestations définies.

Les *écarts actuariels* sont les variations de la valeur actuelle de l'obligation au titre des prestations définies qui résultent :

a) les ajustements liés à l'expérience (les effets des différences entre les hypothèses actuarielles antérieures et ce qui s'est effectivement produit) ; et

b) de l'effet des changements apportés aux hypothèses actuarielles.

Le *rendement des actifs du régime* comprend les intérêts, dividendes et autres produits tirés desdits actifs ainsi que les profits ou pertes réalisés ou latents sur ces actifs, déduction faite :

a) des coûts de gestion desdits actifs ; et

b) des impôts à payer par le régime, à l'exception des impôts pris en compte dans les hypothèses actuarielles utilisées pour évaluer la valeur actuelle de l'obligation au titre des prestations définies.

Une *liquidation* est une opération (autre qu'un versement de prestations aux membres du personnel ou en leur nom prévu dans les dispositions du régime et pris en compte dans les hypothèses actuarielles) qui élimine toute obligation juridique ou implicite ultérieure pour tout ou partie des prestations prévues par un régime à prestations définies.

Avantages à court terme

9 Sont des avantages à court terme les avantages tels que les suivants, si leur règlement intégral est attendu dans les douze mois qui suivent la clôture de l'exercice au cours duquel les membres du personnel ont rendu les services correspondants :

a) les salaires et les cotisations de sécurité sociale,

b) les congés annuels payés et les congés de maladie payés,

c) l'intéressement et les primes, et

d) les avantages non pécuniaires (couverture médicale, logement, voiture et autres biens ou services gratuits ou subventionnés) dont bénéficient les membres du personnel en activité.

10 L'entité n'a pas à reclasser un avantage à court terme si ses attentes quant au moment du règlement changent temporairement. Toutefois, si les caractéristiques de l'avantage changent (par exemple, dans le cas où un avantage non cumulable devient cumulable) ou si le changement dans les attentes quant au moment du règlement n'est pas temporaire, l'entité examine si l'avantage répond toujours à la définition d'un avantage à court terme.

COMPTABILISATION ET ÉVALUATION

Tous les avantages à court terme

11 Lorsqu'un membre du personnel a rendu des services à l'entité au cours d'une période comptable, l'entité comptabilise le montant non actualisé des avantages à court terme qu'elle s'attend à devoir lui payer en contrepartie de ces services :

a) au passif (charge à payer), après déduction du montant déjà payé, le cas échéant. Si le montant déjà payé excède la valeur non actualisée des prestations, l'entité doit comptabiliser l'excédent à l'actif (charge payée d'avance) dans la mesure où le paiement d'avance conduira, par exemple, à une diminution des paiements futurs ou à un remboursement en trésorerie ;

b) en charges, à moins qu'une autre norme IFRS n'impose ou n'autorise l'inclusion des prestations dans le coût d'un actif (voir, par exemple, IAS 2 *Stocks* et IAS 16 *Immobilisations corporelles*).

12 Les paragraphes 13, 16 et 19 expliquent comment l'entité doit appliquer le paragraphe 11 aux avantages à court terme prenant la forme d'absences rémunérées ou de plans d'intéressement ou d'attribution de primes.

Absences de courte durée rémunérées

13 En application du paragraphe 11, l'entité comptabilise comme suit le coût attendu des avantages à court terme prenant la forme d'absences rémunérées :

a) dans le cas où les droits à absences rémunérées sont cumulables, lorsque les membres du personnel rendent des services qui leur donnent droit à de nouvelles absences rémunérées futures ;

b) dans le cas où les droits à absences rémunérées ne sont pas cumulables, lorsque les absences se produisent.

14 Les absences rémunérées par l'entité peuvent se rattacher à des raisons diverses : vacances, maladie ou incapacité de courte durée, maternité ou paternité, fonctions de juré, service militaire, etc. Ces absences rémunérées se divisent en deux catégories :

a) les droits cumulables ; et

b) les droits non cumulables.

15 Les droits à absences rémunérées cumulables sont reportables et peuvent être utilisés lors de périodes futures s'ils n'ont pas été intégralement utilisés dans la période considérée. Ces droits peuvent faire naître des droits à compensation financière (les membres du personnel peuvent obtenir le règlement de leurs droits à absences non utilisés lorsqu'ils quittent l'entité) ou non (les membres du personnel ne peuvent pas obtenir, lors de leur départ, le règlement de leurs droits non utilisés). Lorsque les services rendus par les membres du personnel leur donnent droit à de nouvelles absences rémunérées futures, il en résulte une obligation pour l'entité. Cette obligation existe, et est comptabilisée, même si les absences rémunérées ne font pas naître de droits à compensation financière. L'éventualité que des membres du personnel quittent l'entité avant d'avoir exercé les droits à absences n'ouvrant pas droit à compensation financière qu'ils ont cumulés a toutefois une incidence sur l'évaluation de cette obligation.

16 L'entité doit évaluer le coût attendu des droits à absences rémunérées cumulables comme étant le montant supplémentaire qu'elle s'attend à devoir payer du fait du cumul des droits non utilisés à la date de clôture.

17 Selon la méthode indiquée au paragraphe précédent, l'obligation est égale au montant des paiements supplémentaires que l'on s'attend à devoir effectuer du seul fait que l'avantage est cumulable. Dans bon nombre de cas, l'entité n'a pas besoin de se livrer à des calculs détaillés pour estimer qu'elle n'a aucune obligation significative au titre de droits à absences rémunérées non utilisés. Par exemple, une obligation au titre des congés de maladie ne sera vraisemblablement significative que s'il existe un accord, formel ou informel, qui prévoit que les congés de maladie payés non utilisés peuvent être pris sous la forme de congés annuels payés.

Exemple illustrant les paragraphes 16 et 17

Une entité emploie 100 personnes, ayant droit chacune à cinq jours ouvrables de congé de maladie payé par an. Les congés de maladie non utilisés peuvent être reportés sur une année civile. Les congés de maladie pris sont imputés en premier sur les droits au titre de l'année en cours, puis sur le solde reporté de l'année précédente (c'est-à-dire selon la méthode DEPS). Au 31 décembre 20X1, la moyenne des droits non utilisés est de deux jours par personne. Selon son expérience, qui ne devrait pas se démentir, l'entité s'attend à ce qu'en 20X2, 92 membres du personnel prennent tout au plus cinq jours de congé de maladie payé et que les huit autres membres en prennent en moyenne six jours et demi.

L'entité s'attend à devoir payer 12 jours de congé de maladie supplémentaires en contrepartie des droits non utilisés cumulés au 31 décembre 20X1 (un jour et demi par personne pour huit membres du personnel). Par conséquent, elle comptabilise un passif égal à 12 jours de congé de maladie.

18 Les droits à absences rémunérées non cumulables ne sont pas reportables : si les droits de la période considérée ne sont pas intégralement utilisés, ils sont perdus et les membres du personnel n'ont pas droit, lors de leur départ de l'entité, au règlement de leurs droits non utilisés. Cela se produit habituellement pour les congés de maladie (dans la mesure où les droits passés non utilisés n'ajoutent rien aux droits futurs), les congés de maternité ou de paternité et les absences rémunérées pour fonctions de juré ou pour service militaire. Tant que l'absence ne s'est pas produite, l'entité ne comptabilise ni passif, ni charge, car la durée de service des membres du personnel n'augmente pas le montant des prestations.

Plans d'intéressement et d'attribution de primes

19 L'entité doit comptabiliser le coût attendu des paiements à effectuer au titre de l'intéressement et des primes conformément au paragraphe 11 si, et seulement si, les conditions suivantes sont réunies :

a) l'entité a une obligation actuelle, juridique ou implicite, d'effectuer ces paiements du fait d'événements passés ; et

b) une estimation fiable de l'obligation peut être effectuée.

Une obligation actuelle existe si, et seulement si, l'entité n'a pas d'autre solution réaliste que d'effectuer les paiements.

20 Dans certains plans d'intéressement, les membres du personnel ne reçoivent une part du bénéfice que s'ils restent un certain temps au service de l'entité. Ces plans créent une obligation implicite, car les membres du personnel rendent des services qui augmentent le montant qui sera à payer s'ils restent au service de l'entité jusqu'à la fin de la période spécifiée. L'évaluation de cette obligation implicite tient compte de la possibilité que certains membres du personnel quittent l'entité sans recevoir une quelconque part du bénéfice.

Exemple illustrant le paragraphe 20

Un plan d'intéressement impose à une entité de payer un pourcentage spécifié de son bénéfice de l'exercice aux membres du personnel ayant travaillé toute l'année. Si aucun membre du personnel ne quitte l'entité en cours d'année, les paiements au titre du plan d'intéressement pour l'exercice totaliseront 3 % du bénéfice. L'entité estime que le taux de rotation du personnel ramènera le montant des paiements à 2,5 % du bénéfice.

L'entité comptabilise un passif et une charge de 2,5 % du bénéfice.

21 Une entité peut n'avoir aucune obligation juridique d'accorder des primes. Il s'agit néanmoins d'une pratique établie dans certaines entités. En pareil cas, l'entité a une obligation implicite, car elle n'a pas d'autre solution réaliste que de payer les primes. L'évaluation de cette obligation mplicite tient compte de la possibilité que certains membres du personnel quittent l'entité sans recevoir de prime.

22 Une entité ne peut effectuer d'estimation fiable de son obligation juridique ou implicite dans le cadre d'un plan d'intéressement ou d'attribution de primes que dans les cas suivants :

a) les dispositions du plan établissent une formule de calcul du montant de la prestation ;

b) l'entité calcule le montant des paiements avant la date d'autorisation de publication des états financiers ; ou

c) les pratiques passées indiquent clairement le montant de l'obligation implicite de l'entité.

23 Les obligations à honorer dans le cadre de plans d'intéressement et d'attribution de primes résultent de l'activité des membres du personnel, et non pas d'opérations avec les propriétaires de l'entité. Par conséquent, l'entité comptabilise le coût des plans d'intéressement et d'attribution de primes non pas comme une distribution de bénéfice, mais comme une charge.

24 Si le règlement intégral des paiements à effectuer au titre de l'intéressement et des primes n'est pas attendu dans les douze mois qui suivent la clôture de l'exercice au cours duquel les membres du personnel ont rendu les services correspondants, ces paiements entrent dans la catégorie des autres avantages à long terme (voir paragraphes 153 à 158).

INFORMATIONS À FOURNIR

25 Bien que la présente norme n'impose pas de fournir des informations spécifiques sur les avantages à court terme, d'autres normes IFRS peuvent l'imposer. Par exemple, la norme IAS 24 impose la communication d'informations sur les avantages accordés aux principaux dirigeants. De même, la norme IAS 1 *Présentation des états financiers* impose des obligations d'information concernant les charges liées aux avantages du personnel.

Avantages postérieurs à l'emploi : distinction entre les régimes à cotisations définies et les régimes à prestations définies

26 Les avantages postérieurs à l'emploi comprennent des avantages tels que les suivants :

a) les prestations de retraite (par exemple, les pensions et les sommes forfaitaires versées à la retraite) ; et

b) les autres avantages postérieurs à l'emploi, comme l'assurance-vie postérieure à l'emploi et la couverture médicale postérieure à l'emploi.

Les accords selon lesquels une entité fournit des avantages postérieurs à l'emploi sont des régimes d'avantages postérieurs à l'emploi. L'entité applique la présente norme à tous les accords de ce type, qu'ils impliquent ou non la création d'une entité distincte pour encaisser les cotisations et payer les prestations.

27 Les régimes d'avantages postérieurs à l'emploi sont classés en régimes à cotisations définies ou en régimes à prestations définies selon la réalité économique du régime, qui ressort de ses principaux termes et conditions.

28 Dans les régimes à cotisations définies, l'obligation juridique ou implicite de l'entité se limite au montant des cotisations qu'elle s'engage à verser au fonds. Ainsi, le montant des avantages postérieurs à l'emploi reçu par le membre du personnel est déterminé par le montant des cotisations versées par l'entité (et peut-être également par le membre du personnel) au régime d'avantages postérieurs à l'emploi ou à la compagnie d'assurance, et par le rendement des placements effectués grâce aux cotisations. Le risque actuariel (risque que les prestations soient moins importantes que prévu) et le risque de placement (risque que les actifs placés ne soient pas suffisants pour assurer le service des prestations prévues) sont donc, en substance, supportés par le membre du personnel.

29 On peut citer comme exemples de cas où l'obligation d'une entité n'est pas limitée au montant des cotisations qu'elle s'engage à verser au fonds ceux où l'entité a une obligation juridique ou implicite du fait :

a) que la formule de calcul des prestations établie par le régime n'est pas liée uniquement au montant des cotisations et qu'elle impose à l'entité de verser des cotisations supplémentaires si les actifs du régime s'avèrent insuffisants pour assurer le service des prestations calculées selon la formule établie par le régime ;

b) qu'il existe une garantie, indirecte (par l'entremise d'un régime) ou directe, quant à l'obtention d'un rendement spécifié sur les cotisations ; ou

c) que des usages donnent lieu à une obligation implicite. Il peut y avoir obligation implicite lorsque, par exemple, une entité a toujours révisé à la hausse les prestations versées aux anciens membres de son personnel pour tenir compte de l'inflation, alors qu'elle n'était pas légalement tenue de le faire.

30 Dans les régimes à prestations définies :

a) l'entité a l'obligation de servir les prestations convenues aux membres de son personnel en activité et aux anciens membres de son personnel ; et

b) l'entité supporte, en substance, le risque actuariel (risque que les prestations coûtent plus cher que prévu) et le risque de placement. Si la réalité, du point de vue actuariel ou des placements, est moins bonne que prévu, l'obligation de l'entité peut s'en trouver majorée.

31 Les paragraphes 32 à 49 expliquent la distinction entre les régimes à cotisations définies et les régimes à prestations définies dans le contexte des régimes multi-employeurs, des régimes à prestations définies dont les risques sont partagés par des entités soumises à un contrôle commun, des régimes généraux et obligatoires et des prestations assurées.

RÉGIMES MULTI-EMPLOYEURS

32 L'entité doit classer un régime multi-employeurs comme régime à cotisations définies ou comme régime à prestations définies, en fonction des caractéristiques du régime (en tenant compte de toute obligation implicite allant au-delà des dispositions du régime).

33 Sauf si le paragraphe 34 s'applique, l'entité qui participe à un régime multi-employeurs à prestations définies doit :

a) comptabiliser sa quote-part de l'obligation au titre des prestations définies, des actifs du régime et des coûts associés au régime comme elle le ferait pour tout autre régime à prestations définies ; et

b) fournir les informations requises par les paragraphes 135 à 148 (à l'exclusion du paragraphe 148 d)).

34 Si elle ne dispose pas d'informations suffisantes pour appliquer à un régime multi-employeurs à prestations définies le traitement comptable réservé aux régimes à prestations définies, l'entité doit :

a) comptabiliser le régime selon les paragraphes 51 et 52 comme s'il s'agissait d'un régime à cotisations définies ; et

b) fournir les informations requises par le paragraphe 148.

35 À titre d'exemple, un régime multi-employeurs à prestations définies peut être un régime :

a) par répartition, c'est-à-dire un régime dans lequel les cotisations sont fixées à un niveau censé être suffisant pour payer les prestations venant à échéance au cours de la période, et où les prestations futures acquises durant l'exercice seront financées par les cotisations futures ; et

b) dans lequel les prestations des membres du personnel sont déterminées en fonction de leur nombre d'années de service et duquel les entités participantes n'ont aucun moyen réaliste de se retirer sans payer une cotisation au titre des prestations accumulées par les membres du personnel jusqu'à la date du retrait. Un régime de ce type fait courir un risque actuariel à l'entité. En effet, si, en fin de compte, le coût des prestations déjà accumulées à la date de clôture se révèle supérieur à celui attendu, l'entité devra soit relever ses cotisations, soit persuader les membres de son personnel d'accepter une réduction de leurs prestations. Un tel régime est donc un régime à prestations définies.

36 Si elle dispose d'informations suffisantes pour ce faire, l'entité qui participe à un régime multi-employeurs à prestations définies comptabilise sa quote-part de l'obligation au titre des prestations définies, des actifs du régime et du coût des avantages postérieurs à l'emploi associé au régime comme elle le ferait pour tout autre régime à prestations définies. Toutefois, il se peut que l'entité soit dans l'incapacité d'établir sa part de la situation financière et des performances du régime d'une manière suffisamment fiable pour pouvoir procéder à la comptabilisation. Cela peut se produire dans les cas suivants :

a) le régime expose les entités participantes aux risques actuariels associés aux membres du personnel (membres en activité et anciens membres) d'autres entités, de sorte qu'il n'existe pas de base cohérente et fiable pour répartir l'obligation, les actifs du régime et les coûts entre les différentes entités participantes ; ou

b) l'entité n'a pas accès à toutes les informations sur le régime que nécessite l'application de la présente norme.

Dans ces cas, l'entité comptabilise le régime comme un régime à cotisations définies et fournit les informations supplémentaires requises par le paragraphe 148.

37 Il peut y avoir entre le régime multi-employeurs et ses participants un accord contractuel qui détermine comment l'excédent du régime sera distribué aux participants ou comment le déficit sera financé. Le participant à un régime multi-employeurs régi par un tel accord qui comptabilise ce régime comme étant un régime à cotisations définies selon le paragraphe 34 doit comptabiliser l'actif ou le passif qui résulte de l'accord contractuel et passer en résultat net le produit ou la charge correspondant.

Exemple illustrant le paragraphe 37

Une entité participe à un régime multi-employeurs à prestations définies qui ne fait pas l'objet d'évaluations conformes à IAS 19. Elle comptabilise donc le régime comme s'il s'agissait d'un régime à cotisations définies. Une évaluation du régime, non conforme à IAS 19, montre que le régime affiche un déficit de 100 millions UM (*). Le régime a convenu par contrat avec les employeurs participants d'un calendrier de cotisations pour résorber ce déficit au cours des cinq prochaines années. Le total des cotisations de l'entité selon le contrat s'élève à 8 millions UM.

L'entité comptabilise au passif le montant des cotisations, ajusté pour tenir compte de la valeur temps de l'argent, ainsi qu'une charge de montant égal en résultat net.

(*) Dans la présente norme, les sommes d'argent sont libellées en « unités monétaires » (UM).

38 Le régime multi-employeurs se distingue du régime à administration groupée. Ce dernier est un simple rassemblement de régimes à employeur unique qui permet aux employeurs qui y participent de mettre leurs actifs ensemble à des fins de placement et de réduire les coûts d'administration et de gestion des placements, tout en conservant des droits de propriété séparés sur ces actifs, pour le seul bénéfice des membres de leur propre personnel. Les régimes à administration groupée ne posent pas de problèmes particuliers de comptabilisation, parce que l'information permettant de les traiter de la même façon que tout autre régime à employeur unique est facilement accessible et que ces régimes n'exposent pas les entités participantes aux risques actuariels associés aux membres du personnel en activité et aux anciens membres du personnel des autres entités. Selon les définitions données dans la présente norme, l'entité est tenue de classer un régime à administration groupée comme un régime à cotisations définies ou comme un régime à prestations définies, en fonction des caractéristiques du régime (en tenant compte de toute obligation implicite allant au-delà des dispositions du régime).

39 En cas de liquidation d'un régime multi-employeurs à prestations définies, ou si l'entité se retire d'un tel régime, celle-ci doit appliquer IAS 37 *Provisions, passifs éventuels et actifs éventuels* pour déterminer quand comptabiliser un passif à cet égard et comment l'évaluer.

RÉGIMES À PRESTATIONS DÉFINIES DONT LES RISQUES SONT PARTAGÉS PAR DIFFÉRENTES ENTITÉS SOUMISES À UN CONTRÔLE COMMUN

40 Les régimes à prestations définies dont les risques sont partagés par des entités soumises à un contrôle commun, par exemple une société mère et ses filiales, ne sont pas des régimes multi-employeurs.

41 L'entité qui participe à un tel régime doit obtenir des informations relatives au régime dans son ensemble, évalué selon la présente norme sur la base d'hypothèses qui s'appliquent au régime dans son ensemble. Si un accord contractuel ou une politique déclarée prévoit la facturation, aux différentes entités du groupe, du coût net des prestations définies pour le régime dans son ensemble évalué selon la présente norme, l'entité doit comptabiliser dans ses états financiers individuels le coût net des prestations définies ainsi facturées. En l'absence d'un tel accord ou d'une telle politique, le coût net des prestations définies doit être comptabilisé dans les états financiers individuels de l'entité qui, dans le groupe, est légalement l'employeur finançant le régime. Les autres entités du groupe doivent comptabiliser dans leurs états financiers individuels un coût égal à leur cotisation exigible pour la période.

42 La participation à un tel régime constitue, pour chaque entité du groupe, une transaction entre parties liées. Dès lors, l'entité doit fournir dans ses états financiers individuels les informations requises par le paragraphe 149.

RÉGIMES GÉNÉRAUX ET OBLIGATOIRES

43 L'entité doit comptabiliser un régime général et obligatoire de la même manière qu'un régime multi-employeurs (voir paragraphes 32 à 39).

44 Les régimes généraux et obligatoires sont établis par des dispositions légales ou réglementaires pour couvrir toutes les entités (ou toutes les entités d'une catégorie donnée, par exemple d'un secteur d'activité) et sont gérés par une autorité publique au niveau national ou régional ou par un autre organisme (par exemple, une agence autonome spécialement créée à cette fin) non assujetti au contrôle ou à l'influence de l'entité présentant l'information financière. Certains régimes établis par une entité prévoient à la fois des prestations obligatoires se substituant aux prestations qui, autrement, seraient couvertes par un régime général et obligatoire, et des prestations complémentaires facultatives. Les régimes de ce type ne sont pas des régimes généraux et obligatoires.

45 Les régimes généraux et obligatoires sont des régimes à prestations définies ou des régimes à cotisations définies, selon l'obligation qui en résulte pour l'entité. La plupart du temps, il s'agit de régimes par répartition, c'est-à-dire que les cotisations sont fixées à un niveau censé être suffisant pour servir les prestations venant à échéance au cours de la période, et que les prestations futures accumulées durant la période seront financées par les cotisations futures. Néanmoins, dans la plupart des régimes généraux et obligatoires, l'entité n'a aucune obligation juridique ou implicite de payer ces prestations futures ; sa seule obligation est d'acquitter les cotisations lorsqu'elles deviennent exigibles, et, si elle cesse d'employer des affiliés au régime, elle n'a pas l'obligation de payer les prestations accumulées par les membres de son personnel au cours des années antérieures. C'est pourquoi les régimes généraux et obligatoires sont normalement des régimes à cotisations définies. Toutefois, s'il se trouve qu'un régime général et obligatoire est un régime à prestations définies, l'entité applique les paragraphes 32 à 39.

PRESTATIONS ASSURÉES

46 Il se peut que l'entité paye les primes d'un contrat d'assurance souscrit pour financer un régime d'avantages postérieurs à l'emploi. Elle doit alors comptabiliser le régime comme un régime à cotisations définies, à moins qu'elle ait (soit directement, soit indirectement via le régime) une obligation juridique ou implicite :

a) soit de payer directement les prestations aux membres du personnel à leur date d'exigibilité ; ou

b) soit d'effectuer des paiements complémentaires, si l'assureur ne paye pas toutes les prestations futures liées aux services rendus par les membres du personnel sur la période considérée et les périodes antérieures.

Si l'entité a une telle obligation juridique ou implicite, elle doit comptabiliser le régime comme un régime à prestations définies.

47 Il n'est pas nécessaire que les prestations assurées par un contrat d'assurance soient directement ou automatiquement liées à l'obligation de l'entité au titre des avantages du personnel. Les régimes d'avantages postérieurs à l'emploi faisant intervenir un contrat d'assurance sont soumis à la même distinction entre comptabilisation et financement que les autres régimes financés.

48 Lorsque l'entité finance une obligation au titre d'avantages postérieurs à l'emploi par la souscription d'un contrat d'assurance selon lequel elle conserve une obligation juridique ou implicite (soit directement, soit indirectement, via le régime, via le mécanisme de fixation des primes futures ou parce que l'assureur est une partie liée), le paiement des primes ne peut être assimilé à un régime à cotisations définies. Il s'ensuit que l'entité :

a) comptabilise un contrat d'assurance éligible en tant qu'actif du régime (voir paragraphe 8) ; et

b) comptabilise tout autre contrat d'assurance en tant que droit au remboursement (si le contrat satisfait au critère énoncé au paragraphe 116).

49 Lorsqu'un contrat d'assurance est souscrit au nom d'un adhérent ou d'un groupe d'adhérents au régime et que l'entité n'a pas d'obligation juridique ou implicite de combler les pertes sur le contrat, elle n'a pas l'obligation de payer

les prestations aux membres du personnel, le paiement de celles-ci relevant de la seule responsabilité de l'assureur. Le paiement de primes fixes en application d'un tel contrat correspond en substance au règlement de l'obligation au titre des avantages du personnel et non à un placement destiné à satisfaire à cette obligation. En conséquence, l'entité n'a plus ni actif ni passif. Elle comptabilise donc ses paiements comme des cotisations à un régime à cotisations définies.

Avantages postérieurs à l'emploi : régimes à cotisations définies

50 La comptabilisation des régimes à cotisations définies est simple, car l'obligation de l'entité présentant l'information financière au titre d'une période est déterminée par les cotisations à payer pour la période. Par conséquent, aucune hypothèse actuarielle n'est nécessaire pour évaluer l'obligation ou la dépense, et il ne peut pas y avoir d'écarts actuariels. En outre, l'obligation est évaluée sur une base non actualisée, sauf si son règlement intégral n'est pas attendu dans les douze mois qui suivent la clôture de l'exercice au cours duquel les membres du personnel ont rendu les services correspondants.

COMPTABILISATION ET ÉVALUATION

51 Lorsqu'un membre du personnel a rendu des services à l'entité au cours de la période, l'entité doit comptabiliser les cotisations à payer à un régime à cotisations définies en échange de ces services :

a) au passif (charge à payer), après déduction des cotisations déjà payées, le cas échéant. Si le montant des cotisations déjà payées est supérieur au montant des cotisations exigibles pour les services rendus avant la date de clôture, l'entité doit comptabiliser l'excédent à l'actif (charge payée d'avance) dans la mesure où le paiement d'avance conduira, par exemple, à une diminution des paiements futurs ou à un remboursement en trésorerie ;

b) en charges, à moins qu'une autre norme IFRS n'impose ou n'autorise l'incorporation de ces cotisations dans le coût d'un actif (voir, par exemple, IAS 2 et IAS 16).

52 Si le règlement intégral des cotisations au régime à cotisations définies n'est pas attendu dans les douze mois qui suivent la clôture de l'exercice au cours duquel les membres du personnel ont rendu les services correspondants, les cotisations doivent être actualisées à l'aide du taux d'actualisation défini au paragraphe 83.

INFORMATIONS À FOURNIR

53 L'entité doit indiquer le montant comptabilisé en charges pour les régimes à cotisations définies.

54 Lorsque la norme IAS 24 l'impose, l'entité fournit des informations sur les cotisations versées à des régimes à cotisations définies pour ses principaux dirigeants.

Avantages postérieurs à l'emploi : régimes à prestations définies

55 La comptabilisation des régimes à prestations définies est complexe du fait que des hypothèses actuarielles sont nécessaires pour évaluer l'obligation et la charge et qu'il peut y avoir des écarts actuariels. De plus, les obligations sont évaluées sur une base actualisée, car elles peuvent être réglées de nombreuses années après que les membres du personnel ont rendu les services correspondants.

COMPTABILISATION ET ÉVALUATION

56 Les régimes à prestations définies peuvent être des régimes non financés ou des régimes intégralement ou partiellement financés par les cotisations versées par l'entité présentant l'information financière, et parfois aussi par les membres de son personnel, à une entité ou à un fonds juridiquement distinct, qui verse les prestations aux bénéficiaires. Le versement des prestations financées venant à échéance dépend non seulement de la situation financière du fonds et du rendement de ses placements, mais également de la capacité de l'entité (et de son consentement) à combler une insuffisance des actifs du fonds, le cas échéant. Les risques actuariels et de placement liés au régime sont donc, en substance, supportés par l'entité. En conséquence, la charge comptabilisée pour un régime à prestations définies ne correspond pas nécessairement au montant de la cotisation exigible pour la période.

57 La comptabilisation des régimes à prestations définies implique pour l'entité :

a) qu'elle détermine le montant du déficit ou de l'excédent, ce qui exige :

i) d'utiliser une méthode actuarielle (la méthode des unités de crédit projetées) pour estimer de façon fiable le coût qu'assumera au final l'entité pour les prestations accumulées par les membres de son personnel en contrepartie des services rendus sur la période considérée et les périodes antérieures (voir paragraphes 67 à 69). Cela suppose qu'elle détermine le montant des prestations imputables à la période considérée et aux périodes antérieures (voir paragraphes 70 à 74) et qu'elle fasse des estimations (hypothèses actuarielles) quant à certaines variables démographiques (telles que la rotation du personnel et le taux de mortalité) et financières (telles que les augmentations futures des salaires et des coûts médicaux) qui influeront sur le coût des prestations (voir paragraphes 75 à 98),

ii) d'actualiser ces prestations afin de déterminer la valeur actuelle de l'obligation au titre des prestations définies et le coût des services rendus au cours de la période (voir paragraphes 67 à 69 et 83 à 86),

iii) de déduire la juste valeur des actifs du régime (voir paragraphes 113 à 115) de la valeur actuelle de l'obligation au titre des prestations définies ;

b) qu'elle détermine le montant du passif (de l'actif) net au titre des prestations définies à partir du montant du déficit ou de l'excédent déterminé en (a), ajusté pour tenir compte de l'effet limitatif qu'a le plafond d'actif sur le montant de l'actif net au titre des prestations définies (voir paragraphe 64) ;

c) qu'elle détermine les montants à comptabiliser en résultat net pour :

i) le coût des services rendus au cours de la période (voir paragraphes 70 à 74 et paragraphe 122A),

ii) le coût des services passés et le profit ou la perte résultant d'une liquidation, le cas échéant (voir paragraphes 99 à 112),

iii) les intérêts nets sur le passif (l'actif) net au titre des prestations définies (voir paragraphes 123 à 126) ;

d) qu'elle détermine les réévaluations du passif (de l'actif) net au titre des prestations définies à comptabiliser en autres éléments du résultat global. Ces réévaluations comprennent :

i) les écarts actuariels (voir paragraphes 128 et 129),

ii) le rendement des actifs du régime, à l'exclusion des montants pris en compte dans le calcul des intérêts nets sur le passif (l'actif) net au titre des prestations définies (voir paragraphe 130), et

iii) toute variation de l'effet du plafond d'actif (voir paragraphe 64), à l'exclusion des montants pris en compte dans le calcul des intérêts nets sur le passif (l'actif) net au titre des prestations définies.

Lorsqu'une entité a plusieurs régimes à prestations définies, elle applique ces dispositions séparément à chaque régime significatif.

58 L'entité doit déterminer le passif (l'actif) net au titre des prestations définies avec une régularité suffisante pour que les montants comptabilisés dans ses états financiers ne diffèrent pas de manière significative des montants qui seraient déterminés à la date de clôture.

59 La présente norme encourage les entités (sans toutefois le leur imposer) à faire appel à un actuaire qualifié pour évaluer toute obligation significative au titre des avantages postérieurs à l'emploi. Pour des raisons pratiques, une entité peut demander à l'actuaire d'effectuer une évaluation détaillée de cette obligation avant la clôture de la période. Les résultats de cette évaluation doivent toutefois être corrigés pour tenir compte des transactions et autres changements significatifs (notamment des variations de prix de marché et de taux d'intérêt) intervenus jusqu'à la fin de cette période.

60 Dans certains cas, des estimations, des moyennes et des calculs simplifiés peuvent fournir une approximation fiable des calculs détaillés décrits dans la présente norme.

COMPTABILISATION D'UNE OBLIGATION IMPLICITE

61 L'entité doit comptabiliser non seulement l'obligation juridique ressortant des dispositions du régime à prestations définies, mais aussi toute obligation implicite découlant de ses usages. Les usages donnent lieu à une obligation implicite lorsque l'entité n'a pas d'autre solution réaliste que de payer les avantages du personnel. Il y a par exemple obligation implicite lorsqu'un changement dans les usages de l'entité entraînerait une dégradation inacceptable de ses relations avec le personnel.

62 Il arrive que les dispositions d'un régime à prestations définies autorisent l'entité à mettre fin à son obligation résultant du régime. Or, il est généralement difficile pour une entité de mettre fin à cette obligation (sans paiement) si elle veut conserver son personnel. Par conséquent, en l'absence d'indication contraire, la comptabilisation des avantages postérieurs à l'emploi suppose que l'entité qui promet actuellement d'accorder ces avantages continuera à le faire pendant le reste de la vie active de son personnel.

ÉTAT DE LA SITUATION FINANCIÈRE

63 L'entité doit comptabiliser dans l'état de la situation financière le passif (l'actif) net au titre des prestations définies.

64 Lorsque le régime à prestations définies présente un excédent, l'entité doit évaluer l'actif net au titre des prestations définies au plus faible des deux montants suivants :

a) l'excédent du régime ; et

b) le plafond d'actif, déterminé par application du taux d'actualisation défini au paragraphe 83.

65 Il peut exister un actif net au titre des prestations définies lorsque le régime à prestations définies est surfinancé ou qu'il y a eu des gains actuariels. L'entité comptabilise alors un actif net au titre des prestations définies, car :

a) elle contrôle une ressource, à savoir la capacité d'utiliser l'excédent pour générer des avantages futurs ;

b) ce contrôle est le résultat d'événements passés (cotisations versées par l'entité et services rendus par les membres du personnel) ; et

c) l'entité peut en attendre des avantages économiques futurs sous la forme d'une diminution de ses cotisations futures ou d'un remboursement en trésorerie, soit directement, soit indirectement par affectation à un régime en déficit. Le plafond d'actif correspond à la valeur actuelle de ces avantages économiques futurs.

COMPTABILISATION ET ÉVALUATION : VALEUR ACTUELLE DES OBLIGATIONS AU TITRE DES PRESTATIONS DÉFINIES ET COÛT DES SERVICES RENDUS AU COURS DE LA PÉRIODE

66 De nombreuses variables, comme les salaires de fin de carrière, la rotation du personnel, la mortalité, les cotisations versées par les membres du personnel et l'évolution des coûts médicaux, peuvent influer sur le coût final d'un régime à prestations définies. Ce coût final est incertain et l'incertitude est susceptible de durer longtemps. Pour pouvoir évaluer la valeur actuelle des obligations au titre des avantages postérieurs à l'emploi et le coût correspondant des services rendus au cours de la période, il faut :

a) appliquer une méthode d'évaluation actuarielle (voir paragraphes 67 à 69) ;

b) rattacher les droits à prestations aux périodes de service (voir paragraphes 70 à 74) ; et

c) faire des hypothèses actuarielles (voir paragraphes 75 à 98).

➡ Méthode d'évaluation actuarielle

67 L'entité doit utiliser la méthode des unités de crédit projetées pour déterminer la valeur actuelle de ses obligations au titre des prestations définies, le coût correspondant des services rendus au cours de la période et, le cas échéant, le coût des services passés.

68 Selon la méthode des unités de crédit projetées (parfois appelée méthode de répartition des prestations au prorata des services, ou méthode des prestations par année de service), chaque période de service donne lieu à une unité de droits à prestations additionnelle (voir paragraphes 70 à 74) et chacune de ces unités est évaluée séparément pour obtenir l'obligation finale (voir paragraphes 75 à 98).

Exemple illustrant le paragraphe 68

Une prestation forfaitaire égale à 1 % du salaire de fin de carrière par année de service est payable au moment du départ en retraite. Le salaire de l'année 1 est de 10 000 UM et est présumé augmenter chaque année au taux (composé) de 7 %. Le taux d'actualisation utilisé est de 10 % par an. Le tableau suivant montre comment s'accumule l'obligation pour une personne qui est censée partir à la fin de l'année 5, à supposer que les hypothèses actuarielles ne changent pas. Dans un souci de simplicité, cet exemple ne tient pas compte de l'ajustement supplémentaire à opérer pour refléter la probabilité que la personne parte à une date antérieure ou ultérieure.

Année	1	2	3	4	5
	UM	UM	UM	UM	UM
Droits à prestation rattachés :					
- aux années antérieures	0	131	262	393	524
- à l'année considérée (1 % du salaire de fin de carrière)	131	131	131	131	131
- cumul	131	262	393	524	655
Obligation à l'ouverture	–	89	196	324	476
Intérêts calculés au taux de 10 %	–	9	20	33	48
Coût des services rendus au cours de la période	89	98	108	119	131
Obligation à la clôture	89	196	324	476	655

Remarques :

1 L'obligation à l'ouverture est la valeur actuelle des droits à prestations rattachés aux années antérieures.

2 Le coût des services rendus au cours de la période est la valeur actuelle des droits à prestations rattachés à l'année considérée.

3 L'obligation à la clôture est la valeur actuelle des droits à prestations rattachés à l'année considérée et aux années antérieures.

69 L'entité actualise l'intégralité de l'obligation au titre des avantages postérieurs à l'emploi, même si le règlement d'une partie de l'obligation est prévu dans les douze mois qui suivent la date de clôture.

➡ Rattachement des droits à prestations aux périodes de service

70 Lorsqu'elle détermine la valeur actuelle de ses obligations au titre des prestations définies, le coût des services rendus au cours de la période et, le cas échéant, le coût des services passés, l'entité doit rattacher les droits à prestations aux périodes de service selon la formule de calcul des prestations établie par le régime. Toutefois, si les services rendus au cours des années les plus tardives aboutissent à un niveau de droits à prestations significativement supérieur à celui des premières années, l'entité doit répartir les droits à prestations de manière linéaire sur l'intervalle entre :

a) la date à laquelle les services rendus par le membre du personnel ont commencé à générer des droits à prestations en vertu du régime (que ceux-ci soient ou non subordonnés à la prestation de services ultérieurs) ; et

b) la date à laquelle les services ultérieurs rendus par le membre du personnel cessent de générer des droits à prestations additionnelles d'un montant significatif dans le cadre du régime, autre que ce qui pourrait résulter d'augmentations de salaire futures.

71 Selon la méthode des unités de crédit projetées, l'entité rattache les droits à prestations à la période considérée (pour déterminer le coût des services rendus au cours de la période) et à la période considérée et aux périodes antérieures (pour déterminer la valeur actuelle de l'obligation au titre des prestations définies). Elle doit rattacher les droits à prestations aux périodes au cours desquelles naît une obligation de fournir des avantages postérieurs à l'emploi. Cette obligation naît du fait que le personnel rend des services en échange d'avantages postérieurs à l'emploi, que l'entité s'attend à devoir payer au cours de futurs exercices. Les méthodes actuarielles permettent à l'entité d'évaluer cette obligation avec une fiabilité suffisante pour justifier la comptabilisation d'un passif.

Exemples illustrant le paragraphe 71

1. Un régime à prestations définies prévoit une prestation forfaitaire de 100 UM pour chaque année de service, payable lors du départ en retraite.

Un droit à prestations de 100 UM est rattaché à chaque année de service. Le coût des services rendus au cours de la période est la valeur actuelle de 100 UM. La valeur actuelle de l'obligation au titre des prestations définies est la valeur actuelle de 100 UM multipliée par le nombre d'années de service écoulées jusqu'à la fin de l'exercice.

Si la prestation est payable dès que le membre du personnel quitte l'entité, le coût des services rendus au cours de la période et la valeur actuelle de l'obligation au titre des prestations définies tiennent compte de la date à laquelle il est censé partir. Du fait de l'actualisation, ces montants sont inférieurs aux montants qui seraient déterminés si la personne quittait l'entité à la fin de la période concernée.

2. Un régime prévoit le paiement d'une pension mensuelle égale à 0,2 % du salaire de fin de carrière pour chaque année de service. Cette pension est payable à partir de 65 ans.

À chaque année de service est rattachée une prestation égale à la valeur actuelle, à la date prévue du départ en retraite, d'une pension mensuelle de 0,2 % du salaire estimé de fin de carrière, et payable entre la date prévue du départ en retraite et la date prévue du décès. Le coût des services rendus au cours de la période est la valeur actuelle de cette prestation. La valeur actuelle de l'obligation au titre des prestations définies est la valeur actuelle des pensions mensuelles de 0,2 % du salaire de fin de carrière, multipliée par le nombre d'années de service jusqu'à la date de clôture. Le coût des services rendus au cours de la période et la valeur actuelle de l'obligation au titre des prestations définies sont actualisés, puisque le versement de la pension commence à 65 ans.

72 Dans le cas d'un régime à prestations définies, les services rendus par un membre du personnel génèrent une obligation même si les droits à prestations sont soumis à une condition de poursuite de l'emploi (autrement dit, même s'ils ne sont pas acquis). Les années de service antérieures à la date d'acquisition des droits génèrent une obligation implicite parce qu'à la fin de chaque période comptable, le nombre d'années de service que le membre du personnel doit encore effectuer avant d'avoir droit aux prestations diminue. Lorsqu'elle évalue son obligation au titre des prestations définies, l'entité tient compte de la probabilité que certains membres du personnel ne réunissent pas les conditions requises pour l'acquisition des droits. Par ailleurs, même si certains avantages postérieurs à l'emploi, par exemple la couverture médicale postérieure à l'emploi, ne sont dus que si un événement spécifié se produit quand le membre du personnel n'est plus en activité, une obligation naît dès lors que le membre du personnel rend des services qui lui donneront droit à la prestation si l'événement spécifié se produit. La probabilité que cet événement se produise influe sur l'évaluation de l'obligation, mais ne détermine pas son existence.

Exemples illustrant le paragraphe 72

1. Un régime prévoit le paiement d'une prestation de 100 UM pour chaque année de service. La prestation n'est acquise qu'après dix années de service.

Un droit à prestations de 100 UM est rattaché à chaque année de service. Pour chacune des dix premières années, le coût des services rendus au cours de la période et la valeur actuelle de l'obligation reflètent la probabilité que le membre du personnel n'achève pas ses dix années de service.

2. Un régime prévoit le paiement d'une prestation de 100 UM pour chaque année de service, à l'exclusion des années de service effectuées avant l'âge de 25 ans. Les prestations sont acquises immédiatement.

Aucune charge n'est rattachée aux années de service effectuées avant l'âge de 25 ans, puisqu'aucune prestation n'est payée pour les services rendus avant cette date. Un droit à prestations de 100 UM est rattaché à chacune des années ultérieures.

73 L'obligation s'accroît jusqu'à la date à laquelle la poursuite de l'activité du membre du personnel cesse de générer un montant significatif de prestations additionnelles. Par conséquent, tous les droits à prestations sont rattachés aux périodes closes au plus tard à cette date. La répartition des droits entre les différentes périodes se fait selon la formule de calcul des prestations établie par le régime. Toutefois, si les services rendus au cours des années les plus tardives aboutissent à un niveau de droits à prestations significativement supérieur à celui des premières années, l'entité doit répartir les droits à prestations de manière linéaire jusqu'à la date à laquelle les services additionnels rendus par le membre du personnel cessent de générer des prestations additionnelles d'un montant significatif. En effet, c'est la durée totale de service du membre du personnel qui lui permet d'atteindre ce niveau supérieur de droits à prestations.

Exemples illustrant le paragraphe 73

1. Un régime prévoit le paiement d'une prestation forfaitaire de 1 000 UM, qui est acquise après dix années de service. Le régime ne prévoit aucun autre droit à prestations pour les années de service ultérieures.

Un droit à prestations de 100 UM (1 000 UM ÷ 10) est rattaché à chacune des dix premières années.

Le coût des services rendus au cours de la période pour chacune des dix premières années tient compte de la probabilité que le membre du personnel n'atteigne pas dix années de service. Aucun droit à prestations n'est rattaché aux années ultérieures.

2. Un régime prévoit le paiement d'une prestation forfaitaire de retraite de 2 000 UM à tous les membres du personnel qui sont encore en activité à 55 ans après vingt ans de service, ou qui sont encore en activité à 65 ans, quel que soit leur nombre d'années de service.

Pour les membres du personnel engagés avant l'âge de 35 ans, leur activité commence à générer des droits à prestations en vertu du régime lorsqu'ils atteignent 35 ans (un membre du personnel pourrait cesser son activité à 30 ans et la reprendre à 33 ans sans que cela ait d'incidence sur le montant de ses droits à prestations ou sur leur calendrier). Ces droits à prestations sont subordonnés à la prestation de services ultérieurs. Par ailleurs, la poursuite de l'activité au-delà de 55 ans ne générera pas un montant significatif de prestations additionnelles. Pour ces membres du personnel, l'entité rattache un droit à prestations de 100 UM (2 000 UM ÷ par 20) à chacune des années de 35 à 55 ans.

Pour un membre du personnel engagé à 55 ans, la poursuite de l'activité au-delà d'une période de dix ans ne générera pas un montant significatif de prestations additionnelles. Pour ce membre du personnel, l'entité rattache un droit à prestations de 200 UM (2 000 UM ÷ 10) à chacune des dix premières années.

Pour tous les membres du personnel, le coût des services rendus au cours de la période et la valeur actuelle de l'obligation tiennent compte de la probabilité qu'ils n'atteignent pas la durée de service requise.

3. Un régime de couverture médicale postérieure à l'emploi prévoit le remboursement de 40 % des frais médicaux de tout membre du personnel après l'emploi s'il quitte l'entité après plus de dix années et moins de vingt années de service, et de 50 % s'il la quitte après vingt années ou plus de service.

Selon la formule de calcul des prestations établie par le régime, l'entité rattache 4 % de la valeur actuelle des coûts médicaux prévus (40 % ÷ 10) à chacune des dix premières années, et 1 % (10 % ÷ 10) à chacune des dix années suivantes. Pour chaque année, le coût des services rendus au cours de la période tient compte de la probabilité que le membre du personnel n'atteigne pas la durée de service requise pour gagner tout ou partie des droits à prestations. Aucun droit à prestations n'est attribué aux membres du personnel que l'entité s'attend à voir partir dans les dix ans.

4. Un régime de couverture médicale postérieure à l'emploi prévoit le remboursement de 10 % des frais médicaux de tout membre du personnel après l'emploi s'il quitte l'entité après plus de dix années et moins de vingt années de service, et de 50 % s'il la quitte après vingt années ou plus de service.

Les années de service les plus tardives généreront un niveau de droits à prestations significativement supérieur à celui des premières années. En conséquence, pour les membres du personnel qu'elle s'attend à voir partir au bout de vingt ans ou plus, l'entité répartit les droits à prestations sur une base linéaire, selon le paragraphe 71. La poursuite de l'activité au-delà de vingt ans ne générera pas un montant significatif de prestations additionnelles. Par conséquent, le droit à prestations rattaché à chacune des vingt premières années est égal à 2,5 % de la valeur actuelle des frais médicaux prévus (50 % ÷ 20).

Pour les membres du personnel qu'elle s'attend à voir partir après dix ans, mais avant vingt ans de service, le droit à prestations rattaché à chacune des dix premières années est égal à 1 % de la valeur actuelle des frais médicaux prévus.

Aucun droit à prestations n'est rattaché au temps de service compris entre la fin de la dixième année et la date estimée du départ pour ces membres du personnel.

Aucun droit à prestations n'est attribué aux membres du personnel que l'entité s'attend à voir partir dans les dix ans.

74 Lorsque le montant de la prestation est égal à un pourcentage constant du salaire de fin de carrière pour chaque année de service, les augmentations de salaire futures auront une incidence sur le montant de l'obligation au titre des services rendus avant la date de clôture, mais ne créeront pas d'obligation supplémentaire. Par conséquent :

a) aux fins du paragraphe 70 b), les augmentations de salaire ne génèrent pas de droits à prestations additionnelles, même si le montant des prestations est fonction du salaire de fin de carrière ; et

b) le montant du droit à prestations rattaché à chaque période représente une proportion constante du salaire auquel est liée la prestation.

Exemple illustrant le paragraphe 74

Les membres du personnel ont droit à une prestation de 3 % du salaire de fin de carrière pour chaque année de service effectuée avant l'âge de 55 ans.

Un droit à prestations de 3 % du salaire de fin de carrière estimé est rattaché à chaque année de service jusqu'à l'âge de 55 ans, c'est-à-dire la date à compter de laquelle la poursuite de l'activité du membre du personnel cessera de générer un montant significatif de prestations additionnelles dans le cadre du régime. Passé cet âge, aucun droit à prestations n'est rattaché aux années de service.

Hypothèses actuarielles

75 Les hypothèses actuarielles doivent être objectives et mutuellement compatibles.

76 Les hypothèses actuarielles sont les meilleures estimations faites par l'entité des variables qui détermineront le coût final des avantages postérieurs à l'emploi. Elles comprennent :

a) des hypothèses démographiques relatives aux caractéristiques futures des membres du personnel en activité et des anciens membres du personnel (et des personnes à leur charge) réunissant les conditions requises pour bénéficier des avantages. Ces hypothèses démographiques portent sur des éléments tels que les suivants :
- i) la mortalité (voir paragraphes 81 et 82),
- ii) les taux de rotation du personnel, d'invalidité et de retraite anticipée,
- iii) la proportion des participants au régime ayant des personnes à charge qui auront droit aux prestations,
- iv) la proportion des participants au régime qui choisiront chacune des options de paiement offertes en vertu des dispositions du régime, et
- v) les taux de demandes d'indemnisation en vertu de régimes de santé ;

b) des hypothèses financières, qui portent sur des éléments tels que les suivants :
- i) le taux d'actualisation (voir paragraphes 83 à 86),
- ii) les niveaux de prestations (à l'exclusion des coûts des prestations assumés par les membres du personnel) et les salaires futurs (voir paragraphes 87 à 95),
- iii) en cas de couverture médicale, les coûts médicaux futurs, y compris les coûts d'administration des demandes (c'est-à-dire les coûts qui seront supportés lors du traitement et du règlement des demandes, y compris les honoraires juridiques et les honoraires d'experts) (voir paragraphes 96 à 98), et
- iv) les impôts à payer par le régime sur les cotisations relatives aux services rendus avant la date de clôture ou sur les prestations qui en résultent.

77 Les hypothèses actuarielles sont objectives si elles ne sont ni imprudentes ni d'une prudence excessive.

78 Les hypothèses actuarielles sont mutuellement compatibles si elles reflètent les rapports économiques existant entre les facteurs tels que l'inflation, les taux d'augmentation des salaires et les taux d'actualisation. À titre d'exemple, toutes les hypothèses qui dépendent d'un taux d'inflation futur particulier (comme celles relatives aux taux d'intérêt et aux augmentations des salaires et des prestations) supposent le même niveau d'inflation pour cette période.

79 L'entité détermine le taux d'actualisation et les autres hypothèses financières en prix courants (coûts nominaux), sauf si les estimations en prix constants (indexés) sont plus fiables, comme dans une économie hyperinflationniste (voir IAS 29 *Information financière dans les économies hyperinflationnistes*) ou si la prestation est indexée et s'il existe un marché profond pour les obligations indexées de même durée dans la même monnaie.

80 Les hypothèses financières doivent être établies sur la base des attentes du marché à la date de clôture, pour la période au cours de laquelle les obligations seront à régler.

Hypothèses actuarielles : mortalité

81 L'entité doit établir ses hypothèses portant sur la mortalité en fonction de sa meilleure estimation des taux de mortalité chez les participants au régime, pendant et après l'emploi.

82 Pour estimer le coût final de l'avantage du personnel, l'entité tient compte de l'évolution attendue de la mortalité, par exemple en modifiant les tables de mortalité actuelles pour y intégrer les estimations relatives au recul de la mortalité.

➠ Hypothèses actuarielles : taux d'actualisation

83 Le taux à appliquer pour actualiser les obligations au titre d'avantages postérieurs à l'emploi (que les régimes soient financés ou non) doit être déterminé par référence aux taux de rendement, à la fin de la période concernée, du marché des obligations d'entreprise de haute qualité. Dans le cas d'une monnaie pour laquelle il n'existe pas de marché profond pour ce type d'obligations, il faut se référer aux taux de rendement (à la date de clôture) du marché des obligations d'État libellées dans cette monnaie. La monnaie et la durée de ces obligations d'entreprise ou de ces obligations d'État doivent correspondre à la monnaie et à la durée estimée des obligations au titre des avantages postérieurs à l'emploi.

84 L'hypothèse actuarielle relative au taux d'actualisation a un effet significatif. Le taux d'actualisation reflète la valeur temps de l'argent, mais il ne reflète ni le risque actuariel ni le risque de placement. De plus, ce taux d'actualisation ne reflète pas le risque de crédit spécifique à l'entité auquel s'exposent ses créanciers ; il ne reflète pas non plus le risque que les données réelles futures diffèrent des hypothèses actuarielles.

85 Le taux d'actualisation reflète le calendrier estimé de versement des prestations. En pratique, les entités appliquent souvent un taux d'actualisation unique, moyen et pondéré, qui reflète leurs estimations quant au calendrier et au montant des versements, ainsi que la monnaie dans laquelle les prestations doivent être versées.

86 Dans certains cas, il se peut qu'il n'existe pas de marché profond d'obligations d'une échéance suffisamment longue pour correspondre à l'échéance estimée de tous les avantages au personnel. En pareil cas, l'entité utilise les taux d'intérêt actuels du marché correspondant à l'échéance appropriée pour actualiser ses paiements à court terme, et estime le taux d'actualisation à appliquer aux échéances plus lointaines en extrapolant les taux d'intérêt actuels du marché à l'aide de la courbe des taux. Il est peu probable que la valeur actuelle totale d'une obligation au titre de prestations définies soit particulièrement sensible au taux d'actualisation appliqué à la part des prestations payable au-delà des dates d'échéance les plus lointaines des obligations de sociétés ou des obligations d'État.

➠ Hypothèses actuarielles : salaires, droits à prestations et coûts médicaux

87 L'entité doit évaluer ses obligations au titre des prestations définies sur une base reflétant :

a) les droits à prestations selon les dispositions du régime (ou résultant de toute obligation implicite allant au-delà de ces dispositions) à la date de clôture ;

b) les augmentations de salaire futures estimées qui influent sur les prestations à payer ;

c) l'effet du plafonnement éventuel de la part du coût des avantages futurs qui est à la charge de l'employeur ;

d) les cotisations des membres du personnel ou de tiers qui diminuent le coût final des avantages pour l'entité ; et

e) l'estimation de changements futurs du niveau des prestations d'un régime général et obligatoire qui influent sur les prestations à payer au titre du régime à prestations définies, si, et seulement si :
i) ces changements ont été adoptés avant la date de clôture, ou
ii) des données historiques ou d'autres indications fiables montrent que les prestations du régime général et obligatoire évolueront d'une manière prévisible, par exemple qu'elles suivront l'indice général des prix ou l'indice général des salaires.

88 Les hypothèses actuarielles tiennent compte des changements futurs touchant les prestations qui sont énoncés dans les dispositions du régime (ou qui découlent d'une obligation implicite allant au-delà de ces dispositions) à la date de clôture. C'est le cas, par exemple, dans les situations suivantes :

a) l'entité a l'habitude de procéder à des augmentations de prestations, par exemple pour atténuer les effets de l'inflation, et rien n'indique que cette pratique va changer ;

b) l'entité est tenue, par les dispositions du régime (ou une obligation implicite allant au-delà de ces dispositions) ou par des dispositions légales ou réglementaires, d'utiliser tout excédent du régime au profit des participants (voir paragraphe 108 c)) ; ou

c) les prestations varient en fonction de l'atteinte d'un objectif de performance ou d'autres critères. Par exemple, les dispositions du régime peuvent prévoir le paiement de prestations réduites ou le versement de cotisations supplémentaires par les membres du personnel si les actifs du régime s'avèrent insuffisants. L'évaluation de l'obligation reflète la meilleure estimation de l'effet de l'objectif de performance ou des autres critères.

89 Les hypothèses actuarielles ne tiennent pas compte de changements futurs touchant les prestations qui ne sont pas énoncés dans les dispositions du régime (ou qui ne découlent pas d'une obligation implicite) à la date de clôture. Par suite d'un tel changement, il y aura :

a) un coût des services passés, dans la mesure où le changement aura une incidence sur les prestations au titre de services antérieurs à sa survenue ; et

b) un coût des services rendus sur les périodes postérieures au changement, dans la mesure où celui-ci aura une incidence sur les prestations au titre de services postérieurs à sa survenue.

90 Les estimations des augmentations de salaire futures prennent en compte l'inflation, l'ancienneté, les promotions et d'autres facteurs pertinents, comme l'offre et la demande sur le marché de l'emploi.

91 Dans certains régimes à prestations définies, le montant des cotisations qu'une entité est tenue de verser est plafonné. Le coût final des avantages tient compte de l'effet de ce plafonnement des cotisations. Cet effet est calculé sur la plus courte des deux périodes suivantes :

a) la durée de vie estimée de l'entité ; et

b) la durée de vie estimée du régime.

92 Certains régimes à prestations définies imposent aux membres du personnel ou à des tiers de verser des cotisations pour financer le coût du régime. Les cotisations des membres du personnel réduisent le coût des prestations qui est à la charge de l'entité. L'entité détermine si les cotisations de tiers donnent lieu à une réduction du coût des avantages qui est à sa charge ou à un droit à remboursement comme il est décrit au paragraphe 116. Les cotisations des membres du personnel ou de tiers peuvent être prévues par les dispositions du régime (ou résulter d'une obligation implicite allant au-delà de ces dispositions) ou être discrétionnaires. Les cotisations discrétionnaires de membres du personnel et de tiers entraînent une réduction du coût des services lorsqu'elles sont versées au régime.

93 Les cotisations des membres du personnel et de tiers prévues par les dispositions du régime réduisent le coût des services (si elles se rattachent aux services) ou affectent les réévaluations du passif (de l'actif) net au titre des prestations définies (si elles ne se rattachent pas aux services). Un exemple de cotisations qui ne se rattachent pas aux services est le cas où (les cotisations sont exigées pour réduire un déficit résultant de pertes sur des actifs du régime ou de pertes actuarielles). Si les cotisations des membres du personnel ou de tiers sont rattachées aux services, elles réduisent le coût des services comme suit :

a) si le montant des cotisations dépend du nombre d'années de service, l'entité rattache les cotisations aux périodes de service selon la méthode de rattachement requise par le paragraphe 70 pour les droits à prestations bruts (c'est-à-dire en utilisant la formule de calcul des cotisations établie par le régime, ou de manière linéaire) ; ou

b) si le montant des cotisations est indépendant du nombre d'années de service, l'entité est autorisée à comptabiliser ces cotisations en tant que réduction du coût des services pour la période au cours de laquelle les services sont rendus. Les cotisations représentant un pourcentage fixe du salaire du membre du personnel, les montants fixes sur la durée de la période de service ou les montants dépendant de l'âge du membre du personnel sont des exemples de cotisations indépendantes du nombre d'années de service.

Le paragraphe A1 est un guide d'application pour ce qui précède.

94 Pour les cotisations des membres du personnel ou de tiers rattachées aux périodes de service selon le paragraphe 93 a), les changements de cotisations génèrent :

a) soit un coût des services rendus au cours de la période et un coût des services passés (si ces changements ne découlent ni des dispositions du régime ni d'une obligation implicite) ; ou

b) soit des écarts actuariels (si ces changements découlent des dispositions du régime ou d'une obligation implicite) ;

95 Certains avantages postérieurs à l'emploi sont liés à des variables telles que le niveau des prestations de retraite ou de couverture médicale versées par un régime général et obligatoire. L'évaluation de ces avantages reflète la meilleure estimation de ces variables effectuée sur la base des données historiques et d'autres indications fiables.

96 Les hypothèses relatives aux coûts médicaux doivent prendre en compte les variations futures estimées du coût des services médicaux résultant à la fois de l'inflation et de l'évolution spécifique des coûts médicaux.

97 L'évaluation des prestations médicales postérieures à l'emploi impose de faire des hypothèses sur le niveau et la fréquence des demandes d'indemnisation futures et sur le coût du règlement de ces demandes. L'entité estime ses coûts médicaux futurs sur la base des données historiques portant sur sa propre expérience, complétées, si nécessaire, par des données historiques provenant d'autres entités, de compagnies d'assurance, de prestataires médicaux ou d'autres sources. Les estimations des coûts médicaux futurs tiennent compte du progrès technologique, des changements touchant l'offre et la demande de soins de santé ainsi que de l'évolution de l'état de santé des adhérents au régime.

98 Le niveau et la fréquence des demandes d'indemnisation sont particulièrement sensibles à l'âge, à l'état de santé et au sexe des membres du personnel (et de leurs personnes à charge), mais ils peuvent être également sensibles à d'autres facteurs, comme l'emplacement géographique. En conséquence, les données historiques sont ajustées dans la mesure où la composition démographique de la population diffère de celle de la population ayant servi de base pour l'établissement de ces données. Elles sont également ajustées lorsque des indications fiables montrent que les tendances historiques ne vont pas se maintenir.

COÛT DES SERVICES PASSÉS ET PROFITS ET PERTES SUR LIQUIDATION

99 Pour déterminer le coût des services passés, ou le profit ou la perte résultant d'une liquidation, l'entité doit réévaluer le passif (l'actif) net au titre des prestations définies sur la base de la juste valeur actuelle des actifs du régime et d'hypothèses actuarielles actuelles (y compris les taux d'intérêt actuels du marché et autres prix de marché actuels) reflétant :

a) les prestations accordées selon le régime et les actifs du régime avant sa modification, réduction ou liquidation ; et

b) les prestations accordées selon le régime et les actifs du régime après sa modification, réduction ou liquidation.

100 L'entité n'est pas tenue de faire la distinction entre le coût des services passés découlant d'une modification du régime, le coût des services passés découlant d'une réduction, et le profit ou la perte résultant d'une liquidation, si ces opérations sont simultanées. Il arrive dans certains cas qu'un régime soit modifié avant sa liquidation, par exemple lorsqu'une entité apporte un changement aux prestations selon le régime et règle ultérieurement les prestations révisées. En pareil cas, l'entité comptabilise le coût des services passés avant de comptabiliser un profit ou une perte sur la liquidation.

101 Il y a simultanément liquidation, modification et réduction d'un régime si la cessation du régime fait que l'obligation est éteinte et que le régime cesse d'exister. Toutefois, la cessation d'un régime ne constitue pas une liquidation si le régime est remplacé par un nouveau régime qui offre des prestations, en substance, identiques.

101A En cas de modification, de réduction ou de liquidation d'un régime, l'entité doit comptabiliser et évaluer le coût des services passés, ou le profit ou la perte résultant de la liquidation, conformément aux paragraphes 99 à 101 et aux paragraphes 102 à 112. Ce faisant, elle ne doit pas tenir compte de l'effet du plafond de l'actif. Elle doit ensuite déterminer l'effet du plafond de l'actif après la modification, réduction ou liquidation du régime et comptabiliser toute variation de cet effet conformément au paragraphe 57 d).

➠ Coût des services passés

102 Le coût des services passés est la variation de la valeur actuelle de l'obligation au titre des prestations définies qui résulte de la modification ou de la réduction d'un régime.

103 L'entité doit comptabiliser en charges le coût des services passés à la première des deux dates suivantes :

a) la date de modification ou de réduction du régime ; et

b) la date à laquelle l'entité comptabilise les coûts de restructuration correspondants (voir IAS 37) ou les indemnités de cessation d'emploi correspondantes (voir paragraphe 165).

104 Il y a modification de régime lorsque l'entité instaure un régime à prestations définies ou qu'elle y met fin, ou lorsqu'elle modifie les prestations à payer selon un régime à prestations définies existant.

105 Il y a réduction lorsque l'entité réduit de façon importante le nombre de membres du personnel bénéficiant d'un régime. Une réduction peut résulter d'un événement isolé, comme la fermeture d'une usine, l'abandon d'une activité, ou la cessation ou la suspension du régime.

106 Le coût des services passés peut être positif (lorsque l'instauration ou la modification d'avantages augmente la valeur actuelle de l'obligation au titre des prestations définies) ou négatif (lorsque le retrait ou la modification d'avantages réduit la valeur actuelle de cette obligation).

107 Si l'entité réduit les prestations à payer en vertu d'un régime à prestations définies existant et, en même temps, augmente d'autres prestations à payer aux mêmes membres du personnel en vertu du régime, elle comptabilise le changement comme une seule variation nette.

108 Sont exclus du coût des services passés :

a) l'effet d'écarts, entre les augmentations de salaire prises pour hypothèses et les augmentations réelles, sur l'obligation de payer des prestations au titre de services rendus au cours d'années antérieures (il n'y a pas de coût des services passés parce que les hypothèses actuarielles prennent en compte les projections de salaires) ;

b) les sous-estimations ou surestimations des augmentations discrétionnaires des prestations de retraite que l'entité a l'obligation implicite d'accorder (il n'y a pas de coût des services passés parce que les hypothèses actuarielles prennent en compte ces augmentations) ;

c) les estimations d'améliorations de prestations résultant de gains actuariels ou de rendements d'actifs du régime qui ont été comptabilisés dans les états financiers, si l'entité est tenue, soit par les dispositions du régime (ou par une obligation implicite allant au-delà de ces dispositions), soit par des dispositions légales ou réglementaires, d'utiliser tout excédent du régime au profit de ses adhérents, même si l'augmentation des droits à prestations n'a pas encore été officiellement accordée [il n'y a pas de coût des services passés parce que l'augmentation de l'obligation est alors une perte actuarielle (voir paragraphe 88)] ; et

d) l'accroissement d'avantages acquis [c'est-à-dire d'avantages qui ne sont pas soumis à une condition de poursuite de l'emploi (voir paragraphe 72)] lorsque, en l'absence de prestations nouvelles ou améliorées, les membres du personnel remplissent les conditions requises pour l'acquisition des avantages (il n'y a pas de coût des services passés parce que l'entité a comptabilisé le coût estimé des prestations au titre des services rendus au cours de la période au fur et à mesure que les services étaient rendus).

Profits et pertes sur liquidation

109 Le profit ou la perte résultant d'une liquidation est égal à la différence entre :

a) la valeur actuelle de l'obligation au titre des prestations définies qui est réglée, déterminée à la date de liquidation ; et

b) la contrepartie de la liquidation, y compris, le cas échéant, le montant des actifs du régime transférés et des paiements effectués directement par l'entité dans le cadre de la liquidation.

110 L'entité doit comptabiliser le profit ou la perte résultant de la liquidation d'un régime à prestations déterminées lorsque la liquidation a lieu.

111 Une liquidation a lieu lorsque l'entité conclut une opération (autre que le versement, aux membres du personnel ou en leur nom, des prestations prévues par les dispositions du régime à prestations définies et prises en compte dans les hypothèses actuarielles) qui élimine toute obligation juridique ou implicite ultérieure pour tout ou partie des prestations prévues par le régime. Par exemple, le transfert non récurrent d'obligations importantes de l'employeur, prévu par le régime, à une compagnie d'assurance par la souscription d'un contrat d'assurance est une liquidation. Par contre, le paiement, en application des dispositions du régime, d'une somme forfaitaire aux adhérents en échange de leurs droits de recevoir certaines prestations postérieures à l'emploi n'est pas une liquidation.

112 Dans certains cas, l'entité souscrit un contrat d'assurance pour financer une partie ou la totalité des prestations liées aux services rendus par les membres du personnel sur la période considérée et les périodes antérieures. La souscription d'un tel contrat ne constitue pas une liquidation si l'entité conserve une obligation juridique ou implicite (voir paragraphe 46) d'effectuer des paiements si l'assureur ne verse pas les prestations visées par le contrat d'assurance. Les paragraphes 116 à 119 traitent de la comptabilisation et de l'évaluation des droits à remboursement en vertu de contrats d'assurance qui ne constituent pas des actifs du régime.

COMPTABILISATION ET ÉVALUATION : ACTIFS DU RÉGIME

Juste valeur des actifs du régime

113 La juste valeur des actifs du régime est déduite de la valeur actuelle de l'obligation au titre des prestations définies lors de la détermination du déficit ou de l'excédent.

114 Sont exclus des actifs du régime les cotisations impayées dues au fonds par l'entité présentant l'information financière ainsi que les instruments financiers non transférables émis par l'entité et détenus par le fonds. Est déduit des actifs du régime tout passif du fonds qui ne se rapporte pas aux avantages du personnel, comme les comptes de fournisseurs et autres dettes et les passifs découlant d'instruments financiers dérivés.

115 Si les actifs du régime incluent des contrats d'assurance éligibles correspondant exactement, par leur montant et leur échéance, à tout ou partie des prestations payables selon le régime, il est considéré que la juste valeur de ces contrats d'assurance est la valeur actuelle des obligations correspondantes (sous réserve de toute diminution requise si les montants à recevoir en vertu des contrats d'assurance ne sont pas totalement recouvrables).

➞ Remboursements

116 S'il est quasiment certain qu'une autre partie remboursera partiellement ou intégralement les dépenses nécessaires au règlement d'une obligation au titre de prestations définies, et uniquement dans ce cas, l'entité doit :

a) comptabiliser son droit à remboursement en tant qu'actif distinct et évaluer cet actif à sa juste valeur.

b) décomposer et comptabiliser les variations de la juste valeur de son droit à remboursement de la même façon que les variations de la juste valeur des actifs du régime (voir paragraphes 124 et 125). Les composantes du coût des prestations définies comptabilisées selon le paragraphe 120 peuvent être comptabilisées après déduction des montants relatifs aux variations de la valeur comptable du droit à remboursement.

117 Il arrive qu'une entité puisse faire appel à une autre partie, telle qu'un assureur, pour le paiement partiel ou total de la dépense nécessaire au règlement d'une obligation au titre de prestations définies. Les contrats d'assurance éligibles, définis au paragraphe 8, constituent des actifs du régime. L'entité comptabilise ses contrats d'assurance éligibles de la même manière que tous les autres actifs du régime, auquel cas le paragraphe 116 ne s'applique pas (voir paragraphes 46 à 49 et 115).

118 Les contrats d'assurance détenus par l'entité qui ne sont pas des contrats d'assurance éligibles ne constituent pas des actifs du régime. Le paragraphe 116 s'applique dans ce cas : l'entité comptabilise son droit à remboursement en vertu du contrat d'assurance en tant qu'actif distinct, au lieu de le déduire lors de la détermination du déficit ou de l'excédent au titre des prestations définies. Le paragraphe 140 b) impose à l'entité de fournir une brève description du lien existant entre le droit à remboursement et l'obligation correspondante.

119 Si le droit à remboursement est la conséquence d'un contrat d'assurance correspondant exactement, par le montant et l'échéance, à tout ou partie des prestations payables en vertu d'un régime à prestations définies, il est considéré que la juste valeur du droit à remboursement est la valeur actuelle de l'obligation correspondante (sous réserve de toute diminution requise si le remboursement n'est pas totalement recouvrable).

COMPOSANTES DU COÛT DES PRESTATIONS DÉFINIES

120 L'entité doit comptabiliser comme suit les composantes du coût des prestations définies, sauf dans la mesure où une autre norme IFRS impose ou permet de les incorporer au coût d'un actif :

a) le coût des services (voir paragraphes 66 à 112 et paragraphe 122A), en résultat net ;

b) les intérêts nets sur le passif (l'actif) net au titre des prestations définies (voir paragraphes 123 à 126), en résultat net ; et

c) les réévaluations du passif (de l'actif) net au titre des prestations définies (voir paragraphes 127 à 130), en autres éléments du résultat global.

121 D'autres normes IFRS imposent d'incorporer les coûts de certains avantages du personnel dans le coût d'actifs tels que les stocks ou les immobilisations (voir IAS 2 et IAS 16). Les coûts d'avantages postérieurs à l'emploi incorporés dans le coût de ces actifs comprennent la proportion appropriée des composantes énumérées au paragraphe 120.

122 **Les réévaluations du passif (de l'actif) net au titre des prestations définies qui sont comptabilisées en autres éléments du résultat global ne peuvent pas être reclassées en résultat net au cours d'une période ultérieure. Toutefois, l'entité peut les transférer vers une autre composante des capitaux propres.**

➡ Coût des services rendus au cours de la période

122A **L'entité doit déterminer le coût des services rendus au cours de la période au moyen d'hypothèses actuarielles établies au début de l'exercice. Toutefois, si l'entité réévalue le passif (l'actif) net au titre des prestations définies conformément au paragraphe 99, elle doit déterminer le coût des services rendus au cours de la portion restante de l'exercice après la modification, réduction ou liquidation du régime en se fondant sur les hypothèses actuarielles utilisées pour la réévaluation du passif (de l'actif) net au titre des prestations définies conformément au paragraphe 99 b).**

➡ Intérêts nets sur le passif (l'actif) net au titre des prestations définies

123 **L'entité doit calculer les intérêts nets sur le passif (l'actif) net au titre des prestations définies en multipliant le passif (l'actif) net au titre des prestations définies par le taux d'actualisation indiqué au paragraphe 83.**

123A **Pour calculer les intérêts nets conformément au paragraphe 123, l'entité doit utiliser le passif (l'actif) net au titre des prestations définies et le taux d'actualisation déterminés au début de l'exercice. Toutefois, si l'entité réévalue le passif (l'actif) net au titre des prestations définies conformément au paragraphe 99, elle doit calculer les intérêts nets, pour la portion d'exercice restante après la modification, réduction ou liquidation du régime, au moyen :**

a) du passif (de l'actif) net au titre des prestations définies déterminé conformément au paragraphe 99, point b) ; et

b) du taux d'actualisation utilisé pour réévaluer le passif (l'actif) net au titre des prestations définies conformément au paragraphe 99, point b).

Lorsqu'elle applique le paragraphe 123A, l'entité doit aussi tenir compte de toute variation, au cours de la période, du passif (de l'actif) net au titre des prestations définies attribuable au paiement de cotisations et de prestations.

124 Les intérêts nets sur le passif (l'actif) net au titre des prestations définies peuvent être considérés comme composés du produit d'intérêts généré par les actifs du régime, des charges d'intérêt liées à l'obligation au titre des prestations définies et des intérêts sur l'effet du plafond d'actif mentionné au paragraphe 64.

125 Le produit d'intérêts généré par les actifs du régime est une composante du rendement de ces actifs. Il est obtenu en multipliant la juste valeur des actifs du régime par le taux d'actualisation décrit au paragraphe 123A. L'entité doit déterminer la juste valeur des actifs du régime au début de l'exercice. Toutefois, si l'entité réévalue le passif (l'actif) net au titre des prestations définies conformément au paragraphe 99, elle doit calculer le produit d'intérêts, pour la portion d'exercice restante après la modification, réduction ou liquidation du régime, en se fondant sur les actifs du régime utilisés pour réévaluer le passif (l'actif) net au titre des prestations définies conformément au paragraphe 99, point b). Lorsqu'elle applique le paragraphe 125, l'entité doit aussi tenir compte de toute variation des actifs du régime détenus sur la période qui est attribuable au paiement de cotisations et de prestations. La différence entre le produit d'intérêts généré par les actifs du régime et le rendement des actifs du régime est incluse dans la réévaluation du passif (de l'actif) net au titre des prestations définies.

126 Les intérêts sur l'effet du plafond d'actif sont une composante de la variation totale de cet effet. Ils sont calculés en multipliant le montant de l'effet du plafond de l'actif par le taux d'actualisation indiqué au paragraphe 123A. L'entité doit déterminer l'effet du plafond de l'actif au début de l'exercice. Toutefois, si l'entité réévalue le passif (l'actif) net au titre des prestations définies conformément au paragraphe 99, elle doit calculer les intérêts sur l'effet du plafond d'actif, pour la portion d'exercice restante après la modification, réduction ou liquidation du régime, en tenant compte de toute variation de cet effet déterminée conformément au paragraphe 101 A. La différence entre les intérêts sur l'effet du plafond d'actif et la variation totale de cet effet est incluse dans la réévaluation du passif (de l'actif) net au titre des prestations définies.

➠ Réévaluations du passif (de l'actif) net au titre des prestations définies

127 Les réévaluations du passif (de l'actif) net au titre des prestations définies comprennent :

a) les écarts actuariels (voir paragraphes 128 et 129),

b) le rendement des actifs du régime (voir paragraphe 130), à l'exclusion des montants pris en compte dans le calcul des intérêts nets sur le passif (l'actif) net au titre des prestations définies (voir paragraphe 125) ; et

c) toute variation de l'effet du plafond d'actif, à l'exclusion des montants pris en compte dans le calcul des intérêts nets sur le passif (l'actif) net au titre des prestations définies (voir paragraphe 126).

128 Les écarts actuariels résultent d'augmentations ou de diminutions de la valeur actuelle de l'obligation au titre des prestations définies qui sont dues à des changements d'hypothèses actuarielles et à des ajustements liés à l'expérience. Les causes d'écarts actuariels comprennent, entre autres :

a) les taux plus élevés ou plus faibles que prévu de rotation du personnel, de départ en retraite anticipée, de mortalité, ou d'augmentation des salaires, droits à prestations (si les dispositions ou les obligations implicites d'un régime prévoient des augmentations des droits à prestations pour tenir compte de l'inflation) ou coûts médicaux ;

b) l'incidence de changements dans les hypothèses relatives aux options de paiement des prestations ;

c) l'incidence de changements dans les estimations des taux futurs de rotation du personnel, de départ en retraite anticipée, de mortalité, ou d'augmentation des salaires, des droits à prestations (si les dispositions ou les obligations implicites d'un régime prévoient des augmentations des droits à prestations pour tenir compte de l'inflation) ou des coûts médicaux ; et

d) l'incidence de changements de taux d'actualisation.

129 Les écarts actuariels ne comprennent pas les variations de la valeur actuelle de l'obligation au titre des prestations définies qui découlent de l'instauration, de la modification, de la réduction ou de la liquidation du régime à prestations définies, ou d'une modification des prestations dues dans le cadre du régime. Ces variations donnent lieu à un coût des services passés ou à un profit ou une perte sur liquidation.

130 Lorsqu'elle calcule le rendement des actifs du régime, l'entité déduit les coûts de gestion de ces actifs et les impôts dus par le régime, à l'exception des impôts pris en compte dans les hypothèses actuarielles utilisées pour évaluer l'obligation au titre des prestations définies (voir paragraphe 76). Les autres frais d'administration ne sont pas portés en déduction du rendement des actifs du régime.

PRÉSENTATION

Compensation

131 L'entité compense un actif lié à un régime et un passif lié à un autre régime si, et seulement si :

a) elle détient un droit juridiquement exécutoire d'utiliser l'excédent d'un régime pour régler les obligations d'un autre régime ; et

b) elle a l'intention soit de régler ces obligations sur une base nette, soit de procéder simultanément à la réalisation de l'excédent dégagé sur un régime et au règlement de son obligation au titre de l'autre régime.

132 Les critères de compensation sont analogues à ceux établis pour les instruments financiers dans IAS 32 *Instruments financiers : Présentation*.

Distinction entre courant et non courant

133 Certaines entités distinguent les actifs et les passifs courants des actifs et des passifs non courants. La présente norme ne précise pas si l'entité doit distinguer la partie courante et la partie non courante des actifs et des passifs résultant des avantages postérieurs à l'emploi.

Composantes du coût des prestations définies

134 Le paragraphe 120 impose à l'entité de comptabiliser en résultat net le coût des services et les intérêts nets sur le passif (l'actif) net au titre des prestations définies. La présente norme ne précise pas la façon de présenter ces deux composantes. L'entité les présente conformément à IAS 1.

INFORMATIONS À FOURNIR

135 L'entité doit fournir des informations :

a) expliquant les caractéristiques de ses régimes à prestations définies, ainsi que les risques qui y sont associés (voir paragraphe 139) ;

b) indiquant et expliquant les montants comptabilisés dans ses états financiers pour ces régimes à prestations définies (voir paragraphes 140 à 144) ; et

c) décrivant l'incidence potentielle de ces régimes à prestations définies sur le montant, l'échéancier et le degré d'incertitude de ses flux de trésorerie futurs (voir paragraphes 145 à 147).

136 Pour atteindre les objectifs énoncés au paragraphe 135, l'entité doit considérer tous les aspects suivants :

a) le niveau de détail nécessaire pour satisfaire aux obligations d'information ;

b) l'importance à accorder à chacune de ces obligations ;

c) le degré de regroupement ou de ventilation à retenir ; et

d) la question de savoir si les utilisateurs ont besoin d'informations supplémentaires pour évaluer les informations quantitatives fournies.

137 Si les informations fournies en application des dispositions de la présente norme et d'autres normes IFRS ne sont pas suffisantes pour atteindre les objectifs énoncés au paragraphe 135, l'entité doit fournir les informations supplémentaires nécessaires pour atteindre ces objectifs. Par exemple, elle peut présenter une analyse de la valeur actuelle de son obligation au titre des prestations définies qui opère des distinctions quant à la nature, aux caractéristiques et aux risques de cette obligation. Ces informations peuvent faire la distinction entre :

a) les sommes dues aux participants en activité, les sommes dues aux participants titulaires de droits à prestations différées et les sommes dues aux retraités ;

b) les avantages qui donnent droit à une compensation financière et les avantages accumulés mais qui ne font pas naître un tel droit ;

c) les avantages conditionnels, les sommes attribuables aux augmentations de salaire futures, et les autres avantages.

138 L'entité doit apprécier s'il est nécessaire de ventiler tout ou partie des informations à fournir afin de distinguer les régimes ou groupes de régimes qui présentent des risques significativement différents. Par exemple, une entité peut ventiler les informations qu'elle donne sur plusieurs régimes en fonction des différences qu'ils présentent quant à l'une ou plusieurs des caractéristiques suivantes :

a) la situation géographique ;

b) le type de régime, par exemple les régimes à rente uniforme, les régimes fondés sur le salaire de fin de carrière et les régimes de couverture médicale postérieure à l'emploi ;

c) l'environnement réglementaire ;

d) le secteur (information sectorielle) ;

e) le mode de financement (régimes non financés, partiellement financés ou entièrement financés).

➡ Caractéristiques des régimes à prestations définies et risques qui y sont associés

139 L'entité doit fournir :

a) des informations sur les caractéristiques de ses régimes à prestations définies, notamment :

i) la nature des avantages qu'offre le régime (par exemple, régime à prestations définies fondées sur le salaire de fin de carrière ou régime fondé sur des cotisations et assorti d'une garantie),

ii) une description du cadre réglementaire applicable au régime, par exemple les exigences de financement minimal, le cas échéant, et l'incidence de ce cadre sur le régime, par exemple sur le plafond d'actif (voir paragraphe 64),

iii) une description des responsabilités de toute autre entité quant à la gouvernance du régime, par exemple les responsabilités de fiduciaires ou des administrateurs du régime ;

b) une description des risques auxquels le régime expose l'entité, axée sur tout risque inhabituel, propre à l'entité ou au régime, et une description de toute concentration de risque significative. Par exemple, si les actifs du régime sont investis principalement dans une même catégorie de placements, comme des biens immobiliers, le régime peut exposer l'entité à une concentration de risques liés au marché immobilier ;

c) une description de toute modification, réduction ou liquidation de régime.

➡ Explication des montants figurant dans les états financiers

140 L'entité doit présenter un rapprochement entre les soldes d'ouverture et de clôture de chacun des éléments suivants, s'il existe :

a) le passif (l'actif) net au titre des prestations définies, des rapprochements séparés étant requis pour :

i) les actifs du régime,

ii) la valeur actuelle de l'obligation au titre des prestations définies,

iii) l'effet du plafond d'actif ;

b) les droits à remboursement. L'entité doit également décrire, pour chaque droit à remboursement, le lien avec l'obligation correspondante.

141 Chaque rapprochement mentionné au paragraphe 140 doit faire apparaître chacun des éléments suivants, s'il existe :

a) le coût des services rendus au cours de la période,

b) le produit ou la charge d'intérêts,

c) les réévaluations du passif (de l'actif) net au titre des prestations définies, en indiquant séparément :

i) le rendement des actifs du régime, à l'exclusion des montants inclus dans le produit d'intérêts en b),

ii) les écarts actuariels découlant de changements d'hypothèses démographiques (voir paragraphe 76 a)),

iii) les écarts actuariels découlant de changements d'hypothèses financières (voir paragraphe 76 b)),

iv) les variations de l'effet limitatif qu'a le plafond d'actif sur le montant de l'actif net au titre des prestations définies, à l'exclusion des montants inclus dans le produit ou la charge d'intérêts en b). L'entité doit également indiquer comment elle a déterminé l'avantage économique maximal disponible, c'est-à-dire indiquer s'il s'agit de remboursements, de réductions des cotisations futures ou d'une combinaison des deux ;

d) le coût des services passés ainsi que les profits et pertes sur liquidation. Comme indiqué au paragraphe 100, il n'est pas nécessaire de faire la distinction entre le coût des services passés et les profits et pertes sur liquidation, s'ils sont simultanés ;

e) l'effet des variations de cours de monnaies étrangères ;

f) les cotisations au régime, en indiquant séparément les cotisations de l'employeur et celles des adhérents au régime ;

g) les prestations du régime, en indiquant séparément les montants payés au titre d'une liquidation ;

h) les effets des regroupements et des cessions d'entreprises.

142 L'entité doit ventiler la juste valeur des actifs du régime entre différentes catégories fondées sur la nature de ces actifs et les risques qui s'y rattachent, et, dans chaque catégorie d'actifs du régime, distinguer ceux qui sont cotés sur un marché actif (au sens de ce terme dans IFRS 13 *Évaluation de la juste valeur*) et ceux qui ne le sont pas. Par exemple, compte tenu du niveau de détail nécessaire mentionné au paragraphe 136, l'entité peut établir une distinction entre les éléments suivants :

a) la trésorerie et les équivalents de trésorerie ;

b) les instruments de capitaux propres (séparés selon le secteur d'activité, la taille de la société, la situation géographique, etc.) ;

c) les instruments de dette (séparés selon le type d'émetteur, la qualité de crédit, la situation géographique, etc.) ;

d) les biens immobiliers (séparés selon la situation géographique, etc.) ;

e) les dérivés (séparés selon le type de risque sous-jacent, par exemple selon qu'il s'agit de dérivés de taux, de dérivés de change, de dérivés d'actions, de dérivés de crédit, de swaps de longévité, etc.) ;

f) les fonds d'investissement (séparés selon le type de fonds) ;

g) les titres adossés à des actifs ; et

h) les titres de dette structurés.

143 L'entité doit indiquer la juste valeur de ses propres instruments financiers transférables qui sont détenus à titre d'actifs du régime et la juste valeur des actifs du régime qui sont des biens immobiliers qu'elle occupe ou qui sont d'autres actifs qu'elle utilise.

144 L'entité doit indiquer les hypothèses actuarielles importantes utilisées pour déterminer la valeur actuelle de l'obligation au titre des prestations définies (voir paragraphe 76). Ces informations doivent être fournies en chiffres absolus (par exemple un pourcentage absolu, et non pas uniquement une fourchette de pourcentages ou d'autres variables). Si l'entité fournit des informations globales pour un groupe de régimes, ces informations doivent être fournies sous la forme de moyennes pondérées ou d'intervalles relativement étroits.

Montant, échéancier et degré d'incertitude des flux de trésorerie futurs

145 L'entité doit fournir :

a) une analyse de sensibilité à la date de clôture pour chaque hypothèse actuarielle importante (indiquée conformément au paragraphe 144), montrant comment les changements qui auraient raisonnablement pu être apportés aux hypothèses actuarielles pertinentes à cette date auraient influé sur l'obligation au titre des prestations définies ;

b) les méthodes et hypothèses utilisées pour effectuer es analyses de sensibilité requises par le point (a), et les limites de ces méthodes ;

c) les changements intervenus, par rapport à la période précédente, dans les méthodes et hypothèses utilisées pour effectuer les analyses de sensibilité, ainsi que les raisons de ces changements.

146 L'entité doit fournir une description de toute stratégie de gestion actif-passif utilisée par le régime ou par elle-même, y compris le recours à des rentes et à d'autres techniques, comme les swaps de longévité, pour gérer le risque.

147 Pour donner une idée de l'incidence du régime à prestations définies sur ses flux de trésorerie futurs, l'entité doit fournir les informations suivantes :

a) une description de tous les dispositifs de financement et de toute politique de financement ayant une incidence sur les cotisations futures ;

b) les cotisations qu'il est prévu de verser au régime au cours du prochain exercice ;

c) des informations sur le profil des échéances de l'obligation au titre des prestations définies, dont la duration moyenne pondérée de l'obligation, et le cas échéant des informations sur l'échelonnement des versements de prestations, par exemple une analyse des échéances de ces versements.

Régimes multi-employeurs

148 L'entité qui participe à un régime multi-employeurs à prestations définies doit fournir les informations suivantes :

a) une description des modalités de financement, notamment de la méthode utilisée pour déterminer le taux de cotisation de l'entité et des éventuelles exigences de financement minimal ;

b) une description de la mesure dans laquelle l'entité peut, selon les termes et conditions du régime multi- employeurs, être tenue envers celui-ci des obligations d'autres entités ;

c) une description de la répartition convenue, le cas échéant, du déficit ou de l'excédent :

i) en cas de liquidation du régime, ou
ii) dans le cas où l'entité se retire du régime.

d) Si, en application du paragraphe 34, l'entité comptabilise le régime comme s'il s'agissait d'un régime à cotisations définies, elle doit indiquer, en plus des informations requises par les points (a) à (c), et au lieu des informations requises par les paragraphes 139 à 147 :

i) le fait qu'il s'agit d'un régime à prestations définies,
ii) la raison pour laquelle elle ne dispose pas d'informations suffisantes pour le comptabiliser comme un régime à prestations définies,

iii) les cotisations qu'il est prévu de verser au régime au cours du prochain exercice ;

iv) des informations sur tout déficit ou excédent du régime pouvant influer sur le montant des cotisations futures, y compris la base utilisée pour déterminer le montant du déficit ou de l'excédent et les éventuelles conséquences pour l'entité,

v) le niveau de participation de l'entité au régime par rapport à celui des autres entités participantes. Les mesures pouvant donner une telle indication comprennent la part des cotisations totales au régime qui est à la charge de l'entité ou la part du nombre total de participants en activité, de participants retraités et d'anciens participants ayant droit à des prestations qui est attribuable à l'entité.

➡ Régimes à prestations définies dont les risques sont partagés par différentes entités soumises à un contrôle commun

149 Une entité qui participe à un régime à prestations définies dont les risques sont partagés par différentes entités soumises à un contrôle commun doit communiquer :

a) l'accord contractuel, ou la politique déclarée, qui prévoit la facturation du coût net des prestations définies, ou le fait qu'il n'existe pas de politique en ce sens ;

b) la politique de détermination des cotisations à payer par l'entité ;

c) si, conformément au paragraphe 41, l'entité comptabilise sa part du coût net des prestations définies, toutes les informations sur le régime dans son ensemble requises par les paragraphes 135 à 147 ;

d) si, conformément au paragraphe 41, l'entité comptabilise sa cotisation exigible pour la période, les informations sur le régime dans son ensemble requises par les paragraphes 135 à 137, 139, 142 à 144, et 147 a) et b).

150 Les informations requises par le paragraphe 149 c) et d) peuvent être communiquées sous forme de renvoi aux informations fournies dans les états financiers d'une autre entité du groupe, si les conditions suivantes sont réunies :

a) les informations à fournir sur le régime sont identifiées et présentées séparément dans les états financiers de cette autre entité du groupe ; et

b) les utilisateurs des états financiers de l'entité considérée ont en même temps (ou d'abord) accès aux états financiers de l'autre entité du groupe, et ce, aux mêmes conditions.

➡ Obligations d'information imposées par d'autres normes IFRS

151 Lorsque IAS 24 l'impose, l'entité fournit des informations sur :

a) les transactions effectuées avec des régimes postérieurs à l'emploi qui sont des parties liées ; et

b) les avantages postérieurs à l'emploi accordés à ses principaux dirigeants.

152 Lorsque IAS 37 l'impose, l'entité fournit des informations sur les passifs éventuels résultant d'obligations au titre d'avantages postérieurs à l'emploi.

Autres avantages à long terme

153 Les autres avantages à long terme comprennent des avantages tels que les suivants, à condition que leur règlement intégral ne soit pas attendu dans les douze mois qui suivent la clôture de l'exercice au cours duquel les membres du personnel ont rendu les services correspondants :

a) les absences de longue durée rémunérées, comme les congés liés à l'ancienneté ou les congés sabbatiques ;

b) les primes d'ancienneté et autres avantages liés à l'ancienneté ;

c) les prestations pour invalidité de longue durée ;

d) l'intéressement et les primes, et

e) la rémunération différée.

154 Habituellement, l'évaluation des autres avantages à long terme n'est pas soumise au même degré d'incertitude que celle des avantages postérieurs à l'emploi. C'est pourquoi la présente norme prévoit une méthode simplifiée pour la comptabilisation des autres avantages à long terme, selon laquelle les réévaluations ne sont pas comptabilisées en autres éléments du résultat global, contrairement à ce qui est requis pour les avantages postérieurs à l'emploi.

COMPTABILISATION ET ÉVALUATION

155 L'entité doit appliquer les paragraphes 56 à 98 et 113 à 115 à la comptabilisation et à l'évaluation de l'excédent ou du déficit d'un régime d'autres avantages à long terme. Elle doit appliquer les paragraphes 116 à 119 à la comptabilisation et à l'évaluation des droits à remboursement, le cas échéant.

156 Sauf si une autre norme IFRS impose ou autorise leur incorporation dans le coût d'un actif, l'entité doit, pour les autres avantages à long terme, comptabiliser le total net des montants suivants en résultat net :

a) le coût des services (voir paragraphes 66 à 112 et paragraphe 122A),

b) les intérêts nets sur le passif (l'actif) net au titre des prestations définies (voir paragraphes 123 à 126) ; et

c) les réévaluations du passif (de l'actif) net au titre des prestations définies (voir paragraphes 127 à 130).

157 Les prestations pour invalidité de longue durée sont une forme particulière d'autres avantages à long terme. Si le niveau des prestations dépend du nombre d'années de service, une obligation prend naissance lorsque les services sont rendus. L'évaluation de cette obligation tient compte de la probabilité qu'il faille payer des prestations et de l'estimation de leur durée. Si le niveau des prestations est le même pour tous les membres du personnel frappés d'invalidité, quel que soit leur nombre d'années de service, le coût attendu de ces prestations est comptabilisé lorsque l'événement à l'origine de l'invalidité de longue durée se produit.

INFORMATIONS À FOURNIR

158 Bien que la présente norme n'impose pas de fournir des informations spécifiques sur les autres avantages à long terme, d'autres normes IFRS peuvent l'imposer. Par exemple, la norme IAS 24 impose la communication d'informations sur les avantages accordés aux principaux dirigeants.

De même, IAS 1 impose des obligations d'information concernant les charges liées aux avantages du personnel.

Indemnités de cessation d'emploi

159 Dans le cas des indemnités de cessation d'emploi, ce ne sont pas les services rendus par le membre du personnel qui constituent l'événement qui génère l'obligation, mais la cessation d'emploi. C'est pourquoi la présente norme traite de ces indemnités séparément des autres avantages du personnel. Les indemnités de cessation d'emploi résultent, en effet, soit de la décision de l'entité de mettre fin à l'emploi du membre du personnel, soit de la décision de ce dernier d'accepter les indemnités offertes par l'entité en échange de la cessation de son emploi.

160 Les indemnités de cessation d'emploi n'incluent pas les prestations découlant de la cessation d'emploi d'un membre du personnel à sa demande (sans offre en ce sens de la part de l'entité) ou découlant de dispositions relatives à la retraite obligatoire, ces prestations étant des avantages postérieurs à l'emploi. Certaines entités payent, en cas de cessation d'emploi à la demande du membre du personnel, des prestations moins élevées (qui constituent en substance des avantages postérieurs à l'emploi) que dans le cas d'une cessation de l'emploi à la demande de l'entité. La différence entre le montant des prestations accordées en cas de cessation d'emploi à demande du membre du personnel et le montant de prestations plus élevé accordé pour une cessation d'emploi à la demande de l'entité constitue une indemnité de cessation d'emploi.

161 La forme de l'avantage du personnel ne détermine pas si celui-ci est accordé en contrepartie de services rendus ou en contrepartie de la cessation d'emploi du membre du personnel. S'il s'agit généralement de sommes forfaitaires, les indemnités de cessation d'emploi peuvent aussi prendre la forme :

a) d'une amélioration des avantages postérieurs à l'emploi, soit indirectement par l'intermédiaire d'un régime d'avantages du personnel, soit directement ;

b) du versement du salaire jusqu'à la fin du préavis si le membre du personnel ne rend plus de services assurant à l'entité des avantages économiques.

162 Les éléments suivants peuvent indiquer qu'un avantage du personnel est accordé en contrepartie de services rendus :

a) l'avantage est subordonné à de futurs services (y compris lorsque les prestations sont bonifiées en cas de services ultérieurs) ;

b) l'avantage est accordé conformément aux dispositions d'un régime d'avantages du personnel.

163 Certaines indemnités de cessation d'emploi sont accordées conformément aux dispositions d'un régime existant d'avantages du personnel. Il peut par exemple s'agir d'indemnités prévues par la loi, par un contrat de travail ou par une convention collective, ou découlant implicitement du fait que l'employeur a l'habitude de verser des indemnités similaires. Autre exemple, si une entité fait une offre d'indemnités valable un certain temps, ou qui précède d'un certain temps la date prévue de cessation d'emploi, elle se posera la question de savoir si elle a créé un nouveau régime d'avantages du personnel et si, dans ce cas, les prestations proposées dans le cadre de ce régime sont des indemnités de cessation d'emploi ou des avantages postérieurs à l'emploi.

Les prestations accordées dans le cadre d'un régime d'avantages du personnel ne sont des indemnités de cessation d'emploi que si elles résultent de la décision de l'entité de mettre fin à l'emploi du membre du personnel et si elles ne sont pas subordonnées à de futurs services.

164 Certaines prestations sont accordées indépendamment du motif de départ du membre du personnel. Leur paiement est certain (sous réserve des conditions d'acquisition des droits ou de service minimum, le cas échéant), mais la date de leur paiement est incertaine. Bien que ces prestations soient appelées indemnités de licenciement ou primes de licenciement dans certains pays, ce sont des avantages postérieurs à l'emploi et non pas des indemnités de cessation d'emploi, et l'entité doit donc les comptabiliser comme des avantages postérieurs à l'emploi.

COMPTABILISATION

165 L'entité doit comptabiliser un passif et une charge au titre des indemnités de cessation d'emploi à la première des dates suivantes :

a) la date à laquelle elle ne peut plus retirer son offre d'indemnités ; et

b) la date à laquelle elle comptabilise les coûts d'une restructuration qui relève d'IAS 37 et qui prévoit le paiement d'indemnités de cessation d'emploi.

166 Dans le cas d'indemnités de cessation d'emploi payables par suite de la décision d'un membre du personnel d'accepter une indemnisation en échange de la cessation de son emploi, la date à laquelle l'entité ne peut plus retirer son offre d'indemnités correspond à la première des deux dates suivantes :

a) la date à laquelle le membre du personnel accepte l'offre ; et

b) la date de prise d'effet de toute restriction (dispostion légale, réglementaire ou contractuelle ou autre restriction) limitant la capacité de l'entité de retirer son offre. Il s'agit normalement de la date de l'offre, si la restriction existe à cette date.

167 Dans le cas d'indemnités de cessation d'emploi payables par suite de la décision de l'entité de mettre fin à l'emploi d'un membre du personnel, l'entité ne peut plus retirer son offre d'indemnisation une fois qu'elle a communiqué au membre du personnel concerné un plan de licenciement remplissant tous les critères suivants :

a) les mesures requises pour mener le plan à bien indiquent qu'il est improbable que des changements importants soient apportés au plan ;

b) le plan indique le nombre de personnes visées par le licenciement, leur catégorie d'emploi ou leur fonction, et leur lieu de travail (il n'est toutefois pas nécessaire que le plan identifie chaque membre du personnel visé), ainsi que sa date de réalisation prévue ;

c) le plan fixe les indemnités de cessation d'emploi avec une précision suffisante pour permettre aux membres du personnel de déterminer la nature et le montant des prestations qu'ils toucheront lors ce la cessation de leur emploi.

168 Lorsqu'elle comptabilise des indemnités de cessation d'emploi, l'entité peut aussi devoir prendre en compte une modification de régime ou une réduction d'autres avantages du personnel (voir paragraphe 103).

ÉVALUATION

169 **L'entité évalue les indemnités de cessation d'emploi lors de la comptabilisation initiale, et elle évalue et comptabilise les variations ultérieures, selon la nature de l'avantage du personnel dont il s'agit, sous réserve que si les indemnités de cessation d'emploi consistent en une amélioration d'avantages postérieurs à l'emploi, elle applique les dispositions relatives aux avantages postérieurs à l'emploi. Par ailleurs :**

a) s'il est prévu que les indemnités de cessation d'emploi soient intégralement réglées dans les douze mois suivant la clôture de l'exercice au cours duquel elles ont été comptabilisées, l'entité doit appliquer les dispositions relatives aux avantages à court terme ;

b) s'il n'est pas prévu que les indemnités de cessation d'emploi soient intégralement réglées dans les douze mois suivant la clôture de l'exercice, l'entité doit appliquer les dispositions relatives aux autres avantages à long terme.

170 **Les paragraphes 70 à 74, qui concernent le rattachement des droits à prestations aux périodes de service, ne s'appliquent pas aux indemnités de cessation d'emploi, puisque celles-ci ne sont pas accordées en contrepartie de services rendus.**

Exemple illustrant les paragraphes 159 à 170

Contexte

Par suite d'une récente acquisition, une entité prévoit de fermer une usine dans dix mois, et de mettre alors fin à l'emploi de tous les membres restants du personnel de cette usine. Le savoir-faire du personnel de l'usine étant nécessaire à l'achèvement de certains contrats, l'entité annonce le plan de licenciement qui suit.

Les membres du personnel qui resteront en service jusqu'à la fermeture de l'usine recevront chacun 30 000 UM en espèces à la date de leur cessation d'emploi. Ceux qui partiront avant la fermeture de l'usine recevront 10 000 UM.

L'usine compte 120 membres du personnel. Au moment de l'annonce du plan, l'entité s'attend à ce que 20 d'entre eux partent avant la fermeture. Les sorties de trésorerie attendues du fait du plan représentent donc au total 3 200 000 UM (20 × 10 000 UM + 100 × 30 000 UM). Comme l'impose le paragraphe 160, l'entité traite les avantages fournis en contrepartie de la cessation d'emploi comme des indemnités de cessation d'emploi, et les avantages accordés en contrepartie de services rendus comme des avantages à court terme.

Indemnités de cessation d'emploi

L'avantage fourni en contrepartie de la cessation d'emploi est de 10 000 UM. Il s'agit de la somme que l'entité aura à payer pour le licenciement d'un membre du personnel, que celui-ci reste en service jusqu'à la fermeture de l'usine ou qu'il parte avant. Même si les membres du personnel peuvent partir avant la fermeture, la cessation de leur emploi résulte dans tous les cas de la décision de l'entité de fermer l'usine et de mettre fin à leur emploi (c'est-à-dire que tous les membres du personnel quitteront leur emploi à la fermeture de l'usine). L'entité comptabilise donc un passif de 1 200 000 UM (120 × 10 000 UM), au titre des indemnités de cessation d'emploi fournies dans le cadre du régime d'avantages du personnel, à la première des dates suivantes : la date de l'annonce du plan de licenciement ou la date de comptabilisation des coûts de restructuration liés à la fermeture de l'usine.

Avantages fournis en contrepartie de services rendus

Les prestations supplémentaires que recevront les membres du personnel qui resteront en service sur toute la période de dix mois seront accordées en échange des services rendus pendant cette période. L'entité traite ces prestations comme des avantages à court terme, parce qu'elle s'attend à les régler entièrement dans les douze mois suivant la clôture de l'exercice. L'actualisation n'étant pas requise dans le présent exemple, l'entité comptabilise une charge de 200 000 UM (2 200 000 UM / 10) chaque mois de la période de service de dix mois, et augmente du même montant la valeur comptable du passif.

INFORMATIONS À FOURNIR

171 Bien que la présente norme n'impose pas de fournir des informations spécifiques sur les indemnités de cessation d'emploi, d'autres normes IFRS peuvent l'imposer. Par exemple, la norme IAS 24 impose la communication d'informations sur les avantages accordés aux principaux dirigeants. De même, IAS 1 impose des obligations d'information concernant les charges liées aux avantages du personnel.

Dispositions transitoires et date d'entrée en vigueur

172 Les entités doivent appliquer la présente norme pour les exercices ouverts à compter du 1er janvier 2013. Une application anticipée est autorisée. Cependant, si l'entité applique la présente norme de manière anticipée, elle doit l'indiquer.

173 L'entité doit appliquer la présente norme de façon rétrospective selon IAS 8 *Méthodes comptables, changements d'estimations comptables et erreurs*, sous réserve des exceptions suivantes :

a) l'entité n'est pas tenue d'ajuster la valeur comptable d'actifs n'entrant pas dans le champ d'application de la présente norme pour tenir compte des variations des coûts relatifs aux avantages du personnel incorporés dans la valeur comptable de ces actifs avant la date de première application, la date de première application étant la date d'ouverture de la première période antérieure présentée dans les premiers états financiers auxquels l'entité applique la présente norme ;

b) dans ses états financiers des périodes ouvertes avant le 1er janvier 2014, l'entité n'est pas tenue de présenter de manière comparative les informations requises par le paragraphe 145 concernant la sensibilité de l'obligation au titre des prestations définies.

174 La publication d'IFRS 13, en mai 2011, a donné lieu à la modification de la définition de « juste valeur » au paragraphe 8, ainsi qu'à la modification du paragraphe 113. L'entité qui applique IFRS 13 doit appliquer ces modifications.

175 *Régimes à prestations définies : cotisations des membres du personnel* (modifications d'IAS 19), publié en novembre 2013, a entraîné la modification des paragraphes 93 et 94. Les entités doivent appliquer ces modifications de façon rétrospective, selon IAS 8 *Méthodes comptables, changements d'estimations comptables et erreurs*, pour les exercices ouverts à compter du 1er juillet 2014. Une application anticipée est autorisée. Si une entité applique ces modifications pour une période antérieure, elle doit l'indiquer.

176 La publication des *Améliorations annuelles des IFRS – Cycle 2012-2014*, en septembre 2014, a donné lieu à la modification du paragraphe 83 et à l'ajout du paragraphe 177. Les entités doivent appliquer cette modification pour les exercices ouverts à compter du 1er janvier 2016. Une application anticipée est autorisée. Si une entité applique la modification pour une période antérieure, elle doit l'indiquer.

177 Les entités doivent appliquer la modification du paragraphe 176 à compter de l'ouverture de la première période de comparaison présentée dans les premiers états financiers dans lesquels elles appliquent la modification.

Tout ajustement initial découlant de l'application de la modification doit être comptabilisé dans les résultats non distribués à l'ouverture de cette période.

178 La publication d'IFRS 17, en mai 2017, a donné lieu à la modification de la note de bas de page du paragraphe 8. Les entités qui appliquent IFRS 17 doivent appliquer cette modification.

179 La publication de *Modification, réduction ou liquidation d'un régime* (modifications d'IAS 19), en février 2018, a donné lieu à l'ajout des paragraphes 101A, 122A et 123A et à la modification des paragraphes 57, 99, 120, 123, 125, 126 et 156. Les entités doivent appliquer ces modifications aux modifications, réductions ou liquidations de régimes intervenues à l'ouverture ou après l'ouverture du premier exercice ouvert à compter du 1er janvier 2019. Une application anticipée est autorisée. Si une entité applique ces modifications pour une période antérieure, elle doit l'indiquer.

Appendice A – Guide d'application

Le présent appendice fait partie intégrante de la norme. Il décrit l'application des paragraphes 92 et 93 et fait autorité au même titre que les autres parties de la norme.

A1 Les exigences comptables applicables aux cotisations des membres du personnel ou de tiers sont illustrées par le diagramme suivant.

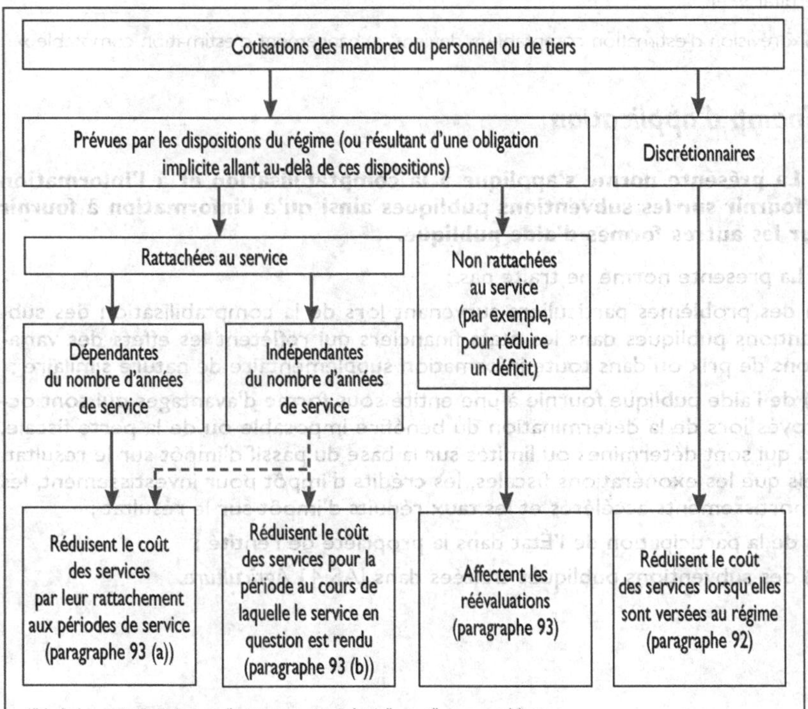

(1) La flèche en pointillés indique que l'entité est autorisée à choisir l'une ou l'autre comptabilisation.

IAS 20

Comptabilisation des subventions publiques et informations à fournir sur l'aide publique

[règlt UE 2023/1803]

Dans le cadre des *Améliorations des IFRS* publiées en mai 2008, le Conseil a modifié la terminologie utilisée dans la présente norme dans un souci de cohérence avec d'autres IFRS, comme suit :

a) « résultat imposable » devient « bénéfice imposable ou perte fiscale »,

b) « comptabilisé en produit ou en charge » devient « comptabilisé en résultat »,

c) « crédité directement en capitaux propres » devient « comptabilisé en dehors du résultat », et

d) « révision d'estimation comptable » devient « changement d'estimation comptable ».

Champ d'application

1 La présente norme s'applique à la comptabilisation et à l'information à fournir sur les subventions publiques ainsi qu'à l'information à fournir sur les autres formes d'aide publique.

2 La présente norme ne traite pas :

a) des problèmes particuliers survenant lors de la comptabilisation des subventions publiques dans les états financiers qui reflètent les effets des variations de prix ou dans toute information supplémentaire de nature similaire ;

b) de l'aide publique fournie à une entité sous forme d'avantages qui sont octroyés lors de la détermination du bénéfice imposable ou de la perte fiscale, ou qui sont déterminés ou limités sur la base du passif d'impôt sur le résultat, tels que les exonérations fiscales, les crédits d'impôt pour investissement, les amortissements accélérés et les taux réduits d'impôt sur le résultat ;

c) de la participation de l'État dans la propriété de l'entité ;

d) des subventions publiques traitées dans IAS 41 *Agriculture*.

Définitions

3 Dans la présente norme, les termes suivants ont la signification indiquée ci-après :

Autorité publique désigne l'État, une autorité locale ou un organisme public, ou tout autre organisme similaire local, national ou international.

L'*aide publique* est une mesure prise par l'autorité publique destinée à fournir un avantage économique spécifique à une entité ou à une catégorie d'entités répondant à certains critères. L'aide publique, dans le cadre de la présente norme, n'inclut pas les avantages fournis uniquement indirectement au moyen de mesures affectant les conditions générales de l'activité économique telles que la mise à disposition d'infrastructures dans des zones en développement ou l'imposition de contraintes commerciales à des concurrents.

Les *subventions publiques* sont des aides publiques prenant la forme de transferts de ressources à une entité, en échange du fait que celle-ci s'est conformée ou se conformera à certaines conditions liées à ses activités d'exploitation. Elles excluent les formes d'aide publique dont la valeur ne peut pas être raisonnablement déterminée et les transactions avec l'autorité publique qui ne peuvent pas être distinguées des transactions commerciales habituelles de l'entité (*).

(*) Voir aussi SIC-10 *Aide publique – absence de relation spécifique avec des activités d'exploitation.*

Les *subventions liées à des actifs* sont des subventions publiques dont la condition principale est qu'une entité répondant aux conditions d'obtention doit acheter, construire ou acquérir par tout autre moyen des actifs à long terme. Des conditions accessoires peuvent aussi être prévues pour restreindre le type ou l'implantation géographique des actifs ou les périodes pendant lesquelles ils doivent être achetés ou détenus.

Les *subventions liées au résultat* sont des subventions publiques autres que des subventions liées à des actifs.

Les *prêts non remboursables sous conditions* sont des prêts pour lesquels le prêteur s'engage à renoncer au remboursement sous certaines conditions prescrites.

La *juste valeur* est le prix qui serait reçu pour la vente d'un actif ou payé pour le transfert d'un passif lors d'une transaction normale entre des participants de marché à la date d'évaluation (voir IFRS 13 *Évaluation de la juste valeur*).

4 L'aide publique prend des formes diverses variant à la fois selon la nature de l'aide apportée et selon les conditions qui y sont généralement attachées. Le but de l'aide peut être d'encourager une entité à entreprendre certaines actions qu'elle n'aurait normalement pas entreprises si cette aide n'avait pas été fournie.

5 L'obtention d'une aide publique par une entité peut être importante pour la préparation des états financiers pour deux raisons. Premièrement, si des ressources ont été transférées, une méthode appropriée de comptabilisation du transfert doit être trouvée. Deuxièmement, il est souhaitable de fournir une indication sur l'étendue de l'aide dont a bénéficié l'entité pendant la période de reporting. Ceci facilite la comparaison des états financiers d'une entité avec ceux des périodes précédentes et avec ceux d'autres entités.

6 Les subventions publiques sont parfois connues sous d'autres noms tels qu'allocations, concours ou primes.

Subventions publiques

7 Les subventions publiques, y compris les subventions non monétaires évaluées à la juste valeur, ne doivent pas être comptabilisées tant qu'il n'existe pas une assurance raisonnable que :

a) l'entité se conformera aux conditions attachées aux subventions ; et

b) les subventions seront reçues.

8 Une subvention publique ne doit pas être comptabilisée tant qu'il n'existe pas une assurance raisonnable que l'entité se conformera aux conditions qui lui sont attachées et que la subvention sera reçue. L'obtention d'une subvention ne fournit pas en elle-même un élément probant permettant de conclure que les conditions attachées à la subvention ont été ou seront remplies.

9 La façon dont une subvention est reçue n'a pas d'influence sur la méthode comptable qu'il convient d'adopter pour cette subvention. En conséquence, une subvention est comptabilisée de la même façon, qu'elle soit reçue en trésorerie ou en tant que réduction d'un passif vis-à-vis de l'autorité publique.

10 Un prêt non remboursable sous conditions octroyé par l'autorité publique est traité comme une subvention publique s'il existe une assurance raisonnable que l'entité remplira les conditions relatives à la dispense de remboursement du prêt.

10A L'avantage tiré d'un prêt public à un taux d'intérêt inférieur à celui du marché est traité comme une subvention publique. Le prêt doit être comptabilisé et évalué conformément à IFRS 9 *Instruments financiers*. La valeur de l'avantage conféré par un taux d'intérêt inférieur à celui du marché doit être égale à la différence entre la valeur comptable initiale du prêt déterminée selon IFRS 9 et le produit perçu. L'avantage est comptabilisé selon la présente norme. L'entité doit étudier les conditions et les obligations qui ont été ou doivent être respectées lors de l'identification des coûts que l'avantage tiré du prêt est destiné à compenser.

11 Une fois qu'une subvention publique est comptabilisée, tout actif ou passif éventuel lié est traité selon IAS 37 *Provisions, passifs éventuels et actifs éventuels*.

12 **Les subventions publiques doivent être comptabilisées en résultat sur une base systématique sur les périodes au titre desquelles l'entité comptabilise en charges les coûts liés que les subventions sont censées compenser.**

13 Il existe deux approches générales pour la comptabilisation des subventions publiques : l'approche par le bilan, selon laquelle la subvention est comptabilisée en dehors du résultat, et l'approche par le résultat, selon laquelle la subvention est comptabilisée en résultat sur une ou plusieurs périodes.

14 Les partisans de l'approche par le bilan avancent les arguments suivants :

a) les subventions publiques représentent un moyen de financement et doivent être traitées comme tel dans l'état de la situation financière plutôt que comptabilisées en résultat pour compenser les éléments de charges qu'elles financent. Puisqu'aucun remboursement n'est attendu, ces subventions devraient être comptabilisées en dehors du résultat ;

b) il est inapproprié de comptabiliser les subventions publiques en résultat, puisqu'elles ne sont pas acquises, mais représentent une incitation accordée par une autorité publique, sans coûts liés.

15 Les arguments en faveur de l'approche par le résultat sont les suivants :

a) puisque les subventions publiques sont des entrées provenant d'une autre source que les actionnaires, elles ne devraient pas être comptabilisées directement en capitaux propres, mais devraient être comptabilisées en résultat dans les périodes appropriées ;

b) les subventions publiques sont rarement données à titre gratuit. L'entité en bénéficie en se conformant à leurs conditions et en respectant les obligations prévues. Pour cette raison, elles devraient être comptabilisées en résultat sur les périodes au titre desquelles l'entité comptabilise en charges les coûts liés que les subventions sont censées compenser ;

c) puisque l'impôt sur le résultat et les autres impôts sont des charges, il est logique de passer également les subventions publiques en résultat, car elles sont une extension des politiques fiscales.

16 Dans l'approche par le résultat, le principe fondamental est de comptabiliser les subventions publiques en résultat sur une base systématique sur les périodes au titre desquelles l'entité comptabilise en charges les coûts liés que les subventions sont censées compenser. La comptabilisation des subventions publiques en résultat sur la base de l'encaissement n'est pas conforme au principe de la comptabilité d'engagement (voir IAS 1 *Présentation des états financiers*), et cette comptabilisation ne serait acceptable que s'il n'existait pas de base pour répartir la subvention sur d'autres périodes que celle au cours de laquelle la subvention a été reçue.

17 Dans la plupart des cas, les périodes au cours desquelles une entité comptabilise les coûts ou charges liés à une subvention publique peuvent être déterminées aisément. Par conséquent, les subventions octroyées pour couvrir des charges spécifiques sont comptabilisées en résultat sur la même période que celle des charges liées. De la même façon, les subventions relatives à des actifs amortissables sont généralement comptabilisées en résultat sur les périodes où sont comptabilisés les amortissements de ces actifs et proportionnellement à ces amortissements.

18 Les subventions relatives à des actifs non amortissables peuvent également nécessiter de remplir certaines obligations et sont alors comptabilisées en résultat sur les périodes sur lesquelles est supporté le coût du respect de ces obligations. Par exemple, l'octroi d'un terrain peut être conditionné à la construction d'un bâtiment sur le site et il peut être approprié de comptabiliser la subvention liée au terrain en résultat sur la durée de vie du bâtiment.

19 Les subventions sont parfois obtenues dans le cadre d'un ensemble d'aides financières ou fiscales auquel est attaché un certain nombre de conditions. Dans ce cas, une attention doit être portée à l'identification des conditions générant les coûts et charges qui déterminent les périodes bénéficiaires de la subvention. Il peut être approprié de répartir une partie de la subvention selon une méthode et l'autre partie selon une méthode différente.

20 Une subvention publique à recevoir qui prend le caractère d'une créance soit en compensation de charges ou de pertes déjà subies, soit pour apporter un soutien financier immédiat à l'entité sans coûts futurs liés, doit être comptabilisée en résultat de la période au cours de laquelle la créance devient acquise.

21 Dans certaines circonstances, une subvention publique peut être accordée dans le but d'apporter un soutien financier immédiat à une entité, plutôt que comme incitation à engager des dépenses spécifiques. De telles subventions peuvent être réservées à une entité particulière et ne pas être accessibles à l'ensemble d'une catégorie de bénéficiaires. Ces circonstances peuvent justifier la comptabilisation d'une subvention dans le résultat de la période au cours de laquelle l'entité devient apte à la recevoir, avec fourniture d'informations permettant d'assurer que son incidence est clairement comprise.

22 Une subvention publique peut devenir une créance pour une entité en tant que compensation de charges ou de pertes subies au cours d'une période antérieure. Une telle subvention est comptabilisée dans le résultat de la période au cours de laquelle elle devient acquise, avec fourniture d'informations permettant d'assurer que son incidence est clairement comprise.

SUBVENTIONS PUBLIQUES NON MONÉTAIRES

23 Une subvention publique peut prendre la forme d'un transfert d'un actif non monétaire, tel que terrain ou autres ressources, à l'usage de l'entité. Dans ces cas, il est habituel d'apprécier la juste valeur de l'actif non monétaire et de comptabiliser la subvention et l'actif à cette juste valeur. Une autre solution qui est parfois adoptée consiste à enregistrer l'actif et la subvention pour un montant symbolique.

PRÉSENTATION DES SUBVENTIONS LIÉES À DES ACTIFS

24 Les subventions publiques liées à des actifs, y compris les subventions non monétaires évaluées à la juste valeur, doivent être présentées dans l'état de la situation financière soit en produits différés, soit en déduisant la subvention pour arriver à la valeur comptable de l'actif.

25 Les deux méthodes de présentation dans les états financiers des subventions (ou parts appropriées de subventions) liées à des actifs sont considérées comme des solutions acceptables.

26 Une méthode présente la subvention en produits différés comptabilisés en résultat sur une base systématique sur la durée d'utilité de l'actif.

27 L'autre méthode déduit la subvention lors du calcul de la valeur comptable de l'actif. La subvention est comptabilisée en résultat sur la durée d'utilité de l'actif amortissable par l'intermédiaire d'une réduction de la charge d'amortissement.

28 L'acquisition d'actifs et l'obtention de subventions liées peuvent provoquer d'importants mouvements dans la trésorerie d'une entité. Pour cette raison et afin de montrer l'investissement brut dans les actifs, ces mouvements sont souvent indiqués comme des éléments distincts dans l'état des flux de trésorerie, sans tenir compte du fait que la subvention est ou n'est pas déduite de l'actif lié lors de la présentation dans l'état de la situation financière.

PRÉSENTATION DES SUBVENTIONS LIÉES AU RÉSULTAT

29 Les subventions liées au résultat sont présentées en résultat, séparément ou dans une rubrique générale telle que « autres produits » ; elles peuvent aussi être présentées en déduction des charges auxquelles elles sont liées.

29A [Supprimé]

30 Les partisans de la première méthode prétendent qu'il est inapproprié de compenser les éléments de charges et de produits et que distinguer la subvention des charges facilite la comparaison avec d'autres charges non affectées par une subvention. L'argument en faveur de la deuxième méthode est que les charges auraient pu ne pas avoir été subies par l'entité si la subvention n'avait pas été octroyée, et la présentation de la charge sans compensation avec la subvention pourrait alors être trompeuse.

31 Les deux méthodes sont considérées comme acceptables pour la présentation des subventions liées au résultat. Il peut être nécessaire de fournir des informations sur la subvention pour permettre une bonne compréhension des états financiers. Il est généralement approprié de fournir des informations sur l'effet des subventions sur tout élément de produits ou de charges pour lesquels une information à fournir distincte est imposée.

REMBOURSEMENT DES SUBVENTIONS PUBLIQUES

32 Une subvention publique qui devient remboursable doit être comptabilisée en tant que changement d'estimation comptable (voir IAS 8 *Méthodes comptables, changements d'estimations comptables et erreurs*). Le remboursement d'une subvention liée au résultat doit être imputé en premier à tout crédit différé non amorti comptabilisé au titre de la subvention. Dans la mesure où le remboursement excède un tel crédit différé, ou s'il n'existe pas de crédit différé, le remboursement doit être comptabilisé immédiatement en résultat. Le remboursement d'une subvention liée à un actif doit être comptabilisé soit en augmentant la valeur comptable de l'actif, soit en réduisant le solde du produit différé du montant remboursable. Le cumul de l'amortissement supplémentaire qui aurait été comptabilisé en résultat jusqu'à cette date en l'absence de la subvention doit être comptabilisé immédiatement en résultat.

33 Les circonstances donnant lieu à un remboursement d'une subvention liée à un actif peuvent imposer d'envisager une dépréciation possible de l'actif à sa nouvelle valeur comptable.

Aide publique

34 Sont exclues de la définition des subventions publiques du paragraphe 3 certaines formes d'aide publique qui ne peuvent pas être raisonnablement évaluées et des transactions avec l'autorité publique qui ne peuvent être distinguées des transactions commerciales habituelles de l'entité.

35 Des exemples d'aides qui ne peuvent pas être raisonnablement évaluées sont les conseils techniques ou commerciaux gratuits et les garanties données. Un exemple d'aide qui ne peut pas être distinguée des transactions commerciales habituelles de l'entité est une politique d'achat de l'autorité publique qui génère une partie des ventes de l'entité. L'existence d'un avantage peut ne faire aucun doute, mais toute tentative de distinction entre les activités commerciales et l'aide publique peut bien n'être qu'arbitraire.

36 L'importance de l'avantage dans les exemples ci-dessus peut être telle qu'il peut être nécessaire de fournir des informations sur la nature, l'étendue et la durée de l'aide afin que les états financiers ne soient pas trompeurs.

37 [Supprimé]

38 Dans la présente norme, l'aide publique ne comprend pas la mise à disposition d'infrastructures, grâce à une amélioration du réseau général de transport et du réseau de communication, ni la fourniture de meilleures installations telles que des systèmes d'irrigation ou de rétention d'eau qui sont disponibles sur une base permanente non quantifiable pour le bénéfice de toute une communauté locale.

Informations à fournir

39 Les informations suivantes doivent être fournies :

a) la méthode comptable adoptée pour les subventions publiques, y compris les méthodes de présentation adoptées dans les états financiers ;

b) la nature et l'étendue des subventions publiques comptabilisées dans les états financiers et une indication des autres formes d'aide publique dont l'entité a directement bénéficié ; et

c) les conditions non remplies et toute autre éventualité relative à de l'aide publique qui a été comptabilisée.

Dispositions transitoires

40 L'entité qui applique la présente norme pour la première fois doit :

a) se conformer aux dispositions relatives aux informations à fournir lorsque cela est approprié ; et

b) soit :

- **i) ajuster ses états financiers d'après les changements de méthodes comptables selon IAS 8 ; soit**
- **ii) appliquer les dispositions comptables de la norme aux seules subventions ou parts de subventions devenant une créance ou remboursables après la date d'entrée en vigueur de la norme.**

Date d'entrée en vigueur

41 La présente norme entre en vigueur pour les états financiers des périodes ouvertes à compter du 1er janvier 1984.

42 La publication d'IAS 1 (telle que révisée en 2007) a donné lieu à la modification de la terminologie utilisée dans les IFRS. Elle a également donné lieu à la modification du paragraphe 29A. L'entité doit appliquer ces modifications pour les exercices ouverts à compter du 1er janvier 2009. Si l'entité applique IAS 1 (révisée en 2007) pour une période antérieure, les modifications doivent être appliquées pour cette période antérieure.

43 La publication des *Améliorations des IFRS* en mai 2008 a donné lieu à la suppression du paragraphe 37 et l'ajout du paragraphe 10A. L'entité doit appliquer ces modifications à titre prospectif aux prêts publics reçus au cours des périodes ouvertes à compter du 1er janvier 2009. Une application anticipée est autorisée. Si l'entité applique les modifications pour une période antérieure, elle doit l'indiquer.

44 [Supprimé]

45 La publication d'IFRS 13, en mai 2011, a donné lieu à la modification de la définition de la juste valeur au paragraphe 3. L'entité qui applique IFRS 13 doit appliquer cette modification.

46 La publication de *Présentation des autres éléments du résultat global* (Modifications d'IAS 1), en juin 2011, a donné lieu à la modification du paragraphe 29 et à la suppression du paragraphe 29A. L'entité qui applique IAS 1 telle que modifiée en juin 2011 doit appliquer ces modifications.

47 [Supprimé]

48 La publication d'IFRS 9, en juillet 2014, a donné lieu à la modification du paragraphe 10A et à la suppression des paragraphes 44 et 47. L'entité qui applique IFRS 9 doit appliquer ces modifications.

IAS 21

Effets des variations des cours des monnaies étrangères

[règlt UE 2023/1803 modifié par le règlt UE 2024/2862]

Objectif

1 Une entité peut exercer des activités à l'international de deux manières. Elle peut conclure des transactions en monnaie étrangère ou elle peut avoir des établissements à l'étranger. En outre, une entité peut présenter ses états financiers dans une monnaie étrangère. L'objectif de la présente norme est de prescrire comment il convient d'intégrer les transactions en monnaie étrangère et les établissements à l'étranger dans les états financiers d'une entité, et comment il convient de convertir des états financiers dans une monnaie de présentation.

2 Les questions essentielles portent sur le ou les cours de change à utiliser et sur la manière de présenter les effets des variations des cours des monnaies étrangères dans les états financiers.

Champ d'application

3 **La présente norme s'applique** (*) :

a) lors de la comptabilisation des transactions et des soldes en monnaie étrangère, à l'exception des transactions sur dérivés et des soldes qui entrent dans le champ d'application d'IFRS 9 *Instruments financiers* ;

b) à la conversion des résultats et de la situation financière des établissements à l'étranger inclus dans les états financiers de l'entité par consolidation ou par mise en équivalence ; et

c) à la conversion des résultats et de la situation financière d'une entité dans une monnaie de présentation.

(*) Voir également SIC-7 *Introduction de l'euro*.

4 IFRS 9 s'applique à de nombreux dérivés de change, qui sont en conséquence exclus du champ d'application de la présente norme. Cependant, les dérivés de change qui n'entrent pas dans le champ d'application d'IFRS 9 (par exemple certains dérivés de change qui sont incorporés dans d'autres contrats) entrent dans le champ d'application de la présente norme. De plus, la présente norme s'applique lorsque l'entité convertit, de sa monnaie fonctionnelle à sa monnaie de présentation, des montants relatifs à des instruments dérivés.

5 La présente norme ne s'applique pas en matière de comptabilité de couverture pour les éléments en monnaie étrangère, y compris la couverture de l'investissement net dans un établissement à l'étranger. IFRS 9 s'applique en matière de comptabilité de couverture.

6 La présente norme s'applique à la présentation des états financiers d'une entité dans une monnaie étrangère et énonce les dispositions à respecter pour pouvoir décrire les états financiers comme étant conformes aux normes internationales d'information financière (IFRS). Lorsque la conversion des informations financières dans une monnaie étrangère ne répond pas à ces dispositions, la présente norme spécifie les informations à fournir.

7 La présente norme ne s'applique pas à la présentation, dans un état des flux de trésorerie, des flux de trésorerie provenant de transactions en monnaies étrangères ou à la conversion des flux de trésorerie d'un établissement à l'étranger (voir IAS 7 *État des flux de trésorerie*).

Définitions

8 **Dans la présente norme, les termes suivants ont la signification indiquée ci-après :**

Le *cours de clôture* est le cours de change au comptant à la fin de la période de reporting.

Une monnaie est *convertible* en une autre monnaie lorsque l'entité est en mesure d'obtenir cette autre monnaie dans un laps de temps pouvant comprendre un délai administratif normal et par l'intermédiaire de marchés ou de régimes de change dans lesquels une opération de change créerait des droits et obligations exécutoires.

L'*écart de change* est l'écart provenant de la conversion d'un nombre donné d'unités d'une monnaie dans une autre monnaie à des cours de change différents.

Le *cours de change* est le cours auquel sont échangées deux monnaies entre elles.

La *juste valeur* est le prix qui serait reçu pour la vente d'un actif ou payé pour le transfert d'un passif lors d'une transaction normale entre des participants de marché à la date d'évaluation (voir IFRS 13 *Évaluation de la juste valeur*).

Une *monnaie étrangère* est une monnaie différente de la monnaie fonctionnelle de l'entité.

Un *établissement à l'étranger* est une entité qui est une filiale, une entreprise associée, un partenariat ou une succursale de l'entité présentant les états financiers, et dont les activités sont basées ou conduites dans un pays ou dans une monnaie autre que ceux de l'entité présentant les états financiers.

La *monnaie fonctionnelle* est la monnaie de l'environnement économique principal dans lequel l'entité exerce ses activités.

Un *groupe* est une société mère et toutes ses filiales.

Les *éléments monétaires* sont les unités monétaires détenues et les éléments d'actif et de passif devant être reçus ou payés sous la forme d'un nombre d'unités monétaires déterminé ou déterminable.

L'*investissement net dans un établissement à l'étranger* est le montant de la participation de l'entité **présentant les états financiers dans l'actif net de cet établissement.**

La *monnaie de présentation* est la monnaie utilisée pour la présentation des états financiers.

Le *cours de change au comptant* est le cours de change pour une livraison immédiate.

PRÉCISIONS SUR LES DÉFINITIONS

➡ Convertible (paragraphes A2 à A10)

8A L'entité apprécie si une monnaie est convertible en une autre monnaie :

a) à la date d'évaluation ; et

b) pour la fin précisée.

8B Une monnaie n'est pas convertible en une autre monnaie si l'entité ne peut obtenir qu'une quantité négligeable de cette autre monnaie à la date d'évaluation pour la fin précisée.

➡ Monnaie fonctionnelle

9 L'environnement économique principal dans lequel l'entité exerce ses activités est normalement celui dans lequel est principalement générée et dépensée sa trésorerie. L'entité considère les facteurs suivants pour déterminer quelle est sa monnaie fonctionnelle :

a) la monnaie :

i) qui influence le plus les prix de vente des biens et des services (il s'agit souvent de la monnaie dans laquelle les prix de vente de ces biens et services sont libellés et réglés) ; et

ii) du pays dont les forces concurrentielles et la réglementation déterminent le plus les prix de vente de ses biens et services ;

b) la monnaie qui influence le plus le coût de la main-d'œuvre, des matériaux et les autres coûts relatifs à la fourniture de biens ou de services (il s'agit souvent de la monnaie dans laquelle ces coûts sont libellés et réglés).

10 Les facteurs suivants peuvent également donner des indications sur la monnaie fonctionnelle de l'entité.

a) la monnaie dans laquelle sont générés les fonds provenant des activités de financement (c'est-à-dire l'émission d'instruments de dette et de capitaux propres) ;

b) la monnaie dans laquelle les entrées de trésorerie provenant des activités d'exploitation sont habituellement conservées.

11 Pour déterminer quelle est la monnaie fonctionnelle d'un établissement à l'étranger et pour déterminer si cette monnaie fonctionnelle est la même que celle de l'entité présentant les états financiers (dans ce contexte, l'entité présentant les états financiers est l'entité dont l'établissement à l'étranger est une filiale, une succursale, une entreprise associée ou un partenariat), l'entité considère les facteurs complémentaires suivants, à savoir :

a) si les activités de l'établissement à l'étranger sont menées en tant que prolongement des activités de l'entité présentant les états financiers ou si, au contraire, elles sont menées avec un degré d'autonomie important. Un exemple du premier cas de figure est celui où l'établissement à l'étranger vend exclusivement des biens importés de l'entité présentant les états financiers et lui en remet le produit. Un exemple du deuxième cas de figure est celui où l'établissement à l'étranger accumule de la trésorerie et d'autres éléments monétaires, engage des charges, génère des produits et négocie des emprunts, pratiquement tous libellés dans sa monnaie locale ;

b) si les transactions avec l'entité présentant les états financiers représentent une proportion élevée ou faible des activités de l'établissement à l'étranger ;

c) si les flux de trésorerie générés par les activités de l'établissement à l'étranger affectent directement les flux de trésorerie de l'entité présentant les états financiers et sont immédiatement disponibles pour lui être remis ;

d) si les flux de trésorerie générés par les activités de l'établissement à l'étranger sont suffisants pour assurer le service des dettes existantes et normalement prévues sans que l'entité présentant les états financiers doive mettre des fonds à disposition.

12 Lorsque les indicateurs qui précèdent sont ambivalents et que la détermination de la monnaie fonctionnelle ne va pas de soi, la direction exerce son jugement pour déterminer la monnaie fonctionnelle qui représente le plus fidèlement les effets économiques des transactions, événements et conditions sous-jacents. Dans le cadre de cette approche, la direction donne la priorité aux indicateurs principaux cités au paragraphe 9 avant de considérer les indicateurs cités aux paragraphes 10 et 11 qui sont destinés à apporter des éléments probants complémentaires afin de déterminer quelle est la monnaie fonctionnelle d'une entité.

13 La monnaie fonctionnelle d'une entité reflète les transactions, événements et conditions sous-jacents pertinents pour cette entité. Ainsi, une fois qu'elle a été déterminée, la monnaie fonctionnelle ne peut être modifiée qu'en cas de modification de ces transactions, événements et conditions sous-jacents.

14 Si la monnaie fonctionnelle est la monnaie d'une économie hyperinflationniste, les états financiers de l'entité sont retraités selon IAS 29 *Information financière dans les économies hyperinflationnistes*. L'entité ne peut éviter un retraitement selon IAS 29, par exemple en adoptant comme monnaie fonctionnelle une monnaie autre que la monnaie fonctionnelle déterminée selon la présente norme (telle que la monnaie fonctionnelle de sa société mère).

➡ Investissement net dans un établissement à l'étranger

15 L'entité peut détenir un élément monétaire qui est une créance sur un établissement à l'étranger ou une dette envers un établissement à l'étranger. Un élément dont le règlement n'est ni planifié ni probable dans un avenir prévisible constitue en substance une part de l'investissement net de l'entité dans cet établissement à l'étranger ; il est comptabilisé selon les paragraphes 32 et 33. De tels éléments monétaires peuvent comprendre des créances ou des prêts à long terme. Ils ne comprennent pas les créances clients ou les dettes fournisseurs.

15A L'entité qui détient un élément monétaire qui est une créance sur un établissement à l'étranger ou une dette envers un établissement à l'étranger au sens du paragraphe 15 peut être n'importe quelle filiale du groupe. Par exemple, une entité a deux filiales, A et B. La filiale B est un établissement à l'étranger. La filiale A accorde un prêt à la filiale B. Le prêt accordé par la filiale A à la filiale B fait partie de l'investissement net de l'entité dans la filiale B si le règlement du prêt n'est ni planifié ni probable dans un avenir prévisible. Ceci serait également vrai si la filiale A était elle-même un établissement à l'étranger.

➡ Éléments monétaires

16 La principale caractéristique d'un élément monétaire est qu'il confère un droit de recevoir (ou impose une obligation de livrer) un nombre déterminé ou déterminable d'unités monétaires. On peut citer, à titre d'exemple, les retraites et autres avantages du personnel qui doivent être réglés en numéraire, les provisions qui se dénouent en numéraire, les passifs locatifs et les dividendes en espèces comptabilisés en tant que passif. De même, un contrat prévoyant la réception (ou la livraison) d'un nombre variable d'instruments de capitaux propres de l'entité ou d'un montant variable d'actifs, et pour lequel la juste valeur à recevoir (ou à livrer) est égale à un nombre déterminé ou déterminable d'unités monétaires, est un élément monétaire. À l'inverse, la caractéristique principale d'un élément non monétaire est l'absence de tout droit de recevoir (ou de toute obligation de livrer) un nombre fixe ou déterminable d'unités monétaires. On peut citer, à titre d'exemple, les montants payés d'avance pour des biens et des services, le goodwill, les immobilisations incorporelles, les stocks, les immobilisations corporelles, les actifs comptabilisés au titre du droit d'utilisation et les provisions qui se dénouent par la fourniture d'un actif non monétaire.

Résumé de l'approche imposée par la présente norme

17 Lors de la préparation des états financiers, chaque entité – qu'il s'agisse d'une entité autonome, d'une entité ayant des établissements à l'étranger (telle qu'une société mère) ou d'un établissement à l'étranger (tel qu'une filiale ou une succursale) – détermine sa monnaie fonctionnelle selon les paragraphes 9 à 14. L'entité convertit les éléments en monnaie étrangère dans sa monnaie fonctionnelle et présente les effets de cette conversion selon les paragraphes 20 à 37 et 50.

18 De nombreuses entités présentant des états financiers sont composées de plusieurs entités individuelles (par exemple, un groupe se compose d'une société mère et d'une ou de plusieurs filiales). Divers types d'entités, membres d'un groupe ou non, peuvent détenir des participations dans des entreprises associées ou dans des partenariats. Elles peuvent également avoir des succursales. Il est nécessaire de convertir les résultats et la situation financière de chaque entité individuelle incluse dans l'entité présentant les états financiers dans la monnaie de présentation de cette dernière. La présente norme autorise l'utilisation de n'importe quelle monnaie (ou monnaies) comme monnaie de présentation. Les résultats et la situation financière d'une entité individuelle au sein de l'entité présentant les états financiers dont la monnaie fonctionnelle est différente de la monnaie de présentation sont convertis selon les paragraphes 38 à 50.

19 La présente norme autorise également une entité autonome qui prépare des états financiers ou une entité qui prépare des états financiers individuels selon IAS 27 *États financiers individuels* à présenter ses états financiers dans la ou les monnaies de son choix. Si la monnaie de présentation de l'entité est différente de sa monnaie fonctionnelle, ses résultats et sa situation financière sont également convertis dans la monnaie de présentation selon les paragraphes 38 à 50.

Estimation du cours de change au comptant lorsqu'une monnaie n'est pas convertible (paragraphes A11 à A17)

19A Lorsque, à la date d'évaluation, une monnaie n'est pas convertible en une autre monnaie (selon les explications des paragraphes 8, 8A, 8B et A2 à A10), l'entité doit estimer le cours de change au comptant à cette date. L'entité vise ainsi à refléter le cours qui aurait été appliqué si une opération de change normale avait eu lieu à la date d'évaluation entre des intervenants du marché dans la conjoncture économique du moment.

Présentation des transactions en monnaie étrangère dans la monnaie fonctionnelle

COMPTABILISATION INITIALE

20 Une transaction en monnaie étrangère est une transaction qui est libellée ou doit être dénouée en monnaie étrangère, ce qui comprend les transactions par lesquelles l'entité :

a) achète ou vend des biens ou services dont le prix est libellé dans une monnaie étrangère ;

b) emprunte ou prête des fonds, lorsque les montants à payer ou à recevoir sont libellés dans une monnaie étrangère ; ou

c) de toute autre façon, acquiert ou cède des actifs ou contracte ou règle des passifs, libellés dans une monnaie étrangère.

21 Une transaction en monnaie étrangère doit être enregistrée, lors de sa comptabilisation initiale dans la monnaie fonctionnelle, en appliquant au montant en monnaie étrangère le cours de change au comptant entre la monnaie fonctionnelle et la monnaie étrangère à la date de la transaction.

22 La date d'une transaction est la date à laquelle la transaction répond pour la première fois aux conditions de comptabilisation prévues dans les IFRS. Pour des raisons pratiques, un cours servant d'approximation du cours en vigueur à la date de transaction est souvent utilisé ; ainsi, un cours moyen pour une semaine ou un mois peut être utilisé pour l'ensemble des transactions dans chaque monnaie étrangère survenant au cours de cette période. Toutefois, si les cours de change connaissent des fluctuations importantes, l'utilisation du cours moyen pour une période n'est pas appropriée.

PRÉSENTATION À LA FIN DES PÉRIODES DE REPORTING ULTÉRIEURES

23 À la fin de chaque période de reporting :

a) les éléments monétaires en monnaie étrangère doivent être convertis en utilisant le cours de clôture ;

b) les éléments non monétaires en monnaie étrangère qui sont évalués au coût historique doivent être convertis en utilisant le cours de change à la date de la transaction ; et

c) les éléments non monétaires en monnaie étrangère qui sont évalués à la juste valeur doivent être convertis en utilisant le cours de change à la date à laquelle cette juste valeur a été évaluée.

24 La valeur comptable d'un élément est déterminée en tenant compte des autres normes comptables applicables. Par exemple, les immobilisations corporelles peuvent être évaluées à leur juste valeur ou à leur coût historique selon IAS 16 *Immobilisations corporelles*. Que la valeur comptable soit fondée sur le coût historique ou sur la juste valeur, si ce montant est déterminé en monnaie étrangère, il est ensuite converti dans la monnaie fonctionnelle selon la présente norme.

25 La valeur comptable de certains éléments est déterminée en comparant deux montants ou plus. À titre d'exemple, la valeur comptable des stocks est le montant le plus faible entre le coût et la valeur nette de réalisation, selon IAS 2 *Stocks*. De même, selon IAS 36 *Dépréciation d'actifs*, la valeur comptable d'un actif pour lequel il existe des signes de dépréciation est le montant le plus faible entre sa valeur comptable avant prise en considération d'éventuelles pertes de valeur et sa valeur recouvrable. Lorsqu'un tel actif est non monétaire et qu'il est évalué dans une monnaie étrangère, sa valeur comptable est déterminée par comparaison entre :

a) le coût ou la valeur comptable, selon le cas, converti au cours de change à la date de détermination de ce montant (c'est-à-dire au cours à la date de la transaction pour un élément évalué à son cours historique) ; et

b) la valeur nette de réalisation ou la valeur recouvrable, selon le cas, convertie au cours de change à la date à laquelle cette valeur a été déterminée (par exemple, le cours de clôture à la fin de la période de reporting).

Cette comparaison peut entraîner la comptabilisation d'une perte de valeur dans la monnaie fonctionnelle, alors qu'elle n'aurait pas été comptabilisée dans la monnaie étrangère, ou vice versa.

26 Lorsque plusieurs cours de change sont disponibles, le cours utilisé est celui auquel les flux de trésorerie futurs représentés par la transaction ou le solde auraient pu être réglés si ces flux de trésorerie avaient eu lieu à la date d'évaluation.

COMPTABILISATION DES ÉCARTS DE CHANGE

27 Comme l'indiquent les paragraphes 3 a) et 5, IFRS 9 s'applique en matière de comptabilité de couverture pour les éléments en monnaie étrangère. L'application de la comptabilité de couverture impose à l'entité de comptabiliser certains écarts de change d'une manière différente par rapport au traitement des écarts de change imposé par la présente norme. Par exemple, IFRS 9 impose de comptabiliser initialement en autres éléments du résultat global les écarts de change sur les éléments monétaires qui répondent aux critères de désignation comme instruments de couverture de flux de trésorerie, dans la mesure où la couverture est efficace.

28 **Les écarts de change résultant du règlement d'éléments monétaires ou de la conversion d'éléments monétaires à des cours différents de ceux qui ont été utilisés lors de leur comptabilisation initiale au cours de la période ou dans des états financiers antérieurs doivent être comptabilisés en résultat de la période au cours de laquelle ils surviennent, hormis les cas décrits au paragraphe 32.**

29 Lorsque des éléments monétaires résultent d'une transaction en monnaie étrangère et que le cours de change varie entre la date de la transaction et la date de règlement, il en résulte un écart de change. Lorsque la transaction est réglée dans la même période comptable que celle pendant laquelle elle a été

effectuée, l'écart de change est comptabilisé en totalité pendant cette période. Toutefois, lorsque la transaction est réglée au cours d'une période comptable ultérieure, l'écart de change comptabilisé dans chaque période jusqu'à la date du règlement est déterminé en fonction de l'évolution des cours de change au cours de chacune des périodes.

30 Lorsqu'un profit ou une perte sur un élément non monétaire est comptabilisé en autres éléments du résultat global, chaque composante de change de ce profit ou de cette perte doit être comptabilisée en autres éléments du résultat global. À l'inverse, lorsqu'un profit ou une perte sur un élément non monétaire est comptabilisé en résultat, chaque composante de change de ce profit ou de cette perte doit être comptabilisée en résultat.

31 D'autres IFRS imposent de comptabiliser certains profits et pertes en autres éléments du résultat global. Par exemple, IAS 16 impose de comptabiliser certains profits et pertes résultant de la réévaluation d'immobilisations corporelles en autres éléments du résultat global. Lorsqu'un tel actif est évalué dans une monnaie étrangère, le paragraphe 23 c) de la présente norme impose de convertir la valeur réévaluée à l'aide du cours de change du jour où la valeur est déterminée, et l'écart de change qui en résulte est également comptabilisé en autres éléments du résultat global.

32 Les écarts de change touchant un élément monétaire faisant partie de l'investissement net de l'entité présentant les états financiers dans un établissement à l'étranger (voir paragraphe 15) doivent être comptabilisés en résultat de la période dans les états financiers individuels de l'entité présentant les états financiers ou dans les états financiers individuels de l'établissement à l'étranger, selon le cas. Dans les états financiers qui incluent l'établissement à l'étranger et l'entité présentant les états financiers (par exemple, les états financiers consolidés lorsque l'établissement à l'étranger est une filiale), ces écarts de change doivent être comptabilisés initialement en autres éléments du résultat global et reclassés de capitaux propres en résultat lors de la sortie de l'investissement net selon le paragraphe 48.

33 Lorsqu'un élément monétaire fait partie de l'investissement net de l'entité présentant les états financiers dans un établissement à l'étranger et qu'il est libellé dans la monnaie fonctionnelle de l'entité présentant les états financiers, il en résulte un écart de change dans les états financiers de l'établissement à l'étranger, selon le paragraphe 28. Si un tel élément est libellé dans la monnaie fonctionnelle de l'établissement à l'étranger, il en résulte un écart de change dans les états financiers individuels de l'entité présentant les états financiers, selon le paragraphe 28. Si un tel élément est libellé dans une monnaie autre que la monnaie fonctionnelle de l'entité présentant les états financiers ou de l'établissement à l'étranger, il en résulte un écart de change dans les états financiers individuels de l'entité présentant les états financiers et dans les états financiers individuels de l'établissement à l'étranger conformément au paragraphe 28. Ces écarts de change sont comptabilisés en autres éléments du résultat global, dans les états financiers regroupant l'établissement à l'étranger et l'entité présentant les états financiers (c'est-à-dire les états financiers dans lesquels l'établissement à l'étranger est consolidé ou comptabilisé selon la méthode de la mise en équivalence).

34 L'entité qui tient sa comptabilité dans une monnaie autre que sa monnaie fonctionnelle convertit tous les montants dans sa monnaie fonctionnelle

lorsqu'elle prépare ses états financiers, selon les paragraphes 20 à 26. Les montants obtenus dans la monnaie fonctionnelle sont les mêmes que si les éléments avaient été comptabilisés initialement dans la monnaie fonctionnelle. Par exemple, les éléments monétaires sont convertis dans la monnaie fonctionnelle en utilisant le cours de clôture ; les éléments non monétaires qui sont évalués sur la base du cours historique sont convertis en utilisant le cours de change à la date de la transaction qui a entraîné leur comptabilisation.

CHANGEMENT DE MONNAIE FONCTIONNELLE

35 En cas de changement de monnaie fonctionnelle de l'entité, celle-ci applique les procédures de conversion applicables à la nouvelle monnaie fonctionnelle de manière prospective à compter de la date du changement.

36 Comme indiqué au paragraphe 13, la monnaie fonctionnelle d'une entité reflète les transactions, événements et conditions sous-jacents pertinents pour cette entité. Par conséquent, une fois que la monnaie fonctionnelle a été déterminée, elle ne peut être modifiée qu'en cas de changement de ces transactions, événements et conditions sous-jacents. Par exemple, un changement de la monnaie qui influence le plus les prix de vente des biens et des services peut entraîner un changement de la monnaie fonctionnelle de l'entité.

37 L'effet d'un changement de monnaie fonctionnelle est comptabilisé de façon prospective. En d'autres termes, l'entité convertit l'ensemble des éléments dans la nouvelle monnaie fonctionnelle en utilisant le cours de change à la date du changement. Les montants convertis qui en résultent pour les éléments non monétaires sont traités comme un coût historique. Les écarts de change qui résultent de la conversion d'un établissement à l'étranger précédemment comptabilisé en autres éléments du résultat global selon les paragraphes 32 et 39 c), ne sont pas reclassés de capitaux propres en résultat avant la sortie de cet établissement.

Utilisation d'une monnaie de présentation autre que la monnaie fonctionnelle

CONVERSION DANS LA MONNAIE DE PRÉSENTATION

38 L'entité peut présenter ses états financiers dans la monnaie (ou les monnaies) de son choix. Si la monnaie de présentation est différente de la monnaie fonctionnelle de l'entité, celle-ci convertit ses résultats et sa situation financière dans la monnaie de présentation. Par exemple, lorsqu'un groupe englobe des entités individuelles qui utilisent des monnaies fonctionnelles différentes, les résultats et la situation financière de chaque entité sont exprimés dans une monnaie commune de manière à permettre la présentation d'états financiers consolidés.

39 Les résultats et la situation financière d'une entité dont la monnaie fonctionnelle n'est pas la monnaie d'une économie hyperinflationniste doivent être convertis en une autre monnaie de présentation selon les procédures suivantes :

a) les actifs et les passifs de chaque état de situation financière présenté (y compris à titre comparatif) doivent être convertis au cours de clôture à la date de ces états de la situation financière ;

b) les produits et les charges de chaque état présentant le résultat et les autres éléments du résultat global (y compris ceux présentés à titre comparatif) doivent être convertis au cours de change en vigueur aux dates des transactions ; et

c) tous les écarts de change en résultant doivent être comptabilisés en autres éléments du résultat global.

40 Pour des raisons pratiques, un cours servant d'approximation des cours de change en vigueur aux dates des transactions, par exemple un cours moyen pour la période, est souvent utilisé pour convertir les éléments de produits et de charges. Toutefois, si les cours de change connaissent des fluctuations importantes, l'utilisation du cours moyen pour une période n'est pas appropriée.

41 Les écarts de change mentionnés au paragraphe 39 c) résultent de :

a) la conversion des produits et des charges au cours de change en vigueur à la date des transactions et la conversion des actifs et des passifs au cours de clôture ;

b) la conversion de l'actif net à l'ouverture, à un cours de clôture différent du cours de clôture précédent.

Ces écarts de change ne sont pas comptabilisés en résultat parce que les variations des cours de change n'ont que peu ou pas d'effet direct sur les flux de trésorerie actuels et futurs liés à l'activité. Le montant cumulé des écarts de change est présenté dans une composante distincte des capitaux propres jusqu'à la sortie de l'établissement à l'étranger. Lorsque les écarts de change se rapportent à un établissement à l'étranger qui est consolidé sans être totalement détenu, les écarts de change cumulés résultant de la conversion et attribuables aux participations ne donnant pas le contrôle sont affectés aux participations ne donnant pas le contrôle et comptabilisés en tant que tels dans l'état de la situation financière consolidé.

42 Les résultats et la situation financière d'une entité dont la monnaie fonctionnelle est la monnaie d'une économie hyperinflationniste doivent être convertis dans une autre monnaie de présentation selon les procédures suivantes :

a) tous les montants (c'est-à-dire les actifs, les passifs, les éléments de capitaux propres, les produits et les charges, y compris ceux fournis à titre comparatif) doivent être convertis au cours de clôture à la date du dernier état de la situation financière ; sauf que

b) lorsque les montants sont convertis dans la monnaie d'une économie non hyperinflationniste, les chiffres comparatifs doivent être ceux qui ont été présentés comme montants de la période considérée dans les états financiers de la période antérieure pertinente (c'est-à-dire non ajustés en fonction des changements ultérieurs dans le niveau des prix ou des variations ultérieures des cours de change).

43 Lorsque la monnaie fonctionnelle d'une entité est la monnaie d'une économie hyperinflationniste, l'entité doit retraiter ses états financiers selon IAS 29 avant d'appliquer la méthode de conversion définie au paragraphe 42, sauf toutefois pour les montants comparatifs convertis dans la monnaie d'une économie non hyperinflationniste [voir paragraphe 42 b)]. Lorsque l'économie cesse d'être hyperinflationniste et que l'entité ne retraite plus ses états financiers selon IAS 29, elle doit utiliser comme

coûts historiques à convertir dans la monnaie de présentation les montants retraités au niveau de prix prévalant à la date où elle a cessé de retraiter ses états financiers.

CONVERSION D'UN ÉTABLISSEMENT À L'ÉTRANGER

44 Outre les paragraphes 38 à 43, les paragraphes 45 à 47 s'appliquent lorsque les résultats et la situation financière d'un établissement à l'étranger sont convertis dans une monnaie de présentation afin que l'établissement à l'étranger puisse être intégré dans les états financiers de l'entité présentant les états financiers par voie de consolidation ou par la méthode de mise en équivalence.

45 L'incorporation des résultats et de la situation financière d'un établissement à l'étranger dans ceux de l'entité présentant l'information financière suit les procédures de consolidation normales, telles que l'élimination des soldes intragroupe et des transactions intragroupe d'une filiale (voir IFRS 10 *États financiers consolidés*). Toutefois, un actif (ou passif) monétaire intragroupe, à court comme à long terme, ne peut être éliminé avec le passif (ou l'actif) intragroupe correspondant sans que soit présenté le résultat des fluctuations de change dans les états financiers consolidés. En effet, l'élément monétaire représente un engagement de convertir une monnaie dans une autre monnaie et expose l'entité présentant les états financiers à un profit ou à une perte découlant des fluctuations de change. En conséquence, dans les états financiers consolidés de l'entité présentant les états financiers, un tel écart de change est comptabilisé en résultat ; ou, s'il se produit dans les circonstances décrites au paragraphe 32, il est comptabilisé en autres éléments du résultat global et cumulé dans une composante distincte de capitaux propres jusqu'à la sortie de l'établissement à l'étranger.

46 Lorsque les états financiers d'un établissement à l'étranger sont établis à une date différente de ceux de l'entité présentant l'information financière, l'établissement à l'étranger prépare souvent des états complémentaires établis à la même date que ceux de l'entité présentant les états financiers. Si ce n'est pas le cas, IFRS 10 permet d'utiliser une autre date, pour autant que la durée entre les deux dates n'excède pas trois mois et que des ajustements soient effectués pour tenir compte des effets des transactions ou autres événements importants qui se sont produits entre les deux dates. Dans un tel cas, les actifs et les passifs de l'établissement à l'étranger sont convertis au cours de change en vigueur à la fin de la période de reporting de l'établissement à l'étranger. Des ajustements sont effectués pour les variations importantes des cours de change jusqu'à la fin de la période de reporting de l'entité présentant ses états financiers, selon IFRS 10. La même approche est utilisée lors de l'application de la méthode de la mise en équivalence aux entités associées et aux coentreprises, selon IAS 28 (telle que modifiée en 2011).

47 **Tout goodwill provenant de l'acquisition d'un établissement à l'étranger et tout ajustement à la juste valeur de la valeur comptable des actifs et passifs provenant de l'acquisition de cet établissement à l'étranger doivent être comptabilisés comme un actif ou un passif de l'établissement à l'étranger. Ils doivent donc être libellés dans la monnaie fonctionnelle de l'établissement à l'étranger et être convertis au cours de clôture, selon les paragraphes 39 et 42.**

SORTIE TOTALE OU PARTIELLE D'UN ÉTABLISSEMENT À L'ÉTRANGER

48 Lors de la sortie d'un établissement à l'étranger, le montant cumulé des écarts de change relatifs à cet établissement à l'étranger, comptabilisés en autres éléments du résultat global et cumulés dans une composante distincte des capitaux propres, doit être reclassé des capitaux propres en résultat (comme un ajustement de reclassement) lors de la comptabilisation du profit ou de la perte résultant de la sortie [voir IAS 1 *Présentation des états financiers* (telle que révisée en 2007)].

48A Outre la sortie de la totalité des intérêts d'une entité dans un établissement à l'étranger, les sorties partielles sont également comptabilisées en tant que sorties dans les cas suivants :

a) lorsque la sortie partielle implique la perte de contrôle d'une filiale qui comprend un établissement à l'étranger, que l'entité conserve ou non une participation ne donnant pas le contrôle dans son ancienne filiale après la sortie partielle ; et

b) lorsque les intérêts conservés après la sortie d'une partie des intérêts détenus dans un partenariat ou la sortie d'une partie des intérêts détenus dans une entreprise associée qui comprend un établissement à l'étranger consistent en un actif financier qui englobe un établissement à l'étranger.

48B Lors de la sortie d'une filiale qui comprend un établissement à l'étranger, le montant cumulé des écarts de change relatifs à cet établissement à l'étranger qui ont été attribués aux participations ne donnant pas le contrôle doit être décomptabilisé, mais ne doit pas être reclassé en résultat.

48C Lors de la sortie partielle d'une filiale qui comprend un établissement à l'étranger, l'entité doit réattribuer la part proportionnelle du montant cumulé des écarts de change comptabilisés en autres éléments du résultat global aux participations ne donnant pas le contrôle dans cet établissement à l'étranger. Dans tous les autres cas de sortie partielle d'un établissement à l'étranger, l'entité doit reclasser en résultat seulement la part proportionnelle du montant cumulé des écarts de change comptabilisés en autres éléments du résultat global.

48D Une sortie partielle de la participation de l'entité dans un établissement à l'étranger s'entend de toute réduction de la participation de l'entité dans l'établissement à l'étranger, à l'exception des réductions du paragraphe 48A comptabilisées comme des sorties.

49 L'entité peut procéder à la sortie totale ou partielle de sa participation dans un établissement à l'étranger en la vendant, en la liquidant, en se faisant rembourser le capital investi ou en abandonnant tout ou partie de cette entité. Une réduction de la valeur comptable d'un établissement à l'étranger, en raison soit des pertes de cet établissement ou d'une perte de valeur comptabilisée par l'investisseur, ne constitue pas une sortie partielle. En conséquence, aucune fraction du profit ou de la perte de change comptabilisée en autres éléments du résultat global n'est reclassée en résultat à la date de la réduction de valeur.

Effets des variations des cours des monnaies étrangères

Effets fiscaux de tous les écarts de change

50 Les profits et pertes réalisés sur les transactions en monnaie étrangère et sur les écarts de change survenant lors de la conversion des résultats et de la situation financière d'une entité (y compris un établissement à l'étranger) dans une autre monnaie peuvent entraîner des conséquences fiscales. IAS 12 *Impôts sur le résultat* s'applique à ces conséquences fiscales.

Informations à fournir

51 Aux paragraphes 53 et 55 à 57, les références à la « monnaie fonctionnelle » s'appliquent, dans le cas d'un groupe, à la monnaie fonctionnelle de la société mère.

52 L'entité doit fournir les informations suivantes :

a) le montant des écarts de change comptabilisés en résultat, hormis ceux qui proviennent de l'évaluation à la juste valeur des instruments financiers par le biais du résultat net selon IFRS 9 ; et

b) les écarts de change nets comptabilisés en autres éléments du résultat global et cumulés dans une composante distincte des capitaux propres, et un rapprochement du montant de ces écarts de change à l'ouverture et à la clôture de la période.

53 Lorsque la monnaie de présentation est différente de la monnaie fonctionnelle, ce fait doit être indiqué, avec mention de la monnaie fonctionnelle, ainsi que de la raison de l'utilisation d'une monnaie de présentation différente.

54 En cas de changement de la monnaie fonctionnelle de l'entité présentant les états financiers ou bien d'un établissement à l'étranger important, ce fait et la raison du changement de monnaie fonctionnelle doivent être indiqués.

55 Lorsqu'une entité présente ses états financiers dans une monnaie différente de sa monnaie fonctionnelle, elle ne doit décrire les états financiers comme étant conformes aux IFRS que s'ils respectent l'ensemble des dispositions des IFRS, y compris la méthode de conversion définie aux paragraphes 39 et 42.

56 Il arrive qu'une entité présente ses états financiers ou d'autres informations financières dans une monnaie qui n'est pas sa monnaie fonctionnelle, sans respecter les dispositions du paragraphe 55. Par exemple, une entité peut ne convertir dans une autre monnaie que certains éléments choisis de ses états financiers. Ou encore, une entité dont la monnaie fonctionnelle n'est pas la monnaie d'une économie hyperinflationniste peut convertir ses états financiers dans une autre monnaie par la conversion de tous les éléments au cours de clôture le plus récent. De telles conversions ne sont pas conformes aux IFRS et les informations définies au paragraphe 57 doivent être fournies.

57 Lorsqu'une entité présente ses états financiers ou autres informations financières dans une monnaie autre que sa monnaie fonctionnelle ou sa monnaie de présentation, sans respecter les dispositions du paragraphe 55, elle doit :

a) identifier clairement les informations comme des informations complémentaires afin de les distinguer des informations qui respectent les IFRS ;

b) indiquer la monnaie dans laquelle les informations complémentaires sont présentées ; et

c) indiquer la monnaie fonctionnelle de l'entité et la méthode de conversion utilisée pour déterminer les informations complémentaires.

57A L'entité qui estime le cours de change au comptant parce qu'une monnaie n'est pas convertible en une autre monnaie (voir paragraphe 19A) doit fournir des informations qui permettent aux utilisateurs de ses états financiers de comprendre l'incidence, réelle ou attendue, de cette non-convertibilité sur sa performance financière, sa situation financière et ses flux de trésorerie. Pour atteindre cet objectif, l'entité doit fournir des informations sur les éléments suivants :

a) la nature et les effets financiers de cette non-convertibilité de la monnaie en l'autre monnaie ;

b) le ou les cours de change au comptant utilisés ;

c) le processus d'estimation ; et

d) les risques auxquels elle est exposée en raison de cette non-convertibilité de la monnaie en l'autre monnaie.

57B La façon dont l'entité applique le paragraphe 57A est précisée aux paragraphes A18 à A20.

Date d'entrée en vigueur et dispositions transitoires

58 L'entité doit appliquer la présente norme pour les exercices ouverts à compter du 1er janvier 2005. Une application anticipée est encouragée. Si l'entité applique la présente norme pour une période ouverte avant le 1er janvier 2005, elle doit l'indiquer.

58A La publication d'*Investissement net dans un établissement à l'étranger* (modification d'IAS 21), en décembre 2005, a donné lieu à l'ajout du paragraphe 15A et à la modification du paragraphe 33. L'entité doit appliquer ces modifications pour les exercices ouverts à compter du 1er janvier 2006. Une application anticipée est encouragée.

59 L'entité doit appliquer le paragraphe 47 de manière prospective à toutes les acquisitions réalisées après le début de la période de reporting au cours de laquelle la présente norme est appliquée pour la première fois. L'application rétrospective du paragraphe 47 aux acquisitions antérieures est autorisée. Pour l'acquisition d'un établissement à l'étranger traitée de manière prospective, mais qui a lieu avant la date de la première application de la présente norme, l'entité ne doit pas retraiter les périodes précédentes et peut, selon les cas, traiter les ajustements du goodwill et de la juste valeur résultant de cette acquisition comme des actifs et des passifs de l'entité plutôt que comme des actifs et des passifs de l'établissement à l'étranger. En conséquence, ces ajustements du goodwill et de la juste valeur sont déjà exprimés dans la monnaie fonctionnelle de l'entité, ou bien constituent des éléments non monétaires libellés en monnaie étrangère, présentés en utilisant le cours de change en vigueur à la date de l'acquisition.

60 Tous les autres changements résultant de l'application de la présente norme doivent être comptabilisés selon les dispositions d'IAS 8 *Méthodes comptables, changements d'estimations comptables et erreurs*.

60A La publication d'IAS 1 (telle que révisée en 2007) a donné lieu à la modification de la terminologie utilisée dans les IFRS. En outre, elle a donné lieu à la modification des paragraphes 27, 30 à 33, 37, 39, 41, 45 48 et 52. L'entité doit appliquer ces modifications pour les exercices ouverts à compter du 1er janvier 2009. Si l'entité applique IAS 1 (révisée en 2007) pour une période antérieure, les modifications doivent être appliquées pour cette période antérieure.

60B La publication d'IAS 27 (telle que modifiée en 2008) a donné lieu à l'ajout des paragraphes 48A à 48D et à la modification du paragraphe 49. L'entité doit appliquer ces modifications de manière prospective pour les exercices ouverts à compter du 1er juillet 2009. Si l'entité applique IAS 27 (modifiée en 2008) pour une période antérieure, les modifications doivent être appliquées pour cette période antérieure.

60C [Supprimé]

60D La publication des *Améliorations des IFRS*, en mai 2010, a donné lieu à la modification du paragraphe 60B. L'entité doit appliquer cette modification pour les exercices ouverts à compter du 1er juillet 2010. Une application anticipée est autorisée.

60E [Supprimé]

60F La publication d'IFRS 10 et d'IFRS 11 *Partenariats*, en mai 2011, a donné lieu à la modification des paragraphes 3 b), 8, 11, 18, 19, 33, 44 à 46 et 48A. L'entité qui applique IFRS 10 et IFRS 11 doit appliquer ces modifications.

60G La publication d'IFRS 13, en mai 2011, a donné lieu à la modification de la définition de la juste valeur au paragraphe 8, et à la modification du paragraphe 23. L'entité qui applique IFRS 13 doit appliquer ces modifications.

60H La publication de *Présentation des autres éléments du résultat global* (Modifications d'IAS 1), en juin 2011, a donné lieu à la modification du paragraphe 39. L'entité qui applique IAS 1 telle que modifiée en juin 2011 doit appliquer cette modification.

60I [Supprimé]

60J La publication d'IFRS 9, en juillet 2014, a donné lieu à la modification des paragraphes 3, 4, 5, 27 et 52 et à la suppression des paragraphes 60C, 60E et 60I. L'entité qui applique IFRS 9 doit appliquer ces modifications.

60K La publication d'IFRS 16 *Contrats de location*, en janvier 2016, a donné lieu à la modification du paragraphe 16. L'entité qui applique IFRS 16 doit appliquer cette modification.

60L La publication d'*Absence de convertibilité*, en août 2023, a donné lieu à la modification des paragraphes 8 et 26 et à l'ajout des paragraphes 8A, 8B, 19A, 57A et 57B ainsi que de l'appendice A. L'entité doit appliquer ces modifications pour les exercices ouverts à compter du 1er janvier 2025. Une application anticipée est autorisée. Si l'entité applique les modifications pour une période antérieure, elle doit l'indiquer. La date de première application est la date d'ouverture de l'exercice pour lequel l'entité applique ces modifications pour la première fois.

60M L'entité qui applique *Absence de convertibilité* ne doit pas retraiter les informations comparatives. Plutôt :

a) l'entité qui présente des transactions en monnaie étrangère dans sa monnaie fonctionnelle et, à la date de première application, conclut que sa monnaie fonctionnelle n'est pas convertible dans la monnaie étrangère, ou que la monnaie étrangère n'est pas convertible dans sa monnaie fonctionnelle, doit, à cette même date :

i) convertir les éléments monétaires libellés dans une monnaie étrangère et les éléments non monétaires évalués à la juste valeur dans une monnaie étrangère qui sont touchés, en utilisant le cours de change au comptant estimé à cette date ; et

ii) comptabiliser tout effet de l'application initiale des modifications comme un ajustement du solde d'ouverture des résultats non distribués ;

b) l'entité qui utilise une monnaie de présentation autre que sa monnaie fonctionnelle, ou convertit les résultats et la situation financière d'un établissement à l'étranger, et, à la date de première application, conclut que sa monnaie fonctionnelle (ou la monnaie fonctionnelle de l'établissement à l'étranger) n'est pas convertible dans sa monnaie de présentation, ou que sa monnaie de présentation n'est pas convertible dans sa monnaie fonctionnelle (ou dans la monnaie fonctionnelle de l'établissement à l'étranger), doit, à cette même date :

i) convertir les actifs et les passifs qui sont touchés en utilisant le cours de change au comptant estimé à cette date ;

ii) convertir les éléments de capitaux propres qui sont touchés en utilisant le cours de change au comptant estimé à cette date si sa monnaie fonctionnelle est celle d'une économie hyperinflationniste ; et

iii) comptabiliser tout effet de l'application initiale des modifications comme un ajustement du montant des écarts de conversion cumulé dans une composante des capitaux propres distincte.

Retrait d'autres positions officielles

61 La présente norme annule et remplace IAS 21 *Effets des variations du cours des monnaies étrangères* (révisée en 1993).

62 La présente norme annule et remplace les interprétations suivantes :

a) SIC-11 *Opération de change – incorporation des pertes consécutives à une forte dévaluation monétaire dans le coût des actifs* ;

b) SIC-19 *Monnaie de présentation – évaluation et présentation des états financiers selon IAS 21 et IAS 29* ; et

c) SIC-30 *Monnaie de présentation des états financiers – passage de la monnaie d'évaluation à la monnaie de présentation.*

Appendice A – Guide d'application

Le présent appendice fait partie intégrante de la présente norme.

CONVERTIBILITÉ

A1 Le schéma ci-dessous a pour but d'aider les entités à apprécier si une monnaie est convertible et, dans les cas où elle ne l'est pas, à estimer le cours de change au comptant.

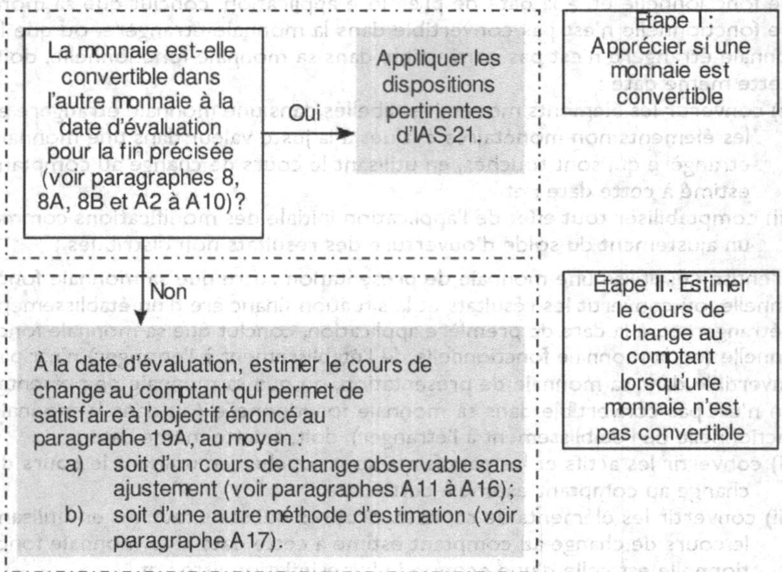

➠ Étape I : Apprécier si une monnaie est convertible (paragraphes 8, 8A et 8B)

A2 Les paragraphes A3 à A10 fournissent des modalités d'application pour aider l'entité à apprécier si une monnaie en convertible en une autre monnaie. L'entité peut déterminer qu'une monnaie n'est pas convertible en une autre monnaie, même si la conversion inverse est possible. Autrement dit, l'entité peut déterminer que la monnaie PC n'est pas convertible en monnaie LC, même si la monnaie LC est convertible en monnaie PC.

Laps de temps

A3 Selon le paragraphe 8, le cours de change au comptant est le cours de change pour une livraison immédiate. Toutefois, il peut arriver que la réalisation de l'opération de change ne soit pas instantanée, du fait d'exigences légales ou réglementaires, ou de raisons pratiques, par exemple des jours fériés. Le fait que l'obtention de l'autre monnaie soit soumise à un délai administratif normal n'empêche pas qu'une monnaie soit convertible dans cette autre monnaie. Ce qui constitue un délai administratif normal dépend des faits et des circonstances.

Capacité d'obtenir l'autre monnaie

A4 Pour apprécier si une monnaie est convertible en une autre monnaie, l'entité doit prendre en considération sa capacité d'obtenir cette autre monnaie, plutôt que son intention ou sa décision de le faire. Sous réserve des autres dispositions énoncées aux paragraphes A2 à A10, une monnaie est convertible en une autre monnaie si l'entité est en mesure d'obtenir, directement ou indirectement, cette autre monnaie, et ce, même si son intention ou sa décision est de ne pas le faire. Par exemple, sous réserve des autres dispositions énoncées aux paragraphes A2 à A10, que l'entité ait ou non l'intention ou prenne ou non la décision d'obtenir la monnaie PC, la monnaie LC est convertible en monnaie PC si l'entité est en mesure soit de convertir LC en PC, soit de convertir LC en une autre monnaie (FC), puis de convertir FC en PC.

Marchés ou régimes de change

A5 Pour apprécier si une monnaie est convertible en une autre monnaie, l'entité ne doit prendre en considération que les marchés ou régimes de change dans lesquels l'opération consistant à convertir une monnaie en une autre monnaie créerait des droits et obligations exécutoires. Le caractère exécutoire des droits et des obligations est affaire de droit. La question de savoir si une opération de change réalisée dans un marché ou un régime de change créerait des droits et obligations exécutoires dépend des faits et des circonstances.

Fin à laquelle est obtenue l'autre monnaie

A6 Il est possible que différents cours de change soient disponibles en fonction de l'usage fait de la monnaie. Par exemple, un pays soumis à des pressions concernant sa balance des paiements peut vouloir décourager le versement de distributions (par exemple, le paiement de dividendes) dans d'autres pays, mais encourager l'importation de certains biens en provenance de ces pays. Dans ces circonstances, il est possible que les autorités compétentes :

a) fixent un cours de change préférentiel pour l'importation de ces biens et un cours de change « de pénalité » pour le versement de distributions dans d'autres pays, de sorte que les cours de change qui s'appliquent diffèrent en fonction des opérations de change ; ou

b) fassent en sorte que l'autre monnaie ne soit disponible que pour payer les importations de ces biens, et pas pour le versement de distributions dans d'autres pays.

A7 Par conséquent, la question de savoir si une monnaie est convertible ou non en une autre monnaie peut dépendre de la fin à laquelle l'entité obtient (ou est susceptible d'avoir besoin d'obtenir) l'autre monnaie. Pour apprécier la convertibilité :

a) l'entité qui présente des transactions en monnaie étrangère dans sa monnaie fonctionnelle (voir paragraphes 20 à 37) doit supposer qu'elle obtient l'autre monnaie pour la réalisation ou le règlement de transactions, d'actifs ou de passifs en monnaie étrangère pris individuellement ;

b) l'entité qui utilise une monnaie de présentation autre que sa monnaie fonctionnelle (voir paragraphes 38 à 43) doit supposer qu'elle obtient l'autre monnaie pour la réalisation ou le règlement de son actif net ou de son passif net ;

c) l'entité qui convertit les résultats et la situation financière d'un établissement à l'étranger en monnaie de présentation (voir paragraphes 44 à 47) doit supposer qu'elle obtient l'autre monnaie pour la réalisation ou le règlement de son investissement net dans cet établissement.

A8 La réalisation de l'actif net de l'entité ou de son investissement net dans un établissement à l'étranger peut découler, par exemple :

a) de la distribution d'un rendement financier aux propriétaires de l'entité ;

b) de l'obtention d'un rendement financier tiré de l'établissement à l'étranger de l'entité ; ou

c) du recouvrement de l'investissement par l'entité ou ses propriétaires, notamment par la sortie de l'investissement.

A9 L'entité doit apprécier séparément pour chaque fin énoncée au paragraphe A7 si une monnaie est convertible en une autre monnaie. Par exemple, elle doit apprécier la convertibilité pour les besoins de la présentation de transactions en monnaie étrangère dans sa monnaie fonctionnelle [voir paragraphe A7, a)] séparément de la convertibilité pour les besoins de la conversion des résultats et de la situation financière d'un établissement à l'étranger [voir paragraphe A7, c)].

Capacité d'obtenir seulement une quantité limitée de l'autre monnaie

A10 Une monnaie n'est pas convertible en une autre monnaie si, au titre de l'une des fins précisées au paragraphe A7, l'entité ne peut obtenir qu'une quantité négligeable de cette autre monnaie Pour apprécier l'importance de la quantité de l'autre monnaie qu'elle est en mesure d'obtenir à une fin donnée, l'entité doit comparer cette quantité à la quantité totale de cette autre monnaie requise à cette fin. Par exemple, une entité qui utilise une monnaie fonctionnelle LC a des passifs libellés en monnaie FC. L'entité évalue si le montant de FC qu'elle peut obtenir pour le règlement de ces passifs est négligeable par rapport au montant total (la somme) des soldes de passif libellés en FC.

➡ Étape II : Estimer le cours de change au comptant lorsqu'une monnaie n'est pas convertible (paragraphe 19A)

A11 La présente norme ne précise pas comment l'entité doit estimer le cours de change au comptant afin de satisfaire à l'objectif énoncé au paragraphe 19A. L'entité peut utiliser un cours de change observable sans ajustement (voir paragraphes A12 à A16) ou une autre méthode d'estimation (voir paragraphe A17).

Utilisation d'un cours de change observable sans ajustement

A12 Pour estimer le cours de change au comptant comme l'exige le paragraphe 19A, l'entité peut utiliser un cours de change observable sans ajustement si ce dernier permet de satisfaire à l'objectif énoncé au paragraphe 19A. Voici des exemples de cours de change observable :

a) un cours de change au comptant qui s'applique à une fin autre que celle pour laquelle l'entité apprécie la convertibilité (voir paragraphes A13 et A14) ; et

b) le premier cours de change auquel l'entité peut obtenir l'autre monnaie pour la fin précisée lorsque la convertibilité est rétablie (premier cours de change ultérieur) (voir paragraphes A15 et A16).

Utilisation d'un cours de change qui est observable pour une fin autre

A13 Il est possible qu'une monnaie qui n'est pas convertible en une autre monnaie pour une fin donnée le soit pour une autre. Par exemple, l'entité peut être en mesure d'obtenir une monnaie pour l'importation de certains biens, mais pas pour le paiement de dividendes. En pareille situation, elle pourrait conclure qu'un cours de change qui est observable pour une fin autre permet de satisfaire à l'objectif énoncé au paragraphe 19A. Lorsque tel est le cas, elle peut l'utiliser comme cours de change au comptant estimé.

A14 Pour apprécier si le cours de change observable permet de satisfaire à l'objectif énoncé au paragraphe 19A, l'entité doit prendre en considération, entre autres facteurs :

a) *l'existence éventuelle de plusieurs cours de change observables* – l'existence de plusieurs cours de change observables peut indiquer que les cours de change sont fixés de façon à dissuader les entités d'obtenir l'autre monnaie à certaines fins ou à les y encourager. Ces cours de change observables sont susceptibles de comporter une « incitation » ou une « pénalité » et, par conséquent, de ne pas refléter la conjoncture économique du moment ;

b) *la fin à laquelle la monnaie est convertible* – si l'entité n'est en mesure d'obtenir l'autre monnaie qu'à des fins limitées (par exemple, l'importation de fournitures d'urgence), le cours de change observable est susceptible de ne pas refléter la conjoncture économique du moment ;

c) *la nature du cours de change* – il est plus probable qu'un cours de change observable qui est flottant reflète la conjoncture économique du moment qu'un cours de change découlant d'interventions régulières des autorités compétentes ;

d) *la fréquence de mise à jour des cours de change* – il est moins probable qu'un cours de change observable qui reste inchangé dans le temps reflète la conjoncture économique du moment qu'un cours de change observable qui est mis à jour quotidiennement (ou plus souvent).

Utilisation du premier cours de change ultérieur

A15 Il est possible qu'une monnaie qui n'est pas convertible en une autre monnaie à la date d'évaluation pour une fin donnée le devienne ultérieurement. L'entité pourrait alors conclure que le premier cours de change ultérieur permet de satisfaire à l'objectif énoncé au paragraphe 19A. Lorsque tel est le cas, elle peut l'utiliser comme cours de change au comptant estimé.

A16 Pour apprécier si le premier cours de change ultérieur permet de satisfaire à l'objectif énoncé au paragraphe 19A, l'entité doit prendre en considération, entre autres facteurs :

a) *le laps de temps entre la date d'évaluation et la date à laquelle la convertibilité est rétablie* – plus ce laps de temps est court, plus il est probable que le premier cours de change ultérieur reflète la conjoncture économique du moment ;
b) *les taux d'inflation* – lorsqu'une économie est soumise à une forte inflation, notamment lorsqu'elle est hyperinflationniste (selon IAS 29 *Information financière dans les économies hyperinflationnistes*), les prix changent souvent rapidement, parfois plusieurs fois par jour. Par conséquent, le premier cours de change ultérieur de la monnaie d'une telle économie est susceptible de ne pas refléter la conjoncture économique du moment.

Utilisation d'une autre méthode d'estimation

A17 L'entité qui a recours à une autre méthode d'estimation peut utiliser tout cours de change observable, y compris les cours d'opérations de change réalisées dans des marchés ou régimes de change qui ne créent pas de droits et obligations exécutoires, puis ajuster ce cours, au besoin, pour satisfaire à l'objectif énoncé au paragraphe 19A.

➞ Informations à fournir lorsqu'une monnaie n'est pas convertible

A18 L'entité doit s'interroger sur le niveau de détail necessaire pour remplir l'objectif d'information énoncé au paragraphe 57A. Elle doit fournir les informations mentionnées aux paragraphes A19 et A20 ainsi que les informations supplémentaires nécessaires pour remplir l'objectif d'information énoncé au paragraphe 57A.

A19 En application du paragraphe 57A, l'entité doit fournir les informations suivantes :

a) la monnaie et une description des restrictions qui font que la monnaie n'est pas convertible en l'autre monnaie ;

b) une description des transactions touchées ;

c) la valeur comptable des actifs et passifs touchés ;

d) les cours de change au comptant utilisés et une mention précisant si ces cours sont :

i) des cours de change observables sans ajustement (voir paragraphes A12 à A16) ; ou

ii) des cours de change au comptant estimés au moyen d'une autre méthode d'estimation (voir paragraphe A17) ;

e) une description de la méthode d'estimation qu'elle a utilisée, le cas échéant, et des informations qualitatives et quantitatives sur les données d'entrée et les hypothèses qui ont servi à l'application de cette méthode d'estimation ; et

f) des informations qualitatives sur chaque type de risque auquel l'entité est exposée du fait que la monnaie n'est pas convertible en l'autre monnaie, ainsi que la nature et la valeur comptable des actifs et des passifs exposés à chaque type de risque.

A20 Lorsque la monnaie fonctionnelle d'un établissement à l'étranger n'est pas convertible en la monnaie de présentation ou, s'il y a lieu, lorsque la monnaie de présentation n'est pas convertible en la monnaie fonctionnelle d'un établissement à l'étranger, l'entité doit aussi fournir les informations suivantes :

a) le nom de l'établissement à l'étranger, le type d'entité (filiale, activité conjointe, coentreprise, entreprise associée ou succursale) et le lieu de son principal établissement ;

b) des informations financières résumées sur l'établissement à l'étranger ; et

c) la nature et les termes de tout accord contractuel qui pourrait l'obliger à fournir un soutien financier à l'établissement à l'étranger, y compris les événements ou circonstances qui pourraient exposer l'entité à une perte.

IAS 23

Coûts d'emprunt

[règlt UE 2023/1803]

Principe de base

1 Les coûts d'emprunt qui sont directement attribuables à l'acquisition, la construction ou la production d'un actif qualifié font partie du coût de cet actif. Les autres coûts d'emprunt sont comptabilisés en charges.

Champ d'application

2 L'entité doit appliquer la présente norme pour la comptabilisation des coûts d'emprunt.

3 La norme ne traite pas du coût réel ou calculé des capitaux propres, y compris le capital préférentiel qui n'est pas classé en tant que passif.

4 Les entités ne sont pas tenues d'appliquer la présente norme aux coûts d'emprunt directement attribuables à l'acquisition, la construction ou la production :

a) d'un actif qualifié évalué à la juste valeur, par exemple un actif biologique qui entre dans le champ d'application d'IAS 41 *Agriculture* ; ou

b) de stocks qui sont fabriqués ou autrement produits en grandes quantités, de façon répétitive.

Définitions

5 Dans la présente norme, les termes suivants ont la signification indiquée ci-après :

Les *coûts d'emprunt* sont les intérêts et autres coûts qu'une entité engage dans le cadre d'un emprunt de fonds.

Un *actif qualifié* est un actif qui exige une longue période de préparation avant de pouvoir être utilisé ou vendu.

6 Les coûts d'emprunt peuvent inclure :

a) les charges d'intérêts calculées à l'aide de la méthode du taux d'intérêt effectif décrite dans IFRS 9 ;

b) [Supprimé]

c) [Supprimé]

d) les intérêts afférents aux obligations locatives comptabilisés selon IFRS 16 *Contrats de location* ; et

e) les écarts de change résultant des emprunts en monnaie étrangère, dans la mesure où ils sont assimilés à un ajustement des coûts d'intérêt.

7 Suivant les circonstances, peut constituer un actif qualifié, l'un quelconque des actifs suivants :

a) stocks

b) installations de fabrication

c) installations de production d'énergie

d) immobilisations incorporelles

e) immeubles de placement

f) plantes productrices.

Les actifs financiers et les stocks qui sont fabriqués ou autrement produits sur une courte période ne sont pas des actifs qualifiés. Les actifs qui sont prêts à l'emploi ou à la vente au moment de leur acquisition ne sont pas des actifs qualifiés.

Comptabilisation

8 Les entités doivent inscrire à l'actif les coûts d'emprunt qui sont directement attribuables à l'acquisition, la construction ou la production d'un actif qualifié, comme un élément du coût de cet actif. Elles doivent comptabiliser les autres coûts d'emprunt en charges dans la période au cours de laquelle elles les engagent.

9 Les coûts d'emprunt qui sont directement attribuables à l'acquisition, la construction ou la production d'un actif qualifié sont inclus dans le coût de cet actif. De tels coûts d'emprunt sont incorporés comme composante du coût de l'actif lorsqu'il est probable qu'ils généreront des avantages économiques futurs pour l'entité et que les coûts peuvent être évalués de façon fiable. Lorsqu'une entité applique IAS 29 *Information financière dans les économies hyperinflationnistes*, elle comptabilise en charges la partie des coûts d'emprunt qui compense l'inflation pendant la même période, conformément au paragraphe 21 d'IAS 29.

COÛTS D'EMPRUNT INCORPORABLES DANS LE COÛT D'UN ACTIF

10 Les coûts d'emprunt qui sont directement attribuables à l'acquisition, la construction ou la production d'un actif qualifié sont les coûts d'emprunt qui auraient pu être évités si la dépense relative à l'actif qualifié n'avait pas été faite. Lorsqu'une entité emprunte des fonds spécifiquement en vue de l'acquisition d'un actif qualifié particulier, les coûts d'emprunt qui sont liés directement à cet actif qualifié peuvent être aisément déterminés.

11 Il peut être difficile d'identifier une relation directe entre des emprunts particuliers et un actif qualifié et de déterminer les emprunts qui autrement auraient pu être évités. Une telle difficulté existe, par exemple, lorsque l'activité de financement d'une entité fait l'objet d'une coordination centrale. Des difficultés apparaissent également lorsqu'un groupe utilise une gamme d'instruments d'emprunt à des taux d'intérêt différents et prête ces fonds sur des bases diverses aux autres entités du groupe. D'autres complications résultent de l'utilisation d'emprunts libellés ou indexés sur des monnaies étrangères, lorsque le groupe exerce des activités dans une économie hautement inflationniste, et des fluctuations des cours de change. En conséquence, la détermination du montant des coûts d'emprunt qui sont directement attribuables à l'acquisition d'un actif qualifié est difficile et est affaire de jugement.

12 Dans la mesure où une entité emprunte des fonds spécifiquement en vue de l'obtention d'un actif qualifié, l'entité doit déterminer le montant des coûts d'emprunt incorporables au coût de l'actif comme étant égal aux coûts d'emprunt réels engagés sur cet emprunt au cours de la période, diminués de tout produit obtenu du placement temporaire de ces fonds empruntés.

13 Les modes de financement pour un actif qualifié peuvent avoir pour conséquence qu'une entité obtienne les fonds empruntés et engage les coûts d'emprunt correspondants avant que tout ou partie des fonds soient utilisés pour les dépenses relatives à l'actif qualifié. Dans un tel cas, les fonds sont souvent placés de façon temporaire, en attendant d'être dépensés pour l'actif qualifié. Pour déterminer le montant des coûts d'emprunt incorporables au coût de l'actif au cours d'une période, tout produit tiré du placement de ces fonds est déduit des coûts d'emprunt engagés.

14 Dans la mesure où une entité emprunte des fonds de façon générale et les utilise en vue de l'obtention d'un actif qualifié, l'entité doit déterminer le montant des coûts d'emprunt incorporables au coût de l'actif en appliquant un taux de capitalisation aux dépenses relatives à cet actif. Ce taux de capitalisation doit être la moyenne pondérée des coûts d'emprunt applicables à tous les emprunts de l'entité en cours durant la période. Toutefois, l'entité doit exclure de ce calcul les coûts d'emprunt applicables aux emprunts contractés spécifiquement dans le but d'obtenir l'actif concerné jusqu'à ce que les activités nécessaires pour préparer l'actif en vue de son utilisation prévue ou de sa vente soient pratiquement toutes terminées. Le montant des coûts d'emprunt qu'une entité incorpore au coût de l'actif au cours d'une période donnée ne doit pas excéder le montant total des coûts d'emprunt qu'elle a engagés au cours de cette même période.

15 Dans certaines circonstances, il est approprié d'inclure tous les emprunts de la société mère et de ses filiales pour calculer une moyenne pondérée des coûts d'emprunt ; dans d'autres cas, il est approprié que chaque filiale utilise la moyenne pondérée des coûts d'emprunt applicables à ses propres emprunts.

VALEUR COMPTABLE DE L'ACTIF QUALIFIÉ SUPÉRIEURE À SA VALEUR RECOUVRABLE

16 Lorsque la valeur comptable ou le coût final attendu de l'actif qualifié est supérieur(e) à sa valeur recouvrable ou sa valeur nette de réalisation, cette valeur comptable est dépréciée ou sortie de l'état de situation financière selon les dispositions d'autres normes. Dans certaines circonstances, le montant de la dépréciation ou de la sortie fait l'objet d'une reprise selon ces autres normes.

DÉBUT DE L'INCORPORATION DANS LE COÛT D'UN ACTIF

17 Les entités doivent commencer à incorporer les coûts d'emprunt dans le coût d'un actif qualifié à la date de commencement. La date de commencement pour l'incorporation dans le coût de l'actif est la date à laquelle l'entité remplit pour la première fois toutes les conditions suivantes :

a) elle engage des dépenses pour l'actif ;

b) elle engage des coûts d'emprunt ; et

c) elle entreprend des activités nécessaires pour préparer l'actif en vue de son utilisation prévue ou de sa vente.

18 Les dépenses relatives à un actif qualifié ne comprennent que celles qui ont eu pour résultat des paiements en trésorerie, des transferts d'autres actifs ou à la prise en charge de passifs portant intérêt. Les dépenses sont diminuées de tout acompte et de toute subvention reçus liés à cet actif (voir IAS 20 *Comptabilisation des subventions publiques et informations à fournir sur l'aide publique*). La valeur comptable moyenne de l'actif au cours d'une période, y compris les coûts d'emprunt antérieurement incorporés à son coût, représente normalement une approximation raisonnable des dépenses auxquelles le taux de capitalisation est appliqué au cours de cette période.

19 Les activités nécessaires pour préparer l'actif en vue de son utilisation prévue ou de sa vente vont au-delà de la construction physique de cet actif. Elles comprennent des travaux techniques et administratifs préalables au début de la construction physique, tels que les activités associées à l'obtention des autorisations préalables au début de la construction physique. Toutefois, de telles activités ne comprennent pas le fait de détenir un actif lorsqu'il n'y a ni production ni développement modifiant l'état de cet actif. Par exemple, les coûts d'emprunt engagés pendant la phase d'aménagement d'un terrain sont incorporés dans le coût de l'actif dans la période au cours de laquelle les activités relatives à cet aménagement sont menées. En revanche, les coûts d'emprunt engagés alors qu'un terrain acquis à des fins de construction est détenu sans s'accompagner d'un aménagement ne sont pas incorporables.

SUSPENSION DE L'INCORPORATION DANS LE COÛT D'UN ACTIF

20 Les entités doivent suspendre l'incorporation des coûts d'emprunt pendant les périodes longues au cours desquelles elles interrompent le développement actif d'un actif qualifié.

21 Une entité peut engager des coûts d'emprunt pendant une longue période au cours de laquelle elle interrompt les activités nécessaires à la préparation d'un actif en vue de son utilisation prévue ou de sa vente. De tels coûts correspondent au coût de détention d'actifs partiellement achevés et ne satisfont pas aux critères d'incorporation dans le coût d'un actif. Toutefois, normalement, une entité n'interrompt pas l'incorporation dans le coût d'un actif des coûts d'emprunt pendant une période au cours de laquelle elle exécute des travaux techniques et administratifs importants. Une entité n'interrompt pas davantage l'incorporation des coûts d'emprunt dans le coût d'un actif lorsqu'un délai temporaire est une étape nécessaire au processus de préparation de l'actif à son utilisation prévue ou à sa vente prévue. À titre d'exemple, l'incorporation au coût d'un actif se poursuit pendant la longue période au cours de laquelle le niveau élevé des eaux retarde la construction d'un pont, si ce niveau élevé est habituel pendant la période de construction dans la région géographique concernée.

ARRÊT DE L'INCORPORATION DANS LE COÛT D'UN ACTIF

22 Les entités doivent mettre fin à l'incorporation des coûts d'emprunt lorsque les activités nécessaires pour préparer l'actif en vue de son utilisation prévue ou de sa vente sont pratiquement toutes terminées.

23 Un actif est en général prêt pour son utilisation prévue ou sa vente lorsque sa construction physique est achevée, même si des travaux administratifs de routine peuvent se poursuivre. Si seules des modifications mineures, telles que la décoration d'un immeuble selon les spécifications de l'acheteur ou de l'utilisateur, restent à apporter, cela indique que les activités sont pratiquement toutes terminées.

24 Lorsqu'une entité termine la construction d'un actif qualifié par parties et que chacune des parties constitutives est utilisable pendant que la construction se poursuit sur d'autres parties, elle doit cesser d'incorporer les coûts d'emprunt dans le coût d'une partie lorsqu'elle termine pratiquement toutes les activités nécessaires à la préparation de cette partie en vue de son utilisation prévue ou de sa vente.

25 Un complexe immobilier comprenant plusieurs immeubles, dont chacun peut être utilisé individuellement, est un exemple d'actif qualifié pour lequel chaque partie est en mesure d'être utilisée pendant que la construction se poursuit sur d'autres parties. À titre d'exemple d'actif qualifié dont aucune partie ne peut être utilisée tant qu'il n'est pas achevé, on citera un établissement industriel mettant en œuvre plusieurs processus de manière consécutive en différents points de cet établissement à l'intérieur du même site, par exemple une aciérie.

Informations à fournir

26 Les entités doivent fournir les informations suivantes :

a) le montant des coûts d'emprunt incorporés dans le coût d'actifs au cours de la période ; et

b) le taux de capitalisation utilisé pour déterminer le montant des coûts d'emprunt pouvant être incorporés dans le coût d'actifs.

Dispositions transitoires

27 Lorsque l'application de la présente norme constitue un changement de méthode comptable, l'entité doit appliquer la présente norme aux coûts d'emprunts relatifs aux actifs qualifiés pour lesquels la date de commencement pour l'incorporation à l'actif est postérieure ou égale à la date d'entrée en vigueur.

28 Toutefois, les entités peuvent désigner n'importe quelle date antérieure à la date d'entrée en vigueur et appliquer la présente norme aux coûts d'emprunt relatifs à tous les actifs qualifiés pour lesquels la date de commencement pour l'incorporation à l'actif est postérieure ou égale à cette date.

28A La publication des *Améliorations annuelles des normes IFRS – Cycle 2015-2017*, en décembre 2017, a donné lieu à la modification du paragraphe 14. L'entité doit appliquer ces modifications aux coûts d'emprunt engagés à l'ouverture ou après l'ouverture de l'exercice pour lequel l'entité applique les modifications en question pour la première fois.

Date d'entrée en vigueur

29 L'entité doit appliquer la présente norme pour les exercices ouverts à compter du 1er janvier 2009. Une application anticipée est autorisée. Si l'entité applique la présente norme à compter d'une date antérieure au 1er janvier 2009, elle doit l'indiquer.

29A La publication des *Améliorations des IFRS*, en mai 2008, a donné lieu à la modification du paragraphe 6. L'entité doit appliquer cette modification pour les exercices ouverts à compter du 1er janvier 2009. Une application anticipée est autorisée. Si l'entité applique la modification pour une période antérieure, elle doit l'indiquer.

29B La publication d'IFRS 9, en juillet 2014, a donné lieu à la modification du paragraphe 6. L'entité qui applique IFRS 9 doit appliquer cette modification.

29C La publication d'IFRS 16, en janvier 2016, a donné lieu à la modification du paragraphe 6. L'entité qui applique IFRS 16 doit appliquer cette modification.

29D La publication des *Améliorations annuelles des normes IFRS – Cycle 2015-2017*, en décembre 2017, a donné lieu à la modification du paragraphe 14 et à l'ajout du paragraphe 28A. L'entité doit appliquer ces modifications pour les exercices ouverts à compter du 1er janvier 2019. Une application anticipée est autorisée. Si l'entité applique lesdites modifications de manière anticipée, elle doit l'indiquer.

Retrait d'IAS 23 (révisée en 1993)

30 La présente norme remplace IAS 23 *Coûts d'emprunt* révisée en 1993.

IAS 24
Information relative aux parties liées

[règlt UE 2023/1803]

Objectif

1 L'objectif de la présente norme est d'assurer que les états financiers d'une entité contiennent les informations nécessaires pour attirer l'attention sur la possibilité que la situation financière et le résultat puissent avoir été affectés par l'existence de parties liées et par des transactions et soldes, y compris des engagements, avec celles-ci.

Champ d'application

2 **La présente norme s'applique :**

a) lors de l'identification de relations et de transactions entre parties liées ;

b) lors de l'identification de soldes, y compris d'engagements, entre une entité et des parties qui lui sont liées ;

c) lors de l'identification des circonstances dans lesquelles la communication des éléments visés par les points a) et b) est imposée ; et

d) lors de la détermination des informations qui doivent être fournies à propos de ces éléments.

3 La présente norme impose de fournir des informations sur les relations, transactions et soldes, y compris les engagements, entre parties liées dans les états financiers consolidés et individuels d'une société mère ou d'investisseurs exerçant un contrôle conjoint ou une influence notable sur une entité faisant l'objet d'un investissement présentés selon IFRS 10 *États financiers consolidés* ou IAS 27 *États financiers individuels*. La présente norme s'applique également aux états financiers individuels.

4 Les transactions et soldes avec des parties liées qui sont d'autres entités du même groupe sont mentionnés dans les états financiers de l'entité. Ces transactions et soldes intragroupe sont éliminés, à l'exception des transactions et soldes entre une entité d'investissement et ses filiales évalués à la juste valeur par le biais du résultat net, lors de la préparation des états financiers consolidés du groupe.

Information relative aux parties liées

Objet des informations relatives aux parties liées

5 Les relations entre parties liées procèdent du cours normal des affaires. Par exemple, les entités exercent souvent des parties distinctes de leurs activités par l'intermédiaire de filiales, de coentreprises et d'entreprises associées. Dans ces circonstances, la capacité de l'entité d'affecter les politiques financières et opérationnelles de l'entité faisant l'objet d'un investissement passe par l'existence d'un contrôle, d'un contrôle conjoint ou d'une influence notable.

6 Une relation entre parties liées peut avoir un effet sur le résultat et sur la situation financière d'une entité. Des parties liées peuvent entreprendre des transactions que des parties non liées n'entreprendraient pas. Par exemple, une entité qui vend des biens à sa société mère au coût pourrait ne pas les vendre à ces conditions à un autre client. Les transactions entre parties liées peuvent également ne pas être effectuées pour les mêmes montants que les transactions entre parties non liées.

7 Le résultat et la situation financière d'une entité peuvent être affectés par une relation entre parties liées même si aucune transaction entre parties liées n'a lieu. La simple existence d'une relation peut suffire à affecter les transactions de l'entité avec d'autres parties. Par exemple, une filiale peut mettre fin à des relations avec un partenaire commercial à la suite de l'acquisition par la société mère d'une filiale apparentée intervenant dans les mêmes activités que le partenaire précédent. Ou bien une partie peut s'abstenir d'agir à cause de l'influence notable exercée par une autre partie – par exemple, une filiale peut recevoir comme instruction de sa société mère de ne pas s'engager dans la recherche et développement.

8 Pour ces raisons, la connaissance des transactions, soldes (y compris des engagements) et relations d'une entité avec des parties liées peut influer sur l'évaluation de ses activités par les utilisateurs des états financiers, y compris l'évaluation des risques et opportunités que connaît l'entité.

Définitions

9 Dans la présente norme, les termes suivants ont la signification indiquée ci-après :

Une *partie liée* est une personne ou une entité qui est liée à l'entité qui établit ses états financiers (dénommée l'« entité présentant les états financiers » dans la présente norme).

a) Une personne ou un membre de la famille proche de cette personne est lié(e) à une entité présentant les états financiers si ladite personne :

- **i) exerce un contrôle ou un contrôle conjoint sur l'entité présentant les états financiers ;**
- **ii) exerce une influence notable sur l'entité présentant les états financiers ; ou**
- **iii) fait partie des principaux dirigeants de l'entité présentant les états financiers ou d'une société mère de celle-ci.**

b) Une entité est liée à l'entité présentant les états financiers si l'une des conditions suivantes s'applique :

i) l'entité et l'entité présentant les états financiers font partie du même groupe (ce qui signifie que chaque société mère, filiale et filiale apparentée est liée aux autres) ;

ii) l'une des entités est une entreprise associée ou coentreprise de l'autre entité (ou une entreprise associée ou coentreprise d'un membre du groupe dont l'autre entité fait partie) ;

iii) les deux entités sont des coentreprises du même tiers ;

iv) l'une des deux entités est une coentreprise d'une troisième entité et l'autre entité est une entreprise associée de cette troisième entité ;

v) l'entité est un régime d'avantages postérieurs à l'emploi au profit des salariés de l'entité présentant les états financiers ou d'une entité liée à l'entité présentant les états financiers. Si l'entité présentant les états financiers est elle-même un tel régime, les employeurs finançant le régime sont également liés à l'entité présentant les états financiers ;

vi) l'entité est contrôlée ou conjointement contrôlée par une personne visée au point a) ;

vii) une personne visée au point a), sous i), exerce une influence notable sur l'entité ou fait partie des principaux dirigeants de l'entité (ou d'une société mère de l'entité) ;

viii) l'entité, ou un membre du groupe auquel elle appartient, fournit à l'entité présentant les états financiers ou à sa société mère les services de personnes agissant à titre de principaux dirigeants.

Une *transaction entre parties liées* est un transfert de ressources, de services ou d'obligations entre l'entité présentant les états financiers et une partie liée, qu'un prix soit facturé ou non.

Les *membres de la famille proche d'une personne* sont les membres de la famille dont on peut s'attendre à ce qu'ils influencent cette personne, ou soient influencés par elle, dans leurs relations avec l'entité et incluent :

a) les enfants et le conjoint, partenaire familial ou concubin de cette personne ;

b) les enfants du conjoint, partenaire familial ou concubin de cette personne ; et

c) les personnes à la charge de cette personne ou du conjoint, partenaire familial ou concubin de cette personne.

La *rémunération* inclut tous les avantages du personnel (selon la définition dans IAS 19 *Avantages du personnel*) y compris les avantages du personnel auxquels IFRS 2 *Paiement fondé sur des actions* s'applique. Les avantages du personnel désignent toutes les formes de contrepartie payées, payables ou fournies par l'entité ou au nom de celle-ci, en échange de services rendus à l'entité. Ils comprennent aussi la contrepartie payée pour le compte d'une société mère de l'entité à propos de l'entité. Les rémunérations comprennent :

a) les avantages du personnel à court terme comme les salaires, les traitements et les cotisations de sécurité sociale, les congés payés et les congés maladie, l'intéressement et les primes (si elles sont payables dans

les douze mois suivant la fin de la période) ainsi que les avantages non monétaires (comme la couverture médicale, le logement, les voitures et les biens ou services gratuits ou subventionnés) dont bénéficient les membres du personnel en activité ;

b) les avantages postérieurs à l'emploi comme les pensions et autres prestations de retraite, l'assurance-vie postérieure à l'emploi, et la couverture médicale postérieure à l'emploi ;

c) les autres avantages à long terme, notamment les congés liés à l'ancienneté ou congés sabbatiques, les primes d'ancienneté et autres avantages liés à l'ancienneté, les indemnités pour invalidité de longue durée et, s'ils sont payables douze mois ou plus après la fin de la période, l'intéressement, les primes et les rémunérations différées ;

d) les indemnités de fin de contrat de travail ; et

e) les paiements fondés sur des actions.

Les *principaux dirigeants* sont les personnes ayant l'autorité et la responsabilité de la planification, de la direction et du contrôle des activités de l'entité, directement ou indirectement, y compris les administrateurs (dirigeants ou non) de cette entité.

Autorité publique désigne l'État, une autorité locale ou un organisme public, ou tout autre organisme similaire local, national ou international.

Une *entité liée à une autorité publique* est une entité sous contrôle, contrôle conjoint ou influence notable d'une autorité publique.

Les termes « contrôle » et « entité d'investissement », « contrôle conjoint » et « influence notable » sont définis respectivement dans IFRS 10, IFRS 11 *Partenariats* et IAS 28 *Participations dans des entreprises associées et des coentreprises* et sont utilisés dans la présente norme avec la signification précisée dans ces normes.

10 Lorsqu'on considère toutes les possibilités de relations entre parties liées, il faut prêter attention à la substance des relations, et pas simplement à leur forme juridique.

11 Dans le cadre de la présente norme, ne sont pas des parties liées :

a) deux entités, par le simple fait qu'elles ont un administrateur ou un autre de leurs principaux dirigeants en commun ou par le fait qu'un des principaux dirigeants d'une entité exerce une influence notable sur l'autre entité ;

b) deux coentrepreneurs, par le simple fait qu'ils partagent le contrôle conjoint d'une coentreprise ;

c) i) les bailleurs de fonds ;

ii) les syndicats ;

iii) les entreprises de services publics ; et

iv) les services et organismes publics qui n'exercent pas de contrôle, de contrôle conjoint ou d'influence notable sur l'entité présentant les états financiers,

simplement du fait de leurs transactions normales avec une entité (bien qu'ils puissent restreindre la liberté d'action d'une entité ou participer à son processus décisionnel) ;

d) un client, fournisseur, franchiseur, distributeur, ou agent général avec lequel une entité réalise un volume de transactions important, simplement en raison de la dépendance économique qui en résulte.

12 Dans la définition de la partie liée, une entreprise associée inclut les filiales de l'entreprise associée et une coentreprise inclut les filiales de la coentreprise. Par conséquent, par exemple, la filiale d'une entreprise associée et un investisseur qui exerce une influence notable sur l'entreprise associée sont liés l'un à l'autre.

Informations à fournir

TOUTES LES ENTITÉS

13 Les relations entre une société mère et ses filiales doivent être indiquées, qu'il y ait eu ou non des transactions entre elles. Une entité doit dévoiler le nom de sa société mère et celui de la partie exerçant le contrôle ultime, s'il est différent. Si ni la société mère de l'entité, ni la partie exerçant le contrôle ultime ne produit d'états financiers consolidés mis à la disposition du public, il faut mentionner le nom de la société mère qui produit des états financiers consolidés la plus proche de la mère immédiate.

14 Pour permettre aux utilisateurs des états financiers de se faire une opinion sur les effets des relations entre parties liées sur une entité, il est approprié de fournir des informations sur la relation avec la partie liée lorsqu'il existe une situation de contrôle, qu'il y ait eu ou non des transactions entre les parties liées.

15 L'obligation de mentionner le lien entre une société mère et ses filiales s'ajoute aux obligations en matière d'informations à fournir d'IAS 27 et d'IFRS 12 *Informations à fournir sur les intérêts détenus dans d'autres entités*.

16 Le paragraphe 13 fait référence à la société mère la plus proche de la société mère immédiate. Il s'agit de la première société mère dans le groupe, située au-dessus de la société mère immédiate, qui produit des états financiers consolidés mis à la disposition du public.

17 Une entité doit indiquer la rémunération des principaux dirigeants, en cumul, et pour chacune des catégories suivantes :

a) les avantages du personnel à court terme ;

b) les avantages postérieurs à l'emploi ;

c) les autres avantages à long terme ;

d) les indemnités de fin de contrat de travail ; et

e) les paiements fondés sur des actions.

17A Si l'entité obtient des services de personnes agissant à titre de principaux dirigeants fournis par une autre entité (l'« entité de gestion »), elle n'est pas tenue d'appliquer les dispositions du paragraphe 17 à la rémunération versée ou à verser par l'entité de gestion aux membres du personnel ou aux administrateurs de cette dernière.

Information relative aux parties liées

18 Si une entité a effectué des transactions entre parties liées pendant les périodes couvertes par les états financiers, elle doit indiquer la nature des relations entre les parties liées et fournir, au sujet des transactions et des soldes en cause, y compris les engagements, les informations nécessaires pour permettre aux utilisateurs de comprendre l'effet potentiel de la relation sur les états financiers. Ces obligations en matière d'informations à fournir s'ajoutent à celles du paragraphe 17. Les informations à fournir doivent inclure au minimum :

a) le montant des transactions ;

b) le montant des soldes, y compris des engagements, et :
i) leurs termes et conditions, y compris l'existence éventuelle de garanties et la nature de la contrepartie attendue lors du règlement ; et
ii) les modalités des garanties données ou reçues ;

c) les provisions pour créances douteuses liées au montant des soldes ; et

d) les charges comptabilisées pendant la période au titre des créances douteuses sur parties liées.

18A Les montants engagés par l'entité au titre de la prestation de services de personnes agissant à titre de principaux dirigeants fournis par une entité de gestion distincte doivent être indiqués.

19 Les informations à fournir selon le paragraphe 18 doivent être communiquées séparément pour chacune des catégories suivantes :

a) la société mère ;

b) les entités qui exercent un contrôle conjoint ou une influence notable sur l'entité ;

c) les filiales ;

d) les entreprises associées ;

e) les coentreprises dans lesquelles l'entité est un coentrepreneur ;

f) les principaux dirigeants de l'entité ou de sa société mère ; et

g) les autres parties liées.

20 La répartition des montants à payer aux parties liées et à recevoir d'elles dans les différentes catégories imposées au paragraphe 19 constitue une extension des dispositions en matière d'informations à fournir d'IAS 1 *Présentation des états financiers* pour les informations à présenter soit dans l'état de la situation financière, soit dans les notes. Les catégories sont étendues afin de permettre une analyse plus approfondie des soldes entre parties liées et s'appliquent aux transactions entre parties liées.

21 Voici quelques exemples de transactions qui sont communiquées dès lors qu'elles sont réalisées avec une partie liée :

a) achats ou ventes de biens (finis ou non) ;

b) achats ou ventes de biens immobiliers et d'autres actifs ;

c) prestations de services données ou reçues ;

d) contrats de location ;

e) transferts de recherche et développement ;

f) transferts dans le cadre de contrats de licence ;

g) transferts dans le cadre d'accords de financement (y compris les prêts et les apports de capital en numéraire ou en nature) ;

h) fourniture de garanties ou de sûretés ;

i) engagements à exécuter une action si un événement futur particulier se produit ou ne se produit pas, y compris les contrats non (entièrement) exécutés (*) (comptabilisés et non comptabilisés) ; et

(j) règlement de passifs pour le compte de l'entité ou par l'entité pour le compte de cette partie liée.

(*) IAS 37 ***Provisions, passifs éventuels et actifs éventuels*** définit les contrats non (entièrement) exécutés comme des contrats dans lesquels aucune des parties n'a exécuté l'une quelconque de ses obligations ou dans lesquels les deux parties ont partiellement exécuté leurs obligations dans la même proportion.

22 La participation d'une société mère ou d'une filiale à un régime à prestations définies qui répartit les risques entre les entités du groupe est une transaction entre parties liées [voir paragraphe 42 d'IAS 19 (telle que modifiée en 2011)].

23 L'information selon laquelle les transactions entre parties liées ont été réalisées selon des modalités équivalentes à celles qui prévalent dans le cas de transactions soumises à des conditions de concurrence normale ne peut être fournie que si ces modalités peuvent être démontrées.

24 Des éléments de nature similaire peuvent faire l'objet d'une information globale sauf si une information distincte est nécessaire pour comprendre les effets des transactions entre parties liées sur les états financiers de l'entité présentant les états financiers.

ENTITÉS LIÉES À UNE AUTORITÉ PUBLIQUE

25 L'entité présentant les états financiers est exemptée des obligations en matière d'informations à fournir énoncées au paragraphe 18 en ce qui concerne les transactions et soldes, y compris les engagements, entre parties liées avec :

a) une autorité publique dont elle est sous le contrôle, le contrôle conjoint ou l'influence notable ; et

b) une autre entité qui est une partie liée du fait que les deux entités sont sous le contrôle, le contrôle conjoint ou l'influence notable d'une même autorité publique.

26 Si l'entité présentant les états financiers se prévaut de l'exemption prévue au paragraphe 25, elle doit indiquer ce qui suit concernant les transactions et soldes liés visés au paragraphe 25 :

a) le nom de l'autorité publique et la nature de sa relation avec l'entité présentant les états financiers (c'est-à-dire contrôle, contrôle conjoint ou influence notable) ;

b) les informations suivantes, de manière suffisamment détaillée pour permettre aux utilisateurs des états financiers de l'entité de comprendre l'effet des transactions entre parties liées sur ses états financiers :

i) la nature et le montant de chaque transaction individuellement significative ; et

ii) pour les autres transactions collectivement mais non individuellement significatives, une indication qualitative ou quantitative de leur importance. Les types de transactions incluent celles énumérées au paragraphe 21.

27 Lorsqu'elle exerce son jugement pour déterminer le niveau de détail des informations à fournir conformément aux dispositions du paragraphe 26, point b), l'entité présentant les états financiers doit considérer la proximité de la relation entre les parties liées et d'autres facteurs utiles pour établir l'importance relative de la transaction, comme le fait qu'elle soit ou non :

a) de taille importante ;

b) conclue selon des conditions différentes de celles pratiquées sur les marchés ;

c) conclue hors du cours normal de l'exploitation, comme l'achat ou la vente d'entreprises ;

d) déclarée aux autorités de réglementation ou de surveillance ;

e) communiquée à la direction générale ;

f) soumise à l'approbation des actionnaires.

Date d'entrée en vigueur et dispositions transitoires

28 L'entité doit appliquer la présente norme rétrospectivement pour les exercices ouverts à compter du 1er janvier 2011. Une application anticipée, soit de l'intégralité de la norme, soit de l'exemption partielle prévue aux paragraphes 25 à 27 pour les entités liées à une autorité publique, est autorisée. Si l'entité applique l'intégralité de la norme ou l'exemption partielle à une période ouverte avant le 1er janvier 2011, elle doit l'indiquer.

28A La publication d'IFRS 10, d'IFRS 11 *Partenariats* et d'IFRS 12, en mai 2011, a donné lieu à la modification des paragraphes 3, 9, 11 b), 15, 19 b) et e), et 25. L'entité qui applique IFRS 10, IFRS 11 et IFRS 12 doit appliquer ces modifications.

28B La publication d'*Entités d'investissement* (modifications d'IFRS 10, d'IFRS 12 et d'IAS 27), en octobre 2012, a donné lieu à la modification des paragraphes 4 et 9. L'entité doit appliquer ces modifications pour les exercices ouverts à compter du 1er janvier 2014. Une application anticipée des dispositions d'*Entités d'investissement* est autorisée. Si l'entité applique lesdites modifications à une période antérieure, elle doit appliquer en même temps toutes les modifications introduites par *Entités d'investissement*.

28C La publication des *Améliorations annuelles des IFRS – Cycle 2010-2012*, en décembre 2013, a donné lieu à la modification du paragraphe 9 et à l'ajout des paragraphes 17A et 18A. L'entité doit appliquer cette modification pour les exercices ouverts à compter du 1er juillet 2014. Une application anticipée est autorisée. Si l'entité applique cette modification pour une période antérieure, elle doit l'indiquer.

Retrait d'IAS 24 (2003)

29 La présente norme annule et remplace IAS 24 *Information relative aux parties liées* (telle que révisée en 2003).

IAS 26

Comptabilité et rapports financiers des régimes de retraite

[règlt UE 2023/1803]

Champ d'application

1 **La présente norme s'applique aux états financiers présentés par les régimes de retraite lorsque de tels états sont établis.**

2 Les régimes de retraite reçoivent parfois d'autres dénominations tels que : « régimes de pension », « régimes surcomplémentaires », ou « régimes de prestations de retraite ». La présente norme traite un régime de retraite comme une entité autonome, distincte des employeurs des adhérents au régime. Toutes les autres normes s'appliquant aux états financiers des régimes de retraite, dans la mesure où elles ne sont pas annulées et remplacées par la présente norme.

3 La présente norme traite de la comptabilisation et des rapports financiers qu'un régime présente à l'ensemble de ses adhérents considéré comme un groupe. Elle ne traite pas des informations données aux adhérents individuels au sujet de leurs droits aux prestations de retraite.

4 IAS 19 *Avantages du personnel* traite de la détermination du coût des prestations de retraite dans les états financiers des employeurs ayant des régimes de retraite. La présente norme complète donc IAS 19.

5 Les régimes de retraite peuvent être des régimes à cotisations définies ou des régimes à prestations définies. Nombre d'entre eux nécessitent la création de fonds distincts, pouvant ou non avoir une personnalité juridique distincte et pouvant ou non avoir des administrateurs, fonds qui sont alimentés par des cotisations et qui paient des prestations de retraite. La présente norme s'applique, qu'il y ait ou non création d'un fonds, et qu'il y ait ou non des administrateurs.

6 Les régimes de retraite ayant des actifs investis auprès d'entreprises d'assurance sont soumis aux mêmes dispositions en matière comptable et de financement que pour des accords de placements privés. Ils entrent en conséquence dans le champ d'application de la présente norme, à moins que le contrat conclu avec l'entreprise d'assurance ne le soit au nom d'un adhérent particulier ou d'un groupe d'adhérents et que l'obligation en matière de retraite n'incombe exclusivement à l'entreprise d'assurance.

7 La présente norme ne traite pas d'autres formes d'avantages liés à l'emploi tels que les indemnités de cessation d'emploi, les accords de rémunération différée, les congés liés à l'ancienneté, les plans spéciaux de retraite anticipée ou de licenciement, les régimes d'assurance-maladie et de protection sociale et les plans d'attribution de primes. Les régimes publics de sécurité sociale sont également exclus du champ d'application de la presente norme.

Définitions

8 Dans la présente norme, les termes suivants ont la signification indiquée ci-après :

Les *régimes de retraite* sont des accords selon lesquels une entité fournit des prestations à ses salariés au moment ou après la date de leur fin d'activité (sous forme d'une rente annuelle ou d'un capital), lorsque ces prestations, ou les cotisations de l'employeur en vue de ces prestations, peuvent être déterminées ou estimées à l'avance selon les clauses d'un accord ou les usages de l'entité.

Les *régimes à cotisations définies* sont des régimes de retraite selon lesquels le montant des prestations à payer au titre des retraites est déterminé par les cotisations versées à un fonds ainsi qu'aux bénéfices tirés des placements y afférents.

Les *régimes à prestations définies* sont des régimes de retraite selon lesquels le montant des prestations à payer est déterminé par référence à une formule habituellement fondée sur la rémunération et/ou les années de service des membres du personnel.

Le *financement* est le transfert d'actifs à une entité (le *fonds*) distincte de l'entité de l'employeur pour faire face aux obligations futures de paiement des prestations de retraite.

Pour les besoins de la présente norme, les termes ci-après sont également utilisés :

Les *adhérents* sont les membres d'un régime de retraite et ceux qui ont droit à des prestations au titre de ce régime.

Les *actifs nets affectés aux prestations* sont les actifs d'un régime diminués des passifs autres que la valeur actuelle actuarielle des prestations de retraite promises.

La *valeur actuelle actuarielle des prestations de retraite promises* est la valeur actuelle des paiements attendus que le régime de retraite aura à verser aux membres du personnel actuels et anciens, au titre des services déjà rendus.

Les *prestations acquises* sont les prestations dont les droits, selon les termes d'un régime de retraite, ne sont pas subordonnés à une poursuite de l'emploi.

9 Certains régimes de retraite peuvent être financés par d'autres personnes que les employeurs ; la présente norme s'applique également aux états financiers présentés par ces régimes.

10 La plupart des régimes de retraite sont fondés sur des accords formels. Certains régimes sont informels mais ont acquis un caractère obligatoire du fait de pratiques établies des employeurs. Même si certains régimes autorisent les employeurs à limiter leurs obligations au titre des régimes, il est en général difficile pour un employeur de supprimer un régime s'il veut conserver ses employés. Les mêmes conventions comptables et d'information s'appliquent à un régime, qu'il soit informel ou formel.

11 De nombreux régimes de retraite prévoient la constitution de fonds séparés auxquels des cotisations sont versées et qui versent des prestations. Ces fonds peuvent être dirigés par des tiers qui gèrent de façon indépendante les actifs des fonds. Dans certains pays, ces tiers sont appelés des administrateurs. Le terme « administrateur » est utilisé dans la présente norme pour désigner ces personnes, qu'un trust ait été ou non formalisé.

12 En général, les régimes de retraite sont décrits comme étant soit des régimes à cotisations définies, soit des régimes à prestations définies, chacun ayant ses caractéristiques propres. On peut parfois trouver des régimes contenant les deux caractéristiques. Dans le cadre de la présente norme, ces plans hybrides sont assimilés à des régimes à prestations définies.

Régimes à cotisations définies

13 Les états financiers d'un régime à cotisations définies doivent comporter un état des actifs nets affectés au paiement des prestations ainsi qu'une description de la politique de financement.

14 Dans un régime à cotisations définies, le montant des prestations futures de l'adhérent est fonction des cotisations versées par l'employeur, par l'adhérent ou par les deux, et de l'efficacité de la gestion et du rendement des placements du fonds. Le versement des cotisations au fonds libère généralement l'employeur de son obligation. Les conseils d'un actuaire ne sont en général pas nécessaires, bien qu'ils soient parfois utilisés pour estimer les prestations futures qui peuvent être obtenues sur la base des cotisations actuelles et de différents niveaux de cotisations futures et de rendements des placements.

15 Les adhérents sont concernés par les activités du régime parce que celles-ci ont une incidence directe sur le niveau de leurs prestations futures. Il est dans leur intérêt de savoir si les cotisations ont été reçues et si des contrôles appropriés ont eu lieu pour protéger les droits des bénéficiaires. Il est dans l'intérêt de l'employeur que le régime fonctionne de manière correcte et efficiente.

16 L'objectif d'une information financière fournie par un régime à cotisations définies est de donner périodiquement des informations sur ce régime et sur la performance de ses placements. Cet objectif est en général atteint par la présentation d'un état financier comprenant les éléments suivants :

a) une description des activités importantes de la période et de l'effet de tout changement du régime, de ses affiliés et de ses termes et conditions ;

b) des états présentant les transactions et la performance des placements au cours de la période ainsi que la situation financière du régime en fin de période ; et

c) une description de la politique de placement.

Régimes à prestations définies

17 Les états financiers d'un régime à prestations définies doivent comprendre, soit :

a) un état présentant :

i) les actifs nets affectés au paiement des prestations ;

ii) la valeur actuelle actuarielle des prestations de retraite promises, en distinguant les prestations acquises des prestations non acquises ; et

iii) l'excédent ou le déficit en résultant ; ou

b) un état des actifs nets affectés au paiement de prestations, comportant :

i) une note annexe mentionnant la valeur actuelle actuarielle des prestations de retraite promises, en distinguant les prestations acquises des prestations non acquises ; ou

ii) un renvoi à cette information fournie dans un rapport actuariel joint.

Si aucune évaluation actuarielle n'a été préparée à la date de l'état financier, c'est l'évaluation la plus récente qui doit servir de base de référence, et sa date doit être mentionnée.

18 Aux fins du paragraphe 17, la valeur actuelle actuarielle des prestations de retraite promises doit être fondée sur les prestations promises définies selon les termes du régime pour les services à la date du rapport, soit sur la base des niveaux de salaires actuels, soit sur la base des niveaux de salaires projetés, en indiquant la base utilisée. Il convient aussi d'indiquer l'effet de tout changement d'hypothèses actuarielles ayant eu un effet important sur la valeur actuelle actuarielle des prestations de retraite promises.

19 Les états financiers doivent expliquer la relation entre la valeur actuelle actuarielle des prestations de retraite promises et les actifs nets affectés au paiement de ces prestations, ainsi que la politique suivie pour le financement des prestations promises.

20 Dans un régime à prestations définies, le paiement des prestations de retraite promises dépend de la situation financière du régime et de la capacité des cotisants à verser les cotisations futures au régime, aussi bien que de la performance des placements et du bon fonctionnement du régime.

21 Dans un régime à prestations définies, il est nécessaire de recourir périodiquement aux conseils d'un actuaire pour apprécier la situation financière du régime, réviser les hypothèses et proposer des montants pour le niveau des cotisations futures.

22 L'objectif de l'information financière fournie par un régime à prestations définies est de donner périodiquement des informations sur les ressources et les activités financières du régime qui sont utiles pour apprécier la relation dans le temps entre l'accumulation des ressources et les prestations du régime. Cet objectif est en général atteint par la présentation d'un état financier comprenant les éléments suivants :

a) une description des activités importantes de la période et de l'effet de tout changement du régime, de ses affiliés et de ses termes et conditions ;

b) des états présentant les transactions et la performance des placements au cours de la période ainsi que la situation financière du régime en fin de période ;

c) des informations actuarielles, soit dans le cadre même des états, soit dans un rapport distinct ; et

d) une description de la politique de placement.

VALEUR ACTUELLE ACTUARIELLE DES PRESTATIONS DE RETRAITE PROMISES

23 La valeur actuelle des paiements attendus au titre d'un régime de retraite peut être calculée et présentée sur la base du niveau actuel des salaires ou du niveau des salaires projeté jusqu'au départ en retraite des adhérents.

24 Les raisons données pour l'adoption de l'approche basée sur les salaires actuels sont les suivantes :

a) la valeur actuelle actuarielle des prestations de retraite, qui est la somme des montants actuellement attribuables à chaque adhérent au régime, peut être calculée de façon plus objective qu'avec les niveaux de salaires projetés, car elle implique moins d'hypothèses ;

b) les augmentations de prestations attribuables à une augmentation de salaire deviennent une obligation pour le régime à partir du moment où le salaire augmente ; et

c) le montant de la valeur actuelle actuarielle des prestations de retraite promises, calculé selon les niveaux de salaires actuels, est en général plus étroitement lié au montant à payer en cas de liquidation ou d'abandon du régime.

25 Les raisons données pour l'adoption de l'approche basée sur les salaires projetés sont les suivantes :

a) l'information financière doit être préparée sur la base de la continuité d'exploitation, quelles que soient les hypothèses et les estimations qui doivent être faites ;

b) dans les régimes de fin de carrière, les prestations sont déterminées sur la base des salaires de fin de carrière ou proches de la fin de carrière ; les niveaux de salaires, les niveaux de cotisation et les taux de rendement doivent alors être projetés ; et

c) le fait de ne pas inclure de projections de salaires, alors que le financement est principalement fondé sur de telles projections, peut conduire à faire état d'un surfinancement apparent pour un régime qui n'est pas surfinancé, ou d'un financement suffisant pour un régime sous-financé.

26 La valeur actuelle actuarielle des prestations de retraite promises, établie à partir des salaires actuels, est fournie dans les états financiers du régime, pour indiquer l'obligation liée aux droits à prestations acquis à la date des états financiers. La valeur actuelle actuarielle des prestations de retraite promises, établie à partir des salaires projetés, est fournie afin d'indiquer l'importance de l'obligation potentielle sur la base de la continuité de l'exploitation, qui est généralement la base du financement. En plus de l'information sur la valeur actuelle actuarielle des prestations promises, il peut être nécessaire de fournir des explications suffisantes pour indiquer clairement le contexte dans lequel doit être appréciée cette valeur. Ces explications peuvent se présenter sous forme d'informations sur le caractère adéquat du financement futur prévu et de la politique de financement fondée sur les projections de salaires. Ces informations peuvent figurer dans les états financiers ou dans le rapport de l'actuaire.

FRÉQUENCE DES ÉVALUATIONS ACTUARIELLES

27 Dans de nombreux pays, les évaluations actuarielles ne sont obtenues que tous les trois ans. S'il n'y a pas eu d'évaluation actuarielle à la date des états financiers, c'est l'évaluation la plus récente qui sert de référence, auquel cas il convient d'indiquer la date de cette évaluation.

CONTENU DES ÉTATS FINANCIERS

28 Pour les régimes à prestations définies, l'information est présentée sous l'un des formats suivants, qui correspondent à différentes pratiques en termes d'informations à fournir sur les données actuarielles et de présentation de ces informations :

a) par l'inclusion, dans les états financiers, d'un état faisant apparaître les actifs nets affectés au paiement des prestations, la valeur actuelle actuarielle des prestations promises et l'excédent ou le déficit qui en résulte. Les états financiers comportent aussi un état des variations d'actifs nets affectés au paiement des prestations et des variations de la valeur actuelle actuarielle des prestations de retraite promises. Ils peuvent être accompagnés d'un rapport distinct, établi par un actuaire, qui confirme la valeur actuelle actuarielle des prestations de retraite promises ;

b) par l'inclusion, dans les états financiers, d'un état des actifs nets affectés au paiement des prestations et d'un état des variations de ces actifs nets, la valeur actuelle actuarielle des prestations de retraite promises étant indiquée dans une note annexée à ces états. Les états financiers peuvent aussi être accompagnés du rapport d'un actuaire confirmant la valeur actuelle actuarielle des prestations de retraite promises ; et

c) par l'inclusion, dans les états financiers, d'un état des actifs nets affectés au paiement des prestations et d'un état des variations de ces actifs, la valeur actuelle actuarielle des prestations de retraite promises étant indiquée dans un rapport actuariel distinct.

Dans chacun de ces formats, les états financiers peuvent aussi être accompagnés d'un rapport d'administrateurs, sous forme de rapport de la direction ou des dirigeants, ainsi que d'un rapport sur les placements.

29 Les partisans des formats d'information décrits au paragraphe 28, points a) et b), considèrent que le chiffrage des prestations de retraite promises, et les autres informations fournies selon ces approches, aident les utilisateurs à apprécier la situation actuelle du régime et la probabilité que les obligations qu'il crée soient honorées. Ils considèrent également que les états financiers doivent être exhaustifs et ne doivent pas s'appuyer sur des états joints. Certains considèrent cependant que le format décrit au paragraphe 28, point a), peut donner l'impression qu'il existe un passif, alors que selon eux, la valeur actuelle actuarielle des prestations promises ne présente pas toutes les caractéristiques d'un passif.

30 Les partisans du format décrit au paragraphe 28, point c), considèrent que la valeur actuelle actuarielle des prestations promises ne doit pas figurer dans un état des actifs nets affectés au paiement de ces prestations, comme décrit au paragraphe 28, point a), ni même dans une note annexe, comme décrit au paragraphe 28, point b), car elle sera alors directement comparée aux actifs du régime, et qu'une telle comparaison peut ne pas être valable. Ils font valoir que les actuaires ne comparent pas nécessairement la valeur actuelle

actuarielle des prestations de retraite promises à la valeur de marché des placements, mais qu'ils peuvent, à la place, estimer la valeur actualisée des flux de trésorerie attendus de ces placements. Ils considèrent donc qu'une telle comparaison est peu susceptible de refléter l'appréciation globale du régime faite par l'actuaire et qu'elle peut être mal comprise. Enfin, certains considèrent que, chiffrées ou non, les informations sur les prestations de retraite promises ne doivent figurer que dans un rapport actuariel distinct, dans lequel il est possible de fournir les explications appropriées.

31 La présente norme tient compte des avis selon lesquels il doit être permis de fournir dans un rapport actuariel distinct les informations relatives aux prestations de retraite promises. Elle rejette les arguments contre le chiffrage de la valeur actuelle actuarielle des prestations de retraite promises. En conséquence, les formats d'information décrits aux paragraphes 28, points a) et b), sont jugés acceptables selon la présente norme, tout comme celui décrit au paragraphe 28, point c), à condition que les états financiers soient accompagnés d'un rapport actuariel indiquant la valeur actuelle actuarielle des prestations de retraite promises et fassent référence à ce rapport.

Tous régimes

ÉVALUATION DES ACTIFS DU RÉGIME

32 Les placements détenus au titre des régimes de retraite doivent être comptabilisés à la juste valeur. Dans le cas de titres négociables sur un marché, la juste valeur est la valeur de marché. S'il n'est pas possible d'estimer la juste valeur de placements détenus au titre d'un régime, il convient d'indiquer pourquoi la juste valeur n'est pas utilisée.

33 Dans le cas de titres négociables sur un marché, la juste valeur est habituellement la valeur de marché, parce que ce mode d'évaluation constitue la mesure la plus utile des titres, à la date du rapport, et de la performance des placements pour la période. Les titres qui ont une valeur de remboursement fixe et qui ont été acquis pour faire face aux obligations du régime, ou à certaines d'entre elles, peuvent être comptabilisés sur la base de leur valeur de remboursement in fine, en supposant un taux de rendement constant jusqu'à l'échéance. S'il n'est pas possible d'estimer la juste valeur de certains placements, comme la propriété de la totalité d'une entité, il convient d'indiquer pourquoi la juste valeur n'est pas utilisée. Dans la mesure où des placements sont comptabilisés à des montants autres que la valeur de marché ou la juste valeur, cette dernière, d'une manière générale, est également mentionnée. Les actifs utilisés pour le fonctionnement du fonds sont comptabilisés selon les normes applicables.

INFORMATIONS À FOURNIR

34 Les états financiers d'un régime de retraite, qu'il soit à prestations ou à cotisations définies, doivent également comporter les informations suivantes :

a) un état des variations des actifs nets affectés au paiement des prestations ;

b) des informations significatives sur les méthodes comptables ; et

c) une description du régime et de l'effet de tout changement intervenu dans le régime au cours de la période.

35 Les états financiers fournis au titre des régimes de retraite peuvent comprendre les éléments suivants, s'ils sont applicables :

a) un état des actifs nets affectés au paiement des prestations, indiquant :
- i) les actifs en fin de période, selon une classification adaptée ;
- ii) la base d'évaluation des actifs ;
- iii) des détails sur tout placement représentant à lui seul plus de 5 % des actifs nets affectés au paiement de prestations, ou plus de 5 % d'un type ou d'une catégorie de titres ;
- iv) des détails sur tout placement en titres émis par l'employeur ; et
- v) les passifs autres que la valeur actuelle actuarielle des prestations de retraite promises ;

b) un état des variations des actifs nets affectés au paiement des prestations, faisant apparaître les éléments suivants :
- i) les cotisations des employeurs ;
- ii) les cotisations des membres du personnel ;
- iii) le produit des placements, tel qu'intérêts et dividendes ;
- iv) les autres produits ;
- v) les prestations payées ou à payer (ventilées, par exemple, entre prestations de retraite, prestations pour décès et invalidité et paiements forfaitaires) ;
- vi) les charges administratives ;
- vii) les autres charges ;
- viii) les impôts sur le résultat ;
- ix) les profits et pertes réalisés sur la cession de placements et les variations de valeur des placements ; et
- x) les transferts inter-régimes ;

c) une description de la politique de financement ;

d) pour les régimes à prestations définies, la valeur actuelle actuarielle des prestations de retraite promises (avec éventuellement une distinction entre prestations acquises et prestations non acquises), basée sur les prestations promises selon les termes et conditions du régime, sur les services rendus à cette date, et sur les niveaux de salaires, soit actuels, soit projetés ; ces informations peuvent être fournies dans un rapport actuariel joint, à lire en lien avec les états financiers correspondants ; et

e) pour les régimes à prestations définies, une description des principales hypothèses actuarielles et de la méthode utilisée pour calculer la valeur actuelle actuarielle des prestations de retraite promises.

36 Le rapport financier d'un régime de retraite comprend une description de ce régime, fournie soit dans le cadre des états financiers, soit dans un rapport distinct. Elle peut comprendre les éléments suivants :

a) le nom des employeurs et les catégories de personnel couvertes ;

b) le nombre d'adhérents qui reçoivent des prestations et le nombre des autres adhérents, classés comme il convient ;

c) le type de régime en question (à cotisations définies ou à prestations définies) ;

d) une note précisant si les adhérents cotisent au régime ;

e) une description des prestations de retraite promises aux adhérents ;

f) une description de toutes les modalités de liquidation du régime ; et

g) les changements intervenus dans les éléments a) à f) au cours de la période couverte par le rapport.

Il n'est pas rare de faire référence à d'autres documents promptement disponibles pour les utilisateurs et dans lesquels figure une description du régime, et de n'indiquer dans le rapport que les informations se rapportant aux changements intervenus ultérieurement.

Date d'entrée en vigueur

37 La présente norme comptable internationale entre en vigueur pour les états financiers des périodes ouvertes à compter du 1er janvier 1988.

38 La publication, en février 2021, d'*Informations à fournir sur les méthodes comptables*, texte qui modifie IAS 1 *Présentation des états financiers* et l'énoncé de pratiques en IFRS 2 *Porter des jugements sur l'importance relative*, a donné lieu à la modification du paragraphe 34. L'entité doit appliquer ces modifications pour les exercices ouverts à compter du 1er janvier 2023. Une application anticipée est autorisée. Si l'entité applique les modifications pour une période antérieure, elle doit l'indiquer.

IAS 27

États financiers individuels

[règlt UE 2023/1803]

Objectif

1 L'objectif de la présente norme est de prescrire le traitement comptable et les obligations d'information concernant les participations dans des filiales, des coentreprises et des entreprises associées dans le cas où une entité prépare des états financiers individuels.

Champ d'application

2 La présente norme doit être appliquée à la comptabilisation de participations dans des filiales, des coentreprises et des entreprises associées lorsqu'une entité choisit de présenter des états financiers individuels ou y est obligée par des dispositions réglementaires locales.

3 La présente norme ne précise pas quelles sont les entités tenues de produire des états financiers individuels. Elle s'applique lorsqu'une entité établit des états financiers individuels conformes aux Normes internationales d'information financière.

Définitions

4 Dans la présente norme, les termes suivants ont la signification indiquée ci-après :

Les *états financiers consolidés* sont les états financiers d'un groupe dans lesquels les actifs, les passifs, les capitaux propres, les produits, les charges et les flux de trésorerie de la société mère et de ses filiales sont présentés comme ceux d'une entité économique unique.

Les *états financiers individuels* sont ceux que présente une entité, et dans lesquels celle-ci peut choisir, sous réserve des dispositions de la présente norme, de comptabiliser ses participations dans des filiales, des coentreprises et des entreprises associées soit au coût, soit conformément à IFRS 9 *Instruments financiers*, soit selon la méthode de la mise en équivalence, décrite dans IAS 28 *Participations dans des entreprises associées et des coentreprises*.

5 Les termes suivants sont définis dans l'appendice A d IFRS 10 *États financiers consolidés*, dans l'appendice A d'IFRS 11 *Partenariats* ou au paragraphe 3 d'IAS 28 :
- entreprise associée
- contrôle d'une entité faisant l'objet d'un investissement
- méthode de la mise en équivalence

- groupe
- entité d'investissement
- contrôle conjoint
- coentreprise
- coentrepreneur
- société mère
- influence notable
- filiale.

6 Les états financiers individuels sont ceux présentés en supplément des états financiers consolidés ou en supplément des états financiers d'un investisseur qui ne détient pas de participations dans des filiales, mais qui détient des participations dans des entreprises associées ou des coentreprises, dans lesquels ces participations doivent, selon IAS 28, être comptabilisées selon la méthode de la mise en équivalence, sauf dans les circonstances décrites aux paragraphes 8 et 8A.

7 Les états financiers d'une entité qui n'a pas de filiale, d'entreprise associée ou de participation de coentrepreneur dans une coentreprise ne sont pas des états financiers individuels.

8 Une entité exemptée, en vertu du paragraphe 4 a) d'IFRS 10, de la consolidation ou, en vertu du paragraphe 17 d'IAS 28 (telle que modifiée en 2011), de l'application de la méthode de la mise en équivalence peut présenter des états financiers individuels pour seuls états financiers.

8A Une entité d'investissement qui est, pour l'ensemble de la période considérée et des périodes comparatives présentées, tenue d'appliquer l'exception à la consolidation pour toutes ses filiales selon le paragraphe 31 d'IFRS 10 présente des états financiers individuels pour seuls états financiers.

Préparation des états financiers individuels

9 Les états financiers individuels doivent être préparés conformément à toutes les IFRS applicables, sous réserve des dispositions du paragraphe 10.

10 Lorsqu'une entité prépare des états financiers individuels, elle doit comptabiliser ses participations dans des filiales, des coentreprises et des entreprises associées :

a) au coût ;

b) conformément à IFRS 9 ; ou

c) selon la méthode de la mise en équivalence décrite dans IAS 28.

L'entité doit appliquer la même méthode comptable à chaque catégorie de participations. Les participations comptabilisées au coût ou selon la méthode de la mise en équivalence doivent l'être conformément à IFRS 5 *Actifs non courants détenus en vue de la vente et activités abandonnées* lorsqu'elles sont classées comme détenues en vue de la vente ou d'une distribution (ou incluses dans un groupe destiné à être cédé qui est classé comme détenu en vue de la vente ou d'une distribution). L'évaluation des participations comptabilisées conformément à IFRS 9 n'est pas modifiée dans ces circonstances.

11 Si une entité choisit, conformément au paragraphe 18 d'IAS 28 (telle que modifiée en 2011), d'évaluer ses participations dans des entreprises associées ou des coentreprises à la juste valeur par le biais du résultat net selon IFRS 9, elle doit comptabiliser ces participations de la même manière dans ses états financiers individuels.

11A Si une société mère est tenue, selon le paragraphe 31 d'IFRS 10, d'évaluer sa participation dans une filiale à la juste valeur par le biais du résultat net selon IFRS 9, elle doit comptabiliser cette participation de la même manière dans ses états financiers individuels.

11B Lorsqu'une société mère cesse d'être, ou devient, une entité d'investissement, elle doit appliquer le traitement comptable suivant à partir de la date du changement de statut :

a) dans le cas où elle cesse d'être une entité d'investissement, elle doit comptabiliser sa participation dans une filiale conformément au paragraphe 10. La date du changement de statut doit correspondre à la date d'acquisition présumée. Aux fins de la comptabilisation de la participation conformément au paragraphe 10, la juste valeur de la filiale à la date d'acquisition présumée doit représenter la contrepartie présumée transférée.

i) [Supprimé]

ii) [Supprimé]

b) dans le cas où elle devient une entité d'investissement, elle doit comptabiliser sa participation dans une filiale à la juste valeur par le biais du résultat net selon IFRS 9. L'écart entre la valeur comptable antérieure de la filiale et sa juste valeur à la date du changement de statut de l'investisseur doit être comptabilisé en résultat net à titre de profit ou de perte. Le montant cumulé des profits ou des pertes comptabilisés jusque-là dans les autres éléments du résultat global au titre de la filiale doit être traité comme si l'entité d'investissement avait cédé la filiale à la date du changement de statut.

12 Les dividendes provenant d'une filiale, d'une coentreprise ou d'une entreprise associée sont comptabilisés dans les états financiers individuels d'une entité lorsque le droit de l'entité de recevoir ces dividendes est établi. Les dividendes sont comptabilisés en résultat net à moins que l'entité ne choisisse d'appliquer la méthode de la mise en équivalence, auquel cas les dividendes sont comptabilisés en diminution de la valeur comptable de la participation.

13 Lorsqu'une société mère réorganise la structure de son groupe en établissant une nouvelle entité comme étant sa société mère d'une manière qui répond aux critères suivants :

a) la nouvelle société mère obtient le contrôle de la société mère d'origine en émettant des instruments de capitaux propres en échange d'instruments de capitaux propres existants de la société mère d'origine ;

b) les actifs et passifs du nouveau groupe et du groupe d'origine sont les mêmes immédiatement avant et après la réorganisation ; et

c) les propriétaires de la société mère d'origine avant la réorganisation ont les mêmes intérêts absolus et relatifs dans les actifs nets du groupe d'origine et du nouveau groupe immédiatement avant et après la réorganisation,

et que la nouvelle société mère comptabilise sa participation dans la société mère d'origine conformément au paragraphe 10 a) dans ses états financiers individuels, la nouvelle société mère doit évaluer le coût comme étant la valeur comptable de sa part des éléments de capitaux propres indiqués dans les états financiers individuels de la société mère d'origine à la date de la réorganisation.

14 De façon similaire, une entité qui n'est pas une société mère peut établir une nouvelle entité comme étant sa société mère d'une manière qui répond aux critères énoncés au paragraphe 13. Les dispositions du paragraphe 13 s'appliquent aussi à de telles réorganisations. Dans ce cas, les références à la « société mère d'origine » et au « groupe d'origine » sont à remplacer par des références à l'« entité d'origine ».

Informations à fournir

15 L'entité doit se conformer à toutes les IFRS applicables lorsqu'elle présente des informations à fournir dans ses états financiers individuels, y compris les dispositions des paragraphes 16 et 17.

16 Lorsqu'une société mère choisit, conformément au paragraphe 4 a) d'IFRS 10, de ne pas présenter d'états financiers consolidés, et de présenter à leur place des états financiers individuels, elle doit indiquer dans ces états financiers individuels :

a) le fait que ces états financiers sont des états financiers individuels ; le fait qu'elle s'est prévalue de l'exemption de consolidation ; la dénomination sociale et le lieu de l'établissement principal (ainsi que le pays de constitution, s'il est différent) de l'entité dont les états financiers consolidés conformes aux normes internationales d'information financière ont été mis à la disposition du public ; ainsi que l'adresse à laquelle ces états financiers consolidés peuvent être obtenus ;

b) une liste de ses participations importantes dans des filiales, des coentreprises et des entreprises associées, indiquant :
i) la dénomination sociale de ces entités faisant l'objet d'un investissement ;
ii) le lieu de l'établissement principal (ainsi que le pays de constitution, s'il est différent) de ces entités faisant l'objet d'un investissement ;
iii) la quote-part du capital (et la quote-part des droits de vote, si elle est différente) détenue dans ces entités faisant l'objet d'un investissement ;

c) une description de la méthode utilisée pour comptabiliser les participations énumérées au paragraphe b).

16A Lorsqu'en application du paragraphe 8A, une entité d'investissement qui est une société mère (autre qu'une société mère visée par le paragraphe 16) prépare des états financiers individuels pour seuls états financiers, elle doit l'indiquer. L'entité d'investissement doit en outre présenter les informations relatives aux entités d'investissement qui sont requises par IFRS 12 *Informations à fournir sur les intérêts détenus dans d'autres entités.*

17 Lorsqu'une société mère (autre qu'une société mère visée par les paragraphes 16 et 16A) ou un investisseur exerçant un contrôle conjoint ou une influence notable sur une entité faisant l'objet d'un investissement prépare des états financiers individuels, la société mère ou l'investisseur doit mentionner les états financiers préparés conformément à IFRS 10,

IFRS 11 ou IAS 28 (telle que modifiée en 2011) auxquels les états financiers individuels se rattachent. La société mère ou l'investisseur doit aussi indiquer dans ses états financiers individuels :

a) le fait que les états financiers sont des états financiers individuels et les raisons pour lesquelles ces états financiers sont présentés, lorsqu'il n'y a pas d'obligation légale à cet égard ;

b) une liste de ses participations importantes dans des filiales, des coentreprises et des entreprises associées, indiquant :
- **i) la dénomination sociale de ces entités faisant l'objet d'un investissement ;**
- **ii) le lieu de l'établissement principal (ainsi que le pays de constitution, s'il est différent) de ces entités faisant l'objet d'un investissement ;**
- **iii) la quote-part du capital (et la quote-part des droits de vote, si elle est différente) détenue dans ces entités faisant l'objet d'un investissement ;**

c) une description de la méthode utilisée pour comptabiliser les participations énumérées au paragraphe b).

Date d'entrée en vigueur et dispositions transitoires

18 L'entité doit appliquer la présente norme pour les exercices ouverts à compter du 1er janvier 2013. Une application anticipée est autorisée. Si l'entité applique la présente norme de manière anticipée, elle doit l'indiquer et appliquer en même temps IFRS 10, IFRS 11, IFRS 12 et IAS 28 (telle que modfiée en 2011).

18A La publication d'*Entités d'investissement* (modifications d'IFRS 10, d'IFRS 12 et d'IAS 27), en octobre 2012, a donné lieu à la modification des paragraphes 5, 6, 17 et 18, et à l'ajout des paragraphes 8A, 11A et 11B, 16A et 18B à 18I. L'entité doit appliquer ces modifications pour les exercices ouverts à compter du 1er janvier 2014. Une application anticipée est autorisée. Si l'entité applique lesdites modifications à une période antérieure, elle doit l'indiquer et appliquer en même temps toutes les modifications introduites par *Entités d'investissement.*

18B Si, à la date de première application des modifications introduites par *Entités d'investissement* (laquelle correspond, aux fins de la présente norme, à la date d'ouverture de l'exercice pour lequel l'entité applique ces modifications pour la première fois), une société mère conclut qu'elle est une entité d'investissement, elle doit appliquer les paragraphes 18C à 18I à sa participation dans une filiale.

18C À la date de première application, l'entité d'investissement qui évaluait auparavant sa participation dans une filiale au coût doit évaluer cette participation à la juste valeur par le biais du résultat net comme si les dispositions de la présente norme avaient toujours été en vigueur. L'entité d'investissement doit ajuster de manière rétrospective la période annuelle qui précède immédiatement la date de première application et doit ajuster les résultats non distribués à l'ouverture de la période qui précède immédiatement pour prendre en compte tout écart entre :

a) la valeur comptable antérieure de la participation ; et

b) la juste valeur de la participation de l'investisseur dans la filiale.

18D À la date de première application, l'entité d'investissement qui évaluait auparavant sa participation dans une filiale à la juste valeur par le biais des autres éléments du résultat global doit continuer d'évaluer cette participation à la juste valeur. Le montant cumulé des ajustements de la juste valeur comptabilisés jusque-là dans les autres éléments du résultat global doit être transféré aux résultats non distribués à la date d'ouverture de l'exercice qui précède immédiatement la date de première application.

18E À la date de première application, l'entité d'investissement ne doit pas apporter d'ajustements au traitement comptable antérieur de ses intérêts dans une filiale qu'elle avait auparavant choisi d'évaluer à la juste valeur par le biais du résultat net conformément à IFRS 9, comme le permet le paragraphe 10.

18F Avant la date d'adoption d'IFRS 13 *Évaluation de la juste valeur*, l'entité d'investissement doit utiliser le montant de la juste valeur précédemment communiqué aux investisseurs ou à la direction, si ce montant représente le montant pour lequel la participation aurait pu être échangée entre des parties bien informées et consentantes dans le cadre d'une transaction effectuée dans des conditions de concurrence normale à la date de son évaluation.

18G S'il est impraticable (au sens d'IAS 8 *Méthodes comptables, changements d'estimations comptables et erreurs*) d'évaluer sa participation dans la filiale selon les paragraphes 18C à 18F, l'entité d'investissement doit appliquer les dispositions de la présente norme à la date d'ouverture de la première période pour laquelle l'application des paragraphes 18C à 18F est praticable, qui peut être la période considérée. L'investisseur doit ajuster de manière rétrospective l'exercice qui précède immédiatement la date de première application, à moins que la date d'ouverture de la première période pour laquelle l'application du présent paragraphe est praticable soit la date d'ouverture de la période considérée. Lorsque la date à laquelle il devient praticable pour l'entité d'investissement d'évaluer la juste valeur de la filiale est antérieure à la date d'ouverture de la période qui précède immédiatement, l'investisseur doit ajuster les capitaux propres à la date d'ouverture de la période qui précède immédiatement pour prendre en compte tout écart entre :

a) la valeur comptable antérieure de la participation ; et

b) la juste valeur de la participation de l'investisseur dans la filiale.

Si la première période pour laquelle l'application du présent paragraphe est praticable est la période considérée, l'ajustement des capitaux propres doit être comptabilisé à l'ouverture de la période considérée.

18H Si l'entité d'investissement a cédé sa participation dans une filiale, ou a perdu le contrôle d'une filiale avant la date de première application des modifications introduites par *Entités d'investissement*, elle n'est pas tenue d'apporter des ajustements au traitement comptable antérieur de cette participation.

18I Nonobstant les références à l'exercice qui précède immédiatement la date de première application (la « période qui précède immédiatement ») aux paragraphes 18C à 18G, l'entité peut également présenter des informations comparatives ajustées pour toute autre période antérieure présentée, mais elle n'est pas tenue de le faire. Si l'entité présente des informations comparatives ajustées pour une période antérieure, les références à la « période qui précède immédiatement » aux paragraphes 18C à 18G doivent être lues comme des références à la « première période pour laquelle sont présentées des informations comparatives ajustées ». Si l'entité présente des informations comparatives non ajustées pour une période antérieure, elle doit identifier clairement les informations qui n'ont pas été ajustées, faire mention du fait qu'elles ont été établies selon des règles comptables différentes, et expliquer ces règles.

18J La publication de *Utilisation de la méthode de la mise en équivalence dans les états financiers individuels* (modifications d'IAS 27), en août 2014, a donné lieu à la modification des paragraphes 4 à 7, 10, 11B et 12. L'entité doit appliquer ces modifications pour les exercices ouverts à compter du 1er janvier 2016 de façon rétrospective conformément à IAS 8 *Méthodes comptables, changements d'estimations comptables et erreurs.* Une application anticipée est autorisée. Si l'entité applique ces modifications pour une période antérieure, elle doit l'indiquer.

RÉFÉRENCES À IFRS 9

19 Si une entité applique la présente norme mais n'applique pas encore IFRS 9, les références à IFRS 9 doivent être considérées comme des références à IAS 39 *Instruments financiers : comptabilisation et évaluation.*

Retrait d'IAS 27 (2008)

20 La présente norme est publiée en même temps qu' FRS 10. Ensemble, ces deux IFRS annulent et remplacent IAS 27 *États financiers consolidés et individuels* (telle que modifiée en 2008).

IAS 28 Participations dans des entreprises associées et des coentreprises

[règlt UE 2023/1803]

Objectif

1 L'objectif de la présente norme est de prescrire le traitement comptable des participations dans des entreprises associées et d'énoncer les dispositions concernant l'application de la méthode de la mise en équivalence lors de la comptabilisation des participations dans des entreprises associées et des coentreprises.

Champ d'application

2 La présente norme doit être appliquée par toutes les entités qui sont des investisseurs exerçant un contrôle conjoint ou une influence notable sur une entité faisant l'objet d'un investissement.

Définitions

3 Dans la présente norme, les termes suivants ont la signification indiquée ci-après :

Une *entreprise associée* est une entité sur laquelle l'investisseur exerce une influence notable.

Les *états financiers consolidés* sont les états financiers d'un groupe dans lesquels les actifs, les passifs, les capitaux propres, les produits, les charges et les flux de trésorerie de la société mère et de ses filiales sont présentés comme ceux d'une entité économique unique.

La *méthode de la mise en équivalence* est une méthode comptable qui consiste à comptabiliser initialement la participation au coût et à l'ajuster par la suite pour prendre en compte les changements de la quote-part de l'investisseur dans l'actif net de l'entité faisant l'objet de l'investissement qui surviennent postérieurement à l'acquisition. Le résultat net de l'investisseur comprend sa quote-part du résultat net de l'entité faisant l'objet de l'investissement, et les autres éléments du résultat global de l'investisseur comprennent sa quote-part des autres éléments du résultat global de l'entité faisant l'objet de l'investissement.

Un *partenariat* est une entreprise sur laquelle deux parties ou plus exercent un contrôle conjoint.

Le *contrôle conjoint* est le partage contractuellement convenu du contrôle exercé sur une entreprise, qui n'existe que dans le cas où les décisions concernant les activités pertinentes requièrent le consentement unanime des parties partageant le contrôle.

Une *coentreprise* est un partenariat dans lequel les parties qui exercent un contrôle conjoint sur l'entreprise ont des droits sur l'actif net de celle-ci.

Un *coentrepreneur* est une partie à une coentreprise qui exerce un contrôle conjoint sur celle-ci.

L'*influence notable* est le pouvoir de participer aux décisions relatives aux politiques financières et opérationnelles de l'entité faisant l'objet de l'investissement, sans toutefois exercer un contrôle ou un contrôle conjoint sur ces politiques.

4 Les termes suivants, qui sont définis au paragraphe 4 d'IAS 27 *États financiers individuels* et à l'appendice A d'IFRS 10 *États financiers consolidés*, sont utilisés dans la présente norme au sens qui leur est donné dans les IFRS dans lesquelles ils sont définis :
- contrôle d'une entité faisant l'objet d'un investissement
- groupe
- société mère
- états financiers individuels
- filiale.

Influence notable

5 Si l'investisseur détient, directement ou indirectement (par exemple par le biais de filiales), 20 % ou plus des droits de vote dans l'entité faisant l'objet de l'investissement, il est présumé exercer une influence notable, sauf s'il peut être démontré clairement que ce n'est pas le cas. Inversement, si l'investisseur détient, directement ou indirectement (par exemple par le biais de filiales), moins de 20 % des droits de vote dans l'entité faisant l'objet de l'investissement, il est présumé ne pas exercer d'influence notable, sauf s'il peut être démontré clairement qu'il exerce une telle influence. L'existence d'une participation importante ou majoritaire d'un autre investisseur n'exclut pas nécessairement que l'investisseur puisse exercer une influence notable.

6 L'exercice d'une influence notable par un investisseur est habituellement attesté par une ou plusieurs des situations suivantes :

a) représentation au sein du Conseil d'administration ou de l'organe de direction équivalent de l'entité faisant l'objet de l'investissement ;

b) participation au processus d'élaboration des politiques, et notamment participation aux décisions relatives aux dividendes et autres distributions ;

c) transactions significatives entre l'investisseur et l'entité faisant l'objet de l'investissement ;

d) échange de personnel de direction ; ou

e) fourniture d'informations techniques essentielles.

7 L'investisseur peut posséder des bons de souscription d'actions, des options d'achat d'actions, des instruments d'emprunt ou de capitaux propres convertibles en actions ordinaires ou d'autres instruments similaires qui, s'ils étaient exercés ou convertis, pourraient lui conférer des droits de vote supplémentaires ou réduire les droits de vote d'un tiers en ce qui concerne les politiques financières et opérationnelles d'une autre entité (appelés ci-après « droits de vote potentiels »). L'existence et l'effet de droits de vote potentiels qui sont actuellement exerçables ou convertibles, y compris les droits de vote potentiels détenus par d'autres entités, sont pris en considération au moment d'apprécier si l'investisseur détient une influence notable. Les droits de vote potentiels ne sont pas actuellement exerçables ou convertibles lorsque, par exemple, ils ne peuvent être exercés ou convertis qu'à une date future ou en cas de survenance d'un événement futur.

8 Pour apprécier si les droits de vote potentiels contribuent à l'existence d'une influence notable, l'investisseur examine tous les faits et circonstances (y compris les conditions d'exercice des droits de vote potentiels et tous les autres accords contractuels, considérés individuellement ou collectivement) qui affectent les droits potentiels, à l'exception des intentions de la direction et de la capacité financière d'exercer ou de convertir ces droits potentiels.

9 L'investisseur perd son influence notable sur une entité faisant l'objet d'un investissement lorsqu'il perd le pouvoir de participer aux décisions relatives aux politiques financières et opérationnelles de cette entité. La perte d'influence notable peut coïncider ou non avec un changement dans le nombre absolu ou le pourcentage des titres de participation détenus. Elle peut survenir, par exemple, lorsqu'une entreprise associée est soumise au contrôle des autorités publiques, d'un tribunal, d'un administrateur judiciaire ou d'une autorité de réglementation. Elle peut également survenir par suite d'un accord contractuel.

Méthode de la mise en équivalence

10 Selon la méthode de la mise en équivalence, la participation dans une entreprise associée ou une coentreprise est comptabilisée au coût lors de la comptabilisation initiale, puis la valeur comptable est augmentée ou diminuée pour comptabiliser la quote-part de l'investisseur dans le résultat net de l'entité faisant l'objet de l'investissement après la date d'acquisition. La quote-part de l'investisseur dans le résultat net de l'entité faisant l'objet de l'investissement est comptabilisée dans le résultat net de l'investisseur. Les distributions reçues de l'entité faisant l'objet de l'investissement réduisent la valeur comptable de la participation. Des ajustements de la valeur comptable peuvent également être nécessaires dans le cas de modifications du pourcentage de participation de l'investisseur dans l'entité faisant l'objet de l'investissement attribuables à des variations des autres éléments du résultat global de l'entité émettrice. De telles modifications comprennent notamment celles qui résultent de la réévaluation d'immobilisations corporelles et des écarts de conversion. La quote-part de l'investisseur dans ces modifications est comptabilisée dans les autres éléments du résultat global de l'investisseur (voir IAS 1 *Présentation des états financiers*).

11 La comptabilisation d'éléments de résultat sur la seule base des distributions reçues peut ne pas constituer une mesure adéquate des éléments de résultat revenant à un investisseur du fait de sa participation dans une entreprise associée ou une coentreprise, parce que les distributions reçues peuvent n'avoir que peu de rapport avec la performance de l'entreprise associée ou de la coentreprise. Du fait que l'investisseur exerce un contrôle conjoint ou une influence notable sur l'entité faisant l'objet de l'investissement, une part de la performance de l'entreprise associée ou de la coentreprise, qui correspond au rendement de la participation de l'investisseur, revient à ce dernier. L'investisseur comptabilise cette part de la performance en élargissant le périmètre de ses états financiers pour y inclure sa quote-part du résultat net de l'entité faisant l'objet de l'investissement. En conséquence, l'application de la méthode de la mise en équivalence fournit une meilleure information sur l'actif net et sur le résultat net de l'investisseur.

12 Lorsqu'il existe des droits de vote potentiels ou d'autres instruments dérivés assortis de droits de vote potentiels, la participation de l'investisseur dans une entreprise associée ou une coentreprise est déterminée sur la seule base du pourcentage de participation actuel et ne reflète pas l'exercice ou la conversion possibles des droits de vote potentiels ou des autres instruments dérivés, sous réserve d'application du paragraphe 13.

13 Dans certaines circonstances, l'investisseur détient, en substance, un droit de propriété résultant d'une transaction qui lui donne actuellement accès aux rendements liés à des titres de participation. En pareil cas, la quote-part attribuée à l'investisseur est déterminée en tenant compte de l'exercice futur de ces droits de vote potentiels et des autres instruments dérivés qui lui permettent d'avoir actuellement accès à ces rendements.

14 IFRS 9 *Instruments financiers* ne s'applique pas aux participations dans des entreprises associées et des coentreprises comptabilisées selon la méthode de la mise en équivalence. Lorsque des instruments financiers assortis de droits de vote potentiels donnent actuellement accès, en substance, aux rendements liés à des titres de participation dans une entreprise associée ou une coentreprise, ils ne sont pas soumis à IFRS 9. Dans tous les autres cas, les instruments assortis de droits de vote potentiels dans une entreprise associée ou une coentreprise sont comptabilisés selon IFRS 9.

14A L'investisseur applique également IFRS 9 aux autres instruments financiers qui sont détenus dans une entreprise associée ou une coentreprise et auxquels la méthode de la mise en équivalence n'est pas appliquée. Ces instruments financiers comprennent les intérêts à long terme qui, en substance, constituent une partie de la participation nette de l'investisseur dans l'entreprise associée ou la coentreprise (voir le paragraphe 38). L'investisseur applique IFRS 9 à ces intérêts à long terme avant d'appliquer le paragraphe 38 et les paragraphes 40 à 43 de la présente norme. Aux fins de l'application d'IFRS 9, l'investisseur ne tient pas compte des éventuels ajustements de la valeur comptable des intérêts à long terme qui découlent de l'application de la présente norme.

15 Toute participation ou toute partie conservée d'une participation dans une entreprise associée ou une coentreprise qui n'est pas classée comme détenue en vue de la vente selon IFRS 5 *Actifs non courants détenus en vue de la vente et activités abandonnées* doit être classée en tant qu'actif non courant.

Modalités d'application de la méthode de la mise en équivalence

16 L'investisseur qui exerce un contrôle conjoint ou une influence notable sur une entité faisant l'objet d'un investissement doit comptabiliser sa participation dans l'entreprise associée ou la coentreprise selon la méthode de la mise en équivalence, sauf lorsque cette participation remplit les conditions lui permettant de bénéficier d'une exemption d'application prévue aux paragraphes 17 à 19.

EXEMPTIONS D'APPLICATION DE LA MÉTHODE DE LA MISE EN ÉQUIVALENCE

17 L'investisseur n'est pas tenu d'appliquer la méthode de la mise en équivalence pour comptabiliser sa participation dans une entreprise associée ou une coentreprise s'il est une société mère exemptée de l'établissement d'états financiers consolidés en raison de l'exception au champ d'application prévue au paragraphe 4 a) d'IFRS 10 ou si toutes les conditions suivantes sont réunies :

a) L'investisseur est une filiale entièrement détenue, ou est une filiale partiellement détenue par une autre entité et ses autres propriétaires, y compris ceux qui ne sont généralement pas habilités à voter, ont été informés qu'il n'applique pas la méthode de la mise en équivalence et ne s'y opposent pas.

b) Les instruments de dette ou de capitaux propres de l'investisseur ne sont pas négociés sur un marché organisé (une bourse de valeurs nationale ou étrangère ou encore un marché de gré à gré, y compris un marché local ou régional).

c) L'investisseur n'a pas déposé, et n'est pas sur le point de déposer, ses états financiers auprès d'une autorité de réglementation des valeurs mobilières ou d'une autre autorité de réglementation, aux fins d'émettre des instruments d'une catégorie quelconque sur un marché organisé.

d) La société mère ultime ou une société mère intermédiaire de l'investisseur produit des états financiers mis à la disposition du public qui sont conformes aux IFRS, dans lesquels les filiales sont consolidées ou évaluées à la juste valeur par le biais du résultat net selon IFRS 10.

18 Lorsqu'une participation dans une entreprise associée ou une coentreprise est détenue par, ou détenue indirectement via, un investisseur qui est un organisme de capital-risque, un fonds commun de placement, une société d'investissement à capital variable ou une entité semblable telle qu'un fonds d'assurance lié à des placements, l'investisseur peut choisir d'évaluer cette participation à la juste valeur par le biais du résultat net conformément à IFRS 9. Un fonds détenu par l'entité à titre d'élément sous-jacent d'un groupe de contrats d'assurance avec éléments de participation directe est un exemple de fonds d'assurance lié à des placements. En ce qui concerne ce choix, les contrats d'assurance incluent les contrats d'investissement avec éléments de participation discrétionnaire. L'investisseur doit faire ce choix isolément pour chaque entreprise associée ou coentreprise, lors de la comptabilisation initiale de l'entreprise associée ou de la coentreprise (voir IFRS 17 *Contrats d'assurance* pour la définition de certains termes employés dans le présent paragraphe).

19 Lorsque l'investisseur détient une participation dans une entreprise associée dont une partie est détenue indirectement par l'intermédiaire d'un organisme de capital-risque, d'un fonds commun de placement, d'une société d'investissement à capital variable ou d'une entité semblable telle qu'un fonds d'assurance lié à des placements, il peut choisir d'évaluer cette partie de sa participation dans l'entreprise associée à la juste valeur par le biais du résultat net conformément à IFRS 9, indépendamment du fait que l'organisme de capital-risque, le fonds commun de placement, la société d'investissement à capital variable ou l'entité semblable telle qu'un fonds d'assurance lié à des placements exerce une influence notable sur cette partie de la participation. Si l'investisseur fait ce choix, il doit appliquer la méthode de la mise en équivalence à toute partie restante de sa participation dans l'entreprise associée qui n'est pas détenue par l'intermédiaire d'un organisme de capital de risque, d'un fonds commun de placement, d'une société d'investissement à capital variable ou d'une entité semblable telle qu'un fonds d'assurance lié à des placements.

CLASSEMENT COMME DÉTENU EN VUE DE LA VENTE

20 L'entité doit appliquer IFRS 5 à une participation ou à une partie d'une participation dans une entreprise associée ou une coentreprise qui répond aux critères du classement comme « détenue en vue de la vente ». Toute partie conservée d'une participation dans une entreprise associée ou une coentreprise qui n'a pas été classée comme détenue en vue de la vente doit être comptabilisée selon la méthode de la mise en équivalence jusqu'à la sortie de la partie classée comme détenue en vue de la vente. Après la sortie, l'investisseur doit comptabiliser les intérêts conservés dans l'entreprise associée ou la coentreprise conformément à IFRS 9, sauf si les intérêts conservés continuent de constituer une participation dans une entreprise associée ou une coentreprise, auquel cas il applique la méthode de a mise en équivalence.

21 Lorsqu'une participation ou une partie d'une participation dans une entreprise associée ou une coentreprise, classée auparavant comme détenue en vue de la vente, ne répond plus aux critères de ce classement, elle doit être comptabilisée selon la méthode de la mise en équivalence rétroactivement à compter de la date de son classement comme détenue en vue de la vente. Les états financiers des périodes terminées après son classement comme détenue en vue de la vente doivent être modifiés en conséquence.

CESSATION DE L'APPLICATION DE LA MÉTHODE DE LA MISE EN ÉQUIVALENCE

22 L'investisseur doit cesser d'utiliser la méthode de la mise en équivalence à compter de la date où sa participation cesse d'être une participation dans une entreprise associée ou une coentreprise, selon les modalités suivantes :

a) Si la participation devient une filiale, l'investisseur doit comptabiliser sa participation selon IFRS 3 *Regroupements d'entreprises* et IFRS 10.

b) Si les intérêts conservés dans l'ancienne entreprise associée ou coentreprise constituent un actif financier, l'investisseur doit évaluer les intérêts conservés à la juste valeur. La juste valeur des intérêts conservés doit être considérée comme leur juste valeur lors de la comptabilisation initiale en tant qu'actif financier selon IFRS 9. L'investisseur doit comptabiliser en résultat net toute différence entre les montants i) et ii) suivants :

- **i) la juste valeur des intérêts conservés et tout produit lié à la sortie d'une partie de la participation dans l'entreprise associée ou la coentreprise ; et**
- **ii) la valeur comptable de la participation à la date de cessation de l'application de la méthode de la mise en équivalence.**

c) Lorsque l'investisseur cesse d'appliquer la méthode de la mise en équivalence, il doit comptabiliser tous les montants précédemment comptabilisés dans les autres éléments du résultat global au titre de la

participation sur la même base que celle qui aurait été exigée si l'entité faisant l'objet de l'investissement avait directement sorti les actifs ou passifs correspondants.

23 Ainsi, dans le cas où un profit ou une perte comptabilisé précédemment dans les autres éléments du résultat global par l'entité faisant l'objet de l'investissement serait reclassé en résultat net lors de la sortie des actifs ou des passifs correspondants, l'investisseur reclasse le profit ou la perte par virement depuis les capitaux propres vers le résultat net (en tant qu'ajustement de reclassement) lorsqu'il cesse d'appliquer la méthode de la mise en équivalence. Par exemple, si une entreprise associée ou une coentreprise dispose d'écarts de change cumulés relatifs à un établissement à l'étranger et que l'investisseur cesse d'appliquer la méthode de la mise en équivalence, il doit reclasser en résultat net le profit ou la perte précédemment comptabilisé dans les autres éléments du résultat global au titre de l'établissement à l'étranger.

24 Lorsqu'une participation dans une entreprise associée devient une participation dans une coentreprise ou qu'une participation dans une coentreprise devient une participation dans une entreprise associée, l'investisseur continue à appliquer la méthode de la mise en équivalence et ne réévalue pas les intérêts conservés.

MODIFICATION DU POURCENTAGE DE DÉTENTION DES TITRES DE PARTICIPATION

25 Si le pourcentage des titres de participation détenus par l'investisseur dans une entreprise associée ou une coentreprise est réduit, mais que la participation continue d'être classée, selon le cas, comme une entreprise associée ou comme une coentreprise, il doit reclasser en résultat net la fraction du profit ou de la perte comptabilisée précédemment dans les autres éléments du résultat global qui correspond à cette réduction du pourcentage des titres de participation dans le cas où il lui faudrait reclasser ce profit ou cette perte en résultat net lors de la sortie des actifs ou des passifs correspondants.

PROCÉDURES DE MISE EN ÉQUIVALENCE

26 De nombreuses procédures qui sont appropriées pour l'application de la méthode de la mise en équivalence sont similaires aux procédures de consolidation décrites dans IFRS 10. En outre, les concepts sous-jacents aux procédures suivies pour comptabiliser l'acquisition d'une filiale sont également adoptés pour comptabiliser l'acquisition d'une participation dans une entreprise associée ou une coentreprise.

27 La part d'un groupe dans une entreprise associée ou une coentreprise est l'agrégation des participations dans l'entreprise associée ou la coentreprise détenues par la société mère et ses filiales. À cette fin, les participations détenues par les autres entreprises associées ou coentreprises du groupe ne sont pas prises en compte. Lorsqu'une entreprise associée ou une coentreprise a des filiales, des entreprises associées ou des coentreprises, le résultat net, les autres éléments du résultat global et l'actif net pris en considération pour l'application de la méthode de la mise en équivalence sont ceux comptabilisés dans les états financiers de l'entreprise associée ou de la coentreprise (y compris la quote-part de l'entreprise associée ou de la coentreprise dans le résultat net, les autres éléments du résultat global et l'actif net de ses entreprises associées et coentreprises), après les ajustements nécessaires pour uniformiser les méthodes comptables (voir les paragraphes 35 à 36A).

28 Les profits ou les pertes découlant de transactions « d'amont » et « d'aval » entre une entité (y compris ses filiales consolidées) et une entreprise associée ou une coentreprise ne sont comptabilisés dans les états financiers de l'entité qu'à concurrence des intérêts des investisseurs non liés dans cette entreprise associée ou cette coentreprise. Les transactions « d'amont » sont, par exemple, les ventes d'actifs à l'investisseur par l'entreprise associée ou la coentreprise. Les transactions « d'aval » sont, par exemple, les ventes ou les apports d'actifs par l'investisseur à l'entreprise associée ou à la coentreprise. La quote-part de l'investisseur dans les profits ou les pertes de l'entreprise associée ou de la coentreprise découlant de ces transactions est éliminée.

29 Lorsque des transactions d'aval indiquent une diminution de la valeur nette de réalisation des actifs qui doivent être vendus ou apportés, ou une perte de valeur de ces actifs, ces pertes doivent être intégralement comptabilisées par l'investisseur. Lorsque des transactions d'amont indiquent une diminution de la valeur nette de réalisation des actifs qui doivent être acquis ou une perte de valeur de ces actifs, l'investisseur doit comptabiliser sa quote-part de ces pertes.

30 L'apport d'un actif non monétaire à une entreprise associée ou à une coentreprise en contrepartie de titres de capitaux propres de cette entreprise associée ou coentreprise doit être comptabilisé conformément au paragraphe 28, sauf lorsque l'apport est dépourvu de substance commerciale, au sens donné à ce terme dans IAS 16 *Immobilisations corporelles*. Si l'apport est dépourvu de substance commerciale, le profit ou la perte est considéré comme latent et n'est pas comptabilisé à moins que le paragraphe 31 ne s'applique également. Ces profits et ces pertes latents doivent être éliminés sur la participation comptabilisée selon la méthode de la mise en équivalence et ne doivent pas être présentés comme des profits ou des pertes différés dans l'état consolidé de la situation financière de l'investisseur ou dans l'état de la situation financière de l'investisseur dans lequel la participation est comptabilisée selon la méthode de la mise en équivalence.

31 Si, en plus de recevoir des titres de capitaux propres de l'entreprise associée ou de la coentreprise, l'investisseur reçoit des actifs monétaires ou non monétaires, il comptabilise en résultat net l'intégralité de la fraction du profit ou de la perte sur l'apport non monétaire qui découle des actifs monétaires ou non monétaires reçus.

32 Une participation est comptabilisée selon la méthode de la mise en équivalence à partir de la date à laquelle elle devient une participation dans une entreprise associée ou une coentreprise. Lors de l'acquisition de la participation, toute différence entre le coût de la participation et la quote-part de l'investisseur dans la juste valeur nette des actifs et des passifs identifiables de l'entité faisant l'objet de l'investissement est comptabilisée comme suit :

a) le goodwill lié à l'entreprise associée ou à la coentreprise est inclus dans la valeur comptable de la participation. L'amortissement de ce goodwill n'est pas autorisé ;

b) tout excédent de la quote-part de l'investisseur dans la juste valeur nette des actifs et passifs identifiables de l'entité faisant l'objet de l'investissement sur le coût de la participation est inclus comme produit dans la détermination de la quote-part de l'investisseur dans le résultat net de l'entreprise associée ou de la coentreprise dans la période au cours de laquelle la participation est acquise.

Des ajustements appropriés sont apportés à la quote-part de l'investisseur dans le résultat net de l'entreprise associée ou de la coentreprise, après l'acquisition, pour tenir compte par exemple de l'amortissement des actifs amortissables, sur la base de leur juste valeur respective à la date d'acquisition. De même, des ajustements appropriés sont apportés à la quote-part de l'investisseur dans le résultat net de l'entreprise associée ou de la coentreprise, après l'acquisition, au titre des pertes de valeur subies, entre autres, par le goodwill ou les immobilisations corporelles.

33 Lorsqu'il applique la méthode de la mise en équivalence, l'investisseur utilise les états financiers disponibles les plus récents de l'entreprise associée ou de la coentreprise. Lorsque la date de clôture de l'investisseur et celle de l'entreprise associée ou de la coentreprise sont différentes, l'entité associée ou la coentreprise établit, pour les besoins de l'investisseur, des états financiers à la même date que les états financiers de l'investisseur, sauf si cela se révèle impraticable.

34 Quand, selon le paragraphe 33, les états financiers d'une entreprise associée ou d'une coentreprise utilisés pour l'application de la méthode de la mise en équivalence sont établis à une date différente de celle des états financiers de l'investisseur, des ajustements doivent être effectués pour prendre en compte les effets des transactions ou événements importants qui se sont produits entre ces deux dates. En aucun cas l'écart entre la date de clôture de l'entreprise associée ou de la coentreprise et celle de l'investisseur ne doit être supérieur à trois mois. La durée des périodes de reporting et l'écart entre les dates de clôture, le cas échéant, doivent être identiques d'une période à l'autre.

35 Les états financiers de l'investisseur doivent être établis en utilisant des méthodes comptables uniformes pour des transactions et événements semblables se produisant dans des circonstances similaires.

36 Sous réserve des dispositions du paragraphe 36A, si une entreprise associée ou une coentreprise utilise des méthodes comptables autres que celles de l'investisseur pour des transactions et événements semblables se produisant dans des circonstances similaires, des ajustements sont apportés pour rendre les méthodes comptables de l'entreprise associée ou de la coentreprise conformes à celles de l'investisseur lorsque celui-ci utilise les états financiers de l'entreprise associée ou de la coentreprise dans l'application de la méthode de la mise en équivalence.

36A Nonobstant les dispositions du paragraphe 36, si une entité qui n'est pas elle-même une entité d'investissement a des intérêts dans une entreprise associée ou une coentreprise qui est une entité d'investissement, elle peut, lorsqu'elle applique la méthode de la mise en équivalence, faire le choix de conserver l'évaluation à la juste valeur que cette entreprise associée ou coentreprise qui est une entité d'investissement a appliquée à ses intérêts dans des filiales. Ce choix se fait isolément pour chaque entreprise associée ou coentreprise qui est une entité d'investissement, à la plus tardive des dates suivantes : a) la date à laquelle l'entreprise associée ou la coentreprise qui est une entreprise d'investissement est initialement comptabilisée ; b) la date à laquelle l'entreprise associée ou la coentreprise devient une entité d'investissement ; ou c) la date à laquelle l'entreprise associée ou la coentreprise qui est une entité d'investissement devient une société mère pour la première fois.

37 Si une entreprise associée ou une coentreprise a des actions préférentielles cumulatives en circulation qui sont détenues par des parties autres que l'investisseur et classées en capitaux propres, l'investisseur calcule sa quote-part du résultat net après ajustement pour tenir compte des dividendes sur ces actions, que ceux-ci aient été déclarés ou non.

38 Si la quote-part de l'investisseur dans les pertes d'une entreprise associée ou coentreprise est égale ou supérieure à ses intérêts dans celle-ci, l'investisseur cesse de comptabiliser sa quote-part dans les pertes ultérieures. Les intérêts dans une entreprise associée ou une coentreprise sont la valeur comptable de la participation dans l'entreprise associée ou la coentreprise déterminée par application de la méthode de la mise en équivalence, ainsi que tous autres intérêts à long terme qui, en substance, constituent une partie de la participation nette de l'investisseur dans l'entreprise associée ou la coentreprise. Par exemple, un élément dont le règlement n'est ni planifié ni probable dans un avenir prévisible constitue en substance une extension de la participation de l'investisseur dans cette entreprise associée ou cette coentreprise. De tels éléments peuvent comprendre des actions préférentielles et des créances ou des prêts à long terme, mais pas des créances clients, des dettes fournisseurs ou des créances à long terme assorties de sûretés adéquates, telles que des prêts garantis. Les pertes comptabilisées lors de l'application de la méthode de la mise en équivalence qui excèdent la participation de l'investisseur en actions ordinaires sont imputées aux autres composantes des intérêts de l'investisseur dans l'entreprise associée ou la coentreprise selon l'ordre inverse de leur rang (c'est-à-dire de leur ordre de priorité en cas de liquidation).

39 Lorsque les intérêts de l'investisseur sont ramenés à zéro, les pertes supplémentaires font l'objet d'une provision, et un passif est comptabilisé, mais seulement dans la mesure où l'investisseur a contracté une obligation légale ou implicite ou effectué des paiements au nom de l'entreprise associée ou de la coentreprise. Si l'entreprise associée ou la coentreprise enregistre ultérieurement des bénéfices, l'investisseur ne recommence à comptabiliser sa quote-part dans les bénéfices qu'à compter du moment où cette quote-part est égale à sa quote-part de pertes nettes non comptabilisées.

PERTES DE VALEUR

40 Après l'application de la méthode de la mise en équivalence, y compris la comptabilisation des pertes de l'entreprise associée ou de la coentreprise selon le paragraphe 38, l'investisseur applique les paragraphes 41A à 41C pour déterminer s'il existe une indication objective de dépréciation de sa participation nette dans l'entreprise associée ou la coentreprise.

41 [Supprimé]

41A La participation nette dans une entreprise associée ou une coentreprise est dépréciée et des pertes de valeur sont subies si, et seulement si, il existe une indication objective de dépréciation résultant d'un ou de plusieurs événements intervenus après la comptabilisation initiale de la participation nette (un « événement générateur de pertes ») et que ce ou ces événements générateurs de pertes ont un impact sur les flux de trésorerie futurs estimés de la participation nette, qui peut être estimé de façon fiable. Il peut s'avérer impossible d'isoler un évènement en particulier à l'origine de la dépréciation. La dépréciation peut avoir été causée par l'effet combiné de plusieurs événements. Les pertes attendues par suite d'événements futurs, quelle que soit leur probabilité, ne sont pas comptabilisées. Est considérée comme une indication objective de dépréciation d'une participation nette toute donnée observable portée à la connaissance de l'entité sur les événements générateurs de pertes suivants :

a) des difficultés financières importantes de l'entreprise associée ou de la coentreprise ;

b) un manquement à un contrat tel qu'un défaut de paiement de l'entreprise associée ou de la coentreprise ;

c) l'octroi par l'entité à l'entreprise associée ou à la coentreprise, pour des raisons économiques ou juridiques liées aux difficultés financières de l'entreprise associée ou de la coentreprise, d'une facilité que l'entité n'aurait pas envisagée dans d'autres circonstances ;

d) la probabilité croissante de faillite ou autre restructuration financière de l'entreprise associée ou de la coentreprise ; ou

e) la disparition d'un marché actif pour la participation nette en raison de difficultés financières de l'entreprise associée ou de la coentreprise.

41B La disparition d'un marché actif du fait que les capitaux propres ou les instruments financiers de l'entreprise associée ou de la coentreprise ne sont plus négociés sur un marché organisé ne constitue pas une indication de dépréciation. Une baisse de la notation ou de la juste valeur de l'entreprise associée ou de la coentreprise ne constitue pas en soi une indication de dépréciation, même si cela peut être le cas lorsque les autres informations disponibles sont prises en considération.

41C Outre les types d'événements décrits au paragraphe 41A, sont à considérer comme indication objective d'une dépréciation relative à une participation nette dans un instrument de capitaux propres de l'entreprise associée ou de la coentreprise, des informations portant sur des changements importants, ayant un effet négatif sur l'entité, qui sont survenus dans l'environnement technologique, de marché, économique, ou juridique dans lequel l'entreprise associée ou la coentreprise exerce son activité, et qui indiquent que le coût de l'investissement dans l'instrument de capitaux propres pourrait ne pas être recouvré. Une baisse importante ou prolongée de la juste valeur d'un placement dans un instrument de capitaux propres en deçà de son coût constitue également une indication objective de dépréciation.

42 Puisque le goodwill qui fait partie de la valeur comptable d'une participation nette dans une entreprise associée ou une coentreprise n'est pas comptabilisé séparément, il n'est pas soumis séparément à des tests de dépréciation en appliquant les dispositions relatives aux tests de dépréciation du goodwill prévues dans IAS 36 *Dépréciation d'actifs*. C'est la valeur comptable totale de la participation qui est soumise à des tests de dépréciation conformément à IAS 36, en tant qu'actif unique, en comparant sa valeur recouvrable (à savoir la valeur la plus élevée entre la valeur d'utilité et la juste valeur diminuée des coûts de sortie) avec sa valeur comptable, dès lors que l'application des paragraphes 41A à 41C indique que la participation nette risque d'être dépréciée. Une perte de valeur comptabilisée dans ces circonstances n'est affectée à aucun actif, goodwill compris, faisant partie de la valeur comptable de la participation nette dans l'entreprise associée ou la coentreprise. En conséquence, toute reprise de cette perte de valeur est comptabilisée selon IAS 36 dans la mesure où la valeur recouvrable de la participation nette augmente ultérieurement. Pour déterminer la valeur d'utilité de la participation nette, l'investisseur estime l'un ou l'autre des éléments suivants :

a) sa quote-part de la valeur actualisée des flux de trésorerie futurs estimés qui devraient être générés par l'entreprise associée ou la coentreprise, y compris les flux de trésorerie générés par les activités de l'entreprise associée ou la coentreprise et les produits procurés par la sortie in fine de la participation ; ou

b) la valeur actualisée des flux de trésorerie futurs estimés auxquels devraient donner lieu les dividendes à recevoir de la participation et sa sortie in fine.

En retenant des hypothèses appropriées, les deux méthodes donnent le même résultat.

43 La valeur recouvrable d'une participation dans une entreprise associée ou une coentreprise est appréciée pour chaque entreprise associée ou coentreprise, à moins que l'entreprise associée ou la coentreprise ne génère pas, par son utilisation continue, d'entrées de trésorerie largement indépendantes de celles générées par d'autres actifs de l'investisseur.

États financiers individuels

44 Une participation dans une entreprise associée ou une coentreprise doit être comptabilisée dans les états financiers individuels de l'investisseur selon le paragraphe 10 d'IAS 27 (telle que modifiée en 2011).

Date d'entrée en vigueur et dispositions transitoires

45 L'entité doit appliquer la présente norme pour les exercices ouverts à compter du 1er janvier 2013. Une application anticipée est autorisée. Si l'entité applique la présente norme de manière anticipée, elle doit l'indiquer et appliquer en même temps IFRS 10, IFRS 11 Partenariats, IFRS 12 *Informations à fournir sur les intérêts détenus dans d'autres entités* et IAS 27 (telle que modifiée en 2011).

45A La publication d'IFRS 9, en juillet 2014, a donné lieu à la modification des paragraphes 40 à 42 et à l'ajout des paragraphes 41A à 41C. L'entité qui applique IFRS 9 doit appliquer ces modifications.

45B La publication d'*Utilisation de la méthode de la mise en équivalence dans les états financiers individuels* (modifications d'IAS 27), en août 2014, a donné lieu à la modification du paragraphe 25. L'entité doit appliquer cette modification pour les exercices ouverts à compter du 1er janvier 2016, de façon rétrospective conformément à IAS 8 *Méthodes comptables, changements d'estimations comptables et erreurs*. Une application anticipée est autorisée. Si l'entité applique ces modifications pour une période antérieure, elle doit l'indiquer.

45D La publication d'*Entités d'investissement : Application de l'exception à la consolidation* (modifications d'IFRS 10, d'IFRS 12 et d'IAS 28), en décembre 2014, a donné lieu à la modification des paragraphes 17, 27 et 36 et à l'ajout du paragraphe 36A. L'entité doit appliquer ces modifications pour les exercices ouverts à compter du 1er janvier 2016. Une application anticipée est autorisée. Si l'entité applique ces modifications pour une période antérieure, elle doit l'indiquer.

45E La publication des *Améliorations annuelles des IFRS – Cycle 2014-2016*, en décembre 2016, a donné lieu à la modification des paragraphes 18 et 36A. L'entité doit appliquer ces modifications de manière rétrospective conformément à IAS 8 pour les exercices ouverts à compter du 1er janvier 2018. Une application anticipée est autorisée. Si l'entité applique ces modifications pour une période antérieure, elle doit l'indiquer.

45F La publication d'IFRS 17, en mai 2017, a donné lieu à la modification du paragraphe 18. L'entité qui applique IFRS 17 doit appliquer cette modification.

45G La publication d'*Intérêts à long terme dans une entreprise associée ou une coentreprise* en octobre 2017 a donné lieu à l'ajout du paragraphe 14A et à la suppression du paragraphe 41. L'entité doit appliquer ces modifications de manière rétrospective conformément à IAS 8 pour les exercices ouverts à partir du 1er janvier 2019, sous réserve des paragraphes 45H à 45K. Une application anticipée est autorisée. Si l'entité applique ces modifications de manière anticipée, elle doit l'indiquer.

45H Lorsque la première application des modifications mentionnées au paragraphe 45G coïncide avec la première application d'IFRS 9, l'entité doit appliquer les dispositions transitoires d'IFRS 9 aux intérêts à long terme décrits au paragraphe 14A.

45I Lorsque la première application des modifications du paragraphe 45G est postérieure à la première application d'IFRS 9, l'entité doit appliquer les dispositions transitoires d'IFRS 9 qui sont nécessaires pour appliquer les dispositions du paragraphe 14A aux intérêts à long terme. À cette fin, les références à la date de première application dans IFRS 9 doivent s'entendre comme désignant la date d'ouverture de l'exercice pour lequel l'entité applique ces modifications pour la première fois (date de première application des modifications). L'entité n'est pas tenue de retraiter les chiffres des périodes antérieures pour tenir compte de l'application de ces modifications. L'entité peut retraiter les chiffres des périodes antérieures si, et seulement si, il lui est possible de le faire sans avoir recours à des connaissances a posteriori.

45J Lorsqu'elle applique les modifications mentionnées au paragraphe 45G pour la première fois, l'entité qui se prévaut de l'exemption temporaire de l'application d'IFRS 9 prévue par IFRS 4 *Contrats d'assurance* n'est pas tenue de retraiter les chiffres des périodes antérieures pour tenir compte de l'application de ces modifications. L'entité peut retraiter les chiffres des périodes antérieures si, et seulement si, il lui est possible de le faire sans avoir recours à des connaissances a posteriori.

45K Si, par application du paragraphe 45I ou du paragraphe 45J, l'entité ne retraite pas les chiffres des périodes antérieures, elle doit, à la date de première application des modifications, comptabiliser dans le solde d'ouverture des résultats non distribués (ou, s'il y a lieu, d'une autre composante des capitaux propres), toute différence entre :

a) la valeur comptable précédente des intérêts à long terme décrits au paragraphe 14A à cette date ; et

b) la valeur comptable de ces intérêts à long terme à cette date.

RÉFÉRENCES À IFRS 9

46 Si l'entité applique la présente norme mais n'applique pas encore IFRS 9, toute référence à IFRS 9 doit s'interpréter comme une référence à IAS 39 *Instruments financiers : Comptabilisation et évaluation*.

Retrait d'IAS 28 (2003)

47 La présente norme annule et remplace IAS 28 *Participations dans des entreprises associées* (telle que révisée en 2003).

IAS 29

Information financière dans les économies hyperinflationnistes

[règlt UE 2023/1803]

Dans le cadre des *Améliorations des IFRS* publiées en mai 2008, le Board a modifié la terminologie utilisée dans IAS 29 dans un souci de cohérence avec d'autres IFRS, comme suit : a) « valeur de marché » devient « juste valeur » et b) « résultats » et « résultat net » deviennent « résultat ».

Champ d'application

1 La présente norme s'applique aux états financiers, y compris aux états financiers consolidés, de toute entité dont la monnaie fonctionnelle est la monnaie d'une économie hyperinflationniste.

2 Dans une économie hyperinflationniste, la présentation en monnaie locale, sans retraitement, des résultats opérationnels et de la situation financière est sans utilité. La monnaie perd son pouvoir d'achat à un tel rythme que la comparaison de montants résultant de transactions et d'autres événements intervenus à des moments différents, même durant la même période comptable, est trompeuse.

3 La présente norme n'établit pas un taux absolu à partir duquel le phénomène d'hyperinflation est réputé prendre naissance. C'est le jugement qui permet de savoir si un retraitement des états financiers selon la présente norme devient nécessaire. L'hyperinflation est révélée par certaines caractéristiques de l'environnement économique d'un pays qui comprennent, sans s'y limiter, les points suivants :

a) la population en général préfère conserver sa richesse en actifs non monétaires ou en une monnaie étrangère relativement stable. Les montants détenus en monnaie locale sont immédiatement investis pour maintenir le pouvoir d'achat ;

b) la population en général apprécie les montants monétaires, non pas dans la monnaie locale, mais dans une monnaie étrangère relativement stable. Les prix peuvent être exprimés dans cette monnaie ;

c) les ventes et les achats à crédit sont conclus à des prix qui tiennent compte de la perte de pouvoir d'achat attendue pendant la durée du crédit, même si cette période est courte ;

d) les taux d'intérêt, les salaires et les prix sont liés à un indice de prix ; et

e) le taux cumulé d'inflation sur trois ans approche ou dépasse 100 %.

4 Il est préférable que toutes les entreprises qui présentent leurs états financiers dans la monnaie de la même économie hyperinflationniste appliquent la présente norme à partir de la même date. Cependant, la présente norme s'applique aux états financiers de toute entité dès le début de la période de reporting où elle identifie l'existence de l'hyperinflation dans le pays dans la monnaie duquel elle les présente.

Le retraitement des états financiers

5 Les prix changent au cours du temps du fait de diverses influences spécifiques ou générales d'ordre politique, économique et social. Des facteurs spécifiques comme les variations de l'offre et de la demande et les changements technologiques peuvent faire considérablement augmenter ou diminuer les prix individuels, indépendamment les uns des autres. De plus, des influences générales peuvent entraîner des modifications du niveau général des prix et, en conséquence, du pouvoir d'achat général de la monnaie.

6 Les entités qui préparent des états financiers sur la base du coût historique le font sans tenir compte ni de l'évolution du niveau général des prix, ni de l'accroissement des prix spécifiques des actifs ou passifs comptabilisés. Font exception à cette règle les actifs et passifs qu'une entité doit évaluer ou choisit d'évaluer à la juste valeur. Les immobilisations corporelles peuvent par exemple être réévaluées à la juste valeur et il est généralement exigé que les actifs biologiques soient évalués à la juste valeur. Toutefois, certaines entités présentent des états financiers établis selon une approche au coût actuel qui reflète les effets des variations des prix spécifiques des actifs détenus.

7 Dans une économie hyperinflationniste, les états financiers, qu'ils soient établis selon la convention du coût historique ou du coût actuel, ne sont utiles que s'ils sont exprimés dans l'unité de mesure en vigueur à la fin de la période de reporting. Il en résulte que la présente norme s'applique aux états financiers d'entités qui présentent leurs états financiers dans la monnaie d'une économie hyperinflationniste. La présentation de l'information imposée par la présente norme sous forme de supplément à des états financiers non retraités n'est pas autorisée. En outre, la présentation séparée des états financiers avant retraitement est déconseillée.

8 Les états financiers d'une entité dont la monnaie fonctionnelle est la monnaie d'une économie hyperinflationniste, qu'ils soient établis selon la convention du coût historique ou du coût actuel, doivent être exprimés dans l'unité de mesure ayant cours à la fin de la période de reporting. Les chiffres correspondants de la période précédente imposés par IAS 1, *Présentation des états financiers* (telle que révisée en 2007), ainsi que toute information relative à des périodes antérieures, doivent également être exprimés dans l'unité de mesure qui a cours à la fin de la période de reporting. Aux fins de la présentation de valeurs comparatives dans une monnaie de présentation différente, les paragraphes 42 b) et 43 d'IAS 21 *Effets des variations des cours des monnaies étrangères* s'appliquent.

9 **Le profit ou la perte sur la position monétaire nette doit faire partie du résultat net et doit être indiqué séparément.**

10 Le retraitement des états financiers selon la présente norme impose à la fois l'application de certaines procédures et l'exercice du jugement. La

cohérence dans l'application des procédures et l'exercice du jugement d'une période à l'autre est plus importante que l'exacte précision des montants qui en résultent dans les états financiers retraités.

ÉTATS FINANCIERS AU COÛT HISTORIQUE

État de la situation financière

11 Les montants figurant dans l'état de la situation financière et qui ne sont pas exprimés dans l'unité de mesure en vigueur à la fin de la période de reporting sont retraités à l'aide d'un indice général des prix.

12 Les éléments monétaires ne sont pas retraités parce qu'ils sont déjà exprimés dans l'unité monétaire en vigueur à la fin de la période de reporting. Les éléments monétaires sont l'argent détenu et les éléments à recevoir ou à payer en argent.

13 Les actifs et les passifs liés par des accords prévoyant des changements de prix, tels que les prêts et les obligations indexés, sont ajustés selon ces accords afin d'établir le solde à la fin de la période de reporting. Ces éléments sont comptabilisés à ce montant ajusté dans l'état de la situation financière retraité.

14 Tous les autres actifs et passifs sont non monétaires. Certains éléments non monétaires sont comptabilisés à des montants qui sont actuels à la fin de la période de reporting, tels que la valeur nette de réalisation et la juste valeur ; ils ne sont donc pas retraités. Tous les autres actifs et passifs non monétaires sont retraités.

15 La plupart des éléments non monétaires sont comptabilisés au coût ou au coût diminué de l'amortissement ; ils sont donc exprimés au montant qui était actuel à la date de leur acquisition. Le coût retraité, ou coût diminué de l'amortissement, de chaque élément est déterminé en appliquant à son coût historique et au cumul des amortissements la variation d'un indice général des prix entre la date d'acquisition et la fin de la période de reporting. Par exemple, les immobilisations corporelles, les stocks de matières premières et de marchandises, les goodwills, les brevets, les marques et autres actifs similaires sont retraités à compter de la date de leur acquisition. Les stocks de produits semi-finis et finis sont retraités à compter des dates où les coûts d'achat et de transformation ont été engagés.

16 Les enregistrements détaillés des dates d'acquisition des immobilisations corporelles peuvent être indisponibles ou impossibles à estimer. Dans ces rares cas, il peut être nécessaire, pour la première période d'application de la présente norme, d'utiliser une évaluation des éléments, faite par un professionnel indépendant, comme base de leur retraitement.

17 Un indice général des prix peut ne pas être disponible pour les périodes pour lesquelles un retraitement des immobilisations corporelles est imposé par la présente norme. Dans ce cas, il peut être nécessaire d'utiliser une estimation fondée, par exemple, sur les mouvements des taux de change entre la monnaie fonctionnelle et une monnaie étrangère relativement stable.

18 Quelques éléments non monétaires sont comptabilisés pour des montants qui étaient actuels à une date autre que celle de l'acquisition ou celle de l'état de la situation financière, par exemple les immobilisations corporelles qui ont été réévaluées à une date antérieure. Dans de tels cas, les valeurs comptables sont retraitées à compter de la date de réévaluation.

19 Le montant retraité d'un élément non monétaire est diminué, selon les IFRS appropriées, lorsqu'il excède sa valeur recouvrable. Par exemple, les montants retraités des immobilisations corporelles, des goodwills, des brevets et des marques sont ramenés à la valeur recouvrable, et les montants retraités des stocks sont ramenés à la valeur nette de réalisation.

20 Une entreprise faisant l'objet d'un investissement comptabilisée selon la méthode de la mise en équivalence peut présenter ses comptes dans la monnaie d'une économie hyperinflationniste. L'état de la situation financière et l'état du résultat global d'une telle entreprise faisant l'objet d'un investissement sont retraités conformément à la présente norme, afin de calculer la quote-part de l'investisseur dans l'actif net et le résultat. Lorsque les états financiers retraités de l'entreprise faisant l'objet d'un investissement sont exprimés dans une monnaie étrangère, ils sont convertis au taux de clôture.

21 L'effet de l'inflation est généralement comptabilisé en coûts d'emprunts. Il ne convient pas de procéder à la fois au retraitement de l'investissement financé par emprunt et d'inscrire à l'actif la partie des coûts d'emprunt qui compense l'inflation pendant la même période. Cette partie des coûts d'emprunt est comptabilisée en charges au cours de la période où les coûts sont engagés.

22 Une entité peut acquérir des actifs en application d'un contrat qui permet de différer le paiement sans engager une charge d'intérêt explicite. Lorsqu'il est impraticable d'imputer le montant de l'intérêt, de tels actifs sont retraités à compter de la date de paiement et non de la date d'acquisition.

23 [Supprimé]

24 À l'ouverture de la première période de l'application de la présente norme, les éléments composant les capitaux propres, à l'exception des résultats non distribués et des écarts de réévaluation, sont retraités par application d'un indice général des prix à compter des dates où ces éléments ont été apportés ou ont pris naissance. Tout écart de réévaluation qui a pris naissance au cours des périodes précédentes est éliminé. Les résultats non distribués retraités sont la résultante de tous les autres montants de l'état de la situation financière retraité.

25 À la fin de la première période et au cours de périodes ultérieures, tous les éléments composant les capitaux propres sont retraités par application d'un indice général des prix à compter de l'ouverture de la période ou de la date d'apport, si elle est ultérieure. Les mouvements des capitaux propres au cours de la période sont indiqués selon IAS 1.

➠ État du résultat global

26 La présente norme impose que tous les éléments de l'état du résultat global soient exprimés dans l'unité de mesure en vigueur à la fin de la période de reporting. Par conséquent, tous les montants doivent être retraités en appliquant la variation de l'indice général des prix à compter de l'enregistrement initial des éléments de produits et de charges dans les états financiers.

➠ Profit ou perte sur la position monétaire nette

27 En période d'inflation, une entité qui détient davantage d'actifs monétaires que de passifs monétaires perd du pouvoir d'achat, et une entité dont les passifs monétaires dépassent les actifs monétaires gagne du pouvoir d'achat,

dans la mesure où les actifs et passifs ne sont pas liés à un niveau de prix. Ce profit ou cette perte sur la position monétaire nette peut être obtenu par la différence résultant du retraitement des actifs non monétaires, des capitaux propres et des éléments de l'état du résultat global ainsi que de l'ajustement des actifs et passifs indexés. Le profit ou la perte peut être estimé en appliquant la variation d'un indice général des prix à la moyenne pondérée pour la période de la différence entre les actifs monétaires et les passifs monétaires.

28 Le profit ou la perte sur la position monétaire nette est inclus dans le résultat. L'ajustement des actifs et des passifs indexés contractuellement sur des variations de prix, effectué selon le paragraphe 13, est compensé avec le profit ou la perte sur la position monétaire nette. D'autres éléments de produits et de charges, tels que les produits financiers et les charges financières, et les écarts de change liés à des fonds invest s ou empruntés, sont également associés à la position monétaire nette. Bien que ces éléments soient indiqués séparément, il peut être utile de les présenter avec le profit ou la perte sur la position monétaire nette dans l'état du résultat global.

ÉTATS FINANCIERS AU COÛT ACTUEL

État de la situation financière

29 Les éléments évalués au coût actuel ne sont pas retraités parce qu'ils sont déjà exprimés dans l'unité de mesure en vigueur à la fin de la période de reporting. Les autres éléments de l'état de la situation financière sont retraités selon les paragraphes 11 à 25.

État du résultat global

30 L'état du résultat global au coût actuel, avant retraitement, présente généralement les coûts qui étaient actuels au moment où se sont produits les transactions ou événements sous-jacents. Le coût des ventes et l'amortissement sont enregistrés aux coûts qui étaient actuels au moment de la consommation ; les ventes et les autres charges sont enregistrées pour leur montant en argent quand elles sont survenues. Aussi tous les montants doivent-ils être retraités dans l'unité de mesure en vigueur à la fin de la période de reporting, par application d'un indice général des prix.

Profit ou perte sur la position monétaire nette

31 Le profit ou la perte sur la position monétaire nette est comptabilisé selon les paragraphes 27 et 28.

IMPÔTS

32 Le retraitement des états financiers selon la présente norme peut donner naissance à des différences entre la valeur comptable des actifs et passifs individuels dans l'état de la situation financière et leur base fiscale respective. Ces différences sont comptabilisées selon IAS 12 *Impôts sur le résultat.*

ÉTAT DES FLUX DE TRÉSORERIE

33 La présente norme impose que tous les éléments de l'état des flux de trésorerie soient exprimés dans l'unité de mesure en vigueur à la fin de la période de reporting.

CHIFFRES COMPARATIFS

34 Les chiffres correspondants de la période précédente, qu'ils aient été établis selon la convention du coût historique ou selon celle du coût actuel, sont retraités par application d'un indice général des prix, de façon que les états financiers comparés soient exprimés dans l'unité de mesure en vigueur à la fin de la période de reporting. L'information qui est fournie concernant des périodes précédentes est également exprimée dans l'unité de mesure en vigueur à la fin de la période de reporting. Aux fins de la présentation de valeurs comparatives dans une monnaie de présentation différente, les paragraphes 42 b) et 43 d'IAS 21 s'appliquent.

ÉTATS FINANCIERS CONSOLIDÉS

35 Une société mère qui présente ses états financiers dans la monnaie d'une économie hyperinflationniste peut avoir des filiales qui présentent également leurs états financiers dans la monnaie d'une économie hyperinflationniste. Les états financiers d'une telle filiale doivent être retraités par application d'un indice général des prix du pays dans la monnaie duquel ses états financiers sont présentés avant d'être incorporés dans les états financiers consolidés établis par sa société mère. Lorsqu'une telle filiale est une filiale étrangère, ses états financiers retraités sont convertis au taux de clôture. Les états financiers des filiales qui ne présentent pas leurs comptes dans la monnaie d'une économie hyperinflationniste sont traités selon IAS 21.

36 Si des états financiers ayant des dates de clôture différentes sont consolidés, tous les éléments, monétaires et non monétaires, doivent être retraités dans l'unité de mesure en vigueur à la date des états financiers consolidés.

SÉLECTION ET UTILISATION DE L'INDICE GÉNÉRAL DES PRIX

37 Le retraitement des états financiers selon la présente norme impose l'utilisation d'un indice général des prix qui traduit l'évolution du pouvoir d'achat général. Il est préférable que toutes les entreprises qui présentent des états financiers dans la monnaie d'une même économie utilisent le même indice.

Économies cessant d'être hyperinflationnistes

38 Lorsqu'une économie cesse d'être hyperinflationniste et que l'entité cesse de préparer et de présenter ses états financiers selon la présente norme, elle doit prendre les montants exprimés dans l'unité de mesure qui avait cours à la fin de la période de reporting précédente comme base de la valeur comptable dans ses états financiers ultérieurs.

Informations à fournir

39 Les informations suivantes doivent être fournies :

a) le fait que les états financiers et les chiffres correspondants des périodes précédentes ont été retraités pour refléter l'évolution du pouvoir d'achat général de la monnaie fonctionnelle, et qu'en conséquence, ils sont exprimés dans l'unité de mesure ayant cours à la fin de la période de reporting ;

b) la convention de base – coût historique ou coût actuel – utilisée pour établir les états financiers ; et

c) la désignation et le niveau de l'indice des prix à la fin de la période de reporting et l'évolution de cet indice au cours de la période de reporting considérée et de la période précédente.

40 Les informations à fournir imposées par la présente norme sont nécessaires pour décrire clairement sur quelle base est effectué le traitement des effets de l'inflation dans les états financiers. Elles ont également pour objet de fournir d'autres informations nécessaires à la compréhension de cette base et des montants qui en résultent.

Date d'entrée en vigueur

41 La présente norme entre en vigueur pour les états financiers des périodes ouvertes à compter du 1er janvier 1990.

IAS 32 Instruments financiers : présentation

[règlt UE 2023/1803]

Objectif

1 [Supprimé]

2 L'objectif de la présente norme est d'établir des principes régissant la présentation des instruments financiers comme passifs ou comme capitaux propres ainsi que la compensation des actifs financiers et passifs financiers. Elle traite du classement des instruments financiers, du point de vue de l'émetteur, en actifs financiers, en passifs financiers et en instruments de capitaux propres, du classement des intérêts, dividendes, profits et pertes y relatifs, et des circonstances dans lesquelles des actifs et des passifs financiers doivent être compensés.

3 Les principes exposés dans la présente norme complètent les principes de comptabilisation et d'évaluation des actifs financiers et des passifs financiers énoncés dans IFRS 9 *Instruments financiers* ainsi que les principes régissant l'information à fournir énoncés dans IFRS 7 *Instruments financiers : Informations à fournir*.

Champ d'application

4 La présente norme doit être appliquée par toutes les entités à tous les types d'instruments financiers, excepté les suivants :

a) les intérêts détenus dans des filiales, des entreprises associées et des coentreprises comptabilisées conformément à IFRS 10 *États financiers consolidés*, IAS 27 *États financiers individuels* ou IAS 28 *Participations dans des entreprises associées et des coentreprises*. Toutefois, dans certains cas, IFRS 10, IAS 27 ou IAS 28 imposent ou permettent aux entités de comptabiliser des intérêts détenus dans une filiale, une entreprise associée ou une coentreprise selon IFRS 9 ; dans ces cas, les entités doivent appliquer les dispositions de la présente norme. Les entités doivent également appliquer la présente norme à tout dérivé lié à des intérêts détenus dans des filiales, des entreprises associées ou des coentreprises ;

b) les droits et obligations des employeurs découlant de régimes d'avantages du personnel auxquels s'applique IAS 19 *Avantages du personnel* ;

c) [Supprimé]

d) les contrats d'assurance tels que définis dans IFRS 17 *Contrats d'assurance* ou les contrats d'investissement avec éléments de participation discrétionnaire entrant dans le champ d'application d'IFRS 17. Toutefois, la présente norme s'applique aux éléments suivants :

i) les dérivés qui sont incorporés dans des contrats entrant dans le champ d'application d'IFRS 17, si IFRS 9 impose à l'entité de les comptabiliser séparément ;

ii) les composantes investissement qui sont séparées de contrats entrant dans le champ d'application d'IFRS 17, lorsque cette dernière impose cette séparation, sauf si ces composantes sont des contrats d'investissement avec éléments de participation discrétionnaire entrant dans le champ d'application d'IFRS 17 ;

iii) les droits et obligations conférés à leur émetteur par des contrats d'assurance qui répondent à la définition de contrats de garantie financière, si l'émetteur applique IFRS 9 pour comptabiliser et évaluer ces contrats. Toutefois, il doit appliquer IFRS 17 s'il choisit, conformément au paragraphe 7 e) d'IFRS 17, d'appliquer IFRS 17 pour les comptabiliser et pour les évaluer ;

iv) les droits et obligations de l'entité qui sont des instruments financiers découlant de contrats de carte de crédit, ou de contrats similaires qui prévoient des modalités de crédit ou de paiement, que l'entité émet et qui répondent à la définition d'un contrat d'assurance si, conformément au paragraphe 7 h) d'IFRS 17 et au paragraphe 2.1 e) iv) d'IFRS 9, l'entité applique IFRS 9 à ces droits et obligations ;

v) les droits et obligations de l'entité qui sont des instruments financiers découlant de contrats d'assurance que l'entité émet et qui limitent le montant d'indemnisation pour les événements assurés au montant qui serait requis pour le règlement de l'obligation du titulaire de police découlant du contrat si, conformément au paragraphe 8A d'IFRS 17, l'entité choisit d'appliquer IFRS 9 plutôt qu'IFRS 17 à ces contrats.

e) [Supprimé]

f) les instruments financiers, les contrats et les obligations relevant de transactions dont le paiement est fondé sur des actions auxquels s'applique IFRS 2 *Paiement fondé sur des actions*, sauf pour :

i) les contrats entrant dans le champ d'application des paragraphes 8 à 10 de la présente norme, auxquels celle-ci s'applique ;

ii) les paragraphes 33 et 34 de la présente norme, qui doivent être appliqués aux actions propres acquises, vendues, émises ou annulées dans le cadre de plans d'options sur actions réservés aux membres du personnel, de plans d'achat d'actions réservés aux membres du personnel et de tous autres accords de paiement fondés sur des actions.

5-7 [Supprimé]

8 La présente norme s'applique aux contrats d'achat ou de vente d'un élément non financier qui peuvent faire l'objet d'un règlement net en trésorerie ou en un autre instrument financier, ou par l'échange d' nstruments financiers, comme si ces contrats étaient des instruments financiers, à l'exception des contrats conclus et maintenus en vue de la réception ou de la livraison d'un élément non financier selon les contraintes auxquelles s'attend l'entité en matière d'achat, de vente ou d'utilisation. Toutefois, la présente norme s'applique aux contrats que l'entité désigne comme étant évalués à la juste valeur par le biais du résultat net conformément au paragraphe 2.5 d'IFRS 9 *Instruments financiers.*

9 Il existe plusieurs façons de procéder au règlement net d'un contrat d'achat ou de vente d'un élément non financier en trésorerie, en un autre instrument financier ou par l'échange d'instruments financiers. Celles-ci comprennent :

a) lorsque les termes du contrat permettent à l'une ou l'autre partie de régler le montant net en trésorerie, par un autre instrument financier ou par l'échange d'instruments financiers ;

b) lorsque la capacité à régler le montant net en trésorerie, à l'aide d'un autre instrument financier ou par l'échange d'instruments financiers n'est pas explicite dans les termes du contrat, mais que l'entité a pour pratique de régler les montants nets de contrats similaires en trésorerie, à l'aide d'un autre instrument financier ou par l'échange d'instruments financiers (que ce soit avec la contrepartie, par le biais de contrats de compensation ou par la vente du contrat avant son exercice ou son échéance) ;

c) lorsque, pour des contrats similaires, l'entité a pour pratique de prendre livraison du sous-jacent et de le vendre dans un bref délai après la livraison, dans le but de dégager un bénéfice des fluctuations à court terme du prix ou de la marge de l'arbitragiste ; et

d) lorsque l'élément non financier qui constitue l'objet du contrat est immédiatement convertible en trésorerie.

Un contrat auquel s'appliquent les points b) ou c) n'est pas conclu pour la réception ou la livraison de l'élément non financier selon les contraintes auxquelles s'attend l'entité en matière d'achat, de vente ou d'utilisation et, par conséquent, entre dans le champ d'application de la présente norme. Les autres contrats auxquels s'applique le paragraphe 8 sont évalués pour déterminer s'ils ont été conclus et s'ils sont maintenus en vue de la réception ou de la livraison de l'élément non financier selon les contraintes auxquelles s'attend l'entité en matière d'achat, de vente ou d'utilisation et, par conséquent, s'ils entrent dans le champ d'application de la présente norme.

10 Une option vendue d'achat ou de vente d'un élément non financier dont le montant net peut être réglé en trésorerie ou en un autre instrument financier, ou par l'échange d'instruments financiers selon les paragraphes 9 a) ou d) entre dans le champ d'application de la présente norme. Un tel contrat ne peut être conclu pour la réception ou la livraison de l'élément non financier selon les contraintes auxquelles s'attend l'entité en matière d'achat, de vente ou d'utilisation.

Définitions (voir aussi paragraphes AG3 à AG23)

11 Dans la présente norme, les termes suivants ont la signification indiquée ci-après :

Un *instrument financier* est tout contrat qui donne lieu à un actif financier d'une entité et à un passif financier ou à un instrument de capitaux propres d'une autre entité.

Est un *actif financier* tout actif qui est :

a) de la trésorerie ;

b) un instrument de capitaux propres d'une autre entité ;

c) un droit contractuel :

i) de recevoir d'une autre entité de la trésorerie ou un autre actif financier ; ou

ii) d'échanger des actifs ou des passifs financiers avec une autre entité à des conditions potentiellement favorables à l'entité ; ou

d) un contrat qui sera ou pourra être réglé en instruments de capitaux propres de l'entité elle-même et qui est :

i) un instrument non dérivé pour lequel l'entité est ou pourrait être tenue de recevoir un nombre variable d'instruments de capitaux propres de l'entité elle-même ; ou

ii) un instrument dérivé qui sera ou pourra être réglé autrement que par l'échange d'un montant déterminé de trésorerie ou d'un autre actif financier contre un nombre déterminé d'instruments de capitaux propres de l'entité elle-même. À cet égard, les instruments de capitaux propres de l'entité n'incluent pas les instruments financiers remboursables au gré du porteur classés comme instruments de capitaux propres selon les paragraphes 16A et 16B, les instruments qui imposent à l'entité une obligation de remettre une quote-part de ses actifs nets à une autre partie uniquement lors de la liquidation, et qui sont classés comme instruments de capitaux propres selon les paragraphes 16C et 16D, ou encore les instruments constituant des contrats de réception ou de livraison future d'instruments de capitaux propres de l'entité elle-même.

Est un *passif financier* tout passif qui est :

a) une obligation contractuelle :

i) de remettre à une autre entité de la trésorerie ou un autre actif financier ; ou

ii) d'échanger des actifs financiers ou des passifs financiers avec une autre entité à des conditions potentiellement défavorables à l'entité ; ou

b) un contrat qui sera ou pourra être réglé en instruments de capitaux propres de l'entité elle-même et qui est :

i) un instrument non dérivé pour lequel l'entité est ou pourrait être tenue de livrer un nombre variable d'instruments de capitaux propres de l'entité elle-même ; ou

ii) un instrument dérivé qui sera ou pourra être réglé autrement que par l'échange d'un montant déterminé de trésorerie ou d'un autre actif financier contre un nombre déterminé d'instruments de capitaux propres de l'entité elle-même. À cet égard, les droits, les options et les bons de souscription donnant le droit d'acquérir un nombre déterminé d'instruments de capitaux propres de l'entité contre un montant déterminé libellé dans n'importe quelle monnaie sont des instruments de capitaux propres si l'entité propose ces droits, options et bons de souscription au prorata à tous les détenteurs existants d'une même catégorie de ses instruments de capitaux propres non dérivés. De plus, à l'égard de ce qui précède, les instruments de capitaux propres de l'entité n'incluent pas les instruments financiers

remboursables au gré du porteur classés comme instruments de capitaux propres selon les paragraphes 16A et 16B, les instruments qui imposent à l'entité une obligation de remettre une quote-part de ses actifs nets à une autre partie uniquement lors de la liquidation, et qui sont classés comme instruments de capitaux propres selon les paragraphes 16C et 16D, ou encore les instruments constituant des contrats de réception ou de livraison future d'instruments de capitaux propres de l'entité elle-même.

À titre exceptionnel, un instrument qui répond à la définition d'un passif financier est classé comme un instrument de capitaux propres s'il possède toutes les caractéristiques et remplit les conditions énoncées aux paragraphes 16A et 16B ou aux paragraphes 16C et 16D.

Un *instrument de capitaux propres* est tout contrat faisant apparaître un intérêt résiduel dans les actifs d'une entité après déduction de tous ses passifs.

La *juste valeur* est le prix qui serait reçu pour la vente d'un actif ou payé pour le transfert d'un passif lors d'une transaction normale entre des participants de marché à la date d'évaluation (voir IFRS 13 *Évaluation de la juste valeur*).

Un *instrument remboursable au gré du porteur* est un instrument financier qui confère à son porteur le droit de le restituer à l'émetteur contre de la trésorerie ou un autre actif financier, ou qui est automatiquement restitué à l'émetteur en cas de survenance d'un événement futur incertain ou en cas de décès ou de départ à la retraite du porteur de l'instrument.

12 Les termes suivants sont définis dans l'appendice A d'IFRS 9 ou au paragraphe 9 d'IAS 39 *Instruments financiers : Comptabilisation et évaluation* et sont utilisés dans la présente norme au sens précisé dans IAS 39 et IFRS 9 :

- coût amorti d'un actif financier ou d'un passif financier
- décomptabilisation
- dérivé
- méthode du taux d'intérêt effectif
- contrat de garantie financière
- passif financier évalué à la juste valeur par le biais du résultat net
- engagement ferme
- transaction prévue
- efficacité de la couverture
- élément couvert
- instrument de couverture
- détenu à des fins de transaction
- achat normalisé ou vente normalisée
- coûts de transaction.

13 Dans la présente norme, les termes « contrat » et « contractuel » font référence à un accord entre deux parties ou plus et ayant des conséquences économiques évidentes, auxquelles les parties ne peuvent que difficilement se soustraire, si tant est qu'elles en aient la possibilité, du fait qu'en général, l'accord est juridiquement exécutoire. Les contrats et donc les instruments financiers peuvent se présenter sous des formes diverses et ne sont pas nécessairement écrits.

14 Dans la présente norme, le terme « entité » inclut les particuliers, les sociétés de personnes, les sociétés, les fiducies et les organismes publics.

Présentation

PASSIFS ET CAPITAUX PROPRES (VOIR AUSSI PARAGRAPHES AG13 À AG14J ET AG25 À AG29A)

15 L'émetteur d'un instrument financier doit, lors de sa comptabilisation initiale, classer l'instrument ou ses différentes composantes en tant que passif financier, actif financier ou instrument de capitaux propres selon la substance de l'accord contractuel et selon les définitions d'un passif financier, d'un actif financier et d'un instrument de capitaux propres.

16 Lorsqu'un émetteur applique les définitions du paragraphe 11 pour déterminer si un instrument financier est un instrument de capitaux propres plutôt qu'un passif financier, cet instrument est un instrument de capitaux propres si et seulement si les deux conditions a) et b) ci-dessous sont réunies.

a) L'instrument n'inclut aucune obligation contractuelle :

i) de remettre à une autre entité de la trésorerie ou un autre actif financier ; ou

ii) d'échanger des actifs ou des passifs financiers avec une autre entité à des conditions potentiellement défavorables à l'émetteur.

b) Dans le cas d'un instrument qui sera ou pourra être réglé en instruments de capitaux propres de l'émetteur lui-même, il s'agit :

i) d'un instrument non dérivé qui n'inclut pour l'émetteur aucune obligation contractuelle de livrer un nombre variable d'instruments de capitaux propres de l'émetteur lui-même ; ou

ii) d'un dérivé qui ne sera réglé qu'au moyen d'un échange, par l'émetteur, d'un montant déterminé de trésorerie ou d'un autre actif financier contre un nombre déterminé d'instruments de capitaux propres de l'émetteur lui-même. À cet égard, les droits, les options et les bons de souscription donnant le droit d'acquérir un nombre déterminé d'instruments de capitaux propres de l'entité contre un montant déterminé libellé dans n'importe quelle monnaie sont des instruments de capitaux propres si l'entité propose ces droits, options et bons de souscription au prorata à tous les détenteurs existants d'une même catégorie de ses instruments de capitaux propres non dérivés. De plus, à l'égard de ce qui précède, les instruments de capitaux propres de l'émetteur n'incluent pas les instruments qui possèdent toutes les caractéristiques et remplissent les conditions décrites aux paragraphes 16A et 16B ou 16C et 16D, ni les instruments constituant des contrats de réception ou de livraison future d'instruments de capitaux propres de l'émetteur.

Une obligation contractuelle, y compris celle qui naîtrait d'un instrument financier dérivé, qui aura ou pourra avoir pour résultat la réception ou la livraison futures d'instruments de capitaux propres de l'émetteur lui-même, mais qui ne remplit pas les conditions a) et b) ci-dessus, n'est pas un instrument de capitaux propres. À titre exceptionnel, un instrument qui répond à la définition d'un passif financier est classé comme un instrument de capitaux propres s'il possède toutes les caractéristiques et remplit les conditions énoncées aux paragraphes 16A et 16B ou aux paragraphes 16C et 16D.

➡ Instruments remboursables au gré du porteur

16A Un instrument financier remboursable au gré du porteur inclut une obligation contractuelle pour l'émetteur de racheter ou de rembourser cet instrument contre de la trésorerie ou un autre actif financier lors de l'exercice de l'option de restitution. À titre d'exception par rapport à la définition d'un passif financier, un instrument qui inclut une telle obligation est classé comme un instrument de capitaux propres s'il possède toutes les caractéristiques suivantes :

a) Il accorde au porteur le droit à une quote-part des actifs nets de l'entité en cas de liquidation de celle-ci. Les actifs nets de l'entité sont les actifs qui restent après déduction de toutes les autres créances sur ses actifs. Une quote-part est déterminée :

i) en divisant les actifs nets de l'entité au moment de la liquidation en unités d'un montant égal ; et

ii) en multipliant ce montant par le nombre d'unités détenues par le porteur de l'instrument financier.

b) L'instrument est classé dans la catégorie d'instruments subordonnée à toutes les autres catégories d'instruments. Pour être classé dans cette catégorie, l'instrument doit :

i) ne pas avoir la priorité sur les autres créances sur les actifs de l'entité au moment de la liquidation, et

ii) ne pas avoir besoin d'être converti en un autre instrument avant d'entrer dans la catégorie d'instruments subordonnée à toutes les autres catégories d'instruments.

c) Tous les instruments financiers de la catégorie d'instruments subordonnée à toutes les autres catégories d'instruments possèdent des caractéristiques identiques. Par exemple, ils doivent tous être remboursables au gré du porteur, et la formule ou autre méthode utilisée pour calculer le prix de rachat ou de remboursement est la même pour tous les instruments de cette catégorie.

d) À l'exception de l'obligation contractuelle pour l'émetteur de racheter ou de rembourser l'instrument contre de la trésorerie ou un autre actif financier, l'instrument n'inclut pas d'obligation contractuelle de remettre de la trésorerie ou un autre actif financier à une autre entité, ni d'échanger des actifs financiers ou des passifs financiers avec une autre entité dans des conditions potentiellement défavorables à l'entité ; il ne s'agit pas non plus d'un contrat qui sera ou pourra être réglé en instruments de capitaux propres de l'entité elle-même, comme indiqué au point b) de la définition d'un passif financier.

e) Le total des flux de trésorerie attendus attribuables à l'instrument sur sa durée de vie est basé essentiellement sur le résultat, la variation des actifs nets comptabilisés ou la variation de la juste valeur des actifs nets comptabilisés et non comptabilisés de l'entité sur la durée de vie de l'instrument (à l'exclusion de tout effet quelconque de l'instrument).

16B Pour qu'un instrument soit classé comme instrument de capitaux propres, outre le fait que l'instrument doit posséder toutes les caractéristiques énoncées ci-dessus, l'émetteur ne doit avoir aucun autre instrument financier ou contrat qui :

a) présente un total des flux de trésorerie basé essentiellement sur le résultat, la variation des actifs nets comptabilisés ou la variation de la juste valeur des actifs nets comptabilisés et non comptabilisés de l'entité (à l'exclusion de tout effet quelconque d'un tel instrument ou contrat) ; et

b) a pour effet de restreindre de manière substantielle ou de fixer le rendement résiduel pour les porteurs de l'instrument remboursable au gré du porteur.

Aux fins de l'application de cette condition, l'entité ne doit pas tenir compte des contrats non financiers conclus avec un porteur d'un instrument visé au paragraphe 16A qui présentent des termes et conditions contractuels similaires aux termes et conditions contractuels d'un contrat équivalent qui pourrait être conclu entre un non porteur d'instrument et l'entité émettrice. Si l'entité ne peut déterminer si cette condition est remplie, elle ne doit pas classer l'instrument remboursable au gré du porteur comme instrument de capitaux propres.

➡ Instruments, ou composantes d'instruments, qui imposent à l'entité une obligation de remettre une quote-part de ses actifs nets à une autre partie uniquement lors de la liquidation

16C Certains instruments financiers incluent une obligation contractuelle pour l'entité émettrice de remettre à une autre partie une quote-part de ses actifs nets uniquement lors de la liquidation. Une telle obligation survient soit parce qu'il est certain que la liquidation va se produire, et ce indépendamment de la volonté de l'entité (par exemple dans le cas d'une entité à durée de vie limitée), soit parce qu'il n'est pas certain que la liquidation va se produire, mais qu'il s'agit d'une option du porteur de l'instrument. À titre d'exception par rapport à la définition d'un passif financier, un instrument qui inclut une telle obligation est classé comme un instrument de capitaux propres s'il possède toutes les caractéristiques suivantes :

a) Il accorde au porteur le droit à une quote-part des actifs nets de l'entité en cas de liquidation de celle-ci. Les actifs nets de l'entité sont les actifs qui restent après déduction de toutes les autres créances sur ses actifs. Une quote-part est déterminée :

- i) en divisant les actifs nets de l'entité au moment de la liquidation en unités d'un montant égal ; et
- ii) en multipliant ce montant par le nombre d'unités détenues par le porteur de l'instrument financier.

b) L'instrument est classé dans la catégorie d'instruments subordonnée à toutes les autres catégories d'instruments. Pour être classé dans cette catégorie, l'instrument doit :

- i) ne pas avoir la priorité sur les autres créances sur les actifs de l'entité au moment de la liquidation, et
- ii) ne pas avoir besoin d'être converti en un autre instrument avant d'entrer dans la catégorie d'instruments subordonnée à toutes les autres catégories d'instruments.

c) Tous les instruments financiers de la catégorie d'instruments subordonnée à toutes les autres catégories d'instruments doivent avoir une obligation contractuelle identique pour l'entité émettrice de remettre une quote-part de ses actifs nets lors de la liquidation.

16D Pour qu'un instrument soit classé comme instrument de capitaux propres, outre le fait que l'instrument doit posséder toutes les caractéristiques énoncées ci-dessus, l'émetteur ne doit avoir aucun autre instrument financier ou contrat qui :

a) présente un total des flux de trésorerie basé essentiellement sur le résultat, la variation des actifs nets comptabilisés ou la variation de la juste valeur des actifs nets comptabilisés et non comptabilisés de l'entité (à l'exclusion de tout effet quelconque d'un tel instrument ou contrat) ; et

b) a pour effet de fixer ou de restreindre de manière substantielle le rendement résiduel pour les porteurs de l'instrument.

Aux fins de l'application de cette condition, l'entité ne doit pas tenir compte des contrats non financiers conclus avec un porteur d'un instrument visé au paragraphe 16C qui présentent des termes et conditions contractuels similaires aux termes et conditions contractuels d'un contrat équivalent qui pourrait être conclu entre un non porteur d'instrument et l'entité émettrice. Lorsque l'entité ne peut déterminer si cette condition est remplie, elle ne doit pas classer l'instrument comme instrument de capitaux propres.

➡ Reclassement des instruments remboursables au gré du porteur et des instruments qui imposent à l'entité une obligation de remettre une quote-part de ses actifs nets à une autre partie uniquement lors de la liquidation

16E Une entité doit classer un instrument financier comme instrument de capitaux propres conformément aux paragraphes 16A et 16B ou aux paragraphes 16C et 16D à compter de la date à laquelle l'instrument possède toutes les caractéristiques et remplit les conditions énoncées dans lesdits paragraphes. Une entité doit reclasser un instrument financier à compter de la date à laquelle l'instrument cesse de présenter toutes les caractéristiques ou de remplir toutes les conditions énoncées dans lesdits paragraphes. Par exemple, si une entité rembourse tous les instruments non remboursables au gré du porteur qu'elle a émis et que tous ses instruments remboursables au gré du porteur qui restent en circulation possèdent toutes les caractéristiques et remplissent toutes les conditions énoncées aux paragraphes 16A et 16B, l'entité doit reclasser les instruments remboursables au gré du porteur comme instruments de capitaux propres à compter de la date à laquelle elle rembourse les instruments non remboursables au gré du porteur.

16F Une entité doit comptabiliser comme suit le reclassement d'un instrument selon le paragraphe 16E :

a) Elle doit reclasser un instrument de capitaux propres comme passif financier à compter de la date à laquelle l'instrument cesse de posséder toutes les caractéristiques ou de remplir les conditions énoncées aux paragraphes 16A et 16B ou aux paragraphes 16C et 16D. Le passif financier doit être évalué à la juste valeur de l'instrument à la date du reclassement. L'entité doit comptabiliser en capitaux propres toute différence entre la valeur comptable de l'instrument de capitaux propres et la juste valeur du passif financier à la date du reclassement.

b) Elle doit reclasser un passif financier comme instrument de capitaux propres à compter de la date à laquelle l'instrument possède toutes les caractéristiques et remplit les conditions énoncées aux paragraphes 16A et 16B ou aux paragraphes 16C et 16D. Un instrument de capitaux propres doit être évalué à la valeur comptable du passif financier à la date du reclassement.

➡ Pas d'obligation contractuelle de remettre de la trésorerie ou un autre actif financier [paragraphe 16a)]

17 Sauf dans les circonstances décrites aux paragraphes 16A et 16B ou aux paragraphes 16C et 16D, pour distinguer un passif financier d'un instrument de capitaux propres, une caractéristique essentielle est l'existence d'une obligation contractuelle pour l'une des parties à l'instrument financier (l'émetteur) soit de remettre de la trésorerie ou un autre actif financier à l'autre partie (le porteur) soit d'échanger des actifs ou des passifs financiers avec le porteur dans des conditions potentiellement défavorables pour l'émetteur. Même si le porteur d'un instrument de capitaux propres peut avoir droit à une part proportionnelle des dividendes ou autres distributions de capitaux propres, l'émetteur n'a pas d'obligation contractuelle d'effectuer de telles distributions car il ne peut être tenu de livrer de la trésorerie ou un autre actif financier à une autre partie.

18 C'est la substance d'un instrument financier, plutôt que sa forme juridique, qui détermine son classement dans l'état de la situation financière de l'entité. La substance et la forme juridique sont généralement cohérentes, mais ce n'est pas toujours le cas. Certains instruments financiers ont la forme juridique de capitaux propres, mais sont en substance des passifs, et d'autres peuvent combiner des caractéristiques propres aux instruments de capitaux propres et des caractéristiques propres aux passifs financiers. Par exemple :

a) une action préférentielle qui prévoit un rachat obligatoire par l'émetteur, à un montant déterminé ou déterminable et à une date future déterminée ou déterminable, ou qui confère au porteur le droit d'exiger de l'émetteur le rachat de l'instrument à compter d'une date déterminée, à un montant déterminé ou déterminable, est un passif financier ;

b) un instrument financier qui confère à son porteur le droit de le restituer à l'émetteur contre de la trésorerie ou un autre actif financier (un « instrument remboursable au gré du porteur ») est un passif financier, à l'exception des instruments classés comme instruments de capitaux propres conformément aux paragraphes 16A et 16B ou aux paragraphes 16C et 16D L'instrument financier est un passif financier même lorsque le montant de trésorerie ou d'autres actifs financiers est déterminé d'après un indice ou un autre élément susceptible d'augmenter ou de diminuer. L'existence d'une option permettant au porteur de restituer l'instrument à l'émetteur contre de la trésorerie ou un autre actif financier signifie que l'instrument remboursable au gré du porteur répond à la définition d'un passif financier, à l'exception des instruments classés comme instruments de capitaux propres conformément aux paragraphes 16A et 16B ou aux paragraphes 16C et 16D. Ainsi, les fonds communs à capital variable, les formes de trust, les sociétés de personnes et certaines entités coopératives peuvent accorder à leurs porteurs de parts ou à leurs membres le droit de présenter au rachat leurs participations dans l'émetteur à tout moment contre de la trésorerie, ce qui a pour effet que les participations des porteurs de parts ou des membres sont classées comme passifs financiers, à l'exception des instruments classés comme instruments de capitaux propres conformément aux paragraphes 16A et 16B ou aux paragraphes 16C et 16D. Toutefois, le classement en tant que passif financier n'interdit pas l'utilisation d'expressions telles que « valeur de l'actif net attribuable aux détenteurs de parts » et « variation de la valeur de l'actif net attribuable aux détenteurs de parts » dans les états financiers d'une entité dénuée de capital apporté (comme certains fonds communs et certaines formes de trust, voir exemple illustratif 7) ou l'utilisation d'informations complémentaires pour montrer que les participations totales des membres comprennent des éléments tels que des réserves, qui répondent à la définition des capitaux propres, et des instruments remboursables au gré du porteur, qui n'y répondent pas (voir exemple illustratif 8).

19 Si une entité ne dispose pas d'un droit inconditionnel de se soustraire à la remise de trésorerie ou d'un autre actif financier en règlement d'une obligation contractuelle, l'obligation répond à la définition d'un passif financier, à l'exception des instruments classés comme instruments de capitaux propres conformément aux paragraphes 16A et 16B ou aux paragraphes 16C et 16D.

Par exemple :

a) une restriction sur la capacité d'une entité à exécuter une obligation contractuelle, telle que le manque d'accès à la monnaie étrangère ou la nécessité d'obtenir l'approbation d'un paiement par une autorité réglementaire, ne remet pas en cause l'obligation contractuelle de l'entité ou le droit contractuel du porteur en vertu dudit instrument ;

b) une obligation contractuelle subordonnée à l'exercice par une contrepartie de son droit de rachat est un passif financier, car l'entité ne dispose pas du droit inconditionnel de se soustraire à la remise de trésorerie ou d'un autre actif financier.

20 Un instrument financier qui n'établit pas expressément une obligation contractuelle de régler en trésorerie ou en un autre instrument financier peut créer une obligation indirectement par le biais de ses termes et conditions. Par exemple :

a) un instrument financier peut contenir une obligation non financière qui doit être réglée si et seulement si l'entité n'effectue pas de distribution ou ne rembourse pas l'instrument. Si l'entité ne peut se soustraire au transfert de trésorerie ou d'un autre actif financier que par le règlement de l'obligation non financière, l'instrument financier est un passif financier ;

b) un instrument financier est un passif financier si ses modalités prévoient que, lors du règlement, l'entité livrera :

i) de la trésorerie ou un autre actif financier ; ou

ii) ses propres actions, dont il est déterminé que la valeur dépasse sensiblement la valeur du montant de trésorerie ou de l'autre actif financier.

Même si l'entité n'est pas explicitement tenue à une obligation contractuelle de remettre de la trésorerie ou un autre actif financier, la valeur du mode de règlement en actions est telle que l'entité effectuera le règlement en trésorerie. En tout état de cause, le porteur dispose, en substance, d'une garantie de réception d'un montant supérieur ou égal à l'option de règlement en trésorerie (voir paragraphe 21).

➡ Règlement en instruments de capitaux propres de l'entité elle-même [paragraphe 16b)]

21 Un contrat n'est pas un instrument de capitaux propres par le seul fait qu'il peut avoir pour résultat la réception ou la livraison d'instruments de capitaux propres de l'entité. Une entité peut avoir un droit ou une obligation contractuels de recevoir ou de livrer un certain nombre de ses propres actions ou d'autres instruments de capitaux propres qui varie de telle sorte que la juste valeur des instruments de capitaux propres de l'entité, à recevoir ou à livrer, soit égale au montant du droit ou de l'obligation contractuels. Un tel droit ou une telle obligation contractuels peuvent porter sur un montant déterminé ou sur un montant qui varie, en tout ou en partie, en fonction des fluctuations d'une variable autre que le cours du marché des instruments de capitaux propres de l'entité (par exemple, un taux d'intérêt, le prix d'une marchandise ou le cours d'un instrument financier). C'est le cas, par exemple : a) d'un contrat prévoyant la livraison d'un nombre d'instruments de capitaux propres de l'entité d'une valeur égale à 100 UM (*) ; et b) d'un contrat prévoyant la livraison d'un nombre d'instruments de capitaux propres de l'entité d'une valeur égale à la valeur de 100 onces d'or. Un tel contrat est un passif financier de l'entité, même si l'entité doit ou peut le régler par livraison de ses propres instruments de capitaux propres. Ce n'est pas un instrument de capitaux propres parce que l'entité utilise un nombre variable de ses instruments de capitaux propres pour régler le contrat. En conséquence, le contrat ne fait pas apparaître un intérêt résiduel dans les actifs de l'entité après déduction de tous ses passifs.

(*) Dans la présente norme, les montants monétaires sont libellés en « unités monétaires » (UM).

22 Sauf dans les cas visés au paragraphe 22A, un contrat qui sera réglé par (réception ou) livraison par l'entité d'un nombre déterminé de ses propres instruments de capitaux propres en échange d'un montant déterminé de trésorerie ou d'un autre actif financier est un instrument de capitaux propres. Par exemple, une option sur actions émise qui confère à la contrepartie le droit d'acheter un nombre déterminé d'actions de l'entité soit à un prix déterminé, soit en échange d'un montant en principal déterminé d'une obligation est un instrument de capitaux propres. Les variations de la juste valeur d'un contrat résultant de variations de taux d'intérêt du marché qui n'ont pas d'effet sur le montant en trésorerie ou en autres actifs financiers à payer ou à recevoir, ni sur le nombre d'instruments de capitaux propres à recevoir ou à livrer lors du règlement du contrat n'empêchent pas le contrat d'être un instrument de capitaux propres. Toute contrepartie reçue (telle que la prime reçue au titre d'une option ou d'un bon de souscription émis sur les actions de l'entité) est ajoutée directement aux capitaux propres. Toute contrepartie payée (telle que la prime payée au titre d'une option acquise) est déduite directement des capitaux propres. Les variations de la juste valeur d'un instrument de capitaux propres ne sont pas comptabilisées dans les états financiers.

22A Si les instruments de capitaux propres de l'entité à recevoir ou à remettre par l'entité au moment du règlement d'un contrat sont des instruments financiers remboursables au gré du porteur, possédant toutes les caractéristiques et remplissant les conditions énoncées aux paragraphes 16A et 16B, ou des instruments qui imposent à l'entité une obligation de remettre une quote-part de ses actifs nets à une autre partie uniquement lors de la liquidation, possédant toutes les caractéristiques et remplissant les conditions énoncées aux paragraphes 16C et 16D, le contrat est un actif financier ou un passif financier. Cette définition inclut un contrat qui sera réglé par réception ou livraison par l'entité d'un nombre déterminé de tels instruments en échange d'un montant déterminé de trésorerie ou d'un autre actif financier.

23 À l'exception des circonstances décrites aux paragraphes 16A et 16B ou aux paragraphes 16C et 16D, un contrat imposant à une entité d'acheter ses propres instruments de capitaux propres en contrepartie de trésorerie ou d'un autre actif financier crée un passif financier à hauteur de la valeur actualisée du prix de rachat (par exemple, à hauteur de la valeur actualisée du prix de rachat à terme, du prix d'exercice de l'option ou d'un autre prix de rachat). C'est le cas même si le contrat lui-même est un instrument de capitaux propres. Un exemple en est l'obligation faite à une entité, en vertu d'un contrat à terme de gré à gré, de racheter ses instruments de capitaux propres contre de la trésorerie. Le passif financier, reclassé hors des capitaux propres, est comptabilisé initialement à la valeur actualisée du prix de rachat. Par la suite, le passif est évalué selon IFRS 9. Si le contrat arrive à expiration sans livraison, la valeur comptable du passif financier est reclassée en capitaux propres. L'obligation contractuelle imposant à une entité d'acquérir ses instruments de capitaux propres crée un passif financier à hauteur de la valeur actualisée du prix de rachat même si l'obligation d'achat est soumise à une condition d'exercice d'un droit de présentation au rachat par la contrepartie (par exemple, une option de vente émise qui confère à la contrepartie le droit de vendre les instruments de capitaux propres d'une entité à celle-ci, à un prix fixe).

24 Un contrat qui sera réglé par la livraison ou la réception par l'entité d'un nombre déterminé de ses instruments de capitaux propres en échange d'un montant variable de trésorerie ou d'un autre actif financier est un actif ou un passif financier. C'est le cas, par exemple, d'un contrat de livraison par l'entité de 100 instruments de capitaux propres de l'entité en échange d'un montant en trésorerie calculé de manière à être égal à la valeur de 100 onces d'or.

Clauses conditionnelles de règlement

25 Un instrument financier peut imposer à l'entité de remettre de la trésorerie ou un autre actif financier ou encore de le régler de telle sorte qu'il constitue un passif financier en cas de survenance ou de non-survenance d'événements futurs incertains (ou d'après le résultat de circonstances incertaines) qui échappent au contrôle de l'émetteur et du porteur de l'instrument, comme une variation d'un indice boursier, d'un indice des prix à la consommation, de taux d'intérêt ou d'obligations fiscales ou encore du chiffre d'affaires, du résultat net ou du ratio de dettes sur capitaux propres futurs de l'émetteur. L'émetteur d'un tel instrument ne dispose pas du droit inconditionnel d'éviter de remettre de la trésorerie ou un autre actif financier (ou de le régler autrement de telle sorte qu'il constitue un passif financier). Il s'agit donc d'un passif financier de l'émetteur, sauf si :

a) la partie de la clause conditionnelle de règlement susceptible d'imposer un règlement par la remise de trésorerie ou d'un autre actif financier (ou autrement de telle sorte qu'il constitue un passif financier) n'est pas authentique ;

b) l'émetteur ne peut être tenu de régler l'obligation par la remise de trésorerie ou d'un autre actif financier (ou autrement, de telle sorte qu'elle constitue un passif financier) qu'en cas de liquidation de l'émetteur ; ou

c) l'instrument possède toutes les caractéristiques et remplit les conditions énoncées aux paragraphes 16A et 16B.

Options de règlement

26 Lorsqu'un instrument financier dérivé confère à une partie le choix du mode de règlement (par exemple, lorsque l'émetteur ou le porteur peut choisir d'effectuer un règlement net en trésorerie ou par l'échange d'actions contre de la trésorerie), cet instrument est un actif financier ou un passif financier, sauf si tous les modes de règlement possibles en font un instrument de capitaux propres.

27 Un exemple d'instrument financier dérivé assorti d'une option de règlement répondant à la définition d'un passif financier est l'option sur actions que l'émetteur peut décider de régler par un paiement net en trésorerie ou par l'échange de ses propres actions contre de la trésorerie. De même, certains contrats d'achat ou de vente d'un élément non financier en échange d'instruments de capitaux propres de l'entité entrent dans le champ d'application de la présente norme car ils peuvent être réglés soit par la remise de l'élément non financier, soit par un paiement net en trésorerie ou en un autre instrument financier (voir paragraphes 8 à 10). De tels contrats sont des actifs financiers ou des passifs financiers et non des instruments de capitaux propres.

INSTRUMENTS FINANCIERS COMPOSÉS (VOIR AUSSI PARAGRAPHES AG30 À AG35 ET EXEMPLES ILLUSTRATIFS 9 À 12)

28 L'émetteur d'un instrument financier non dérivé doit évaluer les termes de l'instrument financier afin de déterminer s'il contient à la fois une composante de passif et une composante de capitaux propres. Ces composantes doivent être classées séparément en passifs financiers, en actifs financiers ou en instruments de capitaux propres selon le paragraphe 15.

29 Une entité comptabilise séparément les composantes d'un instrument financier qui : a) crée un passif financier de l'entité et b) confère au porteur de l'instrument une option de conversion de l'instrument financier en instrument de capitaux propres de l'entité. Par exemple, une obligation ou un instrument analogue, convertible par le porteur en un nombre déterminé d'actions ordinaires de l'entité est un instrument financier composé. Du point de vue de l'entité, un tel instrument comprend deux composantes : un passif financier (l'engagement contractuel de remettre de la trésorerie ou un autre actif financier) et un instrument de capitaux propres (une option d'achat que le porteur a le droit, pendant une durée déterminée, de convertir en un nombre déterminé d'actions ordinaires de l'entité). Sur le plan économique, l'émission d'un tel instrument a essentiellement le même effet que l'émission d'un titre d'emprunt assorti d'une clause de remboursement anticipé et de bons de souscription permettant l'acquisition d'actions ordinaires ou que l'émission d'un titre d'emprunt avec bons de souscription d'actions détachables. Dans tous les cas, l'entité présente donc les composantes de passif et de capitaux propres séparément dans son état de la situation financière.

30 Le classement des composantes de passif et de capitaux propres d'un instrument convertible n'est pas revu du fait de l'évolution de la probabilité qu'une option de conversion sera exercée, même si l'exercice de l'option peut sembler être devenue économiquement avantageuse pour certains porteurs. Il se peut que les porteurs n'agissent pas toujours comme prévu parce que, par exemple, les conséquences fiscales de a conversion peuvent varier d'un porteur à l'autre. De plus, la probabilité de conversion évoluera dans le temps. L'obligation contractuelle de l'entité de pourvoir aux paiements futurs demeure jusqu'à ce qu'elle s'éteigne à travers la conversion, l'échéance de l'instrument ou toute autre transaction.

31 IFRS 9 traite de l'évaluation des actifs financiers et des passifs financiers. Les instruments de capitaux propres sont des instruments faisant apparaître un intérêt résiduel dans les actifs d'une entité après déduction de tous ses passifs. Par conséquent, lorsque la valeur comptable initiale d'un instrument financier composé est ventilée en composantes capitaux propres et passif, il convient d'affecter à la composante capitaux propres le montant résiduel obtenu après avoir déduit de la juste valeur de l'instrument considéré dans son ensemble le montant déterminé séparément pour la composante passif. La valeur de toute composante dérivée (telle qu'une option d'achat) incorporée à l'instrument financier composé, à l'exclusion de la composante capitaux propres (telle qu'une option de conversion en capitaux propres), est incluse dans la composante passif. La somme des valeurs comptables attribuées aux composantes de passif et de capitaux propres lors de la comptabilisation initiale est toujours égale à la juste valeur qui serait attribuée à l'instrument dans sa globalité. La séparation des composantes de l'instrument lors de la comptabilisation initiale ne peut donner lieu à un profit ou à une perte.

32 Selon l'approche décrite au paragraphe 31, l'émetteur d'une obligation convertible en actions ordinaires détermine d'abord la valeur comptable de la composante passif en évaluant la juste valeur d'un passif analogue (y compris les composantes dérivées n'ayant pas la qualité de capitaux propres) non assorti d'une composante capitaux propres associée. La valeur comptable de l'instrument de capitaux propres représenté par l'option de conversion de l'instrument en actions ordinaires est ensuite déterminée en déduisant la juste valeur du passif financier de la juste valeur de l'instrument financier composé pris dans son ensemble.

ACTIONS PROPRES (VOIR AUSSI PARAGRAPHE AG36)

33 Si une entité rachète ses propres instruments de capitaux propres, ceux-ci (les « actions propres ») doivent être déduits des capitaux propres. Aucun profit ou perte ne doit être comptabilisé en résultat lors de l'achat, de la vente, de l'émission ou de l'annulation d'instruments de capitaux propres de l'entité. De telles actions propres peuvent être acquises et détenues par l'entité ou par d'autres membres du groupe consolidé. La contrepartie versée ou reçue doit être comptabilisée directement en capitaux propres.

33A Certaines entités utilisent un fonds d'investissement interne ou externe pour procurer aux investisseurs des avantages déterminés en fonction des parts du fonds et comptabilisent des passifs financiers au titre des sommes à payer à ces investisseurs. De même, certaines entités émettent des groupes de contrats d'assurance avec éléments de participation directe dont elles détiennent les éléments sous-jacents. Certains de ces fonds ou éléments sous-jacents englobent des actions propres de l'entité. Nonobstant le paragraphe 33, l'entité peut choisir de ne pas déduire des capitaux propres une action propre qui est incluse dans un tel fonds ou qui constitue un élément sous-jacent lorsque, et seulement lorsque, elle rachète son instrument de capitaux propres à ces fins. Elle peut choisir de plutôt maintenir le traitement de cette action propre à titre d'élément de capitaux propres et de traiter l'instrument racheté comme s'il s'agissait d'un actif financier, qu'elle évalue à la juste valeur par le biais du résultat net selon IFRS 9. Ce choix est irrévocable et se fait instrument par instrument. En ce qui concerne ce choix, les contrats d'assurance incluent les contrats d'investissement avec éléments de participation discrétionnaire (voir IFRS 17 pour la définition de certains termes employés dans le présent paragraphe).

34 Le montant d'actions propres détenues est indiqué séparément, soit dans l'état de la situation financière, soit dans les notes, selon IAS 1 *Présentation des états financiers*. Une entité fournit des informations selon IAS 24 *Information relative aux parties liées* si l'entité rachète ses propres instruments de capitaux propres à des parties liées.

INTÉRÊTS, DIVIDENDES, PROFITS ET PERTES (VOIR AUSSI PARAGRAPHE AG37)

35 Les intérêts, dividendes, profits et pertes liés à un instrument financier ou à une composante constituant un passif financier doivent être comptabilisés à titre de produit ou de charge en résultat net. L'entité doit comptabiliser les distributions aux porteurs d'instruments de capitaux propres directement dans les capitaux propres. Les coûts de transaction d'une transaction sur capitaux propres doivent être comptabilisés en déduction des capitaux propres.

35A L'impôt relatif aux distributions aux porteurs d'instruments de capitaux propres et l'impôt relatif aux coûts de transaction d'une transaction sur capitaux propres doivent être comptabilisés selon IAS 12 *Impôts sur le résultat*.

36 Le classement d'un instrument financier en passif financier ou en instrument de capitaux propres détermine si les intérêts, dividendes, profits et pertes liés à cet instrument sont comptabilisés à titre de produit ou de charge en résultat net. Ainsi, les dividendes versés sur des actions qui sont intégralement comptabilisés en tant que passifs sont comptabilisés en charges de la même manière que les intérêts sur une obligation. De même, les profits et les pertes associés à des remboursements ou à des refinancements de passifs financiers sont comptabilisés en résultat net, alors que les remboursements ou les refinancements d'instruments de capitaux propres sont comptabilisés en variations de capitaux propres. Les variations de la juste valeur d'un instrument de capitaux propres ne sont pas comptabilisées dans les états financiers.

37 Lorsqu'elle émet ou acquiert elle-même ses instruments de capitaux propres, une entité engage habituellement différents coûts. Ces coûts peuvent inclure les droits d'enregistrement et autres droits acquittés aux autorités de réglementation, les sommes versées à des conseils juridiques, comptables et autres conseils professionnels, les coûts d'impression et les droits de timbre. Les coûts de transaction d'une transaction portant sur les capitaux propres sont portés en déduction des capitaux propres dans la mesure où il s'agit de coûts marginaux directement attribuables à la transaction qui auraient été évités autrement. Les coûts d'une transaction portant sur les capitaux propres qui est abandonnée sont comptabilisés comme une charge.

38 Les coûts de transaction liés à l'émission d'un instrument financier composé sont affectés aux composantes passif et capitaux propres de l'instrument au prorata de la répartition du produit de l'émission. Les coûts de transaction qui sont communs à plusieurs transactions, par exemple les coûts liés à un placement simultané de certaines actions et à l'admission à la cote d'autres actions, doivent être répartis entre ces transactions sur une base d'imputation rationnelle et cohérente avec des transactions similaires.

39 Le montant des coûts de transaction comptabilisés en déduction des capitaux propres au cours de la période est indiqué séparément conformément à IAS 1.

40 Les dividendes classés en charges peuvent être présentés dans le ou les états du résultat net et des autres éléments du résultat global, soit avec les intérêts liés à d'autres passifs, soit comme un élément distinct. Outre les dispositions de la présente norme, les informations à fournir sur les intérêts et les dividendes doivent se conformer aux dispositions d'IAS 1 et d'IFRS 7. Dans certaines circonstances, compte tenu des différences entre les intérêts et les dividendes, notamment en ce qui concerne leur déductibilité fiscale, il est souhaitable de les présenter séparément dans le ou les états du résultat net et des autres éléments du résultat global. Les informations sur les incidences fiscales sont fournies selon IAS 12.

41 Les profits et pertes liés aux variations de la valeur comptable d'un passif financier sont comptabilisés en profit ou en perte en resultat net comme des variations du résultat, même s'ils se rapportent à un instrument qui inclut un droit à l'intérêt résiduel sur les actifs de l'entité en échange de trésorerie ou d'un autre actif financier [voir paragraphe 18b)]. Selon IAS 1, l'entité présente séparément dans l'état du résultat global tout profit ou perte résultant de la réévaluation d'un tel instrument lorsque cela s'avère pertinent pour expliquer la performance de l'entité.

COMPENSATION D'UN ACTIF FINANCIER ET D'UN PASSIF FINANCIER (VOIR AUSSI PARAGRAPHES AG38A-AG38F ET AG39)

42 Un actif financier et un passif financier doivent être compensés et le solde net doit être présenté dans l'état de la situation financière si et seulement si une entité :

a) a actuellement un droit juridiquement exécutoire de compenser les montants comptabilisés ; et

b) a l'intention soit de régler le montant net, soit de réaliser l'actif et de régler le passif simultanément.

Pour comptabiliser le transfert d'un actif financier ne répondant pas aux conditions requises pour une décomptabilisation, l'entité ne doit pas compenser l'actif transféré et le passif associé (voir IFRS 9, paragraphe 3.2.22).

43 La présente norme impose la présentation d'actifs et passifs financiers sur une base nette lorsque ceci reflète les flux de trésorerie futurs attendus par une entité associés au règlement de deux instruments financiers séparés ou plus. Lorsqu'une entité a le droit de recevoir ou de payer un montant net unique et qu'elle a l'intention de le faire, elle n'a, en fait, qu'un seul actif ou passif financier. Dans d'autres circonstances, les actifs et passifs financiers sont présentés séparément les uns des autres en accord avec leurs caractéristiques en tant que ressources ou obligations de l'entité. L'entité doit fournir les informations requises par les paragraphes 13B à 13E d'IFRS 7 pour les instruments financiers comptabilisés qui entrent dans le champ d'application du paragraphe 13A d'IFRS 7.

44 La compensation d'un actif financier comptabilisé et d'un passif financier comptabilisé et la présentation du montant net se distingue de la décomptabilisation d'un actif financier ou d'un passif financier. Bien que la compensation n'entraîne pas la comptabilisation d'un profit ou d'une perte, la décomptabilisation d'un instrument financier implique non seulement la suppression dans l'état de la situation financière de l'élément précédemment comptabilisé, mais elle peut aussi entraîner la comptabilisation d'un profit ou d'une perte.

45 Le droit d'opérer une compensation est un droit légal, établi par contrat ou autrement, en vertu duquel un débiteur peut régler ou éliminer de toute autre façon, en totalité ou en partie, un montant dû à un créancier en imputant sur ce montant un montant dû par le créancier. Dans des circonstances particulières, un débiteur peut avoir le droit légal d'imputer un montant dû par un tiers sur le montant dû à un créancier, à condition qu'il existe un accord entre les trois parties qui établisse clairement le droit du débiteur à opérer la compensation. Parce que le droit d'opérer une compensation est un droit établi d'après la loi, ses conditions d'existence peuvent varier d'un pays à l'autre et il convient d'étudier les règles de droit régissant les relations entre les parties.

46 L'existence d'un droit juridiquement exécutoire de compenser un actif et un passif financier affecte les droits et obligations liés à un actif et un passif financier et peut affecter l'exposition d'une entité aux risques de crédit et

de liquidité. Toutefois, l'existence du droit n'est pas, en soi, une base suffisante pour opérer une compensation. En l'absence d'intention d'exercer le droit ou d'opérer encaissement et règlement simultanément, le montant et l'échéancement des flux de trésorerie futurs d'une entité ne sont pas affectés. Lorsqu'une entité entend exercer ce droit ou entend régler et encaisser simultanément, la présentation de l'actif et du passif sur une base nette reflète de manière plus appropriée les montants et l'échéancement des flux de trésorerie futurs attendus ainsi que les risques auxquels sont exposés ces flux de trésorerie. Le fait qu'une partie, ou les deux, ait l'intention de procéder au règlement sur la base du montant net sans qu'un droit ne l'autorise ne suffit pas pour justifier la compensation, puisque les droits et obligations associés à chaque actif et passif financier individuel restent inchargés.

47 Les intentions d'une entité concernant le règlement d'actifs et de passifs particuliers peuvent être influencées par ses pratiques commerciales habituelles, les exigences des marchés financiers et d'autres circonstances susceptibles de limiter sa capacité à régler un montant net ou à régler et encaisser simultanément. Lorsqu'une entité a un droit d'opérer une compensation mais n'a pas l'intention de régler le montant net ou d'opérer simultanément la réalisation de l'actif et le règlement du passif, l'effet de ce droit sur l'exposition de l'entité au risque de crédit est indiqué selon le paragraphe 36 d'IFRS 7.

48 Le règlement simultané de deux instruments financiers peut se produire, par exemple, via une chambre de compensation sur un marché financier organisé ou via une transaction de gré à gré. Dans de telles circonstances, les flux de trésorerie sont en fait équivalents au montant net unique et il n'y a pas d'exposition au risque de crédit ou de liquidité. Dans d'autres circonstances, une entité peut régler deux instruments en recevant et payant des montants distincts, s'exposant ainsi au risque de crédit pour le montant total de l'actif ou au risque de liquidité pour le montant total du passif. L'exposition à de tels risques peut être significative, même si elle est relativement brève. Ainsi, la réalisation d'un actif financier et le règlement d'un passif financier sont traités comme étant simultanés uniquement lorsque les transactions surviennent en même temps.

49 En général, les conditions énumérées au paragraphe 42 ne sont pas remplies et une compensation n'est pas appropriée lorsque :

a) plusieurs instruments financiers différents sont utilisés pour reproduire les caractéristiques d'un instrument financier unique (un « instrument synthétique ») ;

b) des actifs et des passifs financiers découlent d'instruments financiers exposés au même risque primaire (par exemple, des actifs et des passifs dans un portefeuille de contrats à terme de gré à gré, ou d'autres instruments dérivés), mais concernent des contreparties différentes ;

c) des actifs financiers ou d'autres actifs sont donnés en garantie de passifs financiers sans recours ;

d) des actifs financiers sont isolés dans un trust par un débiteur afin de se décharger d'une obligation sans que ces actifs aient été acceptés par le créancier en règlement de l'obligation (par exemple, un accord de fonds d'amortissement) ; ou

e) on s'attend à ce que des obligations provenant d'événements qui ont donné lieu à des pertes soient couvertes par un tiers à la suite d'une réclamation faite dans le cadre d'un contrat d'assurance.

50 Une entité qui effectue avec une contrepartie unique plusieurs transactions sur instruments financiers peut passer un accord-cadre de compensation avec cette contrepartie. Un tel accord prévoit le règlement sur une base nette tous les instruments financiers couverts par l'accord en cas de défaillance ou d'arrêt d'un seul contrat. Ces accords sont fréquemment utilisés par les établissements financiers afin de se protéger contre les pertes dans les cas de faillite ou d'autres circonstances qui mettraient l'une des parties dans l'incapacité d'exécuter ses obligations. Un accord-cadre de compensation crée habituellement un droit d'opérer une compensation qui ne devient exécutoire et qui n'affecte la réalisation ou le règlement des actifs et passifs financiers individuels qu'à la suite d'une défaillance ou d'autres circonstances qui ne sont pas susceptibles de se produire dans le cadre d'une activité normale. Un accord-cadre de compensation ne constitue une base de compensation que si les deux critères énumérés au paragraphe 42 sont respectés. Lorsque les actifs et passifs financiers soumis à un accord-cadre de compensation ne sont pas compensés, l'incidence de l'accord sur l'exposition d'une entité au risque de crédit est indiquée selon le paragraphe 36 d'IFRS 7.

51-95 [Supprimé]

Date d'entrée en vigueur et dispositions transitoires

96 L'entité doit appliquer la présente norme pour les exercices ouverts à compter du 1er janvier 2005. Une application anticipée est autorisée. L'entité ne doit pas appliquer la présente norme pour les exercices ouverts avant le 1er janvier 2005 si elle n'applique pas également IAS 39 (publiée en décembre 2003), y compris les modifications publiées en mars 2004. Si l'entité applique la présente norme pour une période ouverte avant le 1er janvier 2005, elle doit l'indiquer.

96A Le document *Instruments financiers remboursables au gré du porteur et obligations à la suite d'une liquidation* (modifications d'IAS 32 et d'IAS 1), publié en février 2008, dispose que les instruments financiers qui possèdent toutes les caractéristiques et remplissent les conditions énoncées aux paragraphes 16A et 16B ou aux paragraphes 16C et 16D doivent être classés comme instruments de capitaux propres. Sa publication a également donné lieu à la modification des paragraphes 11, 16, 17 à 19, 22, 23, 25, AG13, AG14 et AG27, et à l'ajout des paragraphes 16A à 16F, 22A, 96B, 96C, 97C, AG14A à AG14J et AG29A. L'entité doit appliquer ces modifications pour les exercices ouverts à compter du 1er janvier 2009. Une application anticipée est autorisée. Si l'entité applique les modifications pour une période antérieure, elle doit l'indiquer et appliquer en même temps les modifications d'IAS 1, d'IAS 39, d'IFRS 7 et d'IFRIC 2 qui y sont liées.

96B Le document *Instruments financiers remboursables au gré du porteur et obligations à la suite d'une liquidation* a introduit une exception limitée au champ d'application ; par conséquent, l'entité ne doit pas appliquer l'exception par analogie.

96C Le classement des instruments en vertu de cette exception doit être réservé à la comptabilisation d'un tel instrument selon IAS 1, IAS 32, IAS 39, IFRS 7 et IFRS 9. L'instrument ne doit pas être considéré comme un instrument de capitaux propres en vertu d'autres indications, par exemple IFRS 2.

97 La présente norme s'applique de manière rétrospective.

97A La publication d'IAS 1 (telle que révisée en 2007) a donné lieu à la modification de la terminologie utilisée dans les IFRS. Elle a également donné lieu à la modification du paragraphe 40. L'entité doit appliquer ces modifications pour les exercices ouverts à compter du 1er janvier 2009. Si l'entité applique IAS 1 (révisée en 2007) pour une période antérieure, elle doit appliquer les modifications pour cette période antérieure.

97B La publication d'IFRS 3 *Regroupements d'entreprises* (telle que révisée en 2008) a donné lieu à la suppression du paragraphe 4 c). L'entité doit appliquer cette modification pour les exercices ouverts à compter du 1er juillet 2009. Si l'entité applique IFRS 3 (révisée en 2008) pour une période antérieure, elle doit également appliquer la modification pour cette période antérieure. Toutefois, la modification ne s'applique pas à une contrepartie éventuelle découlant d'un regroupement d'entreprises pour lequel la date d'acquisition est antérieure à l'application d'IFRS 3 (révisée en 2008). Dans ce cas, l'entité doit comptabiliser cette contrepartie conformément aux paragraphes 65A à 65E d'IFRS 3 (telle que modifiée en 2010).

97C Lors de l'application des modifications visées au paragraphe 96A, l'entité est tenue de ventiler en composantes distinctes de passif et de capitaux propres un instrument financier composé comportant une obligation de remettre à une autre partie une quote-part des actifs nets de l'entité uniquement lors de la liquidation. Si la composante passif s'est dénouée, l'application rétrospective de ces modifications d'IAS 32 impliquerait la distinction de deux composantes de capitaux propres. La première composante figurerait dans les résultats non distribués et représenterait les intérêts cumulés capitalisés sur la composante passif. L'autre composante correspondrait à la composante initiale de capitaux propres. Par conséquent, une entité n'est pas tenue de distinguer ces deux composantes si la composante passif a déjà été dénouée à la date de l'application des modifications.

97D La publication d'*Améliorations des IFRS*, en mai 2008, a donné lieu à la modification du paragraphe 4. L'entité doit appliquer cette modification pour les exercices ouverts à compter du 1er janvier 2009. Une application anticipée est autorisée. Si l'entité applique cette modification pour une période antérieure, elle doit l'indiquer et appliquer pour cette période antérieure les modifications du paragraphe 3 d'IFRS 7, du paragraphe 1 d'IAS 28 et du paragraphe 1 d'IAS 31, publiées en mai 2008. L'entité est autorisée à appliquer la modification à titre prospectif.

97E La publication de *Classement des droits de souscription émis*, en octobre 2009, a donné lieu à la modification des paragraphes 11 et 16. L'entité doit appliquer cette modification pour les exercices ouverts à compter du 1er février 2010. Une application anticipée est autorisée. Si l'entité applique la modification pour une période antérieure, elle doit l'indiquer.

97F [Supprimé]

97G La publication d'*Améliorations des IFRS*, en mai 2010, a donné lieu à la modification du paragraphe 97B. L'entité doit appliquer cette modification pour les exercices ouverts à compter du 1er juillet 2010. Une application anticipée est autorisée.

97H [Supprimé]

97I La publication d'IFRS 10 et d'IFRS 11 *Partenariats*, en mai 2011, a donné lieu à la modification des paragraphes 4 a) et AG29. L'entité qui applique IFRS 10 et IFRS 11 doit appliquer ces modifications.

97J La publication d'IFRS 13, en mai 2011, a donné lieu à la modification de la définition de la juste valeur au paragraphe 11, ainsi que des paragraphes 23 et AG31. L'entité qui applique IFRS 13 doit appliquer ces modifications.

97K La publication de *Présentation des autres éléments du résultat global* (Modification d'IAS 1), en juin 2011, a donné lieu à la modification du paragraphe 40. L'entité qui applique IAS 1 telle que modifiée en juin 2011 doit appliquer cette modification.

97L La publication de *Compensation d'actifs financiers et de passifs financiers* (Modifications d'IAS 32), en décembre 2011, a donné lieu à la suppression du paragraphe AG38 et à l'ajout des paragraphes AG38A à AG38F. L'entité doit appliquer ces modifications pour les exercices ouverts à compter du 1er janvier 2014. L'entité doit appliquer ces modifications de façon rétrospective. Une application anticipée est autorisée. Si l'entité applique ces modifications à compter d'une date antérieure, elle doit l'indiquer et fournir les informations exigées par *Informations à fournir : Compensation d'actifs financiers et de passifs financiers* (modifications d'IFRS 7), publié en décembre 2011.

97M La publication d'*Informations à fournir : Compensation d'actifs financiers et de passifs financiers* (modifications d'IFRS 7), en décembre 2011, a donné lieu à la modification du paragraphe 43, de manière à imposer à l'entité de fournir les informations requises par les paragraphes 13B à 13E d'IFRS 7 pour les instruments financiers comptabilisés qui entrent dans le champ d'application du paragraphe 13A d'IFRS 7. L'entité doit appliquer cette modification pour les exercices ouverts à compter du 1er janvier 2013 et les périodes intermédiaires de ces exercices. L'entité doit fournir les informations requises par cette modification de manière rétrospective.

97N La publication des *Améliorations annuelles – Cycle 2009-2011*, en mai 2012, a donné lieu à la modification des paragraphes 35, 37 et 39 et à l'ajout du paragraphe 35A. L'entité doit appliquer ces modifications de façon rétrospective selon IAS 8 *Méthodes comptables, changements d'estimations comptables et erreurs* pour les exercices ouverts à compter du 1er janvier 2013. Une application anticipée est autorisée. Si l'entité applique la modification pour une période antérieure, elle doit l'indiquer.

97O La publication d'*Entités d'investissement* (modifications d'IFRS 10, d'IFRS 12 et d'IAS 27), en octobre 2012, a donné lieu à la modification du paragraphe 4. L'entité doit appliquer cette modification pour les exercices ouverts à compter du 1er janvier 2014. Une application anticipée des dispositions d'*Entités d'investissement* est autorisée. Si l'entité applique ladite modification pour une période antérieure, elle doit appliquer en même temps toutes les modifications introduites par *Entités d'investissement*.

97P [Supprimé]

97Q La publication d'IFRS 15 *Produits des activités ordinaires tirés de contrats conclus avec des clients*, en mai 2014, a donné lieu à la modification du paragraphe AG21. L'entité qui applique IFRS 15 doit appliquer cette modification.

97R La publication d'IFRS 9, en juillet 2014, a donné lieu à la modification des paragraphes 3, 4, 8, 12, 23, 31, 42, 96C, AG2 et AG30 et à la suppression des paragraphes 97F, 97H et 97P. L'entité qui applique IFRS 9 doit appliquer ces modifications.

97S La publication d'IFRS 16 *Contrats de location*, en janvier 2016, a donné lieu à la modification des paragraphes AG9 et AG10. L'entité qui applique IFRS 16 doit appliquer ces modifications.

97T La publication d'IFRS 17, en mai 2017, a donné lieu à la modification des paragraphes 4, AG8 et AG36, ainsi qu'à l'ajout du paragraphe 33A. La publication de *Modifications d'IFRS 17*, en juin 2020, a donné lieu à une autre modification du paragraphe 4. L'entité qui applique IFRS 17 doit appliquer ces modifications.

Retrait d'autres positions officielles

98 La présente norme annule et remplace IAS 32 *Instruments financiers : information et présentation*, révisée en 2000 (*).

99 La présente norme annule et remplace les interprétations suivantes :

a) SIC-5 *Classification des instruments financiers – clauses conditionnelles de règlement* ;

b) SIC-16 *Capital social – propres instruments de capitaux propres rachetés (actions propres)* et

c) SIC-17 *Capitaux propres – coûts de transaction*.

100 La présente norme retire le projet d'interprétation SIC D34 *Instruments financiers – instruments ou droits remboursables par le porteur*.

(*) En août 2005, l'IASB a déplacé toutes les dispositions concernant les informations à fournir sur les instruments financiers vers IFRS 7 ***Instruments financiers : Informations à fournir***.

Appendice – Guide d'application

Le présent appendice fait partie intégrante de la présente norme.

AG1 Le présent guide d'application explique l'application d'aspects particuliers de la norme.

AG2 La présente norme ne traite pas de la comptabilisation et de l'évaluation des instruments financiers. Les dispositions relatives à la comptabilisation et à l'évaluation des actifs financiers et des passifs financiers sont énoncées dans IFRS 9.

DÉFINITIONS (PARAGRAPHES 11 À 14)

➡ Actifs financiers et passifs financiers

AG3 Une monnaie (de la trésorerie) est un actif financier parce qu'elle représente le moyen d'échange et qu'elle constitue par conséquent l'étalon à partir duquel toutes les transactions sont évaluées et comptabilisées dans les états financiers. Un dépôt de trésorerie dans une banque ou dans un établissement financier similaire constitue un actif financier parce qu'il représente le droit contractuel pour le déposant d'obtenir de l'établissement de la trésorerie ou de tirer un chèque ou un instrument similaire contre le solde en faveur d'un créancier en paiement d'un passif financier.

AG4 Parmi les actifs financiers qui représentent un droit contractuel à recevoir de la trésorerie à une date future et parmi les passifs financiers correspondants qui représentent une obligation contractuelle de livrer de la trésorerie à une date future, on peut citer :

a) les créances clients et les dettes fournisseurs ;
b) les effets à recevoir et les effets à payer ;
c) les prêts et les emprunts ; et
d) les créances obligataires et les dettes obligataires.

Dans chacun de ces exemples, le droit contractuel, pour une partie, de recevoir (ou l'obligation de payer) de la trésorerie est contrebalancé par l'obligation correspondante, pour une autre partie, de payer (ou le droit de recevoir).

AG5 Il existe un autre type d'instrument financier pour lequel l'avantage économique à recevoir ou à donner en échange est un actif financier autre que de la trésorerie. Par exemple, un effet à payer en obligations d'État confère à son porteur le droit contractuel de recevoir et à son émetteur l'obligation contractuelle de livrer des obligations d'État et non de la trésorerie. Ces obligations sont des actifs financiers parce qu'elles représentent l'obligation pour le gouvernement émetteur de payer de la trésorerie. L'effet est donc un actif financier pour le porteur de l'effet et un passif financier pour l'émetteur de l'effet.

AG6 Les instruments d'emprunt « perpétuels » (tels que les obligations « perpétuelles » et les autres titres assimilables à des titres perpétuels) confèrent normalement à leur porteur le droit contractuel de recevoir des paiements au titre d'intérêts à dates fixes jusqu'à une date future indéterminée, assortis soit d'aucun droit de percevoir un remboursement du principal, soit assortis d'un droit de percevoir un remboursement du principal selon des termes qui le rendent très improbable ou très lointain. Une entité peut, par exemple, émettre un instrument financier qui lui impose de procéder à des paiements annuels à perpétuité équivalents à un taux d'intérêt fixé de 8 % appliqué sur une valeur au pair ou à un montant en principal de 1 000 UM (*). En supposant que 8 % soit le taux d'intérêt du marché pour l'instrument à la date de son émission, l'émetteur assume l'obligation contractuelle de procéder à un flux de paiements futurs d'intérêts d'une juste valeur (valeur actualisée) de 1 000 UM. Le porteur et l'émetteur de l'instrument détiennent respectivement un actif financier et un passif financier.

(*) Dans le présent guide d'application, les montants monétaires sont libellés en « unités monétaires » (UM).

AG7 Un droit ou une obligation contractuels de recevoir, de livrer ou d'échanger des instruments financiers est, en soi, un instrument financier. Une chaîne de droits ou d'obligations de nature contractuelle répond à la définition d'un instrument financier si elle conduit au bout du compte à recevoir ou à verser un montant en trésorerie ou à acquérir ou à émettre un instrument de capitaux propres.

AG8 La faculté d'exercer un droit contractuel ou l'exigence d'honorer une obligation contractuelle peut être absolue ou dépendre de la survenance d'un événement futur. Par exemple, une garantie financière est un droit contractuel pour le prêteur de recevoir de la trésorerie du garant, et une obligation contractuelle correspondante pour le garant de payer le prêteur en cas de défaillance de l'emprunteur. Le droit et l'obligation contractuels existent en raison d'une transaction ou d'un fait passé(e) (acceptation de la garantie), même si le prêteur ne peut exercer son droit et si le garant ne doit s'exécuter que dans l'éventualité d'un futur défaut de paiement de l'emprunteur. Un droit et une obligation éventuels répondent à la définition d'un actif et d'un passif financier, même si ces actifs et passifs ne sont pas toujours comptabilisés dans les états financiers. Certains de ces droits et obligations éventuels peuvent être des contrats dans le champ d'application d'IFRS 17.

AG9 Un contrat de location crée généralement un droit pour le bailleur de recevoir – et une obligation pour le preneur d'effectuer – une série de paiements semblables pour l'essentiel à ceux qu'exigerait le remboursement d'un emprunt, principal et intérêts confondus. Le bailleur comptabilise son investissement dans le montant à recevoir en vertu d'un contrat de location-financement plutôt que dans l'actif loué lui-même. En conséquence, le bailleur considère un contrat de location-financement comme un instrument financier. Selon IFRS 16, le bailleur ne comptabilise pas son droit à recevoir des paiements de loyer en vertu d'un contrat de location simple, mais continue à comptabiliser l'actif sous-jacent lui-même plutôt que les montants à recevoir à l'avenir en vertu du contrat. En conséquence, le bailleur ne considère pas un contrat de location simple comme un instrument financier, sauf en ce qui concerne les paiements échus et exigibles pris isolément.

AG10 Les actifs physiques (tels que les stocks et les immobilisations corporelles), les actifs comptabilisés au titre du droit d'utilisation et les immobilisations incorporelles (tels que les brevets et les marques) ne sont pas des actifs financiers. Le contrôle de ces actifs physiques, actifs au titre de droits d'utilisation et immobilisations incorporelles crée la possibilité de générer une entrée de trésorerie ou d'autres actifs financiers, mais il ne donne pas naissance à un droit actuel de recevoir de la trésorerie ou d'autres actifs financiers.

AG11 Des actifs (comme les charges payées d'avance) pour lesquels l'avantage économique futur est la réception de biens ou de services plutôt que le droit de recevoir de la trésorerie ou un autre actif financier ne sont pas des actifs financiers. De même, des éléments tels que des produits différés et la plupart des obligations découlant de garanties ne sont pas des passifs financiers parce que la sortie d'avantages économiques qui leur est associée est la fourniture de biens et de services, plutôt qu'une obligation contractuelle de remise de trésorerie ou d'un autre actif financier.

AG12 Les passifs ou les actifs qui ne sont pas contractuels (comme les impôts sur le résultat qui résultent d'obligations légales imposées par les pouvoirs publics) ne sont pas des passifs financiers ou des actifs financiers. IAS 12 traite de la comptabilisation des impôts sur le résultat. De même, les obligations implicites définies dans IAS 37 *Provisions, passifs éventuels et actifs éventuels* ne résultent pas de contrats et ne constituent pas des passifs financiers.

➡ Instruments de capitaux propres

AG13 Les actions ordinaires non remboursables au gré du porteur, certains instruments remboursables au gré du porteur (voir paragraphes 16A et 16B), certains instruments imposant à l'entité une obligation de remettre une quote-part de ses actifs nets à une autre partie uniquement lors de la liquidation (voir paragraphes 16C et 16D), certains types d'actions préférentielles (voir paragraphes AG25 et AG26) et les bons de souscription ou options d'achat permettant au porteur de souscrire ou d'acquérir un nombre déterminé d'actions ordinaires de l'entité émettrice, non remboursables au gré du porteur, en échange d'un montant déterminé de trésorerie ou d'un autre actif financier, constituent des exemples d'instruments de capitaux propres. L'obligation faite à une entité d'émettre ou d'acheter un nombre déterminé de ses propres instruments de capitaux propres en échange d'un montant déterminé de trésorerie ou d'un autre actif financier constitue un instrument de capitaux propres de l'entité (sauf dans les cas visés au paragraphe 22A). Cependant, si un tel contrat contient une obligation pour l'entité de remettre en paiement de la trésorerie ou un autre actif financier (autre qu'un contrat classé en capitaux propres selon les paragraphes 16A et 16B ou selon les paragraphes 16C et 16D), il donne également lieu à un passif à hauteur de la valeur actualisée du montant de remboursement [voir paragraphe AG27 a)]. L'émetteur d'actions ordinaires non remboursables au gré du porteur assume un passif lorsqu'il décide officiellement de procéder à une distribution et devient légalement obligé vis-à-vis des actionnaires d'agir ainsi. Le cas peut se produire après une décision de distribution de dividendes ou lorsque l'entité est en liquidation et que des actifs restant après le règlement des dettes deviennent distribuables aux actionnaires.

AG14 Une option d'achat acquise ou un contrat analogue acquis par une entité, qui lui confère le droit de racheter un nombre déterminé de ses propres instruments de capitaux propres en échange de la remise d'un montant déterminé de trésorerie ou d'un autre actif financier, n'est pas un actif financier de l'entité (sauf dans les cas visés au paragraphe 22A). Au lieu de cela, toute contrepartie versée pour un tel contrat est déduite des capitaux propres.

La catégorie d'instruments subordonnée à toutes les autres catégories [paragraphes 16A b) et 16C b))

AG14A L'une des caractéristiques énoncées aux paragraphes 16A et 16C est que l'instrument financier est classé dans la catégorie d'instruments subordonnée à toutes les autres catégories.

AG14B Pour déterminer si un instrument figure dans la catégorie subordonnée, une entité évalue la créance que représente l'instrument en cas de liquidation, comme si elle devait procéder à la liquidation à la date à laquelle elle classe l'instrument. Une entité doit réexaminer le classement en cas de changement des circonstances pertinentes. Par exemple, si l'entité émet ou rembourse un autre instrument financier, cela peut avoir une influence sur le classement de l'instrument en question dans la catégorie d'instruments subordonnée à toutes les autres catégories.

AG14C Un instrument disposant d'un droit préférentiel lors de la liquidation de l'entité n'est pas un instrument donnant droit à une quote-part des actifs nets de l'entité. Par exemple, un instrument dispose d'un droit préférentiel lors de la liquidation s'il accorde au porteur un dividende déterminé en cas de liquidation, en plus d'une part des actifs nets de l'entité, alors que d'autres instruments de la catégorie subordonnée comportant un droit à une quote-part des actifs nets de l'entité n'ont pas ce même droit lors de la liquidation.

AG14D Si une entité n'a qu'une seule catégorie d'instruments financiers, cette catégorie doit être traitée comme si elle était subordonnée à toutes les autres catégories.

Total des flux de trésorerie attendus attribuables à l'instrument sur sa durée de vie [paragraphe 16A e)]

AG14E Le total des flux de trésorerie attendus de l'instrument sur sa durée de vie doit être basé essentiellement sur le résultat, la variation des actifs nets comptabilisés ou de la juste valeur des actifs nets comptabilisés et non comptabilisés de l'entité sur la durée de vie de l'instrument. Le résultat et la variation des actifs nets comptabilisés doivent être évalués selon les IFRS pertinentes.

Transactions conclues par le porteur d'un instrument à un autre titre que celui de propriétaire de l'entité (paragraphes 16A et 16C)

AG14F Le porteur d'un instrument financier remboursable au gré du porteur ou d'un instrument qui impose à l'entité une obligation de remettre une quote-part de ses actifs nets à une autre partie uniquement lors de la liquidation peut conclure des transactions avec l'entité à un autre titre que celui de propriétaire. Par exemple, le porteur d'un instrument peut aussi être un membre du personnel de l'entité. Seuls les flux de trésorerie et les termes et conditions contractuels de l'instrument liés au porteur de l'instrument en tant que propriétaire de l'entité doivent être pris en considération pour déterminer si l'instrument devrait être classé en capitaux propres selon le paragraphe 16A ou 16C.

AG14G Il peut s'agir par exemple d'une société en commandite simple, qui a des associés commanditaires et des associés commandités. Certains associés commandités peuvent apporter une garantie à l'entité et peuvent être rémunérés pour cela. Dans de telles situations, la garantie et les flux de trésorerie correspondants sont liés aux porteurs d'instruments dans leur rôle de garants, et non dans leur rôle de propriétaires de l'entité. Par conséquent, une telle garantie et les flux de trésorerie correspondants n'auraient pas pour effet que les associés commandités soient considérés comme subordonnés aux associés commanditaires, et seraient ignorés lorsqu'il s'agirait de déterminer si les termes contractuels des instruments d'une société en commandite simple et des instruments d'une société en nom collectif sont identiques.

AG14H Un autre exemple est un accord de partage du résultat, qui attribue le résultat aux porteurs d'instruments sur la base des services rendus ou des activités générées au cours de l'exercice considéré et d'exercices antérieurs. De tels accords sont des transactions conclues avec les porteurs d'instruments dans un autre rôle que celui de propriétaires et ne devraient pas être pris en compte lors de l'évaluation des caractéristiques énoncées au paragraphe 16A ou au paragraphe 16C. Toutefois, les accords de partage du résultat qui attribuent le résultat aux porteurs d'instruments sur la base du montant nominal de leurs instruments par rapport aux autres de la catégorie représentent des transactions conclues avec les porteurs d'instruments dans leur rôle de propriétaires et devraient être pris en compte lors de l'évaluation des caractéristiques énoncées au paragraphe 16A ou au paragraphe 16C.

AG14I Les flux de trésorerie et les termes et conditions contractuels d'une transaction entre le porteur de l'instrument (dans un autre rôle que celui de propriétaire) et l'entité émettrice doivent être similaires à ceux d'une transaction équivalente qui pourrait se produire entre un non-porteur d'instrument et l'entité émettrice.

Aucun autre instrument financier ou contrat présentant un total des flux de trésorerie qui fixe ou restreint de manière substantielle le rendement résiduel pour le porteur de l'instrument (paragraphes 16B et 16D)

AG14J L'une des conditions du classement en capitaux propres d'un instrument financier qui répond à tous autres égards aux critères du paragraphe 16A ou du paragraphe 16C est que l'entité n'ait pas d'autre instrument financier ou contrat qui a) présente un total des flux de trésorerie basé essentiellement sur le résultat, la variation des actifs nets comptabilisés ou la variation de la juste valeur des actifs nets comptabilisés et non comptabilisés de l'entité et b) a pour effet de fixer ou de restreindre de manière substantielle le rendement résiduel. Les instruments suivants, lorsqu'ils sont conclus selon des conditions commerciales normales avec des parties non liées, sont peu susceptibles d'empêcher des instruments qui répondent à tous autres égards aux critères du paragraphe 16A ou du paragraphe 16C d'être classés en capitaux propres :

a) instruments dont le total des flux de trésorerie est basé essentiellement sur des actifs spécifiques de l'entité ;

b) instruments dont le total des flux de trésorerie est basé sur un pourcentage du produit des activités ordinaires ;

c) contrats conçus pour récompenser des membres du personnel individuellement pour des services rendus à l'entité ;

d) contrats requérant le paiement d'un pourcentage infime du bénéfice pour des services rendus ou des biens fournis.

Instruments financiers dérivés

AG15 Les instruments financiers comprennent des instruments primaires (tels que les créances, les dettes et les instruments de capitaux propres) ainsi que des instruments financiers dérivés (tels que les options financières, les contrats à terme de gré à gré ou normalisés, et les swaps de taux d'intérêt et de devises). Les instruments financiers dérivés répondent à la définition d'un instrument financier et, par conséquent, entrent dans le champ d'application de la présente norme.

AG16 Les instruments financiers dérivés engendrent des droits et des obligations qui ont pour effet de transférer entre les parties à l'instrument un ou plusieurs des risques inhérents à un instrument financier primaire sous-jacent. À leur création, les instruments financiers dérivés confèrent à une partie un droit contractuel d'échanger des actifs financiers ou des passifs financiers avec une autre partie à des conditions potentiellement favorables, ou une obligation contractuelle d'échanger des actifs financiers ou des passifs financiers avec une autre partie à des conditions potentiellement défavorables. Toutefois, ils ne donnent habituellement (*) pas lieu à un transfert de l'instrument financier primaire sous-jacent au moment de la création du contrat, et il n'y a pas nécessairement transfert à l'échéance du contrat. Certains instruments comportent à la fois un droit et une obligation de procéder à un échange. Du fait que les termes de l'échange sont déterminés dès la création des instruments dérivés, ils peuvent devenir favorables ou défavorables au gré de l'évolution des prix sur les marchés financiers.

(*) Ceci est vrai pour la plupart des instruments dérivés, mais pas tous. Par exemple, dans certains swaps de taux d'intérêt entre devises, le montant en principal est échangé lors de la création de l'instrument (et rééchangé à l'échéance).

AG17 Une option d'achat ou de vente portant sur l'échange d'actifs ou de passifs financiers (à savoir des instruments financiers autres que les instruments de capitaux propres de l'entité) donne à son porteur un droit d'obtenir des avantages économiques futurs potentiels associés aux variations de juste valeur de l'instrument financier sous-jacent au contrat. Inversement, le souscripteur d'une option assume une obligation de renoncer aux avantages économiques futurs potentiels ou de supporter des pertes potentielles d'avantages économiques associés aux variations de juste valeur de l'instrument financier sous-jacent. Le droit contractuel du porteur et l'obligation du souscripteur répondent respectivement à la définition d'un actif financier et d'un passif financier. L'instrument financier sous-jacent à un contrat d'option peut être n'importe quel actif financier, y compris des actions d'autres entités et des instruments portant intérêt. Une option peut imposer au souscripteur l'émission d'un instrument de dette plutôt que le transfert d'un actif financier, mais si l'option était exercée, l'instrument sous-jacent constituerait un actif financier du porteur. Le droit du porteur de l'option d'échanger l'actif financier à des conditions potentiellement favorables et l'obligation de l'émetteur d'échanger l'actif financier à des conditions potentiellement défavorables sont distincts de l'actif sous-jacent devant être échangé lors de l'exercice de l'option. La nature du droit du porteur et de l'obligation du souscripteur n'est en rien affectée par la probabilité d'exercice de l'option.

AG18 Un contrat à terme de gré à gré devant être réglé dans un délai de six mois et dans lequel l'une des parties (l'acheteur) s'engage à remettre 1 000 000 UM en trésorerie en échange d'obligations d'État à taux fixe d'une valeur nominale de 1 000 000 UM, et l'autre partie (le vendeur) s'engage à remettre des obligations d'État à taux fixe d'une valeur nominale de 1 000 000 UM en échange d'un montant en trésorerie de 1 000 000 UM est un autre exemple d'instrument financier dérivé. Pendant les six mois, les deux parties ont un droit contractuel et une obligation contractuelle d'échanger des instruments financiers. Si le prix de marché des obligations d'État monte à plus de 1 000 000 UM, les conditions seront favorables pour l'acheteur et défavorables pour le vendeur ; s'il tombe en dessous de 1 000 000 UM, cela aura l'effet opposé. L'acheteur a un droit contractuel (un actif financier) similaire au droit d'une option d'achat et une obligation contractuelle (un passif financier) similaire à l'obligation d'une option de vente souscrite ; le vendeur a un droit contractuel (un actif financier) similaire au droit d'une option de vente détenue et une obligation contractuelle (un passif financier) similaire à une option d'achat émise. Comme pour les options, ces droits et obligations contractuels constituent des actifs financiers et des passifs financiers séparés et distincts des instruments financiers sous-jacents (les obligations et la trésorerie devant être échangés). Les deux parties d'un contrat à terme de gré à gré ont une obligation à exécuter au moment convenu, alors que dans un contrat d'option, l'exécution n'intervient que si et au moment où le porteur de l'option choisit de l'exercer.

AG19 De nombreux autres types d'instruments dérivés comportent un droit ou une obligation de procéder à un échange futur ; notamment des swaps de taux d'intérêt et des swaps de devises, des taux plafond, des tunnels (collars) et des taux plancher, des engagements de prêts des facilités d'émission d'effets et des lettres de crédit. Un contrat de swap de taux d'intérêt peut être considéré comme la variante d'un contrat à terme de gré à gré dans lequel les parties s'engagent à effectuer une série d'échanges futurs de montants en trésorerie, l'un des montants étant calculé par rapport à un taux d'intérêt variable et l'autre par rapport à un taux fixe. Les contrats à terme normalisés constituent une autre variante des contrats à terme de gré à gré dont ils diffèrent essentiellement par le fait que ce sont des contrats normalisés et négociés en Bourse.

➡ Contrats d'achat ou de vente d'un élément non financier (paragraphes 8 à 10)

AG20 Les contrats d'achat ou de vente d'éléments non financiers ne répondent pas à la définition d'un instrument financier parce que le droit contractuel d'une partie à recevoir un actif non financier ou un service et l'obligation correspondante de l'autre partie ne créent ni pour l'une ni pour l'autre un droit ou une obligation actuels de recevoir, de livrer ou d'échanger un actif financier. Par exemple, les contrats prévoyant un règlement uniquement par réception ou livraison d'un élément non financier (par exemple, une option, un contrat à terme de gré à gré ou normalisé portant sur de l'argent métal) ne sont pas des instruments financiers. La plupart des contrats de marchandises sont des contrats de ce type. Certains sont normalisés et négociés sur des marchés organisés plus ou moins de la même façon que des instruments financiers dérivés. Ainsi, un contrat à terme normalisé de marchandises peut être immédiatement acheté et vendu pour de la trésorerie parce qu'il est coté en Bourse et qu'il peut changer plusieurs fois de mains. Cependant, les parties qui achètent et vendent le contrat négocient en réalité la marchandise sous-jacente. La faculté d'acheter ou de vendre un contrat de marchandises pour de la trésorerie, la facilité avec laquelle celui-ci peut être acheté ou vendu et la possibilité de négocier un règlement en trésorerie de l'obligation de recevoir ou de livrer la marchandise ne modifient pas la caractéristique fondamentale du contrat dans un sens qui créerait un instrument financier. Néanmoins, certains contrats d'achat ou de vente d'éléments non financiers qui peuvent faire l'objet d'un règlement net ou par échange d'instruments financiers, ou dans lesquels l'élément non financier est facilement convertible en trésorerie, entrent dans le champ d'application de la norme comme s'ils constituaient des instruments financiers (voir paragraphe 8).

AG21 À l'exception des cas prévus dans IFRS 15 *Produits des activités ordinaires tirés de contrats conclus avec des clients*, un contrat qui implique la réception ou la livraison d'actifs physiques ne génère pas un actif financier pour une partie et un passif financier pour l'autre partie, à moins que le paiement correspondant ne soit différé au-delà de la date à laquelle les actifs physiques sont transférés. C'est le cas pour l'achat ou la vente de biens à crédit.

AG22 Certains contrats sont liés à des marchandises mais n'impliquent pas un règlement par réception ou livraison d'une marchandise. Ils spécifient un règlement par versements de trésorerie qui sont calculés selon une formule prévue au contrat plutôt que par des paiements de montants fixes. Ainsi, le montant en principal d'une obligation peut être calculé en appliquant à une quantité déterminée de pétrole le prix de marché du pétrole prévalant à l'échéance de l'obligation. Le principal est indexé par référence au prix d'une marchandise, mais il est réglé uniquement en trésorerie. Un contrat de ce type constitue un instrument financier.

AG23 La définition d'un instrument financier englobe également un contrat donnant lieu à un actif ou un passif non financier en plus d'un actif ou d'un passif financier. Bien souvent, ce type d'instrument financier donne à une partie la possibilité d'échanger un actif financier contre un actif non financier. Ainsi, une obligation liée au pétrole peut donner à son porteur le droit de recevoir un flux de paiements d'intérêts selon une périodicité fixe et un montant fixe de trésorerie à l'échéance, avec l'option d'échanger le montant en principal contre une quantité déterminée de pétrole. L'opportunité d'exercer cette option variera dans le temps en fonction de la juste valeur du pétrole comparée au ratio d'échange trésorerie/pétrole (le prix d'échange) inhérent à l'obligation. Les intentions du porteur de l'obligation quant à l'exercice de l'option n'affectent pas la substance des actifs qui la composent. L'actif financier du porteur et le passif financier de l'émetteur font de l'obligation un instrument financier, indépendamment des autres types d'actifs et de passifs également créés.

AG24 [Supprimé]

PRÉSENTATION

➡ Passifs et capitaux propres (paragraphes 15 à 27)

Pas d'obligation contractuelle de remettre de la trésorerie ou un autre actif financier (paragraphes 17 à 20)

AG25 Les actions préférentielles peuvent être émises avec différents droits. Pour établir si une action préférentielle est un passif financier ou un instrument de capitaux propres, un émetteur apprécie les droits particuliers attachés à l'action pour déterminer s'ils montrent la caractéristique fondamentale d'un passif financier. Ainsi, une action préférentielle qui prévoit une date de rachat spécifique ou au gré du porteur répond à la définition d'un passif financier parce que l'émetteur a l'obligation de transférer des actifs financiers au porteur de l'action. L'incapacité potentielle de l'émetteur de satisfaire à une obligation de rachat d'une action préférentielle quand il est contractuellement tenu de le faire, que ce soit en raison d'une insuffisance de fonds, d'une restriction légale ou de l'insuffisance des bénéfices ou des réserves, ne nie pas l'obligation. Une option de l'émetteur de racheter les actions contre de la trésorerie ne répond pas à la définition d'un passif financier parce que l'émetteur n'a pas l'obligation actuelle de transférer des actifs financiers aux actionnaires. Dans ce cas, le rachat des actions ne s'effectue qu'à la discrétion de l'émetteur. Toutefois, une obligation peut être créée lorsque l'émetteur des actions exerce son option, généralement en notifiant formellement aux actionnaires son intention de racheter les actions.

AG26 Lorsque des actions préférentielles ne sont pas remboursables, le classement approprié est déterminé par les autres droits qui peuvent leur être attachés. Le classement se fonde sur une appréciation de la substance des arrangements contractuels et sur les définitions d'un passif financier et d'un instrument de capitaux propres. Lorsque les distributions aux porteurs d'actions préférentielles, à dividende cumulatif ou non, sont à la discrétion de l'émetteur, les actions sont des instruments de capitaux propres. Le classement d'une action préférentielle en instrument de capitaux propres ou en passif financier n'est pas affecté, par exemple, par :

a) un passé de versements de distributions ;

b) une intention de procéder à des distributions à l'avenir ;

c) un impact négatif possible sur le cours des actions ordinaires de l'émetteur en l'absence de distribution (en raison de restrictions affectant le versement de dividendes sur les actions ordinaires en cas de non-versement de dividendes sur les actions préférentielles) ;

d) le montant des réserves de l'émetteur ;

e) l'anticipation par un émetteur d'un bénéfice ou d'une perte pour la période ; ou

f) une capacité ou une incapacité de l'émetteur à exercer une influence sur le montant de son résultat pour la période.

Règlement en instruments de capitaux propres de l'entité (paragraphes 21 à 24)

AG27 Les exemples suivants illustrent la méthode de classement de différents types de contrats sur les propres instruments de capitaux propres d'une entité :

a) Un contrat qui sera réglé par la réception ou la livraison par l'entité d'un nombre déterminé de ses propres actions sans contrepartie future ou par l'échange d'un nombre déterminé de ses propres actions contre un montant déterminé de trésorerie ou un autre actif financier est un instrument de capitaux propres (sauf dans les cas visés au paragraphe 22A). En conséquence, toute contrepartie reçue ou versée pour un tel contrat est directement ajoutée aux capitaux propres ou déduite directement de ceux-ci. Un exemple en est une option sur actions émise qui confère à la contrepartie le droit d'acheter un nombre déterminé d'actions de l'entité en échange d'un montant de trésorerie déterminé. Toutefois, si le contrat impose à l'entité d'acheter (de rembourser) ses propres actions contre de la trésorerie ou un autre actif financier à une date déterminée ou déterminable ou à vue, l'entité comptabilise également un passif financier pour la valeur actualisée du montant de remboursement (sauf dans le cas des instruments qui possèdent toutes les caractéristiques et remplissent les conditions énoncées aux paragraphes 16A et 16B ou aux paragraphes 16C et 16D). Un exemple en est l'obligation faite à une entité, en vertu d'un contrat à terme, de racheter un nombre déterminé de ses propres actions contre un montant déterminé de trésorerie.

b) L'obligation imposée à une entité d'acheter ses propres actions contre de la trésorerie crée un passif financier pour la valeur actualisée du montant de remboursement même si le nombre d'actions que l'entité est tenue de rembourser n'est pas déterminé ou si l'obligation est conditionnée par l'exercice, par la contrepartie, d'un droit de remboursement (sauf dans les cas visés aux paragraphes 16A et 16B ou aux paragraphes 16C et 16D). Un exemple d'une obligation conditionnelle est une option émise qui impose à l'entité de rembourser ses propres actions en trésorerie si la contrepartie exerce l'option.

c) Un contrat qui sera réglé en trésorerie ou par un autre actif financier est un actif financier ou un passif financier même si le montant de trésorerie ou l'autre actif financier qui sera reçu ou livré se fonde sur des variations du cours des instruments de capitaux propres de l'entité (sauf dans les cas visés aux paragraphes 16A et 16B ou aux paragraphes 16C et 16D). Un exemple en est une option sur actions dont le montant net est réglé en trésorerie.

d) Un contrat qui sera réglé en un nombre variable d'actions propres de l'entité dont la valeur est égale à un montant fixe ou à un montant dépendant de variations d'une variable sous-jacente (par exemple, le prix d'une marchandise) est un actif financier ou un passif financier. Un exemple en est une option émise d'achat d'or dont le montant net, si elle est exercée, est réglé en instruments de l'entité par livraison, par l'entité, d'un nombre d'instruments égal à la valeur du contrat d'option. Un tel contrat est un actif financier ou un passif financier, même si la variable sous-jacente est le cours de l'action de l'entité plutôt que de l'or. De même, un contrat qui sera réglé en un nombre déterminé d'actions propres de l'entité, alors que les droits attachés à ces actions seront modifiés de telle sorte que la valeur de règlement égale un montant fixe ou un montant dépendant des variations d'une variable sous-jacente, est un actif ou un passif financier.

Clauses conditionnelles de règlement (paragraphe 25)

AG28 Le paragraphe 25 impose que, si une partie de la clause conditionnelle de règlement susceptible d'imposer un règlement en trésorerie ou en un autre actif financier (ou d'une autre manière qui ferait de l'instrument un passif financier) n'est pas authentique, la clause de règlement n'affecte pas le classement d'un instrument financier. Ainsi, un contrat qui impose un règlement en trésorerie ou en un nombre variable d'actions propres de l'entité, uniquement lors de la survenance d'un événement extrêmement rare, hautement anormal et dont la survenance est très improbable, est un instrument de capitaux propres. De même, le règlement en un nombre déterminé d'actions propres de l'entité peut être exclu par contrat dans des circonstances qui échappent au contrôle de l'entité ; mais si ces circonstances ne présentent aucune véritable possibilité de survenance, le classement en instrument de capitaux propres est approprié.

Traitement dans les états financiers consolidés

AG29 Dans les états financiers consolidés, une entité présente les participations ne donnant pas le contrôle – c'est-à-dire la quote-part des autres parties dans les capitaux propres et le résultat de ses filiales – selon IAS 1 et IFRS 10. Lors du classement d'un instrument financier (ou d'une composante d'un instrument financier) dans les états financiers consolidés, une entité apprécie toutes les modalités convenues entre les membres du groupe et les porteurs de l'instrument au moment de déterminer si le groupe, dans son ensemble, est tenu de livrer de la trésorerie ou un autre actif financier en relation avec l'instrument, ou de le régler d'une manière qui entraîne un classement en passif. Lorsqu'une filiale d'un groupe émet un instrument financier et qu'une société mère ou une autre entité du groupe convient de conditions supplémentaires directement avec les porteurs de l'instrument (par exemple, une garantie), il est possible que le groupe ne dispose pas d'un pouvoir discrétionnaire sur les distributions ou le remboursement. Bien que la filiale puisse correctement classer l'instrument sans se préoccuper de ces conditions supplémentaires dans ses états financiers individuels, l'effet d'autres accords entre membres du groupe et les porteurs de l'instrument est pris en considération pour s'assurer que les états financiers consolidés reflètent les contrats et transactions conclus par le groupe pris dans son ensemble. Dans la mesure où existe une telle obligation ou clause de règlement, l'instrument (ou sa composante soumise à l'obligation) est classé en passif financier dans les états financiers consolidés.

AG29A Certains types d'instruments qui imposent une obligation contractuelle à l'entité sont classés comme instruments de capitaux propres selon les paragraphes 16A et 16B ou les paragraphes 16C et 16D. Le classement selon ces paragraphes constitue une exception aux principes qui sont sinon appliqués dans la présente norme au classement des instruments. Cette exception ne s'étend pas au classement des participations ne donnant pas le contrôle dans les états financiers consolidés. Par conséquent, les instruments classés comme instruments de capitaux propres selon les paragraphes 16A et 16B ou les paragraphes 16C et 16D dans les états financiers individuels qui sont des participations ne donnant pas le contrôle sont classés en passifs dans les états financiers consolidés du groupe.

➡ Instruments financiers composés (paragraphes 28 à 32)

AG30 Le paragraphe 28 ne s'applique qu'aux émetteurs d'instruments financiers composés non dérivés. Le paragraphe 28 ne traite pas des instruments financiers composés du point de vue des porteurs. C'est IFRS 9 qui traite du classement et de l'évaluation des actifs financiers constituant des instruments financiers composés du point de vue des porteurs.

AG31 Un instrument d'emprunt assorti d'une option incorporée de conversion, comme une obligation convertible en actions ordinaires de l'émetteur, et dénué de toute autre composante dérivée incorporée, est une forme courante d'instrument financier composé. Le paragraphe 28 impose que l'émetteur d'un tel instrument financier présente séparément dans l'état de la situation financière la composante passif et la composante capitaux propres comme suit :

a) l'obligation de l'émetteur de procéder à des paiements planifiés du principal et des intérêts constitue un passif financier qui existe aussi longtemps que l'instrument n'est pas converti. Lors de la comptabilisation initiale, la juste valeur de la composante passif est la valeur actuelle des flux de trésorerie futurs contractuels actualisés au taux d'intérêt appliqué par le marché à cette date aux instruments ayant des conditions de crédit comparables et offrant pour l'essentiel les mêmes flux de trésorerie, selon les mêmes conditions mais sans l'option de conversion ;

b) l'instrument de capitaux propres est une option incorporée de conversion du passif en capitaux propres de l'émetteur. Cette option a une valeur lors de la comptabilisation initiale même lorsqu'elle est en dehors du cours.

AG32 Lors de la conversion d'un instrument convertible à l'échéance, l'entité décomptabilise la composante passif et la comptabilise en capitaux propres. La composante capitaux propres initiale reste comptabilisée en capitaux propres (bien qu'elle puisse être transférée d'un poste de capitaux propres à un autre). Aucun profit ni perte n'est généré lors de la conversion à l'échéance.

AG33 Lorsqu'une entité éteint un instrument convertible avant l'échéance par remboursement ou rachat anticipé sans modification des privilèges de conversion initiaux, l'entité affecte la contrepartie payée et tous les coûts de transaction du rachat ou du remboursement aux composantes passif et capitaux propres de l'instrument à la date de la transaction. La méthode utilisée pour affecter la contrepartie payée et les coûts de transaction aux différentes composantes est conforme à celle qui est utilisée pour l'affectation initiale aux différentes composantes des produits reçus par l'entité lors de l'émission de l'instrument convertible, selon les paragraphes 28 à 32.

AG34 Une fois l'affectation de la contrepartie effectuée, tout profit ou perte qui en résulte est traité selon les principes comptables applicables à la composante en question, comme suit :

a) le montant du profit ou de la perte correspondant à la composante passif est comptabilisé au résultat ; et

b) le montant de la contrepartie relative à la composante capitaux propres est comptabilisé en capitaux propres.

AG35 Une entité peut modifier les termes d'un instrument convertible pour induire une conversion anticipée, par exemple en offrant un rapport de conversion plus favorable ou en payant une contrepartie supplémentaire en cas de conversion avant une date déterminée. La différence, à la date de modification des termes, entre la juste valeur de la contrepartie reçue par le porteur lors de la conversion de l'instrument selon les termes modifiés et la juste valeur de la contrepartie que le porteur aurait reçue selon les termes initiaux est comptabilisée en tant que perte dans le résultat.

➡ Actions propres (paragraphes 33 et 34)

AG36 Les instruments de capitaux propres d'une entité ne sont pas comptabilisés en actif financier, quelle que soit la raison de leur rachat. Le paragraphe 33 impose à une entité qui rachète ses instruments de capitaux propres de les déduire de ses capitaux propres (mais voir aussi paragraphe 33A). Toutefois, lorsqu'une entité détient ses capitaux propres pour le compte de tiers, par exemple un établissement financier détenant ses capitaux propres pour le compte d'un client, il existe une relation de mandataire et, de ce fait, ces participations ne sont pas incluses dans l'état de la situation financière de l'entité.

➡ Intérêts, dividendes, profits et pertes (paragraphes 35 à 41)

AG37 L'exemple qui suit illustre l'application du paragraphe 35 à un instrument financier composé. Supposons qu'une action préférentielle à dividende non cumulatif soit obligatoirement remboursable en trésorerie dans cinq ans, mais que les dividendes soient payables à la discrétion de l'entité avant la date de remboursement. Un tel instrument est un instrument financier composé dont la composante passif est la valeur actualisée du montant de remboursement. La désactualisation de cette composante est comptabilisée dans le résultat et classé en charges financières. Tout dividende versé se rapporte à la composante capitaux propres et est comptabilisé, de ce fait, comme une distribution du résultat. Un traitement analogue s'appliquerait si le remboursement n'était pas obligatoire mais au gré du porteur, ou si l'action était obligatoirement convertible en un nombre variable d'actions ordinaires calculé de manière à égaler un montant fixe ou un montant dépendant de variations d'une variable sous-jacente (par exemple, une marchandise). Cependant, si des dividendes impayés sont ajoutés au montant du remboursement, l'instrument tout entier est un passif. Dans ce cas, les dividendes sont classés en charges financières.

➡ Compensation d'un actif financier et d'un passif financier (paragraphes 42 à 50)

AG38 [Supprimé]

Critère pour déterminer que l'entité « a actuellement un droit juridiquement exécutoire de compenser les montants comptabilisés » [paragraphe 42 a)]

AG38A Un droit à opérer une compensation peut être actuel ou dépendre d'un événement futur (par exemple, ne pouvoir être exercé qu'après la survenance d'un événement futur déterminé, tel que la défaillance, l'insolvabilité ou la faillite de l'une des contreparties). Il se peut par ailleurs qu'un droit à opérer une compensation ne dépende pas d'un événement futur, mais qu'il ne soit juridiquement exécutoire que dans le cadre de l'activité normale ou qu'en cas de défaillance, d'insolvabilité ou de faillite de l'une ou de l'ensemble des contreparties.

AG38B Pour satisfaire au critère énoncé au paragraphe 42 a), l'entité doit avoir actuellement un droit juridiquement exécutoire de compenser les montants. Cela signifie que ce droit :

a) ne doit pas dépendre de la survenance d'un événement futur ; et

b) doit être juridiquement exécutoire dans toutes les circonstances suivantes :

i) dans le cadre de l'activité normale,

ii) en cas de défaillance ; et

iii) en cas d'insolvabilité ou de faillite

de l'entité et de toutes les contreparties.

AG38C La nature et l'étendue du droit à opérer une compensation, y compris les conditions se rattachant à son exercice et la question de savoir s'il continue d'exister en cas de défaillance, d'insolvabilité ou de faillite, peuvent varier d'un pays à l'autre. On ne peut donc pas présumer que le droit à opérer une compensation existe nécessairement hors du cadre de l'activité normale. Par exemple, les lois d'un pays en matière de faillite ou d'insolvabilité peuvent imposer des interdictions, ou des restrictions, visant le droit à opérer une compensation en cas de faillite ou d'insolvabilité dans certaines circonstances.

AG38D Il faut se référer aux règles de droit régissant les relations entre les parties (par exemple, les stipulations contractuelles, la législation applicable au contrat, ou les lois en matière d'insolvabilité ou de faillite qui s'appliquent aux parties) pour évaluer si le droit d'opérer une compensation est exécutoire dans le cadre normal de l'activité ainsi qu'en cas de défaillance et en cas d'insolvabilité ou de faillite de l'entité ou de toute contrepartie [comme il est précisé au paragraphe AG38B b)].

Critère pour déterminer que l'entité « a l'intention soit de régler le montant net, soit de réaliser l'actif et de régler le passif simultanément » [paragraphe 42 b)]

AG38E Pour satisfaire au critère énoncé au paragraphe 42 b), l'entité doit avoir l'intention soit de régler le montant net, soit de réaliser l'actif et de régler le passif simultanément. En effet, l'entité, même si elle a le droit de régler le montant net, pourrait décider de réaliser l'actif et de régler le passif séparément.

AG38F Si l'entité peut régler les montants d'une manière telle que le résultat équivaut de fait à un règlement net, elle satisfait au critère énoncé au paragraphe 42 b). C'est le cas si – et seulement si – le mécanisme de règlement brut possède des caractéristiques qui éliminent le risque de crédit et le risque de liquidité ou rendent ces risques négligeables et qui font que les sommes à verser et à recevoir sont traitées dans un même processus ou un même cycle de règlement. Par exemple, un système de règlement brut comportant toutes les caractéristiques suivantes répondrait au critère de règlement net énoncé au paragraphe 42 b) :

a) les actifs financiers et les passifs financiers pouvant faire l'objet d'une compensation sont soumis en même temps pour traitement ;

b) une fois les actifs financiers et passifs financiers soumis pour traitement, les parties sont tenues de s'acquitter de l'obligation de règlement ;

c) les flux de trésorerie découlant des actifs et des passifs ne sont pas susceptibles de changer une fois les actifs et les passifs soumis pour traitement (à moins de non-exécution du traitement ; voir point d) ci-dessous) ;

d) les actifs et les passifs garantis par nantissement de titres seront réglés par l'intermédiaire d'un système de règlement-livraison de titres ou d'un système similaire (par exemple, un système de livraison contre paiement), de sorte que, en cas de non-exécution du transfert de titres, il y aura aussi non-exécution du traitement de la créance ou de la dette garantie par les titres (et inversement) ;

e) les opérations non exécutées, au sens du point d), sont soumises de nouveau pour traitement jusqu'à leur règlement ;

f) le règlement de l'actif et du passif s'effectue par l'intermédiaire de la même institution de règlement (par exemple, une banque de règlement, une banque centrale ou un dépositaire central de titres) ; et

g) des facilités de crédit intrajournalier sont établies et permettent un découvert suffisant pour assurer le traitement des paiements à la date du règlement pour chacune des parties, et il est quasiment certain que ces facilités de crédit interjournalier seront honorées sur demande.

AG39 La présente norme ne prévoit pas de traitement particulier pour les instruments dits « synthétiques », qui sont des regroupements de divers instruments financiers acquis et conservés pour reproduire les caractéristiques d'un autre instrument. Ainsi, une dette à long terme à taux variable combinée avec un swap de taux d'intérêt qui implique de recevoir des paiements variables et d'effectuer des paiements fixes synthétise une dette à long terme à taux fixe. Chacun des instruments financiers constituant, ensemble, un « instrument synthétique » représente un droit contractuel ou une obligation contractuelle assorti(e) de ses propres termes et conditions, et chacun peut être transféré ou réglé séparément. Chaque instrument financier est exposé à des risques pouvant être différents des risques auxquels sont exposés d'autres instruments financiers. Par conséquent, lorsque dans un « instrument synthétique », un instrument financier est un actif et qu'un autre est un passif, ils ne sont pas compensés ni présentés dans l'état de la situation financière de l'entité à hauteur de leur montant net, sauf s'ils répondent aux critères de compensation décrits au paragraphe 42.

AG40 [Supprimé]

IAS 33
Résultat par action

[règlt UE 2023/1803]

Objectif

1 L'objectif de la présente norme est de prescrire les principes de détermination et de présentation du résultat par action de manière à améliorer les comparaisons de la performance entre entités différentes pour une même période de reporting et entre périodes de reporting différentes pour la même entité. Même si les données de résultat par action présentent des limites en raison de l'emploi de méthodes comptables différentes pour déterminer le « résultat », le fait qu'un dénominateur soit déterminé de façon cohérente et permanente améliore l'information financière. La présente norme se concentre sur le dénominateur du calcul du résultat par action.

Champ d'application

2 La présente norme s'applique :

a) aux états financiers individuels ou séparés d'une entité :
- i) dont les actions ordinaires ou les actions ordinaires potentielles sont négociées sur un marché public (une bourse des valeurs nationale ou étrangère ou encore un marché de gré à gré, y compris des marchés locaux et régionaux) ; ou
- **ii) qui dépose ses états financiers auprès d'une autorité de réglementation des valeurs mobilières ou d'un autre organisme de régulation, aux fins de l'émission d'actions ordinaires sur un marché public, ou qui est sur le point de le faire ; et**

b) aux états financiers consolidés d'un groupe avec une société mère :
- i) dont les actions ordinaires ou les actions ordinaires potentielles sont négociées sur un marché public (une bourse des valeurs nationale ou étrangère ou encore un marché de gré à gré, y compris des marchés locaux et régionaux) ; ou
- **ii) qui dépose ses états financiers auprès d'une autorité de réglementation des valeurs mobilières ou d'un autre organisme de régulation, aux fins de l'émission d'actions ordinaires sur un marché public, ou qui est sur le point de le faire.**

3 **Une entité qui indique son résultat par action doit le calculer et fournir des informations sur ce résultat par action selon la présente norme.**

4 Lorsqu'une entité présente à la fois des états financiers consolidés et des états financiers individuels selon IFRS 10 *États financiers consolidés* et IAS 27 *États financiers individuels*, respectivement, elle n'est tenue de fournir les

informations imposées par la présente norme que sur la base des informations consolidées. Une entité qui choisit de communiquer son résultat par action d'après ses états financiers individuels doit présenter cette information uniquement dans son état du résultat global. Une entité ne doit pas présenter ces informations sur le résultat par action dans ses états financiers consolidés.

4A Si l'entité présente les éléments du résultat net dans un état séparé comme décrit au paragraphe 10A d'IAS 1 *Présentation des états financiers* (telle que modifiée en 2011), elle doit présenter le résultat par action uniquement dans cet état séparé.

Définitions

5 Dans la présente norme, les termes suivants ont la signification indiquée ci-après :

L'*antidilution* est une augmentation du bénéfice par action ou une réduction de la perte par action résultant de l'hypothèse de la conversion d'instruments convertibles, de l'exercice d'options ou de bons de souscription d'actions, ou de l'émission d'actions ordinaires si certaines conditions spécifiées sont remplies.

Un *contrat conditionnel relatif à des actions* est un contrat visant à l'émission d'actions sous réserve de la réalisation de conditions spécifiées.

Des *actions ordinaires dont l'émission est conditionnelle* sont des actions ordinaires qui peuvent être émises en échange d'une contrepartie en trésorerie faible ou nulle, ou d'une autre contrepartie lorsque certaines conditions, spécifiées dans un contrat conditionnel relatif à des actions, sont remplies.

La *dilution* est une réduction du bénéfice par action ou une augmentation de la perte par action résultant de l'hypothèse de la conversion d'instruments convertibles, de l'exercice d'options ou de bons de souscription d'actions, ou de l'émission d'actions ordinaires si certaines conditions spécifiées sont remplies.

Les *options, bons de souscription d'actions et leurs équivalents* sont des instruments financiers qui donnent au porteur le droit d'acheter des actions ordinaires.

Une *action ordinaire* est un instrument de capitaux propres qui est subordonné à toutes les autres catégories d'instruments de capitaux propres.

Une *action ordinaire potentielle* est un instrument financier ou un autre contrat qui peut donner droit au porteur à des actions ordinaires.

Des *options de vente* sur actions ordinaires sont des contrats qui donnent au porteur le droit de vendre des actions ordinaires à un prix spécifié pendant une période donnée.

6 Les actions ordinaires ne participent au résultat de la période qu'après les autres catégories d'actions telles que les actions préférentielles. Une entité peut avoir plus d'une catégorie d'actions ordinaires. Les actions ordinaires de la même catégorie ont les mêmes droits à recevoir des dividendes.

7 Exemples d'actions ordinaires potentielles :

a) les instruments de passifs financiers ou de capitaux propres, y compris les actions préférentielles, qui sont convertibles en actions ordinaires ;

b) les options et les bons de souscription d'actions ;

c) les actions qui seraient émises si des conditions résultant d'accords contractuels telles que l'acquisition d'une entreprise ou d'autres actifs étaient remplies.

8 Sauf mention contraire, les termes définis dans IAS 32 *Instruments financiers : Présentation* sont utilisés dans la présente norme avec la signification précisée au paragraphe 11 d'IAS 32. IAS 32 définit un instrument financier, un actif financier, un passif financier et un instrument de capitaux propres, et fournit des indications sur l'application de ces définitions. IFRS 13 *Évaluation de la juste valeur* définit la juste valeur et établit des dispositions visant l'application de cette définition.

Évaluation

RÉSULTAT DE BASE PAR ACTION

9 Une entité doit calculer le résultat de base par action correspondant au résultat attribuable aux porteurs d'actions ordinaires de l'entité mère et, s'il est présenté, au résultat des activités ordinaires poursuivies attribuable à ces porteurs d'actions.

10 Le résultat de base par action doit être calculé en divisant le résultat attribuable aux porteurs d'actions ordinaires de l'entité mère (le numérateur) par le nombre moyen pondéré d'actions ordinaires en circulation (le dénominateur) au cours de la période.

11 L'objectif de l'information sur le résultat de base par action consiste à fournir une mesure de la quote-part de chaque action ordinaire d'une entité mère dans la performance de l'entité au cours de la période de reporting.

➠ Résultat

12 Pour les besoins du calcul du résultat de base par action, les montants attribuables aux porteurs d'actions ordinaires de l'entité mère découlant :

a) du résultat des activités ordinaires poursuivies attribuable à l'entité mère ; et

b) du résultat attribuable à l'entité mère

doivent être les montants des points a) et b) ajustés des montants après impôt des dividendes préférentiels, des écarts résultant du règlement des actions préférentielles et d'autres effets similaires d'actions préférentielles classés en capitaux propres.

13 Tous les produits et les charges attribuables aux porteurs d'actions ordinaires de l'entité mère qui sont comptabilisés au cours d'une période, y compris la charge d'impôt et les dividendes sur actions préférentielles classées en tant que passifs, interviennent dans la détermination du résultat de la période attribuable aux porteurs d'actions ordinaires de l'entité mère (voir IAS 1).

14 Le montant après impôt des dividendes préférentiels qui est déduit du résultat de la période est :

a) le montant après impôt de tout dividende préférentiel sur des actions préférentielles à dividende non cumulatif décidé au titre de la période ; et

b) le montant après impôt des dividendes préférentiels dus au titre des actions préférentielles à dividende cumulatif de la période, que ces dividendes aient ou non été décidés. Le montant des dividendes préférentiels pour la période n'inclut pas le montant des dividendes préférentiels revenant aux actions préférentielles à dividende cumulatif, versés ou décidés au cours de la période considérée au titre de périodes antérieures.

15 Les actions préférentielles assorties d'un dividende initial faible destiné à offrir une compensation à l'entité qui a vendu ces actions préférentielles moyennant une décote, ou assorties d'un dividende supérieur au marché au cours de périodes ultérieures pour offrir une compensation aux investisseurs qui ont acquis des actions préférentielles moyennant une surcote, sont parfois désignées par l'expression « actions préférentielles à taux croissant ». Toute décote ou surcote relative à une nouvelle émission d'actions préférentielles à taux croissant fait l'objet d'un amortissement par le résultat non distribué, en appliquant la méthode du taux d'intérêt effectif, et est traitée comme un dividende préférentiel aux fins du calcul du résultat par action.

16 Les actions préférentielles peuvent faire l'objet d'un rachat par voie d'offre publique d'achat aux porteurs, émise par l'entité. L'excédent de la juste valeur de la contrepartie versée aux actionnaires préférentiels par rapport à la valeur comptable des actions préférentielles représente un rendement pour les porteurs des actions préférentielles, et une réduction du résultat non distribué pour l'entité. Ce montant est déduit pour calculer le résultat attribuable aux porteurs d'actions ordinaires de l'entité mère.

17 Une entité peut déclencher la conversion anticipée d'actions préférentielles convertibles en apportant des modifications favorables aux modalités initiales de conversion ou en payant une contrepartie complémentaire. L'excédent de la juste valeur des actions ordinaires ou d'une autre contrepartie payée par rapport à la juste valeur des actions ordinaires susceptibles d'être émises selon les modalités initiales de conversion constitue un rendement pour les actionnaires préférentiels et doit être déduit pour calculer le résultat attribuable aux porteurs d'actions ordinaires de l'entité mère.

18 Tout excédent de la valeur comptable des actions préférentielles par rapport à la juste valeur de la contrepartie payée en règlement de celles-ci est additionné lors du calcul du résultat attribuable aux porteurs d'actions ordinaires de l'entité mère.

Actions

19 Pour le calcul du résultat de base par action, le nombre d'actions ordinaires doit être le nombre moyen pondéré d'actions ordinaires en circulation au cours de la période.

20 L'utilisation du nombre moyen pondéré d'actions ordinaires en circulation au cours de la période reflète la possibilité d'une variation du montant du capital au cours de la période du fait d'un nombre plus ou moins important d'actions en circulation à tout moment. Le nombre moyen pondéré d'actions ordinaires en circulation au cours de la période est le nombre d'actions ordinaires en circulation au début de la période, ajusté du nombre d'actions ordinaires remboursées ou émises au cours de la période, multiplié par un facteur de pondération en fonction du temps. Ce facteur de pondération est égal au nombre de jours où les actions sont en circulation par rapport au nombre total de jours de la période, dans de nombreux cas, une approximation raisonnable de la moyenne pondérée est adéquate.

21 Les actions sont habituellement incluses dans le nombre moyen pondéré d'actions à compter de la date à laquelle la créance est née (qui est le plus souvent la date d'émission), par exemple :

a) les actions ordinaires émises en contrepartie de trésorerie sont incluses lorsque la trésorerie est exigible ;

b) les actions ordinaires émises lors du réinvestissement volontaire des dividendes d'actions ordinaires ou préférentielles sont incluses lorsque les dividendes sont réinvestis ;

c) les actions ordinaires résultant de la conversion d'un instrument d'emprunt en actions ordinaires sont incluses à compter de la date à laquelle l'intérêt cesse de courir ;

d) les actions ordinaires émises en remplacement de l'intérêt ou du principal sur d'autres instruments financiers sont incluses à compter de la date à laquelle l'intérêt cesse de courir ;

e) les actions ordinaires émises en échange du règlement d'un passif de l'entité sont incluses à compter de la date du règlement ;

f) les actions ordinaires émises en contrepartie de l'acquisition d'un actif autre que de la trésorerie sont incluses à compter de la date de comptabilisation de l'acquisition ; et

g) les actions ordinaires émises pour des services rendus à l'entité sont incluses lorsque ces services sont rendus.

Le moment de l'inclusion des actions ordinaires est déterminé par les modalités de leur émission. Une attention particulière est accordée à la substance de tout contrat associé à l'émission.

22 Les actions ordinaires émises comme faisant partie de la contrepartie transférée lors d'un regroupement d'entreprises sont incluses dans le nombre moyen pondéré d'actions à compter de la date d'acquisition. Ceci s'explique par le fait qu'à compter de cette date, l'acquéreur incorpore dans son état du résultat global le résultat de l'entreprise acquise.

23 Les actions ordinaires qui seront émises lors de la conversion d'un instrument obligatoirement convertible sont incluses dans le calcul du résultat de base par action à compter de la date de la conclusion du contrat.

24 Des actions dont l'émission est conditionnelle ne sont traitées comme étant en circulation et ne sont incluses dans le calcul du résultat de base par action qu'à compter de la date à laquelle toutes les conditions nécessaires sont remplies (c'est-à-dire à laquelle les événements sont survenus). Les actions qui ne peuvent être émises qu'après l'écoulement d'un certain délai ne sont pas des actions dont l'émission est conditionnelle, parce que l'écoulement d'un délai est une certitude. Les actions ordinaires en circulation dont la restitution est conditionnelle (c'est-à-dire qui sont susceptibles d'être rappelées) ne sont pas traitées comme étant en circulation et sont exclues du calcul du résultat de base par action jusqu'à la date où ces actions ne sont plus susceptibles d'être rappelées.

25 [Supprimé]

26 Le nombre moyen pondéré d'actions ordinaires en circulation au cours de la période et pendant toutes les périodes présentées doit être ajusté pour tenir compte d'événements, autres que la conversion d'actions ordinaires potentielles, qui ont changé le nombre d'actions ordinaires en circulation sans changement correspondant des ressources.

27 Des actions ordinaires peuvent être émises, ou le nombre d'actions ordinaires en circulation peut être réduit, sans modification correspondante des ressources. On peut citer, à titre d'exemple :

a) une émission par capitalisation des bénéfices ou une émission d'actions gratuites (parfois appelée dividendes en actions) ;

b) un élément gratuit dans toute autre émission, par exemple un élément gratuit dans le cadre d'une émission de droits de souscription au profit des actionnaires existants ;

c) un fractionnement d'actions ; et

d) un fractionnement inversé d'actions (regroupement d'actions).

28 Dans une capitalisation ou émission d'actions gratuites, ou dans un fractionnement d'actions, des actions ordinaires sont émises au profit des actionnaires existants sans autre contrepartie. Le nombre des actions ordinaires en circulation augmente donc sans augmentation des ressources. Le nombre d'actions ordinaires en circulation avant l'événement est ajusté au prorata de la modification du nombre d'actions ordinaires en circulation comme si l'événement s'était produit à l'ouverture de la première période présentée. Ainsi, lors de l'attribution de deux actions gratuites pour une action existante, le nombre d'actions ordinaires en circulation avant l'émission est multiplié par trois pour obtenir le nouveau nombre total d'actions, ou par deux pour obtenir celui des actions ordinaires nouvelles.

29 Un regroupement d'actions ordinaires réduit généralement le nombre d'actions ordinaires en circulation sans réduction correspondante des ressources. Toutefois, lorsque l'effet global est un rachat d'actions à la juste valeur, la réduction du nombre d'actions ordinaires en circulation est le résultat d'une réduction correspondante des ressources. Un regroupement d'actions combiné à un dividende spécial en constitue un exemple. Le nombre moyen pondéré d'actions ordinaires en circulation pour la période pendant laquelle s'effectue la transaction de regroupement est ajusté pour tenir compte de la réduction du nombre d'actions ordinaires à compter de la date à laquelle le dividende spécial est comptabilisé.

RÉSULTAT DILUÉ PAR ACTION

30 Une entité doit calculer le résultat dilué par action correspondant au résultat attribuable aux porteurs d'actions ordinaires de l'entité mère et, s'il est présenté, au résultat des activités ordinaires poursuivies attribuable à ces porteurs d'actions.

31 Pour le calcul du résultat dilué par action, une entité doit ajuster le résultat attribuable aux actionnaires ordinaires de l'entité mère, ainsi que le nombre moyen pondéré d'actions en circulation, des effets de toutes les actions ordinaires potentielles dilutives.

32 L'objectif du résultat dilué par action est cohérent avec celui du résultat de base par action – fournir une évaluation de la quote-part de chaque action ordinaire dans la performance d'une entité – tout en tenant compte de toutes les actions ordinaires potentielles dilutives en circulation au cours de la période. De ce fait :

a) le résultat attribuable aux porteurs d'actions ordinaires de l'entité mère est majoré du montant après impôt des dividendes et des intérêts comptabilisés au cours de la période au titre des actions ordinaires potentielles dilutives, et ajusté pour tenir compte de toute autre variation des produits ou des charges qui résulterait de la conversion des actions ordinaires potentielles dilutives ; et

b) le nombre moyen pondéré d'actions ordinaires en circulation est majoré du nombre moyen pondéré d'actions ordinaires qui auraient été en circulation dans l'hypothèse d'une conversion de toutes les actions ordinaires potentielles dilutives.

Résultat

33 Pour le calcul du résultat dilué par action, une entité doit ajuster le résultat attribuable aux actionnaires ordinaires de l'entité mère, calculé conformément au paragraphe 12, à hauteur de l'effet après impôt :

a) de tout dividende ou autre élément au titre des actions ordinaires potentielles dilutives qui a été déduit pour obtenir le résultat attribuable aux porteurs d'actions ordinaires de l'entité mère, calculé selon le paragraphe 12 ;

b) des intérêts comptabilisés au cours de la période au titre des actions ordinaires potentielles dilutives ; et

c) de toute autre variation des produits ou charges qui résulterait de la conversion des actions ordinaires potentielles dilutives.

34 Après la conversion des actions ordinaires potentielles en actions ordinaires, les éléments identifiés au paragraphe 33 a) à c) n'entrent plus en ligne de compte. Ce sont les nouvelles actions ordinaires qui donnent droit à une participation au résultat attribuable aux porteurs d'actions ordinaires de l'entité mère. En conséquence, le résultat attribuable aux porteurs d'actions ordinaires de l'entité mère, calculé conformément au paragraphe 12, est ajusté des éléments identifiés au paragraphe 33 a) à c) ainsi que des impôts liés. Les charges associées aux actions ordinaires potentielles comprennent les coûts de transaction et les décotes comptabilisés selon la méthode du taux d'intérêt effectif (voir IFRS 9).

35 La conversion d'actions ordinaires potentielles peut entraîner des variations conséquentes des produits ou des charges. Par exemple, la réduction de la charge d'intérêt liée aux actions ordinaires potentielles et l'accroissement du bénéfice net ou la réduction de la perte en résultant peut conduire à une augmentation des charges liées à un plan d'intéressement non discrétionnaire pour les membres du personnel. Pour le calcul du résultat dilué par action, le résultat attribuable aux porteurs d'actions ordinaires de l'entité mère est ajusté de toutes ces variations conséquentes des produits ou des charges.

Actions

36 Pour le calcul du résultat dilué par action, le nombre d'actions ordinaires doit être le nombre moyen pondéré d'actions ordinaires calculé selon les paragraphes 19 et 26, majoré du nombre moyen pondéré d'ac-

tions ordinaires qui seraient émises lors de la conversion en actions ordinaires de toutes les actions ordinaires potentielles dilutives. Il faut considérer que les actions ordinaires potentielles dilutives ont été converties en actions ordinaires au début de la période ou à la date d'émission des actions ordinaires potentielles si elle est ultérieure.

37 Les actions ordinaires dilutives potentielles doivent être déterminées de manière indépendante pour chaque période présentée. Le nombre d'actions ordinaires potentielles dilutives incluses depuis le début de la période n'est pas une moyenne pondérée des actions ordinaires potentielles dilutives incluses dans chaque calcul intermédiaire.

38 Les actions ordinaires potentielles sont pondérées pour la période pendant laquelle elles sont en circulation. Les actions ordinaires potentielles qui ont été annulées ou que l'on a laissé expirer pendant la période ne sont prises en compte dans le calcul du résultat dilué par action que pour la partie de la période pendant laquelle elles étaient en circulation. Les actions ordinaires potentielles qui sont converties en actions ordinaires pendant la période sont prises en compte dans le calcul du résultat dilué par action depuis le début de la période jusqu'à la date de leur conversion ; à compter de la date de conversion, les actions ordinaires en résultant sont prises en compte à la fois dans le résultat de base par action et dans le résultat dilué par action.

39 Le nombre d'actions ordinaires qui seraient émises lors de la conversion d'actions ordinaires potentielles dilutives est déterminé à partir des caractéristiques des actions ordinaires potentielles. Lorsque plusieurs bases de conversion coexistent, le calcul retient le taux de conversion ou le prix d'exercice le plus avantageux du point de vue du porteur des actions ordinaires potentielles.

40 Une filiale, une coentreprise ou une entreprise associée peut émettre, au bénéfice de parties autres que la société mère ou les investisseurs exerçant un contrôle conjoint ou une influence notable sur l'entité faisant l'objet de l'investissement, des actions ordinaires potentielles convertibles soit en actions ordinaires de la filiale, coentreprise ou entreprise associée, soit en actions ordinaires de la société mère ou des investisseurs exerçant un contrôle conjoint ou une influence notable (l'entité présentant les états financiers) sur l'entité faisant l'objet de l'investissement. Si ces actions ordinaires potentielles de la filiale, coentreprise ou entreprise associée ont un effet dilutif sur le résultat de base par action de l'entité présentant les états financiers, cette dernière les prend en compte dans le calcul du résultat dilué par action.

➡ Actions ordinaires potentielles dilutives

41 Les actions ordinaires potentielles doivent être traitées comme dilutives uniquement dans le cas où leur conversion en actions ordinaires aurait pour effet de réduire le résultat par action ou d'augmenter la perte par action des activités ordinaires poursuivies.

42 Une entité utilise le résultat des activités ordinaires poursuivies attribuables à l'entité mère comme chiffre de référence pour déterminer si des actions ordinaires potentielles sont dilutives ou antidilutives. Le résultat des activités ordinaires poursuivies attribuables à l'entité mère est ajusté selon le paragraphe 12 et exclut les éléments relatifs aux activités abandonnées.

43 Les actions ordinaires potentielles sont antidilutives lorsque leur conversion en actions ordinaires aurait pour effet d'augmenter le résultat par action

ou de diminuer la perte par action découlant des activités ordinaires poursuivies. Le calcul du résultat dilué par action ne tient pas compte d'hypothèses de conversion, d'exercice, ou d'autres émissions d'actions ordinaires potentielles qui auraient un effet antidilutif sur le résultat par action.

44 Lorsqu'on détermine l'effet dilutif ou antidilutif des actions ordinaires potentielles, on considère séparément et non globalement chaque émission ou série d'actions ordinaires potentielles. La séquence selon laquelle sont prises en considération les actions ordinaires potentielles peut affecter leur caractère dilutif ou non. Dès lors, pour maximiser la dilution du résultat de base par action, chaque émission ou série d'actions ordinaires potentielles est considérée de manière séquentielle depuis la plus dilutive jusqu'à la moins dilutive. En d'autres termes, les actions ordinaires potentielles dilutives assorties du « résultat par action supplémentaire » le plus faible participent au calcul du résultat dilué par action avant celles qui sont assorties du résultat par action supplémentaire le plus élevé. Les options et les bons de souscription d'actions sont habituellement inclus en premier parce qu'ils n'affectent pas le numérateur du calcul.

Options, bons de souscription d'actions et leurs équivalents

45 **Pour calculer son résultat dilué par action, une entité doit supposer que les options dilutives et les bons de souscription d'actions dilutifs ont été exercés. Le produit présumé de ces instruments doit être considéré comme ayant été perçu lors de l'émission d'actions ordinaires au cours moyen de marché des actions ordinaires pendant la période. La différence entre le nombre d'actions ordinaires émises et le nombre d'actions ordinaires qui auraient été émises au cours moyen du marché d'actions ordinaires pendant la période doit être traitée comme une émission d'actions ordinaires sans contrepartie.**

46 Les options et les bons de souscription d'actions ont un effet dilutif lorsque leur conséquence serait l'émission d'actions ordinaires à un cours inférieur au cours moyen de marché des actions ordinaires pendant la période. Le montant de la dilution est le cours moyen de marché d'actions ordinaires pendant la période, diminué du prix d'émission. Par conséquent, pour calculer le résultat dilué par action, les actions ordinaires potentielles sont considérées comme étant composées à la fois :

a) d'un contrat portant sur l'émission d'un certain nombre d'actions ordinaires à leur cours moyen de marché au cours de la période. De telles actions ordinaires sont présumées être évaluées à leur juste prix, et n'être ni dilutives ni antidilutives. Elles ne sont pas prises en compte dans le calcul du résultat dilué par action ;

b) d'un contrat portant sur l'émission sans contrepartie des actions ordinaires restantes. Ces actions ordinaires ne génèrent aucun produit et n'ont aucun effet sur le résultat attribuable aux actions ordinaires en circulation. Ces actions ont donc un effet dilutif et sont rajoutées au nombre d'actions ordinaires en circulation dans le calcul du résultat dilué par action.

47 Les options et les bons de souscription d'actions n'ont un effet dilutif que lorsque le cours moyen de marché des actions ordinaires pendant la période excède le prix d'exercice des options ou des bons de souscription d'actions (c'est-à-dire qu'elles sont « dans la monnaie »). Le résultat par action présenté précédemment n'est pas ajusté à titre rétroactif pour refléter les changements des cours des actions ordinaires.

47A Pour les options sur actions et les autres accords de paiement fondé sur des actions auxquels s'applique IFRS 2 *Paiement fondé sur des actions*, le prix d'émission visé au paragraphe 46 et le prix d'exercice visé au paragraphe 47 doivent inclure la juste valeur (évaluée conformément à IFRS 2) de tout bien ou service à fournir à l'entité dans le futur en vertu du plan d'options sur actions ou de tout autre accord de paiement fondé sur des actions.

48 Les options sur actions réservées au personnel, selon des modalités fixes ou déterminables, ainsi que les actions ordinaires non acquises, sont traitées comme des options dans le calcul du résultat dilué par action, même si elles peuvent être subordonnées à l'acquisition des droits. Elles sont traitées comme en circulation à la date d'octroi. Les options sur actions accordées aux salariés fondées sur la performance sont traitées comme des actions dont l'émission est conditionnelle parce que leur émission dépend de la satisfaction de conditions spécifiques en plus de l'écoulement d'un délai.

Instruments convertibles

49 L'effet dilutif des instruments convertibles doit être reflété dans les résultats dilués par action selon les paragraphes 33 et 36.

50 Les actions préférentielles convertibles sont antidilutives lorsque le montant du dividende sur ces actions décidé pendant ou accumulé pour la période considérée par action ordinaire susceptible de résulter de la conversion est supérieur au résultat de base par action. De même, les instruments d'emprunts convertibles sont antidilutifs dès lors que leurs intérêts (nets d'impôt et d'autres variations des produits ou charges) par action ordinaire susceptible de résulter de la conversion excèdent le résultat de base par action.

51 Le remboursement, ou la conversion induite, d'actions préférentielles convertibles peut n'affecter qu'une portion des actions préférentielles convertibles précédemment en circulation. Dans de tels cas, afin de déterminer si les actions préférentielles en circulation restantes sont dilutives, tout excédent de contrepartie visé au paragraphe 17 est attribué aux actions qui sont remboursées ou converties. Les actions remboursées ou converties sont prises en considération séparément des actions qui ne sont pas remboursées ou converties.

Actions dont l'émission est conditionnelle

52 Comme pour le calcul du résultat de base par action, des actions ordinaires dont l'émission est conditionnelle sont traitées comme étant en circulation et incluses dans le calcul du résultat dilué par action si les conditions sont remplies (c'est-à-dire que tous les événements sont survenus). Les actions dont l'émission est conditionnelle sont incluses depuis l'ouverture de la période (ou à compter de la date du contrat conditionnel relatif aux actions si elle est postérieure). Si les conditions n'ont pas été réunies, le nombre d'actions dont l'émission est conditionnelle incluses dans le calcul du résultat dilué par action est fondé sur le nombre d'actions qui seraient susceptibles d'être émises si la fin de la période de reporting était la fin de la période d'éventualité. Le retraitement n'est pas autorisé si les conditions ne sont pas remplies à l'expiration de la période d'éventualité.

53 Si la réalisation ou le maintien d'un montant spécifié de résultat pendant une période est la condition de l'émission éventuelle, et si ce montant a été atteint à la fin de la période de reporting, mais doit être maintenu au-delà de la période de reporting pendant une période supplémentaire, alors les actions ordinaires nouvelles sont traitées comme en circulation, si l'effet est dilutif, lors du calcul du résultat dilué par action. Dans ce cas, le calcul du résultat dilué par action se fonde sur le nombre d'actions ordinaires qui seraient émises si le montant du résultat à la fin de la période de reporting était le montant du résultat à la fin de la période d'éventualité. Comme le résultat peut changer dans une période ultérieure, le calcul du résultat de base par action n'inclut pas les actions ordinaires dont l'émission est conditionnelle avant la fin de la période d'éventualité parce que toutes les conditions nécessaires n'ont pas été satisfaites.

54 Le nombre d'actions ordinaires dont l'émission est conditionnelle peut dépendre du cours futur de l'action ordinaire. Dans ce cas, si l'effet est dilutif, le calcul du résultat dilué par action se base sur le nombre d'actions ordinaires qui seraient émises si le cours à la fin de la période de reporting était le cours de marché à la fin de la période d'éventualité. Si la condition est fondée sur une moyenne des cours de marché, pendant une durée qui s'étend au-delà de la fin de la période de reporting, l'entité utilise la moyenne relative au délai déjà écoulé. Comme le cours peut changer dans une période ultérieure, le calcul du résultat de base par action n'inclut pas les actions ordinaires dont l'émission est conditionnelle avant la fin de la période d'éventualité parce que toutes les conditions nécessaires n'ont pas été remplies.

55 Le nombre d'actions ordinaires dont l'émission est conditionnelle peut dépendre du résultat futur et du cours futur de l'action ordinaire. Dans ce cas, le nombre d'actions ordinaires inclus dans le calcul du résultat dilué par action est fondé sur les deux conditions (c'est-à-dire le résultat depuis le début de la période et le cours actuel à la fin de la période de reporting). Les actions ordinaires dont l'émission est conditionnelle ne sont pas incluses dans le calcul du résultat dilué par action tant que les deux conditions ne sont pas réunies.

56 Dans d'autres cas, le nombre d'actions ordinaires dont l'émission est conditionnelle dépend d'une condition qui n'est pas le résultat ou le cours (par exemple, l'ouverture d'un nombre donné de magasins de détail). Dans de tels cas, en supposant que la situation actuelle quant à la réalisation de la condition reste inchangée jusqu'à la fin de la période d'éventualité, les actions ordinaires dont l'émission est conditionnelle sont incluses dans le calcul du résultat dilué par action en fonction de la situation à la fin de la période de reporting.

57 Des actions ordinaires potentielles dont l'émission est conditionnelle (sauf celles qui font l'objet d'un contrat conditionnel relatif à des actions, comme des instruments convertibles dont l'émission est conditionnelle) sont incluses dans le calcul du résultat dilué par action comme suit :

a) l'entité détermine si elle peut considérer que les actions potentielles ordinaires peuvent être émises d'après leurs conditions d'émission prévues selon les dispositions relatives aux actions ordinaires dont l'émission est conditionnelle aux paragraphes 52 à 56 ; et

b) si ces actions ordinaires potentielles doivent être prises en compte dans le calcul du résultat dilué par action, l'entité détermine leur impact sur le calcul du résultat dilué par action en appliquant les dispositions relatives aux options et aux bons de souscription aux paragraphes 45 à 48, les dispositions relatives aux instruments convertibles aux paragraphes 49 à 51, les dispositions relatives aux contrats qui peuvent être réglés en actions ordinaires ou en trésorerie aux paragraphes 58 à 61, ou à d'autres dispositions selon le cas.

Toutefois, on ne présume pas l'exercice ou la conversion aux fins du calcul du résultat dilué par action, à moins de présumer l'exercice ou la conversion d'actions similaires ordinaires potentielles en circulation dont l'émission n'est pas conditionnelle.

Contrats pouvant être réglés en actions ordinaires ou en trésorerie

58 Lorsqu'une entité a émis un contrat qui peut être réglé en actions ordinaires ou en trésorerie, au choix de l'entité, celle-ci doit présumer que le contrat sera réglé en actions ordinaires, et le nombre correspondant d'actions ordinaires potentielles sera inclus dans le résultat dilué par action si leur effet est dilutif.

59 Lorsqu'un tel contrat est présenté comme un actif ou un passif en termes de comptabilisation, ou s'il présente une composante de capitaux propres et une composante de passif, l'entité doit ajuster le numérateur à hauteur des variations du résultat qui auraient été engendrées pendant la période si le contrat avait été classé intégralement comme un instrument de capitaux propres. Cet ajustement est semblable aux ajustements imposés par le paragraphe 33.

60 Pour les contrats pouvant être réglés en actions ordinaires ou en trésorerie, au choix du porteur, la méthode de règlement la plus dilutive (entre le règlement en trésorerie et le règlement en actions) doit être retenue pour le calcul du résultat dilué par action.

61 Un premier exemple de contrat qui peut être réglé en actions ordinaires ou en trésorerie est un instrument d'emprunt qui, à l'échéance, donne à l'entité le droit absolu de régler le montant du principal en trésorerie ou en actions ordinaires propres. Un autre exemple est une option de vente émise qui donne au porteur le choix du règlement en actions ordinaires ou en trésorerie.

Options acquises

62 Les contrats tels que les options de vente acquises et les options d'achat acquises (c'est-à-dire des options détenues par l'entité sur ses propres actions ordinaires) ne sont pas pris en compte dans le calcul du résultat dilué par action, parce que le fait de les inclure serait antidilutif. L'option de vente ne serait exercée que si le prix d'exercice était supérieur au cours du marché, et l'option d'achat ne serait exercée que si le prix d'exercice était inférieur au cours du marché.

Options de vente émises

63 Les contrats qui imposent à l'entité de racheter ses propres actions, tels que les options de vente émises et les contrats d'achat à terme de gré à gré, sont pris en compte dans le calcul du résultat dilué par action si leur effet est dilutif. Si ces contrats sont « dans la monnaie » pendant la période (c'est-à-dire que le prix d'exercice ou de règlement est supérieur au cours moyen pour cette période), l'effet dilutif potentiel sur le résultat par action doit être calculé comme suit :

a) l'entité doit présumer qu'au début de la période, des actions ordinaires seront émises en nombre suffisant (au cours moyen du marché pendant la période) pour augmenter le produit de manière à honorer le contrat ;

b) l'entité doit présumer que le produit de l'émission doit être utilisé pour honorer le contrat (c'est-à-dire pour procéder au rachat d'actions ordinaires) ; et

c) les actions ordinaires supplémentaires (la différence entre le nombre d'actions ordinaires présumées émises et le nombre d'actions ordinaires reçues lors de l'exécution du contrat) doivent être incluses dans le calcul du résultat dilué par action.

Ajustements rétrospectifs

64 Si le nombre d'actions ordinaires ou d'actions ordinaires potentielles en circulation augmente à la suite d'une capitalisation ou d'une émission d'actions gratuites, ou d'un fractionnement d'actions, ou diminue à la suite d'un regroupement d'actions, le calcul du résultat par action, de base et dilué, est ajusté de façon rétrospective pour toutes les périodes présentées. Si ces changements interviennent après la période de reporting mais avant la date d'autorisation de publication des états financiers, les calculs par action pour la période concernée et les périodes précédentes présentées doivent être faits sur la base du nouveau nombre d'actions. Le fait que les calculs par action reflètent ces changements du nombre d'actions doit être indiqué. En outre, le résultat par action de base et dilué de toutes les périodes présentées doit être ajusté pour tenir compte des effets des erreurs et des ajustements résultant de changements de méthodes comptables comptabilisés de manière rétrospective.

65 Une entité ne retraite pas le résultat par action dilué pour les périodes antérieures présentées pour tenir compte de modifications des hypothèses retenues pour le calcul du résultat par action ou pour tenir compte de la conversion d'actions ordinaires potentielles en actions ordinaires.

Présentation

66 Une entité doit présenter dans l'état du résultat global le résultat de base et le résultat dilué par action pour le résultat des activités poursuivies attribuables aux porteurs d'actions ordinaires de l'entité mère et pour le résultat attribuable aux porteurs d'actions ordinaires de l'entité mère pour la période, pour chaque catégorie d'actions ordinaires assortie d'un droit différent à une quote-part du bénéfice pour la période. Une entité doit présenter les résultats de base par action et dilué par action avec la même importance pour toutes les périodes présentées.

67 Le résultat par action est présenté pour chaque période au titre de laquelle un état du résultat global est présenté. Si le résultat dilué par action est présenté pour au moins une période, il doit être présenté pour toutes les périodes présentées, même s'il est égal au résultat de base par action. Si le résultat de base et le résultat dilué par action sont égaux, il est possible de les présenter tous les deux en une seule ligne de l'état du résultat global.

67A Si l'entité présente les éléments du résultat net dans un état séparé comme décrit au paragraphe 10A d'IAS 1 (telle que modifiée en 2011), elle présente le résultat de base et le résultat dilué par action, comme décrit aux paragraphes 66 et 67, dans cet état séparé.

68 Une entité qui présente une activité abandonnée doit indiquer le résultat de base et le résultat dilué par action pour l'activité abandonnée soit dans l'état du résultat global, soit dans les notes.

68A Si l'entité présente les éléments de résultat net dans un état séparé comme décrit au paragraphe 10A d'IAS 1 (telle que modifiée en 2011), elle présente le résultat de base et le résultat dilué par action pour cette activité abandonnée, comme décrit au paragraphe 68, dans cet état séparé ou dans les notes.

69 Une entité doit présenter le résultat de base par action et le résultat dilué par action, même si les montants indiqués sont négatifs (c'est-à-dire s'il s'agit d'une perte par action).

Informations à fournir

70 Une entité doit présenter les éléments suivants :

a) les montants utilisés aux numérateurs dans le calcul du résultat de base et du résultat dilué par action et un rapprochement de ces montants avec le résultat attribuable à l'entité mère pour la période. Le rapprochement doit comprendre l'effet individuel de chaque catégorie d'instruments qui affecte le résultat par action ;

b) le nombre moyen pondéré d'actions ordinaires utilisé au dénominateur dans le calcul du résultat de base et du résultat dilué par action et un rapprochement de ces dénominateurs l'un avec l'autre. Le rapprochement doit comprendre l'effet individuel de chaque catégorie d'instruments qui affecte le résultat par action ;

c) les instruments (y compris les actions dont l'émission est conditionnelle) qui pourraient diluer le résultat de base par action dans le futur, mais qui n'étaient pas inclus dans le calcul du résultat dilué par action parce qu'ils sont antidilutifs pour la (les) période(s) présentée(s) ;

d) une description des transactions sur actions ordinaires ou des transactions sur actions ordinaires potentielles autres que celles comptabilisées conformément au paragraphe 64, qui interviennent après la période de reporting et qui auraient modifié de manière significative le nombre d'actions ordinaires ou d'actions ordinaires potentielles en circulation à la fin de la période si ces transactions étaient survenues avant la fin de la période de reporting.

71 Voici quelques exemples de transactions visées au paragraphe 70 d) :

a) l'émission d'actions contre de la trésorerie ;

b) l'émission d'actions lorsque le produit de l'émission sert à rembourser des dettes ou des actions préférentielles en circulation à la fin de la période de reporting ;

c) le rachat d'actions ordinaires en circulation ;

d) la conversion ou l'exercice d'actions ordinaires potentielles, en circulation à la fin de la période de reporting, en actions ordinaires ;

e) l'émission d'options, de bons de souscription d'actions ou de titres convertibles ; et

f) la réalisation des conditions autorisant l'émission d'actions dont l'émission est conditionnelle.

Les montants des résultats par action ne sont pas ajustés pour tenir compte de telles transactions survenant après la période de reporting car ces transactions n'affectent pas le montant de capital utilisé pour générer le résultat de la période.

72 Les instruments financiers et autres contrats générant des actions ordinaires potentielles peuvent comporter des dispositions affectant l'évaluation du résultat de base et du résultat dilué par action. Ces dispositions peuvent déterminer si des actions ordinaires potentielles sont ou non dilutives et, si tel est le cas, l'effet sur le nombre moyen pondéré d'actions en circulation et tout ajustement connexe du résultat attribuable aux porteurs d'actions ordinaires. La publication des dispositions de ces instruments financiers et autres contrats est encouragée, et parfois requise (voir IFRS 7 *Instruments financiers : informations à fournir*).

73 **Si une entité fournit, outre ses résultats de base par action et dilués par action, des montants par action en utilisant une composante présentée dans l'état du résultat global autre que celles imposées par la présente norme, ces montants doivent être calculés en utilisant le nombre moyen pondéré d'actions ordinaires déterminé selon la présente norme. Les montants de base et dilués par action relatifs à une telle composante doivent être indiqués avec la même importance et présentés dans les notes. Une entité doit indiquer la base de détermination du (des) numérateur(s), et notamment si les montants par action s'entendent avant impôt ou après impôt. Si l'entité utilise une composante de l'état du résultat global qui n'est pas présentée comme un poste de l'état du résultat global, elle doit fournir un rapprochement de la composante utilisée avec un poste présenté dans l'état du résultat global.**

73A **Le paragraphe 73 s'applique également à l'entité qui fournit, outre son résultat de base et son résultat dilué par action, des montants par action en utilisant un élément présenté en résultat net, autre que l'un de ceux qui sont requis selon la présente norme.**

Date d'entrée en vigueur

74 L'entité doit appliquer la présente norme pour les exercices ouverts à compter du 1er janvier 2005. Une application anticipée est encouragée. Si l'entité applique la présente norme pour une période ouverte avant le 1er janvier 2005, elle doit l'indiquer.

74A La publication d'IAS 1 (telle que révisée en 2007) a donné lieu à la modification de la terminologie utilisée dans les IFRS. Elle a également donné lieu à l'ajout des paragraphes 4A, 67A, 68A et 73A. L'entité doit appliquer ces modifications pour les exercices ouverts à compter du 1er janvier 2009. Si l'entité applique IAS 1 (révisée en 2007) pour une période antérieure, ces modifications doivent être appliquées pour cette période antérieure.

74B La publication d'IFRS 10 et d'IFRS 11 *Partenariats*, en mai 2011, a donné lieu à la modification des paragraphes 4, 40 et A11. L'entité qui applique IFRS 10 et IFRS 11 doit appliquer ces modifications.

74C La publication d'IFRS 13, en mai 2011, a donné lieu à la modification des paragraphes 8, 47A et A2. L'entité qui applique IFRS 13 doit appliquer ces modifications.

74D La publication de *Présentation des autres éléments au résultat global* (modifications d'IAS 1), en juin 2011, a donné lieu à la modification des paragraphes 4A, 67A, 68A et 73A. L'entité qui applique IAS 1 telle que modifiée en juin 2011 doit appliquer ces modifications.

74E La publication d'IFRS 9 *Instruments financiers*, en juillet 2014, a donné lieu à la modification du paragraphe 34. L'entité qui applique IFRS 9 doit appliquer cette modification.

Retrait d'autres positions officielles

75 La présente norme annule et remplace IAS 33 *Résultat par action* (publiée en 1997).

76 La présente norme annule et remplace également SIC-24 *Résultat par action – instruments financiers et autres contrats pouvant être réglés en actions.*

Appendice A - Guide d'application

Le présent appendice fait partie intégrante de la présente norme.

RÉSULTAT ATTRIBUABLE À L'ENTITÉ MÈRE

A1 Aux fins du calcul du résultat par action fondé sur les états financiers consolidés, le résultat attribuable à l'entité mère fait référence au résultat de l'entité consolidée ajusté pour tenir compte des intérêts ne donnant pas le contrôle.

ÉMISSION DE DROITS DE SOUSCRIPTION

A2 L'émission d'actions ordinaires au moment de l'exercice ou de la conversion d'actions ordinaires potentielles ne donne habituellement pas naissance à un élément gratuit. C'est essentiellement dû au fait que les actions ordinaires potentielles sont habituellement émises pour leur juste valeur, ce qui donne lieu à une variation proportionnelle des ressources disponibles pour l'entité. Dans une émission de droits, cependant, le prix d'exercice est souvent inférieur à la juste valeur des actions. Par conséquent, comme indiqué au paragraphe 27 b), une telle émission de droits inclut un élément gratuit. Si une émission de droits est offerte à tous les actionnaires existants, le nombre d'actions ordinaires à prendre en compte dans le calcul du résultat de base et dilué par action pour toutes les périodes antérieures à l'émission de droits est le nombre d'actions ordinaires en circulation avant cette émission, multiplié par le facteur suivant :

$$\frac{\text{Juste valeur par action immédiatement avant l'exercice du droit}}{\text{Juste valeur théorique par action ex-droit}}$$

On calcule la juste valeur théorique par action ex-droit en additionnant la juste valeur globale des actions immédiatement avant l'exercice des droits avec le produit de l'exercice des droits, puis en divisant par le nombre d'actions en circulation après l'exercice des droits. Lorsque les droits font l'objet d'une cotation distincte de celle des actions avant la date d'exercice, la juste valeur est évaluée à la clôture du dernier jour où les actions sont négociées avec les droits.

CHIFFRE DE RÉFÉRENCE

A3 Pour illustrer l'application de la notion de chiffre de référence décrite aux paragraphes 42 et 43, supposons qu'une entité dégage un bénéfice sur activités poursuivies attribuable à l'entité mère de 4 800 UM (*), une perte liée aux activités abandonnées attribuables à l'entité mère de 7 200 UM, une perte attribuable à l'entité mère de 2 400 UM, et qu'elle a 2 000 actions ordinaires et 400 actions ordinaires potentielles en circulation. Le résultat de base par action de l'entité s'élève à 2,40 UM pour les activités poursuivies, (3,60) UM pour les activités abandonnées, et (1,20) UM pour la perte. Les 400 actions ordinaires potentielles sont incluses dans le résultat dilué par action calculé parce que le résultat par action de 2,00 UM pour les activités poursuivies est dilutif, dans l'hypothèse de l'absence d'impact, sur le résultat, de ces 400 actions ordinaires potentielles. Comme le bénéfice des activités poursuivies attribuable à l'entité mère est le chiffre de référence, l'entité inclut également ces 400 actions ordinaires potentielles dans le calcul des autres montants de résultat par action, même si le résultat correspondant par action est antidilutif par rapport à son résultat de base comparable par action, c'est-à-dire la perte par action est moindre [(3,00) UM par action pour la perte découlant des activités abandonnées et (1,00) UM par action pour la perte].

(*) Dans le présent guide d'application, les montants monétaires sont libellés en « unités monétaires » (UM).

COURS DE MARCHÉ MOYEN D'ACTIONS ORDINAIRES

A4 Pour le calcul du résultat dilué par action, le cours moyen du marché pour les actions ordinaires présumées émises est calculé sur la base du cours moyen du marché des actions ordinaires au cours de la période. Théoriquement, chaque transaction de marché pour les actions ordinaires d'une entité peut participer à la détermination du cours moyen du marché. En termes pratiques, toutefois, une simple moyenne des cours hebdomadaires ou mensuels suffit.

A5 Généralement, les cours de clôture du marché sont adéquats pour le calcul du cours moyen du marché. Lorsque les cours connaissent des fluctuations amples, toutefois, une moyenne des cours les plus hauts et les plus bas produit généralement un cours plus représentatif. La méthode utilisée pour calculer le cours moyen du marché est utilisée uniformément, sauf si elle n'est plus représentative à cause d'un changement de conditions. Par exemple, une entité qui utilise les cours de clôture du marché pour calculer le cours moyen du marché pendant plusieurs années de cours relativement stables pourrait passer vers une moyenne des cours les plus hauts et les plus bas si les cours commençaient à fluctuer sensiblement et si les cours de clôture ne permettaient plus de produire un cours moyen représentatif.

OPTIONS, BONS DE SOUSCRIPTION D'ACTIONS ET LEURS ÉQUIVALENTS

A6 Les options ou bons de souscription permettant d'acquérir des instruments convertibles sont présumés être exercés pour acquérir l'instrument convertible dès que les cours moyens tant de l'instrument convertible que des actions ordinaires résultant de la conversion sont supérieurs au prix d'exercice des options ou des bons de souscription. Toutefois, on ne présume pas l'exercice à moins de présumer également la conversion d'instruments convertibles similaires en circulation, s'il y en a.

A7 Les options ou les bons de souscription d'actions peuvent permettre ou imposer d'offrir des instruments d'emprunt ou autres de l'entité (ou de sa mère ou d'une filiale) en règlement de tout ou partie du prix d'exercice. Dans le calcul du résultat dilué par action, ces options ou bons de souscription d'actions ont un effet dilutif si : a) le cours de marché moyen des actions ordinaires correspondantes pour la période dépasse le prix d'exercice ; ou si b) le prix de vente de l'instrument à offrir est inférieur à celui auquel l'instrument peut être offert selon le contrat d'option ou de souscription, et la décote résultante établit un prix d'exercice réel inférieur au cours de marché des actions ordinaires qui peuvent être obtenues au moment de l'exercice. Dans le calcul du résultat dilué par action, ces options ou bons de souscription d'actions sont présumés exercés, et la dette ou les autres instruments sont présumés offerts. Si l'offre de trésorerie est plus avantageuse pour le porteur de l'option ou du bon de souscription et si le contrat permet d'offrir de la trésorerie, c'est l'offre de trésorerie qui est présumée avoir lieu. Les intérêts (nets d'impôt) d'instruments d'emprunt présumés offerts sont réintégrés au calcul sous la forme d'un ajustement du numérateur.

A8 Un traitement semblable doit s'appliquer aux actions préférentielles soumises aux mêmes dispositions ou à d'autres instruments qui sont soumis à des options de conversion qui permettent à l'investisseur de payer en trésorerie pour obtenir un cours de conversion plus favorable.

A9 Les dispositions sous-jacentes de certaines options ou de certains bons de souscription d'actions peuvent exiger que le produit résultant de l'exercice de ces instruments soit employé pour le rachat d'instruments d'emprunts ou autres de l'entité (ou de sa mère ou d'une filiale). Dans le calcul du résultat dilué par action, ces options ou bons de souscription d'actions sont présumés être exercés, et le produit, employé pour le rachat d'instruments d'emprunt à leur cours moyen de marché plutôt qu'à l'acquisition d'actions ordinaires. Toutefois, l'excédent du produit résultant de l'exercice présumé par rapport au montant utilisé pour le rachat présumé d'instruments d'emprunt est pris en considération (c'est-à-dire, présumé utilisé pour le remboursement d'actions ordinaires) dans le calcul du résultat dilué par action. Les intérêts (nets d'impôt) de dettes présumées rachetées sont réintégrés au calcul sous la forme d'un ajustement du numérateur.

OPTIONS DE VENTE ÉMISES

A10 Pour illustrer l'application du paragraphe 63, supposons qu'une entité ait en circulation 120 options de vente émises sur ses actions ordinaires à un prix d'exercice de 35 UM. Le cours moyen de marché de l'action ordinaire pour la période s'élève à 28 UM. Pour calculer le résultat dilué par action, l'entité suppose avoir émis 150 actions à 28 UM par action au début de la période pour satisfaire à son obligation de vente de 4 200 UM. La différence entre les 150 actions ordinaires émises et les 120 actions ordinaires reçues en exécution de l'option de vente (30 actions ordinaires supplémentaires) est ajoutée au dénominateur pour le calcul du résultat dilué par action.

INSTRUMENTS DANS DES FILIALES, DES COENTREPRISES OU DES ENTREPRISES ASSOCIÉES

A11 Les actions ordinaires potentielles d'une filiale, d'une coentreprise ou d'une entreprise associée convertibles soit en actions ordinaires de la filiale, de la coentreprise ou de l'entreprise associée, soit en actions ordinaires de la société mère ou des investisseurs exerçant un contrôle conjoint ou une influence notable (l'entité présentant les états financiers) sur l'entité faisant l'objet de l'investissement sont incluses dans le calcul du résultat dilué par action, comme suit :

a) les instruments émis par une filiale, une coentreprise ou une entreprise associée qui permettent à leurs porteurs d'obtenir des actions ordinaires de la filiale, de la coentreprise ou de l'entreprise associée sont inclus dans le calcul des données du résultat dilué par action de la filiale, de la coentreprise ou de l'entreprise associée. Ces résultats par action sont alors inclus dans le calcul du résultat par action de l'entité présentant les états financiers sur la base de la participation de celle-ci dans les instruments de la filiale, de la coentreprise ou de l'entreprise associée ;

b) les instruments d'une filiale, d'une coentreprise ou d'une entreprise associée qui sont convertibles en actions ordinaires de l'entité présentant les états financiers sont considérés comme des actions ordinaires potentielles de l'entité présentant les états financiers aux fins du calcul du résultat dilué par action. De même, les options ou les bons de souscription émis par une filiale, une coentreprise ou une entreprise associée pour acquérir des actions ordinaires de l'entité présentant les états financiers sont considérés comme des actions ordinaires potentielles de l'entité présentant les états financiers aux fins du calcul du résultat consolidé dilué par action.

A12 Pour déterminer l'effet sur le résultat par action des instruments émis par l'entité présentant les états financiers qui sont convertibles en actions ordinaires d'une filiale, d'une coentreprise ou d'une entreprise associée, les instruments sont supposés convertis et le numérateur (résultat attribuable aux porteurs d'actions ordinaires de l'entité mère) ajusté comme il sera nécessaire, selon le paragraphe 33. Outre ces ajustements, le numérateur est ajusté de toute variation du résultat enregistré par l'entité présentant les états financiers (comme les dividendes reçus ou la quote-part du résultat selon la méthode de la mise en équivalence) attribuable à une augmentation du nombre d'actions ordinaires de la filiale, de la coentreprise ou de l'entreprise associée, en circulation à la suite de la conversion supposée. Le dénominateur du calcul du résultat dilué par action n'est pas affecté parce que le nombre d'actions ordinaires en circulation de l'entité présentant les états financiers ne changerait pas en cas de conversion supposée.

INSTRUMENTS PARTICIPATIFS DE CAPITAUX PROPRES ET ACTIONS ORDINAIRES À DEUX CATÉGORIES

A13 Les capitaux propres de certaines entités peuvent comprendre :

a) des instruments qui participent aux dividendes avec les actions ordinaires, selon une formule prédéterminée (par exemple, deux pour un) prévoyant parfois un plafonnement de cette participation (par exemple jusqu'à un montant spécifié par action, mais pas au-delà) ;

b) une catégorie d'actions ordinaires avec un taux de dividende différent de celui d'autres catégories d'actions ordinaires mais non assorties de droits prioritaires ou de rang supérieur.

A14 Pour le calcul du résultat dilué par action, l'entité présume la conversion des instruments décrits au paragraphe A13 qui sont convertibles en actions ordinaires si l'effet est dilutif. Pour les instruments non convertibles en une catégorie d'actions ordinaires, le résultat de la période est attribué aux différentes catégories d'actions et aux instruments participatifs de capitaux propres selon leurs droits au dividende ou aux autres droits de participation aux résultats non distribués. Pour calculer le résultat de base et dilué par action :

a) le résultat attribuable aux porteurs d'actions ordinaires de l'entité mère est ajusté (réduit dans le cas d'un bénéfice et augmenté dans le cas d'une perte) du montant des dividendes décidés pendant la période pour chaque catégorie d'actions et par le montant contractuel des dividendes (ou d'intérêts sur les obligations participatives) qui doit être payé pour la période (par exemple, des dividendes cumulés impayés) ;

b) le résultat restant est attribué aux actions ordinaires et aux instruments participatifs de capitaux propres dans la mesure où chaque instrument participe au résultat comme si tout le résultat de la période avait été distribué. Le résultat total attribué à chaque catégorie de capitaux propres est déterminé en additionnant le montant alloué pour les dividendes et le montant alloué pour une caractéristique participative ;

c) le montant total du résultat attribué à chaque catégorie d'instruments de capitaux propres est divisé par le nombre d'instruments en circulation auxquels le résultat est alloué pour déterminer le résultat par action pour l'instrument.

Pour le calcul du résultat dilué par action, toutes les actions ordinaires potentielles supposées avoir été émises sont incluses dans les actions ordinaires en circulation.

ACTIONS PARTIELLEMENT PAYÉES

A15 Lorsque des actions ordinaires sont émises mais ne sont encore que partiellement libérées, elles sont traitées dans le calcul du résultat de base par action comme une fraction d'une action ordinaire dans la mesure où elles étaient autorisées à participer aux dividendes de la période relatifs à une action ordinaire entièrement libérée.

A16 Dans la mesure où des actions partiellement libérées n'ont pas droit aux dividendes au cours de la période, elles sont considérées comme équivalentes à des bons de souscription d'actions ou à des options pour le calcul du résultat dilué par action. Le solde impayé est supposé représenter le résultat utilisé pour acquérir des actions ordinaires. Le nombre d'actions incluses dans le résultat dilué par action est la différence entre le nombre d'actions souscrites et le nombre d'actions supposées acquises.

IAS 34

Information financière intermédiaire

[règlt UE 2023/1803]

Objectif

L'objectif de la présente norme est de prescrire le contenu minimal d'un rapport financier intermédiaire ainsi que les principes de comptabilisation et d'évaluation à appliquer aux états financiers complets ou résumés d'une période intermédiaire. Une information financière intermédiaire rapide et fiable permet aux investisseurs, aux créanciers et autres destinataires de mieux appréhender la capacité de l'entité à générer des bénéfices et des flux de trésorerie, ainsi que sa situation financière et sa liquidité.

Champ d'application

1 La présente norme ne précise pas quelles entités doivent publier des rapports financiers intermédiaires ; elle n'indique pas non plus selon quelle fréquence, ni dans quel délai à compter de la fin de la période intermédiaire, ces rapports doivent être établis. Toutefois, les gouvernements, les autorités de réglementation des valeurs mobilières, les bourses de valeurs et les organismes comptables imposent bien souvent aux entités dont les titres d'emprunt ou de capitaux propres sont cotés de publier des rapports financiers intermédiaires. La présente norme s'applique si l'entité est tenue, ou si elle a choisi, de publier un rapport financier intermédiaire selon les normes internationales d'information financière (IFRS). Le comité des normes comptables internationales (*) encourage les entités cotées à publier des rapports financiers intermédiaires se conformant aux principes de comptabilisation, d'évaluation et d'information énoncés dans la présente norme. Il encourage plus précisément ces entités cotées :

a) à établir des rapports financiers intermédiaires au minimum à la fin du premier semestre de leur exercice ; et

b) à faire en sorte que ces rapports financiers intermédiaires soient disponibles au maximum 60 jours après la fin de la période intermédiaire.

(*) Le Conseil des normes comptables internationales (International Accounting Standards Board) a succédé en 2001 au Comité des normes comptables internationales (International Accounting Standards Committee).

2 Tout rapport financier, annuel ou intermédiaire, fait l'objet d'une évaluation individuelle de sa conformité aux IFRS. Le fait qu'une entité n'ait pas établi de rapport financier intermédiaire au cours d'un exercice financier particulier ou qu'elle ait établi des rapports financiers intermédiaires non conformes aux principes de la présente norme n'empêche pas ses états financiers annuels d'être conformes aux IFRS s'ils le sont par ailleurs.

3 Si le rapport financier intermédiaire d'une entité est décrit comme conforme aux IFRS, il doit être conforme à toutes les dispositions de la présente norme. Le paragraphe 19 impose à cet égard certaines informations à fournir.

Définitions

4 Dans la présente norme, les termes suivants ont la signification indiquée ci-après :

La *période intermédiaire* désigne une période de reporting d'une durée inférieure à celle d'un exercice financier complet.

Le *rapport financier intermédiaire* désigne un rapport financier contenant un jeu complet d'états financiers [tel que décrit dans IAS 1 *Présentation des états financiers* (telle que révisée en 2007)], ou un jeu d'états financiers résumés (tel que décrit dans la présente norme), pour une période intermédiaire.

Contenu d'un rapport financier intermédiaire

5 Selon la définition d'IAS 1, un jeu complet d'états financiers comprend :

a) un état de la situation financière à la fin de la période ;

b) un état du résultat net et des autres éléments du résultat global de la période ;

c) un état des variations des capitaux propres de la période ;

d) un état des flux de trésorerie de la période ;

e) des notes, contenant des informations significatives sur les méthodes comptables et d'autres informations explicatives ;

ea) des informations comparatives au titre de la période précédente, selon ce qui est précisé aux paragraphes 38 et 38A d'IAS 1 ; et

f) un état de la situation financière au début de la période précédente lorsque l'entité applique une méthode comptable de façon rétrospective ou effectue un retraitement rétrospectif d'éléments de ses états financiers, ou lorsqu'elle procède à un reclassement d'éléments dans ses états financiers, conformément aux paragraphes 40A à 40D d'IAS 1.

L'entité peut utiliser pour ces états des titres différents de ceux qui sont utilisés dans la présente norme. Par exemple, elle peut utiliser le titre « état du résultat global » plutôt que « état du résultat net et des autres éléments du résultat global ».

6 Pour des considérations de rapidité de diffusion de l'information et de coût, et afin d'éviter la répétition d'informations publiées antérieurement, une entité peut être tenue (ou peut choisir) de fournir moins d'informations aux dates intermédiaires que dans ses états financiers annuels. Selon la présente norme, un rapport financier intermédiaire doit se composer au minimum d'états financiers résumés et d'une sélection de notes explicatives. Le rapport financier intermédiaire est destiné à actualiser les informations fournies dans le jeu complet d'états financiers annuels le plus récent. Par conséquent, il s'intéresse essentiellement aux nouveaux événements, activités et circonstances et ne reproduit pas d'informations déjà communiquées précédemment.

7 Rien dans la présente norme ne vise à interdire, ou à dissuader une entité, de publier dans son rapport financier intermédiaire un jeu complet d'états financiers (tel que décrit dans IAS 1) plutôt que des états financiers résumés et une sélection de notes explicatives. La présente norme n'interdit pas, et ne dissuade pas non plus l'entité, d'inclure dans ses états financiers intermédiaires résumés d'autres éléments d'information que les postes minimaux ou la sélection de notes explicatives tels qu'indiqués dans la présente norme. Les principes de comptabilisation et d'évaluation de la présente norme s'appliquent également aux états financiers complets d'une période intermédiaire, et ces états doivent comporter toutes les informations à fournir imposées par la présente norme (en particulier la sélection de notes explicatives du paragraphe 16A) ainsi que celles imposées par d'autres IFRS.

COMPOSANTES MINIMALES D'UN RAPPORT FINANCIER INTERMÉDIAIRE

8 Un rapport financier intermédiaire doit comporter, au minimum, les composantes suivantes :

a) un état résumé de la situation financière ;

b) un ou des états résumés du résultat net et des autres éléments du résultat global ;

c) un état résumé des variations des capitaux propres ;

d) un état résumé des flux de trésorerie ; et

e) une sélection de notes explicatives.

8A Si l'entité présente les éléments de résultat net dans un état séparé comme décrit au paragraphe 10A d'IAS 1 (telle que modifiée en 2011), elle présente l'information intermédiaire résumée tirée de cet état.

FORME ET CONTENU DES ÉTATS FINANCIERS INTERMÉDIAIRES

9 Si une entité publie un jeu complet d'états financiers dans son rapport financier intermédiaire, la forme et le contenu de ces états doivent être conformes aux dispositions d'IAS 1 pour un jeu complet d'états financiers.

10 Si une entité publie un jeu d'états financiers résumés dans son rapport financier intermédiaire, ces états financiers résumés doivent comporter au minimum chacune des rubriques et chacun des sous-totaux qui étaient présentés dans ses états financiers annuels les plus récents, ainsi que la sélection de notes explicatives imposée par la présente norme. Ils doivent également présenter les postes ou les notes supplémentaires dont l'omission aurait pour effet de rendre trompeurs les états financiers intermédiaires résumés.

11 Dans l'état présentant les composantes du résultat net d'une période intermédiaire, une entité doit présenter le résultat par action de base et dilué pour cette période, lorsque l'entité entre dans le champ d'application d'IAS 33 *Résultat par action* (*).

(*) Ce paragraphe a été modifié par les *Améliorations des IFRS* publiées en mai 2008 afin de clarifier le champ d'application d'IAS 34.

11A Si l'entité présente les éléments de résultat net dans un état séparé comme décrit au paragraphe 10A d'IAS 1 (telle que modifiée en 2011), elle présente le résultat par action de base et dilué dans cet état.

12 IAS 1 (telle que révisée en 2007) fournit des indications sur la structure des états financiers. Le guide d'application d'IAS 1 illustre comment l'état de la situation financière, l'état du résultat global et l'état des variations des capitaux propres peuvent être présentés.

14 Un rapport financier intermédiaire est préparé sur une base consolidée si les états financiers annuels les plus récents de l'entité étaient des états consolidés. Les états financiers individuels de la société mère ne sont pas cohérents ou comparables avec les états consolidés du rapport financier annuel le plus récent. Si le rapport financier annuel d'une entité comprend les états financiers individuels de la société mère en plus des états financiers consolidés, la présente norme n'impose ni n'interdit d'inclure les états financiers individuels de la société mère dans le rapport financier intermédiaire de l'entité.

ÉVÉNEMENTS ET TRANSACTIONS IMPORTANTS

15 Une entité doit inclure dans son rapport intermédiaire une explication des événements et des transactions importants pour comprendre l'évolution de la situation et de la performance financières de l'entité depuis la fin de la dernière période annuelle de reporting. L'information fournie au sujet de ces événements et transactions doit mettre à jour l'information pertinente présentée dans le rapport annuel le plus récent.

15A Un utilisateur du rapport financier intermédiaire d'une entité a accès au rapport financier annuel le plus récent de cette entité. Il est donc inutile que les notes du rapport financier intermédiaire fournissent des mises à jour relativement peu importantes d'informations qui figuraient dans les notes du rapport financier annuel le plus récent.

15B Voici une liste d'événements et de transactions sur lesquels des informations sont exigées lorsque l'événement ou la transaction est important. Cette liste n'est pas exhaustive :

a) la dépréciation de stocks pour les ramener à leur valeur nette de réalisation, et la reprise de cette dépréciation ;

b) la comptabilisation d'une perte pour dépréciation d'actifs financiers, d'immobilisations corporelles, d'immobilisations incorporelles, d'actifs découlant de contrats conclus avec des clients, ou d'autres actifs, et la reprise de cette perte de valeur ;

c) la reprise d'une provision pour restructuration ;

d) les acquisitions et sorties d'immobilisations corporelles ;

e) les engagements d'achat d'immobilisations corporelles ;

f) les règlements de litiges ;

g) les corrections d'erreurs d'une période antérieure ;

h) les changements dans la situation de l'entité ou le contexte économique qui influent sur la juste valeur des actifs financiers et des passifs financiers de l'entité, que ces actifs ou passifs soient comptabilisés à la juste valeur ou au coût amorti ;

i) tout défaut de paiement sur un prêt ou toute violation d'un contrat de prêt non réparé au plus tard à la fin de la période de reporting ;

j) les transactions entre parties liées ;

k) les transferts entre différents niveaux de la hiérarchie de justes valeurs utilisée pour déterminer la juste valeur d'instruments financiers ;

l) les changements dans le classement d'actifs financiers à la suite d'un changement quant à leur finalité ou leur utilisation ; et

m) les changements ayant affecté les passifs éventuels ou les actifs éventuels.

15C Différentes IFRS fournissent des indications sur les obligations en matière d'informations à fournir pour bon nombre des éléments énumérés au paragraphe 15B. Lorsqu'un événement ou une transaction est important pour comprendre l'évolution de la situation ou de la performance financières d'une entité depuis la fin de la dernière période annuelle de reporting, le rapport financier intermédiaire de l'entité doit expliquer et mettre à jour l'information pertinente contenue dans les plus récents états financiers annuels.

16 [Supprimé]

AUTRES INFORMATIONS À FOURNIR

16A En plus de fournir des informations au sujet des événements et transactions importants conformément aux paragraphes 15 à 15C, une entité doit inclure les informations suivantes dans les notes de ses états financiers intermédiaires ou ailleurs dans son rapport financier intermédiaire. Les informations indiquées ci-dessous doivent être soit fournies dans les états financiers intermédiaires, soit incorporées dans ceux-ci au moyen d'un renvoi à un autre état (tel qu'un commentaire de la direction ou un rapport sur le risque) qui est consultable par les utilisateurs des états financiers dans les mêmes conditions que les états financiers intermédiaires et en même temps. Si les utilisateurs ne peuvent consulter les informations incorporées par renvoi dans les mêmes conditions et en même temps que les états financiers intermédiaires, le rapport financier intermédiaire est incomplet. Les informations doivent normalement être présentées sur une base cumulée depuis le début de l'exercice. L'entité doit :

a) fournir une déclaration indiquant que les méthodes comptables et les modalités de calcul adoptées dans les états financiers intermédiaires sont identiques à celles utilisées dans les états financiers annuels les plus récents ou, si elles ont changé, une description de la nature de ces changements et de leur effet ;

b) fournir des indications expliquant le caractère saisonnier ou cyclique des activités de la période intermédiaire ;

c) indiquer la nature et le montant des éléments qui sont inhabituels du fait de leur nature, de leur volume ou de leur incidence et qui affectent les actifs, les passifs, les capitaux propres, le résultat net ou les flux de trésorerie ;

d) indiquer la nature et le montant des changements d'estimation de montants présentés lors des précédentes périodes intermédiaires de l'exercice financier considéré, ou des changements d'estimation de montants présentés lors d'exercices financiers antérieurs ;

e) mentionner les émissions, rachats et remboursements de titres de créance et de capitaux propres ;

f) indiquer les dividendes payés (dividende total ou par action) en distinguant ceux versés au titre des actions ordinaires de ceux versés au titre des autres actions ;

g) fournir les informations sectorielles suivantes (la présentation d'informations sectorielles n'est requise dans un rapport financier intermédiaire d'une entité que si IFRS 8 *Secteurs opérationnels* impose que l'entité présente des informations sectorielles dans ses états financiers annuels) :

i) les produits des activités ordinaires provenant de clients externes, s'ils sont inclus dans l'indicateur du résultat sectoriel examiné par le principal décideur opérationnel ou régulièrement fournis au principal décideur opérationnel sous une autre forme ;

ii) les produits des activités ordinaires intersectorielles, s'ils sont inclus dans l'indicateur du résultat sectoriel examiné par le principal décideur opérationnel ou régulièrement fournis au principal décideur opérationnel sous une autre forme ;

iii) un indicateur du résultat sectoriel ;

iv) un indicateur du total des actifs et du total des passifs pour un secteur à présenter donné, si ces montants sont régulièrement fournis au principal décideur opérationnel et s'il y a eu un changement significatif par rapport au montant présenté dans les derniers états financiers annuels pour ce secteur à présenter ;

v) une description des différences par rapport aux derniers états financiers annuels dans la base de sectorisation ou dans la base d'évaluation du résultat sectoriel ;

vi) un rapprochement entre le total des indicateurs des résultats des secteurs à présenter et le résultat de l'entité avant charge d'impôt (produit d'impôt) et activités abandonnées. Cependant, si l'entité affecte à des secteurs à présenter des éléments tels qu'une charge d'impôt (un produit d'impôt), elle peut rapprocher le total des indicateurs de résultats sectoriels et le résultat de l'entité après prise en compte de ces éléments. Les éléments de rapprochement significatifs doivent être identifiés et décrits séparément dans ce rapprochement ;

h) indiquer les événements postérieurs à la période intermédiaire dont ne rendent pas compte les états financiers de la période intermédiaire ;

i) mentionner l'effet des changements qui ont affecté la composition de l'entité au cours de la période intermédiaire, y compris les regroupements d'entreprises, l'obtention ou la perte de contrôle sur des filiales et des participations à long terme, les restructurations et les activités abandonnées. Dans le cas de regroupements d'entreprises, l'entité doit fournir les informations requises par IFRS 3 *Regroupements d'entreprises* ;

j) fournir, au sujet des instruments financiers, les informations sur la juste valeur requises par les paragraphes 91 à 93 h), 94 à 96, 98 et 99 d'IFRS 13 *Évaluation de la juste valeur* et les paragraphes 25, 26 et 28 à 30 d'IFRS 7 *Instruments financiers : Informations à fournir* ;

k) si elle devient, ou cesse d'être, une entité d'investissement au sens d'IFRS 10 *États financiers consolidés*, fournir les informations requises par le paragraphe 9B d'IFRS 12 *Informations à fournir sur les intérêts détenus dans d'autres entités* ;

l) ventiler les produits des activités ordinaires tirés de contrats conclus avec des clients comme l'exigent les paragraphes 114 et 115 d'IFRS 15 *Produits des activités ordinaires tirés de contrats conclus avec des clients*.

17-18 [Supprimé]

INFORMATION À FOURNIR SUR LA CONFORMITÉ AUX IFRS

19 **Si le rapport financier intermédiaire d'une entité est établi selon les principes de la présente norme, ce fait doit être indiqué. Un rapport financier intermédiaire ne doit être décrit comme conforme aux IFRS que s'il est conforme à toutes les dispositions des IFRS.**

PÉRIODES POUR LESQUELLES DES ÉTATS FINANCIERS INTERMÉDIAIRES DOIVENT ÊTRE PRÉSENTÉS

20 **Les rapports intermédiaires doivent comporter les états financiers intermédiaires (résumés ou complets) pour les périodes suivantes :**

a) état de la situation financière à la fin de la période intermédiaire concernée et état de la situation financière comparatif à la clôture de l'exercice qui précède immédiatement ;

b) état du résultat net et des autres éléments du résultat global de la période intermédiaire considérée et état du résultat net et des autres éléments du résultat global cumulé depuis le début de l'exercice considéré, ainsi que les états du résultat net et des autres éléments du résultat global comparatifs pour les périodes intermédiaires comparables (période considérée et cumul depuis le début de l'exercice) de l'exercice qui précède immédiatement. Comme l'autorise IAS 1 (telle que modifiée en 2011), un rapport intermédiaire peut présenter pour chaque période un ou plusieurs états du résultat net et des autres éléments du résultat global ;

c) état des variations des capitaux propres cumulé depuis le début de l'exercice considéré ainsi qu'un état comparatif pour la période cumulée comparable de l'exercice qui précède immédiatement ;

d) état des flux de trésorerie cumulé depuis le début de l'exercice considéré, ainsi qu'un état comparatif pour la période cumulée comparable de l'exercice qui précède immédiatement.

21 Dans le cas d'une entité dont l'activité est extrêmement saisonnière, il peut être utile de fournir des informations financières pour la période de douze mois allant jusqu'à la fin de la période intermédiaire, et des informations comparatives pour la période précédente de douze mois. En conséquence, les entités dont l'activité est extrêmement saisonnière sont encouragées à envisager de présenter ce type d'informations, en complément des informations exigées au paragraphe précédent.

22 La partie A des exemples qui accompagnent la présente norme fournit des exemples des périodes à présenter dans le cas d'une entité communiquant des informations semestrielles et dans le cas d'une entité communiquant des informations trimestrielles.

IMPORTANCE RELATIVE

23 **Pour décider comment comptabiliser, évaluer, classer ou fournir une information relative à un élément pour les besoins de l'information financière intermédiaire, l'importance relative s'apprécie par rapport aux données financières de la période intermédiaire. Pour apprécier l'importance relative, il faut tenir compte du fait que les évaluations intermédiaires peuvent reposer sur des estimations dans une plus large mesure que les évaluations de données financières annuelles.**

Information financière intermédiaire

24 IAS 1 définit la notion d'information significative et impose de présenter séparément les éléments significatifs, y compris (par exemple) les activités abandonnées, et IAS 8 *Méthodes comptables, changements d'estimations comptables et erreurs* impose de présenter les changements d'estimations, les erreurs et les changements de méthodes comptables. Ces deux normes ne contiennent aucune indication quantifiée en matière d'importance relative.

25 Alors qu'il faut toujours faire appel au jugement pour apprécier l'importance relative, la présente norme fonde la décision de comptabiliser et de fournir une information sur les données de la période intermédiaire prise isolément, pour des raisons de compréhension des chiffres intermédiaires. Ainsi, par exemple, les éléments inhabituels, les changements de méthodes comptables ou d'estimations et les erreurs sont comptabilisés et présentés en fonction de leur importance relative par rapport aux données de la période intermédiaire, afin d'éviter les déductions trompeuses que pourrait entraîner le fait de ne pas les présenter. L'objectif primordial est de faire en sorte qu'un rapport financier intermédiaire contienne toutes les informations utiles à la compréhension de la situation financière et de la performance financière d'une entité durant la période intermédiaire.

Informations à fournir dans les états financiers annuels

26 Si l'estimation d'un montant présenté dans une période intermédiaire évolue de façon significative durant la dernière période intermédiaire de l'exercice, mais si cette période intermédiaire ne fait pas l'objet d'un rapport financier distinct, la nature et le montant de ce changement d'estimation doivent être indiqués dans une note jointe aux états financiers annuels de l'exercice concerné.

27 IAS 8 impose d'indiquer la nature et (dans la mesure du possible) le montant de tout changement d'estimation ayant une incidence significative sur la période considérée ou dont on pense qu'il aura une incidence significative sur des périodes ultérieures. Le paragraphe 16A d) de la présente norme impose de fournir une information similaire dans le cas d'un rapport financier intermédiaire. On peut citer, à titre d'exemple, les changements d'estimation effectués lors de la dernière période intermédiaire au titre de dépréciations de stocks, de restructurations ou de pertes de valeur qui ont été comptabilisées lors d'une période intermédiaire antérieure de l'exercice. Les informations à fournir imposées par le paragraphe précédent sont comparables à celles requises par IAS 8 et sont destinées à être limitées dans leur champ d'application, se rapportant aux seuls changements d'estimation. Une entité n'est pas tenue de faire figurer dans ses états financiers annuels des informations financières intermédiaires complémentaires.

Comptabilisation et évaluation

UTILISATION DES MÊMES MÉTHODES COMPTABLES QUE DANS LES ÉTATS FINANCIERS ANNUELS

28 Dans ses états financiers intermédiaires, une entité doit appliquer des méthodes comptables identiques à celles utilisées dans ses états financiers annuels, sauf en cas de changement de méthodes comptables postérieur

à la date de clôture des états financiers annuels les plus récents qui se traduira dans les états financiers de la période annuelle suivante. Toutefois, la fréquence (annuelle, semestrielle ou trimestrielle) des rapports financiers d'une entité ne doit pas affecter l'évaluation de ses résultats annuels. Pour parvenir à cet objectif, les évaluations effectuées pour les besoins de l'information intermédiaire doivent être faites sur une base cumulée depuis le début de l'exercice.

29 Le fait d'exiger qu'une entité utilise pour ses états financiers intermédiaires les mêmes méthodes comptables que dans ses états financiers annuels peut donner à penser que les évaluations de la période intermédiaire sont établies comme si chaque période intermédiaire était une période de reporting autonome. Toutefois, en stipulant que la fréquence des rapports financiers d'une entité ne doit pas affecter l'évaluation de ses résultats annuels, le paragraphe 28 reconnaît qu'une période intermédiaire n'est qu'une partie d'un exercice financier plus long. Les évaluations effectuées sur une base cumulée depuis le début de l'exercice jusqu'à la date intermédiaire considérée peuvent entraîner des changements d'estimation de montants présentés pendant des périodes intermédiaires précédentes de l'exercice considéré. Mais les principes de comptabilisation des actifs, des passifs, des produits et des charges pour les périodes intermédiaires sont identiques à ceux utilisés dans les états financiers annuels.

30 À titre d'illustration :

a) les principes de comptabilisation et d'évaluation des pertes résultant de dépréciations de stocks, de restructurations ou de dépréciations au cours d'une période intermédiaire sont identiques à ceux qu'utiliserait une entité si elle préparait uniquement des états financiers annuels. Toutefois, si ces éléments sont comptabilisés et évalués au titre d'une période intermédiaire et si les montants estimés changent lors d'une période intermédiaire ultérieure du même exercice, l'estimation d'origine est modifiée lors de la période intermédiaire ultérieure par constatation d'un montant de perte supplémentaire ou par reprise d'un montant comptabilisé précédemment ;

b) un coût qui ne correspond pas à la définition d'un actif à la fin d'une période intermédiaire n'est pas différé dans l'état de la situation financière soit dans l'attente d'une information future établissant s'il respecte ou non la définition d'un actif soit pour lisser les résultats sur les périodes intermédiaires d'un exercice ; et

c) la charge d'impôt sur le résultat est comptabilisée au titre de chaque période intermédiaire sur la base de la meilleure estimation du taux d'impôt annuel moyen pondéré attendu pour la totalité de l'exercice. Les montants à payer au titre de l'impôt sur le résultat d'une période intermédiaire peuvent devoir être ajustés lors d'une période intermédiaire ultérieure du même exercice si l'estimation relative au taux d'impôt annuel change.

31 Selon le *Cadre conceptuel de l'information financière* (le « *Cadre conceptuel* »), la comptabilisation désigne le processus consistant à enregistrer, pour l'inclure dans l'état de la situation financière ou dans l'état ou les états de la performance financière, un élément qui correspond à la définition de l'un des éléments des états financiers. Les définitions des actifs, des passifs, des produits et des charges sont fondamentales pour la comptabilisation, que ce soit à la fin des périodes de reporting intermédiaires ou annuelles.

32 Pour les actifs, les mêmes tests concernant les avantages économiques futurs s'appliquent aux dates intermédiaires et à la clôture de l'exercice d'une entité. Les coûts qui, par leur nature, ne constituent pas des actifs à la clôture de l'exercice, ne constituent pas non plus des actifs à la date de l'information intermédiaire. De même, un passif à la fin d'une période de reporting intermédiaire doit représenter une obligation existant à cette date, exactement comme dans le cas d'un passif à la fin d'une période de reporting annuelle.

33 L'une des caractéristiques essentielles des produits (produits des activités ordinaires) et des charges est que les entrées et sorties d'actifs et de passifs correspondants ont déjà eu lieu. Si ces entrées et sorties ont eu lieu, le produit ou la charge correspondant est comptabilisé, sinon il ne l'est pas. Le *Cadre conceptuel* n'autorise pas la comptabilisation, dans l'état de la situation financière, d'éléments ne satisfaisant pas à la définition des actifs ou des passifs.

34 Pour évaluer les actifs, les passifs, les produits, les charges et les flux de trésorerie figurant dans ses états financiers, une entité qui présente ses états financiers uniquement sur une base annuelle a la possibilité de prendre en compte les informations qui deviennent disponibles au cours de l'exercice. Les évaluations sont de fait effectuées sur une base cumulée depuis le début de l'exercice.

35 Une entité qui présente des informations semestrielles utilise les informations disponibles à mi-exercice ou peu de temps après pour effectuer les évaluations du premier semestre, et elle utilise les informations disponibles à la fin de l'exercice ou peu de temps après pour la période de douze mois. Les évaluations pour une période de douze mois refléteront les éventuels changements d'estimations des montants présentés pour le premier semestre. Les montants présentés dans le rapport financier intermédiaire pour le premier semestre ne sont pas retraités de manière rétrospective. Toutefois, les paragraphes 16A d) et 26 imposent d'indiquer la nature et le montant de tout changement d'estimations significatif.

36 Une entité qui communique ses résultats à des intervalles plus rapprochés que le semestre évalue ses produits et ses charges sur une base cumulée depuis le début de l'exercice pour chaque période intermédiaire à l'aide des informations dont elle dispose lors de la préparation de chaque jeu d'états financiers. Les montants de produits et de charges présentés lors de la période intermédiaire courante tiendront compte de tout changement d'estimations affectant les périodes intermédiaires antérieures de l'exercice. Les montants présentés lors de périodes intermédiaires antérieures ne sont pas ajustés de façon rétrospective. Toutefois, les paragraphes 16A d) et 26 imposent d'indiquer la nature et le montant de tout changement d'estimations significatif.

PRODUITS PERÇUS DE FAÇON SAISONNIÈRE, CYCLIQUE OU OCCASIONNELLE

37 Les produits des activités ordinaires qu'une entité perçoit de façon saisonnière, cyclique ou occasionnelle pendant un exercice ne doivent être ni anticipés ni différés à une date intermédiaire s'il n'est pas approprié de les anticiper ou de les différer à la fin de la période annuelle de l'entité.

38 C'est le cas, par exemple, des dividendes reçus, des redevances et des subventions publiques. De plus, certaines entités perçoivent de manière constante, au cours de certaines périodes intermédiaires d'un exercice, plus de produits des activités ordinaires que ce qu'elles perçoivent au cours d'autres périodes intermédiaires ; c'est le cas, par exemple, des ventes saisonnières dans le commerce de détail. Ces produits sont comptabilisés à la date à laquelle ils se produisent.

COÛTS ENGAGÉS DE FAÇON INÉGALE AU COURS DE L'EXERCICE

39 Les coûts qu'une entité engage de façon inégale durant l'exercice doivent être anticipés ou différés à une date intermédiaire si, et seulement si, il est approprié d'anticiper ou de différer ce type de coûts à la fin de l'exercice.

APPLICATION DES PRINCIPES DE COMPTABILISATION ET D'ÉVALUATION

40 La partie B des exemples qui accompagnent la présente norme fournit des exemples d'application des principes généraux de comptabilisation et d'évaluation énoncés aux paragraphes 28 à 39.

UTILISATION D'ESTIMATIONS

41 Les procédures d'évaluation à adopter pour l'établissement d'un rapport financier intermédiaire doivent être conçues de telle sorte que les informations en résultant soient fiables et que toutes les informations financières significatives utiles à la compréhension de la situation financière ou de la performance financière de l'entité soient fournies de manière appropriée. Alors que les évaluations effectuées tant dans les rapports annuels que dans les rapports intermédiaires reposent souvent sur des estimations raisonnables, la préparation des rapports financiers intermédiaires impose en général de recourir davantage à des méthodes d'estimation que celle des rapports financiers annuels.

42 La partie C des exemples qui accompagnent la présente norme fournit des exemples d'utilisation d'estimations lors de périodes intermédiaires.

Retraitement des périodes intermédiaires présentées antérieurement

43 Un changement de méthodes comptables, autre qu'un changement pour lequel des dispositions transitoires sont spécifiées par une nouvelle IFRS, doit être traduit :

a) en retraitant les états financiers des périodes intermédiaires précédentes de l'exercice considéré et les périodes intermédiaires comparables d'exercices antérieurs qui seront retraitées dans les états financiers annuels selon IAS 8 ; ou

b) lorsqu'il n'est pas praticable de déterminer, au début de la période courante, l'effet cumulé de l'application d'une nouvelle méthode comptable à toutes les périodes antérieures, en ajustant les états financiers des périodes intermédiaires précédentes de la période courante et des périodes intermédiaires comparables de périodes annuelles antérieures afin d'appliquer la nouvelle méthode comptable de manière prospective à partir de la première date possible.

44 L'un des objectifs du principe précédent est de faire en sorte qu'une seule et même méthode comptable soit appliquée à une catégorie donnée

de transactions au cours d'un exercice complet. Selon IAS 8, un changement de méthodes comptables doit se traduire par une application rétrospective, avec le retraitement des données financières des périodes antérieures, en remontant aussi loin que possible. Toutefois, s'il est impraticable de déterminer le montant cumulé du retraitement relatif aux exercices antérieurs, selon IAS 8, la nouvelle méthode est appliquée de manière prospective à partir de la première date praticable. Le principe énoncé au paragraphe 43 a pour effet d'imposer que tout changement de méthodes comptables survenant au cours de l'exercice considéré s'applique de manière rétrospective ou, si ce n'est pas praticable, de manière prospective, au plus tard à partir du début de l'exercice.

45 Le fait d'autoriser que les changements comptables soient constatés à compter d'une date intermédiaire de l'exercice permettrait d'appliquer pour un même exercice deux méthodes comptables différentes à une catégorie donnée de transactions. Ceci occasionnerait des difficultés d'affectation aux périodes intermédiaires, rendrait plus obscurs les résultats opérationnels et compliquerait l'analyse et la compréhension des informations de la période intermédiaire.

Date d'entrée en vigueur

46 La présente norme entre en vigueur pour les états financiers des périodes ouvertes à compter du 1er janvier 1999. Une application anticipée est encouragée.

47 La publication d'IAS 1 (telle que révisée en 2007) a donné lieu à la modification de la terminologie utilisée dans les IFRS. Elle a également donné lieu à la modification des paragraphes 4, 5, 8, 11, 12 et 20, à la suppression du paragraphe 13 et à l'ajout des paragraphes 8A et 11A. L'entité doit appliquer ces modifications pour les exercices ouverts à compter du 1er janvier 2009. Si l'entité applique IAS 1 (révisée en 2007) pour une période antérieure, les modifications doivent être appliquées pour cette période antérieure.

48 La publication d'IFRS 3 (telle que révisée en 2008) a donné lieu à la modification du paragraphe 16 i). L'entité doit appliquer cette modification pour les exercices ouverts à compter du 1er juillet 2009. Si l'entité applique IFRS 3 (révisée en 2008) pour une période antérieure, elle doit également appliquer cette modification pour cette période antérieure.

49 La publication d'*Améliorations des IFRS*, en mai 2010, a donné lieu à la modification des paragraphes 15, 27, 35 et 36, à l'ajout des paragraphes 15A à 15C et 16A et à la suppression des paragraphes 16 à 18. L'entité doit appliquer ces modifications pour les exercices ouverts à compter du 1er janvier 2011. Une application anticipée est autorisée. Si l'entité applique ces modifications pour une période antérieure, elle doit l'indiquer.

50 La publication d'IFRS 13, en mai 2011, a donné lieu à l'ajout du paragraphe 16A j). L'entité qui applique IFRS 13 doit appliquer cette modification.

51 La publication de *Présentation des autres éléments du résultat global* (Modifications d'IAS 1), en juin 2011, a donné lieu à la modification des paragraphes 8, 8A, 11A et 20. L'entité doit appliquer ces modifications lorsqu'elle applique IAS 1 telle que modifiée en juin 2011.

52 La publication des *Améliorations annuelles – Cycle 2009-2011*, en mai 2012, a donné lieu à une modification du paragraphe 5 découlant des modifications d'IAS 1 *Présentation des états financiers*. L'entité doit appliquer cette modification de façon rétrospective selon IAS 8 *Méthodes comptables, changements d'estimations comptables* et *erreurs* pour les exercices ouverts à compter du 1er janvier 2013. Une application anticipée est autorisée. Si l'entité applique la modification pour une période antérieure, elle doit l'indiquer.

53 La publication des *Améliorations annuelles – Cycle 2009-2011*, en mai 2012, a donné lieu à la modification du paragraphe 16A. L'entité doit appliquer cette modification de façon rétrospective selon IAS 8 *Méthodes comptables, changements d'estimations comptables* et *erreurs* pour les exercices ouverts à compter du 1er janvier 2013. Une application anticipée est autorisée. Si l'entité applique la modification pour une période antérieure, elle doit l'indiquer.

54 La publication d'*Entités d'investissement* (modifications d'IFRS 10, d'IFRS 12 et d'IAS 27), en octobre 2012, a donné lieu à la modification du paragraphe 16A. L'entité doit appliquer cette modification pour les exercices ouverts à compter du 1er janvier 2014. Une application anticipée des dispositions d'*Entités d'investissement* est autorisée. Si l'entité applique la modification pour une période antérieure, elle doit appliquer en même temps toutes les modifications introduites par *Entités d'investissement*.

55 La publication d'IFRS 15 *Produits des activités ordinaires tirés de contrats conclus avec des clients*, en mai 2014, a donné lieu à la modification des paragraphes 15B et 16A. L'entité qui applique IFRS 15 doit appliquer ces modifications.

56 La publication des *Améliorations annuelles des IFRS – Cycle 2012–2014*, en septembre 2014, a donné lieu à la modification du paragraphe 16A. L'entité doit appliquer cette modification de façon rétrospective selon IAS 8 *Méthodes comptables, changements d'estimations comptables* et *erreurs* pour les exercices ouverts à compter du 1er janvier 2016. Une application anticipée est autorisée. Si l'entité applique la modification pour une période antérieure, elle doit l'indiquer.

57 La publication d'*Initiative concernant les informations à fournir* (modifications d'IAS 1), en décembre 2014, a donné lieu à la modification du paragraphe 5. L'entité doit appliquer cette modification pour les exercices ouverts à compter du 1er janvier 2016. Une application anticipée de ces modifications est autorisée.

58 La publication de *Modifications des références au Cadre conceptuel dans les normes IFRS*, en 2018, a donné lieu à la modification des paragraphes 31 et 33. L'entité doit appliquer ces modifications pour les exercices ouverts à compter du 1er janvier 2020. Une application anticipée est autorisée si l'entité applique aussi, en même temps, toutes les autres modifications introduites par *Modifications des références au Cadre conceptuel dans les normes IFRS*. L'entité doit appliquer les modifications d'IAS 34 de façon rétrospective selon IAS 8 *Méthodes comptables, changements d'estimations comptables* et *erreurs*. Toutefois, si l'entité constate qu'une application rétrospective serait impraticable ou impliquerait un coût ou un effort excessif, elle doit appliquer les modifications d'IAS 34 en se reportant aux paragraphes 43 à 45 de la présente norme et aux paragraphes 23 à 28, 50 à 53 et 54F d'IAS 8.

59 La publication de *Définition du terme « significatif »* (modifications d'IAS 1 et d'IAS 8), en octobre 2018, a donné lieu à la modification du paragraphe 24. L'entité doit appliquer ces modifications de manière prospective pour les exercices ouverts à compter du 1er janvier 2020. Une application anticipée est autorisée. Si l'entité applique les modifications pour une période antérieure, elle doit l'indiquer. L'entité doit appliquer ces modifications lorsqu'elle applique celles apportées à la définition du terme « significatif » dans le paragraphe 7 d'IAS 1 et les paragraphes 5 et 6 d'IAS 8.

60 La publication, en février 2021, d'*Informations à fournir sur les méthodes comptables*, texte qui modifie IAS 1 et l'énoncé de pratiques en IFRS 2 *Porter des jugements sur l'importance relative*, a donné lieu à la modification du paragraphe 5. L'entité doit appliquer ces modifications pour les exercices ouverts à compter du 1er janvier 2023. Une application anticipée est autorisée. Si l'entité applique les modifications pour une période antérieure, elle doit l'indiquer.

IAS 36
Dépréciation d'actifs

[règlt UE 2023/1803]

Objectif

1 L'objectif de la présente norme est de prescrire les procédures qu'une entité applique pour s'assurer que ses actifs sont comptabilisés pour une valeur qui n'excède pas leur valeur recouvrable. Un actif est comptabilisé pour une valeur qui excède sa valeur recouvrable si sa valeur comptable excède le montant à recouvrer par son utilisation ou sa vente. Si tel est le cas, l'actif est déclaré comme s'étant déprécié et la norme impose que l'entité comptabilise une perte de valeur. La norme spécifie également dans quels cas une entité doit reprendre une perte de valeur et prescrit de fournir certaines informations.

Champ d'application

2 La présente norme doit être appliquée à la comptabilisation de la dépréciation de tous les actifs autres que :

a) les stocks (voir IAS 2 *Stocks*) ;

b) les actifs sur contrat et les actifs découlant des coûts engagés pour l'obtention ou l'exécution d'un contrat qui sont comptabilisés selon IFRS 15 *Produits des activités ordinaires tirés de contrats conclus avec des clients* ;

c) les actifs d'impôt différé (voir IAS 12 *Impôts sur le résultat*) ;

d) les actifs résultant d'avantages du personnel (voir IAS 19 *Avantages du personnel*) ;

e) les actifs financiers entrant dans le champ d'application d'IFRS 9 *Instruments financiers* ;

f) les immeubles de placement évalués à la juste valeur (voir IAS 40 *Immeubles de placement*) ;

g) les actifs biologiques liés à une activité agricole qui entrent dans le champ d'application d'IAS 41 *Agriculture* et qui sont évalués à la juste valeur diminuée des coûts de la vente ;

h) les contrats entrant dans le champ d'application d'IFRS 17 *Contrats d'assurance* qui sont des actifs et tout actif au titre des flux de trésorerie liés aux frais d'acquisition au sens d'IFRS 17 ; et

i) les actifs non courants (ou groupes destinés à être sortis) classés comme étant détenus en vue de la vente selon IFRS 5 *Actifs non courants détenus en vue de la vente et activités abandonnées.*

3 La présente norme ne s'applique ni aux stocks ni aux actifs générés par des contrats de construction, ni aux actifs d'impôt différé, ni aux actifs résultant d'avantages du personnel, ni aux actifs classés comme étant détenus en vue de la vente (ou inclus dans un groupe destiné à être cédé qui est classé comme étant détenu en vue de la vente) car les normes IFRS existantes applicables à ces actifs contiennent des dispositions spécifiques concernant leur comptabilisation et évaluation.

4 La présente norme s'applique aux actifs financiers classés en tant que :

a) filiales, telles que définies dans IFRS 10 *États financiers consolidés* ;

b) entreprises associées, telles que définies dans IAS 28 *Participations dans des entreprises associées et des coentreprises* ; et

c) coentreprises, telles que définies dans IFRS 11 *Partenariats*.

En ce qui concerne la dépréciation des autres actifs financiers, il faut se référer à IFRS 9.

5 La présente norme ne s'applique ni aux actifs financiers entrant dans le champ d'application d'IFRS 9, ni aux immeubles de placement évalués à la juste valeur entrant dans le champ d'application d'IAS 40, ni aux actifs biologiques liés à une activité agricole évalués à la juste valeur diminuée des coûts de la vente entrant dans le champ d'application d'IAS 41. Toutefois, la présente norme s'applique aux actifs comptabilisés à un montant réévalué (c'est-à-dire à la juste valeur à la date de réévaluation, après déduction le cas échéant du cumul des amortissements ultérieurs et du cumul des pertes de valeur ultérieures) conformément à d'autres IFRS, par exemple selon les modèles de réévaluation décrits dans IAS 16 *Immobilisations corporelles* et dans IAS 38 *Immobilisations incorporelles*. La seule différence entre la juste valeur de l'actif et sa juste valeur diminuée des coûts de sortie correspond aux coûts marginaux directs attribuables à la sortie de l'actif.

a) i) Si les coûts de sortie sont négligeables, la valeur recouvrable de l'actif réévalué est nécessairement voisine de son montant réévalué ou supérieure à celui-ci. En un tel cas, après l'application des dispositions relatives à la réévaluation, il est improbable que l'actif réévalué se soit déprécié et il n'est pas nécessaire d'estimer sa valeur recouvrable.

ii) [Supprimé]

b) [Supprimé]

c) Si les coûts de sortie ne sont pas négligeables, la juste valeur diminuée des coûts de sortie de l'actif réévalué est nécessairement inférieure à sa juste valeur. Par conséquent, l'actif réévalué se sera déprécié si sa valeur d'utilité est inférieure à son montant réévalué. En un tel cas, après l'application des dispositions relatives à la réévaluation, l'entité applique la présente norme pour déterminer si l'actif est susceptible de s'être déprécié.

Définitions

6 Dans la présente norme, les termes suivants ont la signification indiquée ci-après :

La *valeur comptable* est le montant auquel un actif est comptabilisé après déduction du cumul des amortissements et du cumul des pertes de valeur y afférents.

Une *unité génératrice de trésorerie* est le plus petit groupe identifiable d'actifs qui génère des entrées de trésorerie largement indépendantes des entrées de trésorerie générées par d'autres actifs ou groupes d'actifs.

Les *actifs de support* sont des actifs, autres que le goodwill, qui contribuent aux flux de trésorerie futurs tant de l'unité génératrice de trésorerie examinée que d'autres unités génératrices de trésorerie.

Les *coûts de sortie* sont des coûts marginaux directement attribuables à la sortie d'un actif ou d'une unité génératrice de trésorerie, à l'exclusion des charges financières et de la charge d'impôt sur le résultat.

Le *montant amortissable* est le coût d'un actif, ou tout autre montant substitué au coût dans les états financiers, diminué de sa valeur résiduelle.

L'*amortissement* est la répartition systématique du montant amortissable d'un actif sur sa durée d'utilité (*).

La *juste valeur* est le prix qui serait reçu pour la vente d'un actif ou payé pour le transfert d'un passif lors d'une transaction normale entre des participants de marché à la date d'évaluation (voir IFRS 13 *Évaluation de la juste valeur*).

Une *perte de valeur* est le montant par lequel la valeur comptable d'un actif ou d'une unité génératrice de trésorerie excède sa valeur recouvrable.

La *valeur recouvrable* d'un actif ou d'une unité génératrice de trésorerie est la valeur la plus élevée entre sa juste valeur diminuée des coûts de sortie et sa valeur d'utilité.

La *durée d'utilité* est :

a) la période pendant laquelle l'entité s'attend à utiliser un actif ; ou

b) le nombre d'unités de production ou d'unités similaires que l'entité s'attend à obtenir de l'actif.

La *valeur d'utilité* est la valeur actuelle des flux de trésorerie futurs susceptibles de découler d'un actif ou d'une unité génératrice de trésorerie.

(*) Dans le cas d'une immobilisation incorporelle, le terme « amortissement » est généralement utilisé à la place de « dépréciation ». Les deux termes ont le même sens.

Identification d'un actif susceptible de s'être déprécié

7 Les paragraphes 8 à 17 précisent quand la valeur recouvrable doit être déterminée. Ces dispositions utilisent l'expression « un actif » mais s'appliquent aussi bien à un actif pris individuellement qu'à une unité génératrice de trésorerie. La suite de la présente norme est structurée comme suit :

a) les paragraphes 18 à 57 énoncent les dispositions concernant l'évaluation de la valeur recouvrable. Ces dispositions utilisent l'expression « un actif » mais s'appliquent aussi bien à un actif pris individuellement qu'à une unité génératrice de trésorerie ;

b) les paragraphes 58 à 108 énoncent les dispositions concernant la comptabilisation et l'évaluation des pertes de valeur. La comptabilisation et l'évaluation des pertes de valeur concernant les actifs pris individuellement autres que le goodwill sont traitées aux paragraphes 58 à 64. Les paragraphes 65 à 108 traitent de la comptabilisation et de l'évaluation des pertes de valeur relatives aux unités génératrices de trésorerie et au goodwill ;

c) les paragraphes 109 à 116 exposent les dispositions concernant la reprise d'une perte de valeur comptabilisée pour un actif ou une unité génératrice de trésorerie au cours de périodes antérieures. Ces dispositions utilisent l'expression « un actif » mais s'appliquent aussi bien à un actif pris individuellement qu'à une unité génératrice de trésorerie. Des dispositions supplémentaires sont énoncées aux paragraphes 117 à 121 pour un actif pris individuellement, aux paragraphes 122 et 123 pour une unité génératrice de trésorerie et aux paragraphes 124 à 125 pour le goodwill ;

d) les paragraphes 126 à 133 précisent les informations à fournir sur les pertes de valeur et les reprises de pertes de valeur concernant les actifs et les unités génératrices de trésorerie. Les paragraphes 134 à 137 identifient des obligations supplémentaires en matière d'informations à fournir concernant les unités génératrices de trésorerie auxquelles le goodwill ou des immobilisations incorporelles à durée d'utilité indéterminée ont été affectés pour les besoins de la mise en œuvre de tests de dépréciation.

8 Un actif s'est déprécié lorsque sa valeur comptable est supérieure à sa valeur recouvrable. Les paragraphes 12 à 14 décrivent quelques indices selon lesquels une perte de valeur pourrait être intervenue. Si un de ces indices existe, une entité doit effectuer une estimation formalisée de la valeur recouvrable. Sauf de la manière décrite au paragraphe 10, la présente norme n'impose pas à une entité d'effectuer une estimation formalisée de la valeur recouvrable s'il n'existe aucun indice d'une perte de valeur.

9 Une entité doit apprécier à la fin de chaque période de reporting s'il existe un quelconque indice qu'un actif est susceptible de s'être déprécié. S'il existe un tel indice, l'entité doit estimer la valeur recouvrable de l'actif.

10 Qu'il y ait un indice de dépréciation ou non, une entité doit aussi :

a) effectuer un test de dépréciation annuel des immobilisations incorporelles à durée d'utilité indéterminée ou des immobilisations incorporelles qui ne sont pas encore prêtes à être mise en service, en comparant leur valeur comptable à leur valeur recouvrable. Ce test de dépréciation peut être effectué à tout moment au cours d'un exercice, à condition qu'il soit effectué au même moment chaque année. Différentes immobilisations incorporelles peuvent être soumises à des tests de dépréciation à des moments différents. Toutefois, si une telle immobilisation incorporelle était initialement comptabilisée pendant l'exercice considéré, cette immobilisation incorporelle doit être soumise à un test de dépréciation avant la fin de cet exercice ;

b) effectuer un test de dépréciation annuel du goodwill acquis dans un regroupement d'entreprises, selon les paragraphes 80 à 99.

11 La capacité d'une immobilisation incorporelle à générer des avantages économiques futurs suffisants pour recouvrer sa valeur comptable est généralement plus incertaine avant que l'actif soit prêt à être mis en service qu'après ce moment. Par conséquent, la présente norme impose à l'entité d'effectuer au moins une fois par an des tests de dépréciation de la valeur comptable d'une immobilisation incorporelle qui n'est pas encore prête à être mise en service.

12 Pour déterminer s'il existe un quelconque indice qu'un actif est susceptible de s'être déprécié, une entité doit au minimum considérer les indices suivants :

SOURCES D'INFORMATIONS EXTERNES

a) des indices observables témoignent de ce qu'au cours de la période, la valeur d'un actif a diminué beaucoup plus que du seul effet attendu du passage du temps ou de l'utilisation normale de l'actif ;

b) d'importants changements, ayant un effet négatif sur l'entité, sont survenus au cours de la période ou surviendront dans un proche avenir, dans l'environnement technologique, économique ou juridique ou du marché dans lequel l'entité opère ou dans le marché auquel l'actif est dévolu ;

c) les taux d'intérêt du marché ou d'autres taux de rendement du marché ont augmenté durant la période et il est probable que ces augmentations affecteront le taux d'actualisation utilisé dans le calcul de la valeur d'utilité d'un actif et diminueront de façon significative la valeur recouvrable de l'actif ;

d) la valeur comptable de l'actif net de l'entité est supérieure à sa capitalisation boursière ;

SOURCES D'INFORMATIONS INTERNES

e) il existe des éléments probants d'obsolescence ou de dégradation physique d'un actif ;

f) des changements importants, ayant un effet négatif sur l'entité, sont survenus au cours de la période ou sont attendus dans un proche avenir, et portent sur la mesure ou la manière dont un actif est utilisé ou dont on s'attend à ce qu'il le soit. Ces changements incluent la mise hors service de l'actif, les plans d'abandon ou de restructuration de l'activité à laquelle un actif appartient et les plans de sortie d'un actif avant la date antérieurement prévue, et la réestimation de la durée d'utilité d'un actif comme déterminée plutôt qu'indéterminée (*) ;

g) des éléments probants provenant du système d'information interne montrent que la performance économique d'un actif est ou sera moins bonne que celle attendue.

(*) Une fois qu'un actif satisfait aux critères pour être classé comme détenu en vue de la vente (ou est inclus dans un groupe destiné à être sorti qui est classé comme détenu en vue de la vente), il est exclu du champ d'application de la présente norme et est comptabilisé selon IFRS 5 ***Actifs non courants détenus en vue de la vente et activités abandonnées.***

DIVIDENDE PROVENANT D'UNE FILIALE, D'UNE COENTREPRISE OU D'UNE ENTREPRISE ASSOCIÉE

h) pour une participation dans une filiale, une coentreprise ou une entreprise associée, l'investisseur comptabilise un dividende issu de la participation et il existe des éléments probants montrant que :

i) la valeur comptable de la participation dans les états financiers individuels dépasse les valeurs comptables, dans les états financiers consolidés, des actifs nets de l'entreprise faisant l'objet de l'investissement, y compris le goodwill associé ; ou

ii) le dividende dépasse le résultat global total de la filiale, de la coentreprise ou de l'entreprise associée durant la période où le dividende est déclaré.

13 La liste du paragraphe 12 n'est pas exhaustive. Une entité peut identifier d'autres indices qu'un actif est susceptible de s'être déprécié. Ces indices imposeraient également à l'entité de déterminer la valeur recouvrable de l'actif ou, dans le cas du goodwill, d'effectuer un test de dépréciation selon les paragraphes 80 à 99.

14 Des éléments probants provenant du système d'information interne montrant qu'un actif est susceptible de s'être déprécié incluent l'existence :

a) de flux de trésorerie pour l'acquisition de l'actif, ou de besoins de trésorerie ultérieurs pour assurer son activité ou sa maintenance, sensiblement plus importants que ceux budgétés à l'origine ;

b) de flux de trésorerie nets actualisés ou de résultats opérationnels générés par l'actif sensiblement plus mauvais que ceux budgétés ;

c) d'une diminution importante des flux de trésorerie nets budgétés ou du bénéfice opérationnel budgété, générés par l'actif, ou d'une augmentation importante de la perte budgétée générée par l'actif ; ou

d) de pertes opérationnelles ou de sorties nettes de trésorerie pour l'actif lorsqu'on ajoute les chiffres de la période considérée aux montants budgétés pour le futur.

15 Comme indiqué au paragraphe 10, la présente norme impose des tests de dépréciation au moins une fois par an pour une immobilisation incorporelle à durée d'utilité indéterminée, ou qui n'est pas encore prête à être mise en service, et pour le goodwill. En dehors des cas où les dispositions du paragraphe 10 sont applicables, le concept d'importance relative s'applique pour déterminer s'il convient ou non d'estimer la valeur recouvrable d'un actif. Par exemple, si des calculs antérieurs montrent que la valeur recouvrable d'un actif est sensiblement supérieure à sa valeur comptable, l'entité n'a pas à réestimer cette valeur recouvrable si aucun événement de nature à éliminer cette différence ne s'est produit. De même, une analyse antérieure peut montrer que la valeur recouvrable d'un actif n'est pas sensible à l'un (ou à plusieurs) des indices énumérés au paragraphe 12.

16 À titre d'illustration du paragraphe 15, si les taux d'intérêt du marché ou d'autres taux de rendement du marché ont augmenté au cours de la période, une entité n'est pas tenue de procéder à une estimation formalisée de la valeur recouvrable d'un actif dans les cas suivants :

a) s'il est improbable que le taux d'actualisation utilisé pour calculer la valeur d'utilité de l'actif soit affecté par l'augmentation de ces taux de marché. Par exemple, les augmentations des taux d'intérêt à court terme peuvent ne pas avoir un effet significatif sur le taux d'actualisation appliqué à un actif ayant une longue durée d'utilité restant à courir ;

b) s'il est probable que le taux d'actualisation utilisé pour calculer la valeur d'utilité de l'actif soit affecté par l'augmentation de ces taux de marché, mais si une analyse antérieure de sensibilité de la valeur recouvrable montre que :

i) il est invraisemblable qu'il y ait une diminution significative de la valeur recouvrable car les flux de trésorerie futurs sont eux aussi susceptibles d'augmenter (par exemple, dans certains cas, une entité peut être en mesure de démontrer qu'elle ajuste les produits de ses activités pour compenser l'augmentation des taux du marché) ; ou

ii) il est peu probable que la diminution de la valeur recouvrable aboutisse à une perte de valeur significative.

17 S'il existe un indice montrant qu'un actif est susceptible de s'être déprécié, cela peut indiquer que la durée d'utilité restant à courir, le mode d'amortissement ou la valeur résiduelle de l'actif doivent être revus et ajustés selon la norme qui lui est applicable, même si aucune perte de valeur n'est comptabilisée au titre de cet actif.

Évaluation de la valeur recouvrable

18 La présente norme définit la valeur recouvrable d'un actif ou d'une unité génératrice de trésorerie comme la valeur la plus élevée entre sa juste valeur diminuée des coûts de sortie et sa valeur d'utilité. Les paragraphes 19 à 57 énoncent les dispositions concernant l'évaluation de la valeur recouvrable. Ces dispositions utilisent l'expression « un actif » mais s'appliquent aussi bien à un actif pris individuellement qu'à une unité génératrice de trésorerie.

19 Il n'est pas toujours nécessaire de déterminer à la fois la juste valeur d'un actif diminuée des coûts de sortie et sa valeur d'utilité. Si l'un ou l'autre de ces montants est supérieur à la valeur comptable de l'actif, l'actif ne s'est pas déprécié et il n'est pas nécessaire d'estimer l'autre montant.

20 Il peut être possible d'évaluer la juste valeur diminuée des coûts de sortie même s'il n'y a pas de cours sur un marché actif pour un actif identique. Toutefois, il n'est parfois pas possible d'évaluer la juste valeur diminuée des coûts de sortie parce qu'il n'existe aucune base permettant d'estimer de manière fiable le prix auquel une transaction normale visant la vente d'un actif serait conclue entre des participants de marché à la date d'évaluation dans les conditions actuelles du marché. Dans un tel cas, l'entité peut utiliser la valeur d'utilité de l'actif comme valeur recouvrable.

21 S'il n'existe aucune raison de penser que la valeur d'utilité d'un actif excède d'une façon significative sa juste valeur diminuée des coûts de sortie, on peut utiliser sa juste valeur diminuée des coûts de sortie comme valeur recouvrable. Cela sera souvent le cas lorsqu'un actif est détenu en vue d'être sorti. Cela tient au fait que la valeur d'utilité d'un actif détenu en vue d'être sorti est constituée principalement des produits nets de sortie, car il est probable que les flux de trésorerie futurs générés par l'utilisation continue de l'actif jusqu'à sa sortie seront négligeables.

22 La valeur recouvrable est déterminée pour un actif pris individuellement à moins que l'actif ne génère pas d'entrées de trésorerie largement indépendantes des entrées de trésorerie générées par d'autres actifs ou groupes d'actifs. Si tel est le cas, la valeur recouvrable est déterminée pour l'unité génératrice de trésorerie à laquelle l'actif appartient (voir paragraphes 65 à 103), sauf :

a) si la juste valeur de l'actif diminuée des coûts de sortie est supérieure à sa valeur comptable ; ou

b) si la valeur d'utilité de l'actif peut être estimée comme étant proche de sa juste valeur diminuée des coûts de sortie et si cette juste valeur diminuée des coûts de sortie peut être évaluée.

23 Dans certains cas, des estimations, des moyennes et des calculs simplifiés peuvent fournir une approximation raisonnable des calculs détaillés présentés dans la présente norme pour déterminer la juste valeur diminuée des coûts de sortie ou la valeur d'utilité d'un actif.

ÉVALUATION DE LA VALEUR RECOUVRABLE D'UNE IMMOBILISATION INCORPORELLE AYANT UNE DURÉE D'UTILITÉ INDÉTERMINÉE

24 Le paragraphe 10 impose de soumettre annuellement une immobilisation incorporelle à durée d'utilité indéterminée à un test de dépréciation en comparant sa valeur comptable à sa valeur recouvrable, qu'il y ait ou non un indice de sa dépréciation potentielle. Toutefois, le calcul détaillé le plus récent de la valeur recouvrable d'un tel actif effectué lors d'une période précédente peut être utilisé dans le test de dépréciation pour cet actif au cours de la période considérée, à condition qu'il soit satisfait à tous les critères suivants :

a) si l'immobilisation incorporelle ne génère pas d'entrées de trésorerie résultant de son utilisation continue qui soient largement indépendantes de celles générées par d'autres actifs ou groupes d'actifs et fait par conséquent l'objet d'un test de dépréciation en tant que partie de l'unité génératrice de trésorerie à laquelle elle appartient, les actifs et les passifs constituant cette unité n'ont pas changé de manière notable depuis le calcul de la valeur recouvrable le plus récent ;

b) le calcul le plus récent de la valeur recouvrable a abouti à un montant qui était substantiellement supérieur à la valeur comptable de l'actif ; et

c) sur la base d'une analyse des événements qui se sont produits et de l'évolution des circonstances depuis le calcul le plus récent de la valeur recouvrable, il est très peu probable que la détermination de la valeur recouvrable actuelle aboutisse à un montant inférieur à la valeur comptable de l'actif.

JUSTE VALEUR DIMINUÉE DES COÛTS DE SORTIE

25-27 [Supprimé]

28 Les coûts de sortie, autres que ceux déjà comptabilisés en tant que passifs, sont déduits pour évaluer la juste valeur diminuée des coûts de sortie. Des exemples de coûts de sortie sont les frais d'actes, les droits de timbre et taxes similaires liées à la transaction, les coûts d'enlèvement de l'actif et les coûts marginaux directs engagés pour mettre l'actif en état d'être vendu. Toutefois, les indemnités de fin de contrat de travail (telles que définies dans IAS 19) et les coûts associés à la réduction ou à la restructuration d'une activité à la suite de la sortie d'un actif ne sont pas des coûts marginaux directs de sortie de l'actif.

29 Il arrive parfois que la sortie d'un actif impose à l'acheteur la reprise d'un passif et que l'on dispose seulement d'une juste valeur unique diminuée des coûts de sortie tant pour l'actif que pour le passif. Le paragraphe 78 indique comment traiter de tels cas.

VALEUR D'UTILITÉ

30 Le calcul de la valeur d'utilité d'un actif doit refléter les éléments suivants :

a) une estimation des flux de trésorerie futurs que l'entité s'attend à obtenir de l'actif ;

b) les attentes au sujet des variations éventuelles du montant ou de l'échéancier de ces flux de trésorerie futurs ;

c) la valeur temps de l'argent, représentée par le taux d'intérêt sans risque actuel du marché ;

d) le prix pour supporter l'incertitude inhérente à l'actif ; et

e) d'autres facteurs, tels que l'illiquidité, que les participants du marché refléteraient dans l'estimation des flux de trésorerie futurs que l'entité s'attend à obtenir de l'actif.

31 L'estimation de la valeur d'utilité d'un actif implique les étapes suivantes :

a) l'estimation des entrées et sorties de trésorerie futures devant être générées par l'utilisation continue de l'actif et par sa sortie in fine ; et

b) l'application du taux d'actualisation approprié à ces flux de trésorerie futurs.

32 Les éléments identifiés au paragraphe 30 b), d) et e) peuvent être reflétés soit comme des ajustements des flux de trésorerie futurs, soit comme des ajustements du taux d'actualisation. Quelle que soit l'approche qu'une entité adopte pour refléter les attentes au sujet des variations éventuelles du montant ou de l'échéancier de flux de trésorerie futurs, le résultat doit refléter la valeur actuelle attendue des flux de trésorerie futurs, c'est-à-dire la moyenne pondérée de tous les résultats possibles. L'appendice A fournit des indications supplémentaires sur l'utilisation des techniques de la valeur actuelle dans l'évaluation de la valeur d'utilité d'un actif.

Base d'estimation des flux de trésorerie futurs

33 Pour évaluer la valeur d'utilité, une entité doit :

a) établir les projections de flux de trésorerie sur la base d'hypothèses raisonnables et documentées représentant la meilleure estimation de la direction de l'ensemble des conditions économiques qui existeront pendant la durée d'utilité de l'actif restant à courir. Un poids plus important doit être accordé aux éléments probants externes ;

b) établir les projections des flux de trésorerie sur la base des prévisions/budgets financiers les plus récents approuvés par la direction, mais en excluant les entrées ou les sorties de trésorerie futures estimées, susceptibles d'être générées par des restructurations futures ou par l'amélioration ou l'accroissement de la performance de l'actif. Les projections établies sur la base de ces budgets/prévisions doivent couvrir une période d'une durée maximale de cinq ans, sauf si une période plus longue peut être justifiée ;

c) estimer les projections de flux de trésorerie au-delà de la période couverte par les budgets/prévisions les plus récents par extrapolation des projections établies sur la base des budgets/prévisions en leur appliquant un taux de croissance stable ou décroissant pour les années futures, sauf si un taux croissant peut être justifié. Ce taux de croissance ne doit pas excéder le taux de croissance moyen à long terme pour les produits, les secteurs d'activité, ou le ou les pays dans lesquels l'entité opère ou pour le marché sur lequel l'actif est utilisé, sauf si un taux de croissance supérieur peut être justifié.

34 La direction évalue le caractère raisonnable des hypothèses sur lesquelles ses projections de flux de trésorerie actuelles sont fondées en examinant les causes des différences entre les projections de flux de trésorerie passés et les flux de trésorerie réels. La direction doit faire en sorte que les hypothèses sur lesquelles ses projections de flux de trésorerie actuelles sont fondées

concordent avec les résultats réels antérieurs, à condition que les effets d'événements ultérieurs ou de circonstances qui n'existaient pas lorsque ces flux de trésorerie réels ont été générés rendent ceci approprié.

35 Des budgets/prévisions financiers détaillés, explicites et fiables concernant les flux de trésorerie n'existent généralement pas au-delà de cinq ans. C'est pourquoi les estimations par la direction des flux de trésorerie futurs sont fondées sur les budgets/prévisions les plus récents sur une période de cinq ans au maximum. La direction peut utiliser des projections de flux de trésorerie fondées sur des budgets/prévisions sur une période supérieure à cinq ans si elle a confiance dans la fiabilité de ces projections et si elle peut, sur la base de son expérience passée, démontrer sa capacité à prévoir les flux de trésorerie avec précision sur cette période plus longue.

36 Les projections de flux de trésorerie jusqu'à la fin de la durée d'utilité d'un actif sont estimées par extrapolation des projections de flux de trésorerie fondées sur les budgets/prévisions financiers en leur appliquant un taux de croissance pour les années futures. Ce taux est stable ou décroissant à moins qu'une augmentation du taux ne concorde avec une information objective quant aux évolutions du cycle de vie d'un produit ou d'un secteur d'activité. Si cela est approprié, le taux de croissance est nul ou négatif.

37 Lorsque les conditions sont favorables, il est probable que des concurrents pénètrent le marché et freinent la croissance. Par conséquent, les entités auront des difficultés à dépasser le taux de croissance historique moyen sur le long terme (vingt ans, par exemple) pour les produits, les secteurs d'activité, ou le ou les pays dans lesquels elles opèrent, ou pour le marché sur lequel l'actif est utilisé.

38 Lorsqu'elle utilise des informations fondées sur des budgets/prévisions financiers, l'entité examine si ces informations reflètent des hypothèses raisonnables et documentées représentant la meilleure estimation par la direction de l'ensemble des conditions économiques qui existeront pendant la durée d'utilité restant à courir de l'actif.

➡ Composition des estimations des flux de trésorerie futurs

39 Les estimations des flux de trésorerie futurs doivent inclure :

a) les projections des entrées de trésorerie futures découlant de l'utilisation continue de l'actif ;

b) les projections des sorties de trésorerie nécessairement engagées pour générer les entrées de trésorerie découlant de l'utilisation continue de l'actif (y compris les sorties de trésorerie pour préparer l'actif en vue de son utilisation) et qui peuvent être directement attribuées, ou affectées à l'actif sur une base raisonnable, cohérente et permanente ; et

c) les flux de trésorerie nets qui seront, s'il y a lieu, reçus (ou payés) lors de la sortie de l'actif à la fin de sa durée d'utilité.

40 Les estimations des flux de trésorerie futurs et le taux d'actualisation reflètent des hypothèses cohérentes quant aux augmentations de prix dues à l'inflation générale. Par conséquent, si le taux d'actualisation inclut l'effet des augmentations de prix dues à l'inflation générale, les flux de trésorerie futurs sont estimés en prix courants. Si le taux d'actualisation exclut l'effet des augmentations de prix dues à l'inflation générale, les flux de trésorerie futurs sont estimés en prix constants (mais comprennent les augmentations ou diminutions de prix spécifiques futures).

41 Les projections de sorties de trésorerie comprennent les frais de gestion quotidiens de l'actif ainsi que les frais généraux futurs pouvant être directement attribués, ou affectés sur une base raisonnable, cohérente et permanente, à l'utilisation de l'actif.

42 Lorsque la valeur comptable d'un actif ne comprend pas encore toutes les sorties de trésorerie qui seront engagées avant qu'il ne soit prêt à être mis en service ou vendu, l'estimation des sorties de trésorerie futures comprend une estimation des sorties de trésorerie ultérieures que l'on s'attend à engager avant que l'actif ne soit prêt à être mis en service ou vendu. Tel est le cas, par exemple, pour un immeuble en construction ou pour un projet de développement non encore achevé.

43 Afin d'éviter de les prendre en compte deux fois, on exclut des estimations de flux de trésorerie futurs :

a) les entrées de trésorerie d'actifs qui génèrent des entrées de trésorerie largement indépendantes de celles de l'actif examiné (par exemple, les actifs financiers tels que les créances) ; et

b) les sorties de trésorerie liées à des obligations qui ont déjà été comptabilisées en tant que passifs (par exemple, les fournisseurs, les obligations au titre des retraites ou les provisions).

44 **Les flux de trésorerie futurs doivent être estimés pour un actif dans son état actuel. Les estimations de flux de trésorerie futurs ne doivent pas inclure des entrées ou des sorties de trésorerie futures estimées susceptibles d'être générées par :**

a) une restructuration future à laquelle l'entité ne s'est pas encore engagée ; ou

b) l'amélioration ou l'accroissement de la performance de l'actif.

45 Du fait que les flux de trésorerie futurs sont estimés pour l'actif dans son état actuel, la valeur d'utilité ne reflète :

a) ni les sorties de trésorerie futures, ni les économies de coûts liées (par exemple, les réductions de coûts de personnel), ni les avantages susceptibles d'être générés par une restructuration future à laquelle l'entité ne s'est pas encore engagée ;

b) ni les sorties de trésorerie futures qui amélioreront ou accroîtront la performance de l'actif ni les entrées de trésorerie liées que l'on s'attend à être générées par ces sorties.

46 Une restructuration est un programme planifié et contrôlé par la direction et qui modifie de façon significative soit le champ d'activité d'une entité, soit la manière dont cette activité est gérée. IAS 37 *Provisions, passifs éventuels et actifs éventuels* donne des indications clarifiant quand il y a engagement d'une entité à restructurer.

47 À partir du moment où une entité prend un engagement à restructurer, il est probable que certains actifs seront affectés par cette restructuration. Dès lors que l'entité a pris l'engagement de restructurer :

a) ses estimations des entrées et des sorties de trésorerie futures, pour la détermination de la valeur d'utilité, reflètent les économies de coûts et autres avantages résultant de la restructuration (sur la base des budgets/ prévisions financiers les plus récents ayant été approuvés par la direction) ; et

b) ses estimations de sorties de trésorerie futures au titre de la restructuration sont incluses dans une provision de restructuration selon IAS 37.

L'exemple 5 illustre l'effet d'une restructuration future sur le calcul d'une valeur d'utilité.

48 Jusqu'à ce qu'une entité engage des sorties de trésorerie qui améliorent ou accroissent la performance de l'actif, les estimations de flux de trésorerie futurs ne comprennent pas les entrées de trésorerie futures estimées qui sont susceptibles d'être générées par l'augmentation des avantages économiques liés à la sortie de trésorerie (voir exemple 6).

49 Les estimations de flux de trésorerie futurs incluent des sorties de trésorerie futures nécessaires au maintien du niveau d'avantages économiques susceptibles d'être générés par l'actif dans son état actuel. Lorsqu'une unité génératrice de trésorerie est composée d'actifs ayant chacun une durée d'utilité estimée différente, tous étant essentiels à l'activité continue de l'unité, le remplacement d'actifs à durée d'utilité plus courte est considéré comme faisant partie de la gestion quotidienne de l'unité lors de l'estimation des flux de trésorerie futurs liés à l'unité. De même, lorsqu'un actif unique est constitué de composants ayant une durée d'utilité estimée différente, le remplacement des composants à durée d'utilité plus courte est considéré comme faisant partie de la gestion quotidienne de l'actif lors de l'estimation des flux de trésorerie futurs générés par cet actif.

50 Les estimations des flux de trésorerie futurs ne doivent pas inclure :

a) les entrées ou sorties de trésorerie provenant d'activités de financement ; ni

b) les entrées ou sorties de trésorerie liées à l'impôt sur le résultat.

51 Les flux de trésorerie futurs estimés reflètent des hypothèses qui sont cohérentes avec le mode de détermination du taux d'actualisation. S'il en était autrement, l'effet de certaines hypothèses serait compté deux fois ou ignoré. La valeur temps de l'argent étant prise en compte dans l'actualisation de flux de trésorerie futurs estimés, ces flux de trésorerie excluent les entrées ou sorties de trésorerie provenant des activités de financement. De même, puisque le taux d'actualisation est déterminé avant impôt, les flux de trésorerie futurs sont eux aussi estimés sur une base avant impôt.

52 L'estimation des flux de trésorerie nets à recevoir (ou à payer) lors de la sortie d'un actif à la fin de sa durée d'utilité doit être le montant qu'une entité s'attend à obtenir de la sortie de l'actif lors d'une transaction dans des conditions de concurrence normale entre des parties bien informées et consentantes, après déduction des coûts de sortie estimés.

53 L'estimation des flux de trésorerie nets à recevoir (ou à payer) lors de la sortie d'un actif à la fin de sa durée d'utilité est déterminée d'une manière similaire à celle de la juste valeur d'un actif diminuée des coûts de sortie à l'exception du fait que pour estimer ces flux de trésorerie nets :

a) une entité utilise les prix prévalant à la date de l'estimation pour des actifs similaires arrivés à la fin de leur durée d'utilité et exploités dans des conditions similaires à celles dans lesquelles l'actif sera utilisé ;

b) l'entité ajuste les prix pour tenir compte tant de l'effet des augmentations de prix futures dues à l'inflation générale que des augmentations ou des diminutions de prix spécifiques futures. Toutefois, si les estimations des flux de trésorerie futurs provenant de l'utilisation continue de l'actif et le taux d'actualisation ne tiennent pas compte de l'effet de l'inflation générale, l'entité exclut également cet effet de l'estimation des flux de trésorerie nets liés à la sortie.

53A La juste valeur diffère de la valeur d'utilité. La juste valeur reflète les hypothèses que les participants de marché utiliseraient pour fixer le prix de l'actif. La valeur d'utilité, quant à elle, reflète les effets des facteurs qui peuvent être spécifiques à l'entité et ne pas s'appliquer aux entités en général. Par exemple, la juste valeur ne reflète pas les éléments suivants dans la mesure où ils ne seraient généralement pas disponibles pour les participants de marché :

a) une valeur supplémentaire tirée d'un regroupement d'actifs (comme la constitution d'un portefeuille d'immeubles de placement situés à des endroits différents) ;

b) des synergies entre l'actif évalué et d'autres actifs ;

c) des droits légaux ou des restrictions juridiques qui sont spécifiques au propriétaire actuel de l'actif et à lui seul ; et

d) des avantages fiscaux ou des charges fiscales qui sont spécifiques au propriétaire actuel de l'actif.

Flux de trésorerie futurs en monnaie étrangère

54 Les flux de trésorerie futurs sont estimés dans la monnaie dans laquelle ils seront générés, puis ils sont actualisés en appliquant un taux d'actualisation approprié à cette monnaie. Une entité convertit la valeur actuelle en utilisant le cours du jour à la date du calcul de la valeur d'utilité.

Taux d'actualisation

55 Le ou les taux d'actualisation sont des taux avant impôt qui reflètent l'appréciation actuelle du marché :

a) de la valeur temps de l'argent ; et

b) des risques spécifiques à l'actif pour lesquels les estimations de flux de trésorerie futurs n'ont pas été ajustées.

56 Un taux qui reflète l'appréciation actuelle du marché de la valeur temps de l'argent et des risques spécifiques à l'actif est le taux de rendement que des investisseurs demanderaient s'ils avaient à choisir un placement qui générerait des flux de trésorerie dont le montant, l'échéancier et le profil de risques seraient équivalents à ceux que l'entité s'attend à obtenir de l'actif. Ce taux est estimé à partir du taux implicite dans des transactions actuelles du marché pour des actifs similaires ou à partir du coût moyen pondéré du capital d'une entité cotée qui détient un actif unique (ou un portefeuille d'actifs) similaire(s) en termes de potentiel de service et de risques, à l'actif examiné. Toutefois, le ou les taux d'actualisation utilisés pour évaluer la valeur d'utilité d'un actif ne doivent pas refléter les risques pour lesquels les estimations de flux de trésorerie futurs ont été ajustées. S'il en était autrement, l'effet de certaines hypothèses serait compté deux fois.

57 Lorsqu'une entité ne peut obtenir directement du marché un taux spécifique à un actif, elle utilise des substituts pour estimer le taux d'actualisation. L'appendice A fournit des indications supplémentaires concernant l'estimation du taux d'actualisation dans de tels cas.

Comptabilisation et évaluation d'une perte de valeur

58 Les paragraphes 59 à 64 énoncent les dispositions relatives à la comptabilisation et à l'évaluation des pertes de valeur d'un actif pris individuellement autre que le goodwill. La comptabilisation et l'évaluation des pertes de valeur d'une unité génératrice de trésorerie et du goodwill sont traitées aux paragraphes 65 à 108.

59 **Si, et seulement si, la valeur recouvrable d'un actif est inférieure à sa valeur comptable, la valeur comptable de l'actif doit être ramenée à sa valeur recouvrable. Cette réduction est une perte de valeur.**

60 **Une perte de valeur doit être immédiatement comptabilisée en résultat, sauf si l'actif est comptabilisé pour son montant réévalué selon une autre norme (par exemple, selon le modèle de la réévaluation proposé par IAS 16). Toute perte de valeur d'un actif réévalué doit être traitée comme une réévaluation négative selon cette autre norme.**

61 Une perte de valeur d'un actif non réévalué est comptabilisée en résultat. Toutefois, une perte de valeur d'un actif réévalué est comptabilisée en autres éléments du résultat global dans la mesure où la perte de valeur n'excède pas le montant de l'écart de réévaluation relatif à cet actif. Cette perte de valeur sur un actif réévalué réduit l'écart de réévaluation relatif à cet actif.

62 **Lorsque le montant estimé de la perte de valeur est supérieur à la valeur comptable de l'actif concerné, une entité doit comptabiliser un passif si, et seulement si, une autre norme l'impose.**

63 **Après la comptabilisation d'une perte de valeur, la dotation aux amortissements de l'actif doit être ajustée pour les périodes futures, afin que la valeur comptable révisée de l'actif, diminuée de sa valeur résiduelle (s'il y a lieu), puisse être répartie de façon systématique sur sa durée d'utilité restant à courir.**

64 Si une perte de valeur est comptabilisée, tous les actifs ou passifs d'impôt différé liés sont déterminés selon IAS 12, en comparant la valeur comptable révisée de l'actif et sa base fiscale (voir exemple 3).

Unités génératrices de trésorerie et goodwill

65 Les paragraphes 66 à 108 et l'appendice C énoncent les dispositions relatives à l'identification de l'unité génératrice de trésorerie à laquelle un actif appartient, ainsi qu'à la détermination de la valeur comptable et à la comptabilisation des pertes de valeur des unités génératrices de trésorerie et du goodwill.

IDENTIFICATION DE L'UNITÉ GÉNÉRATRICE DE TRÉSORERIE À LAQUELLE UN ACTIF APPARTIENT

66 **S'il existe un indice qu'un actif est susceptible de s'être déprécié, la valeur recouvrable de l'actif pris individuellement doit être estimée. S'il n'est pas possible d'estimer la valeur recouvrable de l'actif pris individuellement, la valeur recouvrable de l'unité génératrice de trésorerie à laquelle l'actif appartient (l'unité génératrice de trésorerie de l'actif) doit être déterminée.**

67 La valeur recouvrable d'un actif pris individuellement ne peut être déterminée si :

a) on ne peut estimer que la valeur d'utilité de l'actif soit proche de sa juste valeur diminuée des coûts de sortie (par exemple, lorsque les flux de trésorerie futurs générés par l'utilisation continue de l'actif ne peuvent être estimés comme étant négligeables) ; et

b) l'actif ne génère pas d'entrées de trésorerie largement indépendantes des entrées de trésorerie d'autres actifs.

Dans de tels cas, la valeur d'utilité et, par conséquent, la valeur recouvrable, ne peuvent être estimées que pour l'unité génératrice de trésorerie de l'actif.

Exemple

Une entité minière possède une desserte ferroviaire privée pour ses activités d'exploitation minière. La desserte ferroviaire privée ne pourrait être vendue que pour sa valeur à la casse, et la desserte ferroviaire privée ne génère pas d'entrées de trésorerie largement indépendantes des entrées de trésorerie générées par les autres actifs de la mine.

Il n'est pas possible d'estimer la valeur recouvrable de la desserte ferroviaire privée car sa valeur d'utilité ne peut pas être déterminée et est probablement différente de sa valeur à la casse. Par conséquent, l'entité estime la valeur recouvrable de l'unité génératrice de trésorerie à laquelle la desserte ferroviaire privée appartient, c'est-à-dire la mine dans son ensemble.

68 Selon la définition donnée au paragraphe 6, l'unité génératrice de trésorerie d'un actif est le plus petit groupe d'actifs qui inclut l'actif et qui génère des entrées de trésorerie largement indépendantes des entrées de trésorerie générées par d'autres actifs ou groupes d'actifs. L'identification de l'unité génératrice de trésorerie d'un actif implique une part de jugement. Si la valeur recouvrable ne peut être déterminée pour un actif pris individuellement, une entité identifie le plus petit regroupement d'actifs qui génère des entrées de trésorerie largement indépendantes.

Exemple

Une société de transports par autocars travaille sous contrat avec une municipalité qui impose un service minimum sur cinq itinéraires différents. Les actifs dévolus à chaque itinéraire et les flux de trésorerie générés par chaque itinéraire peuvent être identifiés séparément. L'un de ces itinéraires dégage une perte importante.

Puisque l'entité ne peut réduire son activité sur aucun des itinéraires, le plus petit niveau d'entrées de trésorerie identifiables qui soient largement indépendantes des entrées de trésorerie générées par d'autres actifs ou groupes d'actifs correspond aux entrées de trésorerie générées par l'ensemble des cinq itinéraires. L'unité génératrice de trésorerie pour chaque itinéraire est la société de transports dans son ensemble.

69 Les entrées de trésorerie sont des entrées de trésorerie et d'équivalents de trésorerie reçus de tiers extérieurs à l'entité. Pour identifier si les entrées de trésorerie générées par un actif (ou un groupe d'actifs) sont largement indépendantes des entrées de trésorerie générées par d'autres actifs (ou groupes d'actifs), une entité considère différents facteurs, y compris la manière dont la direction gère les activités de l'entité (telle que par ligne de produits, secteur d'activité, implantation individuelle, district ou région) ou la manière dont elle prend ses décisions en matière de poursuite ou de sortie des actifs et des activités de l'entité. L'exemple 1 donne des exemples d'identification d'une unité génératrice de trésorerie.

70 S'il existe un marché actif pour la production résultant d'un actif ou d'un groupe d'actifs, cet actif ou ce groupe d'actifs doit être identifié comme une unité génératrice de trésorerie, même si la totalité ou une partie de la production est utilisée en interne. Si les entrées de trésorerie générées par tout actif ou unité génératrice de trésorerie sont affectées par la fixation des prix de cession interne, l'entité doit utiliser la meilleure estimation par la direction du ou des futurs prix pouvant être obtenus lors de transactions dans des conditions de concurrence normale pour estimer :

a) les entrées de trésorerie futures utilisées pour déterminer la valeur d'utilité de l'actif ou de l'unité génératrice de trésorerie ; et

b) les sorties de trésorerie futures utilisées pour déterminer la valeur d'utilité des autres actifs ou unités génératrices de trésorerie qui sont affectées par la fixation des prix de cession interne.

71 Même si la totalité ou une partie de la production résultant d'un actif ou d'un groupe d'actifs est utilisée par d'autres unités de l'entité (par exemple, des produits à un stade intermédiaire dans un processus de production), cet actif ou ce groupe d'actifs constitue une unité génératrice de trésorerie distincte si l'entité peut vendre la production sur un marché actif. Cela tient au fait que l'actif ou le groupe d'actifs pourrait générer des entrées de trésorerie qui seraient largement indépendantes des entrées de trésorerie générées par d'autres actifs ou groupes d'actifs. Lorsqu'une entité utilise les informations, fondées sur des budgets/prévisions financiers, relatives à une telle unité génératrice de trésorerie ou à tout autre actif ou unité génératrice de trésorerie affecté par la fixation de prix de cession interne, ces informations sont ajustées si les prix de cession interne ne reflètent pas la meilleure estimation par la direction de prix futurs pouvant être obtenus lors d'une transaction dans des conditions de concurrence normale.

72 Pour un même actif ou type d'actifs, les unités génératrices de trésorerie doivent être identifiées de façon cohérente et permanente d'une période à l'autre, à moins qu'un changement ne soit justifié.

73 Si une entité détermine qu'un actif appartient à une unité génératrice de trésorerie différente de celle à laquelle il appartenait lors de périodes antérieures ou que les types d'actifs regroupés pour constituer l'unité génératrice de trésorerie ont changé, le paragraphe 130 impose de fournir certaines informations sur l'unité génératrice de trésorerie, si une perte de valeur est comptabilisée ou reprise pour l'unité génératrice de trésorerie.

VALEUR RECOUVRABLE ET VALEUR COMPTABLE D'UNE UNITÉ GÉNÉRATRICE DE TRÉSORERIE

74 La valeur recouvrable d'une unité génératrice de trésorerie est la valeur la plus élevée entre la juste valeur diminuée des coûts de sortie de l'unité génératrice de trésorerie et sa valeur d'utilité. Pour déterminer la valeur recouvrable d'une unité génératrice de trésorerie, toute référence dans les paragraphes 19 à 57 à « un actif » doit être lue comme une référence à « une unité génératrice de trésorerie ».

75 La valeur comptable d'une unité génératrice de trésorerie doit être déterminée sur une base en cohérence avec la façon dont est déterminée sa valeur recouvrable.

76 La valeur comptable d'une unité génératrice de trésorerie :

a) inclut la valeur comptable des seuls actifs pouvant être directement attribués, ou affectés, sur une base raisonnable, cohérente et permanente, à l'unité génératrice de trésorerie, et qui généreront les entrées de trésorerie futures utilisées lors de la détermination de la valeur d'utilité de l'unité génératrice de trésorerie ; et

b) n'inclut pas la valeur comptable de tout passif comptabilisé, à moins que la valeur recouvrable de l'unité génératrice de trésorerie ne puisse être déterminée sans prendre en compte ce passif.

Cela tient au fait que la juste valeur diminuée des coûts de sortie et la valeur d'utilité d'une unité génératrice de trésorerie sont déterminées sans prendre en compte les flux de trésorerie liés aux actifs ne faisant pas partie de l'unité génératrice de trésorerie et aux passifs ayant été comptabilisés (voir paragraphes 28 et 43).

77 Lorsque des actifs sont regroupés pour apprécier leur caractère recouvrable, il est important d'inclure dans l'unité génératrice de trésorerie tous les actifs qui génèrent, ou sont utilisés pour générer le flux pertinent d'entrées de trésorerie. S'il en était autrement, l'unité génératrice de trésorerie pourrait apparaître intégralement recouvrable, alors qu'en fait, une perte de valeur s'est produite. Dans certains cas, bien que quelques actifs contribuent aux flux de trésorerie futurs estimés de l'unité génératrice de trésorerie, ils ne peuvent être affectés à l'unité génératrice de trésorerie sur une base raisonnable, cohérente et permanente. Cela peut être le cas, par exemple, du goodwill ou des actifs de support tels que les actifs du siège social. Les paragraphes 80 à 103 expliquent comment traiter ces actifs lors d'un test de dépréciation d'une unité génératrice de trésorerie.

78 Il peut être nécessaire de considérer certains passifs comptabilisés pour déterminer la valeur recouvrable d'une unité génératrice de trésorerie. Cela peut se produire si la sortie d'une unité génératrice de trésorerie impose à l'acheteur la reprise du passif. Dans ce cas, la juste valeur diminuée des coûts de sortie (ou le flux de trésorerie estimé, généré par la sortie in fine) de l'unité génératrice de trésorerie est le prix de vente des actifs de l'unité génératrice de trésorerie avec le passif, diminué des coûts de sortie. Pour effectuer une comparaison qui ait un sens entre la valeur comptable de l'unité génératrice de trésorerie et sa valeur recouvrable, la valeur comptable du passif est déduite pour déterminer tant la valeur d'utilité de l'unité génératrice de trésorerie que sa valeur comptable.

Exemple

Une société exploite une mine dans un pays dont la législation impose au propriétaire la remise en état du site à l'achèvement de ses activités d'exploitation minière. Le coût de remise en état inclut la remise en place du terrain de couverture, qui doit être retiré avant le début des activités d'exploitation minière. Une provision pour le coût de remise en place du terrain de couverture a été comptabilisée dès l'enlèvement du terrain de couverture. Le montant provisionné a été comptabilisé comme élément du coût de la mine et est amorti sur la durée d'utilité de la mine. La valeur comptable de la provision pour les coûts de remise en état est de 500 UM (*) ; elle est égale à la valeur actuelle des coûts de remise en état.

L'entité teste la dépréciation de la mine. L'unité génératrice de trésorerie de la mine est la mine prise dans son ensemble. L'entité a reçu diverses offres d'achat pour la mine à un prix avoisinant 800 UM. Ce prix reflète le fait que l'acheteur assumera l'obligation de remettre en état le terrain de couverture. Les coûts de la sortie de la mine sont négligeables. La valeur d'utilité de la mine est d'environ 1 200 UM, hors coûts de remise en état. La valeur comptable de la mine est de 1 000 UM.

La juste valeur de l'unité génératrice de trésorerie, diminuée des coûts de sortie, est de 800 UM. Ce montant prend en compte des coûts de remise en état qui ont déjà été prévus. En conséquence, la valeur d'utilité de l'unité génératrice de trésorerie est déterminée après prise en compte des coûts de remise en état et est estimée à 700 UM (1 200 moins 500). La valeur comptable de l'unité génératrice de trésorerie est de 500 UM, ce qui correspond à la valeur comptable de la mine (1 000 UM), diminuée de la valeur comptable de la provision pour coûts de remise en état (500 UM). Par conséquent, la valeur recouvrable de l'unité génératrice de trésorerie excède sa valeur comptable.

(*) Dans la présente norme, les montants monétaires sont libellés en « unités monétaires » (UM).

79 Pour des raisons pratiques, la valeur recouvrable d'une unité génératrice de trésorerie est parfois déterminée après la prise en compte d'actifs qui ne font pas partie de l'unité génératrice de trésorerie (par exemple, créances ou autres actifs financiers) ou des passifs qui ont été comptabilisés (par exemple, fournisseurs, obligations au titre des retraites ou autres provisions). Dans de tels cas, la valeur comptable de l'unité génératrice de trésorerie est majorée de la valeur comptable de ces actifs et diminuée de la valeur comptable de ces passifs.

➠ Goodwill

Affectation du goodwill aux unités génératrices de trésorerie

80 Pour les besoins des tests de dépréciation, à compter de la date d'acquisition, le goodwill acquis dans un regroupement d'entreprises doit être affecté à chacune des unités génératrices de trésorerie de l'acquéreur ou à chacun des groupes d'unités génératrices de trésorerie susceptible de bénéficier des synergies du regroupement d'entreprises, que d'autres actifs ou passifs de l'entreprise acquise soient ou non affectés à ces unités ou groupes d'unités. Chaque unité ou groupe d'unités auxquels le goodwill est ainsi affecté :

a) doit représenter au sein de l'entité le niveau le plus bas auquel le goodwill fait l'objet d'un suivi pour des besoins de gestion interne ; et

b) ne doit pas être plus grand qu'un secteur opérationnel tel que défini au paragraphe 5 d'IFRS 8 *Secteurs opérationnels* avant regroupement.

81 Le goodwill comptabilisé lors d'un regroupement d'entreprises est un actif représentant les avantages économiques futurs résultant des autres actifs acquis lors de ce regroupement d'entreprises qui ne sont pas identifiés individuellement et comptabilisés séparément. Le goodwill ne génère pas de flux de trésorerie indépendamment d'autres actifs ou groupes d'actifs, et contribue souvent aux flux de trésorerie de multiples unités génératrices de trésorerie. Parfois, il n'est pas possible d'affecter le goodwill sur une base non arbitraire à des unités génératrices de trésorerie prises individuellement, mais uniquement à des groupes d'unités génératrices de trésorerie. Il s'ensuit qu'au sein de l'entité, le niveau le plus bas auquel le goodwill fait l'objet d'un suivi pour des besoins de gestion interne comprend parfois plusieurs unités génératrices de trésorerie auxquelles correspond le goodwill, mais auxquelles il ne peut être affecté. Les références, dans les paragraphes 83 à 99 et l'appendice C, à une unité génératrice de trésorerie à laquelle le goodwill est affecté doivent être lues comme des références s'appliquant aussi à un groupe d'unités génératrices de trésorerie auxquelles le goodwill est affecté.

82 L'application des dispositions du paragraphe 80 conduit à effectuer un test de dépréciation du goodwill à un niveau qui reflète la façon dont une entité gère ses activités et auquel le goodwill serait naturellement lié. Par conséquent, la mise au point de systèmes d'informations supplémentaires n'est généralement pas nécessaire.

83 Une unité génératrice de trésorerie à laquelle le *goodwill* est affecté pour les besoins des tests de dépréciation peut ne pas coïncider avec le niveau auquel le *goodwill* est affecté selon IAS 21 *Effets des variations des cours des monnaies étrangères* pour évaluer les gains et pertes en monnaie étrangère. Par exemple, si une entité est tenue par IAS 21 d'affecter le goodwill à des niveaux relativement bas pour évaluer des gains et des pertes en monnaie étrangère, il ne lui est pas imposé de tester la dépréciation du goodwill à ce même niveau à moins qu'elle ne suive aussi le goodwill à ce niveau pour ses besoins de gestion interne.

84 Si l'affectation initiale du goodwill acquis lors d'un regroupement d'entreprises ne peut pas être achevée avant la fin de l'exercice pendant lequel le regroupement d'entreprises est effectué, cette affectation initiale doit être achevée avant la fin du premier exercice commençant après la date d'acquisition.

85 Selon IFRS 3 *Regroupements d'entreprises*, si la comptabilisation initiale relative à un regroupement d'entreprises ne peut être déterminée que provisoirement au plus tard à la fin de la période au cours de laquelle le regroupement d'entreprises est effectué, l'acquéreur :

a) comptabilise le regroupement en utilisant ces valeurs provisoires ; et

b) comptabilise tous les ajustements apportés à ces valeurs provisoires à la suite de la finalisation de la comptabilisation initiale au cours de la période d'évaluation, qui ne doit pas excéder douze mois à compter de la date d'acquisition.

Dans de tels cas, il ne sera peut-être pas possible non plus d'achever l'affectation initiale du goodwill comptabilisé lors du regroupement d'entreprises avant la fin de l'exercice au cours duquel le regroupement est effectué. Lorsque tel est le cas, l'entité fournit les informations imposées par le paragraphe 133.

86 Si le goodwill a été affecté à une unité génératrice de trésorerie et si l'entité se sépare d'une activité au sein de cette unité, le goodwill lié à l'activité sortie doit être :

a) inclus dans la valeur comptable de l'activité lors de la détermination du profit ou de la perte sur la cession ; et

b) évalué sur la base des valeurs relatives de l'activité sortie et de la part de l'unité génératrice de trésorerie conservée, sauf si l'entité peut démontrer qu'une autre méthode reflète mieux le goodwill lié à l'activité sortie.

Exemple

Une entité vend pour 100 UM une activité qui faisait partie d'une unité génératrice de trésorerie à laquelle le goodwill a été affecté. Le goodwill affecté à cette unité ne peut, sauf de manière arbitraire, être identifié ou lié à un groupe d'actifs à un niveau inférieur à celui de cette unité. La valeur recouvrable de la part de l'unité génératrice de trésorerie conservée est de 300 UM.

Du fait que le goodwill affecté à l'unité génératrice de trésorerie ne peut pas de manière non arbitraire être identifié ou lié à un groupe d'actifs à un niveau inférieur à celui de cette unité, le goodwill lié à l'activité sortie est évalué sur la base des valeurs relatives de l'activité sortie et de la part de l'unité conservée. Par conséquent, 25 % du goodwill affecté à l'unité génératrice de trésorerie sont inclus dans la valeur comptable de l'activité vendue.

87 Si une entité réorganise sa structure de reporting d'une façon qui modifie la composition d'une ou plusieurs unités génératrices de trésorerie auxquelles le goodwill a été affecté, le goodwill doit être réaffecté aux unités concernées. Cette réaffectation sera exécutée en utilisant une approche fondée sur la valeur relative, similaire à celle utilisée lorsqu'une entité se sépare d'une activité au sein d'une unité génératrice de trésorerie, sauf si l'entité peut démontrer qu'une autre méthode reflète mieux le goodwill lié aux unités réorganisées.

Exemple

Un *goodwill* a été précédemment affecté à l'unité génératrice de trésorerie A. Ce *goodwill* affecté à A ne peut, sauf de manière arbitraire, être identifié ou lié à un groupe d'actifs à un niveau inférieur à celui de A. A doit être divisée et intégrée dans trois autres unités génératrices de trésorerie : B, C et D.

Du fait que le goodwill affecté à A ne peut, de manière non arbitraire, être identifié ou lié à un groupe d'actifs à un niveau inférieur à celui de A, il est réaffecté aux unités B, C et D sur la base des valeurs relatives des trois parties de A avant que ces parties ne soient intégrées à B, C et D.

Test de dépréciation des unités génératrices de trésorerie avec goodwill

88 Lorsque, comme décrit au paragraphe 81, le goodwill se rapporte à une unité génératrice de trésorerie mais n'a pas été affecté à cette unité, la dépréciation de l'unité doit être testée, chaque fois qu'il y a une indication que l'unité est susceptible de s'être dépréciée, en comparant la valeur comptable de l'unité, hors goodwill, à sa valeur recouvrable. Toute perte de valeur doit être comptabilisée selon le paragraphe 104.

89 Si une unité génératrice de trésorerie décrite au paragraphe 88 inclut, dans sa valeur comptable, une immobilisation incorporelle qui a une durée d'utilité indéfinie ou qui n'est pas encore prête à être mise en service et si cet actif ne peut être soumis à un test de dépréciation qu'en tant que partie de l'unité génératrice de trésorerie, le paragraphe 10 impose que l'unité soit, elle aussi, soumise à un test de dépréciation tous les ans.

90 Une unité génératrice de trésorerie à laquelle un goodwill a été affecté doit être soumise à un test de dépréciation tous les ans ainsi que toutes les fois qu'il y a une indication que l'unité est susceptible de s'être dépréciée, en comparant la valeur comptable de l'unité, y compris le goodwill, à sa valeur recouvrable. Si la valeur recouvrable de l'unité excède sa valeur comptable, l'unité et le goodwill qui lui est affecté doivent être considérés comme ne s'étant pas dépréciés. Si la valeur comptable de l'unité excède sa valeur recouvrable, l'unité doit comptabiliser la perte de valeur selon le paragraphe 104.

91-95 [Supprimé]

Échéancier des tests de dépréciation

96 Le test de dépréciation annuel d'une unité génératrice de trésorerie à laquelle un goodwill a été affecté peut être effectué à tout moment pendant un exercice, à condition que le test soit effectué au même moment chaque année. Diverses unités génératrices de trésorerie peuvent être soumises à un test de dépréciation à des moments différents. Toutefois, si une partie ou la totalité du goodwill affecté à une unité génératrice de trésorerie a été acquise lors d'un regroupement d'entreprises au cours de l'exercice considéré, cette unité doit faire l'objet d'un test de dépréciation avant la fin de cet exercice.

97 Si les actifs constituant l'unité génératrice de trésorerie à laquelle un goodwill a été affecté sont soumis à un test de dépréciation au même moment que l'unité contenant le goodwill, leur dépréciation sera testée avant celle de l'unité contenant le goodwill. De même, si les unités génératrices de trésorerie constituant un groupe d'unités génératrices de trésorerie auxquelles un goodwill a été affecté sont soumises à un test de dépréciation au même moment que le groupe d'unités contenant le goodwill, la dépréciation des unités prises individuellement sera testée avant celle du groupe d'unités contenant le goodwill.

98 Au moment du test de dépréciation d'une unité génératrice de trésorerie à laquelle un goodwill a été affecté, il peut y avoir une indication d'une dépréciation d'un actif au sein de l'unité contenant le goodwill. Dans de tels cas, l'entité effectue tout d'abord un test de dépréciation de cet actif et comptabilise l'éventuelle perte de valeur relative à cet actif avant de tester la dépréciation de l'unité génératrice de trésorerie contenant le goodwill. De même, il peut y avoir une indication d'une dépréciation d'une unité génératrice de trésorerie au sein d'un groupe d'unités contenant le goodwill. Dans de tels cas, l'entité effectue tout d'abord un test de dépréciation de l'unité génératrice de trésorerie et comptabilise l'éventuelle perte de valeur relative à cette unité avant de tester la dépréciation du groupe d'unités auquel le goodwill est affecté.

99 Le calcul détaillé le plus récent effectué lors d'une période précédente de la valeur recouvrable d'une unité génératrice de trésorerie à laquelle un goodwill a été affecté peut être utilisé dans le test de dépréciation de cette unité pendant la période considérée, à condition qu'il soit satisfait à tous les critères suivants :

a) les actifs et les passifs constituant l'unité n'ont pas sensiblement varié depuis le calcul le plus récent de la valeur recouvrable ;

b) le calcul le plus récent de la valeur recouvrable a abouti à un montant qui excède, de façon substantielle, la valeur comptable de l'unité ; et

c) sur la base d'une analyse des événements qui se sont produits et de l'évolution des circonstances depuis le calcul le plus récent de la valeur recouvrable, il est très peu probable que la détermination de la valeur recouvrable actuelle aboutisse à un montant inférieur à la valeur comptable actuelle de l'unité.

➡ Actifs de support

100 Les actifs de support incluent les actifs du groupe ou des divisions tels que l'immeuble du siège social de l'entité ou d'une division, les équipements informatiques ou un centre de recherche. La structure d'une entité détermine si, pour une unité génératrice de trésorerie particulière, un actif satisfait à la définition des actifs de support de la présente norme. Les caractéristiques essentielles des actifs de support sont qu'ils ne génèrent pas d'entrées de trésorerie de façon indépendante des autres actifs ou groupes d'actifs et que leur valeur comptable ne peut être attribuée en totalité à l'unité génératrice de trésorerie examinée.

101 Du fait que les actifs de support ne génèrent pas d'entrées de trésorerie distinctes, la valeur recouvrable d'un actif de support isolé ne peut être déterminée, à moins que la direction n'ait décidé de se séparer de l'actif. En conséquence, s'il existe une indication qu'un actif de support est susceptible de

s'être déprécié, la valeur recouvrable est déterminée pour l'unité génératrice de trésorerie ou le groupe d'unités génératrices de trésorerie auquel l'actif de support appartient, et est comparée à la valeur comptable de cette unité génératrice de trésorerie ou de ce groupe d'unités génératrices de trésorerie. Toute perte de valeur est comptabilisée selon le paragraphe 104.

102 **Pour tester la dépréciation d'une unité génératrice de trésorerie, une entité doit identifier tous les actifs de support liés à l'unité génératrice de trésorerie examinée. Si une partie de la valeur comptable d'un actif de support :**

a) peut être affectée à cette unité sur une base raisonnable, cohérente et permanente, l'entité doit comparer la valeur comptable de l'unité, y compris la partie de la valeur comptable de l'actif de support affectée à l'unité, à sa valeur recouvrable. Toute perte de valeur doit être comptabilisée selon le paragraphe 104 ;

b) ne peut pas être affectée à cette unité sur une base raisonnable, cohérente et permanente, l'entité doit :
- **i) comparer la valeur comptable de l'unité, à l'exclusion de l'actif de support, à sa valeur recouvrable et comptabiliser toute perte de valeur selon le paragraphe 104 ;**
- **ii) identifier le plus petit groupe d'unités génératrices de trésorerie comprenant l'unité génératrice de trésorerie examinée et auquel elle peut affecter, sur une base raisonnable, cohérente et permanente, une partie de la valeur comptable de l'actif de support ; et**
- **iii) comparer la valeur comptable de ce groupe d'unités génératrices de trésorerie, y compris la part de la valeur comptable de l'actif de support affectée à ce groupe d'unités, à la valeur recouvrable du groupe d'unités. Toute perte de valeur doit être comptabilisée selon le paragraphe 104.**

103 L'exemple 8 illustre l'application de ces dispositions aux actifs de support.

PERTE DE VALEUR D'UNE UNITÉ GÉNÉRATRICE DE TRÉSORERIE

104 **Une perte de valeur doit être comptabilisée pour une unité génératrice de trésorerie (le plus petit groupe d'unités génératrices de trésorerie auquel un goodwill ou un actif de support a été affecté) si, et seulement si, la valeur recouvrable de l'unité (du groupe d'unités) est inférieure à la valeur comptable de l'unité (du groupe d'unités). La perte de valeur doit être répartie, en réduction de la valeur comptable des actifs de l'unité (du groupe d'unités) dans l'ordre suivant :**

a) tout d'abord, réduction de la valeur comptable de tout goodwill affecté à l'unité génératrice de trésorerie (au groupe d'unités) ; et

b) ensuite, aux autres actifs de l'unité (du groupe d'unités) au prorata de la valeur comptable de chaque actif dans l'unité (le groupe d'unités).

Ces réductions des valeurs comptables doivent être traitées comme des pertes de valeurs d'actifs isolés et comptabilisées selon le paragraphe 60.

105 **Pour répartir une perte de valeur selon le paragraphe 104, une entité ne doit pas réduire la valeur comptable d'un actif en dessous du plus élevé entre :**

a) sa juste valeur diminuée des coûts de sortie (si on peut l'évaluer) ;

b) sa valeur d'utilité (si on peut la déterminer) ; et

c) zéro.

Le montant de la perte de valeur qui, sinon, aurait été affecté à l'actif, doit être réparti au prorata entre les autres actifs de l'unité (du groupe d'unités).

106 S'il n'est pas praticable d'estimer la valeur recouvrable de chacun des actifs isolés d'une unité génératrice de trésorerie, la présente norme impose d'affecter arbitrairement la perte de valeur entre les différents actifs de l'unité, autres que le goodwill, car tous les actifs d'une unité génératrice de trésorerie fonctionnent ensemble.

107 Si la valeur recouvrable d'un actif isolé ne peut être déterminée (voir paragraphe 67) :

a) une perte de valeur est comptabilisée pour l'actif si sa valeur comptable est supérieure à la valeur la plus élevée entre sa juste valeur diminuée des coûts de sortie et celle résultant des procédures d'affectation décrites aux paragraphes 104 et 105 ; et

b) aucune perte de valeur n'est comptabilisée pour l'actif si l'unité génératrice de trésorerie correspondante ne s'est pas dépréciée. Ce principe s'applique même si la juste valeur de l'actif diminuée des coûts de sortie est inférieure à sa valeur comptable.

Exemple

Une machine a subi un dommage matériel mais continue de fonctionner, moins bien, toutefois, qu'avant d'avoir été endommagée. La juste valeur de la machine diminuée des coûts de sortie est inférieure à sa valeur comptable. La machine ne génère pas d'entrées de trésorerie indépendantes. Le plus petit groupe d'actifs identifiable qui inclut la machine et qui génère des entrées de trésorerie largement indépendantes des entrées de trésorerie provenant d'autres actifs est la chaîne de production à laquelle la machine appartient. La valeur recouvrable de la chaîne de production montre que la chaîne prise dans son ensemble ne s'est pas dépréciée.

Hypothèse 1 : les budgets/prévisions approuvés par la direction ne reflètent pas d'engagement de la direction de remplacer la machine.

La valeur recouvrable de la machine seule ne peut pas être estimée puisque la valeur d'utilité de la machine :

a) peut être différente de sa juste valeur diminuée des coûts de sortie ; et

b) ne peut être déterminée que pour l'unité génératrice de trésorerie à laquelle la machine appartient (la chaîne de production).

La chaîne de production ne s'est pas dépréciée. Par conséquent, aucune perte de valeur n'est comptabilisée pour la machine. Néanmoins, il est possible que l'entité doive réapprécier la durée d'amortissement ou le mode d'amortissement de la machine. Une durée d'amortissement plus courte ou un mode d'amortissement plus rapide est peut-être nécessaire pour refléter la durée d'utilité restante de la machine à laquelle on s'attend ou le rythme attendu de consommation des avantages économiques par l'entité.

Hypothèse 2 : les budgets/prévisions approuvés par la direction reflètent un engagement de la direction de remplacer la machine et de la vendre dans un proche avenir. Les flux de trésorerie générés par l'utilisation continue de la machine jusqu'à sa sortie sont estimés négligeables.

La valeur d'utilité de la machine peut être estimée comme proche de sa juste valeur diminuée des coûts de sortie. Par conséquent, la valeur recouvrable de la machine peut être déterminée sans tenir compte de l'unité génératrice de trésorerie à laquelle la machine appartient (c'est-à-dire la chaîne de production). Puisque la juste valeur de la machine diminuée des coûts de sortie est inférieure à sa valeur comptable, une perte de valeur est comptabilisée au titre de la machine.

108 Après l'application des dispositions des paragraphes 104 et 105, un passif doit être comptabilisé pour tout montant non réparti d'une perte de valeur d'une unité génératrice de trésorerie si, et seulement si, cela est imposé par une autre IFRS.

Reprise d'une perte de valeur

109 Les paragraphes 110 à 116 exposent les dispositions concernant la reprise d'une perte de valeur comptabilisée pour un actif ou une unité génératrice de trésorerie au cours de périodes antérieures. Ces dispositions utilisent l'expression « un actif » mais s'appliquent aussi bien à un actif pris individuellement qu'à une unité génératrice de trésorerie. Des dispositions supplémentaires sont énoncées aux paragraphes 117 à 121 pour un actif pris individuellement, aux paragraphes 122 et 123 pour une unité génératrice de trésorerie et aux paragraphes 124 à 125 pour le goodwill.

110 Une entité doit apprécier, à la fin de chaque période de reporting, s'il existe un quelconque indice qu'une perte de valeur comptabilisée au cours de périodes antérieures pour un actif autre qu'un goodwill est susceptible de ne plus exister ou d'avoir diminué. S'il existe un tel indice, l'entité doit estimer la valeur recouvrable de cet actif.

111 Pour déterminer s'il existe un quelconque indice qu'une perte de valeur comptabilisée au cours de périodes antérieures pour un actif autre qu'un goodwill est susceptible de ne plus exister ou d'avoir diminué, une entité doit, au minimum, considérer les indices suivants :

SOURCES D'INFORMATIONS EXTERNES

a) des indices observables témoignent de ce qu'au cours de la période, la valeur de l'actif a augmenté de façon importante ;

b) des changements importants, ayant un effet favorable sur l'entité, ont eu lieu au cours de la période ou auront lieu dans un proche avenir, dans l'environnement technologique, économique, juridique ou du marché dans lequel elle opère ou dans le marché auquel l'actif est dévolu ;

c) les taux d'intérêt du marché ou autres taux de rendement du marché ont diminué durant la période et il est probable que ces diminutions affecteront le taux d'actualisation utilisé dans le calcul de la valeur d'utilité de l'actif et augmenteront de façon significative la valeur recouvrable de l'actif ;

SOURCES D'INFORMATIONS INTERNES

d) des changements importants, ayant un effet favorable sur l'entité, sont survenus au cours de la période ou sont attendus dans un proche avenir, et portent sur la mesure ou la manière dont un actif est utilisé ou dont on s'attend à ce qu'il le soit. Ces changements incluent les coûts engagés pendant la période pour améliorer ou accroître la performance de l'actif ou pour restructurer l'activité à laquelle appartient l'actif ;

e) des éléments probants provenant du système d'information interne indiquent que la performance économique de l'actif est ou sera meilleure que prévu.

112 Les indices d'une diminution potentielle de la perte de valeur au paragraphe 111 reflètent principalement les indices d'une perte de valeur potentielle au paragraphe 12.

113 S'il existe un indice qu'une perte de valeur comptabilisée pour un actif autre qu'un goodwill est susceptible de ne plus exister ou d'avoir diminué, cela peut indiquer qu'il faudrait examiner et ajuster la durée d'utilité restant à courir, le mode d'amortissement ou la valeur résiduelle selon l'IFRS applicable à l'actif, même si aucune perte de valeur de l'actif n'est reprise.

114 Une perte de valeur comptabilisée au cours de périodes antérieures pour un actif autre qu'un goodwill doit être reprise si, et seulement si, il y a eu un changement dans les estimations utilisées pour déterminer la valeur recouvrable de l'actif depuis la dernière comptabilisation d'une perte de valeur. Si tel est le cas, la valeur comptable de l'actif doit être augmentée à hauteur de sa valeur recouvrable, sous réserve des dispositions décrites au paragraphe 117. Cette augmentation constitue une reprise de perte de valeur.

115 Une reprise de perte de valeur reflète une augmentation du potentiel de service estimé d'un actif, résultant soit de son utilisation, soit de sa vente, depuis la date à laquelle une entité a comptabilisé pour la dernière fois une perte de valeur pour cet actif. Le paragraphe 130 impose à une entité d'identifier le changement d'estimation qui conduit à l'augmentation du potentiel de service estimé. Des exemples de changements d'estimation incluent :

a) un changement relatif à la base utilisée pour la détermination de la valeur recouvrable (la valeur recouvrable pouvant être fondée sur la juste valeur diminuée des coûts de sortie ou sur la valeur d'utilité) ;

b) si la valeur recouvrable était fondée sur la valeur d'utilité, un changement du montant ou de l'échéancier des flux de trésorerie futurs estimés ou du taux d'actualisation ; ou

c) si la valeur recouvrable était fondée sur la juste valeur diminuée des coûts de sortie, un changement d'estimation des composantes de la juste valeur diminuée des coûts de sortie.

116 La valeur d'utilité d'un actif peut devenir supérieure à sa valeur comptable simplement parce que la valeur actuelle des entrées de trésorerie futures augmente au fur et à mesure que celles-ci se rapprochent. Toutefois, le potentiel de service de l'actif n'a pas augmenté. Par conséquent, une perte de valeur n'est pas reprise du simple fait du passage du temps (que l'on pourrait appeler le « détricotage de l'actualisation »), même si la valeur recouvrable de l'actif devient supérieure à sa valeur comptable.

REPRISE D'UNE PERTE DE VALEUR D'UN ACTIF ISOLÉ

117 La valeur comptable d'un actif, autre qu'un goodwill, augmentée en raison de la reprise d'une perte de valeur ne doit pas être supérieure à la valeur comptable qui aurait été déterminée (nette des amortissements) si aucune perte de valeur n'avait été comptabilisée pour cet actif au cours d'exercices antérieurs.

118 Toute augmentation de la valeur comptable d'un actif, autre qu'un goodwill, au-delà de la valeur comptable qui aurait été déterminée (nette des amortissements) si aucune perte de valeur n'avait été comptabilisée pour l'actif au cours d'exercices antérieurs est une réévaluation. Pour comptabiliser une telle réévaluation, une entité applique la norme IFRS applicable à cet actif.

119 Une reprise de perte de valeur d'un actif autre qu'un goodwill doit être immédiatement comptabilisée en résultat, sauf si l'actif est comptabilisé pour son montant réévalué selon une autre IFRS (par exemple, selon le modèle de la réévaluation dans IAS 16). Toute reprise d'une perte de valeur d'un actif réévalué doit être traitée comme une réévaluation positive selon cette autre IFRS.

120 Une reprise d'une perte de valeur d'un actif réévalué est comptabilisée en autres éléments du résultat global et augmente l'écart de réévaluation pour cet actif. Toutefois, dans la mesure où une perte de valeur relative à ce même actif réévalué a été antérieurement comptabilisée en résultat, une reprise de cette perte de valeur est également comptabilisée en résultat.

121 Après la comptabilisation d'une reprise de perte de valeur, la dotation aux amortissements de l'actif doit être ajustée pour les périodes futures, afin que la valeur comptable révisée de l'actif, diminuée de sa valeur résiduelle (s'il y a lieu), soit répartie de façon systématique sur la durée d'utilité restant à courir.

REPRISE D'UNE PERTE DE VALEUR D'UNE UNITÉ GÉNÉRATRICE DE TRÉSORERIE

122 La reprise d'une perte de valeur d'une unité génératrice de trésorerie doit être affectée aux actifs de l'unité, à l'exception du goodwill, au prorata des valeurs comptables de ces actifs. Ces augmentations de valeurs comptables doivent être traitées comme des reprises de pertes de valeur d'actifs isolés et comptabilisées selon le paragraphe 119.

123 Lors de la répartition d'une reprise de perte de valeur d'une unité génératrice de trésorerie selon le paragraphe 122, la valeur comptable d'un actif ne doit pas être augmentée au-delà du plus faible entre :

a) sa valeur recouvrable (si on peut la déterminer) ; et

b) la valeur comptable qui aurait été déterminée (nette des amortissements) si aucune perte de valeur n'avait été comptabilisée pour l'actif au cours de périodes antérieures.

Le montant de la perte de valeur qui, sinon, aurait été affecté à l'actif, doit être réparti au prorata entre les autres actifs de l'unité, à l'exception du goodwill.

REPRISE D'UNE PERTE DE VALEUR CONCERNANT UN GOODWILL

124 Une perte de valeur comptabilisée pour un goodwill ne doit pas être reprise lors d'une période ultérieure.

125 IAS 38 *Immobilisations incorporelles* interdit la comptabilisation d'un *goodwill* généré en interne. Il est probable que toute augmentation de la valeur recouvrable d'un goodwill au cours des périodes suivant la comptabilisation d'une perte de valeur concernant ce goodwill correspondra à une augmentation de goodwill généré en interne, plutôt qu'à une reprise de la perte de valeur comptabilisée pour le goodwill acquis.

Informations à fournir

126 **Pour chaque catégorie d'actifs, l'entité doit fournir :**

a) le montant des pertes de valeur comptabilisées en résultat au cours de la période et les postes de l'état du résultat global dans lesquels ces pertes de valeur sont incluses ;

b) le montant des reprises de pertes de valeur comptabilisées en résultat au cours de la période et les postes de l'état du résultat global dans lesquels ces pertes de valeur sont reprises ;

c) le montant des pertes de valeur sur des actifs réévalués comptabilisées en autres éléments du résultat global au cours de la période ;

d) le montant des reprises de pertes de valeur sur des actifs réévalués comptabilisées en autres éléments du résultat global au cours de la période.

127 Une catégorie d'actifs est un regroupement d'actifs de nature et d'utilisation similaires dans le cadre des activités d'une entité.

128 Les informations imposées par le paragraphe 126 peuvent être présentées avec d'autres informations fournies pour la catégorie d'actifs. Par exemple, ces informations peuvent être incluses dans un rapprochement des valeurs comptables des immobilisations corporelles à l'ouverture et à la clôture de la période, comme imposé par IAS 16.

129 **Une entité qui communique des informations sectorielles selon IFRS 8 doit indiquer ce qui suit, pour chaque secteur à présenter :**

a) le montant des pertes de valeur comptabilisées en résultat et en autres éléments du résultat global au cours de la période ;

b) le montant des reprises de pertes de valeur comptabilisées en résultat et en autres éléments du résultat global au cours de la période.

130 **Une entité doit fournir les informations suivantes pour un actif pris individuellement (goodwill y compris) ou une unité génératrice de trésorerie à l'égard duquel ou de laquelle une perte de valeur a été comptabilisée ou reprise au cours de la période :**

a) les événements et circonstances qui ont conduit à comptabiliser ou à reprendre la perte de valeur ;

b) le montant de la perte de valeur comptabilisée ou reprise ;

c) pour un actif pris individuellement :
- **i) la nature de l'actif ; et**
- **ii) si l'entité communique des informations sectorielles selon IFRS 8, le secteur à présenter auquel l'actif appartient ;**

d) pour une unité génératrice de trésorerie :
- **i) une description de l'unité génératrice de trésorerie (par exemple, s'il s'agit d'une ligne de produits, d'une usine, d'une activité, d'une zone géographique ou d'un secteur à présenter tel que défini dans IFRS 8) ;**

ii) le montant de la perte de valeur comptabilisée ou reprise par catégorie d'actifs et, si l'entité communique des informations sectorielles selon IFRS 8, par secteur à présenter ; et

iii) si le regroupement d'actifs composant l'unité génératrice de trésorerie a changé depuis l'estimation précédente de la valeur recouvrable de l'unité génératrice de trésorerie (le cas échéant), une description du mode actuel et du mode antérieur de regroupement des actifs ainsi que les raisons ayant conduit à changer le mode d'identification de l'unité génératrice de trésorerie ;

e) la valeur recouvrable de l'actif (de l'unité génératrice de trésorerie), en indiquant si elle correspond à sa juste valeur diminuée des coûts de sortie ou à sa valeur d'utilité ;

f) lorsque la valeur recouvrable est la juste valeur diminuée des coûts de sortie, l'entité doit fournir les informations suivantes :

i) le niveau auquel la juste valeur de l'actif (de l'unité génératrice de trésorerie) prise dans son ensemble est classée dans a hiérarchie des justes valeurs (voir IFRS 13) (compte non tenu de l'observabilité des « coûts de sortie ») ;

ii) pour les justes valeurs classées au niveau 2 ou 3 de la hiérarchie, une description de la ou des techniques d'évaluation utilisées pour déterminer la juste valeur diminuée des coûts de sortie. En cas de changement de technique d'évaluation, l'entité doit mentionner ce changement et la ou les raisons qui le sous-tendent ; et

iii) pour les justes valeurs classées au niveau 2 ou 3 de la hiérarchie, chaque hypothèse clé sur laquelle la direction a fondé sa détermination de la juste valeur diminuée des coûts de sortie. Les hypothèses clés sont celles auxquelles la valeur recouvrable de l'actif (de l'unité génératrice de trésorerie) est le plus sensible. L'entité doit également indiquer le ou les taux d'actualisation utilisés pour l'évaluation actuelle et l'évaluation antérieure si la juste valeur diminuée des coûts de sortie est évaluée à l'aide d'une technique d'actualisation ;

g) si la valeur recouvrable est la valeur d'utilité, le ou les taux d'actualisation utilisés dans l'estimation actuelle et dans l'estimation antérieure (le cas échéant) de la valeur d'utilité.

131 Une entité doit communiquer les informations suivantes concernant le total des pertes de valeur et le total des reprises de pertes de valeur comptabilisées au cours de la période au titre desquelles aucune information n'est fournie selon le paragraphe 130 :

a) les principales catégories d'actifs affectés par les pertes de valeur et les principales catégories d'actifs affectés par les reprises de pertes de valeur ;

b) les principaux événements et circonstances qui ont conduit à comptabiliser ces pertes de valeur et ces reprises de pertes de valeur.

132 Une entité est encouragée à fournir les principales hypothèses utilisées pour déterminer la valeur recouvrable des actifs (unités génératrices de trésorerie) pendant la période. Toutefois, le paragraphe 134 impose à une entité de fournir des informations sur les estimations utilisées pour évaluer la valeur recouvrable de l'unité génératrice de trésorerie lorsqu'un goodwill ou une immobilisation incorporelle à durée d'utilité indéterminée sont inclus dans la valeur comptable de cette unité.

133 Si, selon le paragraphe 84, une partie du goodwill acquis lors d'un regroupement d'entreprises au cours de la période n'a pas été affectée à une unité génératrice de trésorerie (ou à un groupe d'unités) à la fin de la période de reporting, la valeur du goodwill non affecté doit être communiquée ainsi que les raisons pour lesquelles ce montant reste non affecté.

ESTIMATIONS UTILISÉES POUR ÉVALUER LES VALEURS RECOUVRABLES D'UNITÉS GÉNÉRATRICES DE TRÉSORERIE AVEC GOODWILL OU IMMOBILISATIONS INCORPORELLES À DURÉE D'UTILITÉ INDÉTERMINÉE

134 Une entité doit fournir les informations imposées par les paragraphes a) à f) pour chaque unité génératrice de trésorerie (groupe d'unités génératrices de trésorerie) pour laquelle (lequel) la valeur comptable du goodwill ou des immobilisations incorporelles à durée d'utilité indéterminée affectés à cette unité (ce groupe d'unités) est importante par comparaison à la valeur comptable totale du goodwill ou des immobilisations incorporelles à durée d'utilité indéterminée de l'entité :

a) la valeur comptable du goodwill affecté à l'unité (au groupe d'unités) ;

b) la valeur comptable des immobilisations incorporelles à durée d'utilité indéterminée affectées à l'unité (au groupe d'unités) ;

c) la base sur laquelle la valeur recouvrable de l'unité (du groupe d'unités) a été déterminée (soit la valeur d'utilité ou la juste valeur diminuée des coûts de sortie) ;

d) lorsque la valeur recouvrable de l'unité (du groupe d'unités) est basée sur la valeur d'utilité :

i) chacune des hypothèses clés sur lesquelles la direction a fondé ses projections des flux de trésorerie pour la période couverte par les budgets/prévisions les plus récents. Les hypothèses clés sont celles auxquelles la valeur recouvrable de l'unité (du groupe d'unités) est le plus sensible ;

ii) une description de l'approche de la direction pour déterminer les valeurs attribuées à chaque hypothèse clé, est-ce que ces valeurs reflètent l'expérience passée ou, le cas échéant, concordent avec des sources d'informations externes, et, si tel n'est pas le cas, comment et pourquoi elles diffèrent de l'expérience passée ou des sources d'informations externes ;

iii) la période sur laquelle la direction a projeté les flux de trésorerie sur la base des budgets/prévisions financiers approuvés par la direction et, lorsqu'une période supérieure à cinq ans est utilisée pour une unité génératrice de trésorerie (un groupe d'unités), une explication de la justification de ce choix d'une période plus longue ;

iv) le taux de croissance utilisé pour extrapoler les projections de flux de trésorerie au-delà de la période couverte par les budgets/prévisions les plus récents, et la justification de ce taux de croissance lorsqu'il est supérieur au taux de croissance moyen à long terme pour les produits, les secteurs d'activité, ou le ou les pays dans lesquels opère l'entité, ou pour le marché auquel l'unité (le groupe d'unités) est dévolue ;

v) le ou les taux d'actualisation appliqués aux projections de flux de trésorerie ;

e) lorsque la valeur recouvrable de l'unité (du groupe d'unités) est fondée sur la juste valeur diminuée des coûts de sortie, les techniques d'évaluation utilisées pour évaluer la juste valeur diminuée des coûts de sortie. L'entité n'est pas tenue de fournir les informations exigées selon IFRS 13. Lorsque la juste valeur diminuée des coûts de sortie n'est pas évaluée en utilisant un prix coté pour une unité (un groupe d'unités) identique, l'entité doit fournir les informations suivantes :

i) chaque hypothèse clé sur laquelle la direction a fondé sa détermination de la juste valeur diminuée des coûts de sortie. Les hypothèses clés sont celles auxquelles la valeur recouvrable de l'unité (du groupe d'unités) est le plus sensible ;

ii) une description de l'approche de la direction pour déterminer les valeurs attribuées à chaque hypothèse clé, est-ce que ces valeurs reflètent l'expérience passée ou, le cas échéant, concordent avec des sources d'informations externes, et, si tel n'est pas le cas, comment et pourquoi elles diffèrent de l'expérience passée ou des sources d'informations externes.

iiA) le niveau auquel la juste valeur prise dans son ensemble est classée dans la hiérarchie des justes valeurs (voir IFRS 13) (compte non tenu de l'observabilité des « coûts de sortie »),

iiB) en cas de changement de technique d'évaluation, le changement et la ou les raisons qui le sous-tendent.

Lorsque la juste valeur diminuée des coûts de sortie est évaluée en utilisant des projections actualisées des flux de trésorerie, l'entité doit fournir les informations suivantes

iii) la période sur laquelle la direction a projeté les flux de trésorerie ;

iv) le taux de croissance utilisé pour extrapoler les projections de flux de trésorerie ;

v) le ou les taux d'actualisation appliqués aux projections de flux de trésorerie ;

f) lorsqu'un changement raisonnablement possible d'une hypothèse clé sur laquelle la direction a fondé sa détermination de la valeur recouvrable de l'unité (du groupe d'unités) conduirait à ce que la valeur comptable de l'unité (du groupe d'unités) excède sa valeur recouvrable :

i) le montant par lequel la valeur recouvrable de l'unité (du groupe d'unités) excède sa valeur comptable ;

ii) la valeur attribuée à l'hypothèse clé ;

iii) le montant du changement à apporter à la valeur attribuée à l'hypothèse clé, après la prise en compte de tous les effets résultant de ce changement sur les autres variables utilisées pour évaluer la valeur recouvrable, afin que la valeur recouvrable de l'unité (du groupe d'unités) soit égale à sa valeur comptable.

135 Si une partie ou la totalité de la valeur comptable du *goodwill* ou des immobilisations incorporelles à durée d'utilité indéterminée est répartie entre de multiples unités génératrices de trésorerie (groupes d'unités) et si la valeur ainsi affectée à chaque unité (groupe d'unités) n'est pas importante par rapport à la valeur comptable totale du *goodwill* de l'entité ou de ses immobilisations incorporelles à durée d'utilité indéterminée, ce fait doit être indiqué, ainsi que la valeur comptable totale du *goodwill* ou des immobilisations incorporelles à durée d'utilité indéterminée affectés à ces unités (groupes d'unités). De plus, si les valeurs recouvrables de certaines de ces unités (groupes d'unités) sont fondées sur les mêmes hypothèses clés et si la valeur comptable totale du *goodwill* ou des immobilisations incorporelles à durée d'utilité indéterminée qui leur sont affectés est importante par rapport à la valeur comptable totale du *goodwill* de l'entité ou de ses immobilisations incorporelles à durée d'utilité indéterminée, ce fait doit être indiqué, ainsi que :

a) la valeur comptable totale du *goodwill* affecté à ces unités (groupes d'unités) ;

b) la valeur comptable totale des immobilisations incorporelles à durée d'utilité indéterminée affectées à ces unités (groupes d'unités) ;

c) une description des hypothèses clés ;

d) une description de l'approche de la direction pour déterminer les valeurs attribuées aux hypothèses clés, est-ce que ces valeurs reflètent l'expérience passée ou, le cas échéant, concordent avec des sources d'informations externes, et, si tel n'est pas le cas, comment et pourquoi elles diffèrent de l'expérience passée ou des sources d'informations externes ;

e) lorsqu'un changement raisonnablement possible des hypothèses clés conduirait à ce que le total de la valeur comptable des unités (groupes d'unités) excède le total de leur valeur recouvrable :

i) le montant pour lequel le total de la valeur recouvrable des unités (groupes d'unités) excède le total de leur valeur comptable ;

ii) les valeurs attribuées aux hypothèses clés ;

iii) le montant du changement à apporter aux valeurs attribuées aux hypothèses clés, après la prise en compte de tous les effets résultant de ce changement sur les autres variables utilisées pour évaluer la valeur recouvrable, afin que le total des valeurs recouvrables des unités (groupes d'unités) soit égal au total de leurs valeurs comptables.

136 Le calcul détaillé le plus récent de la valeur recouvrable d'une unité génératrice de trésorerie (d'un groupe d'unités) effectué lors d'une période antérieure peut, selon le paragraphe 24 ou 99, être reporté et utilisé dans le test de dépréciation de cette unité (ce groupe d'unités) au cours de la période considérée, à condition qu'il soit satisfait aux critères spécifiés. Lorsque tel est le cas, les informations concernant cette unité (ce groupe d'unités) qui seront incluses dans les informations à fournir imposées par les paragraphes 134 et 135 concernent le calcul reporté de la valeur recouvrable.

137 L'exemple 9 illustre les informations à fournir imposées par les paragraphes 134 et 135.

Dispositions transitoires et date d'entrée en vigueur

138 [Supprimé]

139 L'entité doit appliquer la présente norme :

a) au *goodwill* et aux immobilisations incorporelles acquis lors de regroupements d'entreprises pour lesquels la date de l'accord est à compter du 31 mars 2004 ; et

b) à tous les autres actifs, de manière prospective, à partir du début du premier exercice ouvert à compter du 31 mars 2004.

140 Les entités auxquelles le paragraphe 139 s'applique sont encouragées à appliquer les dispositions de la présente norme avant les dates d'entrée en vigueur spécifiées au paragraphe 139. Toutefois, si l'entité applique la présente norme avant ces dates d'entrée en vigueur, elle doit aussi appliquer en même temps IFRS 3 et IAS 38 (telle que révisée en 2004).

140A La publication d'IAS 1 *Présentation des états financiers* (telle que révisée en 2007) a donné lieu à la modification de la terminologie utilisée dans les IFRS. Elle a également donné lieu à la modification des paragraphes 61, 120, 126 et 129. L'entité doit appliquer ces modifications pour les exercices ouverts à compter du 1er janvier 2009. Si l'entité applique IAS 1 (révisée en 2007) pour une période antérieure, les modifications doivent être appliquées pour cette période antérieure.

140B La publication d'IFRS 3 (telle que révisée en 2008) a donné lieu à la modification des paragraphes 65, 81, 85 et 139, à la suppression des paragraphes 91 à 95 et 138, et à l'ajout de l'appendice C. L'entité doit appliquer ces modifications pour les exercices ouverts à compter du 1er juillet 2009. Si l'entité applique IFRS 3 (révisée en 2008) pour une période antérieure, les modifications doivent être également appliquées pour cette période antérieure.

140C La publication d'*Améliorations des IFRS*, en mai 2008, a donné lieu à la modification du paragraphe 134 e). L'entité doit appliquer cette modification pour les exercices ouverts à compter du 1er janvier 2009. Une application anticipée est autorisée. Si l'entité applique la modification pour une période antérieure, elle doit l'indiquer.

140D La publication de *Coût d'une participation dans une filiale, une entité contrôlée conjointement ou une entreprise associée* (modifications d'IFRS 1 *Première adoption des normes internationales d'information financière* et d'IAS 27), en mai 2008, a donné lieu à l'ajout du paragraphe 12 h). L'entité doit appliquer cette modification à titre prospectif pour les exercices ouverts à compter du 1er janvier 2009. Une application anticipée est autorisée. Si l'entité applique les modifications connexes des paragraphes 4 et 38A d'IAS 27 pour une période antérieure, elle doit appliquer en même temps la modification du paragraphe 12 h).

140E La publication d'*Amélioration des IFRS*, en avril 2009, a donné lieu à la modification du paragraphe 80 b). L'entité doit appliquer cette modification à titre prospectif pour les exercices ouverts à compter du 1er janvier 2010. Une application anticipée est autorisée. Si l'entité applique la modification pour une période antérieure, elle doit l'indiquer.

140F [Supprimé]

140G [Supprimé]

140H La publication d'IFRS 10 et d'IFRS 11, en mai 2011, a donné lieu à la modification du paragraphe 4, de l'intertitre précédant le paragraphe 12 h) et du paragraphe 12 h). L'entité qui applique IFRS 10 et IFRS 11 doit appliquer ces modifications.

140I La publication d'IFRS 13, en mai 2011, a donné lieu à la modification des paragraphes 5, 6, 12, 20, 22, 28, 78, 105, 111, 130 et 134, à la suppression des paragraphes 25 à 27 et à l'ajout du paragraphe 53A. L'entité qui applique IFRS 13 doit appliquer ces modifications.

140J Les paragraphes 130 et 134 et l'intertitre précédant le paragraphe 138 ont été modifiés en mai 2013. L'entité doit appliquer ces modifications de manière rétrospective pour les exercices ouverts à compter du 1er janvier 2014. Une application anticipée est autorisée. L'entité ne doit pas appliquer ces modifications à des périodes (y compris des périodes comparatives) auxquelles elle n'applique pas également IFRS 13.

140K [Supprimé]

140L La publication d'IFRS 15 *Produits des activités ordinaires tirés de contrats conclus avec des clients*, en mai 2014, a donné lieu à la modification du paragraphe 2. L'entité qui applique IFRS 15 doit appliquer cette modification.

140M La publication d'IFRS 9, en juillet 2014, a donné lieu à la modification des paragraphes 2, 4 et 5 et à la suppression des paragraphes 140F, 140G et 140K. L'entité qui applique IFRS 9 doit appliquer ces modifications.

140N La publication d'IFRS 17, en mai 2017, a donné lieu à la modification du paragraphe 2. La publication de *Modifications d'IFRS 17*, en juin 2020, a donné lieu à une autre modification du paragraphe 2. L'entité qui applique IFRS 17 doit appliquer ces modifications.

Retrait d'IAS 36 (publiée en 1998)

141 La présente norme annule et remplace IAS 36 *Dépréciation d'actifs* (publiée en 1998).

Appendice A – Utilisation des techniques relatives à la valeur actuelle pour évaluer la valeur d'utilité

Le présent appendice fait partie intégrante de la norme. Il fournit des indications sur l'utilisation des techniques de la valeur actuelle dans l'évaluation de la valeur d'utilité. Bien que le terme « actif » y soit utilisé, ces indications s'appliquent également à un groupe d'actifs constituant une unité génératrice de trésorerie.

LES COMPOSANTES D'UNE ÉVALUATION DE LA VALEUR ACTUELLE

A1 Les éléments suivants permettent ensemble de saisir les différences économiques entre les actifs :

a) une estimation du flux de trésorerie futur, ou dans des cas plus complexes, des séries de flux de trésorerie futurs que l'entité s'attend à obtenir de l'actif ;

b) les attentes au sujet des variations éventuelles du montant ou de l'échéancier de ces flux de trésorerie ;

c) la valeur temps de l'argent, représentée par le taux d'intérêt sans risque actuel du marché ;

d) le prix pour supporter l'incertitude inhérente à l'actif ; et

e) d'autres facteurs, parfois non identifiables (tels que l'illiquidité) que les participants du marché refléteraient dans l'établissement du prix des flux de trésorerie futurs que l'entité espère obtenir de l'actif.

A2 Le présent appendice oppose deux approches du calcul de la valeur actuelle, l'une ou l'autre pouvant être utilisée pour estimer la valeur d'utilité d'un actif, suivant le cas. Selon l'approche « traditionnelle », les ajustements pour tenir compte des facteurs b) à e) décrits au paragraphe A1 sont intégrés au taux d'actualisation. Selon l'approche des « flux de trésorerie attendus », les facteurs b), d) et e) entraînent des ajustements pour arriver à des flux de trésorerie attendus ajustés pour tenir compte du risque. Quelle que soit l'approche qu'une entité adopte pour refléter les attentes au sujet des variations éventuelles du montant ou de l'échéancier des flux de trésorerie futurs, le résultat doit refléter la valeur actuelle attendue des flux de trésorerie futurs, c'est-à-dire la moyenne pondérée de tous les résultats possibles.

PRINCIPES GÉNÉRAUX

A3 Les techniques utilisées pour estimer les flux de trésorerie futurs ainsi que les taux d'intérêt à venir varient d'une situation à une autre en fonction des circonstances entourant l'actif concerné. Toutefois, les principes généraux suivants régissent toute application des techniques relatives à la valeur actuelle pour évaluer les actifs :

a) les taux d'intérêt appliqués pour actualiser les flux de trésorerie doivent refléter des hypothèses correspondant à celles qui sont inhérentes aux flux de trésorerie estimés. S'il en était autrement, l'effet de certaines hypothèses serait compté deux fois ou ignoré. Par exemple, un taux d'actualisation de 12 % peut être appliqué aux flux de trésorerie contractuels d'une créance relative à un prêt. Ce taux reflète les attentes au sujet des défaillances futures sur des prêts présentant des caractéristiques particulières. Ce même taux de 12 % ne doit pas être utilisé pour actualiser les flux de trésorerie attendus car ces flux de trésorerie reflètent déjà les hypothèses au sujet des défaillances futures ;

b) les flux de trésorerie estimés et les taux d'actualisation doivent être exempts tant de distorsion que de facteurs non liés à l'actif concerné. Par exemple, sous-estimer délibérément les flux de trésorerie nets pour rehausser la rentabilité future apparente d'un actif introduit une distorsion dans l'évaluation ;

c) les flux de trésorerie estimés ou les taux d'actualisation doivent refléter la gamme des résultats possibles plutôt qu'un seul montant correspondant au montant le plus probable, au montant le plus faible possible ou au montant le plus élevé possible.

APPROCHE DE LA VALEUR ACTUELLE SELON LA MÉTHODE TRADITIONNELLE ET SELON LA MÉTHODE DES FLUX DE TRÉSORERIE ATTENDUS

➡ Approche traditionnelle

A4 Les applications comptables de la valeur actuelle ont traditionnellement utilisé un unique ensemble de flux de trésorerie estimés et un unique taux d'actualisation, souvent décrit comme « le taux à la mesure du risque ». En effet, l'approche traditionnelle suppose qu'un unique taux d'actualisation peut intégrer toutes les attentes relatives aux flux de trésorerie futurs et la prime de risque appropriée. Par conséquent, l'approche traditionnelle met surtout l'accent sur la sélection du taux d'actualisation.

A5 Dans certains cas, tels que ceux dans lesquels des actifs comparables peuvent être observés sur le marché, une approche traditionnelle est relativement facile à appliquer. Pour les actifs générant des flux de trésorerie contractuels, elle concorde avec la manière dont les acteurs du marché décrivent les actifs, comme dans « une obligation à 12 % ».

A6 Toutefois, l'approche traditionnelle peut ne pas résoudre de manière appropriée certains problèmes d'évaluation complexes, tels que l'évaluation d'actifs non financiers pour lesquels aucun marché pour l'élément ou pour un élément comparable n'existe. Une recherche correcte du « taux à la mesure du risque » exige l'analyse d'au moins deux éléments : un actif qui existe sur le marché et qui a un taux d'intérêt observé et l'actif faisant l'objet de l'évaluation. Le taux d'actualisation approprié concernant les flux de trésorerie mesurés doit être déduit à partir du taux d'intérêt observable dans cet autre actif. Pour faire cette déduction, les caractéristiques des flux de trésorerie de l'autre actif doivent être similaires à ceux de l'actif en cours d'évaluation. Par conséquent, l'évaluateur doit faire ce qui suit :

a) identifier l'ensemble des flux de trésorerie qui seront actualisés ;

b) identifier un autre actif sur le marché dont les flux de trésorerie semblent avoir des caractéristiques similaires ;

c) comparer les ensembles de flux de trésorerie générés par les deux éléments pour s'assurer qu'ils sont similaires (par exemple, les deux ensembles sont-ils des flux de trésorerie contractuels, ou est-ce que l'un est un flux de trésorerie contractuel, et l'autre un flux de trésorerie estimé ?) ;

d) évaluer si un élément comporte un aspect qui n'est pas présent dans l'autre (par exemple, est-ce que l'un est moins liquide que l'autre ?) ; et

e) évaluer si les deux ensembles de flux de trésorerie sont susceptibles de se comporter (c'est-à-dire de varier) d'une façon similaire dans des conditions économiques en évolution.

Approche par les flux de trésorerie attendus

A7 L'approche par les flux de trésorerie attendus est, dans certaines situations, un outil d'évaluation plus efficace que ne l'est l'approche traditionnelle. En mettant au point une évaluation, l'approche par les flux de trésorerie attendus utilise toutes les attentes concernant les flux de trésorerie potentiels et non uniquement le flux de trésorerie le plus probable. Par exemple, un flux de trésorerie a une probabilité de 10 % d'être de 100 UM, de 60 % d'être de 200 UM, et de 30 % d'être de 300 UM. Le flux de trésorerie attendu est de 220 UM. L'approche par les flux de trésorerie attendus diffère ainsi de l'approche traditionnelle en se concentrant sur l'analyse directe des flux de trésorerie concernés et sur une formulation plus explicite des hypothèses utilisées dans l'évaluation.

A8 L'approche par les flux de trésorerie attendus permet aussi d'utiliser les techniques de la valeur actuelle lorsque l'échéancier des flux de trésorerie est incertain. Par exemple, un flux de trésorerie de 1 000 UM a une probabilité de 10 % d'être perçu dans un an, de 60 % d'être perçu dans deux ans et de 30 % d'être perçu dans trois ans. L'exemple ci-dessous montre le calcul de la valeur actuelle attendue dans cette situation.

Valeur actuelle de 1 000 UM dans un an à 5 %	952,38 UM	
Probabilité	10,00 %	95,24 UM
Valeur actuelle de 1 000 UM dans 2 ans à 5,25 %	902,73 UM	
Probabilité	60,00 %	541,64 UM
Valeur actuelle de 1 000 UM dans 3 ans à 5,50 %	851,61 UM	
Probabilité	30,00 %	255,48 UM
Valeur actuelle attendue :		892,36 UM

A9 La valeur actuelle attendue de 892,36 UM diffère de a notion traditionnelle de la meilleure estimation de 902,73 UM (la probabilité de 60 %). Un calcul traditionnel de la valeur actuelle appliqué à cet exemple impose une décision quant à l'échéancier possible des flux de trésorerie à utiliser et, en conséquence, ne refléterait pas la probabilité des autres échéances. Ceci tient au fait que, dans un calcul traditionnel de la valeur actuelle le taux d'actualisation ne peut pas refléter les incertitudes liées à l'échéancier.

A10 L'utilisation des probabilités est un élément essentiel de l'approche par les flux de trésorerie attendus. Certains se demandent si l'attribution de probabilités à des estimations d'une grande subjectivité ne leur donne pas l'apparence d'être plus précises qu'elles ne le sont en réalité. Toutefois, l'application correcte de l'approche traditionnelle (telle que décrite au paragraphe A6) impose les mêmes estimations et la même subjectivité sans fournir la transparence du calcul de l'approche par les flux de trésorerie attendus.

A11 De nombreuses estimations mises au point dans la pratique actuelle incorporent déjà de manière informelle les éléments des flux de trésorerie attendus. De plus, les comptables sont souvent confrontés à la nécessité d'évaluer un actif à l'aide d'une information limitée sur la probabilité de flux de trésorerie potentiels. Par exemple, un comptable pourrait être confronté aux situations suivantes :

a) le montant estimé se situe entre 50 UM et 250 UM, mais aucun montant inclus dans la fourchette n'est plus probable qu'un autre. Sur la base de cette information limitée, le flux de trésorerie attendu estimé est de 150 UM [(50 + 250)/2] ;

b) le montant estimé se situe entre 50 UM et 250 UM, et le montant le plus probable est de 100 UM. Toutefois, la probabilité attachée à chaque montant est inconnue. Sur la base de cette information limitée, le flux de trésorerie attendu estimé est de 133,33 [(50 + 100 + 250)/3] ;

c) le montant estimé sera de 50 UM (probabilité de 10 %), de 250 UM (probabilité de 30 %), ou de 100 UM (probabilité de 60 %). Sur la base de cette information limitée, le flux de trésorerie attendu estimé est de 140 UM [(50 × 0,10) + (250 × 0,30) + (100 × 0,60)].

Dans chaque cas, il est probable que le flux de trésorerie attendu estimé fournira une meilleure estimation de la valeur d'utilité que le montant minimum, le montant le plus probable ou le montant maximum, pris seul.

A12 L'application d'une approche par les flux de trésorerie attendus est assujettie à une contrainte coûts-avantages. Dans certains cas, une entité peut avoir accès à des données abondantes et être en mesure d'élaborer de nombreux scénarios de flux de trésorerie. Dans d'autres cas, il est possible qu'une entité ne soit pas en mesure de présenter davantage que des remarques générales sur la variabilité des flux de trésorerie sans engager des coûts substantiels. L'entité doit mettre en balance la fiabilité supplémentaire qu'une information apportera à l'évaluation avec le coût de l'obtention de cette information complémentaire.

A13 Certains soutiennent que les techniques des flux de trésorerie attendus sont inappropriées pour évaluer un élément unique ou un élément ayant un nombre limité de résultats possibles. Ils proposent l'exemple d'un actif offrant deux résultats possibles : une probabilité de 90 % que le flux de trésorerie sera de 10 UM et une probabilité de 10 % que le flux de trésorerie sera de 1 000 UM. Ils font remarquer que le flux de trésorerie attendu dans cet exemple est de 109 UM et critiquent ce résultat comme ne représentant aucun des montants susceptibles d'être payés en fin de compte.

A14 Des affirmations comme celle qui est présentée ci-dessus reflètent un désaccord sous-jacent avec l'objectif d'évaluation. Si l'objectif est l'accumulation de coûts à engager, il se peut que les flux de trésorerie attendus ne produisent pas une estimation fidèle du point de vue de la représentation du coût attendu. Toutefois, la présente norme se rapporte à la mesure de la valeur recouvrable d'un actif. Il n'est pas probable que la valeur recouvrable de l'actif dans cet exemple soit de 10 UM, même si cela est le flux de trésorerie le plus probable. Cela tient au fait qu'une évaluation de 10 UM n'incorpore pas l'incertitude du flux de trésorerie dans l'évaluation de l'actif. Au contraire, le flux de trésorerie incertain est présenté comme s'il s'agissait d'un flux de trésorerie certain. Aucune entité rationnelle ne vendrait pour 10 UM un actif possédant ces caractéristiques.

TAUX D'ACTUALISATION

A15 Quelle que soit l'approche qu'une entité adopte pour mesurer la valeur d'utilité d'un actif, les taux d'intérêt utilisés pour actualiser les flux de trésorerie ne doivent pas refléter les risques pour lesquels les flux de trésorerie estimés ont été ajustés. S'il en était autrement, l'effet de certaines hypothèses serait compté deux fois.

A16 Lorsqu'une entité ne peut obtenir directement du marché un taux spécifique à un actif, elle utilise des substituts pour estimer le taux d'actualisation. L'objectif est d'estimer, dans la mesure du possible, une appréciation par le marché :

a) de la valeur temps de l'argent pour les périodes allant jusqu'à la fin de la durée d'utilité de l'actif ; et

b) des facteurs b), d) et e) décrits au paragraphe A1, dans la mesure où ces facteurs n'ont pas conduit à des ajustements pour arriver aux flux de trésorerie estimés.

A17 Pour faire cette estimation, l'entité peut prendre en compte, comme point de départ, les taux suivants :

a) le coût moyen pondéré du capital de l'entité déterminé à l'aide de techniques telles que le modèle d'évaluation des actifs financiers [Capital Asset Pricing Model (CAPM)] ;

b) le taux d'emprunt marginal de l'entité ; et

c) d'autres taux d'emprunt sur le marché.

A18 Toutefois, ces taux doivent être ajustés :

a) pour refléter la manière dont le marché apprécierait les risques spécifiques associés aux flux de trésorerie estimés de l'actif ; et

b) pour exclure les risques qui ne sont pas pertinents par rapport aux flux de trésorerie estimés de l'actif ou pour lesquels les flux de trésorerie estimés ont été ajustés.

Des risques, tels que le risque-pays, le risque de change et le risque de prix doivent être pris en compte.

A19 Le taux d'actualisation est indépendant de la structure financière de l'entité et de la façon dont celle-ci a financé l'achat de l'actif car les flux de trésorerie futurs attendus d'un actif ne dépendent pas de la façon dont l'entité a financé l'achat de cet actif.

A20 Le paragraphe 55 impose que le taux d'actualisation utilisé soit un taux avant impôt. Par conséquent, lorsque la base utilisée pour estimer le taux d'actualisation est une base après impôt, elle est ajustée pour refléter un taux avant impôt.

A21 Une entité utilise normalement un taux d'actualisation unique pour estimer la valeur d'utilité d'un actif. Toutefois, une entité utilise des taux d'actualisation distincts pour différentes périodes futures lorsque la valeur d'utilité est sensible à une variation des risques pour des périodes différentes ou à une variation de la structure des taux d'intérêt selon l'échéance.

Appendice C – Tests de dépréciation d'unités génératrices de trésorerie avec goodwill et participations ne donnant pas le contrôle

Le présent appendice fait partie intégrante de la norme.

C1 Conformément à IFRS 3 (telle que révisée en 2008), l'acquéreur évalue et comptabilise le *goodwill* à la date d'acquisition comme étant l'excédent de a) par rapport à b) ci-dessous :

a) le total de :

i) la contrepartie transférée, évaluée conformément à IFRS 3, qui impose généralement le recours à la juste valeur à la date d'acquisition ;

ii) le montant de toute participation ne donnant pas le contrôle dans l'entreprise acquise évaluée selon IFRS 3 ; et

iii) dans un regroupement d'entreprises réalisé par étapes, la juste valeur à la date d'acquisition de la participation précédemment détenue par l'acquéreur dans l'entreprise acquise ;

b) le solde net des montants, à la date d'acquisition, des actifs identifiables acquis et des passifs repris, évalués selon IFRS 3.

AFFECTATION DU GOODWILL

C2 Le paragraphe 80 de la présente norme impose d'affecter le goodwill acquis lors d'un regroupement d'entreprises à chaque unité génératrice de trésorerie, ou groupe d'unités génératrices de trésorerie, de l'acquéreur susceptible de bénéficier des synergies du regroupement d'entreprises, que d'autres actifs ou passifs de l'entreprise acquise soient ou non affectés à cette unité ou ce groupe d'unités. Il est possible que certaines des synergies résultant d'un regroupement d'entreprises soient affectées à une unité génératrice de trésorerie dans laquelle la participation ne donnant pas le contrôle ne détient pas d'intérêt.

TEST DE DÉPRÉCIATION

C3 Pratiquer un test de dépréciation signifie comparer la valeur recouvrable d'une unité génératrice de trésorerie et sa valeur comptable.

C4 Si une entité évalue une participation ne donnant pas le contrôle comme étant sa quote-part d'intérêt dans l'actif net identifiable d'une filiale à la date d'acquisition plutôt que l'évaluer à la juste valeur, le goodwill attribuable à la participation ne donnant pas le contrôle est inclus dans la valeur recouvrable de l'unité génératrice de trésorerie correspondante, mais n'est pas comptabilisé dans les états financiers consolidés de la société mère. En conséquence, une entité doit majorer la valeur comptable du goodwill affecté à l'unité pour inclure le goodwill attribuable à la participation ne donnant pas le contrôle. Cette valeur comptable ajustée est ensuite comparée à la valeur recouvrable de l'unité pour déterminer si l'unité génératrice de trésorerie s'est dépréciée.

AFFECTATION D'UNE PERTE DE VALEUR

C5 Le paragraphe 104 impose d'affecter toute perte de valeur identifiée d'abord à la réduction de la valeur comptable du goodwill affecté à l'unité, puis aux autres actifs de l'unité au prorata de leur valeur comptable.

C6 Si une filiale, ou une partie d'une filiale, avec une participation ne donnant pas le contrôle est elle-même une unité génératrice de trésorerie, la perte de valeur est répartie entre la société mère et la participation ne donnant pas le contrôle selon la base d'affectation utilisée pour l'affectation du résultat net.

C7 Si une filiale, ou une partie d'une filiale, avec une participation ne donnant pas le contrôle fait partie d'une unité génératrice de trésorerie plus importante, les pertes de valeur sur le goodwill sont affectées aux parties de l'unité génératrice de trésorerie qui ont une participation ne donnant pas le contrôle et à celles pour lesquelles ce n'est pas le cas. Les pertes de valeur doivent être affectées aux parties de l'unité génératrice de trésorerie sur la base suivante :

a) dans la mesure où la perte de valeur est liée au goodwill dans l'unité génératrice de trésorerie, sur la base de la valeur comptable relative du goodwill des parties avant la perte de valeur ; et

b) dans la mesure où la perte de valeur est liée aux actifs identifiables dans l'unité génératrice de trésorerie, sur la base de la valeur comptable relative de l'actif net identifiable des parties avant la perte de valeur. Cette perte de valeur est ensuite affectée aux actifs des parties de chaque unité au prorata de la valeur comptable de chaque actif dans cette partie.

S'agissant des parties ayant une participation ne donnant pas le contrôle, la perte de valeur est répartie entre la société mère et la participation ne donnant pas le contrôle selon la base d'affectation utilisée pour l'affectation du résultat net.

C8 Si une perte de valeur attribuable à une participation ne donnant pas le contrôle est liée à un goodwill qui n'est pas comptabilisé dans les états financiers consolidés de la société mère (voir paragraphe C4), cette perte de valeur n'est pas comptabilisée en tant que perte de valeur du goodwill. Dans ce cas, seule la perte de valeur liée au goodwill qui est affectée à la société mère est comptabilisée en tant que perte de valeur du goodwill.

C9 L'exemple 7 illustre les tests de dépréciation d'une unité génératrice de trésorerie non entièrement détenue, avec un goodwill.

IAS 37

Provisions, passifs éventuels et actifs éventuels

[règlt UE 2023/1803]

Objectif

L'objectif de la présente norme est de faire en sorte que les critères de comptabilisation et les bases d'évaluation appliquées aux provisions, aux passifs éventuels et aux actifs éventuels soient appropriés et que les notes fournissent suffisamment d'informations pour permettre aux utilisateurs de comprendre la nature, l'échéance et le montant de ces provisions, passifs éventuels et actifs éventuels.

Champ d'application

1 La présente norme s'applique à la comptabilisation des provisions, des passifs éventuels et des actifs éventuels de toutes les entités, excepté :

a) ceux résultant de contrats non (entièrement) exécutés, sauf dans le cas où il s'agit d'un contrat déficitaire ; et

b) [Supprimé]

c) ceux couverts par une autre norme.

2 La présente norme ne s'applique pas aux instruments financiers (y compris les garanties) entrant dans le champ d'application d'IFRS 9 *Instruments financiers.*

3 Les contrats non (entièrement) exécutés sont des contrats dans lesquels aucune des parties n'a exécuté l'une quelconque de ses obligations ou dans lesquels les deux parties ont partiellement exécuté leurs obligations dans la même proportion. La présente norme ne s'applique pas aux contrats non (entièrement) exécutés, sauf s'il s'agit de contrats déficitaires.

4 [Supprimé]

5 Lorsqu'une autre norme traite d'un type spécifique de provision, de passif éventuel ou d'actif éventuel, l'entité applique cette norme au lieu de la présente norme. Ainsi, certains types de provisions sont traités dans les IFRS portant sur :

a) [Supprimé]

b) les impôts sur le résultat (voir IAS 12 *Impôts sur le résultat*) ;

c) les contrats de location (voir IFRS 16 *Contrats de location*). Toutefois, la présente norme s'applique aux contrats de location qui deviennent déficitaires avant leur date de prise d'effet au sens d'IFRS 16. Elle s'applique également aux contrats de location à court terme et aux contrats de location dont l'actif sous-jacent est de faible valeur qui sont comptabilisés conformément au paragraphe 6 d'IFRS 16 et qui sont devenus déficitaires ;

d) les avantages du personnel (voir IAS 19 *Avantages du personnel*) ;

e) les contrats d'assurance et les autres contrats entrant dans le champ d'application d'IFRS 17 *Contrats d'assurance* ;

f) la contrepartie éventuelle d'un acquéreur dans un regroupement d'entreprises (voir IFRS 3 *Regroupements d'entreprises*) ; et

g) les produits des activités ordinaires tirés de contrats conclus avec des clients (voir IFRS 15 *Produits des activités ordinaires tirés de contrats conclus avec des clients*). Cependant, comme IFRS 15 ne contient pas de dispositions particulières concernant les contrats conclus avec des clients qui sont, ou qui sont devenus, déficitaires, la présente norme s'applique en pareils cas.

6 [Supprimé]

7 La présente norme définit les provisions comme des passifs dont l'échéance ou le montant est incertain. Dans certains pays, le terme de « provision » est utilisé également dans le contexte d'amortissement, de dépréciation d'actifs et de créances douteuses : il s'agit d'ajustements de la valeur comptable des actifs qui ne sont pas traités par la présente norme.

8 D'autres normes spécifient si les dépenses sont traitées en tant qu'actifs ou en tant que charges. Ces questions ne sont pas traitées dans la présente norme. En conséquence, lorsqu'une provision est constituée, la présente norme n'interdit pas l'incorporation de dépenses dans le coût d'un actif, mais elle ne l'impose pas non plus.

9 La présente norme s'applique aux provisions pour restructurations (y compris les activités abandonnées). Lorsqu'une restructuration satisfait à la définition d'une activité abandonnée, des informations complémentaires peuvent être imposées par IFRS 5 *Actifs non courants détenus en vue de la vente et activités abandonnées*.

Définitions

10 Dans la présente norme, les termes suivants ont la signification indiquée ci-après :

Une *provision* est un passif dont l'échéance ou le montant est incertain.

Un *passif* (*) est une obligation actuelle de l'entité résultant d'événements passés et dont l'extinction devrait se traduire pour l'entité par une sortie de ressources représentatives d'avantages économiques.

Un *fait générateur d'obligation* est un événement qui crée une obligation juridique ou implicite qui ne laisse pas à l'entité d'autre solution réaliste que d'éteindre cette obligation.

(*) La définition d'un passif énoncée dans la présente norme n'a pas été modifiée à la suite de la révision de la définition d'un passif dans le *Cadre conceptuel de l'information financière* publié en 2018.

Une *obligation juridique* est une obligation qui découle :

a) d'un contrat (sur la base de ses clauses explicites ou implicites) ;

b) de dispositions légales ou réglementaires ; ou

c) de toute autre jurisprudence.

Une *obligation implicite* est une obligation qui découle des actions d'une entité lorsque :

a) elle a indiqué aux tiers, par ses pratiques passées, par sa politique affichée ou par une déclaration récente suffisamment explicite, qu'elle assumera certaines responsabilités ; et

b) en conséquence, l'entité a créé chez ces tiers une attente fondée qu'elle assumera ces responsabilités.

Un *passif éventuel* est :

a) une obligation potentielle résultant d'événements passés et dont l'existence ne sera confirmée que par la survenance (ou non) d'un ou plusieurs événements futurs incertains qui ne sont pas totalement sous le contrôle de l'entité ; ou

b) une obligation actuelle résultant d'événements passés mais qui n'est pas comptabilisée car :

i) il n'est pas probable qu'une sortie de ressources représentatives d'avantages économiques soit nécessaire pour éteindre l'obligation ; ou

ii) le montant de l'obligation ne peut être évalué avec une fiabilité suffisante.

Un *actif éventuel* est un actif potentiel résultant d'événements passés et dont l'existence ne sera confirmée que par la survenance (ou non) d'un ou plusieurs événements futurs incertains qui ne sont pas totalement sous le contrôle de l'entité.

Un *contrat déficitaire* est un contrat pour lequel les coûts inévitables pour satisfaire aux obligations contractuelles sont supérieurs aux avantages économiques attendus du contrat.

Une *restructuration* est un programme planifié et contrôlé par la direction, qui modifie de façon significative :

a) le champ d'activité d'une entité ; ou

b) la manière dont cette activité est gérée.

PROVISIONS ET AUTRES PASSIFS

11 Les provisions peuvent être distinguées des autres passifs tels que les dettes fournisseurs et les charges à payer, du fait que l'échéance ou le montant des dépenses futures qu'impliquera leur règlement est incertain. Au contraire :

a) les dettes fournisseurs sont des passifs à payer au titre de biens ou de services qui ont été reçus ou fournis et qui ont été facturés ou qui ont fait l'objet d'un accord formalisé avec le fournisseur ; et

b) les charges à payer sont des passifs à payer au titre de biens ou de services qui ont été reçus ou fournis mais qui n'ont pas été payés, ni facturés, ni fait l'objet d'un accord formalisé avec le fournisseur ; c'est le cas notamment des sommes dues aux membres du personnel (par exemple, des sommes dues au titre des congés à payer). Même s'il est parfois nécessaire d'estimer le montant ou l'échéancier des charges à payer, l'incertitude est généralement bien moindre que pour les provisions.

Les charges à payer sont souvent comptabilisées dans les fournisseurs et autres créditeurs, alors que les provisions sont présentées séparément.

RELATIONS ENTRE LES PROVISIONS ET LES PASSIFS ÉVENTUELS

12 En règle générale, toutes les provisions ont un caractère éventuel car leur échéance ou leur montant est incertain. Mais, dans le cadre de la présente norme, le terme « éventuel » est utilisé pour des actifs et des passifs qui ne sont pas comptabilisés car leur existence ne sera confirmée que par la survenance (ou non) d'un ou plusieurs événements futurs incertains qui ne sont pas totalement sous le contrôle de l'entité. En outre, les termes « passif éventuel » sont utilisés pour des passifs qui ne satisfont pas aux critères de comptabilisation.

13 La présente norme distingue :

a) les provisions, qui sont comptabilisées en tant que passifs (en supposant que l'on peut les estimer de manière fiable) parce que ce sont des obligations actuelles et qu'il est probable qu'une sortie de ressources représentatives d'avantages économiques sera nécessaire pour éteindre les obligations ; et

b) les passifs éventuels, qui ne sont pas comptabilisés en tant que passifs parce qu'ils sont :

i) des obligations potentielles, car l'existence pour l'entité d'une obligation actuelle qui pourrait conduire à une sortie de ressources représentatives d'avantages économiques reste à confirmer ; ou

ii) des obligations présentes qui ne satisfont pas aux critères de comptabilisation de la présente norme (soit parce qu'il n'est pas probable qu'une sortie de ressources représentatives d'avantages économiques soit nécessaire pour éteindre l'obligation, soit parce qu'on ne peut estimer de manière suffisamment fiable le montant de l'obligation).

Comptabilisation

PROVISIONS

14 **Une provision doit être comptabilisée lorsque :**

a) une entité a une obligation actuelle (juridique ou implicite) résultant d'un événement passé ;

b) il est probable qu'une sortie de ressources représentatives d'avantages économiques sera nécessaire pour éteindre l'obligation ; et

c) le montant de l'obligation peut être estimé de manière fiable.

Si ces conditions ne sont pas réunies, aucune provision ne doit être comptabilisée.

➡ Obligation actuelle

15 En de rares cas, l'existence d'une obligation actuelle n'apparaît pas clairement. Dans ces cas, un événement passé est considéré créer une obligation actuelle si, compte tenu de toutes les indications disponibles, il est plus probable qu'improbable qu'une obligation actuelle existe à la fin de la période de reporting.

16 Dans presque tous les cas, il apparaîtra clairement si un événement passé crée ou non une obligation actuelle. En de rares cas, par exemple dans le cas d'une action en justice, le fait que certains événements se soient produits ou que ces événements créent une obligation actuelle peut être contesté. En ce cas, l'entité détermine l'existence d'une obligation actuelle à la fin de la période de reporting en prenant en compte toutes les indications disponibles, notamment, par exemple, l'avis d'experts. Les indications disponibles englobent toute indication complémentaire fournie par des événements postérieurs à la période de reporting. Sur la base de ces indications :

a) lorsqu'il est plus probable qu'improbable qu'une obligation actuelle existe à la fin de la période de reporting, l'entité comptabilise une provision (s'il a été satisfait aux critères de comptabilisation) ; et

b) lorsque l'existence d'une obligation actuelle à la fin de la période de reporting est plus improbable que probable, l'entité déclare un passif éventuel, sauf si la probabilité d'une sortie de ressources représentatives d'avantages économiques est faible (voir paragraphe 86).

➡ Événement passé

17 Un événement passé qui aboutit à une obligation actuelle est appelé fait générateur d'obligation. Pour qu'un événement soit un fait générateur d'obligation, il faut que l'entité n'ait pas d'autre solution réaliste que d'éteindre l'obligation créée par l'événement. Il en est ainsi uniquement :

a) lorsque l'entité peut être contrainte par la loi à éteindre son obligation ; ou

b) dans le cas d'une obligation implicite, lorsque l'événement (qui peut être une action de l'entité) crée chez les tiers des attentes fondées qu'elle éteindra son obligation.

18 Les états financiers présentent la situation financière de l'entité à la fin de la période de reporting et non pas sa situation future potentielle. En conséquence, aucune provision n'est comptabilisée au titre de coûts de fonctionnement qui devront être engagés dans l'avenir. Les seuls passifs comptabilisés dans l'état de la situation financière de l'entité sont ceux qui existent à la fin de la période de reporting.

19 Seules les obligations qui résultent d'événements passés existant indépendamment d'actions futures de l'entité (c'est-à-dire de la conduite future de son activité) sont comptabilisées comme des provisions. Des exemples de telles obligations sont les pénalités ou les coûts de dépollution dans le cas de dommages illicites causés à l'environnement car dans les deux cas, il en résulte une sortie de ressources représentatives d'avantages économiques indépendamment des actions futures de l'entité. De même, une entité comptabilise une provision pour les coûts de démantèlement d'une installation pétrolière ou d'une centrale nucléaire dans la mesure où elle est obligée de remédier aux dommages déjà causés. En revanche, une entité peut envisager (ou être tenue), face aux pressions de la concurrence ou de la réglementation, d'engager certaines dépenses pour se conformer à l'avenir à des exigences particulières de fonctionnement (par exemple, en équipant certaines usines de filtres à fumée). Comme l'entité peut éviter ces dépenses futures par des mesures futures, par exemple en modifiant son mode de fonctionnement, elle n'a aucune obligation actuelle au titre de cette dépense future et donc elle ne comptabilise aucune provision.

20 Une obligation implique toujours une autre partie à laquelle l'obligation est due. Il n'est toutefois pas nécessaire de connaître l'identité de la partie à laquelle l'obligation est due, car il peut s'agir en effet d'une obligation vis-à-vis de la collectivité. Comme une obligation implique toujours un engagement vis-à-vis d'une autre partie, il s'ensuit qu'une décision de la direction ou du conseil d'administration ne crée pas une obligation implicite à la fin de la période de reporting, sauf si, avant cette date, cette décision a été communiquée aux personnes concernées de façon suffisamment spécifique pour créer chez elles l'attente fondée que l'entité assumera ses responsabilités.

21 Un événement qui ne crée pas une obligation immédiate peut en générer une à une date ultérieure, du fait d'une évolution de la législation ou d'un acte de l'entité (par exemple, d'une déclaration publique suffisamment spécifique) créant une obligation implicite. Par exemple, dans le cas de dommages causés à l'environnement, il peut n'exister aucune obligation de remédier aux conséquences de ces dommages. Toutefois, le fait de causer des dommages à l'environnement deviendra un fait générateur d'obligation dès lors qu'une nouvelle loi imposera de remédier aux dommages déjà causés ou que l'entité acceptera publiquement la responsabilité d'y remédier, créant ainsi une obligation implicite.

22 Si les détails d'une nouvelle proposition de loi doivent encore être finalisés, l'obligation naît uniquement lorsqu'on a la quasi-certitude que les dispositions légales et réglementaires seront adoptées sous la forme proposée. Pour les besoins de la présente norme, une obligation de ce type est traitée comme une obligation juridique. La diversité des circonstances entourant la promulgation d'une loi rend impossible de spécifier un événement unique qui rendrait la promulgation d'une loi quasiment certaine. Dans bon nombre de cas, il sera impossible d'être quasiment certain de la promulgation d'une loi tant que celle-ci n'aura pas été promulguée.

➡ Sortie probable de ressources représentatives d'avantages économiques

23 Pour qu'un passif réunisse les conditions requises pour être comptabilisé, il faut non seulement qu'il crée une obligation actuelle mais également qu'une sortie de ressources représentatives d'avantages économiques soit probable pour éteindre cette obligation. Pour les besoins de la présente norme (*), une sortie de ressources ou tout autre événement est considéré comme probable, s'il est plus probable qu'improbable que l'événement se produira, c'est-à-dire si la probabilité que l'événement se produise est plus grande que la probabilité qu'il ne se produise pas. Lorsque l'existence d'une obligation actuelle n'est pas probable, l'entité déclare un passif éventuel, sauf si la probabilité d'une sortie de ressources représentatives d'avantages économiques est faible (voir paragraphe 86).

(*) L'interprétation de « probable » dans la présente norme comme signifiant « plus probable qu'improbable » ne s'applique pas nécessairement à d'autres normes.

24 Lorsqu'il existe un grand nombre d'obligations similaires (par exemple, garanties sur les produits ou contrats similaires), la probabilité qu'une sortie de ressources sera nécessaire à l'extinction de ces obligations est déterminée en considérant la catégorie d'obligations comme un tout. Bien que la probabilité de sortie pour chacun des éléments soit petite il peut être probable qu'une certaine sortie de ressources sera nécessaire pour éteindre cette catégorie d'obligations dans son ensemble. Si tel est le cas, une provision est comptabilisée (sous réserve qu'il ait été satisfait aux autres critères de comptabilisation).

➡ Estimation fiable de l'obligation

25 L'utilisation d'estimations est un élément essentiel de la préparation d'états financiers et elle ne remet pas en cause leur fiabilité. Cela est particulièrement vrai dans le cas des provisions qui sont, par nature, plus incertaines que la plupart des autres éléments de l'état de la situation financière. Sauf dans des cas extrêmement rares, l'entité peut déterminer un éventail de résultats possibles et peut donc faire une estimation suffisamment fiable de l'obligation pour comptabiliser une provision.

26 Dans le cas extrêmement rare où aucune estimation fiable ne peut être faite, il existe un passif qui ne peut pas être comptabilisé. Ce passif est déclaré en tant que passif éventuel (voir paragraphe 86).

PASSIFS ÉVENTUELS

27 **Une entité ne doit pas comptabiliser un passif éventuel.**

28 Un passif éventuel est déclaré, comme l'impose le paragraphe 86, à moins que la probabilité d'une sortie de ressources représentatives d'avantages économiques soit faible.

29 Lorsqu'une entité est conjointement et solidairement responsable d'une obligation, la partie de l'obligation devant être exécutée par d'autres parties est traitée comme un passif éventuel. L'entité comptabilise une provision pour la partie de l'obligation pour laquelle une sortie de ressources représentatives d'avantages économiques est probable, sauf dans les cas extrêmement rares où aucune estimation fiable ne peut être faite.

30 Des passifs éventuels peuvent connaître une évolution qui n'était pas prévue initialement. En conséquence, ils sont évalués de façon continue pour déterminer si une sortie de ressources représentatives d'avantages économiques est devenue probable. S'il devient probable qu'une sortie de ressources représentatives d'avantages économiques sera nécessaire pour un élément qui, auparavant était traité comme un passif éventuel, une provision est comptabilisée dans les états financiers de la période au cours de laquelle le changement de probabilité intervient (excepté dans les cas extrêmement rares où aucune estimation fiable ne peut être faite).

ACTIFS ÉVENTUELS

31 **Une entité ne doit pas comptabiliser un actif éventuel.**

32 Les actifs éventuels résultent habituellement d'événements non planifiés ou imprévus qui créent la possibilité d'une entrée d'avantages économiques pour l'entité. Une action en justice intentée par l'entité et dont le résultat est incertain en est un exemple.

33 Les actifs éventuels ne sont pas comptabilisés dans les états financiers puisque cela peut conduire à la comptabilisation de produits qui sont susceptibles de n'être jamais réalisés. Toutefois, lorsque la réalisation des produits est quasiment certaine, l'actif correspondant n'est pas un actif éventuel et, dans ce cas, il est approprié de le comptabiliser.

34 Un actif éventuel est déclaré, comme imposé par le paragraphe 89, lorsqu'une entrée d'avantages économiques est probable.

35 Les actifs éventuels sont évalués de façon continue pour que les états financiers reflètent leur évolution de manière appropriée. S'il est devenu quasiment certain qu'il y aura une entrée d'avantages économiques, l'actif et le produit correspondant sont comptabilisés dans les états financiers de la période au cours de laquelle se produit le changement. Si l'entrée d'avantages économiques est devenue probable, l'entité déclare un actif éventuel (voir paragraphe 89).

Évaluation

MEILLEURE ESTIMATION

36 Le montant comptabilisé en provision doit être la meilleure estimation de la dépense nécessaire à l'extinction de l'obligation actuelle à la fin de la période de reporting.

37 La meilleure estimation de la dépense nécessaire à l'extinction de l'obligation actuelle est le montant que l'entité devrait raisonnablement payer pour éteindre son obligation à la fin de la période de reporting ou pour la transférer à un tiers à cette même date. Éteindre ou transférer une obligation à la fin de la période de reporting sera bien souvent impossible ou d'un coût prohibitif. Toutefois, l'estimation du montant que l'entité devrait raisonnablement payer pour éteindre son obligation ou la transférer fournit la meilleure estimation de la dépense à engager pour éteindre l'obligation actuelle à la fin de la période de reporting.

38 Les estimations du résultat et de l'effet financier sont déterminées à partir du jugement de la direction de l'entité, complétées par l'expérience de transactions similaires et, dans certains cas, par des rapports d'experts indépendants. Les indications disponibles englobent toute indication complémentaire fournie par des événements postérieurs à la fin de la période de reporting.

39 Les incertitudes relatives au montant à comptabiliser en provision sont traitées par des moyens différents selon les circonstances. Lorsque la provision à évaluer comprend une population nombreuse d'éléments, l'obligation est estimée en pondérant tous les résultats possibles en fonction de leur probabilité. Cette méthode statistique d'estimation est appelée « méthode de la valeur attendue ». La provision sera donc différente selon que la probabilité de la perte d'un montant donné sera, par exemple, de 60 % ou de 90 %. Lorsque les résultats possibles sont équiprobables dans un intervalle continu, le milieu de l'intervalle est retenu.

Exemple

Une entité vend des biens avec une garantie aux termes de laquelle les clients sont couverts pour les coûts de réparation d'éventuels défauts de fabrication constatés dans les six premiers mois suivant l'achat. Si des défauts mineurs étaient détectés sur tous les produits vendus, le montant des réparations qui en résulteraient serait d'un million. Si des défauts majeurs étaient détectés sur tous les produits vendus, le montant des réparations qui en résulteraient serait de 4 millions. L'expérience passée de l'entité et ses attentes futures indiquent que, pour l'année à venir, 75 % des produits vendus ne présenteront aucun défaut, 20 % ne présenteront que des défauts mineurs et 5 % présenteront des défauts majeurs. Selon le paragraphe 24, une entité évalue la probabilité d'une sortie au titre de l'ensemble de ses obligations de garantie.

La valeur attendue du coût des réparations est la suivante :

(75 % × zéro) + (20 % × 1 M) + (5 % × 4 M) = 400 000

40 Lorsqu'on évalue une obligation unique, le résultat individuel le plus probable peut être la meilleure estimation du passif. Toutefois, même dans un tel cas, l'entité considère d'autres résultats possibles. Lorsque les autres résultats possibles sont soit pour la plupart plus élevés, soit pour la plupart plus faibles que le résultat le plus probable, la meilleure estimation sera soit un montant supérieur soit un montant inférieur au résultat le plus probable. Si une entité doit, par exemple, remédier à un grave défaut constaté dans une usine importante qu'elle a construite pour un client, le résultat unique le plus probable peut être la réparation du défaut dès la première tentative pour un coût de 1 000. Toutefois, s'il existe une probabilité importante que d'autres tentatives seront nécessaires, une provision est comptabilisée pour un montant plus élevé.

41 La provision est évaluée avant impôt car les incidences fiscales des provisions et de leurs changements sont traitées selon IAS 12.

RISQUES ET INCERTITUDES

42 Les risques et incertitudes qui affectent inévitablement de nombreux événements et circonstances doivent être pris en compte pour parvenir à la meilleure estimation d'une provision.

43 Le risque s'exprime par la variabilité du résultat. Un ajustement pour les risques peut majorer le montant pour lequel un passif est évalué. Une certaine attention est de mise lorsqu'on exerce son jugement dans des conditions d'incertitude pour ne pas surestimer les produits ou les actifs ou sous-estimer les charges ou les passifs. Toutefois, une incertitude ne justifie pas la constitution de provisions excessives ou une évaluation délibérément exagérée des passifs. Si, par exemple, les coûts prévus d'un résultat particulièrement défavorable sont estimés sur une base prudente, ce résultat n'est donc pas délibérément traité comme plus probable qu'il ne l'est réellement. Il faut prendre soin de ne pas prendre en compte deux fois les ajustements pour les risques et les incertitudes, avec pour conséquence la surestimation d'une provision.

44 Les incertitudes relatives au montant de la dépense sont indiquées selon le paragraphe 85 b).

VALEUR ACTUELLE

45 Lorsque l'effet de la valeur temps de l'argent est significatif, le montant de la provision doit être la valeur actuelle des dépenses attendues que l'on pense nécessaires pour éteindre l'obligation.

46 Étant donné la valeur temps de l'argent, les provisions relatives à des sorties de trésorerie se produisant peu après la période de reporting sont plus onéreuses que celles relatives à des sorties de trésorerie de même montant se produisant à une date ultérieure. Lorsque l'effet est significatif, les provisions sont donc actualisées.

47 Les taux d'actualisation doivent être des taux avant impôts reflétant les appréciations actuelles par le marché de la valeur temps de l'argent et des risques spécifiques à ce passif. Les taux d'actualisation ne doivent pas refléter les risques pour lesquels les estimations de flux de trésorerie futurs ont été ajustées.

ÉVÉNEMENTS FUTURS

48 Les événements futurs pouvant avoir un effet sur le montant nécessaire à l'extinction d'une obligation doivent être pris en compte dans le montant de la provision lorsqu'il existe des indications objectives suffisantes que ces événements se produiront.

49 Les événements futurs attendus peuvent être particulièrement importants pour l'évaluation des provisions. Une entité peut penser, par exemple, que le coût de décontamination d'un site à la fin de sa durée d'utilisation sera diminué par des progrès technologiques futurs. Le montant comptabilisé reflète une attente raisonnable d'observateurs objectifs et techniquement qualifiés, prenant en compte tous les éléments probants dont ils disposent quant à l'état de la technologie au moment de la décontamination. Il convient donc d'inclure, par exemple, les réductions de coûts attendues du fait d'une plus grande expérience de l'application d'une technologie existante ou le coût attendu de l'application d'une technologie existante à une opération de décontamination plus importante ou plus complexe que celles effectuées précédemment. Toutefois, une entité n'anticipe pas la mise au point d'une technologie entièrement nouvelle de décontamination, sauf si elle s'appuie sur des indications objectives suffisantes.

50 L'effet d'une nouvelle législation possible est pris en compte dans l'évaluation d'une obligation existante lorsque des indications objectives suffisantes existent qu'une promulgation de cette législation est quasiment certaine. La diversité des circonstances se produisant en pratique fait qu'il est impossible de préciser un événement unique qui donnera des indications objectives suffisantes dans chaque cas. Les indications devront indiquer à la fois ce que la législation imposera et s'il est (ou non) quasiment certain qu'elle sera promulguée et mise en œuvre en temps voulu. Dans bon nombre de cas, il n'existera pas d'indications objectives suffisantes tant que la nouvelle législation ne sera pas promulguée.

SORTIE ATTENDUE D'ACTIFS

51 Les profits résultant de la sortie attendue d'actifs ne doivent pas être pris en compte dans l'évaluation d'une provision.

52 Les profits sur la sortie attendue d'actifs ne sont pas pris en compte dans l'évaluation d'une provision, même si la sortie attendue est étroitement liée à l'événement ayant donné lieu à la provision. À la place, l'entité comptabilise les profits sur les sorties attendues d'actifs à la date spécifiée par la norme traitant des actifs concernés.

Remboursements

53 Lorsqu'il est attendu que la totalité ou une partie de la dépense nécessaire à l'extinction d'une provision sera remboursée par une autre partie, le remboursement doit être comptabilisé si, et seulement si, l'entité a la quasi-certitude de recevoir ce remboursement si elle éteint son obligation. Le remboursement doit être traité comme un actif distinct. Le montant comptabilisé au titre du remboursement ne doit pas être supérieur au montant de la provision.

54 Dans l'état du résultat global, la charge correspondant à une provision peut être présentée nette du montant comptabilisé au titre d'un remboursement.

55 Il arrive parfois qu'une entité puisse se tourner vers une autre partie pour le paiement de tout ou partie de la dépense à engager pour éteindre une provision (par exemple, par le biais de contrats d'assurance de clauses d'indemnisation ou de garanties du fournisseur). L'autre partie peut soit rembourser les montants payés par l'entité, soit régler directement les montants.

56 Dans la plupart des cas, l'entité conservera la responsabilité du paiement de la totalité du montant en question, c'est-à-dire qu'elle cevra payer l'intégralité du montant en cas de défaut de paiement du tiers quelle qu'en soit la raison. Dans ce cas, la provision est comptabilisée pour l'intégralité du montant du passif et un actif distinct au titre du remboursement attendu est comptabilisé, lorsqu'il est quasiment certain que l'entité obtiendra ce remboursement si elle éteint ce passif.

57 Dans certains cas, l'entité ne sera pas responsable du paiement des coûts en question en cas de défaut de paiement du tiers. En un tel cas, l'entité n'a pas de passif correspondant à ces coûts et ils ne sont pas pris en compte dans la provision.

58 Comme indiqué au paragraphe 29, une obligation pour laquelle une entité est conjointement et solidairement responsable constitue un passif éventuel dans la mesure où l'on s'attend à ce que l'obligation soit éteinte par les autres parties.

Changements affectant les provisions

59 Les provisions doivent être revues à la fin de chaque période de reporting et ajustées pour refléter la meilleure estimation à cette date. Si une sortie de ressources représentatives d'avantages économiques nécessaires à l'extinction d'une obligation n'est plus probable, la provision doit être reprise.

60 Lorsque les provisions sont actualisées, la valeur comptable d'une provision augmente à chaque période pour refléter l'écoulement du temps. Cette augmentation est comptabilisée en coûts d'emprunt.

Utilisation des provisions

61 Une provision ne doit être utilisée que pour les dépenses pour lesquelles elle a été comptabilisée à l'origine.

62 Seules les dépenses liées à la provision à l'origine sont imputées sur celle-ci. Le fait d'imputer des dépenses sur une provision comptabilisée à l'origine pour une autre dépense masquerait l'impact de deux événements différents.

Application des règles de comptabilisation et d'évaluation

PERTES OPÉRATIONNELLES FUTURES

63 Des provisions ne doivent pas être comptabilisées au titre de pertes opérationnelles futures.

64 Les pertes opérationnelles futures ne satisfont ni à la définition d'un passif selon le paragraphe 10 ni aux critères généraux de comptabilisation énoncés pour les provisions au paragraphe 14.

65 L'anticipation de pertes opérationnelles futures est une indication que certains actifs de l'activité sont susceptibles de s'être dépréciés. L'entité effectue des tests de dépréciation de ces actifs selon IAS 36 *Dépréciation d'actifs*.

CONTRATS DÉFICITAIRES

66 Si une entité a un contrat déficitaire, l'obligation actuelle résultant de ce contrat doit être comptabilisée et évaluée comme une provision.

67 De nombreux contrats (par exemple, certains bons de commande courants) peuvent être annulés sans que l'autre partie soit dédommagée ; ces contrats n'impliquent donc aucune obligation. D'autres contrats établissent à la fois des droits et des obligations pour chacune des parties contractantes. Lorsque des événements font qu'un tel contrat est un contrat déficitaire, ce contrat entre dans le champ d'application de la présente norme et il existe un passif qui est comptabilisé. Les « contrats non (entièrement) exécutés » qui ne sont pas des contrats déficitaires n'entrent pas dans le champ d'application de la présente norme.

68 La présente norme définit un contrat déficitaire comme un contrat pour lequel les coûts inévitables pour satisfaire aux obligations contractuelles sont supérieurs aux avantages économiques à recevoir attendus du contrat. Les coûts inévitables d'un contrat reflètent le coût net de sortie du contrat, c'est-à-dire le montant le plus faible entre le coût d'exécution du contrat et toute indemnisation ou pénalité découlant du défaut d'exécution.

68A Le coût d'exécution d'un contrat est constitué des coûts directement liés à ce contrat. Les coûts directement liés à un contrat comprennent :

a) les coûts marginaux d'exécution du contrat, par exemple les coûts de la main-d'œuvre directe et des matières premières ; et

b) l'imputation des autres coûts directement liés à l'exécution des contrats, par exemple l'imputation de la dotation aux amortissements relative à une immobilisation corporelle utilisée entre autres pour l'exécution du contrat.

69 Avant d'établir une provision séparée pour un contrat déficitaire, une entité comptabilise toute perte de valeur survenue sur les actifs utilisés pour l'exécution de ce contrat (voir IAS 36).

RESTRUCTURATIONS

70 Les exemples d'événements suivants peuvent satisfaire à la définition d'une restructuration :

a) la vente ou l'arrêt d'une branche d'activité ;

b) la fermeture de sites d'activité dans un pays ou une région ou la délocalisation d'activités d'un pays dans un autre ou d'une région dans une autre ;

c) les changements apportés à la structure de direction, par exemple la suppression d'un niveau de direction ; et

d) les réorganisations fondamentales ayant un effet significatif sur la nature et le centrage des activités de l'entité.

71 Une provision pour coûts de restructuration n'est comptabilisée que lorsqu'il a été satisfait aux critères généraux de comptabilisation des provisions énoncés au paragraphe 14. Les paragraphes 72 à 83 indiquent comment ces critères s'appliquent aux restructurations.

72 **Une obligation implicite de restructurer est générée uniquement lorsqu'une entité :**

a) a un plan formalisé et détaillé de restructuration précisant au moins :
- **i) l'activité ou la partie de l'activité concernée ;**
- **ii) les principaux sites affectés ;**
- **iii) la localisation, la fonction et le nombre approximatif de membres du personnel qui seront indemnisés au titre de la fin de leur contrat de travail ;**
- **iv) les dépenses qui seront engagées ; et**
- **v) la date à laquelle le plan sera mis en œuvre ; et**

b) a créé, chez les personnes concernées, une attente fondée qu'elle mettra en œuvre la restructuration, soit en commençant à exécuter le plan, soit en leur annonçant ses principales caractéristiques.

73 Les indications montrant qu'une entité a commencé à mettre en œuvre un plan de restructuration sont, par exemple, le démantèlement d'une usine, la vente d'actifs ou l'annonce publique des principales caractéristiques du plan. Une annonce publique d'un plan détaillé de restructuration ne constitue une obligation implicite de restructurer que si elle est présentée et comporte suffisamment de détails (c'est-à-dire en énonçant les principales caractéristiques du plan) de telle sorte qu'elle crée une attente fondée chez les tiers tels que les clients, fournisseurs et membres du personnel (ou leurs représentants) que l'entité mettra en œuvre la restructuration.

74 Pour qu'un plan soit suffisant pour créer une obligation implicite lorsqu'il est communiqué à toutes les personnes concernées, sa mise en œuvre doit être programmée pour démarrer le plus rapidement possible et s'achever dans un délai rendant improbable toute modification importante du plan. Si l'on s'attend à ce qu'un délai important s'écoule avant le début de la restructuration ou à ce que celle-ci prenne un temps déraisonnable, il est peu probable que le plan crée chez les tiers une attente fondée qu'il existe, au moment présent, un engagement de l'entité à restructurer, car le délai est tel qu'il permet à l'entité de modifier ses plans.

75 Une décision de restructurer prise par la direction ou par le conseil d'administration avant la fin de la période de reporting ne crée pas d'obligation

implicite à la fin de la période de reporting à moins que l'entité n'ait, avant la fin de la période de reporting :

a) commencé à mettre en œuvre le plan de restructuration ; ou

b) annoncé les principales caractéristiques du plan de restructuration aux personnes concernées d'une manière suffisamment précise pour créer chez celles-ci une attente fondée que l'entité mettra en œuvre la restructuration.

Si une entité ne commence à mettre en œuvre un plan de restructuration, ou n'annonce ses principales lignes directrices aux personnes concernées, qu'après la période de reporting, elle est, selon IAS 10 *Événements postérieurs à la fin de la période de reporting*, tenue de fournir des informations si la restructuration est significative et si l'on peut raisonnablement s'attendre à ce que l'absence d'informations influence les décisions que les principaux utilisateurs d'états financiers à usage général prennent en se fondant sur l'information financière que fournissent ces états financiers au sujet de l'entité qui les présente.

76 Bien qu'une obligation implicite ne soit pas créée uniquement par une décision de la direction, une obligation peut résulter d'autres événements antérieurs pris conjointement avec cette décision. Par exemple, des négociations avec les représentants du personnel pour le paiement d'indemnités de fin de contrat de travail, ou avec les acheteurs pour la vente d'une activité, peuvent avoir été conclues sous réserve uniquement de leur approbation par le conseil d'administration. Une fois cette approbation obtenue et communiquée aux autres parties, l'entité a une obligation implicite de restructurer, si les conditions du paragraphe 72 sont réunies.

77 Dans certains pays, l'autorité ultime repose sur un conseil comptant parmi ses membres des représentants d'intérêts autres que ceux de la direction (par exemple, des membres du personnel) ou une notification à de tels représentants peut être nécessaire avant qu'une décision du conseil ne soit adoptée. Du fait qu'une décision prise par ce conseil implique sa communication à ces représentants, il peut en résulter une obligation implicite de restructurer.

78 Il n'existe aucune obligation pour la vente d'une activité tant que l'entité n'est pas engagée à vendre, c'est-à-dire par un accord de vente irrévocable.

79 Même lorsqu'une entité a pris la décision de vendre une activité et l'a annoncé publiquement, elle ne peut être considérée comme s'étant engagée à vendre tant qu'aucun acheteur n'a été trouvé et tant qu'aucun accord de vente irrévocable n'a été conclu. En effet, tant qu'aucun accord de vente irrévocable n'est conclu, l'entité peut changer d'avis et elle devra de fait envisager un autre mode d'action si elle ne trouve aucun acheteur à des conditions acceptables. Lorsque la vente d'une activité est envisagée dans le cadre d'une restructuration, les actifs de celle-ci sont revus pour dépréciation selon IAS 36. Lorsqu'une vente ne représente que l'un des éléments d'une restructuration, il peut exister une obligation implicite au titre des autres parties à la restructuration avant même qu'un accord de vente irrévocable n'ait été conclu.

80 Une provision pour restructuration ne doit inclure que les dépenses directement liées à la restructuration, c'est-à-dire les dépenses qui sont à la fois :

a) nécessairement entraînées par la restructuration ; et

b) non liées aux activités poursuivies par l'entité.

81 Une provision pour restructuration n'inclut pas les coûts :

a) de reconversion ou de réinstallation du personnel conservé ;

b) de marketing ; ou

c) d'investissement dans de nouveaux systèmes et réseaux de distribution.

Ces dépenses sont liées à la conduite future de l'activité et ne constituent pas des passifs au titre de la restructuration à la fin de la période de reporting. Ces dépenses sont comptabilisées sur la même base que si elles se produisaient indépendamment de toute restructuration.

82 Les pertes opérationnelles futures identifiables jusqu'à la date d'une restructuration ne sont pas incluses dans une provision, sauf si elles concernent un contrat déficitaire tel que défini au paragraphe 10.

83 Comme l'impose le paragraphe 51, les profits sur la sortie attendue d'actifs ne sont pas pris en compte dans l'évaluation d'une provision pour restructuration, même si la vente des actifs est envisagée dans le cadre de la restructuration.

Informations à fournir

84 Pour chaque catégorie de provision, l'entité doit indiquer :

a) la valeur comptable à l'ouverture et à la clôture de la période ;

b) les provisions supplémentaires constituées au cours de la période, y compris l'augmentation des provisions existantes ;

c) les montants utilisés (c'est-à-dire engagés et imputés sur la provision) au cours de la période ;

d) les montants non utilisés repris au cours de la période ; et

e) l'augmentation au cours de la période du montant actualisé résultant de l'écoulement du temps et de l'effet de toute modification du taux d'actualisation.

L'information comparative n'est pas imposée.

85 Pour chaque catégorie de provisions, l'entité doit fournir :

a) une brève description de la nature de l'obligation et de l'échéance attendue des sorties d'avantages économiques en résultant ;

b) une indication des incertitudes relatives au montant ou à l'échéance de ces sorties. Si cela est nécessaire à la fourniture d'une information adéquate, l'entité doit fournir les principales hypothèses retenues concernant des événements futurs, comme indiqué au paragraphe 48 ; et

c) le montant de tout remboursement attendu, en indiquant le montant de tout actif qui a été comptabilisé pour ce remboursement attendu.

86 À moins que la probabilité d'une sortie pour règlement ne soit faible, l'entité doit fournir, pour chaque catégorie de passif éventuel à la fin de la période de reporting, une brève description de la nature de ce passif éventuel et, dans la mesure du possible :

a) une estimation de son effet financier, évalué selon les paragraphes 36 à 52 ;

b) une indication des incertitudes relatives au montant ou à l'échéance de toute sortie ; et

c) la possibilité de tout remboursement.

87 Pour déterminer quelles provisions ou quels passifs éventuels peuvent être regroupés pour former une catégorie, il est nécessaire de considérer si leur nature est suffisamment similaire pour que leur présentation sous une rubrique unique permette de satisfaire aux dispositions des paragraphes 85 a) et b) et 86 a) et b). Ainsi, il peut être approprié de traiter comme une catégorie unique de provisions les montants relatifs aux garanties de différents produits, mais il ne serait pas approprié de traiter comme une catégorie unique les montants relatifs aux garanties normales et ceux faisant l'objet d'une procédure légale.

88 Lorsqu'une provision et un passif éventuel sont créés par le même type de circonstances, l'entité fournit les informations imposées par les paragraphes 84 à 86 de manière à montrer le lien existant entre la provision et le passif éventuel.

89 Lorsqu'une entrée d'avantages économiques est probable, l'entité doit fournir une brève description de la nature des actifs éventuels à la fin de la période de reporting et, dans la mesure du possible, une estimation de leur effet financier évalué selon les principes énoncés pour les provisions aux paragraphes 36 à 52.

90 Dans les informations fournies pour les actifs éventuels, il est important d'éviter de donner des indications trompeuses sur la probabilité de survenance d'un produit.

91 Lorsqu'il n'est pas possible de fournir l'une quelconque des informations imposées par les paragraphes 86 à 89, ce fait doit être signalé.

92 Dans des cas extrêmement rares, la fourniture d'une partie ou de la totalité des informations imposées par les paragraphes 84 à 89 est susceptible de causer un préjudice sérieux à l'entité dans un litige l'opposant à des tiers sur le sujet faisant l'objet de la provision, du passif éventuel ou de l'actif éventuel. En de tels cas, l'entité n'a pas à fournir ces informations, mais elle doit indiquer la nature générale du litige, le fait que ces informations n'ont pas été fournies, ainsi que la raison pour laquelle elles ne l'ont pas été.

Dispositions transitoires

93 L'effet de l'adoption de la présente norme à sa date d'entrée en vigueur (ou à une date antérieure) doit être comptabilisé en ajustement du solde d'ouverture des résultats non distribués de la période au cours de laquelle la norme est adoptée pour la première fois. Les entités sont encouragées, sans y être tenues, à ajuster le solde d'ouverture des résultats non distribués pour la première période présentée et à retraiter les informations comparatives. Si ces informations comparatives ne sont pas retraitées, ce fait doit être indiqué.

94 [Supprimé]

94A La publication de *Contrats déficitaires – Coût d'exécution du contrat*, en mai 2020, a donné lieu à l'ajout du paragraphe 68A et à la modification du paragraphe 69. L'entité doit appliquer ces modifications aux contrats pour lesquels elle ne s'est pas encore acquittée de toutes ses obligations à la date d'ouverture de l'exercice pour lequel elle applique les modifications pour la première fois (la date de première application). L'entité ne doit pas retraiter les informations comparatives. Elle doit plutôt comptabiliser l'effet cumulé de l'application initiale des modifications comme un ajustement du solde d'ouverture des résultats non distribués (ou, s'il y a lieu, d'une autre composante des capitaux propres) à la date de première application.

Date d'entrée en vigueur

95 La présente norme s'applique aux états financiers annuels des périodes ouvertes à compter du 1er juillet 1999. Une application anticipée est encouragée. Si l'entité applique la présente norme pour des périodes ouvertes avant le 1er juillet 1999, elle doit l'indiquer.

96 [Supprimé]

97 [Supprimé]

98 [Supprimé]

99 La publication d'*Améliorations annuelles des IFRS – Cycle 2010-2012*, en décembre 2013, a donné lieu à la modification du paragraphe 5, suite à la modification d'IFRS 3. L'entité doit appliquer cette modification à titre prospectif aux regroupements d'entreprises auxquels s'applique la mocification d'IFRS 3.

100 La publication d'IFRS 15 *Produits des activités ordinaires tirés de contrats conclus avec des clients*, en mai 2014, a donné lieu à la modification du paragraphe 5 et à la suppression du paragraphe 6. L'entité qui applique IFRS 15 doit appliquer ces modifications.

101 La publication d'IFRS 9, en juillet 2014, a donné lieu à la modification du paragraphe 2 et à la suppression des paragraphes 97 et 98. L'entité qui applique IFRS 9 doit appliquer ces modifications.

102 La publication d'IFRS 16, en janvier 2016, a donné lieu à la modification du paragraphe 5. L'entité qui applique IFRS 16 doit appliquer cette modification.

103 La publication d'IFRS 17, en mai 2017, a donné lieu à la modification du paragraphe 5. L'entité qui applique IFRS 17 doit appliquer cette modification.

104 La publication de *Définition du terme « significatif »* (modifications d'IAS 1 et d'IAS 8), en octobre 2018, a donné lieu à la modification du paragraphe 75. L'entité doit appliquer ces modifications de manière prospective pour les exercices ouverts à compter du 1er janvier 2020. Une application anticipée est autorisée. Si l'entité applique les modifications pour une période antérieure, elle doit l'indiquer. L'entité doit appliquer ces modifications lorsqu'elle applique celles apportées à la définition du terme « significatif » dans le paragraphe 7 d'IAS 1 et les paragraphes 5 et 6 d'IAS 8.

105 La publication de *Contrats déficitaires – Coût d'exécution du contrat*, en mai 2020, a donné lieu à l'ajout des paragraphes 68A et 94A et à la modification du paragraphe 69. L'entité doit appliquer ces modifications pour les exercices ouverts à compter du 1er janvier 2022. Une application anticipée est autorisée. Si l'entité applique les modifications pour une période antérieure, elle doit l'indiquer.

IAS 38

Immobilisations incorporelles

[règlt UE 2023/1803]

Objectif

1 L'objectif de la présente norme est de prescrire le traitement comptable des immobilisations incorporelles qui ne sont pas spécifiquement traitées par une autre norme. La présente norme impose à une entité de comptabiliser une immobilisation incorporelle si, et seulement si, il est satisfait à certains critères. La norme spécifie également comment évaluer la valeur comptable des immobilisations incorporelles et impose de fournir certaines informations sur les immobilisations incorporelles.

Champ d'application

2 La présente norme s'applique à la comptabilisation des immobilisations incorporelles, à l'exception :

a) des immobilisations incorporelles entrant dans le champ d'application d'une autre norme ;

b) des actifs financiers, tels que définis dans IAS 32 *Instruments financiers : présentation* ;

c) de la comptabilisation et de l'évaluation des actifs d'exploration et d'évaluation (voir IFRS 6 *Prospection et évaluation de ressources minérales* ; et

d) des dépenses relatives au développement et à l'extraction de minerais, de pétrole, de gaz naturel et d'autres ressources similaires non renouvelables.

3 Si une autre norme prescrit la comptabilisation d'un type spécifique d'immobilisations incorporelles, l'entité applique cette norme au lieu de la présente norme. La présente norme ne s'applique pas, par exemple, aux éléments suivants :

a) immobilisations incorporelles détenues par une entité en vue de leur vente dans le cadre de son activité ordinaire (voir IAS 2 *Stocks*) ;

b) actifs d'impôt différé (voir IAS 12 *Impôts sur le résultat*) ;

c) contrats de location d'immobilisations incorporelles comptabilisés selon IFRS 16 *Contrats de location* ;

d) actifs résultant d'avantages du personnel (voir IAS 19 *Avantages du personnel*) ;

e) actifs financiers, tels que définis dans IAS 32. La comptabilisation et l'évaluation de certains actifs financiers sont couvertes par IFRS 10 *États financiers consolidés*, IAS 27 *États financiers individuels* et IAS 28 *Participations dans des entreprises associées et des coentreprises* ;

f) *goodwill* acquis lors d'un regroupement d'entreprises (voir IFRS 3 *Regroupements d'entreprises*) ;

g) contrats entrant dans le champ d'application d'IFRS 17 *Contrats d'assurance* et tout actif au titre des flux de trésorerie liés aux fra s d'acquisition au sens d'IFRS 17 ;

h) immobilisations incorporelles non courantes classées comme détenues en vue de la vente (ou incluses dans un groupe destiné à être cédé qui est classé comme détenu en vue de la vente) selon IFRS 5 *Actifs non courants détenus en vue de la vente et activités abandonnées* ;

i) actifs découlant de contrats conclus avec des clients qui sont comptabilisés selon IFRS 15 *Produits des activités ordinaires tirés de contrats conclus avec des clients*.

4 Certaines immobilisations incorporelles peuvent être contenues dans ou sur un support physique tel qu'un disque compact (dans le cas d'un logiciel), une documentation juridique (dans le cas d'une licence ou d'un brevet) ou un film. Pour déterminer si une immobilisation comportant à la fois des éléments incorporels et des éléments corporels doit être comptabilisée selon IAS 16 *Immobilisations corporelles*, ou comme une immobilisation incorporelle selon la présente norme, l'entité doit faire preuve de jugement pour apprécier lequel des éléments est le plus important. Par exemple, un logiciel destiné à une machine-outil à commande numérique qui ne peut fonctionner sans ce logiciel fait partie intégrante du matériel et est traité en tant qu'immobilisation corporelle. Il en va de même pour le système d'exploitation d'un ordinateur. Lorsque le logiciel ne fait pas partie intégrante du matériel, il est traité en tant qu'immobilisation incorporelle.

5 La présente norme s'applique, entre autres choses, aux dépenses liées aux activités de publicité, de formation, de démarrage d'activité, de recherche et de développement. Les activités de recherche et développement visent à développer les connaissances. Par conséquent, même si ces activités peuvent aboutir à une immobilisation ayant une réalité physique (par exemple, un prototype), l'élément physique de l'actif est secondaire par rapport à sa composante incorporelle, à savoir les connaissances qu'elle renferme.

6 Les droits détenus par un preneur en vertu d'un accord de licence et portant sur des éléments tels que des films cinématographiques, enregistrements vidéo, pièces de théâtre, manuscrits, brevets et droits d'auteur entrent dans le champ d'application de la présente norme et sont exclus du champ d'application d'IFRS 16.

7 Des exclusions du champ d'application d'une norme peuvent survenir si certaines activités ou transactions sont si spécialisées qu'elles donnent lieu à des questions comptables pouvant nécessiter un traitement différent. Ces questions se posent dans la comptabilisation de dépenses au titre de la prospection, du développement et de l'extraction de pétrole, de gaz et de minerais dans les industries d'extraction ainsi que dans le cas de contrats d'assurance. Par conséquent, la présente norme ne s'applique pas aux dépenses au titre de ces activités et de ces contrats. Toutefois, la présente norme s'applique à d'autres immobilisations incorporelles utilisées (telles que des logiciels) et à d'autres dépenses engagées (telles que les coûts de démarrage d'activité) des industries d'extraction ou des compagnies d'assurances.

Définitions

8 **Dans la présente norme, les termes suivants ont la signification indiquée ci-après :**

L'*amortissement* est la répartition systématique du montant amortissable d'une immobilisation incorporelle sur sa durée d'utilité.

Un *actif* (*) est une ressource :

a) contrôlée par une entité du fait d'événements passés ; et

b) à partir de laquelle on s'attend à ce que des avantages économiques futurs reviennent à l'entité.

(*) La définition d'un actif énoncée dans la présente norme n'a pas été modifiée à la suite de la révision de la définition d'un actif dans le *Cadre conceptuel de l'information financière* publié en 2018.

La *valeur comptable* est le montant pour lequel un actif est comptabilisé dans l'état de la situation financière après déduction du cumul des amortissements et du cumul des pertes de valeur relatifs à cet actif.

Le *coût* est le montant de trésorerie ou d'équivalents de trésorerie payé ou la juste valeur de toute autre contrepartie donnée pour acquérir un actif au moment de son acquisition ou de sa construction, ou, s'il y a lieu, le montant attribué à cet actif lors de sa comptabilisation initiale selon les dispositions spécifiques d'autres IFRS, par exemple, IFRS 2 *Paiement fondé sur des actions*.

Le *montant amortissable* est le coût d'un actif, ou tout autre montant substitué au coût, diminué de sa valeur résiduelle.

Le *développement* est l'application des résultats de la recherche ou d'autres connaissances à un plan ou un modèle en vue de la production de matériaux, dispositifs, produits, procédés, systèmes ou services nouveaux ou substantiellement améliorés, avant le commencement de leur production commerciale ou de leur utilisation.

La *valeur spécifique à l'entité* est la valeur actuelle des flux de trésorerie qu'une entité attend de l'utilisation continue d'un actif et de sa sortie à la fin de sa durée d'utilité ou qu'elle prévoit d'engager lors du règlement d'une obligation.

La *juste valeur* est le prix qui serait reçu pour la vente d'un actif ou payé pour le transfert d'un passif lors d'une transaction normale entre des participants de marché à la date d'évaluation (voir IFRS 13 *Évaluation de la juste valeur*).

Une *perte de valeur* est le montant de l'excédent de la valeur comptable d'un actif par rapport à sa valeur recouvrable.

Une *immobilisation incorporelle* est un actif non monétaire identifiable sans substance physique.

Les *actifs monétaires* désignent le montant en numéraire détenu et les actifs à recevoir en numéraire pour des montants fixes ou déterminables.

La *recherche* est une investigation originale et programmée entreprise en vue d'acquérir une compréhension et des connaissances scientifiques ou techniques nouvelles.

La *valeur résiduelle* d'une immobilisation incorporelle est le montant estimé qu'une entité obtiendrait actuellement de la sortie de l'actif, après déduction des coûts de sortie estimés, si l'actif avait déjà l'âge et se trouvait déjà dans l'état prévu à la fin de sa durée d'utilité.

La *durée d'utilité* est :

a) la période pendant laquelle l'entité s'attend à utiliser un actif ; ou

b) le nombre d'unités de production ou d'unités similaires que l'entité s'attend à obtenir de l'actif.

IMMOBILISATIONS INCORPORELLES

9 Il est fréquent que les entités dépensent des ressources ou assument des passifs pour l'acquisition, le développement, le maintien ou l'amélioration de ressources incorporelles telles que des connaissances scientifiques ou techniques, la conception et la mise en place de nouveaux procédés ou systèmes, licences, propriété intellectuelle, connaissance du marché et marques commerciales (y compris les noms de marque et les titres de publication). Des exemples courants d'éléments incorporels entrant dans ces rubriques générales sont les logiciels, brevets, droits d'auteur, films cinématographiques, listes de clients, droits de service des prêts hypothécaires, licences de pêche, quotas d'importations, franchises, relations avec les clients ou les fournisseurs, fidélité des clients, parts de marché et droits de distribution.

10 Les éléments décrits au paragraphe 9 ne satisfont pas tous à la définition d'une immobilisation incorporelle, à savoir le caractère identifiable, le contrôle d'une ressource et l'existence d'avantages économiques futurs. Si un élément entrant dans le champ d'application de la présente norme ne satisfait pas à la définition d'une immobilisation incorporelle, les dépenses pour son acquisition ou sa production en interne sont comptabilisées en charges lorsqu'elles sont engagées. Toutefois, si l'élément est acquis lors d'un regroupement d'entreprises, il fait partie du *goodwill* comptabilisé à la date d'acquisition (voir paragraphe 68).

➡ Caractère identifiable

11 La définition d'une immobilisation incorporelle impose que cette immobilisation incorporelle soit identifiable afin de la distinguer du *goodwill*. Le *goodwill* comptabilisé lors d'un regroupement d'entreprises est un actif représentant les avantages économiques futurs résultant des autres actifs acquis lors d'un regroupement d'entreprises qui ne sont pas identifiés individuellement et comptabilisés séparément. Les avantages économiques futurs peuvent résulter d'une synergie entre les actifs identifiables acquis ou provenant d'actifs, qui pris individuellement, ne satisfont pas aux critères de comptabilisation dans les états financiers.

12 Un actif est identifiable s'il :

a) est séparable, c'est-à-dire susceptible d'être séparé ou dissocié de l'entité et d'être vendu, cédé, concédé par licence, loué ou échangé, soit individuellement, soit conjointement avec un contrat, un actif identifiable ou un passif y afférents, que l'entité en ait ou non l'intention ; ou

b) résulte de droits contractuels ou d'autres droits légaux, que ces droits soient ou non cessibles ou séparables de l'entité ou d'autres droits et obligations.

Contrôle

13 Une entité contrôle un actif si elle a le pouvoir d'obtenir les avantages économiques futurs découlant de la ressource sous-jacente et si elle peut également restreindre l'accès des tiers à ces avantages. La capacité d'une entité à contrôler les avantages économiques futurs découlant d'une immobilisation incorporelle résulte normalement de droits légaux qu'elle peut faire appliquer par un tribunal. En l'absence de droits légaux, la démonstration du contrôle est plus difficile. Toutefois, le fait de faire appliquer juridiquement un droit ne constitue pas une condition nécessaire du contrôle dans la mesure où une entité peut être à même de contrôler les avantages économiques futurs de quelque autre façon.

14 La connaissance du marché et les connaissances techniques peuvent générer des avantages économiques futurs. Une entité contrôle ces avantages si, par exemple, ses connaissances sont protégées par des droits légaux, tels que droits d'auteur, par des clauses de non-concurrence (lorsque cela est autorisé) ou par une obligation juridique des membres du personnel de respecter la confidentialité.

15 Une entité peut avoir une équipe de personnes qualifiées et être à même d'identifier les compétences supplémentaires de ce personnel qui généreront des avantages économiques futurs à la suite d'une formation. L'entité peut également s'attendre à ce que son personnel continue à mettre ses compétences au service de l'entité. Toutefois, en règle générale, une entité a un contrôle insuffisant des avantages économiques futurs attendus d'une équipe de personnes qualifiées et d'un effort de formation pour que ces éléments puissent satisfaire à la définition d'une immobilisation incorporelle. Pour des raisons similaires, il est peu probable qu'un talent spécifique en matière de direction ou de technique puisse satisfaire à la définition d'une immobilisation incorporelle, à moins que ce talent ne soit protégé par des droits permettant son utilisation et l'obtention des avantages économiques futurs attendus de ce talent et à moins qu'il ne satisfasse également aux autres dispositions de la définition.

16 Une entité peut avoir un portefeuille de clients ou détenir une part de marché et s'attendre à poursuivre ses relations commerciales avec ces clients en raison des efforts qu'elle consent pour les fidéliser et pour maintenir avec eux de bonnes relations. Toutefois, en l'absence de droits légaux lui permettant de protéger, ou de contrôler de toute autre façon, ses relations avec ces clients ou leur fidélité à l'égard de l'entité, celle-ci n'a généralement pas un contrôle suffisant des avantages économiques résultant de la fidélité de ces clients et de ses relations avec eux pour que de tels éléments (par exemple, portefeuille de clients, parts de marché, relations avec la clientèle et fidélité de celle-ci) satisfassent à la définition des immobilisations incorporelles. En l'absence de droits légaux lui permettant de protéger ses relations avec les clients, les transactions d'échange pour les mêmes relations clients ou des relations clients similaires non contractuelles (autrement que dans le cadre d'un regroupement d'entreprises) fournissent des preuves que l'entité est néanmoins en mesure de contrôler les avantages économiques futurs résultant des relations avec la clientèle. Du fait que ces transactions d'échange fournissent aussi des preuves que les relations avec les clients sont séparables, ces relations avec la clientèle satisfont à la définition d'une immobilisation incorporelle.

Avantages économiques futurs

17 Les avantages économiques futurs résultant d'une immobilisation incorporelle peuvent inclure les produits découlant de la vente de biens ou de services, les économies de coûts ou d'autres avantages résultant de l'utilisation de l'actif par l'entité. Par exemple, l'utilisation d'une propriété intellectuelle dans le cadre d'un processus de production peut réduire les coûts futurs de production plutôt qu'augmenter les produits futurs.

Comptabilisation et évaluation

18 La comptabilisation d'un élément en tant qu'immobilisation incorporelle impose qu'une entité démontre que l'élément satisfait :

a) à la définition d'une immobilisation incorporelle (voir paragraphes 8 à 17) ; et

b) aux critères de comptabilisation (voir paragraphes 21 à 23).

Cette disposition s'applique aux coûts engagés initialement pour acquérir ou générer en interne une immobilisation incorporelle et aux coûts engagés ultérieurement pour l'accroître, la remplacer partiellement ou en assurer l'entretien.

19 Les paragraphes 25 à 32 traitent de l'application des critères de comptabilisation à des immobilisations incorporelles acquises séparément, et les paragraphes 33 à 43 traitent de leur application à des immobilisations incorporelles acquises lors d'un regroupement d'entreprises. Le paragraphe 44 traite de l'évaluation initiale d'immobilisations incorporelles acquises au moyen de l'octroi d'une subvention publique, les paragraphes 45 à 47 traitent d'échanges d'immobilisations incorporelles, et les paragraphes 48 à 50 présentent le traitement du *goodwill* généré en interne. Les paragraphes 51 à 67 traitent de la comptabilisation initiale et de l'évaluation d'immobilisations incorporelles générées en interne.

20 La nature des immobilisations incorporelles est telle que, dans de nombreux cas, il n'y a pas d'ajout à un tel actif ni de remplacement d'une partie de cet actif. En conséquence, il est probable que la plupart des dépenses ultérieures maintiendront les avantages économiques futurs incorporés dans une immobilisation incorporelle existante, plutôt que de satisfaire à la définition d'une immobilisation incorporelle et aux critères de comptabilisation définis dans la présente norme. De plus, il est souvent difficile d'attribuer directement des dépenses ultérieures à une immobilisation incorporelle particulière plutôt qu'à l'ensemble de l'activité. Par conséquent, les dépenses ultérieures (c'est-à-dire engagées après la comptabilisation initiale d'une immobilisation incorporelle acquise ou après l'achèvement d'une immobilisation incorporelle générée en interne) ne sont que rarement comptabilisées dans la valeur comptable d'une immobilisation incorporelle. En cohérence avec le paragraphe 63, les dépenses ultérieures au titre de marques, notices, titres de journaux et de magazines, listes de clients et autres éléments similaires en substance (que ceux-ci soient acquis à l'extérieur ou générés en interne) sont toujours comptabilisées en résultat au fur et à mesure qu'elles sont engagées. Ceci tient au fait que ces dépenses ne peuvent être distinguées de celles engagées pour développer l'activité dans son ensemble.

21 Une immobilisation incorporelle doit être comptabilisée si, et seulement si :

a) il est probable que les avantages économiques futurs attribuables à l'actif iront à l'entité ; et

b) le coût de cet actif peut être évalué de façon fiable.

22 Une entité doit apprécier la probabilité des avantages économiques futurs en utilisant des hypothèses raisonnables et documentées représentant la meilleure estimation par la direction de l'ensemble des conditions économiques qui existeront pendant la durée d'utilité de l'actif.

23 Pour apprécier le degré de certitude attaché aux flux d'avantages économiques futurs attribuables à l'utilisation de l'actif, une entité exerce son jugement sur la base des indications disponibles lors de la comptabilisation initiale, en accordant un poids plus important aux indications externes.

24 Une immobilisation incorporelle doit être évaluée initialement au coût.

ACQUISITION SÉPARÉE

25 Normalement, le prix qu'une entité paie pour acquérir séparément une immobilisation incorporelle reflète les attentes relatives à la probabilité que les avantages économiques futurs attendus incorporés dans l'actif iront à l'entité. En d'autres termes, l'entité s'attend à une entrée d'avantages économiques, même s'il reste une incertitude quant au montant ou à l'échéance de cette entrée. Par conséquent, le critère de comptabilisation relatif à la probabilité des avantages économiques futurs du paragraphe 21 a) est toujours considéré comme satisfait pour des immobilisations incorporelles acquises séparément.

26 De plus, le coût d'une immobilisation incorporelle acquise séparément peut généralement être évalué de façon fiable. C'est le cas en particulier lorsque la contrepartie de l'achat est sous forme de trésorerie ou d'autres actifs monétaires.

27 Le coût d'une immobilisation incorporelle acquise séparément comprend :

a) son prix d'achat, y compris les droits de douane et les taxes non remboursables, après déduction des remises et rabais commerciaux ; et

b) tout coût, directement attribuable à la préparation de l'actif en vue de son utilisation prévue.

28 Exemples de coûts directement attribuables :

a) les coûts des avantages du personnel (au sens d'IAS 19) résultant directement de la mise en état de fonctionnement de l'actif ;

b) les honoraires résultant directement de la mise en état de fonctionnement de l'actif ; et

c) les coûts des tests de bon fonctionnement de l'actif.

29 Figurent parmi les exemples de dépenses qui ne font pas partie du coût d'une immobilisation incorporelle :

a) les coûts de lancement d'un nouveau produit ou service (y compris les coûts des activités de publicité et de promotion) ;

b) les coûts de l'exploitation d'une activité dans un nouveau lieu ou avec une nouvelle catégorie de clients (y compris les coûts de formation du personnel) ; et

c) les frais administratifs et autres frais généraux.

30 L'intégration des coûts dans la valeur comptable d'une immobilisation incorporelle cesse lorsque l'actif se trouve dans l'état nécessaire pour être exploité de la manière prévue par la direction. Par conséquent, les coûts engagés dans le cadre de l'utilisation ou du redéploiement d'une immobilisation incorporelle ne sont pas inclus dans la valeur comptable de cet actif. Par exemple, les coûts suivants ne sont pas inclus dans la valeur comptable d'une immobilisation incorporelle :

a) les coûts engagés alors qu'un élément capable de fonctionner de la manière prévue par la direction reste à mettre en service ; et

b) les pertes opérationnelles initiales, telles que celles qui sont subies pendant que se développe la demande pour la production de cet actif.

31 Certaines opérations interviennent dans le cadre du développement d'une immobilisation incorporelle mais ne sont pas nécessaires pour la mettre dans l'état requis pour pouvoir l'exploiter de la manière prévue par la direction. Ces opérations accessoires peuvent intervenir avant ou pendant les activités de développement. Étant donné que les opérations accessoires ne sont pas nécessaires pour mettre l'actif dans l'état nécessaire pour pouvoir l'exploiter de la manière prévue par la direction, les produits et charges liés aux opérations accessoires sont comptabilisés immédiatement en résultat et inclus dans leurs catégories de produits et de charges respectives.

32 Si le paiement au titre d'une immobilisation incorporelle est différé au-delà des durées normales de crédit, son coût est l'équivalent du prix comptant. La différence entre ce montant et le total des paiements est comptabilisée en charges financières sur la durée du crédit à moins qu'elle ne soit incorporée dans le coût de l'actif selon IAS 23 *Coûts d'emprunt*.

ACQUISITION DANS LE CADRE D'UN REGROUPEMENT D'ENTREPRISES

33 Selon IFRS 3 *Regroupements d'entreprises*, si une immobilisation incorporelle est acquise dans le cadre d'un regroupement d'entreprises, le coût de cette immobilisation incorporelle est sa juste valeur à la date d'acquisition. La juste valeur d'une immobilisation incorporelle reflète les attentes des participants de marché à la date d'acquisition quant à la probabilité que les avantages économiques futurs que l'actif est censé procurer iront à l'entité. En d'autres termes, l'entité s'attend à une entrée d'avantages économiques, même s'il reste une incertitude quant au montant ou à l'échéance de cette entrée. Par conséquent, le critère de comptabilisation de la probabilité du paragraphe 21 a) est toujours considéré comme satisfait pour les immobilisations incorporelles acquises lors de regroupements d'entreprises. Si un actif acquis lors d'un regroupement d'entreprises est séparable ou découle de droits contractuels ou d'autres droits légaux, il y a des informations suffisantes pour évaluer de façon fiable la juste valeur de l'actif. Par conséquent, le critère de l'évaluation fiable du paragraphe 21 b) est toujours considéré comme satisfait pour les immobilisations incorporelles acquises lors de regroupements d'entreprises.

34 Selon la présente norme et IFRS 3 (telle que révisée en 2008), à la date d'acquisition, un acquéreur comptabilise séparément du *goodwill* une immobilisation incorporelle de l'entreprise acquise sans rechercher si l'actif avait été comptabilisé par l'entreprise acquise avant le regroupement d'entreprises. Ceci signifie que l'acquéreur comptabilise en tant qu'actif séparément du *goodwill* un projet de recherche et développement en cours de l'entreprise acquise si le projet satisfait à la définition d'une immobilisation incorporelle. Le projet de recherche et développement en cours d'une entreprise acquise satisfait à la définition d'une immobilisation incorporelle lorsqu'il :

a) satisfait à la définition d'un actif ; et

b) est identifiable, c'est-à-dire est séparable ou résulte de droits contractuels ou autres droits légaux.

➠ Immobilisation incorporelle acquise lors d'un regroupement d'entreprises

35 Si une immobilisation incorporelle acquise lors d'un regroupement d'entreprises est séparable ou découle de droits contractuels ou d'autres droits légaux, il y a des informations suffisantes pour évaluer de façon fiable la juste valeur de l'actif. Lorsque, pour les estimations utilisées pour évaluer la juste valeur d'une immobilisation incorporelle, il y a une gamme de résultats possibles ayant des probabilités différentes, cette incertitude entre dans l'évaluation de la juste valeur de l'actif.

36 Une immobilisation incorporelle acquise lors d'un regroupement d'entreprises peut être séparable, mais uniquement conjointement avec un contrat lié, un actif identifiable lié ou un passif identifiable lié. Dans un tel cas, l'acquéreur comptabilise l'immobilisation incorporelle séparément du *goodwill*, mais conjointement avec l'élément lié.

37 L'acquéreur peut comptabiliser un groupe d'immobilisations incorporelles complémentaires en tant qu'un seul actif à condition que les différents actifs aient une durée d'utilité semblable. Ainsi, les termes « marque » et « nom de marque » sont souvent utilisés comme synonymes de marques de fabrique ou autres marques. Toutefois, les premiers sont des termes de marketing généraux qui sont typiquement utilisés pour se référer à un groupe d'actifs complémentaires tels qu'une marque de fabrique (ou une marque de services) et au nom commercial, aux formules, aux recettes et à la compétence technologique qui lui sont liés.

38-41 [Supprimé]

➠ Dépenses ultérieures sur un projet de recherche et développement en cours acquis

42 Les dépenses de recherche ou développement qui :

a) sont liées à un projet de recherche ou développement en cours acquis séparément ou lors d'un regroupement d'entreprises et comptabilisé en tant qu'immobilisation incorporelle et

b) sont engagées après l'acquisition de ce projet

doivent être comptabilisées selon les paragraphes 54 à 62.

43 L'application des dispositions des paragraphes 54 à 62 signifie que les dépenses ultérieures sur un projet de recherche ou développement en cours acquis séparément ou lors d'un regroupement d'entreprises et comptabilisé en tant qu'immobilisation incorporelle sont :

a) comptabilisées en charges lorsqu'elles sont engagées s'il s'agit de dépenses de recherche ;

b) comptabilisées en charges lorsqu'elles sont engagées s'il s'agit de dépenses de développement qui ne satisfont pas aux critères de comptabilisation en tant qu'immobilisation incorporelle du paragraphe 57 ; et

c) ajoutées à la valeur comptable du projet de recherche ou développement acquis en cours s'il s'agit de dépenses de développement qui satisfont aux critères de comptabilisation du paragraphe 57.

ACQUISITION AU MOYEN D'UNE SUBVENTION PUBLIQUE

44 Dans certains cas, une immobilisation incorporelle peut être acquise sans frais ou pour une contrepartie symbolique du fait de l'octroi d'une subvention publique. Ce cas peut se produire lorsqu'un État transfère ou alloue à une entité des immobilisations incorporelles telles que des droits d'atterrissage sur un aéroport, des licences d'exploitation de stations de radio ou de télévision, des licences ou des quotas d'importations ou des droits d'accès à d'autres ressources dont l'utilisation est soumise à des restrictions. Selon IAS 20 *Comptabilisation des subventions publiques et informations à fournir sur l'aide publique*, une entité peut choisir de comptabiliser initialement l'immobilisation incorporelle et la subvention à leur juste valeur. Si une entité choisit de ne pas comptabiliser initialement l'actif à sa juste valeur, l'entité le comptabilise initialement pour une valeur symbolique (selon l'autre traitement autorisé par IAS 20) majorée de toute dépense directement attribuable à la préparation de l'actif en vue de son utilisation envisagée.

ÉCHANGES D'ACTIFS

45 Une ou plusieurs immobilisations incorporelles peuvent être acquises par voie d'échange contre un ou plusieurs actifs non monétaires ou un ensemble d'actifs monétaires et non monétaires. La discussion qui suit fait simplement référence à l'échange d'un actif non monétaire contre un autre, mais elle s'applique aussi à tous les échanges décrits dans la phrase précédente. Le coût d'une telle immobilisation incorporelle est évalué à la juste valeur sauf : a) si l'opération d'échange est dénuée de substance commerciale ; ou b) s'il n'est possible d'évaluer de manière fiable ni la juste valeur de l'actif reçu ni celle de l'actif abandonné. L'actif acquis est évalué de cette manière, même si l'entité ne peut pas immédiatement décomptabiliser l'actif abandonné. Si l'actif acquis n'est pas évalué à la juste valeur, son coût est évalué à la valeur comptable de l'actif abandonné.

46 Une entité détermine si une opération d'échange présente une substance commerciale en considérant dans quelle mesure il faut s'attendre à un changement de ses flux de trésorerie futurs du fait de cette opération. Une opération d'échange a une substance commerciale si :

a) la configuration (c'est-à-dire risque, échéancier et montant) des flux de trésorerie de l'actif reçu diffère de celle des flux de trésorerie de l'actif transféré ; ou

b) la valeur spécifique à l'entité de la partie des opérations de l'entité affectée par l'opération change du fait de l'échange ; et

c) la différence en a) ou en b) est significative par rapport à la juste valeur des actifs échangés.

Pour déterminer si une opération d'échange a une substance commerciale, la valeur spécifique à l'entité de la partie des opérations de l'entité affectée par l'opération doit refléter les flux de trésorerie après impôt. Le résultat de ces analyses peut être évident sans qu'une entité ait à effectuer des calculs détaillés.

47 Le paragraphe 21 b) indique qu'une condition de la comptabilisation d'une immobilisation incorporelle est que le coût de cet actif puisse être évalué de façon fiable. La juste valeur d'une immobilisation incorporelle peut être évaluée de façon fiable si a) la variabilité de l'intervalle des justes valeurs raisonnables n'est pas importante pour cet actif ou b) si les probabilités des différentes estimations dans l'intervalle peuvent être raisonnablement appréciées et utilisées pour évaluer la juste valeur. Si une entité est en mesure d'évaluer de manière fiable la juste valeur de l'actif reçu ou de l'actif cédé, la juste valeur de l'actif cédé est alors utilisée pour évaluer le coût, sauf si la juste valeur de l'actif reçu est plus clairement évidente.

GOODWILL GÉNÉRÉ EN INTERNE

48 Le *goodwill* généré en interne ne doit pas être comptabilisé en tant qu'actif.

49 Dans certains cas, une dépense est engagée pour générer des avantages économiques futurs, mais cette dépense n'aboutit pas à la création d'une immobilisation incorporelle satisfaisant aux critères de comptabilisation de la présente norme. Cette dépense est souvent décrite comme contribuant au *goodwill* généré en interne. Le *goodwill* généré en interne n'est pas comptabilisé en tant qu'actif car il ne s'agit pas d'une ressource identifiable (c'est-à-dire qu'elle n'est pas séparable et ne résulte pas de droits contractuels ou d'autres droits légaux) contrôlée par l'entité et pouvant être évaluée au coût de façon fiable.

50 Les différences entre la juste valeur d'une entité et la valeur comptable de son actif net identifiable à tout moment peuvent prendre en compte une série de facteurs affectant la juste valeur de l'entité. Toutefois, de telles différences ne représentent pas le coût des immobilisations incorporelles contrôlées par l'entité.

IMMOBILISATIONS INCORPORELLES GÉNÉRÉES EN INTERNE

51 Il est parfois difficile d'apprécier si une immobilisation incorporelle générée en interne remplit les conditions pour être comptabilisée en raison des problèmes :

a) pour identifier si, et quand, il existe un actif identifiable qui générera des avantages économiques futurs attendus ; et

b) pour déterminer de façon fiable le coût de l'actif. Dans certains cas, le coût pour générer une immobilisation incorporelle en interne ne peut pas être distingué du coût pour maintenir ou accroître le *goodwill* généré en interne ou du coût de la conduite des affaires quotidiennes de l'entité.

Par conséquent, en plus de se conformer aux dispositions générales en matière de comptabilisation et d'évaluation initiale d'une immobilisation incorporelle, une entité applique à toutes les immobilisations incorporelles générées en interne les dispositions et les indications des paragraphes 52 à 67 ci-dessous.

52 Pour apprécier si une immobilisation incorporelle générée en interne satisfait aux critères de comptabilisation, une entité classe la création de l'immobilisation dans :

a) une phase de recherche ; et

b) une phase de développement.

Bien que les termes de « recherche » et « développement » soient définis, les termes de « phase de recherche » et « phase de développement » ont dans la présente norme une signification plus large.

53 Si une entité ne peut distinguer la phase de recherche de la phase de développement d'un projet interne visant à créer une immobilisation incorporelle, elle traite la dépense au titre de ce projet comme si elle était engagée uniquement lors de la phase de recherche.

➠ Phase de recherche

54 Aucune immobilisation incorporelle résultant de la recherche (ou de la phase de recherche d'un projet interne) ne doit être comptabilisée. Les dépenses pour la recherche (ou pour la phase de recherche d'un projet interne) doivent être comptabilisées en charges lorsqu'elles sont engagées.

55 Lors de la phase de recherche d'un projet interne, une entité ne peut démontrer l'existence d'une immobilisation incorporelle qui générera des avantages économiques futurs probables. Ces dépenses sont donc comptabilisées en charges lorsqu'elles sont engagées.

56 Exemples d'activités de recherche :

a) les activités visant à obtenir de nouvelles connaissances ;

b) la recherche d'applications de résultats de la recherche ou d'autres connaissances ainsi que leur évaluation et leur sélection finale ;

c) la recherche d'autres matériaux, dispositifs, produits, procédés, systèmes ou services ; et

d) la formulation, la conception et l'évaluation de différentes possibilités de matériaux, dispositifs, produits, procédés, systèmes ou services nouveaux ou améliorés et leur sélection finale.

➠ Phase de développement

57 Une immobilisation incorporelle résultant du développement (ou de la phase de développement d'un projet interne) doit être comptabilisée si, et seulement si, une entité peut démontrer tout ce qui suit :

a) la faisabilité technique de l'achèvement de l'immobilisation incorporelle en vue de sa mise en service ou de sa vente ;

b) son intention d'achever l'immobilisation incorporelle et de la mettre en service ou de la vendre ;

c) sa capacité à mettre en service ou à vendre l'immobilisation incorporelle ;

d) la façon dont l'immobilisation incorporelle générera des avantages économiques futurs probables. L'entité doit démontrer, entre autres choses, l'existence d'un marché pour la production issue de l'immobilisation incorporelle ou pour l'immobilisation incorporelle elle-même ou, si celle-ci doit être utilisée en interne, son utilité ;

e) la disponibilité de ressources techniques, financières et autres, appropriées pour achever le développement et mettre en service ou vendre l'immobilisation incorporelle ;

f) sa capacité à évaluer de façon fiable les dépenses attribuables à l'immobilisation incorporelle au cours de son développement.

58 Lors de la phase de développement d'un projet interne, une entité peut, dans certains cas, identifier une immobilisation incorporelle et démontrer que cet actif générera des avantages économiques futurs probables. Cela tient au fait que la phase de développement d'un projet se situe à un stade plus avancé que la phase de recherche.

59 Exemples d'activités de développement :

a) la conception, la construction et les tests de préproduction ou de préutilisation de modèles et prototypes ;

b) la conception d'outils, de gabarits, moules et matrices impliquant une technologie nouvelle ;

c) la conception, la construction et l'exploitation d'une unité pilote qui n'est pas à une échelle permettant une production commerciale dans des conditions économiques ; et

d) la conception, la construction et les tests pour la solution choisie parmi différentes possibilités de matériaux, dispositifs, produits, procédés, systèmes ou services nouveaux ou améliorés.

60 Pour démontrer comment une immobilisation incorporelle générera des avantages économiques futurs probables, l'entité apprécie les avantages économiques futurs qu'elle recevra de l'actif en utilisant les principes énoncés dans IAS 36 *Dépréciation d'actifs*. Si l'actif ne génère des avantages économiques que conjointement avec d'autres actifs, l'entité applique le concept des unités génératrices de trésorerie, énoncé dans IAS 36.

61 La disponibilité des ressources nécessaires à l'achèvement, l'utilisation et l'obtention des avantages d'une immobilisation incorporelle peut être démontrée, par exemple, par un plan d'activité indiquant les ressources (techniques, financières et autres) nécessaires et la capacité de l'entité à mobiliser ces ressources. Dans certains cas, une entité démontre la disponibilité de financements externes en obtenant d'un prêteur l'indication qu'il est disposé à financer le plan.

62 Les systèmes de détermination des coûts d'une entité permettent souvent d'évaluer de façon fiable le coût pour générer une immobilisation incorporelle en interne, tels que les salaires et autres dépenses engagées afin d'obtenir des droits d'auteur ou des licences ou pour développer des logiciels.

63 Les marques, notices, titres de journaux et de magazines, listes de clients générés en interne et autres éléments similaires en substance ne doivent pas être comptabilisés en tant qu'immobilisations incorporelles.

64 Les dépenses pour générer en interne les marques, les notices, les titres de journaux et de magazines, les listes de clients et autres éléments similaires en substance ne peuvent pas être distinguées du coût de développement de l'activité dans son ensemble. Par conséquent, ces éléments ne sont pas comptabilisés en tant qu'immobilisations incorporelles.

➡ Coût d'une immobilisation incorporelle générée en interne

65 Pour l'application du paragraphe 24, le coût d'une immobilisation incorporelle générée en interne est égal à la somme des dépenses engagées à partir de la date à laquelle cette immobilisation incorporelle a satisfait pour la première fois aux critères de comptabilisation des paragraphes 21, 22 et 57. Le paragraphe 71 interdit de réincorporer des dépenses antérieurement comptabilisées en charges.

66 **Le coût d'une immobilisation incorporelle générée en interne comprend tous les coûts directement attribuables nécessaires pour créer, produire et préparer l'immobilisation pour qu'elle puisse être exploitée de la manière prévue par la direction. Exemples de coûts directement attribuables :**

a) les coûts des matériaux et services utilisés ou consommés pour générer l'immobilisation incorporelle ;

b) les coûts des avantages du personnel (tels que définis dans IAS 19) résultant de la création de l'immobilisation incorporelle ;

c) les honoraires d'enregistrement d'un droit légal ; et

d) l'amortissement des brevets et licences qui sont utilisés pour générer l'immobilisation incorporelle.

IAS 23 spécifie les critères pour la comptabilisation des intérêts comme élément du coût d'une immobilisation incorporelle générée en interne.

67 **Ne constituent pas des composantes du coût d'une immobilisation incorporelle générée en interne :**

a) les coûts de la vente, les coûts administratifs et autres frais généraux, à moins que ces dépenses puissent être directement attribuées à la préparation de l'actif en vue de sa mise en service ;

b) les inefficacités clairement identifiées et les pertes opérationnelles initiales subies avant qu'un actif n'atteigne le niveau de performance prévu ; et

c) les dépenses au titre de la formation du personnel pour exploiter l'actif.

Exemple illustrant le paragraphe 65

Une entité développe un nouveau procédé de fabrication. Durant 20X5, les dépenses engagées s'élèvent à 1 000 UM (*), dont 900 UM ont été engagées avant le 1er décembre 20X5 et 100 UM ont été engagées entre le 1er et le 31 décembre 20X5. L'entité est en mesure de démontrer qu'au 1er décembre 20X5, le procédé de fabrication a satisfait aux critères de comptabilisation d'une immobilisation incorporelle. La valeur recouvrable du savoir-faire qu'intègre le procédé (y compris les flux de trésorerie futurs pour achever le procédé avant qu'il ne soit prêt à être mis en service) est estimée à 500 UM.

À la fin de 20X5, le procédé de fabrication est comptabilisé en tant qu'immobilisation incorporelle pour un coût de 100 UM (dépenses engagées depuis la date à laquelle il a été satisfait aux critères de comptabilisation, c'est-à-dire depuis le 1er décembre 20X5). La dépense de 900 UM engagée avant le 1er décembre 20X5 est comptabilisée en charges, car avant le 1er décembre 20X5, les critères de comptabilisation n'étaient pas remplis. Cette dépense ne fait pas partie du coût du procédé de fabrication comptabilisé dans l'état de la situation financière.

Durant 20X6, la dépense engagée s'élève à 2 000 UM. À la fin de 20X6, la valeur recouvrable du savoir-faire qu'intègre le procédé (y compris les flux de trésorerie futurs pour achever le procédé avant d'être prêt à être mis en service) est estimée à 1 900 UM.

À la fin de 20X6, le coût du procédé de fabrication est de 2 100 UM (dépense de 100 UM comptabilisée à la fin de 20X5 plus une dépense de 2 000 UM comptabilisée en 20X6). L'entité comptabilise une perte de valeur de 200 UM pour ajuster la valeur comptable du procédé avant perte de valeur (2 100 UM) à sa valeur recouvrable (1 900 UM). Cette perte de valeur sera reprise lors d'un exercice ultérieur si les dispositions relatives à une reprise de perte de valeur selon IAS 36 sont satisfaites.

(*) Dans la présente norme, les montants monétaires sont libellés en « unités monétaires » (UM).

Comptabilisation d'une charge

68 Une dépense relative à un élément incorporel doit être comptabilisée en charges lorsqu'elle est engagée, sauf :

a) si elle fait partie du coût d'une immobilisation incorporelle satisfaisant aux critères de comptabilisation (voir paragraphes 18 à 67) ; ou

b) si l'élément est acquis lors d'un regroupement d'entreprises et ne peut pas être comptabilisé en tant qu'immobilisation incorporelle. Si c'est le cas, il fait partie du montant comptabilisé en tant que *goodwill* à la date d'acquisition (voir IFRS 3).

69 Dans certains cas, une dépense est engagée pour assurer à une entité des avantages économiques futurs, mais aucune immobilisation incorporelle ou aucun autre actif pouvant être comptabilisé n'est acquis ou créé. Dans le cas de la fourniture de biens, l'entité comptabilise une telle dépense en tant que charge lorsqu'elle dispose d'un droit d'accès à ces biens. Dans le cas de la fourniture de services, l'entité comptabilise la dépense en tant que charge lorsqu'elle reçoit les services en question. Par exemple, les dépenses au titre de la recherche sont comptabilisées en charges lorsqu'elles sont engagées (voir paragraphe 54), sauf lorsqu'elles sont acquises dans le cadre d'un regroupement d'entreprises. D'autres exemples de dépenses comptabilisées en charges lorsqu'elles sont engagées incluent :

a) les dépenses au titre des activités en démarrage (c'est-à-dire coûts de démarrage), à moins que ces dépenses ne soient incluses dans le coût d'une immobilisation corporelle selon IAS 16. Les coûts de démarrage peuvent représenter des frais d'établissement tels que des frais juridiques et de secrétariat engagés pour la constitution d'une entité juridique, les dépenses au titre de l'ouverture d'une nouvelle installation ou d'une nouvelle activité (c'est-à-dire coûts de pré-ouverture) ou les dépenses engagées pour entreprendre de nouvelles opérations ou lancer de nouveaux produits ou procédés (c'est-à-dire coûts préopérationnels) ;

b) les dépenses de formation ;

c) les dépenses de publicité et de promotion (y compris catalogues de vente par correspondance).

d) les dépenses de relocalisation ou de réorganisation de tout ou partie d'une entité.

69A Une entité dispose d'un droit d'accès à des biens lorsqu'elle en est propriétaire. De même, elle dispose d'un droit d'accès à des biens lorsque ceux-ci ont été réalisés par un fournisseur conformément aux termes d'un contrat d'approvisionnement, et que l'entité pourrait exiger leur livraison contre paiement. Les services sont reçus lors de leur prestation par un fournisseur conformément à un contrat conclu à cet effet avec l'entité, et non pas lors de leur utilisation par l'entité pour fournir un autre service, par exemple pour diffuser une publicité auprès de clients.

70 Le paragraphe 68 n'empêche pas une entité de comptabiliser en tant qu'actif un paiement d'avance lorsqu'un paiement au titre de la livraison de biens a été effectué avant que l'entité n'obtienne un droit d'accès à ces biens. De même, le paragraphe 68 n'empêche pas une entité de comptabiliser en tant qu'actif un paiement d'avance lorsqu'un paiement au titre de la prestation de services a été effectué avant que l'entité ne reçoive ces services.

INTERDICTION D'INSCRIRE À L'ACTIF DES CHARGES COMPTABILISÉES ANTÉRIEUREMENT

71 Les dépenses relatives à un élément incorporel qui ont été initialement comptabilisées en charges ne doivent pas être incorporées dans le coût d'une immobilisation incorporelle à une date ultérieure.

Évaluation après comptabilisation

72 Une entité peut choisir comme méthode comptable soit le modèle du coût au paragraphe 74, soit le modèle de la réévaluation au paragraphe 75. Si une immobilisation incorporelle est comptabilisée en utilisant le modèle de la réévaluation, tous les autres actifs de sa catégorie doivent également être comptabilisés en utilisant ce même modèle, à moins qu'il n'existe aucun marché actif pour ces actifs.

73 Une catégorie d'immobilisations incorporelles est un ensemble d'actifs de nature et d'utilisation similaires dans le cadre de l'activité d'une entité. Les différents éléments d'une catégorie d'immobilisations incorporelles sont réévalués simultanément afin d'éviter une réévaluation sélective des actifs et la présentation dans les états financiers de montants correspondant à un mélange de coûts et de valeurs à des dates différentes.

MODÈLE DU COÛT

74 Après sa comptabilisation initiale, une immobilisation incorporelle doit être comptabilisée à son coût diminué du cumul des amortissements et du cumul des pertes de valeur.

MODÈLE DE LA RÉÉVALUATION

75 Après sa comptabilisation initiale, une immobilisation incorporelle doit être comptabilisée pour son montant réévalué correspondant à sa juste valeur à la date de la réévaluation, diminué du cumul des amortissements ultérieurs et du cumul des pertes de valeur ultérieures. Pour les réévaluations effectuées selon la présente norme, la juste valeur doit être évaluée par référence à un marché actif. Les réévaluations doivent être effectuées avec une régularité suffisante pour qu'à la fin de la période de reporting, la valeur comptable de l'actif ne diffère pas de façon significative de sa juste valeur.

76 Le modèle de la réévaluation ne permet pas :

a) la réévaluation d'immobilisations incorporelles n'ayant pas été au préalable comptabilisées en tant qu'actif ; ou

b) la comptabilisation initiale d'immobilisations incorporelles pour des montants autres que leur coût.

77 Le modèle de la réévaluation est appliqué après qu'un actif a été initialement comptabilisé au coût. Toutefois, si une partie seulement du coût d'une immobilisation incorporelle est comptabilisée en tant qu'actif, parce que l'actif n'a satisfait aux critères de comptabilisation qu'à partir d'un moment donné du processus (voir paragraphe 65), le modèle de la réévaluation peut être appliqué à la totalité de cet actif. De même, le modèle de la réévaluation peut être appliqué à une immobilisation incorporelle reçue grâce à une subvention publique et comptabilisée pour une valeur symbolique (voir paragraphe 44).

78 Il est exceptionnel qu'un marché actif existe pour une immobilisation incorporelle, mais cela peut arriver. Par exemple, dans certains pays, un marché actif peut exister pour des licences de taxis, licences de pêche ou quotas de production, librement cessibles. Toutefois un marché actif n'existe pas pour les marques, les notices et titres de journaux, les droits d'édition musicale et cinématographique, les brevets ou les marques commerciales car chacun de ces actifs est unique. De même, bien que les immobilisations incorporelles s'achètent et se vendent, les contrats se négocient entre acquéreurs et vendeurs individuels et les transactions sont relativement peu fréquentes. Pour toutes ces raisons, le prix payé pour un actif peut ne pas fournir une indication suffisante de la juste valeur d'un autre actif. De plus, les prix ne sont pas souvent mis à la disposition du public.

79 La fréquence des réévaluations dépend de la volatilité de la juste valeur des immobilisations incorporelles qui sont réévaluées. Si la juste valeur d'un actif réévalué diffère de façon significative de sa valeur comptable, une réévaluation ultérieure est nécessaire. Certaines immobilisations incorporelles peuvent connaître des variations importantes et volatiles de leur juste valeur, rendant nécessaire une réévaluation annuelle. Pour les immobilisations incorporelles dont la juste valeur ne connaît que des variations peu importantes, il n'est pas nécessaire de procéder à des réévaluations aussi fréquentes.

80 Lorsqu'une immobilisation incorporelle est réévaluée, sa valeur comptable est ajustée au montant réévalué. À la date de réévaluation, l'actif est traité de l'une des manières suivantes :

a) la valeur comptable brute est ajustée d'une manière qui concorde avec la réévaluation de la valeur comptable de l'actif. Par exemple, la valeur comptable brute peut être retraitée par référence à des données de marché observables ou au prorata de la variation de la valeur comptable. Le cumul des amortissements à la date de réévaluation est ajusté pour qu'il corresponde à la différence entre la valeur comptable brute de l'actif et sa valeur comptable déduction faite du cumul des pertes de valeur ; ou

b) le cumul des amortissements est déduit de la valeur comptable brute de l'actif.

Le montant de l'ajustement du cumul des amortissements fait partie de l'accroissement ou de la diminution de la valeur comptable qui est traité selon les paragraphes 85 et 86.

81 Si une immobilisation incorporelle appartenant à une catégorie d'immobilisations incorporelles réévaluées ne peut pas être réévaluée parce qu'il n'existe pas de marché actif pour cet actif, celle-ci doit être comptabilisée au coût, diminué du cumul des amortissements et du cumul des pertes de valeur.

82 Si la juste valeur d'une immobilisation incorporelle réévaluée ne peut plus être évaluée par référence à un marché actif, la valeur comptable de cet actif doit être son montant réévalué à la date de la dernière réévaluation faite par référence à un marché actif, diminué du cumul des amortissements et du cumul des pertes de valeur ultérieurs.

83 Le fait qu'il n'existe plus de marché actif pour une immobilisation incorporelle réévaluée peut indiquer que l'actif est susceptible de s'être déprécié et qu'il est nécessaire de le tester selon IAS 36.

84 Si la juste valeur de l'actif peut être évaluée par référence à un marché actif à une date d'évaluation ultérieure, le modèle de la réévaluation est appliqué à compter de cette date.

85 Si la valeur comptable d'une immobilisation incorporelle augmente à la suite d'une réévaluation, l'augmentation doit être comptabilisée en autres éléments du résultat global et cumulée en capitaux propres sous la rubrique écarts de réévaluation. Toutefois, l'augmentation doit être comptabilisée en résultat dans la mesure où elle compense une diminution de réévaluation du même actif, précédemment comptabilisée en résultat.

86 Lorsqu'à la suite d'une réévaluation, la valeur comptable d'une immobilisation incorporelle diminue, cette diminution doit être comptabilisée en résultat. Toutefois, la diminution de réévaluation doit être comptabilisée en autres éléments du résultat global dans la limite de l'écart de réévaluation créditeur pour ce même actif. La diminution de réévaluation comptabilisée en autres éléments du résultat global réduit le montant accumulé en capitaux propres sous la rubrique écarts de réévaluation.

87 Le montant cumulé d'écart de réévaluation inclus dans les capitaux propres peut être transféré directement en résultats non distribués lorsque l'écart est réalisé. L'intégralité de l'écart peut être réalisée lors de la mise hors service ou de la sortie de l'actif. Toutefois une partie de cet écart peut être réalisée au fur et à mesure de l'utilisation de l'actif par l'entité ; dans ce cas, le montant de l'écart réalisé est égal à la différence entre l'amortissement sur la base de la valeur comptable réévaluée de l'actif et l'amortissement qui aurait été comptabilisé sur la base du coût historique de l'actif. Le transfert en résultats non distribués de l'écart de réévaluation ne transite pas via le résultat.

Durée d'utilité

88 Une entité doit apprécier si la durée d'utilité d'une immobilisation incorporelle est finie ou indéterminée et, si elle est finie, sa longueur ou le nombre d'unités de production ou d'unités similaires qui la constituent. Une immobilisation incorporelle doit être considérée par l'entité comme ayant une durée d'utilité indéterminée lorsque, sur la base d'une analyse de tous les facteurs pertinents, il n'y a pas de limite prévisible à la période au cours de laquelle on s'attend à ce que l'actif génère pour l'entité des entrées nettes de trésorerie.

89 La comptabilisation d'une immobilisation incorporelle est fondée sur sa durée d'utilité. Une immobilisation incorporelle ayant une durée d'utilité finie est amortie (voir paragraphes 97 à 106), et une immobilisation incorporelle ayant une durée d'utilité indéterminée ne l'est pas (voir paragraphes 107 à 110). Les exemples accompagnant la présente norme illustrent la détermination de la durée d'utilité pour différentes immobilisations incorporelles, et la comptabilisation ultérieure de ces actifs fondée sur les déterminations de la durée d'utilité.

90 Pour déterminer la durée d'utilité d'une immobilisation incorporelle, il faut considérer plusieurs facteurs, notamment :

a) l'utilisation attendue de l'actif par l'entité et le fait que cet actif peut (ou non) être géré efficacement par une autre équipe de direction ;

b) les cycles de vie de produit caractéristiques de l'actif et les informations publiques concernant l'estimation de la durée d'utilité d'actifs de types similaires qui sont utilisés de façon similaire ;

c) l'obsolescence technique, technologique, commerciale ou autre ;

d) la stabilité du secteur d'activité dans lequel l'actif est utilisé et l'évolution de la demande portant sur les produits ou les services résultant de l'actif ;

e) les actions attendues des concurrents ou des concurrents potentiels ;

f) le niveau des dépenses de maintenance à effectuer pour obtenir les avantages économiques futurs attendus de l'actif et la capacité et l'intention de l'entité d'atteindre un tel niveau ;

g) la durée du contrôle sur l'actif et les limitations juridiques ou autres pour son utilisation telles que les dates d'expiration des contrats de location liés ; et

h) le fait que la durée d'utilité de l'actif dépend (ou non) de la durée d'utilité d'autres actifs de l'entité.

91 Le terme « indéterminé » ne signifie pas « infini ». La durée d'utilité d'une immobilisation incorporelle ne reflète que le niveau de dépenses d'entretien futures nécessaires pour maintenir l'actif à son niveau de performance qui est apprécié au moment de l'estimation de la durée d'utilité de l'actif, ainsi que la capacité et l'intention de l'entité de parvenir à un tel niveau. La conclusion que la durée d'utilité d'une immobilisation incorporelle est indéterminée ne doit pas dépendre de dépenses futures prévues supérieures à celles qui s'imposent pour maintenir l'actif à ce niveau de performance.

92 Compte tenu de la rapidité de l'évolution technologique constatée, les logiciels et de nombreuses autres immobilisations incorporelles sont sujets à l'obsolescence technologique. Donc, leur durée d'utilité sera souvent courte. La réduction future attendue du prix de vente d'un article produit au moyen d'une immobilisation incorporelle pourrait être une indication de l'obsolescence technique ou commerciale attendue de cette immobilisation, ce qui pourrait refléter une diminution des avantages économiques futurs qui en sont représentatifs.

93 La durée d'utilité d'une immobilisation incorporelle peut être très longue ou même indéterminée. L'incertitude justifie le fait de faire preuve de prudence dans l'estimation de la durée d'utilité d'une immobilisation incorporelle, mais elle ne justifie pas le fait de choisir une durée d'utilité dont la brièveté n'est pas réaliste.

94 **La durée d'utilité d'une immobilisation incorporelle qui résulte de droits contractuels ou d'autres droits légaux ne doit pas excéder la période des droits contractuels ou autres droits légaux, mais elle peut être plus courte, en fonction de la période au cours de laquelle l'entité s'attend à utiliser l'actif. Si les droits contractuels ou autres droits légaux sont transférés pour une durée limitée susceptible d'être renouvelée, la durée d'utilité de l'immobilisation incorporelle ne doit inclure la ou les périodes de renouvellement que s'il y a des éléments probants pour justifier le renouvellement par l'entité sans qu'elle engage de coûts importants. La durée d'utilité d'un droit recouvré comptabilisé en tant qu'immobilisation incorporelle est la période contractuelle résiduelle du contrat par lequel ce droit a été octroyé et ne doit pas inclure de périodes de renouvellement.**

95 Des facteurs à la fois économiques et juridiques peuvent influer sur la durée d'utilité d'une immobilisation incorporelle : les facteurs économiques déterminent la période au cours de laquelle l'entité recevra des avantages économiques futurs. Des facteurs juridiques peuvent limiter la période au cours de laquelle l'entité contrôle l'accès à ces avantages. La durée d'utilité est la plus courte des périodes déterminées par ces facteurs.

96 L'existence des facteurs suivants, entre autres, indique qu'une entité serait en mesure de renouveler les droits contractuels ou autres droits légaux sans engager de coût important :

a) il existe des éléments probants, pouvant être fondés sur l'expérience passée, qui indiquent que les droits contractuels ou autres droits légaux seront renouvelés. Si le renouvellement dépend du consentement d'un tiers, ceci inclut l'indication que le tiers donnera son consentement ;

b) il existe des éléments probants que toutes les conditions nécessaires à l'obtention du renouvellement seront satisfaites ; et

c) le coût du renouvellement pour l'entité n'est pas important lorsqu'on le compare aux avantages économiques futurs que l'entité s'attend à retirer du renouvellement.

Si le coût du renouvellement est important lorsqu'on le compare aux avantages économiques futurs que l'entité s'attend à retirer du renouvellement, le coût du « renouvellement » représente, en substance, le coût d'acquisition d'une nouvelle immobilisation incorporelle à la date du renouvellement.

Immobilisations incorporelles à durée d'utilité finie

DURÉE D'AMORTISSEMENT ET MODE D'AMORTISSEMENT

97 **Le montant amortissable d'une immobilisation incorporelle à durée d'utilité finie doit être réparti systématiquement sur sa durée d'utilité. L'amortissement commence dès que l'actif est prêt à être mis en service, c'est-à-dire dès qu'il se trouve à l'endroit et dans l'état nécessaires pour pouvoir être exploité de la manière prévue par la direction. L'amortissement doit cesser à la date la plus précoce entre celle à laquelle cet actif est classé comme détenu en vue de la vente (ou inclus dans un groupe destiné à être cédé qui est classé comme détenu en vue de la vente) selon IFRS 5 et la date à laquelle l'actif est décomptabilisé. Le mode d'amortissement utilisé doit refléter le rythme selon lequel l'entité prévoit de consommer les avantages économiques futurs liés à l'actif. Si ce rythme ne peut être déterminé de façon fiable, le mode d'amortissement linéaire doit être appliqué. La dotation aux amortissements au titre de chaque période doit être comptabilisée en résultat, sauf si la présente norme ou une autre norme autorise ou impose son incorporation dans la valeur comptable d'un autre actif.**

98 Différents modes d'amortissement peuvent être utilisés pour répartir de façon systématique le montant amortissable d'un actif sur sa durée d'utilité. Ces modes incluent le mode linéaire, le mode dégressif et le mode des unités de production. Le mode d'amortissement utilisé est choisi sur la base du rythme attendu de consommation des avantages économiques futurs attendus représentatifs de l'actif ; il est appliqué de façon cohérente et permanente d'une période à l'autre, sauf si le rythme attendu de consommation de ces avantages économiques futurs varie.

98A Il existe une présomption réfutable selon laquelle, pour une immobilisation incorporelle utilisée dans une activité donnée, un mode d'amortissement qui est fonction des produits tirés de cette activité n'est pas approprié. Ces produits tirés d'une activité incluant l'utilisation d'une immobilisation incorporelle reflètent habituellement des facteurs qui ne sont pas directement liés à la consommation des avantages économiques représentatifs de l'immobilisation incorporelle. Par exemple, les produits subissent aussi l'effet d'autres intrants et processus, d'activités liées à la vente ou de changements concernant les volumes et les prix de vente. La composante prix des produits peut d'ailleurs varier en raison de l'inflation, laquelle n'est aucunement liée à la façon dont un actif est consommé. La présomption ne peut être réfutée que dans des circonstances limitées :

a) soit lorsque l'immobilisation incorporelle est exprimée selon une mesure des produits, comme il est expliqué au paragraphe 98C ;

b) soit lorsqu'il peut être démontré qu'il existe une forte corrélation entre les produits et la consommation des avantages économiques liés à l'immobilisation incorporelle.

98B Pour choisir un mode d'amortissement approprié selon le paragraphe 98, l'entité pourrait déterminer le facteur limitatif prédominant qui est inhérent à l'immobilisation incorporelle. Par exemple, dans le contrat qui établit le droit d'utilisation de l'immobilisation incorporelle par l'entité, l'utilisation permise de cette immobilisation incorporelle pourrait être spécifiée en nombre d'années prédéterminé (c'est-à-dire en temps), en nombre d'unités produites ou par un montant total fixe de produits à générer. La détermination de ce facteur limitatif prédominant pourrait donc servir de point de départ pour choisir le mode d'amortissement approprié, mais l'entité peut appliquer un autre mode d'amortissement qui reflète plus étroitement le rythme attendu de consommation des avantages économiques.

98C Dans le cas où le facteur limitatif prédominant qui est inhérent à l'immobilisation incorporelle est l'atteinte d'un seuil de produits, il peut être approprié de fonder l'amortissement sur les produits qui seront générés. Par exemple, dans le cas d'une entité qui fait l'acquisition d'une concession pour explorer une mine d'or et en extraire du minerai, l'échéance du contrat de concession pourrait être fondée sur un montant total déterminé de produits que l'extraction permettra de générer (par exemple, le contrat peut permettre à l'entité d'extraire de l'or de la mine jusqu'à ce que le cumul des produits qu'elle aura tirés de la vente de cet or totalise 2 milliards d'unités monétaires) plutôt que sur le temps ou sur la quantité d'or extraite. Ou encore, une entité pourrait avoir le droit d'exploiter une autoroute à péage jusqu'à concurrence d'un montant total déterminé de produits tirés des péages imposés (par exemple, le contrat pourrait permettre à l'entité d'exploiter l'autoroute à péage jusqu'à ce qu'elle en ait tiré un montant cumulé de produits de 100 millions d'unités monétaires). Dans le cas où le contrat fait des produits le facteur limitatif prédominant de l'utilisation de l'immobilisation incorporelle, il peut être approprié de fonder le mode d'amortissement de l'immobilisation incorporelle sur les produits, pourvu que le contrat stipule un montant total fixe de produits à générer, qui servira à calculer l'amortissement.

99 L'amortissement est généralement comptabilisé en résultat. Toutefois, les avantages économiques futurs représentatifs d'un actif sont parfois absorbés dans la production d'autres actifs. Dans ces cas, la dotation aux amortissements fait partie intégrante du coût de l'autre actif et elle est incorporée dans sa valeur comptable. Par exemple, l'amortissement des immobilisations incorporelles utilisées dans un procédé de production est incorporé dans la valeur comptable des stocks (voir IAS 2 *Stocks*).

VALEUR RÉSIDUELLE

100 La valeur résiduelle d'une immobilisation incorporelle à durée d'utilité finie doit être réputée nulle, sauf :

a) si un tiers s'est engagé à racheter l'actif à la fin de sa durée d'utilité ; ou

b) s'il existe un marché actif (au sens d'IFRS 13) pour cet actif et :
   i) si la valeur résiduelle peut être déterminée par référence à ce marché ; et
   ii) s'il est probable qu'un tel marché existera à la fin de la durée d'utilité de l'actif.

101 Le montant amortissable d'un actif à durée d'utilité finie est déterminé après déduction de sa valeur résiduelle. Une valeur résiduelle différente de zéro implique que l'entité compte sortir l'immobilisation incorporelle avant la fin de sa durée de vie économique.

102 Une estimation de la valeur résiduelle d'un actif repose sur la valeur recouvrable lors de la sortie, sur la base des prix prévalant à la date de l'évaluation pour la vente d'un actif similaire qui est arrivé à la fin de sa durée d'utilité estimée et qui a été exploité dans des conditions similaires à celles dans lesquelles l'actif sera utilisé. La valeur résiduelle est réexaminée au moins à la clôture de chaque exercice. Le changement de valeur résiduelle de l'actif est comptabilisé comme un changement d'estimation comptable selon IAS 8 *Méthodes comptables, changements d'estimations comptables et erreurs*.

103 La valeur résiduelle d'une immobilisation incorporelle peut augmenter pour atteindre ou excéder la valeur comptable de l'actif. Dans ce cas, la dotation à l'amortissement de l'actif est nulle, sauf si et jusqu'à ce que sa valeur résiduelle baisse pour atteindre un montant inférieur à la valeur comptable de l'actif.

RÉEXAMEN DE LA DURÉE D'AMORTISSEMENT ET DU MODE D'AMORTISSEMENT

104 La durée d'amortissement et le mode d'amortissement d'une immobilisation incorporelle à durée d'utilité déterminée doivent être réexaminés au moins à la clôture de chaque exercice. Si la durée d'utilité attendue de l'actif est différente des estimations antérieures, la durée d'amortissement doit être modifiée en conséquence. Si le rythme attendu de la consommation des avantages économiques futurs représentatifs de l'actif a changé, le mode d'amortissement doit être modifié pour refléter le nouveau rythme. De tels changements doivent être comptabilisés comme des changements d'estimation comptable selon IAS 8.

105 Au cours de la durée de vie d'une immobilisation incorporelle, il peut apparaître que l'estimation de sa durée d'utilité est inadéquate. Par exemple, la comptabilisation d'une perte de valeur peut indiquer que la durée d'amortissement doit être modifiée.

106 Au fil du temps, le rythme des avantages économiques futurs que l'entité s'attend à obtenir d'une immobilisation incorporelle peut changer. Il

peut apparaître, par exemple, que le mode d'amortissement dégressif est plus approprié que le mode linéaire. Il se peut également que l'utilisation des droits représentés par une licence soit différée en attendant une décision concernant d'autres composantes du plan d'activité. Dans ce cas, les avantages économiques découlant de l'actif peuvent n'être reçus qu'au cours de périodes ultérieures.

Immobilisations incorporelles à durée d'utilité indéterminée

107 Une immobilisation incorporelle à durée d'utilité indéterminée ne doit pas être amortie.

108 Selon IAS 36, une entité est tenue d'effectuer un test de dépréciation d'une immobilisation incorporelle à durée d'utilité indéterminée en comparant sa valeur recouvrable à sa valeur comptable.

a) annuellement ; et

b) chaque fois qu'il y a une indication que l'immobilisation incorporelle peut s'être dépréciée.

RÉEXAMEN DE L'APPRÉCIATION DE LA DURÉE D'UTILITÉ

109 La durée d'utilité d'une immobilisation incorporelle qui n'est pas amortie doit être réexaminée à chaque période pour déterminer si les événements et circonstances continuent de justifier son appréciation comme indéterminée. Si ce n'est pas le cas, le changement d'appréciation de la durée d'utilité, d'indéterminée à finie, doit être comptabilisé comme un changement d'estimation comptable selon IAS 8.

110 Selon IAS 36, la réévaluation de la durée d'utilité d'une immobilisation incorporelle comme finie plutôt qu'indéterminée indique qu'il se peut que l'actif se soit déprécié. En conséquence, l'entité effectue un test de dépréciation de l'actif en comparant sa valeur recouvrable, déterminée selon IAS 36, à sa valeur comptable, et en comptabilisant tout excédent de la valeur comptable par rapport à la valeur recouvrable comme une perte de valeur.

Caractère recouvrable de la valeur comptable – Pertes de valeur

111 Pour déterminer si une immobilisation incorporelle s'est dépréciée, une entité applique IAS 36. Cette norme explique quand et comment une entité examine la valeur comptable de ses actifs, comment elle détermine la valeur recouvrable d'un actif et dans quels cas elle comptabilise ou reprend une perte de valeur.

Mises hors service et sorties

112 Une immobilisation incorporelle doit être décomptabilisée :

a) lors de sa sortie ; ou

b) lorsque aucun avantage économique futur n'est attendu de son utilisation ou de sa sortie.

113 Le profit ou la perte résultant de la décomptabilisation d'une immobilisation incorporelle doit être déterminé comme la différence entre le produit net de sortie, le cas échéant, et la valeur comptable de l'actif. Il doit être comptabilisé en résultat lors de la décomptabilisation de l'actif (sauf si IFRS 16 impose par ailleurs un traitement différent dans une situation de cession-bail). Les profits ne doivent pas être classés en produits des activités ordinaires.

114 La sortie d'une immobilisation incorporelle peut intervenir de différentes manières (par exemple par voie de vente, de conclusion d'un contrat de location-financement ou de donation). La date de sortie d'une immobilisation incorporelle est la date à laquelle celui qui l'obtient en acquiert le contrôle selon les dispositions visant à déterminer quand une obligation de prestation est remplie, contenues dans IFRS 15. IFRS 16 s'applique aux sorties résultant d'une cession-bail.

115 Si, selon le principe de comptabilisation énoncé au paragraphe 21, une entité comptabilise, dans la valeur comptable d'un actif, les coûts du remplacement d'une partie d'une immobilisation incorporelle, elle décomptabilise alors la valeur comptable de la partie remplacée. S'il n'est pas possible pour l'entité de déterminer la valeur comptable de la partie remplacée, elle peut utiliser le coût de remplacement comme indication de ce qu'était le coût de la partie remplacée au moment où elle a été acquise ou générée en interne.

115A Dans le cas d'un droit recouvré dans un regroupement d'entreprises, si le droit est ensuite réémis (vendu) à un tiers, la valeur comptable correspondante éventuelle doit être utilisée pour déterminer le profit ou la perte de réémission.

116 Le montant de contrepartie à inclure dans le profit ou la perte résultant de la décomptabilisation d'une immobilisation incorporelle est déterminé conformément aux dispositions relatives à la détermination du prix de transaction contenues dans les paragraphes 47 à 72 d'IFRS 15. Les variations ultérieures du montant estimé de contrepartie qui est inclus dans le profit ou la perte doivent être comptabilisées selon les dispositions relatives à la modification du prix de transaction contenues dans IFRS 15.

117 L'amortissement d'une immobilisation incorporelle à durée d'utilité finie ne cesse pas lorsqu'elle n'est plus utilisée, sauf si l'actif a été entièrement amorti ou est classé comme détenu en vue de la vente (ou est inclus dans un groupe destiné à être cédé qui est classé comme détenu en vue de la vente) selon IFRS 5.

Informations à fournir

DISPOSITIONS GÉNÉRALES

118 Pour chaque catégorie d'immobilisations incorporelles, une entité doit fournir les informations suivantes en distinguant les immobilisations incorporelles générées en interne des autres immobilisations incorporelles :

a) l'indication que les durées d'utilité sont indéterminées ou qu'elles sont finies et, si elles sont finies, les durées d'utilité ou les taux d'amortissement utilisés ;

b) les modes d'amortissement utilisés pour les immobilisations incorporelles à durée d'utilité finie ;

c) la valeur comptable brute et tout cumul des amortissements (regroupés avec le cumul des pertes de valeur) à l'ouverture et à la clôture de la période ;

d) le ou les postes de l'état du résultat global dans lesquels est incluse la dotation aux amortissements des immobilisations incorporelles ;

e) un rapprochement entre les valeurs comptables à l'ouverture et à la clôture de la période, faisant apparaître :

i) les entrées d'immobilisations incorporelles, en indiquant séparément celles générées en interne, celles acquises séparément et celles résultant de regroupements d'entreprises ;

ii) les actifs classés comme détenus en vue de la vente ou inclus dans un groupe destiné à être cédé classé comme détenu en vue de la vente selon IFRS 5 et autres sorties ;

iii) les augmentations ou les diminutions durant la période résultant des réévaluations décrites aux paragraphes 75, 85, et 86, et des pertes de valeur comptabilisées ou reprises en autres éléments du résultat global selon IAS 36 (s'il y a lieu) ;

iv) les pertes de valeur comptabilisées en résultat durant la période selon IAS 36 (s'il y a lieu) ;

v) les pertes de valeur reprises en résultat durant la période selon IAS 36 (s'il y a lieu) ;

vi) l'amortissement comptabilisé au cours de la période ;

vii) des écarts de change nets provenant de la conversion des états financiers dans la monnaie de présentation et de la conversion d'un établissement à l'étranger dans la monnaie de présentation de l'entité ; et

viii) les autres variations de la valeur comptable au cours de la période.

119 Une catégorie d'immobilisations incorporelles est un ensemble d'actifs de nature et d'utilisation similaires dans le cadre de l'activité d'une entité. Des exemples de catégories distinctes peuvent inclure :

a) les marques ;

b) les titres de journaux et de magazines ;

c) les logiciels ;

d) les licences et franchises ;

e) les droits d'auteur, les brevets et autres droits de propriété industrielle, les droits de service et d'exploitation ;

f) les recettes, les formules, les modèles, les dessins et prototypes ; et

g) les immobilisations incorporelles en cours de développement.

Les catégories mentionnées ci-dessus sont ventilées (regroupées) en catégories plus fines (plus larges) si cela permet de fournir aux utilisateurs des états financiers une information plus pertinente.

120 Une entité fournit selon IAS 36 des informations sur ses immobilisations incorporelles s'étant dépréciées, en plus des informations que lui impose de fournir le paragraphe 118 e) iii) à v).

121 IAS 8 impose à une entité d'indiquer la nature et le montant de tout changement d'estimation comptable ayant un impact significatif sur la période considérée ou dont on pense qu'il aura un impact significatif au cours de périodes ultérieures. Cette information peut avoir à être fournie à la suite de changements :

a) de l'évaluation de la durée d'utilité d'une immobilisation incorporelle ;

b) du mode d'amortissement ; ou

c) des valeurs résiduelles.

122 Une entité doit fournir aussi les informations suivantes :

a) pour une immobilisation incorporelle estimée comme ayant une durée d'utilité indéterminée, la valeur comptable de cet actif et les raisons justifiant l'appréciation d'une durée d'utilité indéterminée. En indiquant ces raisons, l'entité doit décrire le ou les facteurs ayant joué un rôle important pour établir que l'actif a une durée d'utilité indéterminée ;

b) une description de toute immobilisation incorporelle prise individuellement qui est significative pour les états financiers de l'entité, ainsi que sa valeur comptable et sa durée d'amortissement restant à courir ;

c) pour les immobilisations incorporelles acquises grâce à une subvention publique et comptabilisées initialement à leur juste valeur (voir paragraphe 44) :
- **i) la juste valeur comptabilisée initialement pour ces actifs ;**
- **ii) leur valeur comptable ; et**
- **iii) s'ils sont évalués après comptabilisation selon le modèle du coût ou selon le modèle de la réévaluation ;**

d) l'existence et les valeurs comptables d'immobilisations incorporelles dont la propriété est soumise à des restrictions et les valeurs comptables d'immobilisations incorporelles données en nantissement de dettes ;

e) le montant des engagements contractuels en vue de l'acquisition d'immobilisations incorporelles.

123 Lorsqu'une entité décrit le ou les facteurs ayant joué un rôle important pour établir que la durée d'utilité d'une immobilisation incorporelle est indéterminée, elle considère la liste de facteurs indiquée au paragraphe 90.

IMMOBILISATIONS INCORPORELLES ÉVALUÉES APRÈS LA COMPTABILISATION EN UTILISANT LE MODÈLE DE LA RÉÉVALUATION

124 Si des immobilisations incorporelles sont comptabilisées à des montants réévalués, une entité doit fournir les informations suivantes :

a) par catégorie d'immobilisations incorporelles :
- **i) la date d'entée en vigueur de la réévaluation ;**
- **ii) la valeur comptable des immobilisations incorporelles réévaluées ; et**
- **iii) la valeur comptable qui aurait été comptabilisée si la catégorie d'immobilisations incorporelles réévaluées avait été évaluée selon le modèle du coût au paragraphe 74 ; et**

b) le montant de l'écart de réévaluation se rapportant aux immobilisations incorporelles à l'ouverture et à la clôture de la période, en indiquant les changements survenus au cours de la période et toute restriction sur la distribution du solde aux actionnaires.

c) [Supprimé]

125 Dans le cadre des informations à fournir, il peut être nécessaire de regrouper les catégories d'actifs réévalués en catégories plus larges. Toutefois, ce regroupement n'est pas effectué s'il aboutit à regrouper dans une catégorie des immobilisations incorporelles qui incluent des montants évalués tant selon le modèle du coût que selon le modèle de la réévaluation.

DÉPENSES DE RECHERCHE ET DÉVELOPPEMENT

126 Une entité doit indiquer le montant global des dépenses de recherche et développement comptabilisé en charges de la période.

127 Les dépenses de recherche et développement comprennent toutes les dépenses directement attribuables à des activités de recherche ou de développement (voir paragraphes 66 et 67 pour des indications sur le type de dépenses à inclure dans le cadre de l'obligation en matière d'informations à fournir au paragraphe 126).

AUTRES INFORMATIONS

128 Une entité est encouragée à, mais nullement tenue de, fournir les informations suivantes :

a) une description de toute immobilisation incorporelle entièrement amortie qui est toujours en service ; et

b) une brève description des immobilisations incorporelles importantes contrôlées par l'entité mais non comptabilisées en tant qu'actifs parce qu'elles ne satisfaisaient pas aux critères de comptabilisation de la présente norme ou parce qu'elles ont été acquises ou générées avant l'entrée en vigueur de la version publiée en 1998 d'IAS 38 *Immobilisations incorporelles*.

Dispositions transitoires et date d'entrée en vigueur

129 [Supprimé]

130 L'entité doit appliquer la présente norme :

a) à la comptabilisation d'immobilisations incorporelles acquises lors de regroupements d'entreprises pour lesquels la date de l'accord est à compter du 31 mars 2004 ; et

b) à la comptabilisation de toutes les autres immobilisations incorporelles de façon prospective à partir de l'ouverture de la première période annuelle ouverte à compter du 31 mars 2004. Ainsi, l'entité ne doit pas ajuster la valeur comptable d'immobilisations incorporelles comptabilisées à cette date. Toutefois, l'entité doit, à cette date, appliquer la présente norme pour réévaluer la durée d'utilité de ces immobilisations incorporelles. Si, à la suite de cette réévaluation, l'entité modifie son évaluation de la durée d'utilité d'un actif, cette modification doit être comptabilisée comme un changement d'estimation comptable selon IAS 8.

130A L'entité doit appliquer les modifications énoncées au paragraphe 2 pour les exercices ouverts à compter du 1er janvier 2006. Si l'entité applique IFRS 6 pour une période antérieure, elle doit appliquer les modifications pour cette période antérieure.

130B La publication d'IAS 1 *Présentation des états financiers* (telle que révisée en 2007) a donné lieu à la modification de la terminologie utilisée dans les IFRS. En outre, elle a donné lieu à la modification des paragraphes 85, 86 et 118 e) iii). L'entité doit appliquer ces modifications pour les exercices ouverts à compter du 1er janvier 2009. Si l'entité applique IAS 1 (révisée en 2007) pour une période antérieure, elle doit appliquer les modifications pour cette période antérieure.

130C La publication d'IFRS 3 (telle que révisée en 2008) a donné lieu à la modification des paragraphes 12, 33 à 35, 68, 69, 94 et 130, à la suppression des paragraphes 38 et 129 et à l'ajout du paragraphe 115A. La publication d'*Améliorations des IFRS*, en avril 2009, a donné lieu à la modification des paragraphes 36 et 37. L'entité doit appliquer ces modifications de manière prospective pour les exercices ouverts à compter du 1er juillet 2009. En conséquence, les montants comptabilisés au titre d'immobilisations incorporelles et de *goodwill* lors de regroupements d'entreprises antérieurs ne doivent pas être ajustés. Si l'entité applique IFRS 3 (révisée en 2008) pour une période antérieure, elle doit appliquer les modifications pour cette période antérieure et l'indiquer.

130D La publication des *Améliorations des IFRS*, en mai 2008, a donné lieu à la modification des paragraphes 69, 70 et 98 et à l'ajout du paragraphe 69A. L'entité doit appliquer ces modifications pour les exercices ouverts à compter du 1er janvier 2009. Une application anticipée est autorisée. Si l'entité applique les modifications pour une période antérieure, elle doit l'indiquer.

130E [Supprimé]

130F La publication d'IFRS 10 et d'IFRS 11 *Partenariats*, en mai 2011, a donné lieu à la modification du paragraphe 3 e). L'entité qui applique IFRS 10 et IFRS 11 doit appliquer cette modification.

130G La publication d'IFRS 13, en mai 2011, a donné lieu à la modification des paragraphes 8, 33, 47, 50, 75, 78, 82, 84, 100 et 124 et à la suppression des paragraphes 39 à 41 et 130E. L'entité qui applique IFRS 13 doit appliquer ces modifications.

130H La publication des *Améliorations annuelles – Cycle 2010-2012*, en décembre 2013, a donné lieu à la modification du paragraphe 80. L'entité doit appliquer cette modification pour les exercices ouverts à compter du 1er juillet 2014. Une application anticipée est autorisée. Si l'entité applique cette modification pour une période antérieure, elle doit l'indiquer.

130I L'entité doit appliquer la modification apportée par les *Améliorations annuelles des IFRS – Cycle 2010-2012* à toutes les réévaluations comptabilisées dans les exercices ouverts à compter de la date de première application de la modification et dans l'exercice qui précède immédiatement. L'entité peut également présenter des informations comparatives ajustées pour toute autre période antérieure présentée, mais elle n'est pas tenue de le faire. Si l'entité présente des informations comparatives non ajustées pour une période antérieure, elle doit identifier clairement les informations qui n'ont pas été ajustées, faire mention du fait qu'elles ont été établies selon des règles comptables différentes, et expliquer ces règles.

130J La publication de *Clarifications sur les modes d'amortissement acceptables* (modifications des normes IAS 16 et IAS 38), en mai 2014, a donné lieu à la modification des paragraphes 92 et 98 (en anglais seulement), et à l'ajout des paragraphes 98A à 98C. L'entité doit appliquer ces modifications de manière prospective pour les exercices ouverts à compter du 1er janvier 2016. Une application anticipée est autorisée. Si l'entité applique ces modifications pour une période antérieure, elle doit l'indiquer.

130K La publication d'IFRS 15 *Produits des activités ordinaires tirés de contrats conclus avec des clients*, en mai 2014, a donné lieu à la modification des paragraphes 3, 114 et 116. L'entité qui applique IFRS 15 doit appliquer ces modifications.

130L La publication d'IFRS 16, en janvier 2016, a donné lieu à la modification des paragraphes 3, 6, 113 et 114. L'entité qui applique IFRS 16 doit appliquer ces modifications.

130M La publication d'IFRS 17, en mai 2017, a donné lieu à la modification du paragraphe 3. La publication de *Modifications d'IFRS 17*, en juin 2020, a donné lieu à une autre modification du paragraphe 3. L'entité qui applique IFRS 17 doit appliquer ces modifications.

ÉCHANGES D'ACTIFS SIMILAIRES

131 Les dispositions des paragraphes 129 et 130 b) imposant d'appliquer la présente norme de façon prospective signifient que si un échange d'actifs était évalué avant la date d'entrée en vigueur de la présente norme sur la base de la valeur comptable de l'actif abandonné, l'entité n'ajuste pas la valeur comptable de l'actif acquis pour refléter sa juste valeur à la date d'acquisition.

APPLICATION ANTICIPÉE

132 Les entités auxquelles le paragraphe 130 s'applique sont encouragées à appliquer les dispositions de la présente norme avant les dates d'entrée en vigueur spécifiées au paragraphe 130. Toutefois, si l'entité applique la présente norme avant ces dates d'entrée en vigueur, elle doit aussi appliquer en même temps IFRS 3 et IAS 36 (telle que révisée en 2004).

Retrait d'IAS 38 (publiée en 1998)

133 La présente norme annule et remplace IAS 38 *Immobilisations incorporelles* (publiée en 1998).

IAS 39 Instruments financiers : comptabilisation et évaluation

[règlt UE 2023/1803]

Champ d'application

2 La présente norme doit être appliquée par toutes les entités à tous les instruments financiers qui entrent dans le champ d'application d'IFRS 9 *Instruments financiers*, si, et dans la mesure où :

a) IFRS 9 permet que les dispositions en matière de comptabilité de couverture de la présente norme soient appliquées ; et

b) l'instrument financier fait partie d'une relation de couverture qui répond aux conditions d'application de la comptabilité de couverture selon la présente norme.

2A-7 **[Supprimé]**

Définitions

8 Les termes définis dans IFRS 13, IFRS 9 et IAS 32 sont utilisés dans la présente norme au sens qui leur est donné dans l'appendice A d'IFRS 13, l'appendice A d'IFRS 9 ou au paragraphe 11 d'IAS 32. IFRS 13, IFRS 9 et IAS 32 définissent les termes suivants :

- coût amorti d'un actif financier ou d'un passif financier
- décomptabilisation
- dérivé
- méthode du taux d'intérêt effectif
- taux d'intérêt effectif
- instrument de capitaux propres
- juste valeur
- actif financier
- instrument financier
- passif financier

et fournissent des indications sur l'application de ces définitions.

9 Dans la présente norme, les termes suivants ont la signification indiquée ci-après :

Définitions relatives à la comptabilité de couverture

Un *engagement ferme* est un accord exécutoire d'échange d'une quantité spécifiée de ressources pour un prix spécifié, à une ou plusieurs dates futures spécifiées.

Une *transaction prévue* est une transaction future prévue mais ne faisant pas l'objet d'un engagement.

Un *instrument de couverture* est un dérivé désigné ou (pour une couverture du seul risque de variation des taux de change) un actif ou passif financier désigné non dérivé dont on s'attend à ce que la juste valeur ou les flux de trésorerie compensent les variations de juste valeur ou de flux de trésorerie d'un élément couvert désigné (les paragraphes 72 à 77 et les paragraphes AG94 à AG97 de l'appendice A précisent la définition d'un instrument de couverture).

Un *élément couvert* est un actif, un passif, un engagement ferme, une transaction prévue hautement probable ou un investissement net dans un établissement à l'étranger qui : a) expose l'entité à un risque de variation de juste valeur ou de variation de flux de trésorerie futurs ; et qui b) est désigné comme étant couvert (les paragraphes 78 à 84 et AG98 à AG101 de l'appendice A développent la définition des éléments couverts).

L'*efficacité de la couverture* est le degré de compensation des variations de juste valeur ou de flux de trésorerie de l'élément couvert attribuables au risque couvert par des variations de la juste valeur ou des flux de trésorerie de l'instrument de couverture (voir paragraphes AG105 à AG113A de l'appendice A).

10-70 [Supprimé]

Couverture

71 Si l'entité applique IFRS 9 et qu'elle n'a pas choisi comme méthode comptable de continuer d'appliquer les dispositions en matière de comptabilité de couverture de la présente norme (voir paragraphe 7.2.21 d'IFRS 9), elle doit appliquer les dispositions en matière de comptabilité de couverture du chapitre 6 d'IFRS 9. Toutefois, dans le cas d'une couverture de juste valeur de l'exposition au risque de taux d'intérêt d'une partie d'un portefeuille d'actifs financiers ou de passifs financiers, l'entité peut, selon le paragraphe 6.1.3 d'IFRS 9, appliquer les dispositions en matière de comptabilité de couverture de la présente norme plutôt que celles d'IFRS 9. Dans ce cas, l'entité doit également appliquer les dispositions particulières sur la comptabilité de couverture de juste valeur pour la couverture du risque de taux d'intérêt d'un portefeuille (voir paragraphes 81A, 89A et AG114 à AG132).

INSTRUMENTS DE COUVERTURE

➟ Instruments qualifiés

72 La présente norme ne comporte aucune restriction quant aux circonstances dans lesquelles un dérivé peut être désigné comme un instrument de couverture, sous réserve que les conditions du paragraphe 88 soient remplies, excepté pour certaines options émises (voir paragraphe AG94 de l'appendice A). Toutefois, un actif financier non dérivé ou un passif financier non dérivé ne peuvent être désignés comme un instrument de couverture qu'au titre de la couverture du risque de change.

73 En matière de comptabilité de couverture, seuls les instruments qui impliquent une partie extérieure à l'entité présentant les états financiers (c'est-à-dire extérieure au groupe ou à l'entité concernée) peuvent être désignés comme des instruments de couverture. Les entités d'un groupe consolidé ou les divisions d'une entité peuvent conclure des transactions de couverture avec d'autres entités du groupe ou avec d'autres divisions de l'entité, mais ces transactions intragroupe sont éliminées lors de la consolidation. Par conséquent, ces transactions de couverture ne remplissent pas les conditions requises pour la comptabilité de couverture dans les états financiers consolidés du groupe. Elles peuvent toutefois remplir les conditions requises pour la comptabilité de couverture dans les états financiers individuels d'une entité du groupe, à condition qu'elles impliquent une partie extérieure à celle-ci.

Désignation d'instruments de couverture

74 Pour un instrument de couverture considéré dans son intégralité, il existe normalement une évaluation unique de la juste valeur, et les facteurs à l'origine des variations de juste valeur sont codépendants. Dès lors, lorsqu'une entité désigne une relation de couverture, elle désigne l'instrument de couverture dans son intégralité. Les seules exceptions admises sont :

a) la séparation de la valeur intrinsèque et de la valeur temps d'un contrat d'option et la désignation comme instrument de couverture de la seule variation de valeur intrinsèque d'une option, en excluant la variation de sa valeur temps ; et

b) la séparation de l'élément d'intérêt et du prix au comptant sur un contrat à terme de gré à gré.

Ces exceptions sont admises parce que la valeur intrinsèque de l'option et la prime sur le contrat à terme de gré à gré peuvent généralement être évaluées séparément. Une stratégie de couverture dynamique qui évalue à la fois la valeur intrinsèque et la valeur temps d'un contrat d'option peut remplir les conditions requises pour une comptabilité de couverture.

75 Une proportion de la totalité de l'instrument de couverture, par exemple 50 % du montant notionnel, peut être désignée comme étant l'instrument de couverture dans une relation de couverture. Toutefois, une relation de couverture ne peut être désignée pour une partie seulement de la durée de vie de l'instrument de couverture.

76 Un instrument de couverture donné peut être désigné comme instrument de couverture de plusieurs types de risques sous réserve : a) que les risques couverts puissent être clairement identifiés ; b) que l'efficacité de la couverture puisse être démontrée ; et c) qu'il soit possible de s'assurer que l'instrument de couverture et les différentes positions de risques sont spécifiquement désignés.

77 Deux dérivés ou plus, ou encore des proportions de ceux-ci (ou bien, dans le cas de la couverture d'un risque de change, deux instruments non dérivés ou plus ou des proportions de ceux-ci, ou encore une combinaison d'instruments dérivés et non dérivés ou de proportions de ceux-ci), peuvent être considérés ensemble et désignés conjointement comme étant l'instrument de couverture, même lorsque le ou les risques découlant de certains instruments dérivés compensent ceux découlant d'autres. Toutefois, un tunnel (collar) de taux d'intérêt, ou un autre instrument dérivé combinant une option vendue et une option achetée, ne répondent pas aux conditions requises pour un instrument de couverture si ceux-ci se résumant, en réalité, à une option nette émise (pour laquelle une prime nette est encaissée). De même, deux instruments (ou proportions d'instruments) ou plus ne peuvent être désignés comme instrument de couverture que si aucun d'entre eux n'est une option vendue ou une option vendue nette.

ÉLÉMENTS COUVERTS

Éléments qualifiés

78 Un élément couvert peut être un actif ou un passif comptabilisé, un engagement ferme non comptabilisé, une transaction prévue hautement probable, ou encore un investissement net dans un établissement à l'étranger. L'élément couvert peut être : a) un actif, un passif, un engagement ferme, une transaction prévue hautement probable ou un investissement net unique dans un établissement à l'étranger ; b) un groupe d'actifs, de passifs, d'engagements fermes, de transactions hautement probables ou d'investissements nets dans des établissements à l'étranger présentant des caractéristiques de risque similaires ; ou c) dans le cas d'une couverture du seul risque de taux d'intérêt d'un portefeuille, une part du portefeuille d'actifs financiers ou de passifs financiers soumis à ce même risque ainsi couvert.

79 [Supprimé]

80 En matière de comptabilité de couverture, seuls les actifs, passifs, engagements fermes ou transactions prévues hautement probables qui impliquent une partie extérieure à l'entité peuvent être désignés comme étant des éléments couverts. Il s'ensuit que la comptabilité de couverture ne peut être appliquée aux transactions entre entités du même groupe que dans les états financiers individuels de ces entités et non dans les états financiers consolidés du groupe, à l'exception des états financiers consolidés d'une entité d'investissement, au sens d'IFRS 10, dans lesquels les transactions entre l'entité d'investissement et ses filiales évaluées à la juste valeur par le biais du résultat net ne sont pas éliminées. À titre d'exception, le risque de change sur un élément monétaire intragroupe (par exemple, un montant à payer ou à recevoir entre deux filiales) peut être qualifié d'élément couvert dans les états financiers consolidés s'il entraîne une exposition à des profits ou pertes de change qui ne sont pas intégralement éliminés lors de la consolidation conformément à IAS 21 *Effets des variations des cours des monnaies étrangères*. Selon IAS 21, les profits et pertes de change sur des éléments monétaires intragroupe ne sont pas intégralement éliminés lors de la consolidation lorsque l'élément monétaire intragroupe concerne deux entités du groupe ayant des monnaies fonctionnelles différentes. En outre, le risque de change d'une transaction intragroupe prévue et hautement probable peut remplir les conditions d'un élément couvert dans des états financiers consolidés à condition que la transaction soit libellée dans une devise autre que la devise fonctionnelle de l'entité qui conclut la transaction et que le risque de change affecte le résultat consolidé.

➡ Désignation d'éléments financiers comme éléments couverts

81 Si l'élément couvert est un actif financier ou un passif financier, il peut être couvert quant aux risques associés pour une partie seulement de ses flux de trésorerie ou de sa juste valeur (comme un ou plusieurs flux de trésorerie contractuels définis ou des portions de ceux-ci ou un pourcentage de la juste valeur), pour autant que l'efficacité puisse être évaluée. Par exemple, une portion séparément identifiable et évaluable de l'exposition au risque de taux d'intérêt d'un actif ou d'un passif portant intérêts peut être désignée comme étant le risque couvert (par exemple, un taux d'intérêt sans risque ou la composante de taux d'intérêt de référence de l'exposition totale au risque de taux d'intérêt d'un instrument financier couvert).

81A Dans une couverture de la juste valeur de l'exposition au risque de taux d'intérêt d'un portefeuille d'actifs financiers ou de passifs financiers (et uniquement dans le cas d'une telle couverture), la partie couverte peut être désignée par un montant dans une monnaie donnée (par exemple, un montant en dollars, en euros, en livres sterling ou en rands) plutôt que comme des actifs (ou des passifs) individuels. Bien que le portefeuille, à des fins de gestion de risques, puisse comprendre des actifs et des passifs, le montant désigné est un montant d'actifs ou un montant de passifs. La désignation d'un montant net comprenant des actifs et des passifs n'est pas autorisée. L'entité peut couvrir une partie du risque de taux d'intérêt associé à ce montant désigné. Par exemple, dans le cas de la couverture d'un portefeuille contenant des actifs susceptibles de remboursement anticipé, l'entité peut couvrir la variation de juste valeur attribuable à un changement du taux d'intérêt couvert sur la base des dates attendues de refixation des prix plutôt que des dates contractuelles. [...].

➡ Désignation d'éléments non financiers comme éléments couverts

82 Si l'élément couvert est un actif non financier ou un passif non financier, il doit être désigné en tant qu'élément couvert soit : a) pour les risques de change ; soit b) dans son intégralité pour tous les risques en raison de la difficulté d'isoler et d'évaluer la partie appropriée des variations des flux de trésorerie ou des variations de juste valeur attribuable aux risques spécifiques autres que les risques de change.

➡ Désignation de groupes d'éléments comme éléments couverts

83 Des actifs ou des passifs similaires ne doivent être agrégés et couverts en tant que groupe que si les différents actifs ou passifs composant le groupe ont la même exposition aux risques désignée comme étant couverte. De plus, la variation de la juste valeur attribuable au risque couvert pour chaque élément individuel du groupe doit être à peu près proportionnelle à la variation globale de juste valeur attribuable au risque couvert sur ce groupe.

84 Étant donné qu'une entité apprécie l'efficacité de la couverture en comparant la variation de la juste valeur ou des flux de trésorerie d'un instrument de couverture (ou d'un groupe d'instruments de couverture similaires) et d'un élément couvert (ou un groupe d'éléments couverts similaires), la comparaison d'un instrument de couverture à une position nette globale (par exemple, au montant net de tous les actifs et passifs à taux fixe assortis d'échéances similaires) plutôt qu'à un élément couvert spécifique ne répond pas aux conditions requises pour la comptabilité de couverture.

COMPTABILITÉ DE COUVERTURE

85 La comptabilité de couverture comptabilise les effets de sens inverse exercés sur le résultat par les variations des justes valeurs de l'instrument de couverture et de l'élément couvert.

86 Il existe trois types de relations de couverture :

a) *la couverture de juste valeur :* une couverture de l'exposition aux variations de la juste valeur d'un actif ou d'un passif comptabilisé ou d'un engagement ferme non comptabilisé, ou encore d'une partie identifiée de cet actif, de ce passif ou de cet engagement ferme, qui est attribuable à un risque particulier et qui peut affecter le résultat.

b) *la couverture de flux de trésorerie :* une couverture de l'exposition aux variations de flux de trésorerie qui : i) est attribuable à un risque particulier associé à un actif ou à un passif comptabilisé (par exemple, à tout ou partie des paiements d'intérêt futurs sur une dette à taux variable) ou à une transaction prévue hautement probable ; et ii) pourrait affecter le résultat.

c) *la couverture d'un investissement net dans un établissement à l'étranger*, tel que défini dans IAS 21.

87 Une couverture du risque de change d'un engagement ferme peut être comptabilisée comme une couverture de juste valeur ou une couverture de flux de trésorerie.

88 Une relation de couverture remplit les conditions requises pour l'application de la comptabilité de couverture selon les paragraphes 89 à 102 si, et seulement si, toutes les conditions suivantes sont réunies :

a) à l'origine de la couverture, il existe une désignation et une documentation formalisées décrivant la relation de couverture ainsi que l'objectif de l'entité en matière de gestion des risques et de stratégie de couverture. Cette documentation doit comprendre l'identification de l'instrument de couverture, la transaction ou l'élément couvert, la nature du risque couvert et la manière dont l'entité évaluera l'efficacité de l'instrument de couverture à compenser l'exposition aux variations de juste valeur ou de flux de trésorerie de l'élément couvert attribuables au risque couvert ;

b) l'on s'attend à ce que la couverture soit hautement efficace (voir paragraphes AG105 à AG113A de l'appendice A) dans la compensation des variations de juste valeur ou de flux de trésorerie attribuables au risque couvert, en accord avec la stratégie de gestion des risques décrite à l'origine pour cette relation de couverture particulière ;

c) pour les couvertures de flux de trésorerie, une transaction prévue qui fait l'objet de la couverture doit être hautement probable et doit comporter une exposition aux variations de flux de trésorerie qui pourrait in fine affecter le résultat ;

d) l'efficacité de la couverture peut être mesurée de façon fiable, c'est-à-dire que la juste valeur ou les flux de trésorerie de l'élément couvert attribuables au risque couvert et la juste valeur de l'instrument de couverture peuvent être mesurés de façon fiable ;

e) la couverture est évaluée de façon continue et déterminée comme ayant été effectivement hautement efficace durant toutes les périodes de reporting couvertes par les états financiers pour lesquels la couverture a été désignée.

Couvertures de juste valeur

89 Si une couverture de juste valeur satisfait aux conditions du paragraphe 88 durant la période, elle doit être comptabilisée comme suit :

a) le profit ou la perte résultant de la réévaluation de l'instrument de couverture à la juste valeur (pour un instrument de couverture dérivé) ou la composante en monnaie étrangère de sa valeur comptable évaluée selon IAS 21 (pour un instrument de couverture non dérivé) doit être comptabilisé(e) en résultat net ; et

b) le profit ou la perte sur l'élément couvert attribuable au risque couvert doit être porté en ajustement de la valeur comptable de l'élément couvert et être comptabilisé en résultat net. Cette disposition s'applique si l'élément couvert est par ailleurs évalué au coût. La comptabilisation en résultat net du profit ou de la perte attribuable au risque couvert s'applique si l'élément couvert est un actif financier évalué à la juste valeur par le biais des autres éléments du résultat global selon le paragraphe 4.1.2A d'IFRS 9.

89A Pour une couverture de la juste valeur de l'exposition au risque de taux d'intérêt d'une partie d'un portefeuille d'actifs financiers ou de passifs financiers (et uniquement dans le cas d'une telle couverture), la condition énoncée au paragraphe 89 b) peut être remplie en présentant le gain ou la perte attribuable à l'élément couvert :

a) comme un poste distinct au sein des actifs, pour les périodes de refixation du prix pendant lesquelles l'élément couvert est un actif ; ou

b) comme un poste distinct au sein des passifs, pour les périodes de refixation du prix pendant lesquelles l'élément couvert est un passif.

Les postes distincts visés aux points a) et b) ci-dessus doivent être présentés parmi les actifs financiers ou parmi les passifs financiers. Les montants inclus dans ces postes distincts doivent être supprimés de l'état de la situation financière lorsque les actifs ou les passifs auxquels ils se rapportent sont décomptabilisés.

90 Si seuls des risques particuliers attribuables à un élément couvert sont couverts, les variations comptabilisées de la juste valeur de l'élément couvert non liées au risque couvert sont comptabilisées comme indiqué au paragraphe 5.7.1 d'IFRS 9.

91 Une entité doit cesser, à titre prospectif, de pratiquer la comptabilité de couverture décrite au paragraphe 89 si :

a) l'instrument de couverture arrive à expiration ou est vendu, résilié ou exercé. À cet égard, le remplacement d'un instrument de couverture ou son renouvellement en un autre instrument de couverture n'est pas considéré constituer une expiration ou une résiliation si ce remplacement ou ce renouvellement s'inscrit dans la stratégie de couverture que l'entité a mise par écrit. En outre, à cet égard, il n'y a ni expiration ni résiliation de l'instrument de couverture si :

i) en conséquence de dispositions législatives ou réglementaires ou de l'introduction de dispositions législatives ou réglementaires, les parties à l'instrument de couverture conviennent du remplacement de leur contrepartie d'origine par une ou plusieurs contreparties compensatrices, celles-ci devenant la nouvelle contrepartie de chacune des parties. À cet égard, une contrepartie compensatrice est une contrepartie centrale (parfois dénommée « organisme de compensation » ou « chambre de compensation ») ou une ou plusieurs entités, par exemple un membre compensateur d'un organisme de compensation ou un client d'un membre compensateur d'un organisme de compensation, qui agissent en tant que contrepartie pour mettre à effet la compensation par une contrepartie centrale. Toutefois, lorsque les parties à l'instrument de couverture remplacent leurs contreparties d'origine par des contreparties différentes, le présent paragraphe ne s'applique que si chacune de ces parties effectue la compensation avec la même contrepartie centrale ;

ii) les autres modifications éventuelles de l'instrument de couverture se limitent à celles nécessaires pour effectuer ce remplacement de contrepartie. Ces modifications se limitent à celles qui sont conformes aux conditions qui auraient été attendues si l'instrument de couverture avait été initialement compensé avec la contrepartie compensatrice. Ces modifications comprennent celles portant sur les exigences en matière de garantie, les droits d'opérer compensation des soldes débiteurs et créditeurs, et les frais imposés ;

b) la couverture ne satisfait plus aux critères de comptabilité de couverture du paragraphe 88 ; ou

c) l'entité annule la désignation.

92 Tout ajustement, issu de l'application du paragraphe 89 b), de la valeur comptable d'un instrument financier couvert évalué selon la méthode du taux d'intérêt effectif (ou, dans le cas d'une couverture du risque de taux d'intérêt d'un portefeuille, des postes distincts de l'état de la situation financière décrits au paragraphe 89A) doit être amorti en résultat. L'amortissement peut démarrer dès qu'un ajustement existe et doit commencer au plus tard lorsque l'élément couvert cesse d'être ajusté des variations de sa juste valeur attribuables au risque couvert. L'ajustement est fondé sur un taux d'intérêt effectif recalculé à la date à laquelle l'amortissement commence. Si toutefois, dans le cas d'une couverture de la juste valeur de l'exposition au risque de taux d'intérêt d'un portefeuille d'actifs financiers ou de passifs financiers (et uniquement dans le cas d'une telle couverture), l'amortissement fondé sur un taux d'intérêt effectif recalculé n'est pas praticable, l'ajustement sera amorti en appliquant le mode linéaire. L'ajustement doit être intégralement amorti à l'échéance de l'instrument financier ou, dans le cas d'une couverture du risque de taux d'intérêt d'un portefeuille, à l'expiration de la période de refixation de prix correspondante.

93 Lorsqu'un engagement ferme non comptabilisé est désigné comme un élément couvert, la variation cumulée ultérieure de la juste valeur de l'engagement ferme attribuable au risque couvert est comptabilisée comme un actif ou un passif, le profit ou la perte correspondant(e) étant comptabilisé(e) en résultat [voir paragraphe 89 b)]. Les variations de la juste valeur de l'instrument de couverture sont également comptabilisées en résultat.

94 Lorsqu'une entité contracte un engagement ferme d'acquisition d'un actif ou d'émission d'un passif qui est un élément couvert dans le cadre d'une couverture de juste valeur, la valeur comptable initiale de l'actif ou du passif résultant de la réalisation par l'entité de son engagement ferme est ajustée de façon à inclure la variation cumulée de la juste valeur de l'engagement ferme attribuable au risque couvert qui était comptabilisé dans l'état de la situation financière.

➡ Couvertures des flux de trésorerie

95 Si une couverture de flux de trésorerie satisfait aux conditions du paragraphe 88 durant la période, elle doit être comptabilisée comme suit :

a) la partie du profit ou de la perte sur l'instrument de couverture qui est considéré constituer une couverture efficace (voir paragraphe 88) doit être comptabilisée en autres éléments du résultat global ; et

b) la partie inefficace du profit ou de la perte sur l'instrument de couverture doit être comptabilisée en résultat.

96 Plus spécifiquement, une couverture de flux de trésorerie est comptabilisée comme suit :

a) la composante distincte de capitaux propres associée à l'élément couvert est ajustée au plus faible (en valeur absolue) des montants suivants :

i) le profit ou la perte cumulé(e) dégagé(e) sur l'instrument de couverture depuis le commencement de la couverture ; et

ii) la variation cumulée de la juste valeur (valeur actuelle) des flux futurs de trésorerie attendus sur l'élément couvert depuis le commencement de la couverture ;

b) tout profit ou perte résiduel(le) sur l'instrument de couverture ou sa composante désignée (qui n'est pas une couverture efficace) est comptabilisé(e) en résultat ; et

c) si la stratégie de gestion des risques établie par écrit par l'entité pour une relation de couverture donnée exclut de l'évaluation de l'efficacité de la couverture une composante particulière du profit ou de la perte sur l'instrument de couverture ou des flux de trésorerie y afférents [voir paragraphes 74, 75 et 88 a)], cette composante exclue du profit ou de la perte est comptabilisée selon le paragraphe 5.7.1 d'IFRS 9.

97 Si la couverture d'une transaction prévue conduit à comptabiliser ultérieurement un actif ou un passif financier, les profits ou pertes associés qui ont été comptabilisés en autres éléments du résultat global selon le paragraphe 95 doivent être reclassés de capitaux propres en résultat, sous forme d'un ajustement de reclassement [voir IAS 1 (telle que révisée en 2007)] dans la ou les mêmes périodes que celle(s) au cours desquelles les flux de trésorerie prévus couverts affectent le résultat (par exemple, au cours des périodes de comptabilisation du produit ou de la charge d'intérêts). Toutefois, si l'entité s'attend à ce que tout ou partie d'une perte comptabilisée en autres éléments du résultat global ne soit pas recouvré au cours d'une ou plusieurs périodes futures, elle doit reclasser en résultat, sous forme d'un ajustement de reclassement, le montant qu'elle s'attend à ne pas recouvrer.

98 Si une couverture d'une transaction prévue conduit à comptabiliser un actif non financier ou un passif non financier, ou si une transaction prévue portant sur un actif ou un passif non financier devient un engagement ferme auquel est appliquée une comptabilité de couverture de juste valeur, l'entité doit alors adopter les dispositions des points a) ou b) ci-dessous :

a) Elle reclasse les profits ou pertes associés comptabilisés en autres éléments du résultat global selon le paragraphe 95 en résultat sous la forme d'un ajustement de reclassement [voir IAS 1 (telle que révisée en

2007)] dans la ou les mêmes périodes que celles au cours desquelles l'actif acquis ou le passif émis affectent le résultat (par exemple au cours des périodes de comptabilisation de la charge d'amortissement ou du coût des ventes). Toutefois, si l'entité s'attend à ce que tout ou partie d'une perte comptabilisée en autres éléments du résultat global ne soit pas recouvré au cours d'une ou plusieurs périodes futures, elle doit reclasser de capitaux propres en résultat, sous forme d'un ajustement de reclassement, le montant qu'elle s'attend à ne pas recouvrer.

b) Elle sort les profits ou pertes associés comptabilisés en autres éléments du résultat global selon le paragraphe 95 et les inclut dans le coût initial ou dans toute autre valeur comptable de l'actif ou du passif.

99 **L'entité doit adopter comme méthode comptable les dispositions des points a) ou b) du paragraphe 98 et doit les appliquer de manière cohérente à l'ensemble des couvertures auxquelles se rapporte le paragraphe 98.**

100 **Pour les couvertures de flux de trésorerie autres que celles visées par les paragraphes 97 et 98, les montants qui avaient été comptabilisés en autres éléments du résultat global doivent être reclassés de capitaux propres en résultat sous la forme d'un ajustement de reclassement [voir IAS 1 (révisée en 2007)] dans la ou les mêmes période(s) que celle(s) au cours desquelles les flux de trésorerie prévus couverts affectent le résultat (par exemple, lorsqu'une vente prévue se réalise).**

101 **L'entité doit cesser, à titre prospectif, de pratiquer la comptabilité de couverture décrite aux paragraphes 95 à 100 dans chacune des circonstances suivantes :**

a) l'instrument de couverture arrive à expiration ou est vendu, résilié ou exercé. Dans ce cas, le profit ou la perte cumulé(e) dégagé(e) sur l'instrument de couverture qui a été comptabilisé(e) dans les autres éléments du résultat global depuis la période au cours de laquelle la couverture était efficace [voir paragraphe 95 a)] doit être maintenu(e) séparément en capitaux propres jusqu'à la réalisation de la transaction prévue. Lorsque la transaction se réalise, les paragraphes 97, 98 ou 100 s'appliquent. Aux fins du présent alinéa, le remplacement d'un instrument de couverture ou son renouvellement en un autre instrument de couverture n'est pas considéré constituer une expiration ou une résiliation si ce remplacement ou ce renouvellement s'inscrit dans la stratégie de couverture que l'entité a mise par écrit. En outre, aux fins du présent alinéa, il n'y a ni expiration ni résiliation de l'instrument de couverture si :

i) en conséquence de dispositions législatives ou réglementaires ou de l'introduction de dispositions législatives ou réglementaires, les parties à l'instrument de couverture conviennent du remplacement de leur contrepartie d'origine par une ou plusieurs contreparties compensatrices, celles-ci devenant la nouvelle contrepartie de chacune des parties. À cet égard, une contrepartie compensatrice est une contrepartie centrale (parfois dénommée « organisme de compensation » ou « chambre de compensation ») ou une ou plusieurs entités, par exemple un membre compensateur d'un organisme de compensation ou un client d'un membre compensateur d'un organisme de compensation, qui agissent en tant que contrepartie pour mettre à effet la compensation par une contrepartie centrale. Toutefois, lorsque les parties à l'instrument de couverture remplacent leurs contreparties d'origine par des contreparties différentes, le présent paragraphe ne s'applique que si chacune de ces parties effectue la compensation avec la même contrepartie centrale ;

ii) les autres modifications éventuelles de l'instrument de couverture se limitent à celles nécessaires pour effectuer ce remplacement de contrepartie. Ces modifications se limitent à celles qui sont conformes aux conditions qui auraient été attendues si l'instrument de couverture avait été initialement compensé avec la contrepartie compensatrice. Ces modifications comprennent celles portant sur les exigences en matière de garantie, les droits d'opérer compensation des soldes débiteurs et créditeurs, et les frais imposés ;

b) la couverture ne satisfait plus aux critères de comptabilité de couverture du paragraphe 88. Dans ce cas, le profit ou la perte cumulé(e) dégagé(e) sur l'instrument de couverture qui a été comptabilisé(e) dans les autres éléments du résultat global depuis la période au cours de laquelle la couverture était efficace [voir paragraphe 95 a)] doit être maintenu(e) séparément en capitaux propres jusqu'à la réalisation de la transaction prévue. Lorsque la transaction se réalise, les paragraphes 97, 98 ou 100 s'appliquent.

c) l'entité cesse de s'attendre à ce que la transaction prévue se réalise, auquel cas tout profit ou perte cumulé(e) dégagé(e) sur l'instrument de couverture qui a été comptabilisé(e) en autres éléments du résultat global à compter de la période au cours de laquelle la couverture était efficace [voir paragraphe 95 a)] doit être reclassé(e) des capitaux propres en résultat sous la forme d'un ajustement de reclassement. L'entité peut continuer de s'attendre à la réalisation d'une transaction prévue quand bien même celle-ci a cessé d'être hautement probable [voir paragraphe 88 c)].

d) l'entité annule la désignation. Pour les opérations de couverture d'une transaction prévue, le profit ou la perte cumulé(e) dégagé(e) sur l'instrument de couverture qui a été comptabilisé(e) en autres éléments du résultat global de la période au cours de laquelle la couverture était efficace [voir paragraphe 95a)] doit être maintenu(e) séparément en capitaux propres jusqu'à la réalisation de la transaction prévue ou jusqu'à ce que l'entité cesse de s'attendre à ce qu'elle se réalise. Lorsque la transaction se réalise, les paragraphes 97, 98 ou 100 s'appliquent. Si l'entité ne s'attend plus à ce que la transaction se réalise, le profit ou la perte cumulé(e) qui avait été comptabilisé(e) en autres éléments du résultat global doit être reclassé(e) des capitaux propres en résultat sous la forme d'un ajustement de reclassement.

Couvertures d'un investissement net

102 **Les couvertures d'un investissement net dans un établissement à l'étranger, y compris la couverture d'un élément monétaire comptabilisé comme faisant partie de l'investissement net (voir IAS 21) doivent être comptabilisées de la même manière que les couvertures de flux de trésorerie :**

a) la partie du profit ou de la perte sur l'instrument de couverture qui est considéré constituer une couverture efficace (voir paragraphe 88) doit être comptabilisée en autres éléments du résultat global ; et

b) la partie inefficace doit être comptabilisée en résultat.

Le profit ou la perte sur l'instrument de couverture lié à la partie efficace de la couverture qui a été comptabilisé en autres éléments du résultat global doit être retiré des capitaux propres et reclassé en résultat sous la forme d'un ajustement de reclassement [voir IAS 1 (révisée en 2007)] selon les paragraphes 48 et 49 d'IAS 21 lors de la sortie totale ou partielle de l'établissement à l'étranger.

EXCEPTIONS TEMPORAIRES À L'APPLICATION DE CERTAINES DISPOSITIONS RELATIVES À LA COMPTABILITÉ DE COUVERTURE

102A L'entité doit appliquer les paragraphes 102D à 102N et le paragraphe 108G à toute relation de couverture directement touchée par la réforme des taux d'intérêt de référence. Ces paragraphes s'appliquent uniquement aux relations de couverture en question. Une relation de couverture est directement touchée par la réforme des taux d'intérêt de référence uniquement si cette réforme donne naissance à des incertitudes concernant :

a) le taux d'intérêt de référence (contractuellement ou non contractuellement spécifié) désigné comme risque couvert ; et/ou

b) l'échéancement ou le montant des flux de trésorerie de l'élément couvert ou de l'instrument de couverture qui sont fondés sur un taux d'intérêt de référence.

102B Pour les besoins de l'application des paragraphes 102D à 102N, l'expression « réforme des taux d'intérêt de référence » s'entend de la réforme d'un taux d'intérêt de référence à l'échelle d'un marché, notamment du remplacement d'un taux d'intérêt de référence par un taux de référence alternatif comme celui découlant des recommandations du rapport Reforming Major Interest Rate Benchmarks (*), publié en juillet 2014 par le Conseil de stabilité financière.

(*) Le rapport Reforming Major Interest Rate Benchmarks peut être consulté à l'adresse suivante : http://www.fsb.org/wp-content/ uploads/r_140722.pdf

102C Les paragraphes 102D à 102N prévoient des exceptions qui portent uniquement sur les dispositions énoncées dans ces paragraphes. L'entité doit continuer d'appliquer aux relations de couverture directement touchées par la réforme des taux d'intérêt de référence toutes les autres dispositions relatives à la comptabilité de couverture.

➠ Exigence de haute probabilité dans le cas des couvertures de flux de trésorerie

102D Pour les besoins de l'application de l'exigence énoncée au paragraphe 88 c), selon laquelle la transaction prévue doit être hautement probable, l'entité doit supposer que la réforme des taux d'intérêt de référence ne change pas celui sur lequel sont fondés les flux de trésorerie couverts (contractuellement ou non contractuellement spécifié).

➠ Reclassement du cumul des profits ou des pertes comptabilisé dans les autres éléments du résultat global

102E Pour les besoins de l'application de l'exigence énoncée au paragraphe 101 c), l'entité doit, pour déterminer si la transaction prévue n'est plus susceptible de se réaliser, supposer que la réforme des taux d'intérêt de référence ne change pas celui sur lequel sont fondés les flux de trésorerie couverts (contractuellement ou non contractuellement spécifié).

➠ Appréciation de l'efficacité

102F Pour les besoins de l'application des exigences énoncées aux paragraphes 88 b) et AG105 a), l'entité doit supposer que la réforme des taux d'intérêt de référence ne change pas celui sur lequel sont fondés les flux de trésorerie couverts et/ou le risque couvert (contractuellement ou non contractuellement spécifié) ou celui sur lequel sont fondés les flux de trésorerie de l'instrument de couverture.

102G Pour les besoins de l'application de l'exigence énoncée au paragraphe 88 e), l'entité n'est pas tenue de mettre fin à une relation de couverture parce que les résultats réels de l'opération de couverture ne satisfont pas aux exigences du paragraphe AG105 b). Il est à préciser que, pour déterminer si elle doit mettre fin à la relation de couverture, l'entité doit appliquer les autres conditions énoncées au paragraphe 88, y compris l'appréciation prospective décrite au paragraphe 88 b).

➠ Désignation d'éléments financiers comme éléments couverts

102H Pour une couverture de la portion taux de référence non contractuellement spécifiée d'un risque de taux d'intérêt, à moins que le paragraphe 102I ne s'applique, l'entité doit appliquer l'exigence énoncée aux paragraphes 81 et AG99F – voulant que la portion désignée soit séparément identifiable – uniquement lors de la mise en place de la relation de couverture.

102I Si l'entité, en accord avec la documentation relative à ses couvertures, dénoue et renoue fréquemment une relation de couverture (c'est-à-dire qu'elle cesse la couverture et procède à un nouveau départ) parce que l'instrument de couverture et l'élément couvert changent tous deux fréquemment (c'est-à-dire que l'entité a recours à un processus dynamique suivant lequel les éléments couverts et les instruments de couverture utilisés pour gérer le risque couru ne demeurent pas les mêmes pour longtemps), elle doit appliquer l'exigence énoncée aux paragraphes 81 et AG99F – voulant que la portion désignée soit séparément identifiable – uniquement lors de la désignation initiale d'un élément couvert dans le cadre de cette relation de couverture. Lorsqu'une appréciation a été portée sur l'élément couvert au moment de sa désignation initiale dans le cadre de la relation de couverture, que ce soit au commencement de la couverture ou par la suite, l'entité ne réapprécie pas cet élément si elle le désigne de nouveau dans le cadre de la même relation de couverture.

➠ Fin d'application

102J L'entité doit cesser de manière prospective l'application du paragraphe 102D à un élément couvert dès que se présente l'une ou l'autre des situations suivantes :

a) l'incertitude créée par la réforme des taux d'intérêt de référence est levée quant à l'échéancement et au montant des flux de trésorerie de l'élément couvert qui sont fondés sur un taux d'intérêt de référence ; et

b) il est mis fin à la relation de couverture dont l'élément couvert fait partie.

102K L'entité doit cesser de manière prospective l'application du paragraphe 102E dès que se présente l'une ou l'autre des situations suivantes :

a) l'incertitude créée par la réforme des taux d'intérêt de référence est levée quant à l'échéancement et au montant des flux de trésorerie futurs de l'élément couvert qui sont fondés sur un taux d'intérêt de référence ; et

b) le cumul des profits ou des pertes comptabilisé dans les autres éléments du résultat global relativement à la relation de couverture à laquelle il a été mis fin a été entièrement reclassé en résultat net.

102L L'entité doit cesser de manière prospective l'application du paragraphe 102F :

a) à un élément couvert, lorsque l'incertitude créée par la réforme des taux d'intérêt de référence est levée quant au risque couvert ou à l'échéancement et au montant des flux de trésorerie de cet élément couvert qui sont fondés sur un taux d'intérêt de référence ; et

b) à un instrument de couverture, lorsque l'incertitude créée par la réforme des taux d'intérêt de référence est levée quant à l'échéancement et au montant des flux de trésorerie de cet instrument de couverture qui sont fondés sur un taux d'intérêt de référence.

Si l'entité met fin avant la date où se présente la situation spécifiée au paragraphe 102L a) ou b) à la relation de couverture dont l'élément couvert et l'instrument de couverture font partie, elle doit cesser prospectivement l'application du paragraphe 102F à cette relation à la date où elle y met fin.

102M L'entité doit cesser de manière prospective l'application du paragraphe 102G à une relation de couverture dès que se présente l'une ou l'autre des situations suivantes :

a) l'incertitude créée par la réforme des taux d'intérêt de référence est levée quant au risque couvert et à l'échéancement et au montant des flux de trésorerie de l'élément couvert et de l'instrument de couverture qui sont fondés sur un taux d'intérêt de référence ; et

b) l'entité met fin à la relation de couverture à laquelle l'exception est appliquée.

102N Si l'entité désigne un groupe d'éléments comme l'élément couvert ou une combinaison d'instruments financiers comme l'instrument de couverture, elle doit cesser prospectivement l'application des paragraphes 102D à 102G à un élément particulier ou à un instrument financier particulier conformément au paragraphe 102J, 102K, 102L ou 102M, selon le cas, lorsque l'incertitude créée par la réforme des taux d'intérêt de référence est levée quant au risque couvert et/ou à l'échéancement et au montant des flux de trésorerie de cet élément ou instrument financier qui sont fondés sur un taux d'intérêt de référence.

102O L'entité doit cesser de manière prospective l'application des paragraphes 102H et 102I dès que se présente l'une ou l'autre des situations suivantes :

a) des changements requis par la réforme des taux d'intérêt de référence sont apportés à la portion de risque non contractuellement spécifiée par application du paragraphe 102P ; ou

b) l'entité met fin à la relation de couverture dans laquelle est désignée la portion de risque non contractuellement spécifiée.

EXCEPTIONS TEMPORAIRES SUPPLÉMENTAIRES EN CONSÉQUENCE DE LA RÉFORME DES TAUX D'INTÉRÊT DE RÉFÉRENCE

Comptabilité de couverture

102P Lorsque (ou à mesure que) les dispositions des paragraphes 102D à 102I cessent de s'appliquer à une relation de couverture (voir paragraphes 102J à

102O), l'entité doit modifier la désignation formelle de la relation de couverture telle qu'elle avait été documentée, pour tenir compte des changements requis par la réforme des taux d'intérêt de référence, c'est-à-dire pour des changements conformes aux paragraphes 5.4.6 à 5.4.8 d'IFRS 9. En pareille situation, l'entité ne doit modifier la désignation de couverture que pour apporter l'un ou plusieurs des changements suivants :

a) désigner un taux de référence alternatif (contractuellement ou non contractuellement spécifié) comme risque couvert ;

b) modifier la description de l'élément couvert, y compris celle de la partie des flux de trésorerie ou de la juste valeur désignée comme couverte ;

c) modifier la description de l'instrument de couverture ; ou

d) modifier la description de la méthode d'appréciation de l'efficacité de la couverture.

102Q L'entité doit également appliquer la disposition énoncée au paragraphe 102P c) si les trois conditions ci-dessous sont réunies :

a) l'entité apporte un changement requis par la réforme des taux d'intérêt de référence en recourant à une autre méthode qu'un changement de la base de détermination des flux de trésorerie contractuels de l'instrument de couverture (comme décrit au paragraphe 5.4.6 d'IFRS 9) ;

b) l'instrument de couverture initial n'est pas décomptabilisé ; et

c) la méthode choisie est économiquement équivalente au changement de la base de détermination des flux de trésorerie contractuels de l'instrument de couverture initial (comme décrit aux paragraphes 5.4.7 et 5.4.8 d'IFRS 9).

102R Les dispositions énoncées aux paragraphes 102D à 102I peuvent cesser de s'appliquer à des moments différents. Par conséquent, pour l'application du paragraphe 102P, l'entité peut être tenue de modifier la désignation formelle de ses différentes relations de couverture à des moments différents, ou d'une même relation de couverture plus d'une fois. Si et seulement si un tel changement est apporté à la désignation de la couverture, l'entité doit appliquer les paragraphes 102V à 102Z2, selon le cas. Elle doit aussi comptabiliser les variations de la juste valeur de l'élément couvert ou de l'instrument de couverture selon le paragraphe 89 (dans le cas d'une couverture de juste valeur) ou 96 (dans le cas d'une couverture de flux de trésorerie).

102S L'entité doit apporter la modification exigée par le paragraphe 102P à la relation de couverture avant la fin de la période de reporting au cours de laquelle un changement requis par la réforme des taux d'intérêt de référence est apporté au risque couvert, à l'élément couvert ou à l'instrument de couverture. Il convient de préciser qu'une telle modification de la désignation formelle d'une relation de couverture ne constitue ni la cessation de cette relation ni la désignation d'une nouvelle relation.

102T Si des changements sont apportés, en plus de ceux requis par la réforme des taux d'intérêt de référence, à l'actif financier ou au passif financier désignés dans une relation de couverture (comme décrit aux paragraphes 5.4.6 à 5.4.8 d'IFRS 9) ou à la désignation de la relation de couverture (comme imposé par le paragraphe 102P), l'entité doit d'abord appliquer les dispositions pertinentes de la présente norme pour déterminer si ces autres changements donnent lieu à la cessation de la comptabilité de couverture. S'ils ne donnent pas lieu à la cessation de la comptabilité de couverture, l'entité doit modifier la désignation formelle de la relation de couverture de la manière spécifiée au paragraphe 102P.

102U Les paragraphes 102V à 102Z3 prévoient des exceptions qui portent uniquement sur les dispositions énoncées dans ces paragraphes. L'entité doit appliquer aux relations de couverture directement touchées par la réforme des taux d'intérêt de référence toutes les autres dispositions relatives à la comptabilité de couverture de la présente norme, y compris les critères d'applicabilité énoncés au paragraphe 88.

Comptabilisation des relations de couverture répondant aux conditions requises

Appréciation rétrospective de l'efficacité

102V Pour l'appréciation rétrospective de l'efficacité d'une relation de couverture sur une base cumulée en application du paragraphe 88 e), et uniquement à cette fin, l'entité peut choisir de ramener à zéro le cumul des variations de juste valeur de l'élément couvert et de l'instrument de couverture au moment de la cessation de l'application du paragraphe 102G imposée par le paragraphe 102M. Ce choix est fait séparément pour chaque relation de couverture (c'est-à-dire au cas par cas).

Couvertures de flux de trésorerie

102W Pour les besoins de l'application du paragraphe 97, au moment où l'entité modifie la description d'un élément couvert comme l'exige le paragraphe 102P b), le cumul des profits ou des pertes comptabilisés dans les autres éléments du résultat global doit être considéré comme déterminé sur la base du même taux de référence alternatif que les flux de trésorerie futurs qui sont couverts.

102X En ce qui concerne les relations de couverture auxquelles l'entité a mis fin, lorsque le taux d'intérêt de référence sur la base duquel étaient déterminés les flux de trésorerie futurs couverts fait l'objet d'un changement requis par la réforme des taux d'intérêt de référence, le montant accumulé dans les autres éléments du résultat global relativement à cette relation de couverture doit être considéré, aux fins de l'application du paragraphe 101 c) pour déterminer si les flux de trésorerie futurs couverts sont susceptibles de se produire, comme déterminé sur la base du même taux de référence alternatif que le seront les flux de trésorerie futurs couverts.

Groupes d'éléments

102Y Lorsque l'entité applique le paragraphe 102P à des groupes d'éléments désignés comme éléments couverts dans une couverture de juste valeur ou une couverture de flux de trésorerie, elle doit répartir les éléments couverts en sous-groupes en fonction du taux de référence couvert et désigner ce taux de référence comme risque couvert pour chaque sous-groupe. Par exemple, pour une relation de couverture dans laquelle un groupe d'éléments est couvert contre les variations d'un taux visé par la réforme des taux d'intérêt de référence, il se pourrait que le changement consistant à indexer les flux de trésorerie couverts ou la juste valeur couverte sur un taux de référence alternatif soit réalisé pour certains éléments du groupe avant de l'être pour les autres. Dans cet exemple, pour appliquer le paragraphe 102P, l'entité désignerait le taux de référence alternatif comme le risque couvert pour le sous-groupe d'éléments couverts pertinent. Elle maintiendrait la désignation du taux d'intérêt de référence existant comme le risque couvert pour l'autre sous-groupe d'éléments couverts, jusqu'à ce que soit apporté le changement consistant à indexer les flux de trésorerie couverts ou la juste valeur couverte de ces éléments sur le taux de référence alternatif, ou jusqu'à ce que ces éléments expirent et soient remplacés par des éléments couverts indexés sur le taux de référence alternatif.

102Z L'entité doit déterminer si chaque sous-groupe pris individuellement répond aux conditions énoncées aux paragraphes 78 et 83 pour être admis comme élément couvert. Si un sous-groupe ne respecte pas les dispositions des paragraphes 78 et 83, l'entité doit mettre fin à la comptabilité de couverture de manière prospective pour l'ensemble de la relation de couverture. Elle doit également appliquer les dispositions du paragraphe 89 ou 96 pour comptabiliser l'inefficacité de la relation de couverture dans son ensemble.

Désignation d'éléments financiers comme éléments couverts

102Z1 Un taux de référence alternatif désigné comme portion de risque non contractuellement spécifiée qui n'est pas séparément identifiable (voir les paragraphes 81 et AG99F) à la date de sa désignation doit être considéré comme satisfaisant à cette exigence à cette date si et seulement si l'entité peut raisonnablement s'attendre à ce que ce taux de référence alternatif soit séparément identifiable dans un délai de 24 mois. Ce délai s'applique séparément à chaque taux de référence alternatif et commence à la date à laquelle l'entité désigne pour la première fois le taux de référence alternatif comme portion de risque non contractuellement spécifiée (c'est-à-dire que le délai de 24 mois s'applique au cas par cas).

102Z2 Si, par la suite, l'entité peut raisonnablement s'attendre à ce que le taux de référence alternatif ne soit pas séparément identifiable dans un délai de 24 mois à compter de la date à laquelle elle l'a désigné pour la première fois comme portion de risque non contractuellement spécifiée, elle doit cesser l'application de l'exigence du paragraphe 102Z1 à ce taux de référence alternatif et mettre fin à la comptabilité de couverture de manière prospective à la date de cette réappréciation pour toute relation de couverture dans laquelle le taux de référence alternatif était désigné comme portion de risque non contractuellement spécifiée.

102Z3 En plus des relations de couverture précisées au paragraphe 102P, l'entité doit appliquer les dispositions des paragraphes 102Z1 et 102Z2 aux nouvelles relations de couverture dans lesquelles un taux de référence alternatif est désigné comme portion de risque non contractuellement spécifiée (voir les paragraphes 81 et AG99F) lorsque, en conséquence de la réforme des taux d'intérêt de référence, cette portion n'est pas séparément identifiable à la date de sa désignation.

Date d'entrée en vigueur et dispositions transitoires

103 L'entité doit appliquer la présente norme (y compris les modifications publiées en mars 2004) pour les exercices ouverts à compter du 1er janvier 2005. Une application anticipée est autorisée. L'entité ne doit pas appliquer la présente norme (y compris les modifications publiées en mars 2004) pour les exercices ouverts avant le 1er janvier 2005 si elle n'applique pas également IAS 32 (publiée en décembre 2003). Si l'entité applique la présente norme pour une période ouverte avant le 1er janvier 2005, elle doit l'indiquer.

103A [Supprimé]

103B [Supprimé]

103C La publication d'IAS 1 (telle que révisée en 2007) a donné lieu à la modification de la terminologie utilisée dans les IFRS. Elle a en outre donné lieu à la modification des paragraphes 95 a), 97, 98, 100, 102, 108 et AG99B. L'entité doit appliquer ces modifications pour les exercices ouverts à compter du 1er janvier 2009. Si l'entité applique IAS 1 (révisée en 2007) pour une période antérieure, elle doit appliquer les modifications pour cette période antérieure.

103D [Supprimé]

103E La publication d'IAS 27 (telle que modifiée en 2008) a donné lieu à la modification du paragraphe 102. L'entité doit appliquer cette modification pour les exercices ouverts à compter du 1er juillet 2009. Si l'entité applique IAS 27 (modifiée en 2008) pour une période antérieure, elle doit appliquer les modifications pour cette période antérieure.

103F [Supprimé]

103G L'entité doit appliquer les paragraphes AG99BA, AG99E, AG99F, AG110A et AG110B de manière rétrospective pour les exercices ouverts à compter du 1er juillet 2009, conformément à IAS 8 *Méthodes comptables, changements d'estimations comptables et erreurs*. Une application anticipée est autorisée. Si l'entité applique *Éléments éligibles à la couverture* (modifications d'IAS 39) pour une période ouverte avant le 1er juillet 2009, elle doit l'indiquer.

103H-103J [Supprimé]

103K La publication d'*Améliorations des IFRS*, en avril 2009, a donné lieu à la modification des paragraphes 2 g), 97 et 100. L'entité doit appliquer ces modifications de manière prospective à tous les contrats non échus pour les exercices ouverts à compter du 1er janvier 2010. Une application anticipée est autorisée. Si l'entité applique les modifications pour une période antérieure, elle doit l'indiquer.

103L-103P [Supprimé]

103Q La publication d'IFRS 13, en mai 2011, a donné lieu à la modification des paragraphes 9, 13, 28, 47, 88, AG46, AG52, AG64, AG76, AG76A, AG80, AG81 et AG96, à l'ajout du paragraphe 43A et à la suppression des paragraphes 48 à 49, AG69 à AG75, AG77 à AG79 et AG82. L'entité qui applique IFRS 13 doit appliquer ces modifications.

103R La publication d'*Entités d'investissement* (modifications d'IFRS 10, d'IFRS 12 et d'IAS 27), en octobre 2012, a donné lieu à la modification des paragraphes 2 et 80. L'entité doit appliquer ces modifications pour les exercices ouverts à compter du 1er janvier 2014. Une application anticipée des dispositions d'*Entités d'investissement* est autorisée. Si l'entité applique ces modifications pour une période antérieure, elle doit appliquer en même temps toutes les modifications introduites par *Entités d'investissement*.

103S [Supprimé]

103T La publication d'IFRS 15 *Produits des activités ordinaires tirés de contrats conclus avec des clients*, en mai 2014, a donné lieu à la modification des paragraphes 2, 9, 43, 47, 55, AG2, AG4 et AG48, et à l'ajout des paragraphes 2A, 44A, 55A et AG8A à AG8C. L'entité qui applique IFRS 15 doit appliquer ces modifications.

103U La publication d'IFRS 9, en juillet 2014, a donné lieu à la modification des paragraphes 2, 8, 9, 71, 88 à 90, 96, AG95, AG114, AG118 ainsi que des intertitres précédant le paragraphe AG133, et à la suppression des paragraphes 1, 4 à 7, 10 à 70, 103B, 103D, 103F, 103H à 103J, 103L à 103P, 103S, 105 à 107A, 108E, 108F, AG1 à AG93 et AG96. L'entité qui applique IFRS 9 doit appliquer ces modifications.

103V [Paragraphe ajouté pour les entités n'ayant pas encore adopté IFRS 9].

104 Sauf dans le cas précisé au paragraphe 108, la présente norme doit faire l'objet d'une application rétrospective. Le solde à l'ouverture des résultats non distribués pour la première période antérieure présentée ainsi que les autres montants comparatifs doivent être ajustés comme si la présente norme avait toujours été appliquée, à moins que le retraitement de l'information ne soit impraticable. Si le retraitement est impraticable, l'entité doit l'indiquer et préciser dans quelle mesure l'information a été retraitée.

105-107A [Supprimé]

108 L'entité ne doit pas ajuster la valeur comptable d'actifs non financiers ou de passifs non financiers de manière à exclure les profits et pertes liés aux couvertures de flux de trésorerie inclus dans la valeur comptable avant l'ouverture de l'exercice financier au cours duquel la présente norme est appliquée pour la première fois. Au début de la période au cours de laquelle la présente norme est appliquée pour la première fois, tout montant comptabilisé hors résultat (en autres éléments du résultat global ou directement en capitaux propres) pour une couverture d'un engagement ferme qui, selon la présente norme, est comptabilisé comme une couverture de la juste valeur, doit être reclassé en actif ou en passif, à l'exception d'une opération de couverture de risque de change, qui continue à être traitée comme une couverture de flux de trésorerie.

108A L'entité doit appliquer la dernière phrase du paragraphe 80 ainsi que les paragraphes AG99A et AG99B pour les exercices ouverts à compter du 1er janvier 2006. Une application anticipée est encouragée. Si l'entité a désigné comme étant l'élément couvert une transaction externe prévue qui :

a) est libellée dans la devise fonctionnelle de l'entité qui conclut la transaction ;

b) donne lieu à une exposition qui aura une incidence sur le résultat consolidé (c'est-à-dire est libellée dans une devise différente de la devise de présentation du groupe) ; et

c) aurait répondu aux conditions requises pour appliquer la comptabilité de couverture si elle n'avait pas été libellée dans la devise fonctionnelle de l'entité qui la conclut,

elle peut appliquer la comptabilité de couverture dans les états financiers consolidés de la ou des périodes antérieures à la date d'application de la dernière phrase du paragraphe 80 et des paragraphes AG99A et AG99B.

108B L'entité peut ne pas appliquer le paragraphe AG99B aux informations comparatives relatives aux périodes antérieures à la date d'application de la dernière phrase du paragraphe 80 et du paragraphe AG99A.

108C La publication d'*Améliorations des IFRS*, en mai 2008, a donné lieu à la modification des paragraphes 73 et AG8. La publication d'*Améliorations des IFRS*, en avril 2009, a donné lieu à la modification du paragraphe 80. L'entité doit appliquer ces modifications pour les exercices ouverts à compter du 1er janvier 2009. Une application anticipée de toutes ces modifications est autorisée. Si l'entité applique les modifications pour une période antérieure, elle doit l'indiquer.

108D La publication de *Novation de dérivés et maintien de la comptabilité de couverture* (modifications d'IAS 39), en juin 2013, a donné lieu à la modification des paragraphes 91 et 101 et à l'ajout du paragraphe AG113A. L'entité doit appliquer ces paragraphes pour les exercices ouverts à compter du 1er janvier 2014. L'entité doit appliquer ces modifications de manière rétrospective conformément à IAS 8 *Méthodes comptables, changements d'estimations comptables et erreurs*. Une application anticipée est autorisée. Si l'entité applique ces modifications pour une période antérieure, elle doit l'indiquer.

108E-108F [Supprimé]

108G La publication en septembre 2019 de *Réforme des taux d'intérêt de référence*, qui a modifié IFRS 9, IAS 39 et IFRS 7, a donné lieu à l'ajout des paragraphes 102A à 102N. L'entité doit appliquer ces modifications pour les exercices ouverts à compter du 1er janvier 2020. Une application anticipée est autorisée. Si l'entité applique ces modifications pour une période antérieure, elle doit l'indiquer. L'entité doit appliquer ces modifications rétrospectivement aux relations de couverture qui existaient au début de la première période de reporting pour laquelle elle applique ces modifications ou qui ont été désignées par la suite et aux profits ou aux pertes comptabilisés dans les autres éléments du résultat global qui existaient au début de la première période de reporting pour laquelle elle applique ces modifications.

108H La publication, en août 2020, de *Réforme des taux d'intérêt de référence – Phase 2*, qui a modifié IFRS 9, IAS 39, IFRS 7, IFRS 4 et IFRS 16, a donné lieu à l'ajout des paragraphes 102O à 102Z3 et 108I à 108K, ainsi qu'à la modification du paragraphe 102M. L'entité doit appliquer ces modifications pour les exercices ouverts à compter du 1er janvier 2021. Une application anticipée est autorisée. Si l'entité applique ces modifications pour une période antérieure, elle doit l'indiquer. L'entité doit appliquer ces modifications de manière rétrospective selon IAS 8, sauf pour ce qui est précisé aux paragraphes 108I à 108K.

108I L'entité ne doit désigner une nouvelle relation de couverture (par exemple, comme indiqué au paragraphe 102Z3) que de façon prospective (c'est-à-dire qu'il lui est interdit de désigner une nouvelle relation aux fins de comptabilité de couverture pour les périodes antérieures). Elle doit cependant rétablir une relation de couverture à laquelle elle a mis fin si et seulement si les conditions suivantes sont réunies :

a) elle y avait mis fin uniquement en raison de changements requis par la réforme des taux d'intérêt de référence et n'aurait pas été tenue de le faire si les modifications s'étaient alors appliquées ; et

b) au début de la période de reporting pendant laquelle l'entité applique pour la première fois les modifications (date de première application des modifications), cette relation de couverture satisfait aux critères d'applicabilité de la comptabilité de couverture (compte tenu de ces modifications).

108J Si, en application du paragraphe 108I, l'entité rétablit une relation de couverture à laquelle elle avait mis fin, elle doit interpréter les mentions figurant aux paragraphes 102Z1 et 102Z2 de la date à laquelle le taux de référence alternatif est désigné pour la première fois comme portion de risque non contractuellement spécifiée comme des mentions de la date de première application des modifications (c'est-à-dire que le délai de 24 mois relatif à ce taux de référence alternatif désigné comme portion de risque non contractuellement spécifiée commence à la date de première application des modifications).

108K L'entité n'est pas tenue de retraiter les chiffres des périodes antérieures de manière à refléter l'application de ces modifications. Elle peut retraiter les chiffres des périodes antérieures si et seulement s'il lui est possible de le faire sans avoir recours à des connaissances acquises a posteriori. Si l'entité ne retraite pas les chiffres des périodes antérieures, elle doit comptabiliser toute différence entre la valeur comptable précédente et la valeur comptable au début de l'exercice auquel appartient la date de première application de ces modifications dans le solde d'ouverture des résultats non distribués (ou, s'il y a lieu, d'une autre composante des capitaux propres) de ce même exercice.

Retrait d'autres positions officielles

109 La présente norme annule et remplace IAS 39 *Instruments financiers : comptabilisation et évaluation* révisée en octobre 2000.

110 La présente norme et le guide de mise en œuvre qui l'accompagne annulent et remplacent le guide de mise en œuvre publié par le comité de commentaires de mise en œuvre d'IAS 39 établi par l'ancien IASC.

Appendice A – Guide d'application

Le présent appendice fait partie intégrante de la norme.

AG1-AG93 [Supprimé]

COUVERTURE (PARAGRAPHES 71 À 102)

➡ Instruments de couverture (paragraphes 72 à 77)

Instruments qualifiés (paragraphes 72 et 73)

AG94 La perte potentielle sur une option vendue par une entité peut être sensiblement supérieure au gain potentiel de valeur d'un élément couvert lié. En d'autres termes, une option vendue n'est pas efficace pour réduire l'exposition du résultat net au risque que présente un élément couvert. Par conséquent, une option vendue ne remplit pas les conditions requises pour être un instrument de couverture, sauf à être désignée comme compensant une option achetée, y compris une option incorporée à un autre instrument financier (par exemple, une option d'achat émise utilisée en couverture d'un passif susceptible de rachat anticipé). Au contraire, une option achetée comporte des gains potentiels égaux ou supérieurs aux pertes et par conséquent a la capacité de réduire l'exposition du résultat net aux variations de juste valeur ou de flux de trésorerie. En conséquence, elle peut être qualifiée d'instrument de couverture.

AG95 Un actif financier évalué au coût amorti peut être désigné comme un instrument de couverture du risque de change.

AG96 [Supprimé]

AG97 Les instruments de capitaux propres d'une entité ne sont pas des actifs ou des passifs financiers de l'entité ; ils ne peuvent par conséquent pas être désignés comme des instruments de couverture.

Éléments couverts (paragraphes 78 à 84)

Éléments qualifiés (paragraphes 78 à 80)

AG98 Un engagement ferme d'acquisition d'une entité dans le cadre d'un regroupement d'entreprises ne peut être un élément couvert, sauf pour le risque de change qui y est associé, car les autres risques couverts ne peuvent être spécifiquement identifiés et évalués. Ces autres risques sont des risques généraux d'activité.

AG99 Une participation mise en équivalence ne peut être un élément couvert dans une opération de couverture de la juste valeur car la méthode de mise en équivalence comptabilise en résultat la quote-part de l'investisseur dans le résultat de l'entité associée et non les variations de juste valeur de la participation. Pour une raison analogue, une participation dans une filiale consolidée ne peut être un élément couvert dans une couverture de juste valeur car la consolidation comptabilise en résultat le résultat comptabilisé par la filiale et non les variations de juste valeur de la participation. La couverture d'un investissement net dans un établissement à l'étranger est un cas de figure différent, parce qu'il s'agit de la couverture de l'exposition au risque de change et non pas d'une couverture de la juste valeur de la variation de valeur de l'investissement.

AG99A Le paragraphe 80 prévoit que dans des états financiers consolidés, le risque de change d'une transaction intragroupe prévue et hautement probable peut remplir les conditions d'élément couvert dans une couverture de flux de trésorerie à condition que la transaction soit libellée dans une devise autre que la devise fonctionnelle de l'entité qui conclut la transaction et que le risque de change affecte le résultat consolidé. À cette fin, une entité peut être une société mère, une filiale, une entreprise associée, une coentreprise ou une succursale. Si le risque de change d'une transaction intragroupe prévue n'affecte pas le résultat consolidé, la transaction intragroupe ne remplit pas les conditions d'un élément couvert. C'est généralement le cas pour les paiements de redevances, les paiements d'intérêts ou des frais de gestion entre les membres d'un même groupe à moins qu'il n'existe une transaction externe liée. Toutefois, si le risque de change d'une transaction intragroupe prévue doit affecter le résultat consolidé, la transaction intragroupe peut remplir les conditions d'un élément couvert. On peut citer comme exemple les ventes ou les achats de stock prévus entre les membres du même groupe dans le cas d'une revente du stock à une partie indépendante du groupe. De même, une vente intragroupe prévue d'une immobilisation corporelle de l'entité du groupe qui l'a fabriquée à une entité du groupe qui l'utilisera dans son exploitation peut affecter le résultat consolidé. Il pourrait en être ainsi, par exemple, parce que l'immobilisation corporelle sera amortie par l'entité acquéreuse et que le montant initialement comptabilisé pour l'immobilisation corporelle peut changer si la transaction intragroupe prévue est libellée dans une devise autre que la devise fonctionnelle de l'entité acquéreuse.

AG99B Si une couverture d'une transaction intragroupe prévue remplit les conditions de la comptabilité de couverture, tout profit ou perte comptabilisé en autres éléments du résultat global conformément au paragraphe 95 a) doit être reclassé de capitaux propres en résultat sous la forme d'un ajustement de reclassement dans la ou les mêmes périodes au cours desquelles le risque de change de la transaction couverte affecte le résultat consolidé.

AG99BA Une entité peut désigner toutes les variations des flux de trésorerie ou de la juste valeur d'un élément couvert dans une relation de couverture. Elle peut également ne désigner que les variations des flux de trésorerie ou de la juste valeur d'un élément couvert au-delà ou en deçà d'un cours ou d'une autre variable spécifiés (un risque unilatéral) La valeur intrinsèque d'une option achetée utilisée comme instrument de couverture (dans l'hypothèse où elle présente les mêmes termes principaux que le risque désigné) reflète un risque unilatéral dans un élément couvert ; ce n'est pas le cas de sa valeur temps. Par exemple, une entité peut désigner la variation des flux de trésorerie futurs qui résulterait d'une augmentation du prix d'un achat de marchandises prévu. Dans une telle situation, seules les pertes de flux de trésorerie résultant d'une augmentation du prix au-delà du niveau spécifié sont désignées. Le risque couvert ne comprend pas la valeur temps de l'option achetée parce que la valeur temps n'est pas une composante de la transaction prévue qui affecte le résultat [paragraphe 86 b)].

Désignation d'éléments financiers comme éléments couverts (paragraphes 81 et 81A)

AG99C [...] L'entité peut désigner l'ensemble des flux de trésorerie de l'actif financier ou du passif financier tout entier comme étant l'élément couvert, et ne les couvrir que contre un risque particulier seulement (par exemple, contre les seuls changements attribuables aux fluctuations du LIBOR). Par exemple, dans le cas d'un passif financier dont le taux d'intérêt effectif est inférieur de 100 points de base au LIBOR, une entité peut désigner comme élément couvert le passif tout entier (c'est-à-dire le principal majoré des intérêts calculés au LIBOR moins 100 points de base) et couvrir la variation de la juste valeur ou des flux de trésorerie de ce passif tout entier qui est attribuable aux variations du LIBOR. L'entité peut également choisir un taux de couverture différent de l'unité afin d'améliorer l'efficacité de la couverture comme indiqué au paragraphe AG100.

AG99D En outre, si un instrument financier à taux fixe est couvert quelque temps après son émission et que les taux d'intérêt ont changé entre-temps, l'entité peut désigner une partie égale à un taux de référence [...]. Par exemple, supposons qu'une entité émette un actif financier à taux fixe de 100 UM assorti d'un taux d'intérêt effectif de 6 % alors que le LIBOR s'élève à 4 %. Elle commence à couvrir cet actif quelque temps après, alors que le LIBOR a augmenté à 8 % et que la juste valeur de l'actif a diminué à 90 UM. L'entité calcule que si elle avait acheté l'actif à la date de sa première désignation comme élément couvert, à sa juste valeur du moment, soit 90 UM, le rendement effectif se serait élevé à 9,5 %. [...]. L'entité peut désigner une partie de LIBOR de 8 % constituée partiellement des flux de trésorerie liés à l'intérêt contractuel et partiellement de la différence entre la juste valeur actuelle (c'est-à-dire 90 UM) et le montant dû à l'échéance (à savoir 100 UM).

AG99E Le paragraphe 81 autorise une entité à désigner autre chose que l'intégralité de la variation de juste valeur ou de la variabilité des flux de trésorerie d'un instrument financier. Par exemple :

a) tous les flux de trésorerie d'un instrument financier peuvent être désignés pour les variations de flux de trésorerie ou de juste valeur attribuables à certains risques (mais pas tous) ; ou

b) certains des flux de trésorerie d'un instrument financier (mais pas tous) peuvent être désignés pour les variations de flux de trésorerie ou de juste valeur attribuables à tout ou partie des risques (c.-à-d. qu'une « partie » des flux de trésorerie de l'instrument financier peut être désignée pour les variations attribuables à l'ensemble des risques ou à une partie seulement de ceux-ci).

AG99F Pour être éligibles à la comptabilité de couverture, les risques et parties de risque désignés doivent être des composantes séparément identifiables de l'instrument financier, et les variations des flux de trésorerie ou de la juste valeur de l'intégralité de l'instrument financier découlant de changements des risques et parties de risques désignés doivent pouvoir faire l'objet d'évaluations fiables. Par exemple :

a) pour un instrument financier à taux fixe couvert contre les variations de juste valeur attribuables aux changements d'un taux d'intérêt sans risque ou de référence, le taux d'intérêt sans risque ou de référence est habituellement considéré comme étant à la fois une composante séparément identifiable de l'instrument financier, et évaluable de manière fiable ;

b) l'inflation n'est pas identifiable séparément et n'est pas évaluable de manière fiable ; elle ne peut donc être désignée comme étant un risque ou comme étant une partie d'un instrument financier, sauf si les conditions fixées au paragraphe c) sont remplies.

c) la partie contractuellement spécifiée des flux de trésorerie d'une obligation indexée sur l'inflation qui correspond à l'inflation (dans l'hypothèse où il n'y a aucun dérivé incorporé à comptabiliser séparément) est séparément identifiable et évaluable de manière fiable tant qu'elle n'influe pas sur les autres flux de trésorerie de l'instrument.

Désignation d'éléments non financiers comme éléments couverts (paragraphe 82)

AG100 Les variations de prix d'un élément constitutif ou d'une composante d'un actif non financier ou d'un passif non financier n'ont généralement pas, sur le prix de l'élément, une incidence prévisible et mesurable séparément qui soit comparable, par exemple, à l'effet d'une variation des taux d'intérêt du marché sur le prix d'une obligation. Dès lors, un actif non financier ou passif non financier n'est un élément couvert que dans son intégralité ou en matière de risque de change. S'il y a une différence entre les termes de l'instrument de couverture et ceux de l'élément couvert (telle une couverture de l'achat prévu de café brésilien par le recours à un contrat à terme pour l'achat de café colombien à des conditions similaires par ailleurs), la relation de couverture peut néanmoins être qualifiée comme telle pour autant que toutes les conditions du paragraphe 88 soient réunies, y compris le fait que l'on s'attende à ce que la couverture soit hautement efficace. À cet effet, le montant de l'instrument de couverture peut être supérieur ou inférieur à celui de l'élément couvert si cela améliore l'efficacité de la relation de couverture. Par exemple, une analyse de régression peut être réalisée pour établir une relation statistique entre l'élément couvert (par exemple, une transaction sur le café brésilien) et l'instrument de couverture (par exemple, une transaction sur le café colombien). S'il existe une relation statistique réelle entre les deux variables (c'est-à-dire entre les prix unitaires du café brésilien et du café colombien), la pente de la droite de régression peut être utilisée pour établir le ratio de couverture qui maximisera l'efficacité attendue. Par exemple, si la pente de la droite de régression s'élève à 1,02, un rapport de couverture basé sur 0,98 volume d'éléments couverts pour 1,00 volume d'instruments de couverture maximise l'efficacité attendue. Toutefois, il se peut que la relation de couverture débouche sur une inefficacité qui est comptabilisée en résultat au cours de la durée de la relation de couverture.

Désignation de groupes d'éléments en tant qu'éléments couverts (paragraphes 83 et 84).

AG101 La couverture d'une position nette globale (par exemple, le solde net de l'ensemble des actifs à taux fixe et des passifs à taux fixe aux échéances similaires) plutôt que d'un élément couvert spécifique, ne remplit pas les conditions requises pour la comptabilité de couverture. Mais il est possible d'obtenir approximativement le même effet de comptabilité de couverture sur le résultat net, pour ce type de relation de couverture, en désignant comme position couverte une partie des éléments sous-jacents. Par exemple, une banque ayant un montant d'actifs de 100 UM et un montant de passifs de 90 UM présentant des risques et des termes similaires, qui souhaite couvrir l'exposition nette de 10 UM, peut désigner comme élément couvert un montant de 10 UM dans ces actifs. Elle peut recourir à ce processus de désignation si ces actifs et ces passifs sont des instruments à taux fixe, auquel cas il s'agit d'une couverture de la juste valeur, ou si ce sont des instruments à taux variable, auquel cas il s'agit d'une couverture de flux de trésorerie. De même, si une entité a pris un engagement ferme d'achat en monnaies étrangères de 100 UM et un engagement ferme de vente en monnaies étrangères de 90 UM, elle peut couvrir le solde net de 10 UM en achetant un dérivé et en le désignant comme instrument de couverture associé à un montant de 10 UM sur un engagement ferme d'achat de 100 UM.

➠ Comptabilité de couverture (paragraphes 85 à 102)

AG102 La couverture de l'exposition d'un instrument à taux fixe au risque de variations de la juste valeur résultant de variations des taux d'intérêt est un exemple de couverture de la juste valeur. Cette opération de couverture peut être réalisée soit par l'émetteur, soit par le porteur.

AG103 Un exemple de couverture de flux de trésorerie est l'utilisation d'un swap pour transformer un emprunt à taux variable en un emprunt à taux fixe (c'est-à-dire la couverture d'une transaction future dans laquelle les flux de trésorerie futurs couverts sont les futurs paiements d'intérêt).

AG104 La couverture d'un engagement ferme (par exemple, la couverture du risque de variation de prix du combustible, dans un engagement contractuel non comptabilisé d'un producteur d'électricité relatif à l'achat de combustible à un prix fixe) est la couverture d'une exposition au risque de variation de juste valeur. Une telle couverture est donc bien une couverture de la juste valeur. Cependant, selon le paragraphe 87, la couverture du risque de change lié à un engagement ferme peut être également comptabilisée comme une couverture de flux de trésorerie.

Appréciation de l'efficacité de la couverture

AG105 Une couverture est considérée comme hautement efficace seulement si les deux conditions suivantes sont réunies :

a) au début de la couverture et au cours des périodes ultérieures, on s'attend à ce que la couverture soit hautement efficace pour compenser les variations de juste valeur ou des flux de trésorerie attribuables au risque couvert pendant la période pour laquelle la couverture est désignée. Cette attente peut être démontrée de diverses manières, notamment par comparaison des variations passées de la juste valeur ou des flux de trésorerie de l'élément couvert attribuables au risque couvert et des variations passées de la juste valeur ou des flux de trésorerie de l'instrument de couverture, ou en établissant la preuve d'une corrélation statistique forte entre la juste valeur ou les flux de trésorerie de l'élément couvert et ceux de l'instrument de couverture. L'entité peut également choisir un taux de couverture différent de un pour un afin d'améliorer l'efficacité de la couverture comme indiqué au paragraphe AG100 ;

b) les résultats réels de l'opération de couverture se situent dans un intervalle compris entre 80 et 125 %. Par exemple, si les résultats réels se traduisent par une perte, enregistrée sur l'instrument de couverture, de 120 UM, et un profit, réalisé sur l'instrument de trésorerie, de 100 UM, la compensation peut être mesurée par le ratio 120/100, soit 120 % ou 100/120, soit 83 %. Dans cet exemple, si l'on suppose que l'opération de couverture répond à la condition énoncée en a), l'entité conclurait que la couverture a été hautement efficace.

AG106 L'efficacité s'apprécie, au minimum, lors de l'élaboration par l'entité de ses états financiers annuels ou intermédiaires.

AG107 La présente norme n'impose pas une méthode unique d'appréciation de l'efficacité d'une opération de couverture. La méthode adoptée par une entité pour apprécier l'efficacité de la couverture dépend de sa stratégie de gestion des risques. Par exemple, si la stratégie de gestion des risques de l'entité consiste à ajuster périodiquement le montant de l'instrument de couverture pour refléter les variations de la position couverte, l'entité ne doit démontrer le fait que la couverture devrait être hautement efficace que pour la période à courir jusqu'au prochain ajustement du montant de l'instrument de couverture. Dans certains cas, une entité adopte des méthodes différentes pour différents types de couverture. La documentation d'une entité détaillant sa stratégie de couverture englobe ses procédures d'appréciation de l'efficacité de la couverture. Ces procédures indiquent si l'appréciation inclut l'intégralité du profit ou de la perte sur un instrument de couverture ou si la valeur temps de l'instrument est exclue.

AG107A [...].

AG108 Si les principaux termes de l'instrument de couverture et de l'actif, du passif, de l'engagement ferme ou de la transaction prévue hautement probable couverts sont identiques, les variations de la juste valeur et des flux de trésorerie attribuables au risque couvert peuvent s'annuler totalement tant à l'initiation de l'opération de couverture que par la suite. Par exemple, un swap de taux d'intérêt est vraisemblablement une couverture efficace si le montant notionnel et le montant en principal, les conditions, les dates de refixation du taux, les dates d'encaissement et de paiement des intérêts et du principal et la base d'évaluation des taux d'intérêt sont identiques pour l'instrument de couverture et pour l'élément couvert. En outre, la couverture d'un achat prévu hautement probable d'une marchandise par un contrat à terme de gré à gré sera probablement hautement efficace si :

a) le contrat à terme de gré à gré porte sur l'achat de la même quantité de la même marchandise, au même moment et au même lieu que l'achat prévu couvert ;

b) la juste valeur du contrat à terme de gré à gré est nulle à l'origine ; et

c) soit la variation de la prime (négative ou positive) du contrat à terme de gré à gré est exclue de l'évaluation de l'efficacité et comptabilisée au résultat, soit la variation des flux de trésorerie attendus sur la transaction prévue hautement probable est fondée sur le prix à terme de la marchandise.

AG109 Parfois, l'instrument de couverture ne compense qu'une partie du risque couvert. Par exemple, une opération de couverture n'est pas totalement efficace si l'instrument de couverture et l'élément couvert sont libellés dans des monnaies étrangères différentes qui n'évoluent pas de concert. De même, une opération de couverture d'un risque de taux utilisant un dérivé n'est pas pleinement efficace si une partie de la variation de la juste valeur du dérivé est attribuable au risque de crédit de la contrepartie.

AG110 Pour remplir les conditions requises pour la comptabilité de couverture, la couverture doit être liée à un risque spécifique identifié et désigné, et non pas simplement aux risques généraux d'activite de l'entité ; elle doit aussi, en fin de compte, affecter le résultat de l'entité. Une couverture du risque d'obsolescence d'un actif physique ou du risque d'expropriation d'un bien par les pouvoirs publics ne remplit pas les conditions requises pour une comptabilité de couverture ; en effet, son efficacité ne peut être évaluée parce que ces risques ne sont pas évaluables de façon fiable.

AG110A Le paragraphe 74 a) autorise une entité à séparer la valeur intrinsèque et la valeur temps d'un contrat d'option et à désigner comme instrument de couverture la seule variation de la valeur intrinsèque du contrat d'option. Une telle désignation peut mener à une relation de couverture parfaitement efficace qui compense les variations de flux de trésorerie attribuables au risque unilatéral couvert d'une transaction prévue, si les principaux termes de la transaction prévue et de l'instrument de couverture sont identiques.

AG110B Si une entité désigne dans son intégralité une option achetée en tant qu'instrument de couverture d'un risque unilatéral découlant d'une transaction prévue, la relation de couverture ne sera pas parfaitement efficace. En effet, la prime payée de l'option inclut la valeur temps et, comme énoncé au paragraphe AG99BA, un risque unilatéral désigné n'inclut pas la valeur temps d'une option. Dès lors, dans une telle situation, il n'y aura pas de compensation entre les flux de trésorerie relatifs à la valeur temps de la prime payée pour l'option et le risque couvert désigné.

AG111 Dans le cas du risque de taux, l'efficacité de la couverture peut être appréciée en établissant un échéancier qui montre l'exposition nette des actifs et des passifs financiers aux taux d'intérêt pour chaque période, pour autant que cette exposition nette soit associée à un actif ou un passif spécifique (ou à un groupe spécifique d'actifs ou de passifs ou à une partie spécifique de ceux-ci) donnant lieu à l'exposition nette au risque, et que l'efficacité de la couverture soit appréciée par rapport à cet actif ou à ce passif.

AG112 Pour apprécier l'efficacité d'une couverture, une entité prend généralement en considération la valeur temps de l'argent. Le taux d'intérêt fixe d'un élément couvert n'est pas tenu de correspondre exactement au taux d'intérêt fixe d'un swap désigné comme couverture de la juste valeur. Le taux d'intérêt variable d'un actif ou d'un passif portant intérêt n'est pas non plus tenu d'être identique au taux d'intérêt variable d'un swap désigné comme couverture de flux de trésorerie. La juste valeur d'un swap résulte de ses règlements nets. Les taux fixe et variable d'un swap peuvent être modifiés sans affecter le règlement net, s'ils font tous deux l'objet d'une modification de même montant.

AG113 Si une entité ne répond pas aux critères d'efficacité de couverture, elle cesse sa comptabilité de couverture à compter du dernier jour auquel l'efficacité de la couverture était démontrée. Toutefois, si l'entité identifie l'événement ou le changement de circonstances à cause desquels la relation de couverture ne répond plus aux critères d'efficacité, et si elle démontre que la couverture était efficace avant que ne surviennent l'événement ou le changement de circonstances, l'entité cesse sa comptabilité de couverture à compter de la date de l'événement ou du changement de circonstances.

AG113A Pour éviter toute ambiguïté, les effets du remplacement de la contrepartie d'origine par une contrepartie compensatrice et de l'apport des modifications qui en découlent, comme décrit aux paragraphes 91 a) ii) et 101 a) ii), doivent être pris en considération dans l'évaluation de l'instrument de couverture et, par là même, dans l'appréciation de l'efficacité de la couverture et dans l'évaluation de l'efficacité de la couverture.

Comptabilité de couverture de la juste valeur pour la couverture du risque de taux d'intérêt d'un portefeuille

AG114 Pour une couverture de la juste valeur contre le risque de taux d'intérêt d'un portefeuille d'actifs ou de passifs financiers, une entité remplit les conditions de la présente norme si elle se conforme aux procédures décrites aux points a) à i) et dans les paragraphes AG115 à AG132 ci-dessous.

a) Dans le cadre de sa procédure de gestion des risques, l'entité identifie un portefeuille d'éléments dont elle souhaite couvrir le risque de taux d'intérêt. Le portefeuille peut être constitué soit exclusivement d'actifs, soit exclusivement de passifs, soit encore d'actifs et de passifs. L'entité peut identifier deux ou plusieurs portefeuilles, auquel cas elle applique séparément à chaque portefeuille les indications qui suivent.

b) L'entité analyse le portefeuille en périodes de refixation du prix d'après des dates de refixation du prix attendues plutôt que contractuelles. L'analyse des périodes de refixation du prix peut s'effectuer de diverses manières, notamment par la planification des flux de trésorerie dans les périodes au cours desquelles il est prévu qu'elles se produisent, ou bien par la planification des montants principaux notionnels dans toutes les périodes jusqu'au moment attendu de refixation du prix.

c) Sur la base de cette analyse, l'entité décide du montant qu'elle souhaite couvrir. L'entité désigne comme élément couvert un montant d'actifs ou de passifs du portefeuille identifié (mais pas un montant net) égal au montant qu'elle souhaite désigner comme couvert. [...].

d) L'entité désigne le risque de taux d'intérêt qu'elle couvre. Ce risque pourrait être une partie du risque de taux d'intérêt afférent à chacun des éléments de la position couverte, comme un taux d'intérêt de référence (le LIBOR, par exemple).

e) L'entité désigne un ou plusieurs instruments de couverture pour chaque période de refixation du prix.

f) À l'aide des désignations effectuées aux points c) à e) ci-dessus, l'entité évalue, au début de la couverture et pendant les périodes ultérieures, s'il est prévu que l'opération de couverture soit hautement efficace pendant la période pour laquelle la couverture est désignée.

g) L'entité évalue périodiquement la variation de la juste valeur de l'élément couvert [tel que désigné au point c)] attribuable au risque couvert [tel que désigné au point d)], [...]. Si, lors de son appréciation à l'aide de la méthode documentée d'évaluation de l'efficacité appliquée par l'entité, il peut être déterminé que l'opération de couverture a vraiment été hautement effective, l'entité comptabilise la variation de la juste valeur de l'élément couvert comme un profit ou une perte en résultat et dans l'un de deux postes de l'état de la situation financière, comme décrit au paragraphe 89A. Il n'est pas nécessaire d'affecter le changement de la juste valeur à des actifs ou des passifs spécifiques.

h) L'entité évalue la variation de la juste valeur du ou des instruments de couverture [tels que désignés au point e)] et la comptabilise comme un profit ou une perte en résultat. La juste valeur du ou des instruments de couverture est comptabilisée en actif ou en passif dans l'état de la situation financière.

i) Toute inefficacité (*) sera comptabilisée en résultat comme la différence entre la variation de juste valeur visée en g) et celle visée en h).

(*) Les mêmes considérations d'importance significative s'appliquent dans ce contexte que dans l'ensemble des IFRS.

AG115 Cette approche est décrite de manière plus détaillée ci-dessous. L'approche ne doit être appliquée qu'à une couverture de la juste valeur du risque de taux d'intérêt d'un portefeuille d'actifs ou de passifs financiers.

AG116 Le portefeuille identifié au paragraphe AG114 a) pourrait contenir des actifs et des passifs. À l'inverse, il pourrait s'agir d'un portefeuille constitué exclusivement d'actifs ou exclusivement de passifs. Le portefeuille est utilisé pour déterminer le montant des actifs ou des passifs que l'entité souhaite couvrir. Le portefeuille n'est toutefois pas désigné lui-même comme étant l'élément couvert.

AG117 Pour l'application du paragraphe AG114 b), l'entité détermine la date attendue de refixation du prix d'un élément comme étant la première des deux dates suivantes : la date prévue d'échéance de cet élément et la date de refixation du prix au prix du marché. Les dates attendues de refixation du prix sont estimées au début de la couverture et pendant toute sa durée, d'après l'expérience antérieure et d'après d'autres informations disponibles, notamment les informations et attentes relatives aux taux de remboursements anticipés, aux taux d'intérêt et à l'interaction entre ces taux. Les entités qui n'ont pas d'expérience propre ou qui ont une expérience insuffisante utilisent l'expérience d'entités similaires avec des instruments financiers comparables. Ces estimations sont réexaminées périodiquement et actualisées à la lumière de l'expérience. Dans le cas d'un élément à taux fixe susceptible de remboursement anticipé, la date attendue de refixation du prix est la date à laquelle est attendu le remboursement anticipé de l'élément, sauf refixation au taux du marché avant cette date. Pour un groupe d'éléments similaires, l'analyse en périodes reposant sur les dates attendues de refixation du prix peut prendre la forme de l'affectation à chaque période d'un pourcentage du groupe, plutôt que d'éléments pris individuellement. Une entité peut appliquer d'autres méthodes pour réaliser cette ventilation. Par exemple, elle peut appliquer un coefficient de remboursement anticipé pour affecter les prêts avec amortissement à des périodes sur la base des dates attendues de refixation du prix. La méthode utilisée pour une telle répartition doit cependant être conforme aux procédures et aux objectifs de gestion des risques de l'entité.

AG118 À titre d'exemple de la désignation décrite au paragraphe AG114 c), si, au cours d'une période spécifique de refixation du prix, une entité estime qu'elle détient des actifs à taux fixe de 100 UM et des passifs à taux fixe de 80 UM et qu'elle décide de couvrir intégralement la position nette de 20 UM, elle désigne comme élément couvert des actifs d'un montant de 20 UM (une partie des actifs). La désignation est exprimée par un montant dans une monnaie donnée (par exemple un montant en dollars, en euros, en livres sterling ou en rands) plutôt que comme des actifs pris individuellement. Il s'ensuit que tous les actifs (ou passifs) à partir desquels est établi le montant couvert – dans l'exemple ci-dessus, la totalité des 100 UM d'actifs – doivent être des éléments dont la juste valeur varie en réaction à des variations du taux d'intérêt couvert [...].

AG119 L'entité remplit aussi les autres conditions de désignation et de documentation décrites au paragraphe 88 a). Pour la couverture du risque de taux d'intérêt d'un portefeuille, cette désignation et cette documentation précisent la politique de l'entité applicable à toutes les variables utilisées pour identifier le montant couvert et l'évaluation de l'efficacité, et en particulier :

a) les actifs et passifs à inclure dans la couverture du portefeuille et la base à appliquer pour les sortir du portefeuille ;

b) la manière dont l'entité estime les dates de refixation du prix, notamment les hypothèses de taux d'intérêt sous-jacentes aux évaluations des taux de remboursement anticipé et la base de modification de ces estimations. La même méthode est utilisée tant pour les estimations initiales effectuées au moment de l'inclusion d'un actif ou d'un passif dans le portefeuille couvert que pour les révisions ultérieures éventuelles de ces estimations ;

c) le nombre et la durée des périodes de refixation du prix ;

d) la fréquence à laquelle l'entité testera l'efficacité [...] ;

e) la méthode utilisée par l'entité pour déterminer le montant des actifs et des passifs désignés comme l'élément couvert [...] ;

f) [...], si elle testera l'efficacité individuellement pour chaque période de refixation du prix, pour l'ensemble des périodes en cumul ou par une combinaison des deux.

Les procédures décrites pour désigner et documenter la relation de couverture doivent être conformes aux procédures et aux objectifs de gestion des risques de l'entité. Aucune modification de la procédure ne doit être effectuée de manière arbitraire. Toute modification doit être justifiée par les évolutions des conditions du marché et d'autres facteurs, mais aussi se fonder sur les procédures et objectifs de gestion des risques de l'entité, avec lesquels elle doit être cohérente.

AG120 L'instrument de couverture visé au paragraphe AG114 e) peut être un instrument dérivé unique ou un portefeuille d'instruments dérivés contenant tous une exposition au risque de taux d'intérêt couvert désigné au paragraphe AG114 d) (par exemple, un portefeuille de swaps de taux d'intérêt, tous exposés au taux LIBOR). Un tel portefeuille de produits dérivés peut contenir des positions de risque qui se compensent. Il ne peut toutefois pas comprendre d'options émises ni d'options émises nettes, car la présente norme (*) ne permet pas de désigner de telles options comme des instruments de couverture (sauf lorsqu'une option vendue est désignée comme une compensation d'une option achetée). Si l'instrument de couverture couvre le montant désigné au paragraphe AG114 c) pendant plusieurs périodes de refixation du prix, il est affecté à toutes les périodes qu'il couvre. Toutefois, l'instrument de couverture tout entier doit être affecté à ces périodes de refixation du prix parce que la norme (**) ne permet pas de désigner une relation de couverture pour une partie seulement de la période pendant laquelle un instrument de couverture reste en circulation.

(*) Voir paragraphes 77 et AG94.

(**) Voir paragraphe 75.

AG121 Lorsque l'entité mesure la variation de la juste valeur d'un élément susceptible de remboursement anticipé selon le paragraphe AG114 g), une variation des taux d'intérêt affecte la juste valeur de l'élément susceptible de remboursement anticipé de deux manières : elle affecte la juste valeur des flux de trésorerie contractuels et la juste valeur de l'option de remboursement anticipé contenue dans un élément susceptible de remboursement anticipé. Le paragraphe 81 de la présente norme permet à une entité de désigner comme étant l'élément couvert une partie d'un actif ou d'un passif financier, partageant une même exposition au risque, à condition qu'il soit possible d'évaluer l'efficacité. [...].

AG122 La norme ne précise pas les techniques utilisées pour déterminer le montant indiqué au paragraphe AG114 g), à savoir la variation de la juste valeur de l'élément couvert qui est attribuable au risque couvert. [...]. Il n'est pas approprié de supposer que des variations de la juste valeur de l'élément couvert sont égales à des variations de la valeur de l'instrument de couverture.

AG123 Le paragraphe 89A impose que, si l'élément couvert pour une période de refixation du prix spécifique est un actif, la variation de sa valeur soit présentée dans un poste d'actifs distinct. Par ailleurs, si l'élément couvert pour une période de refixation du prix spécifique est un passif, la variation de sa valeur est présentée dans un poste de passif distinct. Il s'agit des postes distincts visés au paragraphe AG114 g). L'affectation à des actifs (ou passifs) spécifiques n'est pas requise.

AG124 Le paragraphe AG114 i) précise que l'inefficacité intervient dans la mesure où la variation de la juste valeur de l'élément couvert attribuable au risque couvert diffère de la variation de la juste valeur de l'instrument de couverture dérivé. Cette différence peut avoir plusieurs raisons, et notamment :

a) [...] ;

b) la dépréciation ou la décomptabilisation d'éléments du portefeuille couvert ;

c) une différence entre les dates de paiement de l'instrument de couverture et de l'élément couvert ; et

d) d'autres causes [...].

Cette inefficacité (*) sera identifiée et comptabilisée dans le résultat.

(*) Les mêmes considérations d'importance significative s'appliquent dans ce contexte que dans l'ensemble des IFRS.

AG125 En règle générale, l'efficacité de la couverture sera améliorée :

a) si l'entité programme des éléments présentant des caractéristiques de remboursement anticipé différentes, d'une manière qui prenne en compte les différences de comportement en matière de remboursement anticipé ;

b) lorsque le nombre d'éléments du portefeuille est plus élevé. Lorsque le portefeuille ne contient que quelques éléments, il est probable que l'inefficacité soit relativement élevée si l'un des éléments fait l'objet d'un remboursement anticipé avant ou après la date attendue. À l'inverse, lorsque le portefeuille contient de nombreux éléments, le comportement de remboursement anticipé peut être prévu avec plus de précision ;

c) lorsque les périodes de refixation du prix sont plus courtes (par exemple, périodes de refixation du prix d'un mois au lieu de trois mois). Le raccourcissement de la période de refixation du prix réduit l'effet d'éventuelles non-concordances entre les dates de refixation du prix et de paiement (pendant la période de refixation du prix) de l'élément couvert et de l'instrument de couverture ;

d) par l'augmentation de la fréquence d'ajustement du montant de l'instrument de couverture en fonction des variations de l'élément couvert (par exemple, en raison de variations des attentes en matière de remboursement anticipé).

AG126 Une entité teste l'efficacité périodiquement. [...]

AG127 Lorsqu'elle apprécie l'efficacité, l'entité distingue les révisions des dates estimées de refixation du prix des actifs (ou passifs) existants à compter de la création de nouveaux actifs (ou passifs), la première étant la seule à entraîner une inefficacité. [...].Une fois l'inefficacité comptabilisée comme indiqué ci-dessus, l'entité établit une nouvelle estimation du total des actifs (ou passifs) pour chaque période de refixation du prix, en tenant compte des nouveaux actifs (ou passifs) créés depuis la dernière vérification de l'efficacité et désigne un nouveau montant comme étant l'élément couvert et un nouveau pourcentage comme étant le pourcentage couvert. [...]

AG128 Les éléments initialement prévus pour une période de refixation du prix peuvent être décomptabilisés en raison d'un remboursement anticipé plus précoce qu'attendu ou d'une sortie causée par une dépréciation ou une vente. Lorsque cela se produit, le montant de la variation de la juste valeur inclus dans le poste distinct décrit au paragraphe AG114 g) qui se rapporte à l'élément décomptabilisé doit être supprimé de l'état de la situation financière et inclus dans le profit ou la perte résultant de la décomptabilisation de l'élément. À cette fin, il est nécessaire de connaître la ou les périodes de refixation du prix pour lesquelles l'élément décomptabilisé était programmé, car cette information détermine la ou les périodes de refixation du prix dont il doit être supprimé et donc le montant à supprimer du poste distinct visé au paragraphe AG114 g). Quand un élément est décomptabilisé, s'il est possible de déterminer la période dans laquelle il était inclus, il est supprimé de cette période-là. Dans le cas contraire, il est supprimé de la première période si la décomptabilisation résulte de remboursements anticipés plus élevés qu'attendu, ou réparti sur toutes les périodes contenant l'élément décomptabilisé, de manière systématique et rationnelle, si l'élément a été vendu ou a été déprécié.

AG129 En outre, tout montant relatif à une période spécifique qui n'a pas été décomptabilisé à l'expiration de la période est comptabilisé en résultat de la période (voir paragraphe 89A). [...]

AG130 [...].

AG131 Si le montant couvert pour une période de refixation du prix est diminué sans que les actifs (ou passifs) liés soient décomptabilisés, le montant inclus dans le poste distinct décrit au paragraphe AG114 g) qui se rapporte à la réduction doit être amorti selon le paragraphe 92.

AG132 Une entité peut souhaiter appliquer l'approche décrite dans les paragraphes AG114 à AG131 à une couverture de portefeuille qui était précédemment comptabilisée comme une couverture de flux de trésorerie selon IAS 39. Une telle entité annulerait la désignation antérieure d'une couverture de flux de trésorerie selon le paragraphe 101 d) et appliquerait les dispositions décrites dans ce paragraphe. Elle redésignerait également la couverture comme étant une couverture de la juste valeur et appliquerait l'approche décrite aux paragraphes AG114 à AG131 de manière prospective aux périodes comptables ultérieures.

Dispositions transitoires (paragraphes 103 à 108C)

AG133 Une entité peut avoir désigné une transaction intragroupe prévue comme étant un élément couvert au début de la période annuelle ouverte à compter du 1er janvier 2005 (ou pour des besoins de retraitement des informations comparatives, au début d'une période de comparaison antérieure) dans une couverture qui remplirait les conditions d'une comptabilité de couverture conformément à la présente norme (telle que modifiée par la dernière phrase du paragraphe 80). Une telle entité peut utiliser cette désignation pour appliquer la comptabilité de couverture dans des états financiers consolidés dès le début de la période annuelle ouverte à compter du 1er janvier 2005 (ou au début d'une période de comparaison antérieure). Une telle entité doit également appliquer les paragraphes AG99A et AG99B dès le début de la période annuelle ouverte à compter du 1er janvier 2005. Toutefois, conformément au paragraphe 108B, il n'est pas nécessaire qu'elle applique le paragraphe AG99B aux informations comparatives des périodes antérieures.

IAS 40

Immeubles de placement

[règlt UE 2023/1803]

Objectif

1 L'objectif de la présente norme est de prescrire le traitement comptable des immeubles de placement et les dispositions correspondantes en matière d'informations à fournir.

Champ d'application

2 La présente norme doit être appliquée à la comptabilisation et à l'évaluation des immeubles de placement, et aux informations à fournir à leur sujet.

3 [Supprimé]

4 La présente norme ne s'applique pas :

a) aux actifs biologiques liés à une activité agricole (voir IAS 41 *Agriculture* et IAS 16 *Immobilisations corporelles*) ; et

b) aux droits miniers et aux réserves minérales telles que le pétrole, le gaz naturel et autres ressources similaires non renouvelables.

Définitions

5 Dans la présente norme, les termes suivants ont la signification indiquée ci-après :

La *valeur comptable* est le montant pour lequel un actif est comptabilisé dans l'état de la situation financière.

Le *coût* est le montant de trésorerie ou d'équivalents de trésorerie payé ou la juste valeur de toute autre contrepartie donnée pour acquérir un actif au moment de son acquisition ou de sa construction, ou, s'il y a lieu, le montant attribué à cet actif lors de sa comptabilisation initiale conformément aux dispositions spécifiques d'autres IFRS, par exemple IFRS 2 *Paiement fondé sur des actions*.

La *juste valeur* est le prix qui serait reçu pour la vente d'un actif ou payé pour le transfert d'un passif lors d'une transaction normale entre des participants de marché à la date d'évaluation (voir IFRS 13 *Évaluation de la juste valeur*).

Un *immeuble de placement* est un bien immobilier (terrain ou bâtiment – ou partie d'un bâtiment – ou les deux) détenu (par le propriétaire, ou, en tant qu'actif comptabilisé au titre du droit d'utilisation, par le preneur) pour en retirer des loyers ou pour réaliser une plus-value en capital ou les deux, et non pour :

a) l'utiliser dans la production ou la fourniture de biens ou de services ou à des fins administratives ; ou

b) le vendre dans le cadre de l'activité ordinaire.

Un *bien immobilier occupé par son propriétaire* est un bien immobilier détenu (par le propriétaire, ou, en tant qu'actif comptabilisé au titre du droit d'utilisation, par le preneur) pour être utilisé dans la production ou la fourniture de biens ou de services, ou à des fins administratives.

Classement d'un bien comme immeuble de placement ou comme bien immobilier occupé par son propriétaire

6 [Supprimé]

7 Un immeuble de placement est détenu pour en retirer des loyers, pour réaliser une plus-value en capital ou les deux. Par conséquent, un immeuble de placement génère des flux de trésorerie largement indépendants des autres actifs détenus par l'entité. Cela distingue un immeuble de placement d'un bien immobilier occupé par son propriétaire. La production ou la fourniture de biens ou de services (ou l'utilisation d'un bien immobilier à des fins administratives) génère des flux de trésorerie qui sont attribuables non seulement au bien immobilier, mais aussi à d'autres actifs utilisés dans le processus de production ou de fourniture. IAS 16 s'applique aux biens immobiliers occupés par leur propriétaire qui sont détenus en propre et IFRS 16 *Contrats de location* s'applique aux biens immobiliers occupés par leur propriétaire qui sont détenus par le preneur en tant qu'actifs comptabilisés au titre du droit d'utilisation.

8 Sont par exemple des immeubles de placement :

a) un terrain détenu pour réaliser une plus-value en capital à long terme et non pour une vente à court terme dans le cadre de l'activité ordinaire ;

b) un terrain détenu pour une utilisation future actuellement indéterminée (si une entité n'a pas déterminé qu'elle utilisera le terrain soit comme un bien immobilier occupé par son propriétaire, soit pour le vendre à court terme dans le cadre de son activité ordinaire, le terrain est considéré comme étant détenu pour réaliser une plus-value en capital) ;

c) un bâtiment appartenant à l'entité (ou un actif détenu par l'entité au titre du droit d'utilisation d'un bâtiment) et donné en location dans le cadre d'un ou plusieurs contrats de location simple ;

d) un bâtiment vacant mais détenu en vue d'être loué dans le cadre d'un ou plusieurs contrats de location simple ;

e) un bien immobilier en cours de construction ou d'aménagement en vue d'une utilisation ultérieure en tant qu'immeuble de placement.

9 Sont par exemple des éléments qui ne sont pas des immeubles de placement et qui, en conséquence, n'entrent pas dans le champ d'application de la présente norme :

a) un bien immobilier détenu en vue de sa vente dans le cadre de l'activité ordinaire ou en cours de construction ou d'aménagement en vue d'une telle vente (voir IAS 2 *Stocks*), par exemple un bien immobilier acquis exclusivement pour être vendu ultérieurement dans un avenir proche ou être aménagé et revendu ;

b) [Supprimé]

c) un bien immobilier occupé par son propriétaire (voir IAS 16 et IFRS 16), y compris (entre autres choses) un bien immobilier détenu en vue de son utilisation future comme bien immobilier occupé par son propriétaire, un bien immobilier détenu en vue de son aménagement futur et de son utilisation ultérieure comme bien immobilier occupé par son propriétaire, un bien immobilier occupé par des membres du personnel (que ceux-ci paient ou non un loyer aux conditions du marché) et un bien immobilier occupé par son propriétaire en attendant d'être vendu ;

d) [Supprimé]

e) un bien immobilier donné en location à une autre entité dans le cadre d'un contrat de location-financement.

10 Certains biens immobiliers comprennent une partie qui est détenue pour en retirer des loyers ou réaliser une plus-value en capital et une autre partie qui est détenue pour être utilisée dans le processus de production ou de fourniture de biens ou de services ou à des fins administratives. Si ces deux parties peuvent être vendues séparément (ou louées séparément dans le cadre d'un contrat de location-financement), l'entité les comptabilise séparément. Si les deux parties ne peuvent être vendues séparément, le bien immobilier est un immeuble de placement seulement si la partie détenue pour être utilisée dans le processus de production ou de fourniture de biens ou de services ou à des fins administratives n'est pas significative.

11 Dans certains cas, une entité fournit des services accessoires aux occupants d'un bien immobilier qu'elle détient. Une entité traite ce bien immobilier comme un immeuble de placement si les services représentent une composante non significative du contrat pris dans son ensemble. C'est le cas, par exemple, lorsque le propriétaire d'un immeuble de bureaux assure des services de maintenance et de sécurité aux preneurs qui occupent l'immeuble.

12 Dans d'autres cas, les services fournis sont une composante significative. Par exemple, si une entité possède et gère un hôtel, les services fournis aux clients constituent une composante significative du contrat pris dans son ensemble. En conséquence, un hôtel géré par son propriétaire est un bien immobilier occupé par son propriétaire et non un immeuble de placement.

13 Il peut être difficile de déterminer si les services accessoires sont d'une importance telle qu'un bien ne peut être qualifié d'immeuble de placement. À titre d'exemple, il arrive parfois que le propriétaire d'un hôtel transfère certaines responsabilités à des tiers dans le cadre d'un contrat de gestion. Les termes de ces contrats varient très largement. À une extrémité du spectre, le propriétaire peut être en substance dans la situation d'un investisseur passif. À l'autre extrémité du spectre, il peut avoir simplement sous-traité certaines fonctions quotidiennes tout en conservant une exposition importante aux variations des flux de trésorerie générés par l'exploitation de l'hôtel.

14 Pour déterminer si un bien immobilier est un immeuble de placement, il faut exercer un jugement. Une entité élabore des critères qui lui permettent d'exercer ce jugement de façon permanente et cohérente en accord avec la définition donnée d'un immeuble de placement et avec les indications correspondantes des paragraphes 7 à 13. Le paragraphe 75, point c), impose à l'entité de fournir ces critères lorsque le classement est difficile.

14A L'exercice du jugement est également nécessaire pour déterminer si l'acquisition d'un immeuble de placement consiste en l'acquisition d'un actif ou d'un groupe d'actifs, ou si elle constitue un regroupement d'entreprises entrant dans le champ d'application d'IFRS 3 *Regroupements d'entreprises*. Il faut se reporter à IFRS 3 pour déterminer s'il s'agit d'un regroupement d'entreprises. En effet, les paragraphes 7 à 14 de la présente norme visent à déterminer si un bien est un bien immobilier occupé par son propriétaire ou un immeuble de placement, et non à déterminer si l'acquisition du bien constitue un regroupement d'entreprises au sens d'IFRS 3. Déterminer si une transaction particulière entre dans la définition d'un regroupement d'entreprises selon IFRS 3 et si elle englobe un immeuble de placement au sens de la présente norme requiert l'application distincte des deux normes.

15 Dans certains cas, une entité possède un bien immobilier qui est loué à, et occupé par, sa société mère ou une autre filiale. Dans les états financiers consolidés, le bien immobilier ne remplit pas les conditions d'un immeuble de placement, car, du point de vue du groupe, il est occupé par son propriétaire. Mais, du point de vue de l'entité à laquelle il appartient, le bien immobilier est un immeuble de placement s'il entre dans la définition du paragraphe 5. Par conséquent, le bailleur le traite en immeuble de placement dans ses états financiers individuels.

Comptabilisation

16 **Un immeuble de placement détenu en propre doit être comptabilisé en tant qu'actif, si, et uniquement si :**

a) il est probable que les avantages économiques futurs associés à l'immeuble de placement iront à l'entité ; et

b) le coût de l'immeuble de placement peut être évalué de façon fiable.

17 Une entité évalue selon ce principe de comptabilisation l'ensemble des coûts de ses immeubles de placement au moment où ils sont engagés. Ces coûts comprennent les coûts engagés initialement pour acquérir l'immeuble de placement, et les coûts engagés ultérieurement pour accroître la capacité, remplacer certains éléments ou assurer l'entretien de l'immeuble.

18 Selon le principe de comptabilisation énoncé au paragraphe 16, une entité ne comptabilise pas dans la valeur comptable d'un immeuble de placement les coûts de l'entretien quotidien de cet immeuble. Ces coûts sont, en revanche, comptabilisés en résultat lorsqu'ils sont engagés. Les coûts relatifs à l'entretien quotidien sont principalement les frais de main-d'œuvre et de consommables et peuvent inclure les coûts de pièces de rechange d'importance mineure. L'objet de ces dépenses est souvent décrit comme « réparation et maintenance » du bien immobilier.

19 Des éléments d'immeubles de placement peuvent avoir été acquis par remplacement. Par exemple, les murs intérieurs peuvent être des murs qui ont remplacé les murs originaux. Selon le principe de comptabilisation, si

les critères de comptabilisation sont respectés, l'entité comptabilise dans la valeur comptable d'un immeuble de placement existant les coûts de remplacement d'une partie de celui-ci au moment où ces coûts sont engagés. La valeur comptable des éléments remplacés est décomptabilisée conformément aux dispositions de décomptabilisation de la présente norme.

19A Un immeuble de placement détenu par un preneur en tant qu'actif au titre du droit d'utilisation doit être comptabilisé selon IFRS 16.

Évaluation lors de la comptabilisation

20 Un immeuble de placement détenu en propre doit être évalué initialement à son coût. Les coûts de transaction doivent être inclus dans l'évaluation initiale.

21 Le coût d'un immeuble de placement acheté comprend son prix d'achat et toutes les dépenses directement attribuables. Les dépenses directement attribuables sont, par exemple, les honoraires juridiques, les droits de mutation et autres coûts de transaction.

22 [Supprimé]

23 Le coût d'un immeuble de placement n'est pas augmenté par :

a) les coûts de démarrage (sauf s'ils sont nécessaires pour mettre l'immeuble dans l'état nécessaire pour permettre son exploitation de la manière souhaitée par la direction) ;

b) les pertes d'exploitation subies avant que l'immeuble de placement n'atteigne le niveau d'occupation prévu ; ou

c) les montants anormaux au titre des matières premières, de la main-d'œuvre et des autres ressources gaspillées dans la construction ou l'aménagement de l'immeuble.

24 Si le paiement d'un immeuble de placement est différé, son coût est le prix comptant équivalent. La différence entre ce montant et le total des paiements est comptabilisée en frais financiers sur la durée du crédit.

25 [Supprimé]

26 [Supprimé]

27 Un ou plusieurs immeubles de placement peuvent être acquis par voie d'échange contre un ou plusieurs actifs non monétaires ou un ensemble d'actifs monétaires et non monétaires. Les explications qui suivent portent sur l'échange d'un actif non monétaire contre un autre, mais elles s'appliquent aussi à tous les échanges décrits dans la phrase précédente. Le coût d'un tel immeuble de placement est évalué à la juste valeur sauf a) si l'opération d'échange est dépourvue de substance commerciale ou b) s'il n'est pas possible d'évaluer de manière fiable la juste valeur de l'actif reçu et de l'actif cédé. L'actif acquis est évalué de cette manière même si l'entité ne peut pas immédiatement décomptabiliser l'actif cédé. Si l'actif acquis n'est pas évalué à la juste valeur, son coût est évalué à la valeur comptable de l'actif cédé.

28 Une entité détermine si une opération d'échange présente une substance commerciale en considérant dans quelle mesure il faut s'attendre à un changement de ses flux de trésorerie futurs du fait de cette opération. Une opération d'échange a une substance commerciale si :

a) le profil (risque, calendrier et montant) des flux de trésorerie de l'actif reçu diffère du profil des flux de trésorerie de l'actif transféré ; ou

b) la valeur spécifique à l'entité de la partie des activités de l'entité affectée par l'opération change du fait de l'échange ; et

c) la différence en a) ou en b) est significative par rapport à la juste valeur des actifs échangés.

Pour déterminer si une opération d'échange a une substance commerciale, la valeur spécifique à l'entité de la partie des activités de l'entité affectée par l'opération doit rendre compte des flux de trésorerie après impôt. Le résultat de ces analyses peut être évident sans qu'une entité ait à effectuer des calculs détaillés.

29 La juste valeur d'un actif peut être évaluée de façon fiable si a) la variabilité de l'intervalle des justes valeurs raisonnables n'est pas importante pour cet actif ou si b) les probabilités des différentes estimations dans l'intervalle peuvent être raisonnablement appréciées et utilisées pour évaluer la juste valeur. Si l'entité est en mesure d'évaluer de manière fiable la juste valeur de l'actif reçu ou de l'actif cédé, la juste valeur de l'actif cédé est alors utilisée pour évaluer le coût, sauf si la juste valeur de l'actif reçu est plus clairement évidente.

29A Un immeuble de placement détenu par un preneur en tant qu'actif comptabilisé au titre du droit d'utilisation doit être évalué initialement à son coût selon IFRS 16.

Évaluation après comptabilisation

MÉTHODE COMPTABLE

30 Sous réserve de l'exception prévue au paragraphe 32A, une entité doit choisir comme méthode comptable soit le modèle de la juste valeur décrit aux paragraphes 33 à 55, soit le modèle du coût décrit au paragraphe 56, et doit appliquer cette méthode à tous ses immeubles de placement.

31 IAS 8 *Méthodes comptables, changements d'estimations comptables et erreurs* dispose que l'on ne doit procéder à un changement délibéré de méthode comptable que si ce changement permet de produire des états financiers qui fournissent des informations fiables et plus pertinentes concernant les effets des transactions, autres événements ou conditions sur la situation financière, la performance financière ou les flux de trésorerie de l'entité. Il est hautement improbable que l'abandon du modèle de la juste valeur pour le modèle du coût permette une présentation plus appropriée.

32 La présente norme impose à toutes les entités d'évaluer la juste valeur d'un immeuble de placement dans le but soit de son évaluation (si l'entité utilise le modèle de la juste valeur) soit de la présentation d'informations (si elle utilise le modèle du coût). Les entités sont encouragées, mais sans obligation, à évaluer la juste valeur d'un immeuble de placement sur la base d'une évaluation faite par un évaluateur indépendant possédant une qualification professionnelle pertinente et reconnue et une expérience récente quant à la situation géographique et la catégorie de l'immeuble de placement objet de l'évaluation.

32A L'entité peut choisir :

a) pour tous les immeubles de placement auxquels sont adossés des passifs qui fournissent un rendement directement lié à la juste valeur d'actifs spécifiés – y compris ces immeubles de placement – ou au rendement obtenu de ces actifs, soit le modèle de la juste valeur, soit le modèle du coût ; et

b) pour tous les autres immeubles de placement, soit le modèle de la juste valeur, soit le modèle du coût, indépendamment du choix fait en a).

32B Certaines entités utilisent un fonds d'investissement interne ou externe pour procurer aux investisseurs des avantages déterminés en fonction des parts du fonds. De même, certaines entités émettent des contrats d'assurance avec éléments de participation directe dont les éléments sous-jacents englobent un immeuble de placement. Aux fins de l'application des paragraphes 32A et 32B seulement, les contrats d'assurance comprennent les contrats d'investissement avec éléments de participation discrétionnaire. Le paragraphe 32A ne permet pas à une entité d'évaluer le bien immobilier détenu par le fonds (ou constituant un élément sous-jacent) en partie au coût, et en partie à la juste valeur (voir IFRS 17 *Contrats d'assurance* pour la définition de certains termes employés dans le présent paragraphe).

32C Si une entité choisit des modèles différents pour les deux catégories décrites au paragraphe 32A, les ventes d'immeubles de placement entre des portefeuilles d'actifs évalués en utilisant des modèles différents doivent être comptabilisées à la juste valeur et la variation cumulée de la juste valeur doit être comptabilisée en résultat net. En conséquence, si un immeuble de placement d'un portefeuille utilisant le modèle de la juste valeur est vendu pour être transféré à un portefeuille utilisant le modèle du coût, la juste valeur de l'immeuble à la date de la vente devient son coût présumé.

MODÈLE DE LA JUSTE VALEUR

33 Après la comptabilisation initiale, une entité qui choisit le modèle de la juste valeur doit évaluer tous ses immeubles de placement à leur juste valeur, sauf dans les cas décrits au paragraphe 53.

34 [Supprimé]

35 Un profit ou une perte résultant d'une variation de la juste valeur d'un immeuble de placement doit être comptabilisé en résultat net dans la période au cours de laquelle il se produit.

36-39 [Supprimé]

40 Lorsqu'elle évalue la juste valeur d'un immeuble de placement conformément à IFRS 13, l'entité doit s'assurer que cette valeur rend compte, entre autres choses, du revenu locatif des contrats de location en cours et d'autres hypothèses que les participants de marché utiliseraient pour fixer le prix de l'immeuble dans les conditions actuelles du marché.

40A Lorsqu'un preneur évalue selon le modèle de la juste valeur un immeuble de placement qu'il détient en tant qu'actif comptabilisé au titre du droit d'utilisation, c'est la juste valeur de l'actif comptabilisé au titre du droit d'utilisation, et non celle du bien immobilier sous-jacent, qu'il doit utiliser.

41 C'est IFRS 16 qui précise la base de comptabilisation initiale du coût d'un immeuble de placement détenu par un preneur en tant qu'actif au titre du droit d'utilisation. Dans le cas où l'entité choisit le modele de la juste valeur, le paragraphe 33 impose que l'immeuble de placement détenu par le preneur en tant qu'actif comptabilisé au titre du droit d'utilisation fasse l'objet, si nécessaire, d'une réévaluation à la juste valeur. Si les paiements de loyers sont aux prix du marché, cette juste valeur, nette de tous les paiements de loyers attendus (y compris ceux qui se rapportent à des passifs locatifs comptabilisés), devrait, à l'acquisition, être égale à zéro. Donc, le fait de réévaluer l'actif comptabilisé au titre du droit d'utilisation pour le porter de son coût déterminé conformément à IFRS 16 à sa juste valeur déterminée conformément au paragraphe 33 (en tenant compte des dispositions du paragraphe 50) ne devrait pas donner lieu à un profit initial ou à une perte initiale, sauf si la juste valeur est évaluée à des dates différentes. Cela pourrait se produire lorsque l'entité opte pour le modèle de la juste valeur après comptabilisation initiale.

42-47 [Supprimé]

48 Dans des cas exceptionnels, il apparaît clairement, lorsque l'entité fait l'acquisition d'un immeuble de placement (ou lorsqu'un bien immobilier existant devient un immeuble de placement après un changement d'utilisation), que la variabilité de l'intervalle des justes valeurs raisonnables est si grande et que les probabilités des différents résultats sont si difficiles à évaluer que l'utilité d'une mesure unique de la juste valeur est remise en cause. Cela peut indiquer que la juste valeur du bien ne pourra pas être évaluée de façon fiable et continue (voir paragraphe 53).

49 [Supprimé]

50 Dans la détermination de la valeur comptable d'un immeuble de placement selon le modèle de la juste valeur, une entité ne comptabilise pas deux fois les actifs ou passifs qui sont comptabilisés comme des actifs ou passifs distincts. Par exemple :

a) des équipements tels que les ascenseurs ou les installations de climatisation font souvent partie intégrante d'un immeuble et sont généralement inclus dans la juste valeur de l'immeuble de placement plutôt que comptabilisés séparément en tant qu'immobilisations corporelles ;

b) si un bureau est loué meublé, la juste valeur du bureau inclut généralement la juste valeur du mobilier car le revenu locatif se rapporte au bureau meublé. Lorsque le mobilier est inclus dans la juste valeur de l'immeuble de placement, l'entité ne comptabilise pas ce mobilier comme un actif distinct ;

c) la juste valeur d'un immeuble de placement exclut les revenus d'un contrat de location simple payés d'avance ou à payer, car l'entité les comptabilise comme un passif ou un actif distinct ;

d) la juste valeur d'un immeuble de placement détenu par un preneur en tant qu'actif comptabilisé au titre du droit d'utilisation rend compte des flux de trésorerie attendus (y compris les paiements de loyers variables dont on s'attend à ce qu'ils deviennent exigibles). Par conséquent, si une évaluation obtenue pour un immeuble est nette de tous les paiements attendus, il faudra réintégrer le montant de tout passif locatif comptabilisé de manière à obtenir la valeur comptable de l'immeuble de placement en utlisant le modèle de la juste valeur.

51 [Supprimé]

52 Dans certains cas, l'entité s'attend à ce que la valeur actualisée de ses paiements relatifs à un immeuble de placement (autres que les paiements relatifs à des passifs comptabilisés) excède la valeur actualisée des encaissements correspondants. L'entité applique IAS 37 *Provisions, passifs éventuels et actifs éventuels* pour déterminer si elle comptabilise un passif et, le cas échéant, comment elle l'évalue.

INCAPACITÉ À ÉVALUER DE FAÇON FIABLE LA JUSTE VALEUR

53 **Il existe une présomption réfragable selon laquelle une entité est capable d'évaluer la juste valeur d'un immeuble de placement de façon fiable et continue. Cependant, dans des cas exceptionnels, il apparaît clairement, lorsqu'une entité fait l'acquisition d'un immeuble de placement (ou lorsqu'un bien immobilier existant devient un immeuble de placement après un changement d'utilisation), qu'il n'est pas possible d'évaluer la juste valeur de l'immeuble de placement de façon fiable et continue. Cela se produit si, et seulement si, le marché pour des immeubles comparables est inactif (par exemple, il y a peu de transactions récentes, les cours ne sont pas actuels, ou les prix de transaction observés indiquent que le vendeur a été forcé de vendre) et que l'on ne dispose pas d'autres évaluations fiables de la juste valeur (par exemple sur la base de projections actualisées des flux de trésorerie). Si l'entité établit que la juste valeur d'un immeuble de placement en cours de construction ne peut pas être évaluée de manière fiable, mais prévoit qu'elle pourra l'être lorsque la construction sera terminée, l'entité doit évaluer l'immeuble au coût jusqu'à ce que sa juste valeur puisse être évaluée de façon fiable ou jusqu'à ce que la construction soit terminée (selon ce qui se produira en premier). Si l'entité établit que la juste valeur d'un immeuble de placement (autre qu'un immeuble de placement en cours de construction) ne peut pas être évaluée de façon fiable et continue, elle doit évaluer cet immeuble de placement en utilisant le modèle du coût décrit dans IAS 16 s'il s'agit d'un immeuble de placement détenu en propre, ou selon IFRS 16 s'il s'agit d'un immeuble de placement détenu par un preneur en tant qu'actif comptabilisé au titre du droit d'utilisation. La valeur résiduelle de l'immeuble de placement doit être présumée égale à zéro. L'entité doit continuer à appliquer IAS 16 ou IFRS 16 jusqu'à la sortie de l'immeuble de placement.**

53A Lorsqu'une entité devient capable d'évaluer de façon fiable la juste valeur d'un immeuble de placement en cours de construction précédemment évalué au coût, elle doit évaluer cet immeuble à sa juste valeur. Lorsque la construction de cet immeuble est terminée, on présume que la juste valeur peut être évaluée de façon fiable. Si tel n'est pas le cas, conformément au paragraphe 53, l'immeuble doit être comptabilisé en utilisant le modèle du coût selon IAS 16 s'il s'agit d'un actif détenu en propre, ou selon IFRS 16 s'il s'agit d'un immeuble de placement détenu par un preneur en tant qu'actif comptabilisé au titre du droit d'utilisation.

53B La présomption selon laquelle la juste valeur d'un immeuble de placement en cours de construction peut être évaluée de façon fiable est réfragable uniquement lors de la comptabilisation initiale. Une entité qui a évalué un immeuble de placement en cours de construction à la juste valeur ne peut pas conclure que la juste valeur de l'immeuble de placement terminé ne peut pas être évaluée de façon fiable.

54 Dans les cas exceptionnels où l'entité est tenue, pour la raison indiquée au paragraphe 53, d'évaluer un immeuble de placement en utilisant le modèle du coût selon IAS 16 ou selon IFRS 16, elle évalue tous ses autres immeubles de placement à la juste valeur, y compris les immeubles de placement en cours de construction. Dans ces cas, même si l'entité peut utiliser le modèle du coût pour un immeuble de placement donné, elle doit continuer à comptabiliser chacun des autres immeubles selon le modèle de la juste valeur.

55 Si auparavant l'entité évaluait un immeuble de placement à la juste valeur, elle doit continuer à l'évaluer à la juste valeur jusqu'à sa sortie (ou jusqu'à ce que le bien immobilier devienne un bien occupé par son propriétaire ou jusqu'à ce que l'entité commence à aménager le bien en vue de sa vente ultérieure dans le cadre de l'activité ordinaire) même si des transactions comparables sur le marché deviennent moins fréquentes ou si les prix de marché deviennent moins facilement disponibles.

MODÈLE DU COÛT

56 Après la comptabilisation initiale, une entité qui choisit le modèle du coût doit évaluer un immeuble de placement :

a) selon IFRS 5 *Actifs non courants détenus en vue de la vente et activités abandonnées* s'il satisfait aux critères pour être classé comme étant détenu en vue de la vente (ou est inclus dans un groupe destiné à être cédé classé comme étant détenu en vue de la vente) ;

b) selon IFRS 16 s'il est détenu par un preneur en tant qu'actif comptabilisé au titre du droit d'utilisation et qu'il n'est pas détenu en vue de la vente selon IFRS 5 ; et

c) conformément aux dispositions d'IAS 16 relatives au modèle du coût dans tous les autres cas.

Transferts

57 L'entité doit transférer un bien immobilier depuis, ou vers, la catégorie immeubles de placement si, et seulement si, il y a changement d'utilisation. Il y a changement d'utilisation lorsque le bien immobilier entre, ou cesse d'entrer, dans la définition d'un immeuble de placement et qu'il existe une indication de changement d'utilisation. Un changement des intentions de la direction quant à l'utilisation d'un bien immobilier ne constitue pas en soi une indication de changement d'utilisation. Voici des exemples d'indication d'un changement d'utilisation :

a) un commencement d'occupation par le propriétaire, ou d'aménagement en vue d'une occupation par le propriétaire, pour un transfert de la catégorie immeubles de placement vers la catégorie biens occupés par leur propriétaire ;

b) un commencement d'aménagement en vue d'une vente, pour un transfert de la catégorie immeubles de placement vers la catégorie stocks ;

c) une fin d'occupation par le propriétaire, pour un transfert de la catégorie biens immobiliers occupés par leur propriétaire vers la catégorie immeubles de placement ; et

d) le commencement d'un contrat de location simple au profit d'une autre partie, pour un transfert de la catégorie stocks vers la catégorie immeubles de placement.

e) [Supprimé]

58 Lorsqu'une entité décide de vendre un immeuble de placement sans procéder à aucun aménagement, elle continue à le comptabiliser comme un immeuble de placement jusqu'à ce qu'il soit décomptabilisé (éliminé de l'état de la situation financière) et ne le reclasse pas en tant que stocks. De même, si une entité commence à réaménager un immeuble de placement existant en vue d'une utilisation future à nouveau en tant qu'immeuble de placement, celui-ci reste un immeuble de placement et n'est pas reclassé en tant que bien immobilier occupé par son propriétaire durant les travaux de réaménagement.

59 Les paragraphes 60 à 65 s'appliquent aux questions de comptabilisation et d'évaluation qui se posent lorsqu'une entité utilise le modèle de la juste valeur pour un immeuble de placement. Lorsqu'elle utilise le modèle du coût, les transferts entre les catégories immeubles de placement, biens immobiliers occupés par leur propriétaire et stocks ne changent pas la valeur comptable du bien immobilier transféré et ne changent pas le coût de ce bien immobilier pour son évaluation ou les informations à fournir.

60 Pour un transfert d'un immeuble de placement évalué à la juste valeur vers la catégorie biens immobiliers occupés par leur propriétaire ou la catégorie stocks, le coût présumé du bien immobilier pour sa comptabilisation ultérieure selon IAS 16, IFRS 16 ou IAS 2 doit être sa juste valeur à la date du changement d'utilisation.

61 Si un bien immobilier occupé par son propriétaire devient un immeuble de placement qui sera comptabilisé à la juste valeur, l'entité doit appliquer IAS 16 s'il s'agit d'un bien immobilier détenu en propre, ou IFRS 16 s'il s'agit d'un bien immobilier détenu par un preneur en tant qu'actif comptabilisé au titre du droit d'utilisation, jusqu'à la date du changement d'utilisation. L'entité doit traiter toute différence à cette date entre la valeur comptable du bien immobilier selon IAS 16 ou IFRS 16 et sa juste valeur de la même manière qu'une réévaluation selon IAS 16.

62 Jusqu'à la date à laquelle un bien immobilier occupé par son propriétaire devient un immeuble de placement comptabilisé à la juste valeur, l'entité amortit le bien immobilier (ou l'actif comptabilisé au titre du droit d'utilisation) et comptabilise toute perte de valeur qui est survenue. L'entité doit traiter toute différence à cette date entre la valeur comptable du bien immobilier selon IAS 16 ou IFRS 16 et sa juste valeur de la même manière qu'une réévaluation selon IAS 16. En d'autres termes :

a) toute diminution de la valeur comptable du bien qui en résulte est comptabilisée en résultat net. Cependant, dans la mesure où un montant est enregistré dans l'écart de réévaluation au titre dudit bien, la diminution est comptabilisée dans les autres éléments du résultat global et réduit l'écart de réévaluation dans les capitaux propres ;

b) toute augmentation de la valeur comptable en résultant est traitée comme suit :

i) dans la mesure où l'augmentation annule une perte de valeur antérieure pour ce bien, elle est comptabilisée en résultat net. Le montant comptabilisé en résultat net n'excède pas le montant nécessaire pour ramener la valeur comptable à la valeur comptable (diminuée des amortissements) qui aurait été déterminée si aucune perte de valeur n'avait été comptabilisée ;

ii) tout solde de l'augmentation est comptabilisé dans les autres éléments du résultat global et augmente l'écart de réévaluation dans les capitaux propres. Lors de la sortie ultérieure de l'immeuble de placement, l'écart de réévaluation inclus dans les capitaux propres peut être transféré en résultats non distribués. Le transfert de la rubrique écart de réévaluation à la rubrique résultats non distribués ne s'effectue pas par le biais du résultat net.

63 Pour un transfert de la catégorie stocks vers la catégorie des immeubles de placement qui seront comptabilisés à la juste valeur, toute différence entre la juste valeur du bien immobilier à cette date et sa valeur comptable antérieure doit être comptabilisée en résultat net.

64 Le traitement des transferts de la catégorie stocks à la catégorie immeubles de placement qui seront comptabilisés à la juste valeur est cohérent avec le traitement des ventes de stocks.

65 Lorsqu'une entité achève la construction ou l'aménagement d'un immeuble de placement construit pour elle-même, qui sera comptabilisé à la juste valeur, toute différence entre la juste valeur du bien immobilier à cette date et sa valeur comptable antérieure doit être comptabilisée en résultat net.

Sorties

66 Un immeuble de placement doit être décomptabilisé (éliminé de l'état de la situation financière) lors de sa sortie ou lorsque son utilisation est arrêtée de manière permanente et qu'aucun avantage économique futur n'est attendu de sa sortie.

67 La sortie d'un immeuble de placement peut résulter d'une vente ou de la conclusion d'un contrat de location-financement. La date de sortie d'un immeuble de placement vendu est la date à laquelle celui qui l'obtient en acquiert le contrôle conformément aux dispositions visant à déterminer quand une obligation de prestation est remplie contenues dans IFRS 15. IFRS 16 s'applique aux sorties résultant de la conclusion d'un contrat de location-financement ou d'une cession-bail.

68 Si, conformément au principe de comptabilisation énoncé au paragraphe 16, une entité comptabilise, dans la valeur comptable d'un actif, le coût du remplacement d'une partie d'un immeuble de placement, elle décomptabilise la valeur comptable de la partie remplacée. Pour un immeuble de placement comptabilisé selon le modèle du coût, une partie remplacée peut être une partie qui n'a pas été amortie séparément. S'il n'est pas possible pour une entité de déterminer la valeur comptable de la partie remplacée, elle peut utiliser le coût de remplacement comme indication de ce qu'était le coût de la partie remplacée au moment de son acquisition ou de sa construction. Dans le modèle de la juste valeur, la juste valeur de l'immeuble de placement peut déjà rendre compte du fait que la partie qui doit être remplacée a perdu sa valeur. Dans d'autres cas, il peut être difficile de discerner à quel point la juste valeur doit être réduite pour la partie qui est remplacée. Lorsqu'il n'est pas possible de réduire la juste valeur pour la partie qui est remplacée, une solution alternative consiste à inclure le coût du remplacement dans la valeur comptable de l'actif, puis à réestimer la juste valeur, comme ce serait le cas pour des additions d'éléments n'impliquant pas de remplacement.

69 Les profits ou pertes résultant de la mise hors service ou de la sortie d'un immeuble de placement doivent être déterminés comme la différence entre le produit net de la sortie et la valeur comptable de l'actif et doivent être comptabilisés en résultat net (sauf disposition contraire d'IFRS 16 en cas de cession-bail) dans la période où intervient la mise hors service ou la sortie de l'actif.

70 Le montant de contrepartie à inclure dans le profit ou la perte résultant de la décomptabilisation d'un immeuble de placement est déterminé conformément aux dispositions relatives à la détermination du prix de transaction contenues dans les paragraphes 47 à 72 d'IFRS 15. Les variations ultérieures du montant estimé de contrepartie qui est inclus dans le profit ou la perte doivent être comptabilisées conformément aux dispositions relatives à la modification du prix de transaction contenues dans IFRS 15.

71 Une entité applique IAS 37 ou d'autres normes, selon le cas, à tous les passifs qu'elle conserve après la sortie d'un immeuble de placement.

72 Les indemnisations reçues de tiers relatives à des immeubles de placement dépréciés, perdus ou abandonnés doivent être comptabilisées en résultat net lorsqu'elles deviennent exigibles.

73 Les dépréciations ou pertes d'immeubles de placement, les demandes de règlement ou le paiement d'indemnités liés provenant de tiers, et tout achat ou construction ultérieurs d'actifs de remplacement sont des événements économiques indépendants et doivent être comptabilisés comme suit :

a) les dépréciations d'immeubles de placement sont comptabilisées selon IAS 36 ;

b) les mises hors service ou les sorties d'immeubles de placement sont comptabilisées conformément aux paragraphes 66 à 71 de la présente norme ;

c) les indemnisations provenant de tiers pour un immeuble de placement qui a été déprécié, perdu ou abandonné sont comptabilisées en résultat net lorsqu'elles deviennent exigibles ; et

d) le coût des actifs réparés, achetés ou construits en remplacement est déterminé conformément aux paragraphes 20 à 29 de la présente norme.

Informations à fournir

MODÈLE DE LA JUSTE VALEUR ET MODÈLE DU COÛT

74 Les informations à fournir ci-après s'appliquent en plus des informations à fournir selon IFRS 16. Selon IFRS 16, le propriétaire d'un immeuble de placement fournit les informations relatives aux bailleurs pour les contrats de location qu'il a conclus. Le preneur qui détient un immeuble de placement en tant qu'actif comptabilisé au titre du droit d'utilisation fournit les informations exigées des preneurs par IFRS 16 et les informations exigées des bailleurs par IFRS 16 pour tous les contrats de location simple qu'il a conclus.

75 Une entité doit fournir les informations suivantes :

a) si elle applique le modèle de la juste valeur ou le modèle du coût ;

b) [Supprimé]

c) lorsque le classement est difficile (voir paragraphe 14), les critères qu'elle utilise pour distinguer un immeuble de placement d'un bien immobilier occupé par son propriétaire et d'un bien immobilier détenu en vue de sa vente dans le cadre de l'activité ordinaire ;

d) [Supprimé]

e) dans quelle mesure la juste valeur des immeubles de placement (telle qu'évaluée ou telle qu'indiquée dans les états financiers) repose sur une évaluation par un évaluateur indépendant ayant une qualification professionnelle pertinente et reconnue et ayant une expérience récente quant à la situation géographique et la catégorie de l'immeuble de placement objet de l'évaluation. S'il n'y a pas eu une telle évaluation, ce fait doit être indiqué ;

f) les montants comptabilisés en résultat net au titre :
- **i) des produits locatifs des immeubles de placement ;**
- **ii) des charges d'exploitation directes (y compris les réparations et la maintenance) occasionnées par les immeubles de placement qui ont généré des produits locatifs au cours de la période ;**
- **iii) des charges d'exploitation directes (y compris les réparations et la maintenance) occasionnées par les immeubles de placement qui n'ont pas généré de produits locatifs au cours de la période ; et**
- **iv) de la variation cumulée de la juste valeur comptabilisée en résultat net sur la vente d'un immeuble de placement qui est transféré d'un portefeuille d'actifs utilisant le modèle du coût à un portefeuille utilisant le modèle de la juste valeur (voir paragraphe 32C) ;**

g) l'existence de restrictions (et le montant de ces restrictions) à la possibilité de réaliser les immeubles de placement ou de récupérer les produits de leur location et le produit de leur cession ;

h) les obligations contractuelles d'achat, de construction et d'aménagement des immeubles de placement ou de réparation, de maintenance ou d'améliorations.

MODÈLE DE LA JUSTE VALEUR

76 Outre les informations imposées par le paragraphe 75, une entité qui applique le modèle de la juste valeur décrit aux paragraphes 33 à 55 doit également fournir un rapprochement entre la valeur comptable des immeubles de placement à l'ouverture et à la clôture de la période montrant les informations suivantes :

a) les entrées, en indiquant séparément celles qui résultent d'acquisitions et celles qui résultent de dépenses ultérieures comptabilisées dans la valeur comptable d'un actif ;

b) les entrées résultant d'acquisitions dans le cadre de regroupements d'entreprises ;

c) les actifs classés comme détenus en vue de la vente ou inclus dans un groupe destiné à être cédé classé comme détenu en vue de la vente selon IFRS 5 et autres sorties ;

d) les profits ou pertes nets résultant d'ajustements de la juste valeur ;

e) les écarts de change nets provenant de la conversion des états financiers dans une autre monnaie de présentation et de la conversion d'un établissement à l'étranger dans la monnaie de présentation de l'entité présentant les états financiers ;

f) les transferts vers et depuis les catégories stocks et biens immobiliers occupés par leur propriétaire ; et

g) les autres variations.

77 Lorsqu'une évaluation obtenue pour un immeuble de placement fait l'objet d'ajustements significatifs en vue des états financiers, par exemple pour éviter de compter deux fois des actifs ou passifs qui sont comptabilisés en tant qu'actifs et passifs séparés comme décrit au paragraphe 50, l'entité doit fournir un rapprochement entre l'évaluation obtenue et l'évaluation après ajustement intégrée aux états financiers, présentant séparément le montant global de tous les passifs locatifs comptabilisés qui ont été ajoutés a posteriori et tous les autres ajustements significatifs.

78 Dans les cas exceptionnels visés au paragraphe 53, lorsqu'une entité évalue un immeuble de placement en utilisant le modèle du coût décrit dans IAS 16 ou selon IFRS 16, le rapprochement imposé par le paragraphe 76 doit indiquer les montants relatifs à cet immeuble de placement séparément des montants relatifs aux autres immeubles de placement. L'entité doit en outre fournir les informations suivantes :

a) une description de l'immeuble de placement ;

b) une explication des raisons pour lesquelles la juste valeur ne peut être évaluée de façon fiable ;

c) si possible, l'intervalle d'estimations à l'intérieur duquel il est hautement probable que la juste valeur se situe ; et

d) lors de la sortie d'un immeuble de placement non comptabilisé à la juste valeur :
- **i) le fait que l'entité s'est séparée d'un immeuble de placement non comptabilisé à la juste valeur ;**
- **ii) la valeur comptable de l'immeuble de placement au moment de sa vente ; et**
- **iii) le montant du profit ou de la perte comptabilisé.**

MODÈLE DU COÛT

79 Outre les informations imposées par le paragraphe 75, une entité appliquant le modèle du coût visé au paragraphe 56 doit indiquer :

a) les modes d'amortissement utilisés ;

b) les durées d'utilité ou les taux d'amortissement utilisés ;

c) la valeur comptable brute et le cumul des amortissements (ajouté aux cumuls des pertes de valeur) en début et en fin de période ;

d) un rapprochement entre la valeur comptable des immeubles de placement à l'ouverture et à la clôture de la période, montrant :

i) les entrées, en indiquant séparément celles qui résultent d'acquisitions et celles qui résultent de dépenses ultérieures comptabilisées en tant qu'actif ;

ii) les entrées résultant d'acquisitions dans le cadre de regroupements d'entreprises ;

iii) les actifs classés comme détenus en vue de la vente ou inclus dans un groupe destiné à être cédé classé comme détenu en vue de la vente selon IFRS 5 et autres sorties ;

iv) les amortissements ;

v) le montant des pertes de valeur comptabilisées et le montant des pertes de valeur reprises au cours de la période selon IAS 36 ;

vi) les écarts de change nets provenant de la conversion des états financiers dans une autre monnaie de présentation et de la conversion d'un établissement à l'étranger dans la monnaie de présentation de l'entité présentant les états financiers ;

vii) les transferts vers et depuis les catégories stocks et biens immobiliers occupés par leur propriétaire ; et

viii) les autres variations ;

e) la juste valeur des immeubles de placement. Dans les cas exceptionnels décrits au paragraphe 53, où une entité ne peut évaluer de façon fiable la juste valeur de l'immeuble de placement, elle doit fournir :

i) une description de l'immeuble de placement ;

ii) une explication des raisons pour lesquelles la juste valeur ne peut être évaluée de façon fiable ; et

iii) si possible, l'intervalle d'estimations à l'intérieur duquel il est hautement probable que la juste valeur se situe.

Dispositions transitoires

MODÈLE DE LA JUSTE VALEUR

80 Une entité qui a précédemment appliqué IAS 40 (2000), et qui choisit pour la première fois de classer et de comptabiliser comme immeubles de placement une partie ou la totalité de ses droits sur des biens immobiliers détenus dans le cadre d'un contrat de location simple et satisfaisant aux critères d'un immeuble de placement, doit comptabiliser l'effet de ce choix comme un ajustement du solde à l'ouverture des résultats non distribués pour la période pendant laquelle le choix est fait pour la première fois. En outre :

a) si l'entité a préalablement indiqué au public (dans des états financiers ou ailleurs) la juste valeur de ces droits sur des biens immobiliers pour des périodes antérieures (évaluée sur une base qui satisfait à la définition de la juste valeur donnée dans IFRS 13), l'entité est encouragée, mais nullement tenue :

i) d'ajuster le solde d'ouverture des résultats non distribués pour la première période présentée pour laquelle cette juste valeur a été communiquée au public ; et

ii) de retraiter l'information comparative de ces périodes ; et

b) si l'entité n'a pas préalablement communiqué au public les informations décrites au point a), elle ne doit pas retraiter les informations comparatives et doit indiquer ce fait.

81 La présente norme impose un traitement différent de celui qui est imposé par IAS 8. IAS 8 impose le retraitement d'informations comparatives, sauf si ce retraitement est impraticable.

82 Lorsqu'une entité applique la présente norme pour la première fois, l'ajustement du solde d'ouverture des résultats non distribués inclut le reclassement de tout montant porté en écart de réévaluation pour les immeubles de placement.

MODÈLE DU COÛT

83 IAS 8 s'applique à tout changement de méthodes comptables qui est effectué lorsqu'une entité applique pour la première fois la présente norme et choisit d'utiliser le modèle du coût. L'incidence du changement de méthodes comptables inclut le reclassement de tout montant porté en écart de réévaluation pour les immeubles de placement.

84 Les dispositions des paragraphes 27 à 29 relatives à l'évaluation initiale d'un immeuble de placement acquis en échange d'actifs ne doivent être appliquées de manière prospective qu'aux transactions futures.

REGROUPEMENTS D'ENTREPRISES

84A La publication des *Améliorations annuelles – Cycle 2011-2013*, en décembre 2013, a donné lieu à l'ajout du paragraphe 14A et d'un titre précédant le paragraphe 6. L'entité doit appliquer cette modification de manière prospective aux acquisitions d'immeubles de placement à compter du début de la période au cours de laquelle elle en fait l'adoption. Par conséquent, les acquisitions d'immeubles de placement comptabilisées au cours de périodes antérieures ne doivent pas être ajustées. Cependant, l'entité peut choisir d'appliquer la modification à des acquisitions d'immeubles de placement réalisées avant le début du premier exercice ouvert à compter de la date d'entrée en vigueur si et seulement si elle dispose des informations dont elle a besoin pour appliquer la modification à ces transactions passées.

IFRS 16

84B L'entité qui applique pour la première fois IFRS 16 et les modifications corrélatives apportées à la présente norme doit appliquer les dispositions transitoires énoncées dans l'appendice C d'IFRS 16 à ses immeubles de placement détenus en tant qu'actifs comptabilisés au titre du droit d'utilisation.

TRANSFERTS D'IMMEUBLES DE PLACEMENT

84C La publication de *Transferts d'immeubles de placement* (modifications d'IAS 40), en décembre 2016, a donné lieu à la modification des paragraphes 57 et 58. L'entité doit appliquer ces modifications aux changements d'utilisation qui ont lieu à l'ouverture ou après l'ouverture de l'exercice pour lequel l'entité applique les modifications en question pour la première fois (la date de première application). À la date de première application, l'entité doit réévaluer le classement des biens immobiliers qu'elle détient alors et, le cas échéant, les reclasser en appliquant les paragraphes 7 à 14 pour rendre compte de la situation qui existe à cette date.

84D Nonobstant les dispositions du paragraphe 84C, 'entité est autorisée à appliquer rétroactivement selon IAS 8 les modifications apportées aux paragraphes 57 et 58 si, et seulement si, il lui est possible de le faire sans avoir recours à des connaissances acquises a posteriori.

84E Si, conformément au paragraphe 84C, l'entité reclasse des biens immobiliers à la date de première application, elle doit :

a) comptabiliser le reclassement en appliquant les dispositions des paragraphes 59 à 64. Aux fins de l'application des paragraphes 59 à 64, l'entité doit :
   i) interpréter toute mention de la date du changement d'utilisation comme désignant la date de première application ; et
   ii) comptabiliser tout montant qui aurait été comptabilisé en résultat net conformément aux paragraphes 59 à 64 comme un ajustement du solde d'ouverture des résultats non distribués à la date de première application ;

b) indiquer les montants reclassés depuis la catégorie immeubles de placement ou vers celle-ci conformément au paragraphe 84C. L'entité doit indiquer ces montants reclassés dans le cadre du rapprochement entre la valeur comptable des immeubles de placement à l'ouverture et à la clôture de la période exigé par les paragraphes 76 et 79.

Date d'entrée en vigueur

85 L'entité doit appliquer la présente norme pour les exercices ouverts à compter du 1er janvier 2005. Une application anticipée est encouragée. Si l'entité applique la présente norme pour une période ouverte avant le 1er janvier 2005, elle doit l'indiquer.

85A La publication d'IAS 1 *Présentation des états financiers* (telle que révisée en 2007) a donné lieu à la modification de la terminologie utilisée dans les IFRS. Elle a également donné lieu à la modification du paragraphe 62. L'entité doit appliquer ces modifications pour les exercices ouverts à compter du 1er janvier 2009. Si l'entité applique IAS 1 (révisée en 2007) pour une période antérieure, elle doit appliquer les modifications pour cette période antérieure.

85B La publication des *Améliorations des IFRS*, en mai 2008, a donné lieu à la modification des paragraphes 8, 9, 48, 53, 54 et 57, à la suppression du paragraphe 22 et à l'ajout des paragraphes 53A et 53B. L'entité doit appliquer ces modifications de manière prospective pour les exercices ouverts à compter du 1er janvier 2009. L'entité est autorisée à appliquer les modifications aux immeubles de placement en cours de construction à compter de n'importe quelle date antérieure au 1er janvier 2009, à condition que les justes valeurs des immeubles de placement en cours de construction aient été évaluées à ces dates. Une application anticipée est autorisée. Si l'entité applique les modifications pour une période antérieure, elle doit l'indiquer et appliquer en même temps les modifications des paragraphes 5 et 81E d'IAS 16 *Immobilisations corporelles*.

85C La publication d'IFRS 13, en mai 2011, a donné lieu à la modification de la définition de la juste valeur au paragraphe 5, des paragraphes 26, 29, 32, 40, 48, 53, 53B, 78 à 80 et 85B, ainsi qu'à la suppression des paragraphes 36 à 39, 42 à 47, 49, 51 et 75 d). L'entité qui applique IFRS 13 doit appliquer ces modifications.

85D La publication des *Améliorations annuelles – Cycle 2011-2013*, en décembre 2013, a donné lieu à l'ajout de titres avant le paragraphe 6 et après le paragraphe 84, ainsi qu'à l'ajout des paragraphes 14A et 84A. L'entité doit appliquer ces modifications pour les exercices ouverts à compter du 1er juillet 2014. Une application anticipée est autorisée. Si l'entité applique ces modifications pour une période antérieure, elle doit l'indiquer.

85E La publication d'IFRS 15 *Produits des activités ordinaires tirés de contrats conclus avec des clients*, en mai 2014, a donné lieu à la modification des paragraphes 3 b), 9, 67 et 70. L'entité qui applique IFRS 15 doit appliquer ces modifications.

85F La publication d'IFRS 16, en janvier 2016, a donné lieu à la modification du champ d'application d'IAS 40 en élargissant la définition d'un immeuble de placement pour qu'elle englobe à la fois les immeubles de placement détenus en propre et ceux détenus par un preneur en tant qu'actifs comptabilisés au titre du droit d'utilisation. La publication d'IFRS 16 a également donné lieu à la modification des paragraphes 5, 7, 8, 9, 16, 20, 30, 41, 50, 53, 53A, 54, 56, 60, 61, 62, 67, 69, 74, 75, 77 et 78, à l'ajout des paragraphes 19A, 29A et 40A ainsi que du paragraphe 84B et du titre qui le précède, et à la suppression des paragraphes 3, 6, 25, 26 et 34. L'entité qui applique IFRS 16 doit appliquer ces modifications.

85G La publication de *Transferts d'immeubles de placement* (modifications d'IAS 40), en décembre 2016, a donné lieu à la modification des paragraphes 57 et 58 et à l'ajout des paragraphes 84C à 84E. L'entité doit appliquer ces modifications pour les exercices ouverts à compter du 1er janvier 2018. Une application anticipée est autorisée. Si l'entité applique ces modifications pour une période antérieure, elle doit l'indiquer.

85H La publication d'IFRS 17, en mai 2017, a donné lieu à la modification du paragraphe 32B. L'entité qui applique IFRS 17 doit appliquer cette modification.

Retrait d'IAS 40 (2000)

86 La présente norme annule et remplace IAS 40 *Immeubles de placement* (publiée en 2000).

IAS 41
Agriculture

[règlt UE 2023/1803]

Objectif

L'objectif de la présente norme est de prescrire le traitement comptable et les informations à fournir liés à l'activité agricole.

Champ d'application

1 La présente norme s'applique à la comptabilisation des éléments suivants, lorsqu'ils sont liés à une activité agricole :

a) actifs biologiques, à l'exception des plantes productrices ;

b) produits agricoles au moment de la récolte ; et

c) subventions publiques traitées aux paragraphes 34 et 35.

2 La présente norme ne s'applique pas :

a) aux terrains liés à une activité agricole (voir IAS 16 *Immobilisations corporelles* et IAS 40 *Immeubles de placement*) ;

b) aux plantes productrices liées à une activité agricole (voir IAS 16). Toutefois, la présente norme s'applique aux produits de ces plantes productrices ;

c) aux subventions publiques liées aux plantes productrices (voir IAS 20 *Comptabilisation des subventions publiques et informations à fournir sur l'aide publique*) ;

d) aux immobilisations incorporelles liées à une activité agricole (voir IAS 38 *Immobilisations incorporelles*) ;

e) aux actifs comptabilisés au titre du droit d'utilisation découlant de contrats de location de terrains liés à l'activité agricole (voir IFRS 16 *Contrats de location*).

3 La présente norme s'applique aux produits agricoles, qui sont les produits récoltés des actifs biologiques de l'entité, au moment de la récolte. Par la suite, on applique IAS 2 *Stocks* ou toute autre norme applicable. En conséquence, la présente norme ne couvre pas la transformation des produits agricoles au-delà de la récolte, par exemple, la transformation de raisins en vin par un viticulteur qui a cultivé lui-même les raisins. Alors qu'une telle transformation peut sembler être un prolongement logique et naturel d'une activité agricole et que les activités qu'elle renferme présentent quelques similarités avec la transformation biologique, elle n'entre pas dans la définition de l'activité agricole de la présente norme.

4 Le tableau ci-dessous donne quelques exemples d'actifs biologiques, de produits agricoles et d'autres produits qui résultent de la transformation après récolte :

Actifs biologiques	Production agricole	Produits qui résultent de la transformation après la récolte
Moutons	Laine	Fil de tissage, tapis
Arbres dans une plantation forestière	Arbres abattus	Billes, bois débité
Bovins laitiers	Lait	Fromage
Porcs	Carcasses	Saucisses, jambons
Cotonniers	Coton récolté	Fil, vêtements
Canne à sucre	Canne à sucre récoltée	Sucre
Plants de tabac	Feuilles récoltées	Tabac traité
Théiers	Feuilles récoltées	Thé
Ceps de vigne	Raisins récoltés	Vin
Arbres fruitiers	Fruits récoltés	Fruits transformés
Palmiers à huile	Fruits récoltés	Huile de palme
Arbres à caoutchouc	Latex récolté	Produits en caoutchouc
Certaines plantes, telles que les théiers, les ceps de vigne, les palmiers à huile et les arbres à caoutchouc, entrent habituellement dans la définition d'une plante productrice et relèvent du champ d'application d'IAS 16. Cependant, les produits des plantes productrices, comme les feuilles de thé, les raisins, les fruits du palmier à huile et le latex, relèvent du champ d'application d'IAS 41.		

Définitions

DÉFINITIONS RELATIVES À L'AGRICULTURE

5 Dans la présente norme, les termes suivants ont la signification indiquée ci-après :

L'*activité agricole* est la gestion par une entité de la transformation biologique et de la récolte d'actifs biologiques en vue de la vente ou de la transformation en produits agricoles ou en d'autres actifs biologiques.

Un *produit agricole* est un produit récolté des actifs biologiques de l'entité.

Une *plante productrice* est une plante vivante qui :

a) est utilisée dans la production ou la fourniture de produits agricoles ;

b) est susceptible de produire sur plus d'une période ; et

c) n'a qu'une faible probabilité d'être vendue comme produit agricole, sauf à titre accessoire en tant que rebut.

Un *actif biologique* est un animal vivant ou une plante vivante.

La *transformation biologique* comprend les processus de croissance, d'appauvrissement, de production et de procréation qui engendrent des changements qualitatifs ou quantitatifs dans l'actif biologique.

Les *coûts de la vente* sont les coûts marginaux directement attribuables à la cession d'un actif, à l'exclusion des charges financières et de l'impôt sur le résultat.

Un *groupe d'actifs biologiques* est un regroupement d'animaux ou de plantes vivants similaires.

La *récolte* est le détachement de produits d'un actif biologique ou l'arrêt des processus vitaux d'un actif biologique.

5A Ne sont pas des plantes productrices :

a) les plantes cultivées pour être récoltées comme produits agricoles (par exemple, les arbres cultivés pour le bois) ;

b) les plantes cultivées pour la production de produits agricoles, lorsqu'il n'y a pas qu'une faible probabilité que l'entité récolte également la plante elle-même pour la vendre en tant que produit agricole et non à titre accessoire en tant que rebut (par exemple, les arbres cultivés aussi bien pour leurs fruits que pour leur bois) ; et

c) les plantes annuelles (par exemple, le maïs et le blé).

5B Lorsque les plantes productrices ne sont plus utilisées pour produire, elles peuvent être coupées et vendues en tant que rebut, pour être utilisées par exemple comme bois de chauffage. Cette vente à titre accessoire en tant que rebut n'empêche pas la plante d'entrer dans la définition des plantes productrices.

5C Les produits qui croissent sur une plante productrice sont des actifs biologiques.

6 L'activité agricole couvre un éventail d'activités diversifiées tels que l'élevage de cheptels, l'exploitation forestière, la récolte de plantes annuelles ou vivaces, la culture de vergers ou de plantations, l'horticulture et l'aquaculture (y compris la pisciculture). Certaines caractéristiques communes existent dans cette diversité :

a) *possibilités de transformation.* Les animaux et les plantes vivants offrent la possibilité de transformation biologique ;

b) *gestion de la transformation.* La gestion facilite la transformation biologique en améliorant ou au moins en stabilisant les conditions nécessaires pour que le processus ait lieu (par exemple, les niveaux nutritifs, l'humidité, la température, la fertilité et la luminosité). Cette gestion distingue l'activité agricole des autres activités. Par exemple, la récolte à partir de ressources non gérées (comme la pêche en mer et la déforestation) n'est pas une activité agricole ; et

c) *mesure de la transformation.* Les changements apportés à la qualité (par exemple la qualité génétique, la densité, le mûrissement, la couverture de graisse, la teneur en protéines et la qualité de la fibre) ou à la quantité (par exemple la descendance, le poids, le volume, la longueur ou le diamètre de la fibre et le nombre de bourgeons) par la transformation biologique ou la récolte sont mesurés et contrôlés dans le cadre d'une gestion de routine.

7 La transformation biologique peut aboutir aux types de résultats suivants :

a) des changements apportés à des actifs par : i) la croissance (une augmentation en quantité ou une amélioration de la qualité de l'animal ou de la plante) ; ii) l'appauvrissement (une chute de la quantité ou une détérioration de la qualité d'un animal ou d'une plante) ; ou iii) la procréation (création d'animaux ou plantes vivants supplémentaires) ; ou

b) la production de produits agricoles comme le latex, les feuilles de thé, la laine et le lait.

DÉFINITIONS GÉNÉRALES

8 **Dans la présente norme, les termes suivants ont la signification indiquée ci-après :**

La *valeur comptable* est le montant pour lequel un actif est comptabilisé dans l'état de la situation financière.

La *juste valeur* est le prix qui serait reçu pour la vente d'un actif ou payé pour le transfert d'un passif lors d'une transaction normale entre des participants de marché à la date d'évaluation (voir IFRS 13 *Évaluation de la juste valeur*).

Les *subventions publiques* sont définies dans IAS 20.

9 [Supprimé]

Comptabilisation et évaluation

10 **Une entité doit comptabiliser un actif biologique ou un produit agricole si et seulement si :**

a) l'entité a le contrôle de l'actif du fait d'événements passés ;

b) il est probable que les avantages économiques futurs associés à cet actif iront à l'entité ; et

c) la juste valeur ou le coût de cet actif peut être évalué de façon fiable.

11 Dans l'activité agricole, le contrôle peut être attesté, par exemple, par la propriété légale du bétail et le tatouage ou autre marquage du bétail au moment de l'achat, de la naissance ou du sevrage. Les avantages futurs sont normalement évalués en mesurant les attributs physiques significatifs.

12 **Un actif biologique doit être évalué lors de la comptabilisation initiale et à la fin de chaque période de reporting à sa juste valeur diminuée des coûts de la vente, sauf pour le cas décrit au paragraphe 30 lorsque la juste valeur ne peut être évaluée de manière fiable.**

13 Un produit agricole récolté à partir des actifs biologiques d'une entité doit être évalué à sa juste valeur diminuée des coûts de la vente au moment de la récolte. Cette évaluation est le coût à cette date selon IAS 2 *Stocks* ou selon une autre norme applicable.

14 [Supprimé]

15 L'évaluation de la juste valeur d'un actif biologique ou d'un produit agricole peut être facilitée en regroupant des actifs biologiques ou des produits agricoles en fonction d'attributs significatifs, par exemple, par âge ou par qualité. Une entité choisit comme critères, pour la détermination des prix, les attributs correspondant à ceux qui sont utilisés sur le marché.

16 Les entités passent souvent des contrats pour vendre leurs actifs biologiques ou leurs produits agricoles à une date future. Les prix contractuels ne sont pas nécessairement pertinents pour évaluer la juste valeur, car celle-ci reflète les conditions actuelles du marché où les participants, acheteurs et vendeurs, concluraient une transaction. Par conséquent, la juste valeur d'un actif biologique ou d'un produit agricole n'est pas ajustée du fait de l'existence d'un contrat. Dans certains cas, un contrat de vente d'un actif biologique

ou d'un produit agricole peut être un contrat déficitaire, comme défini dans IAS 37 *Provisions, passifs éventuels et actifs éventuels*. IAS 37 s'applique à des contrats déficitaires.

17-21 [Supprimé]

22 Une entité n'inclut aucun flux de trésorerie destiné à financer les actifs ou à rétablir les actifs biologiques après la récolte (par exemple, le coût de replantation des arbres dans une plantation forestière après la récolte).

23 [Supprimé]

24 Les coûts peuvent parfois être proches de la juste valeur, en particulier lorsque :

a) peu de transformations biologiques ont eu lieu depuis l'engagement des coûts initiaux (par exemple, pour des semis plantés juste avant la fin de la période de reporting ou les cheptels nouvellement acquis ; ou

b) la transformation biologique n'est pas susceptible d'avoir un effet significatif sur le prix (par exemple, pour la croissance initiale dans un cycle de production de 30 ans d'une plantation de pins).

25 Les actifs biologiques sont souvent liés physiquement au terrain (par exemple, les arbres d'une plantation forestière). Il se peut qu'il n'y ait pas de marché séparé pour des actifs biologiques qui sont liés au terrain, mais un marché actif peut exister pour les actifs associés, c'est-à-dire pour les actifs biologiques, le terrain inculte et les améliorations foncières dans leur ensemble. Une entité peut utiliser des informations concernant les actifs associés pour évaluer la juste valeur des actifs biologiques Par exemple, la juste valeur du terrain inculte et les améliorations foncières peuvent être déduites de la juste valeur des actifs associés pour parvenir à la juste valeur des actifs biologiques.

PROFITS ET PERTES

26 Un profit ou une perte résultant de la comptabilisation initiale d'un actif biologique à sa juste valeur diminuée des coûts de la vente et d'une variation de la juste valeur diminuée des coûts de la vente d'un actif biologique devra être inclus dans le résultat net de la période pendant laquelle il se produit.

27 Une perte peut survenir lors de la comptabilisation initiale d'un actif biologique parce que les coûts de la vente sont déduits pour la détermination de la juste valeur diminuée des coûts de la vente d'un actif biologique. Un profit peut être généré lors de la comptabilisation initiale d'un actif biologique, par exemple pour la naissance d'un veau.

28 Un profit ou une perte résultant de la comptabilisation initiale d'un produit agricole à la juste valeur diminuée des coûts de la vente doit être inclus dans le résultat net de l'exercice au cours duquel il se produit.

29 Un profit ou une perte peut survenir lors de la comptabilisation initiale d'un produit agricole du fait de la récolte.

INCAPACITÉ À MESURER LA JUSTE VALEUR DE FAÇON FIABLE

30 Il est présumé que la juste valeur d'un actif biologique peut être évaluée de manière fiable. Toutefois, cette présomption peut être réfutée uniquement

lors de la comptabilisation initiale d'un actif biologique pour lequel les prix cotés ne sont pas disponibles et pour lequel les autres méthodes d'évaluation de la juste valeur sont reconnues comme n'étant manifestement pas fiables. Si tel est le cas, cet actif biologique doit être évalué à son coût diminué du cumul des amortissements et du cumul des pertes de valeur. Une fois que la juste valeur d'un tel actif biologique est susceptible d'être évaluée de manière fiable, une entité doit l'évaluer à sa juste valeur diminuée des coûts de la vente. Une fois qu'un actif biologique non courant satisfait aux critères de classement comme détenu en vue de la vente (ou est inclus dans un groupe destiné à être cédé classé comme détenu en vue de la vente) selon IFRS 5 *Actifs non courants détenus en vue de la vente et activités abandonnées*, il est présumé que la juste valeur peut être évaluée de façon fiable.

31 La présomption du paragraphe 30 peut être réfutée uniquement lors de la comptabilisation initiale. Une entité qui a auparavant évalué un actif biologique à sa juste valeur diminuée des coûts de la vente continue d'évaluer l'actif biologique à sa juste valeur diminuée des coûts de la vente jusqu'à la sortie de l'actif.

32 Dans tous les cas, une entité doit évaluer le produit agricole au moment de la récolte à sa juste valeur diminuée des coûts de la vente. La présente norme reflète l'idée que la juste valeur d'un produit agricole au moment de la récolte peut toujours être évaluée de manière fiable.

33 Pour déterminer les coûts, le cumul des amortissements et le cumul des pertes de valeur, une entité doit prendre en considération IAS 2, IAS 16 et IAS 36 *Dépréciation d'actifs*.

Subventions publiques

34 Une subvention publique sans conditions concernant un actif biologique évalué à sa juste valeur diminuée des coûts de la vente doit être comptabilisée en résultat lorsque, et seulement lorsque la subvention publique devient une créance.

35 Si une subvention publique concernant un actif biologique, évalué à sa juste valeur diminuée des coûts de la vente, est soumise à condition, y compris lorsque la subvention publique impose à l'entité de ne pas s'engager dans des activités agricoles spécifiées, l'entité doit comptabiliser la subvention publique en résultat, lorsque et uniquement lorsque les conditions liées à la subvention publique sont satisfaites.

36 Les termes et conditions des subventions publiques sont variables. Par exemple, une subvention peut imposer à une entité de cultiver en un lieu donné pendant cinq ans et imposer à l'entité qu'elle rembourse l'intégralité de la subvention si elle cesse de cultiver avant la fin de la période de cinq ans. Dans ce cas, la subvention publique n'est pas comptabilisée en résultat tant que la période de cinq ans n'est pas écoulée. Toutefois, si les termes de la subvention publique stipulent qu'une partie de celle-ci peut être conservée sur la base du temps écoulé, l'entité comptabilise cette partie en résultat au prorata du temps écoulé.

37 Si une subvention publique est liée à un actif biologique évalué à son coût diminué du cumul des amortissements et du cumul des pertes de valeur (voir paragraphe 30), IAS 20 s'applique.

38 La présente norme impose un traitement différent de celui imposé par IAS 20, si une subvention publique est liée à un actif biologique évalué à sa juste valeur diminuée des coûts de la vente ou si une subvention publique impose qu'une entité ne s'engage pas dans une activité agricole spécifique. IAS 20 ne s'applique qu'à une subvention publique liée à un actif biologique évalué à son coût diminué du cumul des amortissements et du cumul des pertes de valeur.

Informations à fournir

39 [Supprimé]

DISPOSITIONS GÉNÉRALES

40 Une entité doit indiquer le profit total ou la perte totale provenant, pour la période considérée, de la comptabilisation initiale des actifs biologiques et des produits agricoles et de la variation de la juste valeur des actifs biologiques diminuée des coûts de la vente.

41 Une entité doit fournir une description de chaque groupe d'actifs biologiques.

42 Les informations à fournir exigées par le paragraphe 41 peuvent prendre la forme d'une description narrative ou quantifiée.

43 L'entité est invitée à fournir une description quantifiée de chaque groupe d'actifs biologiques, en distinguant les actifs biologiques consommables et producteurs ou en distinguant les actifs biologiques adultes et immatures, s'il y a lieu. Par exemple, une entité peut indiquer les valeurs comptables des actifs biologiques consommables et des actifs biologiques producteurs par groupe. L'entité peut de plus ventiler ces valeurs comptables entre actifs adultes et immatures. Ces distinctions donnent des informations qui peuvent être utiles pour apprécier l'échéancier des flux de trésorerie futurs. L'entité doit indiquer sur quelle base sont faites ces distinctions.

44 Les actifs biologiques consommables sont ceux qui doivent être récoltés comme produits agricoles ou vendus comme actifs biologiques. Les exemples d'actifs biologiques consommables sont les cheptels destinés à la production de viande, les cheptels détenus en vue de la vente, les poissons dans des piscicultures, les récoltes telles que celles du maïs ou du blé, les produits d'une plante productrice et les arbres cultivés pour le bois. Les actifs biologiques producteurs sont ceux autres que les actifs biologiques consommables, par exemple, des cheptels producteurs de lait et des arbres fruitiers dont on récolte les fruits. Les actifs biologiques producteurs ne sont pas des produits agricoles, mais plutôt des actifs détenus pour en produire.

45 Les actifs biologiques peuvent être classés soit en actifs biologiques adultes, soit en actifs biologiques immatures. Les actifs biologiques adultes sont ceux qui ont atteint le stade récoltable (pour les actifs biologiques consommables) ou qui peuvent supporter des récoltes successives (pour des actifs biologiques producteurs).

46 Une entité doit communiquer les informations suivantes (à moins qu'elles ne soient déjà indiquées par ailleurs dans les états financiers) :

a) la nature de ses activités pour chacun des groupes d'actifs biologiques ; et

b) les évaluations ou estimations non financières des quantités physiques de :

i) chaque groupe d'actifs biologiques de l'entité à la fin de la période ; et

ii) la production de produits agricoles au cours de la période.

47-48 [Supprimé]

49 Une entité doit fournir les informations suivantes :

a) l'existence et les valeurs comptables d'actifs biologiques dont la propriété est soumise à restrictions, et les valeurs comptables des actifs biologiques donnés en nantissement de dettes ;

b) le montant des engagements pour le développement ou l'acquisition d'actifs biologiques ; et

c) les stratégies de gestion des risques financiers liés à l'activité agricole.

50 Une entité doit présenter un rapprochement des variations de la valeur comptable des actifs biologiques entre le début et la fin de la période considérée. Le rapprochement doit comprendre :

a) le profit ou la perte provenant des variations de la juste valeur diminuée des coûts de la vente ;

b) les augmentations dues aux achats ;

c) les diminutions attribuables aux ventes et aux actifs biologiques classés comme détenus en vue de la vente (ou inclus dans un groupe destiné à être cédé classé comme détenu en vue de la vente) selon IFRS 5 ;

d) les diminutions dues aux récoltes ;

e) les augmentations résultant de regroupements d'entreprises ;

f) des écarts de change nets provenant de la conversion des états financiers dans une autre monnaie de présentation et de la conversion d'un établissement à l'étranger dans la monnaie de présentation de l'entité présentant les états financiers ; et

g) autres variations.

51 La juste valeur diminuée des coûts de la vente d'un actif biologique peut varier à la fois à cause de changements physiques et de variations des prix de marché. L'indication séparée des variations de prix et des changements physiques est utile pour évaluer la performance de la période considérée et les perspectives d'avenir et tout particulièrement lorsqu'il existe un cycle de production de plus d'une année. En de tels cas, une entité est invitée à indiquer, par groupe ou autrement, le montant de la variation de la juste valeur diminuée des coûts de la vente, compris dans le résultat net, dû à des changements physiques et à des variations de prix. Ces informations sont généralement moins utiles lorsque le cycle de production est inférieur à un an (par exemple, lorsqu'il s'agit d'élevages de poulets ou de cultures céréalières).

52 La transformation biologique entraîne plusieurs types de changements physiques : croissance, appauvrissement, production et procréation, chacun étant observable et quantifiable. Chacun de ces changements physiques va directement influencer les avantages économiques futurs. Une variation de la juste valeur d'un actif biologique due à la récolte est aussi un changement physique.

53 L'activité agricole est souvent exposée aux risques de maladie, du climat et à d'autres risques naturels. Si un événement se produit qui donne lieu à un élément de produits ou de charges significatif, la nature et le montant de cet élément sont indiqués selon IAS 1 *Présentation des états financiers*. Des exemples de tels événements sont l'apparition d'une maladie virulente, une inondation, des gelées ou sécheresses importantes et une invasion d'insectes.

INFORMATIONS COMPLÉMENTAIRES CONCERNANT LES ACTIFS BIOLOGIQUES LORSQUE LA JUSTE VALEUR NE PEUT ÊTRE ÉVALUÉE DE FAÇON FIABLE

54 Si une entité évalue des actifs biologiques à leur coût diminué du cumul des amortissements et du cumul des pertes de valeur (voir paragraphe 30) à la fin de la période, elle devra fournir les informations suivantes concernant ces actifs biologiques :

a) une description des actifs biologiques ;

b) une explication de la raison pour laquelle la juste valeur ne peut être évaluée de façon fiable ;

c) si possible, l'intervalle d'estimations à l'intérieur duquel il est hautement probable que la juste valeur se situe ;

d) le mode d'amortissement utilisé ;

e) les durées d'utilité ou les taux d'amortissement utilisés ; et

f) la valeur comptable brute et le cumul des amortissements (regroupé avec le cumul des pertes de valeur) à l'ouverture et à la clôture de la période.

55 Si, au cours de la période considérée, une entité évalue des actifs biologiques à leur coût diminué du cumul des amortissements et du cumul des pertes de valeur (voir paragraphe 30), elle devra indiquer tout profit ou perte comptabilisé lors de la cession de ces actifs biologiques, et le rapprochement imposé au paragraphe 50 devra indiquer séparément les montants associés à ces actifs biologiques. De plus, le rapprochement devra inclure les montants suivants liés à ces actifs biologiques et comptabilisés en résultat :

a) pertes de valeur ;

b) reprises de pertes de valeur ; et

c) amortissements.

56 Si la juste valeur d'actifs biologiques qui ont été précédemment évalués à leur coût diminué du cumul des amortissements et du cumul des pertes de valeur devient évaluable de façon fiable au cours de la période considérée, l'entité devra fournir les informations suivantes pour ces actifs biologiques :

a) une description des actifs biologiques ;

b) une explication de la raison pour laquelle la juste valeur est devenue évaluable de façon fiable ; et

c) l'effet de ce changement.

SUBVENTIONS PUBLIQUES

57 **Une entité doit indiquer les points suivants liés à l'activité agricole couverte par la présente norme :**

a) la nature et l'étendue des subventions publiques comptabilisées dans les états financiers ;

b) les conditions non remplies et toute autre éventualité relative à des subventions publiques ; et

c) les diminutions significatives attendues du montant des subventions publiques.

Date d'entrée en vigueur et dispositions transitoires

58 La présente norme s'applique aux états financiers annuels des périodes ouvertes à compter du 1er janvier 2003. Une application anticipée est encouragée. Si l'entité applique la présente norme pour des périodes ouvertes avant le 1er janvier 2003, elle doit l'indiquer.

59 La présente norme n'établit pas de dispositions transitoires spécifiques. L'adoption de la présente norme est comptabilisée selon IAS 8 *Méthodes comptables, changements d'estimations comptables et erreurs*.

60 La publication des *Améliorations des IFRS*, en mai 2008, a donné lieu à la modification des paragraphes 5, 6, 17, 20 et 21 et à la suppression du paragraphe 14. L'entité doit appliquer ces modifications de manière prospective pour les exercices ouverts à compter du 1er janvier 2009. Une application anticipée est autorisée. Si l'entité applique les modifications pour une période antérieure, elle doit l'indiquer.

61 La publication d'IFRS 13, en mai 2011, a donné lieu à la modification des paragraphes 8, 15, 16, 25 et 30 et à la suppression des paragraphes 9, 17 à 21, 23, 47 et 48. L'entité qui applique IFRS 13 doit appliquer ces modifications.

62 La publication d'*Agriculture : plantes productrices* (modifications d'IAS 16 et d'IAS 41) en juin 2014 a donné lieu à la modification des paragraphes 1 à 5, 8, 24 et 44 et à l'ajout des paragraphes 5A à 5C et 63. L'entité doit appliquer ces modifications pour les exercices ouverts à compter du 1er janvier 2016. Une application anticipée est autorisée. Si l'entité applique ces modifications pour une période antérieure, elle doit l'indiquer. L'entité doit appliquer ces modifications de façon rétrospective selon IAS 8.

63 Dans la période de reporting durant laquelle *Agriculture : plantes productrices* (modifications d'IAS 16 et d'IAS 41) est appliquée pour la première fois, l'entité n'est pas tenue de présenter les informations quantitatives requises par le paragraphe 28 f) d'IAS 8 pour la période considérée. L'entité doit toutefois présenter les informations quantitatives requises par le paragraphe 28 f) d'IAS 8 pour chaque période antérieure présentée.

64 La publication d'IFRS 16, en janvier 2016, a donné lieu à la modification du paragraphe 2. L'entité qui applique IFRS 16 doit appliquer cette modification.

65 La publication des *Améliorations annuelles des normes IFRS 2018–2020*, en mai 2020, a donné lieu à la modification du paragraphe 22. L'entité doit appliquer cette modification aux évaluations à la juste valeur effectuées à l'ouverture ou après l'ouverture du premier exercice ouvert à compter du 1er janvier 2022. Une application anticipée est autorisée. Si l'entité applique la modification pour une période antérieure, elle doit l'indiquer.

IFRS 1

Première adoption des normes internationales d'information financière

[règlt UE 2023/1803]

Objectif

1 L'objectif de la présente norme est d'assurer que les *premiers états financiers IFRS* d'une entité ainsi que ses rapports intermédiaires relatifs à une partie de la période couverte par ces états financiers contiennent des informations de qualité élevée qui :

a) sont transparentes pour les utilisateurs et comparables pour toutes les périodes présentées ;

b) fournissent un point de départ approprié pour une comptabilité conforme aux *normes internationales d'information financière (IFRS)* ; et

c) peuvent être produites à un coût qui ne dépasse pas les avantages attendus.

Champ d'application

2 Une entité applique la présente norme dans :

a) ses premiers états financiers IFRS ; et

b) chaque rapport financier intermédiaire qu'elle présente, le cas échéant, selon IAS 34 *Information financière intermédiaire* relatif à une partie de la période couverte par ses premiers états financiers IFRS.

3 Les premiers états financiers IFRS d'une entité sont les premiers états financiers annuels pour lesquels l'entité adopte les IFRS, par une déclaration explicite et sans réserve de conformité aux IFRS incluse dans ces états financiers. Des états financiers arrêtés selon les IFRS constituent les premiers états financiers IFRS d'une entité si celle-ci, par exemple :

a) a présenté ses états financiers antérieurs les plus récents :

i) selon des dispositions nationales qui ne sont pas conformes aux IFRS dans tous leurs aspects ;

ii) en conformité avec les IFRS dans tous leurs aspects, hormis l'insertion dans les états financiers de la déclaration explicite et sans réserve de conformité aux IFRS ;

iii) contenant une déclaration explicite de conformité à certaines IFRS seulement ;

iv) selon les dispositions nationales non conformes aux IFRS, en appliquant certaines IFRS particulières pour comptabiliser des éléments pour lesquels il n'existe aucune disposition nationale ; ou

v) selon les dispositions nationales, en établissant un rapprochement de certains montants avec les montants déterminés selon les IFRS ;

b) a préparé des états financiers selon les IFRS uniquement à usage interne, sans les mettre à la disposition des propriétaires de l'entité ou d'autres utilisateurs externes ;

c) a préparé une liasse d'informations financières selon les IFRS pour les besoins de la consolidation sans préparer un jeu complet d'états financiers au sens d'IAS 1 *Présentation des états financiers* (telle que révisée en 2007) ; ou

d) n'a pas présenté d'états financiers pour les périodes précédentes.

4 La présente norme s'applique lorsqu'une entité adopte les IFRS pour la première fois. Elle ne s'applique pas, par exemple, lorsqu'une entité :

a) cesse de présenter ses états financiers selon les dispositions nationales, après les avoir auparavant présentés conjointement à un autre jeu d'états financiers qui contenaient une déclaration explicite et sans réserve de conformité aux IFRS ;

b) a présenté ses états financiers au cours de la période précédente selon les dispositions nationales et que ces états financiers contenaient une déclaration explicite et sans réserve de conformité aux IFRS ; ou

c) a présenté au cours de la période précédente des états financiers incluant une déclaration explicite et sans réserve de conformité aux IFRS, même si les auditeurs ont émis une réserve dans leur rapport d'audit sur ces états financiers.

4A Nonobstant les dispositions des paragraphes 2 et 3, une entité qui a appliqué les IFRS pour une période de reporting antérieure, mais dont les états financiers annuels antérieurs les plus récents ne contenaient pas de déclaration explicite et sans réserve de conformité aux IFRS, doit soit appliquer la présente norme, soit appliquer les IFRS de façon rétrospective selon IAS 8 *Méthodes comptables, changements d'estimations comptables et erreurs* comme si elle n'avait jamais cessé d'appliquer les IFRS.

4B Lorsque, en application du paragraphe 4A, l'entité n'opte pas pour l'application de la présente norme, elle doit néanmoins se conformer aux obligations d'information énoncées aux paragraphes 23A et 23B de la présente norme, en plus des obligations d'information d'IAS 8.

5 La présente norme ne s'applique pas aux changements de méthodes comptables effectués par une entité qui applique déjà les IFRS. De tels changements de méthodes comptables font l'objet :

a) des dispositions relatives aux changements de méthodes comptables dans IAS 8 *Méthodes comptables, changements d'estimations comptables et erreurs* ; et

b) de dispositions transitoires spécifiques dans d'autres IFRS.

Comptabilisation et évaluation

ÉTAT DE LA SITUATION FINANCIÈRE D'OUVERTURE EN IFRS

6 Une entité est tenue de préparer et de présenter un *état de la situation financière d'ouverture en IFRS* à la *date de transition aux IFRS*. C'est le point de départ de sa comptabilité selon les IFRS.

MÉTHODES COMPTABLES

7 Une entité doit appliquer les mêmes méthodes comptables dans son état de la situation financière d'ouverture en IFRS et pour toutes les périodes présentées dans ses premiers états financiers IFRS. Ces méthodes comptables doivent être conformes à chaque IFRS en vigueur à la fin de sa *première période de reporting selon les IFRS*, sauf dans les cas précisés aux paragraphes 13 à 19 et dans les appendices B à E.

8 Une entité ne doit pas appliquer des versions différentes des IFRS qui étaient en vigueur à des dates antérieures. Une entité peut appliquer une nouvelle IFRS qui n'est pas encore obligatoire si celle-ci permet une application anticipée.

Exemple : Application cohérente de la dernière version des IFRS

Contexte

La fin de la première période de reporting selon les IFRS de l'entité A est le 31 décembre 20X5. L'entité A décide de présenter dans ces états financiers des informations comparatives sur une seule période annuelle (voir paragraphe 21). Dès lors, sa date de transition aux IFRS correspond à l'ouverture de l'activité le 1er janvier 20X4 (ou de manière équivalente, la clôture de l'activité le 31 décembre 20X3). L'entité A a présenté des états financiers selon le ***référentiel comptable antérieur***, annuellement au 31 décembre de chaque année et ce jusqu'au 31 décembre 20X4 inclus.

Application des dispositions

L'entité A est tenue d'appliquer les IFRS en vigueur pour les périodes prenant fin le 31 décembre 20X5 :

a) pour préparer et présenter son état de la situation financière d'ouverture en IFRS au 1er janvier 20X4 ; et

b) pour préparer et présenter son état de la situation financière au 31 décembre 20X5 (y compris les montants comparatifs pour 20X4), son état du résultat global, son état des variations des capitaux propres et son état des flux de trésorerie pour la période annuelle prenant fin le 31 décembre 20X5 (y compris des montants comparatifs pour 20X4) ainsi que les notes (y compris des informations comparatives pour 20X4).

Si une nouvelle IFRS n'est pas encore obligatoire mais permet une application anticipée, l'entité A est autorisée, sans y être obligée, à appliquer cette nouvelle IFRS dans ses premiers états financiers IFRS.

9 Les dispositions transitoires des autres IFRS s'appliquent aux changements de méthodes comptables réalisés par une entité qui applique déjà les IFRS ; elles ne s'appliquent pas à la transition aux IFRS d'un *premier adoptant*, sauf dans les cas spécifiés dans les appendices B à E.

10 Hormis les cas décrits aux paragraphes 13 à 19 et dans les appendices B à E, dans son état de la situation financière d'ouverture en IFRS, une entité doit :

a) comptabiliser tous les actifs et passifs dont les IFRS imposent la comptabilisation ;

b) ne pas comptabiliser des éléments en tant qu'actifs ou passifs si les IFRS n'autorisent pas une telle comptabilisation ;

c) reclasser les éléments qu'elle a comptabilisés selon le référentiel comptable antérieur comme un certain type d'actif, de passif ou de composante des capitaux propres, mais qui relèvent, selon les IFRS, d'un type différent d'actif, de passif ou de composante des capitaux propres ; et

d) appliquer les IFRS pour évaluer tous les actifs et passifs comptabilisés.

11 Les méthodes comptables qu'une entité utilise dans son état de la situation financière d'ouverture en IFRS peuvent différer de celles qu'elle a utilisées

pour la même date en vertu du référentiel comptable antérieur. Les ajustements qui en résultent découlent d'événements et de transactions antérieurs à la date de transition aux IFRS. C'est pourquoi l'entité doit comptabiliser ces ajustements directement en résultats non distribués (ou, le cas échéant, dans une autre catégorie de capitaux propres) à la date de transition aux IFRS.

12 La présente norme établit deux catégories d'exceptions au principe selon lequel l'état de la situation financière d'ouverture en IFRS d'une entité doit être conforme à chaque IFRS :

a) les paragraphes 14 à 17 et l'appendice B interdisent l'application rétrospective de certaines dispositions d'autres IFRS ;

b) les appendices C à E prévoient des exemptions de certaines dispositions d'autres IFRS.

EXCEPTIONS À L'APPLICATION RÉTROSPECTIVE D'AUTRES IFRS

13 La présente norme interdit l'application rétrospective de certaines dispositions d'autres IFRS. Ces exceptions sont énoncées dans les paragraphes 14 à 17 et dans l'appendice B.

Estimations

14 Les estimations établies selon les IFRS par une entité à la date de transition aux IFRS doivent être cohérentes avec les estimations établies pour la même date selon le référentiel comptable antérieur (après les ajustements destinés à refléter toute différence entre les méthodes comptables), sauf si des éléments probants objectifs montrent que ces estimations étaient erronées.

15 Il est possible qu'une entité reçoive après la date de transition aux IFRS des informations relatives aux estimations qu'elle avait effectuées selon le référentiel comptable antérieur. Selon le paragraphe 14, l'entité doit traiter la réception de ces informations de la même manière que des événements postérieurs à la fin de la période de reporting ne donnant pas lieu à des ajustements, conformément à IAS 10 *Événements postérieurs à la fin de la période de reporting*. Par exemple, supposons qu'une entité fixe la date de sa transition aux IFRS au 1er janvier 20X4 et que des informations nouvelles lui parviennent le 15 juillet 20X4 imposant la révision d'une estimation réalisée selon le référentiel comptable antérieur au 31 décembre 20X3. L'entité ne doit pas tenir compte de ces nouvelles informations dans son état de la situation financière d'ouverture en IFRS (sauf si cette estimation nécessite un ajustement au titre des différences entre les méthodes comptables ou si des éléments probants objectifs montrent que cette estimation était erronée). En revanche, l'entité tiendra compte de ces nouvelles informations dans le résultat (ou, le cas échéant, en autres éléments du résultat global) pour la période close le 31 décembre 20X4.

16 Une entité peut avoir besoin d'effectuer, à la date de transition aux IFRS, des estimations selon les IFRS, qui n'étaient pas imposées à cette même date par le référentiel comptable antérieur. Afin de demeurer cohérent avec IAS 10, ces estimations effectuées selon les IFRS doivent tenir compte des conditions qui existaient à la date de transition aux IFRS. En particulier, les estimations à la date de transition aux IFRS des prix de marché, des taux d'intérêt ou des cours de change doivent refléter les conditions de marché à cette même date.

17 Les paragraphes 14 à 16 s'appliquent à l'état de la situation financière d'ouverture en IFRS. Ils s'appliquent également aux périodes présentées à titre comparatif dans les premiers états financiers IFRS, auquel cas les références à la date de transition aux IFRS sont remplacées par des références à la fin de la période présentée à titre comparatif.

EXEMPTIONS DE DISPOSITIONS D'AUTRES IFRS

18 Une entité peut décider d'utiliser une ou plusieurs des exemptions contenues dans les appendices C à E. Une entité ne doit pas appliquer ces exemptions à d'autres éléments par analogie.

19 [Supprimé]

Présentation et informations à fournir

20 La présente norme ne prévoit aucune exemption concernant les dispositions relatives à la présentation et aux informations à fournir dans d'autres IFRS.

INFORMATIONS COMPARATIVES

21 Les premiers états financiers IFRS d'une entité doivent comprendre au moins trois états de la situation financière, deux états du résultat net et des autres éléments du résultat global, deux états du résultat net séparés (si l'entité en présente), deux tableaux des flux de trésorerie et deux états des variations des capitaux propres ainsi que les notes, y compris les informations comparatives, pour tous les états présentés.

➠ Informations comparatives et résumés historiques non conformes aux IFRS

22 Certaines entités présentent des résumés historiques d'une sélection de données relatives à des périodes antérieures à la première période pour laquelle elles présentent une information comparative complète selon les IFRS. La présente norme n'impose pas que ces résumés soient conformes aux dispositions des IFRS en matière de comptabilisation et d'évaluation. En outre, certaines entités présentent des informations comparatives selon le référentiel comptable antérieur ainsi que les informations comparatives requises par IAS 1. Pour tous les états financiers contenant des résumés historiques ou des informations comparatives présentées selon le référentiel comptable antérieur, une entité doit :

a) mentionner clairement que les informations présentées selon le référentiel comptable antérieur n'ont pas été préparées selon les IFRS ; et

b) indiquer la nature des principaux ajustements nécessaires pour assurer leur conformité aux IFRS. L'entité n'est pas tenue de quantifier ces ajustements.

EXPLICATION DE LA TRANSITION AUX IFRS

23 **L'entité doit expliquer l'impact de la transition du référentiel comptable antérieur aux IFRS sur sa situation financière, sa performance financière et ses flux de trésorerie présentés.**

23A Une entité qui a appliqué les IFRS dans une période antérieure, comme décrit au paragraphe 4A, doit indiquer ce qui suit :

a) la raison pour laquelle elle a cessé d'appliquer les IFRS ; et

b) la raison pour laquelle elle recommence à appliquer les IFRS.

23B Lorsque, en application du paragraphe 4A, l'entité n'opte pas pour l'application d'IFRS 1, elle doit expliquer pourquoi elle a choisi d'appliquer les IFRS comme si elle n'avait jamais cessé de le faire.

Rapprochements

24 Pour être conformes au paragraphe 23, les premiers états financiers IFRS d'une entité doivent comprendre :

a) les rapprochements entre ses capitaux propres présentés selon le référentiel comptable antérieur et ses capitaux propres présentés selon les IFRS, aux deux dates suivantes :

i) la date de transition aux IFRS ; et

ii) la clôture de la dernière période présentée dans les derniers états financiers annuels de l'entité selon le référentiel comptable antérieur ;

b) un rapprochement avec son résultat global total selon les IFRS pour la dernière période dans les états financiers annuels les plus récents de l'entité. Le point de départ de ce rapprochement doit être le résultat global total selon le référentiel comptable antérieur pour la même période ou bien, si l'entité n'a pas publié ce total, le résultat selon le référentiel comptable antérieur ;

c) si l'entité a comptabilisé ou repris des pertes de valeur pour la première fois lors de la préparation de son état de la situation financière d'ouverture en IFRS, les informations à fournir qu'aurait imposées IAS 36 *Dépréciation d'actifs* si l'entité avait comptabilisé ces pertes de valeur ou ces reprises pendant la période commençant à la date de transition aux IFRS.

25 Les rapprochements requis par le paragraphe 24 a) et b) doivent donner suffisamment de détails pour permettre aux utilisateurs de comprendre les ajustements significatifs apportés à l'état de la situation financière et à l'état du résultat global. Si une entité a présenté un état des flux de trésorerie selon le référentiel comptable antérieur, elle doit également expliquer les ajustements significatifs apportés à l'état des flux de trésorerie.

26 Si une entité détecte des erreurs dans les états financiers préparés selon le référentiel comptable antérieur, les rapprochements requis par les paragraphes 24 a) et b) devront distinguer la correction de ces erreurs et les changements de méthodes comptables.

27 IAS 8 ne s'applique pas aux changements de méthodes comptables effectués par une entité qui applique les IFRS pour la première fois ni aux changements de méthodes comptables effectués avant que l'entité présente ses premiers états financiers IFRS. C'est pourquoi les dispositions d'IAS 8 relatives aux changements de méthodes comptables ne s'appliquent pas aux premiers états financiers IFRS d'une entité.

27A Si, au cours de la période couverte par ses premiers états financiers IFRS, une entité change ses méthodes comptables ou ses choix relatifs aux exemptions prévues dans la présente norme, elle doit expliquer les changements effectués entre son premier rapport financier intermédiaire IFRS et ses premiers états financiers IFRS conformément au paragraphe 23, et mettre à jour les rapprochements requis par le paragraphe 24 a) et b).

28 Si une entité n'a pas présenté d'états financiers pour les périodes précédentes, ses premiers états financiers IFRS doivent en faire mention.

➠ Désignation des actifs financiers ou des passifs financiers

29 Le paragraphe D19A autorise l'entité à désigner un actif financier comptabilisé antérieurement comme étant un actif financier évalué à la juste valeur par le biais du compte de résultat. L'entité doit indiquer la juste valeur des actifs financiers ainsi désignés à la date de désignation, ainsi que leur classement et leur valeur comptable dans les états financiers antérieurs.

29A Le paragraphe D19 autorise l'entité à désigner un passif financier comptabilisé antérieurement comme étant un passif financier évalué à la juste valeur par le biais du compte de résultat. L'entité doit indiquer la juste valeur des passifs financiers ainsi désignés à la date de désignation, ainsi que leur classement et leur valeur comptable dans les états financiers antérieurs.

➠ Utilisation de la juste valeur en tant que coût présumé

30 Si, dans son état de la situation financière d'ouverture en IFRS, une entité utilise la juste valeur comme *coût présumé* d'une immobilisation corporelle, d'un immeuble de placement, d'une immobilisation incorporelle ou d'un actif comptabilisé au titre du droit d'utilisation (voir paragraphes D5 et D7), les premiers états financiers IFRS de l'entité doivent indiquer, pour chaque poste de l'état de la situation financière d'ouverture en IFRS :

a) le cumul de ces justes valeurs ; et

b) le montant cumulé des ajustements des valeurs comptables présentées selon le référentiel comptable antérieur.

➠ Utilisation du coût présumé pour les participations dans des filiales, des coentreprises et des entreprises associées

31 De même, si dans son état de la situation financière d'ouverture en IFRS, une entité utilise un coût présumé pour une participation dans une filiale, une coentreprise ou une entreprise associée dans ses états financiers individuels (voir paragraphe D15), les premiers états financiers individuels en IFRS de l'entité doivent mentionner :

a) le coût présumé total de ces participations pour lesquelles le coût présumé est la valeur comptable selon le référentiel comptable antérieur ;

b) le coût présumé total de ces participations pour lesquelles le coût présumé est la juste valeur ; et

c) le montant cumulé des ajustements des valeurs comptables présentées selon le référentiel comptable antérieur.

➠ Utilisation du coût présumé pour les actifs pétroliers et gaziers

31A Si une entité applique l'exemption prévue au paragraphe D8A b) aux actifs pétroliers et gaziers, elle doit l'indiquer en précisant sur quelle base ont été allouées les valeurs comptables déterminées selon le référentiel comptable antérieur.

➠ Utilisation du coût présumé pour les activités à tarifs réglementés

31B Si une entité utilise l'exemption prévue au paragraphe D8B pour des activités à tarifs réglementés, elle doit l'indiquer en précisant sur quelle base les valeurs comptables étaient déterminées selon le référentiel comptable antérieur.

➠ Utilisation du coût présumé à la suite d'une période d'hyperinflation grave

31C Si une entité choisit d'évaluer ses actifs et passifs à la juste valeur et d'utiliser celle-ci comme leur coût présumé dans son état de la situation financière d'ouverture en IFRS par suite d'une hyperinflation grave (voir paragraphes D26 à D30), elle doit expliquer dans ses premiers états financiers IFRS comment et pourquoi sa monnaie fonctionnelle a été, puis a cessé d'être, caractérisée par les deux conditions suivantes :

a) absence d'indice général des prix fiable pouvant être utilisé par l'ensemble des entités ayant des opérations et des soldes libellés dans la monnaie en question ;

b) absence de possibilité d'échanger la monnaie en question contre une monnaie étrangère relativement stable.

➠ Rapports financiers intermédiaires

32 Conformément au paragraphe 23, si une entité présente un rapport financier intermédiaire selon IAS 34 pour une partie de la période couverte par ses premiers états financiers IFRS, elle doit satisfaire aux dispositions suivantes, outre celles d'IAS 34 :

a) chaque rapport financier intermédiaire doit comprendre, si l'entité a présenté un rapport financier intermédiaire pour la période intermédiaire comparable de l'exercice précédent :

i) un rapprochement entre ses capitaux propres selon le référentiel comptable antérieur à la fin de cette période intermédiaire comparable et ses capitaux propres selon les IFRS à cette même date ; et

ii) un rapprochement avec son résultat global total selon les IFRS pour cette période intermédiaire comparable (période considérée et cumul depuis le début de l'exercice). Le point de départ de ce rapprochement doit être le résultat global total selon le référentiel comptable antérieur pour cette période ou, si l'entité n'a pas publié ce total, le résultat net selon le référentiel comptable antérieur ;

b) outre les rapprochements imposés par le paragraphe a), le premier rapport financier intermédiaire d'une entité selon IAS 34 pour une partie de la période couverte par ses premiers états financiers IFRS doit comprendre les rapprochements décrits au paragraphe 24 a) et b) (complétés par les détails requis par les paragraphes 25 et 26) ou une référence à un autre document publié qui lui-même présente ces rapprochements ;

c) si une entité change ses méthodes comptables ou ses choix relatifs aux exemptions prévues dans la présente norme, elle doit expliquer ces changements dans chaque rapport financier intermédiaire conformément au paragraphe 23 et mettre à jour les rapprochements requis par les paragraphes a) et b).

33 IAS 34 impose des informations minimales à fournir, basées sur l'hypothèse selon laquelle les utilisateurs du rapport financier intermédiaire ont également accès aux derniers états financiers annuels. Toutefois, IAS 34 impose également qu'une entité indique « tout événement significatif ou toute transaction significative pour la compréhension de la période intermédiaire considérée ». Par conséquent, si un premier adoptant n'a pas, dans ses derniers états financiers annuels selon le référentiel comptable antérieur, communiqué des informations indispensables pour comprendre la période intermédiaire considérée, son rapport financier intermédiaire doit mentionner ces informations ou comprendre une référence à un autre document publié qui les mentionne.

Date d'entrée en vigueur

34 L'entité doit appliquer la présente norme si ses premiers états financiers IFRS couvrent une période ouverte à compter du 1er juillet 2009. Une application anticipée est autorisée.

35 L'entité doit appliquer les modifications énoncées aux paragraphes D1 n) et D23 pour les exercices ouverts à compter du 1er juillet 2009. Si l'entité applique IAS 23 *Coûts d'emprunt* (telle que révisée en 2007) pour une période antérieure, elle doit appliquer les modifications pour cette période antérieure.

36 La publication d'IFRS 3 *Regroupements d'entreprises* (telle que révisée en 2008) a donné lieu à la modification des paragraphes 19, C1, C4 f) et g). Si l'entité applique IFRS 3 (révisée en 2008) pour une période antérieure, elle doit également appliquer ces modifications pour cette période antérieure.

37 La publication d'IAS 27 *États financiers consolidés et individuels* (telle que modifiée en 2008) a donné lieu à la modification des paragraphes B1 et B7. Si l'entité applique IAS 27 (modifiée en 2008) pour une période antérieure, elle doit appliquer les modifications pour cette période antérieure.

38 La publication de *Coût d'une participation dans une filiale, une entité contrôlée conjointement ou une entreprise associée* (modifications d'IFRS 1 et d'IAS 27), en mai 2008, a donné lieu à l'ajout des paragraphes 31, D1 g), D14 et D15. L'entité doit appliquer ces paragraphes pour les exercices ouverts à compter du 1er juillet 2009. Une application anticipée est autorisée. Si l'entité applique ces paragraphes pour une période antérieure, elle doit l'indiquer.

39 La publication des *Améliorations des IFRS*, en mai 2008, a donné lieu à la modification du paragraphe B7. L'entité doit appliquer ces modifications pour les exercices ouverts à compter du 1er juillet 2009. Si l'entité applique IAS 27 (modifiée en 2008) pour une période antérieure, elle doit appliquer les modifications pour cette période antérieure.

39A La publication des *Exemptions supplémentaires pour les premiers adoptants* (modifications d'IFRS 1), en juillet 2009, a donné lieu à l'ajout des paragraphes 31A, D8A, D9A et D21A et à la modification du paragraphe D1c), d) et l). L'entité doit appliquer ces modifications pour les exercices ouverts à compter du 1er janvier 2010. Une application anticipée est autorisée. Si l'entité applique les modifications pour une période antérieure, elle doit l'indiquer.

39B [Supprimé]

39C La publication d'IFRIC 19 *Extinction de passifs financiers avec des instruments de capitaux propres* a donné lieu à l'ajout du paragraphe D25. L'entité qui applique IFRIC 19 doit appliquer cette modification.

39D [Supprimé]

39E La publication des *Améliorations des IFRS*, en mai 2010, a donné lieu à l'ajout des paragraphes 27A, 31B et D8B, et à la modification des paragraphes 27, 32, D1 c) et D8. L'entité doit appliquer ces modifications pour les exercices ouverts à compter du 1er janvier 2011. Une application anticipée est autorisée. Si l'entité applique les modifications pour une période antérieure, elle doit l'indiquer. Les entités qui ont appliqué les IFRS pour la première fois à une période antérieure à l'entrée en vigueur d'IFRS 1 ou qui ont appliqué IFRS 1 à une période antérieure sont autorisées à appliquer la modification du paragraphe D8 de manière rétrospective dans la première période annuelle suivant l'entrée en vigueur de cette modification. L'entité qui applique le paragraphe D8 de manière rétrospective doit l'indiquer.

39F [Supprimé]

39G [Supprimé]

39H La publication d'*Hyperinflation grave et suppression des dates d'application fermes pour les premiers adoptants* (modifications d'IFRS 1) en décembre 2010 a donné lieu à la modification des paragraphes B2, D1 et D20, ainsi qu'à l'ajout des paragraphes 31C et D26 à D30. L'entité doit appliquer ces modifications pour les exercices ouverts à compter du 1er juillet 2011. Une application anticipée est autorisée.

39I La publication d'IFRS 10 *États financiers consolidés* et d'IFRS 11 *Partenariats*, en mai 2011, a donné lieu à la modification des paragraphes 31, B7, C1, D1, D14 et D15, et à l'ajout du paragraphe D31. L'entité qui applique IFRS 10 et IFRS 11 doit appliquer ces modifications.

39J La publication d'IFRS 13 *Évaluation de la juste valeur*, en mai 2011, a donné lieu à la suppression du paragraphe 19, et à la modification de la définition de la juste valeur dans l'appendice A ainsi que des paragraphes D15 et D20. L'entité qui applique IFRS 13 doit appliquer ces modifications.

39K La publication de *Présentation des autres éléments du résultat global* (modifications d'IAS 1), en juin 2011, a donné lieu à la modification du paragraphe 21. L'entité qui applique IAS 1 telle que modifiée en juin 2011 doit appliquer cette modification.

39L La publication d'IAS 19 *Avantages du personnel* (telle que modifiée en juin 2011) a donné lieu à la modification du paragraphe D1, et à la suppression des paragraphes D10 et D11. L'entité qui applique IAS 19 (telle que modifiée en juin 2011) doit appliquer ces modifications.

39M La publication d'IFRIC 20 *Frais de découverture engagés pendant la phase d'exploitation d'une mine à ciel ouvert* a donné lieu à l'ajout du paragraphe D32 et à la modification du paragraphe D1. L'entité qui applique IFRIC 20 doit appliquer cette modification.

39N La publication de Prêts publics (modifications d'IFRS 1), en mars 2012, a donné lieu à l'ajout des paragraphes B1 f) et B10 à B12. L'entité doit appliquer ces paragraphes pour les exercices ouverts à compter du 1er janvier 2013. Une application anticipée est autorisée.

39O Les paragraphes B10 et B11 font référence à IFRS 9. Si l'entité applique la présente norme mais n'applique pas encore IFRS 9, les références des paragraphes B10 et B11 à IFRS 9 doivent s'interpréter comme des références à IAS 39 *Instruments financiers : comptabilisation et évaluation.*

39P La publication des Améliorations annuelles – Cycle 2009-2011, en mai 2012, a donné lieu à l'ajout des paragraphes 4A, 4B, 23A et 23B. L'entité doit appliquer ces modifications de façon rétrospective selon IAS 8 Méthodes comptables, changements d'estimations comptables et erreurs pour les exercices ouverts à compter du 1er janvier 2013. Une application anticipée est autorisée. Si l'entité applique la modification pour une période antérieure, elle doit l'indiquer.

39Q La publication des *Améliorations annuelles – Cycle 2009-2011*, en mai 2012, a donné lieu à la modification du paragraphe D23. L'entité doit appliquer cette modification de façon rétrospective selon IAS 8 *Méthodes comptables, changements d'estimations comptables et erreurs* pour les exercices ouverts à compter du 1er janvier 2013. Une application anticipée est autorisée. Si l'entité applique la modification pour une période antérieure, elle doit l'indiquer.

39R La publication des *Améliorations annuelles – Cycle 2009-2011*, en mai 2012, a donné lieu à la modification du paragraphe 21. L'entité doit appliquer cette modification de façon rétrospective selon IAS 8 *Méthodes comptables, changements d'estimations comptables et erreurs* pour les exercices ouverts à compter du 1er janvier 2013. Une application anticipée est autorisée. Si l'entité applique la modification pour une période antérieure, elle doit l'indiquer.

39S La publication d'*États financiers consolidés, partenariats et informations à fournir sur les intérêts détenus dans d'autres entités : dispositions transitoires* (modifications d'IFRS 10, d'IFRS 11 et d'IFRS 12), en juin 2012, a donné lieu à la modification du paragraphe D31. L'entité qui applique IFRS 11 (telle que modifiée en juin 2012) doit appliquer cette modification.

39T La publication d'*Entités d'investissement* (modifications d'IFRS 10, d'IFRS 12 et d'IAS 27), en octobre 2012, a donné lieu à la modification des paragraphes D16 et D17 et de l'appendice C. L'entité doit appliquer ces modifications pour les exercices ouverts à compter du 1er janvier 2014. Une application anticipée des dispositions d'*Entités d'investissement* est autorisée. Si l'entité applique ces modifications pour une période antérieure, elle doit appliquer en même temps toutes les modifications introduites par *Entités d'investissement*.

39U [Supprimé]

39V La publication d'IFRS 14 *Comptes de report réglementaires*, en janvier 2014, a donné lieu à la modification du paragraphe D8B. L'entité doit appliquer cette modification pour les exercices ouverts à compter du 1er janvier 2016. Une application anticipée est autorisée. Si l'entité applique IFRS 14 pour une période antérieure, elle doit appliquer la modification pour cette période antérieure.

39W La publication de *Comptabilisation des acquisitions d'intérêts dans des entreprises communes* (modifications d'IFRS 11), en mai 2014, a donné lieu à la modification du paragraphe C5. L'entité doit appliquer cette modification pour les exercices ouverts à compter du 1er janvier 2016. Si l'entité applique les modifications connexes d'IFRS 11 décrites dans *Comptabilisation des acquisitions d'intérêts dans des entreprises communes* (modifications d'IFRS 11) pour une période antérieure, elle doit appliquer pour cette même période la modification du paragraphe C5.

39X La publication d'IFRS 15 *Produits des activités ordinaires tirés de contrats conclus avec des clients*, en mai 2014, a donné lieu à la modification du paragraphe D1, à la suppression du paragraphe D24 et de l'intertitre s'y rattachant, et à l'ajout des paragraphes D34 et D35 et de l'intertitre s'y rattachant. L'entité qui applique IFRS 15 doit appliquer ces modifications.

39Y La publication d'IFRS 9 *Instruments financiers*, en juillet 2014, a donné lieu à la modification des paragraphes 29, B1 à B6, D1, D14, D15, D19 et D20, à la suppression des paragraphes 39B, 39G et 39U et à l'ajout des paragraphes 29A, B8 à B8G, B9, D19A à D19C, D33, E1 et E2. L'entité qui applique IFRS 9 doit appliquer ces modifications.

39Z La publication d'*Utilisation de la méthode de la mise en équivalence dans les états financiers individuels* (modifications d'IAS 27), en août 2014, a donné lieu à la modification du paragraphe D14 et à l'ajout du paragraphe D15A. L'entité doit appliquer ces modifications pour les exercices ouverts à compter du 1er janvier 2016. Une application anticipée est autorisée. Si l'entité applique ces modifications pour une période antérieure, elle doit l'indiquer.

39AA [Supprimé]

39AB La publication d'IFRS 16 *Contrats de location*, en janvier 2016, a donné lieu à la modification des paragraphes 30, C4, D1, D7, D8B et D9, à la suppression du paragraphe D9A et à l'ajout des paragraphes D9B à D9E. L'entité qui applique IFRS 16 doit appliquer ces modifications.

39AC La publication d'IFRIC 22 *Transactions en monnaie étrangère et contrepartie anticipée* a donné lieu à l'ajout du paragraphe D36 et à la modification du paragraphe D1. L'entité qui applique IFRIC 22 doit appliquer cette modification.

39AD La publication des *Améliorations annuelles des IFRS – Cycle 2014-2016*, en décembre 2016, a donné lieu à la modification des paragraphes 39L et 39T et à la suppression des paragraphes 39D, 39F, 39AA et E3 à E7. L'entité doit appliquer ces modifications pour les exercices ouverts à compter du 1er janvier 2018.

39AE La publication d'IFRS 17 *Contrats d'assurance*, en mai 2017, a donné lieu à la modification des paragraphes B1 et D1, à la suppression du paragraphe D4 et de l'intertitre s'y rattachant, ainsi qu'à l'ajout, après le paragraphe B12, du paragraphe B13 et de l'intertitre s'y rattachant. L'entité qui applique IFRS 17 doit appliquer ces modifications.

39AF La publication d'IFRIC 23 *Incertitude relative au traitement des impôts sur le résultat* a donné lieu à l'ajout du paragraphe E8. L'entité qui applique IFRIC 23 doit appliquer cette modification.

39AG La publication des *Améliorations annuelles des normes IFRS 2018-2020*, en mai 2020, a donné lieu à la modification du paragraphe D1 f) et à l'ajout du paragraphe D13A. L'entité doit appliquer ces modifications pour les exercices ouverts à compter du 1er janvier 2022. Une application anticipée est autorisée. Si l'entité applique les modifications pour une période antérieure, elle doit l'indiquer.

39AH La publication d'*Impôt différé rattaché à des actifs et des passifs issus d'une même transaction*, en mai 2021, a donné lieu à la modification du paragraphe B1 et à l'ajout du paragraphe B14. L'entité doit appliquer ces modifications pour les exercices ouverts à compter du 1er janvier 2023. Une application anticipée est autorisée. Si l'entité applique les modifications pour une période antérieure, elle doit l'indiquer.

Retrait d'IFRS 1 (publiée en 2003)

40 **La présente norme annule et remplace IFRS 1 (publiée en 2003 et modifiée en mai 2008).**

Appendice A – Définitions

Le présent appendice fait partie intégrante de la norme.

Date de transition aux IFRS	Début de la première période pour laquelle une entité présente des informations comparatives complètes selon les IFRS **dans ses premiers états financiers IFRS.**
Coût présumé	Montant utilisé comme substitut du coût ou du coût amorti à une date donnée. L'amortissement ultérieur suppose que l'entité avait initialement comptabilisé l'actif ou le passif à la date donnée et que son coût était égal au coût présumé.
Juste valeur	Prix qui serait reçu pour la vente d'un actif ou payé pour le transfert d'un passif lors d'une transaction normale entre des participants de marché à la date d'évaluation (voir IFRS 13).
Premiers états financiers IFRS	Premiers états financiers annuels dans lesquels une entité adopte les **normes internationales d'information financière** (IFRS), par une déclaration explicite et sans réserve de conformité aux IFRS.
Première période de reporting selon les IFRS	Période de reporting la plus récente couverte par les **premiers états financiers IFRS** d'une entité.
Premier adoptant	Entité qui présente **ses premiers états financiers IFRS.**
Normes internationales d'information financière (IFRS)	Normes et Interprétations publiées par l'International Accounting Standards Board (IASB). Elles comprennent : a) les normes internationales d'information financière ; b) les normes comptables internationales ; c) les interprétations IFRIC ; et d) les interprétations SIC (*).
État de la situation financière d'ouverture en IFRS	État de la situation financière d'une entité à la **date de transition aux IFRS.**
Référentiel comptable antérieur	Référentiel comptable qu'un **premier adoptant** utilisait juste avant d'adopter les IFRS.

(*) Définition des IFRS modifiée par suite des changements d'appellations ayant découlé de la révision des statuts de l'IFRS Foundation en 2010.

Appendice B – Exceptions à l'application rétrospective d'autres IFRS

Le présent appendice fait partie intégrante de la norme.

B1 **L'entité doit appliquer les exceptions suivantes :**

a) décomptabilisation d'actifs financiers et de passifs financiers (paragraphes B2 et B3) ;

b) comptabilité de couverture (paragraphes B4 à B6) ;

c) participations ne donnant pas le contrôle (paragraphe B7) ;

d) classement et évaluation des actifs financiers (paragraphes B8 à B8C) ;

e) dépréciation d'actifs financiers (paragraphes B8D à B8G) ;

f) dérivés incorporés (paragraphe B9) ;

g) prêts publics (paragraphes B10 à B12) ;

h) contrats d'assurance (paragraphe B13) et

i) impôt différé rattaché aux passifs relatifs aux contrats de location, ainsi qu'au démantèlement ou à la remise en état et à d'autres passifs similaires (paragraphe B14).

DÉCOMPTABILISATION D'ACTIFS FINANCIERS ET DE PASSIFS FINANCIERS

B2 Sauf dans les cas permis par le paragraphe B3, un premier adoptant doit appliquer de manière prospective les dispositions de décomptabilisation d'IFRS 9 aux transactions réalisées à compter de la date de transition aux IFRS. Par exemple, si un premier adoptant a décomptabilisé des actifs financiers non dérivés ou des passifs financiers non dérivés selon le référentiel comptable antérieur par suite d'une transaction réalisée avant la date de transition aux IFRS, il ne doit pas comptabiliser ces actifs et ces passifs selon les IFRS (sauf s'ils répondent aux conditions de comptabilisation par suite d'une transaction ou d'un événement ultérieur).

B3 Nonobstant le paragraphe B2, une entité peut appliquer les dispositions de décomptabilisation d'IFRS 9 de manière rétrospective à compter d'une date choisie par elle, à condition que l'information nécessaire pour appliquer IFRS 9 aux actifs financiers et aux passifs financiers décomptabilisés par suite de transactions passées ait été obtenue lors de la comptabilisation initiale de ces transactions.

COMPTABILITÉ DE COUVERTURE

B4 Selon les dispositions d'IFRS 9, à la date de transition aux IFRS, une entité doit :

a) évaluer tous les dérivés à leur juste valeur ; et

b) éliminer tous les profits et pertes différés qui résultent de dérivés et qui étaient présentés à titre d'actifs ou de passifs selon le référentiel comptable antérieur.

B5 Une entité ne doit pas refléter dans son état de la situation financière d'ouverture en IFRS une relation de couverture ne satisfaisant pas aux conditions requises pour la comptabilité de couverture selon IFRS 9 (c'est le cas, par exemple, des nombreuses relations de couverture dans lesquelles l'instrument de couverture est une option émise autonome ou une option émise nette, ou dans lesquelles l'élément couvert est une position nette dans une couverture de flux de trésorerie pour un risque autre que le risque de change). Toutefois, si une entité a désigné une position nette comme élément couvert selon le référentiel comptable antérieur, elle peut désigner comme élément couvert selon les IFRS un élément pris individuellement au sein de cette position nette, ou une position nette si cela est conforme aux dispositions du paragraphe 6.6.1 d'IFRS 9, pour autant qu'elle le fasse au plus tard à la date de transition aux IFRS.

B6 Si, avant la date de transition aux IFRS, une entité avait désigné une transaction comme étant une couverture, mais que la couverture ne répond pas aux conditions requises pour la comptabilité de couverture selon IFRS 9, l'entité doit appliquer les paragraphes 6.5.6 et 6.5.7 d'IFRS 9 pour cesser la comptabilité de couverture. Les transactions conclues avant la date de transition aux IFRS ne doivent pas être désignées rétrospectivement comme opérations de couverture.

PARTICIPATIONS NE DONNANT PAS LE CONTRÔLE

B7 Un premier adoptant doit appliquer les dispositions suivantes d'IFRS 10 à titre prospectif à compter de la date de transition aux IFRS :

a) la disposition du paragraphe B94 selon laquelle le résultat global total est attribué aux propriétaires de la société mère et aux détenteurs de participations ne donnant pas le contrôle même si cela se traduit par un solde déficitaire pour les participations ne donnant pas le contrôle ;

b) les dispositions des paragraphes 23 et B96 relatives à la comptabilisation des modifications du pourcentage de détention de titres de participation d'une société mère dans une filiale qui ne se traduisent pas par la perte du contrôle ; et

c) les dispositions des paragraphes B97 à B99 relatives à la comptabilisation de la perte du contrôle d'une filiale, ainsi que les dispositions liées du paragraphe 8A d'IFRS 5 *Actifs non courants détenus en vue de la vente et activités abandonnées*.

Toutefois, si un premier adoptant choisit d'appliquer à titre rétrospectif IFRS 3 à des regroupements d'entreprises passés, il doit également appliquer IFRS 10 selon le paragraphe C1 de la présente norme.

CLASSEMENT ET ÉVALUATION DES INSTRUMENTS FINANCIERS

B8 Une entité doit apprécier si un actif financier remplit les conditions énoncées au paragraphe 4.1.2 ou 4.1.2A d'IFRS 9 en fonction des faits et des circonstances qui existent à la date de transition aux IFRS.

B8A S'il est impraticable d'évaluer un élément valeur temps de l'argent modifié conformément aux paragraphes B4.1.9B à B4.1.9D d'IFRS 9 en se fondant sur les faits et les circonstances qui existaient à la date de transition aux IFRS, l'entité doit évaluer les caractéristiques des flux de trésorerie contractuels de cet actif financier en se fondant sur les faits et les circonstances qui existaient à la date de transition aux IFRS, sans prendre en compte les exigences des paragraphes B4.1.9B à B4.1.9D d'IFRS 9 relatives à la modification de l'élément valeur temps de l'argent. (Dans ce cas, l'entité doit aussi appliquer le paragraphe 42R d'IFRS 7, mais toute référence au « paragraphe 7.2.4 d'IFRS 9 » doit s'entendre comme une référence au présent paragraphe et toute référence à la « comptabilisation initiale de l'actif financier » comme une référence à la « date de transition aux IFRS ».)

B8B S'il est impraticable de déterminer si la juste valeur d'une caractéristique de remboursement anticipé n'est pas importante selon le paragraphe B4.1.12 c) d'IFRS 9 en se fondant sur les faits et les circonstances qui existaient à la date de transition aux IFRS, l'entité doit évaluer les caractéristiques des flux de trésorerie contractuels de cet actif financier en se fondant sur les faits et les circonstances qui existaient à la date de transition aux IFRS, sans prendre en compte l'exception du paragraphe B4.1.12 d'IFRS 9 concernant les clauses de remboursement anticipé. (Dans ce cas, l'entité doit aussi appliquer le paragraphe 42S d'IFRS 7, mais toute référence au « paragraphe 7.2.5 d'IFRS 9 » doit s'entendre comme une référence au présent paragraphe et toute référence à la « comptabilisation initiale de l'actif financier » comme une référence à la « date de transition aux IFRS ».)

B8C Si, pour l'entité, l'application rétrospective de la méthode du taux d'intérêt effectif imposée dans IFRS 9 est impraticable (au sens d'IAS 8), la juste valeur de l'actif financier ou du passif financier à la date de transition aux IFRS doit correspondre à la nouvelle valeur comptable brute de cet actif financier ou au nouveau coût amorti de ce passif financier à la date de transition aux IFRS.

DÉPRÉCIATION D'ACTIFS FINANCIERS

B8D L'entité doit appliquer de manière rétrospective les dispositions en matière de dépréciation de la section 5.5 d'IFRS 9, sous réserve des paragraphes B8E à B8G, E1 et E2.

B8E À la date de transition aux IFRS, l'entité doit recourir aux informations raisonnables et justifiables qu'il est possible d'obtenir sans devoir engager de coûts ou d'efforts excessifs pour déterminer le risque de crédit d'un instrument financier à la date de comptabilisation initiale (ou, dans le cas des engagements de prêt et des contrats de garantie financière, la date à laquelle l'entité est devenue partie à l'engagement irrévocable comme l'indique le paragraphe 5.5.6 d'IFRS 9) et le comparer au risque de crédit à la date de transition aux IFRS (voir aussi paragraphes B7.2.2 et B7.2.3 d'IFRS 9).

B8F Lorsqu'elle détermine si le risque de crédit a augmenté de façon importante depuis la comptabilisation initiale de l'instrument financier, l'entité peut appliquer :

a) les dispositions des paragraphes 5.5.10 et B5.5.22 à B5.5.24 d'IFRS 9 ; et

b) si elle se fonde sur des informations sur les paiements en souffrance pour procéder à cette détermination, la présomption réfutable du paragraphe 5.5.11 d'IFRS 9 relative aux paiements contractuels qui sont en souffrance depuis plus de 30 jours.

B8G Dans le cas où des coûts ou des efforts excessifs seraient nécessaires pour déterminer, à la date de transition aux IFRS, s'il y a eu une augmentation importante du risque de crédit d'un instrument financier depuis sa comptabilisation initiale, l'entité doit comptabiliser une correction de valeur pour pertes à hauteur d'un montant correspondant aux pertes de crédit attendues pour la durée de vie à chaque date de clôture jusqu'à ce que cet instrument financier soit décomptabilisé [à moins que le risque de crédit associé à l'instrument ne soit faible à la date de clôture, auquel cas le paragraphe B8F a) s'applique].

DÉRIVÉS INCORPORÉS

B9 Un premier adoptant doit apprécier si un dérivé incorporé doit être séparé du contrat hôte et comptabilisé en tant que dérivé en fonction des conditions qui existaient à la date à laquelle il est devenu partie au contrat ou à la date à laquelle un réexamen est requis par le paragraphe B4.3.11 d'IFRS 9, si celle-ci est postérieure.

PRÊTS PUBLICS

B10 Un premier adoptant doit classer tous les prêts publics reçus soit en tant que passif financier, soit en tant qu'instrument de capitaux propres, selon IAS 32 *Instruments financiers : Présentation*. Sauf dans le cas permis par le paragraphe B11, un premier adoptant doit appliquer de manière prospective les dispositions d'IFRS 9 *Instruments financiers* et d'IAS 20 *Comptabilisation des subventions publiques et informations à fournir sur l'aide publique* aux prêts publics existant à la date de transition aux IFRS et ne doit pas comptabiliser comme une subvention publique l'avantage tiré d'un prêt public assorti d'un taux d'intérêt inférieur à celui du marché. Par conséquent, si un premier adoptant n'a pas, selon le référentiel comptable antérieur, comptabilisé et évalué un prêt public assorti d'un taux d'intérêt inférieur à celui du marché d'une manière conforme aux dispositions des IFRS, la valeur comptable du prêt à la date de transition aux IFRS déterminée selon le référentiel comptable antérieur doit être utilisée comme valeur comptable du prêt dans l'état de la situation financière d'ouverture en IFRS. L'entité doit évaluer de tels prêts selon IFRS 9 après la date de transition aux IFRS.

B11 Nonobstant le paragraphe B10, l'entité peut appliquer rétrospectivement les dispositions d'IFRS 9 et d'IAS 20 à un prêt public contracté avant la date de transition aux IFRS, à condition que l'information que nécessite une application rétrospective ait été obtenue lors de la comptabilisation initiale du prêt.

B12 Les dispositions et indications des paragraphes B10 et B11 n'empêchent pas l'entité de se prévaloir des exemptions prévues aux paragraphes D19 à D19D concernant la désignation d'instruments financiers comptabilisés antérieurement comme étant à la juste valeur par le biais du résultat net.

CONTRATS D'ASSURANCE

B13 L'entité doit appliquer les dispositions transitoires des paragraphes C1 à C24 ainsi que C28 de l'appendice C d'IFRS 17 aux contrats qui entrent dans le champ d'application d'IFRS 17. Toute mention, dans ces paragraphes d'IFRS 17, de la date de transition doit s'interpréter comme une mention de la date de transition aux IFRS.

IMPÔT DIFFÉRÉ RATTACHÉ AUX PASSIFS RELATIFS AUX CONTRATS DE LOCATION, AINSI QU'AU DÉMANTÈLEMENT OU À LA REMISE EN ÉTAT ET À D'AUTRES PASSIFS SIMILAIRES

B14 Les paragraphes 15 et 24 d'IAS 12 *Impôts sur le résultat* exemptent l'entité de comptabiliser un actif d'impôt différé ou un passif d'impôt différé dans certaines circonstances particulières. Malgré cette exemption, à la date de transition aux IFRS, un nouvel adoptant doit comptabiliser un actif d'impôt différé, dans la mesure où il est probable qu'un bénéfice imposable, auquel les différences temporelles déductibles pourront être imputées, sera disponible, et un passif d'impôt différé pour toutes les différences temporelles déductibles et les différences temporelles imposables liées :

a) aux actifs au titre de droits d'utilisation et aux passifs locatifs ; et

b) aux passifs relatifs au démantèlement ou à la remise en état et aux autres passifs similaires ainsi qu'aux montants correspondants comptabilisés dans le coût de l'actif en cause.

Appendice C – Exemptions pour les regroupements d'entreprises

Le présent appendice fait partie intégrante de la norme. L'entité doit appliquer les dispositions suivantes aux regroupements d'entreprises qu'elle a comptabilisés avant la date de transition aux IFRS. Le présent appendice ne doit être appliqué qu'aux regroupements d'entreprises qui entrent dans le champ d'application d'IFRS 3 Regroupements d'entreprises.

Première adoption

C1 Un premier adoptant peut décider de ne pas appliquer rétrospectivement IFRS 3 à des regroupements d'entreprises passés (des regroupements d'entreprises qui se sont produits avant la date de transition aux IFRS). Toutefois, si un premier adoptant retraite un regroupement d'entreprises pour se conformer à IFRS 3, il doit retraiter tous les regroupements d'entreprises postérieurs et doit aussi appliquer IFRS 10 à partir de cette même date. Par exemple, si un premier adoptant décide de retraiter un regroupement d'entreprises intervenu le 30 juin 20X6, il doit retraiter tous les regroupements d'entreprises intervenus entre le 30 juin 20X6 et la date de transition aux IFRS, et il doit appliquer aussi IFRS 10 à partir du 30 juin 20X6.

C2 Une entité n'est pas tenue d'appliquer IAS 21 *Effets des variations des cours des monnaies étrangères* de manière rétrospective aux ajustements de la juste valeur et au *goodwill* provenant de regroupements d'entreprises survenus avant la date de transition aux IFRS. Si l'entité n'applique pas IAS 21 rétrospectivement à ces ajustements de la juste valeur et au *goodwill*, elle doit les traiter comme des actifs et passifs de l'entité et non comme des actifs et passifs de l'entité acquise. Par conséquent, soit ces ajustements de la juste valeur et ce *goodwill* sont déjà exprimés dans la monnaie fonctionnelle de l'entité, soit ils constituent des éléments non monétaires en monnaie étrangère, présentés en utilisant le cours de change appliqué selon le référentiel comptable antérieur.

C3 Une entité peut appliquer IAS 21 de façon rétrospective aux ajustements de la juste valeur et au goodwill découlant soit :

a) de tous les regroupements d'entreprises survenus avant la date de transition aux IFRS ; ou

b) de tous les regroupements d'entreprises que l'entité choisit de retraiter de manière à se conformer à IFRS 3, comme l'autorise le paragraphe C1 ci-dessus.

C4 Si un premier adoptant n'applique pas de façon rétrospective IFRS 3 à un regroupement d'entreprises passé, cela se traduira pour ce regroupement d'entreprises par les conséquences suivantes :

a) Le premier adoptant doit maintenir la même classification (comme acquisition par l'acquéreur légal, acquisition inversée par l'entreprise acquise légale, ou une mise en commun d'intérêts) que dans ses états financiers présentés selon le référentiel comptable antérieur.

b) Le premier adoptant doit comptabiliser tous les actifs et passifs à la date de transition aux IFRS qui ont été acquis ou repris lors d'un regroupement d'entreprises passé, sauf :

- i) certains actifs et passifs financiers décomptabilisés selon le référentiel comptable antérieur (voir paragraphe B2) ; et
- ii) les actifs, y compris le *goodwill*, et les passifs qui n'ont pas été comptabilisés dans l'état de la situation financière consolidé de l'acquéreur selon le référentiel comptable antérieur et qui ne satisferaient pas non plus aux conditions de comptabilisation selon les IFRS dans l'état de la situation financière individuel de l'entreprise acquise [voir f) à i) ci-dessous].

Le premier adoptant doit comptabiliser toute variation en résultant par un ajustement des résultats non distribués (ou, le cas échéant, d'une autre catégorie de capitaux propres), sauf si la variation résulte de la comptabilisation d'une immobilisation incorporelle antérieurement incluse dans le *goodwill* [voir g) i) ci-dessous].

c) Le premier adoptant doit exclure de son état de la situation financière d'ouverture en IFRS tout élément comptabilisé selon le référentiel comptable antérieur qui ne satisfait pas aux conditions de comptabilisation d'un actif ou d'un passif selon les IFRS. Le premier adoptant doit comptabiliser les variations en résultant comme suit :

i) le premier adoptant peut avoir classé un regroupement d'entreprises passé comme une acquisition et comptabilisé comme immobilisation incorporelle un élément qui ne satisfait pas aux conditions de comptabilisation en tant qu'actif selon IAS 38 *Immobilisations incorporelles*. Il doit reclasser cet élément (ainsi que, le cas échéant, l'impôt différé lié et les participations ne donnant pas le contrôle) dans le *goodwill* [sauf si le *goodwill* a été déduit des capitaux propres selon le référentiel comptable antérieur, voir g) i) et i) ci-dessous].

ii) le premier adoptant doit comptabiliser tous les autres changements en résultant en résultats non distribués (*).

(*) Parmi ces changements figurent les reclassements depuis ou vers les immobilisations incorporelles si le ***goodwill*** n'a pas été comptabilisé sous la forme d'un actif selon le référentiel comptable antérieur. Ce cas se présente si, selon le référentiel comptable antérieur, l'entité a) a déduit le ***goodwill*** des capitaux propres ou b) n'a pas traité le regroupement d'entreprises comme une acquisition.

d) Les IFRS imposent une évaluation ultérieure de certains actifs et passifs sur une base différente de celle du coût initial, comme la juste valeur. Le premier adoptant doit évaluer ces actifs et passifs selon cette base dans son état de la situation financière d'ouverture en IFRS, même s'ils ont été acquis ou repris lors d'un regroupement d'entreprises passé. Il doit comptabiliser toute variation de la valeur comptable qui en résulte par un ajustement des résultats non distribués (ou le cas échéant, d'une autre catégorie de capitaux propres) plutôt que du *goodwill*.

e) Immédiatement après le regroupement d'entreprises, la valeur comptable selon le référentiel comptable antérieur des actifs acquis et des passifs repris dans ce regroupement d'entreprises constitue leur coût présumé, selon les IFRS, à cette date. Si les IFRS imposent une évaluation de ces actifs et passifs à une date ultérieure sur la base du coût, ce coût présumé servira de base pour l'amortissement sur la base du coût à compter de la date du regroupement d'entreprises.

f) Si un actif acquis ou un passif repris dans un regroupement d'entreprises passé n'a pas été comptabilisé selon le référentiel comptable antérieur, il n'en a pas pour autant un coût présumé nul dans l'état de la situation financière d'ouverture en IFRS. Au contraire, l'acquéreur doit le comptabiliser et l'évaluer dans son état de la situation financière consolidé sur la base qu'imposeraient les IFRS dans l'état de la situation financière de l'entreprise acquise. À titre d'illustration, si l'acquéreur n'a pas, selon le référentiel comptable antérieur, inscrit à l'actif des contrats de location acquis lors d'un regroupement d'entreprises passé dans lesquels l'entreprise acquise apparaissait en tant que preneur, il doit inscrire ces contrats de location à l'actif de ses états financiers consolidés, tout comme IFRS 16 *Contrats de location* imposerait à l'entreprise acquise de le faire dans son état de la situation financière en IFRS. De même, si l'acquéreur n'avait pas, selon le référentiel comptable antérieur, comptabilisé un passif éventuel qui existe toujours à la date de transition aux IFRS, l'acquéreur doit comptabiliser ce passif éventuel à cette date, à moins que IAS 37 *Provisions, passifs éventuels et actifs éventuels* n'interdise sa comptabilisation dans les états financiers de l'entreprise acquise. À l'inverse, si un actif ou un passif a été inclus dans le *goodwill* selon le référentiel comptable antérieur mais aurait été comptabilisé séparément selon IFRS 3, cet actif ou ce passif reste inclus dans le *goodwill*, sauf si les IFRS imposent sa comptabilisation dans les états financiers de l'entreprise acquise.

g) La valeur comptable du *goodwill* dans l'état de la situation financière d'ouverture en IFRS sera sa valeur comptable selon le référentiel comptable antérieur à la date de transition aux IFRS, après prise en compte des deux ajustements suivants :

i) Si le paragraphe c) i) ci-dessus l'impose, le premier adoptant doit augmenter la valeur comptable du *goodwill* lorsqu'il reclasse un élément qu'il avait comptabilisé en immobilisation incorporelle selon le référentiel comptable antérieur. De même, si f) ci-dessus impose au premier adoptant de comptabiliser une immobilisation incorporelle qui avait été incluse dans le *goodwill* comptabilisé selon le référentiel comptable antérieur, le premier adoptant doit réduire la valeur comptable du *goodwill* en conséquence (et, le cas échéant, ajuster l'impôt différé et les participations ne donnant pas le contrôle).

ii) Qu'il y ait ou non une indication selon laquelle le goodwill est susceptible d'avoir perdu de la valeur, le premier adoptant doit appliquer IAS 36 lorsqu'il effectue un test de dépréciation du *goodwill* à la date de transition aux IFRS et lorsqu'il comptabilise le cas échéant une perte de valeur constatée en résultats non distribués (ou, si IAS 36 l'impose, en écarts de réévaluation). Le test de dépréciation doit être basé sur les conditions existantes à la date de transition aux IFRS.

h) Aucun autre ajustement de la valeur comptable du *goodwill* ne doit être effectué à la date de transition aux IFRS. Par exemple, le premier adoptant ne doit pas retraiter la valeur comptable du *goodwill* :

i) pour exclure la recherche et le développement en cours acquis lors de ce regroupement d'entreprises (sauf si l'immobilisation incorporelle liée satisfait aux conditions de comptabilisation selon IAS 38 dans l'état de la situation financière individuel de l'entreprise acquise) ;

ii) pour ajuster un amortissement antérieur du *goodwill* ;

iii) pour annuler les ajustements sur le *goodwill* que IFRS 3 n'autoriserait pas, mais qui ont été comptabilisés selon le référentiel comptable antérieur du fait d'ajustements apportés aux actifs et aux passifs entre la date du regroupement d'entreprises et la date de transition aux IFRS.

i) Si le premier adoptant a comptabilisé un *goodwill* selon le référentiel comptable antérieur en déduction des capitaux propres :

i) il ne doit pas comptabiliser ce *goodwill* dans son état de la situation financière d'ouverture en IFRS. En outre, il ne doit pas reclasser ce *goodwill* dans le résultat en cas de cession de la filiale ou lorsque la participation dans la filiale perd de sa valeur.

ii) les ajustements résultant du dénouement ultérieur d'une éventualité affectant le prix d'acquisition doivent être comptabilisés en résultats non distribués.

j) Selon son référentiel comptable antérieur, le premier adoptant a pu ne pas consolider une filiale acquise lors d'un regroupement d entreprises passé (par exemple parce que la société mère ne la considérait pas comme une filiale selon le référentiel comptable antérieur ou ne préparait pas d'états financiers consolidés). Le premier adoptant doit ajuster les valeurs comptables des actifs et des passifs de cette filiale pour les amener à des valeurs que les IFRS imposeraient dans l'état de la situation financière individuel de la filiale. Le coût présumé du *goodwill* est égal à la différence, à la date de transition aux IFRS, entre :

i) la part de la société mère dans ces valeurs comptables ajustées ; et

ii) le coût, dans les états financiers individuels de la société mère, de sa participation dans cette filiale.

k) L'évaluation des participations ne donnant pas le contrôle et de l'impôt différé découle de l'évaluation des autres actifs et passifs. C'est pourquoi les ajustements des actifs et passifs comptabilisés, mentionnés ci-dessus, affectent les participations ne donnant pas le contrôle et les impôts différés.

C5 L'exemption relative au traitement des regroupements d'entreprises passés s'applique également aux acquisitions passées de participations dans des entreprises associées, et de participations dans des coentreprises et d'intérêts dans des entreprises communes dont l'activité constitue une entreprise au sens d'IFRS 3. En outre, la date retenue pour le paragraphe C1 s'applique aussi à toutes ces acquisitions.

Appendice D – Exemptions de dispositions d'autres IFRS

Le présent appendice fait partie intégrante de la norme.

D1 Une entité peut décider d'utiliser une ou plusieurs des exemptions suivantes :

a) transactions dont le paiement est fondé sur des actions (paragraphes D2 et D3) ;

b) [Supprimé]

c) coût présumé (paragraphes D5 à D8B) ;

d) contrats de location (paragraphes D9 et D9B à D9E) ;

f) montant cumulé des différences de conversion (paragraphes D12 et D13A) ;

g) participations dans des filiales, des coentreprises et des entreprises associées (paragraphes D14 et D15A) ;

h) actifs et passifs de filiales, d'entreprises associées et de coentreprises (paragraphes D16 et D17) ;

i) instruments financiers composés (paragraphe D18) ;

j) désignation d'instruments financiers comptabilisés antérieurement (paragraphes D19 à D19C) ;

k) évaluation à la juste valeur d'actifs financiers ou de passifs financiers lors de leur comptabilisation initiale (paragraphe D20) ;

l) passifs relatifs au démantèlement inclus dans le coût d'une immobilisation corporelle (paragraphes D21 et D21A) ;

m) actifs financiers ou immobilisations incorporelles comptabilisés conformément à IFRIC 12 *Accords de concession de services* (paragraphe D22) ;

n) coûts d'emprunt (paragraphe D23) ;

o) [Supprimé]

p) extinction de passifs financiers au moyen d'instruments de capitaux propres (paragraphe D25) ;

q) hyperinflation grave (paragraphes D26 à D30) ;

r) partenariats (paragraphe D31) ;

s) frais de découverture engagés pendant la phase d'exploitation d'une mine à ciel ouvert (paragraphe D32) ;

t) désignation de contrats d'achat ou de vente d'un élément non financier (paragraphe D33) ;

u) produits des activités ordinaires (paragraphes D34 et D35) ; et

v) transactions en monnaie étrangère et contrepartie anticipée (paragraphe D36).

Une entité ne doit pas appliquer par analogie ces exemptions à d'autres éléments.

TRANSACTIONS DONT LE PAIEMENT EST FONDÉ SUR DES ACTIONS

D2 Un premier adoptant est encouragé, sans y être tenu, à appliquer IFRS 2 *Paiement fondé sur des actions* aux instruments de capitaux propres attribués au plus tard le 7 novembre 2002. Un premier adoptant est également encouragé, sans y être tenu, à appliquer IFRS 2 aux instruments de capitaux propres octroyés après le 7 novembre 2002 et acquis avant la plus tardive des dates suivantes : a) la date de transition aux IFRS et b) le 1er janvier 2005. Toutefois, si un premier adoptant décide d'appliquer IFRS 2 à de tels instruments de capitaux propres, il ne peut le faire que si l'entité a rendu publique la juste valeur de ces instruments de capitaux propres, déterminée à la date d'évaluation, au sens d'IFRS 2. Pour toutes les attributions d'instruments de capitaux propres auxquelles IFRS 2 n'a pas été appliquée (par exemple les instruments de capitaux propres attribués au plus tard le 7 novembre 2002), un premier adoptant doit néanmoins fournir l'information requise par les paragraphes 44 et 45 d'IFRS 2. Si un premier adoptant modifie les termes ou conditions d'une attribution d'instruments de capitaux propres à laquelle IFRS 2 n'a pas été appliquée, l'entité n'est pas tenue d'appliquer les paragraphes 26 à 29 d'IFRS 2 si la modification est intervenue avant la date de transition aux IFRS.

D3 Un premier adoptant est encouragé, sans y être tenu, à appliquer IFRS 2 aux passifs résultant de transactions dont le paiement est fondé sur des actions, qui ont été réglés avant la date de transition aux IFRS. Un premier adoptant est également encouragé, sans y être tenu, à appliquer IFRS 2 aux passifs réglés avant le 1er janvier 2005. Pour les passifs auxquels IFRS 2 s'applique, un premier adoptant n'est pas tenu de retraiter les informations comparatives dans la mesure où ces informations portent sur une période ou une date antérieures au 7 novembre 2002.

D4 [Supprimé]

COÛT PRÉSUMÉ

D5 Une entité peut décider d'évaluer une immobilisation corporelle à la date de transition aux IFRS à sa juste valeur et d'utiliser cette juste valeur en tant que coût présumé à cette date.

D6 Un premier adoptant peut décider d'utiliser une réévaluation d'une immobilisation corporelle, établie selon le référentiel comptable antérieur à la date de transition aux IFRS ou à une date antérieure, comme coût présumé à la date de la réévaluation, si celle-ci, à la date de la réévaluation, était globalement comparable :

a) à la juste valeur ; ou

b) au coût ou au coût amorti selon les IFRS, ajusté, par exemple, en fonction des variations d'un indice des prix général ou spécifique.

D7 Les choix visés aux paragraphes D5 et D6 peuvent également s'appliquer :

a) aux immeubles de placement, si une entité choisit d'utiliser le modèle de coût décrit dans IAS 40 *Immeubles de placement* ; et

aa) aux actifs comptabilisés au titre du droit d'utilisation (IFRS 16 *Contrats de location*) ; et

b) aux immobilisations incorporelles qui satisfont :

i) aux critères de comptabilisation dans IAS 38 (y compris une évaluation fiable du coût initial) ; et

ii) aux critères d'IAS 38 en matière de réévaluation (y compris l'existence d'un marché actif).

Une entité ne doit pas exercer ces choix pour d'autres actifs ou passifs.

D8 Un premier adoptant peut avoir établi un coût présumé selon le référentiel comptable antérieur pour tout ou partie de ses actifs et passifs en les évaluant à leur juste valeur à une date donnée à l'issue d'un événement tel qu'une privatisation ou un premier appel public à l'épargne.

a) Si la date d'évaluation *correspond ou est antérieure* à la date de transition aux IFRS, l'entité peut utiliser les évaluations à la juste valeur résultant de tels événements comme coût présumé en IFRS à la date de ces évaluations.

b) Si la date d'évaluation est *postérieure* à la date de transition aux IFRS, mais qu'elle est comprise dans la période couverte par les premiers états financiers IFRS, les justes valeurs déterminées à l'issue de l'événement peuvent être utilisées comme coût présumé lorsque survient l'événement. L'entité doit comptabiliser, à la date d'évaluation, les ajustements qui en résultent directement en résultats non distribués (ou, le cas échéant, dans une autre catégorie de capitaux propres). À la date de transition aux IFRS, elle doit soit établir le coût présumé en appliquant les critères des paragraphes D5 à D7, soit évaluer ses actifs et passifs conformément aux autres dispositions de la présente norme.

D8A Selon certaines dispositions comptables nationales, les coûts de prospection et de développement pour les propriétés pétrolières et gazières en phase de développement ou de production sont comptabilisés dans des centres de coûts comprenant toutes les propriétés d'une grande zone géographique. Un premier adoptant qui avait recours à ce mode de comptabilisation selon le référentiel comptable antérieur peut choisir d'évaluer les actifs pétroliers et gaziers à la date de transition aux IFRS sur la base suivante :

a) actifs de prospection et d'évaluation au montant déterminé selon le référentiel comptable antérieur de l'entité ; et

b) actifs dans les phases de développement ou de production au montant déterminé pour le centre de coûts selon le référentiel comptable antérieur de l'entité. L'entité répartit ce montant entre les actifs sous-jacents du centre de coûts au prorata en utilisant les volumes des réserves ou les valeurs des réserves à cette date.

L'entité doit soumettre les actifs de prospection et d'évaluation ainsi que les actifs des phases de développement et de production à des tests de dépréciation à la date de transition aux IFRS conformément à IFRS 6 *Prospection et évaluation de ressources minérales* ou à IAS 36 respectivement et, le cas échéant, réduit le montant déterminé conformément au point a) ou b) ci-dessus. Aux fins du présent paragraphe, les actifs pétroliers et gaziers comprennent seulement les actifs utilisés pour la prospection, l'évaluation, le développement ou la production de pétrole et de gaz.

D8B Certaines entités détiennent des éléments d'immobilisations corporelles ou incorporelles ou des actifs comptabilisés au titre du droit d'utilisation qui sont ou étaient antérieurement utilisés dans le cadre d'activités assujetties aux tarifs réglementés. La valeur comptable de tels éléments peut comprendre des montants déterminés selon le référentiel comptable antérieur qui ne remplissent toutefois pas les critères de capitalisation selon les IFRS. Dans ce cas, un premier adoptant peut décider d'utiliser la valeur comptable de l'élément établie selon le référentiel comptable antérieur comme coût présumé à la date de transition aux IFRS. L'entité qui applique cette exemption à un élément n'est pas tenue de l'appliquer à tous les autres. À la date de transition aux IFRS, l'entité doit soumettre chaque élément pour lequel elle applique l'exemption à un test de dépréciation conformément à IAS 36. Aux fins du présent paragraphe, on considère que des activités sont assujetties à des tarifs réglementés lorsqu'elles sont régies par un cadre servant à établir les prix pouvant être exigés des clients pour des biens ou des services et soumis à la surveillance et/ou à l'approbation d'une autorité de réglementation des tarifs (au sens d'IFRS 14 *Comptes de report réglementaires*).

CONTRATS DE LOCATION

D9 Un premier adoptant peut apprécier si un contrat existant à la date de transition aux IFRS contient un contrat de location en appliquant les paragraphes 9 à 11 d'IFRS 16 à ce contrat sur la base des faits et des circonstances qui existaient à cette date.

D9A [Supprimé]

D9B Le premier adoptant qui est un preneur peut comptabiliser ses passifs locatifs et ses actifs au titre du droit d'utilisation en appliquant l'approche suivante à tous ses contrats de location (sous réserve des mesures de simplification décrites au paragraphe D9D) :

a) évaluer le passif locatif à la date de transition aux IFRS. Le preneur qui applique cette approche doit évaluer le passif locatif à la valeur actualisée des paiements de loyers restants (voir le paragraphe D9E), déterminée à l'aide de son taux d'emprunt marginal (voir le paragraphe D9E) à la date de transition aux IFRS ;

b) évaluer l'actif comptabilisé au titre du droit d'utilisation à la date de transition aux IFRS. Le preneur doit choisir pour chaque contrat de location d'évaluer l'actif comptabilisé au titre du droit d'utilisation :

i) soit en en déterminant la valeur comptable comme si IFRS 16 avait été appliquée depuis la date de prise d'effet du contrat de location (voir le paragraphe D9E), puis en l'actualisant à l'aide de son taux d'emprunt marginal à la date de transition aux IFRS ;

ii) soit au montant du passif locatif, ajusté du montant des loyers payés d'avance ou à payer qui étaient comptabilisés dans l'état de la situation financière relativement à ce contrat de location immédiatement avant la date de transition aux IFRS ;

c) appliquer IAS 36 aux actifs comptabilisés au titre du droit d'utilisation à la date de transition aux IFRS.

D9C Nonobstant les dispositions du paragraphe D9B, si le premier adoptant apparaît en tant que preneur dans un contrat de location qui répond à la définition d'un immeuble de placement selon IAS 40 et qui est évalué depuis la transition aux IFRS selon le modèle de la juste valeur défini dans IAS 40, il doit évaluer l'actif comptabilisé au titre du droit d'utilisation à sa juste valeur à la date de transition aux IFRS.

D9D Le premier adoptant qui est un preneur peut exercer le choix, contrat par contrat, de faire une ou plusieurs des choses suivantes à la date de transition aux IFRS :

a) appliquer un taux d'actualisation unique à un portefeuille de contrats de location présentant des caractéristiques relativement similaires (par exemple, si la durée résiduelle, la catégorie d'actifs sous-jacents et l'environnement économique sont similaires) ;

b) choisir de ne pas appliquer les dispositions du paragraphe D9B aux contrats de location dont le terme (voir le paragraphe D9E) se situe dans les 12 mois suivant la date de transition aux IFRS, l'entité devant alors comptabiliser ces contrats de location (et communiquer les informations requises à leur sujet) comme s'il s'agissait de contrats de location à court terme comptabilisés en application du paragraphe 6 d'IFRS 16 ;

c) choisir de ne pas appliquer les dispositions du paragraphe D9B aux contrats de location dont l'actif sous-jacent est de faible valeur (selon les explications des paragraphes B3 à B8 d'IFRS 16), l'entité devant alors comptabiliser ces contrats de location (et communiquer les informations requises à leur sujet) en appliquant le paragraphe 6 d'IFRS 16 ;

d) exclure les coûts directs initiaux (voir le paragraphe D9E) de l'évaluation de l'actif comptabilisé au titre du droit d'évaluation à la date de transition aux IFRS ;

e) utiliser des connaissances acquises a posteriori, par exemple pour déterminer la durée d'un contrat de location qui contient des options de renouvellement ou de résiliation.

D9E Les termes « paiements de loyers », « preneur », « taux d'emprunt marginal du preneur », « date de prise d'effet du contrat de location », « coûts directs initiaux » et « durée du contrat de location » sont définis dans IFRS 16 et sont utilisés dans le même sens dans la présente norme.

D10-D11 [Supprimé]

MONTANT CUMULÉ DES DIFFÉRENCES DE CONVERSION

D12 IAS 21 impose à une entité :

a) de comptabiliser certaines différences de conversion en autres éléments du résultat global et de les cumuler dans une composante distincte des capitaux propres ; et

b) en cas de cession d'un établissement à l'étranger, de reclasser le montant cumulé des différences de conversion relatif à cet établissement à l'étranger (y compris, le cas échéant, les profits et les pertes sur des opérations de couverture liées) depuis les capitaux propres vers le résultat net en l'incluant dans le profit ou la perte sur cession.

D13 Toutefois, un premier adoptant n'est pas tenu de se conformer à ces dispositions concernant les montants cumulés des différences de conversion qui existaient à la date de transition aux IFRS. Si un premier adoptant applique cette exemption :

a) le montant cumulé des différences de conversion pour tous les établissements à l'étranger est réputé nul à la date de transition aux IFRS ; et

b) le profit ou la perte lors de la cession ultérieure de tout établissement à l'étranger doit exclure les différences de conversion nées avant la date de transition aux IFRS et inclure les différences de conversion ultérieures.

D13A Au lieu d'appliquer le paragraphe D12 ou le paragraphe D13, une filiale qui se prévaut de l'exemption prévue au paragraphe D16 a) peut choisir d'évaluer, dans ses états financiers individuels, le montant cumulé des différences de conversion pour tous les établissements à l'étranger à la valeur comptable qu'il conviendrait d'intégrer aux états financiers consolidés de sa société mère, compte tenu de la date de transition de la société mère aux IFRS, en l'absence d'ajustements liés aux procédures de consolidation et aux incidences du regroupement d'entreprises au cours duquel la société mère a acquis la filiale. Un choix similaire est proposé à une entreprise associée ou à une coentreprise qui se prévaut de l'exemption prévue au paragraphe D16 a).

PARTICIPATIONS DANS DES FILIALES, DES COENTREPRISES ET DES ENTREPRISES ASSOCIÉES

D14 IAS 27 impose à l'entité qui prépare des états financiers individuels de comptabiliser ses participations dans des filiales, des coentreprises et des entreprises associées :

a) au coût ;

b) conformément à IFRS 9 ; ou

c) selon la méthode de la mise en équivalence, décrite dans IAS 28.

D15 Si un premier adoptant évalue une telle participation au coût selon IAS 27, il doit évaluer cette participation à l'un des montants suivants dans son état individuel de la situation financière d'ouverture en IFRS :

a) le coût déterminé selon IAS 27 ; ou

b) le coût présumé. Le coût présumé d'une telle participation doit être :
   i) sa juste valeur dans les états financiers individuels de l'entité à la date de transition de celle-ci aux IFRS ; ou
   ii) sa valeur comptable, à cette date, selon le référentiel comptable antérieur.

Un premier adoptant peut choisir soit l'option i), soit l'option ii) ci-dessus pour évaluer sa participation dans chaque filiale, coentreprise ou entreprise associée qu'il choisit d'évaluer au coût présumé.

D15A Dans le cas d'un premier adoptant qui comptabilise une telle participation en appliquant les procédures de mise en équivalence décrites dans IAS 28 :

a) le premier adoptant applique les exemptions pour les regroupements d'entreprises passés (appendice C) à l'acquisition de la participation ;

b) si l'entité devient un premier adoptant pour ses états financiers individuels avant de le devenir pour ses états financiers consolidés, et
   i) après sa société mère, elle doit appliquer le paragraphe D16 à ses états financiers individuels ;
   ii) après sa filiale, elle doit appliquer le paragraphe D17 à ses états financiers individuels.

ACTIFS ET PASSIFS DE FILIALES, D'ENTREPRISES ASSOCIÉES ET DE COENTREPRISES

D16 Si une filiale devient un premier adoptant après sa société mère, elle doit évaluer, dans ses états financiers individuels, ses actifs et passifs soit :

a) aux valeurs comptables qu'il conviendrait d'intégrer aux états financiers consolidés de sa société mère, compte tenu de la date de transition de la société mère aux IFRS, en l'absence d'ajustements liés aux procédures de consolidation et aux incidences du regroupement d'entreprises au cours duquel la société mère a acquis la filiale (le choix de cette méthode n'est pas possible dans le cas d'une filiale d'une entité d'investissement, au sens d'IFRS 10, qui doit être évaluée à la juste valeur par le biais du résultat net) ; ou

b) aux valeurs comptables requises par le reste de la présente norme, compte tenu de la date de transition de la filiale aux IFRS. Ces valeurs comptables pourraient être différentes de celles décrites au paragraphe a) :

i) lorsque les exemptions prévues par la présente norme donnent lieu à des évaluations qui varient selon la date de transition aux IFRS ;

ii) lorsque les méthodes comptables utilisées dans les états financiers de la filiale diffèrent de celles utilisées dans les états financiers consolidés. Par exemple, la filiale peut utiliser comme méthode comptable le modèle du coût selon IAS 16 *Immobilisations corporelles*, alors que le groupe peut utiliser le modèle de la réévaluation.

Un choix similaire est proposé à une entreprise associée ou à une coentreprise qui devient un premier adoptant après l'entité qui exerce sur elle une influence notable ou détient un contrôle conjoint.

D17 Toutefois, si une entité devient un premier adoptant après sa filiale (ou entreprise associée ou coentreprise), elle doit, dans ses états financiers consolidés, évaluer les actifs et les passifs de la filiale (ou de l'entreprise associée ou de la coentreprise) aux mêmes valeurs comptables que celles qui figurent dans les états financiers individuels de la filiale (ou de l'entreprise associée ou de la coentreprise), après avoir procédé aux ajustements liés à la consolidation et à la mise en équivalence ainsi qu'aux incidences du regroupement d'entreprises au cours duquel l'entité a acquis cette filiale. Nonobstant cette disposition, une société mère qui n'est pas une entité d'investissement n'est pas autorisée à appliquer l'exception à la consolidation à laquelle a recours une filiale qui est une entité d'investissement. De même, si une société-mère devient un premier adoptant pour ses états financiers individuels avant ou après sa transition aux IFRS pour ses états financiers consolidés, elle doit évaluer ses actifs et passifs aux mêmes montants dans les états financiers individuels et consolidés, exception faite des ajustements de consolidation.

INSTRUMENTS FINANCIERS COMPOSÉS

D18 IAS 32 *Instruments financiers : Présentation* impose à une entité de ventiler, dès le début, un instrument financier composé, en composantes distinctes de passif et de capitaux propres. Si la composante passif s'est dénouée, l'application rétrospective d'IAS 32 résulte en la distinction de deux parts de capitaux propres. La première part figure dans les résultats non distribués et représente les intérêts cumulés capitalisés sur la composante passif. L'autre part correspond à la composante initiale de capitaux propres. Toutefois, selon la présente norme, un premier adoptant n'est pas tenu de distinguer ces deux parts si la composante passif s'est dénouée à la date de transition aux IFRS.

DÉSIGNATION D'INSTRUMENTS FINANCIERS COMPTABILISÉS ANTÉRIEUREMENT

D19 IFRS 9 permet de désigner un passif financier (à condition qu'il remplisse certains critères) comme étant un passif financier évalué à la juste valeur par le biais du résultat net. Nonobstant cette disposition, il est permis à l'entité, à la date de transition aux IFRS, de désigner tout passif financier comme étant un passif financier évalué à la juste valeur par le biais du résultat net, à condition que ce passif réponde aux critères du paragraphe 4.2.2 d'IFRS 9 à cette date.

D19A L'entité peut désigner un actif financier comme étant évalué à la juste valeur par le biais du résultat net selon le paragraphe 4.1.5 d'IFRS 9 en se fondant sur les faits et les circonstances existant à la date de transition aux IFRS.

D19B L'entité peut désigner un placement dans un instrument de capitaux propres comme étant à la juste valeur par le biais des autres éléments du résultat global selon le paragraphe 5.7.5 d'IFRS 9 en se fondant sur les faits et les circonstances existant à la date de transition aux IFRS.

D19C Dans le cas d'un passif financier désigné comme étant un passif financier évalué à la juste valeur par le biais du résultat net, l'entité doit déterminer si le traitement prévu au paragraphe 5.7.7 d'IFRS 9 créerait une non-concordance comptable au niveau du résultat net, en se fondant sur les faits et les circonstances existant à la date de transition aux IFRS.

ÉVALUATION À LA JUSTE VALEUR D'ACTIFS FINANCIERS OU DE PASSIFS FINANCIERS LORS DE LEUR COMPTABILISATION INITIALE

D20 Nonobstant les dispositions des paragraphes 7 et 9, l'entité peut appliquer les dispositions du paragraphe B5.1.2A b) d'IFRS 9 à titre prospectif pour les transactions conclues à compter de la date de transition aux IFRS.

PASSIFS RELATIFS AU DÉMANTÈLEMENT INCLUS DANS LE COÛT D'UNE IMMOBILISATION CORPORELLE

D21 IFRIC 1 *Variations des passifs existants relatifs au démantèlement, à la remise en état et similaires* impose que des changements spécifiés dans un passif relatif au démantèlement, à la remise en état ou un passif similaire soient ajoutés ou déduits du coût de l'actif auquel ils correspondent ; le montant amortissable ajusté de l'actif est ensuite amorti de manière prospective sur sa durée d'utilité restant à courir. Un premier adoptant n'est pas tenu de se conformer à ces dispositions concernant les variations de tels passifs qui se sont produites avant la date de transition aux IFRS. Si un premier adoptant applique cette exemption, il doit :

a) évaluer le passif à la date de transition aux IFRS selon IAS 37 ;

b) dans la mesure où le passif entre dans le champ d'application d'IFRIC 1, estimer le montant qui aurait été inclus dans le coût de l'actif correspondant lorsque le passif s'est produit pour la première fois, en actualisant le passif à cette date en utilisant la meilleure estimation du (des) taux d'actualisation historique(s) ajusté(s) pour tenir compte du risque qui se serai(en)t appliqué(s) à ce passif dans l'intervalle ; et

c) calculer l'amortissement cumulé sur ce montant à la date de transition aux IFRS, sur la base de l'estimation actuelle de la durée d'utilité de l'actif, en appliquant la méthode d'amortissement adoptée par l'entité selon les IFRS.

D21A Les entités qui appliquent l'exemption prévue au paragraphe D8A b) (pour les actifs pétroliers et gaziers en phase de développement ou de production comptabilisés dans des centres de coûts qui comprennent toutes les propriétés d'une grande zone géographique selon le référentiel comptable antérieur) doivent, au lieu d'appliquer le paragraphe D21 ou IFRIC 1 :

a) évaluer les passifs liés au démantèlement, à la remise en état et les passifs similaires à la date de transition aux IFRS conformément à IAS 37 ; et

b) comptabiliser directement dans les résultats non distribués toute différence entre ce montant et la valeur comptable de ces passifs à la date de transition aux IFRS déterminée selon le référentiel comptable antérieur de l'entité.

ACTIFS FINANCIERS OU IMMOBILISATIONS INCORPORELLES COMPTABILISÉES SELON IFRIC 12

D22 Un premier adoptant peut appliquer les dispositions transitoires d'IFRIC 12.

COÛTS D'EMPRUNT

D23 Un premier adoptant peut décider d'appliquer les dispositions d'IAS 23 à compter de la date de transition ou d'une date antérieure, comme le permet le paragraphe 28 d'IAS 23. À compter de la date à laquelle elle applique IAS 23, l'entité qui se prévaut de cette exemption :

a) ne doit pas retraiter la composante coûts d'emprunt incorporée dans le coût d'un actif selon le référentiel comptable antérieur et comprise dans la valeur comptable de l'actif à cette date ; et

b) doit comptabiliser selon IAS 23 les coûts d'emprunt engagés à compter de cette date, y compris ceux qui sont engagés à compter de cette date pour des actifs qualifiés en cours de construction.

D24 [Supprimé]

EXTINCTION DE PASSIFS FINANCIERS AVEC DES INSTRUMENTS DE CAPITAUX PROPRES

D25 Un premier adoptant peut appliquer les dispositions transitoires d'IFRIC 19 *Extinction de passifs financiers avec des instruments de capitaux propres*.

HYPERINFLATION GRAVE

D26 Une entité qui avait ou qui a pour monnaie fonctionnelle la monnaie d'une économie hyperinflationniste doit déterminer si cette monnaie a été affectée par une hyperinflation grave avant la date de transition aux IFRS. Cette disposition vise à la fois les entités qui appliquent les IFRS pour la première fois et les entités qui appliquent déjà les IFRS.

D27 La monnaie d'une économie hyperinflationniste est affectée par une hyperinflation grave lorsqu'elle est caractérisée par les deux conditions suivantes :

a) absence d'indice général des prix fiable pouvant être utilisé par l'ensemble des entités ayant des opérations et des soldes libellés dans la monnaie en question ;

b) absence de possibilité d'échanger la monnaie en question contre une monnaie étrangère relativement stable.

D28 La monnaie fonctionnelle d'une entité cesse d'être affectée par une hyperinflation grave à la date de normalisation de la monnaie fonctionnelle. Cette date est celle à laquelle au moins une des deux conditions indiquées au paragraphe D27 cesse de caractériser la monnaie fonctionnelle, ou encore celle à laquelle l'entité change de monnaie fonctionnelle pour adopter une monnaie qui n'est pas affectée par une hyperinflation grave.

D29 Lorsque la date de transition aux IFRS de l'entité coïncide avec la date de normalisation de sa monnaie fonctionnelle ou est postérieure à celle-ci, l'entité peut choisir d'évaluer à la juste valeur à la date de transition aux IFRS tous les actifs et passifs qu'elle détenait déjà à la date de normalisation de sa monnaie fonctionnelle. L'entité peut utiliser cette juste valeur comme coût présumé de ces actifs et passifs dans l'état de la situation financière d'ouverture en IFRS.

D30 Lorsque la date de normalisation de la monnaie fonctionnelle se situe dans la période de comparaison et que celle-ci est de 12 mois, cette période peut être raccourcie pour couvrir moins de 12 mois, sous réserve qu'un jeu complet d'états financiers (au sens du paragraphe 10 d'IAS 1) soit présenté pour cette période raccourcie.

PARTENARIATS

D31 Un premier adoptant peut appliquer les dispositions transitoires d'IFRS 11, sous réserve des exceptions qui suivent :

a) lorsqu'il applique les dispositions transitoires d'IFRS 11, le premier adoptant doit appliquer ces dispositions à la date de transition aux IFRS ;

b) lorsqu'il passe de la méthode de la consolidation proportionnelle à la méthode de la mise en équivalence, le premier adoptant doit soumettre la participation à un test de dépréciation conformément à IAS 36 à la date de transition aux IFRS, qu'il existe ou non un indice de dépréciation. La perte de valeur qui en résulte, le cas échéant, doit être comptabilisée à titre d'ajustement des résultats non distribués à la date de transition aux IFRS.

FRAIS DE DÉCOUVERTURE ENGAGÉS PENDANT LA PHASE D'EXPLOITATION D'UNE MINE À CIEL OUVERT

D32 Un premier adoptant peut appliquer les dispositions transitoires énoncées aux paragraphes A1 à A4 de l'interprétation IFRIC 20 *Frais de découverture engagés pendant la phase d'exploitation d'une mine à ciel ouvert*. Dans ce paragraphe, la date d'entrée en vigueur doit être interprétée comme étant soit le 1er janvier 2013, soit la date d'ouverture de la première période de reporting selon les IFRS si celle-ci est postérieure.

DÉSIGNATION DE CONTRATS D'ACHAT OU DE VENTE D'UN ÉLÉMENT NON FINANCIER

D33 Conformément à IFRS 9, certains contrats d'achat ou de vente d'un élément non financier peuvent être désignés, lors de leur passation, comme étant évalués à la juste valeur par le biais du résultat net (voir paragraphe 2.5 d'IFRS 9). Nonobstant cette disposition, il est permis à l'entité, à la date de transition aux IFRS, de désigner les contrats qui existent déjà à cette date comme étant évalués à la juste valeur par le biais du résultat net, mais seulement s'ils satisfont aux conditions du paragraphe 2.5 d'IFRS 9 à cette date et que l'entité désigne ainsi tous les contrats similaires.

PRODUITS DES ACTIVITÉS ORDINAIRES

D34 Un premier adoptant peut appliquer les dispositions transitoires prévues au paragraphe C5 d'IFRS 15. Dans ces dispositions, « date de première application » doit s'interpréter comme étant la date d'ouverture de la première période de reporting selon les IFRS. Si un premier adoptant décide d'appliquer ces dispositions transitoires, il doit également appliquer le paragraphe C6 d'IFRS 15.

D35 Un premier adoptant n'est pas tenu de retraiter les contrats qui ont été achevés avant la première période présentée. Un contrat achevé est un contrat pour lequel l'entité a fourni l'ensemble des biens ou des services identifiés selon le référentiel comptable antérieur.

TRANSACTIONS EN MONNAIE ÉTRANGÈRE ET CONTREPARTIE ANTICIPÉE

D36 Un premier adoptant n'est pas tenu d'appliquer IFRIC 22 *Transactions en monnaie étrangère et contrepartie anticipée* aux actifs, charges et produits qui entrent dans le champ d'application de cette interprétation et dont la comptabilisation initiale a eu lieu avant la date de transition aux IFRS.

Appendice E – Exemptions à court terme de dispositions des IFRS

Le présent appendice fait partie intégrante de la norme.

EXEMPTION DE L'OBLIGATION DE RETRAITER LES INFORMATIONS COMPARATIVES AUX FINS D'IFRS 9

E1 Lorsque l'ouverture de la première période de reporting selon les IFRS de l'entité est antérieure au 1er janvier 2019, et que l'entité applique la version intégrale d'IFRS 9 (publiée en 2014), les informations comparatives dans les premiers états financiers IFRS de l'entité n'ont pas besoin d'être conformes à IFRS 7 *Instruments financiers : informations à fournir*, ni à la version intégrale d'IFRS 9 (publiée en 2014), pour autant que les informations à fournir selon IFRS 7 se rapportent à des éléments entrant dans le champ d'application d'IFRS 9. Dans le cas d'une telle entité et uniquement en ce qui concerne IFRS 7 et IFRS 9 (2014), « date de transition aux IFRS » doit s'entendre comme l'ouverture de la première période de reporting selon les IFRS.

E2 L'entité qui choisit de présenter, dans les états financiers de son premier exercice de transition, des informations comparatives qui ne sont pas conformes à IFRS 7 et à la version intégrale d'IFRS 9 (publiée en 2014) doit :

a) appliquer aux informations fournies à titre comparatif sur les éléments entrant dans le champ d'application d'IFRS 9 les dispositions contenues dans son référentiel comptable antérieur plutôt que celles d'IFRS 9 ;

b) indiquer ce fait de même que la méthode utilisée pour préparer ces informations ;

c) traiter tout ajustement entre l'état de la situation financière à la date de clôture de la période de comparaison (c'est-à-dire l'état de la situation financière qui comprend les informations comparatives établies selon le référentiel comptable antérieur) et l'état de la situation financière à l'ouverture de la première période de reporting selon les IFRS [c'est-à-dire la première période pour laquelle les informations présentées sont conformes à IFRS 7 et à la version intégrale d'IFRS 9 (publiée en 2014)] comme découlant d'un changement de méthode comptable et fournir les informations prescrites selon le paragraphe 28 a) à e) et f) i) d'IAS 8. Le paragraphe 28 f) i) ne s'applique qu'aux montants présentés dans l'état de la situation financière à la date de clôture de la période de comparaison ;

d) appliquer le paragraphe 17 c) d'IAS 1 de façon à fournir des informations supplémentaires lorsque le respect des dispositions spécifiques des IFRS est insuffisant pour permettre aux utilisateurs de comprendre l'incidence de transactions particulières, d'autres événements ou de conditions sur la situation financière de l'entité et sur sa performance financière.

E3 – E7 [Supprimé]

INCERTITUDE RELATIVE AUX TRAITEMENTS FISCAUX

E8 Tout premier adoptant dont la date de transition aux IFRS est antérieure au 1er juillet 2017 peut choisir de ne pas intégrer, dans les informations comparatives contenues dans ses premiers états financiers IFRS, l'application d'IFRIC 23 *Incertitude relative au traitement des impôts sur le résultat.* L'entité qui fait ce choix doit comptabiliser l'effet cumulatif de l'application d'IFRIC 23 comme un ajustement du solde d'ouverture des résultats non distribués (ou, s'il y a lieu, d'une autre composante des capitaux propres) à l'ouverture de sa première période de reporting selon les IFRS.

IFRS 2

Paiement fondé sur des actions

[règlt UE 2023/1803]

Objectif

1 L'objectif de la présente norme est de spécifier l'information financière à présenter par une entité qui conclut une *transaction dont le paiement est fondé sur des actions*. En particulier, elle impose à une entité de refléter dans son résultat et dans sa situation financière les effets des transactions dont le paiement est fondé sur des actions, y compris les charges liées à des transactions attribuant aux membres du personnel des *options sur actions*.

Champ d'application

2 Une entité doit appliquer la présente norme pour comptabiliser toutes ses transactions dont le paiement est fondé sur des actions, que l'entité puisse ou non identifier expressément tout ou partie des biens ou services reçus, y compris :

a) les transactions dont le paiement est fondé sur des actions et qui sont réglées en instruments de capitaux propres,

b) *les transactions dont le paiement est fondé sur des actions* et *qui sont réglées en trésorerie*, et

c) les transactions par lesquelles l'entité reçoit ou acquiert des biens ou des services et dont les termes de l'accord laissent soit à l'entité, soit au fournisseur de ces biens ou services le choix entre un règlement de la transaction en trésorerie (ou en autres actifs) et un règlement par émission d'instruments de capitaux propres,

à l'exception des dispositions des paragraphes 3A à 6. En l'absence de biens ou de services expressément identifiables, d'autres circonstances peuvent indiquer que des biens ou des services ont été (ou seront) reçus, auquel cas la présente norme s'applique.

3 [Supprimé]

3A Une transaction dont le paiement est fondé sur des actions est susceptible d'être réglée par une autre entité du groupe (ou par un actionnaire de n'importe quelle entité du groupe) pour le compte de l'entité recevant ou acquérant les biens ou les services. Le paragraphe 2 s'applique également à une entité qui :

a) reçoit des biens ou des services alors qu'une autre entité du même groupe (ou un actionnaire de n'importe quelle entité du groupe) a l'obligation de régler la transaction dont le paiement est fondé sur des actions, ou

b) a l'obligation de régler une transaction dont le paiement est fondé sur des actions alors qu'une autre entité du même groupe reçoit les biens ou les services

sauf si la transaction répond manifestement à un autre objectif que le paiement de biens ou de services fournis à l'entité qui les reçoit.

4 Aux fins de la présente norme, une transaction avec un membre du personnel (ou un autre tiers) en sa qualité de porteur d'instruments de capitaux propres de l'entité ne constitue pas une transaction dont le paiement est fondé sur des actions. Ainsi, si une entité attribue à tous les porteurs d'une catégorie donnée de ses instruments de capitaux propres le droit d'acquérir des instruments de capitaux propres supplémentaires à un prix inférieur à la juste valeur de ces derniers, et si le membre du personnel reçoit ce droit parce qu'il est porteur d'instruments de capitaux propres de cette catégorie particulière, l'attribution ou l'exercice de ce droit ne sont pas soumis aux dispositions de la présente norme.

5 Comme indiqué au paragraphe 2, la présente norme s'applique aux transactions dont le paiement est fondé sur des actions par lesquelles une entité acquiert ou reçoit des biens ou des services. Les biens désignent notamment des stocks, des consommables, des immobilisations corporelles, des immobilisations incorporelles et d'autres actifs non financiers. Une entité ne doit cependant pas appliquer la présente norme aux transactions par lesquelles l'entité acquiert des biens représentatifs des actifs nets acquis lors d'un regroupement d'entreprises au sens d'IFRS 3 *Regroupements d'entreprises* (telle que révisée en 2008), lors d'un regroupement impliquant des entités ou entreprises sous contrôle commun, tel que décrit aux paragraphes B1 à B4 d'IFRS 3, ou lors de la participation d'une entreprise à la formation d'une coentreprise au sens d'IFRS 11 *Partenariats*. Dès lors, les instruments de capitaux propres émis lors d'un regroupement d'entreprises en échange du contrôle de l'entreprise acquise n'entrent pas dans le champ d'application de la présente norme. En revanche, des instruments de capitaux propres attribués aux membres du personnel de l'entreprise acquise en leur qualité de membres du personnel (par exemple, en contrepartie de la continuité de leurs services) entrent dans le champ d'application de la présente norme. De même, l'annulation, le remplacement ou toute autre modification d'accords de paiement fondé sur des actions en raison d'un regroupement d'entreprises ou d'une autre restructuration de capitaux propres doivent être comptabilisés selon la présente norme. IFRS 3 fournit des indications pour déterminer si les instruments de capitaux propres émis lors d'un regroupement d'entreprises font partie de la contrepartie transférée en échange du contrôle de l'entreprise acquise (entrant dès lors dans le champ d'application d'IFRS 3) ou constituent une rémunération en contrepartie de la continuité des services, à comptabiliser dans la période postérieure au regroupement d'entreprises (entrant dès lors dans le champ d'application de la présente norme).

6 La présente norme ne s'applique pas aux transactions dont le paiement est fondé sur des actions par lesquelles l'entité reçoit ou acquiert des biens ou des services dans le cadre d'un contrat entrant dans le champ d'application des paragraphes 8 à 10 d'IAS 32 *Instruments financiers : Présentation* (telle que révisée en 2003) (*), ou des paragraphes 2.4 à 2.7 d'IFRS 9 *Instruments financiers*.

(*) Le titre d'IAS 32 a été modifié en 2005.

6A Dans la présente norme, le terme « juste valeur » est utilisé avec une signification qui diffère à certains égards de la définition qu'en donne IFRS 13 *Évaluation de la juste valeur*. Par conséquent, lorsqu'une entité applique IFRS 2, elle évalue la juste valeur selon celle-ci, et non selon IFRS 13.

Comptabilisation

7 Une entité doit comptabiliser les biens ou services reçus ou acquis dans le cadre d'une transaction dont le paiement est fondé sur des actions, au moment où elle obtient les biens ou au fur et à mesure qu'elle reçoit les services. L'entité doit comptabiliser en contrepartie soit une augmentation de ses capitaux propres si les biens ou services ont été reçus dans le cadre d'une transaction dont le paiement est fondé sur des actions et qui est réglée en instruments de capitaux propres, soit un passif si les biens ou services ont été acquis dans le cadre d'une transaction dont le paiement est fondé sur des actions et qui est réglée en trésorerie.

8 Lorsque les biens ou services reçus ou acquis dans le cadre d'une transaction dont le paiement est fondé sur des actions ne remplissent pas les conditions de comptabilisation en tant qu'actifs, ils doivent être comptabilisés en charges.

9 Habituellement, une charge découle de la consommation de biens ou de services. Par exemple, des services sont habituellement consommés immédiatement, auquel cas une charge est comptabilisée au moment où l'autre partie fournit le service. Des biens peuvent être soit consommés sur une période, soit, dans le cas de stocks, vendus ultérieurement, auquel cas une charge est comptabilisée lorsque les biens sont consommés ou vendus. Toutefois, il est parfois nécessaire de comptabiliser une charge avant que les biens ou services ne soient consommés ou vendus, parce qu'ils ne remplissent pas les conditions de comptabilisation en tant qu'actifs. Par exemple, une entité pourrait acquérir des biens dans le cadre de la phase de recherche d'un projet visant au développement d'un nouveau produit. Bien que ces biens n'aient pas encore été consommés, ils peuvent ne pas remplir les conditions de comptabilisation en tant qu'actifs selon la norme applicable.

Transactions dont le paiement est fondé sur des actions et qui sont réglées en instruments de capitaux propres

PRÉSENTATION

10 Pour des transactions dont le paiement est fondé sur des actions et qui sont réglées en instruments de capitaux propres, l'entité doit évaluer les biens ou les services reçus et l'augmentation de capitaux propres qui en est la contrepartie, directement, à la juste valeur des biens ou services reçus, sauf si cette juste valeur ne peut être estimée de façon fiable. Si l'entité ne peut estimer de façon fiable la juste valeur des biens ou des services reçus, elle doit en évaluer la valeur et l'augmentation des capitaux propres qui en est la contrepartie, indirectement, par référence à (*) la juste valeur des instruments de capitaux propres attribués.

11 Pour appliquer les dispositions du paragraphe 10 aux transactions effectuées avec des *membres du personnel et des tiers fournissant des services similaires* (**), l'entité doit évaluer la juste valeur des services reçus par référence à la juste valeur des instruments de capitaux propres attribués. En effet, il n'est habituellement pas possible d'estimer de manière fiable la juste valeur des services reçus, comme indiqué au paragraphe 12. La juste valeur de ces instruments de capitaux propres doit être évaluée à la *date d'attribution*.

(*) La présente norme utilise l'expression « par référence à » plutôt que « à » parce que la transaction s'évalue finalement en multipliant la juste valeur des instruments de capitaux propres attribués, évalués à la date précisée soit au paragraphe 11, soit au paragraphe 13 (selon ce qui est applicable), par le nombre d'instruments de capitaux propres qui sont acquis, conformément aux dispositions du paragraphe 19.

(**) Dans la suite de la présente norme, toute référence aux membres du personnel comprend également les tiers fournissant des services similaires.

12 Habituellement, les actions, options sur actions ou autres instruments de capitaux propres sont attribués aux membres du personnel dans le cadre de leur rémunération d'ensemble, en plus d'un salaire en trésorerie et d'autres avantages liés à l'emploi. Il n'est généralement pas possible d'évaluer directement les services reçus en échange de composantes particulières de la rémunération d'ensemble d'un membre du personnel. Il peut également être impossible d'évaluer la juste valeur totale de la rémunération d'ensemble de manière indépendante sans évaluer directement la juste valeur des instruments de capitaux propres attribués. En outre, des actions ou des options sur actions sont parfois attribuées dans le cadre d'un accord d'intéressement, plutôt que dans le cadre de la rémunération de base, par exemple une prime visant à ce que les membres du personnel restent au service de l'entité, ou encore à récompenser leurs efforts d'amélioration de la performance de l'entité. En attribuant des actions ou des options sur actions en plus des autres rémunérations, l'entité paie un supplément de rémunération pour obtenir des avantages additionnels. L'estimation de la juste valeur de ces avantages supplémentaires sera probablement difficile. Compte tenu de la difficulté de l'évaluation directe de la juste valeur des services reçus, l'entité doit évaluer la juste valeur des services reçus de ses membres du personnel par référence à la juste valeur des instruments de capitaux propres attribués.

13 Pour appliquer les dispositions du paragraphe 10 aux transactions avec des parties autres que des membres du personnel, il doit exister une présomption réfutable que la juste valeur des biens ou services reçus peut être estimée de manière fiable. Cette juste valeur doit être évaluée à la date à laquelle l'entité obtient les biens ou à laquelle l'autre partie fournit le service. Dans de rares cas, si l'entité réfute cette présomption parce qu'elle ne peut estimer de façon fiable la juste valeur des biens ou services reçus, elle doit évaluer indirectement la valeur des biens ou des services reçus, et l'augmentation des capitaux propres qui en est la contrepartie, par référence à la juste valeur des instruments de capitaux propres attribués, évalués à la date à laquelle l'entité obtient les biens ou à laquelle l'autre partie fournit le service.

13A En particulier, si la contrepartie identifiable (lorsqu'elle existe) reçue par l'entité semble inférieure à la juste valeur des instruments de capitaux propres attribués ou au passif contracté, ce type de situation indique généralement qu'une autre contrepartie (à savoir des biens ou des services non identifiables) a été (ou va être) reçue par l'entité. L'entité doit évaluer les biens ou les services identifiables reçus conformément à la présente norme.

L'entité doit évaluer les biens ou les services non identifiables reçus (ou à recevoir) comme étant la différence entre la juste valeur du paiement fondé sur des actions et la juste valeur des biens ou services identifiables reçus (ou à recevoir). L'entité doit évaluer les biens ou services non identifiables reçus à la date d'attribution. Toutefois, pour les transactions réglées en trésorerie, le passif doit être réévalué à la fin de chaque période de reporting jusqu'à son règlement, conformément aux paragraphes 30 à 33.

TRANSACTIONS DANS LESQUELLES DES SERVICES SONT REÇUS

14 Si les instruments de capitaux propres *sont acquis* immédiatement, l'autre partie n'est pas tenue d'achever une période de service spécifique avant d'avoir inconditionnellement droit à ces instruments de capitaux propres. En l'absence de preuve contraire, l'entité doit présumer que les services rendus par l'autre partie en échange des instruments de capitaux propres ont été reçus. Dans ce cas, à la date d'attribution, l'entité doit comptabiliser intégralement les services reçus, et l'augmentation des capitaux propres qui en est la contrepartie.

15 Si les instruments de capitaux propres attribués ne sont pas acquis avant que l'autre partie n'ait achevé une période de service spécifiée, l'entité doit présumer que les services à rendre par l'autre partie en rémunération de ces instruments de capitaux propres seront reçus à l'avenir, pendant la *période d'acquisition des droits*. L'entité doit comptabiliser ces services, et l'augmentation des capitaux propres qui en est la contrepartie, au fur et à mesure qu'ils sont rendus par l'autre partie pendant la période d'acquisition des droits. Par exemple :

a) si un membre du personnel se voit attribuer des options sur actions sous condition de l'achèvement de trois années de service, l'entité doit présumer que les services à rendre par le membre du personnel en contrepartie de ces options sur actions seront reçus dans l'avenir, pendant cette période d'acquisition des droits de trois ans ;

b) si un membre du personnel se voit attribuer des options sur actions sous condition de la réalisation d'une *condition de performance* et de l'obligation de rester au service de l'entité jusqu'à la réalisation de cette condition de performance, et si la longueur de la période d'acquisition des droits dépend de la date de satisfaction de la condition de performance, l'entité doit présumer que les services à rendre par le membre du personnel en contrepartie de ces options sur actions seront reçus dans l'avenir, pendant la période d'acquisition des droits attendue. L'entité doit estimer dès la date d'attribution la longueur de la période d'acquisition des droits attendue, en fonction de l'issue la plus probable de la condition de performance. Si la condition de performance est une *condition de marché*, l'estimation de la longueur de la période d'acquisition des droits attendue doit être cohérente avec les hypothèses fondant l'estimation de la juste valeur des options attribuées ; elle ne doit pas être révisée ultérieurement. Si la condition de performance n'est pas une condition de marché, l'entité doit, si nécessaire, réviser son estimation de la longueur de la période d'acquisition des droits si des informations ultérieures indiquent que celle-ci diffère des estimations antérieures.

Paiement fondé sur des actions

TRANSACTIONS ÉVALUÉES PAR RÉFÉRENCE À LA JUSTE VALEUR DES INSTRUMENTS DE CAPITAUX PROPRES ATTRIBUÉS

Détermination de la juste valeur d'instruments de capitaux propres attribués

16 Pour les transactions évaluées par référence à la juste valeur des instruments de capitaux propres attribués, une entité doit évaluer la juste valeur des instruments de capitaux propres attribués à la *date d'évaluation*, en fonction des prix de marché éventuellement disponibles, en prenant en compte les termes et conditions spécifiques auxquels ces instruments de capitaux propres ont été attribués (sous réserve des dispositions des paragraphes 19 à 22).

17 Si des prix de marché ne sont pas disponibles, l'entité doit estimer la juste valeur des instruments de capitaux propres attribués en utilisant une technique d'évaluation pour déterminer ce qu'aurait été le prix de ces instruments de capitaux propres à la date d'évaluation lors d'une transaction conclue dans des conditions de concurrence normale, entre parties bien informées et consentantes. La technique d'évaluation doit être cohérente avec les méthodologies d'évaluation généralement acceptées pour la détermination du prix d'instruments financiers ; elle doit également intégrer tous les facteurs et hypothèses que prendraient en considération des participants de marché bien informés et consentants pour la fixation du prix (sous réserve des dispositions des paragraphes 19 à 22).

18 L'appendice B contient des indications supplémentaires sur l'évaluation de la juste valeur d'actions et d'options sur actions, visant les termes et conditions spécifiques qui sont communs à l'attribution à des membres du personnel d'actions ou d'options sur action.

Traitement des conditions d'acquisition des droits

19 L'attribution d'instruments de capitaux propres peut être subordonnée à la satisfaction de conditions d'acquisition des droits spécifiées. Par exemple, l'attribution d'actions ou d'options sur actions à un membre du personnel est habituellement subordonnée au fait que le membre du personnel reste au service de l'entité pendant une période déterminée. Il peut exister certaines conditions de performance à remplir, par exemple le fait pour l'entité de réaliser une croissance bénéficiaire prédéterminée, ou une hausse prédéterminée du prix de l'action. Les conditions d'acquisition des droits autres que des conditions de marché ne doivent pas être prises en considération lors de l'estimation de la juste valeur des actions ou des options sur actions à la date d'évaluation. En revanche, les conditions d'acquisition des droits autres que des conditions de marché doivent être prises en considération en ajustant le nombre d'instruments de capitaux propres compris dans l'évaluation du montant de la transaction, de sorte que le montant finalement comptabilisé pour les biens ou les services reçus en contrepartie des instruments de capitaux propres attribués soit bien basé sur le nombre d'instruments de capitaux propres finalement acquis. Dès lors, sur une base cumulée, aucun montant n'est comptabilisé pour des biens ou des services reçus si les instruments de capitaux propres attribués ne sont pas acquis parce qu'une *condition d'acquisition des droits* autre qu'une condition de marché n'est pas remplie, par exemple si l'autre partie n'achève pas la période de service spécifiée, ou si une condition de performance n'est pas remplie, sous réserve des dispositions du paragraphe 21.

20 Pour appliquer les dispositions du paragraphe 19, l'entité doit comptabiliser, pour les biens ou les services reçus pendant la période d'acquisition des droits, un montant fondé sur la meilleure estimation disponible du nombre d'instruments de capitaux propres dont l'acquisition est attendue ; elle doit réviser cette estimation, lorsque c'est nécessaire, si des informations ultérieures indiquent que le nombre d'instruments de capitaux propres dont l'acquisition est attendue diffère des estimations précédentes. À la date d'acquisition des droits, l'entité doit réviser l'estimation de façon à la rendre égale au nombre d'instruments de capitaux propres finalement acquis, sous réserve des dispositions du paragraphe 21.

21 Des conditions de marché, telles qu'un objectif de prix de l'action auquel serait soumise l'acquisition des droits (ou la faculté de les exercer) doivent être prises en compte pour estimer la juste valeur des instruments de capitaux propres attribués. En conséquence, pour les attributions d'instruments de capitaux propres assortis de conditions de marché, l'entité doit comptabiliser les biens ou les services reçus d'une autre partie qui répond à toutes les autres conditions d'acquisition des droits (par exemple, les services reçus d'un membre du personnel qui reste au service de l'entité pendant la période de service fixée), que cette condition de marché ait été remplie ou non.

➟ Traitement des conditions accessoires à l'acquisition des droits

21A De même, lors de l'estimation de la juste valeur des instruments de capitaux propres attribués, une entité doit prendre en compte toutes les conditions accessoires à l'acquisition des droits. En conséquence, pour les attributions d'instruments de capitaux propres assortis de conditions accessoires à l'acquisition des droits, l'entité doit comptabiliser les biens ou les services reçus d'une autre partie qui remplit toutes les conditions d'acquisition des droits qui ne sont pas des conditions de marché (par exemple les services reçus d'un membre du personnel qui reste au service de l'entité pendant la période de service spécifiée), que ces conditions accessoires aient été remplies ou non.

➟ Traitement d'une clause de rechargement

22 Pour les options assorties d'une *clause de rechargement*, cette dernière ne doit pas être prise en considération lors de l'estimation de la juste valeur des options attribuées à la date d'évaluation. En revanche, l'*option de rechargement* doit être comptabilisée comme l'attribution d'une nouvelle option, au moment de son attribution ultérieure éventuelle.

➟ Après la date d'acquisition des droits

23 Lorsqu'elle a comptabilisé les biens ou les services reçus conformément aux paragraphes 10 à 22, et l'augmentation des capitaux propres qui en est la contrepartie, l'entité ne doit procéder à aucun ajustement ultérieur des capitaux propres après la date d'acquisition. Par exemple, l'entité ne doit pas reprendre ultérieurement le montant comptabilisé pour les services reçus d'un membre du personnel s'il est ensuite renoncé aux instruments de capitaux propres acquis, ou bien, dans le cas d'options sur actions, si ces options ne sont pas exercées. La présente disposition n'empêche toutefois pas l'entité de comptabiliser un transfert au sein des capitaux propres, à savoir un transfert d'une composante des capitaux propres à une autre.

Si la juste valeur des instruments de capitaux propres ne peut pas être estimée de façon fiable

24 Les dispositions des paragraphes 16 à 23 s'appliquent lorsque l'entité est tenue d'évaluer une transaction dont le paiement est fondé sur des actions par référence à la juste valeur des instruments de capitaux propres attribués. Dans de rares circonstances, l'entité peut ne pas être en mesure d'estimer de manière fiable la juste valeur des instruments de capitaux propres attribués à la date d'évaluation, conformément aux dispositions des paragraphes 16 à 22. Dans ces rares circonstances seulement, l'entité doit :

a) évaluer les instruments de capitaux propres à leur *valeur intrinsèque*, initialement à la date à laquelle l'entité obtient les biens ou à laquelle l'autre partie fournit le service, et ultérieurement à la fin de chaque période de reporting ainsi qu'à la date de règlement final, toute variation de valeur intrinsèque étant comptabilisée en résultat. Dans le cas d'une attribution d'options sur actions, l'accord de paiement fondé sur des actions est réglé définitivement lorsque les options sur actions sont exercées, sont perdues (par exemple, parce que la relation d'emploi a pris fin) ou lorsque les options se périment (par exemple, à la fin de la durée de vie de l'option) ;

b) comptabiliser les biens ou les services reçus d'après le nombre d'instruments de capitaux propres finalement acquis ou (le cas échéant) finalement exercés. Pour appliquer la présente disposition aux options sur actions, par exemple, l'entité doit comptabiliser les biens ou services éventuellement reçus pendant la période d'acquisition des droits, s'il y a lieu, conformément aux paragraphes 14 et 15, sauf que les dispositions du paragraphe 15 b) relatives à une condition de marché ne s'appliquent pas. Le montant comptabilisé pour les biens ou les services reçus pendant la période d'accuisition des droits doit être fondé sur le nombre d'options sur actions dont l'acquisition est attendue. L'entité doit réviser cette estimation, si nécessaire, si des informations ultérieures indiquent que le nombre d'options sur actions dont l'acquisition est attendue diffère des estimations antérieures. À la date d'acquisition, l'entité doit réviser l'estimation de manière à la rendre egale au nombre d'instruments de capitaux propres finalement acquis. Après la date d'acquisition, l'entité doit reprendre le montant comptabilisé pour des biens ou des services reçus s'il est ensuite renoncé aux options sur actions ou si elles se périment à la fin de la durée de vie de l'option sur actions.

25 Si l'entité applique le paragraphe 24, il n'est pas nécessaire d'appliquer les paragraphes 26 à 29, parce que toute modification apportée aux termes et conditions sur la base desquels les instruments de capitaux propres ont été attribués est prise en compte lors de l'application de la méthode de la valeur intrinsèque exposée au paragraphe 24. Toutefois, si une entité règle une attribution d'instruments de capitaux propres à laquelle a été appliqué le paragraphe 24 :

a) si le règlement intervient pendant la période d'acquisition des droits, l'entité doit comptabiliser le règlement comme une accélération de l'acquisition des droits, et doit dès lors comptabiliser immédiatement le montant qui aurait autrement été comptabilisé pour des services reçus pendant le reste de la période d'acquisition des droits ;

b) tout paiement effectué lors du règlement doit être comptabilisé comme le rachat d'instruments de capitaux propres, c'est-à-dire comme une diminution des capitaux propres, sauf dans la mesure où le paiement excède la valeur intrinsèque des instruments de capitaux propres, évaluée à la date de remboursement. Tout excédent de ce type doit être comptabilisé en charges.

MODIFICATIONS DES TERMES ET CONDITIONS SUR LA BASE DESQUELS DES INSTRUMENTS DE CAPITAUX PROPRES ONT ÉTÉ ATTRIBUÉS, Y COMPRIS LES ANNULATIONS ET LES RÈGLEMENTS

26 Une entité peut modifier les termes et conditions sur la base desquels ont été attribués les instruments de capitaux propres. Ainsi, elle peut réduire le prix d'exercice d'options attribuées aux membres du personnel (c'est-à-dire modifier le prix des options), augmentant ainsi la juste valeur de ces options. Les dispositions des paragraphes 27 à 29 visant à comptabiliser les effets des modifications sont énoncées dans le contexte de transactions dont le paiement est fondé sur des actions conclues avec des membres du personnel. Toutefois, les dispositions doivent aussi s'appliquer aux transactions dont le paiement est fondé sur des actions conclues avec des parties autres que des membres du personnel, qui sont évaluées par référence à la juste valeur des instruments de capitaux propres attribués. Dans ce dernier cas, toute référence à la date d'attribution dans les paragraphes 27 à 29 doit être considérée comme une référence à la date à laquelle l'entité obtient les biens ou à laquelle l'autre partie fournit le service.

27 L'entité doit comptabiliser, au minimum, les services reçus évalués à la juste valeur à la date d'attribution des instruments de capitaux propres attribués, sauf si ces instruments de capitaux propres ne sont pas acquis parce qu'une condition d'acquisition des droits (autre qu'une condition de marché) précisée à la date d'attribution n'a pas été remplie. La présente disposition s'applique indépendamment de toute modification des termes et conditions d'attribution des instruments de capitaux propres, ou de toute annulation ou de tout règlement de cette attribution d'instruments de capitaux propres. En outre, l'entité doit comptabiliser les effets des modifications qui augmentent la juste valeur totale de l'accord de paiement fondé sur des actions ou qui sont favorables d'une autre façon au membre du personnel. Des indications sur l'application de la présente disposition figurent en appendice B.

28 Si une attribution d'instruments de capitaux propres est annulée ou réglée pendant la période d'acquisition des droits (sauf cas d'une attribution annulée par renonciation lorsque les conditions d'acquisition ne sont pas remplies) :

a) l'entité doit comptabiliser l'annulation ou le règlement comme une accélération de l'acquisition des droits et doit dès lors comptabiliser immédiatement le montant qui aurait autrement été comptabilisé pendant le reste de la période d'acquisition des droits pour des services reçus ;

b) tout paiement effectué au membre du personnel lors de l'annulation ou du règlement de l'attribution doit être comptabilisé comme un rachat d'une participation, c'est-à-dire porté en déduction des capitaux propres, sauf dans la mesure où le paiement excède la juste valeur, évaluée à la date de rachat, des instruments de capitaux propres attribués. Tout excédent de ce type doit être comptabilisé en charges. Toutefois, si l'accord de paiement fondé sur des actions comportait des éléments de passif, l'entité doit réévaluer la juste valeur du passif à la date de l'annulation ou du règlement. Tout paiement effectué pour régler la composante passif doit être comptabilisé comme une extinction de passif ;

c) si de nouveaux instruments de capitaux propres sont attribués au membre du personnel et si, à la date d'attribution de ces nouveaux instruments de capitaux propres, l'entité identifie les nouveaux instruments de capitaux propres attribués comme des instruments de capitaux propres de remplacement des instruments de capitaux propres annulés, elle doit comptabiliser l'attribution d'instruments de capitaux propres de remplacement de la même manière qu'une modification de l'attribution initiale d'instruments de capitaux propres, conformément au paragraphe 27 et aux indications de l'appendice B. La juste valeur marginale attribuée est la différence entre la juste valeur des instruments de capitaux propres de remplacement et la juste valeur nette des instruments de capitaux propres annulés, à la date d'attribution des instruments de capitaux propres de remplacement. La juste valeur nette des instruments de capitaux propres annulés est leur juste valeur immédiatement avant l'annulation, diminuée de tout paiement au membre du personnel lors de l'annulation des instruments de capitaux propres et comptabilisé en déduction des capitaux propres conformément au point b) ci-dessus. Si l'entité n'identifie pas les nouveaux instruments de capitaux propres attribués comme des instruments de capitaux propres de remplacement en substitution des instruments de capitaux propres annulés, elle doit les comptabiliser comme une nouvelle attribution d'instruments de capitaux propres.

28A Lorsqu'une entité ou une autre partie peut choisir de satisfaire ou non à une condition accessoire à l'acquisition des droits, et que cette condition n'est pas respectée au cours de la période d'acquisition de droits, ce non-respect doit être traité par l'entité comme une annulation, qu'il soit le fait de l'entité ou de l'autre partie.

29 Si une entité rembourse des instruments de capitaux propres acquis, le paiement effectué au profit du membre du personnel doit être comptabilisé en déduction des capitaux propres, sauf pour la partie du paiement qui excède la juste valeur des instruments de capitaux propres rachetés, évaluée à la date de remboursement. Tout excédent de ce type doit être comptabilisé en charges.

Transactions dont le paiement est fondé sur des actions et qui sont réglées en trésorerie

30 Pour les transactions dont le paiement est fondé sur des actions et qui sont réglées en trésorerie, l'entité doit évaluer les biens ou les services acquis, ainsi que le passif contracté, à la juste valeur de ce passif, en tenant compte des dispositions des paragraphes 31 à 33D. Jusqu'au règlement du passif, l'entité doit en réévaluer la juste valeur à la fin de chaque période de reporting ainsi qu'à la date de règlement, en comptabilisant en résultat net de la période toute variation de la juste valeur.

31 Par exemple, une entité peut attribuer aux membres de son personnel, dans le cadre de leur rémunération d'ensemble, des droits à l'appréciation d'actions par lesquels ces membres du personnel ont droit à un paiement futur en trésorerie (plutôt qu'à un instrument de capitaux propres) fondé sur l'augmentation du prix de l'action de l'entité par rapport à un niveau prédéfini, sur une période prédéfinie. Ou encore, une entité peut attribuer aux membres de son personnel un droit de recevoir un paiement futur en trésorerie en leur attribuant un droit sur des actions (y compris des actions à émettre lors de l'exercice d'options sur actions) remboursables soit de manière obligatoire (par exemple en cas de rupture du contrat de travail), soit au choix du membre du personnel. Il s'agit dans les deux cas de transactions dont le paiement est fondé sur des actions et qui sont réglées en trésorerie. Les droits à l'appréciation d'actions sont cités en exemple dans certaines dispositions des paragraphes 32 à 33D, mais ces dispositions s'appliquent néanmoins à toutes les transactions dont le paiement est fondé sur des actions et qui sont réglées en trésorerie.

32 L'entité doit comptabiliser les services reçus, ainsi qu'un engagement à payer ces services, au fur et à mesure des services rendus par les membres du personnel. Par exemple, certains droits à l'appréciation d'actions sont acquis immédiatement, et les membres du personnel ne sont dès lors pas tenus de terminer une période de service spécifiée pour avoir droit au paiement en trésorerie. En l'absence de preuve du contraire, l'entité doit présumer que les services rendus par les membres du personnel en échange des droits à l'appréciation d'actions ont été reçus. En conséquence, l'entité doit comptabiliser immédiatement les services reçus, ainsi qu'un passif représentant l'obligation de les payer. Si les droits à l'appréciation d'actions ne sont pas acquis tant que les membres du personnel n'ont pas achevé une période de service déterminée, l'entité doit comptabiliser les services reçus ainsi qu'un passif représentant l'obligation de les payer, au fur et à mesure que les membres du personnel fournissent un service pendant cette période.

33 Le passif doit être évalué, au début et à la fin de chaque période de reporting, jusqu'à son règlement, à la juste valeur des droits à l'appréciation d'actions, au moyen d'un modèle d'évaluation d'options et compte tenu des termes et conditions selon lesquels les droits à l'appréciation d'actions ont été attribués, de la mesure dans laquelle les membres du personnel ont rendu un service à cette date ainsi que des dispositions des paragraphes 33A à 33D. Il peut arriver que l'entité modifie les termes et conditions selon lesquels un paiement fondé sur des actions qui est réglé en trésorerie est attribué. Dans le cas où la modification a pour conséquence qu'une transaction dont le paiement est fondé sur des actions qui était classée comme étant réglée en trésorerie sera désormais classée comme étant réglée en instruments de capitaux propres, on trouvera des indications aux paragraphes B44A à B44C de l'appendice B.

TRAITEMENT DES CONDITIONS D'ACQUISITION DES DROITS ET DES CONDITIONS ACCESSOIRES À L'ACQUISITION DE DROITS

33A Une transaction dont le paiement est fondé sur des actions et qui est réglée en trésorerie peut être subordonnée à la satisfaction de conditions d'acquisition des droits spécifiées. Il peut exister certaines conditions de performance à remplir, par exemple le fait pour l'entité de réaliser une croissance bénéficiaire prédéterminée, ou une hausse prédéterminée du prix de l'action. Il n'y a pas à tenir compte des conditions d'acquisition des droits autres que des conditions de marché lors de l'estimation, à la date d'évaluation, de la juste valeur des paiements fondés sur des actions qui sont réglés en trésorerie. C'est en ajustant le nombre d'attributions comprises dans l'évaluation du passif qui découle de la transaction qu'il est tenu compte des conditions d'acquisition des droits autres que des conditions de marché.

33B Pour appliquer les dispositions du paragraphe 33A, l'entité doit comptabiliser un montant pour les biens ou les services reçus pendant la période d'acquisition des droits. Ce montant doit être fondé sur la meilleure estimation disponible du nombre d'attributions dont l'acquisition est attendue. L'entité doit réviser cette estimation si nécessaire lorsque des informations ultérieures indiquent que le nombre d'attributions dont l'acquisition est attendue diffère des estimations établies auparavant. À la date d'acquisition des droits, l'entité doit réviser l'estimation de façon à la rendre égale au nombre d'attributions finalement acquises.

33C L'estimation de la juste valeur des attributions de droits à des paiements fondés sur des actions qui sont réglés en trésorerie et la réévaluation de cette juste valeur à la fin de chaque période de reporting ainsi qu'à la date de règlement doivent tenir compte des conditions de marché, telles qu'un objectif de cours de l'action auquel serait soumise l'acquisition des droits (ou la faculté de les exercer), de même que des conditions accessoires à l'acquisition des droits.

33D En conséquence de l'application des paragraphes 30 à 33C, le montant cumulé finalement comptabilisé pour les biens ou les services reçus en contrepartie du paiement fondé sur des actions qui est réglé en trésorerie est égal à la trésorerie versée.

Transactions dont le paiement est fondé sur des actions et qui comportent des modalités de règlement net pour satisfaire aux obligations relatives à la retenue d'impôt à la source

33E Une entité peut être tenue, pour des raisons légales ou réglementaires, de retenir des sommes pour les obligations fiscales des membres de son personnel qui sont associées à des paiements fondés sur des actions et de verser ces sommes (habituellement en trésorerie) en leur nom aux autorités. Aux fins de l'acquittement de cette obligation, les conditions de l'accord de paiement fondé sur des actions peuvent permettre ou imposer à l'entité de déduire, du nombre total d'instruments de capitaux propres que le membre du personnel recevrait lors de l'exercice (ou de l'acquisition) du droit au paiement fondé sur des actions, le nombre d'instruments de capitaux propres qui correspond à la valeur monétaire de l'obligation fiscale de ce membre du personnel (en d'autres termes, l'accord de paiement fondé sur des actions comporte des modalités de règlement net).

33F À titre d'exception aux exigences énoncées au paragraphe 34, la transaction décrite au paragraphe 33E doit être intégralement classée comme une transaction dont le paiement est fondé sur des actions et qui est réglée en instruments de capitaux propres si elle était classée comme telle en l'absence de modalités de règlement net.

33G L'entité qui retient des actions pour financer les sommes à verser aux autorités correspondant aux obligations fiscales des membres du personnel qui sont associées à des paiements fondés sur des actions comptabilise cette retenue en appliquant le paragraphe 29 de la présente norme. Ainsi, le paiement effectué doit être comptabilisé en déduction des capitaux propres associés aux actions retenues, sauf pour la partie du paiement qui excède la juste valeur des instruments de capitaux propres retenus, évaluée à la date de règlement net.

33H L'exception énoncée au paragraphe 33F ne s'applique pas :

a) aux accords de paiements fondés sur des actions qui comportent des modalités de règlement net n'impliquant aucune obligation légale ou réglementaire pour l'entité de retenir des sommes relativement aux obligations fiscales des membres de son personnel associées à ces paiements fondés sur des actions ; ou

b) à tout instrument de capitaux propres retenu par l'entité en excédent des obligations fiscales d'un membre de son personnel associées à des paiements fondés sur des actions (dans le cas où l'entité a retenu un nombre d'actions dont la valeur monétaire excède les obligations fiscales du membre de son personnel). Les actions ainsi retenues en excédent doivent être comptabilisées comme un paiement fondé sur des actions qui est réglé en trésorerie lorsque le membre du personnel reçoit le paiement de ces actions en trésorerie (ou en autres actifs).

Transactions dont le paiement est fondé sur des actions et qui prévoient une possibilité de règlement en trésorerie

34 S'agissant de transactions dont le paiement est fondé sur des actions, pour lesquelles les termes de l'accord laissent soit à l'entité, soit à l'autre partie le choix de déterminer si l'entité règle la transaction en trésorerie (ou avec d'autres actifs) ou par l'émission d'instruments de capitaux propres, l'entité doit comptabiliser cette transaction ou les composantes de cette transaction soit comme une transaction dont le paiement est fondé sur des actions et qui est réglée en trésorerie si, et dans la mesure où, l'entité est soumise à un engagement de régler en trésorerie ou en autres actifs, soit comme une transaction dont le paiement est fondé sur des actions et qui est réglée en instruments de capitaux propres si, et dans la mesure où, elle n'est pas soumise à un tel engagement.

TRANSACTIONS DONT LE PAIEMENT EST FONDÉ SUR DES ACTIONS, POUR LESQUELLES LES TERMES DE L'ACCORD LAISSENT À L'AUTRE PARTIE LE CHOIX DU RÈGLEMENT

35 Si une entité a accordé à l'autre partie le droit de choisir si une transaction dont le paiement est fondé sur des actions doit être réglée en trésorerie (*) ou par l'émission d'instruments de capitaux propres, l'entité a attribué un instrument financier composé, comprenant une composante dette (c'est-à-dire le droit de l'autre partie d'exiger le règlement en trésorerie) et une composante capitaux propres (c'est-à-dire le droit de l'autre partie d'exiger le règlement en instruments de capitaux propres plutôt qu'en trésorerie). Pour les transactions avec des parties autres que les membres du personnel pour lesquelles la juste valeur des biens ou des services reçus est évaluée directement, l'entité doit évaluer la composante capitaux propres de l'instrument financier composé comme étant la différence entre la juste valeur des biens ou des services reçus et la juste valeur de la composante dette, à la date à laquelle les biens ou les services sont reçus.

(*) Dans les paragraphes 35 à 43, toutes les références à de la trésorerie incluent également d'autres actifs de l'entité.

36 Pour d'autres transactions, et notamment les transactions avec des membres du personnel, l'entité doit évaluer la juste valeur de l'instrument financier composé, à la date d'évaluation, compte tenu des termes et conditions auxquels les droits à trésorerie ou à instruments de capitaux propres ont été accordés.

37 Pour appliquer le paragraphe 36, l'entité doit d'abord évaluer la juste valeur de la composante dette, puis évaluer la juste valeur de la composante capitaux propres – en considérant que l'autre partie doit renoncer au droit de recevoir de la trésorerie pour recevoir l'instrument de capitaux propres. La juste valeur de cet instrument financier composé est la somme des justes valeurs des deux composantes. Toutefois, des transactions dont le paiement est fondé sur des actions et où l'autre partie a le choix du règlement sont souvent construites de manière à ce que les justes valeurs des deux modes de règlement soient égales. Par exemple, le membre du personnel pourrait avoir le choix entre recevoir des options sur actions, ou bien des droits à l'appréciation d'actions réglés en trésorerie. Dans de tels cas, la juste valeur de la composante capitaux propres est nulle, et donc la juste valeur de l'instrument financier composé est identique à la juste valeur de la composante dette. À l'inverse, si les justes valeurs des deux modes de règlement diffèrent, la juste valeur de la composante capitaux propres est généralement supérieure à zéro, auquel cas la juste valeur de l'instrument financier composé est supérieure à la juste valeur de la composante dette.

38 L'entité doit comptabiliser séparément les biens ou les services reçus ou acquis pour chaque composante de l'instrument financier composé. Pour la composante dette, l'entité doit comptabiliser les biens ou services acquis, ainsi qu'un passif représentant l'obligation de payer ces biens ou services, au fur et à mesure que l'autre partie fournit des biens ou des services, conformément aux dispositions applicables aux transactions dont le paiement est fondé sur des actions et qui sont réglées en trésorerie (paragraphes 30 à 33). Pour la composante capitaux propres (s'il y en a une), l'entité doit comptabiliser les biens ou services acquis, de même qu'une augmentation des capitaux propres, au fur et à mesure que l'autre partie fournit des biens ou des services, conformément aux dispositions applicables aux transactions dont le paiement est fondé sur des actions et qui sont réglées en actions (paragraphes 10 à 29).

39 À la date du règlement, l'entité doit réévaluer le passif à sa juste valeur. Si, lors du règlement, l'entité émet des instruments de capitaux propres plutôt que de payer en trésorerie, le passif doit être directement transféré en capitaux propres, comme contrepartie des instruments de capitaux propres émis.

40 Si, lors du règlement, l'entité paie en trésorerie plutôt qu'en émettant des instruments de capitaux propres, ce paiement doit être appliqué au règlement intégral du passif. Toute composante capitaux propres comptabilisée antérieurement doit rester au sein des capitaux propres. En décidant de recevoir de la trésorerie en règlement, l'autre partie a renoncé au droit de recevoir des instruments de capitaux propres. La présente disposition n'empêche toutefois pas l'entité de comptabiliser un transfert au sein des capitaux propres, à savoir un transfert d'une composante des capitaux propres à une autre.

TRANSACTIONS DONT LE PAIEMENT EST FONDÉ SUR DES ACTIONS, POUR LESQUELLES LES TERMES DE L'ACCORD LAISSENT À L'AUTRE PARTIE LE CHOIX DU RÈGLEMENT

41 Dans le cas d'une transaction dont le paiement est fondé sur des actions pour laquelle les termes de l'accord laissent à l'entité le choix de déterminer si elle règle en trésorerie ou par l'émission d'instruments de capitaux propres, l'entité doit décider si elle a une obligation actuelle de régler en trésorerie et comptabiliser la transaction dont le paiement est fondé sur des actions en conséquence. L'entité a une obligation actuelle de régler en trésorerie si le choix du règlement en instruments de capitaux propres n'a pas de réalité économique (par exemple, parce que l'entité n'est pas légalement autorisée à émettre des actions) ou bien si l'entité a pour pratique ou pour politique constante de régler en trésorerie, ou si elle règle généralement en trésorerie lorsque l'autre partie demande un règlement en trésorerie.

42 Si l'entité a une obligation actuelle de régler en trésorerie, elle doit comptabiliser la transaction conformément aux dispositions qui s'appliquent aux transactions dont le paiement est fondé sur des actions et qui sont réglées en trésorerie, prévues aux paragraphes 30 à 33.

43 En l'absence d'une telle obligation, l'entité doit comptabiliser la transaction conformément aux dispositions qui s'appliquent aux transactions dont le paiement est fondé sur des actions et qui sont réglées en instruments de capitaux propres, aux paragraphes 10 à 29. Lors du règlement :

a) si l'entité choisit de régler en trésorerie, le règlement en trésorerie doit être comptabilisé comme le rachat d'une participation, c'est-à-dire en déduction des capitaux propres, sauf pour ce qui est prévu au point c) ci-dessous ;

b) si l'entité décide de régler par l'émission d'instruments de capitaux propres, aucune écriture comptable supplémentaire n'est requise (si ce n'est un transfert d'une composante des capitaux propres vers une autre, si nécessaire), sauf pour ce qui est prévu au point c) ci-dessous ;

c) si l'entité choisit le mode de règlement assorti de la juste valeur la plus élevée au jour du règlement, elle doit comptabiliser une charge supplémentaire pour la valeur supplémentaire donnée, à savoir soit l'écart entre la trésorerie payée et la juste valeur des instruments de capitaux propres qui auraient été émis si ce mode de règlement avait été choisi, soit l'écart entre la juste valeur des instruments de capitaux propres émis et le montant en trésorerie qui aurait été payé si ce mode de règlement avait été choisi, selon le cas.

Transactions dont le paiement est fondé sur des actions entre entités d'un groupe (modifications de 2009)

43A Pour les transactions dont le paiement est fondé sur des actions conclues entre des entités d'un groupe, l'entité recevant les biens ou les services doit, dans ses états financiers individuels, évaluer les biens ou les services reçus soit comme une transaction dont le paiement est fondé sur des actions et qui est réglée en instruments de capitaux propres, soit comme une transaction dont le paiement est fondé sur des actions et qui est réglée en trésorerie, en tenant compte :

a) de la nature des contreparties octroyées, et

b) de ses propres droits et obligations.

Le montant comptabilisé par l'entité recevant les biens ou les services peut différer du montant comptabilisé par le groupe consolidé ou par une autre entité du groupe réglant la transaction dont le paiement est fondé sur des actions.

43B L'entité recevant les biens ou les services doit évaluer les biens ou les services reçus en tant que transaction dont le paiement est fondé sur des actions et qui est réglée en instruments de capitaux propres lorsque :

a) les contreparties octroyées sont ses propres instruments de capitaux propres, ou

b) l'entité n'a aucune obligation de régler la transaction dont le paiement est fondé sur des actions.

Une telle transaction dont le paiement est fondé sur des actions et qui est réglée en instruments de capitaux propres ne doit être réévaluée ultérieurement par l'entité que pour tenir compte des changements des conditions d'acquisition des droits autres que des conditions de marché conformément aux paragraphes 19 à 21. Dans toutes les autres circonstances, l'entité recevant les biens ou les services doit évaluer les biens ou les services reçus comme une transaction dont le paiement est fondé sur des actions et qui est réglée en trésorerie.

43C L'entité qui règle une transaction dont le paiement est fondé sur des actions alors qu'une autre entité du groupe reçoit les biens ou les services ne doit comptabiliser cette transaction comme une transaction dont le paiement est fondé sur des actions et qui est réglée en instruments de capitaux propres que si la transaction est réglée avec les propres instruments de capitaux propres de l'entité. Sinon, la transaction doit être comptabilisée comme une transaction dont le paiement est fondé sur des actions et qui est réglée en trésorerie.

43D Certaines transactions intra-groupe impliquent des accords de remboursement au titre desquels l'une des entités du groupe doit payer une autre entité du groupe pour la fourniture de paiements fondés sur des actions aux fournisseurs de biens ou de services. Dans un tel cas l'entité qui reçoit les biens ou les services doit comptabiliser la transaction dont le paiement est fondé sur des actions conformément au paragraphe 43B indépendamment des accords de remboursement intra-groupe.

Informations à fournir

44 Une entité doit fournir les informations qui permettent aux utilisateurs des états financiers de comprendre la nature et la portée des accords de paiement fondé sur des actions en vigueur pendant la période.

45 Pour appliquer le principe énoncé au paragraphe 44, l'entité doit fournir au moins les informations suivantes :

a) une description de chaque type d'accord de paiement fondé sur des actions existant à un moment donné pendant la période, y compris les termes et conditions générales de cet accord, telles que les dispositions d'acquisition des droits, l'échéance la plus éloignée des options attribuées et le mode de règlement (en trésorerie ou en instruments de capitaux propres). Une entité ayant conclu plusieurs accords, quasiment identiques, dont le paiement est fondé sur des actions peut agréger ces informations, sauf si la mention séparée de chaque accord est nécessaire pour satisfaire au principe énoncé au paragraphe 44 ;

b) le nombre et les prix d'exercice moyens pondérés des options sur actions pour chacun des groupes d'options suivants :

i) en circulation au début de la période ;
ii) attribuées pendant la période ;
iii) auxquelles il est renoncé pendant la période ;
iv) exercées pendant la période ;
v) expirées pendant la période ;
vi) en circulation à la fin de la période ; et
vii) exerçables à la fin de la période ;

c) pour les options sur actions exercées pendant la période, le prix moyen pondéré à la date d'exercice. Si les options ont été exercées régulièrement tout au long de la période, l'entité peut indiquer à la place le prix moyen pondéré pour la période ;
d) pour les options sur actions en circulation à la fin de la période, la fourchette de prix d'exercice et la durée de vie contractuelle résiduelle moyenne pondérée. Si la fourchette des prix d'exercice est étendue, les options en circulation doivent être subdivisées en autant de fourchettes que nécessaire pour évaluer le nombre et la date d'émission des actions supplémentaires qui pourraient être émises et le montant de trésorerie qui pourrait être reçu lors de l'exercice de ces options.

46 Une entité doit fournir les informations qui permettent aux utilisateurs des états financiers de comprendre comment la juste valeur des biens ou des services reçus, ou la juste valeur des instruments de capitaux propres attribués pendant la période ont été déterminées.

47 Si une entité a évalué indirectement la juste valeur des biens ou des services reçus en rémunération des instruments de capitaux propres de l'entité, par référence à la juste valeur des instruments de capitaux propres attribués, elle doit, pour appliquer le principe énoncé au paragraphe 46, fournir au moins les informations suivantes :

a) pour les options sur actions attribuées pendant la période, la juste valeur moyenne pondérée de ces options à la date de l'évaluation et des indications sur la manière dont cette juste valeur a été évaluée, y compris :
- i) le modèle d'évaluation des options utilisé et les données entrées dans ce modèle, y compris la moyenne pondérée des prix des actions, le prix d'exercice, la volatilité attendue, la durée de vie des options, les dividendes attendus, le taux d'intérêt sans risque, ainsi que toute autre donnée intégrée dans le modèle, y compris la méthode utilisée et les hypothèses permettant d'intégrer les effets d'un exercice anticipé attendu ;
- ii) le mode de détermination de la volatilité attendue, y compris une explication sur la mesure dans laquelle la volatilité historique a influencé la volatilité attendue ; et
- iii) si et comment d'autres caractéristiques de l'attribution d'options ont été intégrées dans l'évaluation de la juste valeur, par exemple une condition de marché ;

b) pour les autres instruments de capitaux propres attribués pendant la période (c'est-à-dire autres que des options sur action), le nombre et la juste valeur moyenne pondérée de ces instruments de capitaux propres à la date de l'évaluation et des indications sur la manière dont cette juste valeur a été évaluée, y compris :
- i) si la juste valeur n'a pas été évaluée sur la base d'un prix de marché observable, la manière dont elle a été déterminée ;
- ii) si les dividendes attendus ont été intégrés dans l'évaluation de la juste valeur, et comment ; et
- iii) si d'autres caractéristiques des instruments de capitaux propres attribués ont été intégrés dans l'évaluation de la juste valeur, et comment ;

c) pour les accords de paiement fondé sur des actions et qui ont été modifiés pendant la période :
- i) une explication de ces modifications ;
- ii) la juste valeur marginale attribuée (résultant de ces modifications) ; et

iii) des informations sur la manière dont la juste valeur marginale a été évaluée, conformément aux dispositions énoncées aux points a) et b) ci-dessus, le cas échéant.

48 Si l'entité a évalué directement la juste valeur de biens ou de services reçus pendant la période, elle doit indiquer comment cette juste valeur a été déterminée, par exemple si la juste valeur a été évaluée à un prix de marché pour ces biens ou services.

49 Si l'entité a réfuté la présomption du paragraphe 13, elle doit l'indiquer et expliquer pourquoi elle a réfuté cette présomption.

50 Une entité doit fournir les informations qui permettent aux utilisateurs des états financiers de comprendre l'effet sur le résultat de l'entité pour la période et sur sa situation financière des transactions dont le paiement est fondé sur des actions.

51 Pour appliquer le principe énoncé au paragraphe 50, l'entité doit fournir au moins les informations suivantes :

a) la charge totale, comptabilisée pour la période, découlant de transactions dont le paiement est fondé sur des actions, pour lesquelles les biens ou les services reçus ne remplissaient pas les conditions de comptabilisation en tant qu'actifs et ont donc été immédiatement comptabilisés en charges, y compris la mention séparée de la quote-part de la charge totale qui découle des seules transactions comptabilisées comme des transactions dont le paiement est fondé sur des actions et qui sont réglées en instruments de capitaux propres ;

b) pour les passifs découlant de transactions dont le paiement est fondé sur des actions :

i) la valeur comptable totale à la fin de la période ; et

ii) la valeur intrinsèque totale, à la fin de la période, des passifs pour lesquels le droit de l'autre partie à obtenir de la trésorerie ou d'autres actifs a été acquis à la fin de la période (par exemple, droits acquis à l'appréciation d'actions).

52 Si l'information que la présente norme impose de fournir ne satisfait pas aux principes des paragraphes 44, 46 et 50, l'entité doit fournir les informations supplémentaires nécessaires pour y satisfaire. Par exemple, si l'entité classe une transaction dont le paiement est fondé sur des actions comme étant réglée en instruments de capitaux propres en application du paragraphe 33F et qu'il est nécessaire d'informer les utilisateurs des états financiers des effets de l'accord de paiement fondé sur des actions sur les flux de trésorerie futurs, elle doit présenter une estimation du montant qu'elle s'attend à verser aux autorités relativement à l'obligation fiscale du membre du personnel.

Dispositions transitoires

53 Pour les transactions dont le paiement est fondé sur des actions et qui sont réglées en instruments de capitaux propres, l'entité doit appliquer la présente norme à l'attribution d'actions, d'options sur actions ou d'autres instruments de capitaux propres qui ont été attribués après le 7 novembre 2002 mais n'étaient pas encore acquis à la date d'entrée en vigueur de la présente norme.

54 L'entité est encouragée, sans y être obligée, à appliquer la présente norme aux autres attributions d'instruments de capitaux propres si l'entité a fourni publiquement une information sur la juste valeur de ces instruments de capitaux propres, déterminée à la date d'évaluation.

55 Pour toutes les attributions d'instruments de capitaux propres auxquelles est appliquée la présente norme, l'entité doit retraiter les informations comparatives et, le cas échéant, ajuster le solde à l'ouverture des résultats non distribués pour la première période présentée.

56 Pour toutes les attributions d'instruments de capitaux propres auxquelles la présente norme n'a pas été appliquée (par exemple, les instruments de capitaux propres attribués jusqu'au 7 novembre 2002 inclus), l'entité doit cependant fournir l'information requise par les paragraphes 44 et 45.

57 Si, après l'entrée en vigueur de la présente norme, une entité modifie les termes ou conditions d'attribution d'instruments de capitaux propres auxquels la présente norme n'a pas été appliquée, l'entité doit cependant appliquer les paragraphes 26 à 29 pour comptabiliser ces modifications.

58 Pour les passifs résultant de transactions dont le paiement est fondé sur des actions existant à la date d'entrée en vigueur de la présente norme, l'entité doit appliquer la présente norme de façon rétrospective. Pour ces passifs, l'entité doit retraiter les informations comparatives, et notamment ajuster le solde à l'ouverture des résultats non distribués au cours de la première période présentée pour laquelle l'information comparative a été retraitée. Toutefois, l'entité n'est pas tenue de retraiter les informations comparatives dans la mesure où cette information porte sur une période ou une date antérieure au 7 novembre 2002.

59 L'entité est encouragée, sans y être tenue, à appliquer de façon rétrospective la présente norme aux autres passifs découlant de transactions dont le paiement est fondé sur des actions, par exemple à des passifs réglés pendant une période pour laquelle des informations comparatives sont présentées.

59A L'entité doit appliquer les modifications apportées aux paragraphes 30, 31, 33 à 33H et B44A à B44C en suivant les indications énoncées ci-après. Les informations relatives aux périodes antérieures ne doivent pas être retraitées.

a) Les modifications apportées aux paragraphes B44A à B44C ne s'appliquent pas si les conditions d'attribution ont été modifiées avant la date où l'entité applique les modifications pour la première fois.

b) Les modifications apportées aux paragraphes 30, 31 et 33 à 33D s'appliquent aux transactions dont le paiement est fondé sur des actions et auquel les droits ne sont pas acquis à la date où l'entité applique les modifications pour la première fois ; elles s'appliquent également aux transactions dont le paiement est fondé sur des actions et dont la date d'attribution n'est pas antérieure à la date où l'entité applique les modifications pour la première fois. En ce qui concerne les transactions dont le paiement est fondé sur des actions et auquel les droits ne sont pas acquis, lorsque l'attribution a eu lieu avant la date où l'entité applique les modifications pour la première fois, l'entité doit réévaluer le passif à cette date et comptabiliser l'effet de cette réévaluation dans le solde d'ouverture de ses résultats non distribués (ou s'il y a lieu, d'une autre composante de ses capitaux propres) de la période de reporting pour laquelle les modifications sont appliquées pour la première fois.

c) Les modifications apportées aux paragraphes 33E à 33H ainsi que la modification apportée au paragraphe 52 s'appliquent aux transactions dont le paiement est fondé sur des actions et auquel les droits ne sont pas acquis (ou sont acquis, mais non exercés) à la date où l'entité applique les modifications pour la première fois, ainsi qu'aux transactions dont le paiement est fondé sur des actions et dont la date d'attribution n'est pas antérieure à la date où l'entité applique les modifications pour la première fois. En ce qui concerne les transactions (ou les composantes d'une transaction) dont le paiement est fondé sur des actions et auquel les droits ne sont pas acquis (ou sont acquis, mais non exercés), lorsqu'elles étaient auparavant classées comme des transactions dont le paiement est fondé sur des actions et qui sont réglées en trésorerie, mais qu'en application des modifications, elles sont maintenant classées comme des transactions dont le paiement est fondé sur des actions et qui sont réglées en instruments de capitaux propres, l'entité doit reclasser en capitaux propres la valeur comptable du passif associé à ces paiements à la date où elle applique les modifications pour la première fois.

59B Nonobstant les dispositions du paragraphe 59A et sous réserve des dispositions transitoires des paragraphes 53 à 59 de la présente norme, l'entité peut appliquer rétrospectivement selon IAS 8 *Méthodes comptables, changements d'estimations comptables et erreurs* les modifications apportées au paragraphe 63D, si, et seulement si, il lui est possible de le faire sans avoir recours à des connaissances a posteriori. Si l'entité choisit l'application rétrospective, elle doit appliquer de manière rétrospective toutes les modifications publiées sous le titre *Classement et évaluation des transactions dont le paiement est fondé sur des actions* (Modifications d'IFRS 2).

Date d'entrée en vigueur

60 L'entité doit appliquer la présente norme pour les exercices ouverts à compter du 1er janvier 2005. Une application anticipée est encouragée. Si l'entité applique la présente norme pour une période ouverte avant le 1er janvier 2005, elle doit l'indiquer.

61 La publication d'IFRS 3 (telle que révisée en 2008) et des *Améliorations des IFRS*, en avril 2009, a donné lieu à la modification du paragraphe 5. L'entité doit appliquer ces modifications pour les exercices ouverts à compter du 1er juillet 2009. Une application anticipée est autorisée. Si l'entité applique IFRS 3 (révisée en 2008) pour une période antérieure, elle doit également appliquer les modifications pour cette période antérieure.

62 L'entité doit appliquer les modifications suivantes, rétrospectivement, pour les exercices ouverts à compter du 1er janvier 2009 :

a) les dispositions du paragraphe 21A relatives au traitement des conditions accessoires à l'acquisition des droits ;

b) les définitions révisées des expressions « s'acquérir » et « conditions d'acquisition des droits » dans l'appendice A ;

c) les modifications des paragraphes 28 et 28A en matière d'annulation.

Une application anticipée est autorisée. Si l'entité applique ces modifications pour une période ouverte avant le 1er janvier 2009, elle doit l'indiquer.

63 L'entité doit, sous réserve des dispositions transitoires des paragraphes 53 à 59, appliquer rétrospectivement selon IAS 8 les modifications suivantes, publiées en juin 2009 sous le titre *Transactions intragroupe dont le paiement est fondé sur des actions et qui sont réglées en trésorerie*, pour les exercices ouverts à compter du 1er janvier 2010 :

a) la modification du paragraphe 2, la suppression du paragraphe 3 et l'ajout des paragraphes 3A et 43A à 43D ainsi que l'ajout des paragraphes B45, B47, B50, B54, B56 à B58 et B60 de l'appendice B en ce qui concerne la comptabilisation de transactions entre entités d'un groupe,

b) les définitions révisées, dans l'appendice A, des expressions suivantes :
- transaction dont le paiement est fondé sur des actions et qui est réglée en trésorerie,
- transaction dont le paiement est fondé sur des actions et qui est réglée en instruments de capitaux propres,
- accord de paiement fondé sur des actions, et
- transaction dont le paiement est fondé sur des actions.

Si l'information nécessaire pour une application rétrospective n'est pas disponible, l'entité doit comptabiliser dans ses états financiers individuels les montants précédemment comptabilisés dans les états financiers consolidés du groupe. Une application anticipée est autorisée. Si l'entité applique ces modifications pour une période ouverte avant le 1er janvier 2010, elle doit l'indiquer.

63A La publication d'IFRS 10 *États financiers consolidés* et d'IFRS 11, en mai 2011, a donné lieu à la modification du paragraphe 5 et de l'appendice A. L'entité qui applique IFRS 10 et IFRS 11 doit appliquer ces modifications.

63B La publication des *Améliorations annuelles des IFRS – Cycle 2010-2012*, en décembre 2013, a donné lieu à la modification des paragraphes 15 et 19. Dans l'appendice A, les définitions des termes « conditions d'acquisition des droits » et « condition de marché » ont été modifiées, et des définitions des termes « condition de performance » et « condition de service » ont été ajoutées. L'entité doit appliquer ces modifications à titre prospectif aux transactions dont le paiement est fondé sur des actions pour lesquelles la date d'attribution est le 1er juillet 2014 ou une date postérieure. Une application anticipée est autorisée. Si l'entité applique les modifications pour une période antérieure, elle doit l'indiquer.

63C La publication d'IFRS 9, en juillet 2014, a donné lieu à la modification du paragraphe 6. L'entité qui applique IFRS 9 doit appliquer cette modification.

63D La publication de *Classement et évaluation des transactions dont le paiement est fondé sur des actions* (Modifications d'IFRS 2), en juin 2016, a donné lieu à la modification des paragraphes 19, 30, 31, 33, 52 et 63 ainsi qu'à l'ajout des paragraphes 33A à 33H, 59A, 59B, 63D et B44A à B44C, et des intertitres correspondants. L'entité doit appliquer ces modifications pour les exercices ouverts à compter du 1er janvier 2018. Une application anticipée est autorisée. Si l'entité applique les modifications pour une période antérieure, elle doit l'indiquer.

63E La publication des *Modifications des références au Cadre conceptuel dans les normes IFRS*, en 2018, a donné lieu à la modification de la note liée à la définition d'un instrument de capitaux propres dans l'appendice A. L'entité doit appliquer cette modification pour les exercices ouverts à compter du 1er janvier 2020. Une application anticipée est autorisée si l'entité applique aussi, en même temps, toutes les autres modifications introduites par les *Modifications des références au Cadre conceptuel dans les normes IFRS*. Sous réserve des dispositions transitoires des paragraphes 53 à 59 de la présente norme, l'entité doit appliquer cette modification d'IFRS 2 de façon rétrospective selon IAS 8 *Méthodes comptables, changements d'estimations comptables* et *erreurs*. Toutefois, si l'entité constate qu'une application rétrospective serait impraticable ou impliquerait un coût ou un effort excessif, elle doit appliquer la modification d'IFRS 2 en se reportant aux paragraphes 23 à 28, 50 à 53 et 54F d'IAS 8.

Retrait d'interprétations

64 *Transactions intra-groupe dont le paiement est fondé sur des actions et qui sont réglées en trésorerie*, publié en juin 2009, annule et remplace IFRIC 8 *Champ d'application d'IFRS 2* et IFRIC 11 *IFRS 2 – Actions propres et transactions intra-groupe*. Les modifications introduites par ce document ont intégré comme suit les dispositions d'IFRIC 8 et d'IFRIC 11 :

a) elles ont modifié le paragraphe 2 et ajouté le paragraphe 13A traitant de la comptabilisation des transactions pour lesquelles l'entité ne peut identifier expressément tout ou partie des biens ou services reçus. Ces dispositions se sont appliquées pour les exercices ouverts à compter du 1er mai 2006,

b) elles ont ajouté à l'appendice B les paragraphes B46, B48, B49, B51 à B53, B55, B59 et B61 qui traitent de la comptabilisation des transactions entre entités d'un groupe. Ces dispositions se sont appliquées pour les exercices ouverts à compter du 1er mars 2007.

Ces dispositions se sont appliquées rétrospectivement selon les dispositions d'IAS 8, sous réserve des dispositions transitoires d'IFRS 2.

Appendice A – Définitions

Le présent appendice fait partie intégrante de la présente norme.

Transaction dont le paiement est fondé sur des actions et qui est réglée en trésorerie	**Transaction dont le paiement est fondé sur des actions** par laquelle l'entité acquiert des biens ou des services en contractant un passif représentant l'obligation de transférer de la trésorerie ou d'autres actifs au fournisseur de ces biens ou services, à hauteur de montants basés sur le prix (ou la valeur) d'**instruments de capitaux propres** (y compris d'actions ou d'**options sur actions**) de l'entité ou d'une autre entité du groupe.
Salariés et tiers fournissant des services similaires	Particuliers qui fournissent des services personnels à l'entité et : a) soit sont considérés comme des membres du personnel à des fins légales ou fiscales ; b) soit travaillent pour l'entité sous sa direction au même titre que des particuliers considérés comme des membres du personnel à des fins légales ou fiscales ; c) soit fournissent des services similaires à ceux que fournissent les membres du personnel. Par exemple, ce terme comprend tout le personnel dirigeant, c'est-à-dire les personnes ayant l'autorité et assumant la responsabilité de la planification, de la direction et du contrôle des activités de l'entité, y compris les administrateurs non exécutifs.
Instrument de capitaux propres	Contrat mettant en évidence un intérêt résiduel dans les actifs d'une entité après déduction de tous ses passifs (*).
Instrument de capitaux propres attribué	Droit (conditionnel ou inconditionnel) d'obtenir un **instrument de capitaux propres** de l'entité, conféré par l'entité à une autre partie dans le cadre d'un **accord de paiement fondé sur des actions**.

Transaction dont le paiement est fondé sur des actions et qui est réglée en instruments de capitaux propres	**Transaction dont le paiement est fondé sur des actions** par laquelle l'entité : a) reçoit des biens ou des services en contrepartie d'**instruments de capitaux propres** de l'entité elle-même (y compris d'actions ou d'**options sur actions**), ou b) reçoit des biens ou des services mais n'a aucune obligation de régler la transaction avec le fournisseur.
Juste valeur	Montant pour lequel un actif pourrait être échangé, un passif éteint, ou un **instrument de capitaux propres attribué** entre des parties bien informées et consentantes dans le cadre d'une transaction effectuée dans des conditions de concurrence normale.
Date d'attribution	Date à laquelle l'entité et l'autre partie (y compris un membre du personnel) acceptent un **accord de paiement fondé sur des actions**, c'est-à-dire la date à laquelle l'entité et l'autre partie ont une compréhension commune des termes et conditions de l'accord. À la date d'attribution, l'entité accorde à l'autre partie le droit d'obtenir de la trésorerie, d'autres actifs ou des **instruments de capitaux propres de l'entité**, pour autant que les éventuelles **conditions d'acquisition des droits** spécifiées soient remplies. Si cet accord est soumis à un processus d'approbation (par exemple, par des actionnaires), la date d'attribution est la date à laquelle l'approbation a été obtenue.
Valeur intrinsèque	Différence entre la **juste valeur** des actions que l'autre partie a le droit (conditionnel ou inconditionnel) de souscrire ou qu'elle a le droit de recevoir, et le prix (éventuel) que l'autre partie est (ou sera) tenue de payer pour ces actions. Par exemple, une **option sur actions** assortie d'un prix d'exercice de 15 UM (**) relative à une action dont la juste valeur s'élève à 20 UM a une valeur intrinsèque de 5 UM.
Condition de marché	**Condition de performance** dont dépendent le prix d'exercice, l'acquisition ou la faculté d'exercer un **instrument de capitaux propres**, qui est liée au prix (ou à la valeur) de marché des instruments de capitaux propres de l'entité (ou des **instruments de capitaux propres** d'une autre entité du même groupe), par exemple : a) atteindre un prix d'action spécifié ou un montant spécifié de **valeur intrinsèque** d'une **option sur actions** ; ou b) réaliser un objectif spécifique basé sur le prix (ou la valeur) de marché des **instruments de capitaux propres** de l'entité (ou des instruments de capitaux propres d'une autre entité du même groupe) par comparaison à un indice des prix de marché d'**instruments de capitaux propres** d'autres entités. Une condition de marché impose que l'autre partie accomplisse une période de service spécifiée (c'est-à-dire une **condition de service**) ; le service peut être requis explicitement ou implicitement.
Date d'évaluation	Date à laquelle la **juste valeur** des instruments de capitaux propres attribués est évaluée aux fins de la présente norme. Pour des transactions conclues avec des **membres du personnel et des tiers fournissant des services similaires**, la date d'évaluation est la **date d'attribution**. Pour des transactions avec des parties autres que les membres du personnel (et les tiers fournissant des services similaires), la date d'évaluation est la date à laquelle l'entité obtient les biens, ou encore celle où l'autre partie fournit le service.

Paiement fondé sur des actions

Condition de performance	**Condition d'acquisition des droits** qui impose : a) que l'autre partie accomplisse une période de service spécifiée (c'est-à-dire une **condition de service**) ; le service peut être requis explicitement ou implicitement ; et b) qu'un ou des objectifs de performance spécifiés soient atteints lors de la prestation des services exigés en a). La période pendant laquelle le ou les objectifs de performance sont à atteindre : a) ne doit pas dépasser la fin de la période de service ; et b) peut commencer avant la période de service, sous réserve que la date d'entrée en vigueur de l'objectif de performance ne soit pas sensiblement antérieure au début de la période de service. Un objectif de performance est défini par référence : a) soit à l'exploitation (ou aux activités) de l'entité ou d'une autre entité du même groupe (c'est-à-dire une condition qui n'est pas une condition de marché) ; ou b) soit au prix (ou à la valeur) des **instruments de capitaux propres** de l'entité ou d'une autre entité du même groupe (qui comprennent les actions et les **options sur actions**) (c'est-à-dire une **condition de marché**). Un objectif de performance peut avoir trait à la performance de l'entité dans son ensemble ou à celle d'une partie de l'entité (ou du groupe), par exemple une division ou un membre du personnel en particulier.
Clause de rechargement	Clause qui prévoit l'attribution automatique d'un nombre supplémentaire d'**options sur actions** dès que le porteur d'options exerce les options attribuées antérieurement en utilisant les actions de l'entité, plutôt que de la trésorerie, pour régler le prix d'exercice.
Option de rechargement	Nouvelle **option sur actions** attribuée lorsqu'une action est utilisée pour régler le prix d'exercice d'une option sur actions antérieure.
Condition de service	**Condition d'acquisition des droits** qui impose que l'autre partie accomplisse une période de service spécifiée pendant laquelle des services sont fournis à l'entité. Si l'autre partie cesse, quelle qu'en soit la raison, de fournir les services au cours de la **période d'acquisition des droits**, elle n'a pas rempli la condition. Une condition de service n'impose pas la réalisation d'un objectif de performance.
Accord de paiement fondé sur des actions	Accord entre l'entité (ou une autre entité du groupe (***), ou tout actionnaire de toute entité du groupe) et une autre partie (y compris un membre du personnel), qui donne à l'autre partie le droit de recevoir : a) de la trésorerie ou d'autres actifs de l'entité à hauteur de montants basés sur le prix (ou la valeur) d'**instruments de capitaux propres** (y compris d'actions ou d'**options sur actions**) de l'entité ou d'une autre entité du groupe, ou b) des **instruments de capitaux propres** (y compris des actions ou des **options sur actions**) de l'entité ou d'une autre entité du groupe, à condition que les éventuelles **conditions d'acquisition des droits** prévues aient été satisfaites.
Transaction dont le paiement est fondé sur des actions	Transaction par laquelle l'entité : a) reçoit des biens ou des services du fournisseur de ces biens ou de ces services (y compris un membre du personnel) dans le cadre d'un **accord de paiement fondé sur des actions**, ou b) contracte l'obligation de régler la transaction avec le fournisseur dans le cadre d'un **accord de paiement fondé sur des actions** alors qu'une autre entité du même groupe reçoit ces biens ou ces services.

Option sur actions	Contrat qui donne au porteur le droit, mais pas l'obligation, de souscrire des actions de l'entité à un prix fixe ou déterminable, pendant une période spécifiée.
S'acquérir	Devenir un droit. Dans le cadre d'un **accord de paiement fondé sur des actions**, le droit d'une autre partie à recevoir de la trésorerie, d'autres actifs, ou des **instruments de capitaux propres** de l'entité s'acquiert dès que le droit de cette autre partie n'est plus soumis à la satisfaction de **conditions d'acquisition des droits**.
Conditions d'acquisition des droits	Dans le cadre d'un **accord de paiement fondé sur des actions**, condition qui détermine si l'entité reçoit les services qui ouvrent, pour l'autre partie, le droit à recevoir de la trésorerie, d'autres actifs ou des **instruments de capitaux propres** de l'entité. Une condition d'acquisition des droits est soit une **condition de service**, soit une **condition de performance**.
Période d'acquisition des droits	Période pendant laquelle toutes les **conditions d'acquisition des droits** prévues par un **accord de paiement fondé sur des actions** doivent être remplies.

(*) Le ***Cadre conceptuel de l'information financière*** publié en 2018 définit un passif comme étant une obligation actuelle de l'entité de céder une ressource économique du fait d'événements passés.

(**) Dans le présent appendice, les montants monétaires sont libellés en « unités monétaires » (UM).

(***) Un « groupe » est défini à l'appendice A d'IFRS 10 ***États financiers consolidés*** comme « une société mère et ses filiales » du point de vue de la société mère ultime de l'entité présentant les états financiers.

Appendice B – Guide d'application

Le présent appendice fait partie intégrante de la présente norme.

DÉTERMINATION DE LA JUSTE VALEUR DES INSTRUMENTS DE CAPITAUX PROPRES ATTRIBUÉS

B1 Les paragraphes B2 à B41 du présent appendice traitent de l'évaluation de la juste valeur d'actions et d'options sur action attribuées, en particulier quant aux termes et conditions spécifiques communs à l'attribution d'actions et à l'attribution d'options sur actions à des membres du personnel. Dès lors, ils ne sont pas exhaustifs. En outre, comme les questions d'évaluation abordées ci-dessous ne portent que sur les actions et les options sur actions attribuées à des membres du personnel, la juste valeur des actions ou des options sur actions est évaluée, par hypothèse, à la date d'attribution. Toutefois, de nombreuses questions d'évaluation traitées ci-dessous (par exemple : comment déterminer la volatilité attendue) se posent également dans le contexte de l'estimation de la juste valeur d'actions ou d'options sur actions attribuées à des parties autres que des membres du personnel à la date où l'entité obtient les biens ou à laquelle l'autre partie fournit le service.

Actions

B2 Pour les actions attribuées aux membres du personnel, la juste valeur des actions doit être évaluée au prix de marché des actions de l'entité (ou à un prix de marché estimé, si les actions de l'entité ne sont pas cotées) ajusté pour prendre en compte les termes et conditions d'attribution des actions (à l'exception des conditions d'acquisition des droits qui sont exclues de l'évaluation de la juste valeur selon les paragraphes 19 à 21).

B3 Par exemple, si le membre du personnel n'a pas droit aux dividendes pendant la période d'acquisition des droits, ce facteur doit être pris en compte pour estimer la juste valeur des actions attribuées. De même, si les actions sont soumises à des restrictions de transfert après acquisition des droits, ce facteur doit être pris en compte, mais seulement dans la mesure où les restrictions postérieures à l'acquisition des droits affectent le prix que paierait un participant du marché bien informé et consentant. Par exemple, si les actions font l'objet d'échanges soutenus sur un marché actif et liquide, les restrictions de transfert après acquisition des droits pourraient n'avoir que peu ou pas d'effet sur le prix que paierait pour ces actions un participant du marché bien informé et consentant. Les restrictions de transfert ou les autres restrictions existant pendant la période d'acquisition des droits ne doivent pas être prises en compte pour estimer la juste valeur à la date d'attribution des actions attribuées, parce que ces restrictions résultent de l'existence de conditions d'acquisition des droits, qui sont prises en compte conformément aux paragraphes 19 à 21.

Options sur actions

B4 Pour les options sur actions attribuées à des membres du personnel, des prix de marché ne sont souvent pas disponibles, parce que les options attribuées sont soumises à des termes et conditions qui ne s'appliquent pas aux options cotées. S'il n'existe pas d'options cotées assorties de termes et conditions similaires, la juste valeur des options attribuées doit être estimée en appliquant un modèle d'évaluation des options.

B5 L'entité doit considérer les facteurs que prendraient en compte des participants du marché bien informés et consentants pour sélectionner le modèle d'évaluation des options à appliquer. Ainsi, de nombreuses options réservées à des membres du personnel sont assorties d'une durée de vie longue, elles sont habituellement exerçables pendant la période qui court de la date d'acquisition des droits jusqu'à la fin de la durée de vie de l'option et elles sont souvent exercées à titre anticipé. Ces facteurs doivent être pris en considération lors de l'estimation de la juste valeur des options à la date d'attribution. Pour de nombreuses entités, ceci pourrait exclure le recours à la formule de Black-Scholes-Merton, qui n'autorise pas une possibilité d'exercice avant la fin de la durée de vie de l'option, et qui peut donc ne pas refléter correctement les effets d'un exercice anticipé attendu. Elle n'autorise pas davantage la possibilité de variations de la volatilité attendue ou d'autres variables du modèle pendant la durée de vie de l'option. Toutefois, pour des options sur actions à durée de vie contractuelle relativement courte, ou qui doivent être exercées dans un délai assez court après la date d'acquisition des droits, les facteurs identifiés ci-dessus peuvent ne pas s'appliquer. Dans ces cas, la formule Black-Scholes-Merton peut produire une valeur sensiblement égale à celle que produirait un modèle d'évaluation d'options plus flexible.

B6 Tous les modèles d'évaluation d'options prennent en compte, au minimum, les facteurs suivants :

a) le prix d'exercice de l'option ;

b) la durée de vie de l'option ;

c) le prix actuel des actions sous-jacentes ;

d) la volatilité attendue du prix de l'action ;

e) les dividendes attendus sur les actions (le cas échéant) ; et

f) le taux d'intérêt sans risque pour la durée de vie de l'option.

B7 Tout autre facteur que prendrait en compte un participant du marché bien informé et consentant pour fixer le prix doit être également pris en considération (à l'exception de conditions d'acquisition des droits et de clauses de rechargement exclues de l'évaluation de la juste valeur conformément aux paragraphes 19 à 22).

B8 Par exemple, une option sur actions attribuée à un membre du personnel ne peut habituellement pas être exercée pendant certaines périodes spécifiées (par exemple, durant la période d'acquisition des droits ou pendant des périodes spécifiées par les autorités de réglementation des valeurs mobilières). Ce facteur doit être pris en considération si, en l'absence de cet ajustement, le modèle d'évaluation d'options appliqué considérerait que l'option peut être exercée à tout moment. En revanche, si une entité utilise un modèle d'évaluation d'options qui évalue des options exerçables uniquement en fin de vie de l'option, aucun ajustement n'est requis pour tenir compte de l'impossibilité de les exercer pendant la période d'acquisition des droits (ou d'autres périodes pendant la durée de vie de l'option), parce que le modèle considère que les options ne peuvent être exercées pendant ces périodes.

B9 De même, un autre facteur commun aux options sur actions attribuées à des membres du personnel est la possibilité d'un exercice anticipé de l'option, par exemple parce que l'option n'est pas librement transférable, ou parce que le membre du personnel doit exercer toutes les options acquises lorsque sa relation d'emploi prend fin. Les effets d'un exercice anticipé attendu doivent être pris en considération conformément aux paragraphes B16 à B21.

B10 Les facteurs que ne prendrait pas en considération un participant de marché bien informé et consentant pour évaluer le prix d'une option sur actions (ou de tout autre instrument de capitaux propres) ne doivent pas être pris en considération pour estimer la juste valeur des options sur actions (ou autres instruments de capitaux propres) attribuées. Par exemple, pour les options sur actions attribuées à des membres du personnel, les facteurs qui affectent la valeur de l'option sous le seul point de vue du membre du personnel ne sont pas pertinents pour estimer le prix que fixerait un participant de marché consentant et bien informé.

➡ Données intégrées dans les modèles d'évaluation des options

B11 Lors de l'estimation de la volatilité attendue des dividendes sur les actions sous-jacentes, l'objectif consiste à estimer au mieux les attentes que refléterait un prix de marché actuel ou un prix négocié de l'option. De même, pour estimer les effets de l'exercice anticipé des options sur actions accordées aux membres du personnel, l'objectif consiste à estimer au mieux les attentes que pourrait développer un tiers ayant accès à des informations détaillées sur le comportement d'exercice des membres du personnel, au vu des informations disponibles à la date d'attribution.

B12 Souvent, il existera probablement une fourchette de prévisions raisonnables en matière de volatilité, de dividendes et de comportement d'exercice futurs. Dans ce cas, il y a lieu de calculer une valeur attendue en pondérant chaque montant de la fourchette par la probabilité d'occurrence correspondante.

B13 Les attentes relatives à l'avenir sont généralement fondées sur l'expérience, et modifiées lorsque l'on s'attend raisonnablement à voir l'avenir diverger du passé. Dans certains cas, des facteurs identifiables peuvent indiquer que le passé n'a qu'une capacité prédictive relativement faible. Par exemple, lorsqu'une entité qui exerce deux métiers parfaitement distincts sort de celui qui était sensiblement moins risqué que l'autre, la volatilité historique n'est probablement pas la meilleure information sur laquelle baser des attentes raisonnables pour l'avenir.

B14 Dans d'autres cas, il peut arriver que des informations historiques ne soient pas disponibles. Par exemple, une entité cotée depuis peu ne dispose que de peu, voire ne dispose pas, de statistiques de volatilité du prix de son action. Le cas des entités non cotées et cotées depuis peu est développé ci-dessous.

B15 En résumé, une entité ne doit pas baser ses estimations de volatilité, de comportement d'exercice et de dividendes sur des informations historiques sans étudier dans quelle mesure l'expérience passée peut être raisonnablement considérée comme prédictive.

Prévisions d'exercice anticipé

B16 Les membres du personnel exercent souvent leurs options sur actions de façon anticipée, pour des raisons diverses. En effet, les options sur actions attribuées à des membres du personnel sont habituellement non transférables. Cela oblige souvent les membres du personnel à procéder à un exercice anticipé de leurs options sur actions, parce que c'est pour eux la seule manière de liquider leur position. De même, les membres du personnel dont le contrat d'emploi prend fin sont généralement contraints d'exercer les options acquises dans un délai court, sauf à renoncer à ces options sur actions. Ce facteur est également un motif d'exercice anticipé des options sur actions des membres du personnel. L'aversion au risque et la diversification insuffisante du patrimoine sont d'autres facteurs susceptibles de provoquer un exercice anticipé.

B17 Les modalités de prise en compte de l'impact de l'exercice anticipé attendu dépendent du type de modèle d'évaluation des options utilisé. Ainsi, l'exercice anticipé attendu peut être pris en compte en utilisant une estimation de la durée de vie attendue de l'option (qui, pour une option sur actions réservée aux membres du personnel, est la période séparant la date d'attribution de la date attendue d'exercice de l'option), en tant que donnée du modèle d'évaluation des options (par exemple, le modèle Black-Scholes-Merton). À l'inverse, l'exercice anticipé attendu peut être intégré dans un modèle binomial d'évaluation d'options, ou assimilé, qui se fonde sur la durée de vie contractuelle.

B18 Plusieurs facteurs doivent être pris en compte pour estimer l'exercice anticipé :

a) la durée de la période d'acquisition des droits, parce que l'option sur actions ne peut habituellement pas être exercée avant la fin de la période d'acquisition des droits. En conséquence, la détermination des implications de l'exercice anticipé attendu sur l'évaluation repose sur l'hypothèse que les droits aux options vont être acquis. Les implications des conditions d'acquisition des droits sont traitées aux paragraphes 19 à 21 ;

b) la durée moyenne pendant laquelle des options semblables sont restées en circulation par le passé ;

c) le prix des actions sous-jacentes. L'expérience peut démontrer que les membres du personnel tendent à exercer des options lorsque le prix atteint un niveau spécifié au-delà du prix d'exercice ;

d) le statut professionnel du membre du personnel dans l'organisation. Par exemple, l'expérience pourrait indiquer que les membres du personnel de niveau supérieur tendent à exercer leurs options plus tard que les membres du personnel de niveau inférieur (sujet traité en détail au paragraphe B21) ;

e) la volatilité attendue des actions sous-jacentes. En moyenne, les membres du personnel pourraient tendre à exercer plus rapidement des options sur des actions hautement volatiles que des options sur des actions à volatilité réduite.

B19 Comme indiqué au paragraphe B17, les effets d'un exercice anticipé pourraient être pris en considération en utilisant une estimation de la durée de vie attendue de l'option comme donnée du modèle d'évaluation d'options. Pour estimer la durée de vie d'options sur actions attribuées à un groupe de membres du personnel, l'entité peut se baser sur une durée de vie moyenne adéquatement pondérée pour le groupe tout entier, ou sur des durées de vie moyennes convenablement pondérées calculées par sous-groupes au sein du groupe, sur la base de données plus détaillées sur le comportement d'exercice des membres du personnel (voir ci-après).

B20 Ventiler une attribution d'options entre groupes de membres du personnel au comportement d'exercice relativement homogène s'avérera probablement important. La valeur d'une option n'est pas une fonction linéaire de la durée de l'option ; la valeur augmente à un rythme qui décroît avec l'échéance. Ainsi, toutes autres hypothèses restant égales par ailleurs, si une option à deux ans vaut plus qu'une option à un an, elle n'en vaut pas le double. Cela signifie qu'estimer la valeur de l'option sur la base d'une durée de vie moyenne pondérée unique recouvrant des vies individuelles largement différentes risque de conduire à surévaluer la juste valeur totale des options sur actions attribuées. Le fait de ventiler des options en plusieurs groupes, assortis chacun d'une durée moyenne calculée à partir d'une fourchette de durées de vie relativement étroite, permet de réduire cette surévaluation.

B21 Des considérations semblables s'appliquent lors de l'utilisation d'un modèle binomial ou assimilé. Par exemple, l'expérience d'une entité qui attribue des options à pratiquement tous les niveaux de membres du personnel pourrait indiquer que les dirigeants conservent généralement leurs options plus longtemps que les cadres moyens, et que les membres du personnel des niveaux inférieurs tendent à exercer leurs options plus tôt que les autres groupes. En outre, les membres du personnel encouragés à détenir, ou tenus de détenir un montant minimal d'instruments de capitaux propres de leur employeur, y compris des options, pourraient, en moyenne, exercer leurs options plus tard que des membres du personnel qui ne sont pas soumis à cette disposition. Dans de tels cas, ventiler les options par groupes de bénéficiaires présentant un comportement d'exercice relativement homogène débouchera sur une estimation plus exacte de la juste valeur totale des options sur actions attribuées.

Volatilité attendue

B22 La volatilité attendue est une évaluation du montant de la fluctuation que pourrait connaître un prix pendant une période. L'évaluation de la volatilité utilisée dans les modèles d'évaluation des options est l'écart type annualisé des taux de rendement continûment composés de l'action sur une période donnée. La volatilité est habituellement exprimée en termes annualisés comparables indépendamment de la période utilisée pour le calcul, que l'on utilise par exemple des observations de prix quotidiennes, hebdomadaires ou mensuelles.

B23 Le taux de rendement (positif ou négatif) d'une action pour une période donnée évalue à quel point un actionnaire a bénéficié de dividendes et de l'appréciation ou de la dépréciation du prix de l'action.

B24 La volatilité annualisée attendue d'une action est l'intervalle dans lequel le taux de rendement annuel continûment composé se situera dans les deux tiers des cas environ. Par exemple, déclarer qu'une action assortie d'un taux de rendement attendu continûment composé de 12 % présente une volatilité de 30 % signifie que la probabilité que le taux de rendement de l'action pour une année se situe entre – 18 % (12 % – 30 %) et 42 % (12 % + 30 %) est d'environ deux tiers. Si le prix de l'action s'élève à 100 UM au début de l'année, et si aucun dividende n'est payé, le prix de l'action à la fin de l'année devrait se situer entre 83,53 UM (100 UM × $e^{-0,18}$) et 152,20 UM (100 UM × $e^{0,42}$) dans environ deux tiers des cas.

B25 Plusieurs facteurs doivent être pris en compte pour estimer la volatilité attendue :

a) la volatilité implicite des options sur actions de l'entité cotées, ou d'autres instruments cotés de l'entité qui comprennent des caractéristiques d'options (par exemple, une dette convertible), le cas échéant ;

b) la volatilité historique du prix de l'action au cours de la dernière période correspondant généralement à la durée attendue de l'option (en tenant compte de la durée de vie contractuelle résiduelle de l'option et des effets d'un exercice anticipé attendu) ;

c) la durée pendant laquelle les actions d'une entité ont fait l'objet d'une cotation. Une entité cotée depuis peu pourrait présenter une volatilité historique élevée, par rapport à des entités similaires cotées depuis plus longtemps. Des indications complémentaires pour des entités cotées depuis peu figurent ci-après ;

d) la tendance de la volatilité à revenir vers sa moyenne, c'est-à-dire son niveau moyen à long terme, et d'autres facteurs indiquant que la volatilité attendue future pourrait différer de la volatilité passée. Par exemple, si le prix de l'action a été extraordinairement volatil pendant une période donnée à cause d'une offre publique d'achat avortée ou d'une restructuration majeure, cette période pourrait être omise dans le calcul de la volatilité annuelle moyenne historique ;

e) des intervalles appropriés et réguliers pour les observations de prix. Les observations de prix doivent rester cohérentes d'une période à l'autre. Ainsi, une entité peut utiliser le prix de clôture de chaque semaine ou le prix le plus élevé de la semaine ; elle ne doit pas utiliser le prix de clôture pour certaines semaines et le prix le plus élevé pour d'autres semaines. De même, les observations de prix doivent être exprimées dans la même monnaie que le prix d'exercice.

Entités nouvellement cotées

B26 Comme indiqué au paragraphe B25, une entité doit prendre en compte la volatilité historique du prix de l'action sur la période la plus récente correspondant généralement à la durée attendue de l'option. Si une entité nouvellement cotée n'a pas assez d'informations sur sa volatilité historique, elle doit néanmoins calculer la volatilité historique sur la période la plus longue pour laquelle des cotations sont disponibles. Elle peut aussi prendre en considération la volatilité historique d'entités similaires pendant une période comparable dans leur vie respective. Par exemple, une entité qui n'est cotée que depuis un an et qui attribue des options ayant une durée de vie moyenne attendue de cinq ans pourrait prendre en compte le profil et le niveau de volatilité historique d'entités du même secteur pendant les six premières années au cours desquelles les actions de ces entités ont été cotées.

Entités non cotées

B27 Une entité non cotée ne dispose pas d'informations historiques susceptibles d'être étudiées pour estimer la volatilité attendue. Certaines approches de substitution possibles sont exposées ci-après.

B28 Dans certains cas, une entité non cotée qui émet régulièrement des options ou des actions au profit de membres du personnel (ou d'autres parties) peut avoir mis en place un marché interne pour ses actions. La volatilité du prix de ces actions pourrait être prise en compte pour le calcul de la volatilité attendue.

B29 L'entité pourrait aussi prendre en considération la volatilité historique ou implicite d'entités cotées similaires pour lesquelles des informations sur les prix des actions ou des options sont disponibles, et les utiliser pour estimer la volatilité attendue. Cela pourrait s'avérer approprié si l'entité a fondé la valeur de ses actions sur les prix d'entités cotées similaires.

B30 Si l'entité n'a pas fondé son estimation de la valeur de ses actions sur les prix des actions d'entités cotées similaires, et si elle a au contraire utilisé une autre méthodologie d'évaluation pour évaluer ses actions, l'entité pourrait procéder à une estimation de la volatilité attendue en cohérence avec cette méthodologie d'évaluation. Par exemple, l'entité pourrait évaluer ses actions sur la base de l'actif net ou du résultat. Elle pourrait prendre en considération la volatilité attendue de ces valeurs d'actif net ou de ces résultats.

➡ Dividendes attendus

B31 La prise en compte ou non des dividendes attendus dans l'évaluation de la juste valeur d'actions ou d'options attribuées est déterminée par le fait que l'autre partie a ou non droit à des dividendes ou à des équivalents de dividendes.

B32 Par exemple, si des membres du personnel se sont vu attribuer des options et s'ils ont droit aux dividendes sur les actions sous-jacentes ou à des équivalents de dividende (payés en trésorerie ou portés en déduction du prix d'exercice) entre la date d'attribution et la date d'exercice, les options attribuées doivent être évaluées comme si aucun dividende ne pouvait être payé sur les actions sous-jacentes. En d'autres termes, la donnée relative aux dividendes attendus doit être zéro.

B33 De même, lors de l'estimation de la juste valeur à la date d'attribution d'actions attribuées à des membres du personnel, aucun ajustement n'est requis pour les dividendes attendus si le membre du personnel est autorisé à recevoir les dividendes payés pendant la période d'acquisition des droits.

B34 À l'inverse, si les membres du personnel n'ont pas droit aux dividendes ou équivalents de dividendes pendant la période d'acquisition des droits (ou avant l'exercice, dans le cas d'une option), l'évaluation à la date d'attribution des droits sur les actions ou sur les options doit prendre en compte les dividendes attendus. Autrement dit, lors de l'évaluation de la juste valeur d'une attribution d'options, les dividendes attendus doivent être intégrés au modèle d'évaluation des options. Lors de l'estimation de la juste valeur d'une attribution d'actions, cette évaluation doit être réduite à hauteur de la valeur actuelle des dividendes dont le paiement est attendu pendant la période d'acquisition des droits.

B35 Les modèles d'évaluation d'options intègrent généralement le taux de rendement en dividende attendu. Toutefois, les modèles peuvent être adaptés de manière à utiliser un montant attendu de dividende plutôt qu'un taux de rendement. Une entité peut user soit son rendement attendu, soit ses paiements attendus. Si l'entité utilise ces derniers, elle doit tenir compte de l'historique de croissance de ses dividendes. Ainsi, si la politique d'une entité a toujours été d'augmenter ses dividendes d'environ 3 % par an, la valeur estimée de l'option ne doit pas se baser sur l'hypothèse d'un dividende fixe perdant la durée de vie de l'option, sauf s'il existe des éléments probants pour étayer cette hypothèse.

B36 Généralement, l'hypothèse relative aux dividendes attendus doit se fonder sur les informations publiées. Une entité qui ne paie pas de dividendes et qui n'a pas l'intention de le faire doit prendre l'hypothèse d'un rendement attendu de zéro. Toutefois, une entité émergente sans historique de paiement de dividendes pourrait s'attendre à commencer à payer des dividendes pendant la vie des options sur actions attribuées à ses membres du personnel. Ces entités pourraient utiliser une moyenne de leur rendement passé (zéro) et du rendement moyen d'un groupe de référence comparable.

Taux d'intérêt sans risque

B37 Habituellement, le taux d'intérêt sans risque est le rendement implicite actuel sur les obligations d'État à coupon zéro du pays dans la monnaie duquel est libellé le prix d'exercice, avec une échéance égale à l'échéance attendue de l'option évaluée (d'après la durée de vie contractuelle résiduelle de l'option, et en tenant compte des effets d'un exercice anticipé attendu). Il peut s'avérer nécessaire d'utiliser un substitut approprié, si aucune obligation d'État correspondante n'existe ou si les circonstances indiquent que le rendement implicite des obligations d'État à coupon zéro n'est pas représentatif du taux d'intérêt sans risque (par exemple, dans des économies en hyperinflation). De même, il y a lieu d'utiliser un substitut approprié si les participants de marché sont habituellement amenés à déterminer le taux d'intérêt sans risque d'après ce substitut plutôt que d'après le rendement implicite d'obligations d'État à coupon zéro, lors de l'estimation de la juste valeur d'une option ayant une durée de vie égale à celle de l'option en cours d'évaluation.

Effets sur la structure financière

B38 Habituellement, ce sont des tiers, et non l'entité, qui émettent des options cotées sur actions. Lorsque ces options sur actions sont exercées, l'émetteur livre des actions au porteur de l'option. Ces actions sont acquises auprès d'actionnaires existants. Dès lors, l'exercice d'options cotées sur actions n'a aucun effet dilutif.

B39 En revanche, si des options sur actions sont vendues par l'entité elle-même, de nouvelles actions sont émises au moment où ces options sur actions sont exercées (soit émises réellement, soit émises en substance, si l'entité utilise des actions antérieurement rachetées et détenues comme actions propres). Étant donné que les actions seront émises au prix d'exercice et non au prix de marché à la date d'exercice, cette dilution réelle ou potentielle pourrait réduire le prix de l'action, de sorte que le porteur de l'option ne réaliserait pas, à l'exercice, un profit aussi important qu'en exerçant une option cotée similaire sans effet dilutif sur le prix de l'action.

B40 L'importance de l'effet de cette réduction sur la valeur des options sur actions attribuées dépend de plusieurs facteurs, tels que le rapport entre le nombre d'actions nouvelles émises lors de l'exercice des options et le nombre d'actions préexistantes. En outre, si le marché s'attend à ce que l'attribution d'options ait lieu, le marché peut avoir déjà intégré la dilution potentielle dans le prix de l'action à la date d'attribution.

B41 Cependant, l'entité doit envisager si l'effet dilutif éventuel de l'exercice futur des options sur actions attribuées peut avoir un impact sur leur juste valeur estimée à la date d'attribution. Les modèles d'évaluation d'options peuvent être adaptés pour intégrer l'effet dilutif potentiel.

MODIFICATIONS DES ACCORDS DE PAIEMENT FONDÉ SUR DES ACTIONS RÉGLÉS EN INSTRUMENTS DE CAPITAUX PROPRES

B42 Le paragraphe 27 impose qu'indépendamment de toute modification des termes et conditions auxquels les instruments de capitaux propres ont été attribués, ou de toute annulation ou règlement de cette attribution d'instruments de capitaux propres, l'entité comptabilise au minimum les services reçus, évalués à leur juste valeur à la date d'attribution des instruments de capitaux propres attribués, sauf en cas de non-acquisition des droits à ces instruments de capitaux propres parce qu'une condition d'acquisition des droits (autre qu'une condition de marché) spécifiée à la date d'attribution n'a pas été remplie. En outre, l'entité doit comptabiliser les effets des modifications qui augmentent la juste valeur totale de l'accord de paiement fondé sur des actions ou qui sont favorables d'une autre façon au membre du personnel.

B43 Pour appliquer les dispositions du paragraphe 27 :

a) si la modification augmente la juste valeur des instruments de capitaux propres attribués (par exemple, en réduisant le prix d'exercice) évaluée immédiatement avant et après la modification, l'entité doit inclure la juste valeur marginale attribuée dans l'évaluation du montant comptabilisé pour services reçus en contrepartie des instruments de capitaux propres attribués. La juste valeur marginale attribuée est la différence entre la juste valeur de l'instrument de capitaux propres modifié et celle de l'instrument de capitaux propres original, toutes deux estimées à la date de la modification. Si la modification intervient pendant la période d'acquisition des droits, la juste valeur marginale attribuée est comprise dans l'évaluation du montant comptabilisé pour services reçus sur la période allant de la date de modification à la date d'acquisition des instruments de capitaux propres modifiés, en plus du montant fondé sur la juste valeur à la date d'attribution des instruments de capitaux propres d'origine, comptabilisé sur la période originale d'acquisition résiduelle des droits. Si la modification intervient après la date d'acquisition des droits, la juste valeur marginale attribuée est comptabilisée soit immédiatement, soit au cours de la nouvelle période d'acquisition des droits si le membre du personnel est tenu d'achever une période supplémentaire de service avant d'avoir inconditionnellement droit à ces instruments de capitaux propres modifiés ;

b) de même, si la modification augmente le nombre d'instruments de capitaux propres attribués, l'entité doit inclure la juste valeur des instruments de capitaux propres supplémentaires attribués, évalués à la date de la modification, dans l'évaluation du montant comptabilisé pour services reçus en contrepartie des instruments de capitaux propres conformément aux dispositions du point a) ci-dessus. Par exemple, si la modification intervient pendant la période d'acquisition des droits, la juste valeur marginale attribuée est comprise dans l'évaluation du montant comptabilisé pour services reçus pendant la période à compter de la date de modification jusqu'à la date d'acquisition des instruments de capitaux propres modifiés, en plus du montant fondé sur la juste valeur à la date d'attribution des instruments de capitaux propres originaux, comptabilisée sur la période originale d'acquisition des droits résiduelle ;

c) si l'entité modifie les conditions d'acquisition des droits dans un sens favorable au membre du personnel, par exemple en réduisant la période d'acquisition des droits ou en modifiant ou en éliminant une condition de performance [autre qu'une condition de marché, dont les changements sont comptabilisés conformément au point a) ci-dessus], l'entité doit tenir compte des conditions d'acquisition des droits modifiées lorsqu'elle applique les dispositions des paragraphes 19 à 21.

B44 En outre, si l'entité modifie les termes et conditions des instruments de capitaux propres attribués d'une manière qui réduit la juste valeur totale de l'accord de paiement fondé sur des actions, ou qui est défavorable au membre du personnel, l'entité doit néanmoins continuer de comptabiliser les services reçus en contrepartie des instruments de capitaux propres attribués comme si la modification n'était pas intervenue (sauf dans le cas d'une annulation de tout ou partie des instruments de capitaux propres attribués, qui doit être comptabilisée conformément au paragraphe 28). Par exemple :

a) si la modification réduit la juste valeur des instruments de capitaux propres attribués, évaluée immédiatement avant et après la modification, l'entité ne doit pas prendre en considération cette réduction de la juste valeur, et elle doit continuer d'évaluer le montant comptabilisé pour les services reçus en contrepartie des instruments de capitaux propres d'après la juste valeur à la date d'attribution des instruments de capitaux propres ;

b) si la modification réduit le nombre d'instruments de capitaux propres attribués à un membre du personnel, cette réduction doit être comptabilisée comme une annulation de cette quote-part de l'attribution, conformément aux dispositions du paragraphe 28 ;

c) si l'entité modifie les conditions d'acquisition des droits dans un sens défavorable au membre du personnel, par exemple en augmentant la période d'acquisition des droits ou en modifiant ou en ajoutant une condition de performance [autre qu'une condition de marché, dont les changements sont comptabilisés conformément au point a) ci-dessus], l'entité ne doit pas tenir compte des conditions d'acquisition des droits modifiées lorsqu'elle applique les dispositions des paragraphes 19 à 21.

COMPTABILISATION D'UNE MODIFICATION QUI ENTRAÎNE LE RECLASSEMENT D'UNE TRANSACTION DONT LE PAIEMENT EST FONDÉ SUR DES ACTIONS DE « RÉGLÉE EN TRÉSORERIE » À « RÉGLÉE EN INSTRUMENTS DE CAPITAUX PROPRES »

B44A Si, en raison d'une modification de ses termes et conditions, une transaction dont le paiement est fondé sur des actions et qui est réglée en trésorerie devient une transaction dont le paiement est fondé sur des actions et qui est réglée en instruments de capitaux propres, la transaction est comptabilisée en tant que telle à compter de la date de la modification. En particulier :

a) à la date de la modification, la transaction dont le paiement est fondé sur des actions et qui est réglée en instruments de capitaux propres est évaluée par référence à la juste valeur des instruments de capitaux propres attribués et elle est comptabilisée en capitaux propres proportionnellement aux biens ou services reçus ;

b) le passif au titre du paiement fondé sur des actions qui est réglé en trésorerie est décomptabilisé à la date de la modification ;

c) tout écart entre la valeur comptable du passif décomptabilisé et le montant comptabilisé dans les capitaux propres à la date de la modification est immédiatement constaté en résultat net.

B44B Si, à la suite de la modification, la période d'acquisition des droits est prolongée ou raccourcie, ce fait est reflété dans l'application des dispositions du paragraphe B44A. Les dispositions du paragraphe B44A s'appliquent même si la modification a lieu après la période d'acquisition des droits.

B44C Une transaction dont le paiement est fondé sur des actions et qui est réglée en trésorerie peut être annulée ou réglée (outre le cas d'une transaction annulée par déchéance lorsque les conditions d'acquisition des droits ne sont pas remplies). Si l'entité attribue des instruments de capitaux propres et que, à la date de leur attribution, elle les identifie comme des instruments de capitaux propres de remplacement du paiement fondé sur des actions réglé en trésorerie qui est annulé, elle doit appliquer les dispositions des paragraphes B44A et B44B.

TRANSACTIONS DONT LE PAIEMENT EST FONDÉ SUR DES ACTIONS ENTRE ENTITÉS D'UN GROUPE (MODIFICATIONS DE 2009)

B45 Les paragraphes 43A à 43C traitent de la comptabilisation, dans les états financiers individuels de chaque entité, des transactions dont le paiement est fondé sur des actions et qui sont conclues entre des entités d'un même groupe. Les paragraphes B46 à B61 traitent de la manière d'appliquer les dispositions des paragraphes 43A à 43C. Comme mentionné au paragraphe 43D, les transactions entre entités d'un groupe dont le paiement est fondé sur des actions peuvent avoir lieu pour diverses raisons variant selon les circonstances. Par conséquent, la présente discussion n'est pas exhaustive et suppose que lorsque l'entité qui reçoit les biens ou les services n'a aucune obligation de régler la transaction, celle-ci est un apport en capitaux propres de la société mère à la filiale, indépendamment des éventuels accords de remboursement intra-groupe.

B46 Bien que la discussion qui suit concerne essentiellement les transactions conclues avec des membres du personnel, elle s'applique également à des transactions similaires dont le paiement est fondé sur des actions, conclues avec des fournisseurs de biens ou de services autres que des membres du personnel. Il peut exister un accord conclu entre la société mère et sa filiale, imposant à la filiale de payer la société mère pour la fourniture des instruments de capitaux propres aux membres de son personnel. La discussion ci-dessous ne traite pas de la manière de comptabiliser de tels accords de paiement intra-groupe.

B47 Quatre questions se posent couramment en ce qui concerne les transactions dont le paiement est fondé sur des actions conclues entre entités d'un groupe. Par souci de commodité, les exemples ci-dessous traitent ces questions du point de vue d'une société mère et de sa filiale.

Paiement fondé sur des actions

➟ Accords de paiement fondé sur des actions portant sur les instruments de capitaux propres d'une entité

B48 La première question consiste à établir si les transactions suivantes, qui portent sur les instruments de capitaux propres de l'entité elle-même, doivent être comptabilisées comme étant réglées en instruments de capitaux propres ou comme étant réglées en trésorerie, selon les dispositions de la présente norme :

a) une entité attribue aux membres de son personnel des droits portant sur ses instruments de capitaux propres (par exemple des options sur actions) et décide, ou est tenue, d'acquérir des instruments de capitaux propres (c'est-à-dire des actions propres) auprès d'un tiers, afin de satisfaire à ses obligations à l'égard des membres de son personnel ; et

b) les membres du personnel d'une entité se voient accorder des droits sur des instruments de capitaux propres de l'entité (par exemple des options sur actions), soit par l'entité elle-même, soit par ses actionnaires, et ce sont les actionnaires de l'entité qui fournissent les instruments de capitaux propres nécessaires.

B49 L'entité doit comptabiliser les transactions dont le paiement est fondé sur des actions par lesquelles elle reçoit des services en contrepartie de ses propres instruments de capitaux propres comme étant réglées en instruments de capitaux propres. La présente disposition s'applique indépendamment du fait que l'entité choisisse ou soit tenue d'acquérir ces instruments de capitaux propres auprès d'un tiers afin de satisfaire à ses obligations à l'égard des membres de son personnel en vertu de l'accord de paiement fondé sur des actions. La présente disposition s'applique également indépendamment du fait que :

a) les droits du membre du personnel aux instruments de capitaux propres de l'entité ont été octroyés par l'entité elle-même ou par son ou ses actionnaires ; ou

b) l'accord de paiement fondé sur des actions a été réglé par l'entité elle-même ou par son ou ses actionnaires.

B50 Si l'actionnaire d'une entreprise a l'obligation de régler la transaction avec les membres du personnel de cette entreprise, il fournit des instruments de capitaux propres de cette dernière plutôt que les siens propres. Par conséquent, si l'entreprise en question fait partie du même groupe que l'actionnaire, selon le paragraphe 43C, l'actionnaire doit, dans ses états financiers individuels, évaluer son obligation conformément aux dispositions applicables aux transactions dont le paiement est fondé sur des actions et qui sont réglées en trésorerie, et il doit, dans ses états financiers consolidés, l'évaluer conformément aux dispositions applicables aux transactions dont le paiement est fondé sur des actions et qui sont réglées en instruments de capitaux propres.

➟ Accords de paiement fondé sur des actions portant sur des instruments de capitaux propres de la société mère

B51 La seconde question concerne les transactions dont le paiement est fondé sur des actions entre deux entités ou plus d'un même groupe qui portent sur les instruments de capitaux propres d'une autre entité du groupe. Il peut par exemple s'agir du cas où les membres du personnel d'une filiale reçoivent des droits sur des instruments de capitaux propres de la société mère en contrepartie de services fournis à la filiale.

B52 En conséquence, la seconde question porte sur les accords de paiement fondé sur des actions suivants :

a) une société mère octroie directement des droits sur ses instruments de capitaux propres aux membres du personnel de sa filiale : la société mère (et non la filiale) a l'obligation de fournir les instruments de capitaux propres aux membres du personnel de la filiale ; et

b) une filiale octroie aux membres de son personnel des droits sur des instruments de capitaux propres de sa société mère : la filiale a l'obligation de fournir les instruments de capitaux propres aux membres de son personnel.

Une société mère octroie des droits sur ses instruments de capitaux propres aux membres du personnel de sa filiale [paragraphe B 52 a)]

B53 La filiale n'a pas l'obligation de fournir les instruments de capitaux propres de sa société mère aux membres de son propre personnel. Par conséquent, conformément au paragraphe 43B, la filiale doit évaluer les services reçus des membres de son personnel conformément aux dispositions applicables aux transactions dont le paiement est fondé sur des actions et qui sont réglées en instruments de capitaux propres, et comptabiliser une augmentation correspondante de ses capitaux propres en tant qu'apport de la société mère.

B54 La société mère a l'obligation de régler la transaction avec les membres du personnel de sa filiale en fournissant ses propres instruments de capitaux propres. Par conséquent, conformément au paragraphe 43C, la société mère doit évaluer son obligation conformément aux dispositions applicables aux transactions dont le paiement est fondé sur des actions et qui sont réglées en instruments de capitaux propres.

Une filiale attribue aux membres de son personnel des droits sur des instruments de capitaux propres de sa société mère [paragraphe B 52 b)]

B55 Étant donné que la filiale ne remplit aucune des conditions figurant au paragraphe 43B, elle doit comptabiliser la transaction avec les membres de son personnel comme étant réglée en trésorerie. Cette disposition s'applique indépendamment de la façon dont la filiale obtient les instruments de capitaux propres pour satisfaire à ses obligations à l'égard des membres de son personnel.

Accords de paiement fondé sur des actions impliquant des paiements aux membres du personnel réglés en trésorerie

B56 La troisième question vise à clarifier comment une entité qui reçoit des biens ou des services de ses fournisseurs (y compris des membres de son personnel) doit comptabiliser des accords dont le paiement est fondé sur des actions et qui sont réglés en trésorerie lorsque l'entité elle-même n'a pas l'obligation d'effectuer ces paiements à ses fournisseurs. Ce sera par exemple le cas pour les accords suivants, selon lesquels la société mère (et non l'entité elle-même) a l'obligation d'effectuer les paiements en trésorerie aux membres du personnel de l'entité :

a) les membres du personnel de l'entité recevront des paiements en trésorerie liés au prix des instruments de capitaux propres de l'entité ;

b) les membres du personnel de l'entité recevront des paiements en trésorerie liés au prix des instruments de capitaux propres de la société mère de l'entité.

B57 La filiale n'a pas l'obligation de régler la transaction avec les membres de son personnel. Par conséquent, la filiale doit comptabiliser la transaction avec les membres de son personnel comme étant réglée en instruments de capitaux propres, et comptabiliser une augmentation correspondante en capitaux propres en tant qu'apport en capital de sa société mère. La filiale doit ultérieurement réévaluer le coût de la transaction pour tenir compte des changements résultant du non-respect des conditions d'acquisition des droits autres que des conditions de marché, conformément aux paragraphes 19 à 21. Ce traitement est distinct de l'évaluation de la transaction comme étant réglée en trésorerie dans les états financiers consolidés du groupe.

B58 La société mère ayant l'obligation de régler la transaction avec les membres du personnel, et la contrepartie étant de la trésorerie, la société mère (et le groupe consolidé) doit évaluer son obligation conformément aux dispositions du paragraphe 43C applicables aux transactions dont le paiement est fondé sur des actions et qui sont réglées en trésorerie.

Transfert de membres du personnel entre entités d'un groupe

B59 La quatrième question porte sur les accords de paiement fondés sur des actions, au sein d'un groupe, qui concernent les membres du personnel de plus d'une entité d'un groupe. Par exemple, une société mère pourra accorder aux membres du personnel de ses filiales des droits sur ses instruments de capitaux propres, subordonnés à l'accomplissement d'un service continu au sein du groupe pendant une période spécifiée. Un membre du personnel d'une filiale pourra être transféré dans une autre filiale durant la période d'acquisition des droits spécifiée sans que ses droits sur les instruments de capitaux propres de la maison mère, en vertu de l'accord initial de paiement fondé sur des actions, en soient affectés. Si les filiales n'ont pas l'obligation de régler la transaction dont le paiement est fondé sur des actions avec les membres de leur personnel, elles la comptabilisent comme étant une transaction réglée en instruments de capitaux propres. Chaque filiale doit évaluer les services reçus du membre du personnel par référence à la juste valeur des instruments de capitaux propres à la date à laquelle ces droits ont été initialement accordés par la société mère, comme défini à l'appendice A, et au prorata de la durée de la période d'acquisition des droits au cours de laquelle le membre du personnel a été employé dans chaque filiale.

B60 Si la filiale a l'obligation de régler la transaction avec les membres de son personnel en instruments de capitaux propres de sa société mère, elle comptabilise la transaction comme étant réglée en trésorerie. Chaque filiale doit évaluer les services reçus sur la base de la juste valeur des instruments de capitaux propres à la date d'attribution, au prorata de la durée sur laquelle, sur l'ensemble de la période d'acquisition des droits, le membre du personnel a été employé par chaque filiale. En outre, chaque filiale doit comptabiliser toute variation de la juste valeur des instruments de capitaux propres au cours de la période pendant laquelle le membre du personnel a été employé par chaque filiale.

B61 Un membre du personnel, après son transfert entre entités du groupe, pourra ne pas remplir une condition d'acquisition des droits autre qu'une condition de marché au sens de l'appendice A, par exemple si le membre du personnel quitte le groupe avant l'achèvement de sa période de service convenue. Dans ce cas, étant donné que la condition d'acquisition des droits était de rester au service du groupe, chaque filiale doit ajuster le montant précédemment comptabilisé au titre des services reçus du membre du personnel conformément aux principes du paragraphe 19. Dès lors, si les droits aux instruments de capitaux propres attribués par la société mère ne sont pas acquis parce que le membre du personnel n'a pas rempli une condition d'acquisition des droits autre qu'une condition de marché, aucun montant n'est comptabilisé sur une base cumulée pour les services reçus de ce membre du personnel dans les états financiers d'aucune entité du groupe.

IFRS 3 Regroupements d'entreprises

[règlt UE 2023/1803]

Objectif

1 L'objectif de la présente norme consiste à améliorer la pertinence, la fiabilité et la comparabilité des informations que fournit une entité dans ses états financiers concernant un *regroupement d'entreprises* et ses effets. À cet effet, la présente norme établit les principes et les conditions qui régissent la manière dont l'*acquéreur* :

a) comptabilise et évalue dans ses états financiers les actifs *identifiables* acquis, les passifs repris et toute *participation ne donnant pas le contrôle* dans l'*entreprise acquise* ;

b) comptabilise et évalue le *goodwill* acquis dans le regroupement d'entreprises ou le profit résultant d'une acquisition à des conditions avantageuses ; et

c) détermine quelles sont les informations à fournir pour permettre aux utilisateurs des états financiers d'évaluer la nature et les effets financiers du regroupement d'entreprises.

Champ d'application

2 La présente norme s'applique à une transaction ou à un autre événement qui répond à la définition d'un regroupement d'entreprises. La présente norme ne s'applique pas à :

a) la comptabilisation de la formation d'un partenariat dans les états financiers dudit partenariat.

b) l'acquisition d'un actif ou d'un groupe d'actifs qui ne constitue pas une *entreprise*. Dans de tels cas, l'acquéreur doit identifier et comptabiliser les actifs individuels identifiables acquis (y compris les actifs qui entrent dans la définition – et qui satisfont aux critères – d'*immobilisations incorporelles* dans IAS 38 *Immobilisations incorporelles*) et les passifs repris. Le coût du groupe doit être attribué aux actifs et passifs individuels identifiables d'après leurs *justes valeurs* relatives à la date d'acquisition. Une telle transaction ou un tel événement n'engendre pas de *goodwill*.

c) un regroupement d'entités ou d'entreprises sous contrôle commun (les paragraphes B1 à B4 fournissent les modalités d'application correspondantes).

2A Les dispositions de la présente norme ne s'appliquent pas à l'acquisition, par une entité d'investissement au sens d'IFRS 10 *États financiers consolidés*, d'une participation dans une filiale qui doit être évaluée à la juste valeur par le biais du résultat net.

Identification d'un regroupement d'entreprises

3 Une entité doit déterminer si une transaction ou un autre événement constitue un regroupement d'entreprises en appliquant la définition de la présente norme, qui prévoit que les actifs acquis et les passifs repris doivent constituer une entreprise. Si les actifs acquis ne constituent pas une entreprise, l'entité présentant les états financiers doit comptabiliser cette transaction ou cet autre événement comme une acquisition d'actifs. Des indications sur l'identification d'un regroupement d'entreprises et la définition d'une entreprise se trouvent aux paragraphes B5 à B12D.

La méthode de l'acquisition

4 Une entité doit comptabiliser tout regroupement d'entreprises par l'application de la méthode de l'acquisition.

5 Appliquer la méthode de l'acquisition signifie :

a) identifier l'acquéreur ;

b) déterminer la *date d'acquisition* ;

c) comptabiliser et évaluer les actifs identifiables acquis, les passifs repris et toute participation ne donnant pas le contrôle dans l'entreprise acquise ; et

d) comptabiliser et évaluer le *goodwill* ou le profit résultant d'une acquisition à des conditions avantageuses.

IDENTIFICATION DE L'ACQUÉREUR

6 Dans tout regroupement d'entreprises, il est nécessaire d'identifier l'acquéreur.

7 Les indications figurant dans IFRS 10 doivent être utilisées pour identifier l'acquéreur – à savoir l'entité qui obtient le *contrôle* de l'entreprise acquise. Si un regroupement d'entreprises a eu lieu mais que l'application des indications figurant dans IFRS 10 ne permet pas de désigner clairement, parmi les entités qui se regroupent, celle qui est l'acquéreur, les critères visés aux paragraphes B14 à B18 devront être pris en compte pour le déterminer.

DÉTERMINATION DE LA DATE D'ACQUISITION

8 L'acquéreur doit identifier la date d'acquisition, qui est la date à laquelle il obtient le contrôle de l'entreprise acquise.

9 La date à laquelle l'acquéreur obtient le contrôle de l'entreprise acquise est généralement la date à laquelle l'acquéreur procède au transfert juridique de la contrepartie, acquiert les actifs et reprend les passifs de l'entreprise acquise – la date de « closing ». L'acquéreur peut cependant obtenir le contrôle à une date antérieure ou postérieure à la date de « closing ». Par exemple, la date d'acquisition précède la date de « closing » si un accord écrit prévoit que l'acquéreur obtient le contrôle de l'entreprise acquise à une date antérieure à la date de « closing ». Un acquéreur doit prendre en compte tous les faits et circonstances pertinents pour l'identification de la date d'acquisition.

COMPTABILISER ET ÉVALUER LES ACTIFS IDENTIFIABLES ACQUIS, LES PASSIFS REPRIS ET TOUTE PARTICIPATION NE DONNANT PAS LE CONTRÔLE DANS L'ENTREPRISE ACQUISE

Principe de comptabilisation

10 À la date d'acquisition, l'acquéreur doit comptabiliser, séparément du *goodwill*, les actifs identifiables acquis, les passifs repris et toute participation ne donnant pas le contrôle dans l'entreprise acquise. La comptabilisation des actifs identifiables acquis et des passifs repris est soumise aux conditions visées aux paragraphes 11 et 12.

Conditions de comptabilisation

11 Pour remplir les conditions de comptabilisation dans le cadre de la méthode de l'acquisition, les actifs identifiables acquis et les passifs repris doivent satisfaire aux définitions d'actifs et de passifs du *Cadre conceptuel de l'information financière* à la date d'acquisition. Par exemple, les coûts auxquels l'acquéreur s'attend mais qu'il n'est pas obligé d'engager à l'avenir, pour exécuter son plan visant à sortir une activité d'une entreprise acquise ou de mettre fin à l'emploi ou de déplacer les membres du personnel d'une entreprise acquise, ne sont pas des passifs à la date d'acquisition. Dès lors, l'acquéreur ne comptabilise pas ces coûts dans le cadre de l'application de la méthode de l'acquisition. En revanche, l'acquéreur comptabilise ces coûts dans ses états financiers postérieurs au regroupement selon d'autres IFRS.

12 En outre, pour remplir les conditions de comptabilisation dans le cadre de la méthode de l'acquisition, les actifs identifiables acquis et les passifs repris doivent faire partie de ce que l'acquéreur et l'entreprise acquise (ou ses *détenteurs* antérieurs) ont échangé lors de la transaction de regroupement d'entreprises et non résulter de transactions séparées. L'acquéreur doit appliquer les indications des paragraphes 51 à 53 pour déterminer quels actifs acquis ou passifs repris font partie de l'échange visant l'entreprise acquise et, le cas échéant, lesquels résultent de transactions séparées à comptabiliser selon leur nature et selon les IFRS applicables.

13 L'application par l'entreprise acquise du principe et des conditions de comptabilisation peut aboutir à la comptabilisation de certains actifs et passifs que l'entreprise acquise n'avait pas précédemment comptabilisés en tant qu'actifs et passifs dans ses états financiers. Par exemple, l'acquéreur comptabilise les immobilisations incorporelles identifiables acquises, telles qu'une marque, un brevet ou une relation commerciale, que l'entreprise acquise n'avait pas comptabilisées en tant qu'actifs dans ses états financiers parce qu'elle les avait développés en interne et qu'elle avait comptabilisé les coûts correspondants en charges.

14 Les paragraphes B31 à B40 fournissent des indications pour la comptabilisation d'immobilisations incorporelles. Les paragraphes 21A à 28B précisent les types d'actifs identifiables et de passifs qui comprennent des éléments pour lesquels la présente norme prévoit des exceptions limitées au principe et aux conditions de comptabilisation.

Classer ou désigner des actifs identifiables acquis et des passifs repris lors d'un regroupement d'entreprises

15 À la date d'acquisition, l'acquéreur doit classer ou désigner les actifs identifiables acquis et les passifs repris de manière à permettre l'application ultérieure d'autres IFRS. L'acquéreur doit procéder à ces classements ou désignations sur la base des dispositions contractuelles, des conditions économiques, de ses politiques comptables ou de gestion et d'autres conditions pertinentes en vigueur à la date d'acquisition.

16 Dans certaines situations, les IFRS prévoient un traitement comptable différent selon la manière dont l'entité classe ou désigne un actif ou un passif donné. Voici une liste non exhaustive d'exemples de classement ou de désignation que doit faire un acquéreur en fonction des conditions pertinentes prévalant à la date d'acquisition :

a) le classement d'actifs financiers et de passifs financiers particuliers comme étant évalués à la juste valeur par le biais du résultat net ou au coût amorti, ou comme étant des actifs financiers évalués à la juste valeur par le biais des autres éléments du résultat global selon IFRS 9 *Instruments financiers* ;

b) la désignation d'un instrument dérivé en tant qu'instrument de couverture selon IFRS 9 ; et

c) l'appréciation pour déterminer si un instrument dérivé incorporé doit être séparé, selon IFRS 9, d'un contrat hôte (ce qui est une question de « classement » selon les termes de la présente norme).

17 La présente norme prévoit une exception au principe visé au paragraphe 15 :

a) le classement d'un contrat de location dans lequel l'entreprise acquise apparaît en tant que bailleur soit comme un contrat de location simple, soit comme un contrat de location-financement selon IFRS 16 *Contrats de location*.

b) [Supprimé]

L'acquéreur doit classer ces contrats sur la base des termes contractuels et d'autres facteurs au commencement du contrat (ou bien, si les termes du contrat ont été modifiés d'une manière susceptible de modifier son classement, à la date de cette modification, qui peut être la date d'acquisition).

➠ Principe d'évaluation

18 L'acquéreur doit évaluer les actifs identifiables acquis et les passifs repris à leur juste valeur à la date d'acquisition.

19 Pour chaque regroupement d'entreprises, les composantes des participations ne donnant pas le contrôle dans l'entreprise acquise qui sont des titres représentant des droits de propriété actuels qui donnent droit à leurs porteurs à une quote-part de l'actif net de l'entité en cas de liquidation doivent, à la date d'acquisition, être évaluées par l'acquéreur :

a) soit à la juste valeur ;

b) soit pour la quote-part de l'actif net identifiable comptabilisé de l'entreprise acquise à laquelle donnent droit ces titres représentant des droits de propriété actuels.

Toutes les autres composantes des participations ne donnant pas le contrôle doivent être évaluées à leur juste valeur à la date d'acquisition, à moins que des IFRS imposent une autre base d'évaluation.

20 Les paragraphes 24 à 31A précisent les types d'actifs et de passifs identifiables qui comprennent des éléments pour lesquels la présente norme prévoit des exceptions limitées au principe d'évaluation.

➠ Exceptions aux principes de comptabilisation ou aux principes d'évaluation

21 La présente norme prévoit un nombre limité d'exceptions à ses principes de comptabilisation et d'évaluation. Les paragraphes 21A à 31A précisent à la fois les éléments particuliers pour lesquels des exceptions sont prévues et la nature de ces exceptions. L'acquéreur doit comptabiliser ces éléments en appliquant les dispositions des paragraphes 21A à 31A, ce qui aboutira à ce que certains éléments soient :

a) comptabilisés soit en appliquant des conditions de comptabilisation supplémentaires à celles des paragraphes 11 et 12, soit en appliquant les dispositions d'autres IFRS, avec des résultats qui seront différents par rapport à l'application du principe et des conditions de comptabilisation ;

b) évalués à un montant autre que leur juste valeur à la date d'acquisition.

Exceptions au principe de comptabilisation

Passifs et passifs éventuels entrant dans le champ d'application d'IAS 37 ou d'IFRIC 21

21A Le paragraphe 21B s'applique aux passifs et aux passifs éventuels qui entreraient dans le champ d'application d'IAS 37 *Provisions, passifs éventuels et actifs éventuels* ou d'IFRIC 21 *Taxes* s'ils étaient contractés de façon distincte plutôt que repris à l'occasion d'un regroupement d'entreprises.

21B Le *Cadre conceptuel de l'information financière* définit un passif comme « une obligation actuelle qu'a l'entité de transférer une ressource économique du fait d'événements passés ». En ce qui concerne une provision ou un passif éventuel qui entrerait dans le champ d'application d'IAS 37, l'acquéreur doit appliquer les paragraphes 15 à 22 d'IAS 37 pour établir si, à la date d'acquisition, une obligation actuelle existe du fait d'événements passés. Pour ce qui est d'un droit ou d'une taxe qui entrerait dans le champ d'application d'IFRIC 21, l'acquéreur doit appliquer IFRIC 21 pour établir si le fait générateur d'obligation qui crée un passif au titre d'un droit ou d'une taxe exigible s'est produit avant la date d'acquisition.

21C Une obligation actuelle identifiée selon le paragraphe 21B peut entrer dans la définition d'un passif éventuel énoncée au paragraphe 22 b). Si c'est le cas, le paragraphe 23 s'applique à ce passif éventuel.

Passifs éventuels et actifs éventuels

22 IAS 37 définit un passif éventuel comme étant :

a) une obligation potentielle résultant d'événements passés et dont l'existence ne sera confirmée que par la survenance (ou non) d'un ou plusieurs événements futurs incertains qui ne sont pas totalement sous le contrôle de l'entité ; ou

b) une obligation actuelle résultant d'événements passés mais qui n'est pas comptabilisée car :

i) il n'est pas probable qu'une sortie de ressources représentatives d'avantages économiques soit nécessaire pour éteindre l'obligation ; ou
ii) le montant de l'obligation ne peut être évalué avec une fiabilité suffisante.

23 L'acquéreur doit comptabiliser à la date d'acquisition un passif éventuel repris à l'occasion d'un regroupement d'entreprises s'il s'agit d'une obligation actuelle découlant d'événements passés et si sa juste valeur peut être évaluée de manière fiable. Aussi, contrairement aux paragraphes 14 b), 23, 27, 29 et 30 d'IAS 37, l'acquéreur comptabilise un passif éventuel repris à l'occasion d'un regroupement d'entreprises à la date d'acquisition même s'il n'est pas probable qu'une sortie de ressources représentatives d'avantages économiques soit nécessaire pour éteindre l'obligation. Le paragraphe 56 de la présente norme fournit des indications sur la comptabilisation ultérieure de passifs éventuels.

23A Dans IAS 37, un actif éventuel est défini comme « un actif potentiel résultant d'événements passés et dont l'existence ne sera confirmée que par la survenance (ou non) d'un ou plusieurs événements futurs incertains qui ne sont pas totalement sous le contrôle de l'entité ». L'acquéreur ne doit comptabiliser aucun actif éventuel à la date d'acquisition.

Exceptions à la fois aux principes de comptabilisation et aux principes d'évaluation

Impôts sur le résultat

24 L'acquéreur doit comptabiliser et évaluer un actif ou un passif d'impôt différé découlant des actifs acquis et des passifs repris lors d'un regroupement d'entreprises selon IAS 12 *Impôts sur le résultat*.

25 L'acquéreur doit comptabiliser les effets fiscaux potentiels de différences temporelles et pertes fiscales reportables d'une entreprise acquise qui existent à la date d'acquisition ou qui résultent de l'acquisition selon IAS 12.

Avantages du personnel

26 L'acquéreur doit comptabiliser et évaluer un passif (ou un actif, le cas échéant) relatif aux accords en matière d'avantages du personnel de l'entreprise acquise selon IAS 19 *Avantages du Personnel*.

Actifs compensatoires

27 Dans un regroupement d'entreprises, le vendeur peut prévoir une indemnité contractuelle au profit de l'acquéreur pour couvrir une éventualité ou une incertitude liée à tout ou partie d'un actif ou d'un passif spécifique. Par exemple, le vendeur peut indemniser l'acquéreur contre les pertes supérieures à un montant spécifié pour un passif résultant d'une éventualité précise ; en d'autres termes, le vendeur garantira que le passif de l'acquéreur n'excédera pas un montant spécifié. En conséquence, l'acquéreur obtient un actif compensatoire. L'acquéreur doit comptabiliser un actif compensatoire en même temps qu'il comptabilise l'élément donnant lieu à indemnisation, en l'évaluant sur la même base que cet élément donnant lieu à indemnisation, sous réserve de la nécessité d'une correction de valeur pour montants irrécouvrables. Dès lors, si l'indemnisation porte sur un actif ou un passif qui est comptabilisé à la date d'acquisition et évalué à sa juste valeur à la date d'acquisition, l'acquéreur doit comptabiliser l'actif compensatoire à la date d'acquisition, évalué à sa juste valeur à la date d'acquisition. Pour un actif compensatoire évalué à la juste valeur, les effets de l'incertitude quant aux flux de trésorerie futurs due à des considérations de recouvrabilité sont inclus dans l'évaluation à la juste valeur et une correction de valeur séparée n'est pas nécessaire (le paragraphe B41 fournit les modalités d'application correspondantes).

28 Dans certaines circonstances, l'indemnisation peut porter sur un actif ou sur un passif qui constitue une exception aux principes de comptabilisation ou d'évaluation. Par exemple, une indemnisation peut porter sur un passif éventuel qui n'est pas comptabilisé à la date d'acquisition parce que sa juste valeur n'est pas évaluable de façon fiable à cette date. Par ailleurs, une indemnisation peut également porter sur un actif ou un passif résultant, par exemple, d'un avantage du personnel qui est évalué sur une base autre que la juste valeur à la date d'acquisition. Dans ces circonstances, l'actif compensatoire sera comptabilisé et évalué d'après des hypothèses conformes à celles qui sont utilisées pour évaluer l'élément donnant lieu à indemnisation, sous réserve de l'appréciation par la direction de la recouvrabilité de l'actif compensatoire et des limitations contractuelles applicables au montant de l'indemnisation. Le paragraphe 57 fournit des indications sur la comptabilisation ultérieure d'un actif compensatoire.

Contrats de location dans lesquels l'entreprise acquise apparaît en tant que preneur

28A L'acquéreur doit comptabiliser les actifs au titre du droit d'utilisation et les passifs locatifs pour les contrats de location identifiés en application d'IFRS 16 dans lesquels l'entreprise acquise apparaît en tant que preneur. Il n'est pas tenu de comptabiliser les actifs au titre du droit d'utilisation et les passifs locatifs pour :

a) les contrats de location qui ont une durée (au sens d'IFRS 16) se terminant dans les 12 mois suivant la date d'acquisition ; ou

b) les contrats de location dont l'actif sous-jacent est de faible valeur (selon les explications des paragraphes B3 à B8 d'IFRS 16).

28B L'acquéreur doit évaluer le passif locatif à la valeur actualisée des paiements de loyers restants (au sens d'IFRS 16), comme si le contrat de location acquis était un nouveau contrat de location à la date d'acquisition. Il doit évaluer l'actif comptabilisé au titre du droit d'utilisation au montant du passif locatif, ajusté de manière à refléter le caractère favorable ou défavorable des conditions du contrat de location par rapport à celles du marché.

Exceptions au principe d'évaluation

Droits recouvrés

29 L'acquéreur doit évaluer la valeur d'un droit recouvré comptabilisé comme une immobilisation incorporelle sur la base de la durée de vie résiduelle du contrat correspondant, indépendamment du fait que les participants de marché prendraient ou non en compte les renouvellements potentiels du contrat pour évaluer la juste valeur du droit. Les paragraphes B35 et B36 fournissent les modalités d'application correspondantes.

Transactions dont le paiement est fondé sur des actions

30 L'acquéreur doit évaluer à la date d'acquisition un passif ou un instrument de capitaux propres lié aux transactions de l'entreprise acquise dont le paiement est fondé sur des actions, ou au remplacement de telles transactions par des transactions de l'acquéreur dont le paiement est fondé sur des actions selon la méthode définie dans IFRS 2 *Paiement fondé sur des actions.* (La présente norme fait référence au résultat de cette méthode comme à « la valeur basée sur le marché » de la transaction dont le paiement est fondé sur des actions.)

Actifs détenus en vue de la vente

31 L'acquéreur doit évaluer un actif non courant (ou un groupe d'actifs destiné à être cédé) acquis qui est classé comme étant détenu en vue de la vente à la date d'acquisition selon IFRS 5 *Actifs non courants détenus en vue de la vente et activités abandonnées* à la juste valeur diminuée des coûts de vente selon les paragraphes 15 à 18 de cette norme.

Contrats d'assurance

31A L'acquéreur doit évaluer à la date d'acquisition un groupe de contrats entrant dans le champ d'application d'IFRS 17 *Contrats d'assurance* acquis lors d'un regroupement d'entreprises, ainsi que tout actif au titre des flux de trésorerie liés aux frais d'acquisition au sens d'IFRS 17, en tant que passif ou qu'actif selon les paragraphes 39 ainsi que B93 à B95F d'IFRS 17.

COMPTABILISER ET ÉVALUER LE *GOODWILL* OU LE PROFIT RÉSULTANT D'UNE ACQUISITION À DES CONDITIONS AVANTAGEUSES

32 L'acquéreur doit comptabiliser le *goodwill* à la date d'acquisition, évalué comme étant l'excédent de a) par rapport à b) ci-dessous :

a) le total de :

i) **la contrepartie transférée, évaluée selon la présente norme, qui impose généralement le recours à la juste valeur à la date d'acquisition (voir paragraphe 37) ;**

ii) **le montant de toute participation ne donnant pas le contrôle dans l'entreprise acquise évalué selon la présente norme ; et**

iii) dans un regroupement d'entreprises réalisé par étapes (voir paragraphes 41 et 42), la juste valeur à la date d'acquisition de la *participation* précédemment détenue par l'acquéreur dans l'entreprise acquise ;

b) le solde net des montants, à la date d'acquisition, des actifs identifiables acquis et des passifs repris, évalués selon la présente norme.

33 Dans un regroupement d'entreprises dans lequel l'acquéreur et l'entreprise acquise (ou ses détenteurs antérieurs) se limitent à échanger des parts de capitaux propres, il est possible que la juste valeur, à la date d'acquisition, des parts de capitaux propres de l'entreprise acquise soit évaluable avec davantage de fiabilité que la juste valeur à la date d'acquisition des parts de capitaux propres de l'acquéreur. Dans ce cas, l'acquéreur doit déterminer le montant du *goodwill* en utilisant la juste valeur à la date d'acquisition des parts de capitaux propres de l'entreprise acquise plutôt que la juste valeur à la date d'acquisition des parts de capitaux propres transférées. Pour déterminer le montant du *goodwill* dans un regroupement d'entreprises qui ne donne lieu à aucun transfert de contrepartie, l'acquéreur doit utiliser la juste valeur à la date d'acquisition de sa participation dans l'entreprise acquise au lieu de la juste valeur à la date d'acquisition de la contrepartie transférée [paragraphe 32 a) i)]. Les paragraphes B46 à B49 fournissent les modalités d'application correspondantes.

Acquisitions à des conditions avantageuses

34 Un acquéreur peut parfois effectuer une acquisition à des conditions avantageuses, à savoir un regroupement d'entreprises pour lequel le montant visé au paragraphe 32 b) dépasse le total des montants visés au paragraphe 32 a). Si cet excédent subsiste après application des dispositions du paragraphe 36,

l'acquéreur doit comptabiliser le profit correspondant en résultat à la date d'acquisition. Le profit sera attribué à l'acquéreur.

35 Une acquisition à des conditions avantageuses peut avoir lieu, par exemple, dans le cas d'un regroupement d'entreprises à l'occasion d'une vente forcée, où le vendeur agit sous la contrainte. Toutefois, les exceptions au principe de comptabilisation ou d'évaluation pour certains éléments particuliers, abordées aux paragraphes 22 à 31A, peuvent aboutir à la comptabilisation d'un profit (ou à la modification du montant d'un profit comptabilisé) sur une acquisition à des conditions avantageuses.

36 Avant de comptabiliser un profit sur une acquisition à des conditions avantageuses, l'acquéreur doit réexaminer s'il a correctement identifié tous les actifs acquis et tous les passifs repris ; il doit également comptabiliser tous les actifs ou passifs additionnels identifiés lors de ce réexamen. L'acquéreur doit alors examiner les procédures utilisées pour évaluer les montants que la présente norme impose de comptabiliser à la date d'acquisition pour les éléments suivants :

a) les actifs identifiables acquis et les passifs repris ;

b) la participation ne donnant pas le contrôle dans l'entreprise acquise, le cas échéant ;

c) pour un regroupement d'entreprises réalisé par étapes, la participation précédemment détenue dans l'entreprise acquise par l'acquéreur ; et

d) la contrepartie transférée.

L'objectif de cet examen consiste à s'assurer que les évaluations reflètent correctement toutes les informations disponibles à la date d'acquisition.

La contrepartie transférée

37 La contrepartie transférée à l'occasion d'un regroupement d'entreprises doit être évaluée à la juste valeur, qui doit être calculée comme étant la somme des justes valeurs, à la date d'acquisition, des actifs transférés par l'acquéreur, des passifs repris par l'acquéreur à l'égard des détenteurs antérieurs de l'entreprise acquise et des parts de capitaux propres émises par l'acquéreur. (Cependant, toute portion des droits à des paiements fondés sur des actions de l'acquéreur remise en échange de droits détenus par les salariés de l'entreprise acquise qui est comprise dans la contrepartie transférée lors du regroupement d'entreprises doit être évaluée conformément au paragraphe 30 plutôt qu'à la juste valeur.) Sont des exemples de formes de contrepartie potentielles la trésorerie, d'autres actifs, une entreprise ou une filiale de l'acquéreur, une *contrepartie éventuelle*, des instruments de capitaux propres ordinaires ou préférentiels, des options, des warrants et les intérêts des sociétaires dans des *entités mutuelles*.

38 La contrepartie transférée peut inclure des actifs ou des passifs de l'acquéreur dont les valeurs comptables diffèrent de leur juste valeur à la date d'acquisition (par exemple des actifs non monétaires d'une entreprise de l'acquéreur). Dans ce cas, l'acquéreur doit réévaluer les actifs ou les passifs transférés à leur juste valeur à la date d'acquisition et comptabiliser en résultat les profits ou pertes qui en résultent éventuellement. Cependant, les actifs ou passifs transférés restent parfois au sein de l'entité regroupée après le regroupement d'entreprises (par exemple, parce que les actifs ou les passifs ont été transférés à l'entreprise acquise plutôt qu'à ses détenteurs antérieurs), et l'acquéreur en conserve donc le contrôle. Dans ce cas, l'acquéreur doit évaluer ces actifs et ces passifs à leur valeur comptable immédiatement avant la date d'acquisition ; il ne doit comptabiliser en résultat un profit ou une perte sur les actifs ou passifs qu'il contrôle tant avant et après le regroupement d'entreprises.

Contrepartie éventuelle

39 La contrepartie que l'acquéreur transfère en échange de l'entreprise acquise comprend tout actif ou passif résultant d'un accord de contrepartie éventuelle (voir paragraphe 37). L'acquéreur doit comptabiliser la juste valeur de la contrepartie éventuelle à la date d'acquisition comme faisant partie de la contrepartie transférée en échange de l'entreprise acquise.

40 L'acquéreur doit comptabiliser une obligation de payer une contrepartie éventuelle qui répond à la définition d'un instrument financier en tant que passif financier ou en tant que capitaux propres sur la base des définitions d'un instrument de capitaux propres et d'un passif financier énoncées au paragraphe 11 d'IAS 32 *Instruments financiers : Présentation*. L'acquéreur doit comptabiliser en tant qu'actif le droit de se faire restituer une contrepartie préalablement transférée si certaines conditions spécifiées sont remplies. Le paragraphe 58 fournit des indications sur la comptabilisation ultérieure d'une contrepartie éventuelle.

INDICATIONS ADDITIONNELLES POUR L'APPLICATION DE LA MÉTHODE DE L'ACQUISITION À CERTAINS TYPES DE REGROUPEMENTS D'ENTREPRISES

Un regroupement d'entreprises réalisé par étapes

41 Il arrive qu'un acquéreur obtienne le contrôle d'une entreprise dans laquelle il détenait une participation immédiatement avant la date d'acquisition. Par exemple, le 31 décembre 20X1, une Entité A détient dans une Entité B une participation de 35 % ne lui en donnant pas le contrôle. À cette date, l'Entité A acquiert une participation supplémentaire de 40 % dans l'Entité B, qui lui en donne le contrôle. La présente norme fait référence à une telle transaction comme à un regroupement d'entreprises réalisé par étapes, parfois également appelée « acquisition par étapes ».

42 Dans un regroupement d'entreprises réalisé par étapes, l'acquéreur doit réévaluer la participation qu'il détenait précédemment dans l'entreprise acquise à la juste valeur à la date d'acquisition et comptabiliser l'éventuel profit ou perte en résultat net ou dans les autres éléments du résultat global, selon le cas. Il est possible que lors de précédentes périodes de reporting, l'acquéreur ait comptabilisé les variations de valeur de sa participation dans l'entreprise acquise dans les autres éléments du résultat global. Dans ce cas, le montant qui était comptabilisé dans les autres éléments du résultat global doit être comptabilisé de la même façon que si l'acquéreur avait directement vendu la participation précédemment détenue.

42A Lorsqu'une partie à un partenariat (au sens d'IFRS 11 *Partenariats*) obtient le contrôle d'une entreprise qui est une activité conjointe (au sens d'IFRS 11), et que, immédiatement avant la date d'acquisition, elle détenait des droits sur les actifs et des obligations au titre des passifs de cette activité conjointe, la transaction est considérée comme un regroupement d'entreprises réalisé par étapes. L'acquéreur doit donc appliquer les dispositions relatives aux regroupements d'entreprises réalisés par étapes, notamment réévaluer la participation précédemment détenue dans l'activité conjointe de la manière décrite au paragraphe 42. Pour ce faire, l'acquéreur doit réévaluer la totalité des intérêts qu'il détenait précédemment dans l'activité conjointe.

➡ Un regroupement d'entreprises réalisé sans transfert de contrepartie

43 Parfois, un acquéreur obtient le contrôle d'une entreprise acquise sans transfert de contrepartie. La méthode de comptabilisation d'un regroupement d'entreprises dite « méthode de l'acquisition » s'applique à ces regroupements. C'est notamment le cas lorsque :

a) l'entreprise acquise rachète un nombre suffisant de ses actions propres pour permettre à un investisseur existant (l'acquéreur) d'obtenir le contrôle ;

b) les droits de veto d'une minorité expirent alors qu'ils bloquaient auparavant la prise de contrôle par l'acquéreur d'une entreprise acquise dans laquelle l'acquéreur détenait les droits de vote majoritaires ;

c) l'acquéreur et l'entreprise acquise décident de regrouper leurs entreprises exclusivement par contrat. L'acquéreur ne transfère aucune contrepartie en échange du contrôle d'une entreprise acquise et ne détient aucune participation dans l'entreprise acquise, ni à la date d'acquisition ni auparavant. Parmi les exemples de regroupements d'entreprises réalisés exclusivement par contrat figurent le regroupement de deux entreprises par le biais d'un accord de juxtaposition, ou encore la constitution d'une entreprise à double cotation.

44 Dans un regroupement d'entreprises réalisé exclusivement par contrat, l'acquéreur doit attribuer aux détenteurs de l'entreprise acquise le montant de l'actif net de l'entreprise acquise, comptabilisé selon la présente norme. En d'autres termes, les parts de capitaux propres dans l'entreprise acquise détenues par des parties autres que l'acquéreur constituent une participation ne donnant pas le contrôle dans les états financiers postérieurs au regroupement de l'acquéreur, même si le résultat est que l'ensemble des participations dans l'entreprise acquise soit attribué à la participation ne donnant pas le contrôle.

PÉRIODE D'ÉVALUATION

45 Si la comptabilisation initiale d'un regroupement d'entreprises est inachevée à la fin de la période de reporting au cours de laquelle le regroupement d'entreprises survient, l'acquéreur doit mentionner dans ses états financiers des montants provisoires relatifs aux éléments pour lesquels la comptabilisation est inachevée. Pendant la période d'évaluation, l'acquéreur doit ajuster, de manière rétrospective, les montants provisoires comptabilisés à la date d'acquisition afin de refléter les informations nouvelles obtenues à propos des faits et des circonstances qui prévalaient à la date d'acquisition et qui, si elles avaient été connues, auraient affecté l'évaluation des montants comptabilisés à cette date. Pendant la période d'évaluation, l'acquéreur doit également comptabiliser des actifs ou des passifs additionnels si des informations nouvelles sont obtenues à propos des faits et des circonstances qui prévalaient à la date d'acquisition et qui, si elles avaient été connues, auraient abouti à la comptabilisation de ces actifs et passifs à cette date. La période d'évaluation prend fin dès que l'acquéreur reçoit l'information qu'il recherchait à propos des faits et des circonstances qui prévalaient la date d'acquisition ou dès qu'il apprend qu'il est impossible d'obtenir des informations supplémentaires. Cependant, la période d'évaluation ne doit pas excéder un an à compter de la date d'acquisition.

46 La période d'évaluation est la période qui suit la date d'acquisition et pendant laquelle l'acquéreur peut ajuster les montants provisoires comptabilisés pour le regroupement d'entreprises. La période d'évaluation donne à l'acquéreur un délai raisonnable pour obtenir l'information nécessaire pour identifier et évaluer les éléments suivants à la date d'acquisition, conformément aux dispositions de la présente norme :

a) les actifs identifiables acquis, les passifs repris et toute participation ne donnant pas le contrôle dans l'entreprise acquise ;

b) la contrepartie transférée pour l'entreprise acquise (ou l'autre montant utilisé pour évaluer le *goodwill*) ;

c) dans un regroupement d'entreprises réalisé par étapes, la participation précédemment détenue dans l'entreprise acquise par l'acquéreur ; et

d) le *goodwill* ou le profit résultant dans le cas d'une acquisition à des conditions avantageuses.

47 L'acquéreur doit prendre en compte tous les critères pertinents pour déterminer si l'information obtenue après la date d'acquisition doit aboutir à un ajustement des montants provisoires comptabilisés ou si cette information résulte d'événements intervenus après la date d'acquisition. Les critères pertinents englobent la date à laquelle l'information additionnelle a été obtenue, et la capacité de l'acquéreur d'identifier un motif de modification des montants provisoires. Une information obtenue peu après la date d'acquisition est davantage susceptible de refléter les circonstances qui prévalaient à la date d'acquisition qu'une information obtenue plusieurs mois plus tard. Ainsi, à moins que puisse être identifié un événement intervenu dans l'intervalle et qui a modifié la juste valeur d'un actif, la vente de cet actif à un tiers peu après la date d'acquisition pour un montant sensiblement différent de sa juste valeur provisoire évaluée à cette date est probablement indicative d'une erreur dans le montant provisoire.

48 L'acquéreur comptabilise une augmentation (une diminution) du montant provisoire comptabilisé pour un actif (un passif) identifiable par le biais d'une diminution (augmentation) du *goodwill*. Cependant, une information nouvelle obtenue pendant la période d'évaluation peut aboutir parfois à un ajustement du montant provisoire de plusieurs actifs ou passifs. Par exemple, l'acquéreur peut avoir repris un passif l'obligeant à payer les dommages liés à un accident dans l'un des sites de l'entreprise acquise, dont tout ou partie est couvert par la police d'assurance responsabilité de l'entreprise acquise. Si l'acquéreur, pendant la période d'évaluation, obtient de nouvelles informations relatives à la juste valeur à la date d'acquisition de ce passif, l'ajustement du *goodwill* résultant d'un changement du montant provisoire comptabilisé pour ce passif doit être compensé (en tout ou en partie) par un ajustement correspondant du *goodwill*, résultant d'un changement du montant provisoire comptabilisé pour l'indemnisation à recevoir de l'assureur.

49 Pendant la période d'évaluation, l'acquéreur doit comptabiliser les ajustements des montants provisoires comme si la comptabilisation du regroupement d'entreprises avait été achevée à la date d'acquisition. Donc l'acquéreur doit, si nécessaire, réexaminer les informations comparatives des périodes antérieures présentées dans les états financiers, et notamment apporter d'éventuels changements aux amortissements ou autres effets sur les produits comptabilisés pendant la comptabilisation initiale.

50 Après la fin de la période d'évaluation, l'acquéreur ne doit réviser la comptabilisation d'un regroupement d'entreprises que pour corriger une erreur selon IAS 8 *Méthodes comptables, changements d'estimations comptables et erreurs*.

DÉTERMINER CE QUI FAIT PARTIE D'UNE TRANSACTION DE REGROUPEMENT D'ENTREPRISES

51 L'acquéreur et l'entreprise acquise sont susceptibles d'avoir des relations ou un accord préexistants avant que les négociations relatives au regroupement d'entreprises ne commencent, ou ils peuvent conclure pendant les négociations un accord distinct du regroupement d'entreprises. Quel que soit le cas, l'acquéreur doit identifier tout montant qui ne fait pas partie de ce que l'acquéreur et l'entreprise acquise (ou ses détenteurs antérieurs) ont échangé lors du regroupement d'entreprises, à savoir les montants qui ne font pas partie de l'échange portant sur l'entreprise acquise. En application de la méthode de l'acquisition, l'acquéreur doit comptabiliser seulement la contrepartie transférée en échange de l'entreprise acquise et les actifs acquis et les passifs repris dans le cadre de cet échange. Les transactions distinctes doivent être comptabilisées selon les IFRS concernées.

52 Une transaction conclue par l'acquéreur ou pour son compte, ou encore principalement au profit de l'acquéreur ou de l'entité regroupée, plutôt que principalement au profit de l'entreprise acquise (ou de ses détenteurs antérieurs) avant le regroupement, constitue probablement une transaction distincte. Voici des exemples de transactions distinctes qui ne sont pas à inclure lors de l'application de la méthode de l'acquisition :

a) une transaction qui, en réalité, règle des relations préexistantes entre l'acquéreur et l'entreprise acquise ;

b) une transaction qui rémunère des salariés ou des détenteurs antérieurs de l'entreprise acquise pour des services futurs ; et

c) une transaction qui rembourse à l'entreprise acquise ou à ses détenteurs antérieurs le paiement de frais connexes à l'acquisition qui sont à la charge de l'acquéreur.

Les paragraphes B50 à B62 fournissent les modalités d'application correspondantes.

➡ Frais connexes à l'acquisition

53 Les frais connexes à l'acquisition sont les coûts que l'acquéreur engage pour effectuer un regroupement d'entreprises. Parmi ces coûts figurent les commissions d'apporteurs d'affaires ; les honoraires de conseillers, de juristes, de comptables et d'évaluateurs, et les autres honoraires professionnels ou de conseil ; les frais administratifs généraux, y compris les coûts de fonctionnement d'un département interne chargé des acquisitions ; ainsi que les coûts d'enregistrement et d'émission de titres d'emprunt et de capitaux propres. L'acquéreur doit comptabiliser les coûts connexes à l'acquisition en charges pour les périodes au cours desquelles les coûts sont engagés et les services, reçus, à une exception près : les coûts d'émission de titres d'emprunt ou de capitaux propres doivent être comptabilisés selon IAS 32 et IFRS 9.

Évaluation et comptabilisation ultérieures

54 En général, un acquéreur doit procéder à l'évaluation et à la comptabilisation ultérieure des actifs acquis, des passifs repris ou contractés et des instruments de capitaux propres émis à l'occasion d'un regroupement

d'entreprises selon les autres IFRS applicables pour ces éléments, en fonction de leur nature. Cependant, la présente norme fournit des indications sur l'évaluation et la comptabilisation ultérieures des actifs acquis, des passifs repris ou contractés et des instruments de capitaux propres émis lors d'un regroupement d'entreprises suivants :

a) droits recouvrés ;

b) passifs éventuels comptabilisés à la date d'acquisition ;

c) actifs compensatoires ; et

d) contrepartie éventuelle

Le paragraphe B63 fournit les modalités d'application correspondantes.

DROITS RECOUVRÉS

55 Un droit recouvré comptabilisé en tant qu'immobilisation incorporelle doit être amorti sur la période contractuelle résiduelle du contrat par lequel ce droit a été octroyé. Un acquéreur qui vend ultérieurement à un tiers un droit recouvré doit intégrer la valeur comptable de l'immobilisation incorporelle à la détermination du profit ou de la perte sur la vente.

PASSIFS ÉVENTUELS

56 Après la comptabilisation initiale et jusqu'à extinction, annulation ou expiration, l'acquéreur doit évaluer un passif éventuel comptabilisé dans un regroupement d'entreprises en retenant le plus élevé des montants suivants :

a) le montant qui serait comptabilisé selon IAS 37 ; et

b) le montant initialement comptabilisé diminué, le cas échéant, du montant cumulé des produits comptabilisé selon les principes d'IFRS 15 *Produits des activités ordinaires tirés de contrats conclus avec des clients*.

Cette disposition ne s'applique pas aux contrats comptabilisés selon IFRS 9.

ACTIFS COMPENSATOIRES

57 À la fin de chaque période de reporting ultérieure, l'acquéreur doit évaluer un actif compensatoire qui a été comptabilisé à la date d'acquisition selon la même base que l'actif ou le passif donnant lieu à indemnisation, sous réserve d'éventuelles limites contractuelles de son montant et, pour un actif compensatoire qui n'est pas évalué ensuite à sa juste valeur, l'appréciation de la direction quant à la recouvrabilité de l'actif compensatoire. L'acquéreur doit décomptabiliser l'actif compensatoire seulement lorsqu'il recouvre l'actif, le vend ou perd autrement tout droit sur lui.

CONTREPARTIE ÉVENTUELLE

58 Certaines variations de la juste valeur de la contrepartie éventuelle que l'acquéreur comptabilise après la date d'acquisition peuvent résulter d'informations complémentaires que l'acquéreur a obtenues après cette date à propos des faits et des circonstances qui existaient à la date d'acquisition. Ces changements sont des ajustements de période d'évaluation, au sens des paragraphes 45 à 49. Toutefois, les changements résultant d'événements postérieurs à la date d'acquisition, tels que la réalisation d'un objectif de résultat, le fait d'atteindre un cours de l'action donné ou d'atteindre un jalon dans

un projet de recherche et développement, ne sont pas des ajustements de période d'évaluation. L'acquéreur doit comptabiliser les variations de juste valeur de la contrepartie éventuelle qui ne sont pas des ajustements de période d'évaluation comme suit :

a) La contrepartie éventuelle classée en capitaux propres ne doit pas être réévaluée et son règlement ultérieur doit être comptabilisé en capitaux propres.

b) toute autre contrepartie éventuelle qui :

- i) entre dans le champ d'application d'IFRS 9 doit être évaluée à la juste valeur à chaque date de clôture et les variations de la juste valeur, comptabilisées en résultat net selon IFRS 9 ;
- ii) n'entre pas dans le champ d'application d'IFRS 9 doit être évaluée à la juste valeur à chaque date de clôture et les variations de la juste valeur, comptabilisées en résultat net.

Informations à fournir

59 L'acquéreur doit fournir les informations qui permettent aux utilisateurs de ses états financiers d'évaluer la nature et l'effet financier d'un regroupement d'entreprises qui survient :

a) pendant la période de reporting courante ; ou

b) après la fin de la période de reporting mais avant que la publication des états financiers ne soit autorisée.

60 Pour satisfaire à l'objectif du paragraphe 59, l'acquéreur doit fournir l'information visée aux paragraphes B64 à B66.

61 L'acquéreur doit fournir des informations permettant aux utilisateurs de ses états financiers d'évaluer les effets financiers des ajustements comptabilisés pendant la période de reporting courante correspondant à des regroupements d'entreprises qui sont survenus pendant la période courante ou au cours de périodes antérieures.

62 Pour satisfaire à l'objectif du paragraphe 61, l'acquéreur doit fournir l'information visée au paragraphe B67.

63 Si les informations spécifiques qu'imposent de fournir la présente norme ainsi que d'autres normes ne satisfont pas aux objectifs énoncés aux paragraphes 59 et 61, l'acquéreur doit fournir les informations complémentaires qui sont nécessaires pour y satisfaire.

Date d'entrée en vigueur et dispositions transitoires

DATE D'ENTRÉE EN VIGUEUR

64 La présente norme doit être appliquée à titre prospectif aux regroupements d'entreprises pour lesquels la date d'acquisition est le début du premier exercice ouvert à compter du 1er juillet 2009. Une application anticipée est autorisée. La présente norme ne doit toutefois être appliquée qu'au début d'un exercice ouvert à compter du 30 juin 2007. Si l'entité applique la présente norme avant le 1er juillet 2009, elle doit l'indiquer et appliquer simultanément IAS 27 (telle que modifiée en 2008).

64A [Supprimé]

64B La publication des *Améliorations des IFRS*, en mai 2010, a donné lieu à la modification des paragraphes 19, 30 et B56, et à l'ajout des paragraphes B62A et B62B. L'entité doit appliquer ces modifications pour les exercices ouverts à compter du 1er juillet 2010. Une application anticipée est autorisée. Si l'entité applique les modifications pour une période antérieure, elle doit l'indiquer. L'entité doit les appliquer de manière prospective, à compter de la date à laquelle elle a appliqué la présente norme pour la première fois.

64C La publication des *Améliorations des IFRS*, en mai 2010, a donné lieu à l'ajout des paragraphes 65A à 65E. L'entité doit appliquer ces modifications pour les exercices ouverts à compter du 1er juillet 2010. Une application anticipée est autorisée. Si l'entité applique les modifications pour une période antérieure, elle doit l'indiquer. Les modifications doivent être appliquées aux soldes relatifs aux contreparties éventuelles découlant de regroupements d'entreprises pour lesquels la date d'acquisition est antérieure à l'application de la présente norme (telle que publiée en 2008).

64D [Supprimé]

64E La publication d'IFRS 10, en mai 2011, a donné lieu à la modification des paragraphes 7, B13, B63 e) et de l'appendice A. L'entité qui applique IFRS 10 doit appliquer ces modifications.

64F La publication d'IFRS 13 *Évaluation de la juste valeur*, en mai 2011, a donné lieu à la modification des paragraphes 20, 29, 33 et 47, de la définition de la juste valeur dans l'appendice A, ainsi que des paragraphes B22, B40, B43 à B46, B49 et B64. L'entité qui applique IFRS 13 doit appliquer ces modifications.

64G La publication d'*Entités d'investissement* (modifications d'IFRS 10, d'IFRS 12 et d'IAS 27), en octobre 2012, a donné lieu à la modification du paragraphe 7 et à l'ajout du paragraphe 2A. L'entité doit appliquer ces modifications pour les exercices ouverts à compter du 1er janvier 2014. Une application anticipée des dispositions d'*Entités d'investissement* est autorisée. Si l'entité applique ces modifications pour une période antérieure, elle doit appliquer en même temps toutes les modifications introduites par *Entités d'investissement*.

64H [Supprimé]

64I La publication des *Améliorations annuelles des IFRS – Cycle 2010-2012*, en décembre 2013, a donné lieu à la modification des paragraphes 40 et 58, et à l'ajout du paragraphe 67A et du titre qui le précède. L'entité doit appliquer ces modifications à titre prospectif aux regroupements d'entreprises pour lesquels la date d'acquisition est le 1er juillet 2014 ou une date postérieure. Une application anticipée est autorisée. Une application anticipée est autorisée, pourvu que l'entité qui applique les modifications par anticipation ait aussi appliqué IFRS 9 et IAS 37 (dans leur version modifiée par les *Améliorations annuelles des IFRS – Cycle 2010-2012*). Si l'entité applique les modifications pour une période antérieure, elle doit l'indiquer.

64J La publication des *Améliorations annuelles – Cycle 2011-2013*, en décembre 2013, a donné lieu à la modification du paragraphe 2 a). L'entité doit appliquer cette modification de façon prospective pour les exercices ouverts à compter du 1er juillet 2014. Une application anticipée est autorisée. Si l'entité applique la modification pour une période antérieure, elle doit l'indiquer.

64K La publication d'IFRS 15 *Produits des activités ordinaires tirés de contrats conclus avec des clients*, en mai 2014, a donné lieu à la modification du paragraphe 56. L'entité qui applique IFRS 15 doit appliquer cette modification.

64L La publication d'IFRS 9, en juillet 2014, a donné lieu à la modification des paragraphes 16, 42, 53, 56, 58 et B41 et à la suppression des paragraphes 64A, 64D et 64H. L'entité qui applique IFRS 9 doit appliquer ces modifications.

64M La publication d'IFRS 16, en janvier 2016, a donné lieu à la modification des paragraphes 14, 17, B32 et B42, à la suppression des paragraphes B28 à B30 et de l'intertitre qui les précède, et à l'ajout des paragraphes 28A et 28B et de l'intertitre qui les précède. L'entité qui applique IFRS 16 doit appliquer ces modifications.

64N La publication d'IFRS 17, en mai 2017, a donné lieu à la modification des paragraphes 17, 20, 21, 35 et B63, ainsi qu'à l'ajout, après le paragraphe 31, du paragraphe 31A et de l'intertitre s'y rattachant. La publication de *Modifications d'IFRS 17*, en juin 2020, a donné lieu à la modification du paragraphe 31A. L'entité doit appliquer les modifications du paragraphe 17 aux regroupements d'entreprises pour lesquels la date d'acquisition est postérieure à la date de première application d'IFRS 17. L'entité qui applique IFRS 17 doit appliquer les autres modifications.

64O La publication des *Améliorations annuelles des normes IFRS – Cycle 2015-2017*, en décembre 2017, a donné lieu à l'ajout du paragraphe 42A. L'entité doit appliquer ces modifications aux regroupements d'entreprises pour lesquels la date d'acquisition se situe à l'ouverture ou après l'ouverture du premier exercice ouvert à compter du 1er janvier 2019. Une application anticipée est autorisée. Si l'entité applique lesdites modifications de manière anticipée, elle doit l'indiquer.

64P La publication de *Définition d'une entreprise*, en octobre 2018, a donné lieu à l'ajout des paragraphes B7A à B7C, B8A et B12A à B12D, à la modification de la définition du terme « entreprise » donnée dans l'appendice A ainsi que des paragraphes 3, B7 à B9, B11 et B12 et à la suppression du paragraphe B10. L'entité doit appliquer ces modifications aux regroupements d'entreprises pour lesquels la date d'acquisition se situe à l'ouverture ou après l'ouverture du premier exercice ouvert à compter du 1er janvier 2020 et aux acquisitions d'actifs qui ont lieu à l'ouverture ou après l'ouverture de cet exercice. Une application anticipée de ces modifications est autorisée. Si l'entité applique ces modifications pour une période antérieure, elle doit l'indiquer.

64Q La publication de *Référence au Cadre conceptuel*, en mai 2020, a donné lieu à la modification des paragraphes 11, 14, 21, 22 et 23 et à l'ajout des paragraphes 21A, 21B, 21C et 23A. L'entité doit appliquer ces modifications aux regroupements d'entreprises pour lesquels la date d'acquisition se situe à l'ouverture ou après l'ouverture du premier exercice ouvert à compter du 1er janvier 2022. Une application anticipée est autorisée si l'entité applique en même temps ou appliquait déjà toutes les autres modifications introduites par *Modifications des références au Cadre conceptuel dans les normes IFRS*, publié en mars 2018.

DISPOSITIONS TRANSITOIRES

65 Les actifs et les passifs nés de regroupements d'entreprises dont les dates d'acquisition ont précédé l'entrée en vigueur de la présente norme ne doivent pas être ajustés lors de son entrée en vigueur.

65A Les soldes relatifs aux contreparties éventuelles découlant de regroupements d'entreprises pour lesquels la date d'acquisition est antérieure à la date à laquelle l'entité a appliqué pour la première fois la présente norme telle que publiée en 2008 ne doivent pas être ajustés lors de cette première application. Les paragraphes 65B à 65E doivent être appliqués à la comptabilisation ultérieure de ces soldes. Les paragraphes 65B à 65E ne doivent pas être appliqués à la comptabilisation des soldes relatifs aux contreparties éventuelles découlant de regroupements d'entreprises pour lesquels la date d'acquisition coïncide avec la date à laquelle l'entité a appliqué pour la première fois la présente norme (telle que publiée en 2008), ou est postérieure à cette date. Dans les paragraphes 65B à 65E, l'expression « regroupement d'entreprises » renvoie exclusivement aux regroupements d'entreprises pour lesquels la date d'acquisition est antérieure à l'application de la présente norme (telle que publiée en 2008).

65B Lorsqu'un accord de regroupement d'entreprises prévoit un ajustement du coût du regroupement qui dépend d'événements futurs, l'acquéreur doit inclure le montant de l'ajustement dans le coût du regroupement à la date d'acquisition si cet ajustement est probable et qu'il peut être évalué de façon fiable.

65C Il est possible que l'accord de regroupement d'entreprises prévoie la possibilité d'ajustements du coût du regroupement qui dépendent d'un ou de plusieurs événements futurs. Un ajustement peut, par exemple, être subordonné au maintien ou à l'atteinte d'un niveau spécifié de bénéfice au cours de périodes ultérieures, ou encore au maintien du prix de marché des instruments émis. Il est habituellement possible d'estimer le montant d'un tel ajustement lors de la comptabilisation initiale du regroupement sans porter atteinte à la fiabilité des informations, même s'il existe une certaine incertitude. Si les événements futurs ne surviennent pas ou si l'estimation nécessite une révision, le coût du regroupement d'entreprises doit être ajusté en conséquence.

65D Toutefois, lorsqu'un accord de regroupement d'entreprises prévoit un tel ajustement, celui-ci n'est pas inclus dans le coût du regroupement lors de sa comptabilisation initiale si l'ajustement n'est pas probable ou s'il ne peut pas être évalué de façon fiable. Si l'ajustement devient probable par la suite et qu'il peut être évalué de façon fiable, la contrepartie supplémentaire doit être traitée comme un ajustement du coût du regroupement.

65E Dans certaines circonstances, il est possible que l'acquéreur soit tenu de verser ultérieurement au vendeur un paiement à titre de dédommagement pour la diminution de la valeur des actifs remis, des instruments de capitaux propres émis ou des passifs contractés ou pris en charge par l'acquéreur en échange du contrôle de l'entreprise acquise. C'est le cas, par exemple, lorsque l'acquéreur garantit le prix de marché des instruments de capitaux propres ou d'emprunt émis à titre d'élément du coût du regroupement et qu'il est tenu de procéder à l'émission d'instruments de capitaux propres ou d'emprunt supplémentaires pour rétablir le coût qui avait été initialement déterminé. En pareil cas, aucune augmentation du coût du regroupement n'est comptabilisée. Dans le cas d'instruments de capitaux propres, la juste valeur du paiement supplémentaire est compensée par une réduction correspondante de la valeur attribuée aux instruments de capitaux propres initialement émis. Dans le cas d'instruments d'emprunt, le paiement supplémentaire représente une diminution de la prime d'émission ou une augmentation de l'escompte d'émission.

Regroupements d'entreprises

66 Une entité telle qu'une entité mutuelle qui n'a pas encore appliqué IFRS 3 et qui a connu un ou plusieurs regroupements d'entreprises comptabilisés selon la méthode de l'acquisition doit appliquer les dispositions transitoires des paragraphes B68 et B69.

IMPÔTS SUR LE RÉSULTAT

67 Dans le cas de regroupements d'entreprises pour lesquels la date d'acquisition est antérieure à la mise en application de la présente norme, l'acquéreur doit appliquer les dispositions du paragraphe 68 d'IAS 12, telles que modifiées par la présente norme, à titre prospectif. En d'autres termes, l'acquéreur ne doit pas ajuster les variations d'actifs d'impôt différés comptabilisés à l'occasion de regroupements d'entreprises antérieurs. Cependant, à compter de la date de mise en application de la présente norme, l'acquéreur doit comptabiliser, au titre d'ajustement du résultat (ou si IAS 12 l'impose, en dehors du résultat), les variations des actifs d'impôt différés comptabilisés.

Référence à IFRS 9

67A Si l'entité applique la présente norme mais n'applique pas encore IFRS 9, toute référence à IFRS 9 doit s'interpréter comme une référence à IAS 39.

Retrait d'IFRS 3 (2004)

68 La présente norme annule et remplace IFRS 3 *Regroupements d'entreprises* (telle que publiée en 2004).

Appendice A – Définitions

Le présent appendice fait partie intégrante de la présente norme.

Entreprise acquise	Entreprise ou ensemble d'entreprises dont l'**acquéreur** obtient le contrôle à l'occasion d'un **regroupement d'entreprises**.
Acquéreur	Entité qui obtient le contrôle de l'**entreprise acquise**.
Date d'acquisition	Date à laquelle l'**acquéreur** obtient le contrôle de l'**entreprise acquise**.
Entreprise	Ensemble intégré d'activités et d'actifs qui peut être exploité et géré dans le but de fournir des biens ou des services à des clients, de produire des revenus de placement (tels que des dividendes ou des intérêts) ou de générer d'autres produits à partir d'activités ordinaires.
Regroupement d'entreprises	Transaction ou autre événement qui permet à un **acquéreur** d'obtenir le contrôle d'une ou plusieurs **entreprises**. Les transactions parfois désignées sous le nom de « vraies fusions » ou de « fusions entre égaux » sont également des **regroupements d'entreprises** au sens de la présente norme.
Contrepartie éventuelle	Généralement, obligation de l'**acquéreur** de transférer des actifs ou des **participations** supplémentaires aux détenteurs antérieurs d'une **entreprise acquise** dans le cadre de l'échange visant le **contrôle** de l'**entreprise acquise**, si certains événements futurs surviennent ou si certaines conditions sont remplies. Cela étant, une *contrepartie éventuelle* peut également donner à l'**acquéreur** le droit à la restitution d'une contrepartie préalablement transférée si certaines conditions spécifiées sont remplies.
Participation(s)	Aux fins de la présente norme, l'expression *participation* est utilisée au sens large pour désigner une participation dans des entités détenues par des investisseurs ainsi que des participations de détenteur, de sociétaire ou de participant dans des entités mutuelles.

Juste valeur	La *juste valeur* est le prix qui serait reçu pour la vente d'un actif ou payé pour le transfert d'un passif lors d'une transaction normale entre des participants de marché à la date d'évaluation (voir IFRS 13).
Goodwill	Actif représentant les avantages économiques futurs résultant des autres actifs acquis lors d'un **regroupement d'entreprises** qui ne sont pas identifiés individuellement et comptabilisés séparément.
Identifiable	Un actif est *identifiable* s'il : a) est séparable, c'est-à-dire susceptible d'être séparé ou dissocié de l'entité et d'être vendu, cédé, concédé par licence, loué ou échangé, soit individuellement, soit conjointement avec un contrat, un actif identifiable ou un passif liés, que l'entité en ait ou non l'intention ; ou b) résulte de droits contractuels ou d'autres droits légaux, que ces droits soient ou non cessibles ou séparables de l'entité ou d'autres droits et obligations.
Immobilisation incorporelle	Actif non monétaire **identifiable** sans substance physique.
Entité mutuelle	Entité, autre qu'une entité détenue par des investisseurs, qui fournit des dividendes, des coûts réduits ou d'autres avantages économiques, directement à ses **détenteurs**, ses sociétaires ou ses participants. Ainsi, une compagnie d'assurance mutuelle, une coopérative d'épargne et une entité coopérative sont toutes des entités mutuelles.
Participation ne donnant pas le contrôle	Participation dans une filiale qui n'est pas attribuable, directement ou indirectement, à une société mère.
Détenteurs	Aux fins de la présente norme, l'expression *détenteurs* est utilisée au sens large pour désigner les détenteurs de **participations** dans des entités détenues par des investisseurs et les détenteurs ou sociétaires ou participants d'**entités mutuelles**.

Appendice B – Guide d'application

Le présent appendice fait partie intégrante de la présente norme.

REGROUPEMENTS D'ENTREPRISES IMPLIQUANT DES ENTITÉS SOUS CONTRÔLE COMMUN [APPLICATION DU PARAGRAPHE 2 C)]

B1 La présente norme ne s'applique pas à un regroupement d'entreprises portant sur des entités ou des entreprises sous contrôle commun. Un regroupement d'entreprises impliquant des entités ou des entreprises sous contrôle commun est un regroupement d'entreprises dans lequel la totalité des entités ou entreprises se regroupant sont contrôlées in fine par la même partie ou les mêmes parties, tant avant qu'après le regroupement d'entreprises, et ce contrôle n'est pas temporaire.

B2 Un groupe de personnes sera considéré comme contrôlant une entité lorsque, à la suite d'accords contractuels, ces personnes ont collectivement le pouvoir de diriger ses politiques financières et opérationnelles pour retirer des avantages de ses activités. Par conséquent, un regroupement d'entreprises est en dehors du champ d'application de la présente norme lorsque ce même groupe de personnes a, à la suite d'accords contractuels, le pouvoir collectif in fine de diriger les politiques financières et opérationnelles de chacune des entités se regroupant pour retirer des avantages de leurs activités, et lorsque ce pouvoir collectif in fine n'est pas temporaire.

B3 Une entité peut être contrôlée par une personne, ou par un groupe de personnes agissant ensemble selon un accord contractuel, et cette personne ou ce groupe de personnes peut ne pas être assujetti(e) aux dispositions des IFRS. Par conséquent, il n'est pas nécessaire que les entités se regroupant soient incluses dans les mêmes états financiers consolidés pour qu'un regroupement d'entreprises soit considéré comme un regroupement impliquant des entités sous contrôle commun.

B4 L'importance avant et après le regroupement d'entreprises des participations ne donnant pas le contrôle dans chacune des entités se regroupant n'est pas pertinente pour déterminer si le regroupement implique des entités sous contrôle commun. De même, le fait qu'une des entités se regroupant est une filiale qui a été exclue des états financiers consolidés n'est pas pertinent pour déterminer si un groupement d'entreprises implique des entités sous contrôle commun.

IDENTIFIER UN REGROUPEMENT D'ENTREPRISES (MISE EN APPLICATION DU PARAGRAPHE 3)

B5 La présente norme définit un regroupement d'entreprises comme une transaction ou un autre événement au cours duquel un acquéreur obtient le contrôle d'une ou plusieurs entreprises. Un acquéreur est susceptible d'obtenir le contrôle d'une entreprise acquise de diverses manières, par exemple :

a) en transférant de la trésorerie, des équivalents de trésorerie ou d'autres actifs (y compris des actifs nets qui constituent une entreprise) ;

b) en contractant des passifs ;

c) en émettant des parts de capitaux propres ;

d) en fournissant plusieurs types de contreparties ; ou

e) sans transférer de contrepartie, y compris exclusivement par contrat (voir paragraphe 43).

B6 Un regroupement d'entreprises peut être structuré de diverses façons pour des raisons juridiques, fiscales ou autres, dont la liste non exhaustive comprend :

a) une ou plusieurs entreprises deviennent des filiales d'un acquéreur, ou les actifs nets d'une ou plusieurs entreprises sont juridiquement fusionnés avec l'acquéreur ;

b) une entité se regroupant transfère ses actifs nets, ou ses détenteurs transfèrent leurs participations, à une autre entité se regroupant ou à ses détenteurs.

c) toutes les entités se regroupant transfèrent leurs actifs nets, ou les détenteurs de ces entités transfèrent leurs participations, à une entité nouvellement constituée (situation parfois désignée par l'expression « transaction de roll-up/put-together ») ; ou

d) un groupe de détenteurs antérieurs de l'une des entités se regroupant obtient le contrôle de l'entité regroupée.

DÉFINITION D'UNE ENTREPRISE (MISE EN APPLICATION DU PARAGRAPHE 3)

B7 Une entreprise se compose d'intrants et de processus, appliqués à ces intrants, qui ont la capacité de contribuer à la création d'extrants. Les trois éléments constitutifs d'une entreprise sont définis comme suit (pour des indications sur les éléments d'une entreprise, voir les paragraphes B8 à B12D) :

a) **Intrant :** toute ressource économique qui crée des extrants, ou qui a la capacité de contribuer à la création d'extrants, lorsqu'un ou plusieurs processus lui sont appliqués. C'est le cas, par exemple, d'actifs non courants (y compris les immobilisations incorporelles ou des droits d'utiliser des actifs non courants), des droits de propriété intellectuelle, de la capacité d'obtenir un accès aux matériels ou aux droits et aux membres du personnel nécessaires.

b) **Processus :** tout système, standard, protocole, convention ou règle qui, une fois appliqué(e) à un intrant ou à des intrants, crée des extrants ou a la capacité de contribuer à la création d'extrants. C'est le cas par exemple de processus de gestion stratégique, de processus opérationnels et de processus de gestion de ressources. Ces processus sont généralement documentés, mais les processus pouvant être appliqués aux intrants afin de créer des extrants peuvent résider dans la capacité intellectuelle d'une main-d'œuvre organisée dotée des compétences et de l'expérience nécessaires, qui suit des règles et des conventions. (Les systèmes de comptabilité, de facturation, de gestion des rémunérations et autres systèmes administratifs sont des processus qui ne servent généralement pas à créer des extrants.)

c) **Extrant :** Le résultat d'intrants et de processus appliqués à ces intrants qui fournissent des biens ou des services à des clients, produisent des revenus de placement (tels que des dividendes ou des intérêts) ou permettent de générer d'autres produits à partir d'activités ordinaires.

➟ Test facultatif pour déterminer s'il y a concentration de la juste valeur

B7A Le paragraphe B7B présente un test facultatif (le « test de concentration ») qui permet au moyen d'une évaluation simplifiée de déterminer si un ensemble d'activités et d'actifs acquis ne constitue pas une entreprise. L'entité a le choix d'appliquer ce test ou non. Elle peut exercer ce choix séparément pour chaque transaction ou autre événement. Les conséquences du test de concentration sont les suivantes :

a) si le test de concentration est positif, l'ensemble d'activités et d'actifs acquis ne constitue pas une entreprise, et aucune autre évaluation n'est nécessaire ;

b) si le test de concentration est négatif, ou si l'entité choisit de ne pas appliquer le test, l'entité doit procéder à l'évaluation décrite aux paragraphes B8 à B12D.

B7B Le test de concentration est positif si la quasi-totalité de la juste valeur de l'actif brut acquis se concentre dans un actif identifiable unique ou dans un groupe d'actifs identifiables similaires. Pour les besoins du test de concentration :

a) l'actif brut acquis exclut la trésorerie et les équivalents de trésorerie, les actifs d'impôt différé et le *goodwill* issu de l'incidence des passifs d'impôt différé ;

b) la juste valeur de l'actif brut acquis inclut le montant de contrepartie transférée (plus la juste valeur des participations ne donnant pas le contrôle et la juste valeur de la participation précédemment détenue) qui vient en excédent de la juste valeur de l'actif net identifiable acquis. Cette juste valeur de l'actif brut acquis correspond normalement à la somme de la juste valeur de la contrepartie transférée (plus la juste valeur des participations ne donnant pas le contrôle et la juste valeur de la participation précédemment détenue) et de la juste valeur des passifs repris (autres que les passifs d'impôt différé), de laquelle on retranche les éléments énumérés au point a). Toutefois, lorsque la juste valeur de l'actif brut acquis est supérieure à cette somme, il est parfois nécessaire de procéder à un calcul plus précis ;

c) constitue un actif identifiable unique tout actif ou groupe d'actifs qui, dans un regroupement d'entreprises, serait comptabilisé et évalué comme un seul et même actif identifiable ;

d) si une immobilisation corporelle est attachée à une autre immobilisation corporelle (ou à un actif sous-jacent faisant l'objet d'un contrat de location, au sens d'IFRS 16 *Contrats de location*) et ne peut en être physiquement détachée pour être utilisée séparément sans que cela occasionne des coûts importants ou une diminution importante de l'utilité ou de la juste valeur de l'une ou l'autre immobilisation (comme dans le cas des terrains et des bâtiments), on doit les considérer comme un actif identifiable unique ;

e) lorsque l'entité évalue si des actifs sont similaires, elle doit prendre en considération la nature de chaque actif identifiable unique et les risques associés à leur gestion et à leur utilisation pour créer des extrants (c'est-à-dire les caractéristiques de risque) ;

f) on ne doit pas considérer comme des actifs similaires :
  i) une immobilisation corporelle et une immobilisation incorporelle ;
  ii) des immobilisations corporelles de catégories différentes (par exemple des stocks, du matériel de fabrication et des véhicules automobiles), à moins qu'elles soient considérées comme un actif identifiable unique selon le critère du point d) ;
  iii) des immobilisations incorporelles identifiables de catégories différentes (par exemple des marques, des licences et des immobilisations incorporelles en cours de développement) ;
  iv) un actif financier et un actif non financier ;
  v) des actifs financiers de catégories différentes (par exemple des créances et des placements en instruments de capitaux propres) ; et
  vi) des actifs identifiables qui font partie d'une même catégorie d'actifs, mais dont les caractéristiques de risque sont sensiblement différentes.

B7C Les dispositions du paragraphe B7B ne modifient pas les indications sur les actifs similaires qui sont contenues dans IAS 38 *Immobilisations incorporelles*, ni la signification du terme « catégorie » dans IAS 16 *Immobilisations corporelles*, IAS 38 et IFRS 7 *Instruments financiers : informations à fournir*.

Éléments constitutifs d'une entreprise

B8 Même si une entreprise a généralement des extrants, un ensemble intégré d'activités et d'actifs n'a pas besoin d'en avoir pour entrer dans la définition d'une entreprise. Pour pouvoir être exploité et géré aux fins qui sont énumérées dans la définition d'une entreprise, un ensemble intégré d'activités et d'actifs nécessite deux éléments essentiels : des intrants et des processus appliqués à ces intrants. Une entreprise n'inclut pas nécessairement tous les intrants ou tous les processus que le vendeur utilisait pour l'exploiter. Toutefois, pour être considéré comme une entreprise, un ensemble intégré d'activités et d'actifs doit comporter au moins un intrant et un processus essentiel qui, ensemble, contribuent de manière importante à la capacité de créer des extrants. Des précisions sur l'évaluation du caractère essentiel d'un processus se trouvent aux paragraphes B12 à B12D.

B8A Si l'ensemble d'activités et d'actifs acquis a des extrants, le fait qu'il génère encore des produits d'activités ordinaires n'indique pas à lui seul qu'il y a eu acquisition à la fois d'un intrant et d'un processus essentiel.

B9 La nature des éléments constitutifs d'une entreprise varie selon les secteurs et selon la structure des activités d'une entité, y compris le stade de développement de l'entité. Les entreprises établies ont souvent de nombreux types différents d'intrants, de processus et d'extrants, tandis que les entreprises nouvelles ont souvent peu d'intrants et de processus et parfois même un seul extrant (produit). Presque toutes les entreprises ont également des passifs, mais une entreprise ne doit pas nécessairement en avoir. En outre, un ensemble d'activités et d'actifs acquis qui n'est pas une entreprise peut avoir des passifs.

B10 [Supprimé]

B11 Pour déterminer si un ensemble particulier d'activités et d'actifs est une entreprise, on doit étudier si l'ensemble intégré peut être exploité et géré en tant qu'entreprise par un participant de marché. Dès lors, pour évaluer si un ensemble donné est une entreprise, il n'est pas pertinent de savoir si le vendeur exploitait l'ensemble comme une entreprise ou si l'acquéreur entend exploiter l'ensemble comme une entreprise.

➡ Évaluer si un processus acquis est essentiel

B12 Les paragraphes B12A à B12D expliquent comment évaluer si un processus acquis est essentiel lorsque l'ensemble d'activités et d'actifs acquis n'a pas d'extrants (paragraphe B12B) et lorsqu'il en a (paragraphe B12C).

B12A Un cas d'ensemble d'activités et d'actifs acquis n'ayant pas d'extrants à la date d'acquisition serait celui d'une entité en phase de démarrage qui ne génère encore aucun produit d'activités ordinaires. Si l'ensemble d'activités et d'actifs acquis générait déjà des produits d'activités ordinaires à la date d'acquisition, on le considère comme ayant des extrants à cette date, même dans le cas de figure où il ne tirera plus ensuite aucun produit d'activités ordinaires de clients externes, par exemple parce qu'il sera intégré par l'acquéreur.

B12B Si l'ensemble d'activités et d'actifs n'a pas d'extrants à la date d'acquisition, le processus (ou groupe de processus) acquis ne doit être considéré comme essentiel que si les conditions suivantes sont réunies :

a) le processus (ou groupe de processus) acquis est crucial pour la capacité de mettre en valeur ou de convertir un ou des intrants acquis pour créer des extrants ; et

b) les intrants acquis comprennent à la fois une main-d'œuvre organisée dotée des compétences, des connaissances et de l'expérience nécessaires pour exécuter ce processus (ou groupe de processus) et d'autres intrants que cette main-d'œuvre peut mettre en valeur ou convertir pour créer des extrants. Ces autres intrants peuvent consister :

i) en des droits de propriété intellectuelle pouvant servir à mettre au point un bien ou un service ;

ii) en d'autres ressources économiques pouvant être mises en valeur pour créer des extrants ; ou

iii) en droits d'accès à des matières nécessaires ou en droits permettant la création d'extrants futurs.

Sont des exemples des intrants énumérés aux points i) à iii) les technologies, les projets de recherche et de développement en cours, les biens immobiliers et les droits miniers.

B12C Si l'ensemble d'activités et d'actifs a des extrants à la date d'acquisition, le processus (ou groupe de processus) acquis doit être considéré comme essentiel s'il répond à l'une ou l'autre des conditions suivantes lorsqu'il est appliqué à un ou des intrants acquis :

a) il est crucial pour la capacité de continuer à produire des extrants, et on compte parmi les intrants acquis une main-d'œuvre organisée dotée des compétences, des connaissances et de l'expérience nécessaires pour exécuter ce processus (ou groupe de processus) ; ou

b) il contribue de manière importante à la capacité de continuer à produire des extrants et il est :

i) considéré comme unique ou rare ; ou

ii) impossible à remplacer sans que cela entraîne des coûts importants ou des efforts importants ou retarde de manière importante la capacité de continuer à produire des extrants.

B12D Les commentaires supplémentaires qui suivent valent pour les paragraphes B12B et B12C :

a) Un contrat acquis est un intrant et non un processus essentiel. Néanmoins, un contrat acquis, par exemple un contrat de gestion immobilière externalisée ou de gestion d'actifs externalisée, peut donner accès à une main-d'œuvre organisée. L'entité doit évaluer si la main-d'œuvre organisée à laquelle donne accès un tel contrat exécute un processus essentiel dont l'entité a le contrôle, et donc qu'elle a acquis. Sont à prendre en considération dans cette évaluation la durée du contrat et ses modalités de renouvellement.

b) Le fait qu'il soit difficile de remplacer une main-d'œuvre organisée acquise peut indiquer que le processus qu'elle exécute est crucial pour la capacité de créer des extrants.

c) Un processus (ou un groupe de processus) n'est pas crucial si, par exemple, il est accessoire ou mineur au regard de l'ensemble des processus nécessaires pour créer les extrants.

IDENTIFIER L'ACQUÉREUR (APPLICATION DES PARAGRAPHES 6 ET 7)

B13 Les indications figurant dans IFRS 10 *États financiers consolidés* doivent être utilisées pour identifier l'acquéreur – à savoir l'entité qui obtient le contrôle de l'entreprise acquise. Si un regroupement d'entreprises a eu lieu mais que l'application des indications figurant dans IFRS 10 ne permet pas de désigner clairement, parmi les entités qui se regroupent, celle qui est l'acquéreur, les critères visés aux paragraphes B14 à B18 devront être pris en compte pour le déterminer.

B14 Dans un regroupement d'entreprises réalisé principalement par un transfert de trésorerie ou d'autres actifs ou en contractant des passifs, l'acquéreur est généralement l'entité qui transfère la trésorerie ou les autres actifs ou qui contracte les passifs.

B15 Dans un regroupement d'entreprises réalisé principalement par un échange de participations, l'acquéreur est généralement l'entité émettrice. Cependant, dans certains regroupements d'entreprises, généralement appelés « acquisition inversée », l'entité émettrice est l'entreprise acquise. Les paragraphes B19 à B27 fournissent des indications sur la comptabilisation d'acquisitions inversées. D'autres faits et circonstances pertinents doivent également être pris en compte pour identifier l'acquéreur dans un regroupement d'entreprises effectué par échange de participations, et notamment :

a) *le poids relatif des droits de vote dans l'entité regroupée après le regroupement d'entreprises* – L'acquéreur est généralement l'entité se regroupant dont les détenteurs, en tant que groupe, conservent ou reçoivent la part la plus importantes des droits de vote dans l'entité regroupée. Pour déterminer quel groupe de détenteurs reçoit ou conserve la part la plus importante des droits de vote, une entité doit prendre en compte l'existence d'éventuels accords de vote inhabituels ou spéciaux et l'existence d'options, de warrants ou de titres convertibles.

b) *l'existence d'un important bloc minoritaire de droits de vote dans l'entité regroupée si aucun autre détenteur ou groupe organisé de détenteurs ne dispose d'un bloc significatif de droits de vote* – L'acquéreur est généralement l'entité se regroupant dont le détenteur unique ou le groupe organisé de détenteurs détient le principal bloc minoritaire de droits de vote dans l'entité regroupée.

c) *la composition de l'organe de direction de l'entité regroupée* – l'acquéreur est généralement l'entité se regroupant dont les détenteurs ont la possibilité d'élire ou de désigner ou de révoquer une majorité des membres de l'organe de direction de l'entité regroupée.

d) *la composition de la direction de l'entité regroupée* – L'acquéreur est généralement l'entité se regroupant dont (l'ancienne) direction domine la gestion de l'entité regroupée.

e) *les modalités de l'échange de participations* – L'acquéreur est généralement l'entité se regroupant qui paie une surcote en plus de la juste valeur avant regroupement des participations de l'autre ou des autres entité(s) se regroupant.

B16 L'acquéreur est généralement l'entité se regroupant dont la taille relative (évaluée, par exemple, en termes d'actifs, de produits ou de bénéfice) est sensiblement supérieure à celle de l'autre ou des autres entité(s) se regroupant.

B17 Dans un regroupement d'entreprises portant sur plus de deux entités, la détermination de l'acquéreur impliquera notamment de déterminer laquelle des entités se regroupant a lancé le regroupement, ainsi que la taille relative des entités se regroupant.

B18 Une nouvelle entité constituée pour effectuer un regroupement n'est pas nécessairement l'acquéreur. Si une nouvelle entité est créée pour émettre des instruments de capitaux propres en vue d'effectuer un regroupement d'entreprises, l'une des entités se regroupant qui existait avant le regroupement d'entreprises doit être identifiée comme étant l'acquéreur en appliquant les indications des paragraphes B13 à B17. En revanche, une nouvelle entité qui transfère de la trésorerie ou d'autres actifs ou qui contracte des passifs en contrepartie peut être l'acquéreur.

ACQUISITIONS INVERSÉES

B19 Une acquisition inversée se produit lorsque l'entité qui émet les titres (l'acquéreur sur le plan juridique) est identifiée comme étant l'entreprise acquise sur le plan comptable, sur la base des indications des paragraphes B13 à B18. L'entité dont les participations sont acquises (l'entreprise acquise sur le plan juridique) doit être l'acquéreur sur le plan comptable pour que la transaction soit considérée comme étant une acquisition inversée. Ainsi, des acquisitions inversées ont parfois lieu lorsqu'une entité non cotée veut entrer en Bourse sans s'inscrire à la cote. Pour y parvenir, l'entité non cotée va organiser l'acquisition de ses titres par une entité cotée en échange des titres de cette dernière. Dans cet exemple, l'entité cotée est l'**acquéreur sur le plan juridique** parce que c'est elle qui a émis les titres, et l'entité non cotée est l'**entreprise acquise sur le plan juridique** parce que ce sont ses titres qui ont été acquis. Cependant, l'application des indications dans les paragraphes B13 à B18 mène à identifier :

a) l'entité cotée comme étant l'**entreprise acquise** sur le plan comptable ; et

b) l'entité non cotée comme étant l'**acquéreur** sur le plan comptable.

L'entreprise acquise comptable doit satisfaire à la définition d'une entreprise pour que la transaction puisse être comptabilisée comme une acquisition inversée, et l'ensemble des principes de comptabilisation et d'évaluation de la présente norme, y compris l'obligation de comptabilisation du *goodwill*, s'appliquent.

Évaluer la contrepartie transférée

B20 Dans une acquisition inversée, l'acquéreur sur le plan comptable n'émet aucune contrepartie en échange de l'entreprise acquise. En revanche, l'entreprise acquise sur le plan comptable émet généralement ses instruments de capitaux propres en faveur des détenteurs de l'acquéreur sur le plan comptable. De même, la juste valeur, à la date d'acquisition, de la contrepartie transférée par l'acquéreur sur le plan comptable pour sa participation dans l'entreprise acquise sur le plan comptable est déterminée par le nombre de parts de capitaux propres que la filiale sur le plan juridique aurait eu à émettre pour donner aux détenteurs de la société mère sur le plan juridique le même pourcentage de participation dans l'entité regroupée que celui qui résulte de l'acquisition inversée. La juste valeur du nombre de parts de capitaux propres calculée de cette manière peut être utilisée comme juste valeur de la contrepartie transférée en échange de l'entreprise acquise.

Préparation et présentation des états financiers consolidés

B21 Les états financiers consolidés préparés à la suite d'une acquisition inversée sont présentés sous le nom de la société mère (entreprise acquise sur le plan comptable), mais décrits dans les notes comme étant la suite des états financiers de la filiale sur le plan juridique (c'est-à-dire l'acquéreur sur le plan comptable), moyennant un ajustement, qui consiste à ajuster rétroactivement le capital social de l'acquéreur sur le plan comptable de manière à refléter le capital social de l'entreprise acquise sur le plan comptable. Cet ajustement est nécessaire pour refléter le capital de la société mère sur le plan juridique (l'entreprise acquise sur le plan comptable). Les informations comparatives présentées dans ces états financiers consolidés sont également ajustées à titre rétroactif pour refléter le capital social de la société mère sur le plan juridique (l'entreprise acquise sur le plan comptable).

B22 Du fait que les états financiers consolidés représentent la suite des états financiers de la filiale sur le plan juridique, à l'exception de sa structure de capital, les états financiers reflètent :

a) les actifs et les passifs de la filiale sur le plan juridique (l'acquéreur sur le plan comptable) comptabilisés et évalués à leur valeur comptable préalable au regroupement ;

b) les actifs et les passifs de la société mère sur le plan juridique (l'entreprise acquise sur le plan comptable) comptabilisés et évalués se on la présente norme ;

c) les résultats non distribués et autres soldes de capitaux propres de la filiale sur le plan juridique (l'acquéreur sur le plan comptable) **avant** le regroupement d'entreprises ;

d) le montant comptabilisé au titre des parts de capitaux propres émises dans les états financiers consolidés déterminé en ajoutant, aux parts de capitaux propres émises de la filiale sur le plan juridique (l'acquéreur sur le plan comptable) en circulation immédiatement avant le regroupement d'entreprises, la juste valeur de la société mère sur le plan juridique (l'entreprise acquise sur le plan comptable). Toutefois, la structure des capitaux propres (c.-à-d. le nombre et le type de parts de capitaux propres émises) reflète la structure des capitaux propres de la société mère sur le plan juridique (l'entreprise acquise sur le plan comptable), y compris les parts de capitaux propres émises par la société mère sur le plan juridique pour effectuer le regroupement. En conséquence, la structure des capitaux propres de la filiale sur le plan juridique (l'acquéreur sur le plan comptable) est retraitée en utilisant le cours d'échange établi dans la convention d'acquisition en vue de refléter le nombre d'actions de la société mère sur le plan juridique (l'entreprise acquise sur le plan comptable) émises lors de l'acquisition inversée ;

e) la quote-part de la participation ne donnant pas le contrôle dans la valeur comptable antérieure au regroupement des résultats non distribués et d'autres parts de capitaux propres de la filiale sur le plan juridique (l'acquéreur sur le plan comptable), comme indiqué aux paragraphes B23 et B24.

Participation ne donnant pas le contrôle

B23 Dans une acquisition inversée, il est possible que certains des détenteurs de l'entreprise acquise sur le plan juridique (l'acquéreur sur le plan comptable) n'échangent pas leurs titres contre ceux de la société mère sur le plan juridique (l'entreprise acquise sur le plan comptable). Ces détenteurs sont traités comme participation ne donnant pas le contrôle dans les états financiers consolidés après l'acquisition inversée. Cela tient au fait que les détenteurs de l'entreprise acquise sur le plan juridique qui n'échangent pas leurs parts de capitaux propres contre des parts de capitaux propres de l'acquéreur sur le plan juridique n'ont une part d'intérêt que dans le résultat et l'actif net de l'entreprise acquise sur le plan juridique, et non dans le résultat et l'actif net de l'entité regroupée. Inversement, même si l'acquéreur sur le plan juridique est l'entreprise acquise sur le plan comptable, les détenteurs de l'acquéreur sur le plan juridique ont une part d'intérêt dans le résultat et l'actif net de l'entité regroupée.

B24 Les actifs et les passifs de l'entreprise acquise sur le plan juridique sont comptabilisés et évalués dans les états financiers consolidés à leur valeur comptable préalable au regroupement [voir le paragraphe B22 a)]. En conséquence, dans une acquisition inversée, la participation ne donnant pas le contrôle reflète la quote-part des actionnaires qui n'exercent pas le contrôle dans la valeur comptable préalable au regroupement de l'actif net de l'entreprise acquise sur le plan juridique même si les participations ne donnant pas le contrôle dans d'autres acquisitions sont évaluées à leur juste valeur à la date d'acquisition.

Résultat par action

B25 Comme indiqué au paragraphe B22 d), la structure des capitaux propres qui figure dans les états financiers consolidés préparés à la suite d'une acquisition inversée reflète la structure des capitaux propres de l'acquéreur sur le plan juridique (l'entreprise acquise sur le plan comptable), y compris les titres émis par l'acquéreur sur le plan juridique pour effectuer le regroupement d'entreprises.

B26 Pour le calcul du nombre moyen pondéré d'actions ordinaires en circulation (le dénominateur dans le calcul du résultat par action) pendant la période au cours de laquelle l'acquisition inversée se produit :

a) le nombre d'actions ordinaires en circulation entre l'ouverture de cette période et la date d'acquisition doit être calculé sur la base du nombre moyen pondéré d'actions ordinaires de l'entreprise acquise sur le plan juridique (l'acquéreur sur le plan comptable) émises pendant la période multiplié par le cours d'échange prévu dans la convention de fusion ; et

b) le nombre d'actions ordinaires en circulation entre la date d'acquisition et la fin de cette période doit être le nombre d'actions ordinaires réel de l'acquéreur sur le plan juridique (l'entreprise acquise sur le plan comptable) en circulation au cours de cette période.

B27 Le résultat de base par action pour chaque période comparative antérieure à la date d'acquisition présentée dans les états financiers consolidés à la suite d'une acquisition inversée doit être calculé en divisant :

a) le résultat de l'entreprise acquise sur le plan juridique attribuable aux actionnaires ordinaires pour chacune de ces périodes par

b) le nombre moyen pondéré historique d'actions ordinaires de l'entreprise acquise sur le plan juridique en circulation multiplié par le cours d'échange prévu dans la convention d'acquisition.

COMPTABILISER DES ACTIFS PARTICULIERS ACQUIS ET DES PASSIFS REPRIS (APPLICATION DES PARAGRAPHES 10 À 13)

B28-B30 [Supprimé]

➡ Immobilisations incorporelles

B31 L'acquéreur doit comptabiliser séparément du *goodwill* les immobilisations incorporelles identifiables acquises lors d'un regroupement d'entreprises. Une immobilisation incorporelle est identifiable si elle respecte soit le critère de séparabilité soit le critère légal-contractuel.

B32 Une immobilisation incorporelle qui respecte le critère légal-contractuel est identifiable même si l'immobilisation n'est pas transférable ou séparable de l'entreprise acquise ou encore d'autres droits et obligations. Par exemple :

a) [Supprimé]

b) une entreprise acquise détient et exploite une centrale nucléaire. La licence d'exploitation de cette centrale nucléaire est une immobilisation incorporelle qui satisfait au critère légal-contractuel autorisant une comptabilisation séparée du *goodwill*, même si l'acquéreur ne peut la céder ou la transférer séparément de la centrale nucléaire acquise. Un acquéreur peut comptabiliser la juste valeur de la licence d'exploitation et la juste valeur de la centrale nucléaire comme un actif unique à pour les besoins de l'information financière si les durées d'utilité des deux actifs sont similaires.

c) une entreprise acquise détient un brevet technologique. Elle a concédé ce brevet à des tiers pour leur usage exclusif en dehors du marché national, et perçoit en échange un pourcentage spécifié des produits futurs des activités ordinaires à l'étranger. Le brevet technologique et le contrat de licence correspondant remplissent tous deux le critère légal-contractuel autorisant la comptabilisation distincte du *goodwill* même s'il ne serait pas pratique de céder ou d'échanger séparément le brevet et le contrat de licence correspondant.

B33 Le critère de séparabilité signifie qu'une immobilisation incorporelle acquise est susceptible d'être séparée ou dissociée de l'entreprise acquise et d'être vendue, cédée, concédée par licence, louée ou échangée, soit individuellement, soit conjointement avec un contrat, un actif identifiable ou un passif liés. Une immobilisation incorporelle que l'acquéreur serait susceptible de vendre, de concéder par licence ou encore d'échanger contre quelque chose de valeur remplit le critère de séparabilité même si l'acquéreur n'a pas l'intention de la vendre, de la concéder par licence ou de l'échanger. Une immobilisation incorporelle acquise remplit le critère de séparabilité s'il existe des preuves de transactions d'échange de ce type d'actifs ou d'actifs de type similaire, même si ces transactions sont peu fréquentes et indépendamment du fait que l'acquéreur y soit impliqué. Par exemple, des listes de clients et des listes d'abonnés sont fréquemment concédées par licence et elles remplissent donc le critère de séparabilité. Même si une entreprise acquise estime que ses listes de clients présentent des caractéristiques différentes de celles d'autres listes de clients, le fait que des listes de clients soient fréquemment concédées par licence signifie généralement que la liste de clients acquise répond au critère de séparabilité. Cependant, une liste de clients acquise lors d'un regroupement d'entreprises ne satisfait pas au critère de séparabilité si les conditions de confidentialité ou autres conditions contractuelles interdisent à une entité de vendre, de louer ou d'échanger par ailleurs des informations sur ses clients.

B34 Une immobilisation incorporelle qui n'est pas individuellement séparable de l'entreprise acquise ou de l'entité regroupée répond aux critères de séparabilité si elle est séparable conjointement avec un contrat, un actif identifiable ou un passif liés. Par exemple :

a) des participants de marché échangent des dépôts et les immobilisations incorporelles liées que représente la relation avec le déposant dans des transactions d'échange observables. En conséquence, l'acquéreur doit comptabiliser l'immobilisation incorporelle que représente la relation avec le déposant séparément du *goodwill*.

b) une entreprise acquise détient une marque de fabrique déposée et une expertise technique documentée mais non brevetée utilisée pour fabriquer le produit portant ce nom de marque. Pour transférer la propriété d'une marque de fabrique, le détenteur doit également transférer tout ce qui est nécessaire pour permettre au nouveau détenteur de produire un produit ou un service qu'il est impossible de distinguer de celui produit par le détenteur précédent. Puisque l'expertise technique non brevetée doit être séparée de l'entreprise acquise ou de l'entité regroupée et vendue si la marque de fabrique correspondante est vendue, elle remplit le critère de séparabilité.

Droits recouvrés

B35 Dans le cadre d'un regroupement d'entreprises, un acquéreur peut recouvrer un droit qu'il avait antérieurement accordé à l'entreprise acquise, d'utiliser un ou plusieurs actifs comptabilisés ou non comptabilisés de l'acquéreur. Des exemples de tels droits sont notamment le droit d'utiliser le nom commercial de l'acquéreur en vertu d'un contrat de franchise ou le droit d'utiliser la technologie de l'acquéreur en vertu d'un contrat de licence de technologie. Un droit recouvré est une immobilisation incorporelle identifiable que l'acquéreur comptabilise séparément du *goodwill*. Le paragraphe 29 fournit des indications sur l'évaluation d'un droit recouvré et le paragraphe 55 fournit des indications sur la comptabilisation ultérieure d'un droit recouvré.

B36 Si les termes du contrat donnant naissance à un droit recouvré sont favorables ou défavorables par comparaison aux termes de transactions de marché courantes pour les mêmes éléments ou pour des éléments similaires, l'acquéreur doit comptabiliser un profit ou une perte d'extinction. Le paragraphe B52 fournit des indications pour l'évaluation de ce résultat d'extinction.

La main-d'œuvre assemblée et autres éléments qui ne sont pas identifiables

B37 L'acquéreur intègre au *goodwill* la valeur d'une immobilisation incorporelle acquise qui n'est pas identifiable à la date d'acquisition. Par exemple, un acquéreur peut attribuer une valeur à l'existence d'une main-d'œuvre assemblée, qui est un ensemble existant de salariés grâce auxquels l'acquéreur peut continuer d'exploiter une entreprise acquise à compter de la date d'acquisition. Une main-d'œuvre assemblée ne représente pas le capital intellectuel de la main-d'œuvre compétente : les connaissances (souvent spécialisées) et l'expérience que les salariés d'une entreprise acquise apportent à leur travail. Puisque la main-d'œuvre assemblée n'est pas un actif identifiable à comptabiliser séparément du *goodwill*, toute valeur qui lui est attribuée est intégrée dans le *goodwill*.

B38 L'acquéreur intègre également au *goodwill* la valeur attribuée aux éléments qui ne satisfont pas aux conditions d'un actif à la date d'acquisition. Par exemple, l'acquéreur peut attribuer une valeur aux contrats potentiels que l'entreprise acquise négocie avec des clients potentiels à la date d'acquisition. Étant donné que ces contrats potentiels ne sont pas eux-mêmes des actifs à la date d'acquisition, l'acquéreur ne les comptabilise pas séparément du *goodwill*. En conséquence, l'acquéreur ne doit pas effectuer un reclassement ultérieur en diminuant le *goodwill* de la valeur de ces contrats afin de tenir compte d'événements qui surviennent après la date d'acquisition. Cependant, l'acquéreur doit évaluer les faits et les circonstances qui entourent les événements intervenant peu après l'acquisition pour déterminer si une immobilisation incorporelle comptabilisable séparément existait à la date d'acquisition.

B39 Après la comptabilisation initiale, un acquéreur comptabilise les immobilisations incorporelles acquises lors d'un regroupement d'entreprises selon les dispositions d'IAS 38 *Immobilisations incorporelles*. Cependant, comme indiqué au paragraphe 3 d'IAS 38, le mode de comptabilisation de certaines immobilisations incorporelles acquises après la comptabilisation initiale est prescrit par d'autres IFRS.

B40 Les critères relatifs au caractère identifiable déterminent si une immobilisation incorporelle est comptabilisée séparément du goodwill. Cependant, ces critères n'indiquent pas comment évaluer la juste valeur d'une immobilisation incorporelle et ne limitent pas les hypothèses utilisées pour l'évaluation de la juste valeur d'une immobilisation incorporelle. Par exemple, l'acquéreur doit prendre en considération les hypothèses que les participants de marché utiliseraient pour fixer le prix de l'immobilisation incorporelle, comme des attentes de renouvellements futurs de contrats, pour évaluer la juste valeur. Il n'est pas nécessaire que les renouvellements eux-mêmes satisfassent aux critères du caractère identifiable. (Toutefois, voir le paragraphe 29, qui établit une exception aux principes d'évaluation de la juste valeur pour les droits recouvrés comptabilisés lors d'un regroupement d'entreprises.) Les paragraphes 36 et 37 d'IAS 38 fournissent des indications qui permettent de déterminer si les immobilisations incorporelles doivent être regroupées dans une seule unité de compte avec d'autres immobilisations incorporelles ou corporelles.

ÉVALUER LA JUSTE VALEUR D'ACTIFS IDENTIFIABLES PARTICULIERS ET UNE PARTICIPATION NE DONNANT PAS LE CONTRÔLE DANS UNE ENTREPRISE ACQUISE (MISE EN APPLICATION DES PARAGRAPHES 18 ET 19)

➡ Actifs assortis de flux de trésorerie incertains (réductions de valeur)

B41 L'acquéreur ne doit pas comptabiliser une réduction de valeur séparée à la date d'acquisition pour des actifs acquis lors d'un regroupement d'entreprises qui sont évalués à leur juste valeur à la date d'acquisition, étant donné que les effets de l'incertitude quant à leurs flux de trésorerie futurs sont inclus dans l'évaluation de la juste valeur. Par exemple, puisque la présente norme impose à l'acquéreur d'évaluer les créances acquises, y compris les prêts, à leur juste valeur à la date d'acquisition dans le cadre de la comptabilisation d'un regroupement d'entreprises, l'acquéreur ne comptabilise pas une réduction de valeur séparée pour les flux de trésorerie contractuels qui sont présumés irrécouvrables à cette date ni une correction de valeur pour pertes de crédit attendues.

➡ Actifs qui font l'objet de contrats de location simple dans lesquels l'entreprise acquise apparaît en tant que bailleur

B42 Lorsqu'il évalue la juste valeur à la date d'acquisition d'un actif tel qu'un immeuble ou un brevet qui fait l'objet d'un contrat de location simple dans lequel l'entreprise acquise apparaît en tant que bailleur, l'acquéreur doit prendre en compte les termes du contrat de location. L'acquéreur ne comptabilise pas un actif ou un passif séparé si les termes d'un contrat de location simple sont favorables ou défavorables par rapport aux conditions de marché.

➡ Actifs que l'acquéreur entend soit ne pas utiliser, soit utiliser d'une manière différente de celle dont d'autres participants de marché les utiliseraient

B43 Pour protéger sa position concurrentielle ou pour d'autres raisons, l'acquéreur peut ne pas avoir l'intention d'utiliser activement un actif non financier acquis, ou ne pas avoir l'intention de l'utiliser de façon optimale. Ce peut être le cas, par exemple, d'une immobilisation incorporelle en recherche et développement acquise dans un but défensif, à savoir empêcher son utilisation par d'autres. L'acquéreur doit néanmoins évaluer la juste valeur de l'actif non financier en supposant que les participants de marché en font une utilisation optimale, ce qui correspond au principe approprié devant servir de base à l'évaluation, tant au moment de la comptabilisation initiale que, par la suite, lors de l'évaluation de la juste valeur diminuée des coûts de sortie aux fins des tests de dépréciation.

➡ Participation ne donnant pas le contrôle dans une entreprise acquise

B44 La présente norme autorise l'acquéreur à évaluer une participation ne donnant pas le contrôle dans l'entreprise acquise à sa juste valeur à la date d'acquisition. Parfois, un acquéreur sera capable d'évaluer la juste valeur d'une participation ne donnant pas le contrôle, à la date d'acquisition, sur la base d'un cours sur un marché actif pour les actions non détenues par l'acquéreur. Dans d'autres situations, toutefois, un cours sur un marché actif pour ces actions ne sera pas disponible. Dans ce cas, l'acquéreur doit évaluer la juste valeur de la participation ne donnant pas le contrôle en utilisant une autre technique de valorisation.

B45 La juste valeur par action de la participation de l'acquéreur dans l'entreprise acquise et celle de la participation ne donnant pas le contrôle peuvent différer. La principale différence sera probablement l'inclusion d'une prime de contrôle dans la juste valeur par action de la participation de l'acquéreur dans l'entreprise acquise ou, à l'inverse, l'inclusion d'une décote pour absence de contrôle (également appelée décote pour participation ne donnant pas le contrôle) dans la juste valeur par action de la participation ne donnant pas le contrôle, dans le cas où les participants de marché prendraient en compte une telle prime ou décote pour fixer le prix de cette participation.

ÉVALUER LE GOODWILL OU LE PROFIT RÉSULTANT D'UNE ACQUISITION À DES CONDITIONS AVANTAGEUSES

➡ Évaluer la juste valeur à la date d'acquisition de la participation de l'acquéreur d'une entreprise acquise en utilisant des techniques de valorisation (mise en application du paragraphe 33)

B46 Lors d'un regroupement d'entreprises réalisé sans transfert de contrepartie, l'acquéreur doit substituer la juste valeur de sa participation dans l'entreprise acquise, à la date d'acquisition, à la juste valeur de la contrepartie transférée, à la date d'acquisition, afin d'évaluer le *goodwill* ou le profit résultant d'une acquisition à des conditions avantageuses (voir les paragraphes 32 à 34).

➡ Considérations particulières pour l'application de la méthode d'acquisition aux regroupements d'entités mutuelles (mise en application du paragraphe 33)

B47 Lors du regroupement de deux entités mutuelles, il est possible que la juste valeur de la participation ou des intérêts des sociétaires dans l'entreprise acquise (ou la juste valeur de l'entreprise acquise) puisse être évaluée avec plus de fiabilité que la juste valeur des intérêts des sociétaires transférés par l'acquéreur. Dans ce cas, le paragraphe 33 impose à l'acquéreur de déterminer le montant du *goodwill* en utilisant la juste valeur, à la date d'acquisition, des parts de capitaux propres de l'entreprise acquise plutôt que la juste valeur à la date d'acquisition des parts de capitaux propres de l'acquéreur transférées à titre de contrepartie. En outre, lors du regroupement d'entités mutuelles, l'acquéreur doit comptabiliser l'actif net de l'entreprise acquise comme une augmentation directe du capital ou des capitaux propres dans son état de la situation financière, et non comme une augmentation des résultats non distribués, ce qui est cohérent avec la manière dont d'autres types d'entités appliquent la méthode de l'acquisition.

B48 Malgré leurs nombreuses similitudes avec d'autres entreprises, les entités mutuelles présentent des caractéristiques distinctes essentiellement dues à la double qualité de clients et de détenteurs qu'ont leurs sociétaires. Les sociétaires d'entités mutuelles s'attendent généralement à recevoir des avantages liés à leur adhésion, généralement sous la forme de réduction sur les frais facturés pour les biens et services ou de ristournes. La quote-part de ristournes attribuées à chaque sociétaire est généralement basée sur le volume d'affaires que celui-ci a réalisé avec l'entité mutuelle au cours de l'année.

B49 Une évaluation à la juste valeur d'une entité mutuelle devrait intégrer les hypothèses que les participants de marché adopteraient à propos des avantages futurs réservés aux sociétaires ainsi que toute autre hypothèse pertinente que les participants de marché adopteraient à propos de l'entité mutuelle. Ainsi, il est possible d'utiliser une technique d'actualisation pour évaluer la juste valeur d'une entité mutuelle. Les flux de trésorerie utilisés comme données d'entrée dans le modèle devraient être basés sur les flux de trésorerie attendus de l'entité mutuelle, diminués vraisemblablement du montant des avantages accordés aux sociétaires, comme les réductions sur les frais facturés pour les biens et les services.

DÉTERMINER CE QUI FAIT PARTIE D'UNE TRANSACTION DE REGROUPEMENT D'ENTREPRISES (MISE EN APPLICATION DES PARAGRAPHES 51 ET 52)

B50 L'acquéreur doit prendre en considération les critères suivants, qui ne sont ni mutuellement exclusifs ni individuellement concluants, pour déterminer si une transaction fait partie de l'échange portant sur l'entreprise acquise ou au contraire si la transaction est distincte du regroupement d'entreprises.

a) **les motifs de la transaction** – la compréhension des raisons qui ont conduit les parties au regroupement (l'acquéreur et l'entreprise acquise ainsi que leurs détenteurs, dirigeants et gestionnaires – ainsi que leurs agents) à conclure une transaction ou un accord particulier peut donner des indications permettant de savoir si elle fait partie de la contrepartie transférée, des actifs acquis ou des passifs repris. Par exemple, si une transaction est conclue principalement au profit de l'acquéreur ou de l'entité regroupée, plutôt que principalement au profit de l'entreprise acquise ou de ses anciens détenteurs avant le regroupement, cette portion du prix de la transaction payé (et tout actif ou passif lié) est moins susceptible de faire partie de l'échange pratiqué contre l'entreprise acquise. De même, l'acquéreur doit comptabiliser cette portion séparément du regroupement d'entreprises.

b) **qui a lancé la transaction** – comprendre qui a lancé la transaction peut également donner des indications quant à savoir si elle fait partie de l'échange contre l'entreprise acquise. Par exemple, une transaction ou un autre événement lancé par l'acquéreur peut être entrepris dans le but de fournir des avantages économiques futurs à l'acquéreur ou à l'entité regroupée, l'entreprise acquise ou ses anciens détenteurs avant le regroupement ne recevant que peu ou pas d'avantages. D'un autre côté, une transaction ou un accord lancé par l'entreprise acquise ou ses anciens détenteurs est moins susceptible d'être à l'avantage de l'acquéreur ou de l'entité regroupée et davantage susceptible de faire partie de la transaction de regroupement d'entreprises.

c) **le timing de la transaction** – le timing de la transaction peut également donner des indications quant à savoir si elle fait partie de l'échange contre l'entreprise acquise. Par exemple, une transaction entre l'acquéreur et l'entreprise acquise qui se déroule pendant les négociations des termes d'un regroupement d'entreprises peut avoir été conclue en prévision du regroupement d'entreprises afin de procurer des avantages économiques futurs à l'acquéreur ou à l'entité regroupée. Si c'est le cas, l'entreprise acquise ou ses anciens détenteurs avant le regroupement d'entreprises sont susceptibles de recevoir peu ou pas d'avantages de la transaction, à l'exception des avantages qu'elles recevront en tant que partie de l'entité regroupée.

➡ Règlement effectif d'une relation préexistante entre l'acquéreur et l'entreprise acquise dans un regroupement d'entreprises [mise en application du paragraphe 52 a)]

B51 L'acquéreur et l'entreprise acquise peuvent entretenir une relation qui existait avant qu'ils n'envisagent le regroupement d'entreprises, appelée

« relation préexistante ». Une relation préexistante entre l'acquéreur est l'entreprise acquise peut-être contractuelle (par exemple un fournisseur et un client, ou un concédant de licence et un bénéficiaire de licence) non contractuelle (par exemple défenderesse est demanderesse).

B52 Si le regroupement d'entreprises règle en fait une relation préexistante, l'acquéreur comptabilise un profit ou une perte évalués comme suit :

a) pour une relation préexistante non contractuelle (telle qu'une procédure judiciaire), la juste valeur.

b) pour une relation préexistante contractuelle le plus faible des montants i) et ii) suivants :

i) le montant à hauteur duquel le contrat est favorable ou défavorable du point de vue de l'acquéreur par comparaison aux termes de transactions de marché courantes pour les mêmes éléments ou pour des éléments similaires. (Un contrat défavorable et un contrat qui était défavorable en termes de conditions courantes de marché. Ce n'est pas nécessairement un contrat déficitaire, dans lequel les coûts inévitables engagés pour satisfaire aux obligations contractuelles sont supérieurs aux avantages économiques que l'on s'attend à recevoir du contrat.)

ii) le montant d'éventuelles clauses de règlement figurant dans le contrat en faveur de la partie pour qui le contrat est défavorable.

Si le montant ii) est inférieur au montant i), l'écart est intégré dans le cadre de la comptabilisation du regroupement d'entreprises.

Le montant de profit ou de perte comptabilisée peut dépendre partiellement du fait que l'acquéreur aura ou non comptabilisé précédemment un actif ou un passif correspondant, et le profit ou la perte présenté(e) pourront alors différer du montant calculé en appliquant les dispositions ci-dessus.

B53 Une relation préexistante peut être un contrat que l'acquéreur comptabilise comme un droit recouvré. Si le contrat contient des termes qui sont favorables ou défavorables en comparaison de la tarification de transactions courantes du marché pour des éléments identiques ou similaires, l'acquéreur comptabilise, séparément du regroupement d'entreprises, un profit ou une perte pour le règlement effectif de ce contrat, évalué selon le paragraphe B52.

➞ Accord de paiements éventuels à des salariés ou à des actionnaires vendeurs [mise en application du paragraphe 52 b)]

B54 Le fait que des accords de paiements éventuels à des salariés ou à des actionnaires vendeurs constituent une contrepartie éventuelle lors du regroupement d'entreprises ou au contraire une transaction séparée dépend de la nature des accords. Comprendre pour quels motifs la convention d'acquisition comprend une disposition relative à des paiements éventuels, qui a lancé l'accord et à quel moment les parties ont conclu l'accord peut s'avérer utile pour apprécier sa nature.

B55 S'il n'apparaît pas clairement qu'un accord de paiements aux salariés ou aux actionnaires vendeurs fait ou non partie de l'échange contre l'entreprise acquise ou constitue une transaction séparée du regroupement d'entreprises, l'acquéreur doit tenir compte des indicateurs suivants :

a) *Poursuite de la relation d'emploi* – les modalités de la poursuite de la relation d'emploi par les actionnaires vendeurs qui deviennent des dirigeants principaux peuvent constituer un indicateur de la substance d'un accord de contrepartie éventuelle. Les termes régissant la poursuite de la relation d'emploi peuvent être intégrés dans un contrat d'emploi, un contrat d'acquisition ou dans tout autre document. Un accord de contrepartie éventuelle qui interrompt automatiquement les paiements en cas de cessation de l'emploi constitue une rémunération pour des services postérieurs au regroupement. Des accords dans lesquels les paiements éventuels ne sont pas affectés par la cessation de l'emploi peuvent indiquer que les paiements éventuels constituent une contrepartie supplémentaire plutôt qu'une rémunération.

b) *Durée de la poursuite de la relation d'emploi* – Si la période d'emploi obligatoire coïncide avec la période des paiements éventuels ou est plus longue, ce fait peut indiquer que les paiements éventuels constituent en réalité une rémunération.

c) *Niveau de rémunération* – Des situations dans lesquelles la rémunération d'un salarié autre que les paiements éventuels se situe à un niveau raisonnable par comparaison à celui d'autres dirigeants principaux dans l'entité regroupée peuvent indiquer que les paiements éventuels constituent une contrepartie supplémentaire plutôt qu'une rémunération.

d) *Paiements supplémentaires aux salariés* – Si les actionnaires vendeurs qui ne deviennent pas des salariés reçoivent des paiements éventuels inférieurs, par action, à ceux des actionnaires vendeurs qui deviennent des salariés de l'entité regroupée, ce fait peut indiquer que le montant supplémentaire de paiements éventuels aux actionnaires vendeurs qui deviennent des salariés constitue une rémunération.

e) *Nombre d'actions détenues* – Le nombre relatif d'actions détenues par les actionnaires vendeurs qui restent des dirigeants principaux peut constituer un indicateur de la substance d'un accord de contrepartie éventuelle. Par exemple, si les actionnaires vendeurs qui détenaient la quasi-totalité des actions de l'entreprise acquise sont maintenus à titre de dirigeants principaux, ce fait peut indiquer que l'accord constitue, en réalité, un accord d'intéressement visant à fournir une rémunération pour des services postérieurs au regroupement. À l'inverse, si les actionnaires vendeurs qui sont maintenus à titre de dirigeants principaux ne détenaient qu'un petit nombre d'actions de l'entreprise acquise et si tous les actionnaires vendeurs reçoivent le même montant de contrepartie éventuelle par action, ce fait peut indiquer que les paiements éventuels constituent une contrepartie supplémentaire. Il y a lieu de tenir compte également des participations antérieures à l'acquisition détenues par des parties liées aux actionnaires vendeurs qui sont maintenus en tant que dirigeants principaux, telles que des membres de leur famille.

f) *Liens avec la valorisation* – si la contrepartie initiale transférée à la date d'acquisition est basée sur le bas de la fourchette de valorisation de l'entreprise acquise et si la formule éventuelle fait référence à cette approche de valorisation, ce fait peut indiquer que les paiements éventuels constituent une contrepartie supplémentaire. À l'inverse, si la formule du paiement éventuel concorde avec les accords d'intéressement antérieurs, ce fait peut suggérer que la substance de l'accord consiste à fournir une rémunération.

g) *La formule de calcul de la contrepartie* – La formule utilisée pour déterminer le paiement éventuel peut être utile pour évaluer la substance de l'accord. Par exemple, si un paiement éventuel est déterminé d'après un multiple du résultat, cela peut indiquer que l'obligation constitue une contrepartie éventuelle dans le regroupement d'entreprises et que la formule vise à établir ou à vérifier la juste valeur de l'entreprise acquise. En revanche, un paiement éventuel qui est un pourcentage spécifié des résultats peut indiquer que l'obligation à l'égard des salariés constitue un accord d'intéressement destiné à rémunérer les salariés pour des services rendus.

h) *Autres accords et questions* – Les termes d'autres accords pris avec les actionnaires vendeurs (tels que les accords de non-concurrence, les contrats non entièrement exécutés, les contrats de conseil et les contrats de location immobilière) ainsi que le traitement au titre de l'impôt sur le résultat de paiements éventuels peuvent indiquer que des paiements éventuels sont attribuables à quelque chose d'autre qu'une contrepartie en faveur de l'entreprise acquise. Par exemple, dans le cadre de l'acquisition, l'acquéreur est susceptible de conclure un contrat de bail immobilier avec un actionnaire vendeur important. Si les paiements au titre de la location spécifiés dans ce contrat de bail sont sensiblement inférieurs au prix du marché, tout ou partie des paiements éventuels au bailleur (l'actionnaire vendeur) requis par un accord séparé de paiements éventuels sont susceptibles de constituer, en réalité, des paiements pour l'utilisation de l'immeuble loué que l'acquéreur doit comptabiliser séparément dans ses états financiers postérieurs au regroupement. En revanche, si le contrat de location prévoit des paiements qui sont compatibles avec les conditions de marché pour l'immeuble loué, l'accord de paiements éventuels à l'actionnaire vendeur est susceptible de constituer une contrepartie éventuelle dans le regroupement d'entreprises.

➡ Droits de l'acquéreur à un paiement fondé sur des actions échangés contre des droits détenus par les salariés de l'entreprise acquise [en application du paragraphe 52 b)]

B56 Un acquéreur peut échanger ses droits à un paiement fondé sur des actions (*) (droit de remplacement) contre des droits détenus par les salariés de l'entreprise acquise. Les échanges d'options sur actions ou d'autres droits à un paiement fondé sur des actions dans le cadre d'un regroupement d'entreprises sont comptabilisés comme des modifications de droits à un paiement fondé sur des actions selon IFRS 2 *Paiement fondé sur des actions*. Si l'acquéreur remplace les droits attribués par l'entreprise acquise, tout ou partie de la valeur, basée sur le marché, des droits de remplacement de l'acquéreur sera intégré dans la valeur de la contrepartie transférée lors du regroupement d'entreprises. Les paragraphes B57 à B62 fournissent des indications sur la façon d'attribuer la valeur basée sur le marché. Cependant, dans les situations où les droits attribués par l'entreprise acquise expirent à la suite du regroupement d'entreprises et où l'acquéreur remplace ces droits alors qu'il n'est pas obligé de le faire, la totalité de la valeur, basée sur le marché, des droits de remplacement doit être comptabilisée en tant que coût de rémunération dans les états financiers postérieurs au regroupement, conformément à IFRS 2. En d'autres termes, aucune partie de la valeur, basée sur le marché, de ces droits ne doit être intégrée à la valeur de la contrepartie transférée lors du regroupement d'entreprises. L'acquéreur est tenu de remplacer les droits attribués par l'entreprise acquise si l'entreprise acquise ou ses salariés ont la capacité d'imposer la mise en œuvre du remplacement. Par exemple, en application de la présente disposition, l'acquéreur est tenu de remplacer les droits attribués par l'entreprise acquise si le remplacement est exigé par :

a) les termes de la convention d'acquisition ;

b) les termes des droits attribués par l'entreprise acquise ; ou

c) les lois ou la réglementation applicables.

(*) Dans les paragraphes B56 à B62, le terme « droits à un paiement fondé sur des actions » désigne les transactions dont le paiement est fondé sur des actions et pour lequel les droits sont acquis ou non.

B57 Pour déterminer la portion d'un droit de remplacement qui fait partie de la contrepartie transférée en échange de l'entreprise acquise et la portion qui constitue une rémunération pour les services postérieurs au regroupement, l'acquéreur doit évaluer à la date d'acquisition tant les droits de remplacement qu'il a octroyés que les droits de l'entreprise acquise, selon IFRS 2. La portion de la valeur basée sur le marché du droit de remplacement qui fait partie de la contrepartie transférée en échange de l'entreprise acquise est égale à la portion des droits octroyés par l'entreprise acquise qui est attribuable aux services antérieurs au regroupement.

B58 La portion du droit de remplacement attribuable aux services antérieurs au regroupement équivaut à la valeur, basée sur le marché, des droits octroyés par l'entreprise acquise, multipliée par le rapport entre la partie de la période d'acquisition écoulée et la période qui, de la période d'acquisition totale et de la période d'acquisition originale des droits attribués par l'entreprise acquise, est la plus longue. La période d'acquisition est la période pendant laquelle toutes les conditions d'acquisition des droits doivent être remplies. Les conditions d'acquisition sont définies dans IFRS 2.

B59 La part d'un droit de remplacement non acquis attribuable à des services postérieurs au regroupement, et dès lors comptabilisée en charge de rémunération dans les états financiers postérieurs au regroupement, est égale à la valeur totale, basée sur le marché, du droit de remplacement, déduction faite du montant attribué au service antérieur au regroupement. Dès lors, l'acquéreur attribue au service postérieur au regroupement tout excédent de la valeur basée sur le marché du droit de remplacement par rapport à la valeur basée sur le marché des droits octroyés par l'entreprise acquise, et comptabilise cet excédent en charge de rémunération dans les états financiers postérieurs au regroupement. L'acquéreur doit attribuer une portion d'un droit de remplacement au service postérieur au regroupement s'il requiert un service postérieur au regroupement, indépendamment du fait que les salariés ont ou non fourni l'ensemble du service requis pour que leurs droits auprès de l'entreprise acquise soient acquis avant la date d'acquisition.

B60 La portion d'un droit de remplacement non acquis attribuable à des services antérieurs au regroupement, de même que la portion attribuable au service postérieur au regroupement, doivent refléter la meilleure estimation disponible du nombre de droits de remplacement dont l'acquisition est attendue. Par exemple, si la valeur basée sur le marché de la portion d'un droit de remplacement attribuée au service antérieur au regroupement s'élève à 100 UM et que l'acquéreur s'attend à ce que 95 % seulement de ce droit sera acquis, le montant inclus en contrepartie transférée dans le regroupement d'entreprises s'élève à 95 UM. Les changements dans le nombre estimé de droits de remplacement dont l'acquisition est attendue se reflètent dans le coût de rémunération des périodes au cours desquelles les changements ou les renonciations surviennent, et non en tant qu'ajustement de la contrepartie transférée lors du regroupement d'entreprises. De même, les effets d'autres événements, tels que les modifications ou le résultat ultime des droits assortis de conditions de performance, qui surviennent après la date d'acquisition sont comptabilisés selon IFRS 2 lors de l'établissement du coût de rémunération pour la période au cours de laquelle un événement survient.

B61 Les mêmes dispositions relatives à la détermination des portions d'un droit de remplacement attribuables au service antérieur au regroupement et au service postérieur au regroupement s'appliquent, indépendamment du fait qu'un droit de remplacement est classé en tant que passif ou qu'instrument de capitaux propres selon les dispositions d'IFRS 2. Tous les changements de la valeur basée sur le marché des droits classés en tant que passifs après la date d'acquisition ainsi que les effets d'impôt liés sont comptabilisés dans les états financiers de l'acquéreur postérieurs au regroupement, pendant la ou les période(s) au cours de laquelle ou desquelles les changements surviennent.

B62 Les effets d'impôt liés aux droits de remplacement de paiements fondés sur des actions doivent être comptabilisés selon les dispositions d'IAS 12 *Impôts sur le résultat.*

➡ Transactions dont le paiement est fondé sur des actions conclues par l'entreprise acquise

B62A L'entreprise acquise peut avoir conclu des transactions, dont le paiement est fondé sur des actions, qui ne sont pas réglées et que l'acquéreur ne veut pas remplacer par ses transactions dont le paiement est fondé sur des actions. Si les droits à paiement sont acquis, ces transactions de l'entreprise acquise font partie de la participation ne donnant pas le contrôle dans l'entreprise acquise et sont évaluées à leur valeur basée sur le marché. Si les droits à paiement ne sont pas acquis, elles sont évaluées à leur valeur basée sur le marché comme si la date d'acquisition était la date d'attribution selon les paragraphes 19 et 30.

B62B La valeur basée sur le marché des transactions dont le paiement est fondé sur des actions et pour lequel les droits ne sont pas acquis est attribuée à la participation ne donnant pas le contrôle, au prorata temporis de la période d'acquisition écoulée par rapport à la période qui, de la période d'acquisition totale et de la période d'acquisition originale des droits attribués par l'entreprise acquise, est la plus longue. Le reste est attribué au service postérieur au regroupement.

AUTRES IFRS QUI FOURNISSENT DES INDICATIONS SUR L'ÉVALUATION ET LA COMPTABILISATION ULTÉRIEURES (MISE EN APPLICATION DU PARAGRAPHE 54)

B63 D'autres IFRS fournissent des indications sur l'évaluation et la comptabilisation ultérieures d'actifs acquis et de passifs repris ou contractés lors d'un regroupement d'entreprises. Par exemple :

a) IAS 38 prescrit la comptabilisation des immobilisations incorporelles acquises lors d'un regroupement d'entreprises. L'acquéreur évalue le *goodwill* au montant comptabilisé à la date d'acquisition, après déduction du cumul des pertes de valeur. IAS 36 *Dépréciation d'actifs* prescrit a comptabilisation de perte de valeur.

b) [Supprimé]

c) IAS 12 prescrit la comptabilisation ultérieure d'actifs d'impôt différé (y compris des actifs d'impôt différé non comptabilisés) et des passifs acquis lors d'un regroupement d'entreprises.

d) IFRS 2 fournit des indications sur l'évaluation et la comptabilisation ultérieures de la portion des droits de remplacement à paiement fondés sur des actions émis par un acquéreur qui est attribuable aux services futurs des salariés.

e) IFRS 10 fournit des indications sur la comptabilisation des modifications du pourcentage de détention des titres de participation d'une société mère dans une filiale après l'obtention du contrôle.

INFORMATIONS À FOURNIR (MISE EN APPLICATION DES PARAGRAPHES 59 ET 61)

B64 Pour remplir l'objectif du paragraphe 59, l'acquéreur doit fournir les informations suivantes pour chaque regroupement d'entreprises survenu pendant la période de reporting :

a) le nom et une description de l'entreprise acquise ;

b) la date d'acquisition ;

c) le pourcentage de participation acquis conférant des droits de vote ;

d) les motivations premières du regroupement d'entreprises et une description de la manière dont l'acquéreur a obtenu le contrôle de l'entreprise acquise ;

e) une description qualitative des facteurs constituant le *goodwill* comptabilisé, tels que les synergies attendues du regroupement des activités de l'entreprise acquise et de l'acquéreur, les immobilisations incorporelles qui ne répondent pas aux critères de comptabilisation séparée ou d'autres facteurs ;

f) la juste valeur à la date d'acquisition de la contrepartie totale transférée et la juste valeur à la date d'acquisition de chaque catégorie principale de contrepartie, telle que :

i) de la trésorerie ;

ii) d'autres immobilisations corporelles ou incorporelles, y compris une entreprise ou une filiale de l'acquéreur ;

iii) des passifs contractés par exemple un passif pour contrepartie éventuelle ; et

iv) des participations de l'acquéreur, y compris le nombre d'instruments ou de parts émis ou à émettre, ainsi que la méthode d'évaluation de la juste valeur de ces instruments ou de ces parts ;

g) pour les accords de contrepartie éventuelle et les actifs compensatoires :

i) le montant comptabilisé à la date d'acquisition ;

ii) une description de l'accord et la base de détermination du montant du paiement ; et

iii) une estimation de la fourchette des résultats (non actualisés) ou bien, s'il est impossible d'estimer une fourchette, ce constat ainsi que les raisons pour lesquelles il est impossible d'estimer une fourchette. Si le montant maximal du paiement est illimité, l'acquéreur doit l'indiquer ;

h) pour les créances acquises :

i) la juste valeur des créances ;

ii) les montants contractuels bruts à recevoir ; et

iii) la meilleure estimation, à la date d'acquisition, des flux de trésorerie contractuels dont l'encaissement n'est pas attendu.

Les informations sont à fournir par grande catégorie de créances, telle que prêts, contrats de location-financement directs et toute autre catégorie de créances ;

i) les montants comptabilisés à compter de la date d'acquisition pour chaque grande catégorie d'actifs acquis et de passifs repris ;

j) pour chaque passif éventuel comptabilisé selon le paragraphe 23, l'information requise au paragraphe 85 d'IAS 37 *Provisions, passifs éventuels et actifs éventuels*. Si un passif éventuel n'est pas comptabilisé parce que sa juste valeur ne peut pas être évaluée de façon fiable, l'acquéreur doit fournir :

i) l'information prévue au paragraphe 86 d'IAS 37 ; et

ii) les raisons pour lesquelles le passif ne peut être évalué de façon fiable ;

k) le montant total du *goodwill* dont on s'attend à ce qu'il soit déductible fiscalement ;

l) pour les transactions qui sont comptabilisées séparément de l'acquisition d'actifs et de la prise en charge de passifs lors du regroupement d'entreprises selon le paragraphe 51 :

i) une description de chaque transaction ;

ii) la manière dont chaque acquéreur a comptabilisé chaque transaction ;

iii) les montants comptabilisés pour chaque transaction et le poste des états financiers dans lesquels chaque montant est comptabilisé ; et

iv) si la transaction est le règlement effectif d'une relation préexistante, la méthode utilisée pour déterminer le montant du règlement ;

m) les informations sur les transactions comptabilisées séparément visées au point l) doivent inclure le montant des coûts connexes à l'acquisition et, séparément, le montant de ces coûts comptabilisés en charges ainsi que le ou les poste(s) de l'état du résultat global dans lesquels ces charges sont comptabilisées. Le montant des éventuels coûts d'émission non comptabilisés en tant que charges et la manière dont ils ont été comptabilisés doivent également être fournis ;

n) dans une acquisition à des conditions avantageuses (voir les paragraphes 34 à 36) :

i) le montant de tout profit comptabilisé selon le paragraphe 34 et le poste du compte de résultat dans lequel cet excédent est comptabilisé ; et

ii) une description des raisons pour lesquelles la transaction a abouti à un profit ;

o) pour chaque regroupement d'entreprises où l'acquéreur détient une participation inférieure à 100 % dans l'entreprise acquise à la date d'acquisition :

i) le montant de la participation ne donnant pas le contrôle dans l'entreprise acquise comptabilisée à la date d'acquisition et la base d'évaluation de ce montant ; et

ii) pour chaque participation ne donnant pas le contrôle dans une entreprise acquise évaluée à la juste valeur, la ou les techniques de valorisation et les données importantes utilisées pour déterminer cette valeur ;

p) dans un regroupement d'entreprises réalisé par étapes :

i) la juste valeur à la date d'acquisition de la participation dans l'entreprise acquise détenue par l'acquéreur immédiatement avant la date d'acquisition ; et

ii) le montant de tout profit ou perte comptabilisé à la suite de la réévaluation à la juste valeur de la participation dans l'entreprise acquise détenue par l'acquéreur avant le regroupement d'entreprises (voir paragraphe 42) et le poste de l'état de résultat global dans lequel ce profit ou cette perte est comptabilisé(e) ;

q) les informations suivantes :

i) les montants des produits des activités ordinaires et du résultat de l'entreprise acquise depuis la date d'acquisition inclus dans l'état consolidé du résultat global pour la période de reporting ; et

ii) le produit des activités ordinaires et le résultat de l'entité regroupée pour la période de reporting courante établis comme si la date d'acquisition pour tous les regroupements d'entreprises effectués pendant l'année avait été l'ouverture de l'exercice.

S'il est impraticable de fournir les informations visées par ce paragraphe, l'acquéreur doit l'indiquer, et expliquer la raison pour laquelle fournir ces informations est impraticable. La présente norme utilise le terme « impraticable » au même sens que dans IAS 8 *Méthodes comptables, changements d'estimations comptables et erreurs*.

B65 Pour les regroupements d'entreprises survenant pendant la période de reporting qui, pris individuellement, ne sont pas significatifs, et qui, pris collectivement, sont significatifs, l'acquéreur doit fournir, sous forme cumulée, l'information requise par le paragraphe B64 e) à q).

B66 Si la date d'acquisition d'un regroupement d'entreprises est postérieure à la fin de la période de reporting mais antérieure à la date d'autorisation de publication des états financiers, l'acquéreur doit fournir l'information requise par le paragraphe B64, sauf si la comptabilisation initiale pour le regroupement d'entreprises est inachevée à la date d'approbation des états financiers. Dans cette situation, l'acquéreur doit indiquer quelles informations n'ont pu être fournies et les raisons pour lesquelles elles n'ont pas pu l'être.

B67 Pour remplir l'objectif du paragraphe 61, l'acquéreur doit fournir les informations suivantes pour chaque regroupement d'entreprises significatif ou bien, de manière cumulée, pour les regroupements d'entreprises qui, pris individuellement, ne sont pas significatifs et qui, pris collectivement, sont significatifs :

a) si la comptabilisation initiale d'un regroupement d'entreprises est inachevée (voir paragraphe 45) pour certains actifs, certains passifs, certaines participations ne donnant pas le contrôle ou pour certains éléments de contrepartie et que les montants comptabilisés dans les états financiers pour le regroupement d'entreprises n'ont donc été déterminés qu'à titre provisoire :

i) les raisons pour lesquelles la comptabilisation initiale du regroupement d'entreprises est inachevée ;

ii) les actifs, passifs, participations ou éléments de contrepartie pour lesquelles la comptabilisation initiale est inachevée ; et

iii) la nature et le montant des éventuels ajustements de la période d'évaluation comptabilisés pendant la période de reporting selon le paragraphe 49 ;

b) pour chaque période de reporting postérieure à la date d'acquisition jusqu'au moment où l'entité recouvre, cède ou perd le droit à un actif de contrepartie éventuelle, ou jusqu'au moment où l'entité règle un passif de contrepartie éventuelle ou encore jusqu'au moment où le passif est annulé ou expire :

i) tout changement des montants comptabilisés, y compris toute différence survenant lors du règlement ;

ii) tout changement dans la fourchette des résultats (non actualisés) ainsi que les raisons de ces changements ; et

iii) les techniques de valorisation et les principales données d'entrée des modèles utilisées pour évaluer la contrepartie éventuelle ;

c) pour les passifs éventuels comptabilisés lors d'un regroupement d'entreprises, l'acquéreur doit fournir les informations requises par les paragraphes 84 et 85 d'IAS 37 pour chaque catégorie de provision ;

d) un rapprochement entre la valeur comptable du *goodwill* à l'ouverture et à la clôture de la période de reporting, faisant apparaître séparément :

i) la valeur brute et le cumul des pertes de valeur à l'ouverture de la période de reporting ;

ii) le *goodwill* complémentaire comptabilisé au cours de la période de reporting, à l'exclusion du *goodwill* inclus dans un groupe d'actifs destiné à être cédé qui, lors de l'acquisition, satisfait aux critères lui permettant d'être classé comme détenu en vue de la vente selon IFRS 5 *Actifs non courants détenus en vue de la vente et activités abandonnées* ;

iii) les ajustements résultant de la comptabilisation ultérieure d'actifs d'impôt différé pendant la période de reporting selon le paragraphe 67 ;

iv) le *goodwill* inclus dans un groupe d'actifs destiné à être cédé, classé comme détenu en vue de la vente selon IFRS 5, et le *goodwill* décomptabilisé pendant la période de reporting sans avoir été inclus auparavant dans un groupe d'actifs destiné à être cédé, classé comme détenu en vue de la vente ;

v) les pertes de valeur comptabilisées pendant la période de reporting selon IAS 36 (IAS 36 impose de fournir des informations sur les montants recouvrables et la perte de valeur du *goodwill* en plus de cette disposition) ;

vi) les différences de change nettes générées pendant la période de reporting selon IAS 21 *Effets des variations des cours des monnaies étrangères* ;

vii) toutes autres variations de la valeur comptable au cours de la période de reporting ;

viii) la valeur brute et le cumul des pertes de valeur à la clôture de la période de reporting ;

e) le montant et une explication de tout profit ou perte comptabilisé au titre de la période de reporting courante qui, simultanément :

i) est lié aux actifs identifiables acquis ou aux passifs repris lors d'un regroupement d'entreprises qui a été effectué pendant la période de reporting courante ou une période de reporting antérieure ; et

ii) est d'une taille, nature ou incidence telle que les informations fournies sont pertinentes pour la compréhension des états financiers de l'entité regroupée.

DISPOSITIONS TRANSITOIRES POUR LES REGROUPEMENTS D'ENTREPRISES N'INCLUANT QUE DES ENTITÉS MUTUELLES OU RÉALISÉS EXCLUSIVEMENT PAR CONTRAT (MISE EN APPLICATION DU PARAGRAPHE 66)

B68 Le paragraphe 64 prévoit que la présente norme s'applique à titre prospectif aux regroupements d'entreprises pour lesquels la date d'acquisition est égale ou postérieure au début du premier exercice ouvert à compter du 1er juillet 2009. Une application anticipée est autorisée. Toutefois, l'entité doit appliquer la présente norme uniquement au début d'un exercice ouvert à compter du 30 juin 2007. Si l'entité applique la présente norme avant sa date d'entrée en vigueur, elle doit l'indiquer et appliquer simultanément IAS 27 (telle que modifiée en 2008).

B69 L'obligation d'appliquer la présente norme à titre prospectif a l'effet suivant pour un regroupement d'entreprises n'incluant que des entités mutuelles ou réalisé exclusivement par contrat si la date d'acquisition pour ce regroupement d'entreprises est antérieure à la mise en application de la présente norme :

a) *Classement* – l'entité doit continuer de classer ce regroupement d'entreprises antérieur selon les méthodes comptables antérieures de l'entité pour de tels regroupements.

b) *Goodwill comptabilisé antérieurement* – au commencement de la première période annuelle d'application de la présente norme, la valeur comptable du goodwill résultant de ce regroupement d'entreprises antérieur doit être sa valeur comptable à cette date conformément aux méthodes comptables antérieures de l'entité. Pour déterminer ce montant, l'entité doit éliminer la valeur comptable de tout amortissement cumulé de ce goodwill ainsi que la réduction correspondante du goodwill. Aucun autre ajustement de la valeur comptable du goodwill ne doit être effectué.

c) *Goodwill antérieurement comptabilisé en déduction des capitaux propres* – les méthodes comptables antérieures de l'entité peuvent avoir entraîné la comptabilisation du goodwill issu de ce regroupement d'entreprises antérieur en déduction des capitaux propres. Dans cette situation, l'entité ne doit pas comptabiliser ce *goodwill* en tant qu'actif au début de la première période annuelle au cours de laquelle la présente norme est appliquée. En outre, l'entité ne doit pas comptabiliser en résultat une partie de ce *goodwill* lorsqu'elle se sépare de la totalité ou d'une partie de l'entreprise à laquelle ce goodwill est lié ou lorsqu'une unité génératrice de trésorerie à laquelle le *goodwill* est lié se déprécie.

d) *Comptabilisation ultérieure du goodwill* – Depuis le commencement de la première période annuelle d'application de la présente norme, l'entité doit cesser d'amortir le *goodwill* résultant de ce regroupement d'entreprises antérieur et doit effectuer un test de dépréciation du *goodwill* selon IAS 36.

e) *Goodwill négatif antérieurement comptabilisé* – Si l'entité a comptabilisé ce regroupement d'entreprises antérieur en appliquant la méthode de l'acquisition, elle peut avoir comptabilisé un produit différé correspondant à l'excédent de sa quote-part dans la juste valeur nette des actifs identifiables et des passifs de l'entreprise acquise par rapport au coût de cette quote-part (parfois appelée *goodwill* négatif). Dans ce cas, une entité doit décomptabiliser la valeur comptable de ce produit différé au début de la première période annuelle au cours de laquelle la présente norme est appliquée, avec un ajustement correspondant du solde d'ouverture des résultats non distribués à cette date.

IFRS 5

Actifs non courants détenus en vue de la vente et activités abandonnées

[reglt UE 2023/1803]

Objectif

1 L'objectif de la présente norme est de spécifier la comptabilisation d'actifs détenus en vue de la vente, et la présentation et les informations à fournir sur les *activités abandonnées*. En particulier, la présente norme impose :

a) que les actifs qui satisfont aux critères de classement comme détenus en vue de la vente soient évalués au montant le plus bas entre leur valeur comptable et leur *juste valeur* diminuée des *coûts de la vente*, et que l'amortissement sur de tels actifs cesse ; et

b) que les actifs qui satisfont aux critères de classement comme détenus en vue de la vente soient présentés séparément dans l'état de la situation financière et que les résultats des activités abandonnées soient présentés séparément dans l'état du résultat global.

Champ d'application

2 Les dispositions de la présente norme en matière de classement et de présentation s'appliquent à tous les *actifs non courants* (*) comptabilisés et à tous les *groupes destinés à être cédés* d'une entité. Les dispositions de la présente norme en matière d'évaluation s'appliquent à tous les actifs non courants et aux groupes destinés à être cédés comptabilisés (comme exposé au paragraphe 4), à l'exception des actifs énumérés au paragraphe 5 qui doivent continuer à être évalués selon la norme mentionnée.

(*) Concernant les actifs classés selon une présentation par ordre de liquidité, les actifs non courants sont des actifs qui incluent des montants que l'entité s'attend à recouvrer plus de douze mois après la période de reporting. Le paragraphe 3 s'applique au classement de tels actifs.

3 Les actifs classés comme non courants selon IAS 1 *Présentation des états financiers* ne doivent pas être reclassés en tant qu'*actifs courants* avant de satisfaire aux critères de classement comme détenus en vue de la vente selon la présente norme. Les actifs d'une catégorie qu'une entité considérerait normalement comme non courants qui sont acquis exclusivement en vue de la revente ne doivent pas être classés comme courants, sauf s'ils satisfont aux critères de classement comme détenus en vue de la vente selon la présente norme.

4 Parfois, une entité cède un groupe d'actifs, éventuellement avec quelques passifs directement liés, lors d'une transaction unique. Un tel groupe destiné à être cédé peut être un groupe d'*unités génératrices de trésorerie*, une seule unité génératrice de trésorerie, ou une partie d'une unité génératrice de trésorerie (*). Le groupe peut inclure des actifs et des passifs de l'entité, y compris des actifs courants, des passifs courants et des actifs exclus par le paragraphe 5 des dispositions de la présente norme en matière d'évaluation. Si un actif non courant dans le périmètre des dispositions de la présente norme en matière d'évaluation fait partie d'un groupe destiné à être cédé, les dispositions de la présente norme en matière d'évaluation s'appliquent au groupe dans son ensemble, de sorte que le groupe est évalué au montant le plus bas entre sa valeur comptable et sa juste valeur diminuée des coûts de la vente. Les dispositions relatives à l'évaluation des actifs et des passifs pris individuellement au sein du groupe destiné à être cédé sont exposées aux paragraphes 18, 19 et 23.

(*) Toutefois, une fois que l'on s'attend à ce que les flux de trésorerie d'un actif ou d'un groupe d'actifs soient principalement générés par la vente plutôt que par leur utilisation continue, ils deviennent moins dépendants des flux de trésorerie générés par d'autres actifs, et un groupe destiné à être cédé qui faisait partie d'une unité génératrice de trésorerie devient une unité génératrice de trésorerie distincte.

5 Les dispositions de la présente norme en matière d'évaluation (*) ne s'appliquent pas aux actifs suivants, qui sont couverts par les IFRS citées en référence ci-dessous, soit en tant qu'actifs pris individuellement, soit comme faisant partie d'un groupe destiné à être cédé :

a) actifs d'impôt différé (voir IAS 12 *Impôts sur le résultat*) ;

b) actifs générés par des avantages du personnel (voir IAS 19 *Avantages du personnel*) ;

c) actifs financiers entrant dans le champ d'application d'IFRS 9 *Instruments financiers* ;

d) actifs non courants qui sont comptabilisés selon le modèle de la juste valeur dans IAS 40 *Immeubles de placement* ;

e) actifs non courants qui sont évalués à la juste valeur diminuée des coûts de la vente selon IAS 41 *Agriculture* ;

f) groupes de contrats entrant dans le champ d'application d'IFRS 17 *Contrats d'assurance*.

(*) À l'exception des paragraphes 18 et 19 qui imposent que les actifs en question soient évalués selon d'autres IFRS applicables.

5A Les dispositions de la présente norme portant sur le classement, la présentation et l'évaluation d'un actif non courant (ou d'un groupe destiné à être cédé) classé comme étant disponible à la vente s'appliquent également à un actif non courant (ou un groupe destiné à être cédé) classé comme étant détenu en vue de sa distribution aux propriétaires agissant en cette qualité (détenu en vue de la distribution aux propriétaires).

5B La présente norme précise les informations à fournir en ce qui concerne les actifs non courants (ou les groupes destinés à être cédés) classés comme détenus en vue de la vente ou comme activités abandonnées. Les informations à fournir au titre d'autres normes ne s'appliquent pas à de tels actifs (ou groupes destinés à être cédés) sauf si ces normes exigent :

a) la fourniture d'informations spécifiques en ce qui concerne les actifs non courants (ou les groupes destinés à être cédés) classés comme détenus en vue de la vente ou comme activités abandonnées ; ou

b) la fourniture d'informations sur l'évaluation des actifs et des passifs compris dans un groupe destiné à être cédé qui n'entrent pas dans le champ d'application des dispositions d'IFRS 5 en matière d'évaluation, et que ces informations ne sont pas fournies dans d'autres notes des états financiers.

La fourniture d'informations supplémentaires sur des actifs non courants (ou des groupes destinés à être cédés) classés comme détenus en vue de la vente ou comme activités abandonnées peut être nécessaire pour satisfaire aux exigences générales d'IAS 1, en particulier aux paragraphes 15 et 125 de cette norme.

Classement d'actifs non courants (ou de groupes destinés à être cédés) comme détenus en vue de la vente ou détenus en vue de la distribution aux propriétaires

6 Une entité doit classer un actif non courant (ou un groupe destiné à être cédé) comme détenu en vue de la vente si sa valeur comptable est recouvrée principalement par le biais d'une transaction de vente plutôt que par l'utilisation continue.

7 Pour que tel soit le cas, l'actif (ou le groupe destiné à être cédé) doit être disponible en vue de la vente immédiate dans son état actuel, sous réserve uniquement des conditions qui sont habituelles et coutumières pour la vente de tels actifs (ou groupes destinés à être cédés) et sa vente doit être *hautement probable*.

8 Pour que la vente soit hautement probable, la direction à un niveau approprié doit s'être engagée vis-à-vis d'un plan de vente de l'actif (ou du groupe destiné à être cédé), et un programme actif pour trouver un acheteur et finaliser le plan doit avoir été lancé. De plus, l'actif (ou le groupe destiné à être cédé) doit être activement commercialisé en vue de la vente à un prix qui est raisonnable par rapport à sa juste valeur actuelle. Par ailleurs, le respect des conditions nécessaires à la comptabilisation de la vente en tant que vente réalisée doit être attendu dans un délai d'un an à compter de la date de classement, sauf exception permise par le paragraphe 9, et les mesures nécessaires pour mener à bien le plan doivent indiquer qu'il est improbable que des changements notables soient apportés au plan ou que celui-ci soit retiré. La probabilité de l'approbation des actionnaires (si celle-ci est requise par la législation locale) doit être prise en compte pour évaluer si la vente est hautement probable.

8A Une entité qui s'est engagée vis-à-vis d'un plan de vente impliquant la perte de contrôle d'une filiale doit classer tous les actifs et passifs de cette filiale comme détenus en vue de la vente, lorsque les critères établis aux paragraphes 6 à 8 sont remplis, indépendamment du fait que l'entité conserve ou non une participation ne donnant pas le contrôle dans son ancienne filiale après la vente.

9 Des événements ou des circonstances peuvent prolonger au-delà d'un an le temps nécessaire pour conclure la vente. Une prolongation du temps nécessaire pour conclure une vente n'empêche pas un actif (ou un groupe destiné à être cédé) d'être classé comme détenu en vue de la vente si le retard est causé par des événements ou des circonstances indépendants du contrôle de l'entité et s'il y a suffisamment d'éléments probants démontrant que l'entité demeure engagée vis-à-vis de son plan de vente de l'actif (ou du groupe destiné à être cédé). Tel sera le cas lorsqu'il est satisfait aux critères de l'appendice B.

10 Les transactions de vente comprennent les échanges d'actifs non courants pour d'autres actifs non courants lorsque l'échange a une substance commerciale selon IAS 16 *Immobilisations corporelles*.

11 Lorsqu'une entité acquiert un actif non courant (ou un groupe destiné à être cédé) exclusivement en vue de sa cession ultérieure, elle doit classer l'actif non courant (ou le groupe destiné à être cédé) comme détenu en vue de la vente à la date d'acquisition, uniquement si la condition de délai d'un an stipulée au paragraphe 8 est respectée (sauf exception permise par le paragraphe 9) et s'il est hautement probable que d'autres critères des paragraphes 7 et 8 qui ne sont pas respectés à cette date le seront dans un court délai après l'acquisition (généralement dans un délai de trois mois).

12 Si les critères des paragraphes 7 et 8 sont respectés après la période de reporting, l'entité ne doit pas classer un actif non courant (ou un groupe destiné à être cédé) comme détenu en vue de la vente dans ces états financiers lorsqu'ils sont publiés. Toutefois, lorsque ces critères sont respectés après la période de reporting mais avant l'autorisation des états financiers en vue de la publication, l'entité doit fournir dans les notes les informations spécifiées au paragraphe 41 a), b) et d).

12A Un actif non courant (ou un groupe destiné à être cédé) est classé comme détenu en vue de la distribution aux propriétaires lorsque l'entité a pris l'engagement de distribuer l'actif (ou le groupe destiné à être cédé) aux propriétaires. Pour que cela soit le cas, les actifs doivent être disponibles en vue d'une distribution immédiate dans leur état actuel, et la distribution doit être hautement probable. Pour que la distribution soit hautement probable, les mesures visant à réaliser la distribution doivent avoir été entreprises et leur achèvement doit être attendu dans un délai d'un an à compter de la date de classement. Les mesures nécessaires pour mener à bien la distribution doivent indiquer qu'il est improbable que des changements importants soient apportés à la distribution ou que la distribution soit annulée. La probabilité de l'approbation des actionnaires (si celle-ci est requise par la législation locale) doit être prise en compte pour évaluer si la vente est hautement probable.

ACTIFS NON COURANTS DEVANT ÊTRE ABANDONNÉS

13 Une entité ne doit pas classer comme détenu en vue de la vente un actif non courant (ou un groupe destiné à être cédé) qui doit être abandonné. Cela tient au fait que sa valeur comptable sera recouvrée principalement par le biais de l'utilisation continue. Toutefois, si le groupe destiné à être cédé qui doit être abandonné satisfait aux critères du paragraphe 32 a) à c), l'entité doit présenter les résultats et les flux de trésorerie du groupe destiné à être cédé comme des activités abandonnées selon les paragraphes 33 et 34, à la date à laquelle il cesse d'être utilisé. Les actifs non courants (ou les groupes destinés à être cédés) devant être abandonnés comprennent des actifs non courants (ou des groupes destinés à être cédés) qui doivent être utilisés jusqu'à la fin de leur vie économique et des actifs non courants (ou des groupes destinés à être cédés) qui seront fermés au lieu d'être vendus.

14 Une entité ne doit pas comptabiliser un actif non courant qui a été temporairement mis hors service comme s'il avait été abandonné.

Évaluation d'actifs non courants (ou de groupes destinés à être cédés) classés comme détenus en vue de la vente

ÉVALUATION D'UN ACTIF NON COURANT (OU D'UN GROUPE DESTINÉ À ÊTRE CÉDÉ)

15 Une entité doit évaluer un actif non courant (ou un groupe destiné à être cédé) classé comme détenu en vue de la vente au montant le plus bas entre sa valeur comptable et sa juste valeur diminuée des coûts de la vente.

15A Une entité doit évaluer un actif non courant (ou un groupe destiné à être cédé) classé comme détenu en vue d'une distribution aux propriétaires au montant le plus bas entre sa valeur comptable et sa juste valeur diminuée des coûts de distribution (*).

(*) Les coûts de distribution sont les coûts marginaux directement attribuables à la distribution, à l'exclusion des charges financières et de la charge d'impôt sur le résultat.

16 Si un actif (ou un groupe d'actifs) nouvellement acquis satisfait aux critères de classement comme détenu en vue de la vente (voir paragraphe 11), l'application du paragraphe 15 aboutira à l'évaluation de l'actif (ou du groupe destiné à être cédé) lors de la comptabilisation initiale au montant le plus bas entre sa valeur comptable s'il n'avait pas été ainsi classé (par exemple, coût) et sa juste valeur diminuée des coûts de la vente. En conséquence, si l'actif (ou le groupe destiné à être cédé) est acquis dans le cadre d'un regroupement d'entreprises, il doit être évalué à la juste valeur diminuée des coûts de la vente.

17 Lorsqu'on s'attend à ce que la vente ait lieu dans plus d'un an, l'entité doit évaluer les coûts de la vente à leur valeur actuelle. Toute augmentation de la valeur actuelle des coûts de la vente, générée par le passage du temps, doit être présentée en résultat en tant que coût de financement.

18 Immédiatement avant le classement initial de l'actif (ou du groupe destiné à être cédé) comme détenu en vue de la vente, les valeurs comptables de l'actif (ou de tous les actifs et passifs du groupe) doivent être évaluées selon les IFRS applicables.

19 Lors de la réévaluation ultérieure d'un groupe destiné à être cédé, les valeurs comptables de tous les actifs et passifs qui n'entrent pas dans le champ d'application des dispositions de la présente norme en matière d'évaluation, mais qui sont inclus dans un groupe destiné à être cédé classé comme détenu en vue de la vente, doivent être réévaluées conformément aux IFRS applicables avant que la juste valeur diminuée des coûts de la vente du groupe destiné à être cédé ne soit réévaluée.

COMPTABILISATION DES PERTES DE VALEUR ET DES REPRISES

20 Une entité doit comptabiliser une perte de valeur relative à toute réduction initiale ou ultérieure de l'actif (ou du groupe destiné à être cédé) à la juste valeur diminuée des coûts de la vente, dans la mesure où elle n'a pas été comptabilisée selon le paragraphe 19.

21 Une entité doit comptabiliser un profit au titre de toute augmentation ultérieure de la juste valeur diminuée des coûts de la vente d'un actif, mais n'excédant pas le cumul de pertes de valeurs comptabilisées, soit selon la présente norme, soit précédemment selon IAS 36 *Dépréciation d'actifs*.

22 Une entité doit comptabiliser un profit au titre de toute augmentation ultérieure de la juste valeur diminuée des coûts de la vente d'un groupe destiné à être cédé :

a) dans la mesure où il n'a pas été comptabilisé selon le paragraphe 19 ; mais

b) sans excéder la perte de valeur cumulée qui a été comptabilisée, soit selon la présente norme, soit précédemment selon IAS 36, sur les actifs non courants qui entrent dans le champ d'application des dispositions de la présente norme en matière d'évaluation.

23 La perte de valeur (ou tout profit ultérieur) comptabilisé au titre d'un groupe destiné à être cédé doit réduire (ou augmenter) la valeur comptable des actifs non courants du groupe qui entrent dans le champ d'application des dispositions de la présente norme en matière d'évaluation, dans l'ordre d'attribution exposé aux paragraphes 104 a) et b) et 122 d'IAS 36 (telle que révisée en 2004).

24 Un profit ou une perte non comptabilisé(e) précédemment à la date de la vente d'un actif non courant (ou d'un groupe destiné à être cédé) doit être comptabilisé(e) à la date de la décomptabilisation. Les dispositions relatives à la décomptabilisation sont énoncées :

a) aux paragraphes 67 à 72 d'IAS 16 (telle que révisée en 2003) en ce qui concerne les immobilisations corporelles ; et

b) aux paragraphes 112 à 117 d'IAS 38 *Immobilisations incorporelles* (telle que révisée en 2004) en ce qui concerne les immobilisations incorporelles.

25 Une entité ne doit pas amortir un actif non courant lorsqu'il est classé comme détenu en vue de la vente ou lorsqu'il fait partie d'un groupe classé comme détenu en vue de la vente. Il faut continuer à comptabiliser les intérêts et autres charges attribuables aux passifs d'un groupe classé comme détenu en vue de la vente.

MODIFICATIONS APPORTÉES À UN PLAN DE VENTE OU À UN PLAN DE DISTRIBUTION AUX PROPRIÉTAIRES

26 Si une entité a classé un actif (ou un groupe destiné à être cédé) comme détenu en vue de la vente ou comme détenu en vue d'une distribution aux propriétaires, mais qu'il n'est plus satisfait aux critères des paragraphes 7 à 9 (pour le classement comme détenu en vue de la vente) ou du paragraphe 12A (pour le classement comme détenu en vue d'une distribution aux propriétaires), l'entité doit cesser de classer l'actif (ou le groupe destiné à être cédé) comme détenu en vue de la vente ou comme détenu en vue d'une distribution aux propriétaires (respectivement). En pareil cas, l'entité doit suivre les indications des paragraphes 27 à 29 pour comptabiliser ce changement, sauf lorsque le paragraphe 26A s'applique.

26A Si une entité reclasse directement comme détenu en vue d'une distribution aux propriétaires un actif (ou un groupe destiné à être cédé) qui était classé comme détenu en vue de la vente, ou reclasse directement comme détenu en vue de la vente un actif (ou un groupe destiné à être cédé) qui était classé comme détenu en vue d'une distribution aux propriétaires, alors le changement de classement est considéré comme la poursuite du plan de cession initial.

L'entité :

a) ne doit pas suivre les indications des paragraphes 27 à 29 pour comptabiliser le changement. L'entité doit appliquer les dispositions en matière de classement, de présentation et d'évaluation de la présente norme qui sont applicables aux nouvelles modalités de cession ;

b) doit évaluer l'actif non courant (ou le groupe destiné à être cédé) en se conformant aux dispositions du paragraphe 15 (en cas de reclassement comme détenu en vue de la vente) ou du paragraphe 15A (en cas de reclassement comme détenu en vue d'une distribution aux propriétaires) et comptabiliser toute augmentation ou baisse de la juste valeur diminuée des coûts de la vente/coûts de la distribution de l'actif non courant (ou du groupe destiné à être cédé) en se conformant aux dispositions des paragraphes 20 à 25 ;

c) ne doit pas modifier la date de classement selon les paragraphes 8 et 12A. Cela n'empêche pas une prolongation du temps nécessaire pour conclure la vente ou la distribution aux propriétaires si les conditions du paragraphe 9 sont respectées.

27 L'entité doit évaluer un actif non courant (ou un groupe destiné à être cédé) qui cesse d'être classé comme détenu en vue ce la vente ou comme détenu en vue de la distribution aux propriétaires (ou qui cesse d'être inclus dans un groupe destiné à être cédé classé comme détenu en vue de la vente ou comme détenu en vue de la distribution aux propriétaires) au montant le plus bas entre :

a) sa valeur comptable avant le classement de l'actif (ou du groupe destiné à être cédé) comme détenu en vue de la vente ou comme détenu en vue de la distribution aux propriétaires, ajustée au titre de tout amortissement ou de toute réévaluation qui aurait été comptabilisé si l'actif (ou le groupe destiné à être cédé) n'avait pas été classé comme détenu en vue de la vente ou comme détenu en vue de la distribution aux propriétaires ; et

b) sa *valeur recouvrable* à la date de la décision ultérieure de ne pas le vendre ou le distribuer (*).

(*) Si l'actif non courant fait partie d'une unité génératrice de trésorerie, sa valeur recouvrable est la valeur comptable qui aurait été comptabilisée après l'attribution de toute perte de valeur générée sur cette unité génératrice de trésorerie selon IAS 36.

28 L'entité doit inclure tout ajustement nécessaire de la valeur comptable d'un actif non courant qui cesse d'être classé comme détenu en vue de la vente ou comme détenu en vue de la distribution aux propriétaires dans le résultat (*) des activités poursuivies de la période au cours de laquelle il n'est plus satisfait aux critères des paragraphes 7 à 9 ou 12A, respectivement. Les états financiers des périodes postérieures au classement de cet actif comme détenu en vue de la vente ou comme détenu en vue de la distribution aux propriétaires doivent être modifiés en conséquence si le groupe destiné à être cédé ou l'actif non courant qui cesse d'être classé comme détenu en vue de la vente ou comme détenu en vue de la distribution aux propriétaires est une filiale, une activité conjointe, une coentreprise, une entreprise associée, ou une fraction des intérêts détenus dans une coentreprise ou une entreprise associée. L'entité doit présenter cet ajustement dans la rubrique de l'état du résultat global utilisée pour présenter un profit ou une perte, le cas échéant, comptabilisé(e) selon le paragraphe 37.

(*) Sauf si l'actif est une immobilisation corporelle ou une immobilisation incorporelle qui a été réévaluée selon IAS 16 ou IAS 38 avant le classement comme détenue en vue de la vente, auquel cas l'ajustement doit être traité comme une augmentation ou une diminution de réévaluation.

29 Si une entité enlève un actif ou un passif pris individuellement d'un groupe destiné à être cédé qui est classé comme détenu en vue de la vente, les actifs et les passifs restants du groupe destiné à être vendu ne doivent continuer à être évalués en tant que groupe que si le groupe satisfait aux critères des paragraphes 7 à 9. Si une entité enlève un actif ou un passif pris individuellement d'un groupe destiné à être cédé qui est classé comme détenu en vue d'une distribution aux propriétaires, les actifs et les passifs restants du groupe destiné à être distribué ne doivent continuer à être évalués en tant que groupe que si ce groupe satisfait aux critères du paragraphe 12A. Dans le cas contraire, les actifs non courants restants du groupe qui, pris individuellement, satisfont aux critères pour être classés comme détenus en vue de la vente (ou comme détenus en vue de la distribution aux propriétaires) doivent être évalués individuellement au montant le plus bas entre leur valeur comptable et leur juste valeur diminuée des coûts de la vente (ou des coûts de la distribution) à cette date. Tous les actifs non courants qui ne satisfont pas aux critères pour être classés comme détenus en vue de la vente doivent cesser d'être classés comme tels, conformément au paragraphe 26. Tous les actifs non courants qui ne satisfont pas aux critères pour être classés comme détenus en vue d'une distribution aux propriétaires doivent cesser d'être classés comme tels, conformément au paragraphe 26.

Présentation et informations à fournir

30 Une entité doit présenter et fournir des informations qui permettent aux utilisateurs de ses états financiers d'évaluer les effets financiers des activités abandonnées et des cessions d'actifs non courants (ou de groupes destinés à être cédés).

PRÉSENTATION DES ACTIVITÉS ABANDONNÉES

31 Une *composante d'une entité* comprend des activités et des flux de trésorerie qui peuvent être clairement distingués, sur le plan opérationnel et pour la communication d'informations financières, du reste de l'entité. En d'autres termes, une composante d'une entité aura été une unité génératrice de trésorerie ou un groupe d'unités génératrices de trésorerie lorsqu'elle était détenue en vue de son utilisation.

32 Une activité abandonnée est une composante dont l'entité s'est séparée ou qui est classée comme détenue en vue de la vente, et :

a) représente une ligne d'activité ou une région géographique principale et distincte ;

b) fait partie d'un plan unique et coordonné pour se séparer d'une ligne d'activité ou d'une région géographique principale et distincte ; ou

c) est une filiale acquise exclusivement en vue de la revente.

33 Une entité doit fournir les informations suivantes :

a) un seul montant dans l'état du résultat global comprenant le total :

- i) du résultat après impôt des activités abandonnées ; et
- ii) du profit ou de la perte après impôt comptabilisé(e) résultant de l'évaluation à la juste valeur diminuée des coûts de la vente, ou de la cession des actifs ou du (des) groupe(s) destiné(s) à être cédé(s) constituant l'activité abandonnée ;

b) une analyse du montant unique prévu en a) indiquant :

i) les produits, les charges et le résultat avant impôt des activités abandonnées ;

ii) la charge d'impôt sur le résultat associée, en conformité avec le paragraphe 81 h) d'IAS 12 ;

iii) le profit ou la perte comptabilisé(e) résultant de l'évaluation à la juste valeur diminuée des coûts de la vente ou de la cession des actifs ou du (des) groupe(s) destiné(s) à être cédé(s) constituant l'activité abandonnée ; et

iv) la charge d'impôt sur le résultat associée, en conformité avec le paragraphe 81 h) d'IAS 12.

L'analyse peut être présentée soit dans les notes, soit dans l'état du résultat global. Si elle est présentée dans l'état du résultat global, elle doit l'être dans une section identifiée comme se rapportant aux activités abandonnées, c'est-à-dire séparément des activités poursuivies. L'analyse n'est pas nécessaire pour les groupes destinés à être cédés qui sont des filiales nouvellement acquises qui satisfont aux critères de classement comme détenues en vue de la vente à l'acquisition (voir paragraphe 11) ;

c) les flux de trésorerie nets attribuables aux activités d'exploitation, d'investissement et de financement des activités abandonnées. Ces informations peuvent être présentées soit dans les notes, soit dans les rubriques des états financiers. Ces informations ne sont pas nécessaires pour les groupes destinés à être cédés qui sont des filiales nouvellement acquises qui satisfont aux critères pour être classées comme détenues en vue de la vente à l'acquisition (voir paragraphe 11) ;

d) le montant du produit des activités poursuivies et des activités abandonnées attribuables aux propriétaires de la société mère. Ces informations peuvent être présentées soit dans les notes, soit dans l'état du résultat global.

33A Si l'entité présente les éléments du résultat dans un état séparé comme décrit au paragraphe 10A d'IAS 1 (telle que modifiée en 2011), une section expressément consacrée aux activités abandonnées est présentée dans cet état.

34 Une entité doit présenter de nouveau les informations à fournir conformément au paragraphe 33 au titre des périodes antérieures présentées dans les états financiers, afin que les informations à fournir portent sur toutes les activités qui ont été abandonnées avant la fin de la période de reporting de la dernière période présentée.

35 Des ajustements pendant la période considérée de montants présentés précédemment en activités abandonnées, qui sont directement liés à la sortie d'une activité abandonnée au cours d'une période précédente, doivent être classés séparément en activités abandonnées. La nature et le montant de tels ajustements doivent être indiqués. Des exemples de circonstances dans lesquelles ces ajustements peuvent survenir incluent ce qui suit :

a) la résolution d'incertitudes générées par les conditions de la transaction de cession, telles que la résolution des ajustements du prix d'achat et les questions d'indemnisation avec l'acheteur ;

b) la résolution d'incertitudes générées par et directement liées aux activités de la composante avant sa cession, telles que les obligations liées à l'environnement et celles de garantie liées au produit conservées par le vendeur ;

c) le règlement des obligations liées au régime d'avantages du personnel, à condition que le règlement soit directement lié à la transaction de cession.

36 Si une entité cesse de classer une composante d'une entité comme détenue en vue de la vente, le résultat des activités de la composante, présenté précédemment en activités abandonnées selon les paragraphes 33 à 35, doit être reclassé et inclus dans le résultat des activités poursuivies pour toutes les périodes présentées. Les montants au titre de périodes antérieures doivent être décrits comme ayant été présentés de nouveau.

36A Une entité qui s'est engagée vis-à-vis d'un plan de vente impliquant la perte de contrôle d'une filiale doit indiquer les informations requises par les paragraphes 33 à 36 lorsque la filiale est un groupe destiné à être cédé qui correspond à la définition d'une activité abandonnée conformément au paragraphe 32.

PROFITS OU PERTES LIÉS AUX ACTIVITÉS POURSUIVIES

37 Tout profit ou perte sur la réévaluation d'un actif non courant (ou d'un groupe destiné à être cédé) classé comme détenu en vue de la vente qui ne satisfait pas à la définition d'une activité abandonnée doit être inclus(e) dans le résultat généré par les activités poursuivies.

PRÉSENTATION D'UN ACTIF NON COURANT (OU D'UN GROUPE DESTINÉ À ÊTRE CÉDÉ) CLASSÉ COMME DÉTENU EN VUE DE LA VENTE

38 Une entité doit présenter un actif non courant classé comme détenu en vue de la vente et les actifs d'un groupe destiné à être cédé classé comme détenu en vue de la vente séparément des autres actifs dans l'état de la situation financière. Les passifs d'un groupe destiné à être cédé classé comme détenu en vue de la vente doivent être présentés séparément des autres passifs dans l'état de la situation financière. Ces actifs et ces passifs ne doivent pas être compensés et présentés comme un compte global. Les informations sur les principales catégories d'actifs et de passifs classés comme détenus en vue de la vente doivent être fournies séparément soit dans l'état de la situation financière, soit dans les notes, sauf exception permise par le paragraphe 39. Une entité doit présenter séparément tout cumul de produits ou de charges comptabilisé en autres éléments du résultat global lié à un actif non courant (ou à un groupe destiné à être cédé) classé comme détenu en vue de la vente.

39 Si le groupe destiné à être cédé est une filiale nouvellement acquise qui satisfait aux critères de classement comme détenue en vue de la vente dès l'acquisition (voir paragraphe 11), il n'est pas nécessaire de fournir des informations concernant les principales catégories d'actifs et de passifs.

40 Une entité ne doit pas reclasser ou présenter de nouveau des montants présentés au titre d'actifs non courants ou au titre des actifs et des passifs de groupes destinés à être cédés classés comme détenus en vue de la vente dans les états de la situation financière relatifs aux périodes antérieures pour refléter le classement dans l'état de la situation financière de la dernière période présentée.

INFORMATIONS COMPLÉMENTAIRES À FOURNIR

41 Une entité doit fournir les informations suivantes dans les notes pour la période au cours de laquelle un actif non courant (ou un groupe destiné à être cédé) a été soit classé comme détenu en vue de la vente, soit vendu :

a) une description de l'actif non courant (ou du groupe destiné à être cédé) ;

b) une description des faits et des circonstances de la vente, ou conduisant à la cession attendue, et les modalités et l'échéancier prévus pour cette cession ;

c) le profit ou la perte comptabilisé(e) selon les paragraphes 20 à 22 et, si ce profit ou cette perte n'est pas présenté(e) séparément dans l'état du résultat global, la rubrique de l'état du résultat global qui inclut ce profit ou cette perte ;

d) le cas échéant, le secteur à présenter dans lequel l'actif non courant (ou le groupe destiné à être cédé) est présenté selon IFRS 8 *Secteurs opérationnels*.

42 Dans le cas où soit le paragraphe 26, soit le paragraphe 29 s'applique, une entité doit fournir, dans la période où la décision a été prise de modifier le plan de vente de l'actif non courant (ou du groupe destiné à être cédé), une description des faits et des circonstances menant à la décision et l'effet de la décision sur les résultats des activités pour la période et pour toutes les périodes antérieures présentées.

Dispositions transitoires

43 La présente norme s'applique de manière prospective aux actifs non courants (ou aux groupes destinés à être cédés) qui satisfont aux critères de classement comme détenus en vue de la vente et aux activités qui satisfont aux critères de classement comme abandonnées après la date d'entrée en vigueur de la présente norme. Une entité peut appliquer les dispositions de la présente norme à tous les actifs non courants (ou aux groupes destinés à être cédés) qui satisfont aux critères de classement comme détenus en vue de la vente et aux activités qui satisfont aux critères de classement comme abandonnées après toute date avant la date d'entrée en vigueur de la présente norme, à condition que les évaluations et autres informations nécessaires pour appliquer la présente norme aient été obtenues au moment où ces critères étaient initialement respectés.

Date d'entrée en vigueur

44 L'entité doit appliquer la présente norme pour les exercices ouverts à compter du 1er janvier 2005. Une application anticipée est encouragée. Si l'entité applique la présente norme pour une période ouverte avant le 1er janvier 2005, elle doit l'indiquer.

44A La publication d'IAS 1 (telle que révisée en 2007) a donné lieu à la modification de la terminologie utilisée dans les IFRS. En outre, elle a donné lieu à la modification des paragraphes 3 et 38 et à l'ajout du paragraphe 33A. L'entité doit appliquer ces modifications pour les exercices ouverts à compter du 1er janvier 2009. Si l'entité applique IAS 1 (révisée en 2007) pour une période antérieure, les modifications doivent être appliquées pour cette période antérieure.

44B La publication d'IAS 27 *États financiers consolidés et individuels* (telle que modifiée en 2008) a donné lieu à l'ajout du paragraphe 33 d). L'entité doit appliquer cette modification pour les exercices ouverts à compter du 1er juillet 2009. Si l'entité applique IAS 27 (modifiée en 2008) pour une période antérieure, la modification doit être appliquée pour cette période antérieure. La modification doit être appliquée de manière rétrospective.

44C La publication des *Améliorations des IFRS* en mai 2008 a donné lieu à l'ajout des paragraphes 8A et 36A. L'entité doit appliquer ces modifications pour les exercices ouverts à compter du 1er juillet 2009. Une application anticipée est autorisée. Toutefois, l'entité ne doit pas appliquer ces modifications pour les exercices ouverts avant le 1er juillet 2009 si elle n'applique pas également IAS 27 (telle que modifiée en mai 2008). Si l'entité applique les modifications avant le 1er juillet 2009, elle doit l'indiquer. L'entité doit appliquer les modifications à titre prospectif à compter de la date à laquelle elle a appliqué pour la première fois IFRS 5, sous réserve de l'application des dispositions transitoires du paragraphe 45 d'IAS 27 (modifiée en mai 2008).

44D La publication d'IFRIC 17 *Distributions d'actifs non monétaires aux propriétaires*, en novembre 2008, a donné lieu à l'ajout des paragraphes 5A, 12A et 15A et à la modification du paragraphe 8. Ces modifications doivent être appliquées à titre prospectif aux actifs non courants (ou groupes destinés à être cédés) classés comme étant détenus en vue d'une distribution aux propriétaires au cours des exercices ouverts à compter du 1er juillet 2009. Une application rétrospective n'est pas autorisée. Une application anticipée est autorisée. Si l'entité applique les modifications pour une période ouverte avant le 1er juillet 2009, elle doit l'indiquer et appliquer également IFRS 3 *Regroupements d'entreprises* (telle que révisée en 2008), IAS 27 (telle que modifiée en janvier 2008) et IFRIC 17.

44E La publication des *Améliorations des IFRS*, en avril 2009, a donné lieu à l'ajout du paragraphe 5B. L'entité doit appliquer cette modification à titre prospectif pour les exercices ouverts à compter du 1er janvier 2010. Une application anticipée est autorisée. Si l'entité applique la modification pour une période antérieure, elle doit l'indiquer.

44F [Supprimé]

44G La publication d'IFRS 11 *Partenariats*, en mai 2011, a donné lieu à la modification du paragraphe 28. L'entité qui applique IFRS 11 doit appliquer cette modification.

44H La publication d'IFRS 13 *Évaluation de la juste valeur*, en mai 2011, a donné lieu à la modification de la définition de la juste valeur et de la définition de la valeur recouvrable dans l'appendice A. L'entité qui applique IFRS 13 doit appliquer ces modifications.

44I La publication de *Présentation des autres éléments du résultat global* (Modification d'IAS 1), en juin 2011, a donné lieu à la modification du paragraphe 33A. L'entité qui applique IAS 1 telle que modifiée en juin 2011 doit appliquer cette modification.

44K La publication d'IFRS 9, en juillet 2014, a donné lieu à la modification du paragraphe 5 et à la suppression des paragraphes 44F et 44 J. L'entité qui applique IFRS 9 doit appliquer ces modifications.

44L La publication des *Améliorations annuelles des IFRS – Cycle 2012-2014*, en septembre 2014, a donné lieu à la modification des paragraphes 26 à 29, et à l'ajout du paragraphe 26A. L'entité doit appliquer ces modifications à titre prospectif, conformément à IAS 8 *Méthodes comptables, changements d'estimations comptables et erreurs*, aux changements apportés aux modalités de cession au cours des exercices ouverts à compter du 1er janvier 2016. Une application anticipée est autorisée. Si l'entité applique les modifications pour une période antérieure, elle doit l'indiquer.

Activités abandonnées

44M La publication d'IFRS 17, en mai 2017, a donné lieu à la modification du paragraphe 5. L'entité qui applique IFRS 17 doit appliquer cette modification.

Retrait d'IAS 35

45 La présente norme annule et remplace IAS 35 *Abandon d'activités*.

Appendice A – Définitions

Le présent appendice fait partie intégrante de la présente norme.

Unité génératrice de trésorerie	Plus petit groupe identifiable d'actifs qui génère des entrées de trésorerie largement indépendantes des entrées de trésorerie générées par d'autres actifs ou groupes d'actifs.
Composante d'une entité	Activités et flux de trésorerie qui peuvent être clairement distingués, sur le plan opérationnel et pour la communication d'informations financières, du reste de l'entité.
Coûts de la vente	Coûts marginaux directement attribuables à la cession d'un actif (ou d'un **groupe destiné à être cédé**), à l'exclusion des charges financières et de la charge d'impôt sur le résultat.
Actif courant	L'entité doit classer un actif en tant qu'actif courant lorsque : a) elle s'attend à réaliser l'actif ou qu'elle entend le vendre ou le consommer dans son cycle d'exploitation normal ; b) elle détient l'actif principalement aux fins d'être négocié ; c) elle s'attend à réaliser cet actif dans les douze mois qui suivent la période de reporting ; ou d) l'actif se compose de trésorerie ou d'équivalents de trésorerie (tels que définis dans IAS 7), sauf s'il ne peut être échangé ou utilisé pour régler un passif pendant au moins douze mois après la période de reporting.
Activité abandonnée	**Composante d'une entité** dont l'entité s'est séparée ou bien qui est classée comme détenue en vue de la vente et qui : a) représente une ligne d'activité ou une région géographique principale et distincte ; b) fait partie d'un plan unique et coordonné pour se séparer d'une ligne d'activité ou d'une région géographique principale et distincte ; ou c) est une filiale acquise exclusivement en vue de la revente.
Groupe destiné à être cédé	Groupe d'actifs destinés à être cédés, par la vente ou d'une autre manière, ensemble en tant que groupe dans une transaction unique, et les passifs directement liés à ces actifs qui seront transférés lors de la transaction. Le groupe inclut le *goodwill* acquis lors d'un regroupement d'entreprises si le groupe est une **unité génératrice de trésorerie** à laquelle un *goodwill* a été attribué selon les dispositions des paragraphes 80 à 87 d'IAS 36 *Dépréciation d'actifs* (telle que révisée en 2004), ou s'il s'agit d'une activité au sein d'une telle unité génératrice de trésorerie.
Juste valeur	La *juste valeur* est le prix qui serait reçu pour la vente d'un actif ou payé pour le transfert d'un passif lors d'une transaction normale entre des participants de marché à la date d'évaluation (voir IFRS 13).
Engagement d'achat ferme	Accord avec une partie non liée, irrévocable pour les deux parties et habituellement juridiquement exécutoire, qui a) spécifie toutes les conditions importantes, y compris le prix et l'échéancier des transactions et b) inclut un élément dissuadant l'inexécution qui est suffisamment important pour rendre l'exécution **hautement probable**.
Hautement probable	Significativement plus **probable** qu'improbable.
Actif non courant	Actif qui ne satisfait pas à la définition d'un **actif courant**.
Probable	Plus probable qu'improbable.
Valeur recouvrable	Valeur la plus élevée entre la **juste valeur** d'un actif diminuée des coûts de la vente et sa **valeur d'utilité**.
Valeur d'utilité	Valeur actuelle des flux de trésorerie futurs estimés attendus de l'utilisation continue d'un actif et de sa cession à la fin de sa durée d'utilité.

Appendice B – Guide d'application

Le présent appendice fait partie intégrante de la présente norme.

PROLONGATION DU TEMPS NÉCESSAIRE POUR CONCLURE UNE VENTE

B1 Comme indiqué au paragraphe 9, une prolongation du temps nécessaire pour conclure une vente n'empêche pas un actif (ou un groupe destiné à être cédé) d'être classé comme détenu en vue de la vente si le retard est causé par des événements ou des circonstances indépendants du contrôle de l'entité et s'il y a suffisamment d'éléments probants démontrant que l'entité demeure engagée vis-à-vis de son plan de vente de l'actif (ou du groupe destiné à être cédé). Il doit par conséquent être fait exception à la condition de délai d'un an stipulée au paragraphe 8 dans les situations suivantes où de tels événements ou circonstances surviennent :

a) à la date à laquelle elle s'engage vis-à-vis d'un plan de cession d'un actif non courant (ou d'un groupe destiné à être cédé), l'entité s'attend de manière raisonnable à ce que des tiers (distincts d'un acheteur) imposent des conditions au transfert de l'actif (ou du groupe destiné à être cédé) qui prolongeront le temps nécessaire pour conclure la vente, et :

i) les actions nécessaires pour satisfaire à ces conditions ne peuvent pas être mises en œuvre avant l'obtention d'un *engagement d'achat ferme* ; et

ii) un engagement d'achat ferme est hautement probable dans le délai d'une année.

b) l'entité obtient un engagement d'achat ferme à la suite duquel un acheteur ou d'autres tiers imposent de manière inattendue des conditions au transfert d'un actif non courant (ou d'un groupe destiné à être cédé) classé précédemment comme détenu en vue de la vente qui prolongeront le temps nécessaire pour conclure la vente, et :

i) les mesures nécessaires pour faire face aux conditions ont été prises avec diligence ; et

ii) on s'attend à une résolution favorable des facteurs de retard.

c) pendant la période initiale d'une année, des circonstances surviennent qui étaient précédemment considérées comme peu probables et, en conséquence, un actif non courant (ou un groupe destiné à être cédé) classé auparavant comme détenu en vue de la vente n'est pas vendu à la fin de cette période, et :

i) au cours de la période initiale d'une année, l'entité a pris les mesures nécessaires pour faire face au changement de circonstances ;

ii) l'actif non courant (ou le groupe destiné à être cédé) est activement commercialisé à un prix qui est raisonnable, étant donné le changement de circonstances ; et

iii) les critères des paragraphes 7 et 8 sont respectés.

IFRS 6

Prospection et évaluation de ressources minérales

[règlt UE 2023/1803]

Objectif

1 L'objectif de la présente norme est de préciser l'information financière relative à *la prospection et l'évaluation de ressources minérales*.

2 En particulier, la présente norme impose :

a) des améliorations limitées aux pratiques comptables existantes relatives aux *dépenses de prospection et d'évaluation* ;

b) aux entités qui comptabilisent des *actifs au titre de la prospection et de l'évaluation* de procéder à des tests de dépréciation de ces actifs selon la présente norme IFRS et d'évaluer toute dépréciation selon IAS 36 *Dépréciation d'actifs* ;

c) de fournir des informations qui identifient et expliquent les montants figurant dans les états financiers de l'entité, générés par la prospection et l'évaluation de ressources minérales, et aident les utilisateurs de ces états financiers à comprendre le montant, l'échéance et le degré de certitude des flux de trésorerie futurs découlant des actifs au titre de la prospection et de l'évaluation comptabilisés.

Champ d'application

3 Une entité doit appliquer la présente norme aux dépenses de prospection et d'évaluation qu'elle engage.

4 La norme ne traite pas d'autres aspects de la comptabilisation par des entités se livrant à la prospection et l'évaluation de ressources minérales.

5 Une entité ne doit pas appliquer la présente norme aux dépenses engagées :

a) avant la prospection et l'évaluation de ressources minérales, telles que les dépenses engagées avant que l'entité n'ait obtenu les droits légaux de prospecter une zone spécifique ;

b) après que la faisabilité technique et la viabilité commerciale de l'extraction d'une ressource minérale ont été démontrées.

Comptabilisation des actifs au titre de la prospection et de l'évaluation

EXEMPTION TEMPORAIRE DES PARAGRAPHES 11 ET 12 D'IAS 8

6 Lors de l'élaboration de ses méthodes comptables, une entité comptabilisant des actifs au titre de la prospection et de l'évaluation doit appliquer le paragraphe 10 d'IAS 8 *Méthodes comptables, changements d'estimations comptables et erreurs*.

7 Les paragraphes 11 à 12 d'IAS 8 spécifient les sources des dispositions et indications faisant autorité que la direction est tenue de prendre en compte dans l'élaboration d'une méthode comptable relative à un élément si aucune norme ne s'applique spécifiquement à cet élément. Sous réserve des paragraphes 9 et 10 ci-après, la présente norme IFRS exempte une entité de l'application de ces paragraphes à ses méthodes comptables concernant la comptabilisation et l'évaluation des actifs au titre de la prospection et de l'évaluation.

Évaluation des actifs au titre de la prospection et de l'évaluation

ÉVALUATION LORS DE LA COMPTABILISATION

8 **Les actifs au titre de la prospection et de l'évaluation doivent être évalués au coût.**

ÉLÉMENTS DU COÛT DES ACTIFS AU TITRE DE LA PROSPECTION ET DE L'ÉVALUATION

9 Une entité doit déterminer une méthode comptable précisant quelles dépenses sont comptabilisées en actifs au titre de la prospection et de l'évaluation et appliquer cette méthode de manière cohérente et permanente. Dans cette détermination, une entité prend en compte la mesure dans laquelle la dépense peut être associée à la découverte de ressources minérales spécifiques. Les exemples suivants illustrent des dépenses susceptibles d'être incluses dans l'évaluation initiale d'actifs au titre de la prospection et de l'évaluation (la liste n'est pas exhaustive) :

a) acquisition de droits de prospecter ;

b) études topographiques, géologiques, géochimiques et géophysiques ;

c) forage d'exploration ;

d) creusement de tranchées ;

e) échantillonnage ; et

f) activités en liaison avec l'évaluation de la faisabilité technique et de la viabilité commerciale de l'extraction d'une ressource minérale.

10 Les dépenses liées au développement des ressources minérales ne doivent pas être comptabilisées en tant qu'actifs au titre de la prospection et de l'évaluation. Le *Cadre conceptuel de l'information financière* et IAS 38 *Immobilisations incorporelles* fournissent des indications sur la comptabilisation d'actifs générés par le développement.

11 Une entité comptabilise les obligations d'enlèvement et de remise en état contractées pendant une période particulière et résultant de ses activités de prospection et évaluation de ressources minérales selon IAS 37 *Provisions, passifs éventuels et actifs éventuels*.

ÉVALUATION APRÈS COMPTABILISATION

12 Après comptabilisation, l'entité doit appliquer aux actifs au titre de la prospection et de l'évaluation soit le modèle du coût, soit le modèle de la réévaluation. Si le modèle de la réévaluation est appliqué (soit le modèle mentionné dans IAS 16 *Immobilisations corporelles*, soit le modèle figurant dans IAS 38), il doit être cohérent avec le classement des actifs (voir paragraphe 15).

CHANGEMENTS DE MÉTHODES COMPTABLES

13 Une entité peut changer ses méthodes comptables relatives aux dépenses de prospection et d'évaluation si le changement rend les états financiers plus pertinents pour les besoins des prises de décisions économiques des utilisateurs sans les rendre moins fiables, ou les rend plus fiables sans les rendre moins pertinents pour ces besoins. Une entité doit juger de la pertinence et de la fiabilité d'après les critères d'IAS 8.

14 Pour justifier le changement de ses méthodes comptables relatives aux dépenses de prospection et d'évaluation, une entité doit démontrer que, à la suite du changement, ses états financiers satisfont mieux aux critères d'IAS 8, mais il n'est pas nécessaire que le changement assure une conformité totale à ces critères.

Présentation

CLASSEMENT DES ACTIFS AU TITRE DE LA PROSPECTION ET DE L'ÉVALUATION

15 Une entité doit classer les actifs au titre de la prospection et de l'évaluation en immobilisations corporelles ou incorporelles selon la nature des actifs acquis et appliquer ce classement de manière cohérente et permanente.

16 Certains actifs au titre de la prospection et de l'évaluation sont traités comme des immobilisations incorporelles (par exemple, droits de forage), alors que d'autres sont des immobilisations corporelles (par exemple, véhicules et appareils de forage). Dans la mesure où un actif corporel est consommé dans le développement d'un actif incorporel, le montant reflétant cette consommation fait partie du coût de l'actif incorporel. Toutefois, l'utilisation d'un actif corporel en vue du développement d'un actif incorporel ne transforme pas un actif corporel en un actif incorporel.

RECLASSEMENT DES ACTIFS AU TITRE DE LA PROSPECTION ET DE L'ÉVALUATION

17 Un actif au titre de la prospection et de l'évaluation ne doit plus être classé comme tel lorsque la faisabilité technique et la viabilité commerciale de l'extraction d'une ressource minérale sont démontrables. Les actifs au titre de la prospection et de l'évaluation doivent être soumis à un test de dépréciation, et toute perte de valeur doit être comptabilisée avant le reclassement.

Dépréciation

COMPTABILISATION ET ÉVALUATION

18 Les actifs au titre de la prospection et de l'évaluation doivent être soumis à un test de dépréciation lorsque les faits et circonstances

suggèrent que la valeur comptable d'un actif au titre de la prospection et de l'évaluation peut excéder sa valeur recouvrable. Lorsque les faits et les circonstances suggèrent que la valeur comptable excède la valeur recouvrable, une entité doit évaluer, présenter et fournir des informations sur toute perte de valeur qui pourrait en résulter selon IAS 36, sauf dispositions du paragraphe 21 ci-après.

19 Uniquement aux fins des actifs au titre de la prospection et de l'évaluation, le paragraphe 20 de la présente norme IFRS s'applique plutôt que les paragraphes 8 à 17 d'IAS 36 lors de l'identification d'un actif au titre de la prospection et de l'évaluation susceptible de s'être déprécié. Le paragraphe 20 utilise l'expression « actifs » mais s'applique aussi bien à des actifs au titre de la prospection et de l'évaluation pris individuellement qu'à une unité génératrice de trésorerie.

20 Un ou plusieurs faits et circonstances suivants indiquent qu'une entité doit soumettre les actifs au titre de la prospection et de l'évaluation à des tests de dépréciation (la liste n'est pas exhaustive) :

a) la période pendant laquelle l'entité a le droit de prospecter dans la zone spécifique a expiré pendant cette période ou expirera dans un proche avenir, et il n'est pas prévu qu'elle soit renouvelée ;

b) d'importantes dépenses de prospection et d'évaluation ultérieures de ressources minérales dans la zone spécifique ne sont ni prévues au budget ni programmées ;

c) la prospection et l'évaluation de ressources minérales dans la zone spécifique n'ont pas mené à la découverte de quantités de ressources minérales commercialement viables, et l'entité a décidé de cesser de telles activités dans la zone spécifique ;

d) des données suffisantes existent pour indiquer que, bien qu'il soit probable qu'un développement dans la zone spécifique se poursuive, la valeur comptable de l'actif de prospection et d'évaluation ne sera probablement pas récupérée dans sa totalité à la suite du développement réussi ou de la vente.

Dans un tel cas, ou des cas similaires, l'entité doit procéder à un test de dépréciation selon IAS 36. Toute perte de valeur est comptabilisée en charge selon IAS 36.

SPÉCIFICATION DU NIVEAU AUQUEL LES ACTIFS AU TITRE DE LA PROSPECTION ET DE L'ÉVALUATION SONT SOUMIS À DES TESTS DE DÉPRÉCIATION

21 Une entité doit déterminer une méthode comptable pour attribuer les actifs au titre de la prospection et de l'évaluation à des unités génératrices de trésorerie ou à des groupes d'unités génératrices de trésorerie dans le but d'estimer la dépréciation de tels actifs. Chaque unité ou groupe d'unités génératrices de trésorerie auquel un actif au titre de la prospection et de l'évaluation est attribué ne doit pas être plus grand qu'un secteur opérationnel déterminé selon IFRS 8 *Secteurs opérationnels*.

22 Le niveau identifié par l'entité pour soumettre les actifs au titre de la prospection et de l'évaluation à un test de dépréciation peut comprendre une ou plusieurs unités génératrices de trésorerie.

Informations à fournir

23 **Une entité doit fournir des informations qui identifient et expliquent les montants comptabilisés dans ses états financiers générés par la prospection et l'évaluation de ressources minérales.**

24 Pour se conformer aux dispositions du paragraphe 23, une entité doit fournir les informations suivantes :

a) ses méthodes comptables relatives aux dépenses de prospection et d'évaluation, y compris la comptabilisation des actifs au titre de la prospection et de l'évaluation ;

b) les montants d'actifs, de passifs, de produits et de charges, ainsi que les flux de trésorerie opérationnels et d'investissement découlant de la prospection et de l'évaluation de ressources minérales.

25 Une entité doit traiter les actifs au titre de la prospection et de l'évaluation en tant que classe d'actifs distincte et donner les informations imposées soit par IAS 16, soit par IAS 38, de manière cohérente avec le classement des actifs.

Date d'entrée en vigueur

26 L'entité doit appliquer la présente norme pour les exercices ouverts à compter du 1er janvier 2006. Une application anticipée est encouragée. Si l'entité applique la présente norme pour une période ouverte avant le 1er janvier 2006, elle doit l'indiquer.

26A La publication des *Modifications des références au Cadre conceptuel dans les normes IFRS*, en 2018, a donné lieu à la modification du paragraphe 10. L'entité doit appliquer cette modification pour les exercices ouverts à compter du 1er janvier 2020. Une application anticipée est autorisée si l'entité applique aussi, en même temps, toutes les autres modifications introduites par les *Modifications des références au Cadre conceptuel dans les normes IFRS*. L'entité doit appliquer cette modification d'IFRS 6 de façon rétrospective selon IAS 8 *Méthodes comptables, changements d'estimations comptables et erreurs*. Toutefois, si l'entité constate qu'une application rétrospective serait impraticable ou impliquerait un coût ou un effort excessif, elle doit appliquer la modification d'IFRS 2 en se reportant aux paragraphes 23 à 28, 50 à 53 et 54F d'IAS 8.

Dispositions transitoires

27 S'il est impraticable d'appliquer une disposition particulière du paragraphe 18 aux informations comparatives qui se rapportent aux exercices ouverts avant le 1er janvier 2006, l'entité doit l'indiquer. IAS 8 explique le terme « impraticable ».

Appendice A – Définitions

Le présent appendice fait partie intégrante de la présente norme.

Actifs au titre de la prospection et de l'évaluation	**Dépenses de prospection et d'évaluation** comptabilisées en actifs selon la méthode comptable de l'entité.
Dépenses de prospection et d'évaluation	Dépenses engagées par une entité en rapport avec la **prospection et l'évaluation de ressources minérales** avant que la faisabilité technique et la viabilité commerciale de l'extraction d'une ressource minérale ne soient démontrables.
Prospection et évaluation de ressources minérales	La recherche de ressources minérales, dont les minerais, le pétrole, le gaz naturel et autres ressources non renouvelables similaires après l'obtention par l'entité des droits légaux pour prospecter la zone spécifique, ainsi que la détermination de la faisabilité technique et de la viabilité commerciale de l'extraction des ressources minérales.

IFRS 7

Instruments financiers : informations à fournir

[règlt UE 2023/1803 modifié par les règlts UE 2024/1317, UE 2025/1047 et UE 2025/1266]

Objectif

1 L'objectif de la présente norme est d'imposer aux entités de fournir des informations dans leurs états financiers, de façon à permettre aux utilisateurs d'évaluer :

a) l'importance des instruments financiers au regard de la situation financière et de la performance financière de l'entité ; et

b) la nature et l'ampleur des risques découlant des instruments financiers auxquels l'entité est exposée au cours de la période et à la fin de la période de reporting, ainsi que la façon dont l'entité gère ces risques.

2 Les principes exposés dans la présente norme complètent les principes de comptabilisation, d'évaluation et de présentation des actifs financiers et des passifs financiers énoncés dans IAS 32 *Instruments financiers : présentation* et IFRS 9 *Instruments financiers*.

Champ d'application

3 La présente norme doit être appliquée par toutes les entités à tous les types d'instruments financiers, excepté :

a) les intérêts détenus dans des filiales, des entreprises associées et des coentreprises comptabilisées conformément à IFRS 10 *États financiers consolidés*, IAS 27 *États financiers individuels* ou IAS 28 *Participations dans des entreprises associées et des coentreprises*. Toutefois, dans certains cas, IFRS 10, IAS 27 ou IAS 28 imposent ou permettent aux entités de comptabiliser des intérêts détenus dans une filiale, une entreprise associée ou une coentreprise selon IFRS 9 ; dans ces cas, les entités doivent appliquer les dispositions de la présente norme et, dans le cas de ceux qui sont évalués à la juste valeur, les dispositions d'IFRS 13 *Évaluation de la juste valeur*. Les entités doivent également appliquer la présente norme à tout dérivé lié à des intérêts détenus dans des filiales, des entreprises associées ou des coentreprises, sauf si le dérivé répond à la définition d'un instrument de capitaux propres selon IAS 32 ;

b) les droits et les obligations des employeurs découlant de régimes d'avantages du personnel auxquels s'applique IAS 19 *Avantages du personnel* ;

d) les contrats d'assurance tels que définis dans IFRS 17 *Contrats d'assurance* ou les contrats d'investissement avec éléments de participation discrétion-

naire entrant dans le champ d'application d'IFRS 17. Toutefois, la présente norme s'applique aux éléments suivants :

i) les dérivés qui sont incorporés dans des contrats entrant dans le champ d'application d'IFRS 17, lorsque IFRS 9 exige que l'entité comptabilise ces dérivés séparément ;

ii) les composantes investissement qui sont séparées de contrats entrant dans le champ d'application d'IFRS 17, lorsque cette dernière exige cette séparation, sauf si ces composantes sont des contrats d'investissement avec éléments de participation discrétionnaire ;

iii) les droits et obligations conférés à leur émetteur par des contrats d'assurance qui répondent à la définition de *contrats de garantie financière* si l'émetteur comptabilise et évalue ces contrats conformément à IFRS 9. Toutefois, lorsque l'émetteur choisit de comptabiliser et d'évaluer ces contrats conformément à IFRS 17, en application du paragraphe 7 e) de ladite norme, il doit appliquer cette dernière ;

iv) les droits et obligations de l'entité qui sont des instruments financiers découlant de contrats de carte de crédit, ou de contrats similaires qui prévoient des modalités de crédit ou de paiement, que l'entité émet et qui répondent à la définition d'un contrat d'assurance si, conformément au paragraphe 7 h) d'IFRS 17 et au paragraphe 2.1 e) iv) d'IFRS 9, l'entité applique IFRS 9 à ces droits et obligations ;

v) les droits et obligations de l'entité qui sont des instruments financiers découlant de contrats d'assurance que l'entité émet et qui limitent le montant d'indemnisation pour les événements assurés au montant qui serait requis pour le règlement de l'obligation du titulaire de police découlant du contrat si, conformément au paragraphe 8A d'IFRS 17, l'entité choisit d'appliquer IFRS 9 plutôt qu'IFRS 17 à ces contrats ;

e) les instruments financiers, les contrats et les obligations liés à des transactions dont le paiement est fondé sur des actions et auxquels IFRS 2 *Paiement fondé sur des actions* s'applique, compte tenu cependant du fait que la présente norme s'applique aux contrats entrant dans le champ d'application d'IFRS 9 ;

f) les instruments qui doivent être classés comme instruments de capitaux propres selon les paragraphes 16A et 16B ou les paragraphes 16C et 16D d'IAS 32.

4 La présente norme s'applique aux instruments financiers comptabilisés ou non. Les instruments financiers comptabilisés incluent les actifs financiers et les passifs financiers entrant dans le champ d'application d'IFRS 9. Les instruments financiers non comptabilisés incluent certains nstruments financiers qui, bien que n'entrant pas dans le champ d'application d'IFRS 9, entrent dans le champ d'application de la présente norme.

5 La présente norme s'applique aux contrats d'achat ou de vente d'un élément non financier qui entrent dans le champ d'application d IFRS 9.

5A Les obligations d'information énoncées aux paragraphes 35A à 35N sur le risque de crédit s'appliquent aux droits qui, selon IFRS 15 *Produits des activités ordinaires tirés de contrats conclus avec des clients*, sont à traiter conformément à IFRS 9 aux fins de la comptabilisation des gains et pertes de valeur. Sauf indication contraire, toute référence aux actifs financiers ou aux instruments financiers dans ces paragraphes englobe ces droits.

5B Les dispositions énoncées au paragraphe 30A ne s'appliquent qu'aux contrats d'achat d'électricité produite à partir de sources naturelles qui satisfont aux dispositions du paragraphe 2.3A d'IFRS 9 et qui n'entrent pas dans le champ d'application de ladite norme selon les paragraphes B2.7 et B2.8 d'IFRS 9.

5C Les dispositions énoncées au paragraphe 30B ne s'appliquent qu'aux contrats qui satisfont aux dispositions du paragraphe 2.3A d'IFRS 9 et qui ont été désignés comme étant dans une relation de couverture de flux de trésorerie selon le paragraphe 6.10.1 d'IFRS 9.

5D Les dispositions énoncées au paragraphe 30C ne s'appliquent qu'aux contrats qui satisfont aux dispositions du paragraphe 2.3A d'IFRS 9 et qui ont été conclus en vue de l'achat d'électricité par l'entité. Sont compris dans ces contrats ceux qui :

a) entrent dans le champ d'application d'IFRS 9 ; et

b) n'entrent pas dans le champ d'application d'IFRS 9 selon le paragraphe 2.4 de ladite norme, y compris ceux qui en sont exclus selon les paragraphes B2.7 et B2.8 de ladite norme.

Classes d'instruments financiers et niveau d'information à fournir

6 Lorsque la présente norme requiert qu'une information soit présentée par classe d'instruments financiers, l'entité doit regrouper les instruments financiers dans des classes adaptées à la nature des informations fournies et tenant compte des caractéristiques de ces instruments. Une entité doit fournir des informations suffisantes pour permettre un rapprochement avec les postes présentés dans l'état de la situation financière.

Importance des instruments financiers au regard de la situation et de la performance financières

7 L'entité doit fournir des informations permettant aux utilisateurs de ses états financiers d'évaluer l'importance des instruments financiers au regard de sa situation et de sa performance financières.

ÉTAT DE LA SITUATION FINANCIÈRE

➡ Catégories d'actifs financiers et de passifs financiers

8 La valeur comptable de chacune des catégories suivantes, telles que définies dans IFRS 9, doit être indiquée soit dans l'état de la situation financière, soit dans les notes :

a) les actifs financiers évalués à la juste valeur par le biais du résultat net, en indiquant séparément i) les éléments désignés comme tels lors de leur comptabilisation initiale ou ultérieurement selon le paragraphe 6.7.1 d'IFRS 9 ; ii) les éléments évalués comme tels conformément au paragraphe 3.3.5 d'IFRS 9 ; iii) les éléments évalués comme tels conformément au paragraphe 33A d'IAS 32, et iv) les éléments qu'il est obligatoire d'évaluer à la juste valeur par le biais du résultat net selon IFRS 9 ;

b) à d) [Supprimé]

e) les passifs financiers évalués à la juste valeur par le biais du résultat net, en indiquant séparément i) les éléments désignés comme tels lors de leur comptabilisation initiale ou ultérieurement selon le paragraphe 6.7.1 d'IFRS 9, et ii) les éléments qui répondent à la définition de « détenu à des fins de transaction » selon IFRS 9 ;

f) les actifs financiers évalués au coût amorti ;

g) les passifs financiers évalués au coût amorti ;

h) les actifs financiers évalués à la juste valeur par le biais des autres éléments du résultat global, en indiquant séparément i) les actifs financiers qui sont évalués à la juste valeur par le biais des autres éléments du résultat global selon le paragraphe 4.1.2A d'IFRS 9 ; et ii) les placements dans des instruments de capitaux propres désignés comme tels lors de leur comptabilisation initiale selon le paragraphe 5.7.5 d'IFRS 9.

➡ Actifs financiers ou passifs financiers évalués à la juste valeur par le biais du résultat net

9 Si l'entité a désigné comme étant évalué à la juste valeur par le biais du résultat net un actif financier (ou un groupe d'actifs financiers) qui serait sinon évalué à la juste valeur par le biais des autres éléments du résultat global ou au coût amorti, elle doit indiquer :

a) l'exposition maximale au *risque de crédit* [voir paragraphe 36 a)] de l'actif financier (ou du groupe d'actifs financiers) à la fin de la période de reporting ;

b) le montant à hauteur duquel les dérivés de crédit liés et instruments similaires limitent cette exposition maximale au risque de crédit [voir paragraphe 36 b)] ;

c) le montant de la variation de la juste valeur de l'actif financier (ou du groupe d'actifs financiers), au cours de la période et en cumulé, qui est imputable aux changements du risque de crédit de l'actif financier, déterminé :

i) soit comme étant le montant de la variation de sa juste valeur qui n'est pas imputable aux changements des conditions de marché qui donnent naissance au *risque de marché* ;

ii) soit par le recours à une méthode alternative qui, selon l'entité, représente plus fidèlement le montant de la variation de la juste valeur de l'actif financier qui est imputable aux changements du risque de crédit de celui-ci.

Les changements de conditions de marché qui donnent naissance au risque de marché peuvent être les variations d'un taux d'intérêt (de référence) observé, des cours de produits de base, des cours de change, ou d'un indice de cours ou de taux ;

d) le montant de la variation de la juste valeur des dérivés de crédit liés et instruments similaires survenue au cours de la période et en cumulé depuis la désignation de l'actif financier.

10 Si l'entité a désigné un passif financier comme étant évalué à la juste valeur par le biais du résultat net selon le paragraphe 4.2.2 d'IFRS 9 et qu'elle est tenue de présenter dans les autres éléments du résultat global les effets des variations du risque de crédit de ce passif (voir paragraphe 5.7.7 d'IFRS 9), elle doit indiquer :

a) le montant, en cumulé, de la variation de la juste valeur du passif financier qui est attribuable aux variations du risque de crédit de ce passif (voir paragraphes B5.7.13 à B5.7.20 d'IFRS 9 pour des indications sur la détermination des effets des variations du risque de crédit d'un passif) ;

b) la différence entre la valeur comptable du passif financier et le montant que l'entité serait contractuellement tenue de payer, à l'échéance, au détenteur de l'obligation ;

c) tout virement du profit ou de la perte cumulé effectué entre des composantes des capitaux propres pendant la période, en en précisant le motif ;

d) si un passif a été décomptabilisé au cours de la période, tout montant présenté dans les autres éléments du résultat global qui a été réalisé lors de la décomptabilisation.

10A Si l'entité a désigné un passif financier comme étant évalué à la juste valeur par le biais du résultat net selon le paragraphe 4.2.2 d'IFRS 9 et qu'elle est tenue de présenter toutes les variations de la juste valeur de ce passif (y compris les effets des variations de son risque de crédit) en résultat net (voir paragraphes 5.7.7 et 5.7.8 d'IFRS 9), elle doit indiquer :

a) le montant de la variation, pour la période et en cumulé, de la juste valeur du passif financier qui est attribuable aux variations du risque de crédit de ce passif (voir paragraphes B5.7.13 à B5.7.20 d'IFRS 9 pour des indications sur la détermination des effets des variations du risque de crédit d'un passif) ; et

b) la différence entre la valeur comptable du passif financier et le montant que l'entité serait contractuellement tenue de payer, à l'échéance, au détenteur de l'obligation ;

11 L'entité doit également fournir :

a) une description détaillée des méthodes qu'elle a utilisées pour se conformer aux dispositions des paragraphes 9 c), 10 a) et 10A a), et du paragraphe 5.7.7 a) d'IFRS 9, accompagnée d'explications justifiant le caractère approprié de ces méthodes ;

b) dans le cas où elle estime que les informations qu'elle fournit, que ce soit dans son état de la situation financière ou dans les notes, pour se conformer aux dispositions des paragraphes 9 c), 10 a) ou 10A a) ou du paragraphe 5.7.7 a) d'IFRS 9 ne donnent pas une image fidèle de la variation de la juste valeur de l'actif financier ou du passif financier qui est attribuable aux variations du risque de crédit de cet élément, les raisons qui lui ont permis d'aboutir à cette conclusion et les facteurs qu'elle juge pertinents ;

c) une description détaillée de la ou des méthodes qu'elle a utilisées pour déterminer si le fait de présenter les effets des variations du risque de crédit du passif dans les autres éléments du résultat global créerait ou accroîtrait une non-concordance comptable au niveau du résultat net (voir paragraphes 5.7.7 et 5.7.8 d'IFRS 9). Dans le cas où une entité est tenue de présenter les effets des variations du risque de crédit du passif en résultat net (voir paragraphe 5.7.8 d'IFRS 9), les informations fournies doivent comprendre une description détaillée de la relation de nature économique dont il est question au paragraphe B5.7.6 d'IFRS 9.

Placements dans des instruments de capitaux propres désignés comme étant à la juste valeur par le biais des autres éléments du résultat global

11A L'entité qui a désigné des placements dans des instruments de capitaux propres comme devant être évalués à la juste valeur par le biais des autres éléments du résultat global ainsi que le permet le paragraphe 5.7.5 d'IFRS 9 doit indiquer pour chaque catégorie de placement :

a) quels placements dans des instruments de capitaux propres ont été désignés comme étant évalués à la juste valeur par le biais des autres éléments du résultat global ;

b) les motifs de ce choix de présentation ;

c) la juste valeur à la date de clôture ;

d) les montants de dividendes comptabilisés pendant la période de reporting, en distinguant entre les dividendes liés à des placements décomptabilisés pendant celle-ci et les dividendes liés à des placements détenus à la fin de celle-ci ;

e) tout virement du profit ou de la perte cumulé effectué entre des composantes des capitaux propres pendant la période, en en précisant le motif ;

f) le profit ou la perte sur la juste valeur présenté dans les autres éléments du résultat global pendant la période de reporting, en présentant séparément le profit ou la perte sur la juste valeur qui est lié aux placements décomptabilisés pendant la période et le profit ou la perte sur la juste valeur qui est lié aux placements détenus à la fin de celle-ci.

11B Si l'entité décomptabilise pendant la période de reporting des placements dans des instruments de capitaux propres évalués à la juste valeur par le biais des autres éléments du résultat global, elle doit indiquer :

a) les motifs l'ayant conduite à céder ces placements ;

b) la juste valeur des placements à la date de décomptabilisation ;

c) le profit ou la perte cumulé au moment de la cession ;

d) tout virement, effectué entre des composantes des capitaux propres pendant la période de reporting, du profit ou de la perte cumulé lié aux placements décomptabilisés pendant ladite période.

➡ Reclassement

12-12A [Supprimé]

12B L'entité doit indiquer si, pendant la période de reporting considérée ou la période précédente, elle a reclassé des actifs financiers selon le paragraphe 4.4.1 d'IFRS 9. Pour chacun de ces reclassements, l'entité doit fournir :

a) la date de reclassement ;

b) une explication détaillée du changement de modèle économique ainsi qu'une description qualitative de son effet sur ses états financiers ;

c) le montant reclassé depuis et vers chacune des catégories.

12C Pour chaque période de reporting comprise entre le reclassement et la décomptabilisation, l'entité doit indiquer, pour les actifs reclassés hors de la catégorie de la juste valeur par le biais du résultat net de façon à être évalués au coût amorti ou à la juste valeur par le biais des autres éléments du résultat global selon le paragraphe 4.4.1 d'IFRS 9 :

a) le taux d'intérêt effectif déterminé à la date de reclassement ; et

b) les produits d'intérêts comptabilisés.

12D Si l'entité a, depuis la clôture de l'exercice précédent, reclassé des actifs financiers hors de la catégorie de la juste valeur par le biais des autres éléments du résultat global de façon à ce qu'ils soient evalués au coût amorti, ou hors de la catégorie de la juste valeur par le biais du résultat net de façon à ce qu'ils soient évalués au coût amorti ou à la juste valeur par le biais des autres éléments du résultat global, elle doit indiquer :

a) la juste valeur de ces actifs financiers à la fin de la période de reporting ; et

b) le profit ou la perte sur la juste valeur qui aurait été comptabilisé en résultat net ou dans les autres éléments du résultat global pour la période de reporting si les actifs financiers n'avaient pas été reclassés.

13 [Supprimé]

Compensation d'actifs financiers et de passifs financiers

13A Les informations requises par les paragraphes 13B à 13E s'ajoutent aux autres obligations d'information de la présente norme, et l'entité est tenue de les fournir pour tous les instruments financiers comptabilisés qui sont compensés selon le paragraphe 42 d'IAS 32. Elles sont aussi requises pour les instruments financiers comptabilisés faisant l'objet d'un accord-cadre de compensation exécutoire ou d'un accord similaire, qu'ils soient ou non compensés selon le paragraphe 42 d'IAS 32.

13B L'entité doit fournir des informations pour aider les utilisateurs de ses états financiers à évaluer l'incidence actuelle ou potentielle des accords de compensation sur sa situation financière, y compris l'incidence actuelle ou potentielle des droits à compensation rattachés aux actifs financiers et passifs financiers entrant dans le champ d'application du paragraphe 13A qu'elle a comptabilisés.

13C Pour satisfaire à l'objectif énoncé au paragraphe 13B, l'entité doit fournir, à la fin de la période de reporting, les informations quantitatives suivantes, séparément pour les actifs financiers comptabilisés et les passifs financiers comptabilisés qui entrent dans le champ d'application du paragraphe 13A :

a) les montants bruts des actifs financiers comptabilisés et des passifs financiers comptabilisés ;

b) les montants compensés selon les critères énoncés au paragraphe 42 d'IAS 32 dans l'établissement des soldes nets présentés dans l'état de la situation financière ;

c) les soldes nets présentés dans l'état de la situation financière ;

d) les montants faisant l'objet d'un accord-cadre de compensation exécutoire ou d'un accord similaire qui ne sont pas par ailleurs visés par le paragraphe 13C b), y compris :

- i) les montants se rattachant aux instruments financiers comptabilisés qui ne satisfont pas aux critères énoncés au paragraphe 42 d'IAS 32 ; et
- ii) les montants se rattachant à des instruments financiers (y compris de la trésorerie) utilisés comme instrument de garantie (*financial collateral*) ; et

e) le montant net résultant de la déduction des montants décrits au point d) des montants décrits au point c).

Les informations requises par le présent paragraphe doivent être présentées sous forme de tableau, séparément pour les actifs financiers et les passifs financiers, à moins qu'une autre forme convienne mieux.

13D Le montant total indiqué selon le paragraphe 13C d) pour un instrument ne doit pas excéder le montant indiqué selon le paragraphe 13C c) pour ce même instrument.

13E Les informations fournies selon le paragraphe 13C d) doivent comprendre une description des droits à compensation rattachés aux actifs financiers comptabilisés et passifs financiers comptabilisés faisant l'objet d'un accord-cadre de compensation exécutoire ou d'un accord similaire, description indiquant notamment la nature de ces droits.

13F Si les informations requises par les paragraphes 13B à 13E sont présentées dans plus d'une note annexe aux états financiers, l'entité doit établir des renvois entre ces notes.

➡ Instrument de garantie

14 L'entité doit fournir les informations suivantes :

a) la valeur comptable des actifs financiers qu'elle a affectés en garantie de passifs ou de passifs éventuels, y compris les montants reclassés conformément au paragraphe 3.2.23 a) d'IFRS 9 ; et

b) les termes et conditions de l'affectation en garantie.

15 Lorsqu'une entité détient une garantie (d'un actif financier ou non) qu'elle est autorisée à vendre ou à redonner en garantie en l'absence de défaillance du propriétaire de la garantie, elle doit indiquer :

a) la juste valeur de la garantie détenue ;

b) la juste valeur de toute garantie de ce type vendue ou redonnée en garantie et si elle est tenue de la restituer ; et

c) les termes et conditions associés à son utilisation de la garantie.

➡ Compte de correction de valeur pour pertes de crédit

16 [Supprimé]

16A La correction de valeur pour pertes n'est pas portée en diminution de la valeur comptable des actifs financiers évalués à la juste valeur par le biais des autres éléments du résultat global selon le paragraphe 4.1.2A d'IFRS 9 et l'entité ne doit pas la présenter séparément dans l'état de la situation financière en tant que réduction de la valeur comptable de l'actif financier. Toutefois, l'entité doit indiquer la correction de valeur pour pertes dans les notes annexes aux états financiers.

➡ Instruments financiers composés comprenant de multiples dérivés incorporés

17 Lorsqu'une entité a émis un instrument contenant à la fois une composante passif et une composante capitaux propres (voir paragraphe 28 d'IAS 32) et que cet instrument comporte de multiples éléments dérivés incorporés dont les valeurs sont interdépendantes (par exemple, un instrument d'emprunt convertible), elle doit indiquer l'existence de ces éléments.

➡ Défaillances et inexécutions

18 Pour les emprunts comptabilisés à la fin de la période de reporting, une entité fournit les informations suivantes :

a) des informations détaillées sur tout défaut de paiement touchant le principal, les intérêts, le fonds d'amortissement ou les dispositions de rachat desdits emprunts constatés au cours de l'exercice ;

b) la valeur comptable des emprunts en souffrance à la fin de la période de reporting ; et

c) si le défaut de paiement a été réparé ou si les termes de l'emprunt ont été renégociés avant la date d'autorisation de publication des états financiers.

19 Lorsqu'un manquement aux conditions du contrat de prêt autre que ceux décrits au paragraphe 18 survient au cours de la période, l'entité doit fournir les informations exigées au paragraphe 18 si ce manquement a permis au prêteur d'exiger un remboursement anticipé (à moins que le manquement n'ait été réparé ou que les conditions du prêt n'aient été renégociées à la fin de la période de reporting ou avant la fin de la période de reporting).

ÉTAT DU RÉSULTAT GLOBAL

Éléments de produits, de charges, de profits ou de pertes

20 L'entité doit mentionner les éléments suivants de produits, de charges, de profits ou de pertes dans l'état du résultat global ou dans les notes :

a) les profits nets ou pertes nettes sur :

i) les actifs financiers ou les passifs financiers évalués à la juste valeur par le biais du résultat net, en indiquant séparément les profits et pertes relatifs aux actifs financiers ou passifs financiers qui ont été ainsi désignés lors de leur comptabilisation initiale ou ultérieurement selon le paragraphe 6.7.1 d'IFRS 9 et ceux relatifs aux actifs financiers ou passifs financiers qu'il est obligatoire d'évaluer à la juste valeur par le biais du résultat net selon IFRS 9 (par exemple, les passifs financiers qui répondent à la définition de « détenu à des fins de transaction » selon IFRS 9). Pour les passifs financiers désignés comme étant évalués à la juste valeur par le biais du résultat net, l'entité doit indiquer séparément le montant du profit ou de la perte comptabilisé dans les autres éléments du résultat global et le montant comptabilisé en résultat net ;

ii) à iv) [Supprimé]

v) les passifs financiers évalués au coût amorti ;

vi) les actifs financiers évalués au coût amorti ;

vii) les placements dans des instruments de capitaux propres désignés à la juste valeur par le biais des autres éléments du résultat global selon le paragraphe 5.7.5 d'IFRS 9 ;

viii) les actifs financiers évalués à la juste valeur par le biais des autres éléments du résultat global selon le paragraphe 4.1.2A d'IFRS 9, en indiquant séparément le montant du profit ou de la perte comptabilisé dans les autres éléments du résultat global au cours de la période et le montant reclassé pour la période du cumul des autres éléments du résultat global au résultat net lors de la décomptabilisation ;

b) le total des produits d'intérêts et des charges d'intérêts (calculés selon la méthode du taux d'intérêt effectif) pour les actifs financiers qui sont évalués au coût amorti ou qui sont évalués à la juste valeur par le biais des autres éléments du résultat global selon le paragraphe 4.1.2A d'IFRS 9 (en présentant séparément ces montants) ; ou les passifs financiers qui ne sont pas évalués à la juste valeur par le biais du résultat net ;

c) les produits et charges de commissions (à l'exclusion des montants pris en compte pour déterminer le taux d'intérêt effectif) liés :

i) aux actifs financiers et aux passifs financiers qui ne sont pas évalués à la juste valeur par le biais du résultat net ; et

ii) aux activités de fiducie ou autres activités de gestion d'actifs pour le compte d'autrui qui conduisent l'entité à détenir ou à placer des actifs au nom de particuliers, de fiducies, de régimes de retraite ou d'autres institutions ;

d) [Supprimé]

e) [Supprimé]

20A L'entité doit fournir une analyse du profit ou de la perte comptabilisé dans l'état du résultat global par suite de la décomptabilisation d'actifs financiers évalués au coût amorti, en indiquant séparément les profits et les pertes résultant de la décomptabilisation de ces actifs financiers. Cette analyse doit préciser les motifs de cette décomptabilisation.

20B L'entité doit fournir les informations exigées au paragraphe 20C par catégorie d'actifs financiers évalués au coût amorti ou à la juste valeur par le biais des autres éléments du résultat global et par catégorie de passifs financiers évalués au coût amorti. L'entité doit déterminer le niveau de détail des informations à fournir, le degré de regroupement ou de ventilation approprié ainsi que les informations supplémentaires dont les utilisateurs des états financiers ont besoin pour apprécier les informations quantitatives fournies.

20C Pour permettre aux utilisateurs des états financiers de comprendre l'effet de dispositions contractuelles susceptibles de modifier le montant des flux de trésorerie contractuels en fonction de la survenance (ou non) d'une éventualité qui n'est pas directement liée aux variations des risques et frais qui se rattachent à un prêt de base (comme la valeur temps de l'argent ou le risque de crédit), l'entité doit fournir les informations suivantes :

a) une description qualitative de la nature de l'éventualité ;

b) des informations quantitatives sur les modifications possibles des flux de trésorerie contractuels qui pourraient découler de ces dispositions contractuelles (par exemple, la fourchette des modifications possibles) ; et

c) la valeur comptable brute des actifs financiers et le coût amorti des passifs financiers assujettis à ces dispositions contractuelles.

20D Par exemple, l'entité doit fournir les informations exigées au paragraphe 20C pour une catégorie de passifs financiers évalués au coût amorti dont les flux de trésorerie contractuels varient si elle atteint un objectif de réduction de ses émissions de carbone.

AUTRES INFORMATIONS À FOURNIR

➡ Méthodes comptables

21 Conformément au paragraphe 117 d'IAS 1 *Présentation des états financiers* (révisée en 2007), l'entité fournit des informations significatives sur ses méthodes comptables. Les informations sur la ou les bases d'évaluation retenues pour les instruments financiers et utilisées pour l'établissement des états financiers sont censées être des informations significatives sur les méthodes comptables.

➡ Comptabilité de couverture

21A L'entité doit appliquer les obligations en matière d'informations à fournir des paragraphes 21B à 24F à l'égard des expositions au risque qu'elle couvre et auxquelles elle choisit d'appliquer la comptabilité de couverture.

Les informations fournies au sujet de la comptabilité de couverture doivent comprendre des informations sur :

a) la stratégie de gestion des risques de l'entité et son application ;

b) l'incidence potentielle des opérations de couverture de l'entité sur le montant, l'échéance et le degré d'incertitude de ses flux de trésorerie futurs ; et

c) l'effet de la comptabilité de couverture sur les états de la situation financière, du résultat global et des variations des capitaux propres de l'entité.

21B L'entité doit présenter les informations requises dans une seule et même note ou section de ses états financiers. Elle n'est toutefois pas tenue de reprendre les informations déjà présentées ailleurs à condition que celles-ci soient incorporées dans les états financiers par renvoi à un autre document, comme le rapport de gestion ou un rapport sur le risque, qui est consultable par les utilisateurs des états financiers aux mêmes conditions que les états financiers et en même temps. Si ces informations ne sont pas incorporées par renvoi, les états financiers sont incomplets.

21C Lorsque l'application des paragraphes 22A à 24F impose de séparer par catégorie de risques les informations fournies, l'entité doit déterminer chacune de ces catégories en fonction des expositions au risque qu'elle décide de couvrir et pour lesquelles elle applique la comptabilité de couverture. Elle doit déterminer les catégories de risques de la même manière pour toutes les informations à fournir sur la comptabilité de couverture.

21D Pour atteindre les objectifs du paragraphe 21A, l'entité doit (sauf disposition contraire ci-dessous) déterminer le niveau de détail des informations à fournir, le poids relatif à accorder aux différents aspects des obligations d'information, le degré de regroupement ou de ventilation approprié ainsi que les informations supplémentaires dont les utilisateurs des états financiers ont éventuellement besoin pour apprécier les informations quantitatives fournies. Toutefois, l'entité doit utiliser le même degré de regroupement ou de ventilation que pour les autres informations à fournir pour satisfaire aux dispositions de la présente norme et d'IFRS 13 *Évaluation de la juste valeur*.

La stratégie de gestion des risques

22 [Supprimé]

22A L'entité doit décrire sa stratégie de gestion des risques pour chaque catégorie de risques qu'elle décide de couvrir et pour laquelle elle applique la comptabilité de couverture. Cette description doit permettre aux utilisateurs des états financiers d'apprécier, par exemple :

a) l'origine de chacun des risques ;

b) la façon dont l'entité gère chacun des risques, entre autres si elle couvre l'intégralité d'un élément contre l'ensemble des risques ou seulement une ou quelques-unes des composantes de risque d'un élément, et les motifs sous-jacents ;

c) l'ampleur de l'exposition aux risques que gère l'entité.

22B Pour être conformes aux dispositions du paragraphe 22A, les informations doivent notamment comprendre une description :

a) des instruments de couverture utilisés (et de la façon dont ils sont utilisés) pour couvrir les expositions au risque ;

b) de la façon dont l'entité détermine le lien économique entre l'élément couvert et l'instrument de couverture aux fins de l'évaluation de l'efficacité de la couverture ; et

c) de la façon dont l'entité établit le ratio de couverture, et des sources d'inefficacité de la couverture.

22C Lorsque l'entité désigne une composante de risque particulière comme élément couvert (voir paragraphe 6.3.7 d'IFRS 9), elle doit fournir, outre les informations exigées aux paragraphes 22A et 22B, des informations qualitatives ou quantitatives sur :

a) la façon dont elle a déterminé la composante de risque désignée comme élément couvert (y compris une description de la nature de la relation entre la composante de risque et l'élément dans son intégralité) ; et

b) la façon dont la composante de risque se rattache à l'élément dans son intégralité (par exemple, la composante de risque désignée a couvert, jusqu'ici, 80 % des variations de la juste valeur de l'élément dans son intégralité).

Le montant, l'échéance et le degré d'incertitude des flux de trésorerie futurs

23 [Supprimé]

23A À moins d'en être exemptée selon le paragraphe 23C, l'entité doit fournir, pour chaque catégorie de risques, des informations quantitatives permettant aux utilisateurs des états financiers d'apprécier les conditions des instruments de couverture et leur incidence sur le montant, l'échéance et le degré d'incertitude de ses flux de trésorerie futurs.

23B Pour se conformer aux dispositions du paragraphe 23A, l'entité doit présenter une ventilation qui fournit :

a) un échéancier de la valeur nominale de l'instrument de couverture ; et

b) s'il y a lieu, le prix ou le taux moyen (par exemple, le prix d'exercice ou le prix à terme) de l'instrument de couverture.

23C Dans les cas où l'entité dénoue et renoue fréquemment des relations de couverture (autrement dit, où elle cesse la couverture et procède à un nouveau départ) parce que l'instrument de couverture et l'élément couvert changent tous deux fréquemment [autrement dit, que l'entité a recours à un processus dynamique suivant lequel l'exposition ainsi que les instruments de couverture utilisés pour la gérer ne demeurent pas les mêmes pour longtemps, comme dans l'exemple du paragraphe B6.5.24 b) d'IFRS 9] :

a) elle n'est pas tenue de fournir les informations exigées aux paragraphes 23A et 23B ;

b) elle doit indiquer :

- i) quelle est la stratégie de gestion des risques ultime à laquelle ces relations de couverture se rattachent ;
- ii) en quoi l'utilisation de la comptabilité de couverture et la désignation de ces relations de couverture en particulier reflètent sa stratégie de gestion des risques ; et
- iii) la fréquence selon laquelle elle procède à la cessation des relations de couverture et à un nouveau départ dans le cadre du processus qu'elle a établi pour ces relations de couverture.

23D L'entité doit fournir pour chaque catégorie de risques une description des sources d'inefficacité qui sont susceptibles d'affecter la relation de couverture au cours de son existence.

23E Si de nouvelles sources d'inefficacité apparaissent dans une relation de couverture, l'entité doit indiquer ces sources par catégorie de risques et décrire l'inefficacité qui en résulte.

23F Pour les couvertures de flux de trésorerie, l'entité doit fournir une description de toute transaction prévue à l'égard de laquelle la comptabilité de couverture a été utilisée au cours de la période précédente, mais dont elle n'attend plus qu'elle se produise.

Les effets de la comptabilité de couverture sur la situation et la performance financières

24 [Supprimé]

24A L'entité doit fournir un tableau indiquant, par catégorie de risques pour chaque type de couverture (couverture de juste valeur, couverture de flux de trésorerie, couverture de l'investissement net dans un établissement à l'étranger), les montants suivants concernant les instruments de couverture désignés :

a) la valeur comptable des instruments de couverture (en séparant les actifs financiers des passifs financiers) ;

b) le poste de l'état de la situation financière dans lequel l'instrument de couverture est inclus ;

c) la variation de la juste valeur de l'instrument de couverture utilisée aux fins de la comptabilisation de l'inefficacité de la couverture pour la période ; et

d) les valeurs nominales (y compris les quantités telles que les tonnes ou mètres cubes) des instruments de couverture.

24B L'entité doit fournir un tableau indiquant, par catégorie de risques pour chaque type de couverture, les montants suivants concernant les éléments couverts :

a) pour les couvertures de juste valeur :
   i) la valeur comptable de l'élément couvert comptabilisé dans l'état de la situation financière (en séparant les actifs des passifs) ;
   ii) le cumul des ajustements de couverture de juste valeur apportés à l'élément couvert et inclus dans la valeur comptable de l'élément couvert comptabilisé dans l'état de la situation financière (en présentant les actifs séparément des passifs) ;
   iii) le poste de l'état de la situation financière dans lequel l'élément couvert est inclus ;
   iv) la variation de la valeur de l'élément couvert utilisée pour la comptabilisation de l'inefficacité de la couverture pour la période ; et
   v) le cumul des ajustements de couverture de juste valeur restant dans l'état de la situation financière pour tout élément couvert qui a cessé d'être ajusté au titre des profits et pertes de couverture selon le paragraphe 6.5.10 d'IFRS 9 ;

b) pour les couvertures de flux de trésorerie et des couvertures d'investissement net dans un établissement à l'étranger :
   i) la variation de la valeur de l'élément couvert utilisée pour la comptabilisation de l'inefficacité de la couverture pour la période [autrement dit, dans le cas des couvertures de flux de trésorerie, la variation de la valeur utilisée pour déterminer l'inefficacité de la couverture comptabilisée selon le paragraphe 6.5.11 c) d'IFRS 9] ;
   ii) les soldes de la réserve de couverture de flux de trésorerie et des écarts de conversion des monnaies étrangères se rapportant aux couvertures maintenues qui sont comptabilisées selon les paragraphes 6.5.11 et 6.5.13 a) d'IFRS 9 ; et

iii) les soldes de la réserve de couverture de flux de trésorerie et des écarts de conversion des monnaies étrangères se rapportant à toutes les relations de couverture auxquelles la comptabilité de couverture n'est plus appliquée.

24C L'entité doit fournir un tableau indiquant, par catégorie de risques pour chaque type de couverture :

a) pour les couvertures de juste valeur :
   i) l'inefficacité de la couverture – c'est-à-dire la différence entre les profits ou pertes de couverture de l'instrument de couverture et ceux de l'élément couvert – comptabilisée en résultat net (ou dans les autres éléments du résultat global pour les couvertures d'un instrument de capitaux propres dont l'entité a choisi de présenter les variations de la juste valeur dans les autres éléments du résultat global selon le paragraphe 5.7.5 d'IFRS 9) ; et
   ii) le poste de l'état du résultat global où l'inefficacité de la couverture est comptabilisée ;

b) pour les couvertures de flux de trésorerie et des couvertures d'investissement net dans un établissement à l'étranger :
   i) les profits et pertes de couverture de la période de reporting qui ont été comptabilisés dans les autres éléments du résultat global ;
   ii) l'inefficacité de la couverture comptabilisée en résultat net ;
   iii) le poste de l'état du résultat global où l'inefficacité de la couverture est comptabilisée ;
   iv) le montant reclassé de la réserve de couverture de flux de trésorerie ou des écarts de conversion des monnaies étrangères au résultat net à titre d'ajustement de reclassement (voir IAS 1) (en faisant la distinction entre les montants qui avaient été traités selon la comptabilité de couverture, mais pour lesquels on ne s'attend plus à ce que les flux de trésorerie futurs couverts se réalisent et les montants qui ont été transférés parce que l'élément couvert a influé sur le résultat net) ;
   v) le poste de l'état du résultat global dans lequel l'ajustement de reclassement (voir IAS 1) est inclus ; et
   vi) pour les couvertures de position nette, les profits et pertes de couverture comptabilisés dans un poste distinct de l'etat du résultat global (voir paragraphe 6.6.4 d'IFRS 9).

24D Lorsque le volume des relations de couverture auxquelles s'applique l'exemption du paragraphe 23C n'est pas représentatif des volumes normaux de la période (c'est-à-dire que le volume à la date de clôture ne reflète pas les volumes enregistrés au cours de la période), l'entité mentionne ce fait ainsi que la raison pour laquelle elle estime que les volumes ne sont pas représentatifs.

24E L'entité doit fournir un rapprochement de chaque composante des capitaux propres et une analyse des autres éléments du résultat global selon IAS 1 qui, à eux deux :

a) font, au minimum, la distinction entre les montants qui se rapportent aux informations fournies en application du paragraphe 24C b) i) et b) iv) et les montants comptabilisés en application du paragraphe 6.5.11 d) i) et d) iii) d'IFRS 9 ;

b) font la distinction entre les montants associés à la valeur temps des options utilisées pour couvrir des éléments couverts liés à une transaction et les montants associés à la valeur temps des options utilisées pour couvrir des éléments couverts liés à un intervalle de temps lorsque l'entité comptabilise la valeur temps des options selon le paragraphe 6.5.15 d'IFRS 9 ; et

c) font la distinction entre, d'une part, les montants associés à l'élément à terme des contrats à terme de gré à gré et au *spread* relatif au risque de base des opérations en monnaie étrangère (*foreign currency basis spread*) des instruments financiers qui couvrent des éléments couverts liés à une transaction et, d'autre part, les montants associés à l'élément à terme des contrats à terme de gré à gré et aux *spreads* relatifs au risque de base des opérations en monnaie étrangère des instruments financiers qui couvrent des éléments couverts liés à un intervalle de temps dans le cas où l'entité comptabilise ces montants selon le paragraphe 6.5.16 d'IFRS 9.

24F Une entité doit fournir les informations exigées au paragraphe 24E séparément, par catégorie de risques. Cette ventilation par catégorie de risques peut se faire dans les notes annexes aux états financiers.

Option de désigner une exposition au risque de crédit comme étant évaluée à la juste valeur par le biais du résultat net

24G Si l'entité a désigné un instrument financier – ou une fraction d'un instrument financier – comme étant évalué à la juste valeur par le biais du résultat net parce qu'elle utilise un dérivé de crédit pour gérer le risque de crédit de cet instrument financier, elle doit fournir les informations suivantes :

a) pour les dérivés de crédit utilisés pour gérer le risque de crédit des instruments financiers désignés comme étant évalués à la juste valeur par le biais du résultat net selon le paragraphe 6.7.1 d'IFRS 9, un rapprochement de chacune des valeurs nominales avec la juste valeur à l'ouverture et à la clôture de la période ;

b) le profit ou la perte comptabilisés en résultat net lors de la désignation de l'instrument financier – ou de la fraction d'un instrument financier – comme étant évalué à la juste valeur par le biais du résultat net selon le paragraphe 6.7.1 d'IFRS 9 ; et

c) à l'arrêt de l'évaluation de l'instrument financier – ou de la fraction d'un instrument financier – à la juste valeur par le biais du résultat net, la juste valeur de cet instrument financier devenue la nouvelle valeur comptable selon le paragraphe 6.7.4 b) d'IFRS 9, ainsi que la valeur nominale ou le principal correspondant (exception faite de l'information comparative fournie selon IAS 1, l'entité n'est pas tenue de continuer de fournir ces informations dans les périodes ultérieures).

Incertitude rattachée à la réforme des taux d'intérêt de référence

24H En ce qui concerne les relations de couverture auxquelles elle applique les exceptions énoncées aux paragraphes 6.8.4 à 6.8.12 d'IFRS 9 ou aux paragraphes 102D à 102N d'IAS 39, l'entité doit fournir les informations suivantes :

a) les taux d'intérêt de référence importants auxquels sont exposées ses relations de couverture ;

b) la mesure dans laquelle l'exposition au risque qu'elle gère est directement affectée par la réforme des taux d'intérêt de référence ;

c) la façon dont elle gère le passage aux taux d'intérêt de référence alternatifs ;

d) une description des hypothèses ou jugements importants sur lesquels elle s'est basée pour appliquer ces paragraphes (par exemple, les hypothèses ou jugements concernant le moment où l'incertitude créée par la réforme des taux d'intérêt de référence est levée quant à l'échéancement et au montant des flux de trésorerie qui sont fondés sur un taux d'intérêt de référence) ; et

e) la valeur nominale des instruments de couverture utilisés dans les relations de couverture dont il est question.

➟ Informations supplémentaires liées à la réforme des taux d'intérêt de référence

24I Pour permettre aux utilisateurs des états financiers de comprendre l'effet de la réforme des taux d'intérêt de référence sur les instruments financiers et la stratégie de gestion des risques de l'entité, celle-ci doit fournir des informations sur ce qui suit :

a) la nature et l'ampleur des risques auxquels elle est exposée du fait des instruments financiers visés par la réforme des taux d'intérêt de référence, ainsi que la manière dont elle gère ces risques ; et

b) son degré d'avancement dans la réalisation du passage aux taux de référence alternatifs et la manière dont elle gère ce passage.

24J Pour répondre aux objectifs du paragraphe 24I, l'entité doit présenter ce qui suit :

a) sa manière de gérer le passage aux taux de référence alternatifs, son degré d'avancement à la date de clôture et les risques engendrés par ce passage auxquels elle est exposée du fait des instruments financiers ;

b) pour chaque taux de référence important visé par la réforme des taux d'intérêt de référence, des informations quantitatives sur les instruments financiers qui n'étaient pas encore indexés sur un taux de référence alternatif à la date de clôture, qui montrent séparément :

i) les actifs financiers non dérivés ;
ii) les passifs financiers non dérivés ; et
iii) les instruments dérivés ; et

c) si les risques énoncés au paragraphe 24J a) ont donné lieu à des changements dans sa stratégie de gestion des risques (voir le paragraphe 22A), une description de ces changements.

➟ Juste valeur

25 À l'exception de ce qui est prévu au paragraphe 29, pour chaque catégorie d'actifs et de passifs financiers (voir paragraphe 6), l'entité doit indiquer la juste valeur de cette catégorie d'actifs et de passifs de manière à permettre la comparaison avec sa valeur comptable.

26 Lorsqu'elle fournit des informations sur les justes valeurs, l'entité doit regrouper les actifs financiers et les passifs financiers en catégories, mais elle ne doit les compenser que dans la mesure où leurs valeurs comptables sont compensées dans l'état de la situation financière.

27-27B [Supprimé]

28 Dans certains cas, l'entité ne comptabilise pas de profit ou de perte lors de la comptabilisation initiale d'un actif financier ou d'un passif financier parce que la juste valeur n'est ni attestée par un cours sur un marché actif pour un actif ou un passif identique (c'est-à-dire une donnée d'entrée de niveau 1) ni basée sur une technique d'évaluation qui utilise uniquement des données provenant de marchés observables (voir paragraphe B5.1.2A d'IFRS 9). Dans de tels cas, l'entité doit fournir, par catégorie d'actifs financiers ou de passifs financiers, les informations suivantes :

a) la méthode qu'elle applique pour comptabiliser en résultat net la différence entre la juste valeur lors de la comptabilisation initiale et le prix de transaction afin de refléter un changement dans les facteurs (y compris le temps) que les participants du marché prendraient en compte pour fixer le prix de l'actif ou du passif [voir paragraphe B5.1.2A b) d'IFRS 9] ;

b) la différence totale restant à comptabiliser en résultat net au commencement et à la fin de la période et un rapprochement des variations du solde de cette différence ;

c) ce qui a amené l'entité à conclure que le prix de transaction ne constituait pas la meilleure indication de la juste valeur, avec description des indications étayant la juste valeur.

29 La fourniture d'informations sur la juste valeur n'est pas imposée :

a) lorsque la valeur comptable correspond à une approximation raisonnable de la juste valeur, par exemple, pour des instruments financiers tels que les créances clients et les dettes fournisseurs à court terme ; ou

b) [Supprimé]

c) [Supprimé]

d) dans le cas des passifs locatifs.

30 [Supprimé]

➟ Contrats faisant référence à l'électricité produite à partir de sources naturelles

30A L'entité doit fournir, dans une seule et même note de ses états financiers, des informations sur les contrats qui satisfont aux critères énoncés au paragraphe 5B. Plus précisément, l'entité doit fournir des informations qui permettent aux utilisateurs des états financiers de comprendre l'incidence de ces contrats sur le montant, le calendrier et le degré d'incertitude de ses flux de trésorerie futurs et sur sa performance financière. Pour satisfaire à ces objectifs, l'entité doit fournir :

a) des informations sur les modalités contractuelles qui exposent l'entité :
   i) à la variabilité de la quantité sous-jacente d'électricité (voir paragraphe 2.3A d'IFRS 9) ; et
   ii) au risque de devoir acheter de l'électricité pendant une période de livraison au cours de laquelle l'entité ne peut pas utiliser l'électricité (voir paragraphe B2.7 d'IFRS 9) ;

b) des informations sur les engagements non comptabilisés découlant de tels contrats à la date de clôture, y compris :
   i) les flux de trésorerie futurs estimés qui découlent de l'achat d'électricité en vertu de ces contrats. L'entité doit faire preuve de jugement pour identifier les intervalles de temps appropriés à l'égard desquels elle fournit des informations sur les flux de trésorerie futurs estimés ;
   ii) des informations qualitatives sur la manière dont l'entité évalue si un contrat peut devenir déficitaire (voir IAS 37 *Provisions, passifs éventuels et actifs éventuels*), notamment les hypothèses utilisées par l'entité pour procéder à cette évaluation ;

c) des informations qualitatives et quantitatives au sujet des incidences sur la performance financière de l'entité pour la période de reporting. Les informations à fournir sont fondées sur les informations applicables à la période de reporting sur laquelle l'entité s'est appuyée pour évaluer si elle était un acheteur net d'électricité (voir paragraphe B2.8 d'IFRS 9). Pour la période de reporting visée, l'entité doit fournir des informations sur :

i) les coûts liés aux achats d'électricité effectués dans le cadre des contrats, en indiquant séparément la part de l'électricité achetée qui n'a pas été utilisée au moment de la livraison ;

ii) le produit de la vente de l'électricité non utilisée ; et

iii) les coûts liés aux achats d'électricité effectués pour compenser les ventes d'électricité non utilisée.

30B Pour ses contrats qui satisfont aux critères énoncés au paragraphe 5C, l'entité doit ventiler, par catégorie de risque, les informations qu'elle fournit sur les modalités des instruments de couverture selon le paragraphe 23A.

30C Si l'entité fournit des informations sur d'autres contrats faisant référence à l'électricité produite à partir de sources naturelles, comme décrit au paragraphe 5D (y compris les contrats décrits au paragraphe 30B), dans d'autres notes de ses états financiers, elle doit inclure des renvois à ces notes dans la seule et même note requise par le paragraphe 30A.

Nature et ampleur des risques découlant des instruments financiers

31 L'entité doit fournir des informations permettant aux utilisateurs de ses états financiers d'évaluer la nature et l'ampleur des risques découlant des instruments financiers auxquels elle est exposée à la fin de la période de reporting.

32 Les informations exigées aux paragraphes 33 à 42 portent sur les risques qui découlent des instruments financiers et sur la façon dont ils ont été gérés. Ces risques incluent généralement, mais pas uniquement, le risque de crédit, le *risque de liquidité* et le risque de marché.

32A Fournir des informations qualitatives dans le contexte de la communication d'informations quantitatives permet aux utilisateurs d'établir des liens entre des informations connexes et d'obtenir ainsi une vue d'ensemble de la nature et de l'étendue des risques découlant des instruments financiers. L'interaction entre les informations qualitatives et quantitatives fournies permet aux utilisateurs de mieux évaluer l'exposition d'une entité aux risques.

INFORMATIONS QUALITATIVES

33 Pour chaque type de risque découlant d'instruments financiers, l'entité doit indiquer :

a) les expositions au risque et comment celles-ci surviennent ;

b) ses objectifs, politique et procédures de gestion du risque, ainsi que les méthodes utilisées pour mesurer celui-ci ; et

c) toute variation de a) ou de b) par rapport à la période précédente.

INFORMATIONS QUANTITATIVES

34 Pour chaque type de risque découlant d'instruments financiers, l'entité doit indiquer :

a) des données quantitatives sur son exposition à ce risque à la fin de la période de reporting, sous une forme abrégée. Ces informations doivent être basées sur les informations fournies, en interne, aux principaux dirigeants de l'entité (au sens d'IAS 24 *Information relative aux parties liées*), par exemple le conseil d'administration et le président-directeur général de l'entité ;

b) les informations exigées aux paragraphes 35A à 42, dans la mesure où elles ne sont pas fournies en application du point a) ;

c) des informations sur les concentrations de risque, lorsque celles-ci ne ressortent pas des informations fournies en application des points a) et b).

35 Si les données quantitatives fournies à la fin de la période de reporting ne sont pas représentatives de l'exposition de l'entité au risque pendant la période considérée, l'entité doit fournir un complément d'informations représentatives.

Risque de crédit

Champ d'application et objectifs

35A L'entité doit appliquer les obligations en matière d'informations à fournir des paragraphes 35F à 35N à l'égard des instruments financiers auxquels s'appliquent les dispositions d'IFRS 9 en matière de dépréciation. Toutefois :

a) dans le cas des créances clients, des actifs sur contrat et des créances locatives, le paragraphe 35J a) s'applique aux créances clients, aux actifs sur contrat et aux créances locatives à l'égard desquels les pertes de crédit attendues pour la durée de vie sont comptabilisées selon le paragraphe 5.5.15 d'IFRS 9, si ces actifs financiers étaient en souffrance depuis plus de 30 jours lorsqu'ils ont été modifiés ; et

b) le paragraphe 35K b) ne s'applique pas aux créances locatives.

35B Les informations relatives au risque de crédit fournies selon les paragraphes 35F à 35N doivent permettre aux utilisateurs des états financiers de comprendre l'effet du risque de crédit sur le montant, l'échéance et le degré d'incertitude des flux de trésorerie futurs. Pour que cet objectif soit atteint, les informations relatives au risque de crédit doivent comprendre :

a) des informations à propos des pratiques de l'entité en matière de gestion du risque de crédit et leur incidence sur la comptabilisation et l'évaluation des pertes de crédit attendues, y compris les méthodes, les hypothèses et les informations utilisées pour évaluer les pertes de crédit attendues ;

b) des informations quantitatives et qualitatives permettant aux utilisateurs des états financiers d'évaluer les montants dans les états financiers découlant des pertes de crédit attendues, y compris les variations du montant des pertes de crédit attendues et les raisons de ces variations ; et

c) des informations sur l'exposition de l'entité au risque de crédit (autrement dit, le risque de crédit inhérent aux actifs financiers de l'entité et à ses engagements à octroyer des crédits), y compris les concentrations importantes de risque de crédit.

35C L'entité n'est pas tenue de reprendre les informations déjà présentées ailleurs lorsque celles-ci sont incorporées dans les états financiers par renvoi à d'autres documents, comme le rapport de gestion ou un rapport sur le risque, qui sont consultables par les utilisateurs des états financiers aux mêmes conditions que les états financiers et en même temps. Si ces informations ne sont pas incorporées par renvoi, les états financiers sont incomplets.

35D Pour atteindre les objectifs du paragraphe 35B, l'entité doit (sauf indication contraire) déterminer le niveau de détail des informations à fournir, le poids relatif à accorder aux différents aspects des obligations d'information, le degré de regroupement ou de ventilation approprié ainsi que les informations supplémentaires dont les utilisateurs des états financiers ont besoin pour apprécier les informations quantitatives fournies.

35E Si les informations fournies selon les paragraphes 35F à 35N ne sont pas suffisantes pour permettre à l'entité d'atteindre les objectifs énoncés au paragraphe 35B, elle doit fournir les informations supplémentaires nécessaires à leur atteinte.

Pratiques en matière de gestion du risque de crédit

35F L'entité doit expliquer ses pratiques en matière de gestion du risque de crédit et leur incidence sur la comptabilisation et l'évaluation des pertes de crédit attendues. Pour atteindre cet objectif, l'entité doit fournir des informations permettant aux utilisateurs des états financiers de comprendre et d'apprécier les éléments suivants :

a) la façon dont l'entité a déterminé si le risque de crédit des instruments financiers a augmenté de façon importante depuis la comptabilisation initiale, y compris, si et de quelle manière :

i) des instruments financiers sont considérés comme présentant un risque de crédit faible selon le paragraphe 5.5.10 d'IFRS 9, y compris les classes d'instruments financiers auxquelles cela s'applique ; et

ii) la présomption du paragraphe 5.5.11 d'IFRS 9, selon laquelle il y a eu une augmentation importante du risque de crédit depuis la comptabilisation initiale lorsque les actifs financiers sont en souffrance depuis plus de 30 jours, a été réfutée ;

b) les définitions que l'entité a données à la notion de défaillance et les raisons pour lesquelles elle les a retenues ;

c) la façon dont les instruments ont été regroupés si les pertes de crédit attendues ont été évaluées sur une base collective ;

d) la façon dont l'entité a déterminé que les actifs financiers sont des actifs financiers dépréciés ;

e) la méthode que l'entité emploie pour les sorties du bilan, y compris les éléments indiquant qu'il n'y a aucune attente raisonnable de recouvrement et des informations sur la méthode appliquée aux actifs financiers qu'elle a sortis, mais qui peuvent encore faire l'objet de mesures d'exécution ; et

f) la façon dont les dispositions du paragraphe 5.5.12 d'IFRS 9 concernant la modification des flux de trésorerie contractuels des actifs financiers ont été appliquées, y compris la façon dont l'entité :

i) détermine si le risque de crédit de l'actif financier qui a été modifié diminue dans la mesure où la correction de valeur pour pertes, qui avait été évaluée au montant des pertes de crédit attendues pour la durée de vie, est réévaluée au montant des pertes de crédit attendues pour les 12 mois à venir, selon le paragraphe 5.5.5 d'IFRS 9 ; et

ii) surveille la mesure dans laquelle la correction de valeur pour pertes au titre des actifs financiers répondant aux critères énoncés en i) est ultérieurement réévaluée au montant des pertes de crédit attendues pour la durée de vie selon le paragraphe 5.5.3 d'IFRS 9.

35G L'entité doit décrire les données d'entrée, les hypothèses et les techniques d'estimation qu'elle utilise en application des dispositions de la section 5.5 d'IFRS 9. À cette fin, l'entité doit fournir les informations suivantes :

a) le fondement des données d'entrée et des hypothèses ainsi que les techniques d'estimation utilisées pour :

i) évaluer les pertes de crédit attendues pour les 12 mois à venir et pour la durée de vie ;

ii) déterminer si le risque de crédit des instruments financiers a augmenté de façon importante depuis la comptabilisation initiale ; et

iii) déterminer si un actif financier est un actif financier déprécié ;

b) la façon dont les informations prospectives ont été prises en compte dans la détermination des pertes de crédit attendues, y compris le recours aux informations macroéconomiques ; et

c) tout changement des techniques d'estimation ou des hypothèses importantes utilisées durant la période de reporting, et les raisons de ces changements.

Informations quantitatives et qualitatives sur les montants découlant des pertes de crédit attendues

35H Pour expliquer les variations de la correction de valeur pour pertes et les raisons de ces variations, l'entité doit fournir, par catégorie d'instruments financiers, un rapprochement entre les soldes d'ouverture et de clôture de la correction de valeur pour pertes, présenté sous forme de tableau, indiquant séparément les variations survenues au cours de la période pour chacun des éléments suivants :

a) la correction de valeur pour pertes évaluée au montant des pertes de crédit attendues pour les 12 mois à venir ;

b) la correction de valeur pour pertes évaluée au montant des pertes de crédit attendues pour la durée de vie relativement aux éléments suivants :

i) les instruments financiers dont le risque de crédit a augmenté de façon importante depuis la comptabilisation initiale, mais qui ne sont pas des actifs financiers dépréciés ;

ii) les actifs financiers dépréciés à la date de clôture (mais qui ne sont pas des actifs financiers dépréciés dès leur acquisition ou leur création) ; et

iii) les créances clients, les actifs sur contrat et les créances locatives pour lesquels les corrections de valeur pour pertes sont évaluées selon le paragraphe 5.5.15 d'IFRS 9 ;

c) les actifs financiers dépréciés dès leur acquisition ou leur création. Outre le rapprochement, l'entité doit indiquer le montant total non actualisé des pertes de crédit attendues lors de la comptabilisation initiale à l'égard des actifs financiers initialement comptabilisés durant la période de reporting.

35I Pour permettre aux utilisateurs des états financiers de comprendre les variations de la correction de valeur pour pertes présentées selon le paragraphe 35H, l'entité doit décrire la façon dont les variations importantes de la valeur comptable brute des instruments financiers au cours de la période ont donné lieu aux variations de la correction de valeur pour pertes. Ces informations doivent être fournies séparément, comme au paragraphe 35H a) à c), pour les instruments financiers auxquels la correction de valeur pour pertes se rapporte, et elles doivent comprendre les informations qualitatives et quantitatives pertinentes. Voici des exemples de variations de la valeur comptable brute des instruments financiers ayant donné lieu aux variations de la correction de valeur pour pertes :

a) variations attribuables à la création ou à l'acquisition d'instruments financiers au cours de la période de reporting ;

b) modification des flux de trésorerie contractuels d'actifs financiers ne donnant pas lieu à la décomptabilisation de ces actifs financiers selon IFRS 9 ;

c) variations attribuables à la décomptabilisation d'instruments financiers (y compris ceux qui ont été sortis du bilan) au cours de la période de reporting ; et

d) variations découlant de la question de savoir si la correction de valeur pour pertes est évaluée au montant des pertes de crédit attendues pour les 12 mois à venir ou pour la durée de vie.

35J Pour permettre aux utilisateurs des états financiers de comprendre la nature et l'effet des modifications des flux de trésorerie contractuels sur les actifs financiers n'ayant pas donné lieu à leur décomptabilisation, et l'effet de ces modifications sur l'évaluation des pertes de crédit attendues, l'entité doit indiquer :

a) le coût amorti avant la modification et le montant net du profit ou de la perte sur modification comptabilisé au titre des actifs financiers dont les flux de trésorerie contractuels ont été modifiés durant la période de reporting et pour lesquels la correction de valeur pour pertes a été évaluée au montant des pertes de crédit attendues pour la durée de vie ; et

b) la valeur comptable brute à la fin de la période de reporting des actifs financiers qui ont été modifiés depuis leur comptabilisation initiale et pour lesquels la correction de valeur pour pertes, qui avait été évaluée au montant des pertes de crédit attendues pour la durée de vie, a été réévaluée au cours de la période de reporting au montant des pertes de crédit attendues pour les 12 mois à venir.

35K Pour permettre aux utilisateurs des états financiers de comprendre l'effet d'un instrument de garantie et des autres rehaussements de crédit sur les montants découlant des pertes de crédit attendues, l'entité doit fournir les informations suivantes, par catégorie d'instruments financiers :

a) le montant qui représente le mieux son exposition maximale au risque de crédit à la fin de la période de reporting, compte non tenu des instruments de garantie ou des autres rehaussements de crédit (par exemple, les accords de compensation qui ne remplissent pas les conditions de compensation selon IAS 32) ;

b) une description des actifs détenus en garantie et des autres rehaussements de crédit, y compris :

- i) une description de la nature et de la qualité des actifs détenus en garantie ;
- ii) une explication des changements de qualité importants subis par ces actifs détenus en garantie et autres rehaussements de crédit en raison d'une détérioration ou de changements dans les politiques de l'entité en matière de garanties survenus au cours de la période de reporting ; et
- iii) des informations sur les instruments financiers pour lesquels l'entité n'a pas comptabilisé de correction de valeur pour pertes du fait de l'instrument de garantie ;

c) des informations quantitatives sur les actifs détenus en garantie et les autres rehaussements de crédit (par exemple, une quantification de la mesure dans laquelle les actifs détenus en garantie et les autres rehaussements de crédit atténuent le risque de crédit) au titre des actifs financiers qui sont dépréciés à la date de clôture.

35L L'entité doit indiquer l'encours contractuel des actifs financiers qui ont été sortis du bilan au cours de la période de présentation de l'information financière et qui font encore l'objet de mesures d'exécution.

Exposition au risque de crédit

35M Pour permettre aux utilisateurs des états financiers d'évaluer l'exposition au risque de crédit de l'entité et de comprendre ses concentrations importantes de risque de crédit, l'entité doit indiquer, par *catégorie de risque de crédit*, la valeur comptable brute des actifs financiers et l'exposition au risque de crédit relativement aux engagements de prêt et aux contrats de garantie financière. Ces informations doivent être fournies séparément pour les instruments financiers :

a) pour lesquels la correction de valeur pour pertes est évaluée au montant des pertes de crédit attendues pour les 12 mois à venir ;

b) pour lesquels la correction de valeur pour pertes est évaluée au montant des pertes de crédit attendues pour la durée de vie et qui sont :

i) des instruments financiers dont le risque de crédit a augmenté de façon importante depuis la comptabilisation initiale, mais qui ne sont pas des actifs financiers dépréciés ;

ii) des actifs financiers dépréciés à la date de clôture (mais qui ne sont pas des actifs financiers dépréciés dès leur acquisition ou leur création) ; et

iii) des créances clients, actifs sur contrat ou créances locatives pour lesquels les corrections de valeur pour pertes sont évaluées selon le paragraphe 5.5.15 d'IFRS 9 ;

c) qui sont des actifs financiers dépréciés dès leur acquisition ou leur création.

35N Dans le cas des créances clients, des actifs sur contrat et des créances locatives à l'égard desquels l'entité applique le paragraphe 5.5.15 d'IFRS 9, les informations fournies selon le paragraphe 35M peuvent reposer sur une matrice de calcul (voir paragraphe B5.5.35 d'IFRS 9).

36 Pour tous les instruments financiers entrant dans le champ d'application de la présente norme, mais pour lesquels les dispositions d'IFRS 9 en matière de dépréciation ne sont pas appliquées, l'entité doit fournir les informations suivantes, par catégorie d'instruments financiers :

a) le montant qui représente le mieux son exposition maximale au risque de crédit à la fin de la période de reporting, compte non tenu des instruments de garantie détenus ou des autres rehaussements de crédit (par exemple, les accords de compensation qui ne remplissent pas les conditions de compensation selon IAS 32) ; cette information n'est pas exigée pour les instruments financiers dont la valeur comptable représente le mieux l'exposition maximale au risque de crédit ;

b) une description des instruments de garantie et des autres rehaussements de crédit, avec mention de leur effet financier (par exemple, une quantification de la mesure dans laquelle les instruments de garantie et les autres rehaussements de crédit atténuent le risque de crédit) en ce qui concerne le montant qui représente le mieux l'exposition maximale au risque de crédit [que le montant soit mentionné en application du point a) ou qu'il s'agisse de la valeur comptable d'un instrument financier] :

c) [Supprimé]

d) [Supprimé]

37 [Supprimé]

Garanties et autres rehaussements de crédit obtenus

38 Lorsqu'une entité obtient des actifs financiers ou non financiers au cours de la période en prenant possession d'instruments de garantie qu'elle détient ou en mobilisant d'autres formes de rehaussement de crédit (par exemple un cautionnement), et que ces actifs remplissent les critères de comptabilisation énoncés dans d'autres IFRS, cette entité doit indiquer, à l'égard de tels actifs détenus à la date de clôture :

a) la nature et la valeur comptable des actifs ; et

b) lorsque ces actifs ne sont pas immédiatement convertibles en trésorerie, sa politique concernant leur cession ou leur utilisation dans le cadre de ses activités.

➟ Risque de liquidité

39 L'entité doit fournir les informations suivantes :

a) une analyse des échéances des passifs financiers non dérivés (y compris des contrats de garanties financières émises) faisant apparaître les échéances contractuelles résiduelles ;

b) une analyse des échéances des passifs financiers dérivés. L'analyse des échéances doit comprendre les échéances contractuelles résiduelles pour les passifs financiers dérivés dont les échéances contractuelles sont essentielles à la compréhension du calendrier des flux de trésorerie (voir le paragraphe B11B) ;

c) une description de la façon dont elle gère le risque de liquidité inhérent aux points a) et b).

➟ Risque de marché

Analyse de sensibilité

40 À moins qu'elle ne se conforme au paragraphe 41, l'entité doit fournir les informations suivantes :

a) une analyse de sensibilité pour chaque type de risque de marché auquel l'entité est exposée à la fin de la période de reporting, montrant comment le résultat et les capitaux propres auraient été influencés par les changements des variables de risque pertinentes raisonnablement possibles à cette date ;

b) les méthodes et hypothèses utilisées dans l'élaboration de l'analyse de sensibilité ; et

c) les changements des méthodes et hypothèses utilisées par rapport à la période précédente, ainsi que les raisons motivant ces changements.

41 Si l'entité prépare une analyse de sensibilité, telle que la valeur à risque, qui tient compte des interdépendances entre les variables de risque (par exemple, les taux d'intérêt et les taux de change) et utilise celle-ci pour gérer des risques financiers, elle peut substituer cette analyse de sensibilité à l'analyse prévue au paragraphe 40. L'entité doit également fournir :

a) une explication de la méthode employée dans la préparation de cette analyse de sensibilité, ainsi que des principaux paramètres et hypothèses sous-jacents aux données fournies ; et

b) une explication de l'objectif de la méthode utilisée et des limites qui peuvent avoir pour effet que les informations ne reflètent pas intégralement la juste valeur des actifs et des passifs concernés.

Autres informations sur le risque de marché

42 Lorsque les analyses de sensibilité fournies conformément au paragraphe 40 ou au paragraphe 41 ne sont pas représentatives d'un risque inhérent à un instrument financier (par exemple, parce que l'exposition en fin d'exercice ne reflète pas l'exposition en cours d'exercice), l'entité indique ce fait et les raisons pour lesquelles elle juge que les analyses de sensibilité ne sont pas représentatives.

Transferts d'actifs financiers

42A Les obligations d'information des paragraphes 42B à 42H concernant les transferts d'actifs financiers s'ajoutent aux autres obligations d'information de la présente norme. L'entité doit présenter les informations requises par les paragraphes 42B à 42H dans une seule et même note des états financiers. Elle doit fournir ces informations pour tous les actifs financiers transférés qui ne sont pas décomptabilisés et pour toute implication continue existant, à la date de reporting, dans un actif transféré, sans égard au moment où a eu lieu l'opération de transfert. Aux fins de l'application des obligations d'information énoncées dans lesdits paragraphes, il y a transfert de tout ou partie d'un actif financier (l'actif financier transféré) si, et seulement si, l'entité :

a) transfère les droits contractuels de recevoir les flux de trésorerie de l'actif financier ; ou

b) conserve les droits contractuels de recevoir les flux de trésorerie de l'actif financier, mais assume une obligation contractuelle de payer ces flux de trésorerie à un ou plusieurs bénéficiaires dans le cadre d'un accord.

42B L'entité doit fournir des informations qui permettent aux utilisateurs de ses états financiers :

a) de comprendre la relation entre les actifs financiers transférés qui ne sont pas intégralement décomptabilisés et les passifs qui leur sont associés ; et

b) d'évaluer la nature de l'implication continue de l'entité dans les actifs financiers décomptabilisés ainsi que les risques qui leur sont associés.

42C Aux fins de l'application des obligations d'information énoncées aux paragraphes 42E à 42H, l'entité a une implication continue à l'égard d'un actif financier transféré si, selon les modalités du transfert, elle conserve des droits ou obligations contractuels inhérents à cet actif ou obtient ou assume des droits ou obligations contractuels nouveaux relatifs à cet actif. Aux fins de l'application des obligations d'information énoncées aux paragraphes 42E à 42H, ne constituent pas une implication continue :

a) les déclarations et garanties courantes relatives aux transferts frauduleux ainsi que les concepts de caractère raisonnable, de transactions honnêtes et de bonne foi susceptibles d'entraîner l'invalidation d'un transfert par suite d'une action en justice ;

b) les contrats à terme de gré à gré, les options et les autres contrats conclus en vue de réacquérir l'actif financier transféré et prévoyant un prix (ou prix d'exercice) égal à la juste valeur de l'actif financier transféré ; ou

c) un accord aux termes duquel l'entité conserve les droits contractuels de recevoir les flux de trésorerie de l'actif financier, mais assume une obligation contractuelle de payer ces flux de trésorerie à une ou plusieurs entités, dans la mesure où les conditions énoncées aux paragraphes 3.2.5 a) à c) d'IFRS 9 sont remplies.

ACTIFS FINANCIERS TRANSFÉRÉS QUI NE SONT PAS INTÉGRALEMENT DÉCOMPTABILISÉS

42D L'entité peut avoir transféré des actifs financiers de telle sorte que les conditions de décomptabilisation ne sont pas remplies pour tout ou partie des actifs financiers transférés. Pour atteindre les objectifs visés au paragraphe 42B a), l'entité doit fournir les informations qui suivent à chaque date de clôture et pour chaque catégorie d'actifs financiers transférés qui ne sont pas intégralement décomptabilisés :

a) la nature des actifs transférés ;

b) la nature des risques et avantages attachés à la propriété de ces actifs auxquels l'entité est exposée ;

c) une description de la nature de la relation entre les actifs transférés et les passifs qui leur sont associés, y compris les restrictions d'utilisation des actifs transférés, qui résultent du transfert et auxquelles est soumise l'entité présentant les états financiers ;

d) si la garantie de la ou des autres parties à l'accord donnant lieu aux passifs associés se limite aux actifs transférés, un tableau indiquant la juste valeur des actifs transférés, la juste valeur des passifs associés et la position nette (la différence entre la juste valeur des actifs transférés et des passifs associés) ;

e) lorsque l'entité continue de comptabiliser tous les actifs transférés, les valeurs comptables des actifs transférés et des passifs associés ;

f) lorsque l'entité continue de comptabiliser les actifs à concurrence de son implication continue [voir paragraphes 3.2.6 c) ii) et 3.2.16 d'IFRS 9], la valeur comptable totale des actifs initiaux avant leur transfert, la valeur comptable des actifs que l'entité continue de comptabiliser et la valeur comptable des passifs associés.

ACTIFS FINANCIERS TRANSFÉRÉS QUI SONT INTÉGRALEMENT DÉCOMPTABILISÉS

42E Pour atteindre les objectifs visés au paragraphe 42B b), l'entité qui décomptabilise intégralement des actifs financiers transférés [voir paragraphes 3.2.6 a) et c) i) d'IFRS 9] mais a une implication continue dans ceux-ci doit fournir, au minimum, les informations qui suivent à chaque date de clôture et pour chaque type d'implication continue :

a) la valeur comptable des actifs et passifs comptabilisés dans l'état de la situation financière de l'entité correspondant à l'implication continue de l'entité dans ces actifs financiers décomptabilisés, ainsi que les postes dans lesquels ces actifs et passifs sont comptabilisés ;

b) la juste valeur des actifs et passifs correspondant à l'implication continue de l'entité dans les actifs financiers décomptabilisés ;

c) le montant qui représente le mieux l'exposition maximale de l'entité à des pertes du fait de son implication continue dans les actifs financiers décomptabilisés, en précisant la façon dont cette exposition maximale a été déterminée ;

d) les sorties de trésorerie non actualisées qui seraient ou pourraient être requises pour le rachat des actifs financiers décomptabilisés (par exemple, le prix d'exercice dans le cas d'une option) ou les autres montants payables au cessionnaire au titre des actifs transférés. En cas de variation des sorties de trésorerie, le montant indiqué devrait être établi en fonction des conditions existant à chaque date de reporting ;

e) une analyse par échéance des sorties de trésorerie non actualisées qui seraient ou pourraient être requises pour racheter les actifs financiers décomptabilisés, ou des autres montants payables au cessionnaire au titre des actifs transférés, avec indication des échéances contractuelles résiduelles des implications continues de l'entité ;

f) des informations qualitatives expliquant et étayant les informations quantitatives exigées aux points a) à e).

42F L'entité peut agréger les informations exigées au paragraphe 42E relatives à un actif particulier si elle a plus d'un type d'implication continue dans cet actif financier décomptabilisé, et les publier comme un seul type d'implication continue.

42G De plus, l'entité doit indiquer pour chaque type d'implication continue :

a) le gain ou la perte comptabilisé à la date du transfert des actifs ;

b) les produits et les charges comptabilisés, pour la période de reporting et en cumulé, qui résultent de l'implication continue de l'entité dans les actifs financiers décomptabilisés (par exemple, les variations de la juste valeur d'instruments dérivés) ;

c) si le montant total du produit des transferts (qui remplissent les conditions de décomptabilisation) d'une période de reporting n'est pas réparti de manière uniforme sur la durée de la période (par exemple si une proportion substantielle du montant total des transferts se situe dans les derniers jours de la période de reporting) :

i) la partie de la période de reporting pendant laquelle a été effectuée la plus grande part des transferts (par exemple, les cinq derniers jours précédant la date de clôture) ;

ii) le montant comptabilisé pendant cette partie de la période de reporting au titre des transferts (par exemple, les gains ou pertes y afférents) ; et

iii) le montant total du produit des transferts rattaché à cette partie de la période de reporting.

L'entité doit fournir ces informations pour chaque période qui donne lieu à la présentation d'un état du résultat global.

INFORMATIONS SUPPLÉMENTAIRES

42H L'entité doit fournir toute information supplémentaire qu'elle considère comme nécessaire pour atteindre les objectifs d'information visés au paragraphe 42B.

Première application d'IFRS 9

42I Pour la période de reporting qui comprend la date de première application d'IFRS 9, l'entité doit fournir les informations suivantes pour chaque catégorie d'actifs financiers et de passifs financiers à la date de première application :

a) la catégorie d'évaluation et la valeur comptable originellement déterminées selon IAS 39 ou selon une version antérieure d'IFRS 9 (si le mode d'application d'IFRS 9 retenu par l'entité implique plus d'une date de première application pour des dispositions différentes) ;

b) la nouvelle catégorie d'évaluation et la nouvelle valeur comptable déterminées selon IFRS 9 ;

c) le montant des actifs financiers et des passifs financiers figurant dans l'état de la situation financière qui étaient précédemment désignés comme étant évalués à la juste valeur par le biais du résultat net, mais qui ne sont plus désignés ainsi, en distinguant entre ceux qu'IFRS 9 impose de reclasser et ceux que l'entité a choisi de reclasser à la date de première application.

Conformément au paragraphe 7.2.2 d'IFRS 9, selon le mode d'application d'IFRS 9 retenu par l'entité, la transition peut impliquer plus d'une date de première application. Par conséquent, il peut résulter du présent paragraphe que des informations soient à fournir pour plusieurs dates de première application. L'entité doit présenter ces informations quantitatives sous forme de tableau, à moins qu'une autre forme ne convienne mieux.

42J Pour la période de reporting qui comprend la date de première application d'IFRS 9, l'entité doit fournir des informations qualitatives qui permettent aux utilisateurs de comprendre :

a) comment elle a appliqué les dispositions d'IFRS 9 en matière de classement aux actifs financiers qui ont changé de classement par suite de la mise en application de celle-ci ;

b) les raisons ayant entraîné la désignation ou l'annulation de la désignation d'actifs financiers ou de passifs financiers comme étant evalués à la juste valeur par le biais du résultat net à la date de première application.

Conformément au paragraphe 7.2.2 d'IFRS 9, selon le mode d'application d'IFRS 9 retenu par l'entité, la transition peut impliquer plus d'une date de première application. Par conséquent, il peut résulter du présent paragraphe que des informations soient à fournir pour plusieurs dates de première application.

42K Pour la période de reporting où l'entité applique pour la première fois les dispositions d'IFRS 9 relatives au classement et à l'évaluation des actifs financiers (c'est-à-dire lorsque l'entité passe d'IAS 39 à IFRS 9 pour les actifs financiers), elle doit présenter les informations requises par les paragraphes 42L à 42O de la présente norme conformément aux dispositions du paragraphe 7.2.15 d'IFRS 9.

42L Lorsque le paragraphe 42K l'impose, l'entité doit fournir des informations sur les changements dans le classement des actifs financiers et des passifs financiers à la date de première application d'IFRS 9 en indiquant séparément :

a) les variations de la valeur comptable de ces actifs et passifs qui sont fonction de leur catégorie d'évaluation selon IAS 39 (c'est-à-dire qui ne découlent pas du fait que la caractéristique mesurée n'est plus la même par suite de la mise en application d'IFRS 9) ; et

b) les variations de la valeur comptable découlant du fait que la caractéristique mesurée n'est plus la même par suite de la mise en application d'IFRS 9.

Les informations requises par le présent paragraphe n'ont pas à être fournies après l'exercice au cours duquel l'entité applique pour la première fois les dispositions d'IFRS 9 relatives au classement et à l'évaluation des actifs financiers.

42M Lorsque le paragraphe 42K l'impose, l'entité doit fournir les informations suivantes pour les actifs financiers et les passifs financiers qui ont été reclassés de façon à être évalués au coût amorti et, dans le cas des actifs financiers, qui ont été reclassés hors de la catégorie de la juste valeur par le biais du résultat net pour être évalués à la juste valeur par le biais des autres éléments du résultat global par suite de la mise en application d'IFRS 9 :

a) la juste valeur des actifs financiers ou des passifs financiers à la date de clôture ; et

b) le profit ou la perte sur la juste valeur qui aurait été comptabilisé en résultat net ou dans les autres éléments du résultat global au cours de la période de reporting si les actifs financiers ou les passifs financiers n'avaient pas été reclassés.

Les informations requises par le présent paragraphe n'ont pas à être fournies après l'exercice au cours duquel l'entité applique pour la première fois les dispositions d'IFRS 9 relatives au classement et à l'évaluation des actifs financiers.

42N Lorsque le paragraphe 42K l'impose, l'entité doit fournir les informations suivantes pour les actifs financiers et les passifs financiers qui ont été reclassés hors de la catégorie de la juste valeur par le biais du résultat net par suite de la mise en application d'IFRS 9 :

a) le taux d'intérêt effectif déterminé à la date de première application ; et

b) les produits ou charges d'intérêts comptabilisés.

Si l'entité retient la juste valeur d'un actif financier ou d'un passif financier comme nouvelle valeur comptable brute à la date de première application (voir paragraphe 7.2.11 d'IFRS 9), les informations requises par le présent paragraphe doivent être fournies pour chaque période de reporting jusqu'à la décomptabilisation. Sinon, l'entité n'est pas tenue de fournir les informations requises par le présent paragraphe après l'exercice au cours duquel elle applique pour la première fois les dispositions d'IFRS 9 relatives au classement et à l'évaluation des actifs financiers.

42O Lorsque l'entité présente les informations à fournir selon les paragraphes 42K à 42N, ces informations, ainsi que celles fournies selon le paragraphe 25 de la présente norme, doivent permettre un rapprochement, à la date de première application, entre :

a) d'une part, les catégories d'évaluation présentées selon IAS 39 et IFRS 9 ; et

b) d'autre part, les catégories d'instruments financiers.

42P À la date de première application de la section 5.5 d'IFRS 9, l'entité doit fournir des informations qui permettent de rapprocher le solde de clôture des corrections de valeur pour dépréciation constituées selon IAS 39 ou des provisions constituées selon IAS 37 et le solde d'ouverture des corrections de valeur pour pertes constituées selon IFRS 9. Dans le cas des actifs financiers, ces informations doivent être fournies par classe d'évaluation des actifs financiers selon IAS 39 et IFRS 9, et indiquer séparément l'effet des changements de catégorie d'évaluation sur la correction de valeur pour pertes à cette date.

42Q Pour la période de reporting qui comprend la date de première application d'IFRS 9, l'entité n'est pas tenue de fournir les montants des postes qui auraient été présentés selon les dispositions relatives au classement et à l'évaluation (ce qui comprend les dispositions relatives à l'évaluation au coût amorti des actifs financiers et à la dépréciation énoncées dans les sections 5.4 et 5.5 d'IFRS 9) :

a) d'IFRS 9 pour les périodes antérieures ; et

b) d'IAS 39 pour la période considérée.

42R Selon le paragraphe 7.2.4 d'IFRS 9, si, à la date de première application d'IFRS 9, il est impraticable (au sens d'IAS 8) pour l'entité d'évaluer un élément valeur temps de l'argent modifié conformément aux paragraphes B4.1.9B à B4.1.9D d'IFRS 9 en se fondant sur les faits et les circonstances qui existaient lors de la comptabilisation initiale de l'actif financier, l'entité doit évaluer les caractéristiques des flux de trésorerie contractuels de cet actif financier en se fondant sur les faits et les circonstances qui existaient lors de sa comptabilisation initiale sans prendre en compte les exigences des paragraphes B4.1.9B à B4.1.9D d'IFRS 9 relatives à la modification de l'élément valeur temps de l'argent. L'entité doit indiquer la valeur comptable à la date de clôture des actifs financiers dont les caractéristiques des flux de trésorerie contractuels ont été évaluées en se fondant sur les faits et les circonstances qui existaient lors de la comptabilisation initiale de l'actif financier sans prendre en compte les exigences des paragraphes B4.1.9B à B4.1.9D d'IFRS 9 relatives à la modification de l'élément valeur temps de l'argent, jusqu'à la décomptabilisation de ces actifs financiers.

42S Selon le paragraphe 7.2.5 d'IFRS 9, si, à la date de première application, il est impraticable (au sens d'IAS 8) pour l'entité de déterminer si la juste valeur d'une clause de remboursement anticipé n'était pas importante selon le paragraphe B4.1.12 d) d'IFRS 9 en se fondant sur les faits et les circonstances qui existaient lors de la comptabilisation initiale de l'actif financier, l'entité doit évaluer les caractéristiques des flux de trésorerie contractuels de cet actif financier en se fondant sur les faits et les circonstances qui existaient lors de sa comptabilisation initiale sans prendre en compte l'exception du paragraphe B4.1.12 d'IFRS 9 concernant les clauses de remboursement anticipé. L'entité doit indiquer la valeur comptable à la date de clôture des actifs financiers dont les caractéristiques des flux de trésorerie contractuels ont été évaluées en se fondant sur les faits et les circonstances qui existaient lors de la comptabilisation initiale de l'actif financier sans prendre en compte l'exception du paragraphe B4.1.12 d'IFRS 9 concernant les clauses de remboursement anticipé, jusqu'à la décomptabilisation de ces actifs financiers.

Date d'entrée en vigueur et dispositions transitoires

43 L'entité doit appliquer la présente norme pour les exercices ouverts à compter du 1er janvier 2007. Une application anticipée est encouragée. Si l'entité applique la présente norme pour une période antérieure, elle doit l'indiquer.

44 Si une entité applique la présente norme à des exercices ouverts avant le 1er janvier 2006, il n'est pas nécessaire qu'elle présente des informations comparatives pour les informations à fournir en vertu des paragraphes 31 à 42 concernant la nature et l'ampleur des risques relatifs aux instruments financiers.

44A La publication d'IAS 1 (telle que révisée en 2007) a donné lieu à modification de la terminologie utilisée dans les IFRS. En outre, elle a donné lieu à la modification des paragraphes 20, 21, 23 c) et d), 27 c) et B5 de l'appendice B. L'entité doit appliquer ces modifications pour les exercices ouverts à compter du 1er janvier 2009. Si l'entité applique IAS 1 (révisée en 2007) pour une période antérieure, les modifications doivent être appliquées pour cette période antérieure.

44B La publication d'IFRS 3 (telle que révisée en 2008) a donné lieu à la suppression du paragraphe 3 c). L'entité doit appliquer cette modification pour les exercices ouverts à compter du 1er juillet 2009. Si l'entité applique IFRS 3 (révisée en 2008) pour une période antérieure, la modification doit être également appliquée pour cette période antérieure. Toutefois, la modification ne s'applique pas à une contrepartie éventuelle découlant d'un regroupement d'entreprises pour lequel la date d'acquisition est antérieure à l'application d'IFRS 3 (révisée en 2008). Dans ce cas, l'entité doit comptabiliser cette contrepartie conformément aux paragraphes 65A à 65E d'IFRS 3 (telle que modifiée en 2010).

44C L'entité doit appliquer la modification apportée au paragraphe 3 pour les exercices ouverts à compter du 1er janvier 2009. Si l'entité applique *Instruments financiers remboursables au gré du porteur et obligations à la suite d'une liquidation* (modifications d'IAS 32 et d'IAS 1), publié en février 2008, pour une période antérieure, la modification apportée au paragraphe 3 doit être appliquée pour cette période antérieure.

44D La publication des *Améliorations des IFRS*, en mai 2008, a donné lieu à la modification du paragraphe 3 a). L'entité doit appliquer cette modification pour les exercices ouverts à compter du 1er janvier 2009. Une application anticipée est autorisée. Si l'entité applique la modification pour une période antérieure, elle doit l'indiquer et appliquer pour cette période antérieure les modifications du paragraphe 1 d'IAS 28, du paragraphe 1 d'IAS 31 et du paragraphe 4 d'IAS 32 publiées en mai 2008. L'entité est autorisée à appliquer cette modification à titre prospectif.

44E [Supprimé]

44F [Supprimé]

44G La publication d'*Amélioration des informations à fournir sur les instruments financiers* (modifications d'IFRS 7), en mars 2009, a donné lieu à la modification des paragraphes 27, 39 et B11 et à l'ajout des paragraphes 27A, 27B, B10A et B11A à B11F. L'entité doit appliquer ces modifications pour les exercices ouverts à compter du 1er janvier 2009. L'entité n'est pas tenue de fournir les informations requises par les modifications pour :

a) les périodes annuelles ou intermédiaires, y compris les états de la situation financière, faisant partie d'une période annuelle présentée à titre comparatif se terminant avant le 31 décembre 2009 ;

b) les états de la situation financière arrêtés au début de la première période présentée à titre comparatif à une date antérieure au 31 décembre 2009.

Une application anticipée est autorisée. Si l'entité applique les modifications pour une période antérieure, elle doit l'indiquer (*).

(*) Le paragraphe 44G a été modifié en conséquence de la publication, en janvier 2010, d'***Exemption limitée de l'obligation de fournir des informations comparatives selon IFRS 7 pour les premiers adoptants*** (modifications d'IFRS 1). Le Conseil a modifié le paragraphe 44G pour clarifier ses conclusions et les dispositions transitoires prévues dans ***Amélioration des informations à fournir sur les instruments financiers*** (modifications d'IFRS 7).

44H-44J [Supprimé]

44K La publication des *Améliorations des IFRS* en mai 2010 a donné lieu à la modification du paragraphe 44B. L'entité doit appliquer cette modification pour les exercices ouverts à compter du 1er juillet 2010. Une application anticipée est autorisée.

44L La publication des *Améliorations des IFRS* en mai 2010 a donné lieu à l'ajout du paragraphe 32A et à la modification des paragraphes 34 et 36 à 38. L'entité doit appliquer ces modifications pour les exercices ouverts à compter du 1er janvier 2011. Une application anticipée est autorisée. Si l'entité applique ces modifications pour une période antérieure, elle doit l'indiquer.

44M La publication d'*Informations à fournir – Transferts d'actifs financiers* (modifications d'IFRS 7), en octobre 2010, a donné lieu à la suppression du paragraphe 13 et à l'ajout des paragraphes 42A à 42H et B29 à B39. L'entité doit appliquer ces modifications pour les exercices ouverts à compter du 1er juillet 2011. Une application anticipée est autorisée. Si l'entité applique les modifications à compter d'une date antérieure, elle doit l'indiquer. L'entité n'est pas tenue de fournir les informations requises par ces modifications pour les périodes présentées débutant avant la date de première application des modifications.

44N [Supprimé]

44O La publication d'IFRS 10 et d'IFRS 11 *Partenariats*, en mai 2011, a donné lieu à la modification du paragraphe 3. L'entité qui applique IFRS 10 et IFRS 11 doit appliquer cette modification.

44P La publication d'IFRS 13, en mai 2011, a donné lieu à la modification des paragraphes 3, 28 et 29, ainsi que de l'appendice A, et à la suppression des paragraphes 27 à 27B. L'entité qui applique IFRS 13 doit appliquer ces modifications.

44Q La publication de *Présentation des autres éléments du résultat global* (modifications d'IAS 1), en juin 2011, a donné lieu à la modification du paragraphe 27B. L'entité qui applique IAS 1 telle que modifiée en juin 2011 doit appliquer cette modification.

44R La publication d'*Informations à fournir : Compensation d'actifs financiers et de passifs financiers* (modifications d'IFRS 7), en décembre 2011, a donné lieu à l'ajout des paragraphes 13A à 13F et B40 à B53. L'entité doit appliquer ces modifications pour les exercices ouverts à compter du 1er janvier 2013. L'entité doit fournir les informations requises par ces modifications de manière rétrospective.

44S-44W [Supprimé]

44X La publication d'*Entités d'investissement* (modifications d'IFRS 10, d'IFRS 12 et d'IAS 27), en octobre 2012, a donné lieu à la modification du paragraphe 3. L'entité doit appliquer cette modification pour les exercices ouverts à compter du 1er janvier 2014. Une application anticipée des dispositions d'*Entités d'investissement* est autorisée. Si l'entité applique cette modification pour une période antérieure, elle doit appliquer en même temps toutes les modifications introduites par *Entités d'investissement*.

44Y [Supprimé]

44Z La publication d'IFRS 9, en juillet 2014, a donné lieu à la modification des paragraphes 2 à 5, 8 à 11, 14, 20, 28 à 30, 36, 42C à 42E, ainsi que de l'appendice A et des paragraphes B1, B5, B9, B10, B22 et B27, à la suppression des paragraphes 12, 12A, 16, 22 à 24, 37, 44E, 44F, 44H à 44 J, 44N, 44S à 44 W, 44Y, B4 ainsi que de l'appendice D, et à l'ajout des paragraphes 5A, 10A, 11A, 11B, 12B à 12D, 16A, 20A, 21A à 21D, 22A à 22C, 23A à 23F, 24A à 24G,

35A à 35N, 42I à 42S, 44ZA et B8A à B8J. L'entité qui applique IFRS 9 doit appliquer ces modifications. Elle n'est pas tenue, toutefois, de les appliquer aux informations comparatives fournies pour des périodes antérieures à la date de première application d'IFRS 9.

44ZA Selon le paragraphe 7.1.2 d'IFRS 9, pour les exercices ouverts avant le 1er janvier 2018, l'entité peut choisir de n'appliquer de façon anticipée que les dispositions relatives à la présentation des profits et pertes sur les passifs financiers désignés comme étant évalués à la juste valeur par le biais du résultat net des paragraphes 5.7.1 c), 5.7.7 à 5.7.9, 7.2.14 et B5.7.5 à B5.7.20 sans appliquer les autres dispositions d'IFRS 9. L'entité qui choisit d'appliquer uniquement ces paragraphes d'IFRS 9 doit l'indiquer et continuer de fournir par la suite les informations connexes énoncées aux paragraphes 10 et 11 de la présente norme [telle que modifiée par IFRS 9 (2010)].

44AA La publication des *Améliorations annuelles des IFRS – Cycle 2012-2014*, en septembre 2014, a donné lieu à la modification des paragraphes 44R et B30, et à l'ajout du paragraphe B30A. L'entité doit appliquer ces modifications de manière rétrospective conformément à IAS 8 *Méthodes comptables, changements d'estimations comptables et erreurs* pour les exercices ouverts à compter du 1er janvier 2016, sans toutefois être tenue d'appliquer les modifications des paragraphes B30 et B30A pour les périodes présentées débutant avant l'exercice pour lequel l'entité applique ces modifications pour la première fois. Une application anticipée des modifications des paragraphes 44R, B30 et B30A est autorisée. Si l'entité applique les modifications pour une période antérieure, elle doit l'indiquer.

44BB La publication de *initiative concernant les informations à fournir* (modifications d'IAS 1), en décembre 2014, a donné lieu à la modification des paragraphes 21 et B5. L'entité doit appliquer ces modifications pour les exercices ouverts à compter du 1er janvier 2016. Une application anticipée de ces modifications est autorisée.

44CC La publication d'IFRS 16 *Contrats de location*, en janvier 2016, a donné lieu à la modification des paragraphes 29 et B11D. L'entité qui applique IFRS 16 doit appliquer ces modifications.

44DD La publication d'IFRS 17, en mai 2017, a donné lieu à la modification des paragraphes 3, 8 et 29, ainsi qu'à la suppression du paragraphe 30. La publication de *Modifications d'IFRS 17*, en juin 2020, a donné lieu à une autre modification du paragraphe 3. L'entité qui applique IFRS 17 doit appliquer ces modifications.

44EE La publication en septembre 2019 de *Réforme des taux d'intérêt de référence*, qui a modifié IFRS 9, IAS 39 et IFRS 7, a donné lieu à l'ajout des paragraphes 24H et 44FF. L'entité doit appliquer ces modifications lorsqu'elle applique les modifications d'IFRS 9 ou d'IAS 39.

44FF Pour la période où elle applique pour la première fois *Réforme des taux d'intérêt de référence*, publié en septembre 2019, l'entité n'est pas tenue de présenter les informations quantitatives exigées au paragraphe 28 f) d'IAS 8 *Méthodes comptables, changements d'estimations comptables et erreurs*.

44GG La publication, en août 2020, de *Réforme des taux d'intérêt de référence – Phase 2*, qui a modifié IFRS 9, IAS 39, IFRS 7, IFRS 4 et IFRS 16, a donné lieu à l'ajout des paragraphes 24I, 24J et 44HH. L'entité doit appliquer ces modifications lorsqu'elle applique celles d'IFRS 9, d'IAS 39, d'IFRS 4 ou d'IFRS 16.

44HH Pour la période où elle applique pour la première fois *Réforme des taux d'intérêt de référence – Phase 2*, l'entité n'est pas tenue de présenter les informations qui, autrement, seraient requises par le paragraphe 28 f) d'IAS 8.

44II La publication, en février 2021, d'*Informations à fournir sur les méthodes comptables*, texte qui modifie IAS 1 et l'énoncé de pratiques en IFRS 2 *Porter des jugements sur l'importance relative*, a donné lieu à la modification des paragraphes 21 et B5. L'entité doit appliquer ces modifications pour les exercices ouverts à compter du 1er janvier 2023. Une application anticipée est autorisée. Si l'entité applique la modification pour une période antérieure, elle doit l'indiquer.

44JJ La publication, en mai 2023, d'*Accords de financement de fournisseurs*, qui a également modifié IAS 7, a donné lieu à la modification du paragraphe B11F. L'entité doit appliquer cette modification lorsqu'elle applique celles apportées à IAS 7.

44LL La publication de *Modifications touchant le classement et l'évaluation des instruments financiers*, en mai 2024, a donné lieu à l'ajout des paragraphes 20B, 20C et 20D et à la modification des paragraphes 11A et 11B. L'entité doit appliquer ces modifications lorsqu'elle applique les modifications d'IFRS 9 conformément aux paragraphes 7.1.12 à 7.1.13 d'IFRS 9. Si l'entité choisit de n'appliquer que les modifications touchant la section 4.1 du guide d'application d'IFRS 9 (Classement des actifs financiers) pour une période antérieure, conformément au paragraphe 7.1.13 b) d'IFRS 9, elle doit également appliquer en même temps les paragraphes 20B, 20C et 20D de la présente norme. En tout état de cause, l'entité n'est pas tenue de fournir les informations requises par les modifications pour les périodes présentées avant la date de première application des modifications.

44MM Pour la période de reporting où elle applique pour la première fois *Modifications touchant le classement et l'évaluation des instruments financiers*, l'entité n'est pas tenue de fournir les informations qui, autrement, seraient requises par le paragraphe 28 f) d'IAS 8.

44OO La publication de *Contrats faisant référence à l'électricité produite à partir de sources naturelles*, en décembre 2024, qui a aussi modifié IFRS 9, a donné lieu à l'ajout des paragraphes 5B à 5D, 30A à 30C et 44PP. L'entité doit appliquer ces paragraphes lorsqu'elle applique les modifications d'IFRS 9. Si elle ne retraite pas les informations comparatives lorsqu'elle applique pour la première fois les modifications d'IFRS 9 conformément au paragraphe 7.2.51 de ladite norme, l'entité ne doit pas fournir d'informations comparatives au titre des informations à fournir selon les paragraphes 30A à 30C. De même, l'entité qui applique IFRS 19 *Filiales n'ayant pas d'obligation d'information du public : Informations à fournir* ne doit pas fournir d'informations comparatives au titre des informations à fournir selon les paragraphes 64A à 64C.

44PP Pour la période où elle applique pour la première fois *Contrats faisant référence à l'électricité produite à partir de sources naturelles*, l'entité n'est pas tenue de fournir les informations quantitatives qui, autrement, seraient exigées par le paragraphe 28 f) d'IAS 8. De même, l'entité qui applique IFRS 19 n'est pas tenue de fournir les informations quantitatives qui, autrement, seraient exigées par le paragraphe 178 f) d'IFRS 19.

Retrait d'IAS 30

45 La présente norme annule et remplace IAS 30 *Informations à fournir dans les états financiers des banques et des institutions financières assimilées*.

Appendice A – Définitions

Le présent appendice fait partie intégrante de la présente norme.

Risque de crédit	Risque qu'une partie à un instrument financier manque à une de ses obligations et amène de ce fait l'autre partie à subir une perte financière.
Catégorie de risque de crédit	Notation du risque de crédit fondée sur le risque que l'instrument financier fasse l'objet d'une défaillance.
Risque de change	Risque que la juste valeur ou les flux de trésorerie futurs d'un instrument financier fluctuent en raison des variations des cours des monnaies étrangères.
Risque de taux d'intérêt	Risque que la juste valeur ou les flux de trésorerie futurs d'un instrument financier fluctuent en raison des variations des taux d'intérêt du marché.
Risque de liquidité	Risque qu'une entité éprouve des difficultés à honorer des engagements liés à des passifs financiers qui sont à régler par la remise de trésorerie ou d'un autre actif financier.
Emprunts	Les emprunts sont des passifs financiers autres que des créances commerciales à court terme soumises à des conditions normales de crédit.
Risque de marché	Risque que la juste valeur ou les flux de trésorerie futurs d'un instrument financier fluctuent en raison des variations des prix du marché. Le risque de marché comprend trois types de risque : **le risque de taux d'intérêt**, **le risque de change** et **d'autres risques de prix**.
Autre risque de prix	Risque que la juste valeur ou les flux de trésorerie futurs d'un instrument financier fluctuent du fait des variations des prix du marché, (autres que celles découlant du **risque de taux d'intérêt** ou du **risque de change**), que ces variations soient causées par des facteurs propres à l'instrument en cause ou à son émetteur, ou par des facteurs affectant tous les instruments financiers similaires négociés sur le marché.

Les termes suivants sont définis au paragraphe 11 d'IAS 32, au paragraphe 9 d'IAS 39, dans l'appendice A d'IFRS 9 ou dans l'appendice A d'IFRS 13 et sont utilisés dans la présente norme au sens précisé dans IAS 32, IAS 39, IFRS 9 et IFRS 13 :

- coût amorti d'un actif financier ou d'un passif financier
- actif sur contrat
- actif financier déprécié
- décomptabilisation
- dérivé
- dividende
- méthode du taux d'intérêt effectif
- instrument de capitaux propres
- pertes de crédit attendues
- juste valeur
- actif financier
- contrat de garantie financière
- instrument financier
- passif financier
- passif financier évalué à la juste valeur par le biais du résultat net
- transaction prévue
- valeur comptable brute d'un actif financier
- instrument de couverture
- détenu à des fins de transaction
- gains ou pertes de valeur
- correction de valeur pour pertes
- en souffrance

- passifs financiers à la juste valeur par le biais du résultat net
- date du reclassement
- achat normalisé ou vente normalisée

Appendice B – Guide d'application

Le présent appendice fait partie intégrante de la présente norme.

CLASSES D'INSTRUMENTS FINANCIERS ET NIVEAU D'INFORMATION À FOURNIR (PARAGRAPHE 6)

B1 Le paragraphe 6 impose à l'entité de regrouper les instruments financiers dans des classes adaptées à la nature des informations fournies et tenant compte des caractéristiques de ces instruments. Les classes décrites au paragraphe 6 sont déterminées par l'entité et sont donc distinctes des catégories d'instruments financiers spécifiées dans IFRS 9 (qui déterminent comment sont évalués les instruments financiers et où sont comptabilisées les variations de leur juste valeur).

B2 Pour déterminer les classes d'instruments financiers, une entité doit au minimum :

a) distinguer les instruments évalués au coût amorti de ceux évalués à la juste valeur ;

b) traiter comme une ou des classes distinctes les instruments financiers n'entrant pas dans le champ d'application de la présente norme.

B3 L'entité décide, en fonction de sa situation, du niveau de détail qu'elle fournit pour satisfaire aux exigences de la présente norme, de l'importance qu'elle accorde aux différents aspects de ces exigences et de la manière dont elle regroupe les informations pour présenter le tableau général sans combiner des informations ayant différentes caractéristiques. Il est nécessaire de trouver un juste milieu entre une surcharge de détails peut-être inutiles pour les utilisateurs des états financiers et un regroupement trop poussé des informations qui aurait pour effet de les obscurcir. Par exemple, l'entité ne doit pas obscurcir des informations importantes en les faisant figurer parmi un grand nombre de détails peu significatifs. De même, l'entité ne doit pas fournir des informations qui sont regroupées de telle sorte qu'elles obscurcissent des différences importantes entre les transactions individuelles ou les risques associés.

B4 [Supprimé]

➡ Autres informations à fournir – méthodes comptables (paragraphe 21)

B5 Le paragraphe 21 impose à l'entité de fournir des informations significatives sur les méthodes comptables, lesquelles sont censées comprendre des informations concernant la ou les bases d'évaluation retenues pour les instruments financiers et utilisées pour l'établissement des états financiers. Dans le cas des instruments financiers, l'entité peut notamment être tenue d'indiquer :

a) pour les passifs financiers désignés comme étant évalués à la juste valeur par le biais du résultat net :

i) la nature des passifs financiers que l'entité a désignés comme étant évalués à la juste valeur par le biais du résultat net ;

ii) les critères retenus pour désigner ainsi ces passifs financiers lors de la comptabilisation initiale ; et

iii) comment l'entité a satisfait aux conditions énoncées au paragraphe 4.2.2 d'IFRS 9 pour de telles désignations ;

aa) pour les actifs financiers désignés comme étant évalués à la juste valeur par le biais du résultat net :

i) la nature des actifs financiers que l'entité a désignés comme étant évalués à la juste valeur par le biais du résultat net ; et

ii) comment l'entité a satisfait aux critères énoncés au paragraphe 4.1.5 d'IFRS 9 pour de telles désignations ;

b) [Supprimé]

c) si les achats normalisés ou ventes normalisées d'actifs financiers sont comptabilisés à la date de transaction ou à la date de règlement (voir paragraphe 3.1.2 d'IFRS 9) ;

d) [Supprimé]

e) comment sont déterminés les profits nets ou les pertes nettes pour chaque catégorie d'instruments financiers [voir paragraphe 20a)], par exemple si les profits nets ou les pertes nettes sur des instruments désignés comme étant à la juste valeur par le biais du résultat net comprennent ou non les intérêts ou dividendes reçus ;

f) [Supprimé]

g) [Supprimé]

Le paragraphe 122 d'IAS 1 (telle que révisée en 2007) fait en outre obligation à l'entité de fournir, en plus des informations significatives sur les méthodes comptables ou autres notes, les jugements portés par la direction, à l'exclusion de ceux qui impliquent des estimations, lors de l'application des méthodes comptables de l'entité et qui ont l'impact le plus significatif sur les montants comptabilisés dans les états financiers.

NATURE ET AMPLEUR DES RISQUES RÉSULTANT DES INSTRUMENTS FINANCIERS (PARAGRAPHES 31 À 42)

B6 Les informations requises aux paragraphes 31 à 42 doivent être soit fournies dans les états financiers, soit incorporées dans ceux-ci au moyen d'un renvoi à un autre état, tel qu'un commentaire de la direction ou un rapport sur le risque, qui est consultable par les utilisateurs des états financiers dans les mêmes conditions que les états financiers et en même temps. Si ces informations ne sont pas incorporées par renvoi, les états financiers sont incomplets.

➡ Informations quantitatives (paragraphe 34)

B7 Le paragraphe 34 a) requiert des données quantitatives, sous une forme abrégée, sur l'exposition d'une entité au risque, qui sont fondées sur les informations fournies, en interne, aux principaux dirigeants de l'entité. Lorsqu'une entité applique plusieurs méthodes pour gérer l'exposition au risque, elle doit fournir les informations selon la méthode ou les méthodes qui procurent les informations les plus pertinentes et les plus fiables. IAS 8 *Méthodes comptables, changements d'estimations comptables et erreurs* traite de la pertinence et de la fiabilité.

B8 Le paragraphe 34 c) requiert des informations sur les concentrations de risque. Les concentrations de risque résultent d'instruments financiers qui présentent des caractéristiques similaires et sont affectés de façon similaire par des changements dans la situation économique ou d'autres conditions. L'identification de ces concentrations de risque nécessite d'exercer un jugement en prenant en compte les caractéristiques de l'entité. Les informations relatives aux concentrations de risque doivent comprendre :

a) une description de la manière dont la direction détermine les concentrations ;

b) une description de la caractéristique commune à chaque concentration (par exemple, la contrepartie, la zone géographique, la monnaie ou le marché) ; et

c) le montant de l'exposition au risque associé à l'ensemble des instruments financiers partageant cette caractéristique.

Pratiques en matière de risque de crédit (paragraphes 35F à 35G)

B8A Le paragraphe 35F b) exige la présentation d'informations sur la manière dont l'entité a défini la notion de défaillance pour différents instruments financiers et les raisons pour lesquelles elle a retenu ces définitions. Selon le paragraphe 5.5.9 d'IFRS 9, la question de savoir si les pertes de crédit attendues pour la durée de vie devraient être comptabilisées se fonde sur l'augmentation du risque de défaillance depuis la comptabilisation initiale. Les informations sur les définitions que l'entité a données à la notion de défaillance qui aideront les utilisateurs des états financiers à comprendre comment l'entité a appliqué les exigences d'IFRS 9 en matière de pertes de crédit peuvent comprendre :

a) les facteurs qualitatifs et quantitatifs pris en compte dans la définition de la défaillance ;

b) la question de savoir si différentes définitions ont été appliquées à différents types d'instruments financiers ; et

c) les hypothèses sur le taux de rétablissement (c'est-à-dire le nombre d'actifs financiers qui redeviennent productifs) après une défaillance de l'actif financier.

B8B Pour aider les utilisateurs des états financiers à apprécier les politiques de restructuration et de modification de l'entité, le paragraphe 35F f) ii) exige la présentation d'informations sur la façon dont l'entité surveille la mesure dans laquelle la correction de valeur pour pertes au titre des actifs financiers présentée antérieurement selon le paragraphe 35F f) i) est ultérieurement évaluée au montant des pertes de crédit attendues pour la durée de vie selon le paragraphe 5.5.3 d'IFRS 9. Les informations quantitatives qui aideront les utilisateurs à comprendre l'augmentation ultérieure du risque de crédit des actifs financiers modifiés peuvent inclure des informations sur les actifs financiers modifiés satisfaisant aux critères énoncés au paragraphe 35F f) i) pour lesquels la correction de valeur pour pertes est réévaluée au montant des pertes de crédit attendues pour la durée de vie (c'est-à-dire le taux de détérioration).

B8C Le paragraphe 35G a) impose de fournir des informations sur le fondement des données d'entrée et des hypothèses ainsi que sur les techniques d'estimation utilisées en application des dispositions d'IFRS 9 en matière de dépréciation. Les hypothèses et les données d'entrée utilisées par l'entité pour évaluer les pertes de crédit attendues ou pour déterminer la mesure dans laquelle le risque de crédit a augmenté depuis la comptabilisation initiale peuvent comprendre des informations obtenues à partir d'informations historiques internes ou de rapports de notation et des hypothèses à propos de la durée de vie attendue des instruments financiers et du moment où les actifs affectés en garantie seront vendus.

Variations de la correction de valeur pour pertes (paragraphe 35H)

B8D Selon le paragraphe 35H, l'entité est tenue d'expliquer les raisons des variations de la correction de valeur pour pertes pendant la période. Outre le rapprochement entre les soldes d'ouverture et de clôture de la correction de valeur pour pertes, il peut être nécessaire de fournir une description narrative des variations. Celle-ci peut comprendre une analyse des raisons expliquant les variations de la correction de valeur pour pertes pendant la période, y compris les éléments suivants :

a) la composition du portefeuille ;

b) les volumes d'instruments financiers acquis ou créés ; et

c) la gravité des pertes de crédit attendues.

B8E Dans le cas des engagements de prêt et des contrats de garantie financière, la correction de valeur pour pertes est comptabilisée comme provision. L'entité devrait fournir des informations sur les variations de la correction de valeur pour pertes dans le cas des actifs financiers séparément de celles concernant les engagements de prêt et les contrats de garantie financière. Cependant, si un instrument financier comprend à la fois une composante de prêt (autrement dit un actif financier) et une composante d'engagement de prêt non utilisé (autrement dit un engagement de prêt) et si l'entité ne peut pas identifier séparément les pertes de crédit attendues à l'égard de la composante d'engagement de prêt de celles de la composante actif financier, les pertes de crédit attendues à l'égard de l'engagement de prêt devraient être comptabilisées avec la correction de valeur pour pertes de l'actif financier. Dans la mesure où les pertes de crédit attendues cumulées excèdent la valeur comptable brute de l'actif financier, elles devraient être comptabilisées comme provision.

Instruments de garantie (paragraphe 35K)

B8F Le paragraphe 35K impose de fournir des informations qui permettront aux utilisateurs des états financiers de comprendre l'effet des instruments de garantie et des autres rehaussements de crédit sur le montant des pertes de crédit attendues. L'entité n'est tenue ni de fournir des informations sur la juste valeur des instruments de garantie et des autres rehaussements de crédit ni de quantifier la valeur exacte des instruments de garantie qui a été prise en compte dans le calcul des pertes de crédit attendues (c'est-à-dire les pertes en cas de défaillance).

B8G Une description narrative des instruments de garantie et de leur effet sur les montants des pertes de crédit attendues peut comprendre des informations à propos des éléments suivants :

a) les principaux types d'instruments de garantie et d'autres rehaussements de crédit (par exemple, les garanties, les dérivés de crédit et les accords de compensation qui ne remplissent pas les conditions de compensation selon IAS 32) ;

b) le volume des instruments de garantie et des autres rehaussements de crédit et leur importance à l'égard de la correction de valeur pour pertes ;

c) les politiques et processus d'évaluation et de gestion des instruments de garantie et des autres rehaussements de crédit ;

d) les principaux types de contreparties aux instruments de garantie et aux autres rehaussements de crédit et leur solvabilité ; et

e) les informations relatives aux concentrations de risque liées aux instruments de garantie et aux autres rehaussements de crédit.

Exposition au risque de crédit (paragraphes 35M et 35N)

B8H Le paragraphe 35M impose de fournir des informations sur l'exposition au risque de crédit de l'entité et sur les concentrations importantes de risque de crédit à la date de clôture. Il y a concentration du risque de crédit lorsqu'un certain nombre de contreparties sont situées dans une région géographique ou exercent des activités semblables et ont des caractéristiques économiques similaires qui font que des changements d'ordre économique ou autres influent de la même façon sur leur capacité de remplir leurs obligations contractuelles. L'entité devrait fournir des informations permettant aux utilisateurs des états financiers de comprendre s'il y a des groupes ou des portefeuilles d'instruments financiers dont les caractéristiques particulières pourraient avoir une incidence sur une fraction importante de ce groupe d'instruments financiers, telles que la concentration de risques particuliers. Il pourrait s'agir, par exemple, de regroupements par quotité d'emprunt ou encore de concentrations géographiques ou sectorielles, ou par type d'émetteur.

B8I Le nombre de catégories de risque de crédit utilisées pour fournir les informations selon le paragraphe 35M doit correspondre au nombre que présente l'entité aux principaux dirigeants à des fins de gestion du risque de crédit. Si les informations sur les comptes en souffrance sont les seules informations disponibles portant spécifiquement sur l'emprunteur et si l'entité utilise ces informations pour apprécier si le risque de crédit a augmenté de façon importante depuis la comptabilisation initiale selon le paragraphe 5.5.11 d'IFRS 9, l'entité doit fournir une analyse fondée sur le retard de paiement observé pour ces actifs financiers.

B8J Lorsque l'entité a évalué les pertes de crédit attendues sur une base collective, il se peut qu'elle ne soit pas en mesure de ventiler la valeur comptable brute des actifs financiers individuels ou l'exposition au risque de crédit relativement aux engagements de prêt et aux contrats de garantie financière entre les catégories de risque de crédit à l'égard desquelles les pertes de crédit attendues pour la durée de vie sont comptabilisées. En pareil cas, l'entité doit appliquer les dispositions du paragraphe 35M aux instruments financiers qui peuvent être directement attribués à une catégorie de risque de crédit et présenter séparément la valeur comptable brute des instruments financiers pour lesquels les pertes de crédit attendues pour la durée de vie ont été évaluées sur une base collective.

➠ Exposition maximale au risque de crédit [paragraphe 36a)]

B9 Les paragraphes 35K a) et 36 a) requièrent que soit indiqué le montant qui représente le mieux l'exposition maximale de l'entité au risque de crédit. Pour un actif financier, il s'agit généralement de la valeur comptable brute, nette de :

a) tout montant compensé conformément à IAS 32 ; et

b) toute correction de valeur pour pertes comptabilisée selon IFRS 9.

B10 Les activités entraînant un risque de crédit et l'exposition maximale au risque de crédit qui y est associée sont notamment les suivantes :

a) l'octroi de prêts aux clients et les dépôts auprès d'autres entités. En pareils cas, l'exposition maximale au risque de crédit est la valeur comptable des actifs financiers correspondants ;

b) la passation de contrats d'instruments dérivés, par exemple des contrats de change, des swaps de taux d'intérêt et des dérivés de crédit. Lorsque l'actif qui en résulte est évalué à sa juste valeur, l'exposition maximale au risque de crédit à la fin de la période de reporting sera équivalente à la valeur comptable ;

c) l'octroi de garanties financières. En pareil cas, l'exposition maximale au risque de crédit correspond au montant maximal que l'entité pourrait avoir à payer si la garantie était mobilisée, qui peut être nettement supérieur au montant comptabilisé en tant que passif ;

d) la contraction d'un engagement de prêt qui est irrévocable sur la durée de vie de la facilité ou qui n'est révocable qu'en réponse à un changement significatif défavorable. Si l'émetteur ne peut pas effectuer pour l'engagement de prêt un règlement net en trésorerie ou en un autre instrument financier, l'exposition maximale au risque de crédit correspond au montant total de l'engagement. En effet, on ne sait pas si le montant d'une partie quelconque non utilisée sera utilisé à l'avenir. Cet élément peut être nettement supérieur au montant comptabilisé en tant que passif.

➠ Informations quantitatives à fournir sur le risque de liquidité [paragraphes 34 a) et 39 a) et b)]

B10A Conformément au paragraphe 34 a), l'entité doit fournir des données quantitatives sous une forme abrégée sur son exposition au risque de liquidité, qui sont basées sur les informations fournies, en interne, aux principaux dirigeants de l'entité. L'entité doit expliquer comment elle détermine ces informations. Si les sorties de trésorerie (ou d'un autre actif financier) incluses dans ces données peuvent :

a) se produire sensiblement plus tôt qu'il n'est indiqué dans ces données, ou

b) porter sur des montants sensiblement différents de ceux indiqués dans ces données (par exemple dans le cas d'un instrument dérivé inclus dans les données sur la base d'un règlement net mais pour lequel la contrepartie a la possibilité d'exiger un règlement brut),

l'entité doit mentionner ce fait et fournir des informations quantitatives qui permettent aux utilisateurs de ses états financiers d'évaluer l'ampleur de ce risque, à moins que ces informations ne figurent dans les analyses des échéances contractuelles exigées par le paragraphe 39 a) ou b).

B11 Lorsqu'elle prépare l'analyse des échéances exigée au paragraphe 39 a) et b), l'entité exerce son jugement pour définir un nombre approprié d'intervalles de temps. Elle peut, par exemple, déterminer que les intervalles de temps suivants sont appropriés :

a) pas plus d'un mois ;

b) plus d'un mois, mais pas plus de trois mois ;

c) plus de trois mois, mais pas plus d'un an ; et

d) plus d'un an, mais pas plus de cinq ans.

B11A En se conformant aux paragraphes 39 a) et b), l'entité ne doit pas séparer un dérivé incorporé d'un instrument hybride (composé). Pour un tel instrument, l'entité doit appliquer le paragraphe 39 a).

B11B Le paragraphe 39 b) impose à l'entité de présenter une analyse quantitative des échéances de ses passifs financiers dérivés qui indique les échéances contractuelles résiduelles si celles-ci sont essentielles à la compréhension du calendrier des flux de trésorerie. Cela peut être le cas par exemple pour :

a) un swap de taux d'intérêt ayant une durée de vie résiduelle de cinq ans dans une couverture des flux de trésorerie d'un actif financier ou d'un passif financier à taux variable ;

b) tous les engagements de prêts.

B11C Les paragraphes 39 a) et b) imposent à l'entité de présenter une analyse des échéances des passifs financiers indiquant les échéances contractuelles résiduelles pour certains passifs financiers. Dans cette analyse :

a) lorsqu'une contrepartie a le choix de la date de paiement d'un montant, le passif est affecté à l'intervalle de temps le plus proche dans lequel l'entité peut être tenue de payer. Par exemple, les passifs financiers que l'entité peut être tenue de rembourser à vue (tels que les dépôts à vue) sont inclus dans l'intervalle de temps le plus proche ;

b) lorsque l'entité s'est engagée à mettre des montants à disposition sous la forme de versements échelonnés, chaque versement est affecté à l'intervalle de temps le plus proche dans lequel l'entité peut être tenue de payer. Par exemple, un engagement de prêt non utilisé est inclus dans l'intervalle de temps comprenant la date la plus proche à laquelle il pourrait être utilisé ;

c) pour les contrats de garanties financières émises, le montant maximum de la garantie est affecté à l'intervalle de temps le plus proche dans lequel la garantie pourrait être appelée.

B11D Les montants contractuels indiqués dans l'analyse des échéances requise par les paragraphes 39 a) et b) correspondent aux flux de trésorerie contractuels non actualisés, par exemple :

a) les passifs locatifs bruts (avant déduction des charges financières) ;

b) les prix spécifiés dans les contrats à terme de gré à gré prévoyant l'achat d'actifs financiers contre de la trésorerie ;

c) les montants nets afférents aux swaps payeurs de taux d'intérêt variable/receveurs de taux fixe pour lesquels des flux de trésorerie nets sont échangés ;

d) les montants contractuels à échanger au titre d'un instrument financier dérivé (un swap de devises, par exemple) pour lequel des flux de trésorerie bruts sont échangés ; et

e) les engagements de prêts bruts.

Ces flux de trésorerie non actualisés diffèrent du montant inscrit dans l'état de la situation financière parce que ce montant est fondé sur des flux de trésorerie actualisés. Lorsque la somme à payer n'est pas fixe, le montant indiqué est déterminé par référence aux conditions existant à la fin de la période de reporting. Par exemple, lorsque la somme à payer varie en fonction d'un indice, le montant indiqué peut être fondé sur le niveau de l'indice à la fin de la période.

B11E Le paragraphe 39 c) impose à une entité de décrire comment elle gère le risque de liquidité inhérent aux éléments présentés dans les informations quantitatives visées aux paragraphes 39 a) et b). L'entité doit présenter une analyse par échéance des actifs financiers qu'elle détient pour gérer le risque de liquidité (par exemple les actifs financiers qui sont immédiatement mobilisables ou susceptibles de générer des entrées de trésorerie suffisantes pour couvrir les sorties de trésorerie relatives aux passifs financiers) si cette information est nécessaire pour permettre aux utilisateurs de ses états financiers d'évaluer la nature et l'ampleur du risque de liquidité.

B11F Parmi les autres facteurs que l'entité pourrait prendre en compte pour fournir les informations requises par le paragraphe 39 c) figurent de manière non exhaustive les questions de savoir si l'entité :

a) bénéficie de facilités de crédit confirmées (par exemple, des lignes de billets de trésorerie) ou d'autres lignes de crédit (par exemple des facilités de crédit stand-by) auxquelles elle peut accéder pour répondre à ses besoins de liquidités ;

b) détient des dépôts auprès de banques centrales pour répondre aux besoins de liquidités ;

c) dispose de sources de financement très diversifiées ;

d) a des concentrations importantes de risque de liquidité soit dans ses actifs, soit dans ses sources de financement ;

e) a des processus de contrôle interne et des plans de secours pour gérer le risque de liquidité ;

f) a des instruments dont les termes prévoient une possibilité de remboursement accéléré (par exemple en cas d'abaissement de la notation de crédit de l'entité) ;

g) a des instruments qui pourraient exiger la fourniture de garanties (par exemple des appels de marge pour des instruments dérivés) ;

h) a des instruments qui lui permettent de choisir si elle règle ses passifs financiers par la remise de trésorerie (ou d'un autre actif financier) ou par la remise de ses propres actions ;

i) a des instruments soumis à des accords-cadres de compensation ; ou

j) a eu accès ou a accès à des facilités au titre d'accords de financement de fournisseurs (tels que décrits au paragraphe 44G d'IAS 7) qui offrent à l'entité une prolongation du délai de paiement, ou aux fournisseurs de l'entité, un raccourcissement du délai de paiement.

➟ Risque de marché – analyse de sensibilité (paragraphes 40 et 41)

B17 Le paragraphe 40 a) exige la réalisation d'une analyse de sensibilité pour chaque type de risque de marché auquel l'entité est exposée. Conformément au paragraphe B3, une entité décide de la manière dont elle regroupe les informations pour présenter le tableau général, sans combiner des informations ayant des caractéristiques différentes quant à l'exposition à des risques inhérents à des environnements économiques sensiblement différents. Par exemple :

a) une entité qui négocie des instruments financiers peut fournir cette information en distinguant les instruments financiers qu'elle détient à des fins de transaction de ceux qu'elle détient à d'autres fins ;

b) une entité ne doit pas agréger son exposition aux risques de marché dans des zones d'hyperinflation avec son exposition aux mêmes risques de marché dans des zones de très faible inflation.

Une entité qui n'est exposée qu'à un seul type de risque de marché, dans un environnement économique unique, n'a pas à fournir d'informations ventilées.

B18 Le paragraphe 40 a) exige que l'analyse de sensibilité montre l'effet sur le résultat et les capitaux propres des changements pouvant raisonnablement affecter la variable de risque pertinente (comme les taux d'intérêt du marché, les taux de change, les prix des instruments de capitaux propres ou les prix des marchandises). À cet effet :

a) les entités ne sont pas tenues de déterminer quel aurait été le résultat de l'exercice si la variable de risque pertinente avait été différente. En revanche, les entités indiquent l'effet sur le résultat et les capitaux propres, à la fin de la période de reporting, qu'aurait exercé un changement raisonnablement possible de la variable de risque pertinente qui se serait produit à cette date et aurait affecté les expositions au risque existant à cette date. Par exemple, une entité ayant un passif à taux variable à la fin de l'exercice devrait indiquer l'effet sur le résultat (à savoir, les charges d'intérêt), pour l'exercice considéré, d'une variation des taux d'intérêt selon des montants raisonnablement possibles ;

b) les entités ne sont pas tenues d'indiquer l'effet sur le résultat et les capitaux propres de chaque changement compris dans une fourchette de changements raisonnablement possibles de la variable de risque pertinente. Il devrait suffire d'indiquer les effets des changements aux limites de la fourchette des changements raisonnablement possibles.

B19 Pour déterminer ce qu'est un changement raisonnablement possible de la variable de risque pertinente, l'entité doit tenir compte :

a) des environnements économiques dans lesquels elle opère. Un changement raisonnablement possible ne doit pas correspondre à une hypothèse très faible, à l'hypothèse la plus défavorable possible ni à une simulation de crise. En outre, si le taux de changement de la variable de risque sous-jacente est stable, l'entité n'a pas à modifier le changement raisonnablement possible retenu pour cette variable de risque. Par exemple, les taux d'intérêt sont de 5 %, et l'entité détermine qu'une fluctuation de cette variable de ± 50 points de base est raisonnablement possible. L'entité indique alors l'effet sur le résultat et les capitaux propres d'un passage des taux d'intérêt à 4,5 % ou à 5,5 %. À l'exercice suivant, les taux d'intérêt sont passés à 5,5 %. L'entité continue à penser qu'ils peuvent fluctuer de ± 50 points de base (c'est-à-dire que leur taux de changement est stable). Elle doit alors indiquer l'effet sur le résultat et les capitaux propres d'un passage des taux d'intérêt à 5 % ou à 6 %. L'entité n'est pas tenue de revoir son estimation selon laquelle les taux d'intérêt peuvent fluctuer de ± 50 points de base, à moins de disposer de preuves démontrant qu'ils sont devenus sensiblement plus volatils ;

b) de l'horizon temporel sur lequel elle conduit son analyse. L'analyse de sensibilité doit montrer les effets des changements qui sont considérés comme raisonnablement possibles sur la période allant jusqu'au moment où l'entité présentera de nouveau les informations demandées, qui correspond généralement à son prochain exercice.

B20 En vertu du paragraphe 41, l'entité peut recourir à une analyse de sensibilité reflétant les interdépendances entre les variables de risque, telle qu'un modèle de valeur à risque, si elle utilise cette analyse pour gérer son exposition aux risques financiers. Elle a cette faculté, même si le modèle en question ne mesure que la possibilité de perte, et non la possibilité de profit. L'entité peut se conformer au paragraphe 41 a) en indiquant le type de modèle de valeur à risque qu'elle utilise (par exemple, s'il est fondé ou non sur les simulations de Monte Carlo), comment il fonctionne et les principales hypothèses sur lesquelles il repose (par exemple, la période de détention et l'intervalle de confiance). Elle peut également indiquer la période d'observation historique retenue et les pondérations appliquées aux observations faites au cours de cette période, comment les options sont prises en considération dans les calculs et quelles volatilités et corrélations (ou, alternativement, simulations de distribution de probabilités de Monte Carlo) sont utilisées.

B21 L'entité doit fournir des analyses de sensibilité pour l'ensemble de ses activités, mais elle peut fournir différents types d'analyses de sensibilité pour les différentes classes d'instruments financiers.

Risque de taux d'intérêt

B22 Le *risque de taux d'intérêt* est inhérent aux instruments financiers portant intérêt comptabilisés dans l'état de la situation financière (par exemple, les instruments d'emprunt acquis ou émis) et à certains instruments financiers non comptabilisés dans l'état de la situation financière (par exemple, certains engagements de prêt).

Risque de change

B23 Le *risque de change* est inhérent aux instruments financiers libellés dans une monnaie étrangère, c'est-à-dire dans une monnaie autre que la monnaie fonctionnelle dans laquelle ils sont mesurés. Aux fins de la présente norme, le risque de change ne découle pas d'instruments financiers qui sont des éléments non monétaires ou d'instruments financiers libellés dans la monnaie fonctionnelle.

B24 Une analyse de sensibilité est fournie pour chaque monnaie dans laquelle l'exposition de l'entité est importante.

Autre risque de prix

B25 Le risque dit *autre risque de prix* affecte les instruments financiers en raison de variations, par exemple, de prix de marchandises ou de prix d'instruments de capitaux propres. Pour se conformer au paragraphe 40, l'entité peut indiquer l'effet d'une baisse d'un indice boursier, d'un prix de marchandise ou d'une autre variable de risque donnée. Par exemple, si l'entité donne des garanties de valeur résiduelle sous la forme d'instruments financiers, elle indique toute augmentation ou toute baisse de la valeur des actifs auxquels la garantie s'applique.

B26 Deux exemples d'instruments financiers donnant lieu à un risque de prix sur instruments de capitaux propres sont : a) la détention d'instruments de capitaux propres dans une autre entité ; et b) une participation dans une fiducie détenant elle-même des placements dans des instruments de capitaux propres. À titre d'autres exemples, on peut citer les contrats à terme de gré à gré, les options d'achat ou de vente de quantités spécifiées d'un instrument de capitaux propres et les swaps indexés sur les prix d'instruments de capitaux propres. La juste valeur de ces instruments financiers est affectée par les variations du prix de marché des instruments de capitaux propres sous-jacents.

B27 Selon le paragraphe 40 a), la sensibilité du résultat net (découlant, par exemple, des instruments évalués à la juste valeur par le biais du résultat net) est indiquée séparément de la sensibilité des autres éléments du résultat global (découlant, par exemple, des placements dans des instruments de capitaux propres dont les variations de la juste valeur sont présentées dans les autres éléments du résultat global).

B28 Les instruments financiers qu'une entité classe comme instruments de capitaux propres ne sont pas réévalués. Ni le résultat ni les capitaux propres ne sont affectés par le risque de prix inhérent à ces instruments de capitaux propres. En conséquence, aucune analyse de sensibilité n'est exigée.

DÉCOMPTABILISATION (PARAGRAPHES 42C À 42H)

➡ Implication continue (paragraphe 42C)

B29 Aux fins des obligations d'information des paragraphes 42E à 42H, l'appréciation de l'implication continue dans un actif financier transféré se fait au niveau de l'entité présentant les états financiers. Par exemple, si une filiale transfère à un tiers non lié un actif financier dans lequel sa société mère a une implication continue, la filiale ne tient pas compte de cette implication pour les besoins de ses états financiers individuels (c'est-à-dire lorsque c'est la filiale qui est l'entité présentant les états financiers), lorsqu'elle détermine si elle a une implication continue dans l'actif transféré. En revanche, la société mère tient compte, pour les besoins des états financiers consolidés (c'est-à-dire lorsque c'est le groupe qui constitue l'entité présentant les états financiers), de l'implication continue qu'elle (ou qu'un autre membre du groupe) a dans l'actif financier transféré par sa filiale lorsqu'elle détermine si elle a une implication continue dans l'actif transféré.

B30 Une entité n'a pas d'implication continue dans un actif financier transféré si, selon les modalités du transfert, elle ne conserve aucun des droits ou obligations contractuels inhérents à cet actif ni n'obtient ou n'assume de droits ou d'obligations contractuels nouveaux relatifs à cet actif. Une entité n'a pas d'implication continue dans un actif financier transféré si elle n'a aucun intérêt dans la performance future de cet actif, ni aucune obligation d'effectuer, en quelque circonstance que ce soit, des paiements au titre de cet actif dans l'avenir. Le terme « paiement », dans ce contexte, ne recouvre pas les flux de trésorerie de l'actif financier transféré que l'entité collecte et doit remettre au cessionnaire.

B30A Lorsqu'une entité transfère un actif financier, il se peut qu'elle conserve le droit de gérer cet actif moyennant des honoraires prévus, par exemple, dans un mandat de gestion. L'entité évalue le mandat de gestion selon les indications des paragraphes 42C et B30 pour déterminer si, aux fins des obligations d'information, elle a une implication continue en raison du mandat de gestion. Par exemple, aux fins des obligations d'information, un gestionnaire a une implication continue dans l'actif financier transféré si ses honoraires de gestion dépendent du montant ou de l'échéance des flux de trésorerie collectés sur l'actif financier transféré. De même, le gestionnaire a, aux fins des obligations d'information, une implication continue dans l'actif financier transféré s'il est prévu que ses honoraires fixes ne lui soient pas entièrement versés en cas de non-performance de l'actif financier transféré. Dans ces exemples, le gestionnaire a un intérêt dans la performance future de l'actif financier transféré. Le fait que les honoraires à recevoir rémunèrent l'entité de manière adéquate ou non au titre de l'exécution du mandat de gestion n'est pas pris en compte dans l'appréciation.

B31 L'implication continue dans un actif financier transféré peut résulter des dispositions contractuelles de l'accord de transfert ou d'un accord distinct conclu avec le cessionnaire ou un tiers en ce qui concerne le transfert.

Actifs financiers transférés qui ne sont pas intégralement décomptabilisés (paragraphe 42D)

B32 Le paragraphe 42D exige la fourniture d'informations lorsque les conditions de décomptabilisation ne sont pas remplies pour tout ou partie des actifs financiers transférés. Ces informations doivent être fournies à chaque date de reporting à laquelle l'entité continue de comptabiliser les actifs financiers transférés, sans égard au moment où a lieu le transfert.

Types d'implication continue (paragraphes 42E à 42H)

B33 Les paragraphes 42E à 42H exigent la fourniture d'informations qualitatives et quantitatives pour chaque type d'implication continue dans des actifs financiers décomptabilisés. L'entité doit regrouper les implications continues selon les types qui sont représentatifs des risques auxquels elle est exposée. Par exemple, l'entité peut regrouper ses implications continues en fonction du type d'instrument financier (par exemple, cautions ou options d'achat) ou du type de transfert (par exemple, affacturage, titrisation ou prêt de titres).

Analyse des échéances des sorties de trésorerie non actualisées requises pour le rachat des actifs transférés [paragraphe 42E e)]

B34 L'entité est tenue, selon le paragraphe 42E e), de fournir une analyse des échéances des sorties de trésorerie non actualisées requises pour racheter les actifs financiers décomptabilisés, ou des autres montants payables au cessionnaire au titre de ces actifs, avec indication des échéances contractuelles résiduelles des implications continues de l'entité. Cette analyse fait la distinction entre les flux de trésorerie qu'il faudra payer (par exemple, contrats à terme de gré à gré), les flux de trésorerie que l'entité pourrait être tenue de payer (par exemple, options de vente émises) et les flux de trésorerie que l'entité pourrait choisir de payer (par exemple, options d'achat acquises).

B35 L'entité doit exercer son jugement pour définir un nombre approprié d'intervalles de temps lorsqu'elle procède à l'analyse des échéances exigée au paragraphe 42E e). Elle peut, par exemple, déterminer que les intervalles d'échéances suivants sont appropriés :

a) pas plus d'un mois ;

b) plus d'un mois, mais pas plus de trois mois ;

c) plus de trois mois, mais pas plus de six mois ;

d) plus de six mois, mais pas plus d'un an ;

e) plus d'un an, mais pas plus de trois ans ;

f) plus de trois ans, mais pas plus de cinq ans ; et

g) plus de cinq ans.

B36 S'il existe une fourchette d'échéances possibles pour les flux de trésorerie, ceux-ci sont présentés en fonction de la date la plus proche à laquelle le paiement par l'entité peut être exigé ou est permis.

Informations qualitatives [paragraphe 42E f)]

B37 Les informations qualitatives exigées au paragraphe 42E f) comprennent une description des actifs financiers décomptabilisés ainsi que la nature et le but des implications continues dans ces actifs après leur transfert. Elles comprennent également une description des risques auxquels l'entité est exposée, précisant notamment :

a) la façon dont l'entité gère le risque inhérent à ses implications continues dans les actifs financiers décomptabilisés ;

b) le fait que l'entité a l'obligation ou non de supporter des pertes avant d'autres parties, ainsi que le rang et le montant des pertes supportées par les parties titulaires de droits d'un rang inférieur à ceux que détient l'entité sur ces actifs (c'est-à-dire à son implication continue dans les actifs) ;

c) les événements déclencheurs de l'obligation de fournir un soutien financier ou de racheter un actif financier transféré.

➡ Gain ou perte sur décomptabilisation [paragraphe 42G a)]

B38 L'entité est tenue, selon le paragraphe 42G a), d'indiquer le gain ou la perte comptabilisé lors de la décomptabilisation d'actifs financiers dans lesquels elle a une implication continue. Lorsqu'un gain ou une perte sur décomptabilisation découle d'une différence entre les justes valeurs des composantes de l'actif antérieurement comptabilisé (c'est-à-dire l'intérêt dans l'actif qui a été décomptabilisé et l'intérêt qui a été conservé par l'entité) et la juste valeur de l'actif antérieurement comptabilisé pris dans son ensemble, l'entité doit l'indiquer. Dans ce cas, l'entité doit également mentionner si les évaluations à la juste valeur comportaient des données importantes non basées sur des données observables de marché, comme l'indique le paragraphe 27A.

➡ Informations supplémentaires (paragraphe 42H)

B39 Il se peut que les informations fournies en application des paragraphes 42D à 42G ne soient pas suffisantes pour que les objectifs d'information visés par le paragraphe 42B soient atteints. Dans ce cas, l'entité doit fournir les informations supplémentaires nécessaires pour atteindre ces objectifs. C'est à elle de déterminer, compte tenu de sa situation, le niveau d'informations supplémentaires à fournir pour répondre aux besoins d'information des utilisateurs ainsi que l'importance à accorder aux différents aspects de ces informations supplémentaires. Il est nécessaire de trouver un juste milieu entre une surcharge de détails peut-être inutiles pour les utilisateurs des états financiers et un regroupement trop poussé des informations qui aurait pour effet de les obscurcir.

➡ Compensation d'actifs financiers et de passifs financiers (paragraphes 13A à 13F)

Champ d'application (paragraphe 13A)

B40 Les informations requises par les paragraphes 13B à 13E sont à fournir pour tous les instruments financiers qui sont compensés selon le paragraphe 42 d'IAS 32. Sont également visés par les obligations d'information des paragraphes 13B à 13E les instruments financiers qui font l'objet d'un accord-cadre de compensation exécutoire ou d'un accord similaire portant sur des instruments financiers ou opérations similaires, que les instruments financiers soient ou non compensés selon le paragraphe 42 d'IAS 32.

B41 Les accords similaires dont il est question aux paragraphes 13A et B40 comprennent les accords de compensation de dérivés, les accords-cadres de pension livrée sur titres (*global master repurchase agreements*), les accords-cadres de prêt de titres (*global master securities lending agreements*), ainsi que les droits sur les instruments financiers pris en garantie (*financial collateral*) qui s'y rattachent. Les instruments financiers et opérations similaires mentionnés au paragraphe B40 comprennent les dérivés, les mises et les prises en pension de titres, et les prêts-emprunts de titres. N'entrent pas dans le champ d'application du paragraphe 13A, en revanche, des instruments financiers tels que les prêts effectués et les dépôts de clients reçus par une même institution (à moins qu'ils ne soient compensés dans l'état de la situation financière) ou les instruments financiers qui sont simplement pris ou affectés en garantie.

Informations quantitatives à fournir concernant les actifs financiers comptabilisés et les passifs financiers comptabilisés qui entrent dans le champ d'application du paragraphe 13A (paragraphe 13C)

B42 Les divers instruments financiers présentés selon le paragraphe 13C peuvent être soumis à des dispositions d'évaluation différentes (par exemple, il se peut qu'une dette relative à une pension livrée sur titres soit évaluée au coût amorti tandis qu'un dérivé sera évalué à sa juste valeur). Les instruments doivent être indiqués au montant pour lequel l'entité les a comptabilisés et des informations connexes doivent être fournies au sujet des différences en matière d'évaluation.

Indication des montants bruts des actifs financiers comptabilisés et des passifs financiers comptabilisés qui entrent dans le champ d'application du paragraphe 13A [paragraphe 13C a)]

B43 Les montants à fournir selon le paragraphe 13C a) se rapportent aux instruments financiers comptabilisés qui sont compensés selon le paragraphe 42 d'IAS 32, de même qu'aux instruments financiers qui font l'objet d'un accord-cadre de compensation exécutoire ou d'un accord similaire, qu'ils satisfassent ou non aux critères de compensation. Les obligations d'information énoncées au paragraphe 13C a) ne s'appliquent toutefois pas aux montants comptabilisés du fait d'un contrat de garantie qui ne satisfont pas aux critères de compensation énoncés au paragraphe 42 d'IAS 32. L'entité est tenue de fournir de tels montants selon le paragraphe 13C d).

Indication des montants compensés selon les critères énoncés au paragraphe 42 d'IAS 32 [paragraphe 13C b)]

B44 Le paragraphe 13C b) exige des entités qu'elles indiquent les montants compensés selon les critères énoncés au paragraphe 42 d'IAS 32 dans l'établissement des soldes nets présentés dans l'état de la situation financière. Les montants des actifs financiers comptabilisés et des passifs financiers comptabilisés qui font l'objet d'une compensation en vertu d'un même accord sont indiqués dans les informations fournies au sujet des actifs financiers ainsi que dans les informations fournies au sujet des passifs financiers. Toutefois, les montants indiqués (dans un tableau, par exemple) sont limités aux montants pouvant faire l'objet de la compensation. Ainsi, supposons qu'une entité ait un actif dérivé comptabilisé et un passif dérivé comptabilisé qui satisfont aux critères de compensation énoncés au paragraphe 42 d'IAS 32. Si le montant brut de l'actif dérivé est supérieur au montant brut du passif dérivé, le tableau contenant les informations sur l'actif financier fera état du montant total de l'actif dérivé [selon le paragraphe 13C a)] et du montant total du passif dérivé [selon le paragraphe 13C b)]. Par contre, le tableau contenant les informations sur le passif financier fera état du montant total du passif dérivé [selon le paragraphe 13C a)], mais le montant de l'actif dérivé qu'il indiquera [selon le paragraphe 13C b)] sera limité à celui du passif dérivé.

Indication des soldes nets présentés dans l'état de la situation financière [paragraphe 13C c)]

B45 Dans le cas des instruments auxquels s'appliquent les obligations d'information de la présente norme (selon le paragraphe 13A), mais qui ne satisfont pas aux critères de compensation énoncés au paragraphe 42 d'IAS 32, les montants à fournir selon le paragraphe 13C c) correspondent aux montants à fournir selon le paragraphe 13C a).

B46 Les montants à fournir selon le paragraphe 13C c) doivent être rapprochés avec les divers postes de l'état de la situation financière. Par exemple, si l'entité détermine que le regroupement ou la ventilation de différents postes aboutit à une information plus utile, elle doit rapprocher les montants regroupés ou ventilés qu'elle fournit selon le paragraphe 13C c) avec les divers postes de l'état de la situation financière.

Indication des montants faisant l'objet d'un accord-cadre de compensation exécutoire ou d'un accord similaire qui ne sont pas par ailleurs visés par le paragraphe 13C b) [paragraphe 13C d)]

B47 Le paragraphe 13C d) impose aux entités de fournir les montants faisant l'objet d'un accord-cadre de compensation exécutoire ou d'un accord similaire qui ne sont pas par ailleurs visés par le paragraphe 13C b). Le paragraphe 13C d)(i) vise les montants se rattachant aux instruments financiers comptabilisés qui ne satisfont pas aux critères de compensation énoncés au paragraphe 42 d'IAS 32 [par exemple, parce que les droits à compensation existant actuellement ne satisfont pas au critère énoncé au paragraphe 42b) d'IAS 32, ou dans le cas de droits à compensation conditionnels qui ne sont exécutoires et ne peuvent être exercés qu'en cas de défaillance ou qu'en cas d'insolvabilité ou de faillite d'une des contreparties].

B48 Le paragraphe 13C d) ii) vise les montants se rattachant à des instruments financiers, y compris de la trésorerie, utilisés comme instruments de garantie, que la garantie ait été reçue ou donnée. L'entité doit donc indiquer la juste valeur des instruments financiers affectés ou reçus en garantie. Les montants fournis selon le paragraphe 13C d) ii) devraient se rapporter à l'instrument reçu ou affecté en garantie et non à une dette ou à une créance comptabilisée relativement à la remise ou à la récupération de cet instrument de garantie.

Limitation des montants fournis selon le paragraphe 13C d) (paragraphe 13D)

B49 Lorsqu'elle indique les montants à fournir selon le paragraphe 13C d), l'entité doit tenir compte des effets du surdimensionnement pour chaque instrument financier, ce qui nécessite d'abord de déduire les montants fournis selon le paragraphe 13C d) i) du montant fourni selon le paragraphe 13C c). L'entité doit ensuite ramener le montant fourni selon le paragraphe 13C d) ii) au montant restant selon le paragraphe 13C c) pour l'instrument financier correspondant une fois la déduction opérée. Toutefois, si le preneur de la garantie peut exercer ses droits sur l'ensemble des instruments financiers concernés, ces droits peuvent être inclus dans les informations fournies selon le paragraphe 13D.

Description des droits à compensation faisant l'objet d'un accord-cadre de compensation ou d'un accord similaire (paragraphe 13E)

B50 L'entité doit décrire les types de droits à compensation et d'accords similaires indiqués selon le paragraphe 13C d), y compris la nature de ces droits. Par exemple, l'entité doit décrire tous ses droits conditionnels. En ce qui concerne les instruments faisant l'objet de droits à compensation qui ne dépendent pas d'un événement futur, mais qui ne satisfont pas aux autres critères énoncés au paragraphe 42 d'IAS 32, l'entité doit expliquer en quoi les critères ne sont pas respectés. Pour tout instrument financier reçu ou donné en garantie (*financial collateral*), l'entité doit indiquer les modalités du contrat de garantie (par exemple, si l'instrument de garantie fait l'objet de restrictions).

Informations à fournir par type d'instrument financier ou par contrepartie

B51 Les informations quantitatives requises par le paragraphe 13C a) à e) peuvent être regroupées par type d'instrument financier ou d'opération (par exemple : dérivés, mises et prises en pension de titres, prêts-emprunts de titres).

B52 L'entité peut aussi regrouper les informations quantitatives requises par le paragraphe 13C a) à c) par type d'instrument financier et celles requises par le paragraphe 13C c) à e) par contrepartie. Si elle regroupe les informations requises selon la contrepartie, l'entité n'est pas tenue de désigner les contreparties par leur nom. Toutefois, elle doit les désigner de la même façon d'une année sur l'autre (par exemple, Contrepartie A, Contrepartie B, Contrepartie C, etc.) pour tous les exercices pour lesquels elles sont présentées, afin de maintenir la comparabilité. L'entité doit envisager de fournir des informations qualitatives complémentaires sur les types de contreparties. Lorsque les montants décrits au paragraphe 13C c) à e) sont regroupés par contrepartie, les montants qui, pris individuellement, sont importants à l'échelle de la contrepartie doivent être indiqués séparément, et les montants qui, pris individuellement, ne sont pas importants à l'échelle de la contrepartie doivent être regroupés sous un seul poste.

Autre

B53 Les informations spécifiques requises par les paragraphes 13C à 13E constituent un minimum. Pour satisfaire à l'objectif du paragraphe 13B, l'entité peut avoir à fournir des informations complémentaires (qualitatives), selon les modalités des accords-cadres de compensation exécutoires et des accords similaires, y compris la nature des droits à compensation et leur incidence actuelle ou potentielle sur la situation financière de l'entité.

IFRS 8
Secteurs opérationnels

[règlt UE 2023/1803]

Principe fondamental

1 Une entité doit fournir des informations qui permettent aux utilisateurs de ses états financiers d'évaluer la nature et les effets financiers des activités auxquelles elle se livre et des environnements économiques dans lesquels elle opère.

Champ d'application

2 La présente norme s'applique :

a) aux états financiers individuels d'une entité :

i) dont les instruments d'emprunt ou de capitaux propres sont négociés sur un marché public (une Bourse des valeurs nationale ou étrangère ou encore un marché de gré à gré, y compris des marchés locaux et régionaux) ; ou

ii) qui dépose ses états financiers auprès d'une autorité de réglementation des valeurs mobilières ou d'un autre organisme de régulation aux fins d'émettre des instruments d'une catégorie quelconque sur un marché public, ou qui est sur le point de les déposer ; et

b) aux états financiers consolidés d'un groupe avec une société mère :

i) dont les instruments d'emprunt ou de capitaux propres sont négociés sur un marché public (une Bourse des valeurs nationale ou étrangère ou encore un marché de gré à gré, y compris des marchés locaux et régionaux) ; ou

ii) qui dépose ses états financiers consolidés auprès d'une autorité de réglementation des valeurs mobilières ou d'un autre organisme de régulation aux fins d'émettre des instruments d'une catégorie quelconque sur un marché public, ou qui est sur le point de les déposer.

3 Si une entité qui n'est pas tenue d'appliquer la présente norme choisit de fournir une information sur des secteurs qui n'est pas conforme à la présente norme, elle ne doit pas décrire cette information comme étant une information sectorielle.

4 Si un rapport financier comprend à la fois les états financiers consolidés d'une société mère entrant dans le champ d'application de la présente norme et les états financiers individuels de cette société mère, l'information sectorielle n'est exigée que dans les états financiers consolidés.

Secteurs opérationnels

5 Un secteur opérationnel est une composante d'une entité :

a) qui se livre à des activités à partir desquelles elle est susceptible d'acquérir des produits des activités ordinaires et d'engager des charges (y compris des produits des activités ordinaires et des charges relatifs à des transactions avec d'autres composantes de la même entité) ;

b) dont les résultats opérationnels sont régulièrement examinés par le principal décideur opérationnel de l'entité en vue de prendre des décisions en matière de ressources à affecter au secteur et d'évaluer sa performance ; et

c) pour laquelle des informations financières distinctes sont disponibles.

Un secteur opérationnel peut se livrer à des activités pour lesquelles il ne perçoit pas encore de produits des activités ordinaires ; par exemple, une activité en phase de démarrage peut être un secteur opérationnel avant de percevoir des produits des activités ordinaires.

6 Toutes les parties d'une entité ne sont pas nécessairement des secteurs opérationnels ou des parties d'un secteur opérationnel. Par exemple, les services du siège ou certains services fonctionnels peuvent ne pas percevoir de produits des activités ordinaires, ou percevoir des produits des activités ordinaires qui ne sont qu'accessoires aux activités de l'entité et dès lors ne pas être des secteurs opérationnels. Pour les besoins de la présente norme, les régimes d'avantages postérieurs à l'emploi d'une entité ne sont pas des secteurs opérationnels.

7 L'expression « principal décideur opérationnel » identifie une fonction, pas nécessairement un dirigeant ayant un titre particulier. Cette fonction consiste à affecter des ressources aux secteurs opérationnels d'une entité et à évaluer la performance de ces derniers. Le principal décideur opérationnel d'une entité est souvent son président-directeur général ou son directeur général, mais il peut par exemple s'agir d'un groupe de directeurs généraux ou autres.

8 Pour de nombreuses entités, les trois caractéristiques des secteurs opérationnels décrites au paragraphe 5 permettent d'identifier clairement leurs secteurs opérationnels. Toutefois, une entité peut produire des rapports dans lesquels ses activités sont présentées de différentes manières. Si le principal décideur opérationnel utilise plusieurs ensembles d'informations sectorielles, d'autres facteurs peuvent permettre d'identifier un ensemble donné de composantes comme constituant les secteurs opérationnels d'une entité, notamment la nature des activités de chaque composante, l'existence de dirigeants qui en sont responsables et les informations soumises au conseil d'administration.

9 Généralement, un secteur opérationnel relève d'un dirigeant de secteur qui rend directement compte au principal décideur opérationnel et qui a avec lui des contacts réguliers afin de discuter des activités opérationnelles, des résultats financiers, des prévisions ou des projets pour le secteur. L'expression « dirigeant de secteur » identifie une fonction, pas nécessairement un dirigeant ayant un titre particulier. Le principal décideur opérationnel peut également être le dirigeant de secteur pour certains secteurs opérationnels. Un même dirigeant peut être dirigeant de secteur pour plusieurs secteurs opérationnels. Si les caractéristiques énoncées au paragraphe 5 s'appliquent à plus d'un ensemble de composantes d'une organisation, mais qu'il n'existe qu'un seul ensemble pour lequel des dirigeants de secteur sont tenus responsables, cet ensemble de composantes constitue les secteurs opérationnels.

Secteurs opérationnels

10 Les caractéristiques énoncées au paragraphe 5 peuvent s'appliquer à deux ensembles de composantes, ou plus, qui se chevauchent et pour lesquels des dirigeants sont tenus responsables. Ce type de structure est parfois nommé organisation matricielle. Par exemple, dans certaines entités, certains dirigeants sont responsables de différentes lignes de produits et de services à l'échelle mondiale, tandis que d'autres dirigeants sont responsables pour des zones géographiques définies. Le principal décideur opérationnel examine régulièrement les résultats opérationnels des deux ensembles de composantes, et des informations financières sont disponibles pour chacun d'eux. Dans ce cas, l'entité doit déterminer quel ensemble de composantes constitue les secteurs opérationnels par référence au principe fondamental.

Secteurs à présenter

11 Une entité doit présenter séparément les informations relatives à chaque secteur opérationnel qui :

a) a été identifié conformément aux paragraphes 5 à 10 ou qui résulte du regroupement de deux secteurs ou plus conformément au paragraphe 12 ; et

b) dépasse les seuils quantitatifs du paragraphe 13.

Les paragraphes 14 à 19 décrivent d'autres situations dans lesquelles des informations distinctes relatives à un secteur opérationnel doivent être présentées.

CRITÈRES DE REGROUPEMENT

12 Des secteurs opérationnels présentent souvent des performances financières à long terme similaires s'ils ont des caractéristiques économiques similaires. Par exemple, on peut s'attendre à des marges brutes moyennes à long terme similaires pour deux secteurs opérationnels si leurs caractéristiques économiques sont similaires. Deux secteurs opérationnels ou plus peuvent être regroupés en un secteur opérationnel unique si ce regroupement est conforme au principe fondamental de la présente norme, si les secteurs présentent des caractéristiques économiques similaires et si les secteurs sont similaires en ce qui concerne chacun des points suivants :

a) la nature des produits et services ;

b) la nature des procédés de fabrication ;

c) le type ou la catégorie de clients auxquels sont destinés leurs produits et services ;

d) les méthodes utilisées pour distribuer leurs produits ou fournir leurs services ; et

e) s'il y a lieu, la nature de l'environnement réglementaire, par exemple, la banque, l'assurance ou les services publics.

SEUILS QUANTITATIFS

13 Une entité doit présenter séparément les informations relatives à un secteur opérationnel qui atteint l'un des seuils quantitatifs suivants :

a) les produits des activités ordinaires présentés, comprenant à la fois les ventes à des clients externes et les ventes ou les transferts intersectoriels, représentent au moins 10 % des produits des activités ordinaires cumulés, internes et externes, de tous les secteurs opérationnels ;

b) la valeur absolue de son résultat présenté représente 10 % au moins de la plus grande des valeurs suivantes, en valeur absolue : i) le bénéfice cumulé publié de tous les secteurs opérationnels n'ayant pas publié de perte ; ou ii) la perte cumulée publiée de tous les secteurs opérationnels ayant publié une perte ;

c) ses actifs représentent 10 % au moins des actifs cumulés de tous les secteurs opérationnels.

Les secteurs opérationnels n'atteignant aucun des seuils quantitatifs peuvent être considérés comme étant à présenter, et peuvent être présentés séparément, si la direction estime que les informations relatives à ces secteurs seraient utiles aux utilisateurs des états financiers.

14 Une entité ne peut, en vue de produire un secteur à présenter, combiner des informations relatives à plusieurs secteurs opérationnels qui, pris séparément, n'atteignent pas les seuils quantitatifs que si ces secteurs opérationnels ont des caractéristiques économiques similaires et ont en commun une majorité des critères de regroupement énumérés au paragraphe 12.

15 Si les produits des activités ordinaires externes totaux présentés par les secteurs opérationnels représentent moins de 75 % des produits des activités ordinaires de l'entité, des secteurs opérationnels supplémentaires doivent être identifiés en tant que secteurs à présenter (même s'ils ne satisfont pas aux critères énoncés au paragraphe 13) jusqu'à ce que 75 % au moins des produits des activités ordinaires de l'entité soient inclus dans des secteurs à présenter.

16 Les informations relatives aux autres activités et aux secteurs opérationnels qui ne sont pas à présenter doivent être combinées et présentées séparément des autres éléments de rapprochement dans une catégorie intitulée « autres secteurs » dans les rapprochements imposés par le paragraphe 28. Les sources des produits des activités ordinaires inclus dans la catégorie « autres secteurs » doivent être décrites.

17 Si la direction estime qu'un secteur opérationnel, identifié dans la période immédiatement précédente en tant que secteur à présenter, conserve son caractère significatif, les informations sur ce secteur doivent continuer à être présentées séparément dans la période considérée, même s'il ne satisfait plus aux critères d'obligation de présentation énoncés au paragraphe 13.

18 Si un secteur opérationnel est identifié comme étant un secteur à présenter dans la période considérée conformément aux seuils quantitatifs, l'information sectorielle d'une période antérieure présentée à titre de comparaison doit être retraitée pour refléter le secteur nouvellement à présenter comme un secteur distinct, même si ce secteur, dans la période antérieure, ne satisfaisait pas aux critères d'obligation de présentation énoncés au paragraphe 13, sauf si les informations nécessaires ne sont pas disponibles et que le coût de leur élaboration serait excessif.

19 Il peut y avoir une limite pratique au nombre de secteurs à présenter séparément, au-delà de laquelle l'information sectorielle peut devenir trop détaillée. Bien qu'aucune limite spécifique n'ait été déterminée, lorsque le nombre de secteurs à présenter conformément aux paragraphes 13 à 18 dépasse le nombre de dix, l'entité doit déterminer si une limite pratique a été atteinte.

Informations à fournir

20 Une entité doit fournir des informations qui permettent aux utilisateurs de ses états financiers d'évaluer la nature et les effets financiers des activités auxquelles elle se livre et des environnements économiques dans lesquels elle opère.

21 Pour mettre en œuvre le principe énoncé au paragraphe 20, une entité doit fournir les informations suivantes pour chaque période pour laquelle un état du résultat global est présenté :

a) des informations générales comme décrites au paragraphe 22 ;

b) des informations sur les résultats sectoriels présentés, y compris les produits des activités ordinaires et les charges spécifiés inclus dans les résultats sectoriels présentés, les actifs sectoriels, les passifs sectoriels et la base d'évaluation, comme décrits aux paragraphes 23 à 27 ; et

c) les rapprochements des totaux des produits des activités ordinaires sectoriels, des résultats sectoriels présentés, des actifs sectoriels, des passifs sectoriels et d'autres éléments sectoriels significatifs avec les montants correspondants au niveau de l'entité, comme décrit au paragraphe 28.

Les rapprochements des montants de l'état de la situation financière pour les secteurs à présenter avec les montants de l'état de situation financière de l'entité sont requis pour chaque date à laquelle un état de la situation financière est présenté. Les informations relatives aux périodes antérieures doivent être retraitées comme décrit aux paragraphes 29 et 30.

INFORMATIONS GÉNÉRALES

22 Une entité doit fournir les informations générales suivantes :

a) les facteurs utilisés pour identifier les secteurs à présenter de l'entité, y compris la base d'organisation retenue (par exemple, si la direction a choisi d'organiser l'entité en fonction des différences de produits et services, des zones géographiques, des environnements réglementaires ou d'une combinaison de facteurs, et si des secteurs opérationnels ont été regroupés) ;

aa) les jugements portés par la direction lors de l'application des critères de regroupement énoncés au paragraphe 12, notamment une brève description des secteurs opérationnels qui ont été regroupés selon ces critères et des indicateurs économiques qui ont été évalués pour déterminer que ces secteurs opérationnels regroupés présentent des caractéristiques économiques similaires ; et

b) les types de produits et de services dont proviennent les produits des activités ordinaires de chaque secteur à présenter.

INFORMATIONS RELATIVES AU RÉSULTAT, AUX ACTIFS ET AUX PASSIFS

23 L'entité doit présenter un indicateur du résultat pour chaque secteur à présenter. L'entité doit présenter un indicateur du total des actifs et des passifs de chaque secteur à présenter si ces montants sont régulièrement fournis au principal décideur opérationnel. Une entité doit également fournir les informations suivantes relatives à chaque secteur à présenter si les montants spécifiés sont inclus dans l'indicateur du résultat sectoriel examiné par le principal décideur opérationnel, ou si, même s'ils ne sont pas inclus dans

cet indicateur du résultat sectoriel, ils sont fournis régulièrement d'une autre manière au principal décideur opérationnel :

a) les produits des activités ordinaires provenant de clients externes ;

b) les produits des activités ordinaires provenant de transactions avec d'autres secteurs opérationnels de la même entité ;

c) les produits d'intérêts ;

d) les charges d'intérêts ;

e) les amortissements d'actifs corporels et incorporels ;

f) les éléments significatifs de produits et de charges communiqués conformément au paragraphe 97 d'IAS 1 *Présentation des états financiers* (telle que révisée en 2007) ;

g) la quote-part de l'entité dans le résultat des entreprises associées et des coentreprises comptabilisées selon la méthode de la mise en équivalence ;

h) la charge ou le produit d'impôt sur le résultat ; et

i) les éléments significatifs sans contrepartie en trésorerie, autres que les amortissements sur actifs corporels et incorporels.

L'entité doit présenter les produits d'intérêts séparément des charges d'intérêts pour chaque secteur à présenter, sauf si la majorité des produits des activités ordinaires de ce secteur provient d'intérêts et que le principal décideur opérationnel se fonde principalement sur les produits d'intérêts nets pour évaluer la performance et prendre des décisions sur les ressources à affecter au secteur. Dans ce cas, l'entité peut présenter les produits d'intérêts de ce secteur nets de ses charges d'intérêts, et indiquer qu'elle a procédé ainsi.

24 Une entité doit fournir les informations suivantes pour chaque secteur à présenter si les montants spécifiés sont inclus dans l'indicateur des actifs sectoriels examinés par le principal décideur opérationnel, ou s'ils sont par ailleurs fournis régulièrement au principal décideur opérationnel sans toutefois être inclus dans cet indicateur des actifs sectoriels :

a) la valeur comptable de la participation dans des entreprises associées et des coentreprises comptabilisées selon la méthode de la mise en équivalence ; et

b) les montants des acquisitions d'actifs non courants (*) autres que des instruments financiers, des actifs d'impôt différé, des actifs nets au titre des prestations définies (voir IAS 19 *Avantages du personnel*) et des droits découlant de contrats d'assurance.

(*) Concernant les actifs classés selon une présentation par ordre de liquidité, les actifs non courants sont des actifs qui incluent des montants que l'entité s'attend à recouvrer plus de douze mois après la période de reporting.

Évaluation

25 Le montant de chaque élément sectoriel présenté doit être l'indicateur présenté au principal décideur opérationnel pour la prise de décision concernant l'affectation de ressources au secteur et l'évaluation de la performance de celui-ci. Les ajustements et les éliminations effectués lors de la préparation des états financiers et les affectations des produits des activités ordinaires, des charges et des profits ou des pertes d'une entité ne doivent être inclus dans la détermination du résultat sectoriel présenté que s'ils sont inclus dans l'indicateur du résultat sectoriel utilisé par le principal décideur opérationnel. De même, seuls les actifs et les passifs qui sont inclus dans les indicateurs des actifs sectoriels et des passifs sectoriels utilisés par le principal décideur opérationnel doivent être présentés pour ce secteur. Si des montants sont affectés au résultat sectoriel, aux actifs sectoriels ou aux passifs sectoriels à présenter, ils doivent l'être sur une base raisonnable.

26 Si le principal décideur opérationnel utilise un seul indicateur du résultat, des actifs ou des passifs d'un secteur opérationnel pour apprécier les performances sectorielles et décider comment affecter les ressources, alors le résultat, les actifs et les passifs sectoriels doivent être présentés conformément à ces indicateurs. Si le principal décideur opérationnel utilise plusieurs indicateurs du résultat, des actifs ou des passifs d'un secteur opérationnel, les indicateurs présentés doivent être ceux que la direction estime être déterminés selon les principes d'évaluation les plus cohérents par rapport à ceux utilisés pour évaluer les montants correspondants dans les états financiers de l'entité.

27 L'entité doit fournir une explication des indicateurs du résultat sectoriel, des actifs sectoriels et des passifs sectoriels pour chaque secteur à présenter. L'entité doit indiquer au minimum :

a) la convention comptable pour toutes les transactions entre secteurs à présenter ;

b) la nature d'éventuelles différences entre les indicateurs des résultats des secteurs à présenter et le résultat de l'entité avant charges ou produits d'impôt et avant activités abandonnées (si elle ne ressort pas des rapprochements décrits au paragraphe 28). Ces différences pourront notamment comprendre des méthodes comptables et des méthodes d'affectation de coûts centraux qui sont nécessaires pour la compréhension des informations sectorielles présentées ;

c) la nature des différences entre les indicateurs des actifs des secteurs à présenter et des actifs de l'entité (si elle ne ressort pas des rapprochements décrits au paragraphe 28). Ces différences pourront notamment comprendre des méthodes comptables et des méthodes d'affectation d'actifs utilisés conjointement qui sont nécessaires pour la compréhension des informations sectorielles présentées ;

d) la nature d'éventuelles différences entre les indicateurs des passifs des secteurs à présenter et des passifs de l'entité (si elle ne ressort pas des rapprochements décrits au paragraphe 28). Ces différences pourraient notamment comprendre des méthodes comptables et des méthodes d'affectation de passifs utilisés conjointement qui sont nécessaires pour la compréhension des informations sectorielles présentées ;

e) la nature d'éventuels changements, par rapport aux périodes précédentes, des méthodes d'évaluation employées pour déterminer le résultat d'un secteur à présenter et l'effet éventuel de ces changements sur l'évaluation du résultat sectoriel ;

f) la nature et l'effet des affectations asymétriques à des secteurs à présenter. Par exemple, une entité peut affecter une charge d'amortissement à un secteur sans affecter à ce secteur les actifs amortissables correspondants.

RAPPROCHEMENTS

28 Une entité doit fournir tous les rapprochements suivants :

a) entre le total des produits des activités ordinaires des secteurs à présenter et le produit des activités ordinaires de l'entité.

b) entre le total des indicateurs de résultat des secteurs à présenter et le résultat de l'entité avant charge d'impôt (produit d'impôt) et avant activités abandonnées. Cependant, si l'entité affecte à des secteurs à présenter des éléments tels que des charges d'impôt (des produits d'impôt), elle peut rapprocher le total des indicateurs de résultat des secteurs et le résultat de l'entité après prise en compte de ces éléments.

c) entre le total des actifs des secteurs à présenter et les actifs de l'entité si les actifs sectoriels sont présentés conformément au paragraphe 23.

d) entre le total des passifs des secteurs à présenter et les passifs de l'entité, si les passifs sectoriels sont présentés conformément au paragraphe 23.

e) entre le total des montants de tous les autres éléments significatifs d'information fournis pour les secteurs à présenter et le montant correspondant pour l'entité.

Tous les éléments de rapprochement significatifs doivent être identifiés et décrits séparément. Ainsi, le montant de chaque ajustement significatif requis pour rapprocher le résultat d'un secteur à présenter et le résultat de l'entité résultant de méthodes comptables différentes doit être identifié et décrit séparément.

RETRAITEMENT D'INFORMATIONS PRÉSENTÉES ANTÉRIEUREMENT

29 Si une entité change la structure de son organisation interne d'une manière qui modifie la composition de ses secteurs à présenter, elle doit retraiter les informations correspondantes pour les périodes antérieures, y compris les périodes intermédiaires, sauf si ces informations ne sont pas disponibles et que le coût de leur élaboration serait excessif. Il convient de déterminer séparément pour chaque élément à présenter si les informations sont ou non disponibles et si le coût de leur élaboration serait ou non excessif. Après un changement apporté à la composition de ses secteurs à présenter, une entité doit indiquer si elle a retraité les éléments d'information sectorielle correspondants pour les périodes antérieures.

30 Si une entité a changé la structure de son organisation interne d'une manière qui modifie la composition de ses secteurs à présenter et si les informations correspondantes pour les périodes antérieures, y compris les périodes intermédiaires, ne sont pas retraitées en fonction de ces changements, l'entité doit indiquer, dans l'année au cours de laquelle intervient le changement, les informations sectorielles pour la période considérée à la fois selon l'ancienne et selon la nouvelle base de segmentation, sauf si les informations nécessaires ne sont pas disponibles et que le coût de leur élaboration serait excessif.

Informations à fournir relatives à l'échelle de l'entité

31 Les paragraphes 32 à 34 s'appliquent à toutes les entités soumises à la présente norme, y compris les entités qui ont un seul secteur à présenter. Les activités de certaines entités ne sont pas organisées sur la base de différences entre produits ou services, ou de différences entre zones géographiques. Les secteurs à présenter d'une telle entité peuvent présenter des produits des activités ordinaires provenant d'un vaste éventail de produits et services essentiellement différents, ou encore plusieurs de ses secteurs à présenter peuvent proposer des produits et services essentiellement identiques. De même, les secteurs à présenter d'une entité peuvent comporter des actifs dans différentes zones géographiques et présenter des produits des activités ordinaires provenant de clients de différentes zones géographiques distinctes, ou encore plusieurs de ses secteurs à présenter peuvent opérer dans la même zone géographique. Les informations exigées par les paragraphes 32 à 34 doivent être fournies uniquement si elles ne sont pas fournies comme élément des informations sectorielles à présenter exigées par la présente norme.

INFORMATIONS RELATIVES AUX PRODUITS ET SERVICES

32 Une entité doit présenter les produits d'activités ordinaires provenant de clients externes pour chaque produit et service, ou pour chaque groupe de produits et de services similaires, sauf si les informations nécessaires ne sont pas disponibles et que le coût de leur élaboration serait excessif, auquel cas elle doit le préciser. Les montants des produits d'activités ordinaires présentés doivent être fondés sur les informations financières utilisées pour produire les états financiers de l'entité.

INFORMATIONS RELATIVES AUX ZONES GÉOGRAPHIQUES

33 Une entité doit présenter les informations géographiques suivantes, sauf si les informations nécessaires ne sont pas disponibles et que le coût de leur élaboration est excessif :

a) les produits des activités ordinaires provenant de clients externes i) affectés au pays où est situé le siège social de l'entité et ii) affectés à l'ensemble de tous les pays étrangers dont proviennent les produits des activités ordinaires de l'entité. Si les produits des activités ordinaires provenant de clients externes affectés à un pays étranger donné sont significatifs, ces produits des activités ordinaires doivent être présentés séparément. L'entité doit indiquer la base d'affectation des produits des activités ordinaires provenant de clients externes aux différents pays ;

b) les actifs non courants (*), autres que les instruments financiers, les actifs d'impôt différés, les actifs relatifs aux avantages postérieurs à l'emploi et les droits afférents aux contrats d'assurance i) situés dans le pays où est situé le siège social de l'entité et ii) situés dans l'ensemble de tous les pays étrangers dans lesquels l'entité détient des actifs. Si les actifs dans un pays étranger individuel sont significatifs, ces actifs doivent être présentés séparément.

Les montants présentés doivent être fondés sur les informations financières utilisées pour produire les états financiers de l'entité. Si les informations nécessaires ne sont pas disponibles et que le coût de leur élaboration est excessif, ce fait doit être indiqué. L'entité peut fournir, en plus des informations imposées par le présent paragraphe, des sous-totaux pour les informations géographiques concernant des groupes de pays.

(*) Concernant les actifs classés selon une présentation par ordre de liquidité, les actifs non courants sont des actifs qui incluent des montants que l'entité s'attend à recouvrer plus de douze mois après la période de reporting.

INFORMATIONS RELATIVES AUX PRINCIPAUX CLIENTS

34 Une entité doit fournir des informations sur son degré de dépendance à l'égard de ses clients importants. Si les produits provenant des transactions avec un client externe donné s'élèvent à 10 % au moins des produits d'une entité, l'entité doit communiquer ce fait, ainsi que le montant total des produits provenant de chacun des clients de ce type et l'identité du ou des secteurs présentant ces produits. L'entité n'a pas l'obligation de révéler l'identité d'un client important ni le montant par secteur des produits provenant de ce client. Pour les besoins de la présente norme, un groupe d'entités qui, à la connaissance de l'entité présentant les états financiers, est sous un contrôle commun, sera considéré comme un seul client. Toutefois, il est nécessaire d'exercer un jugement pour déterminer si une autorité publique (y compris les organismes publics et tout autre organisme similaire local, national ou international) et les entités qui, à la connaissance de l'entité présentant les états financiers, sont contrôlées par cette autorité publique sont considérées comme un seul client. Pour le déterminer, l'entité présentant les états financiers considérera le degré d'intégration économique entre ces entités.

Dispositions transitoires et date d'entrée en vigueur

35 L'entité doit appliquer la présente norme dans ses états financiers annuels pour les périodes ouvertes à compter du 1er janvier 2009. Une application anticipée est autorisée. Si l'entité applique la présente norme dans ses états financiers pour une période ouverte avant le 1er janvier 2009, elle doit l'indiquer.

35A La publication des *Améliorations des IFRS*, en avril 2009, a donné lieu à la modification du paragraphe 23. L'entité doit appliquer cette modification pour les exercices ouverts à compter du 1er janvier 2010. Une application anticipée est autorisée. Si l'entité applique la modification pour une période antérieure, elle doit l'indiquer.

36 Les informations sectorielles des années antérieures présentées en tant qu'informations comparatives pour l'année initiale de l'application (y compris l'application de la modification du paragraphe 23 apportée en avril 2009) doivent être retraitées conformément aux dispositions de la présente norme, sauf si les informations nécessaires ne sont pas disponibles et que le coût de leur élaboration est excessif.

36A La publication d'IAS 1 (telle que révisée en 2007) a donné lieu à la modification de la terminologie utilisée dans les IFRS. Elle a également donné lieu à la modification du paragraphe 23 f). L'entité doit appliquer ces modifications pour les exercices ouverts à compter du 1er janvier 2009. Si l'entité applique IAS 1 (révisée en 2007) pour une période antérieure, les modifications doivent être appliquées pour cette période antérieure.

36B La publication d'IAS 24 *Information relative aux parties liées* (telle que révisée en 2009) a donné lieu à la modification du paragraphe 34 pour les exercices ouverts à compter du 1er janvier 2011. Si l'entité applique IAS 24 (révisée en 2009) pour une période antérieure, elle doit appliquer la modification du paragraphe 34 pour cette période antérieure.

36C La publication des *Améliorations annuelles des IFRS – Cycle 2010-2012*, en décembre 2013, a donné lieu à la modification des paragraphes 22 et 28. L'entité doit appliquer ces modifications pour les exercices ouverts à compter du 1er juillet 2014. Une application anticipée est autorisée. Si l'entité applique les modifications pour une période antérieure, elle doit l'indiquer.

Retrait d'IAS 14

37 La présente norme annule et remplace IAS 14 *Information sectorielle.*

Appendice A – Définitions

Le présent appendice fait partie intégrante de la présente norme.

Secteur opérationnel	Un secteur opérationnel est une composante d'une entité : a) qui se livre à des activités à partir desquelles elle est susceptible d'acquérir des produits des activités ordinaires et d'engager des charges (y compris des produits des actvités ordinaires et des charges relatifs à des transactions avec d'autres composantes de la même entité) ; b) dont les résultats opérationnels sont régulièrement examinés par le principal décideur opérationnel de l'entité en vue de prendre des décisions en matière de ressources à affecter au secteur et d'évaluer sa performance ; et c) pour laquelle des informations financières distinctes sont disponibles.

IFRS 9
Instruments financiers

[règlt UE 2023/1803 modifié par les règlts UE 2025/1047 et UE 2025/1266]

CHAPITRE 1 *Objectif*

1.1 L'objectif de la présente norme est d'établir les principes d'information financière en matière d'*actifs financiers* et de *passifs financiers* en vue de la présentation d'informations pertinentes et utiles aux utilisateurs des états financiers pour l'appréciation des montants, du calendrier et du degré d'incertitude des flux de trésorerie futurs de l'entité.

CHAPITRE 2 *Champ d'application*

2.1 La présente norme doit être appliquée par toutes les entités à tous les types d'instruments financiers, excepté les suivants :

a) les intérêts détenus dans des filiales, des entreprises associées et des coentreprises, qui sont comptabilisés conformément à IFRS 10 *États financiers consolidés*, IAS 27 *États financiers individuels* ou IAS 28 *Participations dans des entreprises associées et des coentreprises*. Toutefois, dans certains cas, IFRS 10, IAS 27 ou IAS 28 obligent ou autorisent les entités à comptabiliser des intérêts détenus dans une filiale, une entreprise associée ou une coentreprise conformément à certaines ou à l'ensemble des dispositions de la présente norme. Les entités doivent également appliquer la présente norme aux instruments dérivés relatifs à des intérêts détenus dans une filiale, une entreprise associée ou une coentreprise, sauf si l'instrument dérivé entre dans la définition d'un instrument de capitaux propres de l'entité conformément à IAS 32 *Instruments financiers : présentation* ;

b) les droits et obligations résultant de contrats de location auxquels s'applique IFRS 16 *Contrats de location*. Toutefois :

i) les créances résultant de contrats de location-financement (c'est-à-dire l'investissement net dans les contrats de location-financement) et les créances résultant de contrats de location simple comptabilisées par un bailleur sont soumises aux dispositions de la présente norme en matière de décomptabilisation et de dépréciation,

ii) les passifs locatifs comptabilisés par un preneur sont soumis aux dispositions en matière de décomptabilisation du paragraphe 3.3.1 de la présente norme, et

iii) les dérivés incorporés dans des contrats de location sont soumis aux dispositions de la présente norme relatives aux dérivés incorporés ;

c) les droits et obligations des employeurs découlant de régimes d'avantages du personnel auxquels s'applique IAS 19 *Avantages du personnel* ;

d) les instruments financiers émis par l'entité qui entrent dans la définition d'un instrument de capitaux propres selon IAS 32 (y compris les options et bons de souscription d'actions), ou qui doivent être classés comme instruments de capitaux propres conformément aux paragraphes 16A et 16B ou aux paragraphes 16C et 16D d'IAS 32. Toutefois, le porteur de tels instruments de capitaux propres doit appliquer la présente norme à ces instruments, à moins qu'ils ne répondent à l'exception énoncée au paragraphe a) ;

e) les droits et obligations découlant d'un contrat d'assurance tel que défini dans d'IFRS 17 *Contrats d'assurance*, ou d'un contrat d'investissement avec éléments de participation discrétionnaire entrant dans le champ d'application d'IFRS 17. Toutefois, la présente norme s'applique aux éléments suivants :

i) les dérivés qui sont incorporés dans des contrats entrant dans le champ d'application d'IFRS 17 si ces dérivés ne sont pas eux-mêmes des contrats entrant dans le champ d'application d'IFRS 17 ;

ii) les composantes investissement qui sont séparées de contrats entrant dans le champ d'application d'IFRS 17, lorsque cette dernière impose cette séparation, sauf si ces composantes sont des contrats d'investissement avec éléments de participation discrétionnaire entrant dans le champ d'application d'IFRS 17 ;

iii) les droits et obligations conférés à leur émetteur par des contrats d'assurance qui répondent à la définition de contrats de garantie financière. Toutefois, l'émetteur de contrats de garantie financière qui, auparavant, a explicitement affirmé qu'il considérait ces contrats comme des contrats d'assurance et a utilisé la comptabilité applicable aux contrats d'assurance peut choisir d'appliquer soit la présente norme soit IFRS 17 à ces contrats de garantie financière (voir paragraphes B2.5 et B2.6). L'émetteur peut opérer ce choix contrat par contrat, mais son choix pour chaque contrat est irrévocable ;

iv) les droits et obligations de l'entité qui sont des instruments financiers découlant de contrats de carte de crédit, ou de contrats similaires qui prévoient des modalités de crédit ou de paiement, que l'entité émet et qui répondent à la définition d'un contrat d'assurance, mais qui, conformément au paragraphe 7 h) d'IFRS 17, sont exclus du champ d'application de ladite norme. Toutefois, si et seulement si la couverture d'assurance est une clause contractuelle de l'instrument financier en question, l'entité doit séparer cette composante et lui appliquer IFRS 17 (voir paragraphe 7 h) d'IFRS 17) ;

v) les droits et obligations de l'entité qui sont des instruments financiers découlant de contrats d'assurance que l'entité émet et qui limitent le montant d'indemnisation pour les événements assurés au montant qui serait requis pour le règlement de l'obligation du titulaire de police découlant du contrat si, conformément au paragraphe 8A d'IFRS 17, l'entité choisit d'appliquer IFRS 9 plutôt qu'IFRS 17 à ces contrats ;

f) les contrats à terme entre un acquéreur et un actionnaire vendeur pour l'achat ou la vente d'une entreprise qui donneront lieu, à une date d'acquisition future, à un regroupement d'entreprises entrant dans le champ d'application d'IFRS 3 *Regroupements d'entreprises*. La durée du contrat à terme ne doit pas excéder une période raisonnable normalement nécessaire pour obtenir les approbations requises et conclure la transaction ;

g) les engagements de prêt autres que les engagements de prêt décrits au paragraphe 2.3. Toutefois, l'émetteur d'engagements de prêt doit appliquer les dispositions de la présente norme en matière de dépréciation aux engagements de prêt qui n'entrent pas par ailleurs dans le champ d'application de la présente norme. De plus, tous les engagements de prêt sont soumis aux dispositions de la présente norme en matière de décomptabilisation ;

h) les instruments financiers, les contrats et les obligations relevant de transactions dont le paiement est fondé sur des actions auxquels s'applique IFRS 2 *Paiement fondé sur des actions*, sauf les contrats entrant dans le champ d'application des paragraphes 2.4 à 2.7 de la présente norme, auxquels celle-ci s'applique ;

i) les droits à remboursement des dépenses qu'une entité est tenue de faire pour éteindre un passif qu'elle comptabilise comme provision conformément à IAS 37 *Provisions, passifs éventuels et actifs éventuels*, ou qu'elle a comptabilisé comme provision conformément à IAS 37 dans une période antérieure ;

j) les droits et obligations entrant dans le champ d'application d'IFRS 15 *Produits des activités ordinaires tirés de contrats conclus avec des clients* qui sont des instruments financiers, à l'exception de ceux qui, selon IFRS 15, sont comptabilisés conformément à la présente norme.

2.2 **Les dispositions de la présente norme en matière de dépréciation doivent être appliquées aux droits qui, conformément à IFRS 15, sont à traiter conformément à la présente norme aux fins de la comptabilisation des gains et pertes de valeur.**

2.3 **Les engagements de prêt suivants entrent dans le champ d'application de la présente norme :**

a) les engagements de prêt que l'entité désigne comme étant des passifs financiers évalués à la juste valeur par le biais du résultat net (voir paragraphe 4.2.2). Une entité qui a pour pratique de vendre les actifs résultant de ses engagements de prêt peu après leur création doit appliquer la présente norme à l'ensemble de ses engagements de prêt de la même catégorie ;

b) les engagements de prêt qui peuvent faire l'objet d'un règlement net en trésorerie ou par la livraison ou l'émission d'un autre instrument financier. Ces engagements de prêt sont des dérivés. Un engagement de prêt n'est pas considéré comme faisant l'objet d'un règlement net au seul motif que le prêt est décaissé par versements échelonnés (par exemple, un prêt hypothécaire à la construction décaissé par versements échelonnés en fonction de la progression des travaux) ;

c) les engagements de fournir un prêt à un taux d'intérêt inférieur au marché [voir paragraphe 4.2.1 d)].

2.3A **Les dispositions des paragraphes 6.10.1, 6.10.2, B2.7 et B2.8 ne s'appliquent qu'aux contrats faisant référence à l'électricité produite à partir de sources naturelles. Ces contrats exposent l'entité à la variabilité de la quantité sous-jacente d'électricité parce que les sources de production dépendent de conditions naturelles incontrôlables (par exemple, les conditions météorologiques). Ces contrats comprennent à la fois les contrats d'achat ou de vente d'électricité produite à partir de sources naturelles et les instruments financiers faisant référence à ce type d'électricité.**

2.3B Les dispositions des paragraphes 6.10.1, 6.10.2, B2.7 et B2.8 ne doivent pas être appliquées à d'autres contrats, éléments ou transactions par analogie.

➡ Contrats d'achat ou de vente d'éléments non financiers

2.4 La présente norme s'applique aux contrats d'achat ou de vente d'un élément non financier qui peuvent faire l'objet d'un règlement net en trésorerie ou en un autre instrument financier, ou par l'échange d'instruments financiers, comme si ces contrats étaient des instruments financiers, à l'exception des contrats conclus et maintenus en vue de la réception ou de la livraison d'un élément non financier selon les besoins prévus de l'entité en matière d'achat, de vente ou d'utilisation. Toutefois, la présente norme s'applique aux contrats que l'entité désigne comme étant évalués à la juste valeur par le biais du résultat net conformément au paragraphe 2.5.

2.5 Un contrat d'achat ou de vente d'un élément non financier qui peut faire l'objet d'un règlement net en trésorerie ou en un autre instrument financier, ou par l'échange d'instruments financiers, comme si ce contrat était un instrument financier, peut être désigné irrévocablement comme étant évalué à la juste valeur par le biais du résultat net même s'il a été conclu en vue de la réception ou de la livraison d'un élément non financier selon les besoins prévus de l'entité en matière d'achat, de vente ou d'utilisation. Cette désignation n'est possible qu'au moment de la passation du contrat et seulement si elle élimine ou réduit de façon importante une incohérence dans la comptabilisation (parfois appelée « non-concordance comptable ») qui, autrement, découlerait de la non-comptabilisation de ce contrat au motif qu'il est exclu du champ d'application de la présente norme (voir paragraphe 2.4).

2.6 Il existe plusieurs façons, pour un contrat d'achat ou de vente d'un élément non financier, de pouvoir faire l'objet d'un règlement net en trésorerie, en un autre instrument financier ou par l'échange d'instruments financiers. C'est le cas dans les situations suivantes :

a) lorsque les conditions du contrat permettent à l'une ou l'autre partie de procéder à un règlement net en trésorerie, en un autre instrument financier ou par l'échange d'instruments financiers ;

b) lorsque la possibilité de procéder à un règlement net en trésorerie, en un autre instrument financier ou par l'échange d'instruments financiers n'est pas explicite dans les conditions du contrat, mais que, pour des contrats similaires, l'entité a pour pratique de procéder à leur règlement net en trésorerie, en un autre instrument financier ou par l'échange d'instruments financiers (que ce soit avec la contrepartie, au moyen de contrats de compensation ou par la vente du contrat avant son exercice ou son échéance) ;

c) lorsque, pour des contrats similaires, l'entité a pour pratique de prendre livraison du sous-jacent et de le vendre dans un bref délai après la livraison, dans le but de dégager un bénéfice des fluctuations à court terme du prix ou de la marge de l'arbitragiste ; et

d) lorsque l'élément non financier qui constitue l'objet du contrat est immédiatement convertible en trésorerie.

Un contrat auquel s'appliquent les points b) ou c) n'est pas conclu en vue de la réception ou de la livraison de l'élément non financier selon les besoins prévus de l'entité en matière d'achat, de vente ou d'utilisation et, par conséquent, entre dans le champ d'application de la présente norme. On évalue les autres contrats (dont les contrats décrits au paragraphe 2.3A) auxquels s'applique le paragraphe 2.4 pour déterminer s'ils ont été conclus et s'ils sont maintenus en vue de la réception ou de la livraison de l'élément non financier selon les besoins prévus de l'entité en matière d'achat, de vente ou d'utilisation et, par conséquent, s'ils entrent dans le champ d'application de la présente norme.

2.7 Une option vendue d'achat ou de vente d'un élément non financier pouvant faire l'objet d'un règlement net en trésorerie, en un autre instrument financier ou par l'échange d'instruments financiers conformément au paragraphe 2.6 a) ou d) entre dans le champ d'application de la présente norme. Un tel contrat ne peut être conclu en vue de la réception ou de la livraison de l'élément non financier selon les besoins prévus de l'entité en matière d'achat, de vente ou d'utilisation.

2.8 L'entité doit également appliquer les dispositions des paragraphes B2.7 et B2.8 pour déterminer si les contrats faisant référence à l'électricité produite à partir de sources naturelles (comme décrit au paragraphe 2.3A) sont conclus et maintenus en vue de la réception d'électricité selon les besoins prévus de l'entité en matière d'utilisation.

CHAPITRE 3 Comptabilisation et décomptabilisation

3.1 COMPTABILISATION INITIALE

3.1.1 L'entité doit comptabiliser un actif financier ou un passif financier dans son état de la situation financière uniquement lorsqu'elle devient partie aux dispositions contractuelles de l'instrument (voir paragraphes B3.1.1 et B3.1.2). Lors de la comptabilisation initiale d'un actif financier, l'entité doit le classer conformément aux paragraphes 4.1.1 à 4.1.5 et l'évaluer conformément aux paragraphes 5.1.1 à 5.1.3. Lors de la comptabilisation initiale d'un passif financier, l'entité doit le classer conformément aux paragraphes 4.2.1 et 4.2.2 et l'évaluer conformément au paragraphe 5.1.1.

➡ Achat ou vente normalisés d'actifs financiers

3.1.2 Un *achat normalisé ou une vente normalisée* d'actifs financiers doit être comptabilisé ou décomptabilisé, selon le cas, en utilisant la méthode de la comptabilisation à la date de transaction ou celle de la comptabilisation à la date de règlement (voir paragraphes B3.1.3 à B3.1.6).

3.2 DÉCOMPTABILISATION D'ACTIFS FINANCIERS

3.2.1 Dans les états financiers consolidés, les paragraphes 3.2.2 à 3.2.9, B3.1.1, B3.1.2, et B3.2.1 à B3.2.17 s'appliquent au niveau consolidé. Dès lors, l'entité consolide d'abord toutes ses filiales conformément à IFRS 10, puis applique ces paragraphes au groupe qui en résulte.

3.2.2 Avant d'apprécier si – et dans quelle mesure – une *décomptabilisation* est appropriée selon les paragraphes 3.2.3 à 3.2.9, l'entité détermine de la manière suivante si ces paragraphes doivent être appliqués à une partie d'un actif financier (ou à une partie d'un groupe d'actifs financiers similaires) ou à un actif financier (ou à un groupe d'actifs financiers similaires) dans son intégralité :

a) les paragraphes 3.2.3 à 3.2.9 s'appliquent à une partie d'un actif financier (ou à une partie d'un groupe d'actifs financiers similaires) si et seule-

ment si la partie susceptible d'être décomptabilisée satisfait à l'une des trois conditions suivantes :

i) elle est uniquement constituée de certains flux de trésorerie d'un actif financier (ou d'un groupe d'actifs financiers similaires) identifiés de manière spécifique. Par exemple, si l'entité procède au démembrement d'un instrument d'emprunt de telle manière que la contrepartie obtient le droit aux flux d'intérêts, mais pas aux flux de principal, les paragraphes 3.2.3 à 3.2.9 s'appliquent aux flux d'intérêts ;

ii) elle est constituée uniquement d'une part exactement proportionnelle (au prorata) des flux de trésorerie d'un actif financier (ou d'un groupe d'actifs financiers similaires). Par exemple, si l'entité contracte un accord par lequel la contrepartie a droit à 90 % du total des flux de trésorerie d'un instrument d'emprunt, les paragraphes 3.2.3 à 3.2.9 s'appliquent à 90 % de ces flux de trésorerie. S'il y a plusieurs contreparties, il n'est pas nécessaire que chacune d'elles ait une part proportionnelle des flux de trésorerie, pourvu que l'entité qui effectue le transfert en ait une part exactement proportionnelle ;

iii) elle est uniquement constituée d'une part exactement proportionnelle (au prorata) de certains flux de trésorerie d'un actif financier (ou d'un groupe d'actifs financiers similaires) identifiés de manière spécifique. Par exemple, si l'entité contracte un accord par lequel la contrepartie a droit à 90 % des flux d'intérêts d'un actif financier, les paragraphes 3.2.3 à 3.2.9 s'appliquent à 90 % de ces flux d'intérêts. S'il y a plusieurs contreparties, il n'est pas nécessaire que chacune d'elles ait une part proportionnelle des flux de trésorerie identifiés de manière spécifique, pourvu que l'entité qui effectue le transfert en ait une part exactement proportionnelle ;

b) dans tous les autres cas, les paragraphes 3.2.3 à 3.2.9 s'appliquent à l'actif financier dans son intégralité (ou au groupe d'actifs financiers similaires dans leur intégralité). Par exemple, si l'entité transfère : i) ses droits sur les premiers ou les derniers 90 % des entrées de trésorerie liées à un actif financier (ou à un groupe d'actifs financiers) ; ou ii) ses droits sur 90 % des flux de trésorerie liés à un groupe de créances, mais fournit à l'acquéreur une garantie d'indemnisation en cas de perte sur ces créances à concurrence de 8 % du principal, les paragraphes 3.2.3 à 3.2.9 s'appliquent à l'actif financier (ou au groupe d'actifs financiers similaires) dans son intégralité.

Dans les paragraphes 3.2.3 à 3.2.12, l'expression « actif financier » désigne soit une partie d'un actif financier (ou une partie d'un groupe d'actifs financiers similaires) comme il est indiqué au paragraphe a) ci-dessus, soit un actif financier (ou un groupe d'actifs financiers similaires) dans son intégralité.

3.2.3 **L'entité doit décomptabiliser un actif financier si et seulement si :**

a) les droits contractuels sur les flux de trésorerie de l'actif financier arrivent à expiration ; ou

b) l'entité transfère l'actif financier de la manière indiquée aux paragraphes 3.2.4 et 3.2.5, et ce transfert satisfait aux conditions de décomptabilisation prévues au paragraphe 3.2.6.
(Voir paragraphe 3.1.2 pour les ventes normalisées d'actifs financiers.)

3.2.4 L'entité transfère un actif financier si et seulement si :

a) elle transfère les droits contractuels de recevoir les flux de trésorerie de l'actif financier ; ou

b) elle conserve les droits contractuels de recevoir les flux de trésorerie de l'actif financier, mais assume une obligation contractuelle de verser ces flux de trésorerie à un ou plusieurs bénéficiaires dans le cadre d'un accord satisfaisant aux conditions du paragraphe 3.2.5.

3.2.5 Si l'entité conserve les droits contractuels de recevoir les flux de trésorerie d'un actif financier (l'« actif initial »), mais qu'elle assume une obligation contractuelle de verser ces flux de trésorerie à une ou plusieurs entités (les « bénéficiaires finaux »), l'entité traite la transaction comme un transfert d'actif financier si et seulement si les trois conditions suivantes sont remplies :

a) l'entité n'a l'obligation de payer aux bénéficiaires finaux que l'équivalent des rentrées liées à l'actif initial. Les avances à court terme consenties par l'entité, si elles sont accompagnées du droit au recouvrement intégral du montant prêté majoré des intérêts courus aux taux du marché, ne contreviennent pas à la présente condition ;

b) il est interdit à l'entité, aux termes des clauses du contrat de transfert, de vendre ou de donner en nantissement l'actif initial autrement qu'au profit des bénéficiaires finaux et à titre de garantie de l'obligation de leur verser les flux de trésorerie ;

c) l'entité a l'obligation de remettre sans délai significatif tout flux de trésorerie qu'elle recouvre pour le compte des bénéficiaires finaux. En outre, l'entité n'a pas le droit de réinvestir ces flux de trésorerie, exception faite des placements en trésorerie ou en équivalents de trésorerie (au sens d'IAS 7 *État des flux de trésorerie*) pour la brève période de règlement comprise entre la date de recouvrement et la date imposée pour la remise aux bénéficiaires finaux, placements dont les intérêts sont transmis aux bénéficiaires finaux.

3.2.6 Lorsque l'entité transfère un actif financier (voir paragraphe 3.2.4), elle doit évaluer dans quelle mesure elle conserve les risques et avantages inhérents à la propriété de l'actif financier. Dans ce cas :

a) si l'entité transfère la quasi-totalité des risques et avantages inhérents à la propriété de l'actif financier, elle doit décomptabiliser l'actif financier et comptabiliser séparément en tant qu'actifs ou en tant que passifs tous les droits et obligations créés ou conservés lors du transfert ;

b) si l'entité conserve la quasi-totalité des risques et des avantages inhérents à la propriété de l'actif financier, elle doit continuer à comptabiliser l'actif financier ;

c) si l'entité ne transfère ni ne conserve la quasi-totalité des risques et avantages inhérents à la propriété de l'actif financier, elle doit déterminer si elle conserve le contrôle de l'actif financier. Dans ce cas :

i) si l'entité n'a pas conservé le contrôle, elle doit décomptabiliser l'actif financier et comptabiliser séparément en tant qu'actifs ou en tant que passifs tous les droits et obligations créés ou conservés lors du transfert ;

ii) si l'entité a conservé le contrôle, elle doit continuer à comptabiliser l'actif financier dans la mesure de son implication continue dans celui-ci (voir paragraphe 3.2.16).

3.2.7 Pour apprécier s'il y a transfert des risques et avantages (voir paragraphe 3.2.6), on compare l'exposition de l'entité au risque de variabilité du montant et du calendrier des flux de trésorerie nets associés à l'actif transféré avant et après le transfert. L'entité conserve la quasi-totalité des risques et avantages inhérents à la propriété d'un actif financier si son exposition au risque de variabilité de la valeur actualisée des flux de trésorerie nets futurs associés à l'actif financier ne change pas de manière importante par suite du transfert (par exemple, parce que l'entité a cédé un actif financier soumis à un contrat de rachat à un prix fixe ou au prix de vente majoré d'un rendement pour le prêteur). L'entité a transféré la quasi-totalité des risques et avantages inhérents à la propriété d'un actif financier si son exposition à ce risque de variabilité n'est plus importante par rapport à la variabilité totale de la valeur actualisée des flux de trésorerie nets futurs associés à l'actif financier (par exemple, parce que l'entité a procédé à une vente d'actif financier qui n'est soumise qu'à une option de rachat pour la *juste valeur* de l'actif financier à la date du rachat ou parce qu'elle a transféré une part exactement proportionnelle des flux de trésorerie d'un actif financier plus important à l'occasion d'un accord, telle une sous-participation dans un prêt, qui satisfait aux conditions énoncées au paragraphe 3.2.5).

3.2.8 Bien souvent, il sera évident que l'entité a soit transféré, soit conservé la quasi-totalité des risques et avantages inhérents à la propriété et aucun calcul ne sera nécessaire. Dans d'autres cas, il sera nécessaire de calculer et de comparer l'exposition de l'entité au risque de variabilité de la valeur actualisée des flux de trésorerie nets futurs avant et après le transfert. Ce calcul et cette comparaison sont effectués en utilisant pour taux d'actualisation un taux d'intérêt actuel de marché approprié. Toutes les variabilités raisonnablement possibles des flux de trésorerie nets sont prises en considération, une pondération supérieure étant accordée aux résultats les plus probables.

3.2.9 La conservation ou non par l'entité du contrôle de l'actif transféré [voir paragraphe 3.2.6 c)] dépend de la capacité du cessionnaire à vendre l'actif. Si le cessionnaire a la capacité pratique de vendre l'actif dans son intégralité à un tiers non lié et s'il peut exercer cette faculté unilatéralement et sans qu'il soit nécessaire d'assortir le transfert de restrictions supplémentaires, l'entité n'a pas conservé le contrôle. Dans tous les autres cas, l'entité a conservé le contrôle.

➡ Transferts qui remplissent les conditions de décomptabilisation

3.2.10 Si l'entité transfère un actif financier dans le cadre d'un transfert qui remplit les conditions de décomptabilisation intégrale et qu'elle conserve le droit de gérer l'actif financier moyennant honoraires, elle doit comptabiliser soit un actif de gestion, soit un passif de gestion pour ce mandat de gestion. S'il n'est pas prévu que les honoraires à recevoir rémunèrent de manière adéquate l'entité au titre de l'exécution du mandat de gestion, un passif de gestion correspondant à l'obligation de gestion doit être comptabilisé pour sa juste valeur. S'il est prévu que les honoraires à recevoir rémunèrent de manière plus qu'adéquate l'entité au titre de l'exécution du mandat de gestion, un actif de gestion doit être comptabilisé pour le mandat de gestion à hauteur d'un montant déterminé sur la base d'une ventilation de la valeur comptable de l'actif financier plus important conformément au paragraphe 3.2.13.

3.2.11 Si un actif financier est intégralement décomptabilisé à la suite d'un transfert, mais qu'il résulte de ce transfert que l'entité obtient un

nouvel actif financier ou doit assumer un nouveau passif financier ou un passif de gestion, l'entité doit comptabiliser le nouvel actif financier, le nouveau passif financier ou le passif de gestion à la juste valeur.

3.2.12 **Lors de la décomptabilisation d'un actif financier dans son intégralité, la différence entre :**

a) la valeur comptable (évaluée à la date de la décomptabilisation) et

b) la contrepartie reçue (y compris tout nouvel actif obtenu, déduction faite de tout ngouveau passif assumé)

doit être comptabilisée en résultat net.

3.2.13 **Si l'actif transféré constitue une partie d'un actif financier plus important [par exemple, lorsque l'entité transfère des flux d'intérêts faisant partie d'un instrument d'emprunt ; voir paragraphe 3.2.2 a)] et que la partie transférée remplit les conditions de décomptabilisation intégrale, la valeur comptable antérieure de l'actif financier plus important doit être ventilée entre la partie qui continue d'être comptabilisée et la partie qui est décomptabilisée, sur la base de leurs justes valeurs relatives à la date du transfert. À cet égard, un actif de gestion conservé doit être traité comme une partie qui continue d'être comptabilisée. La différence entre :**

a) la valeur comptable (évaluée à la date de la décomptabilisation) attribuée à la partie décomptabilisée et

b) la contrepartie reçue au titre de la partie décomptabilisée (y compris tout nouvel actif obtenu, déduction faite de tout nouveau passif assumé)

doit être comptabilisée en résultat net.

3.2.14 Pour que l'entité puisse ventiler la valeur comptable antérieure d'un actif financier plus important entre la partie qui continue d'être comptabilisée et la partie décomptabilisée, il lui faut évaluer la juste valeur de la partie qui continue d'être comptabilisée. Lorsque l'entité a pour pratique de vendre des parties similaires à la partie qui continue d'être comptabilisée ou qu'il existe, sur un marché, d'autres transactions portant sur de telles parties, les prix récents des transactions réelles fournissent la meilleure estimation de cette juste valeur. Lorsqu'il n'est pas possible de s'appuyer sur des cours ou sur des transactions récentes sur un marché, la meilleure estimation de la juste valeur de la partie qui continue d'être comptabilisée est la différence entre la juste valeur de l'actif financier plus important, dans son intégralité, et la contrepartie reçue du cessionnaire au titre de la partie décomptabilisée.

➠ Transferts qui ne remplissent pas les conditions de décomptabilisation

3.2.15 **Si un transfert n'entraîne pas de décomptabilisation, parce que l'entité a conservé la quasi-totalité des risques et avantages inhérents à la propriété de l'actif transféré, l'entité doit continuer à comptabiliser l'intégralité de l'actif transféré et doit comptabiliser un passif financier pour la contrepartie reçue. Au cours des périodes ultérieures, l'entité doit comptabiliser tout produit tiré de l'actif transféré et toute charge engagée à l'égard du passif financier.**

➡ Implication continue dans les actifs transférés

3.2.16 Si l'entité ne transfère pas ni ne conserve la quasi-totalité des risques et avantages inhérents à la propriété d'un actif transféré, et qu'elle conserve le contrôle de l'actif transféré, elle continue à comptabiliser l'actif transféré dans la mesure de son implication continue dans celui-ci. L'étendue de l'implication continue de l'entité dans l'actif transféré correspond à l'étendue de son exposition aux variations de la valeur de l'actif transféré. Par exemple :

a) si l'implication continue de l'entité prend la forme d'une garantie portant sur l'actif transféré, l'étendue de l'implication continue de l'entité correspond au plus faible des deux montants suivants : i) le montant de cet actif, ii) le montant maximal de la contrepartie reçue que l'entité pourrait être tenue de rembourser (le « montant de la garantie ») ;

b) si l'implication continue de l'entité prend la forme d'une option vendue ou achetée (ou les deux) sur l'actif transféré, l'étendue de l'implication continue de l'entité correspond au montant de l'actif transféré que l'entité peut racheter. Toutefois, dans le cas d'une option de vente émise sur un actif évalué à la juste valeur, l'étendue de l'implication continue de l'entité est limitée au plus faible montant entre la juste valeur de l'actif transféré et le prix d'exercice de l'option (voir paragraphe B3.2.13) ;

c) si l'implication continue de l'entité prend la forme d'une option réglée en trésorerie ou d'une disposition similaire portant sur l'actif transféré, l'étendue de l'implication continue de l'entité est évaluée de la même manière que lorsqu'elle résulte d'options qui ne sont pas réglées en trésorerie, comme indiqué au paragraphe b) ci-dessus.

3.2.17 Lorsque l'entité continue de comptabiliser un actif dans la mesure de son implication continue, elle comptabilise également un passif associé. Nonobstant les autres dispositions en matière d'évaluation qui figurent dans la présente norme, l'actif transféré et le passif associé sont évalués en fonction des droits et obligations conservés par l'entité. Le passif associé est évalué de telle sorte que la valeur comptable nette de l'actif transféré et du passif associé corresponde :

a) au coût amorti des droits et obligations conservés par l'entité, si l'actif transféré est évalué au coût amorti ; ou

b) à la juste valeur des droits et obligations conservés par l'entité, évalués séparément, si l'actif transféré est évalué à la juste valeur.

3.2.18 L'entité doit continuer de comptabiliser les produits tirés de l'actif transféré dans la mesure de son implication continue et doit comptabiliser toute charge engagée à l'égard du passif associé.

3.2.19 Aux fins de l'évaluation ultérieure, les variations de la juste valeur de l'actif transféré et du passif associé sont comptabilisées de façon cohérente, conformément au paragraphe 5.7.1, et ne doivent pas faire l'objet d'une compensation.

3.2.20 Si l'implication continue d'une entité ne porte que sur une partie d'un actif financier (par exemple, si elle conserve une option lui permettant de racheter une partie d'un actif transféré, ou si elle conserve un intérêt résiduel qui n'a pas pour résultat la conservation de la quasi-totalité des risques et avantages inhérents à la propriété et qu'elle conserve le

contrôle), elle ventile la valeur comptable antérieure de l'actif financier entre la partie qu'elle continue à comptabiliser au titre de son implication continue et la partie qu'elle ne comptabilise plus, sur la base des justes valeurs relatives de ces parties à la date du transfert. À cet égard, les dispositions du paragraphe 3.2.14 s'appliquent. La différence entre :

a) la valeur comptable (évaluée à la date de la décomptabilisation) attribuée à la partie qui n'est plus comptabilisée et

b) la contrepartie reçue au titre de la partie qui n'est plus comptabilisée

doit être comptabilisée en résultat net.

3.2.21 Si l'actif transféré est évalué au coût amorti, la possibilité prévue par la présente norme de désigner un passif financier à la juste valeur par le biais du résultat net ne s'applique pas au passif associé.

➡ Tous les transferts

3.2.22 **Si un actif transféré continue à être comptabilisé, l'actif et le passif associé ne doivent pas être compensés. De même, l'entité ne doit pas compenser les produits provenant de l'actif transféré et les charges engagées à l'égard du passif associé (voir paragraphe 42 d'IAS 32).**

3.2.23 **Si un cédant donne en garantie au cessionnaire un instrument autre que de la trésorerie (par exemple, un instrument d'emprunt ou de capitaux propres), la comptabilisation de cet instrument de garantie par le cédant et le cessionnaire varie selon que le cessionnaire dispose ou non du droit de le vendre ou de le redonner en garantie et selon que le cédant est ou non en défaut. Le cédant et le cessionnaire doivent comptabiliser comme suit l'instrument de garantie :**

a) si le cessionnaire a le droit, conféré par un contrat ou par la coutume, de vendre l'instrument de garantie ou de le redonner en garantie, le cédant doit le reclasser pour le présenter séparément des autres actifs dans son état de la situation financière (par exemple, comme un actif prêté, un instrument de capitaux propres donné en garantie ou une créance représentative de titres donnés en pension) ;

b) si le cessionnaire vend l'instrument qu'il a reçu en garantie, il doit comptabiliser le produit de la vente et un passif évalué à la juste valeur pour son obligation de restitution de l'instrument de garantie ;

c) si le cédant est en défaut selon les conditions du contrat et s'il n'a plus le droit de racheter l'instrument donné en garantie, il doit le décomptabiliser, et le cessionnaire doit le comptabiliser à son actif en l'évaluant initialement à la juste valeur ou, s'il l'a déjà vendu, décomptabiliser son obligation de le restituer ;

d) sauf dans le cas prévu au paragraphe c), le cédant doit conserver à l'actif l'instrument donné en garantie et le cessionnaire ne doit pas le comptabiliser à l'actif.

3.3 DÉCOMPTABILISATION DE PASSIFS FINANCIERS

3.3.1 **L'entité doit sortir un passif financier (ou une partie de passif financier) de son état de la situation financière uniquement lorsque ce passif est éteint, c'est-à-dire lorsque l'obligation précisée au contrat est exécutée, qu'elle est annulée ou qu'elle expire.**

3.3.2 Un échange, entre un emprunteur et un prêteur existants, d'instruments d'emprunt dont les conditions sont substantiellement différentes doit être comptabilisé comme une extinction du passif financier initial et la comptabilisation d'un nouveau passif financier. De même, une modification substantielle des conditions d'un passif financier existant ou d'une partie d'un passif financier existant (qu'elle soit attribuable ou non aux difficultés financières du débiteur) doit être comptabilisée comme une extinction du passif financier initial et la comptabilisation d'un nouveau passif financier.

3.3.3 La différence entre la valeur comptable d'un passif financier (ou d'une partie d'un passif financier) éteint ou transféré à un tiers et la contrepartie payée, y compris, s'il y a lieu, les actifs hors trésorerie transférés et les passifs assumés, doit être comptabilisée en résultat net.

3.3.4 Si l'entité rachète une partie d'un passif financier, elle doit ventiler la valeur comptable antérieure du passif financier entre la partie qui continue d'être comptabilisée et la partie décomptabilisée, sur la base des justes valeurs relatives de ces parties à la date du rachat. La différence entre : a) la valeur comptable attribuée à la partie décomptabilisée, et b) la contrepartie payée pour la partie décomptabilisée, y compris, s'il y a lieu, les actifs hors trésorerie transférés et les passifs assumés, doit être comptabilisée en résultat net.

3.3.5 Certaines entités utilisent un fonds d'investissement interne ou externe pour procurer aux investisseurs des avantages déterminés en fonction des parts du fonds et comptabilisent des passifs financiers au titre des sommes à payer à ces investisseurs. De même, certaines entités émettent des groupes de contrats d'assurance avec éléments de participation directe dont elles détiennent les éléments sous-jacents. Certains de ces fonds ou éléments sous-jacents englobent un passif financier de l'entité (par exemple, une obligation qu'elle a émise). Nonobstant les autres dispositions de la présente norme relatives à la décomptabilisation des passifs financiers, l'entité peut choisir de ne pas décomptabiliser son passif financier qui est inclus dans un tel fonds ou constitue un élément sous-jacent lorsque, et seulement lorsque, elle rachète son passif financier à ces fins. Elle peut choisir de plutôt maintenir le traitement de cet instrument à titre de passif financier et de traiter l'instrument racheté comme s'il s'agissait d'un actif financier, qu'elle évalue à la juste valeur par le biais du résultat net selon la présente norme. Ce choix est irrévocable et se fait instrument par instrument. En ce qui concerne ce choix, les contrats d'assurance incluent les contrats d'investissement avec éléments de participation discrétionnaire (voir IFRS 17 pour la définition de certains termes employés dans le présent paragraphe).

CHAPITRE 4 Classement

4.1 CLASSEMENT DES ACTIFS FINANCIERS

4.1.1 Sauf dans les cas où le paragraphe 4.1.5 s'applique, l'entité doit classer les actifs financiers comme ultérieurement évalués soit au coût amorti, soit à la juste valeur par le biais des autres éléments du résultat global, soit à la juste valeur par le biais du résultat net en fonction à la fois :

a) du modèle économique de l'entité pour la gestion des actifs financiers et

b) des caractéristiques des flux de trésorerie contractuels de l'actif financier.

4.1.2 Un actif financier doit être évalué au coût amorti si les deux conditions suivantes sont réunies :

a) la détention de l'actif financier s'inscrit dans un modèle économique dont l'objectif est de détenir des actifs financiers afin d'en percevoir les flux de trésorerie contractuels ;

b) les dispositions contractuelles de l'actif financier donnent lieu, à des dates spécifiées, à des flux de trésorerie qui correspondent uniquement à des remboursements de principal et à des versements d'intérêts sur le principal restant dû.

Les paragraphes B4.1.1 à B4.1.26 fournissent des indications sur l'application de ces deux conditions.

4.1.2A Un actif financier doit être évalué à la juste valeur par le biais des autres éléments du résultat global si les deux conditions suivantes sont réunies :

a) la détention de l'actif financier s'inscrit dans un modèle économique dont l'objectif est atteint à la fois par la perception de flux de trésorerie contractuels et par la vente d'actifs financiers et

b) les dispositions contractuelles de l'actif financier donnent lieu, à des dates spécifiées, à des flux de trésorerie qui correspondent uniquement à des remboursements de principal et à des versements d'intérêts sur le principal restant dû.

Les paragraphes B4.1.1 à B4.1.26 fournissent des indications sur l'application de ces deux conditions.

4.1.3 Pour l'application des dispositions des paragraphes 4.1.2 b) et 4.1.2A b) :

a) le principal correspond à la juste valeur de l'actif financier lors de la comptabilisation initiale. Le paragraphe B4.1.7B fournit des indications supplémentaires sur le sens du terme « principal » ;

b) les intérêts se composent d'une contrepartie pour la valeur temps de l'argent, le risque de crédit associé au principal restant dû pour une période de temps donnée et les autres risques et frais qui se rattachent à un prêt de base, ainsi que d'une marge. Les paragraphes B4.1.7A et B4.1.9A à B4.1.9E fournissent des indications supplémentaires sur le sens du terme « intérêt », y compris le sens de l'expression « valeur temps de l'argent ».

4.1.4 Un actif financier doit être évalué à la juste valeur par le biais du résultat net, à moins qu'il ne soit évalué au coût amorti conformément au paragraphe 4.1.2 ou à la juste valeur par le biais des autres éléments du résultat global conformément au paragraphe 4.1.2A. Cependant, l'entité peut choisir de manière irrévocable, lors de la comptabilisation initiale, de présenter dans les autres éléments du résultat global les variations futures de la juste valeur de placements particuliers dans des *instruments de capitaux propres* qui seraient autrement évalués à la juste valeur par le biais du résultat net (voir paragraphes 5.7.5 et 5.7.6).

Option de désigner un actif financier comme étant évalué à la juste valeur par le biais du résultat net

4.1.5 Nonobstant les paragraphes 4.1.1 à 4.1.4, l'entité peut, lors de la comptabilisation initiale, désigner de manière irrévocable un actif financier comme étant évalué à la juste valeur par le biais du résultat net si cette désignation élimine ou réduit sensiblement une incohérence dans l'évaluation ou la comptabilisation (parfois appelée « non-concordance comptable ») qui, autrement, découlerait de l'évaluation d'actifs ou de passifs ou de la comptabilisation des profits ou pertes sur ceux-ci selon des bases différentes (voir paragraphes B4.1.29 à B4.1.32).

4.2 CLASSEMENT DES PASSIFS FINANCIERS

4.2.1 **L'entité doit classer comme étant ultérieurement évalués au coût amorti tous les passifs financiers à l'exception des suivants :**

a) les *passifs financiers évalués à la juste valeur par le biais du résultat net*. L'évaluation ultérieure de ces passifs, y compris ceux qui sont des *dérivés*, doit se faire à la juste valeur ;

b) les passifs financiers qui surviennent lorsqu'un transfert d'actif financier ne satisfait pas aux conditions de décomptabilisation ou lorsque l'approche de l'implication continue s'applique. Les paragraphes 3.2.15 et 3.2.17 s'appliquent à l'évaluation de tels passifs financiers ;

c) les *contrats de garantie financière*. Après la comptabilisation initiale, l'émetteur d'un tel contrat doit (sauf si le paragraphe 4.2.1 a) ou b) s'applique) l'évaluer ultérieurement en retenant la plus élevée des deux valeurs suivantes :

- i) le montant de la *correction de valeur pour pertes* déterminée conformément à la section 5.5 ;
- **ii) le montant initialement comptabilisé (voir paragraphe 5.1.1), diminué, le cas échéant, du cumul des produits comptabilisés conformément aux principes énoncés dans IFRS 15 ;**

d) les engagements de prêt à un taux d'intérêt inférieur à celui du marché. L'émetteur d'un tel contrat doit (sauf si le paragraphe 4.2.1 a) s'applique) l'évaluer ultérieurement en retenant la plus élevée des deux valeurs suivantes :

- **i) le montant de la correction de valeur pour pertes déterminée conformément à la section 5.5 ;**
- **ii) le montant initialement comptabilisé (voir paragraphe 5.1.1), diminué, le cas échéant, du cumul des produits comptabilisés conformément aux principes énoncés dans IFRS 15 ;**

e) la contrepartie éventuelle comptabilisée par l'acquéreur dans un regroupement d'entreprises auquel s'applique IFRS 3. L'évaluation ultérieure de cette contrepartie éventuelle doit se faire à la juste valeur, avec comptabilisation des variations en résultat net.

Option de désigner un passif financier comme étant évalué à la juste valeur par le biais du résultat net

4.2.2 **L'entité peut, lors de la comptabilisation initiale, désigner irrévocablement un passif financier comme étant évalué à la juste valeur par le biais du résultat net si le paragraphe 4.3.5 le permet ou si, ce faisant, elle aboutit à des informations d'une pertinence accrue du fait :**

a) soit que s'en trouve éliminée ou sensiblement réduite une incohérence dans l'évaluation ou la comptabilisation (parfois appelée « non-concordance comptable ») qui, autrement, découlerait de l'évaluation d'actifs ou de passifs ou de la comptabilisation des profits ou pertes sur ceux-ci selon des bases différentes (voir paragraphes B4.1.29 à B4.1.32) ;

b) soit que la gestion d'un groupe de passifs financiers (ou d'un groupe d'actifs financiers et de passifs financiers) et l'appréciation de sa performance sont effectuées sur la base de la juste valeur conformément à une stratégie de gestion des risques ou d'investissement établie par écrit, et que les informations sur le groupe sont fournies en interne sur cette base aux principaux dirigeants de l'entité (au sens d'IAS 24 *Information relative aux parties liées*), par exemple le conseil d'administration et le directeur général (voir paragraphes B4.1.33 à B4.1.36).

4.3 DÉRIVÉS INCORPORÉS

4.3.1 Un dérivé incorporé est une composante d'un contrat hybride comprenant également un contrat hôte non dérivé, qui a pour effet de faire varier certains des flux de trésorerie de l'instrument composé d'une manière similaire à un dérivé autonome. Le dérivé incorporé a pour effet que tout ou partie des flux de trésorerie qui autrement seraient exigés par le contrat sont modifiés en fonction d'un taux d'intérêt, du prix d'un instrument financier, du cours d'une marchandise, d'un taux de change, d'un indice de prix ou de taux, d'une notation ou d'un indice de crédit, ou d'une autre variable spécifiée, à condition, dans le cas d'une variable non financière, que celle-ci ne soit pas spécifique à l'une des parties au contrat. Un dérivé qui est attaché à un *instrument financier*, mais qui est contractuellement transférable indépendamment de cet instrument ou dont la contrepartie diffère de celle de cet instrument n'est pas un dérivé incorporé, mais un instrument financier distinct.

➠ Contrats hybrides avec actifs financiers hôtes

4.3.2 **Lorsqu'un contrat hybride comporte un contrat hôte qui est un actif entrant dans le champ d'application de la présente norme, l'entité doit appliquer les dispositions des paragraphes 4.1.1 à 4.1.5 à l'intégralité du contrat hybride.**

➠ Autres contrats hybrides

4.3.3 **Lorsqu'un contrat hybride comporte un contrat hôte qui n'est pas un actif entrant dans le champ d'application de la présente norme, le dérivé incorporé doit être séparé du contrat hôte et être comptabilisé en tant que dérivé selon la présente norme si et seulement si :**

a) les caractéristiques économiques et les risques que présente le dérivé incorporé ne sont pas étroitement liés aux caractéristiques économiques et aux risques que présente le contrat hôte (voir paragraphes B4.3.5 et B4.3.8) ;

b) un instrument autonome qui comporterait les mêmes conditions que le dérivé incorporé entrerait dans la définition d'un dérivé ; et

c) le contrat hybride n'est pas évalué à la juste valeur avec comptabilisation des variations de la juste valeur en résultat net (c'est-à-dire qu'un dérivé qui est incorporé dans un passif financier à la juste valeur par le biais du résultat net n'est pas séparé).

4.3.4 Si un dérivé incorporé est séparé, le contrat hôte doit être comptabilisé conformément aux normes pertinentes. La présente norme ne détermine pas si un dérivé incorporé doit ou non faire l'objet d'une présentation séparée dans l'état de la situation financière.

4.3.5 Nonobstant les paragraphes 4.3.3 et 4.3.4, lorsqu'un contrat comprend un ou plusieurs dérivés incorporés et que le contrat hôte n'est pas un actif entrant dans le champ d'application de la présente norme, l'entité peut désigner l'intégralité du contrat hybride comme étant évalué à la juste valeur par le biais du résultat net, sauf si :

a) le ou les dérivés incorporés ne modifient pas sensiblement les flux de trésorerie qui autrement seraient exigés par le contrat ; ou

b) il apparaît clairement et sans analyse approfondie, au premier examen d'un instrument hybride similaire, que la séparation du ou des dérivés incorporés est interdite, comme dans le cas d'une option de remboursement anticipé incorporée dans un prêt qui permet à son détenteur de rembourser le prêt par anticipation pour une somme avoisinant le coût amorti.

4.3.6 Si l'entité est tenue par la présente norme de séparer un dérivé incorporé de son contrat hôte, mais qu'elle se trouve dans l'incapacité d'évaluer séparément le dérivé incorporé, que ce soit à la date de son acquisition ou à la fin d'une période ultérieure de reporting, elle doit désigner l'intégralité du contrat hybride comme étant évalué à la juste valeur par le biais du résultat net.

4.3.7 Si l'entité se trouve dans l'incapacité d'évaluer de manière fiable la juste valeur d'un dérivé incorporé en se fondant sur les conditions qu'il comporte, la juste valeur du dérivé incorporé est égale à la différence entre la juste valeur du contrat hybride et la juste valeur du contrat hôte. Si l'entité se trouve dans l'incapacité d'évaluer par cette méthode la juste valeur du dérivé incorporé, le paragraphe 4.3.6 s'applique et le contrat hybride est désigné comme étant évalué à la juste valeur par le biais du résultat net.

4.4 RECLASSEMENT

4.4.1 Lorsque l'entité change de modèle économique pour la gestion d'actifs financiers, et seulement alors, elle doit reclasser tous les actifs financiers concernés conformément aux paragraphes 4.1.1 à 4.1.4. Voir paragraphes 5.6.1 à 5.6.7, B4.4.1 à B4.4.3, B5.6.1 et B5.6.2 pour des indications supplémentaires concernant le reclassement des actifs financiers.

4.4.2 L'entité ne doit reclasser aucun passif financier.

4.4.3 Les changements de circonstances suivants ne sont pas des reclassements aux fins des paragraphes 4.4.1 et 4.4.2 :

a) un élément qui était précédemment un instrument de couverture désigné et efficace dans une couverture de flux de trésorerie ou une couverture d'investissement net ne remplit plus les conditions requises ;

b) un élément devient un instrument de couverture désigné et efficace dans une couverture de flux de trésorerie ou une couverture d'investissement net ; et

c) les changements d'évaluation apportés conformément à la section 6.7.

CHAPITRE 5 *Évaluation*

5.1 ÉVALUATION INITIALE

5.1.1 À l'exception des créances clients qui entrent dans le champ d'application du paragraphe 5.1.3, l'entité doit, lors de la comptabilisation initiale, évaluer un actif financier ou un passif financier à sa juste valeur majorée ou minorée, dans le cas d'un actif financier ou d'un passif financier qui n'est pas évalué à la juste valeur par le biais du résultat net, des *coûts de transaction* directement attribuables à l'acquisition ou à l'émission de cet actif financier ou de ce passif financier.

5.1.1A **Cependant, si la juste valeur de l'actif financier ou du passif financier lors de la comptabilisation initiale diffère du prix de transaction, l'entité doit appliquer le paragraphe B5.1.2A.**

5.1.2 Lorsque l'entité utilise la comptabilisation à la date du règlement pour un actif dont l'évaluation se fera ultérieurement au coût amorti, l'actif est initialement comptabilisé à sa juste valeur à la date de transaction (voir paragraphes B3.1.3 à B3.1.6).

5.1.3 Nonobstant l'exigence énoncée au paragraphe 5.1.1, l'entité doit, lors de la comptabilisation initiale, évaluer les créances clients à leur prix de transaction (au sens d'IFRS 15) lorsque celles-ci ne comportent pas une composante de financement importante selon IFRS 15 (ou lorsque l'entité applique la mesure de simplification selon le paragraphe 63 d'IFRS 15).

5.2 ÉVALUATION ULTÉRIEURE DES ACTIFS FINANCIERS

5.2.1 **Après la comptabilisation initiale, l'entité doit évaluer un actif financier conformément aux paragraphes 4.1.1 à 4.1.5, de l'une ou l'autre des façons suivantes :**

a) au coût amorti ;

b) à la juste valeur par le biais des autres éléments du résultat global ; ou

c) à la juste valeur par le biais du résultat net.

5.2.2 **L'entité doit appliquer les dispositions en matière de dépréciation de la section 5.5 aux actifs financiers évalués au coût amorti conformément au paragraphe 4.1.2 et aux actifs financiers évalués à la juste valeur par le biais des autres éléments du résultat global conformément au paragraphe 4.1.2A.**

5.2.3 **L'entité doit appliquer aux passifs financiers désignés comme éléments couverts les dispositions en matière de comptabilité de couverture des paragraphes 6.5.8 à 6.5.14 (et, s'il y a lieu, les dispositions des paragraphes 89 à 94 d'IAS 39 *Instruments financiers : comptabilisation* et *évaluation* pour ce qui est de la comptabilité de couverture de juste valeur dans le cas de la couverture du risque de taux d'intérêt d'un portefeuille) (*).**

(*) Conformément au paragraphe 7.2.21, l'entité peut choisir comme méthode comptable de continuer d'appliquer les dispositions en matière de comptabilité de couverture d'IAS 39 plutôt que d'adopter les dispositions du chapitre 6 de la présente norme. Dans le cas où l'entité fait ce choix, les références de la présente norme aux dispositions particulières du chapitre 6 en matière de comptabilité de couverture ne sont pas pertinentes. L'entité applique plutôt les dispositions pertinentes en matière de comptabilité de couverture d'IAS 39.

5.3 ÉVALUATION ULTÉRIEURE DES PASSIFS FINANCIERS

5.3.1 Après la comptabilisation initiale, l'entité doit évaluer un passif financier conformément aux paragraphes 4.2.1 et 4.2.2.

5.3.2 L'entité doit appliquer aux passifs financiers désignés comme éléments couverts les dispositions en matière de comptabilité de couverture des paragraphes 6.5.8 à 6.5.14 (et, s'il y a lieu, les dispositions des paragraphes 89 à 94 d'IAS 39 pour ce qui est de la comptabilité de couverture de juste valeur dans le cas de la couverture du risque de taux d'intérêt d'un portefeuille).

5.4 ÉVALUATION AU COÛT AMORTI

➡ Actifs financiers

Méthode du taux d'intérêt effectif

5.4.1 Les produits d'intérêts doivent être calculés selon la *méthode du taux d'intérêt effectif* (voir appendice A et paragraphes B5.4.1 à B5.4.7). Le calcul doit se faire par application du *taux d'intérêt effectif* à la *valeur comptable brute de l'actif financier*, excepté pour :

a) les *actifs financiers dépréciés dès leur acquisition ou leur création*. Pour ces actifs financiers, l'entité doit appliquer le *taux d'intérêt effectif ajusté en fonction de la qualité de crédit* au *coût amorti de l'actif financier* depuis sa comptabilisation initiale ;

b) les actifs financiers qui n'étaient pas des actifs financiers dépréciés dès leur acquisition ou leur création, mais qui sont devenus des *actifs financiers dépréciés* par la suite. Pour ces actifs financiers, l'entité doit appliquer le taux d'intérêt effectif au coût amorti de l'actif financier dans les périodes de reporting suivantes.

5.4.2 L'entité qui, au cours d'une période de reporting, calcule les produits d'intérêts conformément au paragraphe 5.4.1 b), en appliquant la méthode du taux d'intérêt effectif au coût amorti de l'actif financier, doit, au cours des périodes ultérieures, calculer les produits d'intérêts en appliquant le taux d'intérêt effectif à la valeur comptable brute si le risque de crédit associé à l'instrument financier diminue de sorte que l'actif financier n'est plus déprécié et si cette amélioration peut objectivement être reliée à un événement survenu après l'application des dispositions du paragraphe 5.4.1 b) (par exemple, une amélioration de la note financière de l'emprunteur).

Modification des flux de trésorerie contractuels

5.4.3 Lorsque les flux de trésorerie contractuels d'un actif financier sont renégociés ou sont autrement modifiés, et que cette renégociation ou cette modification ne donne pas lieu à la décomptabilisation de cet actif financier conformément à la présente norme, l'entité doit recalculer la valeur comptable brute de l'actif financier et comptabiliser en résultat net *un profit ou une perte résultant de la modification*. La valeur comptable brute de l'actif financier doit être recalculée de manière à ce qu'elle soit égale à la valeur actualisée des flux de trésorerie contractuels renégociés ou modifiés, établie au moyen du taux d'intérêt effectif initial de l'actif financier (qui a été ajusté en fonction de la qualité de crédit dans le cas des actifs financiers dépréciés dès leur acquisition ou leur création) ou, s'il y a lieu, du taux d'intérêt effectif recalculé conformément au paragraphe 6.5.10. Les coûts ou honoraires engagés, le cas échéant, constituent un ajustement de la valeur comptable de l'actif financier modifié et l'entité les amortit sur la durée résiduelle de ce dernier.

Réduction pour perte de valeur

5.4.4 L'entité doit réduire directement la valeur comptable brute d'un actif financier lorsqu'elle n'a pas d'attente raisonnable de recouvrement à l'égard d'un actif financier dans sa totalité ou d'une partie de cet actif financier. Cette situation donne lieu à une décomptabilisation [voir paragraphe B3.2.16 r)].

➡ Changement de base de détermination des flux de trésorerie contractuels en conséquence de la réforme des taux d'intérêt de référence

5.4.5 L'entité doit appliquer les paragraphes 5.4.6 à 5.4.9 à un actif financier ou passif financier si et seulement s'il y a un changement de base de détermination des flux de trésorerie contractuels de cet actif financier ou de ce passif financier en conséquence de la réforme des taux d'intérêt de référence. À cet égard, l'expression « réforme des taux d'intérêt de référence » s'entend de la réforme d'un taux d'intérêt de référence à l'échelle d'un marché, décrite au paragraphe 6.8.2.

5.4.6 La base de détermination des flux de trésorerie contractuels d'un actif financier ou d'un passif financier peut être changée :

a) par la modification des dispositions contractuelles qui étaient spécifiées lors de la comptabilisation initiale de l'instrument financier (par exemple, les dispositions contractuelles sont modifiées aux fins du remplacement du taux d'intérêt de référence indiqué par un taux de référence alternatif) ;

b) d'une manière qui n'était pas envisagée dans les dispositions contractuelles lors de la comptabilisation initiale de l'instrument financier, sans que des changements ne soient apportés aux dispositions contractuelles elles-mêmes (par exemple, la méthode de calcul du taux d'intérêt de référence fait l'objet de modifications sans que des changements soient apportés aux dispositions contractuelles) ; et/ou

c) par suite de l'activation d'une disposition contractuelle existante (par exemple, du déclenchement d'une clause de repli existante).

5.4.7 Par mesure de simplification, pour tenir compte d'un changement de base de détermination des flux de trésorerie contractuels d'un actif financier ou d'un passif financier requis par la réforme des taux d'intérêt de référence, l'entité doit appliquer le paragraphe B5.4.5. Cette mesure de simplification s'applique uniquement aux changements en question et seulement dans la mesure où le changement est requis par la réforme des taux d'intérêt de référence (voir aussi paragraphe 5.4.9). À cet égard, un changement de la base de détermination des flux de trésorerie contractuels est requis par la réforme des taux d'intérêt de référence si et seulement si les deux conditions suivantes sont remplies :

a) la nécessité de procéder au changement est une conséquence directe de la réforme des taux d'intérêt de référence ; et

b) la nouvelle base de détermination des flux de trésorerie contractuels est économiquement équivalente à l'ancienne (c'est-à-dire la base précédant immédiatement le changement).

5.4.8 Sont des exemples de changements donnant lieu à l'utilisation d'une nouvelle base de détermination des flux de trésorerie contractuels qui est économiquement équivalente à l'ancienne (c'est-à-dire la base précédant immédiatement le changement) :

a) le remplacement d'un taux d'intérêt de référence existant servant à la détermination des flux de trésorerie contractuels d'un actif financier ou d'un passif financier par un taux de référence alternatif – ou la réalisation de cette réforme par la modification de la méthode de calcul du taux d'intérêt de référence – moyennant l'ajout d'un écart fixe pour compenser la différence entre le taux d'intérêt de référence existant et le taux de référence alternatif ;

b) les changements qui, pour réaliser la réforme d'un taux d'intérêt de référence, sont apportés à la période de révision ou aux dates de révision ou encore au nombre de jours qui séparent deux dates de paiement des intérêts ; et

c) l'ajout d'une clause de repli aux dispositions contractuelles d'un actif financier ou d'un passif financier pour permettre la mise en œuvre des changements énumérés aux paragraphes a) et b) ci-dessus.

5.4.9 Si des changements sont apportés à un actif financier ou à un passif financier en plus de ceux que la réforme des taux d'intérêt de référence requiert d'apporter à la base de détermination des flux de trésorerie contractuels, l'entité doit d'abord appliquer la mesure de simplification du paragraphe 5.4.7 aux changements requis par la réforme des taux d'intérêt de référence. L'entité doit ensuite appliquer les dispositions pertinentes de la présente norme à tout autre changement auquel ne s'applique pas la mesure de simplification. Si cet autre changement ne donne pas lieu à la décomptabilisation de l'actif financier ou du passif financier, l'entité doit appliquer les dispositions du paragraphe 5.4.3 ou B5.4.6, selon le cas, pour prendre en compte le changement en question. S'il donne lieu à la décomptabilisation de l'actif financier ou du passif financier, l'entité doit appliquer les dispositions relatives à la décomptabilisation.

5.5 DÉPRÉCIATION

Comptabilisation des pertes de crédit attendues

Méthode générale

5.5.1 L'entité doit comptabiliser une correction de valeur pour pertes au titre des *pertes de crédit attendues* sur un actif financier qui est évalué conformément aux paragraphes 4.1.2 ou 4.1.2A, sur une créance locative, sur un *actif sur contrat* ou sur un engagement de prêt ou un contrat de garantie financière auquel s'appliquent les dispositions en matière de dépréciation conformément aux paragraphes 2.1 g), 4.2.1 c) ou 4.2.1 d).

5.5.2 L'entité doit appliquer les règles en matière de dépréciation à la comptabilisation et à l'évaluation d'une correction de valeur pour pertes dans le cas d'actifs financiers évalués à la juste valeur par le biais des autres éléments du résultat global conformément au paragraphe 4.1.2A. Toutefois, la correction de valeur pour perte doit être comptabilisée dans les autres éléments du résultat global et ne doit pas réduire la valeur comptable des actifs financiers dans l'état de la situation financière.

5.5.3 Sous réserve des paragraphes 5.5.13 à 5.5.16, l'entité doit, à chaque date de clôture, évaluer la correction de valeur pour pertes pour un instrument financier comme étant égale au montant des *pertes de crédit attendues sur la* *durée de vie* si le risque de crédit associé à cet instrument financier a augmenté de manière importante depuis la comptabilisation initiale.

5.5.4 L'objectif des dispositions en matière de dépréciation est de comptabiliser les pertes de crédit attendues sur la durée de vie de tous les instruments financiers dont le risque de crédit a augmenté de manière importante depuis la comptabilisation initiale – qu'elles soient appréciées sur une base individuelle ou sur une base collective – en tenant compte de toutes les informations raisonnables et justifiables, y compris les informations de nature prospective.

5.5.5 Sous réserve des paragraphes 5.5.13 à 5.5.16, si, à la date de clôture, le risque de crédit associé à un instrument financier n'a pas augmenté de façon importante depuis la comptabilisation initiale, l'entité doit évaluer la correction de valeur pour pertes pour cet instrument financier comme étant égale au montant des *pertes de crédit attendues sur les 12 mois à venir*.

5.5.6 Dans le cas des engagements de prêt et des contrats de garantie financière, la date à laquelle l'entité devient partie à l'engagement irrévocable doit être considérée comme la date de la comptabilisation initiale aux fins de l'application des règles en matière de dépréciation.

5.5.7 Si, lors de la période de reporting précédente, l'entité a évalué la correction de valeur pour pertes de l'instrument financier comme étant égale au montant des pertes de crédit attendues sur la durée de vie, mais qu'elle détermine à la date de clôture de la période considérée que la situation n'est plus celle décrite au paragraphe 5.5.3, elle doit évaluer la correction de valeur pour pertes à la date de clôture de la période considérée comme étant égale au montant des pertes de crédit attendues sur les 12 mois à venir.

5.5.8 L'entité doit comptabiliser en résultat net, à titre de *gain ou perte de valeur*, le montant des pertes (ou reprises de perte) de crédit attendues qui est requis pour ramener le solde de la correction de valeur pour pertes en date de clôture au montant qu'elle est tenue de comptabiliser conformément à la présente norme.

Détermination des augmentations importantes du risque de crédit

5.5.9 L'entité doit apprécier à chaque date de clôture si le risque de crédit associé à un instrument financier a augmenté de façon importante depuis la comptabilisation initiale. L'entité doit fonder son appréciation sur la variation du risque de défaillance au cours de la durée de vie prévue de l'instrument financier plutôt que sur la variation du montant des pertes de crédit attendues. Ainsi, l'entité doit comparer le risque de défaillance sur l'instrument financier à la date de clôture avec le risque de défaillance sur l'instrument financier à la date de la comptabilisation initiale, et tenir compte des informations raisonnables et justifiables qui peuvent être obtenues sans devoir engager des coûts ou des efforts excessifs et qui indiquent une augmentation importante du risque de crédit depuis la comptabilisation initiale.

5.5.10 L'entité peut supposer que le risque de crédit associé à l'instrument financier n'a pas augmenté de façon importante depuis la comptabilisation initiale si elle détermine que ce risque est faible à la date de clôture (voir paragraphes B5.5.22 à B5.5.24).

5.5.11 S'il est possible d'obtenir des informations prospectives raisonnables et justifiables sans devoir engager de coûts ou d'efforts excessifs, l'entité ne peut pas s'appuyer exclusivement sur les informations sur les comptes *en* *souffrance* lorsqu'elle détermine si le risque de crédit a augmenté de façon importante depuis la comptabilisation initiale. Toutefois, lorsqu'il n'est pas possible d'obtenir des informations davantage prospectives que celles sur les situations de retard de paiement (sur une base individuelle ou collective) sans devoir engager de coûts ou d'efforts excessifs, l'entité peut utiliser les informations sur les comptes en souffrance pour déterminer s'il y a eu des augmentations importantes du risque de crédit depuis la comptabilisation initiale. Quelle que soit la façon dont une entité apprécie les augmentations importantes du risque de crédit, il existe une présomption réfutable que le risque de crédit associé à un actif financier a augmenté de façon importante depuis la comptabilisation initiale lorsque les paiements contractuels sont en souffrance depuis plus de 30 jours. L'entité peut réfuter cette présomption si elle dispose, sans devoir engager de coûts ou d'efforts excessifs, d'informations raisonnables et justifiables qui démontrent que, même si les paiements contractuels sont en souffrance depuis plus de 30 jours, le risque de crédit n'a pas augmenté de façon importante depuis la comptabilisation initiale. La présomption réfutable ne s'applique pas lorsque l'entité détermine qu'il y a eu des augmentations importantes du risque de crédit avant que les paiements contractuels ne soient en souffrance depuis plus de 30 jours.

Actifs financiers modifiés

5.5.12 Si les flux de trésorerie contractuels d'un actif financier ont été renégociés ou modifiés et que cet actif financier n'a pas été décomptabilisé, l'entité doit apprécier conformément au paragraphe 5.5.3 s'il y a eu une augmentation importante du risque de crédit associé à l'instrument financier, en comparant :

a) le risque de défaillance à la date de clôture (d'après les dispositions contractuelles modifiées) ; et

b) le risque de défaillance lors de la comptabilisation initiale (d'après les dispositions contractuelles initiales non modifiées).

Actifs financiers dépréciés dès leur acquisition ou leur création

5.5.13 Nonobstant les paragraphes 5.5.3 et 5.5.5, à la date de clôture, l'entité ne doit comptabiliser à titre de correction de valeur des actifs financiers dépréciés dès leur acquisition ou leur création que le cumul, depuis la comptabilisation initiale, des variations des pertes de crédit attendues sur la durée de vie.

5.5.14 À chaque date de clôture, l'entité doit comptabiliser en résultat net à titre de gain ou de perte de valeur le montant de la variation des pertes de crédit attendues sur la durée de vie. L'entité doit comptabiliser les variations favorables des pertes de crédit attendues sur la durée de vie à titre de gain de valeur même si le montant des pertes de crédit attendues sur la durée de vie est inférieur au montant des pertes de crédit attendues inclus dans les flux de trésorerie estimés lors de la comptabilisation initiale.

➡ Méthode simplifiée pour les créances clients, les actifs sur contrat et les créances locatives

5.5.15 Nonobstant les paragraphes 5.5.3 et 5.5.5, l'entité doit toujours évaluer la correction de valeur pour pertes comme étant égale au montant des pertes de crédit attendues sur la durée de vie dans les cas suivants :

a) les créances clients ou actifs sur contrat qui découlent de transactions entrant dans le champ d'application d'IFRS 15 et qui, selon le cas :

i) ne comportent pas de composante financement importante selon IFRS 15 (ou encore, l'entité applique la mesure de simplification selon le paragraphe 63 d'IFRS 15) ; ou

ii) comportent une composante financement importante conformément à IFRS 15, si l'entité choisit comme méthode comptable d'évaluer la correction de valeur pour pertes comme étant égale au montant des pertes de crédit attendues sur la durée de vie. Cette méthode comptable doit être appliquée à toutes ces créances clients ou à tous ces actifs sur contrat, mais elle peut être appliquée séparément aux créances clients et aux actifs sur contrat ;

b) les créances locatives découlant de transactions qui entrent dans le champ d'application d'IFRS 16, si l'entité choisit comme méthode comptable d'évaluer la correction de valeur pour pertes comme étant égale au montant des pertes de crédit attendues sur la durée de vie. Cette méthode comptable doit être appliquée à toutes ces créances locatives, mais elle peut être appliquée séparément aux créances sur contrat de location-financement et aux créances sur contrat de location simple.

5.5.16 L'entité peut choisir ses méthodes comptables pour les créances clients, les créances locatives et les actifs sur contrat indépendamment les unes des autres.

➠ Évaluation des pertes de crédit attendues

5.5.17 **L'entité doit évaluer les pertes de crédit attendues sur un instrument financier d'une façon qui reflète :**

a) un montant objectif et fondé sur des pondérations probabilistes, qui est déterminé par l'évaluation d'un éventail de résultats possibles ;

b) la valeur temps de l'argent ; et

c) les informations raisonnables et justifiables sur les événements passés, la conjoncture actuelle et les prévisions de la conjoncture économique future, qu'il est possible, à la date de clôture, d'obtenir sans devoir engager des coûts ou des efforts excessifs.

5.5.18 Pour évaluer les pertes de crédit attendues, l'entité n'a pas nécessairement besoin de déterminer chaque scénario possible. Elle doit toutefois tenir compte du risque ou de la probabilité de subir une perte de crédit, en reflétant tant la possibilité de subir une perte de crédit que la possibilité de n'en subir aucune, même si la possibilité de subir une perte de crédit est très faible.

5.5.19 La période maximale à prendre en considération pour évaluer les pertes de crédit attendues sera la période contractuelle maximale (y compris les options de prolongation) pendant laquelle l'entité est exposée au risque de crédit et non pas une période plus longue, même si cette période plus longue correspond à une pratique commerciale.

5.5.20 Toutefois, certains instruments financiers comprennent à la fois une composante de prêt et une composante d'engagement de prêt non utilisé, et la capacité contractuelle de l'entité d'exiger un remboursement et d'annuler l'engagement de prêt non utilisé n'a pas pour effet que son exposition aux pertes de crédit est limitée à la période de préavis contractuelle. Dans le cas de ces instruments financiers, et uniquement dans ce cas, l'entité doit évaluer les pertes de crédit attendues sur la période pendant laquelle l'entité est exposée au risque de crédit, et les pertes de crédit attendues ne seront pas atténuées par des mesures de gestion des risques de crédit, même si cette période s'étend au-delà de la période contractuelle maximale.

5.6 RECLASSEMENT D'ACTIFS FINANCIERS

5.6.1 Si l'entité reclasse des actifs financiers conformément au paragraphe 4.4.1, elle doit appliquer le reclassement de manière prospective à compter de la *date de reclassement*. Elle ne doit pas retraiter les profits, les pertes (y compris les gains ou les pertes de valeur) et les intérêts précédemment comptabilisés. Les paragraphes 5.6.2 à 5.6.7 énoncent les dispositions s'appliquant aux reclassements.

5.6.2 **Si l'entité reclasse un actif financier jusqu'alors classé comme étant évalué au coût amorti de façon à ce qu'il soit classé comme étant évalué à la juste valeur par le biais du résultat net, elle évalue cette juste valeur à la date de reclassement. Tout profit ou perte résultant d'une différence entre l'ancien coût amorti de l'actif financier et la juste valeur est comptabilisé en résultat net.**

5.6.3 **Si l'entité reclasse un actif financier jusqu'alors classé comme étant évalué à la juste valeur par le biais du résultat net de façon à ce qu'il soit classé comme étant évalué au coût amorti, la juste valeur de l'actif financier à la date de reclassement devient sa nouvelle valeur comptable brute (voir paragraphe B5.6.2 pour des indications sur la détermination du taux d'intérêt effectif et de la correction de valeur pour pertes à la date de reclassement).**

5.6.4 **Si l'entité reclasse un actif financier jusqu'alors classé comme étant évalué au coût amorti de façon à ce qu'il soit classé comme étant évalué à la juste valeur par le biais des autres éléments du résultat global, elle évalue cette juste valeur à la date de reclassement. Tout profit ou perte résultant d'une différence entre l'ancien coût amorti de l'actif financier et la juste valeur est comptabilisé dans les autres éléments du résultat global. Le reclassement n'entraîne aucun ajustement du taux d'intérêt effectif ni de l'évaluation des pertes de crédit attendues (voir paragraphe B5.6.1).**

5.6.5 Si une entité reclasse un actif financier jusqu'alors classé comme étant évalué à la juste valeur par le biais des autres éléments du résultat global de façon à ce qu'il soit classé comme étant évalué au coût amorti, l'actif financier reclassé est évalué à sa juste valeur à la date de reclassement. Toutefois, le cumul des profits et des pertes précédemment comptabilisés dans les autres éléments du résultat global est sorti des capitaux propres et porté en ajustement de la juste valeur de l'actif financier à la date de reclassement. Par conséquent, l'actif financier est évalué à la date de reclassement comme s'il avait toujours été évalué au coût amorti. Cet ajustement a une incidence sur les autres éléments du résultat global, mais il n'a pas d'incidence sur le résultat net et ne constitue donc pas un ajustement de reclassement (voir IAS 1 *Présentation des états financiers*). Le reclassement n'entraîne aucun ajustement du taux d'intérêt effectif ni de l'évaluation des pertes de crédit attendues (voir paragraphe B5.6.1).

5.6.6 **Si une entité reclasse un actif financier jusqu'alors classé comme étant évalué à la juste valeur par le biais du résultat net de façon à ce qu'il soit classé comme étant évalué à la juste valeur par le biais des autres éléments du résultat global, l'actif financier demeure évalué à la juste valeur (voir paragraphe B5.6.2 pour des indications sur la détermi-**

nation du taux d'intérêt effectif et de la correction de valeur pour pertes à la date de reclassement).

5.6.7 **Si une entité reclasse un actif financier jusqu'alors classé comme étant évalué à la juste valeur par le biais des autres éléments du résultat global de façon à ce qu'il soit classé comme étant évalué à la juste valeur par le biais du résultat net, l'actif financier demeure évalué à la juste valeur. Le cumul des profits et des pertes précédemment comptabilisés dans les autres éléments du résultat global est reclassé des capitaux propres en résultat net à titre d'ajustement de reclassement (voir IAS 1) à la date de reclassement.**

5.7 PROFITS ET PERTES

5.7.1 **Un profit ou une perte sur un actif financier ou un passif financier qui est évalué à la juste valeur doit être comptabilisé en résultat net, sauf dans l'un ou l'autre des cas suivants :**

a) l'actif financier ou le passif financier fait partie d'une relation de couverture (voir paragraphes 6.5.8 à 6.5.14 et, s'il y a lieu, paragraphes 89 à 94 d'IAS 39 pour ce qui est de la comptabilité de couverture de juste valeur dans le cas de la couverture du risque de taux d'intérêt d'un portefeuille) ;

b) l'actif financier est un placement dans un instrument de capitaux propres et l'entité a choisi de présenter les profits et pertes sur ce placement dans les autres éléments du résultat global, conformément au paragraphe 5.7.5 ;

c) l'entité a désigné le passif financier comme étant évalué à la juste valeur par le biais du résultat net et le paragraphe 5.7.7 lui impose de présenter dans les autres éléments du résultat global les effets des variations du *risque de crédit* associé à ce passif ; ou

d) l'actif financier est évalué à la juste valeur par le biais des autres éléments du résultat global conformément au paragraphe 4.1.2A, et le paragraphe 5.7.10 impose à l'entité de comptabiliser certaines variations de la juste valeur dans les autres éléments du résultat global.

5.7.1A Les *dividendes* ne sont comptabilisés en résultat net que lorsque :

a) le droit de l'entité d'en recevoir le paiement est établi ;

b) il est probable que les avantages économiques associés aux dividendes iront à l'entité ; et

c) le montant des dividendes peut être évalué de façon fiable.

5.7.2 **Un profit ou une perte sur un actif financier qui est évalué au coût amorti et qui ne fait pas partie d'une relation de couverture (voir paragraphes 6.5.8 à 6.5.14 et, s'il y a lieu, paragraphes 89 à 94 d'IAS 39 pour ce qui est de la comptabilité de couverture de juste valeur dans le cas de la couverture du risque de taux d'intérêt d'un portefeuille) doit être comptabilisé en résultat net quand l'actif financier est décomptabilisé, reclassé selon le paragraphe 5.6.2, par voie d'amortissement ou afin de constater un gain ou une perte de valeur. L'entité qui reclasse des actifs financiers jusqu'alors classés comme étant évalués au coût amorti doit appliquer les paragraphes 5.6.2 et 5.6.4. Un profit ou une perte sur un passif financier qui est évalué au coût amorti et qui ne fait pas partie d'une relation de couverture (voir paragraphes 6.5.8 à 6.5.14 et, s'il y a lieu, paragraphes 89 à 94 d'IAS 39 pour ce qui est de la comptabilité de couverture de juste**

valeur dans le cas de la couverture du risque de taux d'intérêt d'un portefeuille) doit être comptabilisé en résultat net lors de la décomptabilisation du passif financier et par voie d'amortissement (voir paragraphe B5.7.2 pour des indications sur les profits et pertes de change).

5.7.3 Un profit ou une perte sur des actifs financiers ou des passifs financiers qui sont des éléments couverts dans une relation de couverture doit être comptabilisé conformément aux paragraphes 6.5.8 à 6.5.14 et, s'il y a lieu, aux paragraphes 89 à 94 d'IAS 39 pour ce qui est de la comptabilité de couverture de juste valeur dans le cas de la couverture du risque de taux d'intérêt d'un portefeuille.

5.7.4 Si l'entité comptabilise des actifs financiers selon la méthode de la comptabilisation à la date de règlement (voir paragraphes 3.1.2, B3.1.3 et B3.1.6), la variation de la juste valeur de l'actif à recevoir entre la date de transaction et la date de règlement n'est pas comptabilisée pour les actifs évalués au coût amorti. Pour les actifs évalués à leur juste valeur, en revanche, la variation de la juste valeur doit être comptabilisée, selon le cas, en résultat net ou dans les autres éléments du résultat global, conformément au paragraphe 5.7.1. La date de transaction doit être considérée comme étant la date de comptabilisation initiale aux fins de l'application des dispositions en matière de dépréciation.

➡ Placements dans des instruments de capitaux propres

5.7.5 Lors de la comptabilisation initiale, l'entité peut faire le choix irrévocable de présenter dans les autres éléments du résultat global les variations ultérieures de la juste valeur d'un placement dans un instrument de capitaux propres qui entre dans le champ d'application de la présente norme, qui n'est ni *détenu à des fins de transaction* ni une contrepartie éventuelle comptabilisée par un acquéreur dans le cadre d'un regroupement d'entreprises entrant dans le champ d'application d'IFRS 3 (voir paragraphe B5.7.3 pour des indications sur les profits et pertes de change).

5.7.6 Si l'entité exerce le choix offert par le paragraphe 5.7.5, elle doit comptabiliser en résultat net les dividendes du placement, conformément au paragraphe 5.7.1A.

➡ Passifs désignés comme étant évalués à la juste valeur par le biais du résultat net

5.7.7 L'entité doit présenter les profits et les pertes sur un passif financier qui est désigné comme étant évalué à la juste valeur par le biais du résultat net conformément au paragraphe 4.2.2 ou au paragraphe 4.3.5 comme suit :

a) le montant de la variation de la juste valeur du passif financier qui est attribuable aux variations du risque de crédit associé à ce passif doit être présenté dans les autres éléments du résultat global (voir paragraphes B5.7.13 à B5.7.20), et

b) le reste de la variation de la juste valeur du passif financier doit être présenté en résultat net

sauf dans le cas où le traitement décrit au point a) concernant les effets des variations du risque de crédit associé au passif créerait ou accroîtrait une non-concordance comptable au niveau du résultat net (auquel cas le

paragraphe 5.7.8 s'applique). Des indications sur la façon de déterminer s'il y aurait création ou accroissement d'une non-concordance comptable se trouvent aux paragraphes B5.7.5 à B5.7.7 et B5.7.10 à B5.7.12.

5.7.8 **Dans le cas où l'application du paragraphe 5.7.7 créerait ou accroîtrait une non-concordance comptable au niveau du résultat net, l'entité doit présenter tous les profits et pertes sur le passif en cause (y compris les effets des variations du risque de crédit associé à ce passif) en résultat net.**

5.7.9 Nonobstant les dispositions des paragraphes 5.7.7 et 5.7.8, l'entité doit présenter en résultat net tous les profits et pertes sur les engagements de prêt et les contrats de garantie financière qu'elle a désignés comme étant évalués à la juste valeur par le biais du résultat net.

➡ Actifs évalués à la juste valeur par le biais des autres éléments du résultat global

5.7.10 **Un profit ou une perte sur un actif financier évalué à la juste valeur par le biais des autres éléments du résultat global conformément au paragraphe 4.1.2A doit être comptabilisé dans les autres éléments du résultat global, sauf dans le cas des gains ou pertes de valeur (voir la section 5.5) et des profits et pertes de change (voir paragraphes B5.7.2 et B5.7.2A), jusqu'à ce que l'actif financier soit décomptabilisé ou reclassé. Lorsque l'actif financier est décomptabilisé, le cumul des profits et des pertes précédemment comptabilisés dans les autres éléments du résultat global est reclassé des capitaux propres en résultat net à titre d'ajustement de reclassement (voir IAS 1). Si l'actif financier reclassé était classé jusqu'alors comme étant évalué à la juste valeur par le biais des autres éléments du résultat global, l'entité doit comptabiliser conformément aux paragraphes 5.6.5 et 5.6.7 le cumul des profits et des pertes précédemment comptabilisés dans les autres éléments du résultat global. Les intérêts calculés selon la méthode du taux d'intérêt effectif sont comptabilisés en résultat net.**

5.7.11 **Comme indiqué au paragraphe 5.7.10, si un actif financier est évalué à la juste valeur par le biais des autres éléments du résultat global conformément au paragraphe 4.1.2A, les montants qui sont comptabilisés en résultat net sont les mêmes que ceux qui auraient été comptabilisés en résultat net si l'actif financier avait été évalué au coût amorti.**

CHAPITRE 6 Comptabilité de couverture

6.1 OBJECTIF ET CHAMP D'APPLICATION DE LA COMPTABILITÉ DE COUVERTURE

6.1.1 L'objectif de la comptabilité de couverture est de représenter dans les états financiers l'effet des activités de gestion des risques d'une entité utilisant des instruments financiers pour gérer les expositions à certains risques qui pourraient avoir une incidence sur le résultat net (ou sur les autres éléments du résultat global dans le cas de placements en instruments de capitaux propres pour lesquels l'entité a choisi de présenter les variations de la juste valeur dans les autres éléments du résultat global conformément au paragraphe 5.7.5). Elle vise à mettre en perspective, pour en faire comprendre le but et l'effet, les instruments de couverture auxquels elle est appliquée.

6.1.2 Une entité peut choisir de désigner conformément aux paragraphes 6.2.1 à 6.3.7 et B6.2.1 à B6.3.25 une relation de couverture entre un instrument de couverture et un élément couvert. Pour les relations de couverture qui satisfont aux critères d'applicabilité, l'entité doit comptabiliser conformément aux paragraphes 6.5.1 à 6.5.14 et B6.5.1 à B6.5.28 tout profit ou toute perte sur l'instrument de couverture ou sur l'élément couvert. Dans le cas où l'élément couvert est un groupe d'éléments, l'entité doit se conformer aux dispositions supplémentaires des paragraphes 6.6.1 à 6.6.6 et B6.6.1 à B6.6.16.

6.1.3 Dans le cas d'une couverture de juste valeur contre le risque de taux d'intérêt d'un portefeuille d'actifs financiers ou de passifs financiers (et uniquement dans le cas d'une telle couverture), l'entité peut appliquer les dispositions en matière de comptabilité de couverture d'IAS 39 plutôt que celles de la présente norme. Elle doit alors appliquer aussi les dispositions en matière de comptabilité de couverture de juste valeur qui portent expressément sur la couverture du risque de taux d'intérêt d'un portefeuille, et désigner en termes monétaires la partie du portefeuille qui constitue l'élément couvert (voir paragraphes 81A, 89A et AG114 à AG132 d'IAS 39).

6.2 INSTRUMENTS DE COUVERTURE

Instruments qualifiés

6.2.1 Un dérivé évalué à la juste valeur par le biais du résultat net peut être désigné comme instrument de couverture, sauf dans le cas de certaines options vendues (voir paragraphe B6.2.4).

6.2.2 Un actif financier non dérivé ou un passif financier non dérivé évalué à la juste valeur par le biais du résultat net peut être désigné comme instrument de couverture, sauf s'il s'agit d'un passif financier désigné comme étant évalué à la juste valeur par le biais du résultat net et que le montant de la variation de sa juste valeur qui est attribuable aux variations du risque de crédit associé à ce passif est présenté dans les autres éléments du résultat global conformément au paragraphe 5.7.7. Dans le cas d'une couverture de risque de change, la composante de risque de change d'un actif financier non dérivé ou d'un passif financier non dérivé peut être désignée comme instrument de couverture pourvu qu'il ne s'agisse pas d'un placement dans un instrument de capitaux propres pour lequel l'entité a choisi de présenter les variations de la juste valeur dans les autres éléments du résultat global conformément au paragraphe 5.7.5.

6.2.3 Aux fins de la comptabilité de couverture, seuls les contrats conclus avec une partie extérieure à l'entité présentant les états financiers (c'est-à-dire extérieure au groupe ou à l'entité faisant l'objet de l'information) peuvent être désignés comme instruments de couverture.

Désignation d'instruments de couverture

6.2.4 Lorsqu'un instrument qualifié est désigné comme instrument de couverture, il est impératif qu'il soit désigné dans son intégralité. Les seules exceptions admises sont :

a) la séparation de la valeur intrinsèque et de la valeur temps d'un contrat d'option et la désignation comme instrument de couverture de la seule variation de la valeur intrinsèque de l'option, en excluant la variation de sa valeur temps (voir paragraphes 6.5.15 et B6.5.29 à B6.5.33) ;

b) la séparation de l'élément à terme et de l'élément au comptant d'un contrat à terme de gré à gré et la désignation comme instrument de couverture de la seule variation de la valeur de l'élément au comptant, en excluant l'élément à terme ; de même, on peut séparer le *spread* relatif au risque de base des opérations en monnaie étrangère (*foreign currency basis spread*) et l'exclure de la désignation d'un instrument financier comme instrument de couverture (voir paragraphes 6.5.16 et B6.5.34 à B6.5.39) ; et

c) la désignation, comme instrument de couverture dans une relation de couverture, d'une fraction de l'intégralité d'un instrument de couverture, par exemple 50 % de la valeur nominale. La désignation ne peut toutefois pas porter sur une part de la variation de la juste valeur d'un instrument de couverture qui est attribuable à une partie seulement de l'intervalle de temps où l'instrument de couverture demeure non réglé.

6.2.5 L'entité peut considérer globalement et désigner conjointement comme instrument de couverture toute combinaison (y compris lorsque le risque ou les risques que comportent certains instruments de couverture sont compensés par ceux que comportent d'autres instruments de couverture) :

a) de dérivés ou d'une fraction de ceux-ci ; et

b) d'instruments non dérivés ou d'une fraction de ceux-ci.

6.2.6 Toutefois, un instrument dérivé qui combine une option vendue et une option achetée (par exemple, un tunnel de taux) ne remplit pas les conditions d'un instrument de couverture si la position nette équivaut, de fait, à la date de désignation, à une option vendue (sauf si l'instrument est qualifié conformément au paragraphe B6.2.4). De même, deux ou plusieurs instruments (ou fractions d'instruments) ne peuvent être désignés conjointement comme instrument de couverture que si, globalement, la position nette n'équivaut pas, de fait, à la date de désignation, à une option vendue (sauf si les instruments sont qualifiés conformément au paragraphe B6.2.4).

6.3 ÉLÉMENTS COUVERTS

➡ Éléments qualifiés

6.3.1 Un élément couvert peut être un actif ou passif comptabilisé, un *engagement ferme* non comptabilisé, une *transaction prévue* ou un investissement net dans un établissement à l'étranger. Il peut s'agir :

a) d'un seul élément ; ou

b) d'un groupe d'éléments (sous réserve des paragraphes 6.6.1 à 6.6.6 et B6.6.1 à B6.6.16).

Un élément couvert peut aussi être une composante d'un tel élément ou groupe d'éléments (voir paragraphes 6.3.7 et B6.3.7 à B6.3.25).

6.3.2 **Il faut que l'élément couvert puisse être évalué de façon fiable.**

6.3.3 **Lorsque l'élément couvert est une transaction prévue (ou une composante d'une telle transaction), il faut que la transaction soit hautement probable.**

6.3.4 **Il est possible de désigner comme élément couvert une exposition globale formée par la combinaison d'une exposition qui pourrait remplir les conditions d'un élément couvert conformément au paragraphe 6.3.1 et d'un dérivé (voir paragraphes B6.3.3 et B6.3.4). Une transaction prévue**

se rapportant à une exposition globale (il s'agit des transactions futures prévues ne faisant pas l'objet d'un engagement et devant donner naissance à une exposition et à un dérivé) peut ainsi être désignée si cette exposition globale est hautement probable et si, une fois que la transaction a eu lieu et par le fait même n'est plus prévue, elle est éligible en tant qu'élément couvert.

6.3.5 Aux fins de la comptabilité de couverture, seuls les actifs, passifs, engagements fermes ou transactions prévues hautement probables qui font intervenir une partie extérieure à l'entité présentant les états financiers peuvent être désignés comme éléments couverts. La comptabilité de couverture ne peut être appliquée à des transactions entre entités d'un même groupe que pour les états financiers individuels ou séparés de ces entités et non pour les états financiers consolidés du groupe, exception faite des états financiers consolidés d'une entité d'investissement au sens d'IFRS 10 dans le cas où les transactions conclues entre l'entité d'investissement et ses filiales évaluées à la juste valeur par le biais du résultat net ne sont pas éliminées dans les états financiers consolidés.

6.3.6 Par dérogation au paragraphe 6.3.5, le risque de change d'un élément monétaire intragroupe (par exemple, une créance/dette d'une filiale sur une autre) peut remplir les conditions d'un élément couvert dans les états financiers consolidés s'il en résulte une exposition à des profits ou pertes de change qui, conformément à IAS 21 *Effets des variations des cours des monnaies étrangères*, ne s'éliminent pas complètement lors de la consolidation. Conformément à IAS 21, les profits et pertes de change sur des éléments monétaires intragroupe ne sont pas intégralement éliminés lors de la consolidation lorsque l'élément monétaire intragroupe concerne deux entités du groupe ayant des monnaies fonctionnelles différentes. En outre, le risque de change d'une transaction intragroupe prévue et hautement probable peut remplir les conditions d'un élément couvert dans les états financiers consolidés à condition que la transaction soit libellée dans une monnaie autre que la monnaie fonctionnelle de l'entité qui conclut la transaction et que le risque de change influe sur le résultat net consolidé.

➡ Désignation des éléments couverts

6.3.7 L'entité peut désigner l'intégralité d'un élément ou une composante d'un élément comme élément couvert dans une relation de couverture. Un élément pris dans son intégralité englobe toutes les variations de ses flux de trésorerie ou de sa juste valeur. Une composante n'englobe pas la totalité des variations de la juste valeur ou de la variabilité des flux de trésorerie de l'élément. Seules les composantes suivantes peuvent être désignées (seules ou en combinaison) comme éléments couverts par l'entité :

a) les seules variations des flux de trésorerie ou de la juste valeur d'un élément qui sont attribuables à un ou à des risques particuliers (composante de risque), pourvu que, sur la base d'une appréciation faite dans le contexte de la structure de marché particulière, cette composante de risque soit isolable et puisse être évaluée de façon fiable (voir paragraphes B6.3.8 à B6.3.15). La composante de risque peut être définie de manière à ne désigner que les variations des flux de trésorerie ou de la juste valeur d'un élément couvert qui se situent au-delà ou en deçà d'un prix donné ou d'une autre variable (risque unilatéral) ;

b) un ou des flux de trésorerie contractuels choisis ;

c) les composantes d'une valeur nominale, c'est-à-dire une partie donnée du montant d'un élément (voir paragraphes B6.3.16 à B6.3.20).

6.4 CRITÈRES D'APPLICABILITÉ DE LA COMPTABILITÉ DE COUVERTURE

6.4.1 **La comptabilité de couverture ne peut être appliquée à une relation de couverture que si tous les critères suivants sont respectés :**

a) **la relation de couverture ne comprend que des instruments de couverture qualifiés et des éléments couverts qualifiés ;**

b) la relation de couverture fait l'objet dès son origine d'une désignation formelle et d'une documentation structurée décrivant la relation de couverture ainsi que l'objectif de l'entité en matière de gestion des risques et sa stratégie de couverture. Cette documentation précise quels sont l'instrument de couverture, l'élément couvert, la nature du risque couvert et la façon dont l'entité procède pour apprécier si la relation de couverture satisfait aux contraintes d'efficacité de la couverture (y compris son analyse des sources d'inefficacité de la couverture et sa façon de déterminer le *ratio de couverture*).

c) **la relation de couverture satisfait à toutes les contraintes d'efficacité de la couverture qui suivent :**

i) il existe un lien économique entre l'élément couvert et l'instrument de couverture (voir paragraphes B6.4.4 à B6.4.6) ;

ii) l'effet du risque de crédit ne prédomine pas sur les variations de valeur qui résultent de ce lien économique (voir paragraphes B6.4.7 et B6.4.8) ; et

iii) le ratio de couverture de la relation de couverture est égal au rapport entre la quantité de l'élément couvert qui est réellement couverte par l'entité et la quantité de l'instrument de couverture que l'entité utilise réellement pour couvrir cette quantité de l'élément couvert. Toutefois, le ratio de couverture ainsi désigné ne doit pas montrer un déséquilibre entre les pondérations respectives de l'élément couvert et de l'instrument de couverture qui créerait une inefficacité de la couverture (qu'elle soit comptabilisée ou non) susceptible de donner un résultat comptable incompatible avec l'objet de la comptabilité de couverture (voir paragraphes B6.4.9 à B6.4.11).

6.5 COMPTABILISATION DES RELATIONS DE COUVERTURE RÉPONDANT AUX CONDITIONS REQUISES

6.5.1 **L'entité applique la comptabilité de couverture aux relations de couverture qui satisfont aux critères d'applicabilité énoncés au paragraphe 6.4.1 (incluant la décision de l'entité de désigner la relation de couverture).**

6.5.2 **Il existe trois types de relations de couverture :**

a) la couverture de juste valeur : couverture de l'exposition aux variations de la juste valeur d'un actif ou d'un passif comptabilisé ou d'un engagement ferme non comptabilisé, ou encore d'une composante de l'un de ces éléments, qui est attribuable à un risque particulier et qui pourrait influer sur le résultat net ;

b) la couverture de flux de trésorerie : couverture de l'exposition à la variabilité des flux de trésorerie qui est attribuable à un risque particulier associé à la totalité ou à une composante d'un actif ou d'un passif comptabilisé (par exemple, la totalité ou une partie des versements futurs d'intérêts sur une dette à taux variable) ou à une transaction prévue hautement probable et qui pourrait influer sur le résultat net ;

c) la couverture d'un investissement net dans un établissement à l'étranger, au sens d'IAS 21.

6.5.3 Si l'élément couvert est un instrument de capitaux propres pour lequel l'entité a choisi de présenter les variations de la juste valeur dans les autres éléments du résultat global conformément au paragraphe 5.7.5, il faut que l'exposition couverte visée au paragraphe 6.5.2 a) soit susceptible d'influer sur les autres éléments du résultat global. Si c'est le cas, et seulement alors, l'inefficacité de la couverture comptabilisée est présentée dans les autres éléments du résultat global.

6.5.4 Une couverture du risque de change d'un engagement ferme peut être comptabilisée comme une couverture de juste valeur ou comme une couverture de flux de trésorerie.

6.5.5 Si une relation de couverture cesse de satisfaire à la contrainte d'efficacité de la couverture relative au ratio de couverture [voir paragraphe 6.4.1 c) iii)], mais que l'objectif de gestion des risques visé par cette relation de couverture désignée demeure le même, l'entité doit ajuster le ratio de couverture de la relation de couverture de manière que celle-ci respecte à nouveau les critères d'applicabilité (dans la présente norme, cette procédure est appelée « rééquilibrage » – voir paragraphes B6.5.7 à B6.5.21).

6.5.6 **L'entité ne doit cesser de manière prospective d'utiliser la comptabilité de couverture que dans le cas où la relation de couverture (ou une partie de la relation de couverture) cesse de satisfaire aux critères d'applicabilité (après prise en compte de tout rééquilibrage de la relation de couverture, s'il y a lieu). Cela comprend les situations où l'instrument de couverture expire ou est vendu, résilié ou exercé. À cet égard, le remplacement d'un instrument de couverture ou son renouvellement sous la forme d'un autre instrument de couverture n'est pas considéré comme constituant une expiration ou une résiliation si ce remplacement ou ce renouvellement s'inscrit dans le cadre de l'objectif de gestion des risques consigné par l'entité. En outre, il n'y a, à cet égard, ni expiration, ni résiliation de l'instrument de couverture lorsque les conditions suivantes sont réunies :**

a) en conséquence de dispositions législatives ou réglementaires ou de l'introduction de dispositions législatives ou réglementaires, les parties à l'instrument de couverture conviennent du remplacement de leur contrepartie initiale par une ou plusieurs contreparties compensatrices, celles-ci devenant la nouvelle contrepartie de chacune des parties. À cet égard, une contrepartie compensatrice est une contrepartie centrale (parfois dénommée « organisme de compensation » ou « chambre de compensation »), ou une ou plusieurs entités, par exemple un membre compensateur d'un organisme de compensation ou le client d'un tel membre compensateur, agissant comme contrepartie pour mettre à effet la compensation par une contrepartie centrale. Toutefois, lorsque les parties à l'instrument de couverture remplacent leurs contreparties initiales par des contreparties différentes, les dispositions du présent paragraphe ne s'appliquent que si chacune de ces parties effectue la compensation avec la même contrepartie centrale ;

b) les autres modifications éventuelles apportées à l'instrument de couverture se limitent à celles qui sont nécessaires pour effectuer ce remplacement de contrepartie. Ces modifications se limitent à celles qui sont conformes aux conditions qui auraient été attendues si l'instru-

ment de couverture avait été initialement compensé avec la contrepartie compensatrice. Ces modifications comprennent celles portant sur les exigences en matière de garantie, les droits de compenser des soldes débiteurs et créditeurs, et les frais imposés.

L'arrêt de la comptabilité de couverture peut concerner l'intégralité ou une partie seulement d'une relation de couverture (auquel cas la comptabilité de couverture est maintenue pour le reste de la relation de couverture).

6.5.7 L'entité doit appliquer :

a) le paragraphe 6.5.10 lorsqu'elle met fin à la comptabilité de couverture pour une couverture de juste valeur dont l'élément couvert est un instrument financier évalué au coût amorti (ou une partie d'un tel instrument) ; et

b) le paragraphe 6.5.12 lorsqu'elle met fin à la comptabilité de couverture pour une couverture de flux de trésorerie.

➡ Couvertures de juste valeur

6.5.8 Tant qu'une couverture de juste valeur satisfait aux critères d'applicabilité énoncés au paragraphe 6.4.1, la relation de couverture doit être comptabilisée comme suit :

a) le profit ou la perte sur l'instrument de couverture doit être comptabilisé en résultat net (ou dans les autres éléments du résultat global si l'instrument de couverture couvre un instrument de capitaux propres pour lequel l'entité a choisi de présenter les variations de la juste valeur dans les autres éléments du résultat global conformément au paragraphe 5.7.5) ;

b) le profit ou la perte de couverture sur l'élément couvert doit venir ajuster la valeur comptable de l'élément couvert (s'il y a lieu) et être comptabilisé en résultat net. Si l'élément couvert est un actif financier (ou une composante d'un tel actif) qui est évalué à la juste valeur par le biais des autres éléments du résultat global conformément au paragraphe 4.1.2A, le profit ou la perte de couverture sur l'élément couvert doit être comptabilisé en résultat net. Si toutefois l'élément couvert est un instrument de capitaux propres pour lequel l'entité a choisi de présenter les variations de la juste valeur dans les autres éléments du résultat global conformément au paragraphe 5.7.5, ces montants demeurent dans les autres éléments du résultat global. Dans le cas où l'élément couvert est un engagement ferme non comptabilisé (ou une composante d'un tel engagement), le cumul des variations de la juste valeur de l'élément couvert ultérieures à sa désignation est comptabilisé comme actif ou passif et le profit ou la perte correspondants sont comptabilisés en résultat net.

6.5.9 Si l'élément couvert dans une couverture de juste valeur est un engagement ferme d'acquérir un actif ou d'assumer un passif (ou est une composante d'un tel engagement), la valeur comptable initiale de l'actif ou du passif résultant de la réalisation par l'entité de son engagement ferme est ajustée de façon à inclure le cumul des variations de la juste valeur de l'élément couvert qui était comptabilisé dans l'état de la situation financière.

6.5.10 Tout ajustement découlant de l'application du paragraphe 6.5.8 b) doit être amorti en résultat net si l'élément couvert est un instrument financier (ou une composante d'un tel instrument) évalué au coût amorti. L'amortissement peut commencer dès qu'il y a ajustement, et doit commencer au plus tard lorsque l'élément couvert cesse d'être ajusté au titre des profits et pertes de couverture. L'amortissement est fondé sur le taux d'intérêt effectif recalculé à la date à laquelle l'amortissement commence. Dans le cas d'un actif financier (ou d'une composante d'un tel actif) qui est un élément couvert et qui est évalué à la juste valeur par le biais des autres éléments du résultat global conformément au paragraphe 4.1.2A, l'amortissement est appliqué de la même manière, mais à hauteur du cumul des profits et des pertes précédemment comptabilisés conformément au paragraphe 6.5.8 b) plutôt que par ajustement de la valeur comptable.

➡ Couvertures de flux de trésorerie

6.5.11 Tant qu'une couverture de flux de trésorerie satisfait aux critères d'applicabilité énoncés au paragraphe 6.4.1, la relation de couverture doit être comptabilisée comme suit :

a) la composante des capitaux propres distincte associée à l'élément couvert (la réserve de couverture de flux de trésorerie) est ajustée au plus faible (en valeur absolue) des montants suivants :

i) le profit ou la perte cumulé dégagé sur l'instrument de couverture depuis le commencement de la couverture ; et

ii) la variation cumulée de la juste valeur (en valeur actualisée) de l'élément couvert (c'est-à-dire la valeur actualisée de la variation cumulée des flux de trésorerie attendus qui sont couverts) depuis le commencement de la couverture.

b) la partie du profit ou de la perte sur l'instrument de couverture qui est considérée comme constituant une couverture efficace [c'est-à-dire la partie qui est compensée par la variation de la réserve de couverture de flux de trésorerie calculée conformément au point a)] doit être comptabilisée dans les autres éléments du résultat global ;

c) tout profit ou perte résiduel sur l'instrument de couverture [ou tout profit ou perte nécessaire pour équilibrer la variation de la réserve de couverture de flux de trésorerie calculée conformément au point a)], représente une inefficacité de la couverture et doit être comptabilisé en résultat net ;

d) le montant accumulé dans la réserve de couverture de flux de trésorerie conformément au point a) doit être traité comme suit :

i) lorsqu'une transaction prévue couverte conduit à comptabiliser ultérieurement un actif non financier ou un passif non financier, ou qu'une transaction prévue couverte portant sur un actif non financier ou un passif non financier devient un engagement ferme auquel est appliquée la comptabilité de couverture de juste valeur, l'entité doit sortir ce montant de la réserve de couverture de flux de trésorerie et l'incorporer directement dans le coût initial ou toute autre valeur comptable de l'actif ou du passif. Il ne s'agit pas d'un ajustement de reclassement (voir IAS 1) et, par conséquent, les autres éléments du résultat global ne sont pas touchés ;

ii) dans le cas des couvertures de flux de trésorerie autres que celles visées au point i), ce montant doit être sorti de la réserve de couverture de flux de trésorerie et reclassé en résultat net à titre d'ajustement de reclassement (voir IAS 1) dans la période ou les

périodes durant lesquelles les flux de trésorerie attendus couverts influent sur le résultat net (par exemple, les périodes où le produit ou la charge d'intérêts est comptabilisé, ou la période où la vente prévue se réalise) ;

iii) toutefois, si ce montant est une perte et que l'entité s'attend à ce que la totalité ou une partie de cette perte ne puisse pas être recouvrée au cours d'une ou de plusieurs périodes futures, le montant qu'elle s'attend à ne pas pouvoir recouvrer doit être reclassé immédiatement en résultat net à titre d'ajustement de reclassement (voir IAS 1).

6.5.12 L'entité qui met fin à la comptabilité de couverture pour une couverture de flux de trésorerie [voir paragraphes 6.5.6 et 6.5.7 b)] doit traiter comme suit le montant accumulé dans la réserve de couverture de flux de trésorerie conformément au paragraphe 6.5.11 a) :

a) si les flux de trésorerie futurs couverts sont encore susceptibles de se produire, ce montant doit demeurer dans la réserve de couverture de flux de trésorerie jusqu'à ce que ces flux de trésorerie se produisent ou que le paragraphe 6.5.11 d) iii) s'applique. Lorsque les flux de trésorerie se produisent, le paragraphe 6.5.11 d) s'applique ;

b) si les flux de trésorerie futurs couverts ne sont plus susceptibles de se produire, ce montant doit être immédiatement sorti de la réserve de couverture de flux de trésorerie et reclassé en résultat net à titre d'ajustement de reclassement (voir IAS 1). À noter qu'un flux de trésorerie futur couvert peut être encore susceptible de se produire même s'il n'est plus hautement probable.

➡ Couvertures d'un investissement net dans un établissement à l'étranger

6.5.13 Les couvertures d'un investissement net dans un établissement à l'étranger, y compris la couverture d'un élément monétaire comptabilisé comme faisant partie de l'investissement net (voir IAS 21), doivent être comptabilisées de la même manière que les couvertures de flux de trésorerie :

a) la partie du profit ou de la perte sur l'instrument de couverture qui est considérée comme constituant une couverture efficace doit être comptabilisée dans les autres éléments du résultat global (voir paragraphe 6.5.11) ; et

b) la partie inefficace doit être comptabilisée en résultat net.

6.5.14 Le cumul, dans les écarts de conversion des monnaies étrangères, des profits et des pertes sur l'instrument de couverture qui sont liés à la partie efficace de la couverture doit être sorti des capitaux propres et reclassé en résultat net à titre d'ajustement de reclassement (voir IAS 1) conformément aux dispositions des paragraphes 48 et 49 d'IAS 21 en matière de cession totale ou partielle d'un établissement à l'étranger.

➡ Comptabilisation de la valeur temps des options

6.5.15 Dans le cas où l'entité sépare la valeur intrinsèque de la valeur temps d'un contrat d'option et désigne uniquement la variation de la valeur intrinsèque de l'option comme instrument de couverture [voir paragraphe 6.2.4 a)], elle doit comptabiliser comme suit la valeur temps de l'option (voir paragraphes B6.5.29 à B6.5.33) :

a) l'entité doit distinguer deux catégories de valeur temps selon que l'élément couvert par l'option est lié (voir paragraphe B6.5.29) :

i) soit à une transaction ;

ii) soit à un intervalle de temps ;

b) dans le cas d'un élément couvert lié à une transaction, la variation de la juste valeur de la valeur temps de l'option doit être comptabilisée dans les autres éléments du résultat global dans la mesure où elle se rattache à l'élément couvert et être cumulée dans une composante des capitaux propres distincte. La variation cumulée de la juste valeur résultant de la valeur temps de l'option qui a été cumulée dans une composante des capitaux propres distincte (le « montant ») doit être traitée comme suit :

i) si l'élément couvert conduit ultérieurement à comptabiliser un actif non financier ou un passif non financier, ou un engagement ferme visant un actif non financier ou un passif non financier, auquel est appliquée la comptabilité de couverture de juste valeur, le montant doit être sorti de la composante des capitaux propres distincte par l'entité et incorporé directement dans le coût initial ou toute autre valeur comptable de l'actif ou du passif. Il ne s'agit pas d'un ajustement de reclassement (voir IAS 1) et il n'y a donc pas d'incidence sur les autres éléments du résultat global ;

ii) pour les relations de couverture autres que celles visées au point i), le montant doit être sorti de la composante des capitaux propres distincte et reclassé en résultat net à titre d'ajustement de reclassement (voir IAS 1) au cours de la période ou des périodes durant lesquelles les flux de trésorerie attendus couverts influent sur le résultat net (par exemple, lorsqu'une vente prévue se réalise) ;

iii) cependant, si l'entité s'attend à ce que la totalité ou une partie du montant ne puisse pas être recouvrée au cours d'une ou de plusieurs périodes futures, le montant qu'elle s'attend à ne pas recouvrer doit être reclassé immédiatement en résultat net à titre d'ajustement de reclassement (voir IAS 1) ;

c) dans le cas d'un élément couvert lié à un intervalle de temps, la variation de la juste valeur de la valeur temps de l'option doit être comptabilisée dans les autres éléments du résultat global dans la mesure où elle se rattache à l'élément couvert et être cumulée dans une composante des capitaux propres distincte. Dans la mesure où elle se rattache à l'élément couvert, la valeur temps à la date de désignation de l'option comme instrument de couverture doit être amortie sur une base systématique et rationnelle sur la période au cours de laquelle l'ajustement de la couverture au titre de la valeur intrinsèque de l'option est susceptible d'influer sur le résultat net (ou les autres éléments du résultat global si l'élément couvert est un instrument de capitaux propres pour lequel l'entité a choisi de présenter les variations de la juste valeur dans les autres éléments du résultat global conformément au paragraphe 5.7.5). Donc, à chaque période de reporting, le montant de l'amortissement doit être sorti de la composante des capitaux propres distincte et reclassé en résultat net à titre d'ajustement de reclassement (voir IAS 1). Cependant, s'il y a cessation de la comptabilité de couverture pour la relation de couverture où la variation de la valeur intrinsèque de l'option constitue l'instrument de couverture, le montant net (c'est-à-dire, y compris le cumul de l'amortissement) qui a été cumulé dans la composante des capitaux propres distincte doit être immédiatement reclassé en résultat net à titre d'ajustement de reclassement (voir IAS 1).

➡ Comptabilisation de l'élément à terme des contrats à terme de gré à gré et des *spreads* relatifs au risque de base des opérations en monnaie étrangère d'instruments financiers

6.5.16 L'entité qui sépare l'élément à terme de l'élément au comptant d'un contrat à terme de gré à gré et qui ne désigne comme instrument de couverture que la variation de la valeur de l'élément au comptant du contrat, ou qui sépare le *spread* relatif au risque de base des opérations en monnaie étrangère (*foreign currency basis spread*) d'un instrument financier et l'exclut de la désignation de cet instrument financier comme instrument de couverture [voir paragraphe 6.2.4 b)], peut appliquer le paragraphe 6.5.15 à l'élément à terme du contrat à terme de gré à gré ou au *spread* relatif au risque de base des opérations en monnaie étrangère de la même manière qu'à la valeur temps d'une option. Dans ce cas, l'entité doit suivre les modalités d'application énoncées aux paragraphes B6.5.34 à B6.5.39.

6.6 COUVERTURES D'UN GROUPE D'ÉLÉMENTS

➡ Éligibilité d'un groupe d'éléments en tant qu'élément couvert

6.6.1 Un groupe d'éléments (y compris un groupe d'éléments constituant une position nette ; voir paragraphes B6.6.1 à B6.6.8) n'est éligible en tant qu'élément couvert que si les conditions suivantes sont réunies :

a) le groupe est constitué d'éléments (il peut s'agir de composantes d'éléments) dont chacun est un élément couvert éligible ;

b) les éléments du groupe sont gérés collectivement aux fins de la gestion des risques ; et

c) dans le cas d'une couverture de flux de trésorerie d'un groupe d'éléments dont il n'est pas prévu que les variabilités de flux de trésorerie soient à peu près proportionnelles à la variabilité globale des flux de trésorerie du groupe de telle manière qu'il en résulte des positions de risque se compensant :

- **i) il s'agit d'une couverture du risque de change ; et**
- **ii) la désignation de cette position nette précise la période de reporting dans laquelle les transactions prévues devraient influer sur le résultat net, de même que la nature et le volume de ces transactions (voir paragraphes B6.6.7 et B6.6.8).**

➡ Désignation d'une composante d'une valeur nominale

6.6.2 Une composante correspondant à une fraction d'un groupe d'éléments éligible peut être désignée comme élément couvert, pourvu que cette désignation cadre avec l'objectif de l'entité en matière de gestion des risques.

6.6.3 Une composante correspondant à une strate d'un groupe d'éléments (par exemple un « fond de cuve » ou bottom layer) ne peut être traitée selon la comptabilité de couverture que si les conditions suivantes sont réunies :

a) la composante est isolable et peut être évaluée de façon fiable ;

b) l'objectif de gestion des risques est de couvrir une strate ;

c) les éléments de l'ensemble du groupe dont la strate est tirée sont exposés au même risque couvert (de sorte que l'évaluation de la strate couverte n'est pas sensiblement tributaire des éléments particuliers dont celle-ci est constituée) ;

d) dans le cas d'une couverture d'éléments existants (par exemple, un engagement ferme non comptabilisé ou un actif comptabilisé), l'entité peut identifier et suivre le groupe d'éléments à partir duquel la strate couverte est définie (de sorte qu'elle est en mesure de se conformer aux dispositions sur la comptabilisation des relations de couverture satisfaisant aux critères) ; et

e) tous les éléments du groupe qui contiennent une option de remboursement anticipé satisfont aux conditions applicables aux composantes d'une valeur nominale (voir paragraphe B6.3.20).

➡ Présentation

6.6.4 Dans le cas d'une couverture d'un groupe d'éléments comportant des positions de risque qui se compensent (autrement dit, la couverture d'une position nette) et dont les risques couverts n'influent pas sur le même poste de l'état du résultat net et des autres éléments du résultat global, les profits et pertes de couverture comptabilisés dans cet état doivent être présentés séparément de ceux qui se rapportent aux éléments couverts. Ainsi, le montant individuel qui se rattache à l'élément couvert lui-même (par exemple, les produits des activités ordinaires ou le coût des ventes) n'est pas touché.

6.6.5 Dans le cas d'actifs et de passifs qui sont couverts en groupe dans une couverture de juste valeur, les profits et les pertes sur les actifs et passifs individuels qui sont présentés dans l'état de la situation financière doivent être comptabilisés comme un ajustement, conformément au paragraphe 6.5.8 b), de la valeur comptable des éléments individuels respectifs qui constituent le groupe.

➡ Positions nettes nulles

6.6.6 Lorsque l'élément couvert est un groupe qui présente une position nette nulle (c'est-à-dire que les éléments couverts compensent totalement entre eux le risque géré à l'échelle du groupe), l'entité est autorisée à le désigner dans le cadre d'une relation de couverture ne comportant pas d'instrument de couverture si les conditions suivantes sont réunies :

a) la couverture s'inscrit dans une stratégie de couverture glissante du risque net suivant laquelle l'entité couvre systématiquement les nouvelles positions du même type au fil du temps (par exemple, lorsque les transactions entrent dans l'horizon temporel couvert par l'entité) ;

b) la taille de la position nette couverte évolue pendant la durée de vie de la stratégie de couverture glissante du risque net et l'entité utilise des instruments de couverture éligibles pour couvrir le risque net (lorsque la position nette n'est pas nulle) ;

c) la comptabilité de couverture s'applique normalement à une telle position nette lorsque celle-ci n'est pas nulle et qu'elle est couverte au moyen d'instruments de couverture éligibles ; et

d) la non-application de la comptabilité de couverture à la position nette nulle donnerait des résultats comptables incohérents, car le traitement ne comptabiliserait pas les positions de risque se compensant qui auraient autrement été comptabilisées dans une couverture de position nette.

6.7 OPTION DE DÉSIGNER UNE EXPOSITION AU RISQUE DE CRÉDIT COMME ÉTANT ÉVALUÉE À LA JUSTE VALEUR PAR LE BIAIS DU RÉSULTAT NET

➡ Critères à remplir pour la désignation des expositions au risque de crédit comme étant évaluées à la juste valeur par le biais du résultat net

6.7.1 Lorsqu'une entité utilise un dérivé de crédit qui est évalué à la juste valeur par le biais du résultat net pour gérer le risque de crédit associé à tout ou partie d'un instrument financier (exposition au risque de crédit), elle peut désigner cet instrument financier, dans la mesure où il est ainsi géré (c'est-à-dire la totalité ou une fraction de l'instrument), comme étant évalué à la juste valeur par le biais du résultat net, si :

a) l'entité à laquelle se rattache l'exposition au risque de crédit (par exemple, l'emprunteur, ou le détenteur d'un engagement de prêt) correspond à l'entité de référence du dérivé de crédit («même signature ») ; et

b) le rang de l'instrument financier correspond à celui des instruments qui peuvent être livrés selon le dérivé de crédit.

L'entité peut désigner l'instrument financier dont elle gère le risque de crédit, que celui-ci entre ou non dans le champ d'application de la présente norme (par exemple, une entité peut désigner des engagements de prêt qui n'entrent pas dans le champ d'application de la présente norme). L'entité peut désigner cet instrument financier lors de sa comptabilisation initiale ou ultérieurement ainsi que lorsqu'il n'est pas comptabilisé. La désignation doit être documentée immédiatement.

➡ Comptabilisation des expositions au risque de crédit désignées comme étant évaluées à la juste valeur par le biais du résultat net

6.7.2 Lorsqu'un instrument financier est désigné comme étant évalué à la juste valeur par le biais du résultat net conformément au paragraphe 6.7.1 après sa comptabilisation initiale ou sans avoir été comptabilisé précédemment, la différence qui existe, au moment de la désignation, entre sa valeur comptable (s'il y a lieu) et sa juste valeur doit être comptabilisée immédiatement en résultat net. Dans le cas des actifs financiers évalués à la juste valeur par le biais des autres éléments du résultat global conformément au paragraphe 4.1.2A, le cumul des profits et des pertes comptabilisés précédemment dans les autres éléments du résultat global doit être immédiatement sorti des capitaux propres et reclassé en résultat net à titre d'ajustement de reclassement (voir IAS 1).

6.7.3 L'entité doit cesser d'évaluer à la juste valeur par le biais du résultat net l'instrument financier qui a donné naissance au risque de crédit – ou une fraction de cet instrument financier – si :

a) les critères d'applicabilité du paragraphe 6.7.1 ne sont plus satisfaits, par exemple :

   i) le dérivé de crédit ou l'instrument financier s'y rattachant qui donne naissance au risque de crédit expire ou est vendu, résilié ou réglé ; ou

   ii) le risque de crédit de l'instrument financier n'est plus géré au moyen de dérivés de crédit, du fait, par exemple, d'une amélioration de la qualité du crédit de l'emprunteur ou du détenteur de l'engagement de prêt ou de changements apportés aux obligations en matière de capital imposées à une entité ; et

b) il n'est pas par ailleurs obligatoire que l'instrument financier donnant naissance au risque de crédit soit évalué à la juste valeur par le biais du résultat net (c'est-à-dire que le modèle économique de l'entité n'a pas entre-temps changé de manière à imposer un reclassement selon le paragraphe 4.4.1).

6.7.4 Lorsqu'une entité cesse d'évaluer à la juste valeur par le biais du résultat net l'instrument financier qui donne naissance au risque de crédit – ou une fraction de cet instrument financier – la juste valeur de cet instrument financier à la date de cessation devient sa nouvelle valeur comptable. Ultérieurement, il faut utiliser la base d'évaluation qui était utilisée avant que l'instrument financier n'ait été désigné comme étant évalué à la juste valeur par le biais du résultat net (y compris l'amortissement qui découle de la nouvelle valeur comptable). Par exemple, un actif financier initialement classé comme étant évalué au coût amorti serait de nouveau évalué sur cette base et son taux d'intérêt effectif serait recalculé en fonction de sa nouvelle valeur comptable brute à la date de cessation de l'évaluation à la juste valeur par le biais du résultat net.

6.8 EXCEPTIONS TEMPORAIRES À L'APPLICATION DE CERTAINES DISPOSITIONS RELATIVES À LA COMPTABILITÉ DE COUVERTURE

6.8.1 L'entité doit appliquer les paragraphes 6.8.4 à 6.8.12 et les paragraphes 7.1.8 et 7.2.26 d) à toute relation de couverture directement touchée par la réforme des taux d'intérêt de référence. Ces paragraphes s'appliquent uniquement aux relations de couverture en question. Une relation de couverture n'est directement touchée par la réforme des taux d'intérêt de référence que si ladite réforme donne naissance à des incertitudes concernant :

a) le taux d'intérêt de référence (contractuellement ou non contractuellement spécifié) désigné comme risque couvert ; et/ou

b) l'échéancement ou le montant des flux de trésorerie de l'élément couvert ou de l'instrument de couverture qui sont fondés sur un taux d'intérêt de référence.

6.8.2 Pour les besoins de l'application des paragraphes 6.8.4 à 6.8.12, l'expression « réforme des taux d'intérêt de référence » s'entend de la réforme d'un taux d'intérêt de référence à l'échelle d'un marché, notamment du remplacement d'un taux d'intérêt de référence par un taux de référence alternatif comme celui découlant des recommandations du rapport Reforming Major Interest Rate Benchmarks (*), publié en juillet 2014 par le Conseil de stabilité financière.

(*) Le rapport Reforming Major Interest Rate Benchmarks peut être consulté à l'adresse suivante : http://www.fsb.org/wp-content/ uploads/r_140722.pdf.

6.8.3 Les paragraphes 6.8.4 à 6.8.12 prévoient des exceptions qui portent uniquement sur les dispositions énoncées dans ces paragraphes. L'entité doit continuer d'appliquer aux relations de couverture directement touchées par la réforme des taux d'intérêt de référence toutes les autres dispositions relatives à la comptabilité de couverture.

➡ Condition de haute probabilité dans le cas des couvertures de flux de trésorerie

6.8.4 Pour déterminer, comme l'exige le paragraphe 6 3.3, si une transaction prévue (ou une composante d'une telle transaction) est hautement probable, l'entité doit supposer que la réforme des taux d'intérêt de référence n'altère pas celui sur lequel sont fondés les flux de trésorerie couverts (contractuellement ou non contractuellement spécifié).

➠ Reclassement du montant accumulé dans la réserve de couverture de flux de trésorerie

6.8.5 Pour les besoins de l'application des dispositions du paragraphe 6.5.12, l'entité doit, pour déterminer si les flux de trésorerie futurs qui sont couverts sont susceptibles de se produire, supposer que la réforme des taux d'intérêt de référence n'altère pas celui sur lequel sont fondés les flux de trésorerie couverts (contractuellement ou non contractuellement spécifié).

➠ Appréciation du lien économique entre l'élément couvert et l'instrument de couverture

6.8.6 Pour les besoins de l'application des dispositions des paragraphes 6.4.1 c) i) et B6.4.4 à B6.4.6, l'entité doit supposer que la réforme des taux d'intérêt de référence n'altère pas celui sur lequel sont fondés les flux de trésorerie couverts et/ou le risque couvert (contractuellement ou non contractuellement spécifié) ou celui sur lequel sont fondés les flux de trésorerie de l'instrument de couverture.

➠ Désignation d'une composante d'un élément comme élément couvert

6.8.7 Pour une couverture de la composante taux de référence non contractuellement spécifiée d'un risque de taux d'intérêt, à moins que le paragraphe 6.8.8 ne s'applique, l'entité doit appliquer la condition énoncée dans les paragraphes 6.3.7 a) et B6.3.8 – voulant que la composante de risque soit isolable – uniquement lors de la mise en place de la relation de couverture.

6.8.8 Si l'entité, en accord avec la documentation relative à ses couvertures, dénoue et renoue fréquemment une relation de couverture (c'est-à-dire qu'elle cesse la couverture et procède à un nouveau départ) parce que l'instrument de couverture et l'élément couvert changent tous deux fréquemment (c'est-à-dire que l'entité a recours à un processus dynamique dans lequel les éléments couverts et les instruments de couverture utilisés pour gérer l'exposition ne restent pas longtemps les mêmes), elle doit appliquer la condition énoncée dans les paragraphes 6.3.7 a) et B6.3.8 – voulant que la composante de risque soit isolable – uniquement lors de la désignation initiale d'un élément couvert dans le cadre de cette relation de couverture. Lorsqu'une appréciation a été portée sur l'élément couvert au moment de sa désignation initiale dans le cadre de la relation de couverture, que ce soit au commencement de la couverture ou par la suite, l'entité ne réapprécie pas cet élément si elle le désigne de nouveau dans le cadre de la même relation de couverture.

➠ Fin d'application

6.8.9 L'entité doit cesser de manière prospective l'application du paragraphe 6.8.4 à un élément couvert dès que se présente l'une ou l'autre des situations suivantes :

a) l'incertitude créée par la réforme des taux d'intérêt de référence est levée quant à l'échéancement et au montant des flux de trésorerie de l'élément couvert qui sont fondés sur un taux d'intérêt de référence ; et

b) il est mis fin à la relation de couverture dont l'élément couvert fait partie.

6.8.10 L'entité doit cesser de manière prospective l'application du paragraphe 6.8.5 dès que se présente l'une ou l'autre des situations suivantes :

a) l'incertitude créée par la réforme des taux d'intérêt de référence est levée quant à l'échéancement et au montant des flux de trésorerie futurs de l'élément couvert qui sont fondés sur un taux d'intérêt de référence ; et

b) le montant total accumulé dans la réserve de couverture de flux de trésorerie relativement à la relation de couverture à laquelle il a été mis fin a été entièrement reclassé en résultat net.

6.8.11 L'entité doit cesser de manière prospective l'application du paragraphe 6.8.6 :

a) à un élément couvert, lorsque l'incertitude créée par la réforme des taux d'intérêt de référence est levée quant au risque couvert ou à l'échéancement et au montant des flux de trésorerie de cet élément couvert qui sont fondés sur un taux d'intérêt de référence ; et

b) à un instrument de couverture, lorsque l'incertitude créée par la réforme des taux d'intérêt de référence est levée quant à l'échéancement et au montant des flux de trésorerie de cet instrument de couverture qui sont fondés sur un taux d'intérêt de référence.

Si l'entité met fin avant la date où se présente la situation spécifiée au paragraphe 6.8.11 a) ou b) à la relation de couverture dont l'élément couvert et l'instrument de couverture font partie, elle doit cesser de manière prospective l'application du paragraphe 6.8.6 à cette relation à la date où elle y met fin.

6.8.12 Si l'entité désigne un groupe d'éléments comme l'élément couvert, ou une combinaison d'instruments financiers comme l'instrument de couverture, elle doit cesser de manière prospective l'application des paragraphes 6.8.4 à 6.8.6 à un élément particulier ou à un instrument financier particulier conformément au paragraphe 6.8.9, 6.8.10 ou 6.8.11, selon le cas, lorsque l'incertitude créée par la réforme des taux d'intérêt de référence est levée quant au risque couvert et/ou à l'échéancement et au montant des flux de trésorerie de cet élément ou instrument financier qui sont fondés sur un taux d'intérêt de référence.

6.8.13 L'entité doit cesser de manière prospective l'application des paragraphes 6.8.7 et 6.8.8 dès que se présente l'une ou l'autre des situations suivantes :

a) des changements requis par la réforme des taux d'intérêt de référence sont apportés à la composante de risque non contractuellement spécifiée par application du paragraphe 6.9.1 ; ou

b) l'entité met fin à la relation de couverture dans laquelle est désignée la composante de risque non contractuellement spécifiée.

6.9 EXCEPTIONS TEMPORAIRES SUPPLÉMENTAIRES EN CONSÉQUENCE DE LA RÉFORME DES TAUX D'INTÉRÊT DE RÉFÉRENCE

6.9.1 Lorsque (ou à mesure que) les dispositions des paragraphes 6.8.4 à 6.8.8 cessent de s'appliquer à une relation de couverture (voir les paragraphes 6.8.9 à 6.8.13), l'entité doit modifier la désignation formelle de la relation de couverture telle qu'elle avait été documentée, pour tenir compte des changements requis par la réforme des taux d'intérêt de référence, c'est-à-dire pour des changements conformes aux paragraphes 5.4.6 à 5.4.8. En pareille situation, l'entité ne doit modifier la désignation de couverture que pour apporter l'un ou plusieurs des changements suivants :

a) désigner un taux de référence alternatif (contractuellement ou non contractuellement spécifié) comme risque couvert ;

b) modifier la description de l'élément couvert, y compris celle de la partie des flux de trésorerie ou de la juste valeur désignée comme couverte ; ou

c) modifier la description de l'instrument de couverture.

6.9.2 L'entité doit également appliquer la disposition énoncée au paragraphe 6.9.1 c) si les trois conditions suivantes sont réunies :

a) l'entité apporte un changement requis par la réforme des taux d'intérêt de référence en recourant à une autre méthode qu'un changement de la base de détermination des flux de trésorerie contractuels de l'instrument de couverture (comme décrit au paragraphe 5.4.6) ;

b) l'instrument de couverture initial n'est pas décomptabilisé ; et

c) la méthode choisie est économiquement équivalente au changement de la base de détermination des flux de trésorerie contractuels de l'instrument de couverture initial (comme décrit aux paragraphes 5.4.7 et 5.4.8).

6.9.3 Les dispositions énoncées aux paragraphes 6.8.4 à 6.8.8 pourraient cesser de s'appliquer à des moments différents. Par conséquent, pour l'application du paragraphe 6.9.1, l'entité pourrait être tenue de modifier la désignation formelle de ses différentes relations de couverture à des moments différents, ou d'une même relation de couverture plus d'une fois. Si et seulement si un tel changement est apporté à la désignation de la couverture, l'entité doit appliquer les paragraphes 6.9.7 à 6.9.12, selon le cas. Elle doit aussi comptabiliser les variations de la juste valeur de l'élément couvert ou de l'instrument de couverture selon le paragraphe 6.5.8 (dans le cas d'une couverture de juste valeur) ou 6.5.11 (dans le cas d'une couverture de flux de trésorerie).

6.9.4 L'entité doit apporter la modification exigée par le paragraphe 6.9.1 à la relation de couverture avant la fin de la période de reporting au cours de laquelle un changement requis par la réforme des taux d'intérêt de référence est apporté au risque couvert, à l'élément couvert ou à l'instrument de couverture. Il convient de préciser qu'une telle modification de la désignation formelle d'une relation de couverture ne constitue ni la cessation de cette relation ni la désignation d'une nouvelle relation.

6.9.5 Si des changements sont apportés, en plus de ceux requis par la réforme des taux d'intérêt de référence, à l'actif financier ou au passif financier désignés dans une relation de couverture (comme décrit aux paragraphes 5.4.6 à 5.4.8) ou à la désignation de la relation de couverture (comme imposé par le paragraphe 6.9.1), l'entité doit d'abord appliquer les dispositions pertinentes de la présente norme pour déterminer si ces autres changements donnent lieu à la cessation de la comptabilité de couverture. S'ils ne donnent pas lieu à la cessation de la comptabilité de couverture, l'entité doit modifier la désignation formelle de la relation de couverture de la manière spécifiée au paragraphe 6.9.1.

6.9.6 Les paragraphes 6.9.7 à 6.9.13 prévoient des exceptions qui portent uniquement sur les dispositions énoncées dans ces paragraphes. L'entité doit appliquer aux relations de couverture directement touchées par la réforme des taux d'intérêt de référence toutes les autres dispositions relatives à la comptabilité de couverture de la présente norme, y compris les critères d'applicabilité énoncés au paragraphe 6.4.1.

➠ Comptabilisation des relations de couverture répondant aux conditions requises

Couvertures de flux de trésorerie

6.9.7 Pour les besoins de l'application du paragraphe 6.5.11, au moment où l'entité modifie la description d'un élément couvert comme l'exige le paragraphe 6.9.1 b), le montant accumulé dans la réserve de couverture de flux de trésorerie doit être considéré comme fondé sur le même taux de référence alternatif que les flux de trésorerie futurs qui sont couverts.

6.9.8 En ce qui concerne les relations de couverture auxquelles l'entité a mis fin, lorsque le taux d'intérêt de référence sur la base duquel étaient déterminés les flux de trésorerie futurs couverts fait l'objet d'un changement requis par la réforme des taux d'intérêt de référence, le montant accumulé dans la réserve de couverture de flux de trésorerie relativement à cette relation de couverture doit être considéré, aux fins de l'application du paragraphe 6.5.12 pour déterminer si les flux de trésorerie futurs couverts sont susceptibles de se produire, comme déterminé sur la base du même taux de référence alternatif que le seront les flux de trésorerie futurs couverts.

➠ Groupes d'éléments

6.9.9 Lorsque l'entité applique le paragraphe 6.9.1 à des groupes d'éléments désignés comme éléments couverts dans une couverture de juste valeur ou une couverture de flux de trésorerie, elle doit répartir les éléments couverts en sous-groupes en fonction du taux de référence couvert et désigner ce taux de référence comme risque couvert pour chaque sous-groupe. Par exemple, pour une relation de couverture dans laquelle un groupe d'éléments est couvert contre les variations d'un taux visé par la réforme des taux d'intérêt de référence, il se pourrait que le changement consistant à indexer les flux de trésorerie couverts ou la juste valeur couverte sur un taux de référence alternatif soit réalisé pour certains éléments du groupe avant de l'être pour les autres. Dans cet exemple, pour appliquer le paragraphe 6.9.1, l'entité désignerait le taux de référence alternatif comme le risque couvert pour le sous-groupe d'éléments couverts pertinent. Elle maintiendrait la désignation du taux d'intérêt de référence existant comme le risque couvert pour l'autre sous-groupe d'éléments couvert, jusqu'à ce que soit apporté le changement consistant à indexer les flux de trésorerie couverts ou la juste valeur couverte de ces éléments sur le taux de référence alternatif, ou jusqu'à ce que ces éléments expirent et soient remplacés par des éléments couverts indexés sur le taux de référence alternatif.

6.9.10 L'entité doit déterminer si chaque sous-groupe pris individuellement répond aux conditions énoncées au paragraphe 6.6.1 pour être admis comme élément couvert. Si un sous-groupe ne respecte pas les dispositions du paragraphe 6.6.1, l'entité doit mettre fin à la comptabilité de couverture de manière prospective pour l'ensemble de la relation de couverture. Elle doit également appliquer les dispositions des paragraphes 6.5.8 et 6.5.11 pour comptabiliser l'inefficacité de la relation de couverture dans son ensemble.

➠ Désignation de composantes de risque

6.9.11 Un taux de référence alternatif désigné comme composante de risque non contractuellement spécifiée qui n'est pas isolable [voir les paragraphes 6.3.7 a) et B6.3.8] à la date de sa désignation est réputé satisfaire à cette exigence à cette date si et seulement si l'entité peut raisonnablement s'attendre à ce que ce taux de référence alternatif soit isolable dans un délai de 24 mois. Ce délai s'applique séparément à chaque taux de référence alternatif et commence à la date à laquelle l'entité désigne pour la première fois le taux de référence alternatif comme composante de risque non contractuellement spécifiée (c'est-à-dire que le délai de 24 mois s'applique au cas par cas).

6.9.12 Si, par la suite, l'entité peut raisonnablement s'attendre à ce que le taux de référence alternatif ne soit pas isolable dans un délai de 24 mois à compter de la date à laquelle elle l'a désigné pour la première fois comme composante de risque non contractuellement spécifiée, elle doit cesser l'application de l'exigence du paragraphe 6.9.11 à ce taux de référence alternatif et mettre fin à la comptabilité de couverture de manière prospective à la date de cette réappréciation pour toute relation de couverture dans laquelle le taux de référence alternatif était désigné comme composante de risque non contractuellement spécifiée.

6.9.13 En plus des relations de couverture précisées au paragraphe 6.9.1, l'entité doit appliquer les dispositions des paragraphes 6.9.11 et 6.9.12 aux nouvelles relations de couverture dans lesquelles un taux de référence alternatif est désigné comme composante de risque non contractuellement spécifiée [voir paragraphes 6.3.7 a) et B6.3.8] lorsque, en conséquence de la réforme des taux d'intérêt de référence, cette composante n'est pas isolable à la date de sa désignation.

6.10 CONTRATS FAISANT RÉFÉRENCE À L'ÉLECTRICITÉ PRODUITE À PARTIR DE SOURCES NATURELLES

6.10.1 Certains contrats faisant référence à l'électricité produite à partir de sources naturelles sont désignés comme instruments de couverture dans des couvertures de transactions d'électricité prévues. En plus d'appliquer les dispositions du paragraphe 6.3.7, l'entité peut, pour ce type de relation de couverture, désigner comme élément couvert des transactions d'électricité prévues ayant une valeur nominale variable qui correspond à la quantité variable d'électricité produite à partir de sources naturelles qu'elle s'attend à obtenir de l'installation de production selon les modalités de l'instrument de couverture. Les autres dispositions du présent chapitre qui concernent la comptabilité de couverture continuent de s'appliquer à ce type de relation de couverture.

6.10.2 Si les flux de trésorerie liés au contrat faisant référence à l'électricité produite à partir de sources naturelles désignés comme instrument de couverture sont conditionnels à la survenance d'une transaction prévue désignée comme élément couvert selon le paragraphe 6.10.1, une telle transaction prévue est présumée être hautement probable, comme le prévoit le paragraphe 6.3.3.

CHAPITRE 7 Date d'entrée en vigueur et dispositions transitoires

7.1 DATE D'ENTRÉE EN VIGUEUR

7.1.1 L'entité doit appliquer la présente norme pour les exercices ouverts à compter du 1er janvier 2018. Une application anticipée est autorisée. L'entité qui choisit l'application anticipée doit l'indiquer et appliquer toutes les dispositions de la norme en même temps (mais également se référer aux paragraphes 7.1.2, 7.2.21 et 7.3.2). Elle doit également appliquer simultanément les modifications de l'appendice C.

7.1.2 Nonobstant les dispositions du paragraphe 7.1.1, pour les exercices ouverts avant le 1er janvier 2018, l'entité peut choisir de n'appliquer de façon anticipée que les dispositions relatives à la présentation des profits et pertes sur les passifs financiers désignés comme étant évalués à la juste valeur par le biais du résultat net énoncées aux paragraphes 5.7.1 c), 5.7.7 à 5.7.9, 7.2.14 et B5.7.5 à B5.7.20, sans appliquer les autres dispositions de la présente norme. L'entité qui choisit d'appliquer uniquement ces paragraphes doit l'indiquer et continuer de fournir par la suite les informations connexes énoncées aux paragraphes 10 et 11 d'IFRS 7 *Instruments financiers : Informations à fournir* [telle que modifiée par IFRS 9 (2010)] (voir aussi paragraphes 7.2.2 et 7.2.15).

7.1.3 La publication des *Améliorations annuelles des IFRS – Cycle 2010-2012*, en décembre 2013, a donné lieu à la modification des paragraphes 4.2.1 et 5.7.5, corrélative à la modification d'IFRS 3. L'entité doit appliquer ces modifications à titre prospectif aux regroupements d'entreprises auxquels s'applique la modification d'IFRS 3.

7.1.4 La publication d'IFRS 15, en mai 2014, a donné lieu à la modification des paragraphes 3.1.1, 4.2.1, 5.1.1, 5.2.1, 5.7.6, B3.2.13, B5.7.1, C5 et C42, et à la suppression du paragraphe C16 et de l'intertitre s'y rattachant. Les paragraphes 5.1.3 et 5.7.1A, ainsi qu'une définition à l'appendice A, ont été ajoutés. L'entité qui applique IFRS 15 doit appliquer ces modifications.

7.1.5 La publication d'IFRS 16, en janvier 2016, a donné lieu à la modification des paragraphes 2.1, 5.5.15, B4.3.8, B5.5.34 et B5.5.46. L'entité qui applique IFRS 16 doit appliquer ces modifications.

7.1.6 La publication d'IFRS 17, en mai 2017, a donné lieu à la modification des paragraphes 2.1, B2.1, B2.4, B2.5 et B4.1.30, ainsi qu'à l'ajout du paragraphe 3.3.5. La publication de *Modifications d'IFRS 17*, en juin 2020, a donné lieu à une autre modification du paragraphe 2.1 et à l'ajout des paragraphes 7.2.36 à 7.2.42. L'entité qui applique IFRS 17 doit appliquer ces modifications.

7.1.7 La publication de *Clauses de remboursement anticipé prévoyant une compensation négative* (modifications d'IFRS 9), en octobre 2017, a donné lieu à l'ajout des paragraphes 7.2.29 à 7.2.34 et du paragraphe B4.1.12A, et à la modification des paragraphes B4.1.11 b) et B4.1.12 b). L'entité doit appliquer ces modifications pour les exercices ouverts à compter du 1er janvier 2019. Une application anticipée est autorisée. Si l'entité applique ces modifications pour une période antérieure, elle doit l'indiquer.

7.1.8 La publication en septembre 2019 de *Réforme des taux d'intérêt de référence*, qui a modifié IFRS 9, IAS 39 et IFRS 7, a donné lieu à l'ajout de la section 6.8 et à la modification du paragraphe 7.2.26. L'entité doit appliquer ces modifications pour les exercices ouverts à compter du 1er janvier 2020. Une application anticipée est autorisée. Si l'entité applique ces modifications pour une période antérieure, elle doit l'indiquer.

7.1.9 La publication d'*Améliorations annuelles des normes IFRS 2018-2020*, en mai 2020, a donné lieu à l'ajout des paragraphes 7.2.35 et B3.3.6A, et à la modification du paragraphe B3.3.6. L'entité doit appliquer ces modifications pour les exercices ouverts à compter du 1er janvier 2022. Une application anticipée est autorisée. Si l'entité applique ces modifications pour une période antérieure, elle doit l'indiquer.

7.1.10 La publication, en août 2020, de *Réforme des taux d'intérêt de référence – phase 2*, qui a modifié IFRS 9, IAS 39, IFRS 7, IFRS 4 et IFRS 16, a donné lieu à l'ajout des paragraphes 5.4.5 à 5.4.9, du paragraphe 6.8.13, de la section 6.9 et des paragraphes 7.2.43 à 7.2.46. L'entité doit appliquer ces modifications pour les exercices ouverts à compter du 1er janvier 2021. Une application anticipée est autorisée. Si l'entité applique ces modifications pour une période antérieure, elle doit l'indiquer.

7.1.12 La publication, en mai 2024, de *Modifications touchant le classement et l'évaluation des instruments financiers*, qui a modifié IFRS 9 et IFRS 7, a donné lieu à l'ajout des paragraphes 7.2.47 à 7.2.49, B3.1.2A, B3.3.8 à B3.3.10, B4.1.8A, B4.1.10A, B4.1.16A et B4.1.20A. Elle a également donné lieu à la modification des paragraphes B4.1.10, B4.1.13, B4.1.14, B4.1.16, B4.1.17, B4.1.20, B4.1.21 et B4.1.23. L'entité doit appliquer ces modifications pour les exercices ouverts à compter du 1er janvier 2026. Une application anticipée est autorisée.

7.1.13 Si l'entité choisit d'appliquer ces modifications pour une période antérieure, elle doit :

a) soit appliquer en même temps toutes ces modifications et l'indiquer ;

b) soit n'appliquer que les modifications touchant la section 4.1 du guide d'application de la présente norme (Classement des actifs financiers) pour cette période antérieure et l'indiquer.

7.1.15 La publication, en décembre 2024, de *Contrats faisant référence à l'électricité produite à partir de sources naturelles* a donné lieu à l'ajout des paragraphes 2.3A, 2.3B, 2.8, 6.10.1, 6.10.2, 7.2.51 à 7.2.53, B2.7 et B2.8, ainsi qu'à la modification du paragraphe 2.6. L'entité doit appliquer ces modifications pour les exercices ouverts à compter du 1er janvier 2026. Une application anticipée est autorisée. Si l'entité applique les modifications pour une période antérieure, elle doit l'indiquer.

7.2 DISPOSITIONS TRANSITOIRES

7.2.1 L'entité doit appliquer la présente norme de manière rétrospective selon IAS 8 *Méthodes comptables, changements d'estimations comptables et erreurs*, sauf dans les cas visés aux paragraphes 7.2.4 à 7.2.26 et 7.2.28. La présente norme ne doit pas être appliquée à des éléments qui étaient déjà décomptabilisés à la date de première application.

7.2.2 Aux fins de l'application des dispositions transitoires des paragraphes 7.2.1, 7.2.3 à 7.2.28 et 7.3.2, la date de première application est la date à laquelle l'entité applique pour la première fois ces dispositions de la présente norme, et doit correspondre au début d'une période de reporting ultérieure à la publication de la présente norme. Selon le mode d'application d'IFRS 9 retenu par l'entité, la transition peut impliquer une ou plusieurs dates de première application pour des dispositions différentes.

➡ Dispositions transitoires relatives au classement et à l'évaluation (chapitres 4 et 5)

7.2.3 À la date de première application, l'entité doit déterminer si un actif financier remplit la condition énoncée aux paragraphes 4.1.2 a) ou 4.1.2A a) en se fondant sur les faits et les circonstances qui existent à cette date. Le classement qui résulte de cette appréciation doit être appliqué de manière rétrospective, sans égard au modèle économique suivi par l'entité au cours des périodes de reporting antérieures.

7.2.4 Si, à la date de première application, il est impraticable (au sens d'IAS 8) pour l'entité d'évaluer un élément valeur temps de l'argent modifié conformément aux paragraphes B4.1.9B à B4.1.9D en se fondant sur les faits et les circonstances qui existaient lors de la comptabilisation initiale de l'actif financier, l'entité doit évaluer les caractéristiques des flux de trésorerie contractuels de cet actif financier en se fondant sur les faits et les circonstances qui existaient lors de sa comptabilisation initiale sans prendre en compte les exigences des paragraphes B4.1.9B à B4.1.9D relatives à la modification de l'élément valeur temps de l'argent. (voir aussi paragraphe 42R d'IFRS 7.)

7.2.5 Si, à la date de première application, il est impraticable (au sens d'IAS 8) pour l'entité de déterminer si la juste valeur d'une clause de remboursement anticipé était négligeable selon le paragraphe B4.1.12 c) en se fondant sur les faits et les circonstances qui existaient lors de la comptabilisation initiale de l'actif financier, l'entité doit évaluer les caractéristiques des flux de trésorerie contractuels de cet actif financier en se fondant sur les faits et les circonstances qui existaient lors de sa comptabilisation initiale sans prendre en compte l'exception du paragraphe B4.1.12 concernant les clauses de remboursement anticipé (voir aussi paragraphe 42S d'IFRS 7).

7.2.6 Si l'entité évalue un contrat hybride à la juste valeur selon les paragraphes 4.1.2A, 4.1.4 ou 4.1.5, mais qu'elle n'avait pas évalué la juste valeur du contrat hybride pour les périodes de reporting à titre comparatif et qu'elle retraite les chiffres des périodes antérieures, la juste valeur du contrat hybride pour chacune de ces périodes doit être la somme des justes valeurs des composantes (c'est-à-dire le contrat hôte non dérivé et le dérivé incorporé), déterminées à la date de clôture de chacune de ces périodes (voir paragraphe 7.2.15).

7.2.7 Si l'entité a appliqué le paragraphe 7.2.6, elle doit alors, à la date de première application, comptabiliser toute différence entre la juste valeur de l'intégralité du contrat hybride à cette date et la somme des justes valeurs des composantes du contrat hybride à cette date dans le solde d'ouverture des résultats non distribués (ou, s'il y a lieu, d'une autre composante des capitaux propres) de la période de reporting à laquelle appartient la date de première application.

7.2.8 À la date de première application, l'entité peut :

a) désigner un actif financier comme étant évalué à la juste valeur par le biais du résultat net selon le paragraphe 4.1.5 ; ou

b) désigner un placement dans un instrument de capitaux propres comme étant évalué à la juste valeur par le biais des autres éléments du résultat global selon le paragraphe 5.7.5.

Une telle désignation doit se fonder sur les faits et circonstances qui existent à la date de première application. Le classement qui en résulte doit être appliqué de manière rétrospective.

7.2.9 À la date de première application, l'entité :

a) doit annuler sa désignation antérieure d'un actif financier comme étant évalué à la juste valeur par le biais du résultat net si cet actif ne remplit pas la condition énoncée au paragraphe 4.1.5 ;

b) peut annuler sa désignation antérieure d'un actif financier comme étant évalué à la juste valeur par le biais du résultat net si cet actif remplit la condition énoncée au paragraphe 4.1.5.

Une telle annulation doit se fonder sur les faits et circonstances qui existent à la date de première application. Le classement qui en résulte doit être appliqué de manière rétrospective.

7.2.10 À la date de première application, l'entité :

a) peut désigner un passif financier comme étant évalué à la juste valeur par le biais du résultat net selon le paragraphe 4.2.2 a) ;

b) doit annuler la désignation antérieure d'un passif financier comme étant évalué à la juste valeur par le biais du résultat net si cette désignation a été faite lors de la comptabilisation initiale selon le critère maintenant énoncé au paragraphe 4.2.2 a), mais qu'elle ne satisfait plus à ce critère à la date de première application ;

c) peut annuler la désignation antérieure d'un passif financier comme étant évalué à la juste valeur par le biais du résultat net si cette désignation a été faite lors de la comptabilisation initiale selon le critère maintenant énoncé au paragraphe 4.2.2 a) et qu'elle satisfait encore à ce critère à la date de première application.

Une telle désignation ou annulation doit se fonder sur les faits et circonstances qui existent à la date de première application. Le classement qui en résulte doit être appliqué de manière rétrospective.

7.2.11 Si, pour l'entité, l'application rétrospective de la méthode du taux d'intérêt effectif est impraticable (au sens d'IAS 8), l'entité doit :

a) si elle retraite les chiffres des périodes antérieures, traiter la juste valeur de l'actif financier ou du passif financier à la fin de chaque période présentée à titre comparatif comme la valeur comptable brute de cet actif financier ou comme le coût amorti de ce passif financier ; et

b) traiter la juste valeur de l'actif financier ou du passif financier à la date de première application comme la nouvelle valeur comptable brute de cet actif financier ou comme le nouveau coût amorti de ce passif financier à la date de première application de la présente norme.

7.2.12 Si l'entité a précédemment comptabilisé au coût (conformément à IAS 39) un placement dans un instrument de capitaux propres auquel on ne peut associer de cours sur un marché actif pour un instrument identique (c'est-à-dire une donnée d'entrée de niveau 1) (ou un actif dérivé qui est lié à un tel instrument de capitaux propres et qui doit être réglé par la livraison de cet instrument), elle doit évaluer cet instrument à la juste valeur à la date de première application. Toute différence entre la valeur comptable précédente et la juste valeur doit être comptabilisée dans le solde d'ouverture des résultats non distribués (ou, s'il y a lieu, d'une autre composante des capitaux propres) de la période de reporting à laquelle appartient la date de première application.

7.2.13 Si l'entité a précédemment comptabilisé au coût selon IAS 39 un passif dérivé qui est lié à un instrument de capitaux propres auquel on ne peut associer de cours sur un marché actif pour un instrument identique (c'est-à-dire une donnée d'entrée de niveau 1) et que ce passif dérivé doit être réglé par la livraison d'un tel instrument de capitaux propres, elle doit évaluer le passif dérivé en question à la juste valeur à la date de première application. Toute différence entre la valeur comptable précédente et la juste valeur doit être comptabilisée dans le solde d'ouverture des résultats non distribués de la période de reporting à laquelle appartient la date de première application.

7.2.14 À la date de première application, l'entité doit déterminer, en se fondant sur les faits et circonstances existant à cette date, si le traitement décrit au paragraphe 5.7.7 créerait ou accroîtrait une non-concordance comptable dans le résultat net. L'application rétrospective de la présente norme doit se faire en fonction du résultat de cette appréciation.

7.12.14A À la date de première application, l'entité est autorisée à procéder à la désignation décrite au paragraphe 2.5 pour les contrats existant déjà à cette date, mais seulement si elle désigne ainsi tous les contrats similaires. La variation de l'actif net résultant de ces désignations doit être comptabilisée en résultats non distribués à la date de première application.

7.2.15 Nonobstant le paragraphe 7.2.1, l'entité qui applique les dispositions de la présente norme relatives au classement et à l'évaluation (qui comprennent les dispositions des sections 5.4 et 5.5 concernant l'évaluation au coût amorti des actifs financiers et la dépréciation) est tenue de fournir les informations requises par les paragraphes 42L à 42O d'IFRS 7, mais n a pas besoin de retraiter les chiffres des périodes antérieures. L'entité peut retraiter les chiffres des périodes antérieures si, et seulement si, il lui est possible de le faire sans avoir recours à des connaissances acquises a posteriori. Si l'entité ne retraite pas les chiffres des périodes antérieures, elle doit comptabiliser toute différence entre la valeur comptable précédente et la valeur comptable au début de l'exercice auquel appartient la date de première application dans le solde d'ouverture des résultats non distribués (ou, s'il y a lieu, d'une autre composante des capitaux propres) de ce même exercice. Si l'entité retraite les chiffres des périodes antérieures, les états financiers retraités doivent être conformes à toutes les dispositions de la présente norme. Si le mode d'application d'IFRS 9 retenu par l'entité donne lieu à plus d'une date de première application pour des dispositions différentes, le présent paragraphe s'applique à chaque date de première application (voir paragraphe 7.2.2). Ce serait le cas, par exemple, si une entité ne choisissait d'appliquer par anticipation que les dispositions du paragraphe 7.1.2 relatives à la présentation des profits et pertes sur les passifs financiers désignés comme étant évalués à la juste valeur par le biais du résultat net avant d'appliquer les autres dispositions de la présente norme.

7.2.16 Si une entité prépare des rapports financiers intermédiaires selon IAS 34 *Information financière intermédiaire*, elle n'est pas tenue d'appliquer les dispositions de la présente norme aux périodes intermédiaires antérieures à la date de première application si cela est impraticable (au sens d'IAS 8).

Dépréciation (section 5.5)

7.2.17 L'entité doit appliquer les dispositions de la section 5.5 en matière de dépréciation de manière rétrospective conformément à IAS 8, sous réserve des paragraphes 7.2.15 et 7.2.18 à 7.2.20.

7.2.18 À la date de première application, l'entité doit recourir à des informations raisonnables et justifiables qu'il est possible d'obtenir sans devoir engager de coûts ou d'efforts excessifs pour déterminer le risque de crédit à la date de comptabilisation initiale d'un instrument financier (ou, dans le cas des engagements de prêt et des contrats de garantie financière, à la date à laquelle l'entité est devenue partie à l'engagement irrévocable conformément au paragraphe 5.5.6) et le comparer au risque de crédit à la date de première application de la présente norme.

7.2.19 Lorsqu'elle détermine si le risque de crédit a augmenté de façon importante depuis la comptabilisation initiale de l'instrument financier, l'entité peut appliquer :

a) les dispositions des paragraphes 5.5.10 et B5.5.22 à B5.5.24 ; et

b) si elle se fonde sur des informations sur les paiements en souffrance pour procéder à cette détermination, la présomption réfutable du paragraphe 5.5.11 relative aux paiements contractuels qui sont en souffrance depuis plus de 30 jours.

7.2.20 Dans le cas où des coûts ou des efforts excessifs seraient nécessaires pour déterminer, à la date de première application, s'il y a eu une augmentation importante du risque de crédit d'un instrument financier depuis sa comptabilisation initiale, l'entité doit comptabiliser une correction de valeur pour pertes correspondant au montant des pertes de crédit attendues sur la durée de vie à chaque date de clôture jusqu'à ce que cet instrument financier soit décomptabilisé (à moins que le risque de crédit associé à l'instrument ne soit faible à l'une de ces dates de clôture, auquel cas le paragraphe 7.2.19 a) s'applique).

➡ Dispositions transitoires relatives à la comptabilité de couverture (chapitre 6)

7.2.21 Lorsque l'entité applique pour la première fois la présente norme, elle peut choisir comme méthode comptable de continuer d'appliquer les dispositions en matière de comptabilité de couverture d'IAS 39 plutôt que d'adopter les dispositions du chapitre 6 de la présente norme. L'entité doit appliquer cette méthode à toutes les relations de couverture. L'entité qui choisit cette méthode doit également appliquer IFRIC 16 *Couvertures d'un investissement net dans un établissement à l'étranger* sans tenir compte des modifications apportées en vue d'assurer la conformité de cette interprétation aux dispositions du chapitre 6 de la présente norme.

7.2.22 Sous réserve du paragraphe 7.2.26, l'entité doit appliquer de façon prospective les dispositions en matière de comptabilité de couverture de la présente norme.

7.2.23 Pour que l'entité puisse appliquer la comptabilité de couverture à compter de la date de première application des dispositions en matière de comptabilité de couverture de la présente norme, il est impératif que tous les critères d'applicabilité soient remplis à cette date.

7.2.24 Les relations de couverture qui satisfaisaient aux critères d'applicabilité de la comptabilité de couverture selon IAS 39 et qui satisfont également aux critères d'applicabilité selon la présente norme (voir paragraphe 6.4.1) après prise en compte de tout rééquilibrage éventuel de la relation de couverture lors de la transition [voir paragraphe 7.2.25 b)] doivent être considérées comme des relations de couverture maintenues.

7.2.25 Lors de la première application des dispositions en matière de comptabilité de couverture de la présente norme :

a) l'entité peut commencer à appliquer ces dispositions à partir de l'instant où elle cesse d'appliquer les dispositions en matière de comptabilité de couverture d'IAS 39 ; et

b) elle doit considérer le ratio de couverture établi selon IAS 39 comme point de départ pour le rééquilibrage, s'il y a lieu, du ratio de couverture d'une relation de couverture maintenue. Tout profit ou toute perte découlant d'un tel rééquilibrage est comptabilisé en résultat net.

7.2.26 Par dérogation à l'application prospective des dispositions de la présente norme en matière de comptabilité de couverture :

a) l'entité doit comptabiliser la valeur temps des options selon le paragraphe 6.5.15 de manière rétrospective dans les cas où, selon IAS 39, seule la variation de la valeur intrinsèque de l'option a été désignée comme instrument de couverture dans une relation de couverture. Cette application rétrospective s'applique uniquement aux relations de couverture qui existaient au début de la première période comparative ou qui ont été désignées par la suite ;

b) l'entité peut comptabiliser l'élément à terme des contrats à terme de gré à gré selon le paragraphe 6.5.16 de manière rétrospective dans les cas où, selon IAS 39, seule la variation de l'élément au comptant d'un contrat à terme de gré à gré a été désignée comme instrument de couverture dans une relation de couverture. Cette application rétrospective s'applique uniquement aux relations de couverture qui existaient au début de la première période comparative ou qui ont été désignées par la suite ; En outre, si l'entité choisit d'appliquer ce traitement comptable de manière rétrospective, elle doit l'appliquer à toutes les relations de couverture pour lesquelles ce choix peut être effectué (autrement dit, il n'est pas permis, lors de la transition, de faire ce choix au cas par cas pour chaque relation de couverture). Le traitement comptable des *spreads* relatifs au risque de base des opérations en monnaie étrangère (voir paragraphe 6.5.16) peut être appliqué de manière rétrospective aux relations de couverture qui existaient au début de la première période comparative ou qui ont été désignées par la suite ;

c) l'entité doit appliquer de manière rétrospective la disposition du paragraphe 6.5.6 voulant qu'il n'y ait pas expiration ni résiliation de l'instrument de couverture si :

i) en conséquence de dispositions législatives ou réglementaires ou de l'introduction de dispositions législatives ou réglementaires, les parties à l'instrument de couverture conviennent du remplacement de leur contrepartie initiale par une ou plusieurs contreparties compensatrices, celles-ci devenant la nouvelle contrepartie de chacune des parties ; et

ii) les autres modifications éventuelles apportées à l'instrument de couverture se limitent à celles qui sont nécessaires pour effectuer ce remplacement de contrepartie.

d) l'entité doit appliquer de manière rétrospective les dispositions de la section 6.8. Cette application rétrospective vise uniquement les relations de couverture qui existaient au début du premier exercice pour lequel l'entité applique ces dispositions ou qui ont été désignées par la suite et le montant accumulé dans la réserve de couverture de flux de trésorerie qui existait au début du premier exercice pour lequel l'entité applique ces dispositions.

➡ Entités ayant opté pour l'application anticipée d'IFRS 9 (2009), d'IFRS 9 (2010) ou d'IFRS 9 (2013)

7.2.27 L'entité doit appliquer les dispositions transitoires des paragraphes 7.2.1 à 7.2.26 à la date de première application pertinente. L'entité ne doit appliquer chacune des dispositions transitoires des paragraphes 7.2.3 à 7.2.14A et des paragraphes 7.2.17 à 7.2.26 qu'une seule fois (c'est-à-dire que si l'entité choisit un mode d'application d'IFRS 9 qui implique plus d'une date de première application, elle ne peut appliquer ces dispositions de nouveau si elle les a déjà appliquées à une date antérieure) (voir paragraphes 7.2.2 et 7.3.2).

7.2.28 L'entité qui appliquait IFRS 9 (2009), IFRS 9 (2010) ou IFRS 9 (2013) et qui applique ensuite la présente norme :

a) doit annuler sa désignation antérieure d'un actif financier comme étant évalué à la juste valeur par le biais du résultat net si cette désignation a été faite selon la condition énoncée au paragraphe 4.1.5, mais qu'elle ne satisfait plus à cette condition par suite de l'application de la présente norme ;

b) peut désigner un actif financier comme étant évalué à la juste valeur par le biais du résultat net dans le cas où cette désignation n'aurait auparavant pas satisfait à la condition énoncée au paragraphe 4.1.5, mais qu'elle y satisfait maintenant par suite de l'application de la présente norme ;

c) doit annuler sa désignation antérieure d'un passif financier comme étant évalué à la juste valeur par le biais du résultat net si cette désignation a été faite selon la condition énoncée au paragraphe 4.2.2 a), mais qu'elle ne satisfait plus à cette condition par suite de l'application de la présente norme ; et

d) peut désigner un passif financier comme étant évalué à la juste valeur par le biais du résultat net dans le cas où cette désignation n'aurait auparavant pas satisfait à la condition énoncée au paragraphe 4.2.2 a), mais qu'elle y satisfait maintenant par suite de l'application de la présente norme.

De telles désignations ou annulations doivent se fonder sur les faits et circonstances qui existent à la date de première application de la présente norme. Le classement qui en résulte doit être appliqué de manière rétrospective.

➡ Dispositions transitoires applicables aux clauses de remboursement anticipé prévoyant une compensation négative

7.2.29 L'entité doit appliquer *Clauses de remboursement anticipé prévoyant une compensation négative* (modifications d'IFRS 9) de manière rétrospective conformément à IAS 8, sous réserve des paragraphes 7.2.30 à 7.2.34.

7.2.30 Lorsque la première application de ces modifications coïncide avec la première application de la présente norme, l'entité doit appliquer les paragraphes 7.2.1 à 7.2.28 au lieu des paragraphes 7.2.31 à 7.2.34.

7.2.31 Lorsque la première application de ces modifications est postérieure à la première application de la présente norme, l'entité doit appliquer les paragraphes 7.2.32 à 7.2.34. L'entité doit également appliquer les autres dispositions transitoires de la présente norme qui sont nécessaires pour appliquer ces modifications. À cet égard, les références à la date de première application doivent s'entendre comme désignant le début de la période de reporting au cours de laquelle l'entité applique pour la première fois ces modifications (date de première application des modifications).

7.2.32 En ce qui concerne la désignation d'un actif financier ou d'un passif financier comme étant évalué à la juste valeur par le biais du résultat net, l'entité :

a) doit annuler sa désignation antérieure d'un actif financier comme étant évalué à la juste valeur par le biais du résultat net si cette désignation a été faite selon la condition énoncée au paragraphe 4.1.5, mais qu'elle ne satisfait plus à cette condition par suite de l'application de ces modifications ;

b) peut désigner un actif financier comme étant évalué à la juste valeur par le biais du résultat net dans le cas où cette désignation n'aurait auparavant pas satisfait à la condition énoncée au paragraphe 4.1.5, mais qu'elle y satisfait maintenant par suite de l'application de ces modifications ;

c) doit annuler sa désignation antérieure d'un passif financier comme étant évalué à la juste valeur par le biais du résultat net si cette désignation a été faite selon la condition énoncée au paragraphe 4.2.2 a), mais qu'elle ne satisfait plus à cette condition par suite de l'application de ces modifications ; et

d) peut désigner un passif financier comme étant évalué à la juste valeur par le biais du résultat net dans le cas où cette désignation n'aurait auparavant pas satisfait à la condition énoncée au paragraphe 4.2.2 a), mais qu'elle y satisfait maintenant par suite de l'application de ces modifications.

De telles désignations ou annulations doivent se fonder sur les faits et circonstances qui existent à la date de première application de ces modifications. Le classement qui en résulte doit être appliqué de manière rétrospective.

7.2.33 L'entité n'est pas tenue de retraiter les chiffres des périodes antérieures de manière à refléter l'application de ces modifications. L'entité peut retraiter les chiffres des périodes antérieures si, et seulement si, il lui est possible de le faire sans avoir recours à des connaissances a posteriori et si, et seulement si, les états financiers retraités sont conformes à toutes les dispositions de la présente norme. Si l'entité ne retraite pas les chiffres des périodes antérieures, elle doit comptabiliser toute différence entre la valeur comptable précédente et la valeur comptable au début de l'exercice auquel appartient la date de première application de ces modifications dans le solde d'ouverture des résultats non distribués (ou, s'il y a lieu, d'une autre composante des capitaux propres) de ce même exercice.

7.2.34 Au cours de la période de reporting qui comprend la date de première application de ces modifications, l'entité doit fournir les informations suivantes à la date de première application pour chaque catégorie d'actifs financiers et de passifs financiers touchée par ces modifications :

a) la catégorie d'évaluation et la valeur comptable antérieures, déterminées juste avant l'application de ces modifications ;

b) la nouvelle catégorie d'évaluation et la nouvelle valeur comptable, déterminées après l'application de ces modifications ;

c) la valeur comptable des actifs financiers et des passifs financiers figurant dans l'état de la situation financière qui étaient précédemment désignés comme étant évalués à la juste valeur par le biais du résultat net, mais qui ne sont plus désignés ainsi ; et

d) les raisons ayant entraîné la désignation ou l'annulation de la désignation d'actifs financiers ou de passifs financiers comme étant évalués à la juste valeur par le biais du résultat net.

➡ Dispositions transitoires relatives aux améliorations annuelles des normes IFRS

7.2.35 L'entité doit appliquer les modifications découlant d'*Améliorations annuelles des normes IFRS 2018-2020* aux passifs financiers qui ont été modifiés ou échangés à l'ouverture ou après l'ouverture de l'exercice pour lequel elle applique ces modifications pour la première fois.

➡ Dispositions transitoires relatives à IFRS 17, telle que modifiée en juin 2020

7.2.36 L'entité doit appliquer les modifications d'IFRS 9 découlant d'IFRS 17, telle que modifiée en juin 2020, de manière rétrospective selon IAS 8, sauf dans les cas visés aux paragraphes 7.2.37 à 7.2.42.

7.2.37 L'entité qui applique pour la première fois IFRS 17, telle que modifiée en juin 2020, à la date où elle applique la présente norme pour la première fois doit appliquer les paragraphes 7.2.1 à 7.2.28 plutôt que les paragraphes 7.2.38 à 7.2.42.

7.2.38 L'entité qui applique pour la première fois IFRS 17, telle que modifiée en juin 2020, après la date où elle applique la présente norme pour la première fois doit appliquer les paragraphes 7.2.39 à 7.2.42. L'entité doit également appliquer les autres dispositions transitoires de la présente norme qui sont nécessaires pour appliquer ces modifications. À cet égard, les références à la date de première application doivent s'entendre comme désignant le début de la période de reporting au cours de laquelle l'entité applique pour la première fois ces modifications (date de première application des modifications).

7.2.39 En ce qui concerne la désignation d'un passif financier comme étant évalué à la juste valeur par le biais du résultat net, l'entité :

a) doit annuler sa désignation antérieure d'un passif financier comme étant évalué à la juste valeur par le biais du résultat net si cette désignation a été faite selon la condition énoncée au paragraphe 4.2.2 a), mais qu'elle ne satisfait plus à cette condition par suite de l'application de ces modifications ; et

b) peut désigner un passif financier comme étant évalué à la juste valeur par le biais du résultat net dans le cas où cette désignation n'aurait auparavant pas satisfait à la condition énoncée au paragraphe 4.2.2 a), mais qu'elle y satisfait maintenant par suite de l'application de ces modifications.

De telles désignations ou annulations doivent se fonder sur les faits et circonstances qui existent à la date de première application de ces modifications. Le classement qui en résulte doit être appliqué de manière rétrospective.

7.2.40 L'entité n'est pas tenue de retraiter les chiffres des périodes antérieures de manière à refléter l'application de ces modifications. L'entité ne peut retraiter les chiffres des périodes antérieures que s'il lui est possible de le faire sans avoir recours à des connaissances acquises a posteriori. Si l'entité retraite les chiffres des périodes antérieures, les états financiers retraités doivent être conformes à toutes les dispositions de la présente norme concernant les instruments financiers visés. Si l'entité ne retraite pas les chiffres des périodes antérieures, elle doit comptabiliser toute différence entre la valeur comptable précédente et la valeur comptable au début de l'exercice auquel appartient la date de première application de ces modifications dans le solde d'ouverture des résultats non distribués (ou, s'il y a lieu, d'une autre composante des capitaux propres) de ce même exercice.

7.2.41 Au cours de la période de reporting qui comprend la date de première application de ces modifications, l'entité n'est pas tenue de présenter les informations quantitatives imposées par le paragraphe 28 f) d'IAS 8.

7.2.42 Au cours de la période de reporting qui comprend la date de première application de ces modifications, l'entité doit fournir les informations suivantes à la date de première application pour chaque catégorie d'actifs financiers et de passifs financiers touchée par ces modifications :

a) le classement antérieur, y compris, le cas échéant, la catégorie d'évaluation antérieure, et la valeur comptable antérieure déterminés immédiatement avant l'application de ces modifications ;

b) la nouvelle catégorie d'évaluation et la nouvelle valeur comptable, déterminées après l'application de ces modifications ;

c) la valeur comptable des passifs financiers figurant dans l'état de la situation financière qui étaient précédemment désignés comme étant évalués à la juste valeur par le biais du résultat net, mais qui ne sont plus désignés ainsi ; et

d) les raisons ayant entraîné la désignation ou l'annulation de la désignation de passifs financiers comme étant évalués à la juste valeur par le biais du résultat net.

➡ Dispositions transitoires relatives à la Réforme des taux d'intérêt de référence – Phase 2

7.2.43 L'entité doit appliquer *Réforme des taux d'intérêt de référence – Phase 2* de manière rétrospective selon IAS 8, sauf pour ce qui est précisé aux paragraphes 7.2.44 à 7.2.46.

7.2.44 L'entité ne doit désigner une nouvelle relation de couverture (par exemple, comme indiqué au paragraphe 6.9.13) que de façon prospective (c'est-à-dire qu'il lui est interdit de désigner une nouvelle relation aux fins de comptabilité de couverture pour les périodes antérieures). Elle doit cependant rétablir une relation de couverture à laquelle elle a mis fin si et seulement si les conditions suivantes sont réunies :

a) elle y avait mis fin uniquement en raison de changements requis par la réforme des taux d'intérêt de référence et n'aurait pas été tenue de le faire si les modifications s'étaient alors appliquées ; et

b) au début de la période de reporting pendant laquelle l'entité applique pour la première fois les modifications (date de première application des modifications), cette relation de couverture satisfait aux critères d'applicabilité de la comptabilité de couverture (compte tenu de ces modifications).

7.2.45 Si, en application du paragraphe 7.2.44, l'entité rétablit une relation de couverture à laquelle elle avait mis fin, elle doit interpréter les mentions figurant aux paragraphes 6.9.11 et 6.9.12 de la date à laquelle le taux de référence alternatif est désigné pour la première fois comme composante de risque non contractuellement spécifiée comme désignant la date de première application des modifications (c'est-à-dire que le délai de 24 mois relatif à ce taux de référence alternatif désigné comme composante de risque non contractuellement spécifiée commence à la date de première application des modifications).

7.2.46 L'entité n'est pas tenue de retraiter les chiffres des périodes antérieures de manière à refléter l'application de ces modifications. L'entité peut retraiter les chiffres des périodes antérieures si, et seulement si, il lui est possible de le faire sans avoir recours à des connaissances acquises a posteriori. Si l'entité ne retraite pas les chiffres des périodes antérieures, elle doit comptabiliser toute différence entre la valeur comptable précédente et la valeur comptable au début de l'exercice auquel appartient la date de première application de ces modifications dans le solde d'ouverture des résultats non distribués (ou, s'il y a lieu, d'une autre composante des capitaux propres) de ce même exercice.

➠ Dispositions transitoires relatives aux *Modifications touchant le classement et l'évaluation des instruments financiers*

7.2.47 L'entité doit appliquer *Modifications touchant le classement et l'évaluation des instruments financiers* de manière rétrospective selon IAS 8, sauf dans les cas visés aux paragraphes 7.2.48 et 7.2.49. Aux fins de l'application des dispositions de ces paragraphes, la date de première application est la date d'ouverture de l'exercice pour lequel l'entité applique les modifications pour la première fois.

7.2.48 L'entité n'est pas tenue de retraiter les chiffres des périodes antérieures de manière à refléter l'application des modifications. L'entité peut retraiter les chiffres des périodes antérieures si, et seulement si, il lui est possible de le faire sans avoir recours à des connaissances acquises a posteriori. Si l'entité ne retraite pas les chiffres des périodes antérieures, elle doit comptabiliser l'effet de la première application des modifications comme un ajustement du solde d'ouverture des actifs financiers et des passifs financiers ainsi que l'effet cumulé, le cas échéant, comme un ajustement du solde d'ouverture des résultats non distribués (ou, s'il y a lieu, d'une autre composante des capitaux propres) à la date de première application.

7.2.49 À la date de première application des modifications touchant la section 4.1 du guide d'application de la présente norme (Classement des actifs financiers), l'entité doit fournir les informations suivantes pour chaque catégorie d'actifs financiers dont la catégorie d'évaluation a changé par suite de l'application des modifications :

a) la catégorie d'évaluation et la valeur comptable déterminées immédiatement avant l'application des modifications ; et

b) la catégorie d'évaluation et la valeur comptable déterminées immédiatement après l'application des modifications.

➠ Dispositions transitoires relatives à *Contrats faisant référence à l'électricité produite à partir de sources naturelles*

7.2.51 L'entité doit appliquer les dispositions des paragraphes 2.3A, 2.3B, 2.8, B2.7 et B2.8 de manière rétrospective selon IAS 8, en se fondant sur les faits et circonstances à la date de première application (la date à laquelle l'entité applique pour la première fois ces modifications). La date de première application doit correspondre à la date d'ouverture d'une période de reporting, et cette période peut être autre qu'un exercice. L'entité n'est pas tenue de retraiter les chiffres des périodes antérieures de manière à refléter l'application de ces modifications. Il lui est permis de les retraiter seulement si elle peut le faire sans avoir recours à des connaissances acquises a posteriori. Si l'entité ne retraite pas les chiffres des périodes antérieures, elle doit comptabiliser toute différence entre la valeur comptable précédente et la valeur comptable à la date de première application des modifications dans le solde d'ouverture des résultats non distribués (ou, s'il y a lieu, d'une autre composante des capitaux propres) au début de cette même période de reporting.

7.2.52 Dans le cas où un contrat faisant référence à l'électricité produite à partir de sources naturelles (comme décrit au paragraphe 2.3A) n'entrerait pas dans le champ d'application d'IFRS 9 après application des dispositions des paragraphes B2.7 et B2.8, l'entité est autorisée, à la date de première application, à désigner irrévocablement le contrat comme étant évalué à la juste valeur par le biais du résultat net selon le paragraphe 2.5.

7.2.53 L'entité doit appliquer prospectivement les dispositions des paragraphes 6.10.1 et 6.10.2 aux nouvelles relations de couverture désignées à compter de la date de première application des modifications. À la date de première application, l'entité est autorisée à mettre fin à une relation de couverture dans laquelle un contrat faisant référence à l'électricité produite à partir de sources naturelles (comme décrit au paragraphe 2.3A) a été désigné comme instrument de couverture, si le même instrument de couverture est désigné dans une nouvelle relation de couverture selon les dispositions des paragraphes 6.10.1 et 6.10.2.

7.3 RETRAIT D'IFRIC 9, D'IFRS 9 (2009), D'IFRS 9 (2010) ET D'IFRS 9 (2013)

7.3.1 La présente norme annule et remplace IFRIC 9 *Réexamen de dérivés incorporés*. Les dispositions ajoutées à IFRS 9 en octobre 2010 incluent les dispositions qui figuraient aux paragraphes 5 et 7 d'IFRIC 9. Les dispositions du paragraphe 8 d'IFRIC 9 ont été intégrées à IFRS 1 *Première adoption des Normes internationales d'information financière* à titre de modification corrélative.

7.3.2 La présente norme annule et remplace IFRS 9 (2009), IFRS 9 (2010) et IFRS 9 (2013). Cependant, pour les exercices ouverts avant le 1er janvier 2018, l'entité peut choisir d'appliquer ces versions antérieures d'IFRS 9 plutôt que la présente norme si et seulement si la date de première application pertinente pour cette entité est antérieure au 1er février 2015.

Appendice A – Définitions

Le présent appendice fait partie intégrante de la norme.

Pertes de crédit attendues sur les douze mois à venir	Portion des **pertes de crédit attendues sur la durée de vie** qui correspond aux **pertes de crédit attendues** résultant des cas de défaillance dont un instrument financier pourrait faire l'objet dans les 12 mois suivant la date de clôture.
Coût amorti d'un actif financier ou d'un passif financier	Valeur attribuée à un actif financier ou à un passif financier lors de sa comptabilisation initiale, diminuée des remboursements en principal, majorée ou diminuée de l'amortissement cumulé, calculé par la **méthode du taux d'intérêt effectif**, de toute différence entre cette valeur initiale et la valeur à l'échéance et, dans le cas d'un actif financier, ajustée au titre de la **correction de valeur pour pertes**, le cas échéant.
Actifs sur contrat	Droits qui, selon IFRS 15 *Produits des activités ordinaires tirés de contrats conclus avec des clients*, sont comptabilisés conformément à la présente norme aux fins de la comptabilisation et de l'évaluation des gains ou des pertes de valeur.
Actif financier déprécié	Un actif financier est déprécié lorsque se sont produits un ou plusieurs événements qui ont un effet néfaste sur les flux de trésorerie futurs estimés de cet actif financier. Les indications de dépréciation d'un actif financier englobent les données observables sur les événements suivants : a) des difficultés financières importantes de l'émetteur ou de l'emprunteur ; b) un manquement à un contrat, tel qu'une défaillance ou un paiement **en souffrance** ; c) l'octroi à l'emprunteur, par le ou les prêteurs, pour des raisons économiques ou contractuelles liées aux difficultés financières de l'emprunteur, d'une ou de plusieurs faveurs que le ou les prêteurs n'auraient pas envisagées dans d'autres circonstances ; d) la probabilité croissante de faillite ou de restructuration financière de l'emprunteur ;

Actif financier déprécié *(suite)*	e) la disparition d'un marché actif pour l'actif financier en raison de difficultés financières ; ou f) l'achat ou la création d'un actif financier avec une forte décote, qui reflète les **pertes de crédit** subies. Il n'est pas toujours possible d'isoler un événement en particulier, la dépréciation de l'actif financier pouvant résulter de l'effet combiné de plusieurs événements.
Pertes de crédit	Différence entre le total des flux de trésorerie qui sont dus à l'entité aux termes d'un contrat et le total des flux de trésorerie que l'entité s'attend à recevoir (c'est-à-dire la totalité des sommes qui ne seront pas recouvrées), actualisée au **taux d'intérêt effectif** initial (ou au **taux d'intérêt effectif ajusté en fonction de la qualité de crédit** dans le cas des **actifs financiers dépréciés dès leur acquisition ou leur création**). L'entité doit estimer les flux de trésorerie en prenant en considération toutes les dispositions contractuelles de l'instrument financier (par exemple, options de paiement anticipé, de prolongation, de rachat, etc.) sur sa durée de vie attendue. Les flux de trésorerie pris en considération doivent comprendre les flux de trésorerie provenant de la vente d'actifs reçus en garantie ou d'autres rehaussements de crédit qui font partie intégrante des dispositions contractuelles de l'instrument financier. La durée de vie attendue d'un instrument financier est présumée pouvoir être déterminée de façon fiable. Toutefois, dans les rares cas où il n'est pas possible d'estimer de façon fiable la durée de vie attendue d'un instrument financier, l'entité doit utiliser la durée contractuelle restante de l'instrument financier.
Taux d'intérêt effectif ajusté en fonction de la qualité de crédit	Taux qui actualise les sorties ou entrées de trésorerie futures estimées sur la durée de vie attendue de l'actif financier de manière à obtenir exactement le **coût amorti d'un actif financier** qui est un **actif financier déprécié dès son acquisition ou sa création**. Pour calculer le taux d'intérêt effectif ajusté en fonction de la qualité de crédit, l'entité doit estimer les flux de trésorerie attendus en prenant en considération toutes les dispositions contractuelles de l'actif financier (par exemple, options de paiement anticipé, de prolongation, de rachat, etc.) et les **pertes de crédit attendues**. Ce calcul inclut l'intégralité des commissions et des frais proportionnels payés ou reçus par les parties au contrat, qui font partie intégrante du taux d'intérêt effectif (voir paragraphes B5.4.1 à B5.4.3), les **coûts de transaction** et toutes les autres surcotes ou décotes. Les flux de trésorerie et la durée de vie attendue d'un groupe d'instruments financiers similaires sont présumés pouvoir être déterminés de façon fiable. Toutefois, dans les rares cas où il n'est pas possible d'estimer de façon fiable les flux de trésorerie ou la durée de vie restante d'un instrument financier (ou d'un groupe d'instruments financiers), l'entité doit utiliser les flux de trésorerie contractuels relatifs à l'intégralité de la durée contractuelle de l'instrument financier (ou du groupe d'instruments financiers).
Décomptabilisation	Suppression, dans l'état de la situation financière d'une entité, d'un actif ou d'un passif financier précédemment comptabilisé.
Dérivé	Instrument financier ou autre contrat entrant dans le champ d'application de la présente norme et présentant les trois caractéristiques suivantes : a) sa valeur varie en fonction de la variation d'un taux d'intérêt, du prix d'un instrument financier, du cours d'une marchandise, d'un taux de change, d'un indice de prix ou de taux, d'une notation ou d'un indice de crédit, ou d'une autre variable spécifiée (parfois appelée le « sous-jacent »), à condition que, dans le cas d'une variable non financière, celle-ci ne soit pas spécifique à l'une des parties au contrat ; b) il ne requiert aucun investissement net initial ou un investissement net initial inférieur à celui qui serait nécessaire pour d'autres types de contrats dont on pourrait attendre des comportements similaires face à l'évolution des facteurs du marché ; c) son règlement se fait à une date future.

Dividende	Distribution de bénéfices aux porteurs d'instruments de capitaux propres au prorata de leur participation dans une catégorie donnée de titres composant le capital.
Méthode du taux d'intérêt effectif	Méthode servant au calcul du **coût amorti d'un actif financier ou d'un passif financier** ainsi qu'à l'imputation des produits d'intérêts ou des charges d'intérêts afin qu'ils soient comptabilisés en résultat net dans la période pertinente.
Taux d'intérêt effectif	Taux qui actualise les sorties ou entrées de trésorerie futures estimées sur la durée de vie attendue d'un actif financier ou d'un passif financier de manière à obtenir exactement la **valeur comptable brute de l'actif financier** ou le **coût amorti du passif financier**. Pour calculer le taux d'intérêt effectif, l'entité doit estimer les flux de trésorerie attendus en prenant en considération toutes les dispositions contractuelles de l'instrument financier (par exemple, options de paiement anticipé, de prolongation, de rachat, etc.), mais elle ne doit pas tenir compte des **pertes de crédit attendues**. Ce calcul inclut l'intégralité des commissions et des frais proportionnels payés ou reçus par les parties au contrat qui font partie intégrante du taux d'intérêt effectif (voir paragraphes B5.4.1 à B5.4.3), les **coûts de transaction** et toutes les autres surcotes ou décotes. Les flux de trésorerie et la durée de vie attendue d'un groupe d'instruments financiers similaires sont présumés pouvoir être déterminés de façon fiable. Toutefois, dans les rares cas où il n'est pas possible d'estimer de façon fiable les flux de trésorerie ou la durée de vie attendue d'un instrument financier (ou d'un groupe d'instruments financiers), l'entité doit utiliser les flux de trésorerie contractuels relatifs à l'intégralité de la durée contractuelle de l'instrument financier (ou du groupe d'instruments financiers).
Pertes de crédit attendues	Moyenne des **pertes de crédit** pondérée selon les risques de défaillance respectifs.
Contrat de garantie financière	Contrat qui impose à l'émetteur d'effectuer des paiements spécifiés pour rembourser son titulaire d'une perte qu'il subit parce qu'un débiteur spécifié n'effectue pas un paiement à l'échéance selon les conditions initiales ou modifiées d'un titre d'emprunt.
Passif financier évalué à la juste valeur par le biais du résultat net	Passif financier qui satisfait à l'une des conditions suivantes : a) il entre dans la définition d'un passif **détenu à des fins de transaction** ; b) lors de sa comptabilisation initiale, il est désigné par l'entité comme étant évalué à la juste valeur par le biais du résultat net selon le paragraphe 4.2.2 ou 4.3.5 ; c) il est désigné soit lors de sa comptabilisation initiale, soit ultérieurement, comme étant évalué à la juste valeur par le biais du résultat net selon le paragraphe 6.7.1.
Engagement ferme	Accord contraignant d'échange d'une quantité spécifiée de ressources, pour un prix spécifié, à une ou plusieurs dates futures spécifiées.
Transaction prévue	Transaction future attendue, mais ne faisant pas l'objet d'un engagement.
Valeur comptable brute d'un actif financier	**Coût amorti d'un actif financier**, avant toute **correction de valeur pour pertes**.
Ratio de couverture	Rapport, exprimé sous forme de pondération relative, entre la quantité de l'instrument de couverture et la quantité de l'élément couvert.
Détenu à des fins de transaction	Se dit d'un actif financier ou d'un passif financier qui satisfait à l'une ou l'autre des conditions suivantes : a) il est acquis ou assumé principalement en vue d'être vendu ou racheté à court terme ; b) lors de sa comptabilisation initiale, il fait partie d'un portefeuille d'instruments financiers déterminés qui sont gérés ensemble et qui présentent des indications d'un profil récent de prise de bénéfices à court terme ; ou c) il s'agit d'un **dérivé** (à l'exception d'un dérivé qui est un contrat de garantie financière ou un instrument de couverture désigné et efficace).

Gain ou perte de valeur	Gain ou perte qui est comptabilisé en résultat net conformément au paragraphe 5.5.8 et qui découle de l'application des dispositions en matière de dépréciation de la section 5.5.
Pertes de crédit attendues sur la durée de vie	**Pertes de crédit attendues** résultant de la totalité des cas de défaillance dont un instrument financier pourrait faire l'objet au cours de sa durée de vie attendue.
Correction de valeur pour pertes	Correction de valeur pour **pertes de crédit attendues** sur les actifs financiers évalués selon le paragraphe 4.1.2, les créances locatives et les **actifs sur contrat**, cumul des pertes de valeur pour les actifs financiers évalués selon le paragraphe 4.1.2A et provision pour pertes de crédit attendues sur les engagements de prêt et les **contrats de garantie financière**.
Profit ou perte sur modification	Montant résultant de l'ajustement apporté à la **valeur comptable brute d'un actif financier** pour refléter les flux de trésorerie contractuels renégociés ou modifiés. L'entité recalcule la valeur comptable brute de l'actif financier de manière à ce qu'elle soit égale à la valeur actualisée des sorties ou des entrées de trésorerie futures estimées sur la durée de vie attendue de l'actif financier renégocié ou modifié, établie au moyen du **taux d'intérêt effectif** initial de l'actif financier (ou du **taux d'intérêt effectif ajusté en fonction de la qualité de crédit** initial dans le cas des **actifs financiers dépréciés dès leur acquisition ou leur création**) ou, s'il y a lieu, du **taux d'intérêt effectif** recalculé conformément au paragraphe 6.5.10. Lorsqu'elle estime les flux de trésorerie attendus d'un actif financier, l'entité doit prendre en considération toutes les dispositions contractuelles de l'actif financier (par exemple, options de paiement anticipé, de rachat, etc.), mais elle ne doit pas tenir compte des **pertes de crédit attendues**, à moins que l'actif financier ne soit un **actif financier déprécié dès son acquisition ou sa création**, auquel cas l'entité doit également tenir compte des pertes de crédit attendues initialement, qui ont été prises en considération dans le calcul du **taux d'intérêt effectif ajusté en fonction de la qualité de crédit** initial.
En souffrance	Se dit d'un actif financier lorsqu'une contrepartie n'a pas effectué un paiement à la date d'échéance contractuelle de celui-ci.
Actif financier déprécié dès son acquisition ou sa création	Actif financier acquis ou créé qui est **déprécié** lors de la comptabilisation initiale.
Date du reclassement	Premier jour de la première période de reporting qui suit un changement de modèle économique entraînant un reclassement d'actifs financiers par l'entité.
Achat normalisé ou vente normalisée	Achat ou vente d'un actif financier en vertu d'un contrat dont les dispositions imposent la livraison de l'actif dans le délai défini généralement par la réglementation ou par une convention sur le marché concerné.
Coûts de transaction	Coûts marginaux directement attribuables à l'acquisition, à l'émission ou à la cession d'un actif ou d'un passif financier (voir paragraphe B5.4.8). Un coût marginal est un coût qui n'aurait pas été engagé si l'entité n'avait pas acquis, émis ou cédé l'instrument financier.

Les termes suivants sont définis au paragraphe 11 d'IAS 32, dans l'appendice A d'IFRS 7, dans l'appendice A d'IFRS 13 ou dans l'appendice A d'IFRS 15 et sont employés dans la présente norme au sens précisé dans IAS 32, IFRS 7, IFRS 13 ou IFRS 15 :

a) risque de crédit (*) ;

b) instrument de capitaux propres ;

c) juste valeur ;

d) actif financier ;

e) instrument financier ;

f) passif financier ;

g) prix de transaction.

(*) Ce terme (tel qu'il est défini dans IFRS 7) est utilisé dans les exigences de présentation des effets des variations du risque de crédit des passifs désignés comme étant évalués à la juste valeur par le biais du résultat net (voir paragraphe 5.7.7).

Appendice B – Guide d'application

Le présent appendice fait partie intégrante de la norme.

CHAMP D'APPLICATION (CHAPITRE 2)

B2.1 Certains contrats imposent un paiement fondé sur des variables climatiques, géologiques, ou d'autres variables physiques. (Ceux qui reposent sur des variables climatiques sont parfois qualifiés de « dérivés climatiques ».) Si ces contrats n'entrent pas dans le champ d'application d'IFRS 17 *Contrats d'assurance*, ils entrent dans celui de la présente norme.

B2.2 La présente norme ne modifie pas les dispositions relatives aux régimes d'avantages du personnel conformes aux dispositions d'IAS 26 *Comptabilité et rapports financiers des régimes de retraite* et aux accords sur des redevances calculées sur la base d'un volume de ventes de biens ou de services comptabilisées selon IFRS 15 *Produits des activités ordinaires tirés de contrats conclus avec des clients*.

B2.3 Une entité prend parfois ce qu'elle considère comme une « participation stratégique » dans des instruments de capitaux propres émis par une autre entité, dans l'intention d'établir ou de maintenir sur le long terme une relation opérationnelle avec elle. L'investisseur ou le coentrepreneur utilise IAS 28 *Participations dans des entreprises associées et des coentreprises* pour déterminer s'il doit comptabiliser cette participation selon la méthode de la mise en équivalence.

B2.4 La présente norme s'applique aux actifs financiers et aux passifs financiers des assureurs, à l'exception des droits et des obligations qui sont exclus par le paragraphe 2.1 e) parce qu'ils résultent de contrats qui entrent dans le champ d'application d'IFRS 17.

B2.5 Les contrats de garantie financière peuvent revêtir diverses formes juridiques, telles que celle d'une garantie, de certains types de lettre de crédit, d'un contrat couvrant le risque de défaillance ou d'un contrat d'assurance. Leur traitement comptable ne dépend pas de leur forme juridique. Des exemples du traitement approprié figurent ci-après [voir paragraphe 2.1 e)] :

a) bien qu'un contrat de garantie financière réponde à la définition d'un contrat d'assurance énoncée dans IFRS 17 [voir paragraphe 7 e) d'IFRS 17] si le risque transféré est important, l'émetteur applique la présente norme. Toutefois, si l'émetteur a auparavant explicitement affirmé qu'il considérait ces contrats comme des contrats d'assurance et s'il a utilisé le traitement comptable applicable aux contrats d'assurance, il peut choisir d'appliquer soit la présente norme, soit IFRS 17 à ces contrats de garantie financière. Lorsque la présente norme s'applique, le paragraphe 5.1.1 impose à l'émetteur de comptabiliser initialement le contrat de garantie financière à la juste valeur. Si le contrat de garantie financière a été émis au bénéfice d'une partie non liée, dans le cadre d'une transaction autonome réalisée dans des conditions de concurrence normales, il est probable que sa juste valeur à l'origine soit, sauf preuve du contraire, égale à la prime perçue. Par la suite, sauf si le contrat de garantie financière a été désigné, lors de sa passation, comme étant évalué à la juste valeur par le biais du résultat net ou sauf si les paragraphes 3.2.15 à 3.2.23 et B3.2.12 à B3.2.17 s'appliquent (lorsque le transfert d'un actif financier ne remplit pas les conditions de décomptabilisation ou que l'approche de l'implication continue s'applique), l'émetteur l'évalue à la plus grande des deux valeurs ci-après :

i) le montant déterminé conformément à la section 5.5 ; et

ii) le montant initialement comptabilisé diminué, s'il y a lieu, du cumul des produits comptabilisés selon les principes d'IFRS 15 [voir paragraphe 4.2.1 c)] ;

b) certaines garanties liées à des crédits n'imposent pas, comme condition préalable au paiement, que le porteur soit exposé à une perte ou ait subi une perte par suite d'un défaut de paiement à l'échéance du débiteur sur l'actif garanti. À titre d'exemple d'une telle garantie, on peut citer les garanties qui imposent des paiements en fonction des variations d'une notation financière ou d'un indice de crédit spécifiés. De telles garanties ne sont pas des contrats de garantie financière au sens de la présente norme et ne sont pas des contrats d'assurance au sens d'IFRS 17. De telles garanties sont des dérivés et l'émetteur leur applique la présente norme ;

c) si un contrat de garantie financière a été émis dans le cadre d'une vente de marchandises, l'émetteur applique IFRS 15 pour déterminer le moment où il comptabilise le produit de la garantie et celui de la vente des marchandises.

B2.6 Les indications permettant d'établir qu'un émetteur considère des contrats comme des contrats d'assurance figurent en général dans les communications de l'émetteur avec les clients et les autorités de réglementation, dans les contrats, les documentations d'affaires et les états financiers. De plus, les contrats d'assurance sont souvent soumis à des exigences comptables distinctes des exigences relatives à d'autres types de transactions, tels que les contrats émis par les banques ou les sociétés commerciales. Dans ce cas, les états financiers de l'émetteur comprennent généralement une déclaration selon laquelle il applique ces dispositions comptables.

Contrats d'achat d'électricité produite à partir de sources naturelles

B2.7 Certains contrats faisant référence à l'électricité produite à partir de sources naturelles (comme décrit au paragraphe 2.3A) imposent à l'entité d'acheter et de prendre livraison de l'électricité au moment où elle est produite. Ces modalités contractuelles exposent l'entité au risque de devoir acheter de l'électricité pendant une période de livraison au cours de laquelle elle ne peut pas utiliser cette électricité. Il se peut par ailleurs que l'entité n'ait pas la capacité pratique de se soustraire à la vente d'électricité inutilisée parce que la conception et le fonctionnement du marché sur lequel l'électricité est achetée ou vendue aux termes du contrat exigent que toute quantité d'électricité non utilisée soit vendue dans un délai déterminé. En application des dispositions du paragraphe 2.4, ces ventes ne sont pas nécessairement incompatibles avec le fait que le contrat est maintenu selon les besoins prévus de l'entité en matière d'utilisation. L'entité a conclu un tel contrat et le maintient selon ses besoins prévus en matière d'utilisation d'électricité si elle a été, et s'attend à être, un acheteur net d'électricité pour la durée du contrat. L'entité est un acheteur net d'électricité si elle achète suffisamment d'électricité pour compenser les ventes d'électricité non utilisée sur le même marché que celui sur lequel elle a vendu l'électricité.

B2.8 Pour déterminer si elle est un acheteur net d'électricité, l'entité doit tenir compte des informations raisonnables et justifiables (qu'il lui est possible d'obtenir sans devoir engager des coûts ou efforts excessifs) au sujet de ses transactions d'électricité passées, en cours et prévues durant une période raisonnable. L'entité identifie une « période raisonnable » en tenant compte de la variabilité de la quantité d'électricité qui devrait être produite selon le cycle saisonnier des conditions naturelles et de la variabilité de la demande en électricité de l'entité en fonction de son cycle d'exploitation. Lorsque l'entité détermine si elle est un acheteur net, la « période raisonnable » ne doit pas dépasser 12 mois.

COMPTABILISATION ET DÉCOMPTABILISATION (CHAPITRE 3)

Comptabilisation initiale (section 3.1)

B3.1.1 Il découle du principe énoncé au paragraphe 3.1.1 que l'entité comptabilise respectivement à l'actif et au passif de son état de la situation financière tous ses droits et obligations contractuels découlant de dérivés, sauf pour les dérivés ne permettant pas de comptabiliser un transfert d'actifs financiers comme une vente (voir paragraphe B3.2.14). Si un transfert d'actif financier ne remplit pas les conditions de décomptabilisation, le cessionnaire ne comptabilise pas comme sien l'actif transféré (voir paragraphe B3.2.15).

B3.1.2 Exemples d'application du principe énoncé au paragraphe 3.1.1 :

a) une créance inconditionnelle ou une dette inconditionnelle est comptabilisée en tant qu'actif ou en tant que passif lorsque l'entité devient partie au contrat et que, en conséquence, elle a un droit établi de percevoir de la trésorerie, ou une obligation juridique de verser de la trésorerie ;

b) les actifs devant être acquis et les passifs devant être contractés par suite d'un engagement ferme d'achat ou de vente de biens ou de services ne sont généralement pas comptabilisés tant que l'une des parties au moins n'a pas exécuté ses obligations contractuelles. Par exemple, une entité qui reçoit une commande ferme ne comptabilise généralement pas un actif (et l'entité qui passe la commande ne comptabilise pas un passif) à la date d'engagement ; la comptabilisation n'a lieu qu'une fois que les biens ou services commandés ont été expédiés, livrés ou fournis. Si un engagement ferme d'achat ou de vente d'éléments non financiers entre dans le champ d'application de la présente norme conformément aux paragraphes 2.4 à 2.7, sa juste valeur nette est comptabilisée comme un actif ou un passif à la date d'engagement [voir paragraphe B4.1.30 c)]. En outre, si un engagement ferme précédemment non comptabilisé est désigné comme un élément couvert dans le cadre d'une couverture de la juste valeur, toute variation de la juste valeur nette attribuable au risque couvert est comptabilisée comme un actif ou un passif après le début de la couverture [voir paragraphes 6.5.8 b) et 6.5.9] ;

c) un contrat à terme de gré à gré qui entre dans le champ d'application de la présente norme (voir paragraphe 2.1) est comptabilisé comme un actif ou un passif à la date d'engagement et non à la date de règlement. Lorsqu'une entité devient partie à un contrat à terme de gré à gré, les justes valeurs du droit et de l'obligation sont souvent identiques de sorte que la juste valeur nette du contrat à terme de gré à gré est nulle. Si la juste valeur nette du droit et de l'obligation n'est pas nulle, le contrat est comptabilisé comme un actif ou un passif ;

d) les contrats d'option qui entrent dans le champ d'application de la présente norme (voir paragraphe 2.1) sont comptabilisés en tant qu'actifs ou passifs lorsque leur porteur ou leur émetteur devient partie au contrat ;

e) les transactions futures prévues, quelle que soit leur probabilité, ne sont ni des actifs ni des passifs, car l'entité n'est pas devenue partie à un contrat.

Date de la comptabilisation initiale ou de la décomptabilisation

B3.1.2A À moins que le paragraphe 3.1.2 ne s'applique, l'entité doit comptabiliser un actif financier ou un passif financier à la date à laquelle elle devient partie aux dispositions contractuelles de l'instrument (voir paragraphe 3.1.1). Un actif financier est décomptabilisé à la date à laquelle les droits contractuels sur les flux de trésorerie arrivent à expiration ou à laquelle l'actif est transféré (voir paragraphe 3.2.3). À moins que l'entité ne choisisse d'appliquer le paragraphe B3.3.8, un passif financier est décomptabilisé à la date de règlement, c'est-à-dire la date à laquelle le passif est éteint parce que l'obligation précisée au contrat est exécutée, qu'elle est annulée ou qu'elle expire (voir paragraphe 3.3.1) ou à laquelle le passif remplit les conditions de décomptabilisation pour une autre raison (voir paragraphe 3.3.2).

Achat ou vente normalisés d'actifs financiers

B3.1.3 Un achat ou une vente normalisés d'actifs financiers sont comptabilisés soit selon la méthode de la comptabilisation à la date de transaction, soit selon celle de la comptabilisation à la date de règlement, conformément aux paragraphes B3.1.5 et B3.1.6. L'entité doit appliquer uniformément la même méthode à tous les achats et ventes d'actifs financiers classés de manière identique selon la présente norme. À cet égard, les actifs qui doivent obligatoirement être évalués à la juste valeur par le biais du résultat net sont classés séparément des actifs désignés comme étant évalués à la juste valeur par le biais du résultat net. Les placements dans des instruments de capitaux propres comptabilisés selon l'option prévue au paragraphe 5.7.5 sont, eux aussi, classés séparément.

B3.1.4 Un contrat qui impose ou autorise le règlement net de la variation de valeur du contrat n'est pas un contrat normalisé. Un tel contrat est comptabilisé comme un dérivé au cours de la période comprise entre la date de transaction et la date de règlement.

B3.1.5 La date de transaction est la date à laquelle l'entité s'engage à acheter ou à vendre un actif. La comptabilisation à la date de transaction fait référence : a) au fait que la comptabilisation d'un actif à recevoir et du passif relatif à son paiement se fait à la date de transaction ; et b) au fait que la décomptabilisation d'un actif vendu et la comptabilisation de tout profit ou de toute perte sur la cession ainsi que d'une créance sur l'acheteur relativement au paiement se font à la date de transaction. En règle générale, l'intérêt sur l'actif et le passif correspondant ne commence à courir qu'à partir de la date de règlement, qui est la date à laquelle il y a transfert du titre de propriété.

B3.1.6 La date de règlement est la date à laquelle un actif est livré à l'entité ou par elle. La comptabilisation à la date de règlement fait référence : a) au fait que la comptabilisation d'un actif se fait le jour de sa réception par l'entité ; et b) au fait que la décomptabilisation d'un actif et la comptabilisation de tout profit ou de toute perte sur la cession de cet actif se font le jour de sa livraison par l'entité. Lorsque l'entité applique la comptabilisation à la date de règlement, elle comptabilise toute variation de la juste valeur de l'actif à recevoir au cours de la période allant de la date de transaction à la date de règlement de la même manière qu'elle comptabilise cet actif. Autrement dit, aucune variation de valeur n'est comptabilisée pour les actifs évalués au coût amorti ; la variation de valeur est comptabilisée en résultat net pour les actifs classés comme actifs financiers évalués à la juste valeur par le biais du résultat net ; et elle est comptabilisée dans les autres éléments du résultat global pour les actifs financiers évalués à la juste valeur par le biais des autres éléments du résultat global conformément au paragraphe 4.1.2A et pour les placements dans des instruments de capitaux propres comptabilisés conformément au paragraphe 5.7.5.

➡ Décomptabilisation d'actifs financiers (section 3.2)

B3.2.1 L'arbre de décision qui suit illustre le cheminement pour apprécier s'il faut décomptabiliser un actif financier et, s'il y a lieu, dans quelle mesure le faire.

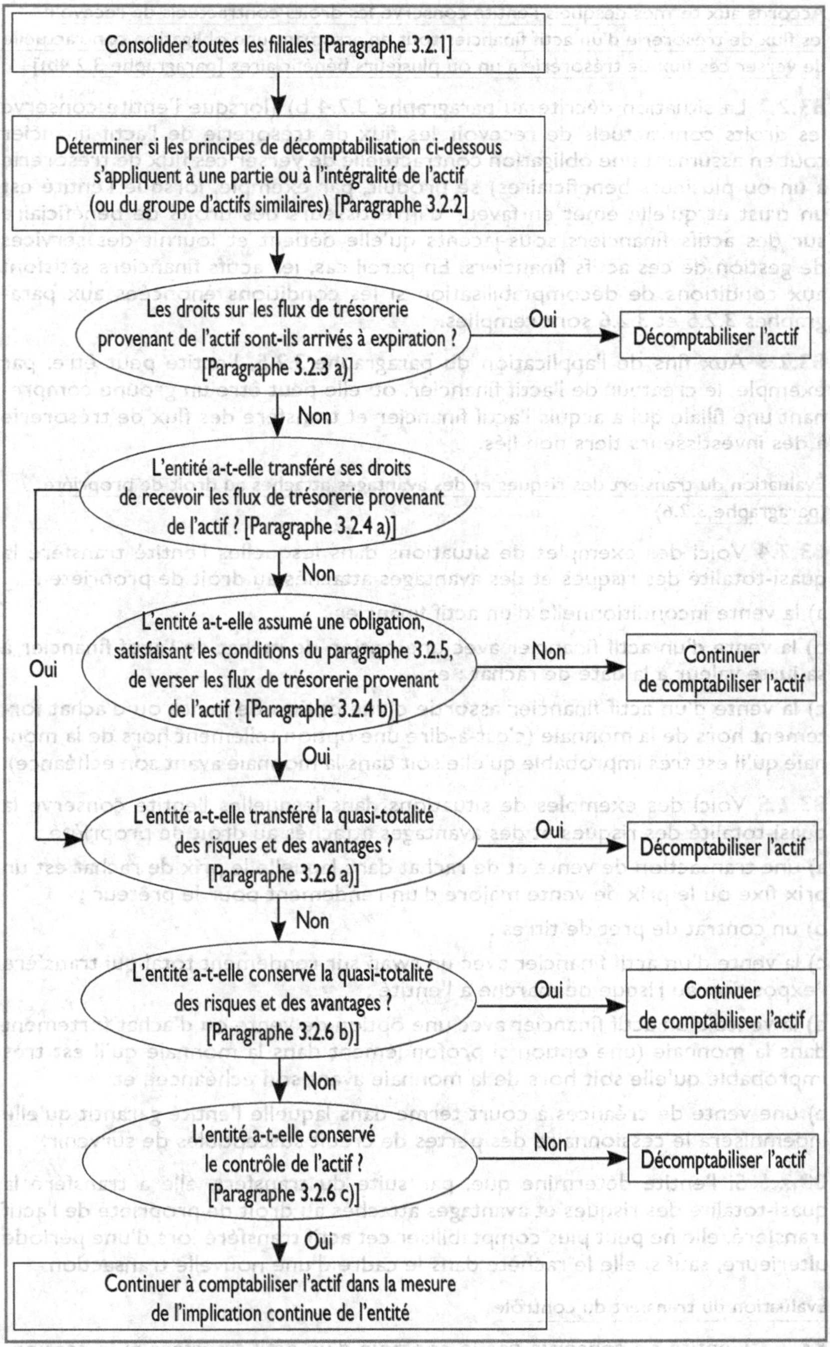
Consolider toutes les filiales [Paragraphe 3.2.1]
Déterminer si les principes de décomptabilisation ci-dessous s'appliquent à une partie ou à l'intégralité de l'actif (ou du groupe d'actifs similaires) [Paragraphe 3.2.2]
Les droits sur les flux de trésorerie provenant de l'actif sont-ils arrivés à expiration ? [Paragraphe 3.2.3 a)]
Oui
Décomptabiliser l'actif
Non
L'entité a-t-elle transféré ses droits de recevoir les flux de trésorerie provenant de l'actif ? [Paragraphe 3.2.4 a)]
Non
L'entité a-t-elle assumé une obligation, satisfaisant les conditions du paragraphe 3.2.5, de verser les flux de trésorerie provenant de l'actif ? [Paragraphe 3.2.4 b)]
Oui
Non
Continuer de comptabiliser l'actif
Oui
L'entité a-t-elle transféré la quasi-totalité des risques et des avantages ? [Paragraphe 3.2.6 a)]
Oui
Décomptabiliser l'actif
Non
L'entité a-t-elle conservé la quasi-totalité des risques et des avantages ? [Paragraphe 3.2.6 b)]
Oui
Continuer de comptabiliser l'actif
Non
L'entité a-t-elle conservé le contrôle de l'actif ? [Paragraphe 3.2.6 c)]
Non
Décomptabiliser l'actif
Oui
Continuer à comptabiliser l'actif dans la mesure de l'implication continue de l'entité

Accords aux termes desquels l'entité conserve les droits contractuels de recevoir les flux de trésorerie d'un actif financier tout en assumant une obligation contractuelle de verser ces flux de trésorerie à un ou plusieurs bénéficiaires [paragraphe 3.2.4b)]

B3.2.2 La situation décrite au paragraphe 3.2.4 b) (lorsque l'entité conserve les droits contractuels de recevoir les flux de trésorerie de l'actif financier tout en assumant une obligation contractuelle de verser ces flux de trésorerie à un ou plusieurs bénéficiaires) se produit, par exemple, lorsque l'entité est un trust et qu'elle émet en faveur d'investisseurs des droits de bénéficiaire sur des actifs financiers sous-jacents qu'elle détient et fournit des services de gestion de ces actifs financiers. En pareil cas, les actifs financiers satisfont aux conditions de décomptabilisation si les conditions énoncées aux paragraphes 3.2.5 et 3.2.6 sont remplies.

B3.2.3 Aux fins de l'application du paragraphe 3.2.5, l'entité peut être, par exemple, le créateur de l'actif financier, ou elle peut être un groupe comprenant une filiale qui a acquis l'actif financier et transfère des flux de trésorerie à des investisseurs tiers non liés.

Évaluation du transfert des risques et des avantages attachés au droit de propriété (paragraphe 3.2.6)

B3.2.4 Voici des exemples de situations dans lesquelles l'entité transfère la quasi-totalité des risques et des avantages attachés au droit de propriété :

a) la vente inconditionnelle d'un actif financier ;

b) la vente d'un actif financier avec une option de rachat de l'actif financier à sa juste valeur à la date de rachat ; et

c) la vente d'un actif financier assortie d'une option de vente ou d'achat fortement hors de la monnaie (c'est-à-dire une option tellement hors de la monnaie qu'il est très improbable qu'elle soit dans la monna e avant son échéance).

B3.2.5 Voici des exemples de situations dans lesquelles l'entité conserve la quasi-totalité des risques et des avantages attachés au droit de propriété :

a) une transaction de vente et de rachat dans laquelle le prix de rachat est un prix fixe ou le prix de vente majoré d'un rendement pour le prêteur ;

b) un contrat de prêt de titres ;

c) la vente d'un actif financier avec un swap sur rendement total qui transfère l'exposition au risque de marché à l'entité ;

d) la vente d'un actif financier avec une option de vente ou d'achat fortement dans la monnaie (une option si profondément dans la monnaie qu'il est très improbable qu'elle soit hors de la monnaie avant son échéance ; et

e) une vente de créances à court terme dans laquelle l'entité garantit qu'elle indemnisera le cessionnaire des pertes de crédit susceptibles de survenir.

B3.2.6 Si l'entité détermine que, par suite du transfert, elle a transféré la quasi-totalité des risques et avantages attachés au droit de propriété de l'actif transféré, elle ne peut plus comptabiliser cet actif transféré lors d'une période ultérieure, sauf si elle le rachète dans le cadre d'une nouvelle transaction.

Évaluation du transfert du contrôle

B3.2.7 L'entité ne conserve pas le contrôle d'un actif transféré si le cessionnaire a la capacité pratique de vendre cet actif. L'entité conserve le contrôle d'un actif transféré si le cessionnaire n'a pas la capacité pratique de vendre cet actif. Le cessionnaire a la capacité pratique de vendre l'actif transféré si celui-ci est négocié sur un marché actif, car le cessionnaire serait alors en mesure de racheter l'actif transféré sur le marché s'il lui fallait restituer cet actif à l'entité. Par exemple, le cessionnaire peut avoir la capacité pratique de vendre un actif transféré si l'actif transféré fait l'objet d'une option qui permet à l'entité de le racheter, mais que le cessionnaire peut facilement obtenir l'actif transféré sur le marché si l'option est exercée. Le cessionnaire n'a pas la capacité pratique de vendre un actif transféré si l'entité conserve une telle option et que le cessionnaire ne peut pas facilement obtenir l'actif transféré sur le marché dans le cas où l'entité exercerait son option.

B3.2.8 Le cessionnaire n'a la capacité pratique de vendre l'actif transféré que s'il peut le vendre dans son intégralité à un tiers non lié et qu'il peut exercer cette faculté unilatéralement et sans avoir besoin d'assortir le transfert de restrictions supplémentaires. La question cruciale est de savoir ce que le cessionnaire peut faire en pratique, et non pas de connaître les droits contractuels du cessionnaire quant à ce qu'il peut faire de l'actif transféré ou aux interdictions contractuelles qui existent. À cet égard, il est à noter :

a) qu'un droit contractuel de céder l'actif transféré a, en pratique, peu d'effet s'il n'existe pas de marché pour l'actif transféré ;

b) que la faculté de céder l'actif transféré a, en pratique, peu d'effet si elle ne peut pas s'exercer librement. Pour cette raison, il faut :

i) que la faculté du cessionnaire de céder l'actif transféré soit indépendante des actes de tiers (il doit s'agir d'une faculté unilatérale),

ii) que le cessionnaire ait la faculté de céder l'actif transféré sans devoir assortir le transfert de restrictions ou de conditions (par exemple, des conditions relatives à la gestion d'un prêt ou une option conférant au cessionnaire le droit de racheter l'actif).

B3.2.9 Le fait qu'il soit improbable que le cessionnaire vende l'actif transféré ne signifie pas en soi que le cédant en conserve le contrôle. En revanche, si une option de vente ou une garantie empêche le cessionnaire de vendre l'actif transféré, le cédant conserve alors le contrôle de l'actif transféré. Par exemple, une option de vente ou une garantie peut avoir une valeur suffisante pour empêcher le cessionnaire de vendre l'actif transféré, parce qu'en pratique le cessionnaire ne vendrait pas l'actif transféré à un tiers sans l'assortir d'une option similaire ou imposer d'autres restrictions. Le cessionnaire conserverait plutôt l'actif transféré de manière à obtenir des paiements en vertu de la garantie ou de l'option de vente. Dans ces circonstances, le cédant conserve le contrôle de l'actif transféré.

Transferts qui remplissent les conditions de décomptabilisation

B3.2.10 Il se peut que l'entité conserve le droit à une partie des paiements d'intérêts afférents à des actifs transférés, à titre de rémunération pour la gestion de ces actifs. La part des paiements d'intérêts à laquelle l'entité renoncerait en cas de résiliation ou de transfert du mandat de gestion est imputée à l'actif de gestion ou au passif de gestion. La part des paiements d'intérêts que l'entité conserverait correspond à une créance sur les seuls intérêts. Par exemple, si l'entité ne perdait aucune partie des intérêts en cas de résiliation ou de transfert du mandat de gestion, l'intégralité de la marge d'intérêts serait considérée comme correspondant à une créance sur les seuls intérêts. Aux fins de l'application du paragraphe 3.2.13, les justes valeurs de l'actif de gestion et de la créance sur les seuls intérêts sont utilisées pour répartir la valeur comptable de la créance entre la partie de l'actif qui est décomptabilisée et la partie qui reste comptabilisée. S'il n'est pas prévu d'honoraires de gestion ou s'il n'est pas prévu que les honoraires à recevoir rémunéreront de manière adéquate l'entité au titre de l'exécution du mandat de gestion, un passif correspondant à l'obligation de gestion est comptabilisé à sa juste valeur.

B3.2.11 Aux fins de l'application du paragraphe 3.2.13, l'entité applique, en plus du paragraphe 3.2.14, les dispositions en matière d'évaluation de la juste valeur contenues dans IFRS 13 *Évaluation de la juste valeur* pour évaluer les justes valeurs de la partie qui reste comptabilisée et de la partie décomptabilisée.

Transferts qui ne remplissent pas les conditions de décomptabilisation

B3.2.12 Ce qui suit est une application du principe décrit au paragraphe 3.2.15. Si le fait de fournir une garantie au titre de pertes résultant de défaillances sur un actif transféré empêche l'entité de décomptabiliser cet actif parce qu'elle conserve la quasi-totalité des risques et avantages attachés au droit de propriété de l'actif transféré, l'actif transféré continue d'être comptabilisé dans son intégralité et la contrepartie reçue est comptabilisée comme un passif.

Implication continue dans les actifs transférés

B3.2.13 Voici quelques exemples de la manière dont l'entité évalue un actif transféré et le passif associé selon le paragraphe 3.2.16.

Tous les actifs

a) Si le fait de fournir une garantie au titre de pertes résultant de défaillances sur un actif transféré empêche l'entité de décomptabiliser cet actif dans la mesure de l'implication continue, l'actif transféré est évalué à la date du transfert comme étant la plus faible des deux valeurs suivantes : i) sa valeur comptable ; ii) le montant maximal de la contrepartie reçue dans le cadre du transfert que l'entité pourrait être tenue de rembourser (le « montant de la garantie »). Le passif associé est initialement évalué comme étant le montant de la garantie, augmenté de la juste valeur de celle-ci (qui est normalement égale à la contrepartie reçue au titre de cette garantie). Par la suite, la juste valeur initiale de la garantie est comptabilisée en résultat net lorsque (ou à mesure que) l'obligation est remplie (selon les principes d'IFRS 15) et la valeur comptable de l'actif est diminuée de la correction de valeur pour pertes, le cas échéant.

Actifs évalués au coût amorti

b) Si une obligation liée à une option de vente émise par l'entité ou un droit lié à une option d'achat détenue par l'entité empêchent la décomptabilisation d'un actif transféré et que l'entité évalue l'actif transféré au coût amorti, le passif associé est évalué à son coût (c'est-à-dire la contrepartie reçue), ajusté de l'amortissement de tout écart entre ce coût et la valeur comptable brute de l'actif transféré à la date d'expiration de l'option. Par exemple, supposons que la valeur comptable brute de l'actif à la date du transfert s'élève à 98 UM et que la contrepartie reçue s'élève à 95 UM. La valeur comptable brute de l'actif à la date d'exercice de l'option sera de 100 UM. La valeur comptable initiale du passif associé s'élève à 95 UM et la différence entre 95 UM et 100 UM est comptabilisée en résultat net selon la méthode du taux d'intérêt effectif. En cas d'exercice de l'option, toute différence entre la valeur comptable du passif associé et le prix d'exercice est comptabilisée en résultat net.

Actifs évalués à la juste valeur

c) Si un droit lié à une option d'achat et conservé par l'entité empêche la décomptabilisation d'un actif transféré et que l'entité évalue l'actif transféré à sa juste valeur, cet actif demeure évalué à sa juste valeur. Le passif associé est évalué : i) soit au prix d'exercice de l'option diminué de la valeur temps de l'option si l'option est dans la monnaie ou à la monnaie ; ii) soit à la juste valeur de l'actif transféré diminuée de la valeur temps de l'option si l'option est hors de la monnaie. L'ajustement de l'évaluation du passif associé fait que la valeur comptable nette de l'actif et du passif associé égale la juste valeur du droit lié à l'option d'achat. Par exemple, si la juste valeur de l'actif sous-jacent s'élève à 80 UM, le prix d'exercice de l'option, à 95 UM, et la valeur temps de l'option, à 5 UM, la valeur comptable du passif associé se monte à 75 UM (80 UM – 5 UM) et la valeur comptable de l'actif transféré s'élève à 80 UM (soit sa juste valeur).

d) Si une option de vente émise par l'entité empêche la décomptabilisation d'un actif transféré et que l'entité évalue l'actif transféré à sa juste valeur, le passif associé est évalué au prix d'exercice de l'option, majoré de la valeur temps de l'option. L'évaluation de l'actif à sa juste valeur est limitée au plus faible montant entre la juste valeur et le prix d'exercice de l'option, car l'entité n'a aucun droit sur les augmentations de la juste valeur de l'actif transféré au-delà du prix d'exercice de l'option. Cela permet de garantir que la valeur comptable nette de l'actif et du passif associé soit égale à la juste valeur de l'obligation liée à l'option de vente. Par exemple, si la juste valeur de l'actif sous-jacent s'élève à 120 UM, le prix d'exercice de l'option, à 100 UM, et la valeur temps de l'option, à 5 UM, la valeur comptable du passif associé s'élève à 105 UM (100 UM + 5 UM) et la valeur comptable de l'actif transféré, à 100 UM (dans ce cas, le prix d'exercice de l'option).

e) Si un tunnel (collar), revêtant la forme d'une option d'achat achetée et d'une option de vente émise, empêche la décomptabilisation d'un actif transféré et que l'entité évalue l'actif à la juste valeur, l'actif continue d'être évalué à sa juste valeur. Le passif associé est évalué comme suit : i) si l'option d'achat est dans la monnaie ou à la monnaie, à la somme du prix d'exercice de l'option d'achat et de la juste valeur de l'option de vente, diminuée de la valeur temps de l'option d'achat ; ii) si l'option d'achat est hors de la monnaie, à la somme de la juste valeur de l'actif et de la juste valeur de l'option de vente, diminuée de la valeur temps de l'option d'achat. L'ajustement du passif associé fait que la valeur comptable nette de l'actif et du passif associé est égale à la juste valeur des options détenues et émises par l'entité. Par exemple, supposons une entité qui transfère un actif financier évalué à la juste valeur en même temps qu'elle achète une option d'achat à un prix d'exercice de 120 UM et qu'elle émet une option de vente à un prix d'exercice de 80 UM. Supposons également que la juste valeur de l'actif s'élève à 100 UM à la date du transfert. La valeur temps des options de vente et d'achat s'élève respectivement à 1 UM et à 5 UM. Dans ce cas, l'entité comptabilise un actif de 100 UM (la juste valeur de l'actif) et un passif de 96 UM [(100 UM + 1 UM) – 5 UM]. On obtient pour l'actif une valeur nette de 4 UM, qui correspond à la juste valeur des options détenues et émises par l'entité.

Tous les transferts

B3.2.14 Si un transfert d'actif financier ne remplit pas les conditions de décomptabilisation, les droits ou obligations contractuels du cédant liés au transfert ne sont pas comptabilisés séparément comme des dérivés si le fait de comptabiliser le dérivé et simultanément soit l'actif transféré, soit le passif résultant du transfert donne lieu à une double comptabilisation des mêmes droits ou obligations. Par exemple, une option d'achat conservée par le cédant peut empêcher qu'un transfert d'actifs financiers soit comptabilisé comme une vente. Dans ce cas, l'option d'achat n'est pas comptabilisée séparément comme un actif dérivé.

B3.2.15 Si le transfert d'un actif financier ne satisfait pas aux conditions de décomptabilisation, le cessionnaire ne comptabilise pas comme sien l'actif transféré. Le cessionnaire décomptabilise la trésorerie (ou autre contrepartie) versée et comptabilise une créance sur le cédant. Si le cédant a tout à la fois le droit et l'obligation de reprendre le contrôle de l'actif transféré dans son intégralité pour une somme déterminée (par exemple, dans le cadre d'une opération de pension livrée), le cessionnaire peut évaluer sa créance au coût amorti si elle remplit les critères du paragraphe 4.1.2.

Exemples

B3.2.16 Les exemples qui suivent illustrent l'application des principes de décomptabilisation énoncés dans la présente norme.

a) *Contrats de mise en pension et prêts de titres.* Si un actif financier est vendu dans le cadre d'un contrat prévoyant son rachat à un prix fixe ou au prix de vente majoré d'un rendement pour le prêteur («mise en pension »), ou s'il est prêté dans le cadre d'un contrat prévoyant la restitution de cet actif au cédant, il n'est pas décomptabilisé, car le cédant conserve la quasi-totalité des risques et avantages attachés au droit de propriété. Si le cessionnaire obtient le droit de vendre l'actif ou de le donner en garantie, le cédant reclasse l'actif dans son état de la situation financière, par exemple comme un actif prêté ou une créance représentative de titres mis en pension.

b) *Mises en pension et prêts de titres – actifs substantiellement identiques.* Si un actif financier est vendu dans le cadre d'un contrat prévoyant le rachat du même actif ou d'un actif substantiellement identique à un prix fixe ou au prix de vente majoré d'un rendement pour le prêteur, ou s'il est emprunté ou prêté dans le cadre d'un contrat prévoyant la restitution au cédant de cet actif ou d'un actif substantiellement identique, il n'est pas décomptabilisé, car le cédant conserve la quasi-totalité des risques et avantages attachés au droit de propriété.

c) *Mises en pension et prêts de titres – droit de substitution.* Si un accord de mise en pension assorti d'un prix de rachat fixe ou d'un prix de rachat égal au prix de vente majoré d'un rendement pour le prêteur, ou une transaction de prêt de titres similaire, confère au cessionnaire le droit de substituer à l'actif transféré, à la date de rachat, des actifs similaires et de juste valeur identique, l'actif vendu ou prêté dans le cadre de la mise en pension ou de la transaction de prêt de titres n'est pas décomptabilisé, car le cédant conserve la quasi-totalité des risques et avantages attachés au droit de propriété.

d) *Droit de préemption pour le rachat à la juste valeur.* Si une entité vend un actif financier et ne conserve qu'un droit de préemption pour le rachat de l'actif transféré à la juste valeur en cas de vente ultérieure de cet actif par le cessionnaire, l'entité décomptabilise l'actif, car elle a transféré la quasi-totalité des risques et avantages attachés au droit de propriété.

e) *Transactions fictives.* Le rachat d'un actif financier peu après sa vente est parfois appelé « transaction fictive ». Un tel rachat n'empêche pas la décomptabilisation, à condition que la transaction initiale remplisse les conditions de décomptabilisation. Si toutefois un contrat de vente d'un actif financier est conclu parallèlement à un contrat prévoyant le rachat du même actif à un prix fixe ou au prix de vente majoré d'un rendement pour le prêteur, l'actif n'est pas décomptabilisé.

f) *Options de vente et d'achat fortement dans la monnaie*. Si un actif financier transféré peut être racheté par le cédant et que l'option d'achat est fortement dans la monnaie, le transfert ne remplit pas les conditions de décomptabilisation, car le cédant conserve la quasi-totalité des risques et avantages attachés au droit de propriété. De même, si l'actif financier peut être revendu par le cessionnaire et si l'option de vente est fortement dans la monnaie, le transfert ne remplit pas les conditions de décomptabilisation, car le cédant conserve la quasi-totalité des risques et avantages attachés au droit de propriété.

g) *Options de vente et d'achat fortement hors de la monnaie*. Un actif financier transféré qui ne fait l'objet que d'une option de vente fortement hors de la monnaie détenue par le cessionnaire ou d'une option d'achat fortement hors de la monnaie détenue par le cédant est décomptabilisé. En effet, le cédant a transféré la quasi-totalité des risques et avantages attachés aux droits de propriété.

h) *Actifs faciles à obtenir faisant l'objet d'une option d'achat qui n'est ni fortement dans la monnaie, ni fortement hors de la monnaie*. Si une entité détient une option d'achat sur un actif qui peut facilement être obtenu sur le marché et si cette option n'est ni fortement dans la monnaie, ni fortement hors de la monnaie, l'actif est décomptabilisé. Cela se justifie par le fait que l'entité : i) n'a ni conservé ni transféré la quasi-totalité des risques et avantages attachés au droit de propriété, ii) n'a pas conservé le contrôle. Toutefois, si l'actif ne peut pas être facilement obtenu sur le marché, la décomptabilisation est interdite dans la mesure du montant de l'actif faisant l'objet de l'option d'achat, parce que l'entité conserve alors le contrôle de l'actif.

i) *Actif difficile à obtenir faisant l'objet d'une option de vente émise par une entité qui n'est ni fortement dans la monnaie, ni fortement hors de la monnaie*. Si une entité transfère un actif financier qui ne peut pas être facilement obtenu sur le marché et qu'elle émet une option de vente qui n'est pas fortement hors de la monnaie, l'entité ne conserve ni ne transfère la quasi-totalité des risques et avantages attachés au droit de propriété, en raison de l'option de vente émise. L'entité conserve le contrôle de l'actif si l'option de vente a une valeur suffisante pour empêcher le cessionnaire de vendre l'actif, auquel cas l'actif continue d'être comptabilisé dans la mesure de l'implication continue du cédant (voir paragraphe B3.2.9). L'entité transfère le contrôle de l'actif si l'option de vente n'a pas une valeur suffisante pour empêcher le cessionnaire de vendre l'actif, auquel cas l'actif est décomptabilisé.

j) *Actifs faisant l'objet d'une option de vente ou d'achat à la juste valeur ou d'une opération de pension livrée avec rachat à la juste valeur*. Le transfert d'un actif financier qui ne fait l'objet que d'une option de vente ou d'achat ou d'une opération de pension livrée dont le prix d'exercice ou le prix de rachat est égal à la juste valeur de l'actif financier à la date du rachat entraîne la décomptabilisation en raison du transfert de la quasi-totalité des risques et avantages attachés au droit de propriété.

k) *Options d'achat ou de vente à dénouement en numéraire*. Une entité qui transfère un actif financier faisant l'objet d'une option de vente ou d'achat ou d'une opération de pension livrée qui fera l'objet d'un règlement net en numéraire évalue le transfert pour déterminer si elle conserve ou non la quasi-totalité des risques et avantages attachés au droit de propriété. Si l'entité ne conserve pas la quasi-totalité des risques et avantages attachés au droit de propriété de l'actif transféré, elle détermine si elle conserve le contrôle de cet actif. Que l'option de vente ou d'achat ou l'opération de pension livrée fasse l'objet d'un règlement net en numéraire ne signifie pas automatiquement que l'entité transfère le contrôle (voir paragraphe B3.2.9 ainsi que les points g), h) et i) ci-dessus).

l) *Clauses de retrait de créances.* Une clause de retrait de créances est une option inconditionnelle de rachat qui confère à une entité le droit de récupérer, sous réserve de certaines restrictions, des actifs transférés. Si cette option a pour effet que l'entité ne conserve ni ne transfère la quasi-totalité des risques et avantages attachés au droit de propriété, elle n'empêche la décomptabilisation que dans la mesure du montant qui fait l'objet du rachat (dans l'hypothèse où le cessionnaire ne peut pas vendre les actifs). Par exemple, si la valeur comptable des prêts transférés et le produit du transfert s'élèvent à 100 000 UM et si chaque prêt peut être individuellement racheté, mais que le total des prêts rachetés ne peut dépasser 10 000 UM le montant des prêts répondant aux conditions de décomptabilisation est de 90 000 UM.

m) *Options de terminaison anticipée.* Une entité (il peut s'agir du cédant) qui gère des actifs transférés peut détenir une option de terminaison anticipée qui lui permet d'acheter les actifs transférés résiduels lorsque le montant de l'encours d'actifs baisse jusqu'à un niveau déterminé où le coût de la gestion de ces actifs devient excessif par rapport aux avantages de cette gestion. Si l'option de terminaison anticipée a pour effet que l'entité ne conserve ni ne transfère la quasi-totalité des risques et avantages attachés au droit de propriété et que le cessionnaire ne peut pas vendre les actifs, cette option n'empêche la décomptabilisation que dans la mesure du montant des actifs qui en font l'objet.

n) *Subordination de droits conservés et garanties de crédit.* Une entité peut faire bénéficier le cessionnaire d'un rehaussement de crédit par la subordination de tout ou partie des droits qu'elle conserve sur l'actif transféré. Elle peut aussi fournir au cessionnaire un rehaussement de crédit sous la forme d'une garantie de crédit, dont le montant peut être limité ou illimité. Si l'entité conserve la quasi-totalité des risques et avantages attachés au droit de propriété de l'actif transféré, l'actif continue d'être comptabilisé dans son intégralité. Si l'entité conserve une partie, mais pas la quasi-totalité, des risques et avantages attachés au droit de propriété et qu'elle conserve le contrôle, la décomptabilisation est interdite dans la mesure du montant de trésorerie ou d'autres actifs qu'elle pourrait avoir à payer.

o) *Swaps sur rendement total.* Une entité peut vendre un actif financier à un cessionnaire et conclure avec lui un swap sur rendement total, par lequel tous les flux de trésorerie constitués par les paiements d'intérêts sur l'actif sous-jacent sont remis à l'entité en échange de paiements fixes ou sur base d'un taux variable, toute augmentation ou diminution de la juste valeur de l'actif sous-jacent étant absorbée par l'entité. Dans ce cas, la décomptabilisation intégrale de l'actif est interdite.

p) *Swaps de taux d'intérêt.* Une entité peut transférer un actif financier à taux fixe à un cessionnaire et conclure avec lui un swap de taux d'intérêt dans le cadre duquel elle reçoit un taux d'intérêt fixe et paye un taux d'intérêt variable calculé sur un montant notionnel égal au principal de l'actif financier transféré. Le swap de taux d'intérêt n'empêche pas la décomptabilisation de l'actif transféré, dès lors que les paiements afférents au swap ne soient pas conditionnels au versement des paiements sur l'actif transféré.

q) *Swaps de taux d'intérêt amortissables.* Une entité peut transférer à un cessionnaire un actif financier à taux fixe remboursé au fil du temps et conclure

avec le cessionnaire un swap de taux d'intérêt amortissable dans le cadre duquel elle reçoit un taux d'intérêt fixe et paye un taux d'intérêt variable calculé sur un montant notionnel. Si le montant notionnel du swap s'amortit de telle sorte qu'il est en tout temps égal au montant du principal restant dû de l'actif financier transféré, le swap aura généralement pour résultat que l'entité conserve un risque substantiel de remboursement par anticipation, auquel cas l'entité continue de comptabiliser l'actif transféré soit dans son intégralité, soit dans la mesure de son implication continue. À l'inverse, s'il n'y a aucun rapport entre l'amortissement du montant notionnel du swap et le montant du principal restant dû de l'actif transféré, le swap n'entraînera pas la conservation, par l'entité, du risque de remboursement anticipé de l'actif. Il n'empêchera donc pas de décomptabiliser l'actif transféré, pourvu que les paiements afférents au swap ne soient pas subordonnés aux paiements d'intérêts sur l'actif transféré et que le swap n'ait pas pour effet que l'entité conserve quelque autre risque ou avantage important attaché au droit de propriété de l'actif transféré.

r) *Réduction pour perte de valeur.* L'entité estime raisonnablement ne pas pouvoir recouvrer les flux de trésorerie contractuels d'un actif financier, ou d'une partie de celui-ci.

B3.2.17 Le présent paragraphe illustre l'application de l'approche de l'implication continue lorsque l'implication continue de l'entité porte sur une partie d'un actif financier.

Exemple

Supposons qu'une entité détienne un portefeuille de prêts remboursables par anticipation dont le coupon et le taux d'intérêt effectif s'élèvent à 10 % et dont le principal et le coût amorti s'élèvent à 10,000 UM. Elle conclut une transaction dans laquelle le cessionnaire obtient, en échange d'un paiement de 9,115 UM, le droit aux recouvrements en principal jusqu'à concurrence de 9,000 UM, plus les intérêts y afférents à 9,5 %. L'entité conserve les droits sur 1,000 UM de recouvrements en principal, plus les intérêts y afférents à 10 % et le différentiel de 0,5 % sur le solde de 9,000 UM en principal. Les recouvrements anticipés sont répartis entre l'entité et le cessionnaire au prorata, donc selon un ratio de 1 pour 9, mais en cas de défaillance, toute somme non perçue est portée en diminution du droit à 1,000 UM détenu par l'entité, jusqu'à épuisement de ce droit. La juste valeur des prêts à la date de la transaction s'élève à 10,100 UM et la juste valeur du différentiel de taux de 0,5 % s'élève à 40 UM.

L'entité détermine qu'elle a transféré certains des risques et avantages importants attachés au droit de propriété (par exemple, un important risque de remboursement anticipé), mais qu'elle en a conservé certains autres (en raison de la subordination des droits conservés) et qu'elle a encore le contrôle. Elle applique donc l'approche de l'implication continue. Pour appliquer la présente norme, l'entité décompose la transaction comme suit :

a) conservation d'un droit exactement proportionnel de 1,000 UM ; b) subordination de ce droit conservé de manière à fournir au cessionnaire un rehaussement de crédit limitant son risque de pertes de crédit.

L'entité calcule que sur la contrepartie de 9,115 UM qu'elle a reçue, un montant de 9,090 UM (90 % de 10,100 UM) correspond à la contrepartie pour une part exactement proportionnelle de 90 %. Le reste de la contrepartie reçue (25 UM) correspond à la contrepartie reçue pour avoir subordonné ses droits conservés afin de fournir au cessionnaire un rehaussement de crédit limitant son risque de pertes de crédit. Le différentiel de taux de 0,5 % représente également une contrepartie reçue au titre du rehaussement de crédit. En conséquence, la contrepartie totale reçue au titre du rehaussement de crédit s'élève à 65 UM (25 UM + 40 UM).

L'entité calcule le profit ou la perte réalisé sur la vente de la part de 90 % des flux de trésorerie. Dans l'hypothèse où des justes valeurs distinctes pour la part de 90 % transférée et pour la part de 10 % conservée ne peuvent pas être obtenues à la date du transfert, l'entité répartit la valeur comptable de l'actif selon le paragraphe 3.2.14 d'IFRS 9 comme suit :

	Juste valeur	Pourcentage	Valeur comptable attribuée
Part transférée	9,090	90 %	9,000
Part conservée	1,010	10 %	1,000
Total	**10,100**		**10,000**

L'entité calcule son profit ou sa perte afférent à la vente de la part de 90 % des flux de trésorerie en déduisant de la contrepartie reçue la valeur comptable attribuée à la part transférée (9,090 UM – 9,000 UM), soit 90 UM. La valeur comptable de la part conservée par l'entité s'élève à 1,000 UM.

En outre, l'entité comptabilise l'implication continue résultant de la subordination de ses droits conservés au titre des pertes de crédit. Ainsi, elle comptabilise un actif de 1,000 UM (le montant maximum des flux de trésorerie qu'elle est susceptible de ne pas recevoir en raison de la subordination) et un passif associé de 1,065 UM (ce qui correspond au montant maximum des flux de trésorerie qu'elle est susceptible de ne pas recevoir en raison de la subordination, soit 1,000 UM, augmenté de la juste valeur de la subordination, soit 65 UM).

Compte tenu de toutes les informations ci-dessus, l'entité comptabilise la transaction comme suit :

	Débit	Crédit
Actif initial	–	9,000
Actif comptabilisé au titre de la subordination des droits résiduels	1,000	–
Actif au titre de la contrepartie reçue sous la forme d'un différentiel de taux	40	–
Résultat net (profit réalisé lors du transfert)	–	90
Passif	–	1,065
Trésorerie reçue	9,115	–
Total	**10,155**	**10,155**

Immédiatement après la transaction, la valeur comptable de l'actif s'élève à 2,040 UM, soit 1,000 UM correspondant au coût de la part conservée et 1,040 UM correspondant à l'implication continue supplémentaire de l'entité découlant de la subordination de ses droits conservés au titre des pertes de crédit (ce qui comprend le différentiel de taux de 40 UM).

Au cours des périodes suivantes, l'entité comptabilise la contrepartie reçue au titre du rehaussement de crédit (65 UM) pro rata temporis, constate les intérêts sur l'actif comptabilisé selon la méthode du taux d'intérêt effectif et comptabilise toute perte de valeur des actifs comptabilisés. À titre d'exemple de cette dernière situation, supposons qu'au cours de l'exercice suivant, les prêts sous-jacents subissent une perte de valeur de 300 UM. L'entité réduit alors son actif comptabilisé de 600 UM (300 UM pour ses droits conservés et 300 UM pour l'implication continue supplémentaire résultant de la subordination de ses droits conservés au titre des pertes de valeur) et réduit son passif comptabilisé de 300 UM. Le tout se solde par une perte de valeur de 300 UM, comptabilisée en résultat net.

➡ Décomptabilisation de passifs financiers (section 3.3)

B3.3.1 Un passif financier (ou une partie d'un passif financier) est éteint lorsque le débiteur :

a) acquitte le passif (ou la partie du passif) en payant le créancier, normalement en numéraire ou au moyen d'autres actifs financiers, de biens ou de services ; ou

b) est légalement dégagé de sa responsabilité première à l'égard du passif (ou de la partie du passif) par voie judiciaire ou par le créancier. (Cette condition peut être remplie même si le débiteur a donné une garantie.)

B3.3.2 Si l'émetteur d'un instrument d'emprunt rachète cet instrument, la dette est éteinte même si l'émetteur est un teneur de marché de cet instrument ou qu'il a l'intention de le revendre à court terme.

B3.3.3 En l'absence d'une libération juridique, un paiement effectué à un tiers, y compris à un trust (parfois appelé « désendettement de fait »), ne suffit pas à libérer le débiteur de son obligation première vis-à-vis du créancier.

B3.3.4 Si un débiteur paie un tiers pour que celui-ci assume une obligation et informe son créancier du fait que le tiers a assumé sa dette, le débiteur ne décomptabilise pas la dette, à moins que la condition énoncée au paragraphe B3.3.1 b) ne soit remplie. Si le débiteur paie un tiers pour que celui-ci assume une obligation et qu'il obtient de son créancier une libération juridique, le débiteur a éteint la dette. Toutefois, si le débiteur convient d'effectuer des paiements sur la dette au tiers ou directement à son créancier initial, il comptabilise une nouvelle dette à l'égard du tiers.

B3.3.5 Bien qu'une libération juridique (par voie judiciaire ou par le créancier) entraîne la décomptabilisation du passif, l'entité peut avoir à comptabiliser un nouveau passif si les critères de décomptabilisation énoncés aux paragraphes 3.2.1 à 3.2.23 ne sont pas remplis pour les actifs financiers transférés. Si ces critères ne sont pas remplis, les actifs transférés ne sont pas décomptabilisés et l'entité comptabilise un nouveau passif au titre de ces actifs transférés.

B3.3.6 Aux fins du paragraphe 3.3.2, les conditions sont substantiellement différentes si la valeur des flux de trésorerie selon les nouvelles conditions, y compris les honoraires versés nets des honoraires reçus, actualisée par application du taux d'intérêt effectif initial, diffère d'au minimum 10 % de la valeur actualisée des flux de trésorerie restants du passif financier initial. Pour déterminer les honoraires versés nets des honoraires reçus, l'emprunteur ne tient compte que des honoraires qu'il a versés au prêteur ou reçus de celui-ci, y compris ceux qui ont été versés ou reçus par l'une ou l'autre de ces parties pour le compte de l'autre partie.

B3.3.6A Si un échange d'instruments d'emprunt ou une modification des conditions est comptabilisé comme une extinction, les coûts ou honoraires engagés sont comptabilisés comme faisant partie du profit ou de la perte résultant de l'extinction. Si l'échange ou la modification n'est pas comptabilisé comme une extinction, les coûts ou honoraires engagés sont portés en ajustement de la valeur comptable du passif et sont amortis sur la durée résiduelle du passif modifié.

B3.3.7 Dans certains cas, le créancier libère le débiteur de son obligation actuelle de paiement, mais le débiteur garantit le paiement en cas de défaillance de la partie assumant la responsabilité première. Dans de telles circonstances, le débiteur :

a) comptabilise un nouveau passif financier pour la juste valeur de son obligation au titre de la garantie ; et

b) comptabilise un profit ou une perte pour la différence entre i) les sommes payées et ii) la valeur comptable du passif financier d'origine, diminuée de la juste valeur du nouveau passif financier.

B3.3.8 Nonobstant le paragraphe B3.1.2A, qui exige la décomptabilisation d'un passif financier à la date de règlement, lorsqu'un passif financier (ou une partie d'un passif financier) est réglé en trésorerie au moyen d'un système de paiement électronique, l'entité est autorisée à considérer ce passif financier (ou une partie de celui-ci) comme acquitté avant la date de règlement si, et seulement si, l'entité a émis un ordre de paiement de telle sorte que :

a) l'entité n'a pas la capacité pratique de révoquer l'ordre de paiement, d'y faire opposition ni de l'annuler ;

b) l'entité n'a pas la capacité pratique d'accéder à la trésorerie devant servir au règlement une fois l'ordre de paiement émis ; et

c) le risque de règlement associé au système de paiement électronique est négligeable.

B3.3.9 Aux fins de l'application du paragraphe B3.3.8 c), le risque de règlement associé à un système de paiement électronique est négligeable si les caractéristiques de ce système sont telles que l'exécution de l'ordre de paiement suit un processus administratif standard et que le délai entre le respect des critères énoncés au paragraphe B3.3.8 a) et b) et la remise de la trésorerie à la contrepartie est court. Toutefois, le risque de règlement n'est pas négligeable si l'exécution de l'ordre de paiement dépend de la capacité de l'entité à remettre la trésorerie à la date de règlement.

B3.3.10 L'entité qui choisit d'appliquer le paragraphe B3.3.8 au règlement d'un passif financier (ou d'une partie d'un passif financier) effectué au moyen d'un système de paiement électronique doit appliquer ce paragraphe à tous les règlements effectués au moyen du même système de paiement électronique.

CLASSEMENT (CHAPITRE 4)

➡ Classement des actifs financiers (section 4.1)

Le modèle économique suivi par l'entité pour la gestion des actifs financiers

B4.1.1 Le paragraphe 4.1.1 a) impose à l'entité de classer les actifs financiers en fonction du modèle économique qu'elle suit pour la gestion de ces actifs, sauf si le paragraphe 4.1.5 s'applique. C'est en se fondant sur le modèle économique déterminé par ses principaux dirigeants (au sens d'IAS 24 *Information relative aux parties liées*) que l'entité détermine si ses actifs financiers satisfont à la condition énoncée au paragraphe 4.1.2 a) ou à celle énoncée au paragraphe 4.1.2A a).

B4.1.2 Le modèle économique suivi par l'entité est déterminé à un niveau qui reflète la façon dont les groupes d'actifs financiers sont collectivement gérés en vue d'atteindre un objectif économique donné. Ce modèle économique ne dépend pas des intentions de la direction à l'égard d'un instrument en particulier. Par conséquent, le modèle économique n'est pas déterminé selon une approche fondée sur un classement instrument par instrument, mais selon un regroupement à un niveau supérieur. Une même entité peut cependant suivre plusieurs modèles économiques pour gérer ses instruments financiers. Ce n'est donc pas nécessairement au niveau de l'entité présentant les états financiers que le classement est établi. Par exemple, une entité peut détenir un portefeuille de placements qu'elle gère dans l'intention de percevoir les flux de trésorerie contractuels et un autre portefeuille de placements qu'elle gère à des fins de transaction pour tirer parti des variations de leur juste valeur. De façon similaire, dans certaines circonstances, il peut être opportun de subdiviser un portefeuille d'actifs financiers en sous-portefeuilles afin de refléter le niveau auquel l'entité gère ces actifs financiers. Cela peut par exemple être le cas si l'entité crée ou acquiert un portefeuille de prêts hypothécaires, et qu'elle gère une partie des prêts afin d'en percevoir les flux de trésorerie contractuels, et l'autre partie des prêts, en vue de les vendre.

B4.1.2A Le modèle économique de l'entité se rapporte à la manière dont elle gère ses actifs financiers afin de générer des flux de trésorerie. C'est-à-dire que le modèle économique de l'entité détermine si les flux de trésorerie découleront de l'encaissement des flux de trésorerie contractuels, de la vente des actifs financiers ou des deux. Par conséquent, cette appréciation ne se fonde pas sur des scénarios dont l'entité ne s'attend pas de manière raisonnable à ce qu'ils se concrétisent, comme les « scénarios du pire » ou les scénarios de « situation de crise ». Par exemple, si une entité prévoit qu'elle ne vendra un portefeuille particulier d'actifs financiers que dans une situation de crise, ce scénario n'influencera pas l'appréciation que fait l'entité du modèle économique suivi pour ces actifs si elle s'attend de manière raisonnable à ce qu'il ne se réalise pas. Si les flux de trésorerie sont réalisés d'une manière différente de celle à laquelle l'entité s'attendait à la date d'appréciation du modèle économique (par exemple, si l'entité vend plus ou moins d'actifs financiers qu'elle ne le prévoyait lorsqu'elle a classé les actifs), il n'y a pas lieu de conclure à la présence d'une erreur d'une période antérieure dans les états financiers de l'entité (voir IAS 8 *Méthodes comptables, changements d'estimations comptables et erreurs*) ni de modifier le classement des actifs financiers que l'entité conserve dans ce modèle économique (c'est-à-dire les actifs que l'entité a comptabilisés au cours de périodes antérieures et qu'elle détient toujours) tant que l'entité a pris en compte toutes les informations pertinentes dont elle disposait au moment où elle a réalisé son appréciation du modèle économique. Toutefois, lorsque l'entité apprécie à quel modèle économique appartiennent des actifs financiers nouvellement créés ou acquis, elle doit tenir compte de toutes les informations sur la façon dont les flux de trésorerie ont été réalisés dans le passé, de même que de toutes les autres informations pertinentes.

B4.1.2B Le modèle économique suivi par l'entité pour la gestion des actifs financiers est une question de fait et non l'affaire d'une simple affirmation. Les activités qu'entreprend l'entité pour atteindre l'objectif du modèle économique permettent habituellement d'observer ce fait. L'exercice du jugement est nécessaire à l'entité pour apprécier le modèle économique qu'elle suit pour la gestion des actifs financiers, cette appréciation n'étant pas déterminée par un facteur ou une activité unique. L'entité doit plutôt prendre en considération toutes les indications pertinentes dont elle dispose à la date d'appréciation. Ces indications pertinentes comprennent entre autres :

a) la façon dont la performance du modèle économique et des actifs financiers dont la détention s'inscrit dans ce modèle économique est évaluée et présentée aux principaux dirigeants de l'entité ;

b) les risques qui ont une incidence sur la performance du modèle économique (et des actifs financiers dont la détention s'inscrit dans ce modèle économique) et, en particulier, la façon dont ces risques sont gérés ; et

c) la façon dont les dirigeants de l'entreprise sont rémunérés (par exemple, si la rémunération est fondée sur la juste valeur des actifs gérés ou sur les flux de trésorerie contractuels perçus).

Modèle économique dont l'objectif est de détenir des actifs afin d'en percevoir les flux de trésorerie contractuels

B4.1.2C Les actifs financiers dont la détention s'inscrit dans un modèle économique ayant pour objectif de détenir des actifs afin d'en percevoir les flux de trésorerie contractuels sont gérés de façon à réaliser des flux de trésorerie par la perception des paiements contractuels au cours de la durée de vie de l'instrument. C'est-à-dire que l'entité gère les actifs du portefeuille afin de percevoir ces flux de trésorerie contractuels en particulier (plutôt que de gérer le rendement global du portefeuille à la fois par la détention et par la vente d'actifs). Pour déterminer si les flux de trésorerie seront réalisés par la perception des flux de trésorerie contractuels des actifs financiers, il faut tenir compte de la fréquence, de la valeur et de la répartition dans le temps des ventes au cours des périodes antérieures, des raisons qui ont motivé ces ventes et des attentes quant aux ventes futures. Les ventes en elles-mêmes ne permettent toutefois pas de déterminer le modèle économique et ne peuvent donc pas être considérées isolément. Les informations sur les ventes passées et les attentes à l'égard des ventes futures donnent plutôt des indications sur la façon dont est atteint l'objectif de gestion des actifs financiers qu'a défini l'entité et, plus précisément, la façon dont les flux de trésorerie sont réalisés. L'entité doit tenir compte des informations sur les ventes passées dans le contexte des raisons qui ont motivé ces ventes et des conditions qui existaient à ce moment, comparativement aux conditions actuelles.

B4.1.3 L'objectif du modèle économique suivi par l'entité peut être de détenir des actifs financiers afin d'en percevoir les flux de trésorerie contractuels sans qu'il soit pour autant nécessaire qu'elle détienne la totalité de ces instruments jusqu'à leur échéance. Le modèle économique de l'entité peut donc bien consister à détenir des actifs financiers afin d'en percevoir les flux de trésorerie contractuels même si elle procède à des ventes d'actifs financiers ou s'attend à procéder à de telles ventes dans l'avenir.

B4.1.3A Le modèle économique peut consister à détenir des actifs afin d'en percevoir les flux de trésorerie contractuels même si l'entité vend des actifs financiers lorsque leur risque de crédit augmente. Pour déterminer si le risque de crédit des actifs a augmenté, l'entité prend en considération les informations raisonnables et justifiables, y compris les informations de nature prospective. Quelles que soient leur fréquence et leur valeur, les ventes motivées par une augmentation du risque de crédit des actifs ne sont pas incompatibles avec un modèle économique dont l'objectif est de détenir des actifs financiers afin d'en percevoir les flux de trésorerie contractuels, car la qualité de crédit des actifs financiers a une incidence sur la capacité de l'entité à percevoir les flux de trésorerie contractuels. Les activités de gestion du risque de crédit qui visent à minimiser les pertes de crédit potentielles liées à une détérioration du crédit font partie intégrante d'un tel modèle économique. Le fait de vendre un actif financier parce qu'il ne répond plus aux critères en matière de crédit énoncés dans la politique de placement de l'entité est un exemple de vente motivée par une augmentation du risque de crédit. En l'absence d'une politique écrite, l'entité peut démontrer par d'autres moyens que la vente est motivée par une augmentation du risque de crédit

B4.1.3B Des ventes motivées par d'autres raisons, telles que des ventes réalisées pour gérer le risque de concentration de crédit (sans augmentation du risque de crédit des actifs), peuvent également cadrer avec un modèle économique dont l'objectif est de détenir des actifs financiers afin d'en percevoir les flux de trésorerie contractuels. En particulier, ces ventes peuvent cadrer avec un modèle économique dont l'objectif est de détenir des actifs financiers afin d'en percevoir les flux de trésorerie contractuels si elles ne sont pas fréquentes (même si elles sont d'une valeur importante) ou si elles ne sont pas d'une valeur importante, considérées tant isolément que globalement (même si elles sont fréquentes). Si ces ventes sont fréquentes et qu'elles sont de valeur importante, considérées isolément ou globalement, il est nécessaire que l'entité apprécie si – et comment – elles peuvent cadrer avec un objectif de perception des flux de trésorerie contractuels. La question de savoir si la vente des actifs financiers est exigée par un tiers ou si elle est à la discrétion de l'entité n'est pas pertinente aux fins de cette appréciation. Une augmentation de la fréquence ou de la valeur des ventes dans une période donnée n'est pas nécessairement incompatible avec un objectif consistant à détenir des actifs financiers afin d'en percevoir les flux de trésorerie contractuels, si l'entité peut justifier ces ventes et démontrer qu'elles ne reflètent pas un changement de modèle économique. Les ventes peuvent aussi cadrer avec l'objectif consistant à détenir des actifs financiers en vue d'en percevoir les flux de trésorerie contractuels si elles ont lieu peu avant l'échéance des actifs financiers et que le produit de ces ventes correspond approximativement aux flux de trésorerie contractuels qu'il reste à percevoir.

B4.1.4 Voici des exemples de situations où il est possible de considérer que l'objectif du modèle économique suivi par l'entité est de détenir des actifs financiers afin d'en percevoir les flux de trésorerie contractuels. Ce n'est pas une liste exhaustive. En outre, ces exemples ne visent pas à traiter de tous les facteurs pouvant présenter un intérêt pour l'appréciation du modèle économique suivi par l'entité ni à préciser l'importance relative de ces facteurs.

Exemple	Analyse
Exemple 1 Une entité détient des placements afin d'en percevoir les flux de trésorerie contractuels. Ses besoins de financement sont prévisibles et l'échéance de ses actifs financiers concorde avec ses besoins de financement estimés. L'entité effectue des activités de gestion du risque de crédit dans le but de minimiser les pertes de crédit. Par le passé, l'entité a généralement procédé à des ventes lorsque le risque de crédit d'actifs financiers avait augmenté de telle façon que ces actifs ne respectaient plus les critères en matière de crédit spécifiés dans l'énoncé de la politique de placement de l'entité. De plus, des ventes, non fréquentes, ont eu lieu en raison de besoins de financement imprévus. Les rapports présentés aux principaux dirigeants sont axés sur la qualité de crédit des actifs financiers et sur le rendement contractuel. L'entité surveille également, entre autres informations, la juste valeur des actifs financiers.	Même si l'entité tient compte, entre autres informations, de la juste valeur des actifs financiers du point de vue de la liquidité (c'est-à-dire de la somme qu'elle obtiendrait si elle les vendait), son objectif est de détenir ces actifs financiers afin d'en percevoir les flux de trésorerie contractuels. Le fait de procéder à des ventes ne va pas à l'encontre de cet objectif si ces ventes visent à répondre à une augmentation du risque de crédit des actifs, par exemple, si les actifs ne respectent plus les critères en matière de crédit spécifiés dans l'énoncé de la politique de placement de l'entité. Le fait de procéder à des ventes non fréquentes résultant de besoins de financement imprévus (p. ex., en situation de crise) ne va pas non plus à l'encontre de cet objectif, même si ces ventes sont importantes sur le plan de la valeur.
Exemple 2 Une entité suit un modèle économique consistant à acquérir des portefeuilles d'actifs financiers, tels que des prêts. Ces portefeuilles peuvent comprendre ou non des actifs financiers dépréciés. Si les sommes dues sur un prêt ne sont pas versées en temps voulu, l'entité s'efforce de réaliser les flux de trésorerie contractuels par divers moyens : par exemple, en joignant le débiteur par courrier, par téléphone ou de quelque autre façon. L'entité a pour objectif de percevoir les flux de trésorerie contractuels ; elle ne gère aucun de ces prêts avec l'objectif de réaliser des flux de trésorerie en les vendant. Dans certains cas, l'entité conclut des swaps de taux d'intérêt afin d'échanger contre un taux d'intérêt fixe le taux d'intérêt variable de certains actifs financiers d'un portefeuille.	L'objectif du modèle économique suivi par l'entité est de détenir les actifs financiers afin d'en percevoir les flux de trésorerie contractuels. L'analyse resterait valable même si l'entité ne s'attendait pas à percevoir la totalité des flux de trésorerie contractuels (par exemple, si certains des actifs financiers étaient dépréciés lors de la comptabilisation initiale). Par ailleurs, le fait de conclure des contrats dérivés afin de modifier les flux de trésorerie d'un portefeuille ne constitue pas en soi un changement de modèle économique pour l'entité.

Exemple	Analyse
Exemple 3 Une entité suit un modèle économique dont l'objectif est d'accorder des prêts à des clients, pour ensuite revendre ces prêts à une structure de titrisation. Cette structure de titrisation émet des instruments à l'intention des investisseurs. L'entité qui accorde les prêts contrôle la structure de titrisation et l'inclut donc dans sa consolidation. La structure de titrisation perçoit les flux de trésorerie contractuels provenant des prêts et les transmet aux investisseurs. On suppose, aux fins de l'exemple, que les prêts continuent d'être comptabilisés dans l'état de la situation financière consolidée, n'étant pas décomptabilisés par la structure de titrisation.	Le groupe consolidé a accordé les prêts dans l'objectif de les détenir afin d'en percevoir les flux de trésorerie contractuels. Cependant, l'entité ayant accordé les prêts a pour objectif de réaliser des flux de trésorerie sur le portefeuille de prêts en vendant les prêts à la structure de titrisation ; en conséquence, aux fins de l'établissement de ses états financiers individuels, elle ne serait pas considérée comme gérant ce portefeuille dans l'objectif d'en percevoir les flux de trésorerie contractuels.
Exemple 4 Un établissement financier détient des actifs financiers pour faire face à ses besoins de liquidités en cas de situation de crise (p. ex., en cas de retraits massifs de dépôts bancaires). L'entité ne prévoit de vendre ces actifs que dans une telle situation. L'entité surveille la qualité de crédit de ces actifs financiers et les gère dans l'objectif d'en percevoir les flux de trésorerie contractuels. Elle évalue la performance des actifs sur la base des produits d'intérêts gagnés et des pertes de crédit subies. Cependant, l'entité surveille également la juste valeur de ces actifs financiers du point de vue de la liquidité pour s'assurer que la somme qu'elle obtiendrait si une situation de crise l'obligeait à les vendre serait suffisante pour faire face à ses besoins de liquidités. L'entité procède périodiquement à des ventes d'une valeur peu importante, pour en démontrer l'aspect liquide.	L'objectif du modèle économique suivi par l'entité est de détenir les actifs financiers afin d'en percevoir les flux de trésorerie contractuels. L'analyse resterait valable même si, lors d'une situation de crise passée, l'entité avait procédé à des ventes d'une valeur importante pour faire face à ses besoins de liquidités. De même, le fait de procéder de façon récurrente à des ventes d'une valeur peu importante n'est pas incompatible avec l'objectif de détenir les actifs financiers afin d'en percevoir les flux de trésorerie contractuels. Par contre, si une entité détient des actifs financiers pour faire face à ses besoins quotidiens de liquidités et que, pour ce faire, elle doit procéder fréquemment à des ventes d'une valeur importante, l'objectif du modèle économique qu'elle suit n'est pas de détenir les actifs financiers afin d'en percevoir les flux de trésorerie contractuels. De même, si l'entité est tenue par les autorités réglementaires de procéder régulièrement à la vente d'actifs financiers pour en démontrer la liquidité, et que la valeur des actifs vendus est importante, l'objectif du modèle économique qu'elle suit n'est pas de détenir des actifs financiers afin d'en percevoir les flux de trésorerie contractuels. La question de savoir si la vente des actifs financiers est exigée par un tiers ou si elle est à la discrétion de l'entité n'est pas pertinente aux fins de l'analyse.

Modèle économique dont l'objectif est atteint à la fois par la perception de flux de trésorerie contractuels et par la vente d'actifs financiers

B4.1.4A La détention d'actifs financiers par l'entité peut s'inscrire dans un modèle économique dont l'objectif est atteint à la fois par la perception de flux de trésorerie contractuels et par la vente d'actifs financiers. Dans ce type de modèle économique, les principaux dirigeants de l'entité ont décidé que la

perception des flux de trésorerie contractuels et la vente d'actifs financiers étaient toutes deux essentielles à l'atteinte de l'objectif du modèle économique. Divers objectifs correspondent à ce type de modèle économique. Par exemple, l'objectif du modèle économique peut être de gérer les besoins quotidiens de liquidités, de maintenir un profil particulier de rendement des intérêts, ou de faire correspondre la durée de détention des actifs financiers avec celle des passifs qui les financent. Pour atteindre un tel objectif, l'entité doit à la fois percevoir des flux de trésorerie contractuels et vendre des actifs financiers.

B4.1.4B Ce modèle économique est généralement associé à des ventes d'une fréquence et d'une valeur plus élevées que dans le cas du modèle économique dont l'objectif est de détenir des actifs financiers afin de percevoir des flux de trésorerie contractuels. Cela s'explique par le fait que la vente d'actifs financiers joue un rôle essentiel, et non simplement accessoire, dans l'atteinte de l'objectif du modèle économique. Cependant, ce modèle économique ne faire référence à aucun seuil de fréquence ou de valeur des ventes, la perception des flux de trésorerie contractuels et la vente d'actifs financiers étant toutes deux essentielles à l'atteinte de son objectif.

B4.1.4C Voici des exemples de situations où l'objectif du modèle économique de l'entité peut être atteint à la fois par la perception de flux de trésorerie contractuels et par la vente d'actifs financiers. Ce n'est pas une liste exhaustive. En outre, ces exemples ne visent pas à décrire tous les facteurs pouvant présenter un intérêt pour l'appréciation du modèle économique suivi par l'entité ni à préciser l'importance relative de ces facteurs.

Exemple	Analyse
Exemple 5 Une entité prévoit qu'elle effectuera des dépenses d'investissement dans quelques années. Elle place ses excédents de trésorerie dans des actifs financiers à court et à long terme pour pouvoir financer ces dépenses le moment venu. Un bon nombre de ces actifs financiers ont une durée de vie contractuelle qui excède la durée du placement prévue par l'entité L'entité détiendra les actifs financiers pour en percevoir les flux de trésorerie contractuels, et, lorsque l'occasion se présentera, elle en vendra pour réinvestir les fonds dans des actifs financiers ayant un rendement plus élevé. La rémunération des gestionnaires responsables du portefeuille est fondée sur le rendement global de celui-ci.	L'objectif du modèle économique est atteint à la fois par la perception de flux de trésorerie contractuels et par la vente d'actifs financiers. L'entité doit continuellement décider si c'est en percevant les flux de trésorerie contractuels ou en vendant les actifs financiers qu'elle pourra maximiser le rendement du portefeuille jusqu'à ce qu'elle ait besoin des fonds investis. En comparaison, considérons une entité qui place ses excédents de trésorerie dans des actifs financiers à court terme en vue d'une sortie de trésorerie prévue dans cinq ans pour financer des dépenses d'investissement. Lorsque les placements arrivent à échéance, l'entité réinvestit les fonds dans de nouveaux actifs financiers à court terme. L'entité maintient cette stratégie jusqu'à ce qu'elle ait besoin des fonds investis, et utilise alors le produit des actifs financiers arrivant à échéance pour financer ses dépenses d'investissement. À moins qu'il y ait augmentation du risque de crédit, les seules ventes qui sont réalisées avant l'échéance sont des ventes qui ne sont pas d'une valeur importante. L'objectif de cet autre modèle économique est de détenir les actifs financiers afin d'en percevoir les flux de trésorerie contractuels.

Exemple	Analyse
Exemple 6 Un établissement financier détient des actifs financiers pour faire face à ses besoins quotidiens de liquidités. L'entité cherche à réduire au minimum les frais de gestion de ces besoins de liquidités et gère donc activement le rendement du portefeuille. Ce rendement se compose des paiements contractuels perçus ainsi que des profits et des pertes réalisés sur la vente d'actifs financiers. En conséquence, l'entité détient des actifs financiers afin d'en percevoir les flux de trésorerie contractuels, et vend des actifs financiers afin de réinvestir les fonds dans des actifs financiers dont le rendement est plus élevé ou dont la durée concorde mieux avec celle de ses passifs. Cette stratégie a donné lieu dans le passé à des ventes d'une fréquence élevée et d'une valeur importante, et on s'attend à ce que ce soit encore le cas dans l'avenir.	L'objectif du modèle économique est de maximiser le rendement du portefeuille afin de faire face aux besoins quotidiens de liquidités ; l'entité atteint cet objectif à la fois par la perception de flux de trésorerie contractuels et par la vente d'actifs financiers. Autrement dit, tant la perception de flux de trésorerie contractuels que la vente d'actifs financiers sont essentielles à l'atteinte de l'objectif du modèle économique.
Exemple 7 Un assureur détient des actifs financiers pour financer des passifs d'assurance. Il utilise les flux de trésorerie contractuels générés par les actifs financiers pour régler les passifs d'assurance au fur et à mesure de leur exigibilité. Afin de s'assurer que les flux de trésorerie contractuels tirés des actifs financiers seront suffisants pour régler ces passifs, l'assureur procède régulièrement à d'importants achats et ventes pour rééquilibrer son portefeuille d'actifs et pour faire face aux besoins de flux de trésorerie qui se présentent.	L'objectif du modèle économique est de financer les passifs d'assurance. Pour atteindre cet objectif, l'entité perçoit les flux de trésorerie contractuels à mesure qu'ils deviennent exigibles et vend des actifs financiers afin que son portefeuille d'actifs conserve le profil recherché. Ainsi, tant la perception de flux de trésorerie contractuels que la vente d'actifs financiers sont essentielles à l'atteinte de l'objectif du modèle économique.

Autres modèles économiques

B4.1.5 **Les actifs financiers sont évalués à la juste valeur par le biais du résultat net si leur détention ne s'inscrit ni dans un modèle économique dont l'objectif est de détenir des actifs afin d'en percevoir les flux de trésorerie contractuels ni dans un modèle économique dont l'objectif est atteint à la fois par la perception de flux de trésorerie contractuels et par la vente d'actifs financiers (cependant, voir aussi paragraphe 5.7.5). Un modèle économique qui donne lieu à l'évaluation à la juste valeur par le biais du résultat net est un modèle économique dans lequel l'entité gère les actifs financiers avec l'objectif de réaliser des flux de trésorerie en vendant ces actifs. L'entité prend des décisions qui se fondent sur la juste valeur des actifs et gère ceux-ci de manière à réaliser cette juste valeur. Dans ce cas, l'objectif de l'entité l'amène habituellement à acheter et à vendre activement. Bien que l'entité perçoive des flux de trésorerie contractuels pendant qu'elle détient les actifs financiers, l'objectif d'un tel modèle économique ne réside pas à la fois dans la perception de flux de trésorerie contractuels et dans la vente d'actifs financiers. La perception de flux de trésorerie contractuels n'est pas essentielle à l'atteinte de l'objectif de ce modèle économique, mais plutôt accessoire.**

B4.1.6 **Un portefeuille d'actifs financiers dont la gestion ainsi que l'appréciation de la performance reposent sur la juste valeur [selon la description du paragraphe 4.2.2 b)] n'est ni détenu afin de percevoir des flux de trésorerie**

contractuels ni détenu à la fois afin de percevoir des flux de trésorerie contractuels et de vendre des actifs financiers. L'entité s'intéresse d'abord à la juste valeur et c'est cette information qu'elle utilise pour évaluer le rendement des actifs et prendre des décisions. En outre, un portefeuille d'actifs financiers qui entrent dans la définition d'actifs financiers détenus à des fins de transaction n'est pas non plus détenu afin de percevoir des flux de trésorerie contractuels, ni détenu à la fois afin de percevoir des flux de trésorerie contractuels et de vendre des actifs financiers. Pour ces portefeuilles, la perception de flux de trésorerie contractuels ne joue qu'un rôle accessoire dans l'atteinte de l'objectif du modèle économique. Par conséquent, de tels portefeuilles d'actifs financiers doivent être évalués à la juste valeur par le biais du résultat net.

Flux de trésorerie contractuels qui correspondent uniquement à des remboursements de principal et à des versements d'intérêts sur le principal restant dû

B4.1.7 Sauf en cas d'application du paragraphe 4.1.5, le paragraphe 4.1.1 b) impose à une entité de classer un actif financier en fonction des caractéristiques de ses flux de trésorerie contractuels si sa détention s'inscrit dans un modèle économique dont l'objectif est de détenir des actifs afin d'en percevoir les flux de trésorerie contractuels, ou dans un modèle économique dont l'objectif est atteint à la fois par la perception de flux de trésorerie contractuels et par la vente d'actifs financiers. Pour ce faire, la condition énoncée aux paragraphes 4.1.2 b) et 4.1.2A b) impose à l'entité de déterminer si les flux de trésorerie contractuels liés à l'actif correspondent uniquement à des remboursements de principal et à des versements d'intérêts sur le principal restant dû.

B4.1.7A Les flux de trésorerie contractuels qui correspondent uniquement à des remboursements de principal et à des versements d'intérêts sur le principal restant dû sont compatibles avec un contrat de prêt de base. Dans un contrat de prêt de base, les intérêts consistent principalement en une contrepartie pour la valeur temps de l'argent (voir paragraphes B4.1.9A à B4.1.9E) et pour le risque de crédit. Cependant, dans un tel contrat, les intérêts peuvent aussi comprendre une contrepartie pour d'autres risques (par exemple, le risque de liquidité) et frais (par exemple, des frais de gestion) associés à la détention de l'actif financier sur une durée donnée. En outre, les intérêts peuvent comprendre une marge qui est compatible avec un contrat de prêt de base. Dans une conjoncture économique extrême, les intérêts peuvent être négatifs si, par exemple, le porteur de l'actif financier paie, explicitement ou implicitement, pour déposer son argent sur une durée donnée (et que ce coût excède la contrepartie qu'il reçoit pour la valeur temps de l'argent, le risque de crédit et les autres risques et frais qui se rattachent au prêt de base). Cependant, des dispositions contractuelles qui exposent les flux de trésorerie contractuels à des risques ou à une volatilité sans rapport avec un contrat de prêt de base, par exemple des dispositions qui les exposent aux variations de cours des actions ou des marchandises, ne donnent pas lieu à des flux de trésorerie contractuels correspondant uniquement à des remboursements de principal et à des versements d'intérêts sur le principal restant dû. Un actif financier créé ou acquis peut constituer un contrat de prêt de base, quelle que soit sa forme juridique.

B4.1.7B Conformément au paragraphe 4.1.3 a), le principal correspond à la juste valeur de l'actif financier lors de la comptabilisation initiale. Toutefois, le principal peut varier au cours de la durée de vie de l'actif financier (par exemple, s'il y a des remboursements).

B4.1.8 L'appréciation que porte l'entité quant à savoir si les flux de trésorerie contractuels correspondent uniquement à des remboursements de principal et à des versements d'intérêts sur le principal restant dû doit se faire pour la monnaie dans laquelle l'actif financier est libellé.

B4.1.8A Pour déterminer si les flux de trésorerie contractuels d'un actif financier sont compatibles avec un contrat de prêt de base, il peut être nécessaire que l'entité prenne en compte chacune des composantes de l'intérêt séparément. L'appréciation de l'intérêt est axée sur les *raisons* pour lesquelles l'entité est rémunérée plutôt que sur le *montant* de la rémunération qu'elle reçoit. Néanmoins, le montant de la rémunération que reçoit l'entité peut indiquer que celle-ci est rémunérée pour autre chose que les risques et frais qui se rattachent à un prêt de base. Les flux de trésorerie contractuels sont incompatibles avec un contrat de prêt de base s'ils sont indexés sur une variable ne correspondant pas à des risques ou des frais se rattachant à un prêt de base (par exemple, la valeur d'instruments de capitaux propres ou le prix d'une marchandise) ou s'ils représentent une part des produits ou des bénéfices du débiteur, même si de telles dispositions contractuelles sont courantes sur le marché où l'entité exerce ses activités.

B4.1.9 Les flux de trésorerie contractuels de certains actifs financiers sont caractérisés par un effet de levier. L'effet de levier augmente la variabilité des flux de trésorerie contractuels de telle sorte que ces derniers n'ont pas les caractéristiques économiques des intérêts. Les contrats d'options autonomes, les contrats à terme de gré à gré et les contrats de swap constituent des exemples d'actifs financiers dotés de cet effet de levier. En conséquence, de tels contrats ne remplissent pas la condition énoncée aux paragraphes 4.1.2 b) et 4.1.2A b) et leur évaluation ultérieure ne peut pas se faire au coût amorti ou à la juste valeur par le biais des autres éléments du résultat global.

Contrepartie pour la valeur temps de l'argent

B4.1.9A La valeur temps de l'argent est la composante des intérêts qui fournit une contrepartie pour le passage du temps uniquement. Ainsi, la composante valeur temps de l'argent ne fournit pas de contrepartie pour d'autres risques ou frais associés à la détention de l'actif financier. Pour apprécier si la composante fournit une contrepartie pour le passage du temps uniquement, l'entité exerce son jugement en tenant compte des facteurs pertinents tels que la monnaie dans laquelle est libellé l'actif financier et la durée pour laquelle le taux d'intérêt est établi.

B4.1.9B Dans certains cas cependant, il se peut que la composante valeur temps de l'argent soit modifiée (c'est-à-dire imparfaite). C'est le cas, par exemple, si le taux d'intérêt de l'actif financier est révisé périodiquement, mais que la fréquence des révisions ne concorde pas avec la durée pour laquelle le taux d'intérêt est établi (par exemple, un taux d'intérêt révisé mensuellement en fonction du taux à un an) ou si le taux d'intérêt de l'actif financier est révisé périodiquement selon une moyenne de taux d'intérêt à court et à long terme. En pareil cas, l'entité doit apprécier la modification pour déterminer si les flux de trésorerie contractuels correspondent uniquement à des remboursements de principal et à des versements d'intérêts sur le principal restant dû. Dans certaines circonstances, l'entité peut être en mesure de le déterminer en effectuant une appréciation qualitative de la composante valeur temps de l'argent tandis que dans d'autres circonstances, il peut être nécessaire de procéder à une appréciation quantitative.

B4.1.9C L'appréciation d'une composante valeur temps de l'argent modifiée a pour objectif de déterminer la mesure dans laquelle les flux de trésorerie (non actualisés) contractuels pourraient différer des flux de trésorerie (non actualisés) qui seraient générés si la composante valeur temps de l'argent n'était pas modifiée (les « flux de trésorerie de référence »). Par exemple, si l'actif financier faisant l'objet de l'appréciation est assorti d'un taux d'intérêt variable révisé mensuellement en fonction du taux d'intérêt à un an, l'entité compare cet actif financier à un instrument financier dont les dispositions contractuelles et le risque de crédit sont identiques, si ce n'est que le taux d'intérêt variable est révisé mensuellement en fonction du taux d'intérêt à un mois. Si la composante valeur temps de l'argent modifiée est susceptible de donner lieu à des flux de trésorerie (non actualisés) contractuels qui diffèrent de manière importante des flux de trésorerie de référence (non actualisés), l'actif financier ne remplit pas la condition énoncée aux paragraphes 4.1.2 b) et 4.1.2A b). Pour le déterminer, l'entité doit tenir compte de l'effet de la composante valeur temps de l'argent modifiée pour chaque période de reporting et cumulativement sur la durée de vie de l'instrument financier. Le motif à l'origine du mode d'établissement du taux d'intérêt n'entre pas en ligne de compte dans l'analyse. Lorsqu'il est possible, sans analyse approfondie, de déterminer clairement si les flux de trésorerie (non actualisés) contractuels faisant l'objet de l'appréciation sont susceptibles (ou non) de s'écarter significativement des flux de trésorerie de référence (non actualisés), l'entité n'est pas tenue de procéder à une appréciation détaillée.

B4.1.9D Lorsqu'elle apprécie une composante valeur temps de l'argent modifiée, l'entité doit tenir compte des facteurs susceptibles d'avoir une incidence sur les flux de trésorerie contractuels futurs. Par exemple, si une entité apprécie une obligation dont la durée est de cinq ans et dont le taux variable fait l'objet d'une révision semestrielle en fonction du taux à cinq ans, elle ne peut pas conclure que les flux de trésorerie contractuels correspondent uniquement à des remboursements de principal et à des versements d'intérêts sur le principal restant dû au seul motif que la courbe des taux d'intérêt au moment de l'appréciation est telle que la différence entre un taux à cinq ans et un taux à six mois n'est pas significative. L'entité doit plutôt examiner si la relation entre le taux à cinq ans et le taux à six mois est susceptible de changer au cours de la durée de vie de l'instrument de telle manière que les flux de trésorerie (non actualisés) contractuels sur la durée de vie de l'instrument pourraient différer sensiblement des flux de trésorerie de référence (non actualisés). Toutefois, l'entité doit seulement considérer les scénarios raisonnablement possibles et non tous les scénarios possibles. Si l'entité conclut que les flux de trésorerie (non actualisés) contractuels sont susceptibles de s'écarter significativement des flux de trésorerie de référence (non actualisés), l'actif financier ne remplit pas la condition énoncée aux paragraphes 4.1.2 b) et 4.1.2A b) et ne peut donc pas être évalué au coût amorti ou à la juste valeur par le biais des autres éléments du résultat global.

B4.1.9E Dans certains ressorts territoriaux, c'est l'État ou une autorité de réglementation qui fixe les taux d'intérêt. Cette réglementation des taux d'intérêt par l'État peut, par exemple, s'inscrire dans une politique macroéconomique générale ou être mise en place afin d'encourager les entités à investir dans un secteur particulier de l'économie. Dans certains de ces cas, l'objectif de la composante valeur temps de l'argent n'est pas de fournir une contrepartie pour le passage du temps uniquement. Cependant, nonobstant les paragraphes B4.1.9A à B4.1.9D, un taux d'intérêt réglementé doit être considéré comme indicateur de la composante valeur temps de l'argent aux fins de l'application de la condition énoncée aux paragraphes 4.1.2 b) et 4.1.2A b) si ce taux d'intérêt réglementé fournit une contrepartie qui correspond dans une large mesure au passage du temps et n'entraîne pas d'exposition aux risques ou à la volatilité des flux de trésorerie contractuels incompatible avec un contrat de prêt de base.

Dispositions contractuelles qui modifient l'échéancier ou le montant des flux de trésorerie contractuels

B4.1.10 Si un actif financier est assorti de dispositions contractuelles susceptibles de modifier l'échéancier ou le montant des flux de trésorerie contractuels (par exemple, si l'actif peut faire l'objet d'un remboursement anticipé ou si sa durée peut être prolongée), l'entité doit déterminer si les flux de trésorerie contractuels qui pourraient résulter de ces dispositions contractuelles sur la durée de vie de l'instrument correspondent uniquement à des remboursements de principal et à des versements d'intérêts sur le principal restant dû. Pour le déterminer, l'entité doit apprécier les flux de trésorerie contractuels qui pourraient être générés tant avant qu'après la modification des flux de trésorerie contractuels, quelle que soit la probabilité que cette modification se produise. Il peut également être nécessaire qu'elle apprécie la nature de toute éventualité (c'est-à-dire l'événement déclencheur) qui modifierait l'échéancier ou le montant des flux de trésorerie contractuels. Bien que la nature de l'éventualité ne soit pas en soi un facteur déterminant pour apprécier si les flux de trésorerie contractuels correspondent uniquement à des remboursements de principal et à des versements d'intérêts, elle peut constituer un indicateur. Par exemple, comparons un instrument financier dont le taux d'intérêt est révisé à la hausse lorsque le débiteur est en défaut sur un nombre donné de paiements avec un instrument financier dont le taux d'intérêt est révisé à la hausse lorsqu'un indice boursier particulier atteint un niveau donné. Il est plus probable dans le cas du premier instrument que les flux de trésorerie contractuels sur la durée de vie de l'instrument correspondront uniquement à des remboursements de principal et à des versements d'intérêts sur le principal restant dû, en raison de la relation entre les défauts de paiement et l'augmentation du risque de crédit. Dans le cas du premier instrument, la nature de l'éventualité est directement liée aux variations des risques et frais qui se rattachent à un prêt de base, et la modification des flux de trésorerie contractuels est de sens cohérent avec ces variations (voir aussi paragraphe B4.1.18).

B4.1.10A Dans certains cas, une clause conditionnelle donne lieu à des flux de trésorerie contractuels qui sont compatibles avec un contrat de prêt de base tant avant qu'après la modification des flux de trésorerie contractuels, mais la nature de l'éventualité elle-même n'est pas directement liée aux variations des risques et frais qui se rattachent à un prêt de base. Par exemple, le taux d'intérêt d'un prêt est ajusté d'un nombre déterminé de points de base si le débiteur atteint un objectif contractuellement défini de réduction des émissions de carbone. En pareil cas, pour l'application du paragraphe B4.1.10, l'actif financier génère des flux de trésorerie contractuels qui correspondent uniquement à des remboursements de principal et à des versements d'intérêts sur le principal restant dû si, et seulement si, dans tous les scénarios contractuellement possibles, les flux de trésorerie contractuels ne diffèrent pas de manière importante des flux de trésorerie contractuels d'un instrument financier dont les dispositions contractuelles seraient identiques, mais sans une telle clause conditionnelle. Dans certaines circonstances, l'entité peut être en mesure de le déterminer en effectuant une appréciation qualitative ; mais dans d'autres circonstances, il peut être nécessaire de procéder à une appréciation quantitative. Lorsqu'il est possible, sans analyse approfondie, de déterminer clairement que les flux de trésorerie contractuels ne diffèrent pas de manière importante, l'entité n'est pas tenue de procéder à une appréciation détaillée.

B4.1.11 Voici des exemples de dispositions contractuelles se traduisant par des flux de trésorerie contractuels qui correspondent uniquement à des remboursements de principal et à des versements d'intérêts sur le principal restant dû :

a) un taux d'intérêt variable constitué d'une contrepartie pour la valeur temps de l'argent, le risque de crédit associé au principal restant dû sur une durée donnée (la contrepartie pour le risque de crédit pouvant cependant être déterminée lors de l'évaluation initiale seulement, et ainsi être fixe) et d'autres risques et frais se rattachant au prêt de base, ainsi que d'une marge ;

b) une disposition contractuelle qui permet à l'émetteur (c'est-à-dire au débiteur) d'effectuer – ou au porteur (c'est-à-dire au créancier) d'obtenir – le remboursement anticipé de l'instrument d'emprunt, le montant du remboursement anticipé représentant essentiellement le principal restant dû et les intérêts y afférents, et pouvant comprendre un montant raisonnable rémunérant la résiliation anticipée du contrat ; et

c) une disposition contractuelle qui permet à l'émetteur ou au porteur de prolonger la durée contractuelle de l'instrument d'emprunt (c'est-à-dire une option de prolongation) et qui se traduit, durant la prolongation, par des flux de trésorerie contractuels qui correspondent uniquement à des remboursements de principal et à des intérêts sur le principal restant dû, et qui peuvent comprendre un montant complémentaire raisonnable rémunérant la prolongation du contrat.

B4.1.12 Nonobstant le paragraphe B4.1.10, un actif financier qui, autrement, remplirait la condition énoncée aux paragraphes 4.1.2 b) et 4.1.2A b) mais ne la remplit pas pour la seule raison qu'une disposition contractuelle permet (ou impose) à l'émetteur d'effectuer – ou au porteur d'obtenir – le remboursement anticipé de l'instrument d'emprunt peut être évalué au coût amorti ou à la juste valeur par le biais des autres éléments du résultat global [sous réserve du respect de la condition énoncée au paragraphe 4.1.2 a) ou de la condition énoncée au paragraphe 4.1.2A a)] si les conditions suivantes sont réunies :

a) l'entité acquiert ou crée l'actif financier avec une surcote ou une décote par rapport à la valeur nominale contractuelle ;

b) le montant du remboursement anticipé représente essentiellement la valeur nominale contractuelle et les intérêts contractuels accumulés (mais impayés), ce qui peut comprendre un montant raisonnable rémunérant la résiliation anticipée du contrat ; et

c) lors de la comptabilisation initiale de l'actif financier par l'entité, la juste valeur de la clause de remboursement anticipé ne représente pas un montant significatif.

B4.1.12A Aux fins de l'application des paragraphes B4.1.11 b) et B4.1.12 b), une partie peut, indépendamment de l'événement ou de la circonstance qui a causé la résiliation anticipée du contrat, payer ou recevoir un montant raisonnable rémunérant cette résiliation anticipée. Par exemple, une partie peut payer ou recevoir un montant raisonnable de rémunération lorsqu'elle choisit de résilier le contrat par anticipation (ou provoque la résiliation anticipée du contrat).

B4.1.13 **Voici des exemples de situations où les flux de trésorerie contractuels correspondent uniquement à des remboursements de principal et à des versements d'intérêts sur le principal restant dû. Ce n'est pas une liste exhaustive.**

Instrument	Analyse
Instrument A L'instrument A est une obligation ayant une date d'échéance stipulée. Les remboursements de principal et les versements d'intérêts sur le principal restant dû sont indexés sur un indice d'inflation de la monnaie dans laquelle l'instrument est libellé. L'indexation sur l'inflation ne comporte aucun effet de levier et le principal est protégé.	Les flux de trésorerie contractuels correspondent uniquement à des remboursements de principal et à des versements d'intérêts sur le principal restant dû. Le fait d'indexer les remboursements de principal et les versements d'intérêts sur le principal restant dû sur un indice d'inflation sans effet de levier permet de remettre à jour la valeur temps de l'argent. En d'autres termes, le taux d'intérêt de l'instrument reflète l'intérêt « réel ». Ainsi, les intérêts constituent une contrepartie pour la valeur temps de l'argent associée au principal restant dû. En revanche, si les versements d'intérêts sont indexés sur une autre variable, telle que la performance du débiteur (par exemple, son résultat net) ou un indice boursier, les flux de trésorerie contractuels ne correspondent pas à des remboursements de principal et à des versements d'intérêts sur le principal restant dû (sauf si l'indexation sur la performance du débiteur se traduit par un ajustement qui ne fait que dédommager le porteur des variations du risque de crédit de l'instrument, de telle sorte que les flux de trésorerie contractuels correspondent uniquement à des remboursements de principal et à des versements d'intérêts). En effet, les flux de trésorerie contractuels représentent ainsi un rendement qui n'est pas compatible avec un contrat de prêt de base (voir paragraphe B4.1.7A).
Instrument B L'instrument B est un instrument à taux d'intérêt variable ayant une date d'échéance stipulée qui permet continuellement à l'emprunteur de choisir le taux d'intérêt du marché. Par exemple, à chaque date de révision du taux d'intérêt, l'emprunteur peut choisir de payer le LIBOR à trois mois pour une échéance à trois mois ou le LIBOR à un mois pour une échéance à un mois.	Les flux de trésorerie contractuels correspondent uniquement à des remboursements de principal et à des versements d'intérêts sur le principal restant dû, tant que les intérêts versés au cours de la durée de vie de l'instrument représentent une contrepartie pour la valeur temps de l'argent, le risque de crédit associé à l'instrument et les autres risques et frais qui se rattachent à un prêt de base, de même qu'une marge (voir paragraphe B4.1.7A). Le fait que le taux d'intérêt LIBOR soit révisé pendant la durée de vie de l'instrument n'empêche pas en soi l'instrument de répondre à la condition. Cependant, si l'emprunteur peut choisir de payer un taux d'intérêt à un mois qui est révisé trimestriellement le taux d'intérêt est révisé à une fréquence qui ne concorde pas avec la durée pour laquelle le taux d'intérêt est établi. Par conséquent, la composante valeur temps de l'argent est modifiée. De même, si le taux d'intérêt contractuel de l'instrument est fondé sur une échéance qui peut excéder la durée de vie restante de l'instrument (par exemple, si l'instrument d'une durée de cinq ans rapporte un taux variable révisé périodiquement, mais reflétant toujours une échéance à cinq ans), la composante valeur temps de l'argent est modifiée. En effet, les intérêts à verser à chaque période sont sans rapport avec la période d'intérêts. En pareil cas, l'entité doit apprécier, sur une base qualitative ou quantitative, les flux de trésorerie contractuels au regard de ceux d'un instrument qui est identique à tous les égards, si ce n'est que son taux d'intérêt est établi pour une durée qui concorde avec la période d'intérêts, afin de déterminer si les flux de trésorerie correspondent uniquement à des remboursements de principal et à des versements d'intérêts sur le principal restant dû. (pour des indications sur les taux d'intérêt réglementés, voir aussi paragraphe B4.1.9E.)

Instrument	Analyse
Instrument B *(suite)*	Par exemple, pour apprécier une obligation à cinq ans qui rapporte un taux variable révisé semestriellement, mais reflétant toujours une échéance à cinq ans, l'entité examine les flux de trésorerie contractuels d'un instrument qui est révisé semestriellement en fonction d'un taux d'intérêt à six mois, mais qui est identique par ailleurs. La même analyse s'applique si l'emprunteur peut choisir entre divers taux d'intérêt publiés par le prêteur (par exemple, si l'emprunteur peut choisir entre les taux d'intérêt variables à un mois et à trois mois publiés par le prêteur).
Instrument C L'instrument C est une obligation ayant une date d'échéance stipulée et portant intérêt à un taux de marché variable. Ce taux d'intérêt variable est plafonné.	Les flux de trésorerie contractuels générés par : a) un instrument à taux d'intérêt fixe, et b) un instrument à taux d'intérêt variable correspondent dans les deux cas à des remboursements de principal et à des versements d'intérêts sur le principal restant dû, tant que les intérêts versés au cours de la durée de vie de l'instrument représentent une contrepartie pour la valeur temps de l'argent, le risque de crédit associé à l'instrument pendant la durée de celui-ci et les autres risques et frais qui se rattachent à un prêt de base, de même qu'une marge (voir paragraphe B4.1.7A). Par conséquent, un instrument qui est une combinaison de a) et de b) (par exemple, une obligation à taux d'intérêt plafonné) peut avoir des flux de trésorerie qui correspondent uniquement à des remboursements de principal et à des versements d'intérêts sur le principal restant dû. Une telle disposition contractuelle peut réduire la variabilité des flux de trésorerie en imposant une limite (un plafond ou un plancher) à un taux d'intérêt variable, comme elle peut augmenter la variabilité des flux de trésorerie en rendant variable un taux fixe.
Instrument D L'instrument D est un prêt avec droit de recours intégral assorti d'une garantie.	Le fait qu'un prêt avec droit de recours intégral soit garanti n'a pas en soi d'incidence sur la question de savoir si les flux de trésorerie contractuels correspondent uniquement à des remboursements de principal et à des versements d'intérêts sur le principal restant dû.
Instrument E L'instrument E est émis par une banque réglementée et a une date d'échéance stipulée. L'instrument est assorti d'un taux d'intérêt fixe et tous les flux de trésorerie contractuels sont non discrétionnaires. Cependant, l'émetteur est assujetti à des dispositions légales qui permettent ou imposent à une autorité de résolution nationale de faire assumer des pertes par les détenteurs de certains instruments, y compris l'instrument E, dans des circonstances particulières. Par exemple, l'autorité de résolution nationale a le pouvoir de réduire la valeur nominale de l'instrument E ou de le convertir en un nombre déterminé d'actions ordinaires de l'émetteur si elle détermine que celui-ci a de graves difficultés financières, n'a pas assez de capital réglementaire ou est « en faillite ».	Le porteur de l'instrument analysera les **dispositions contractuelles** de l'instrument financier pour déterminer si elles se traduisent par des flux de trésorerie qui correspondent uniquement à des remboursements de principal et à des versements d'intérêts sur le principal restant dû et partant, sont compatibles avec un contrat de prêt de base. Cette analyse ne tiendra pas compte des paiements résultant uniquement du pouvoir de l'autorité de résolution nationale de faire assumer des pertes aux porteurs de l'instrument E. En effet, ce pouvoir et les paiements qui en résultent ne sont pas des **dispositions contractuelles** de l'instrument financier.

Instrument	Analyse
Instrument E *(suite)*	En revanche, les flux de trésorerie contractuels ne correspondront pas uniquement à des remboursements de principal et à des versements d'intérêts sur le principal restant dû si les **dispositions contractuelles** de l'instrument financier permettent ou imposent à l'émetteur ou à une autre entité de faire assumer des pertes par le porteur (p. ex., par une réduction de la valeur nominale ou par la conversion de l'instrument en un nombre déterminé d'actions ordinaires de l'émetteur), tant que ces dispositions contractuelles sont véritables, même s'il est peu probable que le porteur doive assumer une telle perte.
Instrument EA L'instrument EA est un prêt assorti d'un taux d'intérêt qui est ajusté à chaque période de reporting d'un nombre déterminé de points de base si le débiteur atteint un objectif contractuellement défini de réduction des émissions de carbone pendant la période de reporting précédente. Le montant maximum d'ajustements cumulés possible ne modifierait pas de manière importante le taux d'intérêt du prêt.	Les flux de trésorerie contractuels correspondent uniquement à des remboursements de principal et à des versements d'intérêts sur le principal restant dû. L'entité examine si les flux de trésorerie contractuels qui pourraient être générés tant avant qu'après chaque modification des flux de trésorerie contractuels correspondent uniquement à des remboursements de principal et à des versements d'intérêts (voir paragraphe B4.1.10). Si l'éventualité de la réalisation de l'objectif d'émissions de carbone se produit, le taux d'intérêt est ajusté d'un nombre déterminé de points de base, ce qui donne lieu à des flux de trésorerie contractuels compatibles avec un contrat de prêt de base. C'est uniquement parce que la nature de l'éventualité elle-même n'est pas directement liée aux variations des risques et frais qui se rattachent à un prêt de base que l'entité ne peut pas déterminer – sans procéder à une appréciation plus poussée – si les flux de trésorerie de l'actif financier correspondent uniquement à des remboursements de principal et à des versements d'intérêts. Par conséquent, l'entité évalue si, dans tous les scénarios contractuellement possibles, les flux de trésorerie contractuels ne diffèrent pas de manière importante des flux de trésorerie contractuels d'un instrument financier dont les dispositions contractuelles sont identiques, mais sans la clause conditionnelle liée aux émissions de carbone (voir paragraphe B4.1.10A). Comme les ajustements éventuels au cours de la durée de vie de l'instrument ne donneraient pas lieu à des flux de trésorerie contractuels qui diffèrent de manière importante, l'entité conclut que le prêt donne lieu à des flux de trésorerie contractuels qui correspondent uniquement à des remboursements de principal et à des versements d'intérêts sur le principal restant dû.

B4.1.14 Voici des exemples de situations où les flux de trésorerie contractuels ne correspondent pas uniquement à des remboursements de principal et à des versements d'intérêts sur le principal restant dû. Ce n'est pas une liste exhaustive.

Instrument	Analyse
Instrument F L'instrument F est une obligation qui est convertible en un nombre déterminé d'instruments de capitaux propres de l'émetteur.	Le porteur analyserait l'obligation convertible dans sa totalité. Les flux de trésorerie contractuels ne correspondent pas à des remboursements de principal et à des versements d'intérêts sur le principal restant dû, car ils représentent un rendement qui n'est pas compatible avec un contrat de prêt de base (voir paragraphe B4.1.7A) ; c'est-à-dire que le rendement est lié à la valeur des actions de l'émetteur.

Instrument	Analyse
Instrument G L'instrument G est un prêt portant intérêt à taux variable inversé (c'est-à-dire que le taux d'intérêt est inversement corrélé aux taux d'intérêt du marché).	Les flux de trésorerie contractuels ne correspondent pas uniquement à des remboursements de principal et à des versements d'intérêts sur le principal restant dû. Les intérêts ne constituent pas ici une contrepartie pour la valeur temps de l'argent associée au principal restant dû.
Instrument H L'instrument H est un instrument perpétuel que l'émetteur peut toutefois rembourser à tout moment en payant au porteur la valeur nominale, majorée des intérêts accumulés. L'instrument H porte intérêt à un taux du marché, mais aucun intérêt n'est à verser dans le cas où cela rendrait l'émetteur insolvable aussitôt après. Les intérêts différés ne portent pas eux-mêmes intérêt.	Les flux de trésorerie contractuels ne correspondent pas à des remboursements de principal et à des versements d'intérêts sur le principal restant dû. En effet, il se peut que l'émetteur soit tenu de différer les versements d'intérêts ; or, aucun intérêt supplémentaire ne s'accumule sur ces intérêts différés. Il en résulte que les intérêts ne constituent pas une contrepartie pour la valeur temps de l'argent associée au principal restant dû. Si les intérêts différés portaient eux-mêmes intérêt, les flux de trésorerie contractuels pourraient correspondre à des remboursements de principal et à des versements d'intérêts sur le principal restant dû. Le fait que l'instrument H soit perpétuel ne signifie pas en soi que les flux de trésorerie contractuels ne correspondent pas à des remboursements de principal et à des versements d'intérêts sur le principal restant dû. Concrètement, pour un instrument, la perpétuité équivaut à une succession continuelle (une multiplicité) d'options de prolongation. De telles options peuvent donner lieu à des flux de trésorerie contractuels qui correspondent à des remboursements de principal et à des versements d'intérêts sur le principal restant dû si les versements d'intérêts sont obligatoires et qu'ils doivent être effectués à perpétuité. Par ailleurs, le fait que l'instrument H soit remboursable par anticipation ne signifie pas que les flux de trésorerie contractuels ne correspondent pas à des remboursements de principal et à des versements d'intérêts sur le principal restant dû, à moins que le montant du remboursement anticipé ne reflète pas essentiellement le remboursement du principal restant dû et le versement des intérêts sur ce principal. Les flux de trésorerie contractuels peuvent correspondre à des remboursements de principal et à des versements d'intérêts sur le principal restant dû même si le montant du remboursement anticipé comprend un supplément pour dédommager raisonnablement le détenteur de l'annulation anticipée de l'instrument. (voir aussi paragraphe B4.1.12.)
Instrument I L'instrument I est un prêt assorti d'un taux d'intérêt qui est ajusté à chaque période de reporting afin de suivre les fluctuations d'un indice de prix du carbone déterminé par le marché pendant la période de reporting précédente.	Les flux de trésorerie contractuels ne correspondent pas uniquement à des remboursements de principal et à des versements d'intérêts sur le principal restant dû. Les flux de trésorerie contractuels sont indexés sur une variable (l'indice de prix du carbone) qui ne correspond pas à des risques ou des frais se rattachant à un prêt de base. Par conséquent, les flux de trésorerie contractuels sont incompatibles avec un contrat de prêt de base (voir paragraphe B4.1.8A).

B4.1.15 Dans certains cas, il peut arriver que les flux de trésorerie contractuels d'un actif financier soient décrits comme correspondant au principal et aux intérêts, mais qu'ils ne représentent pas des remboursements de principal et des versements d'intérêts sur le principal restant dû au sens des paragraphes 4.1.2 b), 4.1.2A b) et 4.1.3 de la présente norme.

B4.1.16 Ce peut être le cas lorsque l'actif financier correspond à un placement dans des actifs ou des flux de trésorerie particuliers et que, par consé-

quent, les flux de trésorerie contractuels ne correspondent pas uniquement à des remboursements de principal et à des versements d'intérêts sur le principal restant dû. Par exemple, si les dispositions contractuelles stipulent que les flux de trésorerie de l'actif financier augmentent au fur et à mesure qu'un plus grand nombre d'automobiles utilisent une autoroute à péage donnée, ces flux de trésorerie contractuels ne sont pas compatibles avec un contrat de prêt de base. Par conséquent, l'instrument ne satisferait pas à la condition énoncée aux paragraphes 4.1.2 b) et 4.1.2A b).

B4.1.16A La situation décrite au paragraphe B4.1.15 peut également se produire si l'actif financier est garanti uniquement par sûreté réelle (un tel actif peut aussi être désigné comme étant « sans droit de recours »). Un actif financier est garanti uniquement par sûreté réelle si le droit ultime de l'entité de percevoir les flux de trésorerie est contractuellement limité aux flux de trésorerie générés par des actifs spécifiés. Autrement dit, l'entité est principalement exposée au risque de rendement propre aux actifs spécifiés plutôt qu'au risque de crédit du débiteur. Par exemple, le droit ultime d'un créancier de percevoir les flux de trésorerie peut être contractuellement limité aux flux de trésorerie générés par des actifs spécifiés d'une entité structurée.

B4.1.17 Cependant, le fait qu'un actif financier soit garanti uniquement par sûreté réelle ne l'empêche pas nécessairement, en soi, de remplir la condition énoncée aux paragraphes 4.1.2 b) et 4.1.2A b). En pareille situation, le créancier est tenu d'apprécier le lien entre les actifs ou flux de trésorerie sous-jacents en question et les flux de trésorerie contractuels de l'actif financier à classer afin de déterminer si ces flux de trésorerie contractuels correspondent à des remboursements de principal et à des versements d'intérêts sur le principal restant dû. L'entité doit également déterminer l'incidence qu'exercent sur ce lien d'autres accords contractuels, tels que des créances subordonnées ou des instruments de capitaux propres émis par le débiteur. Si les dispositions de l'actif financier donnent lieu à d'autres flux de trésorerie ou limitent les flux de trésorerie de telle façon que les paiements ne représentent pas le principal et les intérêts, l'actif financier ne remplit pas la condition énoncée aux paragraphes 4.1.2 b) et 4.1.2A b). Le fait que les actifs sous-jacents soient des actifs financiers ou des actifs non financiers n'a pas en soi d'incidence sur l'appréciation.

B4.1.18 Une caractéristique des flux de trésorerie contractuels n'a pas d'incidence sur le classement de l'actif financier si elle ne peut avoir qu'un effet minime sur les flux de trésorerie contractuels de l'actif financier. Pour le déterminer, l'entité doit tenir compte de l'effet possible de la caractéristique des flux de trésorerie contractuels sur chaque période de reporting et cumulativement sur la durée de vie de l'instrument financier. En outre, si une caractéristique des flux de trésorerie contractuels est susceptible de produire sur les flux de trésorerie contractuels un effet qui est plus que minime (que ce soit sur une seule période de reporting ou cumulativement), mais que cette caractéristique n'est pas véritable, elle n'a pas d'incidence sur le classement de l'actif financier. Une caractéristique des flux de trésorerie n'est pas véritable si elle n'a d'incidence sur les flux de trésorerie contractuels de l'instrument que lorsqu'un événement extrêmement rare, hautement anormal et très improbable survient.

B4.1.19 Dans presque toute transaction de prêt, l'instrument du créancier se voit attribuer un rang par rapport à ceux des autres créanciers du débiteur. Dans le cas d'un instrument de rang inférieur, les flux de trésorerie contractuels peuvent correspondre à des remboursements de principal et à des versements d'intérêts sur le principal restant dû si un non-paiement de la part du débiteur constitue un manquement au contrat et si le porteur a un droit contractuel au principal restant dû et aux intérêts non versés sur ce principal, même en cas de faillite du débiteur. Par exemple, une créance client qui confère à son détenteur le rang de créancier ordinaire répondrait à la définition d'un instrument dont les flux de trésorerie correspondent à des remboursements de principal et à des versements d'intérêts sur le principal restant dû. C'est le cas même si le débiteur a contracté des emprunts garantis, ce qui, en cas de faillite, donne priorité aux créanciers garantis sur le créancier ordinaire en ce qui concerne les instruments de garantie, mais n'a pas d'incidence sur le droit contractuel du créancier ordinaire en ce qui concerne le principal non encore remboursé et les autres sommes exigibles.

Instruments liés par contrat

B4.1.20 Il se peut que, dans certains types de transactions garanties uniquement par sûreté réelle, un émetteur établisse un ordre de priorité de paiement entre les porteurs des actifs financiers en liant de multiples instruments entre eux par contrat (« tranches »). Chaque tranche se voit attribuer un rang de subordination qui précise sa place dans l'ordre de distribution des flux de trésorerie générés par l'émetteur au moyen du portefeuille d'instruments financiers sous-jacent. L'ordre de priorité des paiements destinés aux porteurs de ces tranches est établi à l'aide d'une structure de paiement en cascade qui crée des concentrations de risque de crédit et donne lieu à une répartition non proportionnelle des insuffisances de flux de trésorerie du portefeuille sous-jacent entre les tranches. En pareil cas, les porteurs d'une tranche n'ont droit à des remboursements de principal et à des versements d'intérêts sur le principal restant dû que si l'émetteur génère des flux de trésorerie suffisants pour satisfaire les tranches de rang supérieur. Dans ces types de transactions, les porteurs d'une tranche appliquent les paragraphes B4.1.21 à B4.1.26 au lieu du paragraphe B4.1.17.

B4.1.20A Certaines transactions susceptibles de comporter de multiples instruments d'emprunt et semblant présenter les caractéristiques décrites au paragraphe B4.1.20 sont, en fait, des contrats de prêt qui sont structurés de manière à offrir une protection de crédit accrue à un créancier (ou à un groupe de créanciers). Par exemple, une entité structurée peut être créée pour détenir les actifs sous-jacents qui généreront les flux de trésorerie nécessaires au remboursement du créancier. L'entité structurée émet des instruments d'emprunt de premier et de second rang. Le créancier détient l'instrument d'emprunt de premier rang et l'entité sponsor de l'entité structurée qui détient l'instrument d'emprunt de second rang n'a pas la capacité pratique de vendre ce dernier sans que l'instrument d'emprunt de premier rang ne devienne exigible. Les porteurs de tels instruments d'emprunt appliquent les paragraphes B4.1.7 à B4.1.19 au lieu des paragraphes B4.1.21 à B4.1.26.

B4.1.21 Dans les transactions qui comportent des instruments liés entre eux par contrat, décrites au paragraphe B4.1.20, les flux de trésorerie d'une tranche ont les caractéristiques de remboursements de principal et de versements d'intérêts sur le principal restant dû seulement si les trois conditions suivantes sont remplies :

a) les dispositions contractuelles de la tranche évaluée pour classement (sans analyse du portefeuille d'instruments financiers sous-jacent) donnent lieu à des flux de trésorerie qui sont uniquement des remboursements de principal et des versements d'intérêts sur le principal restant dû (par exemple, le taux d'intérêt sur la tranche n'est pas indexé sur un indice sur marchandises) ;

b) les flux de trésorerie du portefeuille d'instruments financiers sous-jacent ont les caractéristiques décrites aux paragraphes B.4.1.23 et B4.1.24 ; et

c) l'exposition de la tranche au risque de crédit présent dans le portefeuille d'instruments financiers sous-jacent est égale ou inférieure à l'exposition du portefeuille lui-même à ce risque de crédit (par exemple, la note de crédit de la tranche évaluée pour classement est égale ou supérieure à la note de crédit qui s'appliquerait à une tranche unique qui aurait financé le portefeuille d'instruments financiers sous-jacent).

B4.1.22 L'entité doit pousser son analyse jusqu'à ce qu'elle puisse mettre en évidence le portefeuille sous-jacent d'instruments qui génèrent les flux de trésorerie (au lieu de simplement les transmettre). Ce portefeuille est le « portefeuille d'instruments financiers sous-jacent ».

B4.1.23 Le portefeuille sous-jacent doit comporter un ou plusieurs instruments dont les flux de trésorerie contractuels correspondent uniquement à des remboursements de principal et à des versements d'intérêts sur le principal restant dû. Aux fins de cette appréciation, le portefeuille sous-jacent peut comprendre des instruments financiers qui n'entrent pas dans le champ d'application des dispositions en matière de classement (voir section 4.1), mais dont les flux de trésorerie contractuels équivalent à des flux qui correspondent uniquement à des remboursements de principal et des versements d'intérêts sur le principal restant dû, par exemple certaines créances locatives. Cependant, les créances locatives qui sont exposées au risque lié à la valeur résiduelle, ou qui sont constituées de paiements de loyers variables indexés sur une variable ne correspondant pas à des risques ou des frais se rattachant à un prêt de base (par exemple, prix du marché locatif), ne comportent pas de flux de trésorerie contractuels équivalant à des flux qui correspondent uniquement à des remboursements de principal et des versements d'intérêts sur le principal restant dû.

B4.1.24 Le portefeuille d'instruments sous-jacent peut aussi comprendre des instruments qui, selon le cas :

a) réduisent la variabilité des flux de trésorerie des instruments mentionnés au paragraphe B4.1.23 et, lorsqu'ils sont combinés avec ces mêmes instruments, donnent lieu à des flux de trésorerie qui correspondent uniquement à des remboursements de principal et à des versements d'intérêts sur le principal restant dû (par exemple, un plafond ou un plancher de taux d'intérêt ou un contrat réduisant le risque de crédit sur tout ou partie des instruments mentionnés au paragraphe B4.1.23) ; ou

b) alignent les flux de trésorerie des tranches sur les flux de trésorerie du portefeuille d'instruments sous-jacent mentionné au paragraphe B4.1.23 afin d'éliminer des différences uniquement quant aux points suivants :

i) la fixité ou la variabilité du taux d'intérêt,

ii) la monnaie dans laquelle les flux de trésorerie sont libellés, y compris l'inflation dans cette monnaie ; ou

iii) l'échéancier des flux de trésorerie.

B4.1.25 Si l'un quelconque des instruments du portefeuille ne remplit pas les conditions énoncées soit au paragraphe B4.1.23, soit au paragraphe B4.1.24, la condition du paragraphe B4.1.21 b) n'est pas remplie. L'entité doit toutefois faire appel au jugement et réaliser une analyse suffisante pour déterminer si les instruments du portefeuille remplissent les conditions énoncées aux paragraphes B4.1.23 et B4.1.24 (voir aussi paragraphe B4.1.18 pour des indications sur les caractéristiques des flux de trésorerie contractuels qui n'ont qu'un effet minime).

B4.1.26 Si le porteur n'est pas en mesure d'apprécier si les conditions énoncées au paragraphe B4.1.21 sont remplies lors de la comptabilisation initiale, la tranche doit être évaluée à la juste valeur par le biais du résultat net. Si le portefeuille d'instruments sous-jacent peut évoluer après la comptabilisation initiale de telle manière qu'il soit susceptible de ne plus remplir les conditions énoncées aux paragraphes B4.1.23 et B4.1.24, la tranche ne remplit pas les conditions du paragraphe B4.1.21 et doit être évaluée à la juste valeur par le biais du résultat net. Toutefois, si le portefeuille sous-jacent comporte des instruments qui sont garantis par des actifs ne remplissant pas les conditions énoncées aux paragraphes B4.1.23 et B4.1.24, la possibilité de prendre possession de ces actifs doit être ignorée aux fins de l'application du présent paragraphe, à moins que l'entité ait acquis la tranche dans l'intention de contrôler les actifs donnés en garantie.

➡ Option de désigner un actif financier ou un passif financier comme étant évalué à la juste valeur par le biais du résultat net (sections 4.1 et 4.2)

B4.1.27 Sous réserve des conditions énoncées aux paragraphes 4.1.5 et 4.2.2, la présente norme permet à l'entité de désigner un actif financier, un passif financier ou un groupe d'instruments financiers (actifs financiers, passifs financiers ou les deux) comme étant évalué à la juste valeur par le biais du résultat net, à condition que cette désignation aboutisse à des informations plus pertinentes.

B4.1.28 La décision de l'entité de désigner un actif financier ou un passif financier comme étant évalué à la juste valeur par le biais du résultat net est similaire à un choix de méthode comptable (même si, contrairement à un choix de méthode comptable, il n'est pas obligatoire de l'appliquer systématiquement à toutes les transactions semblables). Lorsqu'une entité a un tel choix, le paragraphe 14 b) d'IAS 8 impose que la méthode choisie aboutisse à des états financiers qui fournissent des informations fiables et plus pertinentes sur les conséquences de ces transactions, autres événements ou conditions sur la situation financière, la performance financière ou les flux de trésorerie de l'entité. Par exemple, dans le cas de la désignation d'un passif financier comme étant évalué à la juste valeur par le biais du résultat net, le paragraphe 4.2.2 définit les deux circonstances dans lesquelles l'exigence d'informations plus pertinentes est satisfaite. En conséquence, pour choisir cette désignation conformément au paragraphe 4.2.2, il faut que l'entité puisse démontrer qu'au moins l'une de ces deux circonstances est présente.

Désignation qui élimine ou réduit sensiblement une non-concordance comptable

B4.1.29 L'évaluation d'un actif financier ou d'un passif financier et le classement des variations comptabilisées de sa valeur sont déterminés selon le classement de l'élément et selon que l'élément fait partie ou non d'une relation de couverture désignée. Il peut en résulter une incohérence d'évaluation ou de comptabilisation (parfois appelée « non-concordance comptable ») lorsque, par exemple, s'il n'était pas désigné comme étant évalué à la juste valeur par le biais du résultat net, un actif financier serait classé comme étant ultérieurement évalué à la juste valeur par le biais du résultat net et un passif que l'entité considère comme lié à cet actif serait ultérieurement évalué au coût amorti (les variations de la juste valeur n'étant alors pas comptabilisées). Dans de telles circonstances, l'entité peut conclure que ses états financiers fourniraient des informations plus pertinentes si l'actif et le passif étaient tous deux évalués à la juste valeur par le biais du résultat net.

B4.1.30 Les exemples présentés ci-dessous illustrent les cas où cette condition pourrait être remplie. Quel que soit le cas, une entité ne peut utiliser cette condition pour désigner des actifs financiers ou des passifs financiers comme étant évalué à la juste valeur par le biais du résultat net que si elle satisfait au principe du paragraphe 4.1.5 ou 4.2.2 a) :

a) une entité a des contrats entrant dans le champ d'application d'IFRS 17 (dont l'évaluation intègre des informations actuelles), et des actifs financiers qu'elle considère comme liés et qui, autrement, seraient évalués à la juste valeur par le biais des autres éléments du résultat global ou au coût amorti ;
b) une entité a des actifs financiers et/ou des passifs financiers ayant en commun un risque, tel qu'un risque de taux d'intérêt, qui donne lieu à des variations de la juste valeur en sens contraire qui tendent à se compenser. Toutefois, seuls quelques-uns des instruments seraient évalués à la juste valeur par le biais du résultat net (par exemple, les instruments dérivés ou classés comme détenus à des fins de transaction). Il peut également arriver que les conditions d'applicabilité de la comptabilité de couverture ne soient pas remplies, par exemple lorsqu'il n'est pas satisfait aux dispositions du paragraphe 6.4.1 concernant l'efficacité de la couverture ;
c) une entité a des actifs financiers et/ou des passifs financiers ayant en commun un risque, tel qu'un risque de taux d'intérêt, qui donne lieu à des variations de la juste valeur en sens contraire qui tendent à se compenser, et aucun de ces actifs financiers ou passifs financiers ne satisfait aux conditions requises pour être désigné comme instrument de couverture, car ils ne sont pas évalués à la juste valeur par le biais du résultat net. En outre, en l'absence de comptabilité de couverture, il existe une incohérence importante dans la comptabilisation des profits et des pertes. Supposons par exemple que l'entité a financé un groupe donné de prêts en émettant des obligations négociées dont les variations de juste valeur tendent à se compenser. Si, en outre, l'entité achète et revend régulièrement les obligations, mais rarement – sinon jamais – les prêts, le fait de comptabiliser aussi bien les prêts que les obligations à la juste valeur par le biais du résultat net élimine l'incohérence quant au moment de la comptabilisation des profits et des pertes qui résulterait de l'évaluation des prêts et des obligations au coût amorti et de la comptabilisation d'un profit ou d'une perte chaque fois qu'une obligation est rachetée.

B4.1.31 Dans des cas comme ceux décrits dans le paragraphe précédent, le fait de désigner comme étant évalués à la juste valeur par le biais du résultat net, lors de la comptabilisation initiale, les actifs financiers et les passifs financiers, qui, autrement, ne seraient pas évalués de cette manière, peut éliminer ou réduire significativement l'incohérence d'évaluation ou de comptabilisation et aboutir à des informations d'une pertinence accrue. Pour des raisons pratiques, l'entité n'est pas tenue d'avoir négocié simultanément tous les actifs et passifs donnant lieu à l'incohérence d'évaluation ou de comptabilisation. Un décalage raisonnable est autorisé, à condition que chaque transaction soit désignée comme étant évaluée à la juste valeur par le biais du résultat net lors de sa comptabilisation initiale et qu'il soit prévu à ce moment-là que toutes les transactions restantes se réaliseront.

B4.1.32 Il ne serait pas acceptable de ne désigner que quelques-uns des actifs financiers et des passifs financiers à l'origine de l'incohérence comme étant évalués à la juste valeur par le biais du résultat net si cela ne permettait pas d'éliminer l'incohérence ou de la réduire sensiblement et d'aboutir ainsi à des informations d'une pertinence accrue. Par contre, il serait acceptable de ne désigner qu'un certain nombre d'actifs financiers similaires ou de passifs financiers similaires si cela permettait de réduire sensiblement l'incohérence (voire davantage que par d'autres désignations autorisées). Par exemple, supposons qu'une entité ait plusieurs passifs financiers similaires d'un montant total de 100 UM et plusieurs actifs financiers similaires d'un montant total de 50 UM, les deux groupes étant évalués sur des bases différentes. L'entité peut fortement réduire l'incohérence d'évaluation en désignant, lors de la comptabilisation initiale, tous les actifs mais seulement une partie des passifs (par exemple, des passifs isolés totalisant 45 UM) comme étant évalués à la juste valeur par le biais du résultat net. Toutefois, puisque seule la totalité d'un instrument financier peut être désignée comme étant évaluée à la juste valeur par le biais du résultat net, l'entité doit, dans cet exemple, désigner un ou plusieurs passifs dans leur intégralité. Elle ne pourrait pas désigner ni une composante (par exemple, des variations de valeur qui seraient imputables à un risque en particulier, comme les variations d'un taux d'intérêt de référence) ni une fraction (c'est-à-dire un pourcentage) d'un passif.

Groupe de passifs financiers ou d'actifs financiers et de passifs financiers dont la gestion et l'appréciation de la performance sont effectuées sur la base de la juste valeur

B4.1.33 Une entité peut gérer un groupe de passifs financiers ou un groupe d'actifs financiers et de passifs financiers et en apprécier la performance de telle manière que l'évaluation de ce groupe à la juste valeur par le biais du résultat net génère des informations plus pertinentes. Ce qui importe dans ce cas est la manière dont l'entité gère ses instruments financiers et en apprécie la performance, plutôt que la nature des instruments en question.

B4.1.34 Par exemple, une entité peut invoquer cette condition pour désigner des passifs financiers comme étant évalués à la juste valeur par le biais du résultat net si elle respecte le principe énoncé au paragraphe 4.2.2 b) et qu'elle a des actifs financiers et des passifs financiers comportant un ou plusieurs risques communs, et que la gestion et l'appréciation de ces risques sont effectuées sur la base de la juste valeur selon une politique de gestion d'actifs et de passifs établie par écrit. On pourrait citer comme exemple une entité qui a émis des « produits structurés » contenant de multiples dérivés incorporés et qui gère les risques qui en résultent sur la base de la juste valeur au moyen d'un assortiment d'instruments financiers dérivés et non dérivés.

B4.1.35 Comme il est indiqué ci-dessus, cette condition dépend de la manière dont l'entité gère le groupe d'instruments financiers considéré et en apprécie la performance. En conséquence (sous réserve de l'exigence de désignation lors de la comptabilisation initiale), une entité qui désigne des passifs financiers comme étant évalués à la juste valeur par le biais du résultat net sur la base de cette condition doit désigner ainsi tous les passifs financiers éligibles qui sont gérés et évalués ensemble.

B4.1.36 Il n'est pas nécessaire que la stratégie de l'entité fasse l'objet d'une documentation exhaustive, mais celle-ci doit être suffisamment étoffée pour pouvoir attester le respect du paragraphe 4.2.2 b). Il n'est pas non plus nécessaire de constituer un dossier pour chacun des éléments, le portefeuille pouvant être considéré globalement. Par exemple, si le système de gestion de la performance d'un service, tel qu'il a été approuvé par les principaux dirigeants de l'entité, indique clairement que l'appréciation de la performance du service est effectuée sur cette base, aucune autre documentation n'est nécessaire pour attester le respect du paragraphe 4.2.2 b).

➡ Dérivés incorporés (section 4.3)

B4.3.1 Dans le cas où l'entité devient partie à un contrat hybride comportant un contrat hôte qui n'est pas un actif entrant dans le champ d'application de la présente norme, le paragraphe 4.3.3 impose à l'entité d'apprécier, pour chaque dérivé incorporé, s'il doit être séparé du contrat hôte et, si tel est le cas, d'évaluer le dérivé à la juste valeur lors de sa comptabilisation initiale et à la juste valeur par le biais du résultat net ultérieurement.

B4.3.2 Si un contrat hôte n'a pas d'échéance stipulée ou prédéterminée et représente un intérêt résiduel dans l'actif net d'une entité, alors ses caractéristiques et ses risques économiques sont ceux d'un instrument de capitaux propres, et pour être considéré comme étroitement lié, un dérivé incorporé doit posséder des caractéristiques de capitaux propres liées à la même entité. Si le contrat hôte n'est pas un instrument de capitaux propres et s'il entre dans la définition d'un instrument financier, ses caractéristiques et ses risques économiques sont ceux d'un instrument d'emprunt.

B4.3.3 Un dérivé incorporé non optionnel (tel qu'un contrat à terme de gré à gré ou un swap incorporés) est séparé de son contrat hôte sur la base de ses dispositions essentielles, stipulées ou implicites, de manière à avoir une juste valeur nulle lors de la comptabilisation initiale. Un dérivé incorporé reposant sur une option (tel qu'une option de vente ou d'achat, un plafond, un plancher ou une option sur swap incorporés) est séparé de son contrat hôte sur la base des dispositions stipulées de la composante optionnelle. La valeur comptable initiale de l'instrument hôte est le montant résiduel après séparation du dérivé incorporé.

B4.3.4 En règle générale, lorsqu'un contrat hybride unique comporte de multiples dérivés incorporés, ceux-ci sont traités comme un seul dérivé incorporé composé. Toutefois, les dérivés incorporés qui sont classés comme des capitaux propres (voir IAS 32 *Instruments financiers : présentation*) sont comptabilisés séparément de ceux classés comme des actifs ou des passifs. En outre, si un contrat hybride compte plus d'un dérivé incorporé et que ces dérivés se rapportent à des expositions aux risques différentes et sont facilement séparables et indépendants les uns des autres, ils sont comptabilisés chacun séparément.

B4.3.5 Des exemples de situations où les caractéristiques et les risques économiques d'un dérivé incorporé ne sont pas étroitement liés à ceux du contrat hôte [paragraphe 4.3.3 a)] figurent ci-dessous. Dans l'hypothèse où les conditions énoncées au paragraphe 4.3.3 b) et c) sont respectées, l'entité comptabilise en pareils cas le dérivé incorporé séparément du contrat hôte.

a) Une option de vente incorporée à un instrument qui permet au porteur d'exiger que l'émetteur rachète cet instrument contre un montant de trésorerie ou d'autres actifs variant en fonction du cours ou d'un indice d'actions ou de marchandises n'est pas étroitement liée à un instrument d'emprunt hôte.

b) Une option ou une disposition automatique de report de la date d'échéance d'un instrument d'emprunt n'est pas étroitement liée à l'instrument d'emprunt hôte, à moins qu'il y ait un ajustement simultané du taux d'intérêt à un niveau proche de celui du marché à la date du report. Si une entité émet un instrument d'emprunt et que le porteur de cet instrument émet en faveur d'un tiers une option d'achat afférente à l'instrument d'emprunt, l'émetteur considère l'option d'achat comme reportant la date d'échéance de l'instrument d'emprunt pour autant qu'il puisse être tenu de participer à la remise sur le marché de l'instrument d'emprunt, ou de la faciliter, par suite de l'exercice de l'option d'achat.

c) Des paiements en intérêts ou en principal indexés sur actions et incorporés dans un instrument d'emprunt ou contrat d'assurance hôte (selon lesquels le montant des intérêts ou du principal est indexé sur la valeur d'instruments de capitaux propres) ne sont pas étroitement liés à l'instrument hôte parce que les risques inhérents à l'instrument hôte et au dérivé incorporé sont dissemblables.

d) Des paiements en intérêts ou en principal indexés sur marchandises et incorporés dans un instrument d'emprunt ou contrat d'assurance hôte (selon lesquels le montant des intérêts ou du principal est indexé sur le prix d'une marchandise, par exemple l'or) ne sont pas étroitement liés à l'instrument hôte, car les risques inhérents à l'instrument hôte et au dérivé incorporé sont dissemblables.

e) Une option d'achat, de vente ou de remboursement anticipé incorporée dans un contrat d'emprunt hôte ou un contrat d'assurance hôte n'est pas étroitement liée au contrat hôte, sauf si :

i) à chaque date d'exercice, le prix d'exercice de l'option est approximativement égal au coût amorti de l'instrument d'emprunt hôte ou à la valeur comptable du contrat d'assurance hôte ; ou

ii) le prix d'exercice de l'option de remboursement anticipé rembourse le prêteur jusqu'à concurrence de la valeur actualisée approximative des intérêts perdus sur la durée résiduelle du contrat hôte. Les intérêts perdus correspondent au produit du principal remboursé de façon anticipée et du différentiel de taux d'intérêt. Le différentiel de taux d'intérêt est l'excédent du taux d'intérêt effectif du contrat hôte sur le taux d'intérêt effectif que l'entité recevrait à la date du remboursement anticipé si elle réinvestissait le principal remboursé par anticipation dans un contrat similaire pour la durée résiduelle du contrat hôte.

L'appréciation visant à déterminer si l'option d'achat ou de vente est étroitement liée au contrat d'emprunt hôte se fait avant de séparer la composante capitaux propres d'un instrument d'emprunt convertible selon IAS 32.

f) Les dérivés de crédit qui sont incorporés dans un instrument d'emprunt hôte et qui autorisent l'une des parties (le « bénéficiaire ») à transférer à une autre partie (le « garant ») le risque de crédit afférent à un actif de référence particulier – qu'elle ne possède pas nécessairement – ne sont pas étroitement liés à l'instrument d'emprunt hôte. Ces dérivés de crédit permettent au garant d'assumer le risque de crédit associé à un actif de référence sans posséder directement cet actif.

B4.3.6 Constitue un exemple de contrat hybride un instrument financier qui confère à son porteur le droit de le revendre à l'émetteur en échange d'un montant de trésorerie ou d'autres actifs financiers variant en fonction des mouvements à la hausse ou à la baisse d'un indice boursier ou d'un indice sur marchandises (un « instrument remboursable au gré du porteur »). Sauf s'il désigne l'instrument remboursable au gré du porteur comme passif financier évalué à la juste valeur par le biais du résultat net lors de sa comptabilisation initiale, l'émetteur est tenu par le paragraphe 4.3.3 de séparer le dérivé incorporé (c'est-à-dire le paiement en principal indexé) étant donné que, selon le paragraphe B4.3.2, le contrat hôte est un instrument d'emprunt et que, selon le paragraphe B4.3.5 a), le paiement en principal indexé n'est pas étroitement lié à l'instrument d'emprunt hôte. Comme le paiement en principal peut augmenter ou diminuer, le dérivé incorporé est un instrument dérivé non optionnel dont la valeur est indexée sur la variable sous-jacente.

B4.3.7 Dans le cas d'un instrument remboursable au gré du porteur qui peut être restitué à tout moment contre un montant de trésorerie égal à une part proportionnelle de la valeur de l'actif net de l'entité (par exemple, des parts de fonds commun de placement ou certains produits de placement ayant pour référence des unités de compte [dits « *unit-linked* »]), la séparation du dérivé incorporé et la comptabilisation distincte de chaque composante ont pour effet que le contrat hybride est évalué au prix de rachat qui serait payable par l'émetteur si le porteur exigeait le rachat de l'instrument à la fin de la période de reporting.

B4.3.8 Voici des exemples de cas où les caractéristiques et les risques économiques d'un dérivé incorporé sont étroitement liés aux caractéristiques et aux risques économiques du contrat hôte. En pareil cas, l'entité ne comptabilise pas le dérivé incorporé séparément du contrat hôte.

a) Un dérivé incorporé qui a pour sous-jacent un taux d'intérêt ou un indice de taux d'intérêt qui peut changer le montant des intérêts qui autrement seraient payés ou reçus sur un contrat d'emprunt ou d'assurance hôte porteur d'intérêt est étroitement lié à ce contrat, sauf si le contrat hybride peut être réglé de telle façon que le porteur ne recouvre pas la quasi-totalité de son placement comptabilisé, ou si le dérivé incorporé permet d'au moins doubler le taux de rendement initial offert au porteur du contrat hôte et de générer ainsi un rendement qui soit au moins le double de celui qu'offrirait le marché sur un contrat ayant les mêmes dispositions que le contrat hôte.

b) Un plancher ou un plafond de taux d'intérêt incorporé à un contrat d'emprunt ou d'assurance est étroitement lié au contrat hôte, à condition que le plafond soit égal ou supérieur au taux d'intérêt du marché et que le plancher soit égal ou inférieur au taux d'intérêt du marché lors de l'émission du contrat, et que le plafond ou le plancher ne comporte aucun effet de levier par rapport au contrat hôte. De même, des clauses qui, dans un contrat d'achat ou de vente d'un actif (par exemple, une marchandise), définissent un plafond et un plancher sur le prix à payer ou à recevoir au titre de l'actif sont étroitement liées au contrat hôte si le plafond et le plancher sont, lors de la passation du contrat, hors de la monnaie et qu'ils ne comportent aucun effet de levier.

c) Un dérivé de change incorporé qui prévoit un flux de paiements en principal ou en intérêts dans une monnaie étrangère et qui est incorporé dans un instrument d'emprunt hôte (par exemple, une obligation libellée en deux monnaies) est étroitement lié à l'instrument d'emprunt hôte. Un tel dérivé n'est pas séparé de l'instrument hôte, car IAS 21 *Effets des variations des cours des monnaies étrangères* impose la comptabilisation en résultat net des profits et pertes de change sur les éléments monétaires.

d) Un dérivé de change incorporé dans un contrat hôte qui est un contrat d'assurance ou qui n'est pas un instrument financier (par exemple, un contrat d'achat ou de vente d'un élément non financier, dans lequel le prix est libellé en une monnaie étrangère) est étroitement lié au contrat hôte à condition de ne pas comporter d'effet de levier, de n'être assorti d'aucune composante d'option, et d'imposer des paiements libellés dans l'une des monnaies suivantes :

i) la monnaie fonctionnelle de l'une des parties importantes au contrat ;

ii) la monnaie dans laquelle le prix du bien ou du service lié qui est acquis ou livré est habituellement libellé dans les transactions commerciales effectuées dans le monde (par exemple, le dollar américain pour les transactions sur le pétrole brut) ; ou

iii) une monnaie couramment utilisée dans les contrats d'achat ou de vente d'éléments non financiers dans l'environnement économique où a lieu la transaction (par exemple, une monnaie relativement stable et liquide couramment utilisée dans les opérations commerciales locales ou le commerce extérieur).

e) Une option de remboursement anticipé qui est incorporée soit aux seuls intérêts soit au seul principal est étroitement liée au contrat hôte pour autant que le contrat hôte i) ait résulté initialement de la séparation du droit de percevoir les flux de trésorerie contractuels d'un instrument financier qui, en soi, ne comportait pas de dérivé incorporé et ii) ne contient aucun terme ne figurant pas dans le contrat d'emprunt hôte d'origine.

f) Un dérivé incorporé dans un contrat de location hôte est étroitement lié au contrat hôte si ce dérivé incorporé correspond à i) soit un indice lié à l'inflation, tel qu'un indice du niveau des loyers par rapport à l'indice des prix à la consommation (sous réserve que le contrat de location ne soit pas soumis à un effet de levier et que l'indice soit lié à l'inflation dans l'environnement économique propre à l'entité), ii) des paiements de loyers variables calculés sur la base du chiffre d'affaires correspondant ou iii) des paiements de loyers variables calculés sur la base de taux d'intérêt variables.

g) Un élément de capital variable incorporé dans un instrument financier hôte ou un contrat d'assurance hôte est étroitement lié à l'instrument hôte ou au contrat hôte si les paiements en unités de compte sont évalués en fonction des valeurs actuelles des unités de compte qui reflètent les justes valeurs des actifs du fonds (les « supports »). Un élément de capital variable est une disposition contractuelle qui impose des paiements libellés en unités de compte d'un fonds de placement interne ou externe.

h) Un dérivé incorporé dans un contrat d'assurance est étroitement lié au contrat d'assurance hôte si ce dérivé incorporé et le contrat d'assurance hôte sont si interdépendants qu'une entité ne peut pas évaluer le dérivé incorporé séparément (c'est-à-dire sans prendre en compte le contrat hôte).

Instruments contenant des dérivés incorporés

B4.3.9 Comme il est indiqué au paragraphe B4.3.1, lorsqu'une entité devient partie à un contrat hybride dont le contrat hôte n'est pas un actif entrant dans le champ d'application de la présente norme et qui contient un ou plusieurs dérivés incorporés, le paragraphe 4.3.3 impose à l'entité d'identifier chaque dérivé incorporé, d'apprécier s'il doit être séparé du contrat hôte et, si tel est le cas, d'évaluer les dérivés à la juste valeur lors de la comptabilisation initiale et ultérieurement. L'application de ces dispositions peut se révéler plus complexe ou aboutir à des évaluations moins fiables que l'évaluation de l'intégralité de l'instrument à la juste valeur par le biais du résultat net. C'est pourquoi la présente norme permet de désigner l'intégralité du contrat hybride comme étant évalué à la juste valeur par le biais du résultat net.

B4.3.10 Cette désignation peut être utilisée, que le paragraphe 4.3.3 impose de séparer les dérivés incorporés des contrats hôtes ou qu'il interdise cette séparation. On ne peut toutefois pas invoquer le paragraphe 4.3.5 pour justifier la désignation du contrat hybride comme étant évalué à la juste valeur par le biais du résultat net dans les cas exposés au paragraphe 4.3.5 a) et b), parce que cette désignation ne réduirait pas la complexité ni n'augmenterait la fiabilité.

Réexamen de dérivés incorporés

B4.3.11 Selon le paragraphe 4.3.3, c'est au moment où l'entité devient partie au contrat qu'elle doit apprécier si le dérivé incorporé doit être séparé du contrat hôte et comptabilisé en tant que dérivé. Tout réexamen ultérieur est interdit, sauf si une modification apportée aux dispositions du contrat entraîne un changement important par rapport aux flux de trésorerie autrement imposés en vertu du contrat, auquel cas un réexamen est exigé. Pour déterminer si un changement dans les flux de trésorerie est important, l'entité examine dans quelle mesure les flux de trésorerie futurs attendus se rattachant au dérivé incorporé, au contrat hôte ou aux deux ont changé, et si le changement est important par rapport aux flux de trésorerie précédemment attendus du contrat.

B4.3.12 Le paragraphe B4.3.11 ne s'applique pas aux dérivés incorporés dans des contrats acquis dans :

a) un regroupement d'entreprises (au sens d'IFRS 3 *Regroupements d'entreprises*) ;

b) un regroupement d'entités ou d'entreprises sous contrôle commun tel que décrit aux paragraphes B1 à B4 d'IFRS 3 ; ou

c) la formation d'une coentreprise au sens d'IFRS 11 *Partenariats*

ni à leur éventuel réexamen à la date d'acquisition (*).

(*) La question des contrats avec dérivés incorporés acquis à l'occasion d'un regroupement d'entreprises est traitée dans IFRS 3.

➠ Reclassement d'actifs financiers (section 4.4)

Reclassement d'actifs financiers

B4.4.1 Le paragraphe 4.4.1 impose à l'entité de reclasser des actifs financiers en cas de changement du modèle économique qu'elle suit pour les gérer. De tels changements sont censés être très peu fréquents. De tels changements sont décidés par l'organe de direction de l'entité à la suite de changements externes ou internes ; ils doivent être importants pour l'exploitation de l'entité et on doit pouvoir en faire la preuve devant des parties externes. Par conséquent, un changement du modèle économique de l'entité ne peut se produire que lorsqu'elle commence ou cesse une activité qui est importante pour son exploitation, par exemple, lorsqu'elle acquiert, cède ou abandonne une branche d'activité. Voici des exemples de changement de modèle économique :

a) Une entité possède un portefeuille de prêts commerciaux qu'elle détient pour les vendre à court terme. L'entité acquiert une société qui gère des prêts commerciaux et suit un modèle économique qui consiste à détenir les prêts afin d'en percevoir les flux de trésorerie contractuels. Le portefeuille de prêts commerciaux n'est plus à vendre et il est désormais géré conjointement avec les prêts commerciaux acquis, tous ces prêts étant désormais détenus dans le but d'en percevoir les flux de trésorerie contractuels.

b) Une société de services financiers décide de mettre fin à son activité de crédit hypothécaire aux particuliers. Elle n'accepte plus de nouveaux clients au titre de cette activité et elle s'emploie activement à revendre son portefeuille de prêts hypothécaires.

B4.4.2 Il faut que le changement d'objectif du modèle économique suivi par l'entité soit effectué avant la date de reclassement. Par exemple, si la société de services financiers décide le 15 février de mettre fin à son activité de crédit hypothécaire aux particuliers et qu'elle doit reclasser en conséquence l'ensemble des actifs financiers concernés le 1er avril (c'est-à-dire le premier jour de sa prochaine période de reporting), elle ne doit pas accepter de nouveaux clients au titre de cette activité ni exercer des activités correspondant à son ancien modèle économique après le 15 février.

B4.4.3 Les événements suivants ne constituent pas des changements de modèle économique :

a) un changement d'intention concernant des actifs financiers particuliers (même dans un contexte de changement important des conditions de marché) ;

b) la disparition temporaire d'un marché d'actifs financiers particulier ;

c) un transfert d'actifs financiers entre des composantes de l'entité qui suivent des modèles économiques différents.

ÉVALUATION (CHAPITRE 5)

➠ Évaluation initiale (section 5.1)

B5.1.1 La juste valeur d'un instrument financier lors de sa comptabilisation initiale correspond normalement au prix de transaction (c'est-à-dire la juste valeur de la contrepartie versée ou reçue ; voir aussi paragraphe B5.1.2A et IFRS 13). Toutefois, si une part de la contrepartie versée ou reçue correspond à autre chose que l'instrument financier, l'entité doit évaluer la juste valeur de l'instrument financier. Par exemple, la juste valeur d'un prêt ou d'une créance à long terme qui ne porte pas intérêt peut être évaluée comme la valeur actualisée de l'ensemble des entrées de trésorerie futures, calculée selon le ou les taux d'intérêt ayant cours sur le marché pour un instrument similaire (similaire quant à la monnaie, à l'échéance, au type de taux d'intérêt ou à d'autres facteurs) ayant une notation de crédit similaire. Tout montant supplémentaire prêté constitue une charge ou une réduction des produits, à moins qu'il ne remplisse les conditions de comptabilisation en tant qu'autre type d'actif.

B5.1.2 Si l'entité émet un prêt assorti d'un taux d'intérêt hors marché (par exemple, 5 % alors que le taux de marché pour des prêts similaires s'élève à 8 %) et reçoit en compensation une commission prélevée à la mise en place, elle comptabilise le prêt à sa juste valeur, c'est-à-dire net de la commission reçue.

B5.1.2A La meilleure indication de la juste valeur d'un instrument financier lors de sa comptabilisation initiale est normalement le prix de transaction (c'est-à-dire la juste valeur de la contrepartie versée ou reçue ; voir aussi IFRS 13). Si l'entité détermine que la juste valeur lors de la comptabilisation initiale diffère du prix de transaction comme il est mentionné au paragraphe 5.1.1A, elle doit comptabiliser l'instrument à cette date comme suit :

a) selon l'évaluation imposée par le paragraphe 5.1.1, si la juste valeur est attestée par un cours sur un marché actif pour un actif ou un passif identique (c'est-à-dire une donnée d'entrée de niveau 1) ou repose sur une technique d'évaluation qui utilise uniquement des données provenant de marchés observables. L'entité doit comptabiliser la différence entre la juste valeur à la date de la comptabilisation initiale et le prix de transaction comme un profit ou une perte ;

b) dans tous les autres cas, selon l'évaluation imposée par le paragraphe 5.1.1, ajustée pour différer l'écart entre la juste valeur à la date de la comptabilisation initiale et le prix de transaction. Après la comptabilisation initiale, l'entité doit comptabiliser l'écart différé en tant que profit ou perte uniquement dans la mesure où il résulte d'un changement dans l'un des facteurs (y compris le temps) que les participants du marché prendraient en compte pour fixer le prix de l'actif ou du passif.

Évaluation ultérieure (sections 5.2 et 5.3)

B5.2.1 Si un instrument financier préalablement comptabilisé comme un actif financier est évalué à la juste valeur par le biais du résultat net et que celle-ci devient négative, il s'agit désormais d'un passif financier que l'on évalue conformément au paragraphe 4.2.1. Toutefois, les contrats hybrides dont les hôtes sont des actifs entrant dans le champ d'application de la présente norme s'évaluent toujours conformément au paragraphe 4.3.2.

B5.2.2 L'exemple qui suit illustre la comptabilisation des coûts de transaction lors de l'évaluation initiale et ultérieure d'un actif financier évalué à la juste valeur avec comptabilisation des variations dans les autres éléments du résultat global selon le paragraphe 5.7.5 ou selon le paragraphe 4.1.2A. Supposons qu'une entité acquiert un actif financier pour 100 UM, plus une commission à l'achat de 2 UM. L'entité comptabilise initialement l'actif à 102 UM. La période de reporting se termine le lendemain. Le cours de l'actif sur le marché s'élève alors à 100 UM. Si l'actif était vendu, une commission de 3 UM serait payée. L'entité évalue à cette date l'actif à 100 UM (sans prendre en considération l'éventuelle commission à la vente) et comptabilise une perte de 2 UM dans les autres éléments du résultat global. Si l'actif financier est évalué à la juste valeur par le biais des autres éléments du résultat global selon le paragraphe 4.1.2A, les coûts de transaction sont amortis au résultat net au moyen de la méthode du taux d'intérêt effectif.

B5.2.2A L'évaluation ultérieure d'un actif financier ou d'un passif financier et la comptabilisation ultérieure des profits et des pertes décrite au paragraphe B5.1.2A doivent être cohérentes avec les dispositions de la présente norme.

Placements dans des instruments de capitaux propres et contrats sur ces placements

B5.2.3 Tous les placements dans des instruments de capitaux propres et tous les contrats sur ces instruments doivent être évalués à la juste valeur. Toutefois, dans des circonstances limitées, il peut arriver que le coût constitue une estimation appropriée de la juste valeur. Ce peut être le cas lorsqu'il n'est pas possible d'obtenir suffisamment d'informations plus récentes pour évaluer la juste valeur ou lorsqu'il existe une large fourchette d'évaluations possibles de la juste valeur et que le coût représente la meilleure estimation de la juste valeur dans cette fourchette.

B5.2.4 Voici des éléments indiquant que le coût pourrait ne pas être représentatif de la juste valeur :

a) un changement important de la performance de l'entité faisant l'objet de l'investissement par rapport aux budgets, aux plans ou aux jalons ;

b) des changements dans les attentes quant à la capacité des produits de l'entité faisant l'objet de l'investissement de franchir les jalons techniques fixés ;

c) un changement important sur le marché des capitaux propres de l'entité faisant l'objet de l'investissement ou de ses produits actuels ou potentiels ;

d) une évolution importante de l'économie mondiale ou de l'environnement économique de l'entité faisant l'objet de l'investissement ;

e) un changement important de la performance des entités comparables ou dans les évaluations pouvant être tirées de l'ensemble du marché ;

f) une situation interne à l'entité faisant l'objet de l'investissement, telle qu'une fraude, un différend commercial, un litige ou des changements à la direction ou dans la stratégie ;

g) des indications émanant de transactions externes portant sur les capitaux propres de l'entité faisant l'objet de l'investissement, réalisées soit par l'entité même (par exemple une nouvelle émission d'actions), soit par des tiers échangeant les instruments de capitaux propres entre eux.

B5.2.5 La liste du paragraphe B5.2.4 n'est pas exhaustive. L'entité doit utiliser toutes les informations sur la performance et les activités de l'entité faisant l'objet de l'investissement dont elle peut disposer après la date de comptabilisation initiale. Pour autant que de tels facteurs pertinents existent, ils peuvent indiquer que le coût n'est peut-être pas représentatif de la juste valeur. En pareil cas, l'entité doit évaluer la juste valeur.

B5.2.6 Le coût n'est jamais la meilleure estimation de la juste valeur dans le cas de placements dans des instruments de capitaux propres cotés (ou de contrats sur des instruments de capitaux propres cotés).

➡ Évaluation au coût amorti (section 5.4)

Méthode du taux d'intérêt effectif

B5.4.1 Lorsqu'elle applique la méthode du taux d'intérêt effectif, l'entité détermine les commissions qui font partie intégrante du taux d'intérêt effectif d'un instrument financier. Il se peut que les commissions au titre de services financiers soient désignées par des appellations qui ne sont pas indicatives de la nature et de la substance des services en cause. Les commissions qui font partie intégrante du taux d'intérêt effectif d'un instrument financier sont traitées comme un ajustement du taux d'intérêt effectif, sauf si l'instrument financier est évalué à la juste valeur avec comptabilisation des variations de la juste valeur en résultat net. En pareils cas, les commissions sont comptabilisées en produits des activités ordinaires ou en charges au moment de la comptabilisation initiale de l'instrument.

B5.4.2 Les commissions qui font partie intégrante du taux d'intérêt effectif d'un instrument financier comprennent :

a) les commissions de montage reçues par l'entité dans le cadre de la création ou de l'acquisition d'un actif financier. Ces commissions peuvent comprendre la rémunération d'activités telles que l'évaluation de la situation financière de l'emprunteur, l'évaluation et l'enregistrement des sûretés réelles et autres garanties, la négociation des dispositions de l'instrument, la préparation et le traitement des documents et la conclusion de la transaction. Ces commissions font partie intégrante de la création d'une implication dans l'instrument financier en cause ;

b) les commissions d'engagement reçues par l'entité pour l'émission d'un prêt lorsque l'engagement de prêt n'est pas évalué selon le paragraphe 4.2.1 a) et qu'il est probable que l'entité conclura un contrat de prêt. Ces commissions sont considérées comme une rémunération de l'implication continue relative à l'acquisition de l'instrument financier. Si l'engagement vient à échéance sans que l'entité ait effectué le prêt, la commission est comptabilisée en produits des activités ordinaires à l'échéance ;

c) les commissions de montage versées pour l'émission de passifs financiers évalués au coût amorti. Ces commissions font partie intégrante de la création d'une implication dans le passif financier. L'entité distingue d'une part les commissions et les coûts qui font partie intégrante du taux d'intérêt effectif du passif financier, et d'autre part les commissions de montage et les coûts de transaction liés au droit de fournir des services, par exemple des services de gestion de placements.

B5.4.3 Les commissions qui ne font pas partie intégrante du taux d'intérêt effectif d'un instrument financier et qui sont comptabilisées selon IFRS 15 comprennent :

a) les commissions demandées pour la gestion d'un prêt ;

b) les commissions d'engagement pour l'émission d'un prêt lorsque l'engagement de prêt n'est pas évalué selon le paragraphe 4.2.1 a) et qu'il est peu probable qu'un contrat de prêt soit conclu ; et

c) les commissions de syndication reçues par l'entité qui organise le montage d'un prêt et qui ne conserve aucune créance au titre du prêt (ou qui conserve une créance au même taux d'intérêt effectif que les autres participants pour un risque comparable).

B5.4.4 Lorsqu'elle applique la méthode du taux d'intérêt effectif, l'entité amortit généralement les commissions, les points payés ou reçus, les coûts de transaction et autres surcotes ou décotes inclus dans le calcul du taux d'intérêt effectif sur la durée de vie attendue de l'instrument financier. Une période plus courte est toutefois utilisée s'il s'agit de la période à laquelle se rapportent les commissions, points payés ou reçus, coûts de transaction, surcotes ou décotes. Ce sera le cas si la variable à laquelle se rapportent les commissions, points payés ou reçus, coûts de transaction, surcotes ou décotes est redéterminée au taux du marché avant l'échéance prévue de l'instrument financier. La période d'amortissement appropriée est alors la période allant jusqu'à la prochaine date de redétermination. Par exemple, si la surcote ou la décote sur un instrument financier à taux variable reflète les intérêts qui courent depuis la dernière date de paiement d'intérêts ou les variations des taux du marché depuis la dernière redétermination du taux d'intérêt variable au taux du marché, elle sera amortie jusqu'à la prochaine date de redétermination du taux variable au taux du marché. En effet, la surcote ou la décote est liée à la période à courir jusqu'à la date suivante de redétermination du taux d'intérêt parce que c'est à cette date qu'est redéterminée au taux du marché la variable qui génère la surcote ou la décote (à savoir le taux d'intérêt). Toutefois, si la surcote ou la décote résulte d'une variation de l'écart de crédit par rapport au taux variable spécifié dans le contrat d'instrument financier, ou d'autres variables qui ne sont pas redéterminées au taux du marché, l'amortissement se fait sur la durée de vie attendue de l'instrument financier.

B5.4.5 Pour les actifs et passifs financiers à taux variable, la réestimation périodique des flux de trésorerie destinée à refléter les fluctuations des taux d'intérêt du marché modifie le taux d'intérêt effectif. Dans le cas d'un actif ou passif financier à taux variable initialement comptabilisé pour un montant égal au principal à recevoir ou à rembourser à l'échéance, une réestimation des paiements futurs d'intérêts n'a normalement pas d'effet important sur la valeur comptable de l'actif ou du passif.

B5.4.6 Si l'entité révise ses estimations de décaissements ou d'encaissements (ce qui exclut les modifications apportées selon le paragraphe 5.4.3 et les changements touchant les estimations de pertes de crédit attendues), elle doit ajuster la valeur comptable brute de l'actif financier ou le coût amorti du passif financier (ou du groupe d'instruments financiers) de manière à refléter les flux de trésorerie contractuels estimés réels et révisés. L'entité recalcule la valeur comptable brute de l'actif financier ou le coût amorti du passif financier en déterminant la valeur actualisée des flux de trésorerie contractuels futurs estimatifs au moyen du taux d'intérêt effectif initial de l'instrument financier (ou du taux d'intérêt effectif ajusté en fonction de la qualité de crédit dans le cas des actifs financiers dépréciés dès leur acquisition ou leur création) ou, s'il y a lieu, du taux d'intérêt effectif révisé calculé conformément au paragraphe 6.5.10. L'ajustement est comptabilisé en résultat net à titre de produit ou de charge.

B5.4.7 Dans certains cas, l'actif financier est considéré comme déprécié lors de sa comptabilisation initiale parce qu'il comporte un risque de crédit très élevé et que, dans le cas d'un achat, il est acquis avec une forte décote. Pour calculer le taux d'intérêt effectif ajusté en fonction de la qualité de crédit aux fins de la comptabilisation initiale d'un actif financier qui est considéré comme déprécié dès son acquisition ou sa création, l'entité est tenue d'inclure les pertes de crédit attendues initialement dans les flux de trésorerie estimés. Cela ne signifie toutefois pas qu'il faille employer un taux d'intérêt effectif ajusté en fonction de la qualité de crédit au seul motif que l'actif financier présente un risque de crédit élevé lors de sa comptabilisation initiale.

Coûts de transaction

B5.4.8 Les coûts de transaction englobent les honoraires et commissions versés aux agents (y compris les membres de leur personnel agissant comme agents de vente), conseils, courtiers et arbitragistes, les prélèvements des agences réglementaires et des bourses de valeurs, ainsi que les droits et taxes de transfert. Les coûts de transaction n'incluent ni les primes de remboursement ou d'émission de dette, ni les coûts de financement, ni les coûts d'administration internes et les coûts de détention.

Réduction pour perte de valeur

B5.4.9 La réduction pour perte de valeur d'un actif financier peut être totale ou partielle. Supposons qu'une entité prévoit d'exercer ses droits sur l'instrument de garantie d'un actif financier et s'attend à recouvrer ainsi au plus 30 % de l'actif financier grâce à l'instrument de garantie. Si l'entité ne peut raisonnablement s'attendre à recouvrer d'autres flux de trésorerie de l'actif financier, elle doit sortir du bilan les 70 % restants de l'actif financier.

➡ Dépréciation (section 5.5)

Appréciation instrument par instrument ou sur une base collective

B5.5.1 Pour atteindre l'objectif d'une comptabilisation des pertes de crédit attendues sur la durée de vie en cas de hausse importante du risque de crédit depuis la comptabilisation initiale, il peut être nécessaire d'apprécier l'importance des augmentations du risque de crédit sur une base collective par la prise en compte des informations indiquant des augmentations importantes du risque de crédit pour un groupe ou un sous-groupe d'instruments financiers, par exemple. Il s'agit de faire en sorte que l'entité atteigne l'objectif d'une comptabilisation des pertes de crédit attendues sur la durée de vie en cas d'augmentations importantes du risque de crédit même si elle ne dispose encore d'aucune indication d'une augmentation importante du risque de crédit pour l'instrument financier pris individuellement.

B5.5.2 Les pertes de crédit attendues sur la durée de vie sont généralement censées être comptabilisées avant que l'instrument financier ne soit en souffrance. Habituellement, le risque de crédit augmente de façon importante avant que l'instrument financier ne soit en souffrance ou que d'autres facteurs observables a posteriori propres à l'emprunteur (par exemple, une modification ou une restructuration) ne se manifestent. Par conséquent, lorsqu'il est possible d'obtenir des informations raisonnables et justifiables qui sont davantage prospectives que les informations sur les paiements en souffrance sans devoir engager de coûts ou d'efforts excessifs, ce sont ces informations qu'il faut utiliser pour apprécier les variations du risque de crédit.

B5.5.3 Cependant, selon la nature des instruments financiers et les informations disponibles sur le risque de crédit de groupes particuliers d'instruments financiers, l'entité peut ne pas être en mesure de détecter une variation importante du risque de crédit d'un instrument financier pris individuellement avant que cet instrument ne soit en souffrance. Cela peut être le cas pour des instruments financiers comme les prêts aux particuliers, pour lesquels les informations sur le risque de crédit ne font presque jamais l'objet d'une mise à jour ni d'un suivi régulier instrument par instrument tant que le client n'a pas violé les dispositions contractuelles. Si les variations du risque de crédit d'un instrument financier pris individuellement ne sont pas prises en compte avant que l'instrument financier ne soit en souffrance, une correction de valeur pour pertes fondée uniquement sur les informations en matière de crédit au niveau de l'instrument financier pris individuellement ne représenterait pas fidèlement les variations du risque de crédit depuis la comptabilisation initiale.

B5.5.4 Dans certaines circonstances, l'entité ne peut pas obtenir d'informations raisonnables et justifiables lui permettant d'évaluer instrument par instrument les pertes de crédit attendues sur la durée de vie sans devoir engager des coûts ou des efforts excessifs. En pareil cas, l'entité doit comptabiliser les pertes de crédit attendues sur la durée de vie sur une base collective en prenant en considération des informations exhaustives sur le risque de crédit. Outre les informations sur les paiements en souffrance, ces informations exhaustives sur le risque de crédit doivent intégrer toutes les données pertinentes en matière de crédit, y compris les informations macroéconomiques prospectives, de manière à se rapprocher du résultat d'une comptabilisation, instrument par instrument, des pertes de crédit attendues sur la durée de vie en cas d'augmentation importante du risque de crédit depuis la comptabilisation initiale.

B5.5.5 Pour déterminer les augmentations importantes du risque de crédit et comptabiliser une correction de valeur pour pertes sur une base collective, l'entité peut regrouper les instruments financiers en fonction de caractéristiques de risque de crédit communes de manière à faciliter l'analyse devant permettre de repérer les augmentations importantes du risque de crédit en temps voulu. L'entité ne doit pas obscurcir les informations en regroupant des instruments financiers dont les caractéristiques de risque de crédit sont différentes. Parmi les caractéristiques de risque de crédit communes, on trouve notamment :

a) le type d'instrument ;

b) la note de risque de crédit ;

c) le type d'instrument de garantie ;

d) la date de comptabilisation initiale ;

e) la durée à courir jusqu'à l'échéance ;

f) le secteur d'activité ;

g) l'emplacement géographique de l'emprunteur ; et

h) la valeur de l'instrument de garantie par rapport à l'actif financier, si cela a une incidence sur la probabilité de défaillance (par exemple, les prêts garantis uniquement par sûreté réelle dans certains ressorts territoriaux, ou les quotités de financement).

B5.5.6 Le paragraphe 5.5.4 exige que les pertes de crédit attendues sur la durée de vie soient comptabilisées pour tous les instruments financiers pour lesquels une augmentation importante du risque de crédit est survenue depuis leur comptabilisation initiale. Pour atteindre cet objectif, si l'entité n'est pas en mesure de regrouper, en fonction de caractéristiques de risque de crédit communes, les instruments financiers pour lesquels il est considéré que le risque de crédit a augmenté de façon importante depuis la comptabilisation initiale, elle doit comptabiliser les pertes de crédit attendues sur la durée de vie relativement à une partie des actifs financiers dont le risque de crédit est réputé avoir augmenté de façon importante. Le regroupement d'instruments financiers aux fins de l'appréciation des variations du risque de crédit sur une base collective peut changer au fil du temps, au fur et à mesure que de nouvelles informations deviennent disponibles à propos de groupes d'instruments financiers ou d'instruments financiers isolés.

Calendrier de comptabilisation des pertes de crédit attendues sur la durée de vie

B5.5.7 L'appréciation de la nécessité de comptabiliser les pertes de crédit attendues sur la durée de vie se fonde sur les augmentations importantes de la probabilité ou du risque de défaillance depuis la comptabilisation initiale (que le prix de l'instrument financier ait ou non été redéterminé pour refléter une augmentation du risque de crédit) plutôt que sur des indications de dépréciation de l'actif financier à la date de clôture ou sur une défaillance avérée. En général, il y a une augmentation importante du risque de crédit avant qu'un actif financier ne soit déprécié ou qu'une défaillance avérée ne survienne.

B5.5.8 Dans le cas des engagements de prêt, l'entité tient compte des variations du risque de défaillance à l'égard du prêt faisant l'objet d'un engagement. Dans le cas des contrats de garantie financière, l'entité tient compte des variations du risque que le débiteur spécifié manque à ses engagements aux termes du contrat.

B5.5.9 L'importance d'une variation du risque de crédit depuis la comptabilisation initiale dépend du risque de défaillance constaté au moment de la comptabilisation initiale. Par conséquent, une variation donnée, en valeur absolue, du risque de défaillance sera plus importante pour un instrument financier qui présentait initialement un risque de défaillance plus faible que pour un instrument financier qui présentait initialement un risque de défaillance plus grand.

B5.5.10 Pour des instruments financiers dont le risque de crédit est comparable, plus la durée de vie prévue de l'instrument est longue, plus le risque de défaillance est élevé : par exemple, le risque de défaillance d'une obligation notée AAA dont la durée de vie prévue est de 10 ans est plus élevé que celui d'une obligation notée AAA dont la durée de vie prévue est de 5 ans.

B5.5.11 Compte tenu du lien entre la durée de vie prévue et le risque de défaillance, la variation du risque de crédit ne peut être appréciée uniquement sur la base de la variation au fil du temps du risque de défaillance pris dans l'absolu. Par exemple, si le risque de défaillance qui se rattache à un instrument financier dont la durée de vie prévue est de 10 ans lors de sa comptabilisation initiale est égal au risque de défaillance pour le même instrument lorsque, dans une période ultérieure, sa durée de vie prévue n'est plus que de 5 ans, cela peut indiquer que le risque de crédit a augmenté. En effet, le risque de défaillance sur la durée de vie prévue d'un instrument diminue généralement avec le temps si le risque de crédit demeure inchangé et que l'instrument financier se rapproche de son échéance. Toutefois, dans le cas d'instruments financiers qui ne font intervenir des obligations de paiement importantes que peu avant leur échéance, le risque de défaillance ne diminue pas nécessairement avec le temps. En pareil cas, l'entité doit également tenir compte d'autres facteurs qualitatifs indiquant si le risque de crédit a augmenté de façon importante depuis la comptabilisation initiale.

B5.5.12 L'entité peut avoir recours à diverses méthodes pour déterminer si le risque de crédit que comporte un instrument financier a augmenté de façon importante depuis la comptabilisation initiale, ou pour évaluer les pertes de crédit attendues. L'entité peut appliquer des méthodes différentes à des instruments financiers différents. Une méthode qui ne comporte pas l'utilisation d'une probabilité explicite de défaillance comme donnée d'entrée proprement dite, par exemple une méthode fondée sur le taux de pertes de crédit, peut satisfaire aux exigences de la présente norme, pourvu que l'entité soit en mesure de séparer les variations du risque de défaillance des variations des autres inducteurs de pertes de crédit attendues, tels que les instruments de garantie, et tienne compte des éléments suivants dans son appréciation :

a) la variation du risque de défaillance depuis la comptabilisation initiale ;
b) la durée de vie attendue de l'instrument financier ; et

c) les informations raisonnables et justifiables qu'il est possible d'obtenir sans devoir engager des coûts ou des efforts excessifs, qui peuvent avoir une incidence sur le risque de crédit.

B5.5.13 Les méthodes utilisées pour déterminer si le risque de crédit que comporte un instrument financier a augmenté de façon importante depuis sa comptabilisation initiale doivent tenir compte des caractéristiques de l'instrument financier (ou du groupe d'instruments financiers) ainsi que des tendances passées en matière de défaillance en ce qui concerne des instruments financiers comparables. Nonobstant les exigences du paragraphe 5.5.9, dans le cas des instruments financiers dont les tendances en matière de défaillance ne convergent pas vers un moment précis au cours de la durée de vie attendue de l'instrument financier, les variations du risque de défaillance sur les 12 mois à venir peuvent constituer une approximation raisonnable des variations du risque de défaillance sur la durée de vie. En pareil cas, l'entité peut utiliser les variations du risque de défaillance sur les 12 mois à venir afin de déterminer si le risque de crédit a augmenté de façon importante depuis la comptabilisation initiale, à moins que les circonstances n'indiquent qu'une appréciation sur la durée de vie est nécessaire.

B5.5.14 Toutefois, pour certains instruments financiers ou dans certaines circonstances, l'utilisation des variations du risque de défaillance sur les 12 mois à venir pour déterminer s'il est nécessaire de comptabiliser les pertes de crédit attendues sur la durée de vie peut ne pas être appropriée. Par exemple, la variation du risque de défaillance sur les 12 mois à venir est susceptible de ne pas constituer une base appropriée pour déterminer si le risque de crédit que comporte un instrument financier dont l'échéance est supérieure à 12 mois a augmenté lorsque :

a) l'instrument financier ne fait intervenir des obligations de paiement importantes qu'au-delà des 12 mois à venir ;

b) il se produit des changements touchant les facteurs macroéconomiques ou d'autres facteurs pertinents liés au crédit qui ne sont pas adéquatement reflétés dans le risque de défaillance sur les 12 mois à venir ; ou

c) les changements touchant les facteurs liés au crédit n'ont une incidence (ou un effet plus marqué) sur le risque de crédit que comporte l'instrument financier qu'au-delà des 12 mois à venir.

Déterminer si le risque de crédit a augmenté de façon importante depuis la comptabilisation initiale

B5.5.15 Pour déterminer s'il est obligatoire de comptabiliser les pertes de crédit attendues sur la durée de vie, l'entité doit, conformément au paragraphe 5.5.17 c), tenir compte des informations raisonnables et justifiables qu'il est possible d'obtenir sans devoir engager des coûts ou des efforts excessifs et qui peuvent avoir une incidence sur le risque de crédit que comporte l'instrument financier. L'entité n'est pas tenue d'effectuer une recherche d'informations exhaustive pour déterminer si le risque de crédit a augmenté de façon importante depuis la comptabilisation initiale.

B5.5.16 Une analyse du risque de crédit est une analyse multifactorielle et globale. La pertinence d'un facteur particulier et son poids relatif par rapport aux autres facteurs dépendront du type de produit, des caractéristiques des instruments financiers et de l'emprunteur ainsi que de la région géographique. L'entité doit tenir compte des informations raisonnables et justifiables qui peuvent être obtenues sans devoir engager des coûts ou des efforts excessifs et qui sont pertinentes eu égard à l'instrument financier faisant l'objet de l'appréciation. Il se peut cependant que certains facteurs ou indicateurs ne soient pas identifiables au niveau d'un instrument financier pris isolément. En pareil cas, pour déterminer si l'exigence du paragraphe 5.5.3 sur la comptabilisation des pertes de crédit attendues sur la durée de vie est respectée, il convient d'apprécier ces facteurs ou indicateurs pour des portefeuilles, des groupes de portefeuilles ou des portions de portefeuille d'instruments financiers appropriés.

B5.5.17 Voici une liste non exhaustive d'informations pouvant présenter un intérêt pour l'appréciation des variations du risque de crédit :

a) des changements importants des prix qui constituent des indicateurs internes du risque de crédit, par suite d'une variation du risque de crédit depuis la création de l'instrument, y compris (mais pas uniquement) l'écart de crédit qui serait obtenu si un instrument financier particulier ou un instrument financier similaire assorti des mêmes conditions et conclu avec la même contrepartie était créé ou émis à la date de clôture ;

b) d'autres changements des taux ou des dispositions dont est assorti un instrument financier, qui seraient nettement différents si l'instrument avait été créé ou émis à la date de clôture (par exemple, des clauses contractuelles plus restrictives, un accroissement de la valeur des garanties ou une exigence de couverture par le résultat plus élevée) en raison de variations du risque de crédit de l'instrument financier depuis sa comptabilisation initiale ;

c) des variations importantes des indicateurs de marché externes du risque de crédit pour un instrument financier particulier ou des instruments financiers similaires ayant la même durée de vie attendue. Ces variations des indicateurs de marché du risque de crédit peuvent notamment toucher :

i) l'écart de crédit,
ii) les prix du swap sur défaillance pour l'emprunteur,
iii) la durée ou l'ampleur de la baisse de la juste valeur de l'actif financier en deçà de son coût amorti, et
iv) d'autres informations du marché en ce qui concerne l'emprunteur, par exemple les variations du cours des instruments d'emprunt et de capitaux propres de l'emprunteur ;

d) un changement important, avéré ou attendu, de la notation de crédit externe de l'instrument financier ;

e) un abaissement avéré ou attendu de la note financière interne de l'emprunteur ou une baisse du score de comportement utilisé pour évaluer le risque de crédit en interne. Les notes financières et scores de comportement internes sont plus fiables lorsqu'ils peuvent être corroborés par une notation ou des études externes ;

f) des changements défavorables avérés ou prévus touchant la conjoncture commerciale, financière ou économique et susceptibles d'entraîner un changement important de la capacité de l'emprunteur d'honorer ses dettes, par exemple une hausse avérée ou attendue des taux d'intérêt ou une augmentation importante avérée ou attendue des taux de chômage ;

g) un changement important, avéré ou attendu, des résultats opérationnels de l'emprunteur. Il peut s'agir, par exemple, d'une baisse avérée ou attendue du chiffre d'affaires ou des marges, d'un accroissement des risques d'exploitation, d'une insuffisance du fonds de roulement, d'une baisse de la qualité des actifs, d'un accroissement de la dette au bilan, de problèmes de liquidité ou de gestion, ou encore de changements touchant le périmètre de l'entreprise ou sa structure organisationnelle (par exemple, l'abandon d'une branche d'activité) et entraînant un changement important de la capacité de l'emprunteur d'honorer ses dettes ;

h) des augmentations importantes du risque de crédit d'autres instruments financiers du même emprunteur ;

i) un important changement défavorable, avéré ou attendu, touchant l'environnement réglementaire, économique ou technologique de l'emprunteur, qui entraîne un changement important de la capacité de l'emprunteur d'honorer ses dettes, par exemple une baisse de la demande pour les produits vendus par l'emprunteur en raison d'un virage technologique ;

j) des variations importantes de la valeur des instruments de garantie de l'obligation ou de la qualité des garanties ou rehaussements de crédit offerts par des tiers, qui sont susceptibles de réduire la motivation économique de l'emprunteur à effectuer les paiements contractuels prévus, ou d'influer autrement sur la probabilité de défaillance. Par exemple, si la valeur des instruments de garantie diminue en raison d'une baisse des prix des logements, les emprunteurs de certains pays seront plus enclins à faire défaut sur leurs prêts hypothécaires ;

k) une variation importante de la qualité de la garantie fournie par un actionnaire (ou par les parents d'un emprunteur) si l'actionnaire a (ou les parents ont) intérêt à empêcher la défaillance par une injection de capitaux ou de trésorerie et a (ont) les moyens financiers de le faire ;

l) des changements importants, par exemple une réduction du soutien financier apporté par une entité mère ou autre entité affiliée, ou encore une variation importante avérée ou attendue de la qualité des rehaussements de crédit, qui sont susceptibles de réduire la motivation économique de l'emprunteur à effectuer les paiements contractuels prévus. Les rehaussements de crédit ou le soutien financier impliquent la prise en considération de la situation financière du garant et/ou, dans le cas d'intérêts dans une titrisation, de l'éventuelle capacité des intérêts subordonnés d'absorber les pertes de crédit attendues (par exemple, sur les prêts sous-jacents au titre) ;

m) des changements attendus dans le dossier de prêt, y compris une rupture de contrat attendue susceptible d'entraîner la renonciation à certaines clauses contractuelles (ou leur modification), un congé d'intérêts, une majoration du taux d'intérêt, une demande de garanties supplémentaire ou d'autres changements apportés au cadre contractuel de l'instrument ;

n) des changements importants de la performance et du comportement attendus de l'emprunteur, y compris des changements dans la situation de paiement des emprunteurs compris dans le groupe (par exemple, une augmentation du nombre ou du montant attendu des paiements contractuels en retard ou des augmentations importantes du nombre attendu de titulaires de carte de crédit qui devraient approcher ou dépasser leur limite de crédit ou payer le minimum mensuel) ;

o) des changements dans l'approche de la gestion du crédit adoptée par l'entité à l'égard de l'instrument financier, c'est-à-dire que, étant donné l'apparition d'indications de changement du risque de crédit de l'instrument financier, la gestion du risque de crédit par l'entité devrait devenir plus active ou se focaliser sur la gestion de l'instrument, notamment par l'exercice d'un suivi ou d'un contrôle plus étroit de l'instrument, ou par une intervention expresse de l'entité auprès de l'emprunteur ;

p) des informations sur les paiements en souffrance, y compris la présomption réfutable énoncée au paragraphe 5.5.11.

B5.5.18 Dans certains cas, les informations qualitatives et les informations quantitatives non statistiques dont on dispose peuvent suffire pour établir qu'un instrument financier remplit le critère de comptabilisation d'une correction de valeur pour pertes d'un montant égal aux pertes de crédit attendues sur la durée de vie. Autrement dit, il n'est pas nécessaire que les informations découlent d'un modèle statistique ou d'un processus de notation du crédit pour pouvoir déterminer s'il y a eu augmentation importante du risque de crédit qu'un instrument financier comporte. Dans d'autres cas, par contre, il se peut que l'entité doive prendre en considération d'autres informations, notamment des informations provenant de ses modèles statistiques ou de ses processus de notation du crédit. Par ailleurs, l'entité peut fonder son évaluation sur les deux types d'informations, c'est-à-dire les facteurs qualitatifs que le processus de notation interne ne prend pas en considération et une catégorie de notation interne spécifique à la date de clôture, compte tenu des caractéristiques du risque de crédit lors de la comptabilisation initiale, si les deux types d'informations sont pertinents.

Présomption réfutable relative aux paiements en souffrance depuis plus de 30 jours

B5.5.19 La présomption réfutable dont il est question au paragraphe 5.5.11 ne constitue pas un indicateur absolu de la nécessité de comptabiliser les pertes de crédit attendues sur la durée de vie, mais est présumée correspondre au moment le plus tardif auquel les pertes de crédit attendues sur la durée de vie doivent être comptabilisées, même lorsqu'on utilise des informations prospectives (y compris les facteurs macroéconomiques au niveau d'un portefeuille).

B5.5.20 L'entité peut réfuter la présomption. Toutefois, elle ne peut le faire que lorsqu'elle dispose d'informations raisonnables et justifiables montrant que même si les paiements contractuels sont en souffrance depuis plus de 30 jours, cela ne représente pas une augmentation importante du risque de crédit de l'instrument financier. Ce serait le cas, par exemple, si un non-paiement était attribuable à une erreur administrative plutôt qu'à des difficultés financières de l'emprunteur ou si l'entité disposait de données historiques qui permettent de démontrer qu'il n'existe pas de corrélation entre les augmentations importantes du risque de défaillance et le fait que les paiements contractuels se rattachant aux actifs financiers sont en souffrance depuis plus de 30 jours, mais qu'il existe une telle corrélation pour les paiements en souffrance depuis plus de 60 jours.

B5.5.21 L'entité ne peut pas faire correspondre le moment d'une augmentation importante du risque de crédit et donc de la comptabilisation des pertes de crédit attendues sur la durée de vie avec le moment où un actif financier est considéré comme déprécié ou avec la définition interne de la « défaillance » qu'a l'entité.

Instruments financiers dont le risque de crédit est faible à la date de clôture

B5.5.22 Le risque de crédit que comporte un instrument financier est considéré comme faible aux fins du paragraphe 5.5.10 si l'instrument financier comporte un risque de défaillance faible et si l'emprunteur a une solide capacité à remplir ses obligations au titre des flux de trésorerie contractuels à court terme et que cette capacité ne sera pas nécessairement diminuée par des changements défavorables des conditions économiques et commerciales à plus long terme, même si elle peut l'être. On ne considère pas que des instruments financiers présentent un risque de crédit faible lorsqu'ils sont perçus comme comportant un risque de perte faible uniquement en raison de la valeur des instruments de garantie et que sans ces instruments de garantie, ils ne seraient pas considérés comme présentant un risque de crédit faible. On ne considère pas non plus que des instruments financiers présentent un risque de crédit faible au seul motif qu'ils ont un risque de défaillance moins élevé que les autres instruments financiers de l'entité ou par rapport au risque de crédit du pays dans lequel l'entité exerce ses activités.

B5.5.23 Pour déterminer si un instrument financier présente un risque de crédit faible, l'entité peut utiliser sa notation interne du risque de crédit ou d'autres méthodes qui cadrent avec une définition universellement reconnue du « risque de crédit faible » et qui tiennent compte des risques et du type d'instrument financier faisant l'objet de l'appréciation. Par exemple, un instrument financier noté dans la « catégorie investissement » par une agence de notation peut être considéré comme présentant un risque de crédit faible. Par contre, il n'est pas obligatoire que les instruments financiers fassent l'objet d'une notation externe pour être considérés comme présentant un risque de crédit faible. Ils doivent néanmoins pouvoir être considérés, compte tenu de toutes leurs dispositions contractuelles, comme présentant un risque de crédit faible du point de vue d'un participant du marché.

B5.5.24 On ne comptabilise pas les pertes de crédit attendues sur la durée de vie d'un instrument financier uniquement parce qu'il était considéré comme présentant un risque de crédit faible au cours de la période précédente de reporting et qu'il ne l'est pas à la date de clôture. En pareil cas, l'entité doit déterminer si une augmentation importante du risque de crédit est survenue depuis la comptabilisation initiale et, par conséquent, s'il est obligatoire de comptabiliser les pertes de crédit attendues sur la durée de vie conformément au paragraphe 5.5.3.

Modifications

B5.5.25 Dans certaines circonstances, la renégociation ou la modification des flux de trésorerie contractuels liés à un actif financier peuvent donner lieu à la décomptabilisation de l'actif financier existant selon la présente norme. Lorsque la modification d'un actif financier donne lieu à la décomptabilisation de l'actif financier existant et à la comptabilisation ultérieure de l'actif financier modifié, celui-ci est considéré comme un « nouvel » actif financier aux fins de la présente norme.

B5.5.26 Par conséquent, la date de la modification doit être traitée comme étant la date de la comptabilisation initiale de cet actif financier aux fins de l'application des dispositions en matière de dépréciation à l'actif financier modifié. Cela entraîne habituellement une évaluation de la correction de valeur pour pertes comme étant égale au montant des pertes de crédit attendues sur les 12 mois à venir jusqu'à ce que les exigences de comptabilisation des pertes de crédit attendues sur la durée de vie énoncée au paragraphe 5.5.3 soient satisfaites. Cependant, dans certaines circonstances inhabituelles suivant une modification qui donne lieu à la décomptabilisation de l'actif financier initial, il peut exister des indications selon lesquelles l'actif financier modifié est déprécié à la comptabilisation initiale et, par conséquent, il devrait être comptabilisé à titre d'actif financier déprécié dès sa création. Ce pourrait par exemple être le cas lorsqu'une modification substantielle d'un actif en difficulté a donné lieu à la décomptabilisation de l'actif financier initial. En pareil cas, il se peut que la modification donne naissance à un nouvel actif financier qui est déprécié à la comptabilisation initiale.

B5.5.27 Si les flux de trésorerie contractuels liés à un actif financier sont renégociés ou autrement modifiés, mais que l'actif financier n'est pas décomptabilisé, on ne considère pas nécessairement que cet actif présente un risque de crédit plus faible. L'entité doit apprécier si le risque de crédit a augmenté de façon importante depuis la comptabilisation initiale en se fondant sur toutes les informations raisonnables et justifiables qu'il est possible d'obtenir sans devoir engager des coûts ou des efforts excessifs. Ces informations sont de nature historique et prospective et comprennent une appréciation du risque de crédit sur la durée de vie attendue de l'actif, laquelle tient compte des informations sur les circonstances qui ont donné lieu à la modification. Un historique de paiements à jour et sans retard par rapport aux dispositions contractuelles modifiées peut indiquer que les critères de comptabilisation des pertes de crédit attendues sur la durée de vie ne sont plus remplis. Il faudra généralement qu'un client montre un comportement de paiement constamment bon pendant un temps donné avant que l'on considère que le risque de crédit a diminué. Par exemple, il ne suffira généralement pas d'un paiement fait à temps à la suite de la modification des dispositions contractuelles pour faire disparaître des antécédents de mauvais payeur.

➡ Évaluation des pertes de crédit attendues

Pertes de crédit attendues

B5.5.28 Les pertes de crédit attendues sont une estimation, établie par pondération probabiliste, des pertes de crédit (c'est-à-dire de la valeur actualisée de tous les manques à gagner en flux de trésorerie) sur la durée de vie attendue d'un instrument financier. Un manque à gagner en flux de trésorerie est la différence entre les flux de trésorerie qui sont dus à une entité aux termes du contrat et les flux de trésorerie que l'entité s'attend à recevoir. Comme les pertes de crédit attendues tiennent compte du montant et du calendrier des paiements, il y a perte de crédit même lorsque l'entité s'attend à être payée intégralement mais en retard par rapport à l'échéancier contractuel.

B5.5.29 Dans le cas des actifs financiers, une perte de crédit est la valeur actualisée de la différence entre les deux valeurs suivantes :

a) les flux de trésorerie contractuels qui sont dus à l'entité selon les termes du contrat ; et

b) les flux de trésorerie que l'entité s'attend à recevoir.

B5.5.30 Dans le cas des engagements de prêt inutilisés, une perte de crédit est la valeur actualisée de la différence entre les deux valeurs suivantes :

a) les flux de trésorerie contractuels qui sont dus à l'entité si le bénéficiaire de l'engagement de prêt utilise ce dernier ; et

b) les flux de trésorerie que l'entité s'attend à recevoir si le prêt est utilisé.

B5.5.31 L'estimation que fait l'entité des pertes de crédit attendues sur un engagement de prêt doit être conforme à ses attentes quant à l'utilisation de cet engagement de prêt ; autrement dit, elle doit tenir compte de la partie de l'engagement de prêt dont elle suppose qu'elle sera utilisée dans les 12 mois suivant la date de clôture lorsque l'entité estime les pertes de crédit attendues sur les 12 mois à venir, et de la partie de l'engagement de prêt dont elle suppose qu'elle sera utilisée pendant la durée de vie attendue de l'engagement de prêt lorsque l'entité estime les pertes de crédit attendues sur la durée de vie.

B5.5.32 Dans le cas d'un contrat de garantie financière, l'entité n'est tenue d'effectuer des paiements qu'en cas de défaillance du débiteur selon les dispositions de l'instrument garanti. En conséquence, les manques à gagner en flux de trésorerie sont les sommes que l'entité s'attend à verser pour rembourser au détenteur la perte de crédit qu'il a subie, diminuées des sommes que l'entité s'attend à recevoir du détenteur, du débiteur ou de toute autre partie. Si l'actif est entièrement garanti, l'estimation des manques à gagner en flux de trésorerie relatifs au contrat de garantie financière sera conforme aux estimations des insuffisances de flux de trésorerie relatives à l'actif visé par la garantie.

B5.5.33 Dans le cas d'un actif financier qui est déprécié à la date de clôture, mais qui n'est pas un actif financier déprécié dès son acquisition ou sa création, l'entité doit évaluer les pertes de crédit attendues comme étant la différence entre la valeur comptable brute de l'actif et la valeur actualisée, au taux d'intérêt effectif initial de l'actif financier, des flux de trésorerie futurs estimés. Tout ajustement est comptabilisé en résultat net à titre de gain ou perte de valeur.

B5.5.34 Lorsqu'on évalue la correction de valeur pour pertes qui se rattache à une créance locative, les flux de trésorerie qu'on utilise pour déterminer les pertes de crédit attendues devraient correspondre aux flux de trésorerie utilisés pour évaluer la créance locative selon IFRS 16 *Contrats de location*.

B5.5.35 L'entité peut utiliser des mesures de simplification pour évaluer les pertes de crédit attendues si ces mesures sont conformes aux principes énoncés au paragraphe 5.5.17. Le recours à une matrice pour calculer les pertes de crédit attendues sur des créances clients constitue un exemple de mesure de simplification. L'entité utiliserait l'historique de ses pertes de crédit (ajusté, au besoin, conformément aux paragraphes B5.5.51 et B5.5.52) se rapportant aux créances clients pour estimer les pertes de crédit attendues pour les 12 mois à venir ou les pertes de crédit attendues sur la durée de vie des actifs financiers, selon le cas. La matrice de calcul pourrait, par exemple, spécifier des taux de provisionnement fixes, établis en fonction du temps depuis lequel la créance client est en souffrance (par exemple, 1 % si la créance n'est pas en souffrance ; 2 % si elle est en souffrance depuis moins de 30 jours ; 3 % si elle est en souffrance depuis plus de 30 jours, mais moins de 90 jours ; 20 % si elle est en souffrance depuis au moins 90 jours, mais moins de 180 jours, et ainsi de suite). Une entité dont la clientèle est variée, et dont l'historique des pertes de crédit montre des profils de pertes sensiblement différents d'un segment de clientèle à l'autre, pourra être amenée à grouper ses actifs en conséquence. La localisation géographique, le type de produit, la note financière du client, la garantie ou l'assurance-crédit et le type de client (par exemple, de gros ou de détail) sont des exemples de critères pouvant être utilisés pour établir ces regroupements.

Définition de la défaillance

B5.5.36 Selon le paragraphe 5.5.9, lorsque l'entité détermine si le risque de crédit que comporte un instrument financier a augmenté de façon importante, elle doit tenir compte de la variation du risque de défaillance depuis la comptabilisation initiale.

B5.5.37 Pour déterminer le risque de défaillance, l'entité doit appliquer une définition de la défaillance qui correspond à celle utilisée aux fins de la gestion interne du risque de crédit pour l'instrument financier concerné et tenir compte le cas échéant des facteurs qualitatifs (par exemple, les clauses contractuelles de nature financière). Il existe cependant une présomption réfutable selon laquelle le moment où la défaillance survient ne peut se situer plus de 90 jours après celui où l'actif financier devient en souffrance, à moins que l'entité dispose d'informations raisonnables et justifiables pour démontrer qu'un critère de défaillance plus tardif convient davantage. La définition de la défaillance utilisée à ces fins doit être appliquée uniformément à tous les instruments financiers, à moins que des informations nouvellement disponibles indiquent qu'une autre définition de la défaillance convient davantage à un instrument financier particulier.

Période sur laquelle sont estimées les pertes de crédit attendues

B5.5.38 Selon le paragraphe 5.5.19, la période maximale sur laquelle les pertes de crédit attendues doivent être évaluées correspond à la période contractuelle maximale pendant laquelle l'entité est exposée au risque de crédit. Dans le cas des engagements de prêt et des contrats de garantie financière, il s'agit de la période contractuelle maximale pendant laquelle l'entité a une obligation contractuelle actuelle d'octroyer un crédit.

B5.5.39 Cependant, selon le paragraphe 5.5.20, certains instruments financiers comprennent à la fois une composante de prêt et une composante d'engagement de prêt non utilisé, et la faculté contractuelle de l'entité d'exiger un remboursement et de résilier l'engagement de prêt non utilisé n'a pas pour effet que l'exposition de l'entité aux pertes de crédit est limitée à la période de préavis contractuel. Par exemple, il est courant que des facilités de crédit renouvelable telles que les cartes de crédit ou les autorisations de découvert puissent être contractuellement résiliées avec un seul jour de préavis. Or, en pratique, les prêteurs maintiennent la facilité de crédit et il se peut qu'ils ne la résilient qu'une fois que le risque de crédit de l'emprunteur augmente, ce qui peut être trop tard pour prévenir la réalisation de pertes de crédit attendues. En général, ces instruments financiers présentent les caractéristiques suivantes du fait de leur nature propre, de la manière dont ils sont gérés et de la nature des informations disponibles sur les augmentations importantes du risque de crédit :

a) ils n'ont ni échéance déterminée ni structure de remboursement et sont habituellement assortis d'un délai de résiliation contractuel court (par exemple, un jour) ;

b) la faculté contractuelle de résilier le contrat n'est normalement pas exercée dans leur gestion quotidienne et il se peut que le contrat ne soit résilié que si l'entité prend connaissance d'une augmentation du risque de crédit au niveau de la facilité ; et

c) ils sont gérés sur une base collective.

B5.5.40 Lorsqu'elle détermine la période pour laquelle il est prévu qu'elle soit exposée au risque de crédit sans que les pertes de crédit attendues soient atténuées par des mesures normales de gestion du risque de crédit, l'entité devrait tenir compte de facteurs tels que les informations historiques et l'expérience concernant :

a) la période durant laquelle l'entité a été exposée au risque de crédit associé à des instruments financiers similaires ;

b) le délai nécessaire à la survenance de défaillances correspondantes à l'égard d'instruments financiers similaires à la suite d'une augmentation importante du risque de crédit ; et

c) les mesures de gestion du risque de crédit, telles que la réduction ou l'abolition des limites non utilisées, que prévoit de prendre l'entité une fois que le risque de crédit associé à l'instrument financier augmente.

Montant fondé sur des pondérations probabilistes

B5.5.41 L'objet de l'estimation des pertes de crédit attendues n'est ni d'établir le scénario le plus défavorable, ni d'établir le scénario le plus favorable. Cette estimation doit toujours refléter la possibilité qu'une perte de crédit soit subie et la possibilité qu'aucune perte de crédit ne soit subie, même lorsque le résultat le plus probable consiste en une absence de perte de crédit.

B5.5.42 Aux termes du paragraphe 5.5.17 a), l'estimation des pertes de crédit attendues doit refléter un montant objectif et fondé sur des pondérations probabilistes, qui est déterminé par l'évaluation d'un éventail de résultats possibles. En pratique, l'analyse à effectuer n'a pas nécessairement besoin d'être complexe. Dans certains cas, il peut suffire d'employer un modèle relativement simple, qui ne nécessite pas de procéder à une simulation détaillée pour un grand nombre de scénarios. Par exemple, la moyenne des pertes de crédit d'un grand groupe d'instruments financiers ayant des caractéristiques de risque communes peut constituer une estimation raisonnable du montant fondé sur des pondérations probabilistes. Dans d'autres cas, il sera probablement nécessaire d'établir des scénarios qui font état du montant et du calendrier des flux de trésorerie pour des résultats donnés et de la probabilité estimée de ces résultats. Selon le paragraphe 5.5.18, les pertes de crédit attendues doivent alors refléter au moins deux résultats possibles.

B5.5.43 Pour les pertes de crédit attendues sur la durée de vie, l'entité doit estimer le risque que l'instrument financier fasse l'objet d'une défaillance au cours de sa durée de vie attendue. Les pertes de crédit attendues sur les 12 mois à venir sont une partie des pertes de crédit attendues sur la durée de vie, à savoir les manques à gagner en flux de trésorerie sur la durée de vie qui surviendraient en cas de défaillance dans les 12 mois suivant la date de clôture (ou une période plus courte si la durée de vie attendue de l'instrument financier est inférieure à 12 mois), pondérés par la probabilité qu'il y ait défaillance. Ainsi, les pertes de crédit attendues sur les 12 mois à venir ne sont ni les pertes de crédit attendues sur la durée de vie des instruments financiers qui, selon les prédictions de l'entité, subiront une défaillance au cours des 12 mois à venir, ni les manques à gagner en flux de trésorerie prédits sur les 12 mois à venir.

Valeur temps de l'argent

B5.5.44 Les pertes de crédit attendues doivent être actualisées à la date de clôture, et non pas à la date de la défaillance attendue ou à une autre date, au moyen du taux d'intérêt effectif déterminé lors de la comptabilisation initiale ou d'une approximation de ce taux. Si l'instrument financier est assorti d'un taux d'intérêt variable, les pertes de crédit attendues doivent être actualisées au moyen du taux d'intérêt effectif actuel déterminé conformément au paragraphe B5.4.5.

B5.5.45 Dans le cas des actifs financiers dépréciés dès leur acquisition ou leur création, les pertes de crédit attendues doivent être actualisées au moyen du taux d'intérêt effectif ajusté en fonction de la qualité de crédit déterminé lors de la comptabilisation initiale.

B5.5.46 Les pertes de crédit attendues sur les créances locatives doivent être actualisées au moyen du même taux d'actualisation que celui employé pour l'évaluation de ces créances selon IFRS 16.

B5.5.47 Les pertes de crédit attendues sur un engagement de prêt doivent être actualisées au moyen du taux d'intérêt effectif qui sera appliqué au moment de la comptabilisation de l'actif financier découlant de l'engagement de prêt, ou d'une approximation de ce taux. En effet, aux fins de l'application des dispositions en matière de dépréciation, un actif financier qui est comptabilisé par suite de l'utilisation d'un engagement de prêt doit être traité comme la continuation de cet engagement plutôt que comme un nouvel instrument financier. L'entité doit donc évaluer les pertes de crédit attendues sur l'actif financier en tenant compte du risque de crédit initial de l'engagement de prêt à compter de la date à laquelle elle est devenue partie à l'engagement irrévocable.

B5.5.48 Les pertes de crédit attendues sur les contrats de garantie financière et sur les engagements de prêt pour lesquels le taux d'intérêt effectif ne peut être déterminé doivent être actualisées au moyen d'un taux d'actualisation qui reflète l'appréciation actuelle par le marché de la valeur temps de l'argent et des risques spécifiques aux flux de trésorerie, mais seulement si et dans la mesure où la prise en considération des risques se fait par l'ajustement du taux d'actualisation plutôt que des manques à gagner en flux de trésorerie qui sont actualisés.

Informations raisonnables et justifiables

B5.5.49 Aux fins de la présente norme, les informations raisonnables et justifiables sont celles dont il est raisonnablement possible de disposer à la date de clôture sans devoir engager des coûts ou des efforts excessifs, y compris des informations sur les événements passés et les circonstances actuelles et des prévisions concernant la conjoncture économique future. Les informations dont on dispose aux fins de l'information financière sont considérées comme étant disponibles sans devoir engager des coûts ou des efforts excessifs.

B5.5.50 L'entité n'est pas tenue de prendre en compte des prévisions de la conjoncture future pour la totalité de la durée de vie attendue d'un instrument financier. Le degré de jugement requis pour estimer les pertes de crédit attendues dépend de la disponibilité d'informations détaillées. Plus l'horizon prévisionnel augmente, plus la disponibilité d'informations détaillées diminue et plus le degré de jugement requis pour estimer les pertes de crédit attendues augmente. Il n'est pas nécessaire de procéder à une estimation détaillée des pertes de crédit attendues pour les périodes lointaines ; pour ces périodes, l'entité peut extrapoler à partir des informations détaillées dont elle dispose.

B5.5.51 L'entité n'est pas tenue d'effectuer une recherche d'informations exhaustive, mais elle doit prendre en considération toutes les informations raisonnables et justifiables qu'il lui est possible d'obtenir sans devoir engager des coûts ou des efforts excessifs et qui présentent une utilité pour l'estimation des pertes de crédit attendues, y compris l'effet des paiements anticipés attendus. Les informations utilisées doivent comprendre les facteurs propres à l'emprunteur, la conjoncture économique générale et une appréciation de l'orientation aussi bien actuelle que prévue de la conjoncture à la date de clôture. L'entité peut utiliser diverses sources de données, aussi bien internes (propres à l'entité) qu'externes. Les sources de données possibles comprennent l'historique interne des pertes de crédit, la notation interne, l'historique des pertes de crédit d'autres entités ainsi que les notations, les rapports et les statistiques externes. Les entités qui n'ont pas de sources qui leur sont propres ou dont les sources de données propres sont insuffisantes peuvent s'appuyer sur l'expérience d'un groupe d'entités homologues pour des instruments financiers (ou des groupes d'instruments financiers) comparables.

B5.5.52 Les informations historiques sont un point d'ancrage ou une base importante pour l'évaluation des pertes de crédit attendues. Toutefois, l'entité doit ajuster les données historiques, telles que l'historique des pertes de crédit, en fonction des données observables actuelles, afin de refléter les effets de la conjoncture actuelle et ses prévisions quant à la conjoncture future qui n'ont pas influé sur la période sur laquelle sont fondées les données historiques et de supprimer les effets conjoncturels de la période historique qui sont sans incidence sur les flux de trésorerie contractuels futurs. Dans certains cas, les meilleures informations raisonnables et justifiables peuvent être les informations historiques non ajustées, selon la nature de ces dernières et du moment où elles ont été calculées, compte tenu des circonstances à la date de clôture et des caractéristiques de l'instrument financier en question. Les estimations de variation des pertes de crédit attendues devraient refléter les variations, d'une période à l'autre, des données observables qui s'y rattachent (telles que les variations des taux de chômage, des prix immobiliers, des prix des marchandises, de la situation de paiement ou d'autres facteurs indicatifs de pertes de crédit sur l'instrument financier ou le groupe d'instruments financiers et de leur amplitude) et être de sens cohérent avec ces variations. L'entité doit revoir régulièrement la méthode et les hypothèses utilisées pour estimer les pertes de crédit attendues, afin de réduire les différences éventuelles entre les estimations et la réalité.

B5.5.53 Lorsqu'on utilise les pertes de crédit historiques pour estimer les pertes de crédit attendues, il est important d'appliquer les informations relatives aux taux historiques de pertes de crédit à des groupes définis d'une manière cohérente par rapport aux groupes pour lesquels les taux historiques de pertes de crédit ont été observés. La méthode utilisée doit donc permettre d'associer à chaque groupe d'actifs financiers des informations sur les pertes de crédit historiques pour des groupes d'actifs financiers présentant des caractéristiques de risque similaires, et des données observables pertinentes reflétant la conjoncture actuelle.

B5.5.54 Les pertes de crédit attendues reflètent les propres attentes de l'entité en matière de pertes de crédit. Cependant, pour tenir compte de toutes les informations raisonnables et justifiables qu'il est possible d'obtenir sans devoir engager des coûts ou des efforts excessifs lorsqu'elle établit son estimation des pertes de crédit attendues, l'entité devrait aussi prendre en considération les informations de marché observables à propos du risque de crédit que comportent l'instrument financier considéré ou des instruments financiers similaires.

Instruments de garantie

B5.5.55 Aux fins de l'évaluation des pertes de crédit attendues, l'estimation des manques à gagner en flux de trésorerie attendus doit refléter les flux de trésorerie attendus des instruments de garantie et des autres rehaussements de crédit qui font partie des dispositions contractuelles et qui ne sont pas comptabilisés séparément par l'entité. L'estimation des manques à gagner en flux de trésorerie attendus d'un instrument financier garanti reflète le montant et le calendrier des flux de trésorerie attendus de la saisie des instruments de garantie, diminués des coûts de prise de possession et de vente de ces instruments, que la saisie soit probable ou non (autrement dit, l'estimation des flux de trésorerie attendus doit tenir compte de la probabilité d'une saisie et des flux de trésorerie qui en résulteraient). Par conséquent, les flux de trésorerie qui seraient attendus de la réalisation des instruments de garantie au-delà de l'échéance contractuelle devraient être pris en compte dans cette analyse. Un instrument de garantie dont l'entité prend possession du fait d'une saisie n'est pas comptabilisé en tant qu'actif distinct de l'instrument financier garanti, sauf s'il satisfait aux critères de comptabilisation pertinents énoncés dans la présente norme ou dans les autres normes.

➡ Reclassement d'actifs financiers (section 5.6)

B5.6.1 Si l'entité reclasse des actifs financiers conformément au paragraphe 4.4.1, le paragraphe 5.6.1 lui impose d'appliquer le reclassement de manière prospective à compter de la date de reclassement. Tant la catégorie d'évaluation au coût amorti que la catégorie d'évaluation à la juste valeur par le biais des autres éléments du résultat global imposent la détermination du taux d'intérêt effectif lors de la comptabilisation initiale. Ces deux catégories imposent également que les dispositions en matière de dépréciation soient appliquées de la même manière. Par conséquent, lorsque l'entité opère le reclassement d'un actif financier entre la catégorie d'évaluation au coût amorti et la catégorie d'évaluation à la juste valeur par le biais des autres éléments du résultat global :

a) la comptabilisation des produits d'intérêts ne change pas, et l'entité continue donc à utiliser le même taux d'intérêt effectif ;

b) l'évaluation des pertes de crédit attendues ne change pas, car la même approche de dépréciation est appliquée pour les deux catégories d'évaluation. Toutefois, si un actif financier jusqu'alors classé comme étant évalué à la juste valeur par le biais des autres éléments du résultat global est reclassé comme étant évalué au coût amorti, une correction de valeur pour pertes est comptabilisée à titre d'ajustement de la valeur comptable brute de l'actif financier à compter de la date de reclassement. En revanche, si un actif financier jusqu'alors classé comme étant évalué au coût amorti est reclassé comme étant évalué à la juste valeur par le biais des autres éléments du résultat global, la correction de valeur pour pertes sera décomptabilisée (et ainsi ne sera plus comptabilisée à titre d'ajustement de la valeur comptable brute), et le montant en sera comptabilisé à titre de cumul des dépréciations dans les autres éléments du résultat global, et sera présenté à compter de la date de reclassement.

B5.6.2 L'entité n'est cependant pas tenue de comptabiliser séparément les produits d'intérêts ou les gains ou pertes de valeur pour les actifs financiers évalués à la juste valeur par le biais du résultat net. En conséquence, lorsqu'une entité reclasse un actif financier jusqu'alors classé comme étant évalué à la juste valeur par le biais du résultat net, le taux d'intérêt effectif est déterminé sur la base de la juste valeur de l'actif à la date de reclassement. En outre, aux fins de l'application de la section 5.5 aux actifs financiers à compter de la date de reclassement, cette dernière date est traitée comme étant la date de la comptabilisation initiale.

➟ Profits et pertes (section 5.7)

B5.7.1 Le paragraphe 5.7.5 permet à l'entité de faire le choix irrévocable de présenter dans les autres éléments du résultat global les variations de la juste valeur d'un placement dans un instrument de capitaux propres qui n'est pas détenu à des fins de transaction. Ce choix se fait instrument par instrument (c'est-à-dire, titre par titre). Les montants présentés dans les autres éléments du résultat global ne doivent pas être transférés ultérieurement au résultat net. L'entité peut cependant transférer le cumul des profits et des pertes à une autre composante des capitaux propres. Les dividendes de tels placements sont comptabilisés en résultat net selon le paragraphe 5.7.6, à moins que le dividende ne représente clairement la récupération d'une partie du coût du placement.

B5.7.1A Sauf dans les cas où le paragraphe 4.1.5 s'applique, le paragraphe 4.1.2A impose qu'un actif financier soit évalué à la juste valeur par le biais des autres éléments du résultat global si ses dispositions contractuelles donnent lieu à des flux de trésorerie qui correspondent uniquement à des remboursements de principal et à des versements d'intérêts sur le principal restant dû et si sa détention s'inscrit dans un modèle économique dont l'objectif est atteint à la fois par la perception de flux de trésorerie contractuels et par la vente d'actifs financiers. Cette catégorie d'évaluation implique de comptabiliser les informations en résultat net comme si les actifs financiers étaient évalués au coût amorti, alors qu'ils sont évalués à la juste valeur dans l'état de la situation financière. Les profits ou les pertes autres que ceux qui sont comptabilisés en résultat net selon les paragraphes 5.7.10 et 5.7.11 sont comptabilisés dans les autres éléments du résultat global. Lors de la décomptabilisation de ces actifs financiers, le cumul des profits et des pertes comptabilisé précédemment dans les autres éléments du résultat global est reclassé en résultat net. Cela correspond au profit ou à la perte qui aurait été comptabilisé en résultat net lors de la décomptabilisation si les actifs financiers avaient été évalués au coût amorti.

B5.7.2 L'entité applique IAS 21 aux actifs financiers et aux passifs financiers qui sont des éléments monétaires selon IAS 21 et qui sont libellés dans une monnaie étrangère. IAS 21 impose que les profits et les pertes de change sur les actifs monétaires et les passifs monétaires soient comptabilisés en résultat net. Fait exception à cette exigence l'élément monétaire désigné comme instrument de couverture soit dans une couverture de flux de trésorerie (voir paragraphe 6.5.11), soit dans une couverture d'un investissement net (voir paragraphe 6.5.13), soit dans une couverture de juste valeur d'un instrument de capitaux propres pour lequel l'entité a choisi de présenter les variations de la juste valeur dans les autres éléments du résultat global selon le paragraphe 5.7.5 (voir paragraphe 6.5.8).

B5.7.2A Aux fins de la comptabilisation des profits et pertes de change selon IAS 21, un actif financier évalué à la juste valeur par le biais des autres éléments du résultat global conformément au paragraphe 4.1.2A est traité comme un élément monétaire. Par conséquent, un tel actif financier est traité comme s'il était évalué au coût amorti dans la monnaie étrangère. Les écarts de change sur le coût amorti sont comptabilisés en résultat net et les autres variations de la valeur comptable sont comptabilisées selon le paragraphe 5.7.10.

B5.7.3 Le paragraphe 5.7.5 permet à l'entité de faire le choix irrévocable de présenter dans les autres éléments du résultat global les variations ultérieures de la juste valeur de certains placements dans des instruments de capitaux propres. Ces placements ne sont pas des éléments monétaires. Par conséquent, le profit ou la perte présenté dans les autres éléments du résultat global selon le paragraphe 5.7.5 comprend toute composante de change associée.

B5.7.4 S'il existe une relation de couverture entre un actif monétaire non dérivé et un passif monétaire non dérivé, les variations de la composante de change de ces instruments financiers sont présentées en résultat net.

Passifs désignés comme étant évalués à la juste valeur par le biais du résultat net

B5.7.5 Lorsqu'une entité désigne un passif financier comme étant évalué à la juste valeur par le biais du résultat net, elle doit déterminer si le fait de présenter dans les autres éléments du résultat global les effets des variations du risque de crédit du passif créerait ou accroîtrait une non-concordance comptable au niveau du résultat net. Il y a création ou accroissement d'une non-concordance comptable si le fait de présenter les effets des variations du risque de crédit du passif dans les autres éléments du résultat global se traduit, au niveau du résultat net, par une non-concordance plus grande que si les montants en question étaient présentés en résultat net.

B5.7.6 Aux fins de cette détermination, l'entité doit apprécier si elle s'attend à ce que les effets des variations du risque de crédit du passif soient compensés, dans le résultat net, par une variation de la juste valeur d'un autre instrument financier évalué à la juste valeur par le biais du résultat net. Toute attente en ce sens doit se fonder sur une relation de nature économique entre les caractéristiques du passif et celles de l'autre instrument financier.

B5.7.7 La détermination se fait lors de la comptabilisation initiale et n'est pas révisée par la suite. En pratique, il n'est pas nécessaire que l'entité ait acquis ou contracté exactement en même temps tous les actifs et passifs donnant lieu à une non-concordance comptable. Un décalage raisonnable est autorisé, pour autant que l'on s'attende à la réalisation de toutes les transactions restantes. La méthode que l'entité utilise pour déterminer si le fait de présenter dans les autres éléments du résultat global les effets des variations du risque de crédit du passif créerait ou accroîtrait une non-concordance comptable au niveau du résultat net doit être appliquée de façon uniforme. L'entité peut toutefois utiliser différentes méthodes lorsqu'il existe des relations de nature économique différentes entre les caractéristiques des passifs désignés comme étant évalués à la juste valeur par le biais du résultat net et celles des autres instruments financiers. Selon IFRS 7, l'entité doit fournir dans les notes annexes aux états financiers des informations qualitatives sur la méthode utilisée pour procéder à la détermination.

B5.7.8 Dans le cas où il y aurait création ou accroissement d'une non-concordance comptable, l'entité est tenue de présenter toutes les variations de la juste valeur (y compris les effets des variations du risque de crédit du passif) en résultat net. Dans le cas contraire, l'entité est tenue de présenter les effets des variations du risque de crédit du passif dans les autres éléments du résultat global.

B5.7.9 Les montants présentés dans les autres éléments du résultat global ne doivent pas être transférés ultérieurement au résultat net. L'entité peut cependant transférer le cumul des profits et des pertes à une autre composante des capitaux propres.

B5.7.10 L'exemple qui suit illustre une situation où le fait de présenter dans les autres éléments du résultat global les effets des variations du risque de crédit du passif créerait une non-concordance comptable au niveau du résultat net. Un établissement de crédit hypothécaire accorde des prêts à des consommateurs et finance ces prêts en vendant sur le marché des obligations ayant des caractéristiques équivalentes (par exemple : montant de l'encours, plan de remboursement, échéance, monnaie). Les dispositions contractuelles du prêt permettent à l'emprunteur de rembourser par anticipation son emprunt (c'est-à-dire de satisfaire à son obligation vis-à-vis de l'établissement de crédit) en achetant l'obligation correspondante à sa juste valeur sur le marché et en remettant cette obligation à l'établissement de crédit. En raison de l'existence du droit de remboursement anticipé, toute détérioration de la qualité de crédit de l'obligation (et, par conséquent, toute diminution de la juste valeur du passif de l'établissement de crédit) entraîne pour l'établissement de crédit une détérioration de la juste valeur de son prêt. La variation de la juste valeur de cet actif reflète le droit contractuel qu'a l'emprunteur de procéder au remboursement anticipé de son emprunt en achetant l'obligation sous-jacente à sa juste valeur (celle-ci ayant, dans le présent exemple, diminué) pour la remettre à l'établissement de crédit. Les effets des variations du risque de crédit du passif (l'obligation) seront par conséquent compensés en résultat net par une variation correspondante de la juste valeur d'un actif financier (le prêt). Présenter dans les autres éléments du résultat global les effets des variations du risque de crédit du passif donnerait alors lieu à une non-concordance comptable au niveau du résultat net. L'établissement de crédit est donc tenu de présenter en résultat net toutes les variations de la juste valeur du passif (y compris les effets des variations du risque de crédit qu'il comporte).

B5.7.11 Dans l'exemple du paragraphe B5.7.10, il existe un lien contractuel entre les effets des variations du risque de crédit du passif et les variations de la juste valeur de l'actif financier (en raison du droit contractuel de l'emprunteur de procéder au remboursement anticipé de son emprunt en achetant l'obligation à sa juste valeur pour la livrer à l'établissement de crédit). Il peut cependant y avoir non-concordance comptable même en l'absence de lien contractuel.

B5.7.12 Aux fins de l'application des dispositions des paragraphes 5.7.7 et 5.7.8, une non-concordance comptable ne peut résulter du seul choix de la méthode d'évaluation utilisée par l'entité pour déterminer les effets des variations du risque de crédit du passif. Il ne peut y avoir non-concordance comptable au niveau du résultat net que lorsque l'on peut s'attendre à ce que les effets des variations du risque de crédit (au sens d'IFRS 7) du passif soient compensés par les variations de la juste valeur d'un autre instrument financier. Une non-concordance résultant uniquement du choix de la méthode d'évaluation (c'est-à-dire du fait que l'entité n'isole pas les variations du risque de crédit du passif des autres variations de sa juste valeur) n'a aucune incidence sur la détermination imposée par les paragraphes 5.7.7 et 5.7.8. Supposons par exemple que pour un passif donné, une entité n'isole pas les effets des variations du risque de crédit de ceux du risque de liquidité. Si elle présente les effets combinés des deux facteurs dans les autres éléments du résultat global, il peut y avoir non-concordance parce que les variations du risque de liquidité peuvent être incluses dans l'évaluation de la juste valeur des actifs financiers de l'entité et que la variation totale de la juste valeur de ces actifs est présentée en résultat net. Cette non-concordance serait toutefois due à une évaluation imprécise et non à la compensation décrite au paragraphe B5.7.6, et n'influerait donc pas sur la détermination imposée par les paragraphes 5.7.7 et 5.7.8.

Signification de « risque de crédit » (paragraphes 5.7.7 et 5.7.8)

B5.7.13 IFRS 7 définit le risque de crédit comme « le risque qu'une partie à un instrument financier manque à une de ses obligations et amène de ce fait l'autre partie à subir une perte financière ». La disposition du paragraphe 5.7.7 a) a trait au risque de défaillance de l'émetteur à l'égard d'un passif en particulier. Elle ne concerne pas nécessairement la solvabilité de l'émetteur. Par exemple, si une entité émet un passif garanti et un passif non garanti par ailleurs identiques, ces deux passifs comporteront des risques de crédit différents, même s'ils sont émis par la même entité. Le passif garanti comportera un risque de crédit moindre que celui associé au passif non garanti. Le risque de crédit associé à un passif garanti pourra être presque nul.

B5.7.14 Aux fins de l'application de la disposition du paragraphe 5.7.7 a), le risque de crédit diffère du risque de rendement propre à un actif. Ce risque de rendement est sans rapport avec le risque qu'une entité manque à l'une de ses obligations ; il s'agit du risque que le rendement tiré d'un actif ou d'un groupe d'actifs soit faible, voire nul.

B5.7.15 Voici des exemples de risque de rendement propre à un actif :

a) Un passif comportant un élément de capital variable (telle qu'un contrat en unités de compte) prévoyant le versement aux investisseurs d'une somme déterminée en fonction du rendement d'actifs spécifiés. L'effet de l'élément de capital variable sur la juste valeur du passif constitue un risque de rendement propre à un actif et non un risque de crédit.

b) Un passif émis par une entité structurée présentant les caractéristiques suivantes : elle constitue une entité juridique isolée, les actifs qui la composent y étant cantonnés pour le seul bénéfice de ses investisseurs, y compris en cas de faillite ; elle ne conclut aucune autre transaction et les actifs qui la composent ne peuvent être hypothéqués ; elle n'a de sommes à verser à ses investisseurs que si les actifs cantonnés génèrent des flux de trésorerie. Dans ce cas, les variations de la juste valeur du passif reflètent essentiellement les variations de la juste valeur des actifs. L'effet du rendement de ces actifs sur la juste valeur du passif constitue un risque de rendement propre à des actifs et non un risque de crédit.

Détermination des effets des variations du risque de crédit

B5.7.16 Aux fins de l'application de la disposition du paragraphe 5.7.7 a), l'entité doit déterminer le montant de la variation de la juste valeur du passif financier qui est attribuable aux variations du risque de crédit de ce passif :

a) soit comme étant le montant de la variation de sa juste valeur qui n'est pas imputable aux changements des conditions de marché qui donnent naissance au risque de marché (voir paragraphes B5.7.17 et B5.7.18) ;

b) soit par le recours à une autre méthode qui, selon l'entité, représente plus fidèlement le montant de la variation de la juste valeur du passif financier qui est imputable aux variations du risque de crédit de celui-ci.

B5.7.17 Les changements des conditions de marché qui induisent un risque de marché peuvent être les variations d'un taux d'intérêt de référence, du cours d'un instrument financier d'une autre entité, du prix d'une marchandise, d'un taux de change, ou d'un indice de prix ou de taux.

B5.7.18 Dans le cas où les seuls changements pertinents et importants des conditions de marché pour un passif sont les variations d'un taux d'intérêt (de référence) observé, le montant du paragraphe B5.7.16 a) peut être estimé comme suit :

a) Premièrement, l'entité calcule le taux de rendement interne du passif en début de période en utilisant la juste valeur de ce passif et ses flux de trésorerie contractuels au début de la période. Elle déduit de ce taux de rendement le taux d'intérêt (de référence) observé au début de la période, dégageant ainsi la composante du taux de rendement interne propre à l'instrument.

b) Ensuite, l'entité calcule la valeur actualisée des flux de trésorerie associés au passif en utilisant les flux de trésorerie contractuels du passif à la fin de la période et un taux d'actualisation égal à la somme i) du taux d'intérêt (de référence) observé à la fin de la période et ii) de la composante du taux de rendement interne propre à l'instrument, telle que déterminée en a).

c) La différence entre la juste valeur du passif à la fin de la période et le montant déterminé en b) est la variation de la juste valeur qui n'est pas imputable à des variations du taux d'intérêt (de référence) observé. C'est ce montant qui doit être présenté dans les autres éléments du résultat global selon le paragraphe 5.7.7 a).

B5.7.19 L'exemple du paragraphe B5.7.18 repose sur 'hypothèse qu'aucune variation importante de la juste valeur n'est due à des facteurs autres que les variations du risque de crédit de l'instrument ou des taux d'intérêt (de référence) observés. L'utilisation de la même méthode ne conviendrait pas si ces autres facteurs donnaient lieu à des variations importantes de la juste valeur. L'entité serait alors tenue d'utiliser une méthode permettant d'évaluer plus fidèlement les effets des variations du risque de crédit du passif [voir paragraphe B5.7.16 b)]. Par exemple, si l'instrument contenait un dérivé incorporé, on exclurait la variation de la juste valeur du dérivé incorporé de la détermination du montant à présenter dans les autres éléments du résultat global selon le paragraphe 5.7.7 a).

B5.7.20 Comme pour toute évaluation de la juste valeur, la méthode utilisée par l'entité pour déterminer la partie de la variation de la juste valeur du passif qui est attribuable aux variations du risque de crédit doit reposer le plus possible sur l'utilisation des données d'entrée observables pertinentes et le moins possible sur l'utilisation de données d'entrée non observables.

COMPTABILITÉ DE COUVERTURE (CHAPITRE 6)

➠ Instruments de couverture (section 6.2)

Instruments qualifiés

B6.2.1 Les dérivés qui sont incorporés dans des contrats hybrides mais qui ne sont pas comptabilisés séparément ne peuvent pas être désignés comme des instruments de couverture séparés.

B6.2.2 Les instruments de capitaux propres de l'entité n'étant pas des actifs financiers ou des passifs financiers de celle-ci, ils ne peuvent pas être désignés comme instruments de couverture.

B6.2.3 Dans le cas d'une couverture de risque de change, la composante de risque de change d'un instrument financier non dérivé est déterminée selon IAS 21.

Options vendues

B6.2.4 La présente norme ne comporte aucune restriction quant aux circonstances dans lesquelles un dérivé qui est évalué à la juste valeur par le biais du résultat net peut être désigné comme instrument de couverture, excepté pour certaines options vendues. Une option vendue n'est pas admise comme instrument de couverture, à moins d'être désignée comme compensant une option achetée, y compris lorsque cette dernière est incorporée dans un autre instrument financier (par exemple, lorsqu'une option d'achat vendue sert à couvrir un passif remboursable par anticipation).

Désignation d'instruments de couverture

B6.2.5 Pour les couvertures autres que celles d'un risque de change, l'entité qui désigne comme instrument de couverture un actif financier non dérivé ou un passif financier non dérivé évalué à la juste valeur par le biais du résultat net ne doit désigner que l'intégralité ou qu'une fraction de l'instrument financier non dérivé.

B6.2.6 Un même instrument de couverture peut être désigné comme couvrant plus d'un type de risque, pourvu que l'instrument de couverture et les diverses positions de risque considérées comme éléments couverts soient expressément désignés. Ces éléments couverts peuvent s'inscrire dans des relations de couverture différentes.

Éléments couverts (section 6.3)

Éléments qualifiés

B6.3.1 Un engagement ferme d'acquérir une entreprise dans le cadre d'un regroupement d'entreprises ne peut constituer un élément couvert, excepté le risque de change, les autres risques couverts étant impossibles à isoler et à évaluer. Ces autres risques sont des risques généraux inhérents à l'activité économique.

B6.3.2 Une participation mise en équivalence ne peut constituer un élément couvert dans une couverture de juste valeur. En effet, selon la méthode de la mise en équivalence, c'est la quote-part de l'investisseur dans le résultat de l'entité faisant l'objet de l'investissement qui est comptabilisée en résultat net, et non les variations de la juste valeur de la participation. Pour une raison similaire, une participation dans une filiale consolidée ne peut pas constituer un élément couvert dans une couverture de juste valeur. En effet, en consolidation, c'est le résultat de la filiale qui est comptabilisé en résultat net, et non les variations de la juste valeur de la participation. La couverture de l'investissement net dans un établissement étranger constitue un cas différent, car il s'agit d'une couverture du risque de change, et non d'une couverture de juste valeur contre les variations de la valeur de la participation.

B6.3.3 Le paragraphe 6.3.4 permet à l'entité de désigner comme éléments couverts des expositions globales constituées par la combinaison d'une exposition et d'un dérivé. L'entité qui désigne un tel élément couvert détermine si l'exposition globale combine une exposition et un dérivé de manière à créer une exposition globale différente, qui est gérée comme une exposition unique à un ou des risques particuliers. Si c'est le cas, l'entité peut désigner l'élément couvert sur la base de cette exposition globale. Par exemple :

a) Une entité utilise un contrat à terme de 15 mois sur le café pour couvrir le risque de prix (en USD) d'une quantité donnée de café qu'il est très probable qu'elle achètera dans 15 mois. Les achats hautement probables de café et le contrat à terme sur le café peuvent être considérés, du point de vue de la gestion des risques, comme constituant ensemble une exposition de 15 mois au risque de change d'une somme fixe en USD (comme le serait toute sortie de trésorerie d'un montant fixe en USD à se réaliser dans 15 mois).

b) Une entité couvre le risque de change pour toute la durée d'une dette de 10 ans à taux fixe libellée en monnaie étrangère. Cependant, l'entité veut être exposée au taux fixe dans sa monnaie fonctionnelle à court ou à moyen terme seulement (deux ans, par exemple) et être exposée au taux variable dans sa monnaie fonctionnelle pour la durée restant jusqu'à l'échéance. L'entité fixe au terme de chaque intervalle de deux ans son taux d'intérêt pour les deux prochaines années (si les taux d'intérêt sont tels que l'entité opte pour un taux fixe). Dans une telle situation, l'entité pourra recourir à un swap de devises et de taux d'intérêt fixe contre variable de 10 ans, consistant à échanger la dette à taux fixe en monnaie étrangère contre une exposition à un taux variable en monnaie fonctionnelle. Lui est superposé un swap de taux d'intérêt de deux ans en monnaie fonctionnelle consistant à échanger le taux variable contre un taux fixe. La combinaison de la dette à taux fixe en monnaie étrangère et du swap de devises et de taux d'intérêt fixe-variable de 10 ans est considérée du point de vue de la gestion des risques comme constituant de fait une dette à taux variable de 10 ans en monnaie fonctionnelle.

B6.3.4 Lorsqu'elle désigne l'élément couvert sur la base de l'exposition globale, l'entité tient compte de l'effet combiné des éléments qui constituent l'exposition globale aux fins de l'appréciation de l'efficacité de la couverture et de l'évaluation de l'inefficacité de la couverture. Toutefois, les éléments qui constituent l'exposition globale continuent d'être comptabilisés séparément. Cela signifie par exemple que :

a) les dérivés qui font partie de l'exposition globale sont comptabilisés comme des actifs ou des passifs séparés évalués à la juste valeur ; et

b) si les éléments qui constituent l'exposition globale font l'objet d'une désignation au titre d'une relation de couverture, la façon dont un dérivé est inclus dans l'exposition globale doit être cohérente par rapport à la désignation de ce dérivé comme instrument de couverture au niveau de l'exposition globale. Par exemple, si une entité exclut l'élément à terme d'un dérivé de sa désignation comme instrument de couverture dans la relation de couverture entre les éléments qui constituent l'exposition globale, elle doit également exclure l'élément à terme lorsqu'elle inclut ce dérivé comme élément couvert dans l'exposition globale. Sinon, l'exposition globale doit comprendre soit l'intégralité, soit une fraction du dérivé.

B6.3.5 Selon le paragraphe 6.3.6, le risque de change d'une transaction intragroupe prévue hautement probable peut être admis comme élément couvert dans une couverture de flux de trésorerie pour les états financiers consolidés, à condition que la transaction soit libellée dans une monnaie autre que la monnaie fonctionnelle de l'entité qui conclut cette transaction et que le risque de change influera sur le résultat net consolidé. À cet égard, l'entité peut être une société mère, une filiale, une entreprise associée, un partenariat ou une succursale. Si le risque de change que comporte la transaction intragroupe prévue n'influe pas sur le résultat net consolidé, cette transaction intragroupe n'est pas admise comme élément couvert. C'est habituellement le cas des paiements de redevances ou d'intérêts et des facturations de frais de gestion entre membres d'un même groupe, à moins qu'une transaction correspondante ait lieu avec une partie externe. En revanche, la transaction intragroupe prévue peut être admise comme élément couvert dans le cas où le risque de change qu'elle comporte influera sur le résultat net consolidé. Il en est ainsi, par exemple, d'une transaction prévue d'achat-vente de stocks entre membres d'un même groupe si les stocks sont revendus à une tierce partie extérieure au groupe. De même, une transaction intragroupe prévue par laquelle l'entité ayant fabriqué des immobilisations corporelles les vendra à une autre entité du groupe, qui les utilisera dans ses activités, pourra influer sur le résultat net consolidé. La raison pourrait en être, par exemple, que les immobilisations seront amorties par l'entité qui les aura acquises et que le montant auquel elles auront initialement été comptabilisées pourrait changer si la monnaie dans laquelle la transaction est conclue n'est pas la monnaie fonctionnelle de l'acquéreuse.

B6.3.6 Si la couverture d'une transaction intragroupe prévue remplit les conditions d'applicabilité de la comptabilité de couverture, tout profit ou toute perte est comptabilisé dans les autres éléments du résultat global ou en est sorti selon le paragraphe 6.5.11. La ou les périodes pertinentes au cours desquelles le risque de change lié à la transaction couverte influe sur le résultat net sont celles où ce risque influe sur le résultat net consolidé.

Désignation des éléments couverts

B6.3.7 Une composante est un élément couvert qui n'est qu'une partie d'un élément. Par conséquent, une composante ne reflète que certains des risques de l'élément dont elle fait partie, ou ne les reflète que dans une certaine mesure (par exemple, lorsqu'on désigne une fraction d'un élément).

Composantes de risque

B6.3.8 Pour qu'une composante de risque puisse être désignée comme élément couvert, il faut qu'elle constitue une composante isolable de l'élément financier ou non financier et que les variations des flux de trésorerie ou de la juste valeur de l'élément qui sont attribuables aux variations de cette composante de risque puissent être évaluées de façon fiable.

B6.3.9 Lorsqu'une entité détermine quelles sont les composantes de risque qu'elle peut désigner comme éléments couverts, elle apprécie ces composantes dans le contexte de la structure de marché particulière à laquelle le ou les risques se rattachent et où les opérations de couverture ont lieu. Cette détermination nécessite une appréciation des faits et des circonstances pertinents, qui diffèrent d'un risque et d'un marché à l'autre.

B6.3.10 Lorsqu'une entité désigne des composantes de risque comme éléments couverts, elle examine si ces composantes de risque sont explicitement définies par contrat (composantes de risque contractuellement spécifiées) ou si elles sont inhérentes à la juste valeur ou aux flux de trésorerie de l'élément auquel elles se rattachent (composantes de risque non contractuellement spécifiées). Une composante de risque non contractuellement spécifiée peut se rattacher à un élément qui n'est pas un contrat (par exemple, une transaction prévue) ou à un contrat qui ne spécifie pas la composante (par exemple, un engagement ferme qui comporte un prix unique plutôt qu'une formule d'établissement du prix qui ferait référence à différents sous-jacents). Par exemple :

a) L'Entité A a un contrat d'approvisionnement à long terme en gaz naturel pour un prix établi selon une formule contractuellement spécifiée qui fait référence à des matières premières et à d'autres facteurs (par exemple au gazole, au mazout et à d'autres éléments, tels que les coûts de transport). L'Entité A couvre la composante gazole du contrat d'approvisionnement à l'aide d'un contrat à terme sur le gazole. La composante gazole figurant explicitement dans les clauses du contrat d'approvisionnement, il s'agit d'une composante de risque contractuellement spécifiée. Compte tenu de la formule utilisée pour l'établissement du prix, l'Entité A conclut que l'exposition au risque de prix du gazole est isolable. Par ailleurs, il existe un marché pour les contrats à terme sur le gazole. L'Entité A en conclut que l'exposition au risque de prix du gazole peut être évaluée de façon fiable. L'exposition au risque de prix du gazole que comporte le contrat d'approvisionnement est donc une composante de risque pouvant être désignée comme élément couvert.

b) L'Entité B couvre ses achats de café futurs sur la base de sa production prévue. La couverture commence jusqu'à 15 mois avant la livraison pour une partie du volume d'achat prévu. L'Entité B accroît le volume couvert au fil du temps (à mesure que la date de livraison approche). Elle utilise deux types de contrats différents pour gérer le risque de prix du café :

i) des contrats à terme normalisés sur le café ; et

ii) des contrats d'approvisionnement en café arabica de Colombie, livré à une usine spécifique. Aux termes de ces contrats, le prix d'une tonne de café est établi selon une formule fondée sur le cours des contrats à terme normalisés sur le café, majoré d'un différentiel de prix fixe et de frais de logistique variables. Les contrats d'approvisionnement en café sont des contrats à exécuter en application desquels l'Entité B prend effectivement livraison du café.

Pour les livraisons se rapportant à la récolte actuelle, la conclusion de contrats d'approvisionnement en café permet à l'Entité B de fixer le différentiel de prix entre la qualité réelle du café acheté (café arabica de Colombie) et la qualité de référence qui constitue le sous-jacent du contrat à terme normalisé. Par contre, pour les livraisons se rapportant à la prochaine récolte, l'Entité B n'est pas en mesure de fixer le différentiel de prix, car elle ne dispose pas encore de contrats d'approvisionnement en café. L'Entité B utilise des contrats à terme normalisés sur le café pour couvrir la composante qualité de référence du risque de prix du café auquel sont exposées les livraisons se rapportant à la récolte actuelle et à la prochaine récolte. L'Entité B détermine qu'elle est exposée à trois risques différents : le risque de prix du café reflétant la qualité de référence, le risque de prix du café reflétant le différentiel (l'écart) entre le prix du café correspondant à la qualité de référence et le prix du café arabica de Colombie qu'elle reçoit effectivement, et la variabilité des frais de logistique. Pour ce qui concerne les livraisons se rapportant à la récolte actuelle, une fois que l'Entité B a conclu un contrat d'approvisionnement en café, le risque de prix du café reflétant la qualité de référence est une composante de risque contractuellement spécifiée, car la formule d'établissement du prix comporte une indexation sur le cours des contrats à terme normalisés sur le café. L'Entité B conclut que cette composante de risque est isolable et peut être évaluée de façon fiable. Pour ce qui concerne les livraisons se rapportant à la prochaine récolte, l'Entité B n'a pas encore conclu de contrats d'approvisionnement en café (autrement dit, ces livraisons sont des transactions prévues). Par conséquent, le risque de prix du café reflétant la qualité de référence est une composante de risque non contractuellement spécifiée. L'Entité B tient compte, dans son analyse de la structure de marché, de la façon dont est établi le prix des livraisons à venir du café en question. Sur la base de cette analyse de la structure de marché, l'Entité B conclut que les transactions prévues font également intervenir le risque de prix du café qui reflète la qualité de référence en tant que composante de risque isolable pouvant être évaluée de façon fiable, même si elle n'est pas contractuellement spécifiée. Par conséquent, l'Entité B peut désigner des relations de couverture sur la base des composantes de risque (pour le risque de prix du café qui reflète la qualité de référence) tant pour les contrats d'approvisionnement que pour les transactions prévues.

c) L'Entité C couvre une partie de ses achats futurs de kérosène en fonction de ses prévisions de consommation jusqu'à 24 mois avant livraison, et elle augmente le volume qu'elle couvre au fil du temps. Elle utilise pour ce faire différents types de contrats selon l'horizon temporel de couverture, lequel influe sur la liquidité du marché du dérivé. Pour les horizons temporels les plus longs (de 12 à 24 mois), l'Entité C utilise des contrats sur le pétrole brut, car ce sont les seuls dont le marché est suffisamment liquide. Pour les horizons de 6 à 12 mois, l'Entité C utilise des dérivés sur le gazole, car ils offrent une liquidité suffisante. Pour les horizons de 6 mois et moins, l'Entité C utilise des contrats sur le kérosène. Voici l'analyse que fait l'Entité C de la structure du marché du pétrole et des produits pétroliers, et son appréciation des faits et des circonstances pertinents :

i) L'Entité C exerce ses activités dans une zone géographique où le Brent est le pétrole brut de référence. Le pétrole brut est une matière première de référence, qui influe sur le prix des divers produits pétroliers raffinés dont il constitue l'intrant primaire. Le gazole sert de référence pour les produits pétroliers raffinés et pour l'établissement du prix des produits de la distillation du pétrole de façon plus générale. Cela se reflète également dans les types d'instruments financiers dérivés qu'on trouve sur les marchés du pétrole brut et des produits pétroliers raffinés dans l'environnement dans lequel l'Entité C exerce ses activités, par exemple :

- le contrat à terme sur le pétrole brut de référence, à savoir le Brent ;
- le contrat à terme sur le gazole de référence, qui sert à établir le prix des distillats – par exemple, les dérivés sur le différentiel de prix du kérosène couvrent le différentiel de prix entre le kérosène et ce gazole de référence ; et
- le dérivé sur la marge de raffinage (*crack spread*) sur le gazole de référence (c'est-à-dire le dérivé portant sur le différentiel de prix entre le pétrole brut et le gazole), qui est indexé sur le Brent.

ii) L'établissement du prix des produits pétroliers raffinés comme le gazole ou le kérosène n'est pas fonction du type de pétrole brut qui est traité par une raffinerie particulière, car il s'agit de produits standardisés.

En conséquence, l'Entité C arrive à la conclusion que le risque lié au prix de ses achats de kérosène comprend une composante de risque de prix du pétrole brut fondée sur le Brent et une composante de risque de prix du gazole, même si le pétrole brut et le gazole ne sont spécifiés dans aucun accord contractuel. L'Entité C en arrive à la conclusion que ces deux composantes de risque sont isolables et peuvent être évaluées de façon fiable, même si elles ne sont pas contractuellement spécifiées. Elle peut donc désigner des relations de couverture pour ses achats prévus de kérosène sur la base des composantes de risque (pour le pétrole brut et le gazole). En outre, selon cette analyse, si l'Entité C utilisait des dérivés sur le pétrole brut fondés sur l'indice *West Texas Intermediate* (WTI), par exemple, les variations du différentiel de prix entre le Brent et le WTI entraîneraient une inefficacité de la couverture.

d) L'Entité D détient un instrument d'emprunt à taux fixe. Cet instrument est émis dans un environnement où existe un marché sur lequel un vaste éventail d'instruments d'emprunt similaires se négocient sur la base de l'écart qu'ils présentent par rapport à un taux de référence (par exemple, le LIBOR), et les titres à taux variables émis dans cet environnement sont généralement indexés en fonction de ce taux de référence. Les swaps de taux sont souvent utilisés pour gérer le risque de taux d'intérêt sur la base de ce taux de référence sans égard à l'écart entre le taux de l'instrument d'emprunt et le taux de référence. En effet, toute variation du taux de référence se répercute immédiatement sur le cours des instruments d'emprunt à taux fixe. L'Entité D en arrive à la conclusion que le taux de référence est une composante isolable qui peut être évaluée de façon fiable. Elle peut donc désigner des relations de couverture relativement à l'instrument d'emprunt à taux fixe sur la base de la composante de risque de taux d'intérêt pour le taux de référence.

B6.3.11 Lorsqu'une composante de risque est désignée comme élément couvert, les dispositions en matière de comptabilité de couverture s'appliquent à cette composante de la même manière qu'à tout autre élément couvert. Par exemple, la relation de couverture doit respecter tous les critères d'applicabilité, y compris les contraintes d'efficacité de la couverture, et toute inefficacité de la couverture doit être évaluée et comptabilisée.

B6.3.12 L'entité peut également ne désigner que les variations des flux de trésorerie ou de la juste valeur d'un élément couvert qui se situent au-delà ou en deçà d'un cours ou d'une autre variable spécifiée (« risque unilatéral »). C'est la valeur intrinsèque d'une option achetée utilisée comme instrument de couverture (à supposer qu'elle présente les mêmes conditions essentielles que le risque désigné), et non sa valeur temps, qui reflète le risque unilatéral que comporte un élément couvert. Par exemple, une entité pourrait désigner la variation des flux de trésorerie futurs qui résulterait d'une augmentation du prix d'un achat de marchandises prévu. Dans une telle situation, l'entité désigne uniquement le risque de perte de flux de trésorerie résultant d'une augmentation du prix au-delà du niveau spécifié. Le risque couvert ne comprend pas la valeur temps de l'option achetée, car la valeur temps n'est pas une composante de la transaction prévue qui influe sur le résultat net.

B6.3.13 Il existe une présomption réfutable qu'à moins d'être contractuellement spécifié, le risque d'inflation n'est pas isolable et ne peut être évalué de façon fiable, et ne peut donc être désigné en tant que composante de risque d'un instrument financier. Il est toutefois possible dans certains cas, en raison des circonstances particulières de l'environnement où a lieu l'inflation et du marché sur lequel l'instrument d'emprunt est négocié, d'isoler une composante de risque d'inflation qui peut être évaluée de façon fiable.

B6.3.14 Par exemple, une entité émet un instrument d'emprunt dans un environnement où le volume des transactions et la structure des taux des obligations indexées sur l'inflation font qu'il existe un marché suffisamment liquide pour permettre l'établissement d'une courbe des taux d'intérêt réels pour des obligations à coupon zéro. En ce cas, pour la monnaie concernée, l'inflation est un facteur pertinent qui est considéré séparément par les marchés des instruments d'emprunt. Dans ces circonstances, il serait possible de déterminer la composante de risque d'inflation en actualisant les flux de trésorerie de l'instrument d'emprunt couvert en fonction de la courbe des taux d'intérêt réels des obligations à coupon zéro (autrement dit, en procédant de manière analogue à la détermination d'une composante taux d'intérêt sans risque [nominal]). Par contre, dans bien des cas, le risque d'inflation n'est pas une composante isolable et pouvant être évaluée de façon fiable. Prenons l'exemple d'une entité qui émet uniquement des obligations à taux nominal dans un environnement où le marché des obligations indexées sur l'inflation n'est pas suffisamment liquide pour permettre la construction d'une courbe des taux d'intérêt réels pour des obligations à coupon zéro. Dans ce cas, l'analyse de la structure de marché et des faits et circonstances ne permet pas à l'entité de conclure que l'inflation est un facteur pertinent considéré séparément par les marchés des instruments d'emprunt. Par conséquent, l'entité ne peut surmonter la présomption réfutable qu'un risque d'inflation qui n'est pas contractuellement spécifié n'est pas isolable et ne peut être évalué de façon fiable. Elle ne peut donc pas désigner une composante de risque d'inflation comme élément couvert. Cela vaut quel que soit l'instrument de couverture du risque d'inflation auquel l'entité est partie. Plus particulièrement, l'entité ne peut simplement attribuer à l'obligation nominale les conditions de l'instrument effectivement utilisé pour couvrir le risque d'inflation.

B6.3.15 Une composante de risque d'inflation contractuellement spécifiée des flux de trésorerie d'une obligation comptabilisée indexée sur l'inflation (dans l'hypothèse où il n'y aurait aucun dérivé incorporé à comptabiliser séparément) est isolable et peut être évaluée de façon fiable tant que cette composante de risque n'influe pas sur le reste des flux de trésorerie de l'instrument.

Composantes d'une valeur nominale

B6.3.16 Deux types de composantes d'une valeur nominale peuvent être désignés comme élément couvert dans une relation de couverture : une composante qui constitue une fraction d'un élément et une composante strate. Ces deux types de composantes n'ont pas la même incidence comptable. La désignation de la composante aux fins comptables doit être cohérente avec l'objectif de gestion des risques de l'entité.

B6.3.17 Une composante qui constitue une fraction d'un élément pourrait être, par exemple, 50 % des flux contractuels d'un prêt.

B6.3.18 Une composante strate peut être définie sur la base d'une population définie mais ouverte, ou d'une valeur nominale déterminée. Par exemple :

a) une partie d'un volume de transactions exprimé en monnaie, par exemple les 10 UMÉ de recettes dans une monnaie étrangère qui suivent immédiatement les 20 premières UMÉ de mars 201X (*) ;

b) une partie d'un volume physique, par exemple le fond de cuve, d'un volume de 5 millions de mètres cubes, de gaz naturel se trouvant en un lieu XYZ ;

c) une partie d'un volume physique (ou autre) de transactions, par exemple les 100 premiers barils de pétrole achetés en juin 201X ou les 100 premiers mégawatts-heure d'électricité vendus en juin 201X ; ou

d) une strate de la valeur nominale de l'élément couvert, par exemple les 80 derniers millions d'UM d'un engagement ferme de 100 millions d'UM, la première strate de 20 millions d'UM d'une obligation à taux fixe de 100 millions d'UM ou la dernière strate de 30 millions d'UM d'un montant total de 100 millions d'UM de dette à taux fixe pouvant être remboursée par anticipation à la juste valeur (la valeur nominale définie est de 100 millions d'UM).

(*) Dans la présente norme, les sommes sont libellées en « unités monétaires » (UM) et en « unités monétaires étrangères » (UMÉ).

B6.3.19 L'entité qui désigne une composante strate dans une couverture de juste valeur doit définir cette strate en fonction d'une valeur nominale déterminée. Pour satisfaire aux dispositions concernant les couvertures de juste valeur, l'entité doit réévaluer l'élément couvert pour tenir compte des variations de la juste valeur (c'est-à-dire réévaluer l'élément en fonction des variations de sa juste valeur attribuables au risque couvert). L'ajustement doit être comptabilisé en résultat net au plus tard lorsque l'élément est décomptabilisé. En conséquence ; il est nécessaire de suivre la trace de l'élément auquel l'ajustement se rapporte. Si une composante strate est définie dans une couverture de juste valeur, l'entité doit donc suivre la trace de la valeur nominale d'après laquelle la strate est définie. Dans l'exemple du paragraphe B6.3.18 d), l'entité devra suivre le total de la valeur nominale déterminée de 100 millions d'UM pour pouvoir suivre la première strate de 20 millions d'UM ou la dernière strate de 30 millions d'UM.

B6.3.20 Une composante strate qui contient une option de remboursement anticipé ne peut pas être désignée comme élément couvert dans une couverture de juste valeur si les variations du risque couvert influent sur la juste valeur de l'option de remboursement anticipé, à moins que la strate désignée n'inclue l'effet de l'option de remboursement anticipé lors de la détermination de la variation de la juste valeur de l'élément couvert.

Lien entre les composantes et le total des flux de trésorerie d'un élément

B6.3.21 Si une composante des flux de trésorerie d'un élément financier ou non financier est désignée comme élément couvert, elle doit être inférieure ou égale au total des flux de trésorerie de l'élément dans son intégralité. Toutefois, le total des flux de trésorerie de l'élément dans son intégralité peut être désigné comme élément couvert et n'être couvert que pour un seul risque (par exemple, uniquement les variations attribuables aux fluctuations du LIBOR ou du prix de référence d'une marchandise).

B6.3.22 Ainsi, dans le cas d'un passif financier dont le taux d'intérêt effectif est inférieur au LIBOR, l'entité ne peut pas désigner les composantes suivantes :

a) une composante du passif qui serait égale aux intérêts au LIBOR (plus le principal dans le cas d'une couverture de juste valeur) ; et
b) une composante résiduelle négative.

B6.3.23 Toutefois, dans le cas d'un passif financier à taux fixe dont le taux d'intérêt effectif est, par exemple, inférieur de 100 points de base au LIBOR, l'entité peut désigner comme élément couvert la variation de valeur du passif dans son intégralité (c'est-à-dire le principal plus les intérêts au LIBOR moins 100 points de base) qui est attribuable aux variations du LIBOR. Dans le cas où un instrument financier à taux fixe est couvert un certain temps après sa création et où les taux d'intérêt ont varié dans l'intervalle, l'entité peut désigner une composante de risque correspondant à un taux de référence plus élevé que le taux contractuel de l'élément. Cette désignation est permise à condition que le taux de référence soit inférieur au taux d'intérêt effectif calculé comme si l'entité avait acheté l'instrument le jour où elle l'a désigné comme élément couvert. À titre d'exemple, supposons qu'une entité émet un actif financier de 100 UM à taux fixe, dont le taux effectif est de 6 % à un moment où le LIBOR est de 4 %. Elle commence à couvrir l'actif quelque temps après ; le LIBOR est alors de 8 % et la juste valeur de l'actif, de 90 UM. L'entité calcule que si elle avait acheté l'actif à la date où elle a désigné le risque de taux d'intérêt rattaché au LIBOR comme élément couvert, son rendement effectif en fonction d'une juste valeur qui était alors de 90 UM aurait été de 9,5 %. Parce que le LIBOR est inférieur à ce rendement effectif, l'entité peut désigner une composante LIBOR de 8 %, constituée en partie des flux d'intérêts contractuels et en partie de l'écart entre la juste valeur actuelle de l'actif (soit 90 UM) et la somme encaissable à l'échéance (soit 100 UM).

B6.3.24 Si un passif financier à taux variable porte intérêt, par exemple, au LIBOR à trois mois moins 20 points de base (avec un plancher de zéro point de base), l'entité peut désigner comme élément couvert la variation des flux de trésorerie du passif dans son intégralité (c'est-à-dire le LIBOR à trois mois moins 20 points de base, y compris le plancher) qui est attribuable aux variations du LIBOR. Par conséquent, tant que la courbe à terme du LIBOR à trois mois pour la durée restante du passif ne tombe pas en deçà de 20 points de base, la variabilité des flux de trésorerie de l'élément couvert est identique à celle d'un passif dont l'écart de taux par rapport au LIBOR à trois mois serait nul ou positif. En revanche, si la courbe à terme du LIBOR à trois mois pour la durée restante du passif (ou d'une partie de celui-ci) tombe en deçà de 20 points de base, la variabilité des flux de trésorerie de l'élément couvert sera moindre que celle d'un passif dont l'écart de taux par rapport au LIBOR à trois mois serait nul ou positif.

B6.3.25 Un exemple similaire, mais pour un élément non financier, serait celui d'un type de pétrole brut spécifique à un champ pétrolifère particulier, dont le prix serait établi en fonction du pétrole brut de référence pertinent. Si une entité vend ce pétrole brut aux termes d'un contrat faisant appel à une formule d'établissement du prix qui fixe le prix par baril au prix du pétrole brut de référence diminué de 10 UM, avec un plancher de 15 UM, l'entité peut désigner comme élément couvert la totalité de la variabilité des flux de trésorerie contractuels qui est attribuable à la variation du prix du pétrole brut de référence. L'entité ne peut toutefois désigner une composante qui serait égale à la pleine variation du prix du pétrole brut de référence. Par conséquent, tant que le prix à terme (pour chaque livraison) ne tombe pas en deçà de 25 UM, la variabilité des flux de trésorerie de l'élément couvert est identique à celle d'une vente de pétrole brut au prix du pétrole brut de référence (ou avec un différentiel de prix positif). En revanche, si le prix à terme d'une livraison tombe en deçà de 25 UM, la variabilité des flux de trésorerie de l'élément couvert sera moindre que celle d'une vente de pétrole brut au prix du pétrole brut de référence (ou avec un différentiel de prix positif).

➡ Critères d'applicabilité de la comptabilité de couverture (section 6.4)

Efficacité de la couverture

B6.4.1 L'efficacité de la couverture est la mesure dans laquelle les variations de la juste valeur ou des flux de trésorerie de l'instrument de couverture compensent les variations de la juste valeur ou des flux de trésorerie de l'élément couvert (par exemple, dans le cas où l'élément couvert est une composante de risque, les variations pertinentes de a juste valeur ou des flux de trésorerie de l'élément sont celles attribuables au risque couvert). L'inefficacité de la couverture est la mesure dans laquelle les variations de la juste valeur ou des flux de trésorerie de l'instrument de couverture sont plus élevées ou plus faibles que celles de l'élément couvert.

B6.4.2 L'entité doit, lors de la désignation d'une relation de couverture et régulièrement par la suite, analyser les sources d'inefficacité de couverture dont elle s'attend à ce qu'elles affectent la relation de couverture pendant son existence. C'est sur cette analyse (compte tenu de toute mise à jour effectuée en application du paragraphe B6.5.21 pour rééquilibrer la relation de couverture) que l'entité se fonde pour apprécier si elle respecte les contraintes d'efficacité de la couverture.

B6.4.3 Pour lever toute ambiguïté, les incidences du remplacement de la contrepartie d'origine par une contrepartie compensatrice et des modifications y afférentes, comme décrit au paragraphe 6.5.6, doivent être reflétées dans l'évaluation de l'instrument de couverture et par conséquent dans l'appréciation et dans l'évaluation de l'efficacité de la couverture.

Lien économique entre l'élément couvert et l'instrument de couverture

B6.4.4 Pour qu'il existe un lien économique, il faut que, d'une manière générale, la valeur de l'instrument de couverture et celle de l'élément couvert varient en sens inverse l'une de l'autre en conséquence d'un même risque, qui est le risque couvert. On doit donc pouvoir s'attendre à ce que la valeur de l'instrument de couverture et la valeur de l'élément couvert varient systématiquement en réponse aux mouvements d'un même sous-jacent, ou de sous-jacents qui sont unis par un lien économique tel qu'ils réagissent de façon similaire au risque couvert (par exemple, le Brent et le WTI dans le cas du pétrole brut).

B6.4.5 Si les sous-jacents ne sont pas les mêmes, mais qu'ils sont unis par un lien économique, il peut arriver que la valeur de l'instrument de couverture et celle de l'élément couvert varient dans le même sens, par exemple parce que le différentiel de prix entre les deux sous-jacents liés varie alors que les sous-jacents eux-mêmes ne connaissent pas de variations importantes. Cela reste compatible avec l'existence d'un lien économique entre l'instrument de couverture et l'élément couvert si l'on continue de s'attendre à ce que la valeur de l'instrument de couverture et celle de l'élément couvert varient d'ordinaire en sens inverse l'une de l'autre lorsque les sous-jacents varient.

B6.4.6 Pour déterminer s'il existe un lien économique, il faut notamment analyser la façon dont la relation de couverture peut évoluer pendant son existence afin de déterminer si on escompte qu'elle permettra d'atteindre l'objectif de gestion des risques. L'existence d'une corrélation statistique entre deux variables ne permet pas, à elle seule, de conclure valablement à l'existence d'un lien économique.

L'effet du risque de crédit

B6.4.7 Comme le modèle de comptabilité de couverture repose sur une notion générale de compensation des profits et des pertes entre l'instrument de couverture et l'élément couvert, l'efficacité de la couverture est déterminée non seulement par le lien économique entre ces éléments (c'est-à-dire les variations de leurs sous-jacents), mais aussi par l'effet du risque de crédit sur la valeur de l'instrument de couverture comme de l'élément couvert. L'effet du risque de crédit signifie que même s'il existe un lien économique entre l'instrument de couverture et l'élément couvert, le degré de compensation pourrait devenir imprévisible. Cela peut découler d'une variation du risque de crédit soit de l'instrument de couverture, soit de l'élément couvert, d'une ampleur telle qu'il prédomine sur les variations de la valeur qui résultent du lien économique (c'est-à-dire l'effet des variations des sous-jacents). Pour être considérée comme prédominante, l'ampleur de la variation doit être telle que la perte (ou le profit) attribuable au risque de crédit prévient l'effet des variations des sous-jacents sur la valeur de l'instrument de couverture ou de l'élément couvert, même si ces variations sont importantes. À l'inverse, si les sous-jacents varient peu au cours d'une période donnée, le fait que des variations – même faibles – de la valeur de l'instrument de couverture ou de l'élément couvert attribuables au risque de crédit influent sur la valeur plus fortement que les sous-jacents ne crée pas de prédominance.

B6.4.8 Un exemple de risque de crédit prédominant sur une relation de couverture est le cas où une entité couvre une exposition au risque de prix d'une marchandise au moyen d'un dérivé non garanti. En cas de détérioration grave de la solvabilité de l'autre partie au contrat dérivé, l'effet de ce changement sur la juste valeur de l'instrument de couverture pourrait être plus fort que celui des variations de prix de la marchandise, alors que les variations de la valeur de l'élément couvert dépendent largement des variations de prix de la marchandise.

Ratio de couverture

B6.4.9 Conformément aux contraintes d'efficacité de la couverture, le ratio de couverture de la relation de couverture doit être égal au rapport entre la quantité de l'élément couvert qui est réellement couverte par l'entité et la quantité de l'instrument de couverture que l'entité utilise réellement pour couvrir cette quantité de l'élément couvert. Par conséquent, si une entité couvre moins de 100 % d'une exposition, par exemple 85 %, elle doit désigner la relation de couverture en utilisant comme ratio de couverture le rapport entre 85 % de l'exposition et la quantité de l'instrument de couverture qu'elle utilise réellement pour couvrir ces 85 %. De même, si, par exemple, l'entité couvre une exposition en utilisant une valeur nominale de 40 unités d'un instrument financier, elle doit désigner la relation de couverture en utilisant comme ratio de couverture le rapport entre cette quantité de 40 unités (c'est-à-dire que l'entité ne doit pas utiliser un ratio de couverture fondé sur une quantité plus élevée d'unités qu'elle pourrait détenir au total ou sur une quantité plus faible) et la quantité de l'élément couvert qui est réellement couverte au moyen de ces 40 unités.

B6.4.10 La désignation de la relation de couverture en utilisant un ratio de couverture égal au rapport entre les quantités réellement utilisées de l'élément couvert et de l'instrument de couverture ne doit toutefois pas refléter un déséquilibre entre les pondérations de l'élément couvert et de l'instrument de couverture qui soit de nature à créer une inefficacité (comptabilisée ou non) de la couverture susceptible de donner un résultat comptable incompatible avec l'objet de la comptabilité de couverture. Par conséquent, aux fins de la désignation d'une relation de couverture, l'entité doit ajuster le ratio de couverture obtenu à partir des quantités réellement utilisées de l'élément couvert et de l'instrument de couverture si cela est nécessaire pour éviter un tel déséquilibre.

B6.4.11 Pour déterminer si un traitement comptable est incompatible avec l'objet de la comptabilité de couverture, il peut par exemple être pertinent de se demander :

a) si le ratio de couverture que l'entité a l'intention d'utiliser est établi afin d'éviter la comptabilisation de l'inefficacité des couvertures de flux de trésorerie, ou pour pouvoir apporter des ajustements aux couvertures de juste valeur d'un plus grand nombre d'éléments couverts et de ce fait accroître l'utilisation de la comptabilité à la juste valeur, sans avoir à compenser les variations de la juste valeur de l'instrument de couverture ; et

b) si les pondérations particulières de l'élément couvert et de l'instrument de couverture sont motivées par des considérations d'ordre commercial, même s'il en résulte une inefficacité de la couverture. Cela peut par exemple être le cas lorsqu'une entité désigne un instrument de couverture dont la quantité ne correspond pas à la quantité qu'elle a déterminée comme étant la meilleure couverture de l'élément couvert, parce que le volume standard des instruments de couverture ne lui permet pas de conclure un contrat correspondant exactement à cette quantité optimale (problème de « taille de lot »). Ainsi, supposons qu'une entité couvre un achat de 100 tonnes de café au moyen de contrats à terme standardisés portant chacun sur 37500 lb (livres) de café. L'entité serait contrainte d'utiliser soit 5, soit 6 contrats (équivalant respectivement à 85,0 tonnes et à 102,1 tonnes) pour couvrir le volume d'achat de 100 tonnes. Dans ce cas, l'entité désigne la relation de couverture en utilisant le ratio de couverture qui résulte du nombre de contrats à terme sur le café qu'elle utilise réellement, car l'inefficacité de la couverture qui résulte du déséquilibre entre les pondérations de l'élément couvert et de l'instrument de couverture ne donnera pas lieu à un résultat comptable incompatible avec l'objet de la comptabilité de couverture.

Fréquence de l'appréciation du respect des contraintes d'efficacité de la couverture

B6.4.12 L'entité doit, à l'origine d'une relation de couverture et régulièrement par la suite, apprécier si cette relation respecte les contraintes d'efficacité de la couverture. L'entité doit procéder à cette appréciation dès lors que les circonstances qui influent sur les contraintes d'efficacité de la couverture subissent un changement important, et au minimum à chaque date de clôture. Comme cette appréciation porte sur l'efficacité attendue de la couverture, elle est uniquement prospective.

Méthodes d'appréciation du respect des contraintes d'efficacité de la couverture

B6.4.13 La présente norme ne précise pas la méthode à suivre pour apprécier le respect des contraintes d'efficacité de la couverture. L'entité doit toutefois suivre une méthode qui prend en compte les caractéristiques pertinentes de la relation de couverture, y compris les sources d'inefficacité de la couverture. Selon les facteurs en présence, la méthode peut consister en une appréciation qualitative ou quantitative.

B6.4.14 Par exemple, si les conditions essentielles (comme la valeur nominale, l'échéance et le sous-jacent) de l'instrument de couverture et de l'élément couvert sont en parfaite ou étroite concordance, l'entité pourrait s'appuyer sur une appréciation qualitative de ces conditions essentielles pour conclure que la valeur de l'instrument de couverture et celle de l'élément couvert varient généralement en sens inverse l'une de l'autre sous l'impulsion d'un même risque et que de ce fait, il existe un lien économique entre l'élément couvert et l'instrument de couverture (voir paragraphes B6.4.4 à B6.4.6).

B6.4.15 Le fait qu'un dérivé soit dans la monnaie ou hors de la monnaie lorsqu'il est désigné comme instrument de couverture ne signifie pas nécessairement que l'appréciation qualitative est à exclure. La possibilité que l'inefficacité de la couverture découlant de ce fait ait une telle ampleur qu'une appréciation qualitative ne permettrait pas d'en tenir adéquatement compte dépend des circonstances.

B6.4.16 Inversement, le fait que les conditions essentielles de l'instrument de couverture et de l'élément couvert ne soient pas en étroite concordance accroît le niveau d'incertitude quant au degré de compensation. Il devient donc plus difficile de prévoir si la couverture sera efficace pendant toute la durée de la relation de couverture. Dans une telle situation, il se pourrait que seule une appréciation quantitative puisse permettre à l'entité de conclure qu'il existe un lien économique entre l'élément couvert et l'instrument de couverture (voir paragraphes B6.4.4 à B6.4.6). Dans certaines situations, une appréciation quantitative peut également être nécessaire pour déterminer si le ratio de couverture utilisé pour désigner la relation de couverture satisfait aux contraintes d'efficacité de la couverture (voir paragraphes B6.4.9 à B6.4.11). L'entité peut utiliser la même méthode ou des méthodes différentes à ces deux fins.

B6.4.17 En cas de changement des circonstances qui influent sur l'efficacité de la couverture, l'entité pourrait être appelée à changer de méthode d'appréciation du respect des contraintes d'efficacité de la couverture afin de pouvoir continuer de prendre en compte les caractéristiques pertinentes de la relation de couverture, y compris les sources d'inefficacité.

B6.4.18 La principale source d'information aux fins de l'appréciation du respect des contraintes d'efficacité de la couverture réside dans la gestion des risques de l'entité. Autrement dit, l'information (ou les analyses) que la direction utilise pour prendre des décisions peut servir de base pour apprécier si une relation de couverture respecte les contraintes d'efficacité de la couverture.

B6.4.19 La ou les méthodes que l'entité utilise pour apprécier le respect des contraintes d'efficacité de la couverture sont consignées dans la documentation relative à la relation de couverture. Cette documentation doit être mise à jour de manière à rendre compte de tout changement de méthode (voir paragraphe B6.4.17).

➡ Comptabilisation des relations de couverture satisfaisant aux critères (section 6.5)

B6.5.1 La couverture du risque de variation de la juste valeur d'un instrument d'emprunt à taux fixe par suite des variations de taux d'intérêt constitue un exemple de couverture de juste valeur. Une telle couverture pourrait être mise en place tant par l'émetteur que par le détenteur de l'instrument.

B6.5.2 L'objet d'une couverture de flux de trésorerie consiste à différer le profit ou la perte sur l'instrument de couverture à une ou à des périodes au cours desquelles les flux de trésorerie attendus qui sont couverts influeront sur le résultat net. L'utilisation d'un swap pour transformer une dette à taux variable (qu'elle soit évaluée au coût amorti ou à la juste valeur) en dette à taux fixe (c'est-à-dire la couverture d'une transaction future où les flux de trésorerie futurs couverts sont les paiements d'intérêts futurs) constitue un exemple de couverture de flux de trésorerie. À l'inverse, l'achat prévu d'un instrument de capitaux propres qui, une fois acquis, sera comptabilisé à la juste valeur par le biais du résultat net est un exemple d'élément qui ne peut constituer un élément couvert dans une couverture de flux de trésorerie, car le profit ou la perte sur l'instrument de couverture qui serait différé ne pourrait être reclassé comme il se doit en résultat net dans la période au cours de laquelle il permettrait la compensation. Pour la même raison, l'achat prévu d'un instrument de capitaux propres qui, une fois acquis, sera comptabilisé à la juste valeur par le biais des autres éléments du résultat global ne peut pas non plus être considéré comme l'élément couvert dans une couverture de flux de trésorerie.

B6.5.3 La couverture d'un engagement ferme (par exemple, la couverture du risque de variation de prix du combustible que comporte un engagement contractuel non comptabilisé relatif à l'achat de combustible à un prix fixe par un producteur d'électricité) est une couverture du risque de variation de la juste valeur. Une telle couverture est donc bien une couverture de la juste valeur. En revanche, la couverture du risque de change résultant d'un engagement ferme pourrait aussi, selon le paragraphe 6.5.4, être comptabilisée comme une couverture de flux de trésorerie.

Évaluation de l'inefficacité de la couverture

B6.5.4 Lorsque l'entité évalue l'inefficacité d'une couverture, elle doit tenir compte de la valeur temps de l'argent. En conséquence, l'entité actualise la valeur de l'élément couvert, de telle sorte que les variations de valeur de l'élément couvert incluent l'effet de la valeur temps de l'argent.

B6.5.5 Pour calculer la variation de la valeur de l'élément couvert afin d'évaluer l'inefficacité de la couverture, l'entité peut se fonder sur un « dérivé hypothétique » qui aurait les mêmes conditions essentielles que l'élément couvert et, par exemple, dans le cas de la couverture d'une transaction prévue, serait étalonné selon le niveau du prix (ou du taux) couvert. Par exemple, si la couverture porte sur un risque bilatéral aux conditions actuelles du marché, le dérivé hypothétique correspondrait à un contrat à terme de gré à gré hypothétique étalonné à une valeur nulle au moment de la désignation de la relation de couverture. Si la couverture vise un risque unilatéral, le dérivé hypothétique correspondrait à la valeur intrinsèque d'une option hypothétique qui, au moment de la désignation de la relation de couverture, se trouverait dans la monnaie si le niveau de prix couvert correspondait au niveau actuel du marché, ou hors de la monnaie si le niveau de prix couvert était supérieur (ou, dans le cas de la couverture d'une position acheteur, inférieur) au niveau actuel du marché. L'utilisation d'un dérivé hypothétique est l'une des façons possibles de calculer la variation de la valeur de l'élément couvert. Le dérivé hypothétique reproduisant l'élément couvert, le résultat est le même que si la variation de la valeur avait été déterminée selon une autre méthode. Par conséquent, l'utilisation de ce « dérivé hypothétique » ne constitue pas une méthode en tant que telle, mais plutôt un expédient mathématique qui ne peut être utilisé que pour calculer la valeur de l'élément couvert. On ne peut donc pas y recourir pour inclure dans la valeur de l'élément couvert des caractéristiques qu'on trouve uniquement dans l'instrument de couverture (et non dans l'élément couvert). À titre d'exemple, supposons un instrument d'emprunt libellé dans une monnaie étrangère (peu importe s'il est à taux fixe ou à taux variable). Si l'entité utilise un dérivé hypothétique pour calculer la variation de la valeur de cet instrument d'emprunt ou la valeur actualisée de la variation cumulée des flux de trésorerie qui s'y rattachent, elle ne peut pas simplement considérer que le dérivé hypothétique comporte des frais de change implicites, même si ce peut être le cas des dérivés réels aux termes desquels des monnaies différentes sont changées (par exemple, des swaps de devises et de taux d'intérêt).

B6.5.6 La variation de la valeur de l'élément couvert déterminée à l'aide d'un dérivé hypothétique peut également servir à l'appréciation du respect des contraintes d'efficacité de la couverture.

Rééquilibrage d'une relation de couverture et modification du ratio de couverture

B6.5.7 Le rééquilibrage fait référence aux ajustements apportés aux quantités désignées de l'élément couvert ou de l'instrument de couverture dans une relation de couverture déjà existante en vue de maintenir un ratio de couverture conforme aux contraintes d'efficacité de la couverture. Les changements apportés à d'autres fins aux quantités désignées d'un élément couvert ou d'un instrument de couverture ne constituent pas un rééquilibrage au sens de la présente norme.

B6.5.8 Un rééquilibrage se comptabilise comme une continuation de la relation de couverture selon les paragraphes B6.5.9 à B6.5.21. Lors d'un rééquilibrage, la détermination et la comptabilisation de l'inefficacité de la relation de couverture se font immédiatement avant l'ajustement de la relation.

B6.5.9 L'ajustement du ratio de couverture permet à l'entité de réagir aux changements de la relation entre l'instrument de couverture et l'élément couvert causés par leurs sous-jacents ou leurs variables de risque. Ainsi, dans le cas d'une relation de couverture où l'instrument de couverture et l'élément couvert ont des sous-jacents différents, mais liés, un changement touchant le lien entre les deux sous-jacents (par exemple, deux indices, taux ou cours de référence différents, mais liés) fait changer la relation. Le rééquilibrage permet donc de maintenir une relation de couverture dans des situations où le lien entre l'instrument de couverture et l'élément couvert subit un changement qu'il est possible de compenser par l'ajustement du ratio de couverture.

B6.5.10 Par exemple, une entité couvre un risque de change sur la monnaie A à l'aide d'un dérivé de change fondé sur la monnaie B. Les monnaies A et B sont arrimées (c'est-à-dire que leur taux de change est maintenu dans une certaine plage ou rendu fixe par une banque centrale ou une autre autorité). Si le taux de change entre les monnaies A et B était modifié (c'est-à-dire si une nouvelle plage ou un nouveau taux fixe était établi), rééquilibrer la relation de couverture pour prendre en compte le nouveau taux de change permettrait de s'assurer que la relation de couverture continue de respecter, dans les nouvelles circonstances, la contrainte d'efficacité de la couverture du ratio de couverture. Par contre, en cas de défaut de l'autre partie au contrat dérivé, modifier le ratio de couverture ne permettrait pas de s'assurer que la relation de couverture continue de respecter la contrainte d'efficacité de la couverture. Un rééquilibrage n'est donc d'aucune utilité pour maintenir une relation de couverture dans des situations où le lien entre l'instrument de couverture et l'élément couvert subit un changement qu'il est impossible de compenser par l'ajustement du ratio de couverture.

B6.5.11 Tous les changements du degré de la compensation entre les variations de la juste valeur de l'instrument de couverture et celles de la juste valeur ou des flux de trésorerie de l'élément couvert n'impliquent pas nécessairement un changement du lien entre l'instrument de couverture et l'élément couvert. L'entité analyse les sources d'inefficacité susceptibles d'affecter la relation de couverture pendant son existence, afin de déterminer :

a) si les changements de degré de compensation ne sont que des fluctuations autour d'un ratio de couverture qui demeure valide (c'est-à-dire un ratio de couverture qui continue de refléter adéquatement le lien entre l'instrument de couverture et l'élément couvert) ;

b) ou s'ils indiquent que le ratio de couverture ne reflète plus adéquatement le lien entre l'instrument de couverture et l'élément couvert.

L'entité effectue cette appréciation au regard de la contrainte d'efficacité de la couverture du ratio de couverture ; autrement dit, elle cherche à s'assurer que la relation de couverture ne reflète pas un déséquilibre entre les pondérations de l'élément couvert et de l'instrument de couverture qui créerait une inefficacité de couverture (comptabilisée ou non) susceptible de donner lieu à un résultat comptable incompatible avec l'objet de la comptabilité de couverture. Cette appréciation nécessite donc d'exercer un jugement.

B6.5.12 Il est impossible d'atténuer les fluctuations autour d'un ratio de couverture fixe (et, par conséquent, l'inefficacité de couverture qui en découle) en ajustant le ratio en fonction de chaque résultat obtenu. Donc, dans de telles circonstances, la variation du degré de compensation est une question d'évaluation et de comptabilisation de l'inefficacité de la couverture, mais ne nécessite pas de rééquilibrage.

B6.5.13 En revanche, si les variations du degré de la compensation indiquent une fluctuation autour d'un ratio de couverture différent de celui actuellement utilisé pour la relation de couverture ou une tendance à s'en éloigner, l'inefficacité de la couverture pourrait être atténuée en ajustant le ratio de couverture, alors que le fait de conserver le même ratio de couverture entraînerait une inefficacité de plus en plus grande de la couverture. Dans de telles circonstances, l'entité doit évaluer si la relation de couverture reflète un déséquilibre entre les pondérations de l'élément couvert et de l'instrument de couverture qui créerait une inefficacité de couverture (comptabilisée ou non) susceptible de donner lieu à un résultat comptable incompatible avec l'objet de la comptabilité de couverture. Si le ratio de couverture fait l'objet d'un ajustement, l'évaluation et la comptabilisation de l'inefficacité de la couverture sont également touchées, car, selon le paragraphe B6.5.8, lors d'un rééquilibrage, la détermination et la comptabilisation de l'inefficacité de la relation de couverture se font immédiatement avant l'ajustement de la relation.

B6.5.14 Le rééquilibrage signifie qu'aux fins de la comptabilité de couverture, l'entité ajuste après le commencement d'une relation de couverture les quantités de l'instrument de couverture ou de l'élément couvert en réponse aux changements des circonstances qui influent sur le ratio de couverture de cette relation. En règle générale, cet ajustement sera le reflet des ajustements apportés aux quantités de l'instrument de couverture et de l'élément couvert réellement utilisées par l'entité. L'entité doit toutefois ajuster le ratio de couverture qui résulte des quantités réellement utilisées de l'élément couvert ou de l'instrument de couverture :

a) si le ratio de couverture résultant des changements apportés aux quantités de l'instrument de couverture ou de l'élément couvert réellement utilisées par l'entité reflète un déséquilibre qui crée une inefficacité de la couverture susceptible de donner lieu à un résultat comptable incompatible avec l'objet de la comptabilité de couverture ;

b) ou si elle a l'intention de conserver les quantités de l'instrument de couverture et de l'élément couvert qu'elle utilise réellement, de sorte que, dans de nouvelles circonstances, le ratio de couverture refléterait un déséquilibre qui créerait une inefficacité de la couverture susceptible de donner lieu à un résultat comptable incompatible avec l'objet de la comptabilité de couverture (autrement dit, l'entité ne doit pas créer un déséquilibre en omettant d'ajuster le ratio de couverture).

B6.5.15 Il n'y a pas lieu de rééquilibrer une relation de couverture si l'objectif de gestion des risques qui s'y rattache a changé. Dans un tel cas, l'entité doit mettre fin à la comptabilité de couverture pour cette relation (même si, comme le prévoit le paragraphe B6.5.28, l'entité a la possibilité de désigner une nouvelle relation de couverture incluant l'instrument de couverture ou l'élément couvert de l'ancienne relation de couverture).

B6.5.16 En cas de rééquilibrage d'une relation de couverture, l'ajustement du ratio de couverture peut se faire de différentes manières :

a) la pondération de l'élément couvert peut être augmentée (en réduisant de ce fait celle de l'instrument de couverture) :
  i) soit en augmentant le volume de l'élément couvert,
  ii) soit en diminuant le volume de l'instrument de couverture ;

b) la pondération de l'instrument de couverture peut être augmentée (en réduisant de ce fait celle de l'élément couvert) :
  i) soit en augmentant le volume de l'instrument de couverture,
  ii) soit en diminuant le volume de l'élément couvert.

Les variations de volume font référence aux quantités faisant partie de la relation de couverture. Une diminution ne veut pas nécessairement dire que les éléments ou les transactions retranchés n'existent plus ou que leur réalisation n'est plus attendue, mais simplement qu'ils sont exclus de la relation de couverture. Par exemple, diminuer le volume de l'instrument de couverture pourrait vouloir dire que l'entité conserve un dérivé, mais que seule une partie de celui-ci demeure comme instrument de couverture dans la relation de couverture. Ce pourrait être le cas si le seul moyen de procéder au rééquilibrage était de réduire le volume de l'instrument de couverture dans la relation de couverture et que l'entité conservait le volume qui n'est plus nécessaire. La partie non désignée du dérivé serait alors comptabilisée à la juste valeur par le biais du résultat net (à moins d'être désignée comme instrument de couverture dans une autre relation de couverture).

B6.5.17 L'ajustement du ratio de couverture par une augmentation du volume de l'élément couvert n'a aucune incidence sur la façon d'évaluer les variations de la juste valeur de l'instrument de couverture. Cela n'a pas non plus d'incidence sur l'évaluation des variations de valeur de l'élément couvert pour le volume désigné précédemment. Cependant, à compter de la date du rééquilibrage, les variations de valeur de l'élément couvert incluent les variations de valeur du volume ajouté. Ces variations sont évaluées à partir de la date du rééquilibrage et en faisant référence à cette date, et non à partir de la date de désignation de la relation de couverture. Par exemple, si une entité couvre un volume de 100 tonnes de matière première en convenant d'un prix à terme de 80 UM (le prix à terme lors de la mise en place de la relation de couverture), puis qu'elle rééquilibre ultérieurement la relation par l'ajout d'un volume de 10 tonnes à un prix à terme de 90 UM, l'élément couvert se compose, après ce rééquilibrage, de deux strates : 100 tonnes à 80 UM et 10 tonnes à 90 UM.

B6.5.18 L'ajustement du ratio de couverture par une diminution du volume de l'instrument de couverture n'a aucune incidence sur la façon d'évaluer les variations de la valeur de l'élément couvert. Cela n'a pas non plus d'incidence sur l'évaluation des variations de la juste valeur de l'instrument de couverture pour le volume dont la désignation demeure inchangée. Cependant, à compter de la date du rééquilibrage, le volume retranché de l'instrument de couverture ne fait plus partie de la relation de couverture. Par exemple, si une entité couvre le risque de prix d'une matière première en utilisant comme instrument de couverture un dérivé portant sur un volume de 100 tonnes et qu'elle réduit ultérieurement ce volume de 10 tonnes à l'occasion d'un rééquilibrage, il reste, comme volume de l'instrument de couverture, un montant nominal de 90 tonnes (voir paragraphe B6.5.16 pour le traitement du volume [c'est-à-dire les 10 tonnes] ne faisant plus partie de la relation de couverture).

B6.5.19 L'ajustement du ratio de couverture par une augmentation du volume de l'instrument de couverture n'a aucune incidence sur la façon d'évaluer les variations de la valeur de l'élément couvert. Cela n'a pas non plus d'incidence sur l'évaluation des variations de la juste valeur de l'instrument de couverture pour le volume désigné précédemment. Cependant, à compter de la date du rééquilibrage, les variations de la juste valeur de l'instrument de couverture incluent les variations de valeur du volume ajouté. Les variations sont évaluées à partir de la date du rééquilibrage et à partir de cette date, et non à partir de la date de désignation de la relation de couverture. Par exemple, si une entité couvre le risque de prix d'une matière première en utilisant comme instrument de couverture un dérivé portant sur un volume de 100 tonnes et qu'elle y ajoute ultérieurement un volume de 10 tonnes à l'occasion d'un rééquilibrage, l'instrument de couverture se compose, après ce rééquilibrage, de dérivés portant sur un volume total de 110 tonnes. La variation de la juste valeur de l'instrument de couverture correspond alors à la variation totale des dérivés qui correspondent au volume total de 110 tonnes. Ces dérivés présenteront vraisemblablement des différences quant à leurs conditions essentielles, telles que le cours à terme, du fait qu'ils n'ont pas été conclus en même temps (entre autres parce qu'il est possible de désigner un dérivé comme élément constitutif d'une relation de couverture après sa comptabilisation initiale).

B6.5.20 L'ajustement du ratio de couverture par une diminution du volume de l'élément couvert n'a aucune incidence sur la façon d'évaluer les variations de la juste valeur de l'instrument de couverture. Cela n'a pas non plus d'incidence sur l'évaluation des variations de valeur de l'élément couvert pour le volume dont la désignation demeure inchangée. Cependant, à compter de la date du rééquilibrage, le volume retranché de l'élément couvert ne fait plus partie de la relation de couverture. Par exemple, si une entité couvre un volume de 100 tonnes d'une matière première en convenant d'un prix à terme de 80 UM et qu'elle retranche ultérieurement 10 tonnes à l'occasion d'un rééquilibrage, l'élément couvert est constitué, après ce rééquilibrage, de 90 tonnes couvertes à hauteur de 80 UM. Les 10 tonnes retranchées de l'élément couvert et ne faisant plus partie de la relation de couverture sont traitées selon les dispositions relatives à l'arrêt de la comptabilité de couverture (voir paragraphes 6.5.6 et 6.5.7 ainsi que B6.5.22 à B6.5.28).

B6.5.21 L'entité qui rééquilibre une relation de couverture doit mettre à jour son analyse des sources d'inefficacité de couverture dont elle s'attend à ce qu'elles affectent la relation de couverture pendant (le reste de) son existence (voir paragraphe B6.4.2). La documentation de la relation de couverture doit être mise à jour en conséquence.

Arrêt de la comptabilité de couverture

B6.5.22 Un arrêt de comptabilité de couverture s'applique de manière prospective à compter de la date à laquelle les critères d'applicabilité cessent d'être respectés.

B6.5.23 L'entité ne doit pas annuler une désignation et, de ce fait, mettre fin à une relation de couverture qui :

a) satisfait toujours à l'objectif de gestion des risques sur la base duquel elle a été reconnue comme répondant aux critères d'applicabilité de la comptabilité de couverture (c'est-à-dire que l'entité cherche encore à atteindre cet objectif) ; et

b) continue de satisfaire à tous les autres critères d'applicabilité (après rééquilibrage, s'il y a lieu).

B6.5.24 Aux fins de la présente norme, une distinction est établie entre la stratégie de gestion des risques de l'entité et ses objectifs de gestion des risques. La stratégie de gestion des risques est établie à l'échelon le plus élevé auquel l'entité détermine comment elle gère ses risques. Une stratégie de gestion des risques consiste normalement à déterminer les risques auxquels l'entité est exposée et la façon d'y réagir. Une stratégie de gestion des risques est généralement mise en place pour une période plus longue et peut laisser une certaine souplesse, de manière à pouvoir tenir compte de changements de circonstances qui se produisent une fois qu'elle est en application (par exemple, un changement dans le niveau des taux d'intérêt ou des prix d'une marchandise qui entraînent un degré de couverture différent). Elle est habituellement énoncée dans un document général et répercutée en aval par le biais de procédures internes détaillant plus précisément les lignes directrices à suivre. L'objectif de gestion des risques d'une relation de couverture s'applique, lui, au niveau d'une relation de couverture particulière. Il se rapporte à la façon dont un instrument de couverture désigné est utilisé pour couvrir une exposition donnée désignée comme élément couvert. En conséquence, une stratégie de gestion des risques peut faire appel à de nombreuses relations de couverture différentes dont les objectifs se rattachent à l'exécution de cette stratégie globale de gestion des risques. Par exemple :

a) Une entité a pour stratégie de gérer le risque de taux d'intérêt auquel elle est exposée en raison de son financement par emprunt en établissant, pour l'ensemble de l'entité, des intervalles pour la répartition entre le financement à taux variable et le financement à taux fixe. La stratégie consiste à assurer de 20 % à 40 % de dette à taux fixe. L'entité décide occasionnellement, selon le niveau des taux d'intérêt, comment exécuter cette stratégie (c'est-à-dire du positionnement à l'intérieur de l'intervalle de 20 % à 40 % établi pour l'exposition aux taux d'intérêt fixes). L'entité fixe le taux d'intérêt pour une plus grande part de sa dette lorsque les taux d'intérêt sont faibles que lorsqu'ils sont élevés. La dette de l'entité consiste en une dette à taux variable de 100 UM, dont une portion de 30 UM a été swappée contre une exposition à un taux fixe. Supposons que l'entité profite de la faiblesse des taux d'intérêt pour accroître sa dette de 50 UM afin de financer un investissement important, ce qu'elle fait en émettant une obligation à taux fixe. Compte tenu de la faiblesse des taux d'intérêt, l'entité décide d'établir son exposition aux taux fixes à 40 % du total de sa dette en réduisant de 20 UM la mesure dans laquelle elle couvrait précédemment son exposition aux taux variables, pour aboutir à une exposition aux taux fixes de 60 UM. Dans cette situation, la stratégie de gestion des risques en tant que telle demeure inchangée. En revanche, la direction a changé sa façon d'exécuter cette stratégie, ce qui signifie que l'objectif de gestion des risques a changé pour l'exposition de 20 UM aux taux variables qui était précédemment couverte (autrement dit, au niveau de la relation de couverture). Compte tenu de la situation, l'entité doit cesser d'appliquer la comptabilité de couverture à l'exposition de 20 UM aux taux variables qui était précédemment couverte. Elle pourrait réduire de 20 UM le montant nominal du swap, mais elle pourrait aussi, selon les circonstances, conserver le volume du swap et, par exemple, l'utiliser pour couvrir une autre exposition, ou l'inclure dans un portefeuille de négociation. À l'inverse, si l'entité choisissait de swapper une partie de sa nouvelle dette à taux fixe contre une exposition à un taux variable, elle devrait continuer d'appliquer la comptabilité de couverture à l'exposition aux taux variables précédemment couverte.

b) Certaines expositions découlent de positions qui changent fréquemment, par exemple le risque de taux d'intérêt d'un portefeuille ouvert d'instruments d'emprunt. L'ajout de nouveaux instruments d'emprunt, au portefeuille, et la décomptabilisation d'instruments qui en font partie, fait continuellement varier cette exposition (ce qui ne correspond pas à la situation où on laisse simplement la position venir à échéance). Dans un tel processus dynamique, aussi bien l'exposition que les instruments de couverture utilisés pour la gérer ne demeurent jamais longtemps les mêmes. L'entité qui a une telle exposition ajuste donc fréquemment, à mesure que l'exposition change, les instruments de couverture qu'elle utilise pour gérer le risque de taux d'intérêt. Par exemple, une entité désigne des titres d'emprunt dont la durée à courir jusqu'à l'échéance est de 24 mois comme élément couvert contre le risque de taux d'intérêt pour 24 mois. Elle procède de même pour d'autres intervalles de temps ou durées à courir jusqu'à l'échéance. Après un bref délai, l'entité met fin à la totalité, à certaines ou à une partie des relations de couverture désignées précédemment pour les durées à courir jusqu'à l'échéance et désigne de nouvelles relations de couverture pour les durées à courir jusqu'à l'échéance sur la base de leur taille et des instruments de couverture qui existent alors. L'arrêt de la comptabilité de couverture dans cette situation reflète le fait que les relations de couverture sont établies de telle manière que l'entité se trouve en présence d'un nouvel instrument de couverture et d'un nouvel élément couvert plutôt que de l'instrument de couverture et de l'élément couvert précédemment désignés. La stratégie de gestion des risques demeure la même, mais il ne subsiste aucun des objectifs de gestion des risques établis pour les relations de couverture désignées précédemment, qui, en tant que telles, n'existent plus. Dans une telle situation, l'entité cesse d'appliquer la comptabilité de couverture dans la mesure où l'objectif de gestion des risques a changé. Selon la situation de l'entité, la cessation peut toucher, par exemple, la totalité ou seulement certaines des relations de couverture pour les durées à courir jusqu'à l'échéance, ou encore une partie seulement d'une relation de couverture.

c) Une entité a une stratégie de gestion des risques selon laquelle elle gère le risque de change qui se rattache à ses ventes prévues et aux créances qui en découlent. Suivant cette stratégie, l'entité gère le risque de change dans le cadre d'une relation de couverture donnée uniquement jusqu'au moment où la créance est comptabilisée. Par la suite, plutôt que de gérer le risque de change sur la base de cette relation de couverture, elle gère globalement le risque de change lié aux créances, aux dettes et aux dérivés (autres que ceux liés à des transactions prévues qui n'ont pas encore été conclues) libellés dans une même monnaie étrangère. À des fins comptables, il s'agit d'une couverture « naturelle », car les profits et les pertes découlant du risque de change sur tous ces éléments sont immédiatement comptabilisés en résultat net. Par conséquent, à des fins comptables, si la relation de couverture est désignée pour l'intervalle allant jusqu'à la date du paiement, il faut qu'il y ait cessation de la comptabilité de couverture lorsque la créance est comptabilisée, car l'objectif de gestion des risques de la relation de couverture initiale ne s'applique alors plus. Le risque de change est encore géré selon la même stratégie, mais sur une base différente. En revanche, si l'entité avait un objectif de gestion des risques différent et qu'elle gérait le risque de change comme une relation de couverture continue spécifiquement pour le chiffre d'affaires prévu et les créances qui en découlent jusqu'à la date de règlement, elle appliquerait la comptabilité de couverture jusqu'à cette date.

B6.5.25 L'arrêt de la comptabilité de couverture peut affecter :

a) soit la totalité d'une relation de couverture ;

b) soit une partie d'une relation de couverture (la comptabilité de couverture étant maintenue pour le reste de la relation).

B6.5.26 Il est mis fin à la totalité d'une relation de couverture lorsque cette dernière cesse globalement de satisfaire aux critères d'applicabilité. Par exemple :

a) la relation de couverture ne satisfait plus à l'objectif de gestion des risques sur la base duquel elle avait été reconnue comme répondant aux critères d'applicabilité de la comptabilité de couverture (autrement dit, l'entité ne cherche plus à atteindre cet objectif) ;

b) le ou les instruments de couverture sont vendus ou résiliés (pour la totalité du volume visé par la relation de couverture) ; ou

c) il n'existe plus de lien économique entre l'élément couvert et l'instrument de couverture, ou le risque de crédit commence à être prédominant sur les variations de la valeur attribuables à ce lien économique.

B6.5.27 Il est mis fin à une partie d'une relation de couverture (et la comptabilité de couverture est maintenue pour la partie restante) lorsque cette partie seulement cesse de satisfaire aux critères d'applicabilité. Par exemple :

a) à l'occasion d'un rééquilibrage de la relation de couverture, le ratio de couverture est ajusté de manière à exclure de la relation une partie du volume de l'élément couvert (voir paragraphe B6.5.20) ; la cessation de la comptabilité de couverture ne concerne alors que le volume exclu de l'élément couvert ;

b) lorsque la réalisation d'une partie du volume d'un élément couvert constitué (d'une composante) d'une transaction prévue cesse d'être hautement probable, il est mis fin à la comptabilité de couverture uniquement pour le volume d'élément couvert dont la réalisation n'est plus hautement probable. Cependant, si à plusieurs reprises par le passé, l'entité a désigné des couvertures de transactions prévues pour ensuite déterminer que ces transactions prévues n'étaient plus susceptibles de se produire, sa capacité de prévoir avec exactitude des transactions similaires est mise en question. Cela a une incidence sur l'appréciation du caractère hautement probable de nouvelles transactions prévues similaires (voir paragraphe 6.3.3) et, par conséquent, de leur éligibilité en tant qu'éléments couverts répondant aux critères d'applicabilité de la comptabilité de couverture.

B6.5.28 L'entité peut désigner une nouvelle relation de couverture qui inclut l'instrument de couverture ou l'élément couvert d'une relation de couverture antérieure ayant fait l'objet d'une cessation (totale ou partielle) de la comptabilité de couverture. Il ne s'agit pas alors de la continuation d'une relation de couverture, mais plutôt d'un nouveau départ. Par exemple :

a) la qualité de crédit d'un instrument de couverture se détériore tellement que l'entité le remplace par un nouvel instrument de couverture. Cela signifie que la relation de couverture initiale n'a pas atteint l'objectif de gestion des risques, d'où sa cessation totale. Le nouvel instrument de couverture est désigné comme couvrant la même exposition au risque que l'ancien, mais fait partie d'une nouvelle relation de couverture. Donc, les variations de la juste valeur ou des flux de trésorerie de l'élément couvert sont désormais évaluées à partir de la date de désignation de la nouvelle relation de couverture plutôt que de la date de désignation de la relation de couverture initiale, et elles se réfèrent à cette date ;

b) il est mis fin à une relation de couverture avant terme. L'instrument de couverture dans cette relation peut être désigné comme instrument de couverture dans une autre relation de couverture (qu'il s'agisse d'une augmentation du volume d'un instrument de couverture pour ajuster le ratio de couverture à l'occasion d'un rééquilibrage, ou de la désignation d'une relation de couverture entièrement nouvelle).

Comptabilisation de la valeur temps des options

B6.5.29 Une option peut être considérée comme liée à un intervalle de temps parce que sa valeur temps représente une rémunération de la protection fournie à son détenteur pendant un intervalle de temps. Toutefois, les aspects pertinents à prendre en considération pour déterminer si une option couvre un élément lié à une transaction ou lié à un intervalle de temps sont les caractéristiques de l'élément couvert, y compris la façon dont l'élément couvert influe sur le résultat net et le moment où il le fait. En conséquence, l'entité doit apprécier le type d'élément couvert [voir paragraphe 6.5.15 a)] en se fondant sur la nature de cet élément (que la relation de couverture soit une couverture de flux de trésorerie ou une couverture de juste valeur) :

a) si l'élément couvert est une transaction pour laquelle la valeur temps est assimilable à des coûts de transaction, la valeur temps de l'option se rattache à un élément couvert lié à une transaction. C'est par exemple le cas lorsque la valeur temps de l'option se rattache à un élément couvert qui donne lieu à la comptabilisation d'un élément auquel des coûts de transaction sont incorporés lors de son évaluation initiale (par exemple, si une entité couvre un achat de matière première – qu'il s'agisse d'une transaction prévue ou d'un engagement ferme – contre le risque de prix de la matière première et incorpore les coûts de transaction dans l'évaluation initiale des stocks). Comme elle est incluse dans l'évaluation initiale de l'élément couvert, la valeur temps de l'option influe sur le résultat net en même temps que l'élément couvert. De même, une entité qui couvre une vente de marchandises – qu'il s'agisse d'une transaction prévue ou d'un engagement ferme – pourra incorporer la valeur temps de l'option dans le coût relatif à cette vente (la valeur temps sera ainsi comptabilisée en résultat net dans la même période que les produits tirés de la vente couverte) ;

b) si l'élément couvert est de nature telle que la valeur temps est assimilable à un coût engagé pour obtenir une protection contre un risque pour un certain intervalle de temps, mais que cet élément couvert ne donne pas lieu à une transaction impliquant la notion de coût de transaction selon a), la valeur temps de l'option se rattache à un élément couvert lié à un intervalle de temps. Ainsi, dans le cas de stocks de marchandises qui seraient couverts contre la diminution de leur juste valeur pour six mois au moyen d'une option sur marchandises d'une durée correspondante, la valeur temps de l'option serait imputée au résultat net (c'est-à-dire amortie sur une base systématique et rationnelle) sur six mois. Un autre exemple serait la couverture d'un investissement net dans un établissement à l'étranger par une option sur devises pour 18 mois, ce qui donnerait lieu à une ventilation de la valeur temps de l'option sur cette période de 18 mois.

B6.5.30 Les caractéristiques de l'élément couvert (y compris la façon dont il influe sur le résultat net et le moment où il le fait) ont également une incidence sur la période d'amortissement de la valeur temps d'une option qui couvre un élément couvert lié à un intervalle de temps, laquelle période correspond à celle au cours de laquelle la valeur intrinsèque de l'option est susceptible d'influer sur le résultat net selon les dispositions en matière de comptabilité de couverture. Par exemple, si une option sur taux d'intérêt (un plafond) est utilisée pour fournir une protection contre les augmentations de la charge d'intérêts sur une obligation à taux variable, la valeur temps de ce plafond est amortie au résultat net sur la période au cours de laquelle la valeur intrinsèque du plafond est susceptible d'influer sur le résultat net, à savoir :

a) si le plafond couvre les hausses de taux d'intérêt pour les trois premières années de la durée totale de cinq ans de l'obligation à taux variable, la valeur temps du plafond est amortie sur les trois premières années ;

b) si le plafond est une option à déclenchement différé qui couvre les hausses de taux d'intérêt pour les années 2 et 3 de la durée totale de cinq ans de l'obligation à taux variable, la valeur temps du plafond est amortie au cours des années 2 et 3.

B6.5.31 Le traitement de la valeur temps d'une option selon le paragraphe 6.5.15 s'applique également à la combinaison d'une option achetée et d'une option vendue (autrement dit, une option de vente et une option d'achat) dont la valeur temps nette est nulle à la date de désignation comme instrument de couverture (un « tunnel à prime zéro »). Dans ce cas, l'entité doit comptabiliser toutes les variations de la valeur temps dans les autres éléments du résultat global, même si la variation cumulée de la valeur temps sur la durée totale de la relation de couverture est nulle. En conséquence :

a) si la valeur temps de l'option se rattache à un élément couvert lié à une transaction, le montant de valeur temps au terme de la relation de couverture qui ajuste l'élément couvert ou qui est reclassé en résultat net [voir paragraphe 6.5.15 b)] sera nul ;

b) si la valeur temps de l'option se rattache à un élément couvert lié à un intervalle de temps, la charge d'amortissement liée à la valeur temps est nulle.

B6.5.32 Le traitement de la valeur temps d'une option selon le paragraphe 6.5.15 ne s'applique que dans la mesure où cette valeur se rattache à l'élément couvert (valeur temps alignée). La valeur temps d'une option se rattache à l'élément couvert si les conditions essentielles de l'option (telles que la valeur nominale, la durée et le sous-jacent) sont alignées sur celles de l'élément couvert. Par conséquent, si les conditions essentielles ne sont pas parfaitement alignées, l'entité doit déterminer la valeur temps alignée, c'est-à-dire la partie de la valeur temps incluse dans la prime payée (valeur temps réelle) qui se rattache à l'élément couvert (et qui devrait par conséquent être traitée selon le paragraphe 6.5.15). L'entité détermine la valeur temps alignée en se référant à l'évaluation d'une option dont les conditions essentielles correspondraient exactement à celles de l'élément couvert.

B6.5.33 Dans le cas où la valeur temps réelle et la valeur temps alignée diffèrent, l'entité doit déterminer comme suit le montant à cumuler dans une composante des capitaux propres distincte selon le paragraphe 6.5.15 :

a) si, au commencement de la relation de couverture, la valeur temps réelle est plus élevée que la valeur temps alignée, l'entité doit :

i) déterminer en fonction de la valeur temps alignée le montant à cumuler dans une composante des capitaux propres distincte, et

ii) comptabiliser en résultat net l'écart entre les variations de la juste valeur de l'une et de l'autre valeur temps ;

b) si, au commencement de la relation de couverture, la valeur temps réelle est plus basse que la valeur temps alignée, l'entité doit déterminer le montant à cumuler dans une composante des capitaux propres distincte en se référant au plus faible des deux montants suivants :

i) le cumul des variations de la juste valeur de la valeur temps réelle, et

ii) le cumul des variations de la juste valeur de la valeur temps alignée.

Toute variation résiduelle de la juste valeur de la valeur temps réelle doit être comptabilisée en résultat net.

Comptabilisation de l'élément à terme des contrats à terme de gré à gré et des spreads relatifs au risque de base des opérations en monnaie étrangère d'instruments financiers

B6.5.34 Un contrat à terme de gré à gré peut être considéré comme lié à un intervalle de temps parce que son élément à terme représente une rémunération pour un intervalle de temps (à savoir la durée pour laquelle il est déterminé). Toutefois, les aspects pertinents à prendre en considération pour déterminer si un instrument de couverture couvre un élément lié à une transaction ou lié à un intervalle de temps sont les caractéristiques de l'élément couvert, y compris la façon dont l'élément couvert influe sur le résultat net et le moment où il le fait. En conséquence, l'entité doit apprécier le type d'élément couvert [voir paragraphes 6.5.16 et 6.5.15 a)] en se fondant sur la nature de cet élément (que la relation de couverture soit une couverture de flux de trésorerie ou une couverture de juste valeur) :

a) si l'élément couvert est une transaction pour laquelle l'élément à terme est assimilable à des coûts de transaction, l'élément à terme du contrat à terme de gré à gré se rattache à un élément couvert lié à une transaction. C'est par exemple le cas lorsque l'élément à terme se rattache à un élément couvert qui donne lieu à la comptabilisation d'un autre élément auquel des coûts de transaction sont incorporés lors de son évaluation initiale (par exemple, si une entité couvre un achat de stocks libellé dans une monnaie étrangère – qu'il s'agisse d'une transaction prévue ou d'un engagement ferme – contre le risque de change et incorpore les coûts de transaction dans l'évaluation initiale des stocks). Comme il est inclus dans l'évaluation initiale de l'élément couvert, l'élément à terme influe sur le résultat net en même temps que l'élément couvert. De même, une entité qui couvre une vente de marchandises libellée en monnaie étrangère – qu'il s'agisse d'une transaction prévue ou d'un engagement ferme – contre le risque de change pourra incorporer l'élément à terme dans le coût relatif à cette vente (l'élément à terme sera ainsi comptabilisé en résultat net dans la même période que les produits tirés de la vente couverte).

b) si l'élément couvert est de nature telle que l'élément à terme est assimilable à un coût engagé pour obtenir une protection contre un risque pour un certain intervalle de temps, mais que cet élément couvert ne donne pas lieu à une transaction impliquant la notion de coût de transaction selon a), l'élément à terme du contrat à terme de gré à gré se rattache à un élément couvert lié à un intervalle de temps. Ainsi, dans le cas de stocks de marchandises qui sont couverts contre les variations de leur juste valeur pour six mois au moyen d'un contrat à terme de gré à gré sur marchandises d'une durée correspondante, l'élément à terme du contrat à terme de gré à gré sera imputé au résultat net (c'est-à-dire amorti sur une base systématique et rationnelle) sur six mois. Un autre exemple est la couverture d'un investissement net dans un établissement à l'étranger au moyen d'un contrat de change à terme pour 18 mois, qui donnerait lieu à une ventilation de l'élément à terme sur cet intervalle de 18 mois.

B6.5.35 Les caractéristiques de l'élément couvert (y compris la façon dont il influe sur le résultat net et le moment où il le fait) ont également une incidence sur la période d'amortissement de l'élément à terme d'un contrat à terme de gré à gré qui couvre un élément couvert lié à un intervalle de temps, laquelle période correspond à l'intervalle auquel l'élément à terme se rattache. Par exemple, si un contrat à terme de gré à gré couvre l'exposition à la variabilité des taux d'intérêt à trois mois pour un intervalle de trois mois qui commence dans six mois, l'élément à terme est amorti sur la période qui couvre les mois 7 à 9.

B6.5.36 Le traitement de l'élément à terme d'un contrat à terme de gré à gré selon le paragraphe 6.5.16 s'applique également si la valeur de l'élément à terme est nulle à la date à laquelle le contrat à terme de gré à gré est désigné comme instrument de couverture. Dans ce cas, l'entité doit comptabiliser toutes les variations de la juste valeur attribuables à l'élément à terme dans les autres éléments du résultat global, même si la variation cumulée de la juste valeur attribuable à l'élément à terme sur la durée totale de la relation de couverture est nulle. En conséquence, si l'élément à terme d'un contrat à terme de gré à gré se rattache à :

a) un élément couvert lié à une transaction, le montant d'élément à terme au terme de la relation de couverture qui ajustera l'élément couvert ou qui sera reclassé en résultat net (voir paragraphes 6.5.15 b) et 6.5.16) sera nul ;

b) un élément couvert lié à un intervalle de temps, l'amortissement lié à l'élément à terme est nul.

B6.5.37 Le traitement de l'élément à terme des contrats à terme de gré à gré selon le paragraphe 6.5.16 ne s'applique que dans la mesure où cet élément se rattache à l'élément couvert (élément à terme aligné). L'élément à terme d'un contrat à terme de gré à gré se rattache à l'élément couvert si les conditions essentielles du contrat à terme de gré à gré (telles que la valeur nominale, la durée et le sous-jacent) sont alignées sur celles de l'élément couvert. Si les conditions essentielles ne sont pas parfaitement alignées, l'entité doit déterminer l'élément à terme aligné, c'est-à-dire la partie de l'élément à terme incluse dans le contrat à terme de gré à gré (élément à terme réel) qui se rattache à l'élément couvert (et devrait par conséquent être traitée selon le paragraphe 6.5.16). L'entité détermine l'élément à terme aligné en se référant à l'évaluation d'un contrat à terme de gré à gré dont les conditions essentielles correspondraient exactement à celles de l'élément couvert.

B6.5.38 Dans le cas où l'élément à terme réel et l'élément à terme aligné diffèrent, l'entité doit déterminer comme suit le montant à cumuler dans une composante des capitaux propres distincte selon le paragraphe 6.5.16 :

a) si, au commencement de la relation de couverture, la valeur absolue de l'élément à terme réel est plus élevée que celle de l'élément à terme aligné, l'entité doit :

i) déterminer en fonction de l'élément à terme aligné le montant à cumuler dans une composante des capitaux propres distincte, et

ii) comptabiliser en résultat net l'écart entre les variations de la juste valeur de l'un et de l'autre élément à terme ;

b) si, au commencement de la relation de couverture, la valeur absolue de l'élément à terme réel est plus basse que celle de l'élément à terme aligné, l'entité doit déterminer le montant à cumuler dans une composante des capitaux propres distincte en se référant au plus faible des deux montants suivants :

i) le cumul des variations de la juste valeur de la valeur absolue de l'élément à terme réel, et

ii) le cumul des variations de la juste valeur de la valeur absolue de l'élément à terme aligné.

Toute variation résiduelle de la juste valeur de l'élément à terme réel doit être comptabilisée en résultat net.

B6.5.39 Lorsque l'entité sépare le *spread* relatif au risque de base des opérations en monnaie étrangère (*foreign currency basis spread*) d'un instrument financier et l'exclut de la désignation de cet instrument financier comme instrument de couverture [voir paragraphe 6.2.4 b)], les modalités d'application énoncées aux paragraphes B6.5.34 à B6.5.38 s'appliquent au *spread* relatif au risque de base des opérations en monnaie étrangère de la même manière qu'à l'élément à terme d'un contrat à terme de gré à gré.

➡ Couverture d'un groupe d'éléments (section 6.6)

Couverture d'une position nette

Éligibilité à la comptabilité de couverture et désignation d'une position nette

B6.6.1 Une position nette n'est éligible à la comptabilité de couverture que dans le cas où l'entité couvre des positions nettes à des fins de gestion des risques. Il s'agit d'une question de fait (et non d'une simple affirmation ou mention dans la documentation). Une entité ne peut donc pas traiter des montants nets en comptabilité de couverture uniquement pour obtenir un résultat comptable spécifique si cela ne reflète pas sa politique de gestion des risques. Il est impératif que la couverture de positions nettes s'inscrive dans une stratégie de gestion des risques établie. Ceci requiert en principe l'approbation des principaux dirigeants de l'entité au sens d'IAS 24.

B6.6.2 À titre d'exemple, supposons que l'Entité A, dont la monnaie fonctionnelle est la monnaie locale (UM), a pris un engagement ferme de payer 150 000 UMÉ dans neuf mois pour de la publicité, et un engagement ferme de vendre des produits finis pour 150 000 UMÉ dans 15 mois. L'Entité A devient partie à un dérivé de change dont le règlement aura lieu dans neuf mois et en vertu duquel elle recevra 100 UMÉ en échange de 70 UM. L'Entité A n'a aucune autre exposition en UMÉ. Elle ne gère pas son risque de change en position nette. Elle ne peut donc pas appliquer la comptabilité de couverture à la relation de couverture de neuf mois entre le dérivé de change et la position nette de 100 UMÉ (constituée de l'engagement ferme d'achat de publicité de 150 000 UMÉ et d'une part de 149 900 UMÉ [sur 150 000 UMÉ] de l'engagement ferme de vente).

B6.6.3 Si l'Entité A avait effectivement géré son risque de change en position nette sans devenir partie à un dérivé de change (qui augmente l'exposition au risque de change au lieu de la diminuer), sa position aurait été naturellement couverte pour neuf mois. Cette couverture naturelle n'est normalement pas reflétée dans les états financiers, car les transactions ne seront pas comptabilisées dans la même période de reporting. La comptabilité de couverture ne pourrait être appliquée à la position nette nulle que si les conditions du paragraphe 6.6.6 sont respectées.

B6.6.4 L'entité qui désigne comme élément couvert un groupe d'éléments constituant une position nette doit désigner l'ensemble du groupe d'éléments pouvant constituer la position nette. Elle n'est pas autorisée à désigner un montant abstrait non spécifique d'une position nette. Par exemple, une entité est partie à un groupe d'engagements fermes de vente dans neuf mois pour 100 UMÉ et à un groupe d'engagements fermes d'achat dans 18 mois pour 120 UMÉ. Elle ne peut désigner un montant abstrait pour la position nette de 20 UMÉ. Elle doit désigner un montant brut d'achats et un montant brut de ventes qui, ensemble, donnent naissance à la position nette couverte. Pour se conformer aux dispositions relatives à la comptabilisation des relations de couverture éligibles, l'entité doit désigner les positions brutes qui donnent naissance à la position nette.

Application des contraintes d'efficacité de la couverture à la couverture d'une position nette

B6.6.5 Pour déterminer si elle respecte les contraintes d'efficacité de la couverture du paragraphe 6.4.1 c) lorsqu'elle couvre une position nette, l'entité doit prendre en considération à la fois les variations de la valeur des éléments compris dans la position nette qui ont un effet similaire à l'instrument de couverture et la variation de la juste valeur de l'instrument de couverture. Par exemple, une entité est partie à un groupe d'engagements fermes de vente dans neuf mois pour 100 UMÉ et à un groupe d'engagements fermes d'achat dans 18 mois pour 120 UMÉ. Elle couvre le risque de change de la position nette de 20 UMÉ au moyen d'un contrat de change à terme pour 20 UMÉ. Pour déterminer si les contraintes d'efficacité de la couverture du paragraphe 6.4.1 c) sont respectées, l'entité doit tenir compte de la relation entre les montants suivants :

a) d'une part, la variation de la juste valeur du contrat de change à terme ainsi que les variations de la valeur des engagements fermes de vente liées au risque de change ;

b) d'autre part, les variations de la valeur des engagements fermes d'achat liées au risque de change.

B6.6.6 De même, si la position de l'entité avait été nulle dans l'exemple du paragraphe B6.6.5, l'entité aurait pris en considération la relation entre les variations de la valeur des engagements fermes de vente qui sont liées au risque de change et les variations de la valeur des engagements fermes d'achat qui sont liées au risque de change pour déterminer si elle respecte les contraintes d'efficacité de la couverture du paragraphe 6.4.1 c).

Couvertures de flux de trésorerie qui constituent une position nette

B6.6.7 Dans le cas où une entité couvre un groupe d'éléments dont les risques se compensent (autrement dit une position nette), l'éligibilité à la comptabilité de couverture dépend du type de couverture. S'il s'agit d'une couverture de juste valeur, la position nette peut être éligible comme élément couvert. S'il s'agit d'une couverture de flux de trésorerie, la position nette ne peut être éligible comme élément couvert que si la couverture couvre le risque de change et que la désignation de la position nette indique la période de reporting au cours de laquelle les transactions prévues devraient influer sur le résultat net ainsi que la nature et le volume de ces transactions.

B6.6.8 Par exemple, une entité a une position nette qui consiste en un fond de cuve de 100 UMÉ de ventes et un fond de cuve de 150 UMÉ d'achats. Les ventes et les achats sont libellés dans la même monnaie étrangère. Pour que la désignation de la position nette couverte soit suffisamment précise, l'entité spécifie dans la documentation initiale de la relation de couverture que les ventes peuvent porter sur le produit A et le produit B, et que les achats peuvent porter sur l'équipement de type A, l'équipement de type B et la matière première A. L'entité précise également les volumes de transactions en fonction de leur nature. Elle consigne dans la documentation que le fond de cuve des ventes (100 UMÉ) est constitué d'un volume de ventes prévu correspondant aux 70 premières UMÉ de produit A et aux 30 premières UMÉ de produit B. Si l'entité s'attend à ce que ces volumes de ventes influent sur le résultat net de périodes de reporting différentes, elle en fera mention dans la documentation, en indiquant, par exemple, qu'elle s'attend à ce que les 70 premières UMÉ de ventes de produit A influent sur le résultat net de la première période de reporting et à ce que les 30 premières UMÉ de ventes de produit B influent sur le résultat net de la deuxième période de reporting. L'entité consigne également dans la documentation que le fond de cuve d'achats (150 UMÉ) se compose des 60 premières UMÉ d'achats d'équipements de type A, des 40 premières UMÉ d'achats d'equipements de type B et des 50 premières UMÉ d'achats de matière première A. Si l'entité s'attend à ce que ces volumes d'achats influent sur le résultat net de périodes de reporting différentes, elle fournira dans la documentation une ventilation des volumes d'achats en fonction des périodes de reporting dans lesquelles elle s'attend à ce que ces volumes influent sur le résultat net (comme dans la documentation relative aux volumes de ventes). Par exemple, la transaction prévue serait décrite comme correspondant :

a) aux 60 premières UMÉ d'achats d'équipements de type A, que l'entité s'attend à voir influer sur le résultat net de 10 périodes de reporting à compter de la troisième période ;

b) aux 40 premières UMÉ d'achats d'équipements de type B, que l'entité s'attend à voir influer sur le résultat net de 20 périodes de reporting à compter de la quatrième période ; et

c) aux 50 premières UMÉ d'achats de matière première A, que l'entité s'attend à recevoir au cours de la troisième période de reporting et à revendre (et donc influer sur le résultat net) au cours de cette période et de la suivante.

Les précisions fournies sur la nature des volumes de transactions prévues peuvent porter sur des aspects comme le rythme d'amortissement des immobilisations corporelles de même type dans le cas où la nature de ces immobilisations est telle que le rythme de leur amortissement peut varier en fonction de leur utilisation par l'entité. Par exemple, si l'entité utilise des équipements de type A dans deux procédés de production différents qui donnent respectivement lieu à un amortissement linéaire sur 10 périodes de reporting et à un amortissement selon le mode des unités de production, la documentation relative au volume d'achats prévu pour l'équipement de type A présenterait une ventilation de ce volume en fonction du rythme d'amortissement qui s'applique.

B6.6.9 Dans le cas d'une couverture de flux de trésorerie d'une position nette, les montants déterminés selon le paragraphe 6.5.11 doivent inclure à la fois les variations de la valeur des éléments constituant la position nette qui ont un effet similaire à celles de l'instrument de couverture et la variation de la juste valeur de l'instrument de couverture. Cependant, les variations de la valeur des éléments constituant la position nette qui ont un effet similaire à celles de l'instrument de couverture ne sont comptabilisées que lorsque les transactions auxquelles elles se rattachent sont comptabilisées, par exemple lorsque la vente prévue est comptabilisée en produits des activités ordinaires. Supposons par exemple qu'une entité a un groupe de ventes prévues hautement probables pour 100 UMÉ dans 9 mois et un groupe d'achats prévus hautement probables pour 120 UMÉ dans 18 mois. Elle couvre le risque de change de la position nette de 20 UMÉ au moyen d'un contrat de change à terme pour 20 UMÉ. Pour déterminer les montants à comptabiliser dans la réserve de couverture de flux de trésorerie selon le paragraphe 6.5.11 a) et b), l'entité compare les montants suivants :

a) d'une part, la variation de la juste valeur du contrat de change à terme ainsi que les variations de la valeur des ventes prévues hautement probables attribuables au risque de change ;

b) d'autre part, les variations de la valeur des achats prévus hautement probables attribuables au risque de change.

Toutefois, l'entité ne comptabilise que les montants qui sont liés au contrat de change à terme tant qu'elle n'a pas comptabilisé dans ses états financiers les transactions de vente prévues hautement probables ; ce n'est que lorsque ces transactions prévues sont comptabilisées que les profits ou les pertes y afférents sont comptabilisés (c'est-à-dire la variation de la valeur attribuable à la variation du taux de change entre le moment où la relation de couverture est désignée et celui où les produits sont comptabilisés).

B6.6.10 De même, si, dans l'exemple, l'entité avait eu une position nette nulle, elle aurait comparé les variations de la valeur des ventes prévues hautement probables attribuables au risque de change avec les variations de la valeur des achats prévus hautement probables attribuables au risque de change. Cependant, ces montants ne sont comptabilisés que lorsque les transactions prévues auxquelles ils se rattachent sont comptabilisées dans les états financiers.

Strates de groupes d'éléments désignées comme élément couvert

B6.6.11 Pour les raisons indiquées au paragraphe B6.3.19, la désignation d'une composante strate d'un groupe d'éléments préexistants nécessite de spécifier la valeur nominale du groupe d'éléments d'après lequel la composante strate couverte est définie.

B6.6.12 Une relation de couverture peut comprendre des strates de plusieurs groupes d'éléments. Par exemple, dans le cas de la couverture d'une position nette constituée d'un groupe d'actifs et d'un groupe de passifs, la relation de couverture peut inclure la combinaison d'une composante strate du groupe d'actifs et d'une composante strate du groupe de passifs.

Présentation des profits et des pertes sur l'instrument de couverture

B6.6.13 Il se peut que les éléments qui sont couverts en groupe dans le cadre d'une couverture de flux de trésorerie influent sur différents postes de l'état du résultat net et des autres éléments du résultat global. La présentation des profits et des pertes de couverture dans cet état dépend du groupe d'éléments.

B6.6.14 Si le groupe d'éléments ne contient pas de positions de risque qui se compensent (par exemple un groupe de charges en monnaie étrangère touchant différents postes de l'état du résultat net et des autres éléments du résultat global qui sont couvertes contre le risque de change), les profits et pertes sur l'instrument de couverture qui sont reclassés doivent être répartis entre les postes touchés par les éléments couverts. La répartition doit se faire sur une base systématique et rationnelle, et ne pas donner lieu à la présentation des montants bruts dont se compose le profit net ou la perte nette sur un instrument de couverture unique.

B6.6.15 Si le groupe d'éléments contient des positions de risque qui se compensent (par exemple un groupe de ventes et de charges en monnaie étrangère qui sont couvertes ensemble contre le risque de change), les profits ou pertes de couverture font l'objet d'un poste distinct dans l'état du résultat net et des autres éléments du résultat global. Par exemple, supposons qu'une position nette en monnaie étrangère, constituée de ventes de 100 UMÉ et de charges de 80 UMÉ, est couverte contre le risque de change au moyen d'un contrat de change à terme portant sur 20 UMÉ. Le profit ou la perte sur le contrat de change à terme qui est reclassé de la réserve de couverture de flux de trésorerie au résultat net (lorsque la position nette influe sur le résultat net) doit être présenté dans un poste distinct des ventes et des charges couvertes. En outre, si les ventes sont conclues dans une période antérieure à celle des charges, ces ventes demeurent évaluées au cours de change au comptant selon IAS 21. Le profit ou la perte de couverture est présenté dans un poste distinct, de sorte que le résultat net reflète l'effet de la couverture de la position nette, et un ajustement correspondant est apporté à la réserve de couverture de flux de trésorerie. Lorsqu'au cours d'une période ultérieure, les charges couvertes influent sur le résultat net, le profit ou la perte de couverture comptabilisé précédemment dans la réserve de couverture de flux de trésorerie au titre des ventes est reclassé en résultat net et présenté dans un poste distinct de ceux qui incluent les charges couvertes, lesquelles sont évaluées au cours de change au comptant selon IAS 21.

B6.6.16 Certains types de couverture de juste valeur n'ont pas pour objectif premier de compenser la variation de la juste valeur de l'élément couvert, mais de transformer les flux de trésorerie de l'élément couvert. Prenons le cas d'une entité qui utilise un swap de taux d'intérêt pour une couverture de juste valeur contre le risque de taux d'intérêt d'un titre d'emprunt à taux fixe. La couverture a alors pour objectif de transformer les flux d'intérêts à taux fixe en flux d'intérêts à taux variable. Cet objectif est reflété par la comptabilisation en résultat net des intérêts nets courus sur le swap. Dans le cas de la couverture d'une position nette (par exemple, la position nette constituée d'un actif à taux fixe et d'un passif à taux fixe), les intérêts nets courus doivent faire l'objet d'un poste distinct dans l'état du résultat net et des autres éléments du résultat global. Il s'agit d'éviter de représenter par des montants bruts qui se compensent et qui seraient comptabilisés dans des postes différents le profit net ou la perte nette sur un instrument de couverture unique (c'est-à-dire d'éviter de représenter par un produit d'intérêts brut et une charge d'intérêts brute le flux d'intérêts net sur un swap de taux d'intérêt unique).

DATE D'ENTRÉE EN VIGUEUR ET DISPOSITIONS TRANSITOIRES (CHAPITRE 7)

➡ Dispositions transitoires (section 7.2)

Actifs financiers détenus à des fins de transaction

B7.2.1 À la date de première application de la présente norme, l'entité doit déterminer si l'objectif du modèle économique qu'elle suit pour la gestion de l'un quelconque de ses actifs financiers remplit la condition énoncée au paragraphe 4.1.2 a) ou au paragraphe 4.1.2A a), et si le choix indiqué au paragraphe 5.7.5 peut être exercé à l'égard d'un de ses actifs financiers. À cette fin, elle doit déterminer si les actifs financiers répondent à la définition de « détenu à des fins de transaction » en faisant comme si elle avait acheté ces actifs à la date de première application.

Dépréciation

B7.2.2 À la date de transition, l'entité doit tenter d'estimer le risque de crédit à la comptabilisation initiale en tenant compte de toutes les informations raisonnables et justifiables qu'il lui est possible d'obtenir sans devoir engager des coûts ou des efforts excessifs. L'entité n'est pas tenue d'effectuer une recherche exhaustive d'informations pour déterminer, à la date de transition, si le risque de crédit a subi des augmentations importantes depuis la comptabilisation initiale. Si l'entité n'est pas en mesure de procéder à cette détermination sans engager des coûts ou des efforts excessifs, le paragraphe 7.2.20 s'applique.

B7.2.3 Afin de déterminer la correction de valeur pour pertes relative aux instruments financiers initialement comptabilisés (ou aux engagements de prêt ou contrats de garantie financière auxquels l'entité est devenue partie) avant la date de première application, tant à la date de transition que jusqu'à la décomptabilisation de ces éléments, l'entité doit tenir compte des informations pertinentes permettant de déterminer ou d'estimer le risque de crédit à la comptabilisation initiale. Pour déterminer ou estimer le risque de crédit initial, l'entité peut tenir compte d'informations internes et externes, y compris d'informations sur le portefeuille, conformément aux paragraphes B5.5.1 à B5.5.6.

B7.2.4 Une entité qui dispose de peu d'informations historiques peut utiliser des informations issues de rapports internes et de statistiques (qui peuvent avoir été générées aux fins de la prise de la décision de lancer un nouveau produit), des informations sur des produits semblables ou l'expérience d'entités similaires avec des instruments financiers comparables, lorsque ces informations sont pertinentes.

DÉFINITIONS (APPENDICE A)

➡ Dérivés

BA.1 Les contrats à terme normalisés et de gré à gré (« *futures* » et « *forwards* »), les swaps et les contrats d'option sont des exemples typiques de dérivés. Un dérivé a habituellement un montant notionnel qui est un montant dans une certaine monnaie, un nombre d'actions, un nombre d'unités de poids ou de volume, ou d'autres unités spécifiées dans le contrat. Il n'impose pas au détenteur ou au souscripteur d'investir ou de recevoir le montant notionnel lors de la passation du contrat. Un dérivé peut par ailleurs imposer, par suite d'un événement futur non lié à un montant notionnel, un paiement fixe ou pouvant varier (mais pas de manière proportionnelle à une variation du sous-jacent). Un contrat peut par exemple prévoir un paiement fixe de 1000 UM si le LIBOR à six mois augmente de 100 points de base. Un tel contrat est un instrument dérivé, même si aucun montant notionnel n'est spécifié.

BA.2 Dans la présente norme, la définition d'un instrument dérivé inclut les contrats qui font l'objet d'un règlement brut par livraison de l'élément sous-jacent (par exemple, un contrat à terme de gré à gré portant sur l'acquisition d'un instrument d'emprunt à taux fixe). Une entité peut avoir un contrat d'achat ou de vente d'un élément non financier qui peut faire l'objet d'un règlement net par la remise de trésorerie ou d'un autre instrument financier ou encore par un échange d'instruments financiers (par exemple, un contrat d'achat ou de vente d'une marchandise à un prix déterminé et à une date ultérieure). Un tel contrat entre dans le champ d'application de la présente norme, sauf s'il a été conclu et s'il est toujours détenu en vue de la livraison d'un élément non financier conformément aux besoins prévus de l'entité en matière d'achats, de ventes ou de consommation intermédiaire. Toutefois, la présente norme s'applique à de tels contrats destinés à couvrir les besoins de l'entité en matière d'achats, de ventes ou de consommation intermédiaire si celle-ci les désigne conformément au paragraphe 2.5 (voir paragraphes 2.4 à 2.7).

BA.3 L'une des caractéristiques définissant un dérivé est qu'il demande un investissement net initial inférieur à ce qui serait nécessaire pour d'autres types de contrats dont on pourrait attendre des comportements similaires en réponse aux changements dans les conditions du marché. Un contrat d'option répond à cette définition, car le montant de la prime est inférieur à celui de l'investissement qui serait nécessaire pour obtenir l'instrument financier sous-jacent sur lequel porte l'option. Un swap de devises qui impose un échange initial de monnaies différentes ayant une juste valeur identique répond à cette définition, car l'investissement net initial est nul.

BA.4 Un achat ou une vente normalisés donnent lieu à un engagement de prix fixe entre la date de transaction et la date de règlement, ce qui répond à la définition d'un dérivé. On ne les comptabilise toutefois pas comme des instruments financiers dérivés, étant donné la brève durée de l'engagement. La présente norme prévoit pour ces contrats normalisés un mode spécial de comptabilisation (voir paragraphes 3.1.2 et B3.1.3 à B3.1.6).

BA.5 La définition d'un dérivé fait mention de variables non financières qui ne sont pas spécifiques à l'une des parties au contrat. Un indice des pertes causées par les tremblements de terre dans une région donnée et un indice des températures dans une ville donnée constituent de telles variables. Une variable non financière spécifique à l'une des parties serait la survenance ou la non-survenance d'un incendie qui endommage (ou détruit) un actif de cette partie. Une variation de la juste valeur d'un actif non financier est spécifique à son propriétaire si la juste valeur reflète non seulement les variations des prix de marché de tels actifs (variable financière), mais aussi l'état de l'actif non financier détenu (variable non financière). Par exemple, si une garantie de valeur résiduelle portant sur une voiture donnée expose le garant au risque de changement de l'état physique de la voiture, la variation de cette valeur résiduelle est spécifique au propriétaire de la voiture.

➟ Actifs et passifs financiers détenus à des fins de transaction

BA.6 La notion de transaction reflète généralement un mouvement actif et fréquent d'achats et de ventes, et les instruments financiers détenus à des fins de transaction sont généralement utilisés pour dégager un bénéfice des fluctuations de prix à court terme ou d'une marge d'arbitragiste.

BA.7 Sont notamment à compter parmi les passifs financiers détenus à des fins de transaction :

a) les passifs dérivés qui ne sont pas comptabilisés comme des instruments de couverture ;
b) les obligations de remettre des actifs financiers empruntés par un vendeur à découvert (c'est-à-dire une entité qui vend des actifs financiers qu'elle a empruntés et ne possède pas encore) ;

c) les passifs financiers contractés dans l'intention de les racheter dans un avenir proche (par exemple, un instrument d'emprunt coté que l'émetteur pourrait racheter dans un avenir proche, selon l'évolution de sa juste valeur) ; et

d) les passifs financiers qui font partie d'un portefeuille d'instruments financiers déterminés gérés ensemble et qui présente des indications d'un profil récent de prise de profits à court terme.

BA.8 Le fait qu'un passif soit utilisé pour financer des activités de transaction n'en fait pas, en soi, un passif détenu à des fins de transaction.

IFRS 10 États financiers consolidés

[règlt UE 2023/1803]

Objectif

1 L'objectif de la présente norme est d'établir des principes pour la présentation et la préparation des états financiers consolidés d'une entité qui en contrôle une ou plusieurs autres.

PRINCIPES GÉNÉRAUX

2 Pour satisfaire à l'objectif énoncé au paragraphe 1, la présente norme :

a) exige que l'entité (la *société mère*) qui contrôle une ou plusieurs autres entités (les *filiales*) présente des états financiers consolidés ;

b) définit le principe du *contrôle*, et établit que le contrôle est à la base de la consolidation ;

c) explique comment appliquer le principe du contrôle en vue de déterminer si un investisseur contrôle une entité faisant l'objet d'un investissement et si, de ce fait, il doit consolider celle-ci ;

d) établit les exigences comptables à appliquer pour la préparation d'états financiers consolidés ; et

e) définit la notion d'entité d'investissement et établit une exception au principe de consolidation pour certaines filiales d'une entité d'investissement.

3 La présente norme ne traite pas des exigences comptables visant les regroupements d'entreprises et de leur incidence sur la consolidation, notamment du *goodwill* résultant d'un regroupement d'entreprises (voir IFRS 3 *Regroupements d'entreprises*).

Champ d'application

4 Une entité qui est une société mère doit présenter des états financiers consolidés. La présente norme s'applique à toute entité, sous réserve de ce qui suit :

a) une société mère n'est pas tenue de présenter des états financiers consolidés si toutes les conditions suivantes sont remplies :

- i) il s'agit d'une filiale entièrement détenue, ou encore d'une filiale partiellement détenue par une autre entité et tous ses autres propriétaires, y compris ceux qui ne sont généralement pas habilités à voter, ont été informés que la société mère ne présente pas d'états financiers consolidés et ne s'y opposent pas ;
- ii) ses instruments de dette ou de capitaux propres ne sont pas négociés sur un marché organisé (une bourse des valeurs nationale ou étrangère ou un marché de gré à gré, y compris un marché local ou régional) ;

iii) elle n'a pas déposé, et n'est pas en voie de déposer, ses états financiers auprès d'une autorité de réglementation des valeurs mobilières ou d'une autre autorité de réglementation, aux fins d'émettre des instruments d'une catégorie quelconque sur un marché organisé ; et

iv) sa société mère ultime ou l'une de ses sociétés mères intermédiaires produit des états financiers mis à la disposition du public, qui sont conformes aux IFRS, dans lesquels les filiales sont consolidées ou évaluées à la juste valeur par le biais du résultat net selon la présente norme.

b) [Supprimé].

c) [Supprimé].

4A La présente norme ne s'applique pas aux régimes d'avantages postérieurs à l'emploi ni aux autres avantages à long terme auxquels s'applique IAS 19 *Avantages du personnel.*

4B Une société mère qui est une entité d'investissement n'est pas tenue de présenter des états financiers consolidés si elle a l'obligation, selon le paragraphe 31 de la présente norme, d'évaluer toutes ses filiales à la juste valeur par le biais du résultat net.

Contrôle

5 Quelle que soit la nature de ses liens avec une entité (l'entité faisant l'objet d'un investissement), l'investisseur doit déterminer s'il est une société mère en évaluant s'il contrôle l'entité faisant l'objet d'un investissement.

6 Un investisseur contrôle une entité faisant l'objet d'un investissement lorsqu'il est exposé ou qu'il a droit à des rendements variables en raison de ses liens avec l'entité faisant l'objet d'un investissement et qu'il a la capacité d'influer sur ces rendements du fait du pouvoir qu'il détient sur celle-ci.

7 Par conséquent, l'investisseur contrôle une entité faisant l'objet d'un investissement si et seulement si tous les éléments ci-dessous sont réunis :

a) il détient le pouvoir sur l'entité faisant l'objet d'un investissement (voir paragraphes 10 à 14) ;

b) il est exposé ou a droit à des rendements variables en raison de ses liens avec l'entité faisant l'objet d'un investissement (voir paragraphes 15 et 16) ; et

c) il a la capacité d'exercer son pouvoir sur l'entité faisant l'objet d'un investissement de manière à influer sur le montant des rendements qu'il obtient (voir paragraphes 17 et 18).

8 Lorsqu'il évalue s'il contrôle une entité faisant l'objet d'un investissement, l'investisseur doit tenir compte de tous les faits et circonstances. Il doit réévaluer s'il contrôle l'entité faisant l'objet d'un investissement lorsque les faits et circonstances indiquent qu'un ou plusieurs des trois éléments du contrôle énumérés au paragraphe 7 ont changé (voir paragraphes B80 à B85).

9 Lorsque plusieurs investisseurs doivent agir de concert pour diriger les activités pertinentes de l'entité faisant l'objet d'un investissement, ils exercent

un contrôle collectif sur celle-ci. En pareil cas, du fait qu'aucun investisseur ne peut diriger ces activités sans la collaboration des autres, aucun d'eux ne contrôle individuellement l'entité faisant l'objet d'un investissement. Chaque investisseur comptabilise donc ses intérêts dans l'entité faisant l'objet d'un investissement conformément à la norme IFRS pertinente, par exemple IFRS 11 *Partenariats*, IAS 28 *Participations dans des entreprises associées et des coentreprises* ou IFRS 9 *Instruments financiers*.

POUVOIR

10 Un investisseur détient le pouvoir sur une entité faisant l'objet d'un investissement lorsqu'il a des droits effectifs qui lui confèrent la capacité actuelle de diriger les *activités pertinentes*, à savoir les activités qui ont une incidence importante sur les rendements de l'entité faisant l'objet d'un investissement.

11 Le pouvoir résulte de droits. Il est parfois facile de déterminer qui détient le pouvoir sur l'entité faisant l'objet d'un investissement, par exemple dans le cas où celui-ci résulte directement et exclusivement des droits de vote conférés par des instruments de capitaux propres tels que des actions, et où il peut être déterminé en considérant les droits de vote afférents aux participations. Dans d'autres circonstances, le processus est plus complexe et requiert la prise en compte de plusieurs facteurs, par exemple lorsque le pouvoir résulte d'un ou de plusieurs accords contractuels.

12 L'investisseur qui a la capacité actuelle de diriger les activités pertinentes détient le pouvoir même s'il n'a pas encore exercé son droit de diriger. Tout élément témoignant du fait que l'investisseur dirige les activités pertinentes peut aider à déterminer s'il détient le pouvoir sur l'entité faisant l'objet d'un investissement, mais de tels éléments ne permettent pas à eux seuls de déterminer de façon concluante si tel est le cas.

13 Si plusieurs investisseurs ont chacun des droits effectifs leur conférant la capacité de diriger unilatéralement des activités pertinentes différentes, celui qui a la capacité actuelle de diriger les activités qui ont l'incidence la plus importante sur les rendements de l'entité faisant l'objet d'un investissement détient le pouvoir sur celle-ci.

14 Un investisseur peut détenir le pouvoir sur une entité faisant l'objet d'un investissement même si d'autres entités ont des droits effectifs qui leur confèrent la capacité actuelle de participer à la direction des activités pertinentes, par exemple dans le cas où une autre entité exerce une *influence notable*. Cependant, l'investisseur qui ne détient que des droits protectifs ne détient pas le pouvoir sur l'entité faisant l'objet d'un investissement (voir paragraphes B26 à B28) et, par conséquent, il ne la contrôle pas.

RENDEMENTS

15 Un investisseur est exposé ou a droit à des rendements variables en raison de ses liens avec l'entité faisant l'objet d'un investissement lorsque les rendements qu'il tire du fait de ces liens peuvent varier selon la performance de l'entité faisant l'objet d'un investissement. L'investisseur peut obtenir des rendements uniquement positifs, uniquement négatifs, ou tantôt positifs, tantôt négatifs.

16 Bien que le contrôle d'une entité faisant l'objet d'un investissement ne puisse être exercé que par un seul investisseur, il se peut que plusieurs parties se partagent les rendements de l'entité faisant l'objet d'un investissement. Par exemple, les détenteurs de participations ne donnant pas le contrôle peuvent toucher une part des profits ou des distributions de l'entité faisant l'objet d'un investissement.

LIEN ENTRE POUVOIR ET RENDEMENTS

17 Un investisseur contrôle une entité faisant l'objet d'un investissement si non seulement il détient le pouvoir sur celle-ci et est exposé ou a droit à des rendements variables en raison de ses liens avec elle, mais qu'en outre il a la capacité d'exercer son pouvoir pour influer sur les rendements qu'il obtient du fait de ces liens.

18 Par conséquent, l'investisseur qui a des droits décisionnels doit déterminer s'il agit pour son propre compte ou comme mandataire. L'investisseur qui est un mandataire selon les paragraphes B58 à B72 ne contrôle pas l'entité faisant l'objet d'un investissement lorsqu'il exerce des droits décisionnels qui lui ont été délégués.

Exigences comptables

19 La société mère doit préparer des états financiers consolidés en utilisant des méthodes comptables uniformes pour les transactions et événements semblables se produisant dans des circonstances similaires.

20 L'investisseur doit consolider l'entité faisant l'objet d'un investissement à compter de la date à laquelle il en obtient le contrôle et cesser de la consolider lorsqu'il en perd le contrôle.

21 Les paragraphes B86 à B93 fournissent des indications pour la préparation d'états financiers consolidés.

PARTICIPATIONS NE DONNANT PAS LE CONTRÔLE

22 La société mère doit présenter les participations ne donnant pas le contrôle en tant qu'élément des capitaux propres dans l'état consolidé de la situation financière, séparément des capitaux propres des propriétaires de la société mère.

23 Les modifications du pourcentage de détention des titres de participation d'une société mère dans une filiale qui n'entraînent pas la perte du contrôle de celle-ci sont des transactions portant sur les capitaux propres (c'est-à-dire des transactions conclues avec les propriétaires agissant en leur qualité de propriétaires).

24 Les paragraphes B94 à B96 fournissent des indications pour la comptabilisation dans les états financiers consolidés des participations ne donnant pas le contrôle.

PERTE DU CONTRÔLE

25 Si une société mère perd le contrôle d'une filiale :

a) elle sort de l'état consolidé de la situation financière les actifs et les passifs de l'ancienne filiale ;

b) elle comptabilise la participation conservée dans l'ancienne filiale, le cas échéant, à sa juste valeur à la date de la perte du contrôle, et comptabilise par la suite la participation ainsi que tout montant dû par l'ancienne filiale ou à celle-ci selon les normes IFRS qui s'appliquent. Cette juste valeur doit être considérée comme étant la juste valeur lors de la comptabilisation initiale d'un actif financier selon IFRS 9 ou bien, le cas échéant, comme étant le coût, lors de la comptabilisation initiale, d'une participation dans une entreprise associée ou une coentreprise ;

c) elle comptabilise le profit ou la perte associé à la perte du contrôle qui est attribuable à la participation qui donnait le contrôle.

26 Les paragraphes B97 à B99 fournissent des indications pour le traitement comptable de la perte du contrôle.

Déterminer si l'entité est une entité d'investissement

27 Une société mère doit déterminer si elle est une entité d'investissement, à savoir une entité qui :

a) obtient des fonds d'un ou de plusieurs investisseurs en vue de leur fournir des services de gestion d'investissements ;

b) s'engage auprès de ses investisseurs à ce que l'objet de son activité soit d'investir des fonds dans le seul but de réaliser des rendements sous forme de plus-values en capital et/ou de revenus d'investissement ; et

c) évalue et apprécie la performance de la quasi-totalité de ses investissements sur la base de la juste valeur.

Les paragraphes B85A à B85M fournissent les modalités d'application correspondantes.

28 Pour déterminer si elle entre dans la définition énoncée au paragraphe 27, l'entité doit examiner si elle présente les caractéristiques suivantes qui sont typiques d'une entité d'investissement :

a) elle a plus d'un investissement (voir paragraphes B85O et B85P) ;

b) elle a plus d'un investisseur (voir paragraphes B85Q à B85S) ;

c) elle a des investisseurs qui ne sont pas des parties qui lui sont liées (voir paragraphes B85T et B85U) ; et

d) elle détient des droits de propriété sous forme de titres de capitaux propres ou d'intérêts similaires (voir paragraphes B85V et B85W).

L'absence de l'une ou l'autre de ces caractéristiques typiques ne signifie pas nécessairement que l'entité ne peut être classée comme une entité d'investissement. L'entité d'investissement qui ne présente pas toutes ces caractéristiques typiques fournit les informations supplémentaires exigées par le paragraphe 9A d'IFRS 12 *Informations à fournir sur les intérêts détenus dans d'autres entités.*

29 Une société mère doit réexaminer si elle est une entité d'investissement lorsque des faits et circonstances indiquent que sa situation a changé par rapport à un ou à plusieurs des trois éléments de la définition d'entité d'investissement énoncée au paragraphe 27, ou par rapport aux caractéristiques typiques d'une telle entité énumérées au paragraphe 28.

30 Une société mère qui cesse d'être ou devient une entité d'investissement doit rendre compte de son changement de statut de manière prospective, à compter de la date du changement (voir paragraphes B100 et B101).

Entités d'investissement : exception à la consolidation

31 Sous réserve du paragraphe 32, l'entité d'investissement ne doit pas consolider ses filiales ou appliquer IFRS 3 lorsqu'elle obtient le contrôle d'une autre entité. Elle doit évaluer ses participations dans des filiales à la juste valeur par le biais du résultat net conformément à IFRS 9 (*).

(*) Le paragraphe C7 d'IFRS 10 ***États financiers consolidés*** prévoit que « [s]i l'entité applique la présente norme mais n'applique pas encore IFRS 9, toute référence à IFRS 9 doit s'interpréter comme une référence à IAS 39 ***Instruments financiers : comptabilisation et évaluation*** ».

32 Nonobstant les dispositions du paragraphe 31, si l'entité d'investissement a une filiale qui n'est pas elle-même une entité d'investissement et dont l'objet et l'activité principaux sont la fourniture de services liés aux activités d'investissement de l'entité d'investissement (voir paragraphes B85C à B85E), elle doit la consolider selon les paragraphes 19 à 26 de la présente norme et appliquer les dispositions d'IFRS 3 à l'acquisition d'une telle filiale.

33 La société mère d'une entité d'investissement doit consolider toutes les entités qu'elle contrôle, y compris les entités contrôlées par l'intermédiaire d'une filiale qui est une entité d'investissement, à moins d'être elle-même une entité d'investissement.

Appendice A – Définitions

Le présent appendice fait partie intégrante de la norme.

États financiers consolidés	Les états financiers d'un **groupe** dans lesquels les actifs, les passifs, les capitaux propres, les produits, les charges et les flux de trésorerie de la **société mère** et de ses **filiales** sont présentés comme ceux d'une entité économique unique.
Contrôle d'une entité faisant l'objet d'un investissement	Un investisseur contrôle une entité faisant l'objet d'un investissement lorsqu'il est exposé ou qu'il a droit à des rendements variables en raison de ses liens avec l'entité faisant l'objet d'un investissement et qu'il a la capacité d'influer sur ces rendements du fait du pouvoir qu'il détient sur celle-ci.
Décideur	Une entité ayant des droits décisionnels qui agit pour son propre compte (ou à titre de mandant) ou pour le compte d'autrui (comme mandataire).
Groupe	Une **société mère** et ses **filiales**.
Entité d'investissement	Une entité qui : a) obtient des fonds d'un ou de plusieurs investisseurs en vue de leur fournir des services de gestion d'investissements ; b) s'engage auprès de ses investisseurs à ce que l'objet de son activité soit d'investir des fonds dans le seul but de réaliser des rendements sous forme de plus-values en capital et/ou de revenus d'investissement ; et c) évalue et apprécie la performance de la quasi-totalité de ses investissements sur la base de la juste valeur.
Participation ne donnant pas le contrôle	Capitaux propres d'une **filiale** qui ne sont pas attribuables, directement ou indirectement, à la **société mère**.
Société mère	Une entité qui en **contrôle** une ou plusieurs autres.
Pouvoir	Droits effectifs qui confèrent la capacité actuelle de diriger les **activités pertinentes**.
Droits protectifs	Droits qui ont pour but de protéger les intérêts de la partie qui les détient, sans toutefois lui donner le pouvoir sur l'entité à laquelle les droits se rattachent.
Activités pertinentes	Aux fins de la présente norme, les activités de l'entité faisant l'objet d'un investissement qui ont une incidence importante sur ses rendements.
Droits de révocation	Droits de retirer au décideur son pouvoir décisionnel.
Filiale	Une entité contrôlée par une autre.

Les termes suivants, définis dans IFRS 11, IFRS 12 *Informations à fournir sur les intérêts détenus dans d'autres entités*, IAS 28 (telle que modifiée en 2011) ou IAS 24 *Information relative aux parties liées*, sont utilisés dans la présente norme au sens qui leur est donné dans les normes IFRS où ils sont définis :

- entreprise associée
- intérêts dans une autre entité
- coentreprise
- principaux dirigeants
- partie liée
- influence notable

Appendice B – Guide d'application

Le présent appendice fait partie intégrante de la norme. Il décrit la façon d'appliquer les paragraphes 1 à 26 et fait autorité au même titre que les autres parties de la norme.

B1 Les exemples fournis dans le présent appendice illustrent des situations hypothétiques. Bien que certains de leurs aspects puissent se présenter dans des contextes réels, il faut évaluer tous les faits et circonstances pertinents d'une situation particulière lors de l'application d'IFRS 10.

DÉTERMINATION DU CONTRÔLE

B2 Pour déterminer s'il contrôle une entité faisant l'objet d'un investissement, l'investisseur doit évaluer si tous les éléments ci-dessous sont réunis :

a) il détient le pouvoir sur l'entité faisant l'objet d'un investissement ;

b) il est exposé ou a droit à des rendements variables en raison de ses liens avec l'entité faisant l'objet d'un investissement ; et

c) il a la capacité d'exercer son pouvoir sur l'entité faisant l'objet d'un investissement de manière à influer sur le montant des rendements qu'il obtient.

B3 La prise en compte des facteurs ci-dessous peut aider à déterminer si l'investisseur détient le contrôle :

a) l'objet et la conception de l'entité faisant l'objet d'un investissement (voir paragraphes B5 à B8) ;

b) la nature des activités pertinentes et la façon dont sont prises les décisions à leur égard (voir paragraphes B11 à B13) ;

c) le fait que les droits de l'investisseur lui confèrent ou non la capacité actuelle de diriger les activités pertinentes (voir paragraphes B14 à B54) ;

d) la question de savoir si l'investisseur est exposé ou a droit à des rendements variables en raison de ses liens avec l'entité faisant l'objet d'un investissement (voir paragraphes B55 à B57) ; et

e) le fait que l'investisseur a ou non la capacité d'exercer son pouvoir sur l'entité faisant l'objet d'un investissement de manière à influer sur le montant des rendements qu'il obtient (voir paragraphes B58 à B72).

B4 Lorsqu'il évalue s'il contrôle l'entité faisant l'objet d'un investissement, l'investisseur doit examiner la nature de sa relation avec les autres parties (voir paragraphes B73 à B75).

➠ Objet et conception de l'entité faisant l'objet d'un investissement

B5 Lorsqu'il évalue s'il contrôle l'entité faisant l'objet d'un investissement, l'investisseur doit examiner l'objet et la conception de celle-ci afin de déterminer quelles sont les activités pertinentes, comment sont prises les décisions à leur égard, qui a la capacité actuelle de les diriger et qui en tire des rendements.

B6 L'examen de l'objet et de la conception de l'entité faisant l'objet d'un investissement peut faire ressortir clairement que celle-ci est contrôlée par le truchement d'instruments de capitaux propres qui confèrent à leur détenteur une fraction proportionnelle des droits de vote, par exemple des actions ordinaires de l'entité faisant l'objet d'un investissement. Dans ce cas, en l'absence d'autres accords modifiant le processus décisionnel, on détermine qui détient le contrôle en identifiant la partie qui, le cas échéant, est en mesure d'exercer suffisamment de droits de vote pour décider des politiques opérationnelles et de financement de l'entité faisant l'objet d'un investissement (voir paragraphes B34 à B50). Dans la situation la plus simple, en l'absence d'autres facteurs, l'investisseur qui détient la majorité de ces droits de vote contrôle l'entité faisant l'objet d'un investissement.

B7 Pour déterminer dans des situations plus complexes si l'investisseur contrôle l'entité faisant l'objet d'un investissement, il peut être nécessaire de tenir compte d'une partie ou de la totalité des facteurs énoncés au paragraphe B3.

B8 Une entité faisant l'objet d'un investissement peut être conçue de telle façon que les droits de vote ne constituent pas le facteur déterminant pour identifier qui la contrôle, par exemple dans le cas où les droits de vote n'ont trait qu'à des tâches administratives et où les activités pertinentes sont dirigées au moyen d'accords contractuels. En pareil cas, lorsqu'il examine l'objet et la conception de l'entité faisant l'objet d'un investissement, l'investisseur doit aussi tenir compte des risques auxquels cette entité est exposée de par sa conception et de ceux qu'elle est destinée à transmettre aux parties qui ont des liens avec elle, et se demander s'il est exposé à une partie ou à la totalité de ces risques. À cet effet, l'investisseur considère non seulement les risques encourus mais également les avantages potentiels.

➠ Pouvoir

B9 Pour avoir le pouvoir sur une entité faisant l'objet d'un investissement, l'investisseur doit détenir des droits effectifs qui lui confèrent la capacité actuelle de diriger les activités pertinentes. Pour déterminer qui détient le pouvoir, seuls les droits substantiels et les droits qui ne sont pas des droits protectifs doivent être pris en compte (voir paragraphes B22 à B28).

B10 Ce sont les activités pertinentes, la façon dont les décisions sont prises à leur égard et les droits que l'investisseur et les autres parties détiennent relativement à l'entité faisant l'objet d'un investissement qui permettent de déterminer si l'investisseur a le pouvoir.

Activités pertinentes et direction de celles-ci

B11 Dans le cas de nombreuses entités faisant l'objet d'un investissement, les rendements sont affectés considérablement par un éventail d'activités opérationnelles et de financement. Selon les circonstances, les activités suivantes, notamment, peuvent être pertinentes :

a) la vente et l'achat de biens ou de services ;

b) la gestion d'actifs financiers pendant leur durée de vie (y compris en cas de défaillance) ;

c) le choix, l'acquisition ou la sortie d'actifs ;

d) la recherche et le développement de nouveaux produits ou processus ; et

e) la détermination d'une structure de financement ou l'obtention de financement.

B12 Les décisions relatives aux activités pertinentes peuvent notamment être :

a) les décisions opérationnelles et les décisions en matière d'immobilisations prises pour l'entité faisant l'objet d'un investissement, y compris les budgets ; et

b) les décisions visant la nomination et la rémunération des principaux dirigeants ou prestataires de services de l'entité faisant l'objet d'un investissement et la cessation de leur emploi ou des prestations de services.

B13 Dans certains cas, il se peut que des activités menées tant avant qu'après la survenance d'un ensemble de circonstances ou d'un événement particuliers soient des activités pertinentes. Lorsque plusieurs investisseurs ont la capacité actuelle de diriger des activités pertinentes et que celles-ci ont lieu à des moments différents, ils doivent déterminer lequel d'entre eux est en mesure de diriger les activités qui ont systématiquement l'incidence la plus importante sur les rendements, dans le contexte de l'analyse des droits décisionnels concomitants (voir paragraphe 13). Les investisseurs doivent réviser leur évaluation au fil du temps si les faits ou circonstances pertinents changent.

Exemples d'application

Exemple 1

Deux investisseurs constituent une entité faisant l'objet d'un investissement pour développer et commercialiser un produit médical. L'un est chargé de développer le produit et de le faire approuver par l'autorité de réglementation. Cette responsabilité est assortie de la faculté unilatérale de prendre toutes les décisions touchant le développement du produit et l'obtention de l'approbation réglementaire. Une fois celle-ci obtenue, l'autre investisseur fabriquera le produit et le commercialisera. Cet investisseur a la faculté unilatérale de prendre toutes les décisions touchant la fabrication et la commercialisation du produit. Si toutes les activités (développement du produit et obtention de l'approbation réglementaire, ainsi que fabrication et commercialisation) sont des activités pertinentes, il faut que chaque investisseur détermine s'il est capable de diriger celles qui ont l'incidence ***la plus importante*** sur les rendements de l'entité faisant l'objet d'un investissement. Chacun d'eux doit donc déterminer si ce sont, soit le développement du produit médical et l'obtention de l'approbation réglementaire, soit la fabrication et la commercialisation du produit qui constituent l'activité ayant l'incidence ***la plus importante*** sur les rendements de l'entité faisant l'objet d'un investissement, et s'il est capable de diriger cette activité. Pour déterminer lequel d'entre eux a le pouvoir, les investisseurs tiennent compte des éléments suivants :

a) l'objet et la conception de l'entité faisant l'objet d'un investissement ;

b) les facteurs qui déterminent la marge, les produits et la valeur de l'entité faisant l'objet d'un investissement ainsi que la valeur du produit médical ;

c) l'incidence sur les rendements de l'entité faisant l'objet d'un investissement du pouvoir décisionnel de chaque investisseur à l'égard des facteurs mentionnés en b) ; et

d) l'exposition des investisseurs à la variabilité des rendements.

Dans le présent exemple, les investisseurs tiennent compte aussi des facteurs suivants :

e) l'incertitude quant à l'obtention de l'approbation réglementaire et les efforts nécessaires pour y parvenir (compte tenu des succès antérieurs de l'investisseur dans le développement de produits médicaux et l'obtention de leur approbation réglementaire) ; et

f) lequel d'entre eux contrôlera le produit une fois la phase de développement achevée avec succès.

Exemple 2

Un véhicule de placement (l'entité faisant l'objet d'un investissement) est créé et financé au moyen d'un titre de créance détenu par un investisseur (le créancier) et d'instruments de capitaux propres détenus par d'autres investisseurs. La tranche constituée des instruments de capitaux propres (tranche de dernier rang) a été conçue pour absorber les premières pertes et recevoir les rendements résiduels de l'entité faisant l'objet d'un investissement. L'un des participants aux capitaux propres, qui détient 30 % de ceux-ci, est également le gestionnaire des actifs. L'entité faisant l'objet d'un investissement utilise les produits de l'émission pour acheter un portefeuille d'actifs financiers, s'exposant de ce fait au risque de crédit associé à la possibilité d'un défaut de paiement du principal et des intérêts sur les actifs. L'opération est présentée au créancier comme un placement comportant une exposition minimale au risque de crédit associé à une défaillance possible des actifs du portefeuille, en raison de la nature de ces actifs et du fait que la tranche de dernier rang est conçue pour absorber les premières pertes de l'entité faisant l'objet d'un investissement. La gestion du portefeuille d'actifs de l'entité faisant l'objet d'un investissement, qui comprend la prise des décisions concernant le choix, l'acquisition et la sortie des actifs selon les lignes directrices du portefeuille ainsi que la gestion en cas de défaillance de tout actif du portefeuille, a une incidence importante sur les rendements de l'entité faisant l'objet d'un investissement. Toutes ces activités sont gérées par le gestionnaire des actifs jusqu'à ce que le montant des défaillances atteigne une proportion déterminée de la valeur du portefeuille (en l'occurrence jusqu'à ce que la valeur du portefeuille soit telle que la tranche de dernier rang se trouve réduite à néant). À partir de ce moment, un tiers administrateur gère les actifs selon les instructions du créancier. La gestion du portefeuille d'actifs de l'entité faisant l'objet d'un investissement constitue l'activité pertinente de cette dernière. Le gestionnaire des actifs a la capacité de diriger les activités pertinentes jusqu'à ce que les actifs défaillants atteignent la proportion déterminée de la valeur du portefeuille ; le créancier a la capacité de diriger les activités pertinentes lorsque la valeur des actifs défaillants excède cette proportion. Il faut que le gestionnaire des actifs et le créancier déterminent chacun s'ils sont capables de diriger les activités ayant l'incidence ***la plus importante*** sur les rendements de l'entité faisant l'objet d'un investissement, et à cette fin qu'ils examinent l'objet et la conception de l'entité faisant l'objet d'un investissement ainsi que l'exposition de chacune des parties à la variabilité des rendements.

Droits conférant à un investisseur le pouvoir sur une entité faisant l'objet d'un investissement

B14 Le pouvoir résulte de droits. Pour détenir le pouvoir sur une entité faisant l'objet d'un investissement, l'investisseur doit avoir des droits effectifs qui lui confèrent la capacité actuelle de diriger les activités pertinentes. Les droits susceptibles de conférer le pouvoir à un investisseur peuvent différer d'une entité faisant l'objet d'un investissement à l'autre.

B15 Les droits qui, pris individuellement ou conjointement, peuvent conférer à l'investisseur le pouvoir sont notamment :

a) les droits qui prennent la forme de droits de vote (ou de droits de vote potentiels) dans l'entité faisant l'objet d'un investissement (voir paragraphes B34 à B50) ;

b) le droit de nommer, de réaffecter ou de révoquer les principaux dirigeants de l'entité faisant l'objet d'un investissement qui ont la capacité de diriger les activités pertinentes ;

c) le droit de nommer une autre entité pour diriger les activités pertinentes ou de révoquer l'entité qui les dirige ;

d) le droit de diriger l'entité faisant l'objet d'un investissement de manière qu'elle conclue des transactions, ou d'opposer son veto à la modification de transactions, au profit de l'investisseur ; et

e) d'autres droits (comme les droits décisionnels stipulés dans un contrat de gestion) qui donnent à leur détenteur la capacité de diriger les activités pertinentes.

B16 En général, lorsque l'entité faisant l'objet d'un investissement a un éventail d'activités opérationnelles et de financement qui ont une incidence importante sur ses rendements, et que des décisions de fond concernant ces activités doivent être prises continuellement, ce sont les droits de vote ou autres droits similaires qui, pris individuellement ou conjointement avec d'autres accords, confèrent le pouvoir à un investisseur.

B17 Lorsque les droits de vote ne peuvent avoir d'incidence importante sur les rendements de l'entité faisant l'objet d'un investissement, par exemple dans le cas où ils n'ont trait qu'à des tâches administratives et où des accords contractuels déterminent la direction des activités pertinentes, il faut que l'investisseur examine ces accords contractuels afin de déterminer s'il détient des droits suffisants pour lui conférer le pouvoir sur l'entité faisant l'objet d'un investissement. À cette fin, il doit examiner l'objet et la conception de l'entité faisant l'objet d'un investissement (voir paragraphes B5 à B8) et tenir compte des exigences des paragraphes B51 à B54 ainsi que des paragraphes B18 à B20.

B18 Dans certaines circonstances, il peut être difficile de déterminer si les droits de l'investisseur sont suffisants pour lui conférer le pouvoir sur l'entité faisant l'objet d'un investissement. Dans de tels cas, pour que l'investisseur puisse déterminer s'il détient le pouvoir, il lui faut examiner les éléments indiquant s'il a ou non la capacité pratique de diriger unilatéralement les activités pertinentes. L'investisseur tient compte, entre autres, des facteurs ci-dessous qui, en conjonction avec ses droits et les indicateurs énoncés aux paragraphes B19 et B20, peuvent permettre d'établir que les droits qu'il détient sont suffisants pour lui conférer le pouvoir sur l'entité faisant l'objet d'un investissement :

a) l'investisseur peut, sans avoir un droit contractuel de le faire, nommer les principaux dirigeants de l'entité faisant l'objet d'un investissement possédant la capacité de diriger les activités pertinentes, ou approuver leur nomination ;

b) l'investisseur peut, sans avoir un droit contractuel de le faire, diriger l'entité faisant l'objet d'un investissement de manière qu'elle conclue des transactions importantes, ou opposer son veto à la modification de telles transactions, à son profit ;

c) l'investisseur peut contrôler le processus de désignation des candidats aux postes de membres de l'organe de direction de l'entité faisant l'objet d'un investissement ou l'obtention de procurations auprès des autres détenteurs de droits de vote ;

d) les principaux dirigeants de l'entité faisant l'objet d'un investissement sont des parties liées à l'investisseur (par exemple, le poste de directeur général de l'entité faisant l'objet d'un investissement et le poste de directeur général de l'investisseur sont occupés par la même personne) ;

e) la majorité des membres de l'organe de direction de l'entité faisant l'objet d'un investissement sont des parties liées à l'investisseur.

B19 Il existe parfois des indications que l'investisseur a une relation spéciale avec l'entité faisant l'objet d'un investissement, donnant ainsi à penser que ses intérêts dans celle-ci ne sont pas strictement passifs. L'existence d'un indicateur ou d'une combinaison particulière d'indicateurs à cet effet ne signifie pas nécessairement que le critère relatif au pouvoir est rempli. Cependant, le fait que les intérêts de l'investisseur dans l'entité faisant l'objet d'un investissement ne soient pas strictement passifs peut indiquer qu'il a d'autres droits connexes suffisants pour lui conférer le pouvoir ou pour indiquer qu'il détient un pouvoir effectif sur l'entité faisant l'objet d'un investissement. Par exemple, les indicateurs ci-dessous donnent à penser que les intérêts de l'investisseur dans l'entité faisant l'objet d'un investissement ne sont pas strictement passifs et, considérés avec d'autres droits, peuvent indiquer que l'investisseur détient le pouvoir :

a) les principaux dirigeants de l'entité faisant l'objet d'un investissement qui ont la capacité de diriger les activités pertinentes sont ou ont été des membres du personnel de l'investisseur ;

b) les activités de l'entité faisant l'objet d'un investissement sont tributaires de l'investisseur, par exemple dans les situations suivantes :

i) l'entité faisant l'objet d'un investissement dépend de l'investisseur pour le financement d'une part importante de ses activités ;

ii) l'investisseur se porte garant d'une part importante des obligations de l'entité faisant l'objet d'un investissement ;

iii) l'entité faisant l'objet d'un investissement dépend de l'investisseur pour des services, des technologies, des fournitures ou des matières premières qui lui sont essentiels ;

iv) l'investisseur contrôle des actifs tels que des licences ou des marques qui sont essentiels aux activités de l'entité faisant l'objet d'un investissement ;

v) l'entité faisant l'objet d'un investissement dépend de l'investisseur en ce qui concerne ses principaux dirigeants, par exemple dans le cas où le personnel de l'investisseur possède des connaissances spécialisées liées aux activités de l'entité faisant l'objet d'un investissement ;

c) une part importante des activités de l'entité faisant l'objet d'un investissement font intervenir l'investisseur ou sont menées pour le compte de ce dernier ;

d) l'exposition ou le droit de l'investisseur à des rendements en raison de ses liens avec l'entité faisant l'objet d'un investissement excèdent de façon disproportionnée ses droits de vote ou autres droits similaires. C'est par exemple le cas dans une situation où l'investisseur a droit ou est exposé à plus de la moitié des rendements de l'entité faisant l'objet d'un investissement alors qu'il détient moins de la moitié des droits de vote dans celle-ci.

B20 Plus l'investisseur est exposé, ou a droit, à des rendements variables en raison de ses liens avec l'entité faisant l'objet d'un investissement, plus il sera motivé à obtenir des droits qui seront suffisants pour lui conférer le pouvoir. C'est pourquoi une forte exposition à la variabilité des rendements est indicative de la possibilité que l'investisseur détienne le pouvoir. Toutefois, le degré d'exposition de l'investisseur ne détermine pas à lui seul si l'investisseur détient le pouvoir sur l'entité faisant l'objet d'un investissement.

B21 Lorsque les facteurs énoncés au paragraphe B18 et les indicateurs énoncés aux paragraphes B19 et B20 sont pris en considération en conjonction avec les droits de l'investisseur, un poids plus important doit être accordé aux facteurs décrits au paragraphe B18.

Droits substantiels

B22 Lorsqu'il évalue s'il a le pouvoir, l'investisseur ne tient compte que des droits substantiels relatifs à l'entité faisant l'objet d'un investissement (détenus par l'investisseur et des tiers). Pour qu'un droit soit substantiel, il faut que son détenteur ait la capacité pratique de l'exercer.

B23 Pour déterminer si des droits sont substantiels, il faut exercer son jugement, en tenant compte de tous les faits et circonstances. Les facteurs à prendre en compte sont notamment les suivants :

a) l'existence d'obstacles économiques ou autres empêchant le ou les détenteurs d'exercer les droits, tels que :

i) des pénalités et incitations financières qui empêcheraient (ou dissuaderaient) le détenteur d'exercer ses droits ;

ii) un prix d'exercice ou de conversion créant une barrière financière qui empêcherait (ou dissuaderait) le détenteur d'exercer ses droits ;

iii) des termes et conditions rendant peu probable l'exercice des droits, par exemple des conditions limitant étroitement le moment où les droits peuvent être exercés ;

iv) l'absence d'un mécanisme explicite raisonnable, dans les statuts de l'entité faisant l'objet d'un investissement ou dans les lois ou la réglementation applicables, qui permettrait au détenteur d'exercer ses droits ;

v) l'incapacité du détenteur des droits d'obtenir l'information nécessaire pour exercer ses droits ;

vi) des obstacles ou incitations opérationnels qui empêcheraient (ou dissuaderaient) le détenteur d'exercer ses droits (par exemple, l'absence d'autres gestionnaires voulant ou pouvant fournir des services spécialisés ou fournir les services du gestionnaire en poste et acquérir les autres intérêts détenus par celui-ci) ;

vii) des exigences légales ou réglementaires qui empêchent le détenteur d'exercer ses droits (par exemple l'interdiction faite à un investisseur étranger d'exercer ses droits) ;

b) lorsque l'exercice des droits requiert l'accord de plusieurs parties, ou lorsque les droits sont détenus par plusieurs parties, l'existence d'un mécanisme fournissant aux parties en cause la capacité pratique d'exercer leurs droits collectivement s'ils en décident ainsi. L'absence d'un tel mécanisme indique que les droits ne sont peut-être pas substantiels. Plus l'exercice des droits requiert l'accord d'un grand nombre de parties, moins il est probable que ces droits soient substantiels. Cependant, un conseil d'administration constitué de membres indépendants du décideur peut servir de mécanisme pour permettre à de nombreux investisseurs d'exercer collectivement leurs droits. Par conséquent, des droits de révocation sont plus susceptibles d'être substantiels s'ils peuvent être exercés par un conseil d'administration indépendant que si leur exercice nécessite l'intervention individuelle d'un grand nombre d'investisseurs ;

c) le fait que le ou les détenteurs des droits profiteraient de l'exercice de ceux-ci. Par exemple, le détenteur de droits de vote potentiels dans une entité faisant l'objet d'un investissement (voir paragraphes B47 à B50) doit prendre en considération le prix d'exercice ou de conversion de l'instrument. Les termes et conditions des droits de vote potentiels sont plus susceptibles d'être substantiels lorsque l'instrument est dans le cours ou lorsque, pour d'autres raisons (par exemple la réalisation de synergies entre l'investisseur et l'entité faisant l'objet d'un investissement), l'investisseur profiterait de l'exercice ou de la conversion de l'instrument.

B24 Pour être substantiels, il faut aussi que les droits puissent être exercés lorsque les décisions concernant la direction des activités pertinentes doivent être prises. En règle générale, les droits doivent pouvoir être exercés actuellement pour être substantiels, mais ce n'est pas toujours une condition sine qua non.

Exemples d'application

Exemple 3

L'entité faisant l'objet d'un investissement tient chaque année une assemblée générale des actionnaires, au cours de laquelle sont prises les décisions concernant la direction des activités pertinentes. La prochaine assemblée générale prévue aura lieu dans huit mois. Des actionnaires détenant individuellement ou collectivement au moins 5 % des droits de vote peuvent cependant convoquer une assemblée extraordinaire pour modifier les politiques en vigueur concernant les activités pertinentes mais, du fait de l'obligation d'informer les autres actionnaires, une telle assemblée ne peut se tenir avant au moins 30 jours. Les politiques encadrant les activités pertinentes ne peuvent être modifiées qu'à l'occasion d'une assemblée générale prévue ou d'une assemblée extraordinaire. Cela vaut notamment pour l'approbation des ventes importantes d'actifs et pour l'acquisition ou la cession de placements importants.

Le contexte qui précède s'applique aux exemples 3A à 3D ci-dessous. Chacun de ces exemples est considéré isolément.

Exemple 3A

Un investisseur détient la majorité des droits de vote dans l'entité faisant l'objet d'un investissement. Ses droits de vote sont substantiels parce qu'il peut prendre les décisions concernant la direction des activités pertinentes lorsqu'elles doivent être prises. Le fait qu'il y a un délai de 30 jours avant que l'investisseur puisse exercer ses droits de vote n'empêche pas celui-ci d'avoir la capacité actuelle de diriger les activités pertinentes à compter du moment où il acquiert sa participation.

Exemple 3B

Un investisseur est partie à un contrat à terme de gré à gré portant sur l'acquisition de la majorité des actions de l'entité faisant l'objet d'un investissement. La date de règlement du contrat est dans 25 jours. Les actionnaires actuels ne peuvent modifier les politiques existantes qui encadrent les activités pertinentes parce qu'une assemblée extraordinaire ne peut se tenir avant au moins 30 jours et que le contrat aura alors été réglé. L'investisseur a donc des droits essentiellement équivalents à ceux de l'actionnaire majoritaire dans l'exemple 3A ci-dessus (l'investisseur qui détient le contrat à terme peut prendre les décisions concernant la direction des activités pertinentes lorsqu'elles doivent être prises). Le contrat à terme de gré à gré est un droit substantiel qui confère à l'investisseur la capacité actuelle de diriger les activités pertinentes même avant d'être réglé.

Exemple 3C

Un investisseur détient une option substantielle pour l'acquisition de la majorité des actions de l'entité faisant l'objet d'un investissement. L'option peut être exercée dans 25 jours, et elle est fortement dans le cours. La conclusion est la même que pour l'exemple 3B.

Exemple 3D

Un investisseur est partie à un contrat à terme de gré à gré portant sur l'acquisition de la majorité des actions de l'entité faisant l'objet d'un investissement, et il ne détient pas d'autres droits connexes sur cette dernière. La date de règlement du contrat est dans six mois. À l'inverse des exemples ci-dessus, l'investisseur n'a pas la capacité actuelle de diriger les activités pertinentes. Ce sont les actionnaires actuels qui ont cette capacité, parce qu'ils peuvent modifier les politiques existantes qui encadrent les activités pertinentes avant le règlement du contrat à terme.

B25 Les droits substantiels exerçables par d'autres parties peuvent empêcher un investisseur de contrôler l'entité faisant l'objet d'un investissement à laquelle ces droits se rattachent. Il n'est pas nécessaire que les détenteurs de tels droits aient la capacité de déclencher le processus décisionnel. Dans la mesure où ils ne sont pas seulement des droits protectifs (voir paragraphes B26 à B28), les droits substantiels détenus par d'autres parties peuvent empêcher l'investisseur de contrôler l'entité faisant l'objet d'un investissement même s'ils ne font que conférer à leurs détenteurs la capacité actuelle d'approuver ou de bloquer des décisions ayant trait aux activités pertinentes.

Droits protectifs

B26 Lorsqu'il évalue si des droits lui confèrent le pouvoir sur l'entité faisant l'objet d'un investissement, l'investisseur doit déterminer si ses droits, et ceux détenus par d'autres, sont des droits protectifs. Les droits protectifs ont trait à des changements fondamentaux dans les activités de l'entité faisant l'objet d'un investissement ou s'appliquent dans des circonstances exceptionnelles. Cependant, les droits qui s'appliquent dans des circonstances exceptionnelles ou qui dépendent de certains événements ne sont pas tous des droits protectifs (voir paragraphes B13 et B53).

B27 Comme les droits protectifs ont pour but de protéger les intérêts de leur détenteur, sans toutefois lui donner le pouvoir sur l'entité faisant l'objet d'un investissement à laquelle ces droits se rattachent, l'investisseur qui ne détient que des droits protectifs ne peut avoir le pouvoir sur l'entité faisant l'objet d'un investissement ni empêcher une autre partie de l'avoir (voir paragraphe 14).

B28 Les droits protectifs peuvent notamment être :

a) le droit d'un prêteur d'empêcher l'emprunteur d'entreprendre des activités qui pourraient modifier de façon importante le risque de crédit de l'emprunteur au détriment du prêteur ;

b) le droit d'une partie qui détient une participation ne donnant pas le contrôle d'une entité faisant l'objet d'un investissement d'approuver des investissements plus importants que nécessaire dans le cadre de l'activité ordinaire, ou d'approuver l'émission d'instruments de capitaux propres ou de titres de créance ;

c) le droit d'un prêteur de saisir les biens de l'emprunteur si ce dernier ne respecte pas les conditions stipulées pour le remboursement du prêt.

Franchises

B29 Un contrat de franchise en vertu duquel l'entité faisant l'objet d'un investissement est le franchisé donne souvent au franchiseur des droits destinés à protéger la marque de la franchise. Ce type de contrat donne habituellement au franchiseur certains droits décisionnels à l'égard des activités du franchisé.

B30 En général, les droits du franchiseur ne limitent pas la capacité d'autres parties à prendre des décisions qui ont une incidence importante sur les rendements du franchisé. Les droits conférés au franchiseur en vertu du contrat de franchise ne lui donnent pas non plus nécessairement la capacité actuelle de diriger les activités qui ont une incidence importante sur les rendements du franchisé.

B31 Il est nécessaire de faire la distinction entre la capacité actuelle de prendre des décisions qui ont une incidence importante sur les rendements du franchisé et la capacité de prendre des décisions qui protègent la marque de la franchise. Le franchiseur n'a pas le pouvoir sur le franchisé si d'autres parties ont des droits effectifs qui leur confèrent la capacité actuelle de diriger les activités pertinentes du franchisé.

B32 Lorsqu'il conclut le contrat de franchise, le franchisé prend la décision unilatérale d'exploiter son entreprise conformément aux termes du contrat de franchise, mais pour son propre compte.

B33 Le contrôle sur des décisions aussi fondamentales que la forme juridique du franchisé et sa structure de financement peut relever de parties autres que le franchiseur et avoir une incidence importante sur les rendements du franchisé. Moins le niveau du soutien financier fourni par le franchiseur est élevé et moins ce dernier est exposé à la variabilité des rendements du franchisé, plus il est probable que le franchiseur ne détienne que des droits protectifs.

Droits de vote

B34 Il arrive souvent qu'un investisseur ait la capacité actuelle de diriger les activités pertinentes, du fait de droits de vote ou d'autres droits similaires. L'investisseur prend en considération les exigences de la présente section (paragraphes B35 à B50) si les activités pertinentes de l'entité faisant l'objet d'un investissement sont dirigées par le truchement des droits de vote.

Pouvoir avec majorité des droits de vote

B35 L'investisseur qui détient plus de la moitié des droits de vote dans une entité faisant l'objet d'un investissement a le pouvoir dans les situations suivantes, à moins que le paragraphe B36 ou le paragraphe B37 ne s'applique :

a) les activités pertinentes sont dirigées par un vote du détenteur de la majorité des droits de vote ; ou

b) la majorité des membres de l'organe de direction qui dirige les activités pertinentes sont nommés par un vote du détenteur de la majorité des droits de vote.

Majorité des droits de vote mais pas de pouvoir

B36 Pour que l'investisseur qui détient plus de la moitié des droits de vote dans une entité faisant l'objet d'un investissement ait le pouvoir sur celle-ci, ses droits de vote doivent être substantiels, selon les paragraphes B22 à B25, et lui conférer la capacité actuelle de diriger les activités pertinentes, ce qui consiste, en règle générale, à déterminer les politiques opérationnelles et de financement. Si une autre entité détient des droits effectifs qui lui confèrent le droit de diriger les activités pertinentes et qu'elle n'est pas mandataire de l'investisseur, ce dernier n'a pas le pouvoir sur l'entité faisant l'objet d'un investissement.

B37 Même s'il détient la majorité des droits de vote dans l'entité faisant l'objet d'un investissement, l'investisseur n'a pas le pouvoir sur celle-ci lorsque ces droits de vote ne sont pas substantiels. Ainsi, l'investisseur qui détient plus de la moitié des droits de vote dans une entité faisant l'objet d'un investissement ne peut avoir le pouvoir si les activités pertinentes sont soumises aux directives d'une autorité publique, d'un tribunal, d'un administrateur judiciaire, d'un séquestre, d'un liquidateur ou d'une autorité de réglementation.

Pouvoir sans majorité des droits de vote

B38 Même s'il détient moins de la majorité des droits de vote dans une entité faisant l'objet d'un investissement, l'investisseur peut avoir le pouvoir, notamment par le truchement de ce qui suit :

a) un accord contractuel conclu entre l'investisseur et d'autres détenteurs de droits de vote (voir paragraphe B39) ;

b) des droits découlant d'autres accords contractuels (voir paragraphe B40) ;

c) ses droits de vote (voir paragraphes B41 à B45) ;

d) ses droits de vote potentiels (voir paragraphes B47 à B50) ; ou

e) une combinaison des éléments a) à d).

Accord contractuel avec d'autres détenteurs de droits de vote

B39 Un accord contractuel conclu entre l'investisseur et d'autres détenteurs de droits de vote peut donner à l'investisseur le droit d'exercer suffisamment de droits de vote pour lui conférer le pouvoir, même si les droits de vote qu'il détient ne sont pas suffisants pour le lui conférer sans l'accord contractuel. Ainsi, un accord contractuel peut faire en sorte que l'investisseur soit en mesure d'orienter le vote d'un nombre suffisant d'autres détenteurs de droits de vote pour lui permettre de prendre les décisions concernant les activités pertinentes.

Droits découlant d'autres accords contractuels

B40 Combinés à des droits de vote, d'autres droits décisionnels peuvent conférer à l'investisseur la capacité actuelle de diriger les activités pertinentes. Par exemple, les droits stipulés dans un accord contractuel, combinés à des droits de vote, peuvent être suffisants pour conférer à l investisseur la capacité actuelle de diriger le processus de fabrication de l'entité faisant l'objet d'un investissement ou de diriger d'autres activités opérationnelles ou de financement de l'entité faisant l'objet d'un investissement qui ont une incidence importante sur les rendements de celle-ci. Cependant, en l'absence d'autres droits, la dépendance économique de l'entité faisant l'objet d'un investissement à l'égard de l'investisseur (par exemple les relations d'un fournisseur avec son principal client) ne confère pas à l'investisseur le pouvoir sur l'entité faisant l'objet d'un investissement.

Droits de vote de l'investisseur

B41 Un investisseur qui ne détient pas la majorité des droits de vote a des droits qui sont suffisants pour lui conférer le pouvoir lorsqu'il a la capacité pratique de diriger unilatéralement les activités pertinentes.

B42 Lorsqu'il évalue si les droits de vote qu'il détient sont suffisants pour lui conférer le pouvoir, l'investisseur prend en considération tous les faits et circonstances, dont les suivants :

a) le nombre de droits de vote qu'il détient par rapport au nombre de droits détenus respectivement par les autres détenteurs de droits de vote et à leur dispersion, compte tenu de ce qui suit :

i) plus l'investisseur détient de droits de vote, plus il est susceptible de détenir des droits effectifs qui lui confèrent la capacité actuelle de diriger les activités pertinentes ;

ii) plus l'investisseur détient de droits de vote par rapport aux autres détenteurs de droits de vote, plus il est susceptib e de détenir des droits effectifs qui lui confèrent la capacité actuelle de diriger les activités pertinentes ;

iii) plus il faut un nombre élevé de parties agissant de concert pour mettre l'investisseur en minorité, plus ce dernier est susceptible de détenir des droits effectifs qui lui confèrent la capacité actuelle de diriger les activités pertinentes ;

b) les droits de vote potentiels détenus par l'investisseur, les autres détenteurs de droits de vote ou d'autres parties (voir paragraphes B47 à B50) ;

c) des droits découlant d'autres accords contractuels (voir paragraphe B40) ; et

d) les autres faits et circonstances, le cas échéant, qui indiquent que l'investisseur a, ou n'a pas, la capacité actuelle de diriger les activités pertinentes au

moment où les décisions doivent être prises, y compris la structure des votes lors des précédentes assemblées des actionnaires.

B43 Lorsque la direction des activités pertinentes est déterminée par un vote majoritaire et qu'un investisseur détient considérablement plus de droits de vote que tout autre détenteur ou groupe organisé de détenteurs de droits de vote, et que le reste de l'actionnariat est très dispersé, il peut être clair, après une simple prise en compte des facteurs énumérés au paragraphe B42 a) à c), que l'investisseur a le pouvoir sur l'entité faisant l'objet d'un investissement.

Exemples d'application

Exemple 4

Un investisseur acquiert 48 % de droits de vote dans une entité faisant l'objet d'un investissement. Le reste des droits de vote est détenu par des milliers d'actionnaires, dont aucun n'en détient à lui seul plus de 1 %. Aucun des actionnaires n'a conclu d'accord pour en consulter d'autres ou prendre des décisions collectives. Lorsqu'il a évalué la proportion de droits de vote à acquérir, compte tenu de l'importance relative des autres participations, l'investisseur a déterminé qu'une participation de 48 % serait suffisante pour lui donner le contrôle. Dans ce cas, à la lumière du nombre absolu d'actions qu'il détient et de l'importance relative des autres participations, l'investisseur conclut qu'il détient des droits de vote suffisants pour remplir le critère relatif au pouvoir sans devoir tenir compte d'autres preuves du pouvoir.

Exemple 5

L'investisseur A détient 40 % des droits de vote dans une entité faisant l'objet d'un investissement, et 12 autres investisseurs en détiennent 5 % chacun. Une convention entre actionnaires lui confère le droit de nommer et de révoquer les membres de la direction chargés de diriger les activités pertinentes, et de déterminer leur rémunération. Pour modifier la convention, il faut les deux tiers des voix des actionnaires. Dans ce cas, l'investisseur A conclut que le nombre absolu d'actions qu'il détient et l'importance relative des autres participations ne lui permettent pas à eux seuls de déterminer de façon concluante si les droits qu'il détient sont suffisants pour lui conférer le pouvoir. Cependant, l'investisseur A détermine que son droit contractuel de nommer et de révoquer les membres de la direction et de déterminer leur rémunération est suffisant pour conclure qu'il a le pouvoir sur l'entité faisant l'objet d'un investissement. Le fait qu'il n'aurait pas exercé ce droit ou la probabilité qu'il l'exerce ne doivent pas être pris en compte pour déterminer si l'investisseur A a le pouvoir.

B44 Dans d'autres cas, il peut être clair, après prise en compte des seuls facteurs énumérés au paragraphe B42 a) à c), que l'investisseur n'a pas le pouvoir.

Exemple d'application

Exemple 6

L'investisseur A détient 45 % des droits de vote dans une entité faisant l'objet d'un investissement. Deux autres investisseurs en détiennent chacun 26 %, le reste étant détenu par trois autres actionnaires à raison de 1 % chacun. Il n'existe pas d'autre accord ayant une incidence sur la prise de décisions. Dans ce cas, l'importance du bloc de droits de vote détenu par l'investisseur A et son importance relative par rapport aux autres participations permettent de conclure que l'investisseur A n'a pas le pouvoir. Il suffirait en effet de la collaboration de deux autres investisseurs pour l'empêcher de diriger les activités pertinentes de l'entité faisant l'objet d'un investissement.

B45 Il se peut aussi que les seuls facteurs énumérés au paragraphe B42 a) à c) ne soient pas concluants. Si, après prise en considération de ces facteurs, l'investisseur ne sait pas s'il détient le pouvoir, il doit prendre en compte d'autres faits et circonstances, par exemple la question de savoir si, au vu de la structure des votes lors des précédentes assemblées des actionnaires,

les autres actionnaires sont passifs. Cette démarche comprend l'appréciation des facteurs énoncés au paragraphe B18 et des indicateurs énoncés aux paragraphes B19 et B20. Moins l'investisseur détient de droits de vote, et moins il faut un nombre élevé de parties agissant de concert pour le mettre en minorité, plus il faut s'appuyer sur les autres faits et circonstances pour évaluer si les droits de l'investisseur sont suffisants pour lui conférer le pouvoir. Lorsque les faits et circonstances énoncés aux paragraphes B18 à B20 sont pris en considération avec les droits de l'investisseur, un poids plus important doit être accordé aux facteurs permettant d'établir le pouvoir décrits au paragraphe B18 qu'aux éléments indicatifs du pouvoir énoncés aux paragraphes B19 et B20.

Exemples d'application

Exemple 7

Un investisseur détient 45 % des droits de vote dans une entité faisant l'objet d'un investissement. Onze autres actionnaires en détiennent chacun 5 %. Aucun des actionnaires n'a conclu d'accord contractuel prévoyant la consultation d'autres actionnaires ou la prise de décisions collectives. Dans ce cas, le nombre absolu d'actions détenues par l'investisseur et l'importance relative des autres participations ne permettent pas à eux seuls de déterminer de façon concluante si l'investisseur détient suffisamment de droits pour avoir le pouvoir sur l'entité faisant l'objet d'un investissement. D'autres faits et circonstances susceptibles de fournir des indications quant au fait que l'investisseur détient ou non le pouvoir doivent être pris en considération.

Exemple 8

Un investisseur détient 35 % des droits de vote dans une entité faisant l'objet d'un investissement. Trois autres actionnaires en détiennent chacun 5 %. Le reste des droits de vote est détenu par un grand nombre d'actionnaires, dont aucun n'en détient à lui seul plus de 1 %. Aucun des actionnaires n'a conclu d'accord prévoyant la consultation d'autres actionnaires ou la prise de décisions collectives. Pour être approuvées, les décisions concernant les activités pertinentes de l'entité faisant l'objet d'un investissement doivent obtenir la majorité des voix exprimées lors des assemblées générales des actionnaires – 75 % des droits de vote ont été exercés lors des assemblées générales récentes. Dans ce cas, la participation active des autres actionnaires aux récentes assemblées indique que l'investisseur n'a pas la capacité pratique de diriger unilatéralement les activités pertinentes, même dans l'éventualité où il a pu les diriger parce qu'un nombre suffisant d'actionnaires ont voté de la même façon que lui.

B46 Si, après prise en compte des facteurs énumérés au paragraphe B42 a) à d), il ne ressort pas clairement que l'investisseur détient le pouvoir, l'investisseur ne contrôle pas l'entité faisant l'objet d'un investissement.

Droits de vote potentiels

B47 Lorsqu'il évalue s'il détient le contrôle, l'investisseur tient compte de ses droits de vote potentiels et de ceux détenus par d'autres parties, afin de déterminer s'il a le pouvoir. Les droits de vote potentiels sont des droits permettant d'obtenir des droits de vote dans l'entité faisant l'objet d'un investissement, par exemple ceux qui découlent d'instruments convertibles ou d'options, y compris de contrats à terme de gré à gré. Ils ne sont pris en compte que si les droits sont substantiels (voir paragraphes B22 à B25).

B48 Lorsqu'il examine les droits de vote potentiels, l'investisseur doit prendre en compte l'objet et la conception de l'instrument, de même que l'objet et la conception de tout autre lien qu'il a avec l'entité faisant l'objet d'un investissement. Entre autres, il évalue les divers termes et conditions de l'instrument ainsi que les attentes, motivations et raisons apparentes qui l'ont amené à les accepter.

B49 **Si l'investisseur détient aussi des droits de vote ou d'autres droits décisionnels relatifs aux activités de l'entité faisant l'objet d'un investissement, il évalue si ces droits, combinés à ses droits de vote potentiels, lui confèrent le pouvoir.**

B50 **Des droits de vote potentiels substantiels peuvent, à eux seuls ou combinés à d'autres droits, conférer à l'investisseur la capacité actuelle de diriger les activités pertinentes. Ainsi, c'est vraisemblablement le cas lorsque l'investisseur détient 40 % des droits de vote dans l'entité faisant l'objet d'un investissement et que, selon le paragraphe B23, il détient un droit substantiel, découlant d'options, d'acquérir 20 % de droits de vote supplémentaires.**

Exemples d'application

Exemple 9

L'investisseur A détient 70 % des droits de vote dans une entité faisant l'objet d'un investissement. L'investisseur B en détient 30 %, ainsi que l'option d'acquérir la moitié des droits de vote de l'investisseur A. L'option est exerçable au cours des deux prochaines années à un prix fixe qui est fortement hors du cours (et on s'attend à ce qu'il le demeure durant la période de deux ans). L'investisseur A exerce ses droits de vote et il dirige activement les activités pertinentes de l'entité. En pareil cas, il est probable que l'investisseur A remplisse le critère relatif au pouvoir, du fait qu'il semble avoir la capacité actuelle de diriger les activités pertinentes. Bien que l'investisseur B ait des options actuellement exerçables lui permettant d'acheter des droits de vote supplémentaires (qui, si elles étaient exercées, lui donneraient la majorité des droits de vote), les termes et conditions rattachés à ces options sont tels que les options ne sont pas considérées comme des droits substantiels.

Exemple 10

L'investisseur A et deux autres investisseurs détiennent chacun un tiers des droits de vote dans une entité faisant l'objet d'un investissement. L'activité exercée par celle-ci est étroitement liée à l'investisseur A. En plus de ses instruments de capitaux propres, l'investisseur A détient des titres de créance convertibles en actions ordinaires de l'entité faisant l'objet d'un investissement à tout moment, à un prix fixe qui est hors du cours (sans l'être fortement). S'il convertissait ses titres de créance, l'investisseur A détiendrait 60 % des droits de vote dans l'entité faisant l'objet d'un investissement, et il profiterait de la réalisation de synergies. L'investisseur A détient le pouvoir sur l'entité faisant l'objet d'un investissement parce qu'il détient des droits de vote dans celle-ci ainsi que des droits de vote potentiels substantiels qui lui confèrent la capacité actuelle de diriger les activités pertinentes.

Pouvoir lorsque les droits de vote ou autres droits similaires n'ont pas d'incidence importante sur les rendements de l'entité faisant l'objet d'un investissement

B51 **Lorsqu'il évalue l'objet et la conception d'une entité faisant l'objet d'un investissement (voir paragraphes B5 à B8), l'investisseur doit prendre en considération les liens établis et les décisions prises lors de la création de l'entité faisant l'objet d'un investissement dans le cadre de la conception de celle-ci, et évaluer si les termes de l'opération et les caractéristiques des liens confèrent à l'investisseur des droits suffisants pour lui donner le pouvoir. La participation à la conception de l'entité faisant l'objet d'un investissement ne suffit pas à elle seule à donner le contrôle à l'investisseur. Toutefois, elle peut indiquer que l'investisseur a eu la possibilité d'obtenir des droits qui sont suffisants pour lui conférer le pouvoir sur l'entité faisant l'objet d'un investissement.**

B52 **De plus, l'investisseur doit prendre en compte les accords contractuels prévoyant par exemple des droits d'achat, de vente ou de liquidation établis lors de la création de l'entité faisant l'objet d'un investissement. Lorsque ces accords portent sur des activités étroitement liées à l'entité faisant l'objet**

d'un investissement, ces activités font, en réalité, partie intégrante des activités générales de l'entité faisant l'objet d'un investissement, même si elles peuvent être menées à l'extérieur de son cadre juridique. Par conséquent, les droits décisionnels explicites ou implicites qui sont incorporés dans des accords contractuels et qui sont étroitement liés à l'entité faisant l'objet d'un investissement doivent être considérés comme des activités pertinentes lorsque l'investisseur détermine s'il a le pouvoir sur l'entité faisant l'objet d'un investissement.

B53 Dans le cas de certaines entités faisant l'objet d'un investissement, les activités pertinentes ont lieu seulement lorsque des circonstances ou événements particuliers se produisent. L'entité faisant l'objet d'un investissement peut être conçue de telle manière que la direction de ses activités et ses rendements sont prédéterminés tant que ces circonstances ou événements ne se produisent pas. Dans un tel cas, seules les décisions relatives aux activités de l'entité faisant l'objet d'un investissement prises lorsque ces circonstances ou événements se produisent peuvent avoir une incidence importante sur ses rendements et donc constituer des activités pertinentes. Il n'est pas nécessaire que les circonstances ou événements se soient produits pour que l'investisseur qui a la capacité de prendre ces décisions détienne le pouvoir. Le fait que le droit de prendre des décisions dépend de ce que les circonstances ou événements se produiront n'en fait pas en soi un droit protectif.

Exemples d'application

Exemple 11

Une entité faisant l'objet d'un investissement a, en vertu de ses statuts, une seule activité, qui consiste à acheter des créances et à en assurer la gestion quotidienne pour le compte de ses investisseurs. La gestion quotidienne comprend l'encaissement et la transmission sans transformation du principal et des intérêts aux échéances. En cas de défaillance d'un débiteur, l'entité faisant l'objet d'un investissement vend automatiquement la créance à un investisseur, conformément à un accord de vente distinct qu'elle a conclu avec ce dernier. La seule activité pertinente est la gestion des créances en cas de défaillance parce qu'il s'agit de la seule activité qui peut avoir une incidence importante sur les rendements de l'entité faisant l'objet d'un investissement. La gestion des créances avant qu'il y ait défaillance n'est pas une activité pertinente parce qu'elle ne requiert pas la prise de décisions de fond susceptibles d'avoir une incidence importante sur les rendements de l'entité faisant l'objet d'un investissement – les activités antérieures à une défaillance sont prédéterminées et se limitent à l'encaissement des sommes aux échéances et à la transmission de celles-ci aux investisseurs. Par conséquent, seul le droit que détient l'investisseur de gérer les actifs en cas de défaillance devrait être pris en compte lors de l'évaluation de l'ensemble des activités de l'entité faisant l'objet d'un investissement qui ont une incidence importante sur ses rendements. Dans cet exemple, la conception de l'entité faisant l'objet d'un investissement fait que l'investisseur détient le pouvoir décisionnel à l'égard des activités qui ont une incidence importante sur les rendements dans les seules situations où ce pouvoir décisionnel est requis. Les termes de l'accord de vente font partie intégrante de la transaction globale et de la création de l'entité faisant l'objet d'un investissement. Par conséquent, les termes de l'accord de vente considérés de pair avec les statuts de l'entité faisant l'objet d'un investissement mènent à la conclusion que l'investisseur détient le pouvoir sur l'entité faisant l'objet d'un investissement même s'il ne prend possession des créances qu'en cas de défaillance et qu'il gère alors celles-ci à l'extérieur du cadre juridique de l'entité faisant l'objet d'un investissement.

Exemple 12

Une entité faisant l'objet d'un investissement a pour seuls actifs des créances. À l'examen de l'objet et de la conception de l'entité faisant l'objet d'un investissement, il ressort que la seule activité pertinente consiste à gérer les créances en cas de défaillance. La partie qui a la capacité de gérer les créances en cas de défaillance détient le pouvoir sur l'entité faisant l'objet d'un investissement, indépendamment d'une défaillance de la part d'emprunteurs.

B54 Un investisseur peut avoir pris l'engagement explicite ou implicite de veiller à ce que l'exploitation d'une entité faisant l'objet d'un investissement se poursuive conformément à la manière dont celle-ci a été conçue. Un tel engagement peut accroître l'exposition de l'investisseur à la variabilité des rendements, et donc sa motivation à obtenir des droits suffisants pour lui conférer le pouvoir. Par conséquent, un engagement à veiller à ce que l'exploitation de l'entité faisant l'objet d'un investissement soit conforme à la manière dont elle a été conçue peut être un indicateur du fait que l'investisseur détient le pouvoir, mais il ne lui confère pas à lui seul le pouvoir ni n'empêche une autre partie de détenir le pouvoir.

➡ Exposition ou droit à des rendements variables de l'entité faisant l'objet d'un investissement

B55 Lorsqu'il évalue s'il détient le contrôle de l'entité faisant l'objet d'un investissement, l'investisseur détermine s'il est exposé ou s'il a droit à des rendements variables en raison de ses liens avec l'entité faisant l'objet d'un investissement.

B56 On entend par rendements variables des rendements qui ne sont pas fixes et qui sont susceptibles de varier en fonction de la performance de l'entité faisant l'objet d'un investissement. Ils peuvent être uniquement positifs, uniquement négatifs, ou tantôt positifs, tantôt négatifs (voir paragraphe 15). L'investisseur évalue si les rendements d'une entité faisant l'objet d'un investissement sont variables et dans quelle mesure ils le sont en se fondant sur la substance de l'accord, sans tenir compte de leur forme juridique. Ainsi, un investisseur peut détenir une obligation assortie de paiements d'intérêts fixes. Aux fins de la présente norme, ces paiements sont des rendements variables parce qu'ils sont exposés au risque de défaillance et qu'ils exposent l'investisseur au risque de crédit de l'émetteur de l'obligation. Le degré de variabilité (la mesure dans laquelle les rendements sont variables) dépend du risque de crédit de l'obligation. De même, des commissions de performance fixes pour la gestion des actifs d'une entité faisant l'objet d'un investissement sont des rendements variables parce qu'ils exposent l'investisseur au risque de rendement de l'entité faisant l'objet d'un investissement. Le degré de variabilité dépend de la capacité de l'entité faisant l'objet d'un investissement de générer des produits suffisants pour payer les commissions.

B57 Les rendements peuvent notamment être :

a) des dividendes, d'autres distributions d'avantages économiques par l'entité faisant l'objet d'un investissement (par exemple des intérêts sur des titres de créance émis par l'entité faisant l'objet d'un investissement) et des variations de la valeur de la participation de l'investisseur dans l'entité faisant l'objet d'un investissement ;

b) une rémunération rattachée à la gestion d'actifs ou de passifs de l'entité faisant l'objet d'un investissement, des commissions et l'exposition au risque de perte pour l'octroi de facilités de crédit ou de caisse, une participation résiduelle dans l'actif et le passif de l'entité faisant l'objet d'un investissement en cas de liquidation de celle-ci, des avantages fiscaux et un accès à la liquidité future dont bénéficie l'investisseur du fait de ses liens avec l'entité faisant l'objet d'un investissement ;

c) des rendements dont ne peuvent bénéficier les autres détenteurs d'intérêts. Par exemple, l'investisseur pourrait utiliser ses actifs en les conjuguant avec ceux de l'entité faisant l'objet d'un investissement pour, entre autres, regrouper des fonctions opérationnelles afin de réaliser des économies d'échelle, réduire des coûts, s'approvisionner en produits rares, avoir accès à des connaissances exclusives ou limiter certaines act vités ou l'utilisation de certains actifs de l'entité faisant l'objet d'un investissement en vue d'accroître la valeur des autres actifs de l'investisseur.

➠ Lien entre pouvoir et rendements

Pouvoir délégué

B58 Lorsqu'un investisseur ayant des droits décisionnels (un décideur) évalue s'il contrôle une entité faisant l'objet d'un investissement, il doit déterminer s'il agit pour son propre compte ou comme mandataire. Il doit aussi déterminer si une autre entité détenant des droits décisionnels agit comme mandataire pour son compte. Un mandataire est une partie principalement chargée d'agir pour le compte et au bénéfice d'une ou de plusieurs autres parties (le ou les mandants). Par conséquent, il ne contrôle pas l'entité faisant l'objet d'un investissement lorsqu'il exerce son pouvoir décisionnel (voir paragraphes 17 et 18). Il arrive donc parfois que le pouvoir d'une partie (le mandant) puisse être détenu et exercé par un mandataire, mais pour le compte du mandant. Un décideur n'est pas un mandataire du simple fait que d'autres parties peuvent bénéficier des décisions qu'il prend.

B59 Un investisseur peut déléguer son pouvoir décisionnel à un mandataire pour certaines questions particulières ou pour toutes les activités pertinentes. Lorsqu'il évalue s'il contrôle l'entité faisant l'objet d'un investissement, l'investisseur doit traiter les droits décisionnels délégués à son mandataire comme s'il les détenait lui-même directement. Dans le cas où plusieurs décideurs agissent pour leur propre compte, chacun doit évaluer s'il détient le pouvoir sur l'entité faisant l'objet d'un investissement à la lumière des dispositions des paragraphes B5 à B54. Les paragraphes B60 à B72 fournissent des indications sur la façon de déterminer si un décideur est un mandataire ou s'il agit pour son propre compte.

B60 Pour déterminer s'il agit comme mandataire, le décideur doit examiner la relation globale existant entre lui, l'entité faisant l'objet d'un investissement gérée et les autres parties qui ont un lien avec cette dernière, et en particulier tous les facteurs ci-dessous :

a) l'étendue de son pouvoir décisionnel sur l'entité faisant l'objet d'un investissement (paragraphes B62 et B63) ;

b) les droits détenus par d'autres parties (paragraphes B64 à B67) ;

c) la rémunération à laquelle il a droit selon le ou les accords de rémunération (paragraphes B68 à B70) ;

d) son exposition à la variabilité des rendements tirés d'autres intérêts qu'il détient dans l'entité faisant l'objet d'un investissement (paragraphes B71 et B72).

Chacun de ces facteurs doit être pondéré selon les faits et circonstances particuliers.

B61 Pour déterminer si un décideur est mandataire, il faut évaluer tous les facteurs énumérés au paragraphe B60, à moins qu'une seule et même partie détienne des droits substantiels lui permettant de révoquer le décideur (droits de révocation) et qu'elle puisse le faire sans motif (voir paragraphe B65).

Étendue du pouvoir décisionnel

B62 L'étendue du pouvoir décisionnel du décideur est évaluée en tenant compte de ce qui suit :

a) les activités permises selon le ou les accords délimitant le pouvoir décisionnel ou spécifiées dans les dispositions législatives ;

b) le pouvoir discrétionnaire du décideur lorsqu'il prend des décisions au sujet de ces activités.

B63 Le décideur doit examiner l'objet et la conception de l'entité faisant l'objet d'un investissement, les risques auxquels celle-ci est exposée de par sa conception et ceux qu'elle est destinée à transmettre aux parties en cause, et la mesure dans laquelle il a participé à la conception de l'entité faisant l'objet d'un investissement. Ainsi, si le décideur a joué un rôle important dans la conception de l'entité faisant l'objet d'un investissement (y compris dans la détermination de l'étendue du pouvoir décisionnel), cela peut indiquer qu'il souhaitait et pouvait obtenir des droits lui procurant la capacité de diriger les activités pertinentes.

Droits détenus par d'autres parties

B64 Les droits substantiels détenus par d'autres parties peuvent affecter la capacité du décideur de diriger les activités pertinentes de l'entité faisant l'objet d'un investissement. Des droits de révocation ou autres droits substantiels détenus par d'autres parties peuvent indiquer que le décideur est un mandataire.

B65 Le fait qu'une seule et même partie détient des droits de révocation substantiels et peut révoquer le décideur sans motif suffit en soi pour conclure que le décideur est un mandataire. Si ces droits sont détenus par plusieurs parties (et qu'aucune ne peut révoquer le décideur sans l'accord des autres), ces droits ne permettent pas en eux-mêmes de déterminer de façon concluante qu'un décideur agit principalement pour le compte et au profit d'autrui. En outre, plus l'exercice des droits de révocation requiert l'action concertée d'un grand nombre de parties, et plus grandes sont l'importance des autres intérêts économiques (rémunération et autres intérêts) du décideur et la variabilité associée à ceux-ci, moins il faut accorder de poids à ce facteur.

B66 Les droits substantiels détenus par d'autres parties qui limitent le pouvoir discrétionnaire d'un décideur doivent être considérés de manière analogue aux droits de révocation lorsqu'on évalue si le décideur est un mandataire. Ainsi, le décideur qui est tenu d'obtenir l'approbation d'un petit nombre d'autres parties pour agir est généralement un mandataire (voir paragraphes B22 à B25 pour des indications supplémentaires concernant les droits et leur caractère substantiel).

B67 L'examen des droits détenus par d'autres parties doit comprendre une appréciation des droits exerçables, le cas échéant, par le conseil d'administration (ou autre organe de direction) de l'entité faisant l'objet d'un investissement et de leur effet sur le pouvoir décisionnel [voir paragraphe B23 b)].

Rémunération

B68 Plus grandes sont l'importance de la rémunération du décideur et la variabilité associée à celle-ci par rapport aux rendements attendus des activités de l'entité faisant l'objet d'un investissement, plus il est probable que le décideur agisse pour son propre compte.

B69 Pour déterminer s'il agit pour son propre compte ou à titre de mandataire, le décideur doit aussi se demander si les conditions ci-dessous sont présentes :

a) la rémunération du décideur est en rapport avec les services fournis ;

b) l'accord de rémunération ne prévoit que des termes, conditions et montants habituels pour des accords qui portent sur des services similaires exigeant un niveau de compétences similaires et qui sont négociés dans des conditions normales de concurrence.

B70 Un décideur ne peut pas être un mandataire à moins que les conditions indiquées au paragraphe B69 a) et b) ne soient présentes. Toutefois, le fait que ces conditions sont remplies ne suffit pas en soi pour conclure que le décideur est un mandataire.

Exposition à la variabilité des rendements tirés d'autres intérêts

B71 Le décideur qui détient d'autres intérêts dans l'entité faisant l'objet d'un investissement (par exemple s'il a investi dans l'entité faisant l'objet d'un investissement ou s'il fournit des garanties relativement à la performance de celle-ci) doit tenir compte de son exposition à la variabilité des rendements tirés de ces autres intérêts lorsqu'il évalue s'il est un mandataire. Le fait qu'il détient d'autres intérêts dans l'entité faisant l'objet d'un investissement indique qu'il agit peut-être pour son propre compte.

B72 Lorsqu'il évalue son exposition à la variabilité des rendements tirés des autres intérêts détenus dans l'entité faisant l'objet d'un investissement, le décideur doit prendre en compte ce qui suit :

a) plus grandes sont l'importance de ses intérêts économiques et la variabilité associée à ceux-ci, compte tenu de l'ensemble de sa rémunération et de ses autres intérêts, plus il est probable qu'il agisse pour son propre compte ;

b) le fait que son exposition à la variabilité des rendements diffère ou non de celle des autres investisseurs et, dans l'affirmative, la possibilité que ses actions s'en trouvent influencées. Ce peut être le cas par exemple lorsque le décideur détient des droits subordonnés dans l'entité faisant l'objet d'un investissement ou lui fournit d'autres formes de rehaussement de crédit.

Le décideur doit évaluer son exposition par rapport à la variabilité totale des rendements de l'entité faisant l'objet d'un investissement. Cette évaluation se fonde principalement sur les rendements attendus des activités de l'entité faisant l'objet d'un investissement, mais elle ne doit pas négliger l'exposition maximale du décideur à la variabilité des rendements de l'entité faisant l'objet d'un investissement du fait des autres intérêts que détient celui-ci.

Exemples d'application

Exemple 13

Un décideur (gestionnaire de fonds) constitue, commercialise et gère un fonds réglementé dont les parts sont négociées sur le marché, conformément à des paramètres définis étroitement dans le mandat de placement, comme l'exigent les dispositions légales et réglementaires en vigueur. Le fonds a été présenté aux investisseurs comme un placement dans un portefeuille diversifié de titres de capitaux propres d'entités cotées. Dans le respect des paramètres définis, le gestionnaire du fonds choisit à sa discrétion les actifs dans lesquels investir. Il a fait un placement au pro rata de 10 % dans le fonds et reçoit pour ses services une commission fondée sur le marché, correspondant à 1 % de la valeur liquidative du fonds. Les commissions sont en rapport avec les services fournis. Le gestionnaire du fonds n'a pas l'obligation de financer les pertes au-delà de son placement de 10 %. Le fonds n'est pas tenu de constituer un conseil d'administration indépendant, et il ne l'a pas fait. Les investisseurs n'ont pas de droits substantiels ayant une incidence sur le pouvoir décisionnel du gestionnaire du fonds, mais ils peuvent obtenir le remboursement de leurs parts dans certaines limites établies par le fonds.

Bien qu'il exerce ses fonctions dans le respect des paramètres définis dans le mandat de placement et conformément aux dispositions réglementaires, le gestionnaire du fonds a des droits décisionnels qui lui confèrent la capacité actuelle de diriger les activités pertinentes du fonds ; les investisseurs ne détiennent pas de droits substantiels pouvant avoir une incidence sur le pouvoir décisionnel du gestionnaire du fonds. Celui-ci reçoit pour ses services une commission fondée sur le marché qui est en rapport avec les services fournis, et il a en outre fait un placement au prorata dans le fonds. Du fait de sa rémunération et de sa participation, le gestionnaire du fonds est exposé à la variabilité des rendements générés par les activités du fonds, mais l'exposition ainsi créée n'est pas d'une importance suffisante pour indiquer qu'il agit pour son propre compte.

Dans cet exemple, l'examen de l'exposition du gestionnaire du fonds à la variabilité des rendements du fonds, combinée à son pouvoir décisionnel dans le respect de paramètres définis, indique que le gestionnaire du fonds agit comme mandataire. Celui-ci en conclut donc qu'il ne contrôle pas le fonds.

Exemple 14

Un décideur constitue, commercialise et gère un fonds qui offre des possibilités de placement à un certain nombre d'investisseurs. Le décideur (gestionnaire du fonds) doit prendre ses décisions dans le meilleur intérêt de tous les investisseurs et conformément aux accords régissant le fonds. Le gestionnaire du fonds a toutefois un vaste pouvoir discrétionnaire pour la prise de décisions. Il reçoit pour ses services une commission fondée sur le marché, correspondant à 1 % de la valeur des actifs sous gestion et 20 % de tous les bénéfices du fonds si un niveau déterminé de bénéfice est atteint. Les commissions sont en rapport avec les services fournis.

Bien qu'il doive prendre ses décisions dans le meilleur intérêt de tous les investisseurs, le gestionnaire du fonds a un vaste pouvoir décisionnel sur la direction des activités pertinentes du fonds. Il touche une commission fixe et une commission de performance qui sont en rapport avec les services fournis. De plus, le mode de rémunération du gestionnaire du fonds aligne ses intérêts sur ceux des autres investisseurs, à savoir l'augmentation de la valeur du fonds, sans créer une exposition à la variabilité des rendements générés par les activités du fonds qui serait d'une importance suffisante pour que la rémunération, considérée isolément, indique que le gestionnaire du fonds agit pour son propre compte.

Le contexte et l'analyse qui précèdent s'appliquent aux exemples 14A à 14C ci-dessous. Chacun de ces exemples est considéré isolément.

Exemple 14A

Le gestionnaire du fonds détient aussi un placement de 2 % dans le fonds, qui aligne ses intérêts sur ceux des autres investisseurs. Il n'a pas l'obligation de financer les pertes au-delà de cette participation. Les investisseurs peuvent le révoquer au moyen d'un vote à majorité simple, mais seulement en cas de manquement au contrat.

Le placement de 2 % du gestionnaire du fonds accroît son exposition à la variabilité des rendements générés par les activités du fonds, sans créer une exposition qui serait d'une importance suffisante pour indiquer que le gestionnaire du fonds agit pour son propre compte. Les droits de révocation que détiennent les autres investisseurs sont considérés comme des droits protectifs, parce qu'ils ne peuvent être exercés qu'en cas de manquement au contrat. Dans cet exemple, bien que le gestionnaire du fonds ait un vaste pouvoir décisionnel et qu'il soit exposé à la variabilité des rendements du fait de sa participation et de sa rémunération, son exposition indique qu'il agit comme mandataire. Il en conclut donc qu'il ne contrôle pas le fonds.

Exemple 14B

Le gestionnaire du fonds détient un placement au prorata plus substantiel dans le fonds, mais il n'a pas l'obligation de financer les pertes au-delà de celui-ci. Les investisseurs peuvent le révoquer au moyen d'un vote à majorité simple, mais seulement en cas de manquement au contrat.

Dans cet exemple, les droits de révocation que détiennent les autres investisseurs sont considérés comme des droits protectifs, parce qu'ils ne peuvent être exercés qu'en cas de manquement au contrat. Bien que le gestionnaire du fonds touche une commission fixe et une commission de performance qui sont en rapport avec les services fournis, la combinaison de sa participation et de sa rémunération pourrait créer une exposition à la variabilité des rendements générés par les activités du fonds d'une importance suffisante pour indiquer qu'il agit pour son propre compte. Plus grandes sont l'importance de ses intérêts économiques et la variabilité associée à ceux-ci (compte tenu de l'ensemble de sa rémunération et de ses autres intérêts), plus le gestionnaire du fonds accordera d'importance à ces intérêts économiques pour son analyse, et plus il est probable qu'il agisse pour son propre compte.

Ainsi, après prise en compte de sa rémunération et des autres facteurs, le gestionnaire du fonds pourrait considérer qu'une participation de 20 % est suffisante pour conclure qu'il détient le contrôle. Toutefois, dans d'autres circonstances (à savoir si sa rémunération ou d'autres facteurs sont différents), le contrôle peut découler d'un niveau de participation différent.

Exemple 14C

Le gestionnaire du fonds détient un placement au prorata de 20 % dans le fonds, mais il n'a pas l'obligation de financer les pertes au-delà de celui-ci. Le fonds a un conseil d'administration, dont tous les membres sont indépendants du gestionnaire du fonds et nommés par les autres investisseurs. Le gestionnaire du fonds est nommé par le conseil pour un mandat d'un an. Si le conseil décidait de ne pas renouveler le contrat du gestionnaire du fonds, les services fournis par ce dernier pourraient l'être par d'autres gestionnaires du même secteur d'activité.

Bien que le gestionnaire du fonds touche une commission fixe et une commission de performance qui sont en rapport avec les services fournis, la combinaison de sa participation de 20 % et de sa rémunération crée une exposition à la variabilité des rendements générés par les activités du fonds d'une importance suffisante pour indiquer qu'il agit pour son propre compte. Toutefois, les investisseurs détiennent des droits substantiels leur permettant de le révoquer : le conseil d'administration leur procure un mécanisme faisant en sorte qu'ils peuvent révoquer le gestionnaire du fonds s'ils le désirent.

Dans cet exemple, le gestionnaire du fonds accorde une plus grande importance aux droits de révocation substantiels aux fins de son analyse. Ainsi, bien que le gestionnaire du fonds ait un vaste pouvoir décisionnel et qu'il soit exposé à la variabilité des rendements du fonds du fait de sa rémunération et de sa participation, les droits substantiels détenus par les autres investisseurs indiquent qu'il agit comme mandataire. Il en conclut donc qu'il ne contrôle pas le fonds.

Exemple 15

Une entité faisant l'objet d'un investissement est créée en vue de l'achat d'un portefeuille de titres à taux fixe adossés à des actifs, financé au moyen de titres de créances à taux fixe et d'instrument de capitaux propres. Les instruments de capitaux propres sont conçus pour protéger les détenteurs des titres de créance (les créanciers) contre les premières pertes et permettre aux détenteurs des instruments de capitaux propres de recevoir les rendements résiduels de l'entité faisant l'objet d'un investissement. L'opération a été présentée aux créanciers potentiels comme un placement dans un portefeuille de titres adossés à des actifs, avec exposition au risque de crédit associé à la défaillance possible des émetteurs des titres détenus dans le portefeuille et au risque de taux d'intérêt associé à la gestion du portefeuille. Au moment de la formation de l'entité faisant l'objet d'un investissement, les instruments de capitaux propres représentent 10 % de la valeur des actifs acquis. Un décideur (le gestionnaire des actifs) gère le portefeuille actif en prenant des décisions de placement dans le respect des paramètres énoncés dans le prospectus de l'entité faisant l'objet d'un investissement. Pour ses services, il reçoit une commission fixe fondée sur le marché (1 % des actifs sous gestion) et une commission de performance (10 % du bénéfice) si le bénéfice excède un niveau déterminé. Les commissions sont en rapport avec les services fournis. Le gestionnaire des actifs détient 35 % des capitaux propres de l'entité faisant l'objet d'un investissement.

La tranche de 65 % des capitaux propres restants, ainsi que tous les titres de créance, sont détenus par un grand nombre de tiers investisseurs non liés et très dispersés. Le gestionnaire des actifs peut être révoqué, sans motif, sur décision à la majorité simple des autres investisseurs.

Le gestionnaire des actifs touche une commission fixe et une commission de performance qui sont en rapport avec les services fournis. Le mode de rémunération du gestionnaire des actifs aligne ses intérêts sur ceux des autres investisseurs, à savoir l'augmentation de la valeur du portefeuille. Le gestionnaire des actifs est exposé à la variabilité des rendements générés par les activités du portefeuille du fait qu'il détient 35 % des capitaux propres et du fait de sa rémunération.

Bien qu'il exerce ses fonctions dans le respect des paramètres définis dans le prospectus de l'entité faisant l'objet d'un investissement, le gestionnaire des actifs a la capacité actuelle de prendre des décisions de placement qui ont une incidence importante sur les rendements de l'entité faisant l'objet d'un investissement ; les droits de révocation détenus par les autres investisseurs reçoivent une pondération moindre dans l'analyse, car ils sont détenus par un grand nombre d'investisseurs très dispersés. Dans cet exemple, le gestionnaire des actifs accorde une plus grande importance à son exposition à la variabilité des rendements du portefeuille qui découle de sa participation, laquelle est subordonnée aux titres de créance. L'exposition aux premières pertes et les droits résiduels sur les rendements de l'entité faisant l'objet d'un investissement qui découlent de la participation de 35 % sont d'une importance suffisante pour indiquer que le gestionnaire des actifs agit pour son propre compte. Il en conclut donc qu'il contrôle l'entité faisant l'objet d'un investissement.

Exemple 16

Un décideur (le sponsor) parraine un fonds multicédants (le conduit) qui commercialise des titres de créance à court terme auprès de tiers investisseurs non liés. L'opération a été présentée aux investisseurs potentiels comme un placement dans un portefeuille d'actifs à moyen terme de qualité élevée, avec une très faible exposition au risque de crédit associé à la défaillance possible des émetteurs des actifs du portefeuille. Divers cédants vendent des portefeuilles d'actifs à moyen terme de qualité élevée au conduit. Chacun gère le portefeuille d'actifs qu'il vend au conduit ainsi que les créances en cas de défaillance, en contrepartie d'une commission de gestion fondée sur le marché. Chaque cédant fournit également une protection contre les premières pertes pour les créances irrécouvrables de son portefeuille d'actifs par une surcollatéralisation des actifs cédés au conduit. Le sponsor établit les termes du conduit et en gère les activités en échange d'une commission fondée sur le marché. La commission est en rapport avec les services fournis. Le sponsor approuve les vendeurs autorisés à vendre au conduit et les actifs qui seront achetés par celui-ci, et prend les décisions concernant le financement du conduit. Il doit agir dans le meilleur intérêt de tous les investisseurs.

Le sponsor a droit à tout rendement résiduel du conduit, auquel il fournit par ailleurs un rehaussement de crédit et des facilités de caisse. Le rehaussement de crédit absorbe les pertes à hauteur de 5 % de l'ensemble des actifs du conduit, après que les cédants ont assumé les premières pertes. Il n'y a pas de facilités de caisse pour les actifs défaillants. Les investisseurs ne détiennent pas de droits substantiels susceptibles d'avoir une incidence sur le pouvoir décisionnel du sponsor.

Bien que le sponsor reçoive pour ses services une commission fondée sur le marché qui est en rapport avec les services fournis, il est exposé à la variabilité des rendements générés par les activités du conduit parce qu'il a des droits sur les rendements résiduels du conduit et qu'il fournit un rehaussement de crédit et des facilités de caisse (le conduit est exposé au risque de liquidité du fait de l'utilisation de titres de créance à court terme pour financer des actifs à moyen terme). Bien que chacun des cédants détienne des droits décisionnels qui ont une incidence sur la valeur des actifs du conduit, le sponsor possède un vaste pouvoir décisionnel qui lui confère la capacité actuelle de diriger les activités qui ont l'incidence ***la plus importante*** sur les rendements du conduit [en l'occurrence, le sponsor a établi les termes du conduit, et il a le droit de prendre des décisions au sujet des actifs (approbation des actifs achetés et de ceux qui les cèdent) et du financement du conduit (pour lequel il faut régulièrement trouver de nouveaux financements)]. Le droit aux rendements résiduels du conduit et la fourniture d'un rehaussement de crédit et de facilités de caisse font que l'exposition du sponsor à la variabilité des rendements générés par les activités du conduit diffère de celle des autres investisseurs. Par conséquent, cette exposition indique que le sponsor agit pour son propre compte, et celui-ci en conclut donc qu'il contrôle le conduit. L'obligation qu'il a d'agir dans le meilleur intérêt de tous les investisseurs ne l'empêche pas d'agir pour son propre compte.

Relation avec les autres parties

B73 Lorsqu'il évalue s'il détient le contrôle, l'investisseur doit examiner la nature de sa relation avec les autres parties et voir si celles-ci agissent pour son compte (autrement dit, si elles sont des mandataires de fait). Pour déterminer si d'autres parties agissent comme mandataires de fait, l'exercice du jugement est nécessaire et suppose la prise en compte non seulement de la nature de la relation, mais aussi de la façon dont les parties interagissent entre elles et avec l'investisseur.

B74 Il n'est pas nécessaire qu'une telle relation fasse intervenir un accord contractuel. Une partie est mandataire de fait si l'investisseur ou ceux qui dirigent les activités de celui-ci ont la capacité de la faire agir pour le compte de l'investisseur. Dans de telles circonstances, l'investisseur doit prendre en considération les droits décisionnels de son mandataire de fait et l'exposition indirecte, ou les droits indirects, à des rendements variables qu'il a par l'entremise du mandataire de fait, en même temps que les siens propres, lorsqu'il évalue s'il contrôle l'entité faisant l'objet d'un investissement.

B75 D'autres parties qui, de par la nature de leur relation avec l'investisseur, peuvent agir à titre de mandataires de fait de celui-ci, peuvent être, par exemple :

a) les parties liées à l'investisseur ;

b) une partie qui a obtenu ses intérêts dans l'entité faisant l'objet d'un investissement sous forme d'apport ou de prêt de la part de l'investisseur ;

c) une partie qui a convenu de ne pas vendre ni autrement transférer ses intérêts dans l'entité faisant l'objet d'un investissement, ni les grever, sans l'approbation préalable de l'investisseur (sauf dans les cas où l'investisseur et l'autre partie ont un droit d'approbation préalable et que ce droit est fondé sur des termes dont ont mutuellement convenu des parties indépendantes consentantes) ;

d) une partie incapable de financer ses activités sans un soutien financier subordonné de l'investisseur ;

e) une entité faisant l'objet d'un investissement dont la majorité des membres de l'organe de direction ou les principaux dirigeants sont les mêmes que ceux de l'investisseur ;

f) une partie qui a une relation d'affaires étroite avec l'investisseur, telle que la relation entre un prestataire de services professionnels et un de ses clients importants.

Contrôle d'actifs spécifiés

B76 L'investisseur doit se demander s'il traite une portion de l'entité faisant l'objet d'un investissement comme une entité réputée distincte et, dans l'affirmative, s'il contrôle cette dernière.

B77 L'investisseur doit traiter une portion de l'entité faisant l'objet d'un investissement comme une entité réputée distincte si et seulement si la condition ci-dessous est remplie :

Des actifs spécifiés de l'entité faisant l'objet d'un investissement (et les rehaussements de crédit connexes, le cas échéant) sont la seule source de paiement pour des passifs spécifiés de l'entité faisant l'objet d'un investissement ou pour d'autres intérêts spécifiés dans celle-ci. Aucune partie autre que celles qui détiennent les passifs spécifiés n'a de droits ou d'obligations relativement aux actifs spécifiés ou aux flux de trésorerie résiduels y afférents. En substance, aucun des rendements générés par les actifs spécifiés ne peut être utilisé par le reste de l'entité faisant l'objet d'un investissement, et aucun des passifs de l'entité réputée distincte n'est payable avec les actifs du reste de l'entité faisant l'objet d'un investissement. Par conséquent, en substance, tous les actifs, passifs et capitaux propres de l'entité réputée distincte sont isolés de l'entité faisant l'objet d'un investissement dans son ensemble. Une entité réputée distincte de ce type est souvent appelée un « silo ».

B78 Lorsque la condition énoncée au paragraphe B77 est remplie, l'investisseur doit déterminer quelles sont les activités qui ont une incidence importante sur les rendements de l'entité réputée distincte et comment ces activités sont dirigées, afin d'évaluer s'il détient le pouvoir sur cette portion de l'entité faisant l'objet d'un investissement. Lorsqu'il évalue s'il contrôle l'entité réputée distincte, l'investisseur doit aussi se demander s'il est exposé ou s'il a droit à des rendements variables en raison de ses liens avec celle-ci et s'il a la capacité d'exercer son pouvoir sur cette portion de l'entité faisant l'objet d'un investissement de manière à influer sur le montant des rendements qu'il obtient.

B79 Si l'investisseur contrôle l'entité réputée distincte, il doit consolider cette portion de l'entité faisant l'objet d'un investissement. Dans ce cas, les autres parties ne tiennent pas compte de celle-ci lorsqu'elles évaluent si elles contrôlent l'entité faisant l'objet d'un investissement et lorsqu'elles la consolident.

➠ Évaluation permanente

B80 L'investisseur doit réévaluer s'il contrôle l'entité faisant l'objet d'un investissement lorsque les faits et circonstances indiquent qu'un ou plusieurs des trois éléments du contrôle énumérés au paragraphe 7 ont changé.

B81 En cas de changement dans la manière dont le pouvoir sur l'entité faisant l'objet d'un investissement peut être exercé, l'investisseur doit en tenir compte dans sa façon d'évaluer son pouvoir sur celle-ci. Ainsi, des changements apportés aux droits décisionnels peuvent signifier que les activités pertinentes ne sont plus dirigées par le truchement des droits de vote, et que d'autres accords, par exemple des contrats, donnent à une ou plusieurs autres parties la capacité actuelle de diriger les activités pertinentes.

B82 Un investisseur peut acquérir ou perdre le pouvoir sur une entité faisant l'objet d'un investissement par suite d'un événement auquel il n'a pas pris part. Par exemple, l'investisseur peut acquérir le pouvoir sur l'entité faisant l'objet d'un investissement parce que des droits décisionnels détenus par une ou plusieurs autres parties qui l'empêchaient auparavant de contrôler l'entité faisant l'objet d'un investissement sont échus.

B83 L'investisseur examine aussi les changements qui ont une incidence sur l'exposition ou les droits à des rendements variables qu'il a en raison de ses liens avec l'entité faisant l'objet d'un investissement. Ainsi, un investisseur qui détient le pouvoir sur une entité faisant l'objet d'un investissement peut perdre le contrôle de cette dernière s'il cesse d'avoir le droit de recevoir des rendements ou s'il cesse d'être exposé à des obligations, parce qu'alors il ne satisfait plus au critère du paragraphe 7 b) (par exemple dans le cas où il est mis fin à un contrat lui donnant droit de recevoir des commissions de performance).

B84 L'investisseur doit se demander si son évaluation du fait qu'il agit pour son propre compte ou comme mandataire est toujours valable. Des changements intervenus dans la relation globale entre l'investisseur et les autres parties peuvent faire que l'investisseur n'agit plus comme mandataire alors qu'il agissait comme tel auparavant, ou vice versa. Par exemple, si les droits de l'investisseur ou ceux d'autres parties sont modifiés, l'investisseur doit se demander s'il continue d'agir pour son propre compte ou comme mandataire, selon le cas.

B85 L'investisseur ne modifie pas l'évaluation initiale faite pour déterminer s'il détient le contrôle ou s'il agit pour son propre compte ou comme mandataire du seul fait d'un changement des conditions de marché (par exemple un changement des rendements de l'entité faisant l'objet d'un investissement attribuable aux conditions de marché), à moins qu'un tel changement ne modifie sa situation concernant au moins l'un des trois éléments du contrôle énoncés au paragraphe 7 ou la relation globale entre un mandant et un mandataire.

DÉTERMINER SI L'ENTITÉ EST UNE ENTITÉ D'INVESTISSEMENT

B85A L'entité doit tenir compte de tous les faits et circonstances, y compris son objet et sa conception, lorsqu'elle détermine si elle est une entité d'investissement. L'entité qui satisfait aux trois éléments de la définition d'une entité d'investissement énoncée au paragraphe 27 est une entité d'investissement. Les paragraphes B85B à B85M décrivent plus amplement ces éléments.

Objet de l'entité

B85B Selon la définition d'une entité d'investissement, celle-ci doit avoir pour objet d'investir dans le seul but de réaliser des plus-values en capital et/ou d'obtenir des revenus d'investissement (tels que des dividendes, des intérêts ou des revenus locatifs). On peut généralement trouver une indication de l'objet de l'entité d'investissement dans les documents qui énoncent ses objectifs d'investissement, dont son mémorandum (sa notice) d'offre, es publications qu'elle diffuse et ses autres documents sociaux. La façon dont l'entité se présente à des tiers (tels que des investisseurs éventuels ou des entités susceptibles de faire l'objet d'un investissement) peut aussi fournir une indication de son objet ; par exemple, une entité peut se présenter comme offrant des possibilités d'investissement à moyen terme pour la réalisation de plus-values en capital. En revanche, l'objet d'une entité qui se présente comme un investisseur dont l'objectif est de développer, produire ou commercialiser des produits conjointement avec les entités dans lesquelles il investit ne correspond pas à l'objet d'une entité d'investissement, puisque l'entité tirera des rendements des activités de développement, de production ou de commercialisation en plus des rendements de ses investissements (voir paragraphe B85I).

B85C Une entité d'investissement peut fournir à des tiers ou à ses investisseurs, directement ou par l'intermédiaire d'une filiale, des services liés à l'investissement (par exemple, services-conseils en investissement, gestion de portefeuille, soutien et services administratifs liés à l'investissement), même si ces activités sont importantes pour l'entité, pour autant que l'entité continue à correspondre à la définition d'une entité d'investissement.

B85D Une entité d'investissement peut également exercer, directement ou par l'intermédiaire d'une filiale, les activités suivantes liées à l'investissement, si ces activités visent à maximiser le rendement de ses investissements (plus-values en capital ou revenus d'investissement) dans des entités faisant l'objet d'un investissement et qu'elles ne constituent pas des activités commerciales distinctes importantes ou une source de revenus distincte importante pour l'entité d'investissement :

a) fourniture de services de gestion et de conseils stratégiques à une entité faisant l'objet d'un investissement ; et

b) fourniture d'un soutien financier à une entité faisant l'objet d'un investissement, par exemple un prêt, un engagement en capital ou un cautionnement.

B85E Si l'entité d'investissement a une filiale qui n'est pas elle-même une entité d'investissement et dont l'objet et l'activité principaux sont d'offrir des services ou des activités liés à des activités d'investissement en rapport avec celles de l'entité d'investissement, comme celles décrites aux paragraphes B85C et B85D, à l'entité elle-même ou à d'autres parties, elle doit consolider cette filiale selon le paragraphe 32. Si la filiale qui offre les services ou les activités liés à des activités d'investissement est elle-même une entité d'investissement, la société mère qui est une entité d'investissement évalue cette filiale à la juste valeur par le biais du résultat net selon le paragraphe 31.

Stratégies de sortie

B85F Les plans d'investissement d'une entité fournissent eux aussi une indication de son objet. L'entité d'investissement se distingue des autres entités notamment par le fait qu'elle ne prévoit pas de détenir indéfiniment ses investissements ; elle les détient pour une durée limitée. Comme les investissements en titres de capitaux propres et les investissements en actifs non financiers sont susceptibles d'être détenus indéfiniment, l'entité d'investissement doit avoir une stratégie de sortie documentant la façon dont elle prévoit de réaliser des plus-values en capital pour la quasi-totalité de ses investissements en titres de capitaux propres et de ses investissements en actifs non financiers. Elle doit également avoir une stratégie de sortie pour ses investissements en instruments de dette susceptibles d'être détenus indéfiniment, par exemple les instruments de dette perpétuelle. Il n'est pas nécessaire que l'entité documente la stratégie de sortie particulière qu'elle adoptera pour chacun de ses investissements, mais elle doit identifier différentes stratégies de sortie potentielles pour ses différents types d'investissements ou portefeuilles d'investissements, y compris un horizon temporel réaliste pour se départir des investissements. Les mécanismes de sortie établis uniquement pour les cas de défaillance, par exemple une rupture de contrat ou une non-exécution, ne sont pas considérés comme des stratégies de sortie aux fins du présent paragraphe.

B85G Les stratégies de sortie peuvent varier selon le type d'investissement. Pour les investissements en titres de capitaux propres d'entités non cotées, des exemples de stratégies de sortie sont une introduction en bourse, un placement privé, la vente de l'entreprise à une autre entreprise, les distributions (aux investisseurs) de droits de propriété dans des entités faisant l'objet d'investissements et les ventes d'actifs (y compris la vente des actifs d'une entité faisant l'objet d'un investissement, suivie de sa liquidation). Pour les investissements en titres de capitaux propres négociés sur un marché organisé, les stratégies de sortie comprennent notamment la vente des titres dans le cadre d'un placement privé ou sur un marché organisé. Pour les investissements immobiliers, un exemple de stratégie de sortie consiste en la vente des biens immobiliers par l'intermédiaire d'agents immobiliers ou sur le marché libre.

B85H Une entité d'investissement peut détenir un investissement dans une autre entité d'investissement créée concurremment avec elle pour des raisons légales, réglementaires ou fiscales ou pour d'autres raisons d'affaires. Dans ce cas, l'entité d'investissement qui est l'investisseur n'est pas tenue d'avoir une stratégie de sortie pour son investissement dans l'entité d'investissement, à condition que cette dernière ait des stratégies de sortie appropriées pour ses propres investissements.

Rendement des investissements

B85I Une entité n'effectue pas des investissements dans le seul but de réaliser des plus-values en capital et/ou d'obtenir des revenus d'investissement si elle ou un autre membre du groupe dont elle fait partie (c'est-à-dire le groupe contrôlé par la société mère ultime de l'entité d'investissement) retire ou a pour objectif de retirer de ces investissements des avantages autres dont ne peuvent bénéficier les tiers qui ne sont pas liés à l'entité faisant l'objet d'un investissement. Il peut notamment s'agir des avantages suivants :

a) l'acquisition, l'utilisation, l'échange ou l'exploitation des processus, des actifs ou des technologies d'une entité faisant l'objet d'un investissement. Cela comprend le cas où l'entité ou un autre membre du groupe a des droits disproportionnés ou exclusifs lui permettant d'acquérir des actifs, des technologies, des produits ou des services de toute entité faisant l'objet d'un investissement, par exemple du fait de la détention d'une option donnant le droit d'acheter un actif de cette dernière si le développement de l'actif est considéré comme réussi ;

b) des partenariats (au sens d'IFRS 11) ou autres accords entre l'entité ou un autre membre du groupe et une entité faisant l'objet d'un investissement conclus en vue de développer, de produire, de commercialiser ou de fournir des produits ou des services ;

c) des garanties financières fournies ou des biens affectés en garantie par une entité faisant l'objet d'un investissement pour des accords d'emprunt de l'entité ou d'un autre membre du groupe (l'entité d'investissement a néanmoins la faculté d'affecter son investissement dans une entité faisant l'objet d'un investissement en garantie de n'importe lequel de ses emprunts) ;

d) une option détenue par une partie liée à l'entité lui permettant d'acquérir, auprès de l'entité ou d'un autre membre du groupe, des droits de propriété dans une entité faisant l'objet d'un investissement de la part de l'entité ;

e) sous réserve des dispositions du paragraphe B85J, les transactions conclues entre l'entité ou un autre membre du groupe et une entité faisant l'objet d'un investissement :

- i) qui sont assorties de conditions dont ne peuvent bénéficier des parties non liées à l'entité, à un autre membre du groupe ou à l'entité faisant l'objet d'un investissement ;
- ii) qui ne sont pas à la juste valeur ; ou
- iii) qui constituent une fraction importante de l'activité commerciale de l'entité faisant l'objet de l'investissement ou de l'entité, y compris les activités commerciales des autres membres du groupe.

B85J L'entité d'investissement peut avoir pour stratégie de faire des investissements dans plusieurs entités d'un même secteur ou marché ou d'une même zone géographique afin de profiter de synergies permettant d'accroître les plus-values en capital et les revenus de ses investissements dans ces entités. Nonobstant le paragraphe B85I e), le simple fait que ces entités faisant l'objet d'un investissement font des affaires entre elles ne signifie pas que l'entité ne peut être classée comme une entité d'investissement.

➡ Évaluation à la juste valeur

B85K L'évaluation et l'appréciation, par une entité d'investissement, de la performance de la quasi-totalité de ses investissements sur la base de la juste valeur est un élément essentiel de la définition d'une telle entité, car l'utilisation de la juste valeur aboutit à une information plus pertinente que, par exemple, la consolidation de ses filiales ou l'application de la méthode de la mise en équivalence pour ses participations dans des entreprises associées ou des coentreprises. Pour démontrer qu'elle satisfait à cet élément de la définition, l'entité d'investissement :

a) fournit à ses investisseurs des informations en juste valeur et évalue la quasi-totalité de ses investissements à la juste valeur dans ses états financiers dans tous les cas où les IFRS imposent ou permettent l'évaluation à la juste valeur ; et

b) communique en interne des informations en juste valeur à ses principaux dirigeants (au sens d'IAS 24), lesquels utilisent la juste valeur comme principal critère d'évaluation pour apprécier la performance de la quasi-totalité des investissements de l'entité et pour prendre des décisions d'investissement.

B85L Pour satisfaire aux dispositions du paragraphe B85K a), l'entité d'investissement :

a) choisit de comptabiliser tous ses immeubles de placement selon le modèle de la juste valeur décrit dans IAS 40 *Immeubles de placement* ;

b) choisit de se prévaloir de l'exemption d'application de la méthode de la mise en équivalence prévue dans IAS 28 pour ses participations dans des entreprises associées et des coentreprises ; et

c) évalue ses actifs financiers à la juste valeur selon les dispositions d'IFRS 9.

B85M L'entité d'investissement peut avoir certains actifs qui ne sont pas des investissements, par exemple un immeuble lui servant de siège social et le matériel connexe, et peut aussi avoir des passifs financiers. Le critère de l'évaluation à la juste valeur énoncé au paragraphe 27 c) qui fait partie de la définition de l'entité d'investissement s'applique aux investissements de l'entité d'investissement. Par conséquent, l'entité d'investissement n'est pas tenue d'évaluer à la juste valeur ses passifs ou ses actifs qui ne sont pas des investissements.

➡ Caractéristiques typiques d'une entité d'investissement

B85N Pour déterminer si elle correspond à la définition d'une entité d'investissement, l'entité doit examiner si elle en présente les caractéristiques typiques (voir paragraphe 28). L'absence d'une ou de plusieurs de ces caractéristiques ne signifie pas nécessairement que l'entité ne peut être classée comme entité d'investissement, mais indique que l'entité devra davantage faire appel au jugement pour déterminer si elle en est une.

Plus d'un investissement

B85O Une entité d'investissement détient généralement plusieurs investissements de façon à diversifier le risque auquel elle est exposée et à maximiser ses rendements. L'entité peut détenir un portefeuille d'investissements directement, ou encore indirectement, par exemple par la détention d'un investissement unique dans une autre entité d'investissement qui, elle, détient plusieurs investissements.

B85P Il peut arriver qu'une entité ne détienne qu'un seul investissement. La détention d'un seul investissement n'empêche toutefois pas nécessairement l'entité d'entrer dans la définition d'une entité d'investissement.

Ainsi, une entité d'investissement peut ne détenir qu'un seul investissement dans les cas suivants :

a) l'entité est en phase de démarrage, n'a pas encore identifié d'investissements appropriés et n'a donc pas encore mis en œuvre son plan prévoyant d'acquérir plusieurs investissements ;

b) l'entité n'a pas encore fait de nouveaux investissements pour remplacer ceux qu'elle a vendus ;

c) l'entité est établie pour la mise en commun des fonds de plusieurs investisseurs en vue d'un investissement unique qui n'est pas à la portée des investisseurs individuels (par exemple, dans le cas où le montant minimal à investir est trop élevé pour un seul investisseur) ; ou

d) l'entité est en cours de liquidation.

Plus d'un investisseur

B85Q En règle générale, une entité d'investissement a plusieurs investisseurs qui mettent en commun leurs fonds afin de profiter de services de gestion d'investissements et de possibilités d'investissement auxquels ils n'auraient peut-être pas accès individuellement. Le fait d'avoir plusieurs investisseurs rend moins probable que l'entité, ou d'autres membres du groupe dont elle fait partie, retirent des avantages autres que des plus-values en capital ou des revenus d'investissement (voir paragraphe B85I).

B85R Une entité d'investissement peut aussi être créée par ou pour un seul investisseur qui représente un groupe plus large d'investisseurs ou veille aux intérêts de celui-ci (par exemple dans le cas d'un fonds de pension, d'un fonds d'investissement public ou d'une fiducie familiale).

B85S Il peut aussi arriver que l'entité d'investissement n'ait temporairement qu'un seul investisseur. Ce peut par exemple être le cas dans les situations suivantes :

a) l'entité a lancé un premier appel public à l'épargne, qui est toujours en cours, et elle cherche activement des investisseurs appropriés ;

b) l'entité n'a pas encore identifié d'investisseurs appropriés pour remplacer ceux qui ont obtenu le remboursement de leurs parts ; ou

c) l'entité est en cours de liquidation.

Investisseurs non liés

B85T En règle générale, une entité d'investissement a plusieurs investisseurs qui ne sont pas des parties liées (au sens d'IAS 24) à l'entité ou à d'autres membres du groupe dont elle fait partie. Le fait d'avoir des investisseurs non liés rend moins probable que l'entité, ou d'autres membres du groupe dont elle fait partie, retirent des avantages autres que des plus-values en capital ou des revenus d'investissement (voir paragraphe B85I).

B85U Une entité peut toutefois être considérée comme une entité d'investissement même si ses investisseurs sont liés à l'entité. Ainsi, une entité d'investissement peut établir un fonds « parallèle » distinct, dont les investissements sont le reflet des investissements faits par le principal fonds d'investissement de l'entité, pour un groupe de membres de son personnel (par exemple, ses principaux dirigeants) ou pour un ou plusieurs autres investisseurs liés. Ce fonds « parallèle » peut être considéré comme une entité d'investissement même si tous ses investisseurs sont des parties liées.

Droits de propriété

B85V Une entité d'investissement est généralement, mais pas obligatoirement, une entité juridique distincte. Les droits de propriété dans une entité d'investissement prennent habituellement la forme de titres de capitaux propres ou de titres similaires (par exemple, des parts sociales), auxquels correspond une quote-part de l'actif net de l'entité d'investissement. Toutefois, le fait que l'entité ait différentes catégories d'investisseurs et que les droits de certaines soient limités à des investissements ou portefeuilles d'investissements particuliers, ou que la quote-part de l'actif net diffère pour chacune, n'empêche pas l'entité d'être une entité d'investissement.

B85W Par ailleurs, une entité dans laquelle les droits de propriété sont représentés de manière importante par des titres de créance qui, selon les autres IFRS applicables, ne correspondent pas à la définition de titres de capitaux propres, peut néanmoins être considérée comme une entité d'investissement, à condition que les porteurs des titres de créance soient exposés à des rendements qui varient en fonction de la variation de la juste valeur de l'actif net de l'entité.

EXIGENCES COMPTABLES

➡ Procédures de consolidation

B86 Les états financiers consolidés :

a) combinent les postes semblables d'actifs, de passifs, de capitaux propres, de produits, de charges et de flux de trésorerie de la société mère et de ses filiales ;

b) compensent (éliminent) la valeur comptable de la participation de la société mère dans chaque filiale et la part de la société mère dans les capitaux propres de chaque filiale (la comptabilisation du *goodwill* correspondant est expliquée dans IFRS 3) ;

c) éliminent complètement les actifs et les passifs, les capitaux propres, les produits, les charges et les flux de trésorerie intragroupe qui ont trait à des transactions entre entités du groupe (y compris les profits ou les pertes découlant de transactions intragroupe qui sont comptabilisés dans des actifs tels que les stocks et les immobilisations corporelles). Des pertes intragroupe peuvent indiquer une dépréciation nécessitant une comptabilisation dans les états financiers consolidés. IAS 12 *Impôts sur le résultat* s'applique aux différences temporelles résultant de l'élimination des profits et des pertes sur transactions intragroupe.

➡ Méthodes comptables uniformes

B87 Si une entité du groupe applique des méthodes comptables différentes de celles adoptées dans les états financiers consolidés pour des transactions et des événements semblables se produisant dans des circonstances similaires, les ajustements appropriés sont apportés à ses états financiers dans le cadre de la préparation des états financiers consolidés, pour assurer la conformité avec les méthodes comptables du groupe.

➡ Évaluation

B88 L'entité inclut les produits et les charges d'une filiale dans les états financiers consolidés à compter de la date à laquelle elle acquiert le contrôle de la filiale et jusqu'à la date à laquelle elle cesse de contrôler celle-ci. Les produits et les charges de la filiale sont établis en fonction des montants des actifs et des passifs comptabilisés dans les états financiers consolidés à la date d'acquisition. Par exemple, la charge d'amortissement comptabilisée dans l'état consolidé du résultat global après la date d'acquisition est fondée sur les justes valeurs des actifs amortissables comptabilisés dans les états financiers consolidés à la date d'acquisition.

➡ Droits de vote potentiels

B89 Lorsqu'il existe des droits de vote potentiels ou d'autres dérivés comportant des droits de vote potentiels, les quotes-parts du résultat net et des variations des capitaux propres attribuées respectivement, lors de la préparation des états financiers consolidés, à la société mère et aux participations ne donnant pas le contrôle sont déterminées sur la seule base du pourcentage de participation actuel et ne reflètent pas l'exercice ou la conversion possibles des droits de vote potentiels ou des autres dérivés, sous réserve de l'application du paragraphe B90.

B90 Dans certaines circonstances, l'entité détient, en fait, un droit de propriété résultant d'une transaction qui lui donne actuellement accès aux rendements liés à des titres de participation. En pareil cas, la quote-part attribuée respectivement, lors de la préparation des états financiers consolidés, à la société mère et aux participations ne donnant pas le contrôle est déterminée en tenant compte de l'exercice futur de ces droits de vote potentiels et des autres dérivés qui permettent à l'entité d'avoir actuellement accès à ces rendements.

B91 IFRS 9 ne s'applique pas aux intérêts détenus dans des filiales qui sont consolidées. Lorsque des instruments financiers comportant des droits de vote potentiels donnent actuellement accès, en substance, aux rendements liés à des titres de participation dans une filiale, ils ne sont pas soumis aux dispositions d'IFRS 9. Dans tous les autres cas, les instruments comportant des droits de vote potentiels dans une filiale sont comptabilisés selon IFRS 9.

➡ Date de clôture

B92 La date de clôture des états financiers de la société mère et de ses filiales utilisés pour la préparation des états financiers consolidés doit être la même. Lorsque la fin de la période de reporting de la société mère et celle d'une filiale ne coïncident pas, ladite filiale prépare, pour les besoins de la consolidation, des informations financières supplémentaires en date des états financiers de la société mère pour permettre à cette dernière de consolider l'information financière de la filiale, à moins que ce ne soit impraticable.

B93 S'il est impraticable pour la filiale de préparer les informations financières supplémentaires, la société mère doit consolider l'information financière présentée dans les états financiers les plus récents de la filiale, ajustés pour prendre en compte l'effet des transactions ou événements importants qui se sont produits entre la date des états financiers de la filiale et celle des états financiers consolidés. L'intervalle entre ces deux dates ne doit en aucun cas excéder trois mois, et la durée des périodes de reporting ainsi que l'intervalle entre les dates de clôture doivent demeurer les mêmes d'une période à l'autre.

Participations ne donnant pas le contrôle

B94 L'entité doit attribuer le résultat net et chaque composante des autres éléments du résultat global aux propriétaires de la société mère et aux détenteurs de participations ne donnant pas le contrôle. Elle doit aussi attribuer le résultat global total aux propriétaires de la société mère et aux détenteurs de participations ne donnant pas le contrôle, même si cela se traduit par un solde déficitaire pour les participations ne donnant pas le contrôle.

B95 Si une filiale a des actions préférentielles à dividende cumulatif en circulation classées en capitaux propres et détenues par des actionnaires n'ayant pas le contrôle, l'entité doit calculer sa quote-part du résultat net une fois celui-ci ajusté pour tenir compte des dividendes (décidés ou non) sur ces actions.

Modification de la quote-part des détenteurs de participations ne donnant pas le contrôle

B96 En cas de modification de la quote-part des capitaux propres des détenteurs de participations ne donnant pas le contrôle, l'entité doit ajuster les valeurs comptables des participations donnant le contrôle et des participations ne donnant pas le contrôle pour refléter la modification des participations respectives dans la filiale. L'entité doit comptabiliser directement en capitaux propres toute différence entre le montant de l'ajustement apporté aux participations ne donnant pas le contrôle et la juste valeur de la contrepartie versée ou reçue, et l'attribuer aux propriétaires de la société mère.

Perte du contrôle

B97 Une société mère peut perdre le contrôle d'une filiale par suite de plusieurs accords (transactions). Cependant, dans certains cas, les circonstances indiquent qu'il y a lieu de comptabiliser les accords multiples comme une seule et même transaction. Pour déterminer si elle comptabilise les accords comme une transaction unique, la société mère doit considérer l'ensemble des termes et conditions des accords ainsi que leurs effets économiques. La présence d'au moins un des facteurs suivants constitue une indication que la société mère devrait comptabiliser les accords multiples comme une transaction unique :

a) les accords sont conclus simultanément ou en considération l'un de l'autre ;

b) ils constituent une transaction unique destinée à produire un résultat commercial global ;

c) la conclusion d'un accord est subordonnée à celle d'au moins un autre accord ;

d) un accord n'est pas justifié sur le plan économique s'il est considéré isolément, alors qu'il le devient dans le contexte des autres accords. Une cession d'actions à un prix inférieur au cours du marché compensée par une cession ultérieure à un prix supérieur au cours du marché constitue un exemple d'une telle situation.

B98 Si la société mère perd le contrôle d'une filiale, elle doit :

a) décomptabiliser :

i) les actifs (y compris le *goodwill*, le cas échéant) et les passifs de la filiale à leur valeur comptable à la date de la perte du contrôle ; et

ii) la valeur comptable, à la date de la perte du contrôle, des participations ne donnant pas le contrôle détenues le cas échéant dans l'ancienne filiale (ainsi que les composantes des autres éléments du résultat global qui leur sont attribuables) ;

b) comptabiliser :

i) la juste valeur de la contrepartie reçue, le cas échéant, par suite de la transaction, de l'événement ou des circonstances ayant entraîné la perte du contrôle ;

ii) la distribution des actions de la filiale aux propriétaires en leur qualité de propriétaires, si la transaction, l'événement ou les circonstances ayant entraîné la perte du contrôle donnent lieu à une telle distribution ; et

iii) la participation conservée dans l'ancienne filiale, le cas échéant, à sa juste valeur à la date de la perte du contrôle ;

c) reclasser en résultat net, ou virer directement aux résultats non distribués lorsque d'autres normes IFRS l'imposent, les montants comptabilisés dans les autres éléments du résultat global au titre de la filiale selon les modalités décrites au paragraphe B99 ;

d) comptabiliser en résultat net, à titre de profit ou de perte attribuable à la société mère, tout écart restant.

B99 Si la société mère perd le contrôle d'une filiale, elle doit comptabiliser tous les montants comptabilisés jusque-là dans les autres éléments du résultat global au titre de cette filiale selon les mêmes modalités que si elle avait directement sorti les actifs ou passifs correspondants. Donc, dans le cas où un profit ou une perte comptabilisé précédemment dans les autres éléments du résultat global serait reclassé en résultat net lors de la sortie des actifs ou des passifs correspondants, la société mère doit reclasser en résultat net le profit ou la perte comptabilisé jusque-là dans les capitaux propres (sous forme d'un ajustement de reclassement) lorsqu'elle perd le contrôle de la filiale. Dans le cas où un écart de réévaluation comptabilisé précédemment dans les autres éléments du résultat global serait viré directement aux résultats non distribués lors de la sortie de l'actif, la société mère doit virer l'écart de réévaluation directement aux résultats non distribués lorsqu'elle perd le contrôle de la filiale.

TRAITEMENT COMPTABLE DU CHANGEMENT DE STATUT DE L'ENTITÉ QUI CESSE D'ÊTRE OU QUI DEVIENT UNE ENTITÉ D'INVESTISSEMENT

B100 L'entité qui cesse d'être une entité d'investissement doit appliquer IFRS 3 à toute filiale qui était auparavant évaluée à la juste valeur par le biais du résultat net selon le paragraphe 31. La date du changement de statut sera la date d'acquisition présumée. La juste valeur de la filiale à la date d'acquisition présumée doit représenter la contrepartie présumée transférée, aux fins de l'évaluation du *goodwill* ou du profit résultant d'une acquisition à des conditions avantageuses par suite de l'acquisition présumée. Toutes les filiales doivent être consolidées conformément aux paragraphes 19 à 24 de la présente norme à compter de la date du changement de statut.

B101 L'entité qui devient une entité d'investissement doit cesser de consolider ses filiales à la date du changement de statut, à l'exception des filiales qu'elle doit continuer de consolider selon le paragraphe 32. L'entité d'investissement doit appliquer les dispositions des paragraphes 25 et 26 aux filiales qu'elle cesse de consolider comme si elle en avait perdu le contrôle à la date du changement de statut.

Appendice C – Date d'entrée en vigueur et dispositions transitoires

Le présent appendice fait partie intégrante de la norme et fait autorité au même titre que les autres parties de la norme.

DATE D'ENTRÉE EN VIGUEUR

C1 L'entité doit appliquer la présente norme pour les exercices ouverts à compter du 1er janvier 2013. Une application anticipée est autorisée. Si l'entité applique la présente norme de manière anticipée, elle doit l'indiquer et appliquer en même temps IFRS 11, IFRS 12, IAS 27 *États financiers individuels* et IAS 28 (telle que modifiée en 2011).

C1A La publication d'*États financiers consolidés, partenariats et informations à fournir sur les intérêts détenus dans d'autres entités : dispositions transitoires* (modifications d'IFRS 10, d'IFRS 11 et d'IFRS 12), en juin 2012, a donné lieu à la modification des paragraphes C2 à C6 et à l'ajout des paragraphes C2A, C2B, C4A à C4C, C5A, C6A et C6B. L'entité doit appliquer ces modifications pour les exercices ouverts à compter du 1er janvier 2013. Si l'entité applique IFRS 10 pour une période antérieure, elle doit appliquer ces modifications pour cette période antérieure.

C1B La publication d'*Entités d'investissement* (modifications d'IFRS 10, d'IFRS 12 et d'IAS 27), en octobre 2012, a donné lieu à la modification des paragraphes 2, 4, C2A et C6A et de l'appendice A, et à l'ajout des paragraphes 27 à 33, B85A à B85W, B100 et B101 et C3A à C3F. L'entité doit appliquer ces modifications pour les exercices ouverts à compter du 1er janvier 2014. Une application anticipée est autorisée. Si l'entité applique lesdites modifications pour une période antérieure, elle doit l'indiquer et appliquer en même temps toutes les modifications introduites par *Entités d'investissement*.

C1D La publication d'*Entités d'investissement : application de l'exception de consolidation* (modifications d'IFRS 10, d'IFRS 12 et d'IAS 28), en décembre 2014, a donné lieu à la modification des paragraphes 4, 32, B85C, B85E et C2A et à l'ajout des paragraphes 4A et 4B. L'entité doit appliquer ces modifications pour les exercices ouverts à compter du 1er janvier 2016. Une application anticipée est autorisée. Si l'entité applique ces modifications pour une période antérieure, elle doit l'indiquer.

DISPOSITIONS TRANSITOIRES

C2 L'entité doit appliquer la présente norme de façon rétrospective selon IAS 8 *Méthodes comptables, changements d'estimations comptables et erreurs*, sauf dans les cas visés par les paragraphes C2A à C6.

C2A Nonobstant les dispositions du paragraphe 28 d'IAS 8, lors de la première application de la présente norme, et lors de la première application, si elle est ultérieure, des modifications de la présente norme introduites par *Entités d'investissement* et par *Entités d'investissement : application de l'exception de consolidation*, l'entité n'est tenue de présenter les informations quantitatives imposées par le paragraphe 28 f) d'IAS 8 que pour l'exercice qui précède immédiatement la date de première application de la présente norme (la « période qui précède immédiatement »). L'entité peut également présenter ces informations pour la période considérée ou pour des périodes comparatives antérieures, mais n'est pas tenue de le faire.

C2B Aux fins de la présente norme, la date de première application est la date d'ouverture de l'exercice pour lequel l'entité applique la présente norme pour la première fois.

C3 À la date de première application, l'entité n'est pas tenue d'apporter des ajustements au traitement comptable antérieur de ses liens avec :

a) les entités qui seraient consolidées à cette date selon IAS 27 *États financiers consolidés et individuels* et SIC-12 *Consolidation – entités ad hoc* et qui, selon la présente norme, sont encore consolidées ; ou

b) les entités qui ne seraient pas consolidées à cette date selon IAS 27 et SIC-12 et qui, selon la présente norme, ne sont pas consolidées.

C3A À la date de première application, l'entité doit déterminer si elle est une entité d'investissement en se basant sur les faits et circonstances qui existent à cette date. Si, à la date de première application, l'entité conclut qu'elle est une entité d'investissement, elle doit appliquer les dispositions des paragraphes C3B à C3F au lieu de celles des paragraphes C5 et C5A.

C3B Excepté les filiales consolidées conformément au paragraphe 32 (auxquelles s'appliquent les paragraphes C3 et C6 ou les paragraphes C4 à C4C, selon le cas), l'entité d'investissement doit évaluer sa participation dans chaque filiale à la juste valeur par le biais du résultat net comme si les dispositions de la présente norme avaient toujours été en vigueur. L'entité d'investissement doit ajuster de manière rétrospective l'exercice qui précède immédiatement la date de première application et les capitaux propres d'ouverture de la période qui précède immédiatement, pour tenir compte de tout écart entre :

a) la valeur comptable antérieure de la filiale ; et

b) la juste valeur de la participation de l'entité d'investissement dans la filiale.

Le montant cumulé des ajustements de la juste valeur comptabilisés jusque-là dans les autres éléments du résultat global doit être transféré dans les résultats non distribués à l'ouverture de l'exercice qui précède immédiatement la date de première application.

C3C Avant la date d'adoption d'IFRS 13 *Évaluation de la juste valeur*, l'entité d'investissement doit utiliser le montant de la juste valeur précédemment communiqué aux investisseurs ou à la direction, si ce montant représente le montant pour lequel la participation aurait pu être échangée entre des parties bien informées et consentantes dans le cadre d'une transaction effectuée dans des conditions de concurrence normale à la date de son évaluation.

C3D S'il est impraticable (au sens d'IAS 8) d'évaluer sa participation dans une filiale selon les paragraphes C3B et C3C, l'entité d'investissement doit appliquer les dispositions de la présente norme à la date d'ouverture de la première période pour laquelle l'application des paragraphes C3B et C3C est praticable, qui peut être la période considérée. L'investisseur doit ajuster de manière rétrospective l'exercice qui précède immédiatement la date de première application, à moins que la date d'ouverture de la première période pour laquelle l'application du présent paragraphe est praticable soit la date d'ouverture de la période considérée. Si la première période pour laquelle l'application du présent paragraphe est praticable est la période considérée, l'ajustement des capitaux propres doit être comptabilisé à l'ouverture de la période considérée.

C3E Si l'entité d'investissement a cédé une participation dans une filiale ou a perdu le contrôle d'une filiale avant la date de première application de la présente norme, elle n'est pas tenue d'apporter des ajustements au traitement comptable antérieur de cette filiale.

C3F Si la période pour laquelle l'entité applique pour la première fois les modifications introduites par *Entités d'investissement* est postérieure à la période pour laquelle elle applique IFRS 10 pour la première fois, les références à la « date de première application » aux paragraphes C3A à C3E doivent être lues comme des références à la « date d'ouverture de l'exercice pour lequel les modifications introduites en octobre 2012 par *Entités d'investissement* (modifications d'IFRS 10, d'IFRS 12 et d'IAS 27) sont appliquées pour la première fois ».

C4 Si, à la date de première application, un investisseur conclut qu'il doit faire entrer dans le périmètre des états financiers consolidés une entité faisant l'objet d'un investissement qui n'en faisait pas partie selon IAS 27 et SIC-12, l'investisseur doit :

a) si l'entité faisant l'objet d'un investissement est une entreprise (selon la définition d'IFRS 3 *Regroupements d'entreprises*), évaluer les actifs et les passifs de l'entité faisant l'objet d'un investissement non consolidée précédemment, ainsi que les participations ne donnant pas le contrôle détenues dans celle-ci, comme si cette entité avait été consolidée (et que la méthode de l'acquisition avait donc été appliquée conformément à IFRS 3) à compter de la date où l'investisseur en a obtenu le contrôle selon les dispositions de la présente norme. L'investisseur doit ajuster de manière rétrospective l'exercice qui précède immédiatement la date de première application. Lorsque la date à laquelle l'investisseur a obtenu le contrôle est antérieure à la date d'ouverture de la période qui précède immédiatement, il doit comptabiliser, à titre d'ajustement des capitaux propres à l'ouverture de la période qui précède immédiatement, tout écart entre :

i) le montant comptabilisé pour les actifs, les passifs et les participations ne donnant pas le contrôle ; et

ii) la valeur comptable antérieure des liens de l'investisseur avec l'entité faisant l'objet d'un investissement.

b) si l'entité faisant l'objet d'un investissement n'est pas une entreprise (selon la définition d'IFRS 3), évaluer les actifs et les passifs de l'entité faisant l'objet d'un investissement non consolidée précédemment, ainsi que les participations ne donnant pas le contrôle détenues dans celle-ci, comme si cette entité avait été consolidée (en appliquant la méthode de l'acquisition décrite dans IFRS 3 sans comptabiliser de *goodwill* pour l'entité faisant l'objet d'un investissement) à compter de la date où l'investisseur en a obtenu le contrôle selon les dispositions de la présente norme. L'investisseur doit ajuster de manière rétrospective l'exercice qui précède immédiatement la date de première application. Lorsque la date à laquelle l'investisseur a obtenu le contrôle est antérieure à la date d'ouverture de la période qui précède immédiatement, il doit comptabiliser, à titre d'ajustement des capitaux propres à l'ouverture de la période qui précède immédiatement, tout écart entre :

i) le montant comptabilisé pour les actifs, les passifs et les participations ne donnant pas le contrôle ; et

ii) la valeur comptable antérieure des liens de l'investisseur avec l'entité faisant l'objet d'un investissement.

C4A S'il est impraticable (au sens d'IAS 8) d'évaluer es actifs et les passifs de l'entité faisant l'objet d'un investissement, ainsi que les participations ne donnant pas le contrôle détenues dans celle-ci, conformément au paragraphe C4 a) ou au paragraphe C4 b), l'investisseur doit :

a) si l'entité faisant l'objet d'un investissement est une entreprise, appliquer les dispositions d'IFRS 3 à la date d'acquisition présumée. La date d'acquisition présumée doit alors correspondre à la date d'ouverture de la première période pour laquelle l'application du paragraphe C4 a) est praticable, qui peut être la période considérée ;

b) si l'entité faisant l'objet d'un investissement n'est pas une entreprise, appliquer la méthode de l'acquisition décrite dans IFRS 3, sans comptabiliser de *goodwill* pour l'entité faisant l'objet d'un investissement à la date d'acquisition présumée. La date d'acquisition présumée doit alors correspondre à la date d'ouverture de la première période pour laquelle l'application du paragraphe C4 b) est praticable, qui peut être la période considérée.

L'investisseur doit ajuster de manière rétrospective l'exercice qui précède immédiatement la date de première application, à moins que la date d'ouverture de la première période pour laquelle l'application du présent paragraphe est praticable soit la période considérée. Lorsque la date d'acquisition présumée est antérieure à la date d'ouverture de la période qui précède immédiatement, l'investisseur doit comptabiliser, à titre d'ajustement des capitaux propres à l'ouverture de la période qui précède immediatement, tout écart entre :

c) le montant comptabilisé pour les actifs, les passifs et les participations ne donnant pas le contrôle ; et

d) la valeur comptable antérieure des liens de l'investisseur avec l'entité faisant l'objet d'un investissement.

Si la première période pour laquelle l'application du présent paragraphe est praticable est la période considérée, l'ajustement des capitaux propres doit être comptabilisé à l'ouverture de la période considérée.

C4B Lorsqu'un investisseur applique les paragraphes C4 et C4A et que la date où il a obtenu le contrôle selon la présente norme est ultérieure à la date d'entrée en vigueur d'IFRS 3 telle que révisée en 2008 [IFRS 3 (2008)], la référence à IFRS 3 dans les paragraphes C4 et C4A doit être comprise comme une référence à IFRS 3 (2008). Si le contrôle a été obtenu avant la date d'entrée en vigueur d'IFRS 3 (2008), l'investisseur doit appliquer soit IFRS 3 (2008), soit IFRS 3 (publiée en 2004).

C4C Lorsqu'un investisseur applique les paragraphes C4 et C4A et que la date où le contrôle a été obtenu selon la présente norme est ultérieure à la date d'entrée en vigueur d'IAS 27 telle que révisée en 2008 [IAS 27 (2008)], il doit appliquer les dispositions de la présente norme à toutes les périodes pour lesquelles l'entité faisant l'objet d'un investissement est consolidée de manière rétrospective conformément aux paragraphes C4 et C4A. Si l'investisseur a obtenu le contrôle avant la date d'entrée en vigueur d'IAS 27 (2008), il doit appliquer :

a) soit les dispositions de la présente norme pour toutes les périodes pour lesquelles l'entité faisant l'objet d'un investissement a été consolidée de manière rétrospective conformément aux paragraphes C4 et C4A ;

b) soit les dispositions de la version d'IAS 27 publiée en 2003 [IAS 27 (2003)] pour les périodes antérieures à la date d'entrée en vigueur d'IAS 27 (2008) et les dispositions de la présente norme pour les périodes ultérieures.

C5 Si, à la date de la première application, un investisseur conclut qu'il ne fera plus entrer dans le périmètre des états financiers consolidés une entité faisant l'objet d'un investissement qui en faisait partie selon IAS 27 et SIC-12, il doit évaluer les intérêts qu'il détient dans l'entité faisant l'objet d'un investissement comme étant égaux au montant auquel ces intérêts auraient été évalués si les dispositions de la présente norme avaient été en vigueur lorsque ses liens avec l'entité faisant l'objet d'un investissement ont été créés (sans toutefois lui donner le contrôle de celle-ci selon la présente norme), ou lorsqu'il a perdu le contrôle de celle-ci. L'investisseur doit ajuster de manière rétrospective l'exercice qui précède immédiatement la date de première application. Lorsque la date à laquelle les liens de l'investisseur avec l'entité faisant l'objet d'un investissement ont été créés (sans toutefois lui donner le contrôle de celle-ci selon la présente norme), ou à laquelle il a perdu le contrôle de celle-ci, est antérieure à la date d'ouverture de la période qui précède immédiatement, l'investisseur doit comptabiliser, à titre d'ajustement des capitaux propres à l'ouverture de la période qui précède immédiatement, tout écart entre :

a) la valeur comptable antérieure des actifs, des passifs et des participations ne donnant pas le contrôle ; et

b) le montant comptabilisé pour ses intérêts dans l'entité faisant l'objet d'un investissement.

C5A Si l'évaluation des intérêts détenus dans l'entité faisant l'objet d'un investissement selon le paragraphe C5 est impraticable (au sens d'IAS 8), l'investisseur doit appliquer les dispositions de la présente norme à la date d'ouverture de la première période pour laquelle l'application du paragraphe C5 est praticable, qui peut être la période considérée. L'investisseur doit ajuster de manière rétrospective l'exercice qui précède immédiatement la date de première application, à moins que la date d'ouverture de la première période pour laquelle l'application du présent paragraphe est praticable soit la période considérée. Lorsque la date à laquelle les liens de l'investisseur avec l'entité faisant l'objet d'un investissement ont été créés (sans toutefois lui donner le contrôle de celle-ci selon la présente norme), ou à laquelle il a perdu le contrôle de celle-ci, est antérieure à la date d'ouverture de la période qui précède immédiatement, l'investisseur doit comptabiliser, à titre d'ajustement des capitaux propres à l'ouverture de la période qui précède immédiatement, tout écart entre :

a) la valeur comptable antérieure des actifs, des passifs et des participations ne donnant pas le contrôle ; et

b) le montant comptabilisé pour ses intérêts dans l'entité faisant l'objet d'un investissement.

Si la première période pour laquelle l'application du présent paragraphe est praticable est la période considérée, l'ajustement des capitaux propres doit être comptabilisé à l'ouverture de la période considérée.

C6 Les paragraphes 23, 25, B94 et B96 à B99 étaient, à l'origine, des modifications apportées à IAS 27 en 2008, et ils ont été repris dans IFRS 10. Sauf lorsqu'elle applique le paragraphe C3, ou lorsqu'elle est tenue d'appliquer les paragraphes C4 à C5A, l'entité doit appliquer les dispositions contenues dans ces paragraphes comme suit :

a) l'entité ne doit pas retraiter une attribution du résultat net pour les périodes de reporting antérieures à la première application de la modification énoncée au paragraphe B94 ;

b) les dispositions des paragraphes 23 et B96 sur la comptabilisation des modifications du pourcentage de détention des titres de participation dans une filiale après que la société mère en a obtenu le contrôle ne s'appliquent pas aux modifications survenues avant la première application de ces dispositions ;

c) l'entité ne doit pas retraiter la valeur comptable d'une participation dans une ancienne filiale si elle en a perdu le contrôle avant la première application des modifications énoncées aux paragraphes 25 et B97 à B99. En outre, elle ne doit pas recalculer de profit ou de perte sur la perte du contrôle d'une filiale survenue avant la première application de ces modifications.

Références à la « période qui précède immédiatement »

C6A Nonobstant les références à l'exercice qui précède immédiatement la date de première application (la « période qui précède mmédiatement ») aux paragraphes C3B à C5A, l'entité peut également présenter des informations comparatives ajustées pour toute autre période antérieure présentée, mais elle n'est pas tenue de le faire. Si l'entité présente des informations comparatives ajustées pour une période antérieure, les références à la « période qui précède immédiatement » aux paragraphes C3B à C5A doivent être lues comme des références à la « première période pour laquelle sont présentées des informations comparatives ajustées ».

C6B Si l'entité présente des informations comparatives non ajustées pour une période antérieure, elle doit identifier clairement les informations qui n'ont pas été ajustées, faire mention du fait qu'elles ont été établies selon des règles comptables différentes, et expliquer ces règles.

Références à IFRS 9

C7 Si l'entité applique la présente norme mais n'applique pas encore IFRS 9, toute référence à IFRS 9 doit s'interpréter comme une référence à IAS 39 *Instruments financiers : comptabilisation et évaluation*.

RETRAIT D'AUTRES NORMES

C8 La présente norme annule et remplace les dispositions relatives aux états financiers consolidés d'IAS 27 (telle que modifiée en 2008).

C9 La présente norme annule et remplace aussi SIC-12 *Consolidation – Entités ad hoc*.

IFRS 11

Partenariats

[règlt UE 2023/1803]

Objectif

1 L'objectif de la présente norme est d'établir des principes d'information financière pour les entités qui détiennent des intérêts dans des opérations contrôlées conjointement (*partenariats*).

PRINCIPES GÉNÉRAUX

2 Pour satisfaire à l'objectif énoncé au paragraphe 1, la présente norme définit le *contrôle conjoint* et exige d'une entité qui est *partie à un partenariat* qu'elle détermine le type de partenariat auquel elle participe en évaluant ses droits et obligations, et qu'elle comptabilise ces droits et obligations selon le type de partenariat dont il s'agit.

Champ d'application

3 La présente norme doit être appliquée par toutes les entités qui sont parties à un partenariat.

Partenariats

4 Un partenariat est une opération sur laquelle deux parties ou plus exercent un contrôle conjoint.

5 Le partenariat possède les caractéristiques suivantes :

a) les parties sont liées par un accord contractuel (voir paragraphes B2 à B4) ;

b) l'accord contractuel confère à deux parties ou plus le contrôle conjoint de l'opération (voir paragraphes 7 à 13).

6 Un partenariat est soit une **activité conjointe**, soit une **coentreprise**.

CONTRÔLE CONJOINT

7 Le contrôle conjoint est le partage contractuellement convenu du contrôle exercé sur une opération, qui n'existe que dans le cas où les décisions concernant les activités pertinentes requièrent le consentement unanime des parties partageant le contrôle.

8 L'entité qui est partie à une opération doit déterminer si l'accord contractuel confère à toutes les parties, ou à un groupe d'entre elles, le contrôle collectif de l'opération. Il y a contrôle collectif lorsque toutes les parties, ou un groupe d'entre elles, doivent agir de concert pour diriger les activités qui ont une incidence importante sur les rendements de l'opération (c'est-à-dire les activités pertinentes).

9 Une fois qu'il a été déterminé que toutes les parties, ou qu'un groupe d'entre elles, contrôlent collectivement l'opération, on ne peut conclure à l'existence d'un contrôle conjoint que dans le cas où les décisions concernant les activités pertinentes requièrent le consentement unanime des parties qui contrôlent collectivement l'opération.

10 Dans un partenariat, aucune des parties n'exerce un contrôle unilatéral sur l'opération. Toute partie exerçant un contrôle conjoint sur l'opération peut empêcher le contrôle de celle-ci par une autre partie ou par un groupe de parties.

11 Une opération peut être un partenariat même si toutes les parties à l'opération n'exercent pas sur celle-ci un contrôle conjoint. La présente norme établit une distinction entre les parties qui exercent un contrôle conjoint sur un partenariat (*coparticipants* ou *coentrepreneurs*) et les parties qui participent au partenariat sans toutefois exercer un contrôle conjoint sur celui-ci.

12 L'exercice du jugement est nécessaire pour déterminer si toutes les parties, ou un groupe d'entre elles, exercent un contrôle conjoint sur l'opération. Aux fins de cette détermination, l'entité doit tenir compte de tous les faits et circonstances (voir paragraphes B5 à B11).

13 Si les faits et circonstances changent, l'entité doit réévaluer si elle exerce toujours un contrôle conjoint sur l'opération.

TYPES DE PARTENARIATS

14 L'entité doit déterminer le type de partenariat auquel elle participe. Le classement d'un partenariat en tant qu'activité conjointe ou que coentreprise est fonction des droits et des obligations des parties à l'opération.

15 Une activité conjointe est un partenariat dans lequel les parties qui exercent un contrôle conjoint sur l'opération ont des droits sur les actifs, et des obligations au titre des passifs, relatifs à celle-ci. Ces parties sont appelées coparticipants.

16 Une coentreprise est un partenariat dans lequel les parties qui exercent un contrôle conjoint sur l'opération ont des droits sur l'actif net de celle-ci. Ces parties sont appelées coentrepreneurs.

17 L'entité exerce son jugement pour déterminer si un partenariat est une activité conjointe ou une coentreprise. Elle doit déterminer le type de partenariat auquel elle participe en fonction de ses droits et de ses obligations résultant de l'opération. Pour évaluer ses droits et obligations, l'entité tient compte de la structure et de la forme juridique de l'opération, des stipulations convenues entre les parties dans l'accord contractuel et, le cas échéant, des autres faits et circonstances (voir paragraphes B12 à B33).

18 Les parties sont parfois liées par un accord-cadre établissant les stipulations contractuelles de nature générale pour la réalisation d'une ou de plusieurs activités. L'accord-cadre peut prévoir l'établissement de différents partenariats entre les parties pour la réalisation d'activités particulières couvertes par l'accord-cadre. Bien que ces partenariats se rattachent au même accord-cadre, ils peuvent être de types différents si les droits et les obligations des parties diffèrent en fonction des diverses activités couvertes par l'accord-cadre. La coexistence d'activités conjointes et de coentreprises est donc possible lorsque les parties réalisent différentes activités couvertes par le même accord-cadre.

19 Si les faits et circonstances changent, l'entité doit évaluer si le type de partenariat auquel elle participe a changé.

États financiers des parties à un partenariat

ACTIVITÉS CONJOINTES

20 Le coparticipant doit comptabiliser les éléments suivants relativement à ses intérêts dans une activité conjointe :

a) ses actifs, y compris sa quote-part des actifs détenus conjointement, le cas échéant ;

b) ses passifs, y compris sa quote-part des passifs assumés conjointement, le cas échéant ;

c) les produits qu'il a tirés de la vente de sa quote-part de la production générée par l'activité conjointe ;

d) sa quote-part des produits tirés de la vente de la production générée par l'activité conjointe ; et

e) les charges qu'il a engagées, y compris sa quote-part des charges engagées conjointement, le cas échéant.

21 Le coparticipant doit comptabiliser les actifs, les passifs, les produits et les charges relatifs à ses intérêts dans une activité conjointe en conformité avec les IFRS qui s'appliquent à ces actifs, passifs, produits et charges.

21A Lorsque l'entité acquiert des intérêts dans une activité conjointe dont l'activité constitue une entreprise au sens d'IFRS 3 *Regroupements d'entreprises*, elle doit appliquer, à concurrence de sa quote-part selon le paragraphe 20, tous les principes de comptabilisation des regroupements d'entreprises établis dans IFRS 3, et dans d'autres IFRS, qui ne vont pas à l'encontre des dispositions de la présente IFRS, et fournir les informations qui sont exigées dans ces IFRS pour les regroupements d'entreprises. Cette disposition s'applique aussi bien à l'acquisition des intérêts initiaux qu'aux acquisitions d'intérêts additionnels dans une activité conjointe dont l'activité constitue une entreprise. Des indications sur la comptabilisation de l'acquisition d'intérêts dans une telle activité conjointe sont fournies aux paragraphes B33A à B33D.

22 Le traitement comptable applicable aux transactions telles que la vente, l'apport ou l'achat d'actifs entre une entité et une activité conjointe dans laquelle l'entité est coparticipante se trouve précisé aux paragraphes B34 à B37.

23 Une partie qui participe à une activité conjointe, sans toutefois exercer un contrôle conjoint sur celle-ci, doit elle aussi comptabiliser ses intérêts dans l'opération selon les paragraphes 20 à 22 si elle a des droits sur les actifs, et des obligations au titre des passifs, relatifs à l'activité conjointe. Si elle n'a pas de droit sur les actifs, ni d'obligation au titre des passifs, relatifs à l'activité conjointe, elle doit comptabiliser ses intérêts dans celle-ci conformément aux IFRS applicables au type d'intérêts dont il s'agit.

COENTREPRISES

24 Un coentrepreneur doit comptabiliser ses intérêts dans une coentreprise à titre de participation selon la méthode de la mise en équivalence, conformément à IAS 28 *Participations dans des entreprises associées et des coentreprises*, sauf si l'entité est exemptée de l'application de la méthode de la mise en équivalence selon les dispositions de cette norme.

25 Une partie qui participe à une coentreprise sans toutefois exercer un contrôle conjoint sur celle-ci doit comptabiliser ses intérêts dans l'opération selon IFRS 9 *Instruments financiers*, à moins qu'elle n'exerce une influence notable sur la coentreprise, auquel cas elle doit comptabiliser ses intérêts selon IAS 28 (telle que modifiée en 2011).

États financiers individuels

26 Dans ses états financiers individuels, un coparticipant ou un coentrepreneur doit comptabiliser ses intérêts :

a) dans une activité conjointe selon les paragraphes 20 à 22 ;

b) dans une coentreprise selon le paragraphe 10 d'IAS 27 *États financiers individuels*.

27 Dans ses états financiers individuels, une partie qui participe à un partenariat, sans toutefois exercer un contrôle conjoint sur celui-ci, doit comptabiliser ses intérêts :

a) dans une activité conjointe selon le paragraphe 23 ;

b) dans une coentreprise selon IFRS 9, à moins que l'entité n'exerce une influence notable sur la coentreprise, auquel cas elle doit appliquer le paragraphe 10 d'IAS 27 (telle que modifiée en 2011).

Appendice A – Définitions

Le présent appendice fait partie intégrante de la norme.

Partenariat	Opération sur laquelle deux parties ou plus exercent un **contrôle conjoint**.
Contrôle conjoint	Partage contractuellement convenu du contrôle exercé sur une opération, qui n'existe que dans le cas où les décisions concernant les activités pertinentes requièrent le consentement unanime des parties partageant le contrôle.
Activité conjointe	**Partenariat** dans lequel les parties qui exercent un **contrôle conjoint** sur l'opération ont des droits sur les actifs, et des obligations au titre des passifs, relatifs à celle-ci.
Coparticipant	Partie à une **activité conjointe** qui exerce un **contrôle conjoint** sur celle-ci.

Coentreprise	**Partenariat** dans lequel les parties qui exercent un **contrôle conjoint** sur l'opération ont des droits sur l'actif net de celle-ci.
Coentrepreneur	Partie à une **coentreprise** qui exerce un **contrôle conjoint** sur celle-ci.
Partie à un partenariat	Entité qui participe à un **partenariat**, qu'elle exerce ou non un **contrôle conjoint** sur l'opération.
Véhicule distinct	Structure financière séparément identifiable, qui peut être notamment une entité juridique distincte ou une entité définie par la loi, qu'elle soit dotée ou non de la personnalité juridique.

Les termes suivants, qui sont définis dans IAS 27 (telle que modifiée en 2011), IAS 28 (telle que modifiée en 2011) ou IFRS 10 *États financiers consolidés*, sont utilisés dans la présente norme au sens qui leur est donné dans les IFRS dans lesquelles ils sont définis.

- contrôle d'une entité faisant l'objet d'un investissement
- méthode de la mise en équivalence
- pouvoir
- droits protectifs
- activités pertinentes
- états financiers individuels
- influence notable.

Appendice B – Guide d'application

Le présent appendice fait partie intégrante de la norme. Il décrit la façon d'appliquer les paragraphes 1 à 27 et fait autorité au même titre que les autres parties de la norme.

B1 Les exemples fournis dans le présent appendice illustrent des situations hypothétiques. Bien que certains de leurs aspects puissent se présenter dans des contextes réels, il faut évaluer tous les faits et circonstances pertinents d'une situation particulière lors de l'application d'IFRS 11.

PARTENARIATS

Accord contractuel (paragraphe 5)

B2 L'existence d'un accord contractuel peut être attestée de diverses façons. Un accord contractuel juridiquement contraignant a souvent, mais pas toujours, une forme écrite, généralement celle d'un contrat ou d'un document dans lequel sont consignés les pourparlers entre les parties. Certains mécanismes légaux peuvent également créer des accords juridiquement contraignants, seuls ou en combinaison avec des contrats conclus entre les parties.

B3 Lorsqu'un partenariat est structuré sous forme de *véhicule distinct* (voir paragraphes B19 à B33), l'accord contractuel est dans certains cas incorporé en tout ou partie dans les statuts, la charte ou tout autre acte constitutif du véhicule distinct.

B4 L'accord contractuel définit les conditions selon lesquelles les parties participent à l'activité constituant l'objet de l'opération. Il porte généralement sur des points tels que :

a) l'objet, l'activité et la durée du partenariat ;

b) le mode de désignation des membres du conseil d'administration (ou d'un organe de direction équivalent) du partenariat ;

c) le processus décisionnel : les questions nécessitant la prise de décisions de la part des parties, les droits de vote des parties et le niveau de soutien requis sur ces questions. Le processus décisionnel défini dans l'accord contractuel établit le contrôle conjoint sur l'opération (voir paragraphes B5 à B11) ;

d) l'apport en capital ou les autres apports exigés des parties ;

e) les modalités de partage des actifs, des passifs, des produits, des charges ou du résultat net relatifs au partenariat.

➡ Contrôle conjoint (paragraphes 7 à 13)

B5 Pour déterminer si elle exerce un contrôle conjoint sur une opération, l'entité évalue d'abord si toutes les parties, ou un groupe d'entre elles, contrôlent l'opération. IFRS 10 définit la notion de contrôle et doit être appliquée pour déterminer si toutes les parties, ou un groupe d'entre elles, sont exposées ou ont droit à des rendements variables en raison de leurs liens avec l'opération et si elles ont la capacité d'influer sur ces rendements du fait du pouvoir qu'elles détiennent sur celle-ci. Lorsque toutes les parties, ou un groupe d'entre elles, ont, collectivement, la capacité de diriger les activités qui ont une incidence importante sur les rendements de l'opération (c'est-à-dire les activités pertinentes), ces parties contrôlent collectivement l'opération.

B6 Une fois qu'elle a déterminé que toutes les parties, ou qu'un groupe d'entre elles, contrôlent collectivement l'opération, l'entité doit déterminer si elle exerce un contrôle conjoint sur l'opération. Le contrôle conjoint n'existe que dans le cas où les décisions concernant les activités pertinentes requièrent le consentement unanime des parties qui contrôlent collectivement l'opération. La question de savoir si une opération est contrôlée conjointement par toutes les parties à l'opération, ou par un groupe d'entre elles, ou si elle est contrôlée par une seule des parties peut nécessiter l'exercice du jugement.

B7 Parfois, le processus décisionnel convenu entre les parties dans leur accord contractuel donne implicitement lieu à un contrôle conjoint. Prenons par exemple le cas où deux parties mettent en place une opération dans laquelle chacune détient 50 % des droits de vote ; l'accord contractuel stipule que les décisions concernant les activités pertinentes sont prises à au moins 51 % des droits de vote. Dans ce cas, les parties ont implicitement convenu qu'elles exercent un contrôle conjoint sur l'opération, car les décisions concernant les activités pertinentes ne peuvent être prises sans le consentement des deux parties.

B8 Dans d'autres cas, l'accord contractuel exige un pourcentage minimal des droits de vote pour la prise de décisions concernant les activités pertinentes. Si ce pourcentage minimal peut être atteint par plusieurs combinaisons de parties agissant de concert, l'opération n'est pas un partenariat, à moins que l'accord contractuel ne spécifie quelles parties (ou quel groupe de parties) sont tenues de s'entendre à l'unanimité sur les décisions concernant les activités pertinentes de l'opération.

Exemples d'application

Exemple 1

Trois parties mettent en place une opération : A détient 50 % des droits de vote dans l'opération, B en détient 30 % et C, 20 %. Il est stipulé dans l'accord contractuel entre A, B et C que les décisions concernant les activités pertinentes de l'opération se prennent à au moins 75 % des droits de vote. Bien que A ait la capacité de bloquer toute décision, il ne contrôle pas l'opération parce que le consentement de B est nécessaire. La stipulation selon laquelle au moins 75 % des droits de vote sont requis pour la prise de décisions concernant les activités pertinentes de l'opération signifie que A et B contrôlent conjointement l'opération, puisque les décisions concernant les activités pertinentes de celle-ci ne peuvent pas être prises sans le consentement de A et de B.

Exemple 2

Trois parties mettent en place une opération : A détient 50 % des droits de vote dans l'opération, et B et C en détiennent chacun 25 %. Il est stipulé dans l'accord contractuel entre A, B et C que les décisions concernant les activités pertinentes de l'opération se prennent à au moins 75 % des droits de vote. Bien que A ait la capacité de bloquer toute décision, il ne contrôle pas l'opération parce que le consentement de B ou de C est nécessaire. Dans cet exemple, A, B et C contrôlent collectivement l'opération. Toutefois, deux combinaisons de parties agissant de concert cumulent les 75 % de droits de vote exigés (c'est-à-dire soit A et B, soit A et C). Pour qu'il y ait partenariat dans un tel cas, il faut que l'accord contractuel conclu entre les parties spécifie lesquelles d'entre elles doivent s'entendre à l'unanimité sur les décisions concernant les activités pertinentes de l'opération.

Exemple 3

A et B détiennent chacun 35 % des droits de vote dans une opération, les 30 % de droits de vote restants étant largement dispersés. Les décisions concernant les activités pertinentes se prennent à la majorité des droits de vote. A et B exercent un contrôle conjoint sur l'opération uniquement si l'accord contractuel stipule que les décisions concernant les activités pertinentes requièrent le consentement de A et de B.

B9 L'exigence du consentement unanime signifie que toute partie exerçant un contrôle conjoint sur l'opération peut empêcher une autre partie, ou un groupe de parties, de prendre des décisions unilatérales (ayant trait aux activités pertinentes) sans son consentement. Si le consentement unanime n'est exigé que pour les décisions liées aux droits protectifs d'une partie et non pour les décisions concernant les activités pertinentes de l'opération, cette partie n'exerce pas un contrôle conjoint sur l'opération.

B10 Un accord contractuel peut comprendre des clauses sur le règlement des litiges, par exemple au moyen d'un arbitrage. Ces clauses peuvent permettre la prise de décisions en l'absence du consentement unanime des parties détenant le contrôle conjoint. L'existence de telles clauses n'empêche pas que l'opération puisse être contrôlée conjointement ni, par conséquent, qu'il s'agisse d'un partenariat.

Évaluation du contrôle conjoint

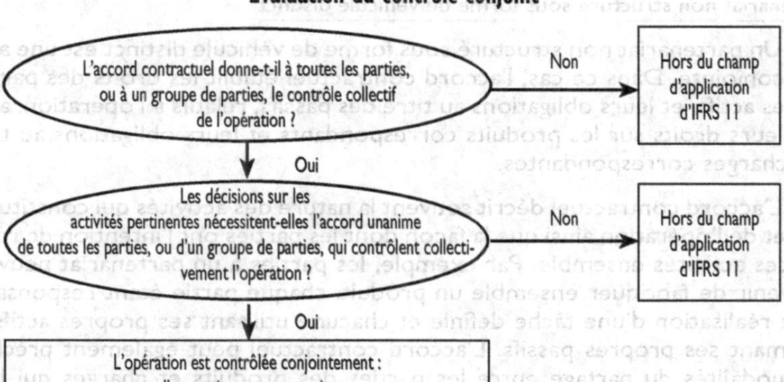

B11 Lorsqu'une opération n'entre pas dans le champ d'application d'IFRS 11, l'entité comptabilise ses intérêts dans l'opération conformément aux IFRS pertinentes, par exemple IFRS 10, IAS 28 (telle que modifiée en 2011) ou IFRS 9.

TYPES DE PARTENARIATS (PARAGRAPHES 14 À 19)

B12 Des partenariats sont établis pour diverses raisons (par exemple comme moyen de partager des coûts et des risques entre les parties ou de leur permettre d'avoir accès à de nouvelles technologies ou à de nouveaux marchés) et peuvent revêtir différentes structures et formes juridiques.

B13 Certains partenariats ne nécessitent pas que l'activité qui en constitue l'objet soit réalisée au moyen d'un véhicule distinct. D'autres, en revanche, impliquent la création d'un véhicule distinct.

B14 Le classement des partenariats exigé par la présente norme est fonction des droits et obligations des parties découlant de l'opération dans le cadre normal des activités. La présente norme distingue deux types de partenariats : l'activité conjointe et la coentreprise. Le partenariat est une activité conjointe lorsqu'une entité a des droits sur les actifs, et des obligations au titre des passifs, relatifs à l'opération. Le partenariat est une coentreprise lorsqu'une entité a des droits sur l'actif net de l'opération. Les paragraphes B16 à B33 décrivent la façon dont l'entité détermine si elle a des intérêts dans une activité conjointe ou dans une coentreprise.

➠ Classement d'un partenariat

B15 Comme il est indiqué au paragraphe B14, le classement des partenariats requiert des parties qu'elles évaluent leurs droits et obligations découlant de l'opération. Pour faire cette évaluation, l'entité doit tenir compte des éléments suivants :

a) la structure du partenariat (voir paragraphes B16 à B21) ;

b) lorsque le partenariat est structuré sous forme de véhicule distinct :
   i) la forme juridique du véhicule distinct (voir paragraphes B22 à B24) ;
   ii) les stipulations de l'accord contractuel (voir paragraphes B25 à B28) ; et
   iii) s'il y a lieu, les autres faits et circonstances (voir paragraphes B29 à B33).

Structure du partenariat

Partenariat non structuré sous forme de véhicule distinct

B16 Un partenariat non structuré sous forme de véhicule distinct est une activité conjointe. Dans ce cas, l'accord contractuel établit les droits des parties sur les actifs, et leurs obligations au titre des passifs, relatifs à l'opération, ainsi que leurs droits sur les produits correspondants et leurs obligations au titre des charges correspondantes.

B17 L'accord contractuel décrit souvent la nature des activités qui constituent l'objet de l'opération ainsi que la façon dont les parties ont l'intention de réaliser ces activités ensemble. Par exemple, les parties à un partenariat peuvent convenir de fabriquer ensemble un produit, chaque partie étant responsable de la réalisation d'une tâche définie et chacune utilisant ses propres actifs et assumant ses propres passifs. L'accord contractuel peut également préciser les modalités du partage entre les parties des produits et charges qui leur sont communs. Dans ce cas, chaque coparticipant comptabilise dans ses états financiers les actifs et passifs se rapportant à sa tâche définie et comptabilise sa quote-part des produits et des charges conformément à l'accord contractuel.

B18 Par ailleurs, les parties à un partenariat peuvent convenir, par exemple, de partager un actif et de l'exploiter ensemble. Dans ce cas, l'accord contractuel définit les droits des parties sur l'actif exploité conjointement, de même que les modalités du partage entre les parties de la production ou des produits générés par l'actif ainsi que des coûts opérationnels. Chaque coparticipant comptabilise sa quote-part de l'actif commun et sa quote-part, telle que convenue, de tout passif contracté, ainsi que sa quote-part de la production, des produits et des charges conformément à l'accord contractuel.

Partenariat structuré sous forme de véhicule distinct

B19 Un partenariat pour lequel les actifs et les passifs relatifs à l'opération sont détenus dans un véhicule distinct peut être une coentreprise ou une activité conjointe.

B20 Ce sont les droits sur les actifs, et les obligations au titre des passifs, relatifs à l'opération et détenus dans le véhicule distinct qui permettent de déterminer si une partie est un coparticipant ou un coentrepreneur.

B21 Comme il est indiqué au paragraphe B15, lorsque les parties ont structuré un partenariat sous forme de véhicule distinct, il leur faut déterminer si la forme juridique du véhicule distinct, les stipulations de l'accord contractuel et, s'il y a lieu, les autres faits et circonstances, leur confèrent :

a) des droits sur les actifs, et des obligations au titre des passifs, relatifs à l'opération (auquel cas celle-ci est une activité conjointe) ; ou

b) des droits sur l'actif net de l'opération (auquel cas celle-ci est une coentreprise).

Classement d'un partenariat : évaluation des droits et obligations des parties découlant de l'opération

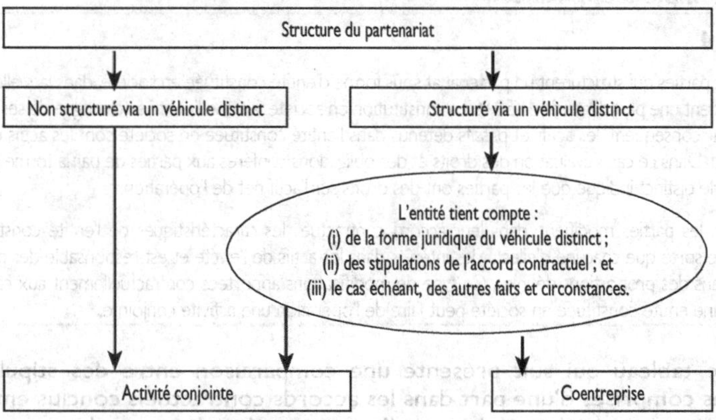

Forme juridique du véhicule distinct

B22 La forme juridique du véhicule distinct est pertinente pour la détermination du type de partenariat. Elle facilite l'évaluation initiale des droits qu'ont les parties sur les actifs, et des obligations qu'elles assument au titre des passifs, détenus dans le véhicule distinct. Elle aide par exemple à évaluer si les parties ont des intérêts dans les actifs détenus dans le véhicule distinct et si elles sont responsables des passifs détenus dans le véhicule distinct.

B23 Par exemple, les parties peuvent réaliser un partenariat au moyen d'un véhicule distinct dont la forme juridique est telle que le véhicule est considéré comme ayant une existence autonome (c'est-à-dire que les actifs et les passifs détenus dans le véhicule distinct sont des actifs et des passifs de celui-ci et non des parties). En pareil cas, l'évaluation des droits et des obligations conférés aux parties de par la forme juridique du véhicule distinct indique que le partenariat est une coentreprise. Toutefois, l'évaluation des stipulations convenues entre les parties dans leur entente contractuelle (voir paragraphes B25 à B28) et, s'il y a lieu, des autres faits et circonstances (voir paragraphes B29 à B33) peut l'emporter sur l'évaluation des droits et des obligations conférés aux parties de par la forme juridique du véhicule distinct.

B24 L'évaluation des droits et des obligations conférés aux parties de par la forme juridique du véhicule distinct suffit pour conclure que le partenariat est une activité conjointe uniquement si la forme juridique du véhicule distinct auquel ont recours les parties pour réaliser le partenariat n'opère pas de séparation entre les parties et le véhicule distinct (c'est-à-dire si les actifs et passifs détenus dans le véhicule distinct sont des actifs et passifs des parties).

Évaluation des stipulations de l'accord contractuel

B25 Dans bien des cas, les droits et les obligations dont conviennent les parties dans leur accord contractuel concordent, ou du moins n'entrent pas en conflit, avec les droits et les obligations qui leur sont conférés de par la forme juridique du véhicule distinct sous laquelle l'opération a été structurée.

B26 Dans d'autres cas, les parties se servent de l'accord contractuel pour annuler ou modifier les droits et les obligations conférés de par la forme juridique du véhicule distinct sous laquelle l'opération a été structurée.

Exemple d'application

Exemple 4

Soit deux parties qui structurent un partenariat sous forme d'entité constituée en société, dans laquelle chaque partie détient une part d'intérêt de 50 %. La constitution en société fait que l'entité se distingue de ses propriétaires ; par conséquent, les actifs et passifs détenus dans l'entité constituée en société sont les actifs et passifs de celle-ci. Dans ce cas, l'évaluation des droits et des obligations conférés aux parties de par la forme juridique du véhicule distinct indique que les parties ont des droits sur l'actif net de l'opération.

Toutefois, les parties modifient, dans leur accord contractuel, les caractéristiques de l'entité constituée en société de sorte que chacune d'elles a des intérêts dans les actifs de l'entité et est responsable des passifs de l'entité dans des proportions définies. Ce type de modifications apportées contractuellement aux caractéristiques d'une entité constituée en société peut faire de l'opération une activité conjointe.

B27 Le tableau qui suit présente une comparaison entre des stipulations usuelles comprises d'une part dans les accords contractuels conclus entre les parties à une activité conjointe et d'autre part dans les accords contractuels conclus entre les parties à une coentreprise. Les stipulations contractuelles fournies en exemple ne sont pas exhaustives.

Évaluation des stipulations de l'accord contractuel		
	Activité conjointe	**Coentreprise**
Stipulations de l'accord contractuel	L'accord contractuel confère aux parties au partenariat des droits sur les actifs, et des obligations au titre des passifs, relatifs à l'opération.	L'accord contractuel confère aux parties au partenariat des droits sur l'actif net de l'opération (c'est-à-dire que c'est le véhicule distinct, et non les parties, qui a des droits sur les actifs, et qui assume les obligations au titre des passifs, relatifs à l'opération).
Droits sur les actifs	L'accord contractuel stipule que les parties au partenariat se partagent tous les intérêts (p. ex. droit de propriété ou autres droits) dans les actifs relatifs à l'opération dans des proportions définies (p. ex. proportionnellement à leur part d'intérêt dans l'opération ou à l'activité réalisée par l'intermédiaire de l'opération qui leur est directement attribuable).	L'accord contractuel stipule que les actifs apportés à l'opération ou ultérieurement acquis par le partenariat sont les actifs de l'opération. Les parties n'ont pas d'intérêts (c'est-à-dire ni droit de propriété ni d'autres droits) dans les actifs de l'opération.
Obligations au titre des passifs	L'accord contractuel stipule que les parties au partenariat se partagent tous les passifs, obligations, coûts et charges dans des proportions définies (p. ex. proportionnellement à leur part d'intérêt dans l'opération ou à l'activité réalisée par l'intermédiaire de l'opération qui leur est directement attribuable).	L'accord contractuel stipule que le partenariat est responsable des dettes et autres obligations de l'opération.
		L'accord contractuel stipule que les parties au partenariat ne sont tenues envers l'opération qu'à concurrence de leur participation respective dans l'opération ou du capital souscrit par chacun des partenaires, ou des deux.
	L'accord contractuel stipule que les parties au partenariat sont tenues des dettes envers les tiers.	L'accord contractuel prévoit que les créanciers du partenariat n'ont pas de droit de recours à l'encontre des parties pour les dettes et les obligations de l'opération.
Produits, charges, résultat net	L'accord contractuel prévoit la répartition des produits et des charges sur la base de la performance relative de chaque partie au partenariat. Par exemple, l'accord contractuel peut stipuler que les produits et les charges sont répartis en fonction de la capacité utilisée par chaque partie dans des installations exploitées conjointement, qui peut ne pas correspondre à leur part d'intérêt respective dans le partenariat. Dans d'autres cas, les parties peuvent avoir convenu de partager le résultat net généré par l'opération dans des proportions définies, par exemple en fonction de leur part d'intérêt respective dans l'opération. Une telle stipulation n'empêche pas le partenariat d'être une activité conjointe si les parties ont des droits sur les actifs, et des obligations au titre des passifs, relatifs à l'opération.	L'accord contractuel définit la quote-part de chaque partie dans le résultat net généré par les activités de l'opération.
Garanties	Il arrive souvent que les parties à un partenariat soient tenues de fournir des garanties à des tiers qui, par exemple, reçoivent un service du partenariat ou lui fournissent du financement. La fourniture de garanties, ou l'engagement des parties à en fournir, ne signifie pas en soi que le partenariat est une activité conjointe. Ce qui permet de déterminer si un partenariat est une activité conjointe ou une coentreprise, c'est l'existence ou non d'obligations de la part des parties au titre des passifs relatifs à l'opération (pour certains desquels les parties peuvent avoir ou ne pas avoir fourni de garantie).	

B28 Lorsque l'accord contractuel stipule que les parties ont des droits sur les actifs, et des obligations au titre des passifs, relatifs à l'opération, le partenariat est une activité conjointe et il n'est pas nécessaire de prendre en considération les autres faits et circonstances (voir paragraphes B29 à B33) aux fins de son classement.

Évaluation des autres faits et circonstances

B29 Lorsque les termes de l'accord contractuel ne précisent pas que les parties ont des droits sur les actifs, et des obligations au titre des passifs, relatifs à l'opération, les parties doivent prendre en considération les autres faits et circonstances pour déterminer si le partenariat est une activité conjointe ou une coentreprise.

B30 Un partenariat peut être structuré dans un véhicule distinct dont la forme juridique fait que ce véhicule se distingue des parties. Il se peut que les stipulations contractuelles dont sont convenues les parties ne précisent pas les droits de celles-ci sur les actifs, ni leurs obligations au titre des passifs, mais que la prise en considération des autres faits et circonstances amène à classer le partenariat comme une activité conjointe. Il en est ainsi lorsque d'autres faits et circonstances confèrent aux parties des droits sur les actifs, et des obligations au titre des passifs, relatifs à l'opération.

B31 Le fait que les activités d'une opération ont été principalement conçues dans le but de fournir sa production aux parties indique que celles-ci ont droit à la quasi-totalité des avantages économiques découlant des actifs de l'opération. Les parties à une telle opération assurent souvent leur accès à la production générée par l'opération en empêchant celle-ci de vendre sa production à des tiers.

B32 Lorsque la conception et l'objet d'une opération sont de cet ordre, les passifs contractés par l'opération sont, en fait, acquittés grâce aux flux de trésorerie reçus de la part des parties lorsqu'elles achètent sa production. Le fait que les parties sont, essentiellement, la seule source de flux de trésorerie contribuant à la poursuite des activités de l'opération indique qu'elles ont une obligation au titre des passifs relatifs à l'opération.

Exemple d'application

Exemple 5

Soit deux parties qui structurent un partenariat sous la forme d'une entité constituée en société (entité C), dans laquelle chaque partie détient une part d'intérêt de 50 %. Le partenariat a pour objet la fabrication de matériaux dont les parties ont besoin dans leurs processus de fabrication respectifs. Selon les termes du partenariat, les parties exploitent l'usine de fabrication des matériaux dans le respect des spécifications quantitatives et qualitatives des parties.

La forme juridique de l'entité C (entité constituée en société) par l'intermédiaire de laquelle les activités sont réalisées indique qu'a priori, les actifs et passifs détenus dans l'entité C sont les actifs et passifs de celle-ci. L'accord contractuel entre les parties ne stipule pas qu'elles ont des droits sur les actifs, ou des obligations au titre des passifs, de l'entité C. Par conséquent, la forme juridique de l'entité C et les stipulations de l'accord contractuel indiquent que le partenariat est une coentreprise.

Toutefois, les parties prennent également en considération les caractéristiques suivantes du partenariat :

– Les parties ont convenu d'acheter chacune 50 % de la totalité de la production générée par l'entité C. L'entité C ne peut vendre une partie de sa production à des tiers qu'avec l'accord des deux parties au partenariat. Comme le partenariat vise à fournir aux deux parties la production dont elles ont besoin, il y a lieu de s'attendre à ce que les ventes à des tiers soient inhabituelles et non significatives.

– Le prix auquel la production est vendue aux parties est établi par les deux parties de façon à couvrir les coûts de production et les frais administratifs engagés par l'entité C. Selon ce modèle d'exploitation, l'opération est censée se maintenir au seuil de rentabilité.

Compte tenu de ce qui précède, les faits et circonstances suivants sont pertinents :

– Il ressort de l'obligation des parties d'acheter la totalité de la production de l'entité C que l'entité C dépend exclusivement des parties pour la génération de flux de trésorerie et, par conséquent, que les parties ont l'obligation de financer le règlement des passifs de l'entité C.

– Le fait que les parties ont droit à la totalité de la production de l'entité C signifie qu'elles consomment la totalité des avantages économiques des actifs de l'entité C et qu'elles ont par conséquent des droits sur la totalité de ceux-ci.

Ces faits et circonstances permettent de conclure que le partenariat est une activité conjointe. Cette conclusion quant au classement du partenariat ne serait pas différente si les parties vendaient leur quote-part de la production à des tiers au lieu d'utiliser elles-mêmes cette quote-part dans un processus de fabrication ultérieur.

Si les parties modifiaient les stipulations de l'accord contractuel afin que l'opération puisse vendre sa production à des tiers, ce serait alors l'entité C qui assumerait les risques liés à la demande, aux stocks et au crédit. Dans ce cas, le changement dans les faits et circonstances imposerait la réévaluation du classement du partenariat. De fait, les nouveaux faits et circonstances indiqueraient que le partenariat est une coentreprise.

B33 Le tableau qui suit représente le processus d'évaluation qu'applique l'entité afin de classer un partenariat structuré sous la forme d'un véhicule distinct :

Classement d'un partenariat structuré sous la forme d'un véhicule distinct

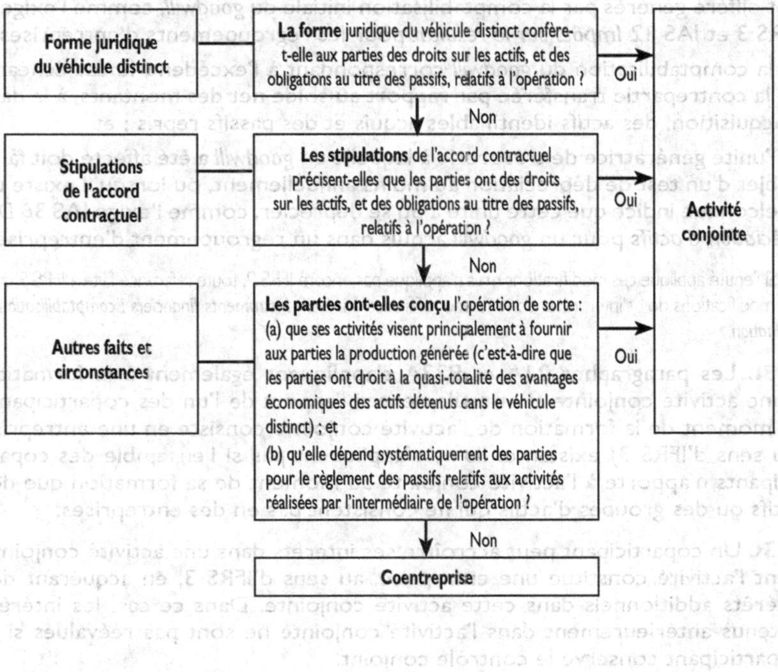

ÉTATS FINANCIERS DES PARTIES À UN PARTENARIAT (PARAGRAPHES 21A ET 22)

Comptabilisation des acquisitions d'intérêts dans des activités conjointes

B33A Lorsque l'entité acquiert des intérêts dans une activité conjointe dont l'activité constitue une entreprise au sens d'IFRS 3, elle doit appliquer, à concurrence de sa quote-part selon le paragraphe 20, tous les principes de comptabilisation des regroupements d'entreprises établis dans IFRS 3, et dans d'autres IFRS, qui ne vont pas à l'encontre des dispositions de la présente IFRS, et fournir les informations qui sont exigées par ces IFRS pour les regroupements d'entreprises. Les principes de comptabilisation des regroupements d'entreprises qui ne vont pas à l'encontre des dispositions de la présente IFRS comprennent, sans toutefois s'y limiter :

a) l'évaluation à la juste valeur des actifs identifiables et des passifs, sauf dans le cas des éléments particuliers pour lesquels IFRS 3 et d'autres IFRS prévoient des exceptions ;

b) la comptabilisation en charges des frais connexes à l'acquisition dans les périodes au cours desquelles les coûts sont engagés et les services, reçus, à l'exception des coûts d'émission de titres d'emprunt ou de capitaux propres, qui doivent être comptabilisés selon IAS 32 *Instruments financiers : présentation* et IFRS 9 (*) ;

c) la comptabilisation des actifs et des passifs d'impôt différé générés par la comptabilisation initiale des actifs ou des passifs, à l'exception des passifs d'impôt différé générés par la comptabilisation initiale du *goodwill*, comme l'exigent IFRS 3 et IAS 12 *Impôts sur le résultat* pour les regroupements d'entreprises ;

d) la comptabilisation du *goodwill* correspondant à l'excédent, le cas échéant, de la contrepartie transférée par rapport au solde net des montants, à la date d'acquisition, des actifs identifiables acquis et des passifs repris ; et

e) l'unité génératrice de trésorerie à laquelle un *goodwill* a été affecté doit faire l'objet d'un test de dépréciation au moins annuellement, ou lorsqu'il existe un quelconque indice que cette unité a pu se déprécier, comme l'exige IAS 36 *Dépréciation d'actifs* pour un *goodwill* acquis dans un regroupement d'entreprises.

(*) Si l'entité applique ces modifications mais n'applique pas encore IFRS 9, toute référence faite à IFRS 9 dans ces modifications doit s'interpréter comme une référence à IAS 39 *Instruments financiers : comptabilisation et évaluation.*

B33B Les paragraphes 21A et B33A s'appliquent également à la formation d'une activité conjointe si et seulement si l'apport de l'un des coparticipants au moment de la formation de l'activité conjointe consiste en une entreprise (au sens d'IFRS 3) existante. Ils ne s'appliquent pas si l'ensemble des coparticipants n'apporte à l'activité conjointe au moment de sa formation que des actifs ou des groupes d'actifs qui ne consistent pas en des entreprises.

B33C Un coparticipant peut accroître ses intérêts dans une activité conjointe dont l'activité constitue une entreprise, au sens d'IFRS 3, en acquérant des intérêts additionnels dans cette activité conjointe. Dans ce cas, les intérêts détenus antérieurement dans l'activité conjointe ne sont pas réévalués si le coparticipant conserve le contrôle conjoint.

B33CA Une partie qui a des intérêts dans une activité conjointe sans toutefois détenir le contrôle conjoint de celle-ci peut obtenir le contrôle conjoint de l'activité conjointe dont l'activité constitue une entreprise, au sens d'IFRS 3. Dans ce cas, les intérêts précédemment détenus dans l'activité conjointe ne sont pas réévalués.

B33D Les paragraphes 21A et B33A à B33C ne s'appliquent pas à l'acquisition d'intérêts dans une activité conjointe lorsque la ou les parties exerçant le contrôle ultime commun sur les parties qui se partagent le contrôle conjoint, y compris sur l'entité qui acquiert les intérêts dans l'activité conjointe, sont les mêmes, tant avant qu'après l'acquisition, et que ce contrôle ultime n'est pas temporaire.

➠ Comptabilisation des ventes ou apports d'actifs à une activité conjointe

B34 Lorsqu'une entité conclut une transaction telle qu'une vente ou un apport d'actifs avec une activité conjointe dans laquelle elle est un coparticipant, c'est avec les autres parties à l'activité conjointe qu'elle effectue la transaction. Par conséquent, le coparticipant doit comptabiliser les gains et les pertes découlant d'une telle transaction seulement à concurrence des intérêts des autres parties dans l'activité conjointe.

B35 Lorsque de telles transactions indiquent une diminution de la valeur nette de réalisation des actifs devant être vendus ou apportés à l'activité conjointe, ou encore une perte de valeur de ces actifs, ces pertes doivent être intégralement comptabilisées par le coparticipant.

➠ Comptabilisation des achats d'actifs auprès d'une activité conjointe

B36 Lorsqu'une entité conclut avec une activité conjointe dont elle est un coparticipant une transaction telle qu'un achat d'actifs, elle ne doit pas comptabiliser sa quote-part des gains ou des pertes avant d'avoir revendu ces actifs à un tiers.

B37 Lorsque de telles transactions indiquent une diminution de la valeur nette de réalisation des actifs devant être achetés, ou encore une perte de valeur de ces actifs, le coparticipant doit comptabiliser sa quote-part de ces pertes.

Appendice C – Date d'entrée en vigueur, dispositions transitoires et retrait d'autres IFRS

Le présent appendice fait partie intégrante de la norme et fait autorité au même titre que les autres parties de la norme.

DATE D'ENTRÉE EN VIGUEUR

C1 L'entité doit appliquer la présente norme pour les exercices ouverts à compter du 1er janvier 2013. Une application anticipée est autorisée. Si l'entité applique la présente norme de manière anticipée, elle doit l'indiquer et appliquer en même temps IFRS 10, IFRS 12 *Informations à fournir sur les intérêts détenus dans d'autres entités*, IAS 27 (telle que modifiée en 2011) et IAS 28 (telle que modifiée en 2011).

C1A La publication d'*États financiers consolidés, partenariats et informations à fournir sur les intérêts détenus dans d'autres entités : dispositions transitoires* (modifications d'IFRS 10, d'IFRS 11 et d'IFRS 12), en juin 2012, a donné lieu à la modification des paragraphes C2 à C5, C7 à C10 et C12 et à l'ajout des paragraphes C1B, C13A et C13B. L'entité doit appliquer ces modifications pour les exercices ouverts à compter du 1er janvier 2013. Si l'entité applique IFRS 11 pour une période antérieure, elle doit appliquer les modifications pour cette période antérieure.

C1AA La publication de *Comptabilisation des acquisitions d'intérêts dans des activités conjointes* (modifications d'IFRS 11) en mai 2014 a donné lieu à la modification de l'intertitre suivant le paragraphe B33 et à l'ajout des paragraphes 21A, B33A à B33D et C14A ainsi que des intertitres s'y rattachant. L'entité doit appliquer ces modifications de manière prospective pour les exercices ouverts à compter du 1er janvier 2016. Une application anticipée est autorisée. Si l'entité applique ces modifications pour une période antérieure, elle doit l'indiquer.

C1AB La publication des *Améliorations annuelles des normes IFRS – Cycle 2015-2017*, en décembre 2017, a donné lieu à l'ajout du paragraphe B33CA. L'entité doit appliquer ces modifications aux transactions par lesquelles elle obtient le contrôle conjoint à l'ouverture ou après l'ouverture du premier exercice ouvert à compter du 1er janvier 2019. Une application anticipée est autorisée. Si l'entité applique ces modifications de manière anticipée, elle doit l'indiquer.

DISPOSITIONS TRANSITOIRES

C1B Nonobstant les dispositions du paragraphe 28 d'IAS 8 *Méthodes comptables, changements d'estimations comptables et erreurs*, lors de la première application de la présente norme, l'entité n'est tenue de présenter les informations quantitatives exigées par le paragraphe 28 f) d'IAS 8 que pour la période annuelle qui précède immédiatement la période annuelle de première application d'IFRS 11 (la « période immédiatement antérieure »). L'entité peut également présenter ces informations pour la période considérée ou pour des périodes comparatives antérieures, mais n'est pas tenue de le faire.

➞ Coentreprises – Transition de la méthode de la consolidation proportionnelle à la méthode de la mise en équivalence

C2 Lorsqu'elle passe de la méthode de la consolidation proportionnelle à la méthode de la mise en équivalence, l'entité doit comptabiliser sa participation dans la coentreprise à la date d'ouverture de la période immédiatement antérieure. La valeur initiale de la participation doit correspondre au total des valeurs comptables des actifs et des passifs que l'entité avait auparavant comptabilisés selon la méthode de la consolidation proportionnelle, y compris, le cas échéant, le *goodwill* découlant de l'acquisition. Si le *goodwill* était auparavant rattaché à une unité génératrice de trésorerie plus importante, ou à un groupe d'unités génératrices de trésorerie, l'entité doit affecter le *goodwill* à la coentreprise sur la base des valeurs comptables relatives de la coentreprise et de l'unité génératrice de trésorerie (ou groupe d'unités génératrices de trésorerie) à laquelle le *goodwill* se rattachait.

C3 Le solde d'ouverture de la participation déterminé conformément au paragraphe C2 est considéré comme le coût présumé de celle-ci lors de sa comptabilisation initiale. L'entité doit appliquer les paragraphes 40 à 43 d'IAS 28 (telle que modifiée en 2011) à ce solde d'ouverture pour déterminer si sa participation est dépréciée, et elle doit comptabiliser toute perte de valeur à titre d'ajustement des résultats non distribués à l'ouverture de la période immédiatement antérieure. L'exception prévue aux paragraphes 15 et 24 d'IAS 12 *Impôts sur le résultat* relative à la comptabilisation initiale ne s'applique pas à une participation dans une coentreprise comptabilisée en application des dispositions transitoires concernant les coentreprises auparavant comptabilisées selon la méthode de la consolidation proportionnelle.

C4 Si le total des valeurs de tous les actifs et passifs auparavant comptabilisés selon la méthode de la consolidation proportionnelle aboutit à un actif net négatif, l'entité doit déterminer si elle a des obligations juridiques ou implicites au titre de l'actif net négatif et, si c'est le cas, comptabiliser le passif correspondant. Si l'entité conclut qu'elle n'a pas d'obligations juridiques ou implicites au titre de l'actif net négatif, elle ne doit pas comptabiliser de passif correspondant, mais elle doit ajuster les résultats non distribués à l'ouverture de la période immédiatement antérieure. L'entité doit indiquer ce fait ainsi que sa quote-part non comptabilisée des pertes cumulées de ses coentreprises à la date d'ouverture de la période immédiatement antérieure et à la date où elle applique la présente norme pour la première fois.

C5 L'entité doit fournir une ventilation des actifs et des passifs qui ont été regroupés dans le solde du poste Participation à l'ouverture de la période immédiatement antérieure. Les informations fournies à cet égard doivent être regroupées pour l'ensemble des coentreprises auxquelles l'entité applique les dispositions transitoires énoncées aux paragraphes C2 à C6.

C6 Après la comptabilisation initiale, l'entité doit comptabiliser sa participation dans la coentreprise selon la méthode de la mise en équivalence, conformément à IAS 28 (telle que modifiée en 2011).

➡ Activités conjointes – Transition de la méthode de la mise en équivalence à la comptabilisation des actifs et des passifs

C7 Lorsqu'elle passe de la méthode de la mise en équivalence à la comptabilisation des actifs et des passifs au titre de ses intérêts dans une activité conjointe, l'entité doit, à l'ouverture de la période immédiatement antérieure, décomptabiliser la participation qui était auparavant comptabilisée selon la méthode de la mise en équivalence, ainsi que tout autre élément qui faisait partie de sa participation nette dans l'opération, conformément au paragraphe 38 d'IAS 28 (telle que modifiée en 2011), puis comptabiliser sa quote-part de chacun des actifs et des passifs relatifs à ses intérêts dans l'activité conjointe, y compris tout *goodwill* qui était inclus dans la valeur comptable de la participation.

C8 L'entité doit déterminer ses intérêts dans les actifs et les passifs relatifs à l'activité conjointe en fonction des droits et des obligations qui lui sont conférés dans une proportion définie par l'accord contractuel. L'entité évalue les valeurs comptables initiales des actifs et des passifs par ventilation de la valeur comptable de sa participation à l'ouverture de la période immédiatement antérieure en se fondant sur les informations qu'elle utilisait aux fins de l'application de la méthode de la mise en équivalence.

C9 Si la valeur de la participation (y compris tout autre élément qui faisait partie de la participation nette de l'entité dans l'opération) auparavant comptabilisée selon la méthode de la mise en équivalence selon le paragraphe 38 d'IAS 28 (telle que modifiée en 2011) diffère du solde net des actifs et des passifs (y compris, le cas échéant, le *goodwill*) qui a été comptabilisé :

a) la différence doit être déduite de tout *goodwill* rattache à la participation, et la différence restante, le cas échéant, doit être portée en ajustement du solde d'ouverture des résultats non distribués à l'ouverture de la période immédiatement antérieure, si le montant net des actifs et des passifs (y compris, le cas échéant, le *goodwill*) comptabilisé est supérieur à la participation (y compris tout autre élément faisant partie de la participation nette de l'entité) décomptabilisée ;

b) la différence doit être portée en ajustement du solde d'ouverture des résultats non distribués de la période immédiatement antérieure, si le montant net des actifs et des passifs (y compris, le cas échéant, le *goodwill*) comptabilisé est inférieur à la participation (y compris tout autre élément faisant partie de la participation nette de l'entité) décomptabilisée.

C10 L'entité qui passe de la méthode de la mise en équivalence à la comptabilisation des actifs et des passifs doit présenter un rapprochement entre la participation décomptabilisée et les actifs et passifs comptabilisés, ainsi que toute différence restante portée en ajustement du solde d'ouverture des résultats non distribués de la période immédiatement antérieure.

C11 L'exception prévue aux paragraphes 15 et 24 d'IAS 12 relative à la comptabilisation initiale ne s'applique pas aux actifs et aux passifs que l'entité comptabilise au titre de ses intérêts dans une activité conjointe.

➠ Dispositions transitoires relatives aux états financiers individuels de l'entité

C12 L'entité qui, conformément au paragraphe 10 d'IAS 27, préparait auparavant des états financiers individuels dans lesquels ses intérêts dans une activité conjointe étaient présentés à titre de participation comptabilisée au coût ou selon IFRS 9 doit :

a) décomptabiliser sa participation, puis comptabiliser les actifs et les passifs au titre de ses intérêts dans l'activité conjointe à hauteur de montants déterminés conformément aux paragraphes C7 à C9 ;

b) présenter un rapprochement entre la participation décomptabilisée et les actifs et passifs comptabilisés, ainsi que toute différence restante portée en ajustement du solde d'ouverture des résultats non distribués de la période immédiatement antérieure.

C13 L'exception prévue aux paragraphes 15 et 24 d'IAS 12 relative à la comptabilisation initiale ne s'applique pas lorsque l'entité comptabilise, dans ses états financiers individuels, des actifs et des passifs au titre de ses intérêts dans une activité conjointe en application des dispositions transitoires du paragraphe C12 concernant les activités conjointes.

➠ Références à la « période immédiatement antérieure »

C13A Nonobstant les références à la « période immédiatement antérieure » aux paragraphes C2 à C12, l'entité peut également présenter des informations comparatives ajustées pour toute autre période antérieure présentée, mais elle n'est pas tenue de le faire. Si l'entité présente des informations comparatives ajustées pour une période antérieure, les références à la « période immédiatement antérieure » aux paragraphes C2 à C12 doivent s'interpréter comme des références à la « première période pour laquelle sont présentées des informations comparatives ajustées ».

C13B Si l'entité présente des informations comparatives non ajustées pour une période antérieure, elle doit identifier clairement les informations qui n'ont pas été ajustées, faire mention du fait qu'elles ont été établies selon des règles comptables différentes, et expliquer ces règles.

➡ Références à IFRS 9

C14 Si l'entité applique la présente norme mais n'applique pas encore IFRS 9, toute référence à IFRS 9 doit s'interpréter comme une référence à IAS 39 *Instruments financiers : comptabilisation et évaluation*.

➡ Comptabilisation des acquisitions d'intérêts dans des activités conjointes

C14A La publication de *Comptabilisation des acquisitions d'intérêts dans des activités conjointes* (modifications d'IFRS 11) en mai 2014 a donné lieu à la modification de l'intertitre suivant le paragraphe B33 et à l'ajout des paragraphes 21A, B33A à B33D et C1AA ainsi que des intertitres s'y rattachant. L'entité doit appliquer ces modifications de manière prospective pour les acquisitions d'intérêts dans des activités conjointes dont l'activité constitue une entreprise, au sens d'IFRS 3, dans le cas des acquisitions réalisées à compter de l'ouverture de la première période pour laquelle elle applique les modifications. Par conséquent, les montants comptabilisés pour les acquisitions d'intérêts dans des activités conjointes réalisées au cours des périodes antérieures ne doivent pas être ajustés.

RETRAIT D'AUTRES IFRS

C15 La présente norme annule et remplace les IFRS suivantes :

a) IAS 31 *Participation dans des coentreprises* ; et

b) SIC-13 *Entités contrôlées conjointement – apports non monétaires par des coentrepreneurs*.

IFRS 12

Informations à fournir sur les intérêts détenus dans d'autres entités

[règlt UE 2023/1803]

Objectif

1 L'objectif de la présente norme est d'exiger d'une entité qu'elle fournisse des informations permettant aux utilisateurs de ses états financiers d'évaluer à la fois :

a) la nature des *intérêts détenus dans d'autres entités* et les risques qui leur sont associés ; et

b) les incidences de ces intérêts sur la situation financière, la performance financière et les flux de trésorerie de l'entité.

PRINCIPES GÉNÉRAUX

2 Pour satisfaire à l'objectif énoncé au paragraphe 1, l'entité doit fournir des informations sur :

a) les hypothèses et jugements importants sur lesquels elle s'est basée pour déterminer :

- i) la nature de ses intérêts dans une autre entité ou entreprise,
- ii) le type de partenariat dans lequel elle a des intérêts (paragraphes 7 à 9),
- iii) qu'elle répond à la définition d'une entité d'investissement, le cas échéant (paragraphe 9A) ; et

b) ses intérêts dans :

- i) des filiales (paragraphes 10 à 19),
- ii) des partenariats et des entreprises associées (paragraphes 20 à 23), et
- iii) des entités structurées qui ne sont pas contrôlées par l'entité (entités structurées non consolidées) (paragraphes 24 à 31).

3 Si les informations exigées par la présente norme et les autres IFRS ne permettent pas d'atteindre l'objectif énoncé au paragraphe 1, l'entité doit fournir les informations complémentaires nécessaires pour atteindre cet objectif.

4 L'entité doit s'interroger sur le niveau de détail nécessaire pour remplir l'objectif en matière d'informations à fournir et sur l'importance à accorder à chacune des obligations énoncées dans la présente norme. Elle doit regrouper ou ventiler les informations de manière à ne pas noyer des informations utiles dans une profusion de détails non pertinents ou dans un regroupement d'éléments disparates (voir les paragraphes B2 à B6).

Champ d'application

5 La présente norme doit être appliquée par toute entité qui détient des intérêts dans l'une ou l'autre des catégories d'entités suivantes :

a) filiales ;

b) partenariats (activités conjointes ou coentreprises) ;

c) entreprises associées ;

d) des entités structurées non consolidées.

5A Sous réserve du paragraphe B17, les dispositions de la présente norme s'appliquent aux intérêts que détient l'entité dans l'une ou l'autre des catégories énoncées au paragraphe 5 qui sont classés (ou inclus dans un groupe destiné à être cédé qui est classé) comme « détenus en vue de la vente » ou comme « activités abandonnées » selon IFRS 5 *Actifs non courants détenus en vue de la vente et activités abandonnées*.

6 La présente norme ne s'applique pas :

a) aux régimes d'avantages postérieurs à l'emploi, ni aux autres régimes d'avantages à long terme du personnel auxquels s'applique la norme IAS 19 *Avantages du personnel* ;

b) aux états financiers individuels de l'entité auxquels s'applique IAS 27 *États financiers individuels*. Toutefois,

i) si l'entité a des intérêts dans des entités structurées non consolidées et que les seuls états financiers qu'elle prépare sont ses états financiers individuels, elle doit appliquer les dispositions des paragraphes 24 à 31 lorsqu'elle prépare ces états financiers individuels ;

ii) une entité d'investissement qui prépare des états financiers dans lesquels toutes ses filiales sont évaluées à la juste valeur par le biais du résultat net selon le paragraphe 31 d'IFRS 10 doit présenter les informations relatives aux entités d'investissement qui sont requises par la présente norme.

c) aux intérêts que l'entité détient dans un partenariat auquel elle participe sans toutefois exercer sur celui-ci un contrôle conjoint, à moins que ces intérêts lui octroient une influence notable sur le partenariat ou qu'il s'agisse d'intérêts dans une entité structurée ;

d) aux intérêts dans une autre entité qui sont comptabilisés selon IFRS 9 *Instruments financiers*. Toutefois, l'entité doit appliquer la présente norme :

i) lorsque ces intérêts sont une participation dans une entreprise associée ou une coentreprise qui, conformément à IAS 28 *Participations dans des entreprises associées et des coentreprises*, est évaluée à la juste valeur par le biais du résultat net ; ou

ii) lorsque ces intérêts sont des intérêts dans une entité structurée non consolidée.

Hypothèses et jugements importants

7 L'entité doit fournir des informations sur les hypothèses et jugements importants (et sur les changements apportés à ces hypothèses et jugements) sur lesquels elle s'est basée pour déterminer :

a) qu'elle contrôle une autre entité, c'est-à-dire une entité faisant l'objet d'un investissement, au sens des paragraphes 5 et 6 d'IFRS 10 *États financiers consolidés* ;

b) qu'elle exerce un contrôle conjoint sur une entreprise ou une influence notable sur une autre entité ; et

c) le type de partenariat (activité conjointe ou coentreprise), lorsque l'entreprise a été structurée sous la forme d'un véhicule distinct.

8 Les hypothèses et jugements importants visés au paragraphe 7 comprennent ceux que l'entité a formulés lorsque des changements de faits et circonstances l'ont amenée à revoir, au cours de la période de reporting, sa conclusion quant à l'exercice du contrôle, d'un contrôle conjoint ou d'une influence notable.

9 Pour se conformer au paragraphe 7, l'entité doit indiquer, par exemple, les hypothèses et jugements importants sur lesquels elle s'est basée pour déterminer :

a) qu'elle ne contrôle pas une autre entité, même si elle détient plus de la moitié des droits de vote dans cette entité ;

b) qu'elle contrôle une autre entité, même si elle détient moins de la moitié des droits de vote dans cette entité ;

c) qu'elle agit comme mandataire ou pour son propre compte (voir les paragraphes B58 à B72 d'IFRS 10) ;

d) qu'elle n'exerce pas d'influence notable, même si elle détient 20 % ou plus des droits de vote dans une autre entité ;

e) qu'elle exerce une influence notable, même si elle détient moins de 20 % des droits de vote dans une autre entité.

STATUT D'ENTITÉ D'INVESTISSEMENT

9A Lorsqu'une société mère détermine qu'elle est une entité d'investissement selon le paragraphe 27 d'IFRS 10, elle doit fournir des informations sur les hypothèses et jugements importants sur lesquels elle s'est fondée pour aboutir à cette détermination. Si elle ne présente pas une ou plusieurs des caractéristiques typiques d'une entité d'investissement (voir paragraphe 28 d'IFRS 10), elle doit fournir les raisons l'ayant amenée à conclure qu'elle est néanmoins une entité d'investissement.

9B Lorsqu'une entité devient, ou cesse d'être, une entité d'investissement, elle doit faire mention de son changement de statut et en indiquer les raisons. De plus, l'entité qui devient une entité d'investissement doit indiquer les effets du changement de statut sur ses états financiers de la période présentée, y compris :

a) la juste valeur totale, à la date du changement de statut, des filiales qui cessent d'être consolidées ;

b) le profit total ou la perte totale, le cas échéant, calculé selon le paragraphe B101 d'IFRS 10 ; et

c) le ou les postes du résultat net dans lesquels le profit ou la perte est comptabilisé(e) (si le profit ou la perte n'est pas présenté(e) séparément).

Intérêts détenus dans des filiales

10 L'entité doit fournir des informations permettant aux utilisateurs de ses états financiers consolidés :

a) de comprendre :

i) la composition du groupe, et

ii) **les intérêts des détenteurs de participations ne donnant pas le contrôle dans les activités et les flux de trésorerie du groupe (paragraphe 12) ; et**

b) d'évaluer :

i) **la nature et l'étendue des restrictions importantes qui limitent la faculté de l'entité d'accéder aux actifs du groupe ou de les utiliser et de régler les passifs du groupe (paragraphe 13),**

ii) **la nature et l'évolution des risques associés aux intérêts détenus par l'entité dans des entités structurées consolidées (paragraphes 14 à 17),**

iii) **les incidences des modifications du pourcentage de détention des titres de participation d'une entité dans une filiale qui n'entraînent pas la perte du contrôle (paragraphe 18), et**

iv) **l'incidence de la perte du contrôle d'une filiale au cours de la période de reporting (paragraphe 19).**

11 Lorsque les états financiers d'une filiale utilisés pour la préparation des états financiers consolidés sont établis à une date ou pour une période différente de celle des états financiers consolidés (voir les paragraphes B92 et B93 d'IFRS 10), l'entité doit indiquer :

a) la date de clôture de la filiale ; et

b) la raison de l'utilisation d'une date ou d'une période différente.

INTÉRÊTS DES DÉTENTEURS DE PARTICIPATIONS NE DONNANT PAS LE CONTRÔLE DANS LES ACTIVITÉS ET LES FLUX DE TRÉSORERIE DU GROUPE

12 L'entité doit indiquer pour chacune de ses filiales dans lesquelles les participations ne donnant pas le contrôle sont significatives par rapport à l'entité présentant l'information financière :

a) le nom de la filiale ;

b) l'établissement principal de la filiale (et le pays dans lequel elle a été constituée s'il est différent) ;

c) le pourcentage des titres de participation des détenteurs de participations ne donnant pas le contrôle ;

d) le pourcentage des droits de vote des détenteurs de participations ne donnant pas le contrôle, s'il est différent du pourcentage des titres de participation ;

e) le résultat net attribué aux détenteurs de participations ne donnant pas le contrôle de la filiale au cours de la période de reporting ;

f) le cumul des participations ne donnant pas le contrôle de la filiale à la fin de la période de reporting ;

g) des informations financières résumées concernant la filiale (voir paragraphe B10).

NATURE ET ÉTENDUE DES RESTRICTIONS IMPORTANTES

13 L'entité doit indiquer :

a) les restrictions importantes (par exemple, les restrictions de nature légale, réglementaire ou contractuelle) qui limitent sa faculté d'accéder aux actifs du groupe ou de les utiliser et de régler les passifs du groupe, telles que :

i) les restrictions qui limitent la faculté d'une société mère ou de ses filiales de transférer de la trésorerie ou d'autres actifs vers (ou depuis) d'autres entités au sein du groupe,

ii) les garanties ou autres obligations pouvant constituer une restriction au paiement de dividendes et aux autres distributions prélevées sur les capitaux propres, ou à l'attribution ou au remboursement de prêts et d'avances à (par) d'autres entités du groupe ;

b) la nature des droits de protection des participations ne donnant pas le contrôle et la mesure dans laquelle ils peuvent restreindre sensiblement la faculté de l'entité d'accéder aux actifs du groupe ou de les utiliser et de régler les passifs du groupe (par exemple lorsqu'une société mère se trouve dans l'obligation de régler les passifs d'une filiale avant de régler ses propres passifs, ou lorsque l'approbation des détenteurs de participations ne donnant pas le contrôle est requise soit pour avoir accès aux actifs d'une filiale ou pour régler ses passifs) ;

c) les valeurs comptables, dans les états financiers consolidés, des actifs et des passifs auxquels s'appliquent ces restrictions.

NATURE DES RISQUES ASSOCIÉS AUX INTÉRÊTS D'UNE ENTITÉ DANS DES ENTITÉS STRUCTURÉES CONSOLIDÉES

14 L'entité doit indiquer les stipulations de tout accord contractuel qui pourrait obliger la société mère ou ses filiales à soutenir financièrement une entité structurée consolidée, y compris les événements ou circonstances qui pourraient exposer l'entité présentant l'information financière à une perte (par exemple, accords d'avance de trésorerie ou changements de notation de crédit qui entraînent l'obligation d'acheter des actifs de l'entité structurée ou de lui fournir un soutien financier).

15 Si, au cours de la période de reporting, une société mère ou l'une de ses filiales a fourni, sans y être tenue par une obligation contractuelle, un soutien financier ou autre à une entité structurée consolidée (par exemple, en achetant des actifs de l'entité structurée ou des titres émis par elle), l'entité doit indiquer :

a) la nature et le montant du soutien fourni, y compris les cas où la société mère ou ses filiales ont aidé l'entité structurée à obtenir un soutien financier ; et

b) les raisons pour lesquelles le soutien a été fourni.

16 Si, au cours de la période de reporting, une société mère ou l'une de ses filiales a fourni, sans y être tenue par une obligation contractuelle, un soutien financier ou autre à une entité structurée non consolidée antérieurement et que ce soutien a abouti au contrôle de l'entité structurée, l'entité doit fournir une explication des facteurs pertinents qui ont mené à cette décision.

17 L'entité doit indiquer toute intention de sa part de fournir un soutien financier ou autre à une entité structurée consolidée, y compris toute intention d'aider l'entité structurée à obtenir un soutien financier.

INCIDENCES DES MODIFICATIONS DU POURCENTAGE DE DÉTENTION DES TITRES DE PARTICIPATION D'UNE SOCIÉTÉ MÈRE DANS UNE FILIALE QUI N'ENTRAÎNENT PAS LA PERTE DU CONTRÔLE

18 L'entité doit présenter un tableau montrant les incidences, sur les capitaux propres attribuables aux propriétaires de la société mère, de toute modification de son pourcentage de détention des titres de participation dans la filiale qui n'entraîne pas la perte du contrôle.

INCIDENCES DE LA PERTE DU CONTRÔLE D'UNE FILIALE AU COURS DE LA PÉRIODE DE REPORTING

19 L'entité doit indiquer tout profit ou perte, le cas échéant, calculé selon le paragraphe 25 d'IFRS 10, ainsi que :

a) la partie de ce profit ou de cette perte qui est attribuable à l'évaluation de toute participation conservée dans l'ancienne filiale à sa juste valeur à la date de la perte du contrôle ; et

b) le ou les postes du résultat net dans lesquels le profit ou la perte est comptabilisé(e) (si le profit ou la perte n'est pas présenté(e) séparément).

Intérêts détenus dans des filiales non consolidées (entités d'investissement)

19A Si une entité d'investissement est tenue, selon IFRS 10, d'appliquer l'exception à la consolidation et de comptabiliser ses participations dans des filiales à la juste valeur par le biais du résultat plutôt que de les consolider, elle doit l'indiquer.

19B L'entité d'investissement doit, pour chacune de ses filiales non consolidées, indiquer :

a) le nom de la filiale ;

b) l'établissement principal de la filiale (et le pays dans lequel elle a été constituée s'il est différent) ; et

c) le pourcentage des titres de participation détenus par l'entité d'investissement et, s'il est différent, le pourcentage des droits de vote qu'elle détient.

19C Si l'entité d'investissement est la société mère d'une filiale qui est une entité d'investissement, elle doit aussi fournir les informations requises par les paragraphes 19B(a) à (c) pour les participations de la filiale dans des entités contrôlées par cette dernière. Pour ce faire, la société mère peut inclure, dans ses états financiers, les états financiers de la filiale (ou des filiales) qui contiennent ces informations.

19D L'entité d'investissement doit indiquer :

a) la nature et l'étendue de toute restriction importante (résultant, par exemple, d'accords d'emprunt, de dispositions réglementaires ou d'accords contractuels) qui limite la capacité d'une filiale non consolidée de transférer des fonds à l'entité d'investissement sous forme de dividendes en trésorerie ou encore de rembourser des prêts ou avances que lui a consentis l'entité d'investissement ; et

b) tout engagement ou intention actuels de sa part de fournir un soutien financier ou autre à une filiale non consolidée, y compris tout engagement ou intention d'aider la filiale à obtenir un soutien financier.

19E Si, au cours de la période de reporting, l'entité d'investissement ou l'une de ses filiales a fourni, sans y être tenue par une obligation contractuelle, un soutien financier ou autre à une filiale non consolidée (par exemple, en achetant des actifs de la filiale ou des instruments émis par elle, ou encore en l'aidant à obtenir un soutien financier), elle doit indiquer :

a) la nature et le montant du soutien fourni à chacune des filiales non consolidées ; et

b) les raisons pour lesquelles le soutien a été fourni.

19F L'entité d'investissement doit indiquer les stipulations de tout accord contractuel qui pourrait obliger l'entité ou ses filiales non consolidées à soutenir financièrement une entité structurée contrôlée mais non consolidée, y compris les événements ou circonstances qui pourraient exposer l'entité présentant l'information financière à une perte (par exemple, accords d'avance de trésorerie ou changements de notations de crédit qui entraînent l'obligation d'acheter des actifs de l'entité structurée ou de lui fournir un soutien financier).

19G Si, au cours de la période de reporting, l'entité d'investissement ou l'une de ses filiales non consolidées a fourni, sans y être tenue par une obligation contractuelle, un soutien financier ou autre à une entité structurée non consolidée que l'entité d'investissement ne contrôlait pas et que ce soutien a abouti au contrôle de l'entité structurée par l'entité d'investissement, cette dernière doit fournir une explication des facteurs pertinents qui l'ont amenée à décider de fournir ce soutien.

Intérêts détenus dans des partenariats et entreprises associées

20 L'entité doit fournir des informations permettant aux utilisateurs de ses états financiers d'évaluer :

a) la nature, l'étendue et les incidences financières de ses intérêts dans des partenariats et des entreprises associées, y compris la nature et les incidences de ses relations contractuelles avec les autres investisseurs qui exercent un contrôle conjoint ou une influence notable sur les partenariats et les entreprises associées (paragraphes 21 et 22) ; et

b) la nature et l'évolution des risques associés à ses intérêts dans des partenariats et des entreprises associées (paragraphe 23).

NATURE, ÉTENDUE ET INCIDENCES FINANCIÈRES DES INTÉRÊTS D'UNE ENTITÉ DANS DES PARTENARIATS ET DES ENTREPRISES ASSOCIÉES

21 L'entité doit indiquer :

a) pour chaque partenariat et entreprise associée qui est significatif pour l'entité présentant l'information financière :

i) le nom du partenariat ou de l'entreprise associée,

ii) la nature de la relation entre l'entité et le partenariat ou l'entreprise associée (par exemple, en décrivant la nature des activités du partenariat ou de l'entreprise associée et en précisant si ces activités revêtent une importance stratégique pour les activités de l'entité),

iii) l'établissement principal du partenariat ou de l'entreprise associée (et le pays dans lequel il a été constitué, le cas échéant, s'il est différent),

iv) le pourcentage des titres de participation ou des actions participatives détenu par l'entité et, s'il est différent, le pourcentage des droits de vote détenu (le cas échéant) ;

b) pour chaque coentreprise et entreprise associée qui est significative pour l'entité présentant l'information financière :

i) le mode de comptabilisation de la participation dans la coentreprise ou l'entreprise associée : méthode de la mise en équivalence ou juste valeur,

ii) les informations financières résumées concernant la coentreprise ou l'entreprise associée, selon les dispositions des paragraphes B12 et B13,

iii) la juste valeur de la participation dans la coentreprise ou l'entreprise associée lorsque cette participation est comptabilisée selon la méthode de la mise en équivalence, s'il existe un prix coté sur un marché pour cette participation ;

c) les informations financières précisées au paragraphe B16 en ce qui concerne les participations de l'entité dans des coentreprises et des entreprises associées qui, prises individuellement, ne sont pas significatives :

i) présentées de façon globale pour toutes les coentreprises qui ne sont pas significatives prises individuellement ; et, séparément,

ii) présentées de façon globale pour toutes les entreprises associées qui ne sont pas significatives prises individuellement.

21A Une entité d'investissement n'est pas tenue de fournir les informations requises par les paragraphes 21, points b) et c).

22 Une entité doit fournir aussi les informations suivantes :

a) la nature et l'étendue de toute restriction importante (résultant, par exemple, d'accords d'emprunt, de dispositions réglementaires ou d'accords contractuels conclus entre les investisseurs qui exercent un contrôle conjoint ou une influence notable sur une coentreprise ou une entreprise associée) qui limite la faculté des coentreprises ou des entreprises associées de transférer des fonds à l'entité sous forme de dividendes en trésorerie ou encore de rembourser des prêts ou avances consentis par l'entité ;

b) lorsque les états financiers d'une coentreprise ou d'une entreprise associée utilisés pour l'application de la méthode de la mise en équivalence sont établis pour une date ou pour une période différente de celle de l'entité :

i) la date de clôture de la coentreprise ou de l'entreprise associée, et

ii) la raison de l'utilisation d'une date ou d'une période différente.

c) la quote-part non comptabilisée des pertes d'une coentreprise ou d'une entreprise associée, pour la période de reporting et en cumulé, si l'entité a cessé de comptabiliser sa quote-part des pertes de la coentreprise ou de l'entreprise associée lors de l'application de la méthode de la mise en équivalence.

RISQUES ASSOCIÉS AUX INTÉRÊTS D'UNE ENTITÉ DANS DES COENTREPRISES ET DES ENTREPRISES ASSOCIÉES

23 L'entité doit indiquer :

a) ses engagements à l'égard de ses coentreprises séparément du montant de ses autres engagements, selon les dispositions des paragraphes B18 à B20 ;

b) conformément à IAS 37 *Provisions, passifs éventuels et actifs éventuels*, sauf si la probabilité de perte est faible, les passifs éventuels contractés en ce qui concerne ses intérêts dans des coentreprises ou des entreprises associées (y compris sa quote-part des passifs éventuels contractés conjointement avec les autres investisseurs exerçant un contrôle conjoint ou une influence notable sur les coentreprises ou les entreprises associées), séparément du montant des autres passifs éventuels.

Intérêts détenus dans des entités structurées non consolidées

24 L'entité doit fournir des informations permettant aux utilisateurs de ses états financiers :

a) de comprendre la nature et l'étendue de ses intérêts dans des entités structurées non consolidées (paragraphes 26 à 28) ; et

b) d'évaluer la nature et l'évolution des risques associés à ses intérêts dans des entités structurées non consolidées (paragraphes 29 à 31).

25 Les informations requises par le paragraphe 24, point b), comprennent les informations relatives aux risques auxquels est exposée l'entité en raison de ses liens avec une entité structurée non consolidée au cours de périodes antérieures (par exemple, apport d'une aide financière à l'entité structurée), même si l'entité n'a plus aucun lien contractuel avec l'entité structurée à la date de clôture.

25A Une entité d'investissement n'est pas tenue de fournir les informations requises par le paragraphe 24 en ce qui concerne les entités structurées non consolidées qu'elle contrôle et pour lesquelles elle se conforme aux obligations d'information énoncées aux paragraphes 19A à 19G.

NATURE DES INTÉRÊTS

26 L'entité doit fournir des informations qualitatives et quantitatives sur ses intérêts dans des entités structurées non consolidées, notamment sur la nature, l'objet, la taille, les activités et les modes de financement de l'entité structurée.

27 Si l'entité a apporté une aide financière à une entité structurée non consolidée pour laquelle elle ne fournit pas les informations requises au paragraphe 29 (par exemple, parce qu'elle ne détient pas d'intérêts dans l'entité structurée à la date de clôture), elle doit indiquer :

a) comment elle a déterminé à quelles entités structurées elle a apporté une aide financière ;

b) *les revenus tirés de ces entités structurées* au cours de la période de reporting, avec une description des types de revenus présentés ; et

c) la valeur comptable (au moment du transfert) de tous les actifs transférés à ces entités structurées au cours de la période de reporting.

28 L'entité doit présenter les informations visées au paragraphe 27, points b) et c), sous forme de tableau, à moins qu'une autre forme convienne mieux, et classer ses activités d'aide financière dans des catégories pertinentes (voir les paragraphes B2 à B6).

NATURE DES RISQUES

29 L'entité doit présenter, sous forme de tableau, à moins qu'une autre forme convienne mieux, un résumé :

a) des valeurs comptables des actifs et passifs comptab lisés dans ses états financiers au titre de ses intérêts dans des entités structu'ées non consolidées ;

b) des postes de l'état de la situation financière où sont comptabilisés ces actifs et passifs ;

c) du montant qui représente au mieux son exposition maximale au risque de perte attribuable à ses intérêts dans des entités structurées non consolidées, ainsi que de la façon dont cette exposition maximale a été déterminée. Si l'entité n'est pas en mesure de quantifier son exposition maximale au risque de perte attribuable à ses intérêts dans des entités structurées non consolidées, elle doit indiquer cette incapacité et en préciser les raisons ;

d) de la comparaison des valeurs comptables des actifs et passifs de l'entité afférents à ses intérêts dans des entités structurées non consolidées et de l'exposition maximale de l'entité au risque de perte attribuable à ces entités structurées.

30 Si, au cours de la période de reporting, l'entité a fourni, sans y être tenue par une obligation contractuelle, un soutien financier ou autre à une entité structurée non consolidée dans laquelle elle a ou a déjà eu des intérêts (par exemple, en achetant des actifs de l'entité structurée ou des titres émis par celle-ci), elle doit indiquer :

a) la nature et le montant du soutien fourni, y compris les cas où l'entité a aidé l'entité structurée à obtenir un soutien financier ; et

b) les raisons pour lesquelles le soutien a été fourni.

31 L'entité doit indiquer toute intention de sa part de fournir un soutien financier ou autre à une entité structurée non consolidée, y compris toute intention d'aider l'entité structurée à obtenir un soutien financier.

Appendice A – Définitions

Le présent appendice fait partie intégrante de la norme.

Revenus tirés d'une entité structurée	Aux fins de la présente norme, les revenus tirés d'une **entité structurée** comprennent, entre autres, les commissions récurrentes ou non récurrentes, les intérêts, les dividendes, les profits ou pertes résultant de la réévaluation ou de la décomptabilisation d'intérêts dans des entités structurées, ainsi que les profits ou pertes résultant du transfert d'actifs et de passifs à l'entité structurée.
Intérêts dans une autre entité	Aux fins de la présente norme, on entend par « intérêts dans une autre entité » un lien contractuel ou non contractuel qui expose l'entité à un risque de variation des rendements associés à la performance de l'autre entité. Les intérêts dans une autre entité peuvent être attestés, entre autres, par la détention d'instruments de capitaux propres ou de titres de créance, ainsi que par d'autres formes de liens, telles qu'un financement, un crédit de trésorerie, un rehaussement de crédit ou l'octroi de garanties. Ils englobent également les moyens par lesquels une entité exerce un contrôle ou un contrôle conjoint, ou encore une influence notable, sur une autre entité. Une entité ne détient pas nécessairement des intérêts dans une autre entité du seul fait qu'elle entretient avec elle une relation client-fournisseur de type courant. Les paragraphes B7 à B9 fournissent des informations complémentaires sur les intérêts dans d'autres entités. Les paragraphes B55 à B57 d'IFRS 10 contiennent des explications sur la variation des rendements.
Entité structurée	Entité conçue de telle manière que les droits de vote ou droits similaires ne constituent pas le facteur déterminant pour établir qui contrôle l'entité ; c'est notamment le cas lorsque les droits de vote concernent uniquement des tâches administratives et que les activités pertinentes sont dirigées au moyen d'accords contractuels. Les paragraphes B22 à B24 fournissent des informations complémentaires sur les intérêts dans d'autres entités.

Les termes suivants, définis dans IAS 27 (telle que modifiée en 2011), IAS 28 (telle que modifiée en 2011), IFRS 10 et IFRS 11 *Partenariats*, sont utilisés dans la présente norme au sens qui leur est donné dans les IFRS où ils sont définis :

- entreprise associée ;
- états financiers consolidés ;
- contrôle d'une entité ;
- méthode de la mise en équivalence ;
- groupe ;
- entité d'investissement ;
- partenariat ;
- contrôle conjoint ;
- entreprise associée ;
- coentreprise ;
- participation ne donnant pas le contrôle ;
- société mère ;
- droits de protection ;
- activités pertinentes ;
- états financiers individuels ;
- véhicule distinct ;
- influence notable ;
- filiale.

Appendice B – Guide d'application

Le présent appendice fait partie intégrante de la norme. Il décrit la façon d'appliquer les paragraphes 1 à 31 et fait autorité au même titre que les autres parties de la norme.

B1 Les exemples fournis dans le présent appendice illustrent des situations hypothétiques. Bien que certains de leurs aspects puissent se présenter dans des contextes réels, il faut évaluer tous les faits et circonstances pertinents d'une situation particulière lors de l'application d'IFRS 12.

REGROUPEMENT DES INFORMATIONS (PARAGRAPHE 4)

B2 L'entité doit décider, en fonction de sa situation, du niveau de détail à fournir pour répondre aux besoins d'information des utilisateurs, de l'importance à accorder aux différents aspects des dispositions de la norme et de la manière de regrouper les informations. Il est nécessaire de trouver un équilibre entre une surcharge de détails potentiellement inutiles pour les utilisateurs des états financiers et un regroupement trop poussé des informations qui aurait pour effet de les obscurcir.

B3 L'entité peut regrouper les informations requises par la présente norme qui se rapportent à ses intérêts dans des entités semblables si le regroupement est compatible avec l'objectif d'information et l'exigence formulée au paragraphe B4, et qu'il n'a pas pour effet d'obscurcir les informations fournies. L'entité doit indiquer comment elle a regroupé ses intérêts dans des entités semblables.

B4 L'entité doit présenter séparément les informations concernant les intérêts qu'elle détient dans :

a) des filiales ;

b) des coentreprises ;

c) des activités conjointes ;

d) des entreprises associées ; et

e) des entités structurées non consolidées.

B5 Pour déterminer l'opportunité de regrouper des informations, l'entité doit considérer les informations quantitatives et qualitatives se rapportant aux différentes caractéristiques de risque et de rendement de chaque entité qu'elle envisage d'inclure dans le regroupement, ainsi que l'importance que chacune de ces entités revêt pour elle. L'entité doit présenter les informations d'une façon qui explique clairement aux utilisateurs des états financiers la nature et l'étendue de ses intérêts dans ces autres entités.

B6 Les exemples de regroupements d'informations suivants sont susceptibles d'être appropriés au sein de chaque catégorie d'entités mentionnée au paragraphe B4 :

a) regroupement par nature des activités (par exemple, entités de recherche et développement, entités de titrisation à rechargement de créances sur cartes de crédit, etc.) ;

b) regroupement par secteur d'activité ;

c) regroupement par secteur géographique (par exemple, par pays ou région).

INTÉRÊTS DANS D'AUTRES ENTITÉS

B7 On entend par « intérêts dans une autre entité » un lien contractuel ou non contractuel qui expose l'entité présentant l'information financière à un risque de variation des rendements associés à la performance de l'autre entité. La prise en considération de l'objet de l'autre entité et de la manière dont elle est conçue peut aider l'entité présentant l'information financière à évaluer si elle a des intérêts dans cette autre entité et, par conséquent, si elle est tenue de fournir les informations requises par la présente norme. Cette évaluation doit tenir compte des risques que cette autre entité, de par sa conception, vise à supporter et des risques qu'elle vise à transférer à l'entité présentant l'information financière et à d'autres parties.

B8 L'entité présentant l'information financière est généralement exposée à un risque de variation des rendements associés à la performance de l'autre entité en raison de la détention d'instruments (tels que des instruments de capitaux propres ou des titres de créance émis par l'autre entité) ou de l'existence d'un autre lien ayant pour effet d'absorber le risque de variation. Supposons, par exemple, qu'une entité structurée détienne un portefeuille de prêts. L'entité structurée obtient un swap sur défaillance auprès d'une autre entité (l'entité présentant l'information financière) pour se protéger des défaillances de paiement d'intérêts et de principal au titre des prêts. L'entité présentant l'information financière a un lien qui l'expose au risque de variation des rendements associés à la performance de l'entité structurée, car le swap sur défaillance a pour effet d'absorber le risque de variation des rendements de l'entité structurée.

B9 Certains instruments sont conçus pour transférer le risque de l'entité présentant l'information financière à une autre entité. Ces instruments créent un risque de variation des rendements pour l'autre entité, mais n'exposent généralement pas l'entité présentant l'information financière à un risque de variation des rendements associés à la performance de l'autre entité. Supposons, par exemple, qu'une entité structurée est mise sur pied pour fournir des possibilités de placement aux investisseurs qui voudraient être exposés au risque de crédit de l'entité Z (celle-ci n'étant liée à aucune des parties intéressées). L'entité structurée obtient du financement en émettant, à l'intention de ces investisseurs, des titres qui sont liés au risque de crédit de l'entité Z («credit-linked notes ») et investit le produit de l'émission de ces titres dans un portefeuille d'actifs financiers sans risque. L'entité structurée conclut un contrat d'échange sur risque de crédit avec une contrepartie pour être exposée au risque de crédit de l'entité Z. Le contrat d'échange sur risque de crédit transfère à l'entité structurée le risque de crédit de l'entité Z en contrepartie d'une commission payée par la contrepartie au contrat d'échange. Les investisseurs de l'entité structurée obtiennent un rendement plus élevé qui reflète le rendement du portefeuille d'actifs de l'entité structurée ainsi que la commission liée au contrat d'échange. La contrepartie au contrat d'échange n'a aucun lien avec l'entité structurée qui l'expose au risque de variation des rendements associés à la performance de cette dernière, puisque le contrat d'échange sur risque de crédit transfère le risque de variation à l'entité structurée plutôt que d'absorber le risque de variation des rendements de cette dernière.

INFORMATIONS FINANCIÈRES RÉSUMÉES CONCERNANT LES FILIALES, LES COENTREPRISES ET LES ENTREPRISES ASSOCIÉES (PARAGRAPHES 12 ET 21)

B10 Pour chacune de ses filiales dans lesquelles les participations ne donnant pas le contrôle sont significatives pour l'entité présentant l'information financière, cette dernière doit :

a) les dividendes versés aux détenteurs de participations ne donnant pas le contrôle ;

b) fournir des informations financières résumées concernant les actifs, les passifs, le résultat net et les flux de trésorerie de la filiale qui permettent aux utilisateurs de comprendre les intérêts des détenteurs de participations ne donnant pas le contrôle dans les activités et les flux de trésorerie du groupe. Ces informations peuvent notamment porter sur les actifs courants, les actifs non courants, les passifs courants, les passifs non courants, les produits, le résultat net et le résultat global total.

B11 Les informations financières résumées requises par le paragraphe B10, point b), doivent être les montants avant élimination des comptes et opérations réciproques.

B12 Pour chaque coentreprise ou entreprise associée qui est significative pour l'entité présentant l'information financière, cette dernière doit :

a) les dividendes reçus de la coentreprise ou de l'entreprise associée ;

b) des informations financières résumées concernant la coentreprise ou l'entreprise associée (voir paragraphes B14 et B15) comprenant, entre autres, les éléments suivants :

- i) actifs courants,
- ii) actifs non courants,
- iii) passifs courants,
- iv) passifs non courants,
- v) produits,
- vi) résultat net des activités poursuivies ;
- vii) résultat net après impôt des activités abandonnées,
- viii) autres éléments du résultat global,
- ix) résultat global total.

B13 Outre les informations financières résumées requises au paragraphe B12, l'entité présentant l'information financière doit indiquer pour chaque coentreprise qui est significative pour elle le montant des éléments suivants :

a) la trésorerie et les équivalents de trésorerie visés au paragraphe B12, point b) i) ;

b) les passifs financiers courants (à l'exclusion des dettes fournisseurs et autres créditeurs et des provisions) visés au paragraphe B12, point b) iii) ;

c) les passifs financiers non courants (à l'exclusion des dettes fournisseurs et autres créditeurs et des provisions) visés au paragraphe B12, point b) iv) ;

d) les dotations aux amortissements ;

e) les produits d'intérêts ;

f) les charges d'intérêts ;

g) la charge ou le produit d'impôt sur le résultat.

B14 Les informations financières résumées présentées conformément aux paragraphes B12 et B13 doivent être les montants compris dans les états financiers IFRS de la coentreprise ou de l'entreprise associée (et non la quote-part de ces montants revenant à l'entité). Si l'entité comptabilise ses intérêts dans la coentreprise ou l'entreprise associée selon la méthode de la mise en équivalence :

a) les montants compris dans les états financiers IFRS de la coentreprise ou de l'entreprise associée doivent être ajustés afin de refléter les ajustements effectués par l'entité lors de l'application de la méthode de la mise en équivalence, tels que les ajustements à la juste valeur effectués au moment de l'acquisition et les ajustements au titre des différences entre les méthodes comptables ;

b) l'entité doit fournir un rapprochement entre les informations financières résumées et la valeur comptable de ses intérêts dans la coentreprise ou l'entreprise associée.

B15 L'entité peut présenter les informations financières résumées requises par les paragraphes B12 et B13 sur la base des états financiers de la coentreprise ou de l'entreprise associée si :

a) l'entité évalue ses intérêts dans la coentreprise ou l'entreprise associée à la juste valeur conformément à IAS 28 (telle que modifiée en 2011) ; et

b) la coentreprise ou l'entreprise associée ne préparent pas d'états financiers IFRS et que la préparation de tels états financiers serait impraticable ou entraînerait un coût excessif.

Dans ce cas, l'entité doit indiquer sur quelle base elle a préparé les informations financières résumées.

B16 L'entité doit indiquer la valeur comptable globale de ses intérêts dans toutes les coentreprises ou entreprises associées qui sont non significatives prises isolément et qui sont comptabilisées selon la méthode de la mise en équivalence. L'entité doit également indiquer séparément le montant global de ses quotes-parts des éléments suivants dans ces coentreprises ou entreprises associées :

a) résultat net des activités poursuivies ;

b) résultat net après impôt des activités abandonnées,

c) autres éléments du résultat global,

d) résultat global total.

L'entité fournit les informations concernant les coentreprises séparément des informations concernant les entreprises associées.

B17 Lorsque les intérêts d'une entité dans une filiale, une coentreprise ou une entreprise associée (ou une partie de ses intérêts dans une coentreprise ou une entreprise associée) sont classés (ou inclus dans un groupe destiné à être cédé qui est classé) comme « détenus en vue de la vente » selon IFRS 5, l'entité n'est pas tenue de fournir d'informations financières résumées conformément aux paragraphes B10 à B16 pour cette filiale, coentreprise ou entreprise associée.

ENGAGEMENTS À L'ÉGARD DES COENTREPRISES (PARAGRAPHE 23, POINT A))

B18 L'entité doit indiquer le montant total des engagements qu'elle a pris au titre de ses intérêts dans des coentreprises, mais qu'elle n'a pas encore comptabilisés à la date de clôture (y compris sa quote-part des engagements pris conjointement avec les autres investisseurs exerçant un contrôle conjoint sur une coentreprise). Les engagements visés sont ceux susceptibles d'entraîner une sortie de trésorerie ou d'autres ressources.

B19 Les engagements non comptabilisés susceptibles d'entraîner une sortie de trésorerie ou d'autres ressources comprennent :

a) les engagements non comptabilisés de fournir du financement ou des ressources en raison, par exemple :

- i) d'accords visant la création ou l'acquisition d'une coentreprise (qui, par exemple, obligent l'entité à apporter des fonds à la coentreprise dans un délai déterminé),
- ii) de projets à forte intensité capitalistique lancés par une coentreprise,
- iii) d'obligations fermes d'achat, notamment engagements d'acquérir du matériel, des stocks ou des services auprès d'une coentreprise ou pour le compte d'une coentreprise,
- iv) d'engagements non comptabilisés de consentir des prêts ou d'autres formes de soutien financier à une coentreprise,
- v) d'engagements non comptabilisés de fournir ces ressources à une coentreprise, telles que des actifs ou des services,
- vi) d'autres engagements irrévocables et non comptabilisés à l'égard d'une coentreprise ;

b) les engagements non comptabilisés d'acquérir la participation (ou une partie de la participation) d'une autre partie à une coentreprise en cas de survenance ou de non-survenance d'un événement futur particulier.

B20 Les exigences et exemples des paragraphes B18 et B19 illustrent certains des types d'informations à fournir conformément au paragraphe 18 d'IAS 24 *Information relative aux parties liées*.

INTÉRÊTS DÉTENUS DANS DES ENTITÉS STRUCTURÉES NON CONSOLIDÉES (PARAGRAPHES 24 À 31)

Entités structurées

B21 Une entité structurée est une entité conçue de telle manière que les droits de vote ou droits similaires ne constituent pas le facteur déterminant pour établir qui contrôle l'entité ; c'est notamment le cas lorsque les droits de vote concernent uniquement des tâches administratives et que les activités pertinentes sont dirigées au moyen d'accords contractuels.

B22 Une entité structurée présente souvent certaines ou l'ensemble des caractéristiques suivantes :

a) des activités bien circonscrites ;

b) un objectif précis et bien défini, par exemple : mettre en œuvre un contrat de location fiscalement avantageux, mener des activités de recherche et développement, fournir une source de capital ou de financement à une entité, ou fournir des possibilités de placement à des investisseurs en leur transférant les risques et avantages associés aux actifs de l'entité structurée ;

c) des capitaux propres insuffisants pour permettre à l'entité structurée de financer ses activités sans recourir à un soutien financier subordonné ;

d) un financement par l'émission, auprès d'investisseurs, de multiples instruments liés entre eux par contrat et créant des concentrations de risque de crédit ou d'autres risques («tranches »).

B23 Les entités suivantes, entre autres, sont considérées comme des exemples d'entités structurées :

a) véhicules de titrisation ;

b) véhicules de financement adossés à des actifs ;

c) certains fonds de placement.

B24 Une entité contrôlée par l'exercice de droits de vote n'est pas une entité structurée du seul fait que, par exemple, elle reçoit des fonds de tiers à la suite d'une restructuration.

➡ Nature des risques associés aux intérêts détenus dans des entités structurées non consolidées (paragraphes 29 à 31)

B25 En plus des informations requises aux paragraphes 29 à 31, l'entité doit fournir les informations supplémentaires nécessaires pour atteindre l'objectif d'information du paragraphe 24, point b).

B26 Des exemples d'informations supplémentaires qui, selon les circonstances, peuvent être pertinentes pour l'évaluation des risques auxquels est exposée une entité qui détient des intérêts dans une entité structurée non consolidée peuvent être :

a) les conditions d'un accord qui pourraient obliger l'entité à fournir un soutien financier à une entité structurée non consolidée (par exemple, accords d'avance de trésorerie ou changements de notation de crédit qui entraînent l'obligation d'acheter des actifs de l'entité structurée ou de lui fournir un soutien financier), y compris :

i) une description des événements ou circonstances qui pourraient exposer l'entité présentant l'information financière à une perte,

ii) l'existence de conditions qui limiteraient l'obligation,

iii) l'existence d'autres parties qui fournissent un soutien financier et, le cas échéant, le rang de l'obligation de l'entité présentant l'information financière par rapport aux obligations des autres parties ;

b) les pertes subies par l'entité au cours de la période de reporting par suite de ses intérêts dans des entités structurées non consolidées ;

c) les types de revenus que l'entité a tirés, au cours de la période de reporting, de ses intérêts dans des entités structurées non consolidées ;

d) si l'entité est tenue d'absorber les pertes d'une entité structurée non consolidée avant d'autres parties, la limite maximale des pertes à absorber par l'entité, et (le cas échéant) le rang et le montant des pertes potentielles assumées par les parties dont les intérêts sont de rang inférieur à celui des intérêts de l'entité dans l'entité structurée non consolidée ;

e) les informations concernant tout accord d'avance de trésorerie, cautionnement ou autre engagement envers des tiers qui pourrait avoir une incidence sur la juste valeur des intérêts détenus par l'entité dans des entités structurées non consolidées ou sur les risques associés à ces intérêts ;

f) tout problème de financement des activités d'une entité structurée non consolidée rencontré au cours de la période de reporting ;

g) en ce qui concerne le financement d'une entité structurée non consolidée, les formes de financement utilisées (par exemple, billets de trésorerie, obligations à moyen terme) et la durée de vie moyenne pondérée des instruments. Ces informations peuvent comprendre des analyses des échéances des actifs et du financement d'une entité structurée non consolidée dans le cas où les échéances du financement sont à plus court terme que les échéances des actifs financés.

Appendice C – Date d'entrée en vigueur et dispositions transitoires

Le présent appendice fait partie intégrante de la norme et fait autorité au même titre que les autres parties de la norme.

DATE D'ENTRÉE EN VIGUEUR ET DISPOSITIONS TRANSITOIRES

C1 L'entité doit appliquer la présente norme pour les exercices ouverts à compter du 1er janvier 2013. Une application anticipée est autorisée.

C1A La publication d'*États financiers consolidés, partenariats et informations à fournir sur les intérêts détenus dans d'autres entités : dispositions transitoires* (modifications d'IFRS 10, d'IFRS 11 et d'IFRS 12), en juin 2012, a donné lieu à l'ajout des paragraphes C2A et C2B. L'entité doit appliquer ces modifications pour les exercices ouverts à compter du 1er janvier 2013. Si l'entité applique IFRS 12 pour une période antérieure, elle doit appliquer les modifications à cette période antérieure.

C1B La publication d'*Entités d'investissement* (modifications d'IFRS 10, d'IFRS 12 et d'IAS 27), en octobre 2012, a donné lieu à la modification du paragraphe 2 et de l'appendice A, et à l'ajout des paragraphes 9A et 9B, 19A à 19G, 21A et 25A. L'entité doit appliquer ces modifications pour les exercices ouverts à compter du 1er janvier 2014. Une application anticipée est autorisée. Si l'entité applique lesdites modifications pour une période antérieure, elle doit l'indiquer et appliquer en même temps toutes les modifications introduites par *Entités d'investissement*.

C1C La publication d'*Entités d'investissement : application de l'exception de consolidation* (modifications d'IFRS 10, d'IFRS 12 et d'IAS 28), en décembre 2014, a donné lieu à la modification du paragraphe 6. L'entité doit appliquer ces modifications pour les exercices ouverts à compter du 1er janvier 2016. Une application anticipée est autorisée. Si l'entité applique ces modifications pour une période antérieure, elle doit l'indiquer.

C1D La publication des *Améliorations annuelles des IFRS – Cycle 2014-2016*, en décembre 2016, a donné lieu à l'ajout du paragraphe 5A et à la modification du paragraphe B17. L'entité doit appliquer ces modifications rétrospectivement selon IAS 8 *Méthodes comptables, changements d'estimations comptables et erreurs* pour les exercices ouverts à compter du 1er janvier 2017.

C2 L'entité est encouragée à fournir les informations exigées par la présente norme avant les exercices ouverts à compter du 1er janvier 2013. L'entité peut fournir certaines des informations requises par la présente norme avant son entrée en vigueur sans pour autant être tenue de se conformer à toutes les exigences de la présente norme ou d'appliquer les normes IFRS 10, IFRS 11, IAS 27 (telle que modifiée en 2011) et IAS 28 (telle que modifiée en 2011) avant leur entrée en vigueur.

C2A L'entité n'est pas tenue d'appliquer les obligations d'information de la présente norme pour les périodes présentées dont la date d'ouverture est antérieure à la période annuelle qui précède immédiatement la première période annuelle d'application d'IFRS 12.

C2B L'entité n'est pas tenue d'appliquer les obligations d'information des paragraphes 24 à 31 et les commentaires correspondants des paragraphes B21 à B26 de la présente norme pour les périodes présentées dont la date d'ouverture est antérieure à la première période annuelle d'application d'IFRS 12.

RÉFÉRENCES À IFRS 9

C3 Si une entité applique la présente norme mais n'applique pas encore IFRS 9, toute référence à IFRS 9 doit être interprétée comme une référence à IAS 39 *Instruments financiers : Comptabilisation et évaluation*.

IFRS 13
Évaluation de la juste valeur

[règlt UE 2023/1803]

Objectif

1 La présente norme :

a) définit la *juste valeur* ;

b) définit, dans une seule et même norme, un cadre pour l'évaluation de la juste valeur ; et

c) prescrit les informations à fournir sur les évaluations à la juste valeur.

2 La juste valeur est une mesure fondée sur le marché et non une mesure spécifique à l'entité. Pour certains actifs et certains passifs, il existe des transactions observables sur le marché ou des informations de marché. Pour d'autres, il n'en existe pas. Toutefois, dans les deux cas, l'évaluation de la juste valeur vise le même objectif : estimer le prix auquel une *transaction normale* visant la vente d'un actif ou le transfert d'un passif serait conclue entre des *participants de marché* à la date d'évaluation dans les conditions actuelles du marché (c'est-à-dire une *valeur de sortie* à la date d'évaluation, du point de vue d'un participant de marché qui détient l'actif ou doit le passif).

3 En l'absence de prix observable pour un actif ou un passif identique, l'entité détermine la juste valeur à l'aide d'une autre technique d'évaluation qui maximise l'utilisation des *données observables* pertinentes et minimise celle des *données non observables*. Du fait que la juste valeur est une mesure fondée sur le marché, elle est déterminée à l'aide des hypothèses que les participants de marché utiliseraient pour fixer le prix de l'actif ou du passif, y compris les hypothèses sur les risques. Par conséquent, le fait que l'entité ait l'intention de conserver un actif ou de régler un passif ou s'en acquitter de quelque autre façon n'entre pas en ligne de compte dans l'évaluation de la juste valeur.

4 La définition de la juste valeur est axée sur les actifs et les passifs du fait qu'il s'agit des principaux éléments à faire l'objet d'une évaluation comptable. Cela dit, la présente norme doit aussi être appliquée aux instruments de capitaux propres de l'entité qui sont évalués à la juste valeur.

Champ d'application

5 La présente norme s'applique lorsqu'une autre norme IFRS impose ou permet des évaluations à la juste valeur (ou des évaluations fondées sur la juste valeur, telles que la juste valeur diminuée des coûts de la vente) ou les informations à fournir à leur sujet (également pour les évaluations fondées sur la juste valeur), sauf dans les cas précisés aux paragraphes 6 et 7.

6 Les dispositions de la présente norme concernant l'évaluation et les informations à fournir ne s'appliquent pas :

a) aux transactions dont le paiement est fondé sur des actions qui entrent dans le champ d'application d'IFRS 2 *Paiement fondé sur des actions* ;

b) aux opérations de location comptabilisées selon IFRS 16 *Contrats de location* ; et

c) aux mesures présentant certaines similitudes avec la juste valeur mais qui ne correspondent pas à la juste valeur, par exemple la valeur nette de réalisation dans IAS 2 *Stocks* ou la valeur d'utilité dans IAS 36 *Dépréciation d'actifs*.

7 Les informations à fournir selon la présente norme ne sont pas exigées en ce qui concerne :

a) les actifs du régime évalués à la juste valeur selon IAS 19 *Avantages du personnel* ;

b) les placements comptabilisés au titre des régimes de retraite et évalués à la juste valeur selon IAS 26 *Comptabilité et rapports financiers des régimes de retraite* ; et

c) les actifs dont la valeur recouvrable est la juste valeur diminuée des coûts de sortie selon IAS 36.

8 Le cadre d'évaluation de la juste valeur décrit dans la présente norme s'applique à la fois à l'évaluation initiale et aux évaluations ultérieures lorsque d'autres normes IFRS imposent ou permettent les évaluations à la juste valeur.

Évaluation

DÉFINITION DE LA JUSTE VALEUR

9 La présente norme définit la juste valeur comme le prix qui serait reçu pour la vente d'un actif ou payé pour le transfert d'un passif lors d'une transaction normale entre des participants de marché à la date d'évaluation.

10 Le paragraphe B2 décrit l'approche générale à suivre pour l'évaluation de la juste valeur.

L'ACTIF OU LE PASSIF

11 L'évaluation d'une juste valeur porte sur un actif ou un passif spécifique. Par conséquent, lorsqu'elle détermine la juste valeur, l'entité doit prendre en compte les caractéristiques de l'actif ou du passif si c'est ce que feraient les participants de marché pour fixer le prix de l'actif ou du passif à la date d'évaluation. Ces caractéristiques comprennent notamment :

a) l'état de l'actif et l'endroit où il se trouve ; et

b) les restrictions, le cas échéant, sur la vente ou l'utilisation de l'actif.

12 L'incidence d'une caractéristique particulière sur l'évaluation varie selon la façon dont les participants de marché prendraient cette caractéristique en compte.

13 L'actif ou le passif évalué à la juste valeur peut être :

a) un élément (un actif ou un passif) autonome (par exemple un instrument financier ou un actif non financier) ; ou

b) un groupe d'actifs, un groupe de passifs ou un groupe d'actifs et de passifs (par exemple une unité génératrice de trésorerie ou une entreprise).

14 Le fait qu'un actif ou un passif soit un élément autonome, un groupe d'actifs, un groupe de passifs ou un groupe d'actifs et de passifs dépend de son *unité de comptabilisation*. L'unité de comptabilisation de l'actif ou du passif doit être déterminée conformément à la norme IFRS qui impose ou permet son évaluation à la juste valeur, sous réserve des dispositions de la présente norme.

LA TRANSACTION

15 L'évaluation d'une juste valeur repose sur l'hypothèse que l'actif ou le passif est échangé lors d'une transaction normale conclue entre des participants de marché pour la vente de l'actif ou le transfert du passif à la date d'évaluation dans les conditions actuelles du marché.

16 L'évaluation d'une juste valeur suppose que la transaction pour la vente de l'actif ou le transfert du passif a lieu soit :

a) sur le *marché principal* pour l'actif ou le passif ; soit

b) en l'absence de marché principal, sur le *marché le plus avantageux* pour l'actif ou le passif.

17 L'entité n'est pas tenue d'effectuer une recherche exhaustive de tous les marchés possibles pour identifier le marché principal ou, à défaut, le marché le plus avantageux, mais elle doit tenir compte de toute l'information raisonnablement disponible. En l'absence de preuve contraire, le marché sur lequel elle conclurait normalement une transaction pour vendre l'actif ou transférer le passif est présumé être le marché principal ou, à défaut d'un marché principal, le marché le plus avantageux.

18 S'il existe un marché principal pour l'actif ou le passif, l'évaluation de la juste valeur doit représenter le prix sur ce marché (que ce prix soit directement observable ou estimé selon une autre technique d'évaluation), même si le prix pratiqué sur un autre marché peut être plus avantageux à la date d'évaluation.

19 L'entité doit avoir accès au marché principal (ou au marché le plus avantageux) à la date d'évaluation. Du fait que des entités distinctes (et des entreprises en leur sein) exerçant des activités différentes peuvent avoir accès à des marchés différents, il est possible que le marché principal (ou le plus avantageux) pour un actif ou passif donné ne soit pas le même pour ces diverses entités (ou pour les entreprises en leur sein). Par conséquent, c'est du point de vue de l'entité qu'il faut considérer le marché principal (ou le plus avantageux) (et donc les participants de marché), et il peut donc exister des différences entre des entités (et des entreprises en leur sein) exerçant des activités différentes.

20 Bien que l'entité doive être capable d'avoir accès au marché, il n'est pas nécessaire qu'elle soit en mesure de vendre l'actif concerné ou de transférer le passif concerné à la date d'évaluation pour pouvoir évaluer la juste valeur sur la base du prix pratiqué sur ce marché.

21 Même en l'absence d'un marché observable pouvant fournir de l'information sur le prix de vente d'un actif ou le prix de transfert d'un passif à la date d'évaluation, l'évaluation de la juste valeur doit supposer qu'une transaction a lieu à cette date, envisagée du point de vue d'un participant de marché qui détient l'actif ou doit le passif. Cette transaction hypothétique établit une base pour l'estimation du prix de vente de l'actif ou du prix de transfert du passif.

LES PARTICIPANTS DE MARCHÉ

22 L'entité doit évaluer la juste valeur d'un actif ou d'un passif à l'aide des hypothèses que les participants de marché utiliseraient pour fixer le prix de l'actif ou du passif, en supposant que les participants de marché agissent dans leur meilleur intérêt économique.

23 Lorsqu'elle élabore ces hypothèses, l'entité n'est pas tenue d'identifier des participants spécifiques de marché. Elle doit plutôt identifier les caractéristiques qui distinguent de manière générale les participants de marché, en tenant compte, pour tous les éléments suivants, des spécificités :

a) de l'actif ou du passif ;

b) du marché principal (ou le plus avantageux) pour l'actif ou le passif ; et

c) des participants de marché avec lesquels l'entité conclurait une transaction sur ce marché.

LE PRIX

24 La juste valeur est le prix qui serait reçu pour la vente d'un actif ou payé pour le transfert d'un passif lors d'une transaction normale sur le marché principal (ou le marché le plus avantageux) à la date d'évaluation dans les conditions actuelles du marché (c'est-à-dire un prix de sortie), que ce prix soit directement observable ou estimé selon une autre technique d'évaluation.

25 Le prix sur le marché principal (ou le marché le plus avantageux) utilisé pour déterminer la juste valeur de l'actif ou du passif ne doit pas être ajusté en fonction des *coûts de transaction*. Les coûts de transaction doivent être comptabilisés selon d'autres normes IFRS. Ils ne constituent pas une caractéristique d'un actif ou d'un passif : ils sont propres à la transaction et diffèrent selon la façon dont l'entité conclut une transaction sur l'actif ou le passif.

26 Les coûts de transaction ne comprennent pas les *frais de transport*. Si l'endroit où se trouve l'actif est une caractéristique de celui-ci (ce qui peut par exemple être le cas pour une marchandise), le prix sur le marché principal (ou le marché le plus avantageux) doit être ajusté en fonction des coûts qui seraient subis pour transporter l'actif de l'endroit où il se trouve jusqu'à ce marché.

APPLICATION AUX ACTIFS NON FINANCIERS

➡ Utilisation optimale des actifs non financiers

27 L'évaluation de la juste valeur d'un actif non financier tient compte de la capacité d'un participant de marché de générer des avantages économiques en faisant une *utilisation optimale* de l'actif ou en le vendant à un autre participant de marché qui en ferait une utilisation optimale.

28 L'utilisation optimale d'un actif non financier est déterminée en tenant compte de son utilisation physiquement possible, légalement admissible et financièrement faisable, comme suit :

a) pour déterminer si une utilisation est physiquement possible, il est tenu compte des caractéristiques physiques de l'actif que les participants de marché prendraient en considération pour en fixer le prix (par exemple l'endroit où se trouve un bien immobilier, ou ses dimensions) ;

b) pour déterminer si une utilisation est légalement admissible, il est tenu compte de toute restriction juridique grevant le cas échéant l'utilisation de l'actif, que les participants de marché prendraient en considération pour en fixer le prix (par exemple les règlements de zonage applicables à un bien immobilier) ;

c) pour déterminer si une utilisation est financièrement faisable, il est tenu compte du fait que l'utilisation physiquement possible et légalement admissible d'un actif génère ou non des produits ou des flux de trésorerie qui soient suffisants (compte tenu des coûts nécessaires pour convertir l'actif à cette utilisation) pour produire le rendement sur investissement que les participants de marché exigeraient d'un investissement dans cet actif utilisé de cette façon.

29 L'utilisation optimale est déterminée du point de vue des participants de marché, même si l'entité prévoit une utilisation différente. Cependant, l'utilisation actuelle que l'entité fait d'un actif non financier est présumée être l'utilisation optimale, à moins que le marché ou d'autres facteurs donnent à penser que des participants de marché pourraient maximiser la valeur de l'actif en l'utilisant différemment.

30 Il se peut que, pour protéger sa position concurrentielle ou pour d'autres raisons, l'entité ait l'intention de ne pas utiliser activement ou de façon optimale un actif non financier acquis. Ce pourrait être le cas, par exemple, d'une immobilisation incorporelle acquise dans un but défensif, en l'occurrence afin d'empêcher son utilisation par d'autres. L'entité doit néanmoins évaluer la juste valeur d'un actif non financier en supposant une utilisation optimale par les participants de marché.

➡ Principe de base pour l'évaluation des actifs non financiers

31 Le principe de l'utilisation optimale est à la base de l'évaluation de la juste valeur d'un actif non financier, de la façon indiquée ci-après :

a) L'utilisation optimale d'un actif non financier peut consister à l'utiliser conjointement avec d'autres actifs en tant que groupe (après installation ou configuration pour en permettre l'utilisation) ou avec d'autres actifs et des passifs (par exemple une entreprise) de telle sorte qu'il procure une valeur maximale aux participants de marché.

- i) Si l'utilisation optimale de l'actif consiste en une utilisation conjointe avec d'autres actifs ou avec d'autres actifs et des passifs, la juste valeur de l'actif est le prix qui serait reçu s'il était vendu actuellement, dans l'hypothèse où il serait utilisé avec d'autres actifs ou avec d'autres actifs et des passifs et que ces actifs et passifs (c'est-à-dire les actifs complémentaires et les passifs associés) seraient disponibles pour les participants de marché.
- ii) Les passifs associés à l'actif et aux actifs complémentaires comprennent ceux qui financent le fonds de roulement, mais pas ceux qui servent à financer des actifs étrangers au groupe d'actifs.
- iii) Les hypothèses concernant l'utilisation optimale d'un actif non financier doivent être cohérentes pour tous les actifs (pour lesquels la notion d'utilisation optimale est pertinente) du groupe d'actifs ou du groupe d'actifs et de passifs au sein duquel l'actif serait utilisé.

b) L'utilisation optimale d'un actif non financier peut consister à l'utiliser seul de telle sorte qu'il procure une valeur maximale aux participants de marché. Si tel est le cas, la juste valeur de l'actif est le prix qui serait reçu s'il était vendu actuellement à des participants de marché qui l'utiliseraient seul.

32 L'évaluation de la juste valeur d'un actif non financier part de l'hypothèse que celui-ci est vendu sur une base qui concorde avec l'unité de comptabilisation spécifiée dans d'autres normes IFRS (qui peut être un actif pris isolément). C'est le cas même lorsque l'on considère que l'utilisation optimale de l'actif consiste en une utilisation conjointe avec d'autres actifs ou avec d'autres actifs et des passifs, parce qu'il est présumé que le participant de marché détient déjà les actifs complémentaires et les passifs associés.

33 Le paragraphe B3 décrit l'application du principe de base de l'évaluation des actifs non financiers.

APPLICATION AUX PASSIFS ET AUX INSTRUMENTS DE CAPITAUX PROPRES DE L'ENTITÉ ELLE-MÊME

Principes généraux

34 L'évaluation de la juste valeur d'un passif financier ou non financier ou d'un instrument de capitaux propres de l'entité elle-même (par exemple des titres de capitaux propres émis à titre de contrepartie dans le cadre d'un regroupement d'entreprises) suppose que l'élément est transféré à un participant de marché à la date d'évaluation. Le transfert d'un passif ou d'un instrument de capitaux propres de l'entité elle-même suppose :

a) que le passif reste dû et que le participant de marché cessionnaire est tenu d'honorer l'obligation. Le passif n'est pas réglé avec l'autre partie ou autrement éteint à la date d'évaluation ;

b) que l'instrument de capitaux propres demeure en circulation et que le participant de marché cessionnaire accepte les droits et responsabilités qui y sont associés. L'instrument n'est pas annulé ou autrement éteint à la date d'évaluation.

35 Même en l'absence de marché observable pouvant fournir de l'information sur le prix de transfert d'un passif ou d'un instrument de capitaux propres de l'entité elle-même (par exemple en raison de restrictions contractuelles ou d'autres restrictions juridiques empêchant le transfert de tels éléments), il peut exister un marché observable pour de tels éléments détenus en tant qu'actifs par des tiers (par exemple pour une obligation d'entreprise ou une option d'achat d'actions d'une entité).

36 Dans tous les cas, l'entité doit maximiser l'utilisation des données observables pertinentes et minimiser celle des données non observables pour atteindre l'objectif d'une évaluation de la juste valeur, qui est d'estimer le prix auquel serait conclue une transaction normale pour le transfert du passif ou de l'instrument de capitaux propres entre des participants de marché à la date d'évaluation dans les conditions actuelles du marché.

Passifs et instruments de capitaux propres détenus en tant qu'actifs par des tiers

37 Lorsqu'il n'y a pas de prix coté pour le transfert d'un passif ou d'un instrument de capitaux propres de l'entité elle-même qui soit identique

ou similaire, mais qu'un élément identique est détenu en tant qu'actif par un tiers, l'entité doit évaluer la juste valeur du passif ou de l'instrument de capitaux propres du point de vue d'un participant de marché qui détient l'élément identique en tant qu'actif à la date d'évaluation.

38 En pareil cas, l'entité doit évaluer la juste valeur du passif ou de l'instrument de capitaux propres comme suit :

a) elle utilise le cours sur un *marché actif* pour l'élément identique détenu en tant qu'actif par un tiers, si ce cours peut être obtenu ;

b) si ce cours ne peut être obtenu, elle utilise d'autres données observables, telles que le cours sur un marché qui n'est pas actif pour l'élément identique détenu en tant qu'actif par un tiers ;

c) si les cours observables mentionnés en (a) et (b) ne peuvent être obtenus, elle utilise une autre technique d'évaluation telle que l'une ou l'autre des suivantes :

i) une *approche par les revenus* (par exemple une technique d'actualisation qui prend en compte les flux de trésorerie futurs qu'un participant de marché s'attendrait à recevoir s'il détenait le passif ou l'instrument de capitaux propres en tant qu'actif ; voir paragraphes B10 et B11).

ii) une *approche de marché* (par exemple l'utilisation des prix cotés pour des passifs ou des instruments de capitaux propres similaires détenus en tant qu'actifs par des tiers ; voir paragraphes B5 à B7).

39 L'entité ne doit ajuster le prix coté d'un passif ou d'un de ses instruments de capitaux propres détenu en tant qu'actif par un tiers que s'il existe des facteurs propres à cet actif qui ne s'appliquent pas à l'évaluation de la juste valeur du passif ou de l'instrument de capitaux propres. L'entité doit s'assurer que le cours de l'actif ne reflète pas l'effet d'une restriction empêchant la vente de celui-ci. Les facteurs susceptibles d'indiquer que le prix coté d'un actif devrait être ajusté sont notamment les suivants :

a) le prix coté de l'actif vaut pour un passif ou un instrument de capitaux propres similaire (mais non identique) détenu en tant qu'actif par un tiers. Par exemple, le passif ou l'instrument de capitaux propres peut présenter une caractéristique particulière (telle la qualité de crédit de l'émetteur) qui diffère de celle qui est reflétée dans la juste valeur du passif ou de l'instrument de capitaux propres similaire détenu en tant qu'actif ;

b) l'unité de comptabilisation pour l'actif n'est pas la même que pour le passif ou l'instrument de capitaux propres. Par exemple, dans le cas de certains passifs, le prix de l'actif correspondant reflète un prix combiné pour un ensemble comprenant les montants dus par l'émetteur et un rehaussement de crédit fourni par un tiers. Si l'unité de comptabilisation pour le passif ne correspond pas à l'ensemble, l'objectif est d'évaluer la juste valeur du passif de l'émetteur et non celle de l'ensemble. En pareil cas, l'entité ajuste donc le prix observé pour l'actif de manière à en exclure l'effet du rehaussement de crédit fourni par le tiers.

➡ Passifs et instruments de capitaux propres non détenus en tant qu'actifs par des tiers

40 **Lorsqu'il n'y a pas de prix coté pour le transfert d'un passif ou d'un instrument de capitaux propres identique ou similaire de l'entité elle-même et qu'aucun élément identique n'est détenu en tant qu'actif par un tiers, l'entité doit évaluer la juste valeur du passif ou de l'instrument de**

capitaux propres au moyen d'une technique d'évaluation, en se plaçant du point de vue d'un participant de marché qui doit le passif ou qui a émis l'instrument de capitaux propres.

41 Par exemple, l'entité qui applique une technique d'actualisation peut prendre en considération l'un ou l'autre des aspects suivants :

a) les sorties de trésorerie futures qu'un participant de marché s'attendrait à engager pour s'acquitter de l'obligation, avec la prise en compte de la compensation qu'il exigerait pour prendre en charge l'obligation (voir paragraphes B31 à B33) ;

b) le montant qu'un participant de marché recevrait pour la prise en charge d'un passif identique ou l'émission d'un instrument de capitaux propres identique, déterminé à partir des hypothèses que les participants de marché utiliseraient pour fixer le prix de l'élément identique (présentant par exemple les mêmes caractéristiques de crédit) sur le marché principal (ou le marché le plus avantageux) aux fins de l'émission d'un passif ou d'un instrument de capitaux propres assorti des mêmes modalités contractuelles.

➡ Risque de non-exécution

42 La juste valeur d'un passif reflète l'effet du *risque de non-exécution*. Le risque de non-exécution comprend notamment le risque de crédit (défini dans IFRS 7 *Instruments financiers : Informations à fournir*) propre à l'entité. Le risque de non-exécution est présumé être le même avant et après le transfert du passif.

43 Lorsque l'entité évalue la juste valeur d'un passif, elle doit prendre en compte l'effet de son risque de crédit (qualité de crédit) et de tout autre facteur susceptible d'influer sur la probabilité que l'obligation soit ou ne soit pas exécutée. Cet effet peut varier en fonction du passif, par exemple :

a) selon que le passif est une obligation de remettre de la trésorerie (passif financier) ou une obligation de fournir des biens ou des services (passif non financier) ;

b) selon les modalités des rehaussements de crédit rattachés au passif, le cas échéant.

44 La juste valeur d'un passif reflète l'effet du risque de non-exécution par rapport à l'unité de comptabilisation du passif. L'émetteur d'un passif assorti d'un rehaussement de crédit indissociable qui est fourni par un tiers et comptabilisé séparément du passif ne doit pas prendre en compte l'effet du rehaussement de crédit (par exemple le cautionnement d'une dette par un tiers) dans l'évaluation de la juste valeur du passif. Si le rehaussement de crédit est comptabilisé séparément du passif, l'émetteur prend en compte sa propre qualité de crédit et non celle du tiers qui s'est porté caution lorsqu'il évalue la juste valeur du passif.

➡ Restriction empêchant le transfert d'un passif ou d'un instrument de capitaux propres de l'entité elle-même

45 Lorsque l'entité évalue la juste valeur d'un passif ou d'un de ses propres instruments de capitaux propres, elle ne doit pas inclure de donnée distincte ou procéder à un ajustement des autres *données* pour tenir compte de l'existence d'une restriction empêchant le transfert de l'élément. L'effet d'une restriction empêchant le transfert d'un passif ou d'un instrument de capitaux propres de l'entité est inclus de façon implicite ou explicite dans les autres données utilisées pour l'évaluation de la juste valeur.

46 À titre d'exemple, à la date de la transaction, le créancier et le débiteur ont tous deux accepté le prix de transaction pour le passif, étant pleinement conscients que l'obligation était assortie d'une restriction qui en empêchait le transfert. Du fait que la restriction est prise en compte dans le prix de transaction, il n'est pas nécessaire, à la date de la transaction, d'inclure une donnée distincte ou d'ajuster une donnée existante pour refléter l'effet de la restriction sur le transfert. De même, il n'est pas nécessaire de le faire aux dates d'évaluation ultérieures.

➡ Passif financier comportant une composante à vue

47 La juste valeur d'un passif financier comportant une composante à vue (par exemple, un dépôt à vue) ne peut être inférieure à la somme payable à vue, actualisée depuis la première date à laquelle le paiement peut en être exigé.

APPLICATION AUX ACTIFS FINANCIERS ET AUX PASSIFS FINANCIERS DONT LES POSITIONS EN MATIÈRE DE RISQUE DE MARCHÉ OU DE RISQUE DE CRÉDIT DES CONTREPARTIES SE COMPENSENT

48 L'entité qui détient un groupe d'actifs financiers et de passifs financiers est exposée aux risques de marché (définis dans IFRS 7) et au risque de crédit (défini dans IFRS 7) de chacune des contreparties. Si l'entité gère ce groupe d'actifs et de passifs financiers sur la base de son exposition nette aux risques de marché ou au risque de crédit, il lui est permis de se prévaloir d'une exception à la présente IFRS aux fins de l'évaluation de la juste valeur. En vertu de cette exception, l'entité peut évaluer la juste valeur d'un groupe d'actifs financiers et de passifs financiers sur la base du prix qui serait reçu pour la vente d'une position nette longue (c'est-à-dire un actif) ou payé pour le transfert d'une position nette courte (c'est-à-dire un passif) à l'égard d'un risque particulier lors d'une transaction normale entre des participants de marché à la date d'évaluation dans les conditions actuelles du marché. Par conséquent, l'entité doit évaluer la juste valeur du groupe d'actifs et de passifs financiers conformément à la façon dont les participants de marché établiraient le prix pour l'exposition nette aux risques à la date d'évaluation.

49 Une entité peut se prévaloir de l'exception énoncée au paragraphe 48 si elle respecte toutes les conditions ci-dessous :

a) elle gère le groupe d'actifs et de passifs financiers sur la base de son exposition nette à un risque de marché particulier (ou à plusieurs risques) ou au risque de crédit d'une contrepartie particulière conformément à sa stratégie de gestion des risques ou d'investissement documentée ;

b) elle fournit de l'information sur cette base au sujet du groupe d'actifs et de passifs financiers aux principaux dirigeants de l'entité (définis dans IAS 24 *Information relative aux parties liées*) ; et

c) elle est tenue ou a choisi d'évaluer ces actifs et passifs financiers à la juste valeur dans l'état de la situation financière à la fin de chaque période de reporting.

50 L'exception prévue au paragraphe 48 ne concerne pas la présentation dans les états financiers. Dans certains cas, la base sur laquelle sont présentés des instruments financiers dans l'état de la situation financière diffère de leur base d'évaluation, par exemple lorsqu'une norme IFRS n'impose pas ou ne permet pas la présentation des instruments financiers sur une base nette. En pareil cas, il se peut que l'entité ait à répartir les ajustements faits au niveau du portefeuille (voir paragraphes 53 à 56) entre les différents actifs ou passifs qui constituent le groupe d'actifs financiers et de passifs financiers qu'elle gère sur la base de son exposition nette aux risques. L'entité doit effectuer les répartitions sur une base raisonnable et cohérente, selon une méthode appropriée aux circonstances.

51 L'entité doit faire un choix de méthode comptable selon IAS 8 *Méthodes comptables, changements d'estimations comptables et erreurs* pour se prévaloir de l'exception prévue au paragraphe 48. L'entité qui se prévaut de l'exception doit appliquer cette méthode comptable, y compris sa méthode de répartition des ajustements cours acheteur-cours vendeur (voir paragraphes 53 à 55) et des ajustements au titre du risque de crédit (voir paragraphe 56), le cas échéant, de la même manière d'une période à l'autre pour un portefeuille donné.

52 L'exception prévue au paragraphe 48 ne s'applique qu'aux actifs financiers, aux passifs financiers et aux autres contrats entrant dans le champ d'application d'IFRS 9 *Instruments financiers* (ou d'IAS 39 *Instruments financiers : Comptabilisation et évaluation* si IFRS 9 n'a pas encore été adoptée). Les mentions d'« actifs financiers » et de « passifs financiers » qui figurent dans les paragraphes 48 à 51 et 53 à 56 s'interprètent comme s'appliquant à tous les contrats entrant dans le champ d'application d'IFRS 9 (ou d'IAS 39 si IFRS 9 n'a pas encore été adoptée) et comptabilisés conformément à ces normes, qu'ils répondent ou non à la définition d'un actif financier ou d'un passif financier selon IAS 32 *Instruments financiers : Présentation*.

Exposition aux risques du marché

53 Lorsque l'entité se prévaut de l'exception prévue au paragraphe 48 pour évaluer la juste valeur d'un groupe d'actifs financiers et de passifs financiers gérés sur la base de son exposition nette à un ou plusieurs risques de marché particuliers, elle doit appliquer le prix compris dans l'écart entre cours acheteur et cours vendeur qui reflète le mieux la juste valeur, compte tenu des circonstances, à son exposition nette à ce ou ces risques de marché (voir paragraphes 70 et 71).

54 Lorsque l'entité se prévaut de l'exception prévue au paragraphe 48, elle doit s'assurer que le ou les risques de marché auxquels l'expose le groupe d'actifs financiers et de passifs financiers sont pour l'essentiel les mêmes. Par exemple, l'entité ne combinerait pas le risque de taux d'intérêt associé à un actif financier au risque de marchandises associé à un passif financier, parce que cela n'atténuerait pas son exposition au risque de taux d'intérêt ou au risque de marchandises. Lorsque l'entité se prévaut de l'exception prévue au paragraphe 48, tout risque de base découlant du fait que les paramètres des risques de marché ne sont pas identiques doit être pris en compte lors de l'évaluation de la juste valeur des actifs et passifs financiers du groupe.

55 De même, la durée au cours de laquelle l'entité est exposée à un ou plusieurs risques de marché particuliers découlant des actifs financiers et des passifs financiers doit être pour l'essentiel la même. Ainsi, une entité qui utilise un contrat à terme normalisé de 12 mois contre les flux de trésorerie associés à la valeur de 12 mois d'exposition au risque de taux d'intérêt rattaché à un instrument financier échéant à cinq ans, compris dans un groupe constitué uniquement de ces actifs et passifs financiers, évalue la juste valeur de l'exposition à 12 mois de risque de taux d'intérêt sur la base du montant net et le reste de l'exposition à ce risque (pour les années 2 à 5) sur la base du montant brut.

Exposition au risque de crédit d'une contrepartie déterminée

56 Lorsque l'entité se prévaut de l'exception prévue au paragraphe 48 pour évaluer la juste valeur d'un groupe d'actifs et de passifs financiers contractés avec une contrepartie déterminée, elle doit prendre en compte l'effet de son exposition nette au risque de crédit de la contrepartie ou l'exposition nette de cette dernière au risque de crédit de l'entité dans l'évaluation de la juste valeur, dans le cas où les participants de marché tiendraient compte des accords existants qui atténuent l'exposition au risque de crédit en cas de défaillance (par exemple un accord-cadre de compensation avec la contrepartie ou un accord qui stipule l'échange de garanties sur la base de l'exposition nette de chaque partie au risque de crédit de l'autre partie). L'évaluation de la juste valeur doit refléter les attentes des participants de marché quant à la probabilité qu'un tel accord soit juridiquement exécutoire dans l'éventualité d'une défaillance.

JUSTE VALEUR LORS DE LA COMPTABILISATION INITIALE

57 Lorsqu'un actif est acquis ou qu'un passif est assumé lors d'une transaction d'échange, le prix de transaction est le prix payé pour acquérir l'actif ou reçu pour assumer le passif (*prix d'entrée*). La juste valeur de l'actif ou du passif représente quant à elle le prix qui serait reçu pour la vente de l'actif ou payé pour le transfert du passif (prix de sortie). Les entités ne vendent pas nécessairement des actifs aux prix payés pour les acquérir. De même, elles ne transfèrent pas nécessairement des passifs aux prix reçus pour les assumer.

58 Souvent, le prix de transaction équivaut à la juste valeur (ce peut être le cas par exemple lorsque, à la date de la transaction, la transaction d'achat de l'actif a lieu sur le marché où l'actif serait vendu).

59 Pour déterminer si la juste valeur à la comptabilisation initiale équivaut au prix de transaction, l'entité doit prendre en compte les facteurs spécifiques à la transaction et à l'actif ou au passif. Le paragraphe B4 décrit des situations où le prix de transaction est susceptible de ne pas représenter la juste valeur d'un actif ou d'un passif au moment de la comptabilisation initiale.

60 Si une autre norme IFRS impose ou permet à l'entité d'évaluer initialement un actif ou un passif à la juste valeur et que le prix de transaction diffère de celle-ci, l'entité doit comptabiliser en résultat net le profit ou la perte qui en découle, sauf disposition contraire de la norme IFRS en question.

TECHNIQUES D'ÉVALUATION

61 **L'entité doit utiliser des techniques d'évaluation appropriées aux circonstances et pour lesquelles les données sont disponibles en quantité suffisante pour évaluer la juste valeur, en maximisant l'utilisation des données observables pertinentes et en minimisant celle des données non observables.**

62 L'objectif de l'application d'une technique d'évaluation est d'estimer le prix d'une transaction normale de vente de l'actif ou de transfert du passif conclue entre des participants de marché à la date d'évaluation dans les conditions actuelles du marché. L'approche de marché, l'*approche par les coûts* et l'approche par les revenus sont trois techniques d'évaluation largement répandues. Les principales caractéristiques de ces approches sont résumées aux paragraphes B5 à B11. Lorsqu'elle évalue la juste valeur, l'entité doit utiliser des techniques d'évaluation cohérentes avec une ou plusieurs de ces approches.

63 Dans certains cas, il sera approprié d'utiliser une seule technique d'évaluation (par exemple pour évaluer un actif ou un passif à l'aide des prix cotés sur un marché actif pour des actifs ou des passifs identiques). Dans d'autres cas, il sera approprié d'en utiliser plusieurs (ce pourrait être le cas, par exemple, pour évaluer une unité génératrice de trésorerie). Si plusieurs techniques sont utilisées pour déterminer la juste valeur, les résultats (c'est-à-dire les indications respectives de la juste valeur) doivent être évalués en tenant compte du fait que l'intervalle de valeurs qu'indiquent ces résultats est raisonnable ou non. L'évaluation de la juste valeur correspond au point compris dans cet intervalle qui est le plus représentatif de la juste valeur compte tenu des circonstances.

64 Lorsque le prix de transaction est la juste valeur à la comptabilisation initiale et qu'une technique d'évaluation faisant appel à des données non observables sera utilisée pour évaluer la juste valeur dans les périodes ultérieures, cette technique d'évaluation doit être étalonnée de sorte que, au moment de la comptabilisation initiale, le résultat auquel elle aboutit soit égal au prix de transaction. Grâce à l'étalonnage, la technique d'évaluation reflète les conditions actuelles du marché, et l'entité peut plus facilement déterminer s'il est nécessaire d'apporter un ajustement à la technique (par exemple, l'actif ou le passif pourrait présenter une caractéristique dont la technique d'évaluation ne tient pas compte). Après la comptabilisation initiale, lorsque l'entité évalue la juste valeur à l'aide d'une ou de plusieurs techniques d'évaluation faisant appel à des données non observables, elle doit s'assurer que ces techniques d'évaluation reflètent les données de marché observables (par exemple le prix d'un actif ou d'un passif similaire) à la date d'évaluation.

65 Les techniques d'évaluation utilisées pour déterminer la juste valeur doivent être appliquées de façon systématique. Toutefois, il est approprié de modifier une technique d'évaluation ou ses modalités d'application (par exemple, modifier sa pondération lorsque plusieurs techniques d'évaluation sont utilisées ou modifier un ajustement apporté à la technique) lorsque la modification permet d'obtenir une évaluation au moins aussi représentative de la juste valeur compte tenu des circonstances. Ce peut être le cas lorsque, par exemple, l'un des événements ci-dessous se produit :

a) de nouveaux marchés se développent ;

b) de nouvelles informations deviennent disponibles ;

c) des informations utilisées antérieurement ne sont plus disponibles ;

d) les techniques d'évaluation s'améliorent ; ou

e) les conditions du marché changent.

66 Les révisions entraînées par la modification d'une technique d'évaluation ou de ses modalités d'application doivent être comptabilisées comme un changement d'estimation comptable selon IAS 8. Toutefois, les informations à fournir sur un changement d'estimation comptable selon IAS 8 ne sont pas requises en ce qui concerne les révisions résultant de la modification d'une technique d'évaluation ou de ses modalités d'application.

DONNÉES UTILISÉES DANS LES TECHNIQUES D'ÉVALUATION

➡ Principes généraux

67 Les techniques d'évaluation utilisées pour déterminer la juste valeur doivent maximiser l'utilisation des données observables pertinentes et minimiser celle des données non observables.

68 Les marchés boursiers, les marchés de contrepartistes, les marchés de courtiers et les marchés sans intermédiaire sont des exemples de marchés sur lesquels des données pourraient être observables pour certains actifs et passifs, par exemple des instruments financiers (voir paragraphe B34).

69 L'entité doit choisir des données cohérentes avec es caractéristiques de l'actif ou du passif que les participants de marché prendraient en compte lors d'une transaction sur l'actif ou le passif (voir paragraphes 11 et 12). Parfois, ces caractéristiques entraînent un ajustement tel qu'une prime ou une décote (par exemple une prime de contrôle ou une décote pour absence de contrôle). Cependant, une évaluation de la juste valeur ne doit pas intégrer de prime ou de décote incompatible avec l'unité de comptabilisation définie dans la norme IFRS qui impose ou permet l'évaluation à la juste valeur (voir paragraphes 13 et 14). Les primes ou les décotes qui reflètent la taille en tant que caractéristique de la participation détenue par l'entité (en particulier, une décote pour bloc de titres qui ajuste le prix coté d'un actif ou d'un passif parce que le volume quotidien normalement échangé sur le marché ne suffit pas pour absorber la quantité détenue par l'entité, comme il est décrit au paragraphe 80) plutôt que comme une caractéristique de l'actif ou du passif (par exemple une prime de contrôle lors de l'évaluation de la juste valeur d'une participation donnant le contrôle) ne sont pas permises aux fins de l'évaluation de la juste valeur. Dans tous les cas, s'il existe un prix coté sur un marché actif (c'est-à-dire une *donnée de niveau 1*) pour un actif ou un passif, l'entité doit l'utiliser sans ajustement lorsqu'elle évalue la juste valeur, sauf dans les situations mentionnées au paragraphe 79.

➡ Données fondées sur les cours acheteur et vendeur

70 Si un actif ou un passif évalué à la juste valeur a un cours acheteur et un cours vendeur (par exemple une donnée provenant d'un marché de contrepartistes), le prix compris dans l'écart entre cours acheteur et cours vendeur qui reflète le mieux la juste valeur compte tenu des circonstances doit être utilisé pour évaluer celle-ci, quel que soit le classement de la donnée dans la hiérarchie des justes valeurs (niveau 1, 2 ou 3 ; voir paragraphes 72 à 90). L'utilisation de cours acheteur pour les positions représentant un actif et de cours vendeur pour les positions représentant un passif est autorisée, mais non imposée.

71 La présente norme n'interdit pas l'utilisation du cours milieu de marché ou d'une autre convention d'évaluation suivie par les participants de marché, faute de mieux en pratique, pour déterminer la juste valeur à l'intérieur d'un écart entre cours acheteur et cours vendeur.

HIÉRARCHIE DES JUSTES VALEURS

72 Pour accroître la cohérence et la comparabilité des évaluations à la juste valeur et des informations fournies à leur sujet, la présente norme établit une hiérarchie des justes valeurs qui classe selon trois niveaux (voir paragraphes 76 à 90) les données des techniques d'évaluation utilisées pour déterminer la juste valeur. Cette hiérarchie place au plus haut niveau les prix cotés (non ajustés) sur des marchés actifs pour des actifs ou des passifs identiques (données de niveau 1), et au niveau le plus bas les données non observables (*données de niveau 3*).

73 Dans certains cas, les données utilisées pour déterminer la juste valeur d'un actif ou d'un passif peuvent être classées à des niveaux différents dans la hiérarchie des justes valeurs. La juste valeur obtenue est alors classée globalement au même niveau de la hiérarchie des justes valeurs que la donnée du plus bas niveau qui est significative pour la juste valeur prise dans son ensemble. L'appréciation de l'importance d'une donnée déterminée pour la juste valeur prise dans son ensemble nécessite l'exercice du jugement et tient compte des facteurs spécifiques à l'actif ou au passif. Les ajustements apportés pour obtenir des évaluations fondées sur la juste valeur, par exemple les coûts de la vente lorsqu'on évalue la juste valeur diminuée des coûts de la vente, ne doivent pas être pris en compte lors de la détermination du niveau auquel une juste valeur est classée dans la hiérarchie des justes valeurs.

74 La disponibilité de données pertinentes et leur subjectivité relative peuvent influencer le choix des techniques d'évaluation appropriées (voir paragraphe 61). Cependant, la hiérarchie des justes valeurs classe par ordre d'importance les données à utiliser pour les techniques d'évaluation, et non les techniques d'évaluation utilisées pour déterminer la juste valeur. Ainsi, une juste valeur déterminée à l'aide d'une technique d'actualisation pourrait être classée au niveau 2 ou 3, selon les données qui sont importantes pour la juste valeur prise dans son ensemble et le niveau hiérarchique où elles sont classées.

75 Si une donnée observable nécessite un ajustement faisant appel à une donnée non observable et que cet ajustement aboutit à une juste valeur considérablement plus élevée ou moins élevée, la juste valeur obtenue est classée au niveau 3. Par exemple, dans le cas où un participant de marché tiendrait compte de l'effet d'une restriction sur la vente d'un actif pour en estimer le prix, l'entité ajuste le prix coté pour refléter l'effet de la restriction. Si ce prix coté est une *donnée de niveau 2* et que l'ajustement est une donnée non observable qui est importante pour la juste valeur prise dans son ensemble, la juste valeur obtenue est classée au niveau 3 de la hiérarchie des justes valeurs.

➡ Données de niveau 1

76 On entend par données de niveau 1 les prix cotés (non ajustés) auxquels l'entité peut avoir accès à la date d'évaluation, sur des marchés actifs, pour des actifs ou des passifs identiques.

77 Un prix coté sur un marché actif fournit les indications les plus fiables quant à la juste valeur, et dans la mesure où un tel cours existe, il doit être utilisé sans ajustement pour évaluer la juste valeur, sauf dans les situations précisées au paragraphe 79.

78 Pour beaucoup d'actifs financiers et de passifs financiers, dont certains peuvent s'échanger sur de nombreux marchés actifs (par exemple dans différentes bourses), une donnée de niveau 1 est disponible. Donc, au niveau 1, l'important est de déterminer les deux éléments suivants :

a) le marché principal pour l'actif ou le passif ou, s'il n'y en a pas, le marché le plus avantageux ; et

b) le fait que l'entité peut conclure ou non une transaction sur l'actif ou le passif au prix pratiqué sur le marché à la date d'évaluation.

79 L'entité ne doit pas ajuster une donnée de niveau 1, sauf dans les circonstances suivantes :

a) lorsqu'elle détient un grand nombre d'actifs ou de passifs (par exemple des titres de créance) similaires mais non identiques évalués à la juste valeur et qu'un prix coté sur un marché actif est disponible sans toutefois être facilement accessible pour chacun des actifs ou des passifs pris individuellement (c'est-à-dire lorsqu'il serait difficile d'obtenir des informations sur le prix de chaque actif ou passif à la date d'évaluation étant donné le grand nombre d'actifs ou de passifs similaires détenus par l'entité). Dans ce cas, faute de mieux en pratique, l'entité peut évaluer la juste valeur à l'aide d'une autre méthode qui ne repose pas exclusivement sur les prix cotés (par exemple une évaluation matricielle). L'utilisation d'une autre méthode d'évaluation aboutit toutefois à une juste valeur classée à un niveau inférieur dans la hiérarchie des justes valeurs ;

b) lorsqu'un prix coté sur un marché actif ne représente pas la juste valeur à la date d'évaluation. Ce peut être le cas si, par exemple, des événements importants (transactions sur un marché sans intermédiaire, transactions sur un marché de courtiers, annonces) surviennent après la clôture du marché, mais avant la date d'évaluation. L'entité doit établir et appliquer systématiquement une politique pour reconnaître les événements de ce type susceptibles d'influer sur l'évaluation de la juste valeur. Toutefois, si le prix coté est ajusté en fonction de nouvelles informations, l'ajustement aboutit à une juste valeur classée à un niveau inférieur dans la hiérarchie des justes valeurs ;

c) lorsque la juste valeur d'un passif ou d'un instrument de capitaux propres de l'entité elle-même est évaluée à l'aide du prix coté d'un élément identique négocié en tant qu'actif sur un marché actif et que ce cours doit être ajusté pour tenir compte de facteurs propres à l'élément ou à l'actif (voir paragraphe 39). S'il n'est pas nécessaire d'ajuster le prix coté de l'actif, le résultat est une juste valeur classée au niveau 1 de la hiérarchie des justes valeurs. Toutefois, un ajustement du prix coté de l'actif aboutit à une juste valeur classée à un niveau inférieur dans la hiérarchie.

80 Si l'entité détient une position sur un actif donné ou un passif donné (y compris une position constituée d'un grand nombre d'actifs ou de passifs identiques, par exemple un bloc d'instruments financiers) et que l'actif ou le passif est négocié sur un marché actif, la juste valeur de l'actif ou du passif doit être évaluée au niveau 1 en multipliant son prix coté par la quantité détenue par l'entité. C'est le cas même lorsque le volume normal négocié quotidiennement sur un marché ne suffit pas pour absorber la quantité détenue et que le fait de placer des ordres pour vendre la position au moyen d'une transaction unique pourrait affecter le prix coté.

➠ Données de niveau 2

81 Les données de niveau 2 sont des données concernant l'actif ou le passif, autres que les prix cotés inclus dans les données de niveau 1, qui sont observables directement ou indirectement.

82 Si l'actif ou le passif a une échéance spécifiée (contractuelle), une donnée de niveau 2 doit être observable pour la quasi-totalité de la durée de l'actif ou du passif. Les données de niveau 2 comprennent :

a) les prix cotés sur des marchés actifs pour des actifs ou des passifs similaires ;

b) les prix cotés sur des marchés qui ne sont pas actifs pour des actifs ou des passifs identiques ou similaires ;

c) les données autres que les prix cotés qui sont observables pour l'actif ou le passif, par exemple :

i) les taux d'intérêt et les courbes de taux observables aux intervalles usuels de cotation,

ii) les volatilités implicites, et
iii) les marges de crédit ;

d) *les données corroborées par le marché.*

83 Les ajustements apportés aux données de niveau 2 varient selon des facteurs spécifiques à l'actif ou au passif, dont les suivants :

a) l'état de l'actif ou l'endroit où il se trouve ;

b) la mesure dans laquelle les données ont trait à des éléments comparables à l'actif ou au passif (y compris les facteurs décrits au paragraphe 39) ; et

c) le volume ou le niveau d'activité sur les marchés où ces données sont observées.

84 Un ajustement apporté à une donnée de niveau 2 qui est important pour la juste valeur prise dans son ensemble peut aboutir à une juste valeur classée au niveau 3 de la hiérarchie des justes valeurs s'il fait appel à des données non observables importantes.

85 Le paragraphe B35 explique l'utilisation de données de niveau 2 pour certains actifs et passifs.

Données de niveau 3

86 Les données de niveau 3 sont des données non observables concernant l'actif ou le passif.

87 Les données non observables doivent être utilisées pour évaluer la juste valeur dans la mesure où il n'existe pas de données observables pertinentes disponibles, ce qui rend possible une évaluation dans les cas où il n'y a pas, ou guère, d'activité sur les marchés relativement à l'actif ou au passif à la date d'évaluation. Cela dit, l'objectif de l'évaluation de la juste valeur demeure le même, à savoir l'estimation d'un prix de sortie à la date d'évaluation, du point de vue d'un participant de marché qui détient l'actif ou qui doit le passif. Donc, les données non observables doivent refléter les hypothèses que les participants de marché utiliseraient pour fixer le prix de l'actif ou du passif, y compris les hypothèses sur les risques.

88 Les hypothèses sur les risques comprennent notamment celles sur le risque inhérent à une technique d'évaluation particulière utilisée pour déterminer la juste valeur (par exemple un modèle d'évaluation) et le risque inhérent aux données de la technique d'évaluation. Une évaluation qui ne comporte pas d'ajustement pour tenir compte des risques alors que les participants de marché feraient un tel ajustement pour fixer le prix de l'actif ou du passif ne reflète pas la juste valeur. Par exemple, il pourrait être nécessaire d'apporter un ajustement pour tenir compte des risques s'il existe une incertitude de mesure importante (notamment lorsque le volume ou le niveau d'activité ont subi une baisse sensible par rapport à l'activité normale observée sur le marché pour l'actif ou le passif, ou pour des actifs ou des passifs similaires, et que l'entité a déterminé que le prix de transaction ou le prix coté ne représente pas la juste valeur, comme il est expliqué aux paragraphes B37 à B47).

89 Lorsqu'elle élabore des données non observables, l'entité doit utiliser la meilleure information disponible compte tenu des circonstances, qui peut comprendre des données qui lui sont propres. Pour élaborer des données non observables, l'entité peut se fonder sur ses propres données, mais elle doit les ajuster si l'information raisonnablement disponible indique que d'autres participants de marché utiliseraient des données différentes, ou s'il existe un élément propre à l'entité qui n'est pas disponible pour les autres participants de marché (comme une synergie spécifique à l'entité). L'entité n'est pas tenue de mener des recherches exhaustives pour obtenir l'information sur les hypothèses des participants de marché. Mais elle doit prendre en compte toute l'information raisonnablement disponible au sujet de ces hypothèses. Les données non observables élaborées de la façon décrite ci-dessus sont considérées comme des hypothèses utilisées par les participants de marché et satisfont à l'objectif de l'évaluation de la juste valeur.

90 Le paragraphe B36 explique l'utilisation de données de niveau 3 pour certains actifs et passifs.

Informations à fournir

91 L'entité doit fournir des informations qui aideront les utilisateurs de ses états financiers à apprécier les deux éléments suivants :

a) pour les actifs et les passifs évalués à la juste valeur sur une base récurrente ou non dans l'état de la situation financière après la comptabilisation initiale, les techniques d'évaluation et les données utilisées pour établir les valeurs ;

b) pour les évaluations de la juste valeur récurrentes faites à l'aide de données non observables (niveau 3) importantes, l'effet de ces évaluations sur le résultat net ou sur les autres éléments du résultat global pour la période.

92 Pour remplir les objectifs énoncés au paragraphe 91, l'entité doit s'interroger sur tous les éléments ci-dessous :

a) le niveau de détail nécessaire pour satisfaire aux obligations d'information ;

b) l'importance à accorder à chacune des diverses obligations ;

c) le degré de regroupement ou de ventilation à faire ; et

d) le besoin, pour les utilisateurs des états financiers, d'obtenir des informations supplémentaires pour évaluer l'information quantitative fournie.

Si les informations fournies en conformité avec la présente norme et d'autres normes IFRS ne sont pas suffisantes pour remplir les objectifs énoncés au paragraphe 91, l'entité doit fournir les informations supplémentaires nécessaires pour y parvenir.

93 Afin de remplir les objectifs énoncés au paragraphe 91, l'entité doit fournir au minimum les informations suivantes pour chaque catégorie d'actifs et de passifs (voir paragraphe 94 pour des précisions sur la façon de déterminer les catégories appropriées d'actifs et de passifs) évalués à la juste valeur (ou faisant l'objet d'évaluations fondées sur la juste valeur comprises dans le champ d'application de la présente norme) dans l'état de la situation financière après la comptabilisation initiale :

a) pour les évaluations de la juste valeur récurrentes ou non, la juste valeur à la date de clôture et, pour les évaluations de la juste valeur non récurrentes, les motifs de l'évaluation. Les évaluations récurrentes de la juste valeur d'actifs ou de passifs sont celles que d'autres normes IFRS imposent ou permettent dans l'état de la situation financière à la fin de chaque période reporting. Les évaluations non récurrentes de la juste valeur d'actifs ou de passifs sont celles que d'autres normes IFRS imposent ou permettent dans l'état de la situation financière dans des situations particulières (par exemple lorsqu'une entité évalue un actif détenu en vue de la vente à sa juste valeur diminuée des coûts de la vente conformément à IFRS 5 *Actifs non courants détenus en vue de la vente et activités abandonnées* parce que la juste valeur de l'actif diminuée des coûts de la vente est inférieure à sa valeur comptable) ;

b) pour les évaluations de la juste valeur récurrentes ou non, le niveau auquel chaque juste valeur prise dans son ensemble est classée dans la hiérarchie des justes valeurs (niveau 1, 2 ou 3).

c) pour les actifs et les passifs qui sont détenus à la date de clôture et évalués à la juste valeur de façon récurrente, le montant des transferts de juste valeur effectués le cas échéant entre le niveau 1 et le niveau 2 de la hiérarchie des justes valeurs, les raisons de ces transferts et la politique suivie par l'entité pour déterminer à quel moment un transfert d'un niveau à l'autre est réputé s'être produit (voir paragraphe 95). Les transferts vers chaque niveau doivent être mentionnés et expliqués séparément des transferts depuis chaque niveau ;

d) pour les justes valeurs qui sont évaluées de façon récurrente ou non et classées au niveau 2 ou 3 de la hiérarchie des justes valeurs, une description de la ou des techniques d'évaluation et des données utilisées pour l'évaluation. En cas de changement de technique d'évaluation (par exemple l'abandon d'une approche de marché au profit d'une approche par les revenus ou l'application d'une technique d'évaluation supplémentaire), l'entité doit mentionner ce changement et la ou les raisons qui le sous-tendent. Pour les justes valeurs classées au niveau 3 de la hiérarchie des justes valeurs, l'entité doit fournir des informations quantitatives sur les données non observables importantes utilisées aux fins de l'évaluation. L'entité n'est pas tenue de créer des informations quantitatives pour se conformer à cette obligation d'information si elle n'a pas élaboré de données non observables quantitatives pour mesurer la juste valeur (dans le cas, par exemple, où elle utilise les prix de transactions antérieures ou des informations sur des prix émanant de tiers sans opérer d'ajustement). Toutefois, lorsqu'elle fournit ces informations, l'entité ne peut pas négliger les données quantitatives non observables qui sont importantes pour l'évaluation de la juste valeur et qu'elle peut obtenir au prix d'un effort raisonnable ;

e) pour les justes valeurs qui sont évaluées de façon récurrente et classées au niveau 3 de la hiérarchie des justes valeurs, un rapprochement entre les soldes d'ouverture et de clôture, en indiquant séparément les variations de la période attribuables aux éléments suivants :

i) le total des profits ou des pertes de la période comptabilisés en résultat net, avec mention du ou des postes du compte de résultat où ces profits ou pertes sont comptabilisés,

ii) le total des profits ou des pertes de la période comptabilisés dans les autres éléments du résultat global, avec mention du ou des postes des autres éléments du résultat global où ces profits ou pertes sont comptabilisés,

iii) les achats, les ventes, les émissions et les règlements (chacun de ces types de variations étant indiqué séparément),

iv) le montant des transferts de juste valeur vers ou depuis le niveau 3 de la hiérarchie des justes valeurs, les raisons qui les motivent et la politique suivie par l'entité pour déterminer à quel moment un transfert d'un niveau à l'autre est réputé s'être produit (voir paragraphe 95). Les transferts vers le niveau 3 doivent être mentionnés et expliqués séparément des transferts depuis ce niveau ;

f) pour les justes valeurs qui sont évaluées de façon récurrente et classées au niveau 3 de la hiérarchie des justes valeurs, le montant du total des profits ou des pertes de la période mentionné au paragraphe (e)(i) ci-dessus qui a été pris en compte dans le résultat net et qui est attribuable à la variation des profits ou des pertes latents relatifs aux actifs et passifs détenus à la date de clôture, avec mention du ou des postes du compte de résultat où ces profits et pertes latents sont comptabilisés ;

g) pour les justes valeurs qui sont évaluées de façon récurrente ou non et classées au niveau 3 de la hiérarchie des justes valeurs, une description des processus d'évaluation suivis par l'entité (y compris, par exemple, la façon dont l'entité détermine ses politiques et procédures d'évaluation et analyse les changements intervenus dans les évaluations de la juste valeur d'une période à l'autre) ;

h) pour les justes valeurs qui sont évaluées de façon récurrente et classées au niveau 3 de la hiérarchie des justes valeurs :

i) dans tous les cas, une description circonstanciée de la sensibilité de l'évaluation de la juste valeur à des changements dans des données non observables, lorsqu'un changement de montant dans ces données peut entraîner une augmentation ou une diminution importante de la juste valeur. S'il existe des corrélations entre ces données et d'autres données non observables utilisées pour l'évaluation de la juste valeur, l'entité doit aussi expliquer ces corrélations et la façon dont elles pourraient amplifier ou atténuer l'effet des changements dans les données non observables sur l'évaluation de la juste valeur. Pour satisfaire à cette obligation d'information, la description circonstanciée de la sensibilité aux changements dans les données non observables doit traiter, au minimum, des données non observables mentionnées en application du point (d) ci-dessus,

ii) dans le cas des actifs financiers et des passifs financiers, si le fait de modifier une ou plusieurs des données non observables pour refléter d'autres hypothèses raisonnablement possibles devait entraîner une variation importante de la juste valeur, la mention de ce fait, avec indication des effets des modifications. L'entité doit indiquer comment l'effet d'une modification faite pour refléter une autre hypothèse raisonnablement possible a été calculé. À cette fin, l'importance de la variation doit être appréciée par rapport au résultat net et au total des actifs ou des passifs ou, lorsque les variations de la juste valeur sont comptabilisées dans les autres éléments du résultat global, par rapport au total des capitaux propres ;

i) pour les justes valeurs évaluées de façon récurrente ou non, si l'utilisation optimale d'un actif non financier diffère de son utilisation actuelle, la mention de ce fait, avec indication des raisons pour lesquelles l'actif n'est pas utilisé de façon optimale.

94 L'entité doit déterminer des catégories appropriées d'actifs et de passifs en se fondant sur les éléments suivants :

a) la nature de l'actif ou du passif, ses caractéristiques et les risques y afférents ; et

b) le niveau auquel sa juste valeur est classée dans la hiérarchie des justes valeurs.

Le nombre de catégories peut devoir être plus élevé pour les justes valeurs classées au niveau 3 de la hiérarchie des justes valeurs, parce que ces valeurs comportent un degré d'incertitude et de subjectivité plus élevé. La détermination de catégories appropriées d'actifs et de passifs pour lesquels il faut fournir des informations sur l'évaluation de la juste valeur requiert l'exercice du jugement. Une catégorie d'actifs ou de passifs requiert souvent une ventilation plus détaillée que les postes présentés dans l'état de la situation financière. Toutefois, l'entité doit fournir suffisamment d'informations pour permettre une réconciliation avec les postes présentés dans l'état de la situation financière. Si une autre norme IFRS précise la catégorie où classer un actif ou un passif, l'entité peut utiliser cette catégorie pour la communication des informations exigées dans la présente norme à condition que cette catégorie réponde aux exigences du présent paragraphe.

95 L'entité doit indiquer la politique qu'elle suit pour déterminer à quel moment un transfert d'un niveau à l'autre de la hiérarchie des justes valeurs est réputé s'être produit, conformément au paragraphe 93, points c) et e) iv), et l'appliquer systématiquement. La politique concernant la date où les transferts sont comptabilisés doit être la même pour les transferts effectués vers ou depuis les différents niveaux. Des exemples de politiques concernant la détermination de la date des transferts peuvent notamment être :

a) la date de l'événement ou du changement de circonstances à l'origine du transfert ;

b) la date d'ouverture ;

c) la date de clôture.

96 Si l'entité décide de se prévaloir de l'exception prévue au paragraphe 48, elle doit mentionner qu'elle a fait ce choix de méthode comptable.

97 Pour chaque catégorie d'actifs et de passifs qui ne sont pas évalués à la juste valeur dans l'état de la situation financière, mais dont la juste valeur est néanmoins précisée, l'entité doit fournir les informations exigées au paragraphe 93, points b), d) et i). Toutefois, dans le cas des justes valeurs classées au niveau 3 de la hiérarchie des justes valeurs, l'entité n'est pas tenue de fournir les informations quantitatives sur les données non observables importantes exigées au paragraphe 93 d). Pour ces actifs et passifs, l'entité n'est pas non plus tenue de fournir les autres informations exigées par la présente norme.

98 Dans le cas d'un passif évalué à la juste valeur et émis avec un rehaussement de crédit indissociable fourni par un tiers, l'émetteur doit mentionner l'existence du rehaussement de crédit et indiquer si celui-ci est pris en compte dans l'évaluation de la juste valeur du passif.

99 L'entité doit présenter sous forme de tableau les informations quantitatives exigées par la présente norme, à moins qu'une autre forme ne soit plus appropriée.

Appendice A – Définitions

Le présent appendice fait partie intégrante de la norme.

Marché actif	Marché sur lequel ont lieu des transactions sur l'actif ou le passif selon une fréquence et un volume suffisants pour fournir de façon continue de l'information sur le prix
Approche par les coûts	Technique d'évaluation qui reflète le montant (souvent appelé coût actuel de remplacement) qui serait requis actuellement pour remplacer la capacité de service d'un actif.
Prix d'entrée	Prix payé pour acquérir un actif ou reçu pour assumer un passif lors d'une opération d'échange.
Prix de sortie	Prix qui serait reçu pour la vente d'un actif ou payé pour le transfert d'un passif.
Flux de trésorerie attendus	Espérance mathématique (moyenne de la distribution) des flux de trésorerie futurs possibles.
Juste valeur	Prix qui serait reçu pour la vente d'un actif ou payé pour le transfert d'un passif lors d'une transaction normale entre des participants de marché à la date d'évaluation.
Utilisation optimale	Utilisation d'un actif non financier, par les participants de marché, qui maximise sa valeur ou celle du groupe d'actifs et de passifs (par exemple une entreprise) dont il fait partie.
Approche par le résultat	Techniques d'évaluation utilisées pour convertir des montants futurs (comme des flux de trésorerie ou des produits et charges) en un montant actuel unique (actualisé). La juste valeur est déterminée à partir des valeurs correspondant aux attentes actuelles du marché quant à ces montants futurs.
Données	Hypothèses que les participants de marché utiliseraient pour fixer le prix d'un actif ou d'un passif, y compris les hypothèses sur les risques, dont les suivants : a) le risque inhérent à une technique d'évaluation particulière utilisée pour déterminer la juste valeur (par exemple un modèle d'évaluation) ; et b) le risque inhérent aux données utilisées par la technique d'évaluation. Les données peuvent être observables ou non observables.
Données de niveau 1	Prix cotés (non ajustés) sur des marchés actifs, pour des actifs ou des passifs identiques, auxquels l'entité peut avoir accès à la date d'évaluation.
Données de niveau 2	Données concernant l'actif ou le passif, autres que les prix cotés inclus dans les données de niveau 1, qui sont observables directement ou indirectement.
Données de niveau 3	Données non observables concernant l'actif ou le passif.
Approche de marché	Technique d'évaluation qui se fonde sur les prix et d'autres informations pertinentes générées par des transactions de marché sur des actifs, des passifs ou un groupe d'actifs et de passifs (par exemple une entreprise) identiques ou comparables (c'est-à-dire similaires).
Données corroborées par le marché	Données obtenues principalement à partir de données de marché observables ou corroborées par de telles données, par corrélation ou autrement.
Participants de marché	Acquéreurs et vendeurs sur le marché principal (ou le marché le plus avantageux) pour l'actif ou le passif, qui réunissent toutes les caractéristiques ci-dessous : a) ils sont indépendants les uns des autres, c'est-à-dire qu'ils ne sont pas des parties liées au sens d'IAS 24 ; le prix convenu lors d'une transaction entre parties liées peut toutefois servir de donnée pour une évaluation de la juste valeur, si l'entité dispose d'éléments probants indiquant que la transaction a été conclue à des conditions de marché ; b) ils sont bien informés, en ce qu'ils possèdent une compréhension raisonnable de l'actif ou du passif et de la transaction, fondée sur toutes les informations disponibles, y compris celles pouvant être obtenues au moyen des procédures habituelles et coutumières de contrôle diligent ; c) ils sont capables de conclure une transaction sur l'actif ou le passif ; d) ils sont prêts à conclure une transaction sur l'actif ou le passif, c'est-à-dire qu'ils ont un motif de le faire, sans toutefois y être forcés ou obligés de quelque autre façon.
Marché le plus avantageux	Marché qui maximise le montant qui serait reçu pour la vente de l'actif ou qui minimise le montant qui serait payé pour le transfert du passif, après prise en compte des coûts de transaction et des frais de transport.
Risque de non-exécution	Risque qu'une entité ne s'acquitte pas d'une obligation. Le risque de non-exécution comprend notamment le risque de crédit propre à l'entité.

Données observables	Données qui sont élaborées à l'aide des données de marché, par exemple les informations publiées sur des événements ou des transactions réels, et qui reflètent les hypothèses que les participants de marché utiliseraient pour fixer le prix de l'actif ou du passif.
Transaction normale	Transaction qui suppose l'exposition de l'actif ou du passif sur le marché pendant une certaine période avant la date d'évaluation, afin que les activités commerciales ordinaires puissent avoir lieu pour les transactions sur de tels actifs ou passifs ; il ne s'agit pas d'une transaction forcée (par exemple, une liquidation involontaire ou une vente sur saisie).
Marché principal	Marché sur lequel on observe le volume et le niveau d'activité les plus élevés pour l'actif ou le passif.
Prime de risque	Compensation que cherchent à obtenir les participants de marché qui ont une aversion au risque pour supporter l'incertitude inhérente aux flux de trésorerie liés à un actif ou un passif. Aussi appelée « ajustement au titre des risques ».
Coûts de transaction	Coûts de la vente d'un actif ou du transfert d'un passif sur le marché principal (ou le marché le plus avantageux) pour l'actif ou le passif, qui sont directement attribuables à la cession de l'actif ou au transfert du passif et qui satisfont aux deux critères ci-dessous : a) ils sont directement liés à la transaction et essentiels à celle-ci ; b) ils n'auraient pas été subis par l'entité si la décision de vendre l'actif (ou de transférer le passif) n'avait pas été prise (ils s'apparentent aux coûts de la vente, définis dans IFRS 5).
Frais de transport	Frais qui seraient engagés pour transporter un actif de l'endroit où il se trouve jusqu'au marché principal (ou jusqu'au marché le plus avantageux).
Unité de comptabilisation	Niveau auquel un actif ou un passif est regroupé ou ventilé selon une norme IFRS aux fins de la comptabilisation.
Données non observables	Données pour lesquelles il n'existe pas de données de marché observables et qui sont élaborées à l'aide de la meilleure information disponible quant aux hypothèses que les participants de marché utiliseraient pour fixer le prix de l'actif ou du passif.

Appendice B – Guide d'application

Le présent appendice fait partie intégrante de la norme. Il décrit la façon d'appliquer les paragraphes 1 à 99 et fait autorité au même titre que les autres parties de la norme.

B1 Les jugements portés dans des situations d'évaluation différentes peuvent être différents. La présente annexe décrit les jugements qui pourraient être portés lorsque l'entité évalue la juste valeur dans diverses situations en matière d'évaluations.

L'APPROCHE POUR L'ÉVALUATION DE LA JUSTE VALEUR

B2 L'objectif d'une évaluation de la juste valeur est d'estimer le prix auquel une transaction normale visant la vente d'un actif ou le transfert d'un passif serait conclue entre des participants de marché à la date d'évaluation dans les conditions actuelles du marché. Une évaluation de la juste valeur exige que l'entité détermine :

a) l'actif ou le passif spécifique faisant l'objet de l'évaluation (en concordance avec son unité de comptabilisation) ;

b) pour un actif non financier, le principe selon lequel il est approprié de l'évaluer (conformément à son utilisation optimale) ;

c) le marché principal (ou le marché le plus avantageux) pour l'actif ou le passif ;

d) la ou les techniques d'évaluation appropriées, compte tenu de la disponibilité de données permettant d'élaborer des données qui représentent les hypothèses que les participants de marché utiliseraient pour fixer le prix de l'actif ou du passif, ainsi que du niveau où sont classées ces données dans la hiérarchie des justes valeurs.

PRINCIPE DE BASE POUR L'ÉVALUATION DES ACTIFS NON FINANCIERS (PARAGRAPHES 31 À 33)

B3 Lors de l'évaluation de la juste valeur d'un actif non financier utilisé conjointement avec d'autres actifs en tant que groupe (après installation ou configuration pour en permettre l'utilisation) ou avec d'autres actifs et des passifs (par exemple une entreprise), l'effet du principe retenu pour évaluer l'actif dépend des circonstances. Par exemple :

a) il se peut que la juste valeur de l'actif soit la même, indifféremment du fait que celui-ci soit utilisé seul ou conjointement avec d'autres actifs ou avec d'autres actifs et des passifs. Ce peut être le cas lorsque l'actif est une entreprise que les participants de marché continueraient d'exploiter. Dans ce cas, l'entreprise serait évaluée dans son ensemble aux fins de la transaction. L'utilisation des actifs en tant que groupe dans une entreprise active engendrerait des synergies dont pourraient profiter les participants de marché (et qui, par conséquent, auraient une incidence sur la juste valeur de l'actif considéré seul ou conjointement avec d'autres actifs ou avec d'autres actifs et des passifs) ;

b) il se peut que l'utilisation d'un actif conjointement avec d'autres actifs ou avec d'autres actifs et des passifs soit prise en compte dans l'évaluation de la juste valeur par le biais d'ajustements apportés à la valeur de l'actif utilisé seul. Ce peut être le cas si l'actif est une machine et que la juste valeur est déterminée sur la base d'un prix observé pour une machine similaire (non installée ou configurée pour en permettre l'utilisation), ajusté en fonction des frais de transport et d'installation, de manière que la juste valeur tienne compte de l'état actuel de la machine et de l'endroit où elle se trouve (après installation ou configuration pour en permettre l'utilisation) ;

c) il se peut que l'utilisation d'un actif conjointement avec d'autres actifs ou avec d'autres actifs et des passifs soit prise en compte dans l'évaluation de la juste valeur par le biais des hypothèses utilisées par les participants de marché pour évaluer la juste valeur de l'actif. Par exemple, si l'actif est un stock de produits en cours uniques que les participants de marché convertiraient en produits finis, la juste valeur du stock serait déterminée en partant de l'hypothèse que les participants de marché ont acquis ou acquerraient le matériel spécialisé nécessaire, le cas échéant, pour convertir le stock en produits finis ;

d) il se peut que l'utilisation d'un actif conjointement avec d'autres actifs ou avec d'autres actifs et des passifs soit prise en compte dans la technique d'évaluation utilisée pour déterminer la juste valeur de l'actif. Ce peut être le cas lorsque la méthode des bénéfices excédentaires multipériodes est utilisée pour déterminer la juste valeur d'une immobilisation incorporelle, parce que cette technique d'évaluation tient compte spécifiquement de l'apport des actifs complémentaires et des passifs associés faisant partie du groupe au sein duquel l'immobilisation incorporelle serait utilisée ;

e) dans des situations plus limitées, lorsque l'entité utilise un actif au sein d'un groupe d'actifs, il se peut qu'elle évalue l'actif à un montant proche de sa juste valeur au moment où elle procède à la répartition de la juste valeur du groupe entre les différents actifs qui le composent. Ce peut être le cas si l'évaluation porte sur un bien immobilier et que la juste valeur du bien amélioré (c'est-à-dire un groupe d'actifs) est répartie entre les actifs qui le composent (par exemple, le terrain et les améliorations).

JUSTE VALEUR LORS DE LA COMPTABILISATION INITIALE (PARAGRAPHES 57 À 60)

B4 Pour déterminer si la juste valeur à la comptabilisation initiale équivaut au prix de transaction, l'entité doit prendre en compte les facteurs spécifiques à la transaction et à l'actif ou au passif. Ainsi, il est possible que le prix de transaction ne représente pas la juste valeur d'un actif ou d'un passif au moment de la comptabilisation initiale dans l'une ou l'autre des situations suivantes :

a) la transaction est conclue entre des parties liées. Le prix d'une transaction entre parties liées peut néanmoins servir de donnée pour l'évaluation de la juste valeur s'il est probant pour l'entité que la transaction a été conclue à des conditions de marché ;

b) la transaction est conclue sous la contrainte, ou le vendeur est forcé d'accepter le prix fixé pour la transaction. Ce peut être le cas, par exemple, si le vendeur éprouve des difficultés financières ;

c) l'unité de comptabilisation représentée par le prix de transaction diffère de celle de l'actif ou du passif évalué à la juste valeur. Ce peut être le cas, entre autres, si l'actif ou le passif évalué à la juste valeur n'est qu'un des éléments de la transaction (par exemple dans le cas d'un regroupement d'entreprises), si la transaction est assortie de droits et de privilèges non mentionnés qui sont évalués séparément conformément à une autre norme IFRS ou si le prix de transaction comprend les coûts de transaction ;

d) le marché sur lequel la transaction a lieu diffère du marché principal (ou du marché le plus avantageux). Par exemple, ces marchés pourraient être différents si l'entité est un arbitragiste qui conclut des transactions avec des clients sur le marché de détail alors que le marché principal (ou le plus avantageux) pour la transaction de sortie est un marché de contrepartistes.

TECHNIQUES D'ÉVALUATION (PARAGRAPHES 61 À 66)

Approche de marché

B5 L'approche de marché se fonde sur les prix et d'autres informations pertinentes générées par des transactions de marché sur des actifs, des passifs ou un groupe d'actifs et de passifs (par exemple une entreprise) identiques ou comparables (c'est-à-dire similaires).

B6 Ainsi, les techniques d'évaluation qui s'inscrivent dans le cadre de l'approche de marché font souvent appel à des multiples de marché dérivés d'un échantillon de comparables. Les multiples peuvent être compris dans un intervalle, chaque comparable faisant l'objet d'un multiple différent. La sélection du multiple approprié à l'intérieur de l'intervalle requiert l'exercice du jugement, compte tenu des facteurs qualitatifs et quantitatifs spécifiques à l'évaluation.

B7 L'évaluation matricielle fait partie des techniques d'évaluation qui s'inscrivent dans le cadre de l'approche de marché. Il s'agit d'une technique mathématique utilisée principalement pour évaluer certains types d'instruments financiers, tels que des titres de créance, sans se fonder exclusivement sur le prix coté des titres spécifiques, mais plutôt en s'appuyant sur la relation entre les titres et d'autres titres de référence cotés.

Approche par les coûts

B8 L'approche par les coûts reflète le montant (souvent appelé coût actuel de remplacement) qui serait requis actuellement pour remplacer la capacité de service d'un actif.

B9 Du point de vue d'un vendeur participant au marché, le prix qui serait reçu pour l'actif est fondé sur le coût d'acquisition ou de construction, pour un acquéreur participant au marché, d'un actif de remplacement d'une utilité comparable, ajusté en fonction de l'obsolescence. Cela tient au fait que l'acquéreur participant au marché ne paierait pas plus pour un actif que le montant pour lequel il pourrait remplacer la capacité de service de cet actif. L'obsolescence englobe la détérioration matérielle, l'obsolescence fonctionnelle (technologique) et l'obsolescence économique (externe). Il s'agit d'une notion plus vaste que l'amortissement comptable (répartition du coût historique) ou l'amortissement fiscal (durées de vie utile spécifiées). La méthode du coût actuel de remplacement est souvent employée pour évaluer la juste valeur d'actifs corporels qui sont utilisés conjointement avec d'autres actifs ou avec d'autres actifs et des passifs.

Approche par les revenus

B10 L'approche par les revenus convertit des montants futurs (comme des flux de trésorerie ou des produits et charges) en un montant actuel unique (actualisé). Lorsque cette approche est utilisée, la juste valeur reflète les attentes actuelles du marché quant à ces montants futurs.

B11 Cette approche comprend notamment les techniques d'évaluation suivantes :

a) les techniques d'actualisation (voir paragraphes B12 à B30) ;

b) les modèles d'évaluation des options tels que la formule de Black-Scholes-Merton ou le modèle binomial (c'est-à-dire un modèle en treillis) qui intègrent des techniques d'actualisation et reflètent à la fois la valeur temps et la valeur intrinsèque d'une option ; et

c) la méthode des bénéfices excédentaires multipériodes, utilisée pour évaluer la juste valeur de certains actifs incorporels.

Techniques d'actualisation

B12 Les paragraphes B13 à B30 décrivent l'utilisation de techniques d'actualisation pour l'évaluation de la juste valeur. Ils sont axés sur une technique d'ajustement du taux d'actualisation et sur une technique fondée sur les *flux de trésorerie attendus* (valeur actuelle attendue). Ils ne prescrivent pas l'utilisation d'une technique d'actualisation spécifique unique ni ne limitent l'utilisation de techniques d'actualisation aux seules techniques décrites. La technique d'actualisation utilisée pour évaluer la juste valeur dépend des faits et des circonstances spécifiques à l'actif ou au passif à évaluer (par exemple la possibilité d'observer les prix d'actifs ou de passifs comparables sur le marché) et de la disponibilité de données suffisantes.

Les composantes d'une évaluation de la valeur actuelle

B13 L'actualisation (une application de l'approche par les revenus) est un outil qui sert à relier des montants futurs (par exemple des flux de trésorerie ou des valeurs) à un montant actuel au moyen d'un taux d'actualisation. Une évaluation de la juste valeur d'un actif ou d'un passif faisant appel à une technique d'actualisation fait intervenir tous les éléments suivants, du point de vue des participants de marché, à la date d'évaluation :

a) une estimation des flux de trésorerie futurs liés à l'actif ou au passif à évaluer ;

b) les attentes au sujet des variations éventuelles des montants et du calendrier de ces flux de trésorerie représentant l'incertitude inhérente à ceux-ci ;

c) la valeur temps de l'argent, représentée par le taux sur des actifs monétaires sans risque dont les dates d'échéance ou les durées coïncident avec la période couverte par les flux de trésorerie et qui ne présentent aucune incertitude quant à leur calendrier ni ne posent de risque de défaillance pour le porteur (c'est-à-dire un taux d'intérêt sans risque) ;

d) le prix pour supporter l'incertitude inhérente aux flux de trésorerie (c'est-à-dire une *prime de risque*) ;

e) les autres facteurs dont les participants de marché tiendraient compte dans les circonstances ;

f) dans le cas d'un passif, le risque de non-exécution y afférent, y compris le risque de crédit de l'entité (c'est-à-dire du débiteur).

Principes généraux

B14 Les techniques d'actualisation diffèrent dans leur façon de faire intervenir les éléments mentionnés au paragraphe B13. Toutefois, l'application de toute technique d'actualisation utilisée pour déterminer la juste valeur est régie par l'ensemble des principes généraux ci-dessous :

a) les flux de trésorerie et les taux d'actualisation devraient refléter les hypothèses que les participants de marché utiliseraient pour fixer le prix de l'actif ou du passif ;

b) les flux de trésorerie et les taux d'actualisation ne devraient tenir compte que des facteurs attribuables à l'actif ou au passif à évaluer ;

c) pour éviter que les effets des facteurs de risque soient comptés deux fois ou omis, les taux d'actualisation devraient refléter des hypothèses cohérentes par rapport à celles qui sont inhérentes aux flux de trésorerie. Par exemple, un taux d'actualisation reflétant l'incertitude des attentes concernant les défaillances futures est approprié si l'on utilise les flux de trésorerie contractuels d'un prêt (c'est-à-dire une technique d'ajustement du taux d'actualisation). Par contre, ce même taux ne conviendrait pas si l'on utilisait les flux de trésorerie attendus (estimés selon une pondération probabiliste) (c'est-à-dire une technique de la valeur actuelle attendue), parce que ces flux reflètent déjà les hypothèses sur l'incertitude concernant les défaillances futures ; il faudrait plutôt utiliser un taux d'actualisation correspondant au risque inhérent aux flux de trésorerie attendus ;

d) les hypothèses sur les flux de trésorerie et les taux d'actualisation devraient être cohérentes entre elles. Par exemple, les flux de trésorerie nominaux, qui tiennent compte de l'effet de l'inflation, devraient être actualisés à un taux qui tient compte de cet effet. Le taux d'intérêt sans risque nominal tient également compte de l'effet de l'inflation. En revanche, les flux de trésorerie réels, qui ne tiennent pas compte de l'effet de l'inflation, devraient être actualisés à un taux qui n'en tient pas compte. De même, les flux de trésorerie après impôt devraient être actualisés à un taux après impôt. Les flux de trésorerie avant impôt devraient être actualisés à un taux cohérent par rapport à ces flux de trésorerie ;

e) le taux d'actualisation devrait être cohérent par rapport aux facteurs économiques sous-jacents propres à la monnaie dans laquelle les flux de trésorerie sont libellés.

Risque et incertitude

B15 L'évaluation de la juste valeur au moyen de techniques d'actualisation se fait dans des conditions d'incertitude, parce que les flux de trésorerie utilisés correspondent à des estimations plutôt qu'à des montants connus. Dans bien des cas, le montant et le calendrier des flux de trésorerie sont tous deux incertains. Même des montants stipulés par contrat, par exemple les paiements en remboursement d'un prêt, sont incertains s'il y a risque de défaillance.

B16 En général, les participants de marché cherchent à obtenir une compensation (une prime de risque) pour supporter l'incertitude inhérente aux flux de trésorerie liés à un actif ou à un passif. L'évaluation de la juste valeur devrait prévoir une prime de risque reflétant le montant que les participants de marché exigeraient en guise de compensation pour cette incertitude. Autrement, la mesure obtenue ne représenterait pas fidèlement la juste valeur. Dans certains cas, il peut être difficile de déterminer la prime de risque appropriée. Cependant, le degré de difficulté ne constitue pas à lui seul un motif suffisant pour exclure la prime de risque.

B17 Les techniques d'actualisation diffèrent quant à leur façon de faire des ajustements pour tenir compte du risque et quant au type de flux de trésorerie qu'elles utilisent. Par exemple :

a) la technique de l'ajustement du taux d'actualisation (voir paragraphes B18 à B22) utilise un taux d'actualisation ajusté pour tenir compte du risque, ainsi que les flux de trésorerie contractuels, promis ou les plus probables

b) la méthode 1 de la technique de la valeur actuelle attendue (voir paragraphe B25) utilise les flux de trésorerie attendus ajustés pour tenir compte du risque, ainsi qu'un taux sans risque ;

c) la méthode 2 de la technique de la valeur actuelle attendue (voir paragraphe B26) utilise les flux de trésorerie attendus non ajustés en fonction du risque, ainsi qu'un taux d'actualisation ajusté en fonction de la prime de risque que les participants de marché exigent. Ce taux diffère de celui qu'utilise la technique de l'ajustement du taux d'actualisation.

Technique de l'ajustement du taux d'actualisation

B18 La technique de l'ajustement du taux d'actualisation utilise un ensemble unique de flux de trésorerie compris dans l'intervalle des montants estimés qui sont possibles, qu'il s'agisse de flux de trésorerie contractuels ou promis (comme dans le cas d'une obligation) ou des flux les plus probables. Dans tous les cas, ces flux de trésorerie dépendent de la survenance d'événements spécifiés (par exemple, les flux de trésorerie contractuels ou promis au titre d'une obligation dépendent de la non-défaillance du débiteur). Le taux d'actualisation utilisé selon cette technique est obtenu d'après les taux de rendement observés pour des actifs ou des passifs comparables qui sont négociés sur le marché. Par conséquent, les flux de trésorerie contractuels, promis ou les plus probables sont actualisés à un taux de marché observé ou estimé pour de tels flux de trésorerie conditionnels (un taux de rendement du marché).

B19 La technique de l'ajustement du taux d'actualisation exige une analyse des données de marché concernant des actifs ou des passifs comparables. La comparabilité est établie sur la base d'un examen de la nature des flux de trésorerie (par exemple, leur caractère contractuel ou non et la probabilité qu'ils se comporteront de façon similaire face aux changements de la conjoncture économique), ainsi que d'autres facteurs (par exemple la qualité de crédit, les garanties, la durée, les clauses restrictives et la liquidité). Si toutefois il n'existe pas d'actif ou de passif unique comparable reflétant fidèlement le risque inhérent aux flux de trésorerie de l'actif ou du passif à évaluer, il peut être possible d'obtenir un taux d'actualisation à partir des données relatives à plusieurs actifs ou passifs comparables conjuguées à la courbe des taux sans risque (autrement dit, utiliser une approche « additive » (build-up approach)).

B20 Pour illustrer l'approche additive, supposons que l'actif A est un droit contractuel de recevoir 800 UM (*) dans un an (il n'y a donc aucune incertitude quant à l'échéance). Il existe un marché établi pour des actifs comparables, et des informations sont disponibles au sujet de ces actifs, notamment sur leur prix. En ce qui concerne les actifs comparables :

a) l'actif B est un droit contractuel de recevoir 1 200 UM dans un an, et son prix coté est de 1 083 UM. Donc, le taux de rendement annuel implicite (soit un taux de rendement du marché sur un an) est de 10,8 % [(1 200 UM / 1 083 UM) – 1] ;

b) l'actif C est un droit contractuel de recevoir 700 UM dans deux ans, et son prix coté est de 566 UM. Donc, le taux de rendement annuel implicite (soit un taux de rendement du marché sur deux ans) est de 11,2 % [(700 UM / 566 UM)^{0,5} – 1] ;

c) les trois actifs sont comparables du point de vue du risque (en l'occurrence, la dispersion des paiements possibles et le risque de crédit).

(*) Dans la présente norme, les montants monétaires sont libellés en « unités monétaires » (UM).

B21 Sur la base de l'échéancier des paiements contractuels à recevoir pour l'actif A comparativement aux échéanciers pour l'actif B et l'actif C, l'actif B est considéré comme plus comparable que l'actif C (échéance dans un an pour l'actif B et dans deux ans pour l'actif C). En se fondant sur le paiement contractuel à recevoir pour l'actif A (800 UM) et le taux de rendement du marché sur un an déterminé pour l'actif B (10,8 %), la juste valeur de l'actif A est de 722 UM (800 UM / 1,108). En supposant maintenant qu'il n'existe pas d'informations de marché disponibles pour l'actif B, le taux de rendement du marché sur un an pourrait être obtenu à partir de l'actif C, à l'aide de l'approche additive. Dans ce cas, le taux de rendement du marché sur deux ans indiqué par l'actif C (11,2 %) serait ajusté pour donner un taux sur un an au moyen de la structure par terme de la courbe des taux sans risque. Un complément d'information et des analyses supplémentaires peuvent être nécessaires pour déterminer si la prime de risque est la même pour des actifs à un an et à deux ans. S'il est établi qu'elle n'est pas la même, le taux de rendement du marché sur deux ans ferait l'objet d'un autre ajustement pour tenir compte de ce fait.

B22 Lorsque la technique de l'ajustement du taux d'actualisation est appliquée à des encaissements ou à des paiements fixes, l'ajustement au titre du risque inhérent aux flux de trésorerie de l'actif ou du passif à évaluer est pris en compte dans le taux d'actualisation. Dans certains cas où cette technique est appliquée à des flux de trésorerie qui ne sont pas des encaissements ou des paiements fixes, il peut aussi être nécessaire d'ajuster les flux de trésorerie à des fins de comparabilité avec l'actif ou le passif observé à partir duquel est obtenu le taux d'actualisation.

Technique de la valeur actuelle attendue

B23 La technique de la valeur actuelle attendue a pour point de départ un ensemble de flux de trésorerie qui représente l'espérance mathématique de tous les flux de trésorerie potentiels (les flux de trésorerie attendus). L'estimation résultante est identique à la valeur attendue qui, en termes statistiques, est la moyenne pondérée des valeurs possibles d'une variable aléatoire discrète, les probabilités respectives étant utilisées comme facteur de pondération. Comme tous les flux de trésorerie potentiels sont pondérés par leur probabilité d'occurrence, le flux de trésorerie attendu qui en résulte n'est pas tributaire de la survenance d'un événement spécifié (contrairement aux flux de trésorerie utilisés selon la technique de l'ajustement du taux d'actualisation).

B24 Lorsqu'ils prennent une décision d'investissement, les participants de marché qui ont une aversion au risque prennent en compte le risque que les flux de trésorerie réels diffèrent des flux de trésorerie attendus. La théorie du portefeuille établit une distinction entre deux types de risque :

a) le risque non systématique (aussi appelé risque spécifique ou risque diversifiable), qui est attribuable à un actif ou un passif en particulier ;

b) le risque systématique (aussi appelé risque de marché ou risque non diversifiable), qui est le risque qu'un actif ou un passif a en commun avec les autres éléments d'un portefeuille diversifié.

Selon la théorie du portefeuille, sur un marché en équilibre, les participants sont rémunérés uniquement parce qu'ils assument le risque systématique inhérent aux flux de trésorerie. (Sur un marché inefficient ou non en équilibre, il se peut que d'autres formes de rendement ou de rémunération existent.)

B25 Selon la méthode 1 de la technique de la valeur actuelle attendue, les flux de trésorerie attendus d'un actif sont ajustés pour tenir compte du risque systématique (risque de marché) par la déduction d'une prime de risque en trésorerie. Ces flux de trésorerie attendus ajustés pour tenir compte du risque représentent un flux de trésorerie équivalent certain, qui est actualisé à un taux d'intérêt sans risque. On entend ici par flux de trésorerie équivalent certain un flux de trésorerie attendu (au sens donné à ce terme), ajusté en fonction du risque de telle sorte que, pour un participant de marché, il lui est indifférent d'échanger un flux de trésorerie certain contre un flux de trésorerie attendu. Par exemple, si un participant de marché est consentant à échanger un flux de trésorerie attendu de 1 200 UM contre un flux de trésorerie certain de 1 000 UM, les 1 000 UM sont l'équivalent certain des 1 200 UM (les 200 UM représentent la prime de risque en trésorerie). Dans ce cas, il serait indifférent au participant de marché de détenir un actif plutôt que l'autre.

B26 Par contre, selon la méthode 2 de la technique de la valeur actuelle attendue, un ajustement est apporté au titre du risque systématique (risque de marché) par l'application d'une prime de risque au taux d'intérêt sans risque. Par conséquent, les flux de trésorerie attendus sont actualisés à un taux correspondant à un taux attendu associé aux flux de trésorerie pondérés par leur probabilité d'occurrence (c'est-à-dire un taux de rendement attendu). Des modèles utilisés pour l'évaluation d'actifs à risque, tels que le modèle d'évaluation des actifs financiers (MEDAF, ou Capital Asset Pricing Model ou CAPM), peuvent être utilisés pour estimer le taux de rendement attendu. Comme le taux d'actualisation utilisé selon la technique de l'ajustement du taux d'actualisation est un taux de rendement lié à des flux de trésorerie conditionnels, il sera probablement plus élevé que le taux d'actualisation utilisé selon la méthode 2 de la technique de la valeur actuelle attendue, qui est un taux de rendement attendu lié à des flux de trésorerie attendus ou pondérés par leur probabilité d'occurrence.

B27 Pour illustrer la méthode 1 et la méthode 2, supposons que les flux de trésorerie attendus d'un actif, déterminés sur la base des flux de trésorerie potentiels et des probabilités indiqués ci-dessous, sont de 780 UM dans un an. Le taux d'intérêt sans risque applicable aux flux de trésorerie dont l'horizon est de un an est de 5 %, et la prime au titre du risque systématique pour un actif présentant le même profil de risques est de 3 %.

Flux de trésorerie potentiels	Probabilité	Flux de trésorerie pondérés par leur probabilité d'occurrence
500 UM	15 %	75 UM
800 UM	60 %	480 UM
900 UM	25 %	225 UM
Flux de trésorerie attendus		780 UM

B28 Dans cette illustration simple, les flux de trésorerie attendus (780 UM) représentent l'espérance mathématique de trois résultats possibles. Dans des situations concrètes, il pourrait y avoir de nombreux résultats possibles. Cependant, pour appliquer la technique de la valeur actuelle attendue, il n'est pas toujours nécessaire de prendre en compte les distributions de tous les flux de trésorerie potentiels en se servant de modèles et de techniques complexes. Il pourrait plutôt être possible d'élaborer un nombre limité de scénarios et de probabilités distincts reflétant l'éventail des flux de trésorerie potentiels. Ainsi, une entité pourrait utiliser les flux de trésorerie réalisés lors d'une période antérieure pertinente, ajustés en fonction des changements de circonstances survenus par la suite (par exemple, les changements dans les facteurs externes, notamment la conjoncture économique ou les conditions du marché, les tendances sectorielles et la concurrence, ainsi que les changements dans les facteurs internes touchant plus spécifiquement l'entité), et compte tenu des hypothèses des participants de marché.

B29 En théorie, la valeur actuelle (c'est-à-dire la juste valeur) des flux de trésorerie liés à l'actif est la même, qu'elle soit déterminée selon la méthode 1 ou la méthode 2, comme il est expliqué ci-dessous :

a) selon la méthode 1, les flux de trésorerie attendus sont ajustés en fonction du risque systématique (risque de marché). En l'absence de données du marché indiquant directement le montant de l'ajustement au titre du risque, cet ajustement peut être obtenu à l'aide d'un modèle d'évaluation des actifs s'appuyant sur le concept des équivalents certains. Par exemple, l'ajustement au titre du risque (la prime de risque en trésorerie de 22 UM) pourrait être déterminé à l'aide de la prime au titre du risque systématique de 3 % (780 UM – [780 UM × (1,05/1,08)]), ce qui donne des flux de trésorerie attendus, ajustés pour tenir compte du risque, de 758 UM (780 UM – 22 UM). Les 758 UM sont l'équivalent certain de 780 UM et sont actualisés au taux d'intérêt sans risque (5 %). La valeur actuelle (juste valeur) de l'actif est de 722 UM (758 UM/1,05) ;

b) selon la méthode 2, les flux de trésorerie attendus ne sont pas ajustés en fonction du risque systématique (risque de marché). L'ajustement au titre de ce risque est plutôt pris en compte dans le taux d'actualisation. Ainsi, les flux de trésorerie attendus sont actualisés à un taux de rendement attendu de

8 % (soit le taux d'intérêt sans risque de 5 % plus la prime au titre du risque systématique de 3 %). La valeur actuelle (juste valeur) de l'actif est de 722 UM (780 UM/1,08).

B30 Lorsqu'on utilise la technique de la valeur actuelle attendue pour évaluer la juste valeur, on peut opter pour la méthode 1 ou la méthode 2. Le choix de l'une ou l'autre méthode dépend des faits et des circonstances spécifiques à l'actif ou au passif à évaluer, de la mesure dans laquelle les données sont disponibles en quantité suffisante et des jugements portés.

APPLICATION DES TECHNIQUES D'ACTUALISATION AUX PASSIFS ET AUX INSTRUMENTS DE CAPITAUX PROPRES DE L'ENTITÉ NON DÉTENUS EN TANT QU'ACTIFS PAR DES TIERS (PARAGRAPHES 40 ET 41)

B31 Lorsque l'entité utilise une technique d'actualisation pour évaluer la juste valeur d'un passif qui n'est pas détenu en tant qu'actif par un tiers (par exemple un passif relatif au démantèlement), elle doit notamment estimer les sorties de trésorerie futures que les participants de marché s'attendraient à engager pour s'acquitter de l'obligation. Ces sorties de trésorerie futures doivent tenir compte des coûts qu'un participant de marché s'attendrait à engager pour s'acquitter de l'obligation et de la compensation qu'il exigerait pour prendre en charge l'obligation. Cette compensation comprend le rendement qu'un participant de marché exigerait pour :

a) se charger de l'activité (c'est-à-dire la valeur de l'exécution de l'obligation ; par exemple l'utilisation de ressources qui pourraient être affectées à d'autres activités) ; et

b) assumer le risque associé à l'obligation (c'est-à-dire une prime de risque qui reflète le risque que les sorties de trésorerie réelles puissent différer des flux de trésorerie attendus ; voir paragraphe B33).

B32 Par exemple, un passif non financier ne comporte pas de taux de rendement contractuel, et il n'y a pas de rendement de marché observable pour un tel passif. Dans certains cas, les composantes du rendement que les participants de marché exigeraient ne peuvent être distinguées les unes des autres (notamment lorsqu'on utilise le prix qu'un tiers entrepreneur demanderait dans le contexte d'un contrat à forfait). Dans d'autres cas, il faut que l'entité estime séparément ces composantes (par exemple lorsqu'elle utilise le prix qu'un tiers entrepreneur demanderait dans le contexte d'un contrat en régie parce qu'alors, l'entrepreneur n'assumerait pas le risque que les coûts varient ultérieurement).

B33 L'entité peut inclure une prime de risque dans l'évaluation de la juste valeur d'un passif ou d'un de ses instruments de capitaux propres qui n'est pas détenu en tant qu'actif par un tiers de la façon suivante :

a) en ajustant les flux de trésorerie (par une augmentation du montant des sorties de trésorerie) ; ou

b) en ajustant le taux utilisé pour actualiser les flux de trésorerie futurs à leur valeur actuelle (par une réduction de celui-ci).

L'entité doit s'assurer de ne pas compter en double ni d'omettre des ajustements au titre du risque. Ainsi, si les flux de trésorerie estimés sont augmentés afin de tenir compte de la compensation pour la prise en charge du risque associé à l'obligation, le taux d'actualisation ne devrait pas être ajusté pour refléter ce risque.

DONNÉES UTILISÉES DANS LES TECHNIQUES D'ÉVALUATION (PARAGRAPHES 67 À 71)

B34 Des exemples de marchés sur lesquels des données pourraient être observables pour certains actifs ou passifs (par exemple des instruments financiers) peuvent être notamment :

a) les *marchés boursiers*. Sur un marché boursier, les cours de clôture sont faciles à obtenir et généralement représentatifs de la juste valeur. La Bourse de Londres est un exemple d'un tel marché ;

b) les *marchés de contrepartistes*. Sur ce type de marchés, les arbitragistes se tiennent prêts à conclure des transactions (acheter ou vendre pour leur propre compte), et fournissent ainsi de la liquidité en utilisant leur capital pour avoir en main une certaine quantité des éléments qu'ils négocient sur le marché. Habituellement, les cours acheteur et vendeur (qui représentent respectivement le prix auquel l'arbitragiste est disposé à acheter et le prix auquel il est disposé à vendre) sont plus faciles à obtenir immédiatement que les cours de clôture. Les marchés de gré à gré (pour lesquels les prix sont rendus publics) sont des marchés de contrepartistes. Des marchés de contrepartistes existent en outre pour certains autres actifs et passifs, notamment certains instruments financiers, certaines marchandises et certaines immobilisations corporelles (par exemple du matériel d'occasion) ;

c) les *marchés de courtiers*. Sur ce type de marchés, les courtiers essaient d'apparier les acheteurs et les vendeurs sans se tenir prêts à conclure des transactions pour leur propre compte. Autrement dit, ils n'utilisent pas leur capital pour avoir en main une certaine quantité des éléments qu'ils négocient sur le marché. Le courtier connaît les prix offerts et demandés par les parties respectives mais, en général, chacune des parties ignore le prix voulu par l'autre. Il est parfois possible d'obtenir le prix de transactions conclues. Les marchés de courtiers comprennent les réseaux de courtage électronique, sur lesquels les ordres d'achat et de vente sont appariés, et les marchés immobiliers résidentiels et commerciaux ;

d) les *marchés sans intermédiaire*. Sur ce type de marchés, les transactions, tant les ventes initiales que les reventes, sont négociées indépendamment, sans intermédiation. Il est possible que peu d'information soit publiée à leur sujet.

HIÉRARCHIE DES JUSTES VALEURS (PARAGRAPHES 72 À 90)

➟ Données de niveau 2 (paragraphes 81 à 85)

B35 Des exemples de données de niveau 2 pour certains actifs et passifs sont présentés ci-dessous :

a) *Swap receveur de taux d'intérêt fixe / payeur de taux variable fondé sur le taux swap LIBOR (London Interbank Offered Rate)*. Le taux swap LIBOR serait une donnée de niveau 2 dans le cas où il est observable aux intervalles usuels de cotation pendant la quasi-totalité de la durée du swap.

b) *Swap receveur de taux d'intérêt fixe / payeur de taux variable fondé sur une courbe des taux libellée dans une monnaie étrangère*. Le taux swap fondé sur une courbe des taux libellée dans une monnaie étrangère qui est observable aux intervalles usuels de cotation pendant la quasi-totalité de la durée du swap serait une donnée de niveau 2. Ce sera le cas si la durée du swap est de 10 ans et que le taux est observable aux intervalles usuels de cotation pendant 9 ans, pour autant qu'une extrapolation raisonnable, quelle qu'elle soit, de la courbe des taux pour l'an 10 ne soit pas importante pour l'évaluation de la juste valeur du swap prise dans son ensemble.

c) *Swap receveur de taux d'intérêt fixe / payeur de taux variable fondé sur le taux préférentiel d'une banque spécifique.* Le taux préférentiel de la banque obtenu par extrapolation serait une donnée de niveau 2, si les valeurs extrapolées sont corroborées par des données de marché observables, par exemple par corrélation avec un taux d'intérêt observable pendant la quasi-totalité de la durée du swap.

d) *Option de trois ans sur actions cotées en bourse.* La volatilité implicite des actions, obtenue par extrapolation jusqu'à l'an 3, serait une donnée de niveau 2 dans la mesure où les deux conditions suivantes sont réunies :

i) les prix des options de un an et de deux ans sur les actions sont observables ;

ii) la volatilité implicite extrapolée d'une option de trois ans est corroborée par des données de marché observables pendant la quasi-totalité de la durée de l'option.

Dans ce cas, la volatilité implicite peut être obtenue par extrapolation de la volatilité implicite des options de un an et de deux ans sur les actions et corroborée par la volatilité implicite d'options de trois ans sur des actions d'entités comparables, pour autant que la corrélation avec la volatilité implicite des options de un an et de deux ans soit établie.

e) *Accord de licence.* Pour un accord de licence qui est acquis lors d'un regroupement d'entreprises et qui a récemment été négocie avec une partie non liée par l'entité acquise (la partie à l'accord de licence), le taux de redevances stipulé dans le contrat avec la partie liée lors de la passation de l'accord serait une donnée de niveau 2.

f) *Stock de produits finis d'un magasin de détail.* Pour un stock de produits finis acquis lors d'un regroupement d'entreprises, serait une donnée de niveau 2 soit le prix demandé aux clients sur un marché de détail, soit le prix demandé aux détaillants sur un marché de gros, ajusté en fonction des différences, quant à leur état et à l'endroit où ils se trouvent, entre ce stock et des stocks comparables (similaires) de sorte que la juste valeur reflète le prix qui serait reçu lors d'une transaction de vente du stock à un autre détaillant qui mènerait à terme les efforts de vente nécessaires. Théoriquement, la juste valeur déterminée sera la même, que les ajustements soient apportés à un prix de détail (à la baisse) ou à un prix de gros (à la hausse). En général, le prix qui demande le moins d'ajustements subjectifs devrait être utilisé pour l'évaluation de la juste valeur.

g) *Bâtiment détenu et utilisé.* Le prix au mètre carré du bâtiment (un multiple de valorisation) obtenu à partir des données de marché observables, par exemple les multiples obtenus à partir des prix de transactions observées pour des bâtiments comparables (similaires) sur des emplacements similaires, serait une donnée de niveau 2.

h) *Unité génératrice de trésorerie.* Un multiple de valorisation (comme un multiple du résultat ou du chiffre d'affaires, ou d'une autre mesure similaire de la performance) obtenu à partir des données de marché observables, par exemple les multiples obtenus à partir des prix de transactions observées pour des entreprises comparables (similaires), compte tenu des facteurs opérationnels, de marché, financiers et non financiers, serait une donnée de niveau 2.

Données de niveau 3 (paragraphes 86 à 90)

B36 Des exemples de données de niveau 3 pour certains actifs et passifs sont présentés ci-dessous :

a) *Swap de devises à long terme.* Un taux d'intérêt dans une monnaie spécifiée qui n'est pas observable et ne peut être corroboré par des données de marché observables aux intervalles usuels de cotation ou autrement pendant la quasi-totalité de la durée du swap serait une donnée de niveau 3. Les taux d'intérêt d'un swap de devises sont les taux swap calculés à partir des courbes des taux des pays respectifs.

b) *Option de trois ans sur actions cotées en bourse.* La volatilité historique, c'est-à-dire la volatilité des actions obtenue à partir de leurs cours historiques, serait une donnée de niveau 3. La volatilité historique ne représente généralement pas les attentes actuelles des participants de marché concernant la volatilité future, même s'il s'agit de la seule information disponible pour évaluer une option.

c) *Swap de taux d'intérêt.* Un ajustement apporté à un cours milieu de marché consensuel (non contraignant) pour le swap, établi à partir de données qui ne sont pas directement observables et qui ne peuvent être corroborées de quelque autre façon par des données de marché observables, serait une donnée de niveau 3.

d) *Passif pour démantèlement repris lors d'un regroupement d'entreprises.* Une estimation actuelle faite à partir des données de l'entité sur les sorties de trésorerie futures à effectuer pour s'acquitter de l'obligation (y compris les attentes des participants de marché au sujet des coûts à engager pour s'acquitter de l'obligation et la compensation qu'ils exigeraient pour prendre en charge l'obligation de démanteler l'actif) serait une donnée de niveau 3, dans la mesure où il n'y a pas d'information raisonnablement disponible indiquant que les participants de marché utiliseraient des hypothèses différentes. Cette donnée de niveau 3 serait utilisée pour l'application d'une technique d'actualisation, avec d'autres données, par exemple un taux d'intérêt sans risque actuel ou un taux sans risque ajusté en fonction de la qualité de crédit si l'effet de la qualité de crédit de l'entité sur la juste valeur du passif est reflété dans le taux d'actualisation plutôt que dans l'estimation des sorties de trésorerie futures.

e) *Unité génératrice de trésorerie.* Une prévision financière (portant par exemple sur les flux de trésorerie ou le résultat net) élaborée à partir des données de l'entité serait une donnée de niveau 3, dans la mesure où il n'y a pas d'information raisonnablement disponible indiquant que les participants de marché utiliseraient des hypothèses différentes.

ÉVALUATION DE LA JUSTE VALEUR À LA SUITE D'UNE BAISSE SENSIBLE DU VOLUME OU DU NIVEAU D'ACTIVITÉ POUR UN ACTIF OU UN PASSIF

B37 La juste valeur d'un actif ou d'un passif peut être affectée lorsque le volume ou le niveau d'activité pour cet actif ou ce passif a subi une baisse sensible par rapport à l'activité normale observée sur le marché pour l'actif ou le passif (ou pour des actifs ou des passifs similaires). Pour déterminer si, sur la base des indications disponibles, le volume ou le niveau d'activité pour l'actif ou le passif a subi une baisse sensible, l'entité doit évaluer l'importance et la pertinence de facteurs tels que les suivants :

a) il y a peu de transactions récentes ;

b) les cours ne sont pas établis à l'aide d'informations actuelles ;

c) les cours varient substantiellement dans le temps ou selon les teneurs de marché (par exemple sur certains marchés de courtiers) ;

d) des indices qui présentaient auparavant une corrélation élevée avec la juste valeur de l'actif ou du passif ne présentent manifestement pas de corrélation avec les indications récentes de la juste valeur de l'actif ou du passif ;

e) les primes de risque de liquidité implicites, les rendements ou les indicateurs de performance (par exemple les taux de défaillance ou la gravité des pertes) pour les transactions observées ou les prix cotes sont en hausse significative par rapport à l'estimation de l'entité quant aux flux de trésorerie attendus, compte tenu de toutes les données de marché disponibles au sujet du risque de crédit ou autre risque de non-exécution relatif à l'actif ou au passif ;

f) l'écart entre cours acheteur et cours vendeur est large ou est sensiblement en hausse ;

g) l'activité sur le marché pour les nouvelles émissions (le marché primaire) concernant l'actif ou le passif (ou des actifs ou passifs similaires) est sensiblement en baisse, ou ce marché est inexistant ;

h) il y a peu d'information publiée (comme dans le cas de transactions conclues sur un marché sans intermédiaire).

B38 Si l'entité conclut que le volume ou le niveau d'activité pour l'actif ou le passif a subi une baisse sensible par rapport à l'activité normale observée sur le marché pour l'actif ou le passif (ou pour des actifs ou des passifs similaires), elle doit mener une analyse plus poussée des transactions ou des prix cotés. Une baisse du volume ou du niveau d'activité n'indique pas nécessairement que le prix d'une transaction ou le prix coté ne représente pas la juste valeur ou qu'une transaction réalisée sur ce marché n'est pas une transaction normale. Cependant, dans le cas où l'entité détermine qu'une transaction ou un prix coté ne représente pas la juste valeur (par exemple, certaines transactions peuvent ne pas être des transactions normales), il sera nécessaire d'ajuster le prix de la transaction ou le prix coté si l'entité s'en sert pour évaluer la juste valeur et que l'ajustement peut être important pour l'évaluation de la juste valeur prise dans son ensemble. Des ajustements importants peuvent aussi être nécessaires dans d'autres circonstances (par exemple lorsque le prix d'un actif similaire nécessite un ajustement important pour être comparable à la valeur de l'actif évalué ou lorsque le prix est périmé).

B39 La présente norme ne prescrit pas de méthode pour apporter des ajustements importants au prix des transactions ou aux prix cotés. Les paragraphes 61 à 66 et B5 à B11 fournissent des explications sur l'utilisation de techniques d'évaluation pour déterminer la juste valeur. Quelle que soit la technique d'évaluation utilisée, l'entité doit apporter les ajustements appropriés au titre des risques, y compris une prime de risque reflétant le montant que les participants de marché exigeraient à titre de compensation pour l'incertitude inhérente aux flux de trésorerie liés à un actif ou un passif (voir paragraphe B17). À défaut, la mesure obtenue ne représente pas fidèlement la juste valeur. Dans certains cas, il peut être difficile de déterminer l'ajustement approprié au titre des risques. Cependant, le degré de difficulté ne constitue pas à lui seul une base suffisante pour ne pas apporter un ajustement au titre des risques. Cet ajustement doit refléter une transaction normale entre les participants de marché à la date d'évaluation dans les conditions actuelles du marché.

B40 Si le volume ou le niveau d'activité pour l'actif ou le passif a subi une baisse sensible, il peut être approprié de changer de technique d'évaluation ou d'en utiliser plusieurs (par exemple, utiliser une approche de marché et une technique d'actualisation). Lorsque l'entité procède à la pondération des indications de la juste valeur obtenues par l'application de plusieurs techniques d'évaluation, elle doit déterminer si l'intervalle des justes valeurs obtenues présente un caractère raisonnable. L'objectif est de déterminer le point à l'intérieur de l'intervalle qui reflète le mieux la juste valeur dans les conditions actuelles du marché. Un intervalle large peut indiquer qu'analyse plus poussée est requise.

B41 Même lorsque le volume ou le niveau d'activité pour l'actif ou le passif a subi une baisse sensible, l'objectif de l'évaluation de la juste valeur demeure le même. La juste valeur est le prix qui serait reçu pour la vente d'un actif ou payé pour le transfert d'un passif dans le cadre d'une transaction normale (c'est-à-dire qui n'est pas une liquidation involontaire ou une vente sur saisie) entre des participants de marché à la date d'évaluation dans les conditions actuelles du marché.

B42 Lorsque le volume ou le niveau d'activité pour l'actif ou le passif a subi une baisse sensible, l'estimation du prix auquel les participants de marché consentiraient à conclure une transaction à la date d'évaluation dans les conditions actuelles du marché dépend des faits et circonstances et nécessite l'exercice du jugement. Le fait que l'entité ait l'intention de conserver l'actif ou de régler le passif ou s'en acquitter de quelque autre façon n'entre pas en ligne de compte dans l'évaluation de la juste valeur, parce que celle-ci est une mesure fondée sur le marché et non une mesure spécifique à l'entité.

Identification des transactions qui ne sont pas des transactions normales

B43 Il est plus difficile de déterminer si une transaction est une transaction normale (ou si elle ne l'est pas) lorsque le volume ou le niveau d'activité pour l'actif ou le passif a subi une baisse sensible par rapport à l'activité normale observée sur le marché pour l'actif ou le passif (ou pour des actifs ou des passifs similaires). Dans de telles circonstances, il n'est pas approprié de conclure que toutes les transactions réalisées sur ce marché ne sont pas des transactions normales (autrement dit, qu'il s'agit de liquidations involontaires ou de ventes sur saisie). Des circonstances susceptibles d'indiquer qu'une transaction n'est pas une transaction normale peuvent notamment être :

a) la durée d'exposition de l'actif ou du passif sur le marché a été inappropriée pour permettre les activités de commercialisation ordinaires pour les transactions sur de tels actifs ou passifs dans les conditions actuelles du marché ;

b) la période de commercialisation a été d'une durée ordinaire, mais le vendeur a fait la promotion de l'actif ou du passif auprès d'un seul participant de marché ;

c) le vendeur est, ou est quasiment, en situation de faillite ou en cessation de paiements ;

d) le vendeur a été obligé de vendre pour satisfaire à des dispositions légales ou réglementaires (autrement dit, il a été forcé de vendre) ;

e) le prix de la transaction est aberrant comparativement aux prix des transactions récentes sur un actif ou un passif qui est identique ou similaire.

L'entité doit évaluer les circonstances pour déterminer si, à la lumière des éléments probants disponibles, la transaction est une transaction normale.

B44 L'entité doit tenir compte de tous les éléments ci-dessous lorsqu'elle détermine la juste valeur ou qu'elle estime les primes de risque de marché :

a) si les éléments probants indiquent que la transaction n'est pas une transaction normale, l'entité ne doit accorder que peu de poids, voire pas du tout, au prix de cette transaction (comparativement à d'autres indications de la juste valeur) ;

b) si les éléments probants indiquent que la transaction est une transaction normale, l'entité doit tenir compte du prix de la transaction. Le poids accordé au prix de la transaction comparativement à d'autres indications de la juste valeur dépend des faits et des circonstances, et notamment :

i) du volume de la transaction,
ii) de sa comparabilité par rapport à l'actif ou au passif à évaluer,
iii) de sa proximité par rapport à la date d'évaluation ;

c) si l'entité n'a pas suffisamment d'information pour déterminer si une transaction est une transaction normale, elle tient compte du prix de la transaction. Il se peut toutefois que ce prix ne représente pas la juste valeur (c'est-à-dire qu'il ne constitue pas nécessairement la seule ou la principale base pour déterminer la juste valeur ou estimer les primes de risque de marché). Lorsque l'entité n'a pas suffisamment d'information pour déterminer si certaines transactions sont des transactions normales, elle doit leur accorder moins de poids qu'à d'autres dont il a été établi qu'elles sont des transactions normales.

L'entité n'est pas tenue de mener des recherches exhaustives pour déterminer si une transaction est une transaction normale, mais elle ne doit pas faire abstraction de l'information raisonnablement disponible. Lorsqu'une entité est partie à une transaction, elle est présumée disposer d'informations suffisantes pour lui permettre de conclure que la transaction est une transaction normale ou non.

Utilisation de prix cotés fournis par des tiers

B45 La présente norme n'interdit pas d'utiliser des prix cotés fournis par des tiers, par exemple des services d'évaluation des prix ou des courtiers, si l'entité a déterminé que les prix cotés fournis par ces tiers sont établis conformément à la présente norme.

B46 Dans le cas où le volume ou le niveau d'activité pour l'actif ou le passif a subi une baisse sensible, l'entité doit évaluer si les prix cotés fournis par des tiers sont établis au moyen d'informations actuelles reflétant des transactions normales ou au moyen d'une technique d'évaluation reflétant les hypothèses des participants de marché (y compris les hypothèses sur les risques). Lorsqu'elle détermine le poids d'un prix coté en tant que donnée d'une évaluation de la juste valeur, l'entité accorde moins de poids aux cours qui ne reflètent pas le résultat de transactions (comparativement à d'autres indications de la juste valeur qui reflètent le résultat de transactions).

B47 En outre, la nature d'un cours (par exemple, le fait qu'il s'agit d'un prix indicatif ou d'une offre ferme) doit être prise en considération lors de la pondération des indications disponibles, un plus grand poids étant accordé aux cours fournis par des tiers qui représentent des offres fermes.

Appendice C – Date d'entrée en vigueur et dispositions transitoires

Le présent appendice fait partie intégrante de la présente norme et fait autorité au même titre que les autres parties de la norme.

C1 L'entité doit appliquer la présente norme pour les exercices ouverts à compter du 1er janvier 2013. Une application anticipée est autorisée. Si l'entité applique la présente norme à une période ouverte avant cette date, elle doit l'indiquer.

C2 La présente norme doit être appliquée prospectivement à compter de l'ouverture de l'exercice au cours duquel elle est appliquée pour la première fois.

C3 Les obligations d'information de la présente norme s'appliquent de manière facultative aux informations comparatives fournies pour les périodes antérieures à la première application de cette norme.

C4 La publication des *Améliorations annuelles – Cycle 2011-2013*, en décembre 2013, a donné lieu à la modification du paragraphe 52. L'entité doit appliquer cette modification pour les exercices ouverts à compter du 1er juillet 2014. Elle doit l'appliquer à titre prospectif à compter du début de l'exercice au cours duquel elle a appliqué IFRS 13 pour la première fois. Une application anticipée est autorisée. Si l'entité applique la modification à une période antérieure, elle doit l'indiquer.

C5 La publication d'IFRS 9, en juillet 2014, a donné lieu à la modification du paragraphe 52. Une entité qui applique IFRS 9 doit appliquer cette modification.

C6 La publication d'IFRS 16 *Contrats de location*, en janvier 2016, a donné lieu à la modification du paragraphe 6. Une entité qui applique IFRS 16 doit appliquer cette modification.

IFRS 15

Produits des activités ordinaires tirés de contrats conclus avec des clients

[règlt UE 2023/1803]

Objectif

1 L'objectif de la présente norme est d'établir les principes que l'entité doit appliquer pour présenter des informations utiles aux utilisateurs d'états financiers concernant la nature, le montant, le calendrier et le degré d'incertitude des produits d'activités ordinaires et des flux de trésorerie provenant d'un contrat conclu avec un client.

PRINCIPES GÉNÉRAUX

2 Pour satisfaire à l'objectif énoncé au paragraphe 1, la présente norme pose comme principe fondamental que l'entité doit comptabiliser les produits d'activités ordinaires de manière à rendre compte de la fourniture des biens ou services promis aux clients dans une mesure qui reflète la contrepartie à laquelle l'entité s'attend à avoir droit en échange de ces biens ou services.

3 L'entité doit tenir compte des conditions du contrat et de tous les faits et circonstances pertinents lorsqu'elle applique la présente norme. L'entité doit appliquer la présente norme, y compris les mesures de simplification dont elle se prévaut, le cas échéant, de façon uniforme à tous les contrats présentant des caractéristiques similaires et conclus dans des circonstances similaires.

4 La présente norme précise le traitement comptable applicable à un contrat individuel conclu avec un client. Par mesure de simplification, l'entité peut toutefois appliquer la présente norme à un portefeuille de contrats (ou *obligations de prestation*) présentant des caractéristiques similaires, si elle peut raisonnablement s'attendre à ce que les effets sur les états financiers de l'application de la présente norme à ce portefeuille ne diffèrent pas de manière significative des effets que produirait l'application de la présente norme à chacun des contrats (ou à chacune des obligations de prestation) composant ce portefeuille. Lorsqu'elle comptabilise un portefeuille, l'entité doit utiliser des estimations et des hypothèses qui reflètent la taille et la composition du portefeuille.

Champ d'application

5 Une entité doit appliquer la présente norme à tous les contrats conclus avec des clients, à l'exception de ce qui suit :

a) les contrats de location entrant dans le champ d'application d'IFRS 16 *Contrats de location* ;

b) les contrats d'assurance entrant dans le champ d'application d'IFRS 17 *Contrats d'assurance* ; l'entité peut toutefois choisir, conformément au paragraphe 8 d'IFRS 17, d'appliquer la présente norme aux contrats d'assurance dont le but premier est la prestation de services à tarif forfaitaire ;

c) les instruments financiers et autres droits ou obligations contractuels entrant dans le champ d'application d'IFRS 9 *Instruments financiers*, d'IFRS 10 *États financiers consolidés*, d'IFRS 11 *Partenariats*, d'IAS 27 *États financiers individuels* et d'IAS 28 *Participations dans des entreprises associées et des coentreprises* ; et

d) les échanges non monétaires effectués entre entités appartenant à la même branche d'activité afin de faciliter les ventes à des clients existants ou potentiels. Par exemple, la présente norme ne s'applique pas à un contrat conclu entre deux sociétés pétrolières qui conviennent d'échanger du pétrole afin de répondre en temps voulu aux besoins de leurs clients à plusieurs endroits précis.

6 Une entité n'applique la présente norme à un contrat (hormis ceux énumérés au paragraphe 5) que si l'autre partie à ce contrat est un client. Un client est une partie qui a conclu un contrat avec l'entité en vue d'obtenir, en échange d'une contrepartie, des biens ou des services issus des activités ordinaires de l'entité. L'autre partie au contrat n'est pas un client si, par exemple, elle a conclu un contrat avec l'entité en vue de participer à une activité ou à un processus dont les risques et les avantages sont partagés par les parties au contrat (comme dans le cas d'un accord de collaboration visant le développement d'un actif), et non en vue d'obtenir des biens ou des services issus des activités ordinaires de l'entité.

7 Un contrat conclu avec un client peut relever en partie de la présente norme et en partie d'autres normes énumérées au paragraphe 5.

a) Si les autres normes précisent les modalités de séparation et/ou d'évaluation initiale d'une ou plusieurs parties du contrat, l'entité doit d'abord appliquer les dispositions de ces normes en matière de séparation ou d'évaluation. Elle doit exclure du *prix de transaction* le montant de la ou des parties du contrat qui sont évaluées initialement selon d'autres normes, et appliquer les paragraphes 73 à 86 afin de répartir le montant restant du prix de transaction (le cas échéant) entre chacune des obligations de prestation relevant de la présente norme et toute autre partie du contrat visée par le paragraphe 7, point b).

b) Si les autres normes ne précisent pas les modalités de séparation et/ou d'évaluation initiale d'une ou plusieurs parties du contrat, l'entité doit alors appliquer la présente norme pour séparer et/ou évaluer initialement cette partie ou ces parties du contrat.

8 La présente norme précise le traitement comptable à appliquer aux coûts marginaux subis par l'entité pour l'obtention d'un contrat avec un client et aux coûts subis pour l'exécution de celui-ci, si ces coûts n'entrent pas dans le champ d'application d'une autre norme (voir paragraphes 91 à 104).

L'entité ne doit appliquer ces paragraphes qu'aux coûts subis en lien avec un contrat (ou une partie d'un contrat) conclu avec un client qui entre dans le champ d'application de la présente norme.

Comptabilisation

IDENTIFICATION DU CONTRAT

9 L'entité ne doit comptabiliser un contrat conclu avec un client qui entre dans le champ d'application de la présente norme que lorsque toutes les conditions suivantes sont remplies :

a) les parties au contrat ont approuvé le contrat (par écrit, verbalement ou conformément à d'autres pratiques commerciales habituelles) et se sont engagées à remplir leurs obligations respectives ;

b) l'entité peut identifier les droits de chaque partie en ce qui concerne les biens ou les services à fournir ;

c) l'entité peut identifier les modalités de paiement prévues pour les biens ou les services à fournir ;

d) le contrat a une substance commerciale (c'est-à-dire qu'on s'attend à ce qu'il modifie le calendrier ou le montant des flux de trésorerie futurs de l'entité ou le risque qui leur est associé) ; et

e) il est probable que l'entité percevra la contrepartie à laquelle elle aura droit en échange des biens ou des services qu'elle fournira au client. Pour évaluer s'il est probable qu'elle perçoive un montant de contrepartie, l'entité ne doit tenir compte que de la capacité et de l'intention du client de payer ce montant de contrepartie quand il sera exigible. Le montant de contrepartie auquel l'entité aura droit peut être inférieur au prix stipulé dans le contrat, si la contrepartie est variable du fait d'une concession sur le prix que l'entité peut accorder au client (voir paragraphe 52).

10 Un contrat est un accord entre deux parties ou plus qui crée des droits et des obligations exécutoires. Le caractère exécutoire des droits et des obligations créés par un contrat est affaire de droit. Un contrat peut être écrit ou verbal, ou découler implicitement des pratiques commerciales habituelles de l'entité. Les pratiques et procédures d'établissement de contrats avec les clients varient selon les lois applicables dans chaque pays, les secteurs d'activité et les entités. Elles peuvent aussi varier au sein d'une même entité (en fonction, par exemple, de la catégorie de clients ou de la nature des biens ou des services promis). L'entité doit tenir compte de ces pratiques et procédures pour déterminer si un accord conclu avec un client crée des droits et des obligations exécutoires et, si tel est le cas, à quel moment.

11 Il arrive que certains contrats conclus avec des clients n'aient pas de durée fixe et puissent être résiliés ou modifiés à tout moment par l'une ou l'autre des parties. D'autres contrats peuvent se renouveler automatiquement sur une base périodique stipulée dans le contrat. L'entité doit appliquer la présente norme pour la durée du contrat (c'est-à-dire la période contractuelle) pendant laquelle les parties au contrat ont des droits et des obligations actuels ayant force exécutoire.

12 Aux fins de l'application de la présente norme, il n'existe pas de contrat si chacune des parties a unilatéralement le droit exécutoire de mettre fin à un contrat totalement inexécuté sans indemniser la ou les autres parties. Un contrat est totalement inexécuté si les deux conditions ci-dessous sont remplies :

a) l'entité n'a encore fourni aucun des biens ou des services promis au client ; et

b) l'entité n'a pas encore reçu de contrepartie pour les biens ou les services promis et n'a pas encore droit à une contrepartie.

13 Si un contrat conclu avec un client remplit les conditions énoncées au paragraphe 9 au moment de sa passation, l'entité ne doit pas réévaluer le respect de ces conditions, sauf en cas d'indication d'un changement important dans les faits et circonstances. Par exemple, si la capacité du client à payer la contrepartie se détériore de façon importante, l'entité réévaluera la probabilité qu'elle perçoive la contrepartie à laquelle elle aura droit en échange des biens ou des services qu'il lui reste à fournir au client.

14 Si un contrat conclu avec un client ne remplit pas les conditions énoncées au paragraphe 9, l'entité doit continuer à évaluer le contrat afin de déterminer si celui-ci remplit ultérieurement les conditions énoncées au paragraphe 9.

15 Si un contrat conclu avec un client ne remplit pas les conditions énoncées au paragraphe 9 et que l'entité reçoit une contrepartie de la part du client, l'entité ne doit la comptabiliser en produits des activités ordinaires que dans l'une des situations suivantes :

a) l'entité n'a plus d'obligation de fournir des biens ou des services au client, et elle a reçu la totalité ou la quasi-totalité de la contrepartie promise par le client, laquelle est non remboursable ; ou

b) il y a eu résiliation du contrat, et la contrepartie reçue du client est non remboursable.

16 L'entité doit comptabiliser la contrepartie reçue du client comme un passif jusqu'à ce que l'une des situations énoncées au paragraphe 15 se produise ou jusqu'à ce que les conditions énoncées au paragraphe 9 soient ultérieurement remplies (voir paragraphe 14). En fonction des faits et circonstances se rapportant au contrat, le passif comptabilisé représente l'obligation de l'entité de fournir dans l'avenir des biens ou des services au client ou de rembourser la contrepartie reçue de lui. Dans un cas comme dans l'autre, le passif doit être évalué au montant de contrepartie reçu du client.

REGROUPEMENT DE CONTRATS

17 L'entité doit regrouper les contrats conclus en même temps ou presque en même temps avec le même client (ou avec des parties liées à celui-ci) et les comptabiliser comme un seul et même contrat, si au moins une des conditions ci-dessous est remplie :

a) les contrats sont négociés ensemble et visent un objectif commercial unique ;

b) le montant de contrepartie à payer en vertu d'un contrat dépend du prix ou de l'exécution de l'autre contrat ; ou

c) les biens ou services promis dans les contrats (ou certains des biens ou services promis dans chacun des contrats) constituent une seule et même obligation de prestation selon les paragraphes 22 à 30.

MODIFICATION DE CONTRAT

18 Une modification de contrat est un changement qui touche la portée et/ou le prix d'un contrat et qui est approuvé par les parties au contrat. Dans certains secteurs d'activité et dans certains pays, une modification de contrat peut être appelée commande de modification, variation ou amendement. Il y a modification de contrat lorsque les parties au contrat approuvent une modification qui crée de nouveaux droits et obligations exécutoires pour les parties au contrat, ou qui modifie les droits et obligations exécutoires existants des parties au contrat. L'approbation d'une modification de contrat peut se faire par écrit ou verbalement, ou découler implicitement des pratiques commerciales habituelles des parties. Si une modification de contrat n'est pas approuvée par les parties au contrat, l'entité doit continuer d'appliquer la présente norme au contrat existant jusqu'à ce que la modification soit approuvée.

19 Il peut y avoir modification de contrat même si les parties à un contrat sont en désaccord quant au changement touchant la portée et/ou le prix du contrat, ou même si elles ont approuvé un changement de portée du contrat sans avoir encore déterminé le changement correspondant à apporter au prix. Pour déterminer si les droits et obligations créés ou modifiés à la suite de la modification ont force exécutoire, l'entité doit tenir compte de tous les faits et circonstances pertinents, notamment des clauses du contrat et autres éléments probants. Si les parties au contrat ont approuvé un changement de portée du contrat sans avoir encore déterminé le changement correspondant à apporter au prix, l'entité doit estimer le changement à apporter au prix de transaction du fait de cette modification conformément aux paragraphes 50 à 54 sur l'estimation des contreparties variables et aux paragraphes 56 à 58 sur la limitation des estimations de contreparties variables.

20 L'entité doit comptabiliser une modification de contrat comme un contrat distinct si les deux conditions suivantes sont remplies :

a) la portée du contrat augmente du fait de l'ajout de biens ou de services promis qui sont distincts (selon les paragraphes 26 à 30) ; et

b) le prix du contrat augmente d'un montant de contrepartie qui reflète les prix de vente séparés de l'entité pour les biens ou services additionnels promis et tout ajustement approprié apporté à ces prix pour tenir compte des circonstances propres au contrat. L'entité peut, par exemple, ajuster le prix de vente séparé d'un bien ou d'un service supplémentaire pour tenir compte d'un rabais consenti au client parce qu'elle n'a pas à supporter les coûts de vente qu'il lui faudrait supporter pour vendre un bien ou un service similaire à un nouveau client.

21 Si une modification de contrat n'est pas comptabilisée comme un contrat distinct conformément au paragraphe 20, l'entité doit comptabiliser les biens ou les services promis non encore fournis à la date de la modification (c'est-à-dire les biens ou services promis restants) de l'une ou l'autre des manières suivantes :

a) L'entité comptabilise la modification de contrat comme s'il s'agissait d'une résiliation du contrat existant et de la création d'un nouveau contrat, si les biens ou services restants sont distincts des biens ou services qui ont été fournis jusqu'à la date de la modification du contrat. Le montant de contrepartie à affecter aux obligations de prestation qui restent à remplir [ou aux biens ou services distincts restants qui constituent une seule et même obligation de prestation identifiée selon le paragraphe 22, point b)] est la somme :

i) de la contrepartie promise par le client (y compris les montants déjà reçus de celui-ci) qui a été prise en compte dans l'estimation du prix de transaction et qui n'a pas été comptabilisée en produits des activités ordinaires ; et

ii) de la contrepartie promise qui correspond à la modification du contrat.

b) L'entité comptabilise la modification du contrat comme si celle-ci faisait partie du contrat existant, si les biens ou services restants ne sont pas distincts et font par conséquent partie d'une seule et même obligation de prestation, qui est partiellement remplie à la date de la modification du contrat. L'effet de la modification du contrat sur le prix de transaction et sur l'évaluation par l'entité du degré d'avancement vers l'exécution complète de l'obligation de prestation est comptabilisé comme un ajustement (une augmentation ou une diminution) des produits d'activités ordinaires à la date de la modification du contrat (c'est-à-dire que l'ajustement des produits des activités ordinaires est cumulatif).

c) Si les biens ou services restants combinent des caractéristiques décrites aux points a) et b) ci-dessus, l'entité comptabilise les effets de la modification sur les obligations de prestation non remplies (y compris celles qui sont partiellement remplies) prévues dans le contrat modifié d'une manière qui concorde avec les objectifs du présent paragraphe.

IDENTIFICATION DES OBLIGATIONS DE PRESTATION

22 À la passation d'un contrat avec un client, l'entité doit évaluer les biens ou services promis dans le contrat et identifier comme une obligation de prestation chaque promesse de fournir au client :

a) un bien ou un service (ou un groupe de biens ou services) distinct ; ou

b) une série de biens ou de services distincts qui sont essentiellement les mêmes et qui sont fournis au client au même rythme (voir paragraphe 23).

23 Une série de biens ou de services distincts est fournie au client au même rythme lorsque les deux conditions suivantes sont remplies :

a) chaque bien ou service distinct de la série que l'entité promet de fournir au client remplit les conditions énoncées au paragraphe 35 pour être considéré comme une obligation de prestation remplie progressivement ; et

b) conformément aux paragraphes 39 et 40, l'entité applique la même méthode pour évaluer le degré d'avancement vers l'exécution complète de l'obligation de prestation relative à la fourniture au client de chaque bien ou service de la série.

➡ Promesses contenues dans les contrats conclus avec des clients

24 Un contrat conclu avec un client énonce en général de manière explicite les biens ou services que l'entité promet de fournir au client. Cependant, les obligations de prestation contenues dans un contrat conclu avec un client peuvent ne pas se limiter aux biens ou services énoncés de manière explicite dans le contrat. En effet, un contrat conclu avec un client peut également comprendre des promesses découlant implicitement des pratiques commerciales habituelles, de la politique affichée ou de déclarations précises de l'entité si, au moment de la conclusion du contrat, ces promesses amènent le client à légitimement s'attendre à ce que l'entité lui fournisse un bien ou un service.

25 Les obligations de prestation ne comprennent pas les activités que l'entité doit mener pour exécuter un contrat, à moins qu'un bien ou un service ne soit fourni au client à travers ces activités. Par exemple, un prestataire de services peut devoir effectuer diverses tâches administratives pour établir un contrat. La réalisation de ces tâches n'entraîne pas la fourniture d'un service au client. Par conséquent, ces activités d'établissement de contrat ne constituent pas une obligation de prestation.

➡ Biens ou services distincts

26 Selon le contrat, les biens ou services promis peuvent comprendre, sans s'y limiter :

a) la vente de biens produits par une entité (par exemple, stocks d'un fabricant) ;

b) la revente de biens achetés par une entité (par exemple, marchandises d'un détaillant) ;

c) la revente de droits sur des biens ou des services acquis par une entité (par exemple, un billet revendu par une entité qui agit pour son propre compte, comme il est expliqué aux paragraphes B34 à B38) ;

d) l'exécution, pour un client, d'une ou de plusieurs tâches convenues contractuellement ;

e) la prestation d'un service consistant à se tenir prêt à fournir des biens ou des services (par exemple, des mises à jour de logiciels non définies qui sont fournies à mesure qu'elles sont disponibles) ou à mettre des biens ou des services à la disposition du client afin qu'il les utilise comme et quand il le décide ;

f) la prestation d'un service d'intermédiation en vue de la fourniture par un tiers de biens ou de services au client (par exemple, agir à titre de mandataire du tiers, comme il est expliqué aux paragraphes B34 à B38) ;

g) l'octroi de droits sur des biens ou des services qui seront fournis dans l'avenir et qu'un client peut revendre ou fournir à ses propres clients (par exemple, une entité qui vend un produit à un détaillant promet de fournir un bien ou un service additionnel à la personne qui achètera le produit auprès du détaillant) ;

h) la construction, la fabrication ou le développement d'un actif pour le compte d'un client ;

i) l'octroi de licences (voir paragraphes B52 à B63B) ; et

j) l'octroi d'options pour l'achat de biens ou de services supplémentaires (lorsque ces options procurent au client un droit significatif, comme il est expliqué aux paragraphes B39 à B43).

27 Un bien ou un service promis à un client est distinct dès lors que les deux conditions ci-dessous sont remplies :

a) le client peut tirer parti du bien ou du service pris isolément ou en le combinant avec d'autres ressources aisément disponibles (c'est-à-dire que le bien ou le service peut exister de façon distincte) ; et

b) la promesse de l'entité de fournir le bien ou le service au client peut être identifiée séparément des autres promesses contenues dans le contrat (c'est-à-dire que la promesse de fournir le bien ou service est exprimée distinctement dans le contrat).

28 Le client peut tirer parti d'un bien ou d'un service selon le paragraphe 27, point a) s'il peut l'utiliser, le consommer, le vendre pour un montant supérieur à sa valeur de rebut ou le détenir de quelque autre façon produisant des avantages économiques. Dans certains cas, le client peut tirer parti d'un bien ou d'un service pris isolément. Dans d'autres cas, le client peut ne pouvoir tirer parti d'un bien ou d'un service qu'en le combinant avec d'autres ressources aisément disponibles. Une ressource aisément disponible est un bien ou un service vendu séparément (par l'entité ou une autre entité) ou une ressource que le client a déjà obtenue auprès de l'entité (y compris un bien ou un service que l'entité aura déjà fourni au client conformément au contrat) ou dans le cadre d'autres opérations ou événements. Divers facteurs peuvent indiquer que le client peut tirer parti d'un bien ou d'un service pris isolément ou en le combinant avec d'autres ressources aisément disponibles. Le fait que l'entité vende régulièrement un bien ou un service séparément en est un exemple.

29 Pour apprécier si les promesses de l'entité de fournir des biens ou des services au client peuvent être identifiées séparément conformément au paragraphe 27, point b), il faut déterminer si la promesse de l'entité, dans le cadre du contrat, est par nature de fournir individuellement chacun de ces biens ou de ces services, ou de fournir un ou plusieurs ensembles d'éléments composés des biens ou services promis. Les facteurs indiquant qu'il n'est pas possible d'identifier séparément deux promesses ou plus de fournir des biens ou des services à un client comprennent, sans s'y limiter, les facteurs suivants :

a) l'entité réalise un important travail d'intégration des biens ou des services en question aux autres biens ou services du contrat pour en faire un groupe de biens ou de services constituant le ou les éléments faisant l'objet du contrat passé par le client. En d'autres termes, l'entité utilise les biens ou les services en question comme composants pour produire ou livrer le ou les éléments prévus au contrat, lesquels peuvent être constitués de plusieurs phases, éléments ou unités ;

b) un ou plusieurs des biens ou services en question modifient ou adaptent considérablement un ou plusieurs des autres biens ou services prévus au contrat ou encore se trouvent considérablement modifiés ou adaptés par un ou plusieurs de ceux-ci ;

c) les biens ou les services en question sont fortement interdépendants ou étroitement liés. En d'autres termes, un ou plusieurs des autres biens ou services prévus au contrat ont une incidence importante sur chacun des biens ou des services en question. Par exemple, dans certains cas, deux ou plusieurs biens ou services ont une incidence importante les uns sur les autres parce que l'entité ne serait pas en mesure de s'acquitter de sa promesse en fournissant chacun d'entre eux séparément.

30 Si un bien ou un service promis n'est pas distinct, l'entité doit le regrouper avec d'autres biens ou services promis jusqu'à ce qu'elle obtienne un groupe de biens ou de services distinct. Dans certains cas, cela peut amener l'entité à comptabiliser comme une seule et même obligation de prestation tous les biens ou services promis dans un contrat.

OBLIGATIONS DE PRESTATION REMPLIES

31 L'entité doit comptabiliser des produits des activités ordinaires lorsqu'elle a rempli (ou à mesure qu'elle remplit) une obligation de prestation en fournissant au client le bien ou service promis (c'est-à-dire en

transférant un actif). Un actif est transféré lorsque le client en a obtenu (ou à mesure qu'il en obtient) le contrôle.

32 Pour chaque obligation de prestation identifiée selon les paragraphes 22 à 30, l'entité doit déterminer au moment de la passation du contrat si elle remplira l'obligation de prestation progressivement (selon les paragraphes 35 à 37) ou à un moment précis (selon le paragraphe 38). Si l'entité ne remplit pas l'obligation de prestation progressivement, c'est qu'elle la remplit à un moment précis.

33 Les biens et les services sont des actifs, même si ce n'est que momentanément, lorsqu'ils sont reçus et utilisés (comme c'est le cas de nombreux services). Par contrôle d'un actif, on entend la capacité de décider de l'utilisation de celui-ci et d'en tirer la quasi-totalité des avantages restants. Le contrôle comprend la capacité d'empêcher d'autres entités de décider de l'utilisation de l'actif et d'obtenir les avantages y afférents. Les avantages afférents à un actif sont les flux de trésorerie potentiels (entrées ou économies de sorties) qui peuvent être obtenus directement ou indirectement de multiples façons, dont les suivantes :

a) utilisation de l'actif pour produire des biens ou assurer la prestation de services (y compris de services publics) ;

b) utilisation de l'actif pour accroître la valeur d'autres actifs ;

c) utilisation de l'actif pour régler des passifs ou diminuer des charges ;

d) vente ou échange de l'actif ;

e) utilisation de l'actif pour garantir un emprunt ; et

f) conservation de l'actif.

34 Lorsque l'entité évalue si un client obtient le contrôle d'un actif, elle doit tenir compte de tout accord prévoyant le rachat de l'actif (voir paragraphes B64 à B76).

Obligations de prestation remplies progressivement

35 L'entité transfère le contrôle d'un bien ou d'un service progressivement et, de ce fait, remplit une obligation de prestation et comptabilise des produits d'activités ordinaires progressivement, si au moins une des conditions suivantes est remplie :

a) le client reçoit et consomme simultanément les avantages procurés par la prestation de l'entité au fur et à mesure que celle-ci a lieu (voir paragraphes B3 et B4) ;

b) la prestation de l'entité crée ou valorise un actif (par exemple dans le cas de travaux en cours) dont le client obtient le contrôle au fur et à mesure de sa création ou de sa valorisation (voir paragraphe B5) ; ou

c) la prestation de l'entité ne crée pas un actif que l'entité pourrait utiliser autrement (voir paragraphe 36), et l'entité a un droit exécutoire à un paiement au titre de la prestation effectuée jusqu'à la date considérée (voir paragraphe 37).

36 L'entité ne peut utiliser autrement l'actif créé par sa prestation si des limitations contractuelles l'empêchent de réassigner facilement l'actif à une autre utilisation pendant sa création ou sa valorisation, ou si des limitations pratiques l'empêchent de le réassigner facilement, dans sa forme définitive, vers une autre utilisation. C'est à la passation du contrat que l'entité apprécie si elle peut utiliser autrement un actif. L'entité ne doit pas modifier cette appréciation par la suite, sauf si les parties au contrat approuvent une modification de contrat qui change de manière significative l'obligation de prestation. Les paragraphes B6 à B8 fournissent des indications pour apprécier si un actif peut être utilisé autrement par l'entité.

37 L'entité doit tenir compte des conditions du contrat, ainsi que des dispositions législatives qui s'appliquent à celui-ci, lorsqu'elle apprécie si elle a un droit exécutoire à un paiement au titre de la prestation effectuée jusqu'à la date considérée conformément au paragraphe 35 c). Il n'est pas nécessaire que le droit à un paiement au titre de la prestation effectuée jusqu'à cette date corresponde à un montant prédéterminé. Cependant, à tout moment pendant toute la durée du contrat, l'entité doit avoir droit à un montant qui permet de la rémunérer au moins pour la prestation effectuée jusqu'à la résiliation du contrat, si celui-ci est résilié par le client ou un tiers pour des raisons autres que la non-exécution de la prestation attendue. Les paragraphes B9 à B13 fournissent des indications pour apprécier si un droit à un paiement existe, s'il a un caractère exécutoire, et s'il donne droit à l'entité d'être payée pour la prestation effectuée jusqu'à la date considérée.

➡ Obligations de prestation remplies à un moment précis

38 Si une obligation de prestation n'est pas remplie progressivement selon les paragraphes 35 à 37, c'est que l'entité la remplit à un moment précis. Pour déterminer le moment précis où le client obtient le contrôle d'un actif promis et où l'entité remplit de ce fait une obligation de prestation, l'entité doit tenir compte des critères de contrôle énumérés aux paragraphes 31 à 34. De plus, elle doit prendre en compte les éléments indicatifs d'un transfert de contrôle, qui comprennent notamment les indicateurs suivants :

a) L'entité a un droit actuel à un paiement au titre de l'actif. Si le client est actuellement tenu de payer l'actif, cela peut indiquer qu'il a obtenu en échange la capacité de décider de l'utilisation de l'actif et d'en tirer la quasi-totalité des avantages restants.

b) Le client a le titre de propriété de l'actif. Le titre de propriété peut indiquer quelle partie au contrat a la capacité de décider de l'utilisation de l'actif et d'en obtenir la quasi-totalité des avantages restants, ou de restreindre l'accès d'autres entités à ces avantages. Le transfert du titre de propriété d'un actif peut donc indiquer que le client a obtenu le contrôle de l'actif. Si l'entité conserve le titre de propriété à seule fin de se protéger contre un défaut de paiement de la part du client, les droits ainsi conservés n'empêchent pas le client d'obtenir le contrôle de l'actif en cause.

c) L'entité a transféré la possession matérielle de l'actif. Le fait que le client a la possession matérielle de l'actif peut indiquer qu'il a la capacité de décider de l'utilisation de celui-ci et d'en obtenir la quasi-totalité des avantages restants, ou de restreindre l'accès d'autres entités à ces avantages. Cependant, il se peut que la possession matérielle ne coïncide pas avec le contrôle d'un actif. Par exemple, dans le cadre de certains accords de rachat et de certains accords de consignation, il se peut qu'un client ou un consignataire ait la possession matérielle d'un actif dont l'entité a le contrôle. À l'inverse, dans le cadre de certaines ventes à livrer, il se peut que l'entité ait la possession matérielle d'un actif dont le client a le contrôle. Les paragraphes B64 à B76, B77 et B78, et B79 à B82 fournissent, respectivement, des indications sur la comptabilisation des accords de rachat, des accords de consignation et des ventes à livrer.

d) Le client supporte les principaux risques et recueille les principaux avantages inhérents à la propriété de l'actif. Le transfert au client des principaux risques et avantages inhérents à la propriété de l'actif peut indiquer que le client a obtenu la capacité de décider de l'utilisation de l'actif et d'en obtenir la quasi-totalité des avantages restants. Toutefois, lorsqu'elle évalue les risques et avantages inhérents à la propriété de l'actif promis, l'entité ne doit pas tenir compte des risques susceptibles de donner naissance à une obligation de prestation distincte, s'ajoutant à l'obligation de transférer l'actif. Par exemple, l'entité peut avoir transféré le contrôle de l'actif à un client sans avoir encore rempli une obligation de prestation additionnelle consistant à fournir des services de maintenance relatifs à l'actif transféré.

e) Le client a accepté l'actif. L'acceptation d'un actif par le client peut indiquer que ce dernier a obtenu la capacité de décider de l'utilisation de l'actif et d'en obtenir la quasi-totalité des avantages restants. Pour évaluer l'effet d'une clause contractuelle d'acceptation par le client sur la détermination du moment où le contrôle d'un actif est transféré, l'entité doit tenir compte des indications fournies dans les paragraphes B83 à B86.

➡ Évaluation du degré d'avancement vers l'exécution complète d'une obligation de prestation

39 Pour chaque obligation de prestation remplie progressivement selon les paragraphes 35 à 37, l'entité doit comptabiliser les produits des activités ordinaires progressivement, en évaluant son degré d'avancement vers l'exécution complète de cette obligation. L'évaluation du degré d'avancement a pour objectif de refléter la progression du transfert par l'entité du contrôle des biens ou des services promis au client (c'est-à-dire la mesure dans laquelle l'obligation de prestation est remplie).

40 Pour chaque obligation de prestation remplie progressivement, l'entité doit appliquer une seule et même méthode d'évaluation du degré d'avancement, et l'appliquer de manière uniforme aux obligations de prestation similaires et dans des circonstances similaires. À la fin de chaque période de reporting, l'entité doit évaluer de nouveau ce degré d'avancement pour chaque obligation de prestation remplie progressivement.

Méthodes d'évaluation du degré d'avancement

41 Les méthodes appropriées pour évaluer le degré d'avancement sont fondées soit sur les jalons externes, soit sur les jalons internes. Les paragraphes B14 à B19 fournissent des indications sur l'utilisation de l'une ou l'autre méthode pour évaluer le degré d'avancement de l'entité vers l'exécution complète d'une obligation de prestation. Lorsqu'elle détermine la méthode appropriée pour évaluer le degré d'avancement, l'entité doit prendre en compte la nature du bien ou du service qu'elle a promis de fournir au client.

42 Lorsqu'elle applique une méthode pour évaluer le degré d'avancement, l'entité doit exclure de l'évaluation tous les biens et services dont elle ne transfère pas le contrôle au client. Inversement, elle doit y inclure tous les biens et services dont elle transfère le contrôle au client lorsqu'elle remplit son obligation de prestation.

43 Comme les circonstances changent au fil du temps, l'entité doit mettre à jour son évaluation du degré d'avancement afin de refléter les changements quant au résultat de l'obligation de prestation. Ces changements apportés par l'entité à son évaluation du degré d'avancement doivent être comptabilisés comme des changements d'estimation comptable selon IAS 8 *Méthodes comptables, changements d'estimations comptables et erreurs.*

Évaluation raisonnable du degré d'avancement

44 L'entité ne doit comptabiliser des produits d'activités ordinaires au titre d'une obligation de prestation remplie progressivement que si elle peut obtenir une évaluation raisonnable de son degré d'avancement vers l'exécution complète de cette obligation de prestation. L'entité ne peut obtenir d'évaluation raisonnable de ce degré d'avancement si elle ne dispose pas des informations fiables nécessaires à l'application d'une méthode appropriée d'évaluation.

45 Dans certaines circonstances (par exemple dans les premiers stades d'un contrat), il se peut que l'entité ne soit pas en mesure d'effectuer une évaluation raisonnable du résultat d'une obligation de prestation, mais qu'elle s'attende à recouvrer les coûts subis pour remplir celle-ci. L'entité ne doit alors constater de produits d'activités ordinaires qu'à hauteur des coûts subis, jusqu'à ce qu'elle puisse faire une évaluation raisonnable du résultat de l'obligation de prestation.

Évaluation

46 Lorsqu'elle a rempli (ou à mesure qu'elle remplit) une obligation de prestation, l'entité doit comptabiliser en produits d'activités ordinaires le montant du prix de transaction (dont sont exclues les estimations de la contrepartie variable qui font l'objet d'une limitation conformément aux paragraphes 56 à 58) affecté à cette obligation.

DÉTERMINATION DU PRIX DE TRANSACTION

47 Pour déterminer le prix de transaction, l'entité doit prendre en compte les conditions du contrat et ses pratiques commerciales habituelles. Le prix de transaction est le montant de contrepartie auquel l'entité s'attend à avoir droit en échange de la fourniture de biens ou de services promis à un client, à l'exclusion des sommes perçues pour le compte de tiers (par exemple les taxes de vente). La contrepartie promise dans un contrat conclu avec un client peut consister en des montants déterminés, des montants variables, ou les deux.

48 La nature, le calendrier et le montant de la contrepartie promise par le client ont une incidence sur l'estimation du prix de transaction. Lorsqu'elle détermine le prix de transaction, l'entité tient compte de l'effet de tous les éléments suivants :

a) contrepartie variable (voir paragraphes 50 à 55 et 59) ;

b) limitation des estimations de contrepartie variable (voir paragraphes 56 à 58) ;

c) existence d'une composante financement importante dans le contrat (voir paragraphes 60 à 65) ;

d) contrepartie autre qu'en numéraire (voir paragraphes 66 à 69) ; et

e) contrepartie payable au client (voir paragraphes 70 à 72).

49 Aux fins de la détermination du prix de transaction, l'entité doit supposer que les biens ou les services seront fournis au client comme promis conformément au contrat existant et que le contrat ne sera pas résilié, renouvelé ou modifié.

➡ Contrepartie variable

50 Si la contrepartie promise dans le contrat comprend un montant variable, l'entité doit estimer le montant de contrepartie auquel elle aura droit en échange de la fourniture des biens ou des services promis au client.

51 Le montant de contrepartie peut varier en raison de rabais, de remises, de remboursements, d'avoirs (notes de crédit), de concessions sur le prix, d'incitations, de primes de performance, de pénalités ou d'autres éléments similaires. La contrepartie promise peut également varier si le droit de l'entité à la contrepartie dépend de la réalisation ou de la non-réalisation d'un événement futur. Par exemple, le montant de contrepartie est variable dans le cas où un produit est vendu avec un droit de retour ou dans le cas où un montant déterminé (prime de performance) est lié à l'atteinte d'une étape déterminée.

52 Le caractère variable de la contrepartie promise par un client peut être clairement stipulé dans le contrat. Outre les stipulations du contrat, la contrepartie promise est variable lorsque l'une ou l'autre des conditions suivantes est remplie :

a) les pratiques commerciales habituelles, la politique affichée ou des déclarations précises de l'entité amènent le client à légitimement s'attendre à ce que l'entité accepte un montant de contrepartie inférieur au montant stipulé dans le contrat. En d'autres termes, le client s'attend à ce que l'entité lui accorde une remise sur le prix. Selon le pays, le secteur d'activité ou le client, cette remise sur le prix peut s'appeler rabais, remise, remboursement ou avoir (note de crédit) ;

b) d'autres faits et circonstances indiquent que l'entité a l'intention, lorsqu'elle conclut le contrat avec le client, de lui accorder une concession sur le prix.

53 Pour estimer le montant de contrepartie variable, l'entité doit utiliser celle des deux méthodes ci-dessous qui devrait, selon elle, estimer le plus exactement possible le montant de contrepartie auquel elle aura droit.

a) La méthode de la valeur attendue. La valeur attendue est la somme des divers montants de contrepartie possibles, pondérés par leur probabilité d'occurrence. Elle peut constituer une estimation appropriée du montant de contrepartie variable si l'entité a conclu un grand nombre de contrats présentant des caractéristiques similaires.

b) La méthode du montant le plus probable. Le montant le plus probable est celui dont la probabilité d'occurrence est la plus élevée parmi les montants de contrepartie possibles (autrement dit, le résultat le plus probable du contrat). Il peut constituer une estimation appropriée du montant de contrepartie variable si le contrat n'a que deux résultats possibles (par exemple, l'entité obtient une prime de performance ou ne l'obtient pas).

54 Lorsqu'elle estime l'incidence d'une incertitude sur le montant de contrepartie variable auquel elle aura droit, l'entité doit appliquer la même méthode de façon systématique pendant toute la durée du contrat. De plus, elle doit tenir compte de toute l'information (historique, actuelle et prévisionnelle) raisonnablement disponible et déterminer un nombre raisonnable de montants de contrepartie possibles. L'information que l'entité utilise pour estimer le montant de contrepartie variable est habituellement semblable à celle que l'équipe de direction de l'entité utilise pour préparer ses réponses aux appels d'offres et pour déterminer les prix des biens ou des services promis.

Passif au titre d'un remboursement futur

55 Si l'entité reçoit une contrepartie de la part d'un client et s'attend à devoir la lui rembourser en tout ou en partie, elle doit comptabiliser un passif au titre d'un remboursement futur. Ce passif est évalué au montant de contrepartie reçu (ou à recevoir) auquel l'entité ne s'attend pas à avoir droit (c'est-à-dire aux montants non compris dans le prix de transaction). Le passif au titre du remboursement futur (ainsi que la modification correspondante du prix de transaction et, par conséquent, du *passif sur contrat*) doit être mis à jour à la fin de chaque période de reporting pour tenir compte des changements de circonstances. Pour comptabiliser un passif au titre d'un remboursement futur, dans le cas d'une vente avec droit de retour, l'entité doit appliquer les indications fournies dans les paragraphes B20 à B27.

Limitation des estimations de la contrepartie variable

56 L'entité ne doit inclure dans le prix de transaction tout ou partie du montant de contrepartie variable estimé conformément au paragraphe 53 que dans la seule mesure où il est hautement probable que la levée ultérieure de l'incertitude relative à la contrepartie variable ne donnera pas lieu à un ajustement à la baisse important du montant cumulatif des produits d'activités ordinaires comptabilisé.

57 Lorsqu'elle apprécie s'il est hautement probable que la levée ultérieure de l'incertitude relative à la contrepartie variable ne donnera pas lieu à un ajustement à la baisse important du montant cumulatif des produits d'activités ordinaires comptabilisé, l'entité doit tenir compte à la fois de la probabilité et de l'ampleur de l'ajustement à la baisse des produits d'activités ordinaires. Les facteurs pouvant augmenter la probabilité ou l'ampleur d'un ajustement à la baisse des produits d'activités ordinaires comprennent notamment les cas suivants :

a) le montant de contrepartie est très sensible à des facteurs qui échappent à l'influence de l'entité, tels que la volatilité d'un marché, le jugement ou les actions de tiers, les conditions climatiques et un risque élevé d'obsolescence du bien ou du service promis.

b) on ne s'attend pas à ce que l'incertitude relative au montant de contrepartie soit levée avant longtemps ;

c) l'entité ne dispose que d'une expérience limitée (ou que d'autres indications limitées) sur des contrats de types similaires, ou la valeur prédictive de cette expérience (ou de ces autres indications) est limitée ;

d) l'entité a pour pratique d'offrir un large éventail de concessions sur le prix, ou de modifier les modalités de paiement de contrats similaires dans des circonstances similaires ;

e) le nombre de montants de contrepartie possibles selon le contrat est élevé et la fourchette est large.

58 L'entité doit appliquer le paragraphe B63 pour comptabiliser une contrepartie prenant la forme de redevances attendues en échange de l'octroi de droits de propriété intellectuelle, qui sont basées sur le montant des ventes ou sur l'utilisation.

Réévaluation de la contrepartie variable

59 À la fin de chaque période de reporting, l'entité doit mettre à jour le prix de transaction estimé (et donc son appréciation quant à savoir si une limitation s'applique à l'estimation d'une contrepartie variable), afin de présenter une image fidèle des circonstances existant à la fin de la période et des changements de circonstances survenus au cours de la période. L'entité doit comptabiliser les modifications du prix de transaction conformément aux paragraphes 87 à 90.

➡ Existence d'une composante financement importante dans le contrat

60 Lorsqu'elle détermine le prix de transaction, l'entité doit ajuster le montant de contrepartie promis pour tenir compte des effets de la valeur temps de l'argent, si le calendrier des paiements convenu par les parties au contrat (de manière explicite ou implicite) procure au client ou à l'entité un avantage important sur le plan du financement de la fourniture des biens ou des services au client. En pareil cas, le contrat comporte une composante financement importante. Un contrat peut comporter une composante financement importante, que la promesse de financement soit explicitement stipulée dans le contrat ou qu'elle soit sous-entendue dans les modalités de paiement convenues par les parties au contrat.

61 Lorsque le montant de contrepartie promis est ajusté pour tenir compte d'une composante financement importante, l'objectif, pour l'entité, est de comptabiliser les produits d'activités ordinaires pour un montant reflétant le prix qu'un client paierait au comptant pour ces biens ou ces services au moment où ils lui sont fournis (ou à mesure qu'ils le sont) (c'est-à-dire le prix de vente au comptant). Lorsqu'elle apprécie si un contrat comporte une composante financement et si cette dernière est importante par rapport au contrat, l'entité doit tenir compte de tous les faits et circonstances pertinents, et notamment des deux paramètres suivants :

a) la différence, le cas échéant, entre le montant de contrepartie promis et le prix de vente au comptant des biens ou des services promis ; et

b) l'effet combiné des deux éléments suivants :
   i) l'intervalle prévu entre le moment où l'entité fournit les biens ou services promis au client et le moment où ce dernier les paie ; et
   ii) les taux d'intérêt sur le marché concerné.

62 Nonobstant l'appréciation portée conformément au paragraphe 61, un contrat conclu avec un client ne comporte pas de composante financement importante si l'un des facteurs suivants existe :

a) le client a payé d'avance les biens ou les services et le calendrier de la fourniture de ces biens ou services est à la discrétion du client ;

b) une part substantielle de la contrepartie promise par le client est variable, et le montant ou le calendrier de cette contrepartie varie en fonction de la survenance ou non d'un événement futur qui échappe en grande partie au contrôle du client ou de l'entité (par exemple, lorsque la contrepartie est une redevance basée sur les ventes) ;

c) la différence entre la contrepartie promise et le prix de vente au comptant du bien ou du service (comme il est expliqué au paragraphe 61) est due à une raison autre que l'octroi d'un financement au client ou à l'entité, et la différence entre ces montants est proportionnelle à la raison de cette différence.

Par exemple, les modalités de paiement peuvent garantir une protection à l'entité ou au client lorsque l'autre partie ne remplit pas adéquatement tout ou partie de ses obligations prévues au contrat.

63 Par mesure de simplification, l'entité n'est pas tenue d'ajuster le montant de contrepartie promis pour tenir compte des effets d'une composante financement importante si, au moment de la passation du contrat, elle s'attend à ce que l'intervalle entre le moment où elle fournira un bien ou un service promis au client et le moment où le client paiera ce bien ou ce service n'excède pas un an.

64 Pour atteindre l'objectif du paragraphe 61, lorsqu'elle ajuste le montant de contrepartie promis pour tenir compte d'une composante financement importante, l'entité doit utiliser le taux d'actualisation qui serait reflété dans une transaction de financement distincte entre elle et le client au moment de la passation du contrat. Ce taux tient compte des caractéristiques de crédit de la partie qui, aux termes du contrat, bénéficie du financement, ainsi que de toute sûreté réelle ou personnelle fournie par le client ou l'entité, y compris les actifs transférés dans le cadre du contrat. L'entité peut éventuellement déterminer ce taux en identifiant le taux d'actualisation qui permet de rendre le montant nominal de la contrepartie promise égal au prix que le client paierait au comptant pour les biens ou les services au moment où ils lui sont fournis (ou à mesure qu'ils le sont). Après la passation du contrat, l'entité ne doit pas mettre à jour le taux d'actualisation en fonction de l'évolution des taux d'intérêt ou d'autres changements de circonstances (tels qu'un changement dans l'appréciation du risque de crédit du client).

65 L'entité doit présenter dans l'état du résultat global l'effet du financement (produits d'intérêts ou charges d'intérêts) séparément des produits des activités ordinaires tirés de contrats conclus avec des clients. Les produits d'intérêts ou les charges d'intérêts ne sont comptabilisés que dans la mesure où un *actif sur contrat* (ou une créance) ou un passif sur contrat est constaté lors de la comptabilisation d'un contrat conclu avec un client.

➡ Contrepartie autre qu'en numéraire

66 Pour déterminer le prix de transaction dans le cas de contrats dans lesquels le client promet une contrepartie autre qu'en numéraire, l'entité doit évaluer à la juste valeur la contrepartie autre qu'en numéraire reçue (ou promise).

67 Si elle ne peut en estimer raisonnablement la juste valeur, l'entité doit évaluer la contrepartie autre qu'en numéraire indirectement, par référence au prix de vente séparé des biens ou des services promis au client (ou à la catégorie de clients) en échange de la contrepartie.

68 La juste valeur de la contrepartie autre qu'en numéraire peut varier en raison de la forme de la contrepartie (par exemple, le prix d'une action qu'une entité a le droit de recevoir d'un client peut fluctuer). Si la juste valeur de la contrepartie autre qu'en numéraire promise par un client varie pour des raisons autres que la seule forme de la contrepartie (par exemple, en fonction de la prestation de l'entité), l'entité doit appliquer les dispositions des paragraphes 56 à 58.

69 Si le client fait un apport de biens ou de services (par exemple de matières premières, d'équipement ou de main-d'œuvre) pour faciliter l'exécution du contrat par l'entité, cette dernière doit apprécier si elle obtient le contrôle des biens ou des services apportés. Dans l'affirmative, elle doit comptabiliser ces biens ou ces services comme une contrepartie autre qu'en numéraire reçue du client.

➡ Contrepartie payable au client

70 Les contreparties payables au client sont les sommes en numéraire que l'entité paie, ou s'attend à devoir payer, à celui-ci (ou à d'autres tiers qui se procurent les biens ou les services de l'entité auprès du client). Il peut également s'agir d'un avoir (note de crédit) ou d'autres éléments (par exemple, un coupon ou un bon) qui peuvent être portés en déduction des sommes dues à l'entité (ou à d'autres tiers qui se procurent les biens ou les services de l'entité auprès du client). L'entité doit comptabiliser une contrepartie payable au client comme une réduction du prix de transaction et, donc, comme une réduction des produits des activités ordinaires, à moins que le paiement ne soit effectué en échange d'un bien ou d'un service distinct (comme décrit aux paragraphes 26 à 30) que le client fournit à l'entité. Si la contrepartie payable au client comprend un montant variable, l'entité doit estimer le prix de transaction (y compris apprécier si une limitation s'applique à l'estimation de la contrepartie variable) conformément aux paragraphes 50 à 58.

71 Si la contrepartie payable au client est un paiement pour un bien ou un service distinct reçu du client, l'entité doit comptabiliser l'achat du bien ou du service de la même façon que ses autres achats auprès de ses fournisseurs. Si le montant de la contrepartie payable au client excède la juste valeur du bien ou du service distinct que l'entité reçoit de celui-ci, l'entité doit comptabiliser l'excédent comme une réduction du prix de transaction. Si l'entité ne peut raisonnablement estimer la juste valeur du bien ou du service reçu du client, elle doit comptabiliser la totalité de la contrepartie payable au client comme une réduction du prix de transaction.

72 En conséquence, si la contrepartie payable au client est comptabilisée comme une réduction du prix de transaction, l'entité doit comptabiliser la réduction des produits des activités ordinaires lorsque (ou à mesure que) survient le plus tardif des deux événements ci-dessous :

a) l'entité comptabilise les produits des activités ordinaires au titre de la fourniture des biens ou des services correspondants au client ; et

b) l'entité paie ou promet de payer la contrepartie (même si le paiement dépend d'un événement futur). Cette promesse peut découler implicitement des pratiques commerciales habituelles de l'entité.

RÉPARTITION DU PRIX DE TRANSACTION ENTRE LES OBLIGATIONS DE PRESTATION

73 La répartition du prix de transaction a pour objectif d'affecter à chaque obligation de prestation distincte (ou bien ou service distinct) un montant qui reflète le montant de contrepartie auquel l'entité s'attend à avoir droit en échange de la fourniture des biens ou des services promis au client.

74 Pour atteindre l'objectif de répartition, l'entité doit répartir le prix de transaction entre chacune des obligations de prestation identifiées dans le contrat en proportion des prix de vente séparés, conformément aux paragraphes 76 à 80, sauf dans les cas précisés aux paragraphes 81 à 83 (répartition d'une remise) et aux paragraphes 84 à 86 (répartition d'une contrepartie comprenant des montants variables).

75 Les paragraphes 76 à 86 ne s'appliquent pas si le contrat ne prévoit qu'une seule obligation de prestation. Cependant, les paragraphes 84 à 86 peuvent s'appliquer si l'entité promet de fournir une série de biens ou de services distincts identifiée comme une seule et même obligation de prestation selon le paragraphe 22, point b) et que la contrepartie promise comprend des montants variables.

Répartition sur la base des prix de vente séparés

76 Pour répartir le prix de transaction entre chacune des obligations de prestation sur la base des prix de vente séparés, l'entité doit déterminer le prix de vente séparé, au moment de la passation du contrat, du bien ou du service distinct sous-jacent à chacune des obligations de prestation prévues au contrat et répartir le prix de transaction en proportion de ces prix de vente séparés.

77 Le prix de vente séparé est le prix auquel une entité vendrait séparément un bien ou un service promis à un client. La meilleure indication du prix de vente séparé est le prix observable d'un bien ou d'un service lorsque l'entité vend ce bien ou ce service séparément dans des circonstances analogues et à des clients similaires. Le prix contractuel ou le prix de catalogue d'un bien ou d'un service peut être son prix de vente séparé (mais on ne doit pas présumer qu'il l'est).

78 Si le prix de vente séparé ne peut être observé directement, l'entité doit l'estimer à un montant qui permettra à la répartition du prix de transaction de satisfaire à l'objectif de répartition décrit au paragraphe 73. Pour estimer le prix de vente séparé, l'entité doit prendre en compte toute l'information raisonnablement disponible (y compris les conditions de marché, les facteurs qui lui sont propres et l'information relative au client ou à la catégorie de clients). Ce faisant, l'entité doit maximiser l'utilisation des données d'entrée observables et appliquer les méthodes d'estimation de façon uniforme dans des circonstances similaires.

79 Les méthodes d'estimation appropriées du prix de vente séparé d'un bien ou d'un service sont notamment les suivantes :

a) la méthode de l'évaluation du marché avec ajustement : l'entité évalue le marché sur lequel elle vend les biens ou les services et estime le prix qu'un client de ce marché serait disposé à payer pour ces biens ou ces services. Cette méthode peut aussi comporter une référence aux prix pratiqués par des concurrents pour des biens ou des services similaires avec, au besoin, un ajustement de ces prix pour refléter les coûts et les marges de l'entité ;

b) la méthode du coût attendu plus marge : l'entité détermine le coût qu'elle prévoit d'engager pour remplir l'obligation de prestation et y ajoute une marge appropriée sur le bien ou le service concerné ;

c) la méthode résiduelle : l'entité effectue l'estimation du prix de vente séparé à partir du prix total de la transaction, diminué de la somme des prix de vente séparés observables des autres biens ou services promis dans le contrat. Cependant, elle ne peut utiliser la méthode résiduelle pour estimer, conformément au paragraphe 78, le prix de vente séparé d'un bien ou d'un service que lorsque l'une des conditions suivantes est remplie :

i) l'entité vend le même bien ou service à différents clients (en même temps ou presque) pour des montants qui représentent une large fourchette (autrement dit, le prix de vente est très variable parce qu'il n'est pas possible de discerner un prix de vente séparé représentatif à partir de transactions passées ou d'autres éléments observables) ; ou

ii) l'entité n'a pas encore établi de prix pour le bien ou le service, qui n'a jamais été vendu séparément auparavant (c'est-à-dire que le prix de vente est incertain).

80 L'utilisation d'une combinaison de méthodes peut être nécessaire pour estimer les prix de vente séparés des biens ou services promis dans le contrat, si les prix de vente séparés d'au moins deux de ces biens ou services sont très variables ou incertains. Par exemple, l'entité peut utiliser la méthode résiduelle pour estimer le prix de vente séparé global de biens ou de services promis dont le prix de vente séparé est très variable ou incertain, puis utiliser une autre méthode pour estimer les prix de vente séparés des différents biens ou services composant le prix de vente séparé global déterminé par la méthode résiduelle. Lorsqu'une entité utilise une combinaison de méthodes pour estimer le prix de vente séparé de chaque bien ou service promis dans le contrat, elle doit évaluer si la répartition du prix de transaction en proportion de ces prix de vente séparés estimés est conforme à l'objectif de répartition décrit au paragraphe 73 et aux exigences relatives à l'estimation des prix de vente séparés définies au paragraphe 78.

➡ Répartition d'une remise

81 Le client obtient une remise pour l'achat d'un groupe de biens ou de services si la somme des prix de vente séparés de ces biens ou services promis dans le contrat excède la contrepartie promise dans le contrat. Sauf lorsque l'entité dispose d'éléments observables, conformément au paragraphe 82, qui lui indiquent que la totalité de la remise ne se rapporte qu'à une ou plusieurs obligations de prestation du contrat, mais pas à l'ensemble d'entre elles, l'entité doit répartir la remise de façon proportionnelle entre toutes les obligations de prestation prévues dans le contrat. La répartition proportionnelle de la remise dans ces circonstances est la conséquence de la répartition du prix de transaction entre chacune des obligations de prestation en proportion des prix de vente séparés des biens ou services distincts sous-jacents.

82 L'entité doit affecter la totalité d'une remise à une ou plusieurs obligations de prestation prévues dans le contrat, et non la répartir entre l'ensemble de celles-ci, si toutes les conditions ci-dessous sont remplies :

a) l'entité vend séparément de façon courante chaque bien ou service distinct (ou groupe de biens ou de services distincts) prévu dans le contrat ;

b) l'entité vend également séparément de façon courante un groupe (ou des groupes) de certains de ces biens ou services distincts en accordant une remise sur les prix de vente séparés des biens ou services de chaque groupe ; et

c) la remise liée à chaque groupe de biens ou de services décrite au paragraphe 82, point b) est essentiellement la même que la remise prévue dans le contrat, et l'analyse des biens ou des services de chaque groupe fournit des éléments observables indiquant l'obligation ou les obligations de prestation auxquelles se rapporte la totalité de la remise prévue dans le contrat.

83 Si la totalité de la remise est affectée à une ou plusieurs obligations de prestation prévues dans le contrat conformément au paragraphe 82, l'entité doit affecter la remise avant d'utiliser la méthode résiduelle pour estimer le prix de vente séparé d'un bien ou d'un service selon le paragraphe 79, point c).

➡ Répartition d'une contrepartie variable

84 Une contrepartie variable promise dans un contrat peut se rattacher à l'intégralité du contrat ou à une partie spécifique du contrat, telle que :

a) une ou plusieurs obligations de prestation prévues dans le contrat, mais pas l'ensemble d'entre elles (par exemple, le versement d'une prime peut être subordonné à la fourniture par l'entité d'un bien ou d'un service promis dans un délai donné) ; ou

b) un ou plusieurs biens ou services distincts, mais pas l'ensemble d'entre eux, promis dans le contrat au sein d'une série de biens ou de services distincts qui fait partie d'une seule et même obligation de prestation selon le paragraphe 22, point b) (par exemple, la contrepartie promise pour la deuxième année d'un contrat de service de nettoyage de deux ans augmentera en fonction de l'évolution d'un indice d'inflation donné).

85 L'entité doit affecter en totalité un montant variable (et ses variations ultérieures) à une obligation de prestation ou à un bien ou service distinct qui fait partie d'une seule et même obligation de prestation selon le paragraphe 22, point b) si les deux conditions suivantes sont remplies :

a) les modalités du paiement variable visent expressément les efforts déployés par l'entité pour remplir l'obligation de prestation ou pour fournir le bien ou le service distinct (ou un résultat spécifique de l'exécution de l'obligation de prestation ou de la fourniture du bien ou du service distinct) ; et

b) l'affectation de la totalité du montant variable de la contrepartie à l'obligation de prestation ou au bien ou service distinct est conforme à l'objectif de répartition énoncé au paragraphe 73, si l'on tient compte de l'ensemble des obligations de prestation et des modalités de paiement prévues au contrat.

86 Le montant restant du prix de transaction qui ne remplit pas les conditions énoncées au paragraphe 85 doit être affecté selon les dispositions des paragraphes 73 à 83 relatives à la répartition.

MODIFICATION DU PRIX DE TRANSACTION

87 Après la passation du contrat, il peut arriver que le prix de transaction change pour diverses raisons, comme le dénouement d'événements incertains ou d'autres changements de circonstances qui entraînent une modification du montant de contrepartie auquel l'entité s'attend à avoir droit en échange des biens ou des services promis.

88 L'entité doit répartir les modifications ultérieures du prix de transaction entre les obligations de prestation prévues au contrat selon la même base de répartition que lors de la passation du contrat. Elle ne doit donc pas répartir à nouveau le prix de transaction pour rendre compte de variations des prix de vente séparés après la passation du contrat. Les montants attribués à une obligation de prestation remplie doivent être comptabilisés en produits des activités ordinaires, ou en diminution des produits des activités ordinaires, dans la période au cours de laquelle le prix de transaction a changé.

89 L'entité doit affecter la totalité d'une modification du prix de transaction à une ou plusieurs obligations de prestation ou à un ou plusieurs biens ou services distincts promis dans le contrat au sein d'une série faisant partie d'une seule et même obligation de prestation, selon le paragraphe 22, point b), plutôt que de l'affecter à l'ensemble, uniquement si les conditions énoncées au paragraphe 85 relativement à l'affectation d'une contrepartie variable sont remplies.

90 L'entité doit comptabiliser une modification du prix de transaction résultant d'une modification du contrat conformément aux paragraphes 18 à 21. Toutefois, si la modification du prix de transaction a lieu après la modification du contrat, l'entité doit appliquer les paragraphes 87 à 89 pour affecter la modification du prix de transaction selon celle des manières décrites ci-dessous qui s'applique :

a) l'entité affecte la modification du prix de transaction aux obligations de prestation identifiées dans le contrat avant qu'il soit modifié si, et dans la mesure où, cette modification du prix de transaction est attribuable à un montant de contrepartie variable promis avant la modification du contrat et si cette dernière est comptabilisée conformément au paragraphe 21, point a) ;

b) dans tous les autres cas où la modification du contrat n'a pas été comptabilisée comme un contrat distinct selon le paragraphe 20, l'entité affecte la modification du prix de transaction aux obligations de prestation prévues par le contrat modifié (c'est-à-dire les obligations de prestation qui n'étaient pas remplies ou qui ne l'étaient que partiellement immédiatement après la modification du contrat).

Coûts du contrat

COÛTS MARGINAUX D'OBTENTION DU CONTRAT

91 L'entité doit comptabiliser en tant qu'actif les coûts marginaux d'obtention d'un contrat avec un client si elle s'attend à les recouvrer.

92 Les coûts marginaux d'obtention d'un contrat sont ceux que l'entité subit pour obtenir un contrat avec un client, et qu'elle n'aurait pas subis si elle n'avait pas obtenu le contrat (versement d'une commission de vente, par exemple).

93 Les coûts d'obtention d'un contrat qui auraient été subis que le contrat soit obtenu ou non doivent être comptabilisés en charges au moment où ils sont subis, à moins qu'ils ne soient explicitement facturables au client, que le contrat soit obtenu ou non.

94 Par mesure de simplification, l'entité peut comptabiliser les coûts marginaux d'obtention d'un contrat en charges au moment où ils sont subis, si la durée d'amortissement de l'actif correspondant n'excède pas un an.

COÛTS D'EXÉCUTION DU CONTRAT

95 Si les coûts subis pour l'exécution d'un contrat conclu avec un client n'entrent pas dans le champ d'application d'une autre norme (par exemple IAS 2 *Stocks*, IAS 16 *Immobilisations corporelles* ou IAS 38 *Immobilisations incorporelles*), l'entité ne doit comptabiliser un actif au titre des coûts subis pour l'exécution d'un contrat que si ces coûts remplissent toutes les conditions suivantes :

a) ils sont directement liés à un contrat ou à un contrat prévu que l'entité peut identifier spécifiquement (il peut s'agir par exemple des coûts engagés pour des services à fournir à la suite du renouvellement d'un contrat existant ou pour la conception d'un actif à transférer selon un contrat spécifique non encore approuvé) ;

b) ils procurent à l'entité des ressources nouvelles ou accrues qui lui serviront à remplir (ou à continuer à remplir) ses obligations de prestation dans l'avenir ; et

c) ils sont recouvrables.

96 Si les coûts subis pour l'exécution d'un contrat avec un client entrent dans le champ d'application d'une autre norme, l'entité doit les comptabiliser conformément à cette autre norme.

97 Les coûts directement liés à un contrat (ou à un contrat prévu spécifique) peuvent être les suivants :

a) les coûts de main-d'œuvre directe (par exemple les salaires des membres du personnel qui fournissent les services promis directement au client) ;

b) le coût des matières premières (par exemple les fournitures utilisées pour fournir les services promis au client) ;

c) les affectations de coûts directement liés au contrat ou aux activités contractuelles (par exemple les coûts de gestion et de supervision du contrat, les assurances et l'amortissement du matériel, de l'outillage et des actifs comptabilisés au titre du droit d'utilisation qui servent à exécuter le contrat) ;

d) les coûts explicitement facturables au client en vertu du contrat ; et

e) les autres coûts qui sont subis uniquement pour la réalisation du contrat (paiement de sous-traitants, par exemple).

98 L'entité doit comptabiliser les coûts ci-dessous en charges au moment où elle les subit :

a) les frais généraux et administratifs (sauf s'ils sont explicitement facturables au client en vertu du contrat, auquel cas l'entité doit les évaluer conformément au paragraphe 97) ;

b) les coûts des déchets de fabrication, de main-d'œuvre ou d'autres ressources ayant permis l'exécution du contrat qui n'étaient pas reflétés dans le prix du contrat ;

c) les coûts liés aux obligations de prestation remplies (en tout ou en partie) prévues au contrat (c'est-à-dire les coûts ayant trait aux prestations passées) ; et

d) les coûts pour lesquels l'entité ne peut distinguer s'ils sont liés à des obligations de prestation non remplies ou à des obligations de prestation remplies (ou à des obligations de prestation partiellement remplies).

AMORTISSEMENT ET DÉPRÉCIATION

99 Un actif comptabilisé en application du paragraphe 91 ou 95 doit être amorti sur une base systématique correspondant à la fourniture au client des biens ou services auxquels l'actif se rapporte. L'actif peut se rapporter à des biens ou des services à fournir selon un contrat prévu spécifique (comme décrit au paragraphe 95, point a)].

100 L'entité doit mettre à jour le plan d'amortissement pour prendre en compte tout changement important dans le calendrier prévu de fourniture au client des biens ou des services auxquels l'actif se rapporte. Un tel changement doit être comptabilisé comme un changement d'estimation comptable selon IAS 8.

101 L'entité doit comptabiliser une perte de valeur en résultat net dans la mesure où la valeur comptable d'un actif comptabilisé en application du paragraphe 91 ou 95 excède :

a) le montant restant de contrepartie que l'entité s'attend à recevoir en échange des biens ou services auxquels l'actif se rapporte, moins

b) les coûts directement liés à la fourniture de ces biens ou services et qui n'ont pas été comptabilisés en charges (voir paragraphe 97).

102 Pour déterminer, aux fins de l'application du paragraphe 101, le montant de contrepartie qu'elle s'attend à recevoir, l'entité doit appliquer les principes servant à déterminer le prix de transaction (à l'exception des dispositions des paragraphes 56 à 58 sur la limitation des estimations de contrepartie variable) et ajuster ce montant pour tenir compte des effets du risque de crédit du client.

103 Avant de comptabiliser une perte de valeur au titre d'un actif comptabilisé en application du paragraphe 91 ou 95, l'entité doit comptabiliser toute perte de valeur au titre d'actifs liés au contrat qui sont comptabilisés selon une autre norme (par exemple IAS 2, IAS 16 et IAS 38). La valeur comptable de l'actif comptabilisé en application du paragraphe 91 ou 95 obtenue après réalisation du test de dépréciation décrit au paragraphe 101 doit être intégrée à la valeur comptable de l'unité génératrice de trésorerie dont l'actif fait partie aux fins de l'application d'IAS 36 *Dépréciation d'actifs* à cette unité génératrice de trésorerie.

104 L'entité doit comptabiliser en résultat net la reprise de tout ou partie d'une perte de valeur comptabilisée antérieurement en application du paragraphe 101 lorsque les conditions à l'origine de la dépréciation n'existent plus ou se sont améliorées. La valeur comptable de l'actif ainsi augmentée ne doit pas être supérieure au montant qui aurait été déterminé (net de l'amortissement) si aucune perte de valeur n'avait été comptabilisée antérieurement.

Présentation

105 Lorsque l'une ou l'autre partie à un contrat s'est acquittée de ses obligations, l'entité doit présenter le contrat dans l'état de la situation financière comme un actif sur contrat ou un passif sur contrat, selon le rapport entre la prestation de l'entité et le paiement effectué par le client. L'entité doit présenter séparément comme une créance ses droits inconditionnels à une contrepartie, le cas échéant.

106 Si le client paie la contrepartie, ou si l'entité a un droit à un montant de contrepartie qui est inconditionnel (c'est-à-dire une créance), avant que l'entité ne fournisse un bien ou service au client, l'entité doit présenter le contrat comme un passif sur contrat au moment où le paiement est effectué ou au moment où le paiement est exigible (selon ce qui se produit en premier). Un passif sur contrat est une obligation de l'entité de fournir à un client des biens ou services pour lesquels elle a reçu une contrepartie de la part du client (ou pour lesquels un montant de contrepartie est exigible).

107 Si l'entité s'acquitte d'une obligation de fournir des biens ou des services au client avant que ce dernier ne paie une contrepartie ou avant que le paiement ne soit exigible, elle doit présenter le contrat comme un actif sur contrat, à l'exclusion des montants présentés comme des créances, le cas échéant. Un actif sur contrat est un droit de l'entité d'obtenir une contrepartie en échange de biens ou de services qu'elle a fournis à un client. L'entité doit soumettre un actif sur contrat à un test de dépréciation conformément à IFRS 9. La dépréciation d'un actif sur contrat doit être évaluée, présentée et communiquée de la même manière qu'un actif financier entrant dans le champ d'application d'IFRS 9 (voir également paragraphe 113, point b)].

108 Une créance est un droit inconditionnel de l'entité à une contrepartie. Le droit à une contrepartie est inconditionnel si l'écoulement du temps suffit à rendre le paiement de la contrepartie exigible. Par exemple, l'entité comptabilise une créance si elle a un droit actuel à un paiement, même si le montant peut faire l'objet d'un remboursement dans l'avenir. Les créances doivent être comptabilisées conformément à IFRS 9. Lors de la comptabilisation initiale d'une créance liée à un contrat conclu avec un client, toute différence entre la valeur de la créance selon IFRS 9 et le montant correspondant de produits d'activités ordinaires comptabilisé doit être passée en charges (comme perte de valeur, par exemple).

109 La présente norme fait usage des termes « actif sur contrat » et « passif sur contrat », mais rien n'empêche l'entité de nommer ces éléments autrement dans l'état de la situation financière. Si l'entité nomme autrement un actif sur contrat, elle doit fournir des informations suffisantes pour que les utilisateurs des états financiers puissent faire la distinction entre les créances et les actifs sur contrat.

Informations à fournir

110 L'objectif des obligations d'information est de faire en sorte que l'entité fournisse suffisamment d'informations pour permettre aux utilisateurs des états financiers de comprendre la nature, le montant, le calendrier et le degré d'incertitude des produits des activités ordinaires et des flux de trésorerie provenant des contrats conclus avec les clients. Pour atteindre cet objectif, l'entité doit fournir des informations qualitatives et quantitatives sur tous les éléments suivants :

a) ses contrats conclus avec des clients (voir paragraphes 113 à 122) ;

b) les jugements importants portés, et les modifications qui leur sont apportées, pour l'application de la présente norme à ces contrats (voir paragraphes 123 à 126) ; et

c) les actifs comptabilisés au titre des coûts d'obtention ou d'exécution des contrats conclus avec des clients conformément aux paragraphes 91 ou 95 (voir paragraphes 127 et 128).

111 L'entité doit s'interroger sur le niveau de détail nécessaire pour atteindre l'objectif en matière d'informations à fournir et sur l'importance à accorder à chacune des diverses exigences. Elle doit regrouper ou ventiler les informations de manière à ne pas noyer des informations utiles dans une profusion de détails non pertinents ou dans un regroupement d'éléments trop disparates.

112 L'entité n'est pas tenue de fournir des informations selon la présente norme si elle les a fournies conformément à une autre norme.

Produits des activités ordinaires

CONTRATS CONCLUS AVEC DES CLIENTS

113 L'entité doit fournir tous les montants suivants pour la période de reporting, à moins que ceux-ci ne soient présentés séparément dans l'état du résultat global conformément à d'autres normes :

a) les produits des activités ordinaires comptabilisés au titre des contrats conclus avec des clients, séparément de ses autres sources de produits ; et

b) toute perte de valeur comptabilisée (conformément à IFRS 9) sur des créances ou des actifs sur contrat découlant de ses contrats conclus avec des clients, séparément des pertes de valeur découlant d'autres contrats.

➠ Ventilation des produits des activités ordinaires

114 L'entité doit ventiler les produits des activités ordinaires comptabilisés au titre des contrats conclus avec des clients entre des catégories montrant comment la nature, le montant, le calendrier et le degré d'incertitude des produits des activités ordinaires et des flux de trésorerie sont touchés par les facteurs économiques. L'entité doit appliquer les indications fournies aux paragraphes B87 à B89 lorsqu'elle choisit les catégories à utiliser pour la ventilation des produits des activités ordinaires.

115 En outre, l'entité doit fournir suffisamment d'informations pour permettre aux utilisateurs des états financiers de comprendre le rapport entre les informations fournies sur les produits des activités ordinaires ventilés (conformément au paragraphe 114) et les informations fournies sur les produits des activités ordinaires de chaque secteur à présenter, lorsque l'entité applique IFRS 8 *Secteurs opérationnels*.

➠ Soldes des contrats

116 L'entité doit fournir toutes les informations suivantes :

a) les soldes d'ouverture et les soldes de clôture des créances, des actifs sur contrats, et des passifs sur contrats découlant de contrats conclus avec des clients, s'ils ne sont pas présentés ou mentionnés séparément ailleurs ;

b) les produits des activités ordinaires comptabilisés au cours de la période de reporting qui étaient inclus dans le solde d'ouverture des passifs sur contrats au début de la période ; et

c) les produits des activités ordinaires comptabilisés au cours de la période de reporting qui sont liés à des obligations de prestation remplies (ou remplies partiellement) au cours de périodes antérieures (par exemple, les modifications de prix de transaction).

117 L'entité doit expliquer le rapport entre le moment où elle s'acquitte de ses obligations de prestation (voir paragraphe 119, point a)] et le moment habituel du paiement (voir paragraphe 119, point b)], et les effets qui en découlent sur les soldes des actifs sur contrats et des passifs sur contrats. Elle peut fournir des informations qualitatives à l'appui de ses explications.

118 L'entité doit expliquer les variations importantes des soldes des actifs sur contrats et des passifs sur contrats intervenues au cours de la période de reporting. Ses explications doivent comprendre des informations qualitatives et quantitatives. Les changements touchant les soldes des actifs sur contrats et des passifs sur contrats de l'entité sont par exemple les suivants :

a) les changements découlant de regroupements d'entreprises ;

b) les ajustements cumulatifs des produits des activités ordinaires qui ont des répercussions sur les actifs sur contrats ou les passifs sur contrats correspondants, notamment les ajustements dus à une modification de l'évaluation du degré d'avancement, un changement d'estimation du prix de transaction (y compris les changements touchant l'appréciation de la question de savoir si une limitation s'applique à l'estimation d'une contrepartie variable) ou une modification de contrat ;

c) la dépréciation d'un actif sur contrat ;

d) la modification du délai nécessaire pour qu'un droit à une contrepartie devienne inconditionnel (c'est-à-dire pour qu'un actif sur contrat soit reclassé en créance) ; et

e) la modification du délai nécessaire pour qu'une obligation de prestation soit remplie (c'est-à-dire pour que l'entité puisse comptabiliser les produits des activités ordinaires liés à un passif sur contrat).

➟ Obligations de prestation

119 L'entité doit fournir des informations au sujet de ses obligations de prestation découlant des contrats conclus avec des clients, en décrivant tous les éléments suivants :

a) le moment où les obligations de prestation sont habituellement remplies (par exemple à l'expédition, à la livraison, à mesure que les services sont rendus ou lorsque la prestation des services est achevée), y compris dans le cas d'accords de ventes à livrer ;

b) les modalités de paiement principales (par exemple date habituelle d'exigibilité du paiement, existence éventuelle d'une composante financement importante, montant de contrepartie variable ou non et si les estimations de contrepartie variable font habituellement l'objet d'une limitation conformément aux paragraphes 56 à 58) ;

c) la nature des biens ou services que l'entité a promis de fournir, avec mention particulière des obligations de prestation consistant à prendre des dispositions en vue de la fourniture de biens ou de services par un tiers (l'entité agissant alors comme mandataire) ;

d) les obligations en matière de retours ou de remboursements et autres obligations similaires ; et

e) les types de garanties et les obligations connexes.

➟ Prix de transaction affecté aux obligations de prestation qui restent à remplir

120 L'entité doit fournir les informations suivantes sur les obligations de prestation qui restent à remplir :

a) le montant total du prix de transaction affecté aux obligations de prestation non remplies (ou remplies partiellement) à la date de clôture ; et

b) une explication précisant quand l'entité s'attend à comptabiliser en produits des activités ordinaires le montant indiqué selon le paragraphe 120, point a), que l'entité doit fournir selon l'une ou l'autre des manières suivantes :

i) sur une base quantitative, en utilisant le découpage chronologique le plus approprié à la durée des obligations de prestation qui restent à remplir ; ou

ii) en présentant des informations qualitatives.

121 Par mesure de simplification, l'entité n'est pas tenue de fournir les informations exigées au paragraphe 120 pour les obligations de prestation pour lesquelles l'une ou l'autre des conditions suivantes est remplie :

a) l'obligation de prestation fait partie d'un contrat dont la durée initiale attendue ne dépasse pas un an ; ou

b) l'entité comptabilise les produits des activités ordinaires générés par l'exécution de l'obligation de prestation conformément au paragraphe B16.

122 L'entité doit fournir une explication qualitative précisant si elle applique la mesure de simplification prévue au paragraphe 121 et si une quelconque contrepartie liée à des contrats conclus avec des clients n'est pas comprise dans le prix de transaction, et ne figure donc pas dans les informations fournies conformément au paragraphe 120. Par exemple, une estimation du prix de transaction ne comprendrait pas les estimations de contrepartie variable qui font l'objet d'une limitation (voir paragraphes 56 à 58).

JUGEMENTS IMPORTANTS PORTÉS POUR L'APPLICATION DE LA PRÉSENTE NORME

123 L'entité doit indiquer les jugements portés, et les modifications apportées à ceux-ci, pour l'application de la présente norme qui ont une incidence importante sur la détermination du montant et du calendrier des produits des activités ordinaires tirés de contrats conclus avec des clients. Notamment, l'entité doit expliquer les jugements portés, et les modifications apportées à ceux-ci, pour déterminer les deux éléments suivants :

a) quand les obligations de prestation sont remplies (voir paragraphes 124 et 125) ; et

b) quel est le prix de transaction et quels sont les montants affectés aux obligations de prestation (voir paragraphe 126).

➡ Déterminer quand les obligations de prestation sont remplies

124 Pour les obligations de prestation qu'elle remplit progressivement, l'entité doit :

a) indiquer les méthodes utilisées pour comptabiliser les produits des activités ordinaires (par exemple fournir une description des méthodes fondées sur les jalons externes ou des méthodes fondées sur les jalons internes utilisées et de la façon dont elles ont été appliquées) ; et

b) expliquer pourquoi les méthodes utilisées permettent de refléter fidèlement la fourniture des biens ou des services.

125 Pour les obligations de prestation remplies à un moment précis, l'entité doit indiquer les jugements importants portés pour évaluer le moment où le client obtient le contrôle des biens ou des services promis.

➡ Déterminer le prix de transaction et les montants affectés aux obligations de prestation

126 L'entité doit fournir des informations sur les méthodes, les données d'entrée et les hypothèses utilisées pour :

a) la détermination du prix de transaction, ce qui comprend, sans s'y limiter, l'estimation de la contrepartie variable, l'ajustement de la contrepartie pour tenir compte des effets de la valeur temps de l'argent, et l'évaluation de la contrepartie autre qu'en numéraire ;

b) l'appréciation quant à savoir si une limitation s'applique à l'estimation d'une contrepartie variable ;

c) la répartition du prix de transaction, y compris l'estimation des prix de vente séparés des biens ou services promis et l'affectation de toute remise et contrepartie variable à une partie spécifique du contrat (le cas échéant) ; et

d) l'évaluation des obligations en matière de retours ou de remboursements et autres obligations similaires.

ACTIFS COMPTABILISÉS AU TITRE DES COÛTS D'OBTENTION OU D'EXÉCUTION DE CONTRATS CONCLUS AVEC DES CLIENTS

127 L'entité doit décrire à la fois :

a) les jugements qu'elle a portés pour déterminer le montant des coûts subis pour obtenir ou exécuter un contrat avec un client (conformément au paragraphe 91 ou 95) ; et

b) la méthode qu'elle utilise pour déterminer l'amortissement pour chaque période de reporting.

128 L'entité doit fournir toutes les informations suivantes :

a) les soldes de clôture des actifs comptabilisés au titre des coûts subis pour l'obtention ou l'exécution de contrats conclus avec des clients (en application des paragraphes 91 et 95), par grande catégorie d'actifs (par exemple, coûts subis pour obtenir des contrats avec des clients, coûts antérieurs à la passation des contrats, frais d'établissement des contrats) ; et

b) le montant de l'amortissement et de toute perte de valeur comptabilisés au cours de la période de reporting.

MESURES DE SIMPLIFICATION

129 Si l'entité choisit d'appliquer la mesure de simplification prévue au paragraphe 63 (relative à l'existence d'une composante financement importante) ou celle prévue au paragraphe 94 (relative aux coûts marginaux d'obtention d'un contrat), elle doit l'indiquer.

Annexe A – Définitions

La présente annexe fait partie intégrante de la norme.

Contrat	Accord entre deux parties ou plus, qui crée des droits et des obligations exécutoires.
Actif sur contrat	Droit de l'entité d'obtenir une contrepartie en échange de biens ou de services qu'elle a fournis à un client, lorsque ce droit dépend d'autre chose que de l'écoulement du temps (par exemple d'une prestation future de l'entité).
Passif sur contrat	Obligation de l'entité de fournir à un client des biens ou des services pour lesquels l'entité a reçu une contrepartie du client (ou pour lesquels un montant de contrepartie est exigible).
Client	Partie ayant conclu un contrat avec une entité en vue d'obtenir des biens ou des services qui sont issus des activités ordinaires de l'entité en échange d'une contrepartie.
Produits	Accroissements d'avantages économiques au cours de la période comptable, sous forme d'entrées ou d'accroissements d'actifs, ou de diminutions de passifs, qui donnent lieu à des augmentations des capitaux propres autres que les augmentations provenant des apports des participants aux capitaux propres.

Obligation de prestation	Promesse contenue dans un contrat conclu avec un client qui prévoit la fourniture à celui-ci : a) un bien ou un service (ou un groupe de biens ou services) distinct ; ou b) d'une série de biens ou services distincts qui sont essentiellement les mêmes et qui sont fournis au client au même rythme.
Produits des activités ordinaires	Produits générés dans le cours des activités ordinaires de l'entité.
Prix de vente séparé [d'un bien ou d'un service]	Prix auquel une entité vendrait séparément à un client un bien ou un service promis.
Prix de transaction [pour un contrat conclu avec un client]	Montant de la contrepartie à laquelle l'entité s'attend à avoir droit en échange de la fourniture de biens ou de services promis à un client, à l'exclusion des sommes perçues pour le compte de tiers.

Annexe B – Guide d'application

La présente annexe fait partie intégrante de la norme. Elle décrit la façon d'appliquer les paragraphes 1 à 129 et fait autorité au même titre que les autres parties de la norme.

B1 Le présent guide d'application s'articule autour des catégories suivantes :

a) obligations de prestation remplies progressivement (paragraphes B2 à B13) ;

b) méthodes d'évaluation du degré d'avancement vers l'exécution complète de l'obligation de prestation (paragraphes B14 à B19) ;

c) ventes avec droit de retour (paragraphes B20 à B27) ;

d) garanties (paragraphes B28 à B33) ;

e) entité agissant pour son propre compte ou comme mandataire (paragraphes B34 à B38) ;

f) biens ou services supplémentaires offerts au client en option (paragraphes B39 à B43) ;

g) droits non exercés des clients (paragraphes B44 à B47) ;

h) frais initiaux non remboursables (et certains coûts connexes) (paragraphes B48 à B51) ;

i) licences (paragraphes B52 à B63B) ;

j) accords de rachat (paragraphes B64 à B76) ;

k) accords de consignation (paragraphes B77 et B78) ;

l) ventes à livrer (paragraphes B79 à B82) ;

m) acceptation par le client (paragraphes B83 à B86) ; et

n) informations à fournir sur la ventilation des produits des activités ordinaires (paragraphes B87 à B89).

OBLIGATIONS DE PRESTATION REMPLIES PROGRESSIVEMENT

B2 Selon le paragraphe 35, l'obligation de prestation est remplie progressivement si l'une des conditions suivantes est remplie :

a) le client reçoit et consomme simultanément les avantages procurés par la prestation de l'entité au fur et à mesure que celle-ci a lieu (voir paragraphes B3 et B4) ;

b) la prestation de l'entité crée ou valorise un actif (par exemple dans le cas de travaux en cours) dont le client obtient le contrôle au fur et à mesure de sa création ou de sa valorisation (voir paragraphe B5) ; ou

c) la prestation de l'entité ne crée pas un actif que l'entité pourrait utiliser autrement (voir paragraphes B6 à B8) et l'entité a un droit exécutoire à un paiement au titre de la prestation effectuée jusqu'à la date considérée (voir paragraphes B9 à B13).

➠ Le client reçoit et consomme simultanément les avantages procurés par la prestation de l'entité (paragraphe 35, point a)]

B3 Dans le cas de certains types d'obligations de prestation, il sera simple d'établir si le client reçoit les avantages procurés par la prestation de l'entité au fur et à mesure que celle-ci a lieu et consomme simultanément ces avantages, à mesure qu'il les reçoit. C'est le cas, par exemple, de services habituels ou récurrents (comme des services de nettoyage) pour lesquels il est facile d'établir que la réception et la consommation des avantages procurés par la prestation de l'entité sont simultanées.

B4 Dans le cas d'autres types d'obligations de prestation, l'entité ne pourra peut-être pas établir facilement si le client reçoit et consomme simultanément les avantages procurés par la prestation de l'entité au fur et à mesure que celle-ci a lieu. Dans ces circonstances, l'obligation de prestation est remplie progressivement si l'entité détermine qu'une autre entité n'aurait pas à refaire dans une large mesure le travail que l'entité a effectué jusqu'à la date considérée si cette autre entité devait remplir la part restante de l'obligation de prestation envers le client. Lorsqu'elle détermine si une autre entité n'aurait pas à refaire dans une large mesure le travail que l'entité a effectué jusqu'à la date considérée, l'entité doit :

a) faire abstraction des limitations potentielles d'ordre contractuel ou pratique qui l'empêcheraient de transférer l'obligation de prestation restante à une autre entité ; et

b) présumer qu'une autre entité qui remplirait la part restante de l'obligation de prestation ne bénéficierait d'aucun actif qui est actuellement contrôlé par l'entité et qui demeurerait contrôlé par l'entité si l'obligation de prestation était transférée à une autre entité.

➠ Le client obtient le contrôle de l'actif au fur et à mesure de sa création ou de sa valorisation (paragraphe 35, point b)]

B5 Pour déterminer si le client obtient le contrôle d'un actif au fur et à mesure de sa création ou de sa valorisation conformément au paragraphe 35, point b), l'entité doit appliquer les dispositions sur le contrôle prévues aux paragraphes 31 à 34 et au paragraphe 38. L'actif qui est créé ou valorisé (travaux en cours, par exemple) peut être un actif corporel ou incorporel.

➠ La prestation de l'entité ne crée pas un actif pouvant être utilisé autrement (paragraphe 35 c)]

B6 Lorsqu'elle apprécie, conformément au paragraphe 36, si elle peut utiliser un actif autrement, l'entité doit prendre en compte les limitations contractuelles et les limitations pratiques de ses possibilités de réassigner facilement cet actif à une autre utilisation, comme le vendre à un client différent. La prise en considération de la possibilité d'une résiliation du contrat conclu avec le client n'est pas pertinente lorsqu'il s'agit d'apprécier la capacité de l'entité de réassigner facilement l'actif à une autre utilisation.

B7 Une limitation contractuelle des possibilités pour l'entité de réassigner facilement un actif à une autre utilisation doit être une limitation de fond pour que l'actif ne puisse être utilisé autrement par l'entité. Une limitation contractuelle est une limitation de fond lorsque le client peut faire valoir ses droits sur l'actif promis si l'entité cherche à réassigner l'actif à une autre utilisation. En revanche, une limitation contractuelle n'est pas une limitation de fond si, par exemple, l'actif est dans une grande mesure interchangeable avec d'autres actifs que l'entité pourrait transférer à un autre client sans rompre le contrat et sans engager de coûts complémentaires importants qu'elle n'aurait pas subis dans le cadre de ce contrat en d'autres circonstances

B8 Il existe une limitation pratique des possibilités pour l'entité de réassigner un actif à une autre utilisation si, pour ce faire, elle a à subir des pertes économiques importantes. Des pertes économiques importantes pourraient découler de coûts importants subis par l'entité pour modifier l'actif, ou du fait que l'entité ne peut vendre l'actif qu'à perte. Par exemple, la possibilité pour l'entité de réassigner à une autre utilisation des actifs dont les caractéristiques de conception sont spécifiques à un client ou qui sont situés dans des régions isolées peut être soumise à des limitations pratiques.

➟ L'entité a un droit à un paiement au titre de la prestation effectuée jusqu'à la date considérée (paragraphe 35 c)]

B9 Selon le paragraphe 37, l'entité a un droit à un paiement au titre de la prestation effectuée jusqu'à la date considérée si, en cas de résiliation du contrat par le client ou un tiers pour des raisons autres que la non-exécution de la prestation promise, elle a droit à un montant permettant à tout le moins de la rémunérer pour la prestation effectuée jusqu'alors. Le montant permettant de rémunérer l'entité pour la prestation effectuée jusqu'alors est un montant approchant du prix de vente des biens ou services fournis jusqu'alors (par exemple les coûts subis par l'entité pour remplir l'obligation de prestation, majorés d'une marge raisonnable), plutôt qu'une indemnité limitée à la perte potentielle de profit en cas de résiliation du contrat. Il n'est pas nécessaire que la rémunération visant une marge raisonnable soit équivalente à la marge qui serait attendue si le contrat était exécuté comme prévu, mais l'entité doit avoir droit à une rémunération correspondant à l'un ou l'autre des montants suivants :

a) une fraction de la marge attendue du contrat qui reflète raisonnablement le degré d'exécution de la prestation par l'entité, selon le contrat, avant que ce dernier ne soit résilié par le client (ou un tiers) ; ou

b) un rendement raisonnable par rapport au coût du capital de l'entité dans des contrats similaires (ou la marge d'exploitation généralement dégagée par l'entité dans des contrats similaires) si la marge spécifique au contrat est supérieure au rendement que l'entité obtient généralement de contrats similaires.

B10 Il n'est pas nécessaire que le droit de l'entité à un paiement au titre de la prestation effectuée jusqu'à la date considérée soit un droit inconditionnel actuel au paiement. Dans de nombreux cas, le droit de l'entité à un paiement ne devient inconditionnel qu'à l'atteinte d'une étape convenue ou au moment où l'obligation de prestation est entièrement remplie. Lorsqu'elle apprécie si elle a un droit à un paiement au titre de la prestation effectuée jusqu'à la date considérée, l'entité doit se demander si elle a un droit exécutoire d'exiger ou de conserver un paiement au titre de la prestation effectuée jusqu'à la date considérée en cas de résiliation du contrat avant son achèvement pour des raisons autres que la non-exécution de la prestation promise.

B11 Dans certains cas, il se peut que le client n'ait le droit de résilier le contrat qu'à certains moments déterminés au cours de la durée du contrat, ou qu'il n'ait pas le droit de résilier le contrat. Si le client entreprend de résilier le contrat sans avoir le droit de le faire à ce moment-là (y compris lorsque le client n'exécute pas ses obligations comme promis), le contrat (ou d'autres dispositions législatives) peut donner le droit à l'entité de continuer à fournir au client les biens ou services promis dans le contrat et d'exiger du client qu'il verse la contrepartie promise en échange de ces biens ou services. Dans ces circonstances, l'entité a un droit à un paiement au titre de la prestation effectuée jusqu'à la date considérée, puisque l'entité a le droit de continuer de s'acquitter de ses obligations conformément au contrat et d'exiger que le client s'acquitte des siennes (notamment celle de payer la contrepartie promise).

B12 Pour apprécier l'existence et le caractère exécutoire d'un droit à un paiement au titre de la prestation effectuée jusqu'à la date considérée, l'entité doit tenir compte des conditions du contrat, ainsi que de toutes dispositions législatives ou de tout précédent jurisprudentiel qui pourraient les compléter ou les supplanter. L'entité doit notamment apprécier si :

a) les dispositions législatives, la pratique administrative ou un précédent jurisprudentiel confèrent à l'entité un droit à un paiement au titre de la prestation effectuée jusqu'à la date considérée, même s'il n'est pas fait mention de ce droit dans le contrat conclu avec le client ;

b) des précédents jurisprudentiels pertinents indiquent que des droits similaires à un paiement au titre de la prestation effectuée jusqu'à la date considérée prévus dans des contrats similaires n'ont pas de force exécutoire ; ou

c) les pratiques commerciales habituelles de l'entité consistant à choisir de ne pas faire valoir son droit à un paiement ont rendu le droit inexécutoire dans ce contexte juridique. Toutefois, bien que l'entité puisse choisir de renoncer à son droit à un paiement dans des contrats similaires, elle peut continuer à avoir droit à un paiement au titre de la prestation effectuée jusqu'à la date considérée si, selon le contrat conclu avec le client, ce droit demeure exécutoire.

B13 Le calendrier de paiement prévu dans le contrat n'indique pas nécessairement si l'entité a un droit exécutoire à un paiement au titre de la prestation effectuée jusqu'à la date considérée. Bien que le calendrier de paiement prévu dans le contrat indique l'échéance et le montant de la contrepartie payable par le client, il ne constitue pas nécessairement une preuve du droit de l'entité à un paiement au titre de la prestation effectuée jusqu'à la date considérée. La raison en est que, par exemple, le contrat peut stipuler que la contrepartie reçue du client est remboursable pour des raisons autres que la non-exécution de la prestation promise par l'entité dans le contrat.

MÉTHODES D'ÉVALUATION DU DEGRÉ D'AVANCEMENT VERS L'EXÉCUTION COMPLÈTE D'UNE OBLIGATION DE PRESTATION

B14 Les méthodes pouvant être utilisées pour évaluer le degré d'avancement vers l'exécution complète d'une obligation de prestation remplie progressivement par l'entité, au sens des paragraphes 35 à 37, sont notamment les suivantes :

a) méthodes fondées sur les jalons externes (voir paragraphes B15 à B17) ; et

b) méthodes fondées sur les jalons internes (voir paragraphes B18 et B19).

Méthodes fondées sur les jalons externes

B15 Selon les méthodes fondées sur les jalons externes, les produits des activités ordinaires sont comptabilisés sur la base d'évaluations directes de la valeur qu'ont pour le client les biens ou les services fournis jusqu'à la date considérée, par rapport aux biens ou aux services promis dans le contrat qu'il reste à fournir. Les méthodes fondées sur les jalons externes sont notamment le recensement des prestations exécutées jusqu'à la date considérée, l'évaluation des résultats atteints, les étapes importantes franchies, le temps écoulé ou le calcul du nombre d'unités produites ou livrées. Lorsque l'entité évalue s'il convient d'appliquer une méthode fondée sur les jalons externes pour évaluer le degré d'avancement, elle doit examiner si les jalons externes en question reflètent fidèlement la mesure dans laquelle elle a rempli son obligation de prestation. Une méthode fondée sur les jalons externes ne fournit pas une représentation fidèle de la prestation de l'entité lorsque les jalons externes sélectionnés ne permettent pas d'évaluer certains des biens ou services dont le contrôle a été transféré au client. Par exemple, les méthodes fondées sur le nombre d'unités produites ou le nombre d'unités livrées ne reflètent pas fidèlement la mesure dans laquelle l'obligation de prestation est remplie par l'entité si, à la fin de la période de présentation de l'information financière, la prestation de l'entité a généré des travaux en cours ou des produits finis dont le client a le contrôle et qui ne sont pas compris dans l'évaluation des jalons externes.

B16 Par mesure de simplification, si l'entité a droit à une contrepartie d'un client dont le montant correspond directement à la valeur qu'ont pour le client les obligations de prestation qu'elle a remplies jusqu'à la date considérée (par exemple en vertu d'un contrat de services selon lequel l'entité facture un montant fixe pour chaque heure de service fournie), l'entité peut comptabiliser des produits des activités ordinaires pour le montant qu'elle a le droit de facturer.

B17 L'inconvénient des méthodes fondées sur les jalons externes est que les jalons externes utilisés pour évaluer le degré d'avancement peuvent ne pas pouvoir être observés directement et que l'information requise pour appliquer ces méthodes peut n'être disponible qu'au prix d'un coût excessif. En conséquence, le recours à une méthode fondée sur les jalons internes peut s'avérer nécessaire.

Méthodes fondées sur les jalons internes

B18 Selon les méthodes fondées sur les jalons internes, les produits des activités ordinaires sont comptabilisés sur la base des efforts déjà investis ou des intrants déjà utilisés par l'entité (par exemple les ressources consommées, les heures de travail effectuées, les coûts subis, le temps écoulé ou les heures-machines utilisées) par rapport au total des intrants que l'entité s'attend à utiliser pour remplir entièrement une obligation de prestation. Si les efforts ou les intrants de l'entité sont dépensés uniformément pendant la période de prestation, il peut être approprié que l'entité comptabilise les produits des activités ordinaires de manière linéaire.

B19 Les méthodes fondées sur les jalons internes présentent toutefois une lacune, à savoir l'absence possible de lien direct entre les intrants investis par l'entité et le transfert au client du contrôle des biens ou des services. En conséquence, conformément à l'objectif de l'évaluation du degré d'avancement présenté au paragraphe 39, l'entité doit faire abstraction des effets de tout intrant qui ne reflètent pas la progression du transfert par l'entité du contrôle de biens ou de services au client. Par exemple, lorsque l'entité utilise une méthode fondée sur les coûts, il peut lui falloir ajuster l'évaluation du degré d'avancement dans les cas suivants :

a) Certains des coûts subis ne contribuent pas à faire avancer l'exécution de l'obligation de prestation de l'entité. Par exemple, l'entité ne comptabilisera pas de produits des activités ordinaires sur la base de coûts subis du fait d'inefficiences importantes dans la prestation de l'entité et qui n'étaient pas reflétés dans le prix du contrat (comme les coûts de pertes imprévues de matières, d'heures de main-d'œuvre ou d'autres ressources subis pour remplir l'obligation de prestation).

b) Il n'y a pas de rapport proportionnel entre certains des coûts subis et le degré d'avancement de l'entité dans l'exécution de l'obligation de prestation. En pareil cas, la meilleure façon de refléter le degré d'exécution de la prestation peut être d'ajuster la méthode fondée sur les jalons internes afin de ne comptabiliser des produits d'activités ordinaires qu'à hauteur de ces coûts subis. Par exemple, pour refléter fidèlement le degré d'exécution de la prestation, l'entité pourrait comptabiliser des produits des activités ordinaires pour un montant correspondant au coût d'un bien utilisé pour remplir une obligation de prestation si elle s'attend, à la passation du contrat, à ce que l'ensemble des conditions suivantes soient remplies :

i) le bien n'est pas distinct ;

ii) le contrôle du bien devrait être obtenu par le client bien avant que celui-ci ne reçoive les services liés à ce bien ;

iii) le coût du bien transféré est important par rapport au coût total que l'entité s'attend à engager pour remplir entièrement l'obligation de prestation ; et

iv) l'entité se procure le bien auprès d'un tiers et n'intervient pas de façon importante dans sa conception et sa fabrication (mais elle agit pour son propre compte selon les paragraphes B34 à B38).

VENTES AVEC DROIT DE RETOUR

B20 Dans le cadre de certains contrats, l'entité transfère le contrôle d'un produit au client, tout en accordant à ce dernier le droit de lui retourner le produit pour diverses raisons (par exemple l'insatisfaction du client) et de recevoir un ou plusieurs des éléments ci-dessous :

a) un remboursement total ou partiel de la contrepartie versée ;

b) un avoir (note de crédit) pouvant être porté en diminution de sommes qui sont ou seront dues à l'entité ; et

c) un autre produit en échange.

B21 Pour rendre compte de la fourniture de produits avec droit de retour (et de certains services pouvant faire l'objet d'un remboursement), l'entité doit comptabiliser tous les éléments ci-dessous :

a) des produits des activités ordinaires au titre des produits fournis, pour un montant égal au montant de contrepartie auquel elle s'attend à avoir droit (l'entité ne comptabilise donc pas de produits des activités ordinaires pour les produits dont elle prévoit un retour) ;

b) un passif au titre des remboursements futurs ; et

c) un actif (et un ajustement correspondant du coût des ventes) représentant son droit de récupérer les produits détenus par le client lors du règlement du passif au titre des remboursements.

B22 Une promesse faite par l'entité de se tenir prête à accepter un produit retourné pendant la période de retour ne doit pas être comptabilisée comme une obligation de prestation s'ajoutant à l'obligation d'accorder un remboursement.

B23 L'entité doit appliquer les dispositions des paragraphes 47 à 72 (y compris les dispositions sur la limitation des estimations de contrepartie variable des paragraphes 56 à 58) pour déterminer le montant de contrepartie auquel elle s'attend à avoir droit (c'est-à-dire, exclusion faite des retours prévus). Dans le cas des montants de contrepartie reçus (ou à recevoir) auxquels elle ne s'attend pas à avoir droit, l'entité ne doit pas comptabiliser de produits des activités ordinaires au moment où elle fournit les produits au client, mais plutôt comptabiliser ces montants reçus (ou à recevoir) comme un passif au titre des remboursements futurs. Par la suite, à la fin de chaque période de reporting, elle doit mettre à jour son évaluation des montants auxquels elle s'attend à avoir droit en échange des produits fournis et ajuster en conséquence le prix de transaction et, par conséquent, le montant des produits des activités ordinaires comptabilisés.

B24 L'entité doit mettre à jour son évaluation du passif au titre des remboursements futurs à la fin de chaque période de reporting pour tenir compte des changements dans ses attentes concernant le montant des remboursements. Elle doit comptabiliser les ajustements correspondants en produits des activités ordinaires (ou en diminution de ceux-ci).

B25 Un actif comptabilisé par l'entité pour représenter son droit de récupérer les produits détenus par le client lors du règlement d'un passif au titre des remboursements doit être évalué initialement par référence à la valeur comptable attribuée aux produits (par exemple, quand ils faisaient partie des stocks), diminuée du coût prévu le cas échéant pour récupérer ceux-ci (y compris la baisse possible de la valeur qu'ont pour l'entité les produits retournés). À la fin de chaque période de reporting, l'entité doit mettre à jour l'évaluation de cet actif en fonction des changements dans les prévisions de retours de produits. Elle doit présenter l'actif séparément du passif au titre des remboursements futurs.

B26 Lorsqu'un client échange un produit contre un autre du même type, de la même qualité, dans le même état et du même prix (par exemple, pour obtenir un produit d'une couleur ou d'une taille différente), l'échange n'est pas considéré comme un retour aux fins de l'application de la présente norme.

B27 Les contrats prévoyant que le client a le droit de retourner un produit défectueux et d'obtenir en échange un produit en bon état doivent être évalués conformément aux indications sur les garanties énoncées aux paragraphes B28 à B33.

GARANTIES

B28 Il est fréquent qu'une entité fournisse (conformément au contrat, à la législation ou à ses pratiques commerciales habituelles) une garantie lorsqu'elle vend un produit (bien ou service). La nature de la garantie peut varier considérablement selon les secteurs d'activité et les contrats. Certaines garanties fournissent au client l'assurance que le produit visé fonctionnera comme l'ont prévu les parties du fait qu'il est conforme aux spécifications convenues. D'autres lui procurent un service en plus de cette assurance.

B29 Si le client a l'option d'acheter une garantie séparément (par exemple, parce que le prix en est fixé ou négocié séparément), la garantie constitue un service distinct du fait que l'entité promet au client un service en plus du produit dont la fonctionnalité est décrite dans le contrat. Dans ce cas, l'entité doit comptabiliser la garantie promise comme une obligation de prestation conformément aux paragraphes 22 à 30 et affecter une partie du prix de transaction à cette obligation de prestation conformément aux paragraphes 73 à 86.

B30 Si le client n'a pas l'option d'acheter la garantie séparément, l'entité doit comptabiliser celle-ci conformément à IAS 37 *Provisions, passifs éventuels et actifs éventuels*, à moins que la garantie promise ou une partie de celle-ci ne procure au client un service en plus de l'assurance que le produit visé est conforme aux spécifications convenues.

B31 Lorsqu'elle détermine si une garantie procure au client un service en plus de l'assurance que le produit visé est conforme aux spécifications convenues, l'entité doit tenir compte de facteurs tels que les suivants :

a) l'obligation légale de fournir la garantie – si des dispositions législatives obligent l'entité à fournir une garantie, leur existence indique que la garantie promise ne constitue pas une obligation de prestation, car les dispositions de ce type ont généralement pour but de protéger les clients contre le risque que les produits achetés soient défectueux ;

b) la durée de la garantie – plus la protection est offerte sur une longue période, plus il est probable que la garantie promise constitue une obligation de prestation, car il est plus probable que celle-ci procure au client un service en plus de l'assurance que le produit visé est conforme aux spécifications convenues ;

c) la nature des tâches que l'entité promet d'effectuer – s'il est nécessaire que l'entité effectue certaines tâches déterminées pour fournir l'assurance que le produit est conforme aux spécifications convenues (par exemple assurer le transport de retour des produits défectueux), ces tâches ne donnent vraisemblablement pas naissance à une obligation de prestation.

B32 Si une garantie ou une partie de garantie procure au client un service en plus de l'assurance que le produit visé est conforme aux spécifications convenues, le service promis constitue une obligation de prestation. Par conséquent, l'entité doit répartir le prix de transaction entre le produit et le service. Si la garantie promise porte à la fois sur une assurance et sur un service dont on ne peut raisonnablement rendre compte séparément, l'entité doit les comptabiliser comme une seule et même obligation de prestation.

B33 Des dispositions légales qui obligent l'entité à verser une indemnité si ses produits causent un préjudice ou des dommages ne donnent pas naissance à une obligation de prestation. Il se peut, par exemple, qu'un fabricant vende un produit dans un pays où les dispositions légales le rendent responsable des dommages (par exemple à la propriété personnelle) qui pourraient être causés par l'utilisation normale du produit par le consommateur. Ne donne pas non plus naissance à une obligation de prestation un engagement pris par l'entité d'indemniser le client des dommages-intérêts payés par ce dernier parce que les produits de l'entité ne respectent pas des brevets, des droits d'auteur, des marques de commerce ou d'autres droits. L'entité doit comptabiliser de telles obligations conformément à IAS 37.

ENTITÉ AGISSANT POUR SON PROPRE COMPTE OU COMME MANDATAIRE

B34 Lorsqu'un tiers intervient dans la fourniture de biens ou de services à un client, l'entité doit déterminer si sa promesse est par nature une obligation de prestation de fournir elle-même les biens ou les services spécifiés (elle agit alors pour son propre compte) ou de prendre les dispositions voulues pour que le tiers s'en charge (elle agit alors comme mandataire). L'entité détermine si elle agit pour son propre compte ou comme mandataire pour chaque bien ou service spécifié promis au client. Un bien ou un service spécifié est un bien ou un service distinct (ou un groupe distinct de biens ou de services) à fournir au client (voir paragraphes 27 à 30). Si un contrat conclu avec un client porte sur plus d'un bien ou service spécifié, il se peut que l'entité agisse pour son propre compte pour certains des biens ou services spécifiés, et comme mandataire pour d'autres.

B34A Pour déterminer la nature de sa promesse (comme décrit au paragraphe B34), l'entité doit :

a) identifier les biens ou les services spécifiés à fourn r au client [qui pourraient par exemple consister en un droit de recevoir un bien ou un service fourni par un tiers (voir paragraphe 26)] ; et

b) évaluer si elle a le contrôle (comme décrit au paragraphe 33) de chaque bien ou service spécifié avant que celui-ci ne soit fourn au client.

B35 L'entité agit pour son propre compte si elle a le contrôle du bien ou du service spécifié avant qu'il ne soit fourni au client. Cependant, l'entité n'a pas nécessairement le contrôle d'un bien spécifié si elle n'obtient que momentanément le titre de propriété de ce bien avant que ce titre de propriété ne soit transféré au client. L'entité qui agit pour son propre compte peut remplir elle-même son obligation de prestation consistant à fournir le bien ou le service spécifié ou engager un tiers (par exemple, un sous-traitant) afin qu'il remplisse pour son compte une partie ou l'intégralité de l'obligation de prestation.

B35A Lorsqu'un tiers intervient dans la fourniture de biens ou de services à un client, l'entité qui agit pour son propre compte obt ent le contrôle, selon le cas :

a) d'un bien ou d'un autre actif procuré par ce tiers, qu'elle fournit ensuite au client ;

b) d'un droit à une prestation de service réalisée par ce tiers, ce qui donne à l'entité la capacité de prescrire à ce tiers de fournir ce service au client pour son compte ;

c) d'un bien ou d'un service procuré par ce tiers, qu'elle combine ensuite avec d'autres biens ou services pour fournir au client le bien ou le service spécifié. Par exemple, si l'entité réalise un important travail d'intégration des biens ou des services [voir paragraphe 29, point a)] fournis par un tiers au bien ou au service spécifié constituant l'objet du contrat passé par le client, elle contrôle le bien ou le service spécifié avant qu'il ne soit fourni au client. Il en est ainsi parce qu'elle obtient d'abord le contrôle des différents éléments composant le bien ou service spécifié (ce qui comprend les biens ou services procurés par les tiers), puis décide de leur utilisation en vue de créer le produit combiné qui constitue le bien ou le service spécifié.

B35B Lorsque (ou à mesure que) l'entité agissant pour son propre compte remplit une obligation de prestation, elle comptabilise en produits des activités ordinaires le montant brut de contrepartie auquel elle s'attend à avoir droit en échange du bien ou du service spécifié fourni.

B36 L'entité agit comme mandataire si son obligation de prestation consiste à prendre les dispositions voulues pour qu'un tiers fournisse le bien ou le service spécifié. Un mandataire ne contrôle pas le bien ou le service spécifié fourni par un tiers avant que ce bien ou ce service ne soit fourni au client. Lorsque (ou à mesure que) un mandataire remplit une obligation de prestation, il comptabilise en produits des activités ordinaires le montant des honoraires ou de la commission auquel il s'attend à avoir droit en échange des dispositions prises pour que le tiers fournisse les biens ou les services spécifiés. Les honoraires ou la commission de l'entité peuvent être le montant net de la contrepartie que celle-ci conserve après avoir payé au tiers la contrepartie reçue en échange des biens ou des services à fournir par celui-ci.

B37 Les indicateurs qui montrent qu'une entité contrôle le bien ou le service spécifié avant qu'il ne soit fourni au client [et agit donc pour son propre compte (voir paragraphe B35)] comprennent de manière non limitative les suivants :

a) la responsabilité première de fournir selon les termes du contrat le bien ou le service spécifié incombe à l'entité. Cela comprend typiquement la responsabilité quant au caractère acceptable du bien ou du service spécifié (par exemple, la responsabilité première de la conformité du bien ou du service aux spécifications du client). Le fait que la responsabilité première de fournir selon les termes du contrat le bien ou le service spécifié incombe à l'entité peut indiquer que le tiers qui intervient dans la fourniture du bien ou du service spécifié agit pour le compte de l'entité ;

b) l'entité est exposée au risque sur stocks avant que le bien ou le service spécifié ait été fourni au client ou après que le contrôle lui en a été transféré (par exemple, si le client a un droit de retour). Par exemple, si l'entité obtient (ou s'engage à obtenir) le bien ou le service spécifié avant d'avoir signé un contrat avec le client, ce fait peut indiquer que l'entité a la capacité de décider de l'utilisation du bien ou du service et d'en tirer la quasi-totalité des avantages restants avant qu'il ne soit fourni au client ;

c) l'entité dispose d'une latitude pour fixer le prix du bien ou du service spécifié. Le fait que l'entité fixe le prix que le client paie pour le bien ou le service spécifié peut indiquer qu'elle a la capacité de décider de l'utilisation de ce bien ou de ce service et d'en obtenir la quasi-totalité des avantages restants. Cependant, un mandataire peut avoir une certaine latitude dans l'établissement des prix. Par exemple, il peut disposer d'une marge de manœuvre pour fixer des prix afin de tirer des produits supplémentaires de la prestation d'un service d'intermédiation en vue de la fourniture par un tiers de biens ou de services au client.

B37A Les indicateurs d'appréciation du contrôle tels qu'énoncés au paragraphe B37 peuvent être plus ou moins pertinents selon la nature du bien ou du service spécifié et les termes et conditions du contrat. En outre, différents indicateurs peuvent constituer des éléments probants plus convaincants selon les contrats.

B38 Si un tiers prend à sa charge une obligation de prestation de l'entité ainsi que les droits contractuels connexes, de telle sorte que l'entité n'est plus tenue de remplir l'obligation de prestation consistant à fournir le bien ou le service spécifié au client (autrement dit, l'entité n'agit plus pour son propre compte), l'entité ne doit pas comptabiliser de produits des activités ordinaires au titre de cette obligation. Elle doit plutôt déterminer s'il y a lieu de comptabiliser des produits des activités ordinaires pour avoir rempli une obligation de prestation consistant à obtenir un contrat pour le compte du tiers (autrement dit, déterminer si elle agit comme mandataire).

BIENS OU SERVICES SUPPLÉMENTAIRES OFFERTS AU CLIENT EN OPTION

B39 Les options permettant au client d'acquérir des biens ou des services supplémentaires gratuitement ou avec une remise peuvent prendre différentes formes : stimulants à la vente, octroi de points-cadeaux, options de renouvellement de contrat, remises sur achats futurs de biens ou de services, etc.

B40 Si, dans le cadre d'un contrat, l'entité accorde au client l'option d'acquérir des biens ou des services supplémentaires, cette option ne donne naissance à une obligation de prestation afférente au contrat que si elle confère au client un droit significatif que celui-ci n'obtiendrait pas sans conclure le contrat (par exemple une remise s'ajoutant à l'éventail de réductions habituellement consenties sur ces biens ou services aux clients de la même catégorie, dans la même zone géographique ou sur le même marché). Si l'option confère un droit significatif au client, ce dernier paie en fait l'entité à l'avance pour des biens ou des services à venir, et l'entité comptabilise les produits des activités ordinaires au moment où les biens ou les services sont fournis ou lorsque l'option expire.

B41 Si le client a l'option d'acquérir un bien ou un service supplémentaire à un prix correspondant au prix de vente séparé du bien ou du service, cette option ne lui confère pas un droit significatif même si elle ne peut être exercée qu'en concluant un contrat préalablement. En pareil cas, l'entité a fait une offre promotionnelle qu'elle ne doit comptabiliser conformément à la présente norme qu'au moment où le client exerce l'option d'acheter le bien ou le service supplémentaire.

B42 Le paragraphe 74 impose à l'entité de répartir le prix de transaction entre les obligations de prestation en proportion des prix de vente de chaque élément séparé. Si le prix de vente séparé d'une option permettant au client d'acquérir des biens ou des services supplémentaires ne peut être observé directement, l'entité doit l'estimer. L'estimation doit refléter la remise qu'obtiendrait le client lors de l'exercice de l'option, ajustée pour tenir compte des deux éléments suivants :

a) toute réduction dont bénéficierait le client sans exercer l'option ; et

b) la probabilité que l'option soit exercée.

B43 Si le client a un droit significatif d'acquérir dans l'avenir des biens ou des services qui sont semblables aux biens ou aux services initiaux visés par le contrat et qui seront fournis conformément aux conditions énoncées dans le contrat initial, l'entité peut, plutôt que d'estimer le prix de vente séparé de l'option, adopter une solution pratique consistant à affecter le prix de transaction aux biens ou aux services offerts en option, sur la base des biens ou des services qu'elle s'attend à fournir et de la contrepartie correspondante attendue. En général, les options de ce type ont trait au renouvellement de contrats.

DROITS NON EXERCÉS PAR LES CLIENTS

B44 Selon le paragraphe 106, à la réception d'un paiement anticipé effectué par le client, l'entité doit comptabiliser un passif sur contrat pour le montant du paiement anticipé au titre de l'obligation de prestation qui lui incombe, à savoir fournir, ou se tenir prête à fournir, des biens ou des services dans l'avenir. L'entité doit reprendre ce passif sur contrat (et comptabiliser des produits des activités ordinaires) lorsqu'elle fournit les biens ou les services et, de ce fait, remplit son obligation de prestation.

B45 Un paiement non remboursable effectué d'avance à l'entité confère au client le droit de recevoir un bien ou un service dans l'avenir (et oblige l'entité à se tenir prête à fournir le bien ou le service). Il se peut cependant que le client n'exerce pas la totalité de ses droits contractuels. On parle parfois de droits abandonnés pour désigner les droits qui ne seront pas exercés.

B46 Si l'entité s'attend à bénéficier de montants au titre de droits abandonnés afférents à un passif sur contrat, elle doit comptabiliser ces montants attendus en produits des activités ordinaires proportionnellement au schéma courant selon lequel le client exerce ses droits. Si l'entité ne s'attend pas à bénéficier de montants au titre de droits abandonnés, elle doit comptabiliser ces montants en produits des activités ordinaires lorsque la probabilité que le client exerce ses droits restants est devenue faible. Pour déterminer si elle peut s'attendre à bénéficier de montants au titre de droits abandonnés, l'entité doit tenir compte des dispositions des paragraphes 56 à 58 sur la limitation des estimations de contrepartie variable.

B47 L'entité doit comptabiliser un passif (et non des produits des activités ordinaires) au titre de toute contrepartie reçue qui correspond à des droits non exercés par le client et que l'entité est tenue de remettre à un tiers, par exemple une entité publique en vertu de la législation applicable aux biens non réclamés.

FRAIS INITIAUX NON REMBOURSABLES (ET CERTAINS COÛTS CONNEXES)

B48 Dans le cas de certains contrats, l'entité facture au client, à la date de passation du contrat ou à une date voisine, des frais initiaux non remboursables. Il peut s'agir par exemple de droits d'adhésion prévus dans des contrats d'abonnement à un club de remise en forme, de frais de mise en service dans des contrats de télécommunications, de frais de mise en route dans des contrats de services et de frais initiaux dans des contrats d'approvisionnement.

B49 Pour identifier les obligations de prestation découlant de tels contrats, l'entité doit apprécier si les frais sont liés à la fourniture d'un bien ou d'un service promis. Bien souvent, même si les frais initiaux non remboursables sont liés à une activité que l'entité est tenue de réaliser à la date de passation du contrat ou à une date voisine pour remplir le contrat, cette activité ne se traduit pas par la fourniture d'un bien ou d'un service promis au client (voir paragraphe 25). Les frais initiaux sont plutôt un paiement anticipé pour des biens ou des services à venir, et ils sont donc comptabilisés en produits des activités ordinaires lorsque ces biens ou services sont fournis. La période de comptabilisation des produits des activités ordinaires se prolonge au-delà de la durée initiale du contrat si l'entité accorde au client l'option de renouveler le contrat et que cette option procure au client un droit significatif comme il est expliqué au paragraphe B40.

B50 Si les frais initiaux non remboursables sont liés à un bien ou à un service, l'entité doit déterminer s'il lui faut comptabiliser celui-ci comme une obligation de prestation distincte en application des paragraphes 22 à 30.

B51 L'entité peut facturer des frais non remboursables servant en partie à payer les coûts subis pour l'établissement d'un contrat (ou pour d'autres tâches administratives évoquées au paragraphe 25). Si l'entité ne remplit pas une obligation de prestation en effectuant ces activités d'établissement de contrat, elle doit faire abstraction de celles-ci (et des coûts connexes) lorsqu'elle évalue le degré d'avancement selon le paragraphe B19. La raison en est que le coût des activités d'établissement de contrat ne reflète pas la fourniture de services au client. L'entité doit apprécier si les coûts subis pour l'établissement du contrat ont donné naissance à un actif à comptabiliser selon le paragraphe 95.

LICENCES

B52 Une licence donne à un client des droits sur la propriété intellectuelle de l'entité. Les licences de propriété intellectuelle peuvent comprendre, mais ne sont pas limitées à, des licences en relation avec :

a) les logiciels et la technologie ;

b) les œuvres cinématographiques, œuvres musicales et autres créations pour les médIAS et l'industrie du divertissement ;

c) franchises ; et

d) les brevets, marques et copyright.

B53 Outre la promesse d'octroyer une licence (ou des licences) à un client, l'entité peut également promettre de lui fournir d'autres biens ou services. Ces promesses peuvent être mentionnées de façon explicite dans le contrat ou découler implicitement des pratiques commerciales habituelles, de la politique affichée ou de déclarations précises de l'entité (voir paragraphe 24). Comme pour d'autres types de contrats, lorsqu'un contrat conclu avec un client contient une promesse d'octroyer une licence (ou des licences) en plus d'autres promesses de fournir des biens ou des services, l'entité applique les paragraphes 22 à 30 afin d'identifier chacune des obligations de prestation contenues dans le contrat.

B54 Si la promesse d'octroyer une licence n'est pas distincte d'autres promesses de fourniture de biens ou de services prévues dans le contrat selon les paragraphes 26 à 30, l'entité doit comptabiliser ensemble comme une seule et même obligation de prestation la promesse d'octroyer une licence et les autres. Voici des exemples de licences qui ne sont pas distinctes des autres biens ou services promis dans le contrat :

a) une licence qui constitue une composante d'un bien matériel et qui fait partie intégrante de la capacité de fonctionner de celui-ci ; et

b) une licence dont le client ne peut tirer avantage qu'en l'utilisant conjointement avec un service connexe (comme un service en ligne fourni par l'entité dont l'accès au contenu par le client nécessite l'octroi ce la licence).

B55 Lorsque la licence n'est pas distincte, l'entité doit appliquer les paragraphes 31 à 38 afin de déterminer si l'obligation de prestation (qui comprend la licence promise) est une obligation de prestation remplie progressivement ou à un moment précis.

B56 Lorsque la promesse d'octroyer la licence est distincte des autres promesses de fourniture de biens ou de services prévues au contrat et qu'elle constitue par conséquent une obligation de prestation distincte, l'entité doit déterminer si la licence est fournie au client à un moment précis ou progressivement. Pour ce faire, l'entité doit examiner si la nature de sa promesse d'octroyer la licence au client consiste à accorder à celui-ci l'un ou l'autre des droits suivants :

a) un droit d'accès à la propriété intellectuelle de l'entité telle qu'elle existe tout au long de la période couverte par la licence ; ou

b) un droit d'utilisation de la propriété intellectuelle de l'entité telle qu'elle existe au moment précis où la licence est octroyée.

➟ Détermination de la nature de la promesse de l'entité

B57 [Supprimé]

B58 La nature de la promesse de l'entité d'octroyer une licence consiste à accorder un droit d'accès à la propriété intellectuelle de l'entité si toutes les conditions suivantes sont remplies :

a) soit le contrat prescrit, soit le client prévoit raisonnablement, que l'entité entreprendra des activités qui auront une incidence importante sur la propriété intellectuelle sur laquelle le client a des droits (voir paragraphes B59 et B59A) ;

b) les droits accordés par la licence exposent directement le client aux conséquences positives ou négatives des activités de l'entité mentionnées au point a) ; et

c) ces activités n'entraînent pas la fourniture concomitante d'un bien ou d'un service (voir paragraphe 25).

B59 Parmi les facteurs pouvant indiquer qu'un client pourrait s'attendre raisonnablement à ce que l'entité entreprenne des activités qui auront une incidence importante sur la propriété intellectuelle, on peut citer les pratiques commerciales habituelles, la politique affichée et les déclarations spécifiques de l'entité. Bien que cela ne soit pas déterminant, l'existence d'intérêts économiques communs à l'entité et au client (par exemple, une redevance en fonction des ventes) qui se rapportent à la propriété intellectuelle sur laquelle le client a des droits peut également indiquer que le client pourrait s'attendre raisonnablement à ce que l'entité entreprenne de telles activités.

B59A Les activités de l'entité ont une incidence importante sur la propriété intellectuelle sur laquelle le client a des droits lorsque :

a) ces activités sont susceptibles de modifier considérablement la forme (par exemple, l'esthétique ou le contenu) ou la fonctionnalité (par exemple, la capacité d'exécuter une fonction ou une tâche) de la propriété intellectuelle ; ou

b) la capacité du client de tirer parti de la propriété intellectuelle provient en majeure partie de ces activités, ou en dépend. Par exemple, les avantages issus d'une marque découlent souvent des activités continues menées par l'entité pour soutenir ou préserver la valeur de la propriété intellectuelle, ou en dépendent.

Par conséquent, si la propriété intellectuelle sur laquelle le client a des droits possède une fonctionnalité autonome importante, ses avantages découlent en grande partie de cette fonctionnalité. Les activités de l'entité n'auront donc pas d'incidence importante sur la capacité du client à tirer parti de la propriété intellectuelle, à moins qu'elles ne modifient considérablement sa forme ou sa fonctionnalité. Parmi les types de propriété intellectuelle qui possèdent souvent une fonctionnalité autonome importante, on trouve les logiciels, les composés biologiques ou les formules de médicaments, et les contenus médiatiques achevés (comme les films, les émissions de télévision et les enregistrements musicaux).

B60 Lorsque les conditions énoncées au paragraphe B58 sont remplies, l'entité doit comptabiliser la promesse d'octroyer une licence comme une obligation de prestation remplie progressivement parce que le client recevra et consommera simultanément les avantages de la prestation par laquelle l'entité lui donne accès à sa propriété intellectuelle, et ce, au fur et à mesure que la prestation a lieu (voir paragraphe 35, point a)]. L'entité doit appliquer les paragraphes 39 à 45 afin de choisir une méthode appropriée pour évaluer son degré d'avancement vers l'exécution complète d'une obligation de prestation consistant à donner cet accès.

B61 Lorsque les conditions énoncées au paragraphe B58 ne sont pas remplies, la nature de la promesse de l'entité consiste à accorder le droit d'utiliser sa propriété intellectuelle telle que celle-ci existe (sur le plan de la forme et de la fonctionnalité) au moment précis où la licence est octroyée au client. Cela signifie que le client peut décider de l'utilisation de la licence et en tirer la quasi-totalité des avantages restants au moment précis où la licence lui est fournie. L'entité doit comptabiliser la promesse d'accorder le droit d'utiliser sa propriété intellectuelle comme une obligation de prestation remplie à un moment précis. Elle doit appliquer le paragraphe 38 afin de déterminer le moment précis où la licence est fournie au client. Cependant, l'entité ne peut comptabiliser de produits des activités ordinaires au titre d'une licence qui accorde le droit d'utiliser sa propriété intellectuelle avant le début de la période au cours de laquelle le client pourra utiliser la licence et en retirer les avantages. Par exemple, si la période couverte par la licence d'utilisation d'un logiciel commence avant que l'entité fournisse au client (ou mette autrement à sa disposition) un code permettant à celui-ci d'utiliser le logiciel immédiatement, l'entité ne comptabilisera pas de produits des activités ordinaires avant d'avoir fourni (ou mis autrement à sa disposition) le code au client.

B62 L'entité ne tient pas compte des facteurs suivants lorsqu'elle détermine si une licence accorde le droit d'accéder à sa propriété intellectuelle ou le droit de l'utiliser :

a) Restrictions temporelles, géographiques ou d'utilisation : ces restrictions constituent des caractéristiques de la licence promise et non des indications servant à déterminer si l'entité remplit son obligation de prestation à un moment précis ou progressivement.

b) Garanties données par l'entité qu'elle détient un brevet valide pour la propriété intellectuelle et qu'elle défendra ce brevet contre toute utilisation non autorisée : la promesse de défendre un brevet ne constitue pas une obligation de prestation, car l'acte de défendre un brevet protège la valeur des actifs de propriété intellectuelle de l'entité et procure au client l'assurance que la licence fournie est conforme aux spécifications promises dans le contrat.

Redevances en fonction des ventes ou en fonction de l'utilisation

B63 Nonobstant les dispositions des paragraphes 56 à 59, l'entité ne doit comptabiliser des produits des activités ordinaires au titre d'une redevance en fonction des ventes ou d'une redevance en fonction de l'utilisation qui a été promise en échange d'une licence de propriété intellectuelle que lorsque (ou qu'à mesure que) survient le plus tardif des événements suivants :

a) la vente ou l'utilisation en question se produit ; et

b) l'obligation de prestation à laquelle est affectée, en tout ou partie, la redevance en fonction des ventes ou la redevance en fonction de l'utilisation est remplie (ou partiellement remplie).

B63A La disposition relative aux redevances en fonction des ventes ou en fonction de l'utilisation énoncée au paragraphe B63 s'applique lorsque les redevances se rattachent seulement ou principalement à une licence de propriété intellectuelle (par exemple, la licence de propriété intellectuelle peut être le principal élément auquel les redevances se rattachent lorsque l'entité s'attend raisonnablement à ce que le client attribue une valeur beaucoup plus grande à la licence qu'aux autres biens ou services auxquels ces redevances se rattachent).

B63B Lorsque la contrainte énoncée au paragraphe B63A est respectée, les produits tirés des redevances en fonction des ventes ou en fonction de l'utilisation doivent être comptabilisés dans leur intégralité conformément au paragraphe B63. Sinon, les dispositions sur la contrepartie variable des paragraphes 50 à 59 s'appliquent aux redevances en fonction des ventes ou en fonction de l'utilisation.

ACCORDS DE RACHAT

B64 Un accord de rachat est un contrat en vertu duquel l'entité vend un actif et promet ou a l'option de le racheter (soit dans le cadre du même contrat, soit dans le cadre d'un autre). L'actif racheté peut être celui qui a été vendu à l'origine au client, un actif qui est substantiellement le même, ou un actif différent de celui vendu à l'origine, lequel en constitue un composant.

B65 De manière générale, il existe trois formes d'accords de rachat, à savoir ceux en vertu desquels :

a) l'entité a l'obligation de racheter l'actif (contrat à terme) ;

b) l'entité a le droit de racheter l'actif (option d'achat) ; et

c) l'entité a l'obligation de racheter l'actif à la demande du client (option de vente).

➡ Contrat à terme et option d'achat

B66 Si l'entité a l'obligation ou le droit de racheter l'actif (contrat à terme ou option d'achat), le client n'obtient pas le contrôle de l'actif, parce que sa capacité de décider de l'utilisation de l'actif et d'en tirer la quasi-totalité des avantages restants est limitée, même s'il peut en avoir la possession matérielle. En conséquence, l'entité doit comptabiliser le contrat comme suit :

a) soit comme un contrat de location à traiter selon IFRS 16 *Contrats de location*, si l'actif peut ou doit être racheté à un montant inférieur à son prix de vente initial, à moins que le contrat fasse partie d'une transaction de cession-bail, auquel cas l'entité doit conserver l'actif dans ses comptes et doit comptabiliser un passif financier au titre de toute contrepartie reçue du client. L'entité doit comptabiliser ce passif financier selon IFRS 9 ; ou

b) soit comme un accord de financement à traiter selon le paragraphe B68, si l'actif peut ou doit être racheté à un montant égal ou supérieur à son prix de vente initial.

B67 Lorsqu'elle compare le prix de rachat avec le prix de vente, l'entité doit tenir compte de la valeur temps de l'argent.

B68 Si l'accord de rachat est un accord de financement, l'entité doit continuer à comptabiliser l'actif et doit aussi comptabiliser un passif financier au titre de toute contrepartie reçue du client. La différence entre le montant de la contrepartie reçue du client et le montant de la contrepartie à lui verser doit être comptabilisée par l'entité à titre d'intérêts et, s'il y a lieu, de coût de traitement ou de possession (par exemple les assurances).

B69 Si l'option expire sans avoir été exercée, l'entité doit décomptabiliser le passif et comptabiliser des produits des activités ordinaires.

➡ Option de vente

B70 Si l'entité a une obligation de racheter l'actif à la demande du client (option de vente) à un prix inférieur au prix de vente initial de l'actif, elle doit se demander au moment de la passation du contrat si le client a un intérêt économique important à exercer son droit. S'il exerce son droit, le client, en pratique, paie une contrepartie à l'entité en retour du droit d'utiliser un actif déterminé pendant une certaine période. Par conséquent, si le client a un avantage économique important à exercer son droit, l'entité doit comptabiliser l'accord comme un contrat de location conformément à IFRS 16, à moins que le contrat fasse partie d'une transaction de cession-bail. Si l'accord de rachat est un accord de financement, l'entité doit continuer à comptabiliser l'actif et doit aussi comptabiliser un passif financier au titre de toute contrepartie reçue du client. L'entité doit comptabiliser ce passif financier selon IFRS 9.

B71 Pour déterminer si le client a un intérêt économique important à exercer son droit, l'entité doit prendre en compte divers facteurs, dont le rapport entre le prix de rachat et la valeur de marché attendue de l'actif à la date de rachat, ainsi que le délai restant à courir jusqu'à l'expiration du droit. Par exemple, s'il est à prévoir que le prix de rachat sera considérablement plus élevé que la valeur de marché de l'actif, cela peut indiquer que le client a un intérêt économique important à exercer l'option d'achat.

B72 Si le client n'a pas d'intérêt économique important à exercer son droit à un prix inférieur au prix de vente initial de l'actif, l'entité doit comptabiliser l'accord comme s'il s'agissait de la vente d'un produit avec droit de retour, comme il est expliqué aux paragraphes B20 à B27.

B73 Si le prix de rachat de l'actif est égal ou supérieur à son prix de vente initial et est plus élevé que sa valeur de marché attendue, le contrat est en fait un accord de financement et doit, par conséquent, être comptabilisé comme il est expliqué au paragraphe B68.

B74 Si le prix de rachat de l'actif est égal ou supérieur à son prix de vente initial et est égal ou inférieur à sa valeur de marché attendue, et que le client n'a pas d'intérêt économique important à exercer son droit, l'entité doit comptabiliser l'accord comme s'il s'agissait de la vente d'un produit avec droit de retour comme il est expliqué aux paragraphes B20 à B27.

B75 Lorsqu'elle compare le prix de rachat avec le prix de vente, l'entité doit tenir compte de la valeur temps de l'argent.

B76 Si l'option expire sans avoir été exercée, l'entité doit décomptabiliser le passif et comptabiliser des produits des activités ordinaires.

ACCORDS DE CONSIGNATION

B77 Lorsque l'entité livre un produit à un tiers (par exemple un distributeur ou un grossiste) pour vente à des clients finaux, elle doit évaluer si le tiers obtient le contrôle du produit à ce moment-là. Le produit livré à un tiers peut être détenu en vertu d'un accord de consignation si le tiers n'en obtient pas le contrôle. Par conséquent, l'entité ne doit pas comptabiliser de produits des activités ordinaires au moment de la livraison au tiers si le produit livré est détenu en consignation.

B78 Les indicateurs qu'un accord est un accord de consignation sont notamment les suivants :

a) le produit est contrôlé par l'entité jusqu'à ce que se produise un événement spécifié, par exemple la vente du produit à un client du distributeur, ou jusqu'au terme d'une période déterminée ;

b) l'entité est en mesure d'exiger que le produit lui soit rendu ou de le transférer à un tiers (tel qu'un autre distributeur) ; et

c) le distributeur n'a pas l'obligation inconditionnelle de payer le produit (le paiement d'un acompte pouvant toutefois être exigé).

VENTES À LIVRER

B79 Un accord de vente à livrer (*bill and hold*) est un contrat en vertu duquel l'entité facture à son client un produit dont elle conserve la possession matérielle jusqu'à ce qu'il soit ultérieurement fourni au client. Par exemple, il se peut que le client propose un contrat de ce type à l'entité parce qu'il ne dispose pas d'un espace suffisant pour stocker le produit ou qu'il accuse un retard dans son calendrier de production.

B80 Pour déterminer le moment où l'entité a rempli son obligation de prestation consistant à fournir un produit, elle doit évaluer à quel moment le client obtient le contrôle du produit (voir paragraphe 38). Dans certains cas, le contrôle est transféré soit lorsque le produit est livré au client, soit lorsque le produit est expédié, selon les termes du contrat (y compris les conditions de livraison et d'expédition). Toutefois, dans d'autres cas, il se peut que le client obtienne le contrôle d'un produit même si l'entité en a encore la possession matérielle. Dans un tel cas, le client a la capacité de décider de l'utilisation du produit et d'en tirer la quasi-totalité des avantages restants même s'il a décidé de ne pas exercer son droit d'en prendre matériellement possession. L'entité n'a donc pas le contrôle du produit. Elle se trouve plutôt à fournir au client un service de conservation d'actif.

B81 Outre les dispositions du paragraphe 38, dans le cas d'une vente à livrer, toutes les conditions suivantes doivent être réunies pour que le client ait obtenu le contrôle du produit :

a) la vente à livrer doit avoir un motif réel (par exemple avoir été demandée par le client) ;

b) le produit doit être identifié séparément comme appartenant au client ;

c) le produit doit être prêt à être physiquement livré au client ; et

d) l'entité n'a pas la faculté d'utiliser le produit ou de le réassigner à un autre client.

B82 Si l'entité comptabilise des produits des activités ordinaires au titre d'un bien cédé dans le cadre d'une vente à livrer, elle doit se demander si, en application des paragraphes 22 à 30, il lui reste des obligations de prestation à remplir (par exemple de garde du bien) auxquelles elle doit affecter une partie du prix de transaction conformément aux paragraphes 73 à 86.

ACCEPTATION PAR LE CLIENT

B83 Selon le paragraphe 38, point e), l'acceptation d'un actif par le client peut indiquer que ce dernier en a obtenu le contrôle. Les clauses d'acceptation par le client permettent à ce dernier de résilier le contrat ou d'exiger que l'entité prenne des mesures correctives si le bien ou le service ne satisfait pas aux spécifications convenues. L'entité doit tenir compte de ces clauses lorsqu'elle détermine à quel moment le client obtient le contrôle d'un bien ou d'un service.

B84 Si l'entité peut déterminer objectivement que le contrôle d'un bien ou d'un service a été transféré au client conformément aux spécifications convenues dans le contrat, l'acceptation par le client est une formalité sans effet sur la conclusion de l'entité quant au moment où le client a obtenu le contrôle du bien ou du service. Par exemple, si la clause d'acceptation par le client est fondée sur le respect de certaines caractéristiques de taille et de poids, l'entité est en mesure de déterminer si ces conditions ont été remplies avant d'obtenir confirmation de l'acceptation par le client. L'expérience de l'entité à l'égard de contrats portant sur des biens ou des services similaires peut lui fournir des indications qu'un bien ou un service fourni au client correspond aux spécifications convenues dans le contrat. Lorsque des produits des activités ordinaires sont comptabilisés avant que le client ne signifie son acceptation, l'entité doit néanmoins se demander s'il demeure des obligations de prestation (par exemple installation de matériel) et évaluer s'il lui faut les comptabiliser séparément.

B85 Si, en revanche, l'entité ne peut pas déterminer objectivement qu'un bien ou un service fourni au client est conforme aux spécifications convenues dans le contrat, elle n'est pas en mesure de conclure que le client en a obtenu le contrôle avant qu'il ne lui ait signifié son acceptation. En effet, dans ce cas, elle n'est pas en mesure de déterminer que le client a la capacité de décider de l'utilisation du bien ou du service et d'en tirer la quasi-totalité des avantages restants.

B86 Si l'entité livre des produits à un client pour mise à l'essai ou évaluation et que le client ne s'est pas engagé à payer une contrepartie avant la fin de la période d'essai, le contrôle du produit n'est pas transféré au client avant que ce dernier n'accepte le produit ou que la période d'essai ne prenne fin.

INFORMATIONS À FOURNIR SUR LA VENTILATION DES PRODUITS DES ACTIVITÉS ORDINAIRES

B87 Le paragraphe 114 exige de l'entité qu'elle ventile les produits des activités ordinaires tirés de contrats conclus avec des clients entre des catégories montrant comment la nature, le montant, le calendrier et le degré d'incertitude des produits des activités ordinaires et des flux de trésorerie sont touchés par les facteurs économiques. Le degré de ventilation des produits des activités ordinaires nécessaire aux fins de ces informations à fournir dépend donc des faits et circonstances propres aux contrats que l'entité a conclus avec des clients. Il se peut que certaines entités doivent utiliser plus d'un type de catégorie pour satisfaire à l'objectif de ventilation des produits des activités ordinaires énoncé au paragraphe 114. Pour d'autres entités, il se peut qu'un seul type de catégorie suffise pour atteindre cet objectif.

B88 Lorsqu'elle choisit le type de catégorie ou les types de catégories à utiliser pour la ventilation des produits des activités ordinaires, l'entité doit tenir compte de la façon dont les informations sur les produits de ses activités ordinaires ont été présentées à d'autres fins, notamment pour ce qui est :

a) des informations présentées ailleurs que dans les états financiers (par exemple, dans les communiqués sur les résultats, dans les rapports annuels ou dans les présentations à l'intention des investisseurs) ;

b) les informations régulièrement examinées par le principal décideur opérationnel aux fins de l'évaluation de la performance financière des secteurs opérationnels ; et

c) d'autres informations analogues aux types d'informations mentionnées aux points a) et b) ci-dessus et qui sont utilisées par l'entité ou par les utilisateurs de ses états financiers pour évaluer sa performance financière ou pour prendre des décisions en matière d'attribution des ressources.

B89 Des exemples de catégories susceptibles d'être appropriées sont notamment les suivantes :

a) type de bien ou de service (par exemple principales lignes de produits) ;

b) situation géographique (par exemple pays ou régions) ;

c) marché ou type de client (par exemple clients du secteur public et clients du secteur privé) ;

d) type de contrat (par exemple, contrats à forfait et contrats en régie) ;

e) durée du contrat (par exemple, contrats à court terme et contrats à long terme) ;

f) date ou calendrier de fourniture des biens ou des services (par exemple, biens ou services fournis à une date donnée et biens ou services fournis sur une certaine période) ; et

g) canaux de distribution (par exemple, biens vendus directement aux clients et biens vendus par des intermédiaires).

Annexe C – Date d'entrée en vigueur et dispositions transitoires

La présente annexe fait partie intégrante de la norme et fait autorité au même titre que les autres parties de la norme.

DATE D'ENTRÉE EN VIGUEUR

C1 L'entité doit appliquer la présente norme pour les exercices ouverts à compter du 1er janvier 2018. Une application anticipée est autorisée. Si l'entité applique la présente norme de manière anticipée, elle doit l'indiquer.

C1A La publication d'IFRS 16 *Contrats de location*, en janvier 2016, a donné lieu à la modification des paragraphes 5, 97, B66 et B70. Une entité qui applique IFRS 16 doit appliquer ces modifications.

C1B La publication de *Clarifications apportées à IFRS 15 Produits des activités ordinaires tirés de contrats conclus avec des clients*, en avril 2016, a donné lieu à la modification des paragraphes 26, 27, 29, B1, B34 à B38, B52, B53, B58, C2, C5 et C7, à la suppression du paragraphe B57 et à l'ajout des paragraphes B34A, B35A, B35B, B37A, B59A, B63A, B63B, C7A et C8A. L'entité doit appliquer la présente norme pour les exercices ouverts à compter du 1er janvier 2018.

Une application anticipée est autorisée. Si l'entité applique la modification pour une période antérieure, elle doit l'indiquer.

C1C La publication d'IFRS 17, en mai 2017, a donné lieu à la modification du paragraphe 5. Une entité qui applique IFRS 17 doit appliquer cette modification.

DISPOSITIONS TRANSITOIRES

C2 Aux fins des dispositions transitoires des paragraphes C3 à C8A :

a) la date de première application correspond au début de la période de reporting au cours de laquelle l'entité applique la présente norme pour la première fois ; et

b) un contrat achevé s'entend d'un contrat pour lequel l'entité a fourni l'ensemble des biens ou des services identifiés selon IAS 11 *Contrats de construction*, IAS 18 *Produits des activités ordinaires* et les interprétations connexes.

C3 L'entité doit appliquer la présente norme selon l'une des deux méthodes suivantes :

a) de façon rétrospective à chaque période antérieure pour laquelle elle présente l'information financière, conformément à IAS 8 *Méthodes comptables, changements d'estimations comptables et erreurs*, en tenant compte des mesures de simplification prévues au paragraphe C5 ; ou

b) de façon rétrospective en comptabilisant l'effet cumulatif de l'application initiale de la présente norme à la date de première application conformément aux paragraphes C7 et C8.

C4 Nonobstant les dispositions du paragraphe 28 d'IAS 8, lors de la première application de la présente norme, l'entité n'est tenue de présenter les informations quantitatives exigées par le paragraphe 28, point f) d'IAS 8 que pour l'exercice qui précède immédiatement le premier exercice d'application de la présente norme (« l'exercice qui précède immédiatement ») et que si l'entité applique la présente norme de façon rétrospective selon le paragraphe C3, point a). L'entité peut également présenter ces informations pour la période considérée ou pour des périodes comparatives antérieures, mais n'est pas tenue de le faire.

C5 Lorsqu'elle applique la présente norme de façon rétrospective conformément au paragraphe C3, point a), l'entité peut retenir une ou plusieurs des mesures de simplification indiquées ci-dessous :

a) dans le cas des contrats achevés, l'entité n'est pas tenue de retraiter :

i) les contrats qui ont commencé et se sont terminés au cours du même exercice ; ou

ii) les contrats qui étaient des contrats achevés au début de la première période présentée.

b) dans le cas des contrats achevés qui prévoient une contrepartie variable, l'entité peut utiliser le prix de transaction à la date d'achèvement du contrat plutôt que d'estimer les montants de contrepartie variable pour les périodes pour lesquelles elle présente l'information financière à titre comparatif ;

c) dans le cas des contrats modifiés avant le début de la première période présentée, l'entité n'est pas tenue de les retraiter rétrospectivement pour tenir compte des modifications conformément aux paragraphes 20 et 21. Elle doit plutôt refléter l'effet global de l'ensemble des modifications apportées avant le début de la première période présentée lorsqu'elle :

i) identifie les obligations de prestation remplies et les obligations de prestation non remplies ;

ii) détermine le prix de transaction ; et

iii) affecte le prix de transaction aux obligations de prestation remplies et aux obligations de prestation non remplies.

d) pour toutes les périodes antérieures à la date de première application pour lesquelles elle présente l'information financière, l'entité n'est pas tenue d'indiquer le montant du prix de transaction affecté aux obligations de prestation qui restent à remplir ni de fournir une explication précisant quand l'entité s'attend à comptabiliser ce montant en produits des activités ordinaires (voir paragraphe 120).

C6 Lorsque l'entité applique l'une ou l'autre des mesures de simplification énoncées au paragraphe C5, elle doit l'appliquer systématiquement à tous les contrats, pour toutes les périodes pour lesquelles elle présente l'information financière. De plus, l'entité doit fournir toutes les informations suivantes :

a) les mesures de simplification qu'elle a appliquées ; et

b) dans la mesure où cela est raisonnablement faisable, une appréciation qualitative de l'effet estimé de l'application de chacune de ces mesures.

C7 Si elle choisit d'appliquer la présente norme de façon rétrospective conformément au paragraphe C3, point b), l'entité doit comptabiliser l'effet cumulatif de son application initiale comme un ajustement du solde d'ouverture des résultats non distribués (ou, le cas échéant, d'une autre composante des capitaux propres) de l'exercice auquel appartient la date de première application. Selon cette méthode de transition, l'entité peut choisir d'appliquer la présente norme de façon rétrospective uniquement aux contrats qui ne sont pas achevés à la date de première application (par exemple, le 1er janvier 2018 pour l'entité dont l'exercice se termine le 31 décembre).

C7A Lorsqu'elle applique la présente norme de façon rétrospective conformément au paragraphe C3 b), l'entité peut aussi retenir la mesure de simplification décrite au paragraphe C5 c), soit :

a) pour l'ensemble des modifications apportées au contrat avant le début de la première période présentée ; ou

b) pour l'ensemble des modifications apportées au contrat avant la date de première application.

Si l'entité retient cette mesure de simplification, elle doit l'appliquer systématiquement à tous les contrats et fournir les informations requises par le paragraphe C6.

C8 Lorsqu'elle applique la présente norme de façon rétrospective selon le paragraphe C3, point b), l'entité doit fournir les informations supplémentaires suivantes pour les périodes de reporting dans lesquelles se situe la date de première application :

a) le montant de l'incidence qu'a, sur chaque poste des états financiers de la période de présentation de l'information financière considérée, le fait d'appliquer la présente norme plutôt que IAS 11, IAS 18 et les interprétations connexes en vigueur avant le changement ; et

b) les raisons expliquant les incidences importantes indiquées au paragraphe C8, point a).

C8A L'entité doit appliquer *Clarification d'IFRS 15* (voir paragraphe C1B) de façon rétrospective selon IAS 8. À cette fin, l'entité doit appliquer les modifications comme si elles faisaient partie d'IFRS 15 depuis la date de première application. Par conséquent, l'entité n'applique pas les modifications aux périodes ou aux contrats auxquels les dispositions d'IFRS 15 ne s'appliquent pas conformément aux paragraphes C2 à C8. Par exemple, les contrats achevés à la date de première application d'IFRS 15 ne font l'objet d'aucun retraitement destiné à tenir compte des effets de ces modifications si l'entité applique IFRS 15 conformément au paragraphe C3 b) aux seuls contrats qui ne se trouvent pas achevés à la date de première application.

➡ Références à IFRS 9

C9 Si l'entité applique la présente norme mais n'applique pas encore IFRS 9 *Instruments financiers*, toute référence à IFRS 9 doit s'entendre comme une référence à IAS 39 *Instruments financiers : Comptabilisation et évaluation*.

RETRAIT D'AUTRES NORMES

C10 La présente norme annule et remplace les normes suivantes :

a) IAS 11 *Contrats de construction* ;

b) IAS 18 *Produits des activités ordinaires* ;

c) IFRIC 13 *Programmes de fidélisation de la clientèle* ;

d) IFRIC 15 *Contrats de construction de biens immobiliers* ;

e) IFRIC 18 *Transferts d'actifs provenant de clients* ; et

f) SIC-31 *Produits des activités ordinaires – Opérations de troc impliquant des services de publicité*.

IFRS 16

Contrats de location

[règlt UE 2023/1803 modifié par le règlt UE 2023/2579]

Objectif

1 La présente norme établit les principes applicables à la comptabilisation, l'évaluation et la présentation des *contrats de location*, ainsi que les informations à fournir à leur sujet. L'objectif de cette norme consiste à obtenir des *preneurs* et des *bailleurs* qu'ils fournissent des informations pertinentes donnant une image fidèle des opérations relatives à ces contrats. Cette information doit permettre aux utilisateurs des états financiers de disposer des éléments leur permettant d'apprécier l'incidence des contrats de location sur la situation financière, la performance financière et les flux de trésorerie de l'entité.

2 L'entité doit, lorsqu'elle applique la présente norme, tenir compte des termes et conditions du *contrat* et de tous les faits et circonstances pertinents. Elle doit appliquer la présente norme de façon uniforme aux contrats présentant des caractéristiques similaires, conclus dans des circonstances similaires.

Champ d'application

3 L'entité doit appliquer la présente norme à tous les contrats de location, y compris aux contrats de location d'*actifs comptabilisés au titre du droit d'utilisation des actifs* contenus dans un *contrat de sous-location*, à l'exception :

a) des contrats portant sur la prospection ou l'exploitation de minéraux, de pétrole, de gaz naturel ou d'autres ressources non renouvelables similaires ;

b) des contrats portant sur la location d'actifs biologiques qui entrent dans le champ d'application d'IAS 41 *Agriculture* et qui sont détenus par un preneur ;

c) des accords de concession de services qui entrent dans le champ d'application d'IFRIC 12 *Accords de concession de services* ;

d) des licences de propriété intellectuelle octroyées par un bailleur qui entrent dans le champ d'application d'IFRS 15 *Produits des activités ordinaires tirés de contrats conclus avec des clients* ; et

e) des droits détenus par un preneur en vertu d'un accord de licence entrant dans le champ d'application d'IAS 38 *Immobilisations incorporelles* et portant sur des éléments tels que des films cinématographiques, des enregistrements vidéo, des pièces de théâtre, des manuscrits, des brevets et des droits d'auteur.

4 Le preneur peut appliquer la présente norme aux contrats de location d'immobilisations incorporelles autres que ceux décrits au paragraphe 3, point e), mais il n'est pas tenu de le faire.

Exemptions relatives à la comptabilisation (paragraphes B3 à B8)

5 Le preneur peut choisir de ne pas appliquer les dispositions des paragraphes 22 à 49 :

a) à des *contrats de location à court terme* ; et

b) à des contrats de location dont l'*actif sous-jacent* est de faible valeur (tel que décrit aux paragraphes B3 à B8).

6 Le preneur qui choisit de ne pas appliquer les dispositions des paragraphes 22 à 49 à des contrats de location à court terme ou à des contrats de location dont l'actif sous-jacent est de faible valeur doit comptabiliser en charges les *paiements de loyers* associés à ces contrats, soit selon la méthode linéaire sur la *durée du contrat de location*, soit selon une autre méthode systématique. Le preneur doit utiliser une autre méthode systématique si celle-ci est plus représentative de la façon dont il tire avantage de l'utilisation de l'actif sous-jacent.

7 Le preneur qui choisit d'appliquer les dispositions du paragraphe 6 pour comptabiliser des contrats de location à court terme doit considérer qu'il s'agit d'un nouveau contrat de location aux fins de la présente norme si l'une ou l'autre des situations suivantes se présente :

a) il y a *modification du contrat de location* ; ou

b) la durée du contrat de location change (par exemple, à la suite de l'exercice par le preneur d'une option qui n'était précédemment pas incluse dans la détermination de la durée du contrat de location).

8 L'option relative aux contrats de location à court terme s'applique par catégorie d'actifs sous-jacents. Une catégorie d'actifs sous-jacents est un regroupement d'actifs sous-jacents de nature similaire, utilisés de manière similaire dans les activités d'une entité. Le choix visant les contrats de location dont l'actif sous-jacent est de faible valeur peut être exercé contrat par contrat.

Identification d'un contrat de location (paragraphes B9 à B33)

9 **À la date de conclusion d'un contrat, l'entité doit apprécier si celui-ci est ou contient un contrat de location. Un contrat est ou contient un contrat de location s'il confère le droit de contrôler l'utilisation d'un actif identifié pour une période déterminée moyennant le paiement d'une contrepartie. Des indications sur la manière d'apprécier si un contrat est ou contient un contrat de location sont présentées aux paragraphes B9 à B31.**

10 La durée pendant laquelle le droit est conféré peut être exprimée en termes de volume d'utilisation de l'actif identifié (par exemple, le nombre d'unités de production qu'un matériel servira à produire)

11 Ce n'est qu'en cas de changement dans les termes et conditions d'un contrat que l'entité doit de nouveau apprécier si ce contrat est ou contient un contrat de location.

SÉPARATION DES COMPOSANTES D'UN CONTRAT

12 Lorsqu'un contrat est ou contient un contrat de location, l'entité doit comptabiliser chaque composante locative du contrat comme un contrat de location distinct, séparément des composantes non locatives du contrat, sauf si elle applique la mesure de simplification prévue au paragraphe 15. Des indications sur la séparation des composantes d'un contrat se trouvent aux paragraphes B32 et B33.

➠ Preneur à bail

13 Lorsqu'un contrat contient une composante locative et une ou plusieurs autres composantes locatives ou non locatives, le preneur doit répartir la contrepartie prévue au contrat entre les différentes composantes locatives sur la base de leur prix séparé relatif et du prix séparé de l'ensemble des composantes non locatives.

14 Le prix séparé des composantes locatives et non locatives doit être déterminé en fonction du prix que le bailleur ou un autre fournisseur similaire exigerait de recevoir d'une entité en contrepartie de la composante, ou d'une composante similaire, prise séparément. Si le prix séparé ne peut être observé directement, le preneur doit estimer ce prix, en utilisant au maximum les informations observables.

15 Par mesure de simplification, le preneur peut choisir de ne pas séparer les composantes locatives des composantes non locatives et de comptabiliser chaque composante locative et les composantes non locatives qui s'y rattachent comme une seule composante de nature locative, en procédant par catégorie d'actifs sous-jacents. Le preneur ne doit pas appliquer cette mesure de simplification aux dérivés incorporés qui satisfont aux conditions définies au paragraphe 4.3.3 d'IFRS 9 *Instruments financiers*.

16 Si le preneur n'applique pas la mesure de simplification prévue au paragraphe 15, il doit comptabiliser les composantes non locatives conformément aux autres normes applicables.

➠ Bailleur

17 Lorsqu'un contrat contient une composante locative et une ou plusieurs autres composantes locatives ou non locatives, le bailleur doit répartir la contrepartie prévue au contrat en appliquant les dispositions des paragraphes 73 à 90 d'IFRS 15.

Durée du contrat de location (paragraphes B34 à B41)

18 L'entité doit déterminer la durée du contrat de location comme étant la période pendant laquelle le contrat de location est non résiliable, en tenant compte à la fois :

a) des périodes couvertes par toute option de renouvellement du contrat de location que le preneur a la certitude raisonnable d'exercer, et

b) des périodes couvertes par toute option de résiliation du contrat de location que le preneur a la certitude raisonnable de ne pas exercer.

19 Pour apprécier si le preneur a la certitude raisonnable d'exercer une option de renouvellement du contrat de location ou de ne pas exercer une option de résiliation du contrat de location, l'entité doit tenir compte de tous les faits et circonstances pertinents conférant au preneur un avantage économique à exercer l'option de renouvellement ou à ne pas exercer l'option de résiliation, ainsi qu'expliqué aux paragraphes B37 à B40.

20 Le preneur doit de nouveau apprécier s'il a la certitude raisonnable d'exercer une option de renouvellement du contrat de location ou de ne pas exercer une option de résiliation de ce contrat lorsque se produit un événement ou un changement de circonstances important satisfaisant aux deux conditions suivantes :

a) il dépend de la volonté du preneur ; et

b) il a une incidence sur la question de savoir si le preneur a la certitude raisonnable d'exercer une option qui n'avait précédemment pas été prise en compte lors de la détermination de la durée du contrat de location, ou de ne pas exercer une option qui avait été précédemment prise en compte dans cette détermination (voir le paragraphe B41).

21 L'entité doit réviser la durée du contrat de location si la période pendant laquelle il n'est pas résiliable change. Ce sera le cas, par exemple, dans l'une ou l'autre des situations suivantes :

a) le preneur exerce une option que l'entité n'avait pas prise en compte pour déterminer de la durée du contrat de location ;

b) le preneur n'exerce pas une option que l'entité avait prise en compte pour déterminer la durée du contrat de location ;

c) il se produit un événement qui oblige contractuellement le preneur à exercer une option que l'entité n'avait pas prise en compte pour déterminer de la durée du contrat de location ; ou

d) il se produit un événement qui interdit contractuellement au preneur d'exercer une option que l'entité avait prise en compte pour déterminer la durée du contrat de location.

Preneur

COMPTABILISATION

22 À la *date de prise d'effet du contrat*, le preneur doit comptabiliser un actif au titre du droit d'utilisation et un passif locatif.

ÉVALUATION

➡ Évaluation initiale

Évaluation initiale de l'actif comptabilisé au titre du droit d'utilisation

23 **À la date de prise d'effet, le preneur doit évaluer au coût l'actif comptabilisé au titre du droit d'utilisation.**

24 Le coût de l'actif comptabilisé au titre du droit d'utilisation doit comprendre :

a) le montant de l'évaluation initiale du passif locatif, effectuée conformément au paragraphe 26 ;

b) le cas échéant, le montant des loyers versés à la date de prise d'effet ou avant cette date, déduction faite des *avantages incitatifs à la location* reçus ;

c) le cas échéant, les *coûts directs initiaux* supportés par le preneur ; et

d) une estimation des coûts que le preneur devra supporter lors du démantèlement et de l'enlèvement de l'actif sous-jacent, lors de la restauration du site sur lequel il est situé ou lors de la remise de l'actif dans l'état exigé par les termes et conditions du contrat de location, à l'exception des coûts engagés pour produire des stocks. Le preneur contracte l'obligation afférente à ces coûts soit à la date de prise d'effet du contrat, soit par suite de l'utilisation de l'actif sous-jacent pendant une période donnée.

25 Le preneur doit inclure les coûts décrits au paragraphe 24, point d), dans le coût de l'actif comptabilisé au titre du droit d'utilisation lorsqu'il contracte une obligation afférente à ces coûts. Il applique IAS 2 *Stocks* aux coûts subis pendant une période donnée du fait de l'utilisation de cet actif pour produire des stocks sur cette période. Les obligations afférentes aux coûts comptabilisés selon la présente norme ou selon IAS 2 se comptabilisent et s'évaluent selon IAS 37 *Provisions, passifs éventuels et actifs éventuels*.

Évaluation initiale du passif locatif

26 À la date de prise d'effet du contrat, le preneur doit évaluer le passif locatif à la valeur actualisée des paiements de loyers non effectués à cette date. La valeur actualisée des paiements de loyers doit être calculée en utilisant le *taux d'intérêt implicite du contrat de location* s'il est possible de déterminer facilement ce taux. À défaut, le preneur doit utiliser son *taux d'emprunt marginal*.

27 À la date de prise d'effet, les loyers pris en compte pour évaluer le passif locatif comprennent les paiements qui correspondent au droit d'utiliser l'actif sous-jacent sur la durée du contrat de location et qui n'ont pas été effectués à cette date, à savoir :

a) les *paiements fixes* (y compris les paiements fixes en substance décrits au paragraphe B42), déduction faite des avantages incitatifs à la location à recevoir ;

b) les *paiements de loyers variables* qui sont fonction d'un indice ou d'un taux (ainsi que décrit au paragraphe 28), initialement évalués au moyen de l'indice ou du taux en vigueur à la date de prise d'effet ;

c) les sommes que le preneur devrait payer au titre de la *valeur résiduelle des garanties données* ;

d) le prix d'exercice de toute option d'achat que le preneur a la certitude raisonnable d'exercer (ce qui est apprécié à l'aide des facteurs décrits aux paragraphes B37 à B40) ; et

e) les pénalités exigées en cas de résiliation anticipée du contrat de location, si la durée de ce contrat prend en compte l'exercice par le preneur d'une option de résiliation.

28 Les paiements de loyers variables en fonction d'un indice ou d'un taux mentionnés au paragraphe 27, point b), comprennent, par exemple, les paiements dont le montant est fonction d'un indice des prix à la consommation ou d'un taux d'intérêt de référence (tel que le taux LIBOR), ou bien les paiements qui varient pour tenir compte de l'évolution des prix du marché locatif.

➡ Évaluation ultérieure

Évaluation ultérieure de l'actif comptabilisé au titre du droit d'utilisation

29 Après la date de prise d'effet du contrat, le preneur doit évaluer l'actif comptabilisé au titre du droit d'utilisation en appliquant le modèle du coût, sauf s'il applique l'un ou l'autre des modèles d'évaluation décrits aux paragraphes 34 et 35.

Modèle du coût

30 Pour appliquer le modèle du coût, le preneur doit évaluer l'actif comptabilisé au titre du droit d'utilisation au coût :

a) diminué du montant cumulé des amortissements et du montant cumulé des pertes de valeur ; et

b) ajusté pour tenir compte, le cas échéant, des réévaluations du passif locatif spécifiées au paragraphe 36, point c).

31 Pour amortir l'actif comptabilisé au titre du droit d'utilisation, le preneur doit, sous réserve des dispositions du paragraphe 32, appliquer les dispositions relatives à l'amortissement énoncées dans IAS 16 *Immobilisations corporelles*.

32 Si le contrat prévoit le transfert de la propriété juridique de l'actif sous-jacent au plus tard à la fin de la durée du contrat de location, ou bien si le coût de l'actif comptabilisé au titre du droit d'utilisation tient compte du fait que le preneur exercera une option d'achat, le preneur doit amortir l'actif comptabilisé au titre du droit d'utilisation sur l'intervalle entre la date de prise d'effet du contrat et le terme de la *durée d'utilité* de l'actif sous-jacent. Dans les autres cas, le preneur doit amortir l'actif comptabilisé au titre du droit d'utilisation sur l'intervalle allant de la date de prise d'effet jusqu'au terme de la *durée d'utilité* de cet actif, ou jusqu'au terme de la durée du contrat de location s'il est antérieur.

33 Pour déterminer si l'actif comptabilisé au titre du droit d'utilisation s'est déprécié et pour comptabiliser toute perte de valeur identifiée, le preneur doit appliquer IAS 36 *Dépréciation d'actifs*.

Autres modèles d'évaluation

34 Si le preneur applique le modèle de la juste valeur décrit dans IAS 40 *Immeubles de placement* à ses immeubles de placement, il doit aussi appliquer le modèle de la juste valeur à ses actifs comptabilisés au titre du droit d'utilisation qui correspondent à la définition d'un immeuble de placement au sens d'IAS 40.

35 Si le preneur applique le modèle de la réévaluation décrit dans IAS 16 à une catégorie d'immobilisations corporelles, il peut choisir d'appliquer ce modèle à tous les actifs comptabilisés au titre du droit d'utilisation qui se rattachent à des immobilisations corporelles de cette catégorie.

Évaluation ultérieure du passif locatif

36 Après la date de prise d'effet, le preneur doit évaluer le passif locatif en :

a) augmentant la valeur comptable pour prendre en compte les intérêts dus sur le passif locatif ;

b) réduisant la valeur comptable pour prendre en compte les loyers déjà payés ; et

c) réévaluant la valeur comptable pour prendre en compte, le cas échéant, la réévaluation du passif locatif, ou les modifications du contrat de location, visées aux paragraphes 39 à 46 ou encore pour prendre en compte la révision des loyers qui sont en substance des paiements fixes (voir le paragraphe B42).

37 Le montant des intérêts dus sur le passif locatif pour chaque période du contrat de location doit être le montant correspondant à l'application d'un taux d'intérêt périodique constant au solde du passif locatif. Ce taux d'intérêt périodique est le taux d'actualisation décrit au paragraphe 26 ou, selon le cas, au taux d'actualisation révisé décrit au paragraphe 41, au paragraphe 43 ou au paragraphe 45, point c).

38 Après la date de prise d'effet, le preneur doit comptabiliser les deux éléments suivants en résultat net, à moins qu'ils ne soient déjà inclus dans la valeur comptable d'un autre actif en vertu d'autres normes applicables :

a) les intérêts dus au titre du passif locatif ; et

b) les loyers variables payés non pris en compte lors de l'évaluation du passif locatif sur la période au cours de laquelle se produit l'événement ou la situation qui est à l'origine de ces paiements.

Réévaluation du passif locatif

39 Après la date de prise d'effet, le preneur doit appliquer les paragraphes 40 à 43 pour réévaluer le passif locatif afin de tenir compte des variations de loyers. Le preneur doit comptabiliser le montant de la réévaluation du passif locatif comme un ajustement de l'actif comptabilisé au titre du droit d'utilisation. Toutefois, si la valeur comptable de l'actif comptabilisé au titre du droit d'utilisation est ramenée à zéro et qu'il est nécessaire de constater une diminution supplémentaire du passif locatif, le preneur doit comptabiliser le reste du montant de la réévaluation en résultat net.

40 Le preneur doit réévaluer le passif locatif en actualisant le montant des paiements de loyers révisés au moyen d'un taux d'actualisation révisé, dans l'une ou l'autre des situations suivantes :

a) il y a un changement dans la durée du contrat de location, ainsi que décrit aux paragraphes 20 et 21. Le preneur doit réviser le montant des loyers à payer en se fondant sur la durée révisée du contrat de location ; ou

b) il y a un changement dans l'appréciation d'une option d'achat de l'actif sous-jacent, appréciation qui tient compte des événements et circonstances décrits aux paragraphes 20 et 21 dans le contexte d'une option d'achat. Le preneur doit réviser le montant des loyers de manière à prendre en compte le changement du montant des sommes à payer dans le cadre de l'option d'achat.

41 Lorsqu'il applique le paragraphe 40, le preneur doit utiliser comme taux d'actualisation révisé le taux d'intérêt implicite applicable sur la durée restante du contrat de location, si ce taux peut être facilement déterminé, ou, dans le cas contraire, son taux d'emprunt marginal à la date de la réévaluation.

42 Le preneur doit réévaluer le passif locatif en actualisant les paiements de loyers révisés, dès lors que l'une ou l'autre des situations survient :

a) il y a une modification des sommes qui devraient être payées au titre d'une garantie de valeur résiduelle. Le preneur doit réviser le montant des loyers à payer de manière à prendre en compte la variation des sommes qu'il s'attend à devoir payer au titre de la garantie de valeur résiduelle ;

b) le montant des loyers futurs subit une modification liée à une variation de l'indice ou du taux utilisé pour déterminer ces paiements, ce qui inclut par exemple une modification visant à tenir compte de l'évolution des prix du marché locatif après examen de ce marché. Le preneur ne doit réévaluer le passif locatif pour tenir compte de révisions de loyers que lorsque les flux de trésorerie sont modifiés (c'est-à-dire lorsque la révision des loyers à payer prend effet). Le preneur doit réviser le montant des loyers à payer sur la durée restante du contrat de location en se fondant sur les paiements contractuels révisés.

43 Lorsque le paragraphe 42 s'applique, taux d'actualisation utilisé par le preneur doit demeurer inchangé, à moins que la modification du montant des loyers à payer résulte d'une évolution de taux d'intérêt variables. Dans ce cas, le preneur doit utiliser un taux d'actualisation révisé qui prend en compte les variations de taux d'intérêt.

Modifications du contrat de location

44 Le preneur doit comptabiliser une modification du contrat de location comme un contrat de location distinct dès lors que les deux conditions suivantes sont remplies :

a) la modification élargit le périmètre du contrat de location par l'ajout d'un droit d'utiliser un ou plusieurs actifs sous-jacents ; et

b) la contrepartie prévue au contrat de location augmente d'un montant proportionné au prix séparé du droit d'utilisation ajouté, compte tenu, le cas échéant, des ajustements appropriés apportés à ce prix pour refléter les circonstances propres au contrat.

45 Dans le cas où la modification du contrat de location n'est pas traitée comme un contrat de location distinct, le preneur doit, à la date d'entrée en vigueur de la modification :

a) répartir la contrepartie prévue au contrat modifié en appliquant les paragraphes 13 à 16 ;

b) déterminer la durée du contrat de location modifié en appliquant les paragraphes 18 et 19 ; et

c) réévaluer le passif locatif sur la base des loyers révisés actualisés au moyen d'un taux d'actualisation révisé. Le preneur doit utiliser comme taux d'actualisation révisé le taux d'intérêt implicite du contrat de location sur la durée restante, du contrat de location dès lors que ce taux peut être facilement déterminé, ou, dans le cas contraire, son taux d'emprunt marginal à la date d'entrée en vigueur de la modification :

46 Dans le cas où la modification de contrat de location n'est pas comptabilisée comme un contrat de location distinct, le preneur doit comptabiliser la réévaluation du passif locatif en :

a) réduisant la valeur comptable de l'actif comptabilisé au titre du droit d'utilisation afin de prendre en compte les effets de la résiliation partielle ou totale du contrat de location, dès lors que la modification correspond à une réduction du périmètre de ce contrat. Le preneur doit comptabiliser en résultat net tout profit ou perte se rattachant à cette résiliation partielle ou totale du contrat de location.

b) procédant à un ajustement correspondant de l'actif comptabilisé au titre du droit d'utilisation.

46A Par mesure de simplification, le preneur peut choisir de ne pas évaluer si un allègement de loyer qui satisfait aux conditions du paragraphe 46B constitue ou non une modification de contrat de location. Le preneur qui fait ce choix doit comptabiliser tout changement apporté aux paiements de loyers en raison de cet allègement de loyer comme il le ferait selon la présente norme si ce changement n'était pas une modification de contrat de location.

46B La mesure de simplification prévue au paragraphe 46A s'applique uniquement aux allègements de loyer accordés en conséquence directe de la pandémie de COVID-19 et seulement si toutes les conditions suivantes sont réunies :

a) le changement apporté aux paiements de loyers a pour résultat que la contrepartie révisée du contrat de location est pour l'essentiel identique, sinon inférieure, à la contrepartie du contrat de location immédiatement avant ce changement ;

b) s'il y a réduction des paiements de loyers, celle-ci ne porte que sur les paiements originellement exigibles le 30 juin 2022 ou avant cette date (par exemple, un allègement de loyer remplit cette condition s'il donne lieu à des paiements de loyers réduits le 30 juin 2022 ou avant cette date et accrus au-delà du 30 juin 2022) ; et

c) aucun changement de fond n'est apporté aux autres termes et conditions du contrat de location.

PRÉSENTATION

47 Le preneur doit présenter les éléments suivants soit dans l'état de la situation financière, soit dans les notes accompagnant les états financiers :

a) les actifs comptabilisés au titre du droit d'utilisation, séparément des autres actifs. Si le preneur ne présente pas les actifs comptabilisés au titre du droit d'utilisation séparément dans l'état de la situation financière, il doit :

i) les inclure dans les postes où les actifs sous-jacents correspondants seraient présentés s'ils lui appartenaient ; et

ii) indiquer les postes de l'état de la situation financière dans lesquels ces actifs comptabilisés au titre du droit d'utilisation sont inclus ;

b) les passifs locatifs, séparément des autres passifs. Si le preneur ne présente pas les passifs locatifs séparément dans l'état de la situation financière, il doit indiquer les postes de l'état de la situation financière dans lesquels ces passifs locatifs sont inclus.

48 La disposition énoncée au paragraphe 47, point a), ne s'applique pas aux actifs comptabilisés au titre du droit d'utilisation qui répondent à la définition d'un immeuble de placement, et qui doivent donc être présentés en tant qu'immeubles de placement dans l'état de la situation financière.

49 Dans l'état du résultat net et des autres éléments du résultat global, le preneur doit présenter la charge d'intérêts relative au passif locatif séparément de la dotation aux amortissements pour l'actif comptabilisé au titre du droit d'utilisation. La charge d'intérêts sur le passif locatif est une composante des charges financières, lesquelles doivent, conformément au paragraphe 82, point b), d'IAS 1 *Présentation des états financiers*, être présentées séparément dans l'état du résultat net et des autres éléments du résultat global.

50 Dans le tableau des flux de trésorerie, le preneur doit classer :

a) les sorties de trésorerie se rapportant au principal du passif locatif dans les activités de financement ;

b) les sorties de trésorerie se rapportant à la charge d'intérêts sur le passif locatif, en appliquant les dispositions d'IAS 7 *Tableau des flux de trésorerie* relatives aux intérêts versés ; et

c) les paiements de loyers au titre de contrats de location à court terme, les paiements de loyers au titre de contrats de location d'actifs de faible valeur et les paiements de loyers variables qui n'ont pas été pris en compte dans l'évaluation du passif locatif, dans les activités d'exploitation.

INFORMATIONS À COMMUNIQUER

51 En matière d'informations à communiquer, l'objectif est que le preneur fournisse dans les notes des informations qui, conjuguées à celles fournies dans l'état de la situation financière, dans l'état du résultat net et dans le tableau des flux de trésorerie, donnent aux utilisateurs des états financiers une base leur permettant d'apprécier l'incidence des contrats de location sur sa situation financière, sa performance financière et ses flux de trésorerie. Les exigences à remplir pour atteindre cet objectif sont énoncées aux paragraphes 52 à 60.

52 Le preneur doit fournir, dans une seule et même note ou section de ses états financiers, des informations relatives aux contrats de location dont il est preneur. Il n'est toutefois pas tenu de reprendre les informations déjà présentées ailleurs dans les états financiers, si celles-ci sont incorporées par un renvoi dans la note ou la section distincte consacrée aux contrats de location.

53 Le preneur doit communiquer les montants suivants pour la période de reporting :

a) la dotation aux amortissements sur les actifs comptabilisés au titre du droit d'utilisation, ventilés par catégorie d'actifs sous-jacents ;

b) la charge d'intérêts sur les passifs locatifs ;

c) les charges liées aux contrats de location à court terme comptabilisées en application du paragraphe 6. Il n'est pas nécessaire d'inclure les charges se rapportant à des contrats de location d'une durée inférieure ou égale à un mois ;

d) les charges liées aux contrats de location d'actifs de faible valeur comptabilisées en application du paragraphe 6. Il n'est pas nécessaire d'inclure les charges liées à des contrats de location à court terme d'actifs de faible valeur qui sont déjà incluses dans le paragraphe 53, point c) ;

e) les charges se rapportant aux paiements de loyers variables non pris en compte dans l'évaluation des passifs locatifs ;

f) les produits résultant de la sous-location d'actifs comptabilisés au titre du droit d'utilisation ;

g) le total des sorties de trésorerie relatives aux contrats de location ;

h) les entrées d'actifs comptabilisés au titre du droit d'utilisation ;

i) les profits ou pertes résultant de transactions de cession-bail ; et

j) la valeur comptable des actifs comptabilisés au titre du droit d'utilisation à la date de clôture, ventilés par catégorie d'actifs sous-jacents.

54 Le preneur doit présenter les informations mentionnées au paragraphe 53 sous forme de tableau, à moins qu'une autre forme ne convienne mieux. Les montants présentés doivent comprendre les coûts que le preneur a inclus dans la valeur comptable d'un autre actif pendant la période de reporting.

55 Si le portefeuille de contrats de location à court terme dans lesquels se trouve engagé le preneur à la date de clôture diffère de celui auquel se rapportent les charges liées à des contrats à court terme communiquées en application du paragraphe 53, point c), le preneur doit présenter le montant de ses engagements locatifs pour les contrats de location à court terme comptabilisés en appliquant le paragraphe 6.

56 Lorsque des actifs comptabilisés au titre du droit d'utilisation répondent à la définition d'un immeuble de placement, le preneur doit appliquer les dispositions en matière d'informations à fournir énoncées dans IAS 40. Dans ce cas, le preneur n'est alors pas tenu de fournir les informations exigées au paragraphe 53, points a), f), h) et j), pour ces actifs comptabilisés au titre du droit d'utilisation.

57 Si le preneur évalue des actifs comptabilisés au titre du droit d'utilisation selon le modèle de la réévaluation décrit dans IAS 16, il doit fournir les informations exigées au paragraphe 77 d'IAS 16 pour ces actifs.

58 Le preneur doit fournir une analyse des échéances des passifs locatifs en application des paragraphes 39 et B11 d'IFRS 7 *Instruments financiers : Informations à fournir* et la présenter séparément des analyses des échéances des autres passifs financiers.

59 En plus des informations exigées aux paragraphes 53 à 58, le preneur doit fournir au sujet de ses activités de location toute autre information qualitative ou quantitative nécessaire (selon les indications du paragraphe B48) à l'atteinte de l'objectif en matière d'informations à fournir énoncé au paragraphe 51. Il peut s'agir, entre autres, d'informations qui aident les utilisateurs des états financiers à apprécier :

a) la nature des activités de location du preneur ;

b) les sorties de trésorerie futures qui n'ont pas été prises en compte lors de l'évaluation des passifs locatifs et auxquelles le preneur est potentiellement exposé, notamment en raison

i) de paiements de loyers variables (comme expliqué au paragraphe B49) ;

ii) d'options de renouvellement et d'options de résiliation (comme expliqué au paragraphe B50) ;

iii) de garanties de valeur résiduelle (comme expliqué au paragraphe B51) ; et

iv) de contrats de location qui n'ont pas encore pris effet, mais qui engagent le preneur ;

c) les restrictions ou clauses restrictives (*covenants*) figurant dans les contrats de location ; et

d) les transactions de cession-bail (comme expliqué au paragraphe B52).

60 Si le preneur comptabilise des contrats de location à court terme ou des contrats de location d'actifs de faible valeur conformément au paragraphe 6, il doit l'indiquer.

60A Si le preneur applique la mesure de simplification prévue au paragraphe 46A, il doit indiquer :

a) qu'il a appliqué la mesure de simplification à tous les allégements de loyer qui satisfont aux conditions énoncées au paragraphe 46B ou, s'il ne l'a pas appliquée à tous ces allégements, fournir des informations sur la nature des contrats pour lesquels il a appliqué la mesure de simplification (voir paragraphe 2) ; et

b) le montant comptabilisé en résultat net pour la période de reporting, de façon à refléter les changements de paiements de loyers découlant d'allégements de loyer auxquels le preneur a appliqué la mesure de simplification du paragraphe 46A.

Bailleur

CLASSEMENT DES CONTRATS DE LOCATION (PARAGRAPHES B53 À B58)

61 Le bailleur doit classer chacun de ses contrats de location soit en contrat de location simple, soit en contrat de location-financement.

62 Un contrat de location est classé en contrat de location-financement s'il transfère au preneur la quasi-totalité des risques et avantages inhérents à la propriété de l'actif sous-jacent. Un contrat de location est classé en contrat de location simple s'il ne transfère pas au preneur la quasi-totalité des risques et des avantages inhérents à la propriété de l'actif sous-jacent.

63 Déterminer si un contrat de location est un contrat de location-financement ou un contrat de location simple dépend de la substance de la transaction plutôt que de la forme du contrat. Des exemples de situations qui, individuellement ou conjointement, devraient en principe conduire à classer un contrat de location en tant que contrat de location-financement sont les suivants :

a) le contrat de location a pour effet, au terme de sa durée, de transférer au preneur la propriété de l'actif sous-jacent ;

b) le preneur a l'option d'acheter l'actif sous-jacent à un prix qui devrait être suffisamment inférieur à sa *juste valeur* à la date à laquelle l'option devient exerçable pour que, dès la *date de conclusion* du contrat de location, l'on soit raisonnablement certain que l'option sera exercée ;

c) la durée du contrat de location couvre la majeure partie de la *durée de vie économique* de l'actif sous-jacent, même s'il n'y a pas de transfert de propriété ;

d) à la date de conclusion du contrat de location, la valeur actualisée des paiements de loyers s'élève au moins à la quasi-totalité de la juste valeur de l'actif sous-jacent ; et

e) l'actif sous-jacent est d'une nature tellement spécifique que seul le preneur peut l'utiliser sans lui apporter de modifications majeures.

64 Les indicateurs de situations qui, individuellement ou conjointement, pourraient également conduire à classer un contrat en contrat de location-financement sont notamment les suivants :

a) si le preneur peut résilier le contrat de location, les pertes liées à la résiliation subies par le bailleur sont à la charge du preneur ;

b) les profits ou les pertes résultant de la variation de la juste valeur résiduelle de l'actif sous-jacent reviennent au preneur (par exemple sous la forme d'une diminution de loyer égale à la majeure partie du produit de cession au terme du contrat de location) ; et

c) le preneur a la faculté de poursuivre la location pour une deuxième période moyennant un loyer sensiblement inférieur au prix du marché.

65 Les exemples et indicateurs cités aux paragraphes 63 et 64 ne sont pas toujours concluants. Si d'autres caractéristiques montrent clairement que le contrat ne transfère pas la quasi-totalité des risques et des avantages inhérents à la propriété de l'actif sous-jacent, le contrat de location est classé en tant que contrat de location simple. Cela peut être le cas, par exemple, si la propriété de l'actif sous-jacent est transférée au terme du contrat de location moyennant le paiement d'un montant variable égal à sa juste valeur du moment, ou en cas de paiements de loyers variables ayant pour conséquence que le bailleur ne transfère pas la quasi-totalité de ces risques et avantages.

66 Le classement d'un contrat de location se fait à la date de conclusion et n'est révisé qu'en cas de modification de ce contrat. Les changements d'estimations (par exemple, les changements d'estimation de la durée de vie économique ou de la valeur résiduelle de l'actif sous-jacent) ou les changements de circonstances (par exemple, un défaut du preneur) n'entraînent pas de reclassement du contrat de location à des fins comptables.

CONTRATS DE LOCATION-FINANCEMENT

Comptabilisation et évaluation

67 À la date de prise d'effet du contrat, le bailleur doit comptabiliser dans l'état de la situation financière les actifs détenus en vertu d'un contrat de location-financement, et les présenter comme des créances, pour un montant égal à l'*investissement net dans le contrat de location.*

Évaluation initiale

68 Le bailleur doit utiliser le taux d'intérêt implicite du contrat de location pour évaluer l'investissement net dans le contrat de location. Dans le cas d'un contrat de sous-location, s'il n'est pas possible d'en déterminer facilement le taux d'intérêt implicite, le bailleur intermédiaire peut évaluer l'investissement net dans le contrat de sous-location en utilisant le taux d'actualisation employé pour le contrat de location principal (ajusté pour tenir compte, le cas échéant, des coûts directs initiaux relatifs au contrat de sous-location).

69 Les coûts directs initiaux, autres que ceux engagés par des bailleurs fabricants ou distributeurs, sont inclus dans l'évaluation initiale de l'investissement net dans le contrat de location et réduisent le montant des produits comptabilisés sur la durée du contrat de location. Le taux d'intérêt implicite du contrat de location est défini de telle manière que les coûts directs initiaux soient automatiquement inclus dans l'investissement net dans le contrat de location ; il n'est pas nécessaire de les ajouter séparément.

Évaluation initiale des paiements de loyers inclus dans l'investissement net dans le contrat de location

70 À la date de prise d'effet du contrat, les paiements de loyers pris en compte dans l'évaluation de l'investissement net dans le contrat de location comprennent les paiements suivants, liés au droit d'utiliser l'actif sous-jacent sur la durée du contrat, qui n'ont pas encore été reçus à la date de prise d'effet :

a) les paiements fixes (y compris en substance ainsi que précisé au paragraphe B42), déduction faite des avantages incitatifs à la location consentis restant dus ;

b) les paiements de loyers variables qui sont fonction d'un indice ou d'un taux, initialement évalués au moyen de l'indice ou du taux en vigueur à la date de prise d'effet ;

c) les garanties de valeur résiduelle données au bailleur par le preneur, une personne liée au preneur ou un tiers non lié au bailleur, qui a la capacité financière d'assumer les obligations de garantie ;

d) le prix d'exercice de toute option d'achat que le preneur a la certitude raisonnable d'exercer (ce qui est apprécié à l'aide des facteurs décrits au paragraphe B37) ; et

e) les pénalités exigées en cas de résiliation anticipée du contrat de location, si la durée de ce contrat prend en compte l'exercice par le preneur d'une option de résiliation.

Bailleurs fabricants ou distributeurs

71 À la date de prise d'effet, le bailleur fabricant ou distributeur doit comptabiliser les éléments suivants pour chacun de ses contrats de location-financement :

a) les produits des activités ordinaires, c'est-à-dire la juste valeur de l'actif sous-jacent ou, si elle est inférieure, la valeur actualisée des paiements de loyers revenant au bailleur, calculée à l'aide d'un taux d'intérêt de marché ;

b) le coût des ventes, c'est-à-dire le coût de l'actif sous-jacent, ou sa valeur comptable si elle est différente, moins la valeur actualisée de la *valeur résiduelle non garantie* ; et

c) le profit ou la perte sur vente (c'est-à-dire la différence entre les produits des activités ordinaires et le coût des ventes), établi selon les principes retenus par le bailleur pour ses ventes fermes auxquelles IFRS 15 s'applique. Le bailleur fabricant ou distributeur doit comptabiliser à la date de prise d'effet le profit ou la perte sur la vente se rattachant à un contrat de location-financement, indépendamment du fait que l'actif sous-jacent est transféré comme il est décrit dans IFRS 15.

72 Les fabricants et les distributeurs donnent souvent à leurs clients le choix entre l'achat ou la location d'un actif. La location-financement d'un bien par un bailleur fabricant ou distributeur engendre un profit ou une perte équivalant à ce qu'aurait engendré la vente ferme de l'actif sous-jacent, au prix de vente normal, compte tenu de toute ristourne ou remise commerciale applicable.

73 Les bailleurs fabricants ou distributeurs proposent parfois des taux d'intérêt artificiellement bas pour attirer les clients. L'utilisation d'un tel taux conduirait à la comptabilisation, par le bailleur, d'une partie excessive du produit total de la transaction à la date de prise d'effet Si les taux d'intérêt exigés sont artificiellement bas, le bailleur fabricant ou distributeur doit limiter le profit réalisé sur la vente au montant du profit qu'il obtiendrait s'il exigeait un taux d'intérêt de marché.

74 Le bailleur fabricant ou distributeur doit comptabiliser en charges les coûts engagés pour l'obtention d'un contrat de location-financement à la date de prise d'effet, ces coûts étant essentiellement rattachés à la réalisation du profit sur la vente par le fabricant ou le distributeur. Les coûts supportés par un bailleur fabricant ou distributeur pour l'obtention d'un contrat de location-financement sont exclus de la définition des coûts directs initiaux et sont donc exclus de l'investissement net dans le contrat de location.

Évaluation ultérieure

75 Le bailleur doit comptabiliser les produits financiers sur la durée du contrat de location selon un modèle où le taux de rentabilité de l'investissement net du bailleur dans le contrat est constant sur la période.

76 Le bailleur vise à répartir les produits financiers sur la durée du contrat de location de manière systématique et rationnelle. Il doit imputer à l'*investissement brut dans le contrat de location* les paiements de loyers correspondant à la période pour diminuer à la fois le principal et les *produits financiers non acquis*.

77 Le bailleur doit appliquer à l'investissement net dans le contrat de location les dispositions d'IFRS 9 en matière de décomptabilisation et de dépréciation. Il doit réviser régulièrement les estimations de valeurs résiduelles non garanties utilisées pour calculer l'investissement brut dans le contrat de location. En cas de diminution de la valeur résiduelle non garantie estimée, le bailleur doit réviser l'imputation des produits sur la durée du contrat de location et comptabiliser immédiatement toute diminution au titre des montants constatés.

78 Le bailleur qui classe un actif issu d'un contrat de location-financement comme détenu en vue de la vente (ou qui l'inclut dans un groupe classé comme détenu en vue de la vente) en vertu d'IFRS 5 *Actifs non courants détenus en vue de la vente et activités abandonnées* doit comptabiliser cet actif selon IFRS 5.

Modification de contrat

79 Le bailleur doit comptabiliser la modification d'un contrat de location-financement comme un contrat de location distinct si les deux conditions suivantes sont remplies :

a) la modification élargit le périmètre du contrat de location par l'ajout d'un droit d'utiliser un ou plusieurs actifs sous-jacents ; et

b) la contrepartie prévue au contrat de location augmente d'un montant proportionné au prix séparé du droit d'utilisation ajouté, compte tenu, le cas échéant, des ajustements appropriés apportés à ce prix pour refléter les circonstances propres au contrat.

80 Si la modification du contrat de location-financement n'est pas comptabilisée comme un contrat de location distinct, le bailleur doit prendre en compte cette modification comme suit :

a) dans les cas où le contrat de location aurait été classé comme un contrat de location simple si la modification avait été en vigueur à la date de conclusion, le bailleur doit :

i) comptabiliser la modification du contrat de location comme un nouveau contrat de location à compter de la date d'entrée en vigueur de la modification ; et

ii) évaluer la valeur comptable de l'actif sous-jacent comme correspondant à l'investissement net dans le contrat de location immédiatement avant la date d'entrée en vigueur de la modification.

b) dans tout autre cas, le bailleur doit appliquer les dispositions d'IFRS 9.

CONTRATS DE LOCATION SIMPLE

Comptabilisation et évaluation

81 Le bailleur doit comptabiliser en produits les paiements de loyers provenant des contrats de location simple soit selon la méthode linéaire, soit selon une autre méthode systématique. Il doit utiliser une autre méthode systématique si celle-ci est plus représentative du rythme auquel les avantages tirés de l'utilisation de l'actif sous-jacent diminuent.

82 Le bailleur doit comptabiliser en charges les coûts, y compris l'amortissement, qu'il supporte pour générer des produits locatifs.

83 Les coûts directs initiaux que le bailleur supporte pour obtenir un contrat de location simple doivent être ajoutés à la valeur comptable de l'actif sous-jacent et être comptabilisés en charges sur la durée du contrat de location, sur la même base que les produits locatifs.

84 La méthode d'amortissement retenue pour les actifs sous-jacents aux contrats de location simple doit être cohérente avec la méthode d'amortissement que le bailleur applique normalement à des actifs similaires. Le bailleur doit calculer la dotation aux amortissements selon IAS 16 et IAS 38.

85 Pour déterminer si l'actif sous-jacent à un contrat de location simple s'est déprécié et pour comptabiliser toute perte de valeur, le bailleur doit appliquer IAS 36.

86 Le bailleur fabricant ou distributeur ne doit pas comptabiliser de profit au titre d'une vente lorsqu'il conclut un contrat de location simple, car l'opération n'équivaut pas à une vente.

Modifications du contrat de location

87 Le bailleur doit comptabiliser la modification d'un contrat de location simple comme un nouveau contrat de location à compter de la date d'entrée en vigueur de la modification et considérer tous les paiements de loyers versés d'avance ou à recevoir dans le cadre du contrat initial comme faisant partie des paiements de loyers de ce nouveau contrat.

Présentation

88 Les actifs sous-jacents à des contrats de location simple doivent être présentés dans l'état de la situation financière du bailleur selon leur nature.

INFORMATIONS À COMMUNIQUER

89 En matière d'informations à communiquer, l'objectif est que le bailleur fournisse dans les notes des informations qui, conjuguées à celles fournies dans l'état de la situation financière, dans l'état du résultat net et dans le tableau des flux de trésorerie, donnent aux utilisateurs des états financiers une base leur permettant d'apprécier l'incidence des contrats de location sur sa situation financière, sa performance financière et ses flux de trésorerie. Les dispositions relatives à cet objectif sont énoncées aux paragraphes 90 à 97.

90 Le bailleur doit communiquer les montants suivants pour la période de reporting :

a) pour les contrats de location-financement :

i) le profit ou la perte réalisé sur la vente ;

ii) les produits financiers tirés de l'investissement net dans le contrat de location ; et

iii) les produits se rapportant aux paiements de loyers variables non inclus dans l'évaluation de l'investissement net dans le contrat de location ;

b) pour les contrats de location simple : les produits locatifs, en présentant séparément les produits se rapportant aux paiements de loyers variables qui ne sont pas fonction d'un indice ou d'un taux.

91 Le bailleur doit communiquer les informations mentionnées au paragraphe 90 sous forme de tableau, à moins qu'une autre forme ne convienne mieux.

92 Le bailleur doit communiquer au sujet de ses activités de location toute autre information qualitative ou quantitative nécessaire à l'atteinte de l'objectif en matière d'informations à communiquer énoncé au paragraphe 89. Il peut s'agir, entre autres, d'informations qui aident les utilisateurs des états financiers à apprécier :

a) la nature des activités de location du preneur ; et

b) la manière dont le bailleur gère les risques liés aux droits qu'il conserve sur les actifs sous-jacents. Le bailleur doit notamment indiquer sa stratégie de gestion des risques pour les droits qu'il conserve sur les actifs sous-jacents, y compris les moyens utilisés pour réduire ces risques. De tels moyens peuvent comprendre, par exemple, des accords de rachat, des garanties de valeur résiduelle ou des paiements de loyers variables pour utilisation au-delà de limites prédéterminées.

➠ Contrats de location-financement

93 Le bailleur doit fournir des explications qualitatives et quantitatives sur les variations importantes de la valeur comptable de son investissement net dans des contrats de location-financement.

94 Le bailleur doit communiquer une analyse des échéances des loyers à recevoir, faisant apparaître les paiements de loyers non actualisés à recevoir annuellement pour au moins chacune des cinq premières années et leur montant total pour les années suivantes. Le bailleur doit rapprocher les paiements de loyers non actualisés de l'investissement net dans le contrat de location. Ce rapprochement doit indiquer les produits financiers non acquis liés aux loyers à recevoir, ainsi que le montant actualisé de toute valeur résiduelle non garantie.

➠ Contrats de location simple

95 Le bailleur doit appliquer les dispositions d'IAS 16 en matière d'informations à communiquer pour les immobilisations corporelles faisant l'objet d'un contrat de location simple. Aux fins de l'application des dispositions d'IAS 16 en matière d'informations à communiquer, le bailleur doit décomposer chaque catégorie d'immobilisations corporelles en actifs faisant l'objet de contrats de location simple et en actifs ne faisant pas l'objet de contrats de location simple. Il doit donc communiquer les informations requises par IAS 16 pour les actifs faisant l'objet d'un contrat de location simple (par catégorie d'actifs sous-jacents) séparément des informations relatives aux actifs détenus en propre et utilisés par lui.

96 Le bailleur doit aussi appliquer les dispositions d'IAS 36, IAS 38, IAS 40 et IAS 41 en matière d'informations à communiquer pour les actifs faisant l'objet de contrats de location simple.

97 Le bailleur doit communiquer une analyse des échéances de paiements de loyers, faisant apparaître les paiements de loyers non actualisés à recevoir annuellement pour au moins chacune des cinq premières années, et leur montant total pour les années suivantes.

Transactions de cession-bail

98 Si une entité (le « vendeur-preneur ») cède un bien à une autre entité (l'« acheteur-bailleur ») et qu'elle le reprend en location auprès de l'acheteur-bailleur, le vendeur-preneur et l'acheteur-bailleur doivent tous les deux comptabiliser le contrat de cession et le contrat de location en appliquant les paragraphes 99 à 103.

APPRÉCIER SI LE TRANSFERT DE L'ACTIF CONSTITUE UNE VENTE

99 Pour déterminer si la cession de l'actif doit être comptabilisée comme une vente, l'entité doit appliquer les dispositions d'IFRS 15 visant à déterminer quand une obligation de prestation est remplie.

➟ La cession de l'actif constitue une vente

100 Si la cession de l'actif par le vendeur-preneur satisfait aux exigences d'IFRS 15 pour la comptabilisation en tant que vente d'un actif :

a) le vendeur-preneur doit évaluer l'actif comptabilisé au titre du droit d'utilisation par suite de la transaction de cession-bail proportionnellement à la valeur comptable antérieure de l'actif correspondant au droit d'utilisation conservé. Il ne doit donc comptabiliser que le profit ou la perte correspondant aux droits cédés à l'acheteur-bailleur.

b) l'acheteur-bailleur doit comptabiliser l'achat de l'actif suivant les normes applicables et le contrat de location suivant les dispositions de la présente norme relatives à la comptabilité du bailleur.

101 Si la juste valeur de la contrepartie de la vente de l'actif ne correspond pas à la juste valeur de ce dernier, ou si les paiements de loyers ne correspondent pas aux prix du marché, l'entité doit apporter les ajustements suivants pour évaluer le produit de la vente à la juste valeur :

a) comptabiliser toute transaction consentie à des conditions inférieures à celles du marché comme des paiements de loyers anticipés ; et

b) comptabiliser toute transaction consentie à des conditions supérieures à celles du marché comme un financement supplémentaire accordé par l'acheteur-bailleur au vendeur-preneur.

102 L'entité doit évaluer les ajustements éventuels exigés par le paragraphe 101 sur la base de celui des deux montants suivants qui est le plus facile à déterminer :

a) la différence entre la juste valeur de la contrepartie de la vente et la juste valeur de l'actif ; et

b) la différence entre la valeur actualisée des paiements de loyers prévus au contrat et la valeur actualisée des paiements de loyers aux prix du marché.

102A Après la date de prise d'effet, le vendeur-preneur doit appliquer les paragraphes 29 à 35 à l'actif comptabilisé au titre du droit d'utilisation découlant de la cession-bail ainsi que les paragraphes 36 à 46 au passif locatif découlant de la cession-bail. Lorsqu'il applique les paragraphes 36 à 46, le vendeur-preneur doit déterminer les « paiements de loyers » ou « les paiements de loyers révisés » de manière à ne pas comptabiliser, ni en totalité ni en partie, le profit ou la perte réalisé(e) sur le droit d'utilisation qu'il conserve. Le fait d'appliquer les dispositions du présent paragraphe n'empêche pas le vendeur-preneur de comptabiliser en résultat net tout profit ou perte se rattachant à la résiliation partielle ou totale du contrat de location comme l'exige le paragraphe 46 a).

➠ La cession de l'actif ne constitue pas une vente

103 Si la cession de l'actif par le vendeur-preneur ne satisfait pas aux exigences d'IFRS 15 pour la comptabilisation de la transaction en tant que vente :

a) le vendeur-preneur doit continuer de comptabiliser l'actif cédé et il doit comptabiliser un passif financier égal au produit de la cession en appliquant IFRS 9 ;

b) l'acheteur-bailleur ne doit pas comptabiliser l'actif cédé et il doit comptabiliser un actif financier égal au produit de la cession en appliquant IFRS 9.

Exception temporaire liée à la réforme des taux d'intérêt de référence

104 Le preneur doit appliquer les paragraphes 105 et 106 à toute modification de contrat de location qui entraîne un changement de base de détermination des paiements de loyers futurs du fait de la réforme des taux d'intérêt de référence (voir les paragraphes 5.4.6 et 5.4.8 d'IFRS 9). Les paragraphes en question s'appliquent uniquement à de telles modifications de contrats de location. À cet égard, l'expression « réforme des taux d'intérêt de référence » s'entend de la réforme d'un taux d'intérêt de référence à l'échelle d'un marché, décrite au paragraphe 6.8.2 d'IFRS 9.

105 Par mesure de simplification, pour comptabiliser une modification de contrat de location requise par la réforme des taux d'intérêt de référence, le preneur doit appliquer le paragraphe 42. Cette mesure de simplification s'applique uniquement aux modifications en question. À cet égard, une modification de contrat de location est requise par la réforme des taux d'intérêt de référence si et seulement si les deux conditions suivantes sont remplies :

a) la nécessité d'apporter la modification est une conséquence directe de la réforme des taux d'intérêt de référence ; et

b) la nouvelle base de détermination des paiements de loyers est économiquement équivalente à l'ancienne (c'est-à-dire la base précédant immédiatement la modification).

106 Toutefois, si d'autres modifications de contrats de location sont apportées en plus de celles requises par la réforme des taux d'intérêt de référence, le preneur doit appliquer les dispositions pertinentes de la présente norme pour comptabiliser toutes les modifications de contrats de location apportées en même temps, y compris celles requises par la réforme des taux d'intérêt de référence.

Appendice A – Définitions

Le présent appendice fait partie intégrante de la norme.

Date de prise d'effet du contrat de location (date de prise d'effet)	Date à laquelle un **bailleur** met un **actif sous-jacent** à la disposition d'un **preneur.**
Durée de vie économique	Période pendant laquelle un actif est susceptible d'être économiquement utilisable par un ou plusieurs utilisateurs, ou bien nombre d'unités de production ou d'unités similaires attendues de l'utilisation d'un actif par un ou plusieurs utilisateurs.
Date d'entrée en vigueur de la modification	Date à laquelle deux parties conviennent d'une **modification d'un contrat de location.**
Juste valeur	Lorsque les dispositions de la présente norme trouvent à s'appliquer dans la comptabilité du **bailleur,** montant pour lequel un actif pourrait être échangé, ou un passif éteint, entre des parties bien informées, consentantes, et agissant dans des conditions de concurrence normale.
Contrat de location-financement	**Contrat de location** ayant pour effet de transférer au preneur la quasi-totalité des risques et des avantages inhérents à la propriété d'un **actif sous-jacent.**
Paiements fixes	Paiements que le **preneur** fait au **bailleur** en échange du droit d'utilisation de l'**actif sous-jacent** pendant la **durée du contrat de location,** à l'exclusion des **paiements de loyers variables.**
Investissement brut dans le contrat de location	Somme des éléments suivants : a) les **loyers à recevoir** par le **bailleur** dans le cadre d'un **contrat de location-financement** ; et b) toute **valeur résiduelle non garantie** attribuée au bailleur.
Date de conclusion du contrat de location (date de conclusion)	Date de signature d'un **contrat de location** ou, si elle est antérieure, date d'engagement réciproque des parties sur les principaux termes et conditions de ce contrat de location.
Coûts directs initiaux	Coûts marginaux supportés pour l'obtention d'un **contrat de location,** qui n'auraient pas été supportés si le contrat de location n'avait pas été obtenu, à l'exception des coûts supportés dans le cadre d'un **contrat de location-financement** par un **bailleur** fabricant ou distributeur.
Taux d'intérêt implicite du contrat de location	Taux d'intérêt qui rend la valeur actualisée a) des **paiements de loyers** et b) de la **valeur résiduelle non garantie** égale à la somme i) de la **juste valeur** de l'**actif sous-jacent** et ii) des **coûts directs initiaux** du bailleur.
Contrat de location	Contrat, ou partie d'un contrat, qui confère le droit d'utiliser un bien (l'**actif sous-jacent**) pour une période déterminée moyennant le versement d'une contrepartie.
Avantages incitatifs à la location	Paiements accordés par le **bailleur** au **preneur** dans le cadre d'un **contrat de location** ou encore remboursement ou prise en charge par le bailleur de coûts encourus par le preneur.
Modification de contrat de location	Changement de périmètre ou du montant de la contrepartie d'un **contrat de location** par rapport aux termes et conditions initiaux (par exemple, ajout ou retrait du droit d'utiliser un ou plusieurs **actifs sous-jacents** ou encore renouvellement ou raccourcissement de la **durée du contrat de location**).
Paiements de loyers	Paiements que le **preneur** fait au **bailleur** au titre du droit d'utiliser l'**actif sous-jacent** pendant la durée du **contrat de location** et qui comprennent les éléments suivants : a) les **paiements fixes** (y compris les paiements considérés comme fixes en vertu de la substance des dispositions prévues au contrat), déduction faite des **avantages incitatifs à la location** ; b) les **paiements de loyers variables** en fonction d'un indice ou d'un taux ; c) le prix d'exercice de toute option d'achat que le preneur a la certitude raisonnable d'exercer ; et d) les pénalités exigées en cas de résiliation anticipée du **contrat de location,** si la durée du contrat de location prend en compte l'exercice par le preneur de l'option de résiliation anticipée du contrat de location.

Paiements de loyers (suite)	Pour le preneur, les paiements de loyers comprenant également les sommes qu'il s'attend à devoir payer au titre des **garanties de valeur résiduelle**. Par contre, ils ne comprennent pas les paiements affectés aux composantes non locatives du contrat, sauf si le preneur choisit de regrouper une composante locative avec des composantes non locatives et de les comptabiliser comme une seule composante, de nature locative. Pour le bailleur, les paiements de loyers comprennent également, le cas échéant, les garanties de valeur résiduelle qui lui ont été données par le preneur, une personne liée au preneur ou un tiers non lié au bailleur, ayant la capacité financière d'assumer les obligations de garantie. Par contre, ils ne comprennent pas les paiements affectés à des composantes non locatives.
Durée du contrat de location	Période non résiliable pendant laquelle le **preneur** a le droit d'utiliser l'**actif sous-jacent**, en tenant compte à la fois : a) des périodes couvertes par toute option de renouvellement du **contrat de location** que le preneur a la certitude raisonnable d'exercer ; et b) des périodes couvertes par toute option de résiliation du contrat de location que le preneur a la certitude raisonnable de ne pas exercer.
Preneur	Entité qui obtient le droit d'utiliser un **actif sous-jacent** pendant une période moyennant le paiement d'une contrepartie.
Taux d'emprunt marginal du preneur	Taux d'intérêt que le **preneur** aurait à payer pour emprunter, pour une durée et avec une garantie similaires, les fonds nécessaires pour se procurer un actif de valeur similaire à l'**actif comptabilisé au titre du droit d'utilisation** dans un environnement économique similaire.
Bailleur	Entité qui accorde le droit d'utiliser un **actif sous-jacent** pendant une période moyennant le paiement d'une contrepartie.
Investissement net dans le contrat de location	**Investissement brut dans le contrat de location**, actualisé au **taux d'intérêt implicite du contrat de location.**
Contrat de location simple	**Contrat de location** qui ne transfère pas au preneur la quasi-totalité des risques et des avantages inhérents à la propriété de l'**actif sous-jacent.**
Paiements de loyers optionnels	Paiements que le **preneur** devra faire au **bailleur** pour disposer du droit d'utiliser l'**actif sous-jacent** durant une période visée par une option de renouvellement ou de résiliation d'un **contrat de location** lorsque cette période ne fait pas partie de la **durée du contrat de location.**
Durée d'utilisation	Période totale (y compris les périodes non consécutives) pendant laquelle un actif est utilisé au titre de l'exécution d'un contrat conclu avec un client.
Garantie de valeur résiduelle	Garantie donnée au **bailleur** par un tiers qui ne lui est pas lié selon laquelle la valeur (ou une partie de la valeur) de l'**actif sous-jacent** à l'issue du **contrat de location** ne sera pas inférieure à un montant convenu.
Actif comptabilisé au titre du droit d'utilisation	Actif qui représente le droit du **preneur** d'utiliser l'**actif sous-jacent** pour la **durée du contrat de location.**
Contrat de location à court terme	**Contrat de location** dont la durée (**durée du contrat de location**) à la **date de prise d'effet** du contrat est de 12 mois ou moins. Un contrat de location avec option d'achat ne constitue pas un contrat de location à court terme.
Contrat de sous-location	Transaction dans laquelle un **actif sous-jacent** est reloué par son **preneur** (le « bailleur intermédiaire ») à un tiers, le **contrat de location** (le « contrat de location principal ») conclu entre le bailleur et le preneur principaux demeurant en vigueur.
Actif sous-jacent	Actif qui fait l'objet d'un **contrat de location** et dont le droit d'utilisation est accordé au **preneur** par le **bailleur.**
Produits financiers non acquis	Différence entre les deux valeurs suivantes : a) l'**investissement brut dans le contrat de location** ; et b) l'**investissement net dans le contrat de location.**
Valeur résiduelle non garantie	Partie de la valeur résiduelle d'un **actif sous-jacent** dont la réalisation par le **bailleur** n'est pas assurée ou qui est garantie uniquement par une partie liée au bailleur.

Paiements de loyers variables	Partie des paiements versés par le **preneur** au **bailleur** afin de disposer du droit d'utiliser l'**actif sous-jacent** pour la **durée du contrat de location**, et qui varie en raison de changements de faits ou de circonstances, autres que l'écoulement du temps, survenus après la **date de prise d'effet du contrat**.
Termes définis dans d'autres normes qui sont employés dans le même sens dans la présente norme	
Contrat	Accord entre deux parties ou plus, qui crée des droits et obligations exécutoires.
Durée d'utilité	Période pendant laquelle l'entité s'attend à pouvoir utiliser un actif ; ou nombre d'unités de production ou d'unités similaires que l'entité s'attend à obtenir de l'actif.

Appendice B – Guide d'application

Le présent appendice fait partie intégrante de la norme. Il décrit la façon d'appliquer les paragraphes 1 à 103 et fait autorité au même titre que les autres parties de la norme.

APPLICATION À UN PORTEFEUILLE

B1 La présente norme précise le traitement comptable applicable à un contrat de location pris individuellement. Par mesure de simplification, l'entité peut appliquer la présente norme à un portefeuille de contrats de location présentant des caractéristiques similaires, si elle peut raisonnablement s'attendre à ce que les effets sur les états financiers de l'application de la présente norme à ce portefeuille ne diffèrent pas de manière significative des effets que produirait l'application de la présente norme à chacun des contrats de location composant ce portefeuille. Si elle comptabilise un portefeuille, l'entité doit utiliser des estimations et des hypothèses qui en reflètent la taille et la composition.

REGROUPEMENT DE CONTRATS

B2 Aux fins de l'application de la présente norme, l'entité doit regrouper les contrats conclus en même temps ou presque en même temps avec la même partie (ou avec des parties liées à celle-ci) et les comptabiliser comme un seul contrat, dès lors qu'au moins une des conditions ci-dessous est remplie :

a) les contrats sont négociés comme un ensemble et visent un objectif commercial global qui ne pourrait être compris si les contrats n'étaient pas considérés collectivement ;

b) le montant de la contrepartie à payer en vertu de l'un des contrats dépend du prix ou de l'exécution de l'autre contrat ; ou

c) les droits d'utilisation des actifs sous-jacents conférés par les contrats (ou certains des droits d'utilisation des actifs sous-jacents conférés par chacun des contrats) constituent une seule composante locative selon la description du paragraphe B32.

EXEMPTION RELATIVE À LA COMPTABILISATION : CONTRATS DE LOCATION DONT L'ACTIF SOUS-JACENT EST DE FAIBLE VALEUR (PARAGRAPHES 5 À 8)

B3 Sauf dans les cas précisés au paragraphe B7, la présente norme permet au preneur d'appliquer les dispositions du paragraphe 6 pour comptabiliser des contrats de location dont l'actif sous-jacent est de faible valeur. L'appréciation que le preneur porte sur la valeur de l'actif sous-jacent doit reposer sur la valeur de l'actif à l'état neuf, peu importe l'âge de cet actif au moment de la location.

B4 L'appréciation visant à déterminer si l'actif sous-jacent est de faible valeur doit être portée dans l'absolu. Tout contrat de location dont l'actif sous-jacent est de faible valeur peut donc être comptabilisé en application du paragraphe 6, qu'il soit significatif ou non pour le preneur. La taille, la nature et la situation du preneur n'ont aucune incidence sur cette appréciation. Par conséquent, des preneurs différents devraient parvenir à la même conclusion quant à la question de savoir si un actif sous-jacent donné est de faible valeur.

B5 L'actif sous-jacent ne peut être de faible valeur que si les deux conditions suivantes sont réunies :

a) le preneur peut tirer avantage de l'utilisation de l'actif sous-jacent pris isolément ou en le combinant avec d'autres ressources aisément disponibles ; et

b) l'actif sous-jacent ne dépend pas fortement d'autres actifs, ou n'est pas étroitement lié à d'autres actifs.

B6 Un contrat de location ne constitue pas un contrat de location dont l'actif sous-jacent est de faible valeur si la nature de l'actif sous-jacent est telle que, à l'état neuf, cet actif n'est généralement pas de faible valeur. Par exemple, un contrat de location de voiture ne peut pas constituer un contrat de location d'actif de faible valeur, car une voiture neuve n'est généralement pas de faible valeur.

B7 Lorsque le preneur sous-loue l'actif ou prévoit de le faire, le contrat de location principal ne peut pas constituer un contrat de location d'actif de faible valeur.

B8 Parmi les exemples d'actifs sous-jacents de faible valeur, on peut notamment trouver les tablettes et les ordinateurs personnels, le petit mobilier de bureau ainsi que les téléphones.

IDENTIFICATION D'UN CONTRAT DE LOCATION (PARAGRAPHES 9 À 11)

B9 Pour déterminer si un contrat de location confère le droit de contrôler l'utilisation d'un actif déterminé (voir les paragraphes B13 à B20) pour une période donnée, l'entité doit apprécier si, tout au long de la *durée d'utilisation*, le client détient les deux droits suivants :

a) le droit d'obtenir la quasi-totalité des avantages économiques découlant de l'utilisation de l'actif identifié (comme décrit aux paragraphes B21 à B23) ; et

b) le droit de décider de l'utilisation de l'actif identifié (comme décrit aux paragraphes B24 à B30).

B10 Si le client a le droit de contrôler l'utilisation de l'actif identifié pendant seulement une partie de la durée du contrat, alors ce contrat contient un contrat de location pour cette partie de sa durée.

B11 Un contrat prévoyant la réception de biens ou de services peut être conclu par un partenariat (ou au nom d'un partenariat) au sens d'IFRS 11 *Partenariats*. Le partenariat est alors considéré comme le client aux fins du contrat. Par conséquent, pour évaluer si un tel contrat contient un contrat de location, l'entité doit apprécier si le partenariat a le droit de contrôler l'utilisation de l'actif identifié tout au long de la durée d'utilisation.

B12 L'appréciation visant à déterminer si un contrat contient un contrat de location doit être portée à l'égard de chacune des composantes qui pourrait constituer une composante locative distincte. Voir les indications du paragraphe B32 sur la séparation des composantes locatives.

➡ Actif identifié

B13 Un actif est habituellement identifié par sa mention explicite dans le contrat. Toutefois, un actif peut aussi être implicitement identifié au moment où il est mis à la disposition du client.

Droit de substitution substantiel

B14 Un client n'a pas le droit d'utiliser un actif identifié, même si ce dernier est explicitement mentionné, dès lors que le fournisseur a le droit substantiel de remplacer l'actif tout au long de sa durée d'utilisation. Le droit du fournisseur de remplacer l'actif est substantiel seulement si les deux conditions suivantes sont réunies :

a) le fournisseur a la capacité pratique de remplacer l'actif par un autre tout au long de la durée d'utilisation (par exemple, le client ne peut pas empêcher le fournisseur de remplacer l'actif et le fournisseur a aisément accès à un actif de remplacement ou il peut en fournir un dans un délai raisonnable) ; et

b) l'exercice du droit de substitution fournirait un avantage économique au fournisseur (autrement dit, les avantages économiques attendus de la substitution de l'actif excéderaient les coûts associés à celle-ci).

B15 Si le fournisseur n'a le droit ou l'obligation de remplacer l'actif qu'à une date donnée ou seulement lorsque se produit un événement donné, ou seulement à partir de cette date ou de cet événement, son droit de substitution n'est pas substantiel, car il n'a pas la capacité pratique de remplacer l'actif par un autre tout au long de la durée d'utilisation.

B16 Pour apprécier si le droit de substitution du fournisseur est substantiel, l'entité doit se fonder sur les faits et circonstances à la date de conclusion du contrat et ne doit pas tenir compte des événements futurs dont, à cette date, la survenance n'est pas considérée comme probable. Voici des exemples d'événements futurs qui ne seraient pas pris en compte dans l'appréciation du droit de substitution parce qu'à la date de conclusion du contrat, leur survenance ne serait pas considérée comme probable :

a) un accord selon lequel un client futur verserait une contrepartie supérieure aux prix du marché pour l'utilisation de l'actif ;

b) l'introduction d'une nouvelle technologie dont le développement n'est pas en grande partie terminé à la date de conclusion du contrat ;

c) un écart significatif entre l'utilisation de l'actif par le client, ou le rendement de l'actif, et l'utilisation ou le rendement considéré comme probable à la date de conclusion du contrat ; et

d) un écart substantiel entre le prix de l'actif sur le marché au cours de la durée d'utilisation et le prix de l'actif sur le marché considéré comme probable à la date de conclusion du contrat.

B17 Si l'actif se trouve chez le client ou ailleurs, les coûts associés à la substitution sont généralement plus élevés que si l'actif se trouve chez le fournisseur, ce qui accroît la probabilité qu'ils excèdent les avantages associés à cette substitution.

B18 Le droit ou l'obligation du fournisseur de remplacer l'actif lors de sa réparation ou de sa maintenance, s'il ne fonctionne pas correctement ou si une mise à niveau technique est disponible, n'empêche pas le client de détenir le droit d'utiliser un actif identifié.

B19 Lorsque le client ne peut pas facilement déterminer si le fournisseur détient un droit de substitution substantiel, il doit présumer que le droit de substitution du fournisseur n'est pas substantiel.

Partie d'un actif

B20 Une partie de la capacité d'un actif constitue un actif identifié si elle est physiquement distincte (par exemple, un étage d'un immeuble). Une partie de la capacité ou toute autre partie d'un actif qui n'est pas physiquement distincte (par exemple, une partie de la capacité d'un câble à fibres optiques) ne constitue pas un actif identifié, à moins qu'elle représente la quasi-totalité de la capacité de l'actif et qu'elle procure de ce fait au client le droit d'obtenir la quasi-totalité des avantages économiques découlant de l'utilisation de l'actif.

➠ Droit d'obtenir les avantages économiques découlant de l'utilisation

B21 Pour contrôler l'utilisation d'un actif identifié, le client doit détenir le droit d'obtenir la quasi-totalité des avantages économiques découlant de l'utilisation de l'actif tout au long de la durée d'utilisation (par exemple, en ayant l'usage exclusif de l'actif tout au long de sa durée d'utilisation). Le client peut tirer des avantages économiques de l'utilisation de l'actif directement ou indirectement de différentes façons, notamment en utilisant, en détenant ou en sous-louant l'actif. Les avantages économiques tirés de l'utilisation de l'actif comprennent la production principale et les sous-produits qui en sont issus (y compris les flux de trésorerie découlant potentiellement de ces éléments) et les autres avantages économiques liés à l'utilisation de l'actif qui pourraient découler d'une transaction commerciale avec un tiers.

B22 Pour apprécier si elle détient le droit d'obtenir la quasi-totalité des avantages économiques découlant de l'utilisation de l'actif, l'entité doit considérer les avantages économiques qui découlent de l'utilisation de l'actif dans les limites définies du droit d'utilisation de l'actif par le client (voir le paragraphe B30). Ainsi :

a) si le contrat limite l'utilisation d'un véhicule à moteur à un territoire déterminé pendant la durée d'utilisation, l'entité ne doit considérer que les avantages économiques tirés de l'utilisation du véhicule à moteur dans ce territoire, et non au-delà ;

b) si le contrat spécifie que le client peut utiliser un véhicule à moteur jusqu'à concurrence d'un kilométrage déterminé pendant la durée d'utilisation, l'entité ne doit considérer que les avantages économiques tirés de l'utilisation du véhicule à moteur pour le kilométrage permis, et non au-delà.

B23 Si le contrat exige que le client verse au fournisseur ou à un tiers, à titre de contrepartie, une partie des flux de trésorerie découlant de l'utilisation de l'actif, les flux de trésorerie versés à titre de contrepartie doivent être inclus dans les avantages économiques que le client tire de l'utilisation de l'actif. Par exemple, si le client est tenu de verser au fournisseur, en contrepartie de l'utilisation d'un espace commercial, un pourcentage des ventes qu'il y réalise, cela ne l'empêche pas d'avoir le droit d'obtenir la quas -totalité des avantages économiques découlant de l'utilisation de l'espace commercial. Il est en effet considéré que les flux de trésorerie découlant de ces ventes constituent des avantages économiques que le client tire de l'utilisation de l'espace commercial et qu'une partie de ces flux est ensuite versée au fournisseur en contrepartie du droit d'utiliser cet espace.

Droit de décider de l'utilisation

B24 Le client n'a le droit de décider de l'utilisation d'un actif identifié tout au long de la durée d'utilisation que dans l'une ou l'autre des situations suivantes :

a) le client a le droit de décider du mode et de la finalité d'utilisation de l'actif tout au long de la durée d'utilisation (selon la description des paragraphes B25 à B30) ; ou

b) les décisions pertinentes quant au mode et à la finalité d'utilisation de l'actif sont prédéterminées et l'une ou l'autre des conditions suivantes est remplie :

- i) le client a le droit d'exploiter l'actif (ou de décider de la manière dont l'actif est exploité par d'autres) tout au long de la durée d'utilisation, sans que le fournisseur puisse changer les consignes d'exploitation, ou
- ii) le client a conçu l'actif (ou des aspects particuliers de l'actif) d'une façon qui prédétermine son mode et sa finalité d'utilisation tout au long de la durée d'utilisation.

Décisions quant au mode et à la finalité d'utilisation de l'actif

B25 Le client a le droit de décider du mode et de la finalité d'utilisation de l'actif s'il peut, dans les limites du droit d'utilisation définies dans le contrat, changer le mode et la finalité d'utilisation de l'actif tout au long de la durée d'utilisation. Pour évaluer ce qu'il en est, l'entité considère les droits décisionnels les plus pertinents pour ce qui est de changer le mode et la finalité d'utilisation de l'actif tout au long de la durée d'utilisation. Un droit décisionnel est pertinent s'il a une incidence sur les avantages économiques à tirer de cette utilisation. Il est probable que les droits décisionnels les plus pertinents diffèrent d'un contrat à l'autre, selon la nature de l'actif et les termes et conditions du contrat.

B26 Les droits suivants sont des exemples de droits décisionnels qui, selon les circonstances, confèrent au client le droit de changer le mode et la finalité d'utilisation de l'actif, dans les limites définies du droit d'utilisation :

a) le droit de changer le type de production qui résulte de l'actif (par exemple, le droit de décider si un conteneur sera utilisé pour le transport de marchandises ou pour l'entreposage, ou le droit de décider de l'assortiment de produits à mettre en vente dans un espace commercial) ;

b) le droit de changer le moment de la production (par exemple, le droit de décider quand une machine ou une centrale électrique sera utilisée) ;

c) le droit de changer le lieu de la production (par exemple, le droit de décider de la destination d'un camion ou d'un navire, ou du lieu d'utilisation d'un matériel) ; et

d) le droit de lancer ou d'arrêter la production et de changer le volume de production (par exemple, le droit de décider de produire de l'énergie à partir d'une centrale électrique, et en quelle quantité).

B27 Les droits décisionnels qui ne confèrent pas au client le droit de changer le mode et la finalité d'utilisation de l'actif comprennent par exemple les droits qui se limitent à l'exploitation ou à la maintenance de l'actif. Ces droits peuvent être détenus par le client ou le fournisseur. Bien que des droits comme ceux relatifs à l'exploitation ou à la maintenance d'un actif soient souvent essentiels à sa bonne utilisation, ils ne constituent pas des droits permettant de décider du mode et de la finalité d'utilisation de l'actif, et ils dépendent souvent des décisions prises dans ces deux domaines. Toutefois, le droit d'exploiter un actif peut conférer au client le droit de décider de son utilisation, si les décisions pertinentes relatives au mode et à la finalité d'utilisation de l'actif sont prédéterminées (voir le paragraphe B24, point b) i)].

Décisions déterminées pendant la durée d'utilisation et avant celle-ci

B28 Les décisions pertinentes relatives au mode et à la finalité d'utilisation de l'actif peuvent être prédéterminées de nombreuses façons. Par exemple, elles peuvent être prédéterminées par la conception de l'actif ou par des limitations d'utilisation contractuelles.

B29 Pour apprécier si le client a le droit de décider de l'utilisation de l'actif, l'entité doit uniquement tenir compte des droits décisionnels qui concernent l'utilisation de l'actif pendant sa durée d'utilisation, à moins que l'actif (ou des aspects particuliers de l'actif) ait été conçu par le client comme il est décrit au paragraphe B24, point b) ii). Par conséquent, à moins que la condition du paragraphe B24, point b) ii), soit remplie, l'entité ne doit pas tenir compte des décisions qui sont prédéterminées avant le début de la durée d'utilisation. Par exemple, si le client peut seulement spécifier la production de l'actif avant le début de sa durée d'utilisation, il ne détient pas le droit de décider de son utilisation. La capacité de spécifier la production dans le contrat avant le début de la durée d'utilisation, sans autres droits décisionnels quant à l'utilisation de l'actif, donne au client les mêmes droits que ceux dont dispose n'importe quel client achetant des biens ou des services.

Droits protectifs

B30 Le contrat peut contenir des termes et conditions visant à protéger les droits du fournisseur sur l'actif ou d'autres actifs, à protéger les membres de son personnel ou à assurer la conformité du fournisseur aux lois et règlements. Ce sont là des exemples de droits protectifs. Ainsi, le contrat peut i) spécifier le volume d'utilisation maximal de l'actif ou encore limiter le lieu ou le moment de son utilisation, ii) exiger que le client adopte des pratiques d'exploitation particulières, ou iii) exiger que le client informe le fournisseur des changements de mode d'utilisation de l'actif. Habituellement, les droits protectifs définissent la portée du droit d'utilisation de l'actif par le client, mais n'empêchent pas en soi le client d'avoir le droit de décider de l'utilisation de l'actif.

B31 L'organigramme suivant peut aider les entités à déterminer si un contrat est ou contient un contrat de location.

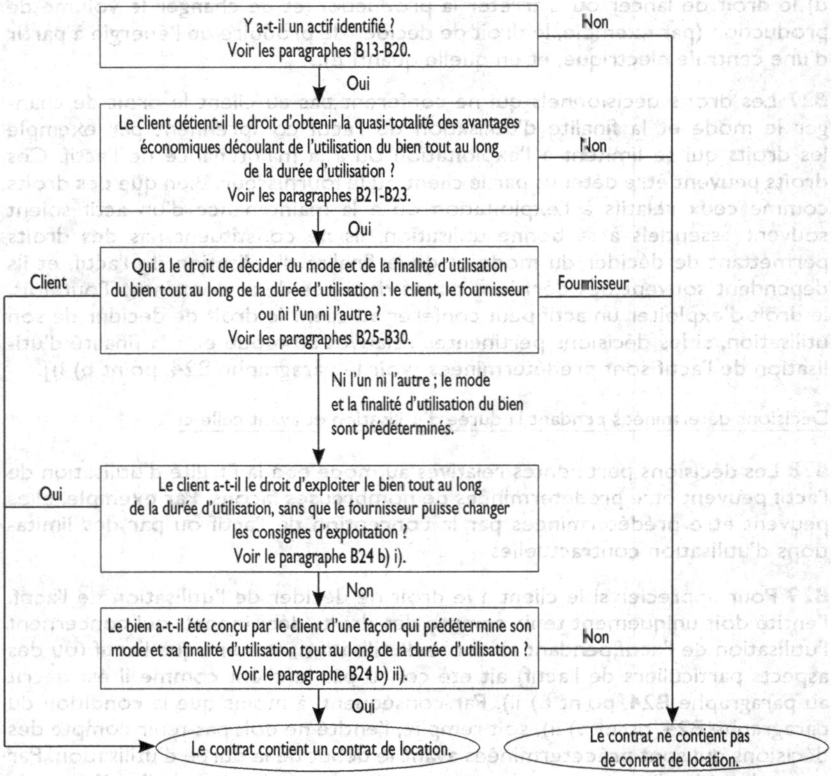

SÉPARATION DES COMPOSANTES D'UN CONTRAT (PARAGRAPHES 12 À 17)

B32 Le droit d'utiliser un actif sous-jacent est une composante locative distincte si les conditions suivantes sont réunies :

a) le preneur peut tirer avantage de l'utilisation de l'actif sous-jacent soit pris isolément, soit combiné avec d'autres ressources aisément disponibles ; ces ressources aisément disponibles sont des biens ou des services vendus ou loués séparément (par le bailleur ou d'autres fournisseurs) ou des ressources que le preneur s'est déjà procurées (auprès du bailleur ou dans le cadre d'autres opérations ou événements) ; et

b) l'actif sous-jacent ne dépend pas fortement des autres actifs sous-jacents prévus au contrat ou n'est pas étroitement lié à d'autres actifs sous-jacents prévus au contrat. Par exemple, le fait que le preneur puisse décider de ne pas louer l'actif sous-jacent sans que cela ait une incidence importante sur ses droits quant à l'utilisation d'autres actifs sous-jacents prévus au contrat peut indiquer que cet actif sous-jacent ne dépend pas fortement de ces autres actifs sous-jacents ou n'est pas étroitement lié à eux.

B33 Le contrat peut prévoir le paiement d'une somme par le preneur pour des activités et des coûts qui ne donnent pas lieu à la fourniture de biens ou de services à ce dernier. Par exemple, le bailleur peut inclure, dans la somme totale à payer, des frais relatifs à des tâches administratives, ou d'autres coûts qu'il supporte en lien avec le contrat de location, et qui ne donnent pas lieu à la fourniture de biens ou de services au preneur. Ces sommes dues ne constituent pas une composante distincte du contrat, mais sont plutôt considérées comme un élément de la contrepartie totale qui est réparti entre les différentes composantes distinctes du contrat.

DURÉE DU CONTRAT DE LOCATION (PARAGRAPHES 18 À 21)

B34 Afin de déterminer la durée du contrat de location et d'évaluer la durée de la période non résiliable du contrat de location, l'entité doit appliquer la définition d'un contrat et déterminer la période pendant laquelle le contrat est exécutoire. Le contrat de location n'est plus exécutoire lorsque le preneur et le bailleur ont chacun le droit de le résilier sans la permission de l'autre partie et en s'exposant tout au plus à une pénalité négligeable.

B35 Si seul le preneur a le droit de résilier le contrat de location, on considère que ce droit est une option de résiliation dont le preneur peut se prévaloir et l'entité doit prendre cette option en considération lorsqu'elle détermine la durée du contrat de location. Si seul le bailleur a le droit de résilier le contrat de location, la période non résiliable du contrat de location comprend la période visée par l'option de résiliation du contrat de location.

B36 La durée du contrat de location commence à la date de prise d'effet et comprend toute période pendant laquelle le bailleur permet au preneur d'utiliser l'actif gratuitement.

B37 À la date de prise d'effet, l'entité apprécie si le preneur a la certitude raisonnable d'exercer une option de renouvellement du contrat de location ou une option d'achat de l'actif sous-jacent, ou de ne pas exercer une option de résiliation du contrat de location. L'entité tient compte de tous les faits et circonstances pertinents faisant que le preneur a un avantage économique à exercer une option ou à ne pas l'exercer, y compris les changements dans les faits et circonstances attendus entre la date de prise d'effet et la date d'exercice de cette option. Voici une liste non exhaustive d'exemples de facteurs à prendre en compte :

a) les termes et conditions contractuels pour les périodes optionnelles comparés aux prix du marché locatif, tels que :

- i) le montant des paiements de loyers au cours des périodes optionnelles,
- ii) le montant des paiements de loyers variables ou d'autres paiements conditionnels tels que ceux effectués au titre de pénalités pour résiliation du contrat de location et de garanties de valeur résiduelle, et
- iii) les termes et conditions des options qui sont exerçables au terme des périodes optionnelles initiales (par exemple, une option d'achat qui est exerçable au terme d'une période de renouvellement à un prix plus avantageux que les conditions actuelles du marché) ;

b) les aménagements importants de locaux loués entrepris (ou qu'il est prévu d'entreprendre) au cours de la durée du contrat et dont le preneur s'attend à tirer un avantage économique important lorsque l'option de renouvellement ou de résiliation du contrat de location, ou l'option d'achat de l'actif sous-jacent, seront exerçables ;

c) les coûts relatifs à la résiliation du contrat de location, tels que les coûts de négociation, les coûts de déménagement, les coûts relatifs à la recherche d'un autre actif sous-jacent adapté aux besoins du preneur, les coûts relatifs à l'intégration d'un nouvel actif aux activités du preneur ainsi que les pénalités relatives à la résiliation du contrat de location et les autres coûts semblables, y compris les coûts associés à l'obligation de rendre l'actif sous-jacent dans un état ou à un emplacement contractuellement spécifié ;

d) l'importance que présente l'actif sous-jacent pour les activités du preneur, compte tenu, par exemple, de sa nature spécifique ou non, de l'endroit où il se trouve et de la disponibilité de solutions de rechange valables ; et

e) la conditionnalité liée à l'exercice de l'option (c'est-à-dire lorsque l'option ne peut être exercée que si une ou plusieurs conditions sont remplies) et la probabilité que les conditions soient remplies.

B38 Une option de renouvellement ou de résiliation d'un contrat de location peut être combinée avec une ou plusieurs autres modalités contractuelles (par exemple, une garantie de valeur résiduelle) de telle sorte que le preneur garantit au bailleur le paiement d'une somme minimale ou fixe qui sera substantiellement identique, que l'option soit exercée ou non. Dans un tel cas, nonobstant les indications du paragraphe B42 sur les paiements fixes en substance, l'entité doit présumer que le preneur a la certitude raisonnable d'exercer l'option de renouvellement du contrat de location ou de ne pas exercer l'option de résiliation du contrat de location.

B39 Plus la période non résiliable d'un contrat de location est courte, plus il est probable qu'un preneur exerce une option de renouvellement du contrat de location ou n'exerce pas l'option de résiliation du contrat de location. En effet, les coûts relatifs à l'obtention d'un actif de remplacement risquent d'être d'autant plus importants que la période non résiliable est courte.

B40 La pratique passée du preneur en ce qui concerne la période pendant laquelle le preneur a généralement utilisé des types particuliers d'actifs (loués ou détenus en propre), et ses motivations économiques sous-jacentes peuvent constituer des informations utiles pour déterminer si le preneur a la certitude raisonnable d'exercer une option ou de ne pas l'exercer. Par exemple, si le preneur utilise généralement un type particulier d'actifs durant une période donnée ou s'il a l'habitude d'exercer les options prévues dans les contrats de location d'un type particulier d'actifs sous-jacents, il doit tenir compte des motivations économiques sous-tendant ces pratiques passées lorsqu'il détermine s'il a la certitude raisonnable d'exercer une option prévue dans un contrat de location de ce type d'actifs.

B41 Le paragraphe 20 précise que, après la date de prise d'effet, le preneur doit réévaluer la durée du contrat de location s'il se produit un événement ou un changement de circonstances important qui dépend de la volonté du preneur et qui a une incidence sur la question de savoir si le preneur a la certitude raisonnable d'exercer une option qu'il n'avait pas incluse dans sa détermination de la durée du contrat de location, ou de ne pas exercer une option qu'il avait incluse dans cette détermination. Voici des exemples d'événements ou de changements de circonstances importants :

a) des aménagements importants de locaux loués qui n'étaient pas prévus à la date de prise d'effet et dont le preneur s'attend à tirer un avantage économique important lorsque l'option de renouvellement ou de résiliation du contrat de location ou encore l'option d'achat de l'actif sous-jacent seront exerçables ;

b) une modification ou personnalisation importante de l'actif sous-jacent qui n'était pas prévue à la date de prise d'effet ;

c) la conclusion d'un contrat de sous-location de l'actif sous-jacent pour période allant au-delà de la fin de la durée du contrat de location précédemment déterminée ; et

d) une décision d'affaires prise par le preneur qui a une incidence directe sur la décision d'exercer ou de ne pas exercer l'option (par exemple, une décision de prolonger la location d'un actif complémentaire, de se défaire d'un actif de remplacement ou de céder une unité opérationnelle au sein de laquelle l'actif comptabilisé au titre du droit d'utilisation est utilisé).

PAIEMENTS DE LOYERS FIXES EN SUBSTANCE (PARAGRAPHES 27 A), 36 C) ET 70 A))

B42 Les paiements de loyers comprennent les paiements de loyers fixes en substance (considérés comme fixes en vertu de la substance des dispositions prévues au contrat). Les paiements de loyers fixes en substance sont des paiements qui peuvent dans leur forme comporter une variabilité, mais qui, en substance, sont inévitables. Ci-après sont présentés des exemples de situations où l'on se trouve en présence de paiement de loyers fixes en substance :

a) les paiements sont structurés comme des paiements de loyers variables, mais ils ne le sont pas véritablement parce que les clauses leur donnant un caractère variable ne correspondent à aucune réalité économique. De tels paiements comprennent par exemple :

i) les paiements qui ne doivent être effectués que s'il est démontré que l'actif sous-jacent peut être exploité pendant la durée du contrat de location, ou que s'il se produit un événement qui n'a aucune véritable possibilité de ne pas se produire, ou

ii) les paiements qui sont initialement structurés comme des paiements de loyers variables liés à l'utilisation de l'actif sous-jacent, mais qui perdent leur variabilité à un certain moment après la date de prise d'effet, de sorte qu'ils deviennent fixes pour la durée restante du contrat de location. Ces paiements deviennent des paiements de loyers fixes en substance lorsque le caractère variable s'éteint ;

b) il y a plus d'une série de paiements que le preneur pourrait effectuer, mais une seule de ces séries est réaliste. Ce sont les paiements de cette série que le preneur doit considérer comme les paiements de loyers ;

c) il y a plus d'une série de paiements réaliste que le preneur pourrait effectuer et ce dernier doit absolument en effectuer au moins une. Une entité doit alors considérer comme paiement des loyers les paiements de la série dont la valeur actualisée est la plus faible.

LIENS ENTRE LE PRENEUR ET L'ACTIF SOUS-JACENT AVANT LA DATE DE PRISE D'EFFET

➠ Coûts pris en charge par le preneur pour la construction ou la conception de l'actif sous-jacent

B43 Une entité peut négocier le contrat de location avant que l'actif sous-jacent ne soit prêt à être utilisé par le preneur. Dans certains cas, il faut construire l'actif sous-jacent ou en réviser la conception en vue de son utilisation par le preneur. Selon les termes et conditions du contrat, le preneur peut être tenu d'effectuer des paiements relatifs à la construction ou à la conception de l'actif sous-jacent.

B44 Si le preneur prend en charge les coûts relatifs à la construction ou à la conception de l'actif sous-jacent, il doit comptabiliser ces coûts suivant les autres normes applicables, par exemple IAS 16. Les coûts relatifs à la construction ou à la conception de l'actif sous-jacent ne comprennent pas les paiements effectués par le preneur relativement au droit d'utiliser l'actif sous-jacent, lesquels constituent des paiements de loyers, indépendamment du moment auquel ils sont effectués.

➠ Titre de propriété de l'actif sous-jacent

B45 Il est possible que le preneur obtienne le titre de propriété de l'actif sous-jacent avant que ce titre ne soit transféré au bailleur et que l'actif ne soit loué au preneur. L'obtention d'un titre de propriété ne détermine pas en soi comment comptabiliser l'opération.

B46 Si le preneur contrôle l'actif sous-jacent (ou en obtient le contrôle) avant que cet actif ne soit transféré au bailleur, il s'agit d'une transaction de cession-bail qu'on comptabilise suivant les paragraphes 98 à 103.

B47 Par contre, si le preneur n'obtient pas le contrôle de l'actif sous-jacent avant que cet actif ne soit transféré au bailleur, il ne s'agit pas d'une transaction de cession-bail. Cela peut être le cas, par exemple, si un fabricant, un preneur et un bailleur négocient une transaction par laquelle le fabricant vend l'actif au bailleur, qui le loue ensuite au preneur, et que le preneur obtient le titre de propriété de l'actif sous-jacent avant que ce titre ne soit transféré au bailleur. Dans ce cas, si le preneur obtient le titre de propriété de l'actif sous-jacent, mais qu'il n'obtient pas le contrôle de l'actif sous-jacent avant qu'il ne soit transféré au bailleur, l'opération doit être comptabilisée comme une location et non comme une opération de cession-bail.

INFORMATIONS À COMMUNIQUER PAR LE PRENEUR (PARAGRAPHE 59)

B48 Pour déterminer s'il est nécessaire de communiquer des informations supplémentaires au sujet des activités de location pour atteindre l'objectif en matière d'informations à communiquer énoncé au paragraphe 51, le preneur doit examiner :

a) si ces informations sont utiles aux utilisateurs des états financiers, le preneur ne doit communiquer des informations supplémentaires en application du paragraphe 59 que lorsqu'elles sont susceptibles d'avoir une utilité pour les utilisateurs des états financiers, ce qui est vraisemblablement le cas lorsqu'elles les aident à comprendre :

i) la flexibilité qu'offrent les contrats de location. Par exemple, les contrats de location peuvent offrir de la flexibilité s'ils permettent au preneur de réduire son exposition aux risques en exerçant des options de résiliation ou des options de renouvellement assorties de conditions favorables,

ii) les clauses restrictives imposées par les contrats de location. Les contrats de location peuvent comporter des clauses restrictives, obligeant par exemple le preneur à respecter des ratios financiers donnés,

iii) la sensibilité des informations fournies à des variables clés. Les informations fournies peuvent par exemple être sensibles aux paiements de loyers variables futurs,

iv) l'exposition à d'autres risques découlant des contrats de location,

v) les écarts par rapport aux pratiques du secteur d'activité. Il peut par exemple s'agir de termes et conditions inhabituels ou particuliers ayant une incidence sur le portefeuille de contrats de location du preneur ;

b) si ces informations ressortent clairement des informations présentées dans les états financiers de base ou dans les notes. Le preneur n'est pas tenu de reprendre les informations déjà présentées ailleurs dans les états financiers.

B49 Les autres informations relatives aux paiements de loyers variables qu'il est, selon les circonstances, nécessaire de communiquer en vertu du paragraphe 51 peuvent comprendre les informations qui aident les utilisateurs des états financiers à apprécier, par exemple :

a) les raisons pour lesquelles le preneur fait des paiements de loyers variables et la fréquence de ce type de paiements ;

b) l'importance relative des paiements de loyers variables par rapport aux paiements fixes ;

c) les variables clés dont dépendent les paiements de loyers variables et l'incidence attendue de leurs variations sur les paiements de loyers variables ; et

d) les autres incidences des paiements de loyers variables sur le plan de l'activité et sur le plan financier.

B50 Les autres informations relatives aux options de renouvellement ou aux options de résiliation qu'il peut être nécessaire, selon les circonstances, de communiquer en vertu du paragraphe 51 peuvent comprendre les informations qui aident les utilisateurs des états financiers à apprécier, par exemple :

a) les raisons pour lesquelles le preneur fait usage des options de renouvellement ou des options de résiliation et la mesure dans laquelle ces options sont fréquentes ;

b) l'importance relative des *paiements de loyers optionnels* par rapport aux paiements de loyers ;

c) la mesure dans laquelle l'exercice d'options non prises en compte dans l'évaluation du passif locatif est fréquent ; et

d) les autres incidences de ces options sur le plan de l'activité et sur le plan financier.

B51 Les autres informations relatives aux garanties de valeur résiduelle qui, selon les circonstances, peuvent être nécessaires pour atteindre l'objectif en matière d'informations à communiquer énoncé au paragraphe 51 peuvent comprendre les informations qui aident les utilisateurs des états financiers à apprécier, par exemple :

a) les raisons pour lesquelles le preneur fournit des garanties de valeur résiduelle et la mesure dans laquelle ces garanties sont fréquentes ;

b) l'importance de l'exposition du preneur au risque de valeur résiduelle ;

c) la nature des actifs sous-jacents pour lesquels ces garanties sont fournies ; et

d) les autres incidences de ces garanties sur le plan de l'activité et sur le plan financier.

B52 Les autres informations relatives aux transactions de cession-bail qui, selon les circonstances, peuvent être nécessaires pour atteindre l'objectif en matière d'informations à communiquer énoncé au paragraphe 51 peuvent comprendre les informations qui aident les utilisateurs des états financiers à apprécier, par exemple :

a) les raisons pour lesquelles le preneur effectue des transactions de cession-bail et la fréquence de ces transactions ;

b) les principaux termes et conditions de chaque transaction de cession-bail ;

c) les paiements non pris en compte dans l'évaluation des passifs locatifs ; et

d) l'incidence des transactions de cession-bail sur les flux de trésorerie pendant la période de reporting.

CLASSEMENT DES CONTRATS DE LOCATION PAR LE BAILLEUR (PARAGRAPHES 61 À 66)

B53 Selon la présente norme, le classement d'un contrat de location pour les bailleurs se fonde sur le degré de transfert au preneur des risques et les avantages inhérents à la propriété de l'actif sous-jacent. Les risques incluent les possibilités de perte par suite d'une sous-utilisation de la capacité ou encore de l'obsolescence technologique, ainsi que les variations de la rentabilité attribuables à l'évolution de la conjoncture économique. Les avantages peuvent être représentés par l'espérance d'une exploitation rentable sur la durée de vie économique de l'actif sous-jacent et d'un gain résultant d'une appréciation de sa valeur ou de la réalisation d'une valeur résiduelle.

B54 Un contrat de location peut contenir des termes et conditions prévoyant un ajustement des paiements de loyers dans le cas où certains changements se produisent entre la date de conclusion du contrat de location et sa date de prise d'effet (tels qu'un changement dans le coût de l'actif sous-jacent pour le bailleur ou dans les coûts de financement du contrat de location assumés par le bailleur). Dans ce cas, aux fins du classement du contrat de location, un tel changement est présumé avoir eu lieu à la date de conclusion.

B55 Lorsqu'un contrat de location comporte à la fois des éléments terrains et constructions, le bailleur doit considérer séparément le classement de chaque élément en tant que contrat de location-financement ou en tant que contrat de location simple en appliquant les paragraphes 62 à 66 ainsi que B53 et B54. Afin de déterminer si l'élément « terrains » fait l'objet d'un contrat de location simple ou d'un contrat de location-financement, un facteur important à prendre en considération est que les terrains ont, en principe, une durée de vie économique indéterminée.

B56 Lorsque c'est nécessaire pour classer et comptabiliser un contrat de location de terrains et de constructions, le bailleur doit répartir les paiements de loyers (y compris tout paiement forfaitaire payable d'avance) entre terrains et constructions proportionnellement aux justes valeurs relatives des droits dans un bail sur les terrains et les constructions faisant l'objet d'un contrat de location à la date de conclusion dudit contrat. Si le bailleur ne peut pas répartir les paiements de loyers de manière fiable entre ces deux éléments, il classe le contrat de location dans sa totalité en tant que contrat de location-financement, sauf s'il est clair que les deux éléments constituent des contrats de location simple, auquel cas le bailleur classe le contrat de location dans sa totalité en tant que contrat de location simple.

B57 Dans le cas d'un contrat de location de terrains et de constructions dont l'élément terrains n'est pas d'un montant significatif par rapport à l'ensemble, le bailleur peut traiter en bloc les terrains et les constructions aux fins du classement du contrat de location et ainsi le classer comme un contrat de location-financement ou comme un contrat de location simple en appliquant les paragraphes 62 à 66 ainsi que B53 et B54. Le bailleur doit alors considérer la durée de vie économique des constructions comme la durée de vie économique de l'ensemble de l'actif sous-jacent.

Classement des contrats de sous-location

B58 Pour ce qui est du classement d'un contrat de sous-location comme un contrat de location-financement ou comme un contrat de location simple par le bailleur intermédiaire :

a) si le contrat de location principal est un contrat de location à court terme que l'entité, en tant que preneur, a comptabilisé en application du paragraphe 6, le contrat de sous-location doit être classé en tant que contrat de location simple ;

b) sinon, le contrat de sous-location doit être classé par rapport à l'actif comptabilisé au titre du droit d'utilisation issu du contrat de location principal et non par rapport à l'actif sous-jacent (par exemple, l'immobilisation corporelle qui est l'objet du contrat de location).

Appendice C – Date d'entrée en vigueur et dispositions transitoires

Le présent appendice fait partie intégrante de la norme et fait autorité au même titre que les autres parties de la norme.

DATE D'ENTRÉE EN VIGUEUR

C1 L'entité doit appliquer la présente norme pour les exercices ouverts à compter du 1er janvier 2019. Une application anticipée est autorisée pour les entités qui, appliquent IFRS 15 *Produits des activités ordinaires tirés de contrats conclus avec des clients* à la date de première application de la présente norme ou avant la date de première application de la présente norme. Si l'entité applique la présente norme de manière anticipée, elle doit l'indiquer.

C1A La publication d'*Allégements de loyer liés à la COVID-19*, en mai 2020, a donné lieu à l'ajout des paragraphes 46A, 46B, 60A, C20A et C20B. Le preneur doit appliquer ces modifications pour les exercices ouverts à compter du 1er juin 2020. Une application anticipée est autorisée, y compris dans les états financiers dont la publication n'était pas encore autorisée en date du 28 mai 2020.

C1B La publication, en août 2020, de *Réforme des taux d'intérêt de référence – Phase* 2, qui a modifié IFRS 9, IAS 39, IFRS 7, IFRS 4 et IFRS 16, a donné lieu à l'ajout des paragraphes 104 à 106 ainsi que C20C et C20D. L'entité doit appliquer ces modifications pour les exercices ouverts à compter du 1er janvier 2021. Une application anticipée est autorisée. Si l'entité applique ces modifications pour une période antérieure, elle doit l'indiquer.

C1C La publication d'*Allégements de loyer liés à la COVID-19 au-delà du 30 juin 2021*, en mars 2021, a donné lieu à la modification du paragraphe 46B et à l'ajout des paragraphes C20BA à C20BC. Le preneur doit appliquer ces modifications pour les exercices ouverts à compter du 1er avril 2021. Une application anticipée est autorisée, y compris dans les états financiers dont la publication n'était pas encore autorisée en date du 31 mars 2021.

C1D La publication, en septembre 2022, de *Passif locatif découlant d'une cession-bail*, a donné lieu à la modification du paragraphe C2 et à l'ajout des paragraphes 102A et C20E. Le vendeur-preneur doit appliquer ces modifications pour les exercices ouverts à compter du 1er janvier 2024. Une application anticipée est autorisée. Si le vendeur-preneur applique ces modifications pour une période antérieure, il doit l'indiquer.

DISPOSITIONS TRANSITOIRES

C2 Aux fins de l'application des dispositions prévues aux paragraphes C1 à C20E, la date de première application est la date d'ouverture de l'exercice pour lequel l'entité applique la présente norme pour la première fois.

➡ Définition d'un contrat de location

C3 Par mesure de simplification, l'entité n'est pas tenue de réévaluer si un contrat est ou contient un contrat de location à la date de première application. À la place, elle peut :

a) appliquer la présente norme aux contrats qu'elle avait antérieurement identifiés comme des contrats de location en application d'IAS 17 *Contrats de location* et d'IFRIC 4 *Déterminer si un accord contient un contrat de location*, auquel cas elle doit appliquer les dispositions transitoires des paragraphes C5 à C18 à ces contrats de location ;

b) ne pas appliquer la présente norme aux contrats qu'elle n'avait pas antérieurement identifiés comme contenant un contrat de location en application d'IAS 17 et d'IFRIC 4.

C4 Si l'entité choisit de se prévaloir de la mesure de simplification décrite au paragraphe C3, elle doit l'indiquer et appliquer cette mesure de simplification à tous ses contrats. Par conséquent, l'entité doit appliquer les dispositions des paragraphes 9 à 11 seulement aux contrats conclus (ou modifiés) à compter de la date de première application.

➡ Preneurs

C5 Le preneur doit appliquer la présente norme à ses contrats de location :

a) soit de façon rétrospective pour chaque période antérieure pour laquelle elle présente l'information financière, en application d'IAS 8 *Méthodes comptables, changements d'estimations comptables et erreurs* ; ou

b) soit de façon rétrospective en comptabilisant l'effet cumulatif de l'application initiale de la norme à la date de première application, selon les paragraphes C7 à C13.

C6 Le preneur doit appliquer le choix décrit au paragraphe C5 systématiquement à tous les contrats de location dans lesquels il intervient est preneur.

C7 Si le preneur choisit d'appliquer la présente norme selon le paragraphe C5, point b), il ne doit pas retraiter les informations comparatives, mais comptabiliser l'effet cumulatif de l'application initiale de la présente norme comme un ajustement du solde d'ouverture des résultats non distribues (ou s'il y a lieu, d'une autre composante des capitaux propres) à la date de première application.

Contrats de location antérieurement classés en tant que contrats de location simple

C8 Si le preneur choisit d'appliquer la présente norme selon le paragraphe C5, point b), il doit :

a) comptabiliser, à la date de première application, un passif locatif au titre des contrats de location antérieurement classés en tant que contrats de location simple en application d'IAS 17, et évaluer ce passif locatif à la valeur actualisée des paiements de loyers restants, déterminée à l'aide de son taux d'emprunt marginal à la date de première application ;

b) comptabiliser, à la date de première application, un actif au titre au titre du droit d'utilisation pour les contrats de location antérieurement classés en tant que contrats de location simple en application d'IAS 17, et choisir, pour chaque contrat de location, d'évaluer l'actif comptabilisé au titre du droit d'utilisation :

i) soit en en déterminant la valeur comptable comme si la présente norme avait été appliquée depuis la date de prise d'effet du contrat de location, mais en l'actualisant à l'aide de son taux d'emprunt marginal à la date de première application,

ii) soit à un montant égal au passif locatif, ajusté du montant des loyers payés d'avance ou à payer relatifs à ce contrat de location qui étaient comptabilisés dans l'état de la situation financière immédiatement avant la date de première application ;

c) appliquer IAS 36 *Dépréciation d'actifs* aux actifs comptabilisés au titre du droit d'utilisation à la date de première application, sauf s'il applique la mesure de simplification prévue au paragraphe C10, point b).

C9 Nonobstant les dispositions du paragraphe C8, en ce qui concerne les contrats de location antérieurement classés en tant que contrats de location simple en application d'IAS 17 :

a) le preneur n'est pas tenu d'apporter d'ajustements transitoires au titre des contrats de location dont l'actif sous-jacent est de faible valeur (comme décrit aux paragraphes B3 à B8) et qui seront comptabilisés en application du paragraphe 6. Il doit comptabiliser ces contrats de location suivant la présente norme à compter de la date de première application ;

b) le preneur n'est pas tenu d'apporter d'ajustements transitoires au titre des contrats de location antérieurement comptabilisés en tant qu'immeubles de placement selon le modèle de la juste valeur décrit dans IAS 40 *Immeubles de placement*. Il doit comptabiliser l'actif au titre du droit d'utilisation et le passif locatif découlant de ces contrats de location suivant IAS 40 et la présente norme à compter de la date de première application ;

c) le preneur doit évaluer à sa juste valeur à la date de première application l'actif au titre du droit d'utilisation découlant des contrats de location antérieurement classés en tant que contrats de location simple en application d'IAS 17 et qui seront comptabilisés en tant qu'immeubles de placement selon le modèle de la juste valeur décrit dans IAS 40 à compter de la date de première application. Il doit comptabiliser l'actif au titre du droit d'utilisation et le passif locatif découlant de ces contrats de location suivant IAS 40 et la présente norme à compter de la date de première application ;

C10 Lorsque le preneur applique la présente norme de façon rétrospective selon le paragraphe C5, point b), à des contrats de location antérieurement classés en tant que contrats de location simples en application d'IAS 17, il peut appliquer, contrat par contrat, une ou plusieurs des mesures de simplification indiquées ci-dessous :

a) appliquer un taux d'actualisation unique à un portefeuille de contrats de location présentant des caractéristiques raisonnablement similaires (par exemple des contrats de location avec une durée résiduelle similaire pour une catégorie similaire d'actifs sous-jacents dans un environnement économique similaire) ;

b) au lieu d'effectuer un test de dépréciation, s'appuyer sur l'évaluation qu'il a faite de ses contrats de location immédiatement avant la date de première application en appliquant IAS 37 *Provisions, passifs éventuels et actifs éventuels* pour déterminer si des contrats sont déficitaires, auquel cas il doit ajuster l'actif comptabilisé au titre du droit d'utilisation à la date de première application du montant comptabilisé dans l'état de la situation financière au titre des éventuelles provisions pour contrats de location déficitaires immédiatement avant la date de première application ;

c) choisir de ne pas appliquer les dispositions du paragraphe C8 aux contrats de location dont le terme survient dans les 12 mois suivant la date de première application, auquel cas il doit :

i) comptabiliser ces contrats de location comme s'il s'agissait de contrats de location à court terme en application du paragraphe 6, et

ii) inclure le coût de ces contrats de location dans l'information au titre de la charge relative aux contrats de location à court terme de l'exercice auquel appartient la date de première application ;

d) exclure les coûts directs initiaux de l'évaluation de l'actif comptabilisé au titre du droit d'utilisation à la date de première application ;

e) utiliser des connaissances acquises a posteriori, par exemple pour déterminer la durée d'un contrat de location qui contient des options de renouvellement ou de résiliation.

Contrats de location antérieurement classés en tant que contrats de location-financement

C11 En ce qui concerne les contrats de location qui étaient classés en tant que contrats de location-financement selon IAS 17, si le preneur choisit d'appliquer la présente norme selon le paragraphe C5, point b), il doit utiliser comme valeur comptable de l'actif comptabilisé au titre du droit d'utilisation et du passif locatif à la date de première application la valeur comptable de ces éléments évaluée en application d'IAS 17 immédiatement avant cette date. Le preneur doit rendre compte de l'actif comptabilisé au titre du droit d'utilisation et du passif locatif découlant de ces contrats de location suivant la présente norme à compter de la date de première application.

Informations à communiquer

C12 Si le preneur choisit d'appliquer la présente norme selon le paragraphe C5, point b), il doit communiquer les informations exigées au paragraphe 28 d'IAS 8 relatives à la première application, à l'exception des informations exigées au paragraphe 28, point f), d'IAS 8. Au lieu de ces dernières, il doit fournir :

a) le taux d'emprunt marginal moyen pondéré du preneur appliqué aux passifs locatifs comptabilisés dans l'état de la situation financière à la date de première application ; et

b) l'explication, le cas échéant, de l'écart entre les deux montants suivants :

i) les engagements découlant de contrats de location simple présentés en application d'IAS 17 à la date de clôture de l'exercice précédant immédiatement la date de première application, actualisés au moyen du taux d'emprunt marginal à la date de première application comme décrit au paragraphe C8, point a), et

ii) les passifs locatifs comptabilisés dans l'état de la situation financière à la date de première application.

C13 Si le preneur se prévaut d'une ou de plusieurs des mesures de simplification indiquées au paragraphe C10, il doit l'indiquer.

Bailleurs

C14 Hormis les cas décrits au paragraphe C15, le bailleur n'est pas tenu d'apporter d'ajustements transitoires aux contrats de location dans lesquels il est bailleur. Il doit comptabiliser ces contrats suivant la présente norme à compter de la date de première application.

C15 Le bailleur intermédiaire doit :

a) réévaluer les contrats de sous-location qui étaient classés en tant que contrats de location simple en application d'IAS 17 et qui sont toujours en vigueur à la date de première application, afin de déterminer lesquels doivent être classés en tant que contrats de location simple et lesquels doivent être classés en tant que contrats de location-financement en application de la présente norme. Il doit effectuer cette appréciation à la date de première application en fonction des termes et conditions du contrat de location principal et du contrat de sous-location qui subsistent à cette date ;

b) comptabiliser les contrats de sous-location qui étaient classés en tant que contrats de location simple en application d'IAS 17, mais qui sont classés en tant que contrats de location-financement en application de la présente norme comme de nouveaux contrats de location-financement conclus à la date de première application.

Transactions de cession-bail conclues avant la date de première application

C16 L'entité ne doit pas réévaluer les transactions de cession-bail conclues avant la date de première application pour déterminer si la cession de l'actif sous-jacent satisfait aux exigences d'IFRS 15 et pour être comptabilisée comme une vente.

C17 Si une transaction de cession-bail a été comptabilisée comme une vente et un contrat de location-financement en application d'IAS 17, le vendeur-preneur doit :

a) traiter la reprise à bail comme tout autre contrat de location-financement en vigueur à la date de première application ; et

b) continuer d'amortir sur la durée du contrat de location tout profit réalisé sur la vente.

C18 Si une transaction de cession-bail a été comptabilisée comme une vente et un contrat de location simple en application d'IAS 17, le vendeur-preneur doit :

a) traiter la reprise à bail comme tout autre contrat de location simple en vigueur à la date de première application ; et

b) ajuster l'actif comptabilisé au titre du droit d'utilisation découlant de la transaction de cession-bail du montant des profits ou des pertes différés liés à des conditions hors marché qui étaient comptabilisés dans l'état de la situation financière immédiatement avant la date de première application.

Montants antérieurement comptabilisés au titre de regroupements d'entreprises

C19 Si le preneur a antérieurement comptabilisé un actif ou un passif en application d'IFRS 3 *Regroupements d'entreprises* relatif aux termes favorables ou défavorables d'un contrat de location simple acquis dans le cadre d'un regroupement d'entreprises, il doit, à la date de première application, décomptabiliser cet actif ou ce passif et ajuster la valeur comptable de l'actif comptabilisé au titre du droit d'utilisation d'un montant correspondant.

Références à IFRS 9

C20 Si l'entité applique la présente norme mais n'applique pas encore IFRS 9 *Instruments financiers*, toute référence à IFRS 9 doit s'entendre comme une référence à IAS 39 *Instruments financiers : Comptabilisation et évaluation.*

Allégements de loyer liés à la COVID-19 accordés aux preneurs

C20A Le preneur doit appliquer *Allégements de loyer liés à la COVID-19* (voir paragraphe C1A) rétrospectivement, en comptabilisant l'effet cumulé de l'application initiale de ces modifications en ajustement du solde d'ouverture des résultats non distribués (ou, s'il y a lieu, d'une autre composante des capitaux propres) de l'exercice de première application de la modification.

C20B Pour la période où il applique pour la première fois les modifications publiées sous le titre *Allégements de loyer liés à la COVID-19*, le preneur n'est pas tenu de présenter les informations requises par le paragraphe 28, point f) d'IAS 8.

C20BA Le preneur doit appliquer *Allégements de loyer liés à la COVID-19 au-delà du 30 juin 2021* (voir paragraphe C1C) rétrospectivement, en comptabilisant l'effet cumulé de l'application initiale de ces modifications en ajustement du solde d'ouverture des résultats non distribués (ou, s'il y a lieu, d'une autre composante des capitaux propres) de l'exercice de première application de la modification.

C20BB Pour la période où il applique pour la première fois les modifications publiées sous le titre Allégements de loyer liés à la COVID-19 au-delà du 30 juin 2021, le preneur n'est pas tenu de présenter les informations requises par le paragraphe 28, point f) d'IAS 8.

C20BC En application du paragraphe 2 de la présente norme, le preneur doit appliquer la mesure de simplification prévue au paragraphe 46A de façon uniforme aux contrats éligibles présentant des caractéristiques similaires, conclus dans des circonstances similaires, et ce, que l'éligibilité des contrats à cette mesure découle de l'application, par le preneur, d'Allégements de loyer liés à la COVID-19 (voir paragraphe C1A) ou d'Allégements de loyer liés à la COVID-19 au-delà du 30 juin 2021 (voir paragraphe C1C).

Réforme des taux d'intérêt de référence – Phase 2

C20C L'entité doit appliquer ces modifications de manière rétrospective selon IAS 8, sauf pour ce qui est précisé au paragraphe C20D.

C20D L'entité n'est pas tenue de retraiter les chiffres des périodes antérieures de manière à refléter l'application de ces modifications Elle peut retraiter les chiffres des périodes antérieures si et seulement s'il lui est possible de le faire sans avoir recours à des connaissances acquises a posteriori. Si l'entité ne retraite pas les chiffres des périodes antérieures, elle doit comptabiliser toute différence entre la valeur comptable précédente et la valeur comptable au début de l'exercice auquel appartient la date de première application de ces modifications dans le solde d'ouverture des résultats non distribués (ou, s'il y a lieu, d'une autre composante des capitaux propres) de ce même exercice.

➡ Passif locatif découlant d'une cession-bail

C20E Le vendeur-preneur doit appliquer *Passif locatif découlant d'une cession-bail* (voir le paragraphe C1D) rétrospectivement, conformément à IAS 8, aux transactions de cession-bail conclues après la date de première application.

RETRAIT D'AUTRES NORMES

C21 La présente norme annule et remplace les normes et interprétations suivantes :

a) IAS 17 *Contrats de location* ;

b) IFRIC 4 *Déterminer si un accord contient un contrat de location* ;

c) SIC-15 *Avantages dans les contrats de location simple* ; et

d) SIC-27 *Évaluation de la substance des transactions impliquant la forme juridique d'un contrat de location.*

Appendice D – Modifications d'autres normes

Le présent appendice indique les modifications apportées à d'autres normes par suite de la publication de la présente norme par l'IASB. L'entité doit appliquer ces modifications pour les exercices ouverts à compter du 1er janvier 2019. Si l'entité applique la présente norme pour une période antérieure, elle doit également appliquer ces modifications pour cette même période.

L'entité ne peut pas appliquer IFRS 16 avant d'appliquer IFRS 15 Produits des activités ordinaires tirés de contrats conclus avec des clients *(voir le paragraphe C1).*

Par conséquent, pour les normes qui étaient en vigueur au 1er janvier 2016, les modifications contenues dans le présent appendice sont basées sur le texte de ces normes au 1er janvier 2016, tel que modifié par IFRS 15. Le texte de ces normes, dans le présent appendice, exclut toute autre modification qui n'était pas en vigueur le 1er janvier 2016.

De même, les modifications apportées aux normes qui n'étaient pas en vigueur le 1er janvier 2016 sont basées sur le texte initialement publié de ces normes, tel que modifié par IFRS 15. Ce texte exclut toute autre modification qui n'était pas en vigueur le 1er janvier 2016.

IFRS 17
Contrats d'assurance

[règlt UE 2023/1803]

Objectif

1 IFRS 17 *Contrats d'assurance* établit les principes de comptabilisation, d'évaluation et de présentation des *contrats d'assurance* qui entrent dans son champ d'application, ainsi que les dispositions relatives aux informations à fournir à leur sujet. Elle a pour objectif que les entités fournissent des informations pertinentes qui donnent une image fidèle de ces contrats. Ces informations permettent aux utilisateurs des états financiers d'apprécier l'incidence des contrats d'assurance sur la situation financière, la performance financière et les flux de trésorerie de l'entité.

2 L'entité doit appliquer IFRS 17 en tenant compte de ses droits et obligations substantiels, que ceux-ci découlent de dispositions contractuelles, légales ou réglementaires. Un contrat est un accord entre deux parties ou plus, qui crée des droits et des obligations exécutoires. Le caractère exécutoire des droits et des obligations créés par un contrat est affaire de droit. Un contrat peut être écrit ou verbal, ou découler implicitement des pratiques commerciales habituelles de l'entité. Les conditions contractuelles comprennent toutes les conditions du contrat, qu'elles soient expresses ou tacites, mais l'entité ne doit pas tenir compte de celles dénuées de substance commerciale (c'est-à-dire sans effet perceptible sur l'aspect économique du contrat). Les conditions tacites d'un contrat comprennent celles imposées par les dispositions légales ou réglementaires. Les pratiques et procédures d'établissement de contrats avec les clients varient selon les lois applicables, les secteurs d'activité et les entités. Elles peuvent aussi varier au sein d'une même entité (en fonction, par exemple, de la catégorie de clients ou de la nature des biens ou des services promis).

Champ d'application

3 L'entité doit appliquer IFRS 17 aux éléments suivants :

a) les contrats d'assurance (y compris les *contrats de réassurance*) qu'elle émet ;

b) les contrats de réassurance qu'elle détient ; et

c) les *contrats d'investissement avec éléments de participation discrétionnaire* qu'elle émet, à condition qu'elle émette aussi des contrats d'assurance.

4 Toute référence faite dans IFRS 17 aux contrats d'assurance désigne également :

a) les contrats de réassurance détenus, sauf :
   i) lorsqu'il est fait référence aux contrats d'assurance émis ; et
   ii) dans les cas décrits aux paragraphes 60 à 70A ;

b) les contrats d'investissement avec éléments de participation discrétionnaire, tels que décrits au paragraphe 3 c), sauf en ce qui concerne la référence faite aux contrats d'assurance au paragraphe 3 c) et dans les cas décrits au paragraphe 71.

5 Toute référence faite dans IFRS 17 aux contrats d'assurance émis désigne également les contrats d'assurance acquis par l'entité lors d'un transfert de contrats d'assurance ou d'un regroupement d'entreprises, autres que les contrats de réassurance détenus.

6 Les contrats d'assurance sont définis dans l'appendice A, et les paragraphes B2 à B30 de l'appendice B donnent des indications sur cette définition.

7 L'entité ne doit pas appliquer IFRS 17 aux éléments suivants :

a) les garanties fournies à un client par un fabricant, un distributeur ou un détaillant, liées à la vente d'un bien ou à la prestation d'un service (voir IFRS 15 *Produits des activités ordinaires tirés de contrats conclus avec des clients*) ;

b) les actifs et passifs des employeurs résultant des régimes d'avantages du personnel (voir IAS 19 *Avantages du personnel* et IFRS 2 *Paiement fondé sur des actions*) et les obligations au titre des prestations de retraite comptabilisées par des régimes à prestations définies (voir IAS 26 *Comptabilité et rapports financiers des régimes de retraite*) ;

c) les droits contractuels ou les obligations contractuelles qui dépendent de l'utilisation future, ou du droit d'utilisation, d'un élément non financier (par exemple, des droits de licence, des redevances, des paiements de loyers variables ou éventuels et des éléments similaires : voir IFRS 15, IAS 38 *Immobilisations incorporelles* et IFRS 16 *Contrats de location*) ;

d) les garanties de valeur résiduelle fournies par un fabricant, un distributeur ou un détaillant et les garanties de valeur résiduelle fournies par un preneur lorsqu'elles sont incorporées dans un contrat de location (voir IFRS 15 et IFRS 16) ;

e) les contrats de garantie financière, à moins que l'émetteur n'ait précédemment indiqué expressément qu'il considérait ces contrats comme des contrats d'assurance et n'ait appliqué le traitement comptable réservé aux contrats d'assurance. L'émetteur doit choisir d'appliquer soit IFRS 17, soit IAS 32 *Instruments financiers : présentation*, IFRS 7 *Instruments financiers : informations à fournir* et IFRS 9 *Instruments financiers* à de tels contrats de garantie financière. Il peut opérer ce choix contrat par contrat, mais son choix pour chaque contrat est irrévocable ;

f) les contreparties éventuelles à payer ou à recevoir relativement à un regroupement d'entreprises (voir IFRS 3 *Regroupements d'entreprises*) ;

g) les contrats d'assurance dont l'entité est le *titulaire de police*, à moins qu'il ne s'agisse de contrats de réassurance détenus [voir paragraphe 3 b)] ;

h) les contrats de carte de crédit, ou contrats similaires qui prévoient des modalités de crédit ou de paiement, qui entrent dans la définition d'un contrat d'assurance si, et seulement si, le prix fixé par l'entité pour le contrat conclu avec un client n'est pas fonction d'une évaluation du *risque d'assurance* associé à ce client (voir IFRS 9 et les autres normes IFRS applicables). Toutefois, si, et seulement si, IFRS 9 exige que l'entité sépare la composante couverture d'assurance [voir paragraphe 2.1 e) iv) d'IFRS 9] incorporée dans un tel contrat, l'entité doit appliquer IFRS 17 à cette composante.

8 Certains contrats entrent dans la définition d'un contrat d'assurance bien que leur but premier soit la prestation de services à tarif forfaitaire. L'entité qui émet de tels contrats peut choisir de leur appliquer IFRS 15 au lieu d'IFRS 17 si, et seulement si, des conditions précises sont remplies. Elle peut opérer ce choix contrat par contrat, mais son choix pour chaque contrat est irrévocable. Ces conditions sont :

a) l'entité ne fixe pas le prix du contrat avec un client particulier en fonction d'une évaluation du risque associé à ce client ;

b) le contrat prévoit l'indemnisation du client par la prestation de services plutôt que par des paiements en trésorerie ; et

c) le risque d'assurance transféré par le contrat résulte principalement de l'utilisation de services par le client, plutôt que de l'incertitude quant aux coûts de ces services.

8A Certains contrats entrent dans la définition d'un contrat d'assurance, mais l'indemnisation pour les *événements assurés* se limite au montant qui, autrement, serait requis pour le règlement de l'obligation du titulaire de police découlant du contrat (prêts assortis d'une exonération en cas de décès, par exemple). L'entité qui émet de tels contrats doit choisir d'appliquer soit IFRS 17, soit IFRS 9 à ces contrats, sauf si ceux-ci sont exclus du champ d'application d'IFRS 17 par le paragraphe 7. L'entité doit faire ce choix pour chaque *portefeuille de contrats d'assurance* et, pour chaque portefeuille de contrats d'assurance, le choix est irrévocable.

COMBINAISON DE CONTRATS D'ASSURANCE

9 Il est possible qu'un ensemble ou une série de contrats d'assurance conclus avec une même contrepartie ou avec des contreparties qui lui sont liées exerce, ou soit destiné à exercer, un effet commercial d'ensemble. Il peut par conséquent être nécessaire, pour pouvoir communiquer la substance de ces contrats, de traiter l'ensemble ou la série collectivement. Par exemple, si les droits ou obligations prévus par un contrat ne font qu'annuler entièrement les droits ou obligations prévus par un autre contrat conclu au même moment avec la même contrepartie, l'effet combiné des deux contrats est l'inexistence de droits ou d'obligations.

SÉPARATION DES COMPOSANTES D'UN CONTRAT D'ASSURANCE (PARAGRAPHES B31 À B35)

10 Il est possible qu'un contrat d'assurance comporte une ou plusieurs composantes qui entreraient dans le champ d'application d'une autre norme s'il s'agissait de contrats distincts. Ainsi, un contrat d'assurance peut comporter une composante investissement ou une composante liée à des services autres que des *services prévus au contrat d'assurance* (ou les deux). Pour déterminer et comptabiliser les composantes du contrat, l'entité doit appliquer les paragraphes 11 à 13.

11 L'entité doit :

a) appliquer IFRS 9 afin de déterminer s'il y a un dérivé incorporé à séparer et, le cas échéant, comment le comptabiliser ;

b) séparer une composante investissement du contrat d'assurance hôte si, et seulement si, il s'agit d'une composante distincte (voir paragraphes B31 et B32). L'entité doit appliquer IFRS 9 pour comptabiliser la composante investissement séparée, sauf s'il s'agit d'un contrat d'investissement avec éléments de participation discrétionnaire entrant dans le champ d'application d'IFRS 17 [voir paragraphe 3 c)].

12 Après avoir appliqué le paragraphe 11 pour séparer, le cas échéant, les flux de trésorerie liés aux dérivés incorporés et aux composantes investissement distinctes, l'entité doit appliquer le paragraphe 7 d'IFRS 15 pour séparer du contrat d'assurance hôte toute promesse de fournir au titulaire de police des biens distincts ou des services distincts autres que des services prévus au contrat d'assurance. L'entité doit comptabiliser de telles promesses selon IFRS 15. Pour séparer ces promesses en application du paragraphe 7 d'IFRS 15, l'entité doit appliquer les paragraphes B33 à B35 d'IFRS 17 et, lors de la comptabilisation initiale, elle doit :

a) appliquer IFRS 15 pour répartir les entrées de trésorerie entre la composante assurance et les promesses de fournir des biens distincts ou des services distincts autres que des services prévus au contrat d'assurance ; et

b) répartir les sorties de trésorerie entre la composante assurance et les biens ou services promis, autres que des services prévus au contrat d'assurance, qui sont comptabilisés selon IFRS 15, de sorte que :

i) pour chaque composante, les sorties de trésorerie qui lui sont directement liées lui soient attribuées ; et

ii) les sorties de trésorerie restantes soient attribuées d'une manière systématique et rationnelle reflétant les sorties de trésorerie qui seraient attendues par l'entité si la composante était un contrat distinct.

13 Après avoir appliqué les paragraphes 11 et 12, l'entité doit appliquer IFRS 17 à toutes les composantes restantes du contrat d'assurance hôte. Ci-après dans IFRS 17, toute mention des dérivés incorporés désigne les dérivés qui n'ont pas été séparés du contrat d'assurance hôte et toute mention des composantes investissement renvoie aux composantes investissement qui n'ont pas été séparées du contrat d'assurance hôte (sauf aux paragraphes B31 et B32).

Niveau d'agrégation des contrats d'assurance

14 L'entité doit identifier les portefeuilles de contrats d'assurance. Un portefeuille est constitué de contrats d'assurance qui comportent des risques similaires et sont gérés ensemble. Selon toute attente, les contrats appartenant à une même ligne de produits devraient comporter des risques similaires et donc faire partie d'un même portefeuille s'ils sont gérés ensemble. Les contrats appartenant à des lignes de produits différentes (par exemple, une rente fixe à prime unique et une assurance-vie temporaire classique) ne devraient pas comporter des risques similaires et devraient donc faire partie de portefeuilles différents.

15 Les paragraphes 16 à 24 s'appliquent aux contrats d'assurance émis. Les dispositions concernant le niveau d'agrégation des contrats de réassurance détenus sont énoncées au paragraphe 61.

16 L'entité doit diviser tout portefeuille de contrats d'assurance émis, en constituant au moins les groupes suivants :

a) un groupe de contrats qui, au moment de la comptabilisation initiale, sont déficitaires, s'il existe de tels contrats ;

b) un groupe de contrats pour lesquels, au moment de la comptabilisation initiale, il n'y a pas de possibilité importante qu'ils deviennent déficitaires par la suite, s'il existe de tels contrats ; et

c) un groupe constitué des autres contrats du portefeuille, s'il existe de tels contrats.

17 Si l'entité conclut, à la lumière d'informations raisonnables et justifiables, qu'un ensemble de contrats sera classé dans le même groupe en application du paragraphe 16, elle peut évaluer cet ensemble de contrats de façon globale pour déterminer si les contrats sont déficitaires (voir paragraphe 47) ou s'il n'existe pas de possibilité importante qu'ils deviennent déficitaires ultérieurement (voir paragraphe 19). En l'absence d'informations raisonnables et justifiables lui permettant de conclure qu'un ensemble de contrats appartiendra au même groupe, elle doit déterminer le groupe auquel appartient chaque contrat sur une base individuelle.

18 Pour les contrats émis auxquels elle applique la méthode d'affectation des primes (voir paragraphes 53 à 59), l'entité doit supposer qu'aucun des contrats du portefeuille n'est déficitaire au moment de la comptabilisation initiale, à moins que les faits et les circonstances n'indiquent le contraire. Pour déterminer s'il n'existe pas de possibilité importante que les contrats qui ne sont pas déficitaires au moment de la comptabilisation initiale le deviennent ultérieurement, l'entité doit apprécier la probabilité que les faits et circonstances pertinents changent.

19 Pour les contrats émis auxquels elle n'applique pas la méthode d'affectation des primes (voir paragraphes 53 et 54), l'entité doit, pour déterminer s'il n'existe pas de possibilité importante que les contrats qui ne sont pas déficitaires au moment de la comptabilisation initiale le deviennent ultérieurement, se fonder sur ce qui suit :

a) la probabilité que les hypothèses changent de telle façon que, si elles se réalisaient, les contrats deviendraient déficitaires ;

b) les informations sur les estimations fournies par le système d'information interne de l'entité. Ainsi, pour déterminer s'il n'existe pas de possibilité importante que les contrats qui ne sont pas déficitaires au moment de la comptabilisation initiale le deviennent ultérieurement :

- i) l'entité doit tenir compte des informations fournies par son système d'information interne en ce qui concerne l'effet du changement des hypothèses relatives aux différents contrats sur la possibilité que ces derniers deviennent déficitaires ;
- ii) l'entité n'est toutefois pas tenue de collecter d'autres informations en sus de celles fournies par le système d'information interne en ce qui concerne l'effet du changement des hypothèses relatives aux différents contrats.

20 Si, en application des paragraphes 14 à 19, des contrats d'un même portefeuille relèvent de groupes différents uniquement parce que des dispositions légales ou réglementaires limitent la capacité pratique de l'entité de fixer un

prix ou un niveau de prestation qui diffère en fonction des caractéristiques des titulaires de police, l'entité peut classer ces contrats dans le même groupe. L'entité ne doit pas appliquer par analogie ce paragraphe à d'autres éléments.

21 L'entité peut subdiviser les groupes décrits au paragraphe 16. Par exemple, l'entité peut choisir de diviser ses portefeuilles en formant :

a) plusieurs groupes de contrats non déficitaires au moment de la comptabilisation initiale – si le système d'information interne de l'entité fournit des informations permettant de distinguer :

i) différents niveaux de rentabilité ; ou

ii) des différences de possibilité que les contrats deviennent déficitaires après la comptabilisation initiale ; et

b) plusieurs groupes de contrats déficitaires au moment de la comptabilisation initiale – si le système d'information interne de l'entité fournit des informations relativement détaillées concernant la mesure dans laquelle les contrats sont déficitaires.

22 L'entité ne doit pas classer dans un même groupe des contrats émis à plus d'un an d'intervalle. Au besoin, l'entité doit donc subdiviser les groupes décrits aux paragraphes 16 à 21.

23 Un *groupe de contrats d'assurance* n'est constitué que d'un seul contrat si tel est le résultat de l'application des paragraphes 14 à 22.

24 L'entité doit appliquer aux groupes de contrats qui ont été constitués par application des paragraphes 14 à 23 les dispositions d'IFRS 17 relatives à la comptabilisation et à l'évaluation. L'entité doit constituer les groupes au moment de la comptabilisation initiale et ajouter des contrats aux groupes par application du paragraphe 28. L'entité ne doit pas en revoir la composition par la suite. Pour évaluer un groupe de contrats, l'entité peut procéder à l'estimation des *flux de trésorerie d'exécution* à un niveau de regroupement supérieur au groupe ou au portefeuille, pour autant qu'elle soit en mesure de répartir cette estimation entre les groupes de contrats et d'affecter, aux fins de l'application des paragraphes 32 a), 40 a) i) et 40 b), une estimation appropriée des flux de trésorerie d'exécution au groupe évalué.

Comptabilisation

25 L'entité doit comptabiliser à compter de la première des dates suivantes un groupe de contrats d'assurance qu'elle émet :

a) la date de début de la *période de couverture* du groupe de contrats ;

b) la date à laquelle le premier paiement d'un titulaire de police du groupe devient exigible ; et

c) dans le cas d'un groupe de contrats déficitaires, la date à laquelle le groupe devient déficitaire.

26 Si le contrat ne prévoit pas de date d'exigibilité, le premier paiement du titulaire de police est réputé être exigible à la date à laquelle il est reçu. L'entité est tenue de déterminer si des contrats forment un groupe de contrats déficitaires en application du paragraphe 16 avant la première des dates définies aux paragraphes 25 a) et 25 b) si les faits et circonstances indiquent qu'il existe un tel groupe.

27 [Supprimé]

28 Pour comptabiliser un groupe de contrats d'assurance dans une période de reporting, l'entité ne doit tenir compte que des contrats qui, pris individuellement, satisfont à l'un des critères énoncés au paragraphe 25 et elle doit estimer les taux d'actualisation à la date de la comptabilisation initiale (voir paragraphe B73) ainsi que les unités de couverture qui seront fournies dans la période de reporting (voir paragraphe B119). Sous réserve des paragraphes 14 à 22, l'entité peut ajouter de nouveaux contrats au groupe après la date de clôture. L'ajout d'un contrat doit se faire dans la période de reporting où ce contrat satisfait à l'un des critères énoncés au paragraphe 25. Il peut donc en résulter un changement des taux d'actualisation déterminés à la date de comptabilisation initiale en application du paragraphe B73. L'entité doit appliquer les taux révisés à compter de l'ouverture de la période de reporting dans laquelle elle ajoute de nouveaux contrats au groupe.

FLUX DE TRÉSORERIE LIÉS AUX FRAIS D'ACQUISITION (PARAGRAPHES B35A À B35D)

28A L'entité doit affecter les *flux de trésorerie liés aux frais d'acquisition* aux groupes de contrats d'assurance selon une méthode systématique et rationnelle par application des paragraphes B35A et B35B, sauf si elle choisit de les comptabiliser en charges par application du paragraphe 59 a).

28B L'entité qui n'applique pas le paragraphe 59 a) doit comptabiliser en tant qu'actif les flux de trésorerie liés aux frais d'acquisition payés (ou les flux de trésorerie liés aux frais d'acquisition au titre desquels un passif a été comptabilisé en application d'une autre norme IFRS) avant que le groupe de contrats d'assurance correspondant soit comptabilisé. L'entité doit comptabiliser un tel actif pour chacun des groupes de contrats d'assurance correspondants.

28C L'entité doit décomptabiliser un actif au titre des flux de trésorerie liés aux frais d'acquisition lorsque ces flux sont inclus dans l'évaluation du groupe de contrats d'assurance correspondant en application du paragraphe 38 c) i) ou du paragraphe 55 a) iii).

28D Si le paragraphe 28 s'applique, l'entité doit appliquer les paragraphes 28B et 28C conformément au paragraphe B35C.

28E À la fin de chaque période de reporting, l'entité doit apprécier la recouvrabilité d'un actif au titre des flux de trésorerie liés aux frais d'acquisition si les faits et circonstances indiquent que l'actif a pu se déprécier (voir paragraphe B35D). Si l'entité détermine qu'il y a une perte de valeur, elle doit ajuster la valeur comptable de l'actif et comptabiliser la perte de valeur en résultat net.

28F L'entité doit comptabiliser en résultat net la reprise de tout ou partie d'une perte de valeur comptabilisée antérieurement en application du paragraphe 28E et augmenter la valeur comptable de l'actif, dans la mesure où les conditions à l'origine de la dépréciation n'existent plus ou se sont améliorées.

Évaluation (paragraphes B36 à B119F)

29 L'entité doit appliquer les paragraphes 30 à 52 à tous les groupes de contrats d'assurance qui entrent dans le champ d'application d'IFRS 17, sous réserve des exceptions qui suivent :

a) dans le cas des groupes de contrats d'assurance qui satisfont à l'un ou l'autre des critères énoncés au paragraphe 53, l'entité peut simplifier l'évaluation du groupe en appliquant la méthode d'affectation des primes décrite aux paragraphes 55 à 59 ;

b) dans le cas des groupes de contrats de réassurance détenus, l'entité doit appliquer les paragraphes 32 à 46 conformément aux paragraphes 63 à 70A. Le paragraphe 45 (sur les *contrats d'assurance avec éléments de participation directe*) et les paragraphes 47 à 52 (sur les contrats déficitaires) ne s'appliquent pas aux groupes de contrats de réassurance détenus ;

c) dans le cas des groupes de contrats d'investissement avec éléments de participation discrétionnaire, l'entité doit appliquer les paragraphes 32 à 52 en leur apportant les modifications énoncées au paragraphe 71.

30 Lors de l'application d'IAS 21 *Effets des variations des cours des monnaies étrangères* à un groupe de contrats d'assurance qui génèrent des flux de trésorerie en monnaie étrangère, l'entité doit traiter le groupe de contrats, y compris la *marge sur services contractuels*, comme un élément monétaire.

31 Dans les états financiers d'une entité qui émet des contrats d'assurance, les flux de trésorerie d'exécution ne doivent pas refléter le risque de non-exécution de la part de l'entité (le risque de non-exécution est défini dans IFRS 13 *Évaluation de la juste valeur*).

ÉVALUATION LORS DE LA COMPTABILISATION INITIALE (PARAGRAPHES B36 À B95F)

32 Lors de la comptabilisation initiale, l'entité doit évaluer le groupe de contrats d'assurance comme la somme :

a) des flux de trésorerie d'exécution, qui comprennent :

- i) **une estimation des flux de trésorerie futurs (paragraphes 33 à 35) ;**
- ii) un ajustement destiné à refléter la valeur temps de l'argent et les *risques financiers* liés aux flux de trésorerie futurs, dans la mesure où ces risques ne sont pas pris en compte dans l'estimation des flux de trésorerie futurs (paragraphe 36) ; et
- iii) un *ajustement au titre du risque non financier* (paragraphe 37) ;

b) de la marge sur services contractuels, évaluée conformément aux paragraphes 38 et 39.

➡ Estimation des flux de trésorerie futurs (paragraphes B36 à B71)

33 L'entité doit inclure dans l'évaluation du groupe de contrats d'assurance tous les flux de trésorerie futurs compris dans le périmètre de chacun des contrats du groupe (voir paragraphe 34). En application du paragraphe 24, elle peut procéder à l'estimation de ces flux de trésorerie futurs à un niveau de regroupement supérieur au groupe, puis répartir les flux de trésorerie d'exécution obtenus entre les différents groupes de contrats. L'estimation des flux de trésorerie futurs doit :

a) intégrer avec objectivité l'ensemble des informations raisonnables et justifiables qu'il est possible d'obtenir sans devoir engager des coûts ou des efforts excessifs concernant le montant, l'échéancier et l'incertitude de ces flux de trésorerie futurs (voir paragraphes B37 à B41). Pour ce faire, l'entité doit estimer la valeur attendue (c'est-à-dire l'espérance mathématique) de l'éventail complet des résultats possibles ;

b) refléter le point de vue de l'entité, pour autant que les estimations des variables de marché pertinentes cadrent avec les prix de marché observables pour ces variables (voir paragraphes B42 à B53) ;

c) être à jour – l'estimation doit refléter les conditions prévalant à la date d'évaluation, notamment les hypothèses à cette date quant à l'avenir (voir paragraphes B54 à B60) ;

d) être explicite – l'entité doit estimer l'ajustement au titre du risque non financier séparément des autres estimations (voir paragraphe B90). L'entité doit aussi estimer les flux de trésorerie séparément de l'ajustement au titre de la valeur temps de l'argent et du risque financier, à moins que la technique d'évaluation la plus appropriée nécessite la combinaison de ces estimations (voir paragraphe B46).

34 Les flux de trésorerie sont compris dans le périmètre d'un contrat d'assurance s'ils découlent de droits et obligations substantiels qui existent au cours de la période de reporting dans laquelle l'entité peut contraindre le titulaire de police à payer les primes ou dans laquelle elle a une obligation substantielle de lui fournir des services prévus au contrat d'assurance (voir paragraphes B61 à B71). Une obligation substantielle de fournir des services prévus au contrat d'assurance cesse lorsque :

a) l'entité a la capacité pratique de réévaluer les risques posés spécifiquement par le titulaire de police et peut, en conséquence, fixer un prix ou un niveau de prestations qui reflète intégralement ces risques ; ou

b) les deux critères ci-dessous sont remplis :

- i) l'entité a la capacité pratique de réévaluer les risques posés par le portefeuille de contrats d'assurance dont fait partie le contrat en cause et peut, en conséquence, fixer un prix ou un niveau de prestations qui reflète intégralement le risque posé par ce portefeuille ; et
- ii) l'établissement du montant des primes s'étendant jusqu'à la date de réévaluation des risques ne tient pas compte des risques liés aux périodes postérieures à la date de réévaluation.

35 L'entité ne doit pas comptabiliser à titre de passif ou d'actif des montants se rattachant à des primes attendues ou des sinistres attendus qui n'entrent pas dans le périmètre du contrat d'assurance. Ces montants sont rattachés à des contrats d'assurance futurs.

Taux d'actualisation (paragraphes B72 à B85)

36 L'entité doit ajuster l'estimation des flux de trésorerie futurs afin de refléter la valeur temps de l'argent et les risques financiers liés à ces flux de trésorerie, dans la mesure où ces risques n'ont pas été pris en compte dans l'estimation des flux de trésorerie. Les taux d'actualisation appliqués à l'estimation des flux de trésorerie futurs décrite au paragraphe 33 doivent :

a) refléter la valeur temps de l'argent, les caractéristiques des flux de trésorerie et les caractéristiques de liquidité des contrats d'assurance ;

b) concorder avec les prix de marché courants observables (s'ils existent) d'instruments financiers dont les flux de trésorerie ont des caractéristiques qui correspondent à celles des contrats d'assurance du point de vue, par exemple, de l'échéancier, de la monnaie ou de la liquidité ; et

c) exclure l'effet des facteurs qui influent sur ces prix de marché observables, mais pas sur les flux de trésorerie futurs des contrats d'assurance.

➠ Ajustement au titre du risque non financier (paragraphes B86 à B92)

37 L'entité doit ajuster l'estimation de la valeur actualisée des flux de trésorerie futurs pour refléter l'indemnité qu'elle exige pour la prise en charge de l'incertitude entourant le montant et l'échéancier des flux de trésorerie qui est engendrée par le risque non financier.

➠ Marge sur services contractuels

38 La marge sur services contractuels est une composante de l'actif ou du passif afférent au groupe de contrats d'assurance qui représente le profit non acquis que l'entité comptabilisera à mesure qu'elle fournira les services prévus au contrat d'assurance. L'entité doit évaluer la marge sur services contractuels au moment de la comptabilisation initiale du groupe de contrats d'assurance à un montant qui, à moins que le paragraphe 47 (sur les contrats déficitaires) ou le paragraphe B123A [sur les produits des activités d'assurance relatifs au paragraphe 38 c) ii)] ne s'appliquent, fait qu'aucun produit ou charge ne découle :

a) de la comptabilisation initiale d'un montant pour les flux de trésorerie d'exécution, évalués conformément aux paragraphes 32 à 37 ;

b) des flux de trésorerie issus des contrats compris dans le groupe à cette date ;

c) de la décomptabilisation, à cette date de comptabilisation initiale :
- **i) de tout actif au titre des flux de trésorerie liés aux frais d'acquisition par application du paragraphe 28C ; et**
- **ii) de tout autre actif ou passif comptabilisé antérieurement au titre des flux de trésorerie se rapportant au groupe de contrats, comme spécifié au paragraphe B66A.**

39 Dans le cas des contrats d'assurance acquis lors d'un transfert de contrats d'assurance ou d'un regroupement d'entreprises entrant dans le champ d'application d'IFRS 3, l'entité doit appliquer le paragraphe 38 selon les modalités indiquées aux paragraphes B93 à B95F.

ÉVALUATION ULTÉRIEURE

40 La valeur comptable d'un groupe de contrats d'assurance doit être, à chaque date de clôture, la somme :

a) du *passif au titre de la couverture restante*, constitué des deux éléments suivants :
- **i) les flux de trésorerie d'exécution afférents aux services futurs affectés au groupe à cette date, évalués conformément aux paragraphes 33 à 37 et B36 à B92 ;**
- **ii) la marge sur services contractuels du groupe à cette date, évaluée conformément aux paragraphes 43 à 46 ; et**

b) du *passif au titre des sinistres survenus*, constitué des flux de trésorerie d'exécution afférents aux services passés affectés au groupe à cette date, évalués conformément aux paragraphes 33 à 37 et B36 à B92.

41 **L'entité doit comptabiliser en produits et en charges les variations suivantes de la valeur comptable du passif au titre de la couverture restante :**

a) produits des activités d'assurance – la diminution du passif au titre de la couverture restante en raison des services fournis au cours de la période, évaluée conformément aux paragraphes B120 à B124 ;

b) charges afférentes aux activités d'assurance – les pertes sur les groupes de contrats déficitaires et les reprises de telles pertes (voir paragraphes 47 à 52) ; et

c) produits financiers ou charges financières d'assurance – l'effet de la valeur temps de l'argent et l'effet du risque financier, comme spécifié au paragraphe 87.

42 **L'entité doit comptabiliser en produits et en charges les variations suivantes de la valeur comptable du passif au titre des sinistres survenus :**

a) charges afférentes aux activités d'assurance – l'augmentation du passif en raison des sinistres survenus et des charges engagées au cours de la période, à l'exclusion des composantes investissement ;

b) charges afférentes aux activités d'assurance – les variations ultérieures des flux de trésorerie d'exécution relatifs aux sinistres survenus et aux charges engagées ; et

c) produits financiers ou charges financières d'assurance – l'effet de la valeur temps de l'argent et l'effet du risque financier, comme spécifié au paragraphe 87.

➡ Marge sur services contractuels (paragraphes B96 à B119B)

43 **La marge sur services contractuels à la date de clôture représente le profit afférent au groupe de contrats d'assurance qui n'a pas encore été comptabilisé en résultat net, car il se rattache à des services futurs au titre des contrats du groupe.**

44 Dans le cas des *contrats d'assurance sans éléments de participation directe*, on obtient la valeur comptable de la marge sur services contractuels d'un groupe de contrats à la date de clôture en ajustant la valeur comptable à la date d'ouverture de la période de reporting pour tenir compte des éléments suivants :

a) l'effet des nouveaux contrats ajoutés au groupe (voir paragraphe 28) ;

b) l'intérêt capitalisé sur la valeur comptable de la marge sur services contractuels durant la période de reporting, évalué à l'aide des taux d'actualisation décrits au paragraphe B72 b) ;

c) les variations des flux de trésorerie d'exécution afférents aux services futurs comme spécifié aux paragraphes B96 à B100, sauf dans la mesure où :

- i) l'augmentation des flux de trésorerie d'exécution excède la valeur comptable de la marge sur services contractuels, donnant lieu à une perte [voir paragraphe 48 a)] ; ou
- ii) la diminution des flux de trésorerie d'exécution est affectée à l'élément de perte du passif au titre de la couverture restante en application du paragraphe 50 b) ;

d) l'effet des écarts de change sur la marge sur services contractuels ; et

e) le montant comptabilisé en produits des activités d'assurance en raison de la fourniture des services prévus aux contrats d'assurance au cours de la période, déterminé par répartition, selon le paragraphe B119, de la marge sur services contractuels restante à la date de clôture (avant toute répartition) sur la période considérée et la période de couverture restante.

45 Dans le cas des contrats d'assurance avec éléments de participation directe (voir paragraphes B101 à B118), on obtient la valeur comptable de la marge sur services contractuels d'un groupe de contrats à la date de clôture en ajustant la valeur comptable à la date d'ouverture de la période de reporting pour tenir compte des éléments décrits aux alinéas a) à e) ci-dessous. L'entité n'est pas tenue d'identifier les ajustements séparément et peut donc déterminer un montant global pour une partie ou la totalité des ajustements. Les éléments qui nécessitent un ajustement sont les suivants :

a) l'effet des nouveaux contrats ajoutés au groupe (voir paragraphe 28) ;

b) la variation du montant correspondant à la part revenant à l'entité de la juste valeur des *éléments sous-jacents* [voir paragraphe B104 b) i)], sauf dans la mesure où :

i) le paragraphe B115 (sur l'atténuation des risques) s'applique ;

ii) la diminution du montant correspondant à la part revenant à l'entité de la juste valeur des éléments sous-jacents excède la valeur comptable de la marge sur services contractuels, donnant lieu à une perte (voir paragraphe 48) ; ou

iii) l'augmentation du montant correspondant à la part revenant à l'entité de la juste valeur des éléments sous-jacents annule le montant décrit en ii) ;

c) les variations des flux de trésorerie d'exécution afférents aux services futurs comme spécifié aux paragraphes B101 à B118, sauf dans la mesure où :

i) le paragraphe B115 (sur l'atténuation des risques) s'applique ;

ii) l'augmentation des flux de trésorerie d'exécution excède la valeur comptable de la marge sur services contractuels, donnant lieu à une perte (voir paragraphe 48) ; ou

iii) la diminution des flux de trésorerie d'exécution est affectée à l'élément de perte du passif au titre de la couverture restante en application du paragraphe 50 b) ;

d) l'effet des écarts de change sur la marge sur services contractuels ; et

e) le montant comptabilisé en produits des activités d'assurance en raison de la fourniture des services prévus aux contrats d'assurance au cours de la période, déterminé par répartition, selon le paragraphe B119, de la marge sur services contractuels restante à la date de clôture (avant toute répartition) sur la période considérée et la période de couverture restante.

46 Il se peut que les variations de la marge sur services contractuels compensent les variations des flux de trésorerie d'exécution afférents au passif au titre de la couverture restante et que la valeur comptable du passif au titre de la couverture restante demeure donc inchangée. Dans la mesure où les variations de la marge sur services contractuels ne compensent pas les variations des flux de trésorerie d'exécution afférents au passif au titre de la couverture restante, l'entité doit, en application du paragraphe 41, comptabiliser des produits et des charges pour refléter ces variations.

CONTRATS DÉFICITAIRES

47 Un contrat d'assurance est déficitaire à la date de comptabilisation initiale si la somme des flux de trésorerie d'exécution affectés au contrat, des flux de trésorerie liés aux frais d'acquisition comptabilisés antérieurement et des flux de trésorerie découlant du contrat à la date de la comptabilisation initiale correspond à une sortie de trésorerie nette. En application du paragraphe 16 a), l'entité doit regrouper ces contrats séparément des contrats qui ne sont pas déficitaires. Si le paragraphe 17 s'applique, l'entité peut définir le groupe de contrats déficitaires en évaluant un ensemble de contrats plutôt qu'en évaluant les contrats individuellement. L'entité doit comptabiliser en résultat net la perte correspondant à la sortie de trésorerie nette pour le groupe de contrats déficitaires, de sorte que la valeur comptable du passif afférent au groupe soit égale aux flux de trésorerie d'exécution et que la marge sur services contractuels du groupe soit donc nulle.

48 Un groupe de contrats d'assurance devient déficitaire (ou encore plus déficitaire) si, lors d'une évaluation ultérieure, les montants suivants excèdent la valeur comptable de la marge sur services contractuels :

a) les variations défavorables, liées aux services futurs, des flux de trésorerie d'exécution affectés au groupe dues aux changements dans les estimations de flux de trésorerie futurs et à l'ajustement au titre du risque non financier ; et

b) dans le cas d'un groupe de contrats d'assurance avec éléments de participation directe, la diminution du montant correspondant à la part revenant à l'entité de la juste valeur des éléments sous-jacents.

En application des paragraphes 44 c) i), 45 b) ii) et 45 c) ii), l'entité doit comptabiliser en résultat net une perte à hauteur de l'excédent décrit ci-dessus.

49 L'entité doit ajouter un élément de perte au passif au titre de la couverture restante du groupe déficitaire (ou majorer cet élément) de manière à représenter les pertes comptabilisées en application des paragraphes 47 et 48. C'est d'après cet élément de perte que sont déterminés les montants présentés en résultat net comme des reprises de pertes sur les groupes déficitaires et, par conséquent, exclus des produits des activités d'assurance.

50 Après avoir comptabilisé la perte sur le groupe de contrats d'assurance déficitaire, l'entité doit :

a) répartir sur une base systématique les variations ultérieures des flux de trésorerie d'exécution du passif au titre de la couverture restante qui sont spécifiées au paragraphe 51 entre :

- i) l'élément de perte du passif au titre de la couverture restante ; et
- ii) le passif au titre de la couverture restante, à l'exclusion de l'élément de perte ;

b) affecter uniquement à l'élément de perte, jusqu'à ce que celui-ci soit ramené à zéro :

- i) toute diminution ultérieure, liée aux services futurs, des flux de trésorerie d'exécution affectés au groupe due à un changement dans les estimations de flux de trésorerie futurs et à l'ajustement au titre du risque non financier ; et
- ii) toute augmentation ultérieure du montant correspondant à la part revenant à l'entité de la juste valeur des éléments sous-jacents.

En application des paragraphes 44 c) ii), 45 b) iii) et 45 c) iii), l'entité ne doit ajuster la marge sur services contractuels que pour tenir compte de l'excédent de la diminution par rapport au montant affecté à l'élément de perte.

51 Les variations ultérieures des flux de trésorerie d'exécution du passif au titre de la couverture restante que l'entité doit répartir conformément au paragraphe 50 a) sont les suivantes :

a) les estimations de la valeur actualisée des flux de trésorerie futurs afférents aux sinistres ou aux frais qui sont repris du passif au titre de la couverture restante parce que des charges afférentes aux activités d'assurance ont été engagées ;

b) les variations de l'ajustement au titre du risque non financier qui sont comptabilisées en résultat net parce que l'entité s'est dégagée du risque ; et

c) les produits financiers ou charges financières d'assurance.

52 La répartition systématique imposée par le paragraphe 50 a) doit faire que la somme des montants affectés à l'élément de perte conformément aux paragraphes 48 à 50 est ramenée à zéro à la fin de la période de couverture du groupe de contrats d'assurance.

MÉTHODE D'AFFECTATION DES PRIMES

53 L'entité peut simplifier l'évaluation d'un groupe de contrats d'assurance en appliquant la méthode d'affectation des primes décrite aux paragraphes 55 à 59 si, et seulement si, à la date de la création du groupe :

a) l'entité s'attend raisonnablement à ce que l'évaluation du passif au titre de la couverture restante du groupe obtenue par cette méthode simplifiée ne diffère pas de manière significative de celle qui serait obtenue en appliquant les dispositions des paragraphes 32 à 52 ; ou

b) la période de couverture de chacun des contrats du groupe (ce qui englobe les services prévus aux contrats d'assurance découlant de toutes les primes comprises dans le périmètre du contrat à cette date selon le paragraphe 34) n'excède pas un an.

54 Le critère énoncé au paragraphe 53 a) n'est pas rempli si, à la date de création du groupe, l'entité s'attend à une variabilité importante des flux de trésorerie d'exécution ayant une incidence sur l'évaluation du passif au titre de la couverture restante pendant la période qui s'écoulera avant que ne survienne un sinistre. La variabilité des flux de trésorerie d'exécution augmente, par exemple, en fonction de :

a) l'importance des flux de trésorerie futurs liés aux dérivés incorporés, le cas échéant, dans les contrats ; et

b) la durée de la période de couverture du groupe de contrats.

55 Lorsque l'entité applique la méthode d'affectation des primes, elle doit évaluer le passif au titre de la couverture restante de la manière suivante :

a) lors de la comptabilisation initiale, la valeur comptable du passif est égale à ce qui suit :

- i) les primes reçues, le cas échéant, à la date de la comptabilisation initiale ;
- ii) moins, le cas échéant, le montant à cette date des flux de trésorerie liés aux frais d'acquisition, sauf si l'entité a choisi de comptabiliser ces paiements en charges conformément au paragraphe 59 a) ; et
- iii) plus ou moins tout montant découlant de la décomptabilisation, à cette date :

1. de tout actif au titre des flux de trésorerie liés aux frais d'acquisition par application du paragraphe 28C ; et
2. de tout autre actif ou passif comptabilisé antérieurement au titre des flux de trésorerie se rapportant au groupe de contrats, comme spécifié au paragraphe B66A ;

b) à la fin de chaque période de reporting ultérieure, la valeur comptable du passif est égale à sa valeur comptable à l'ouverture de la période de reporting :

i) plus les primes reçues au cours de la période ;

ii) moins les flux de trésorerie liés aux frais d'acquisition, sauf si l'entité a choisi de comptabiliser ces paiements en charges conformément au paragraphe 59 a) ;

iii) plus tout montant comptabilisé en charges dans la période de reporting en raison de l'amortissement des flux de trésorerie liés aux frais d'acquisition, sauf si l'entité a choisi de comptabiliser les flux de trésorerie liés aux frais d'acquisition en charges conformément au paragraphe 59 a) ;

iv) plus tout ajustement apporté à une composante financement en application du paragraphe 56 ;

v) moins le montant comptabilisé en produit des activités d'assurance pour les services fournis durant cette période (voir paragraphe B126) ; et

vi) moins toute composante investissement payée ou transférée au passif au titre des sinistres survenus.

56 Si les contrats d'assurance du groupe comportent une composante financement importante, l'entité doit ajuster la valeur comptable du passif au titre de la couverture restante pour tenir compte de la valeur temps de l'argent et de l'effet du risque financier au moyen des taux d'actualisation décrits au paragraphe 36, tels qu'ils ont été déterminés lors de la comptabilisation initiale. Cependant, l'entité n'est pas tenue d'ajuster la valeur comptable du passif au titre de la couverture restante pour refléter la valeur temps de l'argent et l'effet du risque financier si, au moment de la comptabilisation initiale, elle s'attend à ce que le temps qui s'écoule, pour chaque partie des services, entre le moment où elle fournit la partie des services en question et la date d'échéance de la prime qui s'y rattache n'excède pas un an.

57 Si, à n'importe quel moment au cours de la période de couverture, les faits et circonstances indiquent qu'un groupe de contrats d'assurance est déficitaire, l'entité doit calculer l'écart entre :

a) la valeur comptable du passif au titre de la couverture restante, déterminée conformément au paragraphe 55 ; et

b) les flux de trésorerie d'exécution afférents à la couverture restante du groupe, évalués conformément aux paragraphes 33 à 37 et B36 à B92. Cependant, l'entité qui applique le paragraphe 59 b) sans ajuster le passif au titre des sinistres survenus pour refléter la valeur temps de l'argent et l'effet du risque financier ne doit pas inclure de tels ajustements dans les flux de trésorerie d'exécution.

58 Dans la mesure où les flux de trésorerie d'exécution visés au paragraphe 57 b) excèdent la valeur comptable visée au paragraphe 57 a), l'entité doit comptabiliser une perte en résultat net et majorer le passif au titre de la couverture restante.

59 L'entité qui applique la méthode d'affectation des primes :

a) peut choisir de comptabiliser en charges les flux de trésorerie liés aux frais d'acquisition, s'il en existe, au moment où elle engage ces coûts, pourvu que la période de couverture de chacun des contrats du groupe au moment de la comptabilisation initiale n'excède pas un an ;

b) doit évaluer le passif au titre des sinistres survenus pour le groupe de contrats d'assurance comme étant égal au montant des flux de trésorerie d'exécution relatifs aux sinistres survenus, conformément aux paragraphes 33 à 37 et B36 à B92. Cependant, l'entité n'est pas tenue d'ajuster les flux de trésorerie futurs pour refléter la valeur temps de l'argent et l'effet du risque financier si le versement ou l'encaissement de ces flux de trésorerie est attendu dans un délai n'excédant pas un an à compter de la date du sinistre.

CONTRATS DE RÉASSURANCE DÉTENUS

60 Pour l'application aux contrats de réassurance détenus, les dispositions d'IFRS 17 sont modifiées comme l'indiquent les paragraphes 61 à 70A.

61 L'entité doit diviser les portefeuilles de contrats de réassurance détenus conformément aux paragraphes 14 à 24, toutefois les références faites dans ces paragraphes aux contrats déficitaires sont remplacées par des références aux contrats donnant lieu à un profit net au moment de la comptabilisation initiale. Pour certains contrats de réassurance détenus, l'application des paragraphes 14 à 24 se traduira par la constitution d'un groupe composé d'un seul contrat.

➠ Comptabilisation

62 Plutôt que d'appliquer le paragraphe 25, l'entité doit comptabiliser un groupe de contrats de réassurance détenus à la première des deux dates suivantes :

a) le début de la période de couverture du groupe de contrats de réassurance détenus ; et

b) la date à laquelle l'entité comptabilise un groupe de contrats d'assurance sous-jacents déficitaire en application du paragraphe 25 c), si l'entité a conclu au plus tard à cette date le contrat de réassurance détenu correspondant dans le groupe de contrats de réassurance détenus.

62A Nonobstant le paragraphe 62 a), l'entité doit reporter la comptabilisation d'un groupe de contrats de réassurance détenus fournissant une couverture proportionnelle jusqu'à la date de comptabilisation initiale de tout contrat d'assurance sous-jacent, si cette date est postérieure au début de la période de couverture du groupe de contrats de réassurance détenus.

➠ Évaluation

63 Lorsque l'entité applique aux contrats de réassurance détenus les dispositions des paragraphes 32 à 36 relatives à l'évaluation et qu'elle évalue également les contrats sous-jacents conformément à ces paragraphes, les hypothèses qu'elle utilise pour évaluer les estimations de la valeur actualisée des flux de trésorerie futurs du groupe de contrats de réassurance détenus doivent concorder avec celles qu'elle utilise pour évaluer les estimations de la valeur actualisée des flux de trésorerie futurs du ou des groupes de contrats d'assurance sous-jacents. De plus, les estimations de la valeur actualisée des flux de trésorerie futurs du groupe de contrats de réassurance détenus doivent refléter l'effet du risque de non-exécution de la part de l'émetteur du contrat de réassurance, y compris l'effet des garanties et des pertes découlant de litiges.

64 Au lieu d'appliquer le paragraphe 37, l'entité doit déterminer l'ajustement au titre du risque non financier de façon à ce qu'il corresponde au montant du risque qui est transféré par le titulaire du groupe de contrats de réassurance à l'émetteur de ces derniers.

65 Les dispositions du paragraphe 38, qui portent sur la détermination de la marge sur services contractuels au moment de la comptabilisation initiale, sont modifiées pour tenir compte du fait que, dans le cas d'un groupe de contrats de réassurance détenus, il n'y a pas de profit non acquis et qu'il y a plutôt un coût net ou un profit net pour l'entité lorsqu'elle acquiert la réassurance. Ainsi, à moins que le paragraphe 65A s'applique, au moment de la comptabilisation initiale, l'entité doit comptabiliser tout coût net ou profit net relatif à l'achat du groupe de contrats de réassurance détenus comme une marge sur services contractuels égale à la somme :

a) des flux de trésorerie d'exécution ;

b) du montant décomptabilisé à cette date de tout actif ou passif précédemment comptabilisé au titre des flux de trésorerie liés au groupe de contrats de réassurance détenus ;

c) des flux de trésorerie survenant à cette date ; et

d) de tout produit comptabilisé en résultat net en application du paragraphe 66A.

65A Si le coût net de l'achat d'une couverture de réassurance est lié à des événements survenus avant l'achat du groupe de contrats de réassurance détenus, l'entité doit, nonobstant les dispositions du paragraphe B5, comptabiliser immédiatement ce coût en tant que charge au résultat net.

66 Au lieu d'appliquer le paragraphe 44, pour un groupe de contrats de réassurance détenus, l'entité doit évaluer la marge sur services contractuels à la date de clôture comme étant égale à la valeur comptable déterminée à la date d'ouverture de la période de reporting, ajustée pour tenir compte des éléments suivants :

a) l'effet des nouveaux contrats ajoutés au groupe (voir paragraphe 28) ;

b) l'intérêt capitalisé sur la valeur comptable de la marge sur services contractuels, évalué à l'aide des taux d'actualisation décrits au paragraphe B72 b) ;

ba) les produits comptabilisés en résultat net de la période de reporting en application du paragraphe 66A ;

bb) les reprises d'une composante recouvrement de perte comptabilisée en application du paragraphe 66B (voir paragraphe B119F) dans la mesure où ces reprises ne sont pas des variations des flux de trésorerie d'exécution du groupe de contrats de réassurance détenus ;

c) les variations des flux de trésorerie d'exécution, évalués à l'aide des taux d'actualisation décrits au paragraphe B72 c), dans la mesure où elles se rattachent aux services futurs, à moins que :

- i) soit elles résultent d'une variation des flux de trésorerie d'exécution attribués à un groupe de contrats d'assurance sous-jacents qui n'entraîne pas un ajustement de la marge sur services contractuels de ce groupe de contrats d'assurance sous-jacents ; ou
- ii) soit elles résultent de l'application des paragraphes 57 et 58 (sur les contrats déficitaires), si l'entité évalue le groupe de contrats d'assurance sous-jacents selon la méthode d'affectation des primes ;

d) l'effet des écarts de change sur la marge sur services contractuels ; et

e) le montant comptabilisé en résultat net en raison des services reçus au cours de la période, déterminé par répartition, conformément au paragraphe B119, de la marge sur services contractuels restante à la date de clôture (avant toute répartition) sur la période considérée et la période de couverture restante du groupe de contrats de réassurance détenus.

66A L'entité doit ajuster la marge sur services contractuels d'un groupe de contrats de réassurance détenus et comptabiliser un produit en conséquence, lorsqu'elle comptabilise une perte lors de la comptabilisation initiale d'un groupe de contrats d'assurance sous-jacents déficitaire ou lors de l'ajout de contrats d'assurance sous-jacents déficitaires au groupe (voir paragraphes B119C à B119E).

66B L'entité doit établir (ou ajuster) une composante recouvrement de perte de l'actif au titre de la couverture restante d'un groupe de contrats de réassurance détenus reflétant le recouvrement des pertes comptabilisé en application des paragraphes 66 c) i) et ii) et 66A. C'est d'après cette composante recouvrement de perte que sont déterminés les montants qui sont présentés en résultat net comme des ajustements à la baisse du recouvrement de perte découlant des contrats de réassurance détenus et qui, par conséquent, sont exclus de la répartition des primes payées au réassureur (voir paragraphe B119F).

67 Les variations des flux de trésorerie d'exécution qui résultent de l'évolution du risque de non-exécution de la part de l'émetteur du contrat de réassurance détenu ne se rattachent pas aux services futurs et ne doivent donc pas entraîner d'ajustement de la marge sur services contractuels.

68 Les contrats de réassurance détenus ne peuvent pas être déficitaires. Par conséquent, les dispositions des paragraphes 47 à 52 ne s'appliquent pas.

➡ Application, aux contrats de réassurance détenus, de la méthode d'affectation des primes

69 Afin de simplifier l'évaluation d'un groupe de contrats de réassurance détenus, l'entité peut appliquer la méthode d'affectation des primes exposée aux paragraphes 55, 56 et 59 (adaptée pour tenir compte des caractéristiques des contrats de réassurance détenus qui diffèrent de celles des contrats d'assurance émis, par exemple le fait de donner lieu à des charges ou à des réductions de charges plutôt qu'à des produits) si l'une ou l'autre des conditions ci-dessous est remplie à la date de création du groupe :

a) l'entité s'attend raisonnablement à ce que l'évaluation obtenue par cette méthode ne diffère pas de manière significative de celle qui serait obtenue en appliquant les dispositions des paragraphes 63 à 68 ; ou

b) la période de couverture de chacun des contrats du groupe de contrats de réassurance détenus (ce qui inclut la couverture d'assurance découlant de toutes les primes comprises dans le périmètre du contrat à cette date selon le paragraphe 34) n'excède pas un an.

70 La condition énoncée au paragraphe 69 a) n'est pas remplie si, à la date de création du groupe, l'entité s'attend à une variabilité importante des flux de trésorerie d'exécution ayant une incidence sur l'évaluation de l'actif au titre de la couverture restante pendant la période qui s'écoulera avant que ne survienne un sinistre. La variabilité des flux de trésorerie d'exécution augmente, par exemple, en fonction de :

a) l'importance des flux de trésorerie futurs liés aux dérivés incorporés, le cas échéant, dans les contrats ; et

b) la durée de la période de couverture du groupe de contrats de réassurance détenus.

70A Si l'entité évalue un groupe de contrats de réassurance détenus selon la méthode d'affectation des primes, elle doit appliquer le paragraphe 66A en ajustant la valeur comptable de l'actif au titre de la couverture restante plutôt qu'en ajustant la marge sur services contractuels.

CONTRATS D'INVESTISSEMENT AVEC ÉLÉMENTS DE PARTICIPATION DISCRÉTIONNAIRE

71 Un contrat d'investissement avec éléments de participation discrétionnaire n'a pas pour effet de transférer un risque d'assurance important. Par conséquent, pour application aux contrats d'investissement avec éléments de participation discrétionnaire, les dispositions d'IFRS 17 sont modifiées de la façon suivante :

a) la date de comptabilisation initiale (voir paragraphes 25 et 28) est la date à laquelle l'entité devient partie au contrat ;

b) les flux de trésorerie compris dans le périmètre du contrat (voir paragraphe 34) sont ceux qui découlent d'une obligation substantielle de l'entité de remettre de la trésorerie à une date actuelle ou future. L'entité n'a pas d'obligation substantielle de remettre de la trésorerie si elle a la capacité pratique de fixer, relativement à la remise de trésorerie promise, un prix qui reflète intégralement la somme promise et les risques afférents ;

c) la répartition de la marge sur services contractuels [voir paragraphes 44 e) et 45 e)] est modifiée de façon à ce que l'entité comptabilise la marge sur services contractuels sur la durée du groupe de contrats, d'une manière systématique qui reflète la prestation de services d'investissement selon le contrat.

Modification et décomptabilisation

MODIFICATION D'UN CONTRAT D'ASSURANCE

72 Lorsque les conditions d'un contrat d'assurance sont modifiées, par exemple en raison d'un accord entre les parties au contrat ou d'un changement dans la réglementation, l'entité doit décomptabiliser le contrat initial et comptabiliser le contrat modifié comme un nouveau contrat en appliquant IFRS 17 ou les autres normes applicables, si et seulement si l'une quelconque des conditions a) à c) ci-dessous est remplie. L'exercice d'un droit faisant partie des conditions du contrat ne constitue pas une modification. Les conditions sont les suivantes :

a) si les conditions modifiées avaient été prévues au contrat initial :

- i) le contrat modifié aurait été exclu, en application des paragraphes 3 à 8A, du champ d'application d'IFRS 17 ;
- ii) les composantes séparées du contrat d'assurance hôte en application des paragraphes 10 à 13 auraient été différentes, de sorte que l'entité se serait trouvée à appliquer IFRS 17 à un contrat d'assurance différent ;
- iii) le périmètre du contrat modifié, déterminé en application du paragraphe 34, aurait été substantiellement différent ; ou
- iv) le contrat modifié aurait, en application des paragraphes 14 à 24, été classé dans un groupe de contrats différent ;

b) le contrat initial entrait dans la définition d'un *contrat d'assurance avec éléments de participation directe*, mais le contrat modifié n'y répond plus (ou vice versa) ; ou

c) l'entité a appliqué au contrat initial la méthode d'affectation des primes exposée aux paragraphes 53 à 59 ou aux paragraphes 69 et 70, mais le contrat modifié ne satisfait plus aux conditions requises par le paragraphe 53 ou 69 pour l'application de cette méthode.

73 Si aucune des conditions énoncées au paragraphe 72 n'est remplie, l'entité doit traiter les variations des flux de trésorerie qui résultent des modifications apportées au contrat comme des changements des estimations de flux de trésorerie d'exécution conformément aux paragraphes 40 à 52.

DÉCOMPTABILISATION

74 L'entité doit décomptabiliser un contrat d'assurance lorsque, et seulement lorsque :

a) le contrat d'assurance est éteint, c'est-à-dire lorsque l'obligation qui y est précisée expire ou qu'elle est acquittée ou résiliée ; ou

b) l'une des conditions énoncées au paragraphe 72 est remplie.

75 Lorsque le contrat d'assurance est éteint, l'entité n'est plus exposée au risque et elle n'est par conséquent plus tenue de transférer des ressources économiques pour honorer le contrat d'assurance. Par exemple, l'entité qui achète une réassurance doit décomptabiliser le ou les contrats d'assurance sous-jacents lorsque, et seulement lorsque, ceux-ci sont éteints.

76 L'entité décomptabilise le contrat d'assurance du groupe de contrats auquel il appartenait en appliquant les dispositions suivantes d'IFRS 17 :

a) en application des paragraphes 40 a) i) et 40 b), les flux de trésorerie d'exécution affectés au groupe sont ajustés pour en éliminer la valeur actualisée des flux de trésorerie futurs et l'ajustement au titre du risque non financier relatifs aux droits et aux obligations des contrats décomptabilisés du groupe ;

b) sauf en cas d'application du paragraphe 77, la marge sur services contractuels du groupe est ajustée pour tenir compte des variations des flux de trésorerie d'exécution décrits au point a), si requis par les paragraphes 44 c) et 45 c) ; et

c) en application du paragraphe B119, le nombre d'unités de couverture liées aux services prévus au contrat d'assurance restants attendus est ajusté pour tenir compte des unités de couverture décomptabilisées du groupe et le montant de la marge sur services contractuels comptabilisée en résultat net pour la période est établi sur la base de ce nombre ajusté.

77 L'entité qui décomptabilise un contrat d'assurance en raison du transfert de celui-ci à une tierce partie ou avant de comptabiliser un nouveau contrat en application du paragraphe 72 doit, au lieu d'appliquer le paragraphe 76 b) :

a) apporter à la marge sur services contractuels du groupe auquel appartenait le contrat décomptabilisé, si requis par les paragraphes 44 c) et 45 c), un ajustement d'un montant correspondant à la différence entre le montant décrit en i) et, selon que le contrat est transféré à une tierce partie ou décomptabilisé en application du paragraphe 72, le montant décrit en ii) ou en iii) :

i) la variation de la valeur comptable du groupe de contrats d'assurance découlant de la décomptabilisation du contrat, en application du paragraphe 76 a) ;

ii) la prime demandée par la tierce partie ;

iii) la prime que l'entité aurait demandée si elle avait, à la date de modification du contrat, conclu un contrat selon des conditions équivalentes à celles du nouveau contrat, déduction faite de la prime supplémentaire demandée au titre de la modification ;

b) évaluer le nouveau contrat comptabilisé en application du paragraphe 72 en supposant que l'entité a reçu la prime décrite en a) iii) à la date de modification.

Présentation dans l'état de la situation financière

78 L'entité doit présenter séparément dans l'état de la situation financière la valeur comptable :

a) des portefeuilles de contrats d'assurance émis qui sont des actifs ;

b) des portefeuilles de contrats d'assurance émis qui sont des passifs ;

c) des portefeuilles de contrats de réassurance détenus qui sont des actifs ; et

d) des portefeuilles de contrats de réassurance détenus qui sont des passifs.

79 L'entité doit incorporer dans la valeur comptable de chacun des portefeuilles de contrats d'assurance émis tout actif comptabilisé, en application du paragraphe 28B, au titre des flux de trésorerie liés aux frais d'acquisition de chacun de ces portefeuilles, et elle doit incorporer dans la valeur comptable de chacun des portefeuilles de contrats de réassurance détenus tout actif ou passif comptabilisé au titre des flux de trésorerie liés à chacun de ces portefeuilles [voir paragraphe 65 b)].

Comptabilisation et présentation dans le ou les états de la performance financière (paragraphes B120 à B136)

80 En application des paragraphes 41 et 42, l'entité doit ventiler entre les postes suivants les montants qu'elle comptabilise dans le ou les états du résultat net et des autres éléments du résultat global (dénommés ci-après « le ou les états de la performance financière ») :

a) le résultat des activités d'assurance (paragraphes 83 à 86), constitué des produits des activités d'assurance et des charges afférentes aux activités d'assurance ; et

b) les produits financiers ou charges financières d'assurance (paragraphes 87 à 92).

81 L'entité n'est pas tenue de ventiler la variation de l'ajustement au titre du risque non financier entre le résultat des activités d'assurance et les produits financiers ou charges financières d'assurance. Si elle ne ventile pas cette variation, elle doit l'inclure en totalité dans le résultat des activités d'assurance.

82 L'entité doit présenter les produits ou les charges afférents aux contrats de réassurance détenus séparément des charges ou des produits afférents aux contrats d'assurance émis.

RÉSULTAT DES ACTIVITÉS D'ASSURANCE

83 L'entité doit présenter en résultat net les produits des activités d'assurance liés aux groupes de contrats d'assurance émis. Les produits des activités d'assurance doivent refléter la prestation des services se rapportant à un groupe de contrats d'assurance par un montant qui correspond à la contrepartie à laquelle l'entité s'attend à avoir droit en échange de ces services. Les paragraphes B120 à B127 précisent comment l'entité évalue les produits des activités d'assurance.

84 L'entité doit présenter en résultat net les charges afférentes aux activités d'assurance liées à un groupe de contrats d'assurance émis, qui comprennent les charges de sinistres (ce qui exclut les remboursements de composantes investissement), les autres charges afférentes aux activités d'assurance ainsi que les autres montants visés au paragraphe 103 b).

85 Les produits et charges afférents aux activités d'assurance présentés en résultat net ne doivent pas comprendre de composantes investissement. L'entité ne doit pas présenter d'informations sur les primes en résultat net dans le cas où elles ne sont pas conformes aux dispositions du paragraphe 83.

86 L'entité peut présenter un montant unique pour les produits ou les charges liés à un groupe de contrats de réassurance détenus (voir paragraphes 60 à 70A), autres que les produits financiers ou charges financières d'assurance ; ou bien elle peut présenter séparément les sommes recouvrées auprès du réassureur et l'imputation des primes payées, dont la compensation donne le montant unique mentionné précédemment. Si l'entité présente séparément les sommes recouvrées auprès du réassureur et l'imputation des primes payées, elle doit :

a) traiter les flux de trésorerie liés à la réassurance qui dépendent de la survenance de sinistres couverts par les contrats sous-jacents comme faisant partie des indemnisations dont le contrat de réassurance détenu prévoit le remboursement ;

b) traiter les sommes qu'elle s'attend à recevoir du réassureur et qui ne dépendent pas de la survenance de sinistres couverts par les contrats sous-jacents (par exemple, certains types de commissions de cession) comme une réduction des primes à payer au réassureur ;

ba) traiter les montants comptabilisés au titre du recouvrement des pertes en application des paragraphes 66 c) i), 66 c) ii), 66A et 66B comme des sommes recouvrées auprès du réassureur ; et

c) ne pas présenter l'imputation des primes payées comme une réduction des produits.

PRODUITS FINANCIERS OU CHARGES FINANCIÈRES D'ASSURANCE (VOIR PARAGRAPHES B128 À B136)

87 Les produits financiers ou charges financières d'assurance comprennent la variation de la valeur comptable du groupe de contrats d'assurance résultant de :

a) l'effet de la valeur temps de l'argent et de ses variations ; et

b) l'effet du risque financier et de ses variations ; mais

c) ne comprennent pas, dans le cas des groupes de contrats d'assurance avec éléments de participation directe, les variations qui entraîneraient un ajustement de la marge sur services contractuels mais qui n'en entraînent pas quand les paragraphes 45 b) ii), 45 b) iii), 45 c) ii) ou 45 c) iii) sont appliqués. Ces variations sont incluses dans les charges afférentes aux activités d'assurance.

87A **L'entité doit appliquer :**

a) le paragraphe B117A aux produits financiers ou charges financières d'assurance découlant de l'application du paragraphe B115 (atténuation des risques) ; et

b) les paragraphes 88 et 89 à tous les autres produits financiers ou charges financières d'assurance.

88 **Pour l'application du paragraphe 87A b), à moins que le paragraphe 89 s'applique, l'entité doit choisir l'une ou l'autre des méthodes comptables suivantes :**

a) comptabiliser en résultat net les produits financiers ou charges financières d'assurance de la période ; ou

b) ventiler les produits financiers ou charges financières d'assurance de la période de façon à comptabiliser en résultat net un montant déterminé par la répartition systématique, suivant les paragraphes B130 à B133, du total attendu des produits financiers ou charges financières d'assurance sur la durée du groupe de contrats.

89 **Pour l'application du paragraphe 87A b), en ce qui concerne les contrats d'assurance avec éléments de participation directe dont l'entité détient les éléments sous-jacents, l'entité doit choisir l'une ou l'autre des méthodes comptables suivantes :**

a) comptabiliser en résultat net les produits financiers ou charges financières d'assurance de la période ; ou

b) ventiler les produits financiers ou charges financières d'assurance de la période de façon à comptabiliser en résultat net, suivant les paragraphes B134 à B136, un montant qui élimine les non-concordances comptables avec les produits ou les charges comptabilisés en résultat net relativement aux éléments sous-jacents détenus.

90 **L'entité qui choisit d'appliquer la méthode comptable énoncée au paragraphe 88 b) ou celle énoncée au paragraphe 89 b) doit présenter dans les autres éléments du résultat global l'écart entre les produits financiers ou charges financières d'assurance, évalués de la façon indiquée dans ces paragraphes, et le total des produits financiers ou charges financières d'assurance de la période.**

91 **L'entité qui transfère un groupe de contrats d'assurance ou décomptabilise un contrat d'assurance en application du paragraphe 77 doit :**

a) reclasser en résultat net à titre d'ajustement de reclassement (voir IAS 1 *Présentation des états financiers*) les montants résiduels liés au groupe (ou au contrat) qui avaient été comptabilisés antérieurement dans les autres éléments du résultat global parce que l'entité avait choisi d'appliquer la méthode comptable énoncée au paragraphe 88 b) ;

b) ne pas reclasser en résultat net à titre d'ajustement de reclassement (voir IAS 1) les montants résiduels liés au groupe (ou au contrat) qui avaient été comptabilisés antérieurement dans les autres éléments du résultat global parce que l'entité avait choisi d'appliquer la méthode comptable énoncée au paragraphe 89 b).

92 Le paragraphe 30 impose à l'entité de traiter un contrat d'assurance comme un élément monétaire aux fins de la conversion des éléments en monnaie étrangère dans la monnaie fonctionnelle selon IAS 21. L'entité présente dans l'état du résultat net les écarts de change liés aux variations de la valeur comptable des groupes de contrats d'assurance, à moins que ces écarts ne soient liés aux variations de la valeur comptable des groupes de contrats d'assurance présentées dans les autres éléments du résultat global en application du paragraphe 90, auquel cas elle doit les présenter dans les autres éléments du résultat global.

Informations à fournir

93 L'objectif des obligations d'information est que l'entité fournisse dans les notes des informations qui, prises en considération avec celles fournies dans l'état de la situation financière, le ou les états de la performance financière et l'état des flux de trésorerie, permettent aux utilisateurs de ses états financiers d'apprécier l'incidence des contrats qui entrent dans le champ d'application d'IFRS 17 sur sa situation financière, sa performance financière et ses flux de trésorerie. Pour atteindre cet objectif, l'entité doit fournir des informations qualitatives et quantitatives sur tous les éléments suivants :

a) les montants comptabilisés dans ses états financiers relativement aux contrats qui entrent dans le champ d'application d'IFRS 17 (voir paragraphes 97 à 116) ;

b) les jugements importants, et leurs modifications, faits lors de l'application d'IFRS 17 (voir paragraphes 117 à 120) ; et

c) la nature et l'importance des risques afférents aux contrats qui entrent dans le champ d'application d'IFRS 17 (voir paragraphes 121 à 132).

94 L'entité doit examiner le niveau de détail nécessaire pour atteindre l'objectif des obligations d'information et l'importance à accorder à chacune de ces obligations. Si l'application des paragraphes 97 à 132 ne suffit pas à atteindre l'objectif du paragraphe 93, l'entité doit fournir les informations supplémentaires nécessaires pour y arriver.

95 L'entité doit regrouper ou ventiler les informations de manière à ne pas noyer des informations utiles dans une profusion de détails peu importants ou dans un regroupement d'éléments disparates.

96 Les exigences concernant l'importance relative et le regroupement des informations sont énoncées aux paragraphes 29 à 31 d'IAS 1. Il pourrait par exemple être approprié de regrouper les informations communiquées sur les contrats d'assurance selon les critères suivants :

a) par type de contrat (par exemple, principales lignes de produits) ;

b) par zone géographique (par exemple, pays ou région) ; ou

c) par secteur à présenter, au sens d'IFRS 8 *Secteurs opérationnels*.

EXPLICATION DES MONTANTS COMPTABILISÉS

97 Parmi les obligations d'information énoncées aux paragraphes 98 à 109A, seules celles des paragraphes 98 à 100, 102, 103, 105 à 105B et 109A s'appliquent aux contrats évalués selon la méthode d'affectation des primes. Si l'entité applique cette méthode, elle doit également indiquer :

a) laquelle des conditions énoncées aux paragraphes 53 et 69 est remplie ;

b) si elle a apporté un ajustement pour refléter la valeur temps de l'argent et l'effet du risque financier en application des paragraphes 56, 57 b) et 59 b) ; et

c) la méthode qu'elle a choisie pour comptabiliser les flux de trésorerie liés aux frais d'acquisition en application du paragraphe 59 a).

98 L'entité doit présenter des rapprochements montrant comment les valeurs comptables nettes des contrats qui entrent dans le champ d'application d'IFRS 17 ont varié au cours de la période en raison des flux de trésorerie ainsi que des produits et des charges comptabilisés dans le ou les états de la performance financière. Elle doit présenter des rapprochements séparés pour les contrats d'assurance émis et les contrats de réassurance détenus. L'entité doit adapter les dispositions des paragraphes 100 à 109 en fonction des caractéristiques des contrats de réassurance détenus qui diffèrent de celles des contrats d'assurance émis, par exemple le fait de donner lieu à des charges ou à des réductions de charges plutôt qu'à des produits.

99 L'entité doit présenter des rapprochements suffisamment détaillés pour que les utilisateurs d'états financiers soient en mesure de distinguer les variations qui découlent des flux de trésorerie de celles qui découlent de montants comptabilisés dans l'état ou les états de la performance financière. Pour se conformer à cette exigence, l'entité doit :

a) fournir sous forme de tableau les rapprochements décrits aux paragraphes 100 à 105B ; et

b) présenter pour chaque rapprochement les valeurs comptables nettes à l'ouverture et à la clôture de la période, ventilées en un total pour les portefeuilles de contrats d'assurance qui sont des actifs et un total pour les portefeuilles de contrats d'assurance qui sont des passifs, ces valeurs étant égales aux montants présentés dans l'état de la situation financière en application du paragraphe 78.

100 L'entité doit présenter séparément les rapprochements des soldes d'ouverture et de clôture de chacun des éléments suivants

a) le passif net (ou l'actif net) au titre de la couverture restante, exclusion faite de l'élément de perte ;

b) les éléments de perte éventuels (voir paragraphes 47 à 52, 57 et 58) ;

c) le passif au titre des sinistres survenus. Pour les contrats d'assurance évalués selon la méthode d'affectation des primes décrite aux paragraphes 53 à 59 ou aux paragraphes 69 à 70A, l'entité doit présenter des rapprochements séparés pour les éléments suivants :

i) les estimations de la valeur actualisée des flux de trésorerie futurs ; et

ii) l'ajustement au titre du risque non financier ;

101 Pour les contrats d'assurance qui ne sont pas évalués selon la méthode d'affectation des primes décrite aux paragraphes 53 à 59 ou aux paragraphes 69 à 70A, l'entité doit également présenter séparément les rapprochements des soldes d'ouverture et de clôture de chacun des éléments suivants :

a) les estimations de la valeur actualisée des flux de trésorerie futurs ;

b) l'ajustement au titre du risque non financier ; et

c) la marge sur services contractuels.

102 L'objectif des rapprochements exigés aux paragraphes 100 et 101 consiste à fournir différents types d'informations sur le résultat des activités d'assurance.

103 Dans les rapprochements exigés au paragraphe 100, l'entité doit présenter séparément, le cas échéant, chacun de ces montants relatifs aux services :

a) les produits des activités d'assurance ;

b) les charges afférentes aux activités d'assurance, en présentant séparément :

i) les charges de sinistres (exclusion faite des composantes investissement) et les autres charges afférentes aux activités d'assurance qui ont été engagées ;

ii) l'amortissement des flux de trésorerie liés aux frais d'acquisition ;

iii) les variations liées aux services passés, c'est-à-dire les variations des flux de trésorerie d'exécution qui sont liés au passif au titre des sinistres survenus ; et

iv) les variations liées aux services futurs, c'est-à-dire les pertes sur les groupes de contrats déficitaires et les reprises de telles pertes ;

c) les composantes investissement exclues des produits et des charges afférents aux activités d'assurance [combinées aux remboursements de primes, à moins que ceux-ci soient présentés comme faisant partie des flux de trésorerie de la période décrits au paragraphe 105 a) i)].

104 Dans les rapprochements exigés au paragraphe 101, l'entité doit présenter séparément, le cas échéant, chacun de ces montants relatifs aux services :

a) les variations liées aux services futurs, déterminées par application des paragraphes B96 à B118, en présentant séparément :

i) les changements des estimations qui entraînent un ajustement de la marge sur services contractuels ;

ii) les changements des estimations qui n'entraînent pas d'ajustement de la marge sur services contractuels, c'est-à-dire les pertes sur les groupes de contrats déficitaires et les reprises de telles pertes ; et

iii) l'effet des contrats comptabilisés initialement au cours de la période ;

b) les variations liées aux services rendus au cours de la période, c'est-à-dire :

i) le montant de la marge sur services contractuels comptabilisé en résultat net pour refléter la fourniture des services ;

ii) la variation de l'ajustement au titre du risque non financier qui n'est pas liée aux services passés ou futurs ; et

iii) les *ajustements liés à l'expérience* [voir paragraphes B97 c) et B113 a)], à l'exclusion des montants relatifs à l'ajustement au titre du risque non financier inclus en ii) ;

c) les variations liées aux services passés, c'est-à-dire les variations des flux de trésorerie d'exécution qui sont liés aux sinistres survenus [voir paragraphes B97 b) et B113 a)].

105 Pour compléter les rapprochements exigés aux paragraphes 100 et 101, l'entité doit également présenter séparément, le cas échéant, chacun de ces montants non relatifs aux services rendus au cours de la période :

a) les flux de trésorerie de la période, dont :

i) les primes reçues au titre des contrats d'assurance émis (ou payées au titre des contrats de réassurance détenus) ;

ii) les flux de trésorerie liés aux frais d'acquisition ; et

iii) les paiements faits en règlement des sinistres survenus et des autres charges afférentes aux activités d'assurance relativement aux contrats d'assurance émis (ou les sommes recouvrées dans le cas des contrats de réassurance détenus), à l'exclusion des flux de trésorerie liés aux frais d'acquisition ;

b) l'effet de l'évolution du risque de non-exécution de la part de l'émetteur des contrats de réassurance détenus ;

c) les produits financiers ou charges financières d'assurance ; et

d) tout autre poste pouvant être nécessaire à la compréhension de la variation de la valeur comptable nette des contrats d'assurance.

105A L'entité doit présenter un rapprochement des soldes d'ouverture et de clôture des actifs au titre des flux de trésorerie liés aux frais d'acquisition comptabilisés en application du paragraphe 28B. Elle doit regrouper les informations nécessaires au rapprochement à un niveau qui corresponde à celui des informations relatives au rapprochement des contrats d'assurance, en application du paragraphe 98.

105B Dans le rapprochement exigé au paragraphe 105A, l'entité doit présenter séparément le montant de toute perte de valeur et de toute reprise de perte de valeur comptabilisées en application des paragraphes 28E et 28F.

106 Pour les contrats d'assurance émis qui ne sont pas évalués selon la méthode d'affectation des primes décrite aux paragraphes 53 à 59, l'entité doit présenter une analyse des produits des activités d'assurance comptabilisés au cours de la période, en indiquant ce qui suit :

a) les montants relatifs aux variations du passif au titre de la couverture restante, déterminés conformément au paragraphe B124, en présentant séparément :

i) les charges afférentes aux activités d'assurance engagées au cours de la période, déterminées conformément au paragraphe B124 a) ;

ii) la variation de l'ajustement au titre du risque non financier, déterminée conformément au paragraphe B124 b) ;

iii) le montant de la marge sur services contractuels comptabilisé en résultat net en raison de la fourniture de services prévus aux contrats d'assurance au cours de la période, déterminé conformément au paragraphe B124 c) ; et

iv) les autres montants, le cas échéant, par exemple les ajustements liés à l'expérience découlant des encaissements de primes autres que ceux afférents aux services futurs, déterminés conformément au paragraphe B124 d) ;

b) le montant de la part des primes imputée à la récupération des flux de trésorerie liés aux frais d'acquisition (voir paragraphe B125).

107 Pour les contrats d'assurance qui ne sont pas évalués selon la méthode d'affectation des primes décrite aux paragraphes 53 à 59 ou aux paragraphes 69 à 70A, l'entité doit présenter séparément l'effet sur l'état de la situation financière des contrats d'assurance émis et des contrats de réassurance détenus comptabilisés initialement au cours de la période, en précisant leur effet au moment de la comptabilisation initiale sur les éléments suivants :

a) les estimations de la valeur actualisée des sorties de trésorerie futures, en présentant séparément le montant des flux de trésorerie liés aux frais d'acquisition ;

b) les estimations de la valeur actualisée des entrées de trésorerie futures ;

c) l'ajustement au titre du risque non financier ; et

d) la marge sur services contractuels.

108 Lorsque l'entité présente les informations exigées au paragraphe 107, elle doit indiquer séparément les montants découlant des éléments suivants :

a) les contrats acquis auprès d'autres entités à l'occasion de transferts de contrats d'assurance ou de regroupements d'entreprises ; et

b) les groupes de contrats qui sont déficitaires.

109 Pour les contrats d'assurance qui ne sont pas évalués selon la méthode d'affectation des primes décrite aux paragraphes 53 à 59 ou aux paragraphes 69 à 70A, l'entité doit indiquer par la présentation d'informations quantitatives, en utilisant un découpage chronologique approprié, le moment auquel elle s'attend à comptabiliser en résultat net la marge sur services contractuels restante à la date de clôture. Elle doit présenter ces informations séparément pour les contrats d'assurance émis et les contrats de réassurance détenus.

109A L'entité doit indiquer par la présentation d'informations quantitatives, en utilisant un découpage chronologique approprié, le moment auquel elle s'attend à décomptabiliser un actif au titre des flux de trésorerie liés aux frais d'acquisition en application du paragraphe 28C.

Produits financiers ou charges financières d'assurance

110 L'entité doit indiquer et expliquer le montant total des produits financiers ou charges financières d'assurance comptabilisés au cours de la période de reporting. Elle doit plus particulièrement expliquer le lien entre les produits financiers ou charges financières d'assurance et le rendement d'investissement qu'elle tire de ses actifs, pour permettre aux utilisateurs de ses états financiers d'évaluer les sources de produits financiers ou charges financières comptabilisés en résultat net et dans les autres éléments du résultat global.

111 Dans le cas des contrats d'assurance avec éléments de participation directe, l'entité doit indiquer en quoi consistent les éléments sous-jacents et en fournir la juste valeur.

112 Si l'entité choisit, en application du paragraphe B115, de ne pas ajuster la marge sur services contractuels relativement à certaines variations des flux de trésorerie d'exécution des contrats d'assurance avec éléments de participation directe, elle doit indiquer l'incidence de ce choix sur l'ajustement apporté à la marge sur services contractuels au cours de la période considérée.

113 Si l'entité modifie, en application du paragraphe B135, la base de répartition entre le résultat net et les autres éléments du résultat global des produits financiers ou charges financières d'assurance afférents aux contrats d'assurance avec éléments de participation directe, elle doit indiquer les informations suivantes pour la période au cours de laquelle la base de répartition est modifiée :

a) la raison pour laquelle elle était tenue de modifier la base de répartition ;

b) le montant de l'ajustement apporté, le cas échéant, à chaque poste des états financiers concerné ; et

c) la valeur comptable, à la date de modification de la base de répartition, du groupe de contrats d'assurance qui est concerné par cette modification.

➡ Montants à la date de transition

114 L'entité doit fournir des informations permettant aux utilisateurs d'états financiers de saisir l'incidence que les groupes de contrats évalués, à la date de transition, selon l'application rétrospective modifiée (voir paragraphes C6 à C19A) ou selon l'approche fondée sur la juste valeur (voir paragraphes C20 à C24B) auront sur la marge sur services contractuels et les produits des activités d'assurance au cours des périodes ultérieures. Elle doit donc présenter le rapprochement des soldes d'ouverture et de clôture de la marge sur services contractuels en application du paragraphe 101 c) et le montant des produits des activités d'assurance en application du paragraphe 103 a) de manière séparée pour :

a) les contrats d'assurance existants à la date de transition traités selon l'application rétrospective modifiée ;

b) les contrats d'assurance existants à la date de transition traités selon l'approche fondée sur la juste valeur ; et

c) tous les autres contrats d'assurance.

115 Pour toutes les périodes pour lesquelles l'entité fournit, en application des paragraphes 114 a) ou b), des informations permettant aux utilisateurs d'états financiers de comprendre la nature et l'importance des méthodes utilisées et des jugements portés pour déterminer les montants transitoires, elle doit expliquer comment elle a établi l'évaluation des contrats d'assurance à la date de transition.

116 L'entité qui choisit de ventiler les produits financiers ou charges financières d'assurance entre le résultat net et les autres éléments du résultat global applique les paragraphes C18 b), C19 b), C24 b) et C24 c) pour déterminer l'écart cumulé entre les produits financiers ou charges financières d'assurance qui auraient été comptabilisés en résultat net et le total des produits financiers ou charges financières d'assurance à la date de transition pour les groupes de contrats d'assurance concernés par cette répartition. Elle doit, pour toutes les périodes pour lesquelles elle a déterminé des montants en application de ces paragraphes, présenter un rapprochement des soldes d'ouverture et de clôture des montants cumulés présentés dans les autres éléments du résultat global pour les actifs financiers évalués à la juste valeur par le biais des autres éléments du résultat global qui sont liés aux groupes de contrats d'assurance. Le rapprochement doit par exemple faire état des profits ou pertes comptabilisés dans les autres éléments du résultat global au cours de la période et des profits ou pertes qui avaient été comptabilisés dans les autres éléments du résultat global au cours des périodes précédentes qui ont été reclassés en résultat net dans la période considérée.

JUGEMENTS IMPORTANTS PORTÉS AUX FINS DE L'APPLICATION D'IFRS 17

117 L'entité doit indiquer les jugements importants portés aux fins de l'application d'IFRS 17 ainsi que les changements apportés à de tels jugements. Plus précisément, elle doit présenter les données d'entrée, les hypothèses et les techniques d'estimation utilisées, notamment :

a) les méthodes utilisées pour l'évaluation des contrats d'assurance qui entrent dans le champ d'application d'IFRS 17 ainsi que les processus employés pour estimer les données d'entrée requises. À moins que ce ne soit impraticable, l'entité fournit aussi des informations quantitatives sur ces données ;

b) les changements apportés, le cas échéant, aux méthodes et aux processus employés pour estimer les données d'entrée utilisées pour l'évaluation des contrats, le motif de chaque changement et le type de contrat concerné ;

c) dans la mesure où elles ne sont pas déjà présentées en application de a), les approches adoptées pour :

i) distinguer, dans le cas des contrats d'assurance sans éléments de participation directe, les variations des estimations de flux de trésorerie futurs découlant de l'exercice du pouvoir discrétionnaire des autres variations de ces estimations (voir paragraphe B98) ;

ii) déterminer l'ajustement au titre du risque non financier, y compris pour décider soit de ventiler les variations de l'ajustement au titre du risque non financier entre le résultat des activités d'assurance et les produits financiers ou charges financières d'assurance, soit de présenter la totalité de ces variations dans le résultat des activités d'assurance ;

iii) déterminer les taux d'actualisation ;

iv) déterminer les composantes investissement ; et

v) déterminer la pondération relative des prestations découlant de la couverture d'assurance et des services de rendement d'investissement ou de la couverture d'assurance et des services liés à l'investissement (voir paragraphes B119 à B119B).

118 Si, en application du paragraphe 88 b) ou 89 b), l'entité choisit de ventiler les produits financiers ou charges financières d'assurance entre le résultat net et les autres éléments du résultat global, elle doit expliquer les méthodes qu'elle utilise pour déterminer le montant des produits financiers ou charges financières d'assurance qu'elle comptabilise en résultat net.

119 L'entité doit indiquer le niveau de confiance utilisé dans la détermination de l'ajustement au titre du risque non financier. Si elle a appliqué une technique autre que celle du niveau de confiance pour déterminer cet ajustement, elle doit indiquer la technique appliquée et le niveau de confiance auquel correspond le résultat de l'application de cette technique.

120 L'entité doit indiquer la courbe de taux (ou l'éventail de courbes de taux) utilisée, en application du paragraphe 36, pour actualiser les flux de trésorerie qui ne varient pas en fonction des rendements des éléments sous-jacents. Lorsqu'elle présente cette information de façon globale pour plusieurs groupes de contrats d'assurance, elle doit la communiquer sous forme de moyennes pondérées ou de fourchettes relativement étroites.

NATURE ET IMPORTANCE DES RISQUES DÉCOULANT DES CONTRATS QUI ENTRENT DANS LE CHAMP D'APPLICATION D'IFRS 17

121 L'entité doit fournir des informations permettant aux utilisateurs de ses états financiers d'évaluer la nature, le montant, l'échéancier et l'incertitude des flux de trésorerie futurs issus des contrats qui entrent dans le champ d'application d'IFRS 17. Les informations qu'elle est normalement tenue de fournir pour se conformer à cette exigence sont spécifiées aux paragraphes 122 à 132.

122 Ces informations à fournir portent sur le risque d'assurance et les risques financiers qui découlent des contrats d'assurance et sur la gestion de ces risques. Les risques financiers comprennent généralement, mais pas uniquement, le risque de crédit, le risque de liquidité et le risque de marché.

123 Si les informations que l'entité présente sur son exposition au risque à la date de clôture ne sont pas représentatives de son exposition au risque pendant la période, elle doit l'indiquer et préciser pourquoi il en est ainsi, en plus de présenter des informations supplémentaires qui sont représentatives de son exposition au risque pendant la période.

124 L'entité doit indiquer, pour chaque type de risque découlant de contrats qui entrent dans le champ d'application d'IFRS 17 :

a) ses expositions aux risques et leurs origines ;

b) ses objectifs, politiques et processus de gestion des risques et ses méthodes d'évaluation des risques ; et

c) tout changement concernant les points a) ou b) par rapport à la période précédente.

125 L'entité doit également fournir, pour chaque type de risque découlant de contrats qui entrent dans le champ d'application d'IFRS 17 :

a) des informations quantitatives sommaires sur son exposition à ce type de risque à la date de clôture. Ces informations doivent être fondées sur les informations communiquées en interne aux principaux dirigeants de l'entité.

b) les informations exigées aux paragraphes 127 à 132, dans la mesure où elles ne sont pas fournies en application du point a).

126 L'entité doit fournir des informations sur l'effet des cadres réglementaires régissant ses activités, par exemple les exigences de fonds propres ou de garanties de taux d'intérêt. Si elle applique le paragraphe 20 pour déterminer les groupes de contrats d'assurance à laquelle elle applique les dispositions d'IFRS 17 en matière de comptabilisation et d'évaluation, elle doit l'indiquer.

➡ Tous les types de risques – Concentrations de risque

127 L'entité doit présenter des informations sur les concentrations de risque découlant des contrats qui entrent dans le champ d'application d'IFRS 17, en précisant comment elle détermine ces concentrations et quelle est la caractéristique commune à chaque concentration (par exemple, le type d'événement assuré, le secteur d'activité, la zone géographique ou la monnaie). Une concentration de risque financier pourrait découler, par exemple, de garanties de taux d'intérêt s'exerçant au même niveau pour un grand nombre de contrats. Une concentration de risque financier pourrait également découler d'une concentration de risque non financier, par exemple si une entité qui assure des sociétés pharmaceutiques contre les poursuites liées à leurs produits détient également des participations dans ces sociétés.

➡ Risque d'assurance et risque de marché – Analyse de sensibilité

128 L'entité doit présenter des informations sur sa sensibilité aux changements touchant les variables de risque découlant des contrats qui entrent dans le champ d'application d'IFRS 17. Pour se conformer à cette exigence, elle doit présenter :

a) une analyse de sensibilité qui montre l'incidence sur le résultat net et les capitaux propres qu'auraient eue les changements touchant les variables de risque raisonnablement possibles à la date de clôture :

i) pour le risque d'assurance, en montrant l'incidence sur les contrats d'assurance émis, avant et après l'atténuation du risque par les contrats de réassurance détenus ; et

ii) pour chaque type de risque de marché, d'une façon qui explique le lien entre la sensibilité aux changements touchant les variables de risque découlant des contrats d'assurance et la sensibilité aux changements touchant les variables de risque découlant des actifs financiers détenus par l'entité ;

b) les méthodes et hypothèses utilisées dans la préparation de l'analyse de sensibilité ; et

c) les changements apportés par rapport à la période précédente dans les méthodes et hypothèses utilisées aux fins de la préparation de l'analyse de sensibilité ainsi que les raisons de ces changements.

129 Si l'entité prépare une analyse de sensibilité qui montre l'incidence des changements touchant les variables de risque sur des montants autres que ceux indiqués au paragraphe 128 a) et qu'elle utilise cette analyse aux fins de la gestion des risques découlant des contrats qui entrent dans le champ d'application d'IFRS 17, elle peut la substituer à l'analyse de sensibilité prévue au paragraphe 128 a). En pareil cas, l'entité doit également fournir les informations suivantes :

a) des précisions sur la méthode utilisée dans l'élaboration de cette analyse de sensibilité ainsi que sur les principaux paramètres et hypothèses sous-jacents aux informations fournies ; et

b) des précisions sur l'objectif de la méthode utilisée et les limites qui peuvent en résulter dans les informations fournies.

Risque d'assurance – Développement des demandes d'indemnisation

130 L'entité doit fournir des informations sur les sinistres réels comparativement aux estimations antérieures de leur montant non actualisé (c'est-à-dire sur le développement des demandes d'indemnisation). Les informations fournies sur le développement des demandes d'indemnisation doivent remonter à la première période au cours de laquelle est survenu un sinistre significatif pour lequel il existe encore, à la date de clôture, une incertitude relative au montant et au calendrier des paiements ; il n'est toutefois pas obligatoire de remonter au-delà de dix ans avant la date de clôture. L'entité n'est pas tenue de fournir d'informations sur le développement des demandes d'indemnisation pour lesquels l'incertitude relative au montant et au calendrier des paiements est habituellement levée dans un délai d'un an. Elle doit cependant fournir un rapprochement entre les informations communiquées sur le développement des demandes d'indemnisation et la valeur comptable totale des groupes de contrats d'assurance présentée en application du paragraphe 100 c).

Risque de crédit – Autres informations

131 En ce qui concerne le risque de crédit découlant de contrats qui entrent dans le champ d'application d'IFRS 17, l'entité doit présenter les informations suivantes :

a) le montant qui représente le mieux son exposition maximale au risque de crédit à la date de clôture, de manière séparée pour les contrats d'assurance émis et les contrats de réassurance détenus ; et

b) des informations sur la qualité du crédit des contrats de réassurance détenus qui sont des actifs

Risque de liquidité – Autres informations

132 En ce qui concerne le risque de liquidité découlant de contrats qui entrent dans le champ d'application d'IFRS 17, l'entité doit fournir :

a) une description de la façon dont elle gère le risque de liquidité ;

b) des analyses des échéances, présentées séparément pour les portefeuilles de contrats d'assurance émis qui sont des passifs et pour les portefeuilles de contrats de réassurance détenus qui sont des passifs, montrant à tout le moins les flux de trésorerie nets de ces portefeuilles pour chacune des cinq premières années suivant la date de clôture et de façon globale pour les années au-delà de ces cinq premières. L'entité n'est pas tenue d'inclure dans ces analyses le passif au titre de la couverture restante évalué selon les paragraphes 55 à 59 et les paragraphes 69 à 70A. Ces analyses peuvent prendre l'une ou l'autre des formes suivantes :

i) une analyse par échéances prévues des flux de trésorerie nets contractuels restants non actualisés ; ou

ii) une analyse par échéances prévues des estimations de la valeur actualisée des flux de trésorerie futurs ;

c) les montants qui sont payables à vue, en expliquant leur relation avec la valeur comptable des portefeuilles de contrats auxquels ils se rapportent, si ces informations ne sont pas fournies en application du point b).

Appendice A – Définitions

Le présent appendice fait partie intégrante d'IFRS 17 Contrats d'assurance.

Marge sur services contractuels	Composante de la valeur comptable de l'actif ou du passif afférente à un **groupe de contrats d'assurance**, qui représente le profit non acquis que l'entité comptabilise à mesure qu'elle fournit les **services prévus aux contrats d'assurance** de ce groupe.
Période de couverture	Période durant laquelle l'entité fournit les **services prévus au contrat d'assurance.** Cette période inclut les **services prévus au contrat d'assurance** liés à toutes les primes comprises dans le périmètre du **contrat d'assurance.**
Ajustement lié à l'expérience	Différence entre : (a) l'estimation, à la date d'ouverture, des sommes attendues pour la période et les flux de trésorerie réels de la période, dans le cas des encaissements de primes (et des flux de trésorerie connexes, tels que les **flux de trésorerie liés aux frais d'acquisition** et les taxes sur les primes d'assurance) ; ou (b) l'estimation, à la date d'ouverture, des charges attendues pour la période et les charges réelles de la période, dans le cas des charges afférentes aux activités d'assurance (à l'exclusion des frais d'acquisition).
Risque financier	Risque d'une variation future possible d'un ou de plusieurs des éléments suivants : taux d'intérêt spécifié, prix d'un instrument financier, prix d'une marchandise, taux de change, indice de prix ou de taux, notation de crédit ou indice de crédit ou autre variable, à condition que, dans le cas d'une variable non financière, la variable ne soit pas spécifique à une des parties au contrat.
Flux de trésorerie d'exécution	Estimation explicite, objective et pondérée par les probabilités (c'est-à-dire valeur attendue) de l'excédent de la valeur actualisée des sorties de trésorerie futures sur la valeur actualisée des entrées de trésorerie futures qui découleront de l'exécution des **contrats d'assurance** par l'entité, y compris un **ajustement au titre du risque non financier.**

Groupe de contrats d'assurance	Ensemble de **contrats d'assurance** résultant de la division d'un **portefeuille de contrats d'assurance** au moins en contrats émis à l'intérieur d'une période d'un an tout au plus et correspondant respectivement, au moment de la comptabilisation initiale : (a) aux contrats déficitaires, s'il existe de tels contrats ; (b) aux contrats pour lesquels il n'y a pas de possibilité importante qu'ils deviennent déficitaires ultérieurement, s'il existe de tels contrats ; ou (c) aux contrats qui ne correspondent ni au cas a) ni au cas b), s'il existe de tels contrats.
Flux de trésorerie liés aux frais d'acquisition	Flux de trésorerie occasionnés par les frais de vente, de souscription et de création d'un **groupe de contrats d'assurance** (émis ou dont l'émission est prévue), qui sont directement attribuables au **portefeuille de contrats d'assurance** dont fait partie le groupe, et qui comprennent les flux de trésorerie qui ne sont pas directement attribuables à des contrats ou **groupes de contrats d'assurance** pris individuellement au sein du portefeuille.
Contrat d'assurance	Contrat selon lequel une partie (l'émetteur) prend en charge un **risque d'assurance** important pour une autre partie (le **titulaire de police**) en convenant d'indemniser le **titulaire de la police** si un événement futur incertain spécifié (l'**événement assuré**) affecte de manière défavorable le **titulaire de la police**.
Services prévus au contrat d'assurance	Services, énoncés ci-dessous, que l'entité fournit au **titulaire d'une police** de **contrat d'assurance** : (a) une couverture à l'égard d'un **événement assuré** (couverture d'assurance) ; (b) dans le cas des **contrats d'assurance sans éléments de participation directe**, la génération d'un rendement d'investissement pour le titulaire de police, le cas échéant (services de rendement d'investissement) ; et (c) dans le cas des **contrats d'assurance avec éléments de participation directe**, la gestion des éléments sous-jacents au nom du **titulaire de police** (services liés à l'investissement).
Contrat d'assurance avec éléments de participation directe	**Contrat d'assurance** dans le cas duquel, à l'origine : (a) les conditions contractuelles précisent que le **titulaire de police** a droit à une part d'un portefeuille d'**éléments sous-jacents** clairement défini ; (b) l'entité s'attend à verser au **titulaire de police** une somme correspondant à une part substantielle du rendement obtenu sur la juste valeur des **éléments sous-jacents** ; et (c) l'entité s'attend à ce que toute variation des sommes à verser au **titulaire de police** soit attribuable, dans une proportion substantielle, à la variation de la juste valeur des **éléments sous-jacents.**
Contrat d'assurance sans éléments de participation directe	**Contrat d'assurance** autre qu'un **contrat d'assurance avec éléments de participation directe.**
Risque d'assurance	Risque, autre que le **risque financier**, transféré du titulaire à l'émetteur d'un contrat.
Événement assuré	Événement futur incertain couvert par un **contrat d'assurance** qui crée un **risque d'assurance.**
Composante investissement	Sommes que l'entité est tenue de rembourser au **titulaire de police** en vertu d'un **contrat d'assurance** en toutes circonstances, que l'**événement assuré** se produise ou non.
Contrat d'investissement avec éléments de participation discrétionnaire	Instrument financier qui confère à un investisseur donné le droit contractuel de recevoir, en supplément d'une somme qui n'est pas à la discrétion de l'émetteur, des sommes additionnelles : (a) qui représentent probablement une part importante du total des prestations contractuelles ; (b) dont l'échéancier ou le montant est contractuellement à la discrétion de l'émetteur ; et (c) qui sont contractuellement fondées sur : - (i) les rendements tirés d'un ensemble défini de contrats ou d'un type de contrats spécifié ; - (ii) les rendements réalisés et/ou latents des investissements d'un ensemble défini d'actifs détenus par l'émetteur ; ou - (iii) le résultat de l'entité ou du fonds qui émet le contrat.

Passif au titre des sinistres survenus	Obligation pour l'entité : (a) d'instruire et de régler les demandes d'indemnisation valides relativement aux **événements assurés** qui se sont déjà produits, y compris ceux qui n'ont pas été déclarés, et les autres charges engagées au titre de l'assurance ; et (b) de payer les sommes qui ne sont pas incluses en a) et qui se rapportent : - (i) soit à des **services prévus aux contrats d'assurance** qui ont déjà été fournis ; - (ii) soit à des **composantes investissement** ou à d'autres montants qui ne sont pas liés à la prestation de **services prévus aux contrats d'assurance** et qui ne font pas partie du **passif au titre de la couverture restante**.
Passif au titre de la couverture restante	Obligation pour l'entité : (a) d'instruire et de régler les demandes d'indemnisation valides en vertu des **contrats d'assurance** existants relativement aux **événements assurés** qui ne se sont pas encore produits (autrement dit, obligation relative à la partie non expirée de la couverture d'assurance) ; et (b) de payer les sommes prévues par les **contrats d'assurance** existants qui ne sont pas incluses en a) et qui se rapportent : (i) soit à des **services prévus aux contrats d'assurance** qui n'ont pas encore été fournis (c'est-à-dire les obligations liées à la prestation future de **services prévus aux contrats d'assurance**) ; (ii) soit à des **composantes investissement** ou à d'autres montants qui ne sont pas liés à la prestation de **services prévus aux contrats d'assurance** et qui n'ont pas été transférés au **passif au titre des sinistres survenus**.
Titulaire de police	Partie qui a un droit d'indemnisation en vertu d'un **contrat d'assurance** si un **événement assuré** survient.
Portefeuille de contrats d'assurance	**Contrats d'assurance** qui comportent des risques similaires et sont gérés ensemble.
Contrat de réassurance	**Contrat d'assurance** émis par une entité (le réassureur) pour indemniser une autre entité au titre de demandes d'indemnisation résultant d'un ou de plusieurs **contrats d'assurance** émis par cette autre entité (contrats sous-jacents).
Ajustement au titre du risque non financier	Rémunération exigée par l'entité pour la prise en charge de l'incertitude entourant le montant et l'échéancier des flux de trésorerie qui est engendrée par le risque non financier lorsqu'elle exécute des **contrats d'assurance**.
Éléments sous-jacents	Éléments qui déterminent une part des sommes à verser à un **titulaire de police**. Les **éléments sous-jacents** peuvent être de tout ordre ; par exemple, un portefeuille d'actifs de référence, l'actif net de l'entité ou un sous-ensemble spécifié de l'actif net de l'entité.

Appendice B – Guide d'application

Le présent appendice fait partie intégrante d'IFRS 17 Contrats d'assurance.

B1 Le présent appendice fournit des indications sur les questions suivantes :

a) la définition d'un contrat d'assurance (voir paragraphes B2 à B30) ;

b) la séparation des composantes d'un contrat d'assurance (voir paragraphes B31 à B35) ;

ba) l'actif au titre des flux de trésorerie liés aux frais d'acquisition (voir paragraphes B35A à B35D) ;

c) l'évaluation (voir paragraphes B36 à B119F) ;

d) les produits des activités d'assurance (voir paragraphes B120 à B127) ;

e) les produits financiers ou charges financières d'assurance (voir paragraphes B128 à B136) ; et

f) les états financiers intermédiaires (voir paragraphe B137).

DÉFINITION D'UN CONTRAT D'ASSURANCE (APPENDICE A)

B2 La présente section contient des indications sur la définition du terme « contrat d'assurance » figurant dans l'appendice A. Elle traite des points suivants :

a) les événements futurs incertains (voir paragraphes B3 à B5) ;

b) les paiements en nature (voir paragraphe B6) ;

c) la distinction entre le risque d'assurance et les autres risques (voir paragraphes B7 à B16) ;

d) le risque d'assurance important (voir paragraphes B17 à B23) ;

e) les variations du niveau de risque d'assurance (voir paragraphes B24 et B25) ; et

f) des exemples de contrats d'assurance (voir paragraphes B26 à B30).

Événement futur incertain

B3 L'incertitude (ou le risque) est au cœur de tout contrat d'assurance. Ainsi, au moins un des éléments suivants est incertain à l'origine du contrat d'assurance :

a) la probabilité qu'un événement assuré survienne ;

b) le moment où l'événement assuré surviendra ; ou

c) la somme que l'entité sera tenue de payer si l'événement assuré survient.

B4 Dans certains contrats d'assurance, l'événement assuré est la découverte d'une perte pendant la durée du contrat, même si cette perte découle d'un événement qui s'est produit avant l'origine du contrat. Dans d'autres contrats d'assurance, l'événement assuré est un événement qui survient pendant la durée du contrat, même si la perte qui en résulte est découverte après la fin de la durée du contrat.

B5 Certains contrats d'assurance couvrent des événements qui se sont déjà produits, mais dont l'impact financier est encore incertain. Tel est le cas, par exemple, d'un contrat d'assurance qui fournit une couverture d'assurance contre l'évolution défavorable d'un événement qui s'est déjà produit. Dans de tels contrats, l'événement assuré est la détermination du coût final des demandes d'indemnisation.

Paiements en nature

B6 Certains contrats d'assurance imposent ou permettent que les paiements soient effectués en nature. Dans de tels cas, l'entité éteint son obligation d'indemniser le titulaire de police pour les événements assurés en lui fournissant des biens ou des services. Par exemple, il en est ainsi lorsque l'entité remplace un article volé au lieu de rembourser au titulaire de police le montant de sa perte. Ou encore lorsque l'entité utilise ses propres hôpitaux et son propre personnel médical pour fournir les prestations médicales couvertes par le contrat d'assurance. De tels contrats sont des contrats d'assurance, même si les demandes d'indemnisation sont réglées en nature. Les contrats de services à tarif forfaitaire qui remplissent les conditions spécifiées au paragraphe 8 sont aussi des contrats d'assurance, mais l'entité peut choisir, en application du paragraphe 8, de les comptabiliser soit selon IFRS 17, soit selon IFRS 15 *Produits des activités ordinaires tirés de contrats conclus avec des clients*.

Distinction entre le risque d'assurance et les autres risques

B7 La définition d'un contrat d'assurance implique qu'une partie prend en charge un risque d'assurance important pour une autre partie. IFRS 17 définit le risque d'assurance comme le « risque, autre que le risque financier, transféré du titulaire à l'émetteur d'un contrat ». Un contrat qui expose l'émetteur à un risque financier sans qu'il existe un risque d'assurance important n'est pas un contrat d'assurance.

B8 La définition du risque financier donnée dans l'appendice A fait référence à des variables financières et non financières. Un indice des pertes causées par les tremblements de terre dans une région particulière ou des températures observées dans une ville particulière sont des exemples de variables non financières qui ne sont pas spécifiques à une des parties au contrat. Le risque financier exclut les risques liés aux variables non financières qui sont spécifiques à une des parties au contrat, telles que la survenance ou la non-survenance d'un incendie qui endommage ou détruit un bien de cette partie. De plus, le risque de variation de la juste valeur d'un actif non financier ne constitue pas un risque financier si cette juste valeur reflète les variations des prix de marché de tels actifs (variable financière) et l'état de l'actif non financier spécifique détenu par une des parties au contrat (variable non financière). Par exemple, lorsque la garantie de valeur résiduelle d'une voiture spécifique dans laquelle le titulaire de police détient un intérêt assurable expose le garant au risque de modifications de l'état physique de la voiture, ce risque constitue un risque d'assurance et non pas un risque financier.

B9 Certains contrats exposent l'émetteur à la fois à un risque financier et à un risque d'assurance important. Par exemple, de nombreux contrats d'assurance-vie garantissent un taux de rendement minimum aux titulaires de police, ce qui entraîne un risque financier, tout en promettant un capital en cas de décès qui peut excéder considérablement le solde du compte du titulaire de police, créant un risque d'assurance sous la forme du risque de mortalité. De tels contrats sont des contrats d'assurance.

B10 En vertu de certains contrats, un événement assuré déclenche le paiement d'un montant lié à un indice de prix. De tels contrats sont des contrats d'assurance à condition que le paiement qui dépend de l'événement assuré puisse être important. Par exemple, une rente viagère liée à un indice du coût de la vie transfère un risque d'assurance, car le paiement est déclenché par un événement futur incertain : la survie du bénéficiaire de la rente. Le lien avec l'indice des prix est un dérivé, mais il transfère également un risque d'assurance car le nombre de versements établis en fonction de cet indice dépend de la survie du bénéficiaire de la rente. Si ce transfert de risque d'assurance est important, le dérivé entre dans la définition d'un contrat d'assurance, auquel cas il ne doit pas être séparé du contrat hôte [voir paragraphe 11 a)].

B11 Le risque d'assurance est le risque que l'entité prend en charge pour le titulaire de police. En d'autres termes, le risque que l'entité prend en charge doit être un risque auquel le titulaire de police est déjà exposé. Ainsi un nouveau risque créé par le contrat pour l'entité ou le titulaire de police n'est pas un risque d'assurance.

B12 La définition d'un contrat d'assurance fait mention d'un effet défavorable sur le titulaire de police. Cette définition ne limite pas le paiement de l'entité à un montant égal à l'impact financier de l'événement défavorable. Par exemple, la définition englobe la couverture d'assurance « valeur à neuf », qui prévoit le versement au titulaire de police d'une somme suffisante pour permettre le remplacement par un bien neuf d'un bien usagé endommagé. De même, la définition ne limite pas le paiement prévu par un contrat d'assurance-vie à la perte financière subie par les ayants droit de la personne décédée, et elle n'exclut pas les contrats qui prévoient le versement de sommes prédéterminées pour quantifier la perte causée par un décès ou un accident.

B13 Certains contrats imposent un paiement si un événement futur incertain spécifié se produit, mais n'imposent pas comme condition préalable au paiement qu'un effet défavorable affecte le titulaire de police. Un tel contrat n'est pas un contrat d'assurance, même si son porteur l'utilise pour atténuer une exposition à un risque sous-jacent. Par exemple, si le titulaire utilise un dérivé pour couvrir une variable financière ou non financière sous-jacente corrélée aux flux de trésorerie générés par un actif de l'entité, ce dérivé n'est pas un contrat d'assurance, car le paiement n'est pas subordonné au fait que la diminution des flux de trésorerie générés par l'actif affecte de manière défavorable le titulaire. La définition d'un contrat d'assurance fait référence à un événement futur incertain dont l'effet défavorable sur le titulaire est une condition contractuelle préalable au paiement. Une condition contractuelle préalable n'impose pas à l'entité de rechercher si l'événement a effectivement causé un effet défavorable, mais elle lui permet de refuser le paiement si elle n'a pas l'assurance que l'événement a bien causé un effet défavorable.

B14 Le risque de déchéance ou de maintien (c'est-à-dire le risque que le titulaire de police résilie le contrat à une date antérieure ou postérieure à celle à laquelle l'émetteur s'attendait lors de l'établissement du prix du contrat) n'est pas un risque d'assurance, car la variabilité qui en découle concernant le paiement au titulaire de police ne dépend pas d'un événement futur incertain qui affecte de manière défavorable le titulaire de police. De même, le risque de charges (c'est-à-dire le risque d'augmentations inattendues des frais administratifs afférents à la gestion du contrat, et non des coûts liés aux événements assurés) n'est pas un risque d'assurance, car une augmentation inattendue de telles charges n'affecte pas de manière défavorable le titulaire de police.

B15 Par conséquent, un contrat qui expose l'entité à un risque de déchéance, à un risque de maintien ou à un risque de charges n'est pas un contrat d'assurance, sauf s'il expose également l'entité à un risque d'assurance important. Toutefois, si l'entité atténue ses risques en utilisant un second contrat pour transférer à un tiers une partie du risque autre que d'assurance, le second contrat expose ce tiers à un risque d'assurance.

B16 L'entité peut accepter un risque d'assurance important pour le titulaire de police seulement si elle est distincte de ce dernier. Dans le cas d'une entité mutuelle, cette dernière prend en charge le risque de chaque titulaire de police et procède à la mise en commun de ces risques. Les risques mis en commun sont assumés collectivement par les titulaires de police, car ce sont eux qui détiennent l'intérêt résiduel dans l'entité mutuelle, mais celle-ci n'en est pas moins une entité distincte qui prend en charge les risques.

Risque d'assurance important

B17 Un contrat est un contrat d'assurance uniquement s'il transfère un risque d'assurance important. Les paragraphes B7 à B16 traitent du risque d'assurance. Les paragraphes B18 à B23 traitent de l'appréciation de l'importance du risque d'assurance.

B18 Le risque d'assurance est important si et seulement si un événement assuré peut amener l'émetteur à payer des sommes supplémentaires qui sont importantes dans n'importe quel scénario, à l'exclusion des scénarios qui sont dénués de substance commerciale (c'est-à-dire qui n'ont aucun effet perceptible sur l'aspect économique de la transaction). Si un événement assuré peut donner lieu au paiement de sommes supplémentaires importantes dans tout scénario qui a une substance commerciale, la condition de la phrase précédente peut être remplie même si l'événement assuré est extrêmement improbable, ou même si la valeur actualisée attendue (c'est-à-dire pondérée par la probabilité) des flux de trésorerie éventuels ne représente qu'une faible part de la valeur actualisée attendue des flux de trésorerie contractuels qui subsistent.

B19 De plus, un contrat transfère un risque d'assurance important uniquement s'il existe un scénario ayant une substance commerciale dans lequel il y a une possibilité que l'émetteur subisse une perte sur la base de la valeur actualisée. Toutefois, même si un contrat de réassurance n'expose pas l'émetteur à une possibilité de perte importante, ce contrat est considéré transférer un risque d'assurance important s'il transfère au réassureur la quasi-totalité du risque d'assurance afférent à la portion réassurée des contrats d'assurance sous-jacents.

B20 Les sommes supplémentaires décrites au paragraphe B18 sont déterminées sur la base de la valeur actuelle. Si un contrat d'assurance exige un paiement lorsque se produit un événement dont le moment de survenance est incertain et si le paiement n'est pas ajusté par la valeur de temps d'argent, il peut exister des scénarios dans lesquels la valeur actualisée du paiement augmente même si sa valeur nominale est fixe. Tel est le cas par exemple d'une assurance qui prévoit le paiement d'un capital fixe en cas de décès du titulaire de police, sans date d'expiration de la couverture (autrement dit, une assurance vie entière pour un montant fixe). Il est certain que le titulaire de police décédera, mais la date du décès est incertaine. Des paiements peuvent être faits quand le décès d'un titulaire de police donné survient plus tôt qu'attendu. Ces paiements n'étant pas ajustés en fonction de la valeur temps de l'argent, il peut exister un risque d'assurance important même s'il n'y a pas de perte à l'échelle globale du portefeuille de contrats. De manière analogue, un risque d'assurance important peut être éliminé par des dispositions contractuelles qui prévoient un remboursement différé au titulaire de police. L'entité doit déterminer la valeur actualisée des sommes supplémentaires au moyen des taux d'actualisation imposés par le paragraphe 36.

B21 Les sommes supplémentaires décrites au paragraphe B18 font référence à la valeur actualisée des sommes qui excèdent celles qui seraient payables si aucun événement assuré ne se produisait (à l'exclusion des scénarios dénués de substance commerciale). Ces sommes supplémentaires incluent les coûts de gestion et d'évaluation des sinistres, mais excluent :

a) la perte de la capacité de facturer un service futur au titulaire de police. Par exemple, dans un contrat d'assurance-vie lié à des placements, le décès du titulaire de police signifie que l'entité ne peut plus exécuter des services de gestion des placements et percevoir des honoraires à ce titre. Toutefois, cette perte économique pour l'entité ne résulte pas d'un risque d'assurance, tout comme un gérant de fonds commun de placement n'assume pas de risque d'assurance en ce qui concerne le décès éventuel d'un client. Par conséquent, la perte potentielle de futurs honoraires de gestion des placements n'est pas pertinente lorsqu'il s'agit d'apprécier l'importance du risque d'assurance transféré par le contrat ;

b) l'exonération, en cas de décès, des frais de résiliation ou de rachat. Comme c'est le contrat qui a fait naître ces frais, leur exonération ne constitue pas une indemnisation du titulaire de police au titre d'un risque préexistant. Par conséquent, ils ne sont pas pertinents lorsqu'il s'agit d'apprécier l'importance du risque d'assurance transféré par le contrat ;

c) un paiement dépendant d'un événement qui ne cause pas de perte importante au titulaire du contrat. Par exemple, si l'on considère un contrat qui impose à son émetteur de payer 1 million d'UM (*) si un actif subit un dommage matériel qui occasionne une perte économique non importante de 1 UM au titulaire. Dans ce contrat, le titulaire transfère à l'émetteur le risque non important de perte de 1 UM. En même temps, le contrat crée pour l'émetteur le risque, qui n'est pas un risque d'assurance, de devoir payer 999,999 UM si l'événement spécifié se produit. Comme il ne s'agit pas d'un scénario dans lequel un événement assuré cause une perte importante au titulaire du contrat, l'émetteur n'accepte pas un risque d'assurance important de la part du titulaire. Ce contrat n'est donc pas un contrat d'assurance ;

d) les recouvrements possibles de réassurance. L'entité les comptabilise séparément.

(*) L'abréviation UM signifie « unité monétaire ».

B22 L'entité doit apprécier le caractère significatif du risque d'assurance contrat par contrat. Ainsi, le risque d'assurance peut être important même s'il n'existe qu'une probabilité minime de pertes importantes à l'échelle d'un portefeuille ou d'un groupe de contrats.

B23 Il découle des paragraphes B18 à B22 que si un contrat prévoit le paiement d'un capital en cas de décès qui excède la somme qui serait payable en cas de survie, ce contrat est un contrat d'assurance, à moins que la somme supplémentaire à payer en cas de décès ne soit pas importante (appréciée en se référant au contrat plutôt qu'à un portefeuille entier de contrats). Comme indiqué au paragraphe B21 b), l'exonération des frais de résiliation ou de rachat accordée en cas de décès n'entre pas en considération lorsqu'elle ne constitue pas une indemnisation du titulaire de police au titre d'un risque préexistant. De même, un contrat de rente qui prévoit des versements réguliers pour le restant de la vie d'un titulaire de police est un contrat d'assurance, sauf si le total des paiements viagers est non important.

➠ Variations du niveau de risque d'assurance

B24 Certains contrats ne transfèrent le risque d'assurance à l'émetteur qu'à une date ultérieure. Par exemple, si l'on considère un contrat qui prévoit un rendement d'investissement spécifié et comporte une option permettant au titulaire de police d'utiliser le produit de l'investissement à l'échéance pour acheter une rente viagère au même taux que l'entité appliquera aux autres nouveaux bénéficiaires de rente au moment de l'exercice de l'option. Un tel contrat ne transfère un risque d'assurance à l'émetteur qu'une fois l'option exercée, car l'entité reste libre d'établir le prix de la rente sur une base qui reflète le risque d'assurance qui lui sera transféré à cette date. Ainsi, les flux de trésorerie qui découleront de l'exercice de l'option n'entrent pas dans le périmètre du contrat et, avant l'exercice de l'option, aucun flux de trésorerie d'assurance n'est généré dans le périmètre du contrat. Toutefois, si le contrat spécifie le taux de la rente (ou une autre base que les taux de marché pour l'établir), il transfère le risque d'assurance à l'émetteur, car ce dernier est exposé au risque que le taux de la rente lui soit défavorable lorsque le titulaire de police exercera l'option. Dans ce cas, les flux de trésorerie qui découleraient de l'exercice de l'option sont compris dans le périmètre du contrat.

B25 Un contrat qui entre dans la définition d'un contrat d'assurance demeure un contrat d'assurance jusqu'à ce que tous les droits et obligations soient éteints (c'est-à-dire acquittés, résiliés ou expirés), à moins qu'il soit décomptabilisé en application des paragraphes 74 à 77 parce qu'une modification lui est apportée.

Exemples de contrats d'assurance

B26 Voici des exemples de contrats qui sont des contrats d'assurance si le transfert de risque d'assurance est important :

a) assurance contre le vol ou les dommages matériels ;

b) assurance responsabilité civile produits, assurance responsabilité civile professionnelle, assurance responsabilité civile ou assurance défense et recours ;

c) assurance-vie et assurance obsèques (même si la mort est une certitude, il existe une incertitude quant au moment où le décès se produira et, pour certains types d'assurance-vie, quant à savoir si ce sera au cours de la période de couverture par l'assurance) ;

d) rentes et pensions viagères, c'est-à-dire les contrats qui prévoient une indemnisation en cas de réalisation d'un événement futur incertain – la survie du bénéficiaire de la rente ou de la pension – qui, autrement, aurait un effet défavorable sur le niveau de revenu de leur bénéficiaire [en application du paragraphe 7 b), les passifs des employeurs résultant de régimes d'avantages du personnel et les obligations au titre des prestations de retraite comptabilisées par des régimes à prestations définies n'entrent pas dans le champ d'application d'IFRS 17] ;

e) assurance invalidité et couverture des frais médicaux ;

f) cautions, garanties contre les détournements et escroqueries du fait des employés, cautions de bonne exécution et d'achèvement et cautions de soumission, qui prévoient l'indemnisation du titulaire en cas de manquement d'un tiers à remplir une obligation contractuelle, par exemple l'obligation de construire un bâtiment ;

g) garanties de produits. Les garanties de produits fournies par un tiers à l'égard de biens vendus par un fabricant, un distributeur ou un détaillant entrent dans le champ d'application d'IFRS 17. En revanche, en application du paragraphe 7 a), les garanties de produits fournies directement par le fabricant, le distributeur ou le détaillant sont hors du champ d'application d'IFRS 17 et relèvent plutôt d'IFRS 15 ou d'IAS 37 *Provisions, passifs éventuels et actifs éventuels* ;

h) assurance titres (assurance contre la découverte de vices d'un titre de propriété foncière ou d'un titre de propriété d'un immeuble qui n'étaient pas apparents lors de la souscription du contrat d'assurance). Dans ce cas, l'événement assuré est la découverte d'un vice dans le titre de propriété et non le vice lui-même ;

i) assurance voyage (indemnisation du titulaire de police en espèces ou en nature pour les pertes subies avant ou pendant un voyage) ;

j) obligations catastrophes qui prévoient une réduction des paiements de principal, d'intérêt ou des deux si un événement spécifié affecte de manière défavorable leur émetteur (à moins que l'événement spécifié ne crée pas de risque d'assurance important, par exemple si l'événement est une variation d'un taux d'intérêt ou d'un taux de change) ;

k) swaps d'assurance et autres contrats qui prévoient un paiement en fonction de l'évolution de variables climatiques, géologiques ou d'autres variables physiques spécifiques à une des parties au contrat.

B27 Voici des exemples d'éléments qui ne sont pas des contrats d'assurance :

a) les contrats d'investissement qui ont la forme juridique d'un contrat d'assurance, mais qui ne transfèrent pas un risque d'assurance important à l'émetteur. Par exemple, les contrats d'assurance-vie dans lesquels l'entité ne prend en charge aucun risque de mortalité ou de morbidité important ne sont pas des contrats d'assurance, mais des instruments financiers ou des contrats de services – voir paragraphe B28. Bien que les contrats d'investissement avec éléments de participation discrétionnaire n'entrent pas dans la définition d'un contrat d'assurance, ils entrent dans le champ d'application d'IFRS 17, en application du paragraphe 3 c), s'ils sont émis par une entité qui émet aussi des contrats d'assurance ;

b) les contrats qui ont la forme juridique de l'assurance, mais qui rétrocèdent tous les risques d'assurance importants au titulaire de police par le biais de mécanismes exécutoires non résiliables qui ont pour effet d'ajuster, directement en fonction des pertes assurées, les paiements futurs que le titulaire de police versera à l'émetteur. Certains contrats de réassurance financière ou certains contrats de groupes, par exemple, rétrocèdent tous les risques d'assurance importants au titulaire de police. De tels contrats sont normalement des instruments financiers ou des contrats de service (voir paragraphe B28) ;

c) l'autoassurance (c'est-à-dire le fait de conserver un risque qui aurait pu être couvert par une assurance). En pareille situation, il n'y a pas de contrat d'assurance, car il n'y a pas d'accord avec une autre partie. Ainsi, si une entité émet un contrat d'assurance dont le bénéficiaire est sa société mère, sa filiale ou une filiale apparentée, il n'y a pas de contrat d'assurance dans les états financiers consolidés, car il n'y a alors pas de contrat avec une autre partie. Un tel contrat d'assurance figure toutefois dans les états financiers individuels ou séparés de l'émetteur ou du titulaire ;

d) les contrats (tels que les contrats de jeux d'argent et de hasard) qui prévoient un paiement si un événement futur incertain spécifié se produit, mais qui n'imposent pas comme condition préalable au paiement qu'un effet défavorable affecte le titulaire de police. Toutefois, ceci n'exclut pas de la définition d'un contrat d'assurance les contrats qui prévoient le versement d'une somme prédéterminée selon une quantification de la perte causée par un événement spécifié, tel qu'un décès ou un accident (voir paragraphe B12) ;

e) les dérivés qui exposent une partie à un risque financier, mais pas à un risque d'assurance, parce qu'ils imposent à cette partie d'effectuer (ou lui confèrent le droit de recevoir) un paiement fondé uniquement sur les variations d'un ou de plusieurs des éléments suivants : taux d'intérêt spécifié, prix d'un instrument financier, prix d'une marchandise, cours d'une monnaie étrangère, indice de prix ou de taux, notation de crédit ou indice de crédit, ou toute autre variable, à condition que, dans le cas d'une variable non financière, celle-ci ne soit pas spécifique à une des parties au contrat ;

f) les garanties relatives au crédit qui prévoient un paiement même si le porteur n'a pas subi de perte par suite d'un défaut de paiement du débiteur à l'échéance, de tels contrats étant comptabilisés selon IFRS 9 *Instruments financiers* (voir paragraphe B29) ;

g) les contrats qui prévoient un paiement sur la base d'une variable climatique ou géologique ou de toute autre variable physique qui n'est pas spécifique à une des parties contractantes (couramment appelés « dérivés climatiques ») ;

h) les contrats qui prévoient une réduction des paiements de principal, d'intérêt ou des deux en fonction d'une variable climatique ou géologique ou de toute autre variable physique dont l'effet n'est pas spécifique à une des parties contractantes (couramment appelés « obligations catastrophe »).

B28 L'entité doit appliquer aux contrats décrits au paragraphe B27 les autres normes pertinentes, telles qu'IFRS 9 et IFRS 15.

B29 Les garanties relatives au crédit et les contrats d'assurance-crédit évoqués au paragraphe B27 f) peuvent revêtir diverses formes juridiques, telles que celle d'une garantie, de certains types de lettres de crédit, d'un contrat couvrant le risque de défaillance ou d'un contrat d'assurance. De tels contrats sont des contrats d'assurance s'ils imposent à leur émetteur d'effectuer des paiements spécifiés afin de rembourser au titulaire de police la perte qu'il subit si un débiteur spécifié ne le paye pas à l'échéance prévue dans les dispositions initiales ou modifiées d'un instrument d'emprunt. Ils sont toutefois exclus du champ d'application d'IFRS 17, à moins que l'émetteur n'ait précédemment indiqué expressément qu'il considérait ces contrats comme des contrats d'assurance et appliqué le traitement comptable réservé aux contrats d'assurance [voir paragraphe 7 e)].

B30 Les garanties relatives au crédit et les contrats d'assurance-crédit qui prévoient un paiement même si le titulaire de police n'a pas subi de perte par suite d'un défaut de paiement du débiteur à l'échéance prévue n'entrent pas dans le champ d'application d'IFRS 17, car ils ne transfèrent pas un risque d'assurance important. Cela comprend les contrats qui prévoient un paiement :

a) que la contrepartie détienne ou non l'instrument d'emprunt sous-jacent ; ou

b) en cas de changement de la notation de crédit ou de variation d'un indice de crédit plutôt qu'en cas de défaut de paiement d'un débiteur spécifié à l'échéance prévue.

SÉPARATION DES COMPOSANTES D'UN CONTRAT D'ASSURANCE (PARAGRAPHES 10 À 13)

➡ Composantes investissement [paragraphe 11 b)]

B31 Selon le paragraphe 11 b), l'entité est tenue de séparer du contrat d'assurance hôte une composante investissement distincte. Une composante investissement est distincte si et seulement si les deux conditions suivantes sont remplies :

a) la composante investissement et la composante assurance ne sont pas étroitement liées ;

b) un contrat ayant des conditions équivalentes est vendu, ou pourrait être vendu, séparément dans le même marché ou dans le même pays par une entité qui émet des contrats d'assurance ou par une autre partie. L'entité doit tenir compte de toutes les informations raisonnablement disponibles pour déterminer si tel est le cas. Elle n'est pas tenue d'effectuer une recherche exhaustive d'informations pour déterminer si une composante investissement se vend séparément.

B32 Une composante investissement et une composante assurance sont étroitement liées si et seulement si au moins une des conditions suivantes est remplie :

a) l'entité n'est pas en mesure d'évaluer l'une des composantes sans prendre l'autre en considération. Ainsi, si la valeur de l'une des composantes varie en fonction de la valeur de l'autre, l'entité doit appliquer IFRS 17 pour comptabiliser ensemble les composantes investissement et assurance ; ou

b) le titulaire de police n'est pas en mesure de tirer avantage de l'une des composantes si l'autre n'est pas également présente. Ainsi, si la déchéance ou l'échéance de l'une des composantes d'un contrat entraîne la déchéance ou l'échéance de l'autre, l'entité doit appliquer IFRS 17 pour comptabiliser ensemble les composantes investissement et assurance.

➠ Promesses de fournir des biens distincts ou des services distincts autres que des services prévus au contrat d'assurance (paragraphe 12)

B33 Selon le paragraphe 12, l'entité doit séparer du contrat d'assurance toute promesse de fournir au titulaire de police des biens distincts ou des services distincts autres que des services prévus au contrat d'assurance. Pour ce faire, elle ne doit pas tenir compte des activités qu'elle doit mener pour exécuter un contrat, à moins qu'elle ne fournisse au titulaire de police un bien ou un service autre qu'un service prévu au contrat d'assurance dans le cours de ces activités. Par exemple, pour établir un contrat, l'entité peut devoir effectuer diverses tâches administratives. La réalisation de ces tâches ne constitue pas la fourniture d'un service au titulaire de police.

B34 Un bien, ou un service autre qu'un service prévu au contrat d'assurance, promis au titulaire de police est distinct si ce dernier peut tirer parti du bien ou du service pris isolément ou en le combinant avec d'autres ressources aisément disponibles. Ces ressources aisément disponibles sont des biens ou des services vendus séparément (par l'entité ou une autre entité) ou des ressources que le titulaire de police s'est déjà procurées (auprès de l'entité ou dans le cadre d'autres opérations ou événements).

B35 Un bien, ou un service autre qu'un service prévu au contrat d'assurance, promis au titulaire de police n'est pas distinct si les deux conditions suivantes sont remplies :

a) les flux de trésorerie et les risques afférents au bien ou au service sont étroitement liés aux flux de trésorerie et aux risques afférents aux composantes assurance du contrat ; et

b) l'entité fournit un important service d'intégration du bien ou du service aux composantes assurance.

FLUX DE TRÉSORERIE LIÉS AUX FRAIS D'ACQUISITION (PARAGRAPHES 28A À 28F)

B35A Aux fins de l'application du paragraphe 28A, l'entité doit utiliser une méthode systématique et rationnelle pour affecter :

a) les flux de trésorerie liés aux frais d'acquisition qui sont directement attribuables à un groupe de contrats d'assurance :

- i) à ce groupe ; et
- ii) aux groupes qui incluront des contrats d'assurance attendus du renouvellement des contrats d'assurance de ce groupe ;

b) les flux de trésorerie liés aux frais d'acquisition qui sont directement attribuables à un portefeuille de contrats d'assurance, autres que ceux en a), aux groupes de contrats dont est constitué le portefeuille.

B35B À la fin de chaque période de reporting, l'entité doit réviser les montants affectés de la manière indiquée au paragraphe B35A pour refléter tout changement apporté aux hypothèses qui sous-tendent la détermination des données d'entrée de la méthode d'affectation utilisée. Après que tous les contrats ont été ajoutés à un groupe de contrats d'assurance, l'entité ne doit pas modifier les montants affectés à ce groupe (voir paragraphe B35C).

B35C L'entité peut faire des ajouts à un groupe de contrats d'assurance dans différentes périodes de reporting (voir paragraphe 28). Le cas échéant, elle doit décomptabiliser la partie de l'actif au titre des flux de trésorerie liés aux frais d'acquisition qui se rapporte aux contrats d'assurance ajoutés au groupe dans la période et continuer de comptabiliser un actif au titre des flux de trésorerie liés aux frais d'acquisition dans la mesure où il se rapporte à des contrats d'assurance qu'on prévoit d'ajouter au groupe dans une période ultérieure.

B35D Pour l'application du paragraphe 28E :

a) l'entité doit comptabiliser une perte de valeur en resultat net et réduire la valeur comptable de l'actif au titre des flux de trésorerie liés aux frais d'acquisition, de sorte que la valeur comptable de l'actif n excède pas les entrées de trésorerie nettes attendues du groupe de contrats d'assurance auquel il se rapporte, déterminées par application du paragraphe 32 a) ;

b) lorsque l'entité affecte des flux de trésorerie liés aux frais d'acquisition à des groupes de contrats d'assurance en application du paragraphe B35A a) ii), elle doit comptabiliser une perte de valeur en résultat net et réduire la valeur comptable des actifs connexes au titre des flux de trésorerie liés aux frais d'acquisition dans la mesure où :

i) l'entité s'attend à ce que ces flux de trésorerie liés aux frais d'acquisition excèdent les entrées de trésorerie nettes provenant des renouvellements attendus, déterminées par application du paragraphe 32 a) ; et

ii) l'excédent déterminé par application du point b) i) n'a pas déjà été comptabilisé en tant que perte de valeur en application du point a).

ÉVALUATION (PARAGRAPHES 29 À 71)

➟ Estimation des flux de trésorerie futurs (paragraphes 33 à 35)

B36 La présente section traite des points suivants :

a) l'utilisation objective de l'ensemble des informations raisonnables et justifiables qu'il est possible d'obtenir sans devoir engager des coûts ou des efforts excessifs (voir paragraphes B37 à B41) ;

b) les variables de marché et les variables autres que de marché (voir paragraphes B42 à B53) ;

c) l'utilisation d'estimations à jour (voir paragraphes B54 à B60) ; et

d) les flux de trésorerie compris dans le périmètre du contrat (voir paragraphes B61 à B71).

Utilisation objective de l'ensemble des informations raisonnables et justifiables qu'il est possible d'obtenir sans devoir engager des coûts ou des efforts excessifs [paragraphe 33 a)]

B37 L'estimation des flux de trésorerie futurs a pour objectif de déterminer la valeur attendue, ou l'espérance mathématique, de l'éventail complet des résultats possibles, en tenant compte de l'ensemble des informations raisonnables et justifiables qu'il est possible d'obtenir à la date de clôture sans devoir engager des coûts ou des efforts excessifs. Ces informations comprennent des informations sur les événements passés et la situation actuelle et les prévisions des futures conditions (voir paragraphe B41). L'information fournie par les systèmes d'information de l'entité est considérée comme étant disponible sans devoir engager des coûts ou des efforts excessifs.

B38 Le point de départ de l'estimation des flux de trésorerie est une gamme de scénarios qui reflète l'éventail complet des résultats possibles. Chaque scénario spécifie le montant et l'échéancier des flux de trésorerie pour un résultat donné, et la probabilité estimative de ce résultat. Les flux de trésorerie de chaque scénario sont actualisés et pondérés par la probabilité estimative du résultat correspondant pour obtenir la valeur actualisée attendue. L'objectif n'est donc pas de déterminer le résultat le plus probable, ni même un résultat plus probable qu'improbable, en ce qui concerne les flux de trésorerie futurs.

B39 Pour prendre en compte l'éventail complet des résultats possibles, il s'agit non pas de déterminer chaque scénario possible, mais plutôt d'intégrer avec objectivité l'ensemble des informations raisonnables et justifiables qu'il est possible d'obtenir sans devoir engager de coûts ou d'efforts excessifs. En pratique, il n'est pas nécessaire d'élaborer des scénarios précis si l'estimation obtenue respecte l'objectif d'évaluation consistant à prendre en compte, dans l'établissement de l'espérance mathématique, l'ensemble des informations raisonnables et justifiables qu'il est possible d'obtenir sans devoir engager des coûts ou efforts excessifs. Par exemple, si l'entité estime que la distribution des probabilités des résultats correspond globalement à une distribution de probabilités qu'il est possible de définir entièrement au moyen d'un nombre restreint de paramètres, l'estimation de ces paramètres sera suffisante. De même, dans certains cas, une modélisation relativement simple peut produire une réponse dont la marge d'imprécision est acceptable, sans qu'il soit nécessaire de procéder à de nombreuses simulations détaillées. En revanche, dans d'autres cas, les flux de trésorerie peuvent être déterminés par des facteurs sous-jacents complexes et peuvent ne pas suivre de manière linéaire les variations de la conjoncture économique. Ce peut être le cas, par exemple, si les flux de trésorerie reflètent une série d'options implicites ou explicites interdépendantes. Dans ces cas-là, une modélisation stochastique plus sophistiquée est probablement nécessaire pour atteindre l'objectif d'évaluation.

B40 Les scénarios élaborés doivent comprendre des estimations objectives de la probabilité de pertes catastrophiques au titre des contrats existants. Ces scénarios excluent des indemnisations possibles au titre de contrats futurs possibles.

B41 L'entité doit estimer les probabilités et les montants des paiements futurs au titre des contrats existants en se fondant sur les informations qu'elle a obtenues, dont les suivantes :

a) les informations sur les sinistres déjà déclarés par les titulaires de police ;

b) les autres informations sur les caractéristiques connues ou estimées des contrats d'assurance ;

c) les données historiques relatives à l'expérience de l'entité, complétées si nécessaire par des données historiques provenant d'autres sources. Les données historiques sont ajustées pour refléter les circonstances actuelles, par exemple si :

i) les caractéristiques de la population d'assurés diffèrent (ou différeront, par exemple à cause d'une sélection défavorable) de celles de la population sur laquelle les données historiques sont fondées ;

ii) il existe des éléments indiquant que les tendances passées ne se maintiendront pas, que de nouvelles tendances vont naître ou que des mutations économiques, démographiques ou autres pourraient avoir une incidence sur les flux de trésorerie qui découlent des contrats d'assurance existants ; ou

iii) des modifications qui ont été apportées à des éléments comme les procédures de souscription ou les procédures de gestion des demandes d'indemnisation pourraient affecter la pertinence des données historiques pour les contrats d'assurance ;

d) les informations disponibles sur le prix courant des contrats de réassurance ou autres instruments financiers (le cas échéant) couvrant des risques similaires, tels que les obligations catastrophe ou les dérivés climatiques, et sur les prix de marché récents des transferts de contrats d'assurance. Ces informations doivent être ajustées pour tenir compte des différences entre les flux de trésorerie qui découlent de ces contrats de réassurance ou autres instruments financiers et les flux de trésorerie qui découleraient de l'exécution par l'entité des contrats sous-jacents conclus avec le titulaire de police.

Variables de marché et variables autres que de marché

B42 IFRS 17 distingue deux types de variables :

a) les variables de marché : variables qui peuvent être observées sur les marchés ou en être directement déduites (par exemple, le cours des titres négociés sur un marché organisé et les taux d'intérêt) ; et

b) les variables autres que de marché : toutes les autres variables (par exemple, la fréquence ou la gravité des sinistres déclarés et la mortalité).

B43 Les variables de marché (par exemple, les taux d'intérêt observables) engendrent généralement un risque financier, tandis que les variables autres que de marché (par exemple, le taux de mortalité) engendrent généralement un risque non financier. Ce n'est toutefois pas toujours le cas. Ainsi, il peut arriver que des hypothèses concernant le risque financier soient fondées sur des variables qui ne peuvent pas être observées sur les marchés ni en être directement déduites (par exemple, des taux d'intérêt qui ne peuvent pas être observés sur les marchés ou en être directement déduits).

<u>Variables de marché [paragraphe 33 b)]</u>

B44 Les estimations de variables de marché doivent être cohérentes avec les prix de marché observables à la date d'évaluation. L'entité doit maximiser l'utilisation des données observables et ne doit pas substituer ses propres estimations aux données de marché observables, hormis dans les circonstances décrites au paragraphe 79 d'IFRS 13 *Évaluation de la juste valeur*. Conformément à IFRS 13, les variables qui doivent être déduites (par exemple parce qu'il n'existe pas de variable de marché observable) doivent être aussi cohérentes que possible avec les variables de marché observables.

B45 Les prix de marché intègrent un éventail d'opinions sur les résultats futurs possibles et reflètent également les préférences des participants du marché en matière de risque. Ils ne correspondent donc pas à une prévision ponctuelle du résultat futur. Si le résultat réel diffère du prix de marché antérieur, cela ne signifie pas que le prix de marché était « faux ».

B46 La notion d'actif de réplication ou de portefeuille d'actifs de réplication constitue une application importante des variables de marché. Un actif de réplication est un actif dont les flux de trésorerie correspondent *exactement*, dans tous les scénarios, aux flux de trésorerie contractuels d'un groupe de contrats d'assurance, quant au montant, à l'échéancier et à l'incertitude. Dans certains cas, il se peut qu'il existe un actif de réplication pour certains des flux de trésorerie qui découlent d'un groupe de contrats d'assurance. La juste valeur de cet actif reflète à la fois la valeur actualisée attendue des flux de trésorerie de l'actif et le risque associé à ces flux de trésorerie. Si un portefeuille d'actifs de réplication existe pour certains des flux de trésorerie qui découlent d'un groupe de contrats d'assurance, l'entité peut se fonder sur la juste valeur de ces actifs pour évaluer les flux de trésorerie d'exécution pertinents au lieu d'estimer explicitement ces flux de trésorerie et le taux d'actualisation.

B47 IFRS 17 n'impose pas à l'entité de recourir à la technique du portefeuille de réplication. Cependant, si l'entité choisit d'utiliser une autre technique alors qu'un actif ou un portefeuille de réplication existe pour certains des flux de trésorerie qui découlent de contrats d'assurance, elle doit s'assurer que la technique du portefeuille de réplication ne mènerait probablement pas à une évaluation significativement différente de ces flux de trésorerie.

B48 S'il existe des interdépendances importantes entre les flux de trésorerie qui varient en fonction des rendements des actifs et les autres flux de trésorerie, il se peut que des techniques autres que celle du portefeuille de réplication, telles que la modélisation stochastique, soient plus fiables ou plus faciles à mettre en œuvre. L'exercice du jugement est nécessaire pour déterminer quelle méthode permet le mieux d'atteindre l'objectif de concordance entre les variables retenues et les variables de marché observables dans des circonstances précises. Il importe tout particulièrement que la technique utilisée aboutisse à une évaluation des options et garanties prévues aux contrats d'assurance qui est cohérente avec les prix de marché observables (s'il en existe) pour de telles options et garanties.

Variables autres que de marché

B49 Les estimations de variables autres que de marché doivent refléter l'ensemble des éléments probants raisonnables et justifiables qu'il est possible d'obtenir, de sources externes comme internes, sans devoir engager de coûts ou d'efforts excessifs.

B50 Les données externes autres que de marché (par exemple, les statistiques nationales de mortalité) peuvent, selon les circonstances, être plus pertinentes ou, au contraire, moins pertinentes que les données internes (par exemple, les statistiques de mortalité établies en interne). Ainsi, pour estimer avec objectivité la probabilité des divers scénarios de mortalité qui s'appliquent à ses contrats, une entité qui émet des contrats d'assurance-vie ne doit pas seulement s'appuyer sur les statistiques nationales de mortalité ; elle doit également tenir compte de toutes les autres informations raisonnables et justifiables qu'il est possible d'obtenir, de sources externes comme internes, sans devoir engager de coûts ou d'efforts excessifs. Lorsqu'elle estime ces probabilités, l'entité doit accorder plus de poids aux informations les plus convaincantes. Ainsi :

a) les statistiques de mortalité internes peuvent être plus convaincantes que les statistiques de mortalité nationales si ces dernières sont issues d'une grande population qui n'est pas représentative de la population assurée. Cela peut tenir au fait que, par exemple, les caractéristiques démographiques de la population assurée diffèrent sensiblement de celles de la population nationale, ce qui signifie que l'entité doit accorder plus de poids aux statistiques internes et moins aux statistiques nationales ;

b) inversement, si les statistiques internes sont issues d'une petite population dont les caractéristiques sont jugées proches de celles de la population nationale et que les statistiques nationales sont à jour, l'entité doit accorder plus de poids aux statistiques nationales.

B51 Les probabilités estimées des variables autres que de marché ne doivent pas aller à l'encontre des variables de marché observables. Par exemple, les probabilités estimées des divers scénarios de taux d'inflation futurs doivent concorder autant que possible avec les probabilités qu'impliquent les taux d'intérêt du marché.

B52 Dans certains cas, l'entité peut parvenir à la conclusion que les variables de marché varient indépendamment des variables autres que de marché. Dans ce cas, l'entité doit prendre en considération les scénarios qui reflètent l'éventail des valeurs possibles pour les variables autres que de marché en utilisant pour chacun la même valeur observée de la variable de marché.

B53 Dans d'autres cas, les variables de marché et les variables autres que de marché peuvent être corrélées. Par exemple, il est possible que l'on constate que les taux de déchéance (variable autre que de marché) sont corrélés avec les taux d'intérêt (variable de marché). De même, il est possible que l'on constate que les demandes d'indemnité en assurance habitation ou automobile sont corrélées avec le cycle économique, et donc avec les taux d'intérêt et le montant des charges. L'entité doit veiller à ce que les probabilités des scénarios et les ajustements au titre du risque non financier qui se rapporte aux variables de marché sont cohérents avec les prix de marché observés qui sont dépendants de ces variables.

Utilisation d'estimations à jour [paragraphe 33 c)]

B54 Pour estimer les flux de trésorerie liés aux différents scénarios possibles et la probabilité de réalisation de chacun, l'entité doit utiliser l'ensemble des informations raisonnables et justifiables qu'il est possible d'obtenir sans devoir engager de coûts ou d'efforts excessifs. Elle doit examiner les estimations qu'elle avait établies à la fin de la période de reporting précédente et les mettre à jour. Pour ce faire, elle doit chercher à savoir si :

a) les estimations mises à jour représentent fidèlement les situations existant à la date de clôture ;

b) les changements dans les estimations représentent fidèlement l'évolution de la situation au cours de la période. Par exemple, supposons que les estimations étaient situées, au début de la période, à une extrémité d'une fourchette raisonnable. Si la situation n'a pas changé, modifier les estimations et les amener à l'autre extrémité de la fourchette à la fin de la période ne représentera pas fidèlement ce qui s'est produit au cours de la période. Si les estimations les plus récentes de l'entité sont différentes de ses estimations précédentes, mais que la situation n'a pas changé, l'entité doit apprécier si les nouvelles probabilités attribuées aux divers scénarios sont justifiées. Pour mettre à jour ses estimations de ces probabilités, l'entité doit tenir compte à la fois des éléments probants qui étayaient ses estimations précédentes et de l'ensemble des nouveaux éléments disponibles, en accordant le plus de poids aux éléments les plus convaincants.

B55 La probabilité attribuée à chaque scénario doit refléter la situation existant à la fin de la période de reporting. En conséquence, en application d'IAS 10 *Événements postérieurs à la fin de la période de reporting*, un événement postérieur à la fin de la période de reporting qui lève une incertitude qui existait à la fin de la période de reporting ne constitue pas un événement qui contribue à confirmer des situations qui existaient à cette date. Par exemple, supposons que, à la fin de la période de reporting, la probabilité qu'une tempête majeure se produise dans les six mois qui restent d'un contrat d'assurance soit de 20 %. Après la fin de la période de reporting, mais avant que la publication des états financiers ne soit autorisée, une telle tempête se produit. Les flux de trésorerie d'exécution affectés au contrat ne doivent pas tenir compte de la tempête dont on sait a posteriori qu'elle s'est produite. Les flux de trésorerie inclus dans l'évaluation tiennent plutôt compte de la probabilité de 20 % qui ressortait à la fin de la période de reporting (et l'entité indique, en application d'IAS 10, qu'un événement ne donnant pas lieu à un ajustement s'est produit après la fin de la période de reporting).

B56 Les estimations à jour des flux de trésorerie attendus ne correspondent pas nécessairement aux expériences les plus récentes. Par exemple, supposons que la mortalité au cours de la période de reporting ait été de 20 % supérieure à la mortalité antérieure et aux prévisions de mortalité antérieures. Cette évolution soudaine pourrait s'expliquer par différents facteurs, tels que :

a) une évolution durable de la mortalité ;

b) une évolution des caractéristiques de la population assurée (par exemple, changements dans la souscription ou la distribution, ou déchéances sélectives de la part de titulaires de police dont la santé est exceptionnellement bonne) ;

c) des fluctuations aléatoires ; ou

d) des causes non récurrentes déterminées.

B57 L'entité doit chercher les causes de l'évolution des taux et établir de nouvelles estimations des flux de trésorerie et des probabilités compte tenu des expériences les plus récentes, des expériences antérieurs et d'autres informations. Une situation telle que celle décrite au paragraphe B56 entraîne généralement une variation de la valeur actualisée attendue des prestations de décès, mais qui ne va pas jusqu'à 20 %. Dans l'exemple présenté au paragraphe B56, si le taux de mortalité demeure nettement supérieur aux estimations antérieures pour des raisons qui devraient perdurer, la probabilité estimée des scénarios de forte mortalité sera réévaluée à la hausse.

B58 Les estimations des variables autres que de marché doivent tenir compte des informations sur le niveau actuel d'événements assurés ainsi que des informations sur les tendances, telles que des taux de mortalité en baisse constante depuis longtemps dans nombre de pays. Ainsi, les flux de trésorerie d'exécution doivent refléter la probabilité de chaque scénario possible quant aux tendances, compte tenu de l'ensemble des informations raisonnables et justifiables qu'il est possible d'obtenir sans devoir engager de coûts ou d'efforts excessifs.

B59 De même, si les flux de trésorerie attribués à un groupe de contrats d'assurance sont sensibles à l'inflation, la détermination des flux de trésorerie d'exécution doit prendre en compte les estimations à jour des taux d'inflation futurs possibles. Les taux d'inflation et les taux d'intérêt étant vraisemblablement corrélés, l'évaluation des flux de trésorerie d'exécution doit refléter la probabilité de chaque scénario d'inflation de façon à ce qu'elle soit cohérente avec les probabilités qu'impliquent les taux d'intérêt de marché utilisés pour estimer le taux d'actualisation (voir paragraphe B51).

B60 Lorsque l'entité estime les flux de trésorerie, elle doit tenir compte des prévisions actuelles concernant la survenance d'événements futurs qui pourraient avoir une incidence sur ces flux de trésorerie. L'entité doit élaborer des scénarios de flux de trésorerie qui reflètent ces événements futurs et estimer objectivement la probabilité de chacun de ces scénarios. Toutefois, l'entité ne doit pas tenir compte des prévisions actuelles concernant des modifications législatives à venir à la suite desquelles, au titre du contrat d'assurance existant, son obligation actuelle serait modifiée ou acquittée ou, au contraire, de nouvelles obligations seraient créées, à moins que ces modifications ne soient quasi adoptées.

Flux de trésorerie compris dans le périmètre du contrat (paragraphe 34)

B61 L'estimation des flux de trésorerie d'un scénario doit tenir compte de tous les flux de trésorerie compris dans le périmètre du contrat existant, et d'aucun autre flux de trésorerie. Pour établir le périmètre d'un contrat existant, l'entité doit appliquer le paragraphe 2.

B62 Nombre de contrats d'assurance comportent des caractéristiques qui permettent à leurs titulaires d'intervenir de manière à faire changer le montant, l'échéancier ou la nature des sommes qu'ils recevront ou l'incertitude relative à ces dernières. Ces caractéristiques comprennent notamment les options de renouvellement, les options de rachat, les options de transformation et les options permettant de ne plus verser de primes tout en continuant à toucher des prestations au titre du contrat. L'évaluation du groupe de contrats d'assurance doit refléter, sur la base de la valeur attendue, les estimations actuelles de l'entité quant à la manière dont les titulaires de police du groupe exerceront les options dont ils disposent, et l'ajustement au titre du risque non financier doit refléter les estimations à jour de l'entité quant à la mesure dans laquelle le comportement réel des titulaires pourrait différer du comportement prévu. Cette exigence de déterminer la valeur attendue s'applique quel que soit le nombre de contrats du groupe ; ainsi, elle s'applique même si le groupe est constitué d'un seul contrat. L'évaluation du groupe de contrats d'assurance ne doit donc pas reposer sur une probabilité estimée à 100 % que les titulaires de police choisiront :

a) de racheter leur contrat, s'il y a une probabilité quelconque que certains titulaires de police ne le fassent pas ; ou

b) de maintenir en vigueur leur contrat, s'il y a une probabilité quelconque que certains titulaires de police ne le fassent pas.

B63 Lorsque l'émetteur d'un contrat d'assurance est tenu, aux termes de ce contrat, de renouveler ou de maintenir en vigueur ce dernier d'une autre manière, il doit appliquer le paragraphe 34 pour déterminer si les primes et les flux de trésorerie connexes qui découlent du contrat renouvelé sont compris dans le périmètre du contrat initial.

B64 Le paragraphe 34 fait mention de la capacité pratique que peut avoir l'entité de fixer, à une date future (la date de renouvellement), un prix qui reflète intégralement les risques posés par le contrat à compter de cette date. L'entité a cette capacité pratique si aucune disposition ne l'empêche de fixer ce prix au même niveau que le prix qu'elle demanderait pour un nouveau contrat qui serait émis à cette date et présenterait les mêmes caractéristiques que le contrat existant, ou si elle peut modifier le niveau des prestations de sorte qu'il reflète le prix fixé. De même, l'entité a la capacité pratique de fixer un prix lorsqu'elle peut modifier le prix d'un contrat existant en fonction de la variation globale des risques posés par le portefeuille de contrats d'assurance, même si le prix fixé pour chaque titulaire de police ne reflète pas la variation des risques posés spécifiquement par ce titulaire. Lorsque l'entité détermine si elle a la capacité pratique de fixer un prix qui reflète intégralement les risques posés par le contrat ou le portefeuille, elle doit tenir compte de tous les risques dont elle tiendrait compte si elle souscrivait, à la date de renouvellement, des contrats équivalents pour le service restant. Lorsqu'elle détermine les estimations de flux de trésorerie futurs à la fin d'une période de reporting, l'entité doit redéfinir le périmètre du contrat d'assurance pour tenir compte de l'effet que les changements de circonstances ont sur les droits et obligations substantiels de l'entité.

B65 Les flux de trésorerie compris dans le périmètre du contrat d'assurance sont ceux qui sont directement liés à l'exécution du contrat, y compris ceux dont le montant ou l'échéancier sont à la discrétion de l'entité. Les flux de trésorerie compris dans ce périmètre incluent :

a) les primes (y compris les ajustements de primes et les primes à versements échelonnés) que verse le titulaire de police et tout flux de trésorerie supplémentaire qui résulte de ces primes ;

b) les paiements au titulaire de police (ou en son nom), ce qui recouvre tant les sinistres déclarés mais non encore réglés (c'est-à-dire sinistres déclarés) que les sinistres survenus, mais non encore déclarés, ainsi que les sinistres futurs à l'égard desquels l'entité a une obligation substantielle (voir paragraphe 34) ;

c) les paiements au titulaire de police (ou en son nom) qui varient en fonction des rendements d'éléments sous-jacents ;

d) les paiements au titulaire de police (ou en son nom) qui résultent d'un dérivé tel qu'une option ou une garantie incorporée dans le contrat, dans la mesure où ces options et garanties ne sont pas séparées du contrat d'assurance [voir paragraphe 11 a)] ;

e) les flux de trésorerie liés aux frais d'acquisition affectés au portefeuille auquel appartient le contrat ;

f) les coûts de gestion des sinistres (c'est-à-dire les coûts qui seront engagés par l'entité pour l'instruction, le traitement et le règlement des sinistres au titre des contrats d'assurance existants, y compris les honoraires juridiques, les honoraires des experts en sinistres et les coûts internes d'instruction des sinistres et de traitement des règlements) ;

g) les coûts qui seront engagés par l'entité pour fournir les prestations en nature prévues au contrat ;

h) les coûts de gestion et de tenue des polices, tels que les coûts de facturation des primes ou de traitement des modifications de police (par exemple, transformations, remises en vigueur). Ce type de coûts englobe également les commissions récurrentes que l'entité s'attend à verser à des intermédiaires si un titulaire de police donné continue à payer les primes comprises dans le périmètre de ce contrat ;

i) les taxes transactionnelles (telles que les taxes sur les primes, les taxes sur la valeur ajoutée ou les taxes sur les biens et services) et les prélèvements (tels que la taxe d'incendie ou les cotisations à un fonds de garantie) qui découlent directement des contrats d'assurance existants ou qui peuvent leur être attribués sur une base raisonnable et cohérente ;

j) les sommes que verse l'assureur en qualité de fiduciaire afin d'honorer les obligations fiscales d'un titulaire de police, ainsi que les recettes connexes ;

k) les entrées de trésorerie potentielles rattachées à des recouvrements (par exemple, par voie de récupération ou de subrogation) sur des sinistres futurs couverts par les contrats d'assurance existants et, dans la mesure où elles ne remplissent pas les conditions pour être comptabilisées en tant qu'actifs distincts, les entrées de trésorerie potentielles rattachées à des recouvrements sur des sinistres passés ;

ka) les coûts qui seront engagés par l'entité :

- i) pour mener des activités d'investissement, dans la mesure où elle mène ces activités afin de bonifier les prestations découlant de la couverture d'assurance des titulaires. Des activités d'investissement bonifient les prestations découlant de la couverture d'assurance si l'entité les mène dans la perspective de générer un rendement d'investissement dont les titulaires de police bénéficieront si un événement assuré se produit ;
- ii) pour fournir des services de rendement d'investissement aux titulaires de police de contrats d'assurance sans éléments de participation directe (voir paragraphe B119B) ;
- iii) pour fournir des services liés à l'investissement aux titulaires de police de contrats d'assurance avec éléments de participation directe ;

l) les affectations de frais généraux fixes ou variables (tels que les coûts relatifs à la comptabilité, aux ressources humaines, aux technologies de l'information et au soutien technique, à l'amortissement des bâtiments, au loyer, à l'entretien et aux services publics) qui sont directement imputables à l'exécution des contrats d'assurance. Ces frais généraux sont affectés aux groupes de contrats suivant des méthodes systématiques et rationnelles appliquées uniformément à tous les coûts ayant des caractéristiques similaires ;

m) tous les autres coûts qui peuvent être spécifiquement imputés au titulaire de police selon les modalités du contrat.

B66 Les flux de trésorerie suivants ne doivent pas être inclus dans l'estimation des flux de trésorerie qui découleront de l'exécution par l'entité d'un contrat d'assurance existant :

a) les rendements des placements. Ces derniers sont comptabilisés, évalués et présentés séparément ;

b) les flux de trésorerie (entrées ou sorties) qui découlent de contrats de réassurance détenus. Ces derniers sont comptabilisés, évalués et présentés séparément ;

c) les flux de trésorerie qui peuvent découler de contrats d'assurance futurs, c'est-à-dire les flux de trésorerie qui sont en dehors du périmètre des contrats existants (voir paragraphes 34 et 35) ;

d) les flux de trésorerie relatifs à des coûts qui ne sont pas directement attribuables au portefeuille de contrats d'assurance dont fait partie le contrat en cause, tels que certains frais de développement de produits et de formation. Ces coûts sont comptabilisés en résultat net lorsqu'ils sont engagés ;

e) les flux de trésorerie correspondant à des montants anormaux de main-d'œuvre ou d'autres ressources gaspillées dans l'exécution du contrat. Ces coûts sont comptabilisés en résultat net lorsqu'ils sont engagés ;

f) les impôts sur le résultat que l'assureur paie ou encaisse autrement qu'à titre de gestionnaire d'actifs pour le compte d'autrui ou qui ne peuvent pas être spécifiquement imputés au titulaire de police selon les modalités du contrat ;

g) les flux de trésorerie entre différentes composantes de l'entité présentant les états financiers, comme entre les fonds des titulaires de police et les fonds des actionnaires, si ces flux de trésorerie ne font pas varier la somme qui sera versée aux titulaires de police ;

h) les flux de trésorerie qui découlent de composantes qui ont été séparées du contrat d'assurance et comptabilisées conformément à d'autres normes applicables (voir paragraphes 10 à 13).

B66A Il se peut qu'avant de comptabiliser un groupe de contrats d'assurance, l'entité soit tenue de comptabiliser un actif ou un passif au titre des flux de trésorerie se rapportant à ce groupe – autres que les flux de trésorerie liés aux frais d'acquisition —, soit en raison de la survenance de ces flux de trésorerie, soit pour se conformer aux exigences d'une autre norme IFRS. Des flux de trésorerie se rapportent à un groupe de contrats d'assurance dans le cas où, s'ils avaient été payés ou reçus après la date de comptabilisation initiale de ce groupe, ils auraient été inclus dans les flux de trésorerie d'exécution à cette date. Pour appliquer le paragraphe 38 c) ii), l'entité doit décomptabiliser cet actif ou ce passif dans la mesure où celui-ci ne serait pas comptabilisé séparément du groupe de contrats d'assurance si les flux de trésorerie survenaient à la date de comptabilisation initiale de ce groupe ou si la norme IFRS était appliquée à ladite date.

Contrats dont les flux de trésorerie ont une incidence sur les flux de trésorerie destinés aux titulaires de police d'autres contrats ou en subissent l'incidence

B67 Certains contrats d'assurance ont une incidence sur les flux de trésorerie destinés aux titulaires de police d'autres contrats d'assurance parce qu'ils imposent :

a) que le titulaire de police partage avec les titulaires de police d'autres contrats les rendements d'un même portefeuille d'éléments sous-jacents défini ;

b) et :

i) soit que le titulaire de police subisse une réduction de sa part des rendements des éléments sous-jacents en raison des paiements faits aux titulaires de police d'autres contrats qui participent à ce portefeuille, y compris les paiements résultant de garanties données aux titulaires de police de ces autres contrats ;

ii) soit que les titulaires de police des autres contrats subissent une réduction de leur part des rendements des éléments sous-jacents en raison des paiements faits au titulaire de police en question, y compris les paiements résultant de garanties données à ce dernier.

B68 Parfois, ces contrats ont une incidence sur les flux de trésorerie destinés aux titulaires de police compris dans d'autres groupes. Les flux de trésorerie d'exécution affectés à chaque groupe reflètent la mesure dans laquelle les contrats compris dans le groupe en question font que l'entité subit l'incidence des flux de trésorerie attendus, que ces flux de trésorerie soient destinés aux titulaires de police de ce groupe ou à ceux d'un autre groupe. Ainsi, les flux de trésorerie d'exécution affectés à un groupe :

a) comprennent les sommes à verser, au titre de contrats existants, aux titulaires de police compris dans d'autres groupes, qu'il soit prévu de verser ces sommes à des titulaires de police actuels ou futurs ; et

b) excluent les sommes à verser aux titulaires de police du groupe qui sont incluses, en application de a), dans les flux de trésorerie d'exécution d'un autre groupe.

B69 Par exemple, dans la mesure où les paiements versés aux titulaires de police d'un groupe au titre du partage des rendements d'un portefeuille d'éléments sous-jacents passent de 350 UM à 250 UM en raison de paiements d'un montant garanti faits aux titulaires de police d'un autre groupe, les flux de trésorerie d'exécution du premier groupe comprendraient les 100 UM versées au titre de garanties (ils seraient donc de 350 UM), tandis que les flux de trésorerie d'exécution de l'autre groupe excluraient ces 100 UM.

B70 En pratique, différentes approches peuvent être utilisées pour déterminer les flux de trésorerie d'exécution des groupes de contrats qui ont une incidence sur les flux de trésorerie destinés aux titulaires de police d'autres groupes ou qui en subissent l'incidence. Dans certains cas, l'entité n'est en mesure de déterminer les variations des éléments sous-jacents et les variations résultantes des flux de trésorerie qu'à un niveau d'agrégation supérieur à celui des groupes. L'entité doit alors répartir l'effet des variations des éléments sous-jacents entre chaque groupe d'une manière systématique et rationnelle.

B71 Lorsque les services prévus aux contrats d'assurance ont été intégralement fournis pour tous les contrats d'un groupe, il se peut que les flux de trésorerie d'exécution comprennent encore des sommes qu'il est prévu de verser à des titulaires de police actuels d'autres groupes ou à de futurs titulaires de police. L'entité n'est pas tenue de continuer d'affecter de tels flux de trésorerie d'exécution à des groupes précis ; à la place, elle peut comptabiliser et évaluer un passif global pour tous les groupes au titre de ces flux de trésorerie d'exécution.

➟ Taux d'actualisation (paragraphe 36)

B72 Aux fins de l'application d'IFRS 17, l'entité doit utiliser les taux d'actualisation qui suivent :

a) pour évaluer les flux de trésorerie d'exécution – des taux d'actualisation courants respectant le paragraphe 36 ;

b) pour déterminer l'intérêt à capitaliser sur la marge sur services contractuels des contrats d'assurance sans éléments de participation directe en application du paragraphe 44 b) – des taux d'actualisation déterminés à la date de la comptabilisation initiale du groupe de contrats, le paragraphe 36 étant appliqué à des flux de trésorerie nominaux qui ne varient pas en fonction des rendements d'éléments sous-jacents ;

c) pour évaluer les variations de la marge sur services contractuels des contrats d'assurance sans éléments de participation directe en application des paragraphes B96 a), B96 b) et B96 d) – des taux d'actualisation respectant le paragraphe 36, déterminés lors de la comptabilisation initiale ;

d) pour ajuster, en application du paragraphe 56, la valeur comptable du passif au titre de la couverture restante des groupes de contrats auxquels est appliquée la méthode d'affectation des primes et qui comportent une composante financement importante – des taux d'actualisation respectant le paragraphe 36, déterminés lors de la comptabilisation initiale ;

e) si l'entité choisit de ventiler les produits financiers ou charges financières d'assurance entre le résultat net et les autres éléments du résultat global (voir paragraphe 88), pour déterminer le montant des produits financiers ou charges financières d'assurance comptabilisé en résultat net :

i) en application du paragraphe B131 pour les groupes de contrats d'assurance pour lesquels le changement d'hypothèses relatives au risque financier n'a pas une incidence substantielle sur les sommes versées aux titulaires de police – des taux d'actualisation déterminés à la date de la comptabilisation initiale du groupe de contrats, le paragraphe 36 étant appliqué à des flux de trésorerie nominaux qui ne varient pas en fonction des rendements d'éléments sous-jacents ;

ii) en application du paragraphe B132 a) i) pour les groupes de contrats d'assurance pour lesquels le changement d'hypothèses relatives au risque financier a une incidence substantielle sur les sommes versées aux titulaires de police – des taux d'actualisation qui répartissent à un taux constant sur la durée restante du groupe de contrats le montant attendu révisé des produits financiers ou charges financières restants ; et

iii) en application des paragraphes 59 b) et B133 pour les groupes de contrats auxquels est appliquée la méthode d'affectation des primes – des taux d'actualisation déterminés à la date de survenance du sinistre, le paragraphe 36 étant appliqué à des flux de trésorerie nominaux qui ne varient pas en fonction des rendements d'éléments sous-jacents.

B73 Pour déterminer, à la date de la comptabilisation initiale d'un groupe de contrats, les taux d'actualisation décrits aux paragraphes B72 b) à B72 e), l'entité peut utiliser des taux d'actualisation moyens pondérés pour l'intervalle de temps au cours duquel sont émis les contrats du groupe, et qui, selon le paragraphe 22, ne peut excéder un an.

B74 Afin d'éviter les redondances ou les omissions, les estimations de taux d'actualisation doivent être cohérentes avec les autres estimations utilisées pour l'évaluation des contrats d'assurance ; par exemple :

a) les flux de trésorerie qui ne varient pas en fonction des rendements d'éléments sous-jacents doivent être actualisés à des taux qui ne reflètent pas une telle variabilité ;

b) les flux de trésorerie qui varient en fonction des rendements d'éléments financiers sous-jacents doivent être :

i) actualisés à des taux qui reflètent cette variabilité ; ou

ii) ajustés pour tenir compte de l'effet de cette variabilité et actualisés à un taux qui reflète l'ajustement apporté ;

c) les flux de trésorerie nominaux (c'est-à-dire ceux qui incluent l'effet de l'inflation) doivent être actualisés à des taux qui tiennent compte de l'effet de l'inflation ; et

d) les flux de trésorerie réels (c'est-à-dire ceux qui n'incluent pas l'effet de l'inflation) doivent être actualisés à des taux qui ne tiennent pas compte de l'effet de l'inflation.

B75 Selon le paragraphe B74 b), les flux de trésorerie qui varient en fonction des rendements d'éléments sous-jacents doivent être actualisés à des taux qui reflètent cette variabilité ou encore être ajustés pour tenir compte de l'effet de cette variabilité et actualisés à des taux qui reflètent l'ajustement apporté. La variabilité est un facteur pertinent, qu'elle découle ou non de conditions contractuelles ou de l'exercice du pouvoir discrétionnaire de l'entité, et que l'entité détienne ou non les éléments sous-jacents.

B76 Les flux de trésorerie qui varient en fonction des rendements d'éléments sous-jacents à rendement variable, mais qui bénéficient d'une garantie de rendement minimum, ne sont pas des flux de trésorerie qui varient uniquement en fonction des rendements d'éléments sous-jacents, même lorsque le rendement minimum garanti est inférieur au rendement attendu des éléments sous-jacents. Ainsi, l'entité doit ajuster le taux qui reflète la variabilité des rendements des éléments sous-jacents pour tenir compte de l'effet de la garantie, même lorsque le montant garanti est inférieur au rendement attendu des éléments sous-jacents.

B77 IFRS 17 n'impose pas à l'entité de séparer les flux de trésorerie estimés qui varient en fonction des rendements des éléments sous-jacents de ceux qui ne le font pas. Si l'entité ne procède pas à une telle séparation, elle doit appliquer des taux d'actualisation appropriés à l'ensemble des flux de trésorerie estimés ; par exemple, en utilisant des techniques de modélisation stochastique ou des méthodes d'évaluation risque neutre.

B78 Les taux d'actualisation ne doivent tenir compte que des facteurs pertinents, c'est-à-dire les facteurs qui découlent de la valeur temps de l'argent, des caractéristiques des flux de trésorerie et des caractéristiques de liquidité des contrats d'assurance. Il se peut que ces taux d'actualisation ne soient pas directement observables sur le marché. Par conséquent, s'il n'y a pas de taux de marché observables pour un instrument qui présente les mêmes caractéristiques que les contrats d'assurance, ou si les taux de marché observables pour un instrument similaire ne permettent pas d'isoler les facteurs qui différencient cet instrument des contrats d'assurance, l'entité doit estimer les taux appropriés. IFRS 17 n'impose pas de méthode d'estimation particulière pour la détermination des taux d'actualisation. Lorsqu'elle applique une méthode d'estimation, l'entité doit :

a) utiliser autant que possible des données d'entrée observables (voir paragraphe B44) et, en ce qui concerne les variables autres que de marché, tenir compte de l'ensemble des informations raisonnables et justifiables qu'il est possible d'obtenir, de sources externes comme internes, sans devoir engager de coûts ou d'efforts excessifs (voir paragraphe B49). En particulier, les taux d'actualisation utilisés ne doivent pas aller à l'encontre des données de marché pertinentes disponibles et les variables autres que de marché utilisées ne doivent pas aller à l'encontre des variables de marché observables ;

b) tenir compte des conditions actuelles du marché du point de vue d'un participant de ce marché ;

c) recourir au jugement pour apprécier le degré de similitude entre les caractéristiques des contrats d'assurance évalués et celles de l'instrument pour lequel des prix de marché observables sont disponibles, puis ajuster ces prix pour tenir compte des différences relevées.

B79 Le taux d'actualisation appliqué aux flux de trésorerie d'un contrat d'assurance qui ne varient pas en fonction des rendements d'éléments sous-jacents doit refléter la courbe des taux dans la monnaie appropriée d'instruments qui exposent leur porteur à un risque de crédit nul ou négligeable, et être ajusté en fonction des caractéristiques de liquidité du groupe de contrats d'assurance. Cet ajustement doit tenir compte des différences entre les caractéristiques de liquidité du groupe de contrats d'assurance et celles des actifs utilisés pour établir la courbe des taux. En effet, les courbes de taux sont fondées sur des instruments négociés sur des marchés actifs que leur porteur peut normalement vendre facilement en tout temps sans supporter de coût important. En revanche, certains contrats d'assurance dispensent l'entité de tout paiement avant la survenance des événements assurés ou avant des dates spécifiées dans le contrat.

B80 L'entité peut donc, dans le cas des flux de trésorerie de contrats d'assurance qui ne varient pas en fonction des rendements d'éléments sous-jacents, déterminer les taux d'actualisation en ajustant une courbe de taux sans risque liquide pour tenir compte des différences entre les caractéristiques de liquidité des instruments financiers sous-jacents aux taux observés sur le marché et celles des contrats d'assurance (approche ascendante).

B81 Autrement, l'entité peut déterminer les taux d'actualisation appropriés à des contrats d'assurance en se fondant sur une courbe de taux qui tient compte des taux de rendement actuels du marché qui sont implicites à l'évaluation à la juste valeur d'un portefeuille d'actifs de référence (approche descendante). Elle doit ajuster cette courbe de taux de façon à éliminer les facteurs qui sont sans rapport avec l'évaluation des contrats d'assurance, mais elle n'est pas tenue d'ajuster la courbe des taux pour tenir compte des différences entre les caractéristiques de liquidité des contrats d'assurance et celles du portefeuille de référence.

B82 Pour estimer la courbe des taux décrite au paragraphe B81, l'entité doit :

a) s'il existe, pour les actifs du portefeuille de référence, des prix observables sur des marchés actifs, utiliser ces prix (conformément au paragraphe 69 d'IFRS 13) ;

b) si le marché n'est pas actif, ajuster les prix de marché observables d'actifs similaires pour les rendre comparables aux prix de marché des actifs faisant l'objet de l'évaluation (conformément au paragraphe 83 d'IFRS 13) ;

c) s'il n'existe pas de marché pour les actifs du portefeuille de référence, recourir à une méthode d'estimation. Pour de tels actifs (conformément au paragraphe 89 d'IFRS 13), l'entité doit :

  i) élaborer des données d'entrée non observables en utilisant la meilleure information disponible compte tenu des circonstances. L'entité peut inclure des données qui lui sont propres et, en ce qui concerne IFRS 17, accorder plus d'importance aux estimations à long terme qu'aux variations à court terme ; et

  ii) ajuster ces données pour tenir compte de toute l'information raisonnablement disponible au sujet des hypothèses des participants du marché.

B83 Pour adapter la courbe des taux, l'entité doit ajuster les taux de marché observés dans les transactions récentes qui portaient sur des instruments aux caractéristiques similaires pour tenir compte de l'évolution des facteurs du marché depuis la date de transaction, et elle doit ajuster les taux de marché observés pour tenir compte des différences entre l'instrument faisant l'objet de l'évaluation et celui pour lequel des prix de transaction sont observables.

Pour les flux de trésorerie d'un contrat d'assurance qui ne varient pas en fonction des rendements des actifs du portefeuille de référence, ces ajustements doivent notamment consister à :

a) tenir compte des différences, en termes de montant, d'échéancier et d'incertitude, entre les flux de trésorerie des actifs du portefeuille et ceux du contrat d'assurance ; et

b) exclure les primes de risque de crédit du marché, lesquelles ne sont pertinentes que dans le cas des actifs compris dans le portefeuille de référence.

B84 En théorie, pour les flux de trésorerie d'un contrat d'assurance qui ne varient pas en fonction des rendements des actifs du portefeuille de référence, il ne devrait y avoir qu'une seule courbe de taux sans risque illiquide qui permette d'éliminer toutes les incertitudes en ce qui concerne le montant et l'échéancier de ces flux. Toutefois, en pratique, l'approche descendante et l'approche ascendante peuvent, même dans une même monnaie, mener à des courbes de taux différentes. Cela s'explique par le fait que l'estimation des ajustements suivant chacune des approches a des limites qui lui sont inhérentes et par l'absence possible, dans l'approche descendante, d'ajustement pour les différences de caractéristiques de liquidité. L'entité n'est pas tenue de faire un rapprochement entre le taux d'actualisation déterminé selon l'approche choisie et le taux d'actualisation qui aurait été déterminé selon l'autre approche.

B85 IFRS 17 n'impose pas de restrictions en ce qui concerne le portefeuille d'actifs de référence que l'entité peut utiliser pour l'application du paragraphe B81. Toutefois, les ajustements nécessaires pour éliminer les facteurs non pertinents pour les contrats d'assurance seront moindres si le portefeuille d'actifs de référence présente des caractéristiques similaires. Par exemple, si les flux de trésorerie des contrats d'assurance ne varient pas en fonction des rendements d'éléments sous-jacents, les ajustements nécessaires seront moindres si l'entité utilise des instruments d'emprunt comme point de départ plutôt que des instruments de capitaux propres. Dans le cas des instruments d'emprunt, les ajustements viseront à exclure du rendement total des obligations l'effet du risque de crédit et des autres facteurs qui ne sont pas pertinents pour les contrats d'assurance. L'effet du risque de crédit peut notamment être estimé en utilisant le prix de marché d'un dérivé de crédit comme référence.

➡ Ajustement au titre du risque non financier (paragraphe 37)

B86 L'ajustement au titre du risque non financier se rapporte au risque qui découle des contrats d'assurance, autre que le risque financier. Ce dernier est pris en compte dans les estimations de flux de trésorerie futurs ou dans le taux d'actualisation utilisé pour ajuster les flux de trésorerie. Les risques sur lesquels porte l'ajustement au titre du risque non financier sont le risque d'assurance et les autres risques non financiers, tels que le risque de déchéance et le risque de charges (voir paragraphe B14).

B87 L'ajustement au titre du risque non financier découlant des contrats d'assurance correspond à l'indemnité qu'exigerait l'entité pour qu'il lui soit indifférent de choisir entre :

a) l'acquittement d'un passif qui est associé à un éventail de résultats possibles découlant du risque non financier ; et

b) l'acquittement d'un passif qui générera des flux de trésorerie fixes dont la valeur actualisée attendue est la même que celle des contrats d'assurance.

Par exemple, l'ajustement au titre du risque non financier correspond à l'indemnité qu'exigerait l'entité pour qu'il lui soit indifférent de choisir entre acquitter un passif dont le montant a – en raison du risque non financier – une probabilité de 50 % d'être de 90 UM et une probabilité de 50 % d'être de 110 UM et acquitter un passif dont le montant est fixé à 100 UM. Ainsi, l'ajustement au titre du risque non financier fournit aux utilisateurs d'états financiers des informations sur la somme demandée par l'entité pour la prise en charge de l'incertitude entourant le montant et l'échéancier des flux de trésorerie qui est engendrée par le risque non financier.

B88 Étant donné que l'ajustement au titre du risque non financier correspond à l'indemnité qu'exigerait l'entité pour prendre en charge le risque non financier découlant de l'incertitude entourant le montant et l'échéancier des flux de trésorerie, cet ajustement reflète également :

a) le niveau de l'avantage de diversification que l'entité inclut dans la détermination de cette indemnité ; et

b) les résultats favorables comme défavorables, d'une manière qui rend compte du degré d'aversion au risque de l'entité.

B89 L'ajustement au titre du risque non financier vise à évaluer l'effet de l'incertitude, autre que celle relative au risque financier, qui entoure les flux de trésorerie découlant de contrats d'assurance. Il doit donc refléter tous les risques non financiers attachés aux contrats d'assurance, mais ne pas tenir compte des risques qui ne découlent pas des contrats d'assurance, tels que le risque général d'exploitation.

B90 L'ajustement au titre du risque non financier doit être inclus dans l'évaluation de manière explicite. L'ajustement au titre du risque non financier est conceptuellement distinct de l'estimation des flux de trésorerie futurs et des taux d'actualisation appliqués à ces flux de trésorerie. L'entité doit veiller à ne pas le comptabiliser en double, par exemple en l'incluant également de manière implicite lors de la détermination des estimations de flux de trésorerie futurs ou des taux d'actualisation. Les taux d'actualisation qui sont présentés en application du paragraphe 120 ne doivent inclure aucun ajustement implicite au titre du risque non financier.

B91 IFRS 17 n'impose pas de méthode d'estimation particulière pour la détermination de l'ajustement au titre du risque non financier. Toutefois, pour que cet ajustement reflète l'indemnité que l'entité exigerait pour la prise en charge du risque non financier, il doit présenter les caractéristiques suivantes :

a) il sera d'un montant plus élevé si les risques sont peu fréquents mais graves que s'ils sont fréquents mais peu graves ;

b) pour des risques similaires, il sera d'un montant plus élevé si les contrats sont de longue durée que s'ils sont de courte durée ;

c) il sera d'un montant plus élevé si la distribution des probabilités des risques est large que si elle est étroite ;

d) il sera d'un montant d'autant plus élevé que l'estimation à jour et la tendance qu'elle présente comportent de nombreuses inconnues ; et

e) il sera d'un montant d'autant moins élevé que les statistiques récentes réduisent l'incertitude entourant le montant et l'échéancier des flux de trésorerie, et vice-versa.

B92 L'entité doit faire appel au jugement pour déterminer la méthode d'estimation qu'il convient d'utiliser pour établir l'ajustement au titre du risque non financier. Ce faisant, l'entité doit notamment privi égier une méthode qui fournit des informations concises et instructives, de façon à ce que les utilisateurs d'états financiers puissent comparer sa performance à celle d'autres entités. Selon le paragraphe 119, si l'entité applique une méthode autre que celle des niveaux de confiance pour déterminer l'ajustement au titre du risque non financier, elle doit indiquer la méthode appliquée et le niveau de confiance auquel équivaut le résultat de l'application de cette technique.

➟ Comptabilisation initiale des contrats d'assurance acquis lors d'un transfert de contrats d'assurance ou d'un regroupement d'entreprises (paragraphe 39)

B93 Lorsque l'entité acquiert, par un transfert de contrats d'assurance qui ne constituent pas une entreprise ou dans un regroupement d'entreprises entrant dans le champ d'application d'IFRS 3, des contrats d'assurance émis ou des contrats de réassurance détenus, elle doit appliquer les paragraphes 14 à 24 pour définir les groupes de contrats acquis comme si elle avait conclu ces contrats à la date de la transaction.

B94 L'entité doit utiliser la contrepartie reçue ou payée en échange des contrats comme approximation des primes reçues. Cette contrepartie exclut ce qui est reçu ou payé pour d'autres actifs ou passifs acquis dans la même transaction. Dans le cas d'un regroupement d'entreprises entrant dans le champ d'application d'IFRS 3, la contrepartie reçue ou payée est la juste valeur des contrats à cette date. Pour déterminer cette juste valeur, l'entité ne doit pas appliquer le paragraphe 47 d'IFRS 13 (qui porte sur les composantes à vue).

B95 Sauf si elle évalue le passif au titre de la couverture restante selon la méthode d'affectation des primes, décrite aux paragraphes 55 à 59 et 69 à 70A, l'entité calcule la marge sur services contractuels au moment de la comptabilisation initiale en appliquant le paragraphe 38 pour les contrats d'assurance émis acquis et le paragraphe 65 pour les contrats de réassurance détenus acquis, la contrepartie reçue ou payée en échange des contrats servant d'approximation des primes reçues ou payées à la date de comptabilisation initiale.

B95A Lorsque des contrats d'assurance émis acquis se révèlent déficitaires en application du paragraphe 47, l'entité comptabilise l'excédent des flux de trésorerie d'exécution par rapport à la contrepartie payée ou reçue dans le *goodwill* ou le profit résultant d'une acquisition à des conditions avantageuses dans le cas de contrats acquis dans un regroupement d'entreprises entrant dans le champ d'application d'IFRS 3 ou comme une perte en résultat net dans le cas de contrats acquis par transfert. L'entité doit ajouter un élément de perte au passif au titre de la couverture restante pour rendre compte de cet excédent, et appliquer les paragraphes 49 à 52 pour affecter une partie des variations ultérieures des flux de trésorerie d'exécution à cet élément de perte.

B95B Dans le cas d'un groupe de contrats de réassurance détenus visé par les paragraphes 66A et 66B, l'entité doit déterminer la composante recouvrement de perte de l'actif au titre de la couverture restante à la date de la transaction en multipliant :

a) l'élément de perte du passif au titre de la couverture restante des contrats d'assurance sous-jacents à la date de la transaction ; et

b) le pourcentage des demandes d'indemnisation relatives aux contrats d'assurance sous-jacents que l'entité s'attend, à la date de la transaction, à recouvrer au moyen du groupe de contrats de réassurance détenus.

B95C L'entité doit comptabiliser le montant de la composante recouvrement de perte déterminé par application du paragraphe B95B dans le *goodwill* ou le profit résultant d'une acquisition à des conditions avantageuses dans le cas de contrats de réassurance détenus acquis dans un regroupement d'entreprises entrant dans le champ d'application d'IFRS 3, ou comme produit en résultat net dans le cas des contrats acquis par transfert.

B95D En application des paragraphes 14 à 22, il se peut qu'à la date de la transaction, l'entité inclue dans un groupe de contrats d'assurance déficitaire tant des contrats d'assurance déficitaires couverts par un groupe de contrats de réassurance détenus que des contrats déficitaires non couverts par ce groupe de contrats de réassurance détenus. Aux fins de l'application du paragraphe B95B dans ces circonstances, l'entité doit utiliser une méthode d'affectation systématique et rationnelle pour déterminer la partie de l'élément de perte du groupe de contrats d'assurance qui se rattache aux contrats d'assurance couverts par le groupe de contrats de réassurance détenus.

Actif au titre des flux de trésorerie liés aux frais d'acquisition

B95E Lorsque l'entité acquiert, par un transfert de contrats d'assurance qui ne constituent pas une entreprise ou dans un regroupement d'entreprises entrant dans le champ d'application d'IFRS 3, des contrats d'assurance émis, elle doit, à la date de la transaction, comptabiliser à la juste valeur un actif au titre des flux de trésorerie liés aux frais d'acquisition correspondant aux droits d'obtenir :

a) les contrats d'assurance futurs résultant du renouvellement des contrats d'assurance comptabilisés à la date de la transaction ; et

b) les contrats d'assurance futurs, autres que ceux en a), après la date de la transaction sans payer de nouveau les flux de trésorerie liés aux frais d'acquisition que l'entreprise acquise a déjà payés et qui sont directement attribuables au portefeuille de contrats d'assurance auquel appartiennent ces contrats.

B95F À la date de la transaction, le montant de l'actif au titre des flux de trésorerie liés aux frais d'acquisition, le cas échéant, ne doit pas être inclus dans l'évaluation du groupe de contrats d'assurance acquis en application des paragraphes B93 à B95A.

Variations de la valeur comptable de la marge sur services contractuels des contrats d'assurance sans éléments de participation directe (paragraphe 44)

B96 Selon le paragraphe 44 c), la marge sur services contractuels d'un groupe de contrats d'assurance sans éléments de participation directe doit être ajustée pour tenir compte des variations des flux de trésorerie d'exécution qui sont liées aux services futurs. Ces variations comprennent :

a) les ajustements liés à l'expérience découlant des primes reçues au cours de la période pour des services futurs et les flux de trésorerie connexes, tels que les flux de trésorerie liés aux frais d'acquisition et les taxes sur les primes, évalués à l'aide des taux d'actualisation décrits au paragraphe B72 c) ;

b) les changements dans les estimations de la valeur actualisée des flux de trésorerie futurs du passif au titre de la couverture restante, sauf ceux décrits au paragraphe B97 a), évalués à l'aide des taux d'actualisation décrits au paragraphe B72 c) ;

c) les écarts entre toute composante investissement dont l'entité s'attendait à ce qu'elle devienne due au cours de la période et la composante investissement qui devient réellement due au cours de la période. Ces écarts sont déterminés en comparant i) la composante investissement qui devient réellement due au cours de la période et ii) le paiement au cours de la période qui était attendu au début de celle-ci plus les produits financiers ou charges financières d'assurance se rattachant à ce paiement attendu avant qu'il devienne dû ;

ca) les écarts entre, d'une part, tout prêt qui a été consenti à un titulaire de police et dont l'entité s'attendait à ce que le remboursement devienne dû au cours de la période et, d'autre part, le prêt dont le remboursement devient réellement dû au cours de la période. Ces écarts sont déterminés en comparant i) le prêt consenti à un titulaire de police dont le remboursement devient réellement dû au cours de la période et ii) le remboursement au cours de la période qui était attendu au début de celle-ci plus les produits financiers ou charges financières d'assurance se rattachant à ce remboursement attendu avant qu'il devienne dû ;

d) les variations de l'ajustement au titre du risque non financier liées aux services futurs. L'entité n'est pas tenue de ventiler la variation de l'ajustement au titre du risque non financier entre i) la variation liée au risque non financier et ii) l'effet de la valeur temps de l'argent et de ses variations. Si l'entité ventile cette variation, elle doit ajuster la marge sur services contractuels en fonction de la variation liée au risque non financier, évaluée sur la base des taux d'actualisation décrits au paragraphe B72 c).

B97 L'entité ne doit pas ajuster la marge sur services contractuels d'un groupe de contrats d'assurance sans éléments de participation directe pour tenir compte des variations suivantes des flux de trésorerie d'exécution, car elles ne sont pas liées aux services futurs :

a) l'effet de la valeur temps de l'argent et de ses variations et l'effet du risque financier et de ses variations. Ces effets comprennent :

i) l'effet, le cas échéant, sur les flux de trésorerie futurs estimés ;
ii) l'effet, si ventilé, sur l'ajustement au titre du risque non financier ; et
iii) l'effet d'un changement de taux d'actualisation ;

b) le changement des estimations de flux de trésorerie d'exécution constituant le passif au titre des sinistres survenus ;

c) les ajustements liés à l'expérience, sauf ceux décrits au paragraphe B96 a).

B98 Les conditions de certains contrats d'assurance sans éléments de participation directe confèrent à l'entité un pouvoir discrétionnaire sur les flux de trésorerie qu'elle versera aux titulaires de police. Les variations des flux de trésorerie discrétionnaires sont considérées comme liées aux services futurs et entraînent donc un ajustement de la marge sur services contractuels. Pour être en mesure de déceler les variations des flux de trésorerie discrétionnaires, l'entité doit indiquer, au moment de la passation du contrat, sur quelle base elle s'attend à déterminer son engagement au titre de ce contrat, par exemple, sur la base d'un taux d'intérêt fixe ou de rendements qui varient en fonction des rendements d'actifs spécifiés.

B99 L'entité doit se fonder sur cette indication pour distinguer l'effet que le changement d'hypothèses relatives au risque financier exerce sur son engagement (qui ne se traduit pas par un ajustement de la marge sur services contractuels) de l'effet des changements discrétionnaires apportés à cet engagement (qui se traduit par un ajustement de la marge sur services contractuels).

B100 Si l'entité n'est pas en mesure de préciser, au moment de la passation du contrat, ce qu'elle considère comme son engagement au titre de ce contrat et ce qu'elle considère comme discrétionnaire, elle doit considérer que son engagement correspond au rendement implicite dans l'estimation des flux de trésorerie d'exécution au moment de la passation du contrat, mis à jour pour tenir compte des hypothèses les plus récentes concernant le risque financier.

➡ Variations de la valeur comptable de la marge sur services contractuels des contrats d'assurance avec éléments de participation directe (paragraphe 45)

B101 Les contrats d'assurance avec éléments de participation directe sont des contrats d'assurance qui, en substance, constituent des contrats pour des services liés à l'investissement, dans lesquels l'entité promet un rendement en fonction d'éléments sous-jacents. Ils sont donc définis comme des contrats d'assurance pour lesquels :

a) les conditions contractuelles précisent que le titulaire de police a droit à une part d'un portefeuille d'éléments sous-jacents clairement défini (voir paragraphes B105 et B106) ;

b) l'entité s'attend à payer au titulaire de police une somme correspondant à une part substantielle du rendement obtenu sur la juste valeur des éléments sous-jacents (voir paragraphe B107) ; et

c) l'entité s'attend à ce que toute variation des sommes à payer au titulaire de police soit attribuable, dans une proportion substantielle, à la variation de la juste valeur des éléments sous-jacents (voir paragraphe B107).

B102 L'entité doit déterminer, en se fondant sur ses attentes au moment de la passation du contrat, si les conditions énoncées au paragraphe B101 sont respectées ; elle ne doit pas réévaluer les conditions, à moins que le contrat ne soit modifié en application du paragraphe 72.

B103 Dans la mesure où les contrats d'assurance d'un groupe ont une incidence sur les flux de trésorerie destinés aux titulaires de police d'autres groupes (voir les paragraphes B67 à B71), l'entité doit déterminer si les conditions énoncées au paragraphe B101 sont remplies en prenant en considération les flux de trésorerie qu'elle s'attend à payer aux titulaires de police, déterminés en application des paragraphes B68 à B70.

B104 Les conditions énoncées au paragraphe B101 font que les contrats d'assurance avec éléments de participation directe sont des contrats au titre desquels l'obligation de l'entité envers le titulaire de police correspond à l'écart net entre :

a) l'obligation de payer au titulaire de police une somme correspondant à la juste valeur des éléments sous-jacents ; et

b) des honoraires variables (voir paragraphes B110 à B118), que l'entité déduit de a) en contrepartie des services futurs prévus au contrat d'assurance et qui correspondent à la différence entre les éléments suivants :

i) le montant correspondant à la part revenant à l'entité de la juste valeur des éléments sous-jacents ; et

ii) les flux de trésorerie d'exécution qui ne varient pas en fonction des rendements d'éléments sous-jacents.

B105 La part visée au paragraphe B101 a) n'exclut pas la possibilité que l'entité dispose d'un pouvoir discrétionnaire à l'égard des sommes qu'elle paie au titulaire de police. Le lien avec les éléments sous-jacents doit toutefois être exécutoire (voir paragraphe 2).

B106 Le portefeuille d'éléments sous-jacents visé au paragraphe B101 a) peut comprendre n'importe quel élément, par exemple un portefeuille d'actifs de référence, l'actif net de l'entité ou un sous-ensemble spécifié de l'actif net de l'entité, à condition qu'ils soient clairement définis dans le contrat. L'entité n'est pas tenue de détenir le portefeuille d'éléments sous-jacents défini. Toutefois un portefeuille d'éléments sous-jacents clairement défini n'existe pas lorsque :

a) l'entité peut changer rétrospectivement les éléments sous-jacents qui déterminent le montant de l'obligation de l'entité ; ou

b) il n'y a pas d'éléments sous-jacents définis, même si le titulaire de police a la possibilité d'obtenir un rendement qui reflète de façon générale la performance et les attentes globales de l'entité ou la performance et les attentes d'un sous-ensemble d'actifs détenus par l'entité. Un exemple d'un tel rendement est un taux crédité ou le paiement d'un dividende qui est déterminé à la fin de la période à laquelle il se rapporte. Dans ce cas, l'obligation envers le titulaire de police reflète le taux ou le dividende que l'entité a déterminé, et non pas des éléments sous-jacents définis.

B107 Pour que les conditions énoncées respectivement au paragraphe B101 b) et au paragraphe B101 c) soient remplies, l'entité doit s'attendre à payer au titulaire de police une somme correspondant à une part substantielle du rendement obtenu sur la juste valeur des éléments sous-jacents et s'attendre à ce que toute variation des sommes à payer au titulaire de police soit attribuable, dans une proportion substantielle, à la variation de la juste valeur des éléments sous-jacents. L'entité doit :

a) interpréter le terme « substantiel » au regard de l'objectif voulant que les contrats d'assurance avec éléments de participation directe soient des contrats qui prévoient la prestation par l'entité de services liés à l'investissement en contrepartie d'honoraires déterminés en fonction d'éléments sous-jacents ; et

b) évaluer la variabilité des sommes visées aux paragraphes B101 b) et B101 c) ;

i) sur la durée du contrat d'assurance ; et

ii) sur la base de l'espérance mathématique des valeurs actuelles et non selon le résultat le plus optimiste ou le plus pessimiste (voir paragraphes B37 et B38).

B108 Par exemple, si l'entité s'attend à payer une somme correspondant à une part substantielle du rendement sur la juste valeur des éléments sous-jacents, soumis à une garantie de rendement minimum, il y aura :

a) des scénarios où les flux de trésorerie que l'entité s'attend à payer au titulaire de police varieront en fonction de la variation de la juste valeur des éléments sous-jacents, parce que le rendement garanti et les autres flux de trésorerie qui ne varient pas en fonction des rendements d'éléments sous-jacents n'excéderont pas le rendement obtenu sur a juste valeur des éléments sous-jacents ; et

b) des scénarios où les flux de trésorerie que l'entité s'attend à payer au titulaire de police ne varieront pas en fonction de la variation de la juste valeur des éléments sous-jacents, parce que le rendement garanti et les autres flux de trésorerie qui ne varient pas en fonction des rendements d'éléments sous-jacents excéderont le rendement obtenu sur la juste valeur des éléments sous-jacents.

Dans cet exemple, l'appréciation de la variabilité en application du paragraphe B101 c) reflétera une espérance mathématique en valeur actualisée calculée d'après l'ensemble de ces scénarios.

B109 Pour l'application d'IFRS 17, les contrats de réassurance émis et les contrats de réassurance détenus ne peuvent pas être des contrats d'assurance avec éléments de participation directe.

B110 La marge sur services contractuels des contrats d'assurance avec éléments de participation directe est ajustée pour refléter la nature variable des honoraires. Ainsi, les variations des sommes visées au paragraphe B104 sont traitées de la façon décrite aux paragraphes B111 à B114.

B111 Les changements quant à l'obligation de payer au titulaire de police une somme correspondant à la juste valeur des éléments sous-jacents [paragraphe B104 a)] ne sont pas liés aux services futurs et n'entraînent donc pas un ajustement de la marge sur services contractuels.

B112 Les variations du montant correspondant à la part revenant à l'entité de la juste valeur des éléments sous-jacents [paragraphe B104 b) i)] sont liées aux services futurs et entraînent un ajustement de la marge sur services contractuels, en application du paragraphe 45 b).

B113 Les variations des flux de trésorerie d'exécution qui ne varient pas en fonction des rendements d'éléments sous-jacents [paragraphe B104 b) ii)] comprennent :

a) les changements des flux de trésorerie d'exécution, autres que ceux spécifiés en b). Comme pour les contrats d'assurance sans éléments de participation directe, l'entité doit appliquer les paragraphes B96 et B97 pour déterminer dans quelle mesure ces changements sont liés aux services futurs et entraînent, en application du paragraphe 45 c), un ajustement de la marge sur services contractuels. Tous les ajustements sont évalués au moyen des taux d'actualisation courants ;

b) les variations de l'effet de la valeur temps de l'argent et des risques financiers qui ne résultent pas des éléments sous-jacents ; par exemple, l'effet des garanties financières. Ces variations sont liées aux services futurs et entraînent, en application du paragraphe 45 c), un ajustement de la marge sur services contractuels, sauf dans la mesure où le paragraphe B115 s'applique.

B114 L'entité n'est pas tenue de présenter séparément les ajustements de la marge sur services contractuels imposés par les paragraphes B112 et B113. En lieu et place, un montant global peut être déterminé pour tout ou partie des ajustements.

Atténuation des risques

B115 Dans la mesure où les conditions énoncées au paragraphe B116 sont remplies, l'entité peut choisir de ne pas comptabiliser une variation de la marge sur services contractuels visant à refléter tout ou partie des variations de l'effet de la valeur temps de l'argent et du risque financier sur :

a) le montant correspondant à la part revenant à l'entité des éléments sous-jacents (voir paragraphe B112) si elle atténue l'effet du risque financier sur ce montant au moyen de dérivés ou de contrats de réassurance détenus ; et

b) les flux de trésorerie d'exécution visés au paragraphe B113 b) si l'entité atténue l'effet du risque financier sur ces flux de trésorerie d'exécution au moyen de dérivés, d'instruments financiers non dérivés évalués à la juste valeur par le biais du résultat net, ou de contrats de réassurance détenus.

B116 Pour que l'entité puisse se prévaloir du choix énoncé au paragraphe B115, il est impératif qu'elle ait auparavant documenté un objectif et une stratégie d'atténuation du risque financier comme mentionné au paragraphe B115. Dans l'application de cet objectif et de cette stratégie :

a) il existe une compensation économique entre les contrats d'assurance et le dérivé, l'instrument financier non dérivé évalué à la juste valeur par le biais du résultat net ou le contrat de réassurance détenu (c'est-à-dire que la valeur des contrats d'assurance et celle des éléments visant à atténuer le risque varient généralement en sens inverse l'une de l'autre parce qu'elles réagissent de façon similaire aux variations du risque que l'entité cherche à atténuer). L'entité ne doit pas tenir compte des différences en matière d'évaluation comptable lorsqu'elle apprécie s'il y a compensation économique ;

b) le risque de crédit n'a pas d'effet dominant sur la compensation économique.

B117 L'entité doit déterminer les flux de trésorerie d'exécution du groupe auquel elle applique le paragraphe B115 d'une façon uniforme d'une période de reporting à l'autre.

B117A Si l'entité atténue l'effet du risque financier au moyen de dérivés ou d'instruments financiers non dérivés évalués à la juste valeur par le biais du résultat net, elle doit inclure dans le résultat net les produits financiers ou charges financières d'assurance de la période qui découlent de l'application du paragraphe B115. Si l'entité atténue l'effet du risque financier au moyen de contrats de réassurance détenus, elle doit appliquer la même méthode comptable pour la présentation des produits financiers ou charges financières d'assurance qui découlent de l'application du paragraphe B115 que celle qu'elle applique pour les contrats de réassurance détenus en application des paragraphes 88 et 90.

B118 Si, et seulement si, l'une des conditions énoncées au paragraphe B116 n'est plus remplie, l'entité doit cesser dès lors de se prévaloir du choix énoncé au paragraphe B115. Elle ne doit apporter aucun ajustement relatif aux variations antérieurement comptabilisées en résultat net.

➡ Comptabilisation de la marge sur services contractuels en résultat net

B119 À chaque période, l'entité comptabilise en résultat net un montant de la marge sur services contractuels du groupe de contrats d'assurance pour représenter les services prévus aux contrats d'assurance fournis au titre de ce groupe au cours de la période [voir paragraphes 44 e), 45 e) et 66 e)]. Pour déterminer ce montant, l'entité :

a) définit les unités de couverture du groupe, dont le nombre correspond au volume de services prévus aux contrats d'assurance fourni par les contrats du groupe, déterminé en considération, pour chaque contrat, du volume de prestations fourni et de la période de couverture prévue ;

b) répartit la marge sur services contractuels à la fin de la période (avant la comptabilisation en résultat net du montant représentant les services prévus aux contrats d'assurance fournis au cours de la période) également entre chacune des unités de couverture qu'elle a fournies dans la période considérée et qu'elle s'attend à fournir ultérieurement ;

c) comptabilise en résultat net le montant affecté aux unités de couverture fournies dans la période considérée.

B119A Pour l'application du paragraphe B119, la période au cours de laquelle les services de rendement d'investissement ou les services liés à l'investissement sont fournis se termine au plus tard à la date à laquelle toutes les sommes dues aux titulaires de police actuels relativement à ces services ont été versées, compte non tenu des sommes à verser aux titulaires de police futurs incluses dans les flux de trésorerie d'exécution en application du paragraphe B68.

B119B Les contrats d'assurance sans éléments de participation directe peuvent prévoir des services de rendement d'investissement si, et seulement si :

a) il existe une composante investissement ou si le titulaire de police a le droit de retirer une somme ;

b) l'entité s'attend à ce que la composante investissement ou la somme que le titulaire de police a le droit de retirer comprenne un rendement d'investissement (un rendement d'investissement pourrait être inférieur à zéro, par exemple, en situation de taux d'intérêt négatif) ; et

c) l'entité s'attend à réaliser des activités d'investissement pour générer ce rendement d'investissement.

➟ Contrats de réassurance détenus – comptabilisation du recouvrement des pertes sur contrats d'assurance sous-jacents (paragraphes 66A et 66B)

B119C Le paragraphe 66A s'applique si, et seulement si, le contrat de réassurance détenu est conclu au plus tard au moment de la comptabilisation des contrats d'assurance sous-jacents déficitaires.

B119D Pour appliquer le paragraphe 66A, l'entité doit déterminer l'ajustement à apporter à la marge sur services contractuels du groupe de contrats de réassurance détenus et les produits qui en résultent en multipliant :

a) la perte comptabilisée au titre des contrats d'assurance sous-jacents ; et

b) le pourcentage des demandes d'indemnisation relatives aux contrats d'assurance sous-jacents que l'entité s'attend à recouvrer au moyen du groupe de contrats de réassurance détenus.

B119E En application des paragraphes 14 à 22, il se peut que l'entité inclue dans un groupe de contrats d'assurance déficitaire tant des contrats d'assurance déficitaires couverts par le groupe de contrats de réassurance détenus que des contrats d'assurance déficitaires non couverts par ce groupe de contrats de réassurance détenus. Aux fins de l'application des paragraphes 66 c) i) et ii) et 66A dans ces circonstances, l'entité doit utiliser une méthode d'affectation systématique et rationnelle pour déterminer la partie des pertes comptabilisées au titre du groupe de contrats d'assurance qui se rattache aux contrats d'assurance couverts par le groupe de contrats de réassurance détenus.

B119F Après avoir établi la composante recouvrement de perte en application du paragraphe 66B, l'entité doit ajuster cette composante pour refléter les variations de l'élément de perte du groupe de contrats d'assurance sous-jacents déficitaire (voir paragraphes 50 à 52). La valeur comptable de la composante recouvrement de perte ne doit pas excéder la partie de la valeur comptable de l'élément de perte du groupe de contrats d'assurance sous-jacents déficitaire que l'entité s'attend à recouvrer au moyen du groupe de contrats de réassurance détenus.

PRODUITS DES ACTIVITÉS D'ASSURANCE (PARAGRAPHES 83 ET 85)

B120 Le total des produits des activités d'assurance pour un groupe de contrats d'assurance correspond à la contrepartie des contrats, c'est-à-dire le montant des primes payées à l'entité :

a) ajusté pour tenir compte de l'effet du financement ; et

b) exception faite des composantes investissement.

B121 Le paragraphe 83 exige que les produits des activités d'assurance comptabilisés dans la période expriment la prestation des services promis par un montant qui reflète la contrepartie à laquelle l'entité s'attend à avoir droit en échange de ces services. La contrepartie totale d'un groupe de contrats d'assurance englobe les montants suivants :

a) les montants afférents à la prestation de services, notamment :

i) les charges afférentes aux activités d'assurance, exception faite des montants relatifs à l'ajustement au titre du risque non financier inclus en ii) et des montants affectés à l'élément de perte du passif au titre de la couverture restante ;

ia) les montants liés aux impôts sur le résultat qui peuvent être spécifiquement imputés au titulaire de police ;

ii) l'ajustement au titre du risque non financier, exception faite des montants affectés à l'élément de perte du passif au titre de la couverture restante ; et

iii) la marge sur services contractuels ;

b) les montants afférents aux flux de trésorerie liés aux frais d'acquisition.

B122 Les produits des activités d'assurance de la période qui correspondent aux montants décrits au paragraphe B121 a) sont déterminés de la manière indiquée aux paragraphes B123 et B124. Les produits des activités d'assurance de la période qui correspondent aux montants décrits au paragraphe B121 b) sont quant à eux déterminés de la manière indiquée au paragraphe B125.

B123 Selon IFRS 15, lorsque l'entité fournit des services, elle décomptabilise l'obligation de prestation associée à ces services et comptabilise un produit des activités ordinaires. De même, selon IFRS 17, lorsque l'entité fournit des services au cours d'une période, elle réduit le passif au titre de la couverture restante associé à ces services et comptabilise un produit des activités d'assurance. La réduction du passif au titre de la couverture restante qui donne lieu à la comptabilisation du produit des activités d'assurance exclut les variations de ce passif qui ne sont pas liées aux services sur lesquels la contrepartie reçue par l'entité est censée porter. Ces variations sont les suivantes :

a) les variations qui ne sont pas liées aux services fournis au cours de la période, par exemple :

i) les variations qui découlent des entrées de trésorerie relatives aux primes reçues ;

ii) les variations au cours de la période qui sont liées aux composantes investissement ;

iia) les variations qui découlent des flux de trésorerie afférents aux prêts consentis aux titulaires de police ;

iii) les variations qui sont liées aux taxes transactionnelles perçues pour le compte de tiers (telles que les taxes sur les primes, les taxes sur la valeur ajoutée ou les taxes sur les biens et services) [voir paragraphe B65 i)] ;

iv) les produits financiers ou charges financières d'assurance ;

v) les flux de trésorerie liés aux frais d'acquisition (voir paragraphe B125) ; et

vi) la décomptabilisation des passifs transférés à un tiers ;

b) les variations qui sont liées à des services, mais en l'échange desquels l'entité ne s'attend à recevoir aucune contrepartie, c'est-à-dire les majorations ou les diminutions de l'élément de perte du passif au titre de la couverture restante (voir paragraphes 47 à 52).

B123A Dans la mesure où l'entité décomptabilise un actif au titre des flux de trésorerie – autres que les flux de trésorerie liés aux frais d'acquisition – à la date de comptabilisation initiale d'un groupe de contrats d'assurance [voir paragraphes 38 c) ii) et B66A], elle doit comptabiliser des produits et charges d'assurance correspondant au montant décomptabilisé à cette date.

B124 Par conséquent, les produits des activités d'assurance de la période peuvent également être analysés comme le total pour la période des variations du passif au titre de la couverture restante qui sont liées aux services en l'échange desquels l'entité s'attend à recevoir une contrepartie. Ces variations sont les suivantes :

a) les charges afférentes aux activités d'assurance engagées au cours de la période (évaluées aux montants attendus au début de la période), sauf :

i) les montants affectés à l'élément de perte du passif au titre de la couverture restante en application du paragraphe 51 a) ;

ii) les remboursements de composantes investissement ;

iii) les montants qui sont liés aux taxes transactionnelles perçues pour le compte de tiers (telles que les taxes sur les primes, les taxes sur la valeur ajoutée ou les taxes sur les biens et services) [voir paragraphe B65 i)] ;

iv) les frais d'acquisition (voir paragraphe B125) ; et

v) le montant relatif à l'ajustement au titre du risque non financier [voir b)] ;

b) la variation de l'ajustement au titre du risque non financier, sauf :

i) les variations incluses dans les produits financiers ou charges financières d'assurance en application du paragraphe 87 ;

ii) les variations qui, étant liées aux services futurs, entraînent un ajustement de la marge sur services contractuels en application des paragraphes 44 c) et 45 c) ; et

iii) les montants affectés à l'élément de perte du passif au titre de la couverture restante en application du paragraphe 51 b) ;

c) le montant de la marge sur services contractuels comptabilisé en résultat net au cours de la période en application des paragraphes 44 e) et 45 e) ;

d) les autres montants, le cas échéant, par exemple les ajustements liés à l'expérience découlant des encaissements de primes autres que ceux afférents aux services futurs [voir paragraphe B96 a)].

B125 L'entité doit déterminer les produits des activités d'assurance afférents aux flux de trésorerie liés aux frais d'acquisition en affectant la part des primes imputée au recouvrement de ces flux de trésorerie à chaque période de reporting d'une manière systématique qui reflète l'écoulement du temps. Elle doit comptabiliser le même montant à titre de charges afférentes aux activités d'assurance.

B126 Lorsque l'entité applique la méthode d'affectation des primes décrite aux paragraphes 55 à 58, le montant des produits des activités d'assurance de la période doit être le même que celui des encaissements de primes attendus affectés à la période (exception faite des composantes investissement et ajusté, en application du paragraphe 56, pour tenir compte de la valeur temps de l'argent et de l'effet du risque financier, le cas échéant). L'entité doit répartir le montant des encaissements de primes attendus entre les périodes de services prévus aux contrats d'assurance :

a) en fonction de l'écoulement du temps ; mais

b) si le rythme attendu de dégagement du risque au cours de la période de couverture diffère considérablement du rythme d'écoulement du temps, en fonction de l'échéancier suivant lequel elle s'attend à engager les charges afférentes aux activités d'assurance.

B127 Si les faits et circonstances changent, l'entité doit changer de méthode d'affectation au besoin en choisissant la méthode appropriée parmi celles énoncées aux paragraphes B126 a) et B126 b).

PRODUITS FINANCIERS OU CHARGES FINANCIÈRES D'ASSURANCE (PARAGRAPHES 87 À 92)

B128 Selon le paragraphe 87, l'entité doit inclure dans les produits financiers ou charges financières d'assurance l'effet de la valeur temps de l'argent et de ses variations ainsi que l'effet du risque financier et de ses variations. Pour l'application d'IFRS 17 :

a) les hypothèses concernant l'inflation qui sont fondées sur un indice de prix ou de taux ou sur les prix d'actifs dont les rendements sont liés à l'inflation constituent des hypothèses concernant le risque financier ;

b) les hypothèses concernant l'inflation qui sont fondées sur une attente de l'entité à l'égard de variations de prix donnés ne constituent pas des hypothèses concernant le risque financier ; et

c) les variations de l'évaluation d'un groupe de contrats d'assurance attribuables aux variations de la valeur des éléments sous-jacents (exception faite des ajouts et des retraits) sont des variations découlant de l'effet de la valeur temps de l'argent et de ses variations et de l'effet du risque financier et de ses variations.

B129 Les paragraphes 88 et 89 imposent que l'entité choisisse si elle ventile les produits financiers ou charges financières d'assurance de la période entre le résultat net et les autres éléments du résultat global. L'entité doit appliquer son choix de méthode comptable aux portefeuilles de contrats d'assurance. Lorsqu'elle détermine, en application du paragraphe 13 d'IAS 8 *Méthodes comptables, changements d'estimations comptables et erreurs*, quelle est la méthode comptable la plus appropriée pour un portefeuille de contrats d'assurance donné, l'entité doit prendre en considération les actifs qu'elle détient dans ce portefeuille et la méthode qu'elle a retenue pour les comptabiliser.

B130 Si l'entité applique le paragraphe 88 b), elle doit comptabiliser en résultat net un montant déterminé par la répartition systématique du total attendu des produits financiers ou des charges financières sur la durée du groupe de contrats d'assurance. Dans ce contexte, une répartition du total attendu des produits financiers ou des charges financières du groupe de contrats d'assurance sur la durée de ce groupe est systématique si :

a) elle est fondée sur les caractéristiques des contrats, compte non tenu des facteurs qui n'ont pas d'incidence sur les flux de trésorerie attendus découlant de ces contrats. Par exemple, la répartition des produits financiers ou charges financières ne doit pas reposer sur des rendements que l'entité s'attend à comptabiliser pour des actifs si ces rendements n'ont pas d'incidence sur les flux de trésorerie des contrats compris dans le groupe ;

b) elle fait que la somme des montants comptabilisés dans les autres éléments du résultat global sur la durée du groupe de contrats est de zéro. Le montant cumulé comptabilisé dans les autres éléments du résultat global correspond, à tout moment, à l'écart entre la valeur comptable du groupe de contrats et le montant auquel ce groupe serait évalué selon la méthode de la répartition systématique.

B131 Pour les groupes de contrats d'assurance pour lesquels les changements d'hypothèses relatives au risque financier n'ont pas une incidence substantielle sur les sommes payées aux titulaires de police, la répartition systématique est déterminée à l'aide des taux d'actualisation décrits au paragraphe B72 e) i).

B132 Pour les groupes de contrats d'assurance pour lesquels les changements d'hypothèses relatives au risque financier ont une incidence substantielle sur les sommes payées aux titulaires de police :

a) la répartition systématique des produits financiers ou charges financières liés aux estimations de flux de trésorerie futurs peut être déterminée de l'une ou l'autre des façons suivantes :

i) à l'aide d'un taux qui répartit à un taux constant sur la durée restante du groupe de contrats le montant attendu révisé restant des produits financiers ou charges financières ; ou

ii) lorsqu'un taux crédité sert à déterminer les sommes à payer aux titulaires de police – en fonction des sommes créditées au cours de la période et des sommes que l'entité s'attend à créditer dans les périodes ultérieures ;

b) la répartition systématique des produits financiers ou charges financières liés à l'ajustement au titre du risque non financier, s'ils sont ventilés séparément des autres variations de l'ajustement au titre du risque non financier en application du paragraphe 81, est déterminée d'une façon qui est cohérente par rapport à la répartition des produits financiers ou charges financières liés aux flux de trésorerie futurs ;

c) la répartition systématique des produits financiers ou charges financières liés à la marge sur services contractuels est déterminée comme suit :

i) pour les contrats d'assurance sans éléments de participation directe, à l'aide des taux d'actualisation décrits au paragraphe B72 b) ; et

ii) pour les contrats d'assurance avec éléments de participation directe, d'une façon qui est cohérente par rapport à l'affectation des produits financiers ou charges financières liés aux flux de trésorerie futurs.

B133 Il se peut que l'entité qui applique la méthode d'affectation des primes décrite aux paragraphes 53 à 59 soit tenue d'actualiser le passif au titre des sinistres survenus ou choisisse de le faire. Elle peut alors choisir de ventiler les produits financiers ou charges financières d'assurance en application du paragraphe 88 b). Dans de tels cas, elle doit déterminer le montant porté en résultat net des produits financiers ou charges financières d'assurance à l'aide du taux d'actualisation décrit au paragraphe B72 e) iii).

B134 Le paragraphe 89 s'applique si l'entité, par choix ou par obligation, détient les éléments sous-jacents aux contrats d'assurance avec éléments de participation directe. Si cette dernière choisit, par application du paragraphe 89 b), de ventiler les produits financiers ou charges financières d'assurance, elle doit comptabiliser en résultat net des charges ou des produits qui correspondent exactement aux produits ou aux charges comptabilisés en résultat net pour les éléments sous-jacents, de sorte que la somme des éléments présentés séparément soit de zéro.

B135 Il se peut que l'entité dispose du choix de méthode comptable prévu au paragraphe 89 pour certaines périodes mais pas pour d'autres, en raison d'un changement quant au fait que l'entité détienne ou non les éléments sous-jacents. Si un tel changement se produit, le choix de méthode comptable dont dispose l'entité passe de celui prévu au paragraphe 88 à celui prévu au paragraphe 89, ou vice-versa. L'entité pourrait donc passer de la méthode comptable énoncée au paragraphe 88 b) à celle énoncée au paragraphe 89 b). Lorsque l'entité procède à un tel changement, elle doit :

a) reclasser dans le résultat net de la période où le changement a lieu et des périodes ultérieures le montant cumulé qui se trouvait dans les autres éléments du résultat global à la date du changement, en procédant comme suit :

 i) si elle appliquait auparavant le paragraphe 88 b), elle doit inclure dans le résultat net le montant cumulé qui se trouvait dans les autres éléments du résultat global avant le changement comme si elle continuait de suivre le paragraphe 88 b) sur la base des hypothèses qui s'appliquaient immédiatement avant le changement ; et

 ii) si elle appliquait auparavant le paragraphe 89 b), elle doit inclure dans le résultat net le montant cumulé qui se trouvait dans les autres éléments du résultat global avant le changement comme si elle continuait de suivre le paragraphe 89 b) sur la base des hypothèses qui s'appliquaient immédiatement avant le changement ;

b) ne pas retraiter les informations comparatives des périodes antérieures.

B136 Lorsque l'entité applique le paragraphe B135 a), elle ne doit pas recalculer le montant cumulé antérieurement inclus dans les autres éléments du résultat global comme si la nouvelle ventilation avait toujours été réalisée, ni mettre à jour après la date du changement les hypothèses utilisées aux fins du reclassement dans les périodes ultérieures.

EFFET DES ESTIMATIONS COMPTABLES ÉTABLIES DANS LES ÉTATS FINANCIERS INTERMÉDIAIRES

B137 Si l'entité prépare des états financiers intermédiaires par application d'IAS 34 *Information financière intermédiaire*, elle doit faire un choix de méthode comptable entre modifier ou ne pas modifier le traitement des estimations comptables établies dans ses états financiers intermédiaires antérieurs lorsqu'elle applique IFRS 17 dans ses états financiers intermédiaires ultérieurs et dans ses états financiers annuels. L'entité doit appliquer son choix de méthode comptable à tous les groupes de contrats d'assurance qu'elle émet et à tous les groupes de contrats de réassurance qu'elle détient.

Appendice C – Date d'entrée en vigueur et dispositions transitoires

Le présent appendice fait partie intégrante d'IFRS 17 Contrats d'assurance.

DATE D'ENTRÉE EN VIGUEUR

C1 L'entité doit appliquer IFRS 17 pour les exercices ouverts à compter du 1er janvier 2023. Si elle applique IFRS 17 de manière anticipée, elle doit l'indiquer. Une application anticipée est autorisée pour les entités qui, à la date de première application d'IFRS 17, appliquent déjà IFRS 9 *Instruments financiers* ou commencent à l'appliquer.

C2 Aux fins des dispositions transitoires des paragraphes C1 et C3 à C33 :

a) la date de première application est la date d'ouverture de l'exercice pour lequel l'entité applique IFRS 17 pour la première fois ; et

b) la date de transition est la date d'ouverture de l'exercice précédant immédiatement la date de première application.

C2A La publication de *Première application d'IFRS 17 et d'IFRS 9 Informations comparatives*, en décembre 2021, a donné lieu à l'ajout des paragraphes C28A à C28E et C33A. L'entité qui choisit d'appliquer ces paragraphes doit le faire lorsqu'elle applique IFRS 17 pour la première fois.

DISPOSITIONS TRANSITOIRES

C3 À moins que ce soit impraticable ou que le paragraphe C5A s'applique, l'entité doit appliquer IFRS 17 de façon rétrospective, sous réserve des exceptions suivantes :

a) l'entité n'est pas tenue de présenter les informations quantitatives exigées par le paragraphe 28 f) d'IAS 8 *Méthodes comptables, changements d'estimations comptables et erreurs* ; et

b) l'entité ne doit pas se prévaloir du choix permis par le paragraphe B115 pour les périodes antérieures à la date de transition. L'entité peut se prévaloir du choix permis par le paragraphe B115 de manière prospective à compter de la date de transition si, et seulement si, elle désigne des relations d'atténuation des risques au plus tard à la date à laquelle elle se prévaut du choix.

C4 Pour appliquer IFRS 17 rétrospectivement, l'entité doit, à la date de transition :

a) définir, comptabiliser et évaluer chacun des groupes de contrats d'assurance comme si elle avait toujours appliqué IFRS 17 ;

aa) déterminer, comptabiliser et évaluer les actifs au titre des flux de trésorerie liés aux frais d'acquisition, s'il en existe, comme si elle avait toujours appliqué IFRS 17 (l'entité n'est toutefois pas tenue de procéder à l'appréciation de la recouvrabilité exigée par le paragraphe 28E avant la date de transition) ;

b) décomptabiliser les soldes qui n'existeraient pas si elle avait toujours appliqué IFRS 17 ; et

c) s'il reste un écart net, le comptabiliser en capitaux propres.

C5 Si et seulement si l'application du paragraphe C3 est impraticable pour un groupe de contrats d'assurance, l'entité doit opter pour l'une ou l'autre des approches suivantes plutôt que d'appliquer le paragraphe C4 a) :

a) l'approche rétrospective modifiée, exposée aux paragraphes C6 à C19A, sous réserve du paragraphe C6 a) ; ou

b) l'approche fondée sur la juste valeur, exposée aux paragraphes C20 à C24B.

C5A Nonobstant le paragraphe C5, l'entité peut choisir d'appliquer l'approche fondée sur la juste valeur exposée aux paragraphes C20 à C24B à un groupe de contrats d'assurance avec éléments de participation directe auquel elle pourrait appliquer IFRS 17 rétrospectivement si, et seulement si :

a) elle choisit, pour le groupe de contrats d'assurance, de se prévaloir du choix relatif à l'atténuation des risques permis par le paragraphe B115 de manière prospective à compter de la date de transition ; et

b) elle a utilisé des dérivés, des instruments financiers non dérivés évalués à la juste valeur par le biais du résultat net ou des contrats de réassurance détenus pour atténuer le risque financier découlant du groupe de contrats d'assurance, comme le précise le paragraphe B115, avant la date de transition.

C5B Si et seulement si l'application du paragraphe C4 aa) est impraticable pour un actif au titre des flux de trésorerie liés aux frais d'acquisition, l'entité doit opter pour l'une ou l'autre des approches suivantes afin d'évaluer cet actif :

a) l'approche rétrospective modifiée, exposée aux paragraphes C14B à C14D et C17A, sous réserve du paragraphe C6 a) ; ou

b) l'approche fondée sur la juste valeur, exposée aux paragraphes C24A et C24B.

Approche rétrospective modifiée

C6 L'objectif de l'approche rétrospective modifiée est pour l'entité d'arriver, en se fondant sur les informations raisonnables et justifiables qu'il est possible d'obtenir sans devoir engager des coûts ou des efforts excessifs, à un résultat qui se rapproche le plus possible du résultat qui serait obtenu par l'application rétrospective de la norme. Par conséquent, l'entité qui utilise cette approche doit :

a) utiliser des informations raisonnables et justifiables (s'il ne lui est pas possible d'obtenir les informations nécessaires, l'entité doit appliquer l'approche fondée sur la juste valeur) ;

b) utiliser autant que possible des informations qu'elle aurait utilisées dans l'approche rétrospective intégrale de la norme, dans la mesure où elle peut les obtenir sans devoir engager des coûts ou des efforts excessifs.

C7 Les paragraphes C9 à C19A présentent les modifications permises de l'application rétrospective dans les domaines suivants :

a) les évaluations qui auraient été réalisées sur les contrats d'assurance ou les groupes de contrats d'assurance à leur date d'origine ou de comptabilisation initiale ;

b) les montants relatifs à la marge sur services contractuels ou à l'élément de perte des contrats d'assurance sans éléments de participation directe ;

c) les montants relatifs à la marge sur services contractuels ou à l'élément de perte des contrats d'assurance avec éléments de participation directe ; et

d) les produits financiers ou charges financières d'assurance.

C8 Pour atteindre l'objectif de l'approche rétrospective modifiée, le recours à chacune des modifications visées aux paragraphes C9 à C19A n'est autorisé que dans la mesure où l'entité ne dispose pas des informations raisonnables et justifiables nécessaires à l'application de l'approche rétrospective.

Évaluations à la date d'origine ou de comptabilisation initiale

C9 Dans la mesure permise par le paragraphe C8, l'entité doit procéder aux déterminations suivantes en se fondant sur les informations dont elle dispose à la date de transition :

a) comment identifier les groupes de contrats d'assurance, en appliquant les paragraphes 14 à 24 ;

b) la question de savoir si un contrat d'assurance entre dans la définition d'un contrat d'assurance avec éléments de participation directe en application des paragraphes B101 à B109 ;

c) comment identifier les flux de trésorerie discrétionnaires des contrats d'assurance sans éléments de participation directe, en appliquant les paragraphes B98 à B100 ; et

d) la question de savoir si un contrat d'investissement entre dans la définition d'un contrat d'investissement avec éléments de participation discrétionnaire entrant dans le champ d'application d'IFRS 17 en application du paragraphe 71.

C9A Dans la mesure permise par le paragraphe C8, l'entité doit classer en tant que passif au titre des sinistres survenus un passif au titre du règlement des sinistres survenus avant l'acquisition du contrat d'assurance dans un transfert de contrats d'assurance qui ne constituent pas une entreprise ou dans un regroupement d'entreprises entrant dans le champ d'application d'IFRS 3.

C10 Dans la mesure permise par le paragraphe C8, l'entité doit s'abstenir d'appliquer le paragraphe 22 et d'ainsi créer des subdivisions de groupes ne contenant pas de contrats émis à plus d'un an d'intervalle.

Détermination de la marge sur services contractuels ou de l'élément de perte pour les groupes de contrats d'assurance sans éléments de participation directe

C11 Dans la mesure permise par le paragraphe C8, l'entité doit, pour les contrats sans éléments de participation directe, déterminer par application des paragraphes C12 à C16C la marge sur services contractuels ou l'élément de perte du passif au titre de la couverture restante (voir paragraphes 49 à 52) à la date de transition.

C12 Dans la mesure permise par le paragraphe C8, l'entité doit estimer les flux de trésorerie futurs à la date de comptabilisation initiale du groupe de contrats d'assurance comme étant le montant des flux de trésorerie futurs à la date de transition [ou à une date antérieure s'il est possible de les déterminer rétrospectivement à cette date antérieure en application du paragraphe C4 a)], ajusté selon les flux de trésorerie dont la réalisation entre la date de comptabilisation initiale du groupe de contrats d'assurance et la date de transition (ou la date antérieure) est avérée. Les flux de trésorerie dont la réalisation est avérée incluent les flux de trésorerie issus de contrats qui ont cessé d'exister avant la date de transition.

C13 Dans la mesure permise par le paragraphe C8, l'entité doit déterminer les taux d'actualisation qui s'appliquaient à la date de comptabilisation initiale du groupe de contrats d'assurance (ou à une date ultérieure) :

a) en utilisant une courbe de taux observable qui, au moins pour les trois années précédant immédiatement la date de transition, correspond approximativement à la courbe des taux estimée en application des paragraphes 36 et B72 à B85, si une telle courbe de taux observable existe ;

b) si la courbe des taux observable décrite en a) n'existe pas, en estimant les taux d'actualisation qui s'appliquaient à la date de comptabilisation initiale (ou à une date ultérieure), en déterminant d'abord l'écart moyen entre une courbe de taux observable et la courbe des taux estimée en application des paragraphes 36 et B72 à B85, puis en appliquant cet écart à cette courbe de taux observable. L'écart doit consister en une moyenne établie pour les trois années précédant immédiatement la date de transition.

C14 Dans la mesure permise par le paragraphe C8, l'entité doit déterminer l'ajustement au titre du risque non financier à la date de comptabilisation initiale du groupe de contrats d'assurance (ou à une date ultérieure) d'après l'ajustement au titre du risque non financier à la date de transition, lui-même ajusté pour tenir compte du dégagement du risque attendu avant la date de transition. Le dégagement du risque attendu doit être fondé sur le dégagement du risque pour les contrats d'assurance similaires que l'entité émet à la date de transition.

C14A En application du paragraphe B137, l'entité peut choisir de ne pas modifier le traitement des estimations comptables établies dans ses états financiers intermédiaires antérieurs. Dans la mesure permise par le paragraphe C8, elle doit alors déterminer la marge sur services contractuels ou l'élément de perte à la date de transition comme si elle n'avait pas preparé d'états financiers intermédiaires avant la date de transition.

C14B Dans la mesure permise par le paragraphe C8 l'entité doit utiliser la même méthode systématique et rationnelle qu'elle prévoit d'utiliser après la date de transition lorsqu'elle applique le paragraphe 28A afin d'affecter les flux de trésorerie liés aux frais d'acquisition payés (ou au titre desquels un passif a été comptabilisé en application d'une autre norme IFRS) avant la date de transition (exception faite des montants liés aux contrats d'assurance qui ont cessé d'exister avant la date de transition) :

a) aux groupes de contrats d'assurance comptabilisés à la date de transition ; et

b) aux groupes de contrats d'assurance que l'entité s'attend à comptabiliser après la date de transition.

C14C Les flux de trésorerie liés aux frais d'acquisition payés avant la date de transition qui sont affectés à un groupe de contrats d'assurance comptabilisé à la date de transition entraînent un ajustement de la marge sur services contractuels de ce groupe, dans la mesure où les contrats d'assurance que l'entité s'attend à inclure dans le groupe ont été comptabilisés à cette date (voir paragraphes 28C et B35C). Les autres flux de trésorerie liés aux frais d'acquisition payés avant la date de transition, y compris ceux affectés à un groupe de contrats d'assurance que l'entité s'attend à comptabiliser après la date de transition, sont comptabilisés en tant qu'actifs en application du paragraphe 28B.

C14D Si l'entité ne dispose pas d'informations raisonnables et justifiables lui permettant d'appliquer le paragraphe C14B, elle doit établir à zéro les montants suivants à la date de transition :

a) l'ajustement de la marge sur services contractuels d'un groupe de contrats d'assurance comptabilisé à la date de transition et tout actif au titre des flux de trésorerie liés aux frais d'acquisition se rapportant à ce groupe ; et

b) l'actif au titre des flux de trésorerie liés aux frais d'acquisition se rapportant aux groupes de contrats d'assurance que l'entité s'attend à comptabiliser après la date de transition.

C15 Lorsque l'application des paragraphes C12 à C14D donne lieu à une marge sur services contractuels à la date de comptabilisation initiale, l'entité doit faire ce qui suit pour déterminer la marge sur services contractuels à la date de transition :

a) si elle applique C13 pour estimer les taux d'actualisation qui s'appliquaient au moment de la comptabilisation initiale, utiliser ces taux pour calculer les intérêts capitalisés sur la marge sur services contractuels ; et

b) dans la mesure permise par le paragraphe C8, déterminer le montant de la marge sur services contractuels comptabilisé en résultat net en raison de la fourniture de services avant la date de transition, en comparant les unités de couverture restantes à cette date avec les unités de couverture fournies au titre du groupe de contrats d'assurance avant la date de transition (voir paragraphe B119).

C16 Lorsque l'application des paragraphes C12 à C14D introduit un élément de perte dans le passif au titre de la couverture restante à la date de comptabilisation initiale, l'entité doit déterminer les montants affectés à cet élément de perte avant la date de transition, s'il en existe, en appliquant les paragraphes C12 à C14D et en répartissant ces montants sur une base systématique.

C16A Dans le cas d'un groupe de contrats de réassurance détenus qui fournissent une couverture pour un groupe déficitaire de contrats d'assurance et qui ont été conclus au plus tard à l'émission des contrats d'assurance, l'entité doit établir une composante recouvrement de perte de l'actif au titre de la couverture restante à la date de transition (voir paragraphes 66A et 66B). Dans la mesure permise par le paragraphe C8, l'entité doit déterminer la composante recouvrement de perte en multipliant :

a) l'élément de perte du passif au titre de la couverture restante pour le groupe de contrats d'assurance sous-jacents à la date de transition (voir paragraphes C16 et C20) ; et

b) le pourcentage des demandes d'indemnisation relatives aux contrats d'assurance sous-jacents que l'entité s'attend à recouvrer au moyen du groupe de contrats de réassurance détenus.

C16B En application des paragraphes 14 à 22, il se peut qu'à la date de transition, l'entité inclue dans un groupe de contrats d'assurance déficitaire tant des contrats d'assurance déficitaires couverts par un groupe de contrats de réassurance détenus que des contrats d'assurance déficitaires non couverts par ce groupe de contrats de réassurance détenus. Aux fins de l'application du paragraphe C16A dans ces circonstances, l'entité doit utiliser une méthode d'affectation systématique et rationnelle pour déterminer la partie de l'élément de perte du groupe de contrats d'assurance qui se rattache aux contrats d'assurance couverts par le groupe de contrats de réassurance détenus.

C16C Si l'entité ne dispose pas d'informations raisonnables et justifiables lui permettant d'appliquer le paragraphe C16A, elle ne doit pas établir de composante recouvrement de perte pour le groupe de contrats de réassurance détenus.

Détermination de la marge sur services contractuels ou de l'élément de perte pour les groupes de contrats d'assurance avec éléments de participation directe

C17 Dans la mesure permise par le paragraphe C8, l'entité doit, pour les contrats avec éléments de participation directe, déterminer la marge sur services contractuels ou l'élément de perte du passif au titre de la couverture restante à la date de transition en procédant comme suit :

a) prendre la juste valeur totale des éléments sous-jacents à cette date ;

b) en soustraire les flux de trésorerie d'exécution à cette date ;

c) opérer un ajustement pour prendre en compte :

i) les montants imputés par l'entité aux titulaires de police (y compris les montants déduits des éléments sous-jacents) avant cette date ;

ii) les montants payés avant cette date qui n'auraient pas varié en fonction des éléments sous-jacents ;

iii) la variation de l'ajustement au titre du risque non financier qui est attribuable au fait que l'entité s'est dégagée du risque avant cette date. L'entité doit estimer ce montant en se fondant sur le dégagement du risque pour les contrats d'assurance similaires qu'elle émet à la date de transition ;

iv) les flux de trésorerie liés aux frais d'acquisition payés (ou au titre desquels un passif a été comptabilisé en application d'une autre norme IFRS) avant la date de transition et qui sont affectés au groupe (voir paragraphe C17A) ;

d) en soustraire – si les opérations a) à c) donnent lieu à une marge sur services contractuels – le montant de la marge sur services contractuels afférente aux services fournis avant cette date. Le résultat des opérations a) à c) tient lieu d'approximation de la marge sur services contractuels totale pour l'ensemble des services à fournir au titre du groupe de contrats, c'est-à-dire avant comptabilisation d'un montant éventuel en résultat net pour les services fournis. L'entité doit estimer les montants qui auraient été comptabilisés en résultat net pour les services rendus en comparant les unités de couverture restantes à la date de transition avec les unités de couverture fournies au titre du groupe de contrats avant cette date ;

e) si les opérations a) à c) donnent lieu à un élément de perte – réduire cet élément de perte à zéro et ajouter le montant ainsi retranché au passif au titre de la couverture restante exclusion faite de l'élément de perte.

C17A Dans la mesure permise par le paragraphe C8, l'entité doit appliquer les paragraphes C14B à C14D afin de comptabiliser un actif au titre des flux de trésorerie liés aux frais d'acquisition et tout ajustement de la marge sur services contractuels d'un groupe de contrats d'assurance avec éléments de participation directe au titre des flux de trésorerie liés aux frais d'acquisition [voir paragraphe C17 c) iv)].

Produits financiers ou charges financières d'assurance

C18 Concernant les groupes de contrats d'assurance qui, en application du paragraphe C10, comportent des contrats émis à plus d'un an d'intervalle :

a) il est permis à l'entité de déterminer les taux d'actualisation des groupes visés aux paragraphes B72 b) à B72 e) ii) à la date de transition plutôt qu'à la date de comptabilisation initiale, et de déterminer les taux d'actualisation visés au paragraphe B72 e) iii) à la date de transition plutôt qu'à la date de survenance du sinistre ;

b) si l'entité choisit de ventiler les produits financiers ou charges financières d'assurance entre le résultat net et les autres éléments du résultat global par application du paragraphe 88 b) ou 89 b), elle doit déterminer le montant cumulé des produits financiers ou charges financières d'assurance comptabilisé dans les autres éléments du résultat global à la date de transition afin d'appliquer le paragraphe 91 a) pour les périodes ultérieures. L'entité peut déterminer ce montant cumulé soit en appliquant le paragraphe C19 b), soit :

i) en le considérant comme nul, à moins que ii) s'applique ; et

ii) dans le cas des contrats d'assurance avec éléments de participation directe visés par le paragraphe B134, en le considérant comme égal au montant cumulé comptabilisé dans les autres éléments du résultat global pour les éléments sous-jacents.

C19 Les dispositions suivantes s'appliquent pour les groupes de contrats d'assurance qui ne comportent pas de contrats émis à plus d'un an d'intervalle :

a) si l'entité applique le paragraphe C13 pour estimer les taux d'actualisation qui s'appliquaient à la date de comptabilisation initiale (ou à une date ultérieure), elle doit également appliquer le paragraphe C13 pour déterminer les taux d'actualisation visés aux paragraphes B72 b) à B72 e) ; et

b) si l'entité choisit de ventiler les produits financiers ou charges financières d'assurance entre le résultat net et les autres éléments du résultat global par application du paragraphe 88 b) ou 89 b), elle doit déterminer le montant cumulé des produits financiers ou charges financières d'assurance comptabilisé dans les autres éléments du résultat global à la date de transition afin d'appliquer le paragraphe 91 a) pour les périodes ultérieures. L'entité doit déterminer ce montant cumulé comme suit :

i) dans le cas des contrats d'assurance pour lesquels elle emploiera les méthodes de répartition systématique décrites au paragraphe B131 – si elle applique le paragraphe C13 pour estimer les taux d'actualisation lors de la comptabilisation initiale – en utilisant les taux d'actualisation qui s'appliquaient à la date de comptabilisation initiale, également déterminés en application du paragraphe C13 ;

ii) dans le cas des contrats d'assurance pour lesquels elle emploiera les méthodes de répartition systématique décrites au paragraphe B132 – en supposant que les hypothèses concernant le risque financier qui s'appliquaient à la date de comptabilisation initiale sont celles qui s'appliquent à la date de transition, autrement dit, en le considérant comme nul ;

iii) dans le cas des contrats d'assurance pour lesquels elle emploiera les méthodes de répartition systématique décrites au paragraphe B133 – si elle applique le paragraphe C13 pour estimer les taux d'actualisation lors de la comptabilisation initiale (ou à une date ultérieure) – en utilisant les taux d'actualisation qui s'appliquaient à la date de survenance du sinistre, également déterminés en application du paragraphe C13 ; et

iv) dans le cas des contrats d'assurance avec éléments de participation directe visés par le paragraphe B134 – en le considérant comme égal au montant cumulé comptabilisé dans les autres éléments du résultat global pour les éléments sous-jacents.

C19A En application du paragraphe B137, l'entité peut choisir de ne pas modifier le traitement des estimations comptables établies dans ses états financiers intermédiaires antérieurs. Dans la mesure permise par le paragraphe C8, elle doit alors déterminer les montants relatifs aux produits financiers ou charges financières d'assurance à la date de transition comme si elle n'avait pas préparé d'états financiers intermédiaires avant la date de transition.

➠ Approche fondée sur la juste valeur

C20 Pour utiliser l'approche fondée sur la juste valeur, l'entité doit déterminer la marge sur services contractuels ou l'élément de perte du passif au titre de la couverture restante à la date de transition d'après la différence entre la juste valeur du groupe de contrats d'assurance à cette date et les flux de trésorerie d'exécution évalués à cette date. Pour déterminer cette juste valeur, l'entité ne doit pas appliquer le paragraphe 47 d'IFRS 13 *Évaluation de la juste valeur* (qui porte sur les composantes à vue).

C20A Dans le cas d'un groupe de contrats de réassurance détenus auquel s'appliquent les paragraphes 66A et 66B (mais qui ne doit pas nécessairement remplir la condition énoncée au paragraphe B119C), l'entité doit déterminer la composante recouvrement de perte de l'actif au titre de la couverture restante à la date de transition en multipliant :

a) l'élément de perte du passif au titre de la couverture restante pour le groupe de contrats d'assurance sous-jacents à la date de transition (voir paragraphes C16 et C20) ; et

b) le pourcentage des demandes d'indemnisation relatives aux contrats d'assurance sous-jacents que l'entité s'attend à recouvrer au moyen du groupe de contrats de réassurance détenus.

C20B En application des paragraphes 14 à 22, il se peut qu'à la date de transition, l'entité inclue dans un groupe de contrats d'assurance déficitaire tant des contrats d'assurance déficitaires couverts par un groupe de contrats de réassurance détenus que des contrats d'assurance déficitaires non couverts par ce groupe de contrats de réassurance détenus. Aux fins de l'application du paragraphe C20A dans ces circonstances, l'entité doit utiliser une méthode d'affectation systématique et rationnelle pour déterminer la partie de l'élément de perte du groupe de contrats d'assurance qui se rattache aux contrats d'assurance couverts par le groupe de contrats de réassurance détenus.

C21 En appliquant l'approche fondée sur la juste valeur, l'entité peut appliquer le paragraphe C22 pour déterminer :

a) comment identifier les groupes de contrats d'assurance, en appliquant les paragraphes 14 à 24 ;

b) la question de savoir si un contrat d'assurance entre dans la définition d'un contrat d'assurance avec éléments de participation directe en application des paragraphes B101 à B109 ;

c) comment identifier les flux de trésorerie discrétionnaires des contrats d'assurance sans éléments de participation directe, en appliquant les paragraphes B98 à B100 ; et

d) la question de savoir si un contrat d'investissement entre dans la définition d'un contrat d'investissement avec éléments de participation discrétionnaire entrant dans le champ d'application d'IFRS 17 en application du paragraphe 71.

C22 L'entité peut déterminer les points exposés au paragraphe C21 en utilisant :

a) des informations raisonnables et justifiables concernant ce que l'entité aurait déterminé compte tenu des conditions du contrat et des conditions du marché à la date d'origine du contrat ou à la date de comptabilisation initiale, selon le cas ; ou

b) des informations raisonnables et justifiables dont elle dispose à la date de transition.

C22A Dans l'utilisation de l'approche fondée sur la juste valeur, l'entité peut choisir de classer en tant que passif au titre des sinistres survenus un passif au titre du règlement des sinistres survenus avant l'acquisition du contrat d'assurance dans un transfert de contrats d'assurance qui ne constituent pas une entreprise ou dans un regroupement d'entreprises entrant dans le champ d'application d'IFRS 3.

C23 Dans l'utilisation de l'approche fondée sur la juste valeur, l'entité n'est pas tenue d'appliquer le paragraphe 22 ; les groupes qu'elle définit peuvent donc comporter des contrats émis à plus d'un an d'intervalle. L'entité ne doit créer des subdivisions de groupes contenant uniquement des contrats émis à un an (ou moins) d'intervalle que si elle dispose d'informations raisonnables et justifiables pour le faire. Qu'elle applique ou non le paragraphe 22, il lui est permis de déterminer les taux d'actualisation des groupes visés aux paragraphes B72 b) à B72 e) ii) à la date de transition plutôt qu'à la date de comptabilisation initiale, et de déterminer les taux d'actualisation visés au paragraphe B72 e) iii) à la date de transition plutôt qu'à la date de survenance du sinistre.

C24 Dans l'utilisation de l'approche fondée sur la juste valeur, si l'entité choisit de ventiler les produits financiers ou charges financières d'assurance entre le résultat net et les autres éléments du résultat global, elle peut déterminer le montant cumulé des produits financiers ou charges financières d'assurance comptabilisé dans les autres éléments du résultat global à la date de transition :

a) soit rétrospectivement – mais seulement si elle dispose d'informations raisonnables et justifiables pour le faire ;

b) soit en le considérant comme nul – à moins que c) s'applique ; et

c) dans le cas des contrats d'assurance avec éléments de participation directe visés par le paragraphe B134, en le considérant comme égal au montant cumulé comptabilisé dans les autres éléments du résultat global pour les éléments sous-jacents.

Actif au titre des flux de trésorerie liés aux frais d'acquisition

C24A Dans l'utilisation de l'approche fondée sur la juste valeur quant à un actif au titre des flux de trésorerie liés aux frais d'acquisition [voir paragraphe C5B b)], l'entité doit, à la date de transition, établir un actif au titre des flux de trésorerie liés aux frais d'acquisition à un montant correspondant aux flux de trésorerie liés aux frais d'acquisition que l'entité devrait engager à la date de transition pour avoir les droits d'obtenir :

a) les recouvrements de flux de trésorerie liés aux frais d'acquisition découlant des primes au titre des contrats d'assurance émis avant la date de transition mais non comptabilisés à cette date ;

b) les contrats d'assurance futurs résultant du renouvellement des contrats d'assurance comptabilisés à la date de transition et des contrats d'assurance décrits en a) ; et

c) les contrats d'assurance futurs, autres que ceux en b), après la date de transition sans payer de nouveau les flux de trésorerie liés aux frais d'acquisition que l'entité a déjà payés et qui sont directement attribuables au portefeuille de contrats d'assurance auquel appartiennent ces contrats.

C24B À la date de transition, l'entité doit exclure de l'évaluation des groupes de contrats d'assurance le montant de tout actif au titre des flux de trésorerie liés aux frais d'acquisition.

➡ Informations comparatives

C25 Nonobstant la référence à l'exercice précédant immédiatement la date de première application au paragraphe C2 b), l'entité peut également présenter, aux fins de l'application d'IFRS 17, des informations comparatives ajustées pour toute autre période antérieure présentée, mais elle n'est pas tenue de le faire. Si l'entité présente des informations comparatives ajustées pour une période antérieure, la référence à la « date d'ouverture de l'exercice précédant immédiatement la date de première application » au paragraphe C2 b) doit s'interpréter comme une référence à la « date d'ouverture de la première période pour laquelle sont présentées des informations comparatives ajustées ».

C26 L'entité n'est pas tenue de présenter les informations exigées aux paragraphes 93 à 132 pour toute période dont les chiffres sont présentés avant la date d'ouverture de l'exercice précédant immédiatement la date de première application.

C27 L'entité qui présente des chiffres et autres informations pour une période antérieure à des fins de comparaison sans leur avoir apporté d'ajustements doit indiquer clairement quelles informations n'ont pas été ajustées, mentionner qu'elles ont été établies sur une base différente et expliquer cette base.

C28 L'entité n'est pas tenue de présenter des informations non publiées auparavant sur le développement des demandes d'indemnisation survenues plus de cinq ans avant la fin de l'exercice pour lequel elle applique IFRS 17 pour la première fois. Toutefois, si elle ne présente pas de telles informations, elle doit l'indiquer.

Entités qui appliquent pour la première fois IFRS 17 et IFRS 9 simultanément

C28A L'entité qui applique pour la première fois IFRS 17 et IFRS 9 simultanément peut appliquer les paragraphes C28B à C28E (superposition de classement) aux fins de la présentation des informations comparatives sur un actif financier dans le cas où les informations comparatives relatives à cet actif financier n'ont pas été retraitées selon IFRS 9. Les informations comparatives relatives à un actif financier ne seront pas retraitées selon IFRS 9 dans l'un ou l'autre des cas suivants : l'entité choisit de ne pas retraiter les chiffres des périodes antérieures (voir paragraphe 7.2.15 d'IFRS 9) ou l'entité retraite les chiffres des périodes antérieures, mais a décomptabilisé l'actif financier dans l'une des périodes antérieures (voir paragraphe 7.2.1 d'IFRS 9)

C28B L'entité qui applique la superposition de classement à un actif financier doit présenter les informations comparatives comme si les dispositions d'IFRS 9 relatives au classement et à l'évaluation avaient été appliquées à cet actif financier. L'entité doit utiliser les informations raisonnables et justifiables dont elle dispose à la date de transition [voir paragraphe C2 b)] pour déterminer comment elle s'attendrait à classer et à évaluer l'actif financier lors de la première application d'IFRS 9 (par exemple, l'entité peut utiliser les appréciations préliminaires qu'elle a réalisées pour se préparer à la première application d'IFRS 9).

C28C Pour appliquer la superposition de classement à un actif financier, l'entité n'est pas tenue d'appliquer les dispositions en matière de dépréciation de la section 5.5 d'IFRS 9. Si, selon le classement déterminé en application du paragraphe C28B, l'actif financier était visé par les dispositions en matière de dépréciation de la section 5.5 d'IFRS 9, mais que l'entité n'applique pas ces dispositions pour appliquer la superposition de classement, l'entité doit continuer de présenter tous les montants comptabilisés au titre de la dépréciation dans la période précédente conformément à IAS 39 *Instruments financiers : Comptabilisation et évaluation*. Autrement, ces montants doivent être repris.

C28D Toute différence entre la valeur comptable précédente de l'actif financier et sa valeur comptable à la date de transition qui résulte de l'application des paragraphes C28B et C28C doit être comptabilisée dans le solde d'ouverture des résultats non distribués (ou, s'il y a lieu, d'une autre composante des capitaux propres) à la date de transition.

C28E L'entité qui applique les paragraphes C28B à C28D doit :

a) fournir des informations qualitatives qui permettent aux utilisateurs d'états financiers de comprendre :

i) la mesure dans laquelle la superposition de classement a été appliquée (par exemple, si elle a été appliquée à tous les actifs financiers décomptabilisés dans la période comparative) ;

ii) si et dans quelle mesure les dispositions en matière de dépréciation de la section 5.5 d'IFRS 9 ont été appliquées (voir paragraphe C28C) ;

b) appliquer ces paragraphes uniquement aux informations comparatives relatives aux périodes de présentation de l'information financière comprises entre la date de transition à IFRS 17 et la date de première application d'IFRS 17 (voir paragraphes C2 et C25) ; et

c) à la date de première application d'IFRS 9, appliquer les dispositions transitoires d'IFRS 9 (voir section 7.2 d'IFRS 9).

➠ Nouvelle désignation des actifs financiers

C29 À la date de première application d'IFRS 17, l'entité qui avait appliqué IFRS 9 pour des exercices antérieurs à cette date :

a) peut réévaluer si un actif financier éligible remplit la condition énoncée au paragraphe 4.1.2 a) ou au paragraphe 4.1.2A a) d'IFRS 9. Un actif financier n'est éligible que s'il n'est pas détenu aux fins d'une activité non liée à des contrats qui entrent dans le champ d'application d'IFRS 17. À titre d'exemple les actifs financiers qui ne seraient pas éligibles pour cette réévaluation sont les actifs financiers détenus aux fins d'activités bancaires ou dans des fonds afférents à des contrats d'investissement qui n'entrent pas dans le champ d'application d'IFRS 17 ;

b) doit annuler sa désignation antérieure d'un actif financier comme étant évalué à la juste valeur par le biais du résultat net si la condition énoncée au paragraphe 4.1.5 d'IFRS 9 n'est plus remplie en raison de l'application d'IFRS 17 ;

c) peut désigner un actif financier comme étant évalué à la juste valeur par le biais du résultat net si la condition énoncée au paragraphe 4.1.5 d'IFRS 9 est remplie ;

d) peut désigner un placement dans un instrument de capitaux propres comme étant à la juste valeur par le biais des autres éléments du résultat global par application du paragraphe 5.7.5 d'IFRS 9 ;

e) peut annuler sa désignation antérieure, par application du paragraphe 5.7.5 d'IFRS 9, d'un placement dans un instrument de capitaux propres comme étant à la juste valeur par le biais des autres éléments du résultat global.

C30 L'entité doit appliquer le paragraphe C29 en se basant sur les faits et circonstances qui existent à la date de première application d'IFRS 17. Elle doit procéder à ces désignations ou classements de façon rétrospective. Pour ce faire, elle doit appliquer les dispositions transitoires pertinentes d'IFRS 9. À cette fin, la date de première application sera réputée être la date de première application d'IFRS 17.

C31 L'entité qui applique le paragraphe C29 n'est pas tenue de retraiter les chiffres des périodes antérieures pour refléter ces changements de désignation ou de classement. Elle peut retraiter les chiffres des périodes antérieures, mais seulement s'il lui est possible de le faire sans avoir recours à des connaissances a posteriori. Si l'entité retraite les chiffres des périodes antérieures, les états financiers retraités doivent être conformes à toutes les dispositions d'IFRS 9 qui concernent les actifs financiers touchés. Si elle ne retraite pas les chiffres des périodes antérieures, l'entité doit comptabiliser dans le solde d'ouverture des résultats non distribués (ou, s'il y a lieu, d'une autre composante des capitaux propres) à la date de première appl cation toute différence entre les éléments suivants :

a) la valeur comptable précédente de ces actifs financiers ; et

b) la valeur comptable de ces actifs financiers à la date de première application.

C32 Lorsque l'entité applique le paragraphe C29, elle doit, dans cette période de reporting annuelle, indiquer pour chaque catégorie d'actifs financiers visés :

a) si le paragraphe C29 a) s'applique – les critères sur lesquels elle s'est fondée pour déterminer les actifs financiers éligibles ;

b) si l'un des paragraphes C29 a) à C29 e) s'applique :

i) la catégorie d'évaluation et la valeur comptable des actifs financiers concernés, déterminées immédiatement avant la date de première application d'IFRS 17 ; et

ii) la catégorie d'évaluation et la valeur comptable des actifs financiers concernés, déterminées après application du paragraphe C29 ;

c) si le paragraphe C29 b) s'applique – la valeur comptable des actifs financiers figurant dans l'état de la situation financière qui étaient précédemment désignés comme étant évalués à la juste valeur par le biais du résultat net, par application du paragraphe 4.1.5 d'IFRS 9, mais qui ne sont plus désignés ainsi.

C33 Lorsque l'entité applique le paragraphe 29, elle doit, dans la période de reporting annuelle visée, fournir des informations qualitatives qui permettent aux utilisateurs d'états financiers de comprendre :

a) comment elle a appliqué le paragraphe C29 aux actifs financiers dont le classement a changé lors de la première application d'IFRS 17 ;

b) pourquoi elle a désigné des actifs comme étant évalués à la juste valeur par le biais du résultat net par application du paragraphe 4.1.5 d'IFRS 9 ou annulé une telle désignation ; et

c) pourquoi, le cas échéant, sa nouvelle évaluation au regard du paragraphe 4.1.2 a) ou du paragraphe 4.1.2A a) d'IFRS 9 l'a menée à des conclusions différentes.

C33A Pour un actif financier décomptabilisé entre la date de transition à IFRS 17 et la date de première application d'IFRS 17, l'entité peut appliquer les paragraphes C28B à C28E (superposition de classement) aux fins de la présentation des informations comparatives comme si le paragraphe C29 avait été appliqué à cet actif. L'entité doit alors adapter les dispositions des paragraphes C28B à C28E de sorte que la superposition de classement se fonde sur la façon dont l'entité s'attendrait à désigner l'actif financier selon le paragraphe C29 à la date de première application d'IFRS 17.

RETRAIT D'AUTRES NORMES IFRS

C34 IFRS 17 annule et remplace IFRS 4 *Contrats d'assurance*, telle que modifiée en 2020.

Groupe Revue Fiduciaire

Interprétations

IFRIC 1

Variation des passifs existants relatifs au démantèlement, à la remise en état et similaires

[règlt UE 2023/1803]

Références

IFRS 16 *Contrats de location*

IAS 1 *Présentation des états financiers* (telle que révisée en 2007)

IAS 8 *Méthodes comptables, changements d'estimations comptables et erreurs*

IAS 16 *Immobilisations corporelles* (telle que révisée en 2003)

IAS 23 *Coûts d'emprunt*

IAS 36 *Dépréciation d'actifs* (telle que révisée en 2004)

IAS 37 *Provisions, passifs éventuels et actifs éventuels*

Contexte

1 De nombreuses entités sont tenues de démanteler, d'enlever ou de remettre en état des éléments d'immobilisations corporelles. Dans la présente interprétation, il est fait référence à de telles obligations comme à des « passifs relatifs au démantèlement, à la remise en état et similaires ». Selon IAS 16, le coût d'un élément d'immobilisation corporelle inclut l'estimation initiale des coûts relatifs à son démantèlement et à son enlèvement et à la remise en état du site sur lequel il est situé, obligation qu'une entité contracte soit lors de l'acquisition de l'élément, soit du fait de son utilisation pendant une durée spécifique à des fins autres que la production de stocks au cours de cette période. IAS 37 contient des dispositions sur la façon d'évaluer des passifs relatifs au démantèlement, à la remise en état et similaires. La présente interprétation fournit des indications sur la façon de comptabiliser l'effet des variations de l'évaluation des passifs existants relatifs au démantèlement, à la remise en état et similaires.

Passifs relatifs au démantèlement

Champ d'application

2 La présente interprétation s'applique aux variations de l'évaluation de tout passif existant relatif au démantèlement ou à la remise en état et de tout autre passif similaire qui est à la fois :

a) comptabilisé comme faisant partie du coût d'un élément d'une immobilisation corporelle selon IAS 16 ou comme faisant partie du coût d'un actif au titre du droit d'utilisation selon IFRS 16 ; et

b) comptabilisé en tant que passif selon IAS 37.

Par exemple, un passif relatif au démantèlement, à la remise en état ou similaire peut exister pour le démantèlement d'une usine, la réhabilitation de dommages environnementaux dans des industries extractives, ou l'enlèvement de matériel.

Question

3 La présente interprétation traite du mode de comptabilisation de l'effet des événements suivants qui modifient l'évaluation d'un passif existant relatif au démantèlement, à la remise en état ou similaire :

a) une variation des sorties estimées de ressources représentatives d'avantages économiques (par exemple, flux de trésorerie) nécessaires pour éteindre l'obligation ;

b) une variation du taux d'actualisation courant fondé sur le marché tel que défini au paragraphe 47 d'IAS 37 (ceci inclut des variations de la valeur temps de l'argent et les risques spécifiques au passif) ; et

c) une augmentation qui reflète le passage du temps (désignée aussi comme le détricotage de l'actualisation).

Consensus

4 Les variations de l'évaluation d'un passif existant relatif au démantèlement ou à la remise en état ou d'un autre passif similaire qui résultent des variations de l'échéancier ou du montant estimé des sorties de ressources représentatives d'avantages économiques nécessaires pour éteindre l'obligation, ou une variation du taux d'actualisation, doivent être comptabilisées selon les paragraphes 5 à 7 ci-dessous.

5 Si l'actif lié est évalué en utilisant le modèle du coût :

a) sous réserve du point b), les variations du passif doivent être ajoutées au coût de l'actif lié ou en être déduites dans la période considérée ;

b) le montant déduit du coût de l'actif ne doit pas excéder sa valeur comptable. Si une diminution du passif excède la valeur comptable de l'actif, l'excédent doit être immédiatement comptabilisé en résultat ;

c) si l'ajustement résulte en un ajout au coût d'un actif, l'entité doit examiner si ceci est une indication que la nouvelle valeur comptable de l'actif peut ne pas être entièrement recouvrable. S'il existe une telle indication, l'entité doit tester l'actif pour dépréciation en estimant sa valeur recouvrable et doit comptabiliser toute perte de valeur selon IAS 36.

6 Si l'actif lié est évalué en utilisant le modèle de la réévaluation :

a) les variations du passif modifient l'excédent ou le déficit de réévaluation précédemment comptabilisé sur cet actif, si bien que :

i) une diminution du passif doit [sous réserve du point b)] être comptabilisée en autres éléments du résultat global et augmenter l'écart de réévaluation dans les capitaux propres, sauf si elle doit être comptabilisée en résultat dans la mesure où elle reprend un déficit de réévaluation sur l'actif qui était précédemment comptabilisé en résultat ;

ii) une augmentation du passif doit être comptabilisée en résultat, sauf si elle doit être comptabilisée en autres éléments du résultat global et réduire l'écart de réévaluation en capitaux propres à concurrence de tout solde créditeur existant dans l'excédent de réévaluation concernant cet actif ;

b) dans le cas où une diminution du passif excéderait la valeur comptable qui aurait été constatée si l'actif avait été comptabilisé selon le modèle du coût, l'excédent doit être immédiatement comptabilisé en résultat ;

c) une variation du passif est une indication que l'actif peut devoir être réévalué pour que la valeur comptable ne diffère pas de façon significative de celle qui aurait été déterminée en utilisant la juste valeur à la fin de la période de reporting. Une telle réévaluation doit être prise en compte en déterminant les montants à comptabiliser en résultat net ou dans les autres éléments du résultat global selon le point a). Si une réévaluation est nécessaire, tous les actifs de cette catégorie doivent être réévalués ;

d) IAS 1 impose de fournir des informations dans l'état du résultat global pour chaque autre élément du résultat global. En se conformant à cette disposition, la variation de l'excédent de réévaluation résultant d'une variation du passif doit être identifiée séparément et indiquée en tant que telle.

7 Le montant amortissable ajusté de l'actif est amorti sur sa durée d'utilité. Par conséquent, une fois que l'actif correspondant a atteint la fin de sa durée d'utilité, toutes les variations ultérieures du passif doivent être comptabilisées en résultat au fur et à mesure qu'elles se produisent. Ceci s'applique tant selon le modèle du coût que selon le modèle de la réévaluation.

8 Le détricotage périodique de l'actualisation doit être comptabilisé en résultat en tant que coût financier au fur et à mesure qu'il survient. L'incorporation à l'actif selon IAS 23 n'est pas autorisée.

Date d'entrée en vigueur

9 L'entité doit appliquer la présente interprétation pour les exercices ouverts à compter du 1er septembre 2004. Une application anticipée est encouragée. Si l'entité applique la présente interprétation pour une période ouverte avant le 1er septembre 2004, elle doit l'indiquer.

9A La publication d'IAS 1 (telle que révisée en 2007) a donné lieu à la modification de la terminologie utilisée dans les IFRS. Elle a également donné lieu à la modification du paragraphe 6. L'entité doit appliquer ces modifications pour les exercices ouverts à compter du 1er janvier 2009. Si l'entité applique IAS 1 (révisée en 2007) pour une période antérieure, les modifications doivent être appliquées pour cette période antérieure.

Passifs relatifs au démantèlement

9B La publication d'IFRS 16, en janvier 2016, a donné lieu à la modification du paragraphe 2. L'entité qui applique IFRS 16 doit appliquer cette modification.

Dispositions transitoires

10 Les changements de méthodes comptables doivent être comptabilisés selon les dispositions d'IAS 8 *Méthodes comptables, changements d'estimations comptables et erreurs* (*).

(*) Si l'entité applique la présente interprétation pour une période ouverte avant le 1er janvier 2005, l'entité doit suivre les dispositions de la version précédente d'IAS 8, qui était intitulée ***Résultat net de l'exercice, erreurs fondamentales et changements de méthodes comptables***, sauf si l'entité applique la version révisée de cette norme au titre de cette période antérieure.

IFRIC 2

Parts sociales des entités coopératives et instruments similaires

[règlt UE 2023/1803]

Références

IFRS 9 *Instruments financiers*

IFRS 13 *Évaluation de la juste valeur*

IAS 32 *Instruments financiers : information et présentation* (telle que révisée en 2003) (*)

(*) IAS 32 a été modifiée en août 2005 pour devenir IAS 32 ***Instruments financiers : présentation***. En février 2008, l'IASB a modifié IAS 32 en stipulant que des instruments doivent être classés en capitaux propres s'ils possèdent toutes les caractéristiques et remplissent les conditions énoncées aux paragraphes 16A et 16B ou aux paragraphes 16C et 16D d'IAS 32.

Contexte

1 Les coopératives et d'autres entités similaires sont constituées par des groupes de personnes pour répondre à des besoins économiques ou sociaux communs. Les législations nationales définissent typiquement une coopérative comme une société s'efforçant de promouvoir l'avancement économique de ses sociétaires au moyen d'une activité conjointe (le principe de l'entraide). Les intérêts des sociétaires dans une coopérative sont souvent appelés parts sociales, parts ou autres termes similaires, et ils sont désignés ci-dessous par « parts sociales ».

2 IAS 32 établit les principes du classement des instruments financiers en passifs financiers ou en capitaux propres. En particulier, ces principes s'appliquent au classement d'instruments remboursables au gré du porteur qui confèrent à leur porteur le droit de revendre ces instruments à l'émetteur en échange d'un montant de trésorerie ou d'un autre instrument financier. L'application de ces principes aux parts sociales des entités coopératives et instruments similaires est difficile. Certains des mandants de l'International Accounting Standards Board (IASB) ont demandé de l'aide pour comprendre comment les principes énoncés dans IAS 32 s'appliquent aux parts sociales et instruments similaires qui présentent certaines caractéristiques, et les circonstances dans lesquelles ces caractéristiques affectent le classement en passifs ou en capitaux propres.

Parts sociales des entités coopératives et instruments similaires

Champ d'application

3 La présente interprétation s'applique aux instruments financiers entrant dans le champ d'application d'IAS 32, y compris aux instruments financiers émis au profit des sociétaires d'entités coopératives, qui prouvent la part d'intérêt des sociétaires dans l'entité. La présente interprétation ne s'applique pas aux instruments financiers qui seront ou pourront être réglés en instruments de capitaux propres de l'entité elle-même.

Question

4 De nombreux instruments financiers, y compris les parts sociales, présentent des caractéristiques de capitaux propres, y compris les droits de vote et les droits de participer à la distribution de dividendes. Certains instruments financiers donnent à leur porteur le droit de demander le remboursement en échange de trésorerie ou d'un autre actif financier, mais peuvent inclure ou être assortis de limites quant au remboursement éventuel des instruments financiers. Comment ces conditions de remboursement doivent-elles être évaluées pour déterminer si les instruments financiers doivent être classés en tant que passifs ou capitaux propres ?

Consensus

5 Le droit contractuel du porteur d'un instrument financier (y compris les parts sociales des entités coopératives) à demander le remboursement n'impose pas, en lui-même, que l'instrument financier soit classé en tant que passif financier. L'entité doit plutôt prendre en compte tous les termes et conditions de l'instrument financier pour déterminer son classement en tant que passif financier ou capitaux propres. Ces termes et conditions incluent des législations locales, des réglementations et les statuts de l'entité en vigueur à la date du classement, mais non les modifications futures attendues apportées à ces législations, réglementations ou statuts.

6 Les parts sociales qui seraient classées en tant que capitaux propres si les sociétaires n'avaient pas le droit de demander un remboursement sont des capitaux propres si l'une ou l'autre des conditions décrites aux paragraphes 7 et 8 est présente ou si les parts sociales possèdent toutes les caractéristiques et remplissent les conditions énoncées aux paragraphes 16A et 16B ou aux paragraphes 16C et 16D d'IAS 32. Les dépôts à vue, y compris les comptes courants, les comptes de dépôt et contrats similaires qui sont générés lorsque les sociétaires agissent en tant que clients sont des passifs financiers de l'entité.

7 Les parts sociales sont des capitaux propres si l'entité a le droit inconditionnel de refuser le remboursement des parts sociales.

8 La législation locale, la réglementation ou les statuts de l'entité peuvent imposer divers types d'interdictions au remboursement des parts sociales, par exemple des interdictions inconditionnelles ou des interdictions fondées sur les critères de liquidité. Si le remboursement fait l'objet d'une interdiction inconditionnelle par la législation locale, la réglementation ou les statuts de l'entité, les parts sociales sont des capitaux propres. Toutefois, les dispositions de la législation locale, de la réglementation ou les statuts de l'entité qui interdisent le remboursement uniquement si les conditions, telles que les contraintes de liquidité, sont remplies (ou ne le sont pas), n'aboutissent pas à ce que les parts sociales soient des capitaux propres.

9 Une interdiction inconditionnelle peut être absolue, en ce que tous les remboursements sont interdits. Une interdiction inconditionnelle peut être partielle, en ce qu'elle interdit le remboursement des parts sociales si ce remboursement devait entraîner la chute en dessous d'un niveau spécifié du nombre de parts sociales ou du montant du capital versé provenant des parts sociales. Les parts sociales excédant le montant faisant l'objet de l'interdiction de remboursement sont des passifs, sauf si l'entité a le droit inconditionnel de refuser le remboursement tel que décrit au paragraphe 7 ou si les parts sociales possèdent toutes les caractéristiques et remplissent les conditions énoncées aux paragraphes 16A et 16B ou aux paragraphes 16C et 16D d'IAS 32. Dans certains cas, le nombre de parts ou le montant de capital versé soumis à une interdiction de remboursement peut changer de temps à autre. Un tel changement relatif à l'interdiction de remboursement mène à un transfert entre les passifs financiers et les capitaux propres.

10 Lors de la comptabilisation initiale, l'entité doit évaluer son passif financier en vue de son remboursement à la juste valeur. Dans le cas de parts sociales avec une caractéristique de remboursement, l'entité évalue la juste valeur du passif financier à rembourser à un montant qui ne saurait être inférieur au montant maximal à payer selon les dispositions de remboursement de ses statuts ou de la législation applicable, actualisée à compter du premier jour où le montant pourrait devoir être payé (voir exemple 3).

11 Comme l'impose le paragraphe 35 d'IAS 32, les distributions aux porteurs d'instruments de capitaux propres sont directement comptabilisées en capitaux propres. Les intérêts, les dividendes et autres rendements relatifs aux instruments financiers classés comme passifs financiers sont des charges, peu importe que ces montants payés soient ou non légalement désignés en tant que dividendes, intérêts ou autrement.

12 L'appendice, qui fait partie intégrante du consensus, fournit des exemples de l'application de ce consensus.

Informations à fournir

13 Lorsqu'un changement apporté à l'interdiction de remboursement mène à un transfert entre les passifs financiers et les capitaux propres, l'entité doit fournir séparément des informations sur le montant, le moment et la raison du transfert.

Date d'entrée en vigueur

14 La date d'entrée en vigueur et les dispositions transitoires de la présente interprétation sont les mêmes que celles qui s'appliquent à IAS 32 (telle que révisée en 2003). L'entité doit appliquer la présente interprétation pour les exercices ouverts à compter du 1er janvier 2005. Si l'entité applique la présente interprétation pour une période ouverte avant le 1er janvier 2005, elle doit l'indiquer. La présente interprétation s'applique de manière rétrospective.

14A L'entité doit appliquer les modifications apportées aux paragraphes 6, 9, A1 et A12 pour les exercices ouverts à compter du 1er janvier 2009. Si l'entité applique le document *Instruments financiers remboursables au gré du porteur et obligations à la suite d'une liquidation* (modifications d'IAS 32 et d'IAS 1), publié en février 2008, pour une période antérieure, les modifications apportées aux paragraphes 6, 9, A1 et A12 doivent être appliquées pour cette période antérieure.

15 [Supprimé].

16 La publication d'IFRS 13, en mai 2011, a donné lieu à la modification du paragraphe A8. L'entité qui applique IFRS 13 doit appliquer cette modification.

17 La publication des *Améliorations annuelles – Cycle 2009-2011*, en mai 2012, a donné lieu à la modification du paragraphe 11. L'entité doit appliquer cette modification de façon rétrospective selon IAS 8 *Méthodes comptables, changements d'estimations comptables et erreurs* pour les exercices ouverts à compter du 1er janvier 2013. Si l'entité applique pour une période antérieure les modifications apportées à IAS 32 dans le cadre des *Améliorations annuelles – Cycle 2009-2011* (mai 2012), elle doit appliquer la modification du paragraphe 11 pour cette période antérieure.

18 [Supprimé].

19 La publication d'IFRS 9, en juillet 2014, a donné lieu à la modification des paragraphes A8 et A10 et à la suppression des paragraphes 15 et 18. L'entité qui applique IFRS 9 doit appliquer ces modifications.

Appendice – Exemples d'application du consensus

Le présent appendice fait partie intégrante de l'interprétation.

A1 Le présent appendice présente sept exemples de l'application du consensus IFRIC. Ces exemples ne constituent pas une liste exhaustive ; d'autres situations de fait sont possibles. Chaque exemple suppose qu'il n'y a pas de conditions autres que celles énoncées dans l'exposé des faits de l'exemple qui imposeraient le classement en passif financier de l'instrument financier et que l'instrument financier ne possède pas toutes les caractéristiques ou ne remplit pas les conditions énoncées aux paragraphes 16A et 16B ou aux paragraphes 16C et 16D d'IAS 32.

DROIT INCONDITIONNEL DE REFUSER LE REMBOURSEMENT (PARAGRAPHE 7)

➡ Exemple 1

Exposé des faits

A2 Les statuts de l'entité énoncent que les remboursements sont effectués à la seule appréciation de l'entité. Les statuts ne fournissent pas d'autres détails ou limitation sur cette appréciation. Au cours de son histoire, l'entité n'a jamais refusé de rembourser les parts sociales, bien que son conseil d'administration ait le droit de le faire.

Classement

A3 L'entité a le droit inconditionnel de refuser le remboursement et les parts sociales sont des capitaux propres. IAS 32 établit les principes d'un classement qui sont fondés sur les conditions de l'instrument financier et note qu'un antécédent de paiements discrétionnaires ou l'intention d'en effectuer un ne déclenche pas de classement en passifs. Le paragraphe AG26 d'IAS 32 dispose que :

Lorsque des actions préférentielles ne sont pas remboursables, le classement approprié est déterminé par les autres droits qui peuvent leur être attachés. Le classement se fonde sur une appréciation de la substance des arrangements contractuels et sur les définitions d'un passif financier et d'un instrument de capitaux propres. Lorsque les distributions aux porteurs d'actions préférentielles, à dividende cumulatif ou non, sont à la discrétion de l'émetteur, les actions sont des instruments de capitaux propres. Le classement d'une action préférentielle en instrument de capitaux propres ou en passif financier n'est pas affecté, par exemple, par :

a) un passé de versements de distributions ;

b) une intention de procéder à des distributions à l'avenir ;

c) un impact négatif possible sur le cours des actions ordinaires de l'émetteur en l'absence de distribution (en raison de restrictions affectant le versement de dividendes sur les actions ordinaires en cas de non-versement de dividendes sur les actions préférentielles) ;

d) le montant des réserves de l'émetteur ;

e) l'anticipation par un émetteur d'un bénéfice ou d'une perte pour la période ; ou

f) une capacité ou une incapacité de l'émetteur à exercer une influence sur le montant de son résultat pour la période.

Exemple 2

Exposé des faits

A4 Les statuts de l'entité énoncent que les remboursements sont effectués à la seule appréciation de l'entité. Toutefois, les statuts disposent plus loin que l'approbation d'une demande de remboursement est automatique, sauf si l'entité n'est pas en mesure d'effectuer de paiement sans violer les dispositions locales concernant la liquidité ou les réserves.

Classement

A5 L'entité n'a pas le droit inconditionnel de refuser le remboursement, et les parts sociales sont un passif financier. Les restrictions décrites ci-dessus sont fondées sur la capacité de l'entité à éteindre son passif. Elles ne limitent les remboursements que lorsque les dispositions en matière de liquidité ou de réserve ne sont pas satisfaites et seulement jusqu'au moment où elles le seront. Il s'ensuit que, selon les principes établis par IAS 32, elles n'entraînent pas le classement de l'instrument financier en capitaux propres. Le paragraphe AG25 d'IAS 32 dispose que :

Les actions préférentielles peuvent être émises avec différents droits. Pour établir si une action préférentielle est un passif financier ou un instrument de capitaux propres, un émetteur apprécie les droits particuliers attachés à l'action pour déterminer s'ils montrent la caractéristique fondamentale d'un passif financier. Ainsi, une action préférentielle qui prévoit une date de rachat spécifique ou au gré du porteur répond à la définition d'un passif financier parce que l'émetteur a l'obligation de transférer des actifs financiers au porteur de l'action. *L'incapacité potentielle de l'émetteur de satisfaire à une obli-*

gation de rachat d'une action préférentielle quand il est contractuellement tenu de le faire, que ce soit en raison d'une insuffisance de fonds, d'une restriction légale ou de l'insuffisance des bénéfices ou des réserves, ne nie pas l'obligation. [italique ajouté]

INTERDICTION DE REMBOURSEMENT (PARAGRAPHES B ET 9)

➡ Exemple 3

Exposé des faits

A6 Dans le passé, une entité coopérative a émis des parts à ses sociétaires à différentes dates et pour différents montants comme suit :

a) au 1er janvier 20X1, 100 000 parts à 10 unités monétaires (UM) chacune (1 000 000 UM) ;

b) au 1er janvier 20X2, 100 000 parts à 20 UM chacune (2 000 000 UM de plus, de sorte que le total des parts émises est de 3 000 000 UM).

Les parts sont remboursables à vue au montant auquel elles ont été émises.

A7 Les statuts de l'entité disposent que les remboursements cumulatifs ne peuvent pas dépasser 20 % du nombre le plus élevé de ses parts sociales toujours en circulation. Au 31 décembre 20X2, l'entité a 200 000 parts en circulation, ce qui est le nombre le plus élevé de parts sociales toujours en circulation, et aucune part n'a été remboursée dans le passé. Le 1er janvier 20X3, l'entité modifie ses statuts et porte le niveau autorisé de remboursements cumulatifs à 25 % du nombre le plus élevé de ses parts sociales toujours en circulation.

Classement

Avant la modification des statuts

A8 Les parts sociales dépassant l'interdiction de remboursement sont des passifs financiers. L'entité coopérative évalue ces passifs financiers à la juste valeur lors de leur comptabilisation initiale. Ces parts étant remboursables à vue, l'entité coopérative évalue la juste valeur de ces passifs financiers conformément au paragraphe 47 d'IFRS 13, selon lequel « [l]a juste valeur d'un passif financier comportant une composante à vue (par exemple, un dépôt à vue) ne peut être inférieure à la somme payable à vue [...]. ». En conséquence, l'entité coopérative classe en tant que passifs financiers le montant maximum payable à vue selon les dispositions en matière de remboursement.

A9 Le 1er janvier 20X1, le montant maximal payable selon les dispositions de remboursement est de 20 000 parts à 10 UM chacune ; en conséquence, l'entité classe 200 000 UM en passif financier et 800 000 UM en capitaux propres. Toutefois, le 1er janvier 20X2, en raison de la nouvelle émission de parts à 20 UM, le montant maximal payable selon les dispositions de remboursement est porté à 40 000 parts à 20 UM chacune. L'émission de parts supplémentaires à 20 UM crée un nouveau passif qui est évalué lors de la comptabilisation initiale à sa juste valeur. Après que ces parts ont été émises, le passif est de 20 % des parts totales émises (200 000), évaluées à 20 UM, soit 800 000 UM. Ceci impose la comptabilisation d'un passif supplémentaire de 600 000 UM. Dans cet exemple, aucun gain ni perte n'est comptabilisé. En conséquence, l'entité classe désormais 800 000 UM en passifs financiers et 2 200 000 UM en capitaux propres. Cet exemple suppose que ces montants n'ont pas changé entre le 1er janvier 20X1 et le 31 décembre 20X2.

Après la modification des statuts

A10 À la suite du changement de ses statuts, c'est maintenant un maximum de 25 % de ses parts en circulation, soit 50 000 parts à 20 UM chacune, que l'entité coopérative peut être tenue de rembourser. En conséquence, le 1er janvier 20X3, l'entité coopérative classe en passifs financiers un montant de 1 000 000 UM, qui constitue le montant maximum payable à vue selon les dispositions de remboursement, tel que déterminé selon le paragraphe 47 d'IFRS 13. Un montant de 200 000 UM est donc viré des capitaux propres aux passifs financiers le 1er janvier 20X3, ce qui laisse un montant de 2 000 000 UM classé en capitaux propres. Dans cet exemple, l'entité ne comptabilise ni profit ni perte lors du virement.

Exemple 4

Exposé des faits

A11 La législation locale régissant les activités des coopératives, ou les conditions des statuts de l'entité, interdisent à une entité de rembourser les parts sociales si, en les remboursant, elle réduit le capital versé des parts sociales qui passerait au-dessous de 75 % du montant le plus élevé de capital versé en provenance des parts sociales. Le montant le plus élevé pour une coopérative particulière est de 1 000 000 d'UM. À la fin de la période de reporting, le solde de capital versé est de 900 000 UM.

Classement

A12 Dans ce cas, 750 000 UM seraient classées en capitaux propres et 150 000 UM seraient classées en passifs financiers. Outre les paragraphes déjà cités, le paragraphe 18 b) d'IAS 32 énonce notamment :

... un instrument financier qui confère à son porteur le droit de le restituer à l'émetteur contre de la trésorerie ou un autre actif financier (un « instrument remboursable au gré du porteur ») est un passif financier, à l'exception des instruments classés comme instruments de capitaux propres conformément aux paragraphes 16A et 16B ou aux paragraphes 16C et 16D. L'instrument financier est un passif financier même lorsque le montant de trésorerie ou d'autres actifs financiers est déterminé d'après un indice ou un autre élément susceptible d'augmenter ou de diminuer. L'existence d'une option permettant au porteur de restituer l'instrument à l'émetteur contre de la trésorerie ou un autre actif financier signifie que l'instrument remboursable au gré du porteur répond à la définition d'un passif financier, à l'exception des instruments classés comme instruments de capitaux propres conformément aux paragraphes 16A et 16B ou aux paragraphes 16C et 16D.

A13 L'interdiction de remboursement décrite dans cet exemple est différente des restrictions décrites dans les paragraphes 19 et AG25 d'IAS 32. Ces restrictions sont des limitations apportées à la capacité de l'entité à payer le montant dû sur un passif financier, c'est-à-dire qu'elles empêchent le paiement du passif uniquement si des conditions spécifiées sont satisfaites. Par contre, cet exemple décrit une interdiction inconditionnelle s'appliquant à des remboursements au-delà d'un montant spécifié, sans tenir compte de la capacité de l'entité à rembourser les parts sociales (par exemple, étant donné ses ressources en trésorerie, bénéfices ou réserves distribuables). En effet, l'interdiction de remboursement empêche l'entité de contracter tout passif financier pour rembourser davantage qu'un montant spécifié de capital versé.

Par conséquent, la portion des parts soumise à l'interdiction de remboursement n'est pas un passif financier. Alors que les parts de chaque sociétaire peuvent être individuellement remboursables, une portion des parts totales en circulation n'est pas remboursable dans tous les cas autres que la liquidation de l'entité.

Exemple 5

Exposé des faits

A14 Les faits illustrant cet exemple sont présentés dans l'exemple 4. En outre, à la fin de la période de reporting, les dispositions relatives à la liquidité imposées dans la juridiction locale empêchent l'entité de rembourser des parts sociales, sauf si ses avoirs de trésorerie et placements à court terme sont supérieurs à un montant spécifié. Ces dispositions relatives à la liquidité à la fin de la période de reporting ont pour effet que l'entité ne peut pas payer plus de 50 000 UM pour rembourser les parts sociales.

Classement

A15 Comme dans l'exemple 4, l'entité classe 750 000 UM en capitaux propres et 150 000 UM en passif financier. Ceci s'explique par le fait que le montant classé comme passif est fondé sur le droit inconditionnel de l'entité à refuser le remboursement et non sur les restrictions inconditionnelles qui empêchent le remboursement uniquement si les conditions de liquidité ou autres ne sont pas satisfaites et alors uniquement jusqu'au moment où elles le sont. Les dispositions des paragraphes 19 et AG25 d'IAS 32 s'appliquent dans ce cas.

Exemple 6

Exposé des faits

A16 Les statuts de l'entité lui interdisent de rembourser les parts sociales, sauf dans la mesure du produit reçu de l'émission de parts sociales supplémentaires à des sociétaires nouveaux ou actuels au cours des trois années précédentes. Le produit de l'émission de parts sociales doit être affecté au remboursement des parts, demandé par les sociétaires. Au cours des trois années précédentes, le produit de l'émission de parts sociales a été de 12 000 UM et aucune part sociale n'a été remboursée.

Classement

A17 L'entité classe 12 000 UM de parts sociales en passifs financiers. Conformément aux conclusions décrites dans l'exemple 4, les parts sociales soumises à une interdiction inconditionnelle de remboursement ne sont pas des passifs financiers. Une telle interdiction inconditionnelle s'applique à un montant égal au produit des parts émises avant les trois années précédentes ; en conséquence, ce montant est classé en capitaux propres. Toutefois, un montant égal au produit généré par des parts émises au cours des trois années précédentes n'est pas soumis à une interdiction inconditionnelle lors du remboursement. En conséquence, le produit de l'émission de parts sociales au cours des trois années précédentes donne lieu à des passifs financiers jusqu'à ce qu'il ne soit plus disponible pour le remboursement des parts sociales. Il s'ensuit que l'entité a un passif financier égal au produit des parts émises au cours des trois années précédentes, net de tous remboursements pendant cette période.

Exemple 7

Exposé des faits

A18 L'entité est une banque coopérative. La législation locale qui régit l'activité des banques coopératives dispose qu'au moins 50 % du total des « passifs en cours » (termes définis dans les règlements pour inclure les comptes des détenteurs des parts sociales) de l'entité doit être sous la forme de capital versé par les sociétaires. Les effets de cette réglementation sont que si tous les passifs en cours d'une coopérative sont sous la forme de parts sociales, elle est en mesure de les rembourser tous. Le 31 décembre 20X1, l'entité a un passif en cours total de 200 000 UM, dont 125 000 UM représentent les comptes de parts sociales. Les termes et conditions des comptes de parts sociales permettent au porteur de les rembourser sur demande et les statuts de l'entité ne stipulent aucune limitation lors du remboursement.

Classement

A19 Dans cet exemple, les parts sociales sont classées en tant que passifs financiers. L'interdiction de remboursement est similaire aux restrictions décrites dans les paragraphes 19 et AG25 d'IAS 32. La restriction est une limitation conditionnelle à la capacité de l'entité à payer le montant dû sur un passif financier, c'est-à-dire que ces restrictions empêchent le paiement du passif uniquement si des conditions spécifiées sont remplies. De manière plus spécifique, l'entité pourrait être tenue de rembourser le montant intégral des parts sociales (125 000 UM) si elle remboursait la totalité de ses autres passifs (75 000 UM). En conséquence, l'interdiction de remboursement n'empêche pas l'entité de contracter un passif financier pour rembourser davantage qu'un nombre spécifié de parts sociales ou qu'un montant spécifié de capital versé. Elle permet seulement à l'entité de différer le remboursement jusqu'à ce qu'une condition soit remplie, c'est-à-dire le remboursement des autres passifs. Les parts sociales dans cet exemple ne sont pas soumises à une interdiction de remboursement inconditionnelle et sont par conséquent classées en tant que passifs financiers.

IFRIC 5

Droits aux intérêts émanant de fonds de gestion dédiés au démantèlement, à la remise en état et à la réhabilitation de l'environnement

[règlt UE 2023/1803]

Références

IFRS 9 *Instruments financiers*

IFRS 10 *États financiers consolidés*

IFRS 11 *Partenariats*

IAS 8 *Méthodes comptables, changements d'estimations comptables et erreurs*

IAS 28 *Participations dans des entreprises associées et des coentreprises*

IAS 37 *Provisions, passifs éventuels et actifs éventuels*

Contexte

1 L'objet des fonds de gestion dédiés au démantèlement, à la remise en état et à la réhabilitation de l'environnement, dénommés ci-après « fonds de démantèlement » ou « fonds », est de séparer les actifs destinés à financer certains ou la totalité des coûts de démantèlement d'un outil de production (tel qu'une centrale nucléaire) ou de certains équipements (tels que des voitures), ou à entreprendre la réhabilitation de l'environnement (telle que la rectification de la pollution de l'eau ou la remise en état de sites miniers), collectivement dénommés « démantèlement ».

2 Les contributions à ces fonds peuvent être volontaires ou imposées par la réglementation ou la législation. Les fonds peuvent avoir l'une des structures suivantes :

a) fonds qui sont établis par un seul contributeur pour financer ses propres obligations de démantèlement, qu'il s'agisse d'un site particulier ou d'un nombre de sites géographiquement dispersés ;

b) fonds qui sont établis avec de multiples contributeurs pour financer leurs obligations de démantèlement, individuelles ou conjointes, lorsque les contributeurs ont droit au remboursement des frais de démantèlement jusqu'à concurrence de leurs contributions, augmenté de tout revenu réel sur ces contributions, diminué de leur part des coûts de gestion du fonds. Les contributeurs peuvent avoir une obligation d'effectuer des contributions supplémentaires, par exemple, en cas de faillite d'un autre contributeur ;

c) fonds qui sont établis avec de multiples contributeurs pour financer leurs obligations de démantèlement individuelles ou conjointes lorsque le niveau de contributions imposé est fondé sur l'activité courante d'un contributeur et lorsque l'avantage obtenu par ce contributeur est fondé sur son activité passée. Dans de tels cas, il y a un décalage potentiel entre le montant des contributions effectuées par un contributeur (fondé sur l'activité en cours) et la valeur réalisable résultant du fonds (fondée sur l'activité passée).

3 De tels fonds présentent généralement les caractéristiques suivantes :

a) le fonds est géré séparément par des trustees (administrateurs) indépendants ;

b) les entités (les contributeurs) font des contributions au fonds, qui sont investies dans un éventail d'actifs pouvant inclure à la fois des titres de créance et de capitaux propres, et qui sont disponibles pour aider à payer les coûts de démantèlement des contributeurs. Les trustees déterminent le mode d'investissement des contributions, dans les limites fixées par les documents régissant le fonds et par toute législation applicable ou autres réglementations ;

c) l'obligation de payer des coûts de démantèlement incombe aux contributeurs. Toutefois, les contributeurs sont en mesure d'obtenir le remboursement des coûts de démantèlement auprès du fonds, à concurrence du montant le plus bas entre les coûts de démantèlement engagés et la part des actifs du fonds revenant aux contributeurs ;

d) les contributeurs peuvent avoir un accès restreint ou ne pas avoir d'accès à un excédent éventuel des actifs du fonds par rapport à ceux qui sont utilisés pour faire face aux coûts de démantèlement admissibles.

Champ d'application

4 La présente interprétation s'applique à la comptabilisation, dans les états financiers d'un contributeur, des intérêts émanant de fonds de gestion dédiés au démantèlement qui présentent les deux caractéristiques suivantes :

a) les actifs sont gérés séparément (soit en étant détenus dans une entité juridique distincte, soit en tant qu'actifs séparés au sein d'une autre entité) ; et

b) le droit d'accès d'un contributeur aux actifs est restreint.

5 Une participation résiduelle dans un fonds, qui s'étend au-delà d'un droit à remboursement, tel qu'un droit contractuel à des distributions une fois que tout le démantèlement a été achevé ou lors de la liquidation du fonds, peut être un instrument de capitaux propres entrant dans le champ d'application d'IFRS 9 et n'entre pas dans le champ d'application de la présente interprétation.

Fonds de gestion dédiés au démantèlement

Questions

6 Les questions traitées dans la présente interprétation sont les suivantes :

a) comment un contributeur doit-il comptabiliser sa participation dans un fonds ?

b) lorsqu'un contributeur a une obligation d'effectuer des contributions supplémentaires, par exemple en cas de faillite d'un autre contributeur, comment cette obligation doit-elle être comptabilisée ?

Consensus

COMPTABILISATION D'UNE PARTICIPATION DANS UN FONDS

7 Le contributeur doit comptabiliser son obligation de payer les coûts de démantèlement comme un passif et doit comptabiliser séparément sa participation dans le fonds, à moins que le contributeur ne soit pas astreint à payer des coûts de démantèlement, et ceci même si le fonds omet de payer.

8 Le contributeur doit établir s'il exerce un contrôle, un contrôle conjoint ou une influence notable sur le fonds en se référant à IFRS 10, IFRS 11 et IAS 28. Si tel est le cas, le contributeur doit comptabiliser sa participation dans le fonds selon ces normes.

9 Si un contributeur n'exerce pas un contrôle, un contrôle conjoint ou une influence notable sur le fonds, le contributeur doit comptabiliser le droit de recevoir le remboursement du fonds en tant que remboursement selon IAS 37. Ce remboursement doit être évalué au montant le plus bas entre :

a) le montant de l'obligation de démantèlement comptabilisée ; et

b) la part du contributeur de la juste valeur des actifs nets du fonds attribuables aux contributeurs.

Les variations de la valeur comptable du droit à recevoir un remboursement autres que les contributions versées au fonds et les paiements en provenance du fonds doivent être comptabilisées en résultat de la période au cours de laquelle ces variations surviennent.

COMPTABILISATION AU TITRE DES OBLIGATIONS D'EFFECTUER DES CONTRIBUTIONS SUPPLÉMENTAIRES

10 Lorsqu'un contributeur a une obligation d'effectuer des contributions supplémentaires, par exemple, en cas de faillite d'un autre contributeur ou si la valeur des actifs de placement détenus par le fonds diminue jusqu'à ce qu'ils soient insuffisants pour remplir les obligations de remboursement du fonds, cette obligation est un passif éventuel qui entre dans le champ d'application d'IAS 37. Le contributeur ne doit comptabiliser un passif que lorsqu'il est probable que des contributions supplémentaires seront effectuées.

INFORMATIONS À FOURNIR

11 Un contributeur doit fournir des informations sur la nature de sa participation dans un fonds et sur toutes restrictions à l'accès aux actifs du fonds.

12 Lorsqu'un contributeur a une obligation d'effectuer des contributions supplémentaires potentielles qui ne sont pas comptabilisées en tant que passif (voir paragraphe 10), il doit fournir les informations imposées par les dispositions du paragraphe 86 d'IAS 37.

13 Lorsqu'un contributeur comptabilise sa participation dans le fonds selon le paragraphe 9, il doit fournir les informations imposées par les dispositions du paragraphe 85 c) d'IAS 37.

Date d'entrée en vigueur

14 L'entité doit appliquer la présente interprétation pour les exercices ouverts à compter du 1er janvier 2006. Une application anticipée est encouragée. Si l'entité applique la présente interprétation pour une période ouverte avant le 1er janvier 2006, elle doit l'indiquer.

14A [Supprimé].

14B La publication d'IFRS 10 et d'IFRS 11, en mai 2011, a donné lieu à la modification des paragraphes 8 et 9. L'entité qui applique IFRS 10 et IFRS 11 doit appliquer ces modifications.

14C [Supprimé].

14D La publication d'IFRS 9, en juillet 2014, a donné lieu à la modification du paragraphe 5 et à la suppression des paragraphes 14A et 14C. L'entité qui applique IFRS 9 doit appliquer ces modifications.

Dispositions transitoires

15 Les changements de méthodes comptables doivent être comptabilisés selon les dispositions d'IAS 8.

IFRIC 6

Passifs découlant de la participation à un marché spécifique - Déchets d'équipements électriques et électroniques

[règlt UE 2023/1803]

Références

IAS 8 *Méthodes comptables, changements d'estimations comptables et erreurs*

IAS 37 *Provisions, passifs éventuels et actifs éventuels*

Contexte

1 Le paragraphe 17 d'IAS 37 définit un « fait générateur d'obligation » comme étant un événement passé qui aboutit à une obligation actuelle, lorsque l'entité à laquelle cette obligation incombe n'a pas d'autre choix réaliste que de l'éteindre.

2 Le paragraphe 19 d'IAS 37 énonce que seules les « obligations qui résultent d'événements passés existant indépendamment d'actions futures de l'entité » sont comptabilisées en tant que provisions.

3 L'entrée en vigueur de la directive de l'Union européenne relative aux déchets d'équipements électriques et électroniques (DEEE), qui réglemente la collecte, le traitement, la valorisation et l'élimination sans danger des déchets, a soulevé la question de savoir à quel moment l'obligation de déclassement des DEEE devait donner lieu à la comptabilisation d'un passif. La directive établit une distinction entre déchets « nouveaux » et « historiques » ainsi qu'entre déchets provenant des ménages ou d'autres sources. Par « nouveaux », on entend les déchets liés aux produits vendus après le 13 août 2005. Tous les équipements ménagers vendus avant cette date sont considérés comme produisant des déchets « historiques » aux fins de la directive.

4 La directive stipule que le coût de la gestion des déchets issus des équipements ménagers « historiques » doit être supporté par les producteurs de ce type d'équipements présents sur le marché au cours d'une période à déterminer dans les législations nationales des États membres (ci-après « la période d'évaluation »). Elle prévoit que chaque État membre met en place un système dans le cadre duquel les producteurs contribuent « de manière proportionnée » à la couverture de ce coût, « par exemple, proportionnellement à leur part de marché respective par type d'équipement ».

5 Plusieurs termes utilisés dans la présente interprétation, comme « part de marché » et « période d'évaluation », peuvent faire l'objet de définitions très différentes dans les législations des États membres. Par exemple, la durée de la période d'évaluation pourrait être d'un an ou seulement d'un mois. De même, l'évaluation de la part de marché ainsi que les formules de calcul de l'obligation peuvent différer d'un État membre à l'autre. Néanmoins, ces exemples ne concernent que l'évaluation du passif, qui ne relève pas de la présente interprétation.

Champ d'application

6 La présente interprétation fournit des indications concernant la comptabilisation, dans les états financiers des producteurs, des passifs liés à la gestion des déchets dans le cadre de la directive européenne relative aux DEEE, pour ce qui concerne les ventes d'équipements ménagers « historiques ».

7 L'interprétation ne porte ni sur les déchets « nouveaux » ni sur les déchets « historiques » issus d'autres sources que les ménages. Les passifs découlant de la gestion de ces déchets sont dûment abordés dans IAS 37. Toutefois, si, dans la législation nationale, les déchets « nouveaux » des ménages sont traités d'une manière analogue aux déchets « historiques » des mêmes ménages, les principes de l'interprétation s'appliquent par référence à la hiérarchie des sources définie aux paragraphes 10 à 12 d'IAS 8. Cette hiérarchie s'applique également aux autres réglementations imposant des obligations comparables au modèle d'attribution des coûts stipulé dans la directive de l'Union européenne.

Question

8 L'IFRIC a été invité à déterminer, s'agissant du déclassement des DEEE, ce qui constitue un fait générateur d'obligation entraînant, en vertu du paragraphe 14, point a), d'IAS 37, la comptabilisation d'une provision pour charge de gestion des déchets :

– la fabrication ou la vente des équipements ménagers historiques ?
– la participation au marché au cours de la période d'évaluation ?
– les coûts engagés du fait de la gestion des déchets ?

Consensus

9 La participation au marché au cours de la période d'évaluation constitue le fait générateur d'obligation au sens du paragraphe 14, point a), d'IAS 37. Par conséquent, la fabrication ou la vente des équipements ménagers « historiques » ne donne pas lieu à un passif au titre de la gestion des déchets issus de ces équipements. L'obligation relative aux équipements ménagers « histo-

riques » étant liée à la participation au marché au cours de la période d'évaluation et non pas à la fabrication ou à la vente des produits à éliminer, il n'y a d'obligation que lorsqu'il existe une part de marché au cours de la période d'évaluation. Le fait générateur d'obligation peut également être chronologiquement indépendant de la période au cours de laquelle les activités liées à la gestion des déchets sont entreprises et les coûts connexes engagés.

Date d'entrée en vigueur

10 L'entité doit appliquer la présente interprétation pour les exercices ouverts à compter du 1er décembre 2005. Une application anticipée est encouragée. Si l'entité applique l'interprétation pour une période ouverte avant le 1er décembre 2005, elle doit l'indiquer.

Dispositions transitoires

11 Les changements de méthodes comptables doivent être comptabilisés selon IAS 8.

IFRIC 7

Application de l'approche du retraitement dans le cadre d'IAS 29 Information financière dans les économies hyperinflationnistes

[règlt UE 2023/1803]

Références

IAS 12 *Impôts sur le résultat*

IAS 29 *Information financière dans les économies hyperinflationnistes*

Contexte

1 La présente interprétation fournit des indications concernant la façon d'appliquer les dispositions d'IAS 29 dans une période de reporting au cours de laquelle une entité détermine (*) l'existence d'une hyperinflation dans l'économie à laquelle appartient sa monnaie fonctionnelle, alors que cette économie n'était pas hyperinflationniste au cours de la période antérieure, ce qui amène l'entité à retraiter ses états financiers selon IAS 29.

(*) L'existence d'une hyperinflation est déterminée par l'entité sur la base d'un jugement fondé sur les critères énoncés au paragraphe 3 d'IAS 29.

Questions

2 Les questions traitées dans la présente interprétation sont les suivantes :

a) comment la disposition « ... exprimés dans l'unité de mesure qui a cours à la fin de la période de reporting » du paragraphe 8 d'IAS 29 doit-elle être interprétée lorsqu'une entité applique la norme ?

b) comment une entité doit-elle comptabiliser les impôts différés d'ouverture dans ses états financiers retraités ?

Retraitement dans le cadre d'IAS 29

Consensus

3 Dans la période de reporting au cours de laquelle elle détermine l'existence d'une hyperinflation dans l'économie à laquelle appartient sa monnaie fonctionnelle – alors que cette économie n'était pas hyperinflationniste lors de la période précédente –, une entité doit appliquer les dispositions d'IAS 29 comme si cette économie avait toujours été hyperinflationniste. Par conséquent, pour ce qui concerne les éléments non monétaires évalués au coût historique, l'état de la situation financière d'ouverture de l'entité au début de la première période présentée dans les états financiers doit être retraité de façon à faire apparaître les effets de l'inflation entre la date à laquelle les actifs ont été acquis et les passifs contractés ou assumés et la fin de la période de reporting. Pour les éléments non monétaires comptabilisés dans l'état de la situation financière d'ouverture à des valeurs qui ont été déterminées à des dates autres que celles de l'acquisition de l'actif ou de la survenance du passif, le retraitement doit faire apparaître les effets de l'inflation entre les dates auxquelles ces valeurs comptables ont été déterminées et la fin de la période de reporting.

4 À la fin de la période de reporting, les impôts différés sont comptabilisés et évalués conformément à IAS 12. Toutefois, les montants des impôts différés apparaissant dans l'état de la situation financière d'ouverture de la période de reporting doivent être déterminés comme suit :

a) l'entité réestime les impôts différés conformément à IAS 12 après avoir retraité les valeurs comptables nominales de ses éléments non monétaires à la date de l'état de la situation financière d'ouverture de la période de reporting, en utilisant l'unité de mesure qui a cours à cette date ;

b) les impôts différés réestimés conformément au point a) sont retraités pour tenir compte du changement d'unité de mesure à partir de la date de l'état de la situation financière d'ouverture de la période de reporting jusqu'à la fin de cette période de reporting.

Une entité applique la méthode exposée aux points a) et b) aux fins de retraitement des impôts différés apparaissant dans l'état de la situation financière d'ouverture des périodes comparatives présentées dans les états financiers retraités au titre de la période de reporting au cours de laquelle cette entité applique IAS 29.

5 Lorsqu'une entité a retraité ses états financiers, tous les montants correspondants dans les états financiers d'une période de reporting ultérieure, y compris ceux concernant les impôts différés, sont retraités en appliquant le changement d'unité de mesure, pour cette période de reporting ultérieure, aux seuls états financiers retraités de la période de reporting antérieure.

Date d'entrée en vigueur

6 L'entité doit appliquer la présente interprétation pour les exercices ouverts à compter du 1er mars 2006. Une application anticipée est encouragée. Si l'entité applique la présente interprétation pour une période ouverte avant le 1er mars 2006, elle doit l'indiquer.

IFRIC 10
Information financière intermédiaire et dépréciation

[règlt UE 2023/1803]

Références

IFRS 9 *Instruments financiers*

IAS 34 *Information financière intermédiaire*

IAS 36 *Dépréciation d'actifs*

Contexte

1 Une entité est tenue d'évaluer la dépréciation du *goodwill* à la fin de chaque période de reporting et, si nécessaire, de comptabiliser une perte de valeur à cette date selon IAS 36. Cependant, à la fin d'une période de reporting ultérieure, les conditions peuvent avoir changé de telle sorte que la perte de valeur aurait été réduite ou évitée si l'évaluation de la dépréciation avait été effectuée seulement à cette date. La présente interprétation fournit des indications qui permettent de déterminer si de telles pertes de valeur devraient un jour être reprises.

2 La présente interprétation traite de l'interaction entre les dispositions d'IAS 34 et la comptabilisation de pertes de valeur du *goodwill* selon IAS 36, ainsi que de l'incidence de cette interaction sur les états financiers intermédiaires et annuels ultérieurs.

Question

3 Le paragraphe 28 d'IAS 34 impose à une entité d'appliquer dans ses états financiers intermédiaires des méthodes comptables identiques à celles utilisées dans ses états financiers annuels. Il dispose également que « la fréquence (annuelle, semestrielle ou trimestrielle) des rapports financiers d'une entité ne doit pas affecter l'évaluation de ses résultats annuels. Pour parvenir à cet objectif, les évaluations effectuées pour les besoins de l'information intermédiaire doivent être faites sur une base cumulée depuis le début de l'exercice. »

4 Le paragraphe 124 d'IAS 36 dispose qu'« une perte de valeur comptabilisée pour un *goodwill* ne doit pas être reprise lors d'une période ultérieure ».

5 [Supprimé].

6 [Supprimé].

7 La présente interprétation traite de la question suivante :

Une entité doit-elle reprendre une perte de valeur du *goodwill* comptabilisée au cours d'une période intermédiaire si, dans l'hypothèse où un test de dépréciation n'aurait été effectué qu'à la fin d'une période de reporting ultérieure, la perte de valeur à comptabiliser eût été inférieure ou nulle ?

Consensus

8 Une entité ne doit pas reprendre une perte de valeur comptabilisée à l'égard du *goodwill* au cours d'une période intermédiaire antérieure.

9 Une entité ne doit pas étendre le présent consensus, par analogie, à d'autres champs de conflit potentiel entre IAS 34 et d'autres normes.

Date d'entrée en vigueur et dispositions transitoires

10 L'entité doit appliquer la présente interprétation pour les exercices ouverts à compter du 1er novembre 2006. Une application anticipée est encouragée. Si l'entité applique la présente interprétation pour une période ouverte avant le 1er novembre 2006, elle doit l'indiquer. L'entité doit appliquer la présente interprétation au *goodwill* de manière prospective, à compter de la date à laquelle elle a appliqué IAS 36 pour la première fois ; elle doit appliquer la présente interprétation aux investissements en instruments de capitaux propres ou en actifs financiers comptabilisés au coût, de manière prospective, à compter de la date à laquelle elle a appliqué pour la première fois les critères d'évaluation d'IAS 39.

11 [Supprimé].

12 [Supprimé].

13 [Supprimé].

14 La publication d'IFRS 9, en juillet 2014, a donné lieu à la modification des paragraphes 1, 2, 7 et 8 et à la suppression des paragraphes 5, 6 et 11 à 13. L'entité qui applique IFRS 9 doit appliquer ces modifications.

IFRIC 12

Accords de concession de services

[règlt UE 2023/1803]

Références

Cadre de préparation et de présentation des états financiers (*)

IFRS 1 *Première adoption des normes internationales d'information financière*

IFRS 7 *Instruments financiers : informations à fournir*

IFRS 9 *Instruments financiers*

IFRS 15 *Produits des activités ordinaires tirés de contrats conclus avec des clients*

IFRS 16 *Contrats de location*

IAS 8 *Méthodes comptables, changements d'estimations comptables et erreurs*

IAS 16 *Immobilisations corporelles*

IAS 20 *Comptabilisation des subventions publiques et informations à fournir sur l'aide publique*

IAS 23 *Coûts d'emprunt*

IAS 32 *Instruments financiers : présentation*

IAS 36 *Dépréciation d'actifs*

IAS 37 *Provisions, passifs éventuels et actifs éventuels*

IAS 38 *Immobilisations incorporelles*

SIC-29 *Accords de concession de services : informations à fournir* (**)

(*) Il s'agit du *Cadre de préparation et de présentation des états financiers* de l'IASC, qui a été adopté par l'IASB en 2001 et qui était en vigueur lors de l'élaboration de l'interprétation.

(**) Le titre de SIC-29, auparavant *Informations à fournir – Accords de concession de services*, a été modifié par IFRIC 12.

Contexte

1 Dans de nombreux pays, les infrastructures de services publics (routes, ponts, tunnels, prisons, hôpitaux, aéroports, infrastructures de distribution d'eau, réseaux de distribution d'énergie et de télécommunications...) sont traditionnellement construites, exploitées et entretenues par le secteur public, sur la base de financements publics.

Accords de concession de services

2 Dans certains pays, les pouvoirs publics ont prévu la possibilité d'accords contractuels de services pour encourager une participation du secteur privé au développement, au financement, à l'exploitation et à l'entretien de ce type d'infrastructure. Il peut s'agir d'une infrastructure existante ou d'une infrastructure devant être construite pendant la période prévue par l'accord de services. Les accords entrant dans le champ d'application de la présente interprétation concernent généralement une entité du secteur privé (un concessionnaire) qui construit l'infrastructure servant à fournir le service public ou qui l'améliore (par exemple en augmentant sa capacité), et qui exploite et entretient cette infrastructure pendant une période déterminée. Le concessionnaire est payé pour ses services durant la période prévue par l'accord. L'accord est régi par un contrat qui stipule les niveaux de performance, les mécanismes d'ajustement des tarifs et les dispositions pour le règlement des différends. Un tel accord de concession de services est souvent décrit comme étant de type « construction-exploitation-transfert », « réhabilitation-exploitation-transfert » ou « public-privé ».

3 L'une des caractéristiques de ces accords de services est que le concessionnaire se soumet à une obligation de service public. La politique publique est de fournir au public les services liés à l'infrastructure, quelle que soit l'identité de la partie qui exploite ces services. L'accord de services oblige contractuellement le concessionnaire à fournir les services au public pour le compte d'une entité du secteur public. Les autres caractéristiques communes sont les suivantes :

a) la partie concédant l'accord de services (le concédant) est une entité du secteur public, y compris un organe de la puissance publique, ou une entité du secteur privé à laquelle a été déléguée la responsabilité du service ;

b) le concessionnaire est responsable, au moins pour partie, de la gestion de l'infrastructure et des services qui y sont associés, et n'agit pas uniquement en tant qu'agent du concédant ;

c) le contrat stipule les tarifs initiaux perçus par le concessionnaire, et réglemente les révisions des tarifs pendant la durée de l'accord de services ;

d) le concessionnaire doit céder l'infrastructure au concédant, dans un état spécifié, au terme de la période de l'accord de services, sans contrepartie supplémentaire significative, quelle que soit la partie ayant fourni le financement initial.

Champ d'application

4 La présente interprétation donne des indications sur la comptabilisation, par les concessionnaires, des accords de concession de services public-privé.

5 La présente interprétation s'applique aux accords de concession de services public-privé si :

a) le concédant contrôle ou réglemente quels sont les services devant être fournis par le concessionnaire par le moyen de l'infrastructure, à qui ils doivent être fournis et quels sont leurs tarifs ; et

b) le concédant dispose d'un contrôle, lorsque l'accord arrive à son terme, sur un quelconque intérêt résiduel significatif de l'infrastructure, ce contrôle pouvant notamment prendre la forme de la propriété ou d'une participation.

6 Une infrastructure utilisée dans le cadre d'un accord de concession de services public-privé sur toute sa durée de vie utile (toute la vie des actifs) entre dans le champ d'application de la présente interprétation si les conditions du paragraphe 5, point a), sont remplies. Les paragraphes AG1 à AG8 fournissent des indications sur la façon de déterminer dans quelle mesure les accords de concession de services public-privé entrent dans le champ d'application de la présente interprétation.

7 La présente interprétation s'applique :

a) aux infrastructures que le concessionnaire construit ou acquiert auprès d'un tiers aux fins de l'accord de services ; et

b) aux infrastructures existantes dont l'accès est donné par le concédant au concessionnaire aux fins de l'accord de services.

8 La présente interprétation ne traite pas de la comptabilisation des infrastructures ayant été détenues et comptabilisées en tant qu'immobilisations corporelles par le concessionnaire avant la conclusion de l'accord de services. Les dispositions de décomptabilisation des IFRS (définies dans IAS 16) s'appliquent à ces infrastructures.

9 La présente interprétation ne traite pas de la comptabilisation par les concédants.

Questions

10 La présente interprétation énonce des principes généraux de comptabilisation et d'évaluation des obligations et des droits correspondants relatifs aux accords de concession de services. Les dispositions en matière d'informations à fournir en ce qui concerne les accords de concession de services se trouvent dans SIC-29. Les questions traitées dans la présente interprétation sont les suivantes :

a) traitement des droits du concessionnaire sur l'infrastructure ;

b) comptabilisation et évaluation de la contrepartie prévue dans l'accord ;

c) services de construction ou d'amélioration ;

d) services d'exploitation ;

e) coûts d'emprunt ;

f) traitement comptable ultérieur des actifs financiers et des immobilisations incorporelles ; et

g) éléments fournis au concessionnaire par le concédant.

Consensus

TRAITEMENT DES DROITS DU CONCESSIONNAIRE SUR L'INFRASTRUCTURE

11 Les infrastructures entrant dans le champ d'application de la présente interprétation ne sont pas comptabilisées en tant qu'immobilisations corporelles du concessionnaire parce que l'accord contractuel de services ne confère pas à celui-ci le droit de contrôler l'utilisation d'une infrastructure de service public. Le concessionnaire a accès à l'exploitation de l'infrastructure afin de fournir un service public pour le compte du concédant conformément aux dispositions du contrat.

COMPTABILISATION ET ÉVALUATION DE LA CONTREPARTIE PRÉVUE DANS L'ACCORD

12 Selon les dispositions des accords contractuels entrant dans le champ d'application de la présente interprétation, le concessionnaire agit à titre de prestataire de services. Le concessionnaire construit ou améliore une infrastructure (services de construction ou d'amélioration) servant à fournir un service public, et exploite et entretient cette infrastructure (services d'exploitation) pendant une période déterminée.

13 Le concessionnaire doit comptabiliser et évaluer les produits des activités ordinaires selon IFRS 15 pour les services qu'il fournit. La nature de la contrepartie détermine son traitement comptable ultérieur. La comptabilisation ultérieure de la contrepartie reçue en tant qu'actif financier et en tant qu'immobilisation incorporelle est décrite aux paragraphes 23 à 26 ci-après.

SERVICES DE CONSTRUCTION OU D'AMÉLIORATION

14 Le concessionnaire doit comptabiliser les services de construction ou d'amélioration selon IFRS 15.

➡ Contrepartie attribuée par le concédant au concessionnaire

15 Si le concessionnaire fournit des services de construction ou d'amélioration, la contrepartie reçue ou à recevoir par le concessionnaire doit être comptabilisée selon IFRS 15. La contrepartie peut se traduire par des droits sur :

a) un actif financier ; ou

b) une immobilisation incorporelle.

16 Le concessionnaire comptabilise un actif financier dans la mesure où il dispose d'un droit contractuel inconditionnel à recevoir, en contrepartie des services de construction, de la trésorerie ou un autre actif financier de la part du concédant, ou sur ordre de celui-ci, le concédant n'ayant que peu ou pas de possibilité d'éviter le paiement, généralement parce que l'accord est opposable en justice. Le concessionnaire dispose d'un droit inconditionnel à recevoir de la trésorerie si le concédant garantit contractuellement de payer au concessionnaire a) des montants spécifiés ou déterminables ou b) le déficit éventuel résultant de la différence entre les montants reçus des usagers du service public et d'autres montants spécifiés ou déterminables, même si le paiement est subordonné au respect, par le concessionnaire, d'exigences spécifiées en matière de qualité ou d'efficacité de l'infrastructure.

17 Le concessionnaire comptabilise une immobilisation incorporelle dans la mesure où il reçoit un droit (une licence) de faire payer les usagers du service public. Le droit de faire payer les usagers d'un service public n'est pas un droit inconditionnel à recevoir de la trésorerie car les montants dépendent de la mesure dans laquelle le public utilise le service.

18 Si, pour ses services de construction, le concessionnaire est payé partiellement par un actif financier et partiellement par une immobilisation incorporelle, chaque composante de la contrepartie du concessionnaire doit être comptabilisée séparément. La contrepartie reçue ou à recevoir pour les deux composantes doit être comptabilisée initialement selon IFRS 15.

19 La nature de la contrepartie donnée par le concédant au concessionnaire doit être déterminée par référence aux termes du contrat et, lorsqu'il existe,

au droit des contrats applicable. La nature de la contrepartie détermine son traitement comptable ultérieur tel que décrit aux paragraphes 23 à 26. Cependant, les deux types de contrepartie sont classés comme des actifs sur contrat selon IFRS 15 au cours de la période de construction ou d'amélioration.

SERVICES D'EXPLOITATION

20 Le concessionnaire doit comptabiliser les services d'exploitation selon IFRS 15.

➡ Obligations contractuelles de rendre à l'infrastructure une capacité spécifiée à fournir des services

21 Le concessionnaire peut être soumis à des obligations contractuelles, qui conditionnent sa licence, selon lesquelles il doit a) préserver une capacité spécifiée de l'infrastructure à fournir des services ou b) rétablir un état spécifié de l'infrastructure avant de la céder au concédant au terme de l'accord de services. Ces obligations contractuelles de préservation ou de rétablissement d'une infrastructure, à l'exception des éléments d'amélioration (voir paragraphe 14), sont comptabilisées et évaluées conformément à IAS 37, c'est-à-dire selon la meilleure estimation de la dépense qui serait nécessaire pour régler l'obligation actuelle à la fin de la période de reporting.

COÛTS D'EMPRUNT ENGAGÉS PAR LE CONCESSIONNAIRE

22 Conformément à IAS 23, les coûts d'emprunt attribuables à l'accord sont comptabilisés en charges dans l'exercice au cours duquel ils sont engagés, sauf si le concessionnaire dispose d'un droit contractuel à recevoir une immobilisation incorporelle (le droit de faire payer les usagers du service public). Dans ce cas, les coûts d'emprunt attribuables à l'accord doivent être incorporés dans le coût d'un actif au cours de la phase de construction de l'accord conformément à cette norme.

ACTIF FINANCIER

23 IAS 32, IFRS 7 et IFRS 9 s'appliquent à l'actif financier comptabilisé selon les paragraphes 16 et 18.

24 Le montant dû par le concédant, ou sur ses instructions, est comptabilisé selon IFRS 9 comme étant évalué :

a) au coût amorti ;

b) à la juste valeur par le biais des autres éléments du résultat global ; ou

c) à la juste valeur par le biais du résultat net.

25 Dans le cas où le montant dû par le concédant est évalué au coût amorti ou à la juste valeur par le biais des autres éléments du résultat global, IFRS 9 impose la comptabilisation en résultat net des intérêts, calculés selon la méthode du taux d'intérêt effectif.

IMMOBILISATION INCORPORELLE

26 IAS 38 s'applique à l'immobilisation incorporelle comptabilisée conformément aux paragraphes 17 et 18. Les paragraphes 45 à 47 d'IAS 38 fournissent des indications sur l'évaluation d'immobilisations incorporelles acquises par voie d'échange contre un ou plusieurs actifs non monétaires ou un ensemble d'actifs monétaires et non monétaires.

ÉLÉMENTS FOURNIS AU CONCESSIONNAIRE PAR LE CONCÉDANT

27 Selon le paragraphe 11, les éléments d'infrastructure dont le concédant donne l'accès au concessionnaire aux fins de l'accord de services ne sont pas comptabilisés en tant qu'immobilisations corporelles du concessionnaire. Le concédant peut également fournir au concessionnaire d'autres éléments que ce dernier peut conserver ou traiter à sa guise. Si de tels actifs font partie de la contrepartie à payer par le concédant pour les services, ils ne constituent pas des subventions publiques telles que définies dans IAS 20. Ils sont plutôt comptabilisés comme un élément du prix de transaction au sens d'IFRS 15.

Date d'entrée en vigueur

28 L'entité doit appliquer la présente interprétation pour les exercices ouverts à compter du 1er janvier 2008. Une application anticipée est autorisée. Si l'entité applique la présente interprétation pour une période ouverte avant le 1er janvier 2008, elle doit l'indiquer.

28D La publication d'IFRS 15 *Produits des activités ordinaires tirés de contrats conclus avec des clients*, en mai 2014, a donné lieu à la modification de la section « Références » et des paragraphes 13 à 15, 18 à 20 et 27. L'entité qui applique IFRS 15 doit appliquer ces modifications.

28E La publication d'IFRS 9, en juillet 2014, a donné lieu à la modification des paragraphes 23 à 25 et à la suppression des paragraphes 28A à 28C. L'entité qui applique IFRS 9 doit appliquer ces modifications.

28F La publication d'IFRS 16, en janvier 2016, a donné lieu à la modification du paragraphe AG8. L'entité qui applique IFRS 16 doit appliquer cette modification.

Dispositions transitoires

29 Sous réserve du paragraphe 30, les changements de méthodes comptables sont comptabilisés conformément à IAS 8, c'est-à-dire de façon rétrospective.

30 Si, pour un accord de services particulier, il n'est pas possible pour un concessionnaire d'appliquer la présente interprétation de façon rétrospective au début du premier exercice présenté, le concessionnaire :

a) comptabilise les actifs financiers et les immobilisations incorporelles qui existaient au début du premier exercice présenté ;

b) utilise la valeur comptable antérieure de ces actifs financiers et de ces immobilisations incorporelles (quel que soit leur classement antérieur) en tant que valeur comptable à cette date ; et

c) effectue un test de dépréciation des actifs financiers et des immobilisations incorporelles comptabilisés à cette date, sauf si ce n'est pas possible, auquel cas la dépréciation des montants est testée telle qu'au début de la période considérée.

Appendice A – Guide d'application

Le présent appendice fait partie intégrante de l'interprétation.

CHAMP D'APPLICATION (PARAGRAPHE 5)

AG1 Le paragraphe 5 de la présente interprétation précise qu'une infrastructure entre dans le champ d'application de la présente interprétation lorsque les conditions suivantes sont remplies :

a) le concédant contrôle ou réglemente quels sont les services devant être fournis par le concessionnaire par le moyen de l'infrastructure, à qui ils doivent être fournis et quels sont leurs tarifs ; et

b) le concédant dispose d'un contrôle, lorsque l'accord arrive à son terme, sur un quelconque intérêt résiduel significatif de l'infrastructure, ce contrôle pouvant notamment prendre la forme de la propriété ou d'une participation.

AG2 Les pouvoirs du concédant auxquels il est fait référence à la condition a) peuvent être exercés au titre d'un contrat ou à un autre titre (par exemple selon les dispositions d'une autorité de réglementation), et incluent les situations où le concédant achète toute la production ainsi que celles où une partie ou la totalité de la production est achetée par d'autres usagers. Lors de l'application de cette condition, le concédant et toutes les parties liées doivent être considérés ensemble. Si le concédant est une entité du secteur public, c'est l'ensemble du secteur public, y compris les autorités réglementaires agissant au nom de l'intérêt public, qui est considéré comme étant lié au concédant pour les besoins de la présente interprétation.

AG3 Pour les besoins de la condition a), il n'est pas nécessaire que le concédant exerce un contrôle complet sur le tarif : il suffit que le tarif soit réglementé par le concédant, le contrat ou l'autorité de réglementation, par exemple au moyen d'un mécanisme de plafonnement. Toutefois, la condition doit s'appliquer à la substance de l'accord. Les éléments non substantiels, par exemple un plafonnement qui ne s'applique que dans des circonstances exceptionnelles, sont ignorés. Inversement, si par exemple un contrat laisse en principe le concessionnaire libre de fixer les tarifs, mais que tout bénéfice excédentaire est reversé au concédant, le bénéfice du concessionnaire est plafonné et la condition relative au contrôle des tarifs est remplie.

AG4 Pour les besoins de la condition b), le contrôle dont le concédant dispose sur un intérêt résiduel significatif doit à la fois limiter en pratique la possibilité, pour le concessionnaire, de vendre ou de donner en garantie l'infrastructure, et donner au concédant un droit d'utilisation continu pendant toute la durée de l'accord. L'intérêt résiduel dans l'infrastructure est la valeur courante estimée de l'infrastructure comme si elle avait déjà l'âge et la condition prévus à la fin de la période de l'accord.

AG5 Il convient de distinguer contrôle et gestion. Si le concédant conserve à la fois le contrôle décrit au paragraphe 5, point a), et un intérêt résiduel significatif dans l'infrastructure, le concessionnaire ne fait que gérer l'infrastructure pour le compte du concédant, même s'il est courant qu'il dispose d'une grande liberté en matière de gestion.

AG6 Ensemble, les conditions a) et b) permettent de déterminer quand l'infrastructure, y compris les remplacements éventuels requis (voir paragraphe 21), est contrôlée par le concédant sur toute la durée de sa vie économique. Par exemple, si le concessionnaire doit remplacer une partie d'un élément d'infrastructure pendant la période de l'accord (revêtement d'une route, toit d'un bâtiment...), l'élément d'infrastructure est considéré comme un tout. La condition b) est remplie pour l'ensemble de l'infrastructure, y compris la partie remplacée, si le concédant dispose du contrôle sur un quelconque intérêt résiduel dans le dernier remplacement de cette partie.

AG7 Parfois, l'utilisation de l'infrastructure est partiellement réglementée de la manière décrite dans le paragraphe 5, point a), et partiellement non réglementée. Ce type d'accord peut prendre diverses formes :

a) une infrastructure qui peut être distinguée physiquement, qui peut être exploitée de manière indépendante et qui est conforme à la définition d'une unité génératrice de trésorerie telle qu'exposée dans IAS 36, est analysée séparément si elle est entièrement employée à des fins non réglementées. Tel peut être le cas de l'aile privée d'un hôpital, dont les autres parties sont employées par le concédant dans le cadre du service public ;

b) lorsque des activités purement accessoires (magasin d'hôpital, par exemple) ne sont pas réglementées, la vérification des conditions relatives au contrôle est effectuée comme si ces services n'existaient pas, parce que dans les cas où le concédant contrôle les services de la manière décrite au paragraphe 5, l'existence d'activités accessoires n'affecte en rien le contrôle dont le concédant dispose sur l'infrastructure.

AG8 Le concessionnaire peut avoir un droit d'utiliser l'infrastructure physiquement distincte décrite au paragraphe AG7, point a), ou les installations utilisées pour fournir les services accessoires non réglementés décrits au paragraphe AG7, point b). Dans les deux cas, il peut exister, en substance, un contrat de location par le concédant au concessionnaire ; si tel est le cas, il doit être comptabilisé selon IFRS 16.

IFRIC 14

IAS 19 - Le plafonnement de l'actif au titre des régimes à prestations définies, les exigences de financement minimal et leur interaction

[règlt UE 2023/1803]

Références

IAS 1 *Présentation des états financiers*

IAS 8 *Méthodes comptables, changements d'estimations comptables et erreurs*

IAS 19 *Avantages du personnel* (telle que modifiée en 2011)

IAS 37 *Provisions, passifs éventuels et actifs éventuels*

Contexte

1 Le paragraphe 64 d'IAS 19 limite l'évaluation d'un actif net au titre des prestations définies au plus faible des deux montants suivants : l'excédent du régime et le plafonnement de l'actif. Le paragraphe 8 d'IAS 19 définit le plafonnement de l'actif comme « la valeur actuelle des avantages économiques disponibles sous forme de remboursements par le régime ou sous forme de diminution des cotisations futures au régime ». Certains se sont interrogés sur le moment à partir duquel des remboursements ou des diminutions de cotisations futures doivent être considérés comme disponibles, particulièrement lorsqu'une exigence de financement minimal existe.

2 Des exigences de financement minimal existent dans de nombreux pays afin d'améliorer la sécurité de la promesse de prestations postérieures à l'emploi faite aux membres d'un régime d'avantages du personnel. Ces dispositions stipulent normalement un montant ou un niveau minimal de cotisations à verser au régime sur une période donnée. Dès lors, une exigence de financement minimal peut limiter la capacité d'une entité à diminuer ses cotisations futures.

3 En outre, la limite relative à l'évaluation d'un actif au titre des prestations définies peut avoir pour effet de rendre une exigence de financement minimal déficitaire. Normalement, une exigence imposant de régler des cotisations à un régime n'affecte pas l'évaluation de l'actif ou du passif au titre des prestations définies. En effet, les cotisations, une fois payées, deviennent des actifs du régime et dès lors, le passif additionnel net est nul. Cela étant, une exigence de financement minimal peut donner naissance à un passif si les cotisations requises ne sont pas disponibles pour l'entité une fois qu'elles ont été payées.

3A En novembre 2009, l'International Accounting Standards Board a modifié IFRIC 14 pour remédier à une conséquence non intentionnelle découlant du traitement de paiements d'avance de cotisations futures dans certaines circonstances lorsqu'il existe une exigence de financement minimal.

Champ d'application

4 La présente Interprétation s'applique à toutes les prestations définies postérieures à l'emploi et aux autres prestations définies à long terme au profit du personnel.

5 Dans le cadre de la présente Interprétation, on entend par exigence de financement minimal toute exigence de financer les régimes à prestations définies postérieurs à l'emploi et les autres avantages à long terme.

Questions

6 Les questions traitées dans la présente interprétation sont les suivantes :

a) à quel moment un remboursement ou une diminution des cotisations futures devraient être considérés comme disponibles selon la définition du plafonnement de l'actif énoncée au paragraphe 8 d'IAS 19 ;

b) comment une exigence de financement minimal pourrait affecter la disponibilité de diminution de cotisations futures ;

c) à quel moment une exigence de financement minimal pourrait donner naissance à un passif.

Consensus

DISPONIBILITÉ D'UN REMBOURSEMENT OU D'UNE DIMINUTION DES COTISATIONS FUTURES

7 Une entité doit déterminer la disponibilité d'un remboursement ou d'une diminution de cotisations futures conformément aux termes et conditions du régime et d'éventuelles exigences légales applicables dans le pays du régime.

8 Un avantage économique, sous la forme d'un remboursement ou d'une diminution des cotisations futures, est disponible si l'entité peut le réaliser à un moment quelconque pendant la vie du régime ou après le règlement des passifs du régime. En particulier, cet avantage économique peut être disponible même s'il n'est pas immédiatement réalisable à la fin de la période de reporting.

9 L'avantage économique disponible ne dépend pas de la manière dont l'entité entend utiliser l'excédent. Une entité doit déterminer l'avantage économique maximal qui est disponible sous la forme de remboursements, de diminutions des cotisations futures ou d'une combinaison des deux. Une entité ne doit pas comptabiliser des avantages économiques provenant d'une combinaison de remboursements et de diminutions de cotisations futures sur la base d'hypothèses mutuellement exclusives.

10 Conformément à IAS 1, l'entité doit fournir à la fin de la période de reporting des informations relatives aux sources principales d'incertitude pesant sur les estimations, qui présentent un risque important d'entraîner un ajustement significatif de la valeur comptable de l'actif net ou du passif net comptabilisé dans l'état de la situation financière. Ceci pourrait inclure des informations relatives à d'éventuelles restrictions quant à la possibilité de réaliser l'excédent ou des informations relatives à la méthode utilisée pour déterminer le montant de l'avantage économique disponible.

➠ L'avantage économique disponible sous la forme d'un remboursement

Le droit à un remboursement

11 Un remboursement n'est disponible pour une entité que si l'entité a un droit inconditionnel à un remboursement :

a) pendant la durée de vie du régime, en supposant que les passifs du plan ne doivent être réglés pour obtenir le remboursement (par exemple, dans certains pays, l'entité peut disposer d'un droit de remboursement pendant la durée de vie du régime, que les passifs du régime aient été réglés ou non) ; ou

b) en supposant le règlement graduel des passifs du régime au fil du temps jusqu'à ce que tous les membres aient quitté le régime ; ou

c) en supposant un règlement intégral des passifs du régime en un événement unique (c.-à-d. sous la forme d'une liquidation de régime).

Un droit inconditionnel à remboursement peut exister quel que soit le niveau de financement d'un régime à la fin de la période de reporting.

12 Si le droit de l'entité au remboursement d'un excédent dépend de la survenance (ou non) d'un ou plusieurs événements incertains qui ne sont pas totalement sous son contrôle, l'entité ne dispose pas d'un droit inconditionnel et ne doit pas comptabiliser un actif.

Évaluation de l'avantage économique

13 Une entité doit évaluer l'avantage économique disponible sous la forme d'un remboursement comme étant le montant de l'excédent à la fin de la période de reporting (à savoir la juste valeur des actifs du régime diminuée de la valeur actuelle de l'obligation au titre des prestations définies) que l'entité a le droit de recevoir sous la forme d'un remboursement, après déduction d'éventuels coûts associés. Par exemple, dans l'hypothèse d'un remboursement qui serait soumis à une taxe autre que l'impôt sur le revenu, une entité doit évaluer le montant du remboursement net de taxe.

14 En évaluant le montant d'un remboursement disponible lors de la liquidation du régime [paragraphe 11, point c)], une entité doit inclure les coûts, pour le régime, du règlement des passifs du plan et de l'exécution du remboursement. Par exemple, une entité doit déduire les honoraires si ceux-ci sont payés par le régime et non par l'entité, ainsi que les coûts d'éventuelles primes d'assurance qui pourraient s'avérer nécessaires pour garantir le passif lors de la liquidation.

15 Si le montant d'un remboursement est déterminé comme étant la totalité du surplus ou une proportion de celui-ci, plutôt qu'un montant fixe, une entité ne doit pas procéder à un ajustement pour tenir compte de la valeur temps de l'argent, même si le remboursement n'est réalisable qu'à une date future.

➡ L'avantage économique disponible sous la forme d'une diminution des cotisations

16 S'il n'existe pas d'exigence de financement minimal pour des cotisations relatives à des services futurs, l'avantage économique disponible sous la forme d'une diminution des cotisations futures correspond au coût des services futurs pour l'entité pour chaque période sur la durée la plus courte entre la durée attendue du régime et la durée attendue de l'entité. Le coût des services futurs pour l'entité exclut les montants qui seront supportés par les membres du personnel.

17 Comme l'indique IAS 19, une entité doit déterminer les coûts des services futurs en utilisant des hypothèses cohérentes avec celles utilisées pour déterminer l'obligation au titre des prestations définies et avec la situation qui existe à la fin de la période de reporting. En conséquence, une entité doit prendre pour hypothèse que les prestations à fournir par le régime ne changeront pas tant que celui-ci n'est pas modifié, et que l'effectif demeurera stable, à moins que l'entité ne réduise l'effectif couvert par le régime. Dans ce dernier cas, l'hypothèse relative à l'effectif futur doit inclure cette réduction.

L'EFFET D'UNE EXIGENCE DE FINANCEMENT MINIMAL SUR L'AVANTAGE ÉCONOMIQUE DISPONIBLE SOUS LA FORME D'UNE DIMINUTION DES COTISATIONS FUTURES

18 Une entité doit analyser toute exigence de financement minimal à une date donnée en termes de cotisations requises pour couvrir a) tout déficit existant au titre des services passés sur la base des exigences de financement minimal et b) des services futurs.

19 Les cotisations destinées à couvrir un déficit existant sur la base des exigences de financement minimal au titre de services déjà reçus n'affectent pas les cotisations futures au titre des services futurs. Elles peuvent donner naissance à un passif conformément aux paragraphes 23 à 26.

20 S'il existe une exigence de financement minimal pour des cotisations relatives à des services futurs, l'avantage économique disponible en tant que diminution des cotisations futures est la somme :

a) de tout montant qui réduit les cotisations au titre des exigences futures de financement minimal pour des services futurs parce que l'entité a effectué un paiement d'avance (autrement dit, parce qu'elle a payé le montant avant que ce paiement ne soit dû) ; et

b) du coût estimé des services futurs pour chaque période conformément aux paragraphes 16 et 17 diminué du montant estimé des cotisations au titre des exigences de financement minimal qui auraient été dues pour des services futurs lors de ces périodes si aucun paiement d'avance n'avait été effectué comme décrit au point a).

21 Une entité doit estimer les cotisations futures au titre des exigences de financement minimal pour des services futurs en tenant compte de l'effet d'un éventuel excédent déterminé sur la base des exigences de financement minimal mais en excluant les paiements d'avance décrits au paragraphe 20, point a). Une entité doit utiliser des hypothèses cohérentes avec la base de financement minimal et, pour tous les facteurs non spécifiés par cette base, des hypothèses cohérentes par rapport à celles utilisées pour déterminer l'obligation au titre des prestations définies et par rapport à la situation qui existe à la fin de la période de reporting telle que déterminée par IAS 19. L'estimation doit comprendre tout changement attendu résultant du paiement par l'entité des cotisations minimales lorsqu'elles sont dues. Toutefois, l'estimation ne doit pas inclure l'effet de changements attendus des termes et conditions de la base de financement minimal qui ne sont pas quasi-adoptés ou contractuellement convenus à la fin de la période de reporting.

22 Lorsqu'une entité détermine le montant décrit au paragraphe 20, point b), si les cotisations au titre d'exigences futures de financement minimal pour des services futurs dépassent le coût des services selon IAS 19 au cours d'une période donnée, cet excédent réduit le montant de l'avantage économique disponible en tant que réduction des cotisations futures. Toutefois, le montant décrit au paragraphe 20, point b), ne peut jamais être inférieur à zéro.

CAS OÙ UNE EXIGENCE DE FINANCEMENT MINIMAL PEUT DONNER NAISSANCE À UN PASSIF

23 Si une entité, en vertu d'une exigence de financement minimal, a l'obligation de payer des cotisations pour couvrir un déficit existant au titre de services déjà reçus, sur la base du financement minimal, l'entité doit déterminer si les cotisations à payer seront disponibles sous la forme d'un remboursement ou d'une diminution des cotisations futures après qu'elles auront été payées au régime.

24 Dans la mesure où les cotisations à payer ne seront pas disponibles après avoir été payées au régime, l'entité doit comptabiliser un passif lorsque l'obligation prend naissance. Le passif doit diminuer l'actif net au titre des prestations définies ou augmenter le passif net au titre des prestations définies de manière à éviter que l'application du paragraphe 64 d'IAS 19 n'entraîne un profit ou une perte lorsque les cotisations seront payées.

Date d'entrée en vigueur

27 L'entité doit appliquer la présente interprétation pour les exercices ouverts à compter du 1er janvier 2008. Une application anticipée est autorisée.

27A La publication d'IAS 1 (telle que révisée en 2007) a donné lieu à la modification de la terminologie utilisée dans les IFRS. Elle a également donné lieu à la modification du paragraphe 26. L'entité doit appliquer ces modifications pour les exercices ouverts à compter du 1er janvier 2009. Si l'entité applique IAS 1 (révisée en 2007) pour une période antérieure, les modifications doivent être appliquées pour cette période antérieure.

27B La publication de *Paiements d'avance d'exigences de financement minimal* a donné lieu à l'ajout du paragraphe 3A et à la modification des paragraphes 16-18 et 20-22. L'entité doit appliquer ces modifications pour les exercices ouverts à compter du 1er janvier 2011. Une application anticipée est autorisée. Si l'entité applique les modifications pour une période antérieure, elle doit l'indiquer.

27C La publication d'IAS 19 (telle que modifiée en 2011) a donné lieu à la modification des paragraphes 1, 6, 17 et 24, et à la suppression des paragraphes 25 et 26. L'entité qui applique IAS 19 (telle que modifiée en 2011) doit appliquer ces modifications.

Dispositions transitoires

28 L'entité doit appliquer cette interprétation dès le début de la première période présentée dans les premiers états financiers auxquels cette interprétation s'applique. L'entité doit comptabiliser tout ajustement initial découlant de l'application de cette interprétation dans les résultats non distribués à l'ouverture de cette période.

29 L'entité doit appliquer les modifications des paragraphes 3A, 16 à 18 et 20 à 22 à partir du début de la première période présentée à titre comparatif dans les premiers états financiers auxquels l'entité applique la présente interprétation. Si l'entité a précédemment appliqué cette interprétation avant d'appliquer les modifications, elle doit comptabiliser l'ajustement résultant de l'application des modifications dans les résultats non distribués à l'ouverture de la première période présentée à titre comparatif.

IFRIC 16

Couvertures d'un investissement net dans un établissement à l'étranger

[règlt UE 2023/1803]

Références

IFRS 9 *Instruments financiers*

IAS 8 *Méthodes comptables, changements d'estimations comptables et erreurs*

IAS 21 *Effets des variations des cours des monnaies étrangères*

Contexte

1 Bon nombre d'entités présentant des états financiers ont des investissements dans des établissements à l'étranger (au sens d'IAS 21, paragraphe 8). Ces établissements à l'étranger peuvent être des filiales, des entreprises associées, des coentreprises ou des succursales. IAS 21 impose aux entités de déterminer la monnaie fonctionnelle de chacun de leurs établissements à l'étranger comme étant la monnaie de l'environnement économique principal de cet établissement. Lors de la conversion du résultat et de la situation financière d'un établissement à l'étranger en une monnaie de présentation, l'entité est tenue de comptabiliser les écarts de change en autres éléments du résultat global jusqu'à la cession de cet établissement à l'étranger.

2 La comptabilité de couverture du risque de change résultant d'un investissement net dans un établissement à l'étranger s'applique uniquement lorsque l'actif net de cet établissement à l'étranger est inclus dans les états financiers (*). L'élément couvert contre le risque de change découlant de l'investissement net dans un établissement à l'étranger peut être un montant d'actif net inférieur ou égal à la valeur comptable de l'actif net de l'établissement à l'étranger.

(*) C'est le cas pour les états financiers consolidés, les états financiers dans lesquels les participations telles que celles qui sont détenues dans des entreprises associées ou des coentreprises sont comptabilisées selon la méthode de la mise en équivalence et les états financiers qui comprennent une succursale ou une activité conjointe au sens d'IFRS 11 *Partenariats*.

Couvertures d'un investissement à l'étranger

3 IFRS 9 impose de désigner un élément couvert éligible et des instruments de couverture éligibles pour établir comptablement une relation de couverture. S'il existe une relation de couverture désignée, dans le cas d'une couverture d'un investissement net, le profit ou la perte sur l'instrument de couverture qui est considéré comme constituant une couverture efficace de l'investissement net est comptabilisé dans les autres éléments du résultat global et inclus dans les écarts de change résultant de la conversion des résultats et de la situation financière de l'établissement à l'étranger.

4 Une entité comptant de nombreux établissements à l'étranger peut être exposée à plusieurs risques de change. La présente interprétation donne des indications sur la manière d'identifier les risques de change qui peuvent être qualifiés de risques couverts dans la couverture de l'investissement net dans un établissement à l'étranger.

5 IFRS 9 permet à une entité de désigner un instrument financier dérivé ou non dérivé (ou une combinaison d'instruments dérivés et non dérivés) en tant qu'instruments de couverture du risque de change. La présente interprétation donne des indications sur les cas où, au sein d'un groupe, les instruments assurant la couverture d'un investissement net dans un établissement à l'étranger peuvent être considérés comme répondant aux conditions requises pour la comptabilité de couverture.

6 Lorsque la société mère procède à la sortie d'un établissement à l'étranger, IAS 21 et IFRS 9 imposent de reclasser de capitaux propres en résultat net, à titre d'ajustement de reclassement, les montants cumulés comptabilisés dans les autres éléments du résultat global relatifs tant aux écarts de change résultant de la conversion des résultats et de la situation financière de l'établissement à l'étranger qu'au profit ou à la perte sur l'instrument de couverture qui est considéré comme constituant une couverture efficace de l'investissement net. La présente interprétation fournit des indications sur la manière dont une entité devrait déterminer les montants à reclasser de capitaux propres en résultat net tant pour l'instrument de couverture que pour l'élément couvert.

Champ d'application

7 La présente interprétation s'applique à toute entité qui couvre le risque de change résultant de ses investissements nets dans des établissements à l'étranger et qui souhaite remplir les conditions requises pour la comptabilité de couverture conformément à IFRS 9. Par commodité, la présente interprétation désigne une telle entité comme étant la société mère et les états financiers dans lesquels est inclus l'actif net des établissements à l'étranger comme ses états financiers consolidés. Toute référence à la société mère s'applique également à toute entité qui a un investissement net dans un établissement à l'étranger et qui est une coentreprise, une entité associée ou une succursale.

8 La présente interprétation s'applique exclusivement aux investissements nets dans des établissements à l'étranger ; elle ne doit pas être appliquée par analogie à d'autres types de comptabilité de couverture.

Questions

9 Les investissements dans des établissements à l'étranger peuvent être détenus directement par une société mère ou indirectement par sa ou ses filiale(s). Les questions traitées dans la présente interprétation sont les suivantes :

a) *la nature du risque couvert et le montant de l'élément couvert pour lesquels une relation de couverture peut être désignée :*

i) la société mère ne peut-elle désigner en tant que risque couvert que les écarts de change résultant d'un écart entre sa monnaie fonctionnelle et celle de son établissement à l'étranger, ou bien peut-elle également désigner en tant que risque couvert les écarts de change résultant de la différence entre la monnaie de présentation de ses états financiers consolidés et la monnaie fonctionnelle de l'établissement à l'étranger ;

ii) si l'entité mère détient l'établissement à l'étranger de manière indirecte, le risque couvert ne peut-il inclure que les écarts de change résultant des monnaies fonctionnelles différentes entre l'établissement à l'étranger et son entité mère immédiate, ou le risque couvert peut-il aussi comprendre les écarts de change entre la monnaie fonctionnelle de l'établissement à l'étranger et celle d'une entité mère intermédiaire ou de la société mère ultime (autrement dit, le fait que l'investissement net dans l'établissement à l'étranger soit détenu par une entité mère intermédiaire affecte-t-il ou non le risque économique pour la société mère ultime) ;

b) *à quel niveau, dans un groupe, l'instrument de couverture peut être détenu :*

i) une relation de comptabilité de couverture ne peut-elle être établie que si l'entité couvrant son investissement net est une des parties à l'instrument de couverture ou bien toute entité du groupe, indépendamment de sa monnaie fonctionnelle, peut-elle détenir l'instrument de couverture ;

ii) la nature de l'instrument de couverture (instrument dérivé ou non dérivé) ou bien la méthode de consolidation affectent-elles l'appréciation de l'efficacité de la couverture ;

c) *quels sont les montants à reclasser de capitaux propres en résultat lors de la cession de l'établissement à l'étranger :*

i) lorsqu'un établissement à l'étranger qui était couvert est cédé, quels sont les montants figurant dans les écarts de change de la société mère et relatifs à l'instrument de couverture et à cet établissement à l'étranger qu'il convient de reclasser de capitaux propres en résultat dans les états financiers consolidés de l'entité mère ;

ii) la méthode de consolidation affecte-t-elle la détermination des montants à reclasser de capitaux propres en résultat.

Consensus

LA NATURE DU RISQUE COUVERT ET LE MONTANT DE L'ÉLÉMENT COUVERT POUR LESQUELS UNE RELATION DE COUVERTURE PEUT ÊTRE DÉSIGNÉE

10 La comptabilité de couverture ne peut s'appliquer qu'aux écarts de change survenant entre la monnaie fonctionnelle de l'établissement à l'étranger et la monnaie fonctionnelle de la société mère.

Couvertures d'un investissement à l'étranger

11 Dans une couverture de risque de change résultant d'un investissement net dans un établissement à l'étranger, l'élément couvert peut être un montant d'actif net inférieur ou égal à la valeur comptable de l'actif net de l'établissement à l'étranger dans les états financiers consolidés de la société mère. La valeur comptable de l'actif net d'un établissement à l'étranger susceptible d'être désigné comme l'élément couvert dans les états financiers consolidés d'une société mère peut varier selon qu'une entité de niveau inférieur, mère de l'établissement à l'étranger, aura ou non appliqué la comptabilité de couverture pour tout ou partie des actifs nets de cet établissement à l'étranger et que cette comptabilité de couverture aura ou non été conservée dans les états financiers consolidés de la société mère.

12 Le risque couvert peut être désigné comme étant l'exposition au risque de change entre la monnaie fonctionnelle de l'établissement à l'étranger et la monnaie fonctionnelle d'une des entités mères (l'entité mère immédiate, intermédiaire ou ultime) de cet établissement à l'étranger. Le fait que l'investissement net soit détenu par le biais d'une entité mère intermédiaire n'affecte pas la nature du risque économique résultant de l'exposition au risque de change de la société mère ultime.

13 Une exposition au risque de change résultant d'un nvestissement net dans un établissement à l'étranger ne peut remplir qu'une seule fois les conditions de la comptabilité de couverture dans les états financiers consolidés. Dès lors, si l'actif net d'un établissement à l'étranger est couvert par plusieurs entités mères au sein du groupe (par exemple, à la fois par une entité mère directe et par une entité mère indirecte) pour le même risque, une et une seule relation de couverture remplira les conditions de la comptabilité de couverture dans les états financiers consolidés de la société mère. Une relation de couverture désignée par une société mère dans ses états financiers consolidés ne doit pas nécessairement être conservée par une autre société mère de niveau supérieur. Toutefois, si elle n'est pas maintenue par la société mère de niveau supérieur, la comptabilité de couverture appliquée par la société mère de niveau inférieur doit être reprise avant de pouvoir appliquer la comptabilité de couverture dans la société mère de niveau supérieur.

NIVEAU AUQUEL L'INSTRUMENT DE COUVERTURE PEUT ÊTRE DÉTENU

14 Un instrument dérivé ou non dérivé (ou une combinaison d'instruments dérivés et non dérivés) peut être désigné comme étant un instrument de couverture dans la couverture d'un investissement net dans un établissement à l'étranger. Le ou les instruments de couverture peuvent être détenus par une ou des entités au sein du groupe dès lors que sont respectées les conditions requises par le paragraphe 6.4.1 d'IFRS 9 pour ce qui concerne la désignation, la documentation et l'efficacité de la couverture d'un investissement net. En particulier, la stratégie de couverture du groupe doit être clairement documentée, parce qu'elle est susceptible d'être désignée de différentes manières à différents niveaux du groupe.

15 Pour évaluer l'efficacité, la variation de la valeur de l'instrument de couverture relatif au risque de change est calculée par référence à la monnaie fonctionnelle de la société mère dont la monnaie fonctionnelle sert de référence pour l'évaluation du risque de couverture, conformément à la documentation de la comptabilité de couverture. Selon le niveau où est comptabilisé l'instrument de couverture, en l'absence de comptabilité de couverture, la variation totale de valeur pourra être comptabilisée en résultat, en autres éléments du résultat global, ou les deux. Cependant, l'évaluation de l'efficacité n'est pas affectée par la décision de comptabiliser la variation de valeur de l'instrument de couverture en résultat ou en autres éléments du résultat global. Dans le cadre de la mise en application de la comptabilité de couverture, la totalité de la partie efficace de la variation est incluse en autres éléments du résultat global. L'évaluation de l'efficacité n'est pas affectée par le fait que l'instrument de couverture est un instrument dérivé ou non dérivé ni par la méthode de consolidation.

CESSION D'UN ÉTABLISSEMENT À L'ÉTRANGER COUVERT

16 Lors de la sortie d'un établissement à l'étranger qui était couvert, le montant des écarts de change relatif à l'instrument de couverture qui doit être reclassé des écarts de conversion des monnaies étrangères en résultat net à titre d'ajustement de reclassement, dans les états financiers consolidés de la société mère, est le montant dont l'identification est requise par le paragraphe 6.5.14 d'IFRS 9. Ce montant est le profit cumulé ou la perte cumulée sur l'instrument de couverture qui était considéré comme constituant une couverture efficace.

17 Le montant des écarts de conversion à reclasser en résultat dans les états financiers consolidés d'une société mère au titre de l'investissement net dans cet établissement à l'étranger, conformément à IAS 21, paragraphe 48, est le montant compris dans l'écart de conversion de cette entité mère qui se rapporte à cet établissement à l'étranger. Dans les états financiers consolidés de la société mère ultime, le montant net cumulé comptabilisé en écart de conversion pour l'ensemble des établissements à l'étranger n'est pas affecté par la méthode de consolidation. Toutefois, selon que la société mère ultime utilise la méthode de consolidation directe ou par paliers (*), il peut en résulter un effet sur le montant inclus dans son écart de conversion au titre d'un établissement à l'étranger donné. Le recours à la méthode de consolidation par paliers peut aboutir au reclassement en résultat d'un montant différent de celui utilisé pour déterminer l'efficacité de la couverture. Cette différence peut être éliminée en déterminant le montant correspondant à cet établissement à l'étranger qui aurait été calculé si la méthode directe de consolidation avait été utilisée. IAS 21 n'impose pas de procéder à cet ajustement. Cependant, il s'agit d'un choix de méthode comptable qu'il convient d'appliquer de manière constante pour tous les investissements nets.

(*) La méthode directe est la méthode de consolidation selon laquelle les états financiers de l'établissement à l'étranger sont convertis directement dans la monnaie fonctionnelle de l'entité mère ultime. La méthode par paliers est la méthode de consolidation selon laquelle les états financiers de l'établissement à l'étranger sont convertis dans la monnaie fonctionnelle d'une ou de plusieurs entité(s) mère(s) puis convertis dans la monnaie fonctionnelle de l'entité mère ultime (ou de sa monnaie de présentation si celle-ci est différente).

Date d'entrée en vigueur

18 L'entité doit appliquer la présente interprétation pour les exercices ouverts à compter du 1er octobre 2008. L'entité doit appliquer le paragraphe 14 tel que modifié par *Améliorations des IFRS* publié en avril 2009 pour les exercices ouverts à compter du 1er juillet 2009. Une application anticipée des deux est autorisée. Si l'entité applique la présente interprétation pour une période ouverte avant le 1er octobre 2008 ou la modification du paragraphe 14 avant le 1er juillet 2009, elle doit l'indiquer.

Couvertures d'un investissement à l'étranger

18B La publication d'IFRS 9, en juillet 2014, a donné lieu à la modification des paragraphes 3, 5 à 7, 14, 16, AG1 et AG8 et à la suppression du paragraphe 18A. L'entité qui applique IFRS 9 doit appliquer ces modifications.

Dispositions transitoires

19 IAS 8 précise comment une entité applique un changement de méthode comptable résultant de l'application initiale d'une interprétation. L'entité n'est pas tenue de se conformer à ces dispositions lorsqu'elle applique pour la première fois la présente interprétation. Si l'entité a désigné un instrument de couverture comme étant une couverture d'un investissement net mais que cette couverture ne remplit pas les conditions de la comptabilité de couverture définies dans la présente interprétation, l'entité appliquera IAS 39 pour cesser cette comptabilité de couverture à titre prospectif.

Appendice – Guide d'application

Le présent appendice fait partie intégrante de l'interprétation.

AG1 Le présent appendice illustre l'application de l'interprétation en prenant pour exemple la structure d'entreprise indiquée ci-dessous. Dans tous les cas, les relations de couverture décrites doivent faire l'objet d'un test d'efficacité conformément à IFRS 9, même si ce test n'est pas abordé dans le présent appendice. En qualité d'entité mère ultime, la Société mère présente ses états financiers consolidés dans sa monnaie fonctionnelle qui est l'euro (EUR). Chacune des filiales est entièrement détenue. L'investissement net de 500 millions de livres sterling de la Société mère dans sa Filiale B [dont la monnaie fonctionnelle est la livre sterling (GBP)] comprend une somme de 159 millions de GBP équivalente à l'investissement net de 300 millions de dollars de la Filiale B dans la Filiale C [dont la monnaie fonctionnelle est le dollar des États-Unis (USD)]. En d'autres termes, l'actif net de la Filiale B, mis à part son investissement dans la Filiale C, s'élève à 341 millions de GBP.

➟ Nature du risque couvert pour lequel une relation de couverture peut être désignée (paragraphes 10 à 13)

AG2 La Société Mère peut couvrir son investissement net dans chacune des filiales A, B et C contre le risque de change entre leurs monnaies fonctionnelles respectives [(yen (JPY), livre sterling et dollar US] et l'euro. En outre, la Société Mère peut couvrir le risque de change USD/GBP entre les monnaies fonctionnelles de la Filiale B et de la Filiale C. Dans ses états financiers consolidés, la Filiale B peut couvrir son investissement net dans la Filiale C contre le risque de change entre les monnaies fonctionnelles dollar US et livre sterling. Dans les exemples ci-dessous, le risque désigné est le risque de change au comptant parce que les instruments de couverture ne sont pas des dérivés. Si les instruments de couverture étaient des contrats à terme, la Société Mère pourrait désigner le risque de change à terme comme étant le risque couvert.

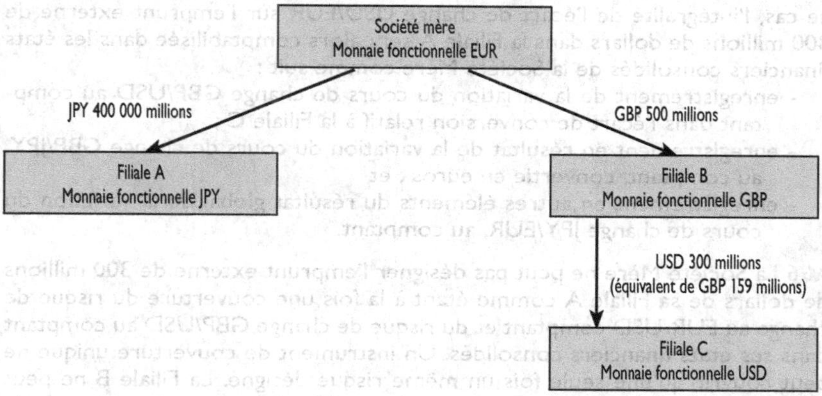

Montant de l'élément couvert pour lequel une relation de couverture peut être désignée (paragraphes 10 à 13)

AG3 La Société Mère souhaite couvrir le risque de change de son investissement net dans sa Filiale C. Supposons que la Filiale A dispose d'un financement externe de 300 millions de dollars. L'actif net de la Filiale A au début de la période de reporting s'élève à 400 000 millions de yens, y compris l'encours d'un emprunt externe de 300 millions de dollars.

AG4 L'élément couvert peut être un montant d'actif net inférieur ou égal à la valeur comptable dans les états financiers consolidés de l'investissement net de la Société Mère dans sa Filiale C (300 millions de dollars). Dans ses états financiers consolidés, la Société Mère peut désigner l'emprunt externe de 300 millions de dollars de sa Filiale A comme une couverture du risque de change au comptant EUR/USD associé à son investissement net de 300 millions de dollars d'actif net dans la Filiale C. Dans ce cas, tant l'écart de change EUR/USD sur l'emprunt externe de 300 millions de USD dans la Filiale A que l'écart de change EUR/USD sur l'investissement net de 300 millions de USD dans la Filiale C sont inclus dans l'écart de conversion figurant dans les états financiers consolidés de la Société Mère après application de la comptabilité de couverture.

AG5 En l'absence de comptabilité de couverture, l'intégralité de l'écart de change USD/EUR sur l'emprunt externe de 300 millions de dollars dans la Filiale A serait comptabilisé dans les états financiers consolidés de la Société Mère comme suit :

- enregistrement en résultat de la variation du cours de change USD/JPY, au comptant, convertie en euros ; et
- enregistrement en autres éléments du résultat global de la variation du cours de change JPY/EUR, au comptant.

Au lieu de la désignation visée au paragraphe AG4, dans ses états financiers consolidés, la Société Mère peut désigner le montant de 300 millions de dollars d'emprunt externe de sa Filiale A comme étant une couverture du risque de change GBP/USD au comptant entre la Filiale C et la Filiale B. Dans ce cas, l'intégralité de l'écart de change USD/EUR sur l'emprunt externe de 300 millions de dollars dans la Filiale A sera alors comptabilisée dans les états financiers consolidés de la Société Mère comme suit :

- enregistrement de la variation du cours de change GBP/USD au comptant dans l'écart de conversion relatif à la Filiale C ;
- enregistrement en résultat de la variation du cours de change GBP/JPY, au comptant, convertie en euros ; et
- enregistrement en autres éléments du résultat global de la variation du cours de change JPY/EUR, au comptant.

AG6 La Société Mère ne peut pas désigner l'emprunt externe de 300 millions de dollars de sa Filiale A comme étant à la fois une couverture du risque de change au EUR/USD comptant et du risque de change GBP/USD au comptant dans ses états financiers consolidés. Un instrument de couverture unique ne peut couvrir qu'une seule fois un même risque désigné. La Filiale B ne peut appliquer la comptabilité de couverture dans ses états financiers consolidés parce que l'instrument de couverture est détenu à l'extérieur du groupe constitué par la Filiale B et la Filiale C.

Niveau auquel, dans un groupe, l'instrument de couverture peut être détenu (paragraphes 14 et 15)

AG7 Comme indiqué au paragraphe AG5, la variation totale de valeur relative au risque de change sur l'emprunt externe de 300 millions de dollars de la Filiale A serait comptabilisée pour partie en résultat (risque au comptant USD/JPY) et pour partie en autres éléments du résultat global (risque au comptant EUR/JPY) dans les états financiers de la Société Mère en l'absence de comptabilité de couverture. Ces deux montants sont pris en compte pour évaluer l'efficacité de la couverture désignée au paragraphe AG4 parce que les variations de valeur de l'instrument de couverture et de l'élément couvert sont calculées par référence à l'euro, monnaie fonctionnelle de la Société Mère, contre le dollar, monnaie fonctionnelle de la Filiale C, conformément à la documentation de couverture. La méthode de consolidation (à savoir la méthode directe ou la méthode par paliers) n'affecte pas l'évaluation de l'efficacité de la couverture.

Montants reclassés en résultat lors de la cession d'un établissement à l'étranger (paragraphes 16 et 17)

AG8 Lors de la sortie de la Filiale C, les montants reclassés des écarts de conversion des monnaies étrangères en résultat net dans les états financiers de la Société mère sont les suivants :

a) au titre de l'emprunt externe de 300 millions d'USD de la Filiale A, le montant qu'IFRS 9 impose d'identifier, à savoir la variation totale de valeur relative au risque de change qui a été comptabilisée dans les autres éléments du résultat global en tant que partie efficace de la couverture ; et

b) au titre de l'investissement net de 300 millions de dollars dans la Filiale C, le montant déterminé par la méthode de consolidation de l'entité. Si la Société Mère utilise la méthode directe, son écart de conversion par rapport à la Filiale C sera déterminé directement par le cours de change EUR/USD. Si la Société Mère utilise la méthode par paliers, son écart de conversion par rapport à sa Filiale C sera déterminé par l'écart de conversion comptabilisé par la Filiale B et reflétant le cours de change GBP/USD, converti dans la monnaie fonctionnelle de la Société Mère en utilisant le cours de change EUR/

GBP. L'utilisation, par la Société Mère, de la méthode de consolidation par paliers au cours de périodes antérieures ne lui impose pas, ni ne l'empêche, de déterminer le montant d'écart de conversion à reclasser lorsqu'elle cède sa Filiale C comme étant le montant qu'elle aurait comptabilisé si elle avait toujours utilisé la méthode directe, en fonction de sa méthode comptable.

➠ Couverture de plusieurs établissements à l'étranger (paragraphes 11, 13 et 15)

AG9 Les exemples ci-dessous montrent que dans les états financiers consolidés de la Société Mère, le risque qui peut être couvert est toujours le risque entre sa monnaie fonctionnelle (l'euro) et les monnaies fonctionnelles de sa Filiale B et de sa Filiale C. Quel que soit le mode de désignation des couvertures, le maximum des montants qui peuvent être des couvertures efficaces à inclure dans les écarts de conversion dans les états financiers consolidés de la Société Mère, lorsque les deux établissements à l'étranger sont couverts, sont 300 millions de dollars au titre du risque EUR/USD et 341 millions de livres sterling au titre du risque EUR/GBP. Les autres variations de valeur dues aux variations des cours de change sont incluses dans le résultat consolidé de la Société Mère. Bien entendu, il serait possible pour la Société Mère de désigner 300 millions de dollars uniquement pour des variations du cours de change au comptant USD/GBP ou 500 millions de livres sterling uniquement pour les variations du cours de change au comptant GBP/EUR.

La Société Mère détient des instruments de couverture en USD et en GBP

AG10 La Société Mère pourrait souhaiter couvrir le risque de change lié tant à son investissement net dans sa Filiale B qu'à son investissement net dans sa Filiale C. Supposons que la Société Mère détient des instruments de couverture appropriés libellés en dollars et en livres sterling, qu'elle pourrait désigner comme étant une couverture de ses investissements nets dans la Filiale B et dans la Filiale C. Les désignations que la Société Mère peut effectuer dans ses états financiers consolidés sont notamment les suivantes :

a) un instrument de couverture de 300 millions de dollars désigné comme couverture de l'investissement net de 300 millions de dollars dans la Filiale C, où le risque est l'exposition de change au comptant (EUR/USD) entre la Société Mère et sa Filiale C et un instrument d'un montant pouvant atteindre jusqu'à 341 millions de livres sterling en couverture de l'investissement net de 341 millions de livres sterling dans la Filiale B, où le risque est l'exposition de change au comptant (EUR/GBP) entre la Société Mère et sa Filiale B ;

b) un instrument de couverture de 300 millions de dollars désigné comme couverture de l'investissement net de 300 millions de dollars dans la Filiale C, où le risque est l'exposition de change au comptant (GBP/USD) entre la Filiale B et la Filiale C et un instrument d'un montant pouvant atteindre jusqu'à 500 millions de livres sterling en couverture de l'investissement net de 500 millions de livres sterling dans la Filiale B, où le risque est l'exposition de change au comptant (EUR/GBP) entre la Société Mère et sa Filiale B.

AG11 Le risque EUR/USD lié à l'investissement net de la Société Mère dans sa Filiale C est un risque différent du risque EUR/GBP lié à l'investissement net de la Société Mère dans sa Filiale B. Toutefois, dans le cas décrit au paragraphe AG10, point a), en désignant l'instrument de couverture en USD qu'elle détient, la Société Mère a déjà intégralement couvert le risque EUR/USD de son investissement net dans sa Filiale C. Si la Société Mère a également désigné un instrument GBP qu'elle détient en tant que couverture de son investissement net de 500 millions de livres sterling dans sa Filiale B, une quote-part de 159 millions de livres sterling de cet investissement net, représentant l'équivalent en GBP de son investissement net en USD dans la Filiale C, serait couverte deux fois au titre du risque GBP/EUR dans les états financiers consolidés de la Société Mère.

AG12 Dans le cas décrit au paragraphe AG10, point b), si la Société Mère désigne le risque couvert comme étant l'exposition au risque de change au comptant (GBP/USD) entre sa Filiale B et sa Filiale C, seule la partie GBP/USD de la variation de valeur de son instrument de couverture de 300 millions de dollars est incluse dans l'écart de conversion de la Société Mère se rapportant à sa Filiale C. Le solde de la variation (correspondant à la variation du cours GBP/EUR sur 159 millions de livres sterling), est inclus dans le résultat consolidé de la Société Mère, comme au paragraphe AG5. Comme la désignation du risque USD/GBP entre les Filiales B et C ne comprend pas le risque GBP/EUR, la Société Mère est également en mesure de désigner un montant jusqu'à concurrence de 500 millions de livres sterling de son investissement net dans sa Filiale B, montant pour lequel le risque est l'exposition au risque de change (GBP/EUR) au comptant entre la Société Mère et sa Filiale B.

La Filiale B détient l'instrument de couverture en USD

AG13 Supposons que la Filiale B détient une dette externe de 300 millions de dollars, dont l'encours a été transféré à la Société Mère par le biais d'un prêt interentreprises libellé en livres sterling. L'actif net de la Filiale B est inchangé, puisque son actif et son passif ont tous deux progressé de 159 millions de livres sterling. La Filiale B pourrait désigner dans ses états financiers consolidés la dette externe comme constituant une couverture du risque GBP/USD sur son investissement net dans la Filiale C. La Société Mère pourrait maintenir la désignation par sa Filiale B de cet instrument de couverture en tant que couverture de son investissement net de 300 millions de dollars dans la Filiale C au titre du risque GBP/USD (voir paragraphe 13) et la Société Mère pourrait désigner l'instrument de couverture en GBP qu'elle détient comme une couverture de l'intégralité de son investissement net de 500 millions de livres sterling dans sa Filiale B. La première couverture, désignée par la Filiale B, serait évaluée par référence à la monnaie fonctionnelle de la Filiale B (la livre sterling) et la deuxième couverture, désignée par la Société Mère, serait évaluée par référence à la monnaie fonctionnelle de la Société Mère (euro). Dans ce cas, seul le risque GBP/USD lié à l'investissement net de la Société Mère dans sa Filiale C est couvert dans les états financiers consolidés de la Société Mère par l'instrument de couverture en USD, et non l'intégralité du risque EUR/USD. Dès lors, l'intégralité du risque EUR/GBP lié à l'investissement net de 500 millions de livres sterling de la Société Mère dans sa Filiale B peut être couvert dans les états financiers consolidés de la Société Mère.

AG14 Toutefois, il y a lieu également de tenir compte de la comptabilisation du prêt de 159 millions de livres sterling de la Société Mère à sa Filiale B. Si le prêt de la Société Mère n'est pas considéré comme faisant partie de l'investissement net dans la Filiale B parce qu'il ne répond pas aux conditions d'IAS 21, paragraphe 15, l'écart de change GBP/EUR résultant de sa conversion sera inclus dans le résultat consolidé de la Société Mère. Si le prêt de 159 millions de livres sterling accordé à la Filiale B est considéré comme faisant partie de l'investissement net de la Société Mère, cet investissement net ne sera que de 341 millions de livres sterling et le montant que la Société Mère pourra désigner comme élément couvert pour le risque GBP/EUR sera ramené en conséquence de 500 millions de livres sterling à 341 millions de livres sterling.

AG15 Si la Société Mère décide de mettre un terme à la relation de couverture désignée par la Filiale B, la Société Mère pourrait désigner l'emprunt externe de 300 millions de dollars de la Filiale B comme étant une couverture de son investissement net de 300 millions de dollars dans sa Filiale C au titre du risque EUR/USD et désigner l'instrument de couverture en GBP qu'elle détient elle-même comme étant une couverture limitée à une quote-part de son investissement net dans Filiale B ne dépassant pas 341 millions de livres sterling. Dans ce cas, l'efficacité des deux couvertures serait calculée par référence à la monnaie fonctionnelle de la Société Mère (l'euro). Dès lors, tant la variation du cours USD/GBP sur la valeur de l'emprunt externe de la Filiale B que la variation du cours GBP/EUR sur la valeur du prêt de la Société Mère à sa Filiale B (équivalentes, au total, à la variation du cours USD/EUR) seront incluses dans l'écart de conversion dans les états financiers consolidés de la Société Mère. Puisque la Société Mère a déjà intégralement couvert le risque EUR/USD de son investissement net dans sa Filiale C, elle ne peut couvrir qu'une quote-part plafonnée à 341 millions de livres sterling du risque EUR/GBP de l'investissement net dans sa Filiale B.

IFRIC 17

Distributions d'actifs non monétaires aux propriétaires

[règlt UE 2023/1803]

Références

IFRS 3 *Regroupement d'entreprises* (telle que révisée en 2008)

IFRS 5 *Actifs non courants détenus en vue de la vente et activités abandonnées*

IFRS 7 *Instruments financiers : informations à fournir*

IFRS 10 *États financiers consolidés*

IFRS 13 *Évaluation de la juste valeur*

IAS 1 *Présentation des états financiers* (telle que révisée en 2007)

IAS 10 *Événements postérieurs à la fin de la période de reporting*

Contexte

1 Il arrive qu'une entité distribue à ses propriétaires (*) agissant en cette qualité, à titre de dividende, des actifs autres que de la trésorerie (actifs non monétaires). Dans ce cas, l'entité peut également laisser le choix à ses propriétaires, soit de recevoir des actifs non monétaires, soit de recevoir l'équivalent en trésorerie. L'IFRIC a reçu des demandes d'éclaircissements sur la manière dont une entité doit comptabiliser de telles distributions.

(*) Le paragraphe 7 d'IAS 1 définit les propriétaires comme étant les porteurs d'instruments classés comme des capitaux propres.

2 Les IFRS ne donnent pas d'indications sur la manière dont une entité doit évaluer les distributions à ses propriétaires (généralement appelées dividendes). IAS 1 impose aux entités de détailler les dividendes comptabilisés comme étant des distributions aux propriétaires, soit dans l'état des variations des capitaux propres, soit dans les notes des états financiers.

Champ d'application

3 La présente interprétation s'applique aux types suivants de distributions d'actifs sans contrepartie, réalisées par une entité au profit de ses propriétaires agissant en cette qualité :

a) distributions d'actifs non monétaires (par exemple des immobilisations corporelles, des entreprises comme défini dans IFRS 3, des participations dans une autre entité ou des groupes destinés à être cédés comme défini dans IFRS 5) ; et

b) des distributions qui laissent le choix aux propriétaires, soit de recevoir des actifs non monétaires, soit de recevoir l'équivalent en trésorerie.

4 La présente interprétation s'applique exclusivement aux distributions pour lesquelles tous les propriétaires d'une même classe d'instruments de capitaux propres sont traités de manière égale.

5 La présente interprétation ne s'applique pas dans le cas de distribution d'un actif non-monétaire contrôlé in fine par la ou les même(s) partie(s) avant et après distribution. Cette exclusion s'applique aux états financiers séparés, individuels et consolidés de l'entité qui effectue la distribution.

6 Conformément au paragraphe 5, la présente interprétation ne s'applique pas lorsque l'actif non-monétaire contrôlé est soumis in fine au contrôle des mêmes parties avant et après la distribution. Le paragraphe B2 d'IFRS 3 prévoit qu'« un groupe de personnes sera considéré comme contrôlant une entité lorsque, à la suite d'accords contractuels, ces personnes ont collectivement le pouvoir de diriger ses politiques financières et opérationnelles pour retirer des avantages de ses activités ». En conséquence, pour qu'une distribution n'entre pas dans le champ d'application de la présente interprétation au motif que les mêmes parties contrôlent l'actif à la fois avant et après la distribution, il faut qu'un groupe d'actionnaires individuels recevant la distribution dispose, en raison d'accords contractuels, d'un tel pouvoir collectif ultime sur l'entité qui procède à la distribution.

7 Conformément au paragraphe 5, la présente interprétation ne s'applique pas lorsqu'une entité distribue une partie de ses titres de participation dans une filiale mais qu'elle conserve le contrôle de cette filiale. L'entité qui opère une distribution aboutissant à ce que l'entité comptabilise une participation ne donnant pas le contrôle dans une filiale, comptabilise cette distribution conformément à IFRS 10.

8 La présente interprétation n'aborde que la comptabilisation par une entité qui effectue une distribution sous forme d'actifs non monétaires. Elle n'aborde pas la comptabilisation par des actionnaires qui reçoivent cette distribution.

Questions

9 Lorsqu'une entité déclare une distribution et qu'elle a l'obligation de distribuer les actifs concernés à ses propriétaires, elle doit comptabiliser un passif au titre du dividende à payer. En conséquence, la présente interprétation traite des questions suivantes :

a) quand l'entité doit-elle comptabiliser le dividende à payer ?

b) comment l'entité doit-elle évaluer le dividende à payer ?

c) lorsque l'entité règle le dividende à payer, comment doit-elle comptabiliser l'éventuel écart entre la valeur comptable des actifs distribués et la valeur comptable du dividende à payer ?

Consensus

QUAND COMPTABILISER LE DIVIDENDE À PAYER

10 L'engagement de payer un dividende doit être comptabilisé dès que ce dividende a été autorisé de manière adéquate et qu'il n'est plus soumis à la discrétion de l'entité, c'est-à-dire dès la date à laquelle :

a) la déclaration du dividende, par exemple par la direction ou par le conseil d'administration, est approuvée par l'autorité compétente, à savoir les actionnaires si la législation locale exige leur approbation ; ou

b) le dividende est déclaré, par exemple par la direction ou par le conseil d'administration, si la législation locale n'exige pas d'autre approbation.

ÉVALUATION DU DIVIDENDE À PAYER

11 Une entité doit évaluer l'engagement de distribuer des actifs non monétaires à ses propriétaires, au titre de dividendes, à la juste valeur des actifs à distribuer.

12 Si une entité donne à ses propriétaires le choix de recevoir soit un actif non-monétaire, soit l'équivalent en trésorerie, l'entité doit estimer le dividende à payer en prenant en compte à la fois la juste valeur de chaque solution et la probabilité que les propriétaires choisissent l'une ou l'autre solution.

13 À la fin de chaque période de reporting et à la date de règlement, l'entité doit examiner et ajuster la valeur comptable du dividende à payer et comptabiliser en capitaux propres, au titre d'ajustements du montant de la distribution, tout changement de la valeur comptable du dividende à payer.

COMPTABILISATION DE L'ÉVENTUEL ÉCART ENTRE LA VALEUR COMPTABLE DES ACTIFS DISTRIBUÉS ET LA VALEUR COMPTABLE DU DIVIDENDE À PAYER AU MOMENT OÙ UNE ENTITÉ RÈGLE LE DIVIDENDE À PAYER

14 Lorsqu'une entité règle le dividende à payer, elle doit comptabiliser en résultat l'éventuel écart entre la valeur comptable des actifs distribués et la valeur comptable du dividende à payer.

PRÉSENTATION ET INFORMATIONS À FOURNIR

15 Une entité doit présenter l'écart décrit au paragraphe 14 comme un poste distinct en résultat.

16 Une entité doit fournir les informations suivantes, le cas échéant :

a) la valeur comptable du dividende à payer à l'ouverture et à la clôture de la période ; et

b) l'augmentation ou la diminution de la valeur comptable comptabilisée au cours de la période, conformément au paragraphe 13 à la suite du changement de juste valeur des actifs à distribuer.

17 Si, après la fin de la période de reporting mais avant que la publication des états financiers soit autorisée, une entité déclare un dividende consistant à distribuer un actif non monétaire, elle doit préciser :

a) la nature de l'actif à distribuer ;

b) la valeur comptable de l'actif à distribuer à la fin de la période de reporting ; et

c) la juste valeur de l'actif à distribuer à la fin de la période de reporting, si elle est différente de sa valeur comptable, ainsi que les informations sur la ou les méthodes utilisées pour évaluer cette juste valeur, requises par le paragraphe 93, points b), d), g) et i), et le paragraphe 99 d'IFRS 13.

Date d'entrée en vigueur

18 L'entité doit appliquer la présente interprétation à titre prospectif pour les exercices ouverts à compter du 1er juillet 2009. Une application à titre rétrospectif n'est pas autorisée. Une application anticipée est autorisée. Si l'entité applique la présente interprétation pour une période ouverte avant le 1er juillet 2009, elle doit l'indiquer et appliquer également IFRS 3 (telle que révisée en 2008), IAS 27 (telle que modifiée en mai 2008) et IFRS 5 (telle que modifiée par la présente interprétation).

19 La publication d'IFRS 10, en mai 2011, a donné lieu à la modification du paragraphe 7. L'entité qui applique IFRS 10 doit appliquer cette modification.

20 La publication d'IFRS 13, en mai 2011, a donné lieu à la modification du paragraphe 17. L'entité qui applique IFRS 13 doit appliquer cette modification.

IFRIC 19

Extinction de passifs financiers avec des instruments de capitaux propres

[règlt UE 2023/1803]

Références

Cadre de préparation et de présentation des états financiers (*)

IFRS 2 *Paiement fondé sur des actions*

IFRS 3 *Regroupements d'entreprises*

IFRS 9 *Instruments financiers*

IFRS 13 *Évaluation de la juste valeur*

IAS 1 *Présentation des états financiers*

IAS 8 *Méthodes comptables, changements d'estimations comptables et erreurs*

IAS 32 *Instruments financiers : présentation*

(*) Il s'agit du *Cadre de préparation et de présentation des états financiers* de l'IASC, qui a été adopté par l'IASB en 2001 et qui était en vigueur lors de l'élaboration de l'interprétation.

Contexte

1 Un débiteur et un créancier peuvent être amenés à renégocier les termes d'un passif financier avec comme résultat que le débiteur éteint le passif, entièrement ou en partie, en émettant des instruments de capitaux propres à l'intention du créancier. Ces transactions sont parfois nommées « conversion de créances en capital ». Il a été demandé à l'IFRIC de fournir des indications quant à la comptabilisation de telles transactions.

Champ d'application

2 La présente interprétation traite de la comptabilisation par une entité lorsque les termes d'un passif financier sont renégociés et qu'il en résulte que l'entité émet des instruments de capitaux propres à l'intention d'un créancier pour éteindre entièrement ou en partie ce passif financier. Elle ne traite pas de la comptabilisation par le créancier.

3 Une entité ne doit pas appliquer la présente interprétation dans les situations où :

a) le créancier est également un actionnaire direct ou indirect et agit en sa qualité d'actionnaire direct ou indirect existant ;

b) le créancier et l'entité sont contrôlés par la même partie ou les mêmes parties avant et après la transaction et la substance de la transaction comporte une distribution de capitaux propres par l'entité ou une contribution en capitaux propres à l'intention de l'entité ;

c) l'extinction du passif financier par l'émission d'instruments de capitaux propres résulte des termes initiaux du passif financier.

Questions

4 La présente interprétation traite des questions suivantes :

a) les instruments de capitaux propres qu'une entité émet dans le but d'éteindre un passif financier en tout ou en partie constituent-ils une « contrepartie payée » selon le paragraphe 3.3.3 d'IFRS 9 ?

b) comment une entité doit-elle évaluer initialement les instruments de capitaux propres émis pour éteindre un tel passif financier ?

c) comment une entité doit-elle comptabiliser la différence éventuelle entre la valeur comptable du passif financier éteint et le montant de l'évaluation initiale des instruments de capitaux propres émis ?

Consensus

5 Les instruments de capitaux propres qu'une entité émet au profit d'un créancier dans le but d'éteindre un passif financier en tout ou en partie constituent une contrepartie payée selon le paragraphe 3.3.3 d'IFRS 9. L'entité doit sortir un passif financier (ou une partie de passif financier) de son état de la situation financière uniquement lorsque ce passif est éteint, selon le paragraphe 3.3.1 d'IFRS 9.

6 Lorsque des instruments de capitaux propres émis à l'intention d'un créancier pour éteindre entièrement ou en partie un passif financier sont initialement comptabilisés, une entité doit les mesurer à la juste valeur des instruments de capitaux propres émis, sauf si cette juste valeur ne peut être évaluée de façon fiable.

7 Si la juste valeur des instruments de capitaux propres émis ne peut être mesurée de façon fiable, ceux-ci doivent être évalués de manière à refléter la juste valeur du passif financier éteint. Aux fins de l'évaluation de la juste valeur d'un passif financier éteint comportant une composante à vue (par exemple, un dépôt à vue), le paragraphe 47 d'IFRS 13 ne s'applique pas.

8 Si une partie seulement de l'actif financier est éteinte, l'entité doit apprécier si, pour partie, la contrepartie payée est liée à une modification des termes du passif restant. Si une partie de la contrepartie payée est liée à une modification des termes de la partie restante du passif, l'entité doit répartir la contrepartie payée entre la partie de passif éteinte et la partie de passif restante. L'entité doit tenir compte de tous les faits et circonstances pertinents en rapport avec la transaction lorsqu'elle effectue cette répartition.

9 La différence entre la valeur comptable du passif financier (ou de la partie du passif financier) éteint et la contrepartie payée doit être comptabilisée en résultat net selon le paragraphe 3.3.3 d'IFRS 9. La comptabilisation initiale et l'évaluation des instruments de capitaux propres émis doivent se faire à la date à laquelle le passif financier (ou la partie de celui-ci) est éteint.

10 Lorsqu'une partie seulement du passif financier est éteinte, la contrepartie doit faire l'objet d'une répartition selon le paragraphe 8. La contrepartie affectée au passif restant doit être prise en compte lorsque l'entité évalue si les conditions du passif restant ont été modifiées substantiellement. Si le passif restant a été modifié substantiellement, l'entité doit comptabiliser la modification comme l'extinction du passif initial et la comptabilisation d'un nouveau passif, comme l'impose le paragraphe 3.3.2 d'IFRS 9.

11 Une entité doit indiquer un résultat comptabilisé selon les paragraphes 9 et 10 dans des postes distincts dans le résultat ou dans les notes.

Date d'entrée en vigueur et dispositions transitoires

12 L'entité doit appliquer la présente interprétation pour les exercices ouverts à compter du 1er juillet 2010. Une application anticipée est autorisée. Si l'entité applique la présente interprétation pour une période ouverte avant le 1er juillet 2010, elle doit l'indiquer.

13 L'entité doit appliquer un changement de méthode comptable selon IAS 8 à partir du début de la première période présentée à titre comparatif.

14 [Supprimé].

15 La publication d'IFRS 13, en mai 2011, a donné lieu à la modification du paragraphe 7. L'entité qui applique IFRS 13 doit appliquer cette modification.

16 [Supprimé].

17 La publication d'IFRS 9, en juillet 2014, a donné lieu à la modification des paragraphes 4, 5, 7, 9 et 10 et à la suppression des paragraphes 14 et 16. L'entité qui applique IFRS 9 doit appliquer ces modifications.

IFRIC 20

Frais de découverture engagés pendant la phase d'exploitation d'une mine à ciel ouvert

[règlt UE 2023/1803]

Références

Cadre conceptuel de l'information financière (*)

IAS 1 *Présentation des états financiers*

IAS 2 *Stocks*

IAS 16 *Immobilisations corporelles*

IAS 38 *Immobilisations incorporelles*

(*) Il s'agit du ***Cadre conceptuel de l'information financière*** qui a été publié en 2010 et qui était en vigueur lors de l'élaboration de l'interprétation.

Contexte

1 Dans l'exploitation d'une mine à ciel ouvert, il peut arriver que les entités aient à enlever des stériles (ou morts-terrains) pour avoir accès à des gisements. Cette opération est appelée « découverture ».

2 Les frais de découverture engagés pendant les travaux préparatoires (avant que l'exploitation de la mine ne commence) sont habituellement incorporés aux coûts amortissables de préparation, de mise en valeur et de construction de la mine. Ces frais inscrits à l'actif sont amortis de manière systématique, généralement selon le mode des unités de production, à compter du début de l'exploitation de la mine.

3 Il se peut qu'une entité minière continue d'enlever des morts-terrains et d'engager des frais de découverture au cours de la phase d'exploitation de la mine.

4 La couche enlevée lors des opérations de découverture effectuées au cours de la phase d'exploitation de la mine n'est pas nécessairement constituée de stériles à 100 % ; il s'agit souvent d'un mélange de minerai et de stériles. La proportion de minerai dans la couche enlevée peut varier de faible et sans

valeur économique à élevée et rentable. La couche enlevée peut donc être utilisée pour produire des stocks, et ce, même si la proportion de minerai qu'elle contient est faible. La découverture peut également permettre d'accéder à des couches plus profondes contenant une proportion de minerai plus élevée. Les opérations de découverture peuvent donc procurer deux avantages à l'entité : du minerai utilisable par l'entité pour produire des stocks et un meilleur accès à des quantités additionnelles de minerai qui seront exploitées au cours de périodes futures.

5 La présente interprétation indique quand et comment comptabiliser séparément ces deux avantages découlant des opérations de découverture, ainsi que la manière d'évaluer ces avantages initialement et ultérieurement.

Champ d'application

6 La présente interprétation s'applique aux frais d'enlèvement des stériles d'une mine à ciel ouvert qui sont engagés pendant la phase d'exploitation de la mine (les « frais de découverture engagés au cours de la phase d'exploitation »).

Questions

7 La présente interprétation traite des questions suivantes :

a) la comptabilisation en tant qu'actif des frais de découverture engagés pendant la phase d'exploitation ;

b) l'évaluation initiale de l'actif au titre des opérations de découverture ; et

c) l'évaluation ultérieure de l'actif au titre des opérations de découverture.

Consensus

COMPTABILISATION EN TANT QU'ACTIF DES FRAIS DE DÉCOUVERTURE ENGAGÉS PENDANT LA PHASE D'EXPLOITATION

8 Dans la mesure où l'avantage généré par les opérations de découverture prend la forme de stocks que produit la mine, l'entité doit comptabiliser les frais engagés dans les opérations de découverture conformément aux principes d'IAS 2 *Stocks*. Dans la mesure où l'avantage est un meilleur accès au minerai à extraire, l'entité doit comptabiliser ces frais comme un actif non courant, si les critères du paragraphe 9 ci-dessous sont réunis. Dans la présente interprétation, cet actif non courant est désigné par l'expression « actif au titre des opérations de découverture ».

9 L'entité doit comptabiliser un actif au titre des opérations de découverture si, et seulement si, tous les critères suivants sont remplis :

a) il est probable que les avantages économiques futurs (meilleur accès au corps minéralisé) associés aux opérations de découverture iront à l'entité ;

b) l'entité peut identifier la partie du corps minéralisé à laquelle elle a un meilleur accès ; et

c) les frais rattachés aux opérations de découverture associées à cette partie du corps minéralisé peuvent être évalués de façon fiable.

10 L'actif au titre des opérations de découverture doit être comptabilisé comme un ajout ou une amélioration apportée à un actif existant. En d'autres termes, l'actif au titre des opérations de découverture sera comptabilisé en tant que *partie* d'un actif existant.

11 Le classement de l'actif au titre des opérations de découverture en immobilisation corporelle ou en immobilisation incorporelle est fonction de celui de l'actif existant. En d'autres termes, la nature de l'actif existant déterminera si l'entité doit classer l'actif au titre des opérations de découverture en immobilisation corporelle ou incorporelle.

ÉVALUATION INITIALE DE L'ACTIF AU TITRE DES OPÉRATIONS DE DÉCOUVERTURE

12 L'entité doit initialement évaluer l'actif au titre des opérations de découverture au coût, celui-ci correspondant au cumul des frais directement engagés pour réaliser les travaux de découverture qui donnent un meilleur accès à la partie identifiée du corps minéralisé, auquel s'ajoute la quote-part des coûts indirects qui sont directement attribuables à l'actif. Certaines activités accessoires peuvent avoir lieu en même temps que les travaux de découverture en phase d'exploitation, sans qu'elles soient requises pour que les travaux de découverture en phase d'exploitation se déroulent comme prévu. Les coûts associés à ces activités accessoires ne doivent pas être inclus dans le coût des opérations de découverture.

13 Lorsque le coût de l'actif au titre des opérations de découverture et le coût des stocks produits ne sont pas identifiables séparément, l'entité doit répartir les frais de découverture engagés pendant la phase d'exploitation entre les stocks produits et l'actif au titre des opérations de découverture en s'appuyant sur des données pertinentes de production. Ces données de production doivent être établies pour la partie identifiée du corps minéralisé, et être utilisées comme point de référence pour déterminer la mesure dans laquelle les opérations de découverture ont permis de créer un avantage futur. Il peut par exemple s'agir des données suivantes :

a) le coût des stocks produits par rapport au coût prévu ;

b) le volume des stériles extraits par rapport au volume attendu, pour un volume donné de minerai produit ; et

c) la teneur en minéraux du minerai extrait comparativement à la teneur en minéraux prévue du minerai à extraire, pour une quantité donnée de minerai produite.

ÉVALUATION ULTÉRIEURE DE L'ACTIF AU TITRE DES OPÉRATIONS DE DÉCOUVERTURE

14 Après l'évaluation initiale, l'actif au titre des opérations de découverture doit être comptabilisé à son coût amorti ou à son montant réévalué diminué des amortissements et des pertes de valeur, de la même façon que l'actif existant dont il fait partie.

15 L'actif au titre des opérations de découverture doit être amorti d'une manière systématique sur la durée d'utilité attendue de la partie identifiée du corps minéralisé qui devient plus accessible grâce aux opérations de découverture. Le mode d'amortissement selon les unités de production doit être appliqué à moins qu'une autre méthode soit plus appropriée.

16 La durée d'utilité attendue de la partie identifiée du corps minéralisé qui est utilisée pour l'amortissement de l'actif au titre des opérations de découverture différera de la durée d'utilité attendue qui est utilisée pour l'amortissement de la mine elle-même et des actifs connexes ayant la même durée de vie que la mine, sauf dans les circonstances limitées où les opérations de découverture donnent un meilleur accès à l'intégralité du corps minéralisé restant. Cette situation peut se produire, par exemple vers la fin de la durée d'utilité de la mine, lorsque la partie identifiée correspond à la dernière partie du corps minéralisé qui sera extraite.

Appendice A – Date d'entrée en vigueur et dispositions transitoires

Le présent appendice fait partie intégrante de l'interprétation et fait autorité au même titre que les autres parties de l'interprétation.

A1 L'entité doit appliquer la présente interprétation pour les exercices ouverts à compter du 1er janvier 2013. Une application anticipée est autorisée. Si l'entité applique la présente interprétation pour une période antérieure, elle doit l'indiquer.

A2 L'entité doit appliquer la présente interprétation aux frais de découverture engagés pendant la phase d'exploitation à compter de l'ouverture de la première période présentée.

A3 À l'ouverture de la première période présentée, tout solde d'un actif comptabilisé antérieurement par suite d'opérations de découverture entreprises en phase d'exploitation («actif comptabilisé antérieurement ») doit être reclassé en tant que partie d'un actif existant auquel les opérations de découverture se rattachaient, dans la mesure où il reste une partie identifiable du corps minéralisé à laquelle l'actif comptabilisé antérieurement peut être associé. De tels soldes doivent être amortis sur la durée d'utilité attendue restant à courir de la partie identifiée du corps minéralisé à laquelle se rattache chaque solde d'actif comptabilisé antérieurement.

A4 Si l'on ne peut identifier une partie du corps minéralisé à laquelle se rattache l'actif comptabilisé antérieurement, il doit être comptabilisé dans le solde d'ouverture des résultats non distribués au début de la première période présentée.

IFRIC 21

Taxes

[règlt UE 2023/1803]

Références

IAS 1 *Présentation des états financiers*

IAS 8 *Méthodes comptables, changements d'estimations comptables et erreurs*

IAS 12 *Impôts sur le résultat*

IAS 20 *Comptabilisation des subventions publiques et informations à fournir sur l'aide publique*

IAS 24 *Information relative aux parties liées*

IAS 34 *Information financière intermédiaire*

IAS 37 *Provisions, passifs éventuels et actifs éventuels*

IFRIC 6 *Passifs découlant de la participation à un marché spécifique – déchets d'équipements électriques et électroniques*

Contexte

1 Il arrive qu'une autorité publique impose une taxe à une entité. Il a été demandé à l'IFRS Interpretations Committee de fournir des indications sur le traitement de ces taxes dans les états financiers de l'entité qui s'en acquitte. La question porte sur le moment où il faut comptabiliser un passif selon IAS 37 *Provisions, passifs éventuels et actifs éventuels* au titre de la taxe due.

Champ d'application

2 La présente interprétation porte sur la comptabilisation du passif au titre d'une taxe due dans le cas où ce passif entre dans le champ d'application de la norme IAS 37. Elle traite aussi de la comptabilisation du passif au titre d'une taxe due dont l'échéance et le montant sont certains.

3 La présente interprétation ne porte pas sur le traitement des coûts découlant de la comptabilisation d'un passif au titre d'une taxe due. Les entités doivent appliquer d'autres normes afin de déterminer si la comptabilisation d'un passif au titre d'une taxe due crée un actif ou une charge.

4 Aux fins de la présente interprétation, les taxes sont des sorties de ressources représentatives d'avantages économiques qui sont imposées par

les autorités publiques aux entités en vertu de dispositions légales ou réglementaires, à l'exception :

a) des sorties de ressources qui entrent dans le champ d'application d'autres normes (telles que les impôts sur le résultat, qui entrent dans le champ d'application d'IAS 12 *Impôts sur le résultat*) ; et

b) des amendes et autres pénalités imposées pour violation de dispositions légales ou réglementaires.

« Autorité publique » désigne l'État, une autorité locale ou un organisme public, ou tout autre organisme local, national ou international similaire.

5 Un paiement effectué par une entité pour acquérir un actif, ou pour fournir des services conformément à un accord contractuel avec une autorité publique, ne rentre pas dans la définition des taxes.

6 L'entité n'est pas tenue d'appliquer la présente interprétation aux passifs générés par des mécanismes d'échange de droits d'émission.

Questions

7 La présente interprétation vise à apporter des précisions sur la comptabilisation du passif au titre des taxes dues en répondant aux questions suivantes :

a) quel est le fait générateur d'obligation qui entraîne la comptabilisation d'un passif au titre d'une taxe due ?

b) la nécessité économique pour l'entité de poursuivre des activités au cours d'une période future crée-t-elle une obligation implicite de s'acquitter de la taxe qui résultera de l'exercice d'activités au cours de cette période future ?

c) le principe de continuité d'exploitation implique-t-il que l'entité a une obligation actuelle de s'acquitter de la taxe qui résultera de l'exercice d'activités au cours d'une période future ?

d) la comptabilisation du passif au titre d'une taxe due se fait-elle à un moment précis ou, dans certaines circonstances, progressivement ?

e) quel est le fait générateur d'obligation qui entraîne la comptabilisation d'un passif au titre d'une taxe due si un seuil minimal est atteint ?

f) les principes de comptabilisation du passif au titre d'une taxe due sont-ils les mêmes pour les états financiers annuels et pour le rapport financier intermédiaire ?

Consensus

8 Le fait générateur d'obligation qui crée un passif au titre d'une taxe due est l'activité qui rend la taxe exigible, tel qu'il est prévu par les dispositions légales ou réglementaires. Par exemple, si l'activité qui rend la taxe exigible est la génération de produits au cours de la période considérée et que le calcul de cette taxe a pour base les produits générés au cours d'une période antérieure, le fait générateur d'obligation est la génération de produits au cours de la période considérée. La réalisation de produits au cours de la période précédente est nécessaire, mais non suffisante, pour créer une obligation actuelle.

9 La nécessité économique pour une entité de poursuivre des activités au cours d'une période future ne donne pas lieu à une obligation implicite de s'acquitter de la taxe résultant de l'exercice d'activités au cours de cette période future.

10 Le fait pour une entité de s'appuyer sur le principe de continuité d'exploitation pour la préparation de ses états financiers ne signifie pas qu'elle a une obligation actuelle de s'acquitter de la taxe qui sera exigible du fait de l'exercice d'activités au cours d'une période future.

11 Le passif au titre d'une taxe due est comptabilisé de manière progressive si le fait générateur d'obligation se produit au fil du temps (c'est-à-dire si l'activité qui rend la taxe exigible tel qu'il est prévu par les dispositions légales ou réglementaires se déroule sur une certaine période). Par exemple, si le fait générateur d'obligation est la génération de produits au fil du temps, le passif correspondant est comptabilisé à mesure que l'entité génère ces produits.

12 Si l'obligation de payer une taxe est générée lorsqu'un seuil minimal est atteint, la comptabilisation du passif qui découle de cette obligation doit être conforme aux principes établis aux paragraphes 8 à 14 de la présente interprétation (et notamment aux paragraphes 8 et 11). Par exemple, si le fait générateur d'obligation est l'atteinte d'un seuil minimal d'activité (comme un montant minimal de produits, de ventes ou d'extrants), le passif correspondant est comptabilisé lorsque ce seuil minimal d'activité est atteint.

13 L'entité doit appliquer les mêmes principes de comptabilisation dans le rapport financier intermédiaire que dans les états financiers annuels. Par conséquent, dans le rapport financier intermédiaire, le passif au titre d'une taxe :

a) ne doit pas être comptabilisé s'il n'y a pas d'obligation actuelle de s'acquitter de la taxe à la fin de la période intermédiaire ; et

b) doit être comptabilisé s'il existe une obligation actuelle de s'acquitter de la taxe à la fin de la période intermédiaire.

14 L'entité doit comptabiliser un actif si elle a effectué le paiement anticipé d'une taxe sans avoir l'obligation actuelle de payer cette taxe.

Appendice A – Date d'entrée en vigueur et dispositions transitoires

Le présent appendice fait partie intégrante de l'interprétation et fait autorité au même titre que les autres parties de l'interprétation.

A1 L'entité doit appliquer la présente interprétation pour les exercices ouverts à compter du 1er janvier 2014. Une application anticipée est autorisée. Si l'entité applique la présente interprétation pour une période antérieure, elle doit l'indiquer.

A2 Les changements de méthodes comptables résultant de la première application de la présente interprétation doivent être comptabilisés de manière rétrospective selon IAS 8 *Méthodes comptables, changements d'estimations comptables et erreurs.*

IFRIC 22

Transactions en monnaie étrangère et contrepartie anticipée

[règlt UE 2023/1803]

Références

Cadre conceptuel de l'information financière (*)

IAS 8 *Méthodes comptables, changements d'estimations comptables et erreurs*

IAS 21 *Effets des variations des cours des monnaies étrangères*

(*) Il s'agit du *Cadre conceptuel de l'information financière* qui a été publié en 2010 et qui était en vigueur lors de l'élaboration de l'interprétation.

Contexte

1 Selon le paragraphe 21 d'IAS 21 *Effets des variations des cours des monnaies étrangères*, l'entité est tenue d'enregistrer une transaction en monnaie étrangère, lors de sa comptabilisation initiale dans la monnaie fonctionnelle de l'entité, en appliquant au montant en monnaie étrangère le cours de change au comptant entre la monnaie fonctionnelle et la monnaie étrangère (ci-après le « cours de change ») à la date de la transaction. Selon le paragraphe 22 d'IAS 21, la date de la transaction est la date à laquelle la transaction satisfait pour la première fois aux conditions de comptabilisation prévues dans les normes internationales d'information financière (IFRS).

2 Lorsqu'une entité paie ou reçoit une contrepartie anticipée en monnaie étrangère, elle comptabilise généralement un actif non monétaire ou un passif non monétaire (*) avant de comptabiliser l'actif, la charge ou le produit connexe. L'actif, la charge ou le produit connexe (ou la partie d'actif, de charge ou de produit connexe) est le montant qui est comptabilisé en application des IFRS pertinentes et qui donne lieu à la décomptabilisation de l'actif non monétaire ou du passif non monétaire issu de la contrepartie anticipée.

(*) Par exemple, selon le paragraphe 106 d'IFRS 15 ***Produits des activités ordinaires tirés de contrats conclus avec des clients***, si le client paie la contrepartie, ou si l'entité a un droit à un montant de contrepartie qui est inconditionnel (c'est-à-dire une créance), avant que l'entité ne fournisse un bien ou un service au client, l'entité doit présenter le contrat comme un passif sur contrat au moment où le paiement est effectué ou au moment où le paiement est exigible (selon ce qui se produit en premier).

3 L'IFRS Interpretations Committee (ci-après le « Comité ») avait d'abord été saisi de la question de savoir comment déterminer conformément aux paragraphes 21 et 22 d'IAS 21 la date de la transaction aux fins de la comptabilisation des produits des activités ordinaires. La question visait plus précisément le cas où l'entité comptabilise un passif non monétaire issu de la réception d'une contrepartie anticipée avant de comptabiliser les produits des activités ordinaires connexes. En étudiant la question, le Comité a constaté que la réception ou le paiement d'une contrepartie anticipée en monnaie étrangère pouvait se rapporter à d'autres opérations que les produits des activités ordinaires. Il a donc décidé d'apporter des éclaircissements sur la date de la transaction aux fins de la détermination du cours de change à appliquer lors de la comptabilisation initiale de l'actif, de la charge ou du produit connexe lorsqu'une contrepartie anticipée est payée ou reçue en monnaie étrangère.

Champ d'application

4 La présente interprétation s'applique à une transaction (ou partie de transaction) en monnaie étrangère lorsque l'entité comptabilise un actif non monétaire ou un passif non monétaire issu du paiement ou de la réception d'une contrepartie anticipée avant d'avoir comptabilisé l'actif, la charge ou le produit connexe (ou la partie d'actif, de charge ou de produit connexe).

5 La présente interprétation ne s'applique pas lorsque l'entité comptabilise initialement l'actif, la charge ou le produit connexe :

a) à sa juste valeur ; ou

b) à la juste valeur de la contrepartie payée ou reçue à une date autre que celle de la comptabilisation initiale de l'actif non monétaire ou du passif non monétaire issu de la contrepartie anticipée (par exemple lorsque le *goodwill* est évalué selon IFRS 3 *Regroupements d'entreprises*).

6 L'entité n'est pas tenue d'appliquer la présente interprétation aux éléments suivants :

a) les impôts sur le résultat ; ou

b) les contrats d'assurance (y compris les traités de réassurance) qu'elle émet ou les traités de réassurance qu'elle détient.

Question

7 La présente interprétation traite de la manière de déterminer la date de la transaction aux fins de la détermination du cours de change à appliquer lors de la comptabilisation initiale de l'actif, de la charge ou du produit connexe (ou de la partie d'actif, de charge ou de produit connexe) au moment de la décomptabilisation de l'actif non monétaire ou du passif non monétaire issu du paiement ou de la réception d'une contrepartie anticipée en monnaie étrangère.

Consensus

8 Pour l'application des paragraphes 21 et 22 d'IAS 21, la date de la transaction aux fins de la détermination du cours de change à appliquer lors de la comptabilisation initiale de l'actif, de la charge ou du produit connexe (ou de la partie d'actif, de charge ou de produit connexe) est la date de la comptabilisation initiale, par l'entité, de l'actif non monétaire ou du passif non monétaire issu du paiement ou de la réception de la contrepartie anticipée.

9 Si la contrepartie payée ou reçue par anticipation consiste en plusieurs versements, l'entité doit déterminer la date de la transaction pour chacun d'eux.

Appendice A – Date d'entrée en vigueur et dispositions transitoires

Le présent appendice fait partie intégrante de l'interprétation IFRIC 22 et fait autorité au même titre que les autres parties de l'interprétation IFRIC 22.

DATE D'ENTRÉE EN VIGUEUR

A1 L'entité doit appliquer la présente interprétation pour les exercices ouverts à compter du 1er janvier 2018. Une application anticipée est autorisée. Si l'entité applique la présente interprétation pour une période antérieure, elle doit l'indiquer.

DISPOSITIONS TRANSITOIRES

A2 L'entité doit procéder à l'application initiale de la présente interprétation de l'une ou l'autre des manières suivantes :

a) de manière rétroactive selon IAS 8 *Méthodes comptables, changements d'estimations comptables et erreurs* ; ou

b) de manière prospective pour tous les actifs, charges et produits qui entrent dans le champ d'application de l'interprétation et dont la comptabilisation initiale a eu lieu :

- i) à l'ouverture ou après l'ouverture de la période de reporting au cours de laquelle l'entité applique l'interprétation pour la première fois ; ou
- ii) à l'ouverture ou après l'ouverture d'une période de reporting antérieure présentée à titre d'informations comparatives dans les états financiers de la période de reporting au cours de laquelle l'entité applique l'interprétation pour la première fois.

A3 L'entité qui applique le paragraphe A2, point b) doit, lors de la première application, appliquer l'interprétation aux actifs, charges et produits dont la comptabilisation initiale a eu lieu à l'ouverture ou après l'ouverture de la période de reporting visée au paragraphe A2, point b) i) ou ii) et pour lesquels l'entité avait précédemment comptabilisé des actifs non monétaires ou des passifs non monétaires issus d'une contrepartie anticipée.

Appendice B

Les modifications contenues dans le présent appendice doivent être appliquées pour les exercices ouverts à compter du 1er janvier 2018. Si l'entité applique la présente interprétation pour une période antérieure, les modifications doivent être appliquées pour cette période antérieure.

IFRIC 23

Incertitude relative au traitement des impôts sur le résultat

[règlt UE 2023/1803]

Références

IAS 1 *Présentation des états financiers*

IAS 8 *Méthodes comptables, changements d'estimations comptables et erreurs*

IAS 10 *Événements postérieurs à la fin de la période de reporting*

IAS 12 *Impôts sur le résultat*

Contexte

1 IAS 12 *Impôts sur le résultat* énonce les exigences concernant les actifs et passifs d'impôt exigible ou différé. L'entité applique les exigences de la norme IAS 12 en se fondant sur la législation fiscale applicable.

2 Il peut arriver qu'on ne sache pas bien de quelle manière la législation fiscale s'applique à une opération ou une situation particulière. Il se peut par exemple que la conformité d'un traitement fiscal à la législation fiscale en vigueur ne soit pas connue tant que l'administration fiscale ou le tribunal compétent n'a pas rendu sa décision. Par conséquent, un différend ou le contrôle d'un traitement fiscal donné par l'administration fiscale peut avoir une incidence sur la comptabilisation par une entité d'un actif ou passif d'impôt exigible ou différé.

3 Dans la présente interprétation :

a) le terme « traitements fiscaux » désigne les traitements que l'entité applique ou prévoit d'appliquer dans sa déclaration fiscale ;

b) le terme « administration fiscale » désigne l'organisme ou les organismes qui décident si un traitement fiscal est conforme à la législation fiscale en vigueur. Il peut s'agir d'un tribunal ;

c) le terme « traitement fiscal incertain » désigne un traitement fiscal dont la conformité à la loi telle que jugée par l'administration fiscale compétente n'est pas certaine. Par exemple, la décision d'une entité de ne pas produire de déclaration fiscale dans une juridiction fiscale ou de ne pas inclure certains produits dans son bénéfice imposable constitue un traitement fiscal incertain si la conformité à la législation fiscale en vigueur n'est pas certaine.

Champ d'application

4 La présente interprétation apporte des éclaircissements sur la façon d'appliquer les dispositions d'IAS 12 en matière de comptabilisation et d'évaluation en cas d'incertitude relative aux traitements fiscaux. L'entité doit dans ce cas comptabiliser et évaluer son actif ou passif d'impôt exigible ou différé en appliquant les dispositions d'IAS 12 en fonction du bénéfice imposable (de la perte fiscale), des bases fiscales, des pertes fiscales non utilisées, des crédits d'impôt non utilisés et des taux d'imposition tels que définis dans la présente interprétation.

Questions

5 Dès lors qu'un traitement fiscal est incertain, la présente interprétation s'applique aux questions suivantes et précise :

a) si l'entité doit considérer les traitements fiscaux incertains isolément ou collectivement ;

b) les hypothèses que doit faire l'entité concernant la vérification des traitements fiscaux par l'administration fiscale ;

c) comment l'entité doit déterminer le bénéfice imposable (la perte fiscale), les bases fiscales, les pertes fiscales non utilisées, les crédits d'impôt non utilisés et les taux d'imposition ; et

d) comment l'entité doit prendre en compte un changement de faits ou de circonstances.

Consensus

TRAITEMENTS FISCAUX INCERTAINS CONSIDÉRÉS ISOLÉMENT OU COLLECTIVEMENT

6 L'entité détermine s'il convient de considérer chaque traitement fiscal incertain isolément ou plutôt collectivement en regroupant certains d'entre eux, en retenant l'approche préfigurant au mieux l'issue de l'incertitude. Pour déterminer laquelle des deux approches préfigure le mieux l'issue de l'incertitude, l'entité peut tenir compte, par exemple, a) de la façon dont elle prépare ses déclarations fiscales et étaye les traitements fiscaux qu'elle applique ; ou b) de la façon dont elle s'attend à ce que l'administration fiscale procède au contrôle fiscal et traite les points que ce contrôle pourrait soulever.

7 Si, en application du paragraphe 6, l'entité regroupe plusieurs traitements fiscaux incertains, elle doit comprendre toute référence, dans la présente interprétation, à un « traitement fiscal incertain » comme désignant ce groupe de traitements fiscaux incertains considérés collectivement.

CONTRÔLE PAR L'ADMINISTRATION FISCALE

8 Lorsque l'entité apprécie l'existence et l'incidence d'un traitement fiscal incertain sur la détermination du bénéfice imposable (de la perte fiscale), des bases fiscales, des pertes fiscales non utilisées, des crédits d'impôt non utilisés et des taux d'imposition, elle doit partir de l'hypothèse que l'administration

fiscale contrôlera tous les montants qu'elle a le droit de contrôler et qu'elle procédera à ces contrôles en ayant l'entière connaissance de toutes les informations connexes.

DÉTERMINATION DU BÉNÉFICE IMPOSABLE (DE LA PERTE FISCALE), DES BASES FISCALES, DES PERTES FISCALES NON UTILISÉES, DES CRÉDITS D'IMPÔT NON UTILISÉS ET DES TAUX D'IMPÔT

9 L'entité doit déterminer s'il est probable qu'un traitement fiscal incertain sera accepté par l'administration fiscale.

10 Si l'entité détermine qu'il est probable que l'administration fiscale acceptera le traitement fiscal incertain, elle doit déterminer le bénéfice imposable (la perte fiscale), les bases fiscales, les pertes fiscales non utilisées, les crédits d'impôt non utilisés ou les taux d'imposition conformément au traitement fiscal qu'elle applique ou prévoit d'appliquer dans sa déclaration d'impôt sur le résultat.

11 Si l'entité détermine qu'il n'est pas probable que l'administration fiscale accepte le traitement fiscal incertain, elle doit prendre en compte l'incidence de cette incertitude dans la détermination du bénéfice imposable (de la perte fiscale), des bases fiscales, des pertes fiscales non utilisées, des crédits d'impôt non utilisés et des taux d'imposition. Pour ce faire, elle doit utiliser pour chaque traitement fiscal incertain celle des deux méthodes ci-dessous qui lui semble le mieux préfigurer l'issue de l'incertitude :

a) le montant le plus probable est celui qui, de tout l'éventail de résultats possibles, a la probabilité d'occurrence la plus élevée. Dès lors qu'il n'existe qu'une seule alternative possible ou si les résultats sont concentrés autour d'une valeur, cette méthode est la mieux à même de préfigurer l'issue de l'incertitude ;

b) l'espérance mathématique est la somme des divers résultats possibles, pondérés par leur probabilité d'occurrence. Dès lors qu'il existe un éventail de résultats possibles et que ceux-ci ne sont pas concentrés autour d'une valeur, cette méthode est la mieux à même de préfigurer l'issue de l'incertitude.

12 Si un traitement fiscal incertain a une incidence à la fois sur l'impôt exigible et sur l'impôt différé (par exemple, s'il a une incidence à la fois sur le bénéfice imposable utilisé pour déterminer l'impôt exigible, mais aussi sur les bases fiscales utilisées pour déterminer l'impôt différé), l'entité doit retenir des jugements et des estimations cohérents pour l'établissement de l'impôt exigible et de l'impôt différé.

CHANGEMENT DE FAITS ET DE CIRCONSTANCES

13 Une entité doit réévaluer un jugement ou une estimation requis par la présente interprétation si les faits et les circonstances sur lesquels était fondé ce jugement ou cette estimation changent, ou en cas de nouvelles informations ayant une incidence sur ce jugement ou cette estimation. Par exemple, un changement des faits et circonstances peut conduire l'entité à des conclusions différentes au sujet de la conformité d'un traitement fiscal, de l'estimation de l'incidence de l'incertitude, ou bien des deux. Des indications sur la manière de traiter les changements de faits et de circonstances figurent aux paragraphes A1 à A3.

14 Une entité doit refléter l'incidence d'un changement des faits et circonstances ou de l'obtention de nouvelles informations comme un changement d'estimation comptable en application d'IAS 8 *Méthodes comptables, changements d'estimations comptables et erreurs*. L'entité doit appliquer IAS 10 *Événements postérieurs à la fin de la période de reporting* pour déterminer si un changement intervenant après la fin de la période de reporting constitue un évènement donnant lieu à des ajustements ou un évènement ne donnant pas lieu à des ajustements.

Appendice A – Guide d'application

Le présent appendice fait partie intégrante de l'interprétation IFRIC 23 et fait autorité au même titre que les autres parties de l'interprétation IFRIC 23.

CHANGEMENT DES FAITS ET DES CIRCONSTANCES (PARAGRAPHE 13)

A1 Aux fins de l'application du paragraphe 13 de la présente interprétation, l'entité doit apprécier la pertinence et l'incidence d'un changement de faits et circonstances ou de l'obtention de nouvelles informations au regard des lois fiscales applicables. Par exemple, si deux traitements fiscaux ne relèvent pas de la même législation fiscale, il se peut qu'un événement spécifique donne lieu à la réévaluation d'un jugement ou d'une estimation pour l'un de ces traitements, mais pas pour l'autre.

A2 Voici quelques exemples, non limitatifs, de changements de faits et circonstances ou de nouvelles informations qui, selon le contexte, peuvent donner lieu à la réévaluation d'un jugement, ou d'une estimation, tel que requis par la présente interprétation :

a) les contrôles effectués ou les mesures prises par l'administration fiscale. Par exemple :

i) l'acceptation ou le rejet par l'administration fiscale du traitement fiscal, ou d'un traitement fiscal similaire, appliqué par l'entité ;

ii) des informations selon lesquelles l'administration fiscale a accepté ou rejeté un traitement fiscal similaire appliqué par une autre entité ; et

iii) des informations concernant la somme reçue ou payée en règlement d'un traitement fiscal similaire ;

b) la modification des règles établies par l'administration fiscale ;

c) l'expiration du droit d'une administration fiscale à contrôler ou contrôler de nouveau un traitement fiscal.

A3 Par ailleurs, le fait que l'administration fiscale ne se prononce pas sur la conformité d'un traitement fiscal est peu susceptible de constituer en soi un changement de faits et de circonstances ou une nouvelle information ayant une incidence sur les jugements et les estimations requis par la présente interprétation.

INFORMATIONS À FOURNIR

A4 En cas d'incertitude relative au traitement des impôts sur le résultat, l'entité doit déterminer s'il lui faut :

a) préciser, en application du paragraphe 122 d'IAS 1 *Présentation des états financiers*, les jugements qu'elle a exercés pour déterminer le bénéfice imposable (la perte fiscale), les bases fiscales, les pertes fiscales non utilisées, les crédits d'impôt non utilisés et les taux d'imposition ; et

b) fournir, en application des paragraphes 125 à 129 d'IAS 1, des informations sur les hypothèses et les estimations qu'elle a faites pour déterminer le bénéfice imposable (la perte fiscale), les bases fiscales, les pertes fiscales non utilisées, les crédits d'impôt non utilisés et les taux d'imposition.

A5 Si l'entité conclut qu'il est probable que l'administration fiscale acceptera un traitement fiscal incertain, elle doit déterminer s'il lui faut déclarer, en application du paragraphe 88 d'IAS 12, l'incidence potentielle de l'incertitude en tant que passifs ou d'actifs d'impôt éventuels.

Appendice B – Date d'entrée en vigueur et dispositions transitoires

Le présent appendice fait partie intégrante de l'interprétation IFRIC 23 et fait autorité au même titre que les autres parties de l'interprétation IFRIC 23.

DATE D'ENTRÉE EN VIGUEUR

B1 L'entité doit appliquer la présente interprétation pour les exercices ouverts à compter du 1er janvier 2019. Une application anticipée est autorisée. Si l'entité applique la présente interprétation pour une période antérieure, elle doit l'indiquer.

DISPOSITIONS TRANSITOIRES

B2 L'entité doit procéder à l'application initiale de la présente interprétation de l'une ou l'autre des manières suivantes :

a) rétrospectivement conformément à IAS 8, s'il lui est possible de le faire sans avoir recours à des connaissances a posteriori ; ou

b) rétrospectivement en comptabilisant à la date de première application l'effet cumulatif de l'application initiale de l'interprétation. Si l'entité choisit cette méthode de transition, elle ne doit pas retraiter les informations comparatives, mais comptabiliser l'effet cumulatif de l'application initiale de l'interprétation comme un ajustement du solde d'ouverture des résultats non distribués (ou, s'il y a lieu, d'une autre composante des capitaux propres). La date de première application est la date d'ouverture de l'exercice pour lequel l'entité applique la présente interprétation pour la première fois.

SIC 7
Introduction de l'euro

[règlt UE 2023/1803]

Références

IAS 1 *Présentation des états financiers* (telle que révisée en 2007)

IAS 8 *Méthodes comptables, changements d'estimations comptables et erreurs*

IAS 10 *Événements postérieurs à la fin de la période de reporting*

IAS 21 *Effets des variations des cours des monnaies étrangères* (telle que révisée en 2003)

IAS 27 *États financiers consolidés et individuels* (telle que modifiée en 2008)

Question

1 À compter du 1er janvier 1999, date de démarrage effectif de l'Union économique et monétaire (UEM), l'euro deviendra une monnaie à part entière et les cours de conversion entre l'euro et les monnaies nationales participantes seront fixés irrévocablement ; en d'autres termes, le risque d'écarts de conversion ultérieurs lié à ces monnaies est éliminé à partir de cette date.

2 La question porte sur l'application d'IAS 21 au passage à l'euro des monnaies nationales des États membres participants de l'Union européenne (« le passage à l'euro »).

Consensus

3 Les dispositions d'IAS 21 concernant la conversion des transactions en monnaies étrangères et des états financiers des établissements à l'étranger doivent être strictement appliquées lors du passage à l'euro. La même logique s'applique à la fixation des taux de change lorsque d'autres pays se joindront à l'UEM lors d'étapes ultérieures.

4 Ceci veut dire, en particulier, que :

a) les actifs et passifs monétaires libellés en monnaies étrangères résultant de transactions doivent continuer à être convertis dans la monnaie fonctionnelle des états financiers au cours de clôture. Tout écart de conversion en résultant doit être comptabilisé en produits ou en charges immédiatement, à cela près que l'entité doit continuer d'appliquer sa méthode comptable existante pour les profits et les pertes de change liés aux couvertures des risques de change sur des transactions futures ;

b) les écarts de conversion cumulés liés à la conversion des états financiers des établissements à l'étranger comptabilisés en autres éléments du résultat global, doivent être cumulés en capitaux propres et reclassés ensuite des capitaux propres en résultat uniquement lors de la sortie totale ou partielle de l'investissement net dans l'établissement à l'étranger ; et

c) les écarts de conversion résultant de la conversion des passifs libellés dans des monnaies participantes ne doivent pas être inclus dans la valeur comptable des actifs liés.

Date du consensus

Octobre 1997.

Date d'entrée en vigueur

La présente interprétation entre en vigueur le 1er juin 1998. Les changements de méthodes comptables doivent être comptabilisés selon les dispositions d'IAS 8.

La publication d'IAS 1 (telle que révisée en 2007) a donné lieu à la modification de la terminologie utilisée dans les IFRS. Elle a également donné lieu à la modification du paragraphe 4. L'entité doit appliquer ces modifications pour les exercices ouverts à compter du 1er janvier 2009. Si l'entité applique IAS 1 (révisée en 2007) pour une période antérieure, les modifications doivent être appliquées pour cette période antérieure.

La publication d'IAS 27 (telle que modifiée en 2008) a donné lieu à la modification du paragraphe 4 b). L'entité doit appliquer cette modification pour les exercices ouverts à compter du 1er juillet 2009. Si l'entité applique IAS 27 (modifiée en 2008) pour une période antérieure, la modification doit être appliquée pour cette période antérieure.

SIC 10

Aide publique – Absence de relation spécifique avec des activités opérationnelles

[règlt UE 2023/1803]

Références

IAS 8 *Méthodes comptables, changements d'estimations comptables et erreurs*

IAS 20 *Comptabilisation des subventions publiques et informations à fournir sur l'aide publique*

Question

1 Dans certains pays, l'aide publique aux entités peut avoir pour but l'encouragement ou le soutien à long terme des activités commerciales soit dans certaines régions, soit dans certains secteurs d'activité. Les conditions d'éligibilité à une telle aide peuvent ne pas être spécifiquement liées aux activités opérationnelles de l'entité. Des exemples de telles aides sont les transferts de ressources publiques aux entités qui :

a) exercent dans un secteur d'activité particulier ;

b) poursuivent une activité dans des secteurs d'activité récemment privatisés ; ou

c) débutent ou poursuivent leurs activités dans des zones sous-développées.

2 La question est de savoir si une telle aide publique est une « subvention publique » entrant dans le champ d'application d'IAS 20 et, en conséquence, doit être comptabilisée selon cette norme.

Consensus

3 L'aide publique aux entités entre dans la définition des subventions publiques d'IAS 20, même s'il n'y a pas de conditions spécifiques liées aux activités opérationnelles de l'entité autres que l'obligation d'exercer son activité dans certaines régions ou dans certains secteurs d'activité. En conséquence, de telles subventions ne doivent pas être créditées directement aux intérêts des actionnaires.

Date du consensus

Janvier 1998.

Date d'entrée en vigueur

La présente interprétation entre en vigueur le 1er août 1998. Les changements de méthodes comptables s'effectuent selon IAS 8.

SIC 25

Impôts sur le résultat - Changements de statut fiscal d'une entité ou de ses actionnaires

[règlt UE 2023/1803]

Références

IAS 1 *Présentation des états financiers* (telle que révisée en 2007)

IAS 8 *Méthodes comptables, changements d'estimations comptables et erreurs*

IAS 12 *Impôts sur le résultat*

Question

1 Un changement de la situation d'une entité ou de ses actionnaires au regard de l'impôt peut avoir des conséquences pour l'entité en augmentant ou diminuant ses actifs ou passifs d'impôt. Un changement de ce type peut, par exemple, survenir lors de l'admission à la cote des instruments de capitaux propres d'une entité ou lors de la restructuration de ses capitaux propres. Il peut également se produire lorsqu'un actionnaire ayant le contrôle part s'installer dans un pays étranger. À la suite d'un tel événement, une entité peut être imposée différemment ; il peut en résulter pour elle un gain ou une perte d'incitations fiscales, ou elle peut être soumise à l'avenir à un taux d'imposition différent.

2 Un changement de statut fiscal d'une entité ou de ses actionnaires peut avoir un impact immédiat sur les actifs ou passifs d'impôt exigible de l'entité. Le changement peut également augmenter ou réduire les actifs et les passifs d'impôt différé comptabilisés par l'entité, selon l'impact que le changement de statut fiscal a sur les conséquences fiscales qui résulteront du recouvrement ou du règlement de la valeur comptable des actifs et passifs de l'entité.

3 La question est de savoir comment une entité doit comptabiliser les conséquences fiscales d'un changement de son statut fiscal ou de celui de ses actionnaires.

Consensus

4 Un changement de statut fiscal d'une entité ou de ses actionnaires ne donne pas lieu à des augmentations ou à des diminutions des montants comptabilisés hors résultat. Les conséquences sur l'impôt exigible et l'impôt différé d'un changement de statut fiscal doivent être incluses dans le résultat net de la période, à moins que ces conséquences n'aient trait à des transactions et des événements dont le résultat, sur la même période ou sur une période différente, est un montant porté directement au crédit ou au débit du montant des capitaux propres comptabilisés ou des montants comptabilisés en autres éléments du résultat global. Les conséquences fiscales qui ont trait à des modifications du montant des capitaux propres comptabilisés, au cours de la même période ou d'une période différente (non compris dans le résultat net), doivent être portées directement au débit ou au crédit des capitaux propres. Ces conséquences fiscales relatives à des montants comptabilisés en autres éléments du résultat global doivent être comptabilisées en autres éléments du résultat global.

Date du consensus

Août 1999.

Date d'entrée en vigueur

Le présent consensus entre en vigueur le 15 juillet 2000. Les changements de méthodes comptables s'effectuent selon IAS 8.

La publication d'IAS 1 (telle que révisée en 2007) a donné lieu à la modification de la terminologie utilisée dans les IFRS. Elle a également donné lieu à la modification du paragraphe 4. L'entité doit appliquer ces modifications pour les exercices ouverts à compter du 1er janvier 2009. Si l'entité applique IAS 1 (révisée en 2007) pour une période antérieure, les modifications doivent être appliquées pour cette période antérieure.

SIC 29

Accords de concession de services : informations à fournir

[règlt UE 2023/1803]

Références

IFRS 16 *Contrats de location*

IAS 1 *Présentation des états financiers* (telle que révisée en 2007)

IAS 16 *Immobilisations corporelles* (telle que révisée en 2003)

IAS 37 *Provisions, passifs éventuels et actifs éventuels*

IAS 38 *Immobilisations incorporelles* (telle que révisée en 2004)

IFRIC 12 *Accords de concession de services*

Question

1 Une entité (le concessionnaire) peut passer un accord avec une autre entité (le concédant) pour l'offre de services permettant au public d'avoir accès à des prestations économiques et sociales majeures. Le concédant peut être une entité publique ou privée, y compris un organisme public. Les prestations de distribution d'eau et de traitement de l'eau, les autoroutes, parkings, tunnels, ponts, aéroports et réseaux de télécommunications sont des exemples d'accords de concession de services. Un certain nombre de services internes (par exemple, le service de cafétéria, la maintenance des bâtiments, des fonctions comptables ou de technologie de l'information) qu'une entité externalise sont des exemples d'accords qui ne sont pas des accords de concession de services.

2 Un accord de concession de services implique généralement le transfert par le concédant au concessionnaire, pour toute la durée de la concession :

a) du droit d'offrir des services permettant au public d'avoir accès à des prestations économiques et sociales majeures ; et

b) dans certains cas, du droit d'utiliser des immobilisations corporelles, des immobilisations incorporelles et/ou des actifs financiers spécifiés ;

en échange de l'engagement pris par le concessionnaire :

c) d'offrir les services conformément à certains termes et conditions pendant la durée de la concession ; et

d) s'il y a lieu, de restituer, en fin de concession, les droits reçus au début de la concession et/ou acquis pendant la durée de la concession.

3 La caractéristique commune à tous les accords de concession de services est le fait que le concessionnaire à la fois reçoit un droit et contracte une obligation d'offrir des services publics.

4 La question qui se pose est de savoir quelles informations doivent être fournies dans les notes des états financiers d'un concessionnaire et d'un concédant.

5 Certains aspects et certaines informations à fournir concernant certains accords de concession de services sont déjà traités dans les normes internationales d'information financière existantes (par exemple, IAS 16 s'applique aux acquisitions d'immobilisations corporelles, IFRS 16 aux contrats de location d'actifs et IAS 38 aux acquisitions d'immobilisations incorporelles). Mais un accord de concession de services peut impliquer des contrats non (entièrement) exécutés qui ne sont pas traités dans les normes internationales d'information financière, sauf si les contrats sont déficitaires, auquel cas c'est IAS 37 qui s'applique. En conséquence, la présente interprétation traite des informations supplémentaires à fournir pour les accords de concession de services.

Consensus

6 Lors de la détermination des informations appropriées à fournir dans les notes des états financiers, il faut considérer tous les aspects d'un accord de concession de services. Pour chaque période, un concessionnaire et un concédant doivent fournir les informations suivantes :

a) une description de l'accord ;

b) les termes importants de l'accord qui peuvent affecter le montant, l'échéancier et la certitude des flux de trésorerie futurs (par exemple, la durée de la concession, les dates de refixation du prix et la base de détermination de la refixation ou de la renégociation du prix) ;

c) la nature et l'étendue (par exemple quantité, durée ou montant, selon le cas) des :

- i) droits d'utiliser des actifs spécifiés ;
- ii) obligations de fournir ou droits d'attendre la fourniture de services ;
- iii) obligations d'acquérir ou de construire des immobilisations corporelles ;
- iv) obligations de remettre ou droits de recevoir des actifs spécifiés en fin de concession ;
- v) options de renouvellement et de résiliation ; et
- vi) autres droits et obligations (révision générale, par exemple) ; et

d) les changements apportés à l'accord durant la période ; et

e) la manière dont l'accord de services a été classé.

6A Un concessionnaire indique le montant du produit des activités ordinaires et le résultat comptabilisés sur la période au titre des actifs financiers ou des immobilisations incorporelles reçus en contrepartie de services de construction.

7 Les informations à fournir selon le paragraphe 6 de la présente interprétation doivent être fournies individuellement pour chaque accord de concession de services ou globalement pour chaque catégorie d'accords de concession de services. Une catégorie est un regroupement d'accords de concession de services impliquant des services de nature similaire (par exemple, encaissement de péages, services de télécommunications et de traitement de l'eau).

Date du consensus

Mai 2001.

Date d'entrée en vigueur

La présente interprétation entre en vigueur le 31 décembre 2001.

L'entité doit appliquer les modifications énoncées aux paragraphes 6 e) et 6A pour les exercices ouverts à compter du 1er janvier 2008. Si l'entité applique IFRIC 12 pour une période antérieure, la modification doit être appliquée pour cette période antérieure.

La publication d'IFRS 16, en janvier 2016, a donné lieu à la modification du paragraphe 5. L'entité qui applique IFRS 16 doit appliquer cette modification.

SIC 32 Immobilisations incorporelles - Coûts liés aux sites web

[règlt UE 2023/1803]

Références

IFRS 3 *Regroupements d'entreprises*

IFRS 15 *Produits des activités ordinaires tirés de contrats conclus avec des clients*

IFRS 16 *Contrats de location*

IAS 1 *Présentation des états financiers* (telle que révisée en 2007)

IAS 2 *Stocks* (telle que révisée en 2003)

IAS 16 *Immobilisations corporelles* (telle que révisée en 2003)

IAS 36 *Dépréciation d'actifs* (telle que révisée en 2004)

IAS 38 *Immobilisations incorporelles* (telle que révisée en 2004)

Question

1 Une entité peut engager des frais internes pour le développement et l'exploitation de son propre site web en vue d'un accès interne ou externe. Un site web conçu en vue d'un accès externe peut être utilisé à diverses fins telles que la promotion et la publicité des propres produits et services de l'entité, la prestation de services électroniques et la vente de produits et de services. Un site web conçu en vue d'un accès interne peut être utilisé pour mémoriser les politiques de la société et les coordonnées des clients, et rechercher l'information pertinente.

2 Les étapes du développement d'un site web peuvent être décrites comme suit :

a) planification – comprend la réalisation d'études de faisabilité, la définition d'objectifs et de spécifications, l'évaluation des options et le choix des préférences ;

b) développement des applications et de l'infrastructure – comprend l'obtention d'un nom de domaine, l'achat et le développement du matériel et du logiciel d'exploitation, l'installation des applications développées et les tests préalables à la mise en œuvre ;

c) création graphique – comprend la mise au point de la présentation des pages web ;

d) développement du contenu – comprend la création. l'acquisition, la préparation et le chargement d'informations sous forme graphique ou de textes sur le site web avant son achèvement. Cette information peut être mémorisée dans des bases de données distinctes qui sont intégrées dans (ou auxquelles on a accès depuis) le site web ou codée directement dans les pages web.

3 Dès l'achèvement du développement du site web, a phase d'exploitation commence. Pendant cette phase, une entité tient à jour et améliore les applications, l'infrastructure, la conception graphique et le contenu du site web.

4 Lors de la comptabilisation des frais internes engagés par l'entité dans le développement et l'exploitation de son propre site web en vue d'un accès interne ou externe, les questions sont :

a) de savoir si le site web est une immobilisation incorporelle générée en interne soumise aux dispositions d'IAS 38 ; et

b) quel est le traitement comptable approprié de ces frais.

5 La présente interprétation ne s'applique pas aux dépenses d'acquisition, de développement et d'exploitation du matériel (par exemple, les serveurs web, les serveurs relais, les serveurs de production et les connexions Internet) destiné au site web. Ces dépenses sont comptabilisées conformément à IAS 16. En outre, lorsqu'une entité engage des dépenses à l'égard d'un fournisseur de services Internet qui abrite son site web, ces dépenses sont comptabilisées en charges, en vertu d'IAS 1, paragraphe 88, et du *Cadre conceptuel de l'information financière*, au moment de la réception des services.

6 IAS 38 ne s'applique pas aux immobilisations incorporelles détenues par une entité en vue de la vente dans le cours ordinaire des activités (voir IAS 2 et IFRS 15) ou aux contrats de location d'immobilisations incorporelles comptabilisés selon IFRS 16. En conséquence, la présente interprétation ne s'applique pas aux frais de développement ou d'exploitation d'un site web (ou du logiciel d'un site web) qui est destiné à être vendu à une autre entité ou qui est comptabilisé selon IFRS 16.

Consensus

7 Le propre site web d'une entité qui résulte du développement et est destiné à un accès interne ou externe est une immobilisation incorporelle générée en interne soumise aux dispositions d'IAS 38.

8 Un site web résultant du développement doit être comptabilisé en tant qu'immobilisation incorporelle si et uniquement si, en plus de se conformer aux dispositions générales décrites dans IAS 38, paragraphe 21, relatives à la comptabilisation et l'évaluation initiale, une entité peut satisfaire aux dispositions d'IAS 38, paragraphe 57. En particulier, une entité peut être en mesure de satisfaire à l'obligation de démontrer comment son site web générera des avantages économiques futurs probables selon IAS 38, paragraphe 57 d), lorsque, par exemple, le site web est à même de générer des produits, y compris des produits directs résultant de la possibilité de passer des commandes. Une entité n'est pas en mesure de démontrer comment un site web, développé uniquement ou principalement pour assurer la promotion et la publicité de ses propres produits et services, générera des avantages économiques futurs probables ; en conséquence, tous les frais relatifs au développement d'un tel site web doivent être comptabilisés en charges lorsqu'ils sont engagés.

9 Les frais internes afférents au développement et à l'exploitation du propre site web d'une entité doivent être comptabilisés selon IAS 38. La nature de chaque activité au titre de laquelle des frais sont engagés (par exemple, formation des employés et maintenance du site web) et l'étape du développement ou postérieure au développement du site web doivent être évaluées pour déterminer le traitement comptable approprié (des indications supplémentaires sont fournies dans l'exemple qui accompagne la présente interprétation). Par exemple :

a) l'étape de planification est d'une nature similaire à la phase de recherche dans IAS 38, paragraphes 54 à 56. Les frais engagés lors de cette étape doivent être comptabilisés en charges lorsqu'ils sont engagés ;

b) l'étape de développement des applications et de l'infrastructure, l'étape de la conception graphique et l'étape du développement du contenu, dans la mesure où ce contenu est développé à des fins autres que celles d'assurer la publicité et la promotion des propres produits et services de l'entité, sont d'une nature similaire à la phase de développement traitée dans IAS 38, paragraphes 57 à 64. Les frais engagés dans ces étapes doivent être inclus dans le coût d'un site web comptabilisé en tant qu'immobilisation incorporelle selon le paragraphe 8 de la présente interprétation, lorsque ces frais peuvent être directement imputés et sont nécessaires à la création, la production ou la préparation du site web pour lui permettre d'être exploité de la manière prévue par la direction. Par exemple, les frais d'achat ou de création du contenu (autre que le contenu qui assure la publicité et la promotion des propres produits et services d'une entité) consacrés spécifiquement à un site web, ou les frais destinés à permettre l'utilisation du contenu (par exemple, une redevance pour acquérir une licence de reproduction) sur le site web, doivent être inclus dans le coût du développement lorsque cette condition est satisfaite. Toutefois, selon IAS 38, paragraphe 71, les frais relatifs à un élément incorporel, qui étaient initialement comptabilisés en charges dans des états financiers antérieurs ne doivent pas, à une date ultérieure, être comptabilisés comme faisant partie du coût d'une immobilisation incorporelle (par exemple, si les coûts d'un droit d'auteur ont été pleinement amortis et si le contenu est ultérieurement fourni sur un site web) ;

c) les frais engagés à l'étape du développement du contenu, dans la mesure où ce contenu est développé pour assurer la publicité et la promotion des propres produits et services de l'entité (par exemple, photographies numériques de produits) doivent être comptabilisés en charges lorsqu'ils sont engagés selon IAS 38, paragraphe 69 c). Par exemple, lors de la comptabilisation de frais relatifs à des services professionnels pour prendre des photographies numériques des propres produits d'une entité et améliorer leur affichage, les frais doivent être comptabilisés en charges au cours du processus au fur et à mesure de l'obtention des services professionnels et non lorsque les photographies numériques sont affichées sur le site web ;

d) la phase d'exploitation commence dès l'achèvement du développement du site web. Les frais engagés à cette étape doivent être comptabilisés en charges au moment où ils sont engagés, sauf s'ils satisfont aux critères de comptabilisation d'IAS 38, paragraphe 18.

10 Un site web comptabilisé en tant qu'immobilisation incorporelle selon le paragraphe 8 de la présente interprétation doit être évalué après la comptabilisation initiale en appliquant les dispositions d'IAS 38, paragraphes 72 à 87. La meilleure estimation de la durée d'utilité d'un site web doit être courte.

Date du consensus

Mai 2001.

Date d'entrée en vigueur

La présente interprétation entre en vigueur le 25 mars 2002. Les effets de l'adoption de la présente interprétation doivent être comptabilisés en appliquant les dispositions transitoires de la version d'IAS 38 qui a été publiée en 1998. Par conséquent, lorsqu'un site web ne satisfait pas aux critères de comptabilisation en tant qu'immobilisation incorporelle, mais était précédemment comptabilisé en tant qu'actif, l'élément doit être décomptabilisé à la date à laquelle la présente interprétation entre en vigueur. Lorsqu'un site web existe et que les frais consacrés à son développement satisfont aux critères de comptabilisation en tant qu'immobilisation incorporelle, mais n'étaient pas précédemment comptabilisés en tant qu'actif, l'immobilisation incorporelle ne doit pas être comptabilisée à la date à laquelle la présente interprétation entre en vigueur. Lorsqu'un site web existe et que les frais consacrés à son développement satisfont aux critères de comptabilisation en tant qu'immobilisation incorporelle, s'il a été précédemment comptabilisé en tant qu'actif et initialement évalué au coût, le montant initialement comptabilisé est considéré comme ayant été correctement déterminé.

La publication d'IAS 1 (telle que révisée en 2007) a donné lieu à la modification de la terminologie utilisée dans les IFRS. Elle a également donné lieu à la modification du paragraphe 5. L'entité doit appliquer ces modifications pour les exercices ouverts à compter du 1er janvier 2009. Si l'entité applique IAS 1 (révisée en 2007) pour une période antérieure, les modifications doivent être appliquées pour cette période antérieure.

La publication d'IFRS 15 *Produits des activités ordinaires tirés de contrats conclus avec des clients*, en mai 2014, a donné lieu à la modification de la section « Références » et du paragraphe 6. L'entité qui applique IFRS 15 doit appliquer cette modification.

La publication d'IFRS 16, en janvier 2016, a donné lieu à la modification du paragraphe 6. L'entité qui applique IFRS 16 doit appliquer cette modification.

La publication de *Modifications des références au Cadre conceptuel dans les normes IFRS*, en 2018, a donné lieu à la modification du paragraphe 5. L'entité doit appliquer cette modification pour les exercices ouverts à compter du 1er janvier 2020. Une application anticipée est autorisée si l'entité applique aussi, en même temps, toutes les autres modifications introduites par *Modifications des références au Cadre conceptuel dans les normes IFRS*. L'entité doit appliquer cette modification de SIC-32 de façon rétrospective selon IAS 8 *Méthodes comptables, changements d'estimations comptables et erreurs*. Toutefois, si l'entité constate qu'une application rétrospective serait impraticable ou impliquerait un coût ou un effort excessif, elle doit appliquer cette modification de SIC-32 en se reportant aux paragraphes 23 à 28, 50 à 53 et 54F d'IAS 8.

Règlements UE

Règlement (UE) 2023/1803 de la Commission

du 13 août 2023

portant adoption de certaines normes comptables internationales conformément au règlement (CE) n° 1606/2002 du Parlement européen et du Conseil

(Texte présentant de l'intérêt pour l'EEE)

La Commission européenne,

vu le traité sur le fonctionnement de l'Union européenne,

vu le règlement (CE) n° 1606/2002 du Parlement européen et du Conseil du 19 juillet 2002 sur l'application des normes comptables internationales (JO L 243 du 11.09.2002, p. 1), et notamment son article 3, paragraphe 1,

considérant ce qui suit :

(1) Conformément à l'article 4 du règlement (CE) n° 1606/2002, pour chaque exercice commençant le 1er janvier 2005 ou après cette date, les sociétés régies par le droit national d'un État membre et dont les titres sont admis à la négociation sur un marché réglementé sont tenues de préparer leurs comptes consolidés conformément aux normes comptables internationales définies à l'article 2 dudit règlement, normes devant être adoptées par voie de règlement de la Commission.

(2) Le règlement (CE) n° 1126/2008 de la Commission (*) a adopté les normes comptables internationales et les interprétations y afférentes publiées ou adoptées jusqu'au 15 octobre 2008 par l'International Accounting Standards Board (IASB). Ce règlement a été modifié afin d'inclure les normes et les interprétations connexes publiées ou adoptées par l'IASB et adoptées par la Commission jusqu'au 8 septembre 2022, conformément au règlement (CE) n° 1606/2002.

* Règlement (CE) n° 1126/2008 de la Commission du 3 novembre 2008 portant adoption de certaines normes comptables internationales conformément au règlement (CE) n° 1606/2002 du Parlement européen et du Conseil (JO L 320 du 29.11.2008, p. 1).

(3) L'IASB a publié la norme internationale d'information financière IFRS 17 *Contrats d'assurance* (ci-après « IFRS 17 ») le 18 mai 2017 et des modifications de cette norme le 25 juin 2020.

(4) La norme IFRS 17 fournit une approche globale de la comptabilisation des contrats d'assurance. L'objectif de cette norme est de faire en sorte qu'une entreprise fournisse dans ses états financiers des informations pertinentes donnant une image fidèle de ses contrats d'assurance. Ces informations constituent une base solide à partir de laquelle les utilisateurs d'états financiers peuvent apprécier l'incidence des contrats d'assurance sur la situation financière, la performance financière et les flux de trésorerie de l'entreprise.

(5) La norme IFRS 17 s'applique aux contrats d'assurance, aux contrats de réassurance ainsi qu'aux contrats d'investissement avec éléments de participation discrétionnaire. Il existe dans l'Union de nombreux contrats d'assurance-vie et d'épargne-vie différents, représentant approximativement, selon

la meilleure estimation, un engagement total de 5 900 milliards d'euros (hors contrats en unités de compte). Dans plusieurs États membres, certains de ces contrats comportent des éléments de participation directe ou discrétionnaire, qui permettent le partage des risques et des flux de trésorerie entre différentes générations de preneurs d'assurance.

(6) Dans un certain nombre d'États membres, les contrats d'assurance-vie sont également gérés de manière intergénérationnelle afin d'atténuer l'exposition aux risques de taux d'intérêt et aux risques de longévité, et les engagements d'assurance correspondants sont adossés à un panier d'actifs spécifique, mais ces contrats sont dénués d'éléments de participation directe au sens d'IFRS 17. Pour certains de ces contrats, lorsqu'ils satisfont aux exigences de la directive 2009/138/CE du Parlement européen et du Conseil (*), et sous réserve de l'accord des autorités de contrôle, il est possible d'appliquer l'ajustement égalisateur pour le calcul du ratio Solvabilité II

* Directive 2009/138/CE du Parlement européen et du Conseil du 25 novembre 2009 sur l'accès aux activités de l'assurance et de la réassurance et leur exercice (solvabilité II) (JO L 335 du 17.12.2009, p. 1).

(7) Selon les conclusions de l'avis d'homologation rendu par le groupe consultatif pour l'information financière en Europe (EFRAG), la norme IFRS 17 satisfait aux critères d'adoption énoncés à l'article 3, paragraphe 2, du règlement (CE) n° 1606/2002. Toutefois, l'EFRAG n'est pas parvenu à un consensus sur la question de savoir si le regroupement en cohortes annuelles des contrats mutualisés intergénérationnels et avec compensation des flux de trésorerie satisfaisait aux critères techniques d'homologation, ou répondait à l'intérêt public européen. Cela concorde avec les points de vue exprimés par les parties prenantes sur l'avis d'homologation de l'EFRAG et avec ceux exprimés par les experts des États membres au sein du comité de réglementation comptable.

(8) Les entreprises de l'Union devraient pouvoir appliquer la norme IFRS 17 telle qu'elle a été publiée par l'IASB afin de faciliter leur cotation en bourse dans des pays tiers ou de répondre aux attentes des investisseurs internationaux.

(9) Toutefois, l'exigence de cohorte annuelle en tant qu'unité de compte pour les groupes de contrats d'assurance et de contrats d'investissement ne reflète pas toujours le modèle économique, ni les caractéristiques juridiques et contractuelles, des contrats mutualisés intergénérationnels et avec compensation des flux de trésorerie visés aux considérants 5 et 6. Or ces contrats représentent plus de 70 % du total des engagements en assurance-vie dans l'Union. Le rapport coûts-avantages de l'application à de tels contrats de l'exigence de cohorte annuelle n'est pas toujours favorable.

(10) Les IFRS s'inscrivant dans le contexte de marchés des capitaux mondialisés, il convient de ne s'écarter de ces normes internationales que dans des circonstances exceptionnelles et de façon limitée.

(11) Par conséquent, nonobstant la définition du groupe de contrats d'assurance figurant dans l'appendice A de la norme IFRS 17. à l'annexe du présent règlement, les entreprises de l'Union devraient avoir la possibilité d'exempter les contrats mutualisés intergénérationnels et avec compensation des flux de trésorerie de l'exigence de cohorte annuelle imposée par ladite norme.

(12) Les investisseurs devraient pouvoir être en mesure de savoir si une entreprise a eu recours, pour des groupes de contrats, à l'exemption de l'exi-

gence de cohorte annuelle. Conformément à la norme comptable internationale IAS 1 *Présentation des états financiers*, une entreprise devrait donc, dans les notes annexes à ses états financiers, signaler que le recours à l'exemption fait partie de ses principales méthodes comptables et fournir d'autres informations explicatives, par exemple indiquer pour quels portefeuilles elle a appliqué l'exemption. Cela ne devrait pas impliquer d'évaluation quantitative de l'incidence du recours à l'exemption de l'exigence de cohorte annuelle.

(13) La Commission devrait réexaminer, au plus tard le 31 décembre 2027, l'exemption de l'exigence de cohorte annuelle pour les contrats mutualisés intergénérationnels et avec compensation des flux de trésorerie, en tenant compte de l'examen post-mise en œuvre de la norme IFRS 17 réalisé par l'IASB.

(14) Les droits d'auteur, les droits relatifs aux bases de données et tout autre droit de propriété intellectuelle sur les IFRS et les interprétations y afférentes publiées par l'International Financial Reporting Interpretations Committee sont la propriété de la Fondation IFRS. Il convient donc d'inclure dans l'annexe du présent règlement une déclaration relative aux droits d'auteur.

(15) Le règlement (CE) n° 1126/2008 a été modifié à maintes reprises. Afin de simplifier la législation de l'Union relative aux normes comptables internationales, et dans un souci de clarté et de transparence, il convient de le remplacer. Il convient donc d'abroger le règlement (CE) n° 1126/2008.

(16) Les mesures prévues dans le présent règlement sont conformes à l'avis du comité de réglementation comptable,

A adopté le présent règlement :

Article premier

Les normes comptables internationales figurant dans l'annexe sont adoptées.

Article 2

Une entreprise peut choisir de ne pas appliquer l'exigence énoncée au paragraphe 22 de la norme internationale d'information financière IFRS 17 *Contrats d'assurance* (ci-après l'« IFRS 17 ») figurant dans l'annexe du présent règlement :

a) aux groupes de contrats d'assurance avec éléments de participation directe et aux groupes de contrats d'investissement avec éléments de participation discrétionnaire, au sens de l'appendice A de l'IFRS 17 figurant dans l'annexe du présent règlement, dont les flux de trésorerie ont une incidence sur les flux de trésorerie d'autres contrats versés aux titulaires de polices, ou subissent l'incidence de tels flux, comme indiqué aux paragraphes B67 et B68 de l'appendice B de l'IFRS 17 figurant dans l'annexe du présent règlement ;

b) aux groupes de contrats d'assurance qui sont gérés sur plusieurs générations de contrats et remplissent les conditions énoncées à l'article 77 *ter* de la directive 2009/138/CE et pour lesquels l'application de l'ajustement égalisateur a reçu l'accord des autorités de contrôle.

Lorsqu'en vertu du point a) ou du point b), une entreprise n'applique pas l'exigence énoncée au paragraphe 22 de l'IFRS 17 figurant dans l'annexe du présent règlement, elle l'indique dans les notes, conformément à la norme comptable internationale IAS 1 *Présentation des états financiers*, comme faisant partie de ses principales méthodes comptables, et fournit d'autres informations explicatives, telles que l'indication des portefeui les pour lesquels elle a appliqué cette exemption.

Article 3

La Commission réexamine, au plus tard le 31 décembre 2027, l'option prévue par l'article 2 et propose, le cas échéant, de la modifier ou de la supprimer.

Article 4

Le règlement (CE) n° 1126/2008 est abrogé.

Les références faites au règlement abrogé s'entendent comme des références au présent règlement.

Article 5

Le présent règlement entre en vigueur le vingtième jour suivant celui de sa publication au *Journal officiel de l'Union européenne*.

Le présent règlement est obligatoire dans tous ses éléments et directement applicable dans tout État membre.

Fait à Bruxelles, le 13 août 2023.

Par la Commission

La présidente

Ursula VON DER LEYEN

Règlement (UE) 2023/2468 de la Commission

du 8 novembre 2023

modifiant le règlement (UE) 2023/1803 en ce qui concerne la norme comptable internationale IAS 12

(Texte présentant de l'intérêt pour l'EEE)

La Commission européenne,

vu le traité sur le fonctionnement de l'Union européenne,

vu le règlement (CE) n° 1606/2002 du Parlement européen et du Conseil du 19 juillet 2002 sur l'application des normes comptables internationales (JO L 243 du 11.9.2002, p. 1), et notamment son article 3, paragraphe 1,

considérant ce qui suit :

(1) Certaines normes comptables internationales et interprétations, telles qu'existant au 8 septembre 2022, ont été adoptées par le règlement (UE) 2023/1803 de la Commission (*).

* Règlement (UE) 2023/1803 de la Commission du 13 septembre 2023 portant adoption de certaines normes comptables internationales conformément au règlement (CE) n° 1606/2002 du Parlement européen et du Conseil (JO L 237 du 26.9.2023, p. 1).

(2) Le 23 mai 2023, l'International Accounting Standards Board (IASB) a publié des modifications de la norme comptable internationale IAS 12 – *Impôts sur le résultat*. Ces modifications ont instauré une exception temporaire à la comptabilisation des impôts différés résultant de la mise en œuvre du modèle de règles du Pilier deux de l'OCDE, ainsi que, pour les entités concernées, des obligations ciblées d'information.

(3) Cette exception temporaire doit être appliquée dès la publication de ces modifications par l'IASB et de manière rétrospective conformément à la norme comptable internationale IAS 8 *Méthodes comptables, changements d'estimations comptables et erreurs*. Les obligations d'information doivent être appliquées pour les exercices ouverts à compter du 1er janvier 2023. Les entreprises ne sont pas tenues d'appliquer les obligations d'information dans les rapports financiers intermédiaires pour les périodes intermédiaires closes au plus tard le 31 décembre 2023.

(4) Après avoir consulté le Groupe consultatif pour l'information financière en Europe (European Financial Reporting Advisory Group, EFRAG), la Commission conclut que les modifications d'IAS 12 satisfont aux conditions d'adoption énoncées à l'article 3, paragraphe 2, du règlement (CE) n° 1606/2002.

(5) Certains pays tiers ont déjà mis en œuvre cette année le modèle de règles du Pilier deux de l'OCDE. À moins qu'une décision ne soit prise concernant l'applicabilité des modifications d'IAS 12, les groupes de l'Union devront comptabiliser ces augmentations liées au deuxième pilier en tant qu'impôts différés dans leurs états financiers consolidés intermédiaires. Pour éviter cela, il est nécessaire que cette décision soit adoptée d'urgence pour les groupes établis dans l'Union.

(6) Il y a dès lors lieu de modifier le règlement (UE) 2023/1803 en conséquence.

(7) Les mesures prévues dans le présent règlement sont conformes à l'avis du comité de réglementation comptable,

A adopté le présent règlement :

Article premier

À l'annexe du règlement (UE) 2023/1803, la norme comptable internationale IAS 12 *Impôts sur le résultat* est modifiée conformément à l'annexe du présent règlement.

Article 2

Chaque entreprise applique

a) les paragraphes 4A et 88A de l'annexe du présent règlement dès la publication de ces modifications et de manière rétrospective selon IAS 8 ; et

b) les paragraphes 88B à 88D de l'annexe du présent règlement pour les exercices ouverts à compter du 1er janvier 2023. Les entreprises ne sont pas tenues de fournir les informations requises par ces paragraphes pour les périodes intermédiaires closes au plus tard le 31 décembre 2023.

Article 3

Le présent règlement entre en vigueur le jour suivant celui de sa publication au *Journal officiel de l'Union européenne*.

Le présent règlement est obligatoire dans tous ses éléments et directement applicable dans tout État membre.

Fait à Bruxelles, le 8 novembre 2023.

Par la Commission
La présidente

Ursula VON DER LEYEN

Règlement (UE) 2023/2579 de la Commission

du 20 novembre 2023

modifiant le règlement (UE) 2023/1803 en ce qui concerne la norme internationale d'information financière IFRS 16

(Texte présentant de l'intérêt pour l'EEE)

La Commission européenne,

vu le traité sur le fonctionnement de l'Union européenne,

vu le règlement (CE) n° 1606/2002 du Parlement européen et du Conseil du 19 juillet 2002 sur l'application des normes comptables internationales (JO L 243 du 11.9.2002, p. 1), et notamment son article 3, paragraphe 1,

considérant ce qui suit :

(1) Certaines normes comptables internationales et interprétations, telles qu'existant au 8 septembre 2022, ont été adoptées par le règlement (UE) 2023/1803 de la Commission (JO L 237 du 26.9.2023, p. 1).

(2) Le 22 septembre 2022, l'International Accounting Standards Board (IASB) a publié des modifications de la norme internationale d'information financière IFRS 16 *Contrats de location* (ci-après « IFRS 16 »), qui établit la manière dont une entreprise doit comptabiliser, évaluer et présenter les contrats de location, ainsi que les informations qu'elle doit fournir à leur sujet. Ces modifications d'IFRS 16 précisent comment le vendeur-preneur doit procéder aux évaluations ultérieures des transactions de cession-bail.

(3) Après avoir consulté le Groupe consultatif pour l'information financière en Europe (European Financial Reporting Advisory Group, EFRAG), la Commission conclut que les modifications d'IFRS 16 satisfont aux critères d'adoption énoncés à l'article 3, paragraphe 2, du règlement (CE) n° 1606/2002.

(4) Il y a dès lors lieu de modifier le règlement (UE) 2023/1803 en conséquence.

(5) Les mesures prévues dans le présent règlement sont conformes à l'avis du comité de réglementation comptable,

A adopté le présent règlement :

Article premier

À l'annexe du règlement (UE) 2023/1803, la norme internationale d'information financière IFRS 16 *Contrats de location* est modifiée conformément à l'annexe du présent règlement.

Article 2

Les entreprises appliquent les modifications visées à l'article 1er au plus tard à la date d'ouverture de leur premier exercice commençant le 1er janvier 2024 ou après cette date.

Article 3

Le présent règlement entre en vigueur le vingtième jour suivant celui de sa publication au *Journal officiel de l'Union européenne*.

Le présent règlement est obligatoire dans tous ses éléments et directement applicable dans tout État membre.

Fait à Bruxelles, le 20 novembre 2023.

Par la Commission

La présidente

Ursula VON DER LEYEN

Règlement (UE) 2023/2822 de la Commission

du 19 décembre 2023

modifiant le règlement (UE) 2023/1803 en ce qui concerne la norme comptable internationale IAS 1

(Texte présentant de l'intérêt pour l'EEE)

La Commission européenne,

vu le traité sur le fonctionnement de l'Union européenne,

vu le règlement (CE) n° 1606/2002 du Parlement européen et du Conseil du 19 juillet 2002 sur l'application des normes comptables internationales (JO L 243 du 11.9.2002, p. 1), et notamment son article 3, paragraphe 1,

considérant ce qui suit :

(1) Certaines normes comptables internationales et interprétations, telles qu'existant au 8 septembre 2022, ont été adoptées par le règlement (UE) 2023/1803 de la Commission (règlt (UE) 2023/1803 de la Commission du 13 septembre 2023 portant adoption de certaines normes comptables internationales conformément au règlement (CE) n° 1606/2002 du Parlement européen et du Conseil (JO L 237 du 26.9.2023, p. 1)).

(2) Le 23 janvier 2020, l'International Accounting Standards Board (IASB) a publié des modifications de la norme comptable internationale IAS 1 – Présentation des états financiers (ci-après « IAS 1 »). Ces modifications précisent comment une société doit classer, dans l'état de la situation financière, les dettes et autres passifs dont la date de règlement est incertaine. Selon ces modifications, ces dettes ou autres passifs doivent être classés soit comme passifs courants (devant être réglés ou susceptibles de devoir être réglés dans un délai d'un an) soit comme passifs non courants.

(3) Le 15 juillet 2020, en raison de la pandémie de COVID-19, l'IASB a publié une modification à portée limitée visant à retarder d'un an la date d'entrée en vigueur des modifications d'IAS 1 publiées le 23 janvier 2020 par l'IASB.

(4) Au cours de la mise en œuvre de ces modifications d'IAS 1, certaines parties prenantes ont demandé à l'IASB de préciser comment une société doit classer un passif découlant d'un contrat d'emprunt assorti de clauses restrictives (covenants), comme courant ou comme non courant. En réponse, le 31 octobre 2022, l'IASB a publié de nouvelles modifications d'IAS 1. Ces modifications améliorent également les informations qu'une société doit fournir lorsque son droit de différer le règlement d'un passif pendant au moins douze mois est soumis à des clauses restrictives.

(5) Après avoir consulté le Groupe consultatif pour l'information financière en Europe (European Financial Reporting Advisory Group, EFRAG), la Commission conclut que les modifications d'IAS 1 satisfont aux critères d'adoption énoncés à l'article 3, paragraphe 2, du règlement (CE) n° 1606/2002.

(6) Il y a dès lors lieu de modifier le règlement (UE) 2023/1803 en conséquence.

(7) Les mesures prévues dans le présent règlement sont conformes à l'avis du comité de réglementation comptable,

A adopté le présent règlement :

Article premier

À l'annexe du règlement (UE) 2023/1803, la norme comptable internationale IAS 1 – Présentation des états financiers est modifiée conformément à l'annexe du présent règlement.

Article 2

Les entreprises appliquent les modifications visées à 'article 1er au plus tard à la date d'ouverture de leur premier exercice commençant le 1er janvier 2024 ou après cette date.

Article 3

Le présent règlement entre en vigueur le vingtième jour suivant celui de sa publication au *Journal officiel de l'Union européenne*.

Le présent règlement est obligatoire dans tous ses éléments et directement applicable dans tout État membre.

Fait à Bruxelles, le 19 décembre 2023.

Par la Commission

La présidente

Ursula VON DER LEYEN

Règlement (UE) 2024/1317 de la Commission

du 15 mai 2024

modifiant le règlement (UE) 2023/1803 en ce qui concerne la norme comptable internationale IAS 7 et la norme internationale d'information financière IFRS 7

(Texte présentant de l'intérêt pour l'EEE)

La Commission européenne,

vu le traité sur le fonctionnement de l'Union européenne,

vu le règlement (CE) n° 1606/2002 du Parlement européen et du Conseil du 19 juillet 2002 sur l'application des normes comptables internationales (JO L 243 du 11.9.2002, p. 1, ELI : http://data.europa.eu/eli/reg/2002/1606/2008-04-10), et notamment son article 3, paragraphe 1,

considérant ce qui suit :

(1) Certaines normes comptables internationales et interprétations, telles qu'existant au 8 septembre 2022, ont été adoptées par le règlement (UE) 2023/1803 de la Commission (JO L 237 du 26.9.2023, p. 1, ELI : http://data.europa.eu/eli/reg/2023/1803/oj).

(2) Le 25 mai 2023, l'International Accounting Standards Board a publié des modifications de la norme comptable internationale IAS 7 *État des flux de trésorerie* (ci-après « IAS 7 ») et de la norme internationale d'information financière IFRS 7 *Instruments financiers : informations à fournir* (ci-après « IFRS 7 »). Ces modifications ont instauré des exigences quant aux informations à fournir par une entreprise au sujet de ses accords de financement de fournisseurs.

(3) Ces nouvelles exigences imposent à l'entreprise de fournir aux utilisateurs des états financiers des informations leur permettant d'évaluer l'incidence de ses accords de financement de fournisseurs sur ses passifs et ses flux de trésorerie et de comprendre les effets de ces accords sur son exposition au risque de liquidité ainsi que la manière dont elle pourrait être affectée si elle ne pouvait plus avoir recours à ces accords.

(4) Après avoir consulté le Groupe consultatif pour l'information financière en Europe (European Financial Reporting Advisory Group, EFRAG), la Commission conclut que ces modifications d'IAS 7 et d'IFRS 7 satisfont aux conditions d'adoption énoncées à l'article 3, paragraphe 2, du règlement (CE) n° 1606/2002.

(5) Il y a donc lieu de modifier le règlement (UE) 2023/1803 en conséquence.

(6) Les mesures prévues dans le présent règlement sont conformes à l'avis du comité de réglementation comptable,

A adopté le présent règlement :

Article premier

À l'annexe du règlement (UE) 2023/1803, la norme comptable internationale IAS 7 *État des flux de trésorerie* et la norme internationale d'information financière IFRS 7 *Instruments financiers : informations à fournir* sont modifiées conformément à l'annexe du présent règlement.

Article 2

Les entreprises appliquent les modifications visées à l'article 1er au plus tard à la date d'ouverture de leur premier exercice commençant le 1er janvier 2024 ou après cette date.

Article 3

Le présent règlement entre en vigueur le vingtième jour suivant celui de sa publication au *Journal officiel de l'Union européenne*.

Le présent règlement est obligatoire dans tous ses éléments et directement applicable dans tout État membre.

Fait à Bruxelles, le 15 mai 2024.

Par la Commission

La présidente

Ursula VON DER LEYEN

Règlement (UE) 2024/2862 de la Commission

du 12 novembre 2024

modifiant le règlement (UE) 2023/1803 en ce qui concerne la norme comptable internationale IAS 21

(Texte présentant de l'intérêt pour l'EEE)

La Commission européenne,

vu le traité sur le fonctionnement de l'Union européenne,

vu le règlement (CE) n° 1606/2002 du Parlement européen et du Conseil du 19 juillet 2002 sur l'application des normes comptables internationales (JO L 243 du 11.9.2002, p. 1, ELI : http://data.europa.eu/eli/reg/2002/1606/oj), **et notamment son article 3, paragraphe 1,**

considérant ce qui suit :

(1) Certaines normes comptables internationales et interprétations, telles qu'existant au 8 septembre 2022, ont été adoptées par le règlement (UE) 2023/1803 de la Commission (Règlement (UE) 2023/1803 de la Commission du 13 septembre 2023 portant adoption de certaines normes comptables internationales conformément au règlement (CE) n° 1606/2002 du Parlement européen et du Conseil (JO L 237 du 26.9.2023, p. 1, ELI : http://data.europa.eu/eli/reg/2023/1803/oj)).

(2) Le 15 août 2023, l'International Accounting Standards Board a publié des modifications de la norme comptable internationale IAS 21 *Effets des variations des cours des monnaies étrangères* (ci-après « IAS 21 »). Ces modifications précisent dans quels cas une monnaie est convertible en une autre monnaie et, lorsqu'elle ne l'est pas, comment une entreprise détermine le taux de change à appliquer et quelles informations elle doit fournir.

(3) Du fait des modifications apportées à IAS 21, la norme internationale d'information financière IFRS 1 *Première adoption des normes internationales d'information financière* a également été modifiée afin que les deux normes restent cohérentes.

(4) Après avoir consulté le Groupe consultatif pour l'information financière en Europe (European Financial Reporting Advisory Group, EFRAG), la Commission conclut que les modifications d'IAS 21 satisfont aux conditions d'adoption énoncées à l'article 3, paragraphe 2, du règlement (CE) n° 1606/2002.

(5) Il y a dès lors lieu de modifier le règlement (UE) 2023/1803 en conséquence.

(6) Les mesures prévues dans le présent règlement sont conformes à l'avis du comité de réglementation comptable,

Règlement (UE) 2024/2862

A adopté le présent règlement :

Article premier

L'annexe du règlement (UE) 2023/1803 est modifiée comme suit :

1) La norme comptable internationale IAS 21 *Effets des variations des cours des monnaies étrangères* est modifiée conformément à l'annexe du présent règlement.

2) La norme internationale d'information financière IFRS 1 *Première adoption des normes internationales d'information financière* est modifiée conformément aux modifications d'IAS 21 figurant à l'annexe du présent règlement.

Article 2

Les entreprises appliquent les modifications visées à l'article 1er au plus tard à la date d'ouverture de leur premier exercice commençant le 1er janvier 2025 ou après cette date.

Article 3

Le présent règlement entre en vigueur le vingtième jour suivant celui de sa publication au *Journal officiel de l'Union européenne*.

Le présent règlement est obligatoire dans tous ses éléments et directement applicable dans tout État membre.

Fait à Bruxelles, le 12 novembre 2024.

Par la Commission

La présidente

Ursula VON DER LEYEN

Règlement (UE) 2025/1047 de la Commission

du 27 mai 2025

modifiant le règlement (UE) 2023/1803 en ce qui concerne les normes internationales d'information financière IFRS 9 et IFRS 7

(Texte présentant de l'intérêt pour l'EEE)

La Commission européenne,

vu le traité sur le fonctionnement de l'Union européenne,

vu le règlement (CE) n° 1606/2002 du Parlement européen et du Conseil du 19 juillet 2002 sur l'application des normes comptables internationales (JO L 243 du 11.9.2002, p. 1, ELI : http://data.europa.eu/eli/reg/2002/1606/oj), et notamment son article 3, paragraphe 1,

considérant ce qui suit :

(1) Certaines normes comptables internationales et interprétations, telles qu'existant au 8 septembre 2022, ont été adoptées par le règlement (UE) 2023/1803 de la Commission (Règlement (UE) 2023/1803 de la Commission du 13 septembre 2023 portant adoption de certaines normes comptables internationales conformément au règlement (CE) n° 1606/2002 du Parlement européen et du Conseil (JO L 237 du 26.9.2023, p. 1, ELI : http://data.europa.eu/eli/reg/2023/1803/oj)).

(2) Le 30 mai 2024, l'International Accounting Standards Board a publié des modifications de la norme internationale d'information financière IFRS 9 *Instruments financiers* (ci-après « IFRS 9 ») et de la norme internationale d'information financière IFRS 7 *Instruments financiers : informations à fournir* (ci-après « IFRS 7 »). L'objectif de ces modifications était de prendre en compte certaines des conclusions de l'examen post-mise en œuvre des dispositions d'IFRS 9 relatives au classement et à l'évaluation, effectué en 2022, et de répondre à la demande adressée par les parties prenantes au comité d'interprétation des normes d'information financière internationales (IFRIC).

(3) Ces modifications apportent des clarifications en ce qui concerne le classement des actifs financiers présentant des caractéristiques environnementales, sociales et de gouvernance (ESG) ou des caractéristiques similaires, ainsi que le règlement des passifs au moyen de systèmes de paiement électronique. Elles imposent également des obligations d'information visant à accroître la transparence vis-à-vis des investisseurs en ce qui concerne les placements dans des instruments de capitaux propres évalués à la juste valeur par le biais des autres éléments du résultat global et dans des instruments financiers présentant des caractéristiques dépendant de la survenance d'éventualités liées, par exemple, à des objectifs ESG.

(4) Ces modifications devraient promouvoir les prêts présentant des caractéristiques ESG, car ils devraient pouvoir appliquer soit les coûts amortis, soit la juste valeur par le biais des autres éléments du résultat global, en fonction du modèle d'entreprise, à condition de passer le test « uniquement

remboursements de principal et versements d'intérêts » (« SPPI »). De cette manière, l'information financière devrait soutenir les mesures de transition économique qui font progresser le pacte vert pour l'Europe.

(5) Après avoir consulté le Groupe consultatif pour l'information financière en Europe (European Financial Reporting Advisory Group, EFRAG), la Commission a conclu que ces modifications d'IFRS 9 et d'IFRS 7 satisfaisaient aux conditions d'adoption énoncées à l'article 3, paragraphe 2, du règlement (CE) n° 1606/2002. L'EFRAG a également conclu que les avantages de ces modifications l'emportaient sur les coûts qu'elles impliquent.

(6) Il y a dès lors lieu de modifier le règlement (UE) 2023/1803 en conséquence.

(7) Les mesures prévues dans le présent règlement sont conformes à l'avis du comité de réglementation comptable,

A adopté le présent règlement :

Article premier

L'annexe du règlement (UE) 2023/1803 est modifiée comme suit :

1) La norme internationale d'information financière IFRS 9 *Instruments financiers* est modifiée conformément à l'annexe du présent règlement.

2) La norme IFRS 7 *Instruments financiers : informations à fournir* est modifiée conformément à l'annexe du présent règlement.

Article 2

Les entreprises appliquent les modifications visées à l'article 1er au plus tard à la date d'ouverture de leur premier exercice commençant le 1er janvier 2026 ou après cette date.

Article 3

Le présent règlement entre en vigueur le vingtième jour suivant celui de sa publication au *Journal officiel de l'Union européenne*.

Le présent règlement est obligatoire dans tous ses éléments et directement applicable dans tout État membre.

Fait à Bruxelles, le 27 mai 2025.

Par la Commission

La présidente

Ursula VON DER LEYEN

Règlement (UE) 2025/1266 de la Commission

du 30 juin 2025

modifiant le règlement (UE) 2023/1803 en ce qui concerne les normes internationales d'information financière IFRS 9 et IFRS 7

(Texte présentant de l'intérêt pour l'EEE)

La Commission européenne,

vu le traité sur le fonctionnement de l'Union européenne,

vu le règlement (CE) n° 1606/2002 du Parlement européen et du Conseil du 19 juillet 2002 sur l'application des normes comptables internationales (JO L 243 du 11.9.2002, p. 1, ELI: http://data.europa.eu/eli/reg/2002/1606/oj), et notamment son article 3, paragraphe 1,

considérant ce qui suit :

(1) Certaines normes comptables internationales et interprétations, telles qu'existant au 8 septembre 2022, ont été adoptées par le règlement (UE) 2023/1803 de la Commission (Règlement (UE) 2023/1803 de la Commission du 13 septembre 2023 portant adoption de certaines normes comptables internationales conformément au règlement (CE) n° 1606/2002 du Parlement européen et du Conseil (JO L 237 du 26.9.2023, p. 1, ELI: http://data.europa.eu/eli/reg/2023/1803/oj)).

(2) Le 18 décembre 2024, l'International Accounting Standards Board (« IASB ») a publié des modifications de la norme internationale d'information financière IFRS 9 *Instruments financiers* (ci-après « IFRS 9 ») et de la norme internationale d'information financière IFRS 7 *Instruments financiers : informations à fournir* (ci-après « IFRS 7 ») pour aider les entreprises à mieux déclarer les effets financiers des contrats d'électricité dépendant de la nature, qui sont souvent structurés comme des accords d'achat d'électricité.

(3) Ces modifications portent sur la manière dont les exigences relatives à l'« usage propre » s'appliqueraient, autorisent la comptabilité de couverture si ces contrats sont utilisés comme instruments de couverture et ajoutent des obligations d'information pour permettre aux investisseurs de comprendre les effets de ces contrats sur la performance financière et les flux de trésorerie futurs d'une entreprise.

(4) Après avoir consulté le Groupe consultatif pour l'information financière en Europe (European Financial Reporting Advisory Group, EFRAG), la Commission a conclu que ces modifications d'IFRS 9 et d'IFRS 7 satisfaisaient aux conditions d'adoption énoncées à l'article 3, paragraphe 2, du règlement (CE) n° 1606/2002.

(5) Il y a dès lors lieu de modifier le règlement (UE) 2023/1803 en conséquence.

(6) Les mesures prévues dans le présent règlement sont conformes à l'avis du comité de réglementation comptable,

Règlement (UE) 2025/1266

A adopté le présent règlement :

Article premier

Les parties suivantes de l'annexe du règlement (UE) 2023/1803 sont modifiées conformément à l'annexe du présent règlement :

a) Norme internationale d'information financière (« IFRS ») 9 *Instruments financiers* ;

b) IFRS 7 *Instruments financiers : informations à fournir*.

Article 2

Les entreprises appliquent les modifications visées à l'article 1er au plus tard à la date d'ouverture de leur premier exercice commençant le 1er janvier 2026 ou après cette date.

Article 3

Le présent règlement entre en vigueur le vingtième jour suivant celui de sa publication au *Journal officiel de l'Union européenne*.

Le présent règlement est obligatoire dans tous ses éléments et directement applicable dans tout État membre.

Fait à Bruxelles, le 30 juin 2025.

Par la Commission

La présidente

Ursula VON DER LEYEN

Règlement, recommandations et position de l'ANC

Groupe Revue Fiduciaire

Règlement ANC 16-09 – Informations complémentaires de l'annexe consolidée en IFRS

Règlement n° 2016-09 du 2 décembre 2016 relatif aux informations à mentionner dans l'annexe des comptes consolidés établis selon les normes internationales *[arrêté du 26 décembre 2016, JO du 28]* ; modifié par le règlt ANC 2025-01 du 7 février 2025 *[en cours d'homologation]*

L'Autorité des normes comptables,

Vu la directive 2013/34/UE du Parlement européen et du Conseil du 26 juin 2013 relative aux états financiers annuels, aux états financiers consolidés, modifiant la directive 2006/43/CE du Parlement européen et du Conseil et abrogeant les directives 78/660/CEE et 83/349/CEE du Conseil ;

Vu le code de commerce ;

Vu l'ordonnance n° 2009-79 du 22 janvier 2009 créant l'Autorité des normes comptables ;

Vu l'ordonnance n° 2015-900 du 23 juillet 2015 relative aux obligations comptables des commerçants ;

Vu le décret n° 2015-903 du 23 juillet 2015 relatif aux obligations comptables des commerçants ;

Adopte les dispositions suivantes :

Article 1

Le présent règlement s'applique aux sociétés qui établissent leurs comptes consolidés selon les normes internationales telles qu'adoptées par l'Union européenne, lorsque leurs titres financiers sont admis aux négociations sur un marché réglementé ou lorsqu'elles ont choisi d'établir leurs comptes consolidés selon les normes internationales conformément à l'article L. 233-24 du code de commerce.

Article 2

Les sociétés visées à l'article 1 doivent, en complément des informations requises par les normes internationales, mentionner les informations suivantes dans l'annexe des comptes consolidés :

- **Informations relatives au périmètre de consolidation :**
  - Pour les entreprises comprises dans la consolidation, dans la mesure où elles présentent un caractère significatif :
  - le nom et le lieu du siège des entreprises consolidées ;
  - la fraction de leur capital détenue directement ou indirectement, et leur mode de consolidation.

Les informations relatives à l'identification des entreprises consolidées et de la fraction de leur capital détenue directement ou indirectement peuvent être omises lorsque, en raison de leur nature, leur divulgation porterait gravement préjudice à une des entreprises auxquelles elles se rapportent. Dans ce cas, il est fait mention du caractère incomplet des informations données.

- Pour les entreprises non incluses dans la consolidation :
  - justification des motifs de non inclusion en indiquant le nom et le siège des entreprises non incluses ainsi que la fraction de leur capital détenue directement ou indirectement.

• Pour les titres de participation (au sens de l'article R. 123-184 du code de commerce) n'entrant pas dans le périmètre de consolidation dans la mesure où ils présentent un caractère significatif :

- Liste des entreprises en précisant leur nom et leur siège, la fraction du capital détenu directement ou indirectement, le montant de leurs capitaux propres et le résultat du dernier exercice

Les informations relatives aux titres de participation n'entrant pas dans le périmètre de consolidation peuvent être omises lorsque, en raison de leur nature, leur divulgation porterait gravement préjudice à une des entreprises auxquelles elles se rapportent. Dans ce cas, il est fait mention du caractère incomplet des informations données.

• Effectif :

Effectif moyen employé par les entreprises consolidées par intégration globale et quote-part contrôlée des effectifs employés par les entreprises consolidées par intégration proportionnelle, ventilé par catégorie.

• Honoraires des commissaires aux comptes :

Pour chaque commissaire aux comptes certifiant les comptes, le montant total des honoraires figurant au compte de résultat consolidé de l'exercice, est indiqué en séparant les honoraires afférents à la certification des comptes de ceux afférents à la certification des informations en matière de durabilité, le cas échéant, des autres services.

Recommandation ANC 12-01 - Annexe : principes généraux

Recommandation de l'ANC RECO 12-01 du 21 décembre 2012 relative à l'élaboration de l'annexe des comptes consolidés établis selon les normes comptables internationales - Principes généraux

L'Autorité des normes comptables (ANC) attache la plus grande importance à la lisibilité et à l'utilité des comptes. À cet égard, depuis quelques années, la lisibilité et l'intelligibilité de l'annexe des comptes consolidés établis par les entreprises selon les normes comptables internationales sont de moins en moins apparentes.

C'est pourquoi l'Autorité des normes comptables, avec certains de ses homologues européens, a notamment élaboré une liste de principes pour guider l'élaboration de l'annexe des comptes consolidés établis selon les normes comptables internationales. Ces principes doivent inspirer la façon d'appliquer pleinement les normes en vigueur, avec l'objectif d'aboutir à des annexes aux comptes plus pertinentes.

Certains de ces principes concernent la rédaction des normes par le normalisateur international. Les 6 principes repris dans la présente recommandation visent l'application des normes comptables internationales par les entreprises, les auditeurs et les régulateurs. Ils ont pour objet de recommander une approche sobre et mesurée dans l'élaboration des annexes des comptes, tout en appliquant strictement les normes internationales en vigueur.

Dans leur liste initiale, l'ANC et ses homologues avaient même ajouté un septième principe, qui n'est pas repris dans cette recommandation mais mérite d'être cité. Ce principe établissait que, les entreprises, ainsi que les auditeurs et les régulateurs, chacun dans leur rôle propre vis-à-vis des comptes établis par les entreprises, ont un intérêt commun et doivent se mobiliser pour favoriser l'amélioration de l'information publiée en appliquant tous les principes décrits dans la liste, pour en assurer le succès.

L'Autorité des normes comptables,

Recommande :

l'application des principes suivants pour l'élaboration de l'annexe des comptes consolidés établis selon les normes comptables internationales :

Objet et contenu de l'annexe des comptes

1. L'objet de l'annexe est de fournir une description pertinente des éléments présentés dans les comptes, ainsi que des accords, droits et obligations de l'entreprise non comptabilisés mais existant à la date de clôture.

2. En conséquence :

a. L'annexe doit fournir une information qui développe et explique les comptes ;

b. L'information figurant dans l'annexe doit porter sur les transactions passées et sur les autres événements existant à la date de clôture ; l'information relative au futur qui n'est pas liée à ces transactions passées et autres événements existant à la date de clôture n'est pas fournie dans l'annexe, à l'exception des informations requises spécifiquement par certaines normes ;

c. L'information figurant dans l'annexe doit être spécifique au groupe concerné.

3. En complément des montants comptabilisés au titre de la situation financière et de la performance de l'entreprise dans le bilan et le compte de résultat, l'annexe doit notamment fournir une information sur (a) les hypothèses utilisées, la sensibilité de celles-ci et les jugements exercés pour comptabiliser ces éléments ; (b) les informations sur les risques qui pourraient affecter ces montants comptabilisés ; et (c) l'impact des méthodes d'évaluation alternatives lorsque cette information est pertinente.

4. Il est nécessaire que les effets des choix en matière de méthodes comptables sur les informations à fournir dans l'annexe soient pris en considération, afin que l'utilité de l'information fournie par les comptes soit appréciée dans son ensemble. En particulier, plus l'évaluation des montants comptabilisés dans les états de synthèse repose sur des estimations, plus des informations complémentaires dans l'annexe sont nécessaires.

Application des dispositions normatives lors de l'établissement de l'annexe

5. Le principe de matérialité doit être mis en œuvre en pratique avec une grande attention, en ayant à l'esprit que la publication d'informations non significatives (et d'informations relatives à des situations qui ne s'appliquent pas en pratique à l'entreprise concernée) réduit la pertinence et l'intelligibilité des informations publiées.

Informations à fournir par l'entreprise

6. La mise en œuvre des dispositions normatives relatives à l'établissement de l'annexe doit avoir pour objectif de transmettre une information pertinente aux utilisateurs des comptes, et non relever d'un exercice mécanique de conformité.

Recommandation ANC 12-02 - Modèle d'annexe simplifiée pour les sociétés moyennes et petites

Recommandation de l'ANC RECO 12-02 du 21 décembre 2012 relative à la présentation de l'annexe des comptes consolidés établis selon les normes comptables internationales - Modèle d'annexe simplifiée pour les sociétés moyennes et petites

1. Dans l'objectif d'améliorer la lisibilité de l'annexe des comptes consolidés établis selon les normes comptables internationales, les travaux conduits au plan européen par l'Autorité des normes comptables et certains de ses homologues ont débouché sur l'élaboration de quelques principes destinés au normalisateur international.

Parmi ces principes figure « *la nécessité que les obligations imposées aux entreprises respectent une proportionnalité par rapport aux besoins des utilisateurs des comptes et permettent un rapport coût/avantages raisonnable en toutes circonstances. Des réponses alternatives peuvent devoir être mises en place pour réaliser une telle proportionnalité.* »

Remplir pleinement cet objectif supposera une modification des normes internationales. L'ANC a proposé, dès 2010, 11 propositions précises de modifications en ce sens, qui restent pleinement d'actualité.

2. Mais l'ANC avait également proposé un modèle d'annexe simplifiée, qui fait l'objet de la présente recommandation.

Ce modèle permet une présentation des données comptables généralement pertinentes pour les sociétés moyennes et petites au regard de leur expérience. Naturellement, toute donnée non prise en compte dans ces tableaux doit impérativement être mentionnée dans l'annexe des comptes si elle est pertinente et significative pour la société.

En d'autres termes, les modèles recommandés offrent aux entreprises la possibilité d'utiliser un cadre qui contient les informations qui ont été identifiées, à la suite de travaux de place incluant toutes les parties prenantes, comme les plus fréquemment mentionnées dans les annexes des comptes par les sociétés moyennes et petites. Ces informations doivent être complétées des données relevant des spécificités de leur situation propre, que chaque entreprise connaît parfaitement et doit fournir de surcroît en application des normes comptables internationales et déterminées en lien avec ses auditeurs et les régulateurs, dans l'esprit de la Recommandation N° 2012-01 et notamment ses principes 5 et 6.

3. Cette recommandation reprend le document publié par l'ANC en octobre 2011, moyennant quelques mises à jour.

Plus précisément, le texte de 2011 est modifié pour en assurer la conformité aux textes en vigueur en (a) annulant l'effet des propositions de simplifications

qui modifiaient les normes comptables internationales en vigueur et en (b) le mettant à jour des évolutions de textes survenues depuis la parution de ce document.

4. Les sociétés moyennes et petites au sens de la présente recommandation sont :

- les sociétés industrielles et commerciales qui établissent des comptes consolidés selon les normes comptables internationales, soit de façon obligatoire en application du règlement CE 2002/ 1606, soit de façon volontaire en application de l'option prévue par l'article L. 233-24 du Code de commerce,
- et qui répondent à la définition des valeurs moyennes et petites proposée par l'Autorité des marchés financiers (AMF)*.

* L'AMF a défini les valeurs moyennes et petites comme celles ayant, à la date de clôture de leur exercice, une capitalisation boursière inférieure ou égale à 1 milliard d'euros (Position de l'AMF sur le rapport du groupe de travail sur les aménagements de la réglementation financière pour les valeurs moyennes et petites présidé par Yves Mansion, 2008).

Pour les sociétés qui appliqueraient les normes comptables internationales de manière volontaire, par assimilation, sont considérées comme « sociétés moyennes et petites », celles dont les capitaux propres consolidés sont inférieurs ou égaux à 1 milliard d'euros à la date de clôture de leur exercice.

La présente recommandation n'est pas applicable aux établissements de crédit et organismes d'assurance.

L'Autorité des normes comptables,

Recommande :

pour l'élaboration de l'annexe des comptes consolidés établis selon les normes internationales telles qu'adoptées par l'Union européenne, l'utilisation d'un modèle de présentation, tel que présenté ci-après.

Modèle d'annexe aux états financiers de l'exercice clos le 31 décembre 20XN

***Principe général :* pour l'utilisation du modèle ci-après, seules les informations significatives doivent être mentionnées en vertu du principe de matérialité cité dans la Recommandation de l'Autorité des normes comptables N° 2012-01 du 21 décembre 2012.**

1. NOTE RELATIVE AUX PRINCIPES COMPTABLES

L'entreprise doit indiquer l'application qu'elle a fait des principes comptables. Il ne s'agit pas de reprendre l'intégralité de la norme mais d'informer sur son application / adaptation à la situation de l'entreprise en fonction des politiques suivies. Les éléments donnés ci-après reprennent les informations minimum que l'on s'attend à trouver. Ce minimum requis n'exempte pas la société de rajouter d'autres informations dès lors que certains éléments propres à sa situation apparaissent comme qualitativement ou quantitativement significatifs pour les utilisateurs des états financiers.

Généralités

Conformité aux normes IFRS : les comptes ont été établis selon les normes internationales adoptées par l'Union Européenne à la date de clôture. La liste des normes adoptées par l'IASB mais encore non applicables et l'estimation de leur impact est requise si et seulement si ces normes vont avoir un impact significatif sur les comptes de l'entreprise (pour chacune de ces normes les informations prévues aux paragraphes 28 (a) à (f) de la norme IAS 8 doivent être fournies).

Méthodes comptables appliquées

L'entreprise doit au travers de cette note informer les lecteurs de comptes de l'application particulière qu'elle a faite des normes et notamment préciser les options qu'elle a retenues et les méthodes utilisées lorsque des choix existent. A minima, les informations suivantes doivent être apportées sous réserve que l'entreprise soit concernée par les sujets suivants.

Comptabilisation du chiffre d'affaires	Nature des produits, critères de comptabilisation, existence de garanties, existence de programmes de fidélité, précisions pour les contrats de construction, les dividendes.
Définition des segments	Nature des activités du groupe, identification des segments et méthode utilisée pour les déterminer.
Impôts	Méthode de comptabilisation et d'évaluation et précisions en cas de nouveautés fiscales.
Principe d'évaluation des actifs et des passifs	Détail des modalités d'évaluation des actifs et passifs en précisant lesquels sont évalués au coût ou à la juste valeur.
Regroupement d'entreprises	Description des méthodes appliquées pour la comptabilisation et l'évaluation des regroupements d'entreprises.
Goodwill	Indication de l'affectation du goodwill aux différentes UGT et des modalités de dépréciation.
Immobilisations incorporelles et frais de recherche et développement	Définition des critères d'activation et de pertes de valeur, détail des méthodes et taux d'amortissement, justification de l'utilisation de durées de vie illimitées.
Immobilisations corporelles	Typologie des immobilisations corporelles et méthodes d'amortissement par catégorie.
Immeubles de placement	Choix de la méthode d'évaluation, détail des méthodes et taux d'amortissement.
Dépréciation des immobilisations	Modalités de calcul utilisées pour les tests de dépréciation, définition des unités génératrices de trésorerie (UGT)
Contrats de location	Explications relatives à la définition des contrats de location financement.
Stocks	Typologie des stocks et méthode d'évaluation associée.
Instruments financiers	Typologie des instruments financiers et méthode de valorisation associée.
Dettes	Typologie des dettes et méthode de valorisation associée.
Avantages du personnel	Description des avantages accordés et des méthodes comptables utilisées.
Provisions	Typologie et méthode de valorisation associée.
Estimations et jugements	Indiquer la nature et le montant des estimations et jugements significatifs sur la période.
Parties liées	Identification des parties liées, critères mis en œuvre pour les déterminer.
Méthodes de consolidation	Description des méthodes utilisées et périmètre de consolidation.

Exemple de note sur le périmètre et les méthodes de consolidation

ABC SA, maison mère du groupe est une société anonyme enregistrée et domiciliée en France (adresse). Son siège social est situé à ...

Le périmètre de consolidation du groupe ABC est le suivant :

Nom de l'entité	Activité	Pourcentage d'intérêt
Filiales consolidées par intégration globale Entreprise A Entreprise B		
Entreprises sous contrôle conjoint consolidées par intégration proportionnelle Entreprise C Entreprise D		
Entreprises associées mises en équivalence Entreprise E		

Lorsque les modalités de détermination du contrôle ne correspondent pas aux présomptions de contrôle définies par la norme (par exemple filiale non contrôlée et détenue à plus de 50% ou filiale contrôlée détenue à moins de 50%), il est nécessaire d'expliquer le niveau de contrô e retenu.

2. ANALYSE SECTORIELLE

Analyse par secteur d'activité

Exemple d'analyse par secteur d'activité, présentée sur la base des indicateurs examinés par le principal décideur opérationnel

	20XN				20XN – 1			
En M€	Total	Segment A	Segment B	Autres	Total	Segment A	Segment B	Autres
Chiffre d'affaires								
Résultat opérationnel								

Analyse par nature des biens et services vendus

Exemple d'analyse par nature de biens et services vendus

En M€	20XN	20XN – 1
Équipement électronique Maintenance		
Chiffre d'affaires		

Analyse par zone géographique

Exemple d'analyse par zone géographique

	20XN			20XN – 1		
En M€	Total	France	Autres pays	Total	France	Autres pays
Chiffre d'affaires						
Actifs non courants*						

* Hors instruments financiers, actifs d'impôts différés, actifs au titre d'avantages postérieurs à l'emploi.

3. PRODUITS ET CHARGES FINANCIERS

En M€	20XN	20XN – 1
Coût de l'endettement financier brut *moins* Intérêts incorporés dans le coût des actifs (taux de capitalisation de x %) *moins* Produits de trésorerie et d'équivalents de trésorerie		
Coût de l'endettement financier net		
Autres charges financières (1) *moins* Autres produits financiers (1)		
Total produits et charges financiers		
(1) Détailler les éléments significatifs, le cas échéant, soit en annexe soit dans le compte de résultat.		

4. RÉSULTAT PAR ACTION

En M€	20XN	20XN – 1
RÉSULTAT DE BASE PAR ACTION Résultat net attribuable aux actionnaires de la société Autres [décrire]		
Résultat utilisé pour le calcul du résultat de base par action		
Nombre moyen pondéré d'actions ordinaires		
RÉSULTAT DILUÉ PAR ACTION Résultat utilisé pour le calcul du résultat de base par action Charge d'intérêt sur la dette convertible (net d'impôt à X %)		
Nombre moyen d'actions ordinaires utilisé pour le calcul du résultat de base par action Actions présumées être émises sans contrepartie : - plans d'options de souscription d'actions des salariés - actions ordinaires partiellement libérées - dette convertible en actions - autres [décrire]		
Nombre moyen pondéré d'actions ordinaires utilisé pour le calcul du résultat dilué par action		

En cas d'activité abandonnée, le groupe devra présenter également le résultat par action sur les activités poursuivies et le résultat par action sur l'activité abandonnée.

5. IMMOBILISATIONS CORPORELLES

En M€	20XN				20XN – 1			
	Terrains et constructions	Agencement et matériel	Actifs* en location-financement	Total	Terrains et constructions	Agencement et matériel	Actifs* en location-financement	Total
VALEUR BRUTE								
Au 1er janvier 20XN Augmentations Variations de périmètre de consolidation Sorties Effet des variations de change								
Au 31 décembre 20XN								
AMORTISSEMENTS ET PERTES DE VALEUR								
Au 1er janvier 20XN Dotations aux amortissements Variations de périmètre de consolidation Pertes de valeur Sorties Effet des variations de change								
Au 31 décembre 20XN								
VALEUR NETTE								
Au 1er janvier 20XN **Au 31 décembre 20XN**								

* Indiquer la catégorie d'immobilisation concernée (multiplier les colonnes si plusieurs catégories sont concernées).

Les engagements pris sur les immobilisations corporelles ayant en général un caractère significatif, ils devront être indiqués dans les annexes en application du principe général.

6. IMMEUBLES DE PLACEMENT

Indiquer les variations des valeurs brutes et amortissements/ dépréciations entre l'ouverture et la clôture pour les exercices 20XN et 20XN – 1.

Indiquer également le montant des loyers et charges comptabilisés en 20XN et 20XN – 1 sur les immeubles de placement. À noter que les engagements pris sur les immeubles de placement ayant en général un caractère significatif, ils devront être indiqués dans les annexes en application du principe général.

7. IMMOBILISATIONS INCORPORELLES

En M€	20XN					20XN – 1				
	Goodwill	Marque	Logiciels et licences	Brevets	Total	Goodwill	Marque	Logiciels et licences	Brevets	Total
VALEUR BRUTE										
Au 1er janvier 20XN Augmentations Actifs générés en interne Variations de périmètre de consolidation Sorties Effet des variations de change										
Au 31 décembre 20XN										
AMORTISSEMENTS ET PERTES DE VALEUR										
Au 1er janvier 20XN Dotations aux amortissements Variations de périmètre de consolidation Pertes de valeur Sorties Effet des variations de change										
Au 31 décembre 20XN										
VALEUR NETTE										
Au 1er janvier 20XN										
Au 31 décembre 20XN										

Concernant les frais de recherche et développement, il est en outre nécessaire d'indiquer les frais comptabilisés en charge au titre de la période.

En ce qui concerne les tests de dépréciation, la société ne doit indiquer les principales hypothèses que si cette information apparaît comme pouvant être significative pour les utilisateurs des états financiers. Le cas échéant, la société devra indiquer pourquoi elle estime cette information comme non significative. Cela peut être le cas par exemple lorsqu'aucune dépréciation n'a été comptabilisée sur la période ou sur la période antérieure et que le montant recouvrable excède la valeur comptable de l'UGT avec une marge substantielle.

À défaut, la société pourra utiliser le format donné ci-après en exemple pour documenter ses tests de dépréciation.

Exemple de documentation pour le calcul dans le cas où la valeur d'utilité sert de référence pour le calcul de la valeur recouvrable.

a) Principales hypothèses

Pour les unités génératrices de trésorerie (UGT) auxquelles ont été affectées des écarts d'acquisition significatifs (ou les autres immobilisations incorporelles à durée de vie indéterminée significative), les principales hypothèses utilisées pour déterminer le montant de la valeur d'utilité des UGT sont les suivantes :

	20XN				20XN – 1			
	Période de projection des flux de trésorerie*	Goodwill/ Autres Immobilisations incorporelles à durée de vie indéterminée associée (M€)	Taux d'actualisation	Taux de croissance à l'infini**	Autre(s) hypothèse(s) clé(s)***	Goodwill/ Autres Immobilisations incorporelles à durée de vie indéterminée associée (M€)	Taux d'actualisation	Taux de croissance à l'infini**	Autre(s) hypothèse(s) clé(s)***
UGT A									
UGT B									
UGT C									

* Expliquer le choix d'une projection des flux de trésorerie sur une période supérieure à 5 ans.

** Justifier l'utilisation d'un taux supérieur au taux de croissance moyen à long terme observable pour les produits ; les secteurs d'activité, ou le (ou les) pays dans lequel opère l'entité ou pour le marché auquel l'unité est affectée.

*** Indiquer, le cas échéant, les autres hypothèses clés auxquelles le calcul de la valeur d'utilité est le plus sensible (par exemple : prix du baril de pétrole, hypothèses opérationnelles) et décrire l'approche utilisée pour déterminer leur valeur.

b) Tests de sensibilité

Pour les hypothèses dont une modification raisonnablement possible pourrait conduire à une dépréciation de l'UGT, la valeur qui doit être donnée à chaque hypothèse clé (« valeur seuil ») pouvant conduire à établir la valeur d'utilité à un niveau égal à sa valeur comptable est la suivante :

	Écart entre la valeur d'utilité et la valeur comptable (M€)	« Valeur seuil » de l'hypothèse		
		Hypothèse A	Hypothèse B	Hypothèse C
UGT A				
UGT C				

Dans le cas où le management estime qu'une modification raisonnablement possible des hypothèses clés ne pourrait pas conduire à une dépréciation, la phrase ci-après peut être utilisée : « le management estime qu'aucune modification raisonnablement possible des hypothèses clés utilisées pour le calcul de la valeur recouvrable ne pourrait conduire à ce que la valeur comptable de l'UGT soit significativement supérieure à sa valeur recouvrable ».

8. IMMOBILISATIONS FINANCIÈRES

a) Titres mis en équivalence

Les informations financières relatives aux entreprises associées se résument comme suit :

En M€	20XN	20XN – 1
Actifs Passifs		
Actifs nets des entreprises associées attribuables au groupe		
Chiffre d'affaires Résultat de la période		
Résultat des entreprises associées attribuable au groupe		

Indiquer le cas échéant la juste valeur des actions des entreprises associées cotées.

b) Autres immobilisations financières

Détailler les autres immobilisations financières par grandes catégories et expliquer les variations significatives

En M€	20XN	20XN – 1
Participations Prêts Autres actifs financiers non courants		
Total autres actifs financiers non courants		
Les autres actifs financiers sont présentés nets des : **Pertes de valeur**		

Si la société comptabilise ses instruments financiers selon la méthode du coût amorti, la juste valeur ne sera indiquée que si ce montant diffère de façon significative du coût amorti.

9. STOCKS

En M€	20XN	20XN – 1
Matières premières et consommables Travaux en-cours Produits finis		
Total Stocks		
Y compris les stocks donnés en garantie de passifs		
Stocks comptabilisés en charge Dépréciation des stocks comptabilisée en charge		
Total charges comptabilisées		

Indiquer également, le cas échéant, le montant du stock net qui ne serait utilisé que dans plus d'un an.

10. CRÉANCES CLIENTS ET AUTRES CRÉANCES

En M€	20XN	20XN – 1
Créances clients Juste valeur des dérivés (Note 15) Autres créances Avances et charges constatées d'avance		
Total créances clients et autres créances		
Les créances clients sont présentées nettes des : **Pertes de valeur**		

Si la société comptabilise ses instruments financiers selon la méthode du coût amorti, la juste valeur ne sera indiquée que si ce montant diffère de façon significative du coût amorti.

11. DETTES FOURNISSEURS ET AUTRES DETTES

En M€	20XN	20XN – 1
Dettes fournisseurs Juste valeur des dérivés (Note 15) Dettes fiscales et sociales Produits constatés d'avance Autres dettes		
Total dettes fournisseurs et autres dettes		

Si la société comptabilise ses instruments financiers selon la méthode du coût amorti, la juste valeur ne sera indiquée que si ce montant diffère de façon significative du coût amorti.

12. DISPONIBILITÉS

En M€	20XN	20XN – 1
Trésorerie et équivalents de trésorerie (solde au bilan) Découverts bancaires		
Trésorerie et équivalents de trésorerie dans le tableau des flux de trésorerie		

Si la société comptabilise ses instruments financiers selon la méthode du coût amorti, la juste valeur ne sera indiquée que si ce montant diffère de façon significative du coût amorti.

13. EMPRUNTS

	20XN			20XN – 1		
	Montants dus		Total	Montants dus		Total
En M€	À moins d'un an	À plus d'un an		À moins d'un an	À plus d'un an	
Emprunts auprès des établissements de crédit Dettes liées aux contrats de location-financement (note 14)						
Total emprunts						

Si la société comptabilise ses instruments financiers selon la méthode du coût amorti, la juste valeur ne sera indiquée que si ce montant diffère de façon significative du coût amorti.

14. LOCATIONS SIMPLES ET LOCATIONS FINANCEMENT

La société doit indiquer les principales caractéristiques des contrats de location-financement et location simple en précisant les éléments qui pourraient s'avérer significatifs pour le lecteur des états financiers (existence de loyers conditionnels, options d'achat, sous-location, etc.).

a) Location financement

La dette de location financement à chaque clôture se décompose de la façon suivante :

	Paiements minimaux dus par période			
En M€	À moins d'un an	Entre un et cinq ans	À plus de cinq ans	Total
31 décembre 20XN Paiements au titre de la location Charges financières				
Valeur actuelle nette de la dette de location-financement				
31 décembre 20XN – 1 Paiements au titre de la location Charges financières				
Valeur actuelle nette de la dette de location-financement				

b) Location simple

En M€	N	N – 1
Paiements au titre des locations simples comptabilisés en charge		
Paiement minimaux dus par période au titre des contrats de location non résiliables À moins d'un an Entre un et cinq ans À plus de cinq ans		
Total		

15. ANALYSE DU RISQUE FINANCIER

L'analyse ci-après est un exemple de ce qu'on pourrait s'attendre au minimum à trouver dans les annexes d'une «petite société» commerciale cotée n'ayant pas d'instruments financiers complexes. Il devra être adapté à la situation particulière de chaque entité.

Exemple de note

Les instruments financiers incluent principalement des emprunts bancaires et des disponibilités dont l'objectif est de financer les opérations d'exploitation du groupe. Par ailleurs, le groupe détient des instruments dérivés de couverture de change afin de couvrir l'exposition d'une partie de ses flux en devises.

a. Risque de crédit

Le principal risque de crédit auquel le groupe est exposé est le risque de défaillance de sa clientèle. Le groupe a mis en place une politique de suivi de son risque de crédit au niveau de l'ensemble de ses filiales et suit son évolution sur une base hebdomadaire.

Des analyses de solvabilités sont conduites pour chaque nouveau client. De plus, le groupe utilise des assurances Coface pour minimiser son risque de crédit. Son exposition résiduelle est de XX M€ au 31 décembre 20XN (XX M€ au 31 décembre 20XN – 1). À la clôture, il n'y a pas de concentration significative du risque de crédit.

Les créances client peuvent être analysées de la façon suivante :

En M€	20XN	20XN – 1
Créances non échues et non dépréciées		
Créances échues depuis moins de 60 jours et non dépréciées Créances échues depuis plus de 60 jours et non dépréciées		
Créances échues et non dépréciées		
Montants brut des créances dépréciées Pertes de valeur comptabilisées		
Valeur nette des créances dépréciées		
Créances clients nettes des pertes de valeurs		

b. Risque de change

Le groupe est exposé au risque de change sur une partie de ses ventes réalisées en dollars. Afin de se couvrir contre ce risque, le groupe utilise des contrats de change à terme pour couvrir une partie de ses flux futurs de trésorerie en dollars sur un horizon de neuf mois. Au 31 décembre 20XN le groupe a couvert environ 2/3 de son exposition au risque de change pour les neuf prochains mois.

Le groupe comptabilise ses instruments dérivés à la juste valeur en contrepartie des capitaux propres. Le montant des contrats à terme à la clôture ont les caractéristiques suivantes :

En M€	20XN	20XN – 1
Contrats de vente de dollars (en USD) Valeur notionnelle des contrats de vente à terme (en M€) Juste valeur des contrats à la date de clôture (en M€)	M$	M$
Juste valeur des dérivés		

Une augmentation / diminution de 10% du dollar par rapport à l'euro, toutes choses égales par ailleurs aurait un impact négatif/ positif sur le résultat avant impôt d'environ XX M€ en 20xN (XX M€ en 20xN) hors effet sur les contrats de change à terme et XX M€ en 20xN (XX M€ en 20xN-1) en incluant l'impact sur les contrats de change à terme.

c. Risque de taux

Le groupe finance ses opérations grâce à ses fonds propres et le recours à l'endettement. En règle générale, le groupe emprunte à taux variable.

La structure de l'endettement est la suivante :

	20XN			20XN – 1		
En M€	Taux d'intérêt effectif	Emprunts à taux fixe	Emprunts à taux variable	Taux d'intérêt effectif	Emprunts à taux fixe	Emprunts à taux variable
Devise A	x %			x %		
Devise B	x %			x %		

Le montant payé sur les découverts bancaires est déterminé par le taux LIBOR plus une marge bancaire.

Au 31/12/20XN, si le taux d'intérêt des emprunts libellés en devise A avait varié de +/– 50 points de base, toutes choses égales par ailleurs, le résultat avant impôt aurait été inférieur / supérieur de XX € en 20XX (XX € en 20XN – 1). D'autre part, si le taux d'intérêt des emprunts libellé en devise B avait varié de +/– 50 points de base, toutes choses égales par ailleurs, le résultat avant impôt aurait été inférieur / supérieur de XX € en 20XN (XX € en 20XN – 1).

d. Gestion du risque sur le capital

Le groupe a pour objectif de préserver sa continuité d'exploitation tout en maximisant le rendement aux actionnaires grâce à une gestion optimale de la structure de ses fonds propres et de sa dette.

La politique du groupe durant l'exercice 20XN, inchangée par rapport à l'exercice 20XN-1, a été de conserver un ratio d'endettement compris entre x % et x%. Ce ratio est le suivant à la clôture de chacune des périodes présentées :

En M€	20XN	20XN – 1
Total emprunts (note 13) Moins : Trésorerie et équivalents de trésorerie (note 12)		
Endettement net Total capitaux propres		
Ratio d'endettement		

La variation du ratio d'endettement en 20XN résulte de... *[Décrire]*

e. Risque de liquidité

Pour financer son activité, outre ses fonds propres, le groupe a recours à l'emprunt long terme. Les échéances de ses emprunts sont détaillées dans la note 13.

Le groupe dispose d'une ligne de crédit non utilisée de X M€ mobilisable en 24 heures et sans condition pour faire face aux besoins à court terme de liquidités. Cette ligne de crédit expire le xxx.

Note : les informations relatives aux clauses conventionnelles de défaut (« covenant ») ne sont requises qu'en cas de clauses non respectées durant la période (IFRS 7.18-19).

f. Risque lié à l'estimation des justes valeurs

Le tableau ci-après détaille les éléments du bilan évalués à la juste valeur au 31.12.20XN :

En M€	Niveau 1	Niveau 2	Total
Actions disponibles à la vente			
Parts d'OPCVM disponibles à la vente			
Contrats de change à terme qualifiés de couverture			
Actifs évalués à la juste valeur au 31 décembre 20XN			
Instruments dérivés			
Passifs évalués à la juste valeur au 31 décembre 20XN			

Les actions et les OPCVM ont été évalués sur la base du dernier cours connu à la clôture (évaluation de niveau 1). Les contrats de change à terme ont été évalués sur la base d'un des cours de change à terme à la clôture puis ont fait l'objet d'une actualisation (évaluation de niveau 2).

Note : en cas d'évaluations de niveau 3, le groupe devra donner des informations additionnelles (cf. partie complémentaire ci-après).

g. Instruments financiers par catégories

Actifs financiers (M€)	Prêts et créances	Actifs à la juste valeur par le compte de résultat	Dérivés qualifiés de couverture	Actifs disponibles à la vente	Total
Créances clients et autres créances					
Trésorerie et équivalents de trésorerie					
Autres actifs financiers					
Total 31 décembre 20XN					
Créances clients et autres créances					
Trésorerie et équivalents de trésorerie					
Autres actifs financiers					
Total 31 décembre 20XN – 1					

Passifs financiers (M€)	Passifs à la juste valeur par le compte de résultat	Dérivés qualifiés de couverture	Autres passifs financiers au coût amort	Total
Dettes financières à long terme (hors dettes liées aux contrats de location-financement) Dettes liées aux contrats de location- financement Autres dettes financières à court terme Dettes fournisseurs et autres dettes				
Total 31 décembre 20XN				
Dettes financières à long terme (hors dettes liées aux contrats de location-financement) Dettes liées aux contrats de location- financement Autres dettes financières à court terme Dettes fournisseurs et autres dettes				
Total 31 décembre 20XN – 1				

Note : dans l'exemple ci-dessus, les instruments dérivés liés à la couverture des flux de trésorerie en devises sont classés en créances clients et autres créances/ dettes fournisseurs et autres dettes.

16. CAPITAL

En M€	Nombre d'actions ordinaires (1) Nominal : X €	Capital social	Prime c'émission	Actions propre	Total (2)
Capital au 1er janvier 20XN – 1					
Achat d'actions Actions émises au titre des plans d'option de souscription d'actions (note 17)					
Capital au 31 décembre 20XN – 1					
Ventes d'actions Actions émises au titre des plans d'option de souscription d'actions (note 17)					
Capital au 31 décembre 20XN					

(1) Distinguer le capital non libéré du capital libéré.
(2) Montant repris dans l'état de variation des capitaux propres.

17. RÉMUNÉRATION DU PERSONNEL FONDÉE SUR DES ACTIONS

Les caractéristiques des plans de stock-options attribués sont :

	Nombre d'options attribuées	Date d'attribution	Date d'expiration	Prix d'exercice (€)	Juste valeur à la date d'attribution (M€)
Plan A – Ouvert le XX/XX/20X					
Plan B – Ouvert le XX/XX/20X					
Plan C – Ouvert le XX/XX/20X					

La société a retenu le modèle d'évaluation XYZ dont les principales hypothèses sont :

	Taux de rendement du dividende	Taux d'intérêt sans risque	Volatilité
Plan A – Ouvert le XX/XX/20XX			
Plan B – Ouvert le XX/XX/20XX			
Plan C – Ouvert le XX/XX/20XX			

La volatilité correspond à la moyenne glissante des volatilités du cours de l'action sur la durée d'existence du plan.

L'évolution des options de souscription est détaillée ci-après :

	20XN		20XN – 1	
	Nombre d'options	Prix moyen pondéré (€)	Nombre d'options	Prix moyen pondéré (€)
Options en circulation au début de la période				
Options attribuées				
Options auxquelles il est renoncé				
Options annulées				
Options exercées				
Options en circulation à la fin de la période				
Options exerçables à la fin de la période				

Au 31 décembre 20XN, les options attribuées ont un prix d'exercice compris entre XX € et XX € (entre XX € et XX € au 31 décembre 20XN – 1) et une durée de vie moyenne contractuelle restante de X jours (20XN – 1 : X jours).

Les options exercées sur l'année 20XN ont les caractéristiques suivantes :

	Nombre d'options exercées	Date d'exercice	Prix de l'action à la date d'exercice (€)
Plan A – Ouvert le XX/XX/20XX			
Plan A – Ouvert le XX/XX/20XX			
Plan A – Ouvert le XX/XX/20XX			
Plan B – Ouvert le XX/XX/20XX			
Total			

La charge de personnel relative aux transactions dont le paiement est fondé sur des actions, s'élève à XX M€ pour l'année 20XN (20XN – 1 : XX M€).

18. ENGAGEMENTS DE RETRAITES ET AVANTAGES ASSIMILÉS

Note : l'exemple ci-après est basé sur la norme applicable aux exercices ouverts avant le 1/1/2013 et illustre plus particulièrement les informations à fournir pour un groupe appliquant la méthode du corridor.

Les hypothèses principales pour le calcul des engagements de retraites et avantages assimilés sont les suivantes :

	20XN		20XN – 1	
	France	États-Unis	France	États-Unis
Taux d'actualisation				
Rendement attendu des actifs des régimes				
Inflation				
Augmentation attendue des salaires				
Augmentation attendue des rentes				
Probabilités de mortalité				

Il est rappelé que lorsque l'entité a plusieurs types de plan, il est possible de regrouper les informations à donner en annexe de la manière jugée la plus utile (zones géographiques, nature des risques...).

Le taux de rendement attendu et la valeur des actifs affectés aux plans sont les suivants :

	20XN		20XN – 1	
	Rendement attendu (1) %	Juste valeur des actifs (M€)	Rendement attendu (1)	Juste valeur des actifs (M€)
Actions				
Obligations				
Autres				
Total				

(1) Expliquer comment les taux de rendement par catégorie d'actifs et global ont été déterminés.

Le taux de rendement réel des actifs affectés aux plans a été de X M€ en 20XN (X M€ en 20N – 1).

La valeur des actifs affectés aux plans a varié de la façon suivante au cours de la période :

En M€	20XN	20XN – 1
Juste valeur des actifs affectés aux plans à l'ouverture		
Rendement attendu des actifs des régimes		
Gains actuariels/ (pertes)		
Contribution de l'employeur		
Prestations payées		
Variations de périmètre		
Différences de change		
Juste valeur des actifs affectés aux plans à la clôture		
Contribution attendue l'année suivante		

La valeur de l'engagement a varié de la façon suivante au cours de la période :

En M€	20XN	20XN – 1
Obligation au titre des prestations définies à l'ouverture		
Coût des services		
Charge d'intérêt		
Pertes actuarielles / (gains)		
Prestations payées		
Amortissement du coût des services passés		
Variations de périmètre		
Différence de change		
Obligation au titre des prestations définies à la clôture		

Le montant de la charge comptabilisée en résultat et de la dette au titre des engagements de retraites et avantages assimilés se décomposent comme suit :

En M€	20XN	20XN – 1
Coût des services rendus au cours de la période		
Coût financier		
Rendements attendus des actifs du régime		
Pertes actuarielles (gains) comptabilisées en résultat		
Coût des services passés		
Total charge de la période		
Valeur actuelle de l'obligation résultant de régimes financés		
Juste valeur des actifs affectés aux plans		
Valeur actuelle résultant de régimes non financés		
Déficit		
Écarts actuariels non comptabilisés		
Coût des services passés non comptabilisés		
Dette nette comptabilisée au 31 décembre		
Ajustements liés à l'expérience relatifs aux passifs du régime		
Ajustements liés à l'expérience relatifs aux actifs du régime		
Note : les éléments repris ci-dessus sont conformes aux informations à fournir listées dans la Recommandation n° 2003-R.01 du CNC.		

L'historique des actifs du régime, de l'engagement et du déficit ainsi que des effets d'expérience sont les suivants :

En M€	20XN – 2	20XN – 3	20XN – 4
Valeur actuelle de l'obligation			
Juste valeur des actifs affectés aux plans			
Déficit			
Ajustements liés à l'expérience relatifs aux passifs du régime			
Ajustements liés à l'expérience relatifs aux actifs du régime			

19. AUTRES PROVISIONS

En M€	Restructurations	Litiges	Etc.	Autres	Total
Au 1er janvier 20XN					
Dotations Utilisations Reprises Effet de l'actualisation / modification du taux (taux : x %)					
Impact sur le résultat de la période					
Variations de périmètre Effet des variations de change					
Au 31 décembre 20XN					

La société devra indiquer en outre une brève description de la nature des provisions, l'horizon de temps auquel les décaissements sont attendus et les éventuels remboursements à percevoir.

20. ACTIFS ET PASSIFS ÉVENTUELS

En M€	20XN	20XN – 1
Litiges Passifs éventuels encourus au titre des participations sous contrôle conjoint Quote-part des passifs éventuels des entreprises associées		

Décrire les principales caractéristiques des actifs/ passifs éventuels, l'horizon de temps auquel les encaissements/ décaissements sont attendus et les éventuels remboursements à percevoir.

21. ENGAGEMENTS HORS BILAN

En complément des éléments décrits dans les notes xyz*, le groupe a les engagements hors bilan suivants : *[Décrire]*.

* Renvoyer aux notes où des engagements hors bilan ont été mentionnés (immobilisations corporelles, immeubles de placements, contrats de locations, etc.).

22. IMPÔTS DIFFÉRÉS

Les actifs et passifs d'impôts différés sont attribuables aux éléments suivants :

Impôts différés actifs *(M€)*	Provisions pour retraites	Autres provisions	Déficits reportables	Pertes de valeur	Autres (1)	Total
Au 31 décembre 20XN – 2						
Variations de périmètre Effet des variations de change Montant comptabilisé en résultat net Montant comptabilisé directement en capitaux propres						
Au 31 décembre 20XN – 1						
Variations de périmètre Effet des variations de change Montant comptabilisé en résultat net Montant comptabilisé directement en capitaux propres						
Au 31 décembre 20XN						

(1) Ne détailler que les natures de différences temporaires significatives.

Le montant des actifs d'impôts différés recouvrables à moins de 12 mois est X M€ (20XN – 1 : X M€).

Indiquer, le cas échéant, les actifs d'impôt non reconnus.

Impôts différés passifs *(M€)*	Actifs incorporels	Immobilisations corporelles	Autres (1)	Total
Au 31 décembre 20XN – 2				
Variations de périmètre Effet des variations de change Montant comptabilisé en résultat net Montant comptabilisé directement en capitaux propres				
Au 31 décembre 20XN – 1				
Variations de périmètre Effet des variations de change Montant comptabilisé en résultat net Montant comptabilisé directement en capitaux propres				
Au 31 décembre 20XN				
(1) Ne détailler que les natures de différences temporaires significatives.				

Le montant des passifs d'impôts différés recouvrable à moins de 12 mois est X M€ (20XN – 1 : X M€).

Indiquer, si significatif, le montant des différences temporaires relatives aux filiales, branches, entreprises associées et entreprises sous contrôle conjoint pour lesquelles aucun impôt différé passif n'a été comptabilisé.

23. CHARGE D'IMPÔT SUR LE RÉSULTAT

Le rapprochement entre la charge d'impôt et le résultat avant impôt se résume comme suit :

En M€	20XN	20XN – 1
Résultat net avant impôt		
Taux d'impôt en vigueur (1) **Charge d'impôt théorique** Effet des : – écarts sur les taux d'imposition par rapport au taux théorique – charges non déductibles – déficits reportables pour lesquels aucun impôt différé actif n'a été comptabilisé – modification des taux d'impôts différés – résultat des entreprises associées comptabilisé net d'impôts		
Total charge d'impôt		
Dont : – impôts courants – impôts différés		
(1) Utiliser le taux de la juridiction où le groupe fait le plus d'opérations pour une meilleure lisibilité du rapprochement.		

24. PARTIES LIÉES

Indiquer les parties liées de la société : sociétés sous contrôle commun ou sur lesquelles le groupe a une influence notable, sociétés ayant un administrateur commun, parents proches, etc.

a. Transactions avec les parties liées

Seules les transactions avec les parties liées non éliminées en consolidation sont indiquées.

(K€)	Entreprise X	Entreprises sous contrôle conjoint	Entreprises associées	Principaux dirigeants	Etc.
Compte de résultat 20XN – 1					
Vente de biens Achat de biens					
Bilan au 31 décembre 20XN – 1 Prêt aux parties liées *– alloué/ remboursé au cours de la période* Créances sur des parties liées Emprunts auprès des parties liées *– alloué/ remboursé au cours de la période* Dettes envers des parties liées					
Compte de résultat 20XN Vente de biens Achat de biens					
Bilan au 31 décembre 20XN Prêt aux parties liées *– alloué/ remboursé au cours de la période* Créances sur des parties liées Emprunts auprès des parties liées *– alloué/ remboursé au cours de la période* Dettes envers des parties liées					

Indiquer les termes et conditions des transactions avec les parties liées ainsi que les modalités de règlement des créances et des dettes.

b. Rémunération des dirigeants

Les informations ci-après sont présentées de manière agrégée.

En K€	20XN	20XN – 1
Rémunérations brutes, charges patronales et avantages en nature Avantages postérieurs à l'emploi Autres avantages à long terme Paiements fondés sur des actions Indemnités de fin de contrat de travail		
Total charge de la période		
Engagement comptabilisé au 31 décembre		

25. ACTIFS / PASSIFS DÉTENUS EN VUE DE LA VENTE

Décrire les caractéristiques de l'opération envisagée (description des faits et circonstances expliquant la vente ou la décision de céder, à quelle échéance est attendue la cession, le montant des gains et pertes constatés suite à l'évaluation selon IFRS 5 et le cas échéant indiquer à quel secteur opérationnel cet actif / groupe d'actifs était rattaché).

En M€	20XN
Immobilisations corporelles Stocks Créances clients et autres créances Trésorerie et équivalents de trésorerie	
Actifs classifiés comme détenus en vue de la vente	
Dettes d'impôts courants Dettes d'impôts différés Dettes fournisseurs et autres dettes	
Passifs classifiés comme détenus en vue de la vente	

Partie complémentaire

Dans le cadre de certaines situations, des éléments d'information complémentaires seront également requis.

A. REGROUPEMENTS D'ENTREPRISES

Les informations ci-après doivent être données pour (i) les regroupements d'entreprises ayant eu lieu au cours de la période, (ii) les regroupements d'entreprises ayant eu lieu entre la date de clôture et la date d'arrêté des comptes et (iii) lorsque les regroupements d'entreprises de périodes antérieures font l'objet d'un ajustement au cours de la période.

Décrire les regroupements d'entreprises (nom des entreprises acquises, activités, date d'acquisition, part dans les sociétés acquises, explication des raisons de l'achat et de la façon dont le contrôle a été obtenu).

En M€	Entreprise A (Exemple)	Etc.	Total
COÛT DE L'ACQUISITION			
Prix d'acquisition réglé en trésorerie	430		
Compléments de prix éventuels (1)	75		
Total	**505**		
ACTIFS ET PASSIFS ACQUIS À LA DATE D'ACQUISITION			
Actifs non courants			
Immobilisations corporelles	143		
Actifs courants			
Stocks	–		
Créances clients et autres créances	87 (a)		
Trésorerie et équivalents de trésorerie	200		
Passifs non courants			
Engagements de retraites	(5)		
Dettes financières long terme	(40)		
Impôts différés passifs	(17)		
Passifs courants			
Dettes fournisseurs et autres dettes	(18)		
Total actif net acquis	**350**		
Intérêts minoritaires (2)	**(132)**		
Goodwill (3)	**287**		
	505		

(a) La juste valeur des créances de A correspond à un montant contractuel de 97 K€, dont 10 K€ sont estimés comme n'étant pas recouvrables à la date d'acquisition.

(1) Le cas échéant, décrire les éléments complémentaires du coût d'acquisition.

(2) Indiquer la méthode d'évaluation et les principales hypothèses en cas d'évaluation à la juste valeur.

(3) Donner une description qualitative des facteurs liés à la reconnaissance d'un goodwill (par exemple des synergies attendues).

Indiquer par ailleurs le montant du chiffre d'affaires et le résultat de chaque société acquise depuis la date d'acquisition et quel aurait été le chiffre d'affaires et le résultat consolidé du groupe si l'ensemble des regroupements d'entreprises avaient eu lieu au 1er janvier 20XN.

B. ACTIVITÉS ABANDONNÉES

Décrire les caractéristiques de l'opération.

Le résultat et les flux de trésorerie relatifs aux activités abandonnées se décomposent de la façon suivante :

En M€	20XN	20XN – 1
Produits Charges		
Résultat avant impôt Charge d'impôt relative au résultat des activités abandonnées Gain / (perte) résultant de la cession des actifs constitutifs des activités abandonnées Charge d'impôt sur la cession des actifs		
Résultat de la période relatif aux activités abandonnées (part du groupe)		
Flux de trésorerie nets attribuables aux activités d'exploitation Flux de trésorerie nets attribuables aux activités d'investissement Flux de trésorerie nets attribuables aux activités de financement		
Flux de trésorerie relatifs aux activités abandonnées		

C. ÉVALUATION DES INSTRUMENTS FINANCIERS: UTILISATION DU NIVEAU 3

Lorsque le groupe utilise des évaluations de niveau 3 pour déterminer la juste valeur de ses instruments financiers, les informations complémentaires suivantes sont également requises :

	Instruments financiers évalués sur la base du niveau 3 de la juste valeur			
En M€	Dérivés détenus à des fins de transaction	Actions disponibles à la vente	Etc.	Total
Ouverture Transferts vers le niveau 3 Achats Ventes Émissions Règlements Transferts hors du niveau 3 Gains et pertes comptabilisés en résultat net Gains et pertes comptabilisés directement en capitaux propres **Clôture**				
Total gains et pertes de la période relatifs aux actifs et passifs détenus à la clôture de l'année 20XN				

Recommandation ANC 16-01 - Annexe : informations à mentionner

Recommandation de l'ANC RECO 16-01 du 2 décembre 2016 relative aux informations à mentionner dans l'annexe des comptes consolidés établis selon les normes comptables françaises et internationales

La présente recommandation s'applique à toute entité, entreprise ou groupe qui établit des comptes consolidés, que ceux-ci soient élaborés selon les normes comptables françaises et selon les normes internationales.

En ce qui concerne les comptes consolidés établis selon les normes comptables françaises, la liste des informations à mentionner dans l'annexe, relatives au périmètre de consolidation et aux titres de participation non consolidés est prévue par les règlements comptables suivants :

- **règlement du comité de la réglementation comptable n° 99-02 du 29 avril 1999 modifié relatif aux comptes consolidés des sociétés commerciales et entreprises publiques ;**
- **règlement du comité de la réglementation comptable n° 99-07 du 24 novembre 1999 modifié relatif aux règles de consolidation, pour les établissements de crédit et assimilés ;**
- **règlement du comité de la réglementation comptable n° 2000-05 du 7 décembre 2000 modifié relatif aux règles de consolidation et de combinaison des entreprises régies par le code des assurances et des institutions de prévoyance régies par le code de la sécurité sociale ou par le code rural.**

En ce qui concerne les comptes consolidés établis selon les normes comptables internationales, la liste des informations à mentionner dans l'annexe, relatives au périmètre de consolidation et aux titres de participation non consolidés est précisée dans le règlement ANC 2016-09 du 2 décembre 2016 relatif aux informations à mentionner dans l'annexe des comptes consolidés établis selon les normes internationales.

Les obligations en matière d'information relative au périmètre de consolidation sont les suivantes (cf. les § 422 de l'annexe aux règlements CRC 99-02, CRC 99-07 et CRC 2000-05) **:**

- **pour les entreprises comprises dans la consolidation, ils exigent notamment que soient mentionnés le nom et le lieu du siège des entreprises consolidées, ainsi que la fraction de leur capital détenue directement et indirectement, et leur mode de consolidation ;**
- **pour les entreprises exclues de la consolidation, l'annexe doit comporter la justification des motifs d'exclusion de la consolidation en indiquant le nom et le siège des entreprises exclues, ainsi que la fraction de leur capital détenue directement et indirectement ;**
- **s'agissant des informations relatives aux titres de participation non consolidés, les mêmes règlements disposent que le groupe consolidé doit mentionner dans l'annexe la liste des principales entreprises composant ce**

poste en précisant leur nom et leur siège, la fraction du capital détenu directement ou indirectement, le montant de leurs capitaux propres et le résultat du dernier exercice.

L'article 2 du règlement ANC n° 2016-09 précité exige le même niveau d'information pour les sociétés présentant des comptes consolidés selon les normes internationales.

En application du principe général, existant tant en normes internationales qu'en normes françaises, selon lequel les informations qui ne présentent pas un caractère significatif ne sont pas à fournir, la liste des informations concernant le périmètre de consolidation et des entreprises composant le poste de titres de participation non consolidés peut ne pas être exhaustive dans la mesure où certaines de ces filiales et entreprises présentent un caractère non significatif.

Le Collège de l'ANC considère cependant que les utilisateurs des comptes consolidés devraient pouvoir disposer de la liste exhaustive des entreprises consolidées, des entreprises exclues de la consolidation et des entreprises composant le poste de titres de participations non consolidés, en ce qu'elle permet de porter une appréciation complète, quand approprié, sur les activités du groupe consolidé.

En conséquence,

L'Autorité des normes comptables

Recommande :

Pour les entreprises qui ne publient pas dans l'annexe la liste exhaustive des entreprises consolidées, des entreprises exclues de la consolidation et des entreprises composant le poste de titres de participations :

- de permettre aux tiers d'obtenir la communication ou de consulter la liste exhaustive par tout moyen, notamment sur le site internet du groupe ;
- et de fournir dans l'annexe les modalités pratiques de cette communication ou consultation.

Recommandation ANC 20-01 – Format des états de synthèse

Recommandation de l'ANC 20-01 du 6 mars 2020 relative au format des comptes consolidés des entreprises établis selon les normes comptables internationales (hors établissements du secteur bancaire et organismes d'assurance)

Cette recommandation annule et remplace la recommandation 13-03 du 7 novembre 2013.

[NDLR : l'ANC a publié le même jour la recommandation 2020-02, non reprise ici, relative à la codification des états de synthèse ; https://www.anc.gouv.fr/files/live/sites/anc/files/contributed/ANC/2_Normes_internationales/NI%202020/Reco_2020-02/Reco_2020-02.pdf]

SOMMAIRE

1 - Champ d'application

Cette recommandation de l'Autorité des normes comptables, adoptée par le Collège du 6 mars 2020, s'applique au compte de résultat consolidé, à l'état du résultat net et des gains et pertes comptabilisés directement en capitaux propres, au tableau des flux de trésorerie et au tableau de variation des capitaux propres des entreprises industrielles et commerciales qui adoptent les normes IFRS, à l'exclusion des établissements de crédit et entreprises relevant de l'article L. 511-36 du code monétaire et financier, ainsi que des organismes d'assurance, respectivement visés par les recommandations 2017-02 en date du 2 juin 2017 et 2013-05 en date du 7 novembre 2013. Les autres sociétés exclues du champ d'application du règlement européen 1606/2002 du 19 juillet 2002 continuent d'appliquer les règlements 99-02 et 99-03 du CRC pour la présentation de leur compte de résultat

Cette recommandation annule et remplace la recommandation 2013-03. Elle a notamment été mise à jour pour tenir compte de l'adoption des normes IFRS 9 *Instruments financiers*, IFRS 15 *Produits des activités ordinaires tirés de contrats conclus avec des clients* et IFRS 16 *Contrats de location*.

Ce texte propose un modèle de présentation synthétique de l'état du résultat net et des gains et pertes comptabilisés directement en capitaux propres et définit les principaux soldes intermédiaires.

Compte tenu de l'importance du tableau des flux de trésorerie et du tableau de variation des capitaux propres dans l'analyse de la performance, et de la nécessité d'assurer leur cohérence avec la présentation de l'état du résultat net et des gains et pertes comptabilisés directement en capitaux propres, il est également proposé un modèle pour chacun de ces deux états financiers.

Les normes IFRS ont largement développé les annexes explicatives des états financiers. Le présent texte propose des informations supplémentaires qui sont de nature à apporter des précisions utiles à la compréhension des états financiers de synthèse.

2 - Principes généraux

2.1 - ÉTATS DE SYNTHÈSE CONSOLIDÉS ET COMMUNICATION FINANCIÈRE

IAS 1.10 prévoit, entre autres éléments, l'établissement des états de synthèse suivants :

a) un état de situation financière à la fin de la période ;
b) un état du résultat net et des autres éléments du résultat global de la période ;
c) un état des variations de capitaux propres de la période ;
d) un tableau de flux de trésorerie de la période.

Cette recommandation propose une présentation synthétique des états de synthèse cités en b), c) et d) ci-dessus, y compris leur dénomination, accompagnée de la définition de leurs rubriques.

Il est souligné que d'autres formats de présentation (notamment présentation du résultat global en deux états ou un état unique) et d'autres dénominations des états de synthèse peuvent être utilisés par les entreprises dans le cadre de cette recommandation, en totale compatibilité et adéquation avec les normes IFRS, par exemple dans le cadre des pratiques sectorielles qui pourraient apparaître au sein de l'UE (voir ci-après).

Dénomination des états de synthèse

Conformément à IAS 1.10, les entités peuvent utiliser pour leurs états des noms différents de ceux utilisés dans la norme elle-même.

Ainsi :

- bien que le bilan soit appelé « état de la situation financière » dans IAS 1, la dénomination « bilan » reste néanmoins conforme à cette norme ;
- pour ce qui concerne l' « état du résultat net et des autres éléments du résultat global » lors de l'amendement de 2011, la présente recommandation préconise la dénomination « état du résultat net et des gains et pertes comptabilisés directement en capitaux propres ».

Présentation de l'état du résultat net et des gains et pertes comptabilisés directement en capitaux propres

Ainsi que le permet IAS 1.10A, cette recommandation propose une présentation de l'état du résultat net et des gains et pertes comptabilisés directement en capitaux propres sous la forme de deux états séparés : un état détaillant les composantes du résultat net (compte de résultat) et un deuxième état commençant par le résultat net et détaillant les gains et pertes comptabilisés directement en capitaux propres (état du résultat net et des gains et pertes comptabilisés directement en capitaux propres), ce deuxième état devant être présenté immédiatement après le premier (IAS 1.10A). Cette présentation permet de faire apparaître clairement le résultat net de l'exercice, élément financier qui reste un indicateur clé de la performance.

Dans la mesure où cette recommandation propose une présentation synthétique des états de synthèse, les sociétés adoptant une telle présentation devront fournir dans leurs notes annexes les informations complémentaires relatives aux gains et pertes comptabilisés directement en capitaux propres requises par IAS 1, à savoir :

- les informations sur l'impôt relatif à chaque composante des gains et pertes comptabilisés directement en capitaux propres (IAS 1.90) ;
- les ajustements de reclassement relatifs aux autres éléments du résultat global (gains et pertes comptabilisés directement en capitaux propres) (IAS 1.92) ; et
- une analyse des gains et pertes comptabilisées directement en capitaux propres élément par élément (IAS 1.106A).

2.2 - COHÉRENCE DE L'INFORMATION PRÉSENTÉE

La présente recommandation vise à renforcer la cohérence des informations présentées :

- cohérence entre les termes et rubriques utilisés dans les différents documents : par exemple les notions de trésorerie nette et d'endettement financier net (voir 3.5) sont identiques entre le compte de résultat et le tableau des flux de trésorerie, et les actifs et passifs correspondants sont clairement identifiés au bilan ;
- cohérence dans le classement des informations présentées : par exemple, le résultat des opérations de couverture est à rattacher chaque fois que cela est possible à la rubrique de résultat de l'opération commerciale ou financière sous-jacente (voir 4.5.1).

2.3 - PERMANENCE DES CONCEPTS, COMPARABILITÉ ET CARACTÈRE SIGNIFICATIF DE L'INFORMATION

Les formats proposés du compte de résultat donnent un cadre a minima et laissent certains choix de définition ou de présentation aux entreprises. Ces choix peuvent résulter de la spécificité de certains métiers (par exemple, la décision de faire apparaître un solde de gestion intermédiaire supplémentaire jugé significatif par l'entreprise), et sont effectués dans le cadre des possibilités de présentation autorisées par les normes.

Les entreprises peuvent aussi opter pour une présentation plus détaillée des états de synthèse. Compte tenu de ces différentes possibilités, les choix des concepts, des définitions, et de présentations spécifiques qui pourraient être effectués par l'entreprise devront être clairement explicités et revêtir un caractère pérenne, pour assurer la comparabilité dans le temps.

Conformément à IAS 1.85 et IAS 1.97, les éléments de produits et de charges de l'entreprise sont présentés de manière distincte lorsqu'ils sont significatifs, ceci afin de fournir une information pertinente pour l'évaluation prévisionnelle de la performance.

Il convient également de rappeler que lorsque la rubrique « Autres » est utilisée, les principes d'importance relative et de regroupement définis dans IAS 1.29, 30 et 30A doivent être considérés.

Conformément aux principes généraux repris dans IAS 1, les changements de présentation éventuellement nécessaires s'accompagneront du retraitement des informations précédemment publiées.

3 - Définitions

3.1 - DÉFINITION DU RÉSULTAT D'EXPLOITATION

La notion de résultat d'exploitation n'est pas définie par le référentiel IFRS. Or cette définition apparaît d'autant plus nécessaire qu'il s'agit d'un indicateur très largement utilisé dans la communication financière des entreprises.

Par conséquent, afin de concilier les dispositions d'IAS 1 et la pratique actuelle des entreprises, le résultat d'exploitation peut être défini par différence comme l'ensemble des charges et produits ne résultant pas des activités financières, des sociétés mises en équivalence (voir toutefois 4.5.5), des activités abandonnées et de l'impôt.

Par ailleurs, en lieu et place du terme « exploitation », le terme « opérationnel » peut être utilisé. Cependant, il convient de ne pas utiliser les deux termes simultanément au sein d'un même compte de résultat.

3.2 - DÉFINITION DU RÉSULTAT D'EXPLOITATION COURANT

Afin de tenir compte du souhait des entreprises et des analystes de définir un niveau de performance opérationnelle pouvant servir à une approche prévisionnelle de la performance récurrente (« *long-term sustainable performance* »), les entreprises ont l'option de présenter un résultat d'exploitation courant. Celui-ci est défini par différence entre le résultat d'exploitation et les « Autres produits d'exploitation non courants » et les « Autres charges d'exploitation non courantes ».

Le résultat d'exploitation courant est un solde de gestion qui doit permettre de faciliter la compréhension de la performance de l'entreprise, conformément au principe de pertinence du cadre conceptuel. Les éléments qui n'en font pas partie - c'est-à-dire les « Autres produits d'exploitation non courants » et les « Autres charges d'exploitation non courantes » - ne peuvent être qualifiés d'exceptionnels ou d'extraordinaires, mais correspondent à des événements en nombre très limité, inhabituels, anormaux et peu fréquents - de montant particulièrement significatif et qui sont évoqués dans IAS 1.BC 56.

Les « Autres produits d'exploitation non courants » et les « Autres charges d'exploitation non courantes » sont définis ce manière très limitative (cf. 4.5.3).

3.3 - DÉFINITION DE L'ENDETTEMENT FINANCIER BRUT* ET DU COÛT DE L'ENDETTEMENT FINANCIER BRUT

* La notion d'endettement financier brut est une notion non définie dans le référentiel IFRS et ne constitue pas un élément à présenter au bilan.

L'endettement financier brut est constitué :

- des passifs financiers à long terme : opérations d'emprunt de capitaux réalisées auprès du public – par exemple sous forme d'emprunt obligataire – ou auprès de banques ou d'établissements financiers ;
- des passifs financiers à court terme de même nature que ci-dessus, y compris des émissions de titres de créances négociables à court terme auprès des investisseurs ;
- à titre exceptionnel, des passifs d'exploitation – dettes fournisseurs, avances clients – dès lors que les conditions de règlement sortent très largement des pratiques habituelles des entreprises du même secteur d'activité sur un même marché. Dans ce cas, l'opération commerciale s'accompagne d'une opération de financement : il s'agit par exemple d'opérations pour lesquelles les délais de règlement conduisent à constater des incidences très significatives au titre de l'actualisation ou dont le contrat commercial prévoit explicitement la facturation d'intérêts. Ces dettes devraient être dans ce cas reclassées au bilan en dettes financières ;
- des instruments financiers de couverture inscrits au bilan relatifs aux passifs constitutifs de l'endettement financier brut décrits ci-dessus ;
- des intérêts courus sur les postes du bilan constitutifs de l'endettement financier brut.

L'endettement financier brut peut également inclure les passifs locatifs. Cependant, la charge d'intérêts sur passif locatif peut aussi être inscrite au poste « Autres charges financières » (cf note explicative 3 du 4.3).

Conformément à IAS 1.54, les passifs de l'exploitation (provisions, engagements de retraites et assimilés, éléments du besoin en fonds de roulement...) – sauf cas exceptionnels évoqués ci-dessus – sont exclus de la dette financière.

Le coût de l'endettement financier brut est constitué de l'ensemble des coûts afférents aux éléments cités ci-dessus constitutifs de l'endettement financier brut pendant la période.

3.4 - DÉFINITION DE LA TRÉSORERIE BRUTE, DES PRODUITS DE TRÉSORERIE ET D'ÉQUIVALENTS DE TRÉSORERIE ET DE LA TRÉSORERIE NETTE

La trésorerie brute est constituée des disponibilités et dépôts à vue et des équivalents de trésorerie au sens d'IAS 7.7. Les fonds monétaires agréés au titre du règlement MMF, qu'ils soient à court terme cu standard, bénéficient d'une présomption d'éligibilité à un classement en équivalent de trésorerie au sens d'IAS 7, dès lors que les parts de fonds sont détenues par l'entreprise dans l'objectif de faire face aux engagements de trésorerie à court terme plutôt que pour un placement ou d'autres finalités*.

* Il peut, à cet égard, être utile de se référer aux précisions apportées par la position du Collège de l'ANC du 13 novembre 2018 concernant les fonds monétaires agréés au titre du règlement MMF et par le guide de l'AMF sur MMF du 29 novembre 2018.

Les produits de trésorerie et d'équivalents de trésorerie sont constitués des produits afférents aux éléments de trésorerie brute définis ci-avant, y compris le résultat des couvertures de taux et de change sur trésorerie et équivalents de trésorerie.

La trésorerie nette – dont la variation est présentée dans le tableau des flux – est constituée par la trésorerie brute diminuée des découverts bancaires suivant les conditions définies dans le IAS 7.8.

Les intérêts courus non échus se rapportant aux éléments constitutifs de la trésorerie nette sont intégrés à la trésorerie nette.

3.5 - DÉFINITION DE L'ENDETTEMENT FINANCIER NET* ET DU COÛT DE L'ENDETTEMENT FINANCIER NET

* La notion d'endettement financier net est une notion non définie dans le référentiel IFRS et ne constitue pas un élément à présenter au bilan.

L'endettement financier net est constitué de l'endettement financier brut diminué de la trésorerie nette, tels que définis ci-dessus.

Dans certains cas, d'autres actifs financiers peuvent être portés en déduction de l'endettement financier net. Tel est le cas, notamment :

- des dépôts de garantie monétaires afférents aux instruments financiers de couverture inscrits au bilan relatifs aux passifs constitutifs de l'endettement financier brut décrits au 3.3 ;
- lorsque ces actifs sont légalement ou contractuellement affectés au remboursement de la dette (tels certains dépôts de garantie) ou s'ils sont représentatifs de l'engagement pris par une tierce personne de se substituer à l'entreprise pour tout ou partie du paiement de la dette. De tels actifs ne peuvent être portés en déduction de la dette que si ce sont des titres de dettes soumis à un risque négligeable de variation de valeur en dehors des variations de valeur liées au taux d'intérêt et de change et au risque de contrepartie. Toutefois, en cas de dégradation importante du risque de contrepartie, l'entreprise devra s'interroger sur la pertinence de maintenir ces actifs en déduction de la dette financière nette.

Le coût de l'endettement financier net est constitué de l'ensemble des résultats produits par les éléments constitutifs de l'endettement financier net pendant la période, y compris les résultats de couverture de taux et de change y afférents.

Cette notion est très largement utilisée par les entreprises et les analystes : elle représente le coût de financement global de l'entreprise pendant la période comptable considérée, hors coût des capitaux propres. Avec le coût des capitaux propres, c'est l'un des deux éléments du calcul du coût moyen pondéré du capital des entreprises, utilisé par exemple dans IAS 36.

4 - Compte de résultat

Deux modèles de compte de résultat – par nature et par fonction – sont présentés ci-après.

4.1 - COMPTE DE RÉSULTAT PAR FONCTION

Compte de résultat	N	N – 1
Chiffre d'affaires*		
Coût des ventes		
Frais de recherche et développement		
Frais commerciaux		
Frais généraux		
Autres produits d'exploitation		
Autres charges d'exploitation		
Résultat opérationnel courant (optionnel)		
Autres produits d'exploitation non courants (note 1)		
Autres charges d'exploitation non courantes (note 1)		
Résultat d'exploitation		
Produits de trésorerie et d'équivalents de trésorerie		
Coût de l'endettement financier brut		
Coût de l'endettement financier net (note 2)		
Autres produits financiers (note 3)		
Autres charges financières (note 3)		
Charge d'impôt		
Quote-part du résultat net des sociétés mises en équivalence**		
Résultat net d'impôt des activités poursuivies		
Résultat net d'impôt des activités abandonnées		
Résultat net		
– part du groupe [ou des propriétaires de la société mère]		
– part des intérêts minoritaires [ou participations ne donnant pas le contrôle]		
Résultat par action		
– Résultat de base par action		
– Résultat dilué par action		
Résultat par action des activités poursuivies***		
– Résultat de base par action		
– Résultat dilué par action		

* En application d'IFRS 15.113, les produits des activités ordinaires comptabilisés au titre des contrats conclus avec des clients sont à présenter séparément des autres sources de produits. Cette information peut être fournie au compte de résultat ou dans l'annexe. Le chiffre d'affaires correspond aux produits des activités ordinaires prévus par IAS 1.82, à ce titre, il n'est pas limité aux produits des activités ordinaires comptabilisés au titre des contrats conclus avec des clients définis par IFRS 15.

** Des solutions alternatives pour la présentation de la quote-part du résultat des sociétés mises en équivalence sont proposées au paragraphe 4.5.5.

*** Conformément à IAS 33.68 et 68A, une entité qui présente une activité abandonnée doit indiquer le résultat de base et le résultat dilué par action pour l'activité abandonnée soit dans le compte de résultat, soit dans l'annexe.

4.2 - COMPTE DE RÉSULTAT PAR NATURE

Compte de résultat	N	N – 1
Chiffre d'affaires*		
Achats consommés		
Charges de personnel		
Charges externes		
Impôts et taxes		
Dotation aux amortissements		
Dotation aux provisions		
Variation des stocks de produits en cours et de produits finis		
Autres produits d'exploitation		
Autres charges d'exploitation		
Résultat d'exploitation courant (optionnel)		
Autres produits d'exploitation non courants (note 1)		
Autres charges d'exploitation non courantes (note 1)		
Résultat d'exploitation		
Produits de trésorerie et d'équivalents de trésorerie		
Coût de l'endettement financier brut		
Coût de l'endettement financier net (note 2)		
Autres produits financiers (note 3)		
Autres charges financières (note 3)		
Charge d'impôt		
Quote-part du résultat net des sociétés mises en équivalence**		
Résultat net d'impôt des activités poursuivies		
Résultat net d'impôt des activités abandonnées		
Résultat net		
– part du groupe [ou des propriétaires de la société mère]		
– part des intérêts minoritaires [ou participations ne donnant pas le contrôle]		
Résultat par action		
– Résultat de base par action		
– Résultat dilué par action		
Résultat par action des activités poursuivies***		
– Résultat de base par action		
– Résultat dilué par action		

* En application d'IFRS 15.113, les produits des activités ordinaires comptabilisés au titre des contrats conclus avec des clients sont à présenter séparément des autres sources de produits. Cette information peut être fournie au compte de résultat ou dans l'annexe. Le chiffre d'affaires correspond aux produits des activités ordinaires prévus par IAS 1.82, à ce titre, il n'est pas limité aux produits des activités ordinaires comptabilisés au titre des contrats conclus avec des clients définis par IFRS 15.

** Des solutions alternatives pour la présentation de la quote-part du résultat des sociétés mises en équivalence sont proposées au paragraphe 4.5.5.

*** Conformément à IAS 33.68 et 68A, une entité qui présente une activité abandonnée doit indiquer le résultat de base et le résultat dilué par action pour l'activité abandonnée soit dans le compte de résultat, soit dans l'annexe.

4. 3 - NOTES EXPLICATIVES

Note 1	**Les « Autres produits d'exploitation non courants » et les « Autres charges d'exploitation non courantes » comprennent un nombre limité de produits ou de charges tels que :** – certaines plus et moins-values de cession d'actifs non courants corporels ou incorporels ; – certaines dépréciations d'actifs non courants corporels ou incorporels ; – certaines charges de restructuration ; – une provision relative à un litige majeur pour l'entreprise. Ces produits ou ces charges ne figurent dans cette rubrique que s'ils correspondent aux caractéristiques restrictives énumérées en 4.5.3. Les résultats relatifs à des sociétés mises en équivalence ou à l'application d'IFRS 5 sont présentés dans les rubriques prévues à cet effet (voir 4.5.5 et 4.5.6). Pour tout élément présenté dans cette rubrique : préciser nature et montant

Note 2	**Le « Coût de l'endettement financier net » défini en 3.5 comprend :** **• Produits de trésorerie et d'équivalents de trésorerie :** – produits d'intérêts liés à la trésorerie et aux équivalents de trésorerie ; – résultat de cession d'équivalents de trésorerie ; – résultat des couvertures de taux et de change sur trésorerie et équivalents de trésorerie. Si d'autres actifs financiers que la trésorerie et les équivalents de trésorerie sont inclus en déduction de l'endettement financier brut (voir 3.5), les produits y afférents seraient à inclure avec les éléments ci-dessus et le libellé de ce poste serait à modifier en conséquence. **• Coût de l'endettement financier brut :** – charges d'intérêts sur opérations de financement au taux d'intérêt effectif ; – résultat des couvertures de taux et de change sur endettement financier brut. Le coût de l'endettement financier brut peut comprendre la charge d'intérêts des passifs locatifs si l'entité considère que les passifs locatifs sont une composante de son endettement financier. Ces intérêts peuvent être portés au poste « Autres charges financières ».

Note 3	**Les « Autres produits financiers » et les « Autres charges financières » définis en 4.5.4.3 comprennent :** **• Produits financiers :** – dividendes ; – profit sur cession de titres non consolidés ; – produits d'intérêts et produits de cession des autres actifs financiers (hors trésorerie et équivalents de trésorerie) ; – profit sur dérivés de négoce (change, taux) ; – produits financiers d'actualisation ; – variation positive des actifs et passifs financiers évalués en juste valeur ; – résultats des couvertures de taux et de change sur opérations ci-dessus ; – gains liés à l'extinction des dettes ; – autres produits financiers. **• Charges financières :** – dépréciation de titres non consolidés ; – perte sur cession de titres non consolidés ; – dépréciation et pertes sur cession des autres actifs financiers (hors trésorerie et équivalents de trésorerie) ; – perte sur dérivés de négoce (change, taux) ; – charges financières d'actualisation [sauf en cas d'inclusion de certains passifs d'exploitation dans l'endettement brut – voir 3.3.] ; – variation négative des actifs et passifs financiers évalués en juste valeur ; – résultat des couvertures de taux et de change sur opérations ci-dessus ; – pertes liées à l'extinction des dettes ; – autres charges financières. Les charges financières peuvent également intégrer la charge d'intérêts sur le passif locatif (IFRS 16.49) si elle n'est pas inscrite en coût de l'endettement financier.

4.4 - COMPTE DE RÉSULTAT PAR NATURE OU COMPTE DE RÉSULTAT PAR FONCTION

Les entreprises choisissent la présentation qui leur paraît la mieux adaptée à leur activité (IAS 1.99). Les analystes français ou anglo-saxons expriment généralement une forte préférence pour la présentation par nature. Les entreprises qui présentent leur résultat par fonction indiquent en annexe, conformément à IAS 1.104, les principales charges d'exploitation par nature, et les montants correspondants, en détaillant notamment les charges de personnel, les dotations aux amortissements et les dotations aux provisions.

4.5 - COMMENTAIRES

4.5.1 - Opérations de couverture de change et couverture de taux

Les produits et charges résultant des activités de couverture sont à présenter dans la même rubrique que l'opération sous-jacente objet de la couverture.

Par exemple, les résultats sur opérations de change relatives à des opérations commerciales sont inscrits :

- quand la relation de couverture est démontrée, en résultat d'exploitation courant (part efficace et part non efficace) :
  - soit sur chaque ligne concernée (chiffre d'affaires, achats consommés...) ;
  - soit globalement en « Autres produits d'exploitation » et « Autres charges d'exploitation » ;
- quand la relation de couverture n'est pas démontrée, en « Autres produits financiers » et « Autres charges financières ».

4.5.2 - Production immobilisée, transferts de charges, reprises sur provisions, stocks

- ***Production immobilisée***

Certaines dépenses de production sont incorporées dans la valeur d'actifs de l'entreprise : production d'immobilisations pour soi-même, d'actifs incorporels de recherche et développement*, de stocks, etc.

* Les normes IFRS définissent les conditions permettant d'enregistrer ces actifs : par exemple IAS 38.57 pour les frais de développement.

Ces opérations ne générant pas un accroissement net de l'actif de l'entreprise, elles ne répondent donc pas à la définition d'un produit au sens du § 4.68 du cadre conceptuel.

Ces dépenses activées ne devraient par conséquent pas être initialement comptabilisées en charges. Mais, en pratique, les entreprises devraient, si ces dépenses ont été comptabilisées dans un compte de charges, procéder systématiquement sur la même période comptable à l'extourne de ces charges par le compte d'actif concerné : aucune dépense initialement comptabilisée en charge ne doit être comptabilisée dans le coût d'une immobilisation à une date ultérieure (voir IAS 38.71).

• ***Transferts de charges***

Des comptes de « transferts de charges » peuvent être utilisés pour effectuer des transferts d'une catégorie de charge à une autre catégorie de charge. En IFRS, ces transferts de charges n'ont pas pour contrepartie des produits et ces opérations doivent être comptabilisées en réduction et augmentation dans les comptes de charges concernés.

• **Reprises sur provisions**

Lors de la réalisation du risque ou de la survenance de la charge, la provision antérieurement constituée est reprise par un compte de produits selon le règlement ANC 2014-03 relatif au Plan comptable général. Corrélativement, la charge intervenue est comptabilisée au compte de charges concerné. En normes IFRS, ce produit, ne correspondant pas à un accroissement net de l'actif, ne peut être considéré comme tel et doit être constaté en réduction de la charge constatée. Cependant, lorsque la charge effective est inférieure à la provision et que le solde de la provision est devenu sans objet, l'excédent de provision constitue alors un produit, à classer dans la même rubrique que la dotation d'origine.

• ***Stocks***

Les variations positives de stocks ne constituent pas des produits. Elles sont prises en compte en tant que correction des charges d'exploitation.

• ***Informations complémentaires***

Conformément au § 2.11 du cadre conceptuel, il conviendra de fournir dans l'annexe aux comptes toutes les informations permettant d'analyser dans le temps les effets des pratiques de l'entreprise ou des décisions de ses dirigeants (c'est-à-dire de distinguer le montant total des charges engagées et la diminution de charges) si celles-ci sont d'un montant significatif.

4.5.3 - « Autres produits d'exploitation non courants » et « Autres charges d'exploitation non courantes »

Ces rubriques ne sont alimentées que dans le cas où un événement majeur intervenu pendant la période comptable est de nature à fausser la lecture de la performance de l'entreprise. Il s'agit donc de produits ou charges en nombre très limité, inhabituels, anormaux et peu fréquents – de montant particulièrement significatif – que l'entreprise présente de manière distincte dans son compte de résultat pour faciliter la compréhension de la performance opérationnelle courante et permettre au lecteur des comptes de disposer d'éléments utiles dans une approche prévisionnelle des résultats, ceci conformément au principe de pertinence de l'information du cadre conceptuel.

Les autres produits d'exploitation non courants et les autres charges d'exploitation non courantes sont des éléments peu nombreux, bien identifiés, non récurrents, significatifs au niveau de la performance consolidée et généralement repris dans la communication financière de l'entreprise. Ces éléments sont précisément décrits dans une note annexe en montant et en nature (voir note 1), conformément à IAS 1.97.

Ils peuvent comprendre par exemple :

- une plus ou moins-value de cession – ou une dépréciation – importante et inhabituelle d'actifs non courants, corporels ou incorporels ;
- certaines charges de restructuration : il s'agit uniquement des coûts de restructuration qui seraient de nature à perturber la lisibilité du résul-

tat d'exploitation courant, par leur caractère inhabituel et leur importance. IAS 37.70 donne des exemples d'opérations de restructuration et IAS 37.80 précise les coûts à indiquer dans cette rubrique ;
- d'autres charges et produits d'exploitation non courants tels qu'une provision relative à un litige d'une matérialité très significative.

Les éléments de nature identique à ceux cités ci-dessus et qui ne répondraient pas aux caractéristiques énoncées ci-dessus sont classés dans le résultat d'exploitation courant. Les produits et charges constatés soit au titre d'une société mise en équivalence, soit dans le cadre d'IFRS 5, sont classés dans les rubriques prévues à cet effet (voir 4.5.5 et 4.5.6).

➡ 4.5.4 - Analyse du résultat financier et définition des « Autres produits financiers » et des « Autres charges financières »

IAS 1.82 requiert la présentation d'une ligne « *Finance costs* » dont le contenu ne fait l'objet d'aucune définition. L'imprécision de la norme concernant les éléments de nature financière pourrait amener les entreprises à classer en revenu d'exploitation l'ensemble des produits financiers et en coût financier la totalité des charges financières, faussant par là même la présentation de la réalité économique de leurs opérations.

L'analyse des produits et charges financiers conduit à classer ces derniers en trois catégories.

4.5.4.1 - Les résultats financiers de nature opérationnelle, partie intégrante du résultat d'exploitation.

Ils comprennent les produits financiers provenant de l'activité principale de l'entreprise elle-même, d'une filiale consolidée (banque de groupe) ou d'une branche d'activité de l'entreprise constituant un secteur opérationnel distinct, de même que les charges financières correspondantes.

4.5.4.2 - Le coût de l'endettement financier net de l'entreprise défini en 3.5

La présentation au compte de résultat est faite en dissociant les produits financiers et les charges financières, avec un total sur une rubrique de regroupement intitulée « Coût de l'endettement financier net ».

4.5.4.3 - Les « Autres produits financiers » et les « Autres charges financières ».

Il s'agit des produits et charges de nature financière qui ne sont pas de nature opérationnelle et ne font pas partie du coût de l'endettement financier net.

Par exemple :
- les dividendes sur les titres de participation positionnés au bilan de l'entreprise en actifs financiers à long terme : cette présentation permet d'assurer la cohérence entre bilan et compte de résultat. Elle permet également de ne pas inclure au niveau du résultat d'exploitation des produits ayant déjà supporté l'impôt. Elle correspond enfin au cas général d'une participation dans une entité sur laquelle l'entreprise n'exerce ni contrôle exclusif ni influence notable, mais occupe uniquement la position d'un actionnaire minoritaire ;
- les résultats de cession ou les dépréciations sur les actifs financiers non courants ;
- les résultats sur dérivés de trading de change et de taux ;
- les résultats de l'actualisation des créances, des dettes ou des provisions ;

- les résultats financiers sur des actifs ou passifs financiers à court terme qui ne seraient pas inclus dans la trésorerie nette, et ne constitueraient pas des revenus opérationnels ;
- les intérêts sur des éléments du besoin en fonds de roulement non reconnus en résultat opérationnel, par exemple les intérêts sur escompte commercial ou sur opération de crédit gratuit quand ces opérations constituent effectivement des opérations de financement (voir IFRS 15.60 à 65). Ce classement est cohérent au plan économique car il assure la symétrie avec le résultat de sens opposé qui figure dans le coût de l'endettement financier net.

Il est à noter que la composante financière du coût des prestations définies peut, conformément à IAS 19.134, être présentée au choix de l'entreprise en résultat financier (dans les autres produits ou charges financières par cohérence avec la définition de l'endettement net) ou en résultat d'exploitation. La composante financière est déterminée et reconnue en résultat directement sur base nette.

Pour plus de lisibilité, les résultats financiers non opérationnels sont donc présentés dans deux rubriques distinctes :
- « Coût de l'endettement financier net » ;
- « Autres produits financiers » et « Autres charges financières ».

Conformément à IFRS 16.49, la charge d'intérêts sur le passif locatif est une composante des charges financières. À ce titre, cette charge peut :
- soit être portée à la rubrique « coût de l'endettement financier brut » si l'entité considère que le passif locatif est une composante de son endettement brut ;
- soit être portée à la rubrique « Autre charges financières ».

4.5.5 - Quote-part du résultat net des sociétés mises en équivalence (prise en compte de la recommandation 13-01)

Les sociétés mises en équivalence peuvent relever de l'activité opérationnelle de l'entreprise et, à ce titre, il pourrait paraître possible de le présenter au niveau du résultat d'exploitation. Dans ce cas, il apparaîtrait cohérent de retraiter ce résultat du coût de l'endettement financier net et de l'impôt.

Le modèle proposé n'a toutefois pas repris cette classification, pour (i) rester conforme à la définition du résultat d'exploitation de la présente recommandation donnée au paragraphe 3.1), (ii) tenir compte de l'assimilation au bilan des titres mis en équivalence à des « actifs financiers » (IAS 1.54), et (iii) parce que le résultat des sociétés mises en équivalence est dans la pratique toujours présenté après coût du financement et impôt, et pour cette raison non directement comparable aux autres soldes de gestion.

Dans sa recommandation 13-01*, l'ANC recommande ainsi, pour la quote-part du résultat net d'une entreprise mise en équivalence, lorsqu'un groupe choisit, comme méthode de présentation, de la faire figurer dans le résultat d'exploitation, au regard de sa nature opérationnelle dans le prolongement de l'activité du groupe, de la présenter après le résultat d'exploitation et avant un sous-total dénommé « résultat d'exploitation après quote-part du résultat net des entreprises mises en équivalence ».

* Recommandation de l'ANC 13-01 relative à la présentation de la quote-part du résultat net des entreprises mises en équivalence dans le compte de résultat consolidé établi selon les normes comptables internationales.

Cette présentation peut s'illustrer de la manière suivante :

	N	N – 1
Résultat d'exploitation		
Quote-part de résultat net des sociétés mises en équivalence		
Résultat d'exploitation après quote-part de résultat net des sociétés mises en équivalence		
Produits de trésorerie et d'équivalents de trésorerie		
Coût de l'endettement financier brut		
Coût de l'endettement financier net (note 2)		
Autres produits financiers (note 3) **Autres charges financières** (note 3)		
Charge d'impôt		
Résultat net d'impôt des activités poursuivies		
Résultat net d'impôt des activités abandonnées		
Résultat net - part du groupe [ou des propriétaires de la société mère] - part des intérêts minoritaires [ou participations ne donnant pas le contrôle]		

De plus, certaines sociétés mises en équivalence peuvent ne pas être dans le prolongement de l'activité du groupe. Dans ce cas, le résultat net de ces sociétés serait alors inscrit sur une ligne distincte du compte de résultat.

Ceci peut s'illustrer de la manière suivante :

	N	N – 1
Résultat d'exploitation		
Quote-part de résultat net de certaines sociétés mises en équivalence		
Résultat d'exploitation après quote-part de résultat net des sociétés mises en équivalence dans le prolongement de l'activité du groupe		
Produits de trésorerie et d'équivalents de trésorerie		
Coût de l'endettement financier brut		
Coût de l'endettement financier net (note 2)		
Autres produits financiers (note 3)		
Autres charges financières (note 3)		
Charge d'impôt		
Quote-part du résultat net des autres sociétés mises en équivalence		
Résultat net d'impôt des activités poursuivies		
Résultat net d'impôt des activités abandonnées		
Résultat net - part du groupe [ou des propriétaires de la société mère] - part des intérêts minoritaires [ou participations ne donnant pas le contrôle]		

Les résultats des tests de dépréciation concernant les actifs incorporels (« goodwill ») sur titres mis en équivalence font partie du résultat présenté sur cette ligne Toutefois, lorsqu'elle est significative, il est possible d'identifier cette dépréciation sur une ligne distincte au titre d'une précision complémentaire de la ligne « quote-part de résultat net de certaines sociétés MEE » introduite par « dont ».

4.5.7 - Résultat net d'impôt des activités abandonnées

Ce résultat est présenté conformément aux §§ 30 à 36A d'IFRS 5.

Il doit être relatif à une partie importante de l'activité opérationnelle ou géographique de l'entreprise, correspondant a minima à une unité génératrice de trésorerie ou un groupe d'unités génératrices de trésorerie. Il peut s'agir également d'une filiale acquise exclusivement dans le but d'être revendue.

L'entreprise présente sur une seule ligne le montant représentant le total des activités abandonnées [IAS 1.82 ea)].

L'analyse du résultat ainsi que des cash-flows de ces activités fait l'objet de notes détaillées.

5 - État du résultat net et des gains et pertes comptabilisés directement en capitaux propres

5.1 - PRÉSENTATION DE L'ÉTAT DU RÉSULTAT NET ET DES GAINS ET PERTES COMPTABILISÉS DIRECTEMENT EN CAPITAUX PROPRES

Conformément à IAS 1.82A, les éléments comptabilisés directement en capitaux propres, classés en fonction de leur nature (y compris la quote-part des entreprises mises en équivalence), sont répartis entre :

- les éléments recyclables qui seront reclassés ultérieurement en résultat net ;
- les éléments non recyclables qui ne seront pas reclassés ultérieurement en résultat net.

État du résultat net et des gains et pertes comptabilisés directement en capitaux propres	N	N - 1
Résultat net		
Éléments qui seront reclassés [ou recyclables] ultérieurement en résultat net :		
Écarts de conversion (1) Réévaluation des instruments dérivés de couverture (1) Réévaluation des actifs financiers Élément de la quote-part des gains et pertes comptabilisés directement en capitaux propres des entreprises mises en équivalence (1) Impôts liés (1)		
Éléments qui ne seront pas reclassés [ou ne sont pas recyclables] ultérieurement en résultat net :		
Réévaluation des immobilisations (1) Réévaluation [ou écarts actuariels] au titre des régimes à prestations définies (1) Élément de la quote-part des gains et pertes comptabilisés directement en capitaux propres des entreprises mises en équivalence (1) Réévaluation des placements en instruments de capitaux propres Impôts liés (1)		
Total des gains et pertes comptabilisés directement en capitaux propres		
Résultat net et gains et pertes comptabilisés directement en capitaux propres		
Dont part du groupe [ou des propriétaires de la société mère] Dont part des intérêts minoritaires [ou des participations ne donnant pas le contrôle]		

(1) Les montants peuvent également être présentés, au choix de l'entreprise, pour leur montant net d'impôt. Ce choix a une incidence sur l'information demandée en annexe.

Il est également possible de présenter en complément le détail de la part du groupe et de la part des intérêts minoritaires dans chaque composante des gains et pertes comptabilisés directement en capitaux propres.

5.2 - COMMENTAIRES DES POSTES DE L'ÉTAT DU RÉSULTAT NET ET DES GAINS ET PERTES COMPTABILISÉS DIRECTEMENT EN CAPITAUX PROPRES

Résultat net

Ce poste enregistre le bénéfice ou la perte consolidé(e) de l'exercice. Il reprend le poste résultat net du compte de résultat.

Écarts de conversion

Ce poste enregistre les écarts de conversion sur les filiales étrangères conformément aux dispositions d'IAS 21.

Réévaluation des instruments dérivés de couverture

Ce poste enregistre les variations de valeur des instruments financiers utilisés en couverture de flux de trésorerie et d'investissements nets en devises conformément aux dispositions d'IFRS 9.

Il peut être intéressant de distinguer la couverture de financement de la couverture d'exploitation. Par ailleurs, l'effet de la couverture d'investissement net à l'étranger peut être rapproché des écarts de conversion, permettant ainsi, comme pour les autres opérations de couverture, de présenter l'effet de la couverture dans la même rubrique que l'opération sous-jacente.

Réévaluation des actifs financiers

Ce poste enregistre les variations de valeur des actifs financiers pour lesquels les deux conditions suivantes sont réunies :

a) la détention de l'actif financier s'inscrit dans un modèle économique dont l'objectif est atteint à la fois par la perception de flux de trésorerie contractuels et par la vente d'actifs financiers ;

b) les conditions contractuelles de l'actif financier donnent lieu, à des dates spécifiées, à des flux de trésorerie qui correspondent uniquement à des remboursements de principal et à des versements d'intérêts sur le principal restant dû.

Réévaluation des immobilisations

Ce poste enregistre les réévaluations des immobilisations (sur option) conformément à IAS 16 et à IAS 38.

Réévaluations [ou écarts actuariels] au titre des régimes à prestations définies

Ce poste enregistre les effets de la réévaluation [ou écarts actuariels] de la dette et des actifs des régimes à prestations définies, non recyclable en résultat net, conformément à IAS 19.

Éléments de la quote-part des gains et pertes comptabilisés directement en capitaux propres des entreprises mises en équivalence

Ce poste enregistre la quote-part des gains et pertes comptabilisés directement en capitaux propres des entreprises mises en équivalence conformément à IAS 28 et à IFRS 11, en distinguant les éléments recyclables ou non en résultat net.

Réévaluation des placements en instruments de capitaux propres

Ce poste enregistre les variations de valeur des instruments de capitaux propres pour lesquels l'entité a choisi de manière irrévocable, lors de la comptabilisation initiale, de présenter dans les autres éléments du résultat global les variations futures de la juste valeur en application d'IFRS 9.4.1.4. Conformément à IFRS 9.5.7.5., il s'agit d'un instrument de capitaux propres qui n'est ni détenu à des fins de transaction ni une contrepartie éventuelle comptabilisée par un acquéreur dans le cadre d'un regroupement d'entreprises.

Impôts liés

Ce poste enregistre les effets d'impôts exigibles ou différés relatifs aux gains et pertes comptabilisés directement en capitaux propres conformément à la norme IAS 12, en distinguant ceux liés aux éléments recyclables ou non en résultat net.

Total des gains et pertes comptabilisés directement en capitaux propres

Il s'agit de la somme des postes précités, à l'exception du résultat net.

Résultat net et gains et pertes comptabilisés directement en capitaux propres

Il s'agit de la somme du résultat net et du total des gains et pertes comptabilisés directement en capitaux propres.

Résultat net et gains et pertes comptabilisés directement en capitaux propres – part du groupe (ou des propriétaires de la société mère)

Ce poste représente la part du groupe (ou des propriétaires de la société mère) dans le résultat net et les gains et pertes comptabilisés directement en capitaux propres.

Résultat net et gains et pertes comptabilisés directement en capitaux propres – part des minoritaires (ou des participations ne donnant pas le contrôle)

Ce poste représente la part des intérêts minoritaires (ou des participations ne donnant pas le contrôle) dans le résultat net et les gains et pertes comptabilisés directement en capitaux propres.

6 - Tableau des flux de trésorerie nette

6.1 - EXEMPLE DE TABLEAU DES FLUX DE TRÉSORERIE NETTE

TABLEAU DES FLUX DE TRÉSORERIE NETTE	N – 1	N
Résultat net consolidé (y compris intérêts minoritaires)		
+/– Dotations nettes aux amortissements et provisions (à l'exclusion de celles liées à l'actif circulant)		
–/+ Gains et pertes latents liés aux variations de juste valeur		
+/– Charges et produits calculés liés aux stock-options et assimilés		
–/+ Autres produits et charges calculés		
–/+ Plus et moins-values de cession		
+/– Quote-part de résultat liée aux sociétés mises en équivalence		
– Dividendes (titres non consolidés)		
Capacité d'autofinancement après coût de l'endettement financier net et impôt		
+ Coût de l'endettement financier net		
+/– Charge d'impôt (y compris impôts différés)		
Capacité d'autofinancement avant coût de l'endettement financier net et impôt (A)		
– *Impôts versés* **(B)**		
+/– Variation du BFR lié à l'activité (y compris dette liée aux avantages au personnel) **(C)**		
= FLUX NET DE TRÉSORERIE LIÉS À L'ACTIVITÉ (D) = (A + B + C)		

– Décaissements liés aux acquisitions d'immobilisations corporelles et incorporelles + Encaissements liés aux cessions d'immobilisations corporelles et incorporelles – Décaissements liés aux acquisitions d'immobilisations financières (titres non consolidés) + Encaissements liés aux cessions d'immobilisations financières (titres non consolidés) + Incidence des variations de périmètre (cessions) – Incidence des variations de périmètre (acquisitions) + Dividendes reçus (sociétés mises en équivalence, titres non consolidés) (cf. traitement alternatif 6.2) + Subventions d'investissement reçues +/– Autres flux liés aux opérations d'investissement		
= FLUX NET DE TRÉSORERIE LIÉ AUX OPÉRATIONS D'INVESTISSEMENT (E)		
+ Sommes reçues des actionnaires lors d'augmentations de capital + Sommes reçues lors d'un changement dans les participations sans perte de contrôle – Sommes versées lors d'un changement dans les participations sans perte de contrôle + Sommes reçues lors de l'exercice des stock-options – Rachats d'actions propres – Dividendes mis en paiement au cours de l'exercice (cf. traitement alternatif 6.2) • Dividendes versés aux actionnaires de la société mère • Dividendes versés aux minoritaires de sociétés intégrées + Encaissements liés aux nouveaux emprunts – Remboursements d'emprunts – Remboursement des passifs locatifs – Intérêts financiers versés (cf. traitement alternatif 6.2) +/– Autres flux liés aux opérations de financement		
= FLUX NET DE TRÉSORERIE LIÉ AUX OPÉRATIONS DE FINANCEMENT (F)		
+/– Incidence des variations des cours des devises **(G)**		
= VARIATION DE LA TRÉSORERIE NETTE (D + E + F + G)		

6.2 - CHOIX DE LA MÉTHODE INDIRECTE ET DE CERTAINES MODALITÉS DE PRÉSENTATION

Le tableau proposé part du résultat net consolidé et utilise la méthode indirecte. Cette méthode est la plus appropriée pour la détermination de la capacité d'autofinancement. Cet indicateur – absent d'IAS 7 – donne la mesure du flux de trésorerie que l'entreprise a la capacité de générer par son activité au cours de l'exercice, indépendamment des variations des éléments du besoin en fonds de roulement qui peuvent parfois comporter un caractère saisonnier ou erratique.

Cet indicateur très largement utilisé est présenté avant impôt, dividendes et coût de l'endettement financier net.

Conformément à IAS 7, la charge d'impôt est isolée dans la présentation mais n'est pas systématiquement ventilée entre les fonctions activité, investissement et financement, cette ventilation n'étant fournie que si les montants concernant la fonction financement ou investissement sont significatifs.

Si la charge d'impôt ne peut être ventilée selon les différents types de flux, elle est présentée globalement dans les flux nets de trésorerie liés à l'activité.

IAS 7 laisse la possibilité de classer les intérêts et les dividendes soit en flux de trésorerie liés à l'activité, soit en flux financier (intérêts et dividendes payés) ou flux d'investissement (intérêts et dividendes reçus).

Dans le modèle proposé, les dividendes reçus sont rattachés à la fonction investissement alors que les intérêts financiers nets versés sont rattachés à la fonction financement. Les dividendes reçus des sociétes mises en équivalence sont classés en flux d'investissement, mais pourraient également être présentés en flux nets de trésorerie liés à l'activité si le résultat et les actifs correspondants étaient affectés à un secteur d'activité dans l'information sectorielle.

Les dividendes versés sont présentés sur deux lignes distinctes : dividendes versés aux actionnaires de la société mère et dividendes versés aux minoritaires des sociétés intégrées.

6.3 - CRÉATION DE SOUS-TOTAUX POUR LES UTILISATEURS DES ÉTATS FINANCIERS

Comme indiqué ci-dessus, la création d'un sous-total « capacité d'autofinancement » est apparue nécessaire pour les utilisateurs du tableau des flux.

Les variations du besoin de fonds de roulement font également l'objet d'un sous-total qui inclut les variations des comptes du bilan correspondant aux avantages au personnel, ces charges ne transitant pas par un compte de provisions.

6.4 - ANNEXES

IAS 7 prévoit de développer les informations annexes au tableau de variation des flux, avec notamment :

- les composantes de la trésorerie nette analysée par nature et le rapprochement avec le bilan (IAS 7.45 à 7.47) ;
- l'incidence des variations de périmètre (IAS 7.40 à 7.42B) ;
- le détail des opérations d'investissement et de financement ne donnant pas lieu à un flux de trésorerie (IAS 7.43 et IAS 7.44) ;
- la variation des passifs issus des activités de financement (IAS 7.44A à IAS 7.44E) en distinguant les variations ayant un impact sur les flux de trésorerie de ceux qui n'en ont pas ;
- la trésorerie non disponible du groupe (IAS 7.48 et IAS 7.49) ;
- le montant des lignes de crédits confirmées et non utilisées du groupe et leur échéancier, avec les clauses de restriction éventuelles ;
- la variation des principaux éléments du besoin en fonds de roulement ;
- l'impact des cessations d'activités sur les flux de trésorerie et la capacité d'autofinancement du groupe, si ces montants ont un caractère significatif.

Les informations suivantes sont encouragées, suivant les recommandations d'IAS 7 :

- répartition des flux de trésorerie par secteur opérationnel ;
- ventilation des investissements entre exploitation et développement de la capacité de production.

7 - *Tableau de variation des capitaux propres*

Un tableau de variation des capitaux propres est présenté conformément à IAS 1.

7.1 - MODÈLE DE TABLEAU DE VARIATION DES CAPITAUX PROPRES (A)

Tableau de variation des capitaux propres	Capital	Réserves liées au capital	Titres autodétenus	Réserves et résultats consolidés	Gains et pertes comptabilisés directement en capitaux propres	Capitaux propres – part du groupe [ou des propriétaires de la société mère]	Capitaux propres – part des minoritaires [ou participations ne donnant pas le contrôle]	Total capitaux propres
	Part du groupe [ou des propriétaires de la société mère]							
	(1)	(2)	(3)	(4)	(5)	(6)	(7)	(8)
Capitaux propres clôture N – 2								
Changement de méthodes comptables								
Capitaux propres clôture N – 2 corrigée								
Opérations sur capital **Paiements fondés sur des actions (b)** **Opérations sur titres autodétenus** **Dividendes**								
Résultat net de l'exercice Gains et pertes comptabilisés directement en capitaux propres **Résultat net et gains et pertes comptabilisés directement en capitaux propres**								
Variation de périmètre (a)								
Changement dans les participations dans les filiales sans perte de contrôle								
Capitaux propres clôture N – 1								
Changement de méthodes comptables								
Capitaux propres clôture N – 1 corrigée								
Opérations sur capital **Paiements fondés sur des actions (b)** **Opérations sur titres autodétenus** **Dividendes**								
Résultat net de l'exercice Gains et pertes comptabilisés directement en capitaux propres **Résultat net et gains et pertes comptabilisés directement en capitaux propres** **Variation de périmètre (a)** **Changement dans les participations dans les filiales sans perte de contrôle**								
Capitaux propres clôture N								

(a) Il s'agit des entrées/sorties de minoritaires (ou participations ne donnant pas le contrôle) à l'occasion d'une prise ou d'une perte de contrôle. (b) Si significatif.

Le tableau présenté ici étant synthétique, il convient, conformément à IAS 1 (§ 106A) de présenter dans une note annexe le détail, éléments par éléments, des variations des gains et pertes comptabilisées directement en capitaux propres. À cet effet, il faut veiller à ce qu'un lecteur puisse retrouver aisément le stock des gains et pertes comptabilisé directement en capitaux propres en date d'arrêté.

7.2 - COMMENTAIRES

Réserves liées au capital (colonne 2) : primes d'émission, primes d'apport, primes de fusion, réserves légales.

Réserves et résultats consolidés (colonne 4) : incluent le résultat net de l'exercice conformément à la présentation du bilan. Celui-ci n'est donc pas présenté en colonne, mais en ligne.

Gains et pertes comptabilisés directement en capitaux propres (colonne 5) : incluent les résultats de réévaluation sur les immobilisations corporelles et incorporelles (IAS 16, IAS 38), sur certains instruments financiers et les variations d'écart de conversion, la réévaluation (ou écarts actuariels) au titre des régimes à prestations définies (IAS 19), ainsi que les quotes-parts des gains et pertes comptabilisés directement en capitaux propres des sociétés mises en équivalence.

Opérations de cession sur transactions ayant donné lieu à des gains et pertes comptabilisés directement en capitaux propres sur les exercices précédents :

- pour les immobilisations corporelles et incorporelles, une variation de (5) a une contrepartie directe en (4) ;
- pour les instruments financiers (hors instruments de capitaux propres) et résultats de couverture, une variation de (5) a une contrepartie indirecte en (4) au niveau de la ligne résultat net.

Traitement des paiements fondés sur des actions : cette ligne ne figure que si le montant est significatif. À défaut, ces opérations sont présentées dans la ligne « Opérations sur capital ». Le résultat net comporte la charge. La contrepartie figure dans les colonnes « Capital » et « Réserves liées au capital ».

Opérations sur titres auto-détenus : lorsque ces opérations sont significatives, l'entreprise en donne le détail dans une note explicative, en distinguant notamment les rachats directs ou indirects d'actions, les annulations, les réémissions et les reventes.

Recommandation ANC 25-01 - Honoraires du contrôleur légal en matière de durabilité

Recommandation de l'ANC 25-01 du 7 février 2025 relative aux informations à mentionner dans l'annexe des comptes consolidés établis selon les normes comptables internationales sur les honoraires du contrôleur légal des informations en matière de durabilité

La présente recommandation de l'Autorité des normes comptables, adoptée par le Collège du 7 février 2025, s'applique aux comptes consolidés des sociétés établis selon les normes comptables internationales telles qu'adoptées par l'Union européenne, lorsque leurs titres financiers sont admis aux négociations sur un marché réglementé ou lorsqu'elles ont choisi d'établir leurs comptes consolidés selon les normes internationales conformément à l'article L. 233-24 du code de commerce.

Le règlement ANC n° 2016-09 du 2 décembre 2016 relatif aux informations à mentionner dans l'annexe des comptes consolidés établis selon les normes internationales impose à son article 2 de mentionner une information sur les honoraires des certificateurs des états financiers.

Le Collège de l'ANC recommande à des fins d'harmonisation avec les entités établissant des comptes selon les normes françaises, de compléter l'annexe des comptes consolidés établis selon les normes comptables internationales d'une information sur les honoraires des commissaires aux comptes, ne certifiant pas les comptes, et des organismes tiers indépendants pour la certification des informations en matière de durabilité.

Ainsi, le Collège de l'ANC recommande :

- **lorsque le contrôleur légal des informations en matière de durabilité n'est pas le commissaire aux comptes certifiant les comptes de l'entité mais un autre commissaire aux comptes ou un organisme tiers indépendant, d'indiquer dans l'annexe des comptes consolidés établis selon les normes comptables internationales, pour chaque contrôleur légal, le montant des honoraires afférents à la certification des informations en matière de durabilité figurant au compte de résultat de l'exercice.**

Relevé de conclusions relatif à l'application d'IFRS 16 en France du 3 juillet 2020

Relevé de conclusions de l'ANC relatif à l'application de la norme IFRS 16 – Contrats de location – Version du 3 juillet 2020

Ce relevé de conclusions annule et remplace le relevé de conclusions du 16 février 2018.

1. Résumé des faits et circonstances

1 Depuis près d'un siècle, la réglementation française sur les baux commerciaux (dont la loi de 1953) organise la relation entre le bailleur et le preneur. Ce système juridique est reconnu pour établir un équilibre entre le bailleur et le preneur. Il les incite à négocier à l'échéance du terme minimum légal du bail de neuf ans. Dans un contexte où le cadre juridique des baux a une influence structurante, la pratique commerciale reflète cet équilibre entre les parties.

2 En synthèse, les principales caractéristiques sont les suivantes.

3 Le bail commercial a une durée minimale de neuf ans. Le contrat peut être conclu pour une durée supérieure, mais cette situation est rare. Le bail cesse par l'effet d'un congé donné six mois à l'avance ou d'une demande de renouvellement (c. com. art. L. 145-9). **À défaut de congé ou de demande de renouvellement, le bail se prolonge tacitement au-delà du terme fixé par le contrat** (c. com. art. L. 145-9).

4 Une demande de renouvellement peut être acceptée ou refusée par le bailleur. Un renouvellement requiert en pratique l'accord des deux parties sur les nouvelles conditions, reflétant les valeurs locatives (c. com. art. L. 145-33)* **du moment ainsi que l'intérêt mesuré par chaque partie à continuer le bail. Le renouvellement a pour conséquence de mettre un terme au bail antérieur** (c. com. art. L. 145-9).

* Principe : « Le montant des loyers des baux renouvelés ou révisés doit correspondre à la valeur locative ». Principe assorti, en application de l'article L. 145-34 du code de commerce, et dans certaines circonstances, d'un plafonnement de la révision possible du loyer.

5 Un refus oblige en principe le bailleur à indemniser le preneur, soit sur une base négociée, soit sur décision des tribunaux en cas de désaccord. L'indemnité reflète généralement les conditions de marché qui prévalent au moment de l'éviction ainsi que les perturbations éventuelles engendrées sur les activités du preneur (c. com. art. L. 145-14). **Le refus n'est pas commun, mais peut arriver, en particulier lorsque le bailleur souhaite rénover/réaménager son bien et/ou lorsqu'il prévoit des conditions de loyer que le locataire précédent ne veut ou ne peut accepter.**

6 Avant l'échéance, le preneur a le droit de donner congé en fin de troisième et de sixième année (c. com. art. L. 145-4). **Le bailleur n'a pas le droit de donner congé pendant la durée du bail.**

7 À défaut de congé ou de demande de renouvellement, le bail se prolonge pour une durée indéterminée dans des conditions modifiées (tacite prolongation), notamment pour ce qui concerne la transmission du droit au bail et le plafonnement du loyer [le bailleur peut déplafonner le loyer après trois ans de tacite prolongation (c. com. art. L. 145-34, al. 3)].

8 En tacite prolongation, s'ils ne s'accordent pas sur les conditions d'un nouveau bail, le preneur et le bailleur peuvent à tout moment demander le congé qui prend alors effet au dernier jour du trimestre civil éloigné de plus de six mois. Au plan juridique, il s'agit bien du même contrat qui se poursuit, et non d'un nouveau contrat.

9 En pratique, et compte tenu de modifications des conditions, moins protectrices des droits du preneur, les situations de tacite prolongation sont peu fréquentes et généralement temporaires. Elles correspondent généralement soit à une inadvertance des parties au contrat, soit à une période de négociation (hors le formalisme et les délais légaux), soit à l'intérêt du preneur à repousser la négociation du bail par exemple du fait d'incertitudes sur sa stratégie locative. L'ANC relève notamment les pratiques suivantes :

- en cas de bail avec un bailleur institutionnel ou en cas de forte valeur du fonds de commerce, la tacite prolongation est peu fréquente. Elle résulte d'une décision concertée des parties qui ne sont pas encore parvenues à s'accorder sur les conditions d'un nouveau bail et permet généralement d'inscrire la négociation dans la durée non résiliable de la tacite prolongation ;
- en cas de tacite prolongation résultant de la seule décision du locataire ayant intérêt à repousser la renégociation du bail dans le cadre de sa stratégie immobilière, le terme de la période est limité par la perte de cet intérêt économique. En pratique, le déplafonnement des loyers conduit généralement à ne pas dépasser trois années de tacite prolongation.

10 Selon les éléments de comparaison internationale disponibles, le régime des baux commerciaux français, reposant sur un cadre juridique légal d'ordre public organisant un équilibre des relations contractuelles, apparaît spécifique.

2. Position de l'ANC

11 Au terme des procédures d'examen conduites par l'ANC et compte tenu des faits et circonstances qui prévalent en France, le Collège de l'ANC a dégagé le consensus qui suit concernant les baux commerciaux français.

12 La durée devant être retenue pour l'évaluation des actifs et passifs de location reflète la durée pendant laquelle le preneur est raisonnablement certain de poursuivre le bail. Cette durée est généralement de neuf ans à l'origine.

13 Cette période de neuf ans peut être réduite à la période légalement non résiliable de trois ou six ans selon les décisions du preneur. Elle peut également être plus longue si les clauses du bail le prévoient.

14 La période de tacite prolongation, qui peut intervenir dans certaines circonstances, constitue juridiquement un prolongement du bail initial. Elle est prise en compte dans la détermination comptable de la durée initiale du bail si le preneur peut raisonnablement anticiper qu'il aura intérêt à utiliser cette disposition et/ou que le bailleur ne pourra alors donner congé sans pénalité significative. Il est alors tenu compte de la date jusqu'à laquelle le preneur est raisonnablement certain de poursuivre le bail au-delà du terme contractuel.

15 Une tacite prolongation non anticipée donne lieu, lorsqu'elle devient raisonnablement certaine en raison d'un événement ou d'un changement de circonstances important du ressort du preneur, à une ré-estimation de la durée du bail conduisant à une modification de l'évaluation initiale des actifs et passifs de location reflétant la durée complémentaire pour laquelle le preneur est raisonnablement certain de poursuivre le bail.

16 Par ailleurs, les hypothèses retenues pour déterminer la durée du bail et celles retenues pour la durée de l'amortissement des agencements non réutilisables sont mises en cohérence.

Observations de l'ANC sur les conséquences de la Covid-19

Recommandations de l'ANC relatives à la prise en compte de l'événement Covid-19 dans les comptes et situations établis à compter du 1er janvier 2020 (version mise à jour au 9 juillet 2021)

Présentation

Sur les modalités de comptabilisation des opérations

Pour le référentiel international, l'ANC s'est attachée à formuler de simples observations relatives à l'application des normes dont on rappelle qu'elles sont adoptées au niveau de l'Union Européenne, en indiquant les questions qu'elle a recensées et en faisant état des pratiques qui sont envisagées. Il y a lieu de noter que ces pratiques ne font en aucun cas autorité dans la mesure où, en cas de questionnement important dépassant la simple application de dispositifs propres à une juridiction, la réponse définitive relève soit des mécanismes d'interprétation des IFRS, soit de la normalisation IFRS elle-même. Ces observations concernent les comptes consolidés de groupes relevant des IFRS, soit à titre obligatoire, soit sur option.

Références à d'autres communications

D'autres sources d'informations peuvent être consultées au plan international comme les communications convergentes sur l'application d'IFRS 9 dans le contexte de l'événement Covid-19 :

- de l'ESMA, du 24 mars 2020 (https://www.esma.europa.eu/press-news/esma-news/esma-issues-guidance-accounting-implications-covid-19) ;
- de l'IASB du 27 mars 2020 (https://www.ifrs.org/news-and-events/2020/03/application-of-ifrs-9-in-the-light-of-the-coronavirus-uncertainty) ;
- le communiqué de l'ESMA sur les arrêtés semestriels [en attente de publication].

SOMMAIRE

Question B5 : quelles sont les modalités de détermination des impacts de l'événement Covid-19 sur le bilan de l'entité ?
Question B6 : les produits et charges liés à l'événement Covid-19 peuvent-ils être inscrits en résultat exceptionnel (ou non courant) (B6A) ? Une information relative aux conséquences de l'événement Covid-1 peut-elle être fournie en lecture directe au bilan et/ou au compte de résultat (B6B) ?
Question B7 : existe-t-il des formats-type pouvant être utilisés pour présenter les informations chiffrées dans l'annexe ?
Question B8 : lorsqu'une entité n'est plus en situation de continuité d'exploitation, sur quelle base doit-elle établir ses comptes ?
Question B9 : dans quelles circonstances faut-il mentionner dans l'annexe des informations sur la continuité d'exploitation ?

2 QUELLES SONT LES CONSÉQUENCES DE L'ÉVÉNEMENT COVID-19 SUR LA RECONNAISSANCE ET L'ÉVALUATION DES ACTIFS, PASSIFS, PRODUITS ET CHARGES ?
2.1 Conséquences sur l'évaluation des actifs
2.1.1 Test de dépréciation des immobilisations incorporelles et corporelles
Question C1 : l'événement Covid-19 est-il à considérer comme un indice de perte de valeur ?
Question C2 : comment déterminer la valeur actuelle d'un actif ou d'un groupe d'actifs, dans les circonstances actuelles, marquées par un haut niveau d'incertitude ?
2.1.2 Amortissements des immobilisations incorporelles et corporelles
Question D1 : en cas d'arrêt ou de réduction de l'activité, l'amortissement de certaines immobilisations incorporelles et corporelles peut-il être interrompu ou son rythme peut-il être modifié ?
2.1.3 Actifs financiers
Question E1 : comment apprécier la valeur d'inventaire des actifs financiers ?
2.1.4 Stocks (évaluation et dépréciation)
Question F1 : quelles sont les conséquences d'une baisse du niveau de production sur l'évaluation du coût de production des stocks ?
Question F2 : comment évaluer la valeur actuelle des stocks en présence d'incertitudes sur les prix et perspectives de vente à court terme ?
2.1.5 Créances
Question G1 : quelles créances sont à considérer comme des créances douteuses ?
Question G2 : comment évaluer les dépréciations sur créances cients à la clôture des comptes ?
Question G3 : comment apprécier les créances liées aux impôts différés ?

2.2 Conséquences sur la reconnaissance et l'évaluation des passifs
2.2.1 Conséquences sur les dettes
Question H1 : dans quelle catégorie comptable les prêts garantis par l'État doivent-ils être classés (présentation dans l'état de la situation financière de l'emprunteur) ?
Question H2 : quel est le traitement comptable du coût de la garantie des emprunts garantis par l'État (traitement comptable chez l'emprunteur) ?
Question H3 : quel est le traitement comptable des rééchelonnements et reports des dettes fiscales et sociales ?
Question H4 : quel est le traitement comptable des rééchelonnements et reports des dettes commerciales ?
Question H5 :quel est le traitement comptable des annulations de dettes ?
Question H6 : quel est le traitement comptable des reports de remboursement des dettes financières ?
Question H7 :quel est le traitement comptable des dettes financières devenues exigibles du fait de l'application de covenants bancaires ?
Question H8 : quel est le traitement comptable des prêts participatifs avec soutien de l'État chez l'emprunteur ?
2.2.2 Conséquences sur les provisions
Question I1 : les pertes d'exploitation futures peuvent-elles être provisionnées ?
Question I2 : sous quelles conditions une provision pour perte sur contrat est-elle reconnue ?
Question I3 : sous quelles conditions une provision pour restructuration est-elle reconnue ?
Question I4 : quelles informations doivent-être fournies en l'absence d'évaluation fiable d'un passif ?

2.3 *Conséquences sur la reconnaissance et l'évaluation des produits*
Question J1 : quel est le traitement comptable des allocations d'activité partielle ?
Question J2 : quel est le traitement comptable du fonds de solidarité ?
Question J3 :quel est le traitement comptable des remboursements anticipés de crédit d'impôt et de TVA ?
Question J4 : quel est le traitement comptable des modifications de contrats (annulation totale ou partielle, réduction de prix, remise) engendrées par l'événement Covid-19 chez le vendeur ?
Question J5 : quel est le traitement comptable des réductions de loyers chez le bailleur ?
Question J6 : quelle est la présentation des abandons de créances au compte de résultat de l'entité accordant l'abandon ?
Question J7 : quel est le traitement comptable des dispositifs d'exonération et d'aide au paiement des cotisations et contributions sociales ?
Question J8 : quel est le traitement comptable de l'aide dite « coûts fixes » ?
2.4 *Conséquences sur la reconnaissance et l'évaluation des charges*
Question K1 : quel est le traitement comptable des reports de charges ?
Question K2 : quel est le traitement comptable des rabais accordés (y compris concessions de loyers) ?
Question K3 : quel est le traitement comptable des abandons de créances ou de factures d'avoir chez le bénéficiaire ?

Chapitre 1 – Synthèse

Remarque générale : les recommandations ou observations qui suivent visent à la fois les comptes établis à titre obligatoire (comptes annuels et comptes consolidés pour toutes les entités et, pour certaines d'entre elles, comptes semestriels, le cas échéant consolidés) et les comptes et situations intermédiaires établis à titre volontaire (cf. question A1).
Référentiel IFRS tel qu'adopté par l'Union européenne.

1. QUAND ET COMMENT PRÉSENTER UNE INFORMATION PERTINENTE SUR LES CONSÉQUENCES DES EFFETS DE L'ÉVÉNEMENT COVID-19 DANS LES COMPTES ET SITUATIONS ÉTABLIS À COMPTER DU 1ER JANVIER 2020 ?

1.1 Célérité de l'information comptable

Question A1 : quand informer sur les conséquences de l'événement Covid-19 ?

Il est recommandé aux entités qui ne sont tenues qu'à une obligation d'établissement de comptes annuels d'établir à titre volontaire des comptes et situations intermédiaires leur permettant de mesurer de façon raisonnable les impacts de l'événement Covid-19, de prendre en compte les mesures de soutien dont elles ont bénéficié et de présenter leur performance et leur situation financière, à une date choisie par elle.

1.2 Information dans les comptes et situations établis à compter du 1er janvier 2020

Question B1 : l'événement Covid-19 doit-il donner lieu à une information spécifique dans les comptes et situations établis à compter du 1er janvier 2020 ?

L'événement Covid-19 et ses conséquences constituent un fait pertinent qui doit être mis en évidence dans les comptes et situations établis à compter du 1er janvier 2020.

Question B2 : dans quel document et selon quels principes généraux présenter cette information dans les comptes et situations établis à compter du 1er janvier 2020 ?

L'information pertinente sur les impacts de l'événement Covid-19 a vocation à figurer dans l'annexe des comptes et des situations intermédiaires.

L'information donnée doit être complète et dépourvue de biais, refléter fidèlement la situation, permettre une analyse pertinente des impacts bruts et nets et être présentée de façon transparente (notamment sur les répartitions, estimations et incertitudes éventuelles).

Question B3 : comment s'articulent l'information financière et comptable et le rapport de gestion ?

L'ANC souligne le caractère complémentaire du rapport de gestion (ou le cas échéant d'autres communications financières) et les comptes et situations établis. L'information pertinente sur les conséquences financières et comptables de l'événement Covid-19 fait partie intégrante des comptes et situations établis et constitue généralement un point de référence pour les commentaires de gestion, souvent plus étendus, présentés par ailleurs.

Question B4 : quelles sont les modalités pour établir les informations à fournir dans l'annexe sur les effets de l'événement Covid-19 sur le compte de résultat ?

L'ANC recommande deux approches alternatives : l'approche ciblée ou l'approche d'ensemble. La première présente les principaux impacts jugés pertinents, la seconde s'attache à présenter l'ensemble des impacts, leurs interactions et leur incidence sur les agrégats usuels.

Question B5 : quelles sont les modalités de détermination des impacts de l'événement Covid-19 sur le bilan de l'entité ?

Les effets de l'événement Covid-19 sur le bilan de l'entité sont reflétés dans l'annexe en suivant soit une approche ciblée soit une approche d'ensemble, selon des modalités détaillées se référant à celles présentées à la question B4 pour le compte de résultat.

Question B6A : les produits et charges liés à l'événement Covid-19 peuvent-ils être inscrits en résultat exceptionnel (ou non courant) ?

Les conditions du classement hors du résultat d'exploitation courant dans le cadre de l'application de la recommandation ANC 20-01 ne sont pas modifiées. Il n'est pas recommandé d'utiliser les rubriques du résultat non courant pour traduire les conséquences de l'événement Covid-19. Il est préférable de privilégier en conséquence la présentation dans l'annexe. Les entités poursuivent leurs pratiques antérieures en n'inscrivant dans les rubriques du résultat non courant que les produits et les charges qui y sont portés de façon usuelle.

Question B6B : une information relative aux conséquences de l'événement Covid-19 peut-elle être fournie en lecture directe au bilan et/ou au compte de résultat ?

Il n'est pas recommandé aux entités d'indiquer, au-delà de l'information donnée dans l'annexe, les impacts de l'événement Covid-19 en lecture directe dans leur compte de résultat et/ou au bilan.

Question B7 : existe-t-il des formats-type pouvant être utilisés pour présenter les informations chiffrées dans l'annexe ?

Les formats-types proposés pour présenter les informations chiffrées dans l'annexe des comptes et situations établis selon les normes comptables françaises peuvent être adaptés pour les comptes et situations établis selon les normes comptables internationales.

Question B8 : lorsqu'une entité n'est plus en situation de continuité d'exploitation, sur quelle base doit-elle établir ses comptes ?

Une entité qui ne prépare pas les états financiers sur une base de continuité d'exploitation indique la base sur laquelle les états financiers ont été établis et la raison pour laquelle l'entité n'est pas considérée en situation de continuité d'exploitation (IAS 1.25).

Question B9 : dans quelles circonstances faut-il mentionner dans l'annexe des informations sur la continuité d'exploitation ?

En cas d'incertitude significative sur la continuité d'exploitation de l'entité, des informations sont données dans l'annexe. Compte tenu du climat d'incertitude général, les informations doivent être équilibrées en ne retenant des hypothèses ni uniquement pessimistes ni uniquement optimistes.

2. QUELLES SONT LES CONSÉQUENCES DE L'ÉVÉNEMENT COVID-19 SUR LA RECONNAISSANCE ET L'ÉVALUATION DES ACTIFS, PASSIFS, PRODUITS ET CHARGES ?

2.1 Conséquences sur l'évaluation des actifs

2.1.1 Test de dépréciation des immobilisations incorporelles et corporelles

Question C1 : l'événement Covid-19 est-il à considérer comme un indice de perte de valeur ?

L'événement Covid-19 ne constitue pas à lui seul un indice de perte de valeur. L'existence d'un indice de perte de valeur n'est confirmée qu'à l'issue d'un examen des caractéristiques propres à l'entité.

Question C2 : comment déterminer la valeur actuelle d'un cctif ou d'un groupe d'actifs, dans les circonstances actuelles, marquées par un haut niveau d'incertitude ?

L'étendue du test de dépréciation est à mettre en cohérence avec les facteurs de risque identifiés. Compte tenu des circonstances, l'entité s'efforce de fonder sa décision sur les informations fiables dont elle dispose. Lorsque le niveau d'incertitude demeure élevé sur les perspectives susceptibles de fonder les scénarii retenus pour les tests de dépréciation, comme cela peut être le cas dans le contexte de l'événement Covid-19, l'entité indiquera clairement les éléments qu'elle retient justifiant une décision fondée de déprécier ou non et, le cas échéant, le montant de la dépréciation comptabilisée. Elle indiquera également les incertitudes qui subsistent et le résultat des analyses de sensibilité dont elle peut disposer. Les dépréciations sur les écarts d'acquisition ne peuvent pas être reprises.

2.1.2 Amortissements des immobilisations incorporelles et corporelles

Question D1 : en cas d'arrêt ou de réduction de l'activité, l'amortissement de certaines immobilisations incorporelles et corporelles peut-il être interrompu ou son rythme peut-il être modifié ?

En cas d'arrêt de l'activité, sauf à ce que l'amortissement soit fonction d'un nombre d'unités d'œuvre, l'amortissement des immobilisations incorporelles et corporelles ne peut être ni interrompu pendant la non-utilisation des actifs concernés ni amoindri compte tenu d'une utilisation réduite des actifs concernés.

2.1.3 Actifs financiers

Question E1 : comment apprécier la valeur d'inventaire des actifs financiers ?

Sauf cas exceptionnel d'un changement de modèle de gestion, le mode d'évaluation des instruments financiers n'est pas modifié.

2.1.4 Stocks (évaluation et dépréciation)

Question F1 : quelles sont les conséquences d'une baisse du niveau de production sur l'évaluation du coût de production des stocks ?

Une baisse du niveau de production (sous-activité) n'est pas prise en compte dans l'évaluation du coût de production des stocks.

Question F2 : comment évaluer la valeur actuelle des stocks en présence d'incertitudes sur les prix et perspectives de vente à court terme ?

L'éventualité de ne pas être en mesure de déterminer la valeur nette de réalisation des stocks n'est pas prévue.

2.1.5 Créances

Question G1 : quelles créances sont à considérer comme des créances douteuses ?

La dégradation du risque de crédit fondée sur des retards de paiement peut être réfutée au vu des caractéristiques propres aux débiteurs concernés.

Question G2 : comment évaluer les dépréciations sur créances clients à la clôture des comptes ?

Compte tenu notamment de l'existence de mesures de soutien, les suspensions ou reports de paiement ou l'octroi de crédits complémentaires ne constituent pas à eux seuls un indicateur de dépréciation des créances commerciales.

Question G3 : comment apprécier les créances liées aux impôts différés ?

Pour les actifs d'impôts différés non imputés sur des différences imposables, l'entité doit s'assurer, qu'ils remplissent toujours les conditions fixées par IAS 12.29.

➡ 2.2 Conséquences sur la reconnaissance et l'évaluation des passifs

2.2.1 Conséquences sur les dettes

Question H1 : dans quelle catégorie comptable le prêt garanti par l'État (PGE) doit-il être classé (présentation dans l'état de la situation financière de l'emprunteur) ?

Une entité classe le prêt en passif non courant.

Une présentation en passif courant est acceptable si l'entité n'a pas l'intention de demander le report du remboursement au-delà de douze mois.

Question H2 : quel est le traitement comptable du coût de la garantie du prêt garanti par l'État (traitement comptable chez l'emprunteur) ?

Le PGE est initialement comptabilisé à sa juste valeur. Il est possible de retenir, sans analyse, une juste valeur du prêt égale au montant de la trésorerie reçue net des frais de transaction supportés.

Postérieurement à sa comptabilisation initiale, le PGE est évalué au coût amorti. L'entité détermine, à la date de souscription du prêt, un taux d'intérêt effectif sur la base de la durée que l'entité estime probable pour ce prêt.

Si cette durée probable à l'origine est estimée supérieure à douze mois, la révision du seul taux de l'emprunt hors garantie est comptabilisée de manière prospective lorsque ce taux est connu. La révision des flux liée à la modification du coût de la garantie est comptabilisée comme un ajustement de l'encours du prêt figurant dans l'état de la situation financière en contrepartie du résultat.

Si cette durée probable à l'origine est estimée à douze mois, le droit à une période d'amortissement complémentaire peut être analysé comme un engagement de financement reçu (engagement hors-bilan). En cas d'exercice de ce droit, la période d'amortissement complémentaire pourra être analysée comme un nouveau financement, dont le TIE sera établi sur la base des conditions applicables à cette période complémentaire.

Question H3 : quel est le traitement comptable des rééchelonnements et reports des dettes fiscales et sociales ?

Le rééchelonnement ou le report de règlement d'une dette fiscale ou sociale ne modifie pas la nature de la dette et n'a donc d'effet ni sur sa comptabilisation initiale ni sur son montant.

Selon la nature de la dette, son rééchelonnement ou report de règlement pourrait donner lieu à l'actualisation de la somme due si l'effet est significatif.

Question H4 : quel est le traitement comptable des rééchelonnements et reports des dettes commerciales ?

Le rééchelonnement ou le report de règlement d'une dette commerciale pourrait donner lieu à l'actualisation de la somme due si l'effet est significatif.

Question H5 : quel est le traitement comptable des annulations de dettes ?

Une dette annulée est sortie du bilan de l'entité.

Lorsqu'une dette est annulée, mais avec une clause dite de « retour à meilleure fortune », une nouvelle dette est inscrite au bilan de l'entité pour sa juste valeur tenant compte du caractère aléatoire de son remboursement.

Question H6 : quel est le traitement comptable des reports de remboursement des dettes financières ?

Dans le cadre du simple report jusqu'à six mois des remboursements de dettes, dans la majorité des cas, cette opération sera considérée comme une modification de la dette n'entraînant pas sa décomptabilisation.

Question H7 : quel est le traitement comptable des dettes financières devenues exigibles du fait de l'application de covenants bancaires ?

En cas de rupture de covenant à la date de clôture, la dette de passif non courant est déclassée en passif courant. Si la rupture du covenant intervient entre la date de clôture et l'arrêté des comptes, il s'agit d'un événement postérieur à la clôture devant faire l'objet d'une information dans l'annexe.

Question H8 : quel est le traitement comptable des prêts participatifs avec soutien de l'État chez l'emprunteur ?

Les présentes observations traitent du cas où le prêt participatif avec soutien de l'État (PPSE) ne comporte pas de clause participative.

Le PPSE est un passif financier. Il est évalué, lors de sa comptabilisation initiale, à sa juste valeur. Il est comptabilisé pour un montant égal au montant de la trésorerie reçue net des frais de transaction supportés, sauf s'il existe des d'éléments probants conduisant à contester la présomption que ce montant ne corresponde pas à sa juste valeur. Le PPSE est classé en passif non courant à cette même date. Postérieurement à sa comptabilisation initiale, le PPSE est évalué au coût amorti.

2.2.2 Conséquences sur les provisions

Question I1 : les pertes d'exploitation futures peuvent-elles être provisionnées ?

Les pertes d'exploitation futures ne peuvent pas être provisionnées.

Question I2 : sous quelles conditions une provision pour perte sur contrat est-elle reconnue ?

L'événement Covid-19 ne modifie pas les conditions de reconnaissance ni les modalités d'évaluation des provisions pour contrats onéreux.

Question I3 : sous quelles conditions une provision pour restructuration est-elle reconnue ?

Deux conditions principales sont requises pour constater une provision de restructuration :

- existence d'un plan formalisé et détaillé de restructuration ;
- et l'entité a créé une attente fondée que la restructuration sera mise en œuvre.

Question I4 : quelles informations doivent être fournies en l'absence d'évaluation fiable d'un passif ?

Dans le cas extrêmement rare, où aucune évaluation fiable du montant de l'obligation ne peut être réalisée, le passif n'est pas comptabilisé.

L'annexe fournit des informations sur ce passif éventuel.

2.3 Conséquences sur la reconnaissance et l'évaluation des produits

Question J1 : quel est le traitement comptable des allocations d'activité partielle ?

L'allocation reçue dans le cadre du dispositif d'activité partielle est considérée comme une subvention dans le champ d'application d'IAS 20.

Question J2 : quel est le traitement comptable du fonds de solidarité ?

L'allocation reçue dans le cadre du fonds de solidarité est considérée comme une subvention dans le champ d'application d'IAS 20. En l'absence de charges à compenser, l'allocation doit être présentée en « Autres produits » dès lors que l'entité, ayant décidé de la demander, respecte les conditions de fond ouvrant droit à cette allocation.

Question J3 : quel est le traitement comptable des remboursements anticipés de crédit d'impôt et de TVA ?

Dans la plupart des cas, le remboursement anticipé d'un crédit d'impôt et de TVA n'entraîne aucun impact au compte de résultat.

Question J4 : quel est le traitement comptable des modifications de contrats (annulation totale ou partielle, réduction de prix, remise) engendrées par l'événement Covid-19 chez le vendeur ?

Selon que les variations des composantes du contrat résultent d'une modification de contrat ou bien du dénouement d'une incertitude relative à une contrepartie variable, l'impact pourra devoir être comptabilisé soit de façon prospective soit de façon immédiate en résultat, avec des effets de rattrapage cumulé.

Question J5 : quel est le traitement comptable des réductions de loyers chez le bailleur ?

L'analyse doit être conduite selon la classification du contrat et selon que l'aménagement résulte ou non d'une modification de ce contrat.

Question J6 : quelle est la présentation des abandons de créances au compte de résultat de l'entité accordant l'abandon ?

Pour les entités établissant leurs comptes consolidés suivant la recommandation ANC 20-01, lorsque la créance est liée à un produit inscrit au résultat d'exploitation courant, la charge est à inscrire avant ce sous-total. Lorsque la créance a été classée dans la catégorie « actifs financiers », la charge est à inscrite à la ligne « Autres charges financières ».

Question J7 : quel est le traitement comptable des dispositifs d'exonération et d'aide au paiement des cotisations et contributions sociales ?

L'aide, reçue dans le cadre du dispositif d'exonération et d'aide au paiement des cotisations et contributions sociales, est considérée comme une subvention dans le champ d'application d'IAS 20. Dès lors que l'entreprise, ayant décidé de la demander, respecte les conditions de fond ouvrant droit à l'exonération, L'exonération et l'aide au paiement peuvent être présentées en « Autres produits » ou en déduction des charges de cotisations sociales.

Question J8 : quel est le traitement comptable de l'aide dite « coûts fixes » ?

L'allocation reçue dans le cadre de l'aide « coûts fixes » est considérée comme une subvention dans le champ d'application d'IAS 20. Cette aide ne s'impute pas directement et uniquement sur un coût particulier et résulte d'un calcul établi sur la base d'un solde intermédiaire de gestion (l'EBE). Elle doit donc être présentée en « Autres produits » dès lors que l'entité, ayant décidé de la demander, respecte les conditions de fond ouvrant droit à cette allocation.

2.4 Conséquences sur la reconnaissance et l'évaluation des charges

Question K1 : quel est le traitement comptable des reports de charges ?

Le report de paiement d'une dette comptabilisée est sans conséquence sur la comptabilisation des charges.

Question K2 : quel est le traitement comptable des rabais ou concessions de loyers accordés ?

Pour les entités établissant leurs comptes consolidés suivant la recommandation ANC 20-01, lorsque la dette est liée à une charge inscrite au résultat d'exploitation courant, le produit est à inscrire avant ce sous-total.

Pour les contrats de location, un amendement a été proposé par l'IASB. L'ANC souhaite qu'il soit applicable pour les comptes semestriels ainsi que pour les comptes des exercices à clore à court terme notamment ceux au 30 juin 2020.

Question K3 : quel est le traitement comptable des abandons de créances chez le bénéficiaire ?

Pour les entités établissant leurs comptes consolidés suivant la recommandation ANC 20-01, lorsque la dette est liée à une charge inscrite au résultat d'exploitation courant, le produit est à inscrire avant ce sous-total. Lorsque la dette a été classée dans la catégorie « endettement financier », le produit est inscrit à la ligne « Autres produits financiers ».

Chapitre 2 - Analyse détaillée

1. QUAND ET COMMENT PRÉSENTER UNE INFORMATION PERTINENTE SUR LES CONSÉQUENCES DES EFFETS DE L'ÉVÉNEMENT COVID-19 DANS LES COMPTES ET SITUATIONS ÉTABLIS À COMPTER DU 1ER JANVIER 2020 ?

➠ 1.1 Célérité de l'information comptable

Question A1 : quand informer sur les conséquences de l'événement Covid-19 ?

Contexte général

L'événement Covid-19 est susceptible d'avoir des impacts significatifs sur le patrimoine, la situation financière et les résultats de l'entité. L'ANC considère que la célérité de l'information comptable est une qualité essentielle de celle-ci : dès lors qu'elle est préparée dans des délais rapides et est susceptible d'être partagée dans les mêmes délais, une information comptable pertinente sur les impacts de la crise est en effet un élément clé à la fois d'une bonne gestion et d'une bonne information des destinataires des états financiers. Une information comptable pertinente sur ces impacts est une contribution nécessaire au rebond économique général souhaité ainsi qu'au meilleur rebond possible au niveau de chaque entreprise.

L'ANC considère qu'il convient de distinguer trois cas :

- celui des comptes annuels et le cas échéant consolidés dont l'établissement est obligatoire (cas 1) ;
- celui des comptes semestriels, le cas échéant consolidés, dont l'établissement est obligatoire (cas 2) ;
- celui des comptes et situations intermédiaires dont l'établissement est facultatif (cas 3).

Contexte normatif

La date d'établissement des comptes annuels et le cas échéant consolidés est d'une façon générale contrainte par la date de tenue des assemblées générales qui est fixée par le code de commerce, soit 6 mois au plus tard après la clôture de l'exercice (c. com. art. L. 225-100) et, pour les sociétés cotées sur un marché réglementé, par des délais plus courts prescrits par le code monétaire et financier (c. mon. et fin. art. L. 451-1-2 I) 4 mois après la clôture de l'exercice social. Par ailleurs, certaines entités sont tenues de publier un rapport financier semestriel incluant des comptes semestriels complets ou condensés (c. mon. et fin. art. L. 451-1-2 III) 3 mois après la fin du semestre.

Normes comptables internationales : parmi les qualités de l'information comptable, le cadre conceptuel de l'IASB, qui ne fait pas partie des normes homologuées, cite la célérité [timeliness] comme l'une d'entre elles : « La célérité signifie que les décideurs doivent disposer des informations à temps pour être en mesure d'influencer leurs décisions. En général, plus l'information est ancienne, moins elle est utile. (...) » (QC 29).

La norme IAS 34, Information financière intermédiaire, vise à prescrire le contenu minimal d'un rapport financier intermédiaire ainsi que les principes de comptabilisation et d'évaluation à appliquer aux états financiers complets ou résumés d'une période intermédiaire.

Voir IAS 34.8.

Observations relatives à l'application des normes comptables internationales

Il convient de rappeler l'importance du principe de célérité (timeliness) qui doit cependant être combiné de façon équilibrée avec les autres principes de qualité, notamment celui de pertinence (relevance) et de fiabilité (reliability).

Réponse A1 : il est recommandé aux entités qui ne sont tenues qu'à une obligation d'établissement de comptes annuels d'établir à titre volontaire des comptes et situations intermédiaires leur permettant de mesurer de façon raisonnable les impacts de l'événement Covid-19, de prendre en compte les mesures de soutien dont elles ont bénéficié et de présenter leur performance et leur situation financière, à une date choisie par elle.

➠ 1.2 Information dans les comptes et situations établis à compter du 1er janvier 2020

Question B1 : l'événement Covid-19 doit-il donner lieu à une information spécifique dans les comptes et situations établis à compter du 1er janvier 2020 ?

Contexte général

L'événement Covid-19 est susceptible d'avoir des impacts significatifs sur le patrimoine, la situation financière et les résultats de l'entité. Une information comptable pertinente sur ces impacts constitue un élément clé des comptes de la période concernée.

Contexte normatif

Normes comptables internationales : IAS 1.9 indique cue les états financiers sont une représentation structurée de la situation financière et de la performance financière de l'entité. L'objectif des états financiers est de fournir des informations sur la situation financière, la performance financière et les flux de trésorerie de l'entité qui soient utiles à un large éventail d'utilisateurs pour la prise de décisions économiques. Les états financiers montrent également les résultats de la gestion par la direction des ressources qui lui sont confiées. Les informations des états financiers, accompagnées des autres informations fournies dans les notes, aident les utilisateurs des états financiers à prévoir les flux de trésorerie futurs de l'entité, en particulier leurs échéances et leur degré de certitude.

Observations relatives à l'application des normes comptables internationales

Il n'y a pas de divergences d'application entre les normes comptables françaises et internationales.

Réponse B1 : l'événement Covid-19 et ses conséquences constituent un fait pertinent qui doit être mis en évidence dans les comptes et situations établis à compter du 1er janvier 2020.

Question B2 : dans quel document et selon quels principes généraux présenter cette information dans les comptes et situations établis à compter du 1er janvier 2020 ?

Contexte général

Une information sur les conséquences de l'événement Covid-19 sur la situation financière, le patrimoine et les résultats doit être fournie dans les comptes annuels les comptes consolidés et les comptes et situations intermédiaires volontaires ou obligatoires (voir question B1).

Contexte normatif

Normes comptables internationales : voir IAS1.112.

Observations relatives à l'application des normes comptables internationales

Il n'y a pas de divergences d'application entre les normes comptables françaises et internationales.

Réponse B2 : l'information pertinente sur les impacts de l'événement Covid-19 a vocation à figurer dans l'annexe des comptes et situations. L'information donnée doit être complète et dépourvue de biais, refléter fidèlement la situation, permettre une analyse pertinente des impacts bruts et nets et être présentée de façon transparente (notamment sur les répartitions, estimations et incertitudes éventuelles).

Question B3 : comment s'articulent l'information financière et comptable et le rapport de gestion ?

Contexte général

L'ampleur des conséquences de toutes natures de l'événement Covid-19 conduira vraisemblablement les entités à communiquer sur leur situation et l'évolution de celle-ci sur de nombreux plans. L'information financière et comptable n'est qu'un élément de cette communication qui couvrira bien d'autres aspects de la vie de l'entreprise.

Observations relatives à l'application des normes comptables internationales

Le contenu du rapport de gestion relève du droit français des sociétés. Les normes comptables internationales traitent de ce sujet par un « practice statement » non homologué dans le droit européen.

Réponse B3 : l'ANC souligne le caractère complémentaire du rapport de gestion (ou le cas échéant d'autres communications financières) et les comptes et situations établis. L'information pertinente sur les conséquences financières et comptables de l'événement Covid-19 fait partie intégrante des comptes et situations établis et constitue généralement un point de référence pour les commentaires de gestion, souvent plus étendus, présentés par ailleurs.

<u>Question B4 : quelles sont les modalités pour établir les informations à fournir dans l'annexe sur les effets de l'événement Covid-19 sur le compte de résultat ?</u>

Contexte général

Pour de très nombreuses entités, l'événement Covid-19 a des impacts significatifs sur la performance. Ces impacts sont de nature à rendre l'interprétation des comptes difficile. Une information pertinente sur l'événement est à mentionner dans l'annexe.

Contexte normatif

Aucune disposition n'est prévue par le référentiel comptable international.

Observations relatives à l'application des normes comptables internationales

Rien ne s'oppose à une approche ciblée ou à une approche d'ensemble en normes internationales.

Réponse B4 : l'ANC recommande deux approches alternatives : l'approche ciblée ou l'approche d'ensemble. La première présente les principaux impacts jugés pertinents, la seconde s'attache à présenter l'ensemble des impacts, leurs interactions et leur incidence sur les agrégats usuels.

<u>Question B5 : quelles sont les modalités de détermination des impacts de l'événement Covid-19 sur le bilan de l'entité ?</u>

Contexte général

Pour refléter les impacts de l'événement Covid-19 sur le bilan, une approche ciblée ou une approche d'ensemble peut être utilisée comme pour les informations relatives au compte de résultat.

Les modalités détaillées sous la question B4 sont transposables aux approches relatives au bilan.

Contexte normatif

Aucune disposition n'est prévue par le référentiel comptable international.

Observations relatives à l'application des normes comptables internationales

Rien ne s'oppose à une approche ciblée ou à une approche d'ensemble en normes internationales.

Réponse B5 : les effets de l'événement Covid-19 sur le bilan de l'entité sont reflétés dans l'annexe en suivant soit une approche ciblée soit une approche d'ensemble, selon des modalités détaillées se référant à celles présentées à la question B4 pour le compte de résultat.

<u>Question B6 : les produits et charges liés à l'événement Covid-19 peuvent-ils être inscrits en résultat exceptionnel (ou non courant) (B6A) ? Une information relative aux conséquences de l'événement Covid-19 peut-elle être fournie en lecture directe au bilan et/ou au compte de résultat (B6B) ?</u>

D'une façon générale, les modalités évoquées sous cette question B6 doivent faire l'objet d'une grande prudence en pratique. L'ampleur des conséquences comptables de l'événement Covid-19 crée une complexité d'analyse qui milite en effet pour une information pertinente dans l'annexe. Les indications portées au compte de résultat dans une colonne présenteraient pour leur part le risque d'être trop synthétiques ou partielles, ce qui nuirait à la qualité de l'information issue du compte de résultat en lecture directe.

Question B6A : les produits et charges liés à l'événement Covid-19 peuvent-ils être inscrits en résultat exceptionnel (ou non courant) ?

Contexte général

L'événement Covid-19 constitue un événement d'une ampleur inédite, tant par ses conséquences directes que par les mesures de soutien qui sont mises en œuvre. Compte tenu de cette ampleur, certaines entités pourraient souhaiter présenter en résultat exceptionnel les produits et charges liés à cet événement.

Contexte normatif

La notion de « non-courant » n'est pas définie par les normes IFRS.

Toutefois, afin de tenir compte du souhait des entreprises et des analystes de définir un niveau de performance opérationnelle pouvant servir à une approche prévisionnelle de la performance récurrente, la recommandation ANC 20-01 prévoit au compte de résultat la présentation séparée des produits et charges d'exploitation non courants.

Les entreprises ont ainsi l'option de présenter un résultat d'exploitation courant. Dès lors, les « Autres produits d'exploitation non courants » et les « Autres charges d'exploitation non courantes » correspondent à « des événements en nombre très limité, inhabituels, anormaux et peu fréquents – de montant particulièrement significatif ».

Observations relatives à l'application des normes comptables internationales

En l'état de la réglementation, il ne nous semble pas exister de divergence majeure d'application entre les normes comptables françaises et internationales, étant précisé cependant que la recommandation ANC 20-01 du 6 mars 2020 relative au format des comptes consolidés des entreprises établis selon les normes comptables internationales prévoit des rubriques de produits et de charges d'exploitation non courants.

Cette recommandation prévoit que la définition de non-courant est liée à la survenance d'« un événement majeur intervenu pendant la période comptable est de nature à fausser la lecture de la performance de l'entreprise ». Il ne fait pas de doute que l'événement Covid-19 remplit cette condition. Si cette condition est indispensable au classement d'éléments dans la rubrique « non courant », elle ne saurait être comprise comme suffisante. Il convient aussi de vérifier que les produits et charges concernés remplissent individuellement les conditions posées par la recommandation, à savoir « des produits ou charges en nombre très limité, inhabituels, anormaux et peu fréquents - de montant particulièrement significatif ».

Or, à cet égard, la plupart des produits et charges liés à l'événement Covid-19 ne remplissent pas les conditions posées par cette définition. D'une part, compte tenu de l'ampleur de la crise, les charges affectées par cet événement sont nombreuses et difficiles à identifier. D'autre part, dans la plupart des cas, il ne s'agit pas de charges inhabituelles et non fréquentes, car elles sont de par leur nature liées à l'exploitation courante d'une entité, par ailleurs, leur montant n'est pas nécessairement anormal (c'est l'absence de produits qui est en la circonstance généralement anormale).

De plus, et surtout, au-delà des critères formels définis par la recommandation le classement de ces produits et charges en résultat non-courant ne paraît pas répondre aux objectifs de cette rubrique. Cette dernière doit en effet « faciliter la compréhension de la performance opérationnelle courante » et « permettre au lecteur des comptes de disposer d'éléments utiles dans une approche prévisionnelle des résultats ». Or, d'une part, l'élimination de ces charges et produits ne suffit de loin pas à permettre d'approcher de façon pertinente une « performance opérationnelle » de l'entité sur la période et, d'autre part, il est loin d'être évident que le lecteur dispose du fait de cette présentation d'éléments d'appréciation à caractère « prévisionnel ».

Pour cette raison d'ailleurs, les illustrations de la notion de non courant fournies par la recommandation ANC 20-01 retiennent une perspective limitative de ces charges et produits. Il peut par exemple s'agir d'une plus ou moins-value de cession, d'une dépréciation importante d'actifs non courants, corporels ou incorporels, de certaines charges de restructuration, d'une provision relative à un litige.

Sur la base de cette analyse, il n'est pas adéquat d'inscrire à la rubrique « non courant » du compte de résultat les charges (tout comme les produits) liées à l'événement Covid-19. Une entité inscrivant de tels produits et charges dans la rubrique non courant du compte de résultat ne saurait notamment se prévaloir des dispositions de la recommandation ANC 20-01 pour justifier cette pratique.

Peuvent cependant continuer à être inscrits en résultat non courant les produits et charges qui sont inscrits de façon usuelle en résultat exceptionnel dans le cas des comptes annuels ou en résultat non courant dans le cas des comptes consolidés. Il est ainsi recommandé aux entités de poursuivre leurs pratiques antérieures en la matière, ce qui pourra le cas échéant conduire à y inscrire certaines des conséquences de l'événement Covid-19 (dépréciation exceptionnelle par exemple).

Réponse B6A : il n'est pas recommandé d'utiliser les rubriques du résultat non courant pour traduire les conséquences de l'événement Covid-19. Il est préférable de privilégier en conséquence la présentation dans l'annexe. Les entités poursuivent leurs pratiques antérieures en n'inscrivant dans les rubriques du résultat non courant que les produits et les charges qui y sont portés de façon usuelle.

Question B6B : peut-on présenter l'incidence de l'événement Covid-19 en lecture directe sur le compte de résultat et le bilan ?

Contexte général

Si une information dans l'annexe est requise, certaines entités peuvent souhaiter également apporter une information en lecture directe au compte de résultat et/ou au bilan qui consisterait à détailler au sein même du bilan et du compte de résultat et non pas seulement en annexe l'incidence de l'événement Covid-19.

Contexte normatif

Les normes internationales ne prévoient pas de modèle de compte de résultat.

Voir IAS 1.85.

La recommandation ANC 2020-01 indique un modèle de compte de résultat par nature et un modèle par fonction.

Observations relatives à l'application des normes comptables internationales

En l'état de la réglementation, il ne nous semble pas exister de divergence d'application entre les normes comptables françaises et internationales.

Réponse B6B : il n'est pas recommandé aux entités d'indiquer, au-delà de l'information donnée dans l'annexe, les impacts de l'événement Covid-19 en lecture directe dans leur compte de résultat et/ou au bilan.

Question B7 : existe-t-il des formats-type pouvant être utilisés pour présenter les informations chiffrées dans l'annexe ?

L'ANC a souhaité mettre à disposition des entités qui le souhaitent, en particulier les petites et moyennes entreprises, des outils pratiques de préparation et de présentation des informations chiffrées à fournir dans l'annexe dans le cadre de l'approche d'ensemble. Les formats-type pour les informations relatives au compte de résultat et pour celles relatives au bilan ont été préparés :

- pour le compte de résultat, en s'appuyant d'une part sur les formats et agrégats usuellement utilisés pour la présentation des soldes intermédiaires de gestion/SIG et d'autre part sur la nomenclature du PCG ;
- pour le bilan, en s'appuyant d'une part sur une présentation synthétique des principaux agrégats et d'autre part sur la nomenclature du PCG.

L'ANC considère que ces outils reflètent les pratiques généralement suivies par les petites et moyennes entreprises.

Les formats-type proposés sont présentés aux annexes 1.A (compte de résultat) et 1.B (bilan) (ANC, « Recommandations et observations relatives à la prise en compte des conséquences de l'événement Covid-19 dans les comptes et situations établis à compter du 1er janvier 2020 », 9 juillet 2021).

Réponse B7 : des formats-type s'appuyant sur la nomenclature du PCG et sur les présentations usuelles sont disponibles pour les entités qui le souhaitent, en particulier les petites et moyennes entreprises. Ces formats peuvent être adaptés pour les comptes et situations établis selon les normes comptables internationales.

Question B8 : lorsqu'une entité n'est plus en situation de continuité d'exploitation, sur quelle base doit-elle établir ses comptes ?

Contexte général

Touchée par les effets de l'événement Covid-19, une entité peut, en dépit des mesures de soutien dont elle peut bénéficier, ne plus être en capacité de poursuivre son activité. Dès lors, il peut être prévu de liquider l'entité ou de cesser son activité.

Contexte normatif

Les états financiers doivent être établis sur une base de continuité d'exploitation, sauf si la direction a l'intention ou n'a pas d'autre solution réaliste que de liquider l'entité ou de cesser son activité (IAS 1.25).

Lorsque l'entité ne prépare pas les états financiers sur une base de continuité d'exploitation, elle doit indiquer ce fait ainsi que la base sur laquelle ils sont établis et la raison pour laquelle l'entité n'est pas considérée en situation de continuité d'exploitation (IAS 1.25).

Pour évaluer si l'hypothèse de la continuité de l'exploitation est appropriée, la direction prend en compte toutes les informations dont elle dispose concernant l'avenir, qui s'étale au minimum, sans toutefois s'y limiter, sur douze mois à compter de la date de clôture (IAS 1.26).

Observations relatives à l'application des normes comptables internationales

La norme IAS 1 requiert qu'une entité qui ne prépare pas les états financiers sur une base de continuité d'exploitation indique la base sur laquelle les états financiers ont été établis et la raison pour laquelle l'entité n'est pas considérée en situation de continuité d'exploitation.

Réponse B8 : une entité qui ne prépare pas les états financiers sur une base de continuité d'exploitation indique la base sur laquelle les états financiers ont été établis et la raison pour laquelle l'entité n'est pas considérée en situation de continuité d'exploitation (IAS 1.25).

Question B9 : dans quelles circonstances faut-il mentionner dans l'annexe des informations sur la continuité d'exploitation ?

Contexte général

Des entités peuvent évoluer dans un environnement incertain, avec une visibilité réduite sur leurs perspectives d'activité, sans pour autant qu'ait été identifiée une incertitude sur la continuité d'exploitation. D'autres envisagent des événements ou des circonstances susceptibles de jeter un doute important sur leur capacité à poursuivre leur activité, sans pour autant qu'il soit conclu que la continuité d'exploitation est irrémédiablement compromise.

Contexte normatif

Les états financiers doivent être établis sur une base de continuité d'exploitation, sauf si la direction a l'intention ou n'a pas d'autre solution réaliste que de liquider l'entité ou de cesser son activité (IAS 1.25).

La direction doit évaluer la capacité de l'entreprise à poursuivre son exploitation et indiquer dans l'annexe les incertitudes significatives liées à des événements ou à des conditions susceptibles de jeter un doute important sur la capacité de l'entreprise à poursuivre son activité (IAS 1.25 et 1.26).

L'entité doit fournir, en plus de ses méthodes comptables significatives ou d'autres notes, les jugements réalisés par la direction, à l'exclusion de ceux qui impliquent des estimations, lors de l'application des méthodes comptables de l'entité et qui ont l'impact le plus significatif sur les montants comptabilisés dans les états financiers (IAS 1.122).

Observations relatives à l'application des normes comptables internationales

Il n'y a pas de divergences d'application entre les normes comptables françaises et internationales.

Réponse B9 : en cas d'incertitude significative sur la continuité d'exploitation de l'entité, des informations sont données dans l'annexe. Compte tenu du climat d'incertitude général, les informations doivent être équilibrées en ne retenant des hypothèses ni uniquement pessimistes ni uniquement optimistes.

2 QUELLES SONT LES CONSÉQUENCES DE L'ÉVÉNEMENT COVID-19 SUR LA RECONNAISSANCE ET L'ÉVALUATION DES ACTIFS, PASSIFS, PRODUITS ET CHARGES ?

L'ANC a relevé un certain nombre de questions relatives aux conséquences de l'événement Covid-19 sur la reconnaissance et l'évaluation des actifs, passifs, charges et produits dans les comptes des exercices clos postérieurement au 1er janvier 2020.

2.1 Conséquences sur l'évaluation des actifs

2.1.1 Test de dépréciation des immobilisations incorporelles et corporelles

Question C1 : l'événement Covid-19 est-il à considérer comme un indice de perte de valeur ?

Contexte général

L'événement Covid-19 est un événement majeur ayant des incidences sur l'environnement économique des entreprises et l'utilisation attendue des actifs. Cependant, peut-il, à lui seul, être considéré comme un indice de perte de valeur d'un actif ?

Contexte normatif

Voir IAS 36.9 et IAS 36.12 [jusqu'à g)].

• Sur les spécificités liées aux fonds commerciaux et aux écarts d'acquisition

Il est obligatoire de réaliser tous les ans un test de dépréciation pour chaque goodwill ; ce test peut toutefois devoir être réalisé de manière plus fréquente si des indices de perte de valeur apparaissent entre deux tests annuels (IAS 36.10b).

Observations relatives à l'application des normes comptables internationales

À l'instar des normes comptables françaises, l'événement Covid-19 ne constitue pas à lui seul un indice de perte de valeur et l'existence d'un indice n'est confirmée qu'à l'issue d'un examen des caractéristiques propres à l'entité.

Réponse C1 : l'événement Covid-19 ne constitue pas à lui seul un indice de perte de valeur. L'existence d'un indice de perte de valeur n'est confirmée qu'à l'issue d'un examen des caractéristiques propres à l'entité.

Question C2 : Comment déterminer la valeur actuelle d'un actif ou d'un groupe d'actifs, dans les circonstances actuelles, marquées par un haut niveau d'incertitude ?

Contexte général

Lorsqu'une immobilisation incorporelle, corporelle ou un groupe d'actifs présente un indice de perte de valeur, et dans le cas spécifique d'un fonds commercial ou d'un écart d'acquisition dont la durée d'utilisation est non limitée, chaque année au moins, un test de dépréciation doit être réalisé. Celui-ci consiste à comparer la valeur nette comptable de l'actif ou du groupe d'actifs à sa valeur actuelle qui s'entend comme la valeur la plus élevée de la valeur d'usage et de la valeur vénale. Dans le cadre de l'événement Covid-19, faute de marché actif ou en l'absence d'information disponible, la valeur vénale peut être difficile à obtenir tandis que, par ailleurs, en raison de difficultés à effectuer des prévisions, la valeur d'usage peut également s'avérer particulièrement délicate à déterminer.

Observations de l'ANC sur les conséquences de la Covid-19

Contexte normatif

Voir IAS 36.15, IAS 36.18 et IAS 36.20.

• Sur les spécificités liées aux fonds commerciaux et aux écarts d'acquisition

Il est obligatoire de réaliser tous les ans un test de dépréciation pour chaque goodwill, pour les immobilisations incorporelles à durée indéterminée ou pour les incorporels non encore prêts à être mis en service. Ce test peut toutefois devoir être réalisé de manière plus fréquente si des indices de perte de valeur apparaissent entre deux tests annuels (IAS 36.10b et 36.90). La valeur nette comptable de l'UGT (ou du groupe d'UGT) à laquelle (auquel) le goodwill est affecté est comparée à la valeur recouvrable de cette UGT ou de ce groupe d'UGT (IAS 36.6, 36.74, 36.90, 36.104 et 36.C3).

La valeur recouvrable d'un actif ou d'une unité génératrice de trésorerie est la valeur la plus élevée entre sa juste valeur diminuée des coûts de la vente et sa valeur d'utilité (IAS 36.6). Ainsi, lorsqu'il y a un indice de perte de valeur, il convient de calculer ces deux valeurs et de retenir la plus élevée des deux (IAS 36.18 s.).

La reprise des pertes de valeur du goodwill est interdite (IAS 36.124).

Observations relatives à l'application des normes comptables internationales

Lorsqu'il existe un indice de perte de valeur, un test de dépréciation est effectué.

D'une façon générale, l'existence d'un niveau d'incertitude élevée tel que celui qui résulte de l'événement Covid-19, notamment dans les premiers temps de sa survenance, rend la réalisation d'un test de dépréciation délicate et requiert une réponse proportionnée tenant compte à la fois des efforts à déployer pour calculer une dépréciation à comptabiliser et de la nécessité d'une information détaillée en situation d'incertitude. Face à une telle situation, l'entité s'attache à la fois à mettre en œuvre une démarche raisonnable et à fournir une information appropriée sur les modalités retenues et surtout sur les incertitudes qui subsistent.

La méthodologie du test de dépréciation est à mettre en cohérence avec le niveau de risque identifié. La réalisation d'un test ne nécessite pas toujours la construction de nouvelles projections de flux de trésorerie.

En effet, certains éléments sont susceptibles de réduire la probabilité d'avoir à déprécier un actif ou groupe d'actifs et il convient dans un premier temps de comparer la valeur comptable et la dernière valeur actuelle calculée d'un actif ou groupe d'actifs afin de voir dans quelle mesure cette dernière est significativement supérieure à la valeur comptable et d'apprécier le maintien de cette marge au regard des tests de sensibilités déjà disponibles. De même un premier test peut consister à analyser la sensibilité de la valeur terminale dernièrement calculée dès lors qu'elle représente une part très importante de la valeur d'usage.

Lorsque ces premières analyses indiqueront qu'il est nécessaire de calculer une nouvelle valeur actuelle, il sera tenu compte des éléments suivants :

- pour la détermination de la valeur d'usage d'un actif ou d'un groupe d'actifs, les projections de flux de trésorerie seront fondées sur des hypothèses raisonnables et cohérentes entre elles et représenteront la meilleure estimation faite par la direction de l'ensemble des conditions d'utilisation de l'actif ou du groupe d'actifs, notamment dans le contexte lié à l'événement Covid-19. L'entité peut, de façon alternative, prendre en compte les risques spécifiques à l'actif ou au groupe d'actifs au travers du taux d'actualisation des flux de trésorerie. Ainsi, les risques non déjà intégrés dans les flux pourraient être reflétés dans une hausse de la prime de risque retenue dans la détermination du taux d'actualisation. Lorsque le niveau d'incertitude demeure élevé sur les perspectives susceptibles de fonder les scénarii retenus pour les tests de dépréciation, comme cela peut être le cas dans le contexte de l'événement Covid-19, l'entité indiquera clairement les éléments qu'elle retient justifiant une décision fondée de déprécier ou non et, le cas échéant, le montant de la dépréciation comptabilisée. Elle indiquera également les incertitudes qui subsistent et le résultat des analyses de sensibilité dont elle peut disposer. Une telle information est d'autant plus nécessaire que le niveau d'incertitude est élevé, notamment pour des comptes dont la date de référence est proche de la survenance de l'événement ;

- dans l'hypothèse où une des deux valeurs (soit la valeur d'usage, soit la valeur vénale) ne peut être déterminée avec une fiabilité suffisante à la date d'établissement des comptes, la valeur actuelle d'un actif ou d'un groupe d'actifs est déterminée sur la seule des deux valeurs disponibles. Dans l'annexe, il est fait mention de cette modalité d'évaluation spécifique de la valeur d'actuelle en décrivant les faits rendant impossible la détermination de la valeur d'usage ou vénale.

La norme IAS 36 permet également de prendre en compte les incertitudes liées à cet événement en ayant recours à plusieurs scenarii probabilisés.

Réponse C2 : l'étendue du test de dépréciation est à mettre en cohérence avec les facteurs de risque identifiés. Compte tenu des circonstances, l'entité s'efforce de fonder sa décision sur les informations fiables dont elle dispose. Lorsque le niveau d'incertitude demeure élevé sur les perspectives susceptibles de fonder les scénarii retenus pour les tests de dépréciation, comme cela peut être le cas dans le contexte de l'événement Covid-19, l'entité indiquera clairement les éléments qu'elle retient justifiant une décision fondée de déprécier ou non et, le cas échéant, le montant de la dépréciation comptabilisée. Elle indiquera également les incertitudes qui subsistent et le résultat des analyses de sensibilité dont elle peut disposer.

2.1.2 Amortissements des immobilisations incorporelles et corporelles

Question D1 : en cas d'arrêt ou de réduction de l'activité, l'amortissement de certaines immobilisations incorporelles et corporelles peut-il être interrompu ou son rythme peut-il être modifié ?

Contexte général

L'événement Covid-19 a pu entraîner pour certaines entités un arrêt de leur activité. Durant cette période se pose la question de la poursuite du plan d'amortissement de leurs immobilisations.

Contexte normatif

À mesure que les avantages économiques d'un actif sont consommés par l'entité, cette consommation est comptabilisée par le biais d'un amortissement.

La date de fin d'amortissement est la date à laquelle l'immobilisation est classée comme actifs non courants et groupes d'actifs détenus en vue de la vente, selon les critères de la norme IFRS 5, la date de décomptabilisation de l'actif lors d'une cession (IAS 16.55) ou encore la date de fin d'utilisation de l'actif en fin de vie.

La base amortissable d'un actif est égale à la valeur comptable de l'immobilisation corporelle diminuée de la valeur résiduelle. L'amortissement est donc comptabilisé pour autant que la valeur résiduelle de l'actif n'excède pas sa valeur comptable (IAS 16.52).

La valeur résiduelle d'un actif est le montant estimé qu'une entité obtiendrait actuellement de la sortie de l'actif, après déduction des coûts de sortie estimés, si l'actif avait déjà l'âge et se trouvait déjà dans l'état prévu à la fin de sa durée d'utilité (IAS 16.6).

Ces modes d'amortissement sont :

- le mode linéaire ;
- le mode dégressif ;
- le mode des unités de production : ce mode d'amortissement donne lieu à une charge basée sur l'utilisation ou la production prévue de l'actif.

IAS 16.61 précise que le mode d'amortissement appliqué à un actif doit être examiné au moins à la fin de chaque période annuelle et, si le rythme attendu de consommation des avantages économiques futurs de l'actif a connu un changement important, le mode d'amortissement doit être modifié pour refléter le nouveau rythme. Ce changement doit être comptabilisé comme un changement d'estimation comptable selon IAS 8.

Observations relatives à l'application des normes comptables internationales

À l'instar des normes comptables françaises, seules les entités ayant choisi le mode d'amortissement selon les unités d'œuvre ne constatent pas d'amortissement pendant la non-utilisation de l'immobilisation en question ou un amortissement moindre pendant son utilisation réduite.

Le passage d'un mode d'amortissement selon l'unité de temps à un amortissement selon l'unité d'œuvre, et inversement, n'est possible que si le rythme attendu de consommation des avantages économiques futurs de l'actif a connu un changement important.

Les circonstances actuelles peuvent par ailleurs amener à réviser la durée d'utilité prévue de l'actif et donc, de façon prospective, son plan d'amortissement.

Réponse D1 : en cas d'arrêt de l'activité, sauf à ce que l'amortissement soit fonction d'un nombre d'unités d'œuvre, l'amortissement des immobilisations incorporelles et corporelles ne peut être ni interrompu pendant la non-utilisation des actifs concernés ni amoindri compte tenu d'une utilisation réduite des actifs concernés.

2.1.3 Actifs financiers

Question E1 : comment apprécier la valeur d'inventaire des actifs financiers ?

Contexte général

Dans certains cas, l'événement Covid-19 complexifie l'évaluation des valeurs d'inventaire des actifs financiers. Tel est notamment le cas des titres non cotés ou des titres devant être évalués à une valeur différente des cours de bourse. Le cas des créances clients est traité à la question G2.

Contexte normatif

IFRS 9

Catégories	Coût amorti	Juste valeur par les capitaux propres	Juste valeur par le résultat
Instruments éligibles	Instruments de dette simple détenus dans la seule perspective d'en recevoir les flux contractuels.	Instruments de dette simple détenus dans la perspective d'en recevoir les flux contractuels et de les céder. Instruments de capitaux propres pour lesquels le choix définitif de ce classement a été fait.	Tous les autres instruments.
Évaluation à la date de clôture	Taux d'intérêt effectif appliqué à l'encours initial ajusté des amortissements cumulés, sauf en cas de survenance d'un événement de crédit (cf. infra).	Comptabilisation en résultat d'un produit d'intérêts calculé au taux d'intérêt effectif appliqué à l'encours initial ajusté des amortissements cumulés sauf en cas de survenance d'un événement de crédit (cf. infra) pour les instruments de dette. Les variations de juste valeur sont enregistrées en capitaux propres.	Les variations de juste valeur sont enregistrées en résultat.
Critères de dépréciation	Pertes de crédit attendues pour tous les instruments de cette catégorie.	Pertes de crédit attendues pour les seuls instruments de dette. Pas de dépréciation des instruments de capitaux propres.	Pas de dépréciation.
Calcul de la dépréciation	La perte de crédit attendue est calculée pour les 12 mois à venir si le risque de crédit n'a pas augmenté de façon significative. La perte de crédit attendue est calculée sur la durée de vie si le risque de crédit a augmenté de façon significative. En cas de défaut uniquement (survenance d'un événement de crédit), les intérêts actuariels sont calculés sur le coût amorti (net de la dépréciation.	La perte de crédit attendue est calculée pour les 12 mois à venir si le risque de crédit n'a pas augmenté de façon significative. La perte de crédit attendue est calculée sur la durée de vie si le risque de crédit a augmenté de façon significative. En cas de défaut uniquement, les intérêts actuariels sont calculés sur la valeur nette de la dépréciation.	
Reprise de la dépréciation	Retour au calcul d'une perte attendue sur 12 mois si le risque de crédit ne montre plus une hausse significative.	Retour au calcul d'une perte attendue sur 12 mois si le risque de crédit ne montre plus une hausse significative.	

Observations relatives à l'application des normes comptables internationales

Les normes IFRS n'offrent pas de possibilité de reclasser les actifs financiers, sauf cas exceptionnel de changement du modèle de gestion pour les seuls instruments de dettes répondant aux critères SPPI (IFRS 9.4.4.1). Dès lors, sauf si les conséquences de l'événement Covid-19 conduisent l'entité à changer son modèle de gestion, le mode d'évaluation des instruments financiers n'a pas vocation à changer.

Pour les instruments évalués à la juste valeur, la détermination de celle-ci distingue trois niveaux, en fonction du caractère observable du prix (niveau 1), de l'existence de paramètres observables de détermination de celui-ci (niveau 2) et de l'utilisation de données non observables (niveau 3). Les informations à produire dans l'annexe des comptes annuels dépendent des niveaux de juste valeur dans lesquels les instruments sont classés. Pour les comptes intermédiaires, ces informations ne sont fournies que si elles sont significatives et pertinentes.

Réponse E1 : sauf cas exceptionnel d'un changement de modèle de gestion, le mode d'évaluation des instruments financiers n'est pas modifié.

2.1.4 Stocks (évaluation et dépréciation)

Question F1 : quelles sont les conséquences d'une baisse du niveau de production sur l'évaluation du coût de production des stocks ?

Contexte général

L'événement Covid-19 a fréquemment provoqué un ralentissement des niveaux de production des installations industrielles qui a pu se traduire par une production en deçà de la capacité normale de production.

Contexte normatif

Voir IAS 2.12 et 2.13.

Observations relatives à l'application des normes comptables internationales

À l'instar des normes comptables françaises, l'affectation des frais généraux fixes de production aux coûts de transformation est fondée sur la capacité normale des installations de production. Ainsi, le coût de production des stocks ne doit pas être majoré du fait d'une sous-activité.

Réponse F1 : une baisse du niveau de production (sous-activité) n'est pas prise en compte dans l'évaluation du coût de production des stocks.

Question F2 : comment évaluer la valeur actuelle des stocks en présence d'incertitudes sur les prix et perspectives de vente à court terme ?

Contexte général

À l'inventaire, la valeur nette comptable des stocks est comparée à leur valeur nette de réalisation en normes comptables internationales pour déterminer la nécessité de constater une dépréciation. Dans le cadre de cet événement, faute de marché suffisamment actif, en l'absence d'information disponible et en présence d'incertitudes sur les prix et perspectives de vente à court terme, la valeur vénale des stocks peut ne pas être obtenue et par ailleurs, face à la difficulté d'effectuer des prévisions, la valeur d'usage des stocks peut également s'avérer difficilement déterminable.

Contexte normatif

Le coût des stocks est déterminé différemment selon que les biens sont fongibles ou non (c'est-à-dire interchangeables ou non) :

1. pour les biens non fongibles : il est nécessaire de procéder à une identification spécifique des coûts individuels. Ainsi, chaque produit est évalué à son coût réel (IAS 2.23 et 2.24) ;

2. pour les biens fongibles (interchangeables) : deux méthodes de valorisation des stocks sont autorisées (IAS 2.25) :
   - la méthode du Premier Entré/Premier Sorti (PEPS, FIFO) ;
   - la méthode du Coût Unitaire Moyen Pondéré (CUMP).

Les stocks doivent être évalués au plus faible du coût d'entrée des stocks et de la valeur nette de réalisation (IAS 2.9).

La valeur nette de réalisation correspond (IAS 2.6) :
- au prix de vente estimé dans le cours normal de l'activité ;
- diminué des coûts estimés pour l'achèvement ainsi que des coûts estimés nécessaires pour réaliser la vente.

Observations relatives à l'application des normes comptables internationales

L'éventualité de ne pas être en mesure de parvenir à une estimation de la valeur nette de réalisation des stocks n'est pas prévue. Il est précisé dans l'annexe les données et hypothèses utilisées pour déterminer la valeur nette de réalisation.

Réponse F2 : l'éventualité de ne pas être en mesure de parvenir à une estimation de la valeur nette de réalisation des stocks n'est pas prévue.

2.1.5 Créances

Question G1 : quelles créances sont à considérer comme des créances douteuses ?

Contexte général

Durant la période de crise et compte tenu notamment des mesures de report de charges ou des difficultés de trésorerie des clients, certaines créances peuvent présenter des retards de paiement.

Contexte normatif

Voir IFRS 7.35M.

Observations relatives à l'application des normes comptables internationales

Même si la notion de créance douteuse est absente du référentiel IFRS, des informations sur l'exposition de l'entité au risque de crédit sont à fournir dans l'annexe des comptes annuels. Pour les comptes intermédiaires, cette information n'est fournie que si elle est significative et pertinente. La dégradation du risque de crédit fondée sur des retards de paiement peut être réfutée au vu des caractéristiques propres aux débiteurs concernés.

Réponse G1 : la dégradation du risque de crédit fondée sur des retards de paiement peut être réfutée au vu des caractéristiques propres aux débiteurs concernés.

Question G2 : comment évaluer les dépréciations sur créances clients à la clôture des comptes ?

Contexte général

Dans le contexte de l'événement Covid-19, l'accroissement des retards de paiement et des défaillances d'entreprises pose la question du calcul des dépréciations.

Contexte normatif

IFRS 9, Instruments financiers, définit les principes de provisionnement pour les actifs financiers évalués au coût amorti ou à la juste valeur par capitaux propres (recyclables), dont les créances commerciales, les actifs de contrats, les créances locatives, les engagements de prêter et les garanties financières.

La norme requiert l'identification et le provisionnement des pertes attendues au titre du risque de crédit. Elle prévoit deux modèles : un modèle dit « simplifié » pour les créances commerciales sans composante significative de financement, qui prévoit la détermination des provisions sur la base des pertes attendues à maturité, et un modèle dit « général » qui nécessite le classement des encours dans différentes strates de risque de crédit en fonction de la qualité de crédit de la contrepartie ou du débiteur (encours sains, encours avec une augmentation significative du risque de crédit, encours douteux).

La norme a par ailleurs un caractère prospectif, qui vise à tenir compte des dégradations de conjoncture déjà visibles en date de clôture.

En pratique, les sociétés industrielles et commerciales utilisent très majoritairement l'approche simplifiée pour les créances commerciales et les actifs de contrats. Cette approche est obligatoire pour les créances à moins d'un an.

Observations relatives à l'application des normes comptables internationales

La communication de l'Autorité des marchés financiers prise en concertation avec l'ANC, indiquant que compte tenu notamment de l'existence de mesure de soutien, les suspensions ou reports de paiement ou l'octroi de crédits complémentaires ne constituent pas à eux seuls un indicateur d'augmentation significative du risque de crédit des actifs financiers concernés au sens de la norme IFRS 9. Cette démarche peut être retenue pour les créances commerciales.

Dans le contexte actuel et dans la mise en œuvre de l'approche simplifiée, il conviendra notamment de distinguer les retards de paiement reflétant les effets d'une simple tension sur la liquidité des clients, des retards de paiement annonciateurs d'impayés.

Réponse G2 : compte tenu notamment de l'existence de mesures de soutien, les suspensions ou reports de paiement ou l'octroi de crédits complémentaires ne constituent pas à eux seuls un indicateur de dépréciation des créances commerciales.

Question G3 : comment apprécier les créances liées aux impôts différés ?

Contexte général

Les conséquences de l'événement Covid-19 peuvent amener à remettre en question la capacité d'une entité à dégager un bénéfice imposable suffisant sur lequel imputer les différences temporelles déductibles, et donc réduire la probabilité de recouvrer certaines créances d'impôts différés constatées antérieurement.

Contexte normatif

Voir IAS 12.24, 12.27, 12.28.

IAS 12.29 : lorsque les différences temporelles imposables relevant de la même autorité fiscale et relatives à la même entité imposable sont insuffisantes, l'actif d'impôt différé est comptabilisé pour autant que :

a) il est probable que l'entité dégagera un bénéfice imposable suffisant, relevant de la même administration fiscale et pour la même entité imposable, dans la période au cours de laquelle les différences temporelles déductibles s'inverseront (ou lors des périodes sur lesquelles la perte fiscale résultant de l'actif d'impôt différé pourra être reportée en arrière ou en avant). Pour apprécier dans quelle mesure elle dégagera des bénéfices imposables suffisants au cours des périodes futures, l'entité ignore les montants imposables résultant des différences temporelles déductibles dont on s'attend à ce qu'elles naissent au cours de périodes futures car l'actif d'impôt différé résultant de ces différences temporelles nécessitera lui-même l'existence de bénéfices imposables futurs pour pouvoir être utilisé ; ou

b) la gestion fiscale de l'entité lui donne l'opportunité de générer un bénéfice imposable au cours des périodes appropriées.

Voir IAS 12.35 et 12.36.

Observations relatives à l'application des normes comptables internationales

Les conséquences de l'événement Covid-19 ne remettent pas en cause l'existence de différences temporelles imposables. Dès lors, une entité disposant de différences temporelles imposables sur lesquelles elle sera susceptible d'imputer des actifs d'impôts différés ne devrait pas être amenée à les décomptabiliser.

Pour les actifs d'impôts différés non imputés sur des différences imposables, l'entité doit s'assurer qu'à la suite des changements induits par l'événement, cet actif remplit toujours les conditions fixées par les paragraphes 29 et suivants d'IAS 12, sur la base des documents de gestion fiscale révisés.

Réponse G3 : pour les actifs d'impôts différés non imputés sur des différences imposables, l'entité doit s'assurer, qu'ils remplissent toujours les conditions fixées par IAS 12.29.

2.2 Conséquences sur la reconnaissance et l'évaluation des passifs

2.2.1 Conséquences sur les dettes

Question H1 : dans quelle catégorie comptable les prêts garantis par l'État doivent-ils être classés (présentation dans l'état de la situation financière de l'emprunteur) ?

Contexte général

Jusqu'au 31 décembre 2020, certaines entreprises définies par arrêté ministériel (notamment sociétés, commerçants, artisans, exploitants agricoles, professions libérales, micro-entrepreneurs, sociétés civiles immobilières, associations et fondations ayant une activité économique), à l'exception des établissements de crédit et des sociétés de financement, pourront demander à leur banque habituelle un prêt garanti par l'État pour soutenir leur trésorerie.

Ce prêt pourra représenter jusqu'à 3 mois de chiffre d'affaires de l'année 2019, ou deux années de masse salariale pour les entreprises innovantes ou créées depuis le 1er janvier 2019.

Aucun remboursement ne sera exigé la première année. Après un an l'entreprise pourra choisir d'amortir le prêt sur une durée maximale de cinq ans.

Les commissions de garantie, supportées par l'emprunteur, sont perçues pour la quotité garantie par BPI Financement SA (« BPI ») auprès de l'établissement prêteur, au nom, pour le compte et sous le contrôle de l'État en une première fois à l'octroi de la garantie, et en une seconde fois, le cas échéant, lors de l'exercice par l'emprunteur de la clause lui permettant d'amortir le prêt sur une période additionnelle calculée en nombre d'année.

En revanche, conformément à la demande de l'État visant à ce que l'emprunteur n'ait rien à décaisser la première année, il ne sera pas demandé au professionnel ou à l'entreprise de s'en acquitter sur les 12 premiers mois à compter de la signature : la banque assurera le portage du coût de la garantie sur les 12 premiers mois.

La prime s'applique au capital restant dû. S'agissant de son paiement, il convient de distinguer le paiement du débiteur au prêteur, et le paiement du prêteur à BPI, pour le compte de l'État :

- pour la prime due au titre de la première année : le prêteur paie à BPI la prime revenant à l'État lors de la notification du prêt ; mais le débiteur ne paie la prime au prêteur qu'après 12 mois ;
- pour les primes dues au titre des autres années : le prêteur paie en une fois à BPI la prime revenant à l'État, dès la notification du nouvel échéancier à l'issue de la première année, en appliquant le barème annuel des primes, fixé par arrêté, au capital restant dû en début de chaque année ; mais il lisse la perception de la prime auprès du débiteur sur la période d'amortissement du PGE.

Pour les grandes entreprises pour lesquelles l'octroi de la garantie résulte d'un arrêté individuel, la prime revenant à l'État est versée à BPI dès le décaissement du prêt.

Concernant le taux d'intérêt du PGE, les banques, par la voix du président de la fédération bancaire française, se sont engagées à octroyer à « prix coûtant » les prêts garantis par l'État. Concrètement, cela veut dire que le taux pour l'emprunteur est le taux dit de la ressource de la banque prêteuse, actuellement proche de 0 % pour la première année, augmenté de la prime de garantie, appliquée au principal du prêt et dont le barème est public et dépend de la taille de l'entreprise ainsi que de la maturité du prêt garanti (source : FAQ, Prêt garanti par l'État, 23 avril 2020, ministère de l'Économie).

Sous réserve de l'adoption des textes législatifs et réglementaires l'autorisant, les PGE pourront être distribués par les réseaux bancaires jusqu'au 31 décembre 2021, prolongeant ainsi de 6 mois la date limite actuelle.

Le 14 janvier 2021, le ministre de l'Économie, des finances et de la relance a annoncé la possibilité pour toutes les entreprises, en accord avec la Fédération bancaire française, de décaler d'une année supplémentaire l'amortissement du capital. Dans le cas où l'entreprise demanderait à bénéficier de ce report supplémentaire, elle pourra choisir deux ans après sa souscription d'amortir le prêt sur une durée maximale de quatre ans.

Contexte normatif

Voir IAS 1.69 et 1.73.

Observations relatives à l'application des normes comptables internationales

Compte tenu du droit inconditionnel à différer le remboursement du prêt au-delà de 12 mois et en l'état des dispositions de la norme IAS 1, une entité peut classer le prêt en passif non courant même si elle n'a pas l'intention de demander le report du remboursement au-delà de 12 mois. Une présentation en passif courant est néanmoins acceptable sauf si l'entité a l'intention de reporter l'amortissement au-delà de 12 mois, auquel cas une présentation en passif non courant devient obligatoire.

L'IASB a publié en janvier 2020 des amendements à la norme IAS 1 qui imposent une présentation en passif non courant tant que l'entité n'a pas renoncé à son droit de différer le remboursement du prêt au-delà de 12 mois. Ces amendements sont applicables à compter des exercices ouverts à partir du 1er janvier 2023. Ces dispositions sont toujours soumises à homologation par l'Union européenne.

Réponse H1 : une entité classe le prêt en passif non courant. Une présentation en passif courant est acceptable si l'entité n'a pas l'intention de demander le report du remboursement au-delà de douze mois.

Question H2 : quel est le traitement comptable du coût de la garantie des emprunts garantis par l'État (traitement comptable chez l'emprunteur) ?

Contexte général

Voir question H1 pour le rappel du contexte général.

Contexte normatif

Voir IFRS 9.5.1.1, 9.B5.4.5 et 9.B.4.6.

Observations relatives à l'application des normes comptables internationales

Le PGE répond à la définition d'un passif financier. Il est donc initialement comptabilisé à sa juste valeur. Dans les circonstances spécifiques qui prévalent à sa mise en place, plusieurs angles d'analyse comptable ont pu être envisagés. Dans la mesure où ceux-ci conduisent in fine à des incidences comptables globalement similaires à celles qui résulteraient d'une comptabilisation du prêt à son prix de transaction (c'est-à-dire le montant de la trésorerie reçue) sous déduction des frais de transaction supportés, il est recommandé sans autre analyse de comptabiliser, à la date de souscription, le PGE pour un montant égal à son prix de transaction net des frais de transaction supportés.

Postérieurement à sa comptabilisation initiale, un PGE est évalué au coût amorti (IFRS 9.4.2.1). L'entité détermine, à la date de souscription, la durée qu'elle estime probable pour le prêt, notamment sur la base des plans de financement qu'elle a établis. Le taux d'intérêt effectif est déterminé sur la base de cette durée probable, en tenant notamment compte du coût progressif de la garantie dans le temps.

Pour un PGE dont la maturité probable à l'origine est estimée supérieure à douze mois (voir H1), les éventuelles modifications du taux d'intérêt ultérieures font l'objet du traitement comptable suivant :

- en l'absence de révision de la maturité probable, une révision du taux d'intérêt de l'emprunt hors garantie (la garantie étant fixée selon la durée retenue) est comptabilisée comme une révision du taux d'intérêt initial conformément aux dispositions d'IFRS 9.B5.4.5. Ce type de révision est donc comptabilisé de manière prospective et est pris en compte lorsque le taux d'intérêt révisé est connu après accord avec la banque ;
- une révision de la maturité du PGE emporte également une révision du coût de la garantie. La révision des flux à payer qui en résulte doit donc

conduire, pour la partie correspondant à la révision du coût de la garantie, à un ajustement de l'encours figurant dans l'état de la situation financière, en contrepartie du résultat par actualisation des nouveaux flux de trésorerie au taux d'intérêt effectif conformément aux dispositions d'IFRS 9.B5.4.6. Comme vu plus haut, la seule variation du taux d'intérêt révisé est, quant à elle, considérée comme un ajustement de taux révisable sans incidence sur l'encours figurant dans l'état de la situation financière.

Un PGE dont la maturité probable à l'origine est estimée à douze mois (voir H1) est considéré comme un prêt d'une maturité de 12 mois et un droit à une période d'amortissement complémentaire. Ce droit peut être analysé comme un engagement de financement reçu (engagement hors-bilan). En cas d'exercice de ce droit, l'entité pourra comptabiliser un nouveau financement dont le taux d'intérêt effectif sera établi sur la base des conditions octroyées au moment de la mise en place de la période d'amortissement complémentaire.

Il est fourni dans l'annexe une information détaillée sur le traitement comptable retenu, le montant et les caractéristiques du prêt.

Réponse H2 : le PGE est initialement comptabilisé à sa juste valeur. Il est possible de retenir, sans analyse, une juste valeur du prêt égale au montant de la trésorerie reçue net des frais de transaction supportés.

Postérieurement à sa comptabilisation initiale, le PGE est évalué au coût amorti. L'entité détermine, à la date de souscription du prêt, un taux d'intérêt effectif sur la base de la durée que l'entité estime probable pour ce prêt.

Si cette durée probable à l'origine est estimée supérieure à douze mois, la révision du seul taux de l'emprunt hors garantie est comptabilisée de manière prospective lorsque ce taux est connu. La révision des flux liée à la modification du coût de la garantie est comptabilisée comme un ajustement de l'encours du prêt figurant dans l'état de la situation financière en contrepartie du résultat.

Si cette durée probable à l'origine est estimée à douze mois, le droit à une période d'amortissement complémentaire peut être analysé comme un engagement de financement reçu (engagement hors-bilan). En cas d'exercice de ce droit, la période d'amortissement complémentaire pourra être analysée comme un nouveau financement, dont le TIE sera établi sur la base des conditions applicables à cette période complémentaire.

Question H3 : quel est le traitement comptable des rééchelonnements et reports des dettes fiscales et sociales ?

Contexte général

Parmi les mesures gouvernementales, certaines prévoient le report ou rééchelonnement de certaines dettes fiscales et sociales (voir question K1).

Contexte normatif

• Concernant les dettes fiscales

Les dettes d'impôts (IAS 32.AG12) ne sont pas des passifs financiers car elles ne sont pas contractuelles. L'entité comptabilise (IAS 12.12) :
- un passif au bilan au titre de la charge d'impôt exigible de la période et des périodes précédentes non encore payée ;
- un actif si le montant d'impôt exigible payé excède le montant dû.

• Concernant les dettes sociales

Voir IAS 19.11.

Cependant, si le règlement intégral n'est pas attendu dans les douze mois qui suivent la clôture de l'exercice, ce passif doit être classé comme un avantage à long terme (IAS 19.153). Il est alors comptabilisé et évalué de façon similaire à un avantage postérieur à l'emploi (IAS 19.56 à IAS.19.98). Il conviendra dès lors d'actualiser ces prestations afin de déterminer la valeur actuelle de l'obligation au titre des prestations définies et le coût des services rendus au cours de la période (IAS 19.57 ii).

Observations relatives à l'application des normes comptables internationales

Le rééchelonnement ou le report d'une dette ne modifie par la nature de la dette. Ces dettes demeurent dans le cycle normal d'exploitation de l'entité.

Réponse H3 : le rééchelonnement ou le report de règlement d'une dette fiscale ou sociale ne modifie pas la nature de la dette et n'a donc pas d'effet ni sur sa comptabilisation initiale ni sur son montant. Selon la nature de la dette, son rééchelonnement ou report de règlement pourrait donner lieu à l'actualisation de la somme due si l'effet est significatif.

Question H4 : quel est le traitement comptable des rééchelonnements et reports des dettes commerciales ?

Contexte général

Parmi les mesures gouvernementales, certaines prévoient la possibilité de report ou de rééchelonnement de certaines dettes commerciales telles que les loyers et les charges liées à l'énergie (voir question K1). Certaines entités peuvent également avoir négocié de gré à gré des rééchelonnements ou reports de leurs dettes commerciales.

Contexte normatif

• Cas des passifs financiers (dettes fournisseurs)

Une entité doit comptabiliser un passif financier dans son bilan lorsque, et seulement lorsque, elle devient partie aux dispositions contractuelles de l'instrument (IFRS 9.3.1.1).

La norme fournit des exemples d'application de ce principe (IFRS 9.B3.1.2). Notamment les dettes fournisseurs sont constatées au bilan lorsque l'entité a juridiquement l'obligation de verser de la trésorerie (IFRS 9.B3.1.2a).

Voir IFRS 9.5.1.1.

IFRS 9.3.1 : l'entité doit sortir un passif financier (ou une partie de passif financier) de son état de la situation financière uniquement lorsque ce passif est éteint, c'est-à-dire lorsque l'obligation précisée au contrat est exécutée, qu'elle est annulée ou qu'elle expire.

• Contrats de location

En attente de nouvelles dispositions proposées par l'IASB dans un amendement à IFRS 16 (voir question K2).

Observations relatives à l'application des normes comptables internationales

Une dette commerciale est un autre passif financier. À ce titre, elle pourrait faire l'objet d'une actualisation de la somme due si le rééchelonnement ou le report de règlement de ces dettes devait avoir un effet significatif.

Réponse H4 : le rééchelonnement ou le report de règlement d'une dette commerciale pourrait donner lieu à l'actualisation de la somme due si l'effet est significatif.

Question H5 : quel est le traitement comptable des annulations de dettes ?

Contexte général

Dans le contexte de l'événement Covid-19, certaines entités pourraient bénéficier d'annulation de dettes de la part de leurs fournisseurs, de leurs associés ou d'autres tiers avec dans certains cas une clause dite de « retour à meilleure fortune ».

Contexte normatif

Voir IAS 32.25, IFRS 9.3.3.1, 9.B3.3.1, 9.3.3.2, 9.3.3.3, 9.5.1.1 et 9.5.1.1A.

Observations relatives à l'application des normes comptables internationales

Lorsqu'une dette est annulée et qu'il n'existe plus d'obligation à l'égard d'un tiers, cette dette doit être décomptabilisée du bilan de l'entité.

Concernant le cas d'une dette annulée mais avec une clause dite de « retour à meilleure fortune », l'entité ne dispose pas d'un droit inconditionnel à éviter de verser de la trésorerie. Généralement, l'abandon de créance avec clause de retour à meilleure fortune sera analysé comme entraînant une modification substantielle des termes et conditions de la dette d'origine. En application du paragraphe 3.3.2 d'IFRS 9, la dette est décomptabilisée du bilan et une nouvelle dette est inscrite au bilan de l'entité pour sa juste valeur tenant compte du caractère aléatoire de son remboursement.

Réponse H5 : une dette annulée est décomptabilisée du bilan de l'entité. Lorsqu'une dette est annulée mais avec une clause dite de « retour à meilleure fortune », une nouvelle dette est inscrite au bilan de l'entité pour sa juste valeur tenant compte du caractère aléatoire de son remboursement.

Question H6 : quel est le traitement comptable des reports de remboursement des dettes financières ?

Contexte général

Plusieurs mesures ont été décidées par les établissements bancaires comprenant notamment le report jusqu'à six mois des remboursements de dettes pour les entreprises (communiqué de presse de la FBF du 15 mars 2020).

Contexte normatif

Voir IFRS 9.3.3.1, 9.3.3.2 et 9 B3.3.6.

Observations relatives à l'application des normes comptables internationales

Dans le cadre du report jusqu'à six mois des remboursements de dettes pour les entreprises, et sans autre modification, il est probable que la dette ne sera pas décomptabilisée et que les changements des flux de trésorerie seront traités comme une modification de la dette. Dès lors, la valeur comptable de la dette devra être ajustée pour refléter les changements opérés (actualisation des nouveaux flux au taux d'intérêt effectif d'origine).

Une information dans l'annexe des comptes annuels devra être fournie sur les impacts de ces modifications. Pour les comptes intermédiaires, cette information est fournie si elle est significative et pertinente.

Réponse H6 : dans le cadre du simple report jusqu'à six mois des remboursements de dettes, dans la majorité des cas, cette opération sera considérée comme une modification de la dette n'entraînant pas sa décomptabilisation.

Question H7 : quel est le traitement comptable des dettes financières devenues exigibles du fait de l'application de covenants bancaires ?

Contexte général

Du fait de l'événement Covid-19, certaines entreprises peuvent ne plus respecter les ratios financiers prévus par les covenants de leur contrat d'emprunt bancaire. Lorsque cette clause de covenant n'est plus respectée, l'emprunt est susceptible de devenir immédiatement exigible, le cas échéant après notification par le prêteur si les dispositions contractuelles le prévoient.

Cette situation pourrait également conduire certaines entités à renégocier les conditions de leurs emprunts pour écarter la mise en œuvre de la clause de covenant.

Contexte normatif

Voir IAS 1.74, 1.75 et 1.76.

Observations relatives à l'application des normes comptables internationales

En cas de rupture de covenant à la date de clôture, la norme IAS 1 requiert que la dette de passif non courant soit déclassée au bilan en passif courant et ce, même si des renégociations des termes du contrat d'emprunt ont été conclues entre la clôture et l'arrêté des comptes permettant de surseoir à l'exigibilité immédiate de la dette (IAS 1.74). Il en sera de même si, au cas où le contrat prévoit une notification par le prêteur, ce dernier n'y a pas procédé avant la clôture.
De même, ce déclassement devrait être fait si le débiteur a renégocié l'emprunt à la clôture mais obtenu un délai de moins de 12 mois à compter de la clôture pour respecter à nouveau les covenants (IAS 1.74 et 75).

Si la rupture du covenant intervient entre la date de clôture et l'arrêté des comptes, il n'y a pas lieu d'en tenir compte au bilan, s'agissant d'un événement postérieur à la clôture, une information dans l'annexe est requise.

Réponse H7 : en cas de rupture de covenant à la date de clôture, la dette de passif non courant est déclassée en passif courant. Si la rupture du covenant intervient entre la date de clôture et l'arrêté des comptes, il s'agit d'un événement postérieur à la clôture devant faire l'objet d'une information dans l'annexe.

Question H8 : quel est le traitement comptable des prêts participatifs avec soutien de l'État chez l'emprunteur ?

Les observations ci-dessous ne traitent que des prêts participatifs avec soutien de l'État, dépourvus de clauses participatives. Ces observations sont susceptibles d'être ultérieurement complétées par des développements relatifs à ces clauses (les développements éventuels pourront notamment intervenir si un nombre significatif d'entreprises préparant leurs états financiers conformément au référentiel international venaient à contracter des prêts incluant de telles clauses).

Contexte général

Jusqu'au 30 juin 2022, certaines entreprises (TPE, PME et ETI dont le chiffre d'affaires en 2019 est supérieur à 2 millions d'euros) définies par un décret peuvent demander à leur réseau bancaire traditionnel un prêt participatif avec soutien de l'État ('PPSE' ou 'prêt participatif Relance'). Ce prêt, qui est une créance de dernier rang juste avant les actionnaires, vise à renforcer le capital des entreprises, leur permettre de lever de la dette et ainsi, de pouvoir investir sur des projets de croissance.

Le montant prêté peut représenter jusqu'à 1,5 mois de chiffre d'affaires de l'année 2019 pour les PME et 1 mois pour les ETI. Le PPSE est compatible avec le PGE. Toutefois, si le total des montants empruntés au titre du PGE et du PPSE venait à dépasser le seuil de 25 % du chiffre d'affaires de l'année 2019, le montant maximal du PPSE auquel les entreprises peuvent prétendre est réduit de 10 % pour les PME et 5 % pour les ETI.

Un PPSE est conclu pour une durée maximale de 8 ans. Il inclut un différé d'amortissement d'au moins 4 ans, période pendant laquelle l'emprunteur ne paie que les intérêts courus et les frais.

La rémunération des PPSE résulte d'une négociation entre établissements prêteurs et emprunteurs. Cette rémunération est généralement déterminée sur la base des conditions commerciales usuellement applicables à ce type de financement.

Ces prêts sont qualifiés de prêts participatifs au sens de l'article L. 313-11 du code monétaire et financier et sont notamment régis par les dispositions des articles L. 313-14 à L. 313-17 du même code, qui prévoient en particulier qu'ils constituent des dettes subordonnées au passif de l'emprunteur.

Les intérêts, qui représentent la rémunération fixe de ces prêts peuvent également être complétés par une rémunération variable résultant d'une clause de participation.

Contexte normatif

Voir IAS 32.19.

Voir contexte normatif question H1.

Observations relatives à l'application des normes comptables internationales

Les présentes observations traitent du cas où le PPSE ne comporte pas de clause participative.

Le PPSE, du fait de l'obligation faite à l'emprunteur de verser des intérêts et de rembourser le capital, répond à la définition d'un passif financier.

S'agissant d'un passif financier, un PPSE est initialement comptabilisé à sa juste valeur. Dans les circonstances spécifiques qui prévalent généralement à sa mise en place et telles que décrites plus haut, il existe une présomption réfutable que le montant du prêt corresponde à sa juste valeur à la date de souscription. Ainsi, sauf existence d'éléments probants conduisant à contester cette présomption, l'entreprise comptabilise, à la date de souscription, un PPSE pour un montant égal à son prix de transaction net des frais de transaction supportés.

Un PPSE est évalué au coût amorti postérieurement à sa comptabilisation initiale (IFRS 9.4.2.1).

Eu égard à l'existence d'un différé d'amortissement d'au moins 4 ans, l'emprunteur dispose, à la date de souscription, d'un droit inconditionnel à différer le remboursement du prêt au-delà de 12 mois. Le prêt est donc classé en passif non courant à la date de souscription.

Réponse H8 : le PPSE est un passif financier. Il est évalué, lors de sa comptabilisation initiale, à sa juste valeur. Il est comptabilisé pour un montant égal au montant de la trésorerie reçue net des frais de transaction supportés, sauf s'il existe des d'éléments probants conduisant à contester la présomption que ce montant ne corresponde pas à sa juste valeur. Le PPSE est classé en passif non courant à cette même date. Postérieurement à sa comptabilisation initiale, le PPSE est évalué au coût amorti.

2.2.2 Conséquences sur les provisions

Question I1 : les pertes d'exploitation futures peuvent-elles être provisionnées ?

Contexte général

En conséquence de l'événement Covid-19, certaines entités prévoient des pertes d'exploitation futures et s'interrogent sur leur provisionnement.

Contexte normatif

Le paragraphe 63 de la norme IAS 37 « Passifs, passifs éventuels et actifs éventuels » interdit la comptabilisation de provisions pour risques et charges au titre des pertes opérationnelles futures ; sont en général concernées les activités, ponctuellement ou durablement déficitaires de certains groupes.

Au sens du paragraphe 64 de la norme, ce principe est justifié dans la mesure où les pertes opérationnelles futures ne répondent ni à la définition d'un passif ni aux critères généraux de comptabilisation énoncés pour les provisions.

Observations relatives à l'application des normes comptables internationales

À l'instar des normes comptables françaises, les pertes d'exploitation futures ne peuvent pas être provisionnées.

Réponse I1 : les pertes d'exploitation futures ne peuvent pas être provisionnées.

Question I2 : sous quelles conditions une provision pour perte sur contrat est-elle reconnue ?

Contexte général

En conséquence de l'événement Covid-19, certains contrats jusqu'alors bénéficiaires peuvent se révéler à présent déficitaires.

Contexte normatif

Un contrat déficitaire est un contrat pour lequel les coûts inévitables pour satisfaire aux obligations contractuelles sont supérieurs aux avantages économiques à recevoir du contrat (IAS 37.10 et 37.68).

Dès lors qu'un contrat répond à la définition d'un contrat déficitaire, l'entité doit provisionner les coûts nets inévitables attachés à l'obligation contractuelle (IAS 37.66 et 37.67).

Le montant à provisionner doit refléter le coût net de sortie du contrat, c'est-à-dire le plus faible du coût d'exécution du contrat ou de toute indemnisation ou pénalité découlant du défaut d'exécution (IAS 37.68).

Observations relatives à l'application des normes comptables internationales

L'événement Covid-19 ne modifie pas les conditions de reconnaissance ni les modalités d'évaluation, des provisions pour contrats onéreux.

Réponse 12 : l'événement Covid-19 ne modifie pas les conditions de reconnaissance ni les modalités d'évaluation, des provisions pour contrats onéreux.

Question 13 : sous quelles conditions une provision pour restructuration est-elle reconnue ?

Contexte général

Dans le cadre de l'événement Covid-19, il est rappelé les conditions d'inscription d'une provision pour restructuration.

Contexte normatif

Une provision pour coûts de restructuration doit être comptabilisée si les trois conditions générales de comptabilisation des provisions sont satisfaites au plus tard à la fin de la période de reporting (IAS 37.18, 37.72 et 37.75).

Ces conditions sont les suivantes (IAS 37.14) :

- l'entreprise a une obligation actuelle (juridique ou implicite) résultant d'un événement passé ;
- il est probable qu'une sortie de ressources représentatives d'avantages économiques sera nécessaire pour régler l'obligation ; et
- le montant de l'obligation peut être estimé de façon fiable.

IAS 37.72 précise les conditions d'existence d'une obligation implicite de restructurer :

1/ Existence d'un plan formalisé et détaillé de restructuration précisant au moins :

- l'activité ou la partie d'activité concernée ;
- les principaux sites affectés ;
- la localisation, la fonction et le nombre approximatif de membres du personnel qui seront indemnisés au titre de la fin de leur contrat de travail ;
- les dépenses qui seront engagées ; et
- la date à laquelle le plan sera mis en œuvre.

2/ et l'entité a créé, chez les personnes concernées, une attente fondée que la restructuration sera mise en œuvre soit par un début d'exécution du plan soit en annonçant les principales caractéristiques.

• Évaluation de la provision

IAS 37.80 précise qu'une provision pour restructuration ne doit inclure que les dépenses directement liées à la restructuration, c'est-à-dire les dépenses qui sont à la fois :

- nécessairement entraînées par la restructuration ; et
- non liées aux activités poursuivies par l'entité.

Le montant d'une provision doit être égal à la meilleure estimation, par une entreprise, des coûts qu'elle aura à encourir pour éteindre son obligation (IAS 37.36 et.37). Cette estimation tient compte :

- de la situation et des incertitudes existant à la fin de la période de reporting (IAS 37.42) ; et
- de leurs évolutions entre la date de fin de la période de reporting et la date d'arrêté des comptes (IAS 10.3 et 10.8).

Les incertitudes relatives au montant et à l'échéance des coûts provisionnés doivent, en outre, être mentionnées en annexe (IAS 37.44 et 37.85b).

Observations relatives à l'application des normes comptables internationales

L'événement Covid-19 ne modifie pas les conditions de reconnaissance (voir IAS 37.72) ni les modalités d'évaluation (voir IAS 37.36 et 37.37) des provisions pour restructuration.

Réponse 13 : l'événement Covid-19 ne modifie ni les conditions de reconnaissance ni les modalités d'évaluation des provisions pour restructuration.

Question 14 : quelles informations doivent-être fournies en l'absence d'évaluation fiable d'un passif ?

Contexte général

Compte tenu du caractère incertain des impacts de l'événement Covid-19 (durée et résurgence de l'épidémie et des confinements, etc.), il pourrait être difficile pour les entités d'évaluer certains passifs.

Contexte normatif

IAS 37.10 : la présente norme distingue :

(b) les passifs éventuels, qui ne sont pas comptabilisés en tant que passifs parce qu'ils sont :

(ii) des obligations présentes qui ne satisfont pas aux critères de comptabilisation de la présente norme (soit parce qu'il n'est pas probable qu'une sortie de ressources représentatives d'avantages économiques soit nécessaire pour éteindre l'obligation, soit parce qu'on ne peut estimer de manière suffisamment fiable le montant de l'obligation).

Voir IAS 37.26, 37.27 et 37.28.

Observations relatives à l'application des normes comptables internationales

Selon la norme IAS 37 un passif dont on ne peut estimer de manière suffisamment fiable le montant de l'obligation est un passif éventuel qui ne doit pas être comptabilisé mais pour lequel une information est donnée dans l'annexe.

Réponse 14 : dans le cas extrêmement rare en normes comptables internationales, où aucune évaluation fiable du montant de l'obligation ne peut être réalisée, le passif n'est pas comptabilisé. L'annexe fournit des informations sur ce passif éventuel.

2.3 Conséquences sur la reconnaissance et l'évaluation des produits

Question J1 : quel est le traitement comptable des allocations d'activité partielle ?

Contexte général

Pour répondre à la situation exceptionnelle de cet événement, des mesures d'indemnisation d'activité partielle adaptées ont été mises en place en France.

Le principe de cette allocation demeure identique. L'employeur verse au salarié une indemnité équivalente à 70 % de sa rémunération horaire brute ne pouvant être inférieure à 8,03 €, sauf pour les salariés en contrat d'apprentissage ou de professionnalisation. Cela correspond à en moyenne environ 84 % du salaire net du salarié dans la limite d'une rémunération de 4,5 SMIC, avec un minimum de 8,03 € par heure. L'employeur reçoit une allocation couvrant cette indemnité.

Le paiement de cette allocation est effectué par l'Agence de services et de paiement (ASP) qui agit pour le compte de l'État.

Contexte normatif

IAS 20.3 : (…) Les subventions publiques sont des aides publiques prenant la forme de transferts de ressources à une entité, en échange du fait que celle-ci s'est conformée ou se conformera à certaines conditions liées à ses activités opérationnelles. Elles excluent les formes d'aide publique dont la valeur ne peut pas être raisonnablement déterminée et les transactions avec l'État qui ne peuvent pas être distinguées des transactions commerciales habituelles de l'entité. (…)

Voir IAS 20.7, 20.8, 20.29, 20.30 et 20.31.

Observations relatives à l'application des normes comptables internationales

Versée par l'Agence de Services et de Paiement (ASP) qui agit pour le compte de l'État, cette allocation doit être traitée comme une subvention publique au sens d'IAS 20.3. IAS 20.29 indique que la subvention peut être portée en déduction des charges auxquelles elle est liée. Elle peut être également portée en « autres produits ». Dans ce cas, en l'absence de sous-totaux normalisés prévus par IAS 1 au compte de résultat, le niveau du résultat affecté par les subventions n'est pas précisé.

Aussi, pour les entités établissant leurs comptes consolidés suivant la recommandation ANC 20-01 relative au format des comptes consolidés des entreprises établis selon les normes comptables internationales, puisque la charge de personnel est une des composantes du résultat d'exploitation courant, le produit de la subvention est à inscrire avant ce sous-total.

Réponse J1 : l'allocation reçue dans le cadre du dispositif d'activité partielle est considérée comme une subvention dans le champ d'application d'IAS 20.

Question J2 : quel est le traitement comptable du fonds de solidarité ?

Contexte général

Conçu à l'origine en mars 2020 pour aider les petites entreprises les plus touchées par l'événement Covid19, le fonds de solidarité a progressivement modifié ses conditions d'éligibilité ainsi que l'aide versée en fonction des décisions gouvernementales prises pour lutter contre les effets économiques de la pandémie.

Dans ses modalités actuelles, le fonds, qui a récemment été prolongé jusqu'au 31 août 2021, vise, sans distinction de taille ou de forme juridique :

- les entreprises fermées administrativement sur la totalité du mois faisant l'objet de l'aide et ayant subi, au cours de ce mois, une perte d'au moins 20 % de leur chiffre d'affaires ;
- les entreprises fermées administrativement sur une partie du mois faisant l'objet de l'aide et ayant subi, au cours de ce mois, une perte d'au moins 20 % de leur chiffre d'affaires ;
- les entreprises des secteurs S1 et S1 bis non fermées et ayant subi, au cours du mois faisant l'objet de l'aide, une perte d'au moins 50 % de leur chiffre d'affaires ;
- toutes les autres entreprises ayant subi, au cours du mois faisant l'objet de l'aide, une perte d'au moins 50 % de leur chiffre d'affaires.

L'aide proposée, prenant la forme de subvention, diffère pour chaque catégorie et peut aller jusqu'à 20% du chiffre d'affaires, dans la limite de 200 000 €.

Les modalités d'octroi aux aides du fonds de solidarité sont définies mensuellement par des décrets dont la date de publication est souvent postérieure à la période visée.

Suivant les cas, certains décrets ont pu redéfinir les montants de l'aide ou les modalités d'accessibilité au fonds pour des périodes antérieures au mois visé, octroyant, de fait, de nouveaux droits pour ces périodes, à des entreprises ou des secteurs précédemment exclus du dispositif.

Les entreprises font leur demande d'aide par voie dématérialisée sur le site impots.gouv.fr au cours du mois suivant celui faisant l'objet de l'aide et au plus tard 2 mois après la fin du mois faisant l'objet de l'aide.

Contexte normatif

Voir la question J1.

Voir IAS 20.20.

Observations relatives à l'application des normes comptables internationales

Cette allocation, versée par l'État via le fonds de solidarité, doit être traitée comme une subvention publique au sens d'IAS 20.3. Le montant comptabilisé en subvention publique au titre de l'aide du fonds de solidarité est évalué compte tenu de l'ensemble des règles de détermination de ce dispositif y compris les éventuels plafonnements globaux.

IAS 20.29 dispose qu'une subvention peut être portée en déduction des charges auxquelles elle est liée. Aux termes de cette même disposition, une subvention peut également être portée en « Autres produits ». Au cas d'espèce, cette allocation n'est pas liée à des charges mais à une perte de chiffre d'affaires. En l'absence de charges à compenser, l'allocation doit être présentée en « Autres produits ».

Il n'y a pas de divergences d'application pour la reconnaissance du fait générateur entre les normes comptables françaises et internationales.

IAS 1 ne prévoit pas de sous-totaux normalisés au compte de résultat. De ce fait, le niveau du résultat affecté par les subventions n'est pas précisé.

Aussi, pour les entités établissant leurs comptes consolidés suivant la recommandation ANC 20-01 relative au format des comptes consolidés des entreprises établis selon les normes comptables internationales, puisque le calcul de la subvention du fonds de solidarité repose sur une variation du chiffre d'affaires ou un pourcentage de chiffre d'affaires de référence, le produit de la subvention est à inscrire en résultat d'exploitation courant.

Réponse J2 : l'allocation reçue dans le cadre du fonds de solidarité est considérée comme une subvention dans le champ d'application d'IAS 20. En l'absence de charges à compenser, l'allocation doit être présentée en « Autres produits » dès lors que l'entité, ayant décidé de la demander, respecte les conditions de fond ouvrant droit à cette allocation.

Question J3 : quel est le traitement comptable des remboursements anticipés de crédit d'impôt et de TVA ?

Contexte général

Les sociétés qui bénéficient d'un ou plusieurs crédits d'impôt restituables en 2020 peuvent dès maintenant demander le remboursement du solde de la créance disponible, après imputation le cas échéant sur leur impôt sur les sociétés dû au titre de l'exercice 2019, sans attendre le dépôt de la déclaration de résultat (« liasse fiscale »).

De même, les remboursements de crédit de TVA seront accélérés.

Contexte normatif

Voir IAS 1.27.

Observations relatives à l'application des normes comptables internationales

À l'instar des normes comptables françaises, une opération de cette nature n'entraîne aucun impact sur le résultat net sous réserve d'éventuels effets d'actualisation ou du réexamen d'éventuelles provisions rattachées.

Réponse J3 : dans la plupart des cas, le remboursement anticipé d'un crédit d'impôt et de TVA n'entraîne aucun impact au compte de résultat.

Question J4 : quel est le traitement comptable des modifications de contrats (annulation totale ou partielle, réduction de prix, remise) engendrées par l'événement Covid-19 chez le vendeur ?

Contexte général

Au regard des difficultés financières et organisationnelles rencontrées par certaines entités, les clients d'une entité peuvent :

- rencontrer des difficultés à payer le montant dû en contrepartie du bien vendu ou de la prestation de services rendue,
- utiliser de manière plus importante leur droit de retour.

Afin de soutenir ses clients et ses débouchés, l'entité peut accorder des délais de paiement supplémentaires à ses clients, leur accorder des réductions de prix, des remises.

Par ailleurs, les fournisseurs peuvent être contraints de :

- demander le versement d'acompte,
- demander l'étalement de la livraison des commandes.

Ils peuvent également rencontrer des difficultés à livrer les biens ou rendre les prestations conformément au contrat. Les retards de livraison voire l'impossibilité de livrer ou de réaliser la prestation peuvent conduire l'entité à devoir une pénalité.

Contexte normatif

• Prise en compte des éléments variables du prix (pénalités, remises, retours, primes de performance) (IFRS 15, § 50 à 59)

Si la contrepartie promise dans le contrat comprend un montant variable, l'entité doit estimer le montant de contrepartie auquel elle aura droit en échange de la fourniture des biens ou des services promis au client (IFRS 15.50).

L'entité n'inclut le montant de contrepartie variable estimé que dans la seule mesure où il est hautement probable que la levée ultérieure de l'incertitude relative à la contrepartie variable ne donnera pas lieu à un ajustement à la baisse important du montant cumulatif des produits des activités ordinaires comptabilisé.

Le montant de contrepartie peut varier en raison de rabais, de remises, de remboursements, d'avoirs (notes de crédit), de concessions sur le prix, d'incitations, de primes de performance, de pénalités ou d'autres éléments similaires. La contrepartie promise peut également varier si le droit de l'entité à la contrepartie dépend de la réalisation ou de la non-réalisation d'un événement futur. Par exemple, le montant de contrepartie est variable dans le cas où un produit est vendu avec un droit de retour ou dans le cas où un montant déterminé (prime de performance) est lié à l'atteinte d'une étape déterminée.

Ces contreparties variables doivent être systématiquement estimées à chaque clôture.

• Prise en compte d'une composante de financement (IFRS 15, § 60 à 65)

Lorsqu'une des parties au contrat bénéficie d'un avantage de financement significatif, le montant à reconnaître en chiffre d'affaires doit être ajusté afin que ce prix reflète le prix que le client aurait payé pour une transaction au comptant.

L'entité devra reconnaître séparément l'effet du financement, en charge ou en produit financier selon qu'il s'agit d'un financement qu'elle accorde au client ou bien d'un financement qu'elle obtient du client.

Observations relatives à l'application des normes comptables internationales

Selon la norme IFRS 15, le montant du chiffre d'affaires comptabilisé à raison d'une vente de biens ou d'une prestation de service tient compte de l'effet des éléments de prix variables (qui incluent des éléments tels que les réductions de prix mais également les pénalités, les droits de retour, etc.) et des composantes de financement significatives (résultant de paiements d'avance ou de différés de paiement). Cette prise en compte est faite à chaque clôture sur la base d'estimation et d'exercice du jugement. Dans le cadre de l'événement Covid-19, il devra être porté en particulier une grande attention aux éléments de prix variables dont le caractère « hautement probable » pourrait être remis en cause du fait des conséquences de l'événement de Covid-19.

Si les variations de ces composantes résultent d'une modification du contrat en réponse à l'événement Covid-19, l'impact pourra devoir être comptabilisé (a) soit de façon prospective, (b) soit de façon immédiate en résultat, avec des effets de rattrapage cumulé (IFRS 15, § 18-21).

Par ailleurs, si, dans le contexte de l'événement Covid-19, un client fait face à des problèmes de liquidité ou voit sa notation de crédit dégradée et si ces difficultés sont de nature à remettre en cause durablement sa capacité à payer les prestations ou biens à venir, une entité pourra être amenée à interrompre la comptabilisation du chiffre d'affaires avec ce client à compter de ces changements. Toutefois, le chiffre d'affaires comptabilisé antérieurement n'est pas remis en cause.

Réponse J4 : selon que les variations des composantes du contrat résultent d'une modification de contrat ou bien du dénouement d'une incertitude relative à une contrepartie variable, l'impact pourra devoir être comptabilisé soit de façon prospective soit de façon immédiate en résultat, avec des effets de rattrapage cumulé.

Question J5 : quel est le traitement comptable des réductions de loyers chez le bailleur ?

Contexte général

Dans le contexte de l'événement Covid-19, certains bailleurs octroient des réductions de loyers ou procèdent à des annulations de loyers.

Contexte normatif

Voir IFRS 16.79, 16.80 et 16.87.

Observations relatives à l'application des normes comptables internationales

- Lorsque l'aménagement ne résulte pas d'une modification de contrat :
  - si le contrat de location est un contrat de location simple, les effets des aménagements consentis sont comptabilisés en tant que loyer variable négatif, en général immédiatement en résultat ;
  - si le contrat de location est un contrat de location-financement, cette situation conduit à la comptabilisation d'une charge immédiate correspondant aux aménagements consentis.
- Lorsque l'aménagement résulte d'une modification du contrat :
  - si le contrat est un contrat de location simple, le bailleur comptabilise les effets de la modification contractuelle comme donnant naissance à un nouveau contrat de location en application d'IFRS 16.87.S'il est conclu que ce contrat reste un contrat de location simple, il en résulte un étalement de la charge correspondant aux aménagements consentis sous la forme d'une réduction du montant total des produits locatifs comptabilisés linéairement sur la durée résiduelle du contrat de location modifié.
  - si le contrat est un contrat de location-financement et si la classification en tant que location-financement n'est pas remise en cause par la modification contractuelle, les principes d'IFRS 9 s'appliquent et devraient généralement conduire à comptabiliser une charge immédiate correspondant à des paiements éventuels effectués par le bailleur ou à l'écart entre le montant de la créance de location précédemment comptabilisée et son montant réévalué à la date de l'accord sur les aménagements (actualisation des flux révisés au taux d'intérêt effectif d'origine).

Réponse J5 : l'analyse doit être conduite selon la classification du contrat et selon que l'aménagement résulte ou non d'une modification de ce contrat.

Question J6 : quelle est la présentation des abandons de créances au compte de résultat de l'entité accordant l'abandon ?

Contexte général

Du fait de l'événement Covid-19, certains créanciers sont amenés à accorder des abandons de créances à leur débiteur. Il peut s'agir de créances financières (par exemple, liées à des participations) ou de créances d'exploitation.

Contexte normatif

En l'absence de sous-totaux normalisés prévus par IAS 1 au compte de résultat, le niveau du résultat affecté par cet abandon de créance n'est pas précisé. Aussi, pour les entités établissant leurs comptes consolidés suivant la recommandation ANC 20-01 relative au format des comptes consolidés des entreprises établis selon les normes comptables internationales, lorsque la créance est liée à un produit inscrit au résultat d'exploitation courant, la charge est à inscrire avant ce sous-total.

Observations relatives à l'application des normes comptables internationales

Lorsque la créance a été classée dans la catégorie « Actifs financiers », la charge est à inscrite à la ligne « Autres charges financières ».

La contrepartie de la comptabilisation d'un abandon de créance dépend de l'analyse de la transaction (remise consentie à un client ; abandon consenti à une participation mise en équivalence).

Réponse J6 : pour les entités établissant leurs comptes consolidés suivant la recommandation ANC 20-01, lorsque la créance est liée à un produit inscrit au résultat d'exploitation courant, la charge est à inscrire avant ce sous-total. Lorsque la créance a été classée dans la catégorie « Actifs financiers », la charge est à inscrite à la ligne « Autres charges financières ».

Question J7 : quel est le traitement comptable des dispositifs d'exonération et d'aide au paiement des cotisations et contributions sociales ?

Contexte général

Un dispositif d'exonération de cotisations patronales et un dispositif d'aide au paiement sont applicables à certains employeurs de secteurs d'activité listés par décret.

Le dispositif d'exonération de cotisations patronales, dans ses modalités actuelles résultant de la loi de financement de la sécurité sociale pour 2021*, vise les entreprises et associations dont l'activité principale relève des secteurs d'activité les plus impactés par la crise Covid19 (secteurs dits S1, S1 bis et S2). Il s'applique aux périodes d'emploi courant à compter du 1er septembre 2020 au titre desquelles est survenue une interdiction d'accueil du public ou une perte de chiffre d'affaires. Dès lors que les critères d'éligibilité sont réunis pour chaque période d'emploi concernée (effectifs, interdiction d'accueil au public ou perte de chiffre d'affaires), les mesures s'appliquent au titre du mois M si les conditions d'interdiction d'accueil au public ou de baisse de chiffre d'affaires sont réunies le mois M + 1. L'exonération porte sur toutes les cotisations patronales à l'exception de celles des régimes de retraite complémentaire.

* Cette loi reconduit en l'adaptant le dispositif d'exonération et d'aide au paiement instauré par la troisième loi de finances pour 2020 au titre des périodes d'emploi du 1er février au 31 mai 2020.

L'aide au paiement correspond à 20 % de la rémunération retenue comme assiette pour les cotisations ainsi exonérées et versée au titre de la période faisant l'objet de l'exonération.

L'aide au paiement ainsi calculée peut être utilisée pour le paiement de toutes les cotisations et contributions sociales, qu'elles soient pour la part patronale ou salariale, recouvrées par les URSSAF, les CGSS (pour les employeurs implantés en outre-mer) ou les caisses de MSA (pour les employeurs relevant du régime agricole). Comme l'exonération, l'aide au paiement doit être déclarée en DSN.

Elle est utilisable pour le paiement de l'ensemble des cotisations et contributions restant dues à l'organisme de recouvrement au titre des années 2020 et 2021 :

- sur les dettes antérieures à la période d'emploi visée par le dispositif ;
- sur les cotisations et contributions reportées ;
- sur celles dues sur les échéances à venir.

L'aide n'est affectée aux cotisations dues qu'après application de l'exonération exceptionnelle mise en place dans le cadre de la crise sanitaire et de toute autre exonération totale ou partielle applicable en vertu d'autres dispositifs.

Les exonérations et l'aide au paiement doivent être déclarés dans la DSN :

- pour les exonérations, cette déclaration est faite pour chaque mois concerné ;
- l'aide peut être déclarée en une seule fois. La période de rattachement peut être le mois principal de la DSN dans laquelle l'aide est déclarée, sauf lorsque l'aide porte sur une rémunération rattachée à un exercice civil différent de celui du mois principal déclaré.

Contexte normatif

Renvoi à la question J2.

Observations relatives à l'application des normes comptables internationales

Ces aides (exonération et aide au paiement) recouvrées par l'URSSAF, les CGSS ou les caisses de MSA, doivent être traitées comme des subventions publiques au sens d'IAS 20.3. Les montants comptabilisés en subventions publiques au titre de l'exonération et de l'aide au paiement sont évalués compte tenu de l'ensemble des règles de détermination de ces dispositifs y compris les éventuels plafonnements globaux.

IAS 20.29 dispose qu'une subvention peut être portée en déduction des charges auxquelles elle est liée. Aux termes de cette même disposition, une subvention peut également être portée en « Autres produits ». L'exonération et l'aide au paiement peuvent par conséquent être présentées en « Autres produits » ou en déduction des charges de cotisations sociales (part patronale).

Le choix de présentation est laissé à l'initiative de l'entreprise bénéficiaire de l'exonération et de l'aide au paiement. Toutefois, conformément aux dispositions d'IAS 8.13, l'entreprise doit respecter le principe de permanence des méthodes et, par conséquent, doit maintenir dans le temps la présentation retenue.

Il n'y a pas de divergences d'application pour la reconnaissance du fait générateur entre les normes comptables françaises et internationales.

IAS 1 ne prévoit pas de sous-totaux normalisés au compte de résultat. De ce fait, le niveau du résultat affecté par les subventions n'est pas précisé.

Aussi, pour les entités établissant leurs comptes consolidés suivant la recommandation ANC 20-01 relative au format des comptes consolidés des entreprises établis selon les normes comptables internationales, puisque les cotisations sociales et les salaires sont des composantes du résultat d'exploitation courant, le produit de la subvention est à inscrire avant ce sous-total.

Réponse J7 : l'aide, reçue dans le cadre du dispositif d'exonération et d'aide au paiement des cotisations et contributions sociales, est considérée comme une subvention dans le champ d'application d'IAS 20. Dès lors que l'entreprise, ayant décidé de la demander, respecte les conditions de fond ouvrant droit à l'exonération, L'exonération et l'aide au paiement peuvent être présentées en « Autres produits » ou en déduction des charges de cotisations sociales.

Question J8 : quel est le traitement comptable de l'aide dite « coûts fixes » ?

Contexte général

Une aide exceptionnelle pour la prise en charge de coûts fixes supportés pendant la période de confinement est entrée en application à compter du 31 mars 2021, rétroactivement au 1er janvier 2021. Ce dispositif vise à prendre en charge les coûts fixes des entreprises qui ne sont pas couverts par leurs recettes, leurs assurances ou les aides publiques.

Les entreprises pouvant en bénéficier sont celles ciblées par les mesures sectorielles ou de restrictions du fonds de solidarité.

Sous réserve de conditions d'éligibilité (éligibilité au fonds de solidarité, date de création de l'entreprise, perte de chiffre d'affaires, chiffre d'affaires minimum) et lorsque l'Excédent Brut d'Exploitation (EBE) est négatif, le dispositif vise à couvrir 90 % de l'EBE pour les petites et micro-entreprises et 70 % de l'EBE pour les autres entreprises, dans la limite de 10 M sur l'année 2021.

Le décret 2021-625 du 20 mai structure le dispositif de la manière suivante :

1 - L'aide coûts fixes dite originale (prévue par le décret 2021-310 du 24 mars 2021 et amendée par le décret 2021-625).

2 - L'aide coûts fixes dite saisonnalité s'appuyant sur un calcul unique pour le premier semestre 2021 et visant les entreprises dont l'activité saisonnière ne leur permet pas de bénéficier pleinement du dispositif d'origine.

3 - L'aide coûts fixes dite groupe visant les entreprises ou les groupes dont les plafonds d'aides relatifs au fonds de solidarité (200 000 € par mois) ou au titre des aides temporaires (1 800 000 €) sont dépassés.

Dans la configuration actuelle du dispositif, l'EBE, servant de base au calcul de l'aide, est apprécié par mois ou par période de 2 mois pour l'aide coût fixe dite originale ou pour le premier semestre 2021 pour l'aide coûts fixes dite saisonnalité. L'EBE s'entend, au titre de l'aide, comme la somme des comptes PCG de produits (70, 74 et 751) et de charges (60, 61, 62, 63, 64 et 651).

Les demandes de subventions sont faites sur le site Impots.gouv.fr. Elles sont accompagnées, suivant les cas, d'une attestation d'expert-comptable ou d'une attestation de l'entreprise et d'une attestation d'un commissaire aux comptes, mentionnant, entre autres, la valeur de l'EBE pour la période au titre de laquelle l'aide est requise.

Au moment de l'audit annuel des comptes (pour les entreprises soumises à cette obligation), le commissaire aux comptes doit vérifier le résultat net sur l'ensemble des périodes éligibles au titre desquelles l'entreprise aura touché cette aide. Sur la base de l'attestation produite et dans le cas d'un résultat net supérieur à l'EBE pour les périodes au titre desquelles 'aide a été perçue, un indu sera constaté et recouvré par la direction générale des finances publiques. Les entreprises qui ne sont pas soumises à l'obligation de faire auditer leurs comptes devront procéder elles-mêmes à cette vérification.

Contexte normatif

Renvoi à la question J2.

Observations relatives à l'application des normes comptables internationales

Cette allocation, versée par l'État via le fonds de solidarité, doit être traitée comme une subvention publique au sens d'IAS 20.3. Le montant comptabilisé en subvention publique au titre de l'aide coûts fixes est évalué compte tenu de l'ensemble des règles de détermination de ce dispositif y compris les éventuels plafonnements globaux.

IAS 20.29 dispose qu'une subvention peut être portée en déduction des charges auxquelles elle est liée. Aux termes de cette même disposition, une subvention peut également être portée en « Autres produits ». Cette aide ne s'impute pas directement et uniquement sur un coût particulier et résulte d'un calcul établi sur un solde intermédiaire de gestion (l'EBE), de ce fait, l'allocation doit être présentée en « Autres produits ».

Il n'y a pas de divergences d'application pour la reconnaissance du fait générateur entre les normes comptables françaises et internationales.

IAS 1 ne prévoit pas de sous-totaux normalisés au compte de résultat. De ce fait, le niveau du résultat affecté par les subventions n'est pas précisé.

Aussi, pour les entités établissant leurs comptes conso idés suivant la recommandation ANC 20-01 relative au format des comptes consolidés des entreprises établis selon les normes comptables internationales, puisque les coûts subventionnés sont des composantes du résultat d'exploitation courant, le produit de la subvention est à inscrire avant ce sous-total.

Réponse J8 : l'allocation reçue dans le cadre de l'aide coûts fixes est considérée comme une subvention dans le champ d'application d'IAS 20. Cette aide ne s'impute pas directement et uniquement sur un coût particulier et résulte d'un calcul établi sur la base d'un solde intermédiaire de gestion (l'EBE). Elle doit donc être présentée en « Autres produits » dès lors que l'entité, ayant décidé de la demander, respecte les conditions de fond ouvrant droit à cette allocation.

➡ 2.4 Conséquences sur la reconnaissance et l'évaluation des charges

Question K1 : quel est le traitement comptable des reports de charges ?

Contexte général

URSSAF	Report des échéances prévues au 15 mars et 5 avril pour les cotisations patronales et salariales. Report de paiement de 3 mois au plus ou lissage pour les plus petites entreprises.
Impôts directs (acomptes IS et taxe sur les salaires)	Demande possible aux SIE de report des échéances.
CFE et taxes foncières	CFE et Taxe foncière. Possibilité de suspendre les paiements mensuels, l'intégralité de l'impôt sera alors prélevée lors du solde sans pénalité.
Remise d'impôts directs	Demande à adresser au comptable public si difficultés financières de l'entreprise, procédure gracieuse.
Report des loyers	Les loyers et charges seront appelés mensuellement et non plus trimestriellement. Le recouvrement des loyers et charges est suspendu à partir du 1er avril 2020, et pour les périodes postérieures d'arrêt d'activité imposées par l'arrêté. Lorsque l'activité reprendra, ces loyers et charges feront l'objet de différés de paiement ou d'étalements sans pénalité ni intérêts de retard et adaptés à la situation des entreprises en question. Sont concernées les entreprises éligibles au fonds de solidarité état régions (les petites) ainsi pour les TPE et les PME appartenant à l'un des secteurs dont l'activité est interrompue.
Report des factures d'eau de gaz et d'électricité	Sont concernées les entreprises éligibles au fonds de solidarité état régions (les petites). Demande de report amiable à leur fournisseur.

Contexte normatif

Voir IAS 1.27.

Observations relatives à l'application des normes comptables internationales

À l'instar des normes comptables françaises, ces reports de paiement en dehors de ceux concernant des loyers sont sans conséquence sur la comptabilisation des produits et des charges dans la mesure où, les reports de paiement étant sur des durées relativement courtes et compte tenu de la faiblesse des taux d'intérêt, la composante financement devrait se révéler dans la plupart des cas non significative.

Réponse K1 : le report de paiement d'une dette comptabilisée est sans conséquence sur la comptabilisation des charges.

Question K2 : quel est le traitement comptable des rabais accordés (y compris concessions de loyers) ?

Contexte général

Dans le contexte de l'événement Covid-19, certaines entités peuvent bénéficier de rabais de la part de leurs fournisseurs.

Contexte normatif

Voir IFRS 9.3.3.3.

• Cas particulier des contrats de location

L'IASB est en cours de finalisation d'un amendement à la norme IFRS 16 sur les contrats de location permettant de considérer que les concessions octroyées par les bailleurs dans le contexte de l'épidémie de covid-19 n'entraînent pas de modifications de ces contrats de locations au sens de la norme IFRS 16.46, sous réserve que certaines conditions soient remplies. Ainsi, les impacts au compte de résultat de ces concessions seraient comptabilisés sur la période à laquelle ils se rapportent.

Il convient de suivre la finalisation de cet amendement et son homologation en Europe en vue de son application aux comptes semestriels.

Observations relatives à l'application des normes comptables internationales

Concernant les rabais, les normes IFRS indiquent que la contrepartie de la réduction ou l'annulation d'une dette est inscrite en résultat net. En l'absence de sous-totaux normalisés prévus par IAS 1 au compte de résultat, le niveau du résultat affecté par cet abandon de créance n'est pas précisé.

Aussi, pour les entités établissant leurs comptes consolidés suivant la recommandation ANC 2020-01 relative au format des comptes consolidés des entreprises établis selon les normes comptables internationales, lorsque la dette est liée à une charge inscrite au résultat d'exploitation courant, le produit est à inscrire avant ce sous-total.

Par ailleurs, concernant les concessions de loyers, l'ANC souhaite que l'amendement proposé par l'IASB soit applicable pour les comptes semestriels ainsi que pour les comptes des exercices à clore à court terme notamment ceux au 30 juin 2020.

Réponse K2 : pour les entités établissant leurs comptes consolidés suivant la recommandation ANC 20-01, lorsque la dette est liée à une charge inscrite au résultat d'exploitation courant, le produit est à inscrire avant ce sous-total.

Question K3 : Quel est le traitement comptable des abandons de créances ou de factures d'avoir chez le bénéficiaire ?

Contexte général

Du fait de l'événement Covid-19, certains créanciers sont amenés à accorder des abandons de créances à leur débiteur. Il peut s'agir de dettes financières (par exemple, certains comptes courants d'associés), de dettes commerciales ou de dettes fiscales et sociales.

Contexte normatif

IFRS 9.3.3.3.

Observations relatives à l'application des normes comptables internationales

Les normes IFRS indiquent que la contrepartie de l'annulation de la dette est inscrite en résultat net. En l'absence de sous-totaux normalisés prévus par IAS 1 au compte de résultat, le niveau du résultat affecté par cet abandon de créance n'est pas précisé.

Aussi, pour les entités établissant leurs comptes consolidés suivant la recommandation ANC 20-01 relative au format des comptes consolidés des entreprises établis selon les normes comptables internationales, lorsque la dette est liée à une charge inscrite au résultat d'exploitation courant, le produit est à inscrire avant ce sous-total. Lorsque la dette a été classée dans la catégorie « Endettement financier », le produit est inscrit à la ligne « Autres produits financiers ».

La contrepartie de la comptabilisation d'un abandon de créance dépend de l'analyse de la transaction (remise consentie par un fournisseur ou abandon consenti par un actionnaire).

Réponse K3 : pour les entités établissant leurs comptes consolidés suivant la recommandation ANC 20-01, lorsque la dette est liée à une charge inscrite au résultat d'exploitation courant, le produit est à inscrire avant ce sous-total. Lorsque la dette a été classée dans la catégorie « Endettement financier », le produit est inscrit à la ligne « Autres produits financiers ».

INCLUS DANS VOTRE ACHAT
VOTRE OUVRAGE ACCESSIBLE EN LIGNE

sur **www.rfedition.com**

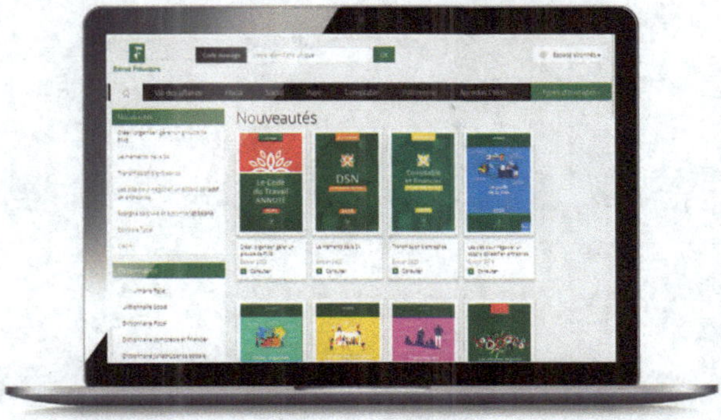

> **Accédez à la dernière version** à jour de la réglementation**

> **Consultez votre ouvrage** où que vous soyez

> **Recherchez rapidement** par mots clés

> Retrouvez **l'ensemble de vos éditions**

① SCANNEZ ce QR Code

OU

① ENTREZ CE CODE UNIQUE sur le site

IDENTIFIANT UNIQUE

006C-08DC-4399-A260-9933

② REMPLISSEZ LE FORMULAIRE et recevez vos identifiants* par e-mail

* Vos identifiants sont uniques et personnels. Tout partage et reproduction sont strictement interdits et soumis au droit d'auteur. ** Jusqu'à la sortie d'une nouvelle édition.

Revue Fiduciaire

320195012